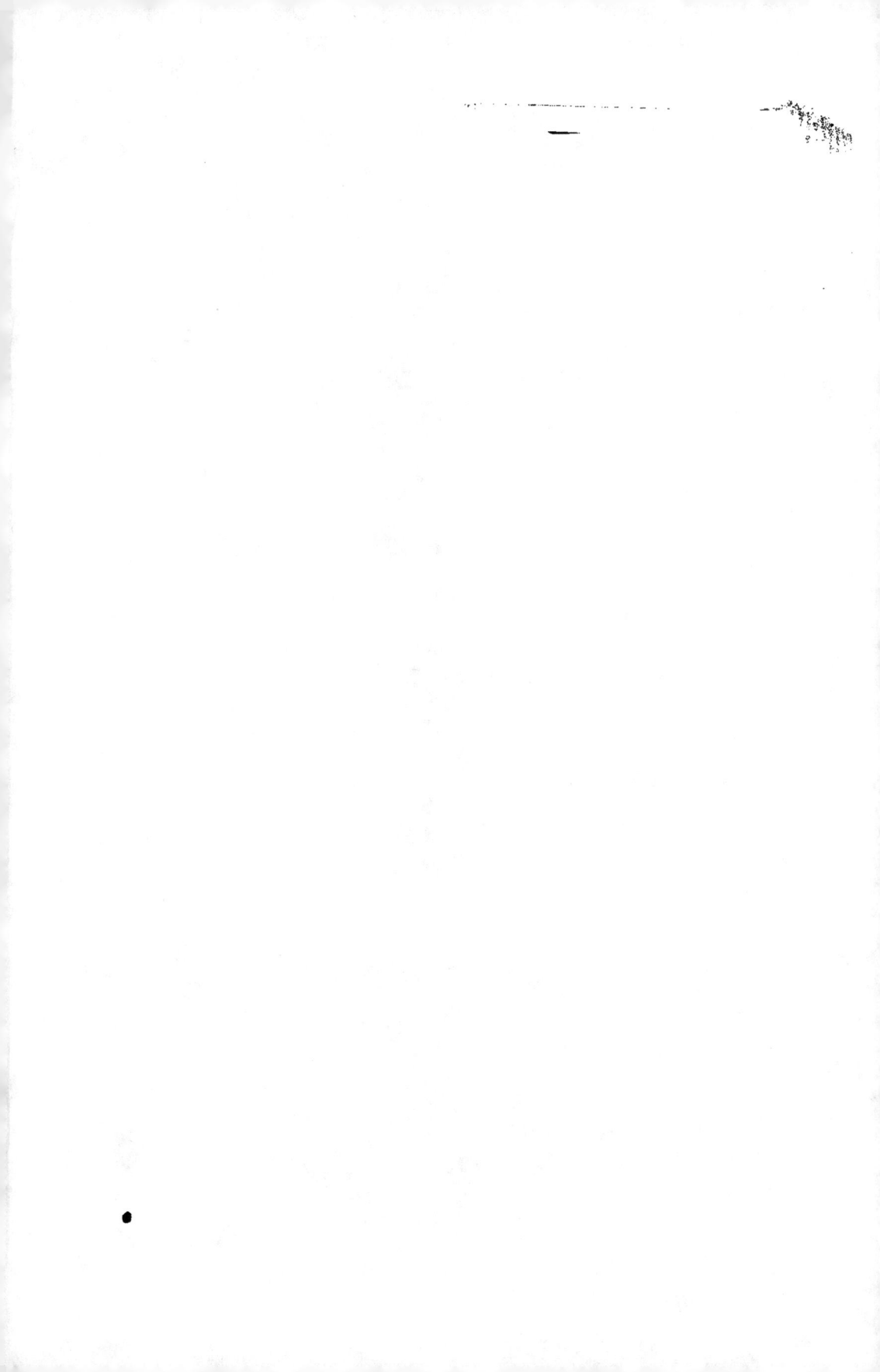

ENCYCLOPÉDIE

METHODIQUE,

OU

PAR ORDRE DE MATIERES;

PAR UNE SOCIÉTÉ DE GENS DE LETTRES, DE SAVANS ET D'ARTISTES;

Précédée d'un Vocabulaire universel, servant de Table pour tout l'Ouvrage, ornée des Portraits de MM. DIDEROT & D'ALEMBERT, premiers Éditeurs de l'Encyclopédie.

ENCYCLOPÉDIE
MÉTHODIQUE.

MÉDECINE.

CONTENANT:

1°. L'HYGIÈNE.

2°. LA PATHOLOGIE.

3°. LA SÉMÉIOTIQUE & LA NOSOLOGIE.

4°. LA THÉRAPEUTIQUE ou MATIÈRE MÉDICALE.

5°. LA MÉDECINE MILITAIRE.

6°. LA MÉDECINE VÉTÉRINAIRE.

7°. LA MÉDECINE LÉGALE.

8°. LA JURISPRUDENCE de la MÉDECINE & de la PHARMACIE.

9°. LA BIOGRAPHIE MÉDICALE, c'est-à-dire, les vies des Médecins célèbres, avec des notices de leurs ouvrages.

PAR UNE SOCIÉTÉ DE MÉDECINS.

TOME TREIZIÈME.

A PARIS,

Chez Mme veuve AGASSE, Imprimeur-Libraire, rue des Poitevins, n° 6.

M. DCCCXXX.

SEM

SÉMÉIOLOGIE, f. f. (*Pathol. génér.*) *Semeiologia*. Mot dérivé du grec σημειον, figne, & λογος, difcours. Partie de l'enfeignement médical, dans lequel on traite des fignes propres à faire juger de l'état d'un malade. Ces fortes de confidérations font d'une haute importance, & forment une des branches de la pathologie. (*Voyez* SÉMÉIOTIQUE.) (R. P.)

SÉMÉIOTIQUE, f. f. (*Pathol. génér.*) La féméiotique eft cette partie de la médecine qui s'occupe des fignes propres à reconnoître l'état de fanté ou de maladie. Il exifte par conféquent une féméiotique hygiénique & une féméiotique pathologique, fuivant qu'on interroge des organes fains ou malades. Envifagée fous ce point de vue général, la féméiotique pourroit être définie le langage des organes exprimant leurs befoins, leur fatiété, leurs plaifirs ou leurs douleurs; & par rapport au médecin, l'art d'interroger les organes dans l'état de fanté ou de maladie, dans l'état de veille ou de repos, &c. Pour faire fentir toute l'importance de cette fcience, il fuffit de rappeler ici le paffage du moderne Celfe : *Antequàm à remediis ftatuatur, primùm conftare oportet, quis morbus, & quæ morbi caufa. Alioquin inutilis opera, inutile omne confilium.* (*Liv. I, Conf. XIV,* BAGLIVI).

Il exifte deux fortes d'interrogation, l'une muette, qui n'attend de réponfe que de l'état des organes; l'autre orale, qui s'adreffe à l'intelligence du malade. A la première, fe rapportent l'étude de la phyfionomie générale, c'eft-à-dire, l'exercice des fens fur l'attitude, les geftes, l'habitude du corps, ainfi que l'exploration fucceffive de tous les organes, de toutes les fonctions. Il eft d'autant plus important pour le praticien d'apprendre à connoître ce langage, que dans une foule de cas, il aura à s'entretenir avec des êtres qui ne pourront rendre compte de leurs fenfations, comme cela a lieu pour les enfans, les individus qui font livrés au feul inftinct de la nature, &c. Les fignes que le médecin tire de ce mode d'interrogation ou de la fimple obfervation, ont plus de valeur que ceux qu'il obtient de l'interrogation orale, qui peuvent l'induire en erreur.

Ici, en effet, le médecin ne doit pas oublier que la plupart des malades font naturellement portés à exagérer leurs fouffrances, & que beaucoup fubftituent leurs craintes à leurs fenfations, tandis que quelques-uns cherchent à fe diffimuler le danger de leur pofition, & femblent avoir quelqu'intérêt à cacher leurs douleurs. Souvent auffi les malades font au médecin des questions

infidieufes, dans l'efpoir de trouver dans fes réponfes la confirmation des craintes que leur état leur infpire.

Savoir lire dans le cœur des malades eft donc un art prefqu'indifpenfable au médecin. Sans une grande habitude dans cet art important, il eft fouvent impoffible au praticien d'arriver à la connoiffance des fecrets de fon malade. Pour obtenir la confiance de celui qui fouffre, il faut commencer par flatter fes affections; fans cela il fermera fon cœur à qui ne fait pas compâtir à fa foibleffe. Les cris, les gémiffemens du malade exigent de la part du médecin une grande fagacité; les uns fouffrent & fe taifent, les autres s'abandonnent à toute l'exagération de la douleur; mais en général, on peut dire que l'expreffion des fouffrances eft en raifon de la fufceptibilité du fujet, certains individus étant beaucoup plus aptes que d'autres à en reffentir les effets. Il faut encore beaucoup d'adreffe pour interroger les malades dont les douleurs font le fruit du charlatanifme, de remèdes populaires, de quelque vice, ou enfin de quelqu'autre caufe dont l'aveu eft humiliant.

Une précaution à prendre eft celle de ne pas influencer les réponfes des malades par les queftions, & de fe méfier de leurs propres opinions. On doit auffi les interroger fur les affections dont ont pu être atteints leurs parens, fur leur genre de vie, &c. Enfin, l'on ne doit pas négliger les renfeignemens que peuvent donner les perfonnes qui environnent les malades, dont il faut prendre en confidération les habitudes, la profeffion, les goûts, les paffions, &c. Le médecin doit auffi tenir compte de l'effet que fa préfence peut produire fur l'efprit du malade.

De ces deux modes d'interrogation, qui conftituent toute la féméiotique, réfultent la connoiffance des fignes qui éclairent fur l'état paffé, préfent & futur de la maladie, & que l'on a nommés pour cela *fignes commémoratifs, diagnoftiques* & *pronoftiques*.

Pour ne laiffer échapper à l'interrogation aucun des élémens du diagnoftic, il faut fucceffivement paffer en revue toutes les régions du corps, dans l'ordre où elles fe préfentent naturellement à l'obfervation. Or, c'eft au moyen de fes fens, feuls ou fecondés par des inftrumens, que le médecin y parviendra; c'eft moins dans l'habitude générale de l'individu que dans la phyfionomie fpéciale des organes qu'exiftent les premiers fignes qu'on peut recueillir. Chaque partie du corps, en effet, a fa phyfionomie particulière, dont fe compofe la phyfionomie générale. Il faut donc examiner d'abord chaque organe en particulier, fi l'on

A

vent que les fymptômes qu'ils offrent puissent conftituer un enfemble d'élémens propres à établir
un diagnoflic fatisfaifant. Il-faut d'ailleurs que
l'exploration porte en même temps fur tout un
appareil, pour l'examiner d'abord dans les organes & les fonctions qui lui appartiennent, puis
dans les rapports qu'il a avec les autres fonctions
ou appareils. Tel eft auffi l'ordre que nous avons
cru devoir adopter en examinant fucceffivement
tous les organes ainfi que les fonctions dont ils
font chargés.

CHAPITRE PREMIER.

Examen des organes & appareils d'organes.

Art. Ier. *Appareil cérébro-rachidien.* Cet appareil, le plus important de tous ceux qui peuvent fournir des fignes dans les maladies, comprend les organes de la vue, de l'ouïe, du goût,
de l'odorat & du tact, ainfi que les actes du fentiment & du mouvement. Outre que les léfions
propres à chacun des fens fe manifeftent par des
fignes particuliers, chacun d'eux peut donner des
fignes de léfion d'organes plus ou moins éloignés : c'eft fous ce rapport que nous devons les
étudier ici.

§. Ier. *Organe de la vue.* Il faut y confidérer
l'œil & fes dépendances, qui font les fourcils, les
paupières, leurs mufcles moteurs, leurs glandes &
conduits lacrymaux, &c.

A. Les yeux font de toutes les parties de la
face celles qui expriment davantage l'état morbide. Il femble que tous les fecrets du corps s'y
déroulent, comme les fecrets de l'ame ; auffi Galien a-t-il dit : *Oculus in homine idem eft, quod
fol in univerfo ;* & Hippocrate, au livre 6 des
Épidémies : *Ut oculi valent, fic ipfa perfona.* Les
communications qui exiftent entre le nerf de la
cinquième paire qui préfide au fens de la vue &
le grand fympathique, qui eft chargé fpécialement de tranfmettre au cerveau les perceptions
vifcérales, femblent rapporter aux yeux tous les
changemens qui fe paffent dans les organes intérieurs. On doit tenir compte de leur couleur, de
l'état de la pupille, de leur mouvement, de leur
forme, de leurs fécrétions.

1°. La couleur des yeux, confidérée par rapport à l'iris, ne préfente que peu ou point de
fignes importans ; par rapport à la fclérotique, elle
en a davantage : ainfi, bleue chez les lymphatiques, d'un blanc perlé chez les phthifiques,
rouge dans les fièvres inflammatoires, dans les
exanthèmes cutanés, les congeftions cérébrales,
l'arachnitis, &c., elle eft jaune chez les ictériques, vitreufe dans l'adynamie, terne, argentine
dans l'agonie, &c.

2°. La pupille fe dilate dans les congeftions
cérébrales, dans l'amaurofe, les affections vermi-

neufes, l'apoplexie, l'empoifonnement par les narcotiques, l'hydropifie, les hémorragies, par toutes
les caufes débilitantes ; elle fe contracte fous l'influence d'une vive lumière, dans l'ivreffe commen-
çante, l'arachnoïdite, les fièvres cérébrales à
leur début, les fièvres inflammatoires, l'hydrophobie, dans certaines affections nerveufes, &c.

3°. Les mouvemens de l'œil font plus rapides
dans l'hyftérie, l'épilepfie, le délire, les fièvres
inflammatoires exanthématiques, les convulfions,
&c. ; plus lents dans les fièvres dites *muqueufes,*
à la fuite des hémorragies, des longues fuppurations, de toutes les maladies fans réaction
cérébrale ; ils font immobiles dans l'apoplexie,
l'amaurofe, la catalepfie ; leurs mouvemens font
irréguliers dans le ftrabifme, dans les maladies
convulfives, dans le douloureux de leurs mufcles moteurs, &c. ; ils font tournés en haut dans
l'agonie, &c.

4°. Relativement à leur forme, les yeux font
plus faillans dans l'apoplexie, les congeftions cérébrales, l'ivreffe, le délire aigu, les fièvres inflammatoires ; plus enfoncés chez les mélancoliques, les individus fatigués par les plaifirs de
l'amour, ceux qui font amaigris, épuifés par de
longues maladies, des pertes, d'abondantes fuppurations ; dans les maladies chroniques, &c.

5°. Les larmes viennent foulager l'ame dans
les chagrins de la vie ; l'affliction profonde ne
les connoît pas ; l'œil eft humide dans les excitations modérées du cerveau. Dans le début
des fièvres inflammatoires, des exanthèmes aigus, des inflammations diaphragmatiques, l'œil
eft plus ou moins humide & brillant ; il l'eft
auffi chez les phthifiques & les fcrofuleux ; il
eft très-fec dans les affections profondes des
vifcères fous-diaphragmatiques ; l'œil pleure dans
le coryza ; il eft fec dans l'inftant de la plus
grande acuité des fièvres cérébrales.

B. Les fourcils reçoivent de leurs mufcles des
mouvemens qui fervent à l'expreffion des paffions ; ils s'écartent dans l'étonnement, la joie,
les paffions douces ; ils fe rapprochent dans la
douleur, la colère ; on les voit contractés dans la
plupart des inflammations profondes des vifcères,
dans les affections hypochondriaques, dans certaines affections aiguës auxquelles participe le
cerveau, dans tous les cas où la douleur eft
vive ; dans les maladies chroniques des vifcères
abdominaux, chez les hydrophobes ; dans l'inflammation de l'iris, de la rétine, du globe de
l'œil ; dans les convulfions, l'épilepfie, &c. Le
contraire a lieu dans l'apoplexie, la catalepfie,
l'amaurofe, &c.

C. Les paupières font agitées dans l'hyftérie,
le tic douloureux de la face, l'épilepfie ; quand
l'œil eft fort fenfible à la lumière, dans la plupart des affections nerveufes ; elles reftent abaif-
fées dans le cas de paralyfie de leurs mufcles re-

feveurs, dans l'apoplexie, dans certains éryfipèles & autres exanthèmes, dans le cas d'œdème, &c. Elles font fixes & entr'ouvertes dans l'agonie, &c. Les cils font relativement plus longs dans l'enfance que chez l'adulte, plus longs chez les fcrofuleux & les phthifiques; ils difparoiffent dans certaines maladies de la peau, comme les dartres; d'autres fois ils fe dévient, comme dans le trichyafe, la blépharite chronique, &c.

§. 2. *Le sens de l'ouïe*, confidéré fous le rapport féméiotique, comprend l'oreille externe & l'oreille interne.

A. Les fignes que donne l'oreille externe font relatifs à fa couleur, à fa forme, à fes fécrétions.

1°. La couleur livide des oreilles annonce la diminution de la chaleur naturelle, une affection organique du cœur ou des gros vaiffeaux, la cyanofe ou toute autre affection due à un embarras de la refpiration & de la circulation; elle eft jaune dans l'ictère, pâle dans tous les cas de foibleffe, rouge dans les congeftions cérébrales, les exanthèmes, &c.

2°. Hippocrate dit en parlant de la forme des oreilles, que quand elles font contractées & froides, elles indiquent une mort prochaine. M. Brouffonet donne comme un figne de fcrofule la petiteffe du lobe de l'oreille. Les Cretins du Valais ont généralement le lobe de l'oreille fort petit.

3°. Le cérumen eft plus ou moins confiftant & fécrété en plus ou moins grande quantité, felon le tempérament & certaines affections morbides: ainfi blanchâtre & abondant chez les lymphatiques, dans les affections chroniques, il eft jaune, peu abondant chez les fujets fanguins; il fe fupprime dans les inflammations aiguës des vifcères gaftriques, dans celles des méninges, dans les maladies fébriles, &c. Sa réapparition annonce la ceffation des accidens. Un écoulement abondant, puriforme, peut être l'effet d'un catarrhe de l'oreille, d'une amygdalite, d'un coryza, d'une gloffite, d'un exanthème cutané, d'une carie des dents; un écoulement fétide peut provenir d'une carie de la portion de l'os temporal nommé *le rocher*.

B. L'oreille interne ne fournit que des fignes fonctionnels. Le tintement d'oreilles continu eft d'un fâcheux préfage; l'intermittent précède quelquefois les congeftions cérébrales, les hémorragies nafales, les exanthèmes de la face. La furdité qui apparoit au début des maladies, eft un figne fâcheux; celle qui arrive dans leur cours ou vers leur déclin, annonce une crife; celle qui n'eft pas continue eft peu inquiétante. La furdité peut appartenir à d'autres caufes telles que la paralyfie de la portion molle de la feptième paire, à une oblitération naturelle ou congéniale, &c.

§. 3. *Le goût* fubit des anomalies qui peuvent devenir autant de fignes de maladie. Le goût fade indique une gaftrite légère; le goût amer, une gaftrite avec perfécrétion bilieufe; le goût acide annonce fouvent la préfence de vers dans le tube digeftif; le goût de fang eft le prélude d'une hématémèfe, d'une hémoptyfie. Certains goûts dépravés accompagnent fouvent la chlorofe, la fuppreffion des menftrues, &c. Le goût eft en partie détruit par toutes les affections aiguës; il renaît avec la fanté; il eft quelquefois aboli dans les maladies du cerveau; et cette abolition peut coïncider avec une grande voracité, comme j'en ai vu des exemples dans certains cas de manie.

§. 4. *L'odorat* des individus dits *nerveux* eft-il frappé d'une odeur agréable, on les voit fouvent en éprouver une fenfation pénible, une fyncope, quelquefois même des convulfions; & fouvent, par une anomalie fingulière, ils éprouvent du plaifir ou du foulagement par une odeur fétide, telle que celle de la corne brûlée, de l'affa fœtida, &c. Le fens de l'odorat peut manquer fans affections concomitantes, comme je l'ai vu chez un frère & une fœur qui, quoique très-bien conformés, n'avoient jamais perçu d'odeurs; certaines affections cérébrales, le coryza, quelques exanthèmes, prefque toutes les fièvres aiguës, &c., diminuent, oblitèrent ou modifient l'odorat.

§. 5. *Le tact* éprouve des modifications qui fourniffent au diagnoftic des fignes très-importans. La démangeaifon ou prurit peut faire préfager l'apparition d'un exanthème, être le prodrome de la fueur, annoncer la réfolution d'un épanchement, la difparition de la teinte ictérique, être l'effet du froid, d'une inflammation, &c. La cuiffon accompagne fouvent la préfence d'un agent irritant, acide ou alcalin, d'un virus, l'empoifonnement par le feigle ergoté. La féchereffe & la chaleur de la peau exiftent dans le prodrome des gaftrites aiguës, dans la fièvre dite hectique, la phthifie, &c. La chaleur eft douce, fuaue dans les fièvres inflammatoires, le phlegmon, l'arachnoïdite, vers la fin d'un accès de fièvre intermittente, dans la fuette; la fenfation du froid a lieu dans le début d'une fièvre intermittente, dans un tranfport métaftatique, dans quelques congeftions vers un organe intérieur; le tact où la fenfibilité générale peut-être exagérée jufqu'à produire des convulfions pour le moindre attouchement, comme on le remarque principalement dans les irritations cérébro-fpinales, &c.

Nous rapportons à l'appareil *cérébro-rachidien*, toutes les anomalies du fentiment & du mouvement qui peuvent fournir des fignes féméiotiques. Pour que les fignes tirés de cette fource aient une valeur réelle, relativement aux autres organes, il importe d'apprécier la fufceptibilité du fujet, & la tendance plus ou moins grande qu'a chez lui l'appareil cérébro-rachidien, à participer aux altérations des autres organes ; sous ce rapport il convient d'avoir égard à la différence des âges, de sexes & des tempéramens, qui rendent plus ou moins solidaires entr'elles les différentes parties du système nerveux.

La douleur est de toutes les sensations anormales la plus ordinaire, celle qu'il importe le plus d'étudier sous le rapport séméiologique. La douleur a non-seulement ses degrés, mais encore ses variétés : considérée sous ce dernier point de vue, elle peut-être tensive, gravative, pongitive, lancinante, pulsative, brûlante, prurigineuse, mordicante, dilacérante, aiguë, &c.

La douleur n'est pas toujours en rapport avec l'importance de l'organe affecté, ni même avec la gravité de la maladie ; presque constamment c'est en raison de la quantité de nerfs que reçoit un organe, que s'y fait sentir la douleur ; ainsi un panaris, une carie des dents, développent souvent une douleur atroce, tandis qu'une pneumonie aiguë ou chronique conduit le malade au tombeau, sans lui avoir fait éprouver de vives douleurs. Il faut avouer cependant que certaines parties qui ne reçoivent point de nerfs deviennent horriblement douloureuses, comme on peut s'en assurer, dans le cas où l'inflammation vient à s'emparer des ligamens articulaires, &c. On voit d'après cela qu'on se tromperoit beaucoup, si l'on calculoit le danger d'une phlegmasie, sur l'intensité de la douleur qu'elle développe ; de plus, il ne faut pas oublier, que certains individus expriment par des cris & des gémissemens, des douleurs que d'autres supporteroient sans se plaindre. Dans les phlegmasies aiguës, les douleurs sont généralement vives, les organes éprouvent par le fait de la fluxion qui s'y fait une distension qui doit leur être d'autant plus pénible, qu'ils y sont moins préparés : on voit au contraire certaines phlegmasies chroniques arriver à leur terme fatal, sans avoir fait ressentir aux malades de grandes douleurs. Vouloir considérer la douleur comme signe pathognomonique de telle ou telle altération, suivant la sensation qu'elle procure, feroit une recherche vaine, puisque dans les mêmes altérations, elle revêt des caractères différens. La douleur est souvent sympathique ; ainsi l'on voit certains phthisiques accuser une douleur sous les omoplates, certains ictériques se plaindre d'une douleur dans l'épaule droite ; qui ne fait que l'hémicranie accompagne souvent l'irritation de l'estomac, que la gastrite donne lieu à la névralgie sus-orbitaire, qu'une douleur du ventre accompagne souvent l'hystérie ?

Les douleurs peuvent être vagues, mobiles, intermittentes, ostéocopes, &c. Elles appartiennent alors à des altérations organiques, qui elles-mêmes ont le caractère qu'expriment ces dénominations. Les douleurs vagues précèdent souvent des hémorragies habituelles, périodiques ; c'est principalement dans les lombes qu'elles sont ressenties chez les femmes, vers l'époque des règles, & chez les hommes qui ont des hémorrhoïdes, à l'époque où elles doivent fluer, &c. Ces douleurs sont mobiles dans l'arthrite, intermittentes dans certaines névralgies, ostéocopes dans la syphilis, &c. Ajoutons à ces considérations un aperçu des diverses formes que revêt la douleur dans certaines maladies, en faisant observer toutefois, qu'elles sont loin d'être constantes, & qu'elles éprouvent des modifications infinies, suivant les individus, quoique dans les mêmes altérations.

La douleur est âcre, mordicante dans l'érysipèle, les dartres vives, &c. &c. Elle est tensive dans l'inflammation des muqueuses gastro-intestinales, dans la première période de la variole, dans les abcès, le coryza, &c. ; elle est gravative dans les inflammations des tissus parenchymateux, dans le cas de squirrhe, &c. Une douleur gravative dans les tempes précède souvent une hémorragie nasale.

La douleur est encore pulsative, lancinante, pongitive dans la céphalalgie sus-orbitaire, avec battemens des artères temporales ; dans la gastrite aiguë, dans le panaris, le cancer, &c. ; dans les inflammations aiguës des viscères parenchymateux ; quand l'inflammation se termine par suppuration, les douleurs sont pulsatives. Les douleurs sont brûlantes dans le phlegmon, la pustule maligne, l'anthrax, le bubon, la peste, la gangrène sénile, &c. Ces douleurs peuvent être continues, partielles ou générales. La douleur peut, par sa violence, déterminer des convulsions & même, la mort. Toute douleur vive qui, dans une phlegmasie aiguë, cesse subitement, & s'accompagne du refroidissement des extrémités, de la petitesse du pouls & de lipothymie, annonce la gangrène ; quand la douleur est modérée & en rapport avec la sensibilité connue de l'organe malade & la susceptibilité du sujet, elle n'indique rien de défavorable. On a donné à la douleur, suivant le lieu qu'elle occupe, des dénominations tirées des parties qui en sont le siège : je m'abstiendrai d'en faire ici l'énumération fastidieuse.

Si la réaction qu'un organe souffrant exerce sur le cerveau est légère, elle peut occasionner le vertige, qui est simple, quand les objets paroissent tourner & qu'il n'y a point d'obscurcissement de la vue ; ténébreux, quand ce dernier accident s'y joint. Le vertige simple précède les congestions, accompagne l'ivresse, le début des pyrexies, & se remarque dans toute phlegmasie qui réagit sur le cerveau. Il précède la syncope, l'hystérie, l'hypochondrie, l'épilepsie, l'apoplexie : le vertige ténébreux sert plus spécialement de prodrome à l'épilepsie & à l'apoplexie. Il peut être le produit de quelqu'altération du cerveau lui-même, ou l'indice d'un épanchement, d'une collection hydatique ou d'un abcès dans cet organe.

Le vertige est peu inquiétant dans le début des

maladies aiguës, chez les hypochondriaques & les hyſtériques ; il eſt fort grave quand il reconnoît pour cauſe une altération de l'encéphale.

La diminution de la fenſibilité indique, ſoit une compreſſion légère du cerveau, ſoit une inflammation de quelqu'une de ſes parties, & devra être en conſéquence regardée comme un ſigne défavorable. L'abolition de la fenſibilité peut appartenir à un épanchement, à une collection hydatique ou purulente, au développement d'une tumeur dans l'intérieur du crâne ou de la colonne vertébrale, à une inflammation aiguë ou chronique du cerveau ou de ſes membranes, à la préſence d'un poiſon ou de liqueurs ſtupéfiantes dans les voies digeſtives. Quand la compreſſion du cerveau dépend d'une influence ſympathique qui détermine dans cet organe un *molimen* plus ou moins conſidérable, c'eſt en appréciant la cauſe déterminante des accidens qu'on peut porter un pronoſtic ; toute congeſtion rapide, quand elle ne donne pas immédiatement la mort, laiſſe plus d'eſpoir de ſalut que celle qui s'eſt faite lentement, & les dérangemens des facultés intellectuelles qui en ſont le réſultat peuvent laiſſer quelqu'eſpoir de retour à la raiſon ; mais dans les cas d'épanchemens chroniques, comme l'hydrocéphale, dans celui où la paralyſie s'accompagne de démence, ſans amélioration notable dans le cours du premier mois de la maladie, une mort plus ou moins éloignée, mais toujours prompte, eſt inévitable. Quand l'épanchement aigu s'accompagne de ſomnolence, de coma vigil, de coma ſomnolentum, de carus, de léthargie, le pronoſtic ſera d'autant plus défavorable, que chacun des degrés d'aſſoupiſſement qu'expriment ces dénominations, indique une cauſe plus grave, un épanchement plus abondant.

L'augmentation de la fenſibilité peut appartenir à la ſtimulation du cerveau, & reconnoître pour cauſe première une pyrexie ; il peut s'y joindre une exaltation des facultés intellectuelles, qui devient alors l'indice de l'irritation du centre nerveux, dont les perceptions peuvent être troublées, comme dans le délire & la manie. Le pronoſtic à porter relativement au délire, devra ſpécialement ſe tirer de la cauſe qui l'occaſionne ; qu'il ſoit gai ou triſte, calme ou furieux, ſon importance ſe déduira toujours de ſon origine. En thèſe générale, le délire furieux annonçant une tendance plus imminente à l'inflammation, un état plus aigu dans l'irritation du cerveau, ſera plus à redouter que le délire gai, dans lequel l'agitation eſt modérée. Le délire qui, dans une maladie aiguë, vient à ceſſer ſubitement pour faire place à une raiſon parfaite, & qui s'accompagne d'une très-grande foibleſſe du pouls, du refroidiſſement des extrémités, de la pâleur de la face, &c., indique que le foyer d'irritation qui réagiſſoit ſympathiquement ſur l'encéphale eſt tombé en gangrène. Le délire qui ceſſe après une hémorragie, indi-

que que cette dernière a été ſalutaire & peut faire eſpérer une convaleſcence prochaine ; celui qui naît & ceſſe avec la pyrexie, eſt peu inquiétant, & s'obſerve fréquemment dans les fièvres intermittentes.

Nous avons vu que l'abolition du ſentiment reconnoiſſoit pour cauſe quelqu'altération de l'appareil cérébro-rachidien ; c'eſt à la même origine qu'appartiennent les léſions de la myotilité : qu'importe, en effet, que le cerveau ſoit primitivement ou ſecondairement atteint, c'eſt toujours par ſon entremiſe & par celle de ſes prolongemens, que s'exécutent les contractions muſculaires ; ce qui a pu faire dire à Cullen, avec une apparence de vérité, que les muſcles n'étoient que les extrémités mouvantes des nerfs. Dans ces derniers temps, MM. Charles Bell & Magendie ont fait des expériences, deſquelles il réſulte, que les racines poſtérieures du cordon rachidien préſident au ſentiment, & les antérieures au mouvement. M. Rolando de Turin penſe que tous les nerfs ſpéciaux peuvent être conducteurs d'une triple influence, & qu'ils ſont tous aptes à recevoir les impreſſions & à les tranſmettre au *ſenſorium* ; en outre, il les conſidère comme conducteurs d'une influence nerveuſe, qui ſe dirige du centre vers les parties, & dont l'origine eſt dans le cervelet. Il a expérimenté que la ſection des faiſceaux antérieurs ou poſtérieurs anéantit les contractions muſculaires, la ſenſibilité ſe conſervant dans l'un & l'autre cas, & que l'intégrité des racines ou des faiſceaux antérieurs ou poſtérieurs eſt indiſpenſable pour que la myotilité ſe conſerve. De ces diverſes conſidérations pourroient découler autant de données ſéméiotiques ; mais ce point étant encore conteſté, nous devons nous borner à examiner quels ſignes peut fournir au ſéméiologiſte l'étude des anomalies du mouvement.

La diminution de la myotilité, quand elle eſt partielle, indique la compreſſion d'un nerf ; celle de la portion correſpondante de la moelle épinière, un affoibliſſement de l'innervation, & doit faire redouter une paralyſie complète. Quand la paralyſie ſurvient inſtantanément, elle indique un épanchement dans quelque partie du cerveau, ou bien elle eſt la ſuite d'une bleſſure qui a pu atteindre un nerf. Celle qui ſurvient lentement peut appartenir à un épanchement, ſuite d'une inflammation chronique, être le réſultat d'une végétation de la dure-mère, d'une dégénéreſcence de la pulpe cérébrale, ou reconnoître pour cauſe un poiſon, tel que l'oxyde de plomb, l'oxyde d'arſenic, les narcotico-âcres, &c. &c.

L'appareil muſculaire peut éprouver des contractions déſordonnées par le ſeul effet d'une très-grande irritabilité nerveuſe, comme chez les enfans, les femmes, &c. Elles peuvent être l'indice d'une irritation de l'eſtomac, des inteſtins, de la peau ou des organes génitaux ; chez les femmes, &, dans ce cas, les convulſions préſentent peu de dangers; il en eſt de même chez les hyſtériques & les hypochondriaques : mais l'on doit toujours concevoir de vives craintes des contractions tétaniques, qui dépendent le plus ſouvent de l'inflammation de la moelle ſpinale, de la contracture des membres qu'on rapporte au ramolliſſement du cerveau. Dans la chorée, qui eſt conſidérée comme conſéquence de l'inflammation de la protubérance annulaire, dans l'épilepſie même, qui paroît due ſouvent à une affection du cervelet, le danger des convulſions eſt moins immédiat : on voit ſouvent encore des plaies de tête, de vives douleurs, des productions morbides, des épanchemens dans le crâne, déterminer des convulſions ; de fortes émotions, des boiſſons ſtimulantes, certains poiſons peuvent les occaſionner. Elles peuvent être générales ou partielles ; générales, comme dans les circonſtances précitées; partielles, comme dans le hoquet, le tic douloureux de la face, &c. Dans la plupart des cas elles ſont bien plutôt un accident des maladies qu'un ſymptôme.

Le ſommeil, ce repos des organes de la vie de relation, peut encore fournir des ſignes précieux pour le diagnoſtic.

Un ſommeil calme & paiſible, qui rend à nos organes le libre exercice de leurs fonctions, eſt l'indice d'une ſanté parfaite, ſurtout quand il eſt, par ſa durée, en rapport avec l'âge du ſujet. Le ſommeil, en effet, eſt d'autant plus prolongé que l'individu eſt plus jeune. Les perſonnes du tempérament qu'on nomme *nerveux*, & chez leſquelles les ſenſations ſont vives & fugaces, qui par ce caractère ſe rapprochent davantage de l'enfance, ſont auſſi celles auxquelles un repos prolongé eſt le plus néceſſaire ; le vieillard dort peu comparativement aux autres âges de la vie.

Il n'eſt point de maladies qui ne troublent le ſommeil, ſi l'on en excepte les affections vaporeuſes pendant leſquelles il ſe conſerve ordinairement intact, & auxquelles il a été conſidéré comme ſervant de criſe ; il ſeroit plus juſte de dire que les affections vaporeuſes déterminent ſouvent des contractions muſculaires exagérées, une activité plus grande, quoique ſouvent déſordonnée, des facultés intellectuelles & affectives, & que la fatigue, qui en eſt la conſéquence, amène le ſommeil. Il faut encore conſidérer que le ſommeil qui ſe prolonge trop eſt l'indice d'une congeſtion cérébrale.

Dans les maladies du cœur, dans l'hypertrophie avec rétréciſſement, le ſommeil eſt le plus ordinairement troublé par des ſonges, par des réveils en ſurſaut, par le cauchemar.

Un ſommeil long, profond, mais tranquille, qui a lieu dans le cours d'une fièvre ſymptomatique, & pendant lequel ſurvient une diaphorèſe modérée, annonce la réſolution ou la terminaiſon d'une éruption exanthématique.

Preſque toutes les maladies aiguës ſont accom-

pagnées de la perte du ſommeil; un grand nombre de maladies chroniques ſont dans le même cas : alors encore le ſommeil eſt ſouvent troublé par des ſonges ; les douleurs qui accompagnent certaines maladies, telles que les névralgies, l'arthrite, la gaſtrite aiguë avec céphalalgie, le prurit qui précède ou accompagne preſque tous les exanthèmes, &c., troublent le ſommeil ou l'empêchent complétement. Quand le ſommeil, ſouvent interrompu, s'accompagne d'une certaine agitation, que le malade eſt tourmenté par des rêves effrayans, on voit fréquemment ſurvenir alors du délire. Dans la manie délirante, & dans le commencement des aliénations mentales, le ſommeil diminue, eſt troublé par des ſonges ou ceſſe entièrement. Il arrive ſouvent alors que les malades ſont pluſieurs jours ſans avoir un moment de ſommeil tranquille.

Quelques malades, comme les aſthmatiques, les individus attaqués de maladies organiques du cœur, &c; redoutent de ſe mettre au lit ; d'autres individus, ſujets aux lipothymies, comme certains vaporeux, n'ont de calme qu'étant couchés. Chez les maniaques, le retour du ſommeil peut faire concevoir des eſpérances de retour à la raiſon ; mais quand, chez ces mêmes individus, le ſommeil n'apporte pas de diminution au délire, il faut craindre l'incurabilité ou bien une durée fort longue de la maladie. (M. *Eſquirol.*)

Le ſommeil dans lequel le malade a la ſenſation d'un poids qui l'oppreſſe, qui ſe joint à la crainte d'un objet qu'il ne peut fuir, & qui conſtitue le cauchemar, indique ordinairement une ſurcharge de l'eſtomac. Si le ſommeil eſt troublé par des grincemens de dents, des mouvemens bruſques, c'eſt l'indice de l'irritation du cerveau, & l'on doit redouter des convulſions ; le ſommeil profond, ſoporeux, s'obſerve dans certaines fièvres intermittentes. Le *coma vigil* annonce une congeſtion ; le coma ſimple un état apoplectique, &, dans ces derniers cas, le ſommeil eſt un ſigne redoutable.

ART. II. *Appareil digeſtif.* Il comprend, la bouche, le pharynx, l'œſophage, l'eſtomac, les inteſtins.

A. *La bouche* eſt ſèche, brûlante dans le cas d'inflammation aiguë, s'accompagnant de fièvre ſymptomatique ; elle eſt ſèche dans toute émotion vive, dans le cas d'hémorragies, dans l'hyſtérie, pâteuſe après des veilles forcées, des excès dans l'alimentation, &c. Elle eſt béante, contournée dans la paralyſie, ſerrée, agitée dans les convulſions, le tétanos traumatique, le délire, entr'ouverte, immobile dans l'agonie, &c.; elle laiſſe échapper une bave écumeuſe dans l'apoplexie, dans la paralyſie, fétide dans la gloſſite, le ptyaliſme, &c.

Chacune des parties de la bouche peut fourpir isolément des signes de maladie, qu'il importe aussi d'examiner successivement.

1°. Les signes fournis par *la langue* sont des plus importans; elle est rouge dans l'inflammation de l'estomac, dans les exanthèmes aigus, dans les fièvres symptomatiques dues à l'inflammation des organes parenchymateux; l'enduit qui la revêt varie suivant l'intensité de l'inflammation; blanchâtre dans celle qui est légère, il devient successivement jaunâtre, grisâtre, noirâtre, selon que cette inflammation acquiert de l'intensité; quand la langue se revêt de croûtes noires, elle indique un état grave, dangereux, souvent mortel, mais toujours une inflammation très-aiguë; pâle, molle, flasque dans les asthénies non fébriles, les hydropisies chroniques, les écrouelles, elle indique alors un état de foiblesse de la circulation générale, l'épuisement, comme après des pertes, d'abondantes suppurations, de longues maladies. La langue est contractée, en forme de dard dans les inflammations aiguës de l'estomac, dans la méningite, la fièvre dite *ataxique*; granulée dans la gastrite légère ou chronique; épaisse, large, dans la paralysie, l'ivresse; très-volumineuse dans la glossite; agitée, convulsive dans l'apoplexie; tremblotante dans les fièvres graves, &c.

2°. *Les dents* sont d'un blanc nacré chez les phthisiques; martelées, jaunes chez les scrofuleux; elles se carient souvent pendant la gestation, se revêtent d'un enduit plus ou moins épais dans le cours des inflammations de l'appareil digestif; blanc, jaune, fuligineux, selon l'intensité de la pyrexie, cet enduit se convertit souvent en croûtes dans les fièvres dites *ataxiques* ou *adynamiques*, & autres affections graves.

3°. *Les gencives* sont pâles dans l'ascite, les écrouelles, les asthénies non fébriles, & plus ou moins rouges dans les fièvres inflammatoires; elles sont violettes chez les anévrysmatiques, saignantes, gonflées, douloureuses & exhalant une odeur infecte dans le scorbut; molles, flasques & tuméfiées dans certains cas de syphilis, &c.

4°. *Les lèvres* sont minces chez les phthisiques, épaisses chez les scrofuleux, surtout la supérieure; elles sont rouges dans les inflammations aiguës ou chroniques, pâles chez les hydropiques, les individus affoiblis par des pertes, dans la syncope; elles sont bleuâtres chez les anévrysmatiques, les asthmatiques, dans tous les cas où la circulation languit; elles sont froides, noires, livides dans l'apoplexie, chez les agonisans; elles sont couvertes de boutons après un accès de fièvre, plus ou moins contournées dans la paralysie, les convulsions, l'expression des diverses passions.

B. *Le pharynx* est rouge dans l'amygdalite, la pharyngite; ses contractions sont douloureuses dans l'inflammation de la luette, dans l'amygdalite; il est contracté dans l'hydrophobie, &c.

C. *L'œsophage* contient souvent des pustules dans la variole, le millet, & autres inflammations des parties voisines qui s'y propagent; il se refuse à l'ingestion des alimens & des boissons dans le cas de squirrhe de ses parois, dans certains spasmes nerveux, dans l'hydrophobie; l'inflammation de l'œsophage donne lieu à une douleur entre les deux épaules; quand les boissons traversent l'œsophage en produisant du gargouillement, c'est un indice défavorable; quand les liquides traversent l'œsophage comme un tube inerte, c'est un signe funeste.

La manière dont la déglutition s'exerce peut fournir des moyens d'apprécier l'état des organes malades. La difficulté d'avaler a une importance séméiotique relative à sa cause productrice; l'impossibilité d'avaler, jointe à l'horreur des liquides, est un signe d'hydrophobie. Dans l'apoplexie, dans les fièvres dites *ataxiques* & *adynamiques*, dans les gastro-entérites graves, quand, après une extrême difficulté à avaler, les liquides s'engagent dans le larynx, c'est l'indice d'une mort prochaine : il en est de même dans toutes les maladies aiguës ou chroniques qu'accompagne un affoiblissement graduel des forces. Dans les spasmes, l'hystérie, l'impossibilité ou la difficulté d'avaler n'a rien d'inquiétant, elle disparoît avec l'accès. L'alongement de la luette provoque quelquefois des efforts infructueux pour avaler; certaines femmes hystériques se plaignent de ne pouvoir avaler un morceau qu'elles croient avoir dans le gosier. La division du voile du palais, la perforation de la voûte palatine, font que les alimens passent en partie par les fosses nasales; quand l'épiglotte est détruite, les alimens peuvent tomber dans le larynx & déterminer la toux, la suffocation, &c. Dans tous ces cas, le pronostic se basera bien plus sur la cause de l'accident que sur l'accident lui-même.

D. *L'estomac* est plus ou moins douloureux à la pression dans le cas d'inflammation de ce viscère, dans les fièvres intermittentes, tierces, quartes, &c. Il contient des gaz dans certaines affections chroniques de la muqueuse, dans l'hystérie, l'hypochondrie; & dans les mêmes circonstances, on y observe souvent des mouvemens isochrones à ceux du cœur. Des vomissemens séreux, bilieux, de matières alimentaires ou fécales, de sang, de matières noirâtres, peuvent être le produit d'une inflammation de cet organe, de l'empoisonnement, d'une hépatite aiguë, de la fièvre jaune, d'une phlegmasie concomitante de l'appareil cérébro-spinal avec un exanthème aigu, ou toute autre affection. Ces vomissemens peuvent être produits par l'ivresse, par une indigestion, par une hernie étranglée, un cancer de l'estomac, l'hématémèse, le mælena, le choléra-morbus, la léfion de la fclérotique, la groffeffe, la chlorofe, &c. La boulimie eft le figne d'une irritation, la dyfpepfie celui d'une inflammation chronique de l'eftomac ; l'inappétence accompagne prefque toutes les affections aiguës des vifcères & les affections chroniques de l'eftomac ; les éructations fréquentes, acides, annoncent une digeftion pénible, fouvent une maladie organique du ventricule.

Un exercice violent qui a augmenté l'exhalation, le froid, une alimentation excitante, les fpiritueux, &c., développent & augmentent la foif. Ici ce n'eft qu'un befoin à fatisfaire ; nous pouvons cependant en tirer cette induction pour l'état pathologique, que la foif indique une irritation de l'eftomac, une perte de liquide quelconque, ou une déviation dans les exhalations ; & l'expérience pratique, vient appuyer cette induction, tirée de l'état normal. L'irritation d'un tiffu organique, quel qu'il foit, accélère la circulation & occafionne une exhalation cutanée ou une excrétion urinaire plus abondante que de coutume ; la foif alors devient plus ou moins preffante. Toutes les pyrexies préfentent ce phénomène à des degrés variables, felon leur intenfité. Il eft vrai de dire, cependant, que dans le cas où la muqueufe gaftro-inteftinale eft le fiége d'une exhalation muqueufe, la foif eft fouvent prefque nulle. Nous voyons encore que la foif tourmente certains malades, fans qu'il y ait même état fébrile ; une hémorragie amène une foif plus ou moins vive, qui eft évidemment l'indice d'une perte de liquide à réparer. Certaines douleurs normales, comme celle de l'expulfion du fœtus, s'accompagnent de foif : toutes les fois que la foif eft en rapport avec les exhalations ou les excrétions, ou feulement avec l'intenfité de l'irritation, elle ne peut être confidérée que comme un figne favorable ; mais fi la polydipfie ou foif inextinguible fe manifefte, comme on l'obferve dans certains cas d'exhalations internes (hydropifies) ou d'hémorragie abondante, elle annonce un danger imminent. Toute foif qui naît dans la pyrexie & s'éteint avec elle, ne préfente rien de dangereux ; celle qui dans une inflammation extérieure ne difparoît pas avec l'exanthème, & qui fuccède à un friffon, doit faire préfumer une métaftafe, furtout s'il fe manifefte d'autres fignes d'irritation. La foif peut exifter avec l'horreur des liquides, comme dans l'hydrophobie : elle accompagne fouvent les attaques d'hyftérie, d'hypochondrie, &c. Elle eft nulle dans les gaftrites avec fécrétion muqueufe ; elle ne fe fait pas fentir dans certaines périodes des fièvres dites *ataxiques ;* elle peut exifter fans que le malade veuille la fatisfaire, comme dans le délire, fans qu'il puiffe la fatiffaire, comme dans l'hydrophobie.

La faim peut diminuer par le manque d'exercice fuffifant, par l'ufage des débilitans. Les boiffons aqueufes, mucilagineufes, gommeufes, en peu-

vent modérer la puiffance ; les opiacés, en ftupéfiant l'eftomac, & furtout les nerfs de la huitième paire, empêchent de la reffentir. Au début de prefque toutes les maladies aiguës, l'anorexie fe manifefte, ainfi que dans les gaftrites chroniques. Il y a alors une irrégularité fingulière dans fa manifeftation. L'appétit s'ouvre, dit-on vulgairement, par l'exercice, par le froid, qui en augmentant l'action de l'eftomac d'une manière fympathique, a fouvent donné naiffance à la faim canine : on fait combien certains ragoûts, certaines boiffons fpiritueufes peuvent développer l'appétit & l'entretenir, alors même que l'alimentation eft fuffifante. La boulimie, qui eft une faim fans ceffe renaiffante, annonce, felon certains auteurs, une gaftrite chronique ; quelques autres la donnent comme preuve de communication du canal cholédoque dans l'eftomac.

La faim qui naît d'un grand exercice, comme chez les chaffeurs, celle qui fe remarque chez les femmes pendant la geftation, celle qui fe manifefte pendant la convalefcence des maladies aiguës, n'a rien que de conforme à l'ordre phyfiologique.

Le dégoût eft une averfion pour toute efpèce d'alimens ; il accompagne prefque conftamment l'irritation de l'eftomac ; il fe diftingue de l'anorexie en ce qu'il détermine des naufées : le dégoût qui eft continuel, annonce une léfion profonde de l'eftomac, une gaftrite chronique, un cancer, &c.

E. La douleur des *inteftins* indique leur inflammation, la préfence dans leur intérieur de gaz, d'alimens indigeftes, d'un poifon, d'un purgatif draftique, &c. Les borborygmes indiquent une affection fpafmodique, l'hyftérie, &c. La rétention des matières fécales peut indiquer un rétréciffement, un cancer, l'inertie, la paralyfie, l'inflammation, l'étranglement du tube inteftinal, &c. Mais ce figne n'a de valeur qu'autant qu'il fe joint à d'autres fignes propres à éclairer le diagnoftic de chacune de ces affections. La diarrhée annonce une inflammation aiguë ou chronique du tube digeftif, une affection organique de quelque vifcère. Un fentiment d'ardeur & de chaleur dans les inteftins précède quelquefois une inflammation hémorragique de la muqueufe inteftinale ; le prurit qui s'y joint avec de la douleur à l'anus eft fouvent le prélude des hémorrhoïdes, &c. Les excrétions alvines purulentes indiquent une ulcération inteftinale, une affection vifcérale profonde, ou la communication avec un foyer purulent ; les excrétions fanguines annoncent la dyffenterie, les hémorrhoïdes, &c. Des vers, des hydatides mêlés aux felles rendent probable la préfence de ces animaux dans les inteftins. Certaines fubftances alimentaires donnent aux excrémens une couleur particulière ; dans l'ictère, ils font décolorés ; leur dureté annonce une irritation du tube inteftinal ;

tinal, leur fétidité eſt un indice de fièvre dite *adynamique*, de gaſtro-entérite grave, &c.

Art. iii. *Appareil reſpiratoire.* L'appareil reſpiratoire, conſidéré ſous le rapport ſéméiotique, doit être étudié dans les diverſes modifications que ſubit la fonction dont il eſt chargé, c'eſt-à-dire dans la reſpiration elle-même, dans l'air qui en conſtitue l'élément eſſentiel, et dans les différens actes qu'elle tient ſous ſa dépendance.

1°. *La reſpiration* ſe ralentit pendant le repos & le ſommeil, dans les congeſtions cérébrales, par l'emploi de l'opium, de la belladone, de la digitale pourprée, &c. Elle eſt ſuſpendue dans la ſyncope; elle eſt inſenſible dans la catalepſie.

Les exercices violens, la marche, le froid modéré, accélèrent la reſpiration; il en eſt de même des exanthèmes aigus, des pyrexies inflammatoires, de l'hypertrophie du cœur, de l'aſthme, de la diſpoſition à la phthiſie, de l'uſage des liqueurs ſpiritueuſes, de toute cauſe qui diminue la capacité du thorax ou accélère la circulation.

Dans les affections aiguës, quand la reſpiration eſt grande & rare le délire eſt à redouter; elle annonce alors l'irritation des méninges, & peut faire craindre une congeſtion. La reſpiration ſublime, celle dans laquelle le malade fait tous ſes efforts pour dilater ſa poitrine, indique une ſuffocation imminente. La reſpiration luctueuſe, interrompue, entrecoupée, s'obſerve dans une conformation vicieuſe du thorax, dans la pneumonie intenſe, dans certaines gaſtrites aiguës, dans l'apoplexie, &c. &c. La reſpiration eſt gênée, courte, vite, & ſouvent douloureuſe dans la pleuréſie, la pleurodynie, la péripneumonie. Elle eſt inégale, profonde, dans les affections triſtes, dans la gaſtrite & la gaſtro-entérite aiguës, dans certains cas d'hyſtérie, &c. Elle eſt haletante chez certains phthiſiques, chez les aſthmatiques, dans certaines altérations organiques du cœur. Elle eſt ſtertoreuſe dans la pneumonie, l'apoplexie, dans les profondes inflammations abdominales; elle devient petite, inſenſible dans l'agonie.

2°. *L'air expiré* peut auſſi varier de température & de qualité : chaud dans les fièvres ſymptomatiques d'une phlegmaſie, dans les inflammations bronchiques ou pulmonaires, il baiſſe de température dans les fièvres dites *adynamiques* & *ataxiques*, dans la pneumonie & les catarrhes qui tendent vers une iſſue funeſte.

L'air expiré peut-être vicié par une maladie de la bouche ou des dents, par le ſcorbut, le ptyaliſme, une affection vermineuſe, de mauvaiſes digeſtions, une gaſtrite chronique, &c; Quand l'air expiré eſt fétide, il annonce une caverne du poumon, une vomique, &c.; quand il eſt cadavéreux, il indique une gangrène du même organe, &c. &c.

3°. *La toux* indique l'irritation du larynx,

de la trachée-artère, ou la préſence d'un corps étranger dans ces parties; on lui donne alors le nom de *toux gutturale.* Celle qui part de la profondeur des bronches, nommée *toux pectorale*, indique une affection aiguë ou chronique des poumons. Cette toux eſt plus large, moins convulſive que la première. La toux ſymptomatique d'une irritation gaſtro-pulmonaire, eſt plus ſèche que la toux gutturale; elle augmente après le repas, et provoque ſouvent le vomiſſement, comme on peut l'obſerver dans le catarrhe pulmonaire aigu, dans la coqueluche, &c.

La toux ſèche ou ſérine ſe manifeſte ſouvent au début de la pleuréſie, de la péripneumonie, de la rougeole, de la phthiſie laryngée, de la phthiſie pulmonaire, &c. Elle diminue après ce premier temps d'irritation. Dans l'angine trachéale, dans le croup, la toux eſt rauque, plus ou moins ſèche; elle peut être ſymptomatique d'une irritation des organes abdominaux, de même qu'elle peut être déterminée par le froid, une poudre irritante, ou par des gaz irritans : dans ce cas, elle n'a d'importance qu'autant que ces différentes cauſes déterminent une inflammation des bronches, du larynx, du poumon.

4°. La toux amène à ſa ſuite une expectoration à laquelle on donne le nom de *crachats;* ces crachats ſont muqueux, filans, dans le début du catarrhe aigu; ſanguinolens dans l'hémoptyſie, la pneumonie; les crachats verdâtres, griſâtres & puriformes, s'obſervent dans la terminaiſon des catarrhes aigus ou chroniques des bronches, &c. : du véritable pus eſt rendu par expuition dans une vomique, dans la phthiſie, &c.; des crachats fétides, d'une odeur *ſui generis*, annoncent la gangrène du poumon. Quand, après des crachats rouges, ſanguinolens, on en voit ſurvenir de noirs, formés manifeſtement de ſang, c'eſt un ſigne que l'hémorragie pulmonaire ou bronchique a ceſſé; les crachats ne ſont alors que des caillots qui ont ſéjourné dans les bronches; quand ils ſont jaunâtres-rouille, ils n'indiquent point une pneumonie bilieuſe, comme Stoll le dit, mais ſeulement un moindre degré d'inflammation : c'eſt une excrétion muqueuſe mêlée de ſang. Malgré cette amélioration apparente, s'il ſurvient des friſſons irréguliers, il faut redouter la ſuppuration du poumon.

L'expuition de tubercules annonce leur préſence dans le poumon; il faudra faire attention cependant qu'il ſe forme quelquefois de petites concrétions dans les ſinus des amygdales, qui, pour la forme & l'aſpect, ont une reſſemblance parfaite avec des tubercules crus du poumon; mais en les écraſant elles exhalent une odeur fétide qui les différencie de ces derniers. L'expuition de tuyaux membraniformes indique le croup, &c. &c. Quand les crachats s'amaſſent dans les bronches, ils donnent lieu au râlement ou râle, qui, ſelon les circonſtances dans leſquelles il ſurvient, a une importance plus ou moins grande. (Voir plus loin le chapitre ayant pour titre : *Des sens du médecin appliqués à l'exploration.*)

L'expectoration, lorsqu'elle est facile dans le catarrhe pulmonaire, dans la pneumonie, &c., indique une inflammation modérée : c'est un signe favorable. L'expectoration difficile, dans les mêmes circonstances, ainsi que dans la phthisie, la vomique, est à redouter parce qu'elle est le signe ou d'une sur-irritation pulmono-bronchique, ou de la foiblesse du malade, qui n'a plus la force d'expectorer. Si l'expectoration se supprime complétement dans les circonstances précitées, c'est ordinairement le signe d'une mort prochaine.

5°. Le *hoquet* n'est qu'un accident dans les maladies; il indique, quand il est persistant, dans les inflammations du péritoine & des viscères gastriques, après la suppression d'un exanthème, après une grande opération chirurgicale, dans les hernies étranglées, & généralement dans toute maladie grave, il indique, dis-je, que le malade succombera prochainement. Le hoquet des hystériques, celui des ivrognes, celui qui survient après le repas, n'annonce aucun danger.

6°. Le *rire* est l'expression ordinaire de la joie; quand il survient sans cause, il indique le délire, la manie, un attaque d'hystérie : il précède quelquefois les convulsions des enfans.

7°. Le *bâillement* est l'indice de l'ennui, de la fatigue ; il accompagne les hémorragies abondantes, il succède à la syncope, à des accès d'hystérie, d'hypochondrie ; il les précède souvent, et annonce l'oppression des forces, l'embarras de la circulation, des inflammations internes, un accès de fièvre intermittente. Quand il survient dans les fièvres dites *ataxiques* ou *adynamiques*, dans la fièvre jaune, la peste, il indique une terminaison funeste.

8°. L'*éternuement* survient ordinairement dans l'irritation de la pituitaire : quand ce n'est pas à une cause chimique ou mécanique qu'il est dû, ce bruit annonce le coryza; il précède souvent la rougeole, un accès de fièvre intermittente, une épistaxis. Ce signe seul a peu de valeur.

9°. La *voix* s'altère par une maladie du larynx, de la langue, des lèvres ou des fosses nasales; ainsi l'angine laryngée, la glossite, le bec-de-lièvre, un polype, lui impriment des modifications; les passions, l'âge & le sexe ont sur elle une influence bien marquée; la voix peut devenir plus forte, plus foible, plus aiguë, plus grave, rauque; enrouée ou manquer complétement.

Les cris, les vociférations qui sont des exagérations de la voix, accompagnent souvent le délire dans les maladies aiguës & le précèdent quelquefois : on sait que les accès d'hystérie sont souvent accompagnés de cris.

La foiblesse de la voix qui survient après un repas copieux & des libations fréquentes, indique une surcharge de l'estomac & l'ivresse; on l'observe encore dans la phthisie, dans la convalescence des longues maladies, après de grandes hémorragies, à la suite de la dyssenterie, dans le scorbut, dans les fièvres dites *adynamiques*, dans quelques maladies chroniques, dans certains spasmes, & généralement dans toutes les circonstances où l'organisme a reçu une profonde atteinte.

La voix sibilante, criarde, en fausset, précède encore le tétanos, l'hystérie, les convulsions, &c.

La voix aiguë, glapissante, accompagne le croup, &c.

La voix aiguë, sifflante, s'observe dans l'angine laryngée, l'angine trachéale.

La raucité, l'enrouement de la voix se remarquent après des excès vénériens, des excès de boissons, des cris long-temps continués, après des veilles prolongées, dans certains exanthèmes, dans l'hydrophobie, dans le catarrhe bronchique, dans les ulcérations syphilitiques de la bouche, dans la phthisie laryngée, la phthisie trachéale, dans l'amygdalite, &c.

L'aphonie ou la perte de la voix peut reconnoître pour cause l'hystérie, la catalepsie, l'épilepsie, la paralysie du larynx, l'apoplexie, l'angine laryngée, la phthisie laryngée, &c.

La mussitation qui survient dans le cours d'une gastrite intense, d'une gastro-entérite, d'une pneumonie, ou pendant la durée d'une fièvre grave, des fièvres dites *ataxiques* ou *adynamiques*, dans l'apoplexie, enfin dans toute pyrexie symptomatique d'une phlegmasie viscérale, est un signe funeste.

10°. La *parole* peut être altérée par les passions & les maladies; considérée sous ce dernier rapport, elle peut être lente, précipitée, brève, hésitante, bégayée ou anéantie (*mutité* ou *mutisme*). L'hésitation dans la parole se fait remarquer dans l'apoplexie menaçante, dans l'hystérie, avant le délire des maladies aiguës, dans la congestion cérébrale & l'ivresse.

11°. Le *bégaiement* peut faire craindre une congestion cérébrale, le délire, des convulsions; quand il se joint au bégaiement de la lenteur & de la difficulté à prononcer, on peut croire à une affection grave du système nerveux, à une apoplexie imminente, à une paralysie.

La parole brusque & prompte indique le délire, un accès de fièvre intermittente, le début d'une méningite, l'irritation vive d'un organe important, avec irradiation d'accidens vers le cerveau.

La perte de la parole (quand la voix n'est point affectée) s'observe dans la paralysie de la langue, dans l'hystérie, dans l'apoplexie, dans certaines amygdalites, dans quelques ulcères de la gorge, &c. La perte de la voix peut accompagner celle de la parole, & dans ce cas être occasionnée par l'ivresse, par l'apoplexie, ou bien encore dépendre d'un empoisonnement par l'opium, par la

belladone, par la pomme épineufe ou par la jufquiame.

ART. IV. *Appareil circulatoire.* Cet appareil
ne fournit pas moins de fignes de maladies que le
précédent, & ne mérite pas moins d'attention de
la part du médecin. Le cœur & les artères font les
deux principales fources où la féméiotique puife
des caractères diagnoftics. Les mouvemens du
cœur fe trouvent modifiés fympathiquement, par
toutes les maladies aiguës ou chroniques qui ont
une certaine intenfité, ou qui occupent un organe
important à la vie. Les émotions vives, les exercices violens, les maladies du cœur lui-même,
certains fpafmes, certaines adhérences, un épanchement dans la poitrine, & toutes les paffions,
influent d'une manière notable fur le jeu de cet
organe. Ces différentes caufes peuvent augmenter,
pervertir ou rendre prefqu'infenfibles fes contractions. Les mouvemens du cœur, en admettant
comme connues les modifications que lui impriment l'âge, le fexe, le tempérament, la faifon, le
climat, &c., font accrus, ralentis, inégaux, fréquens, forts, foibles, petits, réguliers, irréguliers,
apparens, obfcurs, &c.; mais comme on apprécie
par l'étude du pouls ou par la ftéthofcopie toutes
ces variations & leur valeur féméiotique dans les
maladies du cœur, nous n'examinerons ici que les
fignes tirés des anomalies purement fymptomatiques d'autres affections, nous réfervant de fixer
davantage notre attention fur les troubles de la
circulation, confidérés comme effets d'une léfion
organique quelconque du centre circulatoire.

1°. Les palpitations furviennent dans les fortes
émotions; on les obferve dans quelques difformités
du thorax; elles accompagnent la fuppreffion
d'une hémorragie habituelle, l'hyftérie, l'hypochondrie, la péricardite, l'hydro-péricarde. Les
palpitations font fouvent fpafmodiques., &c.

2°. Les artères ont un mouvement de dilatation
& de refferrement que leur imprime le cœur, &
qui conftitue le pouls; le pouls varie en fré-
viteffe, en fréquence, fuivant l'âge, le fexe & le
tempérament, &c. Le pouls eft petit, fréquent,
rare, fort, foible, grand, concentré, ferré, large,
court, défaillant, capricant, déprimé, développé,
dicrote, mou, dur, embarraffé, égal ou inégal,
élevé, enfoncé, étroit, filiforme, formicant, infenfible, intercurrent, intercadent, intermittent,
lent, vite, languiffant, régulier ou irrégulier,
fuivant l'impreffion qu'il fait éprouver aux doigts
qui l'explorent; mais outre ces dénominations,
qui ne font, fi je puis m'exprimer ainfi, que des
fenfations tactiles & qui conftituent les pouls élémentaires, il exifte des pouls compofés, comme
le pouls normal, celui de l'irritation, le pouls
nafal, le guttural, le pectoral, l'hépatique, le
gaftrique, l'inteftinal, l'utérin, l'hémorrhoïdal,
le pouls de l'urine, celui de la fueur, le pouls hémorragique, le pouls fupérieur & inférieur, &c.

Il importe d'apprécier la nature de ces différens
pouls. Le pouls fréquent, vif, dur, preffé, indique l'irritation d'un organe fus-diaphragmatique;
quand ces caractères font exagérés, il annonce
que l'irritation a une très-grande violence;
quand, après avoir eu ces caractères, il devient
mou, plein, fouple, ondulent, développé, il annonce la fueur. Le pouls qui de dur, vif, fréquent, preffé, devient fouple, dilaté, mou, médiocrement plein, indique une évacuation critique. Le pouls eft fréquent toutes les fois que le
nombre des pulfations eft au-deffus du type normal; les exercices violens, la colère, les boiffons
alcoolifées, l'alimentation ftimulante, rendent le
pouls plus fréquent. Dans les phlegmafies aiguës,
dans les premiers temps des fièvres dites *adynamiques* ou *ataxiques*, le pouls augmente de fréquence; dans l'inflammation du tiffu albuginé,
cette fréquence fe joint à fa dureté, & le plus
fréquemment fe lie à l'hypertrophie du ventricu-
gauche du cœur. Le pouls n'augmente guère de
fréquence dans les inflammations chroniques,
qu'autant que quelque foyer purulent fe forme,
ou que l'inflammation paffe à l'état aigu; dans la
paralyfie, la fréquence du pouls eft un figne favorable, mais il arrive auffi qu'il indique une nouvelle attaque, s'il eft en même temps dur & capricant. En général, la fréquence du pouls indique
l'acuité de la maladie; quand le pouls fréquent eft
en même temps petit, foible & inégal, il annonce
un danger imminent.

Le pouls eft rare dans les congeftions cérébrales,
dans le cours des fièvres dites *adynamiques* &
ataxiques, dans les inflammations profondes des
vifcères abdominaux, dans les maladies chroniques avec épuifement des forces. Le pouls rare,
qui eft en même temps petit, mou, irrégulier, s'il
s'y joint le froid des extrémités, eft d'un fâcheux
augure; le pouls qui de vite devient modérément
rare & plein, indique la diminution de l'irritation;
Le pouls vite & fréquent s'obferve dans les maladies inflammatoires, dans le début des fièvres
dites *adynamiques* & *ataxiques*, dans le typhus,
&c., &c. Quand, dans le cours d'une inflammation, le pouls déjà vite, devient petit & plus vite,
& que le froid l'accompagne, il faut redouter la
gangrène; il devient ordinairement très-vite &
très-rare chez les mourans. Quand le pouls qui
étoit vite fe ralentit, qu'il conferve de la force,
c'eft un figne favorable, il annonce que l'inflammation diminue.

Le pouls dur, tendu, roide, réfiftant, annonce
une hémorragie, une inflammation aiguë, &c.;
le pouls dur, petit, irrégulier, eft affez ordinairement celui des hyftériques, des hypochondriaques. Le pouls dur dans le début de la pleuréfie, de la pneumonie aiguë, des exanthèmes
cutanés, n'eft point à redouter; mais s'il furvient
dans le cours d'une maladie chronique, il annonce
qu'une portion de l'organe affecté s'enflamme

B 2

de nouveau, ou bien que l'inflammation passe de l'état chronique à l'état aigu.

Le pouls qui, dans une pyrexie inflammatoire, de dur devient mou, sans perdre de son étendue, de sa force & de sa régularité, & qui diminue de fréquence, annonce sa résolution. Le pouls qui devient mou, irrégulier, intermittent, dans le cours d'une inflammation aiguë, ou à la suite d'une maladie chronique, est d'un sinistre présage.

Le pouls grand, plein, développé, gros, s'observe dans la pneumonie, la péripneumonie, l'angine trachéale, l'amygdalite, les exanthèmes cutanés, les hémorragies, l'apoplexie, &c. Quand, dans les inflammations aiguës, le pouls devenu petit, serré, opprimé, se relève, s'élargit, c'est une preuve que l'inflammation diminue ; le pouls grand est redoutable dans l'apoplexie, lorsqu'après avoir été petit, il se développe & qu'il y a un grand penchant au sommeil. Dans toutes les affections soporeuses, le pouls grand, plein, développé, est dangereux.

Le pouls est petit, serré, dur, dans le début des inflammations des viscères gastriques ; quand il devient très-fréquent & perd de sa force, il peut faire craindre la terminaison par gangrène. Après les exanthèmes, le pouls petit annonce la leucophlegmatie, l'anasarque ; quand il s'y joint du délire, il annonce une congestion cérébrale, une méningite, &c.

Le pouls est fort, plein, large, dans le début des phlegmasies, dans les hémorragies ; quand alors il devient lent & inégal, il faut redouter le délire, des convulsions, l'apoplexie. Dans les phlegmasies chroniques, cet état du pouls indique le réveil de l'inflammation & son passage à l'état aigu.

Le pouls est foible dans la peste, dans le typhus, dans la plupart des maladies chroniques ; dans les inflammations qui tendent à la gangrène, il devient souvent alors petit, fréquent, inégal. Dans les affections spasmodiques, le pouls petit, foible, fréquent, intermittent, inégal, &c., n'annonce le plus ordinairement rien de grave.

Le pouls défaillant, filiforme, fugitif, insensible, misérable, se fait observer dans l'agonie, la syncope, les maladies du cœur à leur dernière période ; dans l'hystérie, dans l'étranglement des hernies, dans la terminaison par gangrène de toute phlegmasie viscérale, dans les hémorragies intérieures, dans l'apoplexie, il est généralement l'indice d'un état fort grave, d'une mort imminente.

Le pouls inégal peut être convulsif, dicrote, biferiens, embarrassé, intercurrent, intercadent, intermittent, irrégulier, myure, &c. &c. Le pouls peut être inégal dans l'état normal, comme on le voit quelquefois après un repas copieux, comme on l'observe encore chez beaucoup de vieillards. Il est souvent convulsif, embarrassé, intermittent même, dans l'hystérie, l'hypochon-

drie, sans qu'on doive en inférer rien de bien redoutable. Le pouls qui est ordinairement intermittent, sans qu'aucun signe de phlegmasie existe, & qui se rencontre chez des sujets qui ont des palpitations violentes, indique une maladie organique du cœur.

Le pouls est souvent inégal dans les phlegmasies aiguës ; s'il est dicrote, myure, & qu'il conserve de la force, en diminuant de fréquence, il peut faire présager une hémorragie, ou bien encore une évacuation critique ; mais si le pouls est petit, foible, très-fréquent, rare & dur, c'est une preuve que l'irritation augmente d'acuité.

L'inégalité du pouls se trouve liée à toutes les évacuations critiques, & en est ainsi devenu un des signes principaux. Joint à d'autres qualités, il constitue le pouls supérieur & inférieur de Bordeu. Fouquet, portant encore plus loin les subdivisions du pouls, a fini par reconnoître un pouls particulier pour chacun des organes les plus importans. il existe en outre un pouls normal & un pouls d'irritation.

Le pouls normal est égal, modéré en force, en vitesse, en fréquence, & en rapport avec l'âge, le sexe & le tempérament.

Le pouls d'irritation, nommé encore nerveux, convulsif, acritique, est dur, fréquent, vite, sec, pressé.

Le pouls critique est celui qui, après avoir été tel que le précédent, devient libre, dilaté, mou, souple, moins plein & un peu serré ; ce pouls se divise en supérieur, qui a tous ces caractères avec une vitesse plus grande, & en inférieur, qui les a aussi, mais avec plus de rareté & moins de vitesse.

Le pouls supérieur comprend, 1°. le pouls nasal, qui est redoublé, dur, fort, vite, & qui annonce la fin d'un coryza : 2°. le pouls guttural a un degré de force, de dureté, de vitesse & de redoublement moins marqué que le précédent ; il indique la cessation des maux de gorge : 3°. le pouls pectoral est mou, plein, dilaté, égal, onduleux ; il indique la fin d'une irritation du poumon.

Le pouls inférieur comprend, 1°. le pouls gastrique ou stomacal, qui est très-concentré, inégal, roide, saillant, fréquent, avec des intervalles égaux entre la systole & la diastole ; il précède le vomissement & indique l'inflammation de l'estomac. 2°. Le pouls hépatique est concentré, peu dur, peu roide, mais très-inégal ; son inégalité consiste en ce qu'après deux ou trois pulsations parfaitement égales, & presque normales, il y a deux ou trois pulsations inégales entr'elles ; il indique une affection aiguë du foie. 3°. Le pouls intestinal a des pulsations assez fortes, mais inégales en force, en durée, & par les intervalles qui les séparent, d'où résulte une espèce de sautillement plus ou moins régulier ; quelquefois il s'y joint de l'intermittence ; il indique une entérite aiguë, une évacuation critique par les selles, &c. 4°. Le pouls utérin est élevé, développé, inégal, avec des rebondissemens modérés ; il y a irrégularité des pulsations & sautillement de l'artère : il indique l'apparition des règles, une métrorrhagie. 5°. Le pouls hémorrhoïdal est inégal dans sa force & dans l'intervalle de ses pulsations ; quand ses pulsations sont moins inégales, elles paroissent tenir à l'état d'irritation ; il y a quelques pulsations assez dilatées, bientôt suivies de rebondissemens : ce pouls annonce un flux hémorrhoïdal. 6°. Le pouls cystique ou de l'urine est inégal, avec une sorte de régularité, myure, sautillant par intervalles ; il annonce une crise par les urines. 7°. Le pouls de la sueur est plein, souple, ondulant & développé. Nous donnons ces détails sur le pouls plutôt comme appartenant à l'histoire de la séméiotique, que comme pouvant établir des moyens satisfaisans & précis de diagnostic.

ART. v. *Appareil génito-urinaire.* L'appareil génito-urinaire doit être considéré séméiotiquement : 1°, chez l'homme ; 2°. chez la femme, dans les fonctions propres à la génération d'abord, puis dans celles qui sont particulières à la sécrétion et à l'émission de l'urine.

1°. L'appareil génital de l'homme fournit des signes assez nombreux, & plus ou moins caractéristique : ainsi le pénil est très-développé chez ceux qui se livrent à la masturbation ; l'érection est fréquente chez les calculeux, dans la myelite légère ; elle est douloureuse & habituelle chez ceux qui sont atteints de blennorrhagie, fréquente chez les hypochondriaques, & souvent alors accompagnée de pollutions nocturnes qui les épuisent : l'érection s'observe encore dans le tétanos, dans la strangulation, chez ceux qui portent des vésicatoires entretenus avec des cantharides, &c. L'abus des plaisirs de l'amour, ou bien une continence extrême, peuvent déterminer le satyriase qui accompagne fréquemment les maladies de l'urèthre, l'idiotisme, la phthisie, &c. L'anaphrodisie est souvent la suite d'excès vénériens, de l'onanisme ; elle est la conséquence d'une paralysie des muscles ischio-caverneux, & peut être celle d'une hémorragie, de la foiblesse, &c.

La petitesse du membre viril peut être la conséquence d'une hydrocèle volumineuse, d'excès vénériens, ou d'une continence absolue.

La rétraction du testicule indique une néphrite calculeuse, une névralgie ilio-scrotale, &c.

L'infiltration du scrotum accompagne souvent l'hydropisie, le chatouillement du gland, un calcul de la vessie, &c. ; l'écoulement par l'urèthre d'un liquide séreux ou puriforme, indique une inflammation de ce canal ; quand c'est du sperme, il constitue la spermatorrhée.

2°. L'appareil génital de la femme fournit des caractères séméiotiques peu nombreux, & qui se rattachent surtout à l'écoulement menstruel dont il

est chargé ; aussi cette évacuation n'existant pas chez les très-jeunes filles, & n'ayant plus lieu chez les femmes âgées, il ne donne chez elles aucun renseignement dans les maladies.

L'aménhorrée est ordinairement liée à une altération organique, qui, en déterminant un mouvement irritatif & fluxionnaire sur un autre point de l'économie, occasione la suppression des règles ; d'où nous pouvons conclure qu'excepté la grossesse & l'allaitement, qui entraînent la suspension normale de cet écoulement mensuel, la suppression des règles est toujours un signe fâcheux ; l'aménhorrée peut, par cette raison, s'observer dans presque toutes les phlegmasies aiguës ou chroniques, telles que la pneumonie, la phthisie, la gastrite, ou la gastro-entérite aiguë ou chronique; la suppression des règles peut être encore le résultat de l'impression du froid, celui d'un pédiluve ou d'un manuluve pris pendant qu'elles couloient, & dans ce cas déterminer une pneumonite, l'apoplexie, l'hématémèse, l'hémoptysie, la jaunisse, &c., suivant la disposition plus grande qu'avoient le poumon, le cerveau, l'estomac, les bronches ou le foie à être le centre d'un mouvement fluxionnaire. L'aménorrhée qui survient à la suite d'une vive frayeur, de profonds chagrins, peut déterminer des convulsions, l'épilepsie, l'hystérie, la manie, &c. Il arrive quelquefois qu'après une perte, une hémorragie ou même une saignée, les règles ne paroissent pas à l'époque ordinaire pendant quelques mois ; quand elle ne reconnoît pas d'autre cause, cette suppression n'est point inquiétante : d'autres fois elle s'accompagne d'une hémorragie périodique, succédanée de celle de l'utérus ; c'est alors que se calcule le danger de cette déviation, selon l'importance de l'organe qui devient le siége de la fluxion. Quand l'écoulement qui succède à l'accouchement, & auquel on donne le nom de *lochies*, vient à se supprimer, on doit redouter une péritonite, une arachnoïdite, une métrite, ou toute autre inflammation ; l'on voit alors aussi les seins s'affaisser & ne plus fournir de lait, les règles & les lochies qui, après avoir été supprimées viennent à reparoître, indiquent le retour à l'état normal.

La dysménorrhée ou écoulement difficile des règles reconnoît les mêmes causes que l'aménorrhée, &, ainsi qu'elle, peut être l'effet d'une métrite chronique, d'un squirrhe, &c.

La ménorrhagie ou hémorragie utérine est le résultat d'une inflammation aiguë ou chronique de cet organe, ou bien encore de l'irritation mécanique qu'y entretient un corps étranger développé dans son intérieur, comme un polype, &c. L'accouchement laborieux, difficile, ou même simple & naturel, peut déterminer une perte ; dans ce cas il peut y avoir deux causes, la sur-excitation normale de l'organe chargé du produit de la conception, & l'irritation que détermine le travail même de l'accouchement. Chez les femmes irritables , l'écoulement menstruel peut être irrégulier , comme fi la mobilité des fenfations fervoit à mobilifer les centres fluxionnaires : chez elles les règles coulent fouvent en affez grande abondance pour fimuler une ménorrhagie. Dans tous les cas de perte ; c'eft dans l'état du pouls , dans la chaleur du corps & des extrémités , qu'il faut chercher la mefure du danger. Toute perte peu abondante qui furvient pendant le cours d'une phlegmafie aiguë , & qui n'amène pas d'amélioration notable , doit faire redouter une terminaifon funefte , ou au moins eft l'indice de la grande intenfité de cette phlegmafie.

La nature de l'écoulement menftruel peut varier, depuis le fang pur , jufqu'à un liquide féreux & puriforme. Dans l'écoulement le plus normal, le fang eft d'abord fans mélange & rouge , mais fur la fin des règles il eft plus féreux ; il furvient encore dans l'intervalle des règles , chez certaines femmes, un écoulement connu fous le nom de *leucorrhée* ; il s'obferve fréquemment au commencement de la groffeffe , un jour ou deux avant l'apparition des règles & après leur difparition. Cet écoulement fe lie fréquemment à une gaftrite chronique , à une métrite chronique ; un écoulement analogue , mais d'une odeur particulière , accompagne le cancer. Quand les flueurs blanches font puriformes , verdâtres ou grifâtres , on peut facilement les confondre avec une blennorrhagie fyphilitique ; mais, dans ce dernier cas, non-feulement la muqueufe vaginale eft enflammée , mais auffi la muqueufe urétrale.

Il nous refte maintenant à étudier les fignes que fournit au féméiologifte l'appareil urinaire dans les deux fexes. Pour cela , nous examinerons la fonction dont il eft chargé, laquelle confifte dans la fécrétion & l'excrétion de l'urine ; le produit de cette même fonction , ou l'urine elle-même.

La fécrétion de l'urine peut être impoffible, accrue ou diminuée. La fécrétion de l'urine ceffe quand les reins font enflammés ; elle augmente par d'abondantes boiffons , par le réveil de l'action fécrétoire des reins au moyen des diurétiques , ou bien par le fait de quelque maladie , comme dans le diabétès , &c. Elle diminue par une exhalation normale fupplémentaire , comme la fueur , ou anormale , comme les hydropifies , &c.

L'excrétion de l'urine peut être difficile (dyfurie) , douloureufe , & fe faire goutte à goutte (ftrangurie) , être tout-à-fait impoffible (ifchurie). Ces accidens reconnoiffent toujours pour caufe une inflammation idiopathique ou fympathique des voies urinaires ou d'une de leurs parties ; ils peuvent encore dépendre d'un obftacle mécanique. On les obferve dans la blennorrhagie, la péritonite aiguë , une affection catarrhale de la veffie , après l'emploi des cantharides , après l'ufage des boiffons fpiritueufes , &c. On les voit encore furvenir quand il y a un calcul dans la veffie , dans

les reins , dans les uretères , dans le rétréciffement de l'urèthre , dans le catarrhe de la veffie. L'excrétion de l'urine peut être rendue impoffible par une tumeur développée dans l'abdomen , & qui comprime mécaniquement le col de la veffie , par un polype de cette organe , une tumeur fquirrheufe de fon col ou de la proftate , un corps étranger introduit dans le vagin , &c. La matrice chargée du produit de la conception s'oppofe fouvent à la fortie de l'urine. Dans la goutte , le rhumatifme , &c., on obferve cet accident ; il n'eft point auffi grave dans ces différens cas qu'il pourroit le paroître.

L'urine peut encore être rendue involontairement , c'eft ce qu'on nomme *incontinence*. L'incontinence eft avec ou fans confcience de l'excrétion de l'urine : ainfi, dans la foibleffe des fphincters , ou par pareffe , ou parce qu'ils font doués d'une extrême fenfibilité de la veffie , certains malades rendent leurs urines dans leur lit. Dans le délire, dans la paralyfie de la veffie , les malades urinent fans en avoir la confcience ; le pronoftic à porter , hors le cas de paralyfie , n'a rien de redoutable.

L'urine excrétée doit être examinée par le médecin, fous le double rapport de fa quantité & de fes qualités.

Sa quantité eft en raifon inverfe de celle de la fueur, fen fanté comme en maladie une fueur abondante fait que les urines font rares ; toutes les fois que la maladie eft très-aiguë & la chaleur vive l'urine eft peu abondante. Dans le début des phlegmafies , dans l'inftant de la réaction des fièvres intermittentes , les urines fe fuppriment.

Quand les urines rendues font en rapport de quantité avec les boiffons prifes, c'eft un indice favorable , fi la veffie fe vide complétement. Un flux abondant d'urine a fouvent lieu après une attaque d'hyftérie, d'épilepfie , &c.

Les urines rares à la fuite d'un exanthème cutané , de la fcarlatine principalement , peuvent faire craindre l'anafarque ; à la fuite de la péripneumonie ou de la péritonite, elles peuvent faire fuppofer un hydrothorax.

Les urines abondantes font favorables dans l'hydropifie que n'accompagne pas la phlegmafie chronique d'un organe parenchymateux. Les urines très-abondantes , fans autre caufe qu'une irritation des reins , amènent l'amaigriffement.

L'urine peut être altérée dans fes principes conftitutifs comme dans le diabétès fucré , &c. ; mais dans l'état de fanté même , les principes conftituans de l'urine font , par rapport les uns aux autres, dans des quantités variables : ainfi les différens âges amènent des changemens remarquables dans la compofition de l'urine ; la goutte , les fcrofules , &c., influent encore fur la compofition ; l'urine peut en outre contenir du fang , du pus , des graviers , des vers , des hydatides , &c. Certaines fubftances impriment aux urines une couleur qu'il ne faut pas confondre avec celle qu'elles peuvent acquérir dans les maladies : ainsi la garance, la betterave, les bouillons d'oseille, la racine de fraisier, les rendent rouges ; elles font noirâtres par l'usage de la casse & des martiaux ; elles font fétides quand on a mangé des afperges. La térébenthine leur donne l'odeur de violette.

L'hématurie qui survient dans la phlegmasie profonde des viscères gastriques, dans les fièvres dites adynamiques & ataxiques, ou qui est la suite de violences extérieures, est toujours extrêmement grave.

L'urine purulente est l'indice d'une phlegmasie chronique avec ulcération des organes urinaires, d'une métastase dont le produit s'échappe par ces mêmes voies. La présence des vers, des calculs, des hydatides dans les urines, fait supposer qu'il en existe d'autres dans les reins, les uretères ou la vessie.

Les urines aqueuses font claires, transparentes, limpides. On les nomme encore crues ; elles indiquent ordinairement l'irritation. Dans les spasmes, l'hystérie, l'hypochondrie, elles annoncent la cessation des accès ; dans le cours des phlegmasies, elles font d'un augure défavorable, principalement dans la péripneumonie.

Les urines font épaisses, troubles, quand les reins font dans un état de spasme ou de relâchement; le froid, les affections morales vives, l'usage des acides, leur communiquent ces caractères. Dans le début des phlegmasies des membranes muqueuses, dans les maladies chroniques des viscères gastriques, &c., on rencontre encore les urines épaisses, troubles, déposant un sédiment blanchâtre.

Dans l'ictère l'urine est trouble, jumenteuse, & teint en jaune le papier ou la toile qu'on y trempe. On l'observe avec les mêmes caractères dans la gastro-entérite aiguë ou chronique. Les urines, qui, dans le cours d'une phlegmasie aiguë, déposent un sédiment rougeâtre, indiquent la résolution.

Les urines grasses, huileuses, filantes (tous ces caractères font seulement apparens & non réels), font toujours défavorables, mais plus encore, quand, en outre, l'urine est noirâtre; c'est spécialement dans les phlegmasies aiguës tendant à la gangrène que ce dernier caractère se fait remarquer.

L'urine pâle, citrine, se rencontre dans le cours des maladies aiguës & annonce leur durée.

L'urine orangée, safranée, indique l'ictère, une supersécrétion bilieuse, une gastro-hépatite.

Les urines font ordinairement rouges dans les maladies inflammatoires, quelquefois alors elles font d'un rouge de feu; les urines noires, chez les femmes aménorrhéiques, font moins à re-

douter que chez les hommes ; chez ces derniers en effet, quand elles surviennent dans le cours d'une phlegmasie aiguë, elles annoncent la gangrène.

L'urine nouvellement rendue est légèrement aromatique, n'a rien de fétide ; quand elle a été long-temps retenue, elle acquiert une odeur ammoniacale très-prononcée, comme on peut l'observer dans les rétentions d'urine, dans le scorbut, dans les gastrites graves; dans quelques diabétès l'odeur de l'urine est très-fétide.

La faveur de l'urine varie : elle est insipide, douceâtre, sucrée, amère, salée, selon les principes qui prédominent dans sa composition.

L'urine, en refroidissant & par le repos, se condense, & forme alors des couches superposées dans l'ordre de leur pesanteur spécifique; la première est nommée *pellicule* (cremor). Cette pellicule donne des signes tellement équivoques, qu'on peut la rencontrer dans l'état de santé le plus parfait.

Le nuage (*nubes*) se rencontre vers le tiers supérieur du liquide ; quand il existe & que le reste de l'urine est claire, il indique le délire, la fièvre cérébrale, le tétanos, les convulsions : plus ce nuage est léger, rayonné, plus il tombe vite, moins ces accidens font à redouter. (*Hippocrate.*)

L'énéorème (*eneorema*) est un nuage qui se forme au tiers inférieur de l'urine ; il a à peu près la même valeur que le nuage supérieur ; il indique cependant une moindre acuité dans les accidens & une terminaison plus prochaine dans les phlegmasies aiguës; s'il s'élève, il a une valeur plus rapprochée encore de celle du nuage; s'il se précipite rapidement, il indique une résolution prochaine de la maladie.

Le sédiment ou dépôt de l'urine (*sédimentum hypostasis*) a été considéré comme fournissant des signes séméiotiques importans ; les autres excrétions influent sur la nature du sédiment; il est peu considérable après une sueur abondante, dans la diarrhée, &c. Il varie en quantité & en couleur; mais quand dans le cours d'une pyrexie, l'urine dépose un sédiment abondant, & que le pouls indique une détente dans l'inflammation, on peut espérer une convalescence prochaine : le sédiment peut être gris, rouge, blanc, jaune, même bleu, vert ou noir.

Les urines peuvent contenir du pus, du sang, des graviers, des glaires qu', spécifiquement plus pesans que les principes de l'urine, formeront le dépôt ; le pus indique une métastase ou bien une maladie inflammatoire de l'appareil urinaire. Mais en général les signes fournis par l'urine n'ont de valeur réelle que concurremment avec ceux des autres organes; le charlatanisme seul peut leur donner une valeur absolue, & la sottise la leur reconnoître.

CHAPITRE II.

Des fens du médecin, confidérés relativement à l'exploration, ou appliqués à l'étude du diagnoftic.

Le médecin interroge le malade au moyen de fes fens feuls, ou armés d'inftrumens; le premier des sens appliqué à l'exploration eft la vue, qui lui fait juger de l'attitude, des formes, de la couleur, du volume, des mouvemens de toutes les parties extérieures; le médecin peut aider fa vue du microfcope, de l'abaiffeur de la langue, des divers fpeculums & autres inftrumens.

L'habitude extérieure frappe immédiatement la vue du médecin, & fert fouvent à lui faire porter, avant toute autre recherche, un jugement. Mais c'eft en étudiant chaque partie du corps, chaque organe en particulier, que ce jugement peut avoir quelque valeur; une maladie mortelle peut exifter chez un individu qui préfentera l'habitude extérieure la plus favorable, & certaines maladies peuvent imprimer un caractère de foibleffe ou d'abattement fans que leur gravité réponde à la phyfionomie qu'elles donnent au malade, comme l'hyftérie, la catalepfie, &c.

a. L'attitude qui, dans l'état de fanté, eft tellement modifiée par les paffions, qu'elle en eft une forte de traduction, l'attitude doit être confidérée comme donnant la mefure de l'énergie des forces intérieures, & principalement de l'influx nerveux. L'attitude abattue, celle qui eft défignée par le nom de *fupination*, indique une inflammation profonde des vifcères gaftriques, ou peut-être due à une congeftion cérébrale. Ce décubitus s'obferve dans la pefte, la fièvre jaune, les fièvres dites *adynamiques* & *ataxiques*; il eft en général d'un fâcheux pronoftic. Plus, dans l'état de maladie, l'attitude fe rapproche de celle de l'état de fanté, plus elle eft favorable, & *vice verfâ*. C'eft dans le fommeil que l'on peut le mieux juger l'attitude; alors les paffions, les ufages reçus, rien ne vient en altérer la vérité. Dans les exanthèmes, l'agitation, la chaleur, l'anxiété peignent l'état de fouffrance du fujet. On voit les malades couchés en fupination, fans que ce foit l'indice d'un profond abattement, comme dans la péritonite. Il eft ordinaire de voir le malade couché fur le côté oppofé à la maladie, dans la pleurodynie & la pleuréfie; tandis que c'eft fur le côté même où fiége le mal, que repofent ceux qui ont une pneumonie, une péripneumonie, un épanchement ou un abcès dans les plèvres ou le poumon; quelquefois cependant le contraire a lieu. Si la péripneumonie exifte des deux côtés, le décubitus a lieu fur le dos. Quand le malade fe tient affis fur fon lit, dans le cas où il eft atteint de pneumonie, d'hydrothorax ou d'hydropéricarde, c'eft un figne de fuffocation imminente;

dans le catarrhe fuffocant, ce figne eft plus effrayant que dangereux, &c.

b. Le volume du corps augmente dans certaines maladies, telles que les congeftions, les inflammations, les hydropifies, l'emphyfème, l'obéfité. Mais comme la vue feule ne peut faire juger toujours de la nature de la maladie, & que le toucher devient un auxiliaire indifpenfable, nous indiquerons, en parlant du *toucher* dans cet article, les fignes que peut fournir l'augmentation de volume, non-feulement de l'habitude extérieure, mais encore des organes intérieurs.

La maigreur peut être feulement l'effet des affections morales trifles, ou des paffions non fatisfaites. On la voit naitre le plus fouvent dans le cours des maladies aiguës ou chroniques. Quand leur durée a déterminé la maigreur, qu'elle n'a rien d'exceffif, & que l'appétit fe manifefte, on peut efpérer un retour prochain à la fanté, furtout dans les maladies aiguës. Une maigreur extrême avec abattement, & fans defir de prendre des alimens, eft redoutable dans les maladies aiguës ou chroniques, mais plus encore dans ces dernières. La maigreur qui furvient lentement chez les vieillards, alors même qu'ils ne fe plaignent que d'un peu de foibleffe, eft dangereufe: c'eft l'indice de l'épuifement, ou d'une léfion organique profonde. Le marafme accompagne les maladies du poumon arrivées à leur dernier terme; il s'obferve encore dans l'entérite chronique, le cancer de l'orifice pylorique, &c.; il eft toujours l'indice d'une terminaifon funefte.

c. La couleur des diverfes parties peut encore éclairer beaucoup le diagnoftic des maladies. Pâle dans la colère ou la frayeur, la peau rougit dans les exanthèmes, & prend par le froid une teinte pâle, bleue, violette, fuivant les degrés. Dans les hémorragies, dans les diarrhées, dans le vomiffement, la pâleur de la peau indique une concentration des forces vers les organes intérieurs, ou bien des pertes de nutrition, comme dans l'hémorragie, les longues fuppurations, &c. La pâleur de la peau dans les maladies aiguës eft toujours redoutable, parce qu'elle indique une affection du principe de vie même. La peau eft alternativement pâle & rouge dans les fièvres intermittentes, pâle dans le friffon, rouge dans la réaction. La peau eft pâle & jaunâtre dans la colique de plomb; pâle, jaune, verdâtre dans la chlorofe; blanche, luifante dans l'anafarque; blanche, luifante, fatinée dans la lèpre blanche; dans les exanthèmes, quand la peau, après avoir été très-rouge, devient fubitement pâle, il faut redouter une métaftafe. La couleur livide, plombée, terreufe, bleuâtre de la peau, s'obferve fouvent à la fuite des maladies chroniques, rarement après les maladies aiguës; toutes ces nuances peuvent s'obferver, mais dans une étendue plus ou moins circonfcrite

après

après des contufions. C'eft fur la face que la couleur plombée & terreufe eft le plus fenfible ; les perfonnes foibles, délicates, ont fouvent autour des yeux un cercle brunâtre, qu'on obferve chez les plus robuftes après des excès, des veilles prolongées, &c. Dans les fièvres intermittentes, pendant la période du froid, la peau devient plombée ; & dans les maladies aiguës, quand la gangrène vient terminer l'inflammation, la face devient fouvent livide. Dans la première période du fcorbut, la face eft pâle, la peau fèche, & des taches verdâtres, jaunes ou rouges, qui dans la deuxième période font même livides ou noires, occupent les cuiffes.

La peau fe couvre fouvent de boutons ou de taches qui tantôt conftituent des maladies réelles, & tantôt ne font que de véritables fignes. De toutes les éruptions, les pétéchies & le pourpre font les feules qui aient été confidérées comme fymptomatiques ; ce font de petites taches qui reffemblent à celles que produifent les puces, pour l'afpeĉt, moins le point central. Les pétéchies diffèrent du pourpre, en ce que dans les premières la tache eft rofée, & dans le fecond elle eft couleur lie de vin. Ces deux éruptions, que nous croyons identiques, ont été confidérées dans les fièvres dites adynamiques & ataxiques, le typhus, &c., comme du plus funefte augure.

La peau eft jaune dans l'iĉtère, dans l'inflammation aiguë ou chronique du foie, &c. Cette jauniffe peut être fymptomatique de la fièvre jaune, de la gaftrite, ou être le produit d'une vive émotion, ou bien encore accompagner une affeĉtion cancéreufe, fans qu'on puiffe en affigner la raifon. La jauniffe qui furvient dans les phlegmafies vifcérales eft de fâcheux augure, & l'indice de l'inflammation concomitante du foie. Celle qui indique le plus de danger eft celle dont la couleur fubit le plus de variations.

d. La face a un afpeĉt particulier felon les peuples, les climats, le fexe, l'âge, &c. Chaque paffion lui imprime auffi un caraĉtère particulier ; les maladies apportent des altérations qui donnent à la phyfionomie, quel que foit du refte l'afpeĉt originel de la face, des caraĉtères fpécifiques. C'eft ainfi que le médecin diftingue au fimple afpeĉt la face d'un phthifique, dont les yeux font brillans, caves, les pommettes rouges, faillantes, les joues collées aux dents ; celle d'un anévryfmatique, qui eft violacée, pâle, cadavéreufe, mais qui fouvent conferve fon embonpoint. De même il ne confondra pas le *facies* apopleĉtique & le facies hippocratique, malgré le figne commun du décubitus & de la lividité, qui peuvent fe trouver dans tous deux, &c. Les convulfions, la paralyfie, le trifmus, la catalepfie, l'épilepfie, &c. &c., donnent à la face des caraĉtères particuliers, & empêchent de confondre entr'elles ces différentes maladies. Chaçun de ces *facies*

particuliers, portant avec lui le cachet d'une affeĉtion plus ou moins profonde, eft toujours défavorable.

La face dite *hippocratique* eft un figne toujours fort grave dans les maladies aiguës, & l'indice d'une mort certaine dans les maladies chroniques ; le *trifmus* eft prefque conftamment mortel, furtout quand il eft traumatique. L'hébétude appartenant à une affeĉtion cérébrale idiopathique ou fymptomatique, eft toujours redoutable, mais bien moins dans les affeĉtions aiguës que dans celles qui font chroniques.

La face eft rouge, gonflée, animée dans les pyrexies inflammatoires, dans la feconde période des fièvres intermittentes, dans la méningite aiguë, dans les exanthèmes cutanés. Elle eft encore rouge dans la colère, dans les accès de manie, dans ceux d'hydrophobie ; la couleur rouge de la face précède fouvent le délire, de violentes céphalalgies, l'épiftaxis. Dans la péripneumonie, le côté de la face qui correfpond au côté malade eft fouvent rouge ; la pommette de ce côté eft quelquefois d'une couleur livide, plombée, noirâtre, la phyfionomie hébétée, foporeufe, demi-apopleĉtique : ces fignes font du plus funefte augure.

La face eft rouge, tuméfiée, les yeux faillans, ouverts, rouges, la langue proéminente, dans l'amygdalite, la pharyngite, la gloffite avec menace de fuffocation. Dans certaines apoplexies, la face eft d'un rouge foncé, tuméfiée, les veines jugulaires & temporales font engorgées, les yeux fixes ; le pronoftic à tirer de cet état eft toujours redoutable. Dans l'anévryfme du cœur droit, la face eft injeĉtée, les lèvres livides, la jugulaire gonflée.

Les yeux font ternes, la figure pâle, amaigrie, fatiguée dans les hydropifies chroniques. La face eft pâle, quelquefois livide dans la fyncope, les veilles prolongées, les travaux du cabinet, les grandes fatigues, l'épuifement, la trifteffe, les pertes utérines, les hémorragies traumatiques : toutes pertes, telles que les diarrhées, des fuppurations, le ptyalifme, &c., peuvent rendre la face pâle ; le pronoftic dépendra de la caufe déterminante, de la durée de ce phénomène, & de la poffibilité de le faire ceffer.

Certaines maladies impriment encore à la face un afpeĉt particulier, comme les fcrofules, le rachitifme, la furdité originelle, &c.

La face eft grippée dans les inflammations inteftinales, amaigrie dans toutes les maladies chroniques, par tous les excès : elle eft blafarde, d'un jaune cire dans la chlorofe ; elle devient jaune dans l'iĉtère, après l'ufage de certains poifons, comme des champignons vénéneux, après la morfure de certains reptiles. Elle eft bouffie dans l'anafarque, pâle, jaunâtre dans le fcorbut, & même alors tuméfiée.

C

Les pommettes font rouges dans les phlegmafies, dans les pyrexies, dans les pneumonies, les exanthèmes; elles font rouges encore dans les fuppurations profondes qui s'accompagnent de fièvres fymptomatiques, dans la première période des fièvres graves. Les rougeurs fubites indiquent, foit une affection nerveufe, foit une émotion vive de l'ame, ou bien encore une maladie organique du cœur.

Le nez devient effilé dans la phthifie pulmonaire, dans les maladies chroniques, dans les maladies aiguës qui durent quelque temps; quand la conftriction des narines, l'enfoncement des joues fe manifeftent dans le cours d'une gaftro-entérite, d'une péripneumonie, enfin d'une inflammation organique, quelle qu'elle foit, c'eft un figne fâcheux. Dans les fièvres dites *adynamiques* & *ataxiques*, dans toute concentration du fang vers les organes abdominaux, dans la première période des fièvres intermittentes, le nez eft froid, pâle, livide; il indique un état grave dans les trois premiers cas.

Quand la refpiration eft laborieufe, que les ailes du nez fuivent les mouvemens d'infpiration & d'expiration, c'eft l'indice d'une congeftion cérébrale, ou bien encore de l'embarras de la refpiration : ce figne eft toujours redoutable.

Le nez eft rouge, chaud, dans les pyrexies inflammatoires; quand les yeux font brillans, qu'il y a du prurit dans les narines, on peut croire à à une épiftaxis prochaine. Le nez augmente de volume dans le fcrofule, les exanthèmes de la face, &c.

Le front fe fillonne par l'âge, le chagrin, les travaux pénibles; il eft contracté dans la douleur. Toute caufe qui affoiblit, comme les évacuations exceffives ou les fuppurations profondes, ride le front; il furvient fouvent des boutons au front, qui font l'indice d'une continence parfaite ou d'une maladie fyphilitique, &c. Le front eft fouvent le fiége d'une vive douleur qu'on nomme *céphalalgie*, & qui eft ordinairement fympathique d'une gaftrite aiguë, fi elle n'eft due à une méningite.

Quand les tempes font pefantes, que les temporales battent fortement, on peut redouter le délire, des convulfions, ou s'attendre à une hémorragie nafale. C'eft en effet le figne d'un mouvement fluxionnaire vers l'encéphale.

On a vu une émotion profonde faire blanchir les cheveux en une nuit. On dit que les cheveux de Marie-Antoinette blanchirent en quelques jours. Les cheveux fe hériffent par la frayeur, & chez certains maniaques pendant leurs accès; les cheveux tombent fréquemment à la fuite des maladies aiguës, fe tordent, s'agglutinent dans la plique, & tombent fouvent fans retour dans la fyphilis. C'eft plutôt un accident qu'un figne de maladie.

Le col court, gros, eft caufe & figne tout à la fois d'une difpofition apoplectique. Le col aug-

mente de volume par une thyroïdite, dans l'emphyfème, dans quelques angines. Un col mince, long, joint à des épaules faillantes, à une poitrine plate ou bombée, eft l'indice d'une difpofition à l'hémoptyfie & à la phthifie pulmonaire.

Les veines du col font gonflées dans les anévryfmes du cœur & des gros vaiffeaux; les artères carotides battent violemment dans certains accès de manie; dans le délire furieux, dans les maladies aiguës, il eft dangereux que les artères carotides battent violemment; quand les yeux font vifs, hagards, injectés, très-fenfibles à la lumière, il faut craindre une encéphalite fouvent mortelle.

L'infpection de la poitrine éclaire furtout le diagnoftic des maladies des organes qu'elle contient; de plus, fa déformation ou conformation vicieufe eft un indice de rachitifme. La poitrine fe dilate quelquefois dans l'hydrothorax; dans quelques cas d'anévryfmes de l'aorte, on voit quelquefois la tumeur faire faillie à l'extérieur; l'emphyfème peut lui donner un volume confidérable.

Le bas-ventre peut acquérir un volume énorme, comme dans les cas où il eft diftendu par des gaz, de l'eau, &c.; dans ce cas le pronoftic eft toujours relatif à la nature même de la maladie. (*Voyez* OUÏE & TOUCHER du médecin dans cet article.) Toutes les fois que le ventre eft volumineux, dur, tendu, on peut croire à une inflammation plus ou moins aiguë ou à des tumeurs de différente nature développées dans les organes qu'il contient. L'obéfité peut auffi exifter dans cette partie feulement; quand au contraire les parois abdominales s'appliquent fur la colonne vertébrale, c'eft ou le produit de l'émaciation qui fuit les maladies chroniques, ou le réfultat de la maigreur qui furvient par les longues fuppurations, ou celui d'une maladie nerveufe.

Quand les extrémités font froides, livides, dans les maladies aiguës, c'eft un figne de gangrène; dans les maladies chroniques, c'eft un figne de mort. La carphologie eft l'indice d'une irritation fympathique de l'encéphale, & toujours un figne redoutable. Le tremblement des membres coexifte fouvent avec une congeftion cérébrale, & dans les maladies aiguës, il doit faire craindre le délire & les convulfions. Les extrémités peuvent être bleues, noires, livides, dans les maladies du cœur.

§. 2. *L'ouïe* appliquée à l'exploration des maladies des organes renfermés dans les cavités fplanchniques procure au médecin des fignes précieux : ainfi, le bruit que donne la percuffion de la poitrine, d'après la méthode d'Avenbrugger, peut indiquer, finon la nature de l'affection, au moins le lieu qu'elle occupe, après avoir déterminé toutefois le fon que doit avoir la poitrine d'un homme qui n'a aucune altération dans la cavité thoracique; on devra trouver ce son depuis la clavicule jusqu'à la sixième vraie côte sur la partie antérieure droite de la poitrine, latéralement depuis l'aisselle jusqu'à la septième côte vraie, & postérieurement depuis l'omoplate jusqu'à la deuxième ou troisième fausse côte. Sur la partie antérieure gauche de la poitrine, le son creux ne retentira que jusqu'à la quatrième vraie côte, le cœur s'opposant à la sonorité des parois auxquelles il correspond.

C'est seulement sur les divers degrés de sonoréité qu'a été basé le diagnostic. Mais il ne faudra pas oublier que les différentes parties du thorax ne résonnent pas également, ce qui est dû à ce que la poitrine est recouverte de muscles plus épais dans certains points, &c. La percussion directe ne peut servir au diagnostic que pour déterminer un engorgement, un engouement ou un épanchement, sans que l'on puisse établir sa nature, autrement que par les signes concomitans. Les opérations qui peuvent fournir au sens de l'ouïe des signes de maladie sont les suivantes :

A. *La succussion* recommandée par Hippocrate pour reconnoître un hydrothorax ou un empyème n'est pas toujours sans inconvéniens ni facile à mettre en usage, & ne donne d'ailleurs que des signes douteux.

B. *La percussion médiate* due à M. Piorry, a des avantages incontestables sur la percussion directe, mais ne donne encore que le son de plein ou de vide, malgré tous les noms arbitraires imposés aux différences de sons, tels que ceux de *fémoral, jécoral, cordial, pulmonal, intestinal, stomacal, ostéal, humorique & hydatique* ; il résulte de la qu'ils ne peuvent avoir que des degrés, &, qu'excepté l'*humorique*, ils se basent tous sur le plein & le vide dont l'humorique lui-même n'est qu'une modification. Voici du reste ce que l'observation apprend à ce sujet.

a. Dans l'hydrothorax, quand la plèvre est libre d'adhérence, le liquide occupe la partie déclive du thorax ; une ligne de niveau, d'autant plus épaisse qu'elle est plus inférieure, est indiquée par la matité du son, qui diminue de profondeur en remontant, & qui, au-dessus du niveau, est *pulmonal* si le poumon est sain au-dessus de l'épanchement. Quand la plèvre est pleine de liquide, le son mat s'entend dans toute l'étendue du côté malade, alors il n'y a plus de niveau ; le son que donne le thorax sur un point où existe un épanchement pleurétique peu considérable, tient le milieu entre le son fourni par le cœur & celui que donne le poumon. Le son est presque *jécoral* quand toute la plèvre est remplie; lorsqu'il y a peu de liquide épanché, c'est en arrière & sur les côtés de la colonne vertébrale, si le malade est debout ou assis, qu'il faudra le chercher. Dans le cas d'adhérence, le son creux peut être modifié ;

dans le cas contraire, c'est toujours vers l'endroit le plus déclive que se rencontrera l'épanchement.

b. Quand le poumon est plus dense que dans l'état normal, on obtient un son mat à l'aide de la percussion médiate, & ce son est plus nettement marqué que par la percussion directe. La différence de son entre le poumon sain & le poumon induré se fait entendre sur une ligne à peu près de niveau ; mais le lieu où le son mat se fait entendre ne varie pas selon l'attitude du sujet, ce qui distingue ce cas de l'épanchement pleurétique.

Dans la péripneumonie on peut obtenir ailleurs que vers les parties déclives du thorax un son médiocrement mat ; dans le cas où l'inflammation occuperoit les parties inférieures du poumon, il doit arriver rarement que la couche supérieure soit de niveau, le poumon se trouvant inégalement engoué. Un son mat obtenu dans les régions sus-clavières & pulmonaires antérieures, le reste du thorax résonnant bien, est un signe de tubercules pulmonaires ; un son moins clair d'un côté que de l'autre, à une légère nuance près, peut faire supposer des tubercules miliaires nombreux. Les diversités de son dans le même poumon, ou l'absence de tout signe de péripneumonie, peut faire supposer des tubercules répandus çà & là dans le poumon, du reste plus ou moins perméable, ou bien encore appartenir à une tumeur tuberculeuse enkystée.

c. La percussion médiate donne un son tympanique sur le point correspondant à des excavations larges, vides, superficielles, entourées par des portions de poumon tuberculeuses, ou hépatisées, circonscrites elles-mêmes par un tissu pulmonaire sain ; on ne rencontre plus ce bruit dans les excavations de peu d'étendue. Si l'excavation est à moitié pleine de liquide ou de gaz, & qu'il y ait communication libre avec les bronches au moyen de conduits fistuleux, on obtiendra le bruit humorique, qui peut aussi se rencontrer dans les petites excavations, mais avec une intensité en rapport avec le nombre & la position plus ou moins superficielle des cavernes.

d. Dans les déplacemens du cœur, le plessimètre fera reconnoître le lieu qu'occupe cet organe ; & si le son mat dépasse deux pouces, on pourra penser qu'il est plus gros vers sa pointe que dans l'état normal. Si le péricarde contient beaucoup de liquide, le son mat devra être très-marqué dans le point correspondant au cœur; s'il en contenoit assez pour imiter un hydrothorax, le bruit pulmonal correspondant au poumon occuperoit la partie déclive par rapport à l'épanchement, & seroit sensible dans la partie postérieure gauche de la poitrine. Cette différence n'existeroit pas entre l'hydro-péricarde & l'hydrothorax interlobulaire ou diaphragmatique.

C 2

Si le péricarde contient des gaz, un son tympanique correfpondra à la région cardiaque. S'il contenoit des gaz & des liquides, suivant l'attitude du malade, on trouveroit les liquides à la partie déclive, fupérieurement le bruit tympanique, au niveau du liquide, le bruit humorique. Dans les anévryfmes de l'aorte & des gros vaiffeaux, le fon mat devra correfpondre au volume de la tumeur & à fon fiége. Si une portion mince du poumon fe trouve au-devant, une percuffion légère fera entendre un bruit pulmonal léger; mais fi elle eft plus forte, elle ne donnera qu'un bruit correfpondant à la denfité de l'anévryfme.

e. Si l'eftomac, les inteftins grêles & les gros inteftins font renfermés dans une tumeur herniaire, le fon eft plus ou moins tympanique, fuivant la capacité des organes creux qui y font contenus.

Si l'on préfume que l'eftomac s'y trouve contenu, il faudra percuter la hernie. Le malade étant à jeun, on obtiendra un fon clair; puis en le faifant boire, le fon deviendra humorique. Si ce font les gros inteftins, une injeŧion dans le reŧum produira le même effet. Si l'épiploon, la matrice, le rein, ou quelque produŧion accidentelle fe trouve dans la tumeur, elle donnera un fon mat. Un farcocèle, une varicocèle, une épiplocèle donneront un fon très-fourd, tandis que l'enterocèle fournira un fon tympanique. Si la hernie contient à la fois du gaz & des liquides, ces derniers occuperont la partie déclive, leur couche fupérieure fera de niveau, & les fluides élaftiques feront fitués à la partie fupérieure.

f. Dans les épanchemens abdominaux non enkyftés, ou circonfcrits par des adhérences, les liquides occupent la partie déclive de l'abdomen, & la ligne de niveau s'établit fuivant l'attitude. Le fon n'eft point auffi mat que dans les épanchemens dans la plèvre, parce qu'au milieu du liquide reftent des parties réfonnantes des inteftins, qui cependant furnagent en partie. Auffi fupérieurement, quand les inteftins font vides, fe manifefte-t-il une réfonnance ftomacale ou inteftinale; la matité s'accroît à mefure qu'on percute plus inférieurement; fur la ligne de niveau, on entend fouvent le bruit humorique.

g. Quand le péritoine contient des fluides élaftiques, la percuffion fournit un fon plus tympanique que celui de l'eftomac, alors même qu'on percute la région du foie. Si les fluides élaftiques font peu abondans, c'eft dans la région du foie qu'il faut les chercher. Dans la réunion des gaz avec les liquides, dans la couche de niveau, fe fait entendre le bruit humorique, fupérieurement le bruit tympanique, inférieurement le fon mat.

h. Un fon très-mat, moins obfcur que celui de la cuiffe, correfpond à l'organe hépatique; au-deffus du lieu où cette matité a lieu commence le bruit pulmonal.

L'hypertrophie du foie fe mefure fur le cadavre comme fur le vivant, par fon extenfion hors de fes limites ordinaires; l'atrophie fe juge par des réfultats inverfes; on détermine facilement fon accroiffement & fa diminution par la percuffion médiate. Des prolongemens anormaux peuvent être reconnus par le même moyen. Un épanchement pleurétique, l'engouement, la pneumonie n'empêchent pas toujours de mefurer le volume du foie; le poumon engoué préfente une matité moins confidérable que ce vifcère, & le changement de pofition faifant varier le liquide contenu dans la plèvre, permet de le diftinguer de l'organe hépatique.

Le fon de l'afcite différe affez de celui du foie, qui eft plus mat que le premier, pour ne pas les confondre, & fuivant la pofition que l'on fait prendre au malade dans l'afcite, la matité occupant le point déclive, tandis que le fon inteftinal fe fait entendre fupérieurement, ce fera encore un moyen de reconnoître le point où eft fitué le foie & l'étendue qu'il occupe.

i. Si l'on ne rencontre pas le fon mat qui correfpond à la rate, on doit fuppofer qu'elle eft fort petite. Si, au contraire, l'eftomac étant vide, on trouve dans le lieu qu'occupe la rate une matité très-grande, on pourra croire à un accroiffement de volume de cet organe ou à une produŧion accidentelle. Un épanchement pleurétique confidérable, l'engouement du poumon, une afcite, rendent applicable ici ce que nous avons dit à l'occafion du foie.

j. La percuffion médiate des reins, lorfque la rate & le foie feront bien limités, pourra faire juger, fi le fon eft mat dans une large étendue, que le rein eft d'un volume confidérable. Son atrophie fe déduira de la circonftance oppofée. Une tumeur développée dans fon voifinage pourra cependant en impofer & faire croire à fon augmentation de volume. Les confidérations applicables à la rate & au foie, dans le cas d'hydrothorax, de pneumonie, d'afcite, &c., le font également au rein.

k. Lorfqu'immédiatement au-deffous du niveau du bord inférieur du foie, & à un pouce & demi environ de la région ombilicale, on trouve par la percuffion médiate, & quelle que foit l'attitude du malade, le bruit humorique, il eft à peu près fûr qu'il s'agit de la véficule biliaire, furtout fi le malade eft à jeun; l'étendue du fon mat & du bruit humorique fera juger de l'étendue & de la diftenfion de la véficule biliaire.

l. La veffie diftendue par l'urine & dépaffant le pubis, donne un fon mat approchant de celui du foie, & l'on juge de la hauteur où atteint l'organe, & de fa largeur, par cette matité de fon;

on diftingue la veffie remplie d'urine de l'afcite, parce qu'on obtient ce fon très-mat, quelle que foit la pofition qu'on faffe prendre au malade. Le contraire a lieu dans l'afcite, le fon fourni par la veffie eft le même que celui que donne une hydropifie enkyftée ; mais l'évacuation naturelle ou artificielle de l'urine détruit le doute qui pourroit exifter. Si une anfe d'inteftin étoit au-devant de la veffie, ce qu'il peut être fort important de conftater dans la taille hypogaftrique, on pourroit la reconnoître au moyen du pleffimètre.

m. La percuffion pleffimétrique peut faire juger du fiége, de l'étendue & des rapports de l'eftomac; elle fait reconnoître la préfence des alimens, des boiffons ou des gaz dans cet organe. Quand il ne contient que des gaz il donne un fon fort clair; s'il contient en outre des liquides, il a le fon humorique, & fuivant la pofition inclinée du fujet, le point déclive de l'organe fournira un fon mat. Cependant une forte diftenfion du colon pourroit induire en erreur ; mais en faifant boire le malade, & en explorant dans diverfes pofitions, on trouveroit toujours le liquide vers le point déclive, & fi le bruit clair étoit produit par les inteftins, en faifant boire le fujet, on s'en appercevroit, parce qu'il demeureroit le même. On peut apprécier dans beaucoup de cas la hauteur des boiffons accumulées dans l'eftomac, en reconnoître le niveau & trouver le bruit humorique à la hauteur de celui-ci. Lorfque l'eftomac contient feulement des alimens, le fon eft très-mat; le pleffimètre peut faire reconnoître qu'une tumeur occupe la paroi antérieure ou poftérieure de cet organe. Quand on a bien déterminé l'étendue qu'occupe l'eftomac, & qu'il eft vide, fi le fon eft mat, en percutant légèrement la plaque d'ivoire, la tumeur eft fuperficiellement placée; fi en même temps que la tumeur continue à donner un bruit obfcur, elle fe laiffe déprimer avec facilité, il eft évident qu'elle eft à la fois épaiffe & mobile. Si la réfonnance eft claire, ou la produ&tion morbide eft très-mince, ou la cavité de l'eftomac eft fituée devant la tumeur; la palpation viendra éclairer le diagnoftic. La percuffion médiate peut auffi aider le diagnoftic des indigeftions, de l'empoifonnement, du mœlena, du fquirrhe de cet organe, &c. &c. Ce moyen peut encore fervir à juger de la durée de la digeftion chez les différens fujets.

n. Les gros inteftins percutés donnent un fon clair quand ils font diftendus par des gaz, mat s'ils contiennent des liquides ou des alimens folides, & humorique quand des gaz & des liquides s'y trouvent contenus. Aux différences près de forme & de fituation, on peut leur appliquer ce que nous avons dit de l'eftomac.

Un fon moyen entre la matité du foie & la réfonnance des gros inteftins, fait reconnoître les inteftins grêles, & le cara&tère de ce fon, comparé à la nature du bruit qui réfulte de l'exploration pleffimétrique de l'eftomac & des gros inteftins, fait reconnoître le jejunum & l'ileum. La déglutition des boiffons & l'inje&tion d'eau dans le re&tum, ne modifient point le fon des inteftins grêles, comme celui de l'eftomac & des gros inteftins. La réfonnance de l'ileum & du jejunum fera plus mate s'ils contiennent des matières chymeufes, plus claire fi ce font des gaz. Quand les inteftins contiennent un chyme affez liquide pour qu'il puiffe s'accumuler dans les circonvolutions inteftinales les plus déclives, ce n'eft que lentement que cela a lieu, & l'efpace inférieurement placé, qui donne lieu au fon mat, n'eft pas féparé par une ligne de niveau, ne varie pas felon la pofition du malade, & au-deffous on trouve les gros inteftins remarquables par le bruit tympanique. Ces circonftances différencient l'engouement des inteftins grêles, de l'afcite.

Pour n'extraire de l'ouvrage de M. Piorry que ce qui fe rattache à notre fujet, nous avons été forcé d'omettre une infinité de détails intéreffans, mais que ne pouvoit comporter cet article ; c'eft dans l'ouvrage de l'auteur qu'il faudra puifer des connoiffances plus précifes fur la percuffion médiate, à laquelle d'ailleurs il faudra joindre, pour en obtenir des réfultats fatisfaifans, l'aufcultation médiate, la palpation, &c.

C. On donne le nom d'*aufcultation médiate* à l'audition des fons fournis par les organes intérieurs, au moyen d'un inftrument nommé *ftéthofcope*, & qui, appliqué fur la poitrine, fournit des fons tirés de la refpiration, de la voix & des contra&tions du cœur.

A. 1°. Le bruit refpiratoire pulmonaire confifte dans un mouvement léger, mais diftin&t, qui indique la pénétration de l'air dans le tiffu pulmonaire & fon expulfion; le bruit de la refpiration eft d'autant plus facile à apprécier que cette dernière eft plus rapide, comme chez les enfans. La poitrine eft faine quand on peut entendre ce bruit dans tous fes points.

2°. La refpiration puérile eft plus vite, l'infpiration plus grande; elle peut coïncider avec la fanté parfaite chez les enfans & chez la plupart des femmes; elle indique chez les hommes une grande irritabilité; chez les deux fexes elle peut être l'indice d'un catarrhe chronique avec dyfpnée, de l'afthme, &c. Quand une portion du poumon eft engorgée, la portion reftante fait fouvent entendre la refpiration puérile.

3°. Le bruit refpiratoire bronchique eft celui que l'infpiration & l'expiration font entendre dans le larynx, la trachée-artère & les gros troncs bronchiques fitués à la racine du poumon. Quand dans d'autres endroits de la poitrine que ceux qui correfpondent à ces parties, on entend la refpiration bronchique, elle indique l'induration ou la condenfation du poumon, comme dans l'engorgement péripneumonique , dans l'hémoptoïque , dans l'épanchement pleurétique. Quand le bruit respiratoire a complétement disparu dans le poumon, qu'il se fait entendre dans les rameaux bronchiques, il est l'indice d'une induration tuberculeuse.

4°. La respiration caverneuse est celle qui a lieu quand l'expiration & l'inspiration déterminent un bruit particulier dans une excavation qui s'est faite dans le poumon, soit par une suppuration, suite d'une péripneumonie, soit par une gangrène partielle, soit par des tubercules ramollis.

5°. La respiration soufflante est celle dans laquelle il semble que le malade inspire l'air dans l'oreille de l'observateur, & qu'il l'y repousse violemment dans l'expiration ; elle indique une excavation pulmonaire près des parois thoraciques. Quand le poumon est induré, ce phénomène a lieu également dans les tuyaux bronchiques les plus voisins de la surface du poumon, comme dans la pneumonie, ou bien encore par la compression qu'occasionne un épanchement pleurétique. La respiration soufflante voilée est celle qui produit l'effet d'un voile interposé entre une excavation pulmonaire & l'oreille de l'observateur ; elle se rencontre dans les excavations tuberculeuses qui ont des parois très-minces, souples, sans adhérences ; dans le cas où les parois d'un abcès péripneumonique sont enflammées çà & là ; dans la péripneumonie, alors que les gros troncs bronchiques donnent la bronchophonie ; dans la dilatation simple des bronches ; dans la pleurésie, &c.

Quand l'air inspiré & expiré fournit un bruit autre que celui qui lui est particulier, parce qu'il y a des mucosités amassées dans les bronches, dans le larynx, on donne à ce bruit le nom de *râle.*

Le râle est un bruit qui a lieu dans la trachée-artère des agonisans par suite du mouvement que l'air inspiré ou expiré imprime aux crachats qui s'y accumulent. Laennec a appliqué ce nom à toute espèce de murmure produit par le passage de l'air à travers les liquides quelconques qui se trouvent dans les bronches ou dans le tissu pulmonaire ; il en distingue cinq espèces :

1°. Le râle crépitant humide, qui consiste dans un bruit semblable à celui du sel de cuisine que l'on fait décrépiter sur le feu, ou à celui que fait entendre le tissu d'un poumon sain qu'on presse entre les doigts, annonce le premier degré de la péripneumonie ; il disparoît dans l'hépatisation du poumon pour reparoître quand la résolution s'opère ; on l'observe dans l'œdème du poumon, quelquefois dans l'hémoptysie : dans ces deux derniers cas, les bulles fournies par le déplacement de l'air paroissent ordinairement plus grosses & plus humides que dans la pneumonie. Laennec

distingue sous le nom de *râle sous - crépitant* le bruit qui se fait entendre alors.

2°. Le râle muqueux ou gargouillement, est celui que produit le passage de l'air à travers les crachats accumulés dans la trachée-artère ou les bronches, ou à travers la matière tuberculeuse ramollie. C'est le râle du mourant ; il peut être entendu à l'oreille nue ; il a son siége dans le larynx, la trachée-artère ou les bronches ; il indique une hémoptysie grave, le catarrhe suffoquant. On l'observe chez la plupart des agonisans, particulièrement chez les phthisiques, les péripneumoniques. Le râle, à un moindre degré, se manifeste dans les catarrhes pulmonaires aigus & chroniques ; c'est toujours un signe fâcheux, redoutable. Le râle muqueux a lieu encore dans le cas de caverne du poumon ; il est alors plus ou moins circonscrit.

3°. Le râle sonore sec, ou ronflement, consiste en un son extrêmement grave, quelquefois très-bruyant, qui ressemble au ronflement d'un homme qui dort, ou au son d'une corde de basse que l'on frotte, ou bien au roucoulement d'une tourterelle. Il indique les petites fistules pulmonaires, ou la dilatation des bronches.

4°. Le râle sibillant est semblable à un petit sifflement grave ou aigu, ou bien au cri des petits oiseaux ; il indique qu'une mucosité peu abondante obstrue plus ou moins complétement les petites ramifications bronchiques, ou bien annonce le gonflement de la membrane interne d'un rameau bronchique.

5°. Le râle crépitant sec, à grosses bulles ou craquement, n'existe guère que dans l'inspiration ; il donne la sensation de l'air distendant des cellules pulmonaires sèches, très-inégalement dilatées ; il est le signe pathognomonique de l'emphysème pulmonaire & interlobulaire du poumon.

B. Relativement aux signes tirés de la voix, voici ce que l'observation apprend. Dans un sujet sain, alors qu'il parle, la poitrine éprouve un frémissement causé par le passage de l'air dans les ramuscules bronchiques, lequel peut être senti en appuyant la main sur la poitrine.

1. La résonnance de la voix est donc à peu près nulle dans les divisions bronchiques. Dans l'état naturel, quand il arrive que la voix résonne dans les bronches, à peu de chose près comme dans la pectoriloquie, on donne à ce phénomène le nom de *bronchophonie accidentelle.* Elle indique la péripneumonie, un engorgement hémoptoïque étendu, une agglomération de tubercules dans un point du poumon ; en un mot, un engorgement de ce viscère : elle peut néanmoins être le résultat de la dilatation des bronches.

2. Si les poumons sont altérés de manière qu'un ramuscule bronchique communique dans une cavité accidentelle, la voix du malade pa-

roit paſſer dans cette cavité pour aller travorſer le canal du cylindre ; la voix ſe fait d'autant mieux entendre que la cavité eſt près des côtes, & que les poumons ſont adhérens aux plèvres coſtales, de ſorte que celles-ci forment la paroi antérieure de la cavité : c'eſt à la voix qu'on entend ainſi, & qu'on ſuppoſe articulée, qu'on donne le nom de *pectoriloquie.*

La pectoriloquie eſt parfaite quand elle ne peut être confondue avec l'égophonie, que la voix eſt tranſmiſe évidemment à travers le ſtéthoſcope, & bien circonſcrite ; elle eſt imparfaite quand un de ces phénomènes manque, & ſurtout quand la tranſmiſſion de la voix n'eſt pas évidente ; elle eſt douteuſe quand la réſonnance eſt très-foible, & ne peut être diſtinguée de l'égophonie qu'à l'aide de circonſtances acceſſoires.

La pectoriloquie parfaite indique la vacuité complète d'une excavation, la denſité du tiſſu pulmonaire qui forme ſes parois, & ſa communication facile avec un ou pluſieurs vaiſſeaux bronchiques, ainſi que ſon rapprochement des parois de la poitrine ; c'eſt toujours un ſigne fâcheux, mais ſon importance eſt relative à l'étendue de la caverne & aux accidens qui ont déterminé cette dernière.

3. L'égophonie ou la réſonnance chevrotante conſiſte dans une réſonnance particulière de la voix qui accompagne ou ſuit l'articulation des mots ; il ſemble qu'une voix plus aiguë que celle du malade, & en quelque ſorte argentine, frémiſſe à la ſurface du poumon ; elle paroît être un écho de la voix du malade plutôt que cette voix elle-même. Rarement elle s'introduit dans le tube, & preſque jamais elle ne le traverſe complétement ; elle eſt tremblotante & ſaccadée comme celle d'une chèvre ; elle indique une pleuréſie aiguë ou chronique, avec formation de fauſſes membranes dans les plèvres, un hydrothorax, un épanchement de liquide quelconque. L'égophonie eſt un ſigne moins fâcheux, en ce qu'il indique moins d'acuité ou d'étendue dans la pleuréſie. Quand l'égophonie dure après la période aiguë autant que la pyrexie, & perſiſte encore après elle, on peut aſſurer que la convaleſcence eſt prochaine : la pleuréſie ne devient chronique que quand l'épanchement eſt extrêmement abondant, & l'égophonie diſparoît alors.

La bronchophonie & l'égophonie ſe trouvent réunies dans le cas de pleuro-pneumonie.

L'égophonie, la bronchophonie & la pectoriloquie indiquent une pleuro-péripneumonie avec un abcès du poumon.

a. La toux explorée ne fait entendre aucun bruit particulier dans le poumon ; on ſent ſeulement la ſecouſſe imprimée aux parois thoraciques. Ecoutée ſur le larynx & la trachée-artère à la racine des bronches, elle donne la ſenſation du paſſage de l'air dans un canal ; c'eſt à la toux qui

ſe fait entendre dans toute autre partie de la poitrine que celles fus-indiquées qu'eſt appliquée l'épithète de *tubaire.* La toux tubaire indique une hépatiſation du poumon ou une altération des bronches. (*Cruveilhier.*)

b. La toux détermine, quand elle pénètre dans une caverne, le râle caverneux, s'il y a du pus ; s'il n'y en a pas, elle donne alors la toux caverneuſe, qui fait reconnoître mieux que tout autre bruit une caverne vide.

La toux donne encore le tintement métallique dans le cas où il eſt peu ſenſible par la reſpiration ou la voix, &c.

4. Le tintement métallique eſt un bruit qui reſſemble à celui que produit un grain de ſable qui tomberoit dans un vaſe de métal ou de porcelaine. Il ſe fait entendre lorſque le malade parle, touſſe, & perſiſte encore après elle ; il indique des conduits fiſtuleux entre les bronches & une cavité ulcéreuſe ; on l'obſerve dans le cas de coexiſtence d'un épanchement ſéreux ou purulent dans la plèvre avec un pneumo-thorax.

Quelquefois le tintement métallique ſe change en un bourdonnement ſemblable à celui que l'on produit en ſoufflant dans une carafe. Laennec le nomme *bourdonnement amphorique.* La toux, la reſpiration, la voix peuvent également le produire. Le bourdonnement amphorique indique une ou pluſieurs communications fiſtuleuſes entre la cavité occupée par l'air & les bronches, une vaſte excavation qui ne contient que peu de liquide.

6. Le frottement aſcendant & deſcendant, qui conſiſte dans la perception d'un ſon analogue à celui que produit le frottement de deux corps durs l'un contre l'autre, indique l'emphyſème interlobulaire du poumon.

C. L'auſcultation appliquée aux maladies du cœur n'en éclaire guère le diagnoſtic quant à la nature des ſons perçus dans la région qu'il occupe. Ainſi, le bruit de ſoufflet, de râpe ou de ſcie, le bruit de ſoufflet muſical ſe rencontre avec ou ſans altération, ſoit des cavités du cœur, ſoit des artères. Le même ſigne peut être produit par une affection purement ſpaſmodique de l'appareil circulatoire.

Il en eſt de même des contractions du cœur perçues à diſtance. Le bruit cataire qu'on obſerve dans les rétréciſſemens du cœur, peut également être perçu dans les artères, & dans le comme dans ces dernières appartenir à une cauſe inappréciable.

M. de Kergaradec a appliqué l'auſcultation à la recherche de la groſſeſſe utérine, & a vu qu'on pouvoit reconnoître les battemens du cœur du fœtus à travers toutes les parties qui les enveloppent. M. Mayor, de Genève, avoit fait la même obſervation bien avant M. de Kergaradec, en appliquant feulement l'oreille nue fur les parois abdominales ; ce dernier obfervateur donne encore comme figne de la groffeffe des pulfations accompagnées du bruit de foufflet qui appartient aux pulfations des artères du placenta, & qu'il nomme *pulfations avec fouffle* ou *placentaires*. Ces battemens, ifochrones à ceux de la mère, s'obtiennent dans un efpace circonfcrit & invariable dans chaque femme. Les pulfations du cœur du fœtus peuvent ne pas être conflamment entendues par la variété de pofitions qu'il eft fufceptible de prendre, & qui l'éloignent ou le rapprochent des parois abdominales, &c. Ces pulfations empêchent de confondre la groffeffe avec une maladie de l'utérus, & font connoître que le fœtus eft vivant.

Le ftéthofcope a été appliqué à la recherche de plufieurs maladies fiégeant dans les membres ou dans des cavités autres que celle de la poitrine ; appliqué à la recherche des fractures, cet inftrument a donné à M. Lisfranc les fignes fuivans.

1°. La crépitation donne un bruit éclatant dans le cas de fracture d'un os compacte ; il le compare à un bâton que l'on caffe fur le genou.

2°. La crépitation des os fpongieux produit le bruit qu'occafionneroit une lime qui les uferoit, & par intervalle quelques fons plus éclatans s'y mêlent. La crépitation des fractures obliques eft plus forte que celle des fractures tranfverfales ; mais s'il y a chevauchement, elle devient très-obfcure. Si la fracture eft comminutive, le ftéthofcope donne diftinctement la fenfation de plufieurs efquilles féparées.

3°. Quand il y a autour d'une efquille quelque liquide épanché, il y a un bruit de gargouillement analogue à celui que produit le pied dans un foulier plein d'eau.

4°. Dans les luxations, le bruit eft fourd & obfcur, c'eft celui de deux furfaces humides & polies frottant l'une contre l'autre.

On voit qu'ici la ftéthofcopie fera utilement appliquée à tous les cas de fractures des os, & pourra ainfi éclairer leur diagnoftic & leur pronoftic, &c.

Le ftéthofcope appliqué fur le facrum ou le pubis dans le cas où une pierre eft contenue dans la veffie, permet de diftinguer parfaitement le bruit qu'occafionne le cathéter en frappant contre la pierre, effet qu'on ne peut pas toujours obtenir fans ce moyen.

Si la veffie ne contient pas de calcul après qu'on aura évacué l'urine, on entendra un bruit analogue à celui d'une pompe foulante & afpirante ; s'il refte un peu d'urine, il y aura un bruit de gargouillement.

Laennec croyoit qu'on pouvoit reconnoître des corps étrangers introduits dans l'oreille, les foffes nafales, le pharynx, l'œfophage, le rectum, dans les plaies, & dans celles d'armes à feu furtout, au moyen du ftéthofcope & d'une fonde exploratrice qui iroit frapper fur eux : il penfoit auffi qu'au moyen d'injections & du ftéthofcope, il feroit facile d'explorer les trajets fiftuleux, leur étendue, &c.

L'aufcultation devoit encore fournir des renfeignemens précieux dans les abcès du foie, dans le cas où des kyftes hydatiques formés dans ce vifcère viendroient à s'ouvrir dans l'eftomac, les inteftins ou le poumon. Laennec penfe qu'on pourroit les reconnoître par le gargouillement, qui feroit l'indice d'une caverne du foie avec pénétration de gaz ; & quand la communication auroit lieu avec le poumon, il croit qu'on obtiendroit, comme indice de cette pénétration, la toux, la refpiration caverneufe, le râle de même nature, peut-être même la tranfmiffion de la voix à travers le tube, & fi l'excavation étoit très-vafte, le tintement métallique.

Appliqué au diagnoftic des maladies de la caiffe du tympan, des trompes d'Euftache & des finus des foffes nafales, le ftéthofcope, garni d'un obturateur d'un demi-pouce de diamètre, qui eft creufé en forme de pavillon, le malade bouchant la narine du côté oppofé à la bafe de l'apophyfe maftoïde, fur laquelle on applique l'inftrument, & foufflant un peu fortement par celle qui refte libre, on entend diftinctement un fouffle qui indique la pénétration de l'air dans les cellules maftoïdiennes. S'il fe trouve un peu de mucofité dans la caiffe du tambour, on entend un gargouillement analogue au râle muqueux, & l'on diftingue facilement, fuivant Laennec, s'il eft dans la trompe d'Euftache, dans la caiffe ou les cellules maftoïdiennes. Ce phénomène s'obferve dans le coryza, & n'eft pas toujours accompagné de dureté de l'ouie : fi les mucofités obftruent la trompe, on n'entend plus rien jufqu'au moment où elle fe débouche.

Lorfqu'on applique le ftéthofcope fur l'apophyfe maftoïde, fur le conduit auditif externe, fur les boffes furciliares, fur les os maxillaires fupérieurs, fur le finus frontal, & que l'on fait parler la perfonne, la voix retentit dans diverfes parties, à peu près comme elle le fait dans la trachée ; cette réfonance conftitue la rhinophonie : fon abfence indiquera une oblitération du tympan, & pourra faire reconnoître celle des foffes nafales, celle des cellules maftoïdiennes, &c.

§. 3. *Le toucher* donne au médecin un moyen d'exploration précieux ; c'eft la palpation qui fait juger de l'augmentation ou de la diminution de denfité des organes, de leur changement de configuration & du degré de chaleur qui les pénètre.

On diftingue au toucher l'augmentation de volume, la rénitence, la chaleur qui exiftent dans les inflammations aiguës, dont la vue indique la couleur plus ou moins rofée, quand ce font des exanthèmes ou des inflammations fous-cutanées,

tandis

tandis que la douleur fixe l'attention du malade
fur le point qu'elle occupe. Si la rénitence fans
chaleur, fans douleur à peine, & fans fluctuation,
exifte dans une tumeur, on peut, fuivant les fignes
rationnels concomitans, reconnoître le lieu qu'elle
occupe, croire à une inflammation chronique, tuberculeufe, à des productions fibreufes, à une
tumeur enkyftée, hydatique, &c. L'infiltration
du tiffu cellulaire fe reconnoîtra à l'empreinte que
laiffe la preffion du doigt, à l'abfence de rougeur,
& à la couleur tranfparente de la peau, tandis que
la peau du phlegmon ne gardera pas l'empreinte
du doigt, fera douloureufe, rouge, chaude, &c.
On diftinguera les tumeurs produites par l'air,
par la réfonnance, la crépitation, l'abfence de la
rougeur, de la douleur, l'élafticité, &c. L'obéfité
ne change pas la couleur de la peau, ni fa température, ni le volume abfolu des organes. On
a prétendu reconnoître des liquides épanchés
dans la plèvre, par la faillie qu'ils faifoient faire
aux efpaces inter-coftaux ; on juge de la perméa-
bilité du poumon par le retentiffement produit
dans la main en faifant parler le malade, le contraire indiquant un engouement du poumon.
La palpation fait juger, au moyen de la percuffion que fait la main droite fur la partie latérale
de l'abdomen, tandis que la gauche eft appliquée
à plat fur le côté oppofé, s'il contient des liquides;
alors la colonne d'eau mife en mouvement vient
frapper cette dernière. Enfin le toucher apprend à
diftinguer les divers états de la matrice. Ainfi fon
col eft plus ou moins effacé, chaud, quand elle eft
chargée du produit de la conception ; il fe dé-
forme, devient dur & s'alonge dans l'induration de
cet organe ; il eft mou, flafque quand il eft enflammé ; rugueux, inégal & imprégnant le doigt
d'une odeur fétide dans le cancer ; il eft entr'ouvert, béant, chaud dans l'hémorragie utérine ou
quand la matrice contient un polype.

La preffion abdominale mife en ufage par Bichat pour reconnoître un hydrothorax, un empyème, fournit des renfeignemens trop équivoques pour que nous nous y arrêtions. La menfura-
tion fera ou inutile ; parce que l'œil jugera fans
elle, ou nulle, fi l'épanchement eft peu confidérable, par fon peu d'exactitude. La palpation peut
encore être utile pour reconnoître l'inflammation
d'une partie, en y développant une douleur d'autant plus vive, qu'on la comprime plus fortement, quoique toujours médiocrement. Ainfi la
gaftrite, la gaftro-entérite, l'hépatite, &c., peuvent être peu douloureufes, & la palpation des
parties enflammées faire reconnoître le fiége précis
de la maladie, & fon étendue. Jointe à d'autres
fignes, elle fera reconnoître une hernie, un abcè-
cès, quand ces maladies feront acceffibles à la
main.

La main appliquée fur les diverfes parties du
corps donnera au médecin le moyen d'en apprécier la température : celle-ci ne fera pas toujours

pour lui la même que pour le malade, qui pourra
fe plaindre d'un froid glacial, alors que la peau
eft chaude, comme on le voit dans les fièvres
intermittentes.

Dans la pyrexie, la chaleur eft généralement
répandue ; elle eft douce, halitueufe dans les pyrexies aiguës ; elle eft âcre, mordicante dans les
fièvres dites adynamiques ou ataxiques, dans la
fièvre hectique, dans la fièvre fymptomatique
d'une affection chronique. La chaleur qui furvient
par bouffées indique une irritation nerveufe, l'hyftérie, une affection du cœur. La dureté, la féchereffe de la peau annonce une phlegmafie aigüe ou
chronique ; dans les maladies aiguës, le fentiment
de froid des parties externes, avec celui d'une
chaleur interne, indique une inflammation profonde.

§. 4. L'odorat fournit au médecin quelques
renfeignemens, qui peuvent éclairer le diagnoftic
des maladies.

Chaque fexe, chaque âge, chaque peuple a
une odeur particulière ; les faifons, les paffions,
les climats, les alimens, l'art qu'on exerce, le
tempérament, &c., impriment à toute l'économie une odeur fpéciale ; toutes nos exhalations ont auffi chacune une odeur qui n'appartient
qu'à elles.

L'odeur des enfans eft aigre, & toutes leurs excrétions partagent plus ou moins cette acidité.

L'odeur de la femme eft douceâtre, amniotique,
& celle de l'homme plus ou moins féminale. Les
excrétions font fufceptibles de prendre des odeurs
analogues aux alimens & aux boiffons dont on ufe,
ainfi les truffes, l'ail, les viandes, l'alcool peuvent fe faire fentir dans les fueurs, les urines, &c.

La tranfpiration axillaire & celle des pieds ont
une odeur plus ou moins fétide chez l'adulte ; l'enfant & la femme en font exempts, elles n'exiftent
plus chez les vieillards ; les perfonnes rouffes exhalent une odeur infupportable, qui chez elles
indique la fanté.

Nous avons dit que l'odeur acide étoit particulière au premier âge : on la retrouve auffi dans
certaines maladies, telles que les écrouelles, les
excrétions laiteufes, les vaftes phlegmons en
fuppuration ; l'odeur des déjections alvines eft cadavéreufe dans la dyffenterie, dans le fcorbut,
dans les fuppurations cancéreufes ; fétide dans les
inflammations de l'eftomac & des inteftins, dans
les fièvres dites adynamiques & ataxiques.
Dans ces différentes circonftances, la fétidité de
l'odeur paroit dépendre d'une altération profonde
du tube digeftif ; elle eft en général de mauvais
augure. La fétidité de l'haleine peut être l'indice
du fcorbut, d'une gaftrite, d'une falivation mercurielle, d'un ozène, de l'éléphantiafis, ou peut
appartenir à la carie des dents.

L'odeur de fouris furvient fouvent dans le cours

D

des fièvres *ataxiques* & *adynamiques*, dans les maladies cérébrales, dans les plaies du crâne.

La sueur a fréquemment une odeur amniotique dans le phlegmon, dans les gastrites aiguës, dans les maladies inflammatoires. Les maniaques, les mélancoliques, les épileptiques ont souvent une transpiration fétide, leurs selles le sont également; les crachats sont infects dans la dernière période de la phthisie. Les maladies de la peau ont aussi des odeurs remarquables; dans la variole, le muguet, la peau exhale une odeur particulière, nauséabonde; les dartres rongeantes ont une odeur âcre, empyreumatique; la teigne faveuse a une odeur qu'on a comparée à cèle de l'urine du chat; les autres dartres ont une odeur de beurre rance; les ulcères scrofuleux ont une odeur aigre; les flueurs blanches en ont une fade. Les signes que l'on peut tirer des odeurs, sont d'autant plus favorables que ces odeurs seront plus en rapport avec celles qu'exhalent les parties dans l'état de santé.

La transpiration insensible, non vaporisée, constitue la sueur, qui peut être générale ou partielle. Un exercice violent, la chaleur atmosphérique, des boissons stimulantes, un état morbide quelconque, peuvent occasionner la sueur.

Les sueurs générales sont favorables, dans les maladies, quand elles s'accompagnent du pouls dit *critique*; elles annoncent la résolution. Elles sont défavorables au commencement des inflammations aiguës; on voit des sueurs partielles dans certaines inflammations chroniques, chez les phthisiques, &c. elles sont l'indice d'une suppuration profonde. Quand la sueur devient froide, de chaude qu'elle était, que les extrémités bleuissent, que le pouls devient petit, misérable, on peut croire que la gangrène s'est emparée de l'organe enflammé. Chez les hypochondriaques, les hystériques, ce signe a peu de valeur; il en a peu encore dans les lipothymies.

La sueur est épaisse, visqueuse chez les mourans; dans les hémorragies, une sueur visqueuse, épaisse, gluante, indique leur terminaison; dans quelques diarrhées chroniques, la sueur est abondante, visqueuse, gluante, fétide, continuelle, & épuise le malade. La sueur prend différentes couleurs, comme dans l'ictère, dans la gastrite; elle peut être rouge, bleue, noire, sans que ces différences de couleurs puissent fournir des signes séméiotiques importans.

§. 5. On trouve dans Alexandre de Tralles des détails curieux sur la manière dont les médecins de l'antiquité exploroient les saveurs des matières excrétées; toutefois peu de médecins aujourd'hui portent assez loin le zèle de leur profession pour déguster ces différens produits.

On a pourtant cité l'exemple d'un praticien qui dégustoit la matière de l'expectoration des phthi-

siques. La dégustation de l'urine chez les diabétiques peut éclairer le diagnostic de la maladie dont ils sont atteints. En médecine légale, la dégustation pourroit encore fournir des signes précieux de diagnostic; mais l'on conçoit facilement que peu de médecins voudroient rechercher la sapidité des excrétions comme moyen d'exploration, & qu'outre les inconvéniens graves que pourroit avoir pour leur santé un pareil mode d'exploration, le dégoût y mettroit un obstacle presqu'invincible. (P. JOLLY.)

SEMEN CONTRA, s. m. (*Bot.*, *Mat. médic.*) Nom d'une substance médicinale, composée de débris ou portions de diverses espèces d'armoises d'Orient, employée comme vermifuge. Cette appellation est l'abréviation de *semen contra vermes*, qui a été donnée à ce médicament à cause de ses propriétés. Suivant la plupart des auteurs, c'est de Perse qu'on tire le *semen contra*; Tournefort dit qu'on le recueille dans le Mogol, d'où on l'envoie, par la Perse, à Erzeroum. Il nous arrive par la voie de Marseille en gros tonneaux.

On distingue dans le commerce actuel de la droguerie deux espèces de *semen contra*, celui dit d'*Alep* ou d'*Alexandrie*, & celui de *Barbarie*.

Le *semen contra* d'Alexandrie est composé, 1°. de fleurs dont le calice est glabre, imbriqué d'écailles ovales, obtuses, & qui renferment trois à quatre fleurons; 2°. de portions de feuilles brisées, linéaires, glabres, roulées en dessous, & offrant comme deux sillons sur cette face; 3°. d'écailles calicinales détachées; 4°. de portions de pédoncules des rameaux floraux rabougris; 5°. de fleurs non développées; 6°. de corps étrangers, comme pierres, petites coquilles, bois, coralline blanche (Guibourt), &c. On croit que cette sorte provient de l'*artemisia santonica* L. , plante incertaine, peu ou point connue, parce qu'il paroît que, sous ce nom, il y a plusieurs espèces distinctes, d'après la remarque des auteurs de la *Flore du Caucase*, qui affirment que la plante indiquée par Pallas & les autres voyageurs russes sous ce nom, est l'*A. nutans*, ou l'*A. monogyna* de leur flore, & que très-probablement l'espèce de Linné n'est que la première (1).

Tomson dit (2) qu'on cultive en Angleterre, dans les jardins, l'*artemisia santonica*, venant de Perse ou de Tartarie. Il seroit à désirer qu'on nous la procurât pour s'assurer de ses caractères, & pour voir si la plante à laquelle appartient le *semen contra* d'Alep ou d'Alexandrie en proviennent.

Le *semen contra* de Barbarie, qui est bien moins estimé que le précédent, se compose, 1°.

---

(1) Voyez *Flore du Caucase*, tom. III, pag. 565.
(2) Voyez *Botanique du droguiste*, pag. 317.

de boutons pubefcens de fleurs non développées ;
2°. de feuilles linéaires, pubefcentes, très-abondantes, roulées en deffous comme dans l'efpèce
précédente ; 3°. de débris de pédoncules, fommités non développées; 4°. de corps étrangers. On
croit que cette plante appartient à l'*artemifia contra*
L., mais on n'en a pas de certitude plus grande
que pour l'efpèce précédente ; d'autres la rapportent à des plantes différentes, comme l'*A. odora-
tiffima* Desf., l'*A. judaïca* L., & furtout à l'*A.
glomerulata* de Siéber, &c. avec plus de probabilité, fans qu'on puiffe dire fi c'eft à tort ou raifon;
car il faudroit, pour affirmer, avoir les plantes entières. Ce *femen contra* eft plus pâle, plus mêlé
de *buchettes*, moins odorant que le précédent,
& moins eftimé.

Il eft certain que les *femen contra* proviennent d'armoifes à feuilles linéaires & fimples,
dont les fleurs n'ont pas reçu leur entier développement, puifqu'on n'en trouve pas de graines
mûres dans aucune des deux fortes. Si le mode
de récolte de ces drogues eft tel que le rapporte
Pomet, d'après Tavernier, on ne voit pas pourquoi on n'a jamais de fleurs affez mûres pour offrir des graines ; on diroit qu'on a opéré un broiement des parties fupérieures des armoifes pour
cacher l'origine des *femen contra*.

Au demeurant, l'incertitude au fujet des plantes qui conftituent pofitivement les *femen contra*,
eft fans inconvénient fous le rapport thérapeutique. Toutes les armoifes font vermifuges, & nos
artemifia vulgaris & *abfinthium* ont leurs fleurs
& autres parties vermifuges. Linné dit que l'*A.
campeftris* peut très-bien remplacer le *femen
contra*. Jacquin avance que l'*A. auftriaca* a abfolument les vertus de ce médicament & lui eft
analogue. Lamarck penfe que l'*A. palmata* donne
le vrai *femen contra*.

L'odeur des *femen contra* eft aromatique & affez marquée fans être importune ; leur faveur eft
âcre, amère ; leur couleur verdâtre ; celui de Barbarie, à caufe des villofités de toutes fes parties,
a une teinte grifâtre & plus pâle. Plus le *femen
contra* d'Alexandrie eft nouveau & plus fa couleur verte eft prononcée, ce qui fait que quelques
droguiftes fe permettent de le colorer pour le faire
croire récent, chofe qui eft certainement nuifible.
Au furplus, on rencontre des qualités différentes
de ce médicament, car on trouve de ce dernier
où les fleurs font plus abondantes, d'autres où ce
font les buchettes qui dominent, fans qu'on puiffe
affirmer qu'il foit moins bon pour cela ; les vertus
pouvant exifter auffi-bien dans ces parties que
dans celles de la fleuraifon.

M. Wackenroder a obtenu de cent parties de
femen contra (dont il dit que les variétés proviennent de l'*Artemifia fantonica* L.), 20, 25
d'un principe amer ; 4,45 d'une fubftance brune,
réfineufe, amère ; 6,05 d'une réfine balfamique

verte, âcre & aromatique ; 0,35 de cérine ; 15,50
d'extractif gommeux ; 8,60 d'alumine ; 2,00 de
malate de chaux avec un peu de filice ; 35,45 de
ligneux ; 6,70 de parties terreufes (1).

Bouillon Lagrange a retiré (ce que n'indique
pas l'analyfe précédente) par livre de *femen contra*, un demi-gros d'huile effentielle légèrement
citrine, & ayant un peu l'odeur de menthe, dans
laquelle il croit que réfide la propriété de cette
fubftance, & qu'il confeille de donner à la dofe
de 4 à 6 gouttes en frictions fur la région épigaftrique, foit à l'intérieur fous forme de firop, ou
fur du fucre.

C'eft, ainfi que l'indique fon nom, comme vermifuge qu'on emploie le *femen contra*. On a coutume de l'adminiftrer toutes les fois qu'il exifte
des vers lombrics, à la dofe de 12 à 24 grains pour
les enfans, jufqu'à un gros ou deux pour les adultes, en poudre, en pilules ou en infufion. On en
fait un firop, des paftilles, des dragées, des gelées, des confitures ; on en met dans le pain d'é-
pices, &c. Il ne faut pas oublier que ce médicament a une action affez excitante, & qu'il pourroit, s'il exiftoit des fignes d'irritation dans les
voies digeftives, les augmenter encore. Bergius
l'a vu produire l'apparition des règles chez une
petite fille de dix ans, à qui il l'adminiftroit contre les vers, ce qui eft une preuve de fon action
ftimulante ; mais ordinairement lorfque les vers
exiftent chez les enfans, il y a plutôt inertie
des premières voies, furabondance de mucofi-
fités, état fans lequel le développement de ces
animaux n'auroit pas lieu, qu'irritation, & alors
le *femen contra* eft doublement indiqué & comme
tonique & comme vermifuge. Peut-être même
pourroit-on croire qu'il n'eft vermifuge que parce
qu'il eft tonique, & qu'il fait ceffer l'état de langueur & la pléthore muqueufe du conduit de la
digeftion. (MÉRAT.)

SEMENCE, f. f. (*Phyfiol.*) *Semen.* On donne
à ce mot plufieurs fignifications. Employé comme
fynonyme de fperme (*voyez* ce mot), il défigne
la liqueur que répand le mâle & qui eft deftinée
à féconder le germe fourni par la femelle.

En botanique, cette expreffion répond à celle
de graine ou de fruit, feulement on ne l'emploie
que pour défigner les graines ou les fruits d'un
très-petit volume. (R. P.)

SEMENCES FROIDES, majeures & mineures,
f. f. pl. (*Bot.*, *Mat. médic.*) *Semina frigida ma-
jora.* Les émulfions étant en général recommandées dans la plupart des affections inflammatoires,
on a nommé les graines qui fervent à les préparer

---

(1) Voyez *Bulletin des fciences médicales* de Feruffac,
1827, pag. 255.

D 2

des *femences froides* ; & fuivant qu'on les a crues plus ou moins propres à remplir les indications données, on les a qualifiées de *majeures* ou de *mineures*.

On range parmi les premières les graines de concombre, de melon, de citrouille & de courge ; les fecondes font les graines de laitue, d'endive & de chicorée fauvage. En général, ces fortes de prefcriptions font à peu près tombées en défuétude. (R. P.)

SEMENCINE, *fementine*, f. f. (*Mat. médic. vég.*) *Semen cinœ.* Nom d'une fubftance vermifuge qui dérive de ce qu'elle eft compofée de femences. Pour le plus grand nombre des auteurs ce médicament n'eft pas diftinct du *femen contra*, quoique cependant on trouve dans le commerce une matière végétale différente ; on l'a auffi défignée fous le nom de *barbotine.*

Autrefois la femencine étoit envoyée d'Orient ; mais il y a lieu de croire qu'on défignoit fous ce nom le *femen contra* dont on ne la féparoit pas. C'eft ainfi que Tournefort (1) dit que la femencine vient du Mogol par la voie d'Erzeroum.

Aujourd'hui fous ce nom nous n'avons que des femences indigènes ; ordinairement ce font celles de tanaifie (*tanacetum vulgare* L.), qu'on récolte aux environs de Nifmes pour cet ufage, & qu'on envoie avec les fleurs dépecées de la plante pour qu'on ne les reconnoiffe pas. Il paroît que dans d'autres occafions ce font les femences du *fantolina cypariffus* L. qu'on emploie fous le nom de *barbotine* (2).

La femencine ou barbotine du commerce fe compofe, 1°. de fleurs nombreufes qui paroiffent celles de la tanaifie, qui furmontent les graines anguleufes de cette plante ; 2°. d'autres graines ovoïdes, nombreufes auffi, mais qui appartiennent, je penfe, à une autre plante indéterminée, & qui n'eft pas non plus le *fantolina cypariffus* L. dont les femences font anguleufes, mais qui font peut-être celles de la nouvelle femencine que M. Batka, droguifte de Prague, vient de fignaler, & qu'il dit avoir quelqu'analogie avec la graine de *carvi* ; 3°. de fragmens blanchâtres de feuilles drapées & linéaires ; 4°. d'écailles calicinales ; 5°. de corps étrangers.

Il en réfulte donc que la compofition de ce médicament n'eft pas parfaitement connue, & que probablement elle varie fuivant les droguiftes chez lefquels on l'achète. Du refte, c'eft un médicament très-rarement ufité de nos jours.

La femencine eft employée aux mêmes ufages que le *femen contra*, c'eft-à-dire comme vermifuge. (*Voyez* SEMEN CONTRA.)   (MÉRAT.)

(1) *Voyage*, tom. III.
(2) BOUILLON LAGRANGE, *Journal de pharmacie*, tom. VIII, pag. 552.

SEMI. Expreffion empruntée des Latins, & qui fignifie *demi* ou à *moitié.* Toujours elle eft jointe à un mot dont elle fert à modifier la fignification ; cependant il ne faut point, même dans le langage des fciences, lui accorder toute l'étendue de fa valeur grammaticale : ainfi, on voit fouvent les anatomiftes fe fervir des mots *femi*-lunaire, *femi*-membraneux, *femi*-nerveux, *femi*-tendineux, pour indiquer des parties qui n'ont point la forme d'un demi cercle, ou ne font point *demi-membraneufes, demi-nerveufes* ou *demi-tendineufes.*

Le plus communément le mot *femi*-lunaire s'applique à un corps dont la furface eft comprife entre deux courbes, dont l'une eft convexe & l'autre concaves, & qui fe réuniffent par leurs extrémités ; tels font les cartilages ou fibro-cartilages *femi*-lunaires placés entre les condyles du fémur & les furfaces articulaires du tibia ; tels font encore certains ganglions faifant partie du nerf grand fympathique. A l'égard des valvules fituées à l'orifice des artères aortes & pulmonaires, on doit regarder cette dénomination comme très-impropre ; ce qui eft également vrai relativement au fecond des os de la première rangée du carpe, que l'on a nommé *os femi-lunaire*, malgré fa forme très-irrégulière.

Quant aux mots *femi-membraneux, femi-nerveux, femi-tendineux*, ils n'indiquent que des modifications de ftructure qui rapprochent plus ou moins certaines parties de la nature des membranes & des tendons. (*Voyez* dans le *Dictionnaire d'Anatomie* les articles FÉMORO-TIBIAL, TRISPLANCHNIQUE, SIGMOÏDE, CARPE, DEMI-MEMBRANEUX & DEMI-TENDINEUX.)

SÉMINAL, ALE. (*Anat.*) *Seminalis.* Cet adjectif fert à qualifier tout ce qui eft relatif à la femence, quel que foit d'ailleurs le fens que l'on puiffe attribuer à ce mot.

SEMINALES (Véficules). (*Anat.*) Le fperme fécrété par les tefticules eft mis en réferve dans deux réfervoirs oblongs qui fe trouvent fitués à la partie poftérieure & inférieure de la veffie, & auxquels on a donné le nom de *véficules féminales.* (*Voyez* ce dernier mot dans le *Dictionnaire d'Anatomie.*)

SEMINIFÈRE, adj. (*Anat.*) dérivé de *femen*, femence, & de *fero*, je porte. C'eft le nom que l'on a donné au canal déférent, & en général à tous les vaiffeaux qui font deftinés à l'élaboration & à la tranfmiffion du fperme dans les véficules féminales. (*Voyez* TESTICULES dans le *Dictionnaire d'Anatomie.*)   (R. P.)

SEMI-SPECULUM. (*Inftr. de Chir.*) Autrefois dans l'opération de la taille on dilatoit l'incifion faite au col de la veffie ; l'inftrument employé à cet ufage étoit un véritable gorgeret brifé, dont

Fabrice de Hilden a donné la defcription, & qu'il a nommé *semi-fpeculum,* parce qu'il préfente non un canal entier, mais feulement un demi canal.

SEMI-TIERCE (Fièvre femi-tierce). (*Path.*) Cette fièvre participe de la fièvre quotidienne & de la fièvre tierce, en ce qu'il y a tous les jours un accès, & de deux en deux jours un fecond accès. Ce type de fièvre s'obferve affez rarement, & peut être accompagné de fymptômes effentiellement différens. (*Voyez* FIÈVRE dans ce Dictionnaire.)

SEMOULE ou SEMOUILLE, f. f. (*Hygiène.*) Cette expreffion eft d'origine italienne, & fert à défigner une pâte que l'on prépare comme celle du vermicelle, & à laquelle on donne une forme granulée qui la fait reffembler à une farine groffière, ou à du fon.

Ainfi que les autres pâtes alimentaires, on emploie la femoule pour faire des potages qui, à raifon de leur facile digeftion, conviennent aux convalefcens : leur demi liquidité les rend également propres à nourrir ceux qui, par fuite d'accidens quels qu'ils foient, ne peuvent écarter les mâchoires. (R. P.)

SENAC (Jean) (*Biogr. médic.*) La poftérité a jugé Senac, non fur les titres honorifiques dont il a joui pendant fa vie, mais fur l'ouvrage qu'il publia en 1749, fous le titre de *Traité de la ftructure du cœur, de fon action & de fes maladies.* Ce livre remarquable, furtout pour l'époque à laquelle il fut publié, eft l'un de ceux où l'on peut encore puifer d'utiles documens, quoique les découvertes modernes aient beaucoup ajouté à ce premier travail.

Senac naquit près de Lombez, vers la fin du dix-feptième fiècle. A la mort de Chicoyneau, il devint premier médecin du Roi, & fut fouvent favorable à la Faculté de médecine de Paris, à laquelle il n'appartenoit cependant point, ayant reçu le grade de docteur dans la Faculté de Reims. Il fut fucceffivement confeiller d'état, membre de l'Académie royale des fciences, & mourut le 20 décembre 1770, âgé d'environ foixante-dix-fept ans.

Indépendamment de fon principal ouvrage, Senac a laiffé plufieurs autres écrits.

(*Extr. de la Biogr. médic.*) (R. P.)

SÉNÉ, f. m. (*Mat. méd.*) Senna, *fennæ folia; caffia fenna; folium orientale.* On donne en pharmacie le nom de *féné* aux feuilles de deux efpèces de plantes du genre CASSIA. La première, CASSIA SENNA L., eft annuelle; elle croît en Italie, en Efpagne, & porte des feuilles ovales & obtufes; on a nommé celle-ci *féné d'Italie.* L'autre efpèce, CASSIA ACUTIFOLIA; de Delifle, eft commune dans la haute Egypte, le royaume de Sennar, d'où peut-être lui vient le nom de *féné;* & porte le nom de *féné d'Alexandrie, féné oriental, féné de la palthe,* du mot *apalto,* ferme, à caufe de l'efpèce de monopole établi fur cette fubftance par le grand-feigneur. Les feuilles du féné font d'un vert-jaunâtre, plus blanches en deffous, & recouvertes de ce côté d'un duvet très-court, qu'on ne peut apercevoir qu'avec une loupe.

On vend féparément, dans le commerce, les légumes de ces plantes, fous le nom de *follicules de féné.* Ce font des gouffes planes, alongées, obtufes à leurs deux extrémités, pouvant fe féparer en deux valves, qui portent fur leur face interne des cloifons extrêmement étroites, qui forment des loges contenant chacune une feule graine.

Le féné eft un des purgatifs cathartiques le plus fréquemment employés. On l'adminiftre en poudre, en infufion & en extrait. La poudre fe donne à la dofe d'un demi-gros à un gros; mais on en fait fort peu d'ufage à caufe de fa grande légèreté & du volume que forme un demi-gros à un gros de cette poudre. On la mêle quelquefois avec celle de la crème de tartre, de rhubarbe, ou autres, mais il faut avoir foin de la renouveler fouvent, car elle s'altère très-facilement. L'infufion eft le mode de préparation le plus convenable & le plus fréquemment mis en ufage. On fait l'infufion à froid ou à chaud; la dofe eft de deux à quatre gros pour un verre d'eau. On obtient par ce moyen un purgatif puiffant; fouvent on y ajoute une demi-once de fulfate ou de phofphate de foude : ce qui en augmente encore la propriété purgative. On donne auffi des lavemens avec l'infufion de féné feul, ou avec addition des fels ci-deffus mentionnés : ces lavemens font très-purgatifs & ne déterminent pas de coliques. Quant à l'extrait de féné on en fait peu d'ufage, il a d'ailleurs fort peu de propriétés cathartiques : ce qui tient probablement à la confection de cet extrait, opération qui fait éprouver au féné des altérations qui diminuent fes propriétés purgatives.

Les follicules s'adminiftrent de même que les feuilles & à des dofes égales, & on a remarqué qu'elles avoient moins d'activité & purgeoient plus légèrement que les feuilles dont nous venons de nous occuper.

Le féné peut être employé dans toutes les maladies où il convient de provoquer des évacuations alvines, & où on n'a rien à redouter de l'irritation générale; mais l'action de ce purgatif fur la muqueufe inteftinale, & l'excitation qu'il imprime à toute l'économie, & principalement à l'appareil circulatoire, doivent en faire bannir l'ufage dans le traitement des phlegmafies & des hémorragies actives. Le féné convient & peut être employé en lavement dans toutes les affections pathologiques) où l'on veut, à l'aide d'une irritation abdominale, opérer une dérivation favorable, comme dans l'apoplexie, les maladies de la tête & de la poitrine. Le féné entre dans la plus grande partie des potions & lavemens purgatifs. (Ch. Hennelle.)

SENEÇON, f. m. (Bot., Mat. méd.) Senecio. Ce genre, de la Syngénéfie polygamie fuperflue de Linné, fait partie de la famille des Compofées & appartient à la fection des Corymbifères. Il contient un très-grand nombre d'efpèces, parmi lefquelles deux feulement ont autrefois été employées en médecine (le senecio vulgaris & le senecio jacobœa). Le premier paffe pour être émollient & a été conseillé, foit en cataplafmes, foit en lavemens; le fecond, dont la faveur eft légèrement amère & un peu aftringente, a été recommandé comme topique dans les éryfipèles, & comme boiffon dans la dyffenterie & dans les diarrhées. Ces deux plantes font aujourd'hui inufitées. (Voyez, pour les détails botaniques, le Dict. de Botanique de cet ouvrage.)

SÉNÉGINE, f. f. (Chim. médic.) C'eft le nom d'un nouveau principe immédiat que l'analyfe chimique a fait découvrir dans la racine du polygala fenega.

D'après Gelhen, favant chimifte bavarois, ce principe eft folide, d'une couleur brune & tranflucide; fa faveur eft défagréable, & lorfqu'on le pulvérife, il irrite la membrane nafale. La fénégine n'eft point attaquée par l'eau, l'huile & l'éther, mais elle eft foluble dans l'alcool qui n'eft point très-concentré.

Des chimiftes diftingués doutent de la réalité de cette découverte, &, à plus forte raifon auffi, de celle faite par un pharmacien de Genève, qui, dans la racine du polygala, prétend avoir trouvé trois fubftances particulières, qu'il a nommées polygaline, ifolyne, & acide polygalique.
(R. P.)

SENEKA (Bot., Mat. médic.). Nom pharmaceutique, fous lequel on défigne le polygala fenega. (Voyez Polygala dans ce Dictionnaire.)

SENEUIL (Eau minérale de). Cette eau, ferrugineufe & froide, eft dans un vallon marécageux, peu éloigné de Seneuil, village fitué à une demi-lieue de Ribérac. Par le repos, fa furface fe recouvre d'une pellicule irrifée, femblable à celle qui fe forme à la fuperficie des eaux minérales analogues.

L'analyfe a fait découvrir, dans les eaux de Seneuil, des carbonates de foude, de chaux & de fer. C'eft en général dans les fièvres intermittentes, les engorgemens des vifcères abdominaux, & quel-

ques autres affections des organes digeftifs, que l'on recommande l'ufage de ces eaux ferrugineufes.

SÉNEVÉ, f. m. (Bot., Mat. médic.) Nom vulgaire de la moutarde. (Voyez Moutarde & Sinapisme.) (R. P.)

SÉNILE, adj. (Path.) Senilis, dérivé de fenectus, vieilleffe, qui eft relatif à la vieilleffe, qui appartient à la vieilleffe. Ainfi on appelle maladies féniles celles qui font propres à cette période de la vie : on nomme débilité ou afthénie fénile la foibleffe qui eft le réfultat des progrès de l'âge : on dit encore vie fénile, pour exprimer l'état de presbytie qu'on rencontre très-fouvent chez les vieillards. La gangrène fénile attaque les extrémités des individus avancés en âge.
(Bricheteau.)

SENNERT (Daniel), (Biogr. médic.), fils d'un cordonnier de Breflaw, naquit dans cette ville le 25 novembre 1572. Au fortir de fes humanités, il étudia la médecine, & en 1601 prit le grade de docteur dans la Faculté de Wittemberg. Devenu l'un des profeffeurs de cette Faculté, il acquit une telle réputation, que, fans être obligé de difcontinuer fes leçons, il devint l'un des médecins de l'électeur de Saxe.

Sennert a été célèbre par fa grande érudition; mais, comme beaucoup d'autres, il n'a pu éviter les erreurs fi communes dans le fiècle où il vivoit, & fouvent on lui a reproché d'avoir adopté les idées des gens crédules & ignorans : c'eft ainfi qu'il croyoit à l'aftrologie. Néanmoins, on ne peut difconvenir, qu'au milieu de ces erreurs, peut-être inévitables, il n'ait fouvent fenti le befoin, & manifefté le defir de fecouer le joug auquel les péripatéticiens de cette époque vouloient affujettir la fcience.

Les écrits de ce médecin ont été collectivement publiés fous le titre d'Opera omnia, en un volume in-folio, dont il y a eu quatre éditions fucceffives.

Sennert mourut le 21 juillet 1637, des fuites de la pefte.
(Extr. de la Biogr. médic.) (R. P.)

SENS, f. m. pl. (Phyfiol.) Senfus. Voir, entendre, fentir, goûter & toucher; ce peu de mots renferment l'enfemble des rapports qui peuvent s'établir entre nous & les corps extérieurs. Mais ces relations exigent un appareil d'organes approprié à chaque efpèce de fenfations, & le plus communément encore elles ne s'établiffent que fous l'influence d'agens particuliers. Ainfi, dans les phénomènes de l'audition, l'exiftence d'un milieu capable de fervir de véhicule au fon, eft tout auffi indifpenfable que l'eft pour l'œil la néceffité d'ad-

mettre, foit une émiffion lumineufe, foit des on-
dulations excitées dans un milieu uniformément
répandu dans l'efpace & deftiné à établir une communication entre nous & des corps dont nous
fommes féparés par d'immenfes intervalles. Enfin,
les émanations qui s'échappent des corps odorans
& l'intervention de la falive, font des conditions
hors defquelles les fens de l'odorat & du goût ne
fauroient remplir les fonctions qui leur font confiées. Dès-lors, quatre des organes de nos fens
font toujours influencés médiatement; de là réfulte que les notions qu'ils nous fourniffent doivent être beaucoup moins certaines que dans le cas
d'une action immédiate, comme cela a lieu dans
les phénomènes du toucher. En effet, indépendamment des illufions qui peuvent être produites
par une difpofition anomale des organes, il y a
encore celle à laquelle peuvent donner naiffance
les modifications dont eft fufceptible l'agent deftiné à tranfmettre les impreffions, & à cet égard
les diverfes hallucinations prouvent, d'une part,
jufqu'à quel point les organes des fens peuvent
être pervertis, bien que fous le rapport phyfique
ils paroiffent réellement dans leur état naturel; &
de l'autre, une multitude d'illufions, foit optiques
foit acouftiques, ne permettent point de douter
que l'on altère une fenfation lorfque l'on en modifie les moyens de tranfmiffion.

Pour être perceptible, une impreffion doit
avoir une certaine énergie, & furtout une certaine durée; ainfi, des vibrations trop lentes ou
trop rapides, ne peuvent fournir de fons appréciables. Dans le premier cas, ces fons n'excitent
point fuffifamment l'oreille, & dans le fecond, ils
l'étourdiffent, fans lui laiffer la faculté de les comparer. Une lumière trop foible ou trop vive, laiffe
les objets dans l'obfcurité ou éblouit l'œil qui les
regarde. Des odeurs trop fugaces ou trop pénétrantes, des faveurs trop légères ou trop énergiques, des corps d'une température trop baffe
ou trop élevée, laiffent en repos ou bleffent les
organes de l'odorat, du goût ou du toucher. A cet
égard, une remarque importante eft la néceffité
d'une *éducation préparatoire*, fans laquelle les
fens, bien qu'impreffionnés d'une manière régulière, ne fauroient fournir les élémens d'une fenfation diftincte.

S'il nous eft poffible de déterminer avec affez
d'exactitude dans quelle partie d'un organe l'impreffion eft produite, il ne nous eft pas auffi facile
de voir comment cette impreffion fe tranfmet à
l'ame & produit la fenfation. La ftructure anatomique des organes, & la connoiffance des lois
phyfiques auxquelles obéiffent certains agens,
donnent des notions pofitives fur la première partie de cette queftion; tandis que la feconde, toute
fpéculative, eft réellement du domaine de la pfy-
chologie. (*Voyez* ce mot.) Dès-lors, il ne faut
point être étonné fi l'on s'accorde affez généralement fur l'une, tandis que l'autre eft un fujet iné-

puifable de difcuffions; fauf quelques points fur
lefquels les idées font affez nettement arrêtées.
Ainfi, l'influence du fyftème nerveux, comme
moyen de tranfmiffion jufqu'au *fenforium commune*, eft inconteftable; mais, fi des organes des
fens extérieurs, on veut paffer à ce que l'on a
nommé le *fens intérieur*, on s'aperçoit bientôt que
nous fommes loin de pofféder tous les élémens
dont fe compofe une queftion auffi compliquée;
auffi n'entrerons-nous point dans un examen qui
d'ailleurs appartient au mot SENSATION. Seulement, nous nous bornerons à remarquer, qu'en
général, dans les diverfes claffes d'animaux, le
nombre & les développemens des appareils fenforiaux, eft toujours en rapport avec leurs befoins
& la difficulté de leur confervation. Auffi ces organes finiffent-ils par fe confondre, les uns avec
les autres, & par devenir à peu près inappréciables
chez les êtres réduits à une exiftence en quelque forte végétative. (*Voyez* ŒIL, OLFACTION,
OREILLE, OUIE, dans le *Dictionnaire d'Anatomie;*
& GOUT, ODORAT, PERCEPTION, SENSATION, TACT,
TOUCHER, VUE, &c., dans ce Dictionnaire.)
                                              (R. P.)

SENSATION, f. f. *Senfatio.* (*Phyfiol.*) Le
mot *fenfation* indique un phénomène purement
pfychologique, par lequel une impreffion tranfmife au cerveau, foit par les organes des fens,
foit par un ou plufieurs organes intérieurs, arrive
à l'ame & eft perçue par elle.

Puifque, d'après leur fource, les impreffions
font de deux efpèces, internes & externes, il y a
également deux fortes de fenfations, les unes
qui nous mettent en rapport avec des objets extérieurs, les autres qui nous font connoître ce qui
fe paffe en nous.

Pour que les premières, qu'on appelle *fenfations externes*, aient lieu, il faut qu'il y ait : 1°.
action d'un agent extérieur fur un organe des fens;
2°. que celui-ci foit dans des difpofitions telles,
que les qualités de cet agent, par lefquelles il eft
naturellement en rapport avec lui, puiffent agir
fur lui; 3°. que les nerfs foient dans des conditions favorables pour tranfmettre l'impreffion des
organes des fens au cerveau; 4°. enfin que ce
dernier, auquel font conduites toutes les impreffions, foit lui-même parfaitement fain. Toutes
ces conditions organiques doivent être réunies
pour que la tranfmiffion des impreffions ait lieu;
il fuffit qu'une feule manque, pour que cette tranfmiffion ne puiffe s'effectuer. Cependant quand
l'impreffion eft parvenue au cerveau, il n'y a
point encore fenfation, & ce phénomène n'a lieu
que quand l'impreffion a été perçue par l'ame.
Ce fera vainement que tout fera le mieux difpofé
pour que les impreffions parviennent jufqu'au cerveau, elles ne feront point perçues fi l'efprit eft
fortement dirigé fur quelque point. Bien que nous

n'ayons, par exemple, aucun moyen d'empêcher que le fon ne frappe continuellement notre oreille, fi nous fommes attentivement occupés d'un objet, fi un de nos fens eft tendu fur un objet que nous cherchons à étudier avec foin, le bruit qui fe fait à côté de nous n'eft point perçu; il en eft de même des yeux, bien qu'ils foient difpofés de manière à ce qu'un grand nombre d'images viennent fe peindre au même temps fur la rétine, quelques-unes feulement font perçues.

Il eft fi vrai de dire que la fenfation eft un phénomène purement intellectuel, que par le feul fait de l'intelligence, & fans qu'on puiffe admettre aucune modification préalable dans les organes des fens, les impreffions peuvent être perçues d'une manière beaucoup plus parfaite, lorfqu'elle-même dirige ces organes. On nomme *attention* cette action par laquelle l'ame dirige un fens fur les impreffions qui doivent le frapper; fon intervention eft telle dans l'exercice de nos fens qu'elle les rend fenfibles à une foule d'impreffions qui fans elle leur euffent échappé; elle établit dans une même fenfation des différences tellement tranchées, que l'action d'un fens s'exprime par des mots différens, fuivant le degré d'intenfité qu'elle lui imprime. De là ces expreffions *voir*, *regarder*, *entendre*, *écouter*, &c.; pour établir la diftinction entre voir fimplement un objet & l'examiner attentivement, recevoir par l'organe de l'ouïe, l'impreffion vague d'un fon & l'action d'entendre, en concentrant fon attention fur une impreffion qui frappe l'oreille, &c.

Tel eft encore le pouvoir de l'efprit fur les organes des fens, que non-feulement il augmente leur impreffionnabilité, mais qu'il peut encore reproduire des impreffions paffées. C'eft ainfi que dans le filence & dans l'obfcurité de la nuit, les objets qui nous occupent plus ou moins fortement viennent fe préfenter à nos yeux d'une manière plus ou moins diftincte. Ne faut-il point que le peintre qui, loin de la perfonne dont la figure l'a frappé, en retrace les traits, ait en quelque forte ces traits fous les yeux au moment où il les reproduit? Cette activité du principe fentant eft telle encore que fans que cette préoccupation dont nous venons de parler ait eu lieu, il fait entrer les fens en action à l'occafion d'impreffions qu'on ne peut pas plus attribuer à des objets extérieurs qu'à la mémoire; de là ces images plus ou moins bizarres qui pendant la nuit, & quand nous fommes encore dans l'état de veille, viennent frapper nos yeux, & nous préfenter une foule d'objets auxquels nous ne penfions nullement.

Aux deux fources de fenfations énoncées en commençant, on pourroit donc en ajouter une troifième, qui exifte dans l'intelligence elle-même, puifqu'ainfi que nous venons de le voir, non-feulement elle modifie les impreffions qui nous viennent du dehors, mais qu'elle peut en créer qui

ne viennent point hors de nous, & à l'occafion defquelles les fens n'entrent pas moins en action.

Il eft impoffible de concevoir les phénomènes organiques des fenfations fans admettre une modification des organes des fens, des nerfs qui les uniffent au cerveau, & de ce dernier lui-même: mais quelle eft cette modification? et en quoi confifte-t-elle? Nous ne favons rien de fatisfaifant fur ce point. Notre ignorance eft bien plus profonde encore pour ce qui concerne le mode d'action du principe qui perçoit : toute fenfation fuppofe *impreffion*, *tranfmiffion* & *perception* ; fi pour ce qui eft des deux premières nous poffédons quelques connoiffances, dont encore nous fommes à chaque inftant forcés de reconnoître l'infuffifance, il faut auffi avouer que quant à la troifième, paffé l'énoncé du fait, nous ne favons plus rien.

Bien qu'ainfi que nous venons de le dire, l'ame foit loin d'être purement paffive dans les fenfations, toujours eft-il cependant qu'elle perçoit les impreffions telles qu'elles lui font apportées par les fens; tout ce qui modifie ces derniers altère plus ou moins les impreffions. On conçoit que fi la fenfibilité d'un fens eft diminuée, ou fi elle eft augmentée, l'ame fera diverfement affectée dans ces deux cas, & ne percevra point de la même manière. Les tempéramens, les conftitutions individuelles, donnent lieu à des différences plus ou moins notables dans la manière de fentir; il en eft de même des circonftances qui entraînent des changemens dans l'économie, telles que l'âge, le fexe, les occupations habituelles, &c. La coloration des objets en rouge, dans certaines inflammations de l'œil, ou quand l'encéphale eft le fiège d'une congeftion fanguine inflammatoire; les diverfes faveurs qu'on attribue aux corps fuivant l'état dans lequel fe trouve la langue, les fenfations diverfes de froid ou de chaud qu'on éprouve par le toucher, felon le rapport de température exiftant entre la main & l'objet qu'on touche, & une multitude d'autres faits puifés, foit dans l'ordre phyfiologique, foit dans l'état pathologique, font fuffifamment voir que dans un grand nombre de circonftances, c'eft dans les organes des fens eux-mêmes qu'il faut chercher la caufe des fenfations erronées. Mais, ainfi que nous l'avons dit plus haut, l'efprit jouit en quelque forte de la faculté de créer des impreffions, à l'occafion defquelles les fens paroiffent entrer en action : voilà donc encore une nouvelle fource d'erreurs, qui tantôt nous préfentent les objets avec des qualités qui ne leur appartiennent pas, & tantôt nous mettent en relation avec des objets purement imaginaires; ce que fait un verre convexe placé au-devant de l'œil, la frayeur ne le fait pas moins. La prévention peut faire voir à l'homme le plus probe & le plus fincère, des chofes qui n'ont d'exiftence que pour lui. Qu'un homme foit fortement préoccupé par l'idée qu'il eft en

butte

butté aux pourfuites de quelques-uns, ou qu'il foit dominé par quelque paffion, les objets de ces idées ne tarderont pas à fe perfonnifier, & bientôt il verra ou entendra l'objet de fes terreurs ou celui de fes affections.

Il y a donc dans les fenfations, d'une part, action des fens fur l'ame, & d'une autre part réaction de cette dernière fur les organes des fens.

Dans l'état phyfiologique, la plupart des actes qui ont rapport à la vie organique fe paffent à notre infu; cependant qu'il furvienne quelque modification, foit dans l'économie en général, foit dans un ou plufieurs organes chargés de quelqu'une des fonctions de cette vie, le principe qui perçoit a bientôt la confcience de ce qui fe paffe. Des impreffions d'une nature particulière lui font tranfmifes par des nerfs, qui, dans l'état naturel, loin d'être agens conducteurs des organes aux fources de la fénfibilité, femblent n'être deftinés qu'à tranfmettre l'influence des derniers aux premiers. Il s'établit un nouvel ordre de fenfations qu'on appelle *internes*, parce que leur caufe eft en nous, & non dans les objets extérieurs; ces fenfations, qui ont pour but notre exiftence matérielle, éveillent d'une manière plus particulière le fentiment de nos befoins : la faim, la foif, certains defirs inftinctifs qu'on éprouve dans l'état de maladie font des fenfations de ce genre.

Tout fe lie & tout s'enchaîne dans l'économie; ce principe n'eft pas moins applicable aux fonctions qui nous occupent qu'à toutes les autres. Les fenfations externes & internes font unies par des rapports tellement étroits que rarement elles s'exercent ifolément : on les voit prefque toujours s'influencer réciproquement; l'appétit donne de la faveur aux mets les plus groffiers, les defirs prêtent des charmes aux objets fur lefquels ils fe portent; ils modifient même l'action des fens, jufqu'au point de tranformer des défauts en perfections, ou même de faire voir des qualités qui n'exiftent que pour celui qu'ils dominent. Les impreffions qui viennent des fens externes éveillent fouvent des fenfations internes. La vue d'un objet dégoûtant excite les contractions de l'eftomac; certaines odeurs produifent le même effet, &c. Il feroit fuperflu de multiplier les exemples pour appuyer une affertion dont les faits les plus ordinaires prouvent la vérité, & que cependant on perd trop fouvent de vue.

Ces confidérations, auxquelles nous devons nous borner ici, repofent, comme il eft aifé de le voir, fur cette définition reproduite dans ces derniers temps, & développée par de favans & profonds métaphyficiens, l'*ame eft une intelligence fervie par des organes*. S'il eft permis de regarder comme une vérité inconteftable un principe à l'aide duquel les faits s'expliquent de la manière la plus plaufible, celui-ci nous paroît réunir toutes les conditions d'une vérité. Que le fcepticifme s'exerce fur l'exiftence des corps, fur leurs qua-

lités, fur le degré de certitude des idées qui nous viennent des fens; la matière eft certainement belle & étendue, & fous ce rapport même le fcepticifme peut très-bien s'accorder avec le fpiritualifme. Quant à nous, nous demeurons perfuadé qu'il y a dans la fenfation quelque chofe de plus qu'une fimple modification organique; quelqu'inconteftable que foit pour nous cette modification, fur laquelle nous ne favons d'ailleurs rien, nous la regardons comme infuffifante pour rendre raifon des fenfations & des phénomènes qui en réfultent. Vouloir s'en tenir à ce qu'il y a de purement organique dans ces fonctions feroit faire faire un pas rétrograde à la fcience, pour retomber après tout dans des fyftèmes & des hypothèfes qui font loin de fatisfaire un efprit févère. (L. J. RAMON.)

SENSIBILITÉ, f. f. (*Phyfiol.*) La fenfibilité eft l'aptitude des corps vivans à recevoir des impreffions qui font tranfmifes à un centre fenfitif par les nerfs : elle varie en raifon de la différence de compofition & d'ufage des organes & des tiffus. On défigne fous le nom de *fenfibilité fpéciale, fenforiale*, celle qui donne à nos fens la faculté exclufive de percevoir les propriétés particulières des corps, telles que leur fapidité, leurs couleurs, leurs fonoréité, leurs formes, &c. : de là la fenfibilité optique, auditive, olfactive, guftative, tactile. Il eft auffi un autre genre de fenfibilité fpéciale, que l'on a appelé *tact intérieur*, parce qu'il fe rattache aux fonctions intérieures ou nutritives, telles que le befoin de la réparation, de la reproduction, de la défécation, & que nous nommerions plus volontiers *fenfibilité ganglionnaire*, parce qu'elle femble avoir pour inftrumens fpéciaux les nerfs ganglionnaires. Par fenfibilité générale on entend la propriété qu'ont nos organes d'être affectés d'une foule de manières différentes, mais toutes appréciables. Cette fenfibilité, commune à toutes les parties vivantes, varie toutefois à l'infini dans fes degrés, fuivant la complexité de ftructure des parties, & la quantité de nerfs qu'elles contiennent : elle fe développe quelquefois accidentellement dans des organes qui en font naturellement dépourvus; tels font les os, les ligamens, peut-être même les cheveux & les ongles.

Bichat, confidérant que la nutrition fuppofe un mode particulier de fenfibilité, a défigné fous le nom de *fenfibilité organique infenfible* les modifications fibrillaires que néceffitent les actes nutritifs. Mais depuis Bichat on a, avec raifon, réduit la valeur du mot fenfibilité à toutes les impreffions perçues avec confcience, & l'on a créé le mot excitabilité pour exprimer la faculté qu'ont les différentes parties de l'organifation de recevoir ces impreffions dont nous n'avons pas la confcience. M. Brouffais a donné à la propriété affimilatrice le nom de *chimie vivante*; faculté qui, fuivant lui, préfide à la formation & à l'accroiffement du fœtus, à la nutrition de tous les tiffus, au développement de tous les organes, qui détermine l'afflux des matériaux alibiles vers tel organe, les repouffe de tel autre organe, en un mot, raifonne pour ainfi dire toutes les actions nutritives. D'autres, tels que MM. Boiffeau & Bégin, rejetant à la fois la dénomination de fenfibilité organique latente & celle de chimie vivante, ont adopté le mot *irritabilité* pour exprimer la caufe de ces mêmes actes : dans ce cas l'irritabilité fe prend uniquement pour l'aptitude des différens tiffus à recevoir l'impreffion des divers excitans, & ne doit point être confondue toutefois avec celle qui eft départie au cœur, aux mufcles, & que l'on défigne fous le titre d'*irritabilité hallérienne.*

Il n'eft guère permis de douter que le fyftème nerveux ne foit l'inftrument exclufif de la fenfibilité : partout où l'on rencontre des nerfs, on trouve de la fenfibilité; partout les degrés de fenfibilité coïncident avec le volume & le nombre des nerfs. Déchirez, cautérifez une partie quelconque du corps plus ou moins fenfible, après avoir lié ou coupé le tronc nerveux qui s'y diftribue, & la douleur fera nulle. Mais, les nerfs font-ils feulement des agens de tranfmiffion de la fenfibilité? ou font-ils eux-mêmes des inftrumens de fenfibilité? D'après les expériences de Haller, de Bichat, de Legallois, de Flourens, il paroît certain que la fenfibilité & la motilité, diftinctes entr'elles, n'appartiennent nullement à la fubftance même des nerfs, mais qu'elles néceffitent chacune un centre nerveux pour s'accomplir, le nerf n'étant en quelque forte que le conducteur ou la condition matérielle du principe de la fenfation & de la contraction, fans être lui-même ni fenfible, ni contractile. M. Flourens s'eft également affuré par des expériences que la fenfibilité & la motilité n'appartiennent pas plus à la moelle épinière qu'aux nerfs, & que la moelle épinière eft feulement chargée d'opérer par les nerfs la difperfion de la fenfibilité, dont le centre ou foyer, d'après ce phyfiologifte, occupe la partie la plus élevée de la moelle alongée.

Quant à la fenfibilité fenforiale, il n'eft pas plus douteux que chacune des fenfations auxquelles elle fe rapporte n'ait elle-même un centre nerveux fpécial. L'expérimentation phyfiologique & l'anatomie pathologique femblent également d'accord fur ce point; c'eft ainfi que les différentes anomalies qu'éprouvent la vue, l'ouïe, &c., dans les diverfes altérations de la fubftance cérébrale, les hallucinations nombreufes qui les accompagnent, & qui conftituent par cela même la plupart des maladies mentales, confirment furtout cette vérité. Il nous paroît également certain que le mode de fenfibilité qui préfide aux befoins de la faim, de la foif, de la défécation, de l'appétit vénérien, &c., eft fous la dépendance d'un centre nerveux fpécial.

Maintenant la fenfibilité générale eft-elle dévolue à certains nerfs, ou à tout le fyftème nerveux? MM. Charles Bell & Magendie ont conftaté par des expériences directes & quelques faits pathologiques, tendant à établir qu'il exifte des nerfs du fentiment & des nerfs du mouvement, que les racines poftérieures des nerfs fpinaux font fpécialement affectées au fentiment, & les racines antérieures au mouvement. D'un autre côté, les faits relatifs à cette opinion font en oppofition avec ceux qui ont été tentés dans le même but par M. Rolando de Turin, qui prétend que les nerfs fpinaux antérieurs & poftérieurs font également conducteurs de la fenfibilité : en forte que l'opinion de la diftinction des deux efpèces de nerfs ne femble pas encore univerfellement admife.

Quoi qu'il en foit, la fenfibilité fpéciale ou générale, cérébrale ou ganglionnaire, fenforiale ou inftinctive, peut fubir une foule d'anomalies relatives à des degrés d'augmentation, de diminution & de perverfion : anomalies dont il faut encore, dans l'état pathologique comme dans l'état phyfiologique, chercher la véritable fource dans le fyftème nerveux. Certaines perfonnes tombent en fyncope par le feul effet d'une odeur fuave : il eft même des individus qui font doués d'une telle exaltation de la fenfibilité olfactive, qu'ils diftinguent des odeurs là où nul autre n'en rencontre; tel étoit cet aveugle qui par l'olfaction épioit la conduite de fa fille : de même l'excès de fenfibilité vifuelle, auditive & tactile, accompagne conftamment les maladies qui ont pour caractère dominant une excitation de l'appareil encéphalique. (*Voyez* SÉMÉIOTIQUE.) C'eft également dans les différentes parties du fyftème nerveux qu'il faut rechercher les nombreufes anomalies de la fenfibilité inftinctive, telles que la dépravation de la faim, de la foif (*voyez* POLYDIPSIE), & l'appétit vénérien, &c. Mais il ne faut pas oublier que toute affection de ce genre peut avoir une triple origine, favoir l'organe qui reçoit l'impreffion, le nerf qui la tranfmet & le cerveau qui la perçoit. (P. JOLLY.)

SENSIBLE, adj. (*Phyfiol.*) *Senfibilis.* Se dit des parties qui font douées de fenfibilité (*voyez* ce mot.), & des qualités des corps qui tombent fous nos fens. (L. J. R.)

SENSITIF, adj. (*Phyfiol.*) *Senfitivus.* Se dit de ce qui appartient aux fens & aux fenfations. (*Voyez* SENS & SENSATION.) (L. J. R.)

SENSITIVE, f. f. (*Bot.*, *Mat. médic.*) *Mimofa pudica* L. Si les propriétés médicales de cette plante font à peu près nulles, elle n'en eft cependant pas moins remarquable à caufe d'une forte de fufceptibilité qui lui fait exécuter des mouvemens que l'on pourroit jufqu'à un certain point comparer à ceux que l'on observe chez les animaux.

La senstive est originaire des contrées équatoriales de l'Amérique : elle appartient à la famille des Légumineuses, & depuis long-temps est cultivée dans les jardins : aussitôt qu'on la touche ses folioles se replient, & ses ramuscules s'abaissent de manière à prendre cette situation que dans beaucoup de légumineuses on a nommée le *sommeil de la plante*. Au surplus, pour produire cet effet, le contact n'est point absolument nécessaire : un air agité, la vapeur de l'eau bouillante, des émanations volatiles, telles que celles de l'ammoniaque & d'autres substances analogues, suffisent pour lui donner naissance.

On ignore jusqu'à présent dans quelle partie de la plante réside la force contractile qui produit ces sortes de mouvemens. Quelques auteurs ont pensé qu'il falloit l'attribuer à l'irritabilité des trachées, d'autres au contraire ont cru que c'étoit dans le tissu cellulaire que résidoit la cause de ce phénomène bien propre à exciter la curiosité des physiologistes. (R. P.)

SENSORIUM, (*Physiol.*) Lorsque l'un quelconque des organes des sens est impressionné, il en résulte une sensation qui devient alors indépendante de l'organe qui a servi à la provoquer, & semble émaner d'un centre commun auquel on a donné le nom de *sensorium commune*. Il étoit sans doute rationnel de placer dans le cerveau cette espèce de foyer, où sont en définitive perçues toutes nos sensations; mais indiquer précisement dans quelle partie de l'encéphale il réside, étoit une chose fort difficile : aussi voit-on que sans aucune espèce de raisons, propres à justifier leurs opinions, les uns ont placé ce *sensorium commune* dans les corps cannelés, d'autres dans la glande pinéale, quelques-uns dans la protubérance cérébrale, & d'autres enfin à l'origine de la moelle alongée. (*Voyez* ENCÉPHALE dans le *Dictionnaire d'Anatomie*.) Ce qu'il y a de bien certain, c'est qu'à cet égard, ainsi qu'à beaucoup d'autres, nous ignorons complétement de quelle manière la chose se passe. (R. P.)

SENTIMENT, s. m. (*Physiol.*) Ce mot a reçu dans le langage médical, plusieurs acceptions différentes. Il se prend quelquefois pour la sensibilité ou la faculté de sentir; d'autres fois pour la perception des impressions, soit externes, soit internes : dans le langage vulgaire il devient quelquefois synonyme d'opinion. Il y a, suivant nous, cette différence entre le mot *sensibilité* & celui de *sentiment*, que l'un exprime simplement la faculté de sentir, tandis que l'autre entraîne une idée de conscience dans la perception de l'objet senti; il y a aussi cette différence entre la sensation & le sentiment, que la sensation nous représente

simplement la perception d'une impression quelconque, tandis que le sentiment suppose en outre un jugement. Considéré sous ce point de vue, le sentiment est un acte intellectuel; tandis que la sensibilité & la sensation sont purement organiques. L'homme a le sentiment de la douleur & du plaisir, de sa force & de sa foiblesse, de ses besoins physiques & moraux; les animaux ont la faculté de sentir & de percevoir des impressions, mais sans les apprécier, sans les juger, sans en avoir le sentiment. Par conséquent la sensibilité, la sensation & le sentiment nous semblent représenter trois actes ou trois degrés d'un même phénomène physiologique qui s'enchaînent dans leur exercice sans toutefois être identiques. (P. JOLLY.)

SEPHIROS, s. m. (*Path. chir.*) Dans quelques petits abcès, lorsque l'inflammation n'a pas été assez vive pour provoquer la suppuration, il reste dans le tissu cellulaire une sorte de dureté que quelques pathologistes ont désignée sous le nom de *sephiros*.

SEPS, s. m. (*Erpet.*). *Seps*. De σηπιν, corrompre. C'est le nom que l'on donne à des espèces de sauriens urobènes que l'on croyoit autrefois venimeux. Aujourd'hui nous avons à cet égard des idées beaucoup plus exactes, & nous savons ce que l'on doit penser relativement aux qualités nuisibles de certains animaux que l'habitude fait regarder avec une sorte de répugnance; ils perdent la réputation d'être nuisibles aussitôt que l'on se donne la peine d'étudier leurs mœurs & leur structure.

SEPSIS, s. f. (*Pathol.*) Σηψις, de σηπω, je fais pourrir. Expression grecque qui a successivement passé dans les langues latine & française, & dont quelques auteurs se sont servis comme synonyme des mots *corruption* & *putréfaction*. (R. P.)

SEPTANE, adj. (*Pathol.*) *Septanus*. On appelle *septane* une espèce de fièvre intermittente très-rare, dont les accès reviennent tous les sept jours exclusivement. (BRICHETEAU.)

SEPTENAIRE, sub. mas. adject. *Septenarius*. (*Séméiotique.*) Espace de sept jours qui constitue une des périodes que les anciens médecins, partisans des crises & de la doctrine *pythagoricienne* des nombres, assignoient aux maladies aiguës; les trois premiers septenaires, surtout marqués par les nombres *sept*, *quatorze*, *vingt-un*, étoient très-renommés chez eux, & ordinairement réputés l'époque de grands changemens dans les maladies. L'adjectif *septenaire* est aussi quelquefois synonyme de *climatérique*, qui exprime une période de sept années dans la vie humaine. Beaucoup de modernes ne croient pas à la puissance, & même à l'influence du nombre sept dans les maladies; parmi les Anciens même il s'est trouvé des méde-

E 2

cins & des philofophes qui ont nié cette influence. (BRICHETEAU.)

SEPTIQUES, adj. & f. (Thérap. path.) σηπτικα, putrefacientia. Les Anciens donnoient ce nom à des fubstances capables de déforganifer les tissus vivans fur lesquels on les applique, & qui, à raifon de la chaleur & de l'humidité dont il les fuppofoient pourvus, occafionnent ordinairement fans douleur une efchare molle & comme diffluente, offrant l'apparence d'une partie qui a été frappée par la putréfaction naturelle; ces fubstances font de véritables caustiques, parmi lesquels on place l'arfenic, l'orpiment, la chaux vive, la lessive, le mercure précipité & fublimé, les œufs de fourmis, &c. Quoique ces fubstances fe trouvent réunies dans les auteurs de matière médicale fous le titre de septiques, elles font loin d'avoir toutes une action femblable : ainfi, par exemple, la déforganisation qu'opère le fublimé corrosif n'a pas l'apparence d'une putréfaction; mais nous avons cru devoir citer ensemble les efcharotiques parce qu'ils fe trouvent dans les catalogues : des réflexions critiques & des détails fur la manière d'agir de chacun d'eux nous entraîneroient beaucoup trop loin.

Les idées que les médecins eurent long-temps fur la possibilité d'une véritable putréfaction dans le corps humain encore doué de la vie, firent admettre des corpuscules, des miasmes septiques répandus dans l'atmosphère dans certaines circonstances, & capables de préparer ou de développer cet état putride. Le Dr. Mittchill, croyant reconnoître dans ces miasmes des qualités acides, créa un acide septique, & lui oppofa les fubstances alcalines, qui remplacèrent depuis lors, en Amérique, les fumigations acides, ouvrant peut-être ainfi la voie à la découverte des moyens définfectans, dont la chimie a tout récemment enrichi la médecine.

Les toxicologistes ont fait une classe particulière de poifons, auxquels ils ont donné le nom de septiques. Ils ont pour caractères de déterminer une foiblesse générale, la dissolution des humeurs, des fyncopes, & de nos altérer en général les facultés intellectuelles (Orfila); plufieurs d'entr'eux tendent à produire une déforganisation gangréneufe à l'extérieur du corps.

(EMERIC SMITH.)

SEPTON, fub. m. (Chim.) Lorsque l'examen comparatif des fubstances gazeufes eut fait connoître la diverfité de leurs propriétés, on éprouva le befoin de leur donner des noms particuliers. L'une d'elles, celle que nous connoissons aujourd'hui fous le nom d'azote, fut par quelques chimistes étrangers nommée septon, dénomination impropre en ce qu'elle fembleroit attribuer à ce gaz des effets qu'il ne produit réellement pas.

(R. P.)

SEPTOSES, fub. f. pl. (Path.) Un certain nombre d'affections septiques, les fièvres adynamiques, ataxiques, les inflammations gangréneufes, &c., font accompagnées de fymptômes évidens de putridité que quelques médecins chimistes ont attribués à une furabondance d'azote : dès lors le mot septofes leur a femblé être celui qui pouvoit défigner, de la manière la plus convenable, ces fortes de maladies, puifqu'il indique à la fois & la caufe & l'effet. (R. P.)

SEPTUM (Anat.), cloifon, de fepire, enclore, environner. Mot latin transporté dans notre langue, par lequel on défigne certaines cloifons qui féparent deux cavités, foit que ces cavités renferment plufieurs organes, foit qu'elles fassent partie d'un même organe.

Plufieurs organes ou parties d'organe portent ce nom :

1°. Septum lucidum, pellucidum ou cloifon des ventricules (septum médian de Chaussier). Il est fitué entre les ventricules latéraux, fur la ligne médiane du cerveau, au-dessous du corps calleux, au-dessus de la partie moyenne de la voûte à trois piliers, entre le corps strié en avant & les couches optiques en arrière : il a la forme d'un triangle dont la bafe est en avant. Cette cloifon est formée par l'adossement de deux lames entre lesquelles existe un espace appelé fosse de Sylvius : chaque lame formée en dedans de fubstance médullaire, en dehors de fubstance grife, est tapissée d'une membrane féreufe extrêmement délicate, qui fournit quelquefois beaucoup de férofité.

D'après les recherches de Tiedemann le septum médian ne paroît qu'à cinq mois chez le fœtus humain, & n'existe que chez les mammifères.

2°. Septum medium. La cloifon qui fépare les ventricules, ainfi que celle qui remplit les mêmes fonctions à l'égard des oreillettes, porte le nom de septum medium ; mais toutefois avec la nécessité d'y ajouter le nom de la partie, ainfi on dira le septum des ventricules, &c., parce que ce même nom de septum medium a également été donné au médiastin, distingué en antérieur & en postérieur, formé par l'adossement des plèvres, & qui fépare la poitrine en deux parties, l'une à droite & l'autre à gauche, & fans aucune communication, & entre les lames duquel fe trouve placé le thymus en haut & en avant, le cœur en bas & en avant, & l'œfophage en arrière.

3°. Septum narium, appelé aussi cloifon des fosses nafales, fitué au milieu des fosses nafales, les féparant en deux parties, une droite & l'autre gauche, est formé en arrière par le vomer, en avant par le cartilage triangulaire de la cloifon des fosses nafales. Cette cloifon, comme le reste des fosses nafales, est recouverte par la membrane muqueufe, qui tapisse les anfractuofités olfactives : elle est ordinairement déjetée à droite ou à gauche.

4°. *Septum staphylin*. Nom donné autrefois au voile du palais, & maintenant inusité.

5°. *Septum transversum*. Expression dont Celse s'est servi le premier pour désigner le diaphragme, & qui de nos jours n'est plus en usage. (*Voyez* le mot SEPTUM dans le *Dictionnaire d'Anatomie*.)

(NICOLAS.)

SÉQUESTRATION DES ALIÉNÉS. (*Pathol. inter.*, *Méd. lég.*) Plusieurs motifs doivent engager à *séquestrer* de la société les individus qu'une maladie funeste a privés de l'usage de leur raison. L'intérêt public aussi-bien que le leur réclame cette mesure, qui d'ailleurs, sous le rapport médical, peut en changeant la direction de leurs idées contribuer à leur guérison.

Dans quelles circonstances cette mesure devient-elle indispensable ? Quelles sont les proportions dans lesquelles il convient d'en user ? Quelles sont aussi les modifications que l'on doit y apporter, suivant le sexe, l'âge, la susceptibilité & l'espèce d'aliénation dont est attaqué le malade ? Enfin quels sont les cas dans lesquels l'intervention du ministère public est indispensable, utile, superflue ou même nuisible ? Chacune de ces questions est importante : elles tiennent plus ou moins à des considérations thérapeutiques & morales, & c'est dans les articles MANIE, MÉDECINS EXPERTS, MÉDECINS JURÉS & MÉDECINE MENTALE, que l'on en trouvera la solution. (R. P.)

SÉQUESTRE, s. m. (*Pathol. chir.*) *Sequestrum*. On a ainsi nommé la séparation qui s'opère entre les parties vivantes d'un os & celles qui sont frappées de mort. On l'observe sur les os longs & cylindriques, & plus rarement sur les os plats : lorsque la portion d'os *séquestrée* est superficielle & peu épaisse, on lui donne le nom d'*exfoliation* (*voyez* ce mot dans le *Dictionnaire de Chirurgie*); tandis que si elle est considérable & attaque une grande portion d'un os long, on la nomme *nécrose*. (*Voyez* l'article NÉCROSE dans ce Dictionnaire & dans celui de *Chirurgie*.)

(R. P.)

SEREIN, s. m. (*Météorol.*) Ce mot & celui de *rosée* indiquent un seul & même phénomène : seulement l'époque à laquelle il se manifeste est différente. Le serein commence à l'instant où le soleil, se rapprochant de l'horizon, laisse la terre se refroidir par voie de rayonnement, & lui permet de condenser une portion de l'eau qui existe dans l'atmosphère, sous forme de vapeurs. On conçoit que suivant l'état hygrométrique de ce milieu, la précipitation aura lieu plus tôt ou plus tard ; aussi dans les endroits marécageux, & en général dans le voisinage d'une grande masse d'eau, le serein se fait-il ressentir, même avant le

coucher du soleil, & sa quantité va continuellement en augmentant jusqu'à l'époque du lever de cet astre. Dans les lieux secs, & où l'hygromètre n'indique que des vapeurs peu abondantes, ce n'est qu'au moment le plus froid de la nuit, c'est-à-dire le matin, avant le lever du soleil, que la précipitation de la vapeur a lieu, & produit la rosée. Ces deux phénomènes sont, au surplus, susceptibles d'éprouver des modifications dépendant de plusieurs circonstances : ainsi d'une part à la campagne le *serein* & la *rosée* sont beaucoup plus abondans qu'à la ville ; & de l'autre lorsque le ciel est couvert, la différence des températures du jour & de la nuit peut être trop légère pour leur laisser la liberté de se produire ; tandis que la circonstance la plus favorable, est celle d'un jour très-chaud, suivi d'une belle nuit.

Les recherches du Dr. Wells ne laissent plus la moindre incertitude sur la théorie de ces deux phénomènes ou plutôt de ce phénomène unique.

Quant aux effets que peuvent produire sur la santé le serein & la rosée, ils sont ceux que provoquent les rapides vicissitudes du chaud au froid, & surtout au froid humide, lorsqu'on n'a pas la précaution de se prémunir contre leur influence, en s'entourant de toutes les garanties que notre état de civilisation permet de leur opposer. (*Voyez* AIR ATMOSPHÉRIQUE dans ce Dictionnaire.) (THILLAYE aîné.)

SEREINAGE, s. m. (*Hyg.*) C'est le nom du procédé usité dans les lazarets, pour purifier les effets que l'on soupçonne empreints de miasmes contagieux : à cet effet, on les expose à l'influence de la rosée & à celle du serein. Dans l'état actuel de nos connoissances chimiques, peut-on se fier à une opération que l'on rendroit plus simple, & qui surtout offriroit des garanties plus certaines, si on lui appliquoit les moyens de désinfection fréquemment employés dans une foule de circonstances ? (*Voyez* LAZARET, MÉDECINE NAVALE, NAVALE (Hygiène navale), PESTE, QUARANTAINE, dans ce Dictionnaire.)

SEREINE (Goutte sereine). (*Path.*) Nom sous lequel on désignoit autrefois l'amaurose. (*Voyez* ce dernier mot dans le *Dictionnaire de Chirurgie*.)

(R. P.)

SÉREUX, SE, adj. (*Anat. physiol.*) *Serosus*, aqueux, sang *séreux*, sang qui abonde en sérosité, qui est très-fluide, qui contient beaucoup d'eau. Système *séreux*, tissu *séreux*, est une collection de lames comprises sous le titre général de *membranes séreuses*.

Les membranes séreuses, appelées *membranes villeuses simples*, ou *membranes diaphanes* par les Anciens, ne sont bien connues que depuis Bichat : elles forment des ampoules sans ouverture, qui ne diffèrent guère que par l'amplitude des vacuoles ou cellules du tiffu aréolaire naturel. On les trouve dans toutes les cavités fplanchniques, dans les articulations diarthrodiales, autour d'un grand nombre de tendons, & fous la peau, partout où les tégumens font expofés à des gliffemens multipliés & un peu étendus, par fuite des mouvemens de quelque fegment du fquelette. Toutefois ce n'eft que dans le crâne, la poitrine, l'abdomen & le fcrotum que ces membranes portent le nom de *féreufes* proprement dites; les autres forment un groupe à part, défigné par l'épithète de *fynoviales*, qu'on fubdivife enfuite en fynoviales articulaires, ou fynoviales tendineufes, & en fynoviales fouscutanées ou bourfes muqueufes.

Les membranes féreufes font minces, tranfparentes, peu extenfibles, dépourvues de vaiffeaux reconnoiffables, de nerfs & même d'organifation véritable; fous ce rapport elles reffemblent à l'épiderme dont elles fe rapprochent encore par plufieurs autres caractères. Leur furface externe, plus ou moins adhérente, eft doublée d'une couche cellulaire qui les unit aux parois des cavités qu'elles tapiffent, ou bien aux vifcères qu'elles enveloppent; c'eft à cette couche qu'appartiennent les vaiffeaux qui, au premier coup-d'œil, femblent ramper dans l'épaiffeur même des membranes féreufes; c'eft elle auffi qui eft le fiége ordinaire de l'inflammation, & des productions ou altérations pathologiques qu'on a coutume d'attribuer aux lamelles diaphanes elles-mêmes. C'eft elle encore, par fuite de fa laxité naturelle, qui leur permet de gliffer d'un point fur l'autre, de fuivre, en fe déplaçant, les organes qui changent de volume & de pofition, ou qui s'échappent au-dehors. Leur face interne, libre, toujours lubréfiée par le fluide féreux qu'elles exhalent, eft liffe & polie quand on l'examine à l'œil nu; mais à l'aide du microfcope on y découvre une très-grande quantité de villofités très-courtes. La rofée qui l'humecte, & les mouvemens, prefque continuels des vifcères environnans, l'empêchent de contracter des adhérences, bien qu'elle foit habituellement en contact avec elle-même. Ces adhérences ne font pas rares cependant, mais ce n'eft qu'à la fuite de l'inflammation qu'elles fe manifeftent.

L'ufage principal des membranes féreufes eft de favorifer le gliffement des furfaces mobiles les unes fur les autres, & cet ufage elles le rempliffent à l'aide du liquide verfé a leur intérieur fous la forme de vapeur, comme pour émouffer leur fenfibilité, amortir les frottemens & prévenir leur irritation.

On a, dès long-temps, fait juftice de l'idée des Anciens, qui vouloient que la férofité des membranes en queftion fût fécrétée par des corps, des glandes particulières. Monro & Bichat furtout ont démontré que ce liquide arrivoit dans les ampoules féreufes par fimple exhalation; ou

par perfpiration, & qu'il en étoit retiré par inhalation ou par abforption. En admettant avec ce dernier auteur des vaiffeaux exhalans & des vaiffeaux inhalans, rien ne feroit plus facile, à la vérité, que d'expliquer, avec les Anciens, les fonctions des membranes féreufes; mais, comme il importe de ne pas accorder trop de confiance à de pures fuppofitions, il eft bon de remarquer que ce fyftème vafculaire n'a jamais été obfervé par perfonne, pas même par Bichat, & que l'exhalation & l'inhalation fe conçoivent parfaitement bien fans fa participation; tout porte à croire en effet que ces deux phénomènes font prefqu'entièrement foumis aux lois générales de la phyfique, qu'ils ne font autre chofe que le réfultat de l'exfudation, de la tranffudation & de l'imbibition.

Dans le principe les membranes féreufes ne fe diftinguent, non-plus que l'épiderme, de la maffe homogène que forme l'embryon, que par leur afpect liffe & humide; il femble qu'elles ne foient que la couche la plus fuperficielle des organes qu'elles revêtent; que leur denfité, leur ifolement, leur transformation en membrane enfin, ne foient qu'un effet de la preffion, des frottemens qu'elles éprouvent, & de la préfence du liquide qu'elles contiennent. Celles qui fe forment après la naiffance, foit accidentellement, foit naturellement, font très-certainement par ce mécanifme; c'eft ce que démontrent fans réplique les fauffes articulations, plufieurs bourfes muqueufes, & différens kyftes; la macération, l'ébullition, les réactifs chimiques & le retour de pareilles membranes à l'état aréolaire, foit par fuite des progrès de l'âge, foit à la fuite des maladies, viennent encore à l'appui de cette opinion. Elles font le fiége fpécial des hydropifies, & peuvent être affectées de toutes les autres maladies auxquelles les autres fyftèmes organiques font expofés. (*Voyez* les mots ARACHNOÏDE, CAPSULES, CRYPTE, GAINES TENDINEUSES, PÉRICARDE, PÉRITOINE, PLÈVRES, SYNOVIALES, VAGINALE (Tunique vaginale), dans le *Dictionnaire d'Anatomie*.) (VELP.)

SERINGUE, f. f. (*Inftr. chir.*) *Clyfter.* La feringue fert dans la plupart des circonftances où il s'agit de porter un liquide dans une cavité, foit pour en irriter les parois, foit pour la débarraffer de matières étrangères qui y font accumulées, & qui pour en fortir ont befoin d'être délayées. On l'emploie auffi pour faire paffer de l'eau, ou toute autre fubftance analogue, à travers des canaux que l'on veut défobftruer.

Il exifte donc plufieurs fortes de feringues, qui toutes confiftent en un cylindre de métal (étain ou argent), dans lequel on renferme un liquide que l'on comprime enfuite à l'aide d'un pifton qui le fait jaillir par un ajoutage nommé *canule*. Quelquefois pour agir avec plus de force fur le liquide, au lieu de preffer le pifton au moyen du manche qui lui eft adapté, on le fait mouvoir à l'aide d'un fyftème de roues dentées, mues par une manivelle, ce qui augmente confidérablement la force; mais ce n'eft guère que dans les appareils dont fe fervent les anatomiftes pour injecter les fyftèmes vafculaires fanguins, qu'il eft utile de recourir à ce moyen.

Après la *feringue anatomique*, viennent celles qui font deftinées à adminiftrer des lavemens, à faire des injections, foit à la fuite de quelques opérations de chirurgie, foit dans le vagin, le canal de l'urèthre, le conduit auditif externe, le canal lacrymal, le finus maxillaire, &c.

C'eft dans la forme de l'ajoutage que confifte la différence la plus remarquable entre les diverfes efpèces de feringues : par exemple, la canule de la *feringue à lavement* eft droite ou courbe, fuivant la manière dont on fe propofe d'en faire ufage ; celle de la *feringue vaginale* eft en olive, & percée en arrofoir : pour injecter dans le canal de l'urèthre, il fuffit d'une canule de quelques lignes de longueur ; pour le conduit auditif, c'eft une forte de bouton furmonté d'une légère faillie ; pour le canal lacrymal, il faut, à raifon de l'élafticité de ces conduits, employer des tubes capillaires, qui ne pourroient avoir affez d'exiguïté s'ils n'étoient point en or.

Quant à la feringue dont on fe fert pour injecter, on fait qu'indépendamment de fa longueur, fa canule doit avoir une courbure appropriée, &c. Au furplus, rien n'eft auffi facile que de modifier cet appareil, à raifon des circonftances dans lefquelles on fe propofe d'en faire ufage. (*Voyez* SERINGUE dans le *Dictionnaire de Chirurgie*.)

(R. P.)

SERMAISE (Eaux minérales de). Ces eaux minérales dont on vante les effets dans les affections calculeufes des reins & de la veffie, dans la chlorofe, &c., font toniques : leur faveur eft martiale & falée ; elles font fituées à huit lieues de Châlons, & à un quart de lieue environ du bourg de Sermaife, dont elles ont pris le nom.

Analyfées par Navier, il y a trouvé des fulfates de fer & de chaux. (R. P.)

SERMENT, f. m. (*Hift. de la méd.*) On appelle *ferment* l'affirmation d'une chofe en prenant à témoin ce qu'il y a de plus facré parmi les hommes. Le ferment, par rapport à la médecine, peut être confidéré fous deux points de vue : 1°. comme un acte de garantie morale qu'on exige des jeunes médecins qui commencent leur carrière ; 2°. comme une formalité (d'ailleurs affez inutile) prefcrite par la loi civile lorfque l'homme de l'art eft appelé à donner fon avis devant les autorités adminiftratives ou judiciaires.

1°. L'ufage du ferment de la première efpèce, qu'on pourroit appeler *fcolaftique*, puifqu'on le prêtoit avant de quitter les bancs de l'école, eft fort ancien. Tous les médecins connoiffent celui que le vieillard de Cos exigeoit de fes difciples quand ils étoient fur le point de fe livrer à la pratique de l'art. Ce morceau offre un fommaire de tous les devoirs que l'homme de l'art eft appelé à remplir envers fes malades & la fociété ; c'eft pour les médecins un petit code de morale qu'ils ne peuvent trop méditer.

Le ferment ne fut point oublié dans les ftatuts qui régiffoient l'école de *Salerne*, la première de celles qui furent inftituées en Europe au renouvellement des fciences ; les lois conftitutives du royaume de Naples l'exigeoient formellement de quiconque vouloit exercer l'art de guérir.

Ce fut dans le treizième fiècle, feulement, & lorfque les médecins de Paris fe féparèrent de la Faculté des Arts pour former un corps fpécial, qu'on vit reparoître la formule du ferment fcolaftique, quoique, fans aucun doute, les gens de l'art fuffent antérieurement obligés de le prêter entre les mains du recteur.

Comme ceux qui exerçoient la médecine à cette époque étoient foumis aux lois canoniques qui interdifoient formellement les opérations chirurgicales, il fe forma bientôt un corps particulier de chirurgiens qui fe compoférent des ftatuts auxquels ils promirent, par ferment folennel, de fe foumettre ; ils prêtoient ce ferment devant le prévôt des marchands, ainfi que le prefcrivoit l'ordonnance de 1311, rendue par Philippe-le-Bel. Outre le ferment légal, les chirurgiens s'en impofoient un autre qui précédoit immédiatement l'infcription du nouvel initié fur le regiftre de la compagnie ; ce ferment fe faifoit joyeufement au milieu d'un dîner donné par le récipiendaire, & cela d'après un article des ftatuts de la compagnie, ainfi conçu : *Le premier lundi du mois qui fuit la réception, le nouveau maître, après avoir fait fa première vifite des pauvres, conduira dans fa maifon les autres maîtres qu'il aura invités par billets, afin qu'après avoir offert à Dieu, dans la vifite des pauvres, les prémices de fa profeffion, il lui demande encore fa bénédiction pour lui & pour la compagnie qu'il aura affemblée autour de la table ; qu'il rende à Dieu & à l'école des actions de graces, & qu'après avoir entendu la lecture des ftatuts, il prête le ferment de maître en chirurgie : enfuite il fera falué par les affiftans comme maître, & fera mis le dernier fur le catalogue*. Cette preftation de ferment, faite d'abord au prévôt de Paris, enfuite à la Faculté de médecine, étoit une forte de dépendance dont les chirurgiens s'affranchirent dans la fuite, ou plutôt cette dépendance ne pefa plus que fur les barbiers, qui exerçoient une partie de la chirurgie. Ces barbiers, entr'autres chofes, promettoient dans leur ferment de ne point exercer la médecine, de ne pratiquer les opérations qu'en préfence d'un docteur, & ils promettoient en outre de chaffer de leur communauté quiconque violeroit ce ferment. Plus tard, les barbiers furent de plus obligés à un autre ferment envers les maîtres en chirurgie, ainsi que les dentistes, les oculistes, les herniaires, les lithotomistes, &c.

D'après les statuts des anciennes Facultés de médecine, le doyen & les professeurs étoient tenus de prêter chacun son serment; la Faculté recevoit en outre ceux des apothicaires, des herboristes, des sages-femmes, &c.

Les étudians, les bacheliers & les licenciés en médecine avoient aussi leurs sermens particuliers.

Le serment étoit une espèce d'acte religieux fort en vogue dans le moyen âge, où l'on prenoit sans cesse le ciel à témoin sans être moins parjure; c'étoit une garantie qu'on avoit habitude d'exiger des hommes chargés de quelqu'office dans ces temps d'ignorance. Les progrès de la civilisation & des lumières ont presqu'entièrement abrogé l'usage des sermens que nous avons appelés scolastiques. La dignité de l'homme éclairé, réunie à celle de la profession de médecin, repousse également une formalité qui fait en quelque sorte injure à la délicatesse de l'homme probe & instruit de ses devoirs. Je ne comprends donc pas comment des médecins de notre époque ont paru regretter une telle formalité, en l'envisageant comme un moyen de rehausser la profession.

2°. La seconde espèce de *serment*, qu'on pourroit nommer *judiciaire*, puisque c'est en justice seulement qu'on l'exige des médecins, est aussi inutile que la première; le médecin, pénétré de la dignité de son art, de la sainteté de ses devoirs de citoyen, n'a pas besoin de lever la main & de prendre la Divinité à témoin qu'il n'offensera pas la vérité & ne transgressera pas les lois de l'honneur. Les sermens & les actes extérieurs de religion sont moins efficaces que la civilisation & les lumières pour retenir l'homme dans la ligne du devoir. Qui voudroit rétrograder vers ce temps de barbarie, où un roi de France (Louis XI) se croyoit relevé de ses sermens, & même de ses crimes atroces, par une espèce de confession à la Vierge-Marie, dont il portoit au col le simulacre vénéré? (BRICHETEAU.)

SÉROSITÉ, s. f. (*Physiol.*) *Serositas.* On ne donne pas seulement le nom de *sérosité* au fluide sécrété par les membranes séreuses des trois cavités splanchniques, mais encore à d'autres humeurs qui, par leur ténuité & leurs qualités aqueuses, se rapprochent de ce fluide, telles que le sérum du sang, le sérum du lait. (*Voyez* LAIT, SANG, SÉCRÉTION.) (L. J. R.)

SERPENS VENIMEUX. (*Mat. médic. anim.*) Sous le nom de *serpens* on comprend des animaux de genres différens, appartenant à la même famille, & que l'on désigne par les appellations particulières de *serpens, vipères, couleuvres, orvets*, &c.

Les serpens venimeux sont ceux qui ont dans la mâchoire une ou plusieurs dents articulées, sur

lesquelles on voit un canal qui correspond à un sac contenant un liquide vénéneux fourni par une glande, que l'animal répand dans les parties qu'il mord : cette arme paroît avoir été donnée à certains reptiles comme moyen de se procurer une nourriture assurée, & comme défense. Lorsque le serpent a pu joindre un animal il le pique, & le venin qu'il insinue dans la plaie le tue; il en fait alors sa pâture. Le cochon, qui mange le serpent, est, dit-on, insensible à ce genre de blessure, ce qui peut tenir à la couche de lard qui enveloppe toutes les parties de son corps, & qui ne permet pas à l'absorbtion de se faire : on conçoit que c'est aussi pour les serpens un moyen de vaincre des animaux plus fort qu'eux, & qui pourroient les détruire.

Les principaux serpens venimeux sont les *crotales* ou *serpens à sonnettes*, ainsi appelés du bruit que font les écailles de leur queue.

1°. Le *crotalus horridus* L. (boiquira), qui habite l'Amérique méridionale.

2°. Le *C. durissus* L. de l'Amérique septentrionale, d'où on en transporte en Europe, où nous avons pu l'observer à Paris. On se rappelle l'horrible malheur arrivé à Rouen, causé par un de ces animaux, le 8 février 1827. Cette catastrophe décida l'autorité à demander l'avis de l'Académie des sciences sur les précautions à prendre pour empêcher de semblables malheurs; l'Académie décida qu'elle inviteroit l'administration à empêcher totalement l'introduction de ces animaux dangereux en France, avis qui fut suivi : il paroît cependant qu'ils ne pourroient pas y vivre, & encore moins s'y perpétuer, car celui que nous avons vu étoit sur une table d'étain, échauffée en dessous par de l'eau presque bouillante, & recouvert d'une couverture de laine. Le propriétaire nous assura que, sans cette précaution, il périroit bientôt, même l'été.

3°. Le *crotalus miliaris* L., millet, ou *vipère de la Louisiane*, de l'Amérique septentrionale, d'autant plus dangereux que sa petitesse, & le peu de bruit de ses sonnettes, ne permettent pas de le fuir.

4°. La vipère fer de lance, ou *trigonocéphale des Antilles*, si redoutable à l'île de la Martinique.

5°. La vipère noire de la Nouvelle-Hollande, qui inspire tant de craintes aux habitans du port Jackson.

6°. La vipère à lunettes, *coluber naja* L., des Indes orientales, quelquefois nommée *aspic de Cléopâtre*, & qu'on observe en Egypte.

7°. La *vipère élégante*, de Daudin, de la côte de Coromandel & de presque toutes les parties de l'Inde.

8°. Enfin, la vipère commune, *coluber berus* L. de nos climats, sur laquelle nous reviendrons à l'article VIPÈRE de cet ouvrage.

Les accidens produits par l'insertion du venin des serpens venimeux sont les mêmes, sauf les

degrés

degrés différens dépendans du volume de l'animal, de la quantité de liqueur qu'il infirue dans la plaie, de la chaleur du climat, de la saifon, de l'état du reptile au moment où il mord, &c. Une douleur vive fe fait fentir dans le lieu piqué, qui devient bientôt le fiége d'un gonflement inflammatoire d'une couleur livide; avec des marbrures, des phlyctènes & autres fignes qui dénotent la nature gangréneufe de la plaie; il fe déclare prefqu'auffitôt des naufées, des lipothymies, un accablement extrême, des vertiges, des vomiffemens, ou même du délire; quelquefois une jauniffe générale a lieu. Lorfque la bleffure a été caufée par un ferpent du genre crotale ou par le trigonocéphale, l'afpic, &c., la mort ne tarde pas à arriver au milieu d'accidens de plus en plus graves, accompagnés d'un froid glacial, de fomnolence, d'une gangrène générale, avec pouls miférable, &c.; & quelques heures, & même parfois quelques minutes, fuffifent pour mettre fin à la vie.

On trouve à l'ouverture des corps, les environs de la plaie gangrénés, le tiffu cellulaire détruit, les mufcles du voifinage enflammés, le fang rempliffant les cavités du cœur coagulé, ainfi que celui de tout le fyftème veineux des diverfes parties de l'économie, furtout de la portion qui rampe dans l'épaiffeur des membranes muqueufes, qui ne font pourtant pas enflammées. Le cerveau & les membranes ont les vaiffeaux engorgés d'un fang noir & abondant.

On a propofé & employé trois fortes de moyens pour remédier à la morfure des ferpens : 1°. la fuccion, ou tout autre procédé analogue; 2°. les cauftiques; 3°. les remèdes intérieurs.

La fuccion, comme on fait, a été employée de toute antiquité contre les plaies envenimées; ce qu'il y a de remarquable, c'eft qu'elle paroît être fans inconvénient pour celui qui l'opère. Le père Labat (1) rapporte qu'aux Antilles les nègres la pratiquent à l'aide de ventoufes, & il cite des exemples de guérifon de morfures caufées par le trigonocéphale guéries par ce moyen. Récemment un médecin anglais, M. le Dr. Barri, vient de préconifer l'emploi de la ventoufe, dont Celfe (2) avoit parlé. Les ventoufes foutirent le fang des plaies empoifonnées, & avec lui le venin qui l'imprègne, puifque l'analyfe chimique l'y retrouve; mais pour cela il faut qu'elles foient appliquées auffitôt la morfure ou peu après, car s'il n'a pénétré qu'en petite quantité il y a encore poffibilité de fauver le malade; par l'action de la ventoufe l'abforption du virus n'a plus lieu, & conféquemment l'empoifonnement ne peut plus fe faire. M. Bretonneau confeille de placer des fang-

fues fur la plaie même, ce qui revient à une efpèce de fuccion, & il a vu ce moyen empêcher les accidens de fe développer. Pour affurer l'efficacité de la fuccion ou de la ventoufe, on fait une ligature au membre bleffé pour empêcher, ou du moins pour gêner le paffage du fang vicié dans le refte de l'économie.

Les cauftiques paroiffent un moyen non moins affuré de prévenir les accidens caufés par le venin, fi on en juge du moins par le réfultat de leur emploi contre les morfures rabiques. Ils confiftent, comme on fait, foit dans l'ufage d'un fer rougi à blanc & promené dans toute la profondeur de la plaie, ou, ce qui vaut mieux encore, dans l'emploi du beurre d'antimoine que l'on fait pénétrer dans tous les replis de la partie mordue, à l'aide d'un pinceau; mais pour que les cauftiques aient tout le fuccès dont ils font fufceptibles, il faut qu'on les emploie de fuite, afin que le venin n'ait pas le temps de pénétrer, car leur action n'eft pas afpirante comme celle des ventoufes, qui peuvent faire rétrograder des portions du liquide vénéneux déjà hors du contact des corps extérieurs : auffi les cauftiques ne font-ils guère ufités dans le cas de morfure des ferpens, où on a rarement fous la main les objets néceffaires pour leur application.

Mais c'eft furtout l'emploi de certaines fubftances, réputées utiles dans la morfure des ferpens, qui a été préconifé dans diverfes régions de la terre. Il y a lieu de remarquer que moins ces lieux font éclairés par les fciences, & plus ces prétendues *ferpentaires* font nombreufes : auffi n'en connoît-on aucune en Europe. On ne peut nier abfolument l'efficacité de quelques-unes des plantes confeillées contre la morfure des ferpens; mais il faut avouer qu'il y a de l'exagération & du merveilleux dans les récits pompeux que l'on fait des vertus du plus grand nombre. On a fucceffivement vanté comme propres à combattre la morfure des ferpens, les *ariftolochia ferpentaria* L., & *anguicida* L., le *polygala fèneka* L., le *prenanthes alba* L., les racines du *fpiræa trifoliata* L., du *Liriodendrum tulipiferum* L., un *helianthus*, mais par deffus tout le *Mikania guaco* Humboldt, dont ce naturalifte a indiqué (*Plantæ æquinoct.* 11, tab. 105.) les propriétés admirables contre ce genre de bleffure. S'il faut croire ce qui lui a été affuré, non-feulement cette plante guérit les morfures des ferpens, mais lorfque l'on en porte fur foi elle les fait fuir. (*Voyez* SERPENTAIRE.)

D'autres moyens internes ont encore été préconifés contre la morfure des ferpens. On a confeillé l'huile prife par la bouche, & appliquée en même temps en embrocation fur la plaie. Dans l'Inde, on donne les *pilules de Tanjore*, médicament célèbre dans cette partie du monde contre la morfure des ferpens, compofées d'arfenic & de poivre, fix parties de ce dernier fur une de

---

(1) *Nouveau Voyage aux îles de l'Amérique*, tome I, pag. 164.
(2) *Lib. V, cap.* 2.

premier. Chaque pilule contient trois quarts de grain d'arsenic ; on en prend une matin & soir, ce qui nous paroît excessif : peut-être que la gravité du mal exige une telle violence dans le remède qu'on lui oppose. On a aussi conseillé le nitrate d'argent contre la morsure des serpens ; & Fontana a depuis long-temps pensé que ce moyen pouvoit avoir quelque efficacité dans ce cas. Enfin, on sait que depuis long-temps l'alcali volatil a été employé à l'intérieur contre la morsure des reptiles venimeux, quoique ce ne soit pas un spécifique assuré, comme on l'a prétendu. Personne n'ignore l'emploi célèbre qu'en fit Bernard de Jussieu contre une morsure de vipère en 1747. J. Williams en conseille en outre l'application immédiate en topique, & vante les bons effets qu'il en a vus. Dans ce dernier cas l'alcali volatil agit comme caustique, & son résultat avantageux ne peut être mis en doute. (Mérat.)

SERPENTAIRE, s. f. (Mat. médic. végét.) *Serpentaria.* On donne ce nom à une plante de l'Amérique septentrionale (surtout de la Virginie, d'où on l'appelle *serpentaire de Virginie*), du genre *Aristolochia*, nommé par Linné *A. serpentaria*, de la famille naturelle des Aristoloches & de la Gynandrie hexandrie. Le botaniste suédois l'a désignée ainsi de la propriété qu'on lui accorde de guérir les accidens causés par la morsure des serpens. (*Voyez* la description de ce végétal dans la partie botanique de cet ouvrage.)

La racine de serpentaire, qui est la portion usitée de cette plante, est formée de petits paquets fibrillaires, consistant en une souche simple, couverte de rameaux courts, presque capillaires, de couleur grise-brune. Sa saveur est amère, un peu âcre, son odeur aromatique assez douce. Cette racine arrive de l'Amérique septentrionale par balle de 2 à 500 livres, souvent mêlée à la racine de la *collinsonia praecox.*

L'analyse de la serpentaire, faite par M. Chevalier, a donné pour produit : de l'huile volatile ayant la même odeur que la plante ; de l'amidon ; une matière résineuse ; une substance gommeuse ; de l'albumine ; une matière jaune, amère, causant une irritation à la gorge, soluble dans l'eau & dans l'alcool ; des acides malique & phosphorique combinés à la potasse ; une petite quantité de malate de chaux ; du phosphate de chaux, du fer & de la silice (1).

Les naturels des Etats-Unis emploient cette racine contre les morsures des serpens à sonnettes (*Crotalus durissus* L.); les Anglais établis dans cette région du globe firent connoître à l'Europe cette racine & ses propriétés vers la fin du dix-septième siècle. Outre ses qualités *serpentaires*, on l'a donnée comme fébrifuge, anthelmintique, antipu-

tride, comme bonne contre la gangrène, la rage, les affections nerveuses, &c.

La saveur amère & aromatique de la serpentaire montre que c'est un tonique non équivoque, & c'est seulement dans les affections où les médicamens de ce genre peuvent être utiles qu'il convient d'en faire usage ; elle sera nuisible, au contraire, dans les maladies inflammatoires, dans celles avec irritation des membranes muqueuses. Ainsi, on doit prescrire cette racine dans les cas où la débilité est notable, comme dans la paralysie, le scorbut, les hémorragies passives, les flux atoniques, la gangrène sénile, &c.

La dose ordinaire de la serpentaire est d'un gros ou deux en décoction, dans l'eau ; en poudre on en donne moitié moins. On l'emploie aussi en teinture ; on la fait entrer dans les gargarismes toniques.

On appelle encore du nom de serpentaire l'*Arum dracunculus* L. ; la *bistorte* le porte aussi à cause de la forme ondulée de sa racine. On a donné par extension le nom de *serpentaires* aux différens végétaux employés contre la morsure des serpens ; de sorte qu'on en forme comme une classe de médicamens. (Mérat.)

SERPENTINE, sub. f. (Bot. , Mat. médic.) On donne ce nom au bois d'un arbrisseau appartenant à la famille des Apocynées, & connu sous la dénomination botanique d'*ophioxylum serpentinum*, vulgairement *bois de serpent*.

On regardoit autrefois ce médicament, aujourd'hui inusité, comme emménagogue, sudorifique, alexipharmaque & fébrifuge. (R. P.)

SERPIGINEUX, se, adj. (Path.) *Serpiginosus.* Cette expression sert à caractériser des ulcères qui s'étendent dans une direction sinueuse & irrégulière ; tels sont certains ulcères dartreux, vénériens & scrofuleux.

SERPIGO. (*Path.*) Mot latin que l'on a francisé, & que l'on emploie pour indiquer des ulcérations cutanées qui se propagent en serpentant. (*Voyez* SERPIGINEUX.)

SERPOLET, sub. m. (Bot. , Mat. médic.) *Thymus serpillum* L. Plante de la famille naturelle des Labiées & de la Didynamie gymnospermie de Linn., qui croît abondamment en France, & particulièrement sur les collines exposées au soleil. (*Voyez* le *Dictionnaire de Botanique.*)

Le serpolet fleurit pendant tout l'été ; il a une odeur agréable analogue à celle du citron ; sa saveur est aromatique & un peu amère. Bien que peu usitée cette plante est tonique & excitante ; elle fournit à la distillation une assez grande quantité d'huile essentielle, & soit qu'on l'administre en infusion théiforme, ou de toute autre manière, elle pourroit être substituée à beaucoup de végé-

---

(1) *Journal de Pharmacie*, tom. VI, pag. 570 (1820).

taux de la même famille, dont les propriétés font moins développées que celle du serpolet.

SERRAGLIO (Eau minérale de). La source est à trois lieues de Siéna, près de la métairie de Serraglio. L'eau qu'elle fournit n'ayant ni odeur ni faveur, il est difficile de lui supposer des propriétés un peu énergiques; cependant on en recommande l'usage dans les fièvres bilieuses & les anorexies.

L'analyse a fait découvrir dans les eaux de Serraglio de l'acide carbonique, du carbonate de chaux & de magnésie, de l'alumine, des hydro-chlorates de soude & de magnésie, du sulfate de magnésie, une matière mucilagineuse & un résidu insoluble. (R. P.)

SERRE-ARTÈRE. (*Band. app.*) (*Voyez* PRESSE-ARTÈRE dans ce Dictionnaire.)

SERRE-BRAS, f. m. (*Band. app.*) C'est le nom que l'on donne à un bandage employé pour panser les cautères & les vésicatoires; ordinairement il est fait, soit avec un morceau de linge, soit en gomme élastique, soit en cuir bouilli: quelquefois même il est recouvert d'une plaque de fer-blanc ou d'argent qui, à raison de sa consistance, prévient la douleur que pourroit occasionner la pression des corps extérieurs.

Ces sortes d'appareils ont l'avantage de pouvoir être appliqués avec plus de facilité & surtout avec plus de promptitude qu'ils ne pourroient l'être avec une bande, dont les circonvolutions ne s'adaptent exactement à la partie qu'autant qu'il est possible de les diriger à l'aide des deux mains. Le serre-bras ne présente aucune de ces difficultés, & sans aucun secours étranger le malade peut se panser lui-même.

SERRE-COL, f. m. (*Band. app.*) Lorsqu'on est obligé de pratiquer la phlébotomie, il est indispensable de placer une ligature qui empêche le sang de retourner vers le cœur. Sur les membres thoraciques & abdominaux cette application est toujours facile, mais dans la saignée de la jugulaire il seroit impossible d'employer un bandage circulaire, qui, en comprimant la trachée, suspendroit, ou du moins gêneroit beaucoup la respiration. Pour obvier à cet inconvénient il a donc fallu imaginer plusieurs procédés; l'un consiste à placer sur le trajet des veines, au-dessous de la partie où l'on se propose de faire l'incision, une petite compresse graduée, sur laquelle passe une bande dont le plein est appliqué derrière le col, tandis que les deux extrémités, nouées ou simplement croisées lâchement sur la poitrine, sont tirées de haut en bas par le malade ou par un aide, de manière à comprimer la veine. L'autre procédé, plus simple encore que le précédent, étoit fréquemment employé par feu le professeur *Thillaye:* un cordonnet dont les deux extrémités sont tirées

en sens inverse, est placé au-dessous de la clavicule; ce cordonnet, en pressant contre la partie latérale du col, rapproche les parois de la jugulaire & intercepte la circulation. Il existe, enfin, un appareil plus compliqué proposé par *Chabert;* c'est une sorte de collier de forme elliptique, composé de deux branches d'acier unies à charnière, qui se rapprochent de manière à ce que deux pelotes placées latéralement compriment les jugulaires, & permettent au sang de s'y accumuler.

Quelqu'ingénieux que puisse être ce dernier moyen, comme on ne sauroit l'avoir constamment sous la main, il est toujours bon de pouvoir lui en substituer d'aussi simples que ceux que nous avons précédemment indiqués.

SERRE-NŒUD, f. m. (*Instr. de chir.*) Souvent les chirurgiens, pour intercepter graduellement le cours du sang dans un canal artériel, pour diviser lentement certaines parties, ou pour retrancher quelques tumeurs à pédicule, préfèrent employer des ligatures qu'ils serrent peu à peu, plutôt que de recourir à l'instrument tranchant.

Sans chercher à développer les motifs qui peuvent justifier cette préférence, il nous suffira de dire que pour obtenir ces divers résultats ils ont imaginé des instrumens généralement nommés *serre-nœuds.* Les uns servent pour la ligature des artères, tel est le *serre-nœud* de Deschamps; d'autres sont employés dans l'opération de la fistule anale, telles étoient les *canules* de Default; d'autres étoient enfin destinés à étreindre cette espèce de pédicule que présentent la plupart des polypes. Le *serre-nœud* de Default, le *constricteur* de la Faye étoient dans ce cas; & jusqu'à un certain point on pourroit placer sur la même ligne, le *double cylindre* de Levret, la *pince à polypes* du même auteur, l'*instrument de David* & celui d'*Herbiniaux,* qui agissent à la fois comme *porte-nœud* ou *porte-anse* & comme *serre-nœud.*
(R. P.)

SERRÉ, adj. (Pouls serré). (*Pathol.*) Parmi les nombreuses modifications que peuvent présenter les battemens du pouls, il en est une que l'on a cru devoir, & que l'on ne pourroit effectivement mieux désigner, que par l'expression de *pouls serré;* elle se fait particulièrement remarquer dans les affections tristes & douloureuses, dans les maladies abdominales, &c.

L'artère est alors tendue, dure, & plutôt petite que développée. (*Voyez* POULS dans ce Dictionnaire.) (R. P.)

SERUM, f. m. (Petit-lait, lait clair.) Expression d'abord employée par Virgile pour indiquer le petit-lait, & dont on se sert encore pour désigner cette préparation; on donne aussi ce nom aux différens liquides qui ont quelques ressemblances avec lui.

F 2

La partie blanche du fang eft appelée *ferum*, ainfi que quelques autres humeurs.

SERUM (Petit-lait). Le lait, foit qu'on l'abandonne à lui-même, foit qu'on le foumette à l'action de certains agens, fe fépare en deux parties : l'une blanche, folide, eft appelée *cafeum*; l'autre eft le *ferum*. C'eft un liquide légèrement verdâtre, trouble s'il n'a pas été filtré, tranfparent dans le cas contraire, d'une faveur légèrement acide, & affez agréable à boire. Berzélius confidère le lait comme formé de *lait* & de *crème*, & c'eft dans cette dernière qu'il indique 92,0 de petit-lait, qui contient 4,5 de fucre de lait & de fels. Le petit-lait forme environ les $\frac{9}{10}$ du lait ; il renferme la plupart des fels qui exiftent dans le lait, mais furtout de l'hydrochlorate de potaffe & du phofphate de foude. Le férum du lait de chèvre, de brebis, d'âneffe, de femme, de jument, contient quelques fels que l'on ne rencontre pas dans celui de vache ; ces fortes de férum font inufités. On conçoit facilement que le férum doit différer un peu, fuivant que la vache pait fur des falaifes, dans des plaines baffes, ou fur des montagnes recouvertes de plantes odoriférantes.

Pour préparer le petit-lait on jette une cuillerée de bon vinaigre dans un litre de lait fur le point de bouillir, il fe coagule auffitôt ; on le paffe à travers un linge ou tamis à mailles ferrées. Si on veut le clarifier on le remet fur le feu, & quand il bout on jette dedans, & à plufieurs reprifes, un blanc d'œuf battu avec trois ou quatre onces d'eau. On retire le vafe du feu, on filtre, & on a un petit-lait très-clair, parfaitement agréable à boire, & étanchant très-bien la foif.

Le petit-lait, qui ordinairement eft d'une digeftion facile, étoit beaucoup plus employé il y a quelques années que maintenant ; & pourquoi ? parce qu'étant légèrement laxatif on craint qu'il aggrave ou donne une entérite ou une gaftro-entérite ! On retire de fon emploi un grand avantage dans les fièvres gaftrique, bilieufe, inflammatoire, &c., ainfi que dans les inflammations des divers organes. Il eft un peu laxatif, & par conféquent très-utile chez les perfonnes habituellement conftipées, ou bien, lorfque dans les maladies aiguës, on veut entretenir la liberté du ventre. (*Voyez* PETIT-LAIT dans ce Dictionnaire.)

SERUM SANGUINIS. (*Phyfiol.*) Le fang abandonné à lui-même fe fépare après un temps plus ou moins long en deux parties ; l'une rouge, opaque, confiftante, eft le *caillot* (*cruor* ou *infula*) ; l'autre fluide, tranfparente, jaunâtre, eft le *ferum*, d'une pefanteur fpécifique moyenne, d'après Marcet, de 1029,5. Il verdit le firop de violette, fe coagule à 75 C. Si on continue à le chauffer il durcit, devient caffant, d'un jaune tranfparent, & prend une apparence cornée. Il fe coagule par les acides,

& fe putréfie promptement lorfqu'il eft expofé à l'air.

Il eft compofé, d'après Berzélius, de :

Eau	903,0
Albumine	80,0
Lactate de foude, extractif	4,0
Muriates de foude & de potaffe	6,0
Soude, matière animale, phofphate de foude	4,0
Perte	3,0
	1000,0

D'après Marcet, on trouve également fur mille parties :

Eau	900,00
Albumine	86,08
Matière muqueufe, extractive	4,00
Muriate de foude & un peu de muriate de potaffe	6,06
Sous-carbonate de foude	1,65
Sulfate de potaffe	0,35
Phofphate de chaux, de fer, de magnéfie	0,60
Perte	1,26
	1000,0

Le fang des enfans contient plus de *ferum* que celui des adultes, le veineux plus que l'artériel ; il eft également plus abondant après des hémorragies ou des faignées copieufes, ou bien dans les maladies dites de langueur. Le *ferum* des diabétiques eft plus abondant, fuivant Nicolas & Guedeville. D'après Rollo, le même *ferum* contiendroit du fucre ; mais Wallafton a démontré qu'il en contenoit bien, mais tout au plus le trentième de ce qu'il en avoit retiré de l'urine du même malade.

Quelques autres humeurs, foit phyfiologiques, foit pathologiques, ont été quelquefois appelées *ferum* ; mais comme on les défigne le plus ordinairement fous le nom de *férofité*, je renvoie le lecteur à ce mot. (NICOLAS.)

SERVAN (Eaux minérales de Saint-). Ces eaux font particulièrement connues par un ouvrage publié en 1782 par Chifoliau. Elles font fituées à une demi-lieue de Saint-Malo, dans une maifon de plaifance appelée *Veau-Garni*. Ces eaux font froides, fe troublent par le repos, & donnent un fédiment ferrugineux. Elles paroiffent contenir du carbonate de fer, & ne diffèrent pas d'une foule d'eaux analogues, dites *martiales*.

SERVAS (Eaux minérales de). Sauvages regardoit les eaux de Servas comme purgatives & vermifuges. Elles font fituées à deux lieues d'Alet, & la fource nommée *Fontaine de la Poix* contient un bitume liquide, noir, gluant & inflammable, dont les habitans fe fervent pour réfoudre les tumeurs froides.

SÉSAME, f. m. (*Bot.* , *Mat. médic.*) *Sefamum orientale* Lin. Cette plante appartient à la Didynamie angiofpermie de Linné, & fait partie de la famille des Bignoniacées de de Juffieu. Elle eft annuelle, vient fpontanément au Malabar & dans l'île de Ceylan, où on la cultive à raifon de fes ufages économiques. Hérodote & Théophrafte en parlent comme d'un végétal dont les graines fervent à la nourriture, & fourniffent une huile qui ne cède en rien à celle que nous retirons de l'olive. Aujourd'hui, encore, on mange en Egypte les femences de féfame cuites dans le lait, grillées au four, ou préparées fous forme de galette : on penfe même qu'elles augmentent l'abondance du lait chez les nourrices.

SÉSAMOÏDE, adj. (*Anat.*) *Sefamoides* , de σησαμη, féfame, & de ειδος, forme, reffemblance; mot à mot, qui reffemble à une graine de féfame. On donne ce nom, en anatomie, à de petits os dont le nombre n'eft point conftant, & qui fe trouvent autour des articulations des doigts & des orteils. Leur volume eft peu confidérable, & ils fe rencontrent plus volontiers chez l'homme que chez la femme.

Leur principal ufage paroît être d'éloigner les tendons & de faciliter leur gliffement fur les os. Au furplus, ce n'eft pas dans un âge déjà avancé qu'ils commencent à fe développer.(*Voyez*, pour leur defcription, le *Dictionn. d'Anatomie* de cet ouvrage.) (R. P.)

SESELI, f. m. (*Bot.* , *Mat. médic.*) On trouve, dans les ouvrages de matière médicale, deux plantes de ce nom; l'une eft le *fefeli de Crète* ou *de Candie* (*tordylium officinale* Lin.), l'autre eft le fefeli tortueux ou fefeli de Marfeille (*S. tortuofum* Lin.) Les graines font la feule partie de ces végétaux dont on ait autrefois fait ufage. Elles font aujourd'hui à peu près abandonnées; cependant on prefcrit quelquefois celles du fefeli tortueux comme carminatives & anthelmintiques. Elles contiennent en général, ainfi que la plupart des femences des ombellifères, une huile volatile, que l'on peut en extraire par la diftillation. On prétend que dans le midi de la France, les femmes de la campagne s'en fervent comme d'un moyen emménagogue. Autrefois les graines de fefeli entroient dans la confection de la *thériaque* , de la *mithridate* , & autres préparations compofées.

SESSEYEMENT, f. m. (*Path.*) Dans le nombre des vices de prononciation, il en eft un qui fe fait particulièrement remarquer chez certaines perfonnes, lorfqu'elles veulent prononcer des confonnes fifflantes, comme *f* , *c* , *ch* , &c.; le fon qu'elles émettent alors eft aigu, & analogue à celui que dans les mêmes circonftances on fait entendre lorfqu'une ou plufieurs des dents incifives ont été extraites. Ce fifflement incommode provient de ce qu'en parlant on place la langue au-devant des dents incifives. (*Voyez* PRONONCIATION.) (R. P.)

SÉTON, f. m. (*Chirur.*) Seto , *fetaceum* ; de *feta* , foie, parce que, dans l'origine, les fétons étoient compofés de plufieurs brins de foie ou de crin réunis. On appelle ainfi une bandelette de toile effilée des deux côtés, que l'on introduit dans certaines parties, foit pour établir un exutoire, pour enflammer quelques parties, foit pour favorifer la fortie du pus, celle de corps étrangers introduits dans certaines plaies, particulièrement dans celles produites par les armes à feu. On donne auffi le nom de *féton* à l'exutoire lui-même.

Pour appliquer le féton, on fe fert d'un inftrument appelé *aiguille à féton* , dans la chas de laquelle on introduit une mèche enduite de cérat dans une certaine étendue. Le lieu choifi, un aide & l'opérateur font un pli à la peau, en la tenant entre le pouce & l'index; ce dernier, la main droite armée de l'aiguille qu'il tient entre le pouce & l'indicateur, l'enfonce à la bafe du pli de la peau, jufqu'au près de fes doigts, la quitte alors, la faifit de l'autre côté, & lui fait franchir avec la mèche le trajet fous-cutané qu'elle vient d'établir; l'aide & l'opérateur lâchent la peau, l'aiguille eft dégagée du féton, & l'opération eft achevée; il s'écoule une petite quantité de fang. On applique fur chaque ouverture un plumaffeau enduit de cérat; quelques compreffes, une bande ou un bandage de corps, forment tout l'appareil, qu'on lève le troifième ou le quatrième jour, fuivant la faifon. Pour le panfement, on enduit une certaine longueur de la mèche, de cérat ou d'un onguent plus ou moins irritant. On retire celle qui a féjourné, on la coupe à environ un pouce de la plaie, afin qu'elle ne foit pas dépaffée dans les mouvemens du malade. Si cela arrivoit, on rétabliroit le féton avec un ftylet fénéftré. Lorfque la mèche, ou féton, eft prefque entièrement employée, on a le foin d'en coudre une autre à fon extrémité, afin d'éviter un nouvel emploi de l'inftrument, qui eft plus douloureux & par conféquent plus défagréable au malade. Chaque féton a environ un mètre de longueur & une largeur de fix à quinze millimètres : mais la longueur de la plaie, ainfi que fa largeur, dépendent de l'effet que l'on veut obtenir. Dans l'application du féton, l'opérateur doit prendre bien fes précautions, afin que fon inftrument traverfe le tiffu cellulaire fous-cutané fans intéreffer les parties fous-jacentes & fans labourer la face interne de la peau.

Il arrive fouvent qu'après quatre, fix ou huit mois, le féton amincit peu à peu la peau : il finiroit même par la détruire fi on n'avoit le foin de le replacer ailleurs.

C'eft au cou (à la nuque) & à la poitrine où

l'on applique le plus souvent des sétons ; à la nuque, pour les affections chroniques des yeux ou des maladies organiques ou vitales du cerveau ; à la poitrine, c'est presque toujours pour des pneumonies ou pleurésies chroniques ; mais il est rare que les malades conservent long-temps les sétons dans cet endroit, parce qu'ils sont beaucoup trop douloureux.

Depuis quelques années notre médecine, *toute de miel*, rejette les sétons à cause de la douleur qu'ils occasionnent une seule fois ; c'est cependant un moyen dont on retire souvent de bons effets. Telle est la manière actuelle d'appliquer un séton, les procédés des Anciens sont maintenant tout-à-fait abandonnés. On ne traite plus aujourd'hui les fistules lacrymales par le séton.

Quand on veut introduire un séton dans une plaie, on y parvient facilement au moyen de la sonde à panaris. Si cette plaie est sinueuse, ou promène légèrement & lentement la sonde dans la direction présumée, en lui donnant différentes inclinaisons, & il est rare qu'on ne réussisse pas à la faire passer sans causer beaucoup de douleur. Il faut toujours que la grosseur du séton soit relative à celle de la plaie. On n'emploie plus aujourd'hui le séton pour la guérison radicale de l'hydrocèle, & il est rare qu'on y ait recours dans les fractures non consolidées qui se terminent par une fausse articulation.

(Nicolas.)

N. B. Telle simple que soit l'application d'un séton, elle est encore assez douloureuse pour que, dans l'intention de la rendre moins pénible, on ait fait subir diverses modifications aux aiguilles imparfaites dont on se servoit autrefois, & à cet égard celles imaginées par M. le professeur Boyer sont une véritable amélioration. Nous pensons cependant que nos lecteurs nous sauront gré de trouver ici l'indication d'un nouvel instrument nommé *passe-mèche*, inventé par M. Jacquemyns, & dont ce médecin a donné la description dans une brochure imprimée à Roulers en 1827.

Cet instrument consiste en une tige d'acier fixée sur un manche, & portant à son autre extrémité une lame en fer de lance, qui s'y adapte à frottement, & est percée d'un œil ou chas destiné à recevoir la mèche qu'il s'agit de passer.

Après avoir fait un pli aux tégumens, on les perce de part en part ; après quoi, séparant la lance du manche auquel elle est unie, l'opération est terminée, sans être obligé, comme avec les aiguilles ordinaires, de faire passer l'instrument dans toute sa longueur au travers la plaie : ce qui rend l'opération beaucoup moins douloureuse & beaucoup plus prompte. (*Note du Rédacteur.*)

SÈVE, s. f. (*Phys. végét.*) *Succus arborum.* A l'époque de la végétation, les plantes puisent dans le sein de la terre un suc surabondant qui

s'enveloppe dans leur intérieur & est assujetti à des mouvemens réguliers que l'on a comparés à ceux de la circulation. Les mouvemens de la sève sont de deux sortes, l'un *ascensionnel* & l'autre *descensionnel*. Le premier a lieu par les vaisseaux du corps ligneux, & le second s'opère par ceux de l'écorce. Quelquefois, soit spontanément, soit à l'aide de moyens particuliers, la sève s'épanche au-dehors ; & alors elle peut quelquefois être employée à des usages économiques ou médicaux : telle est la sève du palmier qui, lorsqu'on le laisse fermenter, fournit une boisson connue sous le nom de *vin de palmier.*

Le bouleau (*betula alba* L.) est aussi susceptible de donner une sève également propre à la fermentation ; enfin, lorsque l'on coupe les rameaux de la vigne, il s'écoule un liquide nommé *pleurs de la vigne ;* il est réputé diurétique, & comme tel, employé dans quelques affections des voies urinaires. (*Voyez*, pour plus de détails, le *Dictionnaire de Botanique.*)

SEVERINO (Marc-Aurèle) (*Biogr. médic.*), de Tarsia, dans la Calabre, naquit en 1580, & mourut en 1656. C'est particulièrement par quelques écrits sur l'anatomie & la chirurgie qu'il s'est rendu recommandable.

Quelques auteurs le nomment mal à-propos Severin, & c'est sous ce nom que l'on trouvera, dans le *Dictionnaire de Chirurgie* de cet ouvrage, la biographie de ce chirurgien, recommandable à plus d'un titre. (R. P.)

SÉVICES, s. m. pl. (*Méd. lég.*) On appelle ainsi tout mauvais traitement habituel d'un mari envers sa femme, & réciproquement, qui, s'il ne compromet pas l'existence des individus, peut cependant la leur rendre assez insupportable pour qu'une séparation devienne indispensable.

Il est une foule de circonstances dans lesquelles le médecin est consulté & peut seul prononcer sur la nature & la gravité de ces sortes d'imputations. (R. P.)

SEVRAGE, s. mas. (*Hyg.*) *Action de sevrer*, de retirer le lait de la mère à un enfant. Le sevrage intéresse également & la mère & l'enfant. Ce dernier, parce qu'il ne reçoit plus le lait maternel, & la mère, parce qu'il y a suppression de l'évacuation de l'humeur dont la sécrétion & l'excrétion sont devenues habituelles, suppression qui, étant ou brusque ou peu ménagée, pourroit devenir & devient souvent cause de maladie. Mais, par une harmonie admirable, ce qui, dans ces circonstances, convient à l'enfant, est également nécessaire à la mère.

A quel âge & comment doit-on sevrer un enfant sain ?

Ordinairement, c'est à l'âge de dix mois, mais le plus souvent c'est à un an que l'on sèvre les enfans. Ainfi donc, dès qu'un enfant fera âgé de fix à fept mois, fuivant fa force, il faudra l'habituer à joindre au lait maternel une nourriture un peu plus folide ; on lui donnera d'abord du lait coupé avec de l'eau d'orge ou de gruau plus ou moins épaiffe, puis après cela , on y joindra un peu de fécule , que l'on choifira parmi celles que nous poffé-dons ; de la bouillie, des panades., des crèmes de riz, ou celle de pain qui a été tant vantée il y a quelques années. De temps en temps d'abord , & enfuite plus fouvent, on lui fera ces différens potages avec du bouillon plus ou moins coupé, moyen très-convenable pour foutenir le ton, l'é-nergie de l'eftomac ; & c'eft pour obtenir le même effet, que l'on aura foin d'y ajouter toujours une petite quantité de fel. Quand le temps du fevrage fera arrivé, l'enfant fe nourrira déjà en grande partie avec ces différens alimens ; alors la nour-rice préfentera le fein une fois de moins par jour, la première femaine, & ainfi de fuite chaque femaine, jufqu'à ce que l'enfant ne tète plus qu'une fois dans les vingt-quatre heures ; elle attendra alors, pour préfenter le fein de nouveau, qu'il fe rempliffe. Elle tâchera de refter un jour & demi, puis deux jours & même trois fans donner à téter ; bientôt les feins cefferont de s'engorger. A l'aide de ces précautions, fi na-turelles, la mère & l'enfant s'apercevront à peine du changement qui vient de s'opérer, & dont ils retireront tout le bénéfice fans courir le moindre rifque.

Telle eft la meilleure manière de fevrer les en-fans : manière que l'on doit modifier fuivant une foule de circonftances dépendantes, les unes de la mère, & le plus grand nombre relatives à l'enfant ; ainfi tel enfant fera fevré à huit ou dix mois au plus tard, tandis qu'un autre ne le fera qu'à quinze ou dix-huit, & encore avec les plus grandes pré-cautions. (*Voyez* pour plus de détails, les articles ABLACTATION & NOURRICE de ce Dictionnaire.)

(NICOLAS.)

SEWEL CORONDE. (*Bot.* , *Mat. médic.*) Dans le commerce, on diftingue plufieurs fortes de cannelle, que les Anglais défignent par des épithètes relatives à quelques-unes de leurs pro-priétés ; dans le nombre, il en eft une qu'ils nom-ment *fewel coronde* ou cannelle mucilagineufe. Sa couleur ne diffère point de la bonne cannelle, mais fon odeur & fa faveur font très-défagréables.

SEXDIGITAIRE, adj. (*Monft.*) Il exifte une foule d'obfervations prouvant que des individus font nés avec fix & quelquefois même huit doigts, foit aux pieds, foit aux mains ; mais ce qu'il y a de plus fingulier, c'eft que l'on prétend qu'il s'eft rencontré des familles dans lefquelles cette forte de difformité a été héréditaire pendant plufieurs générations. (*Voyez* MONSTRUOSITÉS.)

SEXE, f. m. (*Phyfiol.*) La reproduction, dans fon mode le plus parfait, réfulte d'un concours d'action d'organes départis entre deux individus de la même efpèce. De cette départition qui éta-blit dans les végétaux & dans les animaux la dif-tinction des individus en mâles & en femelles, réfultent pour le genre *Homme* , l'homme propre-ment dit & la femme ; cette différence conftitue les fexes.

Depuis la naiffance jufqu'à l'époque où les organes génitaux commencent à fe développer, les différences qui exiftent entre les fexes font purement locales, & fe bornent à la variété de configuration qui exifte entre ces organes, dont l'influence jufque là avoit été nulle. On a vaine-ment prétendu que cette diftinction pouvoit être établie dans l'enfance ; s'il y a quelques différen-ces entre le petit garçon & la petite fille, elles tiennent à l'éducation & aux habitudes plutôt qu'à l'organifation ; en un mot, il n'y a pas plus de fexes avant la puberté que dans la période de la vie qui fuit la mort des organes génitaux.

Les changemens généraux qui s'obfervent dans l'un & l'autre fexe pendant la puberté, les diffé-rences phyfiques & morales qui s'établiffent entre l'homme & la femme après le parfait développe-ment des organes reproducteurs, la durée de ces caractères diftinctifs, tant que ces organes font fufceptibles d'agir, les modifications qui furvien-nent dans toute l'économie par fuite des altéra-tions qu'ils éprouvent, & enfin l'état général des individus chez lefquels leur développement n'a pas lieu ; toutes ces circonftances établiffent fuffi-famment que les organes génitaux font la fource des attributs phyfiques & moraux qui caractérifent chacun des deux fexes.

Nous n'entrerons ici dans aucun détail fur l'hiftoire particulière de chacun des deux fexes ; il fuffit du court expofé qui précède, pour faire voir que ce que nous dirions à cet égard ne feroit qu'une répétition de ce qui a été dit aux articles HOMME & PUBERTÉ, auxquels nous renvoyons le lecteur. (L. J. RAMON.)

SEXTANE, adj. (*Path.*) On donne le nom de *fextane* à une fièvre intermittente dont les accès reviennent tous les fix jours exclufivement. Cette forte de fièvre, ainfi que la *quintane* & la *feptane*, n'eft qu'une variété, très-rare d'ailleurs, de la fièvre quarte. (BRICHETEAU.)

SEXUEL, LLE, adj. *Sexualis*. Se dit des or-ganes, des phénomènes, des maladies qui ont rap-port au fexe. (L. J. R.)

SEYDSCHUTZ (Eaux minérales de). Ces eaux minérales ont beaucoup d'analogie avec celles de Sedlitz, dont elles font d'ailleurs affez peu éloi-gnées pour que Frédéric Hoffmann ait penfé qu'elles appartenoient à la même fource.

Ces eaux font limpides, amères, falées, & donnent un précipité lorfqu'on les fait bouillir. A l'analyfe, elles fourniffent des carbonates de chaux & de foude, du fulfate de chaux, de l'hydrochlorate & du fulfate de magnéfie : ce dernier fel s'y trouve en quantité confidérable.

La propriété purgative des eaux minérales de Seydfchutz les rend utiles dans les engorgemens abdominaux, les conftipations chroniques, l'hypochondrie, & en général dans toutes les circonftances où l'on recommande l'eau de Sedlitz. Le mode d'adminiftration eft d'ailleurs le même pour l'une & l'autre de ces eaux. (*Voyez* SEDLITZ (Eaux minérales de) dans ce Dictionnaire.)

SHINACH. (*Méd. vétér.*) Maladie éruptive qui fe manifefte fur le trayon des vaches d'Irlande, & que l'on croit être le *cow-pox.*

SIAGONAGRE, f. f. (*Pathol.*) *Siagonagra,* de σιαγων, la mâchoire, & αγρευω, je faifis. Nom fous lequel Paré défignoit l'affection goutteufe qui a fon fiége dans l'articulation de la mâchoire. (*Voyez* GOUTTE dans ce Dictionnaire.)

SIALAGOGUES, adj. & f. m. (*Mat. méd. thérap.*). Du grec σιαλον, *faliva,* & αγωγος, dérivé de αγω, *duco.* On dit auffi, mais moins correctement, *fialogogues.* Sous ce nom, on comprend les moyens capables d'augmenter la fécrétion de la falive. Or ces moyens agiffent directement ou indirectement fur les organes chargés de cette fonction.

Les premiers, qui forment une branche des apophlegmatifans, & portent plus particulièrement le nom de *mafticatoires,* opèrent, foit d'une manière mécanique, comme la cire, le maftic & autres corps à peu près inertes, qui ne font deftinés qu'à provoquer à & à faciliter les mouvemens de la mâchoire, dont le réfultat eft de faire affluer une affez grande quantité de falive dans la bouche; foit par leurs propriétés chimiques, comme la pyrèthre, la ptarmique, la ftaphifaigre, le gingembre, le cardamome, le bétel, la pimprenelle, le tabac, le poivre, la moutarde, le raifort fauvage, la vératrine, le camphre, la chaux, &c. Toutes ces fubftances, par les qualités âcres qu'elles poffèdent, produifent fur la membrane muqueufe de la bouche une irritation plus ou moins vive, qui fe propage aux glandes muqueufes & falivaires. Non-feulement celles-ci font forcées d'évacuer la portion de fluide qu'elles ont déjà élaborée, mais encore par l'afflux du fang qu'ils provoquent, ces agens médicamenteux activent fingulièrement le travail fécrétoire de ces glandes, ainfi que l'excrétion fon produit.

Parmi les fialagogues & les falivans indirects, il y en a qui fufcitent la falivation par fympathie : c'eft ainfi que les vomitifs, avant & pendant leur effet émétique, font couler dans la bouche une grande abondance de falive. Il en eft d'autres qui ne portent leur action fur les glandes falivaires que par l'intermédiaire de la circulation générale. Le plus important de ceux qui fe trouvent dans cette catégorie, eft fans contredit le mercure. Quelques autres fubftances médicamenteufes jouiffent auffi de cette faculté, quoiqu'à un bien plus foible degré; tels font l'antimoine & fes compofés, l'opium, le camphre (*Bergonfi*), l'arfenic, la digitale pourprée, le polygala feneka, &c.; mais l'incertitude de leur action fait qu'on les emploie rarement dans l'intention de faire faliver.

Les fialagogues font d'une application affez étendue en thérapeutique. Les effets curatifs qu'on en retire fe rapportent évidemment à deux caufes : 1°. à l'irritation que la plupart excitent dans les parties qui reçoivent leur influence; 2°. à l'évacuation du liquide qui en réfulte.

Les fialagogues directs ont été mis en ufage pour agir :

1°. Sur les glandes falivaires elles-mêmes affectées d'engorgemens.

2°. Sur des parties voifines devenues le fiége de diverfes altérations morbides. C'eft ainfi qu'on en a retiré des effets avantageux dans le gonflement de la langue, l'odontalgie, les douleurs rhumatifmales des gencives, l'angine tonfiliaire, l'angine laryngée œdémateufe (*Van-Swiéten, Macartan*); le relâchement de la luette, l'aphonie, les ophthalmies & les otites chroniques, l'obftruction de la trompe d'Euftachi (*Fr. Hoffmann*), les engorgemens des glandes lymphatiques du cou, la grenouillette, &c. Les mafticatoires fialagogues ont été préconifés par quelques médecins dans les affections cérébrales & les défordres qu'elles entraînent, comme l'apoplexie (*Rivière, Macartan*), la paralyfie (*Willis, Wardrope*), furtout celle qui porte fur la langue, la perte de la mémoire, l'hydrocéphale; mais, dans ces divers cas, il faut toujours fe méfier de la propriété irritante de ces médicamens, & ne fe permettre leur emploi que lorfqu'il n'exifte ni congeftion cérébrale active, ni état inflammatoire, ou que ces difpofitions ont été combattues par les moyens convenables.

3°. C'eft quelquefois fur des organes plus éloignés qu'on veut produire un changement utile : ainfi, des afthmatiques, des hydropiques, des goutteux même, ont éprouvé, par une falivation artificielle, foit un foulagement fenfible, foit une entière guérifon. On peut auffi remédier à quelques dyfpepfies par l'emploi des mafticatoires.

Dans la claffe des fialagogues indirects, le mercure étant prefque exclufivement employé, c'eft auffi de lui feul qu'il va être queftion dans cette feconde partie. Quoique l'hiftoire de la falivation mercurielle, comme moyen de guérifon de la fyphilis, foit un des objets les plus intéreffans de la médecine, nous ne nous en occuperons pas

ici;

ci ; nous devons dire cependant que bien que les médecins y aient renoncé depuis long-temps dans la cure de cette maladie, quelques praticiens modernes, parmi lesquels nous citerons MM. Dubois & Guerbois, pensent que le flux salivaire n'est pas entièrement à rejeter, & qu'il peut procurer la guérison d'accidens vénériens consécutifs que le mercure n'avoit pas pu détruire sans cette évacuation.

Soit par suite d'observations de crises naturelles par la salivation, soit par analogie avec la syphilis, on a cherché à exciter l'action des glandes salivaires dans la plupart des maladies cutanées chroniques. La gale invétérée, l'impétigo, le pian & l'yaws, ainsi que la lèpre & l'éléphantiasis, le radesyge, la plique, ont quelquefois cédé à l'administration du mercure porté jusqu'à la salivation ; cependant cette méthode n'est pas toujours sans inconvéniens, & dans plusieurs des cas que nous venons de citer, des auteurs recommandables ont prescrit de s'en abstenir. Quoique le mercure en général n'ait pas une action avantageuse dans les écrouelles, néanmoins Hufeland a guéri des scrofuleux par la salivation que ce médicament procure : le même moyen a été également utile dans certains engorgemens & inflammations chroniques, tels que ceux du foie, de la rate, du pancréas, du pharynx (*Munckley*), des testicules (*Richerand*). Parmi les maladies chroniques auxquelles la salivation peut porter remède, je dois encore signaler les hydropisies, & surtout celle qui succède à l'inflammation de l'arachnoïde (*Dobson, Haygarth, Hunter, Percival, Quin, Odier*, &c.), la phthisie pulmonaire (*Valentin, Rush, Wilson*, &c.), les fièvres intermittentes, rebelles (*Cole, Herz*, &c.)

L'usage du mercure administré dans l'intention de produire un flux abondant de salive a été étendu aussi à diverses affections aiguës ; & je pense, malgré les controverses qui se sont élevées à cet égard, que c'est un des secours les plus précieux de la médecine fortement agissante. Rush a, je crois, montré le premier tout le parti qu'on en peut tirer dans la fièvre jaune & le typhus. Hamilton, R. Thomas, W. Lamprière, &c., ont imité sa conduite avec les plus heureux succès. L'analogie de la fièvre bilieuse avec la fièvre jaune a engagé Johnson à employer le même moyen dans cette affection fébrile, ainsi que dans la fièvre rémittente du Bengale. Schreiber, Rivinus, Diemerbroeck, M'Grégor, &c., l'ont vanté dans la peste. Un fait communiqué récemment par M. Moreau de Jonnès, semble confirmer qu'il est des cas où le mercure, jusqu'à salivation, peut empêcher ou modifier d'une manière avantageuse ce terrible fléau. Les médecins indiens, Clarck, &c., l'ont prescrit contre le tétanos, la dyssenterie, les inflammations du foie ; Tauvry, Darwin, Reid, Cuchet, contre l'hydrophobie. Nous devons dire, relativement à cette dernière affection, que les

cas où la salivation mercurielle a paru réussir n'offroient pas tous les caractères de la véritable rage, mais plutôt d'une maladie nerveuse, dont l'horreur de l'eau étoit un des symptômes les plus saillans, & bien capable, dans quelques cas, d'induire en erreur (1).

Les médecins modernes ont trouvé dans le mercure & dans la salivation qu'il cause, un des remèdes les plus efficaces contre l'angine couenneuse & contre les affections qui s'en rapprochent, & qu'on a comprises sous le nom de *pseudo-croup*. On peut croire que les succès qu'on a quelquefois obtenus dans cette redoutable maladie de l'administration du *polygala seneka*, tant vanté par les D^{rs}. Archer, du Maryland, ont été dus en partie à la salivation que ce remède suscite ordinairement.

Dans les circonstances que nous venons de relater, quoique nous paroissions attribuer les effets thérapeutiques obtenus par le mercure, à l'irritation de la membrane buccale & à l'évacuation de salive qui survient, il ne faut pas oublier cependant que ce métal, comme corps irritant, agit aussi sur toute l'économie, & doit porter dans tous les organes une stimulation dont il faut tenir compte.

Les sialagogues peuvent encore être considérés sous le rapport hygiénique & prophylactique. On fait l'usage, passé jusqu'à l'abus, qu'en font les habitans des pays chauds. Les substances les plus âcres, & même corrosives, leur servent à provoquer continuellement un flux abondant de salive ; cette excitation, mêlée souvent d'une forte astriction, paroît avoir le double avantage d'empêcher la trop grande transpiration à laquelle les expose l'ardeur de leur climat, & de soutenir le ton de l'estomac par les particules de ces substances que la déglutition fait parvenir dans ce viscère.

Les salivans directs & indirects ont aussi été mis en usage pour prévenir diverses maladies, surtout celles qui sont épidémiques & contagieuses ; mais il faut avoir l'attention de ne procurer qu'une évacuation proportionnée aux forces de l'individu, car sans cette précaution on pourroit produire un effet contraire à celui que l'on veut obtenir.

(EMERIC SMITH.)

SIALISME, s. m. (*Pathol.*) *Sialismus*, de σιαλον, salive. Ce mot, qui n'est plus usité, est synonyme de PTYALISME & de SALIVATION. (*Voyez* ces mots.)

SIALOLOGIE, s. f. (*Phys.*) *Sialologia*, de σιαλον, salive, & λογος, discours. Expression récemment introduite dans le langage médical pour

---

(1) Ce qui doit, à mon avis, guider le diagnostic dans ces cas difficiles, c'est l'époque où les symptômes morbides se déclarent, & la marche qu'ils suivent.

indiquer par un feul mot tout ce qui a rapport à la fécrétion & à l'excrétion de la falive confidérée fous les rapports phyfiologique & pathologique.

SIALORRHÉE, f. f. (*Pathol.*) *Sialorrhœa* , de *σιαλον*, falive, & de *ρεω* , je coule. Mot fous lequel on a propofé dans ces derniers temps de défigner la falivation. (*Voyez* SALIVATION dans ce Dictionnaire. (R. P.)

SIAM (Mal de). (*Path.*) Tel eft le nom donné par quelques auteurs à la fièvre jaune, parce qu'ils fuppofoient qu'elle avoit été importée de l'Afie dans les Antilles, vers le dix-feptième fiècle par le bâtiment *l'Oriflamme*. Comme depuis cette époque, les idées que l'on fe formoit fur cette terrible maladie ont éprouvé bien des modifica- tions, je crois devoir tracer en quelques lignes l'opinion la plus généralement adoptée, tant fur fon étiologie que fur fon traitement.

En recueillant les obfervations des auteurs & des individus qui ont vécu au milieu de ces endé- mies, on peut raifonnablement conclure :

1°. Que la fièvre jaune eft la même, foit qu'on l'obferve dans les Antilles, les Etats-Unis, ou bien en Efpagne.

2°. Que les différences qu'elle préfente ou pa- roît préfenter quelquefois, font dues furtout aux localités, ainfi qu'on l'obferve pour toutes les ma- ladies.

3°. Qu'elle reconnoît pour caufe fenfible une violente phlegmafie du tube digeftif, mais que la plupart des autres organes préfentent auffi des phlegmafies, mais qui ne feroient que fecon- daires.

4°. Que tous les individus acclimatés, foit aux Antilles, foit en Amérique, n'en font prefque ja- mais atteints, quoiqu'ils foient en communication permanente avec les fébricitans pendant les épi- démies les plus meurtrières.

5°. Qu'elle ne févit que fur les arrivans non acclimatés, & que les épidémies font d'autant plus à craindre, que la chaleur humide a duré plus long-temps.

6°. Que fi en Efpagne les habitans y étoient expo- fés, quoiqu'acclimatés, on devroit peut-être en ac- cufer la chaleur exceffive qui a précédé les épidé- mies, jointe à quelques circonftances particulières inconnues : deux caufes qui ont pu créer inftanta- nément un climat nouveau pour lequel les habi- tans n'étoient pas faits ; que cette maladie n'y fut point importée, mais qu'elle y prit naif- fance, puifqu'il paroîtroit qu'on l'y a obfervée long-temps avant la découverte de l'Amérique, car c'eft toujours de ce dernier point qu'on la fait parvenir en Europe.

7°. Que fon traitement confifte à calmer l'irri- tation par les évacuations fanguines locales ou générales, & par les boiffons délayantes, rafraî- chiffantes ; mais qu'il faut revenir promptement à

l'ufage des toniques, & furtout au fulfate de qui- nine dès que l'on s'aperçoit que les forces dimi- nuent. On voit que c'eft le traitement qui convient le plus fouvent dans les fièvres adynamiques, mais qu'il doit être beaucoup plus énergique. (*Voyez* VOMISSEMENT NOIR dans ce Dictionnaire.)

(NICOLAS.)

SIBBENS ou **SIWIN**. (*Pathol.*) On défigne fous ce nom une maladie éminemment conta- gieufe, & particulière à certains cantons de l'E- coffe ; elle femble n'être qu'une modification de la fyphilis, & a beaucoup de rapport avec l'yaws, le fcherliévo (*voyez* ce mot) & la maladie du Canada, qui, à proprement parler, n'en font que des variétés. Ce n'eft point par le coït que fe com- munique ordinairement le fibbens ; il fe tranfmet plus volontiers par des baifers, par la lactation & par l'ufage d'uftenfiles communs, tels que verres, pipes, taffes, cuillers, &c. Cette maladie fe ma- nifefte ordinairement par des ulcères à la gorge & dans l'intérieur de la bouche. L'inflammation qui les accompagne fe communique au larynx, en- traîne la perte de la voix, & donne naiffance aux ulcères qui détruifent le voile du palais, les amyg- dales, la voûte palatine, & même les os du nez. Quelquefois les fymptômes n'ont point ce degré d'intenfité ; ce font des éruptions puftuleufes avec démangeaifons, & offrant une teinte brune, cui- vreufe, femblable aux taches qui caractérifent les affections cutanées vénériennes ; enfin, dans quel- ques circonftances, il fe développe des excroif- fances molles, fongueufes, comparables à des framboifes, ce qui a fait donner à cet affection le nom de *fibbens*.

L'emploi du mercure a long-temps été regardé en Ecoffe, comme le fpécifique de cette maladie, à laquelle on a auffi oppofé l'ufage des fudorifi- ques. En général, en peut à fon égard répéter ce que dans maintes circonftances on a dit de la fyphilis, dont le traitement fe compofe de moyens thérapeutiques & de précautions hygiéniques : ce qui femble même compléter l'analogie déjà in- diquée, c'eft que le fibbens, depuis quelque temps, paroît avoir perdu beaucoup de fa vio- lence, & que déjà on eft parvenu à l'extirper de certains cantons, foit en affujettiffant les habitans, particulièrement les moins fortunés, à des foins continuels de propreté, foit en leur faifant éviter le contact des perfonnes & des chofes atteintes de contagion. (R. P.)

SICCATIF, adj. Cet adjectif eft ordinairement employé dans le même fens que le mot *defficatif*. (*Voyez* DESSICATIFS dans ce Dictionnaire.)

SICUEDON ou **SICYEDON**, f. m. (*Pathol.*) Dérivé du grec *σικυος*, concombre. Les Grecs ap- peloient ainfi la fracture tranfverfale des os longs avec inégalités, que les Modernes ont nommée *fracture en rave.* Ce mot eft fynonyme de RAPHA-NEDON. (*Voyez* ce dernier mot dans ce Dictionnaire , & FRACTURE dans celui de *Chirurgie.*)

SIDÉRATION , f. f. *Sideratio.* Dérivé du verbe latin *fiderari,* qui fignifie être frappé de quelque mauvaife influence. Le mot fidération fut d'abord employé pour caractérifer certaines maladies des arbres , que les Anciens attribuoient à l'action des aftres (*fidera.*) Les premiers médecins qui fe font fervis du mot *fidération ,* ont voulu auffi défigner par là une forte d'affection qui frappoit fubitement quelqu'organe du corps humain , fur lequel un aftre malfaifant fembloit exercer fa maligne influence. Parmi les Anciens, les uns paroiffent avoir voulu appliquer à l'apoplexie la dénomination dont il s'agit ; d'autres , avec Hippocrate , l'ont évidemment employée dans le fens de *gangrène,* ou de *fphacèle.* Bordeu , fans s'expliquer fur l'origine & la nature de ce genre de léfion , penfoit que les poumons étoient les organes les plus expofés à la fidération.

Chez les Modernes , le fens du mot fidération a beaucoup varié ; les uns veulent qu'elle foit une forte de paralyfie qui vient fubitement frapper toutes nos facultés ; d'autres ne la confidèrent que comme une affection gangréneufe très-délétère ; il en eft enfin qui ont donné le nom de fidération à l'apoplexie foudroyante.

Dans notre opinion , le mot fidération ne doit en aucune manière défigner telle ou telle maladie en particulier , mais être employé comme une expreffion générale propre à caractérifer toutes celles qui viennent frapper avec rapidité des organes qui fe trouvent , pour ainfi dire , inftantanément déforganifés ; de cette manière , il peut y avoir des *pneumonies ,* des *pleuréfies ,* des *péritonites ,* des *apoplexies ,* des *fièvres pernicieufes* avec ou par fidération, c'eft-à-dire , qui fondent fur nons & fe terminent rapidement d'une manière funefte par *gangrène ,* par *épanchement,* ou fans laiffer de traces appréciables. Du refte , le mot *fidération* eft aujourd'hui prefqu'entièrement inufié, & fe trouve relégué dans l'*Hiftoire de la nomenclature médicale.* (BRICHETEAU.)

SIEBOLD (Georges - Chriftophe) (*Biogr. médic.*), étoit fils & petit-fils de chirurgiens qui, en Allemagne , ont joui d'une grande réputation. Dirigé par les foins de fon père, Siebold acquit lui-même une grande renommée comme accoucheur. Il étoit né à Wurtzbourg, le 30 juin 1767, étudia la médecine à Altorf & à Gœttingen , & fe livra d'une manière fpéciale à l'art des accouchemens. Déjà à l'âge de vingt-deux ans il avoit été couronné par l'Académie de Gœttingen , à la fuite d'un concours, dont le fujet étoit de *déterminer l'action qu'exerce l'opium fur l'homme dans l'état de fanté.* En 1789, Siebold prit pour fujet de fa thèfe inaugurale l'*examen des avantages ref-*

pectifs que procurent les différens lits & fauteuils employés par les accoucheurs. A dater de cette époque, il obtint de nombreux fuccès dans la carrière de l'enfeignement , & fut fucceffivement profeffeur de pathologie , d'accouchemens , de phyfiologie , & enfin directeur de l'hôpital de Wurtzbourg.

Ses talens ne pouvoient manquer de lui fufciter des envieux ; malheureufement il fut trop fenfible aux attaques de l'intrigue, fa fanté en fut profondément altérée , & le 15 janvier 1798 , à l'âge de trente-un ans, il fuccomba victime de la phthifie pulmonaire. Les écrits que Siebold a publiés fuffifent pour prouver que ce n'eft point à la faveur , mais bien à fon mérite réel , qu'il étoit redevable des emplois honorables qui lui furent fucceffivement confiés.

(*Extr. de la Biogr. médic.*)   (R. P.)

SIÉGE , f. m. (*Hygiène.*) Dérivé de *fedile* & de *fella ,* fiége. Sous cette dénomination commune, on défigne une foule de meubles deftinés à fupporter le corps de l'homme qui n'eft ni couché , ni dans l'état de ftation. On conçoit que la forme & la nature des fubftances dont ces meubles font formés , influent fur la fituation que doit y prendre le corps , & par conféquent fur les effets confécutifs. Ainfi un tabouret, une chaife , un fauteuil , &c., font des appuis fur lefquels le corps ne repofe point de la même manière ; à cet égard , il n'eft point non plus indifférent que ces meubles foient en canne , en paille , en crin , en tapifferie , & avec des couffins contenant de la paille d'avoine , des plumes , du crin , &c. Dès-lors , s'il s'agit de l'homme dans l'état de fanté , l'examen détaillé de tout ce qui peut avoir rapport à cet objet, appartient à cette partie de l'hygiène défignée fous le nom d'*applicata ;* tandis que , lorfqu'il eft queftion de l'homme malade , ces fortes de confidérations font du reffort de la chirurgie.

SIFFLANT, TE , adj. (*Path.*) *Sibilans ,* qui eft accompagné de fifflement. Lorfqu'un obftacle quelconque s'oppofe au libre exercice de la refpiration , elle eft alors accompagnée d'un bruit plus ou moins aigu qui fe fait entendre quelquefois lors de l'expiration , mais le plus communément au moment de l'infpiration. C'eft à ce bruit que l'on a donné le nom de *fifflement* ou *refpiration fifflante.* On conçoit que ce fymptôme peut, dans quelques affections , fournir des renfeignemens dont le praticien peut tirer quelqu'avantage. (*Voyez* RESPIRATION.)   (R. P.)

SIFFLET , f. m. (*Art vétér.*) (*Voyez* ROSSIGNOL dans ce Dictionnaire.)

SIFFLEUR , f. m. (*Art. vétér.*) Se dit d' cheval affecté de cornage.   (D.)

G 2

SIGILLAIRE ou SIGILLÉE (Terre), adject.
(*Chim.*) Dénomination que l'on donne à plusieurs terres argileuses d'une couleur rosée plus ou moins foncée : couleur qui est ordinairement due à la présence d'une quantité variable d'oxyde de fer. Ces sortes de terre apent à la langue & absorbent l'humidité. C'est donc comme substances absorbantes qu'on en a recommandé l'usage. Ordinairement celles que l'on trouve dans le commerce & qui viennent de Lemnos , sont empreintes de caractères arabes ou turcs. Il en est d'autres encore qui, suivant les lieux d'où elles proviennent, portent un cachet différent : telles sont celles de Siléfie, de Toscane, de Livonie, &c. (R. P.)

SIGMOÏDAL ou SIGMOÏDE, adj. (*Anat.*) Pour donner une idée de la disposition anatomique de certaines parties diversement contournées, on leur cherche quelque ressemblance avec des choses généralement connues : c'est ainsi que l'on a comparé la configuration de l'extrémité articulaire du cubitus, à la lettre C, répondant au Σ des Grecs ; c'est encore par la même raison que l'on a donné le nom de *valvules sigmoïdes* ou *semi-lunaires* aux replis membraneux situés à l'orifice des artères aorte & pulmonaire : dénominations ridicules qui devroient être bannies de toute nomenclature philosophique. (*Voyez* Cœur & Cubitus dans le *Dictionnaire d'Anatomie.*)

SIGNATURE , f. f. *Signatio* ou *signatura*. On donnoit autrefois ce nom à une ou plusieurs empreintes appliquées sur des médicamens dont elles sembloient en quelque sorte garantir l'origine ; dans certains cas, c'étoit simplement le nom du médecin ou celui du lieu d'où venoit la substance ; dans quelques autres circonstances , on figuroit des signes constellés auxquels on attachoit une importance superstitieuse. On sent qu'aujourd'hui l'usage des *signatures* ne pourroit avoir d'autre but que de prévenir la falsification de certains médicamens débités par suite d'un privilége légalement acquis.
(R. P.)

SIGNES , f. m. pl. (*Séméiotique.*) On appelle signes, en pathologie , certains phénomènes simples ou complexes qui, chez l'homme malade, annoncent au médecin l'existence d'un état morbide. On ne peut établir ces signes qu'à l'aide de l'observation & du raisonnement, en forte que leur détermination est une opération de l'esprit & un véritable jugement.

On a souvent confondu le *figne* avec le *symptôme*, qui n'est qu'un simple phénomène que l'observateur constate à l'aide des sens, sans en tirer aucune induction précise par rapport à l'existence de la maladie dont il dépend. Le symptôme entre purement & simplement dans le domaine de l'observation extérieure des faits à la portée de tout le monde ; tandis que le signe , composé d'un ou de plusieurs symptômes, est le fruit d'une opération intellectuelle & le produit de la science du médecin.

I. La division des signes en *commémoratifs*, *diagnostiques* & *pronostiques*, remonte jusqu'à Galien ; on l'a religieusement conservée. Elle méritoit de l'être , puisqu'elle comprend les diverses périodes par lesquelles a passé la maladie qu'on observe , & celles qu'elle doit encore parcourir.

II. Les signes *commémoratifs*, encore appelés *anamnestiques*, éclairent le médecin sur ce qui a eu lieu avant son arrivée ; ils peuvent lui dévoiler la cause & la nature du mal , lui faire connoître ses progrès, ses transformations successives, enfin , le déterminer à employer des moyens préservatifs ou curatifs que l'obscurité ou l'incertitude de l'état présent ne lui indiqueroit pas d'une manière aussi précise. *Exemple :* un individu tombe malade, plusieurs semaines se passent avant qu'il fasse appeler un médecin, qui reconnoît les signes d'un épanchement dans un côté de la poitrine, mais qui reste incertain sur l'origine & la nature de l'épanchement. Bientôt on ajoute que le malade a éprouvé une douleur de côté, une grande difficulté de respirer pendant quelques jours : ces deux signes commémoratifs sont pour le praticien un trait de lumière , qui lui dévoilent le caractère de la maladie.

III. Les *signes diagnostiques* font connoître l'état actuel du malade , & indiquent la nature de la maladie dont il est affecté. *Exemple :* un malade se plaint d'une douleur profonde à l'un des côtés de la poitrine, avec difficulté de respirer ; il expulse des crachats de sang pur ou mêlés de beaucoup de sang, le pouls est dur & fréquent, la face animée , &c. ; voilà les signes diagnostiques d'une pneumonie. Ces phénomènes sont les résultats de l'inflammation aiguë du poumon.

IV. On a divisé les signes *diagnostiques* en *caractéristiques* ou *pathognomoniques*, en *communs* & en *accidentels*. Les premiers sont spéciaux à chaque affection ; les seconds appartiennent à plusieurs maladies & ne sont l'attribut particulier d'aucune ; enfin , les derniers ne nous offrent que des phénomènes incertains, dont l'existence n'est pas constante dans les maladies. Les signes accidentels ont encore reçu le nom d'*épiphénomènes*, d'*épiginomènes*.

V. Les *signes pronostiques* fournissent au médecin les moyens de présager l'issue heureuse ou malheureuse de la maladie. *Exemple :* des sueurs abondantes, un dépôt des urines , annoncent dans beaucoup de cas un retour à la santé ; les ongles livides , la face décomposée, le pouls insensible, le râle , sont des signes pronostiques de la mort. « Les signes pronostiques, dit M. Landré-Beauvais,

» s'appliquent à tous les phénomènes qui, dans le
» cours d'une maladie aiguë, indiquent des chan-
» gemens plus ou moins notables, favorables ou
» fâcheux; mais ils s'appliquent plus particuliè-
» rement aux événemens qui surviennent tout-à-
» coup & se font remarquer vers la fin de la ma-
» ladie & aux approches de la crise. » (*Séméiotique.*)

Cependant on a nommé *acritiques* les signes pronostiques qui n'indiquent que des changemens sans
importance, principalement au commencement
des maladies.

VI. La valeur & l'importance des signes varient
aux diverses époques des maladies; tel signe qui
est un sujet d'alarme au commencement, devient
équivoque ou même favorable à une époque plus
avancée, &c.

VII. L'habitude ou quelque idiosyncrasie particulière diminue l'importance des signes, &
même peut les annuler entièrement.

VIII. Les signes isolés n'ont pas la même valeur
que lorsqu'ils sont comparés & considérés attentivement, pesés & balancés avec ceux qui annoncent une tendance opposée à la leur, &c.

IX. La *séméiotique* ou science des signes, si
l'on peut ainsi parler, constitue essentiellement le
praticien; c'est elle qui le met à même de caractériser la maladie qu'il observe, qui lui donne la
faculté d'en prévoir l'issue, de l'annoncer aux
assistans, & de se mettre ainsi à l'abri des mé-
comptes de l'amour-propre & des erreurs préjudi-
ciables à sa réputation. (*Voyez* Séméiotique.)
(Bricheteau.)

SIGWART. (Georges-Frédéric) (*Biogr. méd.*),
est du nombre des médecins allemands qui, dans
le cours du dix-huitième siècle, ont joui d'une assez
grande réputation : il étoit né le 13 avril 1711,
dans le pays de Wurtemberg; il se destina d'abord
à l'état ecclésiastique, mais bientôt une vocation
décidée lui fit embrasser la carrière médicale.
Après avoir étudié dans plusieurs universités d'Allemagne, il prit le grade de docteur. Il se rendit
ensuite à Berlin, à Iéna & à Stuttgard, devint médecin du prince, fut nommé professeur d'anatomie & de chirurgie à Tubingen en 1751 : fonctions qu'il remplit jusqu'à sa mort, arrivée le 9
mars 1795.

Ce médecin a laissé beaucoup de dissertations
dans lesquelles on rencontre, sous le rapport de
l'anatomie pathologique, des faits importans.
(*Extr. de la Biogr. médic.*) (R. P.)

SILER. s. m. (*Bot.*, *Mat. méd.*) *Laserpitium
siler* L. Plante de la famille des Ombellifères, &
de la Pentandrie digynie de Linné.

Cette plante croît en France, en Suisse & dans
beaucoup d'autres endroits : sa racine a été autre-

fois recommandée comme vulnéraire mais aujour-
d'hui il est bien rare que l'on en fasse usage; il en
est de même de ses graines, réputées jadis pour être
stomachiques, carminatives, emménagogues &
diurétiques. Le peu d'avantage que l'on en a
retiré y a fait renoncer, aussi bien qu'à l'huile
essentielle qu'elles fournissent. (R. P.)

SILICATES, s. m. pl. (*Chim.*) Dans plusieurs
combinaisons, la silice semble jouer le rôle d'un
acide : aussi les chimistes ont-ils nommé *silicates*
les composés auxquels elle donne alors naissance.
C'est ce qui arrive particulièrement lorsqu'elle
s'unit aux alcalis minéraux fixes.

SILICE. s. f. (*Chim.*) de *silex*, génitif, *silicis*,
caillou. Cette terre, autrefois appelée *terre vitri-
fiable*, a, dans ces derniers temps, été regardée
soit comme un oxyde, soit comme un acide métallique dont la base est le *silicium* (*Voyez* Silice
dans le *Dictionnaire de Chimie.*)

SILICIUM, s. m. (*Chim.*) C'est l'une des substances métalliques nouvellement découvertes. On
l'obtient en décomposant la silice au moyen du
potassium : ce métal est pulvérulent, d'une couleur foncée, très-avide d'oxygène & susceptible
de former, avec les autres corps simples, diverses
combinaisons. Le silicium, qui avoit d'abord été
placé par M. Thénard dans la classe des oxydes
indécomposés, n'est jusqu'à présent d'aucun usage
en médecine.

SILLON. s. m. (*Anat.*) *Sulcus.* La surface
extérieure des os présente quelquefois des dépressions superficielles étroites & assez longues auxquelles on a donné le nom de *sillons*, afin de ne
pas les confondre avec d'autres enfoncemens analogues mais plus profonds, appelés gouttières.
Cependant cette expression n'est pas exclusivement réservée aux parties dures du corps de
l'homme ou des animaux. Ainsi à l'égard du cerveau & du cervelet, on nomme *sillons* les enfoncemens qui indiquent la séparation des différens
lobes, de même que l'on admet aussi un *sillon transversal du foie.* (*Voyez* Cerveau, Cervelet,
Encéphale, Foie, dans le *Dictionnaire d'Anatomie.*) (R. P.)

SILURE ÉLECTRIQUE, s. m. (*Ichthyol.*) *Si-
lurus electricus* L. Ce poisson est du petit nombre de
ceux qui, ainsi que la Torpille & le Gymnonote,
ont dû fixer l'attention des physiciens, parce qu'ils
possèdent la faculté de donner des secousses tout-
à-fait analogues à celles que fait éprouver le choc
électrique. Dans le silure, ainsi que dans les autres
espèces douées de cette singulière propriété, on
trouve un organe particulier, communément désigné sous le nom de *batterie*, dont la disposition
n'est cependant point la même pour tous. Ainsi

dans le filure électrique, cet appareil est étendu autour du corps de l'animal, immédiatement au-dessous des tégumens communs, & il est formé d'un amas de tissu cellulaire, épais & serré, qu'au premier aspect on prendroit pour une couche de lard. Du reste, les vacuoles de ce réseau sont remplies d'une substance muqueuse particulière, que l'on rencontre également dans les organes correspondans des autres poissons électriques.

SIMAROUBA, s. m. (*Mat. méd. végét.*) C'est le nom que les indigènes de Cayenne donnent au *quaffia fimaruba* L. (*fimarouba amara* d'Aublet), genre qui impose son nom à la famille des Simaroubées, de la Monoécie décandrie de Linné. (*Voyez* sa description dans la partie botanique de cet ouvrage.)

Ce sont les écorces des racines que l'on emploie en médecine; on les trouve dans le commerce en morceaux longs parfois de plus d'un pied, larges d'un à deux pouces, roulés ou plats, d'une teinte jaune pâle en dehors, un peu moins colorées en dedans; elles sont rugueuses, marquées de tubercules épars & de lignes transversales. Ces écorces sont à peu près inodores; leur saveur est amère, mais sans être extrême & sans styplicité.

M. Morin, pharmacien de Rouen, a analysé le fimarouba & y a trouvé: une matière résineuse, une huile volatile ayant l'odeur du benjoin, de l'acétate de potasse, un sel ammoniacal, de l'acide malique & des traces d'acide gallique, de la *quaffine* (principe amer auquel M. Morin attribue les propriétés de cette écorce); du malate de chaux, quelques sels minéraux, de l'oxyde de fer, de la silice & de l'alumine (1).

A Surinam, à la Guiane, à Cayenne, les indigènes emploient, de temps immémorial, le fimarouba contre la dyssenterie, si fréquente & si meurtrière dans ces contrés chaudes & marécageuses. Vers 1713, on commença à en recevoir en Europe & à en faire quelques usages; en 1723, Barrère envoya de Cayenne une grande quantité de cette écorce, qui permit de s'en servir généralement. C'est alors qu'Antoine de Jussieu, après l'avoir expérimentée pendant plusieurs années, publia à son sujet la thèse intitulée *An inveteratis alvi fluxibus fimaruba* (2)? On conseilla dès-lors l'usage de cette écorce, non-seulement dans les dyssenteries, mais encore dans les fièvres putrides, les hémorragies, les névroses, les scrofules, &c.; enfin, le fimarouba devint une des plus précieuses acquisitions que la matière médicale possédât. Le temps rabattit beaucoup de ces merveilleuses propriétés. Cette écorce est restée un bois tonique que l'on peut employer dans les cas où

les dyssenteries sont passées à l'état *froid*, c'est-à-dire lorsque les symptômes inflammatoires ont cédé, & que la débilité intestinale leur succède; en ce sens elle est astringente, puisqu'elle fait cesser le flux de ventre.

Bichat a remarqué, dans le cours de matière médicale qu'il avoit commencé au moment où la mort le surprit, & dont je possède un manuscrit, que le fimarouba que l'on ne croyoit qu'anti-dyssentérique, étoit un émétique marqué, à la dose de 20 à 24 grains en poudre, ou à celle de deux gros d'écorce concassée & donnée en infusion : on le prescrit, suivant lui, dans des cas ou l'ipécacuanha ne réussit pas. C'est peut-être à cette propriété vomitive qu'il doit d'être un anti-dyssentérique.

Le fimarouba est vermifuge comme tous les amers, qui sont poisons pour les vers; on s'en sert comme tel, étant frais, à Cayenne, pays où ces animaux sont très-communs chez les negres. C'est un bon stomachique dans le cas de débilité de l'estomac, de laxité de ses membranes, dont il opère une contraction fibrillaire; il est anti-hémorragique par sa qualité tonique, si l'écoulement sanguin est dû à un état de débilité ou *passif*, suivant l'expression des praticiens.

La dose du fimarouba est d'un à deux gros en décoction dans une ou deux livres d'eau; en poudre, on donne moitié de cette quantité au plus. Antoine de Jussieu dit que dans les dyssenteries si on la porte à une demi-once, elle fait plutôt du mal que du bien, peut-être parce qu'il administroit ce médicament au début de la maladie. C'est sans doute par la même cause que Cullen nie la propriété anti-dyssentérique de cette écorce, & qu'il lui préfère la camomille. Du reste, la décoction est préférable à la poudre, d'après l'expérience de tous les médecins.

La racine ou le bas du tronc du fimarouba étant entaillés, il en sort un suc blanchâtre, glutineux, employé contre la gale. C'est surtout du *fimaruba glauca* que cet écoulement a lieu, végétal qu'il ne faut pas confondre avec le *S. cayennensis* Kunth.

(MÉRAT.)

SIMILAIRE, adj. *Similaris*. Bien que les différentes parties d'un système donné aient entr'elles des rapports de nature & de conformation, on ne sauroit dire qu'elles sont semblables, parce que leur distribution peut présenter de très-grandes différences : alors on dit qu'elles sont *similaires*; tels sont, par exemple, les vaisseaux sanguins, les nerfs, les muscles, les cartilages, qui, considérés chacun isolément, ont beaucoup d'analogie, mais qui cependant subissent des modifications, suivant les usages particuliers auxquels ils sont destinés & les organes dans lesquels ils se distribuent. (R. P.)

SIMOON. (*Hyg. météor.*) Vent brûlant & suf-

(1) *Nouveau Journal de médecine*, tom. XIII, pag. 93.
(2) Paris, 16 février 1730.

fotant de l'intérieur de l'Afrique, dont les effets malfaifans font tels, que le voyageur ne peut s'en garantir qu'en fe couchant le vifage contre terre, jufqu'à ce qu'il ceffe de fouffler.

SIMPLES, adj. & fubft. m. pl. Ce mot, dans fa véritable acception, eft oppofé à celui de multiples ou compofés. C'eft dans ce dernier fens que les chimiftes l'emploient pour défigner les fubftances qui, jufqu'à préfent, ont réfifté aux efforts de l'analyfe; cependant on ne préjuge rien fur ce que les progrès ultérieurs de la chimie pourront faire à cet égard.

En pharmacologie, on appelle *médicamens fimples* ceux qui font employés dans leur état naturel & fans avoir fubi de préparations préalables. Pour le vulgaire, le mot *fimples* eft fynonyme de *plantes médicinales*. (R. P.)

SIMULATION DES MALADIES. (*Méd. lég.*) (*Voyez* MALADIES (Maladies fimulées) dans ce Dictionnaire.)

SIMULÉ; adj. *Simulatus*. (*Méd. lég.*) Se dit en médecine des maladies feintes.

Le nombre des maladies fufceptibles d'être fimulées eft beaucoup plus confidérable qu'on ne fauroit l'imaginer, & un grand nombre de phénomènes, fur la production defquels il feroit, au premier abord, prefqu'impoffible de croire que la volonté pût avoir aucune influence, peuvent cependant être produits à volonté.

Qu'un individu foible, d'une conftitution délicate, mais doué d'un efprit rufé & obfervateur, fimule quelqu'affection organique du ventre ou de la poitrine, cela fe conçoit; il eft également facile de comprendre que, dans un cas femblable, il ne foit pas toujours aifé de découvrir la fupercherie; mais que certains actes de la vie organique puiffent être produits volontairement & coordonnés de manière à préfenter le tableau de maladies bien connues, & qu'on ne croiroit point fufceptibles d'être fimulées, quelque difficile à croire que cela puiffe paroître, voilà pourtant ce qui s'obferve encore affez fouvent. Nous citerons, comme un des exemples les plus frappans de ce que nous avançons ici, l'hyftérie. Nous avons par devers nous tant de faits qui nous mettent en droit de dire que cette affection eft le plus fouvent feinte „ & il eft fi difficile de fe faire une idée de ce que peuvent produire la rufe & la diffimulation chez les femmes qui exploitent cette maladie, que nous fommes tentés de regarder comme chimérique la defcription qu'en donnent la plupart des auteurs. Défordre extrême dans la circulation, dans la refpiration, dans les organes de la digeftion, hémoptyfies, hématémèfe, tout cela, & bien d'autres phénomènes encore, fans parler du rire, des pleurs, de la muffitation, &c.,

s'obfervent auffi-bien dans une attaque d'hyftérie fimulée que dans une attaque d'hyftérie réelle, s'il peut en exifter. Des phénomènes non moins remarquables, fi on les examine de près, & qui ne font que confirmer ce que nous avançons ici, tout extraordinaire que cela puiffe paroître, fe montrent dans l'épilepfie feinte : maladie qu'avec un peu d'art & d'obfervation il eft beaucoup plus facile de fimuler qu'on ne fauroit l'imaginer.

On tomberoit donc dans une erreur manifefte fi, à l'imitation de quelques médecins qui ont traité le fujet que nous ne faifons qu'effleurer ici, on n'admettoit comme fufceptibles d'être fimulées, que les maladies dont les fymptômes peuvent être déterminés à volonté. Cette opinion nous femble d'autant moins fondée, que certains états, qui paroîtroient les plus fufceptibles d'être produits par la volonté & par le calcul, ne font pas ceux qu'il eft le plus aifé de feindre, de manière à tromper un obfervateur exercé. Ainfi, par exemple, rien de plus naturel aux yeux des gens du monde, que de croire qu'on peut aifément fimuler l'aliénation mentale, & cependant nous ne balançons pas à dire qu'il eft bien plus facile dans ce cas à un médecin expérimenté de découvrir la feinte que dans la plupart des autres maladies fimulées. Ceci fe concevra aifément, fi l'on confidère que la liaifon, l'enchaînement & le mécanifme des phénomènes organiques font bien plus généralement connus, même des gens qui fembleroient devoir être étrangers aux fciences phyfiologiques, que tout ce qui a rapport aux phénomènes pfychologiques dans l'état de fanté ou dans l'état de maladie.

C'eft donc prefqu'autant, & peut-être même plus aux préfomptions morales qu'il faut avoir recours pour décider la queftion des maladies fimulées, qu'aux fymptômes phyfiques, puifque la faculté qu'ont certains individus de produire des phénomènes extraordinaires, & qui ne fortent cependant pas de l'ordre phyfiologique, peut également fe porter fur certains phénomènes pathologiques.

Nous renverrons, pour ce qui concerne les diverfes maladies qui peuvent être fimulées, & pour les moyens à l'aide defquels on peut découvrir la déception, à l'article MALADIES (Maladies fimulées) de ce Dictionnaire. (L. J. RAMON.)

SINAPISATION, f. f. (*Thérap.*) *Sinapifatio.* Nom fous lequel quelques médecins propofent de défigner l'action que produit la moutarde fur l'économie animale. (*Voyez* SINAPISME.)

SINAPISME, fub. m. (*Thérap.*) *Sinapifmus*, du grec σιναπι, moutarde : cataplafme de farine de moutarde, qui, appliqué fur une partie du corps, l'irrite & la rubéfie.

Les *finapis*, ou *fénevés*, font partie de la

famille des Crucifères , & toutes leurs espèces ont la propriété irritante. En général on préfère, pour l'usage médical , le *finapis nigra* comme étant le plus énergique ; mais , eu égard à cette similitude d'action, le *finapis arvensis*, qui est plus commun, & le *finapis alba*, qui l'est un peu moins, lui font quelquefois ou ajoutés ou même substitués.

La graine de la moutarde est la partie de la plante dans laquelle résident surtout les principes rubéfians : elle donne à la distillation une huile volatile dont l'âcreté se manifeste par une odeur pénétrante , & détermine aussitôt le larmoiement ; mais l'écorce de la femence pulvérisée possède la propriété caustique à un degré plus éminent encore.

La farine du *finapis nigra*, pour agir avec efficacité, doit être récente ; la vétusté lui fait perdre , par l'évaporation, l'huile qu'elle contient , & par conséquent une partie de sa vertu.

Mode d'action des finapismes. « Les finapismes, » dit Barthez , font des attractifs non évacuans » qui peuvent avoir des effets salutaires dans un » grand nombre de cas, en excitant les forces » vivantes des organes au-dessus desquels on les » applique , ou en déterminant une révulsion » puissante vers ces organes. »

Effets locaux. Lorsque l'agent qui nous occupe est en contact avec la peau , il y détermine, au bout de quelques minutes, un accroissement de sensibilité , un prurit vif qui va toujours en augmentant, & se change quelquefois en une douleur intolérable; le système vasculaire s'épanouit , se remplit, se gorge de sang , & le réseau capillaire injecté passe graduellement de sa blancheur accoutumée au rouge le plus intense; la chaleur de la peau se développe en proportion : en un mot , il se manifeste tous les symptômes d'un véritable érysipèle. Si l'on fait persister la cause encore plus long-temps , de rubéfiante, elle deviendra épispastique; dans ce cas les effets différeront un peu de ceux d'un vésicatoire proprement dit : au lieu d'une ampoule grosse & unique, on ne voit le plus communément se former des des vésicules inégales , peu apparentes , clair-femées & entourées d'une auréole rouge & assez large; ces vésicules laissent après elles une excoriation plus cuisante que celle qui résulte des cantharides. On a même vu quelquefois , quand les malades étoient en proie à une forte fièvre , ces petites plaies être frappées d'un commencement de gangrène. Le plus souvent quelques jours suffisent pour en amener la dessication ; & dans le cas le plus commun , c'est-à-dire celui où l'effet s'est borné à la rubéfaction , il y a seulement chute de l'épiderme : elle a lieu au bout de quelques jours , & annonce que l'inflammation est entièrement résolue.

Effets généraux. Ils font d'un genre tel qu'aucun autre topique irritant n'en produit de semblables. Comme la moutarde imprime une forte

secousse au système nerveux, son application détermine dans toute l'économie une sorte d'inquiétude , un trouble indéfinissable ; les nerfs font comme agacés , les muscles contractent une espèce d'éréthisme , & le malade éprouve le besoin de s'agiter , de marcher comme pour fecouer une gêne importune.

Action des finapismes suivant l'âge , le sexe , le tempérament. L'énergie de ces topiques peut être modifiée , quelquefois annulée par les circonstances que nous signalons. Chez un individu jeune, robuste , surtout si on le suppose d'un tempérament nerveux , sanguin , l'action est instantanée , forte , profonde. Chez un sujet , au contraire , ou foible , ou lymphatique , ou âgé, dont les tissus font presque sans vie , le système vasculaire décoloré, cet agent n'aura que peu ou point d'effet ; ce même phénomène se remarquera dans les cas de maladie dont la prostration constitue le caractère principal. Les femmes & les enfans, eu égard au développement de leur système nerveux , font plus impressionnables que le vieillard, mais moins que l'homme adulte.

Sinapismes liquides. Nous désignons ainsi les bains , & surtout les pédiluves à la moutarde. Sous cette forme la graine du finapis ne paroît avoir qu'une efficacité fort douteuse, surtout si, comme cela se pratique ordinairement , on n'en jette que quelques poignées dans une quantité d'eau assez grande. Trop délayée par ce liquide , elle devient à peu près impuissante ; il faudroit la concentrer beaucoup pour en obtenir un résultat bien sensible.

On conçoit , d'après ce que nous venons de dire sur cet excitant, que son emploi interne ne doit pas être moins actif : aussi est-ce un des antiscorbutiques les plus puissans. Ne le considérant ici que comme topique , nous sommes contraints de renvoyer à l'article MOUTARDE pour son usage intérieur , tant culinaire que médical.

Historique. Le *finapis* étoit , si l'on peut s'exprimer ainsi , dans une sorte d'honneur parmi les médecins de l'antiquité. Ils l'employoient contre les maladies cutanées , sous forme de vinaigre ; en cataplasmes , ils le prescrivoient dans un très-grand nombre d'affections : ils l'avoient même préféré comme vésicant à tous les moyens jusqu'alors connus ; & les écrits du célèbre Arétée contiennent des cas très-fréquens de son heureuse application.

Indications. La finapisation offre un moyen également avantageux , soit que l'on veuille exciter un trouble salutaire dans l'économie ou dans une de ses parties, soit que l'on se propose d'opérer sur un point une dérivation au profit d'un autre. Existe-t-il une excitation sous-cutanée , une douleur un peu profonde & tenace, l'application de la moutarde réussit ordinairement à les faire disparoître ; c'est , j'ofe l'avouer , le

moyen

moyen de médication qui, dans un pareil cas, justifie le mieux l'axiome d'Hippocrate, que : *de deux douleurs la plus forte anéantit la plus foible.* On doit donc l'employer de préférence toutes les fois qu'il s'agit d'éloigner d'un viscère, un principe goutteux, pforique, & qui ne manqueroit pas d'y porter un trouble funefte. Dans le cas où une infiltration commence à envahir un organe intérieur, on en a aussi retiré des effets avantageux : alors, c'eft furtout vers les extrémités inférieures, comme étant les endroits les plus éloignés des grandes cavités, que l'on attire les principes morbides qui affiégent ou menacent ces parties. Mais les maladies nerveufes qui reconnoiffent pour caufe la foibleffe, réclament furtout l'emploi de ce moyen; cette propriété fpéciale que nous lui avons reconnue d'ébranler l'enfemble des nerfs l'a rendu fort précieux pour combattre toutes les affections qui tiennent à la torpeur, à la paralyfie. M. le prof. Alibert remarque avec raifon que l'on n'a point affez apprécié l'utilité des finapifmes, dans les irritations nerveufes qui ont pour fiége le cerveau; d'après cet habile praticien, la fympathie jufqu'ici trop peu obfervée entre cet organe & les extrémités inférieures, femble, dans les cas d'inflammation cérébrale, indiquer naturellement l'application fur ces dernières d'un dérivatif auffi puiffant : peut-être auffi la médecine perturbatrice pourroit-elle retirer un heureux parti de la finapifation dans les maladies par anomalie nerveufe, telles que l'épilepfie, l'hyftérie, la danfe de Saint-Guy & autres. Mais fi les affections pour lefquelles nous venons de confeiller l'emploi de la moutarde étoient accompagnées d'une fièvre intenfe, d'un éréthifme général, du délire, la crainte de voir le défordre de la circulation s'aggraver par l'emploi de cet irritant, le contre-indiqueroit.

Préparation des finapifmes. On fait ordinairement les finapifmes avec de la farine de moutarde & un liquide, & il réfulte de ce mélange une pâte ayant la confiftance d'un cataplafme. On a coutume de prefcrire le vinaigre pour excipient, mais il eft prouvé que l'eau feule eft auffi convenable. Il paroit même qu'un des principes conftituans de la graine décompofe l'acide & lui fait ainfi perdre fa vertu épifpaftique. Malgré cet inconvénient, quelques médecins perfiftent à préparer le finapifme de la manière fuivante.

℞. Graine de moutarde en poudre.......⎫ ∼ *au* foixante-quatre
Levain nouveau ...⎭ grammes.

Fort vinaigre, quantité fuffifante, pour donner au mélange la confiftance de cataplafme.

Comme la farine de moutarde fraîche a une énergie fuffifante fans le fecours de ces auxiliaires, on pourroit les réferver pour les cas où, faute de cette farine, on eft forcé d'avoir recours à la moutarde toute faite des épiciers, laquelle,

par fon mélange avec une certaine quantité d'huile & avec quelques plantes adouciffantes, a perdu en faveur du goût une grande partie de fon action.

Choix du lieu de l'application des finapifmes. C'eft le plus fouvent, comme nous l'avons déjà dit, aux extrémités inférieures que l'on applique cette forte de cataplafme. Dans ce cas, la partie interne de la jambe où la peau eft plus tendre, le coude-pied, même la plante des pieds où s'épanouit un réfeau de nerfs fi ferré, font ordinairement les régions que l'on choifit pour opérer une révulfion des parties fupérieures : dans toute autre circonftance, c'eft-à-dire dans celles où l'on veut combattre une irritation nerveufe, ou inflammatoire locale, le lieu de la douleur détermine le choix de celui fur lequel on a l'intention d'agir.

Mode d'application. On n'eft point obligé, comme pour l'application d'un véficatoire, de rafer la partie, puifque la farine employée n'eft point agglutinative. On pofe le cataplafme à nu fur la peau, & on l'y laiffe féjourner pendant une heure ou quatre heures, fuivant le degré de rubéfaction qu'on veut obtenir, & fuivant auffi la fenfibilité du fujet. On a vu en effet des femmes & des enfans ne pouvoir, au bout d'une heure, réfifter aux douleurs que caufoit fa préfence : il feroit alors imprudent de vouloir en prolonger l'action. Quant au finapifme duquel on attend un effet épifpaftique, il faut le laiffer féjourner au moins pendant fix heures pour atteindre ce but : on conçoit dès-lors qu'il y a beaucoup d'individus à l'égard defquels il ne faut pas l'employer dans cette intention.

Panfement. Dans les circonftances ordinaires, il confifte tout fimplement à enlever le cataplafme & à laver la peau légèrement pour ne point augmenter la douleur de la partie; mais lorfqu'il y a véfication, il faut ne point crever les véficules, qui s'ouvriront d'elles-mêmes, & panfer la plaie avec du cérat, à moins que l'on defire en faire un exutoire : dans ce cas, il convient d'en faire le panfement comme pour un véficatoire. (*Voyez* EPISPASTIQUE.) (CHAPELAIN.)

SINCIPITAL, ALE., adj. (*Anat.*) *Sincipitalis,* qui a rapport au finciput. (*Voyez* ce mot.)

SINCIPUT, f. m. (*Anat.*) *Sinciput.* La tête, confidérée dans fon enfemble, a été partagée en diverfes régions, ordinairement défignées par le nom des os qui leur correfpondent. Ainfi on dit : régions *frontale, temporale, occipitale.* Quant au mot *finciput,* il défigne le fommet de la tête ou *vertex,* c'eft-à-dire la partie qui répond à l'articulation des angles antérieur & fupérieur des pariétaux avec le coronal. (*Voyez* VERTEX dans le *Dictionnaire d'Anatomie.*)

SINDON, f. m. (*Band. app.*) *Sindo.* Dans le

H

panfement qui fuit l'opération du trépan, on place entre la dure-mère & le crâne, foit un petit plumaffeau, foit un morceau de linge coupé en rond, auquel on donne communément le nom de *findon*. Afin de pouvoir enfuite retirer avec facilité cette partie de l'appareil, on le fufpend à fa partie moyenne à l'aide d'un fil dont l'autre extrémité eft retenue en dehors de la plaie.

SINGULTUEUX, se, adj. (*Path.*) Quelquefois la refpiration eft accompagnée de mouvemens convulfifs du diaphragme, qui la rendent irrégulière & entrecoupée de fanglots, on dit alors qu'elle eft *fingultueufe*. (*Voyez* Respiration.)

SINUEUX, se, adj. (*Path.*) *Sinuofus*. On emploie cette épithète pour défigner les déviations que préfentent certains ulcères, dont le trajet tortueux, étroit, plus ou moins profond, forme des clapiers dans lefquels s'accumulent le pus. Beaucoup de fiftules font de véritables *ulcères finueux*.

SINUOSITÉS, f. f. pl. (*Anat.*) On donne ce nom, en anatomie, à des efpèces d'anfractuofités que préfentent certains organes; tel eft, par exemple, le rein, qui vers fon bord interne offre une forte d'échancrure par laquelle les vaiffeaux & les nerfs s'introduifent dans la fubftance de ce vifcère. (R. P.)

SINUS, f. m. (*Anat.*) *Sinus*. On donne ce nom à toute cavité dont l'intérieur eft plus large que l'entrée. (*Voyez* Coronal (finus frontaux), Os maxillaire (finus maxillaire), Méninges (finus cérébraux), Sphénoïde (finus fphénoïdaux), Veine-porte (finus de la) dans le *Dictionnaire d'Anatomie*.) (L. J. Ramon.)

SIPHILIS., f. f. (*Pathol.*) (*Voyez* Syphilis.)

SIPHON, f. m. (*Physique*) *Sipho*. Du grec σιφων. Cet inftrument, dont le mécanifme dépend de la preffion de l'atmofphère, étoit connu long-temps avant que Toricelli eût prouvé la pefanteur de l'air. Le fiphon confifte en un tuyau de verre ou de métal, recourbé de manière à préfenter deux branches verticales, dont une doit être plus courte que l'autre, & plonger dans le liquide que l'on veut élever ou tranfvafer. En afpirant par la longue branche, on force le liquide à monter dans l'intérieur du tube, alors l'écoulement, conformément aux lois de l'hydroftatique, a lieu par la longue branche.

Cet appareil, dont la forme eft d'ailleurs fufceptible de beaucoup de modifications, fert dans les laboratoires de chimie & de pharmacie, pour tranfvafer des liquides ou pour décanter ceux qui furnagent certains précipités. (*Voyez* Siphon dans les *Dictionnaires de Chimie* & de *Physique* de cet ouvrage.)

SIRIASE, f. f. (*Path.*), de σειρα, je deffèche, ou de σειριος, étoile de Cyrius ou canicule. Cette expreffion a été employée par quelques anciens auteurs, & en particulier par Ætius & Paul d'Egine, pour défigner l'inflammation du cerveau & de fes membranes, produite par l'action qu'exerce un foleil ardent, lorfque, fans avoir la tête couverte, on s'oppofe à fon influence. (*Voyez* Phrénésie dans ce Dictionnaire.)

SIROP ou SYROP, f. m. (*Pharm.*) *Sirupus* ou *Syrupus*. Ce nom indique une nombreufe férie de préparations pharmaceutiques dans lefquelles tantôt l'eau pure ou chargée des principes médicamenteux d'une fubftance quelconque, tantôt les fucs immédiatement extraits des végétaux, font unis au fucre, de manière à former un liquide vifqueux, d'une faveur moins défagréable que ne le feroit le médicament employé feul. On conçoit que le nombre des firops doit être fort grand, puifqu'indépendamment de ceux que l'on nomme *fimples*, il en eft auffi de *compofés*, c'eft-à-dire, dans lefquels on fait entrer à la fois un nombre d'ingrédiens plus ou moins confidérable.

Ces fortes de médicamens participant toujours aux propriétés des fubftances qui les conftituent, il en eft dont l'adminiftration exige la plus grande circonfpection; tels font les *firops d'acide hydrocyanique*, d'*ipécacuanha*, d'*opium*, &c.

(R. P.)

SISON, f. m. (*Bot.*, *Mat. médic.*) *Sifon*. On défigne fous ce nom un genre de plantes qui appartient à la famille naturelle des Ombellifères, & fait par conféquent partie de la Pentandrie digynie de Linné. Ce genre renferme huit à dix efpèces, dont deux feulement font employées en médecine, le *fifon ammi* & le *fifon amomum*. (*Voyez* pour les caractères génériques & fpécifiques, le *Dictionnaire de Botanique* de cet ouvrage.)

Le *fifon ammi* eft une plante annuelle que l'on récolte en Egypte & dans l'île de Crète. Ses graines, la feule partie de la plante qui foit ufitée en médecine, ont une faveur amere, une odeur aromatique, &, ainfi que de prefque toutes les femences des Ombellifères, on en retire par la diftillation beaucoup d'huile effentielle. Jadis elles ont eu une grande vogue comme carminatives & excitantes: il eft aujourd'hui très-rare que l'on y ait recours.

La feconde efpèce de fifon croît dans notre pays. Ses graines, qui ont beaucoup d'analogie avec les précédentes, font auffi aromatiques & fufceptibles de donner de l'huile effentielle. On les a employées dans les mêmes circonftances que les précédentes: comme elles, elles étoient jadis rangées parmi les femences *chaudes mineures*, & l'on s'en fervoit pour préparer une eau diftillée

que l'on adminiſtroit dans les potions carminatives. (R. P.)

SISYMBRE, ſ. m. (*Bot.*, *Mat.*.*méd.*) *Siſym-
brium.* Linné a donné ce nòm à l'un des genres de
la Tétradynamie ſiliqueuſe, renfermant un aſſez
grand nombre de Crucifères, dont pluſieurs
ſeulement ſervent en médecine ; tels ſont le *ſiſymbrium officinale* de C., ou *eryſimum officinale*
Lin., le *S. naſturtium* Lin. (creſſon de fontaine),
& jadis le *ſiſymbrium ſophia*. (*Voyez*, pour les
caractères génériques & ſpécifiques de ces plantes,
le *Dictionnaire de Botanique* de cet ouvrage.)

Ces diverſes eſpèces ont la ſaveur âcre & l'odeur
piquante qui caractériſent la plupart des plantes
de la famille des Crucifères. L'*eryſimum officinale*
ſert à faire des infuſions théiformes, & à préparer
un ſirop que l'on préfert dans les maux de gorge
légers. A l'égard du *ſiſymbrium naſturtium*, il
ſert comme aliment, & entre très-ſouvent dans
les ſucs d'herbes.

Autrefois le *ſiſymbrium ſophia* étoit regardé
comme vulnéraire, & avoit, ſous ce rapport, une
réputation populaire : aujourd'hui on n'en fait plus
uſage.

SITIOLOGIE, ſ. ſ. (*Hyg.*) *Sitiologia*, de
σιτιον, froment, aliment, & λογος, diſcours. Sous
cette dénomination, quelques auteurs ont déſigné
cette partie de l'hygiène formant aujourd'hui la
claſſe des *ingeſta*, & qui renferme les préceptes
relatifs à la préparation & à l'uſage des alimens,
ſoit ſolides, ſoit liquides. (*Voyez* ALIMENS, Hy-
GIÈNE, NOURRITURE.)

SKELONCIE, ſ. ſ. (*Pathol.*) *Skeloncus*, de
σκελος, jambe, & de ολκος, tumeur. (Tuméfaction,
gonflement des extrémités inférieures.)
          (R. P.)

SMELLIE (Guillaume) (*Biogr. méd.*), doit
être regardé comme le plus célèbre des accoucheurs qu'ait eus l'Angleterre ; auſſi ſes compatriotes le comparent-ils avec avantage à Levret,
à Solayres & autres praticiens qui, dans notre
pays, ont contribué aux progrès de l'art des accouchemens.

Smellie eſt l'inventeur d'un forceps, qui depuis
a été modifié, ſoit dans ſes dimenſions, ſoit dans
ſes courbures ; mais a cependant conſervé quelques traces de ſa première diſpoſition. (*Voyez*,
pour l'analyſe des écrits de cet accoucheur célèbre, ſon article biographique, conſigné dans le
Dictionnaire de Chirurgie de cet ouvrage.)

SMEGME, ſ. m. *Smegma*, dérivé de σμηγμα,
ſavon. Les Anciens faiſoient uſage de ce mot pour
déſigner en général toute ſubſtance douce & onc-
tueuſe, quel que fût d'ailleurs ſon emploi : ainſi

tantôt c'étoit un médicament, d'autres fois un coſmétique ; dans quelques circonſtances une humeur ſécrétée par des follicules ſébacées, &, dans
certains cas, la ſynovie.

SMILACÉES, ſ. ſ. pl. (*Bot.*, *Mat. médic.*)
Smilaceæ. Ce mot a été employé par les botaniſtes
pour déſigner un groupe naturel de plantes, parmi
leſquelles ſe trouvoient les racines de *ſalſepareille*
& de *ſquine*. Aujourd'hui ce genre fait partie de
la famille des Aſparaginées.

SOBRIÉTÉ, ſ. ſ. (*Hyg.*). *Sobrietas*. L'homme
ſobre eſt celui qui apporte une grande modération
dans l'uſage qu'il fait de toutes les choſes de l'*hygiène*, c'eſt-à-dire de celles qui ſont eſſentielles à
la vie. Néanmoins le mot *ſobriété* s'applique particulièrement à ceux qui ſe contentent habituellement d'une petite quantité d'alimens ſimplement préparés, & pris à des heures réglées.

L'hiſtoire du fameux Vénitien *Cornaro*, qui
pouſſa ſa carrière fort loin, à l'aide d'une ſobriété
devenue en quelque ſorte proverbiale, prouve
que cette ſorte d'abſtinence eſt favorable à la
ſanté, & préſerve de beaucoup de maladies. La
vie des *centenaires* renferme une multitude de
particularités qui ſont reſſortir les avantages de
la ſobriété : on peut dire que cette vertu (c'en
eſt une très-grande pour la plupart des hommes)
eſt en outre pour l'humanité une ſource de bonheur, de calme, qui diminue ſingulièrement la
violence des paſſions, &c.

Ce ſeroit toutefois une grande erreur de regarder la ſobriété comme poſſible, & obſervable
pour tous les hommes : ceux qui ſont enchaînés à
des travaux pénibles ne peuvent être ſobres ; un
porteſaix mourroit d'inanition s'il vouloit ſuivre
le régime de *Cornaro* ; il faut une nourriture
abondante & des excitans pour ſoutenir l'homme
dans les rudes travaux qui lui ſont impoſés. C'eſt
aux riches & aux oiſifs qu'il faut plutôt prê-
cher la ſobriété qu'aux pauvres & aux artiſans
laborieux.

On ſait, de plus, qu'il eſt utile à l'homme,
même le moins occupé, d'exciter de temps en
temps ſes organes par une certaine doſe de ſtimulans : d'où vient, ſans doute, le précepte attribué à *Hippocrate*, qu'il eſt utile à l'homme
ſain de ſe livrer de temps en temps à de légers
excès dans le boire & dans le manger. De même
qu'il eſt des hommes d'un tempérament lymphatique, livrés à l'inaction, pour leſquels la ſobriété
eſt très-facile ; de même auſſi il eſt des climats
doux qui portent peu à l'uſage des alimens nutritifs & des boiſſons ſtimulantes : des fruits, de
l'eau ſuffiſent pour alimenter l'Indien ſous le ciel
des tropiques, livré d'ailleurs à une vie inactive.
Au contraire, la viande, l'eau-de-vie, le vin
même ſont néceſſaires ſous le climat rigoureux, où
le ſeptentrional eſt obligé de lutter contre les

                                     H 2

rigueurs du froid, & de pourvoir à fon exiftence par des travaux pénibles.

Une nourriture fucculente & l'ufage de ftimulans qui excèdent les bornes ordinaires de la fobriété, font fouvent pour l'homme de puiffans moyens d'agir dans les circonftances les plus graves de la vie; des populations nourries de fubftances animales, accoutumées à l'ufage du vin, &c., font généralement plus braves, ont plus d'audace, de force, de réfiftance que celles qui ne vivent que de pain, de lait, de pommes de terre, de bière, &c. Une armée habituellement bien pourvue de viande, à laquelle on diftribue une certaine dofe d'eau-de-vie, vaut mieux, toute chofes égales d'ailleurs, qu'une armée qui n'eft approvifionnée que d'alimens végétaux, abreuvée d'eau, &c.

Le goût très-prononcé des fauvages pour l'eau-de-vie & les liqueurs fermentées, prouve que l'homme a befoin de ftimulans, & rend excufable le penchant du peuple pour le vin. Les maffes, chez les nations civilifées, font fous ce point de vue comparables aux fauvages fortant des mains de la nature. La fobriété ne peut être l'apanage que d'un petit nombre d'individus éclairés, chez lefquels l'intelligence eft parvenue à dominer les befoins impérieux du phyfique de l'homme.

(BRICHETEAU.)

SODA, f. m. (Path.) Soda. Ce mot, d'origine arabe, devroit, conformément à fon étymologie, défigner la céphalalgie. Cependant on l'emploie communément pour exprimer cette chaleur brûlante qui, dans l'eftomac, fe prolonge quelquefois, fe fait reffentir le long de l'œfophage, & que l'on nomme plus habituellement pyrofis ou fer chaud. (Voyez PYROSIS dans ce Dictionnaire.)

SODIUM, f. m. (Chim.) Ce métal provenant de la décompofition des alcalis par la pile voltaïque a été découvert par Davy, en 1808. (Voyez dans le Dictionnaire de Chimie de cet ouvrage l'article SODIUM.)

SOIE, f. f. Sericum. Suftance animale que l'on retire principalement de la coque du ver à foie. Cette fubftance, lorfqu'elle eft filée, fert à faire des vêtemens qui, eu égard à leurs propriétés particulières, peuvent fournir quelques confidérations hygiéniques importantes. (Voyez VÊTEMENS.) On a encore propofé les fils de foie comme moyen propre à faire la ligature des artères, & comme étant préférables aux fils de lin, furtout lorfque voulant réunir les plaies par première intention, la ligature doit être réforbée.

SOIE ou SOYON. (Art véter.) On défigne fous ce nom une maladie particulière au porc, & dans laquelle les foies de la partie malade

prennent une direction anomale : cette maladie, dont Chabert a donné une excellente defcription, eft tantôt fimple & tantôt compliquée; elle paroît être contagieufe, & parmi les caufes qui femblent la déterminer, l'auteur du travail que nous venons de citer, range les chaleurs exceffives, les mauvais alimens, les boiffons infalubres & furtout l'air infecte des toits à porcs qui font encombrés de fumier & où l'air ne peut point convenablement fe renouveler. (R. P.)

SOIF, f. f. (Phyfiol. pathol.) Διψα, fitis. Tout le monde connoît ce fentiment impérieux qui nous porte à defirer plus ou moins vivement l'ufage des boiffons. Dans le vœu de la nature, la foif eft l'expreffion d'un befoin; dans l'état de fociété & de civilifation, dans certaines idiofyncrafies, elle devient fouvent une appétence factice pour une fource de jouiffances nouvelles, ou même une fimple habitude qui fe convertit en néceffité indifpenfable.

Compofé en grande partie de liquides, notre corps, dont les déperditions journalières font auffi prefque toutes fluides, doit éprouver un befoin fans ceffe renaiffant de réparer par l'ingeftion des boiffons la partie humorale, fans ceffe employée à fournir des matériaux aux diverfes fécrétions & excrétions. Comme le fang eft la matrice première de tous les fluides de l'économie, c'eft auffi lui qui fubit les effets les plus apparens des pertes fluides du corps; c'eft donc à remplacer la partie féreufe du fang que les boiffons paroiffent furtout deftinées. Ainfi s'explique la foif extrême qui accompagne toutes les circonftances de l'état de fanté, ou de l'état de maladie, dans lefquelles l'augmentation des fécrétions & des excrétions, les déperditions exagérées des liquides féreux, l'accélération de la circulation, néceffitent une réparation plus prompte & plus abondante de la partie fluide du fang. Tous les exercices actifs du corps, toutes les paffions qui produifent des effets analogues à ceux de ces exercices, toutes les maladies fébriles, toutes les affections dans lefquelles les exhalations féreufes font augmentées, comme les hydropifies, le diabète, la diarrhée, &c., provoquent ordinairement une foif plus ou moins ardente, & quelquefois véritablement inextinguible.

Des expériences directes tendent d'ailleurs à prouver que l'ingeftion des boiffons que réclame le fentiment de la foif eft deftinée furtout à réparer la férofité du fang; plufieurs fois, MM. Dupuytren & Orfila ont vu, dans leurs expériences fur les animaux vivans, que l'injection de liquides rafraîchiffans dans les veines calmoit auffi bien la foif que la déglutition des boiffons. Au contraire toutes les circonftances dans lefquelles les déperditions liquides font foibles, la circulation lente, la partie féreufe du fang abondante, tendent à diminuer la foif.

Ainsi, dans l'état de sommeil & de repos, chez les individus mous & apathiques, dans quelques affections chroniques accompagnées d'un état lymphatique & pituiteux, &c., la soif est beaucoup affoiblie.

Mais outre ces influences générales qui provoquent ou éloignent le sentiment de la soif, il est quelques conditions locales propres à produire les mêmes effets, & dont nous parlerons tout-à-l'heure en recherchant le siége de la sensation, quand préliminairement nous aurons retracé les phénomènes de la soif; car plusieurs de ces phénomènes sont aussi de nature à indiquer ce siége.

La soif s'annonce d'abord par un sentiment de sécheresse & de gêne dans la bouche & dans le gosier; on dit communément en pareil cas que la langue, le palais, la gorge sont desséchés, que ces parties ont besoin d'être humectées, qu'on *étrangle*, &c. La sécrétion de la salive est en effet diminuée, & si l'on parvient par quelque moyen mécanique à rappeler cette sécrétion, on peut pendant quelques momens apaiser le sentiment de la soif, quoique le besoin de réparation liquide qu'il indique ne soit nullement satisfait. C'est ainsi que quelques personnes privées de boissons, ont pu supporter pendant un certain temps cette privation, en *trompant*, pour ainsi dire, le sentiment pénible qu'elles éprouvoient, par la mastication prolongée de quelques substances propres à provoquer la sécrétion salivaire, & même par le séjour prolongé de corps solides & inertes dans la bouche. Mais ces moyens ne peuvent avoir qu'une action temporaire, & si la soif n'est pas satisfaite, elle ne tardera pas à devenir un des sentimens les plus impérieux, un des besoins les plus irrésistibles, un tourment des plus cruels.

La langue se colle au palais, le gosier rougit & se tuméfie, la bouche & l'isthme du pharynx sont le siége d'un sentiment d'ardeur insupportable, la voix s'altère, la parole s'exécute difficilement, la respiration s'accélère, & la bouche, en s'ouvrant largement, appète l'air au défaut d'autre fluide. Le moral lui-même s'affecte, l'individu ne peut plus porter son attention sur aucune autre pensée que sur le désir irrésistible de boire, l'inquiétude, l'anxiété se communiquent à toute l'économie, tout le corps se meut & s'agite, bientôt une véritable affection morbide se déclare.

Un délire frénétique survient, la fièvre s'allume, l'haleine est fétide, la respiration courte & précipitée, la peau sèche, l'urine rouge & épaisse, les selles rares ou nulles, &c. La mort survient du troisième au quatrième jour (s'il y a eu abstinence totale de boisson), précédée quelquefois de la gangrène du pharynx, de convulsions, &c. A l'ouverture des cadavres, on trouve des traces d'inflammation & de gangrène dans les viscères; tous les tissus sont desséchés, les fluides épaissis, presque concrets, le sang coagulé ne se trouve plus qu'en petite quantité à l'origine des gros vaisseaux.

Ces résultats terribles ne peuvent être observés que dans quelques circonstances heureusement fort rares; on les trouve relatés dans les récits de quelques voyageurs, & dans plusieurs expériences tentées sur les animaux.

Les sensations que l'on éprouve, les phénomènes sensibles que l'on observe, les altérations pathologiques qui surviennent à une certaine époque de l'abstinence des boissons, semblent démontrer que le siége spécial de la soif réside dans les organes de la gustation, de la mastication & de la déglutition, &, en particulier, dans la muqueuse qui tapisse la cavité de la bouche & l'isthme du gosier. Aussi voit-on que dans beaucoup de cas, il suffit pour apaiser la soif, au moins pendant un certain temps, d'agir sur les parties mêmes qui paroissent plus particulièrement le siége de la sensation. Soit dans l'état de santé, soit dans l'état de maladie, on peut ainsi calmer la soif en laissant séjourner dans la bouche un morceau de glace, un liquide frais, une tranche d'orange ou de citron, &c. D'une autre part, il suffit de mâcher ou de goûter quelque substance âcre ou stimulante pour provoquer le désir de boire, tandis qu'il suffit, au contraire, que la langue soit couverte d'un enduit épais & muqueux, que la bouche soit *pâteuse*, comme on le dit, pour que le sentiment de la soif devienne foible, ou même nul dans certaines conditions physiologiques ou pathologiques. Toutefois, il faut remarquer que le besoin de la soif demande pour être éteint que les boissons soient avalées & passent dans l'estomac, que durant les repas, par exemple, & dans le travail de la digestion, où les liquides ont le double avantage de désaltérer & de favoriser la dissolution des alimens, il ne suffit pas pour apaiser la soif d'agir seulement sur la bouche & le gosier, & qu'un sentiment de bien-être & de fraîcheur qui se répand jusque dans l'estomac, après l'ingestion des liquides, atteste que ce dernier viscère participoit lui-même à l'appétence des organes du goût.

Une multitude de variations s'observent dans le sentiment de la soif dans les diverses circonstances d'âge, de sexe, de tempérament, d'idiosyncrasie, de régime, d'habitudes, de circonstances atmosphériques, de santé ou de maladie, &c.; mais l'espace nous manque pour indiquer ces variations, qui d'ailleurs sont connues de tout le monde. Qui ne sait que depuis l'espèce d'*adipsie* qu'on observe chez certains individus jusqu'à la véritable *polydipsie* (*voyez* ce mot) qu'on rencontre chez d'autres, il est une multitude de degrés, de modifications & de variétés qu'il n'est pas toujours possible de rattacher à des causes bien évidentes? Rien de plus curieux sous ce rapport que le fait cité dans une thèse de la Faculté de Paris (an XII), d'une demoiselle de vingt-deux ans, qui, jouiffant d'ailleurs d'une bonne fanté, paffoit des mois entiers fans boire ; tandis que, par contre, il n'eft pas rare de voir des individus, également fains & bien portans, fe gorger quotidiennement de plufieurs pintes de liquide.

Le plus fouvent néanmoins la polydipfie eft le fymptôme de quelqu'irritation des vifcères digeftifs, & c'eft probablement à une caufe de ce genre que tenoit, par exemple, la foif inextinguible de ce militaire (cité par le Dr. Marchal, dans fa *Differtation inaugurale*, année 1815), que l'on put obferver pendant trois mois à l'hôpital de Metz, buvant tout le jour à toutes les fontaines de cet établiffement, & fuccombant chaque foir fous le faix de l'énorme provifion d'eau qu'il apportoit auprès de fon lit pour les befoins de la nuit : cette polydipfie étoit en effet furvenue à la fuite d'un choléra-morbus, déterminé par un excès de table.

Nous ne croyons pas devoir infifter ici fur les fignes diagnoftiques ou pronoftiques que l'on peut tirer de la foif, confidérée dans l'état pathologique ; ce fujet ayant déjà été traité néceffairement dans plufieurs articles. Nous ne parlerons pas pour la même raifon de la foif *dépravée*, que l'on obferve dans quelques affections nerveufes, non plus que de la foif fymptomatique des maladies qui intéreffent l'appareil digeftif ou les autres appareils.

Prefque toujours il eft utile de fatisfaire le fentiment de la foif, & ce n'eft que lorfqu'il eft évidemment immodéré que l'on doit fe borner aux moyens locaux que nous avons déjà indiqués pour tromper ce fentiment, en agiffant feulement fur les parties qui en font le principal fiége, au lieu de gorger le malade d'une quantité énorme de boiffons. De même il eft quelques circonftances locales qui néceffitent l'abftinence des boiffons, quoique la foif foit normale, & c'eft ainfi, par exemple, qu'un chirurgien d'Orléans, dans un cas de plaie de l'œfophage, préféra avec raifon priver le bleffé de tout aliment folide ou liquide pendant quelques jours, à placer une fonde à demeure dans le canal œfophagien pour injecter les boiffons dans l'eftomac : mais tous les fujets ne peuvent être foumis à une abftinence auffi rigoureufe, dont les moyens locaux, déjà cités, les lavemens, les cataplafmes, les bains, & tous les moyens palliatifs employés pour apaifer la foif, ou pour introduire des liquides dans l'économie par des voies infolites, ne peuvent que bien incomplètement pallier les inconvéniens ; à moins toutefois qu'on ne croie pouvoir fe permettre impunément de recourir à l'injection directe des liquides dans les veines, opération qui, comme nous l'avons vu, rendant au fang la férofité qu'il a perdue, réuffit très-bien à apaifer le befoin & le fentiment de la foif.

C'étoit donc, en général, une erreur barbare que celle de quelques médecins anciens & modernes qui croyoient devoir faire fubir le tourment de la foif à leurs malades, &, en particulier, aux hydropiques, aux diabétiques, &c. : il faut refferrer ce principe dans les limites que nous venons d'indiquer, fans tomber toutefois dans un excès contraire, en permettant fans mefure & fans difcernement l'ufage immodéré de boiffons que quelques malades, abandonnés à eux-mêmes, feroient à leur grand détriment, non-feulement dans les affections que nous venons de nommer, mais encore dans plufieurs autres où l'on doit defirer qu'une abftinence plus ou moins févère, ou du moins qu'une modération très-grande, foit obfervée dans l'ingeftion des liquides.

L'eau pure & fraîche, & furtout l'eau légèrement acidulée avec le citron, le vinaigre, le fuc de grofeille, &c., eft un des meilleurs moyens d'étancher la foif. Une petite quantité de nitrate de potaffe a paru auffi au profeffeur Dumas, dans les expériences qu'il a faites fur les animaux, augmenter beaucoup la qualité défaltérante de l'eau, & l'obfervation clinique a confirmé ce réfultat.

C'eft en combattant directement les affections morbides qui comptent la foif au nombre des fymptômes qui les accompagnent, que l'on réuffit furtout à éteindre ce fentiment, quoiqu'on ne doive pas pourtant négliger en pareil cas les moyens fpéciaux deftinés à lutter contre ce fymptôme incommode. Nous avons jugé inutile dans cet article, qu'il nous a fallu faire auffi fuccinct que poffible, de rappeler les hypothèfes imaginées par les philofophes & les phyfiologiftes pour expliquer le fentiment de la foif ; car la nature & la caufe prochaine de ce fentiment font auffi inexplicables que tous les autres actes vitaux de l'économie, & ce n'eft pas avoir établi une théorie bien fatisfaifante que d'avoir, par exemple, cherché à démontrer que la féchereffe des papilles nerveufes du pharynx, produite par la fuppreffion des fécrétions falivaires & muqueufes, ou que l'irritation déterminée fur ces parties par le fang privé de fa partie aqueufe, étoient les caufes provocatrices de la foif ; car, d'une part, ces explications ne repofent que fur des conjectures, &, de l'autre, elles ne pourroient s'appliquer à tous les cas où la foif fe manifefte, & encore moins à toutes les variations que peut offrir cette fenfation, foit en fanté, foit en maladie.

(GIBERT.)

SOLAIRE, adj. (*Anat.*) Cette expreffion a quelquefois été employée par les anatomiftes & par les chirurgiens pour indiquer cette difpofition dans laquelle des filamens partant d'un centre commun, femblent fe diriger vers la circonférence. C'eft ainfi que l'on nomme *plexus folaire*, un entrelacement nerveux formé par l'affemblage de ganglions & de filets très-multipliés, faifant

partie du grand *sympathique*. (*Voyez* SPLANCH-
NIQUE & TRISPLANCHNIQUE dans le *Dictionnaire
d'Anatomie.*)

Sous la même dénomination on a aussi indiqué
un bandage plus communément appelé *nœud
d'emballeur*, & servant à arrêter le sang après la
saignée de l'artère temporale. (*Voyez* le *Dictionnaire de Chirurgie.*) (R. P.)

SOLANDRE, f. f. (*Art. véter.*) Quelquefois
il survient au pli du jarret du cheval, une crevasse d'où suinte une sanie fétide ; affection
pathologique que les vétérinaires ont nommée
solandre. (D.)

SOLANÉES, f. f. pl. (*Bot.*, *Mat. méd.*) *Solaneæ.*
Nom donné à une famille naturelle de plantes dicotylédones monopétales, à étamines hypogynes. Cette
famille, composée de plantes tantôt herbacées,
tantôt ligneuses, renferme entr'autres les genres :
Morelle, *Jusquiame*, *Belladone*, *Mandragore*,
Datura & *Tabac*. La plupart de ces mots ayant été
traités dans ce Dictionnaire, nous nous abstiendrons d'en parler de nouveau ; nous profiterons
néanmoins de cette occasion pour remplir une lacune qui existe au mot BELLADONE, & nous no-
terons, en terminant cet article, quelques propriétés importantes que des expériences ultérieures ont fait découvrir à cette plante. Nous
nous abstiendrons également de donner ici les
caractères botaniques pour lesquels nous renvoyons
les lecteurs au *Dictionnaire de Botanique* de
l'Encyclopédie ; mais nous nous appliquerons à
signaler les différentes anomalies que présentent
quelques genres appartenant à la famille des Solanées, tant sous le rapport de leurs propriétés délétères, que sous celui de leurs vertus médicinales.

Il est d'autant plus important de bien distinguer
les différens genres qui composent cette famille, qu'ils jouissent de propriétés tout-à-fait
opposées, & que les espèces mêmes qui composent les genres varient tellement par leurs propriétés que le genre Morelle, par exemple, qui
renferme le *solanum tuberosum* (pomme de terre),
le *solanum dulcamara* (douce-amère), le *solanum lycopersicum* (tomate), & le *solanum
nigrum* (morelle noire), rapproche un aliment
très-sain & très-répandu, d'un médicament assez
actif, & un assaisonnement très-agréable, d'un
poison quelquefois très-délétère.

Si nous examinons comparativement chaque organe dans la famille des Solanées, nous rencon-
trons les mêmes anomalies quant à leur mode
d'action sur l'économie animale. Les racines qui
sont en général très-vénéneuses, & qui paroissent contenir les parties les plus actives du végétal, comme on le voit pour la *mandragore*,
la *belladone*, la *jusquiame* & le *datura*, n'offrent dans les tubercules charnus du *solanum
tuberosum*, & dans plusieurs autres du genre So-

lanum, comme le *solanum montanum*, & le
solanum valenzuelæ, qu'une fécule douce & très-
abondante, qui en fait un aliment très-sain &
très-nourrissant.

Les feuilles, regardées par beaucoup d'auteurs, comme très-âcres & très-narcotiques,
telles sont celles de la *jusquiame*, du *tabac*,
de la *stramoine*, de la *belladone*, sont adoucissantes & mucilagineuses dans les différentes
espèces de molène (*verbascum*), & à l'Ile-
de-France & de Bourbon, dans les Antilles &
dans beaucoup d'autres contrées, on fait une
énorme consommation des feuilles de la morelle
noire (*solanum nigrum*), que l'on mange bouillies dans l'eau, à la manière des épinards.

Si des feuilles nous passons aux fruits, nous
rencontrerons des différences pour le moins aussi
tranchées ; car l'on mange habituellement, & sans
le moindre inconvénient, les fruits du *solanum
melongena* (aubergine), du *solanum lycopersicum* (tomate), du *physalis alkekengi* (alkekenge), & même ceux du *capsicum annuum*
(poivre long) ; tandis que ceux de la belladone,
de la morelle noire, de la mandragore & de la
pomme épineuse, sont des poisons violens, que
l'art, secondé par l'expérience, emploie cependant chaque jour avec beaucoup d'avantage dans
le traitement des maladies qui dépendent principalement d'une altération dans les fonctions du
système nerveux, telles que la manie, la paralysie & la coqueluche, &c.

Quant aux fruits de la *morelle noire*, plusieurs
auteurs assurent qu'on les mange en abondance
dans quelques pays, & notamment en Slobodsk
Ukraine, province de Russie.

Quoi qu'il en soit, la famille des Solanées renferme des plantes en général très-dangereuses,
ou pour le moins suspectes, & l'on ne peut faire
sans la plus scrupuleuse attention, comme on le
pratique pour d'autres médicamens d'une même
famille, la substitution d'une espèce d'un genre à
un autre genre.

Nous terminerons ce qui est relatif à la famille
des Solanées en faisant connoître, comme nous
l'avons annoncé en commençant cet article, les
applications que la thérapeutique peut faire de
la belladone au traitement de certaines maladies. Une des affections pathologiques, contre laquelle on a employé avec le plus de succès cette
solanée, est la toux convulsive des enfans, ou
la *coqueluche*. Un grand nombre de médecins allemands, Wetzler, Schœffer, Hufeland, & beaucoup d'autres praticiens recommandables, ont
donné à ce médicament une grande célébrité,
par les succès qu'ils ont obtenus de son emploi
dans le traitement de cette maladie. Il est cependant important de noter ici que le traitement par
la belladone ne convient pas dans la première
période de la maladie : car cette maladie dépend
dans le plus grand nombre des cas, ou est sou-

vînt accompagnée d'une irritation plus ou moins vive de la membrane muqueuse qui tapisse les voies aériennes, & alors la belladone, au lieu de calmer les accès convulfifs, les rendroit plus intenfes, & beaucoup plus fréquens encore en augmentant l'irritation qui accompagne la maladie; auffi eft-ce à jufte titre que plufieurs médecins, & notamment le Dr. Marcus de Ramberg, s'élèvent fortement contre l'emploi de cette plante dans la première période de la coqueluche; ils penfent que ce moyen thérapeutique ne doit être mis en ufage qu'à l'époque feulement où les fymptômes inflammatoires ont difparu pour faire place aux fymptômes nerveux & fpafmodiques.

Mode d'adminiftration & dofes. Le Dr. Wetzler compofoit une poudre avec une partie de poudre de racine de belladone, & cinq parties de fucre, & il l'adminiftroit de manière à ce que l'enfant prît matin & foir, depuis un quart de grain jufqu'à un grain de poudre de racine de belladone. Nous penfons que l'on peut fans inconvénient augmenter la dofe, & la porter même jufqu'à fix ou huit grains, & même davantage dans les vingt-quatre heures, en commençant toujours, comme l'indique Wetzler, par un grain, & en ayant foin toutefois d'augmenter graduellement, & de fractionner les dofes.

Les auteurs que nous venons de citer ne balancent pas à regarder ce médicament comme un fpécifique affuré contre la coqueluche. Nous ne fommes pas entièrement de leur avis, & malgré l'autorité non moins recommandable du Dr. Marc, qui l'a également employé très-fouvent, & qui paroît en avoir obtenu des effets prefque toujours heureux, nous fommes forcé de dire que le nombre des cas où ce médicament eft refté fans fuccès eft malheureufement beaucoup plus grand que celui des guérifons; nous dirons même que celui des demi-fuccès.

Parlerons-nous ici de la propriété que lui attribue très-gratuitement le Dr. Muench, de guérir la rage, maladie fi redoutable, & contre laquelle la cautérifation feule a pu, jufqu'à préfent, être employée avec avantage? Nous nous bornerons à relater, pour terminer ce qui a rapport à la belladone, les réfultats que l'on a obtenus de fon emploi à l'extérieur.

Un des effets les plus conftans de l'ufage de la belladone eft de donner lieu à la dilatation de la pupille, & de la rendre fixe & immobile. La chirurgie a fu tirer parti de cette fingulière propriété pour faciliter certaines opérations qui fe pratiquent fur le globe de l'œil, & en particulier pour l'opération de la cataracte. Ce moyen eft très-précieux, car chez les perfonnes craintives ou nerveufes la pupille eft quelquefois tellement refferrée, & d'une mobilité telle, qu'il feroit impoffible à l'opérateur de pouvoir fuivre, à travers une ouverture fi étroite, l'inftrument introduit dans la chambre poftérieure, foit pour extraire,

foit pour abaiffer le criftallin. Pour obtenir cette dilatation, on inftille entre l'œil & la paupière quelques gouttes de fuc de belladone, ou on applique fur la paupière un cataplafme arrofé avec une folution d'extrait de cette plante.

Ce moyen, confeillé par plufieurs oculiftes célèbres, & furtout par Saunders & Demours, pour obvier au rétréciffement fpafmodique de la pupille, a fouvent été mis en ufage pour fouftraire des jeunes gens à la confcription, en déterminant une dilatation & une fixité de la pupille, qui a quelquefois fait croire à une paralyfie de cet organe. (Ch. Hennelle.)

SOLANINE, f. f. (*Chim. végét.*) M. Desfoffes, pharmacien à Befançon, a découvert dans le fuc des baies de la morelle, un principe immédiat alcalin qui fe rencontre auffi dans les tiges de la douce-amère. Cette fubftance, qu'il a nommée *folanine*, eft une poudre blanche, opaque, inodore, ayant une faveur amère & naufeeufe : par la chaleur elle fe décompofe fans fe fondre ni fe volatilifer; elle eft foluble dans l'alcool & dans l'éther, tandis que l'eau n'a fur elle aucune action. Elle participe aux propriétés des fubftances alcalines, c'eft-à-dire qu'elle verdit le firop de violette, & forme avec les acides des fels neutres non criftallifables.

Plufieurs chimiftes élèvent quelques doutes fur l'exiftence de la folanine (1).

SOLANO. (*Hyg. météor.*) Vent chaud d'Afrique auquel on peut appliquer tout ce qui a été dit précédemment à l'article *fcirocco*. (*Voyez* ce mot.)

SOLDANELLE, f. f. (*Bot., Mat. médic.*) *Convolvulus foldanella* L. Cette plante appartient à la Pentandrie monogynie de Linné, & à la famille naturelle des Convolvulacées. Elle eft placée dans le même genre que le jalap, dont elle poffède les propriétés purgatives, puifque, d'après les expériences faites par M. Loifeleur Deflongchamps, fa racine, adminiftrée en poudre à la dofe de dix grains jufqu'à foixante-douze, produit des évacuations abondantes; auffi dans quelques circonftances, la foldanelle pourroit-elle être fubftituée avantageufement au jalap : d'ailleurs auffi bien que lui, traitée par l'alcool, elle fournit une réfine à laquelle elle eft redevable de fes propriétés purgatives. (*Voyez*, pour les caractères génériques & fpécifiques de cette plante, le *Dictionnaire de Botanique* de cet ouvrage.) (R. P.)

SOLDATS, f. m. pl. (*Hyg. milit.*) Hommes qui forment la partie la plus nombreufe de nos

(1) *Voyez* le Mémoire de M. le prof. Vauquelin, fur l'*Analyfe du folanum pfeudokina*, dans le 1er. volume des *Mémoires de l'Académie royale de médecine*.

armées,

armées, & qui, foit dans l'état de fanté, foit dans l'état de maladie, réclament les foins des médecins, tantôt fous le rapport de l'hygiène, tantôt fous ceux de la thérapeutique. (*Voyez* MÉDECINE MILITAIRE.)

SOLE COMMUNE, f. f. (*Hyg.*) *Pleuronectes folea*. Ce poiffon eft un de ceux que l'on rencontre dans un grand nombre de mers, & qui quelquefois rèmontent les fleuves; fa grandeur varie fuivant les localités & probablement auffi fuivant la quantité d'alimens qu'il y trouve : vers l'embouchure de la Seine, les foles ont de dix-huit à vingt-cinq pouces de longueur, & dans d'autres endroits, elles acquièrent des dimenfions plus confidérables encore.

Confidérée comme aliment, la chair de la fole eft tendre & favoureufe : auffi, dans quelques-unes de nos provinces, lui a-t-on donné le nom de *perdix de mer*; c'eft un des mets le plus fréquemment fervis fur la table des riches : ce poiffon a du refte le grand avantage de pouvoir être gardé plufieurs jours fans fe corrompre, & d'acquérir un goût plus délicat.

Les foles les plus recherchées font celles du cap de Bonne-Efpérance; d'autres efpèces du même genre, telles que le *pleuronectes cynoglossus*, le *P. lafcaris*, font employées aux mêmes ufages que la fole commune. (R. P.)

SOLE BRULÉE, f. f. (*Art. vétér.*) Pour ferrer le cheval, on eft obligé de préparer la fole, ce que l'on fait foit en préfentant le fer rouge avant de l'attacher, foit en y appliquant un tifonnier également incandefcent & fufceptible d'attendrir la partie cornée, ce qui permet alors de la *parer* avec plus de facilité. La fole ainfi préparée, prend le nom de *fole brûlée.*

SOLE CHARNUE. (*Art. vétér.*) *Sola carnofa.* C'eft le nom que l'on donne à un tiffu réticulaire vulgairement nommé *ohair du pied.* Cette expanfion vafculo-nerveufe entoure complètement l'os du fabot ou le dernier phalangien : à l'expreffion *fole charnue* on a quelquefois fubftitué celle de *chair cannelée de la paroi, chair de la fole, chair de la fourchette.*

SOLEAIRE, adj. & f. m. (*Anat.*) *foleus*, de *folea*, femelle. Ce mufcle eft un de ceux qui occupent la région poftérieure de la jambe; il concourt à former le mollet, & a été nommé par Chauffier (*tibio calcanéen*).

Le foleaire eft large, épais au milieu, rétréci à fes extrémités : il s'attache d'une part à la face poftérieure d'une aponévrofe fixée le long de la partie externe du péroné, & de l'autre, à la convexité d'une arcade aponévrotique fous laquelle paffe les vaiffeaux poplités; intérieurement il fe confond avec le tendon des mufcles jumeaux & contribue à former le tendon d'Achille.

Ce mufcle, concurremment avec les jumeaux, fert à mouvoir le pied fur la jambe & réciproquement. (*Voyez* le *Dictionnaire d'Anatomie.*)
(R. P.)

SOLEIL, f. m. (*Hyg.*) *Sol.* ηλιος. Cet aftre eft le centre de notre fyftême planétaire : c'eft lui qui fixe la durée de notre jour & celle de notre année; s'il n'eft point la caufe unique de la chaleur de notre globe, il remplit au moins à cet égard un rôle important, puifque c'eft fa pofition, relativement à celle de la terre, qui nous donne la différence des faifons & celle des climats. Auffi le foleil eft-il une des principales caufes auxquelles on doit attribuer un grand nombre de phénomènes météorologiques. Enfin, fon influence fur la végétation eft tout auffi évidente que l'étendue des modifications qu'il fait éprouver à la longue à l'efpèce humaine (*Voyez* CLIMAT, SAISONS dans ce Dictionnaire.) (THILLAYE aîné.)

SOLEIL, f. m. (*Bot., Mat. médic.*) *Helianthus annuus* L. Plante radiée de la famille des Corymbifères, & de la Syngénéfie polygamie fruftranée de Lin. Elle eft originaire du Pérou, mais elle eft fi bien naturalifée dans nos climat, qu'elle s'y propage naturellement.

L'*helianthus annuus* a une tige cylindrique haute de fix à huit pieds, & portant des fleurs ayant quelquefois un pied de diamètre, & compofées de fleurons hermaphrodites, entourés de demi-fleurons d'un beau jaune.

Autrefois les graines de cette plante étoient employées en médecine comme émulfives : aujourd'hui leur ufage eft complétement abandonné. Feu le prof. Percy avoit imaginé de faire fervir la moelle qui remplit la tige de l'*helianthus* pour faire des moxas. (R. P.)

SOLEN, f. m. (*Instr. chir.*) En grec, σωληγ, canal, tuyau. Ce mot, grec d'origine, a été confervé dans notre langue pour défigner une machine décrite dans Hippocrate & dans d'autres auteurs anciens. Elle confifte en une forte de gouttière alongée dans laquelle, pour la maintenir en pofition, on fixoit la jambe ou la cuiffe fracturée.

SOLEN, f. m. (*Hyg.*) On donne ce nom à un mollufque acéphale, à coquille bivalve, & communément appelé *manche de couteau*; plufieurs efpèces de ce genre peuvent être mangées à la manière des moules.

SOLIDES, adj. (*Phyfiol.*) *Solidi.* Ce mot, dans fon acception la plus étendue, fert à défigner tous les corps dont diverfes parties font unies par l'influence d'une force qui les empêche de fe mouvoir indépendamment les unes des autres. Ainfi, fous le rapport anatomique ou phyfiologique, on donne ce nom à tout ce qui n'eft ni liquide, ni de confiftance pulpeufe.

I

SOLIDISME, f. m. (*Hift. de la méd.*) On donne ce nom à un fyftème médical, d'après lequel les folides feroient les feules parties de l'organifation animale douées de vitalité, & par conféquent fufceptibles d'être le fiége des maladies, à l'exclufion des fluides deftinés, d'après cette doctrine, à jouer un rôle paffif & fecondaire. On trouve des traces de ce fyftème dans les écrits d'*Hippocrate*, de *Cœlius Aurelianus* & de *Themifon*. Mais le *galénifme*, qui a exercé une fi grande influence fur la médecine, s'éleva bientôt fur les débris du *folidifme*, & prépara un long règne à l'*humorifme*. Les Arabes concoururent beaucoup dans le moyen âge à la propagation de cette dernière doctrine.

On croit généralement que ce fut Pierre Briffot, médecin de Paris, qui, dans le feizième fiècle, chercha le premier à remettre le *folidifme* en honneur. Les opinions de ce médecin, d'abord très-conteftées, n'ont pas manqué dans la fuite de partifans; les plus connus aujourd'hui (Cullen, Frédéric Hoffmann, Baglivi) paroiffent avoir le plus contribué à établir la prédominance de ce fyftème. Le *folidifme* a auffi trouvé un puiffant allié dans le goût décidé des Modernes pour les recherches anatomico - pathologiques, qui n'ont guère lieu que fur les folides organiques, & l'on peut dire que les plus célèbres médecins qui nous ont immédiatement précédés, étoient plus ou moins folidiftes.

Nourri de la lecture des auteurs que nous venons de citer, *Pinel*, devenu, à la fin du dix-huitième fiècle, le chef d'une grande école médicale, porta les derniers coups à l'humorifme expirant, & profeffa ouvertement le folidifme dans fes écrits. Prefque tous les médecins de fon école, vivement imbus de fes principes, ne s'attachèrent qu'à faire connoître les léfions des folides comme bafe fondamentale de la pathologie, confidérant tout au plus comme fecondaire, toute altération des fluides, quelle qu'elle fût. *Baumes* de Montpellier a été pendant affez long-temps le feul homme remarquable qui ait voulu reffufciter l'humorifme parmi nous; mais fes efforts n'ont eu aucun fuccès, quoiqu'ils euffent l'appui d'un beau talent.

Le célèbre profeffeur *Brouffais*, quoique fous certains rapports antagonifte de Pinel, n'a fait véritablement que lui fuccéder, en continuant à profeffer comme lui le *folidifme*; feulement il n'a pas cet affentiment général des médecins de notre pays, comme fe l'étoit concilié fon illuftre maître.

Beaucoup d'hommes de l'art, convaincus aujourd'hui que les fluides jouiffant de quelque vitalité, doivent être primitivement affectés dans les maladies, cherchent à rétablir les droits méconnus (felon eux) de l'*humorifme*; ils accufent donc de partialité & d'efprit d'exclufion les maîtres de l'art qu'on admiroit naguère encore d'un accord unanime, & cherchent en outre à coordonner des faits épars à l'appui de la théorie. La nature de cet article ne permet pas de nous livrer à l'examen de cette grande queftion, qui peut encore une fois divifer les médecins en *humoriftes* & en *folidiftes*, tant les fyftèmes trouvent facilement accès dans une fcience un peu fpéculative.

Ce que nous venons de dire fuffiroit peut-être pour donner une idée fommaire du *folidifme*; cependant nous ajouterons encore quelques lignes. Le nombre prodigieux des affections primitives des folides a donné un grand avantage à ceux qui foutenoient qu'elles compofoient toute la pathologie; il paroit en effet, qu'en admettant comme démontrées les maladies primitives des fluides, elles ne doivent être qu'en petit nombre; que la majeure partie de leurs altérations font confécutives à celles des folides. On doit faire remarquer de plus, que les *uns* étant prefqu'exclufivement le réfultat de l'action des *autres* (1), il devoit y avoir néceffairement une grande différence entre leur vitalité, & leur manière d'être affectés. Nous ajoutons qu'aucune expérience bien décifive n'établiffant que les liquides *vivent* & *fentent*, on peut jufqu'à un point nier en théorie qu'ils puiffent être malades, &c.

Quant aux altérations fecondaires des humeurs, une multitude de faits en conftate à la vérité l'exiftence, mais on eft loin encore d'avoir apprécié la valeur de ces faits, & le rang qu'ils doivent tenir parmi ceux qui fervent de bafe à la pathologie & à la thérapeutique.

Les faits, au contraire, qui ont pour objet les altérations des folides, ont été conftamment invoqués toutes les fois qu'il s'eft agi de caractérifer, de claffer les maladies, & ont pareillement fervi de point de départ dans l'indication des moyens curatifs. Ainfi donc, rien de plus facile, d'après ces données, que de faire la part du *folidifme* & celle de l'*humorifme*; & de déterminer l'influence que l'un doit exercer en médecine au préjudice, ou même à l'exclufion de l'autre.

De tout ceci, le lecteur ne doit pas conclure qu'un médecin doive être exclufivement ou *folidifte* ou *humorifte*; mieux vaut, qu'on nous paffe ce jeu de mots, être l'un & l'autre, ou ni l'un ni l'autre. (BRICHETEAU.)

SOLIDISTES, adj. (*Hift. de la Méd.*) Adjectif employé fubftantivement & qui fert à caractérifer les médecins qui profeffent le *folidifme*, c'eft-à-dire qui penfent que les folides font fufceptibles de recevoir l'impreffion des caufes morbifiques, & d'être le fiége des maladies. (*Voyez* SOLIDISME.) (BRICHETEAU.)

SOLIDITÉ, f. f. (*Phyf.*) *Soliditas.* Propriété dont jouiffent certains corps nommés *folides*, & fur lefquels l'influence des forces phyfiques fe déve-

---

(1) La bile eft fécrétée par le foie, comme la falive, l'urine font formées par les glandes falivaires, les reins, &c.

loppent d'après des lois essentiellement différentes de celles qui les caractérisent, quand elles agissent fur des liquides ou des fluides élastiques.

SOLIPÈDES, f. m. pl. (*Art. vétér.*) *Solipes.* On appelle ainsi les quadrupèdes dont le pied est recouvert d'une seule corne souvent nommée *sabot:* tel est, par exemple, le pied du cheval, de l'âne, &c.

SOLITAIRE, adject. *Solitarius.* On emploie communément cette épithète pour caractériser l'état d'isolement d'une partie quelconque, ou celui de quelques animaux, ou même de certains individus: ainsi on nomme *fleur solitaire*, celle qui est seule sur un pédoncule; de même que l'opinion admise que le tænia existe toujours seul dans le canal intestinal, lui a fait donner le nom de *ver solitaire* (*voyez* TÆNIA & VERS); enfin Hippocrate caractérisoit par l'expression μονηρης cette disposition des atrabilaires, qui les porte à fuir la société de leurs semblables. (R. P.)

SOLSTICE, f. m. (*Géogr. médic.*) *Solstitium.* Dans le cours d'une année, le soleil traverse deux fois l'équateur, l'une en s'élevant vers l'hémisphère boréal, & l'autre en retournant vers l'hémisphère austral. On nomme *solstice*, l'époque à laquelle cet astre atteint l'une & l'autre limite. La première est pour les habitans de notre hémisphère le *solstice d'été*, & l'autre le *solstice d'hiver*. En général, on pourroit croire que le moment des solstices qui répond aux jours les plus longs & les plus courts de l'année, devroit aussi répondre à l'époque la plus chaude & la plus froide: cependant il n'en est point ainsi; la terre, dans nos climats, continuant encore à s'échauffer, lorsque le soleil ayant atteint le tropique du Cancer, au 21 juin, redescend vers l'équateur: aussi n'est-ce que vers la fin de juillet, ou dans le mois d'août que la température est le plus élevée. Par la même raison, la terre se refroidissant encore après le 21 décembre, c'est-à-dire quand le soleil revient vers l'équateur, les plus grands froids se font ressentir dans le mois de janvier, lorsque déjà les jours commencent à avoir plus de durée.

On conçoit qu'un phénomène astronomique d'où dépend la diversité des saisons, doit exercer sur l'économie animale une influence dont les retours périodiques n'ont pu manquer de fixer l'attention des observateurs; aussi quelques affections ont-elles été désignées sous le nom de maladies *solsticiales*. (THILLAYE aîné.)

SOLUBILITÉ, f. f. (*Chim.*) *Solubilitas.* Tous les corps solides soumis à l'influence d'agens appropriés, peuvent se liquéfier; ainsi le sucre & les gommes fondent dans l'eau, tandis que les résines y restent intactes, mais se dissolvent dans l'alcool. Le cuivre est attaqué par l'acide nitrique

auquel l'or résiste. Le mot *solubilité* n'est donc jamais qu'une expression relative, & peut-être considérée, comme le résultat du développement de l'action de deux forces, l'une celle de cohésion, qui tend à maintenir l'état du corps solide, & l'autre l'affinité, qui agit pour opérer la combinaison du dissolvant avec le corps auquel il peut s'unir.

SOLUBLE, adj. *Solubilis.* Epithète que l'on donne aux corps susceptibles de céder à l'influence d'un dissolvant approprié. (R. P.)

SOLUTION, f. f. (Solution des maladies.) (*Pathol. génér.*) *Solutio*, de *solvere*, λυειν, dissoudre, délivrer, dissiper. Quelques auteurs ont confondu à tort la solution des maladies avec la crise, & même avec la terminaison. Ce terme abstrait doit s'appliquer d'une manière générale aux cas où la maladie a complétement disparu du lieu qu'elle occupoit, quel que soit d'ailleurs le mode de terminaison qui ait été observé, & qu'il y ait eu ou non une crise. Ainsi, par exemple, lorsqu'un érysipèle de la face se juge par une épistaxis critique, & se termine par résolution, soit qu'il se termine par suppuration, sans qu'il y ait de crise, &c.; lorsqu'une fois le visage est revenu à son état naturel, & que les traces de l'érysipèle ont disparu, on a obtenu la *solution* de la maladie. On peut admettre quatre espèces de solution des maladies, savoir: 1°. solution critique; 2°. solution acritique; 3°. solution par métastase; 4°. solution par métaptose.

La nature de la maladie, son siége, le traitement employé, le climat, la saison, l'âge, le tempérament, le sexe, &c., influent singulièrement sur la solution des maladies, l'accélèrent ou la retardent, favorisent certaines crises, préviennent certaines métastases, amènent diverses métaptoses, &c., & déjà la plupart des modifications apportées par ces puissantes influences avoient été signalées avec précision, il y a deux mille ans, par le père de la médecine. (GIBERT.)

SOLUTION DE CONTIGUÏTÉ. (*Path. chir.*) Quelquefois, en chirurgie, on a employé ce mot pour désigner la séparation accidentelle de parties habituellement en contact, mais non unies: ainsi, la *solution de contiguïté* est synonyme du *déplacement*, & s'emploie le plus communément pour désigner les luxations.

SOLUTION DE CONTINUITÉ. (*Path. chir.*) Expression employée pour indiquer la séparation de parties naturellement unies & continues. Ainsi, une blessure faite par un instrument tranchant, est une *solution de continuité* des parties molles; de même que la fracture d'un os est une *solution de continuité des parties dures*. (R. P.)

SOLUTUM. (*Chim.*) Mot latin introduit dans

la langue françaife pour défigner la diffolution pharmaceutique d'un folide dans un liquide : ainfi, on dit le *folutum aqueux d'une gomme*, le *folutum alcoolique d'une réfine*. Le but que l'on s'eft propofé en introduifant cette nouvelle dénomination, eft d'éviter l'inconvénient des homonymes.

SOMASCÉTIQUE, f. f. (*Hyg.*), de ασκία, j'exerce le corps. Expreffion récemment introduite dans le vocabulaire médical pour remplacer le mot *gymnaftique*, communément employé. Les raifons données par l'auteur de cette innovation font que l'adjectif γυμνος, qui fignifie *nu*, eft pour nous d'autant moins exacte, que les peuples modernes ne fe livrent aux divers exercices que vêtus, tandis que les anciens ne le faifoient qu'après avoir au préalable quitté leurs vêtemens. Au'furplus, quelquefois les Grecs fubftituoient au mot γυμναστικη, l'expreffion σωμασκια.

SOMATOLOGIE, f. f. (*Anat.*), dérivé de σωμστος, génitif de σωμα, corps, & de λογος, difcours. Mot nouvellement propofé pour défigner l'étude anatomique du corps humain. (R. P.)

SOMMEIL, f. m. (*Phyfiol.*) Somnus, υπνος. Sufpenfion temporaire des fenfations & des mouvemens volontaires.

La tranfmiffion des impreffions, celle des déterminations aux mufcles, dont elles règlent les mouvemens, fe rattachent d'une manière inconteftable à des conditions organiques du fyftème nerveux; mais en quoi confiftent ces conditions? Quelle différence y a-t-il entre un nerf qui n'agit pas, & le même nerf en action? Que perd-il par le fait même de fon action? Nous fommes fur ces points dans la plus profonde ignorance; toujours eft-il que, quel que foit leur mode d'action, les nerfs ne peuvent agir que pendant un certain temps, après lequel, n'étant plus fufceptibles de tranfmettre les impreffions, ni la faculté du mouvement, nous mourons en quelque forte pour tout ce qui nous environne; cet état de repos durant lequel les organes de la vie de relation recouvrent progreffivement leurs forces pour fe mettre de nouveau en état d'agir, conftitue le fommeil; état dont la caufe, tout-à-fait-inconnue, réfide effentiellement & primitivement dans le fyftème nerveux.

Les fymptômes qu'on obferve dans les cas où le cerveau fe trouve comprimé, ont donné lieu de croire que la caufe prochaine du fommeil confiftoit en une compreffion de cet organe, par fuite d'une congeftion fanguine. Il eft bien vrai que le fommeil fuit cette compreffion, mais c'eft ici un phénomène bien diftinct du fommeil naturel; dans ce dernier, l'activité du fyftème nerveux a été progreffivement épuifée, tandis que dans l'affoupiffement produit par la compreffion cérébrale,

les relations avec les objets extérieurs ne ceffent que par l'impoffibilité d'agir dans laquelle fe trouve le centre du fyftème nerveux. Les modifications organiques qui furviennent dans ce dernier empêchent les impreffions de fe tranfmettre, de même auffi qu'elles le mettent hors d'état de réagir fur les organes du mouvement; en un mot, le cerveau devient ici un obftacle infurmontable, d'une part, entre les impreffions & l'ame, & de l'autre, entre cette dernière & les organes qui obéiffent à la volonté. Non-feulement la congeftion ne fauroit être confidérée comme caufe du fommeil naturel, mais le fommeil qu'elle détermine diffère effentiellement de ce dernier.

Le befoin de dormir, qui eft une véritable fenfation interne, s'annonce par une forte d'engourdiffement de la puiffance mufculaire, qui fait que le corps ne peut plus conferver fa rectitude naturelle, & que fes diverfes parties obéiffent à leur propre pefanteur, & par un affoibliffement des fens qui rend plus ou moins obtufe l'action des agens extérieurs avec lefquels ils font naturellement en rapport : cette foibleffe des fyftèmes mufculaire & nerveux s'accroît progreffivement jufqu'au point d'amener une perte complète du fentiment & du mouvement; cette efpèce d'anéantiffement femble furvenir d'autant plus tôt, que l'irritabilité mufculaire & la puiffance nerveufe ont été plus promptement & plus complétement épuifées par les efforts qu'on a faits pour réfifter au fommeil.

Quand le fommeil eft la fuite d'une action mufculaire & nerveufe, portée au point de déterminer un fentiment de fatigue modéré & le befoin de repos dont nous venons de parler, il eft ordinairement calme & complet, c'eft-à-dire qu'aucune impreffion n'étant tranfmife à l'ame, il y a réellement fufpenfion complète du fentiment & du mouvement, & l'individu ne vit plus que de la vie organique; mais cet état de repos parfait, qui fuppofe une fatigue également départie à tous les organes de la vie de relation, eft extrêmement rare; le plus fouvent l'ame perçoit encore des impreffions pendant le fommeil, elle réagit, & de cette réaction réfultent des opérations intellectuelles & des manifeftations extérieures qui conftituent les rêves.

Il arrive fouvent que, bien que l'irritation mufculaire & la puiffance nerveufe foient prefqu'entièrement épuifées par les exercices de la veille, malgré la fatigue phyfique & le befoin du repos, l'efprit encore tendu fur certaines idées, avec toute l'énergie dont il eft fufceptible, au moment où le fommeil vient s'emparer des fens, n'en continue cependant pas moins fes opérations, d'où réfultent des rêves qui ont un rapport direct avec l'objet dont on s'étoit occupé pendant la veille. Ce que nous difons ici des facultés intellectuelles, s'applique également à certaines affections morales profondes.

Tous les fens, ainfi que nous l'avons dit, ne font pas également engourdis aux approches du fommeil, & il arrive fouvent que le fommeil paroiffant complet, des impreffions peuvent encore être tranfmifes jufqu'au cerveau; ces impreffions, qui arrivent à l'ame d'une manière plus ou moins confufe, font encore une caufe fréquente de rêves.

L'ame n'entre point feulement en action à l'occafion des impreffions qui lui viennent des objets extérieurs, elle perçoit encore des impreffions dont la fource eft en nous (*fenfations internes*); c'eft furtout pendant le fommeil, quand les fens extérieurs affoupis ne mettent point en jeu l'action du cerveau, que ce dernier devient plus fufceptible d'être fympathiquement affecté par des organes dont l'exiftence, pendant la veille, femble être entièrement ifolée de la fienne; d'où une foule de fenfations & d'opérations intellectuelles, qui conftituent des rêves extrêmement variés fur la nature defquels nous ne pouvons pas entrer ici.

Il fuffit de cet aperçu fur les principales caufes des rêves, pour être convaincu que ces phénomèmes, auxquels on attache trop peu d'importance maintenant, peuvent fournir au médecin un grand nombre de données féméiotiques fort utiles pour établir le diagnoftic de plufieurs maladies internes; ceci fe concevra plus aifément encore, fi on confidère qu'à certains états de l'économie, bien fréquens & bien connus, fe rattachent prefque conftamment des rêves de même nature, même chez des individus de caractère & de tempérament différens.

Les rêves font beaucoup plus fréquens qu'on ne pourroit le croire, fi on ne s'en rapportoit qu'au témoignage des individus, la mémoire des rêves fe perdant fouvent avec le fommeil. Il fuffit de paffer quelques inftans auprès d'une perfonne qui dort, pour obferver une foule de mouvemens divers, foit du corps, foit des membres, foit de la phyfionomie, ou pour entendre des paroles plus ou moins diftinctes, d'où l'on peut conclure que, bien que l'individu foit comme mort pour ce qui l'environne, il fe paffe cependant en lui des phénomènes qui indiquent fuffifamment que l'ame veille.

Quelle que foit la fource des rêves, les facultés intellectuelles & affectives n'y font pas toujours feulement mifes en jeu, foit que la force de réaction de l'ame foit affez énergique pour furmonter l'engourdiffement des fyftèmes nerveux & mufculaire, foit que ceux-ci confervent une irritabilité qui les rend aptes à entrer en action fous l'influence du moindre ftimulant, on voit l'exercice de ces facultés fe manifefter par des mouvemens extérieurs; d'où réfulte cette efpèce de rêves défignée fous le nom de *fomnambulifme*.

Nous renverrons, pour plus de détails fur ce fujet, aux articles Songes & Somnanbulisme de ce Dictionnaire.

Le fommeil ayant pour but de réparer les pertes que fait le fyftème nerveux pendant la veille, fa durée & la promptitude de fon retour doivent être en rapport avec l'activité du fyftème nerveux: les femmes, les enfans & généralement les individus d'une conftitution nerveufe, & qui par cela même font très-impreffionnables, fentent à des époques plus rapprochées le befoin de dormir, & ont befoin d'un plus long repos; le contraire a lieu pour les individus d'une conftitution oppofée: cette règle n'eft cependant point fans exceptions. Rien de plus ordinaire que d'obferver tous les attributs extérieurs du tempérament nerveux & même une très-grande fufceptibilité nerveufe, chez des fujets d'un efprit actif & fufceptible d'une application forte & foutenue; on fait cependant que ce font ceux qui fupportent le plus facilement les veilles prolongées, & que quelques heures de fommeil leur fuffifent pour diffiper les fatigues d'un travail opiniâtre.

Comment fe fait cette réparation des forces du fyftème nerveux pendant le fommeil, & quels changemens organiques s'opèrent en lui? Nous ne favons rien fur ce point.

Selon M. Brouffais, les fonctions de la vie organique s'exécuteroient avec moins d'énergie pendant le fommeil que pendant la veille. Tout concourt, foit dans l'état phyfiologique, foit dans l'état pathologique, à démontrer la fauffeté de cette affertion. On fait généralement en effet que pendant le fommeil, la digeftion eft plus active; que la refpiration, fi elle eft moins fréquente que pendant la veille, eft plus profonde & plus complète; qu'enfin la circulation capillaire & les phénomènes qui en dépendent s'exécutent avec plus d'activité & d'énergie. Une foule d'obfervations particulières nous prouvent que c'eft furtout durant le fommeil que les phénomènes inflammatoires font le plus de progrès, que la fuppuration eft plus abondante, & que les réfolutions & les abforptions fe font avec plus de rapidité.

Puifqu'il eft vrai que tout fe lie & s'enchaîne dans l'économie, n'y auroit-il pas lieu de croire que c'eft par le fommeil furtout que les fonctions nutritives & les fonctions de relation fe touchent, & que ce feroit par cette activité, évidemment plus grande des premières pendant le fommeil, que s'opéreroit cette réparation des pertes du fyftème nerveux? Le fommeil enfin n'auroit-il prefque pas autant d'importance pour la vie organique elle-même, que pour la vie animale, le corps ne perdant pas moins, pendant la veille, en matériaux organiques qu'en puiffance nerveufe? (L. J. Ramon.)

SOMMITÉS, f. f. pl. (*Bot.* , *Mat. médic.*) Les botaniftes défignent ainfi la partie fupérieure de la tige fleurie de certaines plantes dont, à raifon de leur petiteffe, il feroit difficile de recueillir & de conferver ifolément les fleurs, ainfi l'on dit : *fom-*

mités fleuries de l'aigremoine, de la centaurée, du millepertuis, &c. &c.

SOMNAMBULE, f. & adject. (*Pathol.*) *Somnambulus*, dérivé de *somnus*, sommeil, & de *ambulare*, se promener; qui se promène en dormant. On donne le nom de *somnambules* à ceux qui, pendant le sommeil, se lèvent, marchent & se livrent à divers actes plus ou moins rapprochés de ceux de la veille. (BRICHETEAU.)

SOMNAMBULISME, f. m. (*Path.*) *Noctambulatio*, *somnambulismus*, dérivé du latin *somnus* sommeil, & de *ambulare*, se promener, promenade pendant le sommeil. On appelle somnambulisme, un état d'excitation du cerveau durant lequel l'homme, quoiqu'endormi, conserve une aptitude à répéter les actions dont il a contracté l'habitude pendant la veille, mais dont il n'a nul souvenir après le réveil. On donne aussi le nom de *somnambulisme magnétique*, à une sorte d'état nerveux que les adeptes paroissent avoir la faculté de faire naître, par une influence toute morale, chez des individus aussi désignés sous le nom de *somnambules*, & qui, pour la plupart, sont des femmes hystériques ou d'une grande susceptibilité nerveuse.

On a encore désigné le somnambulisme sous les noms de *nocti-vagatio*, *nocti-surgium*, *hypnobatasis*, *oneirodynia activa*, *somnus-vigilans*, &c. Cette dernière dénomination seroit la plus exacte, surtout si on la modifioit de manière en faire *somno-vigil*, comme le propose M. Louyer-Willermay, auteur de l'article SOMNAMBULISME, du *Dictionnaire des sciences médicales*. On regarde cette affection, comme une *névrose* des fonctions cérébrales.

Les faits nombreux qu'on a recueillis sur le somnambulisme, prouvent que dans cet état, qui tient à la fois de la veille et du sommeil, les facultés intellectuelles sont plongées dans un engourdissement qui ne leur permet qu'un usage incomplet de leurs attributions. Ce sont spécialement ce sens, qu'on appelle intime, & l'imagination aidée de la mémoire, qui jouissent d'une demi-activité. Les somnambules agissent, marchent, prennent des déterminations qui ont beaucoup de ressemblance avec celles de la veille, & mêmes'y rapportent quelquefois. Les recueils d'observations de médecine contiennent un grand nombre d'histoires, où des somnambules simulent une partie des exercices, des amusemens qui leur sont familiés pendant le jour, ajoutent à un travail qu'ils avoient commencé, satisfont aux besoins de l'espèce, & se livrent aux emportemens des passions qui agitent l'homme dans la plénitude de son existence.

Tout ce qu'on sait de positif relativement aux causes *prédisposantes* du somnambulisme ou *somno-vigil*, c'est que cet état singulier est particulier à la jeunesse; qu'il est moins fréquent dans l'âge adulte & extrêmement rare dans la vieillesse; qu'il semble être quelquefois héréditaire, & affecte moins souvent le sexe féminin que le nôtre. Tout ce qu'on a dit d'ailleurs à ce sujet, sur l'influence du régime, des tempéramens, des saisons est bien vague & bien incertain. Quant aux causes *déterminantes*, ce sont presque toujours de fortes contentions d'esprit, des veilles & des méditations prolongées, des lectures plus ou moins fantastiques, des exercices fatigans & journaliers qui excitent les jeunes gens au somnambulisme. D'après cela, il est facile d'expliquer pourquoi les enfans au-dessous de sept ans & les vieillards sont presque exempts de cette névrose du cerveau.

En analysant ces phénomènes intellectuels, propres au somnambulisme, on voit que la mémoire est la faculté qui jouit de la plus grande activité, que l'imagination a beaucoup moins d'action, & que le jugement est très-souvent frappé de nullité. Il y a néanmoins des déterminations intelligentes, ce qui distingue le somnambulisme du songe.

Les réponses que les individus atteints de *somnambulisme magnétique* font à ceux qui les interrogent (en même temps que les autres sensations extérieures paroissent nulles), n'ont pas été observées dans le somno-vigil d'une manière exacte & suivie. Si les somnambules n'ont qu'à un foible degré la faculté d'entendre, ils possèdent encore moins celle de voir, aussi, quand ils marchent, c'est en aveugles, tâtonnant & se heurtant contre les objets environnans; ils se précipitent même par les croisées, qu'ils confondent avec les portes, vers lesquelles les habitudes de la veille semblent les diriger comme vers tous les lieux qu'ils parcourent pendant le jour. Le goût & l'odorat ont été peu explorés chez les somnambules; quant au tact, c'est chez eux le guide le plus sûr, & dont l'exercice est le plus rapproché de l'état naturel.

Le somnambulisme paroît résider tout entier dans les fonctions qu'on a appelées de *relation*; celles qu'on nomme *intérieures* ou d'*assimilation* ne présentent aucune anomalie remarquable, à moins que l'ame ne soit agitée de quelque mouvement violent, tel qu'un accès de colère, &c. : témoin ce jeune ouvrier dont parle M. Louyer-Willermay, lequel, habituellement maltraité par son maître, se livroit pendant le sommeil à toute l'irritation qu'un pareil traitement lui causoit pendant la veille. Ceux qui ont vu Talma agité de mouvemens convulsifs par l'implacable vengeance du remords, dans l'admirable rôle de *Sylla*, peuvent se faire une idée exacte de l'agitation violente dont peut s'accompagner le somnambulisme chez un grand coupable tel que celui que notre célèbre tragédien était chargé de représenter.

Les auteurs ont remarqué que le somnambulisme a lieu au commencement de la nuit & dans le premier sommeil; rarement on l'a observé pendant le jour, hormis peut-être chez ceux qui, livrés au travail avec ardeur, font, comme on dit, de la nuit le jour.

Le somnambulisme a une durée indéterminée; il s'affoiblit dans l'âge adulte, & disparoît entièrement dans la vieillesse; il n'a de suites mortelles ou dangereuses que par les accidens auxquels il expose ceux qui y sont sujets.

Le traitement doit se borner à faire cesser les causes déterminantes dont nous avons parlé, & à prendre des précautions, pour que les somnambules ne se blessent pas dans leur marche & dans leurs courses nocturnes. Un régime léger, peu excitant, une vie régulière, un travail modéré, paraissent très-propres, sinon à détruire, du moins à affaiblir les accès de somno-vigil. On a recommandé avec raison, aux somnambules, de se coucher de bonne heure, de se tenir la tête élevée sur l'oreiller, en abaissant la partie du lit où reposent les pieds, qu'il est utile d'entretenir dans une douce chaleur.

Quoiqu'on ne doive pas conseiller, sans beaucoup de précautions, les surprises nocturnes, les aspersions subites d'eau froide, &c., il est certain que ces moyens ont réussi quelquefois à guérir le somnambulisme. L'auteur de cet article en a offert un exemple remarquable : étant un jour à la campagne, couché dans une même chambre avec des amis de collége, il fut saisi hors de son lit, & étendu par eux sur une table de marbre; la sensation du froid, jointe aux grands éclats de rire de ses amis, réveillèrent en sursaut le somnambule; depuis cette époque, il ne se rappelle pas avoir eu d'accès de somno-vigil, quoiqu'il en eût de très-fréquens auparavant.

(Bricheteau.)

SOMNIFÈRES, adj. & s. m. pl. (Mat méd.) On donne ce nom aux médicamens capables de calmer le système nerveux & de procurer le sommeil. Il est synonyme d'hypnotiques.

Si l'on veut exiger des médicamens des propriétés positives, spécifiques, sans doute il n'y aura pas plus de somnifères proprement dits, qu'il n'y a de toniques, d'antispasmodiques, de diurétiques, &c.; puisque, non-seulement un grand nombre d'agens thérapeutiques, opposés de nature & d'action, peuvent procurer le sommeil, mais encore les somnifères les plus accrédités trompent souvent l'attente du praticien, malgré les indications les plus précises. Cependant cette manière rigoureuse, mais juste & avantageuse sous certains rapports, d'envisager les diverses classes des médicamens, n'empêche pas qu'il n'existe des substances qui, par une opération particulière, spéciale sur le cerveau, tendent à suspendre momentanément les fonctions de relation, auxquelles cet organe préside, & à provoquer le sommeil. Or, cette action, cette modification qu'elles font subir à l'encéphale, n'est pas toujours la même.

On peut diviser les somnifères en deux classes : la première comprend les narcotiques, qui, donnés à trop fortes doses, occasionnent l'assoupissement & divers accidens qui peuvent être suivis de la mort. On y range l'opium, qui est le type de cette classe; la jusquiame, la belladone, le datura stramonium, le tabac, &c.; la seconde se compose des médicamens qui ne produisent pas le narcotisme, quoique, administrés en trop grande quantité, ils puissent développer des phénomènes morbides variés : on y rapporte les anodins, les anti-spasmodiques. (Voyez ces mots, & surtout Narcotiques & Opium.) (Emeric Smith.)

SOMNOLENCE, s. f. (Path.) Somnolentia, dérivé de somnus, sommeil. On donne ce nom, à un état intermédiaire entre la veille & le sommeil; c'est un assoupissement peu intense, mais pénible à supporter & dont on retire facilement le malade. La somnolence est un symptôme important dans la première période de beaucoup de maladies de l'encéphale. Ce symptôme ne diffère du carus, du coma, que par son intensité moins grande.

(Bricheteau.)

SOMNO-VIGIL, s. m. (Path.) Cette expression, que l'on a proposé de substituer au mot somnambulisme, est effectivement beaucoup plus convenable pour désigner un état particulier dans lequel se trouve un individu qui, avec quelques-unes des apparences extérieures du sommeil, jouit cependant d'une activité dans laquelle la mémoire, l'imagination & quelques-uns des sens extérieurs, semblent développer toute leur influence, bien que cependant au moment du réveil il ne puisse garder souvenir des actes auxquels il s'est livré pendant le somno-vigil. (Voyez Somnambulisme.)

SON, s. m. (Mat. méd.) Furfur. C'est l'enveloppe ou épiderme des graines des plantes céréales, nommée arille, que l'on sépare de la partie nutritive ou amylacée, autrement dit de la farine, par la mouture. Le son doit presque toutes les qualités émollientes qu'on lui reconnoît au peu de farine qui adhère à l'arille, & dont la quantité varie suivant que dans la mouture l'on a plus ou moins rapproché les meules l'une de l'autre. Le son, celui de froment, le seul employé par les médecins, est émollient, adoucissant, calmant; on s'en sert avec avantage pour la préparation des lavemens émolliens, pour les bains; on ne devroit même jamais prendre un bain sans y plonger une certaine quantité de son renfermé dans un sac, & que l'on presse pour en obtenir toute la partie soluble; il communique à l'eau une vertu adoucissante qui convient très-bien à la peau & qui l'entretient dans un état de souplesse remarquable. Pendant les disettes, ou dans les pays pauvres, quelques habitans laissent le son avec la farine; ils obtiennent plus de pain, mais c'est un pain grossier, de difficile digestion, &

dont l'ufage eft bientôt fuivi de graves affeftions des organes digeftifs ; effet d'autant plus prompt, que le froment employé eft de qualité plus inférieure.

La propriété médicale du fon eft, à peu de chofe près, la même que celle de la céréale qui l'a fourni; ainfi celui de feigle eft moins émollient, mais plus réfolutif que celui de froment. Le fon d'amandes eft très-employé dans la toilette pour laver les mains.

SON, f. m. (*Hyg.*) *Sonus, fonitus,* fon, éclat, bruit déterminé par les ofcillations d'un corps produites par une caufe quelconque, fe tranfmettant au moyen de l'air environnant, & donnant lieu à cette fenfation qui nous arrive par l'oreille, appelée *fens de l'ouïe,* ou fimplement l'*ouïe,* fource infinie des jouiffances les plus douces & les plus pures, foit que, par la fucceffion plus ou moins rapide des fons, il en réfulte la mélodie, foit que, par leurs différentes combinaifons & leurs accords plus ou moins parfaits, l'harmonie, cette fcience prefque nouvelle, ignorée à ce qu'il paroît des Grecs, & portée au plus haut degré de perfection par les Roffini, les Bethoven, les Mozart, nous tranfporte & nous enchante. (*Voyez* Son dans le *Dictionnaire de Phyfique.*)

Les différentes combinaifons du fon ou la mufique produifent fur l'organifme les effets les plus curieux. Nous fommes affectés différemment, fuivant le ton dans lequel on joue ; fouvent en paffant du *mode majeur* au mode *mineur,* de gais, joyeux & difpofés à l'enjouement que nous étions, nous devenons tout-à-coup triftes, chagrins, fenfibles, affectueux, & les larmes coulent en abondance. Les effets médicaux de la mufique font donc d'un très-grand intérêt dans l'exercice de la médecine, puifqu'avec l'addition ou la fouftraction d'un dièfe ou d'un bémol, on peut faire paffer l'homme par tous les degrés de la fenfibilité, & alors quel réfultat ne doit-on pas obtenir d'une médication qui exerce directement fon action fur le fyftème intellectuel ? (*Voyez* MÉDECINE MORALE & MUSIQUE.) (NICOLAS.)

SONDE, f. f. (*Inftr. de chir.*) *Specillum, μηλη.* On défigne par ce mot des inftrumens affez divers, mais qui ont tous pour but de pénétrer, foit dans les cavités, les canaux ou les trajets naturels de l'organifme, foit dans quelques plaies, quelqu'ulcère, dans une folution de continuité quelconque, à l'effet d'extraire quelque liquide, de reconnoître la nature des maladies, ou de favorifer l'emploi de quelqu'autre inftrument.

Les *fondes cannelées* portant une plaque large d'environ un pouce à l'une de leurs extrémités, dont le fommet eft fortement émouffé quand leur cannelure fe termine en cul-de-fac, & plus ou moins aigu, au contraire, lorfque ce cul-de-fac n'exifte

pas, font en acier, en argent ou en or, & fervent principalement à diriger le biftouri dans une foule d'opérations.

La *fonde à panaris* eft beaucoup plus grêle & terminée en ftylet ; on l'emploie pour explorer des trajets finueux, étroits, & particulièrement dans la maladie dont elle porte le nom ; elle n'a ni plaque ni cul-de-fac, & doit être en métal flexible.

La *fonde brifée* ou *fonde de poitrine,* eft une longue tige métallique, terminée en ftylet à fes deux extrémités, un peu renflée dans fon milieu, où fes deux moitiés fe réuniffent par quelques pas de vis. On en faifoit ufage autrefois dans toutes les plaies pénétrantes de la poitrine & de l'abdomen; aujourd'hui on n'y a recours que quand il importe de connoître la direction ou le fiége d'une fiftule, ou de toute autre léfion très-profonde.

La *fonde œfophagienne* eft une longue tige de baleine ou de gomme élaftique, dont on fe fert pour faire defcendre les corps étrangers arrêtés dans le canal de la déglutition, ou bien pour porter les boiffons & les alimens liquides dans le ventricule, pour y introduire auffi ou pour en retirer des fubftances médicamenteufes dans le cas d'empoifonnement. Berlinghéri a propofé une fonde œfophagienne en argent, pour pratiquer l'œfophagotomie.

La *fonde de Belloc* eft une tige métallique, creufe de 2 à 3 lignes de diamètre, longue de 6 pouces, légèrement recourbée près de fon fommet, évafée en entonnoir & portant un petit anneau à l'autre extrémité, renfermant un reffort de montre, auquel eft adapté un bouton olivaire percé qui ferme exactement le bec de la fonde quand tout eft en place ; reffort qui eft mis en mouvement par une autre tige qu'on y ajoute ou qu'on en fépare à volonté, & qui fe termine par un bouton lenticulaire. La fonde de Belloc eft employée pour tamponner les foffes nafales dans le cas d'hémorragie, &c.

C'eft fpécialement pour arriver dans la veffie urinaire qu'on fait ufage des fondes. Les *fondes urethro-véficales,* creufes & métalliques, portent le nom d'*algalies.* Celles qu'on emploie pour vider la veffie, ou pour s'affurer de l'éxiftence d'un calcul, font de longueur & de calibre variables, en rapport avec l'âge du fujet ; leur moitié véficale eft ordinairement courbée en quart de cercle ; pour pratiquer la lithotritie, on eft obligé d'employer des fondes droites, qui peuvent en outre remplacer les autres dans un affez grand nombre de cas. Pour un homme adulte, on leur donne environ un pied de longueur fur 2 à 3 lignes de diamètre; elles peuvent être coniques, comme quand il s'agit de traverfer l'urèthre, ou renflées, au contraire, à leur extrémité, comme quand on craint trop de faire une fauffe route.

La *fonde en S,* tant vantée par J. L. Petit, a
été

été reproduite dans ces derniers temps par M. J. Cloquet, qui, fe rencontrant fur ce point avec H les, en a fait une *fonde double*, qu'on peut laiffer à demeure dans la veffie; ce qui permet d'établir deux courans de liquide dans ce réfervoir.

La *fonde de femme* ne diffère des algalies ordinaires qu'en ce qu'elle eft beaucoup plus courte & moins courbée.

La *fonde à dard*, ainfi nommée par frère Côme, parce que le long ftylet qu'elle renferme eft terminé par une pointe d'acier triangulaire, fait partie de l'appareil inftrumental dans la lithotomie fufpubienne.

Les *fondes flexibles* font actuellement les feules qu'on fe permette de laiffer quelquefois à demeure dans la veffie; formées de gomme élaftique, elles s'accommodent fans peine aux courbures de l'urèthre, & les organes les fupportent beaucoup mieux que les fondes métalliques.

L'arfenal chirurgical poffède encore des *fondes à conducteur*, des *fondes exploratrices*, &c.; mais la nature de ce Dictionnaire m'arrête, & je ne puis donner aucun détail à ce fujet.

(VELPEAU.)

SONGES, f. m. pl. *Somnia*, dérivé de *somnus*, fommeil. On donne communément le nom de fonges à un affemblage d'idées, d'images qui fe préfentent plus ou moins confufément à l'efprit pendant le fommeil, & qui offrent fouvent une étrange réunion d'objets incohérens & difparates. Dans l'acception la plus commune, *fonge* eft fynonyme de *rêve*, quoiqu'il y ait peut-être quelque différence entre ces deux mots. Nous avons parlé de cette différence à l'article RÊVE, que nous n'avons fait qu'indiquer, nous réfervant d'en traiter plus au long dans celui-ci.

Les fonges font, comme le fomnambulifme, le produit d'un exercice incomplet des facultés intellectuelles pendant un fommeil peu profond; ce font de véritables anomalies de cet état, fufceptibles d'une foule de modifications en rapport avec la fanté & la maladie.

Les rêves étant un exercice partiel des fonctions qui conftituent la vie de relation, n'ont point lieu dans l'âge où ces fonctions font encore nulles (les fœtus, les enfans), & chez les individus qui ne jouiffent que d'une forte de vie intérieure ou organique (les idiots); ils font plus rares chez le vieillard que chez l'adolefcent & l'adulte. Les animaux adultes ont des fonges, parce qu'ils font évidemment en rapport avec les objets extérieurs, qu'ils ont de la mémoire, &c. Une altération quelconque & prefqu'inévitable du fommeil eft auffi indifpenfable au rêve, & on fait, par exemple, que l'homme a rarement des fonges dans un fommeil profond qui fuccède à la fatigue & à l'épuifement caufés par les travaux phyfiques. A ces caufes premières, il faut en ajouter d'autres accidentelles; ainfi l'u-

fage du *café*, du *thé*, de l'*opium*, de certaines compofitions narcotiques familières aux Orientaux, change le fommeil en une forte de rêverie, quelquefois très-douce, & qui eft pour beaucoup d'hommes de ce pays le feul moyen d'oublier leur efclavage & leurs malheurs. L'excitation morbide du cerveau produit fouvent les mêmes effets, comme font à même d'en juger la plupart de ceux qui ont éprouvé quelqu'affection légère ou grave de cet organe important, centre de toutes les opérations de la vie de relation. Les occupations intellectuelles, les affections morales, les exercices même qui font une impreffion profonde fur nous durant la veille, font autant de caufes excitantes des rêves qui troublent notre fommeil; il faut y ajouter une multitude d'accidens qui varient prefqu'autant que les individus eux-mêmes, les digeftions pénibles, un embarras dans les fonctions du cœur ou du poumon, &c, &c.

Il y a deux efpèces de fonges, les uns confus, incohérens, qui ne font que des rêvafferies dont on ne peut fe rendre compte, & les autres *lucides*, dont on conferve le fouvenir plus ou moins complet. C'eft de ces derniers qu'un philofophe a dit que, s'ils étoient complets & continus pendant le fommeil, ils doubleroient la vie de l'homme, & lui donneroient une exiftence rêveufe, préférable peut-être à l'exiftence réelle.

En analyfant les phénomènes propres aux fonges, comme nous l'avons fait pour le fomnambulifme, qui eft auffi une efpèce de rêve, on voit que la mémoire eft encore la faculté dont l'exercice eft prédominant dans cette efpèce d'altération du fommeil; ce font en effet les fouvenirs de fenfations qui préoccupent ceux qui rêvent, & non des fenfations actuelles ou perçues en dormant. Il y a, à la vérité, quelquefois dans les rêves une affociation d'idées fi étranges, fi difparates, qu'il eft impoffible de les rattacher à quelques fouvenirs; c'eft alors une création du fens intime analogue à celle qu'on obferve dans le fomnambulifme.

Dans les rêves, le fens de la vue eft plus fouvent en jeu que celui de l'ouïe; le toucher paroit s'exercer encore moins fouvent que ce dernier; le goût & l'odorat ne jouent prefqu'aucun rôle dans les fonges. Des auteurs ont rapporté des faits qui femblent oppofés à l'ordre que nous établiffons ici, mais ils ont été fouvent induits en erreur, en confondant le fonge avec l'*hallucination*. Ce dernier état mental n'eft qu'une anomalie de la veille, dont on éprouve fouvent les effets avant de s'endormir, au moment où les facultés font moins lucides, ou bien aux approches du réveil, quand elles vont rentrer en exercice.

Quoique les fenfations, les images, &c., qui conftituent les rêves foient prefque toujours des illufions, néanmoins des jouiffances réelles, des actions organiques, s'accompliffent en rêvant, des befoins font fatisfaits. Perfonne n'ignore que pendant les fonges, comme durant les accès de fomnambulifme, on ait continué, achevé même des travaux difficiles & importans ; &, chofe fingulière, on a quelquefois joui d'une faculté fupérieure à celle de la veille, & accompli une tâche pour laquelle l'exercice naturel des facultés paroiffoit infuffifant.

Ce feroit vainement qu'on voudroit fuivre le développement, la marche progreffive & toutes les variations des rêves, qui ne font très-fouvent qu'un affemblage incohérent d'objets fantaftiques. Les fonges fortement empreints, très-dramatiques & bien liés, font infiniment rares. Les plus frappans, les mieux enchaînés, manquent prefque toujours d'un dénouement. Rien de plus commun que d'entendre dire dans le monde, j'ai fait un rêve extraordinaire, agréable, délicieux, fingulier, &c. ; mais je me fuis éveillé au moment où je touchois à la fin.

Prefque toujours la nature des fonges eft en rapport avec les tentations de la veille & les occupations habituelles de celui qui rêve. Le contraire paroît réfulter d'un état de maladie, &c. : on rencontre néanmoins quelquefois des individus qui ont conftamment des rêves prefqu'entièrement oppofés à leur état moral habituel. C'eft le cas de citer encore ici le baron de Trenk, qui pendant fa captivité & fes longs jeûnes, rêvoit fouvent qu'il faifoit des repas fplendides. Moreau de la Sarthe parle, dans fon article RÊVES du Dictionnaire des fciences médicales, d'un homme foumis à une diète rigoureufe, qui, chaque fois qu'il s'endormoit, rêvoit qu'il avoit mangé un jambon ou tout autre aliment indigefte qui lui caufoit les angoiffes d'une indigeftion.

Ces exceptions démontrent l'erreur de ceux qui avoient prétendu que chez l'homme inftruit & civilifé, les rêves étoient toujours en harmonie avec fes habitudes fociales. A cette occafion, l'auteur que nous venons de citer, parle d'un individu d'une grande douceur, qui racontoit fouvent des rêves où il étoit vainqueur, & déchiroit cruellement fon ennemi à la manière des fauvages.

Tout ce qu'on a dit fur les preffentimens réels & les effets prophétiques des fonges, réfulte d'un concours de circonftances fortuites, auxquelles le hafard & la fuperftition ont donné de l'importance.

Les fonges, réfultat d'un état morbide, & qui peuvent être de quelqu'importance dans le pronoftic des maladies, ont peu occupé les pathologiftes ; & nos ouvrages les plus renommés de féméiotique en font à peine mention. (Voy. SÉMÉIOTIQUE.) (BRICHETEAU.)

SOPHISTICATION, f. f. (Mat. méd. & pharm.) Sophifticatio. On défigne par cette expreffion les mélanges frauduleux & les falfifications qu'on fait éprouver aux fubftances médicamenteufes, tant fimples que compofées, & aux alimens. Un article confacré à ce mot, regardé par la plupart des auteurs comme fynonyme d'adultération ; de falfification & de mangonifation, mot déjà traité dans ce Dictionnaire, feroit une véritable fuperfétation, d'autant plus que, comme le fait obferver Fourcroy à l'article FALSIFICATION de ce Dictionnaire, le Dictionnaire de Chimie traite des adultérations qui ont rapport aux produits chimiques, & les falfifications ou fophiftications que la cupidité peut employer dans la préparation des autres médicamens, doivent être & font en effet indiquées à chacun de ceux que l'on falfifie le plus fouvent.

Le célèbre Fourcroy, à la fin de fon article ADULTÉRATION de ce Dictionnaire, article qui a été imprimé il y a quarante ans environ, formoit le vœu de voir paroître un livre qui traitât fpécialement de cette matière, & fît connoître tous les procédés honteux que la cupidité la plus coupable & l'appât du lucre ont pu imaginer pour falfifier les médicamens même les plus fimples & les moins coûteux. Ce livre a paru, & l'ouvrage d'Ebarmayer, dont MM. Kapeler & Caventou nous ont donné une excellente traduction, tout en comblant le vœu de Fourcroy, n'a pas, nous le penfons du moins, rempli fon intention ; car jamais la fraude n'a été plus grande que depuis que les moyens de falfification des médicamens, connus feulement du petit nombre de ceux qui exerçoient ce genre d'induftrie, & des pharmaciens à qui il importoit de ne pas être trompés, eft tombé dans le domaine public par l'apparition de cet ouvrage. Nous penfons que de tels écrits contribuent plutôt à propager le mal qu'à en arrêter les progrès. C'eft fans doute cette trifte réflexion qui a jufqu'à ce jour empêché plufieurs auteurs de publier des ouvrages fur les fophiftications qu'on peut faire éprouver aux médicamens & fur les moyens de les reconnoître ; & peut-être, fous le rapport moral, devons-nous leur favoir gré de leur filence.

Nous aurions pu néanmoins donner ici les principales fophiftications qu'on fait éprouver aux drogues fimples fans multiplier les exemples à l'infini ; mais ce petit nombre même eût été de trop en ce qu'il n'auroit offert au lecteur rien de complet, & qu'il nous eût fait dépaffer les limites qui nous font impofées par le titre de Dictionnaire de Médecine, qui ne comporte que l'ufage thérapeutique que l'on peut faire des médicamens.

(Ch. HENNELLE.)

SOPORATIF, adject. & f. m. (Mat. médic.) Synonyme de SOPORIFIQUE. (Voyez ce mot.)

SOPOREUX ; adj. (Path.) Du latin fopor, affoupiffement. On a donné cette épithète aux fièvres intermittentes dont l'affoupiffement forme le fymptôme dominant. Quelques nofologiftes, fous le nom de maladies foporeufes, ont raffemblé dans une même claffe plufieurs maladies, dans lefquelles la fomnolence fe montre comme phénomène à peu près conftant. (Emeric Smith.)

SOPORIFIQUE, adj. & f. m. (*Mat. méd.*) On regarde généralement ce mot comme fynonyme de fomniferes ; cependant fon étymologie le rapproche davantage du mot narcotique.
(Emeric Smith.)

SORA, f. m. (*Path.*). Ce mot, dont l'origine eft arabe, a été confervé par les pathologiftes pour défigner une éruption fubite & aiguë qui fe fait à la peau, & différe des apparences que préfente l'urticaire, en ce que les tubercules font plus rares, aplatis, durs & d'une couleur blanche, & qu'ils font entourés d'une auréole rofée analogue à celle que produit la piqûre de l'ortie. (*Voyez* Urticaire.).

SORBIER, f. m. (*Bot.*, *Mat. méd.*) *Sorbus*. Ce genre appartient à l'Icofandrie trigynie de Linné, & fait partie de la famille des Rofacées. Il renferme deux arbres indigènes, dont les fruits peuvent fe manger ou être employés à préparer une boiffon fermentée. L'un eft le *forbus domeftica*, le fecond eft le *forbus aucuparia*, que l'on cultive dans nos jardins, plutôt à caufe de l'éclat de fes fruits, dont la couleur imite le corail, qu'à raifon de fon utilité réelle.

Le forbier domeftique fournit des fruits qui avant leur parfaite maturité font d'une âpreté infupportable ; aufli eft-on obligé d'attendre, avant de les manger, qu'ils aient fubi certaines altérations qui changent leur nature & modifient leur faveur. On préparoit autrefois avec ces fruits une conferve que fon aftringence faifoit regarder comme un médicament utile dans le flux de ventre & dans quelques autres affections analogues.

On retire des forbes un acide que l'on a nommé *forbique*, mais qui ne paroît point différer de l'acide malique.

Quant au forbier des oifeaux, ce n'eft guère qu'en Suède & dans le nord de l'Allemagne qu'on l'emploie pour faire une forte de cidre, d'où l'on retire enfuite une petite quantité d'alcool. (*Voyez*, pour les détails, la partie botanique de cet ouvrage.) (R. P.)

SORDIDE, adj. (*Path.*) *Sordidus*, fale, malpropre, plein d'ordures, de *fordere*, être fale. On donne cette épithète aux ulcères livides, de mauvaife nature, dont l'afpect eft repouffant, qui fourniffent un pus, ou plutôt une fanie félide, noirâtre, rougeâtre, lie de vin, comme celle qui s'écoule des os cariés & de ces ulcères dégoûtans, qui fouvent fe reconnoiffent d'autres caufes qu'une profonde incurie : la fyphilis, le fcorbut, les fcrofules, les dartres, &c., en font une caufe très-fréquente : le vice cancéreux en fournit le type.

On dit quelquefois que le pus eft *fordide*, lorfqu'il a les qualités analogues à celui que fournif-

fent les ulcères de même nature : c'eft plutôt une fanie qu'un véritable pus. (Nicolas.)

SORGHO ou **SORGO**, f. m. (*Bot.*, *Mat. méd.*) On défigne fous ce nom plufieurs plantes du genre *Holcus* qui appartient à la Triandrie monogynie de Linné & à la famille naturelle des Graminées. On les cultive en Afrique pour en retirer les graines, qui, avec le millet, fervent à la nourriture des habitans de ces contrées.

Ces graines ont tous les avantages du maïs, & la plante eft même fufceptible, ainfi que plufieurs autres Graminées, de fournir une certaine quantité de fucre. Parmi les efpèces les plus communes, nous citerons l'*holcus forghum* L., l'*H. faccaratus* & l'*H. caffrorum*.

SORORIANT, adject. (*Phyfiol.*) *Sororians*. Expreffion employée pour défigner le développement des mamelles qui a lieu chez les jeunes filles à l'époque de la puberté, & qui eft précédé d'une forte de prurit & de quelques autres fymptômes concomitans.

SORT, f. m. *Maleficium*. Parmi les erreurs populaires, l'une de celles qui ont été le plus généralement répandues étoit la puiffance attribuée à quelques perfonnes âgées ou à des individus menant une vie oifive & filencieufe, de pouvoir nuire à ceux dont ils vouloient fe venger, foit en provoquant chez eux le développement de maladies, foit en leur *jetant un fort*, en attirant fur les perfonnes qui leur appartenoient, ou fur leurs beftiaux, des maléfices qui, bien que dans l'ordre naturel, n'en paroiffoient cependant pas moins être le réfultat d'un pouvoir furnaturel. (*Voyez* Aiguillette.)

Sort (Eaux minérales de). Au bas d'un coteau appelé *Lous-Caftets*, fitué à deux lieues de Dax, font des eaux minérales froides. Elles font ferrugineufes & contiennent une petite quantité de fulfate de foude.

SOUBISE (Eaux minérales de). Ces eaux minérales, nommées auffi fources de la *Rouillaffe*, font à une très-petite diftance de la ville de Soubife, fituée fur la Charente. Elles font froides, ferrugineufes, & en général très-peu employées.
(R. P.)

SOUBRESAUT, f. m (*Séméiot*) *Subfultus, tendinum*. C'eft ainfi qu'on appelle une tenfion, un mouvement vif imprimé aux tendons par la contraction brufque & involontaire des mufcles de la vie de relation. Les foubrefauts fe font quelquefois remarquer, dans l'état de fanté, chez des individus dont le fyftème nerveux eft fort irritable, comme chez les enfans, les femmes hyftériques, les hypochondriaques, &c. Ce phénomène fpafmodique, qui a lieu particulièrement au mo-

K 2

ment du fommeil, n'eft ordinairement d'aucune importance. Il n'en eft pas de même des foubrefauts qui fe manifeftent dans les maladies ; ils font toujours l'indice d'une irritation idiopathique ou fympathique du cerveau, & font en général de mauvais augure. (EMERIC SMITH.)

SOUCHET, f. m. (*Mat. médic. végét.*) *Cyperus.* Ce genre, qui donne le nom à une famille naturelle, appartient à la Triandrie monogynie de Linné. Il renferme une grande quantité d'efpèces, dont quelques-unes, en petit nombre, font ufitées en médecine ou dans les arts. Nous mettrons à leur tête le fameux *papyrus* d'Egypte (*cyperus papyrus* L.), dont on mangeoit rôtie la moelle & la partie intérieure de la tige : on écrivoit fur fon écorce préparée en papier. Comme la tige eft très-fpongieufe, on s'en fervoit pour élargir les fiftules, ce qu'elle opéroit par fon gonflement. Les fleurs & les rameaux fervoient à divers autres ufages économiques ; les Egyptiens, qui faifoient le plus grand cas de ce végétal, en plaçoient fous les bras des momies.

Le fouchet comeftible (*cyperus efculentus* L.), eft celui dont on fait actuellement le plus d'ufage. On le cultive à caufe des tubercules de fes racines, bruns, du volume d'une noifette, dont on fe nourrit, & qui ont un peu le goût de la châtaigne. On en mange en Egypte fous le nom d'*abelafie*, & au Sénégal ; en Efpagne on le cultive dans le royaume de Valence, en Andaloufie, & à Madrid on en prépare une forte d'orgeat. A Manille, à la Chine, on enfile ces tubercules d'une petite brochette, qu'on plonge enfuite dans l'eau bouillante, & on les fert cuits fur les tables. Plufieurs autres efpèces voifines paroiffent également avoir des racines nourriffantes.

La médecine emploie le fouchet long (*cyperus longus* L.), qui croît le long des ruiffeaux de notre pays, & dont la racine amère, aromatique, eft ufitée comme tonique & ftomachique, & dans les parfums. Le fouchet rond (*cyperus rotundus* L.), eft également ufité ; il croît en Egypte.

Les Indous regardent la racine du *cyperus juncifolius* Rottl., comme diaphorétique & diurétique ; ils la recommandent en décoction contre les fièvres & dans les difpofitions à l'hydropifie, à la dofe d'une demi-taffe par jour.

En Egypte, on donne la racine du *C. fuscus* L. à la dofe de deux taffes par jour contre la colique venteufe, d'après Ehrenberg. Comme cette plante vient chez nous, on pourroit, en pareil cas, en effayer l'ufage.

SOUCHETS, f. m. pl. *Cyperaceæ*. Cette famille naturelle, de la divifion des Monocotylédones, de la Triandrie monogynie de Linné, renferme des herbes graminiformes qui ne préfentent que très-peu d'intérêt pour la médecine. La racine de plufieurs eft odorante & fert dans les parfums ;

quelques-unes préfentent des tubercules amylacés dont on fe nourrit dans différens pays ; d'autres enfin offrent quelqu'emploi médical, tels font plufieurs *carex*, comme le *C. veficaria* L., dont les Lapons s'entourent les pieds & les mains pour fe préferver des engelures ; le *C. arenaria* L., dont la racine fent la térébenthine & remplace en Allemagne la falfepareille, d'où a pris le nom de *falfepareille d'Allemagne* ; les *C. hirta* L., *disticha* Schr., qui ont les mêmes propriétés. Il y a à Amboine un *carex* dont on fe fert contre la gonorrhée & l'impuiffance. Plufieurs efpèces de *cyperus* font ufités par les thérapeutiftes. (*Voyez* SOUCHET.) Les feuilles des cypéracées, en général dures & piquantes, au moins fur les bords, font peu recherchées des animaux, fans doute auffi parce qu'elles contiennent peu de parties nutritives. (MÉRAT.)

SOUCI, f. m. (*Bot.*, *Mat. méd.*) *Calendula.* Genre de la Syngénéfie polygamie néceffaire L., & de la famille naturelle des Corymbifères. Parmi une vingtaine d'efpèces dont fe compofe ce genre, le *calendula officinalis* & le *C. arvenfis* font les feuls dont on ait fait ufage en médecine ; leur faveur, légèrement amère, femble annoncer des qualités ftimulantes ; auffi les employoit-on dans la chlorofe, les affections hyftériques, les obftructions au bas ventre, l'ictère, les fcrofules & quelques autres affections analogues. Aujourd'hui il eft bien rare que l'on fe ferve de quelques-unes des préparations dans lefquelles autrefois la fleur de fouci entroit comme l'un des principaux ingrédiens : cependant, fi l'on jugeoit convenable d'en faire ufage, on pourroit l'adminiftrer en infufion dans une pinte d'eau à la dofe d'un gros ou d'une demi-once. (R. P.)

SOUDE, f. f. (*Chimie.*) *Soda.* Oxyde de fodium hydraté (alcali minéral). La foude eft une fubftance folide, qui offre les mêmes propriétés que la potaffe. On l'obtient en traitant la foude du commerce, d'abord par la chaux vive, puis après par l'alcool. Nous renvoyons le lecteur qui voudroit de plus amples détails, au *Dictionnaire de chimie* de l'Encyclopédie, & principalement au tome cinquième du *Dictionnaire de Géographie phyfique*, où le mot SOUDE eft traité avec beaucoup d'extenfion ; nous paffons de fuite aux fels de foude & à leurs ufages en médecine.

DES SELS DE SOUDE.

Un grand nombre de fels de foude ayant été traités à l'article SELS en général, nous ne parlerons ici que de ceux qui n'y ont pas pris place.

Sous-borate de foude. (Borax.) Ce fel, autrefois employé en médecine comme fondant, dans les engorgemens de la matrice & dans les fuppreffions des menftrues, n'eft plus guère adminiftré à l'intérieur : mais comme médicament externe, il entre encore dans la compofition de quelques gargarifmes déter-fifs, & notamment dans la compofition du *linctus ad aphthas,* formé de firop de mûres & de fous-borate de foude dans la proportion d'un gros de fel par once de firop; on emploie auffi quelquefois la diffolution de borax pour toucher les ulcères rongeans, les verrues, les condylômes, &c. On peut s'en fervir auffi pour rendre la crème de tartre foluble.

Carbonate de foude. (*Voyez* l'article SELS, & le mot CARBONATES, traité par Fourcroy, dans le tome IV de ce Dictionnaire.)

Phofphate de foude. (*Voyez* PHOSPHATES au mot SELS de ce Dictionnaire.)

Sulfate de foude. (Sel de glauber, fel admirable, foude vitriolée, alcali minéral vitriolé.) Ce fel eft très-abondant dans les cendres des plantes marines, & on le rencontre dans certaines eaux minérales, telles que celles de Dieufe, de Château-Salins, &c. On en fait un très-fréquent ufage en médecine, & on l'adminiftre comme purgatif à la dofe d'une once ou deux, que l'on fait prendre dans deux verrés de bouillon d'herbes ou de veau, ou bien encore dans une infufion de chicorée. Il entre auffi dans la compofition des lavemens purgatifs, à la même dofe, que l'on fait le plus fouvent fondre dans une infufion de féné. Il eft de même très-employé, comme apéritif & fondant, dans le traitement des maladies cutanées, & furtout dans les ictères de longue durée.

$$\left.\begin{array}{l}\textit{Le fulfite,}\\ \textit{L'iodate,}\\ \textit{Le chlorate,}\\ \textit{Le nitrate}\\ \textit{et l'hyponitrite}\end{array}\right\}$$ de foude font fans ufage en médecine.

L'hydrochlorate de foude. (Muriate de foude, fel de cuifine, fel gemme, fel commun, fel gris.) Ce fel fe rencontre très-abondamment dans les eaux de la mer, dans les eaux de certains lacs, & dans celles d'un grand nombre de fources; on en trouve auffi dans certains pays, en Angleterre, en Efpagne, en Hongrie, en Pologne & en Ruffie des maffes tellement volumineufes, qu'elles forment de véritables mines. On en fait un fréquent ufage en médecine : à l'intérieur, on le donne comme fondant dans le traitement d'une foule de maladies fcrofuleufes & dans les engorgemens du foie, de la rate & du méfentère, & dans le traitement des maladies cutanées. On compofe avec l'hydrochlorate de foude, à la dofe d'une once ou deux, des lavemens qui ont fouvent produit de bons effets, dans l'affection rhumatifmale connue fous le nom de *lumbago.* A l'extérieur, on en fait auffi fouvent ufage pour rendre les pédiluves plus actifs & pour compofer une eau falée qui

fert à imbiber les compreffes que l'on applique fur les contufions.

Un grand nombre de perfonnes, & même quelques médecins, ont la mauvaife habitude de gorger de fel les individus frappés d'apoplexie; ce moyen, qui n'a pas par lui-même l'efficacité que lui accorde le vulgaire, peut être très-nuifible, en ce que ce fel, dont une partie pénètre toujours dans l'arrière-bouche du malade, peut être introduit dans la trachée-artère, & dès-lors produire une fuffocation fouvent mortelle, ou qui au moins ne peut qu'être nuifible, & par conféquent contraire à la maladie pour le traitement de laquelle on l'adminiftre.

Les autres fels de foude, tels que

$$\left.\begin{array}{l}\textit{L'hydriodate,}\\ \textit{L'hydro-fulfate}\\ \textit{et l'hydro-phtorate}\end{array}\right\}$$ font fans ufage en médecine.

SOUDE, f. f. (*Bot., Mat. méd.*) *Salfola.* Genre de plantes de la Pentandrie digynie & de la famille des Chénopodées. Ce genre renferme un grand nombre de plantes herbacées, ligneufes ou fous-ligneufes, qui croiffent fur le rivage des mers, & des cendres defquelles on retire la fubftance nommée *foude.* Les efpèces les plus recherchées font : la foude ordinaire, *falfola foda,* le kali, *falfola kali,* & la foude épineufe, *falfola tragus.* (CH. HENNELLE.)

SOUFFLET, f. m. (*Inftr. de chir.*) *Follis.* Uftenfile de ménage, trop connu pour en donner une defcription, qui fert à établir un courant d'air dans un point quelconque du foyer pour activer la combuftion.

Dans plufieurs cas d'afphyxie, principalement chez les noyés, il a paru utile d'introduire un air frais dans les poumons. On fouffla d'abord avec la bouche dans celle de l'afphyxié; mais, outre que ce moyen eft défagréable, il portoit dans les poumons un air vicié, un air qui contenoit moins d'oxygène & plus de gaz acide carbonique, puifqu'il avoit déjà fervi à la refpiration : on penfa au foufflet. On introduifoit la tuyère dans une narine, on s'oppofoit à la fortie de l'air par celle du côté oppofé & par la bouche, & on imitoit les mouvemens de la refpiration. Maintenant on fait pénétrer une fonde dans la trachée-artère, en la faifant d'abord paffer par le nez; on adapte la tuyère du foufflet au pavillon de la fonde, & l'air eft porté directement dans l'organe refpiratoire. On tenoit quelquefois en fufpenfion, dans l'air qui devoit pénétrer dans la poitrine, des vapeurs plus ou moins excitantes, à préfent on fe contente d'un air pur : tel eft l'ufage médical du foufflet, que quelques perfonnes ont propofé comme ventilateur. (NICOLAS.)

SOUFFLET, f. m. (*Médec. lég.*) *Alapa, cola-*

phus. Ce dernier mot paroît plutôt défigner le foufflet à poing fermé. Le foufflet eft un coup du plat ou du revers de la main fur la joue. Il peut arriver, & il eft arrivé plufieurs fois, qu'un foufflet étant rudement appliqué par une main vigoureufe, la mort peut s'enfuivre, non occafionnée par la chute qui en eft une fuite fréquente, mais bien par le violent ébranlement communiqué à la maffe encéphalique ; il y a donc, dans ce cas, commotion par le coup. Plufieurs procès-verbaux ont été dreffés pour des foufflets à la fuite defquels la mort étoit furvenue, mort qui avoit été, à ce qu'il paroit, attribuée à tort à la chute, tandis que le foufflet en étoit la véritable caufe. Le médecin appelé dans de pareilles circonftances devra mettre toute fon attention pour favoir de quelle manière le foufflet a été donné, fi c'eft du plat ou du revers de la main, ou fi c'eft à poing fermé ; quelle eft la partie fur laquelle le coup a porté ; fi l'individu frappé eft tombé, & s'il eft tombé, de quelle manière la chute a eu lieu ; fi c'eft de fa hauteur ou s'il étoit affis ; s'il y a épanchement ou non : on ne peut, dans ce cas, s'entourer de trop de lumière, afin de pouvoir faire un rapport véridique, & furtout confciencieux. Le médecin appelé à faire un rapport eft comme le juré.

Une furdité, une cécité paffagères ou durables, l'ébranlement, la chute d'une ou de plufieurs dents, le froiffement des diverfes parties de la face, une commotion cérébrale plus ou moins forte, l'épilepfie, un état d'imbécillité, la phrénéfie, une épiftaxis, peuvent être la fuite du foufflet.

Mais, d'un autre côté, on a vu des névralgies qui avoient leur fiége à la tête, le hoquet, la furdité, la cécité guéris par un foufflet bien appliqué. (NICOLAS.)

SOUFFLEUR, adj. (*Art. vétér.*) *Anhelator.* Cette épithète fert à caractérifer un cheval dont la refpiration eft bruyante, défaut qui peut dépendre de plufieurs caufes. (D.)

SOUFFRANCE, f. f. *Dolor, cruciatus.* Un grand nombre de maladies font accompagnées de douleurs continues qui, bien que peu intenfes, finiffent cependant par altérer même la conftitution la plus forte. Pour les caractérifer on fe fert plus particulièrement du mot *foufrance*, & l'on réferve l'expreflion *douleur* pour exprimer des fenfations pénibles qui, bien que plus vives, n'ont point la même continuité, & dès-lors ne produifent pas les mêmes défordres. (R. P.)

SOUFRE, f. m. (*Chim., Mat. méd.*) *Sulfur* ou *fulphur.* Le foufre eft un corps fimple non métallique, que l'on trouve très-abondamment dans la nature à l'état natif. Il eft ou criftallifé, ou en maffes, ou en pouffière fine, mais le plus

fouvent uni à des métaux ou combiné avec l'oxygène, comme dans les fulfates de chaux (*plâtre*), de magnéfie (*fel d'Epfom*) ; dans les pyrites de fer, de cuivre, &c. On le rencontre plus particulièrement dans le voifinage des volcans.

Le foufre eft folide, d'une couleur jaune-citron, inodore, infipide, tranfparent ou opaque, fuivant qu'il eft ou n'eft pas criftallifé.

Ufages. Le foufre a toujours été confidéré comme un des meilleurs excitans du fyftème exhalant que nous connoiffons ; auffi à ce titre eft-il conftamment employé dans les maladies de la peau, & plus particulièrement encore dans le traitement de la gale, des différentes efpèces de teignes & de dartres. A l'intérieur, on le donne à l'état de foufre fublimé, à la dofe de 18 à 72 grains par jour, que l'on fractionne & que l'on fait prendre dans du pain azime, dans un pruneau ou dans une cuillerée à café de confitures ; on le donne auffi en paftilles fous forme de bols, ou en fufpenfion dans du lait ou tout autre véhicule ; on l'adminiftre encore fous forme de baumes, qui ne font autre chofe que des huiles effentielles tenant du foufre en diffolution. Les plus connus et ceux dont on fait un plus fréquent ufage font : le *baume de foufre anifé*, le *baume de foufre térébenthiné*, & le *baume de foufre fucciné*, que l'on préfcrit à la dofe de 20 ou 30 gouttes dans un véhicule approprié.

La potaffe combinée avec le foufre donne un produit connu fous le nom de *foie de foufre*, qui eft un des médicamens les plus ufités. Nous renvoyons le lecteur à l'article POTASSE, où il eft traité avec tous les détails néceffaires à l'importance de ce médicament.

A la dofe de deux ou trois gros, le foufre agit comme purgatif, mais à des dofes moindres il eft excitant, & fpécialement employé dans les affections chroniques du poumon & des vifcères abdominaux. Les fameufes pilules de Morton, tant vantées & fi fouvent employées par ce praticien dans le traitement des phthifies ou des catarrhes chroniques, & defquelles il a obtenu, dans ce cas, de véritables fuccès, contiennent du *baume de foufre anifé*.

Quant à l'ufage du foufre, on l'emploie fous forme d'onguent préparé avec la graiffe de porc, ou bien on l'incorpore avec du cérat ordinaire ; quelquefois auffi dans le traitement de la gale on fait ufage d'un liniment compofé avec parties égales de foufre & de chaux vive, triturées avec foin & incorporées dans de l'huile d'olives ou d'amandes douces. (CH. HENNELIE.)

SOULIER, f. m. (*Hyg.*) (*Voyez* CHAUSSURES.)

SOUPE, f. m. (*Hyg.*) Cet aliment, d'un ufage prefque général dans notre pays, peut donner l'eu à des considérations hygiéniques assez importantes : car la manière de le préparer, les ingrédiens dont il est composé, les assaisonnemens que l'on peut y ajouter, modifient ordinairement ses propriétés. Ainsi, quelquefois c'est du pain trempé dans du lait, dans du bouillon gras, ou seulement dans de l'eau, à laquelle on ajoute un peu de sel, du beurre ou de la graisse, & parfois des légumes. Dans d'autres circonstances, ce sont des fécules, du riz ou des pâtes diversement préparées.

Eu général cette espèce d'aliment est facile à digérer : aussi les enfans, les vieillards & les convalescens, en font-ils un fréquent usage ; cependant on a reproché à la soupe d'être peu convenable pour certains estomacs. On conçoit effectivement que les personnes lymphatiques chez lesquelles cet organe est habituellement surchargé de mucosités, ne trouvent point dans cette préparation un aliment assez excitant, & qu'en général une nourriture sèche semble beaucoup mieux appropriée à leur tempérament.

Les soupes, dites *économiques*, doivent être mises au nombre des inventions les plus utiles qu'ait suggérées une sage philanthropie : en effet, elles peuvent fournir à la classe indigente un aliment salubre, peu coûteux, surtout s'il est préparé en grand.

Ces sortes de soupes sont composées de légumes secs, tels que haricots, lentilles, pois, fèves, &c. Elles contiennent aussi quelquefois du riz, du maïs, de l'orge, & le plus ordinairement des pommes de terre ; toutes substances très-abondantes en fécule, & par cela même éminemment nutritives. Une petite quantité de beurre, de graisse ou de lard concourt à rendre cet aliment plus agréable. (R. P.)

SOUPIR, s. m. (*Séméiot.*) Il consiste en une inspiration plus grande, plus profonde que les autres, suivie d'une expiration proportionnée & souvent bruyante. Le soupir a évidemment pour effet & pour but de faire parvenir dans les poumons un plus grand volume d'air, de le pousser jusque dans les dernières extrémités des bronches, & par là d'activer & d'augmenter l'hématose. Les causes du soupir sont donc toutes celles qui retardent ou empêchent le changement du sang veineux en sang artériel. Il suffit pour s'en convaincre de jeter un coup-d'œil sur les principales circonstances qui nous font soupirer. Tantôt ce sont des mouvemens musculaires, qui dilatent & resserrent la poitrine, dont l'action est momentanément suspendue ou diminuée : c'est ce qui arrive par l'effet d'une attention soutenue, d'une passion vive, comme la crainte, l'espérance, l'amour surtout ; d'une douleur physique que l'on craint d'augmenter par la respiration ; des affections cérébrales qui diminuent l'influence nerveuse, telles que les inflammations & les hydro-

pisies encéphaliques, l'apoplexie, la fièvre ataxique, &c. ; après un sommeil prolongé, une syncope, un accès d'hystérie, de léthargie, &c. Tantôt ces mêmes mouvemens sont accélérés, mais peu profonds, comme à la suite d'une course rapide, lorsqu'on vient de pleurer ou de rire, pendant la fièvre. Dans ces derniers cas, l'accélération des battemens du cœur concourt au même effet, en poussant dans les poumons une quantité de sang disproportionnée à celle de l'air qui y arrive. La même cause, je veux dire la rapidité de la circulation, peut agir indépendamment des mouvemens respiratoires pour vicier l'hématose, & par conséquent provoquer le soupir, comme dans les anévrismes du cœur, les palpitations, &c. Dans d'autres cas c'est la constriction des canaux aériens & peut-être des poumons eux-mêmes, qui s'oppose à la libre entrée de l'air dans les dernières ramifications bronchiques, comme dans l'asthme, le catarrhe suffocant des enfans, l'angine de poitrine, la coqueluche, &c. Enfin l'hématose peut être imparfaite par le défaut d'air ou d'oxygène, ou par les qualités irrespirables ou délétères des gaz qui se mêlent à l'air ; c'est ce qui constitue les diverses espèces d'asphyxie, dans lesquelles le retour à la vie est toujours marqué par des soupirs plus ou moins fréquens. On voit par l'exposé bref & imparfait que nous venons de tracer des causes qui peuvent amener le soupir, que c'est un mouvement instinctif qui tend à rétablir, à parfaire l'hématose.

Lorsque la cause qui dérange celle-ci est accidentelle & légère, ou purement morale, le soupir n'est ordinairement d'aucune importance ; mais quand cette cause a agi profondément sur l'organisme, ou est difficile à écarter, le soupir mérite une attention sérieuse. (EMERIC SMITH.)

SOUPLE, adj. (*Pathol.*) *Flexibilis*. Dans la variété des nombreuses modifications que présente le pouls, il en est une que l'on désigne par le mot *souplesse*, & qui a pour caractère d'offrir un certain développement, joint à de la mollesse, en sorte que l'artère semble céder sous le doigt qui la presse. (*Voyez* POULS.)

SOURCIL, s. m. (*Pathol.*) On appelle ainsi deux éminences bien connues, dont la description anatomique ne doit pas trouver place ici. La diversité de leur forme, les variétés de couleur & d'épaisseur des poils qui les recouvrent, & les mouvemens que leur communiquent les muscles surcilier & frontal, contribuent beaucoup à l'expression de la figure. Le principal usage physiologique des sourcils paroît être de retenir & de détourner des yeux la sueur qui s'écoule du front ; ils peuvent aussi, en s'abaissant, modérer l'éclat d'une lumière qui pourroit fatiguer l'organe de la vue.

Les fourcils fourniffent à la féméiotique quelques fignes importans. En général leur dépreffion ou leur abaiffement indique une foibleffe confidérable, & quelquefois même l'imminence d'une terminaifon funefte. Leur élévation, leur redreffement au contraire dénote une grande énergie vitale ; & dans les affections aiguës, cet état précède fouvent le délire ou les convulfions.

Les fourcils peuvent être le fiége d'un affez grand nombre de léfions & d'affections pathologiques.

Les bleffures des fourcils occafionnent fouvent un accident grave, la cécité, qui a été le fujet de longues difcuffions parmi les chirurgiens. Les uns, en effet, l'ont attribuée à la fection du nerf frontal ; les autres, à la commotion ou à la contufion du cerveau, & à fon inflammation confécutive. Il n'y a eu erreur, à mon avis, que lorfque l'on a voulu adopter exclufivement l'une ou l'autre de ces deux explications, qui font fondées également fur des obfervations inconteftables.

On voit quelquefois la lèpre, la fyphilis, les dartres, &c., porter leur action fur les fourcils & les dépiler. L'art cofmétique peut, jufqu'à un certain point, remédier à cet inconvénient.

Des inflammations éryfipélateufes, dartreufes, teigneufes, des ulcérations de diverfes efpèces, des tumeurs fquirrheufes, fyphilitiques, peuvent fe développer fur la peau & dans le tiffu cellulaire qui entrent dans la compofition des fourcils. Mais la defcription & le traitement de ces altérations morbides ne préfentent pas affez de particularités pour que nous entrions dans aucun détail à leur égard.

Des poux & même des morpions peuvent fe cacher dans l'épaiffeur des fourcils. Ces derniers infectes y déterminent quelquefois des ulcérations dont la caufe peut être long-temps ignorée. Mais les uns & les autres font facilement détruits par quelques frictions mercurielles.

(Eméric Smith.)

SOURCILLER, ère, ou Surcilier, adj. (*Anat.*) *Superciliaris*. On a donné cette épithète à plufieurs parties qui ont rapport aux fourcils ; ainfi on appelle *éminences* ou *arcades fourcillières* deux faillies fituées à la partie fupérieure de la portion orbitaire de l'os frontal. Cette même dénomination a été donnée à un mufcle & à une artère qui appartiennent aux fourcils. Le mufcle s'étend de la boffe nafale jufqu'à la partie moyenne de l'arcade fusorbitaire : quant à l'artère, elle eft une des branches de l'ophthalmique. (*Voyez* Coronal, Ophthalmique & Sus-Orbitaire dans le *Dictionnaire d'Anatomie.*)

SOURD, f. & adj. (*Pathol.*) *Surdus*. Celui ou celle qui n'entend pas. Le pathologifte & le moralifte, furtout ce dernier, doivent établir une grande différence entre l'homme qui devient fourd dans un âge avancé, lorfqu'il a toutes les connoiffances qu'il eft fufceptible d'acquérir, & celui qui eft atteint de furdité avant l'entier développement de fon moral.

L'oreille eft certainement le fens dont l'organifation eft la plus mauvaife, & la preuve en eft dans le grand nombre de perfonnes qui ont, comme on le dit, l'*oreille fauffe*, nombre beaucoup plus confidérable qu'on ne pourroit le fuppofer de prime abord ; d'un autre côté le fens de l'ouïe fe conferve affez bien, & s'il acquiert un peu de *dureté*, ce n'eft guère que dans un âge affez avancé, & alors que cette incommodité devient une infirmité.

Le *fourd tardif* a un caractère tout différent de celui qui eft fourd en naiffant, ou qui le devient très-peu de temps après la naiffance : il a connu toutes les jouiffances de l'oreille, dont il eft actuellement privé ; il a connu toutes les fauffetés de l'efpèce humaine ; il a fu que dans les réunions, formées même par des gens qui fe difoient amis, on parloit toujours mal de quelqu'un, de fon voifin même, s'il ne pouvoit pas l'entendre, & peut-être lui-même l'a-t-il fait : voilà ce qui le rend fi attentif à tout ; il voudroit lire dans la penfée de tous ceux qui l'entourent, & furtout dans celle des perfonnes qui parlent ; il craint que l'on ne médife de lui ; il croit être l'objet de toutes les converfations, & furtout fi en parlant la vue fe porte fur lui par mégarde, lorfqu'il ne peut comprendre par les geftes ou le mouvement des lèvres quel eft le fujet de l'entretien. Il eft morofe, foucieux dès qu'il eft dans le monde ; on dit que l'aveugle eft plus gai que le fourd, ou autrement que la cécité porte moins à la trifteffe que la furdité ; mais a-t-on bien réfléchi à la caufe de cette différence, différence qui pourroit bien n'être qu'apparente ? L'aveugle a befoin de tout le monde, il fent qu'il ne peut fe paffer de quelqu'un ; il defire de plaire, il cherche à être agréable, auffi eft-il gai, aimable pour capter la bienveillance ; il entend tout, feulement il ne voit pas ; la perte de la vue ne l'empêche pas de fe livrer aux différentes études qui développent, agrandiffent l'imagination ; l'étude de la métaphyfique lui plaît même beaucoup. Le fourd au contraire peut fe paffer de tout le monde ; il va & vient librement, fait fes affaires fans le fecours de perfonne. On communique avec lui promptement & facilement, au moyen de l'écriture ; voilà pour quoi il cherche moins à attirer la bienveillance, & comme me difoit une femme d'un rare favoir, & riche en fines obfervations : *On ne voit ordinairement le fourd que dans le moment de la privation, & l'aveugle que dans celui du la jouiffance.* (*Voyez* Surdité. (Nicolas.)

SOURD-MUET, f. & adj. (*Pathol.*) *Surdus natus.*

natus. Le sourd-muet est celui qui a une surdité congéniale, ou qui survient peu de temps après la naissance, mais avant que l'enfant ait eu le temps d'apprendre à parler. Il est de toute évidence, mais seulement depuis qu'on le fait, que l'homme n'est muet que parce qu'il n'entend pas.

Le sourd-muet nous présente le curieux phénomène d'un sauvage, d'un enfant de la nature, se développant & vivant au milieu de la civilisation la plus avancée, n'en étant que très-peu modifié. Sa vie est toute physique lorsqu'il n'a pas reçu une éducation très-suivie; il ne possède aucun moyen de se mettre en rapport avec les autres hommes; il voit des actions, ou des mouvemens, ce qui est la même chose pour lui, mais il n'en connoît pas le motif; tout lui est indifférent; il n'a pas la crainte de l'avenir; il ne redoute que le danger évident. Il est très-porté à l'amour, mais seulement physiquement, & comme les animaux, nous paroissent l'être; il ne connoît pas le sublime des actions, rien ne peut l'inspirer; c'est un être parasite, arrêté dans son développement intellectuel: comme il n'a pu étendre son intelligence, il est resté tel qu'il étoit en venant au monde, & de plus très-disposé à l'idiotisme; il est féroce, cruel, mais sans raisonnement, & comme le sont quelques enfans, à moins qu'il n'ait un esprit supérieur, mais alors il perd de son indifférence. Si on l'empêche de s'approprier une chose, il ne fait pas pourquoi; elle lui plaît, il la voudroit, & cependant il est très-égoïste; il donne rarement; il a le sentiment de la propriété. S'il devient voleur, c'est que l'objet lui plaît, & qu'il veut l'avoir; si on le poursuit, il fuit, mais seulement pour empêcher qu'on le lui reprenne; s'il se cache une autre fois pour dérober, ce n'est que pour éviter que l'objet lui soit repris; le vol proprement dit n'existe donc pas pour lui. Brutal par moment, la moindre résistance, un geste très-expressif le mettent en fuite. Il n'est triste que lorsqu'il souffre. Son état habituel est l'impassibilité; il s'adonne aux exercices, ne s'occupe pas de ce que font les autres, ou s'il le fait, ce n'est qu'indifféremment, à moins qu'il ne puisse en retirer quelque bénéfice physique immédiat. Il a la plus grande confiance dans la médecine, se soumet aveuglément aux dogmes religieux, sans avoir cependant aucune idée de l'immortalité de l'âme, ni de l'instabilité de la vie humaine. D'après les observations de M. Itard, un quarantième de sourds-muets atteint d'idiotisme, idiotisme qui doit dépendre en partie de la cause de la surdité, si elle a son siège dans le cerveau, & en partie du non développement de l'intelligence, arrêté par la perte de l'ouïe. Tel enfant qui bien conformé n'eût été que foible d'esprit, sera idiot s'il est sourd-muet. Il supporte patiemment les opérations, &, d'après le même médecin il résiste d'une manière étonnante à l'action des médicamens stimulans, des purgatifs. Cette remarque

est très-importante. La sourde-muette, modifiée par son organisation, est plus affectueuse, témoigne plus d'amitié; elle est même susceptible de reconnoissance.

Quelques sourds-muets ont une intelligence très-grande, sans avoir été instruits. J'ai connu un sourd-muet, cordonnier, & le premier dans son état, doué de la plus grande intelligence: il étoit très-soigneux de tout ce qui l'entouroit; seulement comme ses intérêts lui étoient plus chers que ceux des autres, il falloit quelquefois lui parler un peu rudement; de temps en temps il étoit porté au mal. On l'a vu aller attendre des personnes dans des chemins détournés pour les voler, mais la plus légère résistance le faisoit fuir; il vivoit de pair avec ses camarades, étoit souvent le chef de leur réunion; enfin il fût devenu un second *Massieu,* s'il eût eu le bénéfice de l'instruction. Ses camarades disoient de lui qu'*il ne lui manquoit que la parole.*

Le sourd-muet que l'on instruit perd une grande partie de cette vie toute physique. L'éducation développe en lui les germes de son moral; il se met en rapport avec ceux qui l'entourent, comprend la fin des choses, le pourquoi, le comment des actions; il peut distinguer le bien du mal; mais malgré cela, il ne faut jamais oublier, dans les jugemens auxquels ses actions peuvent être soumises, qu'il ne fait presque pas partie de la société, qu'il est très-disposé à l'idiotisme, & que l'on s'exposeroit à condamner un individu privé de facultés comme celui qui les possède toutes.

Je ne dois pas terminer cet article, quoique déjà trop long, sans parler d'un nouveau procédé indiqué comme infaillible pour guérir presque toutes les surdités. Depuis quelques années, M. le Dr. Deleau a préconisé successivement différens moyens pour guérir la surdi-mutité & la surdité, deux états qu'il considère comme ne devant apporter aucune modification dans le traitement. Il pense que presque toujours la surdité dépend d'une oblitération quelconque de la trompe d'Eustachi, & que cette maladie guérit beaucoup plus souvent qu'on ne l'a cru jusqu'à présent.

M. Itard, dont le jugement sur cette matière doit être d'un grand poids, pense que la surdité congéniale est presqu'incurable, & il avoue que rarement il a obtenu quelques succès; M. Sailly est du même avis, mais il admet plus de cas de guérison; suivant M. Deleau, la surdité seroit au contraire la plus souvent curable: Imbu de l'opinion que l'oblitération, l'engouement de la trompe d'Eustachi étoient causes fréquentes de cette infirmité, parce qu'il n'y avoit pas d'air dans l'oreille moyenne, ce médecin pensa que dilater ce canal s'il étoit rétréci, le déblayer pour ainsi dire s'il étoit engoué pour y faire pénétrer facilement de l'air, ce seroit donner ou rendre l'ouïe aux sourds. En conséquence il perfora d'abord la membrane du tympan avec un instrument de son invention;

mais maintenant il ne conseille cette perforation que lorsque cette membrane est épaisse, cartilagineuse ou osseuse, lorsque la trompe d'Eustachi est oblitérée, ou que la caisse du tympan est engorgée; dans toutes les autres circonstances, il emploie le cathétérisme de la trompe d'Eustachi. Ce traitement, renouvelé par le modeste & savant Itard, ne lui offrit que quelques chances d'un foible succès; il se servoit d'une algalie d'argent, & faisoit des injections aqueuses chargées ou non de principes médicamenteux, quelquefois de vapeur d'éther. M. Deleau employa ce moyen, & le cathétérisme lui devint promptement très-familier; il eut d'abord recours aux injections aqueuses, qu'il abandonna bientôt malgré ses succès pour ne plus faire usage que des insufflations d'air ou des douches du même fluide. A cet effet, M. Deleau se sert d'une sonde de gomme élastique, à laquelle il attache la plus grande importance; mais pour indiquer son procédé & le moyen de reconnoître si l'ouïe peut être rendue, je suis obligé de transcrire quelques parties de ses observations, le traité complet qu'il doit publier n'ayant pas encore paru. « Le premier » jour, dit M. Deleau (il s'agit d'un sourd-muet), » le bec de la sonde s'engage difficilement dans » l'origine de la trompe, l'air arrive sur la face in- » terne du tympan en un filet si peu considérable, » qu'à peine distinguons-nous le bruit qu'il y pro- » duit & les vibrations qu'il excite sur le bord » du pavillon de la trompe, en retournant avec » force sur la surface externe de la sonde; le » quatrième jour, le bruit de la caisse est plus » considérable, il est muqueux. La sonde che- » mine dans la trompe de l'étendue d'un demi- » pouce. Ces changemens, qui se mettent en rap- » port avec le développement de l'ouïe, nous » donnent l'espoir d'entendre bientôt le bruit sec » qui doit être accompagné d'une ouïe plus fine, » sinon c'eût été de mauvais augure. » Un léger degré d'audition n'est pas la preuve que le trai- tement aura du succès. Chez un autre sourd & muet: « La sonde portée dans la trompe, ajoute- » t-il, pénétra facilement à une grande profon- » deur; le bruit sec, égal, continu, sans vibra- » tion du pavillon fit juger tout traitement inu- » tile: voilà comment on distingue les cas opé- » rables. »

Je me vois forcé de ne parler ici que très-suc- cinctement de la méthode de M. Deleau, mais on peut le voir opérer chez lui les jours qu'il cathé- térise. On aura d'ailleurs tous les renseignemens, que réclame une opération aussi importante, dans l'ouvrage ex professo qu'il doit publier sur cette matière: en attendant cette publication, voici comment il s'exprime: « Qu'on nous laisse jouir » un instant du fruit de nos recherches; non que » nous ayons l'intention de les tenir secrètes, seu- » lement nous desirons acquérir suffisamment de » connoissances théoriques & pratiques pour

» éviter ces contradictions choquantes qui en- » lèvent aux écrits de certains auteurs toute leur » autorité, quand ils veulent critiquer les tra- » vaux de leurs confrères. Nous voulons éviter » de nous prononcer trop tôt sur les progrès à » venir de la thérapeutique des maladies de » l'oreille, afin de ne pas attribuer un jour à » des miracles les cures que pourront opérer nos » successeurs, comme on le fait en parlant de » nos insufflations d'air. »

Il est nécessaire que la sonde soit introduite à une certaine profondeur; chez un des malades de M. De- leau l'air poussé avec force ne put arriver dans les caisses, ce qui ne l'étonna point, parce que la sonde n'étoit entrée qu'à quelques lignes dans la trompe; à la quatrième tentative l'instrument pé- nétra plus avant, & un petit filet d'air arriva dans la caisse droite, aussitôt le patient put converser avec assez de facilité...... Ce ne fut que par de nouvelles tentatives, reprises après quelque temps de repos, qu'il finit par dilater suffisamment la trompe d'Eustachi, qui depuis ne s'est pas re- fermée. Le malade avoit une phlegmasie chro- nique de la trompe d'Eustachi avec rétrécisse- ment, qui datoit du mois de janvier 1826. M. Deleau auroit dû signaler par quels moyens il avoit dilaté la trompe d'Eustachi rétrécie: les insufflations d'air faites de temps à autres paroîs- sent de toute insuffisance pour obtenir un pareil résultat. La durée la plus ordinaire de ce traite- ment est de huit jours à deux mois, ainsi qu'on peut s'en convaincre en lisant ses observations.

Jusqu'à présent M. Deleau paroît avoir eu le rare bonheur de ne rencontrer presque toujours que des surdités dues à l'engorgement ou à l'en- gouement de la trompe d'Eustachi, & cepen- dant c'est le cas le plus rare. M. Itard n'a ob- tenu que quelques succès par les injections aqueuses, il est vrai; M. Saissy a eu une chance un peu moins mauvaise, mais M. Deleau ne peut qu'être flatté de tous les succès consignés dans ses écrits; cependant il rendroit un service éga- lement important à la science s'il publioit avec une égale franchise, toutes les surdités qui ont résisté à ses insufflations d'air. La surdité, comme chacun le sait, peut dépendre de causes variées & souvent inconnues elle peut être due à des tu- meurs développées dans le cerveau ou le long de la trompe d'Eustachi, à des lésions organiques ou vitales du cerveau & des nerfs auditifs; à l'en- durcissement ou à l'ossification de la membrane du tympan, au défaut de forme, de rapport, ou à l'absence des osselets de l'ouïe, à des lésions des canaux demi-circulaires, à la paralysie des fibriles de la rampe du limaçon, à l'engouement de la caisse du tambour ou des canaux demi-circu- laires, &c., & cela sans compter les maladies purement chirurgicales. Dès-lors on conçoit, pour peu que l'on ait étudié la médecine avec un esprit philosophique, combien il est difficile de reconnoître la caufe de cette affection, & combien dans prefque tous les cas il feroit difficile de traiter avec avantage une maladie que l'on ne pourroit même pas combattre le plus fouvent avec fuccès, quand même elle feroit à la portée de la main. (NICOLAS.)

SOURIS, f. f. (Pathol.) Nyftagmus. Nom donné à une névrofe des mufcles de l'œil, dans laquelle cet organe fe meut latéralement dans l'orbite, indépendamment de la volonté; quelquefois même la paupière et l'iris participent à ce mouvement convulfif qui eft fouvent congénial, & auquel on fait rarement attention, à moins qu'il ne devienne trop fréquent. (R. P.)

SOUS-ACROMIO CLAVI HUMÉRAL, f. m. & adj. (Anat.) Sous-acromio huméral de Chauffier. Dumas a donné ce nom au mufcle deltoïde parce qu'il s'attache au-deffous de l'apophyfe acromion, à la clavicule & à l'humérus. (Voyez DELTOÏDE dans le Dictionnaire d'Anatomie.)

SOUS-ACROMIO HUMÉRAL. (Voyez le mot précédent.

SOUS-ALTLOÏDIEN, adj. (Anat.) Nom donné par Chauffier à la feconde paire des nerfs cervicaux qui eft placée au-deffous de la première vertèbre cervicale. (Voyez CERVICAL dans le Dictionnaire d'Anatomie.)

SOUS-AXOÏDIEN, adj. (Anat.) Nom des nerfs de la troifième paire cervicale fitués au-deffous de l'axis ou deuxième vertèbre du col. (Voyez CERVICAL dans le Dictionnaire d'Anatomie.)

SOUS-CLAVIER, ÈRE, adj. (Anat.) Dénomination donnée à plufieurs parties fituées au-deffous de l'os claviculaire; telles font deux artères placées à la partie fupérieure de la poitrine; dont l'une, celle du côté droit, naît de l'artère innominée ou tronc brachio-céphalique, et l'autre, de la croffe de l'aorte. Sous le même nom on défigne encore deux veines qui fuccèdent aux veines axillaires, paffent fous la clavicule, pénètrent dans le thorax, et viennent, par leur réunion, conftituer la veine-cave fupérieure. Enfin on appelle mufcle fous-clavier un petit mufcle fufiforme, dont l'ufage eft d'abaiffer la clavicule ou d'élever la première côte, lorfque l'épaule eft fixée. (Voyez SOUS-CLAVIER dans le Dictionnaire d'Anatomie.)

SOUS-COSTAL, ALE, adj. (Anat.), ou plutôt Sous-COSTAUX. C'eft ainfi que l'on défigne des mufcles dont la difpofition eft affez variable, & qui fervent aux mêmes ufages que les mufcles intercoftaux internes, dont ils ne font réellement que des appendices. (Voyez INTERCOSTAL & SOUS-COSTAL dans le Dictionnaire d'Anatomie.)

SOUS-CUISSE, f. m. (Band. app.) Pour maintenir certains appareils appliqués fur la poitrine ou fur l'abdomen, on fe fert communément d'une bande de toile, ou de cuir, nommée fous-cuiffe, qui, d'une part, fe fixe à la partie poftérieure & inférieure du bandage, & de l'autre à fa partie antérieure & inférieure. Souvent un fcapulaire, dont le point d'appui eft fur les épaules, contre-balance l'action des fous-cuiffes, qui prefque toujours font employés conjointement avec les bandages herniaires. (R. P.)

SOUS-CUTANÉ, ÉE, adj. (Anat.) Expreffion qui fert à indiquer toute partie immédiatement fituée au-deffous de la peau : c'eft dans ce fens que l'on dit mufcles, artères, veines, tiffu cellulaire, tumeurs, fous-cutanés.

SOUS-DIAPHRAGMATIQUE, adj. (Anat.) Toute partie fituée dans la poitrine eft néceffairement placée au-deffus du diaphragme, & prend dès-lors le nom de sus-diaphragmatique, tandis que celles qui ont leur fiège dans l'abdomen prennent par oppofition la dénomination de fous-diaphragmatiques; ainfi il y a des veines & des nerfs diaphragmatiques inférieurs ou fous-diaphragmatiques. (Voyez DIAPHRAGMATIQUE INFÉRIEUR dans le Dictionnaire d'Anatomie.)

SOUS-ÉPINEUX, EUSE, adj. (Anat.) A la face poftérieure de l'omoplate, fe trouve une apophyfe triangulaire, nommée épine de l'omoplate : au-deffus et au-deffous exiftent des cavités appelées foffes fus & fous-épineufes. Toutes les parties fituées dans l'une ou l'autre de ces cavités prennent la même dénomination : ainfi il exifte un mufcle fous-épineux (grand fcapulo-trochitérien, Chauff.) (Voyez OMOPLATE dans le Dictionnaire d'Anatomie.)

SOUS-HYOÏDIEN, ENNE, adj. (Anat.) Nom donné à plufieurs mufcles placés au-deffous de l'os hyoïde.

SOUS-LINGUAL, ALE, adj. (Anat.) On fe fert plus volontiers de l'expreffion fublingual. (Voyez ce mot.)

SOUS-MAXILLAIRE, adj. (Anat.) Expreffion propre à caractérifer toutes les parties fituées au-deffous de la mâchoire; telles font les glandes falivaires, particulièrement nommées fous-maxillaires, tels font auffi les ganglions nerveux formés par le rameau fupérieur du nerf vidien, et dont les filets forment un plexus qui pénètre dans la glande fous-maxillaire. (Voyez PAROTIDE & SALIVAIRE dans le Dictionnaire d'Anatomie.)

SOUS-MENTAL. (*Voyez* SUBMENTAL.

SOUS-OCCIPITAL, ALE, adj. (*Anat.*) Nom d'un nerf quelquefois nommé *occipital*; la même dénomination s'applique encore à l'angle inférieur, & antérieur, ou apophyse basilaire de l'os occipital. (*Voyez* BASILAIRE & OCCIPITAL dans le *Dictionnaire d'Anatomie.*)

SOUS-ORBITAIRE, adj. (*Anat.*) Cette épithète sert à désigner un canal situé à la partie inférieure de l'orbite, et par lequel passent une artère, une veine & des nerfs également appelés *sous-orbitaires*. (*Voyez* SOUS-ORBITAIRE dans le *Dictionnaire d'Anatomie.*)

SOUS-POPLITÉ, ÉE, adj. (*Anat.*) Nom sous lequel plusieurs anatomistes ont désigné des parties situées plutôt au jarret qu'au-dessous de cette partie; tels sont le muscle, les artères *poplités*, &c. (*Voy.* POPLITÉ dans le *Dictionnaire d'Anatomie.*)

SOUS-PUBIEN, ENNE (*Anat.*), adj. Au-dessous de la partie désignée sous le nom de pubis, existent un trou, un enfoncement, et des ligamens auxquels on a donné les noms de *sous-pubiens*. Le trou est, suivant les sexes, une ouverture de forme ovalaire ou triangulaire, entourée d'une légère excavation qui est la fosse *sous-pubienne*, tandis que les ligamens qui bouchent l'ouverture ont été nommés obturateurs ou *sous-pubiens*. Cette dernière dénomination a aussi quelquefois servi à désigner les ligamens qui affermissent la symphyse pubienne. (*Voyez* COXAL, LIGAMENT OBTURATEUR & OBTURATEUR dans le *Dictionnaire d'Anatomie.*

SOUS-SCAPULAIRE, adj. (*Anat.*) Nom d'une fosse, d'un muscle et de plusieurs artères placées, entre des côtes et la face costale de l'omoplate. Le muscle remplit toute la fosse et sert aux mouvemens du bras; les artères sous-capulaires ont été nommées par quelques auteurs *scapulaires communes*. (*Voyez* ce dernier mot dans le *Dictionnaire d'Anatomie.*)

SOUS-STERNAL, ALE, adj. (*Anat.*) Nom donné par Chaussier à l'artère mammaire interne ou thorachique interne; & à l'appendice xiphoïde du sternum. (*Voyez* ARTÈRE MAMMAIRE INTERNE, STERNUM & XIPHOÏDE dans le *Dictionnaire d'Anatomie.*)

SOUS-ZYGOMATIQUE, adj. (*Anat.*) Le même anatomiste a donné ce nom à celui des rameaux du nerf maxillaire inférieur qui se distribue au muscle maxillaire. (*Voyez* ce mot dans ce Dictionnaire.)

SPA (Eaux minérales de). Cette ville, située à dix lieues d'Aix-la-Chapelle, & à neuf de Liége, doit sa réputation à des eaux minérales dont les propriétés médicamenteuses sont connues depuis un temps immémorial. Les principales sources, au nombre de sept, ne sont point réunies; l'une, & c'est la plus célèbre, est placée au centre de la ville; on la nomme le *Pouhon*; une salle construite dans le voisinage sert, pendant les temps froids et pluvieux, de refuge aux personnes qui prennent les eaux. La *Géronstère*, la *Sauvenière* & la *Groesbeck*, sont environ à trois quarts de lieue de Spa; disséminées sur le flanc d'une montagne & environnées de bois où peuvent se promener les buveurs d'eau. La *Géronstère* est célèbre par l'usage que Pierre-le-Grand fit de ses eaux, & la *Groesbeck* a été ainsi appelée, parce qu'en 1651 un baron de ce nom, attaqué d'une maladie grave, dut sa guérison à l'emploi des eaux de cette source.

Les deux fontaines du *Tonnelet* sont à une demi-lieue de la *Sauvenière*, & comme elles, placées sur une pente doucement inclinée; l'une est recouverte d'un petit dôme, l'autre n'est point abritée. La *Watroz* sourd dans une prairie marécageuse, entre les deux *Tonnelets* & la *Sauvenière*. Cette source a joui autrefois d'une certaine réputation; mais aujourd'hui elle est presque totalement abandonnée.

À quelques différences près, toutes les eaux de Spa sont transparentes; leur saveur est piquante, aigrelette & un peu ferrugineuse; elles sont pétillantes et mousseuses; la teinture de noix de galle y dénote la présence d'une petite quantité de fer; exposées à l'air, elles se recouvrent d'une pellicule irisée. Ces diverses propriétés subissent, au surplus, des modifications dépendantes des conditions atmosphériques; ainsi, dans un temps pluvieux, ces eaux sont beaucoup moins minéralisées que pendant un temps sec.

L'analyse chimique des eaux de Spa a été faite plusieurs fois; & jusque dans ces derniers temps, le travail de Bergmann étoit le plus complet que l'on eût à cet égard. En 1816, le docteur Edwin Jones a de nouveau repris ces recherches, & les résultats qu'il a obtenus diffèrent de ceux auxquels étoit arrivé le chimiste suédois; non-seulement par la quantité, mais encore par la nature des substances qu'il y a trouvées; ainsi il indique la présence d'un peu de sulfate de soude, de silice & d'alumine, dont Bergmann n'avoit aperçu aucune trace, & l'oxyde de fer, contenu dans les eaux de la source du *Pouhon*, paroît être beaucoup plus considérable; d'ailleurs, dans son examen, le docteur Jones a isolément étudié les eaux de chaque source en particulier, et un tableau de ses analyses, consigné dans son ouvrage, montre que, sous l'influence de conditions à peu près pareilles, elles sont loin d'être identiques.

C'est particulièrement dans les maladies chroniques que l'on obtient les plus grands avantages de l'usage continué des eaux de Spa. Ainsi on les a utilement administrées dans l'anorexie, les vomissemens, qui dépendent de l'atonie de l'estomac, dans les douleurs cardialgiques, dans les coliques flatulentes & spasmodiques des intestins, dans les diarrhées opiniâtres, les affections vermineuses, des néphrites chroniques, les ischuries, les cachexies scorbutiques, les hydropisies, les suppressions menstruelles, les leucorrhées, l'hypochondrie & l'hystérie.

D'après cette longue énumération, il est aisé de voir que ces eaux minérales sont toniques, apéritives, et propres à fortifier l'action musculaire, & que dès-lors elles ne pourroient qu'être nuisibles au commencement ou durant les maladies inflammatoires, que les phthisiques, les épileptiques, les personnes prédisposées à l'apoplexie, et en général tous les individus pléthoriques & irritables, doivent s'en abstenir.

Dans l'administration des eaux de Spa, il faut consulter non-seulement l'idiosyncrasie du sujet, le genre d'affection dont il est atteint, mais encore la nature des eaux de la source dont il devra faire usage. En effet, en jetant un coup-d'œil sur le tableau précité, il est facile de voir que les eaux du *Pouhon* sont les plus énergiques à raison de la quantité de matière fixe, & surtout de ce qu'elles contiennent, tandis que celles du premier *Tonnelet* sont plus riches en gaz acide carbonique, mais ne renferment que peu de matière fixe.

La dose commune de ces eaux, qui quelquefois sont enivrantes, est de quatre ou cinq verres; après avoir eu toutefois la précaution de préparer les premières voies, au moyen de doux laxatifs comme la magnésie & quelques doses de rhubarbe en poudre. Enfin, on leur associe quelquefois le lait d'ânesse & souvent même le petit lait. Dans certaines circonstances il peut être utile de les employer en bains, en leur communiquant une température convenable. (1). (R. P.)

SPAGYRISME, f. m. (*Hist. médic.*) On a donné ce nom à une secte de médecins qui, partageant les idées extravagantes de Paracelse, concevoient les changemens qui surviennent dans les corps organisés vivans, comme la conséquence d'influences tout-à-fait analogues à celles que les corps inertes éprouvent de la part des divers agens chimiques. Aussi avoient-ils la prétention de pouvoir, au moyen de certains arcanes, modifier l'organisation, comme l'on peut, dans un laboratoire, changer l'état de toute substance que l'on soumet à l'action d'agens appropriés. Dès-lors on conçoit que les médecins *spagyristes*, pour qui le corps humain n'est qu'un laboratoire de chimie,

de même que les médecins *mécaniciens*, qui le considèrent comme une machine plus ou moins compliquée, sont tout-à-fait l'opposé des médecins *physiologistes*.

SPANOPOGON, f. m. (*Pathol.*) Expression formée des deux mots grecs, σπανος, rare, & πωγων, barbe. Vogel a donné ce nom à la rareté des poils de la barbe. On pourroit, au premier aspect, le regarder comme synonyme du mot *imberbe*; il n'en est cependant point ainsi, puisque cette dernière expression désigne celui auquel, à raison de son âge, la barbe n'est point encore poussée, tandis qu'il faut entendre par *spanopogon* l'état de l'homme auquel, par suite d'un accident quelconque, la barbe est tombée ou ne s'est qu'imparfaitement développée.

SPARADRAP, f. m. (*Mat. médic.*) *Sparadrapum*. Souvent, pour maintenir rapprochés les bords d'une plaie, ou pour fixer certains topiques, on est obligé d'avoir recours à des agens mécaniques, tels que la suture, les bandages, ou quelque chose d'équivalent. Le *sparadrap* est, en pareilles circonstances, l'un des moyens que l'on peut le plus utilement employer; il consiste en des bandes de toile sur lesquelles on étend une substance agglutinante, lisse &, d'une épaisseur uniforme, qui doit conserver de la souplesse & adhérer sans peine à la peau; il est cependant également essentiel que, sans trop changer de consistance, cette substance puisse se ramollir par la chaleur de la main.

On prépare le sparadrap de plusieurs manières: quelquefois on le fait en fondant ensemble soixante-quatre parties de cire blanche, trente-deux parties d'huile d'amandes douces et quarante-huit de térébenthine. En variant la proportion de cire ou d'huile, on peut lui donner une plus ou moins grande consistance. Dans quelques circonstances on y ajoute du baume de Tolu: souvent aussi on remplace la térébenthine par l'alcool affaibli: dans ce cas on y met moins d'huile & on y ajoute une certaine quantité de beurre frais. Ainsi composé, on lui donne le nom de *toile de mai*.

Le diachylon gommé, uni à la cire jaune & à la térébenthine, forme le *sparadrap d'emplâtres*: enfin le *taffetas d'Angleterre* est fait avec une dissolution d'ichthyocolle dans laquelle on ajoute de l'alcool affaibli; cette dissolution étendue sur de la soie, puis desséchée est recouverte d'une couche légère de baume de Tolu. (R. P.)

SPARADRAPIER, f. m. Appareil dont se servent les pharmaciens pour étendre uniformément & avec facilité, sur des bandes de toile, les substances dont on recouvre une de leurs faces pour préparer le sparadrap.

Cet appareil consiste en deux montans dont la

(1) ALIBERT, *Précis historique sur les eaux minérales*, édit. 1826.

diftance eft variable ; des traverfes horizontales, munies de pointes recourbées, fervent à fixer la toile fur laquelle, au moyen d'un couteau, on peut enfuite aifément étendre la matière agglutinative.

SPARGANOSE, f. f. (Pathol.) σπαργανωσις. Galien s'eft fervi de ce mot pour défigner l'accumulation & la ftagnation du lait dans les mamelles qui font alors diftendues outre-mefure.

SPARTIER, f. m. (Bot., Mat. méd.) Spartium fcoparium L. Vulgairement genêt à balais. Ce petit arbriffeau très-connu dans nos bois appartient à la famille des Légumineufes & à la Diadelphie décandrie. Ses feuilles font fimples & très-petites ; fes fleurs jaunes et grandes. Les graines de cette plante, ainfi que les fommités fleuries, paffent pour être émétiques et purgatives, propriétés qui appartiennent à plufieurs végétaux de cette famille, tels que le bagnaudier (colutea arborefcens), et furtout les diverfes efpèces de féné. (R. P.)

SPASME, f. m. (Pathol.) Spafmus, traduit du grec σπασμος, lequel dérive du verbe σπαω, je tends, je contracte. Jadis on donnoit le nom de fpasme à toute efpèce de convulfion, mais aujourd'hui cette dénomination eft reftreinte à une tenfion ou contraction mufculaire indépendante de la volonté, qui fe répète plus ou moins fouvent, revient par accès, &c. &c.

Sous le nom de fpafmes, les nofologiftes ont défigné la claffe des maladies convulfives ; Sauvages les diftingue en toniques ou en cloniques. Les fpasmes annoncent prefque toujours les convulfions ; on les obferve néanmoins indépendamment de toute autre affection : ainfi il y a des femmes qui éprouvent prefque continuellement des mouvemens fpafmodiques fans jamais avoir de convulfions. L'état fpafmodique eft tantôt fimple, tantôt accompagné d'altération des facultés intellectuelles. C'eft fous ce double point de vue que nous l'envifagerons dans cet article (1).

A. Spafme fimple, fans léfion des facultés intellectuelles. Il confifte dans des contractions brufques, des tenfions alternatives ou permanentes des faifceaux mufculaires ; ces contractions peuvent avoir lieu dans tous les mufcles, mais on les obferve le plus communément dans ceux qui font affectés au mouvement volontaire. Lorfqu'elles ont lieu dans un feul mufcle ou dans une portion de mufcles, elles portent tantôt le nom de crampe, tantôt celui de foubrefaut. Si, au contraire, plufieurs

muscles font affectés à la fois, leur treffaillement fimultané produit un mouvement plus étendu, brufque & paffager dans la partie mobile foumife à leur action, comme les doigts, la main, le bras, &c.

Les crampes et les foubrefauts font très-fréquens, même dans l'état de fanté, chez les individus nerveux irritables ; on les rencontre dans diverfes maladies très-graves dont ils ne font d'ailleurs que des fymptômes variables, que nous devons nous contenter d'indiquer ici.

Les fpasmes généraux conftituent une maladie effentielle dont nous allons donner une idée fuccincte.

On peut les diftinguer en ceux qui ont leur fiége dans les organes du mouvement volontaire & en ceux qui affectent les mufcles non foumis à la volonté.

Les fpafmes inhérens aux muscles de la vie de relation font des mouvemens brufques, inégaux et foudains des membres, du col, de la mâchoire, des yeux, des lèvres, &c., auxquels les malades fe livrent involontairement, et dont il ne dépend pas d'eux de régler le mode ni la force, ni de maitrifer le développement. Nous avons parlé, dans l'ouvrage cité plus haut, d'un jeune homme d'environ vingt ans, qui offroit le type & l'exemple d'un état fpasmodique des plus intenfes & des plus extraordinaires. A tous les inftans de la journée, il exécutoit, contre fa volonté, les mouvemens les plus incohérens et les plus variés. Converfoit-il avec quelqu'un, fa tête, fes mains, accompagnoient les intonations de fa parole faccadée & convulfive ; étoit-il à table, fon couteau, fa fourchette, ou fa cuiller, fautilloient dans fes mains & heurtoient continuellement les objets environnans ; quelquefois il faifoit exécuter en même temps à fa poitrine une efpèce de tournoiement brufque, & aucune occupation, aucune attention ne pouvoit fufpendre cette forte d'agitation convulfive. Je me rappelle avoir obfervé ce jeune homme dans un concert ; tout appliqué qu'il étoit à fuivre fa partition & à l'exécuter fur fon violon, il n'en jetoit pas moins fa tête à droite, à gauche, faifoit claquer fes dents, rouloit fes yeux dans leur orbite, agitoit fes pieds beaucoup plus fouvent que ne le prefcrivoit la mefure, &c. A la campagne, c'étoient d'autres mouvemens fpasmodiques adaptés à un autre genre de vie, furtout à la chaffe des papillons ; il pourfuivoit avec une incroyable célérité ces lépidoptères voltigeans, qui fembloient être l'emblème de fon extrême mobilité, &c. Pinel, notre vénérable collaborateur, avoit pareillement fourni, au même article déjà cité, un fait non moins curieux qui avoit pour fujet une jeune fille de quinze ans.

Le fpafme cynique & le ftrabifme font de la même nature que les mouvemens fpasmodiques dont il eft ici queftion. Voyez STRABISME.

---

(1) Cette diftinction entre les divers fpafmes & les fubdivifions qui s'y rapportent font les mêmes que celles que nous avons adoptées dans l'article SPASME du Dictionnaire des fciences médicales, article qui nous eft commun avec feu le célèbre Pinel.

C'est aux spasmes qu'il faut pareillement rapporter ce qu'on appelle les *tics*, espèces de mouvemens convulsifs dont la cause est souvent inconnue, mais qui sont presque toujours entretenus par l'habitude. On rencontre, par exemple, des individus qui meuvent, sans motif, la tête, les yeux, les mains, chaque fois qu'ils parlent & agissent; d'autres qui lèvent les épaules, clignent des yeux à chaque instant, &c. Ces mouvemens ne sont pas sans doute de nature à troubler la santé, mais on doit les considérer comme des habitudes vicieuses qu'il faut s'empresser de corriger avant qu'elles n'aient pris de profondes racines. (*Voyez* Tic.)

Spasmes des muscles non soumis à la volonté. Ces sortes de spasmes sont peu connus; les auteurs n'ont guère décrit que ceux de l'œsophage & du pharynx. F. *Hoffmann*, qui a traité de ces névroses, a établi la différence qui existe entre elles & l'atonie, ainsi que la paralysie des voies de la déglutition. Il a aussi donné une explication des symptômes propres à ces deux maladies, d'après la structure anatomique des parties qui en sont le siége; il rapporte quelques faits avec son exactitude ordinaire. Pinel cite aussi, dans sa *Nosographie philosophique*, un exemple de spasme de l'œsophage. J'ai moi-même recueilli une observation de spasme du pharynx que j'ai rapportée en entier dans l'ouvrage cité plus haut (tom. 52, pag 257.) Les causes de l'état spasmodique du pharynx & de l'œsophage sont une constitution débile, irritable, nerveuse; des affections morales tristes, une irritation mécanique portée sur les organes de la déglutition ou de la digestion, &c.

Il importe de ne pas confondre le spasme du pharynx & de l'œsophage avec la dysphagie qui dépend d'une lésion organique ou d'une compression exercée par un corps étranger.

Les signes varient selon que le spasme a son siége dans le pharynx ou dans l'œsophage; dans le premier cas, la déglutition est difficile, douloureuse, et même impossible: les liquides sortent des narines lorsque le malade fait des efforts & ferme la bouche pour mieux avaler. Le resserrement spasmodique peut être si fort, que la parole devient impossible & la suffocation imminente. Le spasme existe-t-il dans l'œsophage, la déglutition n'est pas difficile, mais le bol alimentaire est arrêté dans la partie moyenne ou inférieure de ce conduit. Le malade éprouve des douleurs entre les épaules, des vomissemens, &c. &c.

B. *Spasme avec lésion des facultés intellectuelles.* Les spasmes & tous les mouvemens irréguliers du système musculaire sont inséparables d'une lésion quelconque du système nerveux & de l'encéphale; il en résulte, dans beaucoup de cas, un état d'irritation nerveuse, une exaltation cérébrale, & même un premier degré d'aliénation mentale. Ainsi, on voit des individus parler,

écrire avec la plus grande facilité, au milieu d'une agitation spasmodique presque continuelle; d'autres, prenant un ton de supériorité, mais solennel & prophétique, ressentent en même temps une satisfaction inouïe qui tient de l'orgueil. Certaines personnes, pendant qu'elles sont agitées de spasmes, tombent dans la contemplation & l'extase, ont des visions mystiques extraordinaires, éprouvent des jouissances d'une nature particulière & d'une vivacité extrême, mais qui pourtant ne semblent avoir rien de matériel: tel a été long-temps l'état singulier dans lequel s'est trouvé le médecin dont nous avons rapporté l'histoire curieuse dans le *Dictionnaire des Sciences médicales* (art. cité).

Nous ne croyons devoir parler ici que de l'état spasmodique propre au système musculaire seul doué de la contractilité sensible; nous ne dirons rien sur les spasmes des viscères à parenchyme qui ne sont par eux-mêmes doués d'aucune faculté contractile évidente, & au sujet desquels on n'a écrit que des hypothèses. Nous ne parlerons pas davantage du spasme des vaisseaux qui a joué un grand rôle dans la théorie qu'avoient embrassée avec chaleur *Cullen* & *Hoffman* dans le siècle dernier.

Les affections spasmodiques, soit générales, soit locales, doivent être combattues par les médicamens appelés anti-spasmodiques, les bains, un régime doux, des exercices physiques en rapport avec les forces des malades; il faut les éloigner des grandes villes qui sont pour eux une source d'excitations nuisibles. Les vésicatoires qui, comme on sait, ont été décorés de l'épithète d'anti-spasmodiques, conviennent dans certaines circonstances, non moins qu'un emploi approprié des toniques non stimulans, dont F. Hoffmann a fait un usage très-judicieux. Le camphre, administré à l'intérieur, à l'extérieur, dans des linimens, paroît convenir particulièrement dans les spasmes du pharynx et de l'œsophage.

Ce que nous venons de dire a surtout rapport aux spasmes accidentels; mais quand ces affections se lient à la foiblesse de la constitution, à des habitudes vicieuses contractées de bonne heure, à une mauvaise éducation, à un défaut d'équilibre entre l'influence nerveuse et les forces musculaires, &c., ce ne sont plus seulement des agens pharmaceutiques d'un effet passager qu'on doit employer, mais il faut appeler à son aide tous les moyens de l'hygiène, tous les grands modificateurs de l'économie animale. On changera assez brusquement les habitudes du malade, on le soumettra à l'influence d'une vie active, & à celle d'exercices réguliers; s'il est possible, on le fera voyager, afin de varier ses impressions & ses sensations. Ce ne fut qu'à la suite d'un long voyage que le jeune homme, dont nous avons parlé dans cet article, se trouva en grande partie délivré de ses spasmes. (Bricheteau.)

SPASMODIQUE, adj. (*Pathol.*) *Spasmodicus.* Qui dépend du spasme, qui est relatif au spasme. On dit quelquefois d'une constitution qu'elle est *spasmodique*, pour indiquer qu'elle est prédisposée aux spasmes. On dit également une affection *spasmodique*, des accidens *spasmodiques*.

(BRICHETEAU.)

SPATULE, f. f. (*Instr. chir.*) *Spatula.* Instrument de chirurgie employé dans les pansemens pour étendre les emplâtres, les onguens & le cérat, sur des linges ou sur des plumasseaux de charpie. (*Voyez* SPATULE dans le *Dictionnaire de Chirurgie.*) (R. P.)

SPÉCIFIQUES, adj. & f. m. pl. (*Mat. méd.*) Si par ce mot on veut entendre des médicamens qui ont la propriété constante, infaillible, de guérir une maladie, certainement il n'y a pas de spécifiques en médecine; &, si l'on réfléchit à l'organisation humaine & aux variétés presque innombrables des maladies qui en dérangent l'harmonie, l'on peut douter que l'art de guérir ait jamais le bonheur de parvenir à ce degré de perfection. Mais si l'on ne veut pas attacher au mot *spécifique* l'idée d'infaillibilité, si l'on ne comprend, sous cette dénomination, que des agens thérapeutiques non pas constans dans leurs résultats curatifs, mais cependant assez puissans pour procurer, dans le plus grand nombre des cas, la guérison d'une maladie, quels que soient d'ailleurs son caractère particulier, sa période, son degré, &c., & sans qu'on puisse rendre une raison satisfaisante de leur mode d'action, on peut dire que la matière médicale possède des spécifiques. C'est dans ce sens que la plupart des médecins honorables ont compris ce mot; c'est dans ce sens que nous en dirons quelque chose.

On peut admettre des spécifiques préservatifs & des spécifiques curatifs.

Je ne mettrai pas au nombre des premiers la cautérisation des plaies faites par les animaux enragés pour prévenir l'hydrophobie, ni l'isolement dans les maladies contagieuses, &c. Ce sont des actes, pour ainsi dire mécaniques, qu'il seroit ridicule de placer ici. Mais le vaccin n'offre pas le même caractère; on peut, avec raison, le considérer comme une substance médicamenteuse, qui, introduite dans l'économie animale, attaque & détruit le plus souvent, par une modification physiologique & inexplicable, la cause quelle qu'elle soit qui nous dispose à contracter la variole. On pourroit y ranger aussi la belladone, si l'expérience venoit à constater sa vertu préservative de la scarlatine.

Malgré les recherches, malgré les assertions des médecins de tous les siècles, & surtout de ceux pendant lesquels a régné la chémiatrie, le nombre des spécifiques curatifs est encore bien petit. À la tête de ces précieux médicamens se placent le quinquina pour les affections intermittentes; & le mercure pour les maladies syphilitiques. À côté de ceux-ci, quoique sur une ligne inférieure, viennent se ranger quelques autres remèdes simples, ou composés, doués de vertus énergiques pour la guérison de certaines maladies; tels sont l'opium pour les douleurs & les spasmes nerveux; l'iode pour le goître; les pilules de Méglin pour les névralgies; la belladone pour la coqueluche, exempte d'inflammation; la noix vomique pour la paralysie essentielle. Je m'arrête, car je craindrois d'encourir aux yeux de certaines gens le reproche de crédulité. Il est possible qu'un jour on augmente cette courte liste; qu'on y place, par exemple, le calomélas comme spécifique de l'angine couenneuse; le poivre cubèbe comme celui de la blennorrhagie; l'émétique à haute dose, comme celui de la pneumonie & du rhumatisme; l'écorce de grenadier et le remède de M. Darbon, comme les spécifiques du tænia; l'essence de térébenthine, comme celui de la sciatique, &c. Mais attendons qu'une expérience suffisante leur ait donné sa sanction. Ne nous laissons pas imposer par un nombre même considérable d'observations publiées en faveur de l'action d'un médicament. Rappelons-nous combien de remèdes vantés outre mesure & déclarés *spécifiques*, sont ensuite tombés dans un discrédit mérité, à cause du défaut ou de l'inconstance de leurs propriétés. N'oublions pas que l'illustre Sydenham croyoit avoir trouvé dans l'équitation un secours aussi sûr contre la phthisie pulmonaire que le quinquina contre les fièvres intermittentes; que, dans le siècle dernier, la renommée n'avoit pas assez de bouches pour publier les merveilles que la ciguë opéroit dans les affections cancéreuses; & nous mettrons la plus grande timidité & la plus sévère circonspection dans l'admission des spécifiques, en abandonnant aux charlatans, ou aux hommes prévenus, la folle prétention de décorer un médicament de ce titre pompeux, d'après quelques expériences & quelques faits souvent mal observés.

Il est un autre genre de spécifiques dont la médecine est redevable à la chimie, & surtout aux progrès récens que cette science a faits. On doit bien penser que je ne veux pas parler de ces remèdes que les médecins dirigeoient contre les altérations supposées des humeurs, dans un temps où l'on vouloit tout expliquer dans l'économie animale par les lois de la chimie. Les médicamens que j'ai ici en vue sont ceux qui nous servent à combattre & à détruire l'action des substances vénéneuses; mais, comme ils ont plus particulièrement reçu le nom *d'antidotes*, nous renvoyons à ce mot, ainsi qu'à l'article *poison* de ce Dictionnaire.

On a admis des méthodes spécifiques de traitement. Or, quoique, en général, la variété des causes des maladies, des tempéramens, des constitutions, des climats, &c., semblent exclure de semblables

semblables méthodes, il en est cependant quelques-unes dont l'efficacité est si générale qu'on ne peut pas s'empêcher de leur accorder le titre de *spécifiques*, toujours dans le sens que nous avons donné à ce mot. Citons pour exemple le traitement anti-phlogistique pour les inflammations vraies, celui de *la Charité* pour la colique de plomb, le régime animal pour le diabètès, les végétaux frais pour le scorbut; &c.

Enfin, disons un mot des effets spécifiques de quelques médicamens. On sait, & c'est une des vérités incontestables de la matière médicale, que certaines substances ont sur certains organes une action particulière que j'aimerois mieux nommer spéciale ou élective, que spécifique. C'est ainsi que les Cantharides affectent, non pas exclusivement, mais spécialement, les voies génito-urinaires; la Belladone, le cerveau & surtout la rétine; l'Emétique, l'estomac; l'Aloës, le gros intestin; le Seigle ergoté, l'utérus; l'Iode, le corps thyroïde; la Digitale pourprée, le cœur & surtout sa contractilité, &c. Les médecins pensèrent que de tels médicamens devoient avoir de l'influence sur les maladies des organes sur lesquels ils portent leur action, & l'étude de ces propriétés électives devint féconde en résultats curatifs. Mais par un écart de raison, dont l'histoire de la médecine offre plus d'un exemple, on admit bientôt que chaque substance devoit avoir une action spéciale sur telle ou telle partie du corps, et l'on créa les *céphaliques*, les *stomachiques*, les *hépatiques*, les *cardiaques*, &c. Heureusement, depuis quelque temps, ces mots & les idées qu'ils représentent ont disparu de nos pharmacologies, & ne servent guère qu'à montrer dans quelles erreurs on peut tomber, lorsqu'en médecine, comme dans toute autre science, on cesse de prendre pour guides l'observation & la vérité.

(ÉMÉRIC SMITH.)

SPECTRE SOLAIRE, s. m. (*Physiq.*) Nom donné aux apparences que présente la lumière solaire, lorsqu'ayant traversé un prisme, elle est reçue, à une certaine distance, sur une muraille, une toile, ou sur un carton blanc.

Parmi les nuances variées dont se compose cette image, on distingue dans l'ordre de leur moindre refrangibilité le *rouge*, l'*orangé*, le *jaune*, le *vert*, le *bleu*, l'*indigo*, le *violet*. Indépendamment de ces couleurs, au-dessus du *rouge* existe ce que, dans ces derniers temps, on a nommé les *rayons calorifiques*, de même qu'au-delà du *violet* on a prétendu qu'il existoit d'autres rayons susceptibles de déterminer des combinaisons chimiques & de faire naître le magnétisme dans une aiguille d'acier trempé.

En général la netteté des couleurs prismatiques dépend de plusieurs élémens, parmi lesquels il faut mettre en première ligne la nature de la matière réfringente, & à cet égard le dia-

mant, le flint glass, l'huile essentielle de térébenthine, semblent tenir le premier rang. La grandeur de l'angle réfringent du prisme exerce aussi une influence qui cependant a ses limites; car, au-delà d'une certaine étendue, la réfraction est changée en réflexion. Cette décomposition, ou analyse de la lumière par le prisme, a fourni à Newton l'ensemble des données qui lui ont servi à établir sa théorie de la coloration des corps. En réunissant par un moyen quelconque (verre lenticulaire, miroir concave, ou autres procédés équivalens), les couleurs prismatiques, on recompose la lumière blanche.

(TÉILLAYE aîné.)

SPECULUM, s. m. (*Instr. chir.*) On désigne, en général, sous ce nom latin (qui signifie proprement miroir), certains instrumens destinés à écarter les orifices des cavités extérieures du corps, et qui rendent accessibles aux yeux, à la main, aux instrumens, aux médicamens, les parties plus ou moins profondes de ces cavités. On se sert peu ou point aujourd'hui du *speculum oculi* (qui tient les paupières écartées l'une de l'autre), du *speculum oris* (qui maintient les mâchoires écartées, & permet de découvrir le fond de la bouche), du *speculum ani* (qui permet, en dilatant l'anus, de porter un instrument à une certaine hauteur dans le rectum), &c. La plupart du temps ces instrumens seroient plus incommodes qu'utiles, & les chirurgiens de nos jours ont coutume de substituer à leur emploi des procédés beaucoup plus simples. Le *speculum uteri* décrit par Garengeot, & singulièrement modifié & perfectionné par quelques modernes, & notamment par M. le professeur Récamier, est beaucoup plus usité que les précédens. Il se compose ordinairement d'un cône creux (formé d'une ou de plusieurs pièces), que l'on introduit dans le vagin, à l'aide d'un manche coudé, fixé à la base du cône, & dont on fait usage pour explorer par la vue le col de l'utérus, pour porter sur cette partie l'instrument tranchant ou le caustique, ou seulement pour y faciliter l'application immédiate des sangsues. Quoique M. le professeur Dupuytren ait plusieurs fois reexcisé avec succès le col de l'utérus cancéreux (mais le plus souvent, en attirant en bas cette partie avec les pinces de Museux, & sans se servir du *speculum*), que M. Récamier ait réussi par divers topiques à modifier avantageusement les ulcérations du même organe, enfin que plusieurs médecins modernes se louent beaucoup de l'application directe des sangsues dans le cas de phlegmasie ou d'engorgement du col de l'utérus, l'expérience ne nous paroît pas encore avoir suffisamment éclairé les résultats de ces diverses médications, pour que l'opinion des praticiens puisse être convenablement fixée relativement à leur degré d'utilité, & aux cas particuliers qui les nécessitent.

M

On a tout récemment propolé un nouveau *speculum* deftiné à éclairer la cavité d'organes affez profondément fitués, telle eft, par exemple, la veffie. Ce *fpeculum* fe compole d'un tube, muni à fon extrémité externe d'un appareil d'optique tellement difpofé qu'une lumière affez vive eft dirigée fur un point de la furface obfcure & profonde que l'on veut explorer, de manière à ce que cette furface puiffe être foumife à l'infpection de l'œil de l'obfervateur. On efpère pouvoir éclairer de la même manière, au befoin, les parties profondes du gofier, &, qui fait? peut-être la cavité même de l'eftomac. (GIBERT.)

SPERMACETI. (*Mat. médic.*) (*Voyez* BLANC DE BALEINE dans ce Dictionnaire.)

SPERMACRASIE, f. f. (*Pathol.*) *Spermacrafia.* Dérivé de σπερμα, fperme, & de ακρασια, incontinence. Gonorrhée, écoulement de femence. (*Voyez* SPERMATORRHÉE.)

SPERMATIQUE, adj. (*Anat.*) *Spermaticus.* Epithète que l'on donne à certaines parties relatives aux organes qui fecrètent, contiennent ou conduifent le fperme. Ainfi on appelle artères *fpermatiques* celles qui, paffant par l'anneau inguinal, concourent, conjointement avec les veines du même nom, à former le cordon fpermatique, & fe diftribuent enfuite aux tefticules. Ces artères exiftent également chez la femme, & après avoir fourni des ramifications à la trompe de Fallope, elles fe terminent à l'ovaire : auffi Chauffier a-t-il propofé de les appeler, chez l'homme, *artères tefticulaires*, & chez la femme, *artères de l'ovaire.*

Le canal ou conduit fpermatique n'eft autre que le canal déférent. (*Voyez* TESTICULES dans le *Dictionnaire d'Anatomie.*) A l'égard du cordon fpermatique, ou mieux *cordon tefticulaire*, indépendamment des artères & des veines précédemment defignées, il eft formé de vaiffeaux lymphatiques & de filets nervenx provenant du plexus fpermatique. Les véficules dans lefquelles s'accumule le fperme font quelquefois auffi nommées *véficules fpermatiques*, mais le plus communément véficules féminales. (*Voyez* SPERMATIQUE, dans le *Dictionnaire d'Anatomie.*) (R. P.)

SPERMATOCÈLE, f. f. (*Pathol.*) *Spermatocèle*, σπερμα (fperme), κηλη (tumeur). Engorgement des tefticules produit par la rétention du fperme dans ces organes.

Cet engorgement peut provenir tantôt d'un obftacle dont le fiège exifte dans les canaux excréteurs du fperme, tantôt d'une augmentation dans l'action fécrétoire des tefticules, tantôt, enfin, d'une émiffion arrêtée au moment où elle alloit s'effectuer.

Quoique la continence puiffe être une caufe de cette affection, on a cependant exagéré fon influence. On fait que chez les hommes qui vivent dans la chafteté, la nature prévient cet engorgement par des évacuations fpontanées, même quand cette vertu pourroit, en quelque forte, être confidérée comme paffive, c'eft-à-dire lorfqu'elle n'eft accompagnée d'aucun ou que de foibles defirs charnels.

Il n'eft pas rare de voir furvenir, chez les jeunes gens, un engorgement fpermatique des tefticules, dans le cas où de violens defirs ont été comprimés & n'ont pu être fatisfaits. Cette efpèce de fpermatocèle, dont les réfultats font peu graves, ne dure pas long-temps, & cède bientôt à une crife au moins fpontanée, fi elle n'eft pas provoquée.

Une autre forte de fpermatocèle, dont les fuites peuvent être plus fâcheufes, eft celle qui a lieu lorfque, par l'effet d'une furprife ou de quelque autre caufe de même nature, l'éjaculation eft fubitement arrêtée au moment où elle alloit avoir lieu. Les fymptômes font alors beaucoup plus intenfes & la maladie beaucoup plus longue.

Les fymptômes qui accompagnent tous les autres engorgemens des tefticules s'obfervent également dans celui-ci ; telles font l'augmentation de volume, les douleurs qui fe propagent le long des cordons jufqu'aux lombes, & quelquefois la fièvre ; ils indiquent fuffifamment que le traitement doit fe compofer de calmans, d'anti-phlogiftiques proportionnés à l'intenfité du mal, & enfin de réfolutifs fi l'engorgement eft devenu chronique. (L. J. RAMON.)

SPERMATOPÉES, adj. (*Mat. méd. thérap.*), de σπερμα, femence, & ποιεω, je fais. Long-temps on a cru que certains alimens, le poiffon, par exemple, avoient la propriété d'augmenter la fécrétion du fperme, & on les avoit défignés fous les noms d'*alimenta fpermatopœa ;* par la même raifon auffi, quelques médicamens, auxquels on attribuoit la même vertu, avoient été qualifiés de la même épithète. Aucune fubftance ne paroît, au furplus, jouir de cette prérogative ; ou du moins, fi elle la poffède, ce n'eft qu'en fortifiant la conftitution & en produifant une exaltation générale à laquelle participent les organes génitaux, ainfi que les autres parties de l'organifation.

SPERMATORRHÉE, f. f. (*Pathol.*) *Spermatorrhœa*, de σπερμα, fperme, & de ρεω, je coule. Le fperme reçu dans les véficules féminales y féjourne quelque temps, puis eft ordinairement réforbé toutes les fois qu'une excitation n'en a point provoqué l'excrétion ; quelquefois auffi, par fuite de la foibleffe des organes, la moindre des caufes fuffit pour en déterminer l'écoulement. C'eft cette difpofition pathologique que l'on a défignée fous le nom de *fpermatorrhée*, & qui n'eft qu'un degré de plus de la difpofition

maladive à laquelle eft due la fréquence des pollutions. (*Voyez* ce dernier mot.)

SPERMATOSE, f. f. (*Pathol.*) *Spermatofis*,
de σπερμα, fperme. Ce mot eft employé pour défigner l'enfemble des confidérations phyfiologiques
relatives à la production du fperme : telles font
la fécrétion de cette humeur dans les tefticules &
fon élaboration dans les véficules féminales.
(R. P.)

SPERME, f. m. (*Phyfiol. méd. lég.*) *Sperma*,
σπερμα. La fécrétion du fperme ne nous eft pas
plus connue dans fon mécanifme que les autres fécrétions. Nous favons que le fang diftribué
aux tefticules par les artères fpermatiques fubit
dans ces organes une élaboration de laquelle réfulte le fluide dont nous nous occupons ici. Mais
en quoi confifte cette élaboration, c'eft ce que
nous ignorons complétement.

Cette fécrétion ne commence à s'établir que
quand l'homme a atteint l'âge où il devient apte à
fe reproduire; elle ne dure que pendant un certain
nombre d'années, & l'influence qu'elle exerce fur
le phyfique & fur le moral de l'homme, pendant
tout le temps de la durée, fe rattache à l'hiftoire de
la reproduction. Nous ne faurions donc entrer ici
dans aucun détail à ce fujet, fans répéter ce qui
en a été dit en traitant de cette fonction & des divers actes qui s'y rattachent; nous renverrons
donc aux articles EJACULATION, PUBERTÉ & RE-
PRODUCTION, de ce Dictionnaire.

Nous nous bornerons ici à quelques confidérations médico-légales fur les moyens de ne pas confondre les taches produites par le fperme fur le
linge, avec celles qui pourroient provenir d'autres humeurs fécrétées par les organes génitaux,
foit en fanté, foit dans l'état de maladie; ce
que nous difons ici eft extrait de ce qu'a publié
récemment M. le profeffeur Orfila fur ce fujet.

Les traces du fperme fur le linge font fouvent
peu apparentes à l'œil; la portion tachée offre au
toucher cette rigidité que préfente le linge em-
pefé; l'odeur du fperme, entièrement détruite par
la deffication, ne tarde pas à reparoître quand le
linge a été humecté, expofé au feu, pourvu cependant que la chaleur ne foit pas affez forte pour
le faire rouffir, il prend bientôt une teinte d'un
jaune fauve dans les endroits où il a été taché.

Si on fait tremper, pendant quelques heures,
dans de l'eau diftillée, des lambeaux de chemife
imprégnés de fperme, ces lambeaux deviennent
vifqueux & dégagent une odeur fpermatique,
l'eau devient alcaline, & cette propriété eft furtout manifefte fi la folution a été concentrée par
la chaleur; elle prend une couleur laiteufe : filtrée & évaporée à une douce température, elle
devient femblable à une folution gommeufe, &
laiffe dépofer quelques flocons gélatineux; elle ne
fe coagule cependant pas, & on obtient pour ré-

fidu une pellicule demi-tranfparente, de couleur
fauve, femblable à un mucilage defféché. Agité
pendant deux ou trois minutes dans de l'eau diftillée froide, ce réfidu fe partage en deux parties:
l'une glutineufe, d'un gris-jaunâtre, foluble dans
la potaffe, infoluble dans l'eau; l'autre qui refte
en diffolution dans ce liquide. L'eau qui tient
cette dernière en folution étant filtrée devient incolore, & préfente les caractères chimiques fuivans : elle donne un précipité blanc floconneux;
par le chlore, l'alcool, l'acétate & fous-acétate de
plomb, le deuto-chlorure de mercure; l'acide nitrique concentré lui communique une teinte légèrement jaunâtre, fans la troubler & fans lui faire
perdre fa tranfparence. Ce dernier caractère
eft d'autant plus important que cet acide précipite les matières des divers écoulemens morbides qui fe font par le vagin ou par l'urètre, &
rend louche l'eau qui les tient en folution.
(L. J. RAMON.)

SPHACÈLE, f. m. (*Pathol.*) *Sphacelus*. σφα-
κιλος, gangrène. Ce mot s'emploie pour indiquer
une gangrène qui intéreffe toute l'épaiffeur d'un
membre, d'une partie ou d'un organe. (*Voyez*
GANGRÈNE.) (L. J. R.)

SPHÉNO-BASILAIRE, adj. (*Anat.*) C'eft
fous ce nom que Sœmmering a défigné l'os occipital. (*Voyez* CRANE, OCCIPITAL & SPHÉNOÏDE
dans le *Dictionnaire d'Anatomie*.)

SPHÉNO-ÉPINEUX, EUSE, adj. (*Anat.*)
Sphenospinofus. Nom donné à certaines parties du
fphénoïde voifines de l'épine fphénoïdale : tel eft
le trou placé au-devant de cette épine & livrant
paffage à l'une des branches de la maxillaire interne nommée méningée moyenne, ou artère
fphéno-épineufe.

SPHÉNO-MAXILLAIRE, adj. *fpheno-maxil-
laris*, ou ORBITAIRE INFÉRIEURE. C'eft le nom
d'une fente fituée à la partie poftérieure des parois externes & inférieures de l'orbite : cette fente
eft formée inférieurement par les os maxillaires &
palatins, & en haut par le fphénoïde.

SPHÉNO-ORBITAIRE, adj. *Spheno-orbitaris*.
Le fphénoïde étant évidemment dans le fœtus
formé de deux parties diftinctes, Béclard a donné
le nom de *fphéno-orbitaire*, ou *fphénoïde antée-
rieure*, à celle qui conftitue les petites ailes du
fphénoïde ou apophyfes d'ingraffias. Quelquefois
cette portion fe développe par un feul germe &
quelquefois par un plus grand nombre. (*Voyez*
ORBITE & TÊTE dans le *Dictionnaire d'Anatomie.*)

SPHÉNO-PALATIN, INE, adj. *Sphenopala-
tinus.* On a donné ce nom; 1°. à une artère qui
eft une des dernières ramifications de la maxil-
M 2

laire interne; 2°. à un ganglion; 3°. à un mufcle nommé auffi périftaphylin interne; 4°. à des nerfs qui viennent du ganglion fphéno-palatin; & 5°. enfin, à une ouverture arrondie formée par le rapprochement de la portion verticale de l'os palatin & du fphénoïde. (*Voyez* Fosses nasales, Tête, dans le *Dictionnaire d'Anatomie.*)

.SPHÉNO-PARIÉTAL, ale, adj. *Sphenopa-rietalis.* Nom de la future qui unit les grandes ailes du fphénoïde avec l'angle inférieur & antérieur du pariétal. (*Voyez* Crane & Suture dans le *Dictionnaire d'Anatomie.*)

.SPHÉNO-TEMPORAL, ale. adj. *Sphenotem-poralis.* On nomme ainfi la future qui joint les grandes ailes du fphénoïde à la portion écailleufe du temporal.

Cette même dénomination a été donnée par Béclard à la feconde des parties dont eft compofé le fphénoïde chez les jeunes fujets, & qui, par la fuite, forme la portion poftérieure de cet os. (*Voyez* Crane, Sphénoide, Suture, dans le *Dictionnaire d'Anatomie.*)

SPHÉNOÏDAL, ale. adj. (*Anat.*) Mot employé par les anatomiftes pour défigner certaines parties relatives au fphénoïde : c'eft ainfi que l'on nomme *cornets fphénoïdaux* ou *cornets de Bertin,* deux petits os fitués entre le fphénoïde & l'ethmoïde, & dont la bafe ferme les cellules creufées dans le corps du fphénoïde, tandis que leur fommet alongé s'engage dans une rainure creufée à la bafe des apophyfes ptérygoïdes. (*Voyez* Sphénoïde.) L'épine *fphénoïdale* n'eft autre qu'une crête faillante placée à la face inférieure du corps du fphénoïde, & fervant à l'articulation de cet os avec le vomer. La fente *fphénoïdale* ou *orbitaire fupérieure,* occupe la partie fupérieure & profonde de l'orbite, & eft fituée entre la grande & la petite aile du fphénoïde. Quant aux finus *fphénoïdaux,* ce font des cavités creufées dans l'épaiffeur du corps du fphénoïde. (*Voyez* ce dernier mot dans le *Dictionnaire d'Anatomie.*)

(R. P.)

SPHÉNOÏDE, f. m. (*Anat.*) Os *cuneiforme, fphenoïdeum, alatum, pterygoïdeum, multiforme, polymorphon.* C'eft un os extrêmement compliqué, qui fe trouve à la bafe du crâne où il fait l'office d'un coin & de manière qu'il s'unit en même temps avec l'occipital, les temporaux, les pariétaux, le frontal & l'ethmoïde, ainfi qu'avec le vomer, les cornets de Bertin, l'os de la pommette, les maxillaires fupérieures, les palatins & les cornets inférieurs. Sa partie moyenne, ou fon corps, a la forme d'un cube; fes grandes ailes, ou parties latérales, font aplaties & fortement recourbées de bas en haut; fes petites ailes, ou apophyfes d'ingraffias, font horizontales. Dans fon

enfemble il offre, jufqu'à un certain point, la forme d'une chauve-fouris dont les ailes feroient étendues.

Selon M. Geoffroy Saint-Hilaire, le fphénoïde renferme les élémens de deux vertèbres, & doit être divifé en deux portions, l'une antérieure, *ento-fphénale;* l'autre poftérieure, *bafio-fphénale.* Quoi qu'il en foit, cet os refte rarement formé de plufieurs pièces long-temps après la naiffance, & les finus que renferme fon corps s'agrandiffent en général à mefure que l'individu avance en âge (1). (V.)

SPHINCTER, f. m. (*Anat.*) Mot dérivé de σφιγγω, je lie, je ferre. Les anatomiftes ont donné le nom de *fphincters* à différens mufcles, de forme annulaire, qui entourent divers orifices des organes de l'homme; le mufcle labial ou orbiculaire des lèvres, le nafo-palpébral ou orbiculaire des paupières, l'anneau charnu du pylore, font de véritables fphincters; les conftricteurs du pharynx, felon Cowper, devroient auffi être appelés fphincters, mais le nom de conftricteur a prévalu; beaucoup d'auteurs ont admis, mais à tort évidemment, un fphincter au col de la veffie; la portion du releveur de l'anus, qui entoure cette partie, ne mérite pas non plus le titre de faux fphincter que Morgagni lui avoit donné, & le mufcle des lèvres du pudendum chez la femme eft bien plus fouvent défigné fons le nom de conftricteur que par celui de fphincter du vagin, que Santorini avoit propofé.

C'eft aux mufcles de l'anus feulement que l'on a continué d'appliquer cette épithète; la fin du rectum eft entourée par deux anneaux mufculaires, l'un externe ou cutané, l'autre interne ou inteftinal. Le fphincter externe naît de la pointe du coccyx, fe porte horizontalement en avant, fe bifurque pour embraffer l'anus au-devant duquel les deux faifceaux fe réuniffent, après quoi il fe continue avec le bulbo-caverneux, ou fe perd infenfiblement dans la couche fous-cutanée du périnée; fa forme eft elliptique, & il a pour ufage de fermer l'anus.

Le fphincter interne, que plufieurs anatomiftes n'admettent pas, eft formé par les derniers faifceaux circulaires du rectum; il eft concentrique & fupérieur au précédent, touche immédiatement l'origine de la membrane muqueufe ou la terminaifon de la peau, & ferme circulairement l'ouverture anale. (V.)

SPHYGMIQUE, adj. (*Séméiot.*) *Sphygmicus,* σφυγμικος, de σφυγμος, le pouls. Cet adjectif ne s'emploie guère qu'à la fuite du mot art, &, dans ce cas, l'*art fphygmique* indique la branche de la féméiotique qui apprend au médecin à interpréter

_____

(1) Voyez le *Dictionnaire anatomique.*

comme fymptôme des maladies, les diverfes modifications dont le pouls eft fufceptible.

SPHYGMOCÉPHALE, f. m. (Pathol.) Sphyg-
mocephalus, de σφυγμος, battement & κεφαλη,
tête. Sentiment incommode de pulfations continuelles dans la tête.

SPICA. (Band. & app.) On donne le nom de
fpica à plufieurs bandages employés tantôt à la
fuite de la luxation de l'humérus, tantôt dans les
cas de fracture de la clavicule, & d'autres fois pour
maintenir un appareil fur l'aine ou fur la cuiffe.
Dans cette efpèce de bandage, les divers do-
loires ne font recouverts que de manière à occuper une étendue plus ou moins confidérable.
(Voyez SPICA dans le Dictionnaire de Chirurgie.)

SPIELMANN (Jacques - Réinhold.) (Biogr.
médic.) Ce médecin, remarquable par la variété
de fes connoiffances, naquit à Strasbourg le 31
mars 1722. Il parcourut la plupart des Univerfités de l'Allemagne, vint en France, & de retour à Strasbourg, il prit fucceffivement le titre
de pharmacien & le grade de docteur en médecine; il enfeigna dans cette ville la phyfiologie,
la chimie & la thérapeutique; plus tard il occupa
une chaire de poéfie & expliqua Lucrèce; enfin
il fut profeffeur de botanique & de matière médicale.

Spielmann mourut le 9 feptembre 1783. On
a de lui plufieurs ouvrages fur diverfes branches de l'hiftoire naturelle, fur la chimie & la
matière médicale.

(Extr. de la Biogr. médic.) (R. P.)

SPIGÉLIE ANTHELMINTIQUE, f. f. (Bot.,
Mat. médic.) Spigelia anthelmintica L. Plante
de la Pentandrie monogynie de Linné, & de la famille des Gentianées, qui croît au Bréfil, à Cayenne
& dans plufieurs contrées de l'Amérique méridionale, où depuis long-temps elle eft employée avec
avantage comme vermifuge. En Amérique la Spigélie anthelmintique, dont on fait rarement ufage
en France, eft adminiftrée, foit en nature ou en
poudre, à la dofe de vingt-quatre à trente-fix
grains, foit en décoction, depuis deux jufqu'à
quatre gros pour une pinte de liquide. Il eft rare
que l'on prefcrive cette plante à plus haute dofe,
parce qu'alors elle provoqueroit des vomiffemens,
la purgation, des éblouiffemens & d'autres accidens non moins graves: elle fert encore, ainfi
qu'une autre efpèce du même genre (le fpigelia
morilandica L.) à faire un firop, dont les propriétés anthelmintiques font peut-être beaucoup
trop vantées par les médecins américains.

SPILANTHE, f. m. (Bot., Mat. médic.) Spi-
lanthus oleraceus L. Cette plante, vulgairement
nommée creffon de Para, appartient à la Syngénéfie polygamie égale, & fait partie de la famille
des Corymbifères. (Voyez, pour les détails, la
partie botanique de cet ouvrage.) Elle croît au
Pérou, & a une faveur âcre très-piquante; elle eft
antifcorbutique: on l'emploie quelquefois comme
fialagogue, & fous ce rapport, ainfi que plufieurs
efpèces du même genre, elle peut être placée à
côté de la pyrèthre.

SPILUS. (Pathol.), de σπιλος, tache. Parmi
les nombreufes affections de l'organe cutané, il
en eft dans lefquelles la couleur feule de la peau
femble avoir fubi des altérations, d'où réfultent des
taches jaunes plus ou moins foncées, & quelquefois brunes, livides ou noires, féparées les unes
des autres par d'autres portions qui ont confervé
leur couleur naturelle. Ces taches paroiffent ne
confifter que dans le fimple épaiffement du corps
muqueux (rete mucofum), & le Dr. Batmann,
dans fon Traité fur les maladies de la peau,
a formé de ce genre d'affections une claffe diftincte de maladies. (R. P.)

SPINA BIFIDA, f. m. (Pathol. chirur.) Epine
fourchue, fendue. (Hydrorachis.) On a donné
ce nom à une maladie qui offre pour caractère
une tumeur contenant un liquide féreux fourni
par l'arachnoïde, fe développant fur la colonne
vertébrale par défaut d'offification ou par le non
développement des apophyfes épineufes. Son fiège
le plus ordinaire eft à la partie inférieure de la
région lombaire. On l'a vue fe développer au dos,
fur le facrum, au col, & une fois fur le coccyx.

Cette maladie, que les Arabes nous ont fait connoître, eft effentiellement congéniale, quoiqu'on
rapporte un cas où elle n'a paru qu'à l'âge de
vingt ans. Au moment de la naiffance, ou quelques temps après, fuivant les foins plus ou moins
attentifs donnés aux enfans, on aperçoit une tumeur fur une partie quelconque de la face épineufe des vertèbres, le plus fouvent c'eft à la région lombaire qu'on l'obferve, les membranes
qui accompagnent la moelle épinière fe terminant en cul-de-fac vers la deuxième vertèbre
lombaire. Cette tumeur, le plus ordinairement de
la groffeur d'une noix à la naiffance, mais pouvant devenir affez volumineufe pour contenir plufieurs livres de liquide, eft molle, quelquefois
tranfparente, & recouverte d'une peau fine et liffe,
avec fluctuation évidente; elle renferme dans un
kyfte, formé par les membranes rachidiennes, un
liquide féreux, limpide, incolore, très-peu coagulable, contenant, d'après Boftock,

Eau	97,8
Muriate de foude	1,0
Albumine	0,5
Mucus	0,5
Gélatine	0,2
Quelques traces de chaux	

D'autres fois, mais plus rarement, ce liquide

eſt troublé, ſanguinolent, préſentant quelquefois des flocons albumineux. Cette maladie mortelle eſt preſque toujours accompagnée ou précédée d'une hydrocéphale, le liquide deſcendant de la cavité cranienne dans le canal vertébral, ou bien ſécrété par l'arachnoïde rachidienne, il remonte du rachis juſque dans l'encéphale. Quand on preſſe cette tumeur, le fluide refoulé rentre dans le canal vertébral, remonte & comprime le cerveau; ſi l'on ceſſe de comprimer, la tumeur reparoît tout auſſitôt; les ſignes de compreſſion ceſſant peu à peu, tout rentre dans l'ordre antécédent. On a quelquefois obſervé deux *spina bifida*, d'autres fois on a vu cette maladie occu, er toute l'étendue de la colonne vertébrale; mais alors il exiſtoit un défaut d'oſſification des apophyſes épineuſes de toutes les vertèbres.

La moelle épinière eſt quelquefois intacte, mais le plus ſouvent elle eſt diviſée en filets très-déliés, aminois, aplatis, adhérens aux parois du kyſte; ce qui a fait dire à quelques médecins qu'elle étoit détruite; c'eſt à l'altération de la moelle épinière qu'eſt due la petiteſſe des extrémités inférieures, leur atrophie ou leur paralyſie, ainſi que celle du rectum & de la veſſie; aſſez ſouvent cependant on ne rencontre aucun ſigne de léſion de la moelle épinière, & on a vu un *spina bifida* des plus volumineux exiſter ſans altération de ſenſibilité & de vitalité des extrémités inférieures.

Juſqu'à préſent on a regardé, ainſi que je l'ai dit plus haut, cette maladie comme eſſentiellement mortelle, et ſur le grand nombre d'enfans qui en ſont attaqués, à peine quelques-uns atteignent ils leur troiſième année, ils périſſent le plus ſouvent dans la première: cependant on en cite qui ont vécu juſqu'à vingt ans & plus.

Quel traitement employer dans cette redoutable affection? La ligature, la compreſſion & l'ouverture de la tumeur, ont été propoſées. La ligature indiquée par B. Bell ne pourroit être exécutée qu'autant que la tumeur ſeroit pédiculée, circonſtance qui ſe préſente rarement, &, malgré toutes les reſtrictions que cet auteur indique, il eſt probable que le ſuccès ne ſuivroit pas cette tentative. Je crois que la ligature n'a pas été pratiquée; je n'en connois du moins aucune obſervation.

La compreſſion, propoſée par Abernethy, pourra être eſſayée avec quelque apparence de ſuccès, ſi le fluide refoulé n'agit pas fortement ſur les facultés intellectuelles, ſi le *spina bifida* n'eſt pas conſécutif à l'hydrocéphale; cependant, s'il y a foibleſſe avec atrophie des extrémités inférieures, paralyſie de la veſſie, du rectum ou des membres pelviens, ſi la tumeur eſt très-volumineuſe, la peau amincie, prête à s'ulcérer, on fera bien de s'en abſtenir; les moyens employés pourroient hâter l'ulcération de la peau, le fluide s'écouleroit, & la mort ne tarderoit pas à avoir lieu; Aſtley Cowper cite un exemple fort remarquable non pas de guériſon, mais de pallia-

tion de cette maladie par la compreſſion. En voici le réſumé: James Aplebee naquit avec un *spina bifida* de la région lombaire; un mois après ſa naiſſance la tumeur étoit de la groſſeur d'une noix, du reſte l'enfant étoit très-bien. Cette tumeur fut comprimée au moyen d'une petite bande qui faiſoit le tour du ventre; il ne ſurvint aucun accident par la compreſſion, mais de temps en temps le malade éprouvoit des convulſions. Au bout de quelque temps l'appareil fut légèrement modifié, mais ſeulement dans la vue de s'oppoſer à l'ulcération de la tumeur; à cinq mois, on mit à la place de la bande un brayer analogue à ceux qui doivent maintenir les hernies ombilicales; à quinze mois, Aplebee pouvoit tant bien que mal ſe traîner & monter un ou deux étages; à dix-huit mois, le bandage s'étant déplacé par accident, la tumeur avoit repris le volume d'une orange de moyenne groſſeur. Chaque fois qu'on réappliquoit le bandage, le malade paroiſſoit un peu ſtupide; à deux ans il marchoit ſeul; il eſt maintenant comme les autres enfans de ſon âge; mais dès que l'on ceſſe la compreſſion, le fluide retenu dans le canal au moyen du bandage, forme auſſitôt une tumeur groſſe comme la moitié d'une petite orange.

L'ouverture de la tumeur eſt le troiſième moyen propoſé; mais cette opération eſt preſque toujours ſuivie de la mort, ſurtout ſi on emploie les cauſtiques; c'eſt avec un inſtrument tranchant très-délié qu'il faut pratiquer ces ſortes d'ouvertures. Abernethy, déjà cité, étoit ſur le point d'obtenir une guériſon par ce procédé, lorſque l'appareil qu'il avoit appliqué s'étant dérangé, une ouverture s'ulcéra, & la mort ſurvint. Aſtley Cowper fut plus heureux. Cette obſervation unique eſt trop intéreſſante pour ne pas la rapporter dans ſon entier; elle ſervira de guide, ſauf quelques modifications exigées par des circonſtances particulières, au médecin qui devra eſſayer de traiter ainſi le *spina bifida* qu'il rencontrera, lorſqu'il ne pourra employer la compreſſion. Little, âgé de deux mois & demi, étoit affecté de *spina bifida*, la tumeur avoit ſon ſiége ſur les lombes; elle étoit molle, élaſtique, tranſparente, & préſentoit à peu près le volume d'une bille de billard coupée par la moitié; les jambes de cet enfant étoient parfaitement ſenſibles, les urines & les évacuations alvines ne s'échappoient point involontairement. Ayant eſſayé de pouſſer dans le canal rachidien le liquide contenu dans la tumeur, mais s'étant aperçu que ſi on le faiſoit rentrer on exciteroit une trop grande compreſſion ſur le cerveau, Aſtley Cowper chercha à l'évacuer au moyen d'un inſtrument ayant une pointe très-aiguë. Il perça auſſitôt la tumeur avec une aiguille, & en retira environ deux onces d'eau; quatre jours après, le 25 janvier 1809, la tumeur étant redevenue auſſi volumineuſe, il l'ouvrit par le même procédé, & en fit ſortir quatre onces de liquide. Une bande fut appliquée autour de l'abdomen & sur la tumeur qui fut encore piquée le 1er février, & on obtint deux onces de liquide; le 4, il s'en écoula trois onces; le 9, il en sortit la même quantité; mais le liquide, au lieu d'être parfaitement clair comme la première fois, étoit sanieux, caractère qu'il avoit pris graduellement dans les trois premières opérations. Le 13, Cowper en retira trois onces, & fit appliquer une bande de flanelle sur la tumeur & autour de l'abdomen; un morceau de carton fut placé sur la bande, au-dessus de la tumeur, & une autre bande fut roulée par dessus le carton pour la maintenir réduite autant que possible. Le 17, il sortit trois onces d'un liquide beaucoup plus limpide: on réappliqua le carton. Le 24, la surface de la tumeur s'enflamma, le liquide qu'elle rendit fut moitié moins abondant que la première fois, & l'on y remarqua quelques traces de lymphe coagulable. Comme l'enfant souffroit beaucoup d'une irritation générale, on prescrivit le calomelas & la scammonée, & l'on enleva les bandes. Le 26, la tumeur n'avoit pas plus du quart de son premier volume; elle étoit dure, les tégumens avoient acquis de l'épaisseur, & tout sembloit annoncer qu'une inflammation adhésive avoit lieu. Le 28, elle étoit encore diminuée de volume, mais dure au toucher. Le 8 mars, il y avoit encore une plus grande diminution; la peau qui la recouvroit étoit épaisse & ridée. On eut de nouveau recours à l'application des bandes, on mit une carte sur la tumeur & par dessus une seconde bande. Le 11, cette tumeur avoit diminué de beaucoup & la peau qui la recouvroit étoit légèrement ulcérée. Le 15, elle étoit aplatie, mais on apercevoit encore un peu d'ulcération à la peau. Le 27, la quantité de lymphe dont on a parlé étoit considérablement diminuée & offroit plus de consistance. Il ne restoit plus le 2 mai qu'une espèce de sac formé par la peau, & comme l'enfant paroissoit être en bonne santé, on ne tarda pas à le débarrasser des bandages. La peau alors étoit flasque & pendante à la base du sacrum; son centre étoit tiré vers l'épine à laquelle elle s'unissoit, & la peau, s'étant considérablement retirée dans l'endroit où étoit la tumeur, présentoit une espèce d'ombilic; les piqûres faites par les aiguilles étoient très-visibles & formoient de légères dentelures.

Le premier de ces deux malades a obtenu une palliation de sa maladie au moyen de la compression seule, & on a complétement guéri le second en donnant issue au liquide & en comprimant la tumeur.

Lorsqu'on ne peut employer aucun traitement, il est indispensable de faire tous ses efforts pour s'opposer à l'ulcération de la peau, qui seroit promptement suivie de l'écoulement du liquide & par conséquent de la mort.

On doit toujours regarder le défaut d'ossification des apophyses épineuses des vertèbres comme cause du spina bifida en tant qu'on ne le considère que comme hydrorachis. J'en ai vu plusieurs, mais je n'ai pu me procurer de renseignemens certains sur l'accouchement. On conçoit que si l'enfant avoit présenté les pieds ou le dos, lors de l'accouchement, le liquide auroit pu faire effort par son propre poids, distendre les membranes rachidiennes, & de là l'écartement des lames épineuses: mais le plus souvent c'est la tête qui descend naturellement la première; comment admettre alors la résistance du liquide comme cause de la tumeur qui se développeroit dans le point le plus élevé de la colonne épinière, & d'ailleurs il n'y a pas développement vicieux des apophyses épineuses; elles manquent tout-à-fait. C'est un point d'anatomie pathologique des plus intéressans à étudier d'une manière sérieuse & que jusqu'à présent on a entièrement négligé.

On a quelquefois rencontré sur la tête, des tumeurs analogues au spina bifida, lesquelles étoient dues au défaut d'ossification de quelques parties du crâne; la dure-mère faisoit hernie par cette ouverture, & il en résultoit une tumeur plus ou moins volumineuse, mais qui n'existoit que parce qu'il y avoit hydrocéphale: cette tumeur ne réclame d'autres soins que ceux qui pourroient prévenir son ulcération: elle est entièrement subordonnée à l'hydrocéphale. (*Voyez* HYDROCÉPHALE & SPINA BIFIDA dans le *Dictionnaire de Chirurgie.*)

(Nicolas.)

SPINA VENTOSA, s. m. (*Path. chir.*) Malgré l'analogie du nom, cette maladie diffère entièrement du *spina bifida*, celui-ci étant dû à un défaut d'ossification d'une ou de plusieurs apophyses épineuses des vertèbres; la maladie qui fait le sujet de cet article étant au contraire une altération profonde des os longs.

D'après les recherches les plus récentes, le spina ventosa est une affection propre aux os longs & consiste dans un développement quelquefois énorme de l'os, mais avec diminution de l'épaisseur de ses parois; sa substance, au lieu de rester compacte, devient plus mince; son tissu, selon le professeur Boyer, a éprouvé une espèce de raréfaction singulière; il présente aussi plusieurs ouvertures dans sa circonférence.

Les causes de cette maladie sont pour ainsi dire inconnues; c'est à tort que l'on a cru que les rhumatismes, la répercussion des dartres, la suppression d'anciens ulcères, &c., pouvoient faire naître cette affection. Le vice scrofuleux semble avoir une action plus directe sur sa production.

Dans l'origine, le spina ventosa paroit peu différer d'une exostose & surtout de l'ostéosarcome; l'os grossit dans tous les sens, le malade y éprouve des douleurs vives, lancinantes, qui quelquefois sont sourdes, profondes, ou à peine sensibles; les progrès de la maladie sont très-lents, & lorsqu'elle est parvenue à un certain point, elle reste stationnaire. Comme ce sont les os longs, tels que le fémur, le tibia, l'humérus, les os de l'avant-bras, qui en sont le plus fréquemment le siége, le membre devient d'abord fusiforme, mais bientôt la maladie continuant, la tumeur devient énorme, dure, inégale : les parties molles s'amincissent, s'atrophient, enfin cette tumeur acquiert un tel volume que le malade ne peut plus se servir de ce membre. Parmi les inégalités que présente sa surface, il y en a qui sont moins résistantes, moins dures que les autres; celles-ci ne tardent pas à s'ulcérer, il en sort une sanie plus ou moins ichoreuse, qui s'échappe par des fistules, pénétrant jusque dans l'intérieur de l'os; la maladie, arrivée à ce point, produit des désordres généraux : le marasme, la fièvre hectique font promptement périr le malade si on ne pratique sur-le-champ l'amputation.

Quoique cette affection se développe près des extrémités des os longs, quelques progrès qu'elle fasse, l'articulation reste toujours intacte, ce qui établit une grande différence entre le spina ventosa & les tumeurs blanches.

Presque tous les auteurs ont admis deux espèces de spina ventosa, celui que je viens de décrire brièvement, & un autre qui ne se manifeste que chez les jeunes sujets scrofuleux, & dont le siége est toujours les os longs des doigts & des pieds; avec d'autres signes de scrofules, on voit un os grossir sans douleur, ou être à peine sensible, & la peau devenir d'un rouge-violet. Si la maladie principale n'est pas arrêtée dans sa marche, il se forme des ouvertures fistuleuses qui communiquent avec l'os; des portions d'os nécrosés tombent, & quelquefois l'os entier lui-même. Cette maladie, qui cède assez souvent à un régime tonique, anti-scrofuleux, aux applications toniques s'il y a atonie, ou aux émolliens s'il y a douleur vive, irritation, diffère entièrement du spina ventosa; c'est un gonflement de tout l'os & sans nouvelle production comme dans celui-ci. C'est à tort que les auteurs les ont confondus, puisqu'ils diffèrent sous tous les rapports, n'ayant de commun qu'un volume plus considérable. Depuis trois ans j'emploie dans les affections scrofuleuses un traitement qui m'a réussi le plus souvent, & que je dois indiquer ici. Avec le traitement général usité jusqu'à présent, c'est-à-dire les tisanes amères, l'insolation, &c., je fais prendre d'abord, une fois par jour, puis deux fois, puis trois fois, une cuillerée à café de la solution suivante dans une tasse de tisane amère,

℞ Hydriodate de baryte..... ℈ij ou iij
   Eau distillée............. ℔j (1).

Ce traitement doit être continué pendant long-temps; cette solution n'étant pas sapide, les enfans prennent ce médicament sans répugnance. Pour les adultes il faudroit augmenter la dose.

Lorsqu'il y a des engorgemens osseux ou glandulaires, mais surtout les engorgemens osseux, la pommade suivante est très-utile, & j'ai fait disparoître plusieurs de ces spina par son usage.

℞ Deuto-iodure de mercure..... ℈ij ou iij
   Cérat anhydre............. ℥j ou ij.

La plus grande obscurité règne sur la nature du spina ventosa, & l'anatomie pathologique a été très-peu utile dans cette maladie, puisque les auteurs en donnent des descriptions toutes différentes.

Ainsi : 1°. la substance de l'os ne paroît subir aucune déperdition apparente; elle semble même, dans quelques cas, avoir reçu des additions considérables; toujours cette portion de l'os, dans sa partie compacte, semble avoir éprouvé une raréfaction singulière à la faveur de laquelle les parois du cylindre osseux ont pu souffrir une distension & un amincissement considérables qui les ont portées à une très-grande distance du centre de la cavité médullaire, en sorte que ces mêmes parois se trouvent couvertes en une cavité globuleuse plus ou moins irrégulière, interrompue par un nombre plus ou moins grand d'ouvertures, & dont la surface interne offre des saillies ou pointes aiguës. 2°. Les parois du cylindre médullaire ayant éprouvé une grande distension, présentent, outre les ouvertures qui communiquent à l'intérieur, une substance celluleuse formée de lames osseuses d'une ténuité extrême qui remplit toute la cavité de la tumeur. 3°. Le cylindre médullaire a subi une distension médiocre, la tumeur est inégale, bosselée; la face interne présentant également une surface inégale en rapport avec la face externe, les parois sont amincies, les lames de l'os se sont isolées en se jetant en dedans & en dehors, & forment de l'un & l'autre côté un tissu aréolaire. 4°. Indépendamment des altérations ci-dessus indiquées, la portion de l'os malade se trouve embrassée à l'extérieur par une masse cartilagineuse qui soulève inégalement le périoste sans l'altérer, & dans l'épaisseur de laquelle se sont développées des productions osseuses nouvelles, irrégulières, disposées en manière de rayons centrifuges de volume varié, quelquefois capillaires, durs, grenus, ou à moitié solides & flexibles; quelques-unes de ces productions sont libres dans cette masse cartilagineuse, mais elles sont toutes très-faciles à distinguer de l'os par la forme; la couleur & la consistance (1). Les auteurs se sont

---

(1) M. le pharmacien Hottot prépare très-bien cette solution.

(1) BOYER, Traité de chirurgie.

peu étendus fur les léfions de la moelle qu'ils indiquent quelquefois comme transformée en une fubftance fpongieufe ou lardacée.

Jufqu'à préfent on n'a obtenu aucun fuccès par tous les genres de médications qui ont été employés; l'amputation, lorfqu'elle étoit praticable & faite à temps, a pû feule conferver la vie des malades. (NICOLAS.)

SPINAL, ALE, adj. (*Anat.*) *Spinalis*. Adjectif qui fert à caractérifer les diverfes parties qui ont des rapports plus ou moins immédiats avec la colonne vertébrale. Ainfi les anatomiftes reconnoiffent deux *artères fpinales*, l'une poftérieure & l'autre antérieure. La première naît de l'artère vertébrale & quelquefois de la cérébelleufe inférieure. Elle defcend fur la face poftérieure de la moelle alongée & fournit des rameaux qui s'anaftomofent avec ceux donnés par l'artère du même nom fituée du côté oppofé. La *fpinale antérieure* eft plus volumineufe que la précédente, naît auffi de la vertébrale, & fe porte fur la face antérieure de la moelle, à laquelle elle fournit des ramufcules, & comme la précédente, elle s'anaftomofe avec l'artère oppofée.

Il exifte auffi un *nerf fpinal* quelquefois nommé *nerf accefoire de Willis* (trachélo-dorfal CHAUSSIER). (*Voyez* SPINAL dans le *Dictionnaire d'Anatomie*.)

SPINI-AXOÏDO-OCCIPITAL, adj. (*Anat.*) *Spini axoïdo-occipitalis*. Dumas a donné ce nom au mufcle grand droit poftérieur de la tête. C'eft le mufcle *oxoïdo-occipital* de Chauffier. (*Voyez* DROIT dans le *Dictionnaire d'Anatomie*.)

SPINI-AXOÏDO-TRACHÉLI-ATLOÏDIEN. *Spini-axoïdo-trachéli-atloïdœus* (*axoïdo-atloïdien* CHAUSSIER). Nom donné par Dumas au mufcle grand oblique, ou oblique inférieur de la tête. (*Voyez* OBLIQUE dans le *Dictionnaire d'Anatomie*.)

SPINO-CRANIO-TRAPÉZIEN. (*Anatomie.*) *Spino-cranio-trapezianus*. M. Portal appelle ainfi le nerf fpinal (*trachélo-dorfal* de CHAUSSIER). (*Voyez* SPINAL dans le même Dictionnaire.)

SPINITIS, f. f. (*Pathol.*) Nom donné à l'inflammation de la moelle-épinière.

Les caufes les plus ordinaires de cette maladie font des contufions violentes de la colonne vertébrale, l'altération des vertèbres produite par une carie fcrofuleufe, l'infolation prolongée fur le rachis & l'exiftence de tubercules ou d'autres corps étrangers, tels qu'un caillot fanguin dans la fubftance de la moelle ou dans l'intérieur de fa gaine membraneufe

Cette maladie fe reconnoît à un engourdiffement des doigts ou des orteils accompagné de gêne dans les mouvemens, ou d'un fentiment de froid, fymptômes qui fe développent fucceffivement dans la totalité des membres & s'étendent enfuite au tronc; d'autres fois, l'engourdiffement & la difficulté du mouvement font remplacés, également au début, par des convulfions partielles ou générales, par des *aura* dont le point de départ a lieu à l'une des extrémités des nerfs fpinaux. C'eft alors feulement, & c'eft le plus grand nombre de cas, qu'une douleur plus ou moins vive fe fait fentir dans un point de la colonne épinière, douleur qui même peut être exafpérée par la preffion des apophyfes épineufes correspondantes. Lorfque la paralyfie fuit une marche afcendante, elle s'étend du point de la moelle affectée, à la partie fupérieure du tronc & aux membres thoraciques, & amène graduellement la ceffation de la refpiration & la mort par asphyxie; lorfqu'au contraire les fymptômes de cette maladie fe propagent de haut en bas, les convulfions, les *aura*, plus rarement de vives douleurs, la paralyfie, portent fur les membres abdominaux, le rectum & la veffie. La paralyfie de l'inteftin & de la veffie fe déclare d'abord par une conftipation opiniâtre & une rétention d'urine, & plus tard par des évacuations involontaires; quelquefois, cependant, la conftipation & la rétention des urines perfiftent jufqu'à la fin.

Le plus ordinairement la paralyfie fe manifefte d'un feul côté du corps, puis de l'autre, & de la manière qu'il a été dit plus haut, c'eft-à-dire par un engourdiffement du pied ou de la main, par un aura, une modification dans l'état de la fenfibilité ou de la motilité, felon que l'altération de la moelle a fon fiège dans les cordons antérieurs ou poftérieurs : tantôt elle attaque les deux membres, fupérieurs ou inférieurs, avant d'envahir les deux autres; tantôt au contraire, ce qui cependant eft beaucoup moins ordinaire, les fymptômes fe développent d'abord fur un membre thoracique, puis fur le membre abdominal du même côté.

Lorfque l'inflammation exifte dans le voifinage de la protubérance annulaire, il peut y avoir perte de connoiffance, aphonie, trifmus, grincement de dents, renverfement de la tête en arrière, hydrophobie, paralyfie de tout le corps, embarras, tumulte de la refpiration, ainfi que nous l'avons obfervé; mais autrement les facultés intellectuelles reftent très-libres. Si la maladie porte fur un feul des cordons antérieurs, la paralyfie eft bornée à un côté du corps, comme la perte du fentiment n'exifte également que d'un côté, fi l'altération occupe un des cordons poftérieurs.

Lorfque la portion cervicale eft affectée, on obferve ordinairement une douleur & une rigidité du col, des fourmillemens, des engourdiffemens, des contractions permanentes, des convulfions des

N

membres thoraciques, des paralyfies confécutives, un défordre plus ou moins confidérable, de la refpiration qui devient alors diaphragmatique. La myélite débute quelquefois alors comme un torticolis : j'en ai vu un exemple chez un enfant ; d'autres fois, elle s'annonce par une gêne de la déglutition ; les fymptômes hémiplégiques existent du même côté que l'inflammation de la moelle.

L'altération a-t-elle fon fiége dans la portion dorfale, entre les deux renflemens, le tronc eft quelquefois agité de fecouffes convulfives & continues, coïncidant avec des palpitations, des battemens irréguliers du cœur, une gêne plus ou moins confidérable de la refpiration & une forte fièvre. Si la défurganifation occupe une partie des renflemens, les membres peuvent participer aux convulfions & plus tard à la paralyfie.

Enfin, fi les portions dorfale & lombaire, ou mieux le renflement crural de la moelle, font enflammés, il y a engourdiffement, fourmillemens, douleurs, puis paralyfie des membres inférieurs, rétention ou évacuation involontaire des matières fécales & de l'urine ; dans quelques cas une inertie de l'utérus lors de l'accouchement, ou, au contraire, des contractions qui occafionnent l'avortement ; enfin il exifte une douleur plus ou moins vive dans le point correfpondant à l'altération de la moelle.

Plufieurs épilepfies paroiffent reconnoître pour caufe la déforganifation de cette partie de la moelle épinière.

Lorfque l'inflammation de la moelle épinière eft aiguë, elle peut s'accompagner de fièvre, furtout fi les méninges participent à la phlegmafie.

La fpinitis chronique eft caractérifée par les mêmes phénomènes que la fpinitis aiguë, fauf que ces phénomènes furviennent très-lentement, qu'ils font à peine appréciables dans le principe, ne s'accompagnent pas de fièvre, & ne s'accroiffent que graduellement ; la fpinitis chronique fe préfente quelquefois fous la forme d'*aura epileptica*, d'angine de poitrine, d'afthme, de gaftralgie & d'entéralgie.

La myélite peut facilement fe confondre avec l'arachnitis fpinale (1). Plus rarement elle eft fimulée par certaines névralgies & par le rhumatifme, furtout lorfqu'elle eft chronique. Le prognoftic de cette inflammation eft toujours grave.

La fpinitis aiguë fe termine le plus généralement par la mort au bout de quelques jours, & d'autant plus rapidement qu'elle exifte dans le voifinage de la protubérance annulaire, ou vers la région dorfale, lieu où le canal rachidien préfente une étroiteffe remarquable.

La fpinitis chronique n'a point de durée bien

déterminée ; cependant elle ne fe prolonge guère en général au-delà de cinq à six ans, quoiqu'on voie des individus vivre quinze & vingt ans avec des paralyfies plus ou moins complètes des membres.

Traitement. Dès le début de la maladie, c'eft-à-dire auffitôt que le malade accufera une douleur vive dans un point de la colonne vertébrale, on appliquera vingt à trente fangsues fur cette région, & l'on fera fuivre cette application de l'ufage des ventoufes fcarifiées & de la faignée.

Si les fymptômes confiftent au contraire dans des fourmillemens, des engourdiffemens des membres, on donnera la préférence à la faignée de prime à bord ; d'une autre part on favorifera l'action de ce traitement, fi toutefois la fpinitis eft aiguë, par l'emploi des réfrigérans le long de la colonne vertébrale, & par celui des bains tièdes, à moins que le mouvement que l'on communique au malade n'exafpère la douleur. Enfin à l'aide de rubéfians & de véficatoires, appliqués fur les membres fupérieurs ou inférieurs, & de purgatifs draftiques, l'on cherchera à détourner la phlegmafie rachidienne.

Ici l'on a peu à redouter la coïncidence d'une phlegmafie gaftro-inteftinale, la fpinitis aiguë dépendant le plus ordinairement de violence extérieure fur la colonne vertébrale, & le danger attaché au développement d'une gaftro-entérite artificielle ne pouvant nullement être mis en balance avec une maladie auffi grave que la myélite.

Ce traitement devra être continué tant qu'il exiftera des fignes de ftimulation du côté de la moelle ; mais dès que le collapfus ou les fymptômes qui le repréfentent apparoîtront, on abandonnera le traitement anti-phlogiftique, & l'on aura recours à des applications fucceffives de finapifmes, aux divers toniques & ftimulans, au camphre, à l'extrait de quinquina, &c.

Si la fpinitis eft chronique, il faut placer un ou plufieurs moxas ou cautères vers les apophyfes tranfverfes, correfpondantes à la région que l'on fuppofe affectée, & combattre les douleurs des membres par des véficatoires volans appliqués fur le trajet de leurs cordons nerveux ; dans le cas de paralyfie, on doit auffi faire ufage du galvanifme, ainfi que l'a recommandé M. Andrieux, mais en apportant dans l'adminiftration de ce puiffant agent toute la prudence & tous les foins qu'il réclame. (*Voyez* le Mémoire de M. Andrieux fur *l'application méthodique du galvanifme, comme moyen thérapeutique* (1). D'une autre part, on entretiendra la liberté du ventre, par l'emploi habituel des laxatifs ; s'il exifte une rétention d'urine, on placera une fonde à demeure dans la veffie ; enfin, fi quelques fignes de congeftion cérébrale

---

(1) Voyez, *Traité fur l'inflammation de l'arachnitis cérébrale & fpinale*, par MM. Martinet & Parent-Duchatelet. Paris, 1821, in 8°.

(1) *Revue médicale & Journal de Clinique*, année 1824, 1ᵉʳ volume, pag. 244.

viennent à apparoître, on s'en rendra maître par des applications de fangfues à l'anus ou par la faignée générale. Quelques médecins ont effayé l'usage des douches à 32° & 34° R. le long de la colonne vertébrale, lorfque toutefois il n'exifte aucun fymptôme de ftimulation. Quant aux applications de pommades irritantes, de la pommade ftibiée, du liniment ammoniacal, on peut dans l'occurrence les fubftituer avec avantage aux véficatoires. (L. M.)

SPIRÉACÉES, f. f. (Bot., Mat. méd.) Spiræaceæ. M. de Juffieu a défigné fous ce nom un groupe de plantes faifant partie de fa grande famille des Rosacées.

SPIRITUALISTES. f. m. pl. (Hift. de la méd.) On défigne quelquefois fous cette dénomination une fecte de médecins anciens dont les idées ont, avec celles des médecins pneumatiques, les rapports les plus immédiats. (Voyez l'article PNEUMATIQUE (secte ou médecine pneumatique) dans ce Dictionnaire).

SPIRITUEUX, adj. & f. m. (Thérap.) On donne ce nom, en matière médicale, à des liquides qui contiennent affez d'alcool pour que fon action domine. Déjà dans ce Dictionnaire, aux articles ALCOOL, IVRESSE & NOURRITURE (liqueurs fpiritueufes), on a indiqué les caractères chimiques des fpiritueux, les phénomènes immédiats & généraux que développe leur ingeftion dans l'eftomac, les dangers qui peuvent réfulter de leur ufage hygiénique & médicamenteux, & le parti que la médecine peut tirer de leur application extérieure. Nous nous contenterons d'ajouter ici quelques réflexions fur les principaux cas où l'on peut adminiftrer avec avantage les fpiritueux pour le traitement des maladies. Rappelons avant tout que l'alcool, qui fait la base des boiffons fpiritueufes, eft un des ftimulans diffufibles les plus énergiques; que, porté dans l'eftomac, injecté dans le gros inteftin, ou appliqué à la furface extérieure du corps, fon action eft à peu près la même; & qu'elle eft caractérifée par une vive excitation du fyftême nerveux, accompagnée d'une accélération manifefte dans le mouvement circulatoire.

Depuis long-temps les conseils éclairés des médecins ont fingulièrement reftreint l'emploi diététique des liqueurs fpiritueufes; une femblable réforme s'eft opérée dans la pratique médicale, & les théories actuelles tendent à les rejeter de plus en plus de la thérapeutique. Néanmoins, il eft des circonftances où elles font indiquées & où elles peuvent conduire à des réfultats avantageux. En général, on peut les prefcrire dans les cas où le principe de la vie a reçu une atteinte profonde et fe trouve dans une véritable afthénie, comme dans la dernière période des fièvres adynamiques

& des typhus, dans les paralyfies, les hydropifies atoniques, les hémorragies paffives. On s'en fert auffi à l'extérieur & à l'intérieur lorfque la déglutition peut encore s'opérer, pour ftimuler la fenfibilité & agir fympathiquement fur le cœur, dans la fyncope & les diverfes efpèces d'afphyxie, &c. On fait que, dans les maladies chroniques, on a quelquefois réuffi à diffiper des engorgemens & des blennorrhées entretenus par la foibleffe, par le défaut de refforts des vaiffeaux capillaires, en adminiftrant des ftimulans affez actifs pour provoquer un mouvement de réaction générale, une fièvre artificielle. Les fpiritueux ont été fouvent donnés dans ce but, particulièrement dans les affections lymphatiques: mais dans ces cas-là même, on doit ufer de beaucoup de prudence & de circonfpection. On cherche quelquefois dans l'emploi des liqueurs alcooliques, à mettre à profit le mouvement qu'elles provoquent à la périphérie du corps pour exciter une tranfpiration abondante. On connoît l'abus que le peuple fait de cette pratique au début de la plupart des maladies, & furtout des catarrhes pulmonaires. Quelques médecins ont traité le tétanos par les fpiritueux; c'eft ainfi que le Dr. Hofack, à Colombia de New-York, a donné avec fuccès dans cette affection le vin de Madère à haute dofe. Rob. Thomas confeille, lorfque l'eftomac ou les inteftins font affectés par fuite de la rétropulfion de la goutte, de faire boire, le plus promptement poffible, une grande quantité de vin ou d'eau-de-vie avec des aromates. On obtient, dit-il, de grands avantages de l'alcool chargé des principes de l'affa-fœtida ou de l'ail. On n'ignore pas non plus que, quelques médecins confidérant la goutte comme la fuite de l'atonie de l'eftomac, ont préconifé les liqueurs fpiritueufes dans la cure de cette maladie, malgré l'opinion générale qui les place au nombre de fes caufes productrices.

On a beaucoup vanté les liqueurs fpiritueufes, comme moyen préfervatif des maladies épidémiques & contagieufes: fi l'on veut parvenir à cet heureux réfultat, il faut apporter dans leur ufage la plus grande modération, car tous les bons obfervateurs ont remarqué combien leur excès eft pernicieux. Samoïlowitz a vu les ivrognes devenir les premières victimes de la pefte. A Mayence, en 1814, les individus qui, pour fe préferver du typhus, firent abus des fpiritueux, non-feulement n'en furent pas exempts, mais furent atteints d'accidens inflammatoires au cerveau. Hippocrate avoit déjà fait l'obfervation que le vin apaife la faim; il en eft de même pour les boiffons fpiritueufes: auffi les-a-t-on adminiftrées avec avantage dans les faims morbides ou boulimies.

Les liqueurs alcooliques, l'eau-de-vie ou le vin de Madère, paroiffent être l'antidote des poiffons vénimeux, des moules en particulier. M. Duméril a conftaté leur efficacité fous ce rapport.

N 2

S P L

On ne doit pas oublier, toutes les fois qu'on voudra prescrire des liqueurs spiritueuses, qu'il est de la plus haute importance de s'assurer de l'état de l'estomac & d'avoir égard aux habitudes, au tempérament & au climat.

(EMERIC SMITH.)

SPIROÏDE, adject. (*Anat.*) *Spiroides*, de σπειρα, tour, & de ειδος, forme. Conformément à son étymologie, cet adjectif a été employé par Chaussier pour désigner l'aqueduc de Fallope, auquel il donne le nom de *Canal spiroïde.* (*Voyez* AQUÉDUC & TEMPORAL dans le *Dictionnaire d'Anatomie.*)

SPITAELSKA. (*Path.*) Sorte de lèpre ou de dartre endémique, à l'île de Feroë & sur quelques rivages de l'Islande, qu'Horrebows & plusieurs autres médecins attribuent à l'usage excessif du poisson, particulièrement du Saumon.

SPLANCHNIQUE, adj. (*Anat.*) *Splanchnicus*, de σπλαγχνον, viscère; qui a rapport aux viscères. On donne ce nom, en anatomie, aux trois principales cavités du corps, au crâne, à la poitrine & au ventre. On appelle *splanchniques* les organes contenus dans ces cavités : ainsi on dit, les membranes, les glandes, les ganglions *splanchniques.* Le nerf ganglionnaire est aussi nommé nerf des cavités splanchniques ou nerf *trisplanchnique* (Chauff.); mais l'épithète *splanchnique* est plus spécialement employée pour désigner les deux branches qui naissent des ganglions *costovertébraux* du grand sympathique, pour traverser les piliers du diaphragme, & venir se jeter dans les ganglions semi-lunaires & le plexus rénal. Au total, le mot *splanchnique* est synonyme de viscéral. (VELP.)

SPLANCHNOGRAPHIE, s. f. (*Anat.*) *Splanchnographia*, dérivé de σπλαγχνον, viscère, & de γραφη, description.

SPLANCHNOLOGIE, s. f. (*Anat.*) *Splanchnologia*, de σπλαγχνον, viscère, & de λογος, discours.

SPLANCHNOTOMIE, s. f. (*Anat.*) *Splanchnotomia*, de σπλαγχνον, viscère, & de τεμνειν, couper.

Ces trois substantifs sont chacun composés de deux mots grecs, dont un σπλαγχνον est commun aux trois expressions. Les autres γραφη, λογος & τεμνειν, qui signifient description, discours & couper, indiquent que, le premier est relatif à tout ce qui se rapporte à la description des viscères, l'autre à leurs fonctions, & le troisième à l'art de mettre en évidence les différentes parties qui, sur le cadavre, peuvent contribuer à faire connoître l'anatomie de ces divers organes. (R. P.)

SPLEEN, s. m. (*Path.*) En latin *splen.* Mot anglais passé dans notre langue & pour ainsi dire *francisé*, pour exprimer une espèce de mélancolie ou d'hypochondrie à laquelle les Anglais sont très-sujets; cette dénomination dérive évidemment du mot grec σπλην, rate, parce que probablement on a cru que l'affection qu'elle indique avoit son siége dans la rate. *Spleen* peut se traduire en latin par *tœdium vitœ*, dégoût de la vie, affection morale qui porte les malades à mettre fin à leurs jours.

Le principal caractère du *spleen*, est le dégoût de la vie & le desir d'y mettre fin, ou du moins d'en être délivré comme d'un insupportable fardeau : ce qui le distingue, jusqu'à un certain point, de l'hypochondrie & de la mélancolie, dans lesquelles l'homme est en proie à une multitude d'idées bizarres & extravagantes, lesquelles peuvent aussi, il est vrai, le conduire au *suicide.*

Quelle qu'en soit la cause, cette maladie morale paroit être une variété d'aliénation mentale, qui a généralement son siége dans le cerveau comme les autres espèces de mélancolie, ainsi que l'a bien démontré, il y a quelques années, M. le Dr. Falret dans son excellent ouvrage *sur l'hypochondrie & le suicide.* Il est assez fréquent toutefois de voir certaines lésions viscérales, particulièrement celles de l'abdomen, exercer une influence morbide sur cet organe important (le centre de toutes les facultés), y hâter le développement des aberrations les plus graves de l'esprit, & notamment celles qui caractérisent les nombreuses variétés de l'hypochondrie. Ce point de doctrine a été d'ailleurs l'objet de plusieurs écrits dans lesquels souvent peut-être on a pris des coïncidences pour des *subordinations* morbides, dans lesquels aussi le foie, la rate, le tube digestif, &c., ont été mal à propos substitués au cerveau, dont les souffrances, bizarrement exprimées, sont presque toujours mal appréciées à leur début & ordinairement prises pour des travers d'esprit.

La vie est, il faut le dire, abreuvée de tant d'amertumes, contristée par tant d'injustices de toute espèce, qu'il n'est pas étonnant que l'homme, né sensible & bon, se dégoûte de l'existence; je dis plus, ce dégoût fait le plus souvent honneur à ses sentimens moraux : si on excepte, en effet, un petit nombre d'hommes usés par tous les excès, rassasiés de toutes les jouissances, qui mettent fin à leur carrière par le suicide, parce qu'ils sont devenus insensibles aux plaisirs les plus naturels & les plus innocens, les mélancoliques qui peuplent les maisons d'aliénés, ceux mêmes qui se suicident sont presque toujours des ames honnêtes, délicates, sensibles aux malheurs qui ont accablé eux ou leurs proches. Des auteurs ont émis sur le spleen & sur d'autres affections nerveuses qui tendent au suicide, des opinions plus respectables que vraies, & même assez inutiles pour arriver au but qu'ils sembloient fe propofer. La tendance au fuicide, en effet, n'eft nullement contagieufe; & c'eft avec jufte raifon que Rouffeau a dit : « Celui qui feint d'en-» vifager la mort fans effroi, ment : tout homme » craint de mourir : c'eft la grande loi des êtres » fenfibles, fans laquelle toute efpèce mortelle » feroit bientôt détruite. » Ainfi donc quand l'homme, en proie au fpleen ou dégoûté de la vie, cherche à y mettre fin, il faut qu'il y foit déter-miné par des motifs bien graves, ou bien qu'il foit aliéné; c'eft le cas le plus commun. On peut comparer le fuicide des ames honnêtes au duel qu'accepte un homme d'honneur; l'un & l'autre fans doute font répréhenfibles aux yeux de la morale & de la religion, mais ils ont leur côté honorable; ils ont pour bafe un acte de courage très-grand qui relève la dignité de l'homme quand elle a été compromife. Celui qui fe donne la mort pour ne pas furvivre à un déshonneur qui n'eft pas de fon fait, peut fe tromper, mais il n'en fait pas moins le facrifice de fa vie; celui qui meurt volontairement parce qu'il fe croit indigne de vivre, purge fes iniquités par un grand & folennel facrifice : fon courage infpire de l'intérêt, & peut, jufqu'à un certain point, réhabiliter fa mé-moire.

Montefquieu, qui a dit tant d'excellentes chofes, dans fon livre fur l'Efprit des Lois, s'eft trompé néanmoins, en établiffant d'une manière générale que les Anglais (affectés de fpleen) fe tuent fans qu'on puiffe imaginer aucune raifon qui les y détermine. Comme nous l'avons déjà dit, la caufe la plus commune du fpleen & de la cataftrophe qui s'enfuit, eft une véritable aliénation d'efprit. Quant à ce que Montefquieu ajoute, que les An-glais fe tuent au fein du bonheur, ceci nous paroît encore plus erroné; car il eft évident que le bon-heur eft un état relatif, & qu'un homme qui ne fe croit pas heureux, ne l'eft pas effectivement, quoiqu'il ait à fa difpofition des élémens de féli-cité qui fuffiroient à mille autres : c'eft fi l'on veut une erreur d'imagination, mais cette erreur même attefte que l'intelligence eft léfée, ainfi que nous l'avons établi au commencement de cet article.

Les caufes du fpleen font faciles à déduire de ce que nous avons déjà dit : il attaque le plus ordinairement les hommes d'une grande fenfibi-lité, pour lefquels des chagrins domeftiques, des revers de fortune, quelque grande paffion ont été de dures épreuves. Le dégoût de la vie, qui eft un réfultat trop commun de cette affection mo-rale, naît quelquefois au milieu des jouiffances que prodigue la fortune à une jeuneffe impru-dente & mal élevée, qui ne connoît pas de frein; & par un contrafte qui s'obferve fré-quemment dans la vie humaine, on voit des in-dividus tomber dans le fpleen & mettre fin à leurs jours, pour avoir été exclus par quelqu'in-firmité dégoûtante & irrémédiable, de ces mêmes

plaifirs qu'on peut affimiler aux befoins de l'or-ganifation animale.

Les individus affectés de fpleen font habituel-lement triftes, morofes; le dégoût de la vie leur infpire celui des affaires & des relations fociales : fombres, après avoir été d'une grande fenfibilité, ils tombent dans l'indifférence & recherchent la folitude; ils voient tout à travers un prifme lu-gubre, dit M. Louyer Villermay; le paffé leur inf-pire d'inutiles regrets, ils gémiffent fur le préfent, & l'avenir les épouvante. La moindre injuftice, la moindre fouffrance aggrave leur état, ajoute à leur ennui, à leur mifanthropie; leur caractère s'aigrit jufqu'à l'emportement, & ils finiffent par devenir habituellement morofes & irafcibles. On les reconnoît généralement, dit encore l'auteur que nous venons de citer, à leur démarche mal affurée, à leurs regards obliques, à l'expreffion morne & indélibérée de leur phyfionomie, à une forte d'apathie qui entraîne la lenteur de toutes les fonctions, furtout de la refpiration & de la circulation. Le pouls eft lent & foible, l'appétit languiffant; fouvent enfin les fignes de la vita-lité femblent s'éteindre. Les femmes deviennent quelquefois leucorrhéiques, leur menftruation fe dérange & fouvent finit avant l'époque mar-quée par la nature (1).

Les remèdes que l'on peut oppofer au fpleen fe trouvent moins dans les formules de la méde-cine & dans les officines des pharmaciens, que dans les reffources de l'hygiène : les organes malades, & principalement le cerveau, n'étant léfés que confécutivement à des impreffions qui viennent du dehors & qui n'agiffent pas auffi bruf-quement que des caufes purement matérielles. Ce n'eft pas à dire pourtant qu'il faille renoncer à tous les moyens de la thérapeutique : il eft utile, par exemple, de dégorger le cerveau, prefque habituellement le fiége de congeftion fanguine; de rétablir quelques excrétions habituelles qui fe feroient fupprimées; de fuppléer, par des applications de fangfues à l'anus ou à la vulve, aux flux menftruel & hémorrhoïdal fupprimés; de rappeler (autant que poffible) à l'extérieur, au moyen de dérivatifs appropriés, des exan-thèmes, ou autres affections cutanées accufées de rétroceffion; enfin, de combattre par des médi-camens appropriés toutes les affections orga-niques des vifcères, qui, réagiffant fympathique-ment fur l'encéphale, ont été regardées comme caufe du dérangement de fes fonctions.

Quant aux moyens tirés de l'hygiène, ce font ceux qu'on oppofe à toutes les maladies nerveufes, à l'hypochondrie, à la mélancolie & aux autres affection mentales qui ne néceffitent pas l'ifole-ment : tels font, un changement dans la manière

(1) Voyez Dictionnaire des fciences médicales, tom. LII, pag. 345.

de vivre, les voyages, les exercices, les distractions variées, les lectures choisies, les travaux rustiques, l'habitation de la campagne. Ces moyens ont été d'ailleurs très-souvent indiqués dans ce Dictionnaire, & ce seroit faire un double emploi que de les exposer encore ici. (*Voyez* Hy-pochondrie, Manie, Mélancolie & Suicide.)

(Buchetteau.)

SPLÉNALGIE, f. f. (*Path.*) *Splenalgia* , de σπλην, la rate, & de αλγος, douleur. On désigne fous ce nom l'impression douloureuse qui se fait quelquefois ressentir à la rate, ou seulement dans la région de cet organe ; car des expériences bien faites femblent prouver que sa sensibilité est en général très-peu développée. En effet, des chiens chez lesquels ce viscère avoit été amené hors de l'abdomen, l'ont eux-mêmes déchiré avec leurs dents, bien que d'ailleurs au moyen des nerfs & des vaisseaux, il fût encore en communication avec toutes les parties environnantes.

SPLÉNEMPHRAXIS, f. m. (*Path.*) *Splenem-phraxis*, de σπλην, la rate & d'εμφρασσω, j'obstrue. La rate, ainsi que la plupart des viscères contenus dans l'abdomen, est susceptible d'éprouver diverses altérations, telles que cancer, tubercules, engorgemens, &c. Or, ce font les diverses affections que, d'une manière générale, Vogel a désignées fous le nom de *splenemphraxis*. (*Voyez* Obstructions.) (R. P.)

SPLÉNIQUE, adj. (*Anat.*) *Splenicus* , de σπλην, la rate. Qui appartient, qui est relatif, qui dépend de la rate : artère, vaisseaux, nerfs, plexus, tissus, parenchyme, granulations, capsule, membrane *spléniques*. (*Voyez* Rate.)

(Velp.)

SPLÉNITE, f. f. (*Path.*) Mot dérivé du grec, σπλην, la rate, & par lequel on désigne l'inflammation de ce viscère. Malgré les travaux & les recherches nombreuses d'une multitude d'auteurs (Hippocrate, Galien, Fabrice de Hilden, Schenckius, Fioraventi, Columbus, Cabrol, Vésale, Riolan, Fanton, Marchettis, Fallope, Bartholin, Ruyfch, Morgagni, Fergufon, Malpighi, Cowper, Planque, Portal, Dupuytren, Affolant, Béclard, Ribes, &c.), l'histoire anatomique, physiologique & pathologique de la rate est fort obscure. Plusieurs observateurs l'ont vue intéressée par des plaies, détruite par la gangrène, rompue par des chocs externes, tuméfiée, endurcie, ramollie, atrophiée, squirrheufe, cartilagineufe, tuberculeufe, suppurée, envahie par des hydatides, &c. Dans les maladies & dans les expériences faites fur les animaux, elle a paru en général ne posséder qu'une sensibilité fort obtufe, & dans une expérience faite par le docteur Affolant, on a vu un chien manger lui-même une portion de la rate qui avoit été attirée hors du ventre. On peut déjà

conclure de cette remarque que cet organe doit être peu fujet à l'inflammation. D'un autre côté, les déforganisations diverses qu'il a préfentées attestent qu'il n'en est cependant point entièrement exempt. Doit-on rapporter à l'inflammation, le ramollissement & l'altération de ce viscère qu'on obferve fi souvent à la fuite des fièvres graves, & la tuméfaction, l'induration chronique, le ramollissement & la déforganisation aiguë, que l'on rencontre affez fréquemment dans les fièvres intermittentes & dans les fièvres pernicieufes ? C'est une question qui ne peut être pleinement résolue dans l'état actuel de la fcience.

Du reste, l'inflammation peut avoir fon fiége dans la membrane péritonéale de la rate & dans le tiffu cellulaire qui l'unit au parenchyme du viscère, ou dans ce parenchyme lui-même ; elle est susceptible des terminaisons accoutumées des phlegmafies en général, la résolution (avec ou fans adhérence), la suppuration, l'induration, la gangrène ; elle peut être aiguë, mais le plus fouvent chronique. Le traitement antiphlogistique, modifié fuivant les cas (faignée générale & locale, cataplafmes émolliens, bains, lavemens, &c.; & dans l'état chronique, révulsifs, fondans internes, douches, &c.), doit être être employé pour la combattre. Enfin, voici les fignes auxquels les auteurs penfent qu'on peut reconnoître fa préfence :

Douleur plus ou moins profonde & plus ou moins vive dans la région de l'hypochondre gauche occupée par la rate, s'étendant parfois à tout l'abdomen, augmentant par la preffion & dans les divers efforts respiratoires ; tension de l'hypochondre gauche ; dyfpnée ; foif ; naufées ; vomiffemens ; parfois coliques ; dyfurie ; fièvre, &c. Souvent dans l'état chronique, un épanchement féreux plus ou moins copieux fe forme dans le ventre.

Plusieurs observateurs ont rapporté des exemples de bleffures graves, de gangrène, & même d'*amputation* de la rate, qui n'ont point été mortelles ; mais tous ces faits ne méritent pas une égale confiance. (Gibert.)

SPLÉNIUS, f. m. (*Anat.*) Mot latin dérivé de σπλην, la rate. Les anatomistes ont donné ce nom à deux mufcles fitués à droite & à gauche à la partie poftérieure de la tête & du col, à caufe de leur prétendue reffemblance avec la rate. Ces mufcles, affez épais, occupent la partie poftérieure du col & fupérieure du dos, & d'après leurs attaches, Chauffier les avoit nommés *cervico-maftoïdien* & *dorfo-trachélien*. Les ufages de ces mufcles font, d'imprimer à la tête un mouvement de rotation, lorfque ceux d'un même côté agiffent ifolément ; tandis que, quand leur action est fimultanée, ils étendent directement la tête. (*Voyez* Splenius, dans le *Dictionnaire d'Anatomie.*)

SPLÉNOCÈLE, f. f. (*Pathol.*) de σπληνος, la rate, & de κηλη, tumeur, hernie. Malgré la fituation profonde de ce vifcère, & malgré les liens ferrés qui le retiennent dans la place qu'il occupe, on le voit quelquefois faire faillie hors de la cavité abdominale au travers de quelque ouverture, naturelle ou accidentelle. La hernie de la rate, qui s'eft le plus fouvent offerte à l'obfervation des anatomiftes, eft celle qui a lieu par le diaphragme, au moyen d'un écartement des fibres de ce mufcle. C'eft prefque toujours une léfion congénitale. On a vu, quoique très-rarement, la rate foit par un accroiffement morbide de fon volume, foit par fuite de tractions opérées fur elle par d'autres vifcères avec lefquels elle avoit contracté adhérence, former feule ou avec ceux-ci des tumeurs herniaires. Non-feulement les fibres écartées des mufcles abdominaux, mais encore l'anneau inguinal ou l'arcade crurale ont pu livrer paffage à une partie de fa fubftance. Le fait le plus curieux qui ait été publié fur cet état pathologique de la rate, eft celui que Ruyfch a configné dans fes *Adverfaria anatomica*. Mais, comme ces déplacemens ne donnent lieu à aucun fymptôme particulier, & que leur diagnoftic eft refté jufqu'ici prefqu'impoffible à établir, nous bornerons à ce bref expofé ce que nous voulions dire de cette affection qu'on peut regarder, par ces raifons, comme plus curieufe qu'utile à connoître. (EMERIC SMITH.)

SPLÉNOGRAPHIE, f. f. (*Anat.*) *Splenographia*, de σπλην, rate, & de γραφη, defcription.

SPLÉNOLOGIE, f. f. (*Anat.*) *Splenologia*, de σπλην, la rate, & de λογος, difcours.

SPLÉNOTOMIE, f. f. (*Anat.*) *Splenotomia*, de σπλην, la rate, & de τεμνειν, couper. Tout ce que nous avons dit aux mots SPLANCHNOGRAPHIE, SPLANCHNOLOGIE & SPLANCHNOTOMIE, doit s'entendre des trois expreffions dont il s'agit ici : feulement il faut rapporter à la rate ce qui eft relatif aux vifcères en général.

SPLÉNOPHRAXIE, f. f. (*Path.*) *Splenophraxia*, de σπλην, la rate, & de φραττω, j'obftrue. (*Voyez* SPLÉNEMPHRAXIS.) (R. P.)

SPOLIATIF, IVE, adj. (*Thérap.*) *Spoliativus*. A diverfes époques on a eu relativement aux effets de la faignée des idées différentes : tantôt on la pratiquoit dans l'intention de détourner le fang des parties vers lefquelles il fembloit fe porter avec plus d'énergie, la faignée étoit alors nommée *révulfive* ; tantôt on avoit pour but d'appeler ce liquide vers un organe particulier, la faignée étoit alors *dérivative* ; enfin, lorfque l'on pratiquoit cette opération avec l'intention de diminuer le volume abfolu du fang, on la nommoit *fpoliative*. On conçoit que dans ces diverfes circonftances, la quantité de fang retiré & le mode d'évacuation devoient être différens. (*Voyez* SAIGNÉE dans ce Dictionnaire.)

SPONDYLARTHROCACE, f. f. (*Path. chir.*) Dans un Traité publié à Vienne en 1817, M. Ruft, premier chirurgien de l'armée pruffienne, a défigné fous le nom do *fpondylarthrocace*, une affection qui, d'abord a quelque reffemblance avec le torticolis, mais dont les réfultats font beaucoup plus funeftes, puifqu'après de longues fouffrances elle amène conftamment la mort du malade.

SPONDYLE, f. m. (*Anat.*) *Spondylus*. Expreffion dérivée du grec σπονδυλος, qui en général fignifie vertèbre, mais qu'Hippocrate femble avoir fpécialement employée pour défigner l'*axis* ou feconde vertèbre du col.

SPONDYLE, f. m. (*Hyg.*) Nom donné à un genre de mollufque acéphale que l'on mange en Italie, & dont la coquille bivalve eft analogue à celle des huîtres.

SPONDYLITE, f. f. (*Path.*) *Spondylitis*. Ce mot, dérivé de σπονδυλος, vertèbre, a été récemment propofé pour défigner l'inflammation des vertèbres.

SPONGIEUX, SE, adj. (*Anat.*) *Spongiofus*, de *fpongia*, éponge. Cet adjectif fert à caractérifer la ftructure anatomique de toutes les parties dont le tiffu eft lâche, & forme des auréoles plus ou moins femblables aux pores d'une éponge. Ainfi, vers les extrémités des os longs & plus particulièrement encore dans les os courts, tels que le calcanéum, les os cunéiformes, &c., on remarque cette difpofition qui conftitue ce que l'on appelle le tiffu *fpongieux* des os. De même que les corps caverneux du pénis prennent, à caufe de leur ftructure aréolaire, le nom de corps *fpongieux*. (*Voyez* CAVERNEUX & CELLULAIRE, dans le *Dictionnaire d'Anatomie*.) (R. P.)

SPONTANÉ, adj. *Spontaneus*. Qui a lieu de foi-même & fans caufes étrangères appréciables. On nomme *laffitudes fpontanées*, celles qui furviennent fans avoir été produites par un travail forcé, par un exercice plus violent qu'à l'ordinaire. — *Maladies fpontanées*, celles qui fe développent fans caufes extérieures manifeftes. — *Évacuations fpontanées*, celles qui n'ont été provoquées par aucune médication. — *Mouvemens fpontanés*, ceux qui s'exécutent fans le concours de la volonté & pour ainfi dire automatiquement. Enfin, on a fpécialement qualifié de *fpontané*, un déplacement de la tête du fémur, qui s'opère lentement & fans avoir été précédé par aucune violence extérieure. (BRICHETEAU.)

SPORADIQUE, adj. *Sporadicus*, dérivé du verbe grec σπείρω, je disperse. On donne le nom de maladies *sporadiques*, à celles qui surviennent indistinctement en tout temps, en tout lieu, sous l'influence de causes isolées, & indépendamment d'aucune épidémie, infection générale & endémie. (BRICHETEAU.)

SPRUCE. (*Hyg.*) Nom donné par les anglois à l'espèce de bière que l'on fabrique avec les bourgeons qui terminent les rameaux du sapin commun. Quelquefois, pour hâter la fermentation, on ajoute dans la liqueur un peu de mélasse. (*Voyez* SAPINETTE.)

SPUMEUX, SE, adj. (*Path.*) *Spumosus*, qui est mêlé d'écume. Dénomination qui sert à caractériser certains crachats ou certaines déjections qui sont mêlées de beaucoup d'air. (*Voyez* CRACHATS.)

SPUTATION, s. f. (*Path.*) *Sputatio*. Quelquefois par habitude, d'autres fois par suite d'une disposition pathologique, quelques personnes rejettent continuellement leur salive : c'est ce que l'on a désigné sous le nom d'*expuition* & de *sputation*. Cette déperdition continuelle, surtout lorsqu'elle est abondante, pouvant entraîner de graves accidens, il importe de chercher à la faire cesser, soit en combattant les mauvaises habitudes par une volonté soutenue, soit en remédiant aux maladies dont la sputation ne seroit qu'un symptôme.

SQUAMEUX, SE, adj. (*Anat. & Path.*) *Squamosus*, de *Squama*, écaille. Mot employé par les anatomistes & les nosologistes pour désigner l'arrangement de certaines parties, disposées les unes à l'égard des autres, à peu près comme le font les écailles des poissons. Ainsi, on nomme *suture squameuse*, celle qui unit les os temporaux & pariétaux. (*Voyez* ECAILLEUX dans le *Dictionnaire d'Anatomie.*) Quelquefois l'épiderme se détache par partie, & l'on appelle *maladies squameuses* ou *squamiformes*, celles dans lesquelles on observe ce symptôme : telles font, par exemple, l'ichthyose, certaines dartres, &c. (R. P.)

SQUELETTE, s. m. (*Anat.*) *Sceletum*, du grec σκελετόν. La plupart des animaux sont formés de parties dures & molles : les premières sont souvent situées à l'intérieur, mais d'autres fois elles sont à l'extérieur. Quelle que soit d'ailleurs leur situation, on leur donne le nom de *squelette*. Dans les mammifères, les oiseaux, la plupart des poissons & des reptiles, le squelette est en dedans, tandis que dans les crustacés, les testacés, &c., il est en dehors & sert à protéger les parties molles, en même temps qu'il leur fournit

des points d'appui & détermine la configuration du corps de l'animal.

Chez l'homme, on divise le squelette en *naturel* & en *artificiel*, suivant que les diverses parties sont réunies par leurs ligamens, ou par des liens étrangers. Dans cet assemblage, certaines parties situées à gauche & à droite de la ligne médiane sont doubles ; tandis que d'autres, occupant la partie moyenne, sont simples & symétriques : tels sont le sacrum, la colonne vertébrale, quelques os de la tête, &c.

Le squelette présente au reste des différences suivant les sexes, l'âge & même aussi suivant les différentes races d'hommes. Son étude est d'autant plus importante qu'elle rappelle la disposition anatomique des autres parties qui sont, ou renfermées dans les cavités qu'il présente, ou appliquées sur sa surface pour produire les divers mouvemens dont le corps est susceptible. (*Voyez* SQUELETTE dans le *Dictionnaire d'Anatomie.*)

SQUELETTOLOGIE, s. f. (*Anat.*) *Scelettologia*, de σκελετόν, squelette, & λόγος, discours. Branche de l'anatomie dans laquelle on décrit & l'on fait connoître les usages du squelette des animaux, & des diverses parties qui en font les annexes.

SQUELETTOPÉE, s. f. (*Anat.*) *Scelettopœa*, de σκελετόν, cadavre desséché, & ποιεῖν, faire. Nom sous lequel on distingue, depuis plusieurs années, la partie de l'anatomie pratique, qui traite de la manière dont on doit préparer les os de squelette pour pouvoir les étudier sous tous les aspects & sous tous les rapports possibles. (R. P.)

SQUINANCIE, s. f. (*Path.*) Ce mot, qui n'est plus employé en médecine, est synonyme d'*esquinancie*. (EMERIC SMITH.)

SQUINE, s. f. (*Bot.*, *Mat. méd.*) *Radix chinæ*, racine du *smilax china*. Cette plante, qui appartient au genre *Smilax*, de la famille des Asparaginées de M. de Jussieu, a été introduite dans la matière médicale vers l'an 1535. C'est aussi à cette époque que l'on commença à l'apporter en Europe.

Cette racine croît en Chine, au Japon, on la trouve aussi à la Jamaïque ; elle est noueuse, ligneuse & par morceaux de la grosseur du poing ; sa couleur est d'un brun-rougeâtre à l'extérieur, & un peu moins foncé à l'intérieur ; sa saveur est fade & comme farineuse.

La squine renferme une si grande proportion de fécule rougeâtre, que M. Robert de Rouen rapporte (*Journal de Pharmacie, tom. IV.*) que l'analyse d'une once de cette racine lui a fourni six gros de fécule. Dans les

contrées

contrées où l'on récolte la racine de squine, on recueille cette racine fraîche & on en extrait une farine analogue au sagou, qui, bouillie dans l'eau & assaisonnée avec du sucre ou du miel, fournit aux naturels du pays une nourriture très-abondante, aussi saine qu'agréable.

Quant aux propriétés médicinales de la racine de squine, elles sont loin de répondre aux éloges que l'on a, pendant long-temps, prodigués à ce médicament; éloges qui tenoient ou à l'enthousiasme des premiers praticiens qui en ont fait usage, ou à l'exagération & à la mauvaise foi des personnes intéressées à la préconiser.

Aujourd'hui, ce médicament est presqu'entièrement tombé en désuétude, & si on l'emploie encore comme diaphorétique, c'est en l'associant à d'autres sudorifiques, tels que la salsepareille, le gayac & le sassafras, & plutôt par habitude que comme adjuvant des trois autres. Somme toute, la racine de squine mérite à peine de rester dans la matière médicale, & encore moins de tenir une place parmi les sudorifiques : il est bien reconnu aujourd'hui qu'elle n'a pas la propriété de guérir les maladies syphilitiques, non plus que les affections rhumatismales & goutteuses; elle pourroit donc tout au plus obtenir une place parmi les remèdes doux & insignifians.

(CH. HENNELLE.)

SQUIRRHE, s. m. (Path. chir.) Squirrhus : scirrhe, skirrhe ; scirrhus, skirrhus : σκιρρος, de σκιρος, morceau de marbre. On donne ce nom à une tumeur dure, indolente, circonscrite, quelquefois égale & d'apparence enkystée, plus souvent inégale, sans changement de couleur à la peau, à laquelle elle n'adhère pas, lorsqu'elle est superficielle, se développant surtout dans les glandes & passant le plus souvent à l'état cancéreux. Cette tumeur devient alors inégale, bosselée si elle ne l'étoit déjà; le malade éprouve des douleurs lancinantes dans la partie affectée, comme si elle étoit traversée par une lame aiguë & étroite; mais elle reste toujours indolente à la pression. Cette tumeur, très-pesante, dont le volume varie à l'infini, acquiert quelquefois de si grandes dimensions, qu'elle apporte beaucoup de gêne dans les mouvemens du malade. Le squirrhe est produit par une matière de nouvelle formation, d'un blanc-grisâtre ou bleuâtre, demi-transparente, assez semblable à la couenne de lard; d'autres fois comme cartilagineuse, criant sous le scalpel & renfermant presque toujours une certaine quantité de matière encéphaloïde, cause de sa dégénérescence cancéreuse. La marche de cette maladie est très-variable : quelques squirrhes passent promptement à l'état cancéreux, d'autres ne s'ulcèrent ou n'éprouvent cette dégénérescence qu'après trente ou quarante ans; il y en a qui restent toujours à l'état de squirrhe.

Quel que soit l'organe dans lequel le squirrhe

se développe, c'est toujours le tissu cellulaire qui est son siège primitif; la destruction de l'organe dans lequel il se manifeste n'est qu'apparente; il est refoulé, aminci, atrophié, ce qui fait croire qu'il est détruit; mais quand on dissèque attentivement la tumeur ou la glande qui paroit squirrheuse, on en retrouve toutes les parties, mais elles sont atrophiées ou elles ont diminué de volume, comme le poumon dans les hydrothorax anciens.

Les véritables causes du squirrhe sont absolument ignorées, on sait seulement que les mamelles, les testicules, l'utérus, le pylore y sont beaucoup plus exposés que tous les autres organes, & que c'est ordinairement vers l'âge de 40 à 50 ans qu'on l'observe le plus souvent; on le voit rarement ou plutôt jamais, dans l'enfance, très-peu dans l'adolescence, il devient également rare & finit par ne plus se montrer, dans la vieillesse & la caducité. Les causes prédisposantes du squirrhe seroient-elles une disposition organique locale, tandis qu'elles seroient générales dans le cancer? On regarde comme cause occasionnelle, les inflammations chroniques ou latentes de divers tissus qui entrent dans la composition de nos organes; les frottemens répétés, les contusions qui agissent en occasionnant des phlegmasies chroniques; les engorgemens scrofuleux, vénériens, mal traités; l'usage intempestif, ou plutôt l'abus des médicamens irritans ou répercussifs sur des organes glanduleux enflammés, passent aussi pour avoir une influence directe sur la formation du squirrhe; & les affections morales, tristes mais prolongées, influent beaucoup sur la production de cette maladie.

Tant que le squirrhe reste squirrhe, les symptômes qui l'annoncent ne consistent que dans ceux indiqués plus-haut, à moins que par sa situation & son volume, il ne s'oppose à l'action des organes voisins ou à celle de l'organe dans lequel il s'est développé. Au col de l'utérus, il pourra nuire à la conception ou mettre obstacle à l'accouchement; au rectum, il rendra presqu'impossible l'évacuation des matières fécales; au pylore, s'il en rétrécit l'ouverture, il occasionnera des vomissemens de matières alimentaires; au foie, s'il obstrue le canal cholédoque, il y aura jaunisse & dérangement des digestions. On voit donc que les signes qui accompagnent le squirrhe, dépendent surtout de la lésion de la fonction de l'organe qui en est le siège, & qu'il n'exerce jamais sur l'économie une altération générale ainsi que le fait le cancer; preuve très-convaincante en faveur de notre opinion, que le squirrhe ne devient cancéreux que lorsqu'il renferme de la matière encéphaloïde, ou qu'il est mélangé avec elle.

Après un laps de temps plus ou moins long, il se forme sur cette tumeur squirrheuse, de petites ulcérations qui s'étendent bientôt en longueur & en profondeur sous forme de crevasses, dont les

èvres dures fe renverfent en dedans : les douleurs lancinantes fi elles n'exiftent pas , fe manifeftent alors; mais le plus fouvent elles n'ont
lieu que dans un efpace affez refferré. Il n'eft pas
rare de voir ces plaies fe cicatrifer, s'ouvrir de
nouveau , & cela , mais rarement, plufieurs fois
de fuite. La fuppuration varie pour l'abondance &
la nature , mais elle eft en général fétide & cancéreufe. On remarque fouvent fur les bords de la
plaie des portions auffi dures & auffi infenfibles
qu'un os , ou qu'un morceau de marbre ; à mefure
que la plaie devient plus ancienne, le fquirrhe
paroît diminuer de volume : mais l'ulcère devient
tout-à-fait cancéreux, les forces s'épuifent peu à
peu, l'état cancéreux général fe manifefte & le
malade ne tarde pas à périr; mais il y a des exceptions qui raffurent un peu. Je foigne une femme
de 78 ans qui porte depuis quarante-cinq ans un
fquirrhe au fein droit; depuis trois ans il s'eft ouvert
& fermé plufieurs fois ; il y a aujourd'hui (1829)
un an que l'ulcère ne s'eft refermé & il ne tend
même pas à fe cicatrifer ; mais fon état général eft
fi bon, que cette maladie, pour laquelle Mme. ***
s'eft refufée à tout traitement, n'abrégera , je crois,
nullement fes jours.

Jufqu'à préfent on ne connoît aucun moyen
affez actif pour obtenir la guérifon du fquirrhe.
Quelle médication feroit convenable pour déterminer l'abforption d'une maffe lardacée ou
cartilagineufe, fillonnée feulement à fa furface
& dans les anfractuofités qui féparent ou divifent quelques-unes de fes parties, par quelques
vaiffeaux lymphatiques & fanguins ? De tels
fquirrhes, dont on a obtenu la réfolution, n'étoient
probablement que des engorgemens de tout un organe ou d'une partie de cet organe, de la glande
mammaire , par exemple. C'eft dans des circonftances analogues que des moyens tout différens
ont procuré la guérifon : tels font , à l'extérieur,
les cataplafmes émolliens , réfolutifs , toniques,
favonneux, alcalins , les bains , les douches, les
fumigations de même nature, & diverfes préparations pharmaceutiques analogues, la gomme
ammoniaque , le galbanum , le fagapenum , les
emplâtres de ciguë , de vigo cum mercurio , les
fachets de muriates d'ammoniaque & de foude,
les différentes préparations d'iode , &c. &c.

A l'intérieur, les mercuriaux , les différentes
préparations d'iode , d'arfenic , les pilules fa-
vonneufes , celles de ciguë , tant vantées par
Stoerk & trop négligées de nos jours, les martiaux , les ferrugineux , les eaux minérales de
toute efpèce, les tifanes de bardane , de fapon-
naire , de falfepareille , les fucs d'herbes, tels que
ceux de fumeterre , de chicorée ; enfin , prefque
toutes les fubftances médicamenteufes ont été employées, & toutes ont guéri , probablement parce
que l'engorgement étoit léger , & très-fufceptible
de réfolution. Mais je le répète , rien ne peut guérir
le véritable fquirrhe, fi ce n'eft fa deftruction complète, que l'on peut obtenir , au moyen de cauftiques puiffans s'il eft d'un petit volume , ou, ce qui
eft préférable, avec l'inftrument tranchant.

Si le fquirrhe eft inopérable, on doit bien fe
garder de le tourmenter par des médicamens irritans ou par l'application inconfidérée des caufti-
tiques; moyens qui ne feroient que hâter fa dégénérefcence cancéreufe. Bien loin de là , il faut
le fouftraire à toutes les impreffions extérieures & le
recouvrir d'une peau de cygne, qui entretiendra
dans la tumeur une douce chaleur , & dont les
femmes atteintes de fquirrhe au fein, fe trouvent
très-bien. Les opiacés feront d'un grand fecours
pour apaifer les douleurs, fouvent atroces, qui
furviennent vers la fin de la maladie ; & dans ce
cas , comme dans beaucoup d'autres , il faut foulager fi l'on ne peut guérir. (Voyez SQUIRRHE
dans le Dictionnaire de Chirurgie de cet ouvrage.)
(NICOLAS.)

SQUIRRHEUX, SE, adj. (Pathol.) Scirrhofus.
Qui participe de la nature du fquirrhe. (Voyez
ce dernier mot.)

SQUIRRHOGASTRIE, f. f. (Path.) Nom fous
lequel M. le profeffeur Alibert défigne, dans fa
Nofologie naturelle, la dégénération fquirrheufe
de l'eftomac, dont il admet trois efpèces fous les
noms de fquirrhogaftrie effentielle , fquirrhogaftrie
cardiaque , fquirrhogaftrie pylorique.

SQUIRRHOSARQUE, f. f. (Path.) Endurciffement du tiffu cellulaire , d'après Baumes.
(Voyez ENDURCISSEMENT dans ce Dictionnaire.)

STACHYDE, f. f. (Bot. , Mat. méd.) Stachys.
Les botaniftes défignent fous ce nom un genre de
plantes appartenant à la famille naturelle des
Labiées, & à la Didynamie gymnofpermie de
Linné. La plupart de ces plantes font herbacées,
& leurs fleurs forment ordinairement des verti-
cilles. Trois efpèces ont été indiquées dans quelques livres de matière médicale, 1°. le ftachys fyl-
vatica, dont les fleurs d'un pourpre foncé paf-
foient autrefois pour être vulnéraires, réfolutives
& légèrement excitantes, mais qui font peu ufitées
aujourd'hui ; 2°. le ftachys palustris, auquel on a
attribué les mêmes propriétés qu'à l'efpèce précédente, & avec lequel on préparoit jadis un firop
regardé comme un excellent remède contre l'enrouement; 3°. le ftachys germanica , qui fe rencontre fur le bord des chemins & qui rarement a
été employé en médecine, bien que d'ailleurs
on ne puiffe le regarder comme dénué de toute
propriété. (R. P.)

STACTÉ, f. m. (Chim.) Dérivé de σταξω, je
diftille. Dans quelques anciens ouvrages de chimie,
on donne à ce mot deux acceptions différentes;
quelquefois il fert à défigner des gouttes ou larmes

de subftances réfineufes ou gommo-réfineufes; d'autres fois il eft employé pour indiquer les gouttes d'un liquide qui tombent lentement, comme celles d'une leffive ou d'une diffolution gommeufe.

STADE, f. m. (Séméiot.) Stadium. Cette expreffion, employée dans un fens figuré, eft fynonyme du mot période & fert à défigner les diverfes époques d'une maladie; particulièrement les trois temps que préfente un accès de fièvre intermittente. Dans l'origine, le même mot a fervi à indiquer des mefures de longueur qui, chez les divers peuples de l'antiquité, ont eu des valeurs différentes.

STAGNATION, f. f. (Path.) Stagnatio. Lorfque par une caufe quelconque, un liquide qui doit circuler eft arrêté, pour exprimer ce repos anomal on dit qu'il y a flagnation. Les médecins de différentes fectes ont attribué cette immobilité à des caufes effentiellement oppofées. Les uns l'ont regardée comme un épaiffiffement analogue à celui que quelques agens chimiques font éprouver à certains liquides; d'autres l'ont attribuée à un défaut d'énergie dans les propriétés vitales; enfin, il en eft qui l'ont envifagée comme le réfultat inévitable d'obftacles mécaniques, & les mots fondans, toniques & défobftruans, ont fervi à caractérifer les remèdes propres à faire difparoître cette difpofition pathologique.

STAHL (Georges-Erneft). (Biogr. médic.) Né à Anfpach le 20 octobre 1660, il a joui, comme chimifte & comme médecin, de la plus brillante réputation; & bien que depuis long-temps les doctrines dont il fut l'inventeur ne comptent plus de partifans, la poftérité lui a confirmé les titres honorables que lui avoient accordés fes contemporains. Stahl étudia la médecine à Jéna, & fut reçu docteur en 1684; trois ans après il devint médecin ordinaire de la cour de Weimar. En 1694, le célèbre Frédéric Hoffmann le fit appeler dans l'univerfité de Halle, où il refta jufqu'en 1716, époque à laquelle il vint à Berlin occuper la place de premier médecin de Frédéric Guillaume Ier, roi de Pruffe, qu'il conferva jufqu'à fa mort, arrivée en 1734.

Peu d'hommes ont publié un plus grand nombre d'écrits que Stahl, & en parcourant la lifte de fes ouvrages qui eft confignée dans la Biographie médicale, on peut fe convaincre que ce praticien célèbre n'eft refté étranger à aucune branche de la médecine. Quant à fa doctrine médicale, elle eft le fujet d'un article particulier de ce Dictionnaire. (Voyez STAHLIANISME.)

STAHLIANISME ou STAHLISME. (Hift. de la Médecine.) Nom donné à la doctrine médicale de Georges-Erneft Stahl, d'abord profeffeur de médecine à Jéna, enfuite à Halle, puis premier médecin du roi de Pruffe. Cet homme de génie, qui, le premier fecoua le joug des doctrines chimiques & mécaniques appliquées à la médecine, avoit été nourri, comme il le dit lui-même, des principes de Sylvius & de Willis qui rapportoient toutes les caufes des maladies aux âcretés falines des humeurs. Surpris que ces prétendues âcretés ne produififfent pas plus de ravages dans l'économie, & que les humeurs, malgré la tendance naturelle qu'on leur fuppofoit à la putréfaction, ne donnaffent pas lieu à un plus grand nombre d'altérations, Stahl reconnut bientôt le côté foible de la doctrine de fes maîtres, & enfuite partit de ce point pour en démontrer la fauffeté. De là, il n'y avoit qu'un pas à faire pour l'établiffement d'une nouvelle théorie médicale, affife fur des bafes plus phyfiologiques & plus conformes aux réfultats de l'obfervation.

Stahl ne tarda pas à jeter les fondemens de cette doctrine dans cet enfeignement à jamais mémorable, qui fut pour lui une fource de gloire : cette gloire eût été à la vérité plus durable & plus complète, fi cet homme célèbre eût mis plus de foin à nous tranfmettre dans un langage clair & précis les préceptes qu'il inculquoit avec tant de chaleur & d'énergie à fes nombreux difciples. Stahl nous paroît avoir quelque reffemblance avec Barthez, dont on écoutoit avec enthoufiafme les leçons, mais dont on comprend difficilement les écrits.

D'après M. Madin (1), le fyftème qui fert de bafe à la doctrine de Stahl pourroit fe réfumer dans les trois propofitions fuivantes : 1°. la matière eft abfolument paffive; 2°. l'économie animale, ou la conftitution matérielle de l'homme & des animaux, tend fans ceffe à fe corrompre; 3°. l'ame, qui veille perfévéramment à la confervation du corps, qui n'exifte que pour elle, ordonne les mouvemens néceffaires pour prévenir fa déforganifation.

Le ftahlianifme, comme toutes les théories médicales, peut être confidéré fous le rapport, 1°. de la phyfiologie, 2°. de la pathologie, 3°. de la thérapeutique.

1°. Stahl appeloit mixtion animale, la formation primitive de l'animal; felon lui, les parties qui le conftituent, forment un mélange plutôt qu'une combinaifon de principes. Ces principes, dans l'opinion de cet auteur, étoient d'ailleurs de l'eau, une terre fubtile & une matière graffe qui compofoient des mélanges fecondaires tendant à fe féparer & à fe corrompre auffitôt que l'ame furveillante ceffoit de les régir. Il eft évident que Stahl regardoit la matière animale organifée, comme inerte, en tout comparable à la

_____

(1) Voyez l'article STAHLIANISME du Dictionnaire des Sciences médicales, tom. 52, pag. 461 & fuivantes.

O 2

matière inorganique, quoiqu'il ait souvent employé toutes les reſſources d'un eſprit ſubtil & d'une dialectique obſcure pour démontrer le contraire. Le corps de l'homme, aux yeux de ce grand médecin, n'exiſtoit donc pas pour lui-même, il n'étoit qu'un inſtrument, qu'une machine compoſée, ſuſceptible d'une certaine durée, qu'un moteur (l'ame) faiſoit agir. Cette ame, ce principe vital, que plus tard les phyſiologiſtes ont transformé en propriétés vitales, étoit, dans l'eſprit de Stahl, très-diſtinct de l'ame penſant & prenant des déterminations purement morales; il la ſuppoſoit tout-à-fait indépendante des organes créés exprès pour elle, mais d'une nature bien inférieure à elle; en ſorte que, dans le ſyſtème du profeſſeur de Halle, l'homme avoit deux ames pour une.

Stahl attribuoit au ſang, circulant dans l'économie animale, la diſtribution des ſucs nourriciers à tous les points de l'organiſme & l'entretien de la chaleur animale; il croyoit qu'il exiſtoit entre les extrémités veineuſes & artérielles, un organe ſpongieux & parenchymateux, dans lequel le ſang s'épanchoit pour puiſer de nouvelles qualités vitales, nourricières, & même une plus ou moins grande force d'impulſion. Cette théorie de la régénération ou modification du ſang jouoit un rôle capital dans la formation des *tempéramens*.

Cet organe ſpongieux, qui, dans l'opinion de notre auteur, étoit la baſe anatomique de tous les ſolides organiques, & dont les propriétés, correſpondantes à celles du ſang, avoient, comme on voit, beaucoup de rapport avec le tiſſu cellulaire élémentaire, qui eſt cenſé aujourd'hui compoſer la trame de tous les ſolides; c'eſt ſur la conformité qui régnoit entre cet organe ſpongieux & le ſang, que le médecin de Jéna avoit établi ſa doctrine des *tempéramens*, que nous allons indiquer brièvement.

Dans le *tempérament ſanguin* l'organe ſpongieux étoit lâche, & ſe laiſſoit facilement pénétrer par le ſang, &c. &c.

Dans le *tempérament bilieux*, la texture des ſolides étoit plus compacte, mais le ſang, chargé de parties ſulfureuſes, étoit très-ſubtil, très-coulant & traverſoit facilement le tiſſu ſpongieux, &c. &c.

Lorſque le tiſſu ſpongieux étoit pénétré d'une abondante ſéroſité, que ſon tiſſu étoit d'une texture lâche & molle, qu'il contenoit un ſang aqueux, le *tempérament* étoit *phlegmatique*, &c.

Il étoit *mélancolique* quand, au contraire, cette même texture étoit ſerrée, & que ſes cellules renfermoient un ſang viſqueux, noirâtre, &c.

Ces *tempéramens*, ſelon Stahl, ſe compliquoient ſouvent entr'eux, & s'obſervoient rarement dans leur ſimplicité primitive.

Cet auteur admettoit que l'activité vitale ou l'action de l'ame ne pouvoit ſe ſoutenir au même degré pendant long-temps, qu'elle croiſſoit &

décroiſſoit pendant des époques déterminées, & éprouvoit diverſes autres variations, juſqu'à ce qu'elle finit par s'éteindre. Les modifications croiſſantes ou décroiſſantes avoient lieu par *périodes* de ſept années; ces périodes, encore appelées *âges*, étoient au nombre de ſix : la première *enfance*, l'*enfance* proprement dite, l'*adoleſcence*, la *virilité*, la *vieilleſſe* & la *décrépitude*.

La ceſſation de la vie ou la néceſſité de mourir étoit expliquée dans le ſtahlianiſme par des ſubtilités qui ſemblent imaginées exprès pour combattre les idées les plus ſimples & les plus naturelles.

Dans la doctrine de Stahl, la *nutrition* ou moyen de réparer les pertes du corps comprenoit divers actes, tels que l'*inſalivation*, la *digeſtion*, la *chylification* & l'*aſſimilation*. Ces actes formoient ce qu'on appelle l'enſemble de la vie intérieure ou aſſimilatrice, ſur le mécaniſme de laquelle les ſtahliens avoient émis une foule d'opinions oubliées.

Suivant eux la *génération*, fonction d'une autre nature, ne différoit en rien de la nutrition, quoique cet acte important de la vie offrit quelques circonſtances particulières qui, comme à l'ordinaire, étoient ſubordonnées à des explications ſpéciales.

Le peu d'eſpace qui nous eſt accordé dans cet ouvrage ne nous permet pas de faire l'analyſe des fonctions intellectuelles ou ſenſoriales, compriſes ſous la dénomination générique de *ſenſation*, qui réſultoit, ſuivant Stahl, de deux mouvemens : ſavoir, un mouvement très-ſubtil de tenſion que l'ame excitoit dans la pulpe nerveuſe de l'encéphale; & un mouvement qui provient de l'objet extérieur, & qui réagit ſur le premier: il ajoutoit que c'étoit dans cet inſtant même où ces mouvemens étoient en contact que s'opéroit la ſenſation. Le ſommeil, comme on le penſe bien, conſiſtoit dans la ſuſpenſion momentanée de ces mouvemens ou actions réciproques : ſuſpenſion néceſſaire pour repoſer ou refaire les organes de ce travail myſtérieux, plus facile à imaginer qu'à comprendre.

Stahl, en n'admettant aucunes propriétés organiques intermédiaires entre le corps & l'ame, avoit cependant ſenti la néceſſité de créer un agent doué de contractilité ou de force de cohéſion : c'étoit ſa *force tonique* qui avoit la propriété de rapprocher les uns des autres les molécules du fameux tiſſu ſpongieux. Cette force étoit ſoumiſe à l'action de l'ame ſurveillante.

2°. La doctrine *pathologique* de Stahl étoit baſée ſur quelques propoſitions fondamentales, dont voici les plus remarquables:

La médecine n'a pas le pouvoir de modifier la *mixtion animale*, mais bien les mouvemens vitaux & les actes nutritifs. Le médecin doit ſurtout porter ſon attention ſur l'activité vitale ou

STA

la fucceffion des mouvemens dirigés par l'ame furveillante, car cette fucceffion joue le principal rôle dans les maladies; c'eft elle qui combat fans ceffe l'activité des caufes morbides.

Ce que les ftahliens appeloient l'*autocratie* de la nature, n'étoit autre chofe que cette action perfévérante de l'activité vitale, qui, ne pouvant être modifiée par les caufes phyfiques & déforganifatrices, leur fembloit douée de la faculté de guérir les maladies fans le concours d'aucun médicament.

En analyfant le mode d'action des caufes morbides, les ftahliens au milieu de beaucoup de propofitions vulgaires, fubtiles ou inintelligibles en ont émis quelques-unes de très-remarquables fur les diverfes manières dont l'homme fupporte les maladies fuivant fon âge, la force de fa conftitution, l'expérience que le corps a acquis des maladies déjà paffées, &c.

La propofition fuivante contient la profeffion de foi de Stahl fur l'humorifme : *On croit généralement que l'altération des humeurs eft le fujet le plus ordinaire des maladies; mais cette altération eft fort rare, & il n'y a qu'un petit nombre de maladies qu'on peut y rapporter.*

Stahl attribuoit beaucoup de maladies à la direction vicieufe de l'ame furveillante & à fes anomalies : « Dans maintes circonftances, dit-il, l'ame s'épouvante, fe défefpère, tergiverfe; elle eft colère, impatiente »; de là la direction vicieufe, la fufpenfion, l'omiffion, l'irrégularité des mouvemens. (Les fpafmes, les convulfions, les affections comateufes, la paralyfie, le délire, &c. &c.)

D'un autre côté, beaucoup de phénomènes que nous regardons comme morbifiques, étoient envifagés dans fon école comme des efforts confervateurs de la nature : tels font, par exemple, les principaux phénomènes du phlegmon (1). C'eft ainfi que l'hémorragie active eft confidérée comme un moyen fufcité par la nature pour détruire les effets nuifibles de la pléthore, rétablir la libre circulation du fang, & détruire les incénuéniens de la ftafe & de la congeftion, deux accidens morbides auxquels les ftahliens accordoient beaucoup d'importance. Le *flux* hémorroïdal étoit au premier rang des hémorragies que Stahl fuppofoit dirigées par l'ame, pour détruire les ftafes & congeftions fanguines, fufceptibles de s'effectuer dans la *veine-porte* ; il faifoit jouer, comme on fait, un grand rôle à cette veine dans l'économie animale (2); & dans fon opinion, elle étoit le point de départ des maladies des vifcères abdominaux (l'ictère, l'hépatite, l'afcite, la

maladie noire, &c.). La fièvre étoit pareillement confidérée comme un effort falutaire de la nature, tendant à expulfer des corps une matière nuifible.

L'influence des diverfes révolutions feptenaires jouoit un grand rôle dans la pathologie de Stahl, qui a traité d'une manière fpéciale des maladies des différens âges, dans plufieurs de fes écrits, &c.

3°. La *thérapeutique* de Stahl ne fe trouve pas encadrée dans un corps de doctrine, comme la phyfiologie & la pathologie; il faut en rechercher les bafes fondamentales dans diverfes differtations de fon école, relatives à la médecine pratique. Cette école n'admettoit pas qu'on pût traiter par une méthode rationnelle, les maladies que la nature feule peut guérir; on ne pouvoit avoir recours qu'à des moyens empiriques; & lorfque ces derniers échouoient, l'art ne pouvoit plus rien. Ce qui revient à ce principe : *L'art ne peut rien fans la nature.*

Stahl, dit le favant auteur de l'article STAH-LIANISME déjà cité, penfoit que le médecin ne peut maîtrifer la nature qu'autant qu'il fait lui obéir, c'eft-à-dire, imiter la méthode qu'elle emploie pour la guérifon des maladies. Ainfi, la marche de la nature, lorfqu'elle eft régulière, ne doit jamais être troublée; mais le médecin ne peut demeurer oifif, car cette même nature eft fujette à de fréquens égaremens: il faut la redreffer, venir à fon fecours, &c. Stahl comptoit beaucoup trop fur l'*autocratie* de la nature; auffi fes méthodes thérapeutiques étoient-elles en général très-défectueufes; il n'employoit que des médicamens peu actifs & infignifians.... Ce médecin, continue M. Madin (*op. cit.*); attribuant prefque toutes les maladies à la turabondance du fang, preferivoit la faignée; il la regardoit comme propre à favorifer les crifes dans les cas où la nature tend à fe débarraffer d'un fang fuperflu : toutefois il avoit foin de ne pratiquer cette opération qu'à l'invafion de la maladie, & non aux approches de la crife. Stahl recommande l'application des fangfues, dans la fuppreffion du flux hémorrhoïdal goutteux, &c.; il appliquoit des ventoufes aux extrémités inférieures dans l'hématémèfe, la fuppreffion du flux menftruel & fur les mamelles dans la ménorrhagie. Il recommandoit les fcarifications & principalement celles des narines, dans l'apoplexie fanguine; moyen renouvelé des Grecs, mais des Egyptiens, & que l'on femble avoir voulu tout récemment donner comme nouveau.

Stahl n'employoit guère les véficatoires, que dans l'afthme & le catarrhe fuffocant. Il adminiftroit les émétiques qu'après les purgatifs : ces derniers étoient le plus communément la rhubarbe, l'aloès & le jalap. Stahl rejetoit le quinquina du traitement des fièvres intermittentes; il condamnoit auffi l'ufage de l'opium, comme un palliatif dangereux qui pouvoit paralyfer l'action vitale curative; il preferivoit les tempérans pour calmer la

---

(1) Le phlegmon & les autres inflammations étoient produits par la ftafe du fang dans le tiffu fpongieux.
(2) On connoît ce jeu de mots (*vena portarum porta malorum*) qui étoit pour Stahl une vérité pathologique.

violence de la fièvre. Il faifoit ufage des préparations martiales, dans les maladies atoniques, mais avec beaucoup de réferve, & ce qui paraîtra fingulier, c'eft qu'il profcrivoit les eaux minérales ferrugineufes. Stahl n'employoit que rarement les excitans, & encore les prefcrivoit-il plutôt à l'extérieur qu'à l'intérieur.

On devine facilement que le *ftahlifme* eft aujourd'hui du domaine de l'hiftoire, & qu'il devient inutile de porter un jugement quelconque fur cette doctrine médicale. (BRICHETEAU.)

STAPÉDIEN, f. m. & adj. (*Anat.*) *Stapedius.* Nom donné par quelques anatomiftes au mufcle de l'étrier, l'un des offelets de l'oreille. (*Voyez* ETRIER, dans le *Dictionnaire d'Anatomie.*)

STAPHISAIGRE, f. f. (*Bot.*, *Mat. médic.*) *Delphinium ftaphifagria.* Cette plante, de la famille des Renonculacées, & de la Polyandrie trigynie de Linné, croît naturellement dans les provinces méridionales de l'Europe. Ses graines font triangulaires, d'une faveur amère & âcre; dans ces derniers temps, l'analyfe a montré que l'on pouvoit en extraire un principe particulier, que MM. Laffeigne & Feneulle ont nommé *delphine.*

Les graines de la ftaphifaigre font particulièrement employées pour préparer une pommade dont on fe fert quelquefois pour détruire la vermine qui fe développe fur la tête des enfans.

STAPHYLIN, ad. (*Anat.*) *Staphylinus*, du mot grec σταφυλη, la luette. Expreffion fréquemment employée en anatomie, pour défigner diverfes parties qui appartiennent ou qui ont rapport à la luette. Ainfi on dit *feptum ftaphylin*, *mufcles ftaphylins*, &c. (1).

STAPHYLOME, f. m. (*Path. chir.*) σταφυλωμα, dérivé de σταφυλη, raifin. Nom donné à plufieurs maladies du globe de l'œil, telles font le ftaphylôme de l'iris, celui de la cornée & de la fclérotique. (*Voyez* STAPHYLÔME, dans le *Dictionnaire de Chirurgie.*) (R. P.)

STAPHYLORAPHIE, f. f. (*Chir.*) (*Vélofynthèfe*, *Uranorrhaphie*, *Kyonoraphie*, *Uranifkoraphie*, &c.) On défigne par ce mot une opération qui confifte à réunir les divifions anomales de la luette ou du voile palatin, opération prefqu'en tout femblable à celle du bec de lièvre, mais que la pofition des parties rend beaucoup plus difficile. Déjà effayée fur le cadavre dès l'année 1815, dit-on, par M. Lisfranc, propofée en 1815 à un malade qui ne voulut pas s'y foumettre, par M. Colombe, pratiquée, mais fans fuccès, à la fin de 1816, par M. Græfe, la ftaphyloraphie a réellement été imaginée par

M. Roux, qui, fans avoir jamais entendu parler des tentatives fus-indiquées, l'exécuta, pour la première fois, avec un grand fuccès, fur un jeune médecin, M. Stéphenfon, en 1819. M. Roux l'a maintenant pratiquée quarante et quelques fois, à lui feul; MM. Jouffelin, de Liège, Beaubien, J. Cloquet, à Paris, Pointe & Moutain, de Lyon, Alcock, à Londres, Dieffenbach, Hruby, Werneck, Donigès, Léfenberg, Ebel, Schwerdt & Krimer, en Allemagne, y ont eu recours avec des réfultats divers, & M. Græfe femble, de fon côté, l'avoir mife en pratique aujourd'hui fur un grand nombre de fujets.

On peut divifer les cas qui la réclament en deux genres; dans les uns, et ceux-là offrent en général toutes les chances poffibles de fuccès, la luette & la portion molle du palais feules font divifées; dans les autres, la folution de continuité s'étend plus ou moins loin, en avant, fur la voûte palatine. Dans les premiers, fur dix-neuf individus, M. Roux a réuffi treize fois, encore les fix autres font-ils reftés dans des conditions telles qu'il feroit poffible de les foumettre de nouveau à l'opération; dans les feconds, fur vingt-un malades, le même profeffeur a obtenu neuf réuffites complètes; neuf autres fujets en ont retiré tous les avantages qu'on pouvoit raifonnablement en efpérer; enfin tous ont été amenés au point de pouvoir faire ufage d'un obturateur; en forte qu'il eft peu d'opérations en chirurgie qui donnent des réfultats plus fatisfaifans. M. Dieffenbach va même jufqu'à dire qu'en adoptant les modifications qu'il propofe, la ftaphyloraphie ne doit être, à l'avenir, ni moins facile, ni moins fûre que la cheiloraphie, ou opération du bec de lièvre.

Cette opération eft une des belles conquêtes de la chirurgie moderne; on ne peut en difconvenir, ni fe difpenfer d'en faire honneur à la France; la difformité qu'elle fait difparoître n'eft ni grave, ni dangereufe par elle-même, à la vérité; mais quand on fonge qu'elle prive l'homme d'un de fes attributs les plus brillans, la parole, qu'elle lui ôte en quelque forte l'ufage de la voix, le force à refter comme ifolé au milieu de fes femblables, l'empêche de tirer partie de fon intelligence, & va même jufqu'à gêner, plus ou moins, la maftication & la déglutition, il eft jufte d'avouer que, fous ce rapport, M. Roux s'eft acquis des droits inconteftables à la reconnoiffance publique, et que la ftaphyloraphie forme un des plus beaux fleurons de la couronne fcientifique.

Elle ne paroît guère être applicable qu'après l'âge de dix à quinze ans, attendu qu'elle exige une grande docilité de la part des malades; MM. Moutain et Krimer l'ont cependant tentée avec un plein fuccès, chacun fur un enfant fort jeune.

Pour la pratiquer, on fait affeoir le fujet en face d'une croifée bien éclairée, fans qu'il foit befoin de le foumettre d'avance à aucune préparation, s'il fe porte bien d'ailleurs ; elle fe compofe de trois temps, 1°. l'avivement des bords de la divifion anomale, 2°. le placement des ligatures, 3°. la réunion de la plaie.

En Allemagne plufieurs chirurgiens, & M. Græfe, tout le premier, ont eu recours aux efcharotiques (la potaffe, le muriate d'antimoine, le nitrate d'argent, les acides concentrés & autres cauftiques), pour rafraîchir & transformer en plaie fuppurante cette forte de *bec du lièvre pharyngien* ; mais on préfère généralement, en France du moins, fe fervir de l'inftrument tranchant. M. Roux fait ufage de cifeaux à long manche, courbés brufquement, fous un angle de quarante à cinquante degrés, fur leur bord ; immédiatement au-delà de leur entablure, ou bien d'un biftouri extrêmement étroit & boutonné. Il a l'habitude, pour n'être pas gêné par le fang, de pofer d'abord les ligatures, & de ne faire la réfection qu'en fecond lieu. Il commence l'incifion à l'extrémité libre de la luette, avec les cifeaux, faifit enfuite le fommet du petit lambeau avec des pinces à anneaux, exactement ajuftées, puis, avec le biftouri, prolonge cette pélicule, qui ne doit avoir qu'une ligne environ d'épaiffeur, jufqu'à l'angle antérieur de la folution de continuité, & revient, à la fin, en faire autant fur le bord oppofé.

On a effayé la future entortillée & les ligatures de plomb, foit avec des fils de plomb, foit avec d'autres fils métalliques flexibles ; mais de fimples rubans femblent offrir des avantages inconteftables : il convient qu'ils foient très-longs, régulièrement aplatis, larges d'une ligne & demie à peu près, c'eft-à-dire, formés de cinq à huit brins de fil exactement collés avec de la cire. C'eft pour les paffer qu'on a le plus imaginé d'inftrumens ; ceux de M. Roux fe compofent d'aiguilles courtes, mais fortes, aplaties, ayant un grand chas, & courbées fur une très-petite corde de cercle, afin que leur pointe tombe perpendiculairement fur la face poftérieure du voile palatin lorfqu'on veut s'en fervir ; puis d'un porte-ligature, long de fix à huit pouces, qui repréfente une forte de pince fixée fur un manche d'ébène ; une tige centrale traverfe le manche dans lequel on peut la faire gliffer, tige terminée dans un fens fur un bouton lenticulaire, & dans l'autre par un anneau qui embraffe la pince, de manière à ce que cette dernière doive s'ouvrir ou fe fermer quand on la fait gliffer fur elle en agiffant fur le bouton. L'aiguille, armée de fon ruban, eft d'abord fixée folidement à l'extrémité de la pince ; le chirurgien, fitué devant le malade, faifit l'un des côtés de la luette avec une pince à panfemens, porte fon aiguille dans le pharynx, en ramène la pointe fur la face correfpondante de l'organe divifé, & la fait pénétrer de derrière en devant dans la bouche ; alors il l'embraffe très-exacte-

ment, de la main gauche, avec la pince qui avoit tenu jufque là les parties molles ; un aide ouvre le porte-nœud & le retire de la bouche, en lâchant l'aiguille que l'opérateur tire à lui, avec l'autre main, en forçant le fil à la fuivre. L'autre extrémité de la ligature, engagée dans une feconde aiguille, eft portée de la même manière fur le côté oppofé de la divifion, & le premier fil fe trouve ainfi placé. Il faut en appliquer trois femblables, & avec les mêmes précautions, avant de fonger au refte de l'opération. Cela fait, on s'occupe de l'avivement, s'il n'a pas été opéré préalablement ; fi la léfion comprend auffi la voûte offeufe du palais, avant de nouer les fils, M. Roux veut qu'on faffe une incifion tranfverfale, qui s'étende de l'épine nafale poftérieure à l'apophyfe ptérygoïde, pour ifoler les parties molles des os de la voûte palatine, afin qu'elles puiffent s'alonger & fe mettre immédiatement en contact.

Il ne s'agit plus que de fixer les ligatures : rien n'eft plus fimple ; on commence par celle d'en bas, & on finit par celle qui eft le plus rapprochée du bord palatin. Après avoir fait un premier nœud, on recommande à l'aide de l'embraffer avec la pince à anneaux pour qu'il ne fe dérange pas pendant que le chirurgien s'occupe d'en faire un fecond, & l'on coupe auffitôt les deux portions réfiftantes de chaque fil ; dès-lors l'opération eft terminée.

Le malade doit refter en repos, garder un filence abfolu, & ne prendre aucun aliment qui puiffe forcer l'ifthme du gofier à entrer en mouvement, pendant deux ou trois jours ; le quatrième jour, on peut enlever le premier fil, puis le deuxième, & enfin le troifième, &, fi la réunion paroît folide, on ramène promptement le fujet à fon régime ordinaire.

Cette opération eft longue & même ennuyeufe ; j'ai vu M. Roux refter plus d'une heure pour la terminer. Chez la plupart des malades, il faut, pour manœuvrer au fond de la bouche, placer un morceau de liége d'un côté ou des deux côtés entre les dents molaires, afin de tenir les mâchoires écartées ; mais quand la voûte du palais eft feul affecté, le réfultat en eft prompt & réellement admirable. Lorfque la voûte offeufe eft elle-même divifée, il refte ordinairement une ouverture dans fon centre ; mais cette ouverture fe rétrécit de jour en jour, & finit le plus fouvent par difparoître, ou bien on la ferme avec un obturateur.

(VELPEAU.)

STASE, f. f. En grec στασις & en latin *ftafis*, dérivé de στάω, je m'arrête. Ce mot fignifie, à proprement parler, la ftagnation du fang & des autres humeurs dans quelques parties du corps. Des auteurs un peu fubtils ont admis une différence entre la *ftagnation* & la *ftafe*, prétendant que, dans le premier cas, les humeurs jouiffoient encore d'un certain mouvement de progreffion nul dans le fecond. Le mot ſtaſe eſt quelquefois ſynonyme de *ſtation*, dans les vieux auteurs. Il n'eſt que peu uſité aujourd'hui & preſque toujours d'une manière figurée. (BRICHETEAU.)

STATICE, f. m. (*Bot.*, *Mat. médic.*). *Statice*. M. de Juſſieu a placé, dans la famille des Plumbaginées, ce genre de plantes qui appartient à la Pentandrie pentagynie de Linné. Parmi les nombreuſes eſpèces qu'il renferme, deux ſeules, le *ſtatice armeria* et le *S. limonium*, ont été employées en médecine. Leurs racines, dont on faiſoit particulièrement uſage, ſoit en décoction, ſoit en poudre, paſſoient autrefois pour être toniques et aſtringentes, & comme telles on les employoit dans l'hémoptyſie, les pertes utérines, les flux hémoroïdaux, les dyſenteries, &c. Aujourd'hui, l'uſage médical de ces deux plantes eſt tout-à-fait tombé en déſuétude. (R. P.)

STATION, f. f. (*Phyſiol.*) (*Stare*, ſe tenir de bout.) Qu'on place un cadavre debout, qu'on mette ſes diverſes parties dans une ſituation reſpective, telle que la ligne qui forme l'axe longitudinal du corps vienne couper à angle droit la baſe de ſuſtentation, c'eſt-à-dire la portion du ſol occupée par les pieds et l'eſpace qu'ils laiſſent entr'eux, eſpace qui équivaut à peu près à la longueur d'un des deux pieds; qu'on abandonne ce cadavre à lui-même, on verra de ſuite la chute avoir lieu, même quand on ſuppoſeroit les choſes dans l'état le plus favorable, c'eſt-à-dire une rigidité telle dans les articulations, qu'il fût impoſſible au tronc de ſe fléchir ſur les cuiſſes, & à celles-ci de ſe fléchir ſur les jambes.

Si on examine de quelle manière la chute s'opère, on voit que toutes les circonſtances ſe trouvent réunies pour qu'elle ait lieu en avant. Si, d'un autre côté, cette rigidité que nous avons ſuppoſée n'exiſte pas, on verra également qu'en même temps qu'il ſe porte en avant, le corps obéit à cette tendance qu'ont tous les corps à tomber verticalement, ou que les différentes parties qui le compoſent s'affaiſſent et fléchiſſent les unes ſur les autres.

Ce qu'on obſervera, ſur un cadavre placé dans les conditions les plus favorables pour que la ſtation puiſſe s'effectuer, on l'obſervera également à un degré plus ou moins prononcé dans les cas où l'action muſculaire ne ſe trouve point en rapport avec les efforts à ſurmonter, de même que dans ceux où elle eſt directement affoiblie.

La ſtation, telle qu'elle eſt naturelle à l'homme, eſt donc loin d'être un état de repos; elle eſt au contraire le réſultat d'une ſérie d'actions muſculaires qui contre-balancent d'une part, la tendance qu'a le corps à ſe porter en avant, & d'une autre, celle qu'ont les différentes parties du corps à fléchir les unes ſur les autres.

Un ſimple coup d'œil ſur le ſquelette de l'homme,

ſur l'articulation de la tête avec la colonne vertébrale, ſur la ſituation des viſcères thorachiques & abdominaux, relativement à cette dernière, ſuffit pour donner une idée des efforts que la puiſſance muſculaire doit ſurmonter, & pour faire connoître les muſcles dont l'action doit être miſe en jeu. Dans cette lutte continuelle, la tête, qui tend évidemment à ſe porter en avant, eſt maintenue dans ſa rectitude par les muſcles ſuperficiels & profonds de la région poſtérieure du col qui, de la colonne vertébrale, vont s'inſérer à la partie inférieure & à la partie poſtérieure du crâne. Bien que les différentes pièces qui compoſent la colonne vertébrale ſoient unies entr'elles d'une manière extrêmement ſolide, & qui ne leur permet que de très-foibles mouvemens les unes ſur les autres, cette colonne n'en eſt pas moins ſuſceptible d'exécuter de grands mouvemens de totalité en avant, en arrière & latéralement. Deux ſortes de puiſſances doivent donc agir ici : les unes doivent fixer les vertèbres les unes ſur les autres, de manière à former de la colonne vertébrale un tout immobile dans ſes parties; les autres doivent maintenir ce tout dans le degré de rectitude convenable. Les muſcles qui s'attachent entre les apophyſes épineuſes & les apophyſes tranſverſes des vertèbres, rempliſſent le premier but; ceux qui partant du baſſin rempliſſent les gouttières vertébrales et envoient des prolongemens à chaque vertèbre en particulier, fixent la colonne vertébrale ſur le baſſin. L'action de ces muſcles, qui tendroit à imprimer au baſſin un mouvement de baſcule en arrière, ſe trouve contre-balancée par la peſanteur des viſcères thorachiques & abdominaux d'une part, & de l'autre par les muſcles qui s'inſèrent au pubis & au fémur; cette tendance devoit donc être combattue par de fortes puiſſances muſculaires : elle l'eſt en effet par les muſcles qui du fémur ſe portent à la partie poſtérieure du baſſin.

L'équilibre ainſi établi dans les différentes parties du tronc, tout le poids de ce dernier ſe trouve tranſmis par le baſſin aux fémurs; la tendance qu'auroit l'extrémité inférieure de ces derniers à ſe porter en avant eſt corrigée par des muſcles puiſſans, qui, placés au-devant de la cuiſſe & s'inſérant au tibia, étendent ce dernier ſur le fémur; de telle manière que la jambe & la cuiſſe ne forment qu'une colonne, dont le parallél
iſme avec l'axe du corps eſt maintenu par l'action des muſcles des feſſes, & de ceux de la partie poſtérieure de la cuiſſe, & de la jambe.

Tranſmis au pied par le tibia, le poids du corps ſe trouve décompoſé par les différentes pièces dont le pied eſt formé, & il va ſe perdre dans celles de ſes parties qui touchent le ſol : ces parties ſont le talon, les articulations du tarſe avec les phalanges, les pulpes des orteils, & tout le bord externe du pied. Mais la force de preſſion qui s'exerce ſur le bord interne du pied tend ſans ceſſe à déjeter ce dernier en dehors, le péroné neutraliſe

cette

cette tendance, & le maintient dans la direction nécessaire à la solidité de la station.

Tel est en somme le mécanisme de la station bipède; il est aisé de concevoir combien cette situation est fatigante lorsqu'elle est prolongée. Ici en effet les mêmes muscles font continuellement en action; ils ont non-seulement à combattre la force de pesanteur qui tendroit à écarter les différentes parties du corps de la direction qu'elles doivent avoir, mais encore l'action puissante des muscles fléchisseurs. Quelque pénible & quelque compliquée qu'elle soit dans les diverses actions qu'elle nécessite, il n'en est cependant pas moins vrai de dire qu'elle est la seule naturelle à l'homme. Un des plus forts argumens des auteurs & des auteurs de l'opinion contraire, est l'impossibilité dans laquelle sont les enfans de se tenir droits sur deux pieds. En observant les choses avec un peu d'attention, ils eussent vu que la station sur les pieds & sur les mains à la fois n'étoit ni plus naturelle, ni plus possible à cet âge que la station bipède, & puisqu'ils attachoient tant d'intérêt à prouver que cette dernière n'étoit point naturelle à l'homme, il ne leur en eût coûté davantage, & ils eussent été plus conséquens, en concluant qu'il avoit été formé & organisé pour ramper. (L. J. RAMON.)

STATIONNAIRE, adj. (Pathol.) Stationarius. Indépendamment de sa signification grammaticale, on emploie quelquefois ce mot en pathologie, pour désigner certaines affections qui se prolongent sans interruption pendant un temps considérable, sans que l'on sache quelles sont les causes auxquelles on peut les attribuer.

STATIQUE, s. f. (Physiq.) Les forces qui sollicitent les corps matériels ne les déterminent pas toujours à passer de l'état de repos à celui de mouvement; souvent en effet leur influence est contre-balancée par d'autres puissances qui leur font équilibre. De là est venue la nécessité de partager l'étude de la mécanique en deux branches, la statique & la dynamique, & comme les corps peuvent être solides ou liquides, chacune de ces considérations, sous les noms d'hydrostatique & d'hydrodynamique, a éprouvé une nouvelle subdivision. (Voyez les Dictionnaires de Physique & de Mathématiques de cet ouvrage.)
(THIL. a.)

STATISTIQUE MÉDICALE. (Hyg.) On donne ce nom à une collection de faits relatifs à la médecine, & qui ont pour objet les diverses causes hygiéniques qui peuvent modifier l'organisme en exerçant sur lui une action favorable ou défavorable. C'est une science nouvelle que la médecine a empruntée à l'économie politique.

Au premier rang de ces causes agissant sur

nous, il faut placer l'influence des lieux que nous habitons, influence qu'on ne peut bien caractériser qu'en étudiant la géographie physique dans ses rapports avec les habitans du globe : vient ensuite l'influence des qualités de l'air atmosphérique, des vêtemens, des alimens, sur le maintien de la santé, l'énergie des forces physiques, la durée de la vie, le nombre proportionnel des hommes qui survivent aux causes de destruction, & le nombre de ceux qui succombent à ces mêmes causes. De là il n'y a qu'un pas aux évaluations qui ont pour objet le nombre de naissances, la mortalité & la population, considérées en général dans l'âge moyen, & comme faisant la force des Etats. On doit regarder aussi comme faisant partie de la statistique médicale l'influence indirecte de la richesse & de la pauvreté sur les masses populaires, sur le développement & les ravages des maladies endémiques & épidémiques, la fécondité des mariages, la légitimité des naissances, le bien-être général de l'humanité, &c.

La détermination du nombre des aveugles, des sourds-muets, des idiots, des aliénés, des suicidés, &c., sur le territoire d'un pays, entre encore comme élémens dans un plan de statistique médicale; on peut y rattacher également l'évaluation du nombre des maladies aiguës & chroniques qui désolent habituellement une contrée; l'appréciation de leurs causes accidentelles, endémiques, épidémiques, morales, & la fixation du nombre des individus guéris, morts, &c.

Enfin la répartition proportionnelle de médecins, chirurgiens, sage-femmes, pharmaciens dans un pays eu égard à la population, aux maladies régnantes, est une partie importante & toute nouvelle de statistique médicale, dont il seroit très-utile de s'occuper en France, à l'instar de plusieurs parties de l'Allemagne, où cette répartition est surveillée par le gouvernement, & se trouve dans les attributs de l'administration.

(BRICHETEAU.)

STÉARINE, s. f. (Chim.), de στιαρ, suif. Nom donné à un principe extrait des graisses de mouton, de bœuf, de porc & d'homme, & qui existe aussi dans le myrica cerifera. La stéarine découverte par M. Chevreul n'est pas employée en médecine, mais elle joue un rôle très-important dans la saponification des graisses.

STÉARIQUE (acide), s. m., de στιαρ, suif. Cet acide, découvert par M. Chevreul, s'obtient en traitant toutes les graisses qui contiennent de la stéarine (la graisse d'homme exceptée), par la potasse & l'eau. L'acide stéarique est sans usage en médecine. (CH. HENNELLE.)

STÉATITE, s. f. (Pathol.), de στιαρ, suif, graisse. Quelques pathologistes ont proposé de dé-

P

figner fous ce nom une intumefcence graiffeufe, & particulièrement celle qui fe développe dans l'abdomen par fuite de l'accumulation de cette fubftance dans l'épiploon.

STÉATOCÈLE, f. f. (*Pathol.*), de στιαρ, fuif, graiffe, & de κηλη, tumeur, poche. On a quelquefois donné ce nom à des tumeurs graiffeufes du fcrotum.

STÉATOMATEUX, euse, adj. (*Pathol.*) *Steatomatofus*. Qui eft de la nature du ftéatome. (*Voyez* ce mot.)

STÉATOME, f. m. (*Pathol.*) *Steatoma*, dérivé de στιαρ, fuif, graiffe. On appelle ainfi des tumeurs enkyftées, contenant une forte de liquide femblable à du fuif ou à de la graiffe. (*Voyez* Loupe, dans le *Dictionnaire de Chirurgie.*)

STEGNOTIQUE, adj. (*Mat. médic. thérap.*) *Stegnoticus*, de στεγνοω, je refferre. Mot employé dans quelques anciennes pharmacopées, comme fynonyme d'*aftringent*. (*Voyez* Astringent dans ce Dictionnaire.)

STELLION, f. m. (*Erpétol.*) *Stellio*. Genre de reptiles fauriens, dont deux efpèces, le *ftellio vulgaris* & le *ftellio cordylus*, ont acquis une forte de célébrité dans la médecine égyptienne. Sous le nom de *cordylœa*, on vend encore au Caire leurs excrémens comme cofmétique, & pendant longtemps ce remède dégoûtant, dont le temps a fait juftice chez nous, a été préconifé par les médecins de la fecte des arabiftes, comme un moyen infaillible pour guérir les affections cutanées & certaines maladies des yeux. (R. P.)

STÉNOCARDIE, f. f. (*Pathol.*), du grec στενος, ferré, & καρδια, cœur. C'eft le nom que Bréra a donné à la maladie plus généralement connue fous le nom d'*angine de poitrine*. Ce mot a l'inconvénient d'affigner à cette affection un fiége que l'obfervation eft loin d'avoir conftaté. (*Voyez* Sternalgie.) (Emeric-Smith.)

STÉNON (canal de). (*Anat.*) Nom fous lequel les anatomiftes ont coutume de défigner le conduit excréteur de la glande parotide. (*Voyez* Parotide dans le *Dictionnaire d'Anatomie.*)

STERCORAL, le, adj. (*Pathol.*) *Stercorarius*, dérivé de *ftercus*, excrément, fumier : qui eft déterminé par l'épanchement des excrémens ou matières fécales, qui leur donne paffage : de là les expreffions *abcès ftercoral*, *fiftule ftercorale*. (*Voyez* les mots Abcès & Fistule dans le *Dictionnaire de Chirurgie.*)

STÉRILE, adj. *Sterilis*. On applique le mot *ftérile* aux individus & aux plantes qui ne portent pas de fruits, ou qui ne reproduifent point leur efpèce. On dit qu'une femme eft *ftérile*, quand elle n'a pas d'enfans, quoique vivant dans l'état de mariage avec toutes les conditions apparentes de la fécondité. *Stérile* diffère de l'adjectif *impuiffant*, qui caractérife les individus qui ne peuvent par diverfes caufes accomplir d'une manière convenable l'acte vénérien.

(Bricheteau.)

STÉRILITÉ, f. f. (*Physiol.*) En latin *fterilitas*. On appelle ainfi un état accidentel ou conftitutionnel de l'homme & des animaux, qui s'oppofe à la fécondation & à la reproduction de l'efpèce, lors même que la copulation peut s'accomplir sans difficulté. On ne doit pas confondre la ftérilité avec l'impuiffance, qui confifte dans l'impoffibilité où fe trouvent les fexes d'accomplir l'acte vénérien. Bien que le premier de ces états foit la fuite de l'autre, il importe néanmoins de les diftinguer, autant pour la clarté des termes que pour éviter des répétitions inutiles. (*Voyez* Impuissance.)

Les caufes de la ftérilité font de deux fortes : les unes dépendent d'un vice congénital ou accidentel des organes génitaux, qui, en laiffant exécuter plus ou moins complétement la copulation, s'oppofe à la conception ; les autres tiennent à une difpofition générale ou fpéciale de l'économie animale, dont il eft difficile & même fouvent impoffible de fe rendre compte.

Chez la femme, les caufes de la première efpèce fe rapportent aux vices de conformation de la matrice, des trompes, des ovaires, des vaiffeaux utérins & ovariques : telles font, l'abfence congéniale de l'utérus, des ovaires, dont on a plufieurs exemples ; l'oblitération naturelle ou accidentelle de l'un des orifices de l'utérus & du vagin, conftatée par Littre & Morgagni; le défaut de cavité dans l'intérieur de la matrice, &c. &c.

On a encore accufé plufieurs autres maladies de cet organe de caufer la ftérilité, mais elles ne produifent pas conftamment cet effet, & ne font que rendre la conception plus difficile ; ajoutons que l'on peut, d'ailleurs, faire ceffer leur action momentanée par les moyens de l'art. Le fquirrhe & le cancer de l'utérus ne font même pas exception à ce que nous venons de dire, puifqu'on a vu des femmes atteintes de ces maladies, concevoir & accoucher à terme.

Les vices organiques qui, chez l'homme, entraînent la ftérilité, font, la fuppreffion des tefticules, la déforganifation de ces glandes prolifiques, le défaut d'éjaculation, la déviation du canal de l'urètre, l'oblitération ou la deftruction des vaiffeaux & des conduits fpermatiques, &c.

La ftérilité qui dépend des caufes de la deuxième espèce, c'est-à-dire, d'une disposition générale ou *sui generis* de la constitution, est plus commune chez l'homme que chez la femme, en général beaucoup pmoins susceptible d'être influencée dans l'acte du coït & plus promptement disposée à la conception. Ces causes, du reste, n'ont le plus souvent qu'une action temporaire : ainsi, par exemple, la foiblesse, l'épuisement s'opposent momentanément à la génération, qui peut avoir lieu lorsque ces conditions seront détruites ou simplement modifiées. Si l'embonpoint rend quelquefois les époux stériles, un régime approprié, des précautions pendant l'acte vénérien, triomphent facilement de cette difficulté. Est-ce à l'ardeur, à la réitération fréquente de copulation qu'il faut attribuer la stérilité, elle cesse bientôt en séparant momentanément les époux, & en rendant leurs approches plus rares & plus modérées. C'est à tort qu'on a mis d'une manière absolue, au nombre des causes de la stérilité, le défaut de sympathie qui existe entre les époux, la froideur du tempérament, le dégoût qu'inspire réciproquement certaines infirmités, &c. ; ces particularités, ne font tout au plus que rendre la conception plus difficile. Une fille qui devient enceinte par suite d'un viol, ne sympathise guère, sans doute, avec le monstre qui la déshonore ; une multitude d'individus qui n'ont que de l'aversion les uns pour les autres, n'engendrent pas moins de nombreux enfans. D'un autre côté, combien de femmes sont devenues mères sans avoir éprouvé la moindre jouissance !

Ce n'est qu'après la mort qu'on peut connoître les causes de la stérilité qui sont dues aux vices de conformation des organes génitaux intérieurs. Quant aux signes indicateurs de la stérilité qui ne résident pas dans les organes génitaux, qu'on peut facilement explorer avec la vue & le toucher, ils sont très-incertains. Ainsi, tandis qu'on observe des femmes réunissant toutes les conditions désirables de fécondité ne point devenir mères, on en voit d'autres dépourvues de menstruation, affectées de ménorrhagie, de cancer, de leucorrhée, engendrer avec facilité. Toutefois, les individus irritables qui éprouvent une sorte d'ébranlement convulsif dans l'acte vénérien qu'ils recherchent avec ardeur, sont moins féconds que ceux qui se trouvent dans des conditions opposées ; & par un contraste singulier, les époux qui ont beaucoup d'embonpoint, peu de sensibilité & de propension à la copulation, sont très-souvent stériles : ce qui indiqueroit, soit dit en passant, que la modération dans les plaisirs de l'amour & l'exercice mesuré des instrumens de nos jouissances, sont les conditions les plus favorables à la reproduction de l'espèce. D'après ce qui vient d'être dit, on a déjà pu voir qu'il y avoit plusieurs moyens de remédier à la stérilité momentanée ou relative : indiquons brièvement les principaux.

Si, chez une femme stérile, l'orifice de la matrice est dans une mauvaise direction, si le col est trop bas, trop rapproché de la vulve, le coït doit être dirigé de manière à mettre les organes génitaux en rapport, afin que l'émission spermatique se fasse d'une manière convenable. Si le contact du pénis est douloureux, & c'est souvent à cette douleur qu'il faut rapporter le défaut de conception, rien de plus facile que d'éviter cette sorte de contusion, qui d'ailleurs peut avoir les suites les plus funestes. On doit conseiller aux époux affoiblis par des excès vénériens, par une ardeur intempestive, d'éloigner les copulations, de se séparer pour un temps ; & si, malgré cette première précaution, leur union ne devient pas féconde, il faudra leur conseiller de s'approcher au moment de l'écoulement des règles ou immédiatement après leur cessation, parce qu'alors la matrice est le siége d'un orgasme favorable à la conception. Est-on consulté par des époux stériles que de grandes passions, soit pour l'étude, soit pour les plaisirs du monde, jettent dans une sorte d'indifférence pour l'acte vénérien, on leur conseillera un autre genre de vie, l'habitation de la campagne, un régime adoucissant, l'usage des bains, des antispasmodiques, &c. Il y a des stérilités auxquelles on ne peut remédier pendant un long espace de temps, & qui cessent d'elles-mêmes sous l'influence de certaines modifications souvent inconnues, qu'éprouvent les constitutions ; c'est ainsi que l'on voit des femmes devenir mères après dix, quinze ou vingt ans de mariage ; d'autres, qui étoient restées stériles avec un premier mari, deviennent fécondes avec un second ; enfin, on a vu sous l'empire de la loi du divorce, des époux également stériles, engendrer chacun de leur côté, dans une nouvelle union.

La stérilité qui est le résultat de quelque lésion des organes génitaux intérieurs qu'on ne peut caractériser pendant la vie, & d'autres vices extérieurs de conformation, sont évidemment incurables. (BRICHETEAU.)

STERNAL, ALE. (*Anat.*), *Sternalis*, qui appartient, qui a rapport au sternum. *Région sternale*, *côtes sternales* (CHAUSS.) (*Voyez* CÔTES dans le *Dict. d'Anatomie.*)

STERNALGIE, sub. f. (*Pathol.*), du grec στήρνον, sternum, & de αλγος, douleur. Nom que Baumes a imposé à la maladie plus généralement connue sous la dénomination d'*angine de poitrine.* Comme il n'en a été rien dit à ce dernier mot, nous allons en faire ici l'histoire abrégée.

I. Les traces de cette maladie, que l'on rencontre dans divers auteurs anciens, doivent porter à croire qu'elle n'est pas nouvelle & qu'elle a toujours existé. Cependant il n'y a pas plus de soixante ans qu'elle a été séparée des affections asthmatiques, & des altérations organiques du cœur & des poumons, avec lesquelles elle avait été probablement confondue jusque là. C'est Rougnon, médecin français, qui le premier éveilla l'attention des gens de l'art sur cette curieuse maladie, sans lui assigner de nom particulier. Heberden en donna bientôt après une description exacte & l'appela *angina pectoris* ou *angine de poitrine*. Un grand nombre de médecins, d'abord en Angleterre, puis en Allemagne, en France, &c., en firent l'objet de leurs recherches & de leurs méditations. Quelques-uns voulurent lui donner un nom ou plus harmonieux ou plus conforme à sa nature intime qu'ils crurent avoir pénétrée. C'est ainsi que Elsner la nomma *asthma convulsivum*; Butter, *diaphragmatic gout* ou *goutte diaphragmatique*; Parry, *syncope anginosa*; Schmidt, *asthma arthriticum*; Sluis, *sternodynia syncopalis*; Darwin, *asthma dolorificum*; Baumes, *sternalgie*; Bréra, *sténocardie*.

II. Si l'on parcourt les observations qui ont été recueillies sur cette maladie heureusement assez rare, on voit combien sont variées les circonstances dans lesquelles elle se développe & combien il est difficile de lui assigner une cause. En général, les hommes y sont beaucoup plus sujets que les femmes. Trois malades que j'ai eu l'occasion d'observer étaient du sexe masculin. La plupart de ceux qui ont été atteints d'angine de poitrine avoient passé l'âge de quarante-cinq à cinquante ans, étoient d'un tempérament sanguin & lymphatique, ou sanguin & nerveux, d'une bonne constitution; gras ou disposés à l'embonpoint; d'un caractère doux & gai; quelques-uns avoient mené une vie sédentaire. Il ne paroît pas que l'usage habituel du vin & des liqueurs spiritueuses y dispose (Macbride). Deux de mes malades avoient toujours mené une vie très-régulière et très-active. Un grand nombre avoient été précédemment tourmentés par des douleurs rhumatismales ou goutteuses. Néanmoins cette circonstance est loin d'être constante. Wichmann affirme que, sur treize malades qu'il a vus, aucun n'avoit éprouvé de douleur de ce genre. Dans quelques cas, la suppression des hémorroïdes, de la sueur, ou de quelque exanthème chronique, a paru donner lieu à la maladie. Laennec pense que la constitution médicale peut contribuer à son développement, & il dit l'avoir observée fréquemment dans le cours de certaines années, tandis qu'il l'a à peine rencontrée dans d'autres. La même observation semble avoir été faite par Lallement, à Hesdin, en 1788, quoiqu'il ne connût pas la maladie qu'il avoit sous les yeux. Je ne relaterai pas, à l'exemple de quelques médecins, comme causes de l'angine de poitrine, toutes les altérations organiques qui ont été trouvées dans les cadavres de ceux qui y ont succombé. Sans nier que la plupart d'entre elles puissent quelquefois provoquer les symptômes de la sternalgie, je pense que souvent elles doivent être considérées ou comme ses effets, ou comme des complications accidentelles. Au reste, je reviendrai sur cet objet en parlant de sa nature ou de sa cause prochaine.

L'apparition des premiers symptômes de l'angine de poitrine est presque constamment déterminée par quelque cause appréciable, telle qu'une marche ou une équitation rapide, surtout contre un vent fort, l'ascension d'une colline ou de degrés élevés, ou quelqu'autre mouvement brusque & énergique; les affections vives de l'ame & les passions violentes, spécialement lorsque l'estomac est dans un état de plénitude.

Quand la maladie est une fois déclarée & a fait d'assez grands progrès, outre les causes que nous venons d'énumérer, une foule d'autres moins actives peuvent ramener les paroxysmes. Ainsi, une marche modérée, le trot d'un cheval un peu dur, les mouvemens des bras, les efforts de la toux, les moindres émotions, &c., deviennent causes excitantes.

Enfin, lorsque l'angine de poitrine est parvenue à sa dernière période, le retour des paroxysmes peut être provoqué par l'action d'aller à la selle, d'éternuer, de bâiller; ils peuvent même revenir spontanément quand le malade est dans un repos parfait, même au lit & plongé dans le sommeil.

III. C'est ordinairement d'une manière brusque & sans aucun indice précurseur que la sternalgie se déclare. L'individu soumis à l'une des causes que nous avons signalées, ressent tout-à-coup dans la poitrine, derrière le sternum, dans des endroits variables de l'étendue de cet os, mais le plus ordinairement vers sa partie-moyenne, une douleur constrictive, angoissante, tantôt fixe, tantôt s'élançant avec rapidité dans diverses directions. Quelquefois c'est un resserrement non douloureux, surtout dans les premiers temps de la maladie; d'autres fois c'est une sensation de chaleur. Un de mes malades éprouvoit un fourmillement extrêmement incommode, *comme si*, disoit-il, *un millier de fourmis lui rongeoit le derrière du sternum*. Je ne crois pas que cette variété de la douleur ait été encore observée. Cette douleur se porte souvent un peu à gauche du sternum vers la région du cœur, &, dans quelques cas, se fait aussi sentir très-fortement dans le dos: c'est à cet endroit qu'un de mes malades rapporta long-temps la sensation la plus pénible. A ce sentiment de constriction se joint, non pas une dyspnée véritable, car les malades peuvent faire de profondes inspirations, mais une crainte extraordinaire de suffocation, qui rend la respiration précipitée, mais pas sifflante.

Si le malade reste tranquille, cesse de marcher, ou même, sans suspendre sa marche, s'il tourne le dos au vent, ces symptômes disparoissent au bout de quelques minutes, & il se retrouve dans un état de santé parfaite.

Mais après un temps plus ou moins long les accès reviennent, fe rapprochent, durent plus long-temps & s'aggravent. Alors la douleur cesse d'être bornée à la poitrine; elle gagne l'épaule, le bras gauche, plus rarement le droit : tantôt elle fe fait fentir plus particulièrement à l'endroit de l'infertion du mufcle pectoral à l'humérus; tantôt au pli des bras; tantôt enfin dans d'autres endroits; il eft rare qu'elle fe prolonge jufqu'aux doigts. On l'a vue fe propager foit à l'épigaftre, foit au côu, à la mâchoire & aux oreilles, foit même aux membres inférieurs. L'anxiété, la conftriction fuffocante que le malade reffent, s'accompagnent d'une diminution confidérable dans les forces mufculaires, qui lui fait craindre une fyncope & chercher un appui fur les objets qui l'environnent. La face eft le plus fouvent pâle & porte l'empreinte de la fouffrance & de l'inquiétude; elle fe couvre, ainfi que le corps, d'une fueur froide. Le pouls qui, dans le principe, à moins de complications, ne diffère pas de l'état naturel, offre alors quelques anomalies; on le trouve fouvent petit, foible, irrégulier. Il furvient chez certains malades une véritable difficulté de la refpiration; dans quelques circonftances, il s'y joint de la toux & une expectoration vifqueufe. Dans la fternalgie fimple, la percuffion du thorax eft partout fonore. Je ne connois pas les réfultats de l'aufcultation médiate. Quelques individus fe trouvent foulagés en renverfant la tête en arrière; d'autres, en la fléchiffant & en courbant tout le tronc en avant; il en eft enfin qui fe font bien trouvés de fe fufpendre par les membres fupérieurs (Darwin), ou d'exercer quelque preffion fur la poitrine ou fur le creux de l'eftomac. Le paroxyfme fe termine fouvent par des éructations, quelquefois par l'excrétion d'urines claires & limpides, ou par une tranfpiration abondante (Jurine) : chez un de mes malades il furvenoit à la fin de l'accès une falivation affez copieufe. Souvent à cette époque les accès laiffent pendant quelque temps dans la poitrine, un fentiment de fatigue & de malaife & un tremblement général.

Lorfque l'angine de poitrine eft parvenue à fa dernière période, ou bien les paroxyfmes font courts, mais fe répètent très-fréquemment dans la journée; ou bien ils fe prolongent de la manière la plus effrayante & la plus pénible pendant fix, huit, douze heures & davantage. La refpiration eft plus embarraffée & quelquefois râlante; des fyncopes complètes ont lieu; des vomiffemens furviennent chez quelques malades; les extrémités fe refroidiffent; la douleur qui fe fait fouvent fentir jufqu'aux doigts s'accompagne d'un engourdiffement & quelquefois d'une paralyfie, ordinairement momentanés. La conftitution de l'individu, qui, jufque là, n'avoit reçu qu'une atteinte légère, fe détériore manifeftement. Les fymptômes d'altérations organiques dont les vif-

cères pectoraux étoient ou deviennent le fiége, s'aggravent ou fe prononcent. Parmi ces fymptômes, on remarque furtout l'intermittence du pouls, une dyfpnée habituelle, l'enflure des extrémités, une expectoration de nature variable, &c.

Enfin, ces malades font le plus ordinairement frappés fubitement d'une mort qu'aucun phénomène précurfeur ne pouvoit faire foupçonner un inftant auparavant, fi ce n'eft la connoiffance de la nature de la maladie, qui a rarement une autre iffue. On a vu cependant des individus périr au milieu d'un paroxyfme. (Wichmann, Wall, &c.)

IV. Nous venons d'indiquer les fymptômes les plus ordinaires de la fternalgie & l'ordre dans lequel ils fe fuccèdent le plus fréquemment; mais cette maladie offre une foule de variétés, dont nous allons noter ici les plus importantes.

La douleur fternale n'eft pas toujours le premier phénomène appréciable de l'angine de poitrine; Heberden l'a vue partir du cubitus gauche, & s'élancer enfuite vers la poitrine. Chez un de mes trois malades, qui a fuccombé à fon affection, la douleur commençoit conftamment par les deux bras, puis gagnoit le fternum & le dos. Chez le fecond, dont la maladie a évidemment rétrogradé, je n'ofe pas dire avoit été guérie, la douleur fternale étoit promptement fuivie d'un engourdiffement douloureux au-devant de l'épaule & derrière la clavicule gauche, lequel gagnoit promptement la partie interne du bras. Le troifième m'offre en ce moment une variété encore plus remarquable de la douleur. Depuis trois ans, toutes les fois qu'il marche un peu vite & un peu long-temps, il reffent dans le pli des deux bras une douleur affez vive qui fe borne à ces parties, & ceffe s'il s'arrête ou ralentit fon pas. Lorfqu'il veut continuer de marcher vite & furmonter cette fenfation douloureufe, il éprouve alors, non pas au fternum, mais à la région du cœur, une douleur obfcure, mêlée d'une anxiété particulière qui le force à s'arrêter, fans qu'il y ait cependant aucune gêne dans la refpiration, aucune menace de fyncope. Carron d'Annecy a vu débuter l'angine de poitrine par une douleur à la région du cœur. Quelques auteurs ont prétendu que celle du bras n'exifte pas toujours; je ne crois pas que la chofe ait été conftatée pour de véritables fternalgies. Chez deux malades on a obfervé un phénomène particulier : c'eft une efpèce de choc qu'ils éprouvoient à la région du cœur, lorfqu'après une fufpenfion momentanée du fentiment & du mouvement, ces fonctions commençoient à fe rétablir (Heberden, Defgranges). Le malade de Rougnon reffentoit durant les paroxyfmes une gêne fur toute la partie antérieure de la poitrine, en forme de plaftron, & il ne pouvoit faire une grande infpiration. On a encore noté une conftriction profonde dans la poitrine, comme fi l'œfophage en étoit le fiége. Jurine & Roughon ont vu chez trois individus l'haleine contracter une fétidité infupportable à la fin de la maladie. Laennec affure avoir vu l'angine de poitrine n'exifter que du côté droit, auquel le malade rapportoit l'oppreffion; en même temps il y avoit engourdiffement très-douloureux dans le bras, la jambe & le cordon fpermatique du même côté, & gonflement du tefticule pendant le paroxyfme; à peine quelque douleur fe faifoit fentir à la région du cœur.

L'angine de poitrine eft loin de fuivre toujours la marche progreffive que nous avons indiquée. Par des circonftances qu'il eft difficile d'apprécier, elle arrive quelquefois à fon *fummum* d'intenfité dans un efpace de temps très-court. Quelques auteurs affurent l'avoir vue commencer, & fe terminer d'une manière funefte au bout de quinze jours ou d'un mois. Mais fa durée ordinaire eft bien plus longue; elle eft fouvent de cinq, huit, douze années & davantage. On remarque alors des intervalles affez prolongés pendant lefquels l'état d'intégrité de toutes les fonctions pourroit faire croire à une guérifon radicale.

V. Si la fternalgie préfentoit toujours la réunion des fymptômes que nous avons énumérés, fi furtout elle étoit toujours fimple, il ne feroit pas difficile de la diftinguer de toute autre maladie. Mais la plupart de ces fymptômes ne font pas conftans: plufieurs d'entr'eux peuvent fe rencontrer dans d'autres affections pathologiques; & les complications viennent fouvent les varier, les modifier & les obfcurcir, de telle forte que le diagnoftic de l'angine de poitrine offre dans quelques cas affez de difficultés pour que des médecins, qui fe font occupés avec beaucoup d'attention de cette maladie, l'aient quelquefois évidemment confondue avec d'autres. J'en pourrois citer beaucoup d'exemples.

Le peu d'efpace qui nous eft accordé ne nous permet pas d'entrer dans les détails diagnoftiques de la fternalgie, en la rapprochant des maladies qui offrent avec elle de l'analogie, en analyfant fes principaux fignes. Nous dirons feulement qu'on tombera rarement dans l'erreur fi l'on rencontre les fymptômes fuivans dont on peut regarder l'exiftence comme pathognomonique de l'affection qui nous occupe: douleur conftrictive derrière le fternum ou à la région du cœur, s'étendant, au moins par la fuite, aux bras, ou des bras remontant à la poitrine; crainte de fuffocation, fans gêne réelle dans la refpiration, qui refte libre & n'eft jamais fifflante; abattement général & menace de fyncope, qui peut avoir lieu effectivement à une période un peu avancée; pouls variable, mais fouvent naturel; tous ces fymptômes arrivant tout-à-coup par des caufes

généralement appréciables, le jour plutôt que la nuit (fi ce n'eft dans la dernière période), à des intervalles irréguliers, difparoiffant très-rapidement, du moins dans le principe, avec quelques fymptômes qui fe retrouvent à la fin des accès d'autres affections nerveufes, & laiffant enfuite les malades dans une fanté parfaite, tant qu'il n'eft pas furvenu de léfion organique dans les vifcères thoraciques. Tels font, felon nous, les fymptômes dont la préfence en plus ou moins grand nombre permettra prefque conftamment de diftinguer l'angine de poitrine des autres maladies avec lefquelles elle pourroit être confondue, telles que l'afthme, la fyncope, le rhumatifme du cœur, les dilatations anévryfmatiques du cœur & de l'aorte, les hydropifies du péricarde & des plèvres, les inflammations & les fuppurations du médiaftin, les engorgemens du foie, &c.

VI. A l'ouverture du corps des perfonnes qui ont fuccombé à l'angine de poitrine, on a trouvé un grand nombre de léfions organiques, dont nous allons faire connoitre les principales.

Offifications des cartilages des côtes (Roughon, Black, Jahn, Baumes); des artères coronaires du cœur (Jenner, Parry, Black, Kreyfig, Ritter, Carron, &c.); des valvules du cœur & de l'aorte (Kreyfig, Stœller, Wall, Fothergill, Parry, Blackall); du cœur lui-même (Heberden).

Accumulation de la graiffe dans la poitrine, & furtout à la bafe du cœur (Fothergill, Parry, Black, Blackall, Carron).

Le cœur contracté & vide de fang, mais de volume naturel (Macbride, Parry, Carron); ramolli (Home, Johnftone).

Dilatations plus ou moins confidérables du cœur (Parry, Jahn, Ritter); de l'aorte (Home, Black, Parry, &c.).

Inflammation du cœur (Johnftone); de l'aorte avec ulcérations (Blackall).

Poumons très-fouvent gorgés d'un fang noir & épais (Percival, Wall, Defgranges, Jurine, &c.); bronches rouges, livides, contenant un liquide, foit puriforme, foit muqueux & écumeux, foit purulent (Blackall).

Le fang noir & non coagulé (Macbride, Jurine).

Inflammation & collection purulente dans le médiaftin (Haygarth).

Traces d'inflammation ancienne ou récente, & épanchement féreux ou fanguinolent dans le péricarde & dans les plèvres.

Engorgement & tuméfaction du foie (Bréra, Carron).

Enfin, dans un certain nombre de cas, & furtout dans ceux où les fujets étoient jeunes, & avoient été enlevés rapidement par la maladie, la nécropsie n'a fait découvrir aucune altération remarquable dans les principaux viscères.

VII. Nous venons de voir que lorsque le scalpel à la main on est allé scruter les organes des individus dont la sternalgie avoit terminé la carrière, des altérations organiques variées se font le plus souvent offertes à l'observation des anatomistes. Cependant dans un certain nombre de cas qui paroissent avoir présenté la maladie dans son plus grand état de simplicité, on n'a rencontré aucun désordre qui pût expliquer & le dérangement des fonctions pendant la vie, & la mort qui en a été la suite. Or, si nous soumettons à un examen attentif & à une sévère analyse non-seulement ces résultats des ouvertures cadavériques, mais encore les symptômes observés pendant la vie, & les résultats des méthodes curatives, nous croyons pouvoir en conclure avec raison.

1°. Que l'angine de poitrine ne peut pas être regardée comme la conséquence exclusive de l'une ou de l'autre des lésions organiques, que découvre l'anatomie pathologique, puisque d'une part elles ne font pas constantes, & que de l'autre elles existent souvent sans aucun symptôme de sternalgie; qu'elle n'est ni un asthme goutteux (Elsner, Butter); ni un asthme convulsif (Berger, Darwin), ni une affection sympathique de la goutte portée sur l'estomac (Macqueen); ni un asthme du cœur (Murray, Baumes); ni une paralysie de cet organe occasionnée, soit par les ossifications des artères coronaires (Jenner, Parry), soit par la compression qu'il éprouve de la part des organes voisins, & surtout du foie, augmentés de volume (Bréra); ni une paralysie des muscles du cœur, avec un spasme périodique des organes pulmonaires (Schæffer); ni une inflammation du médiastin (Haygarth); ni une paralysie des fibres musculaires dont les bronches font pourvues, paralysie qui interrompt les phénomènes chimiques de la respiration (Jurine); ni une affection inflammatoire de l'aorte & des artères coronaires, dont les ossifications font le résultat, comme le pensent aujourd'hui les Italiens, & en particulier Thomasini, opinion déjà émise par Parry.

2°. Qu'elle doit être considérée comme une affection nerveuse (Heberden, Macbride, Hamilton, Baumes, Jurine), consistant en une irritation portée sur les nerfs pneumo-gastriques, & spécialement sur les plexus cardiaques (Desportes), lesquels se distribuent à tous les viscères contenus dans la poitrine. Cette opinion, adoptée par MM. Pinel & Bricheteau, &, je crois, par la majorité des médecins modernes, me paroît être la seule qui permette d'expliquer d'une manière plausible les phénomènes auxquels donne lieu l'angine pectorale. Nous laissons au reste le lecteur se livrer lui-même à cette explication, à moins qu'il n'aime mieux consulter & méditer les détails ingénieux dans lesquels Desportes est entré à ce sujet. Mais cette opinion rend-elle raison de la mort subite qui termine si souvent les jours des malades? Sans doute ce n'est pas l'affection des nerfs eux-mêmes qui fait périr, mais le trouble consécutif qui survient dans les fonctions des organes qui les reçoivent. La cause de la mort doit être, à mon avis, placée dans le cœur qui cesse tout-à-coup ses fonctions. Mais pourquoi la cesse-t-il? Je m'arrête là, & ne veux pas m'engager plus avant dans le champ stérile des hypothèses.

Au reste, quoique je regarde la sternalgie comme essentiellement nerveuse, & que je croie que les altérations organiques, trouvées après la mort, font souvent la conséquence du trouble qu'elle amène dans le cœur & les poumons, je pense que parmi elles, il en est qu'on peut quelquefois considérer comme causes de la maladie. Ne voit-on pas d'autres névroses ou névralgies occasionnées par des lésions variées, & qui ont commencé par être tout-à-fait indépendantes du nerf qui en est le siége? Il résulte de ce que je viens de dire que l'on pourroit admettre deux espèces d'angine de poitrine : l'une idiopathique, essentielle; l'autre symptomatique. Cette distinction, fondée d'ailleurs sur les faits, peut avoir des résultats avantageux dans la pratique.

VIII. L'angine de poitrine est certainement une des maladies les plus dangereuses dont l'espèce humaine puisse être atteinte. Il est très-rare qu'elle rétrograde, soit spontanément, soit sous l'influence du traitement. Cependant lorsque le sujet est encore jeune, ou dans l'âge moyen de la vie, que la maladie est exempte de complications, on doit avoir espoir de la guérir. Laennec prétend avoir vu beaucoup de personnes qui ont éprouvé seulement quelques attaques très-fortes, mais de courte durée, & qui en ont été ensuite entièrement débarrassées. Cette assertion est en contradiction avec ce qu'ont écrit tous les auteurs qui se font occupés de la sternalgie. Quand elle marche rapidement, ou quand les accès font très-violens, quoique séparés par de très-longs intervalles, on a remarqué qu'elle étoit plus promptement mortelle. L'extension de la douleur aux doigts, avec paralysie du membre supérieur, l'apparition de vomissemens, font craindre prochainement une terminaison funeste.

IX. L'incertitude qui a régné jusqu'à ce moment sur les causes & la nature intime de la sternalgie, n'a permis d'établir son traitement que sur des bases bien peu solides. Néanmoins, le vague des théories émises sur cette affection ne font pas la seule cause du peu de progrès qu'a faits cette partie de son histoire: on peut, avec raison, l'attribuer aussi à l'opiniâtreté désespérante, à l'incurabilité ordinaire du mal, et cette dernière circonstance, si l'angine de poitrine étoit plus souvent simple, essentielle, seroit une forte objection contre son essence nerveuse. Il est très-rare, en effet, que les efforts de la nature aient réussi à guérir la sternalgie. Si l'on excepte un individu chez lequel l'établissement du flux hémorroïdal & un suintement acrimonieux au scrotum rappelèrent la santé (Smith, de Dublin), tous les autres, en petit nombre, n'ont dû leur guérison qu'à l'usage d'agens thérapeutiques.

La première attention que l'on doit avoir, c'est de rechercher la cause qui a pu produire la maladie & de la détruire sans délai, si la chose est possible. Mais lorsqu'elle est ignorée ou qu'on a fait des efforts infructueux pour la faire cesser, il faut avoir recours aux moyens capables de combattre la sternalgie dans la nature intime. Or, l'expérience n'a démontré jusqu'ici l'efficacité d'aucune méthode curative, ni d'aucun médicament.

Pendant le paroxysme, s'il est très-court, les secours de la médecine sont à peine nécessaires. Mais quand il est très-prolongé, la saignée a été employée avec quelque apparence de soulagement. Percival a donné une fois un vomitif; il n'a été imité par personne. Les antispasmodiques & les irritans cutanés ont pu souvent en abréger la durée.

Dans l'intervalle des paroxysmes, le traitement antiphlogistique, recommandé par Parry, Odier, &c., & la saignée en particulier, n'ont eu aucun succès marqué; & même, quand on a voulu employer cette méthode avec sévérité, elle a paru plus nuisible qu'utile (Wichmann, &c.). Mais auroit-elle plus d'efficacité dès le début de la maladie, & préviendroit-elle les ossifications des artères, comme Thomasini s'en flatte? Je crois que jusqu'ici aucun fait n'autorise à le croire. La saignée ne paroît avoir eu qu'une utilité momentanée & palliative, même chez les individus robustes, sanguins, & lorsque la sternalgie étoit compliquée d'une lésion inflammatoire des organes thoraciques ou d'une hypertrophie du cœur.

En général les stimulans sont contr'indiqués. Cependant l'usage modéré du vin & même des liqueurs spiritueuses, n'a pas empêché la guérison de quelques malades & n'a pas aggravé la position de beaucoup d'autres. Quelques médecins ne les rejettent même pas du traitement de cette maladie. (Macbride, Macqueen, &c.)

Les toniques unis aux calmans & aux antispasmodiques, sont les médicamens internes qui comptent le plus de succès. Il seroit trop long de rapporter toutes les guérisons que leurs divers mélanges ont opérées; j'en citerai seulement quelques-uns, tels sont : la valériane unie au quinquina (Wichmann, Jurine, &c.); l'opium, & le vin (Heberden, Macbride); l'opium seul (Percival, &c.) Je l'ai toujours vu apporter un soula-

gement sensible; l'assa-fétida seule ou unie au camphre (Wall, Johnstone, Schæffer); le musc (Baumes).

Après ces médicamens, les antimoniaux, qui leur ont été souvent combinés, sont ceux qu'on a préconisés le plus. Bréra a même conseillé l'emploi de l'émétique à haute dose.

Les purgatifs ne doivent guère être donnés que dans l'intention de faciliter les évacuations alvines, chez les individus dont les paroxysmes reviennent par les moindres efforts.

On a cherché aussi à détourner & à fixer à l'extérieur l'irritation morbifique portée sur la poitrine. C'est dans ce but que Macbride a vanté, le premier, l'application d'un ou de deux cautères aux cuisses. Les médecins qui ont imité sa pratique en ont obtenu des résultats assez variables. Cependant plusieurs cures radicales attestent l'efficacité de ce moyen; on a obtenu moins de succès des vésicatoires. Une autre espèce d'irritant cutané semble devoir inspirer plus de confiance, si l'on s'en rapporte à un petit nombre d'essais qu'on a faits jusqu'à présent; c'est l'émétique, soit en solution, soit en pommade : son application sur la poitrine provoque des boutons douloureux & suppurans, dont l'apparition a plusieurs fois été suivie de la guérison de l'angine de poitrine. (Kriegelstein, Godwin, R. Thomas.)

Parlerai-je de quelques autres substances médicamenteuses dont l'usage a déjà disparu avec les théories qui les avoient fait imaginer? Tels sont, l'acide phosphorique, proposé par Baumes dans l'intention de dissoudre les ossifications artérielles; les mercuriaux, vantés par Bréra pour résoudre les engorgemens du foie, &c.

Je dois indiquer encore plusieurs agens médicinaux qui comptent quelques succès en leur faveur, mais dont l'expérience n'a pas encore suffisamment constaté l'efficacité; de ce nombre sont : la solution arsénicale de Fowler (Ed. Alexander); le nitrate d'argent (Cappe); l'extrait de laitue vireuse (Herz, Schlessinger); un mélange de vitriol blanc & d'opium (Lée Perkins). Chez un de mes malades, qui a guéri, après avoir employé les opiacés unis à l'eau distillée de laurier-cerise, qui ne procurèrent qu'un soulagement momentané, j'administrai le muriate suroxygéné de potasse à la dose de neuf grains par jour; une amélioration rapide en fut la suite, & plus de deux ans après cet individu n'avoit eu aucune atteinte d'angine de poitrine.

En général, le régime des malades affectés d'angine de poitrine, sans être rigoureux, doit être doux & rafraîchissant. On devra y apporter une plus grande sévérité chez les individus disposés à prendre de l'embonpoint. Cependant quelques praticiens ont permis sans inconvénient une nourriture restaurante & même des liqueurs spiritueuses

tueufes, chez ceux qui en avoient contracté l'habitude depuis long-temps. Si les exercices violens doivent être évités avec foin, un trop grand repos peut avoir auffi fon défavantage. Les malades fe trouvent furtout très-bien de l'exercice en voiture ou à cheval. Heberden rapporte qu'un de fes malades fut grandement foulagé, en s'impofant l'obligation de fcier du bois pendant une demi-heure tous les jours. Les voyages, furtout ceux que l'on fait aux eaux minérales, lefquelles peuvent joindre leur action médicamenteufe aux effets du changement d'air & de la diffipation, offrent fouvent auffi un moyen de foulagement, s'ils ne procurent pas toujours une guérifon complète. (EMERIC SMITH.)

STERNO-CLAVICULAIRE, adject. (Anat.) Sterno-clavicularis. Qui a rapport à la fois au fternum & à la clavicule. Articulation fternoclaviculaire, ligamens fterno-claviculaires rayonnés, fterno-cleido-maftoïdiens.

STERNO-CLEIDO-MASTOÏDIEN OU STERNO-MASTOÏDIEN, adj. & f. m. (Anat.) Sterno-cleidomaftoïdeus. Qui a rapport au fternum & à l'apophyfe maftoïde. Nom d'un mufcle fitué obliquement au-devant du cou.

STERNO-COSTAL, adj. & f. m. (Anat.) Sternocoftalis. Qui a rapport au fternum & aux côtes. Chauffier appelle ainfi le mufcle triangulaire du fternum.

STERNO-COSTO-CLAVIO-HUMÉRAL, adj. & f. m. (Anat.) Sterno-cofto-clavi-humeralis. Nom donné par Dumas au mufcle grand pectoral.

STERNOHUMÉRAL, adj. & f. m. (Anat.) Sternohumeralis. Chauffier a défigné fous ce nom le mufcle grand pectoral.

STERNO-HYOÏDIEN, adj. & f. m. (Anat.) Sternohyoïdeus. Qui a rapport au fternum & à l'os hyoïde. Mufcle fterno-hyoïdien. Mufcle pair, alongé & aplati, fitué à la partie antérieure du cou, ayant pour ufage d'abaiffer l'os hyoïde.

STERNO-MASTOÏDIEN, adj. & f. m. (Anat.) Sterno-maftoïdeus. (Voyez STERNO-CLEIDO-MASTOÏDIEN.)

STERNO-PUBIEN, adj. & f. m. (Anat.) Sternopubianus. Qui a rapport au fternum & au pubis. Chauffier appelle fterno-pubien le mufcle droit de l'abdomen.

STERNO-THYROÏDIEN, adj. & f. m. (Anat.) Sterno-thyroïdeus. Qui appartient au fternum & au cartilage thyroïde. Mufcle fterno-thyroïdien.

(Voyez ces différens mots dans le Dictionnaire d'Anatomie de cet ouvrage.) (R. P.)

STERNUM, f. m. (Anat.) Os pectoris, dérivé de στέρνον, ou στέρνον, la poitrine. C'est le nom de l'os antérieur & médian du thorax. Le fternum eft aplati d'avant en arrière, très-large & fort épais à fa partie fupérieure, plus étroit & plus mince au niveau de la feconde, de la troifième et de la quatrième côte; il s'élargit de nouveau un peu plus bas pour fe rétrécir enfuite & fe terminer par une plaque mince, triangulaire ou de forme irrégulière, recourbée tantôt en avant, tantôt en arrière, & qui conftitue l'appendice enfiforme ou xiphoïde.

A l'époque de la puberté cet os eft encore formé de trois pièces, une fupérieure, la poignée (manubrium), une moyenne, le corps, & la troifième inférieure, l'appendice xiphoïde, qui ne fe foudent même jamais chez certains fujets. Dans l'enfance, chacune de ces portions eft, à fon tour, formée de plufieurs autres. J'en ai vu trois, quatre & cinq dans la première, fix & huit dans la feconde; la troifième paroît fe développer conftamment par un feul point d'offification. M. Serres a foutenu que ces divers noyaux offeux font toujours doubles & placés côte à côte. Béclard s'eft élevé contre cette opinion, en difant qu'ils fe développent à la file les uns des autres; mais il ne paroît pas qu'il y ait rien de bien conftant à cet égard. Selon Béclard, le fternum feroit formé de fix pièces principales, le primi-fternal, le duo-fternal, le tri, le quarti, le quinti & l'ultimi-fternal.

A l'exception de la poignée, cet os eft généralement un peu plus long et plus étroit chez la femme que chez l'homme; il eft quelquefois plus court & rarement plus long que dans l'état normal. Son abfence a été obfervée; plus fouvent il refte fimplement une ou plufieurs ouvertures fur quelques points de fon corps ou vers la réunion de fes différentes pièces. La concavité & la convexité contre nature, les fractures, la carie, la nécrofe, & toutes les maladies auxquelles il eft fujet, font, en général, dangereufes à caufe de fes connexions avec le cœur & les poumons (1). (VELPEAU.)

STERNUTATION, f. f. (Phyfiol.) Sternutatio, fternutamentum. Ce mot, fynonyme d'éternuement, indique le mouvement convulfif des mufcles expiratoires qui, chaffant rapidement l'air de la poitrine, lui fait heurter avec bruit les parois anfractueufes des foffes nafales, & entraîner les mucofités ou les corps étrangers adhérant à la membrane qui tapiffe ces cavités. La fternutation peut être produite par des caufes directes ou fympathiques: ainfi un corps étranger, & furtout des poudres excitantes, introduites dans les

(1) Voyez le Dictionnaire d'Anatomie de cet ouvrage.

Q

fosses nasales, provoquent l'éternuement; l'irritation de la membrane pituitaire, qui précède le coryza, la rougeole, & quelquefois même la variole, amène un semblable résultat. Parmi les causes sympathiques, on doit ranger l'impression d'une vive lumière sur l'œil, le malaise de l'estomac, le refroidissement des pieds, & plusieurs autres influences plus ou moins éloignées.

L'éternuement ou la sternutation, est précédé d'une inspiration à la suite de laquelle les muscles de la poitrine & le diaphragme se contractent vivement, en même temps que la base de la langue s'élève et que le voile du palais s'abaisse de manière à fermer l'isthme du gosier, en sorte que l'air est obligé de passer à travers les ouvertures postérieures des fosses nasales.

L'éternuement, lorsqu'il est modéré, produit une secousse assez agréable qui peut être de quelqu'utilité, en excitant modérément certains organes, mais qui devient éminemment nuisible, lorsqu'il est violent, & surtout fréquemment répété; en effet, il peut alors provoquer des hémorragies, la rupture d'un anévrysme, une congestion cérébrale : il pourroit même ensuite, sinon immédiatement, du moins médiatement, déterminer les accidens les plus graves.

La sternutation a été rangée, par les séméiologistes, au nombre des symptômes qui sont particuliers à certaines maladies, &, par conséquent, propres à en éclairer le diagnostic.

STERNUTATOIRES, adj. (*Mat. méd.*) *Sternutatorii.* (*Voyez* ERRHINES, tom. VI de ce Dictionnaire.) (CH. HENNELLE.)

STERTOREUX, adject. (*Séméiotiq.*) On a donné cette épithète à la respiration qui se fait avec un bruit particulier que l'on nomme *ronflement* ou *stertor.* On l'observe dans l'apoplexie & dans quelques affections carotiques; elle est en général d'un fâcheux augure. (ÉMÉRIC SMITH.)

STÉTHOSCOPE, f. m. (*Séméiolog.*) *Stethoscopium,* de στῆθος, poitrine, & de σκοπεω, j'examine. Cet instrument, dont le nom indique l'usage, consiste en un cylindre en bois tendre, de dix à douze pouces de longueur sur un diamètre de douze à quinze lignes, brisé dans son milieu; parcouru dans toute sa longueur par un canal central; terminé, à l'une de ses extrémités, qui correspond à l'oreille de l'observateur, par une surface légèrement concave, à laquelle s'adapte une plaque en corne ou en écaille, percée d'un trou à son centre, terminée, à l'autre extrémité, qui s'applique sur le thorax du malade, par une cavité en forme d'entonnoir, fermée par un *embout* mobile qui complète le cylindre, & à travers lequel se continue le canal central dont il a été parlé.

Le stéthoscope, dans l'origine, n'étoit qu'un simple rouleau de papier fortement ficelé. En cet état, il transmettoit assez bien le bruit respiratoire un peu intense & les diverses nuances de la pectoriloquie. Mais Laennec, voulant perfectionner son instrument & en étendre l'usage, essaya différens corps, tels que des cylindres de carton, de bois dur, & même de métal, soit creux, soit pleins, qu'il supposoit devoir être de meilleurs propagateurs des sons thoraciques. Après beaucoup de recherches, il s'assura, contre les données de la théorie, que le bois tendre & poreux transmettoit avec plus d'intensité, à l'oreille de l'observateur, les bruits produits dans la cavité de la poitrine. C'est donc à cette matière qu'il a donné la préférence. Le canal central lui parut également une condition nécessaire, & ses idées sont encore suivies à cet égard.

Quant à la forme de l'instrument, sa brisure a le double avantage de le rendre plus portatif, & de permettre d'en varier la longueur, suivant la position du malade dans son lit; chose extrêmement utile. La plaque mobile de l'extrémité auriculaire s'adapte très-commodément à l'oreille du médecin, & remplace, dans l'occasion, le *plessimètre* de M. le Dr. Piorry. La cavité infundibuliforme de l'autre extrémité augmente considérablement l'intensité du bruit respiratoire, & permet d'en saisir de très-foibles. Enfin, l'embout, qui complète l'instrument, diminue la résonnance ordinaire de la voix dans cette cavité, & permet ainsi de distinguer le son vocal naturel, de la bronchophonie, de l'égophonie & de la pectoriloquie.

Pour se servir du stéthoscope, on le tient à peu près comme une plume à écrire, entre le pouce & les deux ou trois doigts qui suivent. Il est bon de le saisir très-près de son extrémité thoracique, parce que les doigts demeurés libres fixent le cylindre sur la poitrine du malade et en empêchent les vacillations. Le praticien un peu exercé y trouve, de plus, le moyen d'une sorte de contrôle qui l'avertit lorsque le contact cesse d'exister entre la surface de la poitrine & celle de l'instrument.

Il faut, en général, que l'observateur soit dans une position commode; la gêne qu'il éprouveroit pourroit nuire considérablement à la finesse & à la netteté de ses perceptions.

Le contact immédiat n'est presque jamais nécessaire. On peut procéder aux recherches stéthoscopiques à travers des vêtemens même assez épais. Il y a plus, chez les personnes maigres, les saillies osseuses s'opposent quelquefois à l'application exacte de l'instrument, condition essentielle de la certitude des signes obtenus; on est alors obligé de matelasser le lieu de cette application, ce qui ne nuit pas ordinairement à l'exploration. Il y a pourtant quelques corps dont l'interposition est nuisible. On a vu, par exemple, des corsets un peu serrés intercepter complétement le bruit respiratoire le plus intense. Les vêtemens de soie ou de laine, surtout ceux qui sont tricotés, font parvenir à l'oreille des bruits qui peuvent simuler divers signes morbides, la crépitation, par exemple, &, par conséquent, induire en erreur des praticiens inexercés. Il est donc bon que les malades ôtent ces vêtemens, avant qu'on procède à l'examen.

On se sert du stéthoscope sans l'embout lorsqu'on veut étudier le bruit respiratoire, les divers râles qui peuvent s'y joindre, ou le *son* des battemens de cœur.

On doit compléter l'instrument, c'est-à-dire y mettre l'embout, pour bien apprécier la résonnance bronchique ou la bronchophonie, ou l'égophonie, ou la pectoriloquie. La raison en est que la cavité infundibuliforme du cylindre repercutant avec force la voix sortant de la poitrine, on pourroit confondre cette résonnance naturelle avec celle qui est le résultat d'un état morbide.

L'impression produite par l'*impulsion* des battemens de cœur est encore transmise avec plus d'exactitude & de force par l'instrument ramené à l'état de cylindre complet.

Tel est l'instrument dont on doit la précieuse découverte au célèbre Laennec, que l'Encyclopédie méthodique s'honore de compter au nombre de ses collaborateurs, & dont la mort récente a causé des regrets si universels.

Les applications nombreuses qu'on a faites du stéthoscope à des maladies étrangères aux viscères thoraciques, ont été déjà indiquées dans ce Dictionnaire. (*Voyez* SÉMÉIOTIQUE.) Je me crois dispensé de les reproduire ici.

Des hommes de beaucoup de mérite ont cherché à simplifier le stéthoscope ou à en rendre le maniement plus facile. La plupart de ces modifications sont tombées dans l'oubli. Il en est une pourtant dont l'usage paraît se répandre; on la doit à M. le Dr. Piorry. Ce médecin distingué, qui s'est beaucoup occupé de l'étude des signes fournis par la percussion médiate & par l'auscultation, a imaginé, pour le premier de ces objets, une plaque pleine, en ivoire, à laquelle il a donné le nom de *plessimètre*. Il a voulu ensuite réunir en un seul instrument le plessimètre & le stéthoscope. A cet effet, il a d'abord diminué le diamètre du cylindre de Laennec, ce qui, dit-il, le rend plus portatif, sans altérer en rien sa propriété conductrice des sons. Il l'a en même temps raccourci de manière qu'il n'a plus que fix à huit pouces de longueur totale. L'une de ses extrémités s'élargit en pavillon de clarinette, & cette partie évasée reçoit un embout mobile. Les rebords de cette même extrémité présentent un pas de vis auquel s'adapte un opercule dont il sera parlé. Cet opercule est

disposé de manière à recevoir le plessimètre, qui se visse sur lui. L'autre extrémité (auriculaire) a également un pas de vis sur lequel s'adapte, au moment de l'usage, l'opercule d'ivoire, percé à son centre d'un trou correspondant au canal central du stéthoscope; lequel, comme on le voit, remplace la plaque auriculaire du stéthoscope de Laennec. Un corps de rechange récemment ajouté à cet instrument, sur lequel il se visse, permet de l'alonger à volonté. Cette addition étoit indispensable; car la variation de longueur du stéthoscope en est une condition véritablement importante.

Sans reconnoître au stéthoscope de M. Piorry une supériorité réelle sur celui de Laennec, on peut s'en servir avec avantage. Il offre, comme je l'ai dit, la réunion de deux instrumens. Au surplus, la plaque auriculaire du stéthoscope ordinaire me sert parfaitement de plessimètre, sans que le trou dont elle est percée me paroisse nuire à cet usage. (J. A. DE KERGARADEC.)

STÉTHOSCOPIE, s. f. (*Séméiolog.*) *Stethoscopia.* On donne communément ce nom à l'étude des signes des maladies de poitrine par le procédé de l'auscultation médiate. Dans un sens plus étendu, on l'applique à l'examen des affections thoraciques, quel que soit le procédé auquel on ait recours pour en reconnoître les signes.

Si l'on s'arrête à cette dernière acception, qui est à la fois la plus générale & la plus exacte, on rangera au nombre des méthodes stéthoscopiques la pression abdominale, l'examen des mouvemens de la poitrine, la mensuration, la succussion, la percussion & l'auscultation.

La *pression abdominale*, recommandée par Bichat, mais que les praticiens paroissent avoir abandonnée, tend à faire connoître l'état des organes respiratoires, par le degré de dyspnée que détermine la pression plus ou moins forte exercée sur les parois de l'abdomen. On sent combien sont équivoques les données qui peuvent en résulter.

L'*examen, à l'œil, des mouvemens des parois thoraciques*, sert, dit-on, à reconnoître le siége d'une pleurésie; mais l'immobilité des muscles du côté pleurétique, n'est pas une chose prouvée dans tous les cas. Elle doit d'ailleurs se retrouver dans la pleurodynie; c'est donc encore une méthode de médiocre importance. D'ailleurs elle oblige à mettre à nu la poitrine du malade, ce qui n'est pas toujours praticable chez les femmes, & n'est pas non plus exempt de quelque danger.

La *mensuration* consiste à mesurer comparativement les deux côtés de la poitrine, dont l'égalité naturelle se perd dans quelques cas de pleurésie chronique avec épanchement, &c. Alors, en effet, le fluide épanché dilate peu à peu le côté correspondant, & cette dilatation est même quelquefois sensible à la simple vue. Lorsque l'absorption du liquide s'opère, la cavité qui en est le siège perd progressivement de sa capacité, & le côté qui étoit le plus volumineux se rétrécit notablement. La mensuration, comme on le voit, est d'une utilité fort restreinte; il faut d'ailleurs se tenir en garde contre l'inégalité native des deux cavités thoraciques que l'on observe chez quelques individus.

La succussion est d'un usage encore moins étendu. Dans les épanchemens, accompagnés de pneumothorax, si on vient à saisir le tronc du malade & à lui imprimer une secousse, on entend parfois le *flot* du liquide. Ce signe, renouvelé d'Hippocrate, ne se retrouve donc que fort rarement.

La percussion est d'une importance bien plus grande, soit qu'on la pratique immédiatement d'après la méthode d'Awenbrugger, soit qu'on se serve du plessimètre de M. Piorry ou de tel autre corps intermédiaire. Ce qui en a été dit à l'article SÉMÉIOTIQUE me dispense d'entrer ici dans de plus amples développemens.

L'auscultation, cette belle & si précieuse découverte de Laennec, est surtout d'un immense avantage pour la diagnostic des maladies de poitrine. De même que la percussion, elle peut être médiate ou immédiate. L'illustre inventeur de cette méthode donnoit la préférence à la première, & il avoit raison. Il me seroit facile d'appuyer cette décision sur un grand nombre de motifs: je me bornerai à en présenter ici quelques-uns.

Pour le médecin qui en a fait une étude sérieuse, l'oreille armée du stéthoscope perçoit les bruits thoraciques avec autant de finesse & beaucoup plus de précision que l'oreille immédiatement appliquée sur la poitrine. Celui au contraire qui néglige de s'y exercer, a souvent de la peine à saisir avec le stéthoscope les bruits foibles que discerne parfaitement le premier. Il en est donc réduit à l'auscultation immédiate; force lui est de s'en servir dans tous les cas. Or, il est des circonstances où cette méthode est peu convenable, d'autres où elle est impraticable, d'autres enfin où elle présente, sous le rapport du diagnostic, beaucoup moins d'avantage & de sûreté que l'auscultation médiate.

Chez les femmes, & surtout chez les jeunes personnes, l'application immédiate de l'oreille est souvent un inconvénient ou du moins un désagrément. L'usage du stéthoscope, au contraire, est plus compatible avec les idées de décence, si naturelles à leur sexe, & que le médecin doit respecter toutes les fois qu'il le peut.

Il est des régions de la poitrine sur lesquelles l'oreille ne peut pas s'appliquer exactement; il faut bien alors recourir au cylindre; mais de quelle utilité sera-t-il si l'on a négligé de s'y exercer? Ceci est vrai, surtout chez les malades

alités. Pourquoi d'ailleurs se condamner à la nécessité d'un contact aussi immédiat dont les inconvéniens peuvent être très-réels, dans les maladies contagieuses ou d'une transmission facile, & dont les désagrémens ne seront pas moins sensibles dans d'autres cas, tels que ceux des sueurs abondantes & plus ou moins fétides; de plaies ou de vésicatoires placés sur la poitrine, &c. &c. L'auscultation immédiate n'est donc ni commode ni praticable dans tous les cas.

Elle n'est pas non plus une méthode aussi sûre que celle dans laquelle on se sert du stéthoscope. En effet, l'oreille de l'observateur ne peut recevoir les bruits thoraciques, à moins qu'on n'exerce sur la poitrine du malade une pression assez considérable, fort gênante dans certains cas de dyspnée, ce qui oblige à abréger l'examen. Outre cela, le contact s'établissant sur une grande surface, les impressions partent de plusieurs points à la fois; les sensations se multiplient; elles sont moins distinctes; elles se confondent souvent; il n'est pas toujours possible d'assigner le siège de chacun des phénomènes observés. Ajoutez qu'aux bruits véritablement pathologiques, se mêlent des bruits étrangers, produits par le frottement des parties latérales de la tête du médecin, ou par les vêtemens sur les vêtemens du malade. De ce mélange de bruits peuvent naître de graves erreurs de diagnostic. Enfin, la résonnance naturelle de la voix, très-sensible au contact de l'oreille, peut être prise pour de la bronchophonie pathologique, ou même pour une pectoriloquie imparfaite. Il est, dans tous les cas, moins facile qu'à l'aide du stéthoscope, de distinguer l'état normal de la voix produite dans la poitrine, de celui qui se rattache à des altérations du poumon.

L'auscultation médiate est donc préférable, 1°. en ce qu'elle fournit au médecin, suffisamment exercé, toutes les données que présente l'application directe de l'oreille; 2°. en ce que l'auscultation immédiate ne peut remplacer l'autre dans toutes les circonstances; 3°. en ce que l'apparente simplicité de la dernière méthode, favorisant la paresse de l'observateur & le détournant de l'étude sérieuse de la première, le prive des ressources précieuses qu'elle lui présenterait; 4°. en ce que, possédant tous les avantages de l'auscultation immédiate, elle est d'un usage plus étendu, qu'elle offre des signes plus certains, qu'elle n'en a pas les inconvéniens & les dangers.

Telles sont les méthodes physiques auxquelles on a recours dans le diagnostic des affections thoraciques. Elles ne doivent pas s'exclure mutuellement; au contraire, leur usage combiné ne peut qu'ajouter à la certitude de leurs signes. Il y a même des cas où leur combinaison est indispensable. C'est ainsi, pour n'en citer qu'un exemple, que lorsque chez un malade dont la poitrine résonne très-fortement, on ne perçoit

point le bruit refpiratoire, on peut croire à l'exiftence du pneumothorax. La percuffion pourroit
ici faire croire au bon état du côté qui réfonne
le mieux; l'aufcultation indiqueroit la non per-
méabilité du poumon, fans faire connoître la nature de la maladie; mais, réunies, elles fixent
d'une manière certaine l'altération qui exifte. Cette
utilité, cette néceffité d'employer concurremment tous les procédés ftéthofcopiques, a été
proclamée par Laennec lui-même. C'eft donc à
tort qu'on lui a reproché un attachement exclufif à la méthode dont il eft l'inventeur.

Il ne feroit pas raifonnable non plus, & Laennec le reconnoiffoit encore, de négliger l'étude
des fymptômes pour s'en tenir aux moyens phyfiques qui viennent d'être décrits. L'examen des
défordres fonctionnels confirmera ou rectifiera
les données ftéthofcopiques; celles-ci explique-
ront à leur tour & étendront fouvent les connoiffances fournies par les fymptômes. Dans une
fcience auffi difficile que l'eft celle du diagnoftic
des maladies de poitrine, rien ne doit être négligé; tout doit concourir à éclairer le médecin.
(J. A. DE KERGARADEC.)

STHÉNIE, f. f. (Pathol.) du grec σθενος, refferré, en latin *fthenia*, force, puiffance. On a
appelé *fthéniques* les maladies que l'on croyoit
dépendre d'une exaltation des actions & des forces
organiques & vitales, par oppofition aux maladies
afthéniques, qui offroient un caractère fondamental oppofé. (BRICE.)

STHÉNIQUE, adj. *Sthenicus*. Même étymologie que le mot précédent. Qui a rapport à la
fthénie, qui eft produit par la fthénie. (*Voyez*
ce dernier mot.)

STIBIÉ, ÉE, adj. (*Pharm.*) *Stibiatus*. Cet adjectif, dérivé du mot *ftibium*, antimoine, eft affez
généralement employé pour caractérifer les préparations pharmaceutiques dont ce métal fait la
bafe. Ainfi on dit : *boiffon, potion, pommade,
pilules ftibiées*.

STIMULANT, adj. (*Thérap. génér.*) *Stimulans*. Nom d'un moyen ou agent qui augmente
l'action d'une partie ou de toute l'économie; qui
anime la vitalité des tiffus, accélère les mouvemens des folides ou des liquides. Le nom de ftimulant vient de *ftimulare*, aiguillonner.

On appelle *ftimulans* la réunion des moyens ou
agens qui provoquent la ftimulation; c'eft une
claffe nombreufe de médicamens.

Les cas où on a befoin de la provoquer font
en général ceux où une partie ou toute l'économie a perdu, par fuite de maladie apparente
ou non, la force, l'énergie qui lui étoit naturelle,
& dont elle a befoin pour bien exécuter les fonctions néceffaires à l'état de fanté.

Il y a des ftimulans généraux, il y en a de locaux, fuivant qu'ils agiffent fur toute l'économie,
ou feulement fur une partie; on les emploie fuivant le befoin, c'eft-à-dire fuivant que toute l'é-
conomie ou une partie en éprouve la néceffité.

Les agens ftimulans font nombreux; on peut
les divifer en trois claffes principales : 1°. hygiéniques; 2°. nutritifs; 3°. médicamenteux.

Nous placerons parmi les ftimulans hygiéniques
un air plus pur, un certain degré de froid, des
vêtemens plus chauds, un exercice foutenu, une
faifon favorable, &c.

Parmi les ftimulans nutritifs, qui font jufqu'à
un certain point partie de l'hygiène, on doit
ranger les alimens fucculens, les viandes rôties,
les confommés, les jus de viande, les vins généreux, les liqueurs alcooliques, &c. &c. Ils conftituent la diète.

Les ftimulans médicamenteux font nombreux,
& peuvent être rapportés à plufieurs claffes; telles
que les amers, les aromates, les toniques, les irritans, les véficans, &c. : ce font furtout eux
que le médecin met en ufage dans les maladies, & dont il varie le mode d'adminiftration,
les préparations, la dofe, &c., fuivant la nature
du mal qui en néceffite l'emploi.

Les ftimulans pris à l'intérieur excitent d'abord
une action locale fur l'eftomac & le canal inteftinal,
avant d'en caufer une générale; il s'enfuit qu'il
faut que ces parties foient exemptes de toute inflammation, ou même d'irritation, lorfqu'on les
adminiftre, autrement ils l'augmenteroient fans
produire l'excitation générale qui auroit lieu fans
cette circonftance.

Nous remarquerons que les ftimulans locaux font
prefque tous des remèdes externes, & que cependant ils deviennent des ftimulans généraux lorfque
leur action eft d'une certaine intenfité. Ainfi un
véficatoire de peu d'étendue borne fon effet à la
partie fur laquelle il eft appliqué, tandis qu'il
caufe de la fièvre & autres phénomènes généraux
s'il eft d'une certaine dimenfion.

On peut mettre au nombre des ftimulans, certains agens extérieurs, tels que les bleffures, qui
caufent une irritation dans l'endroit où elles ont
lieu, de la fièvre, de la douleur, &c.; des
miafmes, des virus qui, en s'introduifant dans le
corps, deviennent des caufes de ftimulation, puifqu'il en réfulte des phénomènes d'irritation; & que
toute irritation eft une ftimulation, ou plutôt que
toute ftimulation commence par une irritation
apercevable ou non.

L'emploi des ftimulans dépend beaucoup du
fyftème admis en médecine; quelquefois porté
trop loin, on néglige parfois auffi de s'en fervir
utilement, &, de nos jours, c'eft peut-être leur
délaiffement que l'on exagère.

Dans toutes les affections fébriles, inflammatoires, organiques, l'emploi des stimulans doit être prohibé : à peine trouve-t-on l'occasion d'en prescrire dans quelques cas particuliers où l'inflammation, devenue chronique & pour ainsi dire froide, demande un certain degré de stimulation, pour être détruite totalement. Les praticiens ont observé que, dans quelques affections chroniques on en usoit avantageusement, tandis qu'au début de ces maladies ils eussent été désavantageux.

Dans les maladies nerveuses on peut administrer des stimulans antispasmodiques, lorsque ces affections sont (accompagnées de symptômes de débilité, de prostration, au lieu de l'être d'excitation, de réaction; ce qui a lieu dans un certain nombre de cas.

Mais c'est dans les affections par *décomposition* des tissus ou des liquides qu'on emploie avec efficacité les stimulans : aussi, dans la gangrène, le sphacèle, le scorbut, &c., ces médicamens sont-ils d'une grande utilité; ce qui est reconnu par tous les praticiens.

Enfin, dans les épuisemens, les adynamies vraies, la résolution des forces, les excitans les plus énergiques sont non-seulement employés avec succès, mais ils sont encore le seul traitement à mettre en usage.

Nous remarquerons que dans quelques cas on paroît produire une stimulation, puisqu'on fait évanouir l'adynamie, renaître la force & revenir la santé par l'emploi de moyens fort opposés aux stimulations; effectivement, en usant de débilitans tels que les antiphlogistiques, dans les phlegmasies, on guérit ces affections, & les forces renaissent à mesure de leur emploi. (MÉRAT.)

STIMULUS, adj. & s. m. (*Physiol.* & *Pathol.*) *Stimulus, aiguillon, pointe.* On désigne sous ce nom tout ce qui est susceptible d'exciter vivement l'organisme; quelques auteurs réservent ce mot pour exprimer seulement l'effet d'une profonde impression ou d'une vive douleur : l'air vif des montagnes, celui des bords de la mer; le sulfate de quinine, un vésicatoire, &c., sont de puissans *stimulus* qui impriment à l'économie une vigueur, une énergie toute nouvelle, & redonnent souvent la santé à un corps foible, languissant, ou abattu par la force de la maladie. (*Voyez* MÉDICATIONS & STIMULANT dans ce Dictionnaire.)

(NICOLAS.)

STŒCHAS, (*Bot.*, *Mat. méd.*) *Lavandula stœchas* L. Plante de la Didynamie gymnospermie de Linné & de la famille des Labiées de de Jussieu. Ainsi que la plupart des végétaux de la même famille, cette espèce de lavande a une odeur forte & aromatique, une saveur amère, & contient de l'huile essentielle. Elle croît spontanément dans les îles Stœchades, d'où lui est venu son nom.

Ses propriétés ne diffèrent point de celles de la *lavande officinale* (*voyez* ce mot), & ses fleurs servent à préparer un *sirop simple* ou *composé*, plus employé que la plante elle-même.

STOERK (Antoine de). (*Biogr. médic.*) Parmi les causes qui peuvent avoir contribué à la brillante réputation de ce médecin, il faut ranger l'honneur d'avoir succédé à Van-Swiéten, l'avantage d'avoir possédé des places éminentes, & la manie de chercher à introduire dans la matière médicale, l'usage intérieur des extraits d'un grand nombre de végétaux vénéneux, dont jusqu'alors on redoutoit trop les propriétés, pour oser les administrer intérieurement.

Stoerk naquit à Sulgau, en Souabe, le 21 février 1731. Issu de parens pauvres, il fut redevable de son éducation à la munificence du gouvernement autrichien, &, dans le cours de ses premières études, il fut par son application, sa modestie & des talens réels, se faire des protecteurs dont il conserva la bienveillance. Devenu maître ès-arts à l'âge de vingt-un ans, Stoerk se livra à l'étude de la médecine, & cinq ans plus tard Van-Swiéten lui conféra le grade de docteur. Depuis lors, sa réputation s'établit sur des bases assez solides pour lui valoir, en 1760, le titre de médecin de la cour; ayant avec succès traité de la petite vérole l'impératrice Marie-Thérèse, il fut quelque temps après nommé conseiller aulique & baron, & devint successivement, premier médecin de l'empereur, proto-médecin des états héréditaires d'Autriche, président du conseil des études médicales & directeur suprême de l'hopital général : titres honorables dont il a joui jusqu'à sa mort, arrivée le 11 février 1803.

La plupart des écrits de ce médecin firent beaucoup de bruit à l'époque où il les publia, & presque tous sont relatifs aux propriétés médicinales de certains végétaux vénéneux, tels que la ciguë, la jusquiame, la pomme épineuse, le colchique, &c. (*Voyez*, pour la liste de ses différens ouvrages, la *Biographie médicale.*)

STOLL (Maximilien). (*Biogr. médic.*). Si l'exactitude dans l'observation, la modestie du savoir, & la reconnoissance envers les bienfaiteurs sont au nombre des qualités indispensables au médecin, à ces titres Stoll doit être placé au premier rang des hommes les plus recommandables de son époque. Né le 12 octobre 1742, à Etzingen, en Souabe, il étudia sous les jésuites de Rothweil; entra dans leur société en 1761, & fut nommé professeur d'humanité à l'université de Halle; mais les innovations qu'il voulut introduire dans l'enseignement des langues grecque & latine le firent reléguer à Eichstadt. Dégoûté de ce genre de vie & de cette dépendance continuelle, Stoll quitta la compagnie de Jésus, vint étudier la médecine d'abord à Strasbourg, puis à Vienne, sous le célèbre de Haen. Ayant été reçu docteur en 1772, il fut peu après envoyé par le gouvernement autrichien en Hongrie, où régnoit alors une épidémie meurtrière. Après un séjour de quatre ans dans cette contrée, & après avoir eu plusieurs maladies qui portèrent atteinte à sa constitution, ce célèbre médecin revint à Vienne; de Haen étant alors tombé malade, il fut chargé de le remplacer, & bientôt après il lui succéda.

Stoll, auquel on ne peut refuser d'avoir rendu de grands services à la médecine, a sans doute eu des idées exagérées sur l'influence exclusive qu'il attribuoit aux humeurs, & sur l'utilité qu'il supposoit aux émétiques. Cependant on se tromperoit beaucoup si l'on croyoit qu'il méconnut toujours l'inflammation, & on lui adresseroit un reproche qui n'appartient réellement qu'à ceux qui, sans avoir suffisamment médité ses écrits, ont voulu l'imiter. Au surplus, comme médecin habile, comme professeur judicieux & comme observateur attentif, on doit regretter que Stoll ait aussi promptement terminé sa carrière : en effet, il mourut le 22 mars 1788, laissant des ouvrages dont plusieurs devront toujours être regardés comme des livres classiques.

Les écrits les plus remarquables de ce médecin, sont :

1°. *Ratio medendi in nosocomio practico. Vindobonensi.* Vienne, P. I, 1777, II, 1778, III, 1780, in-8°.

2°. *Aphorismi de cognoscendis & curandis febribus* (1). Vienne, 1785, in-8°.

STOMACACE, f. m. (*Pathol.*) *Stomacace*, de στομα, bouche, & de κακος, mauvais. Ce mot, qui d'après son étymologie signifie *mal de bouche*, a été employé dans quelques anciens ouvrages pour désigner une affection scorbutique & locale de cet organe, caractérisée par un ramollissement & par un saignement des gencives, accompagnés d'ébranlement & de la chute des dents; accidens auxquels on opposa, dit-on, avec succès une plante que l'on croit être l'*Inula britannica*.

STOMACAL, ALE, adj. (*Mat. méd., Thérap.*) *Stomachalis*, dérivé de στομαχος, estomac; qui appartient à l'estomac, qui est bon pour l'estomac. C'est en prenant ce mot dans ces différentes acceptions, que l'on disoit autrefois *digestion, artère, veine, substance stomacales*. Il n'est plus employé que très-rarement dans ce sens, & on lui substitue assez ordinairement le mot STOMACHIQUE. (*Voyez* ce mot.) (R. P.)

STOMACHALGIE, f. f. (*Path.*) Par ce nom, qui est mal fait, puisqu'il est composé du mot latin *stomachus*, estomac, & du mot grec αλγος, douleur, quelques médecins ont désigné, soit les douleurs nerveuses de l'estomac, plus connues sous la dénomination de *gastralgies*, qui est plus exacte; soit toute espèce de douleur dont la région de l'estomac ou l'épigastre peut être le siége : il est alors synonyme de *cardialgie*.

(EMERIC SMITH.)

STOMACHIQUE ou STOMACAL, adj. (*Mat. médic.*) *Stomachicus*. On appelle ainsi les substances nutritives ou médicamenteuses, regardées comme bonnes pour l'estomac; mais d'après l'état actuel de nos connoissances en médecine, cette dénomination ne sauroit être conservée, puisqu'il n'existe pas une classe de médicamens propres à être administrés indistinctement dans tous les cas d'affections de l'estomac, qui, comme bien d'autres maladies, reconnoissent une infinité de causes différentes qui demandent des moyens thérapeutiques propres à remplir les diverses indications qui peuvent se présenter.

Le mot *stomacal* ou *stomachique* ayant été pendant long-temps, & étant encore pour beaucoup de personnes synonyme de *tonique*, de *stimulant*, d'*amer*, nous renvoyons le lecteur à ces articles. (CH. HENNELLE.)

STOMALGIE, f. m. (*Pathol.*) *Stomalgia*, de στομα, bouche, & de αλγος, douleur. Mot à mot, douleur de la bouche. Cette expression, peu ou point usitée à présent, n'indique réellement aucune affection particulière, mais bien toutes celles qui ayant leur siège à la bouche peuvent y occasionner de la douleur.

STOMATIQUE, adj. (*Thérap., Mat. médic.*) *Stomaticus*, du grec στομα, la bouche. Dénomination employée pour désigner les médicamens que l'on applique aux diverses parties de la bouche & de la gorge : tels sont les dentifrices, les masticatoires, les gargarismes, &c. (R. P.)

STOMATITE, f. f. (*Pathol. intern.*) *Stomatis*, de στομα, bouche. Cette dénomination, par laquelle on désigne l'inflammation de la membrane muqueuse qui tapisse l'intérieur de la bouche, n'est employée que depuis fort peu de temps, & on la chercheroit en vain dans les auteurs anciens, tels qu'Hippocrate, Hoffmann, Boerhaave, Sauvages, Cullen, &c., ainsi que dans le plus grand nombre des ouvrages modernes. Cependant cette expression, toute nouvelle qu'elle est, doit rester, en ce que, d'une part, elle est en concordance avec la nomenclature généralement adoptée, & que de l'autre elle évite une assez longue périphrase.

(1) Le premier de ces ouvrages a été traduit par Mahon, Paris, 1809, 2 vol. in-8°.; & le second par Mahon & Corvisart.

La stomatite, dont la plupart des auteurs qui ont écrit sur les maladies de la bouche ont confondu les différentes espèces, doit donc être divisée : 1°. en *stomatite simple*, 2°. en *stomatite aphtheuse* (ou Aphthes), 3°. en *stomatite pultacée* (ou Muguet), 4°. en *stomatite couenneuse*, 5°. enfin en *stomatite gangréneuse* (ou Gangrène de la bouche).

Stomatite simple. Dès le début de cette maladie on éprouve un sentiment de cuisson dans un ou plusieurs points de la bouche ; la muqueuse buccale est plus rouge que dans l'état ordinaire, & la sensibilité augmentée rend les mouvemens plus pénibles & plus difficiles : le gonflement qui accompagne cet état inflammatoire gêne plus ou moins les mouvemens de la langue, tant ceux nécessaires à la déglutition, que ceux plus multipliés encore qu'elle exécute dans l'action de parler.

Bientôt ces symptômes deviennent plus sensibles par l'influence de l'air, par les mouvemens indispensables de la langue, & par le contact des corps étrangers solides ou liquides. Le gonflement augmente au point de rendre très-difficile l'écartement des mâchoires ; on éprouve une chaleur très-incommode, les fonctions de la bouche sont troublées à un tel point que la mastication & la déglutition ne s'exécutent qu'avec une difficulté & une douleur extrême, & que le malade peut à peine se faire entendre, tant les mouvemens nécessaires à la prononciation sont pénibles & douloureux.

Cependant ces symptômes restent locaux, & il est assez rare d'en observer de généraux ; à moins que l'inflammation, devenue plus considérable, ne détermine par continuité de tissus une angine du commencement des voies digestives ou aériennes, il est rare, nous le répétons, que les malades se plaignent de céphalalgie, & que la chaleur & les mouvemens du pouls soient notablement augmentés.

La marche de cette maladie est le plus souvent aiguë, & se termine par résolution au bout de huit ou dix jours, rarement plus tard. Sa terminaison est accompagnée d'un ptyalisme très-abondant, qui dure quelquefois plusieurs jours, après la disparition de tous les symptômes inflammatoires. Il arrive souvent que, dans les endroits les plus enflammés, l'épithélium se détache & s'enlève par plaques ; cela se remarque plus particulièrement quand la maladie est due à une brûlure de la membrane muqueuse ou à son excoriation produite par un liquide âcre. Les fumeurs sont exposés à cet accident quand ils aspirent le liquide produit par la condensation de la fumée de tabac dans les longs tuyaux, & plus particulièrement dans les pipes à réservoir.

Quoi qu'il en soit, la terminaison de cette phlegmasie est toujours ou presque toujours heureuse, à moins que l'individu ne soit affecté de maladies dartreuses, auquel cas elle revêt très-facilement le caractère chronique, & peut alors durer très-long-temps & même devenir incurable.

Les causes qui peuvent donner lieu à cette maladie sont : l'introduction & surtout le séjour dans la bouche de boissons ou trop chaudes ou trop froides, de liquides âcres, caustiques ou vénéneux, les inégalités des dents, l'accumulation du tartre, & chez les jeunes enfans une dentition pénible ou qui se fait à la fois sur plusieurs points de la mâchoire.

Quant au traitement de l'espèce de stomatite qui nous occupe, il est presque toujours local & se compose de collutoires adoucissans composés d'eau de guimauve, d'eau de graine de lin, d'eau d'orge coupée avec partie égale de lait, ou de fumigations aqueuses quand le liquide ne pourra pas être supporté. Vers la fin du traitement, & en raison de la diminution des symptômes inflammatoires, on emploiera avec succès les collutoires légèrement astringens, comme l'eau d'orge & le miel rosat, ou acidulés ou même toniques. Les complications d'embarras gastrique seront avantageusement combattues par les laxatifs & les lavemens purgatifs, & dans les cas où les symptômes inflammatoires prédomineroient & s'annonceroient par de la fièvre & de la céphalalgie, on tirera un grand avantage d'une saignée générale ou d'une application de sangsues, soit au cou, soit aux gencives mêmes. Si la maladie paroissoit dépendre d'une affection dartreuse ou scrofuleuse, on dirigeroit principalement ses efforts vers la cause, sans toutefois négliger le traitement local.

Stomatite aphtheuse. (*Voyez* Fièvre aphtheuse, tome 3e., page 160 de ce Dictionnaire.)

Stomatite pultacée ou Crémeuse. (*Voyez* Muguet, tome X, page 387 de ce Dictionnaire.)

Stomatite couenneuse ou pseudo-membraneuse. Cette maladie, que la plupart des auteurs & Van-Swiéten lui-même ont confondue avec la gangrène & le scorbut, & qu'ils ont improprement nommée *gangrène scorbutique des gencives*, *ulcères scorbutiques de la bouche*, *gangrène de la bouche*, *chancres aquatiques*, se porte le plus ordinairement sur les gencives, la langue, & la partie interne des joues, quelquefois même elle occupe jusqu'aux commissures des lèvres.

Van-Swiéten qui, comme nous l'avons déjà dit plus haut, partageoit l'erreur d'un grand nombre de nosologistes sous le rapport des différens noms qu'ils ont assignés à cette maladie, en a cependant donné, dans les *Commentaires sur Boerhaave*, une description des plus exactes.

La

La stomatite couenneuse présente quatre périodes distinctes. La première est caractérisée par de la rougeur accompagnée d'une chaleur incommode & d'une douleur plus ou moins vive qu'exaspère encore le contact des substances même les plus douces. Bientôt après, on voit apparoître un nombre plus ou moins considérable de petites plaques d'un blanc sale, de forme irrégulièrement circulaire, ne différant des aphthes, qui ne se montrent jamais dans cette espèce de stomatite, que par l'absence des petites vésicules par lesquelles débutent les aphthes. Alors l'haleine exhale une odeur fétide, & les ganglions sous-maxillaires font le siége d'un engorgement quelquefois très-considérable & qui cause une douleur très-vive.

Ce dernier symptôme, qui souvent est le seul appréciable chez les jeunes enfans qui commencent à être atteints de cette maladie, est de la plus haute importance, en ce qu'il peut déceler une maladie encore à son début, et que les autres symptômes moins sensibles eussent laissé ignorer.

La seconde période est celle où les plaques s'élargissent & deviennent d'un gris-noirâtre & quelquefois livides; elles font alors circonscrites par une espèce de bourrelet qui semble leur donner plus de profondeur; la langue, qui se gonfle davantage, offre, à ses bords, des dépressions occasionnées par les dents, contre lesquelles elle est pressée. Les mêmes dépressions se remarquent à la face interne des joues, & quelquefois même il est impossible de rapprocher les mâchoires sans comprimer la muqueuse poussée entre les dents, surtout à la réunion des deux os qui la forment. La bouche, tenue ainsi béante, laisse couler une salive très-abondante et très-fétide; les joues se gonflent, & ce gonflement, gagne insensiblement les gencives, quand celles-ci n'ont pas été le siège primitif de la maladie; il gagne aussi la fertilure des dents & en détermine l'ébranlement & quelquefois la chûte. Le gonflement & la sensibilité des ganglions sous-maxillaires augmentent, la fièvre s'allume; la face se tuméfie & devient quelquefois très-rouge. L'anxiété extrême & la privation de sommeil impriment aux malades une sorte de tristesse, qu'accompagnent une susceptibilité excessive & une impatience qu'augmente encore la difficulté où ils font de se faire comprendre des personnes qui les entourent. Cette période, plus longue en général que la première, dure le plus communément de six à dix jours.

Dans la troisième période, que l'on pourroit aussi appeler période de stase, les symptômes ne font aucun progrès; le gonflement semble cependant vouloir diminuer, & quelquefois aussi les fausses membranes commencent à se résorber. Cette période, qui ordinairement est de courte durée, est cependant assujettie à la docilité du malade, qui quelquefois la prolonge par des écarts de régime.

La quatrième & dernière période ramène en quelques jours les parties dans leur état naturel; la résorption commencée s'opère entièrement; l'épithélium se reproduit, & il ne reste plus aucune trace de la maladie.

La stomatite couenneuse survient à tout âge; mais c'est plus particulièrement les enfans qui en font atteints. Les causes qui donnent lieu à cette maladie, abstraction faite de celles qui agissent localement, comme la présence d'un liquide âcre ou délétère, du tartre en surabondance, des caries ou des inégalités des dents, font : la malpropreté, le mauvais régime, l'accumulation d'individus, et surtout d'enfans, dans des établissemens peu spacieux, mal aérés ou humides. On la rencontre aussi le plus souvent dans les hôpitaux destinés aux enfans, dans les prisons, dans les camps, où elle s'est quelquefois montrée épidémiquement. Tout porte à croire qu'elle n'est pas contagieuse.

La maladie qui nous occupe peut se compliquer d'autres maladies plus ou moins graves, telles que la bronchite, la pneumonie, & de phlegmasies gastro-intestinales; alors elle est plus grave & se termine le plus souvent d'une manière fâcheuse.

Nous ne parlerons pas ici d'une variété de la stomatite couenneuse, produite par l'usage excessif des mercuriaux; il sera très-facile de la reconnoître par les symptômes commémoratifs.

Thérapeutique de la stomatite couenneuse. Le traitement qui convient à la première période de cette maladie, ainsi qu'aux autres, est plus local que général, & peut-être le seul que l'on doive employer, à moins d'indications précises. On s'en tiendra donc dans la première période, & tant que les symptômes dénoteront de l'inflammation, aux moyens conseillés pour la stomatite simple, tels que collutoires ou fumigations adoucissantes, lavemens aqueux ou légèrement laxatifs, & pédiluves simples ou sinapisés. On combattra l'inflammation des ganglions sous-maxillaires par des cataplasmes de farine de graine de lin, &, si le cas l'exige, par une application de quelques sangsues; quand ces symptômes feront combattus, il faudra se hâter de s'opposer à l'engorgement intérieur par l'usage de moyens plus énergiques. C'est alors qu'on emploiera avec succès le collutoire tant recommandé par Van-Swiéten; collutoire qui se compose d'un mélange d'acide hydrochlorique & de miel, dont les proportions varient en raison du plus ou moins d'inflammation & de sensibilité des parties malades. Quelquefois même, quand l'atonie est extrême, on devra non-seulement employer l'acide hydrochlorique pur, mais encore faire usage d'acide très-concentré. On se sert pour cette opération d'un petit pinceau de charpie, que l'on trempe dans le collutoire, & avec lequel on touche à plusieurs reprises les parties recouvertes de plaques pseudo-membraneuses : il est convenable de répéter cette opération plusieurs fois par jour. L'urgence des cas, d'ailleurs, doit guider le médecin sur ce qu'il doit faire ; néanmoins il seroit peu convenable de faire plus de trois applications dans les vingt-quatre heures. Quand la maladie est spécialement portée sur les gencives, il faut introduire le mélange entre les dents au moyen d'une plume taillée comme pour écrire, & que l'on chargera d'une petite quantité de liquide à la fois.

M. Guersent a essayé plusieurs fois à l'Hôpital des Enfans, d'après le conseil de M. Bretonneau, médecin à Tours, de substituer à l'acide hydrochlorique l'alun en poudre & délayé dans une petite quantité d'eau, de manière à en faire une espèce de pâte qu'on applique sur la partie malade ; mais il n'a pas obtenu de l'alun plus de succès que de l'emploi de l'acide. Dans certains cas, dit cet habile médecin, l'alun a guéri & très-rapidement des maladies qui avoient été rebelles à l'acide hydrochlorique, & dans d'autres au contraire l'alun a échoué, et l'acide hydrochlorique a seul réussi.

Ce savant praticien en dit autant du nitrate d'argent fondu, dont il s'est quelquefois servi avec succès à défaut des deux autres. Il le regarde comme particulièrement propre à réprimer le boursoufflement indolent des gencives. Il conseille aussi, pour corriger la fétidité de l'haleine, l'usage d'un collutoire préparé avec un quart ou moitié de liqueur de Labarraque. M. Guersent pense aussi, sans toutefois l'avoir jamais essayé, qu'il pourroit se faire que le chlorure d'oxyde de sodium pur remplaçât avec avantage l'acide hydrochlorique & l'alun.

La stomatite convenneuse mercurielle exige un traitement tout différent. Dans ce cas, la première indication à remplir, sera de faire suspendre tout traitement mercuriel, & des gargarismes composés d'une dissolution de borate de soude, dans la proportion d'un demi-gros pour deux onces de liquide, triompheront bientôt de ces symptômes, surtout si on y joint l'usage de quelques laxatifs.

Les soins prophylactiques propres à éloigner cette maladie & à en prévenir le retour, sont tous tirés de l'hygiène, & consistent dans l'assainissement & l'agrandissement des lieux où sont réunis un grand nombre d'individus, dans un régime sain & varié, & dans l'usage & la pratique des soins de propreté de la bouche, au moyen de gargarismes légèrement acidulés.

STOMATITE GANGRÉNEUSE ou GANGRÈNE DE LA BOUCHE. Cette maladie, qui a été observée par Fabrice de Hilden, que Sauvages a décrite sous le nom de *necrosis infantilis*, & dont Saviard, Van-

Swieten, Capdeville dans les *Mémoires de l'Académie*, MM. Baron & Isnard, le premier dans un *mémoire* particulier, & le second dans sa *thèse inaugurale*, ont fait connoître exactement la marche & les différentes espèces, est très-commune dans les hospices, & surtout dans les hôpitaux où les enfans sont réunis en grand nombre ; on la rencontre aussi assez fréquemment dans les quartiers populeux, malsains & habités par des malheureux. Cette maladie ne s'observe que très-rarement chez les adultes ; cependant ils peuvent en être atteints, comme le prouve une observation rapportée par le Dr. Baron. Aux causes que nous avons énumérées plus haut, on peut encore ajouter comme causes prédisposantes, la malpropreté, le manque d'alimens sains, les convalescences pénibles des inflammations, les diathèses scorbutiques & scrofuleuses. Elle peut néanmoins se développer chez des sujets sains & placés dans les conditions hygiéniques les plus favorables.

M. Isnard, qui a donné de cette maladie la description la plus exacte que nous possédions, admet deux périodes dans sa marche : une première, caractérisée par l'ulcération de la membrane muqueuse & le gonflement œdémateux de la joue ; une seconde, par le développement de la gangrène. La première période, dit M. Isnard dans son Mémoire, que nous ne saurions mieux faire que de transcrire presque littéralement, s'annonce par une ulcération superficielle, unique, rarement multiple, de la membrane muqueuse des joues ou des lèvres, d'abord blanchâtre, peu étendue, nullement douloureuse & n'incommodant pas les enfans, qui continuent à manger & à se livrer aux amusemens de leur âge ; bientôt la surface est inégale, raboteuse, s'agrandit, devient d'un gris sale, se recouvre d'une matière purulente, les joues se tuméfient & la bouche exhale une odeur très-fétide. Cette tuméfaction, qui fait des progrès très-rapides, envahit les lèvres & les paupières ; la peau qui recouvre ces parties est luisante, & le tissu cellulaire sous-jacent est infiltré & rénitent ; alors une salive sanieuse s'écoule en abondance & principalement pendant la nuit. Cependant aucune des fonctions ne sont troublées & les digestions se font comme à l'ordinaire, & cette affection peut se borner à l'ulcération de la membrane muqueuse & au gonflement de la joue. Dans la deuxième période, l'infiltration de la joue, des paupières, des lèvres, augmente sensiblement, la partie de la joue qui correspond à l'ulcération intérieure, se couvre d'une tache jaune qui devient noire & qui indique d'une manière certaine que la partie comprise entre l'ulcération intérieure & la tache est frappée de gangrène ; alors la maladie fait en peu de temps les progrès les plus rapides & les plus alarmans, & la joue, les lèvres, les paupières sont en moins de huit jours transformées en une masse putride, qui, tombant en lambeaux, entraîne avec elle les dents & les gencives. Les os dénudés font re- couverts d'un enduit noirâtre, qui s'enlève facile- ment, & laiffent voir le tiffu fain & fans la moindre altération. Les fymptômes généraux font loin d'être en rapport avec les fymptômes locaux; quelquefois même il font à peine fenfibles & les malheureux enfans mangent & digèrent jufqu'au moment de leur mort. Dans quelques cas cependant, la refpiration eft gênée & le pouls fréquent; on ob- ferve rarement des fymptômes cérébraux, mais ordinairement les enfans font, vers la fin de la maladie, tourmentés par une diarrhée colliqua- tive que rien ne peut apaifer, & qui contribue beaucoup fans doute à abréger le terme fatal.

Cette gangrène fuit la même marche lorfqu'elle attaque les parties génitales externes des jeunes filles : ainfi, une ulcération paroît à la face interne de l'une des grandes lèvres, les parties voifines s'engorgent, & cet engorgement fe comporte de la même manière, & préfente les mêmes caractères, que celui qui fe développe aux joues ; l'ulcère s'agrandit, paffe à l'état gangréneux, & envahit en peu de jours toutes les parties externes de la génération, ainfi que les parties voifines. Enfin, quel que foit fon fiége, cette affection va une marche auffi rapide que funefte, & la mort fur- vient ordinairement du troifième au huitième jour, à dater de l'apparition de la tache livide.

On ne peut confondre cette maladie avec la puftule maligne qui affecte une marche contraire, & commence toujours en dehors & fe propage de dehors en dedans. Il feroit plus facile de la con- fondre avec le charbon avec lequel elle a plu- fieurs points de reffemblance ; mais la méprife fe- roit peu fâcheufe, les indications curatives de ces deux maladies étant, à peu de chofe près, les mêmes.

Le pronoftic de la ftomatite gangréneufe eft en général fâcheux, & prefque tous les enfans qui en font atteints, furtout dans les hôpitaux, y fuc- combent; mais il eft probable que beaucoup d'entr'eux guériroient fi on vouloit les ifoler & les placer dans des lieux plus convenables; ce qui feroit facile fi une adminiftration, auffi igno- rante que routinière, ne s'oppofoit tous les jours aux améliorations que réclament en vain les mé- decins. Van-Swiéten affure avoir guéri plufieurs enfans de cette terrible maladie ; & M. le profef- feur Marjolin dit avoir, dans fa pratique particu- lière, obtenu des réfultats fatisfaifans des mêmes moyens qui échouent tous les jours dans les hô- pitaux.

Si l'on fait l'ouverture des cadavres des enfans qui ont fuccombé à cette maladie, on trouve quelquefois des traces de gangrène dans les vif- cères, & notamment dans l'eftomac & les pou- mons.

Thérapeutique de la ftomatite gangréneufe. Le traitement de cette maladie, foit qu'elle ait fon fiége à la bouche; foit qu'elle occupe les parties génitales, offre des difficultés très-grandes, tant par la marche infidieufe, & rapide qu'elle revêt fouvent que par l'indocilité des enfans. Quoi qu'il en foit, dès que la nature du mal eft bien recon- nue, & fans attendre, bien entendu, que la gan- grène ait fait des progrès, il faut toucher très- fouvent les taches blanches ou les ulcérations gri- fâtres avec un pinceau de charpie trempé dans un mélange, à partie égale, de miel & d'acide hy- drochlorique ; & fi le mal continue néanmoins à faire des progrès, on employera cet acide pur, & même concentré ; mais dès que les efchares gan- gréneufes exiftent, ce moyen, devenu infuffifant, doit être remplacé par le cautère actuel, & il ne faut pas craindre d'appliquer le fer rougi à blanc fur les parties qu'on aura préalablement excifées, foit avec un biftouri, foit avec des cifeaux. MM. Guerfent, Baron & plufieurs autres l'ont em- ployé quelquefois avec fuccès, & probablement ce moyen eût réuffi plus fouvent entre leurs mains, s'ils en euffent fait ufage à une époque plus rapprochée de l'invafion de la gangrène ; mais quelquefois on n'eft pas maître, en ville fur- tout, d'avoir recours à ce moyen ; alors on doit, comme le recommande M. Marjolin, après avoir excifé l'efchare, couvrir la plaie qui en réfulte, de charpie fortement faupoudrée de nitrate d'ar- gent fondu, revenir à ce moyen plufieurs fois fi cela eft néceffaire, après quoi on fera des lotions avec du vin chaud, & on panfera la plaie avec des plumaffeaux enduits d'onguent ftyrax, qu'on recouvrira de compreffes imbibées d'eau-de-vie camphrée. Le chlorure de foude a été employé auffi avec beaucoup de fuccès ; & M. Marjolin rapporte qu'un enfant chez lequel la gangrène occupoit toute l'épaiffeur de la joue & formoit une efchare de plus d'un pouce de diamètre, & qu'il n'avoit pas jugé convenable de canté- rifer, fut panfé avec des bourdonnets de char- pie imbibés de chlorure de foude étendu d'eau, & guérit parfaitement fans employer la future, bien que la plaie fût très-étendue : il a obfervé en outre que chaque fois que l'on touchoit les chairs avec cette fubftance, elles prenoient une couleur blanche, & que l'odeur gangréneufe étoit inftantanément détruite.

On donne le confeil de faire coucher les enfans fur le côté malade pour favorifer l'écoulement de la falive, qui feroit fans cette précaution & produiroit, par les propriétés délétères que lui communiquent les miafmes putrides que fourniffent les parties mortifiées, des accidens qui fe déve- loppent fouvent vers la fin de la maladie, nous voulons parler de la diarrhée colliquative. On a également recommandé, avec raifon, de faire fouvent dans la bouche des injections avec un mélange de décoction de quinquina & de miel rofat, ou bien avec un mélange d'eau d'orge & d'acide hydrochlorique dans la proportion d'un

R 2

demi-gros d'acide par once d'eau d'orge ; ces moyens doivent furtout être mis en ufage toutes les fois que les malades peuvent boire ou prendre quelque nourriture. Quant au gonflement pâteux, luifant & peu douloureux que l'on obferve autour des efchares, il eft effentiellement atonique ; on doit donc les recouvrir avec des compreffes trempées dans une décoction amère, aromatique ou alcoolique. Les topiques émolliens, s'ils étoient employés, ne feroient que favorifer fon développement.

Quoiqu'il ne foit pas démontré que cette gangrène foit contagieufe, nous penfons qu'il eft de la plus haute importance d'ifoler les enfans qui en font atteints, des autres enfans fains ou attaqués d'autres maladies, à caufe de l'odeur infecte des miafmes qui fe dégagent des parties malades ; mais, nous le répétons, on n'obtiendra jamais d'amélioration de cette nature dans les hôpitaux tant que l'adminiftration n'en fera pas confiée à des hommes dont la philanthropie pourra être éclairée par la connoiffance des befoins réels.

(CH. HENNELLE.)

STOMATORRHAGIE, f. f. (Patholog. intern.) *Stomatorrhagia*, de στομα, bouche, & de ρηγνυμι, je romps. C'eft le nom que Franck a donné à l'hémorragie provenant d'un point quelconque de la cavité de la bouche, foit que le fang vienne des gencives, du voile du palais, de la face interne des joues, foit que les piliers, la luette, la langue & même le pharynx, le fourniffent.

Quoique l'hémorragie de la bouche dépende le plus fouvent de la léfion de quelques points de la membrane muqueufe qui en revêt la furface, qui peut être, ou preffée entre les dents pendant la mafication ou pendant des convulfions, ou bleffée par un corps étranger introduit dans fa cavité, ou bien encore intéreffée dans une opération chirurgicale telle que la fection du filet, la réfection des parties féparées du voile du palais dans l'opération de la ftaphyloraphie, l'ablation de la luette, des amygdales, d'une partie ou de la totalité de la langue ou même l'extraction d'une dent, on obferve quelquefois cette efpèce de ftomatorrhagie dans le fcorbut, dans la fièvre jaune, et chez les femmes, dans de certains cas de déviation des règles. On voit auffi quelques perfonnes chez lefquelles cette hémorragie revêt le caractère périodique & fe reproduit à des intervalles déterminés ; dans ce cas, elle eft toujours annoncée par une turgefcence & une injection très-marquée de la membrane muqueufe qui doit en être le fiége, par des maux de tête, par des bourdonnemens dans les oreilles, & même des étourdiffemens, qui ne ceffent que quand le fang coule ; il arrive fouvent que les malades, qui ont déjà, par expérience, la connoiffance de

la manière dont, chez eux, ceffent ces fymptômes, provoquent l'hémorragie, en divifant avec un corps pointu, un cure-dent, par exemple, la membrane muqueufe et les gencives ellesmêmes.

L'hémorragie de la bouche n'eft prefque jamais confidérable quand elle eft le réfultat d'une exhalation feulement, mais il n'en eft pas de même lorfqu'elle dépend d'une opération chirurgicale telle que celles qui ont été citées, en faifant l'énumération des caufes qui pouvoient y donner lieu. L'hémorragie caufée par la fection du filet ou par l'extraction d'une dent peut être affez confidérable et durer affez long-temps pour produire un affoibliffement inquiétant, et même la mort.

S'il eft facile de diftinguer une hémorragie de la bouche, quand le fang coule en petite quantité, il n'en eft pas de même quand l'hémorragie eft confidérable ; quelquefois, dans ce dernier cas, le fang, avalé en quantité et rendu par les vomiffemens, a fait croire à des hémorragies de l'eftomac ou des poumons ; mais il fuffiroit de faire pencher la tête en avant pour fortir de doute, fi les fignes qui caractérifent l'hématémèfe & l'hémoptyfie, tels que les mucus, les alimens ou l'air, ne manquoient dans les cas de ftomatorrhagie.

Quant au traitement de cette maladie, il varie fuivant les cas ; fi elle eft accidentelle, on peut la combattre par des collutoires aftringens, tels que l'eau froide fimple ou acidulée avec du vinaigre ou l'acide fulfurique ; fi elle eft produite par l'extraction d'une dent, on eft quelquefois forcé de boucher l'alvéole avec de la cire, ou de cautérifer avec un ftylet rougi à blanc. Celle qui eft dépendante de la déviation des règles doit être combattue par les moyens propres à rappeler les menftrues à leur fiége naturel ; mais quand elle eft devenue habituelle, elle ceffe d'être une maladie, & fon interruption en deviendroit une ; il faut donc, dans ce cas, non-feulement fe garder de la fupprimer, mais encore il convient d'y fuppléer par des applications de fangfues dans la bouche même, s'il furvient des accidens qu'on puiffe attribuer à fon interruption. (CH. HENNELLE.)

STOMO-GASTRIQUE, adj. (*Anat.*) *Stomogaftricus*. Mot employé par le prof. Chauffier, pour défigner l'artère *coronaire ftomachique* ou *gaftrique fupérieure*, parce qu'elle avoifine l'orifice cardiaque de cet organe. (*Voyez* CŒLIAQUE & CORONAIRE dans le *Dictionnaire d'Anatomie.*)

STORAX, f. m. (*Bot.*, *Mat. méd.*) (*Voyez* STYRAX.)

STORYNE, f. f. (*Inftr. de chir.*) Suivant Arétée, les Anciens fe fervoient pour tirer du fang du nez, d'un inftrument qu'ils nommoient *ετρωτῆρα*, d'où on en fait le mot *ftoryne*, aujourd'hui peu ufité.

STRABISME., f. m. (*Pathol.*) *Strabifmus*, de *ετρεϐέος*, louche. On donne ce nom à une difpofition vicieufe des organes de la vue, dans laquelle les axes optiques, au lieu d'être fimultanément dirigés vers le même objet, font, au contraire, divergens, ou plus convergens qu'il ne conviendroit, en égard à la diftance à laquelle eft placé le corps que l'on regarde. On prétend avoir auffi obfervé un ftrabifme *vertical*, c'eft-à-dire dans lequel l'un des axes oculaires étant horizontal, l'autre étoit obliquement dirigé de haut en bas ou réciproquement. Au furplus, comme cette mauvaife difpofition des yeux tient uniquement à un défaut de concordance dans l'action des mufcles deftinés à mouvoir ces organes, on conçoit qu'il peut y avoir plufieurs variétés de ftrabifme; cependant le plus commun eft celui que l'on nomme *convergent* ou *divergent*. Quelques perfonnes ont penfé que cette maladie pouvoit affecter les deux yeux à la fois; mais pour fe convaincre du peu de fondement de cette opinion, il fuffit de réfléchir à la définition du mot *ftrabifme*, & bientôt on fera convaincu qu'il eft auffi impoffible de *loucher* des deux yeux en même temps qu'il feroit impoffible de le faire avec un feul œil.

Parmi les caufes les plus générales du ftrabifme habituel, on a rangé, 1°. l'inégalité dans la force des mufcles moteurs des yeux; 2°. une différence dans la force refpective de ces organes; 3°. l'habitude de regarder les objets de très-près; 4°. une fituation vicieufe de la cornée, eu égard à l'axe de l'œil, réfultant d'un manque de concordance dans l'infertion des nerfs optiques; mais de fortes raifons portent à croire que cette dernière caufe ne peut être admife. Quelle que foit, au furplus, la véritable caufe du ftrabifme, il peut être *fymptomatique* ou *effentiel*, *paffager* ou *permanent*, *congénial* ou *acquis*. Dans l'apoplexie, l'épilepfie, les convulfions, l'ivreffe, le ftrabifme n'eft réellement qu'un fymptôme, & communément il difparoît avec la caufe qui l'a fait naître; cependant beaucoup d'exemples prouvent que fouvent il a fubfifté à la fuite de convulfions. Quant au ftrabifme effentiel, comme il tient à un vice de l'organifation, il doit généralement être permanent : c'eft celui que l'on remarque le plus ordinairement chez les enfans qui paroiffent ne l'avoir contracté que par fuite de la direction vicieufe dans laquelle ils recevoient la lumière lorfqu'ils étoient dans leur berceau.

Le développement du ftrabifme eft ordinairement accompagné de diplopie, & ce n'eft qu'au bout d'un certain temps que la duplicité des objets ceffe. C'eft, au refte, un fait dont il eft facile de fe convaincre lorfqu'en preffant latéralement, avec le doigt, l'un des deux yeux, on change la direc-

tion de fon axe optique; les parties de la rétine qui fe trouvent alors impreffionnées n'étant plus celles qui dans l'état naturel l'étoient de la même manière, il en réfulte une double image.

Une queftion importante eft celle-ci : Peut-on guérir le ftrabifme effentiel, congénial ou acquis ? Les moyens que l'on a jufqu'à préfent propofés pour remédier à cette difpofition vicieufe de l'organe de la vue font ingénieux, mais peu efficaces : ils ont tous eu pour but de rétablir entre les axes optiques la coïncidence de leurs mouvemens; à cet effet on a imaginé des mafques, des hémifphères concaves, des tubes noircis, qui, placés devant les yeux & percés d'un petit trou dans l'endroit correfpondant à la pupille, forcent à diriger fimultanément les deux yeux vers le point que l'on veut regarder. Il eft clair que dans l'ufage de l'un quelconque de ces moyens, le point effentiel eft de placer les pupilles artificielles avec une précifion extrême, fans quoi, loin de guérir la maladie, il ne pourroit que l'aggraver : quelquefois auffi on a confeillé des bésicles à miroirs qui, par la gêne qu'elles produifent, engagent à ramener l'œil dans fa direction naturelle. Enfin, dans le ftrabifme dépendant de la foibleffe de l'un des yeux, on a penfé que l'on parviendroit à remédier à la déviation des axes optiques en fortifiant d'une part l'œil foible, & de l'autre en affoibliffant l'œil fort; ce à quoi on efpéroit parvenir en couvrant ce dernier, & en forçant ainfi le malade à fe fervir exclufivement du premier. Il eft fans doute inutile de dire que dans les circonftances où l'on pourroit regarder la paralyfie, ou l'état convulfif des mufcles de l'œil comme la caufe du ftrabifme, ce feroit alors contre ces affections principales qu'il faudroit diriger le mode de traitement.

(Thil. *a.*)

STRAMOINE, f. f. (*Bot.*, *Mat. méd.*) *Datura ftramonium*. Cette plante, que l'on connoît auffi fous le nom de *pomme épineufe*, appartient à la famille des Solanées. Elle eft originaire d'Amérique, & naturalifée en France avec tant de profufion qu'elle y paroît indigène : elle fleurit en juin & juillet, & fe trouve abondamment dans les lieux cultivés & au voifinage des habitations. Toutes les parties de cette plante répandent une odeur très-défagréable & vireufe, odeur qui devient beaucoup plus fenfible fi on froiffe quelques parties entre les doigts.

Les parties de cette plante que l'on emploie en médecine font la tige & les feuilles, que l'on adminiftre en poudre à la dofe de deux à fix grains, incorporés à du fucre en poudre à la dofe de deux grains. Ce médicament peut être adminiftré pendant très-long-temps fans rien changer dans l'exercice des fonctions; mais il faut cependant en fuivre les effets avec foin, car dès qu'il commence à porter fon action fur le cerveau, on doit redouter une foule d'accidens plus ou moins graves, qui fe fuccèdent de la manière fuivante: d'abord le malade fe plaint d'étourdiffemens, de pefanteur de tête; fa figure devient rouge & fa pupille eft fenfiblement dilatée; fi la dofe eft augmentée, alors tous les appareils reffentent fon action, le malade éprouve de la féchereffe à la gorge avec foif extrème, le pouls eft tres-irrégulier, & paffe en peu de temps de l'état de plénitude à l'état de foibleffe; ou il eft fucceffivement fréquent, irrégulier, petit ou intermittent; des fueurs abondantes furviennent, ou quelquefois des démangeaifons à la peau, des éruptions ou un ptyalifme très-abondant; l'appétit eft plutôt augmenté que diminué; les digeftions troublées occafionnent de la diarrhée ou une conftipation des plus opiniâtres, & pendant que ces effets organiques ont lieu, le malade éprouve une congeftion vers le cerveau qui détermine une foule de phénomènes, tels que la perverfion des fens, la perte de la vue & de l'ouïe, l'engourdiffement des mufcles foumis à la volonté, fymptômes qui font bientôt fuivis d'un délire furieux, de convulfions ou de paralyfie.

Quoi qu'il en foit, on a obtenu beaucoup de fuccès de l'emploi de ce médicament dans le traitement des vélanies, des convulfions, de différentes affections fpafmodiques, & notamment de l'épilepfie; mais fi le *ftramonium* offre à l'art de guérir un puiffant moyen, fon application demande la plus grande prudence.

(Ch. Hennelle.)

STRANGULATION, f. f. (*Pathol. & Méd. lég.*) On donne fpécialement, en pathologie & en médecine légale, le nom de *ftrangulation* (du mot latin *ftrangulatio*, étranglement) au genre de mort produit par une forte conftriction exercée autour du cou. Ce genre de mort peut être le réfultat du fuicide ou de l'homicide; il eft le plus communément exécuté à l'aide d'un lien fortement ferré autour du cou, &, dans ce cas, il peut y avoir fimple conftriction, ou de plus, fufpenfion; la ftrangulation peut d'ailleurs être exercée d'une autre manière encore; c'eft ainfi, par exemple, que Littre a rapporté l'obfervation d'une femme que deux hommes avoient étranglée en lui ferrant le cou avec les mains.

Les phénomènes que produit la ftrangulation fimple font fort analogues à ceux qui s'obfervent dans la fufpenfion; feulement, dans ce dernier cas, le poids du corps, les violences exercées par le bourreau ou par les affaffins, pendant ou après la pendaifon, peuvent déterminer d'autres léfions que celles qui fe remarquent communément lorfque le cou a été foumis à une conftriction fimple, fans fufpenfion.

On a beaucoup difputé fur la manière dont la mort avoit lieu, foit dans la ftrangulation, foit dans la pendaifon. Les modernes font loin d'être parfaitement d'accord entre eux fur ce point; il paroît cependant naturel d'inférer de leurs recherches que la fufpenfion de la refpiration par l'occlufion des voies aériennes, à laquelle s'ajoute le plus fouvent une congeftion cérébrale plus ou moins marquée, eft la caufe la plus ordinaire de la mort par ftrangulation & par fufpenfion, en forte que ce genre de mort doit être rapporté à l'afphyxie, & en partie auffi, dans beaucoup de cas, à l'apoplexie.

Hâtons-nous d'ajouter que dans la pendaifon, & même dans quelques cas de ftrangulation portée à un degré extrème, la léfion de la moelle épinière peut, feule, caufer directement la mort, par la fufpenfion fubite de l'innervation. Quant à l'opinion du Dr. Foderé fur la part que peuvent prendre à la fuppreffion des fonctions vitales, les nerfs de la huitième paire étreints par le lien, & à celle plus nouvellement exprimée de la production de la mort par fyncope en pareil cas, il eft plus difficile d'admettre ou de rejeter fans un examen fuffifant une théorie qui ne repofe guère que fur des preuves négatives. Mais entrons dans quelques détails, & appuyons fur des faits l'explication que nous avons donnée de la mort par ftrangulation.

1°. *Phénomènes obfervés fur le vivant.* Tout le monde fait que les premiers effets d'une conftriction un peu forte du cou font tous des indices d'une congeftion cérébro-faciale: la face rougit & devient violette, la langue fe tuméfie, les yeux s'injectent, larmoient, & deviennent faillans, la vue s'obfcurcit, des étincelles apparaiffent, la tête s'embarraffe, la connoiffance fe perd, un état de ftupeur apoplectique furvient; de plus, lorfqu'il y a fufpenfion, on obferve fouvent une érection du pénis qui perfifte après la mort, & qui est même accompagnée de l'excrétion du fperme. La mort furvient comme dans l'afphyxie & l'apoplexie, c'eft-à-dire que la refpiration ceffe, & que bientôt la circulation, l'innervation & toutes les fonctions qui en dépendent, s'arrêtent. Si la ftrangulation n'a point été trop prolongée, & furtout fi des léfions graves n'ont point été déterminées par la conftriction du lien, par le poids du corps, par les mouvemens imprimés à la tête ou au corps, comme cela fe voit furtout dans la fufpenfion, la mort peut n'être qu'apparente; les auteurs citent plufieurs exemples d'individus rappelés à la vie après avoir été pendus ou fimplement étranglés. C'eft ainfi que Morgagni rapporte l'obfervation d'une femme étranglée, au moyen d'un drap tordu autour du cou, par des affaffins, qui la laifferent pour morte, & qui fut rappelée à la vie par la faignée, après être reftée plufieurs heures privée de fentiment & de mouvement, la face gonflée & livide, la bouche remplie d'écume, &c. C'eft encore ainfi que Wepfer cite l'exemple d'un homme & d'une femme qui furvécurent au fupplice de la corde; le premier

affirmoit n'avoir éprouvé aucune fenfation douloureufe, & étoit refté plufieurs heures comme
enfeveli dans un profond fommeil; la femme étoit
tombée dans un état apopleҫtique & avoit perdu
complétement le fouvenir de ce qu'elle avoit
éprouvé.

2°. *Recherches anatómiques*. Un des réfultats les plus remarquables des recherches & des
expériences des modernes, & notamment de celles
de MM. Efquirol & Orfila, eft que le lien à l'aide
duquel s'opère ordinairement la ftrangulation ou
la fufpenfion, laiffe des traces à peu près femblables fur le cou, foit que l'individu ait été
étranglé vivant, foit que l'on ait pendu feulement le cadavre.

En effet, dans l'un et l'autre cas, d'après
M. Orfila, la peau offre prefque toujours la
même altération au niveau du fillon; elle eft
jaunâtre, deffechée, tranflucide, femblable à
du parchemin; le tiffu cellulaire fous-cutané eft
fec, blanchâtre, filamenteux, *rarement* ecchy-
mofé, lorfque la fufpenfion a été opérée pendant la vie, jamais, lorfqu'elle a eu lieu après
la mort. Le peaucier, les mufcles fus et fous-
hyoïdiens, s'offrent ordinairement dans l'état
normal. On rencontre cependant quelquefois des
ecchymofes; bien plus, M. Orfila lui-même a
trouvé fur le cadavre d'un individu qui s'étoit
pendu, une affez grande quantité de fang épanché
à la partie *poftérieure* du cou, fous les mufcles
trapèzes, fplénius, & dans leur épaiffeur ainfi
que dans le tiffu des complexus. Outre ces léfions, lorfqu'il y a eu fufpenfion, & furtout lorfque des violences extérieures ont été imprimées
au corps pendant la pendaifon, on peut rencontrer des fractures de l'os hyoïde, du larynx,
de la feconde vertèbre du cou, la luxation ou
la fracture de l'apophyfe odontoïde de cette
vertèbre, la diduction des furfaces articulaires,
l'arrachement des ligamens qui uniffent les deux
premières vertèbres, &c.

Dans un grand nombre de cas, le cadavre offre
l'état propre aux afphyxies; le fang conferve fa
liquidité; l'encéphale & les poumons font gorgés
de fang noir; on trouve auffi fréquemment de
l'écume fanguinolente dans la trachée & les bronches. Il eft cependant des cas où l'on ne rencontre
aucune trace de léfion autre que l'impreffion de
la corde. M. Efquirol rapporte notamment l'obfervation d'une femme aliénée qui fe pendit, &
fur le cadavre de laquelle on n'obferva aucune
des léfions propres à ce genre de mort. M. Orfila
a vu la même chofe. Dans ces cas, doit-on admettre que la mort a pu avoir lieu par fyncope?
Il eft clair que cette opinion ne repofe que fur
des preuves négatives, & que tout au plus peut-
on la regarder comme affez vraifemblable. Mais,
il eft une autre caufe de mort qui paroît appuyée
fur des argumens plus folides; je veux parler de
celle qui confifte dans la fuppreffion fubite de

l'innervation par léfion de la moelle épinière.
Quelques expérimentateurs avoient déjà fait obferver que l'on pouvoit donner la mort à certains
animaux, tels que les lapins, les chats, en tirant
brufquement en fens inverfe leur tête & leur
queue: chez ces animaux, en effet, l'articulation
atloïdo-axoïdienne eft affez foible pour céder à
cette traҫtion, & pour permettre le tiraillement de
la moelle épinière. M. Anfiaux, de Liége, a vu
fur le cadavre d'une femme qui s'étoit pendue
dans fon grenier, un diaftafis de l'articulation des
maffes latérales de l'atlas & de l'axis, avec rupture du ligament-poftérieur, qui lui a paru pouvoir permettre dans ce cas l'explication de la
mort par la léfion de la moelle épinière. Nul
doute, d'ailleurs, que cette explication ne puiffe
convenir aux cas où l'on trouve luxée ou fracturée
l'apophyfe odontoïde de l'axis. Enfin M. Foderé
avoit émi l'opinion que la conftriҫtion des nerfs
de la huitième paire pouvoit avoir part à la mort
des pendus: il eft vrai que la ligature de ces
nerfs, toujours mortelle, d'après Legallois, produit l'afphyxie par occlufion de la glotte, & peut-
être auffi par paralyfie des poumons; mais la rapidité de la mort des pendus & la manière dont
elle s'opère ne paroiffent pas favorables à l'opinion de M. Foderé.

D'ailleurs, tout en reconnoiffant avec M. Orfila, que la caufe générale & direҫte de la mort
par ftrangulation & par fufpenfion confifte dans
l'interception du paffage de l'air dans la trachée,
on doit admettre que la conftriҫtion générale des
vaiffeaux & des nerfs du cou doit concourir à
hâter la mort, furtout en ce qu'elle produit la
ftafe & la rétention du fang veineux dans l'encéphale & fes dépendances.

3°. *Traitement de l'afphyxie par ftrangulation*.
Nous avons vu précédemment que des individus
étranglés & pendus avoient pu être rappelés à la
vie par des moyens convenables. La faignée occupe le premier rang parmi ces moyens; en effet,
il exifte ordinairement chez les individus dont il
s'agit, un état de congeftion cérébrale, & même de
congeftion cardiaque & pulmonaire, qui indique
évidemment l'emploi de ce remède héroïque.
L'expérience d'ailleurs a prononcé fur fon utilité,
& lui feul a fuffi pour rendre la vie à plufieurs
fujets pendus ou étranglés. On doit, en outre,
faire concourir au but qu'on fe propofe tous les
procédés en ufage dans les cas d'afphyxie, tels
que les friҫtions, l'infufflation pulmonaire, l'électricité, le galvanifme, &c. La trachéotomie
même peut-être tentée, & M. Orfila n'héfite point
à dire qu'il regarde cette opération comme un
excellent moyen de prévenir la mort dans un cas
de fufpenfion fans léfion de la moelle épinière.

Quand la ftrangulation n'a été que momentanée, il fuffit d'enlever le lien qui comprime le
cou pour rendre la fanté au patient. Je me fuis
pendu, moi-même, à l'âge de fept ans, & déjà,

fans avoir eu guère d'autre fouffrance qu'une grande frayeur & un fentiment de froiffement à la peau du cou, je commençais à perdre connoiffance, lorfque le hafard amena ma mère à mon fecours, qui fe hâta de me décrocher & de m'enlever le ruban de fil qui me ferroit le cou. Ma figure, rouge & bouffie pendant la fufpenfion, devint pâle immédiatement après (probablement par l'effet d'un refte de terreur), & la peau de mon cou refta froiffée & ridée dans le lieu où le ruban avoit été appliqué, mais fans ecchymofe.

4°. *Queftion médico-légale.* M. Orfila penfe que l'on peut réduire aux deux problèmes fuivans, les queftions médico-légales relatives à la ftrangulation : A. des traces de conftriction ou un lien exiftant à la région du cou, déterminer fi la ftrangulation a été exécutée, ou non, du vivant de l'individu ; B. fi la ftrangulation a eu lieu du vivant de l'individu, rechercher fi elle eft le réfultat de l'homicide ou du fuicide.

1er. Problême. *La ftrangulation a-t-elle été opérée avant ou après la mort ?* Voici les fignes donnés par Michel Alberti (*Syftema jurifpr. med.* tom. I, pag. 224) comme caractériftiques de la mort opérée par ftrangulation & par fufpenfion : *Vivi fufpenfi habent veftigia funis in collo conftricti, cinculo aliquo fublivido, fuggillato, imò rimâ & fiffurâ arctius intrà cutem penetrante, & circumductâ, ut & quandoque planè alicubi incifâ ; circà hanc funis lineonam & circulum reliqua cutis eft contracta, rigida, imò irregulariter rugofa : lingua eft tumida, intrà dentes depreffa, livida, aut dentibus incifa, aut contorta, adeft fpuma ante os, aut fpuma in faucibus fanguinolenta, aut mucilago fanguinolenta è naribus effluit : oculi quidem concavi, fed præter folitum tumidi funt & femi-claufi, rarius etiam cartilagines glottidis & epiglottidis depreffæ, diftortæ, laceræ & contritæ funt : vertebræ colli præcipuè tunc luxatæ reperiuntur, quando ejusmodi homines fub manibus alterius, aut carnificis fufpenfi fuerunt, qui pro accelerandâ fuffocatione caput antiorfum deprimere folet, ut proptereà colli vertebræ luxentur : labia funt tumida & livida, totum corpus æqualiter riget, digiti funt contracti & in apicibus lividi, imò brachia & crura funt livida ; in pulmonibus præcipuè deprehenduntur figna ftrangulationis, ut & in corde & dextro imprimis ventriculo, nec non in cerebro, figna vel extravafati fanguinis obfervantur, vel vafa fanguifera valdè turgida funt ; diaphragma in fufpenfis ut plurimùm verfus thoracem retrahitur.* Tous ces fignes, ajoute le même auteur, manquent lorfque la fufpenfion a été opérée après la mort.

On s'eft toujours, depuis Michel Alberti, fervi à peu près des mêmes caractères pour établir le diagnoftic de la fufpenfion pendant la vie ; &, en effet, à quelques exceptions près, la réunion des principaux fignes que nous venons d'énumérer fuf-

fit pour porter un jugement affuré ; mais cette réunion eft moins commune qu'on ne le croyoit, & MM. Efquirol & Orfila ont démontré, par des faits, que ces fignes pouvoient tous, ou pour la plupart, manquer chez des individus pendus vivans ; en forte que, d'après les recherches de ces favans, l'abfence des caractères indiqués ne fuffit pas pour affirmer que la fufpenfion n'a pu être opérée pendant la vie. Après avoir, dans fon excellent article STRANGULATION du *Nouveau Dictionnaire de médecine*, paffé fucceffivement en revue les fignes expofés par l'auteur que nous avons cité, M. Orfila réfume ainfi les conclufions qu'il croit pouvoir tirer de cet examen critique : 1°. des ecchymofes (qui malheureufement s'obfervent rarement) à la région cervicale, antérieure ou poftérieure, coïncidant avec la préfence d'un lien ou d'un fillon dans cette région, permettent d'affirmer (lorfqu'il n'exifte aucune trace de putréfaction) qu'une violence a été exercée fur cette partie pendant la vie, & donne prefque la certitude qu'il y a eu ftrangulation, furtout s'il s'y joint l'état de la face que nous avons décrit précédemment, de l'écume dans les voies aériennes, & des traces d'une éjaculation récente ; 2°. l'abfence de ces fignes ne permet pas d'affirmer que l'individu avoit ceffé d'exifter au moment de la fufpenfion, à moins qu'on ne trouve fur lui des bleffures néceffairement & promptement mortelles, encore pourroit-on foupçonner qu'elles ont été faites pour accélérer la mort.

2mo. Problême. *La ftrangulation eft-elle le réfultat du fuicide ou de l'homicide ?* Après s'être affuré, autant que poffible, que l'individu a été pendu vivant, & qu'il n'a pu fuccomber à aucun autre genre de mort, comme bleffure grave du cœur par un inftrument piquant, empoifonnement, &c., refte encore à décider s'il y a eu fuicide ou homicide. Lorfqu'on trouve des défordres graves & étendus dans les parties molles, & furtout dans les parties dures qui compofent le cou, il devient très-probable qu'il y a eu homicide. Cependant M. Orfila a vu l'os hyoïde fracturé & un épanchement de fang confidérable exiftant à la partie poftérieure du cou, chez un individu qui s'étoit pendu lui-même ; &, dans un cas analogue, M. Anfiaux, de Liége, a obfervé, comme nous l'avons dit plus haut, un diaftafis de l'articulation bi-latérale des deux premières vertèbres du cou. Quant à l'opinion de quelques auteurs qui ont cru qu'il étoit impoffible que le fuicide eût lieu par ftrangulation fans fufpenfion, des faits avérés démontrent que dans ce cas la ftrangulation a pu être portée au degré fuffifant pour produire la mort, lorfque l'individu qui cherchoit à fe détruire s'eft fervi d'une forte de tourniquet pour ferrer le lien, ou a employé quelqu'autre procédé analogue. L'exiftence d'un double fillon, l'un oblique & l'autre tranfverfal, n'eft pas plus propre à répandre quelque lumière fur ce point ; car, d'une part

part, on a remarqué ces deux fillons chez des individus qui s'étoient pendus volontairement, & ; d'autre part, il peut n'exister qu'un fillon tranf-verfal dans le cas de fufpenfion, lorfque le nœud de la corde eft placé en avant au lieu d'être en arrière.

Il ne faut pas perdre de vue, en pareil cas, qu'on a obfervé chez des individus qui s'étoient fuicidés par ftrangulation ou par fufpenfion, les traces des violences (meurtriffures de la face, plaies à la tête, &c.) que ces individus avoient exercées fur eux-mêmes avant de fe pendre ; en forte qu'il ne faudroit pas fe hâter de conclure, d'après de pareils veftiges, qu'il y a eu homicide plutôt que fuicide.

5°. *Réfumé général.* De tout ce que nous avons dit dans cet article, il réfulte, 1°. que les phéno-mènes qui accompagnent la ftrangulation, les moyens qui combattent avec fuccès les effets fâ-cheux qu'elle produit, les léfions cadavériques qu'elle laiffe après elle, concourent à prouver que la mort eft due en général, fauf les cas où la moelle épinière eft léfée, à une *afphyxie* déter-minée par l'occlufion des voies aériennes, & de plus, dans un grand nombre de circonftances, à un degré plus ou moins intenfe d'*apoplexie*, ou mieux de congeftion cérébrale & pulmonaire ; 2°. que la réunion des principaux fignes donnés par les auteurs comme caractères de la fufpenfion opérée pendant la vie, tels que lividité de la face, tuméfaction de la langue, écume à la bouche & dans les voies aériennes, lividité des extrémités, érection du pénis, éjaculation du fperme, &c. fuffit en effet, lorfque d'ailleurs la trace du lien autour du cou exifte, pour établir qu'un individu a été pendu vivant ; 3°. que pour décider fi la mort par ftrangulation eft le réfultat du fuicide ou de l'homicide, il faut avoir égard à toutes les circonf-tances qu'on a coutume d'examiner en pareil cas, & de plus, à la nature & à l'étendue des léfions qui exiftent fur le cadavre ; en forte que s'il y a, par exemple, luxation ou fracture des ver-tèbres, il eft difficile de ne pas admettre que la mort a été produite par un homicide.

(GIBERT.)

STRANGULATION UTÉRINE. (*Pathol.*)

On donne quelquefois le nom de *ftrangulation*, au fentiment de fuffocation qui pendant les atta-ques d'hyftérie fe manifefte fouvent.

STRANGURIE, f. f. (*Path.*) *Stranguria*, στραγξ,

goutte, ουρον, urine. Emiffion des urines qui fe fait goutte à goutte avec douleur, fentiment de cuiffon & ténefme du col de la veffie. La ftrangurie ne conf-titue point une maladie effentielle ; elle eft tou-jours le fymptôme d'une irritation inflammatoire de la veffie & des voies urinaires ; elle diffère de la dyfurie, qui a le plus ordinairement lieu fans

douleurs, & qui fuppofe toujours un obftacle mé-canique à la fortie des urines. (L. J. R.)

STRASBOURG (Faculté de médecine de)(1).

Cette ville, autrefois capitale de l'Alface, eft maintenant le chef-lieu du département du Bas-Rhin. Elle étoit déjà célèbre par la culture des fciences & des lettres au milieu du feizième fiècle, lorfque l'empereur Maximilien II y fonda une aca-démie avec fes quatre facultés ; un autre fouve-rain (Ferdinand II) érigea cette Académie en Univerfité, & la dota en même temps de tous les privilèges dont jouiffoient alors les établiffemens de ce genre.

En 1681, époque de la réunion de Strasbourg à la France, l'Univerfité fut confirmée dans tous fes droits & privilèges. Elle s'eft montrée digne de cette faveur, par fes travaux & les hommes cé-lèbres qu'elle a produits dans la plupart des branches des connoiffances humaines. L'ancienne Faculté de médecine de cette ville, qui comptoit un grand nombre d'étudians étrangers, accrut beaucoup la renommée de l'Univerfité : des dif-ciples, tels que Roederer, Meckel, Camper, Ofiander, devenus enfuite eux-mêmes de célè-bres profeffeurs, parlent affez haut en faveur de l'école au fein de laquelle ils avoient puifé les pre-miers élémens de leur art. Il faut toutefois men-tionner ici une particularité, qui, ajoutée au zèle et au talent des profeffeurs, explique l'affluence de leurs auditeurs, c'eft que les grades qu'ils con-féroient donnoient alors le droit d'exercer la mé-decine dans prefque toutes les parties de l'Alle-magne.

Supprimée comme tous les établiffemens uni-verfitaires & académiques, par la tourmente révo-lutionnaire, qui détruifoit au lieu de réformer, la Faculté de médecine de Strasbourg fut rétablie par la loi du 14 frimaire an III (4 décembre 1795), qui inftitua en France trois Ecoles de fanté (celles de Paris, de Montpellier & de Stras-bourg), pour remplacer l'ancien enfeignement médical. Ce nom d'*Ecoles de fanté*, très-infigni-fiant, puifque c'étoit moins l'homme fain que l'homme malade qui y étoit l'objet de l'enfeigne-ment, ne tarda pas à être remplacé par la déno-mination plus appropriée d'*Ecoles fpéciales de médecine*. Il n'entre point dans notre fujet d'expo-fer ici le vafte plan & l'organifation de ces éta-bliffemens, fi fupérieurs aux anciennes Facultés, & qui ont été pour la France une fource de gloire & d'utilité publiques ; il nous fuffit de dire qu'elles ont parfaitement répondu aux befoins de la fcience

---

(1) Nous devons faire remarquer que cet article, qui femble fortir du plan de cet ouvrage, eft le complément obligé d'un autre que feu M. *Moreau de la Sarthe* a fait inférer dans le volume XIIe. (*Voyez* l'article PARIS (Ecole de médecine de).

S

& aux vœux de tous les hommes éclairés qui sentoient vivement la nécessité d'une réforme. Les vues élevées qui avoient présidé à la fondation des Ecoles de Vienne, de Pavie, d'Edimbourg, de Goettingue, furent considérablement agrandies dans les nouveaux établissemens français.

L'empire, qui, pour se donner un vernis d'ancienneté & de noblesse, sembloit s'attacher à faire revivre, sinon les institutions de l'ancienne monarchie, du moins leurs noms & parfois leurs *us & coutumes*, institua en 1808 une *Université de France*, dont les Ecoles spéciales de médecine relevoient immédiatement. Sous les anciennes dénominations de *Facultés de médecine*, elles firent partie des nouvelles Académies. Il n'y eut d'ailleurs presqu'aucun changement dans l'organisation primitive des écoles dites *spéciales*; cette organisation étoit la même dans toute la France; il n'y avoit de différence que dans le nombre des professeurs attachés à chaque établissement & dans quelques dispositions locales de peu d'importance. Le but de cet article est principalement de faire connoître les particularités que présente la Faculté de Strasbourg, les perfectionnemens & les améliorations qui ont été apportés dans son enseignement depuis la restauration de l'Université & des Académies. Nous espérons pouvoir atteindre ce but à l'aide des renseignemens qui nous ont été communiqués par une personne à laquelle nous témoignons ici notre sincère reconnoissance.

La Faculté de médecine de Strasbourg qui, dès sa création, se fit remarquer par ses travaux sur l'*anatomie pathologique*, sollicita & obtint, en 1819, de la commission de l'instruction publique, l'établissement d'une chaire spéciale sur cette importante partie de la science médicale. Une pareille chaire, dont l'utilité ne peut être contestée, est encore à désirer, nous le disons à regret, dans les deux autres Facultés de notre pays : elle est occupée à Strasbourg par le célèbre Lobstein, qui vient tout récemment de publier le premier volume d'un grand ouvrage, avec planches, sur l'*anatomie pathologique*. C'est au zèle de ce laborieux professeur, qui fut long-temps chef des travaux anatomiques, qu'on doit en grande partie la belle collection des pièces pathologiques que les connoisseurs admirent dans le Musée de la Faculté dont il s'agit.

Un autre avantage que l'Ecole de Strasbourg a sur celles de Paris & de Montpellier, consiste dans l'institution d'une clinique interne d'accouchemens destinée aux élèves, plus heureux sous ce rapport que leurs condisciples des deux autres Facultés; en effet, les hospices de la Maternité leur sont absolument interdits, par respect pour la décence & les mœurs, comme si les femmes en couches devoient être placées dans une catégorie différente de celles des autres femmes admises dans les cliniques accessibles à tous les élèves. M. Delpech vient de signaler avec courage cette

lacune, comme la cause d'une déplorable ignorance & d'accidens funestes dans les départemens du Midi; nous réunissons notre voix à la sienne, pour solliciter une amélioration si urgente, dont Strasbourg a donné l'exemple. Cent femmes environ sont admises chaque année dans les salles de la clinique dont il s'agit. Les élèves s'y livrent à la pratique des accouchemens sous les yeux du prof. Flamant, l'un des accoucheurs les plus distingués de France, lequel leur enseigne aussi à connoître & à traiter les maladies particulières aux femmes en couches, & celles qui affectent les nouveau-nés; ils sont en outre admis à observer les cas les plus intéressans de l'école de la Maternité, établie dans le même hospice pour l'instruction des sages-femmes. Cette dernière école pratique est, à ce qu'il paroît, une des plus anciennes de France, puisqu'elle compte plus d'un siècle d'existence. On y reçoit chaque année une centaine de femmes enceintes.

Par décision du conseil royal de l'instruction publique, qui date également de 1819, un cours spécial sur les *maladies épidémiques*, que la Faculté de médecine de Strasbourg avoit depuis long-temps créé dans son sein, a été autorisé & réuni à la chaire de *médecine légale*, dont est chargé le savant professeur Fodéré, qui a écrit sur les deux matières qu'il professe, des ouvrages fort étendus.

Après avoir indiqué ce que l'instruction offroit de particulier dans la Faculté de médecine de Strasbourg, parlons succinctement de son matériel ou des moyens d'études qui sont à la disposition des élèves.

La bibliothèque se compose de douze mille volumes, qui se trouvent réunis & mis en ordre d'après l'analogie des matières dont ils traitent; des catalogues faits avec une grande exactitude facilitent les recherches de ceux qui se livrent à l'étude : facilité qu'on ne trouve pas toujours dans les bibliothèques de la capitale elle-même. Il paroît que les livres qui composent cette bibliothèque ont été choisis avec discernement, & que leur nombre augmente chaque jour par la munificence de l'Université & les dons volontaires des auteurs.

Un laboratoire de chimie, muni des appareils & des réactifs propres aux expériences, un cabinet de physique, une collection de substances médicamenteuses, enfin, un arsenal de chirurgie, offrent aux élèves des moyens de se perfectionner dans les diverses parties de l'art qu'ils étudient, & de grandes facilités pour approfondir l'une ou l'autre des branches auxquelles ils ont résolu de se livrer spécialement.

Le Musée anatomique de Strasbourg est très-riche, puisqu'il renferme plus de quatre mille pièces bien préparées & bien conservées. La moitié de ces pièces est relative à l'*anatomie proprement dite*, & sert aux démonstrations du cours d'anatomie, concurremment avec les préparations

fraîches & récentes. L'autre moitié se compose
de diverses lésions organiques, recueillies & conservées par des moyens connus. Ce sont autant de
matériaux pour le cours d'anatomie pathologique
établi dans cette Faculté. A la fin de ce cours, le
professeur fait une démonstration générale & succincte de toutes les pièces qui forment la collection.

Parmi ces pièces, les unes sont accompagnées
de l'histoire abrégée de la maladie dont elles semblent avoir été le résultat; les autres sont enrichies de dessins coloriés, qui donnent une idée
plus ou moins exacte des organes malades pendant la vie ou au moment de la mort.

L'amphithéâtre d'anatomie de la Faculté de médecine de Strasbourg est placé dans un bâtiment
attenant au grand hôpital civil, dans lequel se
trouvent réunies les trois cliniques & l'école de la
Maternité : disposition qui facilite les travaux des
élèves, & d'où il résulte pour eux une grande
économie de temps.

Environ trois cents cadavres, non compris ceux
des enfans, sont annuellement consacrés aux dis-
sections, aux opérations de chirurgie & aux recherches d'anatomie pathologique ; les cas intéressans qu'ils présentent sont recueillis avec soin
& placés dans le Muséum anatomique, quand ils
en paroissent dignes.

Le jardin de botanique renferme plus de quatre
mille cinq cents espèces de plantes, qu'on peut
rapporter à douze cents genres, qui servent aux
démonstrations. Ce jardin est disposé d'après la
méthode naturelle de Bernard de Jussieu. Cent
trente-quatre familles naturelles s'y trouvent re-
présentées par un plus ou moins grand nombre
de genres & d'espèces. Il est à peine nécessaire de
dire que les plantes médicinales y tiennent le premier rang & y sont cultivées avec le plus grand
soin. Ce jardin a été considérablement embelli &
amélioré depuis la restauration de la Faculté,
& il possède un local où le professeur fait ses
leçons.

Les cours théoriques de la Faculté de médecine
ont lieu dans le vaste local de l'Académie, qui
renferme aussi les autres Facultés. C'est dans ce
même local que se trouve le cabinet d'histoire naturelle créé par le célèbre Hermann, & qui est devenu la propriété de la ville de Strasbourg. Ce
cabinet se compose de deux sections, l'une de
zoologie & l'autre de minéralogie. Les individus
& les échantillons sont nombreux, bien choisis,
bien conservés & méthodiquement distribués.

Une sous-division de la section de zoologie,
d'une grande utilité pour les élèves de la Faculté
de médecine, se compose d'une série nombreuse
de pièces d'anatomie comparée. Cette collection
ne peut manquer de s'accroître par le zèle de
M. Duvernoy, ancien collaborateur du célèbre
Cuvier, & aujourd'hui professeur de la Faculté
des sciences de Strasbourg.

La Faculté de médecine de Strasbourg, favo-
risée de quelques dispositions utiles qu'elle-même
a eu l'honneur de solliciter, & qui n'existent pas
dans les deux autres Facultés de France, occupée
avec zèle de recherches d'anatomie pathologique,
a toujours montré un esprit sage, également éloigné & de la vanité des spéculations théoriques &
de l'esprit de système. Quoique voisine de l'Allemagne, pays où les nouveautés scientifiques sont
souvent accueillies avec trop de faveur, elle a su
se prémunir contre les dangers de l'enthousiasme,
& n'a cessé d'en signaler les écueils aux élèves qui
venoient puiser dans son sein les premiers élémens de l'art de guérir. Cette marche lui assure
un rang distingué parmi les établissemens d'instruction les plus renommés de l'Europe.

Au reste, pour se convaincre de l'esprit judicieux qui anime cette École, et de la sagesse
de son enseignement médical, il suffit de parcourir la collection des dissertations inaugurales
qui y ont été soutenues depuis la fin du dix-
huitième siècle ; un grand nombre se font remarquer par des vues saines, des recherches
utiles & par une rédaction précise et vraiment
technique. Quelques-unes même sont des ouvrages importans : tels sont, par exemple, la dissertation de M. Lobstein sur la *nutrition du fœtus*,
celle de M. Reiffeisen sur la *structure du poumon*.

Malgré la position très-excentrique de Strasbourg, & la perte qu'a faite la Faculté de médecine de cette ville, de conférer le droit d'exercer
la médecine en Allemagne ; malgré le goût de
la centralisation, qui tend à tout concentrer dans
la capitale, le nombre des étudians y est plus considérable qu'il ne l'étoit dans l'ancienne Faculté ; il dépasse deux cents, non compris les
étrangers & les chirurgiens militaires, qui suivent bénévolement les cours de l'École (1).

Une ordonnance royale du 26 mars 1829 a créé
un corps d'agrégés près la Faculté de médecine
de Strasbourg. Cette institution, très-vicieuse,
qui ne présente qu'un fantôme, qu'une pâle
copie des professeurs adjoints ou suppléans des Facultés de droit, ne sera pas plus utile dans cette
ville qu'elle l'est à Paris & à Montpellier ; elle
n'offre presque pas de chances & encore moins
d'avantages à ceux qui y entrent ; d'un autre côté,
elle exclut de l'enseignement des hommes capables que diverses circonstances peuvent éloigner d'un concours qui n'a lieu que tous les
trois ans, avec des formes qui, au sein de la
capitale même, ont rappelé, j'en demande pardon
à la docte Faculté, la réception du Malade
imaginaire.

_____

(1) La ville de Strasbourg possède aussi une *École d'instruction médicale militaire*, qui ajoute encore aux sources
d'instruction qu'offre la Faculté de médecine.

Aux professeurs distingués dont nous avons parlé dans le courant de cet article, et qui occupent des chaires dans la Faculté de Strasbourg, il faut joindre M. Massuyer, auquel nous devons la découverte de la propriété désinfectante du *chlorure de chaux*; Caillot, auteur d'un ouvrage trop peu lu, sur la *pathologie générale*; Rochard, ancien doyen; Tourdes; Nestler, professeur de botanique. Enfin, nous ne devons pas oublier Hermann, Lauth, Tourtelle, Villars, Noël, Coze, Macquart, qui ont cessé de vivre. (BRICHETEAU.)

STRASBOURG (eaux minérales de). Les eaux de plusieurs puits de cette ville contiennent des principes minéraux en assez grande quantité, & ce fait a été constaté par le Dr. Renaudin.

STRIÉ, ÉE, adj. (Bot., Anat. path.) *Striatus.* On donne cette épithète à toute surface sur laquelle on observe des cannelures plus ou moins profondes; ainsi les botanistes l'emploient pour désigner les dispositions de certaines tiges qui offrent des côtes nombreuses, séparées par des sillons.

Les anatomistes l'ont appliquée d'une manière plus spéciale à une partie de l'encéphale nommée *corps strié* ou corps *cannelé* (grand ganglion cérébral de Gall). (*Voyez* CORPS STRIÉS & ENCÉPHALE dans le *Dictionnaire d'Anatomie.*) Enfin, les pathologistes, dans une acception détournée, ont nommé crachats *striés* ceux dans lesquels le sang est mêlé par filets avec la matière muqueuse. (R. P.)

STRONGLE, s. m. (Helminth. méd.) *Strongylus. Ascaris lumbricoïdes* L. Sorte de ver intestinal qui ressemble extérieurement au ver de terre, ce qui l'a fait appeler *lumbricoïde*, & quelquefois *lombric*, nom qui doit rester au ver terrestre, qui en est fort différent par les formes intérieures.

Pour l'anatomie de ce ver nous renvoyons à la partie d'histoire naturelle de cet ouvrage où elle est décrite.

Le séjour habituel de ces vers, que l'on rencontre le plus ordinairement chez les enfans très-jeunes, mal nourris, affoiblis, sales, est dans les intestins grêles; ils habitent quelquefois l'estomac, d'où ils sont parfois rejetés vivans, & remontent même dans le gosier où ils causent des démangeaisons insupportables. On les a vus pénétrer dans les bronches & causer des toux opiniâtres, des suffocations. Lorsque les strongles descendent dans le rectum, c'est ordinairement pour en être expulsés; le plus souvent ils sortent morts; quelquefois ils vivent, mais pendant peu de temps, car l'air les tue, surtout s'il est beaucoup plus froid que la température du corps.

Lorsque ces vers sont peu nombreux, & c'est le cas le plus ordinaire, ils ne causent aucune espèce de douleur, & ne se manifestent par aucun symptôme; on n'apprend leur existence que par leur sortie, qui est, à bien dire, le seul caractère pathognomonique de leur présence chez l'homme.

Lorsque les strongles sont plus nombreux, ils causent alors une série de symptômes qui permettent de soupçonner leur existence, quoique fort souvent on y soit trompé. Voici quels sont ces symptômes : les enfans, dont le teint est souvent décoloré, sont bouffis du visage; ils ont les paupières bleuâtres, les yeux comme ternes; la pupille est dilatée; il existe une sorte de prurit au nez; l'haleine est acide, surtout le matin; l'appétit est irrégulier, vif par instant; les petits malades éprouvent un grincement de dents pendant la nuit, un picotement vers l'estomac, des chatouillemens, du trouble dans l'intestin, des diarrhées passagères; le ventre est ordinairement tendu & plus gros que de coutume. On remarque aussi quelques symptômes nerveux ou sympathiques annonçant l'existence de ces animaux, comme des convulsions, des défaillances, le trouble & l'agitation du sommeil, l'intermittence du pouls, les vertiges, &c.; quelquefois on voit leur présence produire ou simuler les maladies les plus graves, comme le tétanos, l'épilepsie, l'hystérie, l'aphonie, &c., & même l'ictère. Dans le plus grand nombre des cas, on doit avouer que les strongles compliquent seulement ces maladies.

On a attribué aux lombricoïdes, lorsqu'ils sont en grand nombre, de produire une fièvre qu'on a appelée *fièvre vermineuse.* On voit effectivement, dans certains cas, une fièvre exister, revenir erratiquement & présenter des caractères particuliers lorsque ces animaux sont nombreux; c'est ordinairement chez les enfans du peuple, mal nourris, d'une constitution scrofuleuse, qu'elle se manifeste : parfois elle règne épidiquement, s'il faut en croire quelques auteurs. On la fait cesser lorsqu'on expulse ces vers, ce qui montre bien qu'elle n'étoit entretenue que par eux. On a sans doute exagéré le nombre & l'intensité de ces pyrexies, mais leur existence est incontestable.

On emploie pour détruire ces animaux, que la nature expulse souvent par les forces qui lui sont propres, des médicamens qualifiés de *vermifuges* à cause de cette propriété; ce sont, comme on fait, en général, des substances amères comme le *semen contra*, l'absinthe, la tanaisie, la rue, &c. On donne aussi comme vermifuges des substances inertes en apparence, mais qui paraissent posséder des principes particuliers doués d'une intensité remarquable, telle est la fougère mâle, qui recèle une matière grasse que M. Peschier, de Genève, a trouvée fort propre à tuer ces animaux; la mousse de Corse, qui contient peut-être de l'iode, comme plusieurs autres *fucus.* On joint souvent à ces médicamens un purgatif pour chasser les vers qu'ils ont tués, tels que le séné, le jalap. Les Anglais donnent surtout le calomel comme un excellent vermifuge. On est souvent obligé, pour faire prendre ces médicamens aux enfans, de les déguiser sous forme de sirop, de gelées de confitures, de pain d'épice, de dragées, &c.

Lorsqu'on est parvenu à délivrer un sujet des vers nombreux qui le tourmentoient, il faut fortifier son canal intestinal, pour que ces animaux ne repullulent pas : on lui donne une meilleure nourriture, quelques toniques, &c. ; & pour produire cet effet, on le place surtout dans des conditions hygiéniques qui le rendent plus robuste, & améliorent sa santé générale. (Mérat.)

STRONTIUM, s. f. (Chim.) Ce métal est l'un de ceux que l'on ne peut obtenir qu'au moyen de l'appareil voltaïque. Il est blanc, brillant, solide, plus pesant que l'eau. Malgré son affinité pour l'oxygène, il conserve son éclat métallique pendant plusieurs heures. C'est à Davy que l'on est redevable de sa découverte : combiné à l'oxygène, il constitue la strontiane, & comme toutes les terres dites alcalines, il est susceptible de s'unir avec les acides & de former des sels. Le strontium est jusqu'à présent sans usage. (Voyez Strontiane dans le Dictionnaire de Chimie.)

STROPHULUS, s. f. (Pathol.) On donne ce nom à une inflammation cutanée qui se développe assez fréquemment chez les enfans peu de temps après leur naissance. On la reconnoît à une éruption boutonneuse, rouge ou blanche, qui apparoît successivement & se termine par résolution ou desquammation surfuracée.

Les causes de cette éruption sont le plus ordinairement l'usage de vêtemens de laine un peu rude, l'exposition du corps à une chaleur trop ardente, & souvent une extrême malpropreté. Cette maladie peut aussi n'être que symptomatique, & dépendre d'une inflammation gastro-intestinale ; mais quelles que soient la cause & les apparences de cette éruption, elle est toujours accompagnée d'une démangeaison que la chaleur du lit augmente.

Le strophulus n'est par lui-même nullement dangereux, aussi importe-t-il surtout de combattre la cause qui a pu le déterminer, en calmant toutefois le prurit au moyen de fomentations faites avec de l'eau fraîche, salée ou vinaigrée. On a vu quelquefois cette maladie avorter rapidement par l'usage des bains froids ; mais cette pratique ne sauroit être recommandée ; elle n'est effectivement pas sans inconvénient pour les organes digestifs, souvent & vivement intéressés dans cette affection ; l'usage des purgatifs peut en pareil cas être tout aussi nuisible : dès-lors, qu'il y a de mieux à faire, c'est d'assujettir les enfans à un régime alimentaire convenable & à l'usage de bains journaliers faits avec une décoction de son, & pris à une douce température. On trouvera une excellente description de cette maladie dans le Traité des maladies de la peau de Bateman.

STRUCTURE, sub. f. (Anat.) Structura. Dérivé de struo, je bâtis. Nom sous lequel on désigne, en physiologie, l'arrangement, la disposition des parties des divers tissus ou élémens organiques dont sont composés les animaux.

STRUMES, sub. f. pl., & STRUMEUX, adj. (Path.), de strumæ, écrouelles. Mots aujourd'hui peu usités dans le langage médical, & qui sont synonymes de scrofules & de scrofuleux. (Voyez Scrofules dans ce Dictionnaire.) (R. P.)

STRYCHNINE, s. f. Alcali végétal découvert en 1818, par MM. Pelletier et Caventou, dans la noix vomique (strychnos nux vomica), dans la fève de Saint-Ignace (strychnos ignatia), & depuis, dans le trop fameux upas tieuté. Il est formé, d'après l'analyse que nous en ont donnée MM. Pelletier & Dumas, de 78,22 de carbone, 8,92 d'azote, 6,54 d'hydrogène, & 6,38 d'oxygène.

La strychnine & tous les sels auxquels elle sert de base ont une action des plus violentes sur l'économie animale. Après quelques virus animaux, dont la nature n'est pas encore bien déterminée, & l'acide hydrocyanique anhydre, c'est le plus subtil des poisons connus ; un demi-grain de cet alcali suffit pour faire mourir, au milieu des convulsions les plus atroces, un chien de moyenne grandeur.

On fait usage de la strychnine en médecine dans toutes les circonstances où l'emploi de la noix vomique est jugé nécessaire (voyez au tome X de ce Dictionnaire l'article Noix vomique) ; mais c'est avec la plus grande prudence qu'elle doit être administrée, & si on ne peut donner un grain à un adulte, ce n'est qu'après avoir gradué la dose par fraction de grain, & sous forme de pilules, dans un excipient approprié. Les pilules de strychnine, indiquées dans le formulaire de M. Magendie, contiennent un douzième de grain de cet alcali & ont pour excipient la conserve de roses ou de cynorrhodon.

On a proposé plusieurs procédés pour obtenir la strychnine ; mais nous pensons que celui-ci est le plus convenable :

Faites dissoudre dans une grande quantité d'eau froide, de l'extrait de noix vomique ou de fève de Saint-Ignace, & traitez la solution par la magnésie pure & en excès ; alors la strychnine abandonne l'acide & se précipite avec l'excès de magnésie ; on lave ce précipité à l'eau froide ; on le fait sécher & on le traite à plusieurs reprises par l'alcool, qui dissout la strychnine, que l'on peut obtenir en distillant l'alcool, qui abandonne la strychnine & la laisse dans le bain-marie.

La strychnine ainsi obtenue doit être blanche & transparente. Lorsqu'elle a cristallisé lentement, elle n'a pas d'odeur ; mais sa saveur est d'une amertume telle, que de l'eau qui en contiendroit $\frac{1}{100000}$, seroit sensiblement amère.

(Ch. Hennelle.)

STRYCHNIQUE (Acide). (*Chim.*) Nom d'un acide particulier découvert en 1818, par MM. Caventou & Pelletier, dans la noix vomique & dans la fève de Saint-Ignace. Cet acide, nommé aussi *acide igasurique*, se présente sous forme de petites aiguilles blanches-très-acides, très-légères, solubles dans l'eau & dans l'alcool. Jusqu'à présent, il paroît dépourvu de propriétés actives & par conséquent d'usages médicinaux.

STUPÉFACTIF, ive, adj. (*Path.*) (*Voyez* Stupéfiant.) (R. P.)

STUPÉFACTION, s. f. (*Pathol.*) *Stupefactio.* Ce mot exprime, soit le résultat de l'action des moyens stupéfians (*voyez* Narcotisme & Stupéfiant), soit un engourdissement, une diminution du mouvement, & surtout du sentiment, dans une partie du corps. (*Voyez* Stupeur, qui est plus souvent usité dans ce même sens.)

(Emeric Smith.)

STUPÉFIANT, adj. & s. (*Thérap.*) *Stupefaciens.* On donne ce nom à des agens thérapeutiques capables de produire, par leur action sur le système nerveux, & sur le cerveau en particulier, un état d'engourdissement général, une diminution considérable dans la sensibilité & le mouvement, avec assoupissement & somnolence : accidens qui caractérisent plus particulièrement le narcotisme. Or, les stupéfians ou narcotiques (car ces deux expressions sont synonymes) ne sont presque jamais prescrits par le médecin pour provoquer la stupéfaction. Celle-ci est le plus ordinairement le résultat accidentel de trop fortes doses de médicamens sédatifs : cette action vénéneuse ne devant pas nous occuper ici, nous renvoyons nos lecteurs aux articles Narcotiques & Poison.

Il est cependant quelques circonstances, fort rares à la vérité, où la stupéfaction est l'intention thérapeutique qu'on se propose. Ainsi, dans des maladies caractérisées par une irritation excessive du système nerveux, lesquelles se montrent ordinairement rebelles à tous les secours de l'art, telles, par exemple, sont l'hydrophobie & le tétanos, quelques médecins ont proposé de pousser l'action des calmans jusqu'à la stupéfaction. Voyant même la trop fréquente inefficacité des narcotiques ou stupéfians employés habituellement, des praticiens ont imaginé d'avoir recours à quelques autres moyens capables de jeter le système nerveux dans un état analogue à celui que déterminent les végétaux que l'on range dans cette classe. C'est dans ce but que la morsure de la vi-

père & un certain degré d'asphyxie ont été essayés, quoique sans succès, dans la rage. M. Hickmann pense qu'il seroit avantageux, chez les personnes qui vont subir une opération longue & douloureuse, de produire une certaine stupéfaction du cerveau par la respiration de gaz délétères.

Mais ce n'est pas seulement sur le système nerveux, en général, qu'on a dirigé des agens stupéfians, souvent aussi on a cherché à engourdir, à stupéfier une partie isolée du corps pour abattre l'exaltation de sensibilité dont elle est devenue le siége, & prévenir ou combattre les accidens nerveux sympathiques qu'elle pourroit exciter ou qu'elle a déjà occasionnés. C'est ce qu'on a fait avec succès dans la goutte, les névralgies, & même les inflammations accompagnées de douleurs excessives. Cette pratique offre aussi de grands avantages, surtout dans les pays chauds, dans le traitement des blessures qui intéressent des parties très-sensibles. (Emeric Smith.)

STUPEUR, s. f. (*Pathol.*) En grec ναρκη, ναρκωσις, εκπληξις, τυφος; en latin *stupor*, *obdormitio*. En médecine, on entend par ce mot, la diminution plus ou moins considérable de la sensibilité ou du mouvement, ou de ces deux facultés à la fois, dans une partie ou dans la totalité du corps, &. même des facultés intellectuelles. Cet état diffère de la paralysie en ce qu'il est le plus souvent accompagné d'une sensation particulière d'engourdissement, qui n'est pas toujours sans douleur.

La stupeur peut être le résultat, soit de lésions extérieures, soit d'affections internes, soit enfin de l'action de certains médicamens.

Parmi les premières, les contusions & les compressions sont les plus communes. Lorsque les corps contondans agissent sur le cerveau, ils peuvent déterminer dans ce viscère un ébranlement, une stupéfaction qui porte le nom de *commotion*, & qui ne doit pas nous occuper ici. (*Voyez* Commotion dans le *Dictionnaire de Chirurgie* de cet ouvrage.) Nous ne ferons non plus qu'indiquer la stupeur partielle qui suit les contusions, surtout celles que font les armes à feu, ou la compression des troncs nerveux. C'est ici le lieu de rappeler que l'agacement des dents par les acides portoit, chez les Latins, le nom de *stupor dentium*.

La stupeur générale se manifeste comme symptôme de diverses affections morbides. Elle est même tellement inséparable des fièvres typhoïdes, que c'est de ce symptôme que le typhus a tiré son nom. Alors ce n'est pas seulement une diminution notable dans la sensibilité & le mouvement, les fonctions intellectuelles éprouvent également une hébétude, un engourdissement, dont les degrés varient depuis le simple étonnement jusqu'au coma le plus profond. La stupeur peut aussi survenir dans le cours & surtout à la fin d'autres affections pathologiques. Elle est toujours d'un fâcheux augure, parce qu'elle indique une léfion grave du cerveau.

Des ftupeurs partielles fe font affez fouvent remarquer dans les membres & furtout à leurs extrémités. Les unes paroiffent liées à une congeftion générale ou locale du cerveau, ou à toute autre léfion organique de ce vifcère, & méritent en général de la part du médecin la plus férieufe attention. En effet, on a obfervé de tout temps qu'elles étoient fréquemment un fymptôme précurfeur de l'apoplexie, ou *ftupor attonitus*, de la paralyfie, ou même des accès épileptiques. Cependant, Van-Swiéten, Double, &c., ont vu la ftupeur des membres durer un affez grand nombre d'années, fans être fuivie d'aucun accident fâcheux. J'ai eu l'occafion de faire la même remarque.

Certains engourdiffemens ou ftupeurs des membres inférieurs, reconnoiffent pour caufe une compreffion ou une altération organique de la moelle épinière. Le danger qu'ils annoncent eft en raifon de la gravité de la maladie qui les produit. Dans la néphralgie & dans les inflammations des reins, il arrive quelquefois que le membre abdominal correfpondant au côté malade eft frappé d'une ftupeur plus ou moins confidérable.

Enfin, toutes les caufes morbifiques qui agiffent en comprimant les troncs nerveux ou en mettant obftacle à la circulation artérielle ou veineufe, peuvent amener la ftupeur des membres.

Quant à celles qu'occafionnent certaines fubftances médicamenteufes ou vénéneufes, il en a été traité aux articles NARCOTIQUES & POISON. (*Voyez* ces mots.)   (EMERIC SMITH.)

STUPIDE, adjeêt. (*Pathol.*) *Stupidus*, Qui eft dans un état de ftupidité. (*Voyez* STUPIDITÉ.)

STUPIDITÉ, f. f. (*Méd.*) *Stupiditas*. Il ne faut pas confondre la ftupidité avec l'idiotifme congénial ou même acquis, bien qu'au premier coup d'œil elle préfente quelques points de reffemblance avec cet état. Cette maladie a été parfaitement définie par le Dr. Georget : « l'ab-» fence accidentelle de la manifeftation de la » penfée, foit que le malade n'ait point d'idées, » foit qu'il ne puiffe les exprimer. » L'individu frappé de ftupidité préfente en effet une forte de léthargie morale ; il femble entièrement étranger à ce qui l'environne ; il ne parle point, ou, s'il répond, ce n'eft le plus fouvent qu'à voix baffe, brièvement, après beaucoup d'inftances, & fans même faire attention à la perfonne qui lui parle. On le voit fans ceffe accroupi dans un coin, ou conftamment debout à la même place, la tête baiffée & les yeux fixés à terre ; fa phyfionomie conferve toujours le même caractère, & n'éprouve point ces changemens d'expreffion qu'on obferve même chez l'idiot ; elle ne préfente cependant point, malgré fon immobilité, cette

dégradation qui ne s'efface jamais de celle de l'idiot, quelle que foit la paffion qui l'anime. Incapable de penfer à fes propres befoins, l'individu ftupide ne mangeroit pas fi on ne lui apportoit fes alimens, & quelquefois même fi on ne les lui mettoit dans la bouche ; il s'abandonne à la plus dégoûtante malpropreté. Je n'ai jamais obfervé, dans cette affeêtion, ce penchant à l'onanifme fi fréquent chez les idiots.

La fenfibilité phyfique n'eft pas moins altérée dans la ftupidité que la fenfibilité morale ; on voit les malades braver le froid le plus rigoureux, comme on les voit auffi fupporter la chaleur la plus forte, fans manifefter la moindre fouffrance. Les pieds & les mains fe tuméfient & deviennent livides, &, ce qui eft digne de remarque, c'eft que ces parties, que l'on croiroit devoir être refroidies, préfentent ordinairement une chaleur affez forte.

L'inftinêt de la confervation étant ainfi anéanti, les malades fe trouvent foumis à l'influence d'une foule de caufes de maladies qui n'agiffent pas fur eux impunément ; auffi arrive-t-il fouvent qu'ils fuccombent à des altérations organiques des vifcères thoraciques ou abdominaux, dont l'exiftence ne devient le plus fouvent manifefte que quand elles ont fait des progrès tels, qu'il n'y a plus de remède à leur oppofer. C'eft alors qu'après un amaigriffement progreffif & la perte totale des forces, on voit furvenir une fièvre heêtique, accompagnée de fymptômes, foit de phthifie, foit d'épanchement dans la poitrine, foit d'afcite, foit d'engorgement du foie, foit de péritonite chronique, foit enfin d'une diarrhée colliquative. Il eft rare que ces maladies agiffent comme crifes fur l'affeêtion morale : quoique cela ne foit pas fans exemple, on peut cependant dire que le plus ordinairement il ne furvient aucun changement notable fous ce rapport, & généralement on ne peut fonder qu'un efpoir bien fragile fur les affeêtions phyfiques, foit aiguës, foit chroniques, foit internes, foit externes, qui furviennent chez les individus plongés dans la ftupidité, furtout fi cet état dure depuis long-temps.

Le début de la ftupidité eft quelquefois brufque ; on l'a vue furvenir ainfi à la fuite d'affeêtions morales vives & inattendues ; d'autres fois, elle fuccède à des accès de manie & de mélancolie. Il n'eft pas rare, dans les établiffemens d'aliénés, de voir des individus atteints de manie intermittente, chez lefquels les paroxyfmes de cette maladie font féparés par un état de ftupidité plus ou moins prononcée. En général, toute excitation cérébrale, même celle qui eft déterminée par le vin & les fpiritueux, eft fuivie d'une forte d'affaiffement moral, qui peut être confidéré comme une première nuance de cet état. La fuppreffion des menftrues, & celle des lochies, furtout quand elles ont pour caufe quelqu'affeêtion morale vive, produifent fouvent la ftupidité.

Quelque fâcheuse que soit cette forme d'aliénation, on voit cependant parmi les malades qui en sont atteints, quelques-uns revenir à la raison. Si on les interroge sur ce qu'ils éprouvoient pendant leur maladie, & sur les motifs qui les faisoient garder ce silence absolu & cette immobilité qui la caractérisent, on verra combien elle s'éloigne de l'idiotisme & de la démence. On jugeroit en effet fort mal l'état des facultés intellectuelles, dans cette affection, par les apparences extérieures; ces facultés sont viciées, mais elles sont loin d'être anéanties. Il arrive souvent que les malades sont sans cesse tourmentés par des hallucinations qui les tiennent dans une terreur perpétuelle. Un jeune homme, qui étoit tombé dans la stupidité à la suite d'un accès de mélancolie avec tendance au suicide, voyoit continuellement passer devant lui des animaux & des monstres d'un aspect horrible. Un autre, qui se tenoit constamment debout à la même place, s'imaginoit que tous les corps étoient animés; le morceau de pain qu'on lui donnoit se plaignoit à lui du sort qui l'attendoit, & il falloit employer la force pour le contraindre à manger; il entendoit également se plaindre le sol que ses pieds fouloient, & c'étoit pour faire le moins de mal possible qu'il se tenoit à la même place. Chez un autre, qui restoit toujours au lit, le sentiment des distances étoit principalement faussé, & les murailles de sa chambre lui paroissoient tellement éloignées, qu'il ne se croyoit pas la force de les atteindre. Quelques-uns rapportent qu'ils entendoient bien ce qu'on leur disoit, mais qu'une répugnance insurmontable les empêchoit de répondre; d'autres, que les idées leur venoient en si grand nombre & d'une manière si confuse, qu'ils ne pouvoient en rendre aucune. Nous ne nous étendrons pas davantage sur les diverses illusions qui peuvent dominer les aliénés stupides, ce que nous venons de dire suffit pour faire voir qu'il y a loin de leur état à l'idiotisme; nous insistons sur ce point, parce que nous avons vu souvent confondre ces deux affections, & abandonner, par suite de cette idée, des malades en faveur desquels il y auroit peut-être eu quelques moyens de guérison à tenter. Si la stupidité pouvoit être rapprochée de quelqu'autre aliénation mentale, il nous semble que ce seroit de la mélancolie, dont elle ne nous paroît différer que par l'anéantissement plus ou moins complet des moyens de manifestation & d'expression; en un mot, le mélancolique entretient encore des relations avec les personnes qui l'entourent; l'individu stupide vit dans un isolement absolu de tout ce qui l'environne.

Les saignées locales, si, comme cela arrive quelquefois, il existe des symptômes qui annoncent une irritation cérébrale avec afflux plus considérable de sang vers la tête, les révulsifs sur le canal intestinal, & surtout les irritans extérieurs (vésicatoires, moxas, sétons, les moyens propres à susciter des éruptions cutanées), tels sont les principaux remèdes à opposer à cette maladie.

Nous ne savons point si quelques médecins auroient trouvé dans le cerveau & les méninges des altérations pathologiques qu'on pût regarder comme propres à cette affection; pour nous, il faut l'avouer sincèrement, nous n'avons point été aussi heureux, en consultant les observations que nous avons été à même de recueillir; nous ne voyons rien de fixe sur ce point, & nous ne trouvons que les désordres propres aux affections qui ont amené la mort. (L. J. RAMON.)

STYGMATES. (*Anat. pathol.*) Nom sous lequel M. Jules Cloquet propose de désigner les marques en forme de cicatrices qui restent sur le péritoine après l'oblitération du collet d'un sac herniaire.

STYLET, s. m. (*Instr. de chir.*) *Stylus*, στυλος, poinçon à écrire. On donne ce nom, en chirurgie, à une tige d'acier, d'or ou d'argent, très-grêle, plus ou moins longue, pleine & flexible, & terminée à l'une de ses extrémités, tantôt par un chas, tantôt par un petit bouton olivaire. Cet instrument, qui fait toujours partie de la trousse du chirurgien, est particulièrement employé pour sonder les plaies, & pour passer les mèches des sétons. (*Voyez* FISTULES & PLAIES, dans le *Dictionnaire de Chirurgie* de cet ouvrage.)

STYLO-CÉRATO-HYOÏDIEN, adj. & f. m. (*Anat.*) *Stylo-cerato-hyoïdœus.* Nom donné par Spigel au *muscle stylo-hyoïdien* à cause de ses attaches.

STYLO-CÉRATOÏDIEN, adj. (*Anat.*) *Stylo-ceratoïdœus.* Qui a rapport à l'apophyse styloïde du temporal & aux cornes de l'os hyoïde. *Muscle stylo-cératonien.* Riolan appelle ainsi le *muscle stylo-hyoïdien.*

STYLO-CHONDRO-HYOÏDIEN, adj. & f. m. (*Anat.*) *Stylo-chondro-hyoïdœus musculus.* Nom donné par Douglas & Albinus à un faisceau charnu que présente quelquefois le muscle stylo-hyoïdien.

STYLO-GLOSSE, f. m. (*Anat.*) *Stylo-glossus*, du grec στυλος, stylet, & de γλωσσα, langue. Qui a rapport à la fois à l'apophyse styloïde & à la langue. *Muscle stylo-glosse.*

STYLO-HYOÏDIEN, adj. (*Anat.*) *Stylo-hyoïdœus.* Qui appartient à l'apophyse styloïde & à l'os hyoïde. *Ligament, muscle, nerf stylo-hyoïdien.*

STYLO-MASTOÏDIEN, adj. & f. m. (*Anat.*) *Stylo-mastoïdœus.* Qui est relatif aux apophyses styloïde & mastoïde. *Artère stylo-mastoïdienne, trou stylo-mastoïdien.*

STYLO-MAXILAIRE,

STYLO-MAXILLAIRE, adj. (*Anat.*) *Stylo-maxillaris.* Qui a rapport à l'apophyse ftyloïde & à la mâchoire. *Ligament ftylo-maxillaire.*

STYLO-PHARYNGIEN, adject. & f. m. (*Anat.*) *Stylo-pharyngœus.* Qui eft relatif à l'apophyfe ftyloïde & au pharynx. *Mufcle ftylo-pharyngien.* (*Voyez* ces différens mots dans le *Dict. d'Anatomie* de cet ouvrage.)

STYLOÏDE, adj. (*Anat.*) *Styloïdes*, de στυλος, ftylet, & de ειδος, forme, reffemblance; mot à mot, qui reffemble à un ftylet. Les anatomiftes ont donné ce nom à une apophyfe longue & grêle que préfente l'os temporal, & à une faillie analogue que l'on remarque à l'extrémité inférieure du radius & à celle du cubitus. (*Voyez* les mots CUBITUS, RADIUS & TEMPORAL dans le *Dictionn. d'Anatomie* de cet ouvrage.)

STYMATOSE, f. f. (*Path.*) *Stymatofis.* Nom donné par Vogel à l'hémorragie du canal de l'urètre. (R. P.)

STYPTIQUE, adj. & f. (*Mat. médic.*) στυπτικος, de στυφω, je refferre. On donne ce nom à des médicamens qui agiffent fur la contractilité des vaiffeaux capillaires, les rétréciffent, les refferent, au point de diminuer beaucoup, ou de fufpendre tout-à-fait, le cours des fluides qui doivent les parcourir. Quelques-uns ont en outre une action fur les fluides eux-mêmes, qu'ils peuvent épaiffir ou coaguler.

Quoique l'étymologie du mot *ftyptique* n'indique aucune différence entre les fubftances médicamenteufes qu'il défigne & les aftringens, & que la plupart des pharmacologiftes regardent ces deux dénominations comme fynonymes, quelques-uns ont réfervé le mot ftyptiques pour exprimer les aftringens les plus énergiques qui ne s'emploient qu'à l'extérieur; & comme c'eft ainfi qu'ils ont été confidérés dans un autre article de ce Dictionnaire (*voyez* ASTRINGENT), c'eft dans ce fens que nous allons en dire ici quelque chofe.

Or les moyens dont la thérapeutique fe fert pour obtenir la médication ftyptique peuvent fe ranger dans les claffes fuivantes: 1°. le froid & les réfrigérans; 2°. les acides végétaux & minéraux convenablement étendus; 3°. divers fels, parmi lefquels on diftingue l'alun (fulfate acide d'alumine & de potaffe), l'acétate de plomb (extrait & fel de faturne), les fulfates de fer, de cuivre, de zinc, le tartrate de potaffe & de fer (boule de mars ou de Nancy), &c.; 4°. le tannin qui fe trouve en des proportions variables dans un affez grand nombre de végétaux ou de leurs produits; tels font: le fang-dragon, la gomme kino, l'extrait de ratanhia, le fuc d'acacia, la

noix de galle, l'écorce de chêne, de frêne, la tormentille, &c. 5°. On a donné encore le nom de *ftyptiques*, à l'agaric préparé, aux terres abforbantes, à la colophane, à la toile d'araignée, &c. Tous ces corps, qui font très-ufités pour arrêter les hémorragies, ne contiennent aucun principe aftringent. Ils agiffent, tantôt en fe collant fur l'orifice béant des vaiffeaux, tantôt en faifant un *magma* plus ou moins épais avec le fang, & favorifant enfuite la formation du caillot. Ils doivent être confidérés comme une divifion des moyens hémoftatiques. 6°. Enfin divers autres agens médicinaux appartenant à différentes claffes peuvent avoir accidentellement un effet ftyptique. Ainfi on a vu les ftimulans, les cauftiques affoiblis, l'électricité, une chaleur fèche & intenfe, des frictions, une application de fangfues, les paffions & les affections vives de l'ame, &c., procurer dans certaines circonftances une médication aftringente, que, le plus ordinairement, le médecin n'avoit pas en vue.

Tous les ftyptiques portent leur action fur la contractilité organique des vaiffeaux fanguins & lymphatiques de la partie qui en reçoit l'application. Le refferrement qu'ils y opèrent eft accompagné du refoulement d'une certaine quantité des fluides qui y abordent, & confécutivement d'une diminution plus ou moins confidérable dans fon volume, & d'une augmentation dans fa denfité. En général cet effet eft affez fuperficiel, puifque cette coarctation même des vaiffeaux doit s'oppofer à l'abforption des liqueurs ftyptiques. Mais ces médicamens n'ont pas toujours une influence purement locale, furtout lorfque c'eft le froid qu'on applique, & qu'on le fait fur une furface un peu étendue. Dans ce cas la médication ftyptique peut fe répéter par fympathie fur divers organes intérieurs. Nous verrons que la médecine pratique a fu tirer parti de la connoiffance de ce fait.

Outre l'action que tous les ftyptiques ont fur les folides animaux, quelques-uns en exercent auffi une fort remarquable fur les fluides. Ainfi les acides les coagulent en s'emparant de leur albumine; & il eft probable que l'ufage extérieur des aftringens, dont le tannin forme la bafe, finit par entraîner une efpèce de réaction chimique de ce principe fur l'albumine animale, & qu'il fe paffe alors fur le corps vivant, un phénomène analogue à celui qu'on obferve dans le tannage des peaux. C'eft ce que femblent démontrer l'épaiffeur & la denfité qu'on remarque dans le tiffu cutané qui a été quelque temps foumis à des applications fortement ftyptiques.

Ces agens médicinaux s'emploient le plus fouvent à l'état liquide & froid, foit fur la peau, foit fur les membranes muqueufes, foit enfin fur des tiffus dénudés.

On peut rapporter aux quatre fuivantes les principales circonftances dans lefquelles les ftyptiques peuvent être utiles.

1°. Pour faciliter la réforption de fluides épanchés ou d'engorgemens peu profonds, comme dans les contufions & les ecchymofes, les hydropifies du tiffu cellulaire & les diverfes tumeurs dont il eft le fiége, &c.

2°. Pour prévenir l'afflux du fang dans une partie qui eft difpofée à l'inflammation, ou qui en eft actuellement le fiége. C'eft ainfi qu'on en ufe avec fuccès dans la brûlure, dans les inflammations peu étendues, & qui ne tiennent pas à une caufe intérieure. Les Anciens, & en particulier les Arabes, en tiroient un grand parti pour empêcher l'éruption de la petite vérole au vifage, & furtout fur les yeux. C'eft à tort, je crois, que cette pratique eft prefque entièrement abandonnée. La cautérifation des puftules varioliques à leur début, tant vantée par quelques Modernes, a un mode d'agir fort analogue à celui des ftyptiques. Ces mêmes moyens font encore ufités pour prévenir le développement des inflammations des yeux, de l'urèthre, &c. On fait combien alors le médecin doit apporter de circonfpection dans leur emploi. Dès la plus haute antiquité, & prefque à toutes les époques, les médecins fe font fervis des aftringens dans la cure des inflammations de l'arrière-bouche; mais depuis long-temps on les employoit beaucoup moins: cependant l'acétate de plomb fut vivement recommandé par Raulin vers le milieu du fiècle dernier. Cullen a vu adminiftrer avec fuccès à toutes les époques de l'efquinancie, l'alun que les Anciens faifoient fouvent entrer dans les gargarifmes qu'ils prefcrivoient contre cette affection. Læfler (1797) l'infuffloit dans la gorge dans des cas femblables, & furtout dans l'angine putride; & l'on fait que ce dernier mot doit être fouvent traduit par couenneufe. Mais il étoit réfervé à M. le Dr. Bretonneau, & à quelques autres médecins après lui, de montrer, par un grand nombre de faits, quels avantages on peut retirer de l'emploi des ftyptiques, & en particulier de l'infufflation de l'alun, dans l'inflammation couenneufe du pharynx & des amygdales.

3°. Pour arrêter des hémorragies, ou tarir divers écoulemens muqueux ou purulens. Depuis long-temps les chirurgiens ont fingulièrement reftreint l'ufage des ftyptiques, dans le but de s'oppofer aux hémorragies qui réfultent des plaies ou des opérations. La ligature & une compreffion méthodique les remplacent dans la plupart des cas. On les prefcrit bien plus fréquemment dans le traitement des hémorragies par exhalation, qui offrent un caractère de débilité bien prononcée. Alors ce n'eft pas toujours fur la partie même, qui eft le fiége du flux fanguin, qu'on place les moyens ftyptiques; c'eft quelquefois fur des parties plus ou moins éloignées, & furtout fur celles qui entretiennent des rapports fympathiques avec le lieu d'où le fang s'échappe.

Lorfque la peau ou le commencement des membranes muqueufes eft affecté d'écoulemens chroniques qui ne femblent entretenus que par l'atonie des vaiffeaux exhalans, & qui d'ailleurs ne fe trouvent évidemment liées à aucun état morbide général, l'adminiftration prudente des ftyptiques peut avoir une utilité réelle, furtout fi elle eft fecondée par les évacuans & les dérivatifs convenables.

4°. Il eft enfin des cas où le but qu'on fe propofe dans l'ufage des ftyptiques eft d'agir uniquement fur les folides frappés de relâchement & d'afthénie. Or, tantôt c'eft fur des organes faillans, alongés ou déplacés qu'on les dirige pour en opérer la rétraction, ou les réduire à leur place naturelle, comme dans les cas de procidence de la luette, de chutes du rectum & de la matrice, &c. C'eft auffi ce que les Anciens pratiquoient fouvent avec fuccès dans les hernies. Tantôt on cherche à obtenir, 1°. l'oblitération de trajets fiftuleux dont les parois ne font pas encore revêtues d'une membrane organifée; 2°. le rétréciffement de conduits naturels dont l'ufage & le temps ont accru les dimenfions. Mais ce dernier but n'eft pas du domaine de la médecine. Réprouvée par la décence, cette pratique, qui d'ailleurs n'eft pas fans danger, ne peut trouver quelque approbateur que parmi ces médicaftres qui foulent aux pieds la morale, en même temps qu'ils fe jouent de la fanté des hommes.

(EMÉRIC SMITH.)

STYRAX. (Mat. méd. végét.) Liquidambar fyraciftua L. Cet arbre, de la famille des Amentacées & de la Monoécie polyandrie, a été décrit dans la partie botanique de ce Dictionnaire à laquelle nous renvoyons. Il habite l'Amérique du Nord.

Ce végétal produit un fuc balfamique, liquide de confiftance firupeufe ou miellée, de couleur jaunâtre-clair lorfqu'il nous arrive, qu'on appelle liquidambar blanc, baume copalme, ftyrax, florax; ce dernier nom eft erroné, car il appartient à un autre produit dont nous parlerons tout-à-l'heure. Le copalme fe folidifie avec le temps, & devient alors prefque tranfparent.

On diftingue dans le commerce deux qualités de ftyrax: la première, fort rare, ou plutôt qu'on ne rencontre plus en France, eft pure, claire, d'une odeur fuave; c'eft le fuc qui fort fpontanément de l'arbre dans les contrées chaudes du Mexique, & qui porte plus particulièrement les noms de copalme, de baume copalme; la feconde nous eft envoyée des provinces du nord de l'Union, & eft préparée par la décoction des rameaux de l'arbre, parce que, dans ce pays, ce fuc ne fort pas fpontanément: c'eft la qualité qu'on trouve dans le commerce, & qui eft fouvent falfifiée avec de la térébenthine, des huiles, &c. Elle eft noirâtre, de consistance de poix, d'une odeur peu agréable. Pour s'en servir on est obligé de la purifier en la ramollissant à une douce chaleur & en la filtrant, ou mieux encore, en la dissolvant dans l'esprit-de-vin & la précipitant par l'eau : c'est de cette dernière préparation qu'il faut user lorsqu'on emploie le styrax pour des médicamens internes..

Le *liquidambar orientalis* L., qui croît vers la mer Rouge, produit aussi une sorte de styrax analogue à celui du *liquidambar styraciflua*. Il nous arrive par la voie de Smyrne : il se prépare par l'ébullition des branches & de l'écorce de l'arbre dans l'eau de mer ; on recueille la substance qui surnage & qui a la forme de glu, & on la purifie ensuite. Plusieurs naturalistes veulent que ce produit soit le vrai styrax, & que celui produit par l'arbre américain conserve le nom de *copaline* du liquidambar ; mais ces produits étant identiques ne peuvent être séparés.

Le styrax a les propriétés des baumes, dont il fait partie ; l'acide benzoïque qu'il renferme s'effleurit parfois à sa surface. Sa saveur est chaude, âcre, amère ; c'est un excitant tonique, vanté comme utile dans les affections de la poitrine, la cicatrisation des ulcères, &c. ; il est aussi indiqué comme cordial. Il entre dans plusieurs de nos formules officinales, telles que la *thériaque*, le *diascordium*, le *mithridate*, le *baume du commandeur*, l'*onguent de styrax*, l'*emplâtre diabotanum*, &c.

On trouve une analyse du styrax dans le *Journal des Pharmaciens*, in-4°., pag. 209.

Le *storax*, qu'il ne faut pas confondre avec le styrax, est un produit balsamique, solide ; noirâtre, qui provient du *styrax officinale* L., arbre de la famille des Ebénacées, qui croît dans l'Orient. Plusieurs espèces du genre *styrax*, du Brésil, signalées par Martius, donnent également du storax, & l'une d'elles produit le benjoin.

Il règne de l'obscurité sur la distinction précise entre le copalme, le styrax, le storax, leurs variétés, & même relativement aux arbres qui les produisent. Heureusement que cette confusion n'en apporte pas dans leur emploi, car ce sont des produits analogues que l'on peut, sans danger, employer indifféremment les uns pour les autres.

(MÉRAT.)

SUAVE, adj. *Suavis*. Expression employée pour caractériser les substances qui flattent agréablement le goût & l'odorat. Parmi les médicamens, il en est auxquels cette dénomination peut convenir, tels sont le *benjoin*, la *vanille*, l'*ambre gris*, &c. (R. P.)

SUBÉRINE, s. f. (*Chim.*), de *suber*, liége. M. Chevreul a désigné sous ce nom le tissu du liége, & l'épiderme de plusieurs autres végétaux. Ce chimiste regarde la subérine comme un

principe immédiat, dont le caractère essentiel est de fournir de l'acide subérique lorsqu'on le traite par l'acide nitrique.

SUBÉRIQUE (Acide). *Acidum subericum*. (*Voyez* SUBÉRINE.) Cet acide est sans usage en médecine. CH. H.

SUBETH. (*Pathol.*) Ce mot, dont l'origine est arabe, paroît avoir été employé pour désigner une affection comateuse ; néanmoins les différens auteurs ne semblent pas y avoir attaché rigoureusement la même signification, car les uns l'appliquent au *coma vigil*, d'autres à une maladie particulière aux enfans : c'est dans les écrits des médecins arabes qu'il faudroit aller puiser les renseignemens propres à fixer les incertitudes que l'on peut avoir à cet égard.

Dans le Midi de la France, le Dr. Blaud a observé & décrit une maladie nommée *subé*, & qui, sous le rapport de son nom & sous celui des symptômes qu'elle présente, paroît avoir quelque ressemblance avec le *subeth* des Arabes. Cette maladie est propre aux enfans, quelquefois elle survient inopinément, d'autres fois elle est précédée de symptômes particuliers : dans le premier cas, l'enfant passe subitement de la veille au sommeil le plus profond : dans le second, au contraire, il éprouve des fourmillemens dans un des membres pectoraux, & quelquefois dans la moitié correspondante de la face ; il manifeste beaucoup d'effroi, & bientôt perd complètement l'usage de ses sens. A ces symptômes précurseurs succèdent une mobilité & une insensibilité complète : souvent le visage est rouge & animé, & il s'y manifeste des mouvemens convulsifs. La respiration est précipitée, le pouls très-développé ; mais bientôt la face s'altère & la mort survient dans l'espace de quelques heures.

La terminaison de cette maladie est presque toujours funeste, & à l'ouverture des cadavres on trouve un engorgement sanguin des veines, des sinus, & de la substance même du cerveau. Le moyen le plus efficace que l'on ait pu opposer à cette maladie, est la compression des carotides, que l'on opère en rapprochant l'une de l'autre, au moyen du pouce & de l'index, les deux artères, que l'on presse ensuite fortement entre la partie latérale du larynx ou contre la colonne vertébrale : mais cette compression ne doit pas durer au-delà d'une minute, encore faut-il y revenir chaque fois que les accidens semblent se renouveler. (R. P.)

SUBGRONDATION, s. f. (*Pathol. chir.*) *Subgrundatio*, entablement. Expression figurée, dont plusieurs chirurgiens se sont servis pour désigner un enfoncement des os du crâne produit par quelques accidens. Cette dépression est le plus fouvent accompagnée de fracture : quelquefois cependant elle eft fimple, furtout chez le fœtus, à la fuite d'un accouchement laborieux. On cite des exemples de perfonnes qui ont continué de vivre malgré un enfoncement notable des pariétaux, & M. le Dʳ. Laroche a configné une obfervation de ce genre, dans les *Bulletins de la Société de la Faculté de médecine de Paris.*

(R. P.)

SUB-INFLAMMATION, f. f. (*Pathol.*) Le Dʳ. Brouffais a donné ce nom à certains états pathologiques, qu'il croit ne différer de l'inflammation ordinaire que par le degré, & dont il place le fiége dans les vaiffeaux blancs. Ainfi, le fquirrhe, les fcrofules, certaines dégénérations fibreufes, offeufes, ftéatomateufes, &c., font pour lui le produit d'un état inflammatoire obfcur. Il a même été plus loin encore, & dénaturant tout-à-fait le fens du mot *inflammation*, pris dans fon acception générale ordinaire, il y a rattaché fous le nom vague & mal défini d'*irritation*, prefque tous les phénomènes morbides. Le temps, l'obfervation & l'expérience réduiront à leur jufte valeur ce qu'il y a d'exagéré & d'hypothétique dans ces affertions hardies & fpécieufes.

(GIBERT.)

SUBINTRANTE, f. f. (*Pathol.*) *Febris protracta, coalterna,* &c. On nomme fubintrante, une efpèce de *fièvre* que des médecins regardent comme rémittente, & que d'autres, confidèrent comme intermittente. Les accès de cette forte de fièvre empiètent les uns fur les autres; en forte que l'accès qui fuit, furvient toujours avant que le précédent foit terminé. Nous penfons, contre l'opinion d'un grand nombre d'auteurs, que la fièvre fubintrante doit être rapportée aux intermittentes, & nous nous fondons fur les raifons fuivantes:

Il eft de la nature de toute fièvre intermittente, de préfenter une férie d'affections fébriles ifolées & féparées par des intervalles d'apyrexie complète; chaque accès en effet a une invafion, un plus haut degré de développement & un déclin, & l'on fait très-bien qu'une maladie quelle qu'elle foit ne peut renfermer plufieurs de ces périodes. D'après cela, ne fommes-nous pas autorifé à établir que la fièvre dont il eft queftion, a véritablement le caractère intermittent, puifque d'ailleurs chacun de fes accès renferme les trois périodes admifes par les auteurs? Remarquons en effet que la dernière période de la fièvre feroit une véritable terminaifon fuivie d'apyrexie, fi l'invafion de l'accès ne détruifoit fouvent, par fon *empiétement*, la marche normale de la maladie qui nous occupe. On pourroit donc dire, avec raifon, que la fièvre fubintrante eft une fièvre intermittente rendue imparfaite par l'empiétement de l'accès

fuivant fur le déclin du *précédent*. On pourroit objecter que les trois périodes de l'accès ne font pas quelquefois très-diftinctes dans la fièvre fubintrante, fi cette irrégularité ne fe rencontroit pas dans les fièvres intermittentes les plus vulgaires, telles que les *tierces* & les *quartes*.

Ce qu'il y a de plus important à connoître dans la fièvre fubintrante eft la période d'invafion, qui coïncide avec le déclin de l'accès qui a précédé; voici ce qui fe paffe alors : la fueur qui couloit facilement des pores de la peau ceffe tout-à-coup; le derme fe refferre, la chaleur qui étoit douce & halitueufe fait place au réfroidiffement, le vifage pâlit, les fluides font refoulés à l'intérieur, les fécrétions qui fe faifoient librement fe troublent & fe fufpendent, l'urine devient claire & tenue, la langue fe deffèche; le malade éprouve de l'anxiété, des pandiculations, des engourdiffemens, de la foif; le pouls de mou, qu'il étoit, devient ferré, petit & concentré; en un mot, les fymptômes propres à l'invafion d'un accès de fièvre prennent la place de ceux qui caractérifent fon déclin.

(BRICHETEAU.)

SUBLIME, adj. (*Anat. pathol.*) *Sublimis.* Souvent des mufcles qui fervent aux mêmes ufages font fuperpofés : tels font, par exemple, ceux qui fléchiffent les doigts. Afin de les diftinguer les uns des autres, les anatomiftes ont nommé *fublime* celui qui eft le plus extérieur, & par oppofition, ils ont appelé *profond*, le mufcle le plus éloigné de la furface du corps. (*Voyez* le *Dictionnaire d'Anatomie* de cet ouvrage, pag. 321.)

Les pathologiftes ont quelquefois employé le mot *fublime* pour caractérifer un mode de refpiration accompagnée d'élévation confidérable des côtes, & d'écartement des ailes du nez au moment de l'infpiration. (R. P.)

SUBLIMÉ CORROSIF. (*Deuto-chlorure de mercure.*) (*Voyez* MERCURE, tome IX de ce Dictionnaire, pag. 695.)

SUBLIMÉ DOUX. (*Proto-chlorure de mercure.*) (*Voyez* CALOMEL, tome IV de ce Dictionnaire, pag. 318.) (CH. H.)

SUBLINGUAL, ALE. (*Anat.*) *Sublingualis,* de *fub*, deffous, & de *lingua*, langue. Les anatomiftes font ufage de ce mot pour défigner la fituation de deux *artères* & de deux *glandes* placées fous la langue, à droite ou à gauche. L'artère eft fournie par l'artère linguale, & fe diftribue aux mufcles mylo-hyoïdien, géni-hyoïdien, digaftrique & à la membrane interne de la bouche. Quant à la *glande*, elle n'eft en quelque forte qu'un appendice de la glande fous-maxillaire, & fa ftructure ne préfente rien qui ne lui foit commun avec les autres glandes falivaires. (*Voyez* SALI-VAIRES & SUBLINGUALE dans le *Dictionnaire d'Anatomie* de cet ouvrage.) (R. P.)

SUBMERSION, f. m. *Submerfio.* Nous renverrons pour ce qui concerne la fubmerfion, confidérée dans fes rapports avec la phyfiologie, la médecine légale & la police médicale, à l'article NOYÉ de ce Dictionnaire. Nous nous bornerons à noter ici un fait obfervé par M. Piorry. Il paroîtroit d'après ce phyfiologifte, que dans les cas où la mort eft due à la fubmerfion, l'abforption de l'eau dans les bronches donne lieu à une nouvelle fécrétion d'urine, qui fe continue jufqu'au moment où furvient la rigidité cadavérique; d'où réfulte une accumulation plus ou moins confidérable de ce liquide dans la veffie. M. Piorry, qui a expérimenté fur des chiens, a conftaté au contraire que la veffie étoit conftamment vide, quand ces animaux avoient fuccombé à toute autre efpèce de mort violente. Nous mentionnons ici cette découverte de M. Piorry, parce que nous croyons qu'elle pourroit donner lieu à des recherches fur l'homme, & qu'elle contribueroit ainfi à répandre une nouvelle fomme de lumières fur cette importante queftion médico-légale, *favoir fi un individu a été précipité vivant dans l'eau, ou fi la fubmerfion n'a eu lieu qu'après la mort.* (L. J. RAMON.)

SUBMENTAL, ALE, ou SOUSMENTAL, ALE. (*Anat.*) *Submentalis*, de *fub*, deffous, & de *mentum*, le menton. Nom donné à une artère & à une veine, dont il indique la pofition. (*Voyez* le *Dictionnaire d'Anatomie* de cet ouvrage, pag. 303.)

SUBSTANCE, f. f. *Subftantia.* Ce mot diffère de celui de *matière*, en ce que celui-ci fert indiftinctement pour défigner tout ce qui conftitue les corps, tandis que le premier eft plus habituellement joint à un adjectif qui fpécifie quelques-unes des propriétés de ces corps. Ainfi on dit *fubftance animale, fubftance minérale, fubftance végétale*, &c.

Quelquefois le mot *fubftance* eft employé dans les prefcriptions médicinales, pour indiquer qu'un médicament doit être donné en nature, c'eft-à-dire, fans être combiné avec aucun autre qui feroit fufceptible de lui communiquer de nouvelles propriétés. (R. P.)

SUBSTITUTION, f. f. (*Pharm.*) *Subftitutio.* Ce mot a quelque rapport avec les expreffions *fophiftication* & *fuccédané*: cependant, il ne peut point en être regardé comme le fynonyme. En effet, la fophiftication indique une fubftitution *frauduleufe* faite à l'infu des médecins, & dans laquelle on remplace un médicament d'un prix élevé par une fubftance d'une beaucoup moindre

valeur, fans du refte s'inquiéter fi réellement elle a des propriétés identiques ou analogues. Le fuccédané poffède toujours, au moins une partie, des propriétés des médicamens qu'il remplace, & ce n'eft qu'avec le confentement des médecins que l'on en fait ufage. La fubftitution au contraire fe fait fans l'aveu de ce dernier, & bien qu'elle n'ait ordinairement lieu que pour des fubftances médicamenteufes affez infignifiantes, elle eft toujours blâmable, parce qu'entre les mains de pharmaciens ignorans, elle pourroit, dans certaines préparations magiftrales, donner naiffance à des compofés dangereux.

SUBSTITUTION DE PART. (*Médic. lég.*) Délit dans lequel une femme qui eft réellement accouchée, ou qui dit être accouchée, fubftitue à fon enfant mort ou vivant, un autre individu, auquel elle prétend avoir donné le jour. Quelquefois la fubftitution de part peut avoir lieu à l'infu de la mère. Ce délit, que des *intérêts* particuliers peuvent feuls provoquer, n'eft du reffort du médecin légifte que lorfqu'il eft confulté peu de temps après l'accouchement, ou bien encore dans quelques circonftances où des anomalies de conformation imprimeroient à un individu, des caractères propres à le faire reconnoître à toutes les époques de la vie. (R. P.)

SUC, f. m. (*Phyf.*, *Mat. méd.*) On donne ce nom aux parties liquides des corps. Dans l'économie animale on admet un *fuc gaftrique*, un *fuc nourriffier*, un *fuc offeux*, qui font des êtres imaginaires dans le fens où l'entendoient les anciens phyfiologiftes, qui leur faifoient remplir des fonctions fpéciales.

En matière médicale on donne le nom de *fucs* aux liquides qui fortent fpontanément, ou que l'on extrait des végétaux, à l'aide d'opérations chimiques ou pharmaceutiques:

Les baumes, les réfines, les gommes, &c., fortent naturellement fous forme liquide, & fe concrètent enfuite à l'air: ce font des fucs naturels.

Il y a des fucs que l'on obtient des corps par la fimple preffion, tels font ceux d'aloès, de cachou, d'hypocifte, d'opium, & que l'on fait rapprocher enfuite par le moyen de la chaleur folaire ou du feu, pour s'en fervir fous cette forme.

Il y en a que l'on obtient liquides pour les employer de même; on les nomme plus particulièrement *fucs de plantes, fucs* ou *jus d'herbes.* Il fuffit de comprimer à la preffe ces plantes, après les avoir préalablement contufes, pour en retirer la partie liquide. Quelquefois elle eft fi épaiffe dans les mailles du végétal, qu'on eft obligé d'y ajouter de l'eau pour la rendre plus ténue & pouvoir l'extraire. Il y a des fucs acides, qui s'obtiennent avec facilité par la plus fimple preffion, mais après avoir préalablement laiffé un peu fermenter les fruits qui les recèlent : tels font ceux de framboifes, de grofeilles, de cerifes, &c. Avant d'en faire ufage, on dépure fouvent les fucs de plantes par le filtre & quelquefois par l'ébullition, pour les féparer de la fécule ou d'autres matières étrangères qui y font fufpendues; c'eft ce qu'on appelle des *fucs dépurés.* Il y a des perfonnes qui ne peuvent prendre que les fucs ainfi préparés, quoiqu'ils foient moins *vertueux* que ceux qui ne le font pas (1).

Suivant les plantes dont on extrait les fucs, il y en a de dépuratifs, de fondans, d'antifcorbutiques, &c. On les prépare, foit avec une feule plante, foit avec plufieurs, ce qui eft plus ordinaire, quoique le premier ufage dût être préféré, comme plus rationnel, & fourniffant des réfultats plus fimples & plus appréciables.

On ordonne les fucs de plantes au printemps, parce qu'à cette époque les végétaux font plus frais & plus riches en parties humides. L'ufage eft d'en prendre quatre à fix onces chaque matin, dépurés ou non, quelquefois coupés avec des eaux diftillées, du petit-lait, &c., ou avec addition de firops, de fels, &c. On les continue pendant fix femaines ou deux mois. On les preferit dans les engorgemens des vifcères abdominaux, dans la dyfpepfie, la difpofition à la phthifie pulmonaire, au fcrofule, dans le rachitis, le fcorbut, &c.; enfin dans toutes les dégénérefcences des folides ou des liquides, parce qu'on leur fuppofe la propriété de dépurer & de renouveler nos humeurs, & par conféquent de refaire en quelque forte nos parties dégagées des principes morbifiques qui les altéroient, & dont le dérangement de la fanté étoit le réfultat. (MÉRAT.)

SUCCÉDANÉ (*Mat. médic.*), de *fuccedere,* fuccéder. Nom que l'on donne à un médicament que l'on peut fubftituer à un autre, parce qu'il a des propriétés femblables. C'eft lorfque le médicament à employer manque, qu'il eft trop cher, qu'il eft altéré ou qu'il répugne trop au malade, qu'on emploie un *fuccédané,* ce qui ne doit avoir lieu que d'accord entre le médecin & le pharmacien. Ordinairement on fubftitue un médicament indigène à un exotique analogue, ce qui eft nonfeulement permis, mais encore devroit être encouragé.

Ce n'eft pas d'aujourd'hui que l'on remplace un médicament par un autre, puifque Galien avoit compofé un traité fur ce fujet. Il y a des circonftances où ce remplacement eft en quelque forte obligé, comme nous l'avons vu lors du blocus continental qui priva la France de relation avec les pays d'outre-mer, pendant dix ou

douze ans. A cette époque, des gouvernemens européens follicitèrent les favans de s'occuper de trouver des fuccédanés des fubftances exotiques, & plufieurs bons ouvrages réfultèrent de cet appel à la fcience. Il feroit à defirer qu'une lifte en quelque forte officielle de médicamens propres à être ufités comme fuccédanés de tous les médicamens exotiques, pût être publiée, afin non-feulement de nous délivrer des tribus que nous payons à l'étranger fous ce rapport, mais encore parce que nous aurions des médicamens plus frais, plus faciles à fe procurer, & que l'on pourroit renouveler plus fréquemment. La règle de l'analogie des familles eft à peu près la feule à fuivre dans le choix des fuccédanés. Effectivement, nous favons que les plantes qui ont des affinités de compofitions en ont ordinairement dans leurs propriétés. Cependant il eft effentiel de fanctionner par l'expérience ces propriétés, car nous favons auffi qu'il y a des exceptions dans les familles les plus naturelles. Il eft même prudent de ne fe bafer définitivement que fur l'obfervation des vertus des fuccédanés, pour les fubftituer aux exotiques dans l'emploi qu'on en fait. Si on ne fe fervoit que des médicamens indigènes, & la chofe ne feroit pas impoffible à un petit nombre d'exceptions près, les fuccédanés nous feroient toutà-fait inutiles.

Il ne faut pas confondre les médicamens fuccédanés avec les *fubftitués,* encore moins avec les *fophiftiqués.* Nous avons dit que ce n'étoit que d'accord que l'on donnoit des fuccédanés; tandis qu'il y a tromperie & danger lorfqu'on fubftitue un médicament à un autre fans en prévenir le médecin. Il y a crime fi on donne des médicamens fophiftiqués, puifqu'il peut en réfulter les fuites les plus graves pour le malade.

(MÉRAT.)

SUCCENTURIAUX, adj. (*Anat.*) *Succenturiati,* de *fuccenturiare,* remplacer. Les anatomiftes ont nommé *reins fuccenturiaux, capfules atrabilaires,* ou *glandes furrénales,* deux corps fitués au-deffus des reins. (*Voy.* CAPSULES SURRÉNALES dans le *Dictionnaire d'Anatomie* de cet ouvrage).

SUCCENTURIER. (*Anat.*) *Succenturiatus.* Adjectif dont l'étymologie eft la même que celle du mot précédent. Il a été employé pour défigner l'inteftin *duodenum* que l'on a comparé à un fecond eftomac, & que dès-lors on a nommé *eftomac fuccenturier.* (*Voyez* DUODENUM & PYRAMIDAL dans le *Dictionnaire d'Anatomie* de cet ouvrage.)

SUCCIN, fub. m. (*Mat. médic.*) *Succinum.* (*Voyez* AMBRE JAUNE, tom. II, pag. 114 de ce Dictionnaire, & KARABÉ, tom. VIII, pag. 5 du même ouvrage.)

SUCCINIQUE (Acide). *Acidum succinicum.* Acide que l'on trouve dans le succin (ambre jaune), & qui est composé de carbone 47,99, oxygène 47,78, & hydrogène 4,23. Il est sans usage en médecine. (C. H.)

SUCCION, s. f. (*Physiol.*, *Thérap.*) *Succio*, *suctus.* C'est ainsi que l'on nomme cette action, toute mécanique & toute instinctive, au moyen de laquelle l'enfant nouveau-né peut, à l'aide de l'aspiration, faire le vide dans sa bouche, & forcer, par la pression de l'atmosphère, le lait à jaillir du sein de sa nourrice. Ce résultat ne diffère réellement point de l'effet produit, lorsqu'au moyen d'un tube on aspire le liquide contenu dans un vase. Envisagées sous ce rapport, les considérations relatives à la succion sont du ressort de la physiologie lorsqu'il s'agit d'en expliquer le mécanisme, & de celui de l'hygiène lorsqu'il est question des conditions les plus favorables à la lactation. (*Voyez* ABLACTATION, ALLAITEMENT, NOURRICE & NÉ (nouveau), dans ce Dictionnaire.)

Plusieurs causes peuvent s'opposer à ce que l'enfant ne prenne le sein ; les unes dépendent de la nourrice, dont le mamelon peut être ou trop court ou trop long. Dans le premier cas, l'enfant ne sauroit le saisir, & dans le second, pénétrant trop profondément dans la bouche, il provoque des envies de vomir : quelquefois aussi, chez certaines femmes-nerveuses, un spasme habituel resserre les vaisseaux lactifères & s'oppose à l'écoulement du lait. Quant à l'enfant, on conçoit qu'une foiblesse extrême, le frein de la langue trop court, ou un bec de lièvre avec écartement des maxillaires, peuvent être des obstacles insurmontables qui l'exposeroient à mourir de faim, si l'art ou un allaitement artificiel ne remédioit point à ces inconvéniens.

La succion comme moyen thérapeutique a été en usage dès la plus haute antiquité ; & l'on sait que chez les Grecs, il y avoit des *suceurs* ou *psyles*, qui étoient en grande vogue, & pratiquoient cette opération particulièrement à la suite des plaies faites par des animaux venimeux. Cette méthode s'est depuis retrouvée chez un grand nombre de peuples : aussi, chez les Romains, les mères & les épouses *suçoient-elles* les blessures de leurs fils & de leurs maris ; l'histoire même rapporte un grand nombre de faits dans lesquels la succion a été une marque de dévouement dans des circonstances où l'on supposoit qu'une blessure avoit été faite par une arme empoisonnée.

C'est particulièrement dans les plaies pénétrantes de la poitrine & dans les épanchemens qui se forment dans cette cavité que l'on avoit espéré retirer de grands avantages de la succion. Quoi qu'on ait pu dire à cet égard, l'expérience n'a point justifié l'espoir qu'on en avoit conçu : d'ailleurs, une foule d'autres moyens, tels que l'usage de la seringue œsophagienne, & dans certains

cas, celui des ventouses, peuvent, avec avantage, suppléer l'application de la bouche, qui pourroit quelquefois, sans être d'une grande utilité pour le malade, exposer l'opérateur à quelque danger. (R. P.)

SUCCOTRIN ou SOCCOTRIN, adj. (*Bot.*, *Mat. méd.*) *Succotrinus.* Nom donné à une espèce d'aloës. (*Voyez* ALOES dans ce Dictionnaire & dans celui de *Botanique.*)

SUCCUBE, sub. m. (*Pathol.*) *Succubus*, de *succubare*, coucher dessous. Ce mot est l'un des noms que l'on a donnés au cauchemar, & il indique l'un des symptômes qui caractérisent cette affection, dans laquelle un corps très-pesant semble être placé sur la poitrine & empêche la respiration. (*Voyez* COCHEMAR & INCUBE dans ce Dictionnaire.)

SUCCULENT, ENTE, adj. (*Hyg.*) *Succulentus*, *succosus.* On donne en général ce nom, aux substances alimentaires qui, sous un volume peu considérable, renferment beaucoup de matières nutritives. Cet adjectif a quelquefois aussi été employé par les botanistes, pour désigner des plantes qui contiennent un suc abondant ; tels sont les *joubarbes*, les *aloës*, &c. (R. P.)

SUCCUSSION, sub. f. *Succussio*, dérivé de *succutere*, secouer, l'action de secouer. On appelle *succussion*, ou bien encore *commotion hippocratique*, un mode d'exploration déjà employé par Hippocrate & ses contemporains, pour s'assurer de l'existence des épanchemens thoraciques. Il consiste à saisir par les épaules un malade sur son séant, & à imprimer ensuite une ou plusieurs secousses au tronc, afin d'entendre s'il y a une fluctuation du liquide épanché dans la cavité des plèvres.

Ce moyen de diagnostic, dont les Anciens faisoient un grand usage, est peu employé par les médecins modernes, sans doute parce que l'expérience leur en avoit démontré le vague & l'incertitude dans un grand nombre de cas probablement mal choisis. Cette incertitude, & le discrédit dans lequel étoit tombée la succussion, dépendent de ce que, jusque dans ces derniers temps, on n'avoit pas indiqué d'une manière précise la condition nécessaire (dans les épanchemens thoraciques) à la manifestation de ce signe, & qu'on le recherchoit chez des malades où il n'existoit pas. Or, cette condition n'est autre chose que la présence d'une certaine quantité d'un fluide aériforme introduit dans la poitrine par quelqu'ouverture fistuleuse, comme cela arrive dans le pneumo-thorax si bien décrit par Laennec. C'est d'ailleurs à cet auteur que revient l'honneur d'avoir le premier présenté une bonne théorie de la fluctuation, & d'avoir mis le médecin à même d'en tirer une indication certaine, en démon-

trant que la préfence de l'air pouvoit feule tranfmettre la fluctuation du liquide. Rien de plus
pofitif, en effet, que cette fluctuation que j'ai
eu l'occafion d'entendre deux fois l'année dernière
dans l'efpace de quelques mois, chez deux malades qui ont fuccombé à des phthifies avec
pneumo-thorax caractérifé par un épanchement
d'air, réuni à un épanchement de férofité dans
un côté de la poitrine. Quoique cette maladie
foit plus fréquente qu'on ne le croyoit avant les
recherches de notre célèbre Laennec, cependant
elle n'eft pas affez commune pour que l'on confidère la fuccuffion comme un moyen d'inveftigation dont on puiffe habituellement faire
ufage. Ce n'eft pas, au refte, qu'il y ait aucun
inconvénient à le tenter, car il eft auffi innocent
que la percuffion & l'aufcultation, quoi qu'en ait
pu dire Morgagni. Le médecin n'eft pas le feul qui
puiffe entendre la fluctuation du liquide épanché
au moyen de la commotion hippocratique ;
les malades, & ceux même qui leur donnent
des foins, l'ont vu réfulter de fimples mouvemens
fpontanés du tronc, ainfi que l'atteftent Morgagni,
Fanton, Volff, Willis, &c. M. le profeff. Boyer
dit également avoir vu un jeune homme qui, lorfqu'il defcendoit un efcalier, entendoit d'une manière très-diftincte, dans fa poitrine, le bruit de
la fluctuation d'un liquide.

Laennec, qui avoit plufieurs fois conftaté la
préfence d'un liquide épanché dans la poitrine au
moyen de la fuccuffion, affure qu'on difcerne
beaucoup mieux le côté du thorax où l'épanchement s'eft effectué, en joignant l'application du
cylindre au mouvement imprimé à cette cavité ;
cette addition eft furtout néceffaire quand il
n'exifte qu'une très-petite quantité de férofité
épanchée.

Pour pratiquer la fuccuffion, on met le malade fur fon féant, & on imprime au tronc, en
le faififfant par les épaules, un mouvement rapide
qu'on doit arrêter tout à coup, & en quelque forte
avant qu'il ait acquis fon développement : alors,
s'il y a épanchement, on entend le liquide qui
s'agite dans l'air que renferme la cavité thoracique & s'entre-choque avec ce corps gazeux. Le
fon qui réfulte de ce choc a une reffemblance
exacte avec le flot d'un liquide quelconque : rien
de plus facile que de percevoir, foit avec l'oreille
nue, foit avec le ftéthofcope, ce fon produit de la
fluctuation, qui, lorfqu'il exifte, eft un figne certain d'empyème ou d'hydrothorax.

(BRICHETEAU.)

SUÇON. f. m. On donne vulgairement ce nom à
une ecchymofe produite par la fuccion : c'eft ordinairement fur le cou, les joues, la poitrine, que
l'on obferve ces fortes de taches, dont la forme peut
empêcher de les confondre avec d'autres ecchymofes qui feroient le réfultat de violences extérieures. (R. P.)

SUCRE, f. m. *Saccharum.* On donne ce nom à un
principe immédiat des végétaux, criftallifable,
très-foluble dans l'eau, d'une faveur douce, agréable, qu'on extrait abondamment du *faccharum*
officinarum L., de la betterave, de la fève de
l'érable, &c. &c. Le fucre eft compofé, d'après
les chimiftes, de carbone 42,47 ; oxygène 50,63 ;
hydrogène 6,90 = 10. La gomme & l'amidon font
formés des mêmes élémens, feulement avec quelques variations dans les quantités, ce qui explique
pourquoi, à l'aide de certains procédés chimiques,
on peut les transformer en fucre, opération qui
a été faite en grand à l'égard de l'amidon.

Le fucre eft identique, quel que foit le végétal dont on l'obtienne, lorfqu'il eft criftallifé.
Jufqu'ici on emploie en Europe le fucre provenant du *faccharum officinarum*, avec le plus d'a-
bondance, quoique celui de betterave, qui eft
très-blanc, plus léger, lui difpute la concurrence,
& finira peut-être par la lui enlever, s'il eft vrai qu'à
la Havane même on cultive aujourd'hui la betterave pour en fabriquer du fucre.

Le fucre tel que nous le poffédons, criftallifé,
dépuré, &c., n'a peut-être pas été connu des Anciens, mais ils ont certainement poffédé la canne
à fucre. Chardin l'a vue partout dans l'Inde, &
dans des lieux où jamais elle n'avoit été apportée
par les Européens ; il ajoute que cent ouvrages
indiens, arabes, perfans, écrits dès la plus haute
antiquité, en parlent : ils en ufoient comme du
miel, parce qu'il eft probable qu'ils ne l'obte-
noient que fous forme firupeufe, ou tout au plus
fous forme grenue.

On diftingue deux races de cannes à fucre : l'une,
la plus ancienne, eft le *faccharum officinarum* ;
l'autre, appelée *canne violette, canne* d'Otahiti,
faccharum violaceum, tuffac, eft plus robufte,
& eft aujourd'hui préférée dans quelques cantons
des Antilles. Ces deux plantes, cultivées dans
les ferres chaudes d'Europe, peuvent être étudiées par les amateurs. La France confomme cent
millions de fucre par année, & l'Europe trois cent
millions, ce qui fait fortir fix cent millions à peu
près par an de cette partie du globe. Dans le paffage en France les fucres bruts fermentent, ce
qui fait une perte d'un dixième fur la quantité.
M. Pajol des Charmes propofe de remédier, par
le moyen du charbon, à cette fermentation. On a
calculé que le fucre de betterave pourroit être
fabriqué en même quantité, & qu'on pourroit
même en exporter pour cent millions. (*Annales*
européennes, 8e. livraifon.)

Un grand nombre de végétaux contiennent du
fucre ; on en obtient des Graminées, comme les
cannes, le maïs, le forgho, &c. ; on en retire
auffi du palmier à fucre, *areng faccharifera*
LABILL., & de quelques autres ; de la fève de
la plupart des arbres, furtout de l'érable ; du bouleau, du noyer ; des fruits fucrés, tels que le
raifin, les prunes, les cerifes douces, &c. ; de
certaines

de certaines racines, comme celles de betteraves, de carottes, de panais, &c. Nous pourrions ajouter à cette liste, le miel, qui est une espèce de sucre que les abeilles extraient des fleurs. Parmi ces sucres, les uns sont cristallisables, comme celui de la canne, de la betterave ; les autres ne le sont pas, tel est celui de raisin, de miel, &c. On peut voir la description abrégée de la fabrication du sucre de cannes, dans la partie botanique de cet ouvrage, à l'article CANNAMELLE, tom. I, pag. 593. Outre le sucre cristallisé que donne la canne, on a de la *mélasse*, c'est-à-dire une sorte de sirop qui n'est plus susceptible de cristallisation, & dont on fait différens usages économiques ou médicinaux. On en fabrique du rum ou tafia, en l'étendant d'eau & le faisant fermenter ; c'est un alcool regardé comme stomachique, pectoral, & dont on prend des bains aux Antilles dans la paralysie & le rhumatisme chronique. Le sucre très-purifié & obtenu à l'état de cristaux isolés, est appelé *sucre candi*.

Le sucre est un objet qu'on pourroit appeler de première nécessité, tant l'usage en est aujourd'hui répandu ; le bas prix auquel il est tombé de nos jours par le développement de l'industrie, & le perfectionnement des procédés propres à le préparer, l'ont répandu jusque dans les chaumières ; c'est d'ailleurs une substance agréable au goût, adoucissante, nourrissante, qu'on associe à beaucoup d'autres, comme au lait, aux fécules. Cependant on a voulu le représenter comme nuisible dans quelques cas, prétendant qu'il échauffoit, qu'il constipoit, &c. On est encore à lui trouver ces désavantages d'une manière marquée, lorsqu'on en fait un usage raisonnable ; & il y a long-temps qu'on a dit en proverbe, *que le trop de sucre ne fait mal qu'à la bourse.*

M. Magendie a bien expérimenté que des chiens nourris seulement de sucre & d'eau distillée, en un mot, de matières non azotées, périssoient au bout d'un mois environ ; mais jamais l'homme ne se trouve dans ces conditions, surtout sous le rapport de l'eau distillée. Il y a des gens qui ne se nourrissent presque que de sucre, & qui n'en éprouvent que du bien ; combien d'enfans n'ont guère d'autre aliment pendant les premières années de leur existence, & cependant n'en sont pas plus mal portans. Ce n'est pas que nous approuvions cet usage excessif du sucre chez eux, il les rend difficiles pour les autres nourritures, dérange leur appétit naturel, trouble les habitudes de la vie ordinaire, &c. ; nous voulons seulement dire que l'abus même de cette substance n'est pas nuisible au fond de la santé.

C'est à l'aide du sucre que l'on prépare & que l'on conserve une foule d'alimens. Les compotes, les crèmes, les gâteaux, les pâtes, &c., contiennent plus ou moins de sucre ; on conserve par ce moyen les fruits ou leurs sucs sous la forme de gelées, de confiture, de raisiné, &c. On prépare

avec le sucre, des sirops, des dragées, des liqueurs, & une multitude de friandises chères aux dames, aux enfans & aux gourmands. Des arts nombreux, tels que ceux du confiseur, du liquoriste, du pâtissier, &c., sont fondés sur l'emploi du sucre ; le pharmacien surtout en emploie des quantités considérables. *Apothicaire sans sucre*, est synonyme d'impossible.

Les qualités médicinales du sucre sont réelles, sans être cependant du nombre de celles qui frappent beaucoup, parce qu'elles n'ont rien de bien tranché, & que l'emploi journalier qu'on fait de cette substance est cause qu'on n'y porte qu'une attention médiocre ; on en sentiroit mieux la valeur, si on en étoit privé momentanément, comme cela s'est presque rencontré pendant la longue guerre maritime que nous avons éprouvée avant l'année 1813. Le sucre est adoucissant par excellence ; aucun médicament n'est plus propre que lui à calmer les irritations, la chaleur, & l'âcreté qu'on éprouve dans le pharynx, les voies aériennes & stomachiques, dans certaines circonstances. Fondu dans la bouche, sous forme de *sucre candi*, de *sucre d'orge*, &c., il calme l'irritation du gosier, la toux sèche, l'ardeur de poitrine, facilite l'expectoration, le jeu des organes respiratoires & de la parole ; c'est aussi un adoucissant de prédilection pour l'estomac, car il facilite la digestion, la hâte, & permet le passage plus aisé des alimens dans le duodénum : c'est donc l'ami de la poitrine & de l'estomac. Il y a des personnes qui ne digèrent rien sans eau sucrée, & d'autres même, qui ne digèrent qu'elle momentanément.

Le sucre sert à édulcorer toutes les boissons, les tisanes, les potions, &c., que l'on donne aux malades, & sans lui, on ne pourroit guère user de beaucoup de médicamens dont il masque la saveur sans l'affoiblir ; c'est surtout dans la médecine des enfans qu'on est obligé de prodiguer le sucre, pour parvenir à leur faire prendre quelque chose, tant la saveur amère qu'offrent la plupart des substances médicinales leur est importune. C'est dans les affections de la poitrine, les rhumes, les catarrhes, les phlegmasies, &c., qu'on emploie le sucre avec le plus de succès.

On a reconnu que le sucre pouvoit être utile contre les graviers, la pierre, & les souffrances que cause la formation de ces concrétions, telles que la colique néphrétique. Effectivement, dans les expériences faites sur des chiens, & citées plus haut, on voit l'urine devenir plus ténue, plus claire, & par conséquent contenir moins de matériaux propres à la formation des concrétions salines. On peut donc prescrire le sucre à haute dose, aux personnes qui ont quelques raisons de le croire disposées à la pierre, & même à celles chez lesquelles elle existe sous un petit volume ; à plus forte raison aux individus qui n'ont que des graviers.

V.

On a expérimenté que dans les empoisonnemens par les sels ou par les oxydes de cuivre, le sucre pouvoit être utilement administré à haute dose comme antidote, d'après les expériences de M. Duval, fondées sans doute sur la décomposition qu'opère le sucre des solutions salines du cuivre. Il convient de le prescrire dans le cas où des alimens cuits dans des vases de ce métal paroissent en avoir dissous des parcelles (1); dans ceux où on a avalé du vert-de-gris, &c. Cette propriété est une des plus précieuses de celles que possède le sucre.

Dans les colonies on croit que le sucre est utile contre les morsures des animaux venimeux, comme celles des serpens, &c.

On a récemment accordé au sucre la propriété de détruire seul la syphilis. M. Sainte-Marie a vu un malade guérir de la vérole, en lui faisant prendre chaque jour quatre livres d'eau aussi sucrée que possible : c'est, dit-on, ce qui explique la propriété antivénérienne des sirops, des robs, &c., dont on fait un long usage, quelle que soit la substance sudorifique qu'ils contiennent.

A l'extérieur on fait comparativement, guère usage du sucre. On l'a conseillé comme dentifrice; bien pulvérisé, on en souffle dans les yeux pour dissiper les taies récentes; on croit que, répandu sur quelques ulcères, il peut les améliorer. On fait avec le sucre des fumigations balsamiques & diaphorétiques : on l'emploie aussi sous cette forme, pour détruire les mauvaises odeurs. Le *sucre rouge*, qui n'est que le premier état du sucre avant sa purification, est laxatif; on le prescrit en lavement à la dose de deux onces; la cassonade, dont on use quelquefois dans le même cas, est moins évacuante. (MÉRAT.)

SUCRE CANDI. C'est le nom que l'on donne au sucre cristallisé. (*Voyez* SUCRE.)

SUCRE DE DIABÉTÈS. La matière sucrée extraite de l'urine des diabétiques, se rapproche beaucoup de celle du raisin; cependant sa nature n'est pas toujours identique; puisque quelquefois elle a de l'analogie avec la gomme; néanmoins, toujours par la fermentation, elle peut se convertir en acide carbonique & en alcool.

Pour l'obtenir, on évapore l'urine des diabétiques, & l'on précipite les matières animales qu'elles contiennent en très-petite quantité, au moyen du sous-acétate de plomb. Concentrant ensuite la liqueur on fait cristalliser le *sucre*, que l'on purifie en le dissolvant dans l'alcool & en le faisant cristalliser de nouveau.

SUCRE DE LAIT, OU SEL DE LAIT. C'est l'un des principes immédiats qui ne se trouvent que dans le lait. Il cristallise en parallélipipèdes réguliers, terminés par des pyramides à quatre faces;

(1) Voyez *Essai sur la Toxicologie*. Paris, 1806.

il est demi-transparent, dur, inodore; sa saveur est légèrement sucrée : l'air n'exerce sur lui aucune action; il est assez peu soluble dans l'eau froide, mais il l'est beaucoup plus dans l'eau bouillante. Traité par l'acide nitrique, il se convertit en acide mucique : sa solution aqueuse, mêlée avec de la levure, ne fermente point; ce qui prouve que ce n'est réellement point du sucre; mais il peut acquérir la faculté de fermenter lorsqu'on le traite par l'acide sulfurique étendu d'eau. Cette substance fait la base du petit-lait, & cristallise par l'évaporation. Elle est formée d'oxygène, d'hydrogène & de carbone. On la prescrit comme adoucissant.

SUCRE DE RAISIN. (*Voyez* SUCRE.)

SUCRE DE SATURNE, SUCRE DE PLOMB. (*Voyez* PLOMB, dans ce Dictionnaire & dans celui de *Chimie* de cet ouvrage.) (R. P.)

SUDAMINA. (*Path.*) Il se développe souvent à la surface du corps, des pustules d'un volume peu considérable, remplies de sérosité, & pouvant facilement être confondues les unes avec les autres : telles sont celles de la miliaire, de l'urticaire, du strophulus, &c.; néanmoins, avec un peu d'attention, il est facile de remarquer des différences sensibles entre ces diverses affections.

Les sudamina sont moins une maladie qu'un épiphénomène; ce sont de petites vésicules du volume d'un grain de millet, arrondies, transparentes, & dénuées de caractères inflammatoires. Il seroit assez difficile d'assigner avec précision la cause qui les produit; à la vérité elles surviennent presque toujours en même temps que des sueurs abondantes, en sorte qu'on seroit tenté de les leur attribuer; mais l'expérience prouve aussi qu'elles apparoissent quelquefois sans qu'il y ait augmentation de transpiration cutanée. Les sudamina se montrent parfois dans l'état de santé, mais le plus souvent dans le cours de diverses maladies; dont elles ne peuvent être considérées comme une crise. Les enfans & les femmes, à raison de la délicatesse de leur peau, en sont plus fréquemment atteints que les hommes, que ceux surtout dont l'organe cutané est épais & dur.

La durée de ces sortes d'éruptions, qui se manifestent particulièrement au cou, à la poitrine & à l'abdomen, est en général assez courte : quelquefois les pustules disparoissent très-promptement; d'autres fois elles existent pendant trois ou quatre jours, & même davantage. Le liquide qu'elles contenoient est résorbé; l'épiderme se dessèche & tombe sans laisser au-dessous de lui aucune trace; lorsque par suite du frottement, les vésicules sont ouvertes, il ne se produit point de croûte sur la peau, mais on remarque souvent alors une petite dépression arrondie qui disparoît avec une extrême promptitude.

Les auteurs ont généralement fait peu d'attention à cette légère affection de l'organe cutané ; beaucoup d'entr'eux n'ont même point cherché à lui donner un nom particulier. Mais, dans ces derniers temps, M. le Dr. Barbier du Bocage, en prenant cet exanthème pour sujet de sa thèse inaugurale, en a décrit toutes les particularités avec l'attention la plus minutieuse (1). (R. P.)

SUDATOIRE, adj. (Path.) Sudatorius. On a quelquefois appelé *fièvre sudatoire* l'affection connue sous le nom de *suette*. (*Voyez* SUETTE.)

SUDORIFIQUES, adj. & s. m. pl. (*Mat. méd.*) ίδρωτικα, sudorifera. On donne ce nom aux agens thérapeutiques capables de provoquer la sueur. En général, on les distingue des diaphorétiques, qui ne sont destinés qu'à augmenter la perspiration cutanée ou la transpiration insensible. Mais il paroît très-difficile d'établir entre ces deux classes de médicamens une ligne de démarcation bien tranchée : la différence existe, bien moins dans la nature des moyens que dans la manière de les employer.

Les sudorifiques peuvent se partager en trois grandes classes : 1°. ceux qui n'agissent qu'à l'extérieur du corps ; 2°. ceux que l'on donne à l'intérieur ; 3°. l'exercice.

Dans la première classe, on place les frictions sèches ou humides, les vêtemens de laine, les couvertures multipliées, les bains généraux ou locaux, soit d'eau chaude, soit dans des animaux récemment tués, dans le marc de raisin, le fumier, &c. ; les étuves, les vapeurs chaudes, les corps échauffés, tels que briques, bouteilles, vessies, sable, &c. ; les sinapismes, les vésicatoires, &c. &c. Je ne parle pas des enveloppes de taffetas gommé & autres moyens analogues, qui ne sont que retenir sur la surface où on les applique, la transpiration naturelle qui s'y fait.

La seconde classe comprend une foule de substances végétales, animales & minérales, dont la nature & l'action immédiate sont très-diversifiées. On y trouve en effet : l'eau, des émolliens, des délayans, des toniques, des stimulans, des narcotiques, des vomitifs. Il seroit trop long de faire ici l'énumération des agens que fournit chacune de ces classes, des remèdes composés auxquels leurs divers mélanges ont donné lieu ; on les trouvera dans les catalogues de matière médicale.

Enfin, j'ai fait une classe à part des divers exercices auxquels l'homme peut se livrer, tels que la course, la danse, la lutte, l'escrime, &c. En effet, la manière dont ils provoquent la sueur offre un caractère tout particulier.

On voit déjà par la seule indication des moyens

dont le médecin peut faire usage pour exciter la sueur, quelles modifications variées ils doivent imprimer à l'économie animale.

Or, les sudorifiques de la première classe ont pour effet commun d'appeler le sang dans le réseau capillaire du derme, soit par une irritation mécanique ou chimique, soit par la chaleur dont ils sont pourvus. Par cette dernière qualité, ils dilatent aussi les petits vaisseaux par l'expansion des fluides qui y sont contenus : ceux au moyen desquels on applique en même temps à la surface de la peau une humidité plus ou moins prolongée, ont en outre l'avantage de relâcher les bouches toujours béantes des orifices exhalans ; mais ces moyens topiques n'ont pas toujours une action purement locale. Les irritans peuvent stimuler par sympathie les mouvemens du cœur, & ceux dont la chaleur fait la base, introduisent aussi dans le corps une masse de calorique capable d'animer le jeu de tous nos organes.

Parmi les sudorifiques internes, les uns ne fournissent qu'un véhicule aqueux qui délaie le sang, & ils ne deviennent diaphorétiques qu'autant que le mouvement circulatoire est assez fortement accéléré & que la peau se trouve dans des dispositions favorables. Les autres font pénétrer dans les humeurs, des principes plus ou moins irritans, qui ont pour effet de stimuler le système nerveux & consécutivement de précipiter les contractions du cœur. Il faut également que les pores cutanés se trouvent dans des conditions physiologiques particulières, pour que l'action excitante de ces médicamens établisse la diaphorèse. Les narcotiques compris dans cette classe, & particulièrement l'opium & les mélanges dans lesquels il entre, paroissent diminuer la contractilité & peut-être activer l'expansibilité des vaisseaux capillaires, sans affoiblir pour cela la force de contraction du cœur ; aussi comptent-ils parmi les sudorifiques les plus certains. Les médicamens qui, comme les vomitifs, ont pour effet de stimuler la contraction de la tunique musculaire de l'estomac, ont encore, soit par sympathie, soit de toute autre manière, la propriété de mettre la peau dans un état favorable à la sueur.

Enfin, les exercices ont cela de particulier, qu'ils communiquent à tous nos organes des secousses réitérées, & impriment à nos humeurs un mouvement plus ou moins rapide, qui les pousse du centre à la circonférence, sans qu'elles aient reçu aucun liquide qui en augmente la quantité.

Ces considérations succinctes sur l'action des divers agens sudorifiques, font assez juger qu'on ne peut les prescrire tous indifféremment, & qu'il est de la plus haute importance, avant de faire un choix, de s'assurer de l'état physiologique & pathologique de l'individu en général, & spécialement de l'organe cutané. En effet, pour que la sueur ait lieu, il faut une chaleur assez élevée, un mouvement suffisant dans la circulation, assez

(1) Voyez *Thèses de la Faculté de médecine de Paris*. Année 1828, n°. 255.

de fluides féreux dans le fang, une dilatation convenable des pores de la peau.

Toutes ces conditions peuvent fe rencontrer dans les maladies. Alors on voit paroître ces fueurs fpontanées critiques, qu'il eft du devoir du médecin attentif aux mouvemens de la nature, de laiffer couler & de feconder, par les moyens les plus fimples & les moins capables de troubler cette évacuation. Mais, lorfque dans les affections aiguës, le praticien, fe méfiant de la force médicatrice de la nature, ou conduit par des idées théoriques fur les caufes des maladies, veut exciter ces mouvemens qu'il a vus fouvent falutaires, il entreprend une chofe pleine de difficultés & de chances, plenum opus aleæ. Si la plus grande prudence ne le guide pas alors dans l'adminiftration des médicamens convenables, les fuites les plus fâcheufes peuvent en être le réfultat, & ce n'eft pas une petite gloire pour la médecine moderne, d'avoir prefqu'entièrement rejeté du traitement des maladies fébriles, ces fudorifiques incendiaires, que les Arabes & les alchimiftes avoient répandus avec tant de profufion pour le malheur de l'humanité. Il eft cependant, dans les maladies aiguës, quelques circonftances où l'emploi bien dirigé des fudorifiques, même chauds, offre de grands avantages. Nous indiquerons les principales : 1°. lorfque l'individu eft tombé dans un état d'afthénie réelle; mais alors c'eft autant la propriété ftimulante qu'on recherche que la vertu diaphorétique. 2°. Lorfque l'affection, à fon début, reconnoît évidemment pour caufe la fuppreffion de la tranfpiration : c'eft ainfi qu'on obtient fouvent les fuccès les plus remarquables dans certains cas de fièvres, d'inflammations des membranes muqueufes, de coliques, de dyfenteries, de rhumatifmes, de tétanos, &c. 3°. Lorfqu'une matière nuifible a été abforbée, foit dans les organes digeftifs, foit à la furface de la peau, & que, circulant avec le fang, elle menace les autres vifcères de l'économie, de fon action délétère; des faits affez nombreux atteftent l'efficacité des fudorifiques dans les empoifonnemens, lorfque la matière vénéneufe a paffé dans le torrent circulatoire. 4°. Je rapporte également ici les bons effets qu'on en obtient, comme prophylactiques, dans les maladies épidémiques & contagieufes.

Dans les affections lentes & chroniques, l'adminiftration des fudorifiques n'eft plus guidée par des indications auffi précifes; c'eft alors une médication pour ainfi dire empirique, dont la prefcription eft bafée foit fur la connoiffance des guérifons que la nature a opérées, foit fur les réfultats heureux que les médecins en ont obtenus dans quelques cas. Il nous eft interdit de relater ici les faits intéreffans confignés dans les annales de l'art; nous en déduirons feulement quelques confidérations générales. Or, dans les circonftances dont nous parlons, on emploie les fudorifiques, tantôt pour opérer une évacuation, pour

chaffer hors du corps la plus grande quantité poffible de fluides féreux : c'eft ce qu'on fait dans les hydropifies, afin de forcer les vaiffeaux abforbans à agir avec plus de vigueur & à repomper le liquide épanché. Au refte, quand on réuffit dans ce cas, on doit bien attribuer auffi quelque chofe à l'action tonique & ftimulante des médicamens dont on fe fert. Tantôt c'eft pour remplacer une fécrétion à laquelle on veut s'oppofer, ou bien pour diminuer ou tarir, par diverfion, une autre évacuation dont l'abondance conftitue un état morbide : c'eft ainfi qu'une méthode fudorifique préferve fouvent les nouvelles accouchées, qui ne doivent pas nourrir, des accidens que le lait peut caufer; & qu'on triomphe quelquefois du diabétès, de diarrhées chroniques, de catarrhes pulmonaires anciens, de leucorrhées & de blennorrhagies rebelles, &c. Tantôt, enfin, on veut produire un changement quelconque, un trouble particulier, qui modifie d'une manière avantageufe les fonctions de l'organifme, & en particulier la fonction léfée : dans ces cas, l'accélération de la circulation, l'efpèce de fièvre artificielle qu'on allume, doivent certainement être regardées comme ayant concouru à la guérifon. On ne paroît pas avoir d'autre but, quand les fudorifiques font appliqués à la curation des fcrofules, du rachitis, des engorgemens fquirrheux, &c. Eft-ce feulement de cette manière qu'ils agiffent dans le traitement de la fyphilis, ou bien eft-ce en expulfant le virus morbifique introduit dans l'économie animale? La queftion femble difficile à réfoudre dans l'état actuel de la fcience. Quoi qu'il en foit, nous fommes obligé de renvoyer le lecteur au mot SYPHILIS de ce Dictionnaire, & à l'article VÉROLE du Dictionnaire de Chirurgie de cet ouvrage, pour les détails relatifs à l'adminiftration des fudorifiques dans les maladies vénériennes. (EMERIC SMITH.)

SUETTE, f. f. (Pathol.) Sudor anglicus, morbus fudatorius, fuette miliaire, fuette des Picards, &c. On appelle de ces différens noms une maladie épidémique, peftilentielle, généralement regardée comme contagieufe. Le principal fymptôme de cette maladie eft une fueur abondante & fétide, qui perfifte prefque toujours jufqu'à la fin de cette affection, quelle qu'en foit la terminaifon.

Le nom de fueur anglaife, donné à cette maladie, lui vient de ce que ce fut en Angleterre qu'elle fe montra pour la première fois, vers l'année 1483, fous le règne de Henri VII. Elle parut d'abord dans le pays de Galles, puis s'étendit dans plufieurs parties de la contrée, & notamment jufqu'à Londres, où elle exerça de grands ravages. La fuette fe reproduifit trois fois dans la Grande-Bretagne, durant l'efpace d'environ quarante ans, augmentant toujours d'intenfité & devenant de plus en plus meurtrière. Elle ne fembla quitter alors ce pays que pour reparoître en Allemagne, en Hollande, en France, en Danemarck, en Norwège, où elle décima pour ainfi dire la population en divers endroits. Dans notre pays, ce fut particulièrement l'ancienne province de Picardie qu'elle ravagea, d'où le nom de *fuette des Picards* que lui ont donné plufieurs écrivains. Il n'y a pas plus de huit ans (1821) qu'elle fe manifesta pour la dernière fois dans un département de cette ancienne province (celui de l'Oife), où elle a été obfervée & décrite par un de mes amis (le D^r. Rayer), qui a publié à ce fujet un ouvrage rempli de favantes recherches biftoriques & ftatiftiques & de faits bien obfervés.

A travers toutes les affertions vagues & fuperftitieufes qu'on a débitées fur les caufes prochaines ou éloignées de la *fuette*, on ne peut méconnoître l'influence de la conftitution atmofphérique, qui, dans certaines circonftances, s'eft étendue aux animaux mêmes. L'auteur de l'ouvrage que nous venons de citer, croit que les localités humides & ombragées favorifent le développement de cette maladie, mais qu'elle fe propage à la manière de la fcarlatine, de la rougeole & de la varicelle. On a aufli accufé les mauvais alimens de jouer un rôle dans la production de cette maladie; c'eft à peu près à cela que fe réduit fon étiologie. Elle attaquoit de préférence des fujets fort fanguins, épargnant les valétudinaires, les enfans, les vieillards. Un auteur très-récent a penfé, non fans raifon, que la terreur répandue par la marche terrible & par la terminaifon funefte de la fuette, devoit être confidérée comme une caufe active de fes ravages. Cette penfée s'applique très-bien à toutes les maladies épidémiques & peftilentielles qui ont occafionné une grande mortalité.

La fuette anglaife s'annonçoit ordinairement par des douleurs vives aux extrémités, accompagnées de fueurs aux parties fupérieures du tronc; bientôt la fueur devenoit générale, & le corps du malade fe trouvoit comme enveloppé d'une vapeur chaude & brûlante qui fembloit pénétrer dans les parties les plus profondes de l'économie animale. Les malades éprouvoient tous les tourmens de la foif, étoient en proie au délire & à une agitation continuelle; d'autres fois ils avoient une tendance manifefte au fommeil, interrompue par des vomiffemens, des anxiétés précordiales, une infupportable céphalalgie; le pouls étoit dur, la refpiration fréquente & difficile. On remarquoit chez beaucoup de malades, en diverfes parties du corps (notamment à la poitrine, aux aiffelles, au ventre), tantôt une éruption miliaire générale, tantôt des phlyctènes ou des puftules partielles, qui renfermoient un fluide plus ou moins âcre & corrofif. Lorfque cet appareil formidable de fymptômes ceffoit au bout de quelques heures, c'eft-à-dire auffitôt que les fueurs s'arrêtoient, c'étoit ordinairement l'indice d'une fin prochaine;

quand au contraire vingt-quatre heures s'étoient écoulées depuis l'invafion, les malades fe rétabliffoient après une longue convalefcence.

La fuette des Picards, quoique très-analogue à celle des Anglais, préfentoit cependant des différences notables. Pendant l'épidémie de 1773, obfervée par M. Teffier, dans ce qu'on appeloit alors le *Beauvoifis*, la maladie duroit de quatorze à vingt jours, & quelquefois davantage; elle étoit précédée & accompagnée d'une multitude de fymptômes qui s'obfervent dans les affections dites bilieufes & dans les phlegmafies du tube digeftif. L'éruption étoit purement miliaire ou pétéchiale, &c. Du refte, on y retrouvoit, quoiqu'à un plus foible degré, les fignes les plus graves de la *pefte britannique*, affociés à des phénomènes d'irritation inflammatoire. L'épidémie de 1821, obfervée par M. Rayer, avoit la plus grande reffemblance avec celle de 1773; feulement, dans l'efpèce la plus bénigne, la durée totale de la fuette étoit beaucoup moindre & ne dépaffoit pas fept, neuf ou dix jours; on remarquoit que l'encéphale & fes dépendances, les organes des fens étoient étrangers aux défordres morbides; l'éruption étoit prefque toujours miliaire, quelquefois véficuleufe. Dans l'efpèce la plus grave, on obfervoit parfois toute la violence & la rapidité de la fuette anglaife, & les malades fuccomboient en trente-fix ou quarante-huit heures dans un coma & un délire furieux, ou avec les caractères d'une pneumonie. D'autres fois, la maladie épidémique, quoique très-grave, fe prolongeoit jufqu'au deuxième ou troifième feptenaire.

Dans les premiers temps de fon apparition, on regarda la fuette dite *anglaife*, comme une fièvre maligne, peftilentielle, ou tout au moins comme une maladie *fui generis* de la nature la plus funefte. On la confidéra de plus comme contagieufe. La fuette des Picards, au contraire, dès 1773, fut affimilée par M. Teffier à une affection inflammatoire; ce que fembloient en effet attefter le fuccès de la faignée & les funeftes effets des excitans, & particulièrement du vin rouge affocié à la cannelle. Des recherches communiquées à M. Rayer ont en partie confirmé cette dernière opinion, puifqu'elles ont démontré que l'épidémie obfervée dans le département de l'Oife, en 1821, confiftoit dans une irritation légère de l'eftomac, précédée, fuivie ou accompagnée d'une fluxion vers la peau, caractérifée par des fueurs continues, des démangeaifons, une éruption miliaire, &c.; que le cerveau & les poumons étoient aufli, quoique plus rarement, atteints de phlegmafie. Il faut ajouter que, dans les cas les plus graves de cette épidémie, comme dans ceux de la fuette anglaife, l'irritation inflammatoire fe montroit fous la forme la plus délétère, & parfois avec des phénomènes propres aux affections gangréneufes & peftilentielles.

Tous les moyens employés contre la fuette anglaife avoient pour but de favorifer la fueur & même de la provoquer. Les médecins prefcrivoient aux malades, d'éviter avec un foin fcrupuleux le contact de l'air froid, & aux affiftans, d'effuyer avec des linges chauds la fueur continuelle qui fluoit des pores cutanés. Ils pouffoient la précaution jufqu'à leur défendre de fe lever pour uriner, & de fortir les bras du lit pour l'exploration du pouls (*Sennert*). Quant aux médications, c'étoient des fudorifiques à l'intérieur, des frictions à l'extérieur, un régime févère, &c. L'idée de favorifer les fueurs chez les malades, étoit principalement fondée fur la néceffité d'expulfer un agent délétère, une forte de venin, de l'intérieur du corps. Les excitans qu'on employoit pour atteindre ce but, ont pu être utiles dans la fuette britannique, mais c'eft moins à l'exhalation cutanée, qui en étoit le réfultat, qu'il faut en rapporter le fuccès, qu'à l'action tonique & fortifiante propre à ces médicamens. Ainfi c'étoit fur un principe évidemment faux qu'étoit bafée la thérapeutique des premiers médecins qui obfervèrent la fuette. Si les fortifians qu'ils adminiftroient protégeoient le principe de la vie contre la violence du mal, l'abondance des fueurs qu'ils excitoient affoibliffoit confidérablement les malades & prolongeoit les convalefcences d'une manière indéfinie.

Ce traitement, au refte, de quelque manière qu'on l'envifage, ne convient point à la fuette des Picards, quoiqu'il y ait de nombreux points de contact entre celle-ci & la fuette anglaife. En confultant la thèfe de Bellot, publiée en 1718 (*an febri putridæ Picardis, fuette dictæ, fudorifera*), & le Mémoire de M. Teffier fur l'épidémie de 1773, on voit que ces médecins s'accordent dans la recommandation qu'ils font de modérer les fueurs par des boiffons acidulées, émétifées, &c., & furtout dans la prefcription de la faignée. Ils profcrivoient au contraire les toniques & les fudorifiques. Cette thérapeutique paroit également avoir réuffi dans deux épidémies de fuette qu'on a obfervées, l'une aux environs de Lyon en 1783 ou 1784, & l'autre dans le département de la Haute-Garonne, à une des époques les plus orageufes de la révolution. Enfin, dans l'épidémie de 1821, dont nous avons déjà parlé, & qui féviffoit dans une partie de la Picardie, les antiphlogiftiques, les faignées locales ou générales, fecondées quelquefois par les dérivatifs, ont encore obtenu une préférence fouvent couronnée de fuccès. M. Rayer, auquel nous devons l'hiftoire complète de cette épidémie, profcrit l'emploi des purgatifs, des émétiques, comme irritant & fatiguant inutilement les organes digeftifs; il rejette auffi l'ufage des toniques, des fudorifiques, & s'élève avec force contre une ancienne pratique abfurde, qui confiftoit à entretenir les malades dans une perpétuelle infomnie, pour éviter la congeftion du fang vers la tête. Il recommande

d'ailleurs tous les moyens poffibles d'affainiffement de l'air atmofphérique & des habitations, les moyens moraux, fi bien indiqués d'ailleurs dans une maladie où les fujets font frappés d'une grande terreur. Il penfe auffi que l'ifolement & les émigrations momentanées auroient de grands avantages. (BRICHETEAU.)

SUEUR, f. f. (*Phyf., Séméiot. & Pathol.*) ίδρως, *fudor*. C'eft une humeur perfpiratoire, ordinairement limpide & tranfparente, qui s'exhale à la furface de la peau, & s'y raffemble en gouttelettes plus ou moins confidérables. Cette exhalation intéreffe le médecin fous le triple rapport de la phyfiologie, de la féméiotique & de la pathologie.

I. Dans l'état de fanté le plus ordinaire, les pores exhalans, dont l'épiderme eft criblé, ne donnent paffage qu'à une fi petite quantité de férofité qu'elle fe trouve fur-le-champ réduite en une vapeur légère, qu'on appelle *perfpiration* ou *tranfpiration infenfible*, qui fe diffout & fe diffipe dans l'air. Lorfque la peau a un certain degré de chaleur, & que la vapeur qui s'en échappe eft affez abondante pour la ramollir & la rendre humide au toucher, cet état prend le nom de *moiteur*. Enfin, fi les pores cutanés offrent une dilatation confidérable, ou fi les mouvemens du cœur font fort accélérés, fans que les extrémités capillaires des vaiffeaux foient refferrées, la férofité en fort en abondance, & fe raffemble à la furface du corps fous forme de fueur. Les médecins ont penfé long-temps que ce fluide étoit le produit d'un travail fécrétoire, opéré par des glandes qu'ils appeloient *miliaires*, & dont ils fuppofoient l'exiftence dans le tiffu dermoïde. Mais les phyfiologiftes modernes ne voient dans la perfpiration & la fueur, qu'une exhalation qui fe fait par les dernières extrémités des vaiffeaux artériels ramifiés à la furface du derme. Cependant, quoique le travail qui produit la tranfpiration ne puiffe pas être regardé comme une véritable fécrétion, à caufe de l'abfence d'organes glanduleux, il eft certain que ce n'eft pas non plus une fimple tranffudation de la férofité du fang, puifque la compofition chimique de celle-ci & de la fueur n'eft pas identique. Il faut donc admettre que les vaiffeaux exhalans du derme ont fur cette férofité une action particulière qui lui imprime les qualités que nous reconnoiffons à la fueur.

La fueur, fuivant les analyfes chimiques, paroît compofée de beaucoup d'eau; d'un acide libre, que M. Thénard rapporte à l'acide acétique, & M. Berzelius à l'acide lactique; de muriate de foude; d'un atome de phofphate de chaux & d'oxyde de fer; enfin, d'une très-petite quantité d'une matière animale qui fe rapproche de la gélatine. Depuis long-temps les médecins s'étoient aperçus que la fueur contient moins d'acide carbonique que la perfpiration, fans pouvoir fe rendre compte de ce fait. Aujourd'hui que l'on fait qu'il s'opère sur toute la périphérie du corps une opération analogue à celle qui se passe dans les poumons, en un mot une véritable respiration, on conçoit comment la dilatation des exhalans sudorifères, en comprimant les petits vaisseaux destinés à l'absorption de l'air, diminue les phénomènes chimiques qui ont lieu dans ces derniers.

La peau n'offre pas chez tous les individus une organisation également favorable à la sueur. Il en est en effet chez lesquels le moindre exercice donne lieu à une transpiration copieuse, & l'on regarde en général, quoique souvent à tort, cette disposition comme un signe de foiblesse ; tandis qu'il en est d'autres dont la peau reste sèche au milieu des causes de sudation les plus actives : toutes les parties de la peau ne sont pas non plus également aptes à suer. On fait que des causes légères font couler la sueur des aisselles, de la région périnéale, de la tête, &c. On remarque aussi fort souvent que certaines parties, sans doute par une conformation particulière des exhalans cutanés, sont sans cesse humectées par la transpiration, ou s'en couvrent exclusivement. C'est ainsi, par exemple, qu'on a vu quelques individus n'avoir la faculté de suer que d'un seul côté du corps. Parmi les faits nombreux & extraordinaires de sueurs partielles publiés par les auteurs, je ne ferai mention que de celle à laquelle le fils de Simon Paulli fut sujet aux deux mains, avec cette particularité qu'il la provoquoit à volonté, comme l'atteste Th. Bartholin, qui a été témoin de ce phénomène singulier.

La sueur paroît tellement liée aux lois de l'organisme vivant, qu'il est difficile de concevoir qu'elle puisse couler sur un cadavre ; cependant, plusieurs observations bien avérées ne permettent pas de douter de ce fait extraordinaire. Les *Éphémérides des Curieux de la nature* en contiennent quatre exemples ; & depuis, quelques autres semblables ont été vus & publiés par Hafenest, Schneider, Pugnet, Penada & Speranza.

Quoiqu'incolore, la sueur tache le linge, soit à cause de l'oxyde de fer qu'elle contient, soit à cause de l'humeur huileuse fournie par les glandes sébacées, & dont elle entraîne une portion avec elle. S'il faut en croire des observateurs, la sueur se charge dans quelques cas, très-rares à la vérité, de la matière colorante de substances ingérées dans l'estomac. Menzel ou la rhubarbe lui communiquer sa couleur. L'odeur de la sueur est ordinairement aigre ; elle varie cependant suivant le tempérament, & il n'est pas invraisemblable qu'elle puisse même avoir quelque chose de particulier, de *sui generis*, suivant les individus. La sueur entraîne quelquefois avec elle les émanations odorantes de certaines substances alimentaires ou médicamenteuses, telles que l'ail, le soufre, &c.

Tous les médecins connoissent les rapports intimes qui existent entre l'évacuation qui se fait par la peau & celles qui ont lieu par les organes urinaires & pulmonaires. Elles paroissent avoir à peu près le même but dans l'économie animale : aussi, lorsque l'une est très-abondante, il est rare que les autres ne diminuent pas en proportion.

La sueur offre en outre une foule de variétés suivant l'âge, le sexe, les climats, &c., qu'il seroit trop long de détailler ici. Ces considérations, ainsi que plusieurs autres, qui d'ailleurs se rattachent davantage à la transpiration insensible, se trouveront aux mots PEAU, PERSPIRATION & TRANSPIRATION de ce Dictionnaire, & à l'article EXHALATION du *Dictionnaire d'Anatomie* de cet ouvrage.

II. Dans les maladies, la sueur est une des évacuations qui méritent le plus de fixer l'attention du praticien qui se fait un devoir de suivre & d'étudier les mouvemens que la nature suscite dans les fonctions de l'économie animale, lorsque quelque cause morbifique vient en déranger l'harmonie. Nous pourrions signaler ici les diverses altérations que la transpiration cutanée éprouve dans sa quantité, sa température, sa consistance, sa couleur, son odeur, sa saveur, &c., & les inductions séméiologiques que le médecin peut en tirer, mais nous manquons d'espace pour nous livrer à ces considérations importantes ; nous nous contenterons d'énoncer sur les sueurs bonnes & mauvaises, quelques préceptes généraux, auxquels pourtant on n'est pas étonné de trouver de nombreuses exceptions dans la pratique, quand on sait combien les tempéramens, les climats, les habitudes, &c., font varier les phénomènes pathologiques.

Les sueurs utiles se reconnoissent aux signes suivans : elles sont générales, chaudes, égales, continues, modérées ; elles arrivent, non pas au début des maladies, ni en général pendant leurs progrès, mais dans la période de décroissement, vers les jours que l'on a appelés *critiques*. Ce qui doit surtout fixer l'attention, c'est l'effet qu'elles produisent sur la maladie ; car une diminution notable dans tous les symptômes, & un mieux être manifeste & durable, sont le meilleur indice que les sueurs sont salutaires & critiques. Souvent elles sont précédées d'une chaleur douce, halitueuse, d'un changement remarquable dans le pouls, qui devient onduleux & mou, *inciduus* (Solano) ; de suppression dans les évacuations alvines, & surtout urinaires, &c. Mais ce ne sont pas là les seules sueurs qui sont avantageuses. Elles offrent souvent ce caractère au début même des maladies, surtout chez les jeunes sujets. Dans les épidémies, il n'est pas rare de voir paroître, chez quelques individus, des sueurs générales ou partielles qui agissent comme préservatives, &c.

Les mauvaises sueurs sont celles qui sont inégales, ou immodérées, ou partielles, surtout celles qui inondent la tête, le cou & la poitrine ; qui, si elles sont chaudes, sont entrecoupées de petits frissons, qui ne sont pas accompagnés des symptômes qui indiquent une sueur critique ; qui n'amènent aucun amendement dans l'état du malade. Celles qui annoncent le plus grand danger sont froides, visqueuses, avec augmentation de tous les accidens. Au reste, il ne faut pas oublier, dans le pronostic que l'on porte sur ces sueurs, de faire attention à la gravité de la maladie & à quelques autres circonstances que le praticien judicieux appréciera.

III. On a dit, sans raison, que toute espèce de sueur étoit un état morbide. Nous ne regardons comme *maladives* que celles qui paroissent dans le cours des affections aiguës ou chroniques, ou celles qui, par leur abondance, portent quelqu'atteinte aux fonctions de l'organisme animal. En effet, sans parler des sueurs que les exercices ou les mouvemens violens font naître, & qui sont loin de nuire à la santé, il n'est pas rare de voir des individus qui ne se portent bien que lorsqu'ils éprouvent de temps en temps des sueurs plus ou moins copieuses. Le célèbre médecin Zimmermann étoit de ce nombre.

Dans les maladies aiguës, il est rare qu'on soit obligé de réprimer les sueurs qui se manifestent ; mais dans les affections chroniques leur abondance & leur continuité aggravent l'état du malade en augmentant la foiblesse & en accélérant le marasme : aussi exigent-elles la plus sérieuse attention de la part du médecin ; & il est souvent indiqué de chercher à les modérer si l'on ne peut espérer de les supprimer tout-à-fait.

La sueur peut-elle constituer une maladie essentielle (1) ; ou, en d'autres termes, existe-t-il des sueurs abondantes, prolongées, capables de détériorer la santé & même d'avoir une issue funeste, sans une cause apparente & sans une lésion pathologique quelconque ? Sans parler de cette maladie terrible qui porte le nom de *suette* (*voyez* ce mot), & de la fièvre *tierce diaphorétique*, des faits assez nombreux autorisent à répondre par l'affirmative. Je dirai cependant qu'en général il ne faut pas trop se hâter de juger une sueur essentielle, & qu'il faut faire l'examen le plus attentif des organes intérieurs, & surtout de ceux qui président à l'hématose & à la circulation du sang.

Or, toutes les fois que l'on juge convenable d'arrêter ou de diminuer des sueurs qui peuvent devenir nuisibles, il faut commencer par s'assurer de l'état du pouls, de celui des forces & des principaux

viscères ; car si l'individu ne paroît pas très-affoibli, si la circulation est assez active, si quelque organe intérieur est le siége d'une irritation inflammatoire, il est douteux que les sueurs puissent être supprimées avec avantage ou sans danger, ou du moins les moyens à employer ne doivent pas être les mêmes que ceux auxquels on devra avoir recours, lorsque toutes les fonctions de l'économie sont dans la langueur & l'asthénie, & que le malade avance rapidement vers le dernier terme de l'épuisement & du marasme. Dans le premier cas un régime doux, rafraîchissant, des vêtemens légers, des acides végétaux, la diète lactée, ont souvent réussi ; dans le second un régime sec, les toniques, les astringens même les plus forts, les dérivatifs, obtiennent quelquefois du succès. Il faut éviter avec soin les purgatifs & les stimulans lorsque le conduit intestinal est le siége d'une inflammation chronique, comme cela a lieu fort souvent dans les maladies lentes qui s'accompagnent de sueurs colliquatives ; mais dans l'état d'intégrité de ces organes, & lorsque la sueur ne dépend que de causes extérieures, comme la température de l'air, les irritans internes ne sont pas sans efficacité, ainsi que l'expérience le démontre, dans les pays où l'ardeur du climat tend à épuiser le corps par des transpirations excessives.

Les Anciens, pour arrêter les sueurs, couvroient le corps de poudres absorbantes, & quelquefois astringentes ; cette méthode est entièrement abandonnée. L'opium, qui a souvent un effet sudorifique, est cependant vanté par plusieurs praticiens célèbres comme un des meilleurs moyens pour réprimer les sueurs excessives. Van-Swieten conseille particulièrement la sauge ; Pringle, Borsiéri, l'eau de chaux. On fait les éloges de Haen a donnés à l'agaric dans les mêmes circonstances. Le vin, le quinquina, la gomme kino, les ferrugineux, les bains froids, l'ipécacuanha, &c., ont été mis en usage avec des avantages plus ou moins marqués. L'aconit napel est le remède qui a pu seul triompher de la sueur extraordinaire, dont le Dr. Dupont nous a conservé l'histoire. Enfin, l'acétate de plomb, tant employé autrefois, après avoir été préconisé par les uns & déprécié par les autres, étoit depuis long-temps presqu'oublié des médecins. Ceux de nos jours ont remis ce médicament en vogue, & nous devons surtout à M. le prof. Fouquier d'en avoir précisé & répandu l'usage. Il est constant qu'il offre, dans les sueurs colliquatives, une ressource précieuse ; mais est-il bien certain qu'il soit toujours exempt de danger ? Je pense que les reproches que plusieurs praticiens, tant anciens que modernes, lui ont adressés doivent engager à mettre une sage réserve dans son administration.

Pour terminer ce que j'avois à dire sur la sueur considérée sous le rapport de la pathologie, il me reste à parler des effets de sa répercussion. Quelques médecins ont douté que jamais l'impression du

(1) Quelques médecins modernes, tels que MM. Villeneuve, R. Thomas, &c., ont donné à cette affection le nom d'*éphidrose*, qui, dans les anciens auteurs, n'est employé que pour exprimer une sueur partielle & de mauvais augure, ou simplement l'écoulement de la sueur. C'est avec raison que M. Rayer propose de retrancher ce mot de la nomenclature médicale. Pour la maladie qui nous occupe, il pourroit être remplacé par celui d'*hypéridrose*, dont Ploucquet s'est déjà servi dans ce sens.

du froid, même pendant que le corps est en sueur, puisse donner lieu à aucun accident. Je ne m'arrêterai pas à réfuter une opinion que dément l'expérience journalière. Jusqu'aux temps modernes on avoit pensé que les suites fâcheuses de l'application du froid sur un corps en transpiration, dépendent du transport de la sueur sur quelqu'organe intérieur; mais divers médecins, Bichat entr'autres, ont élevé des doutes sur la réalité de ce transport matériel, & ont attribué les accidens de la répercussion de la sueur au déplacement du mouvement fluxionnaire, de l'afflux sanguin qui a lieu à la surface du corps. Sans nier que cette théorie ne puisse être vraie dans quelques circonstances, on peut, je crois, y faire plusieurs objections: d'abord, en consultant l'observation & l'expérience, on peut dire qu'il est rare que l'impression du froid sur un corps qui a très-chaud entraîne des accidens, tandis que lorsqu'il est en sueur, il en résulte souvent des maladies plus ou moins graves: cela me paroît tellement vrai, que les médecins qui font un usage fréquent des affusions & des bains froids assurent qu'ils retirent de grands avantages de ces fortes de médications, quelle que soit la chaleur du corps; mais ils prescrivent tous de s'en abstenir quand le malade est en transpiration, à cause des résultats fâcheux que ces moyens ont dans ce cas. Ensuite personne ne révoque en doute les effets funestes de la rétrocession des sueurs partielles des pieds & des mains, qui ont souvent lieu fans mouvement fluxionnaire évident. D'après ces considérations, je serois porté à croire que la matière de la sueur n'est pas sans quelqu'influence sur le développement des phénomènes morbides qui suivent sa suppression. (EMERIC SMITH.)

SUFFOCANT, TE, adj. (Pathol.) Suffocans. Expression employée pour indiquer une gêne extrême dans la respiration, & que l'on applique indistinctement, soit aux conditions physiques qui peuvent la déterminer, soit aux maladies dont la suffocation est un des symptômes: aussi dit-on une toux suffocante, un asthme, un catarrhe suffocant. (R. P.)

SUFFOCATION, s. f. (Pathol.) On entend par ce mot, un obstacle quelconque à la respiration: il est synonyme d'asphyxie. Cependant ce dernier terme a peut-être une acception moins étendue. Les causes de la suffocation sont tellement nombreuses, que nous ne pouvons même pas en faire ici l'énumération; on les trouvera à chacun des articles qui les concernent.
(EMERIC SMITH.)

SUFFUSION, s. f. Les latins appeloient suffusio, épanchement; la maladie que les Grecs désignoient sous le nom d'υποχυμα, & que nous nommons cataracte. Comme à ce dernier mot (voyez le Dictionnaire de Chirurgie de cet ou-

vrage), on a traité tout ce qui a rapport à l'histoire de cette affection, & aux opérations qui lui conviennent, nous nous bornerons à ajouter ici quelques réflexions succinctes sur son traitement médical.

Les Anciens croyoient qu'il étoit facile de guérir la cataracte, par des médicamens. Nous savons bien qu'il est impossible d'avoir une grande confiance dans les préceptes & les nombreux spécifiques qu'ils nous ont transmis, puisqu'ils confondoient évidemment la cataracte avec le glaucome, l'hypopion & même les taies de la cornée: nous ne pensons pas pourtant qu'on doive regarder tout-à-fait comme nulles les assertions de Celse & de beaucoup d'autres, qui, connoissant parfaitement l'opération de la cataracte, affirment que cette même maladie peut être guérie souvent dans son principe, par un autre traitement. Lorsque, vers la fin du dix-septième siècle, on reconnut le véritable siège de la suffusion, & qu'on fut convaincu que la soustraction du cristallin, loin d'entraîner la perte totale de la vue la rétablissoit au contraire, quand ce corps a cessé d'être transparent, toutes les idées se portèrent vers l'opération manuelle, & le traitement médical fut considérablement négligé. La perfection des procédés modernes, les succès nombreux qu'on obtint, & la persuasion où furent les chirurgiens, à qui le traitement de cette maladie resta presqu'exclusivement confiée, que le cristallin opaque est devenu une espèce de corps étranger, incapable de revenir à son état primitif, toutes ces raisons confirmèrent dans l'opinion que le déplacement ou l'extraction de l'obstacle qui s'oppose à la vision étoit la seule ressource dont on pût espérer le rétablissement de la vue.

Cependant plusieurs exemples de disparition spontanée de l'opacité du cristallin, des faits assez multipliés de guérison de cette affection par d'autres moyens que l'opération, démontroient d'une manière évidente, la possibilité d'entraver la marche de la cataracte, & même, dans quelques cas, de la faire rétrograder. Nous verrons bientôt que les théories modernes sur les causes qui font perdre au cristallin sa transparence, viennent confirmer ces résultats de l'expérience. Nous allons d'abord jeter un coup d'œil rapide sur les divers moyens mis en usage ce but; nous spécifierons ensuite les cas où le traitement médical peut être employé avec quelqu'espérance de succès.

Or, les secours médicaux que l'on dirige contre la suffusion se composent de moyens externes & de médicamens donnés à l'intérieur. Parmi les premiers on compte un nombre prodigieux de collyres, dans la composition desquels entroient surtout les fiels de divers animaux, les principes stimulans de l'euphraise, du fenouil, de la chélidoine, de l'anagallis phœnicea, &c.; les pommades âcres, mercurielles; les fumigations, les vésicatoires, les sétons, les cautères actuel & poten-

X

tiel ; les frictions, les ventoufes féches & fcarifiées ; la faignée, les fternutatoires, les falivans, &c.

Les médicamens adminiftrés à l'intérieur font : les émétiques, les purgatifs, les fudorifiques, les diurétiques, les mercuriaux, la ciguë, l'aconit, la pulfatille, la belladone, les antifcorbutiques, les antifcrofuleux, &c.

Dans quelles circonftances peut-on entreprendre utilement le traitement médical de la cataracte, & quels font, parmi ces agens thérapeutiques, ceux que l'on doit préférer ?

Tout le monde convient que lorfque la cataracte eft complète & mûre, l'opération eft la feule chance qu'on ait de recouvrer la vue. Dans fon principe, au contraire, lorfque l'opacité du criftallin eft encore légère ou partielle, un affez grand nombre de médecins & de chirurgiens ont admis la poffibilité de la faire difparoître par des moyens qui rentrent dans le domaine de la médecine, & l'on peut efpérer que les préventions que plufieurs gens de l'art, furtout parmi les Français, ont confervées fur cet objet, fe diffiperont progreffivement; mais les caufes qui troublent la diaphanéité du criftallin font affez variées, & il eft important avant tout de les rechercher avec foin. Chez les vieillards, les feuls progrès de l'âge paroiffent durcir & rendre opaque la lentille criftalline : auffi l'on conçoit que la maladie doit alors fe fouftraire prefqu'entièrement à l'action des moyens dont nous parlons; cependant, à cet âge même, il n'eft pas impoffible que la cataracte foit l'effet de caufes amovibles.

Aux autres époques de la vie, la cataracte fe forme fous l'influence de caufes probablement affez variées, mais qui ne font qu'imparfaitement connues. La plus commune peut-être, celle fur laquelle les oculiftes les plus modernes, tels que Schmidt, Walther, Beer, Ware, Weller, &c., ont dirigé plus particulièrement leur attention, eft l'inflammation aiguë ou chronique du criftallin & de fa capfule, inflammation dont l'effet ordinaire eft de coaguler les fluides albumineux que ces parties contiennent. Il eft évident que fi, à l'aide des fignes indiqués par les auteurs, on reconnoît l'exiftence de cette phlegmafie, furtout fi l'individu eft jeune, ou robufte & fanguin; s'il a des fymptômes de congeftion céphalique, &c., on devra débuter par quelques émiffions fanguines plus ou moins répétées. Celles qui fe font près de la partie malade paroiffent plus efficaces. M. Gondret a adopté les ventoufes fcarifiées à l'occiput. La fuppreffion d'une hémorragie habituelle devroit faire préférer la partie qui en étoit le fiége. Il faudra en même temps, fouftraire l'organe de la vue à l'impreffion d'une lumière vive, ainfi qu'à toute efpèce de travail appliquant. Les rafraîchiffans, les bains, un régime doux, l'abftinence des boiffons alcooliques, &c., ne devront pas non plus être négligés.

Lorfqu'on aura ainfi combattu la complication

inflammatoire, par les antiphlogiftiques, ou qu'aucune raifon fuffifante n'exigera d'y avoir recours, on doit chercher, par des dérivatifs & des révulfifs puiffans, à détourner le travail morbifique qui s'eft établi dans le criftallin ou dans fes annexes : c'eft cet appareil de moyens irritans qui fait la bafe du traitement de M. Gondret. Des expériences multipliées lui ont démontré qu'un exutoire douloureux, pratiqué & entretenu au fommet de la tête au moyen de la pommade ammoniacale ou du cautère actuel, eft le moyen fur lequel on doit le plus compter. Plufieurs praticiens avoient déjà porté le feu fur la tête dans le même but; d'autres ont confeillé les fétons, les véficatoires, &c. En général, il eft avantageux de multiplier les points d'irritation fur la furface de la peau, & d'en placer aux extrémités inférieures. On a renoncé prefqu'entièrement aux applications topiques fur les yeux pour agir fur le criftallin; cependant diverfes préparations ont été préconifées. Sans parler des innombrables collyres dans lefquels les Anciens avoient une confiance aveugle, Ware donne de grands éloges à l'éther, dont on met quelques gouttes fur l'œil plufieurs fois par jour : il a auffi confeillé de porter de temps en temps fur la paupière le doigt trempé dans un liniment volatil ou mercuriel. M. Gondret pratique la même chofe avec fa pommade ammoniacale. Les errhins & les mafticatoires ont auffi procuré quelquefois une dérivation utile.

Les vomitifs & les purgatifs ne paroiffent pas avoir toujours agi comme irritans du conduit alimentaire : en évacuant des matières morbifiques qui y étoient contenues, ils ont diffipé ou arrêté des cataractes qui paroiffoient devoir leur naiffance à l'influence fympathique des voies gaftriques fur l'organe de la vue.

Dans des cas où l'impreffion du froid ou une caufe rhumatifmale avoient paru occafionner l'inflammation de la capfule du criftallin, ou celle de ce corps lenticulaire lui-même, les fudorifiques locaux ou généraux ont été employés avec avantage.

Si tous ces moyens ne font pas fuivis du réfultat qu'on cherche à obtenir, il refte à effayer l'ufage de ces plantes vénéneufes dont quelques faits femblent annoncer l'efficacité, telles que les extraits de ciguë (Stoerk, Collin, &c.), d'aconit (Stoerk, Koelle), de pulfatille noire (Stoerk, Græfe, Walther, Benedict), de jufquiame (Murray, Sauvages), &c. Mais on poffède encore trop peu de faits fur l'action de ces moyens, ainfi que fur celle de l'électricité & du galvanifme, qu'on a auffi confeillés (Bæckh, Wathen, Himly, Loder), pour pouvoir indiquer dans quels cas leur adminiftration peut promettre quelque réuffite.

La cataracte eft quelquefois due à une difpofition, à une diathèfe générale, telle que les fcrofules, le fcorbut, la fyphilis, &c., foit que ces caufes déterminent, dans le criftallin & la capfule, une fubinflammation fuivie de leur opacité, foit qu'elles modifient de toute autre manière la nutrition de ces parties : or, fi l'on soupçonne qu'un de ces vices généraux ait eu quelque part au développement de la suffusion, on cherchera à le détruire par les remèdes dont l'expérience à le mieux constaté les vertus.

Si donc il est hors de doute, comme nous en avons l'intime conviction d'après les faits que nous avons été à même de lire ou d'observer avec impartialité, que la suffusion, dans certaines circonstances que des expériences assez multipliées n'ont pas encore suffisamment déterminées, & dont nous avons cherché à indiquer quelques-unes, est susceptible d'être arrêtée dans ses progrès, & même de disparoître complétement sous l'influence d'un traitement médical bien dirigé, n'est-il pas raisonnable, n'est-il pas rigoureusement indiqué d'avoir recours à ce traitement, toujours exempt de danger, avant de se soumettre aux chances d'une opération qui, comme on le sait, n'est pas toujours couronnée par le succès? Bien plus, il est des cas où cette espèce de moyen est la seule admissible. Tout le monde sait, en effet, que la complication de la cataracte avec une amaurose est une contre-indication à l'opération : eh bien, alors les secours médicaux sont le seul refuge du malade. Mais supposons que l'effet de ce traitement soit nul sur l'opacité du cristallin, la maladie se trouve-t-elle ensuite dans des dispositions moins favorables à l'opération? Non, sans doute; on peut même affirmer, avec Beer & Gondret, que cette réunion de moyens thérapeutiques, en écartant les diverses complications & en diminuant la tendance inflammatoire, ne peut que multiplier les chances de succès de l'œuvre chirurgicale. (EMERIC SMITH.)

SUGILLATION, s. f. (Pathol., Méd. lég.) Sugillatio. Le mot sugillation est synonyme d'ecchymose; il exprime la rupture de quelques vaisseaux capillaires & l'extravasation du sang dans les mailles de nos divers tissus. Les sugillations peuvent exister partout où le sang peut s'infiltrer; le plus souvent elles sont externes, étant la suite d'un coup, d'une chute, d'une forte pression ou de toute autre violence extérieure. Elles sont d'autres fois internes, ou internes & externes à la fois, & produites par des maladies générales qui ont pour effet de relâcher nos solides & de donner au sang une fluidité anormale; c'est ainsi que, dans les fièvres adynamiques, dans les fièvres pétéchiales, dans le scorbut, l'on voit de larges sugillations exister, tant dans divers points de la peau qu'à l'intérieur, à la surface de nos organes, dans les intestins, sous le péritoine, &c.

Les sugillations sont des lésions peu graves, & l'art n'intervient que pour activer par des topiques résolutifs ou astringens, le peu de sang épanché. L'eau vinaigrée, l'eau végéto-minérale, & mieux encore la compression, sont les moyens

que l'on emploie avec le plus d'avantage; cependant le plus grand nombre des sugillations guérissent d'elles-mêmes sans l'emploi d'aucun agent thérapeutique. Les sugillations qui d'abord sont noires, deviennent plus tard violettes, puis rouges, enfin jaunes à mesure que la résorption du sang s'opère, puis elles finissent par s'effacer complétement.

Ces sortes de lésions n'offrent qu'un intérêt très-secondaire en pathologie, & elles ne sont le sujet que de questions fort simples en médecine légale. Nous allons néanmoins leur consacrer quelques mots, en les considérant sous ce double point de vue.

Les sugillations, comme nous l'avons dit, ne sont qu'une extravasation de sang dans les mailles des divers tissus, extravasation qui sans rupture des fibres lamelleuses s'effectue le plus souvent; quelquefois cependant le nombre des vaisseaux capillaires lésés fait que le sang épanché est plus considérable : ce fluide soulève alors, écarte & brise les mailles du tissu qui en est le siége, & forme une tumeur plus ou moins saillante, molle, que l'on nomme trombus, si elle est petite, & tumeur sanguine, si elle est plus considérable.

Il sera facile d'apprécier la nature du corps, le degré de violence avec laquelle il a été mu, & l'espace de temps qui s'est écoulé depuis l'événement, par l'étendue, la coloration & la tuméfaction des parties. Mais il est encore d'autres questions : la sugillation est-elle le résultat d'une violence extérieure ou l'effet d'une maladie? Y a-t-il des moyens pour la reconnoître? Pas d'absolument positifs; cependant l'on peut dire qu'ordinairement le sang est coagulé dans les ecchymoses, suites de violence, qu'il est noir & fluide dans celles produites par cause interne, lesquelles, le plus souvent, sont nombreuses & disséminées sur plusieurs organes.

C'est encore par la consistance du sang que l'on peut juger si les violences ont eu lieu avant ou après la mort; le sang est fluide sous les taches livides déterminées par des coups sur le cadavre.

Il est impossible de confondre les taches rouges ou violettes, qui sont congéniales, avec les sugillations : on peut même toujours les distinguer des lividités cadavériques que présentent en général les parties sur lesquelles le cadavre a été placé après la mort.

Dans l'examen juridique d'un cadavre, il faudra, pour bien apprécier l'importance des sugillations, prendre en considération le temps qui s'est écoulé depuis la mort, les maladies habituelles du sujet, les maladies régnantes, ainsi que les rapports que plusieurs sugillations peuvent avoir entr'elles. Aussi, comme l'a très-bien fait observer M. Mure, des ecchymoses autour des poignets coïncidant avec une autre ecchymose circulaire au cou, indiqueront d'une manière certaine que l'individu a été pendu, & pendu vivant. (J.-M. M.)

SUI

SUICIDE, f. m. (*Méd.*) *Suicidium, melancolia anglica*. Action de se donner la mort.

Le penchant inſtinctif qui nous porte à rechercher tout ce qui peut aſſurer notre propre conſervation, l'horreur que nous inſpire l'idée de notre fin, le but conſervateur des divers phénomènes organiques qui s'opèrent en nous dans l'état de ſanté comme dans l'état de maladie, ſuffiroient, indépendamment de conſidérations morales qu'il ne nous appartient pas de développer ici, pour faire voir combien le ſuicide eſt oppoſé à toutes les lois de la nature. Rien de plus commun cependant que de voir des individus mettre un terme à leur exiſtence. Quand on cherche les motifs qui peuvent conduire à cet acte, on voit que tantôt il eſt la conſéquence naturelle de certaines opinions & de certains principes ; que d'autres fois il eſt irréfléchi, & ne peut en aucune manière être conſidéré comme volontaire ; que dans quelques cas enfin il eſt la ſuite d'un état particulier dans lequel la raiſon, après avoir lutté plus ou moins long-temps contre certains penchans dont elle reconnoît tout le vice, finit ſouvent par ſuccomber.

Si, prenant un certain nombre d'obſervations de ſuicide on les groupe d'après cette diviſion des cauſes, on eſt bientôt convaincu que les cas dans leſquels le meurtre de ſoi-même eſt le réſultat de l'éducation & des principes qu'on prend pour règle de conduite dans la vie, ſont les plus nombreux. Nous dirons même plus, c'eſt que chez les monomaniaques eux-mêmes, le ſuicide eſt ſouvent le réſultat de ces principes, & rentre conſéquemment dans la ſérie des actes qu'ils font avec diſcernement.

Toute doctrine d'après laquelle l'homme peut ſe regarder comme ne dépendant que de lui ſur la terre, comme devant être lui-même l'arbitre de ſon ſort, & n'ayant plus rien à eſpérer ni à craindre après ſa vie, le rend néceſſairement maître de ſon exiſtence, & lui donne tout droit de la dépoſer quand elle lui devient un fardeau inſupportable. Avec une telle croyance, la folie ne conſiſte pas à mettre un terme à ſes maux, mais à les ſouffrir, quand on n'y voit point de remède, & qu'il eſt ſi facile de s'en affranchir. En vain les fauteurs de cette manière de voir mettront en avant de grandes maximes philoſophiques ſur la conſtance dans le malheur, ſur les devoirs envers la ſociété, nous admettons pour un inſtant que ces motifs ne ſont pas de vaines ſpéculations, qu'il peut ſe trouver quelques êtres aſſez ſupérieurs pour aimer la vertu à cauſe d'elle-même, ſans y attacher aucune idée de récompenſe ; pour que la ſeule idée d'une bonne action à faire, change tout-à-coup leur réſolution, & les rattache à la vie, où de nouvelles peines & de nouvelles ſouffrances les attendent. Suppoſons, d'une part, que le ſage ſoit dans des circonſtances telles que ſa conſtance ne puiſſe ſervir

à l'édification de perſonne, & de l'autre que le philanthrope ſoit lui-même dans une telle ſituation que, loin d'être utile à qui que ce puiſſe être, il ne ſoit qu'une charge pour la ſociété : qui oſera les accuſer de crime & de folie s'ils mettent un terme à une exiſtence devenue inutile pour l'un, & onéreuſe à la ſociété pour l'autre ?

Il ne s'agit point ici de ces difficultés qu'on ſe crée à plaiſir pour les combattre, il n'y a d'imaginaire que les perſonnages ; quant à la doctrine, on ne ſauroit diſconvenir qu'elle ſoit réellement répandue. Nous ne prétendons pas plus examiner toutes ſes conſéquences ſociales, qu'attaquer ceux qui la profeſſent, & croient de leur devoir de la propager ; nous ne la prenons ici que comme un fait inconteſtable, & comme ayant un rapport direct avec le ſujet qui nous occupe.

Conſidérer généralement le ſuicide comme un acte de folie, & rentrant comme tel dans le domaine de la médecine, ſeroit faire le procès à la philoſophie qui le légitime. A moins qu'il ne ſoit décidé que l'erreur, en matière de morale, rentre excluſivement dans le domaine de la médecine, nous perſiſterons à croire que le ſuicide ne ſe rattache que très-ſecondairement à cette dernière, & qu'il ne conſtitue pas dans le plus grand nombre des cas une maladie eſſentielle.

Si la doctrine dont nous parlons ici conduit au ſuicide, ſans qu'on puiſſe conſidérer comme aliéné celui qui ſe livre à cet acte, elle ne mène pas moins à l'aliénation elle-même. Tantôt cette aliénation ſe préſente ſous la forme d'un délire général avec agitation, violence, ſymptômes d'excitation cérébrale, & l'obſervation prouve que dans ce cas il eſt peu à craindre que l'aliéné cherche à ſe détruire ; tantôt auſſi le délire prend le caractère de la mélancolie, & c'eſt alors qu'on le voit s'accompagner de penchant au ſuicide. Quoiqu'il ſoit généralement vrai de dire qu'un des principaux caractères de l'aliénation ſoit un changement total dans les affections & dans les opinions des malades, il n'en eſt cependant pas toujours ainſi. Le mélancolique, chez lequel des principes religieux autrefois inculqués avec ſageſſe ſe réveilleront, pourra peut-être donner moins de craintes pour ſa propre conſervation ; mais qui arrêtera celui chez lequel cette heureuſe révolution ne s'étant point opérée, n'a, au milieu des ſouffrances phyſiques & morales de la maladie, d'autres reſſources & d'autres forces que celles qui ont cependant échoué contre les cauſes de cette même maladie ?

Le ſuicide même, chez les aliénés, ne peut donc pas dans tous les cas être conſidéré comme un acte d'aliénation ; ſouvent au contraire c'eſt un acte purement libre & volontaire, dont l'appréciation appartient encore au moraliſte : qu'on ſuppoſe deux monomaniaques tourmentés par les mêmes illuſions ; que tous deux, par exemple, ſe croient environnés d'ennemis ; que l'avenir ne leur offre plus qu'une longue fuite de mifère & de tourmens; que l'un foit imbu des principes dont il vient d'être queftion, que l'autre foit guidé par des principes oppofés, le fuicide fera chez l'un la conféquence des opinions d'après lefquelles il fe dirigeoit avant d'être halluciné, & qui l'euffent conduit à la même détermination dans des malheurs réels; il en fera de même de la réfignation chez l'autre, fi, ce qui n'arrive pas toujours il eft vrai, fes principes & fes opinions n'ont point changé.

M. T...., d'une conftitution bilieufe & éminemment nerveufe, remarquable par la culture de fon efprit, la facilité & la grace de fon élocution, éprouva des chagrins domeftiques à la fuite defquels il tomba dans une mélancolie profonde. M. T.... avoit toujours été ce qu'on appelle dans le monde *un efprit fort;* cette force d'efprit ne réfifta cependant point à des chagrins que fon imagination avoit exagérés, & il devint décidément aliéné. Un complot, dont plufieurs grands perfonnages faifoient partie, ainfi que tous fes amis, étoit ourdi contre lui, le genre de mort le plus affreux lui étoit deftiné. La tête pleine de ces triftes chimères, il abandonna fes occupations & paffa fa vie à errer afin de fe fouftraire à fes perfécuteurs; c'eft dans cette fituation d'efprit qu'il fut conduit à la maifon de Charenton, le 23 octobre 1815. Cinq ans avant, M. T... avoit paffé plufieurs mois dans cet établiffement pour la même maladie; il avoit cherché plufieurs fois à fe détruire, & dans une de ces tentatives, il avoit avalé une fourchette.

Soins médicaux, confolations, raifonnemens, rien ne put changer les malheureufes difpofitions de M. T....; les perfonnes qui lui donnoient des foins étoient autant d'ennemis qui, gagnés par les chefs du complot dirigé contre lui, empoifonnoient fes alimens, *il fentoit le poifon courir dans fes veines & miner fourdement les refforts de fon exiftence; il rendoit,* difoit-il encore, *du mercure revivifié dans les urines & par la peau; fes actions étoient comme des bouts-rimés qu'on interprète dans tel fens qu'on veut. Il ne voyoit autour de lui que des êtres pervers qui buvoient l'iniquité & fuioient le crime. Quelle fituation pouvoit être comparée à la fienne? le fils de Marie & le fils de Sophronifme avoient au moins rendu le dernier foupir au milieu de ce qu'ils avoient de plus cher; mais lui devoit fuccomber aux tourmens les plus horribles, & fon dernier regard ne devoit rencontrer que celui de fes bourreaux.*

Cette appréhenfion continuelle d'un fupplice horrible, jointe à une philofophie fèche qui écartoit toute idée de confolation & de réfignation, le détermina à fe donner la mort, & un matin on le trouva pendu derrière fa porte, avec un cordon compofé d'un grand nombre de morceaux de bandes à panfement, fixés les uns au bout des autres de manière à ce qu'il étoit aifé de voir qu'il avoit dû paffer un temps affez long,

tant pour amaffer les différentes pièces dont fe compofoit cet inftrument de mort que pour les fixer. Sur le coin de fa table étoit le *Traité de la Sageffe* par Charron, ouvert au paffage fuivant: « La quatrième eft d'ame forte & réfolue, practi-
» quée authentiquement par des grands & faincts
» perfonnages, en deux cas; l'un le plus naturel
» & légitime eft une vie fort pénible & doulou-
» reufe, ou appréhenfion d'une beaucoup pire
» mort, bref, un état miférable auquel on ne
» peut remédier; c'eft lors défirer la mort comme
» une retraitte & le port unique des tourmens de
» cette vie, le fouverain bien de nature, feul
» appuy de noftre liberté. C'eft bien foibleffe de
» céder aux maux, mais c'eft folie de les nourrir:
» il eft bien tems de mourir lorfqu'il y a plus de
» mal que de bien à vivre, car de conferver
» noftre vie à noftre tourment & incommodité,
» c'eft contre nature. Dieu nous donne affez
» congé quand il nous meft en ceft état. Il y en
» a qui difent qu'il faut mourir pour fuyr les
» voluptés qui font felon nature, combien plus,
» pour fuyr les douleurs qui font contre nature?
» Il y a plufieurs chofes en la vie pires que la
» mort, pour lefquelles il vaut mieux mourir,
» & ne vivre point que de vivre. . . . .
» Et les fages difent que le fage vit tant qu'il
» doit & non pas tant qu'il peut, & puis la mort
» nous eft bien plus en main & à commande-
» ment que la vie. La vie n'a qu'une entrée &
» encore dépend elle de la volonté d'autruy, la
» mort dépend de la noftre, & plus elle eft volon-
» taire & plus elle eft belle, & à elle y a cent
» mille iffues; nons pouvons auoir faute de terre
» pour y vivre, mais non pour mourir. La vie
» peut être oftée à tout homme par tout homme,
» non la mort, *ubique mors eft, optimè hoc
» canit deus, eripere vitam nemo non homini
» poteft, at nemo mortem, mille ad hanc aditus
» patent.* Le préfent le plus fauorable que nature
» aye faict, & qui nous ofte tout moyen de nous
» plaindre de noftre condition, c'eft de nous auoir
» laiffé la clé des champs. Pourquoy te plains tu
» en ce monde? il ne te tient pas, fi tu vis en
» peine, ta lafcheté en eft caufe, à mourir il n'y
» a que le vouloir. » (Liv. II, paragr. XXVII, *Defirer la mort.*)

Ce paffage, que nous avons cru devoir rapporter ici, nous paroît d'autant plus digne d'attention, qu'il préfente en peu de mots toute la philofophie du fuicide. Sans doute, M. T... étoit aliéné & halluciné; mais en mettant fin à fon exiftence n'a-t-il pas été conféquent avec les principes qui l'avoient guidé dans le cours de fa vie, & dans lefquels il n'avoit ceffé de s'entretenir même pendant fa maladie.

Si le fuicide devoit être conftamment la fuite du dégoût de la vie, foit pour des peines réelles, foit pour des peines imaginaires; il feroit encore bien plus fréquent qu'il ne l'eft. Combien ne voit-on pas dans le monde ou dans les établissemens d'aliénés, d'individus dont la vie, ainsi que le dit Charron, est pire mille fois que la mort, & cependant, si on en voit quelques-uns qui succombent, combien n'en voit-on pas que leurs principes retiennent? Nous sommes donc fondé à dire que c'est moins la mélancolie elle-même qui est la cause du suicide, que la nature des opinions philosophiques adoptées par les individus; de telle sorte que, dans la monomanie même, le suicide n'est souvent qu'un dernier acte de raison.

Ce que fait la doctrine qui légitime le suicide, des principes religieux mal entendus ne le font pas moins. Non-seulement ces principes deviennent souvent des causes d'aliénation, mais leur influence s'étend encore sur la forme qu'affecte cette maladie. Nous citerons, pour preuve de ce que nous avançons ici, d'une part, les privations, les macérations, les tortures qui doivent nécessairement abréger l'existence de ceux qui se les imposent dans l'intention d'être agréables à Dieu, ou de racheter leurs offenses; d'une autre part, l'espèce de rage qui porte à se déchirer ou à se mutiler de la manière la plus horrible : ces malheureux qui, par suite d'une éducation religieuse mal dirigée, sont tombés dans un désespoir absolu de leur salut, se croient déjà sous l'empire du démon, & n'ont d'autre idée & d'autre pensée que celle de l'enfer, dont ils éprouvent tous les tourmens.

Nous avons déjà dit qu'il y avoit une espèce de suicide non réfléchi, c'est-à-dire dans lequel l'individu n'ayant point la conscience de son état, se détruit ou travaille à sa destruction sans y être porté par aucune intention; celui-ci rentre dans le domaine de la médecine, mais comme symptôme seulement : c'est celui qu'on observe dans les maladies aiguës. Il est digne de remarque que presque tous les malades en état de délire fébrile, ou certains maniaques livrés à eux-mêmes, cherchent à s'échapper par toutes les issues qui se trouvent à leur portée; aussi n'est-il pas rare de les voir se précipiter par les fenêtres quand ils ne sont point soumis à une surveillance assez exacte. Le fait suivant, que nous tenons d'un chirurgien d'armée qui en a été le sujet, & avec lequel nous étions d'ailleurs malade dans le même hôpital, donnera une idée assez juste de ce qui se passe ici. La salle dans laquelle nous étions placés étoit une longue galerie décorée de glaces, & de portraits en pied plus grands que nature; à l'une des extrémités étoit une croisée fort large, située presque de plain-pied avec la salle; des lustres en cristal, & qu'on garnissoit en partie de chandelles, étoient fixés soit au plafond, soit aux murailles. Tant que duroit le jour, notre malade, qui avoit une fièvre ataxo-adynamique, restoit assez tranquille dans son lit; mais à la nuit, peu de temps après que les lumières avoient été allumées, tout prenoit un nou-

vel aspect pour lui; il n'étoit plus dans une salle d'hôpital, mais sur un chemin ou dans une grande rue, s'imaginant que son devoir exigeoit qu'il marchât : bien qu'il éprouvât un sentiment de malaise, il ne se mettoit pas moins en route. Telle étoit sa foiblesse que, pendant plusieurs nuits de suite, il ne put jamais, fort heureusement pour lui, atteindre la grande fenêtre qu'on tenoit presque toujours ouverte & vers laquelle il se dirigeoit toujours. Il y avoit en même temps que lui, dans cette salle, un médecin hollandais atteint de la même maladie, & qui passoit également une partie des nuits à errer : celui-ci commençoit ordinairement par se débarrasser de sa chemise; mais comme il lui restoit beaucoup plus de force, il arriva qu'une fois, ayant atteint la fenêtre, il n'en continua pas moins sa route & tomba dans la cour sur laquelle elle donnoit.

Il est peu de personnes qui n'aient quelquefois été plus ou moins tourmentées par certaines idées qui les portoient à des actes que leur raison réprouvoit. Pour peu que ces idées prennent de force, il s'établit dans l'esprit un conflit duquel résulte toujours un état plus ou moins pénible, qui constitue cette espèce d'aliénation que l'on désigne sons le nom de manie sans délire. Qu'on interroge ceux qui en sont atteints, sur ce qui se passe en eux, ils avouent, tout en reconnoissant ce qu'il y a de vicieux dans leurs actes ou dans leurs penchans, qu'ils sont poussés par une impulsion à laquelle ils opposent quelquefois en vain tous les efforts de leur raison. On trouve plusieurs faits de cette nature dans l'excellent Mémoire de M. Esquirol sur la *monomanie homicide*, & dans les considérations médico-légales de Georget sur la *liberté morale*. Ce que ces médecins ont signalé touchant l'homicide arrive également pour le suicide, c'est-à-dire que ces penchans désordonnés & qui ne sont motivés par rien, se tournent quelquefois contre celui qu'ils tourmentent. Nous connoissons plusieurs personnes qui nous ont avoué qu'il leur étoit souvent arrivé, étant montées sur la plate-forme d'une tour, ou s'appuyant au balcon d'une croisée élevée, d'être tentées de se précipiter en bas; d'autres ne peuvent voir sans une extrême répugnance des couteaux ou des rasoirs parce qu'ils sont tourmentés par la crainte de s'en servir ou contre eux-mêmes ou contre ceux qui sont autour d'eux. De telles aberrations sont beaucoup moins rares qu'on ne le pense, & déterminent souvent, de la part de certaines personnes, des actes bizarres, qu'on a d'autant plus de peine à expliquer que ceux chez lesquels on les observe avouent rarement ce qui se passe alors en eux : chez les individus d'un esprit foible, que leur caractère & leurs principes éloignent le plus des actes auxquels ils sont poussés, elles déterminent un état habituel de trouble & d'anxiété qui leur ôte tout repos, & fait de leur vie un supplice continuel. Nous avons maintenant sous les yeux une femme de trente-quatre ans, mère de plufieurs enfans qu'elle chérit, pleine d'affection pour fon mari, exempte de toute inquiétude & de tout motif réelle de chagrin, & qui eft fans ceffe tourmentée, depuis fix mois environ, par la crainte de fe jeter à l'eau ; ce n'eft qu'avec une forte d'effroi qu'elle traverfe une rivière ou qu'elle voit un puits, dans la crainte où elle eft de céder à l'impulfion qui la pourfuit ; elle éprouve dans la tête une fenfation qu'elle ne peut définir, mais qui ne reffemble pas aux maux de tête ordinaires : l'idée de l'eau fe préfente à chaque inftant à fon efprit. Une telle fituation eft d'autant plus pénible pour cette malheureufe femme que, douée d'un grand fonds de piété, des terreurs religieufes viennent fe mêler au funefte penchant qui ne lui laiffe aucun repos, & que combat encore fon affection pour fon mari & pour fes enfans.

Cette efpèce d'aliénation, dont il nous feroit facile de multiplier les exemples, indépendamment des défordres dans la fanté qui l'accompagnent prefque conftamment, tels que maux de tête, conftipation, troubles dans la digeftion, peut fe rattacher à certains états, foit phyfiologiques, foit pathologiques ; on l'obferve quelquefois chez les femmes pendant la groffeffe, à l'époque de la menftruation ou quand cette évacuation eft fupprimée. On conçoit d'après cela combien on doit être réfervé quand il s'agit de prononcer fur la moralité de certains actes, & combien il importe en pareille circonftance que la morale & la jurifprudence s'éclairent des lumières de la médecine.

Il eft un fait qu'on obferve quelquefois dans le fuicide comme dans la manie & dans tous les cas où l'imagination eft fortement montée ; nous voulons parler ici de cette efpèce de paralyfie de la fenfibilité qui fait que les individus ne trouvent fouvent la mort qu'après un plus ou moins grand nombre de tentatives, dans lefquelles la douleur eût néceffairement dû les arrêter, s'ils euffent été fufceptibles de l'éprouver. Les deux faits fuivans donneront une idée de l'efpèce de fureur qui conduit quelquefois la main du fuicide : un épileptique âgé d'une vingtaine d'années & dont les facultés intellectuelles étoient parfaitement faines, fe procure une pièce écrite qui le concernoit, & dans laquelle on déclaroit que fa maladie ne laiffoit aucun efpoir de guérifon ; il ne laiffe rien apercevoir de l'effet qu'a dû produire fur lui une pareille décifion, ni du funefte projet qu'il médite ; il fe procure un rafoir dans le courant de la journée ; le foir, il va vifiter quelques perfonnes qui lui avoient témoigné de l'intérêt ; il rentre à neuf heures & demie du foir, comme de coutume, & fe met au lit. Il étoit dans une falle où il y avoit quatorze perfonnes ; un infirmier couchoit à côté de lui : à onze heures environ ce malheureux jeune homme n'exiftoit plus. Appelé avec un autre médecin pour le vifiter, nous le trouvâmes placé

dans fon lit de telle manière qu'il étoit d'abord impoffible de reconnoître à quel genre de mort il avoit fuccombé ; la tête, pofée fur des oreillers, étoit tellement fléchie fur le tronc, que le menton touchoit prefque la poitrine ; ce ne fut qu'après avoir enlevé les couvertures que nous vîmes que le cadavre baignoit au milieu d'une énorme quantité de fang. Ayant foulevé la tête, nous trouvâmes une telle plaie au col, que les mufcles de la partie antérieure de la colonne vertébrale étoient parfaitement à découvert ; la fection avoit été faite au niveau de la partie fupérieure du larynx, dans la région du cou où il y avoit néceffairement le plus de chairs à couper ; & il étoit facile de juger, d'après des inégalités qui exiftoient fur une portion du cartilage thyroïde qui avoit été divifée, que ce n'avoit pu être qu'après un affez grand nombre de tentatives que l'artère carotide avoit été atteinte.

Le deuxième fait eft relatif à un jeune officier atteint depuis plufieurs années d'une manie intermittente dont les accès, qui fe rapprochoient de plus en plus, étoient féparés par des intervalles durant lefquels le malade étoit pendant plufieurs jours dans un abattement profond. Cette maladie avoit amené la rupture d'un mariage, & quelque temps après, la réforme du jeune homme. A la fuite d'un de ces accès, qui n'avoit d'ailleurs rien préfenté de particulier, on le trouva étendu fans vie dans fa chambre & baignant dans fon fang ; il s'étoit ouvert la carotide gauche ; l'inftrument dont il s'étoit fervi étoit une paire de cifeaux de toilette à lames très-courtes, dont l'un des côtés étoit arrondi : c'eft avec cet inftrument qu'il avoit divifé la peau, les mufcles & les nerfs placés au-devant de l'artère. La profondeur de la plaie, l'inégalité de fes lèvres annonçoient fuffifamment que ce n'avoit été également qu'après un grand nombre d'effais que ce malheureux jeune homme avoit enfin atteint fon funefte but.

Nous pourrions rapporter un plus grand nombre d'obfervations de cette nature. Outre les conféquences qu'on peut en tirer pour la phyfiologie, quant à l'influence du moral fur la fenfibilité animale, elles montrent encore, en les appliquant à la médecine légale, combien fouvent il doit être difficile de décider fi des plaies ou des marques de violence extérieure que préfente un cadavre doivent être confidérées comme réfultat de l'homicide ou du fuicide.

Il eft rare que lorfqu'un individu a déjà fait une ou plufieurs tentatives de fuicide, il ne finiffe pas tôt ou tard par mettre un terme à fon exiftence, quels que foient d'ailleurs les moyens de furveillance qu'on lui oppofe ; fouvent il met dans les apprêts de cet acte un temps fort long & beaucoup de réflexion, foit pour arranger fes affaires, foit pour fe procurer ce qui eft néceffaire à l'accompliffement de fon deffein. L'obfervation de de M. T...., que nous avons rapportée plus haut, nous fournit une preuve de ce que nous avançons ici : il lui fallut certainement plusieurs jours pour amasser les morceaux de bande dont se composoit le cordon avec lequel il se pendit, & un temps assez long pour les fixer les uns aux autres, comme il l'avoit fait. Voici encore un exemple qui donne une nouvelle preuve de cette persévérance.

Un ferrurier d'un caractère violent, fort adonné à la boisson, n'ayant d'ailleurs aucun sujet de tourment, s'empoisonne avec de l'arsenic ; depuis long-temps, à la moindre contrariété, il menaçoit de se détruire ; on l'avoit une fois arrêté au moment où il alloit se jeter à l'eau : depuis cette époque, il avoit fait tant de fois de semblables menaces, qu'on n'y attachoit plus aucune attention quand il les renouveloit. Ses facultés intellectuelles ne présentoient d'ailleurs aucune aberration ; il se livroit à ses travaux & à ses entreprises comme il avoit toujours fait, c'est-a-dire avec beaucoup d'intelligence. Depuis quelque temps il devoit céder son établissement à un de ses beaux-fils, qui devoit en même temps entrer en possession de son appartement ; la seule idée de quitter une maison qu'il avoit formée & surtout une chambre où il avoit vécu heureux, lui devint tellement à charge, que pour cette fois, sans faire de menaces & sortant de déjeuner avec sa famille, il monta dans son grenier & s'empoisonna avec de l'arsenic. Nous le vîmes au bout d'une heure & demie environ ; il raisonnoit très-bien, malgré les violentes coliques qu'il éprouvoit. Il nous fit monter dans son grenier & nous montra ce qui lui restoit d'arsenic. Il y avoit environ deux ans qu'il lui avoit été donné par un garçon de pharmacie auquel il l'avoit demandé sous prétexte de détruire des rats ; depuis lors il le conservoit avec grand soin dans un endroit où personne ne pouvoit le découvrir. Cet homme mourut le lendemain : à l'ouverture de son corps nous trouvâmes, outre le désordre produit par le poison, une tumeur fibreuse pouvant avoir le volume d'une noix, située à la face inférieure de l'hémisphère droit du cerveau ; cette tumeur, qu'aucune lésion de la sensibilité, du mouvement & même de l'intelligence n'avoit annoncée, avoit occasionné une érosion avec perte considérable de substance dans la partie correspondante de la base du crâne.

Un des principaux moyens que prennent les personnes qui cherchent à se détruire, pour parvenir plus sûrement à l'accomplissement de leur projet, est la sécurité qu'elles cherchent a inspirer à ceux qui les entourent. Si les circonstances auxquelles on peut attribuer le dégoût de la vie & le désespoir n'ont point changé, si surtout il ne s'est point fait une révolution totale & sincère dans leur esprit, sous le rapport des opinions morales & religieuses, il est peu prudent de se fier à ce calme apparent, car c'est souvent alors qu'elles sont le plus poursuivies par l'idée de se détruire.

Si, dans le plus grand nombre des circonstances, le suicide est un acte qu'il appartient à la morale de juger, c'est d'elle aussi qu'on doit attendre les moyens les plus efficaces pour le prévenir & le combattre ; l'influence de ces moyens s'étendra même jusqu'aux cas, encore assez nombreux, où il se lie à la mélancolie. Quant à ce qui est de la part que la médecine peut prendre à la guérison de ce penchant qui, ainsi que nous l'avons dit, ne figure jamais que comme symptôme dans certaines aliénations mentales, nous renverrons aux différens articles de ce Dictionnaire, qui traitent de ces affections en particulier. (*Voyez* DÉLIRIUM, MANIE, MÉDECINE MENTALE & MÉLANCOLIE.) (L. J. RAMON.)

SUIE. s. f. (*Chim.*) Dans la combustion du bois & du charbon, toute la matière combustible n'étant point brûlée, il se forme dans les conduits, destinés à transmettre les gaz résidus ou les produits de la combustion, un enduit noir qui porte le nom de *suie*, & est composé en grande partie de carbone, d'acide acétique, d'huile empyreumatique, d'alumine & de quelques autres substances d'une nature variable, suivant l'espèce de combustible.

On a voulu employer la suie dans le traitement des affections vermineuses. L'huile empyreumatique qu'elle contient & le mercure doux auquel on proposoit de l'associer en pareil cas, pouvoient effectivement lui donner ces propriétés, sans néanmoins la rendre préférable à une foule d'autres médicamens administrés dans ces sortes de maladies. Enfin, quelques personnes l'emploient encore comme poudre dentifrice ; mais sa saveur en rend l'emploi si désagréable, qu'il est rare qu'on en fasse usage. (R. P.)

SUIF, s. m. (*Chim.*) La consistance variable de la graisse que l'on retire des diverses espèces d'animaux, lui a fait donner des dénominations différentes : ainsi on nomme *saindoux* ou *axonge* la graisse demi-fluide que fournit le porc ; tandis que le mot *suif* sert particulièrement à désigner la graisse solide des moutons & de quelques animaux herbivores. Le suif, ou plutôt sa partie solide, porte encore le nom de *stéarine*. Pour l'obtenir pur il suffit de traiter la graisse de mouton, de bœuf, de l'homme par l'alcool concentré, afin d'en séparer l'*olcine*.

Le suif sert comme excipient dans quelques préparations pharmaceutiques ; il est aussi employé pour fabriquer la chandelle, le savon ; &c. (*Voy.* GRAISSE, HUILE dans le *Dictionnaire de Chimie* de cet ouvrage.) (R. P.)

SUINT, s. m. (*Chim.*) La laine des moutons est imprégnée d'une matière graisseuse à laquelle on a donné le nom de *suint*. Cette matière est un véritable savon soluble dans l'eau & dans l'alcool,

&

& que par conséquent on peut enlever au moyen de lavages réitérés. Comme souvent une partie de la substance grasse des laines n'est point entièrement saponifiée, il faut les *fouler* pour les dégraisser complétement, & quelques artisans ont même l'habitude, pour atteindre le même but, de les faire macérer dans l'urine putréfiée, afin que l'ammoniaque qui s'en dégage, convertisse en savon la matière huileuse : mais ce procédé ne paroît point offrir de grands avantages. D'après M. Vauquelin, le suint est formé, 1°. d'un savon à base de potasse, qui en fait la plus grande partie ; 2°. d'un peu de carbonate de potasse ; 3°. d'une quantité notable d'acétate de potasse ; 4°. de chaux dont l'état de combinaison n'a pas encore été déterminé ; 5°. d'un atome de muriate de potasse ; 6°. enfin, d'une matière animale à laquelle paroît être particulièrement due l'odeur du suint. (*Voyez*, pour plus de détails, l'article SUINT du *Dictionnaire de Chimie* de cet ouvrage.)

L'application de la laine *imprégnée de suint,* sur des parties malades, a été regardée comme un remède résolutif & calmant dont on a conseillé l'usage pour combattre certaines tumeurs inflammatoires, & particulièrement celles qui se manifestent à la gorge, dans l'angine laryngée. On conçoit qu'une semblable application peut-être nuisible en raison de la chaleur qu'elle occasionne ; ce ne seroit donc tout au plus que dans le cas de douleurs rhumatismales ou lorsque certaines parties du corps sont très-affaiblies qu'il pourroit être raisonnable de recourir à l'emploi d'un pareil moyen ; encore seroit-il alors plus convenable d'employer le coton, la laine cardée, qui, tout en étant aussi chauds, n'auroient pas l'inconvénient de la mauvaise odeur. (R. P.)

SUINTEMENT, s. m. (*Pathol.*) On nomme ainsi tout écoulement imperceptible d'une humeur qui se fait, soit par une plaie, soit par un émonctoire quelconque.

SUJET DE L'HYGIÈNE. (*Hyg.*) Feu M. le prof. Hallé rangeoit sous ce titre tout ce qui appartient à l'histoire physique & physiologique de l'homme, considéré dans l'état de santé & dans ses rapports avec les choses qui l'environnent. Dès-lors se rattachent à ce chapitre, non-seulement toutes les considérations relatives à l'influence des âges, des tempéramens & des sexes, mais encore celles que l'on peut considérer comme les conséquences des habitudes dont on trouve la source dans le climat, les professions, les conditions sociales, &c. Après avoir ainsi étudié l'homme isolément & comme sujet de l'hygiène privée, on peut alors l'envisager sous un autre point de vue & le considérer collectivement, vivant en société & devenant le sujet de l'hygiène publique. Chacun de ces paragraphes, appartenant essentiellement

à des articles déjà traités ou qui le seront à leur ordre alphabétique dans ce Dictionnaire, nous renvoyons le lecteur aux mots AGES, AIR, CLIMAT, EAU, ENFANS, HABITUDE, HOMME, HYGIÈNE, MÉTIERS, SEXE, TEMPÉRAMENS, &c. (R. P.)

SULFATES, s. m. pl. (*Chimie.*) Genre de sels formés d'une base & d'acide sulfurique (1).
(C. H.)

SULFITES, s. m. (*Chimie.*) Genre de sels formés d'acide sulfureux & d'une base (2).
(C. H.)

SULFOVINEUX ou SULFOVINIQUE, adj. (Acide sulfovineux). (*Chim.*) Nom donné à l'acide *hypo-sulfurique* combiné avec une matière végétale qui se produit dans la préparation de l'éther sulfurique ; cet acide a été découvert par Vogel : il est sans usage en médecine.
(C. H.)

SULFURES, s. m. pl. (*Chim. , Mat. médic.*) Nom donné aux produits composés de soufre & d'un métal. On a également désigné ainsi les composés de soufre & d'un alcali minéral : les anciens chimistes donnoient à ces derniers produits le nom de *foie* (*hepar*). Il existe aussi des sulfures non métalliques, tels sont les sulfures d'hydrogène (*acide hydro-sulfurique*), de carbone, de phosphore, d'iode, de brome & de chlore. Mais ceux dont on fait un plus fréquent usage en médecine sont : les *sulfures de potassium*, d'*arsenic* & d'*antimoine*, pour lesquels nous renvoyons le lecteur aux mots ANTIMOINE, ARSENIC & POTASSE.
(C. H.)

SULFUREUX, adj. (Acide sulfureux). (*Chim., Mat. méd.*) Cet acide est presque toujours le produit de l'art, & ne se rencontre guère que dans le voisinage des volcans. Il est gazeux ou liquide.

A l'état gazeux il est employé avec succès dans le traitement des maladies chroniques de la peau, telles que les différentes espèces de dartres, la gale, le prurigo, la teigne & les pustules syphilitiques : on en a aussi obtenu de bons effets pour combattre les douleurs rhumatismales ou goutteuses passées à l'état chronique, certains engorgemens scrofuleux & quelques paralysies chroniques. L'acide sulfureux gazeux est aussi employé à la désinfection de l'air, des vêtemens, des paquets & des lettres qui viennent de pays où règnent quelques maladies contagieuses ; enfin, il sert dans

_____

(1) *Voyez* l'article SEL, tome XII de ce Dictionnaire, pag. 756.
(2) *Voyez* également l'article SEL, tome XII de ce Dictionnaire, pag. 757.

Y

les arts pour blanchir les foies & la colle de poiffon.

L'acide fulfureux liquide fe préfente fous deux états différens : tantôt il eft hydraté, c'eft-à-dire qu'il contient de l'eau ; tantôt il eft anhydre ou privé d'eau. Le premier eft peu ufité en médecine, & le fecond, récemment découvert, n'a été employé jufqu'à préfent que pour liquéfier plufieurs fluides élaftiques, tels que le chlore, le cyanogène, &c.

Introduit dans les poumons à l'état gazeux, ou dans l'eftomac à l'état liquide, l'acide fulfureux eft très-délétère : il agit à la manière des poifons les plus énergiques, & fouvent produit la mort.

SULFURIQUE, adj. (Acide fulfurique). (Chim. ; Mat. médic.) Acidum fulfuricum. Acide vitriolique, huile de vitriol. Cet acide fe rencontre dans quelques eaux minérales où il eft combiné avec la chaux, la potaffe, la foude, &c. On le trouve auffi dans plufieurs grottes &. dans les environs de certains volcans.

Comme le précédent il eft anhydre ou hydraté ; mais l'acide fulfurique anhydre n'étant pas employé par les médecins, nous nous occuperons feulement du fecond, dont les ufages font très-nombreux, tant en médecine que dans les arts.

On l'adminiftre comme médicament à la dofe de douze à vingt-quatre gouttes dans une boiffon appropriée. Ses propriétés font rafraîchiffantes & aftringentes ; &, fous ce dernier rapport, il convient & eft fouvent employé dans les cas d'hémorragies utérines. Combiné avec l'alcool, il conftitue l'eau de Rabel, qu'on emploie contre les diarrhées & les hémorragies atoniques ; cette eau entre pour un dixième dans la compofition d'une pommade réfolutive dont on fe fert avec fuccès dans les cas d'ecchymofe & dans les gales chroniques. On pourroit auffi employer l'acide fulfurique comme cauftique, mais on lui préfère en général le fer rouge, le beurre d'antimoine, le proto-nitrate acide de mercure, & même l'acide nitrique.

Dans les arts, on en fait ufage pour la fabrication des foudes factices & de quelques acides. Les tanneurs l'emploient pour gonfler les peaux ; il fert auffi à diffoudre l'indigo, ce qui conftitue le bleu de compofition.

L'acide fulfurique, par la propriété dont il jouit de décompofer tous les fels connus, les fulfates exceptés, eft un des réactifs les plus précieux pour diftinguer les différentes efpèces de fels. Il eft rangé au nombre des poifons les plus corrofifs & les plus meurtriers. (C. Hennelle.)

SULIAC (Eaux minérales de Saint-). (Voyez Saint-Suliac dans ce Dictionnaire.)

SULTZ (Eaux minérales de), village peu diftant de Strasbourg, non loin duquel eft la fource

minérale qui fournit affez abondamment une eau limpide, tranfparente, froide en été, tiède en hiver, dont la faveur eft falée, un peu amère & très-défagréable. L'eau de Sultz contient de l'hydrochlorate de foude, du fulfate de chaux, du fer & un peu de bitume. Vecker en a préconifé l'emploi dans l'aménorrhée, les coliques néphrétiques & les engorgemens des vifcères ; mais on en fait plus particulièrement ufage en bains dans les cas de douleurs des membres & dans certaines affections cutanées,

SULTZMATT (Eaux minérales de), village du département du Haut-Rhin, à quelques lieues de Colmar, près duquel fourdent fix fources différentes qui ont reçu diverfes dénominations : ainfi l'une d'elles porte le nom de fontaine acide ; la feconde, celui de fontaine cuivreufe ; la troifième eft nommée fontaine purgative ; la quatrième fontaine fulfureufe ; la cinquième eft dite la fontaine d'argent, & la fixième la fontaine d'or. Ces eaux font limpides, onctueufes au toucher, & leur tranfparence eft remarquable ; leur faveur eft piquante, aigrelette, propriété qu'elles perdent bientôt par leur expofition à l'air & lorfqu'elles font en repos.

L'eau de la fource acide eft celle dont on fait le plus fréquemment ufage : elle contient beaucoup d'acide carbonique, du carbonate de foude, du carbonate de magnéfie, & un peu de fulfate de chaux. Le Dr. Méglin, auquel on eft redevable du peu que l'on fait fur les propriétés médicinales de ces eaux minérales, les regarde comme très-utiles dans la plupart des maladies chroniques pour lefquelles on prefcrit en général les eaux acidulées.

On prend les eaux de Sultzmatt à la dofe de plufieurs verres, on peut même en boire jufqu'à une pinte par jour, & quelques perfonnes, après leur avoir communiqué une température convenable, les emploient en bains. Le mois de mai paroît être la faifon la plus favorable pour faire ufage de ces eaux minérales.

SULZERBRUNNEN (Eaux minérales de). Les eaux de cette fource, que l'on trouve dans la Haute-Bavière, font tranfparentes & fulfureufes : elles ont une faveur fade, font facilement troublées par le contact de l'air, & contiennent de l'hydrogène fulfuré, de l'acide carbonique, des carbonates de chaux, de foude, des fulfates de chaux, de magnéfie, de l'hydrochlorate de foude, de l'oxyde de fer & de la filice. On les prefcrit ordinairement en boiffon & en bains.

(R. P.)

SUMAC. (Mat. médic.) Rhus. Genre de la famille des Térébinthacées, dont plufieurs efpèces préfentent quelque intérêt fous le rapport médical.

Rhus coriaria L. (Sumac des corroyeurs, des teinturiers.) Originaire du midi, on le cultive dans les jardins où fes belles grappes de fruits rouges & velus le font diftinguer à l'automne. Ces fruits font aigrelets (ce qui le fait appeler encore *vinaigrier*), &, d'après Errhenberg, il font ufités comme aftringens en Égypte, en Turquie, dans les cas de dyfenterie; on les emploie aufli comme anti-feptiques & comme affaifonnement, &c. L'écorce fert au tannage des cuirs dans les pays où ce végétal eft abondant; elle donne une couleur noire qui la fait rechercher des teinturiers. Le *rhus typhinum* L., fort voifin du *R. coriaria*, qui croît dans l'Amérique feptentrionale & que l'on voit dans les jardins de quelques curieux, paroît avoir tout-à-fait les mêmes propriétés; quant à fon fruit & à fon écorce, on en fait des efpèces de limonade, & il découle de fon écorce incifée, une forte de fubftance réfineufe. Les naturels en mêlent les feuilles avec celles du tabac pour lui communiquer une odeur agréable.

Rhus toxicodendrum L., & *Rhus radicans* L. Ces deux végétaux ne font que des variétés pour les naturaliftes & qu'une même efpèce pour le médecin, puifqu'ils ont les mêmes propriétés délétères ou médicales. Il paroît certain qu'il règne autour de ces arbres une atmofphère nuifible qui s'étend à une vingtaine de pieds, & que Van-Mons croit être du gaz hydrogène carboné, mais qui n'eft pas le réfultat de l'arôme de l'arbre. Au bout de quelques heures elle produit des éruptions à la peau, des éryfipèles, des puftules avec chaleur, gonflement, qui ne fe paffent fouvent qu'au bout de plufieurs jours, à l'aide de lotions émollientes & des anti-phlogiftiques. Lorfque le fuc de cet arbre tombe fur la peau, il produit des inflammations encore plus marquées & des taches noires prefque indélébiles. Des expériences tentées fur les animaux, ont fait voir à M. Orfila que le *rhus toxicodendrum* les faifoit périr en enflammant l'eftomac.

M. Dufrefnoy, médecin de Lille, a cherché à tirer parti de l'activité de ce végétal & l'a prefcrit à petite dofe contre la paralyfie : il dit en avoir éprouvé de bons effets; il en donne un demi-grain, puis augmente jufqu'à 4 & 10 grains par jour. Cependant M. le prof. Fouquier, qui a répété cet emploi, a prefcrit jufqu'à 250 grains de l'extrait du *rhus toxicodendrum* par jour, fans voir aucun réfultat bon ni mauvais; mais évidemment ici il y a faute dans la préparation du médicament, car le fait de l'activité de ce fumac a été éprouvé par trop de perfonnes & en trop de lieux différens pour n'être pas hors de doute. Les feuilles fèches ont fans doute moins d'activité, comme il arrive pour beaucoup d'autres plantes, & c'eft probablement dans l'état de deffication qu'on s'en fera fervi pour préparer l'extrait employé. D'ailleurs il y a des individus fur lefquels le fuc frais de l'arbre ne caufe aucune rougeur, aucune

éruption, mais feulement une tache noire, felon la remarque de Bulliard; tandis que chez d'autres il produit des éruptions éryfipélateufes, &c. Il ajoute qu'il eft du nombre de ceux fur lefquels cet arbre ne produit point d'effet, en ayant même mâché fans inconvénient : cependant il penfe que cela peut aufli bien venir des terrains où croît le végétal, que de l'idiofyncrafie des fujets. Obfervons enfuite qu'il y a des paralyfies auxquelles rien ne peut remédier, telles font celles réfultant d'un épanchement cérébral, d'une déforganifation du cerveau; ces circonftances peuvent fervir à expliquer pourquoi M. Fouquier n'a éprouvé aucun réfultat de l'emploi du *rhus toxicodendrum*. Nous engageons les praticiens à répéter ces expériences, & à ne donner d'abord que des quantités faibles du fuc de ce végal.

Nous trouvons dans les *Tranfactions philofophiques* que le *rhus toxicodendrum* caufe moins d'accidens en le mâchant qu'en le maniant, ou en s'expofant à fes effluves : ce qui peut rendre raifon de l'expérience de Bulliard citée plus haut, & des différens réfultats obtenus par M. Fouquier.

Rhus vernix L. Cet arbriffeau de la Chine & du Japon, paroît avoir toutes les qualités malfaifantes du précédent; il en découle par incifion un fuc blanc qui noircit à l'air & qui fert de vernis au Japon, d'où l'arbre a été appelé *vernis du Japon*. Ses femences donnent une huile concrète dont on fabrique des chandelles dans le même pays, et que d'autres perfonnes attribuent au *rhus fuccedaneum*. Bigelow dit que le fuc de cet arbre irrite la peau; mais il n'eft pas certain que le végétal de l'Amérique feptentrionale, qui porte le nom de *rhus vernix*, foit le même que celui de la Chine.

(MÉRAT.)

SUPERBE, f. m. (*Anat.*) *Superbus*. Nom donné par quelques anatomiftes au *mufcle droit fupérieur de l'œil*, parce qu'en relevant cet organe il lui donne une fituation qui en général eft l'expreffion de la fierté & de l'orgueil. (*Voyez* ŒIL dans le *Dictionnaire d'Anatomie*.)

SUPERFÉTATION, f. f. (*Accouch. & Méd. lég.*) *Superfetatio*. On défigne ainfi la conception d'un nouveau fœtus pendant le cours de la groffeffe. La réalité de ce phénomène a été admife de tous temps, ou au moins à des époques très-reculées, puifque Ariftote & Hippocrate en parlent dans leurs ouvrages comme d'un fait avéré; cependant la plupart des auteurs modernes n'ont admis la poffibilité de la fuperfétation dans l'efpèce humaine, que dans le cas feulement où l'utérus eft double, c'eft-à-dire formé de deux cavités bien diftinctes & indépendantes l'une de l'autre; mais comme ce phénomène n'eft pas une queftion purement phyfiologique, & que l'honneur des mères

& la légitimité des enfans dépendent également de la poffibilité bien reconnue de groffeffes de cette nature, nous rapporterons ici quelques obfervations, en nous abftenant de nous prononcer pour ou contre cette queftion.

Sans nous arrêter à l'exemple rapporté par Buffon, d'une femme de Charles-Town qui accoucha, en 1714, de deux enfans jumeaux, l'un mulâtre & l'autre blanc, exemple fouvent cité en faveur de la fuperfétation, & qui pourroit tout auffi bien être regardé comme le produit d'un accouchement chez une femme portant un utérus bilobé, nous citerons un exemple plus concluant, rapporté par madame Boivin dans fon *Mémorial de l'art des accouchemens* (note au 136ᵉ aphorifme de Mauriceau) : « Une dame âgée de 39 ans, enceinte de quatre mois & demi ; fit fubitement une fauffe couche ; fes règles ne paroiffant pas & fon ventre augmentant de volume, elle penfa qu'un fecond enfant étoit refté dans fon fein, & en effet, elle accoucha quatre mois & demi après fon avortement, d'un garçon à terme & bien portant. » D'autres médecins rapportent des exemples de fuperfétation dans des cas de groffeffes qui auroient duré douze & treize mois ; d'un autre côté, le célèbre Baudelocque (*Art des accouchemens*), loin d'attribuer les naiffances fucceffives à la fuperfétation, dit qu'elles ne font qu'un effet de la maladreffe des accoucheurs ou de quelques circonftances particulières.

D'après l'incertitude où nous laiffe le petit nombre d'obfervations fur la fuperfétation & la diffidence d'opinion des plus célèbres accoucheurs, nous penfons qu'avant d'admettre rigoureufement la poffibilité de ce phénomème, il faut avoir un plus grand nombre de faits ; d'ailleurs, dans l'état actuel de notre légiflation, il eft peu de queftions qui fe rattachent à ce point de phyfiologie, & la loi ne faifant pas mention des cas de fuperfétation, eft cenfée l'admettre en ce fens, toutefois que les enfans viendroient au monde dans l'efpace de temps qu'elle a reconnu néceffaire & qu'elle a accordé pour la geftation. Cette lacune, dans notre légiflation actuelle, devroit être en faveur d'une veuve mettant au monde un fecond enfant, pour protéger la mère & l'enfant contre la mauvaife foi de fes accufateurs & le filence des lois.

Nous ne terminerons pas cet article fans rapporter le cas de fuperfétation pour lequel Zacchias donna une confultation médico-légale : Jean-Nicolas Sobreis meurt dans une rixe, laiffant fa femme Laurette enceinte ; celle-ci, huit mois après la mort de fon mari, accouche d'un enfant mâle mal conformé & qui meurt en naiffant. Le ventre reftant toujours gros, la fage-femme reconnoit qu'il contient un fecond enfant & fait de vains efforts pour l'extraire ; un mois & deux jours après, Laurette éprouva de nouvelles douleurs

d'enfantement & accoucha d'un fecond enfant très-bien portant & qui vécut. Les collatéraux de Sobreis objectèrent que ce dernier enfant, étant le fruit de la *fuperfétation*, n'étoit pas légitime & par conféquent inhabile à hériter ; mais Zacchias au contraire fit admettre fa légitimité en déclarant qu'il y avoit bien eu fuperfétation, mais que l'enfant né le premier en étoit le produit, qu'il n'avoit pas parcouru toute les périodes de la groffeffe, ce qui étoit la caufe de l'imperfection & de la foibleffe qu'il préfenta à fa naiffance.

(Cʜ. Hᴇɴɴᴇʟʟᴇ.)

SUPERFICIEL, ʟᴇ, adj. (*Anat. & Pathol.*) Confidérée comme expreffion anatomique, la fignification de ce mot n'a point d'autre acception que celle attribuée au mot *fublime*, & elle fert par conféquent à défigner les parties les plus éloignées de l'axe du corps ou des membres, ainfi l'on dit les *mufcles fuperficiels*, les *veines fuperficielles*.

Quant à la fignification pathologique de ce mot, elle indique un pouls dont les battemens fe font fentir exactement comme fi l'artère étoit placée immédiatement fous la peau ; quelquefois auffi, on fait ufage de la même expreffion pour défigner certains ulcères qui n'attaquent que les couches les plus extérieures, fans s'étendre en profondeur.

SUPER-IMPRÉGNATION, f. f. (*Anat. ph. f.*) *Super impregnatio.* (*Voyez* Sᴜᴘᴇʀғᴇᴛᴀᴛɪᴏɴ.)

SUPERPURGATION, f. f. (*Path.*) *Superpurgatio, hypercatharfe* ; purgation immodérée, ordinairement provoquée par des purgatifs draftiques. J'ai indiqué à l'article Pᴜʀɢᴀᴛɪғ quel étoit le mode d'action que ce genre de médicament devoit exercer pour agir convenablement ; mais il arrive quelquefois que malgré les plus fages précautions, une fufceptibilité particulière, une difpofition du moment, donnent à l'action ordinaire d'un purgatif une telle intenfité, que l'effet produit paffe tout ce qu'on en avoit attendu, & au lieu de 5 à 8 évacuations defirées, on en obtient 20, 30 ou 40 qui jettent le malade dans un très-grand abattement. Ces felles abondantes font prefque toujours accompagnées de douleurs abdominales très-vives, de tranchées, de faibleffe extrême, de mouvemens convulfifs ; de fyncopes, d'angoiffes pénibles ; la foif eft vive, la langue fèche, le pouls petit & concentré ; les dernières évacuations, qui ont lieu avec du ténefme, font féreufes, fanguinolentes ; d'autres fois, la purgation n'eft que ce qu'elle doit être, mais elle fe prolonge pendant plufieurs jours de fuite, & j'ai vu quelquefois, après l'adminiftration d'un purgatif, tel que le fulfate de magnéfie, la purgation avoir lieu tous les matins pendant quatre ou cinq jours. Telle eft la fuperpurgation comme on la rencontre le plus fouvent ; mais elle doit ceffer de porter ce nom, lorfqu'à la fuite d'un purgatif plus ou moins violent, il survient une inflammation aiguë de tout le tube digestif : inflammation qui tantôt est une entérite, tantôt une dyssenterie des plus violentes, se terminant quelquefois par la gangrène d'une partie des intestins, par une entérite chronique, par des ulcérations qui mettent la vie du malade en danger ou le laisse vivre misérablement : c'est un véritable empoisonnement par des substances âcres, irritantes qui ont enflammé violemment les organes avec lesquels elles ont été en contact. Telles sont cependant les prétendues panacées de ces charlatans si nombreux, dont les livres insignifians obstruent les boutiques des libraires : il y a des officines remplies de ces médicamens incendiaires que l'on souffre avec une tolérance inhumaine, comme si les médecins ne savoient pas ordonner un purgatif drastique.

Lorsqu'il est nécessaire de prescrire un purgatif, on doit avoir le soin de demander au malade, s'il a déjà été purgé, quel étoit le purgatif employé, quel effet a été obtenu, s'il est difficile à purger, si l'action du purgatif a été accompagnée de coliques, il ne faut pas, par un amour-propre ridicule, ne pas vouloir administrer un purgatif qu'un autre médecin auroit prescrit : il vaut mieux employer celui qui est connu, que de risquer de mal faire en voulant en donner un nouveau. Mais si le malade n'a pas encore été purgé, le praticien choisira parmi les purgatifs celui qui lui paroît le mieux approprié à la nature du sujet & à celle de la maladie. En prenant toutes ces précautions, il y aura rarement superpurgation, ou s'il y en a, alors elle sera peu intense.

Quand la superpurgation a lieu, il faut se hâter d'en arrêter les progrès : si elle est légère, quelques boissons mucilagineuses, opiacées & surtout des demi-lavemens de même nature, la termineront promptement; si elle est plus forte, on sera obligé d'y joindre des fomentations ou des cataplasmes émolliens & opiacés sur le ventre, les bains de siège & les demi-bains opiacés & l'opium par la bouche ou en lavement, suivant les circonstances, des sangsues sur les points douloureux. Si la superpurgation est encore plus violente, s'il y a entérite aiguë, dysenterie, il faudra agir comme si l'on avoit affaire à ces maladie. (*Voyez* DYSSENTERIE, EMPOISONNEMENT, POISON dans ce Dictionnaire. (NICOLAS.)

SUPERSTITION, s. f. (*Méd.*) *Fieri non potest ut animo malè affecto, non corpus etiam unà laboret, & rursùs, animus benè affectus, vi suâ, quoad fieri potest, optimum reddat corpus.* (Platon, *in Charmide.*) Cette sentence du philosophe grec donne assez bien l'explication de tous les miracles produits, tant dans l'état de santé que dans l'état de maladie, par les antidotes, les amulettes, les remèdes secrets ou bizarres, le magnétisme, les paroles mystérieuses, les remèdes magiques, en un mot, par les croyances superstitieuses de toute espèce.

Hobbes, qui ne croyoit pas en Dieu, avoit peur pendant la nuit, des esprits & des fantômes. Le maréchal Montrevel, que des dangers réels n'avoient point effrayé, se trouve mal & meurt bientôt après, pour avoir vu renverser sur lui, à table, une *salière!* Une jeune fille, réduite à un état de langueur qui paroissoit devoir la conduire rapidement au tombeau, malgré les soins assidus de médecins éclairés, recouvre tout-à-coup ses forces & quitte le lit où elle alloit expirer au moment où elle entend sonner la cloche pieuse qui lui apprend qu'un miracle va s'opérer en sa faveur. Un écolier entend chez ses parens le trait d'un jongleur qui guérissoit les maux de dents en apposant son doigt sur la dent douloureuse, & en récitant gravement les premiers mots qui lui venoient à l'esprit; de retour à sa pension, il rencontre un de ses camarades qu'une dent gâtée faisoit horriblement souffrir, aussitôt il lui parle d'un secret merveilleux qu'on lui a confié la veille, & lui promet une guérison soudaine; en effet, il touche la dent du patient, & à peine a-t-il prononcé avec assurance quelques paroles insignifiantes, que l'autre s'écrie qu'il est guéri! *Dormez*, disoit à ses adeptes, d'une voie forte & imposante, le célèbre abbé Faria, & aussitôt plusieurs de ses crédules auditeurs tomboient dans un sommeil magnétique.

Il n'est plus ce temps où des *emplâtres aimantés* attiroient les morceaux de fer enfoncés dans les plaies, où le *poumon de renard* desséché guérissoit l'asthme & la pneumonie, où le *mouron des oiseaux* dissipoit la rage, où la *poudre de sympathie* cicatrisoit sur-le-champ les plaies, &c.; mais en revanche nous avons des savans qui croient au magnétisme, des esprits forts qui redoutent le nombre treize à table, des incrédules qui se font dire la bonne aventure, &c. (*Voyez* AMULETTE, MAGNÉTISME, POPULAIRES (erreurs populaires).

La superstition peut engendrer de grands maux, elle peut aussi parfois produire quelque bien; un médecin éclairé n'a pas trop de toute sa prudence & d'une expérience consommée, pour discerner les cas où le langage de la raison doit seul se faire entendre, de ceux où l'on doit laisser aux foiblesses de certains esprits qui placent dans des chimères toute leur force & toute leur confiance..... *Homo sum, & nil humani à me alienum puto* : telle doit être, dans ce cas comme dans beaucoup d'autres, la devise de l'homme de l'art. (GIBERT.)

SUPINATEUR, adj. (*Anat.*) *Supinator*, dérivé de *supinus*, couché à la renverse. Cet adjectif a été employé pour désigner deux muscles qui servent aux mouvemens de supination de l'avant-bras : l'un est le *grand supinateur* (humero-sus-radial, CHAUSS.), le second est le *petit supinateur* (épicondylo-radial du même auteur). (*Voyez*, pour la description anatomique & pour l'usage de ces muscles, le mot SUPINATEUR du *Dictionnaire d'Anatomie* de cet ouvrage.) (R. P.)

SUPINATION, f. f. (*Phyf.*) *Supinatio*. On nomme ainfi, une pofition de la main qui eft telle, que les deux os de l'avant-bras font fenfiblement parallèles entr'eux, tandis que dans le mouvement de pronation (*voyez* ce mot), ils font en quelque forte placés en fautoir. D'après cela, on conçoit que dans la fupination, fi un homme eft couché fur le dos, la face palmaire de la main fera alors tournée vers le ciel; & que fi, au contraire, on fuppofe cet homme dans une fituation verticale, la face palmaire de fa main fera antérieure.

SUPPOSITION DE PART, f. f. (*Méd. lég.*) Délit de fuppofition de maternité ou de fubftitution d'un enfant à un autre. On a toujours cherché à réprimer avec foin ce délit qui tend à porter atteinte aux droits des familles & à fubftituer des étrangers aux héritiers légitimes. Le code pénal actuel applique la peine afflictive & infamante de la réclufion, aux auteurs de ce crime. Les lumières du médecin-légifte ne peuvent manquer d'être invoquées en pareil cas; c'eft à lui à décider fi la femme que l'on accufe eft réellement accouchée ou non, fi l'enfant qu'elle préfente peut en effet être regardé comme le fien; enfin, s'il y a des indices matériels propres à faire reconnoître la préfence ou l'abfence du délit.

Plufieurs cas peuvent fe préfenter, & tous ne font point fufceptibles d'une folution précife. Ainfi, l'accouchement lui-même peut être fuppofé, & la femme n'avoir jamais conçu; alors il fuffit de l'abfence des fignes qui indiquent la maternité (augmentation de volume de l'utérus, col dilaté, arrondi, fendillé; feins remplis de lait, vergetures & éraillures de la peau du ventre & des feins, lochies, &c.) pour attefter que le délit exifte. Mais, dans d'autres cas plus obfcurs, la femme peut avoir été déjà mère, elle peut être accouchée d'un enfant mort auquel elle en a fubftitué un vivant, elle peut n'avoir fait qu'une fauffe couche, &c. Il devient alors beaucoup plus difficile de porter un jugement certain, furtout s'il s'eft déjà écoulé un certain temps depuis l'accouchement vrai ou fuppofé. Cependant la comparaifon de l'âge de l'enfant avec l'époque de l'accouchement indiquée, l'exiftence de certaines marques de reffemblance qui peuvent être obfervées entre cet enfant & fes parens, l'examen attentif de la femme, l'interrogation captieufe & répétée des témoins du fait, la comparaifon exacte de toutes les circonftances avec la marche ordinaire des chofes, &c., peuvent encore mettre fur la voie & conduire à la découverte de la vérité. D'ailleurs, ici, comme dans toutes les queftions de médecine légale, lorfque l'homme de l'art n'a pu parvenir à raffembler les lumières néceffaire pour éclairer fa confcience, il faut qu'il fe conforme au précepte du fage: *Dans le doute, abfiens toi*. (GIBERT.)

SUPPOSITOIRE ou mieux SUPPOSITOIR, f. m. (*Thérap.*) *Suppofitorium*, de *fupponere*, placer deffous. On donne le nom de *fuppofitoire*, à un médicament folide, fufible à une douce chaleur, de confiftance d'emplâtre, de forme conique, & deftiné à être introduit dans le rectum. Les fuppofitoires étoient connus dès les temps les plus reculés: ils étoient tous irritans, mais il eft rare que de femblables fuppofitoires foient employés aujourd'hui. On les fait le plus ordinairement, foit avec du beurre très-frais, ou avec celui de cacao, foit avec le fuif deftiné à faire la chandelle, foit avec le favon médicinal ou le favon ordinaire. Quand on veut leur communiquer une action irritante, purgative ou calmante, on y incorpore des poudres de même nature, en ayant le foin de n'y faire entrer des médicamens très-excitans qu'a petite dofe.

La longueur & la groffeur du fuppofitoire varient felon l'âge: celui des enfans aura de 3 à 5 centim. de long & 1½ à 1 centimètre de large à fa bafe; celui des adultes en aura 5 à 7 de long, & 1 centim. & demi à fa bafe. Quand on les fait avec le favon, il eft important que leur bafe, au lieu d'être plane, foit terminée par un petit cône: fondant difficilement, le fuppofitoire fortira alors plus facilement fi les évacuations arrivent lorfqu'il a encore un certain volume.

L'ufage le plus ordinaire que l'on fait des fuppofitoires eft pour s'oppofer à la conftipation; ils conviennent très-bien aux enfans, &, dans quelques provinces, les nourrices font très-habiles dans l'art de les confectionner & de les introduire. Les fuppofitoires font aujourd'hui par trop abandonnés; il conviendroit peut-être de les fubftituer de temps en temps aux lavemens qui fouvent finiffent par ne plus agir: on les confeille auffi dans les relâchemens du rectum ou dans les douleurs vives qui ont quelquefois lieu à l'anus; mais c'eft feulement par les médicamens qu'ils contiennent, qu'ils agiffent.

Pour introduire le fuppofitoire, on l'enduit de cérat fimple ou médicamenteux, ou d'huile, ou bien on le trempe fimplement dans l'eau, s'il eft favonneux; on le prend alors entre l'index & le médius, en appuyant fa bafe fur le pouce: alors on écarte les feffes & on le fait pénétrer en le pouffant lentement dans la direction du rectum, jufqu'à ce qu'il ait franchi le fphincter.

On a donné quelquefois le nom de *fuppofitoire* à une mèche de charpie ou à une tente de linge roulé, enduite ou non d'un médicament quelconque, & deftinée à maintenir dilaté le fphincter ou le rectum; mais il vaut mieux lui conferver le nom de *mêche* que de confondre, fous la même dénomination, deux chofes qui n'ont de rapport entr'elles que celui qu'elles tirent du lieu par lequel on les introduit. (Nicolas.)

SUPPRESSION, f. f. (*Pathol.*) *Suppreffio.* Ce mot défigne la fufpenfion accidentelle d'une évacuation habituelle, qu'elle foit d'ailleurs continuelle ou périodique. Ainfi on dit : *fuppreffion* de la tranfpiration cutanée, *fuppreffion* d'urine, des règles, d'un exanthème. (*Voyez* les mots Menstruation, Menstrues, Rétention d'urine.)

SUPPRESSION DE PART. (*Méd. lég.*) C'eft, dans l'acception la plus étendue, l'acte par lequel une femme s'eft défait du produit de la conception, & dans ce cas, l'*avortement provoqué,* l'*expofition de part* & l'*infanticide* devroient être confidérés comme *fuppreffion de part ;* mais les difpofitions du Code pénal (art. 345 & fuivans) reftreignent la fuppreffion de part à l'action d'une mère qui a célé le fruit de fa groffeffe & de fon accouchement, fans qu'il foit établi qu'elle lui ait donné la mort.

Quel que foit d'ailleurs le fens que l'on attache à l'expreffion *fuppreffion de part*, il n'en eft pas moins conftant que toute la doctrine médico-légale de la fuppreffion de part fe renferme dans les quatre queftions fuivantes : 1°. prouver que la femme accufée de ce crime a réellement été enceinte ; 2°. qu'elle a accouché ; 3°. que l'enfant qu'on lui attribue lui appartient, & que l'âge de cet enfant coïncide exactement avec l'époque fuppofée de l'accouchement ; 4°. que, dans le cas où l'accouchement auroit été prouvé, fon produit n'a pas été un faux germe, une môle, un enfant mort, car alors elle ne feroit paffible que de peines correctionnelles pour n'avoir pas fait fa déclaration.

Pour ne pas faire de répétitions inutiles, nous renvoyons le lecteur aux articles Accouchement, Avortement, Grossesse, Infanticide, où il trouvera la folution de ces quatre queftions.

Nous terminerons cet article en faifant connoître les difpofitions du Code pénal relatives à la fuppreffion de part :

« Les perfonnes coupables d'enlèvement, de recélé ou de fuppreffion d'un enfant, de fubftitution d'un enfant à un autre, ou de fuppofition d'un enfant à une femme qui ne fera pas accouchée, feront punis de la réclufion.

« La même peine aura lieu contre ceux qui, étant chargés d'un enfant, ne le repréfenteront point aux perfonnes qui ont le droit de le réclamer. » (*Code pénal,* art. 345.)

(Ch. Hennelle,)

SUPPURANT, ante, adj. (*Pathol.*) *Suppurans.* Mot employé pour défigner une altération morbide dans laquelle il fe forme du pus. (*Voyez* Pyogénie.) (R. P.)

SUPPURATIFS, adj. & fubft. pl. (*Mat. méd.*) On donne ce nom à des médicamens qui ont la propriété de provoquer & d'entretenir la formation du pus à la furface de tiffus dénudés ; or, ces parties peuvent fe trouver dans deux états oppofés qui mettent également obftacle à la pyogénie. En effet, tantôt il y exifte un degré d'inflammation trop confidérable, tantôt, au contraire, elles font dans un état d'atonie manifefte. Dans le premier cas, les adouciffans, les émolliens, les antiphlogiftiques en général, feront les véritables moyens de favorifer la fuppuration. Dans le fecond, c'eft par des ftimulans, des irritans modérés qu'on entretiendra un degré d'excitation convenable & néceffaire pour la fécrétion du pus. Les digeftifs font des moyens très-ufités dans ce but. (Eméric Smith.)

SUPPURATION, f. f. (*Méd. chir.*) *Suppuratio.* Sécrétion du pus dans une partie enflammée. (*Voyez* Pyogénie) (L. J. R.)

SURAL, ale, adj. (*Anat.*) *Suralis ;* de *fura,* mollet, gras de la jambe. Plufieurs anciens anatomiftes ont ainfi qualifié quelques-unes des parties qui appartiennent à la portion poftérieure de la jambe : ainfi ils ont nommé *nerfs furaux, artères & veines furales,* des filets nerveux & des vaiffeaux fanguins qui fe diftribuent aux mufcles gaftro-cnémiens & aux tégumens de la partie poftérieure de la jambe.

SURCALORINÈSES. (*Path.*) Le Dr. Baumes a défigné fous ce nom, des maladies dont les phénomènes dominant paroiffent dus à une modification remarquable qu'éprouve le principe de la chaleur propre au corps des animaux, & fuivant que ce principe paroiffoit être en excès ou en défaut, il regardoit ces affections comme des *furcalorinèfes* ou des *décalorinèfes.*

(R. P.)

SURCILIER, ère. adj. (*Anat.*) (*Voy.* Sourcilier dans ce *Diction.* & dans celui d'*Anatomie.*)

SURCILIO-CONCHIEN, adj. & f. m. (*Anat.*) Mufcle qui, du bord fupérieur & externe de l'orbite, fe porte à la partie antérieure & fupérieure de la conque. (*Voyez* Oreille dans le *Dictionnaire d'Anatomie.*)

SURCOSTAL, ale, adj. (*Anat.*) *Supra-coftalis.* Ce mot eft employé pour indiquer des mufcles fitués à la partie poftérieure du cou, & dont l'ufage paroît être de contribuer aux mouvemens de la poitrine conjointement avec les intercoftaux externes dont ils font des appendices, d'après

M. Boyer & Chauffier. (*Voyez* le *Dictonnaire d'Anatomie* de cet ouvrage.)

SURÉPINEUX, adj. (*Anat.*) *Voyez* Sus-épineux.)

SUR-DEMI-ORBICULAIRE, adj. pris quelquefois fubftantivement. (*Anat.*) *Supra femiorbicularis.* Dénomination employée par Winflow pour défigner la moitié fupérieure du mufcle orbiculaire des lèvres (*mufcle labial* Chauss.). (*Voyez* Labial & Orbiculaire dans le *Dictionnaire d'Anatomie* de cet ouvrage.)

SURDENT, f. f. (*Anat.*) de *fupra*, deffus, & de *dens*, dent. On appelle ainfi une dent furnuméraire, placée en arrière des autres, & plus ou moins éloignée de l'arcade alvéolaire. Quelquefois les *furdents* ne font autre chofe que les premières dents qui perfiftent après le développement de la feconde dentition, & dans quelques circonftances elles font dues à des germes furnuméraires qui ne fe développent qu'à des époques plus ou moins éloignées de la vie. On cite quelques individus chez lefquels les furdents étoient tellement multipliées qu'ils paroiffoient avoir réellement deux rangées de dents.

La multiplicité de ces organes eft fouvent un inconvénient auquel on eft obligé de remédier par l'extraction.

SURDI-MUTITÉ, fub. f. (*Path.*) Le langage ne pouvant jamais être qu'un produit de l'imitation, on conçoit que les enfans qui naiffent privés de l'ufage de l'organe de l'ouïe doivent néceffairement être muets, c'eft-à-dire ne pouffer que des fons inarticulés : or, c'eft à cette infirmité que l'on a donné le nom de *furdi-mutité*. (*Voyez* les mots Muets, Mutisme, Sourd, Sourd-muet & Surdité, dans ce Dictionnaire.)

SURDITÉ, f. f. (*Path.*) *Surditas.* On peut définir la furdité, appelée auffi *cophofis*, & par quelques auteurs *dyfécée*, l'impoffibilité de percevoir les fons. Les pathologiftes ont diftingué différens états dans la furdité; états qui ne font que le prélude ou les différens degrés de la maladie avant qu'elle foit parvenue à produire la perte abfolue de l'ouïe. Ainfi il y a la *dyfécée*, la *barycoïe* ou *barycoïte*, l'*hypocophofie* ou dureté *de l'ouïe*, qui ne confiftent que dans une difficulté plus ou moins grande de percevoir les fons; la *paracoufie* ou *fauffe ouïe*; le *tintouin*, tintement *d'oreille*; *fyrigmus, fyrigmos, tinnitus aurium, fufurrus, paracufis imaginaria*, &c., qui précèdent auffi le plus fouvent la furdité, & qui d'autres fois font des fymptômes d'accidens du côté du cerveau.

Aux articles Sourd & Sourd-muet, j'ai parlé avec détail du caractère moral des individus privés de l'ouïe, & dans l'un de ces articles je me fuis fpécialement appliqué à faire connoître un nouveau procédé dû à M. le Dr. Deleau, lequel confifte à faire des injections d'air dans la trompe d'Euftachi. Je n'ai donc plus qu'à indiquer, le plus brièvement poffible, les principales caufes de cette maladie & le traitement qui, malheureufement, fe réduit à quelques moyens plus ou moins empiriques.

La furdité préfente différens états dans fon intenfité. Elle peut être *complète, incomplète* ou *relative :* elle eft complète ou abfolue (*cophofis*) quand aucun fon, quelle que foit fon intenfité, ne peut être perçu; elle eft au contraire incomplète quand les fons, ou forts ou foibles, font entendus, mais difficilement; c'eft la *dyfécée*. Elle eft *relative* quand on ne perçoit la fenfation des fons que dans certaines circonftances données, comme lorfque l'air eft violemment agité par le bruit d'un tambour ou d'une cloche, & que pendant ce temps une voix baffe eft entendue fans que le fon plus fort le foit. Cette maladie, qui peut affecter l'une ou l'autre oreille, ou toutes les deux en même temps, préfente cette analogie frappante avec l'ophthalmie, qu'elle paffe facilement de l'une à l'autre oreille, ou que fi l'une d'elles eft malade, l'autre ne tarde pas à le devenir.

Les caufes de la furdité font tellement nombreufes que l'énumération feule en eft effrayante, & à ce nombre, déjà fi prodigieux, il faut encore en ajouter tous les jours de nouvelles. On diroit que tout ce qui peut produire une maladie, eft fufceptible de troubler l'audition. Ces caufes peuvent affecter l'oreille externe, l'oreille interne, le nerf acouftique, le cerveau, ou avoir leur fiége dans les parties environnantes.

La carie, la nécrofe, une exoftofe du temporal ou d'un os voifin, le rétréciffement du méat auditif ou de la trompe d'Euftachi, par des tumeurs étrangères à ces conduits ou qui leur appartiennent, par des polypes, des engorgemens, fuites d'inflammation; par des amas de cérumen, de pus deffé-ché; par des corps étrangers; par une mauvaife conformation de ces parties, des ulcérations qui en auront produit l'attrition, par une cicatrice vicieufe, la rupture, l'épaiffiffement ou les dégénérefcences du tympan, le défaut de rapport des offelets de l'ouïe; enfin, toutes les léfions qui peuvent changer, détruire les rapports ou les différentes parties fi nombreufes & fi compliquées qui concourent à la conformation de l'oreille, ainfi que le défaut ou la trop grande quantité de lymphe ou férofité qui lubréfie toutes ces parties, peuvent produire la furdité.

Il faut encore mettre au nombre des caufes productrices de cette maladie, les bruits violens & long-temp continués, comme celui de l'artillerie, à bord des vaiffeaux, le refroidiffement de la tête ou de tout le corps quand on eft en fueur ou lorfqu'on lorfqu'on a très-chaud, les éternuemens, une toux forte, les efforts pour vomir, l'ufage habituel des inftrumens à vent qui exigent, pour être mis en mouvement, beaucoup d'air, la furcharge des premières voies, les métaftafes goutteufes, rhumatifmales; la répercuffion des affections cutanées, la fuppreffion des règles, celle de la falivation, d'un flux ou d'un exutoire naturel ou entretenu par l'art; les congeftions cérébrales, les bleffures au cerveau, la commotion ou la compreffion de cet organe, toutes fes léfions enfin, fuivant le fiége qu'elles occupent, la paralyfie, celle des nerfs acouftiques, la groffeffe, &c. &c.

Tel eft l'aperçu des différentes caufes qui peuvent agir fur l'oreille pour produire la furdité ou l'un de fes degrés.

Les caufes de la furdité étant très-nombreufes, on prévoit déjà que fon traitement doit varier à l'infini : celle qui eft due à une carie ou à une nécrofe ne guérira pas toujours avec ces maladies; s'il y a deftruction d'une des parties conftituantes de l'oreille; s'il exifte une tumeur, des polypes, des corps étrangers, un amas de cérumen ou de pus defféché; on enlevera, s'il eft poffible, ces obftacles, on détruira les cicatrices vicieufes; une ouverture fera pratiquée dans le tympan épaiffi, cartilagineux, &c.; s'il eft relâché ou trop mou, on lui redonnera de la force, au moyen d'injections, ou de douches de liquides ou de vapeurs plus ou moins ftimulans. La furdité occafionnée par une rupture du tympan, par un défaut de rapport des offelets, par une léfion profonde du cerveau, eft incurable; celle au contraire qui furvient pendant les fièvres graves guérit ou diminue quelquefois avec le temps.

On s'efforcera de rappeler la goutte, les rhumatifmes, les dartres ou autres affections cutanées, fi la furdité a paru en même temps que ces affections guériffoient trop promptement, ou après leur difparition fubite; on rétablira les règles, les exutoires & autres flux habituels, ou du moins on y fuppléera par des moyens artificiels, tels que des faignées, des fangfues, des véficatoires, des fétons; s'il y a pléthore fanguine, on la combattra par des faignées ou par des fangfues. La compreffion, la commotion, les bleffures, les congeftions du cerveau feront traitées par tous les moyens que réclament ces fortes d'accidens : la furdité n'étant, dans ce cas, que l'accident le moins à craindre. (*Voyez* BLESSURES, COMMOTION, COMPRESSION & CONGESTION, dans le *Dictionnaire de Chirurgie.*) On trouvera à l'article SOURD-MUET le traitement de cette maladie, par les infufflations d'air dont le Dr. Deleau prétend retirer journellement les plus grands avantages. Il paraîtroit même, d'après le praticien, que très-peu de furdités réfiftent à ce moyen, qui nous femble cependant trop peu énergique pour guérir une maladie due le plus fouvent à des caufes fi difficiles à détruire. Les injections de liquides plus ou moins ir-

ritans, celles de vapeurs d'éther ou de fubftances alcooliques, par la trompe d'Euftachi, ont auffi été employées quelquefois avec fuccès; il en eft de même de l'électricité & du galvanifme, qui ont paru réuffir dans certaines circonftances.

J'entreprends dans ce moment une férie d'expériences, ayant pour but de déterminer d'une manière précife, les maladies dans lefquelles deux modes d'un même agent, le galvanifme & l'électricité, peuvent être utiles; une feule fois j'ai vu le galvanifme produire la guérifon. On conçoit que ces agens, ainfi que la ftrychnine, adminiftrée, foit à l'intérieur, foit à l'aide de la méthode endermique, feroient utiles dans la paralyfie du nerf acouftique, dans la diminution de fenfibilité, ou dans le cas de relâchement organique de quelques-unes des parties de l'oreille.

Indépendamment de ces nombreux moyens de guérifon, qui ne font encore indiqués qu'imparfaitement, & qui d'ailleurs guériffent rarement, il exifte un traitement général & banal, & l'on peut s'exprimer ainfi, puifqu'il eft ordonné par tout médecin & pour toute efpèce de furdité; telles font les faignées générales ou locales, les premières pratiquées au bras ou aux pieds; les fecondes à l'anus ou derrière les oreilles, entre l'apophyfe maftoïde & la branche verticale du maxillaire inférieur; les véficatoires, les cautères, les moxas, les fétons, les vomitifs, les purgatifs fréquemment répétés, les tifanes délayantes, rafraîchiffantes, calmantes; les antifpafmodiques, les différens baumes vantés par le charlatanifme, lefquels font quelquefois réuffi, ainfi que le *magnétifme animal*, comme fes partifans indoctes nous en rapportent beaucoup d'exemples. On a propofé auffi la perforation de l'apophyfe maftoïde; mais on conçoit quelle certitude de guérir il faudroit avoir pour tenter cette opération d'ailleurs très-douloureufe, qui, bien qu'elle ait réuffi quelquefois, pourroit avoir des fuites fâcheufes.

Tels font les principaux moyens employés pour combattre la furdité, moyens que j'ai indiqués le plus brièvement poffible, & qui font auffi nombreux & auffi peu fûrs que les caufes de cette maladie font nombreufes. (NICOLAS.)

SUREAU, f. m. (*Bot., Mat. méd.*) *Sambucus nigra* L. L'écorce, les feuilles, les fleurs & les fruits de cette plante, qui appartient à la Pentandrie trigynie de Linné, & à la famille des Caprifoliacées, font employés en médecine. En général les feuilles, & furtout l'écorce, ont une propriété éméto-cathartique, & elles ont été, dans quelques circonftances, recommandées comme de puiffans hydragogues.

Les fleurs font la partie la plus fréquemment employée du fureau, mais leur odeur, d'abord agréable, fatigue bientôt : cependant on regarde leur infufion comme excitante & fudorifique, auffi en fait-on particulièrement usage dans les catarrhes commençans & dans quelques affections cutanées : à l'extérieur, cette infusion sert à faire des fomentations dans les engorgemens pâteux des articulations & dans l'œdématie.

Le suc exprimé des baies de sureau, puis évaporé jusqu'à consistance de miel, constitue l'*extrait* ou *rob de baies de sureau*. C'est de la moelle de cet arbrisseau que M. Chevreul a extrait la médulline. (*Voyez*, pour plus de détails, le *Dictionnaire de Botanique* de cet ouvrage.)

SUR-EXCITATION, s. f. (*Pathol.*) Etat pathologique dans lequel l'organisme entier ou en partie est doué d'une énergie plus grande, & est dans un état imminent d'irritation. On peut établir dans l'échelle pathologique, la gradation suivante : état *physiologique, excitation, sur-excitation, irritation, sur-irritation, inflammation*. (*Voyez* SUR-IRRITATION.) La sur-excitation générale est marquée par une excitation, par une action plus vive de tous les organes; la vie paroît être en quelque sorte en excès; l'énergie de tous les systèmes est portée au plus haut point; mais souvent il y a fatigue, & ce trop grand épanouissement de la vie devient pénible. Cet état général dure rarement pendant long-temps; il se termine ordinairement par une hémorragie ou sans crise, ou bien par une maladie aiguë; dans ce cas, il n'en est alors que le prélude. Le plus souvent la sur-excitation n'a lieu que dans un seul système, qui peut en être atteint en totalité ou en partie. Existe-t-elle dans le système circulatoire, le pouls est dur, fréquent; le cœur bat avec force, les artères superficielles sont fortement ébranlées; la tête est soulevée par l'action des carotides; la face est vultueuse; on diroit que l'on a trop de sang. J'ai vu dernièrement un malade qui ne pouvoit rester couché sur le côté gauche : les mouvemens de son cœur le repoussoient; le sommeil, d'ailleurs rare, étoit agité & troublé par des rêves pénibles; il y avoit impossibilité de garder le repos. Deux saignées dissipèrent cette sur-excitation. Existe-t-elle dans le centre nerveux, la tête est douloureuse, ou plutôt il semble que le cerveau est trop volumineux; on a une activité maladive, les idées se succèdent avec la plus grande rapidité, mais le plus souvent le cœur y est intéressé. Cette sur-excitation intellectuelle se remarque quelquefois chez les phthisiques, & feu M. le prof. Moreau de la Sarthe en est un exemple frappant. La veille de sa mort il disoit au Dr. Aug^te. Thillaye & à moi : *Je ne me suis jamais senti autant d'esprit qu'aujourd'hui.*

La sur-excitation est fréquente après les grandes fatigues, ou impressions morales très-vives; elle a lieu souvent quelques jours avant le début des fièvres de mauvais caractère, ou de quelques inflammations parenchymateuses. L'usage des liqueurs alcooliques, du vin blanc, du café, du thé, la produit passagèrement. Si cette sur-excitation se prolonge, il faut lui opposer un traitement, même assez actif : ainsi on recommandera l'usage des boissons délayantes, rafraîchissantes, acidulées, le bain général peu chaud, une nourriture légère, peu substantielle, enfin, les saignées générales ou locales. Ces moyens employés à propos seront d'un grand secours & pourront quelquefois prévenir une maladie grave. (NICOLAS.)

SUR-IRRITATION, s. f. (*Pathol.*) Etat d'un organe ou d'une partie d'organe dont l'irritation est portée au plus haut degré d'intensité. Rien n'est plus difficile que la définition de certains mots. Comment faire sentir en effet une différence qui est presque nulle, & que chacun apprécie en plus ou en moins, suivant la délicatesse de ses sens, ou selon que son esprit est imbu de tel ou tel système; l'irritation, la sur-irritation sont des nuances d'un état pathologique même. D'après M. Broussais, l'irritation est cet état d'un organe, dont l'excitation est portée à un tel degré d'intensité, que l'équilibre résultant de la balance de toutes les fonctions, est rompu. Si l'équilibre est rompu, il y a maladie; mais si elle est comme C dans l'irritation, elle sera comme D dans la sur-irritation. On dit, en style de l'école, que *l'inflammation est l'exaltation des propriétés vitales*: cette définition conviendroit bien mieux au mot qui nous occupe; elle indiqueroit qu'il n'y a pas encore maladie, & c'est ce qui doit être; mais toutes ces divisions sont bien plus arbitraires lorsqu'on en vient à l'application : ainsi, une personne a une légère affection de l'estomac à peine marquée par un peu de douleur, qui cesse même quelquefois après un repas modéré, l'appétit est moindre, ou bien il est le même : les uns diront qu'il y a une *irritation*; d'autres une *sur-irritation*; un troisième y reconnoîtra une *gastrite*, &c. Les uns la traiteront par de foibles toniques ou un excitant, en employant un vomitif; d'autres auront recours aux émolliens, aux évacuations sanguines, & tous guériront également. Quelques rhumes ne paroissent être évidemment qu'une irritation ou sur-irritation de la membrane muqueuse des bronches. Quoi qu'il en soit de ces sur-irritation, qu'il est impossible de déterminer d'une manière précise, ce qu'il importe surtout de faire, lorsque l'on croit qu'il existe, c'est de le traiter comme si l'organe étoit atteint d'une inflammation légère, par la diète, les boissons délayantes, acidules, les cataplasmes émolliens, les bains, les saignées générales ou locales. Souvent cet état cède même plus promptement à l'usage d'une médication stimulante ou tonique; & combien de fois ne voit-on pas de ces gastrites dont j'ai parlé plus haut, céder comme par enchantement, à une nourriture plus substantielle, ou à l'usage d'un peu de vin pur après le repas, si la personne qui l'éprouvoit étoit soumise auparavant à un régime débilitant? Il fuffit fouvent de prefcrire un autre régime pour faire difparoître d'anciennes affections, comme le changement d'air guérit fouvent les maladies chroniques des voies aériennes.

(NICOLAS.)

SURELLE, f. f. (*Bot.* , *Mat. médic.*) (*Voyez* ALLELUIA dans ce Dictionnaire & dans celui de *Botanique.*)

SURNUMÉRAIRES, adj. (Os furnuméraires). (*Anat.*) On nomme ainfi des os qui fe rencontrent au crâne, & font ordinairement placés vers la future lambdoïde ; on les a auffi défignés fous le nom d'os *wormiens*. (*Voyez* ce dernier mot dans le *Dictionnaire d'Anatomie* de cet ouvrage.) On appelle quelquefois *furnuméraires*, les os féfamoïdes qui fe trouvent à la main & au pied. (*Voyez* SÉSAMOÏDE dans le même *Dictionnaire*.)

SUR-OS ou SUROS. (*Art. vétér.*) Nom donné à une tumeur offeufe qui occupe la partie interne du canon ; cette excroffe prend le nom de *fufée* lorfque plufieurs fur-os fe trouvent réunis. Quand ces fortes d'excroiffances font dans le voifinage des tendons ou des articulations, elles font boiter l'animal.

SUROXYGÉNÈSE, fub. f. (*Pathol.*) Baumes, en admettant que l'oxygène eft l'un des principes conftituans des matières animales, établit que ce principe peut exifter dans l'économie en quantité furabondante ou en proportion trop foible : de là réfultent des maladies qu'il nomme *oxygénèfes*. L'excès de l'oxygène produit des *fur-oxygénèfes* caractérifées par l'hyperfthénie, & fon défaut donne naiffance à des affections afthéniques ou *défoxygénèfes*. (R. P.)

SURPEAU, f. f. (*Anat.*) Nom donné à l'épiderme. (*Voyez* PEAU, dans ce Dictionnaire & dans celui d'*Anatomie*.) (L. J. R.)

SURRÉNAL, ALE, adj. (*Anat.*) *Supra renalis*. Les anatomiftes nomment *capfules furrénales*, *capfules atrabilaires*, *reins fuccenturiaux*, deux petits corps placés dans l'abdomen, hors du péritoine & au-deffus des reins dont ils embraffent l'extrémité fupérieure. Leur ufage eft inconnu, & en général ces capfules font beaucoup plus volumineufes dans le fœtus que chez l'adulte.

Des artères, des veines & des nerfs qui fe diftribuent aux capfules furrénales, ou feulement les avoifinent, ont été défignés fous les noms d'*artères*, de *veines furrénales* & de *nerfs furrénaux*. (*Voyez* CAPSULES SURRÉNALES, NERF SPLANCHNIQUE, dans le *Dictionnaire d'Anatomie* de cet ouvrage.)

SURTOUT LIGAMENTEUX DU RACHIS. (*Anat.*) Expreffion improprement employée pour défigner les ligamens vertébraux antérieur & poftérieur. (*Voyez* VERTÉBRAL dans le *Dictionnaire d'Anatomie* de cet ouvrage.)

SURVIE, f. f. (*Méd. lég.*) Puiffance qu'on fuppofe à tel individu d'avoir furvécu à d'autres dans un accident commun, bafée d'après l'échelle des circonftances & des forces vitales.

Pour parvenir à un réfultat fatisfaifant & arriver à établir des règles certaines fur lefquelles on puiffe en général fe fixer dans tous les cas où on auroit à prononcer fur des queftions de furvie, il faudroit d'abord un nombre confidérable d'obfervations, & feroit-on parvenu à ce réfultat, que les cas d'exceptions & les circonftances particulières qui peuvent faire varier le moment de la mort, viendroient toujours, fuffent-ils légitimes, donner lien à des conteftations & favorifer les mefures arbitraires. Auffi notre légiflation actuelle a-t-elle mis fin à toutes difcuffions poffibles, en adoptant les difpofitions fuivantes comme feules règles à fuivre dans les queftions de cette nature.

Le *Code civil* (art. 720, 721, & 722) s'explique en ces termes :

720. « Si plufieurs perfonnes, refpectivement appelées à la fucceffion l'une de l'autre, périffent dans un même événement, *fans qu'on puiffe reconnoître laquelle eft décédée la première*, la préfomption de furvie eft déterminée par les circonftances du fait, & à leur défaut, par la force de l'âge ou du fexe.

721. « Si ceux qui ont péri enfemble avoient moins de quinze ans, le plus âgé fera préfumé avoir furvécu.

« Sil étoient tous au-deffus de foixante ans, le moins âgé fera préfumé avoir furvécu.

« Si les uns avoient moins de quinze ans & les autres plus de foixante, les premiers feront préfumés avoir furvécu.

722. « Si ceux qui ont péri enfemble avoient quinze ans accomplis, & moins de foixante, le mâle eft toujours préfumé avoir furvécu, lorfqu'il y a égalité d'âge ou fi la différence qui exifte n'excède pas une année.

« S'ils étoient du même fexe, la préfomption de furvie, qui donne ouverture à la fucceffion dans l'ordre de la nature, doit être admife : ainfi le plus jeune eft préfumé avoir furvécu au plus âgé. »

Chabot de l'Allier (*Commentaire fur les fucceffions*, tome I, page 48) fait obferver, à l'occafion de ces articles, que la loi n'a pas prévu le cas où l'une des perfonnes qui ont péri dans le même événement, auroit moins de quinze ans, & l'autre plus de quinze & moins de foixante. Il eft évident, dit-il, que celle-ci doit être préfumée avoir furvécu à la première, parce qu'elle avoit plus de force.

Mais il eft évident auffi que c'eft cette *circonf-*

Z 2

tance qui a donné lieu à la difpofition de l'article 720, qui porte, que la préfomption de furvie doit être déterminée par la force de l'âge, auffi bien qu'elle a été le motif pour lequel on a admis les diftinctions établies dans les art. 721 & 722.

(CH. HENNELLE.)

SUS. Les anatomiftes, en joignant cette prépofition à un autre mot, en font une expreffion compofée qui fert à défigner des parties dont on indique ainfi la fituation, ce qui difpenfe de leur donner des noms particuliers, ainfi : SUS-ACROMIEN, défigne des nerfs qui naiffent du plexus cervical. SUS-COSTAUX, font des mufcles nommés auffi *furcoftaux*. (*Voyez* ce mot.) SUS-CARPIEN, indique une artère placée fous la face dorfale du carpe. SUS-CLAVICULAIRE, la région latérale & inférieure du col, & des nerfs qui font fournis par le plexus cervical. SUS-ÉPINEUX, des ligamens qui répondent au fommet des apophyfes des vertèbres cervicales, dorfales & lombaires, ou bien un mufcle fitué dans la foffe fur-épineufe de l'omoplate. SUS-HYOÏDIENS, des mufcles placés audeffus de l'os hyoïde, tels font : le *digaftrique*, le *ftylo-hyoïdien*, le *mylo-hyoïdien* & le *genio-hyoïdien*. SUS-MAXILLAIRE, le nerf maxillaire fupérieur. SUS-MAXILLO-LABIAUX, trois mufcles, le grand, le moyen & le petit *fus-maxillo-labial*; le premier eft l'élévateur commun des lèvres, le fecond l'élévateur propre de la lèvre fupérieure, & le troifième eft le mufcle canin. SUS-MAXILLO-NASAL, le mufcle nommé quelquefois *triangulaire* ou *dilatateur du nez*. SUS-MÉTACARPO-LATÉRI-PHALANGIEN, les mufcles interoffeux dorfaux de la main. SUS-MÉTATARSIENNE, la branche de la pédieufe qui fe porte fur le métatarfe. SUS-MÉTATARSO-LATÉRI-PHALANGIEN, les mufcles interoffeux dorfaux du pied. SUS-ORBICULAIRE, un trou placé vers l'arcade fourcilière, une artère ou un nerf qui paffe par ce trou. SUS-PUBIEN, l'anneau vulgairement appelé *inguinal*, & SUS-PUBIENNE, l'artère épigaftrique. SUS-PUBIO-FÉMORAL, le mufcle pectiné. SUS-SCAPULAIRE, le mufcle fous épineux. (*Voyez* ces différens mots dans le *Dictionnaire d'Anatomie* de cet ouvrage.) (R. P.)

SUSCEPTIBILITÉ NERVEUSE. (*Pathol.*)

La fufceptibilité nerveufe eft le réfultat d'un état particulier de notre organifation, qui nous rend exceffivement fenfibles à toutes les impreffions.

De même que chaque individu diffère de tous les autres & auffi de lui-même, fuivant les diverfes circonftances de fon exiftence, foit par fa force mufculaire, qui peut être répartie plus ou moins inégalement, de même que le fyftème fanguin peut avoir une très-grande activité, foit par une laxité particulière de nos tiffus qui donne à notre tempérament un caractère lymphatique,

de même auffi notre fyftème nerveux peut être doué d'une plus grande énergie, ou, ce qui eft plus exact, d'une *affectibilité* plus vive, ce qui conftitue la *fufceptibité nerveufe*. Il eft en effet effentiel de diftinguer l'énergie du fyftème nerveux, de fon affectibilité; cette énergie confifte à fentir convenablement, à percevoir avec force & à exécuter avec perfévérance, mais fans trouble de l'économie; dans l'affectibilité, au contraire, la prépondérance de ce fyftème fur tous les autres rend cette impreffion auffi exagérée que l'action tempérante de notre organifation eft moins active. Tous nos organes font liés de la manière la plus harmonieufe; il y a, dans un corps bien conftitué, équilibre parfait de tous les appareils dont les forces fe tempèrent, fe compenfent mutuellement; mais prefque toujours un fyftème l'emporte fur les autres, & de là les divers tempéramens ou les différentes difpofitions organiques avec lefquelles nous naiffons ou que nous contractons en avançant en âge.

L'homme ne vit que par fa fenfibilité, mais pour bien vivre, il eft néceffaire que cette fenfibilité foit dans de certaines proportions; fi elle eft en moins, on n'a qu'une connoiffance imparfaite des objets, on les fent à peine, un grand nombre même paffent inaperçus : rien ne peut émouvoir. L'homme ainfi conftitué eft un être apathique, qui n'a qu'une vie végétative; la fenfibilité au contraire eft-elle en plus, l'impreffion la plus légère eft vivement reffentie, on aperçoit mille nouveaux rapports dans des objets qui n'en paroiffent pas fufceptibles au commun des hommes : tous les agens phyfiques & ceux appelés moraux, agiffent fur l'organifation d'une manière prefque deftructive, tant leur action eft profonde.

La fufceptibilité nerveufe peut varier quant à fa manière d'être; elle peut être paffagère ou durable : entre ces deux extrêmes viennent fe placer tous les autres degrés. On obferve quelques individus chez lefquels on ne rencontre aucune des apparences de la fufceptibité nerveufe, & chez lefquels néanmoins l'impreffion, une fois reçue, eft tenace, opiniâtre, & réfifte à tous les moyens employés pour en affermir l'énergie.

Les perfonnes maigres, à fibre fèche, d'un tempérament mélancolique; celles dont la fanté eft délicate ou fatiguée par des veilles prolongées, les femmes furtout d'un tempérament nerveux, avec des mufcles peu développés, y font très-difpofées, ainfi que les enfans, chez lefquels, lorfqu'ils font très-jeunes, elle eft prefque néceffaire : les excès de travaux de cabinet, l'ufage de tous les excitans domeftiques, l'abus de non facultés, tout ce qui peut débiliter, font les caufes les plus fréquentes de la fufceptibilité nerveufe. Elle eft exceffivement rare dans le nord, devient de plus en plus fréquente en s'avançant vers le midi, & diminue dans les climats intertropicaux. Les femmes créoles cependant font prefque toutes d'une grande fufceptibilité nerveufe; mais chez elles l'impreffion la plus vive n'eft que paffagère. Quelle différence entre l'épais Flamand & le pétulent Provençal, ou entre le lourd Allemand & le maigre Italien !

Une trop grande fufceptibilité nerveufe devient une maladie des plus pénibles & des plus rebelles, parce qu'on a peu de moyens de fortifier l'économie. Les voyages lointains, les bains froids, furtout ceux de mer, les toniques, une nourriture animale, l'équitation, un exercice d'abord modéré & que l'on pouffe peu à peu jufqu'à la fatigue, la ceffation de la vie molle ou de tout ce que l'on fuppofe propre à la rendre telle, font les moyens les plus propres à diminuer cette difpofition. On pourra y joindre l'ufage de quelques calmans, tels que la valériane; au refte on remplira toutes les indications qui pourront fe préfenter. (NICOLAS.)

SUSPENSEUR, adj. (Anat.) Sufpenfor. (Voyez SUSPENSOIR.)

SUSPENSION, f. f. (Méd. lég.) Sufpendium. Aâion de fufpendre. (Voyez PENDAISON & STRANGULATION, dans ce Diâionnaire.)

SUSPENSOIR ou SUSPENSOIRE, f. m. (Band. & App. Anat.) Sufpenforium, de fufpendere, attacher en haut.

SUSPENSOIR (bandage). On donne plus fpécialement le nom de fufpenfoir, à un bandage deftiné à foutenir les tefticules & les différentes fubftances médicamenteufes dont on les recouvre. C'eft une efpèce de cul-de-fac imitant affez bien la forme ou le talon d'un chauffon coupé au niveau du milieu du pied. Pour faire ce bandage, on prend une compreffe carrée, un peu plus longue que large, & fuffifamment grande pour contenir les bourfes avec les médicamens qui doivent y être appliqués; on la plie en deux dans le fens de fon grand diamètre, & l'on arrondit en quart de cercle, un des angles correfpondant au bord plié : on le réunit enfuite au moyen d'une couture, & on attache à cet angle double deux cordons & un feul à chaque angle fimple; un peu au-deffus de la couture, on fait une ouverture circulaire deftinée à laiffer paffer la verge. Pour appliquer ce bandage, on introduit le pénis dans l'ouverture, on attache les cordons des angles libres autour du corps, & ceux de l'angle double s'y réuniffent de chaque côté en paffant fous la cuiffe. Dans des cas preffans, on fait un fufpenfoir beaucoup plus fimple avec une bande de toile de quatre pieds de long, & de fix ou huit travers de doigt de large, & l'on en fend les chefs jufqu'à fix ou huit travers de doigt du milieu; il en réfulte quatre chefs : les deux fupérieurs, entre lefquels paffe la verge, font noués autour du corps, & les deux in-

férieurs fervent de fous-cuiffes; mais quand, par une caufe quelconque, on eft obligé de porter un fufpenfoir, les bandagiftes en exécutent de très-bien faits. C'eft une ceinture élaftique à laquelle on attache le fufpenfoir ordinaire fait en tricot de fil ou de foie écrue, & que l'on peut élever ou abaiffer à volonté au moyen de plufieurs boutonnières.

Le bandage fufpenfoir eft utile dans prefque toutes les maladies des tefticules ou du fcrotum, foit pour foutenir ces organes, foit pour maintenir appliquées deffus des médicamens convenables. Le tiraillement des tefticules, leur engorgement, le cirfocèle, le varicocèle, en réclament l'emploi : les cavaliers en font un fréquent ufage, &, fi les Scythes euffent connu les fufpenfoirs, ils n'auroient probablement pas été impropres à la fécondation.

SUSPENSOIR (Anat.) Le ligament fufpenfoir du foie, ou la grande faux du péritoine ou la faux de la veine ombilicale, eft un repli membraneux qui s'étend de l'ombilic au foie & au diaphragme, en s'enfonçant dans le fillon horizontal de l'organe biliaire.

Ligament fufpenfoir du pénis. C'eft un faifceau celluleux, denfe, comme fibreux, affez femblable à une membrane épaiffe, de forme triangulaire & aplati tranfverfalement, s'attachant d'une part à la fymphyfe pubienne, & de l'autre allant fe perdre dans le fillon qui réfulte de l'adoffement des corps caverneux.

Ligament fufpenfoir du tefticule (gubernaculum teftis). Jufqu'au feptième mois environ de la conception, les tefticules, ainfi que chacun le fait, font fitués dans l'abdomen au-deffous des reins; de leur extrémité inférieure jufqu'au fond du fcrotum, il exifte un ligament ou plutôt une fubftance vafculaire fibreufe, de forme triangulaire, appelée ligament fufpenfoir du tefticule. Cette efpèce de ligament paroît fervir à guider le tefticule pour le conduire jufque dans le fcrotum, en lui faifant traverfer l'anneau inguinal.

Quelques anatomiftes ont donné le nom de mufcle fufpenfoir du tefticule, au mufcle crémafter. (NICOLAS.)

SUSPIRIEUX, adj. On donne cette épithète à la refpiration qui eft entre-coupée par de fréquens foupirs. (Voyez les mots RESPIRATION & SOUPIR.)
(EM. SM.)

SUSTENTATION (Bafe de fuftentation). Dans la ftation, l'homme peut prendre diverfes fituations, mais il eft toujours indifpenfable que la verticale, paffant par le centre de gravité de fon corps, rencontre la furface réelle ou imaginaire de l'appui fur lequel il repofe. On nomme cette furface bafe de fuftentation; & à mefure qu'elle devient plus large, la station est elle-même plus assurée. (*Voyez* Marche, Progression, Station.)

SUTURE, f. f. (*Anat. & Oper. chir.*) *Sutura.* On donne ce nom, en anatomie, aux moyens employés par la nature, pour réunir certains os, tels sont, par exemple, ceux du crâne, dans lesquels les bords articulaires présentent des dentelures qui se reçoivent mutuellement & constituent la suture à *queue d'aronde.* Quelquefois le bord des os articulés est taillé en biseau, & alors il y a une simple juxta-position. Ce mode d'union est nommé *suture écailleuse* ou *squammeuse.* (*Voyez* Articulations dans le *Dictionnaire d'Anatomie* de cet ouvrage.)

Le mot *suture* désigne aussi une opération chirurgicale pratiquée sur les parties molles, & qui consiste à réunir avec des aiguilles & des fils, les lèvres d'une plaie que l'on ne sauroit maintenir rapprochées, soit par des bandelettes agglutinatives, soit au moyen d'un bandage ou d'une situation déterminée. La suture, suivant le procédé employé pour la pratiquer, prend des noms différens. (*Voyez* le mot Staphyloraphie dans ce Dictionnaire, & les articles Aiguilles, Plaie & Suture dans celui de *Chirurgie.*)

SWIÉTEN (Gérard Van-) (*Biog. méd.*), né à Leyde le 7 mai 1700, appartenoit à une famille distinguée : il fit ses premières études à Leyde, sa philosophie à Louvain, puis revint étudier la médecine sous le célèbre Boerhaave, dont il fut un des élèves les plus distingués. Dès son début dans la carrière, son amour pour l'étude pensa lui devenir funeste ; en effet, se livrant exclusivement à la lecture & à la méditation, il tomba dans une sorte de mélancolie, qui l'auroit promptement conduit au tombeau, si les conseils de son maître n'étoient parvenus à modérer cette ardeur excessive pour le travail. Nommé, en 1745, premier médecin de l'impératrice Marie-Thérèse d'Autriche, Van-Swiéten fonda l'enseignement clinique à Vienne, & malgré ses nombreuses occupations, il trouva encore le temps de remplir les fonctions de professeur : il fit un cours sur la *méthode d'étudier la médecine,* & pendant huit années, expliqua les *institutions de Boerhaave.* Jaloux de ne rien négliger de tout ce qui pourroit contribuer aux progrès de l'art de guérir, il fit rebâtir l'Université, en ouvrit au public la bibliothèque, & fut constamment le protecteur de tous ceux qui se livroient à la culture des sciences ; en un mot, il est du petit nombre des hommes qui ont profité de leur élévation pour rendre plus accessibles aux autres les connoissances auxquelles ils en étoient redevables.

Ce médecin mourut à Schœnbrunn, le 18 juin 1772 ; il fut regretté de sa souveraine, qui lui fit ériger une statue dans le palais de l'Université.

Parmi les différens écrits dont Van-Swiéten est l'auteur, le plus remarquable est celui ayant pour titre : *Commentaria in H. Boerhaavii aphorismis de cognoscendis & curandis morbis :* ouvrage qui a été traduit dans presque toutes les langues.
(*Extr. de la Biogr. médic.*)

SWIÉTÉNIE, f. f. (*Bot. , Mat. méd.*) Ce nom a été donné à un genre de plantes, de la Décandrie monogynie de Linné, & de la famille naturelle des Méliacées. Ce sont des arbres particuliers aux climats chauds de l'Asie, de l'Afrique & de l'Amérique : l'écorce de l'un deux, le *swietenia febrifuga* Roxb. , a été depuis peu employée en médecine, comme succédanée du quinquina ; mais l'expérience n'a point encore fait voir jusqu'à quel point cette opinion pouvoit être fondée.

C'est une des espèces de ce genre, le *swietenia mahogoni,* qui fournit le bois d'acajou. (*Voyez,* pour plus de détails, le *Dictionnaire de Botanique* de cet ouvrage.) (R. P.)

SYCOMORE, f. m. (*Mat. méd. , végét.*) Nom de deux arbres de genres différens, le premier est un figuier, *ficus sycomorus* L. , qu'on appelle encore *figuier de Pharaon.* C'est un grand arbre qui croît en Egypte, & auquel les Cophtes attachoient des souvenirs religieux ; il croît de toute antiquité dans le pays, car c'est avec son bois que sont faits les cercueils des momies les plus anciennes. Dans ce cas on le rencontre entier, par la même raison qu'on trouve les corps qui y sont contenus bien conservés, c'est-à-dire parce qu'ils sont enterrés dans un sable chaud & sec, car Bruce ayant enfoui ce bois dans son jardin, l'a trouvé pourri au bout de quatre ans. Les figues de cet arbre sont moins bonnes que celles du figuier ordinaire & plus difficiles à digérer ; on en fait un vin qui se tourne assez promptement en vinaigre fort, d'après Dioscoride, au rapport de Mathiole (*Comment.* 492).

L'autre sycomore est un érable, *acer pseudo platanus* L. , arbre de nos contrées ; on peut retirer de sa sève, qui est limpide, transparente, sucrée, & qui peut être donnée comme boisson rafraîchissante, un sucre analogue à celui des autres érables. Un arbre en fournit de vingt à quarante pintes, qui donne une à deux livres de sucre. En Angleterre on fait un vin de sycomore, d'après Tompion, en ajoutant au suc de l'érable un peu de sucre pour aider à sa fermentation. C'est une sorte d'hydromel. (Mérat.)

SYCOSE, f. f. (*Pathol.*) *Sycosis,* de συκον, figuier. Plusieurs auteurs anciens ont donné ce nom à des tumeurs ulcérées, ayant quelque ressemblance avec une figue. Cette maladie se développe particulièrement dans les parties couvertes de poils, à la barbe & dans les cheveux. Sous la même dénomination on a quelquefois aussi désigné une tumeur des paupières, dont l'espèce & la forme n'ont point été assez bien décrites pour que l'on ait à cet égard des idées bien arrêtées. Cette expression n'est plus employée.

(R. P.)

SYDENHAM (Thomas) (*Biogr. méd.*), naquit vers 1624 à Windford Eagle, dans le Dorsetshire, en Angleterre ; il fit ses premières études à Oxford, où il obtint le grade de bachelier le 14 avril 1648, après quoi il le rendit à Cambridge pour y recevoir les honneurs du doctorat : s'étant fixé dans Westminster, il y pratiqua la médecine avec un tel succès, qu'il fut bientôt regardé comme l'un des plus célèbres praticiens de la Grande-Bretagne. Vers la fin de sa vie, il se retira à Londres, où il mourut le 29 décembre 1689, des suites d'un choléra-morbus.

Quoique né à une époque où la chimie & des idées mathématiques menaçoient d'envahir le domaine de la médecine, Sydenham sut résister à l'entraînement presque général & parvint à rappeler ses contemporains à la médecine d'observation ; aussi doit-il à la couleur hippocratique de ses écrits, la réputation colossale dont il a joui, & les éloges que Boerhaave n'a cessé de lui prodiguer. Ce médecin est un de ceux qui observoient avec le plus d'attention les constitutions atmosphériques, auxquelles il ajoutoit peut-être une trop grande importance. On lui est encore redevable d'avoir substitué, dans le traitement de la petite vérole, la méthode antiphlogistique, au traitement incendiaire qui étoit alors en vogue. Dans les fièvres intermittentes, il sut administrer le quinquina mieux qu'on ne l'avoit fait jusqu'à cette époque, & la préparation opiacée, connue sous le nom de *laudanum de Sydenham*, prouve qu'il avoit la plus grande confiance dans l'emploi de ce remède, sans lequel, disoit-il, la *médecine cesseroit d'exister*. Ce médecin, que l'on a surnommé l'Hippocrate de l'Angleterre, a laissé un assez grand nombre d'écrits, parmi lesquels on distingue particulièrement les suivans :

Methodus curandi febres propriis observationibus superstructa. Londres, 1666, in-4°. — Amsterdam, 1666, in-8°. — Londres, 1668, in-8°. —*Ibid.*, 1677, in-8°. — Genève, 1683, in-12.

Dissertatio de variolis & morbo hysterico & hypochondriaco. Londres, 1682, in-8°.

Tractatus de podagrâ. Londres, 1683, in-8°. —*Ibid.*, 1685, in-8°.—Amsterdam, 1685, in-8°.

Au surplus, toutes les productions de Sydenham, recueillies sous le titre d'*Opera universa*, ont été réimprimées un grand nombre de fois : souvent même on y a joint de savantes annotations. Les éditions de Londres sont généralement les plus estimées.

SYLVIE, s. f. (*Bot., Mat. méd.*) *Anemone*

nemorosa. Plante de la Polyandrie polygynie de L., & de la famille naturelle des Renonculacées, qui croît abondamment dans les bois & les buissons. (*Voyez*, pour plus de détails, le *Dictionnaire de Botanique* de cet ouvrage.)

Il paroît que cette espèce d'anémone n'a jamais été employée à l'intérieur ; mais, d'après Chomel, elle servoit au traitement de la teigne, & pour en faire usage, on peloit les fleurs & les feuilles que l'on appliquoit ensuite sur les parties malades. Ce remède doit être employé avec précaution, quelques observations ayant prouvé qu'il pouvoit, dans quelques circonstances, déterminer des accidens assez graves.

SYLVIUS (François). (*Biogr. Méd.*) Ce médecin, d'origine française, s'appeloit *Dubois*, mais il est plus fréquemment appelé *de le Boë*. Il naquit à Hanau en 1614, fit ses études à Leyde, où il s'établit dans la suite, & en 1658 il devint professeur de l'Université de cette ville, dans laquelle il mourut le 14 novembre 1672.

Sylvius, comme praticien, paroît avoir joui d'une certaine réputation ; mais son goût pour l'anatomie est de tous ses titres celui qui le rend le plus recommandable. Il fut en effet l'un des premiers à faire connoître, sur le continent, les découvertes de Harvey, sur la circulation du sang : Il est d'ailleurs auteur de plusieurs découvertes anatomiques ; mais entraîné par les idées de Paracelse & de Van Helmont, il ne vit dans le corps humain que des agens ou des appareils chimiques, & on peut le regarder comme le chef d'une secte médicale que l'on pourroit appeler *chimiatrique*, & qui long-temps a régné dans les écoles.

Les écrits de Sylvius ont été recueillis sous le titre d'*Opera medica*, & successivement imprimés à Amsterdam, à Venise & à Genève. (*Voyez* Dubois de le Boë dans ce Dictionnaire.)

SYLVIUS (Aquéduc, Scissure, Fosse de). (*Anat.*) Les anatomistes ont donné ce nom à diverses parties de l'organe encéphalique, dont Sylvius avoit fait une étude particulière. (*Voyez* Aquéduc, Cerveau, Encéphale, Scissure, dans le *Dictionnaire d'Anatomie* de cet ouvrage.)

(R. P.)

SYMBLÉPHAROSE, s. f. (*Path. chir.*), dérivé de συν, arc, & de βλεφαρον, paupière. Sauvages avoit donné ce nom à l'adhérence de la paupière avec le globe de l'œil.

SYMBOLOGIE, s. f. (*Séméiot.*) Nom donné par quelques anciens auteurs à la partie de la pathologie générale, qui est relative à l'étude des signes & des symptômes des maladies. Cette expression est synonyme du mot *symptomatologie*, bien plus fréquemment employé. (R. P.)

SYMÉTRIE, f. f. *Symetria.*, dérivé de συν, avec, enfemble, & de μετρον, mefure. Ce mot exprime une proportion, un rapport de grandeur, de figure & furtout de nombre que les parties d'un corps ou d'un objet quelconque ont entre elles & avec leur tout. Les deux mains font, par exemple, des organes parfaitement fymétriques, parce qu'elles ont la même grandeur, la même configuration, & qu'elles font pourvues de chaque côté de chacune cinq doigts pareils.

Le défaut de fymétrie, qui fe fait remarquer dans les plus beaux fites & les plus belles productions de la nature & de l'art, n'empêche pas qu'on aime à contempler une longue férie d'arbres, d'habitations, de bofquets, &c., placés à des diftances femblables, & que notre œil fe repofe avec plaifir fur un palais dont les ailes correfpondantes & parallèles font uniformes & fymétriques. La nature d'ailleurs s'eft plu dans la création d'une foule d'êtres animés qui offrent, dans leur organifation, un ordre fymétrique très-remarquable, une férie de parties femblablement difpofées, d'organes pairs, égaux en nombre, en divifions, fubdivifions, &c.

L'homme & les autres mammifères, difons-nous dans un autre ouvrage (1), confidérés à l'extérieur, font des êtres en quelque forte fymétriques; les deux membres fupérieurs font exactement femblables, comme les inférieurs; il y a un bras, un avant-bras, une main & cinq doigts femblables de chaque côté; chacune de fes parties fe compofe d'un nombre égal d'os, de mufcles, &c. Le cerveau eft un organe effentiellement fymétrique, puifqu'il a deux hémifphères, deux ventricules qui offrent un nombre égal d'éminences & de cavités; le cervelet préfente la même difpofition. Tous les nerfs qui émanent de la maffe encéphalique font fymétriques; ceux que fournit le prolongement rachidien font des organes pairs, dont l'origine eft renfermée dans un canal femblable de chaque côté de la colonne vertébrale, & le trajet, pareil à droite comme à gauche, fe correfpondant dans chaque moitié du corps, également fymétrique. L'organe de la refpiration eft à peu près pareil de chaque côté; le cœur a deux ventricules ainfi que deux oreillettes d'un côté comme de l'autre; les organes fécréteurs de l'urine, comme leurs conduits excréteurs, ont la même forme & fe correfpondent par leur fituation refpective dans la région lombaire, &c.

Bichat, qui fe laiffoit trop facilement féduire par des aperçus & des rapports qu'il généralifoit fouvent outre mefure, avoit prétendu que la fymétrie étoit un des caractères des organes de la vie de relation, tandis que l'irrégularité étoit un

(1) *Dictionnaire des Sciences médicales*, tome LIII, page 533.

des attributs des agens de la vie intérieure; mais cette affertion n'eft ni exacte ni rigoureufe.

De la fymétrie d'organifation dérive naturellement la fymétrie d'action: deux parties tout-à-fait femblables doivent remplir les mêmes fonctions, & les fonctions font d'autant plus parfaites, qu'il y a plus d'harmonie entre les organes pairs & fymétriques qui en font chargés. On voit, on fent & on entend imparfaitement quand l'un des yeux, l'une des narines ou des oreilles fe trouvent vicieufement conformés, ou par fuite de maladies, momentanément impropres à remplir leurs fonctions. Quelques auteurs ont attribué le défaut d'harmonie de la voix à la difcordance des deux moitiés fymétriques du larynx, à l'inégalité de force dans les mufcles qui meuvent les aryténoïdes, &c.: il réfulte évidemment du défaut d'harmonie des organes moteurs fymétriques, un défaut d'adreffe, de force & d'agilité, &c.

La fymétrie d'organifation auroit-elle quelqu'influence fur les maladies dont font atteints certains organes pairs & exactement pareils? Seroit-ce en vertu de cette fimilitude que les yeux, les tefticules, &c., s'affectent fucceffivement, &c.? Une telle queftion fe rattache au mot SYMPATHIE. (*Voyez* ce mot.) (BRICHETEAU.)

SYMÉTRIQUE, adj. (*Anat.*) *Symetricus.* Expreffion employée pour caractérifer certaines parties impaires & compofées de deux moitiés parfaitement femblables: telles font, le coronal, la mâchoire inférieure, le cerveau, &c. (R. P.)

SYMPATHIE, f. f. (*Phyfiol.*) *Sympathia.* συμπαθεια, συν, avec, παθος, affection. Il en eft des fympathies comme d'un grand nombre d'autres phénomènes organiques; leur exiftence ne fauroit être révoquée en doute, leur connoiffance eft même de la plus haute importance pour le médecin; mais on ne fait rien de fatisfaifant quant à leur caufe, & on ne connoît que quelques-unes des conditions qui les font naître ou les favorifent.

Si l'on met à l'uniffon deux inftrumens à cordes de même nature; que, les ayant placés à une certaine diftance, on pince une des cordes de l'un, la même corde de l'autre entrera en vibration: ce phénomène, purement phyfique, donne une idée de ce qu'on entend par *fympathie* en phyfiologie; mais ce n'eft qu'une comparaifon, on le donneroit à tort comme une explication, car lui-même n'eft point expliqué. En effet, pourquoi l'air qui a été mis en mouvement par les vibrations de la corde premièrement pincée, va-t-il mettre en mouvement la corde analogue fur le fecond inftrument, plutôt qu'une autre corde qui eft également dans toutes les conditions requifes pour entrer en vibration? Si nos connoiffances phyfiques qui, généralement, font bien plus pofitives que nos connoiffances phyfiologiques, ne

peuvent

peuvent nous rendre raison de ce fait, y a-t-il lieu de s'étonner que la physiologie, qui est encore si pauvre quand il s'agit de l'explication des phénomènes qu'elle étudie, ne puisse nous faire connoître la cause de l'analogue de celui-ci dans les actes organiques ?

Tout se lie & tout s'enchaine dans l'économie. Si toute action qui succède à une autre devoit être considérée comme sympathique, l'étude des sympathies ne seroit autre chose que la physiologie elle-même : il falloit donc préciser ce qu'on entend par *sympathie*.

Il n'y a, comme le dit M. Adelon, de phénomènes sympathiques réels, que la simultanéité d'actions ou de modifications entre des parties qui ne sont liées par aucun rapport mécanique, ou entre lesquelles il n'y a point d'enchainement de fonctions ; il faut encore, selon ce physiologiste, pour que cette simultanéité d'actions & de modifications, puisse être considérée comme sympathique, que les parties intermédiaires entre les deux organes ne partagent point la modification.

Il sembleroit, d'après cela, que les phénomènes véritablement sympathiques seroient réduits à un bien petit nombre, & qu'on pourroit en quelque sorte les considérer comme fortuits & ne pouvant pas plus être prévus qu'expliqués ; il n'en est cependant pas tout-à-fait ainsi, & on sait qu'il est certaines conditions qui ont leur source, soit dans l'organisation, soit dans la nature des fonctions qui donnent lieu à des réactions sympathiques.

La continuité de tissus est une cause de sympathie ; c'est à elle qu'on rapporte la douleur qui se fait sentir particulièrement à l'extrémité de l'urèthre, dans le catarrhe de la vessie, ou quand cet organe est irrité par la présence d'un calcul.

L'analogie de tissus produit le même effet, ainsi qu'on le voit par la tendance qu'ont à se généraliser les affections muqueuses, rhumatismales & fibreuses, dès qu'elles ont commencé à se manifester, sur un des points des systèmes muqueux, musculaire ou fibreux.

On sait encore qu'il y a sympathie entre les instrumens de fonctions qui ont, quant au but qu'elles remplissent, quelque chose de commun. Ainsi, par exemple, lorsque la sécrétion urinaire, si importante pour le travail de décomposition, se trouve nulle ou affoiblie, la peau, qui parmi les fonctions dont elle est chargée est aussi l'organe d'une sécrétion excrémentitielle, agit dans ce dernier sens avec plus d'activité.

Tout ce qu'on sait relativement aux sympathies se borne, pour quelques-unes seulement, à la connoissance de certaines conditions sous lesquelles elles surviennent ; il en est un grand nombre d'autres, pour lesquelles ces conditions même sont inconnues. Comment expliquer, par exemple, la réaction sympathique de l'utérus sur l'estomac, les affections cutanées qui surviennent à l'occasion de certains états de l'appareil digestif, l'influence de

l'appareil génital sur les organes de la voix, sur le système pileux, & une foule d'autres phénomènes qu'on observe soit dans l'état physiologique, soit dans l'état pathologique, dont on ne sauroit se rendre raison, ni par la continuité, ni par l'analogie des tissus, ni par les rapports fonctionnels ? On a vu que le tissu cellulaire, bien que généralement répandu, ne pouvoit, ainsi que l'avoit prétendu Bordeu, rendre raison de ces phénomènes, puisqu'il resteroit encore à expliquer pourquoi la réaction sympathique s'établit sur tel point plutôt que sur tel autre qui communique également avec la partie primitivement affectée par cet intermédiaire. La même objection s'est présentée quand on a voulu expliquer les phénomènes sympathiques par le système circulatoire, &, comme on l'a fait dans ces derniers temps, par le système nerveux, auquel on a toujours recours en désespoir de cause. Sans doute l'origine commune des nerfs, leurs fréquentes communications peuvent rendre raison d'un certain nombre de phénomènes sympathiques ; mais par cela même qu'ils forment un tout continu, dont toutes les parties sont liées, l'organe primitivement lésé se trouve en communication immédiate avec certains organes, & médiate avec le reste de l'économie : or, pourquoi les sympathies n'auroient-elles pas lieu avec les parties qui sont en rapport immédiat avec lui, plutôt, ainsi que cela arrive souvent, qu'avec d'autres organes dont les rapports sont tellement éloignés que ce n'est presque que par une supposition gratuite qu'on peut les admettre ?

Il est donc des sympathies qu'on peut prévoir parce qu'on connoit les conditions auxquelles elles se rattachent ; il en est d'autres pour lesquelles on n'a point cet avantage. Dans l'un comme dans l'autre cas, on ne sait rien de positif sur leur mécanisme, c'est-à-dire sur les moyens par lesquels une affection se propage d'un organe à un organe plus ou moins éloigné, n'influant en aucune manière sur ceux qui sont intermédiaires. On ne peut donc, jusqu'à présent, les étudier que comme des faits en quelque sorte isolés, &, sous ce rapport, outre qu'elles rendent raison de certains phénomènes qu'on observe dans l'état de santé, elles sont d'une grande importance pour la médecine, en mettant à même de prévenir certains accidens que leur connoissance peut faire prévoir ; en éclairant sur le siège principal des maladies ; & enfin en suscitant des moyens thérapeutiques convenables dans les cas où l'on ne peut agir directement sur l'organe primitivement malade.

(L. J. Ramon.)

SYMPATHIQUE, adj. (*Anat.*, *Physiol. méd.*) *Sympathicus*, *sympatheticus*, qui a rapport aux sympathies. On désignoit autrefois sous ce nom certains médicamens qu'on appliquoit sur le sang, le pus, les excrémens & autres matières provenant

A a

d'individus malades. (*Voyez* MAGNÉTISME & MES-
MÉRISME.)

On donne aussi cette épithète au nerf trisplanchnique. (*Voyez* SYMPATHIQUE, TRISPLANCH-
NIQUE dans le *Dictionnaire d'Anatomie.*)

(L. J. R.)

SYMPHYSE, s. f. (*Anat.*) *Symphysis,* de
συμφύω, je réunis : union naturelle des os. Dans le
sens étymologique le mot *symphyse* est l'analogue
de celui d'*articulation*. Cependant aujourd'hui on
ne l'emploie guère que pour désigner certaines articulations immobiles ou peu mobiles, telles que
celles du bassin, par exemple : ainsi on dit la *symphyse* des pubis, les *symphyses* sacro-iliaques ; on
dit aussi la *symphyses* du menton, & on ne dit pas
les symphyses, mais bien les *articulations* du rachis, des membranes, &c. (V.)

SYMPHYSÉOTOMIE, s. f. (*Oper. chir.*) de
συμφυσις, & de τεμνω. Opération qui consiste à
diviser l'articulation des os pubis dans le but
d'agrandir le bassin d'une femme au moment du
travail de l'enfantement.

Fondés sur certaines traditions vulgaires qui
font croire au peuple que, dans divers pays, on
brise les pubis aux petites filles dès leur naissance
pour rendre chez elles la parturition plus facile,
sur ce que Galien a dit en parlant du bassin, *non
tantum dilatari, sed & secari tuto possunt, ut
internis succurratur ;* quelques modernes ont pensé
que la symphyséotomie a été entrevue dès la plus
haute antiquité. Il est vrai que Delacourvée fait
mention d'une femme contrefaite qui mourut avant
d'être délivrée, & sur le cadavre de laquelle il
divisa le cartilage interpubis pour agrandir la
cavité pelvienne ; que Plenk s'est comporté de la
même manière, dans un cas à peu près semblable,
en 1766. Mais il n'en est pas moins démontré que
personne n'avoit songé à pratiquer cette opération sur la femme vivante, lorsque Sigault, encore
élève en médecine, en fit le sujet d'un mémoire
qu'il présenta, en 1768, à l'Académie de Chirurgie.

Quand on divise le fibro-cartilage-interpu-
bien, soit après la mort, soit pendant la vie,
les os s'écartent en général d'environ un pouce ;
cet écartement pourroit même, à la rigueur,
être porté jusqu'à trois pouces artificiellement, sans
désorganiser les articulations postérieures du bassin ;
mais il seroit excessivement dangereux, pour la
plupart des femmes, de le porter au-delà d'un
à deux pouces : d'où il suit que si un pouce
d'écartement n'alonge que de deux lignes le diamètre sacro-pubien, on ne peut réellement compter, disent les antagonistes de la symphyséotomie,
que sur trois ou quatre lignes d'ampliation. A cette
objection on peut répondre qu'en s'engageant dans
le vide des pubis, la saillie de l'occiput ou la
bosse occipitale ôte au moins trois lignes à l'un des

diamètres de la tête ; ensuite, que si le diamètre antéro-postérieur n'est agrandi que de deux à quatre
lignes, les diamètres obliques le seront au moins
de cinq à six. Or, comme ce n'est pas directement
d'avant en arrière, mais bien obliquement, que
s'engagent les diamètres de la tête, il en résulte
qu'au fond, la section des pubis est moins limitée,
dans ses applications, qu'on ne l'admet généralement.

C'est le seul moyen de salut qu'on puisse invoquer quand la tête se trouve enclavée, après avoir
traversé un détroit supérieur très-resserré ; quand
elle a franchi l'orifice utérin, & qu'elle n'est arrêtée que par l'angustie pelvienne ; enfin, quand
le tronc est au-dehors, la vie de l'enfant non douteuse, & la tête dans l'impossibilité de franchir
les voies naturelles. Dans ces trois cas, la symphyséotomie me paroit préférable à l'opération césarienne, même après la mort de la femme ; attendu
qu'alors il seroit presqu'impossible de ne pas faire
périr l'enfant en cherchant à l'extraire par l'ouverture abdominale. En outre, elle offre des avantages incontestables toutes les fois que le resserrement porte sur les diamètres transversal & oblique, qu'il existe au détroit inférieur, qu'il dépend
de la *barrure*, d'une exostose, d'une tumeur solide
quelconque, placée latéralement, d'une saillie de
la cavité cotyloïde dans l'enclavement, &c.

Situé à droite ou entre les jambes de la femme,
le chirurgien, armé d'un bistouri convexe & bien
tranchant, fait une incision qui doit commencer
un peu au-dessus de la symphyse, & se prolonger
jusqu'au-dessous & à gauche du clitoris. Pour diviser le cartilage, les uns ont conseillé d'agir de
bas en haut, les autres de haut en bas, plusieurs
d'arrière en avant, ou de dedans en dehors ; &
le plus grand nombre d'avant en arrière. Il en est
qui se sont servis d'une sorte de scalpel en ronda-
che, du couteau pliant d'Aitken, du bistouri boutonné, ou du bistouri ordinaire, dont M. Gardien
recommande de couvrir la pointe avec la pulpe du
doigt, pour prévenir toute lésion des organes internes. A ce sujet, on ne peut contester à chacun le
droit de choisir l'instrument qui lui plaît le mieux ;
mais, ici comme ailleurs, c'est bien plus à la main
de l'opérateur qu'à la forme du bistouri qu'il importe d'avoir égard. Le plus sûr est de couper le
cartilage de haut en bas, & de sa face cutanée
vers sa face pelvienne. En haut, l'incision doit
être prolongée dans l'étendue d'un demi-pouce,
ou même d'un pouce sur la ligne blanche. Afin
de ne pas s'exposer à blesser la vessie ou l'urèthre, comme il est arrivé à quelques chirurgiens,
quand l'appareil ligamenteux est en grande partie
traversé, on redouble de précaution, on ne coupe
plus qu'en traînant, en quelque sorte, la pointe de
l'instrument, & l'on cesse de s'en servir dès qu'il
ne rencontre plus rien d'élastique ou de résistant.

S'il arrivoit que la symphyse fût ossifiée, comme
dans les cas cités par Weideman & Lauverjat, &

comme Boer & madame Lachapelle difent qu'on le rencontre affez fouvent, il y auroit fi peu de chance de fuccès que j'aimerois mieux avoir recours à l'opération céfarienne. En portant la fcie en dehors de la fymphyfe, comme l'a confeillé Defgranges, le danger n'en feroit pas moindre, car c'eft en arrière & non en avant que fe trouve la principale difficulté.

Quand l'opération eft terminée, fi les contractions font énergiques & bien foutenues, on abandonne la délivrance aux reffources de l'organifme; mais fi la matrice ne réagit pas, fi le travail languit, ou s'il furvient quelqu'accident qui réclame l'extraction prompte de l'enfant, on eft bien forcé d'appliquer le forceps ou de pratiquer la verfion.

Après l'accouchement on nettoie la femme, on rapproche les pubis l'un de l'autre, de la charpie enduite de cérat & des compreffes font placées fur la plaie, un bandage de corps, paffé autour du baffin, maintient le tout & doit être affez ferré pour s'oppofer, au moins jufqu'à un certain point, à un nouvel écartement des os. La malade, reportée dans fon lit, doit y refter couchée fur le dos, & garder le repos pendant fix femaines ou deux mois : on la tient d'ailleurs au régime des opérations graves, & l'on combat les accidens avec énergie, s'il en furvient.

Si j'ai bien compris ce que m'en a dit le prof. Vulpès, il paroîtroit que M. Catolica, de Naples, remplace la fymphyféotomie, par la fection du corps & de la branche des deux pubis entre les cavités cotyloïdes ; de cette manière les fymphyfes facro-iliaques reftent intactes ; on ne court aucun rifque de bleffer la veffie ni l'urèthre ; le tiffu cellulaire du baffin eft à peine tiraillé ; la confolidation eft facile ; point d'abcès, point de carie, point de fiftules, ni de claudication, ni de péritonite à redouter, & l'on obtient une ampliation confidérable du diamètre facro-pubien.

(VELPEAU.)

SYMPTOMATIQUE, adj. *Symptomaticus.* Adjectif auquel on donne diverfes fignifications : tantôt il fert à caractérifer des maladies non effentielles, mais produites par d'autres affections idiopathiques ; tantôt il eft employé pour indiquer une méthode de traitement dans laquelle le médecin s'attache à combattre les fymptômes d'une maladie à mefure qu'ils fe manifeftent, au lieu d'attaquer le mal dans fa fource en agiffant directement fur l'organe léfé. (*Voyez* SYMPTÔME dans ce Dictionnaire.)

SYMPTOMATOLOGIE, f f. (*Path.*) *Symptomatologia.* Branche de la pathologie, qui eft relative à la connoiffance des fymptômes & à l'appréciation de la valeur des indications qu'ils peuvent fournir dans les maladies. (*Voyez* SYMPTÔME.) (R. F.)

SYMPTOME, f. m. *Symptoma,* συμπτωμα, dérivé de συν, avec, & de πιπτω, je tombe. On appelle fymptôme tout effet perceptible aux fens, dépendant d'un état morbide de l'économie vivante. Les fymptômes, confidérés ifolément, ne font pas néceffairement l'indice d'une léfion organique ; on tire plus fûrement & plus ordinairement cet indice de la comparaifon de plufieurs de ces fymptômes. Le réfultat de cette comparaifon, ou mieux la conclufion qu'on en tire par rapport à l'exiftence & à la nature du mal, s'appelle *figne,* forte d'abftraction qui, comme on voit, eft très-différente du fymptôme.

L'ancienne divifion des fymptômes en *commémoratifs, diagnoftiques & pronoftiques,* eft encore une des plus utiles & des plus ufuelles, quoiqu'elle ne foit plus admife, à raifon de ce que le fens de ces dénominations s'applique plus particulièrement aux fignes. On divife donc plus communément aujourd'hui les fymptômes en *effentiels, accidentels & communs.*

Les *fymptômes effentiels* font ceux qui fe reproduifent conftamment dans les maladies dont ils font l'attribut certain & invariable ; ils fervent à l'établiffement des fignes. *Exemple :* la rougeur & la tuméfaction de la peau font deux fymptômes effentiels de l'éryfipèle.

Les *fymptômes accidentels* font variables & incertains, ils viennent fouvent compliquer l'état morbide primitif ; on les a encore appelés *épiphénomènes.* Exemple : des vomiffemens, la diarrhée, des douleurs abdominales, font des fymptômes accidentels dans une maladie de la peau, jufque là fimplement locale.

Les *fymptômes communs* font ceux qui fe rencontrent dans la plupart des maladies ; telles font : la foif, la fièvre, la céphalgie, l'infomnie, la chaleur morbide, &c. &c.

Le fymptôme n'étant qu'un phénomène qui ne porte en foi aucune conclufion, ne doit point en général fervir de guide au médecin dans la thérapeutique ; néanmoins il eft quelquefois obligé de dévier de la ligne qu'il s'eft tracée dans la cure d'une maladie pour la combattre & la détruire. Dans certains cas, il eft donc forcé de fe rattacher uniquement au fymptôme, dans l'abfence de tout figne concluant : c'eft ce qu'on appelle *faire la médecine fymptomatique.*

Ce que nous avons dit fuffira fans doute pour établir la différence qui exifte entre le fymptôme & le figne ; nous renvoyons d'ailleurs fur ce point au mot SIGNES, où cette différence a été établie d'une manière plus expreffe & plus pofitive.

La durée des fymptômes eft très-variable ; il en eft qui n'ont qu'une exiftence paffagère dans les maladies, d'autres qui perfiftent dans tout leur cours avec une opiniâtreté fingulière ; il en eft enfin qui, dépendant d'une complication, ne fe

A a 2

montrent que fur la fin de la maladie, & fubfiftent encore lorfque celle-ci eft terminée.

Le fymptôme n'étant que l'élément du figne, la valeur de l'un, par rapport au diagnoftic &. au pronoftic d'une maladie, n'a d'importance qu'autant qu'elle s'identifie avec celle de l'autre. (*Voy.* PRONOSTIC, SIGNES, &c.) (BRICHETEAU.)

SYMPTOSE, f. f. (*Pathol.*) *Symptofis.* Mot employé par Hippocrate, pour exprimer l'amaigriffement de tout le corps ou de quelques-unes de fes parties. Cette expreffion a beaucoup d'analogie avec le mot *atrophie.*

SYNANCIE, f. f. (*Pathol.*), du grec συναχειν, fuffoquer. On a donné ce nom à l'inflammation de la gorge, qui détermine une grande gêne dans la déglutition, & fait éprouver aux malades une fenfation analogue à celle que produiroit une corde qui feroit ferrée autour du col. (*Voyez* ANGINE.)

SYNANTHERÉES, f. f. (*Bot.*, *Mat. médic.*) Famille de plantes auxquelles on donne auffi le nom de *Compofées*, parce qu'elles renferment effectivement des végétaux dont les fleurs, en nombre plus ou moins confidérable, font renfermées dans un calice commun. Cette grande famille fe fubdivife en trois tribus, les *Cinarocéphales* (flofculeufes), les *Chicoracées* (femi-flofculeufes), les *Corymbifères* (radiées). (*Voyez*, pour plus de détails, le *Dictionnaire de Botanique* de cet ouvrage.)

Chacun de ces groupes offre un caractère particulier. Ainfi, dans les Cyranocéphales, le principe amer prédomine; mais le plus ordinairement il eft mafqué par un mucilage aqueux plus ou moins abondant, fuivant l'âge du végétal : auffi plufieurs de ces plantes font-elles employées comme aliment. Dans les Chicoracées on trouve un fuc lactefcent, amer, & qui, s'il n'étoit point délayé dans une grande quantité d'eau, jouiroit de propriétés médicales très-énergiques ; c'eft effectivement à cette divifion qu'appartient la *laitue vireufe* & la *laitue cultivée* avec laquelle on prépare l'extrait connu fous le nom de *thridace* (*voyez* ce mot), & qui, jufqu'à un certain point, jouit des propriétés de l'opium.

Quant aux Corymbifères, il eft effentiel de remarquer que la plupart contiennent une huile effentielle, à laquelle ces plantes font redevables de l'odeur forte qui les caractérife : telles font la *tanaifie*, les diverfes efpèces d'*armoifes* & autres plantes analogues. En général, ce dernier groupe renferme des végétaux qui font toniques & excitans.

SYNARTHRODIAL, ALE, adj. (*Anat.*) *Synarthrodialis.* Adjectif employé en anatomie pour défigner une forte d'articulation nommée *fynarthrofe.* (*Voyez* ce mot.)

SYNARTHROSE, f. f. (*Anat.*) *Synarthrofis.* Efpèce d'articulation caractérifée par l'immobilité des parties, & qui préfente, comme efpèces, la future & la gomphofe. Dans l'une, les parties font engrainées au moyen de dentelures : telle eft par exemple le mode d'union des pariétaux entr'eux ; dans l'autre, un os eft retenu dans un autre os à la manière d'une cheville, telle eft la difpofition des dents dans les alvéoles. (*Voyez* ARTICULATION dans le *Dictionn. d'Anatomie* de cet ouvrage.)

SYNCHONDROSE, f. f. (*Anat.*) *Synchondrofis*, dérivé de συν, avec, & de χονδρος, cartilage. Mot employé pour indiquer une articulation avec cartilage intermédiaire : telles font, par exemple, l'union des côtes avec le fternum, celle des os pubis entr'eux, & celle du corps du fphénoïde avec l'apophyfe bafilaire de l'occipital ; néanmoins, dans ce dernier cas, les progrès de l'offification font promptement difparoître le cartilage intermédiaire & par conféquent la fynchondrofe. (*Voyez* ARTICULATION dans le *Dictionnaire d'Anatomie.*)

SYNCHONDROTOMIE, f. f. (*Opér. chir.*) Dénomination dont on fe fert quelquefois pour défigner la fection de la fymphyfe du pubis, à laquelle on a dans certaines circonftances confeillé d'avoir recours, pour faciliter des accouchemens que l'étroiteffe du baffin rendoit impoffibles. (*Voyez* SYMPHYSÉOTOMIE dans ce Dictionnaire.)

SYNCHRONE, adj. (*Phyfiol. pathol.*) *Synchronus.* Lorfque deux mouvemens ont lieu en même temps & en une même durée, on dit qu'ils font *fynchrones.* Cette expreffion, dans le langage médical, s'applique particulièrement aux phénomènes de la circulation. (*Voyez* POULS & PULSATION.)

SYNCIPUT, f. m. (*Anat.*) (*Voyez* SINCIPUT.)

SYNCOPAL, ALE. (*Pathol.*) Adjectif fervant à caractérifer une forte de fièvre intermittente remarquable par les fyncopes qui furviennent les jours de l'accès. Torti a le premier fixé l'attention des praticiens fur cette affection, qui, depuis lui, a été obfervée par un grand nombre de médecins. Le quinquina eft le remède qu'il convient d'oppofer à cette variété de fièvre pernicieufe, dont les fymptômes font effrayans, & qui, dès le fecond accès, peut faire périr les malades. (*Voyez* PERNICIEUSE (Fièvre pernicieufe) dans ce Dictionnaire.)

SYNCOPE, f. f. (*Pathol.*) *Syncope*, en grec, συγκοπη. On donne le nom de fyncope à un état accidentel dans lequel l'action du cœur, des organes refpiratoires, fenforiaux & moteurs eft momentanément fufpendue. Dans cet état morbide le cœur ceffant d'abord de fe contracter & le fang d'arriver au cerveau ; l'action de ce dernier organe est interrompue par la privation de son excitant naturel (le sang), & par suite, les sensations, la locomotion, la voix & la respiration ne s'exécutent plus faute d'action nerveuse.

La lipothymie & la défaillance sont des premiers degrés de la syncope.

Celle-ci a quelque ressemblance avec l'apoplexie & l'asphyxie. Dans la syncope néanmoins l'action du cœur est la première interrompue, au lieu que dans l'apoplexie c'est le cerveau, & dans l'asphyxie les poumons qui cessent les premiers d'agir.

On a dit aussi que la syncope étoit une mort apparente ; elle ne diffère en effet de la mort réelle qu'en ce que, dans l'une, certaines fonctions organiques nullement apparentes ne cessent pas de s'exercer, tandis que dans l'autre, toutes sont définitivement abolies.

La syncope est un symptôme, un signe, si l'on veut même un phénomène morbide ; mais ce n'est pas, à proprement parler, une maladie que l'on peut mettre au nombre de celles que les pathologistes appellent *essentielles*.

La syncope est tantôt subite & semble priver soudainement de la vie ; tantôt elle est précédée de certains phénomènes, tels que des nausées, des vertiges, des tintemens d'oreilles, la pâleur du visage, le refroidissement des extrémités, le trouble des idées, l'obscurcissement des yeux, &c.

Cet état morbide n'a pour l'ordinaire que quelques secondes ou quelques minutes de durée ; on a vu néanmoins des syncopes se prolonger plusieurs heures & même des jours entiers.

Quelle que soit la durée de la syncope, elle est rarement dangereuse, si ce n'est aux approches de la mort & dans certaines maladies organiques.

La syncope reconnoît des causes très-diverses, mais toutes ou presque toutes se rapportent en définitive à des lésions du cœur & des gros vaisseaux, qui mettent obstacle au cours du sang.

Les grandes hémorragies déterminent la syncope en privant le cœur d'abord, & ensuite le cerveau, d'une grande partie de leur stimulant naturel ; les affections morales, au contraire, semblent paralyser d'abord l'action cérébrale & réagir ensuite sur le cœur & le poumon, en les privant d'influx nerveux.

Les lésions finales dont nous venons de parler sont le résultat d'une foule d'états divers & même opposés, qui doivent influer beaucoup sur le pronostic de la syncope : ainsi la joie, le chagrin, la pléthore, l'épuisement, certaines odeurs, l'aspect d'objets repoussans, déterminent des syncopes subites & passagères, qui ne doivent inspirer aucune inquiétude. Si au contraire la cause déterminante se lie à une maladie du cœur, du poumon, des gros vaisseaux, à une compression du

cerveau, &c., la syncope est de plus longue durée, se renouvelle plus souvent & finit par amener la mort.

La syncope, loin d'être toujours nuisible, apporte en certains cas beaucoup de soulagement aux malades. Revenus d'une syncope, des observateurs, parmi lesquels se trouve Montaigne, ont même vanté l'état de bien-être, de volupté que cet accident leur avoit procuré. De plus, dans les grandes hémorragies, la syncope met fin à l'écoulement du sang, & permet de faire la ligature des vaisseaux ; dans les congestions sanguines & les inflammations, elle supprime l'abord douloureux du sang aux tissus enflammés, & devient une véritable médication. Je l'ai vue produire des effets salutaires chez des individus que la seule vue d'une lancette faisoit *trouver mal*, comme on le dit vulgairement, ou chez lesquels l'incision de la veine ne donnoit lieu à aucun écoulement de sang, mais à une lipothymie.

La syncope, qui dépend de lésions purement sympathiques, d'une grande susceptibilité du système nerveux, se dissipe promptement & sans l'influence de la plus petite révulsion ; celle qui tient à un état pléthorique cède à la saignée ; quant à la syncope qui est le résultat d'une maladie organique, les secours qu'elle réclame sont ceux-là mêmes qui conviennent à la maladie dont elle est le symptôme. (BRICHETEAU.)

SYNCRANIEN, ENNE, adj. (*Anat.*) Le prof. Chaussier, pour désigner l'immobilité de l'articulation de la mâchoire supérieure avec le crâne, lui avoit donné le nom de *mâchoire syncranienne*. (*Voyez* CRANE, MÂCHOIRE & TÊTE dans le *Dictionnaire d'Anatomie* de cet ouvrage.)

SYNCRÉTISME. (*Hist. de la Méd.*) C'est le nom donné à une doctrine médicale qui a été en vogue dans l'Orient, & qui consistoit en un mélange d'idées mystiques & de faits réels. (*Voyez* SPAGYRISME.)

SYNCRITIQUE, adj. (*Mat. médic.*) *Syncriticus*. Mot employé par quelques médecins dans le même sens que l'adjectif *astringent*. (*Voyez* ce dernier mot.)

SYNDESMOLOGIE, s. f. (*Anat.*) Dénomination composée de deux mots grecs, συνδεσμος, ligament, & λογος, discours. Partie de l'anatomie dans laquelle on expose tout ce qui est relatif à l'union des os au moyen des ligamens.

SYNDESMO - PHARYNGIEN, adj. & s. m. (*Anat.*) Nom sous lequel plusieurs auteurs ont désigné l'un des faisceaux du *muscle constricteur du pharynx*.

SYNDESMOSE, s. f. (*Anat.*) Ce mot indique

l'union ligamenteuse des os, & est synonyme de l'expression *synévrose*.

SYNDESMOTOMIE, f. f. (*Anat.*) Expression impropre employée pour désigner la dissection, ou la préparation des ligamens. (*Voyez* SQUELET-TOPÉE dans le *Dictionnaire d'Anatomie*.)

SYNDROME, f. m. (*Path.*) du grec συνδρομη, concours. Mot employé pour indiquer la réunion des symptômes qui appartiennent à certaines maladies ; cette expression est toujours jointe à un adjectif propre à caractériser la nature de l'affection. C'est dans ce sens que l'on dit *syndrome plé-thorique*.

SYNECHIE, f. f. (*Path. chir.*) Plenk a ainsi nommé l'adhérence de l'iris avec la cornée transparente. Cette même maladie a été désignée par Vogel sous le nom de *synézisis*. (*Voyez* ce mot.)

SYNERGIE, adj. (*Physiol.*) Il existe un très-grand rapport entre ce mot & l'expression *sympa-thie*. Le premier a été particulièrement employé par les médecins de l'Ecole de Montpellier, & il leur sert à désigner la coopération de plusieurs organes à l'accomplissement d'une même fonction.

SYNÉVROSE, f. f. (*Anat.*) *Synevrosis*. Même signification que le mot *syndesmose*.

SYNÉZISIS ou **SYNÉSISIS**, f. f. (*Pathol. chir.*) ; de συν, avec, & ζυγνυω, joindre, unir. L'occlusion ou la constriction de la pupille peut être le résultat d'une disposition anomale, ou la conséquence de quelques accidens. L'absence de l'ouverture centrale de l'iris occasionne une cécité absolue, & sa constriction restreint considérablement la faculté de voir : ces deux maladies, bien qu'essentiellement différentes, ont, par quelques auteurs, été confondues sous la dénomination commune de *synézisis*. On ne peut remédier à la première qu'en pratiquant une pupille artificielle, opération qui déjà a obtenu du succès ; quant à la seconde, comme elle est assez fréquemment symptomatique de quelques maladies de l'œil, on ne doit espérer la faire cesser qu'en cherchant à combattre l'affection principale. Néanmoins, dans les circonstances où cette cause resteroit inconnue, on pourroit encore espérer obtenir quelques résultats heureux, de l'usage de l'extrait de belladone ou de jusquiame blanche, employé comme moyen propre à dilater la pupille. (R. P.)

SYNONYMIE, f. f. *Synonymia*, dérivé de συν, avec, & ονομα, nom. Terme grammatical qui signifie, à proprement parler, *étude, apprécia-tion, rapprochement* des mots synonymes, qui ont la même signification. En médecine, la synonymie a pour objet la multitude des noms donnés successivement aux divers organes de l'économie animale, aux fonctions de ces organes, aux différentes maladies dont ils sont affectés, aux nombreux moyens qu'on emploie pour les guérir, &c.

On conçoit facilement, sans qu'il soit nécessaire de le dire, combien les progrès de la science, les révolutions qu'elle a éprouvées, les nouvelles connoissances qu'on a acquises sur les propriétés des médicamens, &c., ont nécessité de changemens dans les dénominations. Toutes les expressions qui ont vieilli, qui ont été remplacées par d'autres, se trouvant néanmoins dans beaucoup de livres que l'on consulte & que l'on étudie, il est très-utile d'en connoître le sens & d'établir le rapport qui existe entr'elles & celles qui leur ont succédé. On ne peut arriver à cette connoissance que par le moyen de la synonymie, que j'appellerois volontiers *la science des noms qui ont la même si-gnification & qui représentent les mêmes objets*. Cette étude est sans doute très-sèche & fort pénible ; elle n'est pas d'une utilité générale ; les praticiens peuvent la négliger sans beaucoup d'in-convéniens, mais elle fait partie intégrante de l'érudition médicale. Un professeur qui parle à des élèves ; un médecin consultant qui diserte sur les maladies, les compare à leurs analogues ; un autre qui écrit sur un point quelconque de la science, tous doivent connoître la valeur des termes dont on a fait usage avant eux (relativement au sujet qu'ils traitent), le sens que les auteurs leur ont donné, & les objets qu'ils ont tour à tour représentés. La synonymie doit donc faire partie des études médicales ; malheureusement nous manquons d'un ouvrage historique sur cette partie de la médecine. Foës a composé autrefois pour les œuvres d'Hippocrate & de quelques anciens, un ouvrage de ce genre, connu sous le nom d'*Œco-nomia Hippocratis*, que l'on consulte souvent avec fruit. Ce seroit une tâche utile de continuer un pareil travail. (BRICHETEAU.)

SYNOQUE, adj. (*Pathol.*) En latin *synocha*, dérivé du grec συνεχης, continu. Cette dénomination s'appliquoit à une fièvre continue avec de légers paroxymes ; c'étoit tantôt la fièvre inflammatoire des auteurs modernes (*synochus impu-tris* de Galien) ; tantôt la fièvre dite putride ou gastro-adynamique (*synocha putris*), aujourd'hui considérée comme une gastro-entérite intense par l'école de M. Broussais. (BRICHETEAU.)

SYNOSTÉOLOGIE, f. f. (*Anat.*) Dérivé du grec συν, avec, οστεον, os, & λογος, description. Expression employée par quelques néologues pour désigner cette partie de l'anatomie qui est relative à la description des articulations des os.

Les mots *synostéographie, synostéotomie*, ont la même origine, & leurs terminaisons indiquent assez l'acception que l'on doit leur donner. Ces trois mots sont à peu près inusités.

(R. P.)

SYNOVIAL , ALE, adj. (*Anat.*) *Synovialis* , qui a rapport à la synovie. Toutes les articulations mobiles sont enveloppées d'une sorte de sac membraneux auquel on a donné le nom de *capsules synoviales*. Ces capsules sont destinées à retenir la synovie dont l'usage est de faciliter le mouvement des parties articulées ; on conçoit que la disposition de ces enveloppes membraneuses doit varier suivant les parties auxquelles elles appartiennent. (*Voyez* CAPSULES SYNOVIALES dans le *Dictionnaire d'Anatomie* de cet ouvrage.) La dénomination de *glandes synoviales* a été improprement donnée à des franges sécrétoires flottant dans la cavité des capsules synoviales. (*Voyez* le même Dictionnaire, pag. 129 & 130.)

SYNOVIE, sub. f. (*Anat.*) *Synovia*, de συν, avec, & de ωον, œuf. C'est le nom donné à une humeur visqueuse exhalée dans l'intérieur des articulations par les membranes ou capsules synoviales. Cette humeur est habituellement résorbée, en sorte que, dans l'état normal, sa quantité reste toujours la même ; mais dans l'état de maladie elle peut ou s'épaissir ou s'accumuler dans les articulations : de là résultent diverses sortes d'affections.

Soumise à l'analyse chimique, la synovie a fourni de l'eau, de l'albumine, & quelques sels à base de soude & de chaux. Son usage est de lubréfier les articulations, de détruire la résistance des frottemens, & de prévenir l'inflammation qui résulteroit du contact immédiat des surfaces articulaires des os. (*Voyez* le *Dictionnaire d'Anatomie* de cet ouvrage, pag. 129 & suiv.)

SYNTHÉNOSE, sub. f. (*Anat.*) συνθένωσις. Expression employée par quelques anatomistes pour désigner des articulations dans lesquelles un os se trouve être joint à d'autres par des tendons ; telles sont celle de la rotule avec le tibia, des os sésamoïdes avec les orteils. (R. P.)

SYNTHÈSE, s. f. (*Opér. chir.*) *Synthesis*, de συν, avec, ensemble, & de τιθημι, je pose ; je place. Action de rapprocher, de recomposer, de réunir des objets épars, ou accidentellement séparés. En chirurgie, ce mot indique une opération par laquelle on remet en contact, dans leurs rapports naturels, des parties qu'un accident quelconque a déplacées. Il existe deux espèces de synthèses, la synthèse de *continuité*, & la synthèse de *contiguïté*. Le rapprochement des fragmens d'un os divisé, la réunion des plaies par première intention, toute réunion immédiate des solutions de continuité, appartiennent à la synthèse de continuité ; la réduction des hernies & des luxations, rentre au contraire dans la synthèse de contiguïté. C'est une expression scolastique, au surplus, qui étoit encore fort employée dans le siècle dernier,

mais dont il est à peine fait mention dans nos traités modernes de chirurgie. (V.)

SYNTHÉTISME, s. m. (*Opér. chir.*) *Synthetismus* , de συν, avec, & de τιθημι, je place, je pose. Pour réduire une fracture, il est plusieurs opérations successives & indispensables : 1°. l'extension ; 2°. la réduction ; 3°. la coaptation ; 4°. le bandage. Ces quatre opérations ont été simultanément désignées par l'expression *synthétisme*. (*Voyez* FRACTURES dans le *Dictionnaire de Chirurgie*.)

SYPHILIDES, s. f. pl. (*Path.*) *Syphilides*. Sous la dénomination commune de *syphilides*, MM. Albert & Rayer ont rangé ensemble des éruptions cutanées non fébriles, auxquelles donne communément naissance l'action du virus vénérien. (*Voyez* SYPHILIS dans ce Dictionnaire.)

SYPHILIRALGIE, s. f. (*Pathol.*) *Syphiliralgia*. Dérivé des mots *syphilis* & αλγος, douleur. Nom donné aux douleurs occasionnées par le virus syphilitique.

SYPHILIRHÉE, s. f. (*Path.*) *Syphilirhia*, dérivé des mots *syphilis* & ρεω, je coule. Expression nouvellement employée pour indiquer tout écoulement produit ou entretenu par le virus syphilitique. (R. P.)

SYPHILIS, s. f. (*Pathol.*) Mot latin créé par Fracastor (16e. siècle), & dont l'étymologie n'est pas bien connue. Bosquillon le fait dériver du mot grec σιφλος, difforme, sale, honteux ; d'autres, du mot φιλεω, aimer, & de συν, avec, ou de φιλια, amitié, amour, & συς, porc, le plus grand nombre, de ce dernier mot, & de φιλεω, aimer, étymologie qui indique à la fois la cause & les effets de la maladie. Quoi qu'il en soit, la plupart des médecins préfèrent ce terme scientifique à ceux plus répandus dans le vulgaire, & cependant plus clairs & plus significatifs, de *maladie vénérienne*, *mal vénérien* ou *vérole*, qui servent tous également à désigner les phénomènes morbides spéciaux qui se développent à la suite d'un coït impur, ou de tout autre contact propre à permettre la communication du virus vénérien d'un individu malade à un individu sain.

Nous ne devons traiter ici que des additions ou des modifications que comporte l'état actuel de la science sur ce point de pathologie, plusieurs articles de ce Dictionnaire, & de celui de *Chirurgie*, ayant déjà été consacrés à l'étude de la maladie qui nous occupe. (Voir notamment les mots que nous avons cités plus haut.)

Laissant donc de côté tout ce qui a trait à l'histoire de la syphilis, & rappelant en peu de mots les phénomènes caractéristiques de la maladie, nous insisterons surtout sur les deux points capitaux de notre fujet ; favoir , la nature du mal , & les moyens de traitement les plus efficaces employés pour le combattre.

Malgré les réclamations de quelques écrivains modernes, les praticiens de nos jours ont confervé la diftinction fondamentale des fymptômes de la fyphilis , en *primitifs* & *confécutifs*, fuivant qu'ils fuccèdent immédiatement à l'application du virus , ou qu'ils ne furviennent qu'à une époque plus ou moins éloignée , & ordinairement après avoir été précédés de l'apparition des phénomènes du premier ordre.

Le chancre vénérien , le bubon , les tubercules plats des parties génitales (improprement appelés *puftules*), la blennorrhagie ou chaude-piffe , tels font les fymptômes par lefquels fe décèle une fyphilis récente.

Les ulcères vénériens confécutifs , les bubons confécutifs , plufieurs affections cutanées décrites fous le nom de *fyphilides* dans les traités des maladies de la peau , certaines excroiffances & végétations de l'anus & des parties génitales , les exoftofes , les caries , &c. , tels font les principaux phénomènes de la fyphilis dite *conftitutionnelle*.

Arrêtons-nous un moment fur quelques-uns de ces fymptômes, qui n'ont point encore été complètement étudiés dans les ouvrages les plus récens.

Le *chancre vénérien primitif* eft un des phénomènes les plus communs & les plus caractériftiques de la fyphilis : cependant on a généralement mal décrit le mode de formation de cet ulcère dans les traités fpéciaux des maladies vénériennes ; & , tout récemment même , un jeune écrivain a voulu fonder une méthode thérapeutique *nouvelle* fur une erreur qui s'eft gliffée dans la defcription qu'en ont donnée plufieurs auteurs recommandables. Croyant à tort qu'une *véficule* précédoit ordinairement l'ulcération , ce médecin a confeillé l'application de la méthode *cârotique* au traitement des chancres obfervés dès leur début, c'eft-à-dire , l'ouverture de la *véficule* & la cautérifation avec la pierre infernale , comme un moyen propre à détruire le mal dans fon foyer , & à empêcher l'abforption du virus & le développement des phénomènes confécutifs, fans qu'il fût befoin de recourir à aucun traitement intérieur. Mais, outre que la cautérifation eft un moyen vulgairement employé depuis longtemps , & qu'elle manque fouvent fon effet , l'obfervation prouve que le chancre vénérien , du moins dans la plupart des cas , ne débute pas par une véficule ; on n'aperçoit autre chofe qu'un peu de tuméfaction & de rougeur , & bientôt une ulcération qui fe forme de prime-abord & fans foulèvement de l'épiderme. Il eft même bien important fous ce rapport de fe rappeler les caractères d'une affection cutanée *véficuleufe*, de peu de durée , qui occupe quelquefois la furface interne du prépuce , & qui peut être fuivie d'excoriations

que l'on a prifes pour des chancres. Cette légère maladie, que *Bateman* a décrite dans fon *Abrégé pratique des maladies de la peau*, fous le nom d'*herpes præputialis*, eft caractérifée par de petits groupes véficuleux , ordinairement accompagnés de rougeur & de prurit, qui fe fèchent le plus fouvent en un feptenaire , s'ils ne font point irrités par des applications intempeftives ou par des caufes ftimulantes,

Quelques medecins s'opiniâtrent à ne voir dans le *bubon* qu'un engorgement des glandes lymphatiques provoqué par l'irritation des parties, d'où naiffent les vaiffeaux abforbans qui fe rendent à ces glandes , & ne veulent point admettre, par conféquent , de bubon d'*emblée*. Les bons obfervateurs n'ont ceffé de rejeter cette erreur enfantée par des idées théoriques préconçues, & il eft certain que l'on voit dans quelques cas des bubons primitifs furvenir fans avoir été précédés de chancres ni d'écoulement.

Il n'eft pas rare non plus de voir fe former fur les bourfes, aux environs de l'anus, aux parties génitales externes chez les femmes, des *tubercules* plats, humides, décrits à tort fous le nom de *puftules* plates (puifqu'ils n'offrent que des élevures folides , & fans trace de puftule ni de véficule) , fans que d'autres fymptômes locaux aient précédé leur apparition.

On convient affez généralement en France que la *blennorrhagie*, ou *gonorrhée*, ou *chaude-piffe* peut dépendre de caufes diverfes, & qu'elle n'eft point toujours fyphilitique. Mais, d'un autre côté, on fait, à n'en pouvoir douter, que la vérole conftitutionnelle fuccède affez fouvent à ce fymptôme primitif, & qu'on n'a malheureufement point de figne certain qui puiffe faire diftinguer la chaude-piffe vénérienne, de celle qui ne confifte que dans une inflammation fimple du canal de l'urèthre.

Parmi les *fyphilides*, le plus grand nombre s'obferve dans la maladie devenue conftitutionnelle, & fe range au nombre des phénomènes confécutifs. Il eft pourtant quelques exceptions à cette règle générale ; plufieurs éruptions cutanées coïncident affez fouvent avec des phénomènes locaux primitifs, & , en particulier, avec la blennorrhagie. L'hiftoire de la fyphilis cutanée a été fingulièrement éclaircie, par l'application de la claffification des maladies cutanées des médecins anglais à l'étude des formes diverfes dont cette efpèce de fyphilis peut fe revêtir. L'obfervation a conftaté que toutes les formes élémentaires fur lefquelles eft fondée cette claffification pouvoient être reproduites par la fyphilis, en forte qu'on a été conduit à admettre , 1°. une fyphilide *exanthématique* (roféole fyphilitique), primitive & aiguë , ou confécutive & chronique ; 2°. une fyphilide *véficuleufe*, très-rare , à la vérité ; 3°. une fyphilide *bulleufe* (rupia fyphilitique) ; 4°. une fyphilide *puftuleufe* (*ecthyma* fyphilitique , &c.) , le plus fouvent confécutive,

& affectant des formes très-variées ; 5°. une syphilide. *tuberculeuse*, ordinairement aussi consécutive ; & se présentant sous des formes bien plus variées encore que la précédente ; 6°. une syphilide. *papuleuse.* (*lichen* syphilitique), très-souvent consécutive, offrant beaucoup de modifications dans le volume & la marche des papules ; 7°. une syphilide *en plaques squammeuses.* (*psoriasis* & *lèpre syphilitiques*), le plus souvent consécutive à la blennorrhagie, & dans plusieurs cas même coïncidant avec ce phénomène primitif ; 8°. une syphilide *en taches* (taches ou *éphélides* syphilitiques), dont l'étiologie n'est pas encore bien constatée, quelques médecins croyant que ces taches peuvent se former sans autre lésion élémentaire antécédente du tissu de la peau ; d'autres pensant, au contraire, que jamais elles ne sont autre chose que des vestiges d'une des autres formes élémentaires indiquées plus haut. A toutes ces espèces, il faut joindre la syphilide *ulcéreuse*, qui peut constituer une forme première (ulcères vénériens, primitifs & consécutifs), mais qui, dans beaucoup de cas, succède à une des lésions élémentaires mentionnées ci-dessus, & en particulier aux formes pustuleuses & tuberculeuses.

Quelque ressemblance que puissent présenter les *syphilides* avec les maladies cutanées d'une autre nature, qui offrent une forme élémentaire analogue, il est toujours des traits distinctifs communs à toutes les syphilides, & qui sont tellement caractéristiques que jamais un observateur exercé ne pourra se méprendre sur la nature d'une maladie cutanée vénérienne. Il est bon de rappeler ici quelques-uns de ces caractères qui ont été si ridiculement niés par quelques écrivains de nos jours. La coloration *cuivrée* est un des plus certains & des plus constans ; il se retrouve dans toutes les formes de la syphilide cutanée, quoiqu'il ne soit pas toujours également apparent, également facile à saisir, surtout pour un œil peu exercé. L'ulcération qui succède à plusieurs espèces de syphilides a aussi, quoi qu'on en ait pu dire, un aspect tellement caractéristique qu'il est impossible de méconnoître sa nature. Ces excavations profondes, arrondies, à bords durs, calleux, taillés à pic ; ces ulcérations *serpigineuses* qui forment des segmens de cercle, des spirales, &c. ; ces *croûtes* épaisses, verdâtres, noirâtres, profondément enchâssées dans le derme, qui recouvrent quelquefois des excoriations d'une autre forme, & qui succèdent surtout aux pustules & aux tubercules syphilitiques, &c., ont évidemment des apparences qui ne peuvent être trompeuses. Les *cicatrices* elles-mêmes, inégales, tournées en spirale, qui succèdent aux tubercules ulcérés, ont des caractères qui font reconnoître leur origine. D'ailleurs, dans le plus grand nombre des cas, les circonstances commémoratives, la préexistence de phénomènes locaux primitifs, la coexistence d'autres symptômes vénériens, tels que des

écoulemens, des tubercules plats des parties génitales ou de l'anus, des ulcères du voile du palais, des exostoses, &c., achèvent de lever tous les doutes qu'on pourroit avoir.

Parmi les phénomènes consécutifs de la syphilis, il en est un qui se joint souvent aux éruptions syphilitiques, & qui cependant est peu connu du plus grand nombre des praticiens ; nous voulons parler de l'*iritis*. On donne ce nom à une espèce d'ophthalmie interne, ordinairement chronique, dans laquelle il n'y a parfois qu'une rougeur légère de la conjonctive, mais qui s'accompagne d'une coarctation de la pupille, puis d'une déformation de cette ouverture, qui, dans quelques cas, persiste après la cessation de tout indice de phlegmasie.

On ne s'est pas borné à contester les caractères distinctifs des *syphilides*, on a nié formellement leur cause spécifique ; bien plus, quelques auteurs d'outre-mer, imités par des écrivains du continent, ont soutenu que la plupart des éruptions syphilitiques étoient dues à l'emploi des préparations mercurielles. Cette idée a été fécondée par quelques novateurs qui n'ont pas hésité à accuser le mercure administré dans la syphilis primitive, de la production de tous les phénomènes secondaires, regardés est comme les indices d'une syphilis constitutionnelle. Il faut bien connoître toute la répugnance qu'a l'esprit humain à admettre les faits qui ne cadrent point avec les théories qu'il affectionne, pour se rendre raison de la faveur qu'a pu obtenir, dans une partie du monde médical, une aussi singulière explication des effets consécutifs du virus vénérien. Il suffit pour en faire justice, car, en vérité, une réfutation détaillée nous paroîtroit presque ridicule ; il suffit, dis-je, d'établir comme un résultat d'observation journalière que des malades, en assez grand nombre, présentent des symptômes syphilitiques consécutifs, & notamment des affections cutanées vénériennes, sans avoir jamais fait usage d'aucune espèce de préparation mercurielle. Comment contester, d'ailleurs, qu'avant la découverte & l'emploi des préparations mercurielles contre cette maladie, & depuis cette époque, dans la pratique des médecins qui ont constamment usé d'autres médicamens qu'ils regardoient aussi comme *spécifiques*, on ait eu bien des fois occasion de voir se développer tous les phénomènes morbides consécutifs que quelques modernes ont eu l'étrange idée d'attribuer au remède par excellence ?

Cette hypothèse nous conduit naturellement à dire quelques mots sur la nature de la syphilis, tour à tour considérée comme une maladie virulente & contagieuse, ou comme un ensemble de phénomènes morbides qui doivent se rattacher aux phlegmasies ordinaires, & dont la source se trouve, comme pour les autres inflammations, dans une irritation directement produite par des agens locaux, ou transmise par *sympathie* à des

B b

organes plus ou moins éloignés de ceux qui ont été primitivement affectés. Hâtons-nous de dire toutefois que cette dernière opinion n'a jamais rencontré, surtout en France, que peu de partisans, dont le nombre se trouveroit encore bien réduit si l'on vouloit le restreindre à celui des médecins praticiens, seuls juges compétens dans une pareille matière. Aussi, n'opposerons-nous à cette manière de voir, si efficacement combattue par les faits, que quelques considérations pratiques qui prouvent, 1°. que la syphilis est une maladie virulente & contagieuse; 2°. que c'est une maladie spécifique; 3°. que le mercure la combat aussi d'une manière spécifique, c'est-à-dire que cet agent thérapeutique jouit de propriétés presque constamment efficaces, non-seulement pour la guérir, mais ecore pour déceler sa nature. Nous serons le plus brefs possible, car tous ces points ont déjà été surabondamment établis dans un temps où ils passoient avec raison pour autant d'axiomes.

1°. A très-peu d'exceptions près, qui ne prouvent rien contre la règle générale, nul ne peut impunément s'exposer à un coït impur.

2°. Dans l'immense majorité des cas, ce coït est suivi, après quelques jours d'incubation, de l'apparition d'un petit nombre de phénomènes constamment les mêmes, effets du virus déposé sur les parties (1).

3°. La contagion est si puissante qu'elle ne réclame pas, comme dans quelques autres maladies dépendant d'un virus différent, des conditions spéciales pour s'exercer, mais qu'on peut, au contraire, tenter avec succès divers modes d'inoculation, constamment suivis des mêmes effets. Qui ne se rappelle, à cette occasion, la déplorable histoire de cet étudiant en médecine, imbu des erreurs nouvelles, qui, s'obstinant à méconnoître les caractères évidens d'une syphilis qu'il s'étoit inoculée avec une lancette chargée de virus, finit par se croire atteint d'une maladie incurable, & se suicida dans un accès de désespoir?

4°. Nous ne reviendrons pas ici sur les caractères spéciaux que présentent les phénomènes tant primitifs que consécutifs de la syphilis, nous nous bornerons à dire que, quelles que soient leur variété & leur multiplicité, il n'est pas un praticien exercé qui puisse jamais les méconnoître.

5°. Tout en avouant que dans plusieurs cas on voit guérir spontanément quelques-uns des symptômes primitifs de la syphilis, nous affirmerons que

dans beaucoup d'autres, ou cette guérison n'a pas lieu, ou elle est tôt ou tard suivie du développement de phénomènes consécutifs qui attestent les ravages du virus répandu dans l'économie. Bien plus, nous ajouterons que chez quelques sujets, assez malheureux pour ne pouvoir supporter les remèdes ou pour ne pas offrir de prise à leur action, on voit ces symptômes se perpétuer, se reproduire, s'aggraver sans cesse jusqu'à ce que la mort vienne mettre un terme à une vie si déplorable.

6°. Tous les bons observateurs ont constaté l'existence de la syphilis constitutionnelle, soit sur le fœtus dans le sein de sa mère, soit chez l'enfant un certain temps après sa naissance, preuve évidente de l'hérédité de la maladie vénérienne, hérédité qu'on ne peut guère expliquer par *sympathie*.

7°. On voit assez souvent des malades chez lesquels des symptômes de syphilis constitutionnelle, &, en particulier, des *syphilides*, ont été méconnus ou négligés, & n'ont été combattus par aucun traitement, non plus que la syphilis primitive antérieure, ou ont résisté à une multitude d'agens thérapeutiques employés d'après des indications trompeuses, & qui guérissent, comme par enchantement, sitôt qu'on leur fait subir un traitement mercuriel méthodique secondé d'un régime convenable.

8°. De nos jours, comme autrefois, la plupart des médecins placent avec raison leur confiance dans les préparations mercurielles, variées & modifiées suivant les cas, & l'on doit être étonné des efforts que font, pour les bannir du traitement de la syphilis, quelques sophistes, qui probablement ont perdu le souvenir des terribles & inévitables effets de cette maladie, dans des temps où l'on n'avoit point encore découvert le remède héroïque, généralement adopté aussitôt que connu, qu'ils semblent avoir pris à tâche de décréditer dans l'esprit des malades aussi bien que dans celui des médecins. Il n'en est pas moins vrai cependant que, dans la majorité des cas, le mercure, administré par un praticien sage & éclairé, combat avec succès la syphilis sous toutes les formes qu'elle peut revêtir, mieux, plus constamment, plus sûrement & plus brièvement qu'aucun autre médicament connu.

Parmi les préparations mercurielles les plus usitées, on continue à préférer les onctions avec l'onguent mercuriel; dans la syphilis récente, & la liqueur de *Van-Swiéten*, ou la solution de *sublimé*, dans la syphilis constitutionnelle. A la fin du siècle dernier, Cirillo a conseillé l'emploi du sublimé, incorporé à l'axonge, en frictions sur la plante des pieds; mais cette méthode est peu usitée en France. Quelques médecins ont prescrit des bains avec addition de deux à quatre onces de sublimé, en commençant par des doses plus

---

(1) Nous admettons d'ailleurs avec la plupart des bons observateurs que l'on peut gagner la syphilis d'*emblée*, c'est-à-dire, que dans quelques cas, rares à la vérité, la syphilis constitutionnelle se déclare sans phénomènes locaux primitifs antérieurs; & alors que devient la théorie de l'*irritation* & de la *sympathie* ?

foibles, et s'élevant parfois jusqu'à des doses plus élevées, comme un moyen très-convenable chez les individus qui ne peuvent supporter le mercure à l'intérieur, & chez ceux atteints de *syphilides*; mais ce mode d'administration a des résultats si incertains & si infidèles, outre qu'il est assez dispendieux, qu'il n'a jamais été généralement adopté. On a obtenu les meilleurs effets, au contraire, dans le traitement des syphilides, de l'emploi des fumigations de *cinabre*, soit générales, soit partielles, administrées au moyen d'appareils convenables, & l'on a vu souvent les affections cutanées syphilitiques les plus rebelles, céder à ce remède énergique.

Dans des cas analogues, on s'est aussi servi avec beaucoup d'avantage, de nouvelles combinaisons du mercure avec l'*iode*, avec le *cyanogène*, avec le *brôme*, employées en frictions sur les parties malades. Toutes ces préparations sont très-actives & très-irritantes, & demandent par conséquent beaucoup de ménagement dans leur emploi. M. Biett se sert maintenant beaucoup à l'hôpital Saint-Louis, dans le traitement de la syphilis constitutionnelle, du sublimé administré en pilules à l'intérieur, d'après la méthode de Dzondi, en commençant par une dose minime ($\frac{1}{20}$ de grain), & s'élevant successivement à des doses considérables (1, 2, 3 grains), qui sont alors très-bien supportées par les malades, données par doses fractionnées, par exemple, en 20, 30, 60 pilules à prendre dans les 24 heures. Ce mode de traitement a en plusieurs fois des effets très-heureux dans des cas fort graves & presque désespérés. Mais que de soins, que de discernement & de prudence ne faut-il pas avoir dans l'administration de remèdes, qui peuvent devenir si facilement nuisibles quand ils ne sont pas convenablement & méthodiquement appliqués? Dans combien de cas ne faut-il pas les faire précéder, accompagner ou suivre de moyens antiphlogistiques, calmans, narcotiques, &c., pour assurer leurs effets & prévenir leurs inconvéniens? Combien ne faut-il pas varier les moyens préparatoires ou auxiliaires, suivant l'état des organes digestifs, suivant l'état général de l'individu & suivant l'état des parties affectées? Ce sont précisément ces considérations bien appréciées qui font tout le mérite de l'homme de l'art instruit & exercé, & qui font réussir entre ses mains, des remèdes qui sont inefficaces ou dangereux dans celles de beaucoup d'autres.

Le mercure ayant souvent des effets irritans (1)

---

(1) On a presque généralement renoncé, de nos jours à la méthode qui consistoit à employer les préparations mercurielles jusqu'à *salivation*; la plupart des médecins, au contraire, cherchent aujourd'hui à prévenir cet *accident* & se hâtent de le combattre quand il se déclare.

qui peuvent devenir nuisibles chez certains sujets, on s'est beaucoup occupé depuis plusieurs années de lui substituer d'autres remèdes. Les préparations d'or, & notamment le *muriate d'or*, conseillé par le Dr. Chrétien de Montpellier, a eu des succès marqués dans quelques cas, mais qui ne se font point assez généralisés pour qu'on l'employât avec confiance. Ce médicament s'administre en frictions sur la langue & sur les gencives, à la dose d'un douzième à un huitième de grain & plus, mêlé à une poudre inerte, d'après la méthode de Clare, qui conseilloit aussi d'administrer de cette manière le *proto-chlorure* de mercure ou *calomel*.

Les *sudorifiques*, accessoires ordinaires du traitement mercuriel, ont été quelquefois employés seuls avec succès, surtout chez les sujets atteints de syphilis constitutionnelle & déjà soumis antérieurement à l'emploi du mercure. C'est ainsi que le gaïac, la salsepareille, le *daphne mezereum*, la racine du *lobelia syphilitica*, la tisane de *Feltz*, la décoction de *Zittmann*, le rob d'*Arnout*, lui-même, composés, où entrent ordinairement la salsepareille, l'antimoine, des substances aromatiques, &c., secondés surtout d'un régime convenable, ont produit les meilleurs effets entre les mains des bons praticiens.

Quant aux antiphlogistiques (saignées, sangsues, émolliens, diète) conseillés comme méthode universelle de traitement dans la syphilis, soit primitive, soit consécutive, nous ne pouvons les admettre que comme des auxiliaires souvent utiles, mais qui ne doivent être employés que lorsque des indications positives les réclament, & nous abandonnons à la justice rigoureuse du temps, les assertions téméraires de quelques écrivains, entraînés plutôt par des idées théoriques que guidés par les lumières de l'expérience.

(GIBERT.)

SYPHILITIQUE, adj. (*Pathol.*) *Syphiliticus*. Adjectif employé pour caractériser les divers phénomènes qui se développent sous l'influence du virus vénérien, ainsi l'on dit : *chancre, pustule, bubon, exostose, symptôme, ulcère syphilitique*.

SYRINGOTOME, s. m. (*Instr. de Chir.*) *Syringotomus*, de *σῦριγξ*, tuyau, flûte, & de *τέμνω*, je coupe. Nom donné à une espèce de bistouri courbe, concave du côté du tranchant & terminé par un stylet boutonné. Ce bistouri étoit particulièrement employé dans l'opération de la fistule à l'anus : on lui a fait successivement subir diverses modifications, & l'instrument nommé *bistouri royal*, n'est réellement que le syringotome dont le stylet a été singulièrement raccourci. (*Voyez* ANUS & SYRINGOTOME dans le *Dictionnaire de Chirurgie* de cet ouvrage.)

(R. F.)

SYRMAÏSME, f. m. (*Hyg.*) συρμαισμος. Mot grec francifé, & qui dans l'origine fut employé pour exprimer cette pratique hygiénique des Anciens, qui tous les mois fe procuroient des vomiffemens diététiques. (*Voy.* l'article HYGIÈNE, tom. VII, pag. 395 de ce Dictionnaire.)

SYROP, f. m. (*Pharm., Mat. méd.*) (*Voyez* SIROP dans ce Dictionnaire & dans celui de *Chimie* du même ouvrage.

SYSSARCOSE, f. f. (*Anat.*) *Syffarcofis*, de συν, avec, & σαρξ, σαρχος, chair. Mot employé dans quelques anciens vocabulaires d'anatomie pour indiquer l'union d'os qui ne tient aux parties environnantes qu'au moyen des mufcles : tels font l'os hyoïde & le fcapulum.

SYSTALTIQUE, adj. (*Path. Phyfiol.*) *Syftalticus*, de συστελλω, je referre. Adjectif dont on fe fert pour caractérifer des mouvemens alternatifs de contraction & de dilatation : tels font ceux du cœur & des artères (*Voyez* CIRCULATION, CŒUR, dans le *Dictionnaire d'Anatomie*.)

(R. P.)

SYSTÉMATIQUE, adj., qui eft relatif aux fyftèmes, ou de la nature des fyftèmes. Ce mot fert auffi à caractérifer des hommes qui font partifans des fyftèmes; on dit : un *efprit fyftématique* pour indiquer les hommes dont l'intelligence s'accommode aux fpéculations d'ordre, de claffification & de méthode; on dit encore, *arrangement, ordre* fyftématique. (BRICHETEAU.)

SYSTÈME, f. m. (*Hift. nat., Anat. médic.*) En latin *fyftema*, de συστημα, compofé, de συν, avec, enfemble, & d'ιστημι, je place. On doit appeler *fyftème*, avec les auteurs du *Dictionnaire de l'Académie*, l'affemblage de plufieurs propofitions, de plufieurs principes vrais ou faux liés enfemble, & des conféquences qu'on en tire, & fur lefquelles on établit une opinion, une doctrine, une dogme. Cette définition s'applique très-bien à la médecine. En *hiftoire naturelle*, on appelle *fyftème* une diftribution méthodique d'individus, propre à en faciliter l'étude. Exemple : le *fyftème de Linné* ; ce mot eft alors fynonyme de méthode. En *anatomie*, on a encore donné le nom de *fyftème* à un enfemble d'organes femblablement compofés & chargés des mêmes fonctions, ou au moins de fonctions analogues. Exemple : le *fyftème nerveux*.

En *médecine*, le mot *fyftème* a pour l'ordinaire une acception très-défavorable, qui n'eft ni exacte ni rigoureufe. Il eft à peu près reçu, en effet, qu'un fyftème n'eft qu'une fuppofition plus ou moins gratuite qu'on met à la place de la nature, & qu'un *homme à fyftèmes* ne prend pour bafe de fes œuvres, que les erremens de fon imagination ou les créations d'un efprit nourri de conjectures.

Cependant il y a un bon nombre de fyftèmes faux ou-défectueux dans leur enfemble, qui ont eu pour point de départ des faits exacts qu'on a trop généralifés, & auxquels on a attribué des rapports illufoires (avec d'autres faits). Le fyftème de M. Brouffais, fi l'on peut appeler ainfi fa doctrine, eft une preuve frappante de ce que nous venons d'avancer; les premières idées de cet auteur fur les phlegmafies inteftinales, mal-connues jufqu'à lui, font exactes ; l'action fympathique qu'il leur attribue dans la production d'une multitude de phénomènes morbides, rapportés aux fièvres dites effentielles, eft conforme à l'obfervation; mais lorfqu'il a voulu étendre cette action, ou cette influence fubordinatrice, jufque fur des maladies étrangères aux affections du tube digeftif, comme les fièvres intermittentes, là a commencé la fuppofition, l'efprit erronné de fyftème, &c.

On s'eft également trompé dans l'appréciation de l'influence des fyftèmes quand on a dit qu'elle étoit toujours nuifible à la médecine, & il fuffiroit de citer celui dont nous venons de parler pour fe convaincre du contraire. Un fyftème abfurde meurt en naiffant, & ne produit aucun effet ; un fyftème plus brillant que folide, préfenté avec talent, profeffé avec éloquence, peut féduire & entraîner dans de fauffes doctrines, l'hiftoire de la médecine en fait foi. Mais comme au fond de cet affemblage brillant il y a toujours des faits importans, des explications ingénieufes qui leur fervent de lien, la fcience peut toujours s'enrichir de ce qu'il y a de pofitif. S'agit-il d'un fyftème fagement conçu, il ne peut que fervir la fcience. Il faut bien le dire d'ailleurs, les malades ont moins à fouffrir qu'on ne le penfe des erreurs fyftématiques, parce que les fyftèmes ne trouvent guère de place dans la tête froide & empirique de la plupart des praticiens. Pris dans leur véritable acception, les fyftèmes font la bafe indifpenfable de toutes les méthodes, & les méthodes font indifpenfables à l'étude & aux progrès de la fcience : auffi l'efprit fyftématique, confidéré fous fon véritable point de vue, eft donc véritablement utile à la fcience; il coordonne, affemble, rapproche les faits & les opinions ; & quand il appelle à fon fecours l'imagination, ce doit être pour les lier, les féconder, & non pour les fauffer & les faire difparoître fous des fuppofitions abfurdes ou imaginaires. Nous conviendrons, au refte, avec franchife que tous ceux qui compofent des fyftèmes en médecine ne fuivent pas cette marche ; alors ils font de *mauvais fyftèmes* : ils apportent dans leur travail comme dans tout autre la fragilité & l'imperfection de l'efprit humain.

D'après ce que nous venons de dire, il doit paroître évident que le véritable fens du mot *fyftème* a été détourné, vicié, altéré, à peu près comme celui du mot *empirifme*, & qu'on doit lui en appliquer un plus exact & plus conforme à l'idée qu'il exprime, idée qui nous paroît bien rendue dans la définition que nous avons donnée au commencement de cet article. (BRICHETEAU.)

SYSTOLE, f. f. (*Physiol.*) En latin *syftole* , & en grec συστολη , dérivé de συστιλλω , je refferre , je contracte. On appelle *syftole* le mouvement de contraction qui , dans le cœur & les artères, donne l'impulsion au fang & le fait circuler dans les vaisfeaux fanguins. On s'accorde généralement à regarder le cœur comme un mufcle creux , fufceptible de fe contracter pour expulfer le fang de fes cavités auffitôt qu'il y aborde. Dans cette action contractile les oreillettes, puis les ventricules fe contractent fimultanément ; ce font les oreillettes qui commencent. Le réfultat de la fyftole du cœur eft le raccourciffement de ce vifcère , la diminution en tout fens de la capacité de toutes fes cavités , & la projection du fang hors de cet agent principal de la circulation.

On a cru pendant quelque temps que la fyftole, ou contraction du cœur, étoit le feul agent de la circulation. Bichat avoit fortifié cette opinion de toute l'influence de fa haute renommée ; il refu-

foit par conféquent toute faculté contractile aux artères : ce n'eft point la contraction , difoit-il , qui pouffe le fang à leurs extrémités , car, dans ce cas, chaque faccade du jet artériel devroit correfpondre à chaque relâchement du ventricule , ce qui n'arrive pas. Sans parler ici de beaucoup d'expériences qui ont fait juftice de cette opinion, il eft évident que fi les artères n'avoient aucune action fur le fang qui coule dans leurs canaux, le jet de ce liquide feroit intermittent au lieu d'être continu. La colonne de fluide fanguin qui s'échappe d'une artère ouverte reçoit bien une impulfion à chaque fyftole du cœur , mais elle n'éprouve aucune interruption véritable , & en l'abfence de cette fyftole , c'eft celle des artères qui foutient & excite la marche progreffive du liquide.

De ce qui précède il réfulte qu'il y a deux efpèces de *fyftoles* ; l'une qui réfide dans la paroi mufculaire du cœur, & l'autre qui a pareillement fon fiége dans la membrane propre des artères ; que l'une & l'autre font les agens immédiats d'impulfion du fang qui circule dans le fyftème vafculaire à fang rouge. (BRICHETEAU.)

T. (*Bandage & App.*) Le bandage en T fert à à maintenir un appareil fur diverfes parties du corps. Ce bandage confifte en une bande de toile fur laquelle on coud , perpendiculairement à fa longueur, une feconde bande, & quelquefois deux peu écartées l'une de l'autre ; dans ce cas, le bandage eft nommé *double* T. Ce moyen contentif prend quelquefois le nom du lieu où on l'applique : ainfi on dit le T *double du nez*, le T *de l'oreille*, le T pour les *appareils de l'anus*, du *périnée*, &c. La première bande fert, fuivant les circonftances, à faire des circulaires autour du corps, de la tête , &c. ; & la feconde, en paffant fur les pièces d'appareil, en prévient le déplacement.

Ce bandage eft l'un des plus fimples de ceux dont on fait habituellement ufage. (R. P.)

TABAC, f. m. (*Bot.*, *Mat. méd.*) *Nicotiana tabacum*, *poudre à la reine*. Le tabac eft une plante annuelle appartenant à la famille des Solanées & à la Pentandrie monogynie. Toutes les parties de ce végétal exhalent une odeur vireufe & des plus défagréables ; mais cette odeur, qu'on pourroit appeler *fui generis*, eft beaucoup plus développée dans les feuilles, qui font auffi les parties que l'on emploie le plus fréquemment, tant en médecine que pour les autres ufages que l'on fait de ce végétal.

L'ufage du tabac remonte à une époque déjà très-éloignée, puifque, lors de la découverte du Nouveau-Monde, les Efpagnols le trouvèrent établi parmi les indigènes ; il eft vrai qu'à cette époque il n'étoit pas d'un ufage général, mais on l'employoit principalement comme moyen curatif de certaines maladies, & les prêtres dans quelques circonftances folennelles, furtout lorfqu'ils avoient à prédire quelques événemens importans, en refpiroient la fumée qui les jetoit dans une forte d'ivreffe & d'aliénation momentanée très-favorable à l'exécution de leurs projets. Les naturels du pays le nommoient *petun*. Mais les Efpagnols ayant trouvé ce végétal pour la première fois aux environs de Tabago, fur le golfe du Mexique, lui donnèrent le nom de cette ville, dont nous avons fait le nom de *tabac*.

Banni de certains pays de l'Europe, d'abord par Jacques Ier., roi d'Angleterre, en 1604, puis en 1624 par le pape Urbain VIII, qui défendirent, fous peines très-févères, d'en faire ufage de quelque manière que ce fût, le tabac éprouva les plus grandes difficultés à s'introduire en France. D'abord il ne fut confidéré que comme une plante curieufe par l'emploi qu'on en faifoit en médecine, & ce fut feulement fous le règne de Henri IV que Nicot, ambaffadeur de France à la cour de Portugal, en rapporta une certaine quantité dont il fit hommage à Catherine de Médicis, ce qui lui fit donner les noms de *nicotiane*, qu'il conferve encore de nos jours, & celui de *poudre à la reine*, qu'il porta pendant long-temps.

A cette époque, malgré toutes les défenfes qui avoient été faites, l'ufage du tabac commença à fe répandre, & bientôt le gouvernement français, fentant quel avantage il pouvoit retirer d'une fubftance que la mode adoptoit avec tant d'engouement, en permit d'abord l'ufage, qui devint en peu de temps prefque général ; alors on chercha à le naturalifer en France, & aujourd'hui que cette plante eft devenue un objet de première néceffité dont la privation n'eft pas moins infupportable que celle des alimens, le Gouvernement s'en eft approprié le monopole, qui, fous la dénomination modefte de *contributions indirectes*, fournit d'immenfes revenus à l'Etat.

Ufage du tabac en médecine. A l'extérieur, les feuilles de tabac ont été employées, à l'état frais, pour calmer les douleurs de goutte & de rhumatifme ; mais nous penfons que, dans ce cas, le tabac n'agit que comme irritant, & parce qu'il produit une véfication légère. Quant à l'ufage intérieur que l'on peut faire de ce végétal, on ne l'adminiftre qu'en lavemens, encore faut-il le faire avec beaucoup de prudence, car on a vu quelquefois des accidens très-graves, & même la mort, furvenir à la fuite de lavemens préparés avec le décoctum de cette plante. Les cas pour lefquels les lavemens de tabac ont été confeillés, font l'afphyxie par fubmerfion, l'apoplexie, le coma, & les empoifonnemens dans lefquels il eft néceffaire de provoquer le vomiffement par d'autres moyens que ceux employés ordinairement, nous voulons parler des cas où l'état de l'eftomac ne permet pas d'avoir recours aux vomitifs connus, & de ceux où le ferrement des mâchoires s'oppofe à l'introduction d'un liquide ou d'un corps quelconque. Nous penfons qu'il feroit plus prudent d'introduire dans les inteftins de la fumée de tabac, qui provoque également le vomiffement & n'expofe pas aux mêmes accidens.

Le Dr. Anderfon a récemment publié dans les journaux anglais quelques obfervations qui femblent prouver l'utilité du tabac dans le traitement d'une maladie des plus redoutables, le *tétanos traumatique*. C'eft à l'état frais fous forme de fomentations fur la gorge & les parties latérales du cou, & en cataplafmes appliqués fur la plaie à la fuite de laquelle la maladie s'eft déclarée, que ce médecin en fait ufage. Il y joint auffi des lavemens avec la même décoction, & il fait même plonger les malades dans des bains de même nature, qu'il prolonge affez long-temps pour provoquer les naufées. Le remède eft enfuite accompagné des autres médicamens jugés utiles pour aider son action & combattre les différentes indications qui peuvent se présenter pendant le traitement. Le D^r. Anderson, qui dit avoir par ce moyen guéri deux femmes attaquées de cette cruelle maladie, pense que le tabac de la Trinité, quoique moins âcre que celui de Virginie, lui est cependant préférable.

Loin d'être nuisible aux personnes qui y sont habituées, l'usage du tabac *prisé*, *fumé* & *chiqué* est une des sources de jouissances toujours nouvelles; néanmoins l'abus de ce plaisir peut amener de graves inconvéniens, même chez ceux qui y sont accoutumés. *Prisé* en trop grande quantité, le tabac a l'inconvénient d'émousser, & quelquefois même d'anéantir la sensibilité de l'odorat; mais il doit être préféré toutes les fois que l'usage des sternutatoires sera indiqué, d'abord, comme celui dont l'effet est le plus certain, & ensuite parce qu'il est très-facile de se le procurer. Si *fumer* est nécessaire, & quelquefois même indispensable aux personnes d'une constitution lymphatique, ou qui habitent dans des pays humides & marécageux, cette habitude deviendra contraire aux individus d'un tempérament nerveux & irritable, par l'excitation continuelle qu'elle exerce sur les glandes salivaires & la perte de salive qu'elle occasionne, perte qui est salutaire aux premières, tandis qu'elle ne détermine chez les autres qu'un amaigrissement sensible & un dépérissement graduel. Le tabac *chiqué* produit les mêmes effets sans préserver du scorbut ni rendre les dents meilleures; cependant la cendre de tabac est une poudre dentifrice dont on peut faire usage avec sécurité, & qui n'a pas, comme tant d'autres qui sont plus vantées, l'inconvénient d'altérer les dents & de ramollir les gencives. (CH. HENNELLE.)

TABAC DES VOSGES, s. m. (*Bot.*, *Mat. médic.*) Nom sous lequel on a quelquefois désigné l'*arnica montana*, probablement à cause de sa propriété sternutatoire. (*Voyez* ARNICA dans ce Dictionnaire & dans celui de *Botanique* de cet ouvrage.)

TABES. (*Path.*) Expression latine, francisée, & servant à indiquer toute espèce d'émaciation & de marasme. (*Voyez* les mots CONSOMPTION, MARASME, PHTHISIE, dans ce Dictionnaire.) En ajoutant au mot *tabes* un adjectif tel que *dorsalis*, *mesenterica*, *pulmonaris* & *lactea*, on indique spécialement la partie affectée, & quelquefois la cause réelle ou présumée de la maladie.

TABIDE, adj. (*Pathol.*) *Tabidus*, de *tabes*, marasme. Il se dit des personnes attaquées de marasme, & est synonyme des mots *hectique*, *phthisique*, &c. (R. P.)

TABIFIQUE, adj. (*Pathol.*) *Tabificus*, de *tabes*, consomption. Adjectif aujourd'hui peu usité dans le langage médical, & dont on fait usage ce-

pendant quelquefois pour indiquer toutes les causes susceptibles de faire naître le marasme.

TABLE, sub. f. (*Anat.*) *Tabula.* Les anatomistes emploient assez ordinairement ce mot pour désigner les deux lames osseuses & compactes entre lesquelles est contenue la substance diploïque des os du crâne. L'une de ces lames s'appelle *table externe*, & l'autre *table interne*. Cette dernière est en général plus mince & plus fragile que l'autre. (*Voyez* CRANE & TÈTE dans le *Dictionnaire d'Anatomie.*)

TABLE A LA TRONCHIN. (*Hyg.*) Nom d'un meuble trop connu pour avoir besoin d'être décrit, & qui fut imaginé par le médecin dont il a gardé le nom. Cette table pouvant se placer à différentes hauteurs permet d'écrire debout, & par conséquent d'éviter la gêne que l'on éprouve lorsqu'on se livre à cette occupation assis devant une table, ou devant un bureau, dont le rebord presse la région épigastrique.

Ce meuble convient particulièrement aux personnes qui sont assujetties à des travaux continuels de cabinet.

TABLES DE MORTALITÉ. (*Hyg. publiq.*) Né sous la condition de mourir, l'homme, considéré isolément, n'offre en général à l'instant de sa naissance, & même aux diverses époques de sa vie, que d'assez foibles indices de la durée probable de son existence; mais en prenant les hommes collectivement, il est alors des chances probables d'une longévité calculable & importante à connoître sous les rapports locaux & politiques. La nature du climat & celle des institutions exercent sur la vie de l'homme une trop grande influence pour que les questions de mortalité puissent être résolues d'une manière absolue; elles ne peuvent donc être, pour chaque pays, qu'une conséquence déduite de valeurs numériques obtenues en comparant le nombre des naissances à celui des morts survenues aux diverses époques de la vie : de là résulte, pour tout pays sagement administré, le besoin d'avoir des *registres* où doivent être inscrits des renseignemens capables de fournir les bases destinées à former des tableaux auxquels se rattachent, non-seulement des questions d'intérêts généraux ou particuliers, mais encore des considérations médicales indispensables à la rédaction des statistiques & à la détermination des règles de l'hygiène publique. Par malheur cette vérité n'a point été aussi généralement, & surtout aussi promptement sentie qu'elle aurait dû l'être; ce n'est guère, en effet, que depuis assez peu de temps que l'on doit compter sur l'exactitude des résultats déduits de la comparaison des registres de l'état civil de la plupart des nations européennes.

La discussion des méthodes qu'il est convenable de suivre pour la rédaction des *tables de mortalité* & l'examen des conséquences que l'on peut en déduire., dépafleroient de beaucoup les limites dans lefquelles doit être ici renfermée cette queſtion d'arithmétique morale, jugée affez importante pour qu'en France des hommes recommandables s'en foient férieufement occupés; dans le nombre nous citerons de Buffon, Le Parcieux, Mourgue, Dupré de St. Maur; & furtout M. du Villars, auquel on

eſt redevable du tableau le plus exaĉt que l'on ait fur lēs lois de la mortalité dans notre pays.

Ces réfultats tout à-fait numériques, & dès-lors incapables d'être analyſés, infpirent un intérêt trop général pour que, malgré le defir d'être laconiques, nous penfions pouvoir nous difpenfer de les faire connoître.

TABLE.

Loi de la Mortalité en France.

Ans.		Ans.		Ans.		Ans.	
0	1000000	28	451635	56	248782	84	15175
1	767525	29	444932	57	240214	85	11886
2	671834	30	438183	58	231488	86	9224
3	624668	31	431898	59	222605	87	7165
4	598713	32	424583	60	213567	88	5670
5	583151	33	417744	61	204380	89	4686
6	573025	34	410886	62	195054	90	3830
7	565838	35	404012	63	185600	91	3093
8	560245	36	397123	64	176035	92	2466
9	555486	37	390219	65	166377	93	1938
10	551122	38	383301	66	156651	94	1499
11	546888	39	376363	67	146882	95	1140
12	542630	40	369404	68	137102	96	850
13	538255	41	362419	69	127347	97	621
14	533711	42	355400	70	117656	98	442
15	528969	43	348342	71	108070	99	307
16	524020	44	341235	72	98637	100	207
17	518863	45	334072	73	89404	101	135
18	513502	46	326843	74	80423	102	84
19	507949	47	319539	75	71745	103	51
20	502216	48	312148	76	63424	104	29
21	496317	49	304662	77	55511	105	16
22	490267	50	297070	78	48057	106	8
23	484083	51	289361	79	41107	107	4
24	477777	52	281527	80	34705	108	2
25	471366	53	273560	81	28886	109	1
26	464863	54	265450	82	23680	110	0
27	458282	55	257193	83	19106		
28	451635	56	248782	84	15175		

Dans cette table on fuppofe un million d'enfans nés au même inftant, & l'on indique quel eſt le nombre de ceux qui furvivent après un an, après deux ans, trois ans, jufqu'à cent dix ans, époque où tous ont ceffé d'exifter; ainfi l'on voit qu'à vingt-un ans, plus de la moitié font morts; & qu'à l'âge de quarante-cinq ans, il n'en refte plus qu'un tiers à peu près.

On conçoit qu'en prenant la différence entre

deux nombres confécutifs de la table, on a la probabilité qu'un individu de l'âge correfpondant au premier nombre, peut avoir ceffé de vivre dans un an; en forte qu'en faifant la même comparaifon pour tous les nombres, il eſt facile de trouver quelle eſt l'époque de la durée de notre vie où le danger de mourir eſt le plus petit poffible.

Cette même table peut encore fervir à déterminer le nombre d'années qu'une perfonne d'un
âge

âge donné vivra probablement. Par exemple, on voit qu'à l'âge de vingt-cinq ans, le nombre des furvivans eft de 471,366, dont la moitié eft 235,683. Or, ce nombre exprime une quantité plus grande que celle de ceux qui vivent à cinquante-huit ans, & plus petite que celle des individus qui parviennent jufqu'à cinquante-fept ans; en forte que la moyenne eft entre cinquante-fept & cinquante-huit, c'eft-à-dire qu'il y a un contre un à parier qu'un homme de vingt-cinq ans, parviendra à cinquante-fept ans & demi. Enfin, au moyen de calculs un peu compliqués, le même tableau peut encore fervir à déterminer la durée de la vie moyenne aux diverfes époques de l'exiftence, & les réfultats auxquels on parvient font tels, qu'à partir de la naiffance, la durée de la vie moyenne eft de *vingt-huit ans neuf mois;* qu'à cinq ans elle eft de *quarante-trois ans* environ, & qu'après cet âge elle diminue progreffivement. (R. P.)

TABLES SYNOPTIQUES. Souvent, pour faire apercevoir d'un feul coup d'œil les rapports qui exiftent entre une férie de faits, de propofitions, de principes ou de conféquences, on les difpofe dans l'ordre de leurs dépendances mutuelles : c'eft particulièrement dans les ouvrages fur l'hiftoire naturelle que cette difpofition eft avantageufe pour faire de fuite faifir l'ordre dans lequel on fe propofe de ranger les nombreux matériaux qui font l'objet de cette étude.

L'anatomie, la phyfiologie, la pathologie, en un mot la plupart des fciences phyfiques, ont retiré de grands avantages de ces fortes de *tableaux* ou de *tables fynoptiques,* dont feu le profeffeur Chauffier s'eft fréquemment fervi pour faire aifément faifir à fes élèves, l'enfemble de fes idées fur les différentes branches de l'art de guérir.

TABLETTE, fub: f. (*Pharm.*) *Tabella.* On donne ordinairement ce nom à des médicamens folides, compofés d'une poudre quelconque incorporée au fucre au moyen d'un mucilage. Les tablettes diffèrent des paftilles en ce que ces dernières fe préparent à chaud, tandis que les tablettes fe font à froid. On les divife en deux claffes : 1°. en tablettes *fimples,* 2°. en tablettes *compofées.* Les premières fe font en mélangeant bien intimement dans un mortier, & au moyen d'un pilon de bois, la poudre dont on a fait choix, avec la quantité de fucre néceffaire & un mucilage fait avec la gomme adragante légèrement aromatifée. Quand ce mélange eft bien fait, on l'étend, à l'aide d'un rouleau, fur une table de marbre faupoudrée d'amidon, & on le divife en petites parties de formes différentes, au moyen d'un emporte-pièce. Les tablettes compofées, c'eft à-dire formées de plufieurs fubftances, fe font de la même manière que les tablettes fimples, mais il faut avoir foin de bien opérer le mélange des pou-

dres entr'elles & avec le fucre, avant d'y ajouter le mucilage, fans quoi on s'expoferoit à faire des paftilles qui contiendroient plus d'une fubftance que d'une autre; & fi cette poudre en excès étoit active, comme la poudre d'ipécacuanha, par exemple, les tablettes ainfi préparées pourroient nuire, ou ne pas produire l'effet qu'on en attend fi elles en contenoient moins qu'on avoit intention d'en donner,

TABLETTES DE BOUILLON ou **Bouillon sec.** (*Pharm.*) On appelle ainfi le bouillon évaporé jufqu'à ficcité & mis en tablettes. Pour préparer ce bouillon, on prend quatre pieds de veau, douze livres de chair de bœuf, dix livres de mouton & trois livres de rouelle de veau, que l'on fait bouillir à un feu doux. Le bouillon obtenu, on le laiffe refroidir pour en féparer la graiffe, puis on le clarifie avec des blancs d'œufs, & on l'évapore jufqu'à confiftance de pâte; on peut auffi y ajouter de la volaille. Ces tablettes, entièrement formées de gélatine & d'ofmazome, peuvent fe conferver pendant quatre ou cinq ans fi on a foin de les tenir dans un endroit fec; elles font par conféquent très-utiles pour les voyages de long cours. Lorfqu'on veut faire ufage de tablettes de bouillon, on en fait diffoudre environ une demi-once dans un verre d'eau bouillante dont on entretient la chaleur, foit au moyen de cendres chaudes, foit en plongeant le vafe dans de l'eau chaude. (Ch. Hennelle.)

TABLIER DES HOTTENTOTES. Quelques peuplades du fud de l'Afrique offrent, dans leur organifation, deux difpofitions fingulières fur lefquelles on a long-temps différé avant d'avoir des notions exactes fur ces fortes de difformités. Les femmes hottentotes, de la tribu des *Bofchimans* ou de celle des *Houzouânas,* apportent en naiffant une forte d'appendice charnu tenant, par un pédicule, à la commiffure des grandes lèvres, s'élargiffant & fe divifant par le bas en deux parties flottantes que l'on peut écarter; ce qui lui donne alors une figure triangulaire dont l'étendue, chez les femmes adultes, eft d'environ quatre pouces de hauteur. Cette production, à laquelle on a improprement donné le nom de *tablier,* n'eft, ni un replis de la peau du ventre, ni un organe particulier, ainfi que l'avoient penfé quelques voyageurs, mais un prolongement confidérable de la partie fupérieure des nymphes, prolongement qui recouvre l'ouverture de la vulve.

Indépendamment de cette particularité, les femmes de la même peuplade offrent encore une forte de proéminence ou loupe graiffeufe, placée au-deffus des feffes, formée d'un tiffu cellulaire rempli de graiffe & ayant quelqu'analogie avec la boffe du chameau ou du dromadaire.

Dans ces derniers temps on a eu l'occafion d'obferver la ftructure anatomique de ces deux parties fur une femme venue du cap de Bonne-Efpérance,

C c

& qui eſt morte à Paris, après s'y être long-temps montrée, ſous le nom de la *Vénus hottentote*.

(R. P.)

TABOURET, ſ. m. (*Bot.* , *Mat. médic.*) Nom vulgaire de l'une des plantes appartenant au genre Thlaſpi de Linné. (*Voyez* THLASPI.)

TABOURET D'ÉQUITATION. (*Hyg. Gymn.*) On a ainſi nommé une machine dont on trouve la deſcription à l'article ÉQUITATION de l'ancienne Encyclopédie. (*Voyez* ce mot.) Cette machine eſt deſtinée à ſimuler les mouvemens du cheval ; elle conſiſte en un ſiége qui repréſente le corps de cet animal : des leviers ſuſpendus au plancher ſervent à lui imprimer un mouvement à l'aide duquel on peut à volonté imiter les diverſes allures du cheval. On conçoit que, dans quelques circonſtances, cet appareil peut produire quelques-uns des avantages de l'équitation, mais qu'il ne remplace cet exercice que fort imparfaitement. (R. P.)

TACAMAHACA (Réſine). (*Mat. méd. végét.*) L'hiſtoire de cette ſubſtance eſt, comme celle de pluſieurs autres médicamens réſineux, encore embrouillée. On attribue à des végétaux différens une matière portant les mêmes noms, & ſous ces noms il y a parfois pluſieurs drogues qui ne ſont peut-être pas identiques.

On attribue la réſine appelée *tacamahaca*, 1°. au *Populus balſamifera* L., arbre de l'Amérique ſeptentrionale. La ſubſtance réſineuſe qui enduit les feuilles de cet arbre, & que nous ne ſachions pas qu'on extraie pour le commerce puiſqu'on ne l'y trouve pas, ne nous ſemble pas identique avec aucun des *tacamahaca* des pharmacies. 2°. Au *Fagara octandra* L., arbriſſeau de l'Inde. C'eſt ſans preuve, mais non ſans quelques probabilités qu'on lui attribue cette réſine à ce végétal à cauſe de ſon affinité avec des genres voiſins, comme lui, de la famille des Térébinthacées, qui en fourniſſent en Amérique : bien que cultivé dans nos ſerres, on ne lui voit pas la moindre trace de réſine. 3°. A l'*Icica tacamahaca* Kunth, qui eſt peut-être le même que l'*icica heptaphylla* Aublet. Il fournit, ſuivant les auteurs, la réſine d'Amérique qui porte ce nom. 4°. Au *Calophyllum inophyllum*, qui eſt le *tacamahaca ſpectabile* W., & qui eſt cenſé donner le tacamahaca de l'Inde, de Bourbon ou de Madagaſcar, au dire des pharmacologiſtes.

On rencontre en effet dans le commerce deux eſpèces de tacamahaca : l'un venant d'Amérique, qui eſt en rolage, un peu griſâtre, opaque, reſſemblant à la poix-réſine, ſans odeur bien marquée : on y trouve mêlés, des grains ou larmes tranſparentes, les unes verdâtres, les autres plus nombreuſes, tirant au fauve, qui ſont peut-être ce qu'on a appelé *tacamahaca ſublime*, &c. ; on y voit auſſi des morceaux ſemblables à de la lave, tant ils ſont légers & blanchâtres. L'autre, envoyé de l'Inde, également en uſage, de couleur verdâ-

tre, demi-tranſparent, marqué de veines, ſe caſſant facilement, & ſe ramolliſſant par la chaleur des mains. Cette qualité nous paroit plus pure que l'autre, quoiqu'on n'y voie pas de larmes. Le *Calophyllum* qui la produit laiſſe couler une autre ſubſtance réſineuſe qu'on appelle *baume vert*, inconnu en Europe, qui n'eſt peut-être qu'une variété liquide du tacamahaca. Suivant quelques auteurs, le *Calophyllum* ne donneroit que ce dernier produit, & le tacamahaca de Bourbon ſeroit fourni par le *Fagara octandra* L., *Elaphrium tomentoſum* Jacq., tant il y a de vague dans l'hiſtoire naturelle de cette réſine.

La variété appelée autrefois *ſublime*, *angélique*, &c., à cauſe des vertus plus marquées qu'on lui ſuppoſoit, & qu'on envoyoit dans de petites courges, d'où on la nommoit encore *tacamaque en coque*, en *coquille*, ne ſe voit plus depuis longtemps dans la droguerie. On peut ſéparer de celle d'Amérique, les larmes ou grains tranſparens qu'on y aperçoit, & qui proviennent ſans doute d'exſudation ſpontanée, ce qui en fait une qualité plus choiſie ; on peut auſſi en retirer quelques larmes verdâtres, ſignalées par Tournefort depuis long-temps.

On ne poſſède pas d'analyſe de cette matière réſineuſe, & c'eſt ſans doute la difficulté de l'avoir bien caractériſée qui a empêché les chimiſtes de s'en occuper. La réſine tacamahaca eſt une ſubſtance réputée antiſpaſmodique, réſolutive, fondante ; on en fait peu d'uſage aujourd'hui, & depuis trente ans on ne s'en occupe guère dans les livres, que ſous le rapport hiſtorique, & pour en indiquer l'origine, qui a échappé aux preuves directes juſqu'ici, & ſur laquelle chacun peut faire par conſéquent ſes conjectures, de même que chacun, décrivant ce qu'on lui donne dans le commerce ſous ce nom, peut en indiquer des variétés différentes, qui ſont peut-être des réſines non identiques. Du reſte, il faut avouer que les réſines & les gommes-réſines, & même quelques gommes, ſont la partie la plus obſcure de l'hiſtoire naturelle médicale, qui eſt d'ailleurs une ſcience peu avancée ſous le rapport des origines de beaucoup de ſubſtances dont elle s'occupe.

La réſine tacamaque entroit dans l'*eau générale*, dans les *paſtilles odorantes*, l'*emplâtre diabotanam*, le *baume de Fioraventi*, &c.

(MÉRAT.)

TACHE JAUNE. (*Anat.*) *Macula.* On remarque ſur la rétine & à deux lignes en dehors de l'endroit où s'inſère le nerf optique, une tache jaune qui a été découverte par Soemmering, & à laquelle on donne quelquefois le nom de cet anatomiſte. (*Voyez* ŒIL, RÉTINE, dans le *Dictionnaire d'Anatomie* de cet ouvrage.)

On a auſſi appelé *tache* ou *corps jaune*, une ſorte de cicatrice que l'on voit ſur l'ovaire peu de temps après la conception. (*Voyez* GÉNÉRATION, OVAIRE, dans le même Dictionnaire.)

TACHES DE ROUSSEUR. (*Pathol.*) (*Voyez* Rousseur (Taches de rousseur)).

Taches de vin. Quelques individus apportent en naissant une sorte d'altération de la peau, qui lui donne une teinte rouge pourpré, dont l'aspect est très-désagréable, & à laquelle on a donné vulgairement le nom de *tache de vin*. (*Voyez* Nævus.)

TACHETÉ, ée, adj. (*Pathol.*) *Maculatus*. Qui est marqué de taches.

Tachetée. (Maladie tachetée) (*Pathol.*) Affection caractérisée par une éruption de taches qui se développent sur presque toutes les parties de la surface du corps ; la couleur rouge & quelquefois noirâtre de ces taches, paroît due à une légère extravasation de sang sous l'épiderme, qui cependant ne semble point être sensiblement soulevé.

TACITURNITÉ, s. f. *Pathol.*) *Taciturnitas*, de *tacere*, se taire. Dans l'hypochondrie & dans la plupart des affections abdominales, les malades parlent en général très-peu. Cette disposition au silence & à la tristesse a été nommée *taciturnité* ; & dans quelques maladies on peut la regarder comme un symptôme fâcheux.

TACT, sub. m. (*Physiol.*) *Tactus*. (*Voyez* Toucher.)

TACT MÉDICAL, s. m. (*Médec. pratiq.*) On nomme ainsi la précieuse qualité, fruit d'un esprit éclairé & pénétrant, d'un jugement sain ; & surtout d'une instruction solide & d'une expérience suffisante, qui distingue au lit du malade le praticien exercé, & lui fait reconnoître, presque de prime-abord, & la nature de la maladie, & son issue probable, & les remèdes les plus propres à remplir les indications qui se présentent. Tous les grands médecins, Hippocrate, Galien, Sydenham, Baillou, Corvisart, &c. &c., ont été doués de cette faculté, qui ne leur faisoit négliger ni l'étude ni l'observation, & qui n'étoit chez eux que l'application de connoissances approfondies & fécondées par la réunion des plus précieuses qualités de l'esprit. Quant au tact prétendu dont se targuent certains praticiens obscurs & routiniers, dépourvus de lumières & d'instruction, & qu'ils opposent comme une sorte de faculté mystérieuse à ceux qui leur sont supérieurs par leurs connoissances réelles, ce n'est qu'une prétention ridicule dont il seroit permis de plaisanter si elle n'enhardissoit par trop ces intrépides charlatans, & n'ajoutoit encore à cette confiance que les sots & les ignorans ne sont déjà que trop portés à avoir en leurs propres forces. (Gibert.)

TACTILE, adj. (*Physiol.*) *Tactilis*. On em-

ploie cet adjectif pour désigner tout ce qui a rapport aux notions que nous pouvons acquérir sur les corps, au moyen de l'organe du toucher. (*Voyez* ce dernier mot.)

TÆNIA (*Helminthologie médic.*), de ταινία, bandelette. Ce nom a été donné à un genre de ver long, plat, à articulations nombreuses ; on l'a nommé aussi *ver solitaire*, parce qu'on a cru que les deux espèces qu'on rencontre le plus fréquemment chez l'homme y existoient seules, ce qui est vrai dans le plus grand nombre des cas, & non en société, comme plusieurs autres vers du corps humain.

Les *tænia* ont une longueur considérable, puisqu'on en a vu avoir plusieurs centaines de pieds, ce qui fait qu'ils se nouent et se mêlent parfois sur leur longueur. Habituellement ils ont plusieurs aunes, & trois à douze sont des proportions ordinaires pour ces animaux. Leur corps se compose d'articulations plus larges que longues vers la tête, & plus longues que larges vers leur extrémité inférieure ; la longueur de ces articulations est d'environ deux à quatre lignes : elles présentent une saillie ou papille à la jonction de chacune d'elles. Leur forme carrée ou de parallélogramme, leur donne l'apparence d'une semence de courge (*cucurbita*), d'où on a nommé ces anneaux *cucurbitains*, *vers cucurbitains*, lorsque ces articulations se détachent & sortent avec les excrémens ; ce qui a lieu assez fréquemment & devient le signe pathognomonique de la présence du *tænia*, & ne peut avoir lieu sans diminuer la longueur de l'animal par la partie postérieure. L'antérieure, ou la tête du ver, consiste en un petit tubercule à peine visible, supporté par un col filiforme, qui est le rétrécissement successif de la portion de cette partie du corps du *tænia*. Il faut bien s'assurer, lorsqu'un ver est rendu, s'il a sa tête, autrement on n'a qu'une portion du ver, & celle qui peut le reproduire est restée dans les intestins. (*Voyez*, pour une description anatomique plus complète du *tænia*, ainsi que pour ce qui regarde son développement chez l'homme, la génération, &c., questions plus physiologiques que médicales, la partie *helminthologique* de cette Encyclopédie.)

On distingue dans l'espèce humaine deux *tænia* qui habitent les intestins : le plus fréquent chez l'homme est le *tænia* armé, *tænia solium* L., parce que sa tête porte autour de la bouche une couronne de crochets ; on croit même que cette espèce est la seule que l'on voie en France ; l'autre espèce, dépourvue de cette couronne, *tænia lata* L., est placée dans le genre *Bothriocéphale* par les naturalistes. Son col est lanugineux, ce qui l'a fait désigner dans quelques ouvrages par le nom de *tænia à épines* : elle est la plus fréquente dans le nord de l'Europe, & jusqu'en Suisse. Par contre on a appelé le *tænia* armé, *tænia* sans épines, &

le *Botriocéphale*, *tænia* non armé. Du reste, ces deux vers ont la plus parfaite ressemblance, & il faut la loupe & même le microscope pour les distinguer. Il y a lieu de croire que d'autres espèces ou variétés de *tænia* se rencontrent encore chez l'homme, telles que celle appelée *tænia vulgaris*, &c. ; mais jusqu'à présent on manque de données positives à cet égard pour l'affirmer.

Les *tænia* habitent les intestins grêles de l'homme, leur tête tournée vers la région épigastrique. Ils remontent parfois dans l'estomac. Ils sont ordinairement solitaires, mais on en rencontre dans quelques cas deux, & jusqu'à sept ou huit & plus. Chez les animaux on en a observé jusqu'à deux cents. Le chien est fort maltraité par ce ver, & il est rare que cet animal n'en soit pas tourmenté étant jeune ; c'est une espèce particulière qui l'habite.

Les symptômes qui annoncent la présence du *tænia* sont fort équivoques. En général, les malades ont le teint blafard ; le visage & le corps même un peu bouffis ; les yeux sont cernés ; le ventre est mou, gros ; il y a malaise sourd, surtout dans certains instans ; une douleur ordinairement obtuse, parfois vive ; l'appétit est irrégulier, plutôt foible ou nul que fort. Si ces animaux prennent du volume ils épuisent les sujets, les jettent dans la langueur & le marasme, en simulant des maladies qui en imposent aux plus attentifs.

Ces phénomènes existent pendant des années sans que les malades & les médecins sachent à quoi les attribuer ; souvent même ils accusent toute autre cause de maladie que la présence du ver *tænia*. On ne peut guère former que des conjectures sur son existence ; mais tant que le malade ne rend pas d'anneaux, on ne peut rien affirmer, & il faut, dans le cas de doute, vérifier souvent les garderobes pour savoir à quoi s'en tenir. Souvent le *tænia* laisse des intervalles de santé de plusieurs années, sans manifester sa présence par aucune incommodité.

Le *tænia* ne s'observe guère que chez l'adulte, ce qui est le contraire du ver lombricoïde ; il est plus rare chez la femme que chez l'homme, où, sans être très-commun, on l'observe de temps en temps dans la pratique.

L'expulsion du *tænia* est aujourd'hui bien plus facile qu'autrefois, &, sous ce rapport, la médecine a fait des progrès qui signalent avantageusement notre époque. Jadis on avoit une douzaine de méthodes de traitemens toutes incertaines, réussissant parfois, manquant le plus souvent, & laissant alors les malades dans une sorte de désespoir, ce qui faisoit dire à Linné : *Difficulter hic dignoscitur, adhuc difficiliùs expellitur.* Actuellement, dès qu'on a acquis la certitude qu'un malade recèle cet entoozaire, on peut lui affirmer que dans quatre ou six heures il sera expulsé, & lui en donner la preuve. Nous ne croyons donc pas devoir passer en revue les procédés thérapeutiques présentés

successivement comme tænifuges, & achetés souvent fort chers par les gouvernemens ; nous en avons donné ailleurs le détail (1), qui ne seroit qu'historique aujourd'hui, puisqu'ils sont tous abandonnés de nos jours pour s'en tenir à la méthode suivante, que nous avons fait connoître en France en 1823, & dont le succès a été universel depuis, tellement que des personnes ont exploité cette branche de la médecine avec un grand profit.

De temps immémorial dans l'Inde, &, à ce qu'il paroit, chez plusieurs autres nations de l'Orient, puisque Dioscoride mentionne ce moyen, on donne l'écorce de racine de grenadier contre le *tænia* ; cette coutume populaire, remarquée par les Anglais, possesseurs des plus riches contrées de cette partie du Monde, fut indiquée par eux à l'Europe ; des praticiens des trois royaumes en firent l'essai & vérifièrent son efficacité. On l'essaya aussi en Portugal, où Gomès, savant médecin naturaliste, que la mort a enlevé depuis à sa profession, donna un Mémoire intéressant sur l'emploi de la racine de grenadier contre le *tænia*, & dont nous publiâmes la traduction, il y a six ans, dans le tom. XVI, pag. 24, du *Journal complémentaire du Dictionnaire des Sciences médicales;* ce qui fit connoître à notre patrie & au reste de l'Europe, toute la valeur de ce moyen thérapeutique dont on n'avoit fait aucun usage jusque là, & qui est devenu aujourd'hui d'un emploi universel. Pour se servir du grenadier, on prend deux onces d'écorce de sa racine, on les fait bouillir dans une livre & demie d'eau réduite à une livre ; on passe, et on donne à boire cette décoction par verre d'heure en heure. Ordinairement après le second verre, mais toujours après qu'on l'a achevé, le *tænia* est expulsé en entier, & souvent en une seule fois. Dans tous les cas qui nous sont particuliers, & dans ceux dont nous avons eu connoissance, le ver a toujours été rendu dans la journée. Les auteurs citent des sujets chez lesquels on a été obligé de revenir à ce moyen, mais nous croyons que cela tenoit à leur manière de l'administrer, ou parce qu'ils avoient manqué à quelques-unes des circonstances nécessaires à sa réussite. Observons à ce sujet que, d'après Berton, on peut employer l'écorce de tout le végétal ; & d'après Gomès, que l'arbrisseau cultivé dans nos jardins, & à fleurs doubles, paroit au moins aussi efficace que celui qui est spontané & sauvage.

Effectivement, pour arriver à l'expulsion certaine du *tænia*, il y a quelques précautions indispensables à prendre : 1°. il faut s'assurer de la présence du ver, c'est-à-dire connoître si le malade en a rendu des fragmens ou anneaux ; la certitude du succès exige même qu'il en ait rendu peu de jours avant l'emploi du grenadier. 2°. Il faut

---

(1) *Dictionnaire des Sciences médicales*, tom. LIV, pag. 232.

que l'écorce de grenadier foit fraîche & récente, car fèche elle eft moins fûre, qnoique dans le plus grand nombre de cas elle réuffiffe fi elle eft bien préparée & non fophiftiquée : le plus certain eft d'acheter un fort grenadier, & de dépouiller foi-même l'arbufte de fes racines, qu'on écorce ; c'eft le confeil que nous donnons & dont on fe trouvera fort bien. 3°. On doit s'affurer que le médicament eft bien préparé, que la décoction n'a pas langui, qu'elle eft faite avec foin, qu'elle ne refroidit pas dans le cuivre., &c. 4°. Enfin, on fait prendre le médicament au malade devant foi, s'il eft poffible, pour être affuré qu'il fera pris convenablement. En fuivant cette marche, on doit être certain du fuccès de ce traitement.

Il fant être prévenu que l'écorce de racine de grenadier eft un moyen très-actif, caufant parfois des coliques vives, des tranchées, des vomiffemens, même une forte de trouble cérébral momentané ; ces accidens, qui n'ont pas toujours lieu, font paffagers ; ceffent après l'action du médicament, & le lendemain, ordinairement, tout eft rentré dans l'ordre. Cependant, cette action énergique de l'écorce montre qu'il n'en faudroit pas abufer, qu'on pourroit caufer, en en donnant trop ou trop fouvent, l'irritation & même l'inflammation des voies digeftives, comme l'ont fait depuis notre publication, des perfonnes qui ont voulu perfectionner ce qui n'en avoit pas befoin, foit en augmentant la dofe du médicament, foit en y ajoutant des purgatifs fans néceffité, le médicament n'étant déjà que trop purgatif, foit en en prefcrivant la teinture alcoolique, ce qui ajoute encore à fon action excitante. On a même reproché au grenadier ce trop d'action ; mais elle eft infiniment au-deffous de celle de la gomme gutte, & d'autres moyens dont on ufoit autrefois, outre qu'on n'a pas d'accidens férieux à craindre en fuivant les erremens que nous préfentons ici.

On a depuis quelques années fait revivre, ou plutôt perfectionné la méthode dite de Nouffer, achetée par Louis XV, contre le tænia. Elle confiftoit dans l'emploi de la fougère mâle en poudre, à la dofe de trois gros dans fix onces d'eau diftillée de tilleul ou de fougère, qu'on prenoit en une feule fois, & deux heures après un bol purgatif compofé de douze grains de fcammonée, d'autant de mercure doux, & de cinq grains de gomme gutte, en buvant du thé par deffus.

M. Pefchier, habile pharmacien de Genève, a retiré de la fougère mâle la partie que l'on regarde comme vermifuge (en infufant la racine dans l'éther, qu'on diftille au bain-marie ; le réfidu eft une huile graffe, empyreumatique, qu'on donne par goutte dans un firop ou dans une maffe pilulaire). On la prefcrit à la dofe de trente ou trente-fix gouttes contre le tænia, dont moitié le foir, & l'autre le matin, en prenant, deux heures après celle-ci, deux onces d'huile de ricin. On prétend que ce procédé réuffit mieux en Suiffe que

l'écorce de grenadier, & l'on explique cette préférence en difant que la fougère eft plus efficace contre le tænia avec épines, tænia lata, le plus commun dans le pays, que le grenadier, lequel réuffit mieux, au contraire, contre le tænia fans épines, tenia folium, que la fougère. Nous doutons beaucoup de cette diftinction fubtile ; fans nier l'efficacité de la fougère, nous penfons que celle du punica granatum L. lui eft infiniment fupérieure, & furtout bien autrement fûre.

Toutefois le remède de Nouffer, & furtout l'emploi de l'huile de fougère, eft préférable à un traitement qui a eu quelque vogue il y a vingt ans entre les mains du prof. Bourdier ; nous voulons parler de l'emploi de l'éther combiné avec celui de la fougère mâle. Il donnoit un gros d'éther dans un verre de décoction de fougère, quatre à cinq minutes après, il faifoit prendre un lavement avec la même décoction, également avec un gros d'éther, & une heure après il prefcrivoit deux onces d'huile de ricin ; on répétoit trois jours de fuite ce traitement, qui manquoit fort fouvent fon but.

Nous obferverons, au fujet de l'huile de ricin, qu'elle a été préfentée elle-même comme un très-bon tænifuge. Odier, de Genève, la prefcrivoit contre le ver plat, à la dofe de trois onces plufieurs fois par jour.

La limaille d'étain, l'huile de dippel, l'effence de térébenthine, &c. préconifées autrefois contre le tænia, font à peu près abandonnées aujourd'hui. (MÉRAT.)

TAFFETAS, f. m. (Pharm.) Le taffetas dont il doit être ici queftion n'eft pas le tiffu de foie ordinairement employé pour faire des vêtemens, mais bien celui que l'on trouve dans les pharmacies où il eft connu fous le nom de taffetas d'Angleterre. On le prépare en appliquant, avec un pinceau, fur des bandes de taffetas bien tendues, plufieurs couches d'une diffolution de deux onces de bonne colle de poiffon, dans un mélange de huit onces d'eau & de feize onces d'alcool foible : quand cette efpèce de fparadrap eft bien deffé-ché, on lui communique une odeur agréable en le recouvrant d'une couche de teinture de baume du Pérou, en coque.

On fait ordinairement ufage de ce taffetas pour maintenir rapprochées les lèvres d'une plaie. (Voyez COLLE DE POISSON, SPARADRAP.)

TAFFETAS VÉSICANT. Pour préparer ce taffetas, on fait bouillir de l'écorce de garou dans de l'eau, & l'on ajoute à cette colature des cantharides en poudre, de la myrrhe & de l'euphorbe pulvérifées ; on fait enfuite bouillir ce mélange, puis on le filtre à travers un linge jufqu'à ce qu'il ait acquis affez de confiftance pour être facilement étendu fur du taffetas, avec un pinceau.

Ce taffetas eft, fous beaucoup de rapports, préférable à l'emplâtre véficatoire ordinaire, & fon mode de préparation eſt décrit dans le nouveau Codex de Paris. (R. P.)

TAFIA, ſ. m. (*Hyg.*) Les Américains donnent ce nom à l'alcool que l'on retire par la fermentation des gros ſirops fournis par la canne à ſucre. Cette liqueur porte auſſi le nom de *rum*. (*Voyez* ce mot.)

TAIE ou TAYE, ſ. f. (*Pathol.*) *Albugo*. La taie eſt une tache plus ou moins étendue, de couleur ordinairement griſâtre, ſe préſentant quelquefois ſous un aſpect nuageux, mais le plus ſouvent néanmoins d'un gris de perle. Située ſur la cornée ou dans ſon épaiſſeur, elle intercepte plus ou moins les rayons lumineux, au point quelquefois de s'oppoſer entièrement à la viſion par l'œil ſur lequel elle eſt ſituée, ſi elle ſe trouve juſtement placée au-devant de la pupille. Cette tache ou *taie*, qui en eſt le nom collectif, a reçu différentes dénominations ſuivant ſa ſituation, ſon opacité & ſes cauſes ; ainſi il y a le *nuage*, l'*albugo* & le *leucoma* connus ſous le nom de *taie*.

1º. Le NUAGE (*oculi nubecula, nephelion*), eſt une tache à peine ſenſible qui ſe préſente ſous la forme d'un nuage de forme irrégulière, légèrement griſâtre, aſſez ſemblable à un flocon de fumée, dont le ſiége véritable paroît être dans la conjonctive ; cette tache conſiſte dans un léger engorgement des vaiſſeaux, ou plutôt dans une légère exſudation albumineuſe qui trouble très-peu la vue, altérant à peine la tranſparence de cette membrane.

2º. L'ALBUGO, plus ſpécialement connu ſous le nom de *taie*, eſt une tache le plus ſouvent d'un blanc de perle, entièrement opaque, arrondie ; ſe deſſinant nettement, & qui a ſon ſiége dans l'épaiſſeur même de la cornée ; cette tache eſt d'abord légère, reſſemblant beaucoup à l'affection que nous déſignons ſous le nom de *nuage* : mais, en l'examinant de plus près, on s'aperçoit qu'elle eſt ſituée plus profondément, que la couleur en eſt plus marquée, que cette couleur devient chaque jour de plus en plus intenſe, au point qu'elle ne tarde pas à être entièrement opaque, & qu'elle s'oppoſe totalement ou partiellement au paſſage des rayons lumineux, ſuivant que la tache eſt placée plus ou moins dans la direction de l'axe viſuel.

3º. Le LEUCOMA, qui eſt auſſi une tache de la cornée, eſt le réſultat d'une plaie avec perte de ſubſtance, ou d'une ulcération qui a envahi un certain eſpace, & dont la cicatrice plus ou moins opaque met obſtacle à la viſion ſuivant ſa ſituation.

Les cauſes de la taie ſont les mêmes que celles de l'inflammation de la conjonctive ou de la cornée, mais avec des circonſtances données. A une inflammation légère, qui dure peu, mais qui ſe renouvelle fréquemment, eſt dû le *nuage* ; ſi, au contraire, l'inflammation eſt vive, également fré-

quente, c'est alors que l'on voit paroître l'*albugo*. Mais toutes les ophthalmies n'occaſionnent pas également des taches de la cornée ; les ſujets jeunes, ſcrofuleux, ſont ceux chez leſquels on les obſerve le plus fréquemment : en effet, chez ces individus, à peine une ophthalmie eſt-elle incomplétement guérie qu'il en ſurvient incontinent une nouvelle ; le bord libre des paupières, les glandes de Meibomius ſont atteints également d'une inflammation chronique : auſſi les voit-on à tout moment avec des taies, qui ſont très-rares chez les autres enfans, & encore bien plus chez les adultes.

L'albugo & le nuage diſparoiſſent quelquefois d'eux-mêmes lorſqu'ils ſont récens, comme on le peut remarquer aſſez fréquemment chez les enfans dont le ſyſtème abſorbant eſt doué d'une très-grande énergie ; mais ſi ces affections ſubſiſtent depuis long-temps, s'il y a en outre ophthalmie chronique, on en obtiendra difficilement la guériſon.

Le traitement de la taie conſiſte d'abord à guérir l'ophthalmie & à empêcher qu'elle ne ſe renouvelle. Ainſi, dès ſon début, on employera avec grand avantage, les collyres réſolutifs d'eau de lureau, d'eau diſtillée de roſe, de plantin, de mélilot, en ayant l'attention de venir promptement à l'uſage de ceux qui contiennent de l'extrait de ſaturne, dont l'action eſt des plus marquées, & ſi la douleur eſt vive, on y joindroit une petite quantité d'opium : il ne faut point négliger l'application des ſétons ou des véſicatoires, ſoit à la nuque, ſoit au bras, les pédiluves, les purgatifs, les délayans, la diète, les ſaignées générales ou locales ; on évitera ſurtout le contact de l'air & de la lumière. Lorſque la taie eſt formée depuis long-temps, il y a peu à attendre des ſecours de la médecine ; on obtient cependant quelquefois des ſuccès ineſpérés de l'application ſur l'œil, de ſubſtances plus ou moins irritantes. (*Voyez* OPHTHALMIE.) (NICOLAS.)

TAIE, ſ. f., ou TÊT, ſ. m. (*Hyg.*) C'eſt le nom que l'on donne à une eſpèce de ſac carré, fait en toile plus ou moins fine, plus ou moins richement garni, & deſtiné à recevoir l'oreiller qui ſert à élever & à ſoutenir la tête, lorſqu'étant couché on trouve que le traverſin n'offre pas un point d'appui aſſez élevé : c'eſt une partie très-importante du coucher, & on ne doit jamais ſe ſervir d'un oreiller, ſans qu'il en ſoit revêtu, parce qu'étant continuellement en contact avec le viſage, il eſt de la plus indiſpenſable néceſſité qu'il ſoit toujours d'une grande propreté : ce à quoi on parvient au moyen de la taie ou *têt*, qu'il eſt toujours facile de changer dès qu'elle eſt ſalie.

(NICOLAS.)

TAILLADE, ſ. f. (*Chir.*) Expreſſion que l'on peut regarder comme ſynonyme du mot *inciſion*, mais qui n'est seulement employée que quand il est question d'inciser assez profondément un membre affecté de sphacèle.

TAILLE, sub. f. (*Opér. chir.*) Opération qui consiste à diviser un point quelconque de la vessie urinaire pour en extraire la pierre. Son origine remonte extrêmement haut & se perd dans l'histoire ; elle étoit tombée dans un tel discrédit du temps des Asclépiade, qu'Hippocrate faisoit prêter serment à ses élèves de ne la pratiquer jamais : on l'abandonnoit à des opérateurs ambulans, connus alors sous le nom de *circulateurs*. On peut l'exécuter, au reste, d'une infinité de manières ; tantôt c'est à travers le périnée qu'on pénètre, & cela constitue le *bas-appareil*, la taille *périnéale* ou *sous-pubienne* ; d'autres fois c'est par l'hypogastre que l'on va chercher la pierre, & la taille prend alors le nom de *sus-pubienne* ou de *haut-appareil*.

A. 1°. *Taille par le périnée*. On taille selon la méthode de Celse, de Guy de Chauliac, ou par le petit appareil, quand le malade, tenu assis sur les genoux d'un aide qui lui écarte & fléchit les jambes & les cuisses, on se borne à faire une incision sur la pierre, que deux doigts, introduits dans le rectum, font proéminer en devant & à gauche de l'anus.

2°. Inventé par Giovani de Romani, publié par Mariano Santo, démontré par Octavien da Villa, qui le fit connoître à Collot, le *grand appareil* n'en fut pas moins conservé comme un secret de famille sous le règne de Henri II, de Henri III & de Henri IV, par Philippe Collot, Giraud, Sev. Pineau, &c., qui le transmirent à F. Collot ; mais pendant que celui-ci tailloit les pauvres de l'Hôtel-Dieu & de la Charité, les chirurgiens de ces deux maisons apprirent sa méthode sans qu'il s'en aperçût, au moyen d'ouvertures pratiquées en secret, au plancher de la salle d'opérations.

Le chirurgien passe un cathéter dépourvu de cannelure dans la vessie, ensuite avec le lithotome, instrument à double tranchant, qui ressemble un peu à une grande lancette, il incise le périnée entre les bourses & l'anus, un peu à gauche de la ligne médiane, & divise la portion membraneuse de l'urètre ; cela fait, il porte le conducteur mâle puis le conducteur femelle, ou bien le gorgeret par la plaie dans la vessie ; après quoi le dilatateur est introduit pour déchirer le col vésical & la prostate, & permettre d'extraire plus facilement le calcul avec les tenettes.

3°. Vers la fin du dix-septième siècle, Jacques Beaulot ou de Beaulieu vint à Paris en annonçant une nouvelle manière de faire la lithotomie. C'est lui qui est l'auteur de la *taille latéralisée* ; le cathéter introduit pour soutenir & faire saillir le périnée, Frère Jacques incisoit le plancher du bassin obliquement d'avant en arrière, des environs du raphé, à un pouce au-devant de l'anus, jus-

qu'au milieu de l'espace qui sépare l'ischion gauche de l'ouverture du rectum ; puis, à l'aide d'un instrument en forme de grattoir, il agrandissoit la partie prostatique ou vésicale de la plaie.

D'abord, mal reçu par Maréchal, Frère Jacques s'en fut à Fontainebleau, mais il revint bientôt, recommandé par Duchêne, se présenter à Félix & à Fagon, sous les yeux desquels il tailla un cordonnier qui se promenait dans les rues trois semaines après. On ordonna des essais sur le cadavre ; Méry fit un premier rapport très-favorable, puis un second qui l'étoit moins. Enfin Frère Jacques fut chargé de tailler les malades de l'Hôtel-Dieu & de la Charité. Sur soixante, treize guérirent complétement, vingt-trois moururent, & les autres restèrent infirmes dans les hôpitaux. A Aix-la-Chapelle, sur un nombre égal, il en guérit plus de la moitié ; à Versailles, il en opéra trente-huit en 1701 sans en perdre un seul. L'année suivante il eut encore l'occasion d'en tailler vingt-deux, qui guérirent tous ; mais le maréchal de Lorges, qui les avoit rassemblés dans son hôtel, mourut le lendemain de son opération, ce qui déconcerta Frère Jacques & le détermina à passer en Hollande, où il eut un tel succès qu'on lui fit frapper des médailles.

4°. Après la mort de Frère Jacques, qui arriva en 1713, Raw, d'Amsterdam, resta possesseur de l'*appareil latéralisé*, & obtint une si grande vogue, qu'au dire des historiens il opéra quinze cent quarante malades avec succès. Ce chirurgien n'a jamais publié sa manière de faire ; à ceux qui le questionnoient sur ce point, il se contentoit de répondre : *Celsum legitote*.

5°. Chéselden crut avoir trouvé le procédé de Raw, & devint promptement célèbre lithotomiste ; le cathéter, avec la cannelure que Frère Jacques y avoit fait pratiquer, d'après les avis de Duverney, Méry, &c., est placé comme précédemment. Pour l'incision des parties molles, on se sert d'un couteau fixé sur son manche, convexe sur son tranchant, & légèrement concave sur son dos. Quand la pointe de cet instrument est arrivée dans la cannelure du cathéter, à travers la portion membraneuse de l'urèthre, on le fait glisser un peu de haut en bas avec l'indicateur de la main gauche, puis on relève le cathéter vers la symphyse des pubis pour permettre au lithotome de pénétrer dans la vessie de manière à pouvoir diviser, en le retirant, toutes la portion prostatique de l'urèthre dans le même sens que le faisoit Raw ou Frère Jacques. L'Académie des sciences chargea Morand d'aller apprendre cette méthode en Angleterre ; mais au retour de ce chirurgien il se trouva que Garengeot & Perchet l'avoient découverte à Paris.

Bien que l'opération de Chéselden parût plus avantageuse qu'aucune autre, on essaya cependant encore de la modifier.

6°. Après avoir ouvert la portion membraneuse de l'urèthre, Ledran introduisoit dans la vessie une sonde cannelée terminée par une languette, puis il enlevoit le cathéter, faisait glisser un bistouri sur la sonde, & incisoit ensuite la prostate & le col de la vessie.

7°. Moreau se servoit du lithotome employé dans le grand appareil, & agissoit de manière que la plaie qu'il faisoit au périnée devoit représenter deux triangles, confondus par leur pointe & se terminant par leur base, l'un à la peau, l'autre à la vessie.

8°. Le procédé de Pouteau ne diffère sensiblement de celui de Chéselden qu'en ce que son cathéter porte un anneau au lieu d'une plaque, ce qui permet au chirurgien de le tenir lui-même, & de relever les bourses avec la même main pendant qu'il incise les parties molles.

9°. Lecat proposa un urétrotome, un cystotome & un gorgeret cystotome particulier; mais on n'en a fait aucun cas, & ces instrumens n'ont guère été mis en usage que par leur inventeur.

10°. Il n'en a pas été de même de la modification de Frère Côme; ce moine imagina un lithotome caché, construit sur les mêmes bases que le bistouri herniaire de Bienaise. On commence l'opération comme Chéselden, quand la portion membraneuse de l'urèthre est ouverte, on porte l'extrémité de la gaîne du lithotome sur la cannelure du cathéter, puis on la fait glisser dans la vessie pendant que, par un mouvement d'ensemble & de bascule, on abaisse la plaque du conducteur, qui devient dèslors inutile & qu'on retire. Il ne reste plus qu'à ouvrir l'instrument, en appuyant sur sa bascule, pendant qu'on l'entraîne de la vessie vers la peau.

11°. A la place du lithotome, Hawkins fait usage d'un gorgeret tranchant qui coupe les tissus d'avant en arrière; c'est aussi le procédé adopté par Scarpa & par M. Roux.

12°. M. Thompson se sert de la sonde cannelée, comme Ledran, dirige sur elle un bistouri ordinaire, incise la prostate, tantôt en bas & en arrière, tantôt en travers & tantôt en avant vers la symphyse du pubis, selon que la pierre lui paroît plus ou moins volumineuse : c'est un procédé qu'on pourroit rendre encore beaucoup plus simple en se servant, comme l'a conseillé M. Dupuytren, du lithotome caché, dont on dirige le tranchant en haut, lorsqu'on ne veut pas inciser la prostate en bas.

13°. M. Boyer a pour habitude, en retirant le lithotome, d'en appuyer le dos contre la branche pubienne droite, & d'en diriger le tranchant presque complétement au travers.

14°. Dans ces derniers temps, Chaussier, Béclard, MM. Ribes, Delpech & Dupuytren, en donnant une nouvelle interprétation aux paroles de Celse, ont créé la *taille bilatérale*, qui se pratique ainsi : une incision en demi-lune, à concavité postérieure, est faite à dix ou douze lignes au-devant de l'anus; l'urèthre une fois ouvert, d'après M. Dupuytren, on introduit un lithotome caché, double, tel que l'avoit indiqué Fleurant pour la taille par

l'urèthre chez la femme, & que MM. Amussat & Charrière ont rendu beaucoup plus simple, en le rapprochant de la tenaille incisoire de Tagaut. En retirant le lithotome de la vessie on divise la prostate dans ses deux rayons obliques inférieurs, & il est facile de ménager sa circonférence; d'autres praticiens, tels que Béclard, &c., ont obtenu une ouverture pareille au moyen du bistouri ordinaire; M. Roux est arrivé au même but avec le lithotome de Frère Côme; il en est qui ont essayé sur le cadavre une large lame à double tranchant, en partie semblable au bistouri imaginé par Louis pour la taille uréthrale chez la femme. Un élève de M. Dupuytren, M. Senn, chirurgien distingué de Genève, préfère le bistouri boutonné, avec lequel on coupe d'abord le rayon oblique inférieur gauche, & ensuite le rayon transversal droit de la prostate.

15°. Au lieu d'un cathéter courbe, M. Rey emploie un cathéter droit. Tout récemment, un jeune chirurgien de l'Ecole de Paris, M. Vidal, a proposé ce qu'il appelle *la taille quadrilatérale*, c'est-à-dire que, pour ne pas dépasser la périphérie de la prostate, il incise ce corps sur quatre points opposés, sur les quatre extrémités de ses deux diamètres obliques, & cela de dedans en dehors.

16°. De mon côté, j'ai cru rendre la lithotomie sous-pubienne plus sûre & plus facile en faisant construire un cathéter qu'on introduit fermé dans la vessie, qu'on ouvre ensuite en obligeant les deux moitiés qui le composent à glisser l'une sur l'autre; de façon que sa cannelure se trouve alors transformée en une fenêtre que traverse sans peine le bistouri; ce qui fait qu'on peut terminer la taille en un seul temps presqu'aussi promptement qu'on ouvre une abcès.

Il n'est aucun de ces procédés qui n'ait procuré quelques succès, & qui ne puisse revenir en faveur un jour; témoin la section de Marianus, que Vacca Berlinghieri a voulu remettre en honneur après l'avoir modifiée en 1825. Ils ont tous des avantages & des inconvéniens, en sorte que, sous ce rapport, c'est bien plus sur les qualités personnelles du chirurgien & les conditions individuelles des malades que sur la nature du procédé opératoire qu'il faut compter.

En cherchant la méthode de Raw, qu'ils ne trouvèrent pas, Foubert & Thomas en imaginèrent une autre connue depuis sous le nom de *méthode latérale*, & dans laquelle on incise le côté gauche du bas-fond de la vessie.

17°. Foubert commençoit par enfoncer un long trois-quarts (dont la canule portoit une rainure qu'il avoit soin de diriger en avant) entre l'ischion gauche & l'anus, jusque dans la poche urinaire préalablement remplie d'eau tiède; ensuite, avec un petit couteau très-alongé & coudé sur son manche, il coupoit toute l'épaisseur du périnée de bas en haut parallèlement à la branche ischiopubienne, en se servant de la canule du trois-quarts comme d'une sonde cannelée.

18°. Le

18º. Le procédé de Thomas ne diffère du précédent qu'en ce que ce chirurgien divifoit les tiffus du pubis vers l'ifchion, au lieu de les couper de bas en haut comme Foubert. Aujourd'hui l'appareil latéral eft entièrement & juftement abandonné.

B. *La méthode recto-véficale*, imaginée par M. Sanfon aîné, fe pratique de deux manières : dans l'une on incife d'avant en arrière, & fur la ligne médiane, les portions membraneufe & proftatique de l'urèthre en même temps que le fphincter de l'anus ; dans l'autre, c'eft la cloifon recto-véficale que l'on divife entre la bafe de la proftate & le cul-de-fac formé par le péritoine au-deffus de ces parties dans le baffin. Mife en ufage par MM. Dupuytren, Sanfon, Williaume, Caftera, Pézeat, Barbentini, Vacca, Farnèfe, Gieri, Camoin, &c., la taille en queftion a fixé l'attention d'une manière affez foutenue pendant quelques années ; mais aujourd'hui elle paroît être définivement jugée, & ne devoir être préférée que dans quelques cas exceptionnels très-rares.

C. *Le haut appareil* imaginé par Franco, défendu par Rouffet, Douglas, Morand, Frère Côme, Scarpa, n'a cependant jamais été adopté comme méthode générale ; on n'y avoit recours que pour les pierres volumineufes, ou chez les femmes & les enfans : telle eft encore l'opinion de la majorité des chirurgiens, malgré ce qu'en ont pu dire MM. Souberbielle, Belmas, Amuffat, &c.

1º. L'inventeur, conduit par la néceffité, fixa le calcul au-deffus du pubis au moyen de deux doigts portés dans le rectum & de la main d'un aide appuyée fur l'hypogaftre ; enfuite il incifa toute l'épaiffeur de la paroi abdominale fur la ligne blanche, & fit fans difficulté, par cette plaie, l'extraction de la pierre.

2º. Rouffet, imité par Midleton, Douglas, Morand, veut qu'au préalable on rempliffe la veffie d'un fluide inoffenfif. Les uns ont préféré l'eau tiède ; d'autres la décoction de guimauve ; d'autres du lait ; enfin, il en eft qui aiment mieux l'air. Auffitôt que le biftouri arrive dans le réfervoir de l'urine, le liquide s'en échappe ; & c'eft pour cela qu'il importe d'y enfoncer l'indicateur, qu'on emploie à la manière d'un crochet fufpenfeur, afin d'agrandir enfuite l'ouverture autant qu'on le defire, & d'aller facilement chercher le corps étranger.

3º. Voulant ménager une iffue aux urines après l'opération, & ne pas être obligé d'injecter la veffie, frère Côme confeille d'opérer de la manière fuivante : on ouvre la portion membraneufe de l'urèthre, on pratique ce que l'on appelle *la boutonnière* ; par cette ouverture on introduit une fonde à flèche, c'eft-à-dire une forte d'algalie ordinaire, renfermant un ftylet à pointe aiguë, qui peut en fortir & y rentrer à volonté. La peau & la couche graiffeufe de l'hypogaftre étant divifées, on enfonce un *trois-quarts biftouri*, au-deffus du

pubis & de haut en bas, de façon qu'en écartant par en haut la lame tranchante de cet inftrument, on incife toute l'épaiffeur de la ligne blanche ; alors, le chirurgien faifit la fonde à dard, en fait frotter le bec contre le pubis, & tache d'engager ainfi la paroi antérieure de la veffie dans la plaie. Après cela, on pouffe le dard, qui fe montre à l'extérieur ; la cannelure de fa concavité fert à diriger la pointe d'un biftouri concave, au moyen duquel on peut divifer la veffie de haut en bas, jufqu'au près de fon col. Il faut, auffitôt après, retirer la flèche, porter le doigt dans la cavité véficale, enlever la fonde, puis le calcul.

4º. Sir Ev. Home, en 1819, &, depuis, M. Souberbielle, ont pris l'habitude de ne plus incifer le périnée, mais de faire pénétrer la fonde par l'urèthre même. M. Amuffat ne veut ni boutonnière ni fonde à dard ; il eft revenu au procédé de Morand, &, pour éviter l'infiltration urineufe, il place, comme l'ont indiqué Sharp, Le Dran, Pallucci, Defchamps, comme l'a fait M. Kirby en 1819, une canule renflée en olive dans la plaie de l'hypogaftre, qu'il réunit d'ailleurs immédiatement.

5º. C'eft pour arriver au même but que M. Souberbielle maintient dans l'urèthre une fonde qui fait l'office d'une pompe afpirante ou d'un fiphon ; que M. Ségalas a propofé une forte de filtre, & que M. Heurteloup a confeillé fa canule *urethro-cyftique* : toutes précautions fort inutiles, à ce qu'il me femble. C'eft encore dans cette intention qu'on a tenté la future, foit de la veffie, foit des parois de l'abdomen ; mais les expériences récentes de M. Pinel-Grandchamp ne me femblent pas de nature à diffiper en entier, fur ce point, les craintes qu'à dû faire naître l'obfervation de Præbifch.

6º. Scarpa, M. Belmas ont avantageufement modifié la fonde à flèche. MM. Drivon, Baudens & Amuffat ont propofé quelques changemens dans la manière de faire l'incifion de l'hypogaftre ; mais la méthode pure & fimple de Morand, ou celle de M. Souberbielle, paroît encore être ce qu'il y a de mieux à fuivre.

D. *Chez la femme*, toutes les fois que la pierre eft plus volumineufe qu'un petit œuf de poule, on doit préférer *le haut appareil* ; attendu que la taille latéralifée ne lui eft pas applicable, & que la lithotomie par le vagin, pratiquée par F. de Hilden, Méry, M. Clémot, &c., expofe aux mêmes accidens que la taille recto-véficale. Dans le cas contraire, c'eft-à-dire quand le calcul n'eft pas très-gros, on peut tenter de l'aller faifir avec des pinces, après avoir agrandi l'urèthre, foit au moyen d'un dilatateur métallique, foit avec de la racine de gentiane ou de l'éponge préparée.

Quand la dilatation ne fuffit pas, il faut avoir recours à l'inftrument tranchant, incifer l'urèthre d'avant en arrière & des deux côtés, comme Louis, ou d'un feul côté comme Leblanc, avec une forte de couteau à deux tranchans ou à un seul, qu'on fait glisser dans une gaîne plate, ouverte, d'un ou des deux côtés, ou bien employer le lithotome double de Fleurant, ou celui de Frère Côme, dont on dirige la lame obliquement à gauche et en arrière, comme M. Dupuytren, ou directement en haut, comme M. Dubois. On pourroit encore, ainsi que l'a conseillé M. Lisfranc, & comme l'avoit entrevu Celse, faire une incision en demi-lune entre le méat urinaire & le clitoris, pénétrer ensuite au-devant du col de la vessie & l'ouvrir, soit en travers, soit perpendiculairement, sans diviser l'urèthre. Mais tout porte à croire que le procédé de M. Dubois & le haut appareil resteront seuls dans la pratique.

Lithotritie. Nous ne croyons pas pouvoir nous dispenser de dire ici quelques mots d'une autre opération, qui se lie d'une manière intime à celle que nous venons de traiter; il s'agit de la *lithotritie.* Le broiement de la pierre dans la vessie est, sans contredit, une des plus belles conquêtes de la chirurgie moderne. Sous le rapport de l'ensemble, cette opération est nouvelle; mais la plupart de ses élémens se trouvent déjà dans des ouvrages plus ou moins anciens. Pour la pratiquer, on se sert de sondes droites, de pinces *litholabes* & d'instrumens *lithotriteurs.* Or, Albucasis, Paré, Rameau, Lieutaud, le Moine de Citaux, Santerelli, Lassus, Montagut, &c., disent on font entendre qu'il est possible de traverser l'urèthre avec des instrumens droits. Fabrice de Hilden, Germanus, Sanctorius, Alf. Ferri parlent de pinces à l'aide desquelles on alloit, de leur temps, chercher de petits calculs dans l'urèthre & même dans la vessie. *Alsahaaravius,* qui n'est autre, peut-être, qu'Abul'Kasem, dit de son côté : *accipiatur instrumentum subtile quod nominat* MASHABA RE BILIA, & *suaviter intromittatur in virgâ & volve lapidem in medio vesicæ, & si fuerit mollis frangitur & exibit.* . . . . Enfin, le Moine de Citaux, le colonel Martin, Daniel, Eldgerton, étoient parvenus à se débarrasser de calculs vésicaux par la lithotritie, & M. Gruthuisen avoit publié un très-long Mémoire sur ce sujet, lorsque les travaux de MM. Civiale, Amussat & Leroy mirent le broiement de la pierre à l'ordre du jour en France, vers l'année 1823.

1°. Les instrumens de M. Civiale sont : 1°. une longue canule droite, dont le volume varie de deux à quatre lignes ; 2°. un litholabe, ou pince creuse à trois branches, qui s'écartent ou se rapprochent à volonté, selon qu'on les fait glisser en avant ou en arrière dans la sonde qui leur sert de gaîne ; 3°. une tige pleine terminée par une extrémité renflée, une sorte de couronne de trépan, chargée de dents ou de pointes destinées à broyer la pierre ; 4°. un tour en l'air, qui sert de point d'appui aux trois pièces précédentes, au moment de l'opération, & porte à l'une de ses extrémités un ressort en boudin renfermé dans un

corps de pompe, pour exercer une pression égale pendant qu'on manœuvre sur le lithotriteur ; 5°. un archet, qu'on emploie ici comme dans les arts, quand on veut forer une plaque de fer ou d'acier ; 6°. diverses pièces d'ajutages destinées à réunir ou à séparer les pièces précédentes.

2°. Le litholabe à trois branches, que M. Leroy paroit avoir fait connoître le premier, n'est pas le seul qu'on ait proposé ; M. Leroy en a fait fabriquer avec des ressorts de montre, qui peuvent se déployer dans la vessie & rentrer dans la canule ordinaire par un mécanisme assez simple. M. Heurteloup en emploie un autre, qui n'a que deux branches, mais elles sont disposées de telle sorte qu'elles peuvent glisser l'une sur l'autre avec une grande force, & réduire en éclats les petites pierres & les fragmens les plus solides. Un étudiant en médecine, M. Rigaud, vient d'en imaginer un semblable à celui de MM. Leroy & Civiale, & dont les trois branches, en glissant l'une sur l'autre comme dans celui de M. Heurteloup, sont capables de réduire en poussière des calculs plus volumineux que l'extrémité du doigt. Enfin, en modifiant le litholabe de Meyrieu & de M. Tanchon, M. Récamier en a fait une pince à 4, 6, 8, 10 ou 12 branches, très-ingénieusement disposées.

3°. Au lieu d'une fraise qui ait la tige du lithotriteur pour centre, on en a fait qui ne représentent qu'un rayon de la première & qui ont l'avantage de donner une ouverture moitié plus grande, tout en n'occupant pas plus d'espace dans le litholabe. On a encore la *fraise virgule* de M. Heurteloup, la *fraise à ailes de moulin à vent* de M. Pravaz, puis une de M. Leroy qui offre cette particularité, qu'elle détruit la pierre de la périphérie au centre.

4°. M. Amussat remplace le tour en l'air par un tour d'ébène des plus simples ; M. Heurteloup, par un chevalet qu'il fixe sur la table ou le lit de son invention.

5°. Au lieu de l'archet, M. Pravaz propose une roue avec un système d'engrenage particulier, &, dans certains cas, d'autres praticiens se contentent d'une simple manivelle.

6°. Enfin, M. Pravaz est parvenu, tout récemment, à vaincre une difficulté qui étoit restée jusqu'à présent insoluble, en trouvant le moyen de faire manœuvrer librement un lithotriteur armé d'une fraise quelconque, dans une canule & un litholabe courbes. Toutefois, il n'y a jusqu'ici que les instrumens de MM. Civiale, Heurteloup & Leroy qui aient reçu la sanction de l'expérience, & dont j'aie osé me servir sur l'homme vivant.

7°. La situation du malade n'est pas la même pour tous les opérateurs. M. Civiale le laisse sur un lit, la poitrine basse, les membres abdominaux demi-fléchis & le bassin relevé par un coussin. Une algalie ordinaire est d'abord introduite, & permet de pousser dans la vessie une certaine quantité d'eau tiède. Le lithotriteur, la pince à trois branches, & la canule qui leur sert de gaine, font enfuite introduits fermés, à la place de l'algalie. Alors, on ouvre le litholabe ; on saisit la pierre ; on la fixe ; on difpofe le tour en l'air, puis l'archet, et, par un mécanisme qui fatigue généralement peu le malade, on a bientôt perforé le calcul de part en part. Après cela, on le lâche, pour l'embraffer & le perforer dans un autre fens, jufqu'à ce qu'il foit réduit en fragmens affez petits pour paffer par l'urèthre. Quand des portions de pierre font friables & peu volumineufes, on peut, après les avoir exactement fixées, les écrafer entre les mors de la pince, en preffant avec force, au moyen de la main, contre le lithotriteur. Pour terminer une lithotritie de cette manière, il faut une, deux, quatre & jufqu'à huit ou dix féances, féparées par quatre, cinq, fix, huit ou dix jours d'intervalle. A l'aide des fraifes mobiles, du brife-coque, ou des litholabes en refforts de montre, il feroit poffible, fi on prend à la lettre ce qu'en difent MM. Heurteloup, Leroy, Meyrieu, Tanchon, Récamier, Pravaz, Pecchioli, d'aller beaucoup plus vite & de réuffir, le plus fouvent, en une feule féance. Il eft de fait qu'à ma connoiffance M. Heurteloup y eft parvenu plufieurs fois ; mais dernièrement M. Civiale en a fait autant à l'hôpital Saint-Antoine avec fon appareil ordinaire.

8°. Après chaque féance l'opéré prend un bain, fe tient à un régime léger, &, le plus fouvent, n'eft, en aucune manière, obligé de garder le lit. La plupart des malades peuvent venir chez le chirurgien, s'en retourner à pied immédiatement après, vaquer à leurs occupations ordinaires & continuer à fe nourrir comme de coutume.

9°. Les accidens à redouter font la fièvre, le gonflement des tefticules, l'inflammation de l'urèthre ou même de la veffie.

10°. La lithotritie s'applique difficilement aux enfans, à caufe de leur indocilité ; elle exige que l'urèthre foit libre ou dilatable ; que la veffie foit faine ou peu malade ; que la pierre n'ait pas un corps métallique pour noyau ; ne foit ni enchatonnée ni trop dure, ni trop volumineufe ; enfin, que le fujet ne foit pas trop irritable. Dans tous les autres cas on doit lui préférer la lithotomie.

Nous avons cru devoir donner quelqu'étendue à cet article, dans le but de faire connoitre les modifications nombreufes & importantes qui ont été propofées dans ces derniers temps pour l'opération de la taille. (VELPEAU.)

TALON, f. m. (Anat.) Talus. On donne ce nom à la faillie qui forme la partie poftérieure du pied de l'homme : elle eft produite par le calcanéum ; & la facilité avec laquelle l'efpèce humaine conferve la ftation, dépend en grande partie de cette difpofition.

TALPA. (Pathol.) Mot latin qui fignifie taupe, & que l'on a quelquefois employé pour défigner certaines loupes qui fe développent fous le cuir chevelu. (Voyez LOUPE dans le Dictionnaire de Chirurgie de cet ouvrage.)

TAMARIN. (Mat. méd. végét.) (Tamarindus indica L. Ce nom, qui vient de tamar-hendi (datte de l'Inde), qui eft celui de ce végétal en Arabie, appartient à un très-bel arbre de la famille des Légumineufes, de la Triandrie monogynie de Linné, originaire de l'Inde & de l'Afrique, cultivé en Egypte, aux Antilles, &c. dont le fruit ou gouffe renferme une pulpe acide & fucrée, alimentaire dans les pays où il croît, & qu'on tranfporte en Europe comme médicament.

La pulpe qui fe trouve dans la gouffe des tamariniers, & qui entoure les femences, eft connue fous le nom de tamarin. Elle nous arrive à l'état de conferve, c'eft-à-dire mêlée à du fucre ou à du firop, afin qu'elle puiffe fupporter le tranfport fans s'altérer par la fermentation ; quelquefois pourtant on en reçoit dans fon état naturel. Comme la préparation de ce fruit fe fait parfois dans des vafes de cuivre, l'acide qu'il contient lui en fait diffoudre, ce qui donne lieu à des accidens ; on retrouve même dans quelques cas des parcelles de ce métal dans le fruit, en y laiffant féjourner des lames de fer, furtout dans celui préparé dans l'Inde, ce qui fait qu'on préfère ordinairement le tamarin d'Amérique. Tel qu'il nous arrive, le tamarin nous offre une pulpe noirâtre, mêlée de petits noyaux ou graines qui forment le tiers ou moitié de fon poids, d'une odeur & d'un goût acides, fentant le cuit ; la variété rougeâtre du tamarin du commerce paroît due à ce qu'il eft moins préparé, moins foumis au feu, & à ce qu'il y a moins de firop. Il nous vient d'Egypte. On falfifie fouvent cette fubftance en Europe, avec la pulpe de pruneaux & l'acide tartarique, pour en augmenter le poids, ce qui lui donne une couleur plus noire & plus de molleffe. Le tamarin d'Egypte nous arrive par la voie de Marfeille, & celui de l'Inde par l'Angleterre & le Havre ; le premier eft préféré parce qu'il eft moins préparé, moins plein de noyaux. Nous avons dit plus haut que celui des Antilles avoit auffi la préférence fur celui de l'Inde, qui eft le moins bon de tous, fans doute à caufe du peu de foin qu'on apporte à fa confection, & du temps affez long qui s'écoule pour fon arrivée en Europe.

Dans l'Inde & dans tous les pays où vient le tamarin, fon fruit eft alimentaire ; la pulpe qu'il renferme, aigrelette & rafraichiffante, fe mange comme nous faifons ici de nos fruits acidules, les grofeilles, les cerifes, &c. On en fait un grand ufage ; on en compofe auffi des limonades & autres boiffons défaltérantes, agréables ; car il ne faut pas juger du tamarin frais par celui du commerce, qui eft toujours un peu altéré, & de plus

D d 2

préparé. Dans ces pays on l'emploie aussi, comme nous, dans les fièvres, contre la dysenterie, les hémorragies, &c. Nous prescrivons en Europe le tamarin en décoction, dans le petit-lait, dans l'eau, &c., contre les fièvres bilieuses, inflammatoires, putrides, les maladies des reins, &c.; il calme la soif, tempère la chaleur pyrexique, & relâche doucement, &c.; mais c'est surtout comme laxatifs qu'on emploie les tamarins. On les associe au séné, à des sels, en observant pour ces derniers qu'il décompose surtout ceux à base de potasse; la dose est de deux à quatre onces en décoction. On prépare une pulpe de tamarin en la ramollissant sur le feu avec un peu de sirop, en la passant à travers un tamis pour en séparer les noyaux & autres impuretés. On donne cette sorte de conserve à la dose de deux onces, & de quatre même, comme un doux laxatif dont on use dans la constipation, l'engouement stercoral, les irritations intestinales, la diarrhée, &c.

Une livre de tamarin préparé contient, d'après M. Vauquelin (1), tartrate acide de potasse, 4 gros 12 grains; gomme, 6 gros; sucre, 2 onces; gélatine, 1 once; acide citrique, 1 once 4 gros; acide tartarique libre, 2 gros; acide malique, 40 grains; matière féculente, 5 onces; eau, 5 onces 6 gros & 52 grains. Cette analyse fait voir que le tamarin doit être très-nourrissant, puisqu'il contient moitié de son poids de substances alimentaires, comme la fécule, la gélatine & le sucre; que les acides tartarique & citrique doivent décomposer les sels à base de potasse qu'on y ajoute; qu'il peut s'en former d'autres avec l'émétique si on l'y associe, &c. On dit que le tamarin diminue la propriété purgative du séné; il faut donc donner le tamarin seul lorsqu'on le prescrit.

Le tamarin entre dans le *catholicon double*, l'*électuaire lénitif*, celui de *psyllium*, la *confection hamech*, &c. &c. (MÉRAT.)

TAMARISC ou TAMARIX, s. m. (*Bot.*, *Mat. médic.*) *Tamarix*. Genre de plantes qui appartient à la Pentandrie trigynie de Linné. Il a autrefois fait partie de la famille des Portulacées, & sert aujourd'hui de type à celle que l'on désigne sous le nom de *Tamariscinées*. (*Voyez* la partie botanique de cet ouvrage.)

Parmi une douzaine d'espèces dont se compose le genre *Tamarisc*, il en est deux dont on a fait usage en médecine, les *tamariscs gallica* & *germanica*. Ce sont des arbrisseaux de quinze à dix-huit pieds de haut, qui croissent naturellement sur le bord des eaux. Leur écorce & leurs feuilles ont une saveur amère & légèrement styptique, qui leur ont fait supposer des propriétés toniques & astringentes: aussi les a-t-on employées

(1) *Annales de Chimie*, tom. V, pag. 92.

soit en décoction, soit sous forme d'extrait, dans le traitement des fièvres intermittentes, dans celui des engorgemens des viscères abdominaux, & aussi dans quelques affections cutanées.

Ces deux tamariscs sont aujourd'hui bien rarement employés.

TAMARISCINÉES, s. f. pl. (*Bot.*, *Mat. méd.*) Famille naturelle nouvellement établie, contenant un très-petit nombre de genres, & ayant pour type le genre *Tamarisc* de Linné. (*Voyez* le *Dictionnaire de Botanique* de cet ouvrage.)
(R. P.)

TAMBOUR, s. m. (*Anat.*) *Tympanum*. Nom donné à la caisse du tympan. (*Voyez* OREILLE & TYMPAN dans le *Dictionnaire d'Anatomie* de cet ouvrage.)

TAMIER ou TAMINIER, s. m. (*Bot.*, *Mat. médic.*) Plante de la Diœcie hexandrie de Linné, ayant d'abord été placée par M. de Jussieu parmi les Asparaginées, & faisant aujourd'hui partie des Dioscorées. La racine du taminier commun, que l'on nomme vulgairement *herbe aux femmes battues*, est la seule partie de cette plante dont on ait jusqu'à présent fait usage: elle a une saveur âcre & amère, & l'on a pendant long-temps pensé que, réduite en pulpe, elle étoit un topique propre à faciliter la résorption du sang extravasé; opinion d'ailleurs fort peu probable.

Les racines du taminier commun contiennent beaucoup de fécule unie à un principe âcre, dont, au surplus, il est facile de les débarrasser par les lavages: sous ce rapport, il existe beaucoup d'analogie entre cette plante & la bryone (*bryona alba*). (*Voyez* TAMINIER dans le *Dictionnaire de Botanique* de cet ouvrage.)

TAMNÉES, sub. f. pl. (*Bot.*, *Mat. médic.*) *Tamneæ*. (*Voyez* TAMIER.)

TAMPON, s. m. (*Chir.*) On donne généralement le nom de *tampon*, en chirurgie, à toute substance qui, disposée d'une certaine manière, est propre à boucher, à remplir le fond d'une plaie, d'une ouverture, d'une cavité soit naturelle, soit accidentelle, dans le but de s'opposer à l'écoulement de quelques liquides; d'où il suit qu'on peut faire un *tampon*, avec de la charpie, du vieux linge, de l'étoupe, de l'éponge & même du liège, ou avec certaines racines poreuses desséchées.
(R. P.)

TAMPONNEMENT, s. m. (*Chir.*) Opération qui consiste à faire l'application méthodique du tampon. On *tamponne* les plaies, les ulcères, avec de l'agaric, des éponges, de la charpie, du linge usé, &c., lorsqu'on ne veut ou ne peut pas réunir par première intention, pour prévenir ou pour arrêter une hémorragie (*voy.* PLAIE, dans le *Diction-naire de Chirurgie* de cet ouvrage); on tamponne les fosses nasales quand on les remplit de bour-donnets de charpie pour suspendre une épistaxis (*voyez* HÉMORRAGIE & NASAL (hémorragie des fosses nasales); on tamponne enfin quand on ap-plique un des corps précédens sur des bouches vas-culaires ouvertes au fond de quelqu'excavation, soit que ce moyen paroisse le plus convenable d'une manière absolue, soit seulement pour donner le temps de mettre en usage d'autres ressources plus efficaces; mais c'est plus particulièrement dans le cas de perte ou d'hémorragie utérine que le tamponnement a été conseillé.

Une des premières idées qui durent se présenter à l'esprit en voyant le sang couler des organes sexuels de la femme, fut sans doute de boucher le vagin; aussi est-il déjà fait mention d'une sorte de tamponnement dans les œuvres d'Hippocrate, de Paul d'Egine & de Moschion; toutefois c'est à Hoffmann, à Smellie & à Leroux, de Dijon, qu'on est redevable des principales notions que la science possède sur ce moyen. D'après ce dernier au-teur, le tampon est un remède héroïque; à en croire quelques modernes, rien ne seroit, au con-traire, plus inutile & même plus dangereux. Vers le commencement de ce siècle, M. Demangeon s'est, entr'autres, attaché à en démontrer le dan-ger, & à faire proscrire le tamponnement. On lui a reproché de pouvoir amener de l'inflam-mation & la gangrène, de transformer en hé-morragie cachée la perte externe, de déterminer la mort, puisqu'il produit nécessairement l'ex-pulsion du fœtus; de retenir à l'intérieur du sang qui ne tarde pas à se décomposer & à faire naître des accidens graves; de favoriser l'inertie de la matrice, &c. Au fond de tout cela, il est difficile de voir autre chose que quelques argumens spé-cieux, des préventions théoriques, des faits ex-ceptionnels généralisés, & de faux raisonnemens. Il est impossible, en effet, quand on a lu avec at-tention les observations de Leroux, de partager les craintes que cherchent à faire naître les anta-gonistes du tampon, & de ne pas le regarder, avec M. Burns, MM^{mes}. Boivin, Lachapelle & M. Dewees, comme un des plus sûrs moyens de soustraire une infinité de femmes au danger d'une perte grave.

Ce n'est pas à dire pour cela que le tampon ne puisse jamais nuire; comme toutes les ressources thérapeutiques importantes, il constitue une arme tutélaire dans les mains d'un praticien habile, & pourra devenir un instrument meurtrier dans celles d'un téméraire ou d'un ignorant. On ne le mettra point en usage, par exemple, dans le commence-ment d'une perte, tant qu'il restera quelque symp-tôme de pléthore ou de *molimen hemorragicum*, ni dans les six premiers mois de la grossesse tant que l'on conservera quelqu'espoir d'empêcher l'a-vortement, non plus qu'après l'accouchement, si

la matrice reste tout-à-fait molle & dans l'inertie; ni quand le sang s'épanche dans les membranes de l'œuf, parce qu'alors il ne manqueroit proba-blement pas d'augmenter l'excitation des parties & la congestion de l'utérus, de décider l'expulsion du fœtus, ou de favoriser la distension indéfinie des parois de la matrice.

Leroux se servoit d'étoupes ou de linge usé; M. Burns attache peu d'importance à la matière qu'on emploie; madame Boivin préfère la charpie; Mme. Lachapelle aime mieux rouler en cylindre, une masse de linge fin; M. Dewees se contente d'une éponge; il en est qui forment le tampon avec une forte de sac, de bourse, qu'on remplit de sciure de bois ou de substances astringentes. M. Désfor-meaux a pour habitude de pousser d'abord jusqu'au col une compresse fine, enduite de cérat, puis de la remplir de charpie, en s'en servant comme d'une chemise : c'est aussi la conduite que j'ai de-puis long-temps adoptée, quoique je me sois assez bien trouvé, dans quelques cas, du morceau d'é-ponge recommandé par M. Dewees.

Avant d'introduire le tampon, plusieurs auteurs veulent qu'on le trempe dans quelques corps astrin-gens, dans le vinaigre, l'oxycrat, dans une solu-tion très-étendue d'acide nitrique, sulfurique, hy-drochlorique; dans du suc de citron, dans des décoc-tions de kina, de feuilles de ronces, d'aigremoine, dans une solution de sulfates d'alumine, de fer, de cuivre, &c. & c'est une précaution que je néglige rarement; l'huile, la graisse, le cérat dont on peut l'enduire, n'ont évidemment d'autre effet que d'en favoriser l'introduction. M. Burns paroît s'être borné souvent à faire entrer dans le vagin un simple mou-choir de poche; M. Dewees, MM^{mes}. Lachapelle & Boivin pensent qu'il est inutile de porter le tam-pon jusque dans le col. Je n'ai cependant eu qu'à me louer d'une conduite opposée, qui est d'ail-leurs suivie par MM. Désformeaux & Hervé de Chi-goin; j'ai soin de pousser le premier linge, enduit de cérat simple à l'extérieur, aussi loin que possi-ble, dans l'orifice utérin avec le doigt, puis des boulettes de charpie, d'étoupe, &c., imbibées d'une des liqueurs indiquées plus haut, sont suc-cessivement introduites jusqu'à ce que le col & le vagin en soient remplis; alors quelques compres-ses sont placées au-devant de la vulve, & je maintiens le tout à l'aide d'un bandage en T.

Si ce tampon doit réussir, le sang cesse bientôt de couler par la vulve, les symptômes généraux se calment peu à peu, l'hypogastre devient plus ferme sans augmenter de volume, & si la déplé-tion de l'utérus ne doit pas s'ensuivre, la femme éprouve seulement quelques ténesmes, quelques épreintes, de la pesanteur dans le bassin, & par-fois des coliques légères; tandis que, dans le cas contraire, dans celui, par exemple, où l'œuf doit être chassé, des douleurs assez vives, de véritables contractions utérines ne tardent pas à se manifester, & font que les caillots, le tampon & le produit de la conception finiffent par être expulfés l'un après l'autre, ou tous enfemble, hors des organes génitaux.

Chez certaines femmes il en réfulte une telle gêne, bien qu'il n'y ait nulle apparence de contraction utérine, qu'elles demandent avec inftance qu'on les en débarraffe. En général il faut réfifter à leurs prières tant qu'il n'y a point de fignes de perte interne, à moins que les douleurs ne foient affez aiguës pour faire redouter des accidens nerveux, des convulfions; leurs plaintes, dans ce cas, font plutôt à defirer qu'à craindre : au bout de quelque temps on voit l'ordre fe rétablir dans les fonctions. Pour ne pas s'expofer à voir l'hémorragie revenir, on laiffe le tampon en place le plus long-temps poffible, au moins plufieurs heures, une journée entière même; puis, quand on ne le croit plus indifpenfable, il fuffit d'ôter le bandage, parce que n'étant plus foutenu en dehors il s'échappe fpontanément, & en général avec lenteur.

C'eft ainfi que les chofes fe paffent durant les quatre ou cinq premiers mois; mais à la fin de la geftation, & lors de l'accouchement, il faut s'attendre à une autre marche & fe comporter différemment; alors le tampon a pour but, non-feulement de s'oppofer à l'iffue du fang jufqu'à ce que la délivrance puiffe fe faire fans danger, mais encore de hâter la dilatation du col en excitant les contractions de l'utérus : c'eft donc le col particulièrement qu'on tamponne. Enfuite, dès que cet orifice eft affez large pour permettre à l'enfant de paffer, dès que la matrice revient fur elle-même avec affez d'énergie pour qu'il n'y ait plus à craindre que le travail fe fufpende, on enlève le tampon, & pour le refte on fe conduit comme dans un accouchement fimple. (VELPEAU.)

TAN, f. m. On a donné ce nom à l'écorce de chêne réduite en poudre & employée au tannage des peaux d'animaux. (Voy. TANNAGE dans le Dictionnaire de Chimie de cet ouvrage.) Cette poudre, éminemment aftringente, a été regardée par quelques praticiens comme pouvant, dans des cas de diette, être fubftituée au quinquina : auffi l'a-t-on quelquefois adminiftrée dans les fièvres intermittentes, la dyfenterie, les hémorragies paffives, &c., mais c'eft particulièrement à l'extérieur que l'on fe fert avec avantage de fa décoction, foit en injection dans les cas de leuchorrées, foit pour lotionner les plaies ou ulcères atoniques. Enfin, il paroît conftant que le tan appliqué fur des parties fphacellées, eft un topique préférable au quiquina lui-même.

TANAISIE, f. f. (Bot. Mat. médic.) Tanacetum vulgare L. Cette plante, qui appartient à la Syngénéfie polygamie fuperflue de Linné, fait partie de la famille des Synanthérées, & eft placée parmi les Corymbifères ou Flofculeufes. On

lui a quelquefois donné le nom d'herbe aux vers ou barbotine (1). L'odeur forte & pénétrante de la tanaifie, la faveur amère qui la caractérife, & la quantité d'huile effentielle que l'on en retire, portent à croire que cette plante doit être fortement ftimulante; auffi quelques praticiens l'ont-ils employée contre les fièvres intermittentes : mais c'eft furtout dans les affections vermineufes que l'on en fait utilement ufage, en l'adminiftrant, foit en lavement, foit en infufion, foit en poudre, à la dofe d'un demi-gros : quelquefois auffi, dans les mêmes circonftances, on en a prefcrit le fuc. On peut fubftituer les graines de la tanaifie au femen-contra. (R. P.)

TANCHE, f. m. (Hyg.) Tinca. Ce poiffon, qui habite les eaux douces, & particulièrement les lacs, fe rencontre dans prefque toutes les parties du globe. Il réfifte avec facilité à la rigueur des hivers, croît avec rapidité, fe multiplie beaucoup, & fe nourrit des mêmes alimens que les carpes. La chair de la tanche eft blanche, molle, fade, & d'une digeftion affez difficile; auffi eft-elle rarement fervie fur les tables délicates. (Voyez ALIMENS, NOURRITURE.) On a fuppofé à ce poiffon des propriétés médicales auxquelles aujourd'hui on ajoute peu de confiance : ainfi l'on a dit, 1°. qu'il étoit un remède efficace contre la pefte, le typhus & la fièvre ataxique; 2°. que, coupé par morceaux & appliqué aux pieds, il guériffoit la céphalalgie; 3°. que, placé vivant fur le front, il remédioit au chémofis, & à l'ophthalmie. Quelques-unes des parties de la tanche, telles que le fiel, les offelets auditifs, &c., ont également joui d'une vogue qui ne s'eft pas davantage foutenue que celle attribuée à la chair de ce poiffon. (R. P.)

TANGUIN, f. m. (Bot. Mat. médic.) Tanghuinia. Sous ce nom, M. Dupetit-Thouars a fait connoître un arbre de Madagafcar, remarquable par la propriété vénéneufe de fon fruit, & furtout de fon noyau : il paroît que celui-ci, râpé & mêlé à une boiffon appropriée, eft employé à un ufage analogue à celui qu'autrefois chez nous en défignoit fous le nom d'épreuve du feu ou de l'eau. On fait effectivement prendre cette boiffon à l'individu accufé d'un délit : s'il fuccombe, le fait eft prouvé; s'il vomit, il furvit, & fon innocence eft alors reconnue (2).

Les propriétés vénéneufes du tanguin de Madagafcar ne font malheureufement que trop connues dans l'Inde, & les exemples d'empoifonnement, tant à Maurice, qu'à Bourbon, font très-fréquens. M. Ollivier d'Angers a fait dernièrement en France quelques expériences fur les animaux, & il réfulte de fes recherches, 1°. que le tanguin agit à la

_____

(1) Voyez le Dictionnaire de Botanique de cet ouvrage.
(2) Journal de Pharmacie, tom. VIII, pag. 90.

manière des poifons narcotico-âcres; 2°. qu'il eſt abforbé, & que fes propriétés âcres réſident dans la matière blanche criſtalline, tandis que le narcotiſme qu'il produit eſt dû à la *tanguine* (1).

TANNAGE, fub. m. (*Chim.*) Opération de chimie manufacturière dont le but eſt de rendre, en les imprégnant de tan, les peaux des animaux folides, incorruptibles & imperméables, en leur conſervant toutefois une efpèce de flexibilité. (*Voy.* TANNAGE dans le *Dictionnaire* de *Chimie* de cet ouvrage.)

TANNE, ſub. f. (*Phyſiol.*) Nom donné à de petites taches noires qui paroiſſent ſur le dos & les ailes du nez, ou au-deſſous des yeux de quelques perſonnes dont la peau eſt blanche & fine. Avec l'âge, ces taches deviennent beaucoup plus nombreuſes : elles font formées par un petit corps noir, que par une légère preſſion on peut faire aiſément ſortir ſous la forme d'un vermiſſeau. Quant à ſa nature, cette fubftance paroît être une matière graſſe, muqueuſe, fécrétée par la peau & falie par les pouſſières qui voltigent dans l'air. (R. P.)

TANNIN, ſ. m. (*Chim. végét.*) *Tanninum.* Long-temps on a cru que le tannin exiſtoit tout formé dans certains végétaux; mais les expériences de M. Chevreul, les analyſes de M. le prof. Vauquelin, & les recherches de M. Pelletier, ſemblent prouver qu'il n'en eſt point ainſi; il paroît au contraire qu'il ſe forme dans les opérations que l'on fait fubir aux fubftances végétales; auſſi eſt-il artificiellement produit. Le tannin, non encore deſſéché, eſt d'une couleur noirâtre; il eſt foluble dans l'eau & l'alcool affoibli, mais inſoluble dans l'alcool concentré. Il a une faveur amère, s'unit à la chaux, aux alcalis & aux acides, avec leſquels il forme des compoſés plus ou moins ſolubles. La diſſolution aqueuſe du tannin précipite la gélatine, & produit avec elle un compoſé inſoluble & imputreſcible. C'eſt à cette opération qu'eſt en partie due celle du tannage. (*Voyez* ce dernier mot dans le *Dictionnaire de Chimie.*)

L'un des caractères diſtinctifs de cette fubftance eſt de précipiter en noir le peroxyde de fer. Comme le tannin eſt contenu en grande partie dans la noix de galle, & qu'il détermine, avec la plupart des oxydes, des compoſés inſolubles, on a propoſé la teinture de noix de galle comme un remède convenable dans l'empoiſonnement cauſé par certains fels métalliques. D'après M. Pelletier, le même moyen peut être employé avec avantage à la ſuite des empoiſonnemens par la morphine & par d'autres alcalis végétaux.

Les procédés mis en uſage pour obtenir le tannin varient ſuivant la nature des matières d'où on ſe propoſe de l'extraire, & il paroîtroit même que cette fubftance n'eſt pas toujours identique, & qu'il faut regarder comme des variétés de tannin, celui que l'on retire du cachou, de la gomme kino, du ſang-dragon, &c.

C'eſt à la préſence du tannin qu'eſt due la propriété aſtringente de beaucoup de médicamens végétaux, tels que les racines de tormentille, de biſtorte, de ratanhia, les écorces de chêne, de ſaule, de quinquina, les feuilles de potentille, d'aigremoine, les fleurs de grenadier, de roſes de Provins, &c. (R. P.)

TANTALE, ſ. m. (*Chim.*) Nom d'un métal découvert en 1802 par M. Ekeberg, & qui ſe trouve dans deux minéraux, dont un exiſte à Kimits, en Finlande, & l'autre à Ytterby, en Suède. Ce métal eſt abſolument inſoluble dans les acides, & c'eſt de cette propriété que lui eſt venu ſon nom. Le tantale, au ſurplus, d'après Wollaſton, ne différeroit point du collombium. (*Voyez* TANTALIUM dans le *Dictionnaire de Chimie* de cet ouvrage.)

TAON, ſ. m. (*Entomol.*) *Tabanus.* Les entomologiſtes ont donné ce nom à un genre d'inſectes diptères & très-connus, qui s'attachent particlièrement aux bêtes de ſomme qu'ils couvrent de piqûres; quelquefois même, pendant les grandes chaleurs, ces inſectes attaquent l'homme, mais leurs piqûres n'ont rien de dangereux. (*Voyez* TAON dans le *Dictionnaire d'Hiſtoire naturelle* de cet ouvrage.) (R. P.)

TAPIOKA, fub. m. (*Mat. médic., Hyg.*) On donne ce nom à la fécule que l'on extrait de la racine d'une plante appartenant à la famille des Euphorbiacées; & connue ſous le nom de *Jatropha manihot*. Cette fécule eſt unie à un ſuc laiteux, âcre & vénéneux dont on la débarraſſe d'abord, en ſoumettant à l'action de la preſſe la racine réduite en pulpe; mais cette opération étant inſuffiſante pour détruire le principe délétère, on torréfie cette eſpèce de marc en l'étendant ſur une plaque de fer chauffée; c'eſt dans cet état que, ſous le nom de *pain de caſſave*, on envoie en Europe la fécule de manioc. On la ſoumet à un lavage afin d'extraire la véritable fécule, à laquelle on fait enſuite éprouver une demi-cuiſſon pour la réduire en grumeaux qui, lorſqu'ils font bien deſſéchés, font blancs, demi-tranſparens, un peu farineux à leur ſurface, & de forme très-irrégulière; c'eſt alors qu'on la livre au commerce ſous le nom de *tapioka*. Cette fubftance contient environ la moitié de ſon poids d'eau; elle s'emploie de la même manière que les autres fécules, eſt très-nourriffante, & fert à la fabrication d'un chocolat analeptique.

TARASCON (Eaux minérales de). Ces eaux ferrugineuſes ſourdent à peu de diſtance de la ville de Taraſcon, fur la rive gauche de l'Arriège. On en nomme la ſource *fontaine rouge*, ou *fontaine de Sainte-Quiterie*. Le terrain environnant eſt de nature argilo-calcaire, & il exiſte une mine de fer dans le voiſinage.

La ſaveur de cette eau eſt aſtringente & ferrugineuſe; ſon odeur eſt métallique, & elle laiſſe dépoſer un dépôt rouge ochracé, abondant, d'où lui eſt venu le nom de *fontaine rouge*. Il paroît que ſon uſage eſt ſouvent utile dans pluſieurs affections, telles que la chloroſe, l'engorgement des viſcères abdominaux, les leucorrhées; en général elle convient dans tous les cas où l'emploi des eaux ferrugineuſes eſt indiqué.

Soûmiſes à l'analyſe, les eaux minérales de Taraſcon ont fourni de l'acide carbonique, des ſulfates de chaux & de magnéſie, des hydrochlorates de ſoude & de magnéſie, du ſous-carbonate de fer, de la ſilice, & une matière graſſe comme réſineuſe. (R. P.)

TARAXIS, ſub. m. (*Pathol.*) Expreſſion aujourd'hui inuſitée, & dont Ætius s'eſt ſervi pour déſigner une ophthalmie légère, produite par des cauſes externes.

TARE, ſ. f. (*Art vétér.*) *Defectus*. Ce mot eſt employé en hippiatrique pour déſigner toute défectuoſité ſuſceptible de diminuer la valeur d'un cheval. (D.)

TARENTISME, ſ. m. (*Path.*) *Tarentiſmus*. Les médecins ont donné ce nom à une ſorte d'affection convulſive dans laquelle les ſujets, après avoir éprouvé divers ſymptômes bizarres, ſe livrent avec fureur à une danſe plus ou moins irrégulière juſqu'à ce qu'ils ſoient épuiſés de fatigue. Les uns veulent que cette danſe convulſive ſoit cauſée par la piqûre de la tarentule (*voyez* ce mot); d'autres prétendent que ce n'eſt autre choſe qu'une imitation preſque toujours calculée de la danſe laſcive appelée *tarentelle* qui eſt fort en uſage dans tout le royaume de Naples.

S'il faut en croire les premiers hiſtoriens du *tarentiſme*, & particulièrement Baglivi, les individus qui en ſont affectés éprouvent des anxiétés précordiales, de la difficulté à reſpirer; leur regard eſt fixe; leur aſpect triſte; ils ont de l'averſion pour certaines couleurs, tandis qu'ils en recherchent d'autres avec avidité. Les uns chantent, d'autres pleurent; il en eſt qui ſe livrent aux actes les plus indécens, ou aux mouvemens cadencés de la danſe qu'excite la muſique; d'autres fois ils quittent leurs habits, ſe roulent par terre; certains tombent dans la mélancolie & l'aſſoupiſſe-

ment; il en eſt qui recherchent les lieux ſolitaires pour y attenter à leurs jours. Tous ces accidens diſparoiſſent (ajoutent ces auteurs) dans l'eſpace de quelques jours, ſous l'influence d'une muſique appropriée, &c. De pareils ſymptômes, s'ils ont jamais été obſervés, peuvent-ils être mis ſur le compte de la morſure de la tarentule? On n'en croit rien aujourd'hui, malgré les aſſertions poſitives de Baglivi. En vain cet auteur nous dit qu'il tient de ſon père, qui habitoit la Pouille, les obſervations qu'il rapporte (1). Il eſt très-préſumable qu'il s'eſt mêlé à ſon récit des traditions populaires que le médecin de Rome n'a pu vérifier, puiſqu'il ne s'étoit point tranſporté dans cette partie de l'Italie. Pinel ſemble avoir tranché la queſtion dans une note de ſon édition de Baglivi, en citant l'expérience du docteur Claritio, qui ſe laiſſa impunément mordre par des tarentules au plus fort de la chaleur, morſure dont il ne réſulta aucune eſpèce d'accident.

Des auteurs ont prétendu avec plus de raiſon que le tarentiſme étoit une affection nerveuſe, ſpaſmodique (n'ayant d'ailleurs aucun rapport avec la morſure de la tarentule), qui pouvoit être endémique dans la Pouille, s'y propager par imitation, &c. La remarque que fait Baglivi touchant la diſpoſition des habitans de la Pouille ont vers la manie & la mélancolie, & ce qu'il dit de l'influence de la muſique ſur les *tarentolati*, viendroient à l'appui de cette opinion. D'autres regardent le tarentiſme comme une fable, comme une jonglerie exploitée par des mendians, des femmes nerveuſes & hyſtériques, dans des vues différentes. Parmi les médecins qui partagent cette opinion, nous citerons encore M. Duméril, & Serrao, médecin napolitain qui a publié à ce ſujet un très-bon ouvrage, écrit en langue italienne.

Peut-être la vérité ſe trouve-t-elle comme intermédiaire entre les deux dernières opinions dont nous venons de parler. Nous ne ſerions pas éloigné d'admettre, en effet, qu'une affection nerveuſe, plus ou moins analogue au tarentiſme, exiſtât ou du moins eût exiſté dans la Pouille; que cette affection nerveuſe eût été ſouvent ſimulée par des femmes & des mendians pour exciter l'intérêt & la commiſération. Du reſte, nous ſommes bien perſuadé que cette maladie, ſi c'en eſt une, eſt étrangère à la morſure de la tarentule, qui d'ailleurs peut déterminer d'autres accidens. (*Voyez* TARENTULE dans ce Dictionnaire & dans celui d'*Hiſtoire naturelle* de cet ouvrage.)

(BRICHETEAU.)

TARENTULE, ſub. f. (*Entomol.*) *Aranea tarentula* ; *l, coſa tarentula*. On appelle ainſi un inſecte de la famille des Aranéides, que M. Latreille

(1) *Diſſertatio de Tarentula*, caput. XI.

a rapporté au genre Lycofe. Cette efpèce d'araignée eft longue d'environ un pouce, noire dans prefque toutes fes parties, à l'exception du deffous de fon abdomen, qui eft rouge & traverfé par une bande noire. On croit généralement que le nom de *ta-rentule* vient de ce qu'on rencontre un grand nombre de ces animaux aux environs de la ville de Tarente, dans le royaume de Naples. La taren-tule habite auffi plufieurs autres parties de l'Italie; on la trouve également dans le midi de la France & de la Ruffie, à Malte, en Sicile, en Barbarie, &c. C'eft tout ce qu'il nous eft permis de dire ici de l'hiftoire naturelle de cette aranéide, dont il a été traité dans une autre partie de cet ouvrage.

On ignore ce qui peut avoir donné lieu aux affertions exagérées & contradictoires qu'on a dé-bitées fur le danger & les accidens extraordinaires caufés par la morfure de la tarentule chez l'homme; il a dû paroître fingulier que ce fût précifément un médecin remarquable par fa haute raifon & fa philofophie qui eût donné le plus de créance à ces affertions, prefqu'univerfellement aujourd'hui traitées de menfongères. Peut-être y a-t-il encore à cet égard quelque doute qui n'eft pas fuffifam-ment éclairci.

Les araignées font affez généralement regardées comme venimeufes, & cette faculté de bleffer plus ou moins dangereufement d'autres efpèces a été confidérée par des naturaliftes comme une arme dont les a pourvues la nature afin de pouvoir plus facilement à leur alimentation; mais il faut convenir qu'il y a loin de l'effet dangereux qui peut réfulter de l'épanchement d'une humeur ve-nimeufe dans une plaie faite à de très-petits in-fectes donnés en pâture aux araignées, aux fymp-tômes graves de ce qu'on appelle le *tarentifme*. (*Voyez* ce mot.) Au refte, un de nos médecins naturaliftes les plus exacts, M. Duméril, a conf-taté que les morfures des araignées ne peuvent caufer d'accidens férieux chez l'homme: il cite même, dans le *Dictionnaire des Sciences natu-relles*, plufieurs auteurs qui fe font volontairement expofés à cette morfure fans qu'il en réfultât autre chofe qu'une irritation analogue à celle que pro-duit la piqûre du coufin.

Nous n'avons pas de données auffi précifes fur les effets de la morfure de l'efpèce appelée *taren-tule*. D'un côté, des hommes éclairés & exempts de tout préjugé, niant jufqu'à la probabilité de ce qu'on avoit dit avant eux, ont affirmé qu'il ne réfultoit de la morfure de cet animal qu'une lé-gère inflammation phlegmoneufe, quelquefois phlycténoïde, qui cède à de fimples ablutions d'eau ou à des applications émollientes; ils ajou-tent que fi, dans certaines circonftances, des acci-dens plus graves fe font manifeftés; cela dépen-doit de ce que les payfans italiens, effrayés de la morfure de cet animal, ont l'imprudence de re-courir, pour arrêter la marche du prétendu venin, à une forte compreffion au-deffus de la plaie;

ou bien encore de ce que leur imagination frappée donnoit lieu à divers mouvemens fpafmodiques & nerveux qu'on étoit naturellement porté à regar-der comme une fuite de la bleffure. Les médecins italiens paroiffent généralement adopter cette opinion, & ils n'héfitent pas, dit M. Mérat (1), à regarder comme entièrement fuppofés, les acci-dens qui conftituent le tarentifme.

D'un autre côté, cependant, il y a quelques années, un médecin allemand, M. Wirtzman, qui a exercé la médecine à Odeffa, nous a affuré que dans les environs de cette ville les morfures de la tarentule produifent fréquemment des acci-dens affez graves fur l'efpèce humaine, comme de l'inflammation, de l'œdème, de l'agitation, une fièvre ardente, des crampes douloureufes, &c.; les malades femblent trouver du foulagement dans des mouvemens qui ont de l'analogie avec la danfe, ce qui a vraifemblablement, dit cet auteur, ac-crédité l'opinion populaire, que la tarentule for-çoit à danfer ceux qu'elle mordoit (2).

M. Wirtzman recommande de faire des lotions avec l'eau de Luce, fur la plaie; d'autres veulent qu'on ait recours à la cautérifation.

(BRICHETEAU.)

TARENTULISME, f. m. (*Pathol.*) Ce mot eft fynonyme de *tarentifme*. Quoique le premier terme foit plus exact, plus grammatical que le fecond, l'ufage a prévalu en faveur de celui-ci, qui eft employé dans prefque tous les ouvrages de méde-cine. (*Voyez* TARENTISME.)   (BRICHETEAU.)

TARI, f. m. (*Pharm.*) Nom fous lequel on dé-fignoit autrefois un vin de palmier & de cocotier, auquel on attribuoit des propriétés toniques, & dont on fe fervoit auffi pour préparer une efpèce de fucre appelé *jagre*.

TARSE, f. m. (*Anat.*) *Tarfus.* Le pied fe compofe de parties offeufes, que l'on a divifées en *tarfe*, en *métatarfe* & en *phalanges*. La première de ces parties, dont il doit être ici queftion, eft formée de fept os, l'aftragale, le calcanéum, l'os cuboïde, les trois os cunéiforme et le fcaphoïde. (*Voyez* ces différens mots dans le *Dictionnaire d'Anatomie.*) Ces os font unis entre eux avec le tibia et avec les os du métatarfe, au moyen d'arti-culations que l'on a nommées *articulations tar-fiennes, tibio-tarfiennes & tarfo-métatarfiennes.* En général les mouvemens des os du tarfe font fin-gulièrement bornés, à l'exception cependant de l'aftragale, qui eft fufceptible de gliffer fur le calcanéum. (*Voyez* PIED dans le même Diction-naire.)

(1) *Dictionnaire des Sciences médicales*, tom. LIV.
(2) *Voyez* le Bulletin des Sciences médicales, fous la di-rection de M. le baron de Feruffac, année 1826, n°. 5.

E e

On a aussi donné le nom de *cartilages tarses* ou *fibro-cartilages*, à deux petites lames situées dans l'épaisseur du bord libre de chaque paupière. Ces deux lames sont demi-elliptiques; leur face antérieure est couverte par la peau & le muscle orbiculaire; leur face postérieure répond à la conjonctive. Elles donnent attache aux ligamens palpébraux, & leur usage est de maintenir les deux paupières étendues & d'empêcher que l'ouverture de l'œil ne puisse être rétrécie dans le sens transversal. (*Voyez* PAUPIÈRES dáns le *Dictionnaire d'Anatomie* de cet ouvrage.)

TARSIEN, ENNE. (*Anat.*) *Tarseus.* Adjectif servant à caractériser les diverses parties qui ont un rapport plus ou moins immédiat avec le tarse. Ainsi l'on dit : *ligamens* tarsiens, *articulations*, *artères*, tarsiennes, &c. (*Voyez* le *Dictionnaire d'Anatomie* de cet ouvrage.)

TARSO-MÉTATARSIEN, ENNE, adj. (*Anat.*) Dénomination employée pour indiquer les divers ligamens qui servent à unir les os du tarse avec ceux du métatarse. Parmi ces ligamens, les uns sont dorsaux & les autres plantaires. Ces articulations sont munies de capsules synoviales, également nommées *tarso-métatarsiennes*. (*Voy.* le *Dictionnaire d'Anatomie* de cet ouvrage.)

TARSO-MÉTATARSI-PHALANGIEN DU POUCE. Nom donné par Dumas au muscle adducteur du gros orteil. (*Voyez* ADDUCTEUR dans le même Dictionnaire.)

TARSO-PHALANGIEN DU POUCE. Nom qui d'après le même auteur répond au court fléchisseur du gros orteil. (*Voyez* FLÉCHISSEUR dans le même Dictionnaire.)

TARSO-SOUS-PHALANGIEN DU GROS ORTEIL. Nom donné par quelques anatomistes aux muscles précédens.

TARSO-SOUS-PHALANGIEN DU PETIT ORTEIL. Nom donné par Chaussier au muscle fléchisseur du petit orteil. (*Voyez* FLÉCHISSEUR dans le *Dictionnaire d'Anatomie*.)

TARTAREUX (Acide). (*Chim.*) Nom sous lequel on a désigné pendant long-temps l'acide *tartarique*. (*Voyez* TARTARIQUE.) (C. H.)

TARTARIQUE ou TARTRIQUE, adj. (Acide tartarique). (*Chim.*) Cet acide, appelé d'abord *acide tartareux*, puis *acide tartarique*, a été découvert par Schéele, qui l'a retiré du tartre, dans lequel il est uni à la potasse, en formant avec elle un sel acide. Selon MM. Gay-Lussac & Thénard, il est composé : de *carbonne* 24,50; *oxygène* 69,321, & *hydrogène* 6,629. Il existe dans le

moût de raisin, dans le vin & dans une foule de végétaux.

À l'état de pureté, cet acide est de peu d'usage en médecine, il peut cependant servir à préparer des limonades acides. Incorporé avec du sucre en poudre, il constitue ce qu'on appelle *limonade sèche*, dans la composition de laquelle il doit entrer seulement pour un soixantième en poids.

De tous les acides végétaux, c'est l'acide tartarique qui fournit le plus de médicamens à la thérapeutique. (*Voyez* TARTRATES à l'article SEL, tom. XII, pag. 757 de ce Dictionnaire.)

(CH. HENNELLE.)

TARTE, s. f. (*Hyg.*) On nomme ainsi une sorte de pâtisserie dans laquelle on met tantôt des fruits, tantôt de la crème & du sucre. Ainsi que tous les alimens de même nature, cette espèce de gâteau est indigeste & peut occasionner des accidens assez graves, surtout chez les enfans auxquels habituellement on les donne dans l'intervalle des repas. Les tartes sont un aliment d'autant plus nuisible, que souvent elles sont faites avec du beurre de mauvaise qualité, & quelles ne sont point assez cuites. (*Voyez* ALIMENS & NOURRITURE.) (R. P.)

TARTRATE, s. m. (*Chim. & Mat. médic.*) *Tartras.* Genre de sels formés par l'acide tartarique & une base. (*Voyez*, pour plus amples renseignemens, l'article SEL, tom. XII, pag. 757 de ce Dictionnaire.) (C. H.)

TARTRE, s. m. (*Chim.*) *Tartarus.* Nom sous lequel on désigne le dépôt que produisent les vins par la déposition; il est rouge ou blanc, suivant qu'il a été produit par du vin rouge ou blanc. Il se compose d'une grande quantité de tartrate acidule de potasse, de tartrate de chaux, de silice, d'alumine, d'oxyde de fer & de manganèse, & d'une matière colorante rouge, si c'est du tartre rouge. On emploie le tartre à la préparation des *cendres gravelées* & des *flux blancs & noirs*: il sert aussi à préparer la crème de tartre.

TARTRE ÉMÉTIQUE ou TARTRE STIBIÉ. (*Voyez* TARTRATE DE POTASSE ET D'ANTIMOINE à l'article SEL, tom. XII, pag. 757 de ce Dictionnaire.)

TARTRE DES' DENTS ou ODONTOLITHE. *Odontolithos*, de όδους, dent, & de λίθος, pierre. Sorte d'incrustation de couleur jaunâtre, qui se forme à la base des dents; cette matière, qui est formée de 79 parties de phosphate de chaux, de 12 & demie parties de mucus, d'une partie de matière salivaire particulière et de 7 parties & demie de substance animale, est soluble dans l'acide hydro-chlorique.

TARTRE MARTIAL SOLUBLE. *Tartarus martialis solubilis.* Sel que l'on obtient en faisant évaporer

jufqu'à ficcité quatre parties de tartrate de potaffe & de fer mêlé à l'alcool, & une partie de
tartrate de potaffe deffôché & diffous dans l'eau.
C'eft donc un mélange de tartrate de potaffe & de
fer, d'alcool & de tartrate de potaffe. Il eft tonique
& aftringent. On l'adminiftre en boiffon ou fous
forme de bols, incorporé aux conferves de rofes
ou de cynorrhodon. (CH. HENNELLE.)

TARTRIQUE, adj. (Acide tartrique). (*Voyez*
TARTARIQUE.)

TARTRITES, f. m. pl. (*Chim.*) Nom donné
aux fels formés par la combinaifon d'une bafe
avec l'acide tartareux. Cet acide n'étant autre que
l'acide tartarique, les tartrites ne différent pas des
tartrates. (*Voyez* ce dernier mot dans ce Dictionnaire, & le mot TARTRITES dans celui de
Chimie de cette Encyclopédie.)

TATOUAGE, f. f. Opération fort ufitée chez
un grand nombre de peuplades fauvages ou demi-
fauvages, & quelquefois imitée chez nous par les
marins ou les foldats. Elle confifte à piquer la
peau avec des aiguilles, de manière à former un
deffin que l'on rend indélébile en frottant la partie
piquée, foit avec de la poudre à canon, de l'indigo ou du vermillon, foit avec quelques autres
matières colorantes délayées dans l'eau. On conçoit
que ces fortes de deffins doivent être différens,
fuivant qu'appliqués fur le corps d'un guerrier, ils
font deftinés à lui donner un air plus terrible, ou,
qu'appliqués fur le corps d'une femme, ils ne
font pour elle qu'un objet de parure.
    Cette opération, à peine douloureufe lorfqu'elle
fe borne à une furface peu étendue de la peau,
pourroit cependant produire une vive excitation &
déterminer des accidens affez graves, fi elle s'étendoit à une furface beaucoup plus confidérable.

TAUPE, f. f. (*Pathol. chir.*) *Talpa.* Nom
vulgaire fous lequel on défigne une tumeur molle,
irrégulière & finueufe, renfermant une fubftance
blanche, dont la confiftance eft celle de la bouillie.
Quelquefois cette tumeur eft accompagnée de
carie des os du crâne. (*Voyez* LOUPE dans le
Dictionnaire de Chirurgie de cet ouvrage.)
                                        (R. P.)

TAXIS, f. m. (*Chir.*) ταξις, de ταττω, j'ar-
range, j'ordonne. Dénomination que d'après fon
étymologie on pourroit appliquer à toute opération chirurgicale dans laquelle il s'agit de remettre en place une partie quelconque dérangée
de fa fituation naturelle. L'ufage n'a cependant
point donné au mot *taxis* une acception auffi
étendue, & on ne l'emploie que pour indiquer
les tentatives fructueufes ou infructueufes que l'on
fait pour réduire les hernies, avant d'avoir recours à une opération chirurgicale. On conçoit que

dans la pratique du taxis, il faut prendre certaines
précautions, foit pour en affurer le fuccès, foit
pour éviter les accidens que pourroit provoquer
une manœuvre intempeftive ou maladroite. (*Voy.*
HERNIE dans le *Dictionnaire de Chirurgie* de cet
ouvrage.)

TECTOLOGIE, f. f. (*Hyg. publ.*) Expreffion
employée par Plouquet, (Voyez *Litteratura me-*
dica digefta), pour caractérifer les ouvrages deftinés à indiquer l'accroiffement de la population
par la comparaifon du nombre des naiffances à
celui des morts. (*Voyez* TABLES DE MORTALITÉ
dans ce Dictionnaire.)

TEGERNSEC (Eau minérale de). Cette fource,
fituée dans la Haute-Bavière, entre les montagnes des Alpes, porte le nom de *Sainte-*
Croix. Son eau eft tranfparente, & a une faveur
fade & une odeur fulfureufe. On en a vanté les
avantages dans les maladies calculeufes, l'ictère &
la goutte. Elle donne à l'analyfe de l'hydrogène fulfuré, de l'acide carbonique, de l'oxyde
de fer, du carbonate de chaux, de l'hydrochlorate de foude & du fulfate de chaux & de magnéfie. (R. P.)

TÉGUMENT, f. m. (*Phyf.*) *Tegumentum,*
tegumen. Quoiqu'on puiffe défigner généralement
par ce mot, qui vient de *tegere,* couvrir, les tiffus
membraneux qui fervent d'enveloppe à des organes, foit internes, foit externes, on l'emploie
cependant plus particulièrement comme fynonyme
de peau. (*Voyez* ce dernier mot.)

                                        (L. J. R.)

TEIGNE, f. f. (*Path.*) *Tinea.* Affection du
cuir cheveu, particulière aux enfans, quoiqu'elle fe préfente quelquefois chez les adultes,
affectant dans tous les cas la marche d'une inflammation chronique, accompagnée d'exfudation
d'une humeur qui en fe concrétant donne lieu à
des croûtes qui, par la forme qu'elles prennent,
fervent à caractérifer les efpèces établies dans
cette maladie.
    La teigne a été nommée ainfi à caufe de la
reffemblance qu'on a cru trouver entre les petites
ulcérations qu'elle détermine dans le cuir chevelu, & les trous que fait dans les pelleteries &
dans les étoffes le petit lépidoptère du même
nom. On en reconnoît cinq efpèces :

1°. La teigne faveufe,
2°. La teigne granulée,
3°. La teigne furfuracée,
4°. La teigne amiantacée,
5°. La teigne muqueufe.

I. La *teigne faveufe* eft caractérifée par des
croûtes jaunes & fèches, offrant à leur centre une
dépreffion qui leur donne la forme d'un godet.

                                        E e 2

Cette dépreffion a été comparée aux alvéoles dans lefquelles fe logent les mouches à miel (*favus*), d'où vient à cette efpèce de teigne le nom de *faveufe*. La teigne faveufe eft la plus grave de toutes : elle eft accompagnée d'une inflammation confidérable du cuir chevelu. Il s'exhale de la tête des malades qui en font atteints, une odeur qu'on a comparée à celle du chat; quand la maladie eft peu grave, la peau qui fépare les puftules eft quelquefois faine, mais fouvent elle eft recouverte de petites écailles furfuracées. La chûte des croûtes laiffe voir au-deffous d'elles des empreintes lenticulaires d'un rouge plus foncé à la circonférence, & dont le centre eft affez ordinairement traverfé par un cheveu. La propriété contagieufe qui eft encore douteufe pour les autres efpèces de teigne, ne l'eft point pour celle-ci.

II. La *teigne granulée* fe reconnoît à de petites croûtes d'une couleur brune ou grifâtre, affez femblables à des fragmens de mortier ou de plâtre falis par l'humidité & par la pouffière ; ces croûtes ne préfentent point de dépreffion centrale. Cette efpèce de teigne n'eft point fufceptible de s'étendre, comme la précédente, fur d'autres parties que le cuir chevelu, & elle gagne rarement le vifage. Les croûtes, qui acquièrent quelquefois une dureté confidérable, font fouvent entourées d'écailles furfuracées ; leur chute laiffe voir la peau enflammée & tuméfiée à un degré plus ou moins confidérable. Cette teigne répand une odeur analogue à celle du beurre rance.

III. Dans la *teigne furfuracée*, la matière de l'exfudation forme, en fe deffechant, de petites écailles rouffâtres ou brunâtres, qui reffemblent à du fon de froment, ou à une farine groffière, & s'attachent aux cheveux. Le derme chevelu eft beaucoup moins enflammé dans celle-ci que dans les deux précédentes : il eft rouge, poli & luifant. L'odeur de cette efpèce de teigne reffemble affez à celle du lait aigri.

IV. La *teigne amiantacée* fe reconnoît à ce que la matière de l'exfudation en fe concrétant le long des cheveux fur lefquels elle filtre, les agglutine en plaques, qui par leur couleur blanche & nacrée, & leur texture fibreufe, préfentent une grande reffemblance avec l'amiante. Quand ces croûtes font enlevées, on trouve la peau rouge & enflammée, mais moins encore que dans les efpèces précédentes. Cette teigne, qui affecte ordinairement les adultes, ne répand aucune odeur; elle occupe principalement la partie fupérieure & antérieure de la tête.

V. La *teigne muqueufe* fe manifefte principalement chez les enfans qui font à l'époque de la première ou de la feconde dentition; elle eft caractérifée par des puftules blanches, peu élevées, difpofées en groupes. Ces puftules fécrètent un fluide vifqueux, jaunâtre, qui en fe deffechant forme des croûtes jaunes & verdâtres, d'une texture lamelleufe : on voit quelquefois cette teigne

gagner le front & les joues. La rougeur du derme eft encore moins marquée ici que dans celles qui précèdent.

La *teigne* eft une maladie qui n'attaque guère que les enfans. On l'obferve cependant quelquefois chez les adultes : on lui affigne pour caufes principales la malpropreté, le défaut de foins, la mifère, les mauvais alimens, &c. Que ces caufes agiffent comme déterminantes, cela eft poffible ; mais comme d'une part on voit beaucoup d'enfans qui y étant expofés n'ont cependant point la teigne, & que de l'autre on a l'occafion d'obferver cette maladie fouvent chez des enfans qui ont conftamment été entourés de tous les foins poffibles, il eft permis de croire qu'on en a exagéré l'influence; bien que la conftitution des enfans foit plus uniforme que celle des adultes, il en eft cependant qui apportent en naiffant certains principes morbides généraux, dont l'économie ne fe débarraffe que par la voie des excrétions. Ce mouvement de la nature qui conftitue les maladies dites *dépuratoires*, indique affez au médecin la marche qu'il doit fuivre dans leur traitement. Les moyens locaux, foit antiphlogiftiques, foit calmans, foit ftimulans, conviennent fans doute, mais ils ne fauroient fuffire, & même la difparition de l'affection locale par leur unique emploi pourroit plutôt être confidérée, dans le plus grand nombre des cas, comme un fuccès fâcheux que comme une cure réelle & propre à infpirer de la fécurité.

Ces principes font entièrement applicables au traitement de la teigne. On a beaucoup exalté dans ces derniers temps l'efficacité des antiphlogiftiques locaux & généraux contre cette affection; il peut fe faire qu'ils doivent être employés, quand, ainfi que cela arrive quelquefois, les accidens inflammatoires font intenfes; mais ils deviennent bientôt infuffifans, & on eft obligé de revenir aux médicamens intérieurs dits *dépuratifs* & *antifcorbutiques*, tels que la fcabieufe, la penfée fauvage, la patience, la bardane, la douce-amère, le creffon, &c., & aux divers topiques irritans & dépilatoires, employés fous forme de pommades, de poudres ou de lotions, tels que le foufre, les fulfures alcalins, les oxydes & les fels de cuivre, de mercure, de manganèfe, &c.; médicamens qui font en grande partie la bafe de tous les traitemens indiqués dans les différens formulaires.

(L. J. RAMON.)

TEIGNE DES CHEVAUX. (*Art. vétér.*) On a défigné fous ce nom, une ulcération fétide ayant fon fiége à la fourchette des chevaux, & qui bientôt finit par être vermoulue à peu près comme l'eft le bois par la piqure de l'infecte appelé *teigne*. Quand cette ulcération pénètre jufqu'au vif, elle provoque une démangeaifon infupportable, & répand une forte odeur de fromage pourri.

TEINTURES, f. f. pl. (*Pharm.*) Nom fous lequel on défigne, en pharmacie, des infufions alcooliques ou éthérées, faites avec des fubftances végétales ou animales. Quelquefois, mais rarement, on donne le même nom à certaines préparations minérales; dans ces derniers temps on a propofé de fubftituer au mot teintures, celui d'*alcoolats*: mais, dans le nouveau Codex, la première de ces dénominations a été confervée.

Les teintures font *fimples* ou *compofées*: les premières ne renferment qu'une feule fubftance diffoute dans l'alcool, tandis que les fecondes contiennent un nombre plus ou moins confidérable d'ingrédiens. La volatilité de l'alcool indique affez que ces fortes de préparations doivent être faites dans des vafes fermés, quelquefois à froid & d'autres fois à chaud, fuivant la plus ou moins grande folubilité de la fubftance employée.

Parmi les teintures fimples, nous citerons celles de *cachou*, de *cantharides*, d'*opium*, &c.; & parmi celles que l'on nomme *compofées*, nous rappellerons la teinture *thériacale*, celle de *cardamome* & l'*élixir vitriolique* du Codex.

TÉLANGIECTASIE, f. f. (*Pathol.*) *Telangiectafia*, de τηλε, loin, d'αγγειον, vaiffeau, & de ιχτασις, extanfion, dilatation. Les chirurgiens allemands emploient ce mot, dont le fens littéraire feroit *dilatation des vaiffeaux éloignés du cœur*, pour défigner certaines tumeurs quelquefois appelées, par les chirurgiens français, *tumeurs fpongieufes*, *érectiles*, *fanguines*, *anomales*, *fongus hématoïdes*, *anévryfine fpongieux*, &c.

Ces fortes de tumeurs font molles, élaftiques & formées de vaiffeaux fanguins: elles préfentent un tiffu comme fpongieux, ayant quelqu'analogie avec la ftructure du placenta, & leur ouverture accidentelle ou fpontanée donne toujours naiffance à une hémorragie plus ou moins abondante.
(R. P.)

TÉLÉGRAPHE ÉLECTRIQUE. (*Phyf.*) Sœmmering, peu de temps après que l'on eut découvert que la pile voltaïque peut opérer la décompofition de l'eau, imagina un appareil auquel il donna le nom de *télégraphe électrique*, & à l'aide duquel des perfonnes éloignées pouvoient correfpondre avec une extrême rapidité. Cet appareil confiftoit en fils métalliques dont la longueur devoit être égale à la diftance des deux obfervateurs. Chaque fils métallique correfpondoit de part & d'autre aux diverfes lettres de l'alphabet & étoit plongé dans l'eau par fes deux extrémités, en forte qu'en établiffant convenablement la communication avec une pile voltaïque, on déterminoit la décompofition de l'eau à l'extrémité de tel fil ou de tel autre fil, & l'apparition du gaz défignoit la lettre que vouloit indiquer l'un des deux obfervateurs.

Cet appareil, dont quelques amateurs ont encore des modèles entre les mains, n'a jamais été exécuté en grand, & n'étoit même point fufceptible de l'être.

TÉLÉPHIEN, adj. (*Path. chir.*) *Ulcus telephium*. Adjectif employé autrefois pour caractérifer certains ulcères anciens dont la guérifon étoit fort difficile. Cette dénomination leur a été donnée, dit-on, parce que Télèphe, bleffé par Achille dans un combat, conferva pendant toute fa vie un ulcère fitué au talon. Il feroit difficile d'affigner à quelle efpèce d'ulcères on pourroit rapporter ceux dont il eft ici queftion, car il en eft beaucoup qui font difficiles à guérir & qui cependant tiennent à des caufes effentiellement différentes. Quelquefois on a auffi donné, à ces maladies rebelles, le nom d'*ulcères chironiens*, comme pour indiquer que l'art de Chiron pouvoit feul parvenir à les cicatrifer. (*Voyez* ULCÈRES dans le *Dictionnaire de Chirurgie* de cet ouvrage.)

TELLURE, f. m. (*Chim.*) *Tellurium*, de *tellus*, terre. Ce métal, que l'on ne trouve point à l'état natif, a été découvert, en 1782, par Muller, dans les mines d'or de Tranfylvanie. On le rencontre ordinairement affocié avec le plomb, l'or, l'argent, le foufre, le cuivre, le fer, &c. Le tellure eft caffant & oxydable: il eft très-fufible, entre en ébullition à une haute température & fe volatilife. Ce métal étant fort rare, on n'en poffède dans les laboratoires que de très-petits échantillons, & jufqu'à préfent, il n'eft d'aucun ufage dans les arts & en médecine. (*Voyez* TELLURE dans le *Dictionnaire de Chimie* de cet ouvrage.)

TEMBOUL. (*Voyez* BETEL, tome III, page 704.)

TEMPÉRAMENT, f. m. (*Phyfiol. & Hyg.*) *Temperamentum*. On défigne fous ce nom les différences phyfiques & morales (compatibles avec l'état de fanté) qui fe remarquent entre les hommes, & qui, liées à des variétés de proportions entre les principaux fyftèmes organiques de l'économie, fe manifeftent à nos yeux par des attributs extérieurs qui ont fervi à caractérifer & à claffer les diverfes efpèces de tempéramens.

La doctrine des Anciens fur les tempéramens étoit fondée, comme on fait (& comme on peut s'en convaincre en lifant les œuvres d'Hippocrate & furtout celles de Galien), fur la confidération des quatre élémens, chaud, froid, fec & humide, & des quatre humeurs principales du corps qui y correfpondoient, le fang, la bile, l'atrabile & la pituite. C'eft en combinant ces divers élémens, dans des proportions différentes, que les Anciens trouvoient quatre efpèces principales de tempérameus, le fanguin, le bilieux, le mélancolique ou atrabilaire, & le pituiteux, auxquelles il falloit ajouter le beau idéal de la conftitution phyfique & morale de l'homme, le *temperamentum temperatum*, le *temperamentum ad pondus*, dans lequel tout étoit réglé & équilibré de manière à ce qu'on n'obfervât de prédominance caractériftique dans aucun des fyftèmes généraux, ou, fi l'on veut, des élémens, des humeurs du corps.

Cette divifion capitale, quelles que fuffent d'ailleurs les idées théoriques fur lefquelles on vouloit l'appuyer, paroît bien avoir un fondement réel & puifé dans une faine obfervation, puifqu'elle s'eft confervée jufqu'à nos jours, malgré les progrès fucceffifs des fciences anatomiques, & que les modifications, les additions, les perfectionnemens qu'on y a apportés ont plutôt changé les noms que les chofes. On peut même dire que le grand nombre des médecins de nos jours a déjà oublié les divifions ingénieufes & les théories fpécieufes fondées par le célèbre Hallé, au commencement de ce fiècle (19e), en forte que, dans la pratique, nous nous bornons généralement à l'indication des quatre efpèces primordiales indiquées par les Anciens, plus, les efpèces mixtes, qui font les plus communes, du moins dans nos climats tempérés, & qui font formées par le mélange & la réunion de ces efpèces en proportions diverfes.

Nous penfons donc qu'on peut réduire à cinq les types principaux des tempéramens, favoir : le *tempérament fanguin*, dont on a féparé le *tempérament athlétique*, le *tempérament bilieux*, le *tempérament nerveux* & le *tempérament lymphatique*. De plus, nous avons à étudier dans la pratique les diverfes combinaifons de ces types entr'eux, fous les noms de *tempéramens fanguin-lymphatique*, *biliofo-nerveux* (qui eft à peu près le *tempérament mélancolique* des anciens), *lymphatico-nerveux*, &c.

Les auteurs ne font pas parfaitement d'accord fur les fignes qui caractérifent chaque tempérament, & l'on conçoit, en effet, que la variété & le mélange des efpèces, les modifications qu'elles éprouvent de l'*idiofyncrafie* (ou manière d'être particulière à chaque individu), l'influence de l'âge, du fexe, du climat, des habitudes, &c., contribuent beaucoup à rendre difficile une defcription exacte des phénomènes dont l'enfemble doit conftituer l'attribut diftinctif de chacun des types auxquels fe rapportent les tempéramens. Auffi nous bornerons-nous à indiquer fommairement dans cette defcription, les points fur lefquels il nous paroît régner le moins de diffentiment.

1°. On regarde comme attributs du *tempérament fanguin*, une coloration plus ou moins vive de la face, une phyfionomie animée, une activité & une énergie prononcées de l'appareil circulatoire, un pouls vif, plein, fréquent, une peau fouple & affez facilement perméable, une grande difpofition à la pléthore & aux hémorragies actives, ainfi qu'aux maladies inflammatoires, un fang riche & vermeil, une poitrine bien développée, une certaine énergie dans les fonctions de la digeftion, de la difpofition aux plaifirs de la table & de l'amour, de la vivacité, de la facilité & de la mobilité dans les facultés morales & affectives, &c. Les caractères de ce tempérament, qui femblent annoncer un développement affez marqué des appareils de la circulation, de la refpiration, de l'innervation, de la digeftion, de la nutrition, de la génération, avec prédominance du fyftème fanguin, fe rencontrent furtout dans la jeuneffe après l'époque de la puberté, chez l'homme, chez l'habitant des campagnes, dans les climats tempérés & modérément froids, dans les régions où la terre eft féconde & où les conditions atmofphériques font falubres, &c.

2°. Le *tempérament mufculaire* ou *athlétique* fe reconnoît au développement confidérable du fyftème mufculaire, à un pouls plein & fort, à une poitrine large, à une refpiration ample, à une tête affez petite, comparativement au volume du corps, à une ftature moyenne ou petite, à des facultés intellectuelles peu actives & peu développées, à des paffions modérées, à une grande vigueur dans l'exercice des fonctions de la digeftion & de la nutrition, à une fenfibilité affez obtufe, à une affez grande propenfion à la pléthore générale ou locale, &c. Ce tempérament eft affez fréquemment un tempérament acquis, & qui fe développe au milieu des habitudes de régime & d'exercice favorables, chez les individus primitivement doués d'une conftitution robufte ; on le rencontre fouvent chez les porte-faix, les athlètes, &c.

3°. Dans le *tempérament bilieux*, la peau eft brune, le teint eft peu coloré ou pâle, les cheveux font noirs, la circulation eft active, le fyftème veineux développé, les chairs font fermes, les mufcles prononcés, l'embonpoint eft nul ou médiocre, les organes digeftifs font actifs, mais fujets à éprouver du dérangement dans leurs fonctions, la conftipation eft prefque habituelle. Les individus doués de ce tempérament fe font remarquer par des paffions ardentes, un caractère ferme, fombre & enclin à la mélancolie, par des facultés intellectuelles développées & fufceptibles d'une grande contention & d'une application foutenue : ils font fujets aux maladies de l'eftomac & de l'appareil biliaire, à l'ictère, aux hémorroïdes, &c. On rencontre affez fréquemment ce tempérament chez les habitans des contrées méridionales de l'Europe, chez les littérateurs & les gens qui fe livrent aux travaux de cabinets, &c.

4°. Le *tempérament nerveux*, dont les Anciens avoient déjà deffiné quelques traits dans leur *tempérament mélancolique*, mais qui a été explicitement mentionné par les Modernes, & notamment par Cabanis, a pour principaux caractères, une fufceptibilité, une mobilité, une vivacité, une *impressionabilité* (qu'on nous passe ce terme) qui, en même temps qu'elles annoncent une sorte d'exaltation nerveuse habituelle , se lient presque toujours à une foiblesse plus ou moins marquée , à un développement & à une énergie médiocre des systèmes circulatoire , respiratoire & musculaire. Les individus *nerveux*, proprement dits, sont généralement maigres , incapables de travaux soutenus & prolongés , sujets aux névroses , aux névralgies , &c. Ce tempérament est très - souvent *acquis*, & il se remarque surtout dans les pays chauds ou tempérés, dans les grandes villes, chez les femmes , chez les individus qui vivent au milieu de circonstances propres à exciter la susceptibilité nerveuse.

5°. Le *tempérament lymphatique* est caractérisé par une certaine mollesse des tissus qui sont décolorés & abreuvés de fluides blancs , par un embonpoint flasque , des cheveux le plus souvent blonds , un pouls mou & peu fréquent , une lenteur & une foiblesse physique & morale qui portent les sujets lymphatiques à la paresse & à l'indolence , & les exposent aux affections catarrhales, scrofuleuses, aux maladies chroniques , &c. Ce tempérament se rencontre surtout dans les pays froids & humides, dans les climats brumeux, en Hollande, en Angleterre ; &, d'autre part , dans les climats très-chauds où règne aussi une certaine humidité , chez certains peuples de l'Asie, de l'Afrique, de l'Amérique. Il est plus commun dans l'enfance , dans le sexe féminin , & aussi vers la fin de l'âge adulte , que dans les autres époques de la vie.

Dans nos régions tempérées, le tempérament lymphatique est presque toujours uni , dans des proportions variables, au tempérament sanguin & au tempérament nerveux , surtout dans la jeunesse , & c'est cette heureuse combinaison qui donne cet embonpoint agréable , ces formes arrondies , ce teint de lys & de roses qui rendent si séduisantes les jolies femmes de nos contrées.

6°. Les *tempéramens mixtes* sont infiniment plus communs , surtout dans les pays tempérés de l'Europe, que les *tempéramens simples* que nous venons d'énumérer ; & c'est justement ce mélange, & les nombreuses modifications apportées par les habitudes sociales dans les proportions des élémens qui se combinent pour le former , qui rendent souvent si difficiles à apprécier les caractères du type auquel doit être rapporté le tempérament des individus sains ou malades, que le médecin est appelé à examiner : heureusement que cette connoissance n'a pas toute l'importance qu'y attachent les préjugés du vulgaire, & que, dans la généralité des cas, une exploration attentive des organes extérieurs & intérieurs , l'observation exacte du rhythme des fonctions , l'examen des circonstances au milieu desquelles l'homme est placé, suffisent pour apprendre au praticien tout ce qu'il lui importe de savoir sur la constitution du sujet dont il doit diriger la conduite.

Dans le peu que nous avons dit, il a déjà été facile de voir que l'âge , le sexe, le climat , le régime , les habitudes , &c. , influoient beaucoup sur le tempérament, au point que le type originel pouvoit tout-à-fait changer pour faire place à un tempérament *acquis* ; on sent combien ce principe est fécond en applications & en développemens , qu'il ne nous est pas même permis d'indiquer ici , mais que l'homme de l'art instruit saisit avec une grande facilité dans la pratique.

On s'est efforcé de nos jours de localiser toutes les maladies. Un auteur moderne (M. Thomas de Troisvèvre) s'est efforcé à son tour de localiser les tempéramens ; rejetant les dénominations vulgaires de tempéramens bilieux, sanguin , nerveux , &c. , il a voulu y substituer celles plus *physiologiques* de tempéramens *cranien*, *thoracique*, *abdominal*, *cranio - thoracique*, *thoraco - abdominal*, &c. Combattant les idées émises par les Anciens & les Modernes sur la doctrine des tempéramens , il s'est attaché à prouver que les effets généraux qui caractérisent ces divers états sont primitivement dus à la prédominance des principaux viscères dont les fonctions influencent & modifient toute la constitution. Ainsi, d'après M. Thomas, tel individu qui présente les attributs du tempérament *nerveux*, en est redevable à la prédominance de l'encéphale sur les autres organes ; tel autre, que l'on nomme *sanguin*, doit la vigueur & l'espèce de pléthore qui le distinguent au développement & à la prédominance du cœur & des poumons, qui rendent le sang plus riche & la circulation plus active ; un troisième , que l'on appelle improprement *lymphatique*, a des viscères abdominaux très - développés , & une nutrition exubérante d'où résultent cet embonpoint & cette laxité des tissus pénétrés de sucs trop abondans.

Cette théorie, qui tend à préciser d'une manière plus rigoureuse la source des nombreuses différences qui s'observent entre les hommes, seroit sans doute , si elle étoit suffisamment prouvée, plus satisfaisante que celle qui établit d'une manière vague & générale la prédominance de la bile, de la lymphe, du sang, dans les tempéramens bilieux, lymphatiques, sanguin , &c. Toutefois, elle ne modifie pas autant qu'on pourroit le croire au premier abord la doctrine jusqu'ici généralement reçue ; ce sont toujours (comme on peut le voir dans l'ouvrage de M. Thomas) à peu près les mêmes caractères assignés à chaque tempérament, à chaque constitution, & les mêmes préceptes hygiéniques applicables à chacun : peut-être même cette théorie spécieuse a-t-elle l'inconvénient de fixer trop exclusivement l'attention sur l'une des sources premières des importantes modifications imprimées à l'économie, & de faire négliger la considération des effets généraux, soit primitifs, soit secondaires, qui s'observent dans les solides & les liquides de l'économie, dans l'homme physique & moral tout entier , lors même qu'il seroit bien démontré

que ces effets dépendent toujours de la prédominance innée ou acquise de tel ou tel système d'organes.

Enfin, il ne faut pas oublier que cette nouvelle
doctrine des tempéramens, comme l'ancienne, est
moins l'*explication* que l'*exposition* méthodique
des phénomènes qui caractérisent à nos yeux les
diverses constitutions, & que l'essence & la cause
première de ces phénomènes nous sont & nous seront toujours inconnues. (GIBERT.)

TEMPÉRANCE, s. f. (*Hyg.*), *temperantia*,
σωφροσυνη des Grecs. Cette expression, dans son
acception la plus étendue, indique l'usage modéré de toutes les choses qui font partie du régime, &, fous ce rapport, peut être confidérée
comme le juste milieu entre l'abus & la privation.
Le mot *tempérance* s'applique plus spécialement
à l'usage des choses matérielles, tandis que le mot
modération semble être plus spécialement réservé
pour tout ce qui a rapport à l'homme moral.
Ainsi l'on dit *tempérance* dans le boire & le manger, *tempérance* dans l'usage des organes sexuels,
modération dans le caractère, dans les pensées &
dans leurs expressions. (*Voyez* RÉGIME.)
(R. P.)

TEMPÉRANT, TE, adj. (*Thérapeut.*), en latin
temperans, participe de *temperare*, tempérer,
modérer; littéralement; *qui a la faculté de tempérer, de modérer*. On a autrefois donné ce nom
à des médicamens que l'on supposoit doués de la
vertu de modérer l'action vitale en général, mais
principalement l'activité trop grande de la circulation des fluides animaux. Le sens qu'on donne au
mot *tempérant* se rapproche beaucoup de celui
des mots *calmant* & *sédatif*, quoiqu'on puisse,
d'après l'ancienne tradition, appliquer plus particulièrement le premier de ces termes à l'action
de ralentir le mouvement des liquides circulans,
tandis que les deux autres expriment plus volontiers une action sédative exercée sur les solides.
Relativement à leur emploi, ces moyens peuvent
être divisés en locaux & en généraux, suivant
qu'ils bornent leur action à une partie isolée, ou
qu'ils agissent plus ou moins généralement sur
l'économie animale par l'entremise des organes
digestifs.

Les agens qu'on a considérés comme doués de
la propriété tempérante, font les fruits rouges
acidules, le citron, le berberis, les feuilles de
diverses oseilles, les plantes qui contiennent du
nitrate de potasse (la pariétaire, la bourrache),
ce sel lui-même, &c.; les semences dites émul-
sives, telles que celles des cucurbitacées, les
amandes, certaines boissons dites animales,
comme le sérum, les bouillons de veau, de grenouilles, de poulet, &c.

Poudre tempérante de Stahl. Elle est composée
de nitrate & de sulfate de potasse, 9 parties; cina-

bre, 2 parties : la dose est de 12 à 20 grains. Stahl
employoit cette poudre dans les affections nerveuses & les maladies fébriles accompagnées d'un
grand développement de chaleur. Cette composition est peu usitée & ne mériteroit guère la place
qu'on lui a accordée dans notre *Codex*. Il y a
aussi une *poudre tempérante* laxative de *Bouillon-
Lagrange*, dans laquelle entrent du nitrate de
potasse, de l'acide borique et du tartrate de potasse. (BRICHETEAU.)

TEMPÉRATURE, s. f. (*Hyg.*, *Phys. médic.*)
Temperies. Ce mot, d'après les idées les plus
généralement admises, eu égard à la nature
du calorique, a quelqu'analogie avec ce qu'on
appelle la *tension* des fluides élastiques. Ces
corps remplissent, en effet, la totalité de l'espace
qui les contient, &, dans l'état d'équilibre, ils
sont également pressés dans tous les sens : telle est
aussi l'idée que l'on se forme de la manière d'être
du calorique : seulement aucun corps ne peut
coercer cet agent, comme on le fait à l'égard
de toute autre substance matérielle.

Le mot température n'est jamais relatif qu'à
cette portion du calorique que l'on désigne sous
le nom de *calorique libre*, & comme sous ce rapport nos sensations ne pourroient nous fournir
que des renseignemens inexacts, nous mesurons
cette température à l'aide du thermomètre. (*Voy.*
ce mot.) Une multitude de considérations physiques se rattachent à la température des corps,
mais les développemens dont elles sont susceptibles appartiennent plutôt au *Dictionnaire de Physique* de l'Encyclopédie qu'à celui *de Médecine*;
aussi renvoyons-nous aux mots CALORIMÈTRE, CA-
LORIQUE, CAPACITÉ DES CORPS, TEMPÉRATURE, du
premier de ces deux ouvrages, nous bornant à
donner ici quelques indications sommaires sur la
température du globe & sur celle des corps organisés vivans.

Température du globe. Sans nous arrêter aux
nombreuses opinions que l'on a successivement
émises sur la température primitive de la terre,
nous la considérons, ainsi que semble nous l'indiquer une longue suite d'observations, comme
un globe qui est redevable de sa température à
l'influence d'une cause calorifique dont l'action
périodique se fait inégalement ressentir aux différens points de la surface qu'elle échauffe. A
cette cause calculable, se joignent des dispositions
locales, constantes ou accidentelles, qui modifient
l'énergie de la puissance primitive, de manière
que l'on ne sauroit, sans consulter l'observation,
déterminer avec quelqu'exactitude, la température moyenne d'un lieu quelconque : connoissance
d'autant plus importante qu'elle est l'une de celles
qui influent le plus sur les productions du sol, &
conséquemment aussi sur la constitution des animaux qui l'habitent.

Le soleil est fort probablement, sinon l'unique,
du

du moins la plus puissante & la plus générale des causes auxquelles on peut attribuer les variations périodiques de la température de la terre ; & c'est dans les mouvemens de rotation & de translation de cette planète, qu'il faut chercher les élémens des modifications qu'elle présente sous le rapport de la chaleur. En effet, tournant autour de son axe en vingt-quatre heures, la terre présente successivement au soleil presque la totalité de sa surface, mais sa figure sphérique empêche que toutes ses parties ne soient également échauffées, puisque les rayons solaires, dont la direction est oblique, ne produisent qu'une partie de l'effet qu'ils feroient naître s'ils agissoient perpendiculairement, en sorte que tous les jours leur action est réellement variable suivant les diverses époques de l'année. Au surplus, le *maximum* de cette action a toujours lieu pour les parties situées entre l'équateur & l'un ou l'autre tropique ; de même que son *minimum* répond, soit aux deux pôles à la fois, soit à l'un d'eux seulement. La courbe que la terre décrit autour du soleil étant une ellipse, on conçoit qu'elle est tantôt plus près, tantôt plus éloignée de cet astre, en sorte que celui de ses deux hémisphères qui à l'époque du périhélie reçoit plus directement l'influence du soleil, devroit réellement avoir une température un peu plus élevée, si l'avantage que lui procure une moindre distance, n'étoit compensé par un mouvement plus rapide qui le laisse séjourner moins long-temps dans les signes austraux.

Puisque tous les ans, & à des époques correspondantes, la position de la terre & du soleil est exactement la même, il est clair que l'on devroit voir périodiquement se renouveler la même température, non-seulement dans les mêmes lieux, mais encore pour tous ceux qui ayant une même latitude, sont placés sous un même parallèle. L'observation est loin de confirmer cette indication théorique, espèce d'anomalie dont on se rend d'ailleurs aisément compte par l'influence de causes locales permanentes ou par celles des vicissitudes accidentelles. Parmi les premières, nous plaçons ; 1°. l'élévation des lieux au-dessus du niveau de l'Océan ; 2°. le rapport entre les parties solides & liquides du globe ; 3°. l'inclinaison du sol, sa nature & l'état habituel de sa surface ; 4°. la direction ordinaire des vents, leur intensité, ainsi que leur état de sécheresse ou d'humidité. Au nombre de ces diverses conditions, la plus puissante est sans contredit celle qui résulte de la hauteur des lieux, puisque même sous l'équateur, à 4800 mètres, existe la limite inférieure des neiges perpétuelles.

Quant à l'inclinaison du sol, on peut, en comparant l'état de la végétation sur les deux flancs opposés d'une montagne, gissant de l'est à l'ouest & située hors des tropiques, se faire une idée de l'énorme différence dépendant de cette seule circonstance.

Les vicissitudes accidentelles capables de modifier la température d'un lieu, dépendent de considérations météorologiques, dont l'influence a déjà été appréciée aux articles AFRIQUE, AIR & MÉTÉOROLOGIE de ce Dictionnaire, & qui d'ailleurs se représenteront de nouveau au mot VENTS.

D'après ce qui précède, on conçoit la possibilité de tracer à la surface du globe des *lignes isothermes*, c'est-à-dire des lignes passant par des lieux qui ont une même température. C'est effectivement ce qu'à diverses époques plusieurs physiciens ont tenté ; tels sont Halley, Mairan, Kaiwan, Lambert, &c. ; mais ils n'avoient point de données suffisantes pour résoudre ce problème. M. de Humboldt, en réunissant un bien plus grand nombre d'observations, est allé beaucoup plus loin, & son travail, consigné dans le 3e. volume des *Mémoires de la Société d'Arcueil*, présente les résultats les plus satisfaisans. Si de pareilles recherches avoient été faites pour tous les points de la surface du globe, non-seulement on auroit une mesure exacte de l'influence perturbatrice des causes secondaires, mais encore on pourroit en déduire les renseignemens les plus utiles relativement à l'agriculture & à la médecine.

Température des êtres organisés vivans. Ces corps, ainsi que tous les autres, tendent à se mettre en équilibre de température avec les différens milieux dans lesquels ils sont plongés ; mais il existe en eux des causes qui ralentissent ou même empêchent l'effet de cette disposition : et beaucoup de physiologistes ont cherché à découvrir quelle pouvoit être l'origine de cette puissance de l'organisation, assez active pour lui permettre de contre-balancer les influences du chaud & du froid. Cette question offre des difficultés qui, jusqu'à présent, n'ont point permis de la résoudre complètement ; en sorte que, malgré de nombreuses recherches, il reste encore à cet égard beaucoup à désirer ; la solution ne pouvant être la même pour les végétaux & pour les diverses classes d'animaux, bien que d'ailleurs plusieurs conditions soient communes aux uns & aux autres : tels sont, par exemple, le mouvement & la circulation des fluides dans des vaisseaux appropriés.

Les végétaux ont-ils une température qui leur soit propre ? Les phytologues sont loin d'être d'accord sur ce point, & comme chacun à l'appui de son opinion cite des expériences ou des observations, il faut convenir que si réellement les substances végétales sont douées d'une vertu *calorigène*, elle est au moins très-foible ; en sorte que c'est surtout en entourant les végétaux de garanties, que la nature les préserve d'un refroidissement trop rapide, & les met à l'abri d'une trop vive chaleur. Néanmoins, on a remarqué qu'à l'époque de la fécondation, la spathe florale des *Arum* présente une température qui, pour certaines efpèces & à certaines heures de la journée, s'élève de quelques degrés.

En comparant les animaux qui jouiffent d'une circulation complète & qui ont divers modes de refpiration, tels que les animaux à fang chaud, les animaux hivernans & ceux que l'on appelle *animaux à fang froid*, il eft aifé de fe convaincre que du moins pour eux, il exifte de grands rapports entre leur température & les fonctions de la circulation & de la refpiration, bien que d'ailleurs les combinaifons qui s'opèrent dans chaque vifcère puiffent auffi contribuer à l'effet définitif.

En général, dans les animaux à fang chaud, l'un des caractères les plus remarquables eft d'avoir une température qui, à de légères nuances près, eft la même pour tous : auffi la confervent-ils habituellement, même au milieu des caufes les plus propres à la faire changer. Néanmoins il eft des limites au-delà defquelles les forces de l'organifation deviennent infuffifantes & réclament l'emploi de fecours étrangers; fans lefquels ne pourroit plus fubfifter cette conftance de température, indifpenfable à l'entretien de la vie. Ici fe rattachent néceffairement les recherches faites par un grand nombre de phyfiologiftes relativement aux influences qu'exerce fur diverfes fortes d'animaux un degré de froid ou de chaleur confidérable.

Les animaux à fang froid développent en général beaucoup moins de chaleur que les précédens, & il eft même probable que les dernières divifions de cette nombreufe férie fuivent la température du milieu qui les environne, l'expérience prouve même qu'ils peuvent, fans ceffer de vivre, éprouver un refroidiffement très-grand & furtout très-prolongé; mais alors ils perdent leur activité, s'engourdiffent, pour revenir en quelque forte à la vie, auffitôt qu'une température plus modérée fait naître pour eux un nouvel ordre de chofes. Cependant, pour quelques-uns d'entre eux, la refpiration & la circulation, quoiqu'effentiellement différentes, jouent encore un rôle qui, pour être moins appréciable, n'en eft cependant pas moins réel. On conçoit que des confidérations phyfiologiques auffi délicates exigent des rapprochemens & des développemens auxquels on ne pourroit fe livrer que dans un travail fpécial.

(THILLAYE aîné.)

TEMPES, f. f. pl. (*Anat.*) *Tempora*. On nomme ainfi les parties latérales de la tête qui s'étendent entre le front & l'œil, antérieurement, & l'oreille, poftérieurement. En général, cette partie de la boîte offeufe du crâne, qui eft formée par la portion écailleufe de l'os temporal, préfen'e affez peu d'épaiffeur : auffi regarde-t-on les chutes faites fur les tempes, & les coups reçus fur cette portion du crâne, comme éminemment dangereux. Ils peuvent effectivement occafionner à l'organe encépha-

liqué des commotions toujours très-graves. (*Voyez* PLAIE (plaies de tête), dans le *Dictionnaire de Chirurgie* de cet ouvrage.)

TEMPORAL, adj. & f. m. (*Anat.*) *temporalis*. Nom donné à l'un des huit os qui conftituent la boîte offeufe du crâne. Cet os, qui eft fitué fur les parties latérales de la tête, eft formé de trois portions diftinctes, l'une nommée *écailleufe*, l'autre *maftoïdienne*, & la troifième *pierreufe* ou *rocher*. Indépendamment de ces trois parties, il en eft une quatrième, ou plutôt un appendice, nommée *apophyfe zygomatique*. Nonobftant fes ufages généraux, le temporal eft d'autant plus remarquable que c'eft dans fa partie *pierreufe* que réfide l'oreille interne. (*Voyez*, pour plus de détails, le *Dictionnaire d'Anatomie* de cet ouvrage.)

Le mot *temporal*, employé comme adjectif, fert à défigner des parties qui font plus ou moins en rapport avec l'os temporal : ainfi on appelle *foffe temporale*, la dépreffion que l'on remarque fur les parties latérales de la tête. Cette foffe eft elle-même remplie par un mufcle large, aplati & triangulaire, que l'on nomme *mufcle temporal*. Des nerfs ou des filets nerveux, provenant du nerf maxillaire inférieur, font défignés par les noms de *nerfs temporo-profonds* & *fuperficiels* ou *auriculaires*; enfin, une aponévrofe recouvrant le mufcle temporal, ainfi que trois artères, qui toutes naiffent de l'artère carotide externe, ont encore reçu la même dénomination. (*Voyez*, pour la defcription de ces différentes parties, TEMPORAL & TÈTE, dans le *Dictionnaire d'Anatomie*.)

TEMPORO-AURICULAIRE. (*Anat.*) *Temporo-auricularis*. Nom donné par Chauffier au mufcle auriculaire fupérieur. (*Voyez* ces différens mots dans le même Dictionnaire.)

TEMPORO-CONCHILIEN, adject. (*Anat.*) Expreffion dont fe fervoit Dumas pour défigner le mufcle temporo-auriculaire de Chauffier (*auriculaire fupérieur*).

TEMPORO-MAXILLAIRE, adject. Dénomination employée par les anatomiftes pour indiquer des parties qui ont des rapports avec l'os temporal & l'os maxillaire, tels font : 1°. la région occupée par les mufcles maffeter & temporal ; 2°. le mufcle temporal ou crotaphite auquel Chauffier avoit donné le nom de *temporo-maxillaire* ; 3°. enfin, l'articulation du condyle de l'os maxillaire inférieur avec la partie antérieure de la cavité glénoïde de l'os temporal (articulation temporo-maxillaire. (*Voyez*, pour plus de détails, le *Dictionnaire d'Anatomie* de cet ouvrage.)

TEMS, f. m. (*Pathol.*) *Tempus*. Expreffion détournée de fa fignification primitive & fervant à exprimer des idées fouvent très-différentes. Ainfi on nomme *temps de néceffité* celui dans lequel on eft obligé d'agir fans délai, l'urgence des cas n'en permettant aucun ; *Temps d'élection* l'époque que l'on choifit comme étant la plus favorable aux fuccès des moyens thérapeutiques que l'on emploie. Dans d'autres circonftances, le mot *temps* eft fynonyme de période, ainfi l'on dit quelquefois, *temps d'invafion, d'incubation, d'accroiffement, de ftation* ou *de décroiffement* d'une maladie, pour défigner la durée des diverfes périodes qu'elle parcourt.

TÉMULENCE, fub. f. (*Path.*) *Temulentia.* Mot employé pour caractérifer un état foporeux qui fe manifefte dans quelques fièvres graves ; quelquefois ce fymptôme eft nommé *ébriété*. (*Voyez* DÉLIRIUM, IVRESSE, STUPEUR.)

TÉNACITÉ, fub. f. (*Phyf.*) *Tenacitas.* Expreffion dont on fe fert pour indiquer la réfiftance que les corps oppofent aux forces qui tendent à rompre la cohéfion de leurs parties au moyen de l'extenfion. Ainfi on mefure la ténacité d'un fil de métal par la quantité de poids qu'il peut fupporter fans fe rompre. (*Voyez* TÉNACITÉ dans le *Dictionnaire de Phyfique* de cet ouvrage.)

TENAILLE, f. f. (*Inftr. chir.*) *Tenacula,* du verbe *tenere*, tenir. Inftrument de chirurgie ayant la forme de celui qui, fous le même nom, eft employé dans une foule d'arts. Les tenailles dont fe fervent les chirurgiens font tranchantes & deftinées à couper des efquilles ou les cartilages. Leurs dimenfions varient fuivant les circonftances dans lefquelles on en fait ufage ; quelquefois elles fervent à enlever certaines tumeurs ; mais elles ne font guère employées aujourd'hui que pour couper la portion offeufe qui, lors d'une amputation, refte quelquefois après la fection incomplète de l'os.

TENDINEUX, SE, adj. (*Anat.*) *Tendinofus.* Nom donné aux parties qui, par leur ftructure, reffemblent aux tendons ou ont quelqu'analogie avec eux. Ainfi on appelle *demi-tendineux* le mufcle *ifchio-prétibial* fitué à la partie poftérieure de la cuiffe ; de même que l'on nomme *centre tendineux* du diaphragme, la portion centrale de ce mufcle, laquelle eft formée par la réunion & l'entre-croifement d'un grand nombre de fibres aponévrotiques. (*Voyez*, pour plus de détails, le *Dictionnaire d'Anatomie* de cet ouvrage.) (R. P.)

TENDON, f. m. (*Anat.*) Dérivé de τεινω, je tends. On donne ce nom à des cordons fibreux, blancs, plus ou moins longs, arrondis ou aplatis qui terminent les mufcles & les fixent aux os. Quelquefois les tendons, au lieu d'être fitués aux extrémités des mufcles, en occupent la partie moyenne ;

c'eft ce qu'on obferve à l'égard des mufcles digaftriques. En général, l'ufage de ces cordons eft de tranfmettre le mouvement mufculaire ; auffi les fibres charnues viennent-elles s'y inférer & fe confondre en quelque forte avec eux. Très-fouvent ces tendons font reçus dans des gaines ligamenteufes deftinées à en prévenir le déplacement ; fouvent même ils gliffent fur des plans inclinés de manière à changer la direction de l'action mufculaire : fouvent auffi, au lieu de former des faifceaux ligamenteux, ils s'étendent en membranes aponévrotiques. (*Voyez* TENDON dans le *Dictionnaire d'Anatomie* de cet ouvrage, &, pour ce qui a rapport à fes différentes léfions, les articles PLAIE & TENDON du *Dictionnaire de Chirurgie*.)

TENDON D'ACHILLE. (*Voyez* ACHILLE & TRICEPS DE LA JAMBE dans le même Dictionnaire.)

TENDU, UE, adj. (Pouls tendu) (*Pathol.*) Epithète qui fert à caractérifer une des nombreufes modifications que préfente le pouls. Ce mot eft oppofé à celui de *fouple*, & eft à peu près fynonyme des expreffions *pouls dur* ou *réfiftant*. (*Voyez* POULS.) (R. P.)

TÉNESME, f. m. (*Pathol.*) du grec τεινεσμος, ou τεινεσμος. On entend par ténefme ou épreinte, une envie fréquente, prefque continuelle, mais fouvent inutile d'aller à la felle. Dans cette affection la fin de l'inteftin rectum, & furtout l'anus, font le fiége d'une douleur aiguë & d'une chaleur brûlante ; les matières évacuées confiftent ordinairement en des mucofités, fouvent mêlées de fang. Ces fymptômes, qui caractérifent évidemment l'inflammation du rectum, comme Galien l'avoit fort anciennement remarqué, s'accompagnent quelquefois de douleurs dans le bas-ventre & d'un mouvement fébrile.

Plus fatigante que dangereufe, du moins dans nos climats, cette affection reconnoît des caufes affez variées, fans parler de celles des phlegmafies en général. Ainfi, elle peut être produite par les hémorrhoïdes, par l'accumulation des matières fécales dans le rectum, la groffeffe, la dyfenterie, les vers inteftinaux, particulièrement les afcarides, par un calcul dans la veffie, par des frictions mercurielles faites au périnée, &c.

Des lavemens émolliens, huileux, & des applications de même nature, des bains de fiége, fuffifent ordinairement pour diffiper le ténefme. Une diète févère n'eft pas toujours néceffaire. Hippocrate prefcrit même de donner de la nourriture aux malades, parce que les matières fécales qui en réfultent font fur l'inteftin une impreffion moins irritante que les autres matières inteftinales, & empêchent les furfaces enflammées de fe toucher. Quelquefois la douleur eft tellement aiguë & les contractions fi fréquentes qu'on eft obligé de recourir à des calmans, à des narcotiques, qui ont

Ff 2

furtout un excellent effet chez les perfonnes très-nerveufes, & lorfqu'il n'y a pas de réaction générale. S'il y a de la fièvre, & fpécialement fi l'individu eft jeune, robufte & fanguin, ou fi le ténefme eft déterminé par des hémorrhoïdes, il faut provoquer une émiffion fanguine par l'application des fangfues au pourtour de l'anus. Il eft inutile de dire que chaque efpèce de ténefme réclame, avant tout, le traitement de la caufe ou de la maladie à laquelle il eft dû.

Quelques médecins ont appelé *ténefme véfical* l'envie prefque continuelle & fouvent impuiffante d'uriner, qu'on éprouve lorfqu'une caufe irritante s'eft fixée fur la veffie & follicite la contraction de fa membrane mufculaire; c'eft un fymptôme de la *ftrangurie.* (*Voyez* ce mot, ainfi que l'article RÉTENTION.) (EMERIC SMITH.)

TENETTES, f. f. pl. (*Inftr. chir.*) *Tenacula, volfellæ.* Nom donné à des pinces fpécialement employées pour faire l'extraction des calculs contenus dans la veffie. Leurs mors ou cuillers préfentent une concavité garnie d'afpérités deftinées à empêcher le calcul de gliffer. La forme de ces inftrumens a éprouvé de nombreufes modifications : les uns font droits, d'autres font courbes, & la manière dont les deux parties de la tenette font jointes eft encore une fource de différences qui leur a fait donner des dénominations particulières, telles que celle de *tenettes croifées*, de *tenettes à jonction paffée*, &c. (*Voyez* les mots TAILLE & TENETTES, dans le *Dictionnaire de Chirurgie* de cet ouvrage.)

TÉNIA. (*Voyez* TÆNIA.)

TÉNONTAGRE, fub. f. (*Pathol.*) Mot grec francifé, venant de τενων, tendon, & de αγρα, proie. Modification de la goutte qui attaque fpécialement la partie tendineufe des mufcles, ou les ligamens qui maintiennent les articulations. (*Voy.* GOUTTE & PODAGRE.)

TENSEUR, fub. & adj. (*Anat.*) *Tenfeur de l'aponévrofe fémorale.* Nom donné au mufcle *fafcia lata* dont l'ufage paroît être de tendre l'aponévrofe qui enveloppe les mufcles de la cuiffe. (*Voyez* FASCIA LATA dans le *Dictionnaire d'Anatomie* de cet ouvrage.)

TENSIF, IVE, adj. (*Path.*) Epithète fervant à caractérifer un fymptôme accompagné de tenfion : ainfi l'on dit *douleur, chaleur* tenfive. (R. P.)

TENSION, f. f. (*Path.*) *Tenfio*, de *tendere*, tendre; τενω, je tends. On entend par tenfion cet état particulier dans lequel la peau, un organe ou une cavité font diftendus. La tenfion eft un des caractères propres de l'inflammation qui la fait de

plus fûrement reconnoître fi elle eft fituée profondément. Ainfi, un phlegmon fe manifefte-t-il dans l'épaiffeur de la cuiffe, le malade y éprouve de la chaleur, une douleur pulfative, & furtout de la tenfion. La tenfion de l'abdomen eft auffi très-manifefte dans les péritonites, les gaftrites, les entérites. Pendant la durée des gaftro-entérites (fièvres putrides, adynamiques), on remarque furtout un fentiment de tenfion des hypochondres; fymptôme déjà fignalé par les plus célèbres médecins de l'antiquité, regardé par eux comme très-funefte, qu'ils ne favoient à quoi attribuer, & qui eft dû à l'inflammation des organes digeftifs & de leurs annexes. Cette tenfion exifte également dans les gaftrites chroniques, dans l'hépatite, la fplénite; elle eft auffi très-marquée dans la métrite, la cyftite. Plufieurs femmes ont auffi l'abdomen tendu quelques jours avant l'écoulement menftruel; la conftipation, qui dure quelque temps, s'accompagne prefque toujours de la tenfion du ventre. Quand, en examinant un malade on palpe l'abdomen, on eft promptement averti s'il y a quelques points douloureux ou enflammés; au moment où l'on pofe la main fur cette région les mufcles fe contractent auffitôt & inftinctivement pour mettre à l'abri de toute preffion la partie fouffrante : c'eft une tenfion momentanée, & qu'il eft important de bien obferver. Cet état de tenfion mérite une férieufe attention dans la marche des fièvres; tant que le ventre refte tendu, il n'y a pas diminution dans l'intenfité de la maladie, quoique d'autres fymptômes pourroient le faire préfumer; mais dès qu'il devient fouple, il y a lieu d'efpérer qu'il y aura bientôt diminution de la fièvre : dans la pleuréfie aiguë, dans celle qui eft chronique avec épanchement, dans la pneumonie, on obferve également la tenfion des efpaces intercoftaux.

La face eft tendue, injectée dans les cas d'afphyxie, par le gaz acide carbonique; par fuite de ftrangulation ou de pendaifon; elle s'eft également lorfqu'on a été expofé pendant quelque temps au foleil ou à l'action d'un vent violent, comme cela arrive, quand on eft à cheval ou dans une voiture découverte. Toutes les inflammations cutanées ou peu profondes fe manifeftent par la tenfion de la peau, ainfi qu'on le voit dans l'éryfipèle, la variole, la rougeole, la fcarlatine, &c. &c. (NICOLAS.)

TENTAVEL ou TENTAVÈLE (Eaux minérales de). Nom d'un village remarquable par des eaux thermales & martiales qui fortent d'un rocher fitué au fud de ce village. Tentavel eft à quatre lieues de Perpignan & à huit de Narbonne : la fource minérale porte le nom de *Foradada.*

TENTE, f. f. (*Anat.*) (Tente du cervelet.) *Tentorium.* C'eft un repli de la dure-mère, fervant à féparer les lobes poftérieurs du cerveau de ceux du cervelet. (*Voyez* Dure-mère dans le *Dictionnaire d'Anatomie* de cet ouvrage.)

TENTE, f. f. (*Chir.*) *Turunda, penicillus, penicillum.* On appelle ainsi des rouleaux de charpie ou d'éponge préparée, d'une grosseur plus ou moins considérable, liés à leur partie moyenne, & destinés à être introduits dans les plaies, dans les ulcères profonds dans lesquels on veut porter des médicamens, ou dont on se propose de tenir les lèvres écartées afin d'en déterger le fond avant que les bords puissent se cicatriser. Autrefois on faisoit fréquemment usage des tentes, qui aujourd'hui ne servent plus que dans un petit nombre de cas particuliers, comme dans l'opération de la fistule anale par incision, dans quelques plaies de poitrine, &c. (*Voyez* Plaie, Poitrine, Tente, dans le *Dictionnaire de Chirurgie* de cet ouvrage.)

TENTIGO. (*Pathol.*) Expression latine conservée en français & qui est synonyme de priapisme. (*Voyez* ce mot.)

TENTIPELLE, f. m. (*Hyg.*) *Tentipellum*, de *tendo*, je tends, & *pellis*, peau. Nom donné à un cosmétique au moyen duquel on prétendoit faire disparoître les rides de la peau.

TÉNU, ue, adj. (*Anat. pathol.*) *Tenuis.* Adjectif employé pour caractériser toutes les parties dont la contexture est extrêmement déliée. Ainsi, les anatomistes donnent ce nom aux dernières ramifications des vaisseaux sanguins & des nerfs.

En pathologie, la même dénomination sert à désigner l'urine qui est claire, légère & presque aqueuse. (*Voyez* Urine.)

TÉNUITÉ, f. f. *Tenuitas.* Qualité de ce qui est ténu. (*Voyez* Ténu.) (R. P.)

TÉPLITZ (Eaux minérales de). Ces eaux minérales, ferrugineuses, salines & alcalines, ont une température élevée & offrent sept sources distinctes : 1°. les *bains des hommes*, qui sont au nombre de deux, l'un situé dans la ville & l'autre dans le faubourg; le *bain des princes* (Fürstenbad); 3°. le *bain de la ville* (Gurtlerbad); 5°. le *bain des Juifs*; 6°. enfin, la source du *jardin de l'hôpital*.

Le bain des hommes est le plus considérable; les eaux jaillissent avec une force extraordinaire, en telle sorte, qu'en une minute il sort plus de quatre cents livres de liquide. Leur température est de 48°. centigr., environ.

Analysées par M. le Dr. Ambrozzi, les eaux de Téplitz ont fourni du sulfate, de l'hydrochlorate & du carbonate de soude, du carbonate de chaux, de la silice, de l'oxyde de fer, une matière extractive résineuse & du gaz acide carbonique.

Ces eaux minérales sont employées dans les affections atoniques de l'estomac, & dans celles des intestins & des systèmes lymphatiques & nerveux; en un mot, suivant M. Alibert (1), elles ont les propriétés, & doivent être prescrites dans les mêmes circonstances, que les eaux de Carlsbad.

On les prend à la dose de quatre à six verres pendant quinze jours ou un mois, & on se baigne le soir.

Téplitz est un gros bourg de Bohême, situé de la manière la plus pittoresque & environné de collines, de bois, de villages, qui en rendent le séjour très-agréable.

TERCIS (Eaux minérales de). Ce village est à une petite lieue de Dax & à six lieues de Bayonne. Un édifice convenablement distribué & bien meublé reçoit les eaux minérales, qui sont conduites dans des baignoires séparées les unes des autres. La source est abondante : l'eau qu'elle fournit est douce, onctueuse, légèrement salée & piquante; elle contient un peu de soufre, & sa température est constamment de 41°. centigr.

MM. Thore & Meyrac ont constaté que les eaux de Tercis contiennent des hydrochlorates de soude & de magnésie, du sulfate de chaux, des carbonates de magnésie & de chaux, un peu de soufre & une substance terreuse non soluble.

On fait usage de ces eaux en bains ou en douches, & elles sont particulièrement utiles dans les affections cutanées, les engorgemens lymphatiques, les paralysies rhumatismales, la sciatique & les suppressions du flux hémorrhoïdal.

(R. P.)

TÉRÉBENTHINE ou Térébentine, f. f. (*Mat. médic.*) *Terebenthina.* La plupart des térébenthines employées en médecine ou dans les arts, sont fournies par des arbres appartenant à la famille des Conifères; quelques-unes aussi proviennent de végétaux de la famille des Térébinthacées : celles qu'on trouve dans le commerce sont la *térébenthine de Bordeaux*, ou *térébenthine du pin*; on la retire du *pinus sylvestris*, du *pinus maritima* L., grand arbre très-commun dans les landes maritimes, entre Bordeaux & Bayonne, où il est cultivé à cet effet. La *térébenthine de Strasbourg* ou du *sapin* suinte à travers l'écorce du sapin, *abies taxifolia*, & du *pinus picea*, & s'amasse souvent sous l'épiderme où elle forme des espèces de vésicules; on la recueille surtout dans les Vosges & les Alpes. Mais c'est du *mélèze* (*pinus larix* L., *larix europœa* Rich.) que provient la térébenthine la plus estimée, celle qu'on choisit pour administrer à l'intérieur, celle enfin qui est connue sous le nom de *térébenthine de*

(1) Alibert, *Précis historique sur les eaux minérales les plus usitées en médecine.* Paris, 1826, in-8°.

Venise ou du *mélèze* : elle découle spontanément des gerçures qui se forment à l'écorce de
l'arbre qui croît dans les montagnes de la France,
de l'Italie, de l'Allemagne, &c.

La manière de récolter la térébenthine est la
même pour toutes les espèces ; elle s'obtient en
pratiquant des entailles d'environ un pouce de
profondeur sur cinq à six pieds de longueur, par
lesquelles elle s'écoule sous la forme d'un liquide
oléagineux assez épais, d'un jaune clair, d'une
odeur forte, d'une saveur très-âcre & très-désagréable.

Avant de livrer la térébenthine au commerce
on la purifie, soit en la chauffant & en la faisant
passer à travers un filtre de paille, soit en la plaçant dans une grande caisse dont le fond est percé
d'une infinité de petits trous, & en l'exposant aux
rayons du soleil ; ce dernier procédé est infiniment préférable au premier, par lequel on lui
enlève toujours une quantité plus ou moins considérable de son huile essentielle.

Si l'on soumet la térébenthine ainsi obtenue à la
distillation, elle se sépare en deux parties, le
corps résineux reste dans la cucurbite, prend le
nom de *colophane*, & l'huile volatile passe dans
le récipient ; c'est un liquide limpide, tout-à-fait
incolore, d'une odeur & d'une saveur analogues
à celles de la térébenthine, mais encore plus développée : c'est enfin l'*huile* de térébenthine.

La térébenthine a une odeur forte & résineuse,
une saveur chaude & piquante : mise en contact
avec la peau pendant un certain temps, le la
rubéfie, elle la phlogose ; lorsqu'on en avale on
éprouve un sentiment de chaleur & d'âcreté à la
région de l'estomac & à la gorge. Si la quantité
de térébenthine est forte, son impression sur la
surface gastrique & intestinale occasionne souvent
des vomissemens, des coliques, des déjections alvines, de l'anxiété & du malaise : si la dose n'est
pas rendue par les vomissemens ou les selles, la
térébenthine ne tarde pas à être absorbée, & d'autres phénomènes viennent déceler son action sur
tous les tissus ; le pouls devient plus fréquent &
plus fort, & il s'établit de la chaleur & une transpiration abondante. Souvent il se forme une congestion sanguine vers la tête, accompagnée de
céphalalgie violente ; d'autres fois cette congestion
se porte sur les poumons, il survient de la toux,
de la difficulté à respirer, & quelquefois des cra-
chemens de sang. La propriété stimulante de la
térébenthine se porte-t-elle vers les organes de la
génération, les règles paroissent, & si ce sont les
reins qui reçoivent son action, les urines deviennent très-chargées, & même mêlées de sang. La
présence des principes de la térébenthine dans le
sang ne sauroit être révoquée en doute, puisque, non-
seulement les personnes qui en font usage rendent
des crachats qui en ont l'odeur & la saveur, mais
encore les urines de ces personnes ont une odeur
de violette qui leur est communiquée par cette subs-

tance : cette modification de l'urine est la même
quand on ne fait qu'appliquer la térébenthine sur
la peau, ou même que l'on séjourne long-temps
dans un lieu où cette huile se fait sentir.

On a fréquemment employé la térébenthine en
médecine ; son usage est très-favorable à la fin
des gonorrhées, & même dans le traitement des
catarrhes chroniques de la vessie, pour combattre
les dispositions morbifiques que présentent alors
les organes qui servent à l'éjection de l'urine. En
changeant subitement leur mode actuel de vitalité, on parvient souvent à les rétablir dans leur
état naturel : ordinairement l'écoulement devient
plus abondant pendant les premiers jours, mais
bientôt après il diminue sensiblement, & cesse
entièrement.

La térébenthine prise à l'intérieur, soit en potions, soit en lavemens, a fréquemment mis fin
à des diarrhées rebelles à toutes les autres espèces
de médications ; celles surtout qui tiennent à un
relâchement des organes digestifs trouveront dans
ce médicament un remède efficace. Les diarrhées
qui sont le résultat d'une inflammation chronique,
& qui sont entretenues par des ulcérations superficielles de la membrane muqueuse intestinale,
cèdent souvent à l'emploi de quelques doses seulement de térébenthine, car la vive irritation que
détermine le contact de cette substance avec les
parties ulcérées est propre à favoriser leur cicatrisation. On obtient le même résultat de l'application de la térébenthine sur les ulcérations extérieures ; elle favorise aussi la cicatrisation des plaies
& des écorchures légères.

On a aussi conseillé l'emploi de cette substance
dans le traitement des catarrhes chroniques, des
toux humides & de l'asthme, comme moyen propre à favoriser le dégorgement des poumons, en ce
qu'il favorise l'expectoration par l'influence stimulante qu'il exerce sur les organes de la respiration.
Si toutefois les malades ne pouvoient supporter la
térébenthine ainsi administrée, on prendroit l'air
pour véhicule, soit en la prescrivant sous forme de
fumigation, soit en mettant seulement dans l'appartement du malade des vases remplis de térébenthine dont on feroit dégager les principes médicinaux au moyen d'une douce chaleur ; par ce procédé, l'air, chargé des molécules balsamiques ou
excitantes, pénètre dans les bronches & leurs ramifications, & porte sur les poumons une impression très-salutaire dans ces genres de maladie.

Souvent on a fait cesser les constipations les
plus opiniâtres en administrant un lavement préparé avec une demi-once de térébenthine inti-
mément mélangée à l'eau au moyen d'un jaune
d'œuf. On assure aussi que des personnes tourmentées de douleurs rhumatismales ou goutteuses, ont
été notablement soulagées par l'usage de la térébenthine à l'intérieur.

Comme on a remarqué que l'huile de térébenthine prise à forte dose, deux onces, par exemple,

déterminoit très-promptement des évacuations alvines très-abondantes, on a été porté naturellement à employer ce médicament pour expulser le *tænia* ou ver solitaire ; ce moyen ayant parfaitement réuſſi en pluſieurs circonſtances, nous donnerons ici le mode d'adminiſtration de la térébenthine dans cette circonſtance : lorſqu'on a des preuves certaines de l'exiſtence de cet animal chez un malade, on fait prendre, ſuivant l'âge & la force de l'individu, de une à deux onces, & même plus, d'huile de térébenthine, & au bout de deux heures, & quelquefois même beaucoup plus tôt, le ver eſt expulſé en entier, mort & en maſſe. L'expérience a prouvé que, dans ce cas, il falloit donner la térébenthine à haute doſe ; car, d'une part, l'effet de ce médicament comme vermifuge eſt plus certain, & d'une autre part, la quantité d'huile déterminant d'autant plus promptement les évacuations qu'elle eſt plus forte, on a moins à redouter l'action générale de ce remède, qui pourroit devenir nuiſible. Cependant il arrive ſouvent qu'il ſurvient quelques vertiges qui paroiſſent tenir aux rapports ſympathiques qui exiſtent entre la ſurface gaſtrique & le cerveau ; mais ces ſymptômes ſe diſſipent auſſitôt après les évacuations, & on n'obſerve ni irritation des voies urinaires, ni chaleur à la peau.

M. le prof. Récamier emploie fréquemment l'huile eſſentielle de térébenthine contre les névralgies ſciatiques & l'épilepſie, & ce médecin paroît en avoir obtenu beaucoup de ſuccès ; mais comme dans ce cas on n'a pas à redouter l'action de ce médicament ſur le cerveau, & que c'eſt, au contraire, la ſeule manière raiſonnable de ſe rendre compte de ſa manière d'agir, on adminiſtrera la térébenthine à petite doſe, un gros ſeulement que l'on fera prendre en pluſieurs fois dans les vingt-quatre heures, & que l'on aura ſoin d'étendre dans un véhicule aromatique.

M. le Dr. Durande a propoſé le mélange de trois parties d'éther ſulfureux & de deux parties d'huile eſſentielle de térébenthine, comme un moyen propre à diſſoudre les calculs qui ſe forment parfois dans la véſicule du fiel ; il adminiſtroit tous les matins un gros de ce mélange dans du petit-lait, & en faiſoit prendre une livre & plus pendant la durée du traitement. Si le corps s'échauffoit, ou s'il ſurvenoit des douleurs, on faiſoit uſage de la ſaignée ; les malades, pendant ce traitement, rendoient ſouvent des calculs par les ſelles. Les deux ingrédiens de ce compoſé n'opérant pas une diſſolution de ces calculs, puiſque les malades les rendent par les ſelles, comment concevoir qu'une excitation prolongée des appareils gaſtriques & hépatiques puiſſe favoriſer leur ſortie ?

(Ch. Hennelle.)

TÉRÉBINTHACÉES. *Terebinthaceæ.* (Mat. méd. végét.) Famille naturelle de la tribu des Dicotylédones, formant l'ordre 12 de la claſſe XIV

de la Méthode de de Juſſieu, & placée conſéquemment dans les Polypétales périgynes. Ses caractères botaniques ſont expoſés dans la partie botanique de cet ouvrage. Nous dirons ſeulement que la plupart des botaniſtes ont retiré de cette famille les genres pourvus de pluſieurs piſtils, pour en former celle dite des *Zanthoxylées.* M. Kunth, qui a publié un travail récent ſur cette famille, la partage en ſix, qu'il appelle *Anacardiées, Burſeriacées, Spondiacées, Connarées, Amyridées &* *Juglandées.*

Cette famille eſt une des plus importantes du règne végétal, ſous le rapport des produits qu'elle fournit à la pharmacologie. La graine, dans les différens genres, eſt ſouvent oléagineuſe, comme on le voit dans le piſtachier, le *canarium commune*, le *mangifera*, &c. La pellicule qui recouvre l'amande eſt amère. Autour des noyaux ſe trouve une pulpe ordinairement aqueuſe, douce, & plus ou moins acide ; cette dernière qualité eſt très-remarquable dans les *Averrhoa bilimbi* & *acidiſſima* ; elle eſt aſtringente dans quelques autres genres. Dans tous, la partie extérieure du fruit, ou ſon écorce, participe des propriétés générales de l'écorce du végétal, c'eſt-à-dire qu'elle renferme des ſucs réſineux ou de l'huile volatile dans des véſicules. Si la pulpe du fruit eſt très-abondante, ces principes ne font que l'aromatiſer ; ſi elle l'eſt peu, les qualités de l'écorce (du fruit) prédominent, & il n'eſt plus alimentaire.

Le tronc de toutes les Térébinthacées renferme & ſouvent tranſude des ſucs réſineux qui ont reçu le nom de *baumes* s'ils contiennent de l'acide benzoïque (tels que ceux du Pérou & de Tolu) ; & s'ils n'en contiennent pas, de *térébenthines*, s'ils reſtent liquides, comme le *baume de la Mecque* ; de *réſines*, s'ils ſont ſolides (élémi, maſtic), &c. &c.

Les genres *Rhus, Icica, Amyris, Terebinthus, Burſera, Fagara*, &c., font partie de cette importante famille, & montrent aſſez, par leurs produits, tout l'intérêt qu'elle doit inſpirer aux médecins.

(Mérat.)

TÉRÉBINTHE, ſ. m. (Mat. méd. végét.) *Piſtacia terebinthus* L. Cet arbre croît dans l'Orient, en Egypte, les îles de l'Archipel, ſurtout à Chio, &c. On le trouve même dans nos provinces méridionales, où il n'acquiert qu'une taille médiocre. Il exhale une odeur forte, réſineuſe, qui ſe répand au loin ſurtout le ſoir.

Il découle des fentes naturelles ou artificielles de cet arbre, particulièrement dans les pays très-chauds, une réſine liquide, connue ſous le nom de *térébenthine de Chio*, parce que c'eſt dans cette île de l'archipel grec qu'on la recueille le plus abondamment. Elle eſt liquide, d'un blanc-jaunâtre, tirant parfois ſur le vert ou ſur le bleu au moment où elle eſt ſécrétée, mais s'épaiſſiſſant enſuite, ſe deſſéchant même. Comme l'arbre en produit peu, elle eſt rare & chère dans le commerce, & preſque inuſitée. Elle entre dans la compoſition de la thériaque, où on lui ſubſtitue la térébenthine extraite des pins. Les Anciens en faiſoient beaucoup d'uſage. Ses propriétés ſont les mêmes que celles des autres térébenthines ; elle eſt excitante & diurétique ; à l'extérieur elle eſt réſolutive. Les Orientaux la tiennent dans la bouche, étant cuite, pour ſe la parfumer & entretenir les dents. A Scio (Chio), on lui préfère le ſuc d'une eſpèce congénère, le maſtic, qui découle du *piſtacia lentiſcus* L.

Les fruits du térébinthe ſe mangent, quoiqu'ils ſoient plus petits & moins agréables que ceux du piſtachier, *piſtacia vera* L. On les confit auſſi, on les marine, &c.

Il vient ſur le térébinthe des excroiſſances produites par la piqûre d'une ſorte de puceron, du genre *Aphis* ; ce ſont des veſſies remplies de ſuc réſineux extravaſé. Il y a lieu de croire, d'après cette compoſition, qu'elles ſeroient médicinales. On prétend qu'on s'en ſert dans l'Orient pour la teinture en rouge (1). (MÉRAT.)

TERMINAISON, ſ. f. (*Pathol. génér.*), dérivé du verbe *terminare*, terminer, finir, &c. On ſe ſert ordinairement de ce mot pour déſigner la ceſſation définitive d'une maladie quelconque.

Pour qualifier les diverſes eſpèces de terminaiſons dont les maladies ſont ſuſceptibles, les pathologiſtes ſe ſont fondés ;

1°. Sur la nature de l'altération que préſentoit l'organe malade, & qu'on regardoit comme la cauſe déterminante de la mort, c'eſt ainſi qu'on a dit qu'une pneumonie ſe terminoit par *induration*, par *ſuppuration*, lorſque le poumon affecté étoit devenu compacte, imperméable à l'air, ou qu'il contenoit du pus amaſſé en foyer ou infiltré dans ſa ſubſtance ; qu'une entérite s'étoit terminée par *gangrène*, quand, après la mort, on avoit trouvé des portions d'inteſtin primitivement enflammées, tombées en ſphacèle.

2°. Sur la nature des ſignes plus ou moins favorables qui indiquent la guériſon : c'eſt dans ce ſens qu'on dit qu'une phlegmaſie ſe termine par la *réſolution*.

3°. Sur le transport ou changement de place de l'affection (terminaiſon par *métaſtaſe*).

4°. Sur la converſion d'une maladie en une autre (terminaiſon par *métaptoſe*.)

5°. Enfin, ſur l'iſſue pure & ſimple de la maladie, abſtraction faite des altérations pathologiques qui lui ſont propres ; ce ſont les terminaiſons par la *guériſon* ou par la *mort* (2). (*Voyez* les mots

(1) *Voyez* un Mémoire ſur ce ſujet, *Journal complémentaire des Sciences médicales*, tom. IX, pag. 307.
(2) *Dictionnaire des Sciences médicales*, article TERMINAISON.

CRISE, GANGRÈNE, MÉTASTASES, MÉTAPTOSE, RÉSOLUTION, &c.

Relativement aux phénomènes généraux qui accompagnent les diverſes terminaiſons, ils ſe rapportent, les uns, au rétabliſſement plus ou moins rapide des fonctions léſées par la maladie, les autres, à l'accroiſſement ſucceſſif des ſymptômes qui conſtituent l'*agonie* ou les approches de la mort. Ils doivent néceſſairement préſenter des différences & des modifications égales à celles dont les diverſes maladies nous offrent ellesmêmes le tableau, lorſqu'elles ſont ſur leur déclin.

Suivant que la maladie eſt aiguë ou chronique, il y a auſſi une différence notable dans le rapport, la progreſſion & l'intenſité des phénomènes qui en marquent le terme.

Les âges, les ſexes, les conſtitutions ſont ſuſceptibles de faire varier ces mêmes phénomènes, en ſecondant plus ou moins les efforts conſervateurs de la nature, ou en réſiſtant plus ou moins à la deſtruction.

La thérapeutique modifie tantôt d'une manière puiſſante les terminaiſons probables des maladies ; d'autres fois, elle les change entièrement ou plutôt les prévient, en produiſant ou accélérant la guériſon. Enfin, il y a des cas, malheureuſement trop nombreux, où elle n'exerce qu'une influence douteuſe ou nulle ſur la marche de la nature, ou ſur une funeſte tendance à une deſtruction inévitable & prochaine.

(BRICHETEAU.)

TERMINTHE, ſ. m. (*Pathol. chir.*) *Therminthus*. Les Anciens ont donné ce nom à une ſorte de puſtule noire qui ſe manifeſte particulièrement aux jambes & aux cuiſſes, & à laquelle ils ont cru trouver quelque reſſemblance avec le fruit du térébinthe.

Cette affection paroiſſoit être la ſuite d'une mauvaiſe nourriture ou de la miſère. Peyrilhe (1) penſe qu'il y a beaucoup d'analogie entre le pian & cette maladie, qui aujourd'hui n'eſt plus connue.

TERNE, adj. (*Séméiot.*) *Infuſcatus, decoloratus*. Mot d'un uſage fréquent en ſéméiotique pour déſigner cet état particulier des yeux dans lequel ils ont perdu leur éclat & leur expreſſion : ce que l'on obſerve à la ſuite des maladies chroniques, des fièvres adynamiques, & très-ſouvent auſſi, aux approches de la mort.

TERRA MÉRITA. (*Bot. méd.*) Nom vulgaire donné au *curcuma*. (*Voyez* ce dernier mot dans ce Dictionnaire, tom. V, pag. 252.) (R. P.)

TERRE, ſ. f. (*Chim.*) *Terra*. La terre, regardée

(1) *Hiſtoire de la Chirurgie*, pag. 747 & ſuiv.

gardée

gardée pendant long-temps comme un des quatre élémens, est actuellement rangée au nombre des corps composés, mais variable dans sa composition; tantôt elle est entièrement formée d'*alumine*, de *silice*, de *glucine*, d'*yttria*, de *zircône*, &c., qui sont des composés d'un métal & d'oxygène; tantôt elle renferme plusieurs des substances que nous venons d'énumérer. Quant à la *baryte*, à la *strontiane*, à la *chaux* & à la *magnésie*, ce sont des alcalis composés d'oxygène & d'un métal.

TERRE ANIMALE. (*Voyez* PHOSPHATE DE CHAUX à l'article SEL, tom. XII, pag. 756 de ce Dictionnaire.)

TERRE DE LEMNOS. Nom donné par les Anciens à une matière solide rougeâtre préparée avec la pulpe du fruit du *baobab*, arbre qui croît en Afrique. Suivant les minéralogistes modernes, la terre de Lemnos diffère peu de la *sanguine*; elle est employée en Egypte comme astringent : nous n'en faisons pas d'usage en Europe.

TERRE SIGILLÉE. Ce n'est autre chose que la terre de Lemnos disposée en grosses pastilles, sur lesquelles on imprime le sceau du grand-seigneur : on la prépare en Egygte.

TERRE FOLIÉE DU TARTRE. (*Voyez* POTASSE (acétate de potasse), tom. XII. de ce Dictionnaire.) (CH. HENNELLE.)

TERRE-NOIX, f. f. (*Bot.*, *Mat méd.*) *Bunium bulbocastanium.* Plante de la Pentandrie digynie de Linné, & de la famille des Ombellifères, dont la racine est un tubercule arrondi, noir à l'extérieur, blanc en dedans, & de la grosseur d'une petite noix. Cette racine, aujourd'hui tout-à-fait inusitée, passoit autrefois pour être astringente. Quelques habitans des campagnes la font encore cuire dans l'eau ou sous la cendre; sa saveur, qui alors est assez agréable, ressemble beaucoup à celle de la châtaigne.

TERRETTE. (*Bot. mat.*) Nom vulgaire sous lequel on désigne quelquefois le lierre terrestre. (*Voyez* LIERRE.)

TERREUR, f. f. (*Hyg. pathol.*) *Terror.* C'est surtout dans les effets terribles des passions violentes que se manifeste dans tout son jour l'influence puissante du moral de l'homme sur son physique. Qui ne connoît les déplorables accidens produits par une terreur soudaine & violente? Combien d'affections nerveuses, de convulsions, de palpitations, d'épilepsies, d'aliénations mentales, de maladies aiguës & chroniques, de lésions organiques dont l'origine remonte au bouleversement subit déterminé dans les centres nerveux & circulatoire, & par suite, dans toutes les fonc-

tions de l'économie, par une terreur intense! Zacutus Lusitanus rapporte qu'un enfant qui se baignoit dans la mer fut tellement effrayé par un coup de canon tiré sur un vaisseau, qu'il fut frappé d'apoplexie & mourut en un quart-d'heure. Marcellus Donatus cite l'exemple d'un autre enfant qui tomba mort, au milieu d'un champ, pour avoir vu tout-à-coup deux personnes vêtues de noir passer à côté de lui, le jour commençant à peine à poindre. Une dame périt d'hémorragie, au rapport du Dr. Broussais, par suite de l'effroi que lui causa la chute, sur son sein, d'une grenouille qu'un oiseau de proie avoit laissé échapper, &c. Cependant les effets de la terreur sont loin d'être toujours aussi funestes, bien plus, on a vu quelquefois l'impression subite produite par cette passion, être suivie d'une réaction salutaire. Salmuth raconte qu'un goutteux, vivement effrayé à la vue d'un cochon qui entra dans sa chambre & mangea le cataplasme qui enveloppoit son pied, fut guéri sur-le-champ & pour toujours de sa goutte. Plusieurs fois on a vu, dans de grands incendies, des paralytiques, excités à la vue du péril, retrouver tout-à-coup pour s'enfuir l'usage des membres, qui depuis long-temps étoient immobiles, &c.

Quoiqu'on doive en général éviter soigneusement les impressions de la terreur, & surtout les écarter de l'esprit des sujets délicats, des enfans & des femmes, cependant le médecin peut dans quelques cas les mettre à profit, soit pour guérir certaines maladies nerveuses, soit pour découvrir la ruse de certains jongleurs qui simulent des affections qu'ils n'ont pas. C'est ainsi que le célèbre Boerhaave mit fin à l'épidémie convulsive qui se développoit par imitation dans une salle de jeunes filles, en les menaçant du fer rouge, & qu'un autre médecin parvint à faire enfuir au plus vîte un individu qui simuloit avec la plus grande adresse un accès d'épilepsie, en ordonnant qu'on mît le feu à la paille sur laquelle il se débattoit. On sent d'ailleurs que de pareilles manœuvres doivent être surveillées avec la plus grande prudence, & que l'on doit toujours craindre d'aller au-delà d'une émotion salutaire.

(GIBERT.)

TERREUR PANIQUE. (*Voyez* PANOPHOBIE.)

TESSIÈRES-LES-BOLIERS (Eau minérale de). Ce village, peu distant d'Aurillac, possède une source d'eau minérale froide.

TESTES. (*Anat.*) Mot latin introduit dans quelques ouvrages d'anatomie écrits en français, & servant à désigner les éminences postérieures des tubercules quadri-jumeaux. (*Voyez* ENCÉPHALE & QUADRI-JUMEAUX dans le *Dictionnaire d'Anatomie* de cet ouvrage.)

G g

TESTICULAIRE, adj. (*Anat.*) *Tefticularis*, qui a rapport ou qui appartient aux tefticules. Ainfi l'on dit : *cordons*, *vaiffeaux* tefticulaires. (*Voy.* Cordon spermatique & Spermatique dans le *Dictionnaire d'Anatomie.*)

TESTICULES, f. m. pl. (*Anat.*) *Tefticuli.* Nom donné à deux organes faifant partie de l'appareil génital de l'homme. Les tefticules font contenus dans fix enveloppes : 1°. le fcrotum ; 2°. le dartos ; 3°. la tunique érythroïde ; 4°. la tunique fibreufe ; 5°. la tunique vaginale ou féreufe ; 6°. la tunique albuginée. (*Voyez*, pour les détails, le *Dictionnaire d'Anatomie.*)

Les tefticules proprement dits font ovoïdes, vafculaires & fitués obliquement au-devant de l'épididyme & de la partie inférieure du cordon tefticulaire. Leur fubftance n'eft point compofée de granulations comme la plupart des autres glandes ; elle a un afpect comme pulpeux & eft partagée en plufieurs lobules fitués les uns au-deffus des autres, & eft formée d'une quantité innombrable de petits canaux nommés *conduits féminifères*, que l'on peut développer au moyen de la macération. Ces conduits fe réuniffent vers l'extrémité fupérieure du tefticule, conftituent ce qu'on appelle les *canaux efférens*, & fe terminent à l'épididyme, qui eft un corps oblong appliqué fur le bord fupérieur du tefticule. Cet épididyme donne naiffance au *canal déférent*, lequel rentre dans l'abdomen avec les autres parties qui l'accompagnent, & qui conftituent le cordon fpermatique, après quoi il va fe terminer derrière la proftate, s'abouche avec la véficule féminale, & fe continue avec le canal éjaculateur. (*Voyez* Cordon, Déférent, Spermatique, &c., dans le *Dictionnaire d'Anatomie.*)

Les tefticules font fufceptibles d'une foule d'affections diverfes, telles que plaies, contufions, inflammations, &c. (*Voyez* les mots Hématocèle, Hydrocèle, Sarcocèle, Varicocèle, &c., dans le *Dictionnaire de Chirurgie* de cet ouvrage.)

Testicules de la femme. (*Voyez* Ovaires dans le *Dictionnaire d'Anatomie* de cet ouvrage.)

TESTUDO, f. f. (*Anat. pathol. chir.*) Mot latin qui en français répond à celui de *tortue.* Cette expreffion a été employée par les anatomiftes pour indiquer la voûte à trois piliers. (*Voy.* Encéphale dans le *Dictionnaire d'Anatomie* de cet ouvrage.)

Le même mot, pris dans un fens figuré, a fervi à quelques chirurgiens pour défigner certaines tumeurs de la nature du mélicéris, qui fe développent fous le cuir chevelu, prennent une forme aplatie que l'on a cru pouvoir comparer à celle que préfente l'écaille de la tortue. (*Voyez*

Loupe dens le *Dictionnaire de Chirurgie* de cet ouvrage.)

TÉTAN-COTTE, & mieux Titan-cotte. (*Bot.*, *Mat. méd.*) On donne ce nom à une plante de la famille des Strychnées, qui fe trouve à la côte de Coromandel, & dont les graines font employées pour purifier l'eau. Cette plante, dans laquelle on ne rencontre pas le principe amer fi remarquable dans cette famille, ne partage pas la propriété vénéneufe des plantes qui la compofent, ainfi que M. Delille s'en eft affuré par des expériences qu'il a étendues, avec le même réfultat, à la pomme de Vontac, qui fait également exception dans l'hiftoire de la famille à laquelle elle appartient.

TÉTANIQUE, adj. (*Pathol.*) *Tetanicus*, qui tient au tétanos. C'eft dans ce fens que l'on dit : *affection*, *difpofition*, *contraction*, *rire* tétanique. (*Voyez* Tétanos.)

TÉTANOS, f. m. (*Pathol.*) *Tetanus* des Latins, τετανος des Grecs, dérivé du verbe τιινω, je tends. On défigne fous ce nom une affection fpafmodique, ordinairement fébrile, caractérifée par une contraction mufculaire permanente, partielle ou générale. Le tétanos eft le type des affections convulfives *toniques.*

Hiftorique. Les Anciens ont connu, non-feulement les fymptômes du tétanos, mais encore fes caufes & la fource principale d'où dérivent tous les accidens de la maladie. Hippocrate a rapporté, dans le *livre V des Epidémies*, un exemple remarquable de tétanos, fuite d'une bleffure faite par un inftrument piquant à la partie inférieure de la région cervicale de l'épine. Galien a reconnu que le tétanos tiroit fa fource d'une inflammation des méninges de la moelle épinière. Fernel, Willis, Hoffmann ont embraffé depuis une opinion analogue. Le profeffeur Brera n'a pas héfité, d'après fes obfervations & fes recherches anatomiques, à généralifer cette opinion antique, en affirmant que le tétanos devoit toujours être attribué à une inflammation des méninges de la moelle fpinale. Plufieurs célèbres médecins de notre école partagent ce fentiment, & M. le profeffeur Récamier, en particulier, l'appuie fur de nombreufes obfervations. Les docteurs Thomfon & Goëlis ayant fait des recherches fpéciales fur le *trifmus* des enfans nouveau-nés, ont cru pouvoir affirmer auffi que cette maladie devoit être rapportée à l'inflammation de la partie fupérieure de la moelle de l'épine.

La fcience poffède de nombreux ouvrages fur le tétanos, &, quoique la partie thérapeutique laiffe encore beaucoup à défirer, on peut dire que de nos jours l'hiftoire de cette maladie eft très-avancée.

Siége & nature. Nous avons déjà vu que l'opinion la plus ancienne & la plus générale confiftoit
à regarder le tétanos comme dépendant d'une
affection de la moelle épinière ou de fes dépendances, & que beaucoup d'auteurs anciens & modernes s'accordoient à regarder cette affection
comme étant toujours de nature inflammatoire.
Pourtant, il n'eft pas abfolument démontré, d'une
part, que les accidens tétaniques ne puiffent pas,
dans quelques cas, être déterminés par une affection du cerveau, plutôt que par une léfion de la
moelle épinière. Il eft bien plus évident encore
que des léfions bornées aux nerfs ou aux ganglions
nerveux peuvent occafionner ces accidens. C'eft
ainfi que M. Dupuytren a vu furvenir le tétanos
à l'occafion d'un coup de fouet à l'avant-bras, qui
avoit intéreffé le nerf cubital (la mèche du fouet
étant reftée dans la plaie); & que M. Dupuy a
trouvé des inflammations & des déforganifations
des ganglions du nerf grand-fympathique & d'autres
troncs nerveux, fur des chevaux qui avoient fuccombé au tétanos. D'autre part, il eft un affez
grand nombre de médecins qui perfiftent à foutenir que le tétanos eft une affection nerveufe,
quoiqu'il puiffe, comme la plupart des autres
névrofes, être fouvent fymptomatique d'une inflammation, au lieu d'être idiopathique. Sauvages
& Vogel ont en effet rangé cette maladie dans les
fpafmes; Cullen & Pinel, dans les névrofes. Quelques obfervateurs ont publié des faits qui prouvent qu'on ne trouve pas toujours de traces d'altération matérielle à l'ouverture des cadavres; &,
d'un autre côté, beaucoup d'auteurs (Trolliet,
Mathey, Hufeland, Dupuy, Chauffier, Abercrombie, Brera, Bailly, &c. &c.) ont conftaté
l'exiftence d'inflammations de la moelle épinière
ou de fes enveloppes; dans la rage, dans diverfes
maladies fébriles, dans la fièvre jaune, &c., fans
qu'il fe fût développé pendant la vie aucun accident tétanique. Plufieurs phyfiologiftes, & notamment MM. Magendie, Orfila, Ollivier d'Angers,
ont déterminé chez les animaux, au moyen de la
ftrychnine, un tétanos mortel, fans avoir pu découvrir aucune léfion de la moelle de l'épine.
M. Vallin, au contraire, qui a publié, dans fa
Differtation inaugurale fur le tétanos, plufieurs
expériences analogues qui lui font propres, dit
avoir conftamment obfervé des traces de congeftion & d'inflammation dans le cerveau, la moelle
épinière & leurs enveloppes. Quoi qu'il en foit,
quand bien même il feroit démontré que le tétanos mortel laiffe toujours après lui des veftiges
d'inflammation, cela ne prouveroit point encore
abfolument que l'inflammation conftitue l'effence
de la maladie, puifque les altérations matérielles
qu'on obferve pourroient bien n'être que confécutives, comme on voit, par exemple, les léfions
matérielles de l'apoplexie fuccéder aux accès violens & répétés de l'épilepfie, ou, comme on voit
encore, dans un accès de névralgie faciale, la

joue s'injecter de fang, les larmes & la falive couler
avec abondance, &c., en un mot, les élémens
d'une altération matérielle fe former par fuite
d'une fimple excitation nerveufe, dont ils font
évidemment l'effet & non la caufe.

Caufes. Les climats chauds, à caufe de la
grande fufceptibilité nerveufe qui y règne, ex-
pofent beaucoup plus au tétanos que les climats
tempérés & furtout que les climats froids. Tandis
que, dans le Nord, cette maladie eft fort rare &
ne furvient qu'à l'occafion des bleffures les plus
graves, on la voit fouvent naître fpontanément
ou à l'occafion d'une légère piqûre, dans les
contrées méridionales. On fait combien les bleffures de la plante des pieds, par exemple, donnoient facilement lieu au développement d'accidens tétaniques chez les nègres employés, dans
les Indes, comme efclaves. Dans nos climats tempérés, le tétanos fpontané eft rare & beaucoup
moins grave que le tétanos *traumatique*. Celui-ci
ne s'obferve guère que dans certaines circonftances données, & en particulier dans les faifons
chaudes, dans les bleffures qui intéreffent les
parties fibreufes, les extrémités articulaires, les
régions où des filets nerveux affez nombreux fe
trouvent comprimés par des expanfions aponévrotiques, &c. Les piqûres des doigts, de la plante
des pieds, des nerfs, de la moelle épinière, les
dilacérations des articulations, les écrafemens
des doigts ou des orteils, les défordres étendus
caufés par une plaie d'arme à feu, la ligature en
maffe du cordon fpermatique à la fuite de la caftration, les commotions, les ébranlemens du
corps, furtout chez les bleffés, les plaies irritées
par des panfemens mal dirigés ou par toute autre
caufe, &c. &c., donnent quelquefois lieu au
développement du tétanos *traumatique*. Une
foule de caufes diverfes, agiffant avec plus ou
moins d'énergie, fuivant l'âge, le fexe, le degré
de fufceptibilité du fujet, les circonftances où il
fe trouve placé, peuvent occafionner cette efpèce de tétanos ou même le tétanos fpontané.
C'eft ainfi que les variations brufques de température, la fuppreffion de la tranfpiration, de
vives douleurs de caufe externe, l'abus des
liqueurs alcooliques, des alimens indigeftes,
certaines fubftances vénéneufes, & en particulier
la noix vomique, des corps étrangers dans les
voies digeftives, des vers inteftinaux, des calculs
dans les voies urinaires, la fuppreffion d'écoulemens habituels, la répercuffion de maladies cutanées, enfin, des fatigues exceffives, des caufes
morales actives, &c., ont quelquefois pu déterminer cette redoutable maladie.

Symptômes. L'invafion du tétanos eft fouvent
annoncée par des phénomènes précurfeurs plus
ou moins vagues, tels que malaife général, engourdiffement des membres, bâillement, céphalalgie, infomnie, douleurs dans la nuque, le
dos, les lombes, &c. Ordinairement les mufcles

Gg 2

du cou & des mâchoires font les premiers affectés; les mouvemens de la tête deviennent difficiles & douloureux, la mâchoire inférieure est appliquée avec force contre la supérieure, les dents font ferrées & ne peuvent être écartées qu'avec beaucoup de peine; les muscles élévateurs de la mâchoire inférieure font durs, faillans, contractés, douloureux. C'est ce premier degré du tétanos qu'on a nommé *trismus* (du verbe grec τριζω, *strido*, l'action de ferrer, de grincer des dents). La tête fe fléchit en avant, ou bien plus fouvent fe renverfe en arrière, fuivant que la rigidité tétanique s'empare des mufcles fléchiffeurs ou extenfeurs. Le fpafme s'étend au pharynx, & fi l'on s'efforce de faire avaler quelque liquide au malade, il reffort par les narines (ce phénomène a été noté par Hippocrate). A mefure que le mal s'accroît, les divers mufcles du tronc participent à la rigidité tétanique; le corps fe courbe en arc en arrière (*opifthotonos*, des deux mots grecs οπισθεν, en arrière, & τονος, tenfion, roideur), ou en avant (*emprofthotonos*, εμπροσθεν, en avant), ou fur l'un des deux côtés (*pleurofthotonos*, πλευροθεν, de côté), les mufcles pectoraux fe contractent & amènent une dyfpnée qui peut devenir mortelle; les membres euxmêmes fe roidiffent, les doigts feuls confervent encore un peu de mobilité. Le ventre eft tendu & dur, l'excrétion alvine eft fufpendue, & parfois même l'excrétion urinaire. Les mufcles de la vie organique participent plus rarement, plus difficilement & plus tard au fpafme général; cependant, il eft des cas où la maladie les envahit, du moins vers la fin, & alors les principales fonctions étant arrêtées, la mort furvient rapidement. La fièvre accompagne ordinairement les accidens que nous venons d'énumérer; le pouls eft dur & fréquent, la peau eft chaude & fouvent couverte de fueur, d'autres fois fèche; la face eft colorée, les yeux menaçans & injectés, la voix rauque & la parole difficile; mais les facultés intellectuelles reftent le plus fouvent intactes. L'impoffibilité abfolue de fe mouvoir, les douleurs vives qui fe font fentir dans les parties convulfées & roidies, la gêne de la refpiration, &c., mettent le malheureux atteint de tétanos dans un état d'autant plus déplorable qu'il conferve en entier le fentiment de fes fouffrances & du danger qui le menace.

Marche & terminaifon. Le tétanos traumatique peut paroître à toutes les époques de la durée d'une bleffure, cependant il furvient le plus fouvent dans les cinq à fix premiers jours, & quelquefois feulement après trois femaines. Sa marche eft enfuite plus ou moins rapide, & fa durée varie de quelques heures à quelques jours. Wepfer dit avoir vu mourir, dans l'efpace de trente minutes, un enfant atteint de cette maladie. En général, il parcourt fes périodes en un ou deux feptenaires au plus, lorfqu'il eft funefte. Il n'eft pas très-rare, lorfque la terminaifon eft heureufe,

qu'il fe prolonge jufqu'au vingtième & même jufqu'au quarantième jour. Tantôt le tétanos fe borne à quelques parties du corps, & de préférence aux mufcles des mâchoires; tantôt il envahit tout le corps, & rend celui-ci tellement roide, que fi l'on prenoit le malade par la tête ou par les pieds, on pourroit l'enlever tout d'une pièce comme une ftatue. Le tétanos, & furtout le tétanos traumatique eft mortel dans l'immenfe majorité des cas. Prefque tous les nouveau-nés atteints de tétanos, dans les Antilles, fuccômbent à cette affection. Monro dit avoir vu guérir quatre malades fur trente-neuf qu'il a obfervés. Plufieurs auteurs ne citent aucun exemple de guérifon. La mort arrive ordinairement par afphyxie, par fuite de l'immobilité des mufcles refpiratoires; elle peut auffi être amenée par les progrès des léfions des centres nerveux qui déterminent le tétanos.

Veftiges anatomiques. Le tétanos idiopathique ne laiffe après lui aucune trace de fon exiftence; mais nous avons vu plus haut que beaucoup d'auteurs en conteftoient la réalité. Outre les défordres particuliers propres au tétanos traumatique, les léfions qui ont été le plus fouvent obfervées fur les cadavres qui ont fuccombé au tétanos, font: des traces d'injection, & même des épanchemens de fang dans la pie-mère (Fournier-Pefcay); des veftiges d'inflammation dans les membranes de la moelle épinière & du cerveau (Récamier, Dupuytren, Parent-Duchatelet & beaucoup d'autres); des traces de congeftion fanguine, des ramolliffemens, des déforganifations dans la fubftance de la moelle épinière & du cerveau (Thomfon, Goëlis, Récamier, Lisfranc, Ollivier, &c.); enfin, diverfes léfions qui déterminoient l'irritation, la compreffion, la déforganifation de quelques points des centres nerveux, & notamment de la partie fupérieure de la moelle épinière. Nous avons déjà indiqué plus haut quelques-uns des obfervateurs qui avoient découvert des altérations des ganglions ou des troncs nerveux, fans autre léfion de la moelle ou de l'encéphale.

Diagnoftic & pronoftic. La contraction permanente des mufcles, qui caractérife le fpafme tétanique, l'état de rigidité qui en réfulte pour les parties affectées; la marche rapide de la maladie, les circonftances où elle fe développe, &c., empêchent qu'on ne puiffe la confondre avec aucune autre.

Le pronoftic eft toujours grave, furtout lorfque le tétanos, de partiel tend à devenir général: pourtant, fi l'on remarque de la rémiffion, s'il s'établit une fueur générale ou une émiffion abondante d'urine; fi le ventre devient libre, fi la fuppuration des plaies fe rétablit, &c., on peut concevoir quelqu'efpérance de voir cette terrible maladie s'arrêter dans fa marche.

1°. *Traitement préfervatif.* Il n'y a guère que le tétanos traumatique qui foit fufceptible de ce genre de traitement. Il confiste à éviter le plus possible au bleffé les caufes de douleur & d'irritation, & à prévenir, dans le lieu malade, le développement des accidens nerveux qui déterminent fi fouvent le tétanos. Ainfi, le débridement des plaies, l'extraction des corps étrangers, l'amputation même de la partie quand le défordre eft trop grand, & furtout quand le bleffé doit être tranfporté dans un autre lieu par des voies peu commodes, l'éloignement de toutes les circonftances locales ou générales qui pourroient déterminer ou entretenir l'excitation nerveufe, la faignée, les médicamens calmans, &c., doivent être mis en ufage d'une manière convenable. Affez fouvent, lorfque la rigidité fpafmodique de la partie bleffée faifoit craindre l'invafion du tétanos, on a tenté d'arrêter par l'amputation les progrès du mal, mais prefque toujours fans fuccès. Bien plus on a, dans beaucoup de cas, enlevé de prime-abord la parties affectées d'un genre de bleffure propre à occafionner le tétanos, & fouvent cela n'a point empêché cette maladie de fe développer peu de jours après l'accident. Malheureufement le traitement curatif eft encore plus fouvent infructueux que le traitement préfervatif.

2°. *Traitement curatif.* La faignée eft le remède le plus anciennement & le plus généralement mis en ufage contre le tétanos. Elle eft évidemment indiquée chez les fujets pléthoriques, quand le pouls eft dur & fréquent, la face colorée, &c.; pourtant, dans ces circonftances même, elle a été portée à l'excès fans aucun avantage. Les fangfues autour de la partie bleffée, quand il y a des accidens inflammatoires, au cou, dans le trifmus, fur l'épine, les ventoufes fcarifiées, n'out pas eu plus de fuccès.

Comme ces moyens cependant font les plus rationels, & comme d'ailleurs ils ne font pas toujours infructueux, on ne doit pas héfiter à les employer avec énergie quand l'indication fe préfente. On peut en dire autant à peu près des bains tièdes prolongés, des affufions tièdes ou froides fur la tête, des applications réfrigérantes fur les parties contractées, quoique tous ces moyens échouent dans le plus grand nombre des cas. L'opium a été adminiftré à haute dofe dans le tétanos, tellement même qu'on a vu des malades tomber dans le narcotifme & fuccomber à l'action du remède au lieu de fuccomber à leur maladie. Quoique l'opium paroiffe bien indiqué dans ce cas, il faut l'employer avec précaution & de préférence chez les fujets nerveux & délicats, & quand les fignes de pléthore ou de congeftion cérébrale ont été fuffifamment combattus par les évacuations fanguines. Les applications calmantes à l'extérieur ne peuvent avoir aucun inconvénient, & quoiqu'elles aient en général peu d'effet, on ne doit pas les négliger. Les purgatifs conviennent pour combattre la conftipation. Quand la déglutition eft rendue impoffible par le trifmus, on peut tenter l'extraction d'une dent

pour permettre l'introduction d'un liquide dans la bouche, adminiftrer les remèdes fous forme d'applications, de bains, de lavemens, ou même les injecter dans les veines.

Comme dans toutes les maladies graves & fouvent mortelles, on a confeillé, dans le tétanos, une multitude de remèdes qui ont eu tour à tour leurs prôneurs & leurs détracteurs. Nous n'indiquerons ici que les principaux, tels que les antifpafmodiqués, le mufc, le camphre, le caftoréum, l'affafœtida, les fudorifiques, l'ammoniaque, les infufions aromatiques, les ftimulans nervins, l'arnica, le phofphore lui-même; les mercuriaux à l'intérieur, &c.

La faignée, les bains tièdes, les affufions & les applications froides, les onctions, embrocations & fomentations calmantes & narcotiques; l'opium, le calomel, voilà les remèdes qu'emploient le plus fouvent, & avec modération, les praticiens fages & réfervés. (GIBERT.)

TÉTANOS RABIEN. (*Pathol.*) Nom fous lequel M. Girard a propofé de défigner la rage.

TÉTARTOPHIE, fub. f. (*Pathol.*) Dérivé de τεταρταιος, quarte, & de φυω, je nais. Sauvages a donné ce nom à une fièvre rémittente quarte.

TÊTE, f. f. (*Anat.*) *Caput,* κιφαλη, des Grecs. On donne ce nom à la partie fupérieure du tronc de l'homme; fa forme eft ovoïde, comprimée antérieurement & latéralement. Confidérée dans fon enfemble, la tête préfente fix régions, 1°. l'une antérieure ou faciale, dans laquelle on remarque le front, les orbites, les foffes nafales, les pommettes & la mâchoire; 2°. la région fupérieure formée par une portion de l'os frontal, des pariétaux & de l'occiput; 3°. la région poftérieure ou occipitale; 4°. la région inférieure qui s'étend de l'occiput au menton, & où l'on voit l'ouverture poftérieure des foffes nafales, les foffes ptérygoïdiennes & la voûte palatine; 5°. & 6°. les régions latérales droite & gauche. Elles font aplaties, à peu près triangulaires, bornées en haut par la ligne courbe temporale, en arrière par l'apophyfe maftoïde, & en avant par l'os malaire. (*Voyez,* pour les détails anatomiques, les mots CRANE, FACE & TÊTE dans le *Dictionnaire d'Anatomie* de cet ouvrage.)

La forme de la tête éprouve des modifications fuivant l'âge, le fexe & les différentes races d'hommes. (*Voyez* RACE.) A cet égard, les caractères les plus remarquables confiftent dans l'ouverture de l'angle facial, la faillie des pommettes & la difpofition de l'arcade dentaire : quelques phyfiologiftes ont penfé que la configuration du crâne, en modifiant la difpofition de l'organe encéphalique, pouvoit influer fur le développement des facultés intellectuelles. (*Voyez* CRANIOLOGIE dans le

Dictionnaire d'Anatomie & l'article PHYSIONOMIE dans ce Dictionnaire.)

Le mot *tête* est souvent employé en anatomie, pour désigner les extrémités arrondies de certains os : c'est ainsi que l'on nomme *têtes* de l'humérus & du fémur les parties de ces deux os qui s'articulent l'une dans la cavité glénoïde de l'omoplate, l'autre dans la cavité cotyloïde de l'os des îles.

TÊTE MORTE, sub. f. (*Chim.*) Les anciens chimistes nommoient ainsi ce qui restoit dans l'appareil distillatoire après qu'ils en avoient retiré toutes les substances volatiles.

TEUCRIUM, s. m. (*Bot.*, *Mat. médic.*) Genre de plantes appartenant à la Didynamie gymnospermie de Linné, & à la famille naturelle des Labiées. Plusieurs espèces ont été employées en médecine, telles que les *Teucrium marum*, *chamœpitys*, *scordium*, *chamœdrys*. Ces diverses plantes participent aux propriétés de la plupart des Labiées, seulement le *T. chamœdrys* est remarquable plutôt par le principe amer qu'il contient que par la quantité d'huile volatile que l'on peut en extraire : aussi est-il généralement employé comme tonique. Quant au *Teucrium scordium*, son odeur est alliacée & désagréable. (*Voyez* GERMANDRÉE.)
(R. P.)

TEXTURE, s. f. (*Anat.*, *Physiol.*) *Textura*, liaison de ce qui est tissu. Il ne faut point confondre le tissu avec la texture; tout ce qui est composé de parties juxta-posées, ou diversement entre-croisées dans un sens ou dans un autre, est un tissu; la texture, au contraire, est la liaison, la manière d'être de ce tissu; & pour nous servir d'une comparaison vulgaire, le drap, le casimir sont deux tissus dont la nature intime est la même, mais qui diffèrent par leur texture : l'un est à mailles simples, carrées, l'autre est à mailles croisées. Chaque organe a sa manière d'être qui lui est propre & à laquelle il doit la propriété de produire tel effet; ainsi un organe est-il atteint d'une phlegmasie qui modifie passagèrement sa texture, les produits qu'il fournit sont différens; le cerveau en est-il le siège, il y a stupeur, mouvemens désordonnés, ou abolition de sentiment, ou bien délire, que l'on pourroit appeler avec vérité la *convulsion de l'intelligence*, & cela, suivant la partie qui en est le siège & l'intensité de la cause. Souvent même la colère, la fureur, une affection vive de l'ame, agissent avec tant de force sur tous nos organes, que nos sécrétions en sont troublées; & l'on a vu, dit-on, la salive d'un homme furieux être vénéneuse, & celle d'un canard irrité inoculer la rage. Il y avoit bien là une modification évidente de texture due à une vive action du système nerveux.

Au premier aspect on se croit bien instruit sur la texture de nos parties, quand on nous dit :

Cet organe est composé de vaisseaux, de nerfs, &c., diversement repliés avec un tissu propre; mais si l'on fait des recherches plus approfondies, soit avec le microscope, soit à l'œil nu, on en est réduit presqu'au même point, & les nerfs de l'éléphant, quoique plus gros que ceux de l'homme, se réduisent en filamens aussi déliés, & leur examen n'a pas plus avancé les anatomistes que s'ils avoient étudié ceux de la souris; le résultat de ces recherches est toujours : une pulpe molle, blanchâtre, non contractile.

Les différens auteurs qui se sont occupés des tissus organiques en ont établi un nombre plus ou moins grand, suivant la connexion plus ou moins évidente qu'ils ont cru trouver entre plusieurs parties de notre organisation (*voyez* TISSU); ainsi Bichat en admet vingt-un; MM. Dupuytren & Richerand, onze, avec plusieurs sous-divisions; M. Cloquet, quinze, également avec des sous-divisions. Ces différences paroissent plus grandes en apparence qu'en réalité; si Bichat en reconnoît vingt-un, il n'établit pas de sous-divisions, tandis que les deux autres classifications en admettent plusieurs; ainsi, par exemple, il y a *système circulatoire*, A. *artériel*, B. *veineux*, C. *lymphatique*. D'un autre côté, Bichat établit des divisions qui ne devroient point exister, lorsqu'il signale à part les muscles & les nerfs de la vie animale, & ceux de la vie de relation. On conçoit qu'il est très-difficile de classer les différens systèmes, & ce n'est que par une étude approfondie de l'organisation que l'on parviendra à avoir une bonne classification, pour laquelle on devra s'aider des connoissances physiologiques les plus étendues. D'un autre côté, cependant, on ne peut pas regarder comme identiques des organes qui ont des usages différens & dont les produits offrent une si grande dissemblance. Le foie, les reins, la rate, les poumons sont rangés parmi les organes parenchymateux; & cependant leur structure, leur texture est différente, puisqu'autrement les sécrétions seroient les mêmes. Ce sont bien toujours, selon Weber, de petites vésicules ou culs-de-sac qui terminent les conduits excréteurs, & dont les parois sont tapissées d'artères, de veines, de nerfs : il y a là nécessairement différence de texture sans différence de tissu. Un ganglion lymphatique & les testicules ne sont toujours que des vaisseaux repliés sur eux-mêmes; mais quelle différence dans la texture de ces vaisseaux, dont les uns élaborent un fluide destiné à faire partie du sang, & qu'ils reçoivent presque déjà tout formé par des vaisseaux de même nature, tandis que les testicules sécrètent le fluide générateur, dont les matériaux sont directement retirés du sang! Quelle différence trouve-t-on entre ces nerfs destinés à nous faire voir, entendre, goûter, *odorer*? Aucune! Et cependant il en existe, puisque les sensations qu'ils transmettent sont très-différentes; il en est de même pour les nerfs destinés à transmettre le fentiment & ceux qui font chargés du mouvement. Il faut, en anatomie générale, fuivre la marche fi favante & fi philofophique de l'hiftoire naturelle, que Linné développa avec une étendue de vue qui frappe encore l'efprit, malgré l'habitude que l'on en a ; ainfi, les groupes formés par les membranes muqueufes, les membranes féreufes, les nerfs, les mufcles de la vie animale & ceux de la vie de relation ; les organes parenchymateux ; le tiffu éreêtile des corps caverneux, des lèvres, du mamelon, &c. , font identiques entre eux comme le font les plantes d'une même famille ; ces diverfes parties ont leurs caraêtères généraux, qui obligent néceffairement d'en former des groupes ; mais enfuite chaque partie d'un groupe a individuellement fes caraêtères propres, qui fe deffineront d'autant mieux que l'étude de l'anatomie fera plus avancée. Ce font ces caractères particuliers qui font que la membrane muqueufe du poumon n'a pas identité de texture avec celle de l'eftomac, ou les nerfs de la vie animale avec ceux de la vie de relation.

D'après tout ce que je viens de dire, on voit que le nombre des tiffus peut être plus ou moins reftreint, fuivant que dans les claffifications on établira un plus ou moins grand nombre de fous-divifions, & que, d'un autre côté, fi l'on ne confidère que la texture, on verra que chaque partie de notre économie, dont l'action diffère des autres, a de néceffité une texture différente ou modifiée, comme on peut en avoir la preuve à la fimple vue, & encore pour une même membrane muqueufe, celle qui fait partie d'un fyftème digeftif. N'y a-t-il pas, en effet, une différence fenfible entre la membrane muqueufe de l'eftomac & celle qui tapiffe le reêtum. Le but de l'anatomie générale, aidée de la phyfiologie *générale*, eft donc de chercher à grouper les tiffus comme on le fait en hiftoire naturelle, puis à établir des divifions entre ces divers tiffus : divifions fondées fur une différence de ftruêture qui exifte inévitablement pour chacun, quoique l'on n'ait pu, jufqu'à préfent, le démontrer d'une manière mathématique, mais que le raifonnement doit néceffairement faire admettre comme une vérité démontrée : *Là où il y a différence de produit, il y a différence de texture.* (NICOLAS.)

THALITRON ou THALICTRON, f. m. (*Bot.*, *Mat. méd.*) Genre de plantes appartenant à la Polyandrie polygynie de Linné & à la famille des Renonculacées de de Juffieu. Ce genre renferme beaucoup d'efpèces, dont une feule doit être mentionnée ici : c'eft le *thaliêtron flavefcens*, vulgairement nommé *fauffe rhubarbe*. Sa racine eft rampante & jaunâtre ; elle croît dans les endroits marécageux ; elle eft remplie d'un fuc jaunâtre, dont la faveur eft légèrement amère. On lui a attribué une propriété légèrement purgative ; auffi, en Allemagne, l'a-t-on

quelquefois fubftituée à la rhubarbe. Aujourd'hui, l'ufage du thaliêtron eft généralement abandonné : mais fa racine a quelquefois été employée pour teindre la laine en jaune, couleur qu'elle communique auffi, dit-on, à l'urine de ceux qui en font ufage. (*Voyez*, pour plus de détails, le *Diêt. de Botanique* de cet ouvrage.)

THÉ, f. m. (*Mat. méd. végét.*) *Thea.* Nom d'un arbriffeau qui croît au Japon & à la Chine, de la famille des Myrtes & de la Polyandrie monogynie du fyftème fexuel. On le cultive avec foin dans ces deux pays, parce que les peuples qui les habitent font un ufage journalier de l'infufion de fes feuilles préparées : ce qui a été imité par plufieurs nations européennes.

Sous le rapport de fon emploi, on peut dire qu'il n'y a qu'une feule efpèce de thé, bien que les botaniftes ne foient pas parfaitement d'accord, s'il n'y en a qu'une feule ou deux. Linné étoit de ce dernier avis, & les appelle *thea viridis* & *thea bohea*. Il paroît toutefois que ces végétaux font du moins très-rapprochés, s'ils font diftinêts. On connoît d'ailleurs, dans le commerce, une multitude de variétés de thé, dues à l'époque à laquelle on les récolte, à la préparation qu'on en fait, au foin qu'on y apporte, &c. Pour l'ufage, on diftingue furtout les *thés verts* & les *thés noirs*; ces derniers font moins aêtifs, moins excitans des nerfs, & font préférés dans les pays tempérés, tandis que les habitans du Nord aiment mieux les thés verts.

On récolte le thé, en Chine, à trois époques diverfes ; la première en mars, la feconde un mois après, & la troifième vers le mois de juin. Cette dernière eft la moins eftimée, parce que les feuilles ont acquis, non-feulement tout leur développement, mais encore ont commencé à perdre de leur arome & de leur force. La première récolte, au contraire, compofée de feuilles non encore développées totalement, eft fi eftimée, qu'elle eft réfervée pour la famille impériale & les grands, d'où lui eft venu le nom de *thé impérial* ; celui de la feconde fe nomme *thé chinois*.

Lorfque le thé eft récolté, on le porte dans des bâtimens où font des fourneaux couverts d'une forte de poële en fer fortement chauffée ; on jette les feuilles, immergées préalablement dans l'eau bouillante pendant une demi-minute, fur ces poëles ; elles y pétillent, fe crifpent, tandis qu'on les remue avec viteffe ; lorfqu'elles font fi chaudes qu'il devient prefque impoffible d'y toucher, on les enlève avec une forte d'éventail, & on les pofe fur des nattes, où des ouvriers s'empreffent de les rouler dans leurs mains, tandis que d'autres les éventent afin d'en hâter le refroidiffement, dont la promptitude affure le fuccès. Si la torréfaêtion eft pouffée un peu loin, le thé eft plus foncé en couleur & donne le thé noir ; fi elle l'eft moins, c'eft le thé vert qu'on obtient. Le thé fubit une feconde deffication quelques mois après cette première préparation ; on le tire des vases où on l'avoit renfermé, & on achève de le dépouiller fur un feu doux, de l'humidité qui pouvoit encore s'y trouver. On le livre alors au commerce, en le claffant fuivant fa pureté, fa qualité, &c. &c. Il reçoit les noms de thé hyfwin, &c., s'il eft vert ; de thé boui, &c., s'il eft noir. Parfois, on l'aromatife, en Chine, en plaçant les rameaux chargés de fleurs d'olea fragrans L., de magnolia julan L., ou de cha-puaw, dans les vafes qui les renferment.

Le thé eft d'une odeur forte, affez agréable : il a une couleur verte plus ou moins marquée, & eft compofé de feuilles larges, épaiffes, roulées, d'une faveur ftyptique ; il contient du tannin, de l'acide gallique, un extrait amer, une huile effentielle, une réfine, &c., d'après Cadet & Lettfom. Les émanations de cette feuille font malfaifantes lorfqu'on eft renfermé dans un endroit où elle eft ramaffée en trop grande quantité, comme l'éprouvent les employés qui la reçoivent des marchands chinois & qui en refpirent la pouffière pendant plufieurs jours ; ce qui les incommode tellement, qu'ils font parfois obligés de quitter cette profeffion.

On emploie le thé comme aliment & comme médicament. Dans le premier cas, on le prend aux repas en infufion légère, préparée en verfant de l'eau bouillante à la dofe d'une chopine fur un gros de thé environ, qu'on laiffe infufer pendant huit à dix minutes, & le mêlant enfuite à de la crème, à du lait qui doivent être froids, à du fucre. L'habitude eft de le boire en mangeant des tartines de pain-beurrées, légèrement rôties. C'eft le plus ordinairement au déjeuner qu'on en ufe de la forte ; fouvent cependant on en prend le foir trois ou quatre heures après le dîner, en compagnie : d'où eft venu le nom de thé qu'on donne à ces réunions. Beaucoup de perfonnes ne déjeunent qu'avec le thé, & s'en trouvent bien. Cette infufion doit être légère, car trop forte, outre qu'elle eft défagréable au goût, elle agite, trouble le fyftème nerveux, caufe des tremblemens, de l'infomnie, &c.

Comme médicament, le thé fe prend en infufion feule, avec le fucre, mais moitié moins forte. On la fait ordinairement encore plus foible. On donne cette infufion dans les difficultés de digérer, les indigeftions commençantes, & à la fuite de celles qui ont eu lieu, pour achever de précipiter, comme difent les praticiens, les alimens. On en ufe encore pour aider à l'action des purgatifs.

A la Chine, on prend l'infufion de thé comme boiffon de table ; on prétend que la qualité des eaux de ce pays exige la préfence de cette feuille pour les rendre plus falubres ; comme on n'y met ni lait ni fucre, il y a lieu de croire que ce n'eft pas, comme chez nous, par fenfualité qu'on en fait ufage. Au Japon, on mêle même le thé en poudre

dans l'eau & on le boit avec le liquide. On prétend que dans les régions brumeufes, humides, froides, comme la Hollande & l'Angleterre, l'ufage du thé eft très-falutaire ; auffi, dans ces deux contrées, tout le monde, jufqu'à l'artifan, en fait ufage.

On ufe quelquefois de l'infufion de thé comme fudorifique. Malgré l'action de cette infufion fur les nerfs, Perceval l'a pourtant recommandée comme un bon antifpafmodique. On lui attribue auffi la faculté d'empêcher la formation de la pierre, & Ten-Rhyne affure pofitivement qu'au Japon on ne connoît pas cette maladie. Quant à la goutte, qu'on a prétendu qu'elle empêchoit auffi, les Anglais font là pour preuve très-démonftrative du contraire.

L'ufage du thé ne convient pas aux perfonnes maigres, délicates, nerveufes. On l'accufe de faire maigrir ceux qui en boivent trop, de procurer le diabétès, des vertiges, &c. &c. (MÉRAT.)

THÉ D'AMÉRIQUE. (Voyez CAPRAIRE dans le Dictionnaire de Botanique de cette Encyclopédie.)

THÉ DES APALACHES. (Voyez APALACHINE dans le même Dictionnaire.)

THÉ D'EUROPE. (Voyez VÉRONIQUE.)

THÉ DE FRANCE. (Voyez SAUGE.)

THÉ A FOULON. THÉ DU CHILI. (Voy. PSORALEA GLANDULOSA dans le Dictionnaire de Botanique.)

THÉ DES JÉSUITES. Nom fous lequel les botaniftes défignent le pforalea americana. (Voyez ce mot dans le même Dictionnaire.)

THÉ DU LABRADOR. (Voy. LEDUM dans le même Dictionnaire.)

THÉ DE LA MER DU SUD. Nom d'une efpèce de mélaleuque. (Voyez MELALEUCA dans le même Dictionnaire.)

THÉ DU MEXIQUE. Nom français du chenopodium ambrofioides. (Voyez ce dernier mot dans le même Dictionnaire.)

THÉ DE LA NOUVELLE-HOLLANDE. Nom d'une efpèce de fmilax. (Voyez ce dernier mot dans le même Dictionnaire.)

THÉ DE LA NOUVELLE-JERSEY. C'eft le ceanothus americanus des botaniftes. (Voyez ce mot dans le même Dictionnaire.)

THÉ DES NORWÉGIENS. Nom fous lequel on défigne le feuillage d'une efpèce de ronce. (rubus arcticus.)

arčicus.) (*Voyez* RONCE dans le *Dictionnaire de Botanique* de cet ouvrage.)

THÉ DE LA NOUVELLE-HOLLANDE. Les botanistes appellent ainsi une espèce de *smilax.* (*Voyez* SMILAX dans le même Dictionnaire.)

THÉ DE LA NOUVELLE ZÉLANDE. Nom sous lequel on désigne quelquefois les feuilles des *smilax glyciphyllos* & *ripogonum.*

THÉ D'OSWEGO. C'est le nom du *monarda purpurea* L. (*Voyez* le même Dictionnaire.)

THÉ DU PARAGUAY. Nom français de l'*erythroxylum peruvianum.* (*Voyez* le même Dictionnaire.)

THÉ DE SIMON PAULLI. Nom sous lequel on désigne, dans quelques provinces, le *myrica gale* L. (*Voyez* le même Dictionnaire.)

THÉ SUISSE. (*Voyez* FALTRANCK.)

THÉ VERT. (*Voyez* THÉ.) (R. P.)

THÉACÉES, sub. f. pl. (*Bot.*, *Mat. médic.*) *Theaceæ.* Famille de plantes peu nombreuses, parmi lesquelles se trouvent les genres *Thea* & *Camelia.*

THÉATRES, f. m. pl. (*Hyg. pub.*) θεατρα, de θεαομαι, je regarde. Lieux où l'on représente des scènes dramatiques. Considérés sous le rapport physique & comme lieux de rassemblement, les théâtres rentrent dans le domaine de l'hygiène publique & de l'hygiène privée ; envisagés sous le point de vue moral, ils exercent une influence qui doit également fixer l'attention du législateur & du médecin. En effet, on ne peut refuser aux spectacles de contribuer à modifier les mœurs, de même que l'on est obligé d'avouer qu'ils peuvent, comme moyen de distraction, concourir à la guérison de certaines affections mélancoliques, ou comme moyen excitant, provoquer le développement de certaines névroses.

En général, sous ces derniers points de vue, en égard au spectateur & à l'acteur, les considérations relatives à l'influence des théâtres appartiennent à la classe des *percepta* & à l'hygiène des professions. (*Voyez* PERCEPTA & PROFESSIONS dans ce Dictionnaire.)

THÉIFORME, adj. (*Pharm.*) *Theiformis.* Il est un grand nombre de substances végétales, telles que feuilles ou fleurs, dont on prescrit l'usage en *infusion théiforme*, c'est-à-dire sur lesquelles on jette de l'eau bouillante que l'on y laisse séjourner seulement assez long-temps pour que le liquide puisse s'emparer du principe aromatique de la plante. On boit ces infusions chaudes, & on

les édulcore avec le sucre ou un sirop quelconque : c'est assez ordinairement pour faciliter la digestion, exciter l'écoulement des urines, ou provoquer la sueur que l'on fait usage de ces fortes de boissons, qui, en général, appartiennent à la classe des excitans diffusibles.

(R. P.)

THEION D'HIPPOCRATE. (*Hist. de la Méd.*) Expression qui se trouve dans Hippocrate, & que l'on a conservée dans la langue française. La traduction littérale du mot το θειον, est *aliquid divinum*, quelque chose de divin. Les commentateurs se sont beaucoup tourmentés pour deviner ce qu'Hippocrate entendoit par ce mot, & ainsi qu'il arrive toujours en pareil cas, ils sont arrivés à des résultats essentiellement différens : les uns ont pensé que, sous cette dénomination, il rangeoit tout ce qui a rapport à la constitution de l'air ; d'autres y ont reconnu l'influence des astres ; plusieurs celle des démons, & les plus sages n'ont point balancé à croire que le père de la médecine indiquoit par ce mot, l'ensemble de toutes les causes qui, à notre insu, agissent sur l'économie animale sans que nous puissions saisir de quelle manière s'exerce leur influence.

THÉNAR, f. m. (*Anat.*) Mot grec désignant indistinctement la paume de la main ou la plante du pied. En français on a donné à cette expression une valeur plus restreinte ; elle sert à indiquer la saillie correspondant au pouce, & qui est formée par les muscles court abducteur, opposant, & court fléchisseur du pouce. (*Voyez* MAIN dans le Dictionnaire d'*Anatomie* de cet ouvrage.)

Le muscle thénar, d'après Riolan & Winslow, n'étoit autre que la masse charnue formée par les trois muscles précédemment indiqués. Enfin Winslow avoit donné le nom de *muscle thénar du pied* à la réunion des muscles abducteur & court fléchisseur du gros orteil.

THÉOMANIE, sub. f. (*Pathol.*) *Theomania.* De θεος, Dieu, & de μανια, délire. Espèce de monomanie religieuse dans laquelle l'aliéné croit être Dieu, ou pense avoir avec les anges ou avec les saints des relations immédiates. (*Voyez* MANIE & MONOMANIE.) (R. P.)

THÉORIE, f. f. Mot dérivé de θεωρια, qui signifie contemplation, méditation. Or, comme de la méditation sur certains phénomènes à l'explication de ces mêmes phénomènes il n'y a qu'un pas, ou plutôt que l'une est presque toujours dans l'esprit humain l'inévitable conséquence de l'autre, j'en conclus que la théorie n'est autre chose que l'explication des phénomènes qu'on observe, soit dans l'univers entier, soit dans l'un des trois règnes de la nature. *Exemple :* les mouvemens des corps célestes autour de leurs centres de gravité s'expli-

H h

quent par les lois de la gravitation universelle, qui forment par conséquent la théorie du monde considéré sous un point de vue général ; la formation des corps inorganiques s'explique par les lois de l'affinité chimique, dont le concours constitue la théorie générale du règne minéral, &c.

Une théorie peut être vraie, fausse, conjecturale, douteuse, &c., selon la nature des faits sur lesquels elle repose ; car, en principe, toute théorie doit être l'expression des faits, ou, pour parler plus techniquement, elle n'est que le rapport établi entre un fait ou quelques faits généraux & tous les faits particuliers qui s'y rattachent.

Ce n'est pas sans dessein que nous n'avons défini tout-à-l'heure que les théories de la sphère & du règne minéral. En effet, nous ne pouvons expliquer que d'une manière hypothétique la formation des corps organisés, par conséquent il nous est impossible d'établir une bonne théorie de la vie ; nous sommes donc obligés de nous borner aux explications théoriques de phénomènes secondaires, comme ceux des fonctions organiques de l'homme & des animaux. Ainsi, pour citer encore quelques exemples, c'est dans l'action contractile du cœur & des vaisseaux sanguins qu'il faut puiser la théorie de la circulation, comme c'est de la puissance altérante & assimilatrice des organes digestifs sur les substances alimentaires, qu'il faut déduire la théorie de la digestion. Celle de l'innervation est tout entière dans la réaction du cerveau sur les impressions, de même que celle de la respiration ressort évidemment de l'action des poumons sur l'air respirable.

Comme le but presqu'unique de la médecine est la connoissance des maladies & celle du mode d'action des agens thérapeutiques destinés à les guérir, on a de bonne heure imaginé à ce sujet une foule de théories dont l'importance peut se mesurer en masse par la valeur des faits qui leur ont servi de base. Il faut distinguer les théories en générales & en particulières : relativement aux premières, on sait à quoi s'en tenir aujourd'hui sur la valeur réelle des théories des galénistes, des pneumatiques, des méthodistes, des iatrochimistes, des mécaniciens, des vitalistes, &c. &c. Si toutes ont rendu des services à l'humanité en dévoilant quelques vérités, aucune n'a résisté dans son ensemble à l'épreuve du temps ; la science est presqu'encore à refaire sous ce point de vue. Quant aux théories partielles, ou qui ont pour objet l'explication des maladies en particulier, ou de quelques classes de maladies, le temps & l'expérience en ont consacré un grand nombre qui constituent la partie la plus solide de la science.

Les théories pathologiques comme les théories physiologiques doivent être basées sur des faits ; celles qui s'appuient uniquement sur les spéculations de l'esprit & les produits de l'imagination, sont vaines & conjecturales ; on observe les faits, mais on ne les devine pas.

Il est arrivé trop souvent que des théories hasardées & spéculatives ont conduit à de fausses applications pratiques, de là est née l'opinion vulgaire, que la théorie diffère de la pratique, & que, dans une science, l'une s'arrête presque toujours au point où l'autre commence. Cette opinion est erronée & ses conséquences nuisibles n'ont pas besoin d'être démontrées : de même qu'il n'y a pas de science sans application, il ne peut pas y avoir de théorie sans pratique.

La théorie diffère du système, en ce que l'une doit être l'explication naturelle des faits, tandis que l'autre consiste seulement dans leur classement pour arriver à cette explication & aux conséquences pratiques qui s'en déduisent ; l'un est la fin & l'autre le moyen. (BRICHETEAU.)

THÉRAPEUTIQUE, s. f. (Méd.) Mot dérivé de θεραπευω, je traite, je remédie. Nom donné à cette partie de la médecine qui a pour objet l'administration méthodique, rationnelle des médicamens & autres agens prophylactiques & curatifs, la connoissance de leur mode d'action sur l'économie animale, & celle des modifications finales & curatives qu'ils produisent dans les maladies. La thérapeutique est, comme chacun sait, la partie de l'art la moins avancée, & jusqu'à présent la moins féconde en résultats positifs. Ce n'est point ici le lieu d'indiquer ces résultats, quels qu'ils soient ; ils se trouvent d'ailleurs faire partie intégrante de divers autres articles de ce Dictionnaire. Dans l'état actuel de la science, il est impossible de présenter une classification régulière, & tant soit peu philosophique, des indications générales de thérapeutique. Comment seroit-on d'accord sur la nature & le mode d'action des remèdes, quand on diffère tant sur le caractère essentiel des maladies auxquelles on les applique? (Voyez MÉDICATIONS, TRAITEMENT, &c.) (BRICHETEAU.)

THÉRAPEUTISTE, s. m. Même étymologie pour l'article précédent. Qualification donnée au médecin qui s'occupe de thérapeutique, qui traite spécialement de la thérapeutique dans un ouvrage. (BRICHETEAU.)

THÉRAPIE, s. f. (Nosolog.) Therapeia. Cette expression est synonyme de THÉRAPEUTIQUE. (Voy. ce mot.)

THÉRIACAL, ALE, adj. (Mat. médic.) Qui contient de la thériaque.

THÉRIAQUE, s. f. (Pharm.) Electuaire composé d'un grand nombre de médicamens (72), dû à Andromachus, médecin de Néron, & qui a subi avec le temps plusieurs modifications importantes. Le formulaire pharmaceutique actuel reproduit la recette de la dernière édition du Codex de l'ancienne Faculté sous le nom d'électuaire opiacé *polypharmaque ;* cette dernière épithète, qui lui convient très-bien, en fait la critique la mieux méritée. La thériaque nouvellement composée est rougeâtre ; elle éprouve alors une forte de fermentation pendant laquelle le mélange des différentes subtances s'effectue au moyen de combinaisons chimiques réciproques, ce qui dure environ une année ; elle devient alors noire & est regardée comme jouissant dans cet état de toutes ses propriétés. On la préparoit autrefois à Venise avec un grand apparat, & sur la place publique : aussi celle de cette ville a-t-elle conservé une grande réputation. La thériaque est regardée comme stomachique, cordiale, calmante, alexipharmaque, &c. L'opium qu'elle contient en fait à peu près la quatre-vingt-huitième partie, c'est-à-dire qu'un gros de cet électuaire renferme un peu moins d'un grain de cette substance. On donne la thériaque pour calmer les douleurs d'estomac, d'entrailles & surtout comme fortifiant le canal intestinal dans les fièvres, les diarrhées, les typhus, &c. ; on en applique sur la morsure des vipères, sur toutes celles où l'on suppose un principe vénéneux, sur les parties douleureuses, &c.

La composition monstrueuse appelée *thériaque* ne doit pas être entièrement rejetée du domaine de la thérapeutique ; toute bizarre qu'elle est, on en obtient parfois de bons effets, qu'on n'auroit pas en employant séparément ses composans. Elle est encore chère aux vieux praticiens, & faisoit à peu près toute la médecine de ceux du moyen âge, qui, jugeant d'après les qualités particulières des nombreuses subtances qu'elle renferme, pensoient que leur réunion devoit guérir tous les maux. (MÉRAT.)

THÉRIAQUE ALLEMANDE. Nom sous lequel on désigne quelquefois l'extrait de genièvre.

THÉRIAQUE CÉLESTE. Electuaire dont la composition ressemble beaucoup à la thériaque d'Andromaque.

THÉRIAQUE DIATESSARON. Cet électuaire, dont on est redevable à Mesuë, porte aussi le nom de *thériaque des pauvres ;* on le regarde comme stomachique, emménagogue & diaphorétique.

THÉRIAQUE D'ANGLETERRE. Dans les environs de Cambridge, on donne ce nom à l'espèce de Germandrée désignée par Linné sous le nom de *teucrium chamædris.*

THÉRIAQUE DE MER. Nicander a donné ce nom à un *fucus rouge,* regardé comme propre à prévenir les accidens qui se développent à la suite de la morsure des serpens. (R. P.)

THERMAL, ALE, adj. *Thermalis,* de θερμος,

chaud. Nom donné aux eaux minérales dont la température est plus élevée que celle du corps de l'homme.

THERMANTIQUE, s. m. & adj. (*Mat. méd. thérap.*) *Thermanticus,* de θερμαινω, j'échauffe. Quelques écrivains sur la matière médicale, ont employé ce mot pour désigner certains médicamens plus généralement connus autrefois sous le nom de *cordiaux,* & aujourd'hui nommés *excitans diffusibles.* En effet, leur principale action est d'augmenter l'activité & de ranimer en quelque sorte la chaleur du corps.

THERMES, s. m. pl. (*Hyg.*) *Thermæ,* de θερμος, chaud. Nom sous lequel les Anciens désignoient les bâtimens dans lesquels étoient établis les bains chauds, dont ils faisoient un si fréquent usage. (*Voyez* l'article BAINS dans ce Dictionnaire.) (R. P.)

THERMOMÈTRE, s. m. (*Phys.*), de θερμος, chaud, & de μετρον, mesure. Le calorique étant l'un des plus puissans agens de la nature, aucune découverte ne pouvoit davantage contribuer aux progrès de la physique que l'invention d'un instrument propre à fixer les conditions particulières des divers phénomènes dont cet agent est la source.

On a beaucoup d'incertitude sur le nom de l'inventeur du thermomètre ; mais le plus communément on l'attribue à Drebbel ou à Sanctorius. D'abord très-imparfait, cet instrument a été successivement modifié par les académiciens de Florence, par Amontons, par Newton, & enfin par Deluc, qui, vers le milieu du dix-huitième siècle, fit connoître, d'une part, l'ensemble des précautions auxquelles il faut s'assujettir pour donner de l'exactitude à cet instrument, & de l'autre, fixa la nature de la substance dont on doit faire usage comme moyen thermométrique. L'air, l'esprit de vin, l'huile de lin, le mercure & divers métaux, ont effectivement été tour à tour employés ; le premier de ces corps se dilatant beaucoup & d'une manière très-uniforme, seroit sans contredit celui auquel on devroit accorder la préférence ; mais il ne se prête pas volontiers à la forme que doit avoir le thermomètre, dont l'utilité est en quelque sorte journalière. La dilatation de l'esprit de vin est considérable, mais très-irrégulière ; l'huile de lin encrasse les tubes, & les métaux, à l'exception du mercure, éprouvent de la part du calorique des accroissemens de volume trop peu remarquables pour que l'on puisse les faire immédiatement servir à la détermination de la température. Quant au mercure, son expansion n'est uniforme qu'entre les deux limites de notre échelle thermométrique ; au-dessus de la chaleur de l'eau bouillante, sa dilatation est croissante, & comme il se solidifie à quarante degrés au-deſſous de zéro, il devient également impropre à indiquer les températures élevées & celles qui ſont très-baſſes, en ſorte que dans le premier cas on eſt obligé d'avoir recours à des appareils nommés *pyromètres*, & dans le ſecond, il faut ſe ſervir du thermomètre à alcool.

Aujourd'hui que l'on eſt parfaitement d'accord ſur les conditions eſſentielles d'un bon thermomètre, il n'exiſte entre ces inſtrumens d'autres différences que celles qui réſultent de la diverſité des principes d'après leſquels on établit leur graduation, & ſans prétendre rappeler à cet égard toutes les échelles thermométriques ſucceſſivement propoſées, nous nous arrêterons au petit nombre de celles qui ſont encore employées, telles ſont les *diviſions* de Réaumur, *centigrade* de Fahrenheit, & celles de Delisle.

Conſtruction du thermomètre. On choiſit un tube de verre étroit & ſurtout bien calibré, ce dont on s'aſſure en y introduiſant une petite quantité de mercure que l'on fait couler d'un bout à l'autre; or, ſi le tube eſt cylindrique, la longueur de cette petite colonne de mercure reſtera conſtamment la même. A l'extrémité de ce tube on ſouffle une boule, ou bien on ſoude un cylindre dont la capacité doit être en rapport avec la groſſeur du tube, & ſurtout avec la ſenſibilité que l'on veut donner au thermomètre. Pour remplir le réſervoir on eſt obligé d'uſer d'un artifice particulier, l'étroiteſſe du tube s'oppoſant à ce qu'on puiſſe y introduire directement le mercure. Cet artifice conſiſte à préſenter le réſervoir au-deſſus d'un fourneau contenant des charbons ardens, l'air ſe dilate & une portion s'échappe au-dehors; plongeant alors l'extrémité ouverte du tube dans un vaſe qui contient du mercure parfaitement purifié, l'air dilaté en ſe refroidiſſant diminue de volume, & la preſſion atmoſphérique élève le liquide juſque dans le réſervoir que l'on chauffe de nouveau juſqu'à ce que l'ébullition ait lieu. La vapeur qui ſe développe alors exclut complétement l'air qui pouvoit reſter dans l'appareil, en ſorte qu'il ſuffit de plonger une ſeconde fois l'extrémité ouverte du tube dans le mercure pour achever de le remplir.

Cette première opération terminée, il faut avant de procéder à la graduation du thermomètre, ne conſerver que la quantité de mercure néceſſaire aux divers uſages auxquels l'inſtrument eſt deſtiné. A cet effet, on s'aſſure, par des eſſais préliminaires, qu'en l'expoſant à la plus haute & à la plus baſe des températures qu'il doit meſurer, le liquide, dans le premier cas, n'ira pas frapper le haut du tube, & dans le ſecond, ne rentrera pas complétement dans le réſervoir. On ferme enſuite le tube, ayant toutefois l'attention d'exclure tout l'air qui en occupe la partie ſupérieure : cette précaution eſt indiſpenſable pour prévenir les intercallations de l'air & du mercure, qui bientôt finiroient par déranger la marche de l'inſtrument.

Dans un tube ainſi préparé, la colonne de mercure, lorſque l'on renverſe le thermomètre, tombe ſans ſe diviſer & remplit complétement le tube.

Pour achever de conſtruire le thermomètre, il ne reſte plus qu'à tracer les diviſions : or, comme tous ces inſtrumens doivent être comparables entr'eux, on conçoit qu'il eſt indiſpenſable que les deux limites de l'échelle ſoient rigoureuſement déterminées. La glace fondante d'une part, & l'eau bouillante de l'autre, rempliſſent rigoureuſement cette double condition : en effet, un thermomètre tel ſenſible qu'il ſoit, s'il eſt plongé dans la glace fondante ou dans l'eau diſtillée bouillante, reſtera immobile auſſi long-temps que toute la glace ne ſera point liquéfiée, ou que l'eau ne ſera point complétement vaporiſée. D'après cela, pour déterminer le point le plus bas de l'échelle, on met le thermomètre dans la glace fondante, ayant ſoin que le réſervoir y ſoit complétement plongé, ainſi que la portion du tube qui contient du mercure, ſans cela le volume de ce métal ſeroit un peu plus conſidérable qu'il ne doit être à la température à laquelle on opère. Lorſqu'enſuite on prend le terme de l'ébullition, il faut ſe ſervir d'eau pure contenue dans un vaſe de métal, car celle qui tient des ſubſtances ſalines en diſſolution ou qui eſt renfermée dans un vaſe de verre, ne bout qu'à une température plus élevée : c'eſt auſſi par la même raiſon qu'il faut tenir compte de la preſſion barométrique, l'ébullition n'ayant lieu qu'au moment où la force élaſtique de la vapeur fait équilibre au poids de l'atmoſphère; or, comme dans nos climats la hauteur habituelle de la colonne de mercure eſt de 28 pouces ou 76 centimètres, c'eſt à la température de l'eau qui bout ſous cette preſſion que l'on eſt convenu de placer la limite ſupérieure de notre échelle thermométrique.

Ces deux points fixes étant bien déterminés, on partage l'intervalle qui les ſépare en un nombre de parties qui eſt variable, ſuivant l'eſpèce de thermomètre que l'on veut avoir. Celui dont on fait communément uſage en France eſt diviſé en 100 parties : le thermomètre de *Réaumur* ou plutôt le *thermomètre de Deluc*, n'en contient que 80. D'après cela il eſt facile de voir que 5 deg. du premier répondent à 4 deg. du ſecond, en ſorte qu'en multipliant par $\frac{4}{5}$ les indications fournies par l'un de ces inſtrumens, on obtient les degrés correſpondans ſur l'autre; de même qu'en multipliant par le rapport inverſe $\frac{5}{4}$, on transformeroit les degrés du *thermomètre de Réaumur* en degrés du *thermomètre centigrade*. Quelque ſimples que ſoient ces opérations numériques, elles ſont quelquefois embarraſſantes, & l'on pourroit facilement les éviter en adoptant une ſeule échelle thermométrique; mais ici, comme dans beaucoup d'autres circonſtances, l'habitude eſt plus forte que la raiſon.

Fahrenheit ayant remarqué que la température de la glace fondante, non-feulement n'eſt pas la plus baſſe de toutes celles que l'on peut obtenir, mais encore qu'elle eſt beaucoup plus élevée que celle qui règne aſſez fouvent pendant l'hiver des régions tempérées, penſa qu'il falloit, afin de ſe rapprocher autant que poſſible du zéro abſolu de la chaleur, placer l'origine de l'échelle thermométrique au-deſſous du point de la congélation, qui avoit été adopté par Newton. Dès-lors il imagina de fixer la limite inférieure de ſon thermomètre en le plongeant dans un mélange réfrigérant formé de parties égales de ſel ammoniac & de glace pilés ; ce froid, que l'on croyoit alors très-rigoureux, paſſoit pour un *maximum* au-delà duquel la température ne pouvoit plus deſcendre. Cette idée étoit fauſſe, d'abord, parce que l'on peut obtenir des températures beaucoup plus baſſes, & enfuite parce que les conditions variables ſous leſquelles on opère, exercent une grande influence ſur l'effet que produiſent les mélanges frigorifiques ; de là réſulte que l'on commettroit de graves erreurs ſi, pour obtenir le zéro de la graduation de Fahrenheit, on avoit recours au moyen qu'il recommande. On emploie à cet uſage la glace fondante ſuſceptible de fournir une indication beaucoup plus certaine : ſeulement, au lieu de fixer l'origine de l'échelle à l'endroit où s'arrête alors la liqueur du thermomètre, on y inſcrit le nombre 32 ; puis plongeant l'inſtrument dans l'eau bouillante, on marque 212 au point où ſe fixe la colonne de mercure. D'après cela, depuis la température de la glace fondante juſqu'à celle de l'eau bouillante, on compte 180 deg. de Fahrenheit ; en forte que 18 de ces degrés correſpondent à dix degrés du *thermomètre centigrade* : dès lors le rapport entre les deux diviſions eſt celui de 9 à 5, & pour le *thermomètre de Réaumur*, de 9 à 4. En prenant au-deſſous de la limite inférieure un eſpace égal à 32 deg., on aura le zéro de Fahrenheit. Il paroît que le nombre 212, adopté par ce phyſicien pour déſigner la température de l'eau bouillante, eſt relatif à la dilatabilité du mercure, qui, ſuivant lui, augmentoit de $\frac{1}{10000}$ pour chacun des degrés de ſon échelle thermométrique : réſultat qui ne s'éloigne pas beaucoup de celui auquel on eſt parvenu dans ces derniers temps.

Lorſque l'on ſe propoſe de transformer une température donnée par le thermomètre de Fahrenheit en une température correſpondante ſur les thermomètres *centigrade* ou de *Réaumur*, il eſt eſſentiel de ne point perdre de vue la poſition du zéro de ſon échelle ; en forte qu'avant de multiplier par $\frac{5}{9}$ ou $\frac{4}{9}$, il faut retrancher les 32 deg. excédans, de même qu'il faudroit les ajouter dans le cas où une température étant donnée ſur l'un ou l'autre des deux thermomètres uſités en France, on voudroit la convertir en indication du thermomètre de Fahrenheit, le ſeul dont on faſſe uſage en

Angleterre. Un exemple particulier rendra ſenſible la manière dont il faut procéder en pareil cas : ſuppoſons qu'un thermomètre de Fahrenheit marque 122 deg., ſi l'on en retranche 32, & que l'on multiplie le reſte 90 par 5, on obtiendra 450, qui, diviſés par 9, donneront 50 degrés pour la température qu'indiqueroit un *thermomètre centigrade* placé dans les mêmes circonſtances. En multipliant par 4 le nombre 90 on auroit eu 360, qui, diviſés par 9, auroient donné pour quotient 40, qui eſt la température correſpondante ſur le thermomètre dit *de Réaumur*. On conçoit aiſément qu'en multipliant les nombres 50 & 40 par 9, & diviſant le premier produit par 5, & le ſecond par 4, on retrouveroit, en ajoutant 32 deg. à ces quotiens, le nombre 122, température donnée par le *thermomètre de Fahrenheit*.

Quant au thermomètre de Deliſle, il ne diffère des thermomètres *centigrade* & de *Réaumur* qu'en ce que le zéro répond à la température de l'eau bouillante, & le 150e. degré à celle de la glace fondante ; en forte que la diviſion de cet inſtrument, au lieu d'être fondée ſur la dilatation que le mercure éprouve en s'échauffant, eſt au contraire établie ſur la condenſation que ce métal ſubit en ſe refroidiſſant. Du reſte, il eſt évident que ſa relation avec le thermomètre centigrade eſt exprimée par le rapport $\frac{3}{2}$, & avec celui de Réaumur par $\frac{15}{8}$: de plus, il eſt indiſpenſable de faire attention au renverſément de l'échelle, en forte qu'au lieu de prendre les températures indiquées il faut prendre leur complément, c'eſt-à-dire l'excès de la température de l'eau bouillante ſur celle qui eſt donnée. Si, par exemple, on vouloit ſavoir à quel degré de l'échelle de Deliſle répond le 30e. degré centigrade, il faudroit multiplier 70 excès de 100 ſur 30, par 3, & diviſer par 2, ce qui donneroit 105. A l'égard du thermomètre de Réaumur, l'opération ſeroit la même, ſeulement il faudroit ſubſtituer $\frac{15}{8}$ au rapport $\frac{3}{2}$. Le thermomètre de Deliſle n'eſt uſité qu'en Ruſſie.

Indépendamment des inſtrumens dont il a déjà été queſtion, il exiſte des thermomètres métalliques fondés ſur la plus ou moins grande dilatabilité des métaux ; ces appareils ſont le plus ordinairement déſignés ſous le nom de *pyromètres* (*Voy.* ce mot.) Cependant, parmi eux, il en eſt un que l'on doit particulièrement diſtinguer, c'eſt le *thermomètre métallique* de Breguet. Il eſt formé de trois lames minces, or, argent & platine ; ces lames ſont unies & contournées en hélices de deux à trois pouces de long : à la partie inférieure de ces lames, ainſi contournées, eſt une aiguille qui, à raiſon de l'inégale dilatabilité de chacune des portions de cet aſſemblage métallique, ſe meut ſur un cercle horizontal dont le limbe porte une diviſion thermométrique. Cet inſtrument eſt moins recommandable par ſon exactitude que par ſon extrême *ſenſibilité*, qui, dans des circonſtances où d'autres thermomètres reſteroient immobiles, lui fait marquer des différences de plus de vingt degrés.

Considéré comme instrument météorologique, le thermomètre est sans contredit l'une des inventions les plus utiles que l'on ait pu imaginer. L'art de le faire servir à la détermination des changemens que l'air atmosphérique éprouve sous le rapport de sa température, ainsi que les conséquences que l'on peut déduire de ces sortes d'observations, ont été exposés à l'article MÉTÉOROLOGIE de ce Dictionnaire : aussi n'entrerons-nous à cet égard dans aucun développement; seulement nous nous bornerons à rappeler que l'on a imaginé des thermomètres destinés à marquer, en l'absence de l'observateur, les températures les plus basses & les plus élevées qui ont pu survenir. Ces appareils, que l'on a nommés *thermométographes*, ou *thermomètres* pour les *maxima* & les *minima*, sont convenablement décrits dans le *Dictionnaire de Physique* de cet ouvrage, & parmi eux il en est un imaginé par M. Gay-Lussac, lequel est d'autant plus important qu'il est le seul au moyen duquel on puisse connoître quelle est, à de grandes profondeurs, la température des eaux de la mer (1).

Enfin, sous le nom de *thermomètre réveil*, M. Hemptinne, pharmacien à Bruxelles, a imaginé un appareil qui, non-seulement indique la température du milieu aériforme dans lequel on le plonge, mais encore avertit par le bruit d'un *réveil*, que cette température est parvenue au degré que l'on desiroit obtenir. Cet instrument peut être utile pour régler la température des étuves (2).

(THILLAYE aîné.)

THERMOSCOPE, s. m. (*Phys.*) de θερμος, chaud, & de σκοπεω, j'observe. Il est des variations de température si peu considérables, ou d'une si petite durée, que les thermomètres ordinaires seroient, soit à cause de leur peu de *sensibilité*, soit à raison de leur manque de *susceptibilité*, incapables de les faire connoître. On a donc imaginé pour ces sortes de circonstances, des appareils qui ont quelque rapport avec le thermomètre, & auxquels on a donné le nom de *thermoscopes*. Dans la construction de ces instrumens, il est deux conditions indispensables : 1°. pour qu'ils aient beaucoup de *sensibilité*, le corps pyrométrique doit être très-dilatable; 2°. pour qu'ils soient *susceptibles*, leur masse doit être très-peu considérable. Or, l'air est de toutes les substances celle qui semble posséder ces deux qualités au plus haut degré; aussi la plupart des thermoscopes ne sont-ils réellement que des thermomètres à air : tels sont le *thermoscope de Rum-*

fort, le *thermomètre différentiel de Leslie* & celui de *Howard*. Dans tous, l'air en se dilatant fait mouvoir une bulle ou une colonne de liquide coloré, qui, pour un changement de température très-peu considérable, parcourt des espaces d'autant plus grands, que souvent on fait usage d'un réflecteur pour concentrer la chaleur sur la boule du thermoscope. (*Voyez*, pour plus de détails, le *Dictionnaire de Physique* de cet ouvrage.)

(THILLAYE aîné.)

THIÉSAC (Eau minérale de). C'est au milieu de la rivière de Céro, près du bourg de Thiélac, & au pied du Cantal, que sourd cette eau minérale, en sorte que l'on ne peut se la procurer que pendant les grandes chaleurs de l'été, & lorsque la rivière est presqu'à sec.

Cette eau est froide & légèrement gazeuse.

THITYMALE ou TITHYMALE, s. m. (*Bot.*, *Mat. médic.*) Plusieurs des plantes appartenant au genre EUPHORBIA de Linné, ont été désignées par Tournefort sous le nom de *thitymales*; dénomination que quelques-unes d'elles portent encore en français : telles sont l'*euphorbia segetalis* (thitymale des moissons), l'*euphorbia cyparissus* (thitymale à feuilles de cyprès), l'*euphorbia amygdaloides* (thitymale à feuilles d'amandier), &c. (*Voyez* EUPHORBE dans le *Dictionnaire de Botanique* de cet ouvrage.)

THLASIS, s. m. (*Pathol. chir.*) θλασις. Mot qui se rencontre dans quelques anciens ouvrages, &, qui, d'après son étymologie grecque, θλαω, je brise, étoit employé pour désigner une contusion violente ou une solution de continuité. Dans des écrits plus récens, on en a fait plus particulièrement usage pour indiquer l'enfoncement & l'écrasement des os plats.

THLASPI, s. m. (*Bot.*, *Mat. médic.*) Genre de plantes de la Tétradynamie siliculeuse de Linné, & de la famille naturelle des Crucifères. Ces végétaux, en général peu énergiques, possèdent quelque-unes des propriétés caractéristiques de la famille à laquelle ils appartiennent; mais communément on leur préfère d'autres plantes, telles que le *cochlearia*, le *cresson*, la *moutarde*, le *raifort sauvage*, &c.

Parmi les espèces communes dans nos climats, on distingue surtout le *thlaspi arvense*, le *thlaspi bursa pastoris*, le *thlaspi campestre* & le *thlaspi alliaceum*. Ce dernier est remarquable par son odeur alliacée, & sous ce rapport paroîtroit devoir être plus énergique que les autres (1).

(R. P.)

---

(1) *Voyez*, pour plus de détails, les *Dictionnaires de Physique* & de *Chimie* de cette Encyclopédie.
(2) *Journal de Pharmacie*, tom. VI, pag. 246 (1820).

(1) *Voyez* le *Dictionnaire de Botanique* de cet ouvrage.

THLIPSIE, f. f. (*Pathol.*) *Thlipfis*, de θλιβω, je comprime. Expreffion défignant un refferrement des vaiffeaux dépendant fuivant les uns d'une caufe quelconque, & fuivant d'autres d'une caufe externe.

THŒZ ou THOUES (Eau minérale de). Cette fource eft fituée à trois lieues du Mont-Louis, dans un village des Pyrénées, nommé *Thoez*. Les eaux qu'elle fournit font chaudes & fulfureufes.

THOMAS (Eau minérale de Saint-), village du haut Conflans, dans les Pyrénées. La fource minérale fort des fentes d'un rocher fchifteux, &, ainfi que les précédentes, fes eaux font chaudes & fulfureufes.

THON, f. m. (*Hyg.*) *Scomber, thynnus.*) Genre de poiffons de la famille des Scombéroïdes. Les thons offrent communément des dimenfions confidérables : on en a vu qui pefoient près de fept quintaux, mais communément ils ont dix pieds de long, & leur poids eft de 120 à 150 liv. : aufli leur pêche eft-elle d'autant plus productive que ces poiffons vivent en troupe, & habitent prefque toutes les mers chaudes ou tempérées d'Europe, d'Afie, d'Afrique & d'Amérique ; néanmoins ils n'y font point également abondans dans toutes les faifons. Pour conferver ce poiffon on le partage en plufieurs parties, & chacune d'elles eft foumife à un mode particulier de confervation : le plus ordinairement on le fale ou on le marine.

La chair du thon eft très-favoureufe ; elle a beaucoup de rapport avec celle du veau. La tête & les parois du ventre font les parties les plus recherchées, & de nos jours, ainfi qu'on le faifoit autrefois, cet aliment fe trouve fur les tables les mieux fervies. Quelquefois on mange le thon frais, mais en France on fait plus particulièrement ufage de celui qui eft mariné, tandis qu'en Efpagne & en Turquie on accorde la préférence au thon qui eft falé. Sous cette forme on lui donnoit jadis le nom de *thonine*, & il étoit devenu pour la France un objet important de commerce.

(R. P.)

THORACENTÈSE, f. f. (*Chir.*) *Thoracentefis*, θωραξ, thorax, κεντεω, je pique. Opération par laquelle on donne iffue aux liquides épanchés dans la poitrine. (*Voyez* EMPYÈME dans le *Dictionnaire de Chirurgie* de cet ouvrage.)

(L. J. R.)

THORACIQUE ou THORACHIQUE, adject. (*Anat.*) *Thoracicus*, de θωραξ, poitrine. Expreffion fervant à caractérifer quelques parties qui appartiennent à la poitrine, ainfi l'on dit : *mem-*

bre, *région*, *vifcère*, *canal*, *artère*, *veine thoracique*. (*Voyez* ces différens mots & THORACIQUE dans le *Dictionnaire d'Anatomie* de cet ouvrage.)

THORACO-FACIAL, adj. (*Anat.*) Chauffier avoit donné ce nom au mufcle qui s'étend obliquement de la partie fupérieure de la poitrine à la partie inférieure de la face, & eft fitué immédiatement au-deffous de la peau. (*Voyez* PEAUCIER dans le *Dictionnaire d'Anatomie.*)

THORACODYNIE, f. f. (*Path.*) *Thoracodynia*, de θωραξ, poitrine, & de οδυνη, douleur. Douleur qui fe fait fentir à la poitrine.

THORAX, f. m. (*Anat.*) *Thorax*, θωραξ. Portion du tronc qui contient les principaux organes de la refpiration & de la circulation. Les parois de cette cavité font formées en arrière par la portion dorfale de la colonne vertébrale, antérieurement par le fternum, & latéralement par les côtes. Le thorax eft inférieurement féparé de l'abdomen par le diaphragme ; fur les parties latérales & fupérieures font placées, en avant, les clavicules, & en arrière l'omoplate ; fur la partie antérieure font fituées les mamelles, à l'intérieur, les poumons rempliffent les parties latérales du thorax ; & dans fa partie moyenne font la trachée-artère, l'origine des bronches, le cœur, l'aorte, le tronc des veines caves fupérieure & inférieure, les veines azygos, le canal thoracique, les nerfs diaphragmatiques, une portion des nerfs gaftrique & fympathique, & le thymus chez le fœtus. (*Voyez* THORAX dans le *Dictionnaire d'Anatomie* de cet ouvrage.)

Cette cavité, qui exifte chez tous les animaux vertébrés, offre des anomalies remarquables fuivant les différentes claffes, & à la rigueur, on pourroit dire qu'elle ne fe trouve pas chez les poiffons, puifque chez eux les vifcères de l'abdomen occupent toute la cavité du tronc.

Chez l'homme le thorax préfente, fuivant l'âge & le fexe, des modifications qui, fous les rapports phyfiologique & pathologique, ne font point fans une grande importance. (R. P.)

THORINIUM, f. m. (*Chim.*) Nom donné à un métal dont la *thorine* eft l'oxyde. Cette fubftance a été découverte en 1816 par Berzélius ; elle eft incolore, infipide, n'agit point fur le firop de violette & eft infoluble dans l'eau. Les acides fulfurique, nitrique & hydrochlorique, attaquent cette fubftance & forment avec elle des fels doués de quelques-unes des propriétés qui caractérifent les combinaifons de la zircone avec les acides. La rareté de la *thorine* n'a pas jufqu'à préfent permis que l'on étudiât fes propriétés avec beaucoup de détail.

THOURET (Michel-Augustin). (*Biogr. médic.*) Si on lit toujours avec un grand intérêt la vie des hommes qui, dans des temps éloignés, se sont rendus recommandables par leurs talens, leur courage ou leur amour pour l'humanité, combien doit être plus vif celui que l'on éprouve lorsqu'il s'agit d'un homme qui a vécu au milieu de nous & dont chacun a dès-lors pu apprécier les rares qualités ! Cette réflexion s'applique tout naturellement à Thouret, qui naquit, en 1748, à Pont-l'Évêque, petite ville de Normandie, où son père exerçoit les fonctions de notaire royal. Il acheva ses études dans l'Université de Caen, où il fut d'abord reçu docteur en médecine : grade qu'il obtint de nouveau dans la Faculté de Paris, à la suite d'un concours qui avoit lieu tous les deux ans, & dans lequel il disputa & remporta le prix fondé par de Dieft, pour la réception gratuite au doctorat. Thouret n'étoit alors âgé que de vingt-six ans, mais s'étant déjà fait remarquer par ses connoissances & surtout par son amour pour le travail, il obtint l'avantage de faire partie de la Société royale de médecine qui fut créée en 1776. Il prit une part très-active aux travaux de cette savante compagnie, dont l'existence a été aussi brillante qu'elle a eu peu de durée, & qui, parmi ses membres, comptoit Lorry, Leroy, Macquer, Vicq-d'Azyr, Hallé, Doublet, Mahon, &c.

Thouret, doué d'un esprit d'investigation remarquable, étoit naturellement porté à s'occuper de tout ce qui pouvoit contribuer à étendre le domaine de la science à laquelle il s'étoit voué; aussi, publia-t-il en commun, avec son confrère M. Andry, une série d'*observations & de recherches sur l'usage de l'aimant en médecine* (1). Plus tard, le même motif l'engagea à faire des recherches sur le *magnétisme animal*, & en 1784, époque à laquelle Mesmer avoit attiré l'attention générale, Thouret publia un ouvrage intitulé : *Recherches & doutes sur le magnétisme animal;* écrit remarquable & dans lequel l'auteur cherche d'abord à établir les rapports qui peuvent exister entre ce que les Modernes ont nommé *magnétisme;* & ce que les Anciens peuvent avoir connu d'analogue. Ensuite, par une critique judicieuse, il fait voir combien sont peu stables les bases sur lesquelles on prétend appuyer une doctrine qui aujourd'hui semble vouloir renaître, non telle que Mesmer l'imagina, mais plus étonnante par la singularité des effets dont on suppose qu'elle est la source.

D'autres travaux signalèrent encore la carrière académique de Thouret; mais, ce qui dut particulièrement le rendre recommandable aux yeux de ses concitoyens, c'est le rôle éminemment actif qu'il remplit dans l'une des plus importantes opérations d'hygiène publique que l'on ait exécutées de nos jours.

Depuis long-temps le vœu des citoyens, la raison & la salubrité, exigeoient que l'on fît disparoître du centre de la capitale un cimetière dans lequel on entassoit depuis des siècles les cadavres de ceux que la mort moissonne journellement dans cette immense cité (1) : ce cimetière, environné de maisons de toutes parts, réunissoit, à tout ce que l'aspect de pareils lieux peut inspirer de dégoût & d'horreur, les sources d'infections les plus multipliées & les plus actives. De nombreuses & vives réclamations avoient, à différentes époques, été inutilement adressées à l'autorité; mais, en 1780, de graves accidens déterminèrent le Gouvernement à défendre que l'on déposât de nouveaux cadavres dans un sol qui, saturé de matières animales, n'exerçoit plus aucune action sur les corps que l'on y déposoit; aussi remarquoit-on que les temps chauds & humides ramenoient constamment les mêmes accidens. Dès-lors, il fut décidé que l'on convertiroit ce foyer d'infection, en un vaste marché que la population toujours croissante de la capitale rendoit de jour en jour plus indispensable. Une telle entreprise offroit des difficultés de plus d'un genre : il falloit, sans porter atteinte au respect que l'on doit aux sépultures, déblayer un terrain de plus de dix-sept cents toises carrées, & dont le sol, exhaussé par les cadavres qu'on y avoient déposés depuis 1186, excédoit de plus de huit à dix pieds celui des rues avec lesquelles on devoit le mettre de niveau; il falloit conserver les monumens qu'avoit élevés la piété de nos pères, & que renfermoit cet asile jusqu'alors respecté; enfin, il falloit avant tout, écarter même l'apparence de tout danger.

L'intervention des ecclésiastiques qui présidèrent au transport des restes inanimés, qu'une impérieuse nécessité forçoit à déplacer, devint un garant assuré de la décence avec laquelle on fit cette translation; le soin le plus scrupuleux empêcha que rien de tout ce qui pouvoit intéresser les arts ne fût perdu ou altéré; tout fut recueilli & dessiné avec soin; enfin, dans le cours de ces lugubres opérations, qui d'abord furent exécutées durant l'hiver, puis continuées pendant les grandes chaleurs, nul accident n'a troublé la tranquilité publique, ni aucun spectacle indiscret n'a offensé les yeux de la multitude.

Il étoit impossible que tant de travaux n'offrissent point quelques résultats utiles pour la science; aussi, une foule de maladies des os fut-elle re-

---

(1) *Histoire & Mémoires de la Société royale de Médecine*, année 1779.

(i) Le cimetière des *Saints-Innocens*, qui alors servoit de sépulture à plus de vingt paroisses.

cueillie

cueillie avec foin. Mais, l'obfervation la plus intéreffante, & que pouvoit feule préfenter une circonftance auffi remarquable que le déblaiement de
ce vafte cimetière, eft la différence que préfentoit la décompofition des cadavres, fuivant qu'elle
avoit lieu, foit dans des foffes particulières, foit
dans des foffes communes, où les corps étoient
amoncelés au nombre de douze ou quinze cents;
dans les premières, lorfque le terrain étoit fec,
de même que dans les fépultures voûtées & déf-
lors garanties de l'humidité, les cadavres fe tranf-
formoient en momies fèches & fibreufes; dans
les fecondes, au contraire, ils ne perdoient rien
de leur volume : on les trouvoient enveloppés de
leur linceul, & en le déchirant, on voyoit les
chairs confervées; feulement, elles étoient tranf-
formées en une matière mollaffe, d'autres fois
folide & d'une couleur blanchâtre, & à laquelle
les foffoyeurs donnoient le nom de *gras* : le tiffu
fibreux avoit effectivement difparu & étoit remplacé par une matière comme favonneufe. (1).

L'activité que Thouret avoit développée dans
cette importante opération, les nombreux talens
dont il avoit donné tant de preuves, devoient
néceffairement lui attirer la confiance de l'autorité. Auffi, en 1789, un adminiftrateur éclairé,
Colombier, confeiller-d'état, l'avoit choifi pour
être fon adjoint & fon furvivancier dans les
fonctions d'infpecteur-général des hôpitaux civils
& des maifons de force du royaume. Enfin, il
étoit auffi membre du confeil de fanté des hôpitaux militaires, & médecin au département de la
police.

Lorfqu'après les temps orageux de la révolution, on fentit la néceffité de reconftruire, d'une

manière durable, les inftitutions qu'elle avoit
renverfées, Thouret fut appelé à remplir les fonctions de directeur de l'*Ecole de fanté*; celles
d'adminiftrateur des hôpitaux & du Mont-de-
Piété : ici, une nouvelle carrière s'ouvre pour
lui, mais il y porte l'activité, l'amour du bien &
un dévouement abfolu. Nous ne retracerons point
dans cet article les difficultés de tous genres
qu'il eut à furmonter, le courage & l'adreffe qui
lui furent néceffaires pour arrêter les efforts de
la malveillance, qui, plufieurs fois, tenta de
détruire une école qui, formée dans des circonftances peu favorables, donna cependant bientôt
les réfultats les plus heureux. A cette époque de
la vie de Thouret, fe rattache l'hiftoire de l'*Ecole
de fanté* & celle de la *Faculté de médecine*,
qui bientôt lui fuccéda, & dont il fut le premier
doyen. (*Voyez* Paris (Ecole de médecine de
Paris) dans ce Dictionnaire.)

Une découverte heureufe, celle de la vaccine,
eft faite en Angleterre vers le commencement de
ce fiècle; une inftitution philanthropique, celle
des *fecours à domicile*, eft depuis long-temps
établie dans ce même pays : on defire introduire
l'une & l'autre en France, mais pour en affurer
le fuccès, il faut des hommes inftruits, amis du
bien public, perfévérans & capables de furmonter
tous les obftacles; dès-lors, on doit s'attendre à
trouver le nom de Thouret placé à côté de celui
de Larochefoucauld-Liancourt & de quelques
autres hommes tout auffi dévoués au bien de
l'humanité.

Il eût été difficile que des fervices auffi fignalés
ne méritaffent point à Thouret un témoignage
flatteur de l'eftime & de la reconnoiffance publiques; auffi fut-il, lors de l'organifation du
Tribunal, nommé membre de cette affemblée,
&, lorfqu'elle ceffa d'exifter, il devint membre du
Corps-Légiflatif. Renfermé dans le cercle de fes
occupations habituelles, Thouret s'occupa fpécialement d'objets d'adminiftration, & c'eft d'après
fon rapport, que fut adopté (en l'an XI) *le projet
de loi qui règle tout ce qui eft relatif à l'exercice de la médecine en France*; enfin, lors de
l'établiffement de l'Univerfité impériale, Thouret
en devint confeiller ordinaire, &, fous les titres
de vice-recteur & de doyen, il continua de remplir, dans la Faculté de médecine, les fonctions
auxquelles il s'étoit fi utilement & fi honorablement livré depuis la réorganifation des écoles de
médecine en France : fonctions qui ne ceffèrent
qu'à fa mort, arrivée de la manière la plus inopinée le 19 juin 1810.

Confidéré comme adminiftrateur, Thouret en
poffédoit toutes les qualités; fes formes étoient
on ne peut plus agréables, &, fans manquer de
fermeté, il avoit un efprit conciliant, & employoit,
fuivant les circonftances, le raifonnement & la
perfuafion. Il favoit à propos agir ou différer;
ingénieux à trouver des reffources, il ne défef-

(1) Cette efpèce de momification, dans laquelle les traits
de la figure font confervés, attaque ordinairement tout s'
les parties du corps, à l'exception des cheveux, des ongles &
des os. En général les vifcères compactes, tels que le cerveau, le cœur & le foie, ne perdent rien de leur volume,
tandis que les organes très-fpongieux s'affaiffent & ne laiffent plus que des traces peu apparentes. Cette matière graffe
s'enflamme, brûle avec rapidité, & donne un charbon rare
& difficile à incinérer. Elle fournit à la diftillation beaucoup
d'ammoniaque, eft foluble dans l'eau, & préfente la plupart
des caractères d'un véritable favon ammoniacal.

Thouret qui, dans fon rapport fur les *Exhumations du
cimetière & de l'églife des Saints-Innocens*, Paris, 1789,
format in-12, a donné beaucoup de détails fur la manière
dont s'opère la décompofition des corps, étoit cependant
loin de penfer avoir épuifé cette matière, puifqu'il s'étoit réfervé de la traiter avec tous les développemens dont elle peut
être fufceptible, dans un ouvrage dont la publication fut
arrêtée par les événemens politiques qui furvinrent bientôt.
Dans cet ouvrage, Thouret fe propofoit de décrire la fuite des
opérations qui avoient été exécutées; il vouloit y raffembler
tous les réfultats qu'elles avoient offerts pour la fcience, &
donner des renfeignemens hiftoriques, relatifs à l'antiquité
du cimetière, avec les deffins de fes divers monumens;
mais entraîné par de nombreufes occupations, il n'eut jamais, depuis lors, le loifir de reprendre ce travail. (*Voyez*
le rapport ci-deffus cité.)

péroit que de ce qui lui étoit réellement démontré impoffible, & c'eft à l'influence qu'il exerçoit fur fes confrères, influence que perfonne ne penfoit à lui contefter, qu'il dut l'avantage de conferver, parmi tous les membres de la Faculté, cette harmonie fi indifpenfable au maintien des établiffemens : auffi eft-il un des hommes qui ont été le plus vivement et le plus fincèrement regrettés de tous ceux qui avoient eu le bonheur de le connoître. Après fa mort, fes collègues fe font empreffés de faire exécuter, en marbre ftatuaire, fon bufte, qu'ils ont dépofé dans le lieu de leurs féances, avec ceux de Fourcroy & de Hallé, qui furent fes condifciples & fes meilleurs amis.

Indépendamment des ouvrages déjà cités dans cette courte notice, Thouret a rédigé, pour ce Diéionnaire dont il fut un des premiers rédacteurs, les mots AIMANT & ALLAITEMENT ARTIFICIEL, ainfi que plufieurs favans articles concernant la *médecine* & l'*hygiène militaires* : on lui doit en outre un affez grand nombre d'écrits, confignés pour la plupart dans les *Mémoires de la Société royale de médecine*, & dont voici les titres :

Suntne habiliores ad artem medicam qui imaginatione præpollent? (Négative.) Paris, 1774, in-4°.

An retina primarium vifionis organum? (Affirmative.) Paris, 1774, in-4°.

An poft longas defatigationes, fubitò inftituta vita defes, periculofa? (Affirmative.) Paris, 1775, in-4°.

An affeélibus foporofis emeticum? (Affirmative.) Paris, 1776, in-4°.

An fraéto cranio femper admovenda terebra? (Négative.) Paris, 1776, in-4°.

Réflexions fur le but de la nature dans la conformation des os du crâne particulière à l'enfant nouveau-né, ou *Mémoire fur un nouvel avantage attribué à cette conformation* (1).

Mémoire fur une affeétion particulière de la face, à laquelle on a donné le nom de tic douloureux (2).

Recherches fur les différens degrés de compreffion dont la tête du fœtus eft fufceptible, ou *Mémoire fur les moyens de déterminer d'une manière plus précife qu'on ne l'a fait jufqu'ici, les avantages des différentes méthodes fondées fur cette reffource de la nature dans les accouchemens laborieux dépendans de l'état de difproportion* (3).

Rapport fur la voirie de Montfaucon et *Supplément à ce rapport* (1).

Rapport fur les exhumations du cimetière & de l'églife des Saints-Innocens (2).

Mémoire fur la compreffion du cordon ombilical, ou *Examen de la doétrine des auteurs fur ce point* (3).

Recherches fur la structure des fymphyfes poftérieures du baffin & fur le mécanifme de leur féparation dans l'accouchement (4).

(AUGᵗⁿ. THILLAYE.)

THRIDACE, f. f. (*Mat. méd.*, *Thérap.*) Ce nom, dérivé du grec θριδαξ, laitue, a été donné, dans ces derniers temps, à l'extrait fec que l'on retire de la laitue cultivée. Cet extrait a été employé avec fuccès comme un fédatif fufceptible d'être adminiftré avec avantage dans une foule de circonftances où l'opium femble être contreindiqué.

On obtient ce médicament au moyen d'incifions pratiquées à la tige de la plante dépouillée de fes feuilles; le fuc laiteux qui en découle, & qui n'eft autre que la *thridace*, fe concrète très-rapidement, brunit, devient fec & caffant, pourvu qu'on le conferve à l'abri du contaél de l'air. Ce procédé eft celui indiqué par Duncan, qui le premier paroît avoir fait ufage de cette fubftance; mais M. le Dʳ. François, qui dans fa pratique a beaucoup employé ce médicament, indique un autre mode de préparation. Ce médecin confeille, 1°. de recueillir la laitue après une forte infolation & au moment où les fleurs font prêtes à s'ouvrir; 2°. de la dépouiller de fes feuilles, puis de couper la tige par tronçons & de la piler dans un mortier de marbre; 3°. d'en extraire enfuite le fuc que l'on filtre & que l'on évapore à l'étuve ou au bainmarie, ayant foin que la température refte toujours au-deffous de 40 deg. Ainfi préparée, la thridace, qu'il ne faut pas confondre avec l'extrait de laitue des pharmaciens, s'enlève par écailles que l'on doit renfermer promptement dans des flacons bien bouchés, pour la garantir de l'humidité de l'atmofphère, dont elle eft plus avide que l'extrait préparé par incifions.

M. le Dʳ. François a conftaté que ce médicament n'agiffoit point pendant les paroxyfmes fébriles, mais que dans les affeétions nerveufes, il calmoit la douleur, procuroit le fommeil, & qu'il n'étoit jamais plus aétif que dans les cas où l'opium

---

(1) *Hiftoire & Mémoires de la Société royale de médecine*, année 1779.
(2) *Hiftoire & Mémoires de la Société royale*, 1782-1783, publiés feulement en 1787.
(3) *Hiftoire & Mémoires de la Société royale*, pour 1782 & 1783, publiés feulement en 1789.

(1) *Hiftoire & Mémoires de la Société royale*, pour 1786, publiés feulement en 1790.
(2) *Hiftoire & Mémoires de la Société royale*, pour 1789.
(3) *Hiftoire & Mémoires de la Société royale*, pour 1780.
(4) *Hiftoire & Mémoires de la Société royale*, pour 1787, publiés feulement en l'an VI.

avoit échoué. Il ne produit d'ailleurs ni malaise, ni agitation, ni nausées, ni constipation, ni irritation cutanée, en un mot, il ne provoque aucun des inconvéniens qui suivent ou accompagnent si habituellement l'administration de l'opium. L'expérience a également appris que la thridace a peu d'activité quand elle est donnée dans un véhicule un peu étendu : ainsi on l'a fait prendre, sans en retirer de grands avantages, à la dose de 16 à 18 grains délayés dans un looch; c'est sous forme de pilule & à la dose de 2 à 4 grains qu'il faut l'administrer chez les adultes. Souvent au bout d'une demi-heure, on en prescrit une nouvelle dose, qui quelquefois même doit être suivie d'une troisième. Il est par dessus tout essentiel de n'user de ce médicament que lorsque la digestion est complétement terminée.

On prépare avec le suc extrait des feuilles de la laitue, un sirop nommé dans les pharmacies *sirop de thridace*, qui peut être placé parmi les calmans d'un ordre secondaire. (R. P.)

THROMBUS, s. m. (*Pathol. chir.*) Quelquefois, à la suite d'une saignée, il se forme dans le voisinage de la veine ouverte une petite tumeur dure, arrondie & violette, occasionnée par un épanchement de sang qui se fait dans le tissu cellulaire environnant. On a donné à cette tumeur le nom de *thrombus* ou de *thrumbus*. (*Voyez* PHLÉBOTOMIE & SAIGNÉE dans ce Dictionnaire & dans celui de *Chirurgie*.)

Quelques auteurs ont aussi appelé *thrombus de la vulve* & *du vagin*, des épanchemens sanguins qui ont quelquefois lieu dans ces parties pendant le travail de l'accouchement, à la suite des violens efforts que fait la femme pour expulser le fœtus.

THUREN (Eau minérale de). Cette eau ferrugineuse, dont la source est en Prusse, a été analysée par M. Hayen, qui, dans un écrit intitulé *Dissertatio chimica inauguralis inquirens in acidam thurensem*, nous apprend que 24 livres d'eau de Thuren contiennent : acide carbonique 184 pouces, oxyde de fer 6 grains ⅓, sulfate de soude 4 grains, hydrochlorate de soude 9 grains, hydrochlorate d'ammoniaque 6 grains, magnésie 14 grains, sulfate de chaux ⅜ de grains, carbonate calcaire ⅜ de grain.

Cette eau, qui par sa nature se rapproche de celle de Spa, contient proportionnellement plus de gaz acide carbonique que cette dernière.

(R. P.)

THUYA, s. m. (*Bot.*, *Mat. méd.*) Genre de plante appartenant à la Monœcie monadelphie de Linné, & à la famille des Conifères de de Jussieu. C'est de l'une de ses espèces, le *thuya articulata* & non du *juniperus lycia*, comme on l'a cru pendant long-temps, que l'on retire la résine

appelée *sandaraque*. (*Voyez*, pour plus de détails, le *Dictionnaire de Botanique* de cet ouvrage.)

THYM, s. m. (*Bot.*, *Mat. méd.*) *Thymus vulgaris*. Cette plante, très-commune dans notre pays, appartient à la Didynamie gymnospermie de Linné, & fait partie de la famille des Labiées; son odeur est aromatique & agréable, aussi est-elle fréquemment employée comme assaisonnement. Elle contient une quantité d'huile essentielle assez considérable, ce qui permet d'en faire usage dans les mêmes circonstances où l'on emploie le romarin, la lavande, la sauge, &c.

Les autres espèces de thym ont les mêmes propriétés que le *thym commun*. (*Voyez* SARRIETE & SERPOLET dans ce Dictionnaire & dans celui de *Botanique* de cet ouvrage.)

THYMÉLÉES, s. f. pl. (*Bot.*, *Mat. méd.*) *Thymeleæ*. Nom pharmaceutique donné à plusieurs *daphnés*, mais dont on se sert spécialement pour désigner une famille de plantes remarquables par l'âcreté de quelques espèces; c'est particulièrement dans l'écorce & quelquefois aussi dans les fruits que paroît résider le principe corrosif qui caractérisent ces végétaux. D'après les recherches de M. Vauquelin, ce principe est dû à la présence d'une substance à laquelle il a donné le nom de *Daphnine*.

À l'intérieur, l'écorce & les fruits du *daphne gnidium* agissent comme de violens drastiques; cependant on prétend que la décoction de la racine de cette plante a été quelquefois utile dans les affections vénériennes. Au reste elle ne sert ordinairement que pour établir des exutoires. (*Voy.* EPISPASTIQUE & GAROU.)

THYMIATECHNIE, s. f. (*Thérap.*) Mot formé des radicaux θυμιαμα, parfum, & τεχνη, art. M. Lobidert, dans une thèse soutenue à la Faculté de Paris en 1808, a proposé de nommer *thymiatechnie médicale* l'art d'employer en médecine, non-seulement les parfums, mais encore toutes les substances capables de se volatiliser, de se mêler à l'air & de servir comme fumigations.

THYMIQUE, adj. (*Anat.*) *Thymicus*. Nom donné à des artères qui se rendent au thymus, & naissent des thyroïdiennes inférieures, des mammaires internes, des bronchiques, &c.

(R. P.)

THYMUS, s. m. (*Anat.*) *Thymus*, θυμος. Chez le fœtus & chez les sujets très-jeunes, on rencontre derrière le sternum & sous les muscles sterno-hyoïdien & sterno-thyroïdien, un corps glandiforme divisé en deux lobes alongés, qui supérieurement embrassent la trachée-artère dans

I i 2

leur écartement, & font inférieurement réunis par un tiffu cellulaire peu réfiftant.

Cet organe augmente de dimenfion pendant un an environ après la naiffance du fœtus, puis il décroît graduellement & finit par difparoître, en telle forte que chez l'adulte on n'en retrouve communément aucune trace : cependant les auteurs citent quelques exceptions à cet égard. En général, le thymus eft fingulièrement variable quant à fa forme & à fes dimenfions; il eft formé de lobules appliqués les uns contre les autres, & maintenus dans cette fituation par une membrane mince, dont le tiffu eft denfe & ferré. Les vaiffeaux du thymus font nombreux, & lorfqu'on l'incife, il s'en écoule un liquide abondant, affez épais & blanchâtre. (*Voyez*, pour plus de détails, le *Dictionnaire d'Anatomie* de cet ouvrage.)

On a émis un grand nombre d'opinions diverfes fur la fonction de cet organe : aujourd'hui même encore on ne poffède à cet égard que des notions fort incertaines : néanmoins de toutes les hypothèfes fucceffivement propofées, la plus probable eft celle qui lui fait remplir, dans l'hématofe, un rôle analogue à celui des ganglions lymphatiques dans l'élaboration de la lymphe. En effet, le fang qui a traverfé le tiffu du thymus, eft prefque immédiatement verfé dans le torrent du fang veineux, & à très-peu de diftance de l'arrivée de celui-ci dans le poumon.

THYRO-ARYTÉNOÏDIEN, adject. & f. m. (*Anat.*) *Thyro-arytenoïdeus.* Nom donné à des mufcles & à des ligamens qui font communs aux cartilages thyroïde & aryténoïde.

Les ligamens thyro-aryténoïdiens ont auffi été improprement nommés *cordes vocales.* (*Voyez* Aryténoïdien, Larynx & Thyro-aryténoïdien dans le *Dictionnaire d'Anatomie* de cet ouvrage.) (R. P.)

THYROCÈLE, fub. f. ou m. (*Pathol.*) Nom fcientifique des tumeurs de la glande thyroïde, vulgairement connues fous la dénomination de *goître*. Ce mot, par le vague même qu'il préfente, convient affez pour défigner une affection complexe dont le feul caractère conftant eft une tuméfaction de la région thyroïdienne du cou. Le nom plus moderne de *thyroïdite* qu'on a voulu impofer au développement morbide du corps thyroïde, nous paroît moins admiffible par cela même qu'il femble préjuger la nature de la maladie, que l'on ne peut affurément pas, dans la plupart des cas, confidérer comme inflammatoire.

Le *thyrocèle* le plus commun, celui qui doit pour ainfi dire fervir de type dans la defcription générale du goître, confifte dans l'hypertrophie fimple des différens tiffus qui compofent le parenchyme de la glande thyroïde. Dans ce cas, le volume de l'organe eft plus ou moins augmenté,

les lobes tyroïdiens font boffelés, féparés par des intervalles profonds, les lobules & les granulations font tuméfiés, indurés, quelquefois au contraire ils font convertis en des efpèces de véficules membraneufes & demi-tranfparentes; le tiffu cellulaire inter-lobulaire eft épaiffi, infiltré d'un liquide vifqueux; les vaiffeaux, & notamment les vaiffeaux veineux, quelquefois auffi les vaiffeaux lymphatiques, font développés, dilatés, comme multipliés; la maffe totale, qui peut être très-confidérable, préfente encore les principaux traits du corps thyroïde à l'état naturel, mais feulement groffis & exagérés, fi l'on peut ainfi parler. Dans d'autres cas, qui ne font pas rares, tout ou le corps thyroïde en partie eft paffé à cet état d'induration blanche qui fimule plus ou moins le fquirrhe véritable, & qui femble dû à l'afflux & à la combinaifon des fluides blancs avec le tiffu cellulaire du parenchyme; d'autres fois des kyftes féreux, féro-purulens, hydatiques même, fe font formés au fein de l'organe ou dans le tiffu cellulaire qui l'enveloppe extérieurement; dans certaines circonftances une portion du corps thyroïde a fubi les dégénérations fibreufe, fibro-celluleufe, fibro-cartilagineufe & même offeufe : on peut rencontrer des foyers fanguins ou purulens dans quelques points de l'organe. Enfin, dans quelques cas, plufieurs de ces altérations organiques (hypertrophie, induration, kyftes, &c.) exiftent en même temps, & c'eft furtout alors que la tumeur thyroïdienne peut acquérir un volume tel qu'elle égale ou furpaffe celui de la tête d'un enfant à terme, & qu'elle arrive au poids d'une ou de plufieurs livres. Dans la curieufe obfervation rapportée par M. Rullier dans fon excellent article Goître du *Dictionnaire des Scienc. médic.*, la tumeur enlevée à une jeune fille, qui malheureufement fuccomba aux fuites de l'opération, avoit un volume auffi confidérable que celui des poumons d'un jeune enfant : elle pefoit deux livres treize onces; fon tiffu ne différoit guère de celui de la thyroïde faine, feulement l'organifation de cette partie devenoit plus évidente au moyen de l'accroiffement confidérable de nutrition qu'elle avoit éprouvé : on y apercevoit de plus une multitude de petits kyftes véficulaires remplis d'un fluide jaunâtre & vifqueux; on voyoit çà & là quelques points blanchâtres & endurcis, comme fquirrheux : les artères thyroïdiennes, fupérieure & inférieure, ainfi que les veines thyroïdiennes, avoient un volume double de celui qui leur eft ordinaire.

Quelques auteurs ont admis l'état fquirrheux véritable & même cancéreux du corps thyroïde; mais jufqu'ici je ne crois pas qu'on ait publié de fait bien circonftancié qui mette hors de doute l'exiftence de cette efpèce de dégénération dans le goître, maladie qui, le plus fouvent, ne caufe d'autres accidens que ceux qui font dus au volume & au poids de la tumeur, exerçant une compreffion plus ou moins nuifible fur les organes importans du voilinage , & en particulier fur la trachée-artère & les gros vaisseaux du cou.

Quoi qu'il en soit, voici d'une manière générale quels font les caractères & la marche du thyrocèle : une tumeur ordinairement molle, souple, élastique, d'un volume qui varie beaucoup chez les divers sujets & aux diverses époques de la maladie, ordinairement indolente, sans changement de couleur à la peau, unie ou plus ou moins bosselée à sa surface, occupant la partie antérieure du cou, se développe au-devant & sur les côtés du larynx, dont elle suit tous les mouvemens, ayant d'ailleurs une forme, un volume, un siége même un peu variables, suivant qu'une portion seulement ou la totalité du corps thyroïde participe à la maladie. En effet, tantôt la tuméfaction n'occupe qu'un des lobes latéraux, ce qui est assez rare ; tantôt elle est bornée à la portion moyenne, ce qui est plus commun ; tantôt enfin, elle envahit la totalité de l'organe, & forme ainsi une tumeur arrondie ; dans ses progrès, finit quelquefois par couvrir toute la partie antérieure du cou, & par tomber même au-devant de la poitrine.

Les progrès du goître font en général très-lents, assez souvent même le développement morbide du corps thyroïde s'arrête à une certaine époque, & la tumeur reste stationnaire pendant le reste de la vie, soit qu'elle n'ait acquis qu'un volume médiocre ou peu confidérable, soit que, ce qui est plus ordinaire dans les pays où la maladie est endémique, elle soit parvenue à un volume plus ou moins incommode. Outre la difformité qui en est le résultat, & qui fait vivement desirer la guérison aux personnes du sexe qui en font atteintes ; le thyrocèle devient une cause de gêne pour les organes voisins, & comme quelques-uns de ces organes font chargés de fonctions importantes, le trouble apporté à l'exercice de ces fonctions nuit à la santé, & peut même, dans quelques cas heureusement assez rares, mettre la vie en danger. En effet, la respiration, & la circulation cérébrale peuvent être rendues plus ou moins difficiles par la pression exercée sur les veines jugulaires & sur la trachée que l'on a plus d'une fois trouvée aplatie & resserrée après la mort des goîtreux : d'où, la dyspnée portée jusqu'à la suffocation & l'asphyxie, la céphalalgie, la coloration violacée de la face, les étourdissemens, l'apoplexie, les convulsions qu'une circonstance fortuite venant ajouter aux accidens habituels produits par la présence du goître, peut tout d'un coup porter à un degré d'intensité tel que la vie elle-même soit compromise. Les mouvemens du cou font gênés, la déglutition est plus ou moins difficile, la voix est altérée, &, de plus, presque toujours il existe un état plus ou moins prononcé d'irritation catarrhale du larynx, de la trachée & des bronches, qui augmente encore les incommodités éprouvées par le malade.

Toutefois, il est rare que les accidens amenés par la présence du goître, quelque volumineux

qu'il soit, deviennent directement mortels ; presque toujours les parties s'habituent jusqu'à un certain point à la pression qui s'exerce sur elles, & qui n'augmente que d'une manière lente & graduée ; en sorte qu'il n'est pas rare de voir, dans les pays où le goître est endémique, des individus qui portent depuis nombre d'années des tumeurs thyroïdiennes énormes, sans que les incommodités habituelles que leur cause leur infirmité aient notablement altéré leur santé générale.

Le thyrocèle peut se terminer par résolution, soit spontanément, soit par l'effet des moyens que l'art met en usage pour amener cette heureuse terminaison. Le changement de pays, la cessation des causes dont l'influence avoit déterminé le développement du goître, amènent assez souvent ce résultat. M. Fodéré, affecté du goître dans son enfance, en fut délivré par le changement de lieu. J'ai vu une dame d'un tempérament lymphatique, chez laquelle une tuméfaction thyroïdienne survenue assez rapidement sans cause appréciable, se dissipa spontanément au bout de quelques années, après être restée assez long-temps stationnaire : il est vrai que, dans ce cas, la tumeur qui occupoit la partie antérieure & moyenne du cou n'avoit guère acquis que le volume d'une pomme de moyenne grosseur.

La suppuration peut aussi avoir lieu, mais presque toujours elle est partielle & se montre sous la forme d'un abcès froid, enkysté, dont l'ouverture spontanée ou artificielle ne vide qu'une partie de la tumeur & laisse subsister le reste.

Il n'y a encore rien de bien certain sur les causes qui provoquent le thyrocèle, mais il y a des probabilités assez bien établies qui permettent de regarder certaines circonstances comme favorisant d'une manière très-marquée le développement de ces tumeurs thyroïdiennes. Ainsi, par exemple, l'observation la plus vulgaire apprend que certaines localités font tellement propres à la production du goître que cette infirmité y est endémique, & que, dans quelques-unes même, un séjour d'assez courte durée suffit pour la produire chez les étrangers qui s'y arrêtent. Le goître est endémique dans beaucoup de pays montagneux, dans les vallées humides des Alpes & des Pyrénées, en Suisse, en Savoie, dans les Cévennes, les Vosges, &c. Aussi de Saussure, M. Fodéré, &c. croient devoir regarder l'air chaud, humide & stagnant des gorges circonscrites de hautes montagnes, comme la cause la plus puissante de cette infirmité. D'autre part, on la voit régner dans quelques pays plats, comme le Soissonnois. M. de Humboldt l'a vu sur les plateaux de Bogota, de Quito, des Cordillières. L'humidité paroît cependant, en général, favoriser le développement du goître. On a souvent accusé l'usage de certaines eaux crues, séléniteuses, dues à la fonte des neiges, &c. de le provoquer, & quoique cette influence ait été singulièrement exagérée, & qu'elle foit même évidemment contredite par certains faits qui prouvent qu'elle peut avoir lieu fans que le goître furvienne, & que celui-ci fe manifefte fans qu'elle exifte, on peut cependant l'appuyer aufli de quelques obfervations.

Ainfi M. Coindet, de Genève, a cité l'exemple de jeunes foldats étrangers qui, ayant bu exceffivement de l'eau de pompe pendant leur féjour dans cette ville, furent tous atteints d'une tuméfaction aiguë du corps thyroïde, qui fe diffipa rapidement lorfqu'ils difcontinuèrent l'ufage de cette eau.

Des efforts violens, tels que ceux que néceffite le travail de l'accouchement, des cris, des chants forcés, ont paru quelquefois la caufe occafionnelle de la tuméfaction du corps thyroïde, dont la vafcularité & l'extenfibilité femblent bien propres en effet à permettre un pareil réfultat.

Mais affez fouvent le goître, & furtout le goître endémique, fe lie à une modification générale de la conftitution influencée par divers ordres d'agens hygiéniques (humidité de l'air, eaux de mauvaife nature, nourriture malfaine, &c.), & fpécialement à un tempérament lymphatique & pituiteux qui favorife fingulièrement les progrès de l'engorgement du corps thyroïde : aufli regarde-t-on cette infirmité comme plus commune chez les enfans & chez les femmes que chez les fujets d'un autre âge & d'un autre fexe. Dans quelques pays même le thyrocèle fe développant dans l'enfance fe joint au rachitifme ou au crétinifme, & fe tranfmet héréditairement, c'eft du moins ce qui réfulte de quelques recherches faites à ce fujet dans le Valais & ailleurs par M. Fodéré & par d'autres obfervateurs.

On doit donc, en dernière analyfe, admettre un goître accidentel & un goître conftitutionnel, un goître fporadique & un goître endémique, un goître qui ne conftitue qu'une fimple affection locale plus ou moins attaquable par des moyens directs, & un goître qui, dû à certaines circonftances qui agiffent en même temps fur l'enfemble de l'économie, guérit fort difficilement tant que le fujet refte foumis à ces circonftances, & néceffite fouvent des moyens hygiéniques ou thérapeutiques propres à modifier toute la conftitution.

Le thyrocèle peut commencer à toutes les époques de la vie. M. Ferrus (*Nouveau Dictionn. de médec.*) cite, d'après le témoignage d'un témoin oculaire, l'exemple d'un enfant qui ne vécut que quelques heures, & qui vint au monde avec un goître, fa mère étant affectée de la même maladie. M. Fodéré l'a vu fe développer en moins de deux mois après la naiffance; mais ordinairement il ne fe montre qu'à un âge un peu plus avancé, dans la feconde enfance, dans l'âge adulte, chez les femmes qui font devenues mères, &c. Lorfque la réfolution de la tumeur n'eft point opérée par les forces de la nature, par la ceffation des caufes ou les moyens de l'art, le goître arrive ordinairement

à un état ftationnaire qui perfifte pendant tout le refte de la vie. On l'a vu acquérir, chez quelques fujets lymphatiques, un volume fi énorme qu'il couvroit la totalité du cou d'un angle de la mâchoire à l'autre, & du menton au fternum; bien plus, on l'a vu defcendre au-devant de la poitrine, jufque fur le ventre, & même, s'il faut en croire le témoignage de Mittelmayer, retomber jufque fur les genoux.

Diverfes tumeurs de la partie antérieure du cou peuvent fimuler le thyrocèle véritable. D'après le jugement de M. Dupuytren, il faut très-probablement regarder comme des exemples de méprifes caufées par la préfence de loupes ou de tumeurs enkyftées, développées dans le tiffu cellulaire voifin de la thyroïde, & qui avoient plus ou moins compromis ou affaiffé cette glande, la plupart des obfervations d'extirpation complète du goître pratiquée avec fuccès. L'engorgement des glandes lymphatiques du cou, un abcès froid de cette région peuvent encore en impofer pour un goître véritable; mais il importe furtout de diftinguer avec foin de cette tumeur celle qui eft formée par l'anévryfme de l'artère carotide primitive. Outre les fignes propres à chacune de ces tumeurs, on fe rappellera toujours que l'un des caractères les plus importans pour le diagnoftic différentiel du goître, confifte en ce que celui-ci, fixé au larynx & repréfentant plus ou moins exactement la forme du corps thyroïde, fuit tous les mouvemens de l'organe de la voix, ce qui ne s'obferve pas dans les tumeurs d'une autre nature, & en particulier dans les tumeurs anévryfmales, qui fe détachent toujours plus ou moins de la trachée-artère quand on fait exécuter au malade quelques mouvemens de la tête, quelques mouvemens de déglutition, &c.

La découverte d'un moyen nouveau a fait faire de nos jours à la thérapeutique du goître un pas immenfe, & beaucoup de tumeurs de ce genre, qui étoient à peu près regardées comme incurables & entièrement négligées par les hommes de l'art, font aujourd'hui attaquées avec un fuccès plus ou moins complet par le remède héroïque dont un célèbre praticien de Genève a enrichi la médecine.

Mais, difons quelques mots d'abord des moyens de traitement qui jufqu'alors avoient été mis en ufage, & qui peuvent encore aujourd'hui avoir leur degré de convenance & d'utilité.

Les topiques devoient avoir une grande vogue dans une affection qui ne conftitue affez fouvent qu'une forte d'infirmité locale fans dérangement notable de la fanté; aufli beaucoup de topiques fondans & réfolutifs ont-ils été confeillés contre le goître. Les fachets de muriate d'ammoniaque, de folle-fleur de tan, de chaux éteinte, de cendre de bois neuf ou de farmens, les onctions avec les linimens & les onguens excitans, tels que l'huile camphrée & ammoniacée, l'onguent mercuriel, les frictions avec une flanelle imprégnée de la vapeur d'encens ou de macis, les emplâtres fondans, & notamment celui de *Vigo cum mercurio*, auquel j'ai vu produire une amélioration très notable dans l'état d'un thyrocèle très-ancien & très-volumineux, sur un adulte; les vésicatoires, les cautères eux-mêmes, actuel & potentiel, employés le plus ordinairement d'une manière superficielle & pour exciter seulement la tumeur, on appliqués plus profondément dans la vue de donner issue à une collection liquide formée dans l'un des points du goître, & de favoriser, s'il est possible, la fonte suppuratoire de la tumeur, &c.; tels sont les moyens externes les plus efficaces qu'on puisse employer dans le traitement du thyrocèle, & qui, trop souvent, échouent complétement malgré toute l'énergie dont ils sont doués. Aussi la chirurgie n'a-t-elle pas craint de mettre en usage des procédés plus rigoureux, & de conseiller, outre l'opération du séton, l'excision partielle, & même l'extirpation totale du corps thyroïde tuméfié & altéré. Le séton convient principalement dans le goître fluctuant, dans le cas où il existe des collections liquides enkystées, & quelquefois on a obtenu par ce procédé, non-seulement l'évacuation des tumeurs amassées dans le sein de la tumeur, mais encore la fonte & la résolution de la totalité de l'engorgement. L'excision pourroit convenir dans les cas où une portion seulement du corps thyroïde, & notamment la portion médiane, seroit développée; probablement même plusieurs opérations d'excision partielle ont été données comme des exemples d'ablation totale du corps thyroïde. Quant à celle-ci, opération grave, dangereuse, & même funeste dans tous les cas où elle a été pratiquée avec toute l'authenticité nécessaire par des praticiens assez éclairés pour ne pas s'en laisser imposer, ou pour ne pas vouloir en imposer aux autres (Gooch, cité par Lassus, *Path. chir.*; Desault & Dupuytren, cités par Rullier, &c.), on doit encore aujourd'hui la rejeter à cause des accidens graves d'hémorragie, d'irritation, de spasme & de douleur qu'elle entraîne à sa suite.

De tous les moyens internes qui ont été employés contre le goître, nous ne citerons que celui qui paroît aujourd'hui destiné à les remplacer tous, & qui jouit d'une supériorité telle que l'usage en est devenu universel presqu'aussitôt qu'il a été connu.

Pressés par le temps & l'espace, nous ne pouvons faire qu'indiquer les moyens hygiéniques, qui peuvent avoir une si grande influence dans quelques cas sur la marche du goître, & le traitement antiphlogistique (notamment les émissions sanguines locales) que quelques modernes ont proposé contre cette maladie, mais que nous ne croyons devoir être prescrit que sur des indications spéciales & positives. Nous ne parlerons pas non plus des moyens palliatifs qui peuvent

devenir nécessaires pour combattre les accidens causés par la présence d'un goître volumineux & incurable, forcés de réserver quelque place pour le point le plus important de l'histoire de la cure radicale de la maladie.

L'éponge marine brûlée (*spongia officinalis*), administrée sous plusieurs formes, avoit été préconisée dans le traitement du goître, par suite des avantages que, depuis Arnaud de Villeneuve, quelques médecins avoient cru en avoir retirés dans le traitement des scrofules. Le célèbre Fourcroy n'avoit découvert dans cette substance, qu'un charbon dense, uni à une assez grande quantité de muriate de soude & de phosphate de chaux. Malgré les éloges donnés par M. Fodéré à ce médicament, qu'il administroit en tablettes composées d'éponge à demi-brûlée, de miel & de cannelle en poudre, mêlés à parties égales, il étoit presqu'entièrement tombé en désuétude, lorsque M. Coindet, de Genève, s'efforça de le remettre en vigueur. L'iode, substance simple assez récemment découverte (1813) dans les eaux-mères de la soude de Varech, ayant été trouvé aussi dans l'éponge marine, M. Coindet pensa que c'étoit à ce principe que ce remède avoit dû les succès. Il se hâta de mettre cette idée à profit & eut la gloire d'enrichir la thérapeutique d'un agent nouveau, dont l'efficacité, aujourd'hui peut-être trop exaltée par quelques enthousiastes qui ont voulu faire de l'iode une sorte de spécifique des scrofules, de la goutte, du cancer, des maladies du cœur, &c., ne tarda point à être généralement reconnue, surtout dans l'affection contre laquelle M. Coindet l'employa de prime-abord. Il est vrai que dans nos contrées le goître étant assez rare, on n'a pu faire des expériences bien nombreuses; il est vrai aussi que plusieurs médecins ont vu échouer le remède dans plusieurs cas d'engorgemens glandulaires, scrofuleux & autres, mais il n'en reste pas moins certain que l'iode est un résolutif très-actif, & que dans beaucoup de cas il a eu des avantages marqués. Les propriétés stimulantes de cette substance la rendent dangereuse entre les mains de praticiens trop hardis ou inexpérimentés, & quelquefois on a vu des indices d'irritation gastro-intestinale, le marasme, l'atrophie des mamelles chez les femmes, des testicules chez les hommes, suivre l'emploi prolongé ou intempestif du remède. Toutefois, s'il faut en croire M. Magendie qui a fait de nombreux essais sur ce médicament, tant dans sa pratique particulière qu'à l'hôpital de la Salpêtrière, ces accidens ont été beaucoup exagérés & ne se sont jamais présentés à son observation.

Quoi qu'il en soit, voici quel est le mode d'administration le plus ordinaire de l'iode dans le thyrocèle, qui doit seul ici nous occuper. On l'emploie à l'intérieur & à l'extérieur: dans le premier cas, on administre le plus ordinairement la teinture d'iode (alcool ℥j, iode gr. 48), à la dofe de 5, 10, 15 grains, une deux, trois fois par jour, ou la folution d'hydriodate de potaffe, foit fimple, foit iodurée (hydr. de pot. gr. 36 , iode gr. X, eau diftil. ʒj), à une dofe minime & fractionnée comme les précédentes. A l'extérieur, on fait des onctions avec la pommade d'hydrio-date de potaffe fimple ou iodurée (hydr. de po-taffe Ɔj à Ʒ ß, iode gr. XII à Ɔj, axonge, à la-quelle on ajoute quelquefois du fuc gaftrique de veau, Ʒj à Ʒjß).

Une fubftance fort analogue à l'iode & plus récemment découverte, le brôme, a auffi été employée avec avantage contre le goître par M. Pourché (1).

Enfin, l'année dernière, un prétendu fpécifique du goître a été foumis à l'examen de l'Académie royale de médecine, fous le nom de poudre de Senfy. Le mode d'adminiftration de cette poudre eft affez remarquable; on l'emploie en frictions fur la langue & l'on recommande au malade d'avaler fa falive : or, on fait que déjà précé-demment plufieurs médecins préféroient admi-niftrer l'éponge calcinée fous forme de tablettes, parce qu'ils regardoient comme très-avantageux que la falive s'imprégnât du remède & le portât ainfi fucceffivement & graduellement dans le voi-finage de la partie malade. D'après une analyfe récente faite par MM. Gendrin & Guibourt, il paroîtroit que, quoi qu'en ait pu dire l'inventeur, cette poudre de Senfy contient de l'iode en affez forte proportion, ce qui expliqueroit très-bien les bons effets qu'on dit en avoir obtenus.

(GIBERT.)

THYRO-EPIGLOTTIQUE, adject. & f. m. (Anat.) Thyro - epiglotticus, qui a rapport au cartilage thyroïde & à l'épiglotte. Nom donné à un faifceau mufculaire qui dépend du thyro-ary-ténoïdien, & s'étend du cartilage thyroïde à la partie inférieure de l'épiglotte. (Voyez LARYNX dans le Dictionnaire d'Anatomie de cet ouvrage.)

THYRO-HYOÏDIEN, ENNE, qui appartient au cartilage thyroïde & à l'os hyoïde : membrane thyroïdienne, mufcle thyro-hyoïdien.

La membrane thyro-hyoïdienne s'étend de la face poftérieure du corps & des grandes cornes de l'os hyoïde, au bord fupérieur du cartilage thyroïde.

Le mufcle thyro-hyoïdien eft court, mince, quadrilatère, & eft fitué à la partie antérieure du larynx : il s'attache d'une part au cartilage thy-roïde & de l'autre à la grande corne de l'os hyoïde. (Voyez LARYNX & ces différens mots dans le Dictionnaire d'Anatomie déjà cité.)

THYRO-PHARYNGIEN, qui a rapport au car-tilage thyroïde & au pharynx.

THYRO-PHARYNGO-STAPHYLIN, qui a rapport au cartilage thyroïde, au pharynx & au voile du palais.

THYRO-STAPHYLIN, qui a rapport au cartilage thyroïde & au voile du palais.

THYROÏDE, adj. (Anat.) Thyroïdeus, de θυρεος, bouclier, & de ειδος, forme. Expreffion employée pour défigner d'une part le plus grand des cartilages du larynx, & de l'autre deux corps glanduleux fitués à la partie inférieure & antérieure de cet organe.

CARTILAGE THYROÏDE. Il conftitue la partie an-térieure & latérale du larynx, & eft formé de deux portions qui fe réuniffent antérieurement & préfentent une faillie répondant à la ligne mé-diane, & qui eft très-apparente chez les perfonnes maigres.

GLANDE ou CORPS THYROÏDE. L'abfence de con-duits excréteurs empêche que l'on ne puiffe con-ferver à cette partie le nom de glande, qu'on lui donnoit autrefois. Cet organe, d'un volume habi-tuellement affez confidérable, eft fitué à la partie antérieure & moyenne du cou, en avant & au bas du larynx : il eft formé de deux lobes latéraux, ovoïdes, ordinairement féparés l'un de l'autre, fi ce n'eft par une forte de tubercule que l'on a nommé ifthme de la glande thyroïde, dont la dif-pofition eft au furplus très-variable antérieurement. Le corps thyroïde correfpond antérieurement aux mufcles peauciers, fterno-hyoïdiens, fterno-thy-roïdiens & fcapulo-hyoïdiens; en arrière & en de-hors, il s'appuie fur la colonne vertébrale, dont il n'eft féparé que par un tiffu cellulaire très-lâche, &, fuivant que fon volume eft plus ou moins confi-dérable, il recouvre ou laiffe à nu les vaiffeaux & les nerfs de cette partie. Enfin, le corps thy-roïde recouvre les premiers anneaux de la trachée, le cartilage cricoïde, le thyroïde & plufieurs des mufcles qui leur appartiennent : aucune mem-brane n'enveloppe le corps thyroïde; fa couleur eft elle-même fufceptible d'offrir beaucoup de nuances qui varient du jaune au brun foncé.

Les anatomiftes ne s'accordent point fur la con-texture de cet organe, que plufieurs ont comparée à celle des glandes ; il reçoit des artères & des vei-nes, auxquelles on a donné le nom de thyroïdiennes fupérieures & inférieures. Les nerfs pneumo-gaf-triques & les ganglions cervicaux lui fourniffent plufieurs filets nerveux. Quelque analogie entre la contexture du corps thyroïde & celle du thymus, rend affez probable l'opinion qui les fuppofe deftinés à remplir des fonctions analogues; on ne poffède au furplus à cet égard aucune donnée pofitive.

poſitive. (*Voyez*, pour plus de détails, THYROÏDE, dans le *Dictionnaire d'Anatomie* de cet ouvrage.)

Le corps thyroïde eſt ſuſceptible d'éprouver pluſieurs altérations, parmi leſquelles l'une des plus remarquables eſt un énorme développement, auquel on a donné le nom de *goître* ou *thyrocèle*. (*Voyez* ce dernier mot.)

THYROÏDIEN, ENNE, adjeĉt. (*Anat.*) Nom donné aux artères & aux veines qui ſe diſtribuent au corps thyroïde. (*Voyez* CAROTIDE EXTERNE, JUGULAIRE & SOUS-CLAVIER, dans le *Dictionnaire d'Anatomie* de cet ouvrage.)

TIBI-PÉRONÉO-TARSIEN, adjeĉt. & ſ. m. (*Anat.*) Nom ſous lequel Dumas a déſigné le muſcle *long-péronier latéral*, qui s'inſère au tibia, au péroné & à la partie inférieure du tarſe. (*Voyez* PÉRONIER dans le même Dictionnaire.)
(R. P.)

TIBIA, ſ. m. (*Anat.*) κνήμη, προκνήμη. Mot latin que les anatomiſtes ont conſervé en françois pour déſigner l'os le plus gros de la jambe : les Anciens lui avoient donné le nom de *tibia, flûte*, à cauſe de ſa grande reſſemblance avec différens inſtrumens à vent.

Le tibia eſt l'os le plus long & le plus gros après le fémur; il forme avec le péroné la charpente oſſeuſe de la jambe dont il eſt le plus ferme ſoutien : ſitué entre le fémur qu'il ſupporte & l'aſtragale qui lui ſert de point d'appui, il offre un corps triangulaire dont l'angle aigu, ſitué en avant, forme cette crête ſaillante ſi ſenſible aux contuſions auxquelles elle eſt très-expoſée. C'eſt une pyramide renverſée dont l'extrémité ſupérieure très-large préſente ſupérieurement deux facettes oblongues d'avant en arrière, recouvertes de cartilages articulaires & ſéparées par un intervalle inégal, rugueux, qui donne attache à des parties ligamenteuſes; en dehors & un peu en deſſous il y a une autre petite facette articulaire deſtinée à recevoir l'extrémité ſupérieure du péroné. L'extrémité inférieure, beaucoup plus petite, préſente également une large ſurface articulaire, bornée en dedans par l'apophyſe malléolaire, & en dehors par le péroné, qui forme la malléole externe; cette cavité s'articule avec l'aſtragale. (*Voyez* le *Dictionnaire d'Anatomie* de cet ouvrage.)

Cet os eſt très-expoſé aux fractures, qui d'ailleurs ſe guériſſent très-bien & ſans difformité, vu ſa ſituation ſuperficielle : ces fractures ſe remarquent ſurtout dans les chutes de cheval, la jambe ſe trouvant ſerrée entre la terre & ce dernier; les luxations de l'extrémité ſupérieure ſont rares, mais en revanche, les diaſtaſes de l'extrémité inférieure ſont très-fréquentes.
(NICOLAS.)

TIBIAL, LE. adj. (*Anat.*) Adjeĉtif ſervant à déſigner diverſes parties qui ont rapport au tibia ou à la jambe.

1°. APONÉVROSE TIBIALE. Elle entoure les muſcles de la jambe & ſe continue en haut avec l'aponévroſe crurale; elle eſt fournie par des expanſions fibreuſes, des tendons, les muſcles *Triceps*, *Crural*, *Couturier*, *Droit interne*, *demi-tendineux*. (*Voyez* le *Dictionnaire d'Anatomie* de cet ouvrage, pag. 395.)

2°. ARTÈRES TIBIALES. Elles ſont au nombre de deux : l'une, antérieure, naît de l'artère poplitée, & traverſe l'ouverture qui exiſte à la portion ſupérieure du ligament inter-oſſeux. A ſa partie inférieure elle prend le nom d'*artère pédieuſe*. (*Voy.* ce mot dans le *Dictionnaire d'Anatomie* de cet ouvrage.) L'artère tibiale poſtérieure a ſon origine à la bifurcation de l'artère poplitée; elle deſcend entre les muſcles poſtérieurs de la jambe, & ſe rend ſous la voûte du calcanéum, où elle donne naiſſance aux artères plantaires.

3°. ÉPINE TIBIALE. Ligne ſaillante qui ſépare en deux cavités la ſurface par laquelle le tibia s'articule avec les condyles du fémur.

4°. NERFS TIBIAUX. Ils ſont au nombre de deux : le *tibial antérieur* (prétibio-ſus-plantaire, CHAUSS.); le *tibial poſtérieur* (branche tibiale du nerf fémoro-poplité, CHAUSS.). (*Voyez*, pour les détails, le *Dictionnaire d'Anatomie* de cet ouvrage.)

5°. MUSCLES TIBIAUX. Dénomination employée par quelques anatomiſtes pour déſigner les muſcles jambiers poſtérieur & antérieur.

6°. TUBÉROSITÉS TIBIALES. Nom de deux groſſes éminences arrondies ſituées à la partie ſupérieure du tibia.

7°. VEINES TIBIALES ANTÉRIEURE & POSTÉRIEURE. Elles accompagnent les artères du même nom.

TIBIO-CALCANIEN, NE, adj. & ſ. m. (*Anat.*) Nom donné par Chauſſier au muſcle ſoléaire, qui, d'une part, s'attache au tibia, &, de l'autre, au calcanéum. (*Voyez* SOLÉAIRE & TRICEPS DE LA JAMBE dans le *Dictionnaire d'Anatomie* de cet ouvrage.)

TIBIO-MALLÉOLAIRE. Le même anatomiſte déſigne ſous ce nom, la veine ſaphène interne ou grande ſaphène, correſpondant à la malléole interne & au tibia. (*Voyez* SAPHÈNE dans le même Dictionnaire.)

TIBIO-PÉRONÉI-CALCANIEN. Dumas nomme ainſi le muſcle ſoléaire ou tibio-calcanien de Chauſſier. (*Voyez* SOLÉAIRE & TRICEPS DE LA JAMBE dans le même Dictionnaire.)

K k

TIBIO-SOUS-PHALANGETTIEN COMMUN. Nom du muscle long-fléchisseur commun des orteils, dont les attaches sont supérieurement à la face postérieure du tibia, & inférieurement aux phalangettes des quatre derniers orteils. (*Voyez* FLÉCHISSEUR dans le *Dictionnaire d'Anatomie* de cet ouvrage.)

TIBIO-SOUS-TARSIEN. Le muscle jambier postérieur s'attachant supérieurement au tibia & inférieurement aux os du tarse, a reçu, dans la nomenclature de Chaussier, le nom de *tibio-sous-tarsien*. (*Voyez* JAMBIER dans le même Dictionnaire.)

TIBIO-SUS-MÉTATARSIEN. C'est le nom donné par Dumas au *tibio-sus-tarsien* de Chaussier. (*Voyez* JAMBIER dans le même Dictionnaire.)

TIBIO-SUS-TARSIEN. C'est, d'après Chaussier, le nom du muscle jambier antérieur.

TIBIO-TARSIEN, ENNE, adj. Qui a rapport au tibia & au tarse. *Articulation tibio-tarsienne.* C'est l'union de la partie inférieure du tibia avec l'astragale. Cette articulation est maintenue par deux ligamens latéraux, deux ligamens antérieurs & deux postérieurs. *Muscle tibio-tarsien.* Ce muscle est, d'après Dumas, le muscle *tibio-sous-tarsien* de Chaussier. (R. P.)

TIC, f. m. (*Pathol.*) Ce mot a plusieurs significations : on appelle *tics* certains mouvemens spasmodiques ou convulsifs dont la cause est souvent inconnue, mais qui sont entretenus par l'habitude. On dit d'un homme qu'*il a des tics*, pour indiquer qu'il a des habitudes plus ou moins ridicules, qu'il réitère à chaque instant les mêmes mouvemens, prononce les mêmes paroles, &c. On donne aussi le nom de *tic* à une maladie des chevaux, qui consiste dans des mouvemens convulsifs des mâchoires.

Considéré dans la première acception que nous venons de lui donner (la seule dont il doive être ici question), le mot *tic* exprime l'état de certaines personnes qui meuvent sans nécessité la tête, les yeux, les mains, chaque fois qu'elles parlent, agissent, &c.; de beaucoup d'autres qui clignent les yeux, haussent les épaules, rongent leurs ongles, &c. La majeure partie des tics sont de véritables spasmes que la volonté ne peut parvenir à maîtriser; nous avons déjà parlé, à l'article SPASME, d'un jeune homme qui se livroit aux mouvemens les plus étranges dans tous les actes de sa vie. Parmi les *minutes* des mémoires à consulter adressés au célèbre Pinel, dont nous avons été plusieurs années le secrétaire intime, nous trouvons, sous le titre de *tics*, l'observation d'une jeune fille de quinze ans, qui se livroit, depuis l'âge de sept ans, à divers mouvemens irréguliers, tels que ceux de toucher sans cesse le peigne qui

retenoit ses cheveux, de se couvrir & de se découvrir à tout moment la tête avec un chapeau; d'autres fois, la malade tiroit sans cesse les cordons de sa robe, prenoit & quittoit son tablier en accompagnant chaque mouvement des mains d'un reniflement très-remarquable, &c. Ces mouvemens involontaires, qui s'exécutoient par saccade, & que ne pouvoient réprimer les distractions, les remontrances, cessèrent néanmoins par suite d'une impression profonde, mais reparurent deux ans après sous la forme d'une rotation singulière de la tête avec un reniflement bruyant; il se joignit à cela une grande instabilité de caractère, une extrême mobilité dans les affections, une susceptibilité telle, que la moindre contrariété provoquoit des accès de mouvemens spasmodiques : alors c'étoit pour la jeune personne un besoin irrésistible de se livrer à ces mouvemens bizarres. Elle avoit même le soin de prévenir les assistans de l'espèce de dépendance dans laquelle elle se trouvoit, afin de se créer une excuse. (BRICHETEAU.)

TIC DOULOUREUX, f. m. (*Pathol.*) Nom donné tantôt aux névralgies réunies de la face, tantôt seulement à celle qu'on appelle *frontale*, & qui consiste en une douleur partant des trous sourcilliers, se répandant sur le front, la paupière supérieure, la caroncule lacrymale, l'angle nasal des paupières & quelquefois sur tout un côté de la face. Cette dénomination de *tic* doit probablement son origine aux mouvemens spasmodiques réitérés des yeux & de la face, auxquels les malades son contraints de se livrer. (*Voyez* NÉVRALGIE.) (BRICHETEAU.)

TICUNAS ou POISON AMÉRICAIN. Les naturels de l'Amérique méridionale préparent avec plusieurs sortes d'herbes ou de racines un poison qu'ils nomment *ticunas*. Cette substance vénéneuse n'exerce aucune action sur les teintures végétales servant de réactifs; elle est soluble dans l'eau & dans les acides, avec lesquels elle ne fait d'ailleurs point effervescence. De la Condamine, qui le premier a fait connoître ce poison (1), avoit avancé quelques assertions, qui ont été rectifiées par Fontana, qui, dans ses recherches sur les effets que produit le venin de la vipère, a eu l'occasion de faire quelques expériences comparatives avec le ticunas. Il a constaté que cette substance empoisonne, non-seulement lorsqu'elle est prise intérieurement, mais encore lorsqu'elle est appliquée sur une blessure faite à la peau; seulement les accidens sont beaucoup plus graves lorsque la plaie, au lieu de n'attaquer que les tégumens, s'étend aux parties musculaires.

Les symptômes qui se manifestent à la suite de

(1) *Mémoires de l'Académie des Sciences*, année 1745.

ces fortes d'empoifonnemens, font d'abord des mouvemens convulfifs, puis la perte des forces, & enfin, la diminution & l'abolition du fentiment. L'aétion de ce poifon eft au refte beaucoup plus lente que celle du venin de la vipère (1).

Suivant M. le prof. Orfila, le traitement qu'il faut oppofer aux accidens que provoque l'ufage de cette préparation dangereufe, ne diffère point de celui auquel on a recours à la fuite des empoifonnemens produits par la coque du Levant (*menifpermum cocculus*). (R. P.)

TIERCE (Fièvre), fub. f. ((*Pathol.*) *Febris tertiana*. C'eft le nom qu'on donne à une fièvre intermittente très-fréquente, dont les accès reviennent tous les deux jours, laiffant entr'eux un jour d'apyrexie. Les accès de fièvre-tierce durent ordinairement environ douze heures; lorfque ces accès fe prolongent davantage la fièvre devient *fubintrante*. On l'a encore nommée *bâtarde* par oppofition à la tierce fimple qualifiée de *légitime*. On l'appelle *double-tierce* quand elle revient chaque jour comme la fièvre quotidienne, avec cette différence cependant, que les accès varient dans leur intenfité & l'heure de l'invafion, plus avancée ou plus tardive que celle des accès intermédiaires : ce qui n'a pas lieu dans la fièvre quotidienne. Quand la fièvre tierce a deux accès tous les deux jours fans qu'il y en ait le jour intermédiaire, on l'appelle *tierce-doublée*, & *tierce-triplée* lorfque l'accès revient deux fois tous les deux jours, & une feule fois le jour intermédiaire. Enfin, Tulpius, fous la dénomination de *quatruple-tierce*, rapporte un cas dans lequel deux accès de fièvre avoient lieu chaque jour, ce qui reffembloit beaucoup fans doute à une fièvre rémittente. Lorfqu'il y a chaque jour un feul accès, mais que l'apyrexie entre le premier & le fecond eft plus confidérable que celle qui fe trouve entre le fecond & le troifième, & ainfi de fuite, la fièvre prend alors le nom d'hémitritée ou *femi-tierce*. (*Voyez* le mot FIÈVRE (fièvre intermittente) pour ce qui concerne la *nature*, le *diagnoftic* & le *traitement* des fièvres tierces.) (BRICHETEAU.)

TIGE PITUITAIRE ou SUS-SPHÉNOÏDALE. (*Anat.*) Nom d'un prolongement conique de la glande pituitaire, & qui va fe terminer au tubercule appelé *tuber cinereum*. (*Voyez* CERVEAU & ENCÉPHALE dans le *Dictionnaire d'Anatomie* de cet ouvrage.)

TIGLIUM, f. m. (*Mat. méd.*) *Croton tiglium* L. Nom d'un petit arbrifte de la famille des Euphorbiacées; il eft originaire de l'Inde, & croît à Ceylan, en Chine & aux îles Moluques. Toutes

les parties de ce végétal jouiffent de propriétés plus ou moins aétives & fouvent vénéneufes. On en fait beaucoup d'ufage à Amboine & dans d'autres contrées de l'Inde. Sa racine eft confidérée comme un purgatif très-énergique qui, à la dofe de quelques grains feulement, eft, dit-on, employée avec fuccès dans le traitement des hydropifies. Le bois, qui eft d'une couleur pâle, léger, fpongieux, d'une faveur très-âcre & d'une odeur fort défagréable, agit comme fudorifique s'il eft donné à faible dofe, & jouit à une dofe plus élevée, de propriétés analogues à celles de la racine; mais ce font principalement les graines, qui, à caufe de l'huile graffe qu'elles renferment, jouiffent des propriétés les plus aétives. Ces graines, connues fous les noms de *tilly* & de *grains-des-Moluques*, ont été depuis peu l'objet des recherches de plufieurs médecins & chimiftes de l'Europe. Il paroît néanmoins que l'ufage de cette huile étoit établi à une époque déjà très-éloignée de nous, puifque Artus Gylelius, médecin du dix-feptième fiècle, dit avoir, en 1632, obtenu de merveilleux effets de l'emploi de cette huile dans le traitement des hydropifies. Quoi qu'il en foit, ce médicament étoit entièrement tombé en défuétude en Europe, & il n'exiftoit même plus dans le commerce, lorfqu'en 1824 le Dr. Conwel, médecin attaché au fervice de la Compagnie des Indes orientales, vint foutenir, à la Faculté de médecine de Paris, une thèfe fur l'emploi du *croton tiglium*. Suivant ce médecin, il paroît que dans l'Inde on n'a pas ceffé d'en faire un fréquent ufage, & que depuis fon retour en Angleterre, on l'emploie auffi fouvent & avec beaucoup de fuccès.

L'huile de *croton tiglium* a une teinte jaunâtre, une odeur forte & très-défagréable, & une faveur d'une âcreté telle qu'il eft impoffible de la faire prendre pure, auffi la donne-t-on mélangée avec du firop de gomme. Plufieurs médecins français, & notamment M. Magendie, à qui M. Conwel avoit remis une certaine quantité d'*huile de tiglium* qu'il avoit rapportée de l'Inde, s'accordent tous pour la dofe à laquelle on doit adminiftrer ce médicament; & il réfulte de leurs expériences, qu'une goutte, & fouvent une demi-goutte, fuffit pour déterminer d'abondantes évacuations. Néanmoins cette dofe a été doublée & même triplée fans produire d'accidens; cependant on ne fauroit avoir trop de circonfpection dans l'emploi d'un médicament qui, quoique donné à très-faible dofe, eft fufceptible de produire une inflammation violente, accompagnée de déjections & de vomiffemens; il arrive même quelquefois que la dofe la plus minime donne lieu à des vomiffemens qui, felon le Dr. Conwel, ne s'oppofent en aucune manière à l'effet purgatif du médicament, &, dans ce cas, le vomiffement eft très-prompt & a lieu moins d'une demi-heure après la prife du médicament.

L'huile de *croton tiglium* peut, fans inconvé-

(1) FONTANA, *Traité fur le venin de la vipère*, tom. II, pag. 83 & 128. Florence, 1781.

nient, être adminiftrée dans toutes les circonftances, où les purgatifs draftiques font indiqués :
une goutte feulement donnée dans une demi-once
de firop de gomme, ou, fuivant la méthode de
M. Conwel, dans du vin de Madère ou une autre
folution alcoolique à la dofe d'un fcrupule, a un
effet purgatif doux, prompt & fans coliques. C'eft
pour combattre les hydropifies dites paffives qu'on
l'a le plus fouvent employée ; on la donne également dans des cas d'apoplexie, & généralement
dans toutes les circonftances où l'on veut obtenir
un effet purgatif prompt & abondant. Le Dr. Kin-
glake l'a donnée avec fuccès pour furmonter des
conftipations anciennes & opiniâtres, & notamment dans les coliques des peintres. Un médecin
de Madras, le Dr. Ainflic, recommande, dans fon
Traité de Matière médicale, l'ufage externe de
cette huile dans le traitement des affections rhumatifmales & nerveufes ; on la fait entrer à la
dofe de quelques gouttes dans un liniment avec lequel on frictionne les parties malades.

On ne connoît pas parfaitement les procédés
employés dans l'Inde pour la préparation de l'huile
de tiglium, mais il eft probable qu'elle s'obtient
par expreffion comme celle que l'on retire du ricin. Cette huile, qui a été analyfée avec foin par
M. le Dr. Nimmo de Glafcow, médecin qui a
fait un grand nombre de recherches fur la nature
des principes conftituans de ce médicament, a
fourni pour réfultat : principe âcre, 45 parties ;
huile graffe, 55. (Ch. Hennelle.)

TILIACÉES, fub. f. pl. (*Bot.*, *Mat. médic.*)
Tiliaceæ. Famille de plantes ayant pour type le
tilleul, & qui, fous le rapport de fon organifation, reffemble beaucoup à celle des Malvacées, dont elle a auffi quelques-uns des caractères
chimiques. La fleur de tilleul eft, au furplus, la
feule partie de ces plantes qui foit employée en
médecine. (*Voyez* Tilleul.)

TILLEUL, fub. m. (*Bot.*, *Mat. méd.*) *Tilia*
Europæa. Arbre appartenant à la Polyandrie monogynie de Linné, & à la famille des Tiliacées de
de Juffieu. On a autrefois fait ufage de l'écorce,
des feuilles, & de la graine du tilleul, mais les fleurs
font aujourd'hui les feules parties employées ; lorfqu'elles font fraîches elles répandent une odeur
très-pénétrante qu'elles perdent par la deffication.
On les regarde comme antifpafmodiques, & dans
la plupart des affections chroniques du fyftème
nerveux on les prefcrit en infufion théiforme. Les
pharmaciens s'en fervent pour faire *une eau diftillée*, employée comme excipient dans la préparation de certaines potions calmantes.

L'amande du fruit du tilleul eft oléagineufe ;
quelques perfonnes même, après l'avoir torréfiée,
en ont fait ufage pour faire une forte de chocolat
d'une qualité bien inférieure à celui préparé avec
le cacao.

TILLY (Graines de). (*Bot.*, *Mat. médic.*)
(*Voyez* Tiglium.)

TIMAC. (*Bot.*, *Mat. médic.*) Nom d'une racine qui n'eft point connue dans nos pharmacies,
& qui, fuivant Murray (1), eft employée à Saint-
Domingue contre l'hydropifie.

TIMIDE, adj. (*Anat.*) Adjectif dont fe fervent quelques anciens anatomiftes pour défigner
le mufcle abaiffeur de l'œil. (*Voyez* Droit inférieur de l'œil dans le *Dictionnaire d'Anatomie*
de cet ouvrage.)

TINCKAL, f. m. (*Chim. médic.*) Nom donné
au borax brut. (*Voyez* Borax, tom. IV, pag. 48.)
(R. P.)

TINTEMENT MÉTALLIQUE, f. m. (*Séméiot.*)
Nom donné par Laennec à un bruit perçu à
travers les parois de la poitrine à l'aide du ftéthofcope, & femblable à celui *que rend une coupe
de métal, de verre ou de porcelaine, que l'on
frappe légèrement avec une épingle, ou dans laquelle on laiffe tomber un grain de fable.* On
entend ce bruit toutes les fois que le malade refpire, parle ou touffe, après avoir préliminairement appliqué le cylindre fur l'endroit du thorax le
plus rapproché du défordre qui donne naiffance à
ce bruit. Il eft foiblement marqué lorfqu'il accompagne la refpiration, plus fort & plus perceptible
lorfqu'il eft produit par la voix ou la toux. Le
tintement métallique provient de la raifonnance
de l'air, agité par la refpiration, la toux ou la
voix, à la furface d'un liquide qui occupe avec
lui la capacité d'une cavité contre nature formée
dans la poitrine. Il ne peut par conféquent, fuivant Laennec, exifter que dans deux cas : 1°. lorfqu'il y a coexiftence d'un épanchement féreux
ou purulent dans la cavité de la plèvre & d'un
pneumo-thorax ; 2°. lorfqu'une caverne, développée dans les poumons, n'eft qu'en partie remplie d'un pus liquide. Il eft en outre néceffaire,
pour qu'on puiffe percevoir le tintement métallique, que la cavité de la plèvre communique
avec les bronches par un conduit fiftuleux, comme
il arrive dans les vomiques tuberculeufes ou dans
les abcès du poumon. D'après cela, on voit que
ce figne à lui feul indique trois léfions diverfes,
favoir : l'épanchement thoracique, le pneumo-
thorax & la fiftule pulmonaire ; on conçoit d'ailleurs facilement que le tintement métallique eft
d'autant plus prononcé, que le diamètre du conduit fiftuleux eft plus confidérable, & que fon
étendue, proportionnée à celle de l'efpace occupé
par l'air, eft inverfe de la quantité du liquide

_____

(1) *Apparatus medicaminum*, tom. VI, pag. 170.

épanché. Lorfqu'il exifte deux ou un plus grand nombre de communications fiftuleufes entre les bronches & la cavité de la plèvre, & lorfque cette cavité étant confidérable, ne contient que peu de liquide, au lieu du tintement métallique on entend un certain bourdonnement, appelé par l'auteur cité plus haut, *bourdonnement ampho-rique*, parce qu'il reffemble à celui qu'on pro-duit en foufflant dans une bouteille. Quelquefois ces deux bruits font produits alternativement, l'un par la voix, & l'autre par la toux ou la ref-piration.

Lorfqu'on injecte du liquide dans la poitrine, par l'incifion qui conftitue l'opération de l'em-pyème, ou bien qu'on fait affeoir brufquement un malade (atteint de pneumo-thorax) qui étoit couché, on entend quelquefois dans la poitrine un bruit analogue au tintement métallique, ré-fultant de la chute de quelques gouttes de liquide fur le liquide encore épanché dans la partie la plus inférieure du thorax. Ce bruit peut être entendu lors même qu'il n'exifte pas de fiftule pleuro-bronchique. Si l'on vient à percuter la poitrine à peu de diftance du point où eft appli-qué le ftéthofcope, on entend un *réfonnement* que Laennec appelle *cliquetis métallique*, auquel on ne doit attacher aucune importance dans le diagnoftic des maladies de la poitrine.

Le tintement métallique eft un figne très-cer-tain de pneumo-thorax, avec épanchement & fiftule pleuro-bronchique; j'ai eu l'occafion ex-traordinaire de conftater trois fois l'année der-nière l'exiftence de ce figne, dans des cas où cette triple affection exiftoit : trois fois l'ouver-ture du corps a confirmé le diagnoftic porté à l'avance. (BRICHETEAU.)

TINTOUIN, f. m. (*Path.*) *Tinnitus aurium*, *fyrigmus*, &c. Etat particulier de l'ouïe, dans le-quel on a la fenfation de fons qui n'exiftent pas, & qui diffère de la paracoufie, en ce que, dans cette affection, l'oreille perçoit un bruit autre que celui qui eft produit.

Le tintouin eft un de ces exemples frappans de la difficulté que les nofologiftes éprouvent dans les claffications des maladies, lorfqu'ils fe laiffent entraîner par l'exemple de leurs prédéceffeurs. Le tintouin n'eft pas plus une maladie propre, particulière, que l'enduit fi variable qui recouvre la langue dans les maladies; c'eft un fymptôme, & non une maladie exiftant par elle-même : auffi a-t-il reçu un grand nombre de noms; les uns, d'après le bruit, qui varie chez chaque individu; & les autres, d'après fa caufe préfumée. On croi-roit être dans l'enfance de l'art, lorfque l'on voit établir des diftinctions de caufes, diftinctions qui ne doivent exifter que pour le traitement, pour en faire des affections fpéciales, & envifager les maladies d'après les variations de la marche ou des fymptômes particuliers qu'elles peuvent offrir

pendant leur durée : exifteroit-il alors une fièvre, une pneumonie, qui ne devroit porter un nom différent ; & qu'importe que le bruit entendu foit analogue au tintement d'une cloche, à un bourdonnement, à des coups de marteaux ou au fifflement, puifque ces différens bruits fe ren-contrent indiftinctement chez la même perfonne & dans la même maladie? Je ne parlerois pas ainfi, fi chaque bruit particulier exiftoit toujours avec telle ou telle léfion : il faudroit alors y porter l'attention la plus févère. Quoi qu'il en foit de ces diverfes manières de voir que le tintouin a jufqu'ici fuggérées aux nofologiftes, tous ont eu tort d'en faire une entité pathologique, lorfque cette affec-tion n'eft que fymptomatique ; le nombre des ma-ladies eft déjà affez confidérable, fans encore l'aug-menter par l'addition des fymptômes. C'eft la caufe du tintouin qu'il eft important de connoître, parce que, s'il eft le réfultat d'une congeftion cérébrale, d'une otite interne, &c. &c., il ne fera pas traité par les mêmes moyens que s'il étoit dû à une grande foibleffe, fuite de diète ou d'excès prolongés.

Les caufes du tintouin font exceffivement nom-breufes; tout ce qui peut occafionner la furdité, les congeftions cérébrales, la foibleffe, fuite d'excès ou de veilles prolongés, les évacuations fanguines confidérables, un bruit fourd long-temps continué, le chant, la déclamation, l'ac-tion de plonger, dans la natation, l'ufage d'un inftrument à vent lorfqu'on n'y eft pas habitué, une trop grande fufceptibilité de l'oreille, fon inflammation, &c. &c., peuvent produire cette affection.

Il ne faut pas, dans le traitement du tintouin, vouloir le combattre directement; on doit au con-traire rechercher la nature de la caufe qui l'a pro-duit, & faire en forte de la détruire : c'eft ainfi que dans le cas de congeftion cérébrale les fai-gnées, les fangfues feront très-utiles. Le tintouin eft-il dû à une grande foibleffe, fuite d'excès véné-riens, on cherchera à rétablir les forces épuifées; on ceffera les travaux de cabinet fi c'eft un homme qui en eft atteint, &c., & ainfi pour chaque ma-ladie dans laquelle on le rencontrera. (*Voyez* APOPLEXIE, COMMOTION, DÉFAILLANCE, NÉVROSE, OTITE, SYNCOPE, & les articles qui ont rapport aux différentes maladies de l'oreille.

(NICOLAS.)

TIQUE, f. f. (*Entomol.*) Efpèce d'infectes de la famille des Rhinaptères, qui s'attachent aux chiens, aux bœufs, aux chevaux & même à l'homme. Les tiques enfoncent leur fuçoir dans la chair, & on ne peut les retirer qu'avec force; elles fe multiplient avec une telle rapidité, qu'elles finiffent quelquefois par faire périr d'épui-fement les grands quadrupèdes. (*Voyez*, pour plus de détails, le *Dictionnaire d'Hiftoire natu-relle* de cet ouvrage.)

TIRAILLEMENT, f. m. (*Path.*) Expreſſion dont on ſe ſert vulgairement pour indiquer une ſenſation douloureuſe qui ſe fait reſſentir dans les membres, la poitrine ou l'eſtomac, & que l'on compare à l'impreſſion que produiroit l'action d'une puiſſance mécanique.

Ces ſenſations ſont toujours des ſymptômes de quelques autres affections qu'il s'agit de combattre : tels ſont particulièrement, eu égard au *tiraillement d'eſtomac*, les fleurs blanches, les cancers de l'utérus, &c. (R. P.)

TIRE-BALLE, f. m. (*Inſtr. chir.*) *Strombulcus.* L'invention de la poudre à canon, en changeant la manière de combattre, a mis les chirurgiens dans la néceſſité d'imaginer des inſtrumens propres à extraire des plaies, les projectiles qui s'y introduiſent quelquefois à des profondeurs très-conſidérables : ces inſtrumens, nommés *tire-balles*, ont ſucceſſivement éprouvé un grand nombre de modifications qui les ont fait appeler *tire-fonds, becs-de-grue, de canne, de corbin, de perroquet, de lézard, dilatatoires, crochets, pinces, curettes,* &c.

L'uſage de ces inſtrumens étoit à cette époque d'autant plus indiſpenſable, que les chirurgiens n'oſoient point alors agrandir les plaies, ou pratiquer des inciſions ou des contre-ouvertures propres à faciliter leurs recherches. Aujourd'hui que l'on agit avec moins de timidité, les tire-balles ſont beaucoup moins employés ; cependant il eſt des circonſtances dans leſquelles le chirurgien ne pourroit atteindre la balle ſans y avoir recours.

Nous ne rappellerons point ici une foule de tire-balles que l'on trouve décrits dans les ouvrages de Scultet, de Perret, de Brambilla, & dans le *Dictionnaire de Chirurgie* de cette Encyclopédie ; nous indiquerons ſeulement deux de ces inſtrumens, le tire-balle ou *tribulcon* de Percy, & la curette *tire-balle* de Thomaſſin.

Le premier de ces inſtrumens préſente une ſorte de pince, longue de dix à onze pouces, dont les branches ſont déliées, polies, plutôt plates que rondes ; elles ſe terminent, à l'une de leurs extrémités, par une eſpèce de cuiller arrondie & pouvant aiſément s'adapter à la configuration de la balle. L'axe qui réunit ces deux branches eſt ſitué à peu près à la moitié de leur longueur, mais il eſt diſpoſé de telle manière que l'on peut aiſément les ſéparer l'une de l'autre, &, ſuivant les circonſtances, les employer iſolément ou ſimultanément. Celle qui porte l'axe, & que pour cette raiſon on nomme *branche mâle*, eſt terminée par une curette profonde, qui, dans une foule de cas, eſt beaucoup plus commode que la pince : enfin, la *branche femelle* porte un anneau terminé par un tire-fond long de cinq pouces environ, lequel eſt reçu dans un canal creuſé dans la partie ſupérieure de cette branche. D'après cette deſcription ſuccincte, il eſt aiſé de voir que le *tribulcon* de Percy

renferme réellement trois inſtrumens, le tire-balle, la curette & le tire-fond.

Quant à la *curette tire-balle* de Thomaſſin, elle eſt formée de deux branches pouvant, au moyen d'une couliſſe, gliſſer l'une ſur l'autre. La plus longue de ces deux branches offre à l'une de ſes extrémités une ſorte de cuiller recourbée & propre à retenir la balle ; l'autre extrémité eſt munie de deux anneaux où doivent être placés les doigts du chirurgien. La ſeconde branche gliſſe dans une cannelure pratiquée ſur la première, & elle eſt, à l'une de ſes extrémités, terminée par un biſeau ayant pour uſage de pénétrer dans la balle & de la fixer. (*Voyez* PLAIES D'ARMES À FEU dans le *Dictionnaire de Chirurgie* de cet ouvrage.)

TIRE-FOND, f. m. (*Inſtr. chir.*) Nom de l'une des pièces du trépan, dont on fait uſage pour retirer la portion oſſeuſe qui a été ſciée par la couronne. Cet inſtrument eſt terminé, à l'une de ſes extrémités, par une double vis de forme pyramidale, & une mèche la fait pénétrer dans la portion d'os qu'il s'agit d'enlever. Un anneau diverſement configuré ſert de manche au tire-fond, dont on fait, au ſurplus, rarement uſage.

On appelle auſſi *tire-fond* un inſtrument beaucoup plus long que le précédent, ordinairement logé dans une canule, & qui ſervoit autrefois à l'extraction des balles. Enfin, les dentiſtes déſignent encore ſous le même nom, une tige d'acier droite, arrondie, de deux pouces de long ſur deux ou trois lignes de diamètre, ayant ſon extrémité légèrement renflée & terminée par une pointe ayant deux pas de vis.

TIRE-PUS, f. m. (*Inſtr. chir.*) (*Voyez* PULQUE.) (R. P.)

TIRE-TÊTE, ſub. m. (*Inſtr. de chir.*) On doit partager en trois claſſes les divers inſtrumens qui ont été imaginés ſous le nom de *tire-têtes*. Les uns, & de ce nombre ſont le forceps & le levier, ont pour objet de faciliter le paſſage de la tête lorſque les contractions de l'utérus ſont inſuffiſantes pour produire cet effet, ou lorſqu'elle eſt arrêtée par quelques obſtacles. L'emploi de ces moyens mécaniques n'altèrent point la contexture des parties ſur leſquelles on les applique, on peut indiſtinctement en faire uſage ſur le fœtus vivant ou mort ; telles ſont les *frondes*, les diverſes eſpèces de bandelettes propoſées par Péan, Smellie, Burton, &c.

D'autres tire-têtes, comme ceux de Mauriceau, de Baquié, de Levret, devant pénétrer dans l'intérieur du crâne, ne peuvent ſervir qu'après la mort du fœtus. Ces divers inſtrumens, gravés dans la plupart des traités ſur les accouchemens, ſont auſſi repréſentés dans les ouvrages de Perret, de Brambilla, & dans les planches du *Dictionnaire* de *Chirurgie* de cette Encyclopédie, auxquelles nous renvoyons le lecteur.

Quant à la troisième classe de tire-têtes, elle se compose d'instrumens qui ne sont réellement applicables qu'après la décolation du fœtus ; tels sont, les *bandelettes* de Th. Bell, le *tire-tête à trois branches* de Levret, le procédé fort simple imaginé par Danavia, & plusieurs autres moyens plus ou moins analogues.

On conçoit que dans le cas où la tête du fœtus est seule restée dans l'utérus, accident aujourd'hui fort rare, on peut l'extraire à l'aide du forceps, ou au moyen des tire-têtes de la deuxième classe. A l'égard des circonstances qui peuvent déterminer à faire usage de ces divers procédés, ainsi que pour ce qui a rapport aux avantages & aux inconvéniens qu'ils présentent, on doit consulter les articles ACCOUCHEMENT, FŒTUS, FORCEPS & TIRE-TÊTES du *Dictionnaire de Chirurgie* de cet ouvrage.)

TISANE ou PTISANE, s. f. (*Pharm.*) *Ptisana*, de πτισσανη, orge. On donne habituellement ce nom à tout liquide médicamenteux qui, contenant peu de parties actives, est destiné à former la boisson ordinaire d'un malade.

Les tisanes sont, suivant la nature des substances employées, des infusions ou des décoctions ordinairement édulcorées avec le sucre, la racine de réglisse, le miel ou un sirop approprié. Le premier mode de préparation doit être préféré toutes les fois qu'il s'agit de plantes aromatiques, tandis que le second devient indispensable quand on a besoin d'extraire quelque principe peu soluble dans l'eau. Dans certaines circonstances même la simple macération suffit.

D'après leurs propriétés, les tisanes peuvent être délayantes, tempérantes, humectantes, rafraîchissantes, excitantes, sudorifiques, & à cet égard on conçoit que la quantité que l'on en prend doit, aussi-bien que leur température, donner naissance à des effets variés, dont il est au surplus facile de se rendre compte.

Indépendamment de ces tisanes, que l'on pourroit appeler *simples*, il en est d'autres que l'on nomme *composées*, dans lesquelles on fait entrer un nombre plus ou moins considérable de substances, & dont la préparation exige par conséquent plus de soin ; on leur donne alors le nom d'*apozème*. (*Voyez* ce mot.) (R. P.)

TISSOT (Simon-André) (*Biogr. médic.*), naquit à Lausanne, dans le canton de Berne, en Suisse, le 20 mars 1728. Il étudia la médecine à Montpellier, y fut reçu docteur en 1749, & vint se fixer dans la ville natale, où bientôt les succès qu'il obtint en traitant la petite-vérole confluente par les adoucissans & les rafraîchissans, lui acquirent une certaine renommée. On étoit effectivement alors dans l'usage d'opposer à cette maladie

les sudorifiques & les stimulans. Pendant long-temps Tissot, malgré une réputation en quelque sorte européenne, se contenta du titre modeste de professeur en médecine dans le collège de Lausanne ; cependant, en 1780, il céda aux sollicitations de l'empereur Joseph II, & vint remplir à Pavie la chaire de médecine clinique.

Une extrême modestie l'empêcha d'abord d'obtenir tous les succès auxquels on s'étoit attendu : mais une épidémie étant survenue, on put apprécier l'utilité du mode de traitement qu'il avoit indiqué, & bientôt ses élèves lui rendant plus de justice, consacrèrent d'une manière durable le triomphe de leur maître, en plaçant sous le portique des écoles une inscription gravée sur le marbre, & commençant par ces mots : *immortali præceptori*, &c.

Tissot, qui n'avoit consenti à demeurer à Pavie que trois ans, fut remplacé par le célèbre Frank, & après avoir traversé l'Italie revint à Lausanne. Lors de son passage à Rome, le Pape ayant voulu voir ce médecin célèbre, le dispensa, comme protestant, du cérémonial usité dans les présentations, & lui fit don de la collection de médailles frappées sous son pontificat. Tissot vécut encore quelques années au milieu de ses concitoyens, & jouissant de la considération générale, lorsqu'il fut atteint d'une inflammation de poitrine à laquelle il succomba le 13 juin 1797, à l'époque où il se proposoit d'aller terminer dans la retraite la carrière qu'il avoit si honorablement parcourue.

On a de Tissot les écrits suivans :

L'Inoculation justifiée, dissertation pratique & apologétique sur cette méthode ; avec un essai sur la mue de la voix. Lausanne, 1754, in-12.

Dissertation sur les parties sensibles & irritables des animaux, traduite du latin de Haller. Lausanne, 1757, in-12.

Mémoire sur le mouvement du sang & sur les effets de la saignée, traduit du latin du même auteur. Lausanne, 1757, in-12.

Dissertatio de febribus biliosis, seu, historia epidemiæ Lausanensis, anni 1755. Lausanne, 1758, in-8°. (1).

L'Onanisme, ou dissertation physique sur les maladies produites par la masturbation. Louvain, 1760 (2).

Lettre à M. de Haen en réponse à ses questions sur l'inoculation. Vienne, 1759, in-8°. ; & Lausanne, 1765, in-12.

_____

(1) Cet ouvrage a été réimprimé à Louvain en 1760, conjointement avec un autre écrit du même auteur, ayant pour titre : *Tentamen de morbis ex manustupratione ortis.*

(2) Ouvrage qui a été réimprimé un grand nombre de fois.

Johanni Georgio Zimmermanno de Morbo nigro , scirrhi viscerum , cephaleâ , inoculatione , irritabilitate , cum cadaverum sectionibus. Lausanne , 1760 & 1765 , in-12; Louvain , 1764, in-12.

Alberto Stallero de variolis, apoplexiâ & hydrope. Lausanne , 1761 & 1765 , in-12 ; Louvain , 1764, in-12.

Avis au peuple sur sa santé. Lausanne, 1761 (1).

Dissertation sur l'utilité de l'amputation des membres, traduite du latin, de Bilguer, *avec des notes.* Paris , 1764, in-12.

Lettre à M. Hirzel sur quelques critiques de M. de Haen. Lausanne , 1765 , in-12.

Lettre à M. Zimmermann sur l'épidémie courante. Lausanne , 1765 , in-12.

De valetudine litteratorum. Lausanne , 1766 , in-8°. (2).

Epistolæ medico-practicæ, auctæ & emendatæ. Lausanne , 1770 , in-12.

Traité de l'épilepsie. Paris , 1770 , in-12. (3).

Essai sur les maladies des gens du monde. Lyon , 1770 , in-12. (4). (R. P.)

TISSU , s. m. (*Path.*) *Textus.* Les tissus sont les élémens des parties solides du corps , formés eux-mêmes par la réunion de parties plus élémentaires encore , que l'on nomme *fibres ;* c'est l'assemblage & la combinaison diverse de ces tissus qui forment les organes. Nous n'avons à nous occuper ici que des altérations pathologiques des tissus , tout ce qui regarde l'histoire anatomique & physiologique de ces parties constituantes de nos organes ayant été décrit ailleurs. (*Voyez* le *Dictionn. d'Anat.* de cet ouvrage.) On sait que c'est surtout à Bichat qu'est due la gloire d'avoir , par une analyse fondée sur l'observation , décomposé pour ainsi dire les systèmes & les appareils complexes de l'économie pour les réduire à un certain nombre de tissus élémentaires , dont la réunion & la combinaison formoient les divers organes , indiquant d'une main hardie , les caractères distinctifs & même les lésions pathologiques de chacun de ces tissus , étudié dans l'état d'isolement & de simplicité , & poursuivi jusque dans l'état complexe où on l'observoit dans la fabrique des organes composés. Parmi les vingt-un tissus admis par Bichat (*voyez* le *Dict. d'Anat.*), il en est plusieurs qui n'ont qu'une importance très - secondaire ; d'autres qui sont à tort regardés comme distincts ; enfin , quelques - uns même dont l'existence est plus appuyée sur le raisonnement & l'analogie que sur l'observation , en sorte que la classification de ce célèbre physiologiste a subi d'assez nombreuses modifications entre les mains des Dupuytren , des Béclard , des Meckel , &c. Nous nous bornerons à indiquer ici les altérations des tissus généraux les plus constans , en y ajoutant quelques considérations qui se rattachent à ce qu'on a appelé en pathologie *tissus accidentels* ou de nouvelle formation , dont plusieurs ont la ressemblance la plus frappante avec les tissus naturels.

Toutes les maladies , dit Laennec (*Dictionn. des Scienc. médic.* , article ANATOMIE PATHOLOGIQUE) , peuvent être divisées en deux grandes classes : 1°. celles qui sont accompagnées d'une lésion évidente dans un ou plusieurs organes ; ce sont celles que l'on désigne depuis quelques années sous le nom de *maladies organiques.* 2°. Celles qui ne laissent dans aucune partie du corps une altération constante , & à laquelle on puisse rapporter leur origine ; ce sont celles que l'on appelle communément *maladies nerveuses.* D'après le même auteur , toutes les altérations organiques peuvent être divisées en quatre classes ; savoir : 1°. les *altérations de nutrition* (dont les plus simples sont l'atrophie & l'hypertrophie) ; 2°. les altérations de *forme* & de *position ;* 3°. les altérations de *texture ;* 4°. les *corps étrangers animés* , ou les vers & insectes qui naissent ou peuvent vivre dans le corps humain. La *texture* de nos organes elle-même peut être altérée de quatre manières différentes , savoir : 1°. par simple solution de continuité ; 2°. par l'accumulation ou l'extravasation d'un liquide naturel (anasarque , apoplexie , tumeurs graisseuses , &c.) ; 3°. par l'inflammation & ses suites ; 4°. par le développement accidentel d'un tissu ou d'une matière qui n'existoit point avant l'état de maladie , comme

---

(1) Cet ouvrage , dont il parut un grand nombre d'éditions , a été traduit en sept langues , & a reçu plusieurs additions. C'est de tous les écrits de Tissot celui qui a le plus contribué à étendre sa réputation : il valut à son auteur une pension , qui lui fut accordée par la république de Genève , & le canton de Berne lui décerna une médaille. Depuis cette époque on a souvent demandé si les ouvrages dans lesquels on s'efforce de mettre la médecine à la portée de tout le monde ne sont point plus nuisibles qu'utiles : ce n'est point ici le lieu de traiter cette question , délicate , sur laquelle on doit d'ailleurs consulter l'article MÉDECINE. (Médecine populaire) de ce Dictionnaire.

(2) Tissot prononça ce discours le 9 avril 1766 , à l'époque où il prit possession de la chaire de médecine dans le collège de Lausanne. Il fut d'abord traduit en français , & imprimé à Paris en 1768. L'auteur , mécontent de cette traduction qui ayant été publiée à son insu , étoit fort inexacte , en donna lui-même une édition française , qu'il corrigea & refondit entièrement : elle a pour titre : *de la Santé des gens de lettres.* Lausanne & Lyon , 1769, in-12.

(3) Cet ouvrage est le troisième volume du *Traité des nerfs & de leurs maladies* , qui parut en 1782 , 4 vol. in-12. Des motifs particuliers avoient engagé Tissot à publier isolément le *Traité de l'épilepsie.*

(4) Les ouvrages de Tissot ont été collectivement réimprimés à diverses époques , entr'autres à Lausanne , en 1770. En 1809 , le prof. Hallé se proposa de donner une édition des *œuvres choisies* de ce médecin , & d'y ajouter des notes ; mais ses nombreuses occupations ne lui ayant pas permis de continuer cet important travail , il se borna à surveiller la publication des trois premiers volumes de cette collection , composée de 8 vol. in-8°.

comme les tiſſus ſquirrheux, tuberculeux, oſſeux accidentel, &c.

Suivant M. Cruveilhier (*Anat. patholog. avec figures*), les tiſſus organiques ſont tous inaltérables par eux-mêmes, ils ſont ſeulement ſuſceptibles d'augmentation ou de diminution dans leur nutrition. Toutes les altérations organiques de texture ſans exception ne conſiſtent que dans le dépôt de matières ſécrétées dans les mailles du tiſſu cellulaire, matières qui, tantôt corps étrangers, ſont rejetées au-dehors au milieu d'un travail inflammatoire; tantôt produits vivans, ſuſceptibles d'une vie indépendante, vrais paraſites, s'appropriant les ſucs nourriciers, ſont le ſiége d'un développement vaſculaire nouveau, avec ou ſans communication avec les vaiſſeaux environnans: ici ſe bornant à gêner mécaniquement les parties au milieu deſquelles ils ſont placés; là envahiſſant peu à peu les parties voiſines, & ſe ſubſtituant en quelque ſorte aux tiſſus propres, &c. Cette idée de faire du tiſſu cellulaire *la matrice* de toutes les altérations de texture, comme quelques auteurs ont été portés à en faire la baſe première de tous nos tiſſus & de tous nos organes, ſéduit par ſon apparente ſimplicité, mais demande à être appuyée ſur des faits bien précis & bien authentiques.

M. Andral (*Précis d'Anat. patholog.*) ayant reconnu dans toute partie vivante trois actes fondamentaux (circulation capillaire, nutrition, ſécrétion), établit ſur cette baſe les diviſions capitales des léſions dont s'occupe l'anatomie pathologique, diviſions qu'il a énumérées dans l'ordre ſuivant au nombre de cinq: 1°. léſion de circulation; 2°. léſion de nutrition; 3°. léſion de ſécrétion; 4°. léſion du ſang; 5°. léſion de l'innervation. Après avoir étudié ſucceſſivement ces diverſes léſions d'une manière générale, il les examine tour à tour dans les divers appareils organiques qu'il prend ainſi à l'état complexe, au lieu d'étudier iſolément les tiſſus généraux qui les compoſent, comme l'avoit fait Bichat.

C'eſt une méthode aſſez analogue qu'avoit ſuivie un peu auparavant M. Barbier, d'Amiens, dans un *Précis de Noſologie* qui eſt excluſivement fondé ſur l'anatomie pathologique, & dans lequel toutes les léſions de tiſſus ſont auſſi rapportées à un certain nombre de groupes généraux baſés ſur la conſidération des altérations regardées par l'auteur comme élémentaires, telles que, altération de figure, de volume, de la ſubſtance même de l'organe (*malaxies* ou ramolliſſemens, & *ſclériaſies* ou endurciſſement), altération de vitalité (irritation & phlogoſe), &c. &c.

Obligé de reſtreindre ſingulièrement notre ſujet, forcé par conſéquent d'y poſer des limites un peu arbitraires, nous n'indiquerons ici que les altérations les plus importantes de quelques-unes des tiſſus élémentaires les plus généraux de l'économie; ſavoir: le tiſſu cellulaire, le ſyſtème té-

gumentaire externe & le ſyſtème tégumentaire interne, le ſyſtème ſéreux, le ſyſtème vaſculaire & le ſyſtème nerveux; encore aurons-nous ſoin, pour éviter des redites inutiles, de ſignaler le plus brièvement poſſible ce que chacun de ces ſyſtèmes offre à noter ſous le rapport de la pathologie & de l'anatomie pathologique.

1°. *Tiſſu cellulaire.* Ce tiſſu, comme on l'a dit, ſemble être la trame de tous les organes, &, de même que dans l'évolution & la contexture de ceux-ci, il paroît être l'élément aux dépens duquel ſe compoſent toutes les autres formes organiques ſecondaires (vaſculaire, nerveuſe, glanduleuſe, membraneuſe, parenchymateuſe, &c.), de même on voit, dans certaines léſions pathologiques, une déſorganiſation ſucceſſive ramener les parties compoſées à l'élément cellulaire, ce qui a été ſurtout obſervé dans les tiſſus membraneux, rapprochés plus que tout autre de la forme cellulaire ſimple: ainſi les membranes ſéreuſes, ainſi la véſicule du fiel, ainſi des vaiſſeaux oblitérés, &c., ont été ſouvent convertis en tiſſu cellulaire ou fibro-cellulaire. Auſſi avons-nous vu plus haut qu'un profeſſeur, bien digne de faire autorité en anatomie pathologique, n'héſitoit pas à placer dans l'élément cellulaire, le ſiége & le point de départ de toutes les altérations pathologiques de nos organes; mais nous ne devons nous occuper ici que du tiſſu cellulaire extérieur, du tiſſu cellulaire ſous-cutané ſurtout, puiſque nous devons, autant que poſſible, conſidérer ce tiſſu à part & iſolé des autres parties conſtituantes de l'économie.

De même que dans les membranes ſéreuſes, dont l'hiſtoire anatomico-pathologique a été confondue par M. Andral (qui s'eſt attaché preſqu'excluſivement dans ſon ouvrage à ce qui eſt du reſſort de la pathologie interne) avec celle du tiſſu cellulaire, les altérations de ce tiſſu peuvent être préſentées, ſoit par l'élément ſolide qui le conſtitue, ſoit par le fluide qui en remplit les cavités. Ainſi, il eſt ſouvent diſtendu par l'accumulation de la ſéroſité qui le lubréfie dans l'*œdème* & l'*anaſarque*, ce qu'on eſt en général porté à expliquer de nos jours par un trouble apporté dans la circulation veineuſe. M. Bouillaud ſurtout a appuyé cette opinion ſur des faits qui prouvent que les œdèmes des membres, conſidérables & permanens, ſont ordinairement entretenus par l'obſtruction ou l'oblitération des principaux troncs veineux chargés de rapporter le ſang de ces membres. L'*endurciſſement* même du tiſſu cellulaire, qui a été décrit ailleurs ſous le nom de *ſclérème*, paroît n'être qu'une ſorte d'œdème dur, en grande partie cauſé par un obſtacle apporté à la circulation. Des gaz peuvent diſtendre les mailles de ce tiſſu (*emphyſème*), ſoit que l'air s'y introduiſe & s'y répande de proche en proche par ſuite d'une rupture des voies aériennes, ſoit que des gaz s'y forment par la décompoſition d'autres liquides qui y ſont accidentellement épanchés, ou même par une simple exhalation de ce tissu lui-même. Le sang y est appelé d'une manière active dans l'inflammation (*voyez* PHLEGMON dans le *Dictionnaire de Chirurgie* de cet ouvrage), & s'y épanche d'une manière passive dans le scorbut & dans les déchirures causées par la contusion. (*Voyez* ce mot & ECCHYMOSE dans le même Dictionnaire.) Du pus s'y forme par l'effet d'un travail inflammatoire, & tantôt s'infiltre & reste disséminé dans les mailles celluleuses, tantôt se ramasse en un foyer qui constitue ce qu'on nomme *abcès*. Si celui-ci a une marche lente & chronique, une sorte de fausse membrane s'organise autour de la collection, & finit par former un kyste dont l'intérieur prend peu à peu l'aspect du tissu muqueux, tandis que l'extérieur conserve l'apparence d'un tissu cellulaire condensé. Si cet abcès s'ouvre au-dehors & qu'il tarde à se refermer, qu'il existe ou non une cause matérielle (un corps étranger, par exemple) qui entretienne la suppuration, alors s'organise dans le tissu cellulaire une sorte de canal accidentel dont l'intérieur devient à la longue *muqueux*, & que l'on nomme *trajet fistuleux*. Si l'inflammation est vive, ou que quelque cause spéciale, comme, par exemple, l'étranglement, la présence de matières irritantes, donne à cette inflammation un caractère particulier, des portions plus ou moins étendues de tissu cellulaire se gangrènent, sortent sous la forme de lambeaux mous & d'un blanc-grisâtre, & si la peau reçoit, par l'intermédiaire de ce tissu, ses vaisseaux nourriciers, cette gangrène entraîne celle des tégumens, circonstance qui entre pour beaucoup dans la gravité des *phlegmons érysipélateux* des membres. Si, au contraire, une irritation sourde, lente, obscure, existe dans un point du tissu cellulaire, ce tissu pénétré de fluides albumineux, en partie infiltrés & en partie combinés, s'épaissit, durcit, devient blanc-opaque, comme lardacé, & passe à un état d'*induration blanche* très-remarquable, par exemple, dans cette maladie complexe, dont le point de départ paroît être, au moins dans un grand nombre de cas, dans le système lymphatique dermoïde, & qui est connue sous le nom d'*éléphantiasis des Arabes*, ou *maladie glandulaire des Barbades*. C'est dans le tissu cellulaire que se forment les loupes, ou *tumeurs enkystées*; des hydatides s'y développent assez souvent, des *corps étrangers* peuvent le traverser, y séjourner, y déterminer tantôt une suppuration ou une inflammation *éliminatoire*, tantôt la formation d'un kyste séreux qui contient ces corps, tantôt n'y produire aucune altération appréciable; c'est aux dépens du tissu cellulaire enflammé & suppurant que s'entretiennent les *ulcères* extérieurs, & que se forment les *cicatrices*, sortes de reproductions d'un système tégumentaire toujours plus ou moins imparfait, qui succède à l'organisation d'une pseudo-membrane sécrétée par les *bourgeons charnus*, développement cellulo-vasculaire regardé

jadis à tort comme le produit d'une véritable régénération des chairs.

2°. *Tissu cutané*. Les systèmes tégumentaires externe & interne (*tissu muqueux*), sont à peu près les seuls qui jouissent (chez l'homme) de la faculté de se reproduire dans certaines limites, quand ils ont été détruits; & probablement c'est à l'élément cellulaire qui fait la base de leur composition, qu'ils doivent cette belle prérogative. Les *cicatrices*, dont nous avons indiqué le mode de formation dans le paragraphe précédent, sont en effet de véritables reproductions du système tégumentaire, quoiqu'à la vérité ce tissu nouveau soit moins parfait que le tégument naturel duquel il tient la place. Mais, lorsqu'il n'y a eu qu'une simple solution de continuité, sans perte de substance, alors une lymphe plastique est exhalée par les bords de la plaie, & la *réunion immédiate* a lieu, c'est-à-dire que la continuité des parties se rétablit sans qu'il y ait de reproduction sensible des tissus. Si l'épiderme seul est enlevé, comme cela se voit, par exemple, dans une simple écorchure, il se reproduit promptement avec ses caractères naturels, par une sorte de transsudation analogue à celle qui le produit dans l'état naturel. (Cette enveloppe extérieure ne paroît être, en effet, comme le pensoient les Anciens, qu'un suc particulier, exhalé par la peau & presqu'immédiatement concrété.) Si, au contraire, la surface excoriée est vivement irritée, comme cela s'observe dans la *vésication*, l'épiderme ne se reproduit qu'à la suite d'une suppuration plus ou moins prolongée, & reste plus ou moins long-temps mince, luisant, coloré par la rougeur des parties sous-jacentes, offrant quelqu'analogie avec ces cicatrices dont nous avons parlé plus haut. Les *inflammations* de la peau ont été étudiées & classées d'une manière spéciale, dans ces derniers temps, & la science doit beaucoup, sous ce rapport, aux écrits des docteurs anglais Willan & Bateman. En marchant sur les traces de ces auteurs, & en s'appuyant de quelques recherches d'anatomie pathologique faites récemment par M. le Dr. Gendrin & quelques autres médecins, on pourroit diviser ces inflammations (& même les altérations d'une autre nature), en *érythémoïdes* (érysipèle, rougeole, scarlatine, &c.), dans lesquelles on n'observe qu'une simple injection du tissu réticulaire; *bulleuses* (vésication, pemphigus, &c.), dans lesquelles l'épiderme est soulevé & détaché du tissu réticulaire enflammé par une exhalation plus ou moins considérable de sérosité; *vésiculeuses* (miliaire, gale, zona, &c.), dans lesquelles le même phénomène est moins apparent; *pustuleuses* (variole, vaccine, &c.), dont le siége spécial paroît être, au moins pour les espèces principales, dans les follicules sébacées; *tuberculeuses* (éléphantiasis des Grecs, dartre rongeante, syphilide tuberculeuse, &c.), dans lesquelles les diverses parties constituantes de la peau peuvent être envahies par une *induration* blanche, rouge, cuivrée; *papuleufes* (lichen, prurigo, &c.), dans lefquelles il femble que l'in-jection & la tuméfaction occupent le corps pa-pillaire qui recouvre la furface du derme; en *plaques fquammeufes* (pforiafis, fyphilide en plaques, &c.), dans lefquelles les couches fuper-ficielles de la peau font rougies, tuméfiées, avec defquammation de l'épiderme en lames plus ou moins étendues ou en parcelles furfuracées. A ces diverfes léfions élémentaires, il faut ajouter les *taches ou macules*, formées par une coloration permanente ou paffagère, tantôt feulement due à une altération du *pigmentum* ou matière co-lorante (taches de roufleur), tantôt produite par une extravafation du fang (*purpura*, pété-chies), &c. L'*ulcération* eft auffi une léfion tantôt primitive & tantôt confécutive à quelqu'une des altérations élémentaires mentionnées plus haut, qui doit être étudiée. Enfin, l'on doit fignaler les altérations de couleur & de texture qui conftituent les *nœvi* ou taches de naiffance, les *végétations*, les *excroiffances*, les productions épidermoïques (cors, cornes), les produits confécutifs aux di-verfes altérations indiquées ci-deffus (exhalation, fquamines, croûtes, &c.); mais la fimple énumé-ration de tous ces phénomènes morbides nous en-traineroit trop loin. La peau meurt & fe *gangrène* dans un affez grand nombre de circonftances, foit fous l'influence déforganifatrice d'un agent externe (brûlure), foit par l'effet d'une inflam-mation feptique (puftule maligne), foit par fuite de la deftruction des vaiffeaux fons-jacens, def-quels elle recevoit le fang & la vie. Quand la gangrène de la peau n'eft que partielle, l'efchare a une couleur blanche; quand au contraire toute l'épaiffeur de la peau eft déforganifée, l'efchare eft noire : c'eft une circonftance qui mérite quel-qu'attention dans le diagnoftic & le pronoftic des brûlures.

3°. *Tiffu muqueux*. Les anciens anatomiftes, en décrivant le fyftème muqueux comme formé par la continuation de la peau qui fe reploit pour ta-pifferles cavités intérieures du corps, avoient donné une idée affez jufte de l'analogie de texture, de fonctions, d'altérations pathologiques, qui exifte entre le tégument externe & le tégument interne. Toutefois, l'abfence de l'épiderme ou *epithelium*, qui n'exifte que dans le commencement des ca-vités muqueufes & n'eft plus remplacé à une cer-taine profondeur (à la fin de l'œfophage & dans le rectum, pour les deux extrémités de la mu-queufe digeftive, par exemple) que par un enduit muqueux plus ou moins abondant, la fineffe & le peu d'épaiffeur du chorion, l'exiftence d'une couche cellulaire fous-jacente, qui fait, pour ainfi dire, partie intégrante du tiffu muqueux, la combinaifon d'autres tiffus mufculaire, vafcu-laire, parenchymateux, qui fe réuniffent pour former des vifcères, dont l'intérieur eft tapiffé

par des membranes muqueufes, lefquelles parti-cipent plus ou moins aux affections de ces vifcères, toutes ces circonftances, dis-je, apportent néceffairement des modifications importantes dans les léfions que peut préfenter le tiffu muqueux, & empêchent qu'il n'y ait parité réelle entre ces léfions & celles du tiffu cutané, furtout pour les portions du tégument interne qui ne font point très-rapprochées de l'extérieur. Quoi qu'il en foit, les *aphtes*, dans lefquels on voit une exfudation pfeudo-membraneufe s'opérer entre l'*epithelium* de la muqueufe buccale & le tiffu réticulaire fous-jacent, offrent beaucoup d'analogie avec les af-fections véficuleufes de la peau. Les inflamma-tions & les ulcérations *folliculeufes* de la muqueufe inteftinale, fi remarquables dans cette affection fébrile que M. Bretonneau, de Tours, a défignée fous le nom de *dothinentérite* (*fièvre entéro-mé-fentérique* de MM. Petit & Serres), peuvent, juf-qu'à un certain point, être comparées à certaines éruptions *puftuleufes* cutanées, ayant auffi leur fiège dans les follicules des tégumens. Les *pété-chies* du fyftème muqueux offrent la plus grande reffemblance avec celles de la peau. Les *ulcéra-tions* fyphilitiques de l'ifthme du gofier fe rap-prochent, pour la forme & l'afpect, des ulcérations de même nature que fe forment quelquefois à l'extérieur. Des *cicatrices* reproduifent auffi le tiffu muqueux quand il a été détruit, comme le tiffu cutané, & ces cicatrices même fe rap-prochent plus du tiffu naturel dans le premier cas que dans le fecond; elles ont feulement une cou-leur plus pâle & un peu plus de réfiftance que la membrane muqueufe reftée faine, &c.

Le tiffu muqueux eft très-fréquemment le fiège de congeftions fanguines, qu'il ne faut pas con-fondre avec les traces d'un travail inflammatoire. Quand il eft enflammé, le fang le pénètre & le colore en rouge plus ou moins intenfe, tantôt fous forme de taches, tantôt fous forme d'injec-tions arborifées; le tiffu s'épaiffit, fe gonfle, puis fe ramollit; la fécrétion muqueufe eft augmentée & paffe par les états fucceffifs de mucus clair & vifqueux, puis de mucus puriforme, dans les divers ftades de l'inflammation. Dans une affec-tion particulière, que M. Bretonneau a décrite fous le nom de *diphtérite*, ce mucus épaiffi s'étend en couche pfeudo-membraneufe, plus ou moins denfe & plus ou moins tenace, à la furface de la muqueufe enflammée. Cette affection s'obferve principalement dans la partie fupérieure de la membrane gaftro-pulmonaire; l'*angine couen-neufe* & le *croup* en offrent des exemples remar-quables. On croyoit jadis que les *catarrhes* ne confiftoient que dans une fimple altération de fécrétion du mucus, dont les qualités & la quan-tité étoient au moins altérées; on reconnoît aujourd'hui que cet état s'accompagne prefque toujours d'un certain degré de travail fluxionnaire ou phlegmafique. La *gangrène* peut frapper le

tiffu muqueux, qui fe détache en efchares grifâtres ou brunâtres, comme cela fe voit dans
l'*angine gangréneufe vraie*, dans quelques cas
d'ulcérations inteftinales liées à des fièvres; mais
dans le premier cas, il faut avoir foin de ne pas
s'en laiffer impofer par de fimples concrétions
pfeudo-membraneufes plus ou moins pénétrées de
fang. Des perforations de l'inteftin peuvent être
la fuite de ces déforganifations gangréneufes;
elles fe rencontrent plus fouvent encore peut-être
dans le cas de fimples ulcérations. Les phlegmafies
chroniques du fyftème muqueux ont furtout été
étudiées avec foin depuis la publication du bel
ouvrage de M. Brouffais. Les altérations de texture qu'elles entraînent font très-variées & plus ou
moins analogues à celles produites par l'inflammation aiguë, avec plus de tendance à la coloration brunâtre ou grifâtre, à l'épaiffiffement & à
l'induration, qui s'opèrent furtout aux dépens du
tiffu cellulaire fous-muqueux. Il eft une altération
fpéciale du tiffu muqueux, étudiée furtout dans
ces derniers temps, & qui paroît, dans plufieurs
cas, tout-à-fait indépendante d'un travail inflammatoire : c'eft le *ramolliffement* avec pâleur &
aminciffement. La *perforation fpontanée* de l'eftomac eft quelquefois la fuite d'une altération de
ce genre, bornée à un point de ce vifcère. Des
végétations, des polypes véficulaires, fibreux,
fongueux & éreftiles s'obfervent quelquefois dans
les portions du fyftème muqueux peu éloignées
de l'extérieur du corps. Enfin, il eft une claffe de
corps étrangers vivans, qui fait fa réfidence habituelle dans le canal digeftif, & que l'on connoît
fous le nom de *vers inteftinaux.* Des kyftes hydatiques fe rencontrent auffi parfois dans les cavités
muqueufes, &, en particulier, dans la cavité de
l'utérus, où, d'après les obfervations de madame
Boivin, & les recherches de M. Cruveilhier, ils
paroiffent dus à une dégénération particulière des
annexes du fœtus, qui, dans ce cas, ne fe rencontre
qu'à l'état rudimentaire.

On a regardé comme pouvant fe propager au
fyftème muqueux, plufieurs affeftions éruptives,
aiguës ou chroniques du tégument externe, & quelques obfervateurs affirment avoir vu, par exemple,
des puftules de variole, des bulles de pemphigus,
&c., dans l'intérieur de l'appareil digeftif.

Le tiffu muqueux, lorfqu'il eft long-temps &
habituellement expofé au contaft de l'air, revêt
quelquefois toutes les apparences du tiffu cutané,
& cela n'eft pas très-rare, par exemple, dans la
muqueufe vaginale, lors du prolapfus ancien &
confidérable de la matrice.

Les canaux muqueux enflammés ont une grande
tendance à fe rétrécir (parfois même ils s'oblitèrent entièrement), comme cela s'obferve furtout
dans le canal nafal, dans le canal de l'urèthre, &
même dans le canal inteftinal. Heureufement
pourtant, dans la plupart des cas, la fécrétion
muqueufe qui s'opère continuellement à la furface

interne s'oppofe à ce que cette adhérence entre
les parties en contaft, cette oblitération totale
ait lieu.

4°. *Tiffu féreux.* L'anatomie pathologique du
fyftème féreux a fait un pas immenfe depuis les
travaux de Pinel & de Bichat, fingulièrement
étendus, fécondés & perfeftionnés par les recherches de Laennec & des anatomiftes modernes.
On fait aujourd'hui que ce que les Anciens appeloient *frénéfie*, confifte le plus ordinairement
dans l'inflammation de l'arachnoïde & furtout de
la pie-mère; que la plupart des *gaftrites*, des *entérites*, des *métrites*, des *omentites* des anciens
auteurs ne font que des phlegmafies du péritoine
plus ou moins marquées dans les portions de cette
membrane qui revêtent l'extérieur de l'eftomac,
de l'inteftin, &c.; que la plupart des épanchemens thoraciques, confondus fous le nom d'*hydropifies de poitrine*, font dus à des pleuréfies
chroniques, &c. &c.

Dans la plupart des cas où les produits morbides qui exiftent à l'intérieur d'une féreufe atteftent l'état morbide de cette membrane elle-
même, fon tiffu ne préfente aucune léfion appréciable. Très-rarement on y a rencontré quelques
vaiffeaux rouges; rarement auffi on l'a trouvée
épaiffie; un peu plus fouvent ce tiffu s'eft montré
ramolli & friable. Dans beaucoup de cas où la
membrane féreufe ne préfente aucune léfion, le
tiffu cellulaire fous-féreux eft le fiége d'une injection plus ou moins vive qui coïncide fréquemment, mais non pas conftamment, avec un épanchement morbide dans la cavité de la féreufe.
Ce tiffu peut auffi préfenter des ecchymofes, devenir le fiége de diverfes altérations de nutrition,
s'épaiffir, s'indurer, paffer à l'état lardacé, cartilagineux, offeux, &c. (ANDRAL, *Précis d'Anat.
pathol.*) La cavité de la féreufe peut contenir diverfes productions morbides, gazeufes, liquides
ou folides. Dans prefque tous les cas de *pneumo-
thorax*, le gaz contenu dans la plèvre eft de
l'air atmofphérique qui a paffé de l'intérieur des
bronches dans la cavité féreufe, par fuite de la
perforation des parois d'une excavation tuberculeufe fituée tout près de la périphérie du poumon.
C'eft alors que l'aufcultation fait entendre ce bruit
particulier connu fous le nom de *réfonnance* & de
tintement métallique. Quelques obfervations &
quelques expériences fur les animaux autorifent
cependant à admettre auffi que, dans quelques
cas exceptionnels, les gaz que l'on trouve dans
les cavités des membranes féreufes font un produit
de fécrétion du tiffu même de ces membranes.

Les fubftances liquides ou folides qu'on trouve
dans la cavité des féreufes, font principalement
(d'après l'auteur que nous venons de citer): 1°. de la férofité en quantité variable; 2°. cette
même féroffité unie à une certaine quantité de la
matière colorante du fang; 3°. du fang en nature;
le péritoine & la plèvre font furtout affez fré-

quemment le fiége d'hémorragies véritables; 4°. du pus, qui remplit fouvent la cavité d'une féreufe, dont le tiffu ne préfente pas même de léfion appréciable; 5°. la matière fpontanément coagulable & organifable qui produit les pfeudo-membranes. Des recherches ont démontré que, dans toute fauffe membrane des féreufes, il y a deux parties : l'une concrefcible, plaftique, formée de fibrine; l'autre, liquide & contenue dans les mailles de la première, formée d'albumine. Il y a peu de temps encore, on regardoit à tort cette dernière fubftance comme formant la bafe de ces concrétions pfeudo-membraneufes. Ces fauffes membranes font, dans les cas (fauf celui où la mort vient interrompre les efforts falutaires de la nature), le fiége d'un travail qui a pour but définitif de les faire arriver, par une férie de transformations (d'abord inorganiques), elles s'épaiffiffent, la partie féreufe étant réforbée, s'alongent, fe pénètrent de fang, fe vafcularifent, établiffent une adhérence plus ou moins intime entre les deux parois correfpondantes de la cavité féreufe, &c.), à un état où elles font femblables, foit à une membrane féreufe, foit au tiffu cellulaire appofé fur la furface adhérente de cette membrane. (Voyez PLEURÉSIE.) Les recherches & les expériences de M. Dupuytren ont fingulièrement éclairé ce point d'anatomie pathologique, fur lequel nous ne pouvons infifter ici. Des kyftes hydatiques s'obfervent affez fréquemment dans les cavités féreufes.

5°. Système vafculaire. Des expériences récentes de M. Cruveilhier tendent à faire placer le fiége principal des inflammations, dans le fyftème capillaire veineux. L'hiftoire tout entière de la phlébite, ou inflammation des veines, a été créée par les obfervateurs modernes, qui ont très-bien établi que cette inflammation pouvoit donner lieu à deux féries d'altérations diftinctes, les unes locales, les autres générales. Les premières confiftant dans la rougeur, la fuppuration, la fufpenfion de la circulation, l'oblitération même des vaiffeaux enflammés, d'où, quelquefois, le gonflement & l'œdème des parties, quand la phlébite fiége aux membres; les autres, dus au mélange du pus au fang, &, par fuite, poffibilité du déveloupement de fymptômes graves, plus ou moins analogues à ceux des fièvres typhoïdes, formation de dépôts purulens dans le poumon, le foie, le tiffu cellulaire, les articulations, &c.

Dans plufieurs cas on a vû la gangrène d'un membre, &, en particulier, la gangrène dite fénile, réfulter de l'obftruction d'une artère principale enflammée, dans laquelle la circulation ayant ceffé, des caillots fanguins, du pus, des pfeudo-membranes s'étoient formés. Les expériences de Laennec, & furtout celles plus récentes de MM. Rigot & Trouffeau, ont démontré que le fang pénétrant les tiffus par imbibition, on trouvoit fouvent à l'ouverture des corps, dans les

tiffus membraneux, &, en particulier, dans la tunique interne des vaiffeaux fanguins, des rougeurs plus ou moins étendues, qu'il falloit bien fe garder de prendre pour des colorations inflammatoires: erreur qui a été commife plufieurs fois, même de nos jours, par des médecins qui ont enfuite expliqué tous les phénomènes fébriles par l'irritation & la rougeur du fyftème vafculaire.

Quant aux offifications, ou mieux, aux pétrifications, aux dégénérations ftéatomateufes & lardacées, aux dilatations anévryfmales des artères, aux ulcérations de la membrane interne, qui, quelquefois, déterminant la perforation du commencement de l'aorte & l'épanchement du fang artériel dans le péricarde, ont pu caufer des morts fubites, &c., nous ne pouvons que renvoyer à l'article ANÉVRYSME du *Dictionnaire de Chirurgie* de cet ouvrage.

6°. Système nerveux. On a fait beaucoup de recherches de nos jours fur les altérations du fyftème nerveux; beaucoup de réfultats importans ont été obtenus, nous ne pourrons en fignaler qu'un petit nombre. L'induration & le ramolliffement du cerveau font deux léfions qui n'ont guère été étudiées que par les obfervateurs modernes : la première, caractérifée par une denfité augmentée des fubftances corticale ou médullaire, mais furtout de la première, avec ou plus rarement fans injection, a été rencontrée dans quelques cas où il y avoit lieu de foupçonner une congeftion habituelle vers la tête, chez quelques aliénés, chez quelques épileptiques, &c. Le ramolliffement, plus fréquent & plus connu, eft caractérifé par une forte de déforganifation pultacée de la fubftance cérébrale & furtout de la fubftance médullaire, qui fe réduit en bouillie fous le moindre attouchement, tantôt avec une blancheur parfaite, tantôt avec une légère coloration jaunâtre, tantôt avec une coloration rougeâtre & fanguine. M. Lallemand, de Montpellier, a cherché à rattacher à l'encéphalite cette altération qu'il a regardée comme un premier degré de fuppuration du cerveau, & dont il a fignalé avec foin les phénomènes plus ou moins analogues à ceux de l'apoplexie, ou, dans d'autres cas, à ceux de la fièvre ataxique. D'autres médecins, au contraire, ont penfé que cette altération étoit bien loin d'être toujours inflammatoire, & même que dans quelques cas on pouvoit, avec affez de vraifemblance, la regarder comme confécutive, c'eft-à-dire comme un effet d'une maladie générale. Il nous paroît inutile de décrire ici les défordres organiques divers qui s'obfervent dans les différentes nuances de l'apoplexie & de l'encéphalite, puifqu'ils ont déjà dû être fignalés ailleurs. Nous nous bornerons à faire remarquer que des obfervations authentiques, publiées de nos jours, ont fait reconnoître l'exiftence d'altérations de même nature dans la moelle épinière. De plus, les expériences & les observations des phyſiologiſtes modernes &, en particulier, celles de M. Magendie, ont appris que les racines poſtérieures & antérieures des nerfs ſpinaux ayant des fonctions différentes, les premières préſidant au ſentiment & les ſecondes au mouvement, les altérations organiques des parties correſpondantes de la moelle épinière pouvoient auſſi, lorſqu'elles étoient ſuffiſamment localiſées, déterminer des léſions excluſives du ſentiment & du mouvement. Des collections ſéreuſes, des kyſtes hydatiques s'obſervent dans les cavités du cerveau, & déterminent tôt ou tard des accidens de compreſſion qui ſe rattachent à l'hiſtoire de l'apoplexie.

Un aſſez grand nombre d'obſervations dues à MM. Brachet, Béclard, Breſchet, Lobſtein, Deſcots, Cruveilhier, &c., ayant fait découvrir la préſence d'altérations diverſes dans les ganglions & dans les branches nerveuſes, on a cherché à expliquer par des *névrites*, tous les phénomènes des *névralgies*, des *névroſes* & mêmes des *fièvres intermittentes*. C'eſt ainſi qu'à la ſuite de certaines *névralgies ſciatiques* on a trouvé le nerf ſciatique plus ou moins altéré, tuméfié, injecté, infiltré de ſéroſité ou même de pus; que, dans quelques cas de *coqueluches*, de *dyſpnées*, &c., on a vu les nerfs pneumo-gaſtriques altérés, ramollis, confondus dans des engorgemens tuberculeux, &c.; que, dans des cas de vomiſſemens opiniâtres, on a trouvé les *ganglions ſemi-lunaires* d'un rouge intenſe (Lobſtein); que, ſur un cadavre ſur lequel malheureuſement on n'a pu ſe procurer de renſeignemens, M. Cruveilhier a vu les *ganglions cervicaux* du grand ſympathique énormément tuméfiés, durcis & devenus fibreux, &c. &c.

7°. *Tiſſus accidentels.* Laennec a diviſé en deux ſections les tiſſus de nouvelle formation, ſavoir : ceux qui ont des analogues parmi les tiſſus naturels de l'économie animale, & ceux qui n'en ont point & qui ne peuvent ſe développer que ſous l'influence d'un travail morbifique particulier. Dans la première ſection, ſe rangent les oſſifications, les tiſſus fibreux, fibro-cartilagineux, cellulaire, ſéreux, muqueux, cutané, vaſculaire, érectile, que l'on voit ſe produire dans certaines circonſtances, dont quelques-unes ont déjà été indiquées plus haut, ainſi que les productions cornées & les poils accidentels qui ſont ſi ſouvent contenus dans certains kyſtes ſtéatomateux.

Dans la deuxième ſection, le célèbre auteur que nous venons de citer a rangé quatre productions morbides principales, dans chacune deſquelles il a conſidéré deux degrés ou deux états différens, celui de *crudité* & celui de *ramolliſſement*. Ces quatre tiſſus accidentels ſont déſignés ſous les noms ſuivans : 1°. *tubercules*, 2°. *ſquirrhe*, 3°. *encéphaloïdes*, 4°. *mélanoſes*. Cette claſſification a été vivement attaquée par les écrivains de nos jours, plus habiles en général à détruire

qu'à édifier, & juſqu'ici il n'y a rien encore de bien fixe & de bien arrêté ſur le nombre & les caractères des tiſſus accidentels de ce genre. Reſtreints par le temps & l'eſpace, nous nous bornerons à dire que les tiſſus *ſquirrheux* & *encéphaloïdes*, véritables paraſites qui ſe développent au ſein des organes pour les envahir & les dévorer, ſont en général les altérations caractériſtiques de la maladie connue ſous le nom de *cancer*; que les tubercules, produits également paraſitiques, ſont l'apanage de la maladie ſcrofuleuſe; enfin, que la mélanoſe n'eſt peut-être qu'un accident de coloration du à la matière colorante du ſang, qui peut exiſter ſeul ou ſe rencontrer avec d'autres altérations, & qui ne doit pas, ce nous ſemble, être rangé ſur la même ligne que les léſions précédentes. (*Voy.* les mots CANCER, PHTHISIE, SCROFULES, &c.)

Quant à l'étiologie de ces produits morbides, qu'ils ſoient dûs à une *ſécrétion* & qu'ils puiſſent ſe rattacher ainſi aux ſuites d'une fluxion ou d'un travail inflammatoire, ou, au contraire, qu'ils ſoient la ſuite d'une dégénération ſpéciale des tiſſus vivans dont la nature eſt encore inconnue, ce ſont là des queſtions ardues qui partageront long-temps encore ſans doute les médecins, & qu'il ne nous feroit pas permis de débattre en ce lieu. (GIBERT.)

TITANE, ſ. m. (*Chim.*) Métal découvert en 1781 par M. Grégor, dans une minéral noir que l'on avoit trouvé dans la vallée de Ménakan en Cornouailles. Ce métal, qui juſqu'à préſent n'eſt d'aucun uſage, ſi ce n'eſt pour colorer quelques émaux ou porcelaines, paroît être volatil à une haute température. (*Voyez* TITANE dans le *Dictionnaire de Chimie* de cet ouvrage.)

TITHYMALE, ſ. m. (*Bot., Mat. médic.*) (*Voyez* THITYMALE.)

TITILLATION, ſ. f. (*Phyſiol.* & *Séméiot.*) *Titillatio.* Ce mot eſt ſynonyme de chatouillement. La ſenſation qui naît à l'occaſion d'attouchemens légers & fréquemment répétés ſur des parties douées d'une grande ſenſibilité par l'abondance des houppes nerveuſes, ou ſur des organes érectiles, peut également être produite par l'imagination, par l'état des ſyſtèmes nerveux, & ſe montrer dans certains cas comme phénomène purement ſympathique; la titillation eſt donc quelquefois une ſenſation interne, & mérite comme telle l'attention du médecin. On connoît l'influence de l'imagination ſur les organes génitaux dans les rêves. Nous avons obſervé pluſieurs fois chez des individus naturellement nerveux, & qui par un régime phyſique & moral avoient exalté leurs diſpoſitions naturelles, un prurigo général leur faiſant croire que des inſectes couroient ſur la ſurface de leur corps, ou qu'on les chatouilloit avec les barbes d'une plume, fans aucune rougeur ni aucune éruption de la peau. La démangeaifon des narines qui accompagne les affections vermineufes eft encore un phénomène du même genre, & qui vient à l'appui de ce que nous avançons ici. Nous renverrons, pour plus de détails fur ce fujet, à l'article CHATOUILLEMENT. (*Voyez* ce mot.)   (L. J. RAMON.)

TODDALIE, f. f. (*Bot., Mat. méd.*) *Toddalia.* On donne ce nom à une écorce réputée fébrifuge, & employée dans les îles de Bourbon, de France & à Madagafcar, pour le traitement des fièvres intermittentes. Cette écorce provient d'une efpèce appartenant au genre *Toddalia.*

TOILE, f. f. On défigne fous ce nom diverfes efpèces de tiffus, mais plus particulièrement celui qui, étant formé avec le lin, fert à confectionner certaines parties de nos vêtemens, collectivement défignées fous le nom de *linge de corps.* (*Voyez* VÊTEMENT.)

TOILE D'ARAIGNÉE. On fait que ces infectes, pour arrêter leur proie, forment un tiffu communément appelé *toile.* On a penfé que cette fubftance pourroit être utile pour arrêter quelques hémorragies extérieures : auffi les gens du peuple en font-ils fréquemment ufage à la fuite de coupures. On l'a encore recommandée après l'emploi de la *pâte arfénicale du Frère Côme.* (*Voyez* ARAIGNÉE.)

TOILE GAUTIER ou A GAUTIER. Nom donné à une forte de fparadrap autrefois employé pour recouvrir les cautères & pour maintenir le pois dans la cavité où il eft reçu.

TOILE DE MAI. Dénomination vulgaire fervant à défigner le fparadrap dans lequel on faifoit entrer du beurre de mai, réputé préférable à celui que l'on obtient dans les autres mois de l'année. (*Voyez* SPARADRAP.)   (R. P.)

TOMATE, f. f. (*Hyg.*) *Solanum lycoperficum* L. Ce mot eft particulièrement employé pour défigner le fruit du *Solanum lycoperficum,* plante de la Pentandrie monogynie de Linné & de la famille naturelle des Solanées. (*Voyez* ce dernier mot.)

Ce *folanum,* que l'on nomme auffi *pomme d'amour,* eft originaire de l'Amérique méridionale, & eft cultivé en Europe depuis plus de deux fiècles, à caufe de fes fruits dont on fait ufage pour affaifonner les viandes, furtout en Efpagne, en Portugal, en Italie & dans le midi de la France. La tomate, appartenant à la famille des Solanées, pourroit en quelque forte participer aux

propriétés délétères qui caractérifent ce groupe de végétaux ; ce que, jufqu'à préfent, l'expérience ne paroît cependant point avoir juftifié.

TOMENTUM. (*Phyfiol.*) Expreffion latine confervée dans la langue françoife, & fervant à exprimer la difpofition villeufe de certaines parties, comme celle des membranes muqueufes, par exemple.

TOMOTOCIE ou TOMOTOXIE, f. f. (*Chir.*) *Tomotocia,* de τομη, incifion, & de τηκος, accouchement. Mot fubftitué par quelques auteurs à l'expreffion *opération céfarienne,* mais que l'on pourroit également employer pour défigner toute efpèce de fection pratiquée fur l'une quelconque des parties de la mère, pour effectuer la naiffance de l'enfant : telles font, par exemple, la gaftrotomie, la fymphyféotomie, l'incifion du col de l'utérus, &c.

TON, fubft. m. (*Pathol. & Phyfiol.*) *Tonus,* dérivé de τονος, lequel vient de τεινω, je tends. On appelle ainfi l'état de tenfion, de confiftance, de fermeté, naturel à chaque organe dans l'état normal : il eft l'effet & le réfultat de la tonicité. Le ton des organes fibrillaires & parenchymateux eft la conféquence de l'exercice libre & entier des fonctions les plus importantes, telles que la nutrition, la circulation, les fécrétions, les exhalations, tenues dans une certaine mefure incapable de produire la foibleffe & l'épuifement. (*Voyez* TONICITÉ.)   (BRICHETEAU.)

TONGRES (Eaux minérales de). Les fources minérale de cette ville, fituée à trois lieues de Maëftricht, fur la rive gauche de la Meufe, font au nombre de deux : l'une eft appelée la *fontaine de Saint-Gilles,* l'autre n'a point reçu de nom particulier. Les eaux de la première font limpides, & elles ont une odeur & une faveur ferrugineufes : qualités qui font moins prononcées dans celles de la feconde, qui font louches & fe recouvrent habituellement d'une pellicule irifée.

L'analyfe chimique a fait voir à M. Payffé qu'elles tiennent en diffolution une affez grande quantité de carbonates de fer & de foude.

Mais les eaux de Tongres font toniques & conviennent dans la foibleffe des organes digeftifs ; dans la chlorofe, la leucorrhée, &c. Comme elles font affez chargées de principes minéralifateurs, il faut n'en ufer qu'à dofe modérée.   (R. P.)

TONICITÉ, f. f. (*Phyfiol.*) *Tonicitas.* Mot employé par le prof. Chauffier, pour exprimer une forte de motilité commune à tous les folides organiques, & caractérifée par un certain degré de tenfion & de rénitence habituelles, d'où réfulte l'activité de certaines fonctions. On obferve particulièrement cette tonicité dans les tissus lamineux, aréolaire, parenchymateux, & aussi dans les réseaux capillaires, les veines, les vaisseaux lymphatiques, &c. Cette propriété se manifeste quelquefois par une contraction lente & graduée, quelquefois par une forte de resserrement ou par le gonflement & la rigidité. (*Voyez* CONTRACTILITÉ, dans le *Dictionnaire d'Anatomie* de cet ouvrage.)

TONIQUES, s. m. pl. (*Mat. méd.*, *Thér.*) *Tonici*, de τόνος, ton. On appelle *toniques*, les médicamens propres à donner ou à restituer aux organes le ton qu'ils doivent avoir pour remplir leurs fonctions, & aux fluides nourriciers, un accroissement de consistance & de vitalité. Ils sont aussi connus sous les noms de *fortifians*, de *corroborans*, de *stomachiques*, &c.: les styptiques, les astringens, ne sont que des médicamens toniques très-actifs. Lorsque ces médicamens sont administrés à haute dose, ils deviennent *stimulans*. (*Voy.* ce mot.)

Pour apprécier d'une manière convenable l'action des médicamens toniques sur les tissus vivans, il faut les étudier, ainsi que l'a établi M. Barbier (1), dans l'état naturel, dans l'état de relâchement & de foiblesse morbide, & dans l'état d'irritation & de phlegmasie. Dans le premier cas, ces médicamens communiquent aux organes un nouveau degré d'action & augmentent l'activité des fonctions qu'ils remplissent; dans le second, les changemens qu'ils déterminent dans les appareils, aptes d'ailleurs à recevoir leur médication, restaurent la tonicité affoiblie, & rendent à la contractilité fibrillaire l'énergie normale qu'elle avoit perdue. Enfin, lorsque la force des organes a dépassé sa mesure habituelle, les préparations toniques, en ajoutant encore à ce surcroît d'énergie vitale, augmentent les symptômes de l'irritation & donnent naissance à de nouveaux désordres morbides.

Ce que nous venons de dire s'applique à l'effet général & sympathique des toniques; leur action topique ou locale produit en outre, sur le lieu de l'application, un rapprochement des fibres, une diminution dans le diamètre des ouvertures qui aboutissent à la peau, un certain degré de desséchement & de constriction dans les extrémités capillaires, &c.

La connoissance de l'action physiologique des toniques conduit d'une manière sûre & directe à celle des indications qu'ils peuvent remplir dans l'économie animale lorsqu'elle est affectée de quelque maladie. L'action vitale & les contractilités organiques (sensibles & insensibles) dont elle relève se trouvent-elles en moins, les toniques sont propres à les restaurer. Sont-elles au contraire en plus, ces médicamens deviennent nuisibles en augmentant l'excès de vitalité.

On peut diviser les toniques en trois classes, suivant que ces médicamens sont tirés de l'un ou de l'autre des trois règnes de la nature. Cette division repose sur la nature intime des principes fortifians, qui se reproduisent presque constamment dans chaque individu d'un même règne.

1°. *Toniques tirés du règne végétal.* Ils sont en grand nombre; les principales familles qui les fournissent sont: les GENTIANÉES, dans lesquelles se trouvent la gentiane (*gentiana lutea*), la petite centaurée (*erythræa centaurium*), le ménianthe (*menianthes trifoliata*); les COMPOSÉES, qui nous fournissent l'aunée (*inula helenium*), le chardon béni (*centaurea benedicta*), la bardane (*arctium lappa*), la chicorée sauvage (*cichoreum intybus*), le pissenlit (*leontodon taraxacum*); les SIMAROUBÉES, dont font partie le *quassia amara* & *simarouba*; les RUBIACÉES, auxquelles se rapportent les différens *quinquinas*, la garance (*rubia tinctorum*); les AMENTACÉES, dont les genres principaux sont le saule (*salix alba*), le chêne (*quercus robur*), la noix de galle (*galla*), le houblon (*humulus lupulus*); les ROSACÉES, qui renferment les roses rouges, la benoite (*geum urbanum*), la tormentille (*tormentilla erecta*); les LÉGUMINEUSES, où l'on rencontre le cachou (*mimos catechu*), le bois de campêche (*hœmatoxylum campechianum*); les POLYGALÉES, qui comprennent la ratanhia (*krameria triandra*), le polygala (*polygala senega*), &c. &c.

Les toniques végétaux ont une saveur amère ou styptique; les principes immédiats qui y dominent sont: le *tannin*, l'acide *gallique*, de la matière extractive, & dans plusieurs de ces médicamens, une matière alcaline. Les résines & les huiles volatiles ne s'y trouvent que dans une proportion très-minime. La fécule & le mucilage s'associent souvent aux principes que nous venons d'indiquer; mais on conçoit bien que ces deux agens ne jouent aucun rôle dans la médication tonique, qui consiste surtout dans l'action du *tannin*, de l'acide *gallique* & des alkalis végétaux.

2°. Le *règne animal* ne nous offre guère qu'une substance médicamenteuse qui possède à la fois des propriétés toniques & des propriétés stimulantes; nous voulons parler de la bile de bœuf (*extractum fellis bovini*). Quoique ce médicament soit peu employé aujourd'hui, il n'en jouit pas moins d'une grande activité: il faut rapporter cette activité à la matière *résineuse*, au *picromel* & aux sels qu'il renferme. L'extrait de bile de bœuf, dont l'amertume extrême est connue, n'agit pas autrement que les substances amères du règne végétal.

3°. Les

3°. Les *toniques* proprement dits, du règne minéral, font les préparations appelées *martiales* par les anciens auteurs, & les fels alumineux. Ces préparations ont pour bafe les différens oxydes de fer au *minimum* & au *maximum* d'oxydation, les carbonates, les fulfates ou même les nitrates; il ne faut pas oublier les eaux minérales ferrugineufes, naturelles & artificielles, fi puiffantes dans la thérapeutique, comme celles de *Vichy*, de *Bourbon-l'Archambault*, de *Forges*, de *Saint-Amand*, de *Contrexeville*, de *Spa*, de *Pyrmont*, &c. Dans ces eaux minérales, le fer, l'un des principes les plus actifs, eft tenu en diffolution par l'acide carbonique.

Le fulfate acide d'alumine & de potaffe eft la feule compofition alumineufe dont on faffe ufage en médecine.

De l'action directe & fpéciale des toniques fur les différens appareils de l'organifation, dans l'état de maladie, & de leur degré d'utilité.

D'après ce que nous avons dit de l'action générale & locale des toniques, on peut préjuger leur manière d'agir fur les premières & fecondes *voies digeftives*. En contact avec la furface interne de l'eftomac, les toniques raniment les forces digeftives & affimilatrices, après avoir fait renaître l'appétit; ils augmentent auffi les fécrétions muqueufes & l'activité de la circulation & de la nutrition dans les parois languiffantes, flafques & amincies du ventricule. Le refferrement falutaire que la médication tonique détermine dans les fibres membraneufes, peut combattre avec avantage le ramolliffement commençant de la membrane muqueufe gaftrique, & rendre à cette membrane l'exercice libre de fes importantes fonctions, &c.

Il eft facile de voir que l'action des toniques fera nuifible fur la furface durcie, irritée, inflammée, hypertrophiée ou ulcérée de l'eftomac; que la digeftion, au lieu d'être activée, fera paralyfée; qu'il en réfultera des pefanteurs, un fentiment de chaleur morbide dans l'épigaftre, des vomiffemens, &c.; qu'il y aura en un mot contre-indication manifefte dans l'adminiftration de ces médicamens.

L'action des toniques fur les fecondes voies, ou *voies inteftinales*, quoique moins vive, n'en eft pas moins importante, & peut même être beaucoup plus nuifible quand elle eft contre-indiquée, parce qu'on ne peut pas la neutralifer auffi promptement que dans l'eftomac. Si, en effet, vous mettez des préparations toniques en contact avec une membrane muqueufe inteftinale rouge, phlogofée, ou couverte d'une éruption de plaques *dothinantériques*, vous ne pouvez manquer d'augmenter la douleur, la chaleur morbide, la colique, la diarrhée fanguine féreufe, inhérente à cet état. Si, au contraire, la furface inteftinale eft

amincie, fi les fibres font lâches, ramollies, enduites d'une mucofité abondante ou de matières fécales, qu'elle eft dans l'impoffibilité d'expulfer; fi, par conféquent, la circulation, la fécrétion & furtout la chylification y languiffent, c'eft dans de telles circonftances qu'il convient d'adminiftrer les toniques, qui remontent l'énergie de cette partie des voies digeftives & les ramènent à l'état normal. Ce que nous difons ici de l'atonie & de l'atrophie idiopathique de l'inteftin, s'applique à ces mêmes léfions, lorfqu'elles ne font que fymptomatiques de l'état afthénique des autres vifcères; telles font: les maladies organiques du foie, qui entraînent une débilité profonde du tube digeftif; une conftipation des plus opiniâtres.

Il exifte plufieurs affections dites nerveufes de l'eftomac & des inteftins, dans lefquelles les toniques apportent un notable foulagement; de ce nombre font: les gaftralgies, les entéralgies, le pyrofis, certaines coliques faturnines & autres. Mais il importe, avant d'adminiftrer ces médicamens, de bien examiner fi les léfions qu'on fe propofe de combattre ne font pas fymptomatiques d'un état de phlegmafie. Il eft bien préfumable qu'il y a pareillement des ulcérations inteftinales auxquelles on peut auffi oppofer avec avantage des préparations toniques & ftimulantes, afin de changer leur mode de fuppuration & de hâter leur cicatrifation; mais comment difcerner ces cas de ceux qui nous offrent des ulcérations rouges, douloureufes, fufceptibles d'être exafpérées par les amers les moins actifs? Les organes abdominaux fur lefquels fe réfléchit avec le plus d'efficacité l'action médicamenteufe, exercée par les toniques qu'on adminiftre à l'intérieur, font le foie, le pancréas & la rate, qui fe trouvent d'ailleurs contigus aux voies alimentaires. Perfonne n'ignore combien les extraits amers, les purgatifs toniques, les eaux minérales ferrugineufes font efficaces dans les affections chroniques du foie, dépourvues de cette extrême irritabilité qui repouffe l'ufage de la moindre ftimulation. Des auteurs ont prétendu que l'emploi long-temps continué des amers pouvoit même prévenir la transformation graiffeufe de ce vifcère, ou la diffiper lorfqu'elle exifte.

S'il eft jufte de convenir que depuis dix ans l'étude plus approfondie des irritations & des phlegmafies des voies digeftives a fait profcrire avec jufte raifon l'emploi des toniques, d'une multitude de cas, & particulièrement de ceux connus fous le nom de *fièvres effentielles*; il n'eft pas moins néceffaire de protefter contre l'exclufion de ces médicamens dans d'autres maladies qui ont le même fiége: exclufion que des hommes, remarquables d'ailleurs, fe font plus à profeffer comme un point de doctrine. Les jeunes praticiens doivent fe tenir en garde contre une opinion qui n'eft elle-même qu'une erreur, quoiqu'elle ait été le contre-pied d'une autre.

Les *toniques* agissent indirectement sur le *système circulatoire*, de deux manières : premièrement par la sympathie des nerfs gastriques qui communiquent avec ceux du cœur, secondement par l'introduction des molécules médicamenteuses dans le sang : communément, après l'administration prolongée des ces substances, le cœur bat avec plus de vitesse, le pouls est plus dur & plus précipité, & l'impulsion du sang est manifestement plus forte vers les organes qui le reçoivent en grande quantité, comme le cerveau, le poumon, la peau, &c. Cet effet d'ailleurs est peu sensible quand on administre ces médicamens à petite dose ; ce n'est qu'au bout d'un temps plus ou moins long que l'effet en devient apparent : les toniques diffèrent en cela des stimulans, qui accroissent promptement l'action du cœur & celle des systèmes capillaires. De ce que nous venons de dire, il est facile de conclure : 1°. que la médication tonique conviendra dans les cas où les parois du cœur seront dilatées, languissantes, amincies ; que le pouls sera foible, la circulation capillaire stagnante, &c. 2°. Qu'elle sera contre-indiquée, au contraire, quand il y aura fréquence extrême & dureté du pouls, que les pulsations du cœur seront plus fortes qu'à l'ordinaire ; qu'on observera des signes d'hypertrophie. Relativement à cet état d'hypertrophie, M. Barbier prétend que lorsqu'elle existe du côté gauche du cœur, l'usage des toniques cause des étourdissemens, des éblouissemens & autres symptômes de congestion cérébrale ; si elle réside au contraire du côté droit, la même médication produit de la toux, de l'oppression, une expectoration sanguine. Les auteurs ont bien établi que l'action des toniques pouvoit raffermir, fortifier le tissu du cœur dilaté, aminci, atrophié, en activant la nutrition & la circulation locale ; mais un problème qu'il n'ont point résolu, est celui de savoir jusqu'à quel point cette action médicamenteuse peut produire le résultat désiré, sans accélérer la circulation, dont l'effet immédiat est de continuer, de dilater & d'affoiblir les cavités cardiaques.

C'est absolument par les mêmes voies de circulation & de sympathie que l'*appareil respiratoire* reçoit, de la médication tonique, un accroissement de tonicité & d'énergie. Il convient d'observer, en outre, que l'augmentation seule du cours du sang entraîne une activité plus grande ; que le rhythme des inspirations est presque toujours en raison de celui du pouls. D'après cela, qui ne comprendra l'influence que doivent exercer sur des poumons irrités ou phlogosés, la présence d'un sang chargé de principes médicamenteux fortifians, ou l'impression nerveuse & sympathique que les nerfs pulmonaires reçoivent des mêmes principes ! On fait d'ailleurs que l'appareil respiratoire est un de ceux sur lesquels l'action indirecte des médicamens introduits dans l'estomac est plus prompte

& plus efficace, & que c'est sur cette aptitude des organes, pour les médications internes, que repose la théorie des divers médicamens expectorans qui ont pour base des toniques ou des stimulans.

Les *appareils nerveux* & *musculaire*, qui non-seulement ont leurs maladies propres, mais qui participent d'une manière remarquable à celles des autres appareils, subissent l'influence de la médication tonique ; on le reconnoît, dans la plupart des maladies aiguës, à l'accroissement d'irritabilité de l'un de ces appareils, & à celui des mouvemens spasmodiques ou irréguliers de l'autre. Très-souvent nuisibles dans les affections de ces deux systèmes, les toniques ne sont réputés avantageux que dans des cas mal déterminés. Bien entendu qu'il ne s'agit pas ici des antispasmodiques & des antipériodiques, si efficaces dans les lésions du système nerveux, & que des auteurs ont aussi qualifiés de toniques.

L'action des toniques sur les *sécrétions* & les *exhalations* est démontrée à l'avance par ce que nous venons de dire ; nous ajouterons qu'on a constaté plusieurs fois la présence du principe amer, du tannin, du fer, dans la matière des sécrétions ; notamment dans le lait, les urines, la sueur ; qu'il y a des médications toniques qui excitent la sécrétion de la bile, celle de la salive, des urines, &c. ; qu'il en existe qui, sans aucun doute, stimulent l'excrétion des bronches & facilitent l'expectoration, activent les fonctions du système lymphatique, &c. Quant à l'influence de la médication tonique sur la nutrition, elle est démontrée *à priori* par celle qu'elle exerce sur le *sang*. Lorsqu'on continue pendant long-temps, dit M. Barbier, l'usage des toniques, ce fluide devient plus abondant dans les vaisseaux qui le contiennent ; il acquiert en même temps une complexion plus riche, & les toniques ont une influence réelle sur sa consistance. Des expériences faites à Lyon sur des chevaux & des chiens, auxquels on faisoit prendre de très-grandes quantités d'écorce de chêne, ont appris que cette substance rendoit le sang veineux plus rouge & plus consistant. Le quinquina rouge a la même action sur la consistance & la couleur de ce fluide ; des animaux, après en avoir avalé pendant un certain temps de fortes doses, ont offert un sang plus dense & plus disposé à se coaguler. Les toniques, continue le même auteur, animent la force assimilatrice dans le tissu des organes, ils rendent ces derniers plus forts par une meilleure réparation du matériel. L'activité que l'assimilation reçoit de l'usage des toniques est surtout sensible sur les individus dont les organes sont détériorés, affoiblis & atrophiés ; donnés à petite dose au moment du repas, ils accélèrent la digestion, exercent une influence salutaire sur la nutrition générale. (Ouvrage cité.)

Toutefois, pour que ces conditions se trouvent heureusement remplies, il faut que les organes gastriques soient aptes à recevoir la médication tonique, qu'ils soient exempts de toute irritation, &c.; sans ces conditions, en effet, l'administration des toniques, au lieu d'augmenter l'assimilation, produit de la maigreur, de l'accélération dans le pouls, une chaleur morbide, du dévoiement, &c.: en un mot, les réflexions que nous avons déjà faites relativement aux modifications que les toniques apportent dans les fonctions & les états pathologiques des appareils spéciaux, sont entièrement applicables aux appareils généraux des sécrétions & de la nutrition, & sans doute aussi au vaste système des absorbans internes & cutanés; car tous les appareils, ainsi que les fonctions dont ils sont chargés dans l'état normal comme dans l'état de maladie, agissent de concert & tendent au même but.

L'administration des toniques est soumise à un grand nombre de règles qui se déduisent & de la nature de la maladie & de celle du principe immédiat qui prédomine dans ces substances: ces règles devant être exposées dans la thérapeutique de chacune des maladies auxquelles la médication tonique est appropriée, nous devons nous borner ici à quelques vues très-générales.

Les toniques doués d'une simple amertume, comme les *chicoracées*, les *quassies*, les diverses espèces de *germandrée*, les *lichens*, les *gentianées*, &c., conviennent dans certaines atonies gastriques ou autres, qui succèdent souvent aux phlegmasies. On ne pourroit pas remplir les mêmes indications avec les toniques qui contiennent du *tannin* & de l'acide *gallique*: ceux-ci sont appropriés aux cas de débilités plus directes & plus profondes, à ceux où les tissus sont relâchés, amincis & oligotrophiés, comme le dit M. Barbier; de ce nombre sont le *cachou*, la *noix de galle*, la *ratanhia*, le *kino*, &c.; enfin, les cas les plus graves d'adynamies ou d'athénies générales ou locales, continues ou périodiques, réclament l'usage des toniques les plus énergiques, dans lesquels se rencontrent les principes alkaloïdes végétaux récemment découverts, ou autres encore peu connus; tels sont : la quinine, la cinchonine, la strychnine, la brucine, la lupuline, le gentianin, &c.

Il y a un petit nombre de cas, encore très-mal déterminés, où l'application de ces principes est en défaut; nous voulons parler de ceux où, faisant usage des méthodes perturbatrices ou contre-stimulantes, on oppose une excitation artificielle à une excitation morbide, une médication tonique aux organes chez lesquels le ton est en excès. Une telle thérapeutique, employée sans doute dans la vue de changer le mode d'irritation qui existe, fait partie du domaine de l'*empirisme*, heureux dans quelques cas que l'on vante avec affectation, & malheureux dans une foule d'autres qu'on se garde bien de publier.

Il y a beaucoup de maladies qui peuvent être difficilement comprises dans les trois divisions dont nous venons de parler, & dans lesquelles on emploie avec succès les toniques à divers degrés; telles sont : les fièvres intermittentes, beaucoup d'affections nerveuses chroniques, certaines lésions du système lymphatique (les scrofules, la syphilis), &c.

Les toniques sont susceptibles d'être associés à plusieurs autres classes de médicamens, soit pour en augmenter l'activité & les rendre stimulans, soit pour modifier ou atténuer leur action sur des organes susceptibles ou atteints d'affections compliquées, soit enfin pour calmer des douleurs ou des spasmes qui s'allient souvent à des affections asthéniques proprement dites. C'est ainsi que l'on combine les acides minéraux, la cannelle, la cascarille, le cachou, avec le quinquina; qu'on ajoute des gommeux, des mucilagineux, des sédatifs à diverses préparations toniques, & qu'on réussit, à l'aide de narcotiques & d'antispasmodiques, à faire passer dans les voies digestives des médications toniques que l'estomac repousse.

(BRICHETEAU.)

TONISME, s. m. (*Pathol.*) Expression que le prof. Baumes a proposé de substituer au mot *tétanos*.

TONKA ou TONKA (Fève de). (*Bot., Mat. médic.*) On nomme ainsi le fruit d'un arbre qui croît particulièrement dans les forêts de la Guiane, appartient à la Diadelphie décandrie de Linné & fait partie de la famille naturelle des Légumineuses. Cet arbre a été nommé par Gœrtner & Persoon *bariosma tongo*, *dipterix odorata* par Willdenow, & *coumaruna odorata* par Aublet. (*Voyez*, pour les détails, la partie botanique de cet ouvrage.)

La fève tonka, nommée *coumarou* par les indigènes de Cayenne, est renfermée dans une gousse épaisse, jaunâtre, charnue, filandreuse, contenant une seule semence ovale, oblongue & d'une odeur aromatique. Dans le pays on s'en sert non-seulement pour faire des colliers, mais encore pour préserver les vêtemens des insectes. On l'emploie en Europe pour aromatiser le tabac.

Cette amande, longue d'un pouce à peu près, est recouverte d'une pellicule noirâtre qui se ride en se desséchant. Analysée par MM. Boullay & Boutron-Charlard, la fève tonka a fourni :

1°. Une matière sucrée fermentescible;
2°. De l'acide malique;
3°. Du malate acide de chaux;
4°. De la gomme;
5°. Une matière grasse saponifiable, formée d'élaïne & de stéarine;
6°. Une matière cristallisable particulière, nommée par les chimistes modernes *coumarin*;

7°. De la fécule amylacée;

8°. Un fel à bafe d'ammoniaque;

9°. De la fibre végétale.

Le bois du *coumarouna odorata* eft regardé à Cayenne comme un puiffant fudorifique, & comme tel, il eft fubftitné au gayac par les naturels, qui lui en donnent même fréquemment le nom.

TONNERRE, f. m. (*Phyf. méd.*) *Tonitru.* La plûpart des orages font accompagnés de phénomènes électriques que l'on défigne ordinairement fous les noms de *foudre* & de *tonnerre.* A la rigueur, le premier de ces deux mots devroit s'appliquer à la matière électrique en mouvement, & le fecond au bruit qui en accompagne les explofions; mais l'ufage ayant prévalu, on emploie volontiers dans le même fens l'une ou l'autre expreffion.

Déjà, dans deux articles de ce Dictionnaire (ATMOSPHÈRE, tom. III, pag. 393, & ÉLECTRICITÉ, tom. V, pag. 702), il a été queftion des lois auxquelles obéit l'électricité, & des effets qu'elle produit fur l'économie animale. On ne doit donc rappeler ici que l'influence qu'exerce le tonnerre fur les perfonnes d'une conftitution délicate & nerveufe, ou fur celles qui font affoiblies par les maladies. Cette fufceptibilité de certains individus ne doit pas furprendre, puifqu'il eft un grand nombre de végétaux & d'animaux chez lefquels cet agent produit une action manifefte; au furplus, on conçoit que le plus ordinairement ces impreffions doivent être de péu de durée, la caufe qui les détermine étant elle-même très-limitée. Cependant il arrive fréquemment que l'effet fubfifte encore lorfque celle-ci a difparu.

Les perfonnes nerveufes font généralement tourmentées à l'approche des orages; chez quelquesunes, il fe manifefte un malaife général, de la céphalalgie, des migraines & fort fouvent un fentiment d'oppreffion, ce qui a fréquemment lieu auffi chez celles qui font atteintes d'affections de poitrine; les rhumatifans fentent affez habituellement leurs douleurs redoubler; les individus auxquels on a pratiqué des amputations éprouvent une fenfation pénible dans le lieu de la cicatrice; enfin, il feroit difficile d'énumérer les accidens variés auxquels font alors expofées les femmes byftériques, les épileptiques & les maniaques. D'ailleurs, indépendamment des effets phyfiques que produit l'électricité de l'atmofphère, la frayeur qu'un violent orage fait éprouver aux perfonnes pufillanimes, peut avoir, dans certaines circonftances, des réfultats funeftes. En tout état de chofes, les antifpafmodiques paroiffent être les moyens les plus propres à calmer les accidens que provoquent cette caufe excitante. Abftraction faites des idées ridicules que l'on s'eft plu à répandre fur les effets qu'éprouvent les perfonnes frappées de la foudre, l'expérience démontre que beaucoup ont été tuées ou fortement maltraitées par ce météore; dans le premier cas, leur mort paroît être une forte d'afphyxie produite par la deftruction inftantanée de toute influence nerveufe: c'eft au moins l'explication qui découle le plus naturellement des obfervations faites chez les hommes qui, après avoir été foudroyés, ont pu être rappelés à la vie. Quelquefois une paralyfie a été la conféquence d'un coup de foudre, & par une fingularité remarquable, on cité quelques exemples de guérifons de cette maladies, dues à l'influence de l'agent qui fouvent l'avoit déterminée. Dans certaines circonftances, le tonnerre, en gliffant feulement à la furface du corps, brûle plus ou moins profondément la peau; mais un fait certain, c'eft que les perfonnes qui ont éprouvé l'un ou l'autre de ces accidens, deviennent d'une fufceptibilité exceffive, même à l'égard de l'électricité artificielle.

(THILLAYE aîné.)

TONSILLAIRE, fub. & adj. (*Anat. Pathol.*) *Tonfillaris,* de *tonfillæ,* tonfilles, amygdales, qui à rapport aux amygdales. L'*angine tonfillaire,* ou mal de gorge, eft une des maladies les plus fréquentes de l'enfance, & qui de temps en temps fe montre fous une forme gangréneufe; elle eft, dans ce cas, le plus ordinairement épidémique & très-meurtrière. Le mal de gorge, gangréneux ou non, eft fouvent contagieux; & il eft digne de remarque que les affections inflammatoires des membranes muqueufes fe communiquent avec affez de facilité, comme on le voit pour l'ophthalmie, par la feule habitation des lieux dans lefquels plufieurs malades font réunis. (*Voyez* ANGINE.)

Artères tonfillaires. Plufieurs branches artérielles, fournies par les artères linguales, palatines & maxillaires internes, fe diftribuant aux amygdales, portent le nom d'*artères tonfillaires,* ainfi que plufieurs filets nerveux provenant du lingual & du gloffo-pharyngien qui s'y diftribuent également. (*Voyez* ARTÈRE FACIALE & GLOSSO-PHARYNGIEN dans le *Dictionnaire d'Anatomie* de cet ouvrage.)

(NICOLAS.)

TONSILLE, f. f. (*Anat.*) *Tonfilla.* Nom de deux glandes qui occupent l'intervalle des piliers du voile du palais. A raifon de leur forme, que l'on a comparée à celle d'une amande, on les a auffi nommées *amygdales.* Elles font compofées de plufieurs lobes diftincts, & dont l'intérieur préfente des cellules communiquant les unes avec les autres, & contenant un liquide vifqueux, demi-tranfparent & albumineux; au fond de ces cellules on remarque l'orifice des cryptes qui forment la plus grande partie des amygdales. Ces glandes font recouvertes de la membrane muqueufe qui tapiffe l'intérieur de la bouche.

Ces organes sont sujets à de nombreuses maladies, souvent ils s'enflamment, & il se forme dans leur intérieur des abcès : quelquefois aussi dans les affections vénériennes, ou par suite d'un traitement mercuriel, les amygdales éprouvent des ulcérations plus ou moins considérables. Enfin, il est des circonstances où l'on est obligé de pratiquer sur ces parties plusieurs opérations chirurgicales, telles que la ponction, l'incision, la cautérisation & l'extraction de certaines concrétions qui se développent quelquefois dans leur intérieur. (*Voyez* Amygdales & Tonsille dans les *Dictionnaires d'Anatomie & de Chirurgie* de cet ouvrage.)

TONSILLITE, s. f. (*Pathol.*) *Tonsillitis*, de *tonsilla*, tonsille. Mot récemment introduit dans le vocabulaire médical pour indiquer l'inflammation des tonsilles.

TOPHACÉ, ée, adject (*Pathol.*), dérivé de *tophus*. Expression servant à caractériser certaines concrétions qui, dans les affections goutteuses, se développent autour des articulations. (*Voyez* Tophus.) (R. P.)

TOPHUS, s. m. (*Path.*) *Tophus*, tuf pierreux. On donne ce nom à des concrétions d'apparence crayeuse, qui se développent tantôt dans les parties fibreuses environnant les articulations, tantôt dans des kystes ou dans le parenchyme de certains organes. Ces productions, qui s'observent fréquemment chez les goutteux & sont formées en grande partie d'urate de soude, surviennent également dans les scrofules; nous en avons trouvé plusieurs fois, & en assez grand nombre, chez de jeunes enfans qui avoient succombé soit au carreau, soit à la phthisie tuberculeuse. (*Voyez* Goutte, Productions organiques & Scrofules.)

(L. J. Ramon.)

TOPINAMBOUR, s. m. (*Hyg.*) *Helianthus tuberosus*. Plante de la Syngénésie polygamie frustranée de Linné, & de la famille naturelle des Corymbifères. Elle est originaire du Brésil & du Canada; on la cultive en Europe à cause de ses racines tubéreuses, qui sont alimentaires, & contiennent un mucilage peu visqueux & susceptible de se dissoudre avec facilité. La saveur du topinambour a de l'analogie avec celle de l'artichaut; aussi lui donne-t-on quelquefois le nom d'*artichaut du Canada*, ou *taratouf*.

(R. P.)

TOPIQUE, adj. & s. m. (*Mat. médic.*) *Topicus*, de τοπος, *locus*. On définit avec raison les topiques des médicamens extérieurs, mais il est très-difficile de circonscrire exactement les agens thérapeutiques qui doivent porter ce nom; la signification de ce mot est même si peu précise que beaucoup d'auteurs de matière médicale l'ont omis dans leurs ouvrages; aussi les nomenclatures présentées par les pharmacologistes offrent-elles une grande variété. En nous rapprochant autant que possible de l'étymologie du mot *topiques*, nous comprenons sous cette dénomination les médicamens qu'on applique sur une partie peu étendue de la surface extérieure du corps, ou sur le commencement des membranes muqueuses; nous en excluons les bandages & appareils chirurgicaux, qu'on y fait entrer quand on donne au mot *topiques* une grande extension.

Les topiques peuvent être gazeux, liquides, mous ou solides. Ils ont reçu différens noms suivant leur consistance, & surtout suivant les parties qui les reçoivent : il seroit trop long de les énumérer ici.

Parmi ces topiques, les uns ont une action purement locale, les autres une action sympathique, d'autres enfin une action générale dépendant de l'absorption de quelqu'une de leurs parties solubles. Le même topique peut agir de plusieurs manières à la fois; nous ne pouvons entrer dans aucun détail sur chacun d'eux, nous dirons seulement que les Anciens faisoient des topiques un usage bien plus fréquent que les Modernes, non-seulement dans les maladies externes, mais encore dans celles qui attaquent les viscères intérieurs. Mais ils avoient posé en principe, que leur emploi n'étoit salutaire & exempt de danger qu'après avoir suffisamment pourvu aux indications générales : ces règles, dictées par la plus saine raison & appuyées sur l'expérience, avoient surtout rapport aux topiques astringens, résolutifs ou irritans, & ont été trop souvent négligées par les praticiens qui leur ont succédé.

L'absorption des médicamens externes par les pores cutanés, qui n'avoit pas échappé aux médecins de l'antiquité, quoiqu'ils ignorassent les voies par lesquelles elle se fait, a, depuis la découverte des vaisseaux lymphatiques, reçu des applications nombreuses & fourni à la médecine curative des ressources précieuses; & la méthode iatraleptique est une preuve frappante de l'heureuse influence de l'anatomie sur le traitement des maladies. Cependant un inconvénient majeur de cette méthode, & qui empêchera toujours qu'elle ne soit universellement adoptée, surtout dans la cure des maladies aiguës, c'est l'inconstance de la force absorbante de la peau. On a, dans ces derniers temps, cherché à faire disparoître ce vice de l'application topique des médicamens destinés à opérer une action générale, en les déposant sur le tissu cutané dépouillé de son épiderme; cette méthode, qu'on a appelée *endermique*, est plus prompte & plus sûre que la précédente, & offre même, dans beaucoup de circonstances, des avantages incontestables, immenses, sur l'administration intérieure des substances médicamenteuses.

(Emeric Smith.)

TOPOGRAPHIE MÉDICALE, f. f. (*Hygiène publique.*) Le climat & tous les effets qui en font la conséquence médiate ou immédiate, doivent être rangés parmi les causes physiques dont l'influence eſt le plus fusceptible de modifier la nature de l'homme. Cette vérité eſt trop évidente pour avoir échappé aux Anciens, & l'immortel Traité *de Aere, Locis & Aquis*, montre combien Hippocrate y attachoit d'importance. Ce chef-d'œuvre des temps les plus reculés ne feroit pour notre époque qu'un aperçu très-ingénieux, mais cependant inſuffiſant. En effet, l'état actuel de la civiliſation, les réſultats d'une longue obſervation, & furtout les progrès des ſciences phyſiques, ont, ſinon complétement changé, du moins modifié le point de vue ſous lequel il faut de nos jours envi-ſager les *topographies*, ou, pour parler plus exactement, les *ſtatiſtiques médicales*.

Les conſidérations relatives à la ſituation aſtro-nomique des lieux; ce qui a rapport à la nature & à la forme du ſol, aux productions végétales ſpontanées ou artificielles dont il eſt la ſource; enfin, tout ce qui intéreſſe les modifications at-moſphériques habituelles ou accidentelles d'une contrée, ne doivent plus ſe borner à une ſimple deſcription ou à une indication ſommaire, il faut aujourd'hui des notions préciſes & des réſultats numériques inconteſtables. Ces premières données & quelques renſeignemens hiſtoriques fourniſſent une explication plauſible des mœurs des habitans, de leur naturel, & dès-lors procurent aux méde-cins quelques indices probables ſur leur conſtitu-tion la plus générale.

Si l'on joint à ces divers élémens l'enſemble des détails qu'une ſage adminiſtration peut fournir ſur l'étendue, la nature & les mouvemens de la population, ſur le nombre, la diſpoſition & les reſſources des hôpitaux, ſur la fréquence des épidémies, ſur les maladies endémiques & ſur celles qui, ſans avoir le même caractère, ſe font néanmoins remarquer aſſez habituellement, on aura comme *ſtatiſtique médicale*, un travail qui deviendra complet, quand on y aura joint, comme corollaires indiſpenſables, l'expoſé des différens moyens que peuvent fournir les ſciences phyſiques & morales, pour corriger les diſpoſitions délé-tères des localités & l'influence des habitudes nuiſibles ou des inſtitutions vicieuſes.

Ce plan renferme tout ce qui intéreſſe la ſtatiſ-tique médicale priſe dans ſon acception la plus étendue, &, en jetant les yeux ſur les articles AFRIQUE, EUROPE & LOIS TOPOGRAPHIQUES de cet ouvrage, on pourra ſe convaincre des avantages qu'il y auroit à le réaliſer pour des contrées très-limitées, ainſi qu'on l'a déjà fait pour de vaſtes régions. (TRILLAYE aîné.)

TOQUE, f. f. (*Bot., Mat. méd.*) *Scutellaria.* Genre de plantes de la Didynamie gymnoſpermie

de Linné & de la famille des Labiées. (*Voyez* SCUTELLAIRE dans ce Dictionnaire & dans celui de *Botanique.*)

TORDYLE, f. m. (*Bot., Mat. méd.*) *Tordy-lium.*) Genre de la Pentandrie digynie de Linné & de la famille des Ombellifères. L'une des eſpèces de ce genre, le *tordylium officinale*, vulgairement *feſeli de Crète*, a autrefois été employée en médecine; aujourd'hui, l'uſage de cette plante eſt complétement abandonné. (*Voyez*, pour ſa deſcription, la partie botanique de cet ouvrage.) (R. P.)

TORMENTILLE. (*Mat. médic. végét.*) Plante de la famille des Roſacées, de la ſection des Po-tentilles, appelée par Linné *Tormentilla erecta.* Elle croît communément dans nos bois, aux en-droits découverts, le long des pierres, &c. (*Voyez* ſa deſcription dans la partie botanique de l'Ency-clopédie.)

La racine de tormentille eſt rougeâtre, groſſe comme le doigt, vivace, chevelue, preſqu'ino-doré, de ſaveur un peu ſtyptique; ſon infuſion eſt rouge, & ſa décoction ſe trouble par la ſuſpenſion d'un peu de réſine. On prétend que ſon eau diſ-tillée ſent la roſe.

La réputation d'aſtringence de la tormentille eſt fort ancienne & preſque populaire. On s'en ſert en décoction pour raffermir les gencives; dans les ma-ladies par faibleſſe ou laxité des tiſſus, dans les flux atoniques, tels que la chloroſe, le ſcorbut, la diarrhée, les hémorragies paſſives, &c. En Belgique, les cultivateurs l'emploient pour com-battre l'hématurie qu'éprouvent les troupeaux de certains cantons aquatiques, &c. On s'eſt ſervi de la tormentille contre ſes fièvres intermittentes avec ſuccès, dit-on; on pourroit l'utiliſer ſous ce rapport dans les campagnes où les autres fébri-fuges manquent parfois. On la donne auſſi à la fin de la dyſenterie, &c.

La doſe de cette racine eſt depuis deux gros juſqu'à une demi-once en décoction, & de moitié environ en nature, & en poudre. La tormentille entre dans le *diaſcordium*, la *confection d'hya-cinthe*, &c., & ſon extrait, dans la *thériaque céleſte.*

Parmi les propriétés économiques de la tor-mentille, on diſtingue celle de faire de l'encre & de teindre en rouge. Dans le Nord, on l'emploie au tannage des cuirs, & l'on aſſure qu'elle a ſept fois plus de force que le tan. Pallas dit qu'en Sibérie ſa racine remplace le thé.

M. Meiſner, qui a analyſé la racine de tormen-tille, y a trouvé de la myricine, de la cérine, de la réſine, une matière colorante rouge, de la gomme, du tannin en petite quantité, de l'ex-tractif, de l'huile volatile, du ligneux.

(MÉRAT.)

TORPEUR, f. f. A l'approche de l'hiver & lorfque le froid a commencé a fe faire fentir, quelques animaux, tels que les marmottes, les loirs, les ferpens, & en général tous les animaux que l'on nomme hibernans, tombent dans une forte d'engourdiffement que l'on a nommé *torpeur*, & dont ils ne fortent qu'à l'époque où l'influence d'une douce température fe fait reffentir. Durant cette efpèce de léthargie, toutes les fonctions vitales font fingulièrement affoiblies, & il paroît que c'eft aux dépens de la graiffe de l'animal que s'opère la nutrition. (*Voyez* HIVERNANS (Animaux hivernans) dans le *Dictionnaire d'Hiftoire naturelle* de cet ouvrage.)

TORPILLE, f. f. (*Ichthyol.*) *Torpedo.* Parmi les fingularités que préfente la difpofition organique de certains animaux, celle qui diftingue la torpille & quelques autres poiffons réputés électriques, eft, fans contredit, l'une des plus remarquables & une de celles qui ont dû être le plus tôt connues. Ce poiffon, rangé par Linné dans le genre des raies, y porte le nom de *raja torpedo*. Depuis, M. le profeffeur Duméril en a fait, fous la dénomination de *torpedo*, un genre particulier qui fait partie de la famille des Plagioftomes. Quatre efpèces de ce genre ont long-temps été confondues, parce que, non-feulement elles jouiffent de la même propriété, mais encore fe rencontrent les unes & les autres dans la mer Méditerranée & paroiffent avoir été connues d'Ariftote. C'eft dans le *Dictionnaire d'Hiftoire naturelle* de cet ouvrage, qu'il faut lire la defcription de ces diverfes efpèces & celle de leurs mœurs. Il ne doit être ici queftion que de la faculté que poffèdent les torpilles, de faire éprouver de violentes commotions aux animaux dont elles veulent faire leur proie, ou à ceux contre lefquels elles font obligées de fe défendre. Des recherches faites avec foin paroiffent prouver que l'électricité eft l'agent au moyen duquel ces poiffons produifent cet effet furprenant.

Redi, le premier, fit quelques tentatives pour conftater la nature de ces fortes d'actions; mais les connoiffances en électricité étoient à cette époque trop peu avancées pour qu'il lui fût poffible d'entrevoir ce que Walsh découvrit en 1772 (1). En effet, il prouva que les commotions fournies par la torpille fe tranfmettent aifément à travers les corps bons conducteurs de l'électricité, & font au contraire arrêtées par ceux qui ne jouiffent pas de cette propriété. Quelques phyficiens prétendent même avoir aperçu une étincelle, en forçant la commotion donnée par un poiffon électrique à fuivre une lame d'étain légèrement interrompue. Cependant MM. Gay-

Luffac & Humboldt ont conftaté que la torpille n'exerce aucune influence fur l'électromètre le plus fenfible : circonftance remarquable & qui porteroit prefqu'à croire que l'électricité n'eft point la caufe de ces fortes d'effets.

Quoi qu'il en foit, le pouvoir de la torpille réfide évidemment dans un appareil particulier auquel on a donné le nom de *batterie* ou *d'organe électrique.* Cet organe confifte en un grand nombre de tubes aponévrotiques rangés parallèlement autour des branchies. Ces tubes, dont la forme eft hexagonale & quelquefois pentagonale, font intérieurement féparés par des cloifons aponévrotiques formant des cellules remplies d'une fubftances gélatino-albumineufe, dont on a comparé l'ufage à celui que remplit dans la pile voltaïque l'intermédiaire humide fervant à féparer les élémens métalliques.

Il n'étoit guère poffible que la fenfation douloureufe que fait communément éprouver le contact de la torpille ne lui fît point attribuer, comme fubftance médicamenteufe, des propriétés non moins fingulières. Auffi y a-t-il beaucoup d'exagération dans tout ce que l'on a dit à cet égard, foit lorfqu'on en a recommandé l'ufage comme aliment dans certaines maladies, telles que l'hydropifie ou les affections du foie, foit lorfque l'on s'eft borné à en faire des applications comme moyen propre à guérir les céphalées chroniques, les rhumatifmes ou la goutte. Ici il eft à remarquer que fouvent, en pareil cas, on recommandoit d'employer l'animal vivant; & c'eft effectivement encore ce que font de nos jours les Abyffins, qui, pour guérir un malade de la fièvre, l'attachent fur une table & placent fucceffivement fur tous fes membres une torpille vivante, dont les commotions, fréquemment répétées, lui font éprouver une douleur très-vive. Enfin, la chair de ce poiffon a auffi fait partie de quelques préparations pharmaceutiques.

Les Anciens regardoient la torpille comme un bon aliment; aujourd'hui, elle eft en général fort peu recherchée, bien qu'on la rencontre encore fréquemment dans les marchés d'Italie.

(R. P.)

TORRÉFACTION, f. f. (*Pharm.*) *Torrefactio.* Opération qui confifte à faire *griller* ou *rôtir* des matières folides végétales ou animales. Ce commencement de combuftion altère leur nature & donne naiffance à des produits qui n'exiftoient point primitivement. Ainfi, la torréfaction du café développe un principe aromatique huileux & produit du tannin; &, comme l'a obfervé M. Bouillon de la Grange, en torréfiant de l'amidon, on le rapproche de l'état de gomme. Le cacao, employé à la fabrication du chocolat, eft auffi préalablement torréfié. Tout le monde connoît les procédés vulgairement employés pour

_____

(1) *Voyez* le 63e. volume des *Tranfactions philofophiques*, pag. 461 & fuivantes.

ces fortes de préparations, pour ainsi dire do-mestiques. (R. P.)

TORRIDE, adj. (Zone torride.) (*Hyg.*) *Torridus.* Les pays fitués entre les deux tropiques étant expofés à l'influence directe des rayons du foleil, ont habituellement une température très-élevée, auffi les Anciens croyoient-ils ces contrées inhabitables; cependant, l'obfervation a fait voir que la chaleur n'y eft point en général auffi confidérable qu'on feroit tenté de le croire : ce qui très-probablement eft dû à l'égale durée des jours & des nuits, en forte qu'en l'abfence du foleil, la terre peut, par le rayonnement, perdre la chaleur qu'elle avoit reçue, lorfque cet aftre étoit au-deffus de l'horizon.

La zone torride, formant une grande partie de la furface du globe & étant fréquentée par les Européens, a dû, fous le rapport médical, être l'objet de nombreufes obfervations. On peut, à cet égard, confulter l'article AFRIQUE, dans lequel on a longuement expofé les effets réfultant des influences combinées de la chaleur & de l'humidité : ce font effectivement ces deux caufes qui paroiffent être la fource la plus immédiate des maladies qui, dans les pays chauds, attaquent quelquefois les hommes acclimatés, mais plus particulièrement ceux qui y font nouvellement arrivés. (THILLAYE aîné.)

TORS, adject. (*Anat.*) *Contortus.* Ce mot eft employé par les anatomiftes pour indiquer la difpofition de certaines parties, & diffère de l'expreffion *courbe* en ce que celle-ci indique que les deux extrémités ont été fimultanément rapprochées de manière à ce que la diftance qui les féparoit eft devenue moindre qu'elle ne l'étoit primitivement; tandis que dans la torfion, au contraire, ces deux extrémités ont obéi à un mouvement de rotation qui les a portées l'une à droite & l'autre à gauche. Ainfi, le fémur eft légèrement *courbé* & préfente antérieurement une convexité, tandis que l'humérus eft *tordu*.

TORTELLE, f. f. (*Bot.*, *Mat. médic.*) C'eft un des noms vulgaires du *velar* (*eryfimum vulgare* L.). (*Voyez* HERBE AU CHANTRE & VELAR.)

TORTI (François). (*Biogr. médic.*) Ce médecin, que fon *Traité fur les fièvres pernicieufes* a placé au rang des praticiens les plus recommandables, naquit à Modène, le 1er décembre 1658. Il voulut d'abord fe livrer à l'étude de la jurifprudence : mais il abandonna bientôt cette carrière pour embraffer celle de la médecine. Il fut reçu docteur à Bologne, en 1678. Trois ans après il obtint dans fa ville natale l'une des chaires de médecine inftituées par le duc de Modène, dont il devint bientôt un des médecins ordinaires. A la mort de ce prince, il fut appelé par fon fucceffeur à remplir près de fa perfonne les mêmes

fonctions, & fut chargé d'enfeigner l'anatomie dans l'amphithéâtre qui fut fondé vers 1698. C'eft onze ans après cette époque que Torti publia fon célèbre ouvrage ayant pour titre : *Therapeutice fpecialis ad febres quafdam perniciofas, inopinatò ac repentè lethales, unâ vero chinâ chinâ, peculiari methodo miniftratâ*, Modène, 1709, in-8°. Ce livre, dont il parut un grand nombre d'éditions, valut à Torti les fuffrages de la plupart des médecins de l'Europe, & plufieurs le furnommèrent l'*Hippocrate de Modène*. Cependant Ramazzini, fon collègue & fon ami, blâma la prédilection de ce médecin en faveur du quinquina. Torti lui répondit avec aigreur dans un écrit intitulé : *Refponfiones iatro apologeticæ ad criticam differtationem de abufu chinæ chinæ mutinenfibus medicis perperàm objecto à Bernardino Ramazzino*, Modène, 1715. Plus tard, Manget renouvela cette difcuffion, qui, du refte, s'eft encore de nouveau préfentée de nos jours.

En 1717 & 1720, les villes de Padoue & de Turin firent propofer à Torti de venir occuper les chaires de médecine pratique qui étoient alors vacantes. Ce médecin préféra refter dans fa patrie, où de grands honneurs & des avantages confidérables lui furent d'ailleurs accordés par le duc de Modène. Vers la fin de fa carrière, il fut atteint d'un tremblement irréfiftible des mains, qui le força de renoncer à la pratique de la médecine. En 1731, il éprouva une paralyfie fubite, dont cependant il guérit affez bien pour pouvoir fe livrer à la poéfie, qui avoit été l'un des goûts de fa jeuneffe. Devenu hydropique, Torti mourut dans le mois de mars 1741, & ne laiffa point d'enfans de deux mariages qu'il avoit contractés. Ses élèves lui firent élever deux monumens, l'un dans l'églife de Saint-Auguftin, & l'autre dans l'amphithéâtre de Modène.

(*Extr. de la Biogr. médic.*) (R. P.)

TORTICOLIS, f. m. (*Pathol.*) *Obftipitas, caput obftipum*. Le mot σκολίωσις, par lequel les Grecs paroiffent avoir défigné cette affection, s'entend également de toute déviation de la colonne vertébrale. Le torticolis, ou torfion du cou, eft un fymptôme d'états pathologiques fort variés des parties molles & folides qui entrent dans la compofition du cou.

Sa caufe la plus fréquente eft une irritation rhumatifmale, aiguë ou chronique, portée fur les mufcles de cette partie, & fpécialement fur le fterno-maftoïdien. Le torticolis peut encore être occafionné par la paralyfie ou par la contraction convulfive de ces mêmes mufcles ou du peaucier; par les cicatrices qui fuccèdent à de larges pertes de fubftance; par des inflammations ou des tumeurs glandulaires, qui forcent le malade à incliner la tête du côté oppofé; par le relâchement des ligamens de l'apophyfe odontoïde (Boyer); par la luxation des vertèbres cervicales, &c.

Chacune

Chacune de ces espèces de torticolis réclame des moyens curatifs différens, dans le détail desquels nous ne devons pas entrer ici. (*Voyez* Torticolis dans le *Dictionnaire de Chirurgie.*)

(Emeric Smith.)

TORTUE, s. f. (*Hyg.*) *Testudo.* Ce genre de reptiles appartient à l'ordre des Chéloniens & contient plusieurs genres que l'on a confondus sous la dénomination commune de *testudo.* Parmi ces animaux, les uns vivent dans les eaux de la mer (tortues marines), d'autres habitent les eaux douces (tortues d'eau douce), & enfin il en est que l'on trouve habituellement à terre (tortues terrestres). (*Voyez* le *Diction. d'Hist. nat.* de cet ouvrage.)

C'est particulièrement comme aliment que les tortues sont d'une haute importance. On leur a bien aussi attribué quelques propriétés médicamenteuses, mais elles sont beaucoup moins certaines que la qualité nutritive, qu'on ne peut leur contester.

La tortue franche (*chelonia mydas*) est la plus grande de toutes les espèces, puisqu'on en a trouvé qui avoient jusqu'à six ou sept pieds de longueur & pesoient de cinq à huit quintaux. Quelques auteurs même ont prétendu qu'il en existoit de beaucoup plus volumineuses encore. Ces tortues sont très-communes sur les rivages des mers de la zone torride, mais on les rencontre quelquefois aussi sous des latitudes beaucoup plus élevées où elles ont probablement été poussées par la tempête. Elles pondent plus de deux cents œufs, ayant deux ou trois pouces de diamètre & enveloppés d'une membrane que l'on peut comparer à du parchemin mouillé. Ces œufs sont très-sains & d'un goût fort agréable.

La chair de la tortue franche est une ressource des plus utiles aux navigateurs, & l'on s'accorde à la regarder comme l'un des alimens les plus propres à hâter la guérison des affections scorbutiques. Les bouillons faits avec la chair de ces tortues ont été recommandés dans la phthisie pulmonaire, la syphilis invétérée, les dartres, la lèpre & autres maladies analogues. C'est ordinairement de la Jamaïque que l'on transporte celles dont ont fait usage en Angleterre, où la soupe de tortue est regardée comme un mets délicat. La graisse du *chelonia mydas* est verte. Elle a, dit-on, la saveur du meilleur beurre & offre, suivant quelques voyageurs, cette particularité remarquable, qu'elle communique à l'urine une teinte verdâtre.

Dans certains parages & à certaines époques de l'année, la tortue franche a une odeur musquée désagréable ; quelquefois même elle contracte des qualités malfaisantes. On cite à cet égard plusieurs faits qui donnent une certaine probabilité à cette assertion.

L'*Emyde bourbeuse*, espèce de tortue d'eau

douce dont la taille excède rarement sept à huit pouces, est assez commune dans les parties méridionales de l'Europe : elle peut vivre en domesticité dans des jardins, où on la conserve pour les usages pharmaceutiques. Beaucoup de médecins en effet prétendent que les bouillons faits avec la chair de cette tortue, sont préférables à ceux préparés avec celle de la tortue franche, qu'il est souvent si difficile de se procurer, qu'on est parfois obligé d'accorder la préférence à la première, à laquelle on pourroit aussi substituer l'espèce de tortue terrestre connue sous le nom de *testudo græca.*

TORTUE, s. f. (*Pathol.*) Expression anciennement employée par quelques chirurgiens pour désigner des tumeurs dont la forme a été comparée à celle d'une écaille de tortue. (*Voyez* Loupe dans le *Dictionnaire de Chirurgie* de cet ouvrage.)

(R. P.)

TOUCHER, s. m. (*Physiol.*) *Tactus, tactûs sensus.* On désigne sous ce nom celui de nos sens qui nous donne la connoissance de plusieurs caractères des corps, tels que la température, la dureté, la forme, l'état d'humidité. Il diffère du tact, en ce que ce dernier est toujours actif & qu'il ne peut bien s'exécuter qu'à l'aide des doigts ou de toute autre partie avec laquelle on pourroit examiner un corps sous toutes ses faces. Dire qu'à la main seule est réservée cette faculté, seroit beaucoup trop exclusif, puisque l'on a vu des personnes, privées des mains & des pieds, avoir une connoissance presqu'aussi exacte des corps que des individus qui n'étoient pas mutilés : il suffit pour cela qu'une partie ait acquis une grande habitude par la répétition fréquente du même acte. La température est promptement appréciée à sa juste valeur ; il en est de même pour le degré de dureté, pourvu que la surface soit touchée par une partie offrant quelque résistance ; l'état de la surface est facile à connoître, mais la configuration n'est pas saisie aussi nettement ; cependant, si l'on palpe une figure géométrique peu compliquée, on est étonné de la rapidité avec laquelle on parvient à déterminer sa configuration : si elle présente au contraire un grand nombre d'angles, la main seule peut en venir à bout, & encore n'y parvient-elle que très-difficilement sans le secours des yeux ; tous nos sens se prêtant un mutuel appui.

L'homme est doué du toucher le plus parfait ; il possède en effet l'instrument le plus perfectionné pour exécuter cette délicate opération. La main, construite d'après un modèle si simple, qui réunit tant d'avantages & que les Anciens ne se lassoient pas d'admirer, est chargée de cette importante fonction ; composée d'un grand nombre d'os, douée d'une grande motilité jointe à beaucoup de solidité, elle est formée de deux parties

N n

diſtinctes, le métacarpe & les doigts. Je ne conſidère pas le carpe comme en faiſant néceſſairement partie; le métacarpe, compoſé de cinq os, dont le premier, appartenant au pouce, eſt bien plus mobile que les autres, forme une ſorte de grille oſſeuſe dont la ſurface interne, légèrement concave, conſtitue la paume de la main, & l'externe le dos. Les doigts, formés de trois phalanges chacun, excepté le pouce qui n'en a que deux, préſentent tous une articulation ginglymoïdale; le pouce s'appoſe aſſez bien aux autres doigts, de ſorte que l'on peut d'une ſeule main envelopper un corps qui n'eſt pas trop volumineux, le palper dans ſes différentes régions en lui imprimant un mouvement de rotation dans un ſens ou dans un autre.

Toutes ces différentes parties de la main ſont recouvertes d'une peau délicate, fort ſenſible, dont les houppes nerveuſes ſont très-développées; cette peau eſt adhérente à un tiſſu cellulaire très-denſe, ſurtout dans la région métacarpienne : la pulpe ou extrémité des doigts eſt ſoutenue par les ongles; elle jouit d'une grande ſenſibilité, quoiqu'elle ſoit continuellement en contact avec des corps étrangers, & ce n'eſt que chez les perſonnes exerçant des profeſſions pénibles qu'elle acquiert une inſenſibilité qui eſt due à un plus grand épaiſſiſſement de l'épiderme.

Des phyſiologiſtes & pluſieurs métaphyſiciens ont avancé que tous nos ſens n'étoient qu'un *toucher*, & ils ont fondé leur opinion ſur ce que dans les phénomènes de la viſion, les ondes lumineuſes frappent la rétine, de même que dans l'audition les vibrations de l'air frappent les fibriles de la rampe du limaçon : mais un ſimple contact n'eſt pas le toucher; en effet cette onde lumineuſe & cette vibration frappent également toute la ſurface de notre corps, ſans y produire de ſenſation diſtincte, tandis que leur action ſur l'organe de la vue & ſur celui de l'ouïe, font naître des idées préciſes; de même que le toucher que l'on peut définir l'examen attentif des corps au moyen des mains, nous donne des notions ſur pluſieurs de leurs propriétés, telles que leur forme, leur température, leur dureté, &c.

On a dit que le toucher rectifioit le ſens de la vue, & que ſans lui nous verrions les objets renverſés; quand on avance des propoſitions ſi extraordinaires, on devroit au moins les appuyer de quelques preuves, & ne pas s'en tenir à des méditations de cabinet : l'aveugle-né de Chéſelden, ainſi que tous les autres que l'on a obſervés, n'ont jamais vu les objets renverſés, & ce n'eſt point lui non plus qui nous a fait juger de l'éloignement d'un corps par ſa petiteſſe, c'eſt une étude de l'œil, c'eſt une expérience qui lui eſt propre.

On a également avancé que c'étoit à ſa main que l'homme devoit ſa ſupériorité; mais que ſeroit la main de l'homme ſans ſon cerveau? un membre inutile dont la pulpe ſeroit recouverte par l'ongle recourbé, & l'eſpèce humaine ſans main n'en n'eût pas moins marché vers ſa perfection. L'homme a en lui une volonté ferme, guidée ou plutôt miſe en action par des facultés intellectuelles ſurprenantes, & il eût ſuppléé à ſa main comme il s'eſt donné la force qui lui manquoit, au moyen de leviers différemment combinés, & dont on voit journellement les merveilleux effets dans les différentes machines qui ſont dans nos ateliers; & ce n'eſt point avec ſa main qu'il a inventé les bateaux à vapeurs & les puits artéſiens, qu'il eût pu exécuter ſans elle.

Les aveugles nous offrent le ſens du toucher dans toute ſa perfection; ils diſtinguent la couleur des étoffes, connoiſſent la diſtance des objets ſoit par le bruit, ſoit par une ſenſation toute particulière produite par l'air, reconnoiſſent une pièce d'argent fauſſe d'avec la vraie, meſurent le temps, exécutent très-bien différens ouvrages; dans des temps de brouillard, on les a vus ſervir de guides à ceux qui avoient de bons yeux. Ce ſens, par l'habitude, peut acquérir une fineſſe, une délicateſſe qui paſſe toute expreſſion, & dont on ne peut ſe faire une idée que dans les maiſons qui renferment un certain nombre d'aveugles.

(NICOLAS.)

TOUCHER, ſ. m. (*Accouch.*) Même étymologie que le mot précédent. Le toucher eſt un mode d'exploration au moyen duquel nous prenons une connoiſſance exacte de la diſpoſition des organes ſexuels de la femme. Depuis le perfectionnement du *ſpeculum uteri*, il eſt un grand nombre de circonſtances dans leſquelles on pourroit s'en diſpenſer, mais il y en a auſſi pour leſquelles le toucher eſt indiſpenſable, comme pour reconnoître le ballotement : ſouvent auſſi la femme ne voudroit pas ſe montrer à découvert, ce qui devient néceſſaire quand on emploie le ſpeculum.

Le toucher ſe pratique dans une foule de cas, ſoit pour s'aſſurer de l'état du vagin, de celui du col de l'utérus, de l'utérus lui-même, de ſes obliquités, de ſon développement : de là, les diverſes époques de la groſſeſſe; ſoit pour reconnoître les différens temps du travail de l'enfantement, les régions que le fœtus peut préſenter, s'il y a pluſieurs fœtus ou ſi la groſſeſſe eſt extra-utérine. On le pratique encore pour s'aſſurer des dimenſions du baſſin, ou juridiquement, pour ſavoir ſi une femme eſt enceinte ou ſi elle eſt accouchée depuis peu.

On voit déjà que pour *toucher* avec tous les avantages poſſibles, il eſt néceſſaire de connoître parfaitement l'état phyſiologique de ces organes, puiſque ſans cette connoiſſance préliminaire tout ne ſeroit qu'erreur & confuſion dans les réſultats; il eſt auſſi très-important que l'on ait ſouvent pratiqué cette exploration dans les circonſtances variées qui la néceſſitent, afin de ne pas ſe tromper dans le jugement que l'on doit porter, l'erreur commiſe en pareil cas pouvant avoir immédiatement les fuites les plus graves, telles que la mort de la mère, ou fon déshonneur fi c'eft dans une action juridique, celle de fon enfant, &c.

Avant que de toucher la femme, il eft néceffaire qu'elle aille à la felle & qu'elle rende fes urines; alors après l'avoir fait placer, foit debout & appuyée contre un plan folide, s'il veut s'affurer de l'exiftence des hernies ou defcentes, ou reconnoître l'exiftence du fœtus, foit couchée comme pour la réduction des hernies (la pofition droite eft cependant toujours préférable), l'opérateur enduit fa main d'un corps gras ou mucilagineux, pour en favorifer le gliffement, & pour s'oppofer à l'abforption du virus fyphilitique, puis il met à terre le genou oppofé à la main avec laquelle il touche. Si la femme eft debout, ou bien fi elle eft couchée, il fe place à fa droite fi c'eft avec la main droite qu'il pratique le toucher, & à gauche fi c'eft avec la gauche; il porte alors le doigt indicateur dans le vagin, les autres étant placés dans le creux de fa main, le dirige vers la partie poftérieure de la vulve, écarte les grandes lèvres & pénètre dans ce conduit membraneux en le ramenant d'arrière en avant. Il parcourt alors lentement le vagin, s'affure de fon état, & porte enfuite le doigt vers le col de l'utérus ou vers les différentes régions qu'il doit explorer; pendant ce temps la main libre eft appuyée fur l'hypogaftre.

On s'affure des différens diamètres du baffin en portant le doigt dans la direction des diamètres facro-pubien, facro-coccygien & latéraux, derniers diamètres dont on juge approximativement. On reconnoît les maladies du col de l'utérus en examinant la groffeur de cet organe, fa molleffe, fon degré de chaleur, les inégalités qu'il peut préfenter & fa dilatation. Pour déterminer l'époque de la groffeffe, il faut avoir bien préfent à l'efprit que pendant les fix premiers mois, le col de la matrice ne fubit aucun changement fenfible, qu'au feptième il diminue de longueur, qu'au huitième il commence à s'effacer & à offrir un mamelon court & affez mou, & qu'enfin au neuvième & furtout à la fin, il n'exifte plus & eft fouvent au contraire très-mince. Dans les trois premiers mois, l'utérus fe développant dans le petit baffin, le col defcend un peu & regarde la fymphyfe pubienne; du quatrième au feptième, il regarde le facrum & enfuite s'élève jufqu'à fe mettre de niveau avec le détroit fupérieur. Quand il y a eu plufieurs groffeffes, le col eft fouvent déchiré, par conféquent inégal. Il eft auffi quelquefois épais & infiltré.

En même temps que ces changemens ont lieu dans le col de l'utérus, le corps de cet organe prend auffi différentes fituations qui font appréciées par la main placée fur l'hypogaftre. Jufqu'au troifième mois il refte dans le petit baffin; dans le quatrième il eft dans l'hypogaftre; pendant le cinquième il eft fitué deux pouces au-deffous

de l'ombilic; à cinq mois & demi il fe trouve au niveau de cette cicatrice, & à deux pouces au-deffus, à fix mois; à fept il remonte vers l'épigaftre, qu'il occupe pendant le huitième mois; il redefcend enfuite un peu pendant le neuvième, & le ventre paroît s'affaiffer en même temps. On remarque quelquefois des variations dans les difpofitions utérines que je viens d'indiquer, mais elles font facilement appréciées avec un peu d'habitude. Tous ces fignes indiquent bien que l'utérus a pris un plus grand développement, cependant ils ne donnent pas la preuve qu'il contient un fœtus; on n'obtient cette preuve que par fes mouvemens & le ballotement, le fœtus feul pouvant produire ce dernier. Pour l'obtenir, on foulève l'utérus en lui donnant une petite fecouffe avec le doigt introduit dans le vagin en le portant en haut, & auffitôt on lui communique une impulfion inverfe avec la main placée fur l'hypogaftre; le fœtus, foulevé par le premier mouvement, retombe par fon propre poids, ou un peu hâté avec la feconde fecouffe, il vient frapper le doigt que l'on a maintenu ferme dans fa pofition. Ce n'eft guère que vers le cinquième mois que l'on peut obtenir ce figne certain. (*Voyez*, pour tout ce qui a rapport au travail de l'enfantement, l'article ACCOUCHEMENT, & le même mot, pour les régions que l'enfant peut préfenter à l'orifice de l'utérus.)

Les groffeffes compofées fe reconnoiffent rarement avant la fortie d'un premier enfant.

On peut reconnoître la groffeffe extra-utérine aux fignes fuivans : tout indique que la femme eft enceinte, 1°. s'il y a fuppreffion des règles, 2°. fi les mammelles commencent à fécréter du lait, 3°. fi la femme fent les mouvemens de l'enfant: on porte alors le doigt dans le vagin, le col de l'utérus eft dans un état naturel, il ne préfente ni molleffe ni raccourciffement, & il eft de toute impoffibilité d'obtenir le ballotement, que l'on ne peut cependant rencontrer dans toutes les groffeffes.

Quelquefois l'autorité judiciaire réclame les lumières d'un médecin pour conftater la groffeffe d'une femme placée fous le coup d'une accufation capitale, & qui fe dit enceinte; mais il ne faut point qu'il fe hâte de prononcer avant d'avoir obtenu toutes les données néceffaires pour agir avec une parfaite connoiffance de caufe. On le confulte auffi quelquefois lorfque l'on veut favoir fi une femme, foupçonnée de fuppreffion de part ou d'infanticide, eft accouchée depuis un temps donné; c'eft ici, vu la difficulté de reconnoître fûrement fi l'accouchement a eu lieu, qu'il faut bien fe garder de prononcer pour l'affirmative, puifqu'après quelques jours, les fignes fufceptibles d'indiquer que l'accouchement a eu lieu, font équivoques.

On a propofé de pratiquer le toucher lorfque l'on étoit confulté par une jeune fille contrefaite, & qui defiroit favoir fi elle pourroit accoucher. Si elle eft vierge, cette exploration ne pourra fe faire par le vagin, mais bien par le rectum, & alors elle est bien plus incertaine, puisqu'on ne peut promener son doigt avec autant de facilité; il faudra donc se servir du *pelvimètre*.

Il est extrêmement rare que l'on soit obligé d'introduire la main tout entière dans le vagin pour reconnoître les accidens qui peuvent nécessiter le toucher, à moins que ce ne soit pour quelques faits relatifs à l'*accouchement* ou à la *délivrance*. (*Voyez* ces mots.) Presque toujours le doigt indicateur suffit, & j'ai toujours pu, avec lui seul, explorer parfaitement le col de l'utérus en le poussant lentement & avec précaution. On a dit avec raison que l'accoucheur doit *avoir l'œil au bout du doigt*, & il est de fait que lorsque l'on a *touché* avec soin, on connoît aussi bien la disposition des parties que si on les avoit vues & revues. (NICOLAS.)

TOUCY (Eau minérale de). En 1750 on découvrit à quatre lieues d'Auxerre, dans un bourg nommé *Toucy*, une source d'eau minérale à laquelle on donna le nom de *Fontaine de St.-Louis*. Cette eau est froide & limpide ; sa saveur est ferrugineuse, & sa surface se recouvre d'une pellicule irrisée.

L'eau de Toucy, dont on recommande l'usage dans l'engorgement des viscères, est légèrement excitante, & n'a point encore été analysée avec soin.

TOUFFREVILLE (Eau minérale de). Cette eau, remarquable que par une saveur légèrement ferrugineuse, contient une petite quantité de carbonate de fer : elle est froide, limpide, inodore, & sort sur le revers d'une colline, distante de Caen de deux lieues environ. C'est à Lepecq de la Clôture que l'on est redevable de la découverte de cette source minérale. (R. P.)

TOUR DE REINS, s. m. (*Path.*) Souvent il arrive que dans des efforts violens, soit pour soulever un poids très-pesant, soit pour lutter contre un obstacle, quelques-unes des fibriles aponévrotiques ou charnues des muscles des lombes sont rompues ; il résulte de cet accident, que l'on a vulgairement nommé *tour de reins*, une vive douleur qui exige un repos de quelques jours, & peut quelquefois occasionner des accidens assez graves. (*Voyez* LUMBAGO & RHUMATISME LOMBAIRE.)

TOUR DE MAÎTRE. (*Chirur.*) On donne ce nom à une manière particulière de sonder les hommes, & dans laquelle, après avoir introduit le cathéter jusqu'à la racine de la verge, on lui fait exécuter une demi-rotation qui en ramène la partie supérieure vers l'abdomen. Cette méthode de pratiquer le cathétérisme est généralement abandonnée.

TOURBILLONS VASCULAIRES, s. m. pl. (Vaisseaux tournoyans.) (*Anat.*) *Vasa vorticosa*. Dénomination employée par Sténon pour indiquer de petits vaisseaux sanguins dont les ramifications se contournent en tous sens sur la face externe de la choroïde. (*Voyez* VEINES CILIAIRES, pag. 272, dans le *Dictionnaire d'Anatomie* de cet ouvrage.)

TOURNESOL, s. m. (*Bot.*, *Mat. médic.*) On donne quelquefois ce nom à une plante plus communément appelée *soleil* (*helianthus annuus* L.) ; mais le véritable tournesol est une substance colorante qui existe dans le commerce dans deux états différens. Le *tournesol en drapeaux* n'est autre que des morceaux de linge imbibés du suc du *croton tinctorium*, & que l'on expose à la vapeur de l'urine putréfiée, jusqu'à ce qu'ils aient acquis une teinte d'un beau violet. Le *tournesol en pains* vient de Hollande, & on le prépare avec l'espèce de lichen nommé *roccella tinctoria*. (*Voyez*, pour le mode de préparation qu'on lui fait subir, le *Dictionnaire de Chimie* de cet ouvrage.)

La teinture de tournesol est l'un des réactifs le plus fréquemment employés par les chimistes pour reconnoître la présence des acides qui lui rendent sa couleur rouge naturelle que les alcalis avoient fait tourner au violet.

TOURNIOLE, sub. m. (*Pathol. chir.*) Nom vulgaire d'un petit abcès situé entre le derme & l'épiderme des doigts, & qui *tourne*, autour des ongles sans s'étendre profondément. Cette affection, peu grave, a été regardée, par quelques personnes, comme le premier degré du panaris. (*Voyez* ce dernier mot.) (R. P.)

TOURNIQUET, s. m. (*Instr. de Chir.*) *Torcular*. Dans quelques circonstances, & particulièrement dans les cas d'anévrysmes, d'amputation des membres où dans les cas de plaies de leurs principaux troncs artériels, il importe, pour prévenir les hémorragies, de suspendre la circulation. Les Anciens avoient bien senti l'importance de cette précaution, &, avant de retrancher un membre, ils l'entouroient d'une bande circulaire fortement serrée, ayant pour but, non-seulement d'aplatir le vaisseau principal, mais encore d'engourdir le membre & de diminuer les douleurs de l'opération. Cette pratique produisoit quelquefois la gangrène des parties qui avoient été aussi fortement comprimées. C'est pour éviter cet inconvénient, qu'un chirurgien françois, nommé Morel, imagina, en 1674, d'employer l'appareil auquel depuis on a donné le nom de *garot de Morel*. Ce procédé, préférable au précédent, n'étoit pas exempt de tout inconvénient, & d'ailleurs, il n'étoit point facile de le maintenir long-temps en position & de graduer la compression qu'il exerçoit : auffi lui fit-on fucceffivement éprouver diverfes modifications.

J. L. Petit préfenta, en 1718, à l'Académie royale des Sciences, un tourniquet beaucoup plus parfait que tout ce qu'on avoit imaginé jufqu'alors, & qui, une fois placé, n'exige point, comme le garot de Morel, l'intervention continuelle d'un aide. Cet inftrument, d'abord fait en bois, fe gonfloit, & les mouvemens de la vis deve-noient difficiles, quelquefois même impoffibles : mais on fit bientôt difparoître cet inconvénient en le conftruifant en métal.

Le tourniquet de Petit confifte en deux peloies réunies par une courroie ; l'une d'elles eft placée fur le trajet du vaiffeau, & l'autre dans un point diamétralement oppofé. Celle-ci eft fixée fur une plaque de cuivre furmontée de deux tiges d'acier paffant à travers une autre plaque qui lui eft fuperpofée. Ces tiges font deftinées à empêcher les deux lames métalliques de vaciller l'une fur l'autre. Une vis, dont l'extrémité répond au centre de la plaque à laquelle eft fixée la pe-lote, paffe à travers un écrou pratiqué dans la lame extérieure, en forte que l'on peut, en tour-nant cette vis, graduer à volonté la compreffion. (*Voyez*, pour la defcription & l'ufage de cet inftrument, les mots AMPUTATION & TOURNIQUET, du *Dictionnaire de Chirurgie*, & la fig. 4 de la planche 8 de cet ouvrage.)

Depuis cette époque, quelques chirurgiens, en conservant le principe fur lequel étoit établi le tourniquet de Petit, lui ont fait fubir quelques modifications qui le rendent fufceptible d'être appliqué à des parties fur lefquelles il feroit im-poffible de fixer l'appareil fans changer fa difpo-fition. Enfin, fous le nom de *compreffeur*, M. Du-puytren a imaginé, dans ces derniers temps, un appareil qui offre plus d'avantage encore que le tourniquet de Petit.

Beaucoup de praticiens fe difpenfent aujourd-'hui d'employer le tourniquet. Pendant l'opé-ration, un aide intelligent eft chargé de com-primer immédiatement l'artère, foit avec les doigts, foit au moyen d'une pelote ferme & convexe.

TOURNOIEMENT, fubft. m. (*Path.*) *Gyratio.* Sorte d'étourdiffement, dans lequel les objets fem-blent fe mouvoir circulairement : mouvement auquel le malade croit lui-même participer. (*Voyez* VERTIGE.)

TOUTE-BONNE, f. f. (*Bot., Mat. médic.*) Nom vulgaire de l'efpèce de fauge nommée par Linné *falvia fclarea.* (*Voyez* SAUGE & SCLARÉE.)

TOUTE-ÉPICE, f. f. (*Bot., Mat. méd.*) Nom donné au piment, ou poivre de la Jamaïque : c'eft le fruit du *myrtus pimenta* de Linné.

TOUTE-SAINE, fubft. f. (*Bot., Mat. méd.*) Nom vulgaire de l'efpèce de millepertuis nommée *hypericum androfemum.*

TOUX, f. f. (*Path. gén., Séméiot.*) *Tuffis.* On a prefque toujours défini la toux : une expi-ration brufque, courte, fréquente & fonore, dans laquelle l'air expiré produit, en traverfant rapi-dement le larynx & en heurtant les parois des foffes nafales, un bruit particulier d'une étendue variable. Quelques auteurs prétendent qu'il y a en outre, dans la toux, une occlufion momen-tané de la glotte, au moyen de laquelle l'air s'échappe avec plus de rapidité & entraîne plus facilement au-dehors les mucofités amaffées dans le trajet.

La *toux*, confidérée en elle-même & par rap-port à fon ufage normal, eft un moyen employé par la nature pour expulfer les mucofités qui s'amaffent dans les bronches & la trachée-artère ; elle n'eft par conféquent, dans l'état naturel, ni un phénomène morbide, ni un fymptôme de maladie. Mais, lorfqu'elle ceffe d'être foumife à la volonté ou d'être un befoin d'expectoration, elle change de caractère.

Ses caufes alors font des fluides gazeux irritans répandus dans l'atmofphère, des vapeurs exhalées par certaines fubftances, la préfence des corps étrangers dans la trachée, &c. La toux acciden-telle eft également un fymptôme de la plupart des maladies de poitrine & de plufieurs autres organes étrangers à cette cavité.

La toux a beaucoup de rapport avec l'éter-nuement ; elle n'en diffère qu'en ce que fes expirations font plus courtes & plus fréquentes, & qu'elles chaffent l'air par la bouche & non par le nez, comme on l'obferve dans l'éter-nuement.

L'intenfité de la toux & l'étendue du bruit qu'elle produit, font proportionnées à l'effort fait par les mufcles expirateurs, & à la profondeur non moins qu'à la capacité de la poitrine ; elle eft auffi plus bruyante, felon que l'irritation locale qui la détermine eft placée dans les bronches ou dans la trachée-artère. L'état des parties qu'elle parcourt lui imprime auffi divers caractères : elle eft aiguë & fèche, quand les voies refpiratoires font irritées & dépourvues de mucus ; elle eft au contraire grave ou rauque & voilée, quand ces mêmes voies font enflammées ou recouvertes d'abondantes mucofités. On fait que la préfence d'une fauffe membrane lui donne un caractère particulier qui conftitue un des fignes les plus importans du croup & des angines trachéales.

Outre l'expulfion des mucofités, des corps étran-gers, du pus, &c., contenus dans les voies aériennes, la toux produit encore d'autres effets ; tels font, des défordres dans la refpiration & la circulation, qui accompagnent furtout les quintes de la coqueluche ; des fifflemens qui proviennent probablement du choc de l'air infpiré avec l'air expiré, & de l'état de fpafme des voies aériennes ; des congeftions momentanées de fang vers la tête, des éblouiffemens, des vertiges ; divers efforts expulfifs qui provoquent la fortie des hernies, de quelques fluides excrémentitiels ; des hémorragies, des ruptures vafculaires, &c. Ces efforts expulfifs s'étendent dans beaucoup de cas à l'eftomac, d'où réfulte la fréquence des vomiffemens pendant les accès de toux de la coqueluche, ceux qui tourmentent les phthifiques, &c.

Les praticiens diftinguent diverfes efpèces de toux ; telles font : la toux *fèche* ou *férine*, c'eft-à-dire, celle qui n'eft accompagnée d'aucune expectoration ; la toux *humide*, ou qui a lieu facilement avec fécrétion & expectoration muqueufe ; la toux *idiopathique*, ayant fon fiége dans les voies aériennes ; la toux *fymptomatique*, dépendant de l'affection d'un vifcère étranger au thorax ; la toux *gutturale*, produite par une irritation de la gorge ; la toux *ftomacale*, qui eft un fymptôme de diverfes maladies de l'eftomac ; enfin, on appelle toux *nerveufes*, celles qui dépendent de quelques affections du fyftème nerveux, & toux *convulfive*, celle qui conftitue en particulier la coqueluche, & qui fert fouvent de dénomination à cette maladie.

Envifagée comme fymptômes dans diverfes maladies, la toux préfente de nombreufes variations : fèche, douloureufe & prefque fans expectoration dans tout le cours de la pleuréfie, elle devient humide & facile prefqu'immédiatement après l'invafion du catarrhe pulmonaire & de la pneumonie ; celle qui accompagne l'hémoptyfie revient par quintes, toutes les fois que les voies aériennes font irritées par la préfence du fang, un fentiment de chaleur & de picotement ; & celle-ci eft prefque toujours fuivie d'une expectoration fanguine ou fanguinolente. La toux de la coqueluche revient par quintes entrecoupées d'une infpiration fibilante, elle détermine le vomiffement & ne produit prefqu'aucune expectoration ; celle du croup a auffi lieu fouvent par quintes, elle eft rauque & imite plus ou moins exactement la voix du coq ou celle de l'homme, émife dans un tube d'airain. Les phthifiques touffent dans tout le cours de leur maladie, particulièrement le foir, lorfque leur fièvre redouble, & pendant la nuit ; la toux diminue au contraire le matin, lorfque les fueurs furviennent & que l'expectoration eft plus facile ; elle eft plus violente dans la phthifie appelée *muqueufe* que dans les autres variétés : elle expulfe des crachats de pus abondans. La phthifie appelée *laryngée* eft auffi accompagnée d'une toux continuelle, mais fèche & prefque fans expectoration.

L'invafion de la rougeole eft accompagnée d'une toux fèche qui, après avoir ceffé, revient

quelquefois au moment de la defquammation : ce qui eft de mauvais augure. Les hypochondriaques éprouvent habituellement une petite toux fèche & férine ; elle offre à peu près les mêmes caractères dans l'hydro-thorax, fi ce n'eft qu'elle eft fuivie de crachats féreux & vifqueux.

On obferve des toux fympathiques qui ont leur fiége & leur point de départ ailleurs que dans les organes refpiratoires : ainfi certaines affections du foie & de l'eftomac donnent lieu à une toux fèche, qui s'exafpère pendant la digeftion & caufe en outre un fentiment de malaife & d'oppreffion dans l'épigaftre.

Pendant la groffeffe, il furvient quelquefois des toux opiniâtres, fèches & fans expectoration, qui ne font pas fans danger. La première dentition donne lieu aux mêmes accidens, qu'on voit fouvent fe renouveler avec perfiftance à l'éruption de chaque dent. Les affections vermineufes de l'enfance, les calculs de la véficule du fiel, des reins, de la veffie, ont été reconnus comme la caufe excitante de toux d'autant plus extraordinaires qu'on étoit plus éloigné d'en chercher l'explication & l'origine dans des parties qui fympathifent avec les organes pulmonaires. De Haën affure n'avoir jamais obfervé de toux plus opiniâtre & plus rebelle que celle qu'éprouvoit une jeune fille, qui en fut délivrée par l'expulfion d'un corps *calleux* de la matrice.

Les toux idiopathiques ou qui ont leur fiége dans le poumon font les plus dangereufes.

Dans la pneumonie, la toux violente, fèche & douloureufe n'eft pas de bon augure.

Dans cette maladie, comme dans l'hépatite, la toux accompagnée de friffon eft un figne de fuppuration.

Une fois qu'on a découvert la caufe d'une toux fympathique, ou ayant fon fiége dans des vifcères plus ou moins éloignés, on peut porter fur fon iffue un jugement favorable.

La toux fèche qui fe développe immédiatement après la fuppreffion des lochies doit infpirer des craintes.

La toux qui prive du fommeil eft toujours mauvaife ; elle l'eft encore, fi, après avoir été humide, elle devient tout-à-coup fèche (1).

La toux la plus favorable eft celle qui s'effectue fans effort & qui détermine une expectoration prompte, facile & fuivie de foulagement.

Les moyens qu'on oppofe à la toux accidentelle & morbide font du reffort de la thérapeutique appropriée aux maladies dont elle eft un fymptôme.

(BRICHETEAU.)

TOXICODENDRON, f. m. (*Bot.* , *Mat. méd.*)

(1) LANDRÉ-BEAUVAIS, *Séméiotique.*

(*Voyez* SUMAC dans ce Dictionnaire & dans celui de *Botanique.*)

TOXICOLOGIE, f. f. (*Méd. lég.*), dérivé de τοξικον, poifon, & de λογος, difcours, traité. Expreffion employée dans ces derniers temps pour défigner les ouvrages, ou cette branche de l'enfeignement médical, ayant pour but principal de faire connoître la nature, les effets des poifons & les moyens propres à combattre les accidens dont ils font la fource. (*Voyez* EMPOISONNEMENT & POISON.) (R. P.)

TOXICOSE, f. m. Mot récemment propofé pour remplacer le mot *empoifonnement.*

TOXIQUE, adj. & f. m., de τοξικον, venin. Nom donné à toute efpèce de venins, de fubftances vénéneufes, de poiffons.

TRACHÉAL, ALE. (*Anat.*) *Trachealis.* Adjectif fervant à caractérifer les diverfes parties qui ont des rapports plus ou moins immédiats avec la trachée-artère, ainfi l'on dit : *mucus, conduit* trachéal, *veines* trachéales, &c. (*Voyez* THYROÏDIEN dans le *Dictionnaire d'Anatomie* de cet ouvrage.)

TRACHÉE-ARTÈRE, f. f. (*Anat.*) τραχεια, de τραχυς, âpre, & de αρτηρια, vaiffeau aérien. C'eft le nom d'un tube fibro-cartilagineux & membraneux, de forme cylindrique, un peu aplati en arrière, placé au-devant de la colonne vertébrale & donnant naiffance aux bronches, & par conféquent fervant à conduire l'air dans le poumon. La trachée-artère a huit ou dix lignes de diamètre environ ; elle eft embraffée fupérieurement par le corps thyroïde ; plus bas, elle eft recouverte par les mufcles fterno-hyoïdiens & fterno-thyroïdiens, dont elle eft féparée par un tiffu cellulaire lâche ; elle recouvre l'œfophage & le corps des vertèbres.

Cet organe eft formé de cerceaux fibro-cartilagineux qui font au nombre de feize ou de vingt, & interrompus dans leur tiers poftérieur. Ils font placés les uns au-deffus des autres & féparés par des intervalles étroits, membraneux. Intérieurement, la trachée eft revêtue d'une membrane muqueufe préfentant de nombreufes follicules ; fes vaiffeaux lui viennent des artères thyroïdiennes fupérieures & inférieures, & elle reçoit des nerfs fournis par le pneumo-gaftrique & par les ganglions-cervicaux. (*Voy.*, pour les détails, le *Dictionnaire d'Anatomie* de cet ouvrage.)

Indépendamment des plaies qui peuvent lui être faites, la trachée eft encore fufceptible de plufieurs affections, telles font : l'angine & la phthifie trachéale, le croup & plufieurs autres maladies produites par l'introduction de corps étran-

gers dans ce conduit aérien. (*Voyez* ANGINE, PHTHISIE, TRACHÉITE, &c.)

TRACHÉES, f. f. pl. (*Anat. comp.*, *Entom.*) On donne ce nom aux conduits déliés, deftinés à porter l'air à l'intérieur du corps des infectes.

TRACHÉITE, f. f. (*Pathol.*) On défigne fous ce nom l'inflammation de la membrane muqueufe qui tapiffe la face interne de la trachée-artère. Cette inflammation fe montre affez rarement ifolée. Dans une multitude de cas on voit la phlegmafie envahir fucceffivement ou fimultanément les divers points de l'étendue des voies aériennes ; c'eft ce qu'on obferve en particulier dans le croup, dans l'angine catarrhale, dans l'angine gangréneufe, &c. On a cependant quelquefois vu la trachéite exifter feule & indépendamment de la laryngite & de la bronchite. On trouve, dans les œuvres de Galien, la defcription très-fuccinte de deux cas d'angine trachéale, *peut-être* ulcéreufe. Burférius, dans fes *Inftituts de médecine pratique*, s'eft fervi, à ce qu'il paroît, le premier, de la dénomination de *phthifie trachéale.* Morgagni rapporte que Valfalva, à l'ouverture du corps d'un évêque, que l'on croyoit atteint d'une phthifie pulmonaire, trouva les poumons fains & la trachée-artère feule malade. Lientaud, Portal & quelques autres auteurs, ont publié des exemples d'ulcérations du larynx & de la trachée, fans léfion pulmonaire, chez des fujets regardés comme poitrinaires. En 1810, le Dr. Cayol publia une monographie fort intéreffante fur la *phthifie trachéale*, qu'il confidéra comme une maladie diftincte de la phthifie pulmonaire, quoique s'y trouvant jointe dans le plus grand nombre des cas.

L'angine trachéale reconnoît à peu près les mêmes caufes que les autres phlegmafies des voies aériennes ; on l'a vue quelquefois fuccéder à des efforts violens. Elle fe diftingue de l'angine laryngée par le fiège de la douleur, qui eft reffentie communément un peu au-deffus de la bifurcation des bronches, & par une altération moins prononcée de la voix ; l'infpiration eft plus douloureufe, fans néanmoins être auffi difficile. Durefte, la toux, l'expectoration, la fièvre préfentent des périodes & des caractères affez analogues dans les deux maladies, fi ce n'eft qu'il eft infiniment plus rare que la mort arrive d'une manière aiguë & foit produite par fuffocation dans l'angine trachéale ; ce qui s'explique facilement par la différence de fiège de l'inflammation.

La bronchite, exiftant feule, s'obferve beaucoup plus fréquemment que la trachéite : fa forme la plus ordinaire eft celle décrite le plus communément fous le nom de *catarrhe pulmonaire* ; une autre variété, accompagnée d'une exhalation rapide de mucofités, paroît conftituer quelquefois le catarrhe fuffocant. Eft-ce à cette phlegmasie que doit être rapportée la dilatation des rameaux bronchiques observée & décrite par le prof. Laennec ?

Le traitement antiphlogistique, évacuant & révulsif, est celui qui convient à la trachéite comme à l'angine laryngée, & tant que la maladie n'a pas revêtu une forme chronique rebelle, & n'a point donné lieu à des ulcérations ou à d'autres désorganisations de la trachée, on peut espérer qu'il sera suivi de succès s'il est convenablement dirigé. (GIBERT.)

TRACHÉLAGRE, f. m. (Pathol.) Trachelagra, de τραχηλος, le cou, & de αγρα, atteinte. Nom donné à une forte d'affection rhumatismale assez rare, ayant beaucoup d'analogie avec le torticolis. (Voyez ce dernier mot.)

TRACHÉLÉE, f. f. (Bot. , Mat. méd.) Campanula trachelium. Plante de la Pentandrie monogynie de Linné, & de la famille des Campanulacées, à laquelle on donne quelquefois le nom de gantelée, d'ortie bleue, de campanule à feuilles d'ortie, &c.

La trachelée, très-commune dans les bois & dans les lieux ombrageux, passoit autrefois pour avoir quelques propriétés médicinales : aussi la recommandoit-on en décoction & en gargarisme au commencement des maladies inflammatoires de la bouche, de la gorge & des amygdales. Aujourd'hui l'usage de cette plante est tout-à-fait abandonné. (Voyez le Dictionnaire de Botanique de cet ouvrage.)

TRACHÉLI-ATLOÏDO-BASILAIRE, adj. & f. m. (Anat.) Tracheli-atloido-basilaris. Nom donné par Dumas au muscle droit latéral de la tête. (Voyez DROIT dans le Dictionnaire d'Anatomie de cet ouvrage.)

TRACHÉLIEN, IENNE. (Anat.) Adjectif employé par quelques anatomistes comme synonyme de cervical. Ainsi l'on appelle nerfs trachéliens les paires cervicales : la première passe entre l'atlas & l'axis, & la dernière entre la septième vertèbre cervicale & la première dorsale. Chacun de ces nerfs a deux racines provenant, l'une des parties latérales de la moelle, & l'autre de la partie antérieure. (Voyez CERVICAL dans le même Dictionnaire.)

TRACHÉLO-ANGULI-SCAPULAIRE. (Anat.) Nom donné par Dumas au muscle angulaire de l'omoplate : c'est le trachélo-scapulaire de Chauffier. (Voyez ANGULAIRE dans le même Dictionnaire.)

TRACHÉLO-ATLOÏDO-OCCIPITAL. Dumas appelle ainsi le muscle oblique supérieur de la tête. (Voy. OBLIQUE dans le même Dictionnaire.)

TRACHÉLO-BASILAIRE. C'est, d'après Dumas, le nom des muscles grand & petit droits antérieurs de la tête, ou trachélo-sous-occipitaux de Chauffier. (Voyez DROIT dans le Dictionnaire d'Anatomie de cet ouvrage.)

TRACHÉLO-CERVICAL, ALE. Chauffier a donné ce nom à l'artère cervicale profonde qui naît de la partie postérieure & profonde de la sous-clavière; quelquefois aussi cette artère provient de la thyroïdienne inférieure & de la vertébrale. (Voy. le même Dictionnaire, pag. 154.)

TRACHÉLO-COSTAL. Ces muscles font ceux auxquels Chauffier avoit donné le nom de costo-trachélien, & suivant l'ancienne nomenclature, les muscles scalènes. (Voyez COSTO-TRACHÉLIEN dans le même Dictionnaire.)

TRACHÉLO-DIAPHRAGMATIQUE. Chauffier a ainsi nommé la quatrième paire cervicale qui fournit spécialement le nerf diaphragmatique. (Voyez CERVICAL dans le même Dictionnaire.)

TRACHÉLO-DORSAL. Nom que le même anatomiste a substitué à celui de nerf spinal ou accessoire de la huitième paire. (Voyez page 669 du même Dictionnaire.)

TRACHÉLO-MASTOÏDIEN. Plusieurs anatomistes ont désigné sous ce nom le muscle petit complexus. (Voyez ce dernier mot dans le même Dictionnaire.)

TRACHÉLO-OCCIPITAL. C'est dans la nomenclature de Chauffier le nom du muscle grand complexus. (Voyez COMPLEXUS dans le même Dictionnaire.)

TRACHÉLO-SCAPULAIRE. Nom du muscle angulaire de l'omoplate d'après Chauffier. Trachélo-anguli-scapulaire de Dumas. (Voyez ce dernier mot & ANGULAIRE dans le même Dictionnaire.)

TRACHÉLO-SUS-CUTANÉ. Épithète employée par Chauffier pour caractériser la veine jugulaire externe & les nerfs du plexus cervical. (Voyez CERVICAL & JUGULAIRE dans le même Dictionnaire.)

TRACHÉLO-SOUS-OCCIPITAL. Nom donné par Chauffier aux muscles grand & petit droits antérieurs de la tête; ce font les trachélo-basilaires de Dumas. (Voyez DROIT dans le même Dictionnaire.)

TRACHÉLOPHYME, f. m. (Path.), dérivé de τραχηλος, cou, & de φυμα, tumeur. Quelques auteurs ont employé ce mot comme synonyme de goître. (Voyez GOITRE & TYROCÈLE.)

TRACHÉOCÈLE, f. m. (Pathol.) Heister a substitué

fubftitué ce mot à celui de goître ou de broncho-cèle. Cette expreffion ne feroit convenable que pour défigner l'efpèce de tumeur ou hernie for-mée par la membrane de la trachée lorfqu'elle s'infinue entre les anneaux cartilagineux dont eft formé cet organe.

TRACHÉOTOMIE, f. f. (*Opér. chir.*) *Tra-cheotomia*, dérivé de τραχυς, rude, & de τιμνω, je coupe. Pour extraire un corps étranger intro-duit dans la trachée, ou pour faciliter la refpira-tion lorfqu'un obftacle s'oppofe à ce qu'elle ait lieu par les voies ordinaires, on eft obligé de recourir à une opération chirurgicale qui confifte, dans le premier cas, à faire une incifion longitudinale qui intéreffe un nombre plus ou moins confidéra-ble d'anneaux, & par laquelle on extrait le corps étranger. Dans le fecond cas, au contraire, on fe contente d'incifer la partie membraneufe placée entre deux anneaux, & on introduit dans cette ouverture une canule à travers laquelle l'air paffe pour pénétrer dans le poumon. Cette opération étoit autrefois connue fous le nom de *bronchoto-mie*, que l'on a remplacé aujourd'hui par celui de *laryngotomie* ou *laryngo-trachéotomie*. (*Voyez* ces différens mots dans le *Dictionnaire de Chi-rurgie* de cet ouvrage.)

TRACHOMA, f. f. (*Pathol.*) Mot grec fran-cifé, quelquefois employé dans le vocabulaire mé-dical pour indiquer une affection dans laquelle la face interne des paupières offre des afpérités aux-quelles plufieurs caufes peuvent donner naiffance. Parfois ce nom a été donné à la maladie plus connue fous celui de *trichiafis*. (*Voyez* ce mot.) Dans le trachoma, on conçoit qu'il faut, d'une part, combattre la caufe qui a pu donner naif-fance aux afpérités, & de l'autre, par des moyens adouciffans, s'oppofer à l'irritation que déter-mine leur frottement fur le globe oculaire.

TRACHOPHONIE, f. f. (*Pathol.*), de τρα-χυς, rude, & de φωνος, voix. Quelques auteurs ont employé cette expreffion pour défigner la ru-deffe de la voix qui fe manifefte à la fuite de légers accidens, tels que le catarrhe guttural & laryngé, & quelquefois auffi à raifon d'ulcères, de plaies ou de perforation du voile du palais. Dans le premier cas, le temps fuffit ordinaire-ment pour faire difparoître ce léger inconvé-nient; dans le fecond, on eft obligé d'avoir re-cours à un traitement approprié, & parfois à un moyen mécanique qui foit en rapport avec la lé-fion à laquelle on veut remédier.

L'altération finguliere de la voix, qui furvient aux jeunes garçons vers l'âge de la puberté, eft une forte de trachophonie à laquelle on conçoit qu'il importe de n'apporter aucun remède. (*Voy.* Voix.)

TRACTEURS MÉTALLIQUES. Tel eft le nom que Perkins donnoit à un appareil compofé de deux métaux différens, & dont il fe fervoit pour guérir quelques affections locales. (*Voyez* Per-kinisme.)

TRACTION, f. f. *Tractio*. Effort plus ou moins violent exercé fur une partie que l'on veut étendre au-delà de fes dimenfions naturelles. Lorf-que cet effort eft porté au-delà de certaines li-mites, il déchire les parties & peut produire les plus graves accidens; fouvent en effet des doigts, des membres font arrachés par l'action de cer-taines machines.

Ce mot *traction*, dans la réduction des fractures & des luxations, a quelquefois été fubftitué à l'ex-preffion habituelle *extenfion*. (*Voyez* ce dernier mot dans le *Dictionnaire de Chirurgie* de cet ou-vrage.)

TRACTUS (Tractus médullaires). (*Anat.*) Mot latin confervé dans le langage anatomique pour défigner deux filets nerveux placés longitu-dinalement à la face fupérieure du corps calleux, & que Vicq-d'Azyr avoit nommés *tractus médullaires longitudinaux*, pour les diftinguer des lignes qu'il appeloit *tractus médullaires tranfverfaux*. (*Voyez* Cerveau & Encéphale dans le *Dictionnaire d'A-natomie* de cet ouvrage.)

TRAGACANTHE. (*Voyez* Gomme adragant, tom. VI, pag. 652.)

TRAGIEN, adj. (*Anat.*) Nom d'un mufcle de forme triangulaire qui prend naiffance à la bafe du tragus & fe termine au fommet de cette émi-nence. Chauffier le nomme *mufcle du tragus*. (*Voyez* Muscle du tragus, pag. 96 du *Diction-naire d'Anatomie*.)

TRAGUS, f. m. (*Anat.*), dérivé de τραγος, bouc. Expreffion latine confervée en français pour indiquer une faillie à peu près triangulaire, placée en avant du conduit auriculaire. Il paroît que le nom de *tragus* lui a été donné parce que, commu-nément chez les vieillards, cette partie fe re-couvre de poils. (*Voyez* Auricule dans le même Dictionnaire, pag. 96.)

TRAIN, f. m. (*Art vétér.*) Mot employé pour défigner la partie antérieure ou poftérieure du cheval. Ainfi l'on dit : *train de devant*, *train de derrière*. La même expreffion fert encore pour ex-primer l'allure de l'animal : aller *bon train*, aller *petit train*.

TRAINASSE, fub. f. (*Botan.*, *Mat. médic.*) (*Voyez* Renouée dans ce Dictionnaire & dans celui de *Botanique*.)

Oo

TRAITEMENT (Méthode de), f. m. Les diverfes méthodes curatives employées par les médecins qui ont fait époque dans les annales de l'art, tiennent une grande place dans fon hiftoire : malheureufement ces méthodes, trop fouvent fondées fur des hypothèfes, n'offrent pas matière à des développemens bien folides & bien inftructifs. Si donc nous en parlons ici très-fuccinctement, c'eft moins fans doute avec la certitude d'être directement utile, que dans la vue d'efquiffer un tableau des erreurs de l'efprit de fyftème dans une matière d'ailleurs fi importante, où la feule expérience des faits devroit conftamment fervir de guide. Cet article fe compofera de deux parties : l'une hiftorique, dans laquelle on s'efforcera de caractérifer en peu de mots les diverfes médications générales, propofées & mifes en ufage par les auteurs les plus renommés ou les chefs d'école ; l'autre, qui préfentera des confidérations fur la meilleure manière d'inftituer & d'adminiftrer les méthodes thérapeutiques.

Dans les temps qui précédèrent Hippocrate, il y eut deux fortes de médecins : ceux qui fe livroient à la phyfiologie fpéculative, qu'ils mêloient d'ailleurs avec la philofophie de l'époque ; & ceux qui fe bornoient à pratiquer l'art fous le nom d'empiriques. Le divin vieillard eut la gloire de réunir ces deux branches de l'art, de les foumettre à des règles générales, en fondant le dogmatifme, qui participoit à la fois de la phyfiologie fpéculative & de l'expérience pratique. Les méthodes thérapeutiques employées par les médecins de l'école de Cos durent être bafées fur ce fyftème ; mais, comme on ne compofoit point alors de traités fpéciaux, il faut chercher les traces de ces méthodes çà & là dans les écrits légitimes d'Hippocrate, & dans ceux publiés fous fon nom par les médecins de Cos.

L'aphorifme fi connu, qu'on guérit par les contraires (contraria contrariis curantur), indique qu'Hippocrate fe faifoit une loi d'évacuer, quand il fuppofoit que les voies digeftives étoient furchargées d'humeurs qui caufoient une réplétion ; qu'il ranimoit, fortifioit ceux que d'abondantes évacuations avoient épuifés ; qu'il détruifoit les effets attribués au froid, par ceux qu'on puife dans la chaleur, &c. ; mais en homme fage & prudent, il recommandoit toujourt de procéder, dans les divers modes de traitement, lentement, par degré, & avec les plus grands ménagemens. « On doit en général, dit-il, fe garder de vider » & de ramollir tout d'un coup, ou trop vite & » trop abondamment, qu'il eft très-dangereux de » réchauffer ou de refroidir fubitement. » Hippocrate, ou fon école, admettoit auffi d'autres indications générales, qui confiftoient tantôt à refferrer, tantôt à dilater, lorfque les folides qui livroient paffage aux humeurs étoient trop lâches ou trop compactes ; d'autres fois, à fortifier, à relâcher, à adoucir, felon les cas, avec les ex-

citans, les émolliens, &c. Cette école mettoit auffi au nombre des indications thérapeutiques les plus importantes, celles qui confiftoient à refpecter la marche de la nature lorfqu'elle avoit une tendance normale, à fuivre attentivement les efforts & les développemens de ce qu'on a appelé plus tard la force médiatrice, fans la vicier par des médicamens inutiles. Cette méthode thérapeutique a été le fondement de la médecine expectante, qui a trouvé tant de partifans & tant de contradicteurs, & que l'école de Cos avoit caractérifée par cette fentence : Optima medicina eft interdùm medicinam non facere. Cette école confeilloit rarement la diète abfolue dans les maladies aiguës, à moins qu'il y eût délire, douleurs de tête, &c. ; on fait même qu'elle prefcrivoit quelquefois de prendre des alimens avant d'adminiftrer les vomitifs ; différant en cela d'une autre école du même temps, à la tête de laquelle fe trouvoit Hérodicus, qui exténuoit les malades avec la diète & les exercices combinés.

Les méthodes thérapeutiques adoptées par Afclépiade, médecin praticien qui jouit jadis d'une grande renommée à Rome, confiftoient, tantôt dans l'emploi des exercices paffifs ou geftations, tantôt dans celui des frictions, d'autres fois dans l'ufage médicinal du vin. Il avoit auffi très-fouvent recours à la diète & aux bains : on dit même qu'il fut l'inventeur des douches.

Les méthodiftes, qui eurent pour chef le célèbre Thémifon, fondèrent leur mode de traitement fur la diftribution très-connue des maladies qui tiennent, foit au ftrictum, foit au laxum, ou enfin au mixtum, fans abandonner cependant les grands principes de la médecine hippocratique. C'eft en outre aux méthodiftes que l'on doit la doctrine thérapeutique des cycles, appliquée à la curation de certaines maladies chroniques, & qui paroit tenir à des vues profondes fur l'économie animale ; on entend par cycles des méthodiftes, un certain ordre, une fucceffion ou des alternatives d'agens curatifs, foit de médicamens, foit de moyens diététiques, ou enfin d'exercices gymnaftiques combinés pour produire un effet déterminé fur le corps humain. L'un de ces cycles étoit deftiné à changer la conftitution individuelle, & portoit le nom de métafyncritique ; l'autre, qui étoit propre à augmenter graduellement les forces, s'appeloit réfomptif, &c.

Arétée de Cappadoce, que les hiftoriens confidèrent comme appartenant à l'école pneumatique, & qui jouit d'une renommée prefqu'égale à celle d'Hippocrate, employoit des méthodes de traitement très-fimples, très-rationnelles, & bien différentes de celles qu'on préconifoit de fon temps ; il n'agiffoit jamais fans qu'il y fût autorifé par une indication précife ; obfervoit avec foin, & tenoit compte de la tendance de la nature à guérir, à l'exemple du vieillard de Cos. Il étoit partifan des émétiques, qu'il confidéroit comme évacuans réfolulifs & toniques, & qu'il employoit dans quelques cas. Les bains chauds, les lavemens, la diète, lui paroiſſoient bien propres à hâter la ſolution des maladies aiguës, appelée *coction* par les Anciens. Arêtée conſeilloit la ſaignée dans toutes les inflammations, mais la faiſoit pratiquer du côté oppoſé à l'organe malade. Un de ſes médicamens favoris, dit Sprengel, étoit le *caſtoreum*, qu'il preſcrivoit dans la plupart des maladies chroniques.

Galien prenoit pour guide, dans la thérapeutique, la doctrine de l'*indication*, imaginée par les méthodiſtes : il fondoit cette doctrine ſur la nature de la maladie ; & , lorſque cette connoiſſance lui étoit interdite, il baſoit alors ſa méthode curative ſur la conſtitution de l'individu, l'influence des ſaiſons, de l'air atmoſphérique, le régime alimentaire, l'état des forces du malade, &c. Il apportoit une attention particulière à s'abſtenir des médicamens repouſſés par la nature du mal, & qu'il appeloit *contre-indiquans* ; du reſte, pour le régime & la diète dans les maladies aiguës, il ſe conformoit en tout point aux préceptes d'Hippocrate.

Obſervateur exact & plein de candeur, partiſan éclairé de la médecine grecque, Alexandre de Tralles paroît avoir pris pour guide de ſages méthodes dans le traitement des maladies ; lorſqu'il adminiſtroit des médicamens, il avoit égard aux efforts de la nature, aux forces de la conſtitution, à la manière de vivre des malades, à l'action des agens de l'hygiène ſur eux en tenant compte des règles poſées par Hippocrate, Galien & Arétée. Il ne ſe laiſſoit jamais entraîner par l'autorité des grands noms ; il avoit ſurtout en vue la cure définitive, & employoit rarement les médicamens qui ne combattent que des ſymptômes : il préféroit à l'opium le caſtoreum, dans les cas où il falloit calmer les douleurs, parce que ce dernier médicament ne déterminoit point de congeſtions vers la tête.

Alexandre de Tralles avoit une méthode particulière (oppoſée à celle de ſes contemporains) de traiter la dyſenterie ; il proſcrivoit les aſtringens, ne faiſant uſage que des mucilagineux & des légers laxatifs : c'eſt lui qui paroît avoir introduit la rhubarbe dans la matière médicale. Ce médecin traitoit les hydropiſies par la ſaignée & les antiphlogiſtiques, lorſqu'il étoit perſuadé que ces maladies étoient produites par la pléthore. Il avoit imaginé, pour la curation de la goutte, un traitement qui ſe partageoit en trois cent ſoixante-cinq doſes & duroit autant de jours : les malades devoient obſerver une diète légère pendant ce long intervalle de temps. Sprengel voit dans ce traitement, qui étoit d'ailleurs partagé en pluſieurs *cycles*, qu'une manière de ſoumettre les malades à un régime diététique particulier.

Après Alexandre de Tralles, la médecine, comme les autres ſciences, paroît en quelque ſorte ſuſpendue dans ſa marche par l'état de guerre, de barbarie ou d'ignorance où l'Europe eſt plongée pendant pluſieurs ſiècles. Les livres originaux ſe trouvent entaſſés dans la bibliothèque d'Alexandrie, d'où il eſt très-difficile d'en obtenir des copies ; l'exercice de l'art de guérir, borné à un pur empiriſme, eſt confié au clergé, &c. A cette nuit profonde, dit Pinel (1), ſuccède un léger crépuſcule vers le huitième ſiècle. Les Arabes, après leurs incurſions en Afrique & en Eſpagne, avoient fixé leur demeure à Cordoue ; là, comme à Bagdad, en Perſe, ils avoient bâti un hôpital, un collège, fondé la fameuſe bibliothèque de l'Eſcurial, remplie des débris de celle d'Alexandrie. Ce fut l'école de Cordoue qui donna naiſſance à celle de Salerne, vers le commencement du onzième ſiècle, & à celle de Montpellier vers la fin du douzième. Les principaux auteurs arabes qui ont écrit avant cette dernière époque ſont : Hali-Abbas, Rhazis, Avicenne, Avenzoar, Averrhoës & Albucaſis ; mais que trouve-t-on dans leurs écrits ? de pures compilations des anciens, & une ſurabondance d'explications ſcolaſtiques, un mélange ſuranné des doctrines de Galien & d'Ariſtote.......

La découverte de l'imprimerie, le zèle infatigable des médecins de la Faculté de Paris, qui dès le douzième ſiècle avoient été puiſer des connoiſſances dans les auteurs originaux conſervés à Cordoue, fournirent de nouveaux moyens de méditer les beaux modèles & de perfectionner les méthodes d'étudier & de traiter les maladies. Mais, avant d'arriver à ce réſultat, on perdit beaucoup de temps à traduire, à interpréter & à commenter les médecins grecs, qu'on ſembloit regarder comme des oracles. Les hommes les plus diſtingués n'échappèrent pas à cette manie. Il faut ajouter que le galéniſme, qu'on avoit en grande vénération, retarda auſſi très-long-temps les progrès de la médecine pratique.

Si Paracelſe ne mérite pas plus le titre d'obſervateur exact & de praticien habile que celui de vainqueur de la médecine hippocratique, qu'on lui décerna ſi ridiculement, au moins rendit-il à la ſcience le ſervice inſigne de porter un coup mortel au galéniſme qui régnoit encore dans les écoles lorſqu'il prit rang parmi les réformateurs de l'art. Les méthodes de traitement employées par Paracelſe étoient fondées, tantôt ſur la cabale & l'aſtrologie, tantôt ſur la puiſſance & l'indication des *ſignatures* ; d'autres fois enfin elles n'avoient pour baſe qu'un empiriſme procurant la guériſon à travers mille dangers, dont les effets, pour être tardifs, n'en étoient pas moins funeſtes. Du reſte, Paracelſe fut le premier

_____

(1) *Méthode d'étudier la médecine.*

qui fit fervir utilement la chimie au perfectionne-ment de la matière médicale & de la thérapeu-tique. On lui doit la première méthode ration-nelle d'adminiftrer le mercure, déjà préconifé par Jean de Vigo, Bérenger de Carpi & Pierre-André Mathiole, contre les maladies vénériennes.

C'eft entre Paracelfe & Van-Helmont qu'il con-vient de placer deux Piémontais bien oppofés par leur influence & leur opinion; je veux parler de Jean Argentier, fondateur d'une école empirique où l'on conteftoit à la médecine le titre de fcience, & de Léonard Botal, auteur de la *Méthode de traitement par la faignée réitérée*, jufque là très-peu pratiquée en France, où Botal étoit venu s'établir fous le règne de Henri III.

Le *fpagyrifme* ou la *chimiatrie* de Paracelfe, long-temps profeffée par les médecins allemands, qui avoient embraffé cette doctrine avec une forte de fanatifme, fut ébranlée jufque dans fes fondemens par le célèbre Van-Hel-mont, dont la théorie, erronée en plufieurs points, a néanmoins exercé une immenfe in-fluence fur la phyfiologie & la pathologie la plus claffique de nos jours. Ce gentilhomme belge, théologien, philofophe, & finalement médecin, fubjugué par une efpèce de myfticifme, & qui croyoit, comme Socrate, avoir un génie qui l'inf-piroit, créa en quelque forte le fpiritualifme, que dirigeoit fon *archée*. On a transformé depuis, en principe vital, en ame furveillante cet archée, que Wepfer appeloit le *préfident* du fyftème ner-veux.

Les principes thérapeutiques de Van-Helmont avoient pour but principal, de calmer l'archée, d'en régularifer les mouvemens : pour atteindre ce but, il employoit particulièrement la diété-tique & les moyens moraux qui agiffent fur l'imagination. Ce médecin croyoit auffi à l'effica-cité d'un remède univerfel, connu dans fon école fous les noms de *liquor alkaheft, ens primum falinum*, &c. : les mercuriaux, l'opium, le vin étoient confidérés comme très-agréables à l'archée, lorfqu'il étoit en délire dans les fièvres. Van-Helmont recommandoit fpécialement le muriate de mercure dans les fièvres, les hydropifies, les maladies du foie, les ulcères du poumon; il prof-crivoit la faignée comme inutile & dangereufe. Ce fut le plus grand *hématophobe* qui ait ja-mais exifté, pour me fervir de l'expreffion de Sprengel; il n'employoit les purgatifs que très-rarement, & feulement lorfqu'il il y avoit des fignes de fabure dans les voies gaftriques.

Le chimiâtre Sylvius de le Boë, dont la re-nommée balançoit celle de Boerhaave, fut l'au-teur d'un fyftème médical entièrement chimique, qui, malgré fon abfurdité, compta beaucoup de partifans, même dans fon application au traite-ment des maladies. Dans cette doctrine, on oppo-foit les purgatifs aux maladies dues à l'effervef-cence de la bile; on cherchoit à modérer l'âcreté

de cette humeur, par l'opium & autres narco-tiques : les efprits & les fels étoient vantés comme les remèdes les plus efficaces dans prefque toutes les maladies; on leur attribuoit la propriété de corriger l'acidité de la lymphe ou l'âcreté du fluide pancréatique, de remédier à la pareffe des efprits vitaux, de favorifer les fécrétions. Ce qu'il y avoit de plus extravagant, c'eft qu'en prefcrivant des médicamens auffi incendiaires, on n'avoit aucun égard à la marche de la nature, & aux périodes des maladies aiguës.

L'école *yatro-mathématique* ou mécanique, qui floriffoit prefqu'en même temps que l'école chimique, avoit bafé fon fyftème fur la compa-raifon du corps humain avec les machines, & fur le calcul des fonctions d'après les lois de la ftatique & de l'hydraulique : devancée par les travaux de Sanctorius, comparé à Hippocrate pour fes aphorifmes ftatiftiques, cette école eut pour principaux organes, Borelli, Bellini, Pic-carn, Michelotti, Chirac, Claude Perrault, Dodart, Ferrein, Boiffier de Sauvages, Keill Ro-binfon & Hermann Boerhaave, &c. &c. Un des grands avantages de l'école yatro-mécanique, fut d'impofer au médecin la loi de cultiver toutes les facultés de fon efprit, d'employer le raifon-nement & le calcul dans la recherche de la vérité, & de retenir l'effor de l'imagination fi facile à s'égarer. Mais auffi que d'erreurs cette école n'a-t-elle pas produites, en confondant la cer-titude mathématique avec la précifion empirique, en infpirant le goût de l'analyfe tranfcendente, au préjudice de la voie fimple de l'obfervation? On ne fauroit méconnoître, dit Sprengel, l'incon-féquence que les yatro-mécaniciens commirent de déduire les axiomes phyfiologiques les uns des autres, de parler en même temps, comme de fimples empiriques, & d'établir des doctrines totalement contradictoires, lorfqu'il s'agiffoit de pathologie ou de la pratique de la médecine; fi on ajoute à tout cela, que les yatro-mécaniciens établiffoient leur théorie d'après la fuppofition gratuite, que des organes pleins de vie & de force active étoient en tout comparables à des machines & à des tuyaux inertes, on comprendra de fuite combien leurs méthodes thérapeutiques durent être erronées.

Les *yatro-mécaniciens* fe contentoient de cal-culer la forme des atomes, les angles & les courbures des vaiffeaux; les *chimiâtres* croyoient avoir trouvé la bafe de notre art dans l'ac-tion des fermens, des fels, &c. : par confé-quent ces deux écoles ne prenoient en confidé-ration que les conditions phyfiques de l'orga-nifme pour remonter à la caufe première de la vie. Swammerdam, & enfuite Claude Perrault, cherchèrent à rétablir les idées d'*ame* & de *prin-cipe de vie* des Anciens, & furent les précurfeurs de Stahl. Ce célèbre profeffeur, donnant dans un excès oppofé à celui des chimiftes & des mécaniciens, dont il renversa la théorie, considéroit la matière organique comme entièrement passive, & attribuoit à l'ame, qu'il appeloit *surveillante*, toutes les fonctions de l'organisme, tous les efforts de la nature médicatrice dans la guérison des maladies. Le stahlianisme n'admettoit pas qu'on pût traiter par une méthode thérapeutique rationnelle les maladies que la seule nature peut guérir ; dans l'esprit de cette doctrine, on ne pouvoit recourir qu'à des moyens empiriques, & lorsqu'ils échouoient l'art ne pouvoit plus rien. Stahl pensoit que le médecin ne peut maîtriser la nature qu'autant qu'il fait lui obéir. Selon ce grand médecin, la marche de la nature ne doit jamais être troublée d'une manière absolue ; toutefois, le praticien ne doit pas rester oisif, car cette même nature est sujette à de fréquens égaremens : il faut la redresser, venir à son secours, &c. Stahl n'employoit que des médicamens peu actifs ou insignifians. Il prescrivoit souvent la saignée, attribuant presque toutes les maladies à la surabondance du sang ; il ne la faisoit pratiquer toutefois qu'à l'invasion du mal, & jamais aux approches de la crise : il usoit aussi des ventouses & des sangsues dans les suppressions hémorragiques ; il recommandoit les scarifications des narines dans les congestions cérébrales. Le médecin de Halle rejetoit le *quinquina* du traitement des fièvres ; il condamnoit l'emploi de l'*opium* comme un palliatif dangereux qui pouvoit annuler l'action vitale. Il faisoit usage des préparations martiales dans les maladies chroniques, &, par une contradiction singulière, il interdisoit les eaux minérales ferrugineuses.

Adrien Mynsicht, en découvrant l'*émétique*, dota la médecine de l'un des plus puissans moyens qu'elle emploie ; il créa ainsi la méthode évacuante la plus efficace & la plus expéditive.

Le système *mécanico-dynamique* d'Hoffmann est visiblement une combinaison des précédens & du spiritualisme des Anciens ; les traces de ce système se trouvent, selon Sprengel, dans la métaphysique de Leibnitz & dans les ouvrages de Glisson, qui, les premiers, ne voulant pas avoir recours continuellement à l'ame, comme Descartes & Stahl, cherchèrent à démontrer que la matière organique est douée de forces particulières, ce qui étoit tout-à-fait nouveau. L'esprit mathématique & sévère d'Hoffmann, son style précis, son érudition sans pédantisme, lui acquirent une grande célébrité & un avantage immense sur Stahl ; il jouit aussi d'une grande réputation comme praticien. Boerhaave répondant au roi de Prusse (qui le consultoit), qu'*il ne pouvoit lui conseiller rien de mieux que de s'adresser à Hoffmann* (qui étoit à Berlin), faisoit un grand éloge de ce célèbre médecin. Le professeur de Halle posoit d'abord en principe que le corps humain possède des forces matérielles à l'aide desquelles il opère ses mouvemens, & qu'on pouvoit expliquer ces forces mécaniquement & mathématiquement ; en second

lieu, il admettoit que la cause de l'activité dont jouissoient ces forces résidoit dans l'influence de l'ame sensitive (espèce d'esprit ou d'*éther* répandu dans la nature entière), influence qui s'anéantit aussitôt que l'action nerveuse qui la vivifie est interceptée (c'est le fluide nerveux). Le système d'Hoffmann eût été admirable si son auteur n'y eût mis pour condition de tout expliquer, & s'il n'eût récusé la participation de l'expérience. La thérapeutique d'Hoffmann avoit pour base l'action des parties constituantes des médicamens sur les solides & les fluides organisés ; il divisoit ces médicamens en quatre classes ; les *fortifians*, les *calmans*, les *évacuans* & les *altérans*. Il vantoit beaucoup les eaux minérales, qu'il étudia & analysa l'un des premiers ; conseilloit fréquemment les bains chauds pour calmer les spasmes & les inflammations. On lui doit l'usage vulgaire de plusieurs médicamens importans, tels sont l'*éther* sulfurique alcoolisé, le *camphre*, &c. Il défendit l'emploi du quinquina dans les fièvres intermittentes, contre les stahliens ; selon lui, le retour de ces fièvres tenoit à la foiblesse à laquelle remédioit le fébrifuge par excellence ; il différoit aussi d'opinion avec l'école de Stahl à l'égard de l'opium & des ferrugineux qu'il employoit volontiers, mais avec des restrictions ; il faisoit aussi un grand usage du *nitre* comme antispasmodique & rafraichissant. Hoffmann professoit les grands principes de la médecine hippocratique par rapport aux méthodes thérapeutiques ; il respectoit les mouvemens de la nature, & n'agissoit jamais aux approches des crises. Il étoit aussi partisan décidé de la diététique & des exercices dans les maladies chroniques ; il n'employoit que les purgatifs doux ; & parmi les vomitifs il ne prescrivoit que l'émétique & l'ipécacuanha.

Le goût des médecins allemands pour les systèmes avoit presqu'entièrement banni de leur pays celui de la médecine hippocratique ou d'observation ; ce n'étoit qu'en France, dans certaines contrées de l'Espagne & de l'Italie que des esprits sages suivoient encore la route tracée par le vieillard de Cos [1]. Heureux s'ils n'avoient pas fait trop souvent de ce médecin illustre, l'objet d'un culte aveugle & d'éternels commentaires !

La révolution opérée par le chancelier Bacon dans l'étude des sciences, augmenta considérablement le nombre des médecins empiriques [2], & fit renaître le goût de l'observation, surtout parmi les Anglais. Ce fut de leurs rangs que sortit Thomas Sydenham, chef de l'école empirique de ce pays ; ce grand observateur eut la gloire de démontrer combien tous les systèmes des médecins-chimistes &

---

(1) Tels furent Linacer, Vallesius, Fuschs, Gorræus, Houlier, Duret, Foës, Mercuriali, &c.
(2) Le mot *empirique* est ici pris en bonne part.

des mécaniciens, étoient absurdes & futiles, & remit ses confrères sur la voie presqu'entièrement abandonnée de la nature & de l'expérience. Sydenham considéroit la maladie comme un effort de la nature tendant à expulser le principe morbifique de la masse des humeurs : celle-ci étoit aiguë ou chronique, suivant que cet effort s'exécutoit plus ou moins promptement. Ce médecin regardoit les maladies épidémiques comme fort différentes des autres, & comme exigeant des moyens thérapeutiques d'une nature particulière ; il distinguoit celles qui tiennent à des qualités connues de l'air de celles qui dépendent de qualités occultes ; il les décrivoit d'ailleurs avec un grand soin, & se livroit habituellement à une multitude de recherches pour en connoître la nature. Sydenham supposant que les nombreuses épidémies de diverse nature qu'il avoit observées, même la peste de 1665, dépendoient d'un état d'excitement, leur appliquoit presqu'indistinctement la méthode antiphlogistique suivie de quelques purgations. On l'a accusé, non sans raison, d'abuser de la saignée ; cependant il prescrivoit contre les médications amères, stomachiques & légèrement aromatiques, ce qui prouve qu'il ne méritoit pas, autant que vouloit le faire croire son antagoniste Morton, le reproche d'esprit exclusif. Sydenham, au reste, fut loin d'être aussi bon praticien qu'il fut bon observateur.

Ce fut vers cette époque qu'une espèce de charlatan nommé Robert *Tabor* ou *Talbor*, de Cambridge, imagina ou reçut de quelqu'autre une méthode efficace d'administrer le quinquina dans les fièvres intermittentes : jusque là, en effet, on n'avoit pas réussi à employer d'une manière heureuse ce médicament, découvert en Amérique un demi-siècle auparavant (1).

Baglivi vécut à la même époque que Sydenham. On les a souvent comparés l'un à l'autre pour leurs vues sages, leur perspicacité & leur talent pour l'observation ; de plus, le premier exécutoit en Italie presqu'en même temps ce que le second faisoit en Angleterre. Baglivi toutefois eut plus de philosophie, plus de sévérité de jugement que l'Hippocrate anglais ; en sorte, on peut le considérer comme le chef de l'école solidiste moderne, tandis que Sydenham penchoit plutôt vers l'humorisme que vers le solidisme. Aucun médecin n'a manifesté un respect plus profond que Baglivi pour les Anciens, & plus d'éloignement pour les hypothèses. S'il s'est égaré quelquefois dans son livre de la *fibre motrice*, s'il a cru trop légèrement ce qu'on lui avoit dit au sujet de la piqûre de la tarentule, il ne faut pas perdre de vue, pour son excuse, qu'il mourut dans la fleur de l'âge, & au

(1) On croit que cette méthode consistoit à déguiser le goût amer de ce médicament, & à l'administrer pendant l'apyrexie.

moment où il commençoit à réaliser son projet de réforme de la médecine.

À une époque plus rapprochée de nous, Stoll & de Haen, à Vienne, perfectionnèrent la thérapeutique des maladies épidémiques ; Morton & Torti créèrent celle des fièvres pernicieuses ; Cullen, en hâtant les progrès de la nosographie, ne négligea point les méthodes de traitement ; Barthez nous fit connoître ses méthodes analytiques appliquées à la curation des élémens de la goutte dans son *Traité des maladies goutteuses*. Bordeu, digne successeur des médecins hippocratiques de la Faculté de Paris, grand admirateur de Baillou, qui eut tort de naître trop tôt, nous transmettoit, dans des ouvrages étincelans d'esprit & de profondeur, quoique parfois bizarrement intitulés, les vérités pratiques les plus remarquables, & préludoit à la restauration définitive des méthodes hippocratiques de traitement, dont Pinel a proclamé le triomphe parmi nous.

Toutefois ce triomphe devoit être en partie retardé par un nouveau système que méditoit en Écosse un disciple de Cullen, & qui passa ensuite les mers pour aller établir sa domination en Italie ; nous voulons parler du *brownisme*, espèce de deutéropathie qui, admettant deux classes de maladies, l'une par excès de ton (sthénique), & l'autre par défaut d'excitement (asthénique), dut admettre deux méthodes thérapeutiques adaptées à ces deux classes de maladies, les excitans & les débilitans.

Les progrès de la physique & de la chimie firent naître l'espoir de puiser dans ces deux sciences des méthodes thérapeutiques nouvelles. On connoît le succès éphémère du galvanisme, du magnétisme minéral, dus aux efforts si louables d'ailleurs d'Aldini, de Thouret, d'Andry, de Hallé, de Humboldt. Nous avons retiré encore moins d'avantage de l'emploi du gaz oxygène proposé par Fourcroy & Beddoès, des dissolvans de la pierre que nous fournit la chimie, &c. Mais l'emploi de l'acide muriatique oxygéné comme méthode prophylactique est une conquête durable de cette science ; ce gaz déguisé n'a fait, en effet, que changer de nom sans être moins efficace ; & tout ce qu'on dit aujourd'hui des vertus réelles du *chlore* & de ses composés, avoit été trouvé ou entrevu par le célèbre Guyton de Morveau.

Véritable médecin hippocratique, Pinel, nourri de la lecture des Anciens, des doctrines de Stahl, de Sydenham & de Baglivi, acheva la restauration commencée par les sectateurs de l'empirisme moderne : éclairé par les lumières de la physiologie & de l'anatomie pathologique, sa doctrine succéda à celle d'Hoffmann, de Cullen & des médecins de Montpellier. Son enthousiasme pour les écrits du vieillard de Cos l'a fait décorer du nom d'*Hippocrate français* & de restaurateur de la médecine d'observation. Avant lui on ne sentoit guère, parmi nous, l'importance des faits, & on étoit loin d'en apprécier l'influence ; on fembloit ignorer l'art de les mettre en œuvre. Difciple & collaborateur de ce médecin illuftre dont les fciences déplorent encore là perte, nous craindrions de nous laiffer aller à un mouvement d'enthoufiafme & de reconnoiffance en affignant ici le rang que doivent occuper fa doctrine & fes méthodes thérapeutiques ; auffi laiffons-nous parler le célèbre Sprengel, qui nous femble avoir bien jugé notre moderne chef d'école.

« Pinel ne veut admettre pour bafe du rai- » fonnement, en médecine, que l'empirifme » fondé fur l'analogie & l'induction, & il fe dé- » clare, d'une manière pofitive, contre toutes » les fpéculations qu'on doit bannir d'une fcience » d'obfervation telle que l'art de guérir. Fidèle » à la nature & à l'expérience, comme Hippo- » crate, qu'il prend conftamment pour modèle, » & formé par l'étude approfondie des ouvrages » de médecine publiés dans tous les temps, Pinel » a pris place parmi les médecins les plus habiles » & les plus favans de nos jours, & fon livre » (Nofographie philofophique) eft un véritable » chef-d'œuvre, tant à caufe du plan excellent » qu'il adopte qu'à raifon de la profondeur & de » l'impartialité de fes jugemens. La nature & la » raifon le décidèrent pour le folidifme, qu'il » défend par des argumens d'une haute impor- » tance (1). » Comme Baglivi, qu'il avoit beau-coup étudié, Pinel étoit folidifte ; il fe montra toujours partifan éclairé de la médecine expectante ; il faifoit un grand fond fur la nature médicatrice, & lui attribuoit une grande puiffance dans la plupart des maladies ; il refpectoit religieufement les crifes, & n'ufoit qu'avec une grande fobriété des médicamens. Ses méthodes curatives étoient à la fois fondées fur la nature des maladies, fur l'expérience & la confidération des principaux fignes des affections qui n'étoient pas encore fuffifamment connues. Peu de médecins ont fait autant ufage de la diététique, de l'exercice, des voyages & des moyens moraux pour le traitement des maladies chroniques, dans lefquelles il montroit d'ailleurs une fagacité rare & une habilité profonde. Enfin, nous ajouterons, en terminant, que Pinel a fondé le premier, en Europe, la véritable méthode de traiter l'aliénation mentale, fur laquelle il a publié un livre traduit dans prefque toutes les langues (2).

Il nous refte maintenant à indiquer deux écoles contemporaines dont les méthodes curatives, actuellement en vigueur dans deux contrées différentes, ne font point encore jugées : nous voulons parler de la doctrine de l'irritation qui, en France, a fuccédé à l'empirifme philofophique de Pinel,

(1) Hiftoire de la Médecine, tome VI, pag. 553, traduite par M. Jourdan.
(2) Traité médico-philofophique de l'aliénation mentale.

& de celle du contre-ftimulus qui a remplacé la théorie de Brown en Italie. L'une & l'autre, comme on fait, fe réduifent à une efpèce de dichotomie qui n'eft pas nouvelle dans la fcience médicale, & qui diffère beaucoup moins qu'on ne le croit du méthodifme, du brownifme & de plufieurs autres efpèces de dualifme, depuis long-temps oubliées. Quoique les partifans de l'irritation admettent plufieurs efpèces de médications, ils n'ont le plus fouvent recours qu'aux diverfes méthodes antiphlogiftiques dans la plupart des maladies. Dans la doctrine du contre-ftimulus, au contraire, les médicamens excitans, adminiftrés à très-haute dofe, font en quelque forte la bafe de la thérapeutique. Dans ces deux modes de traitement, on n'a aucun égard à la force médicatrice de la nature, on ne reconnoît pas les crifes, on ignore l'expectation & on paroît tout accorder à la puiffance des agens thérapeutiques.

Il réfulte du contenu de la première partie de cet article, que la plupart des méthodes curatives qui ont joui de quelque réputation, ont été fondées fur des fyftèmes, des hypothèses qui fe font fuccédé & détruits mutuellement avec une grande rapidité ; que les plus folides, les plus efficaces, celles qui n'ont pas varié dans leurs effets, ont eu l'expérience pour bafe. Ainfi, l'émétique, le mercure, le quinquina, qui repréfentent chacun un mode de traitement & dont l'action ne fe rattache rigoureufement à aucune théorie, n'ont pas ceffé de produire les effets qu'on avoit conftatés au moment de la découverte de ces médicamens ; tandis qu'une foule d'autres, que l'efprit de fyftème avoit prônés & rattachés à des théories, n'ont guéri qu'un moment. De pareilles anomalies ne juftifient-elles pas fuffifamment quelques empiriques, & en particulier le célèbre Piémontais Argentier, d'avoir dénié à la médecine pratique la qualité de fcience ?

En voyant tant de méthodes thérapeutiques fi peu conftantes dans leurs effets, on fe demande naturellement fur quelles bafes il faudroit les établir pour que leurs fuccès fuffent plus durables. Eft-ce fur la nature des maladies ? mais fouvent elle nous eft inconnue. Les fonderoit-on fur une claffification, un rapprochement de ces mêmes maladies entr'elles, comment claffer avec fruit des objets trop fouvent difparates & mal déterminés ? Prendra-t-on pour guide des fignes appelés pathognomoniques ? mais ne fait-on pas combien de fois ils fe trouvent en défaut ? Suivra-t-on les erremens d'un fyftème ingénieux, féduifant au premier abord, dans fon enfemble, mais défectueux dans fes détails ? l'hiftoire de tous les fyftèmes fait tout d'abord juftice de ce moyen. Ira-t-on, à l'exemple des partifans du contre-ftimulus, déduire la nature des médications, de la propriété des médicamens ? ce feroit évidemment folie. Mieux vaut donc encore, pour le plus grand nombre des maladies, s'en tenir à la voix de l'expérience, à l'exemple des médecins hippocratiques de tous les temps : c'est-à-dire, se diriger d'après un empirisme éclairé par les lumières de la philosophie & de la physiologie, jusqu'à ce que les recherches de l'anatomie pathologique nous aient dévoilé les caractères essentiels & anatomiques de ces maladies.

En faisant ressortir l'extrême difficulté qu'on éprouve à établir d'une manière ferme & solide les méthodes de traitement en général, nous ne devons pas oublier les services que nous ont rendus, à ce sujet, la nosologie & l'anatomie pathologique. Boissier de Sauvages, Linné, Sagar, Cullen, en classant les maladies par groupes, ont en quelque sorte indiqué par là des méthodes thérapeutiques plus, ou moins applicables à ces groupes. Pinel surtout, le dernier des nosographes, a rendu à l'art un insigne service en classant un grand nombre de maladies d'après une marche qui participe à la fois de l'analyse & de l'anatomie pathologique réunies, c'est-à-dire en les groupant d'après les tissus organiques qu'elles affectent ; il en a par là facilité l'étude & rendu la cure facile. Aussi, à l'aide de ses travaux, l'immense classe des phlegmasies & celle des hémorragies laissent-elles peu de choses à désirer sous le point de vue de la théorie & de la pratique, surtout en y joignant les perfectionnemens de M. Broussais, véritable successeur de Pinel sous ce rapport. Mais il faut convenir aussi que relativement aux névroses & aux lésions organiques, deux autres classes du système de Pinel, tout est presque à refaire quant à l'indication précise des méthodes de traitement. A cet égard l'anatomie pathologique & l'étude approfondie du système nerveux sont appelées sans doute à nous rendre les plus grands services. Toutefois, l'expérience des vingt dernières années de notre époque nous apprend qu'on peut souvent s'égarer en suivant une route en apparence si sûre. Y auroit-il donc en médecine, comme en morale, une voie qu'il nous est interdit de connoître, & des vérités que nous ignorerons toujours ? Les admirables recherches de notre célèbre Laennec, l'une des lumières de la pathologie & de l'anatomie pathologique, ne seroient-elles pas une preuve de notre proposition dubitative ? en effet, de quel avantage les travaux diagnostiques & ses recherches cadavériques, sur les maladies de poitrine, ont-ils été pour le perfectionnement des méthodes thérapeutiques ? Si le praticien est plus satisfait de connoître avec précision les plus petites désorganisations qui se font opérées dans un point des organes respiratoires, quelles tristes réflexions ne fait-il pas en songeant qu'il est impossible de remédier à presque toutes ces désorganisations ? Il ne lui reste donc plus comme auparavant l'espoir d'un avenir meilleur....

En attendant donc que l'anatomie pathologique & la physiologie expérimentale nous tracent une route plus sûre dans le traitement des maladies, ce qui est sans doute fort éloigné, nous devons faire tous nos efforts pour perfectionner les méthodes thérapeutiques fondées sur l'expérience & sur l'observation. On peut y parvenir par différens moyens. Le premier & le plus important consiste à tracer des descriptions exactes, & à établir le diagnostic des maladies, afin qu'en les reconnoissant, à l'aide des tableaux qu'on en aura tracés, on puisse les combattre avec succès partout où elle se présenteront. Exemple : les diverses fièvres intermittentes, bénignes ou pernicieuses, les maladies syphilitiques, diverses affections épidémiques considérées sous un faux point de vue par de célèbres novateurs, & combattues par des méthodes thérapeutiques fausses & très-dangereuses. Il est important, en second lieu, d'observer attentivement le début des maladies, afin de ne pas confondre des symptômes éphémères avec la véritable invasion du mal, de n'agir que lorsque l'affection commencera à se bien dessiner aux yeux du médecin ; de peser ensuite la gravité de l'affection qu'on doit combattre, afin de proportionner la méthode thérapeutique à l'intensité des accidens, & de ne jamais accabler la nature de secours dont elle n'a pas besoin. En troisième lieu, il faut respecter la marche, ne point employer une méthode perturbatrice lorsqu'on prévoit une terminaison favorable ; s'en tenir à l'expectation à l'approche des crises, moment où la réaction de l'organisme, appelé *force médicatrice*, opère une révolution nécessaire au rétablissement de l'équilibre que l'invasion morbide avoit rompu.

Une considération des plus importantes, dans l'application des méthodes thérapeutiques, est la connoissance exacte des effets que produisent les agens qu'elle met en œuvre. Cette connoissance est encore fort imparfaite ; elle ne peut être le résultat que d'une étude longue & approfondie au lit des malades : étude à laquelle sont peu propres en général les praticiens qui soignent trop de malades à la fois pour les bien observer. Or, si cette instruction pratique étoit familière au médecin, elle répandroit des lumières sur l'action d'une multitude de médicamens vantés outre mesure, & pour lesquels l'épreuve du doute philosophique seroit un jugement définitif. On éviteroit de cette manière bien des désappointemens que font naître des succès usurpés, & qui, en jetant un grand discrédit sur la thérapeutique, donne à l'art un vernis fâcheux d'impuissance & de stérilité.

Pour établir incontestablement l'efficacité d'une méthode thérapeutique, il faut déterminer d'une manière rigoureuse les conditions où se trouvent les malades auxquels on l'administre ; sans cette détermination préliminaire, les expériences ne présentent qu'erreur & confusion. L'action de l'agent thérapeutique diffère, en effet, suivant que

que le malade eſt fort ou foible, vieux ou jeune, que ſa conſtitution eſt robuſte ou détériorée, qu'il eſt atteint pour la première fois ou qu'il ſubit une récidive, qu'il ſe trouve ſous l'empire des localités propres à favoriſer, à empirer même ſa maladie, qu'il eſt ſobre ou livré à la débauche, irritable ou peu ſenſible, qu'il exerce telle ou telle profeſſion, &c.

La préparation du remède, le choix de ſa forme ne ſont pas non plus indifférens au ſuccès des méthodes thérapeutiques; l'une & l'autre doivent être ſurveillés avec ſoin, ainſi que le moment le plus favorable aſſigné au malade pour en faire uſage. Sous ces derniers rapports, le choix des gardes ou des infirmiers mérite quelque attention; ils doivent être probes, exacts, en état de rendre compte des changemens extérieurs & ſenſibles qui ont eu lieu depuis la dernière viſite du médecin. Que de malades ont guéri ou ſont morts ſans que les médicamens qu'on leur avoit preſcrits, mais dont ils s'étoient abſtenus par ſyſtème ou par opiniâtreté, aient eu ſur l'iſſue de la maladie, l'influence qui leur étoit attribuée; influence dont pourtant on s'eſt ſouvent prévalu pour en faire des règles de pratique !

Une autre précaution à prendre pour s'aſſurer de l'action des médicamens, c'eſt d'interroger les malades de manière à ſavoir d'eux la vérité; les malades des hôpitaux, par exemple, qui ſervent le plus ordinairement aux expériences thérapeutiques, ſont ſouvent menteurs, inexacts, ſeignent quelquefois des ſouffrances pour reſter à l'hôpital, s'abſtiennent de prendre des médicamens pour ne pas guérir ſi promptement, &c. &c.

Après ces conſidérations générales ſur la manière d'inſtituer & d'appliquer les méthodes thérapeutiques, il conviendroit peut-être de claſſer ces méthodes & de faire connoître en quoi conſiſte la manière d'agir de leurs agens ſur l'économie animale : ſujet plus difficile encore que celui que nous venons de traiter. Relativement à la diſtribution des divers modes de traitement, elle eſt en quelque ſorte ſubordonnée aux théories des médecins qui en font uſage. Les humoriſtes, les médecins chimiſtes, mécaniciens, &c., en admettoient un grand nombre, parce qu'ils donnoient une grande extenſion aux propriétés ſpécifiques des médicamens qu'ils ſuppoſoient agir ſur chaque humeur, ſur chaque viſcère, &c., d'où les hydragogues, les ſialagogues, les hépatiques, les céphaliques, les cardiaques, les lithontriptiques, les ſtomachiques, les diurétiques, les fébrifuges, &c.; les antiſpaſmodiques, anti-ſcorbutiques, antiſcrofuleux, antiphthiſiques, antiſyphilitiques, antidartreux, antipſoriques, antipodagriques, antiputrides, antiſeptiques, &c., & mille autres anti de toutes les couleurs. A cette foule de dénominations fauſſes & ridicules, on en a à la vérité ſubſtitué de plus ſimples & de plus générales : telles ſont celles

de méthodes antiphlogiſtiques, toniques, délayantes, excitantes, antiſpaſmodiques, altérantes, diurétiques, &c. Plus tard, ſous la dénomination de Toniques, on a déſigné les vomitifs, les purgatifs, les laxatifs; & ſous le nom d'Excitans, les altérans, les diffuſibles, les fondans; ſous celui de Narcotiques, on a compris les ſtupéfians, les ſomnifères, les tempérans, &c. Des thérapeutiſtes comme M. Alibert, ſans ſuivre une autre marche, ont ſubſtitué à pluſieurs de ces dénominations des circonlocutions qui expriment d'une manière plus ou moins préciſe l'action des médicamens; telles ſont celles-ci : Médicamens qui agiſſent d'une manière ſpéciale ſur la contractilité fibrillaire du ſyſtème des voies digeſtives. — Médicamens propres à combattre les altérations des forces vitales, qui réſultent de la préſence des poiſons dans l'eſtomac ou dans le canal inteſtinal. — Médicamens qui agiſſent d'une manière ſpeciale ſur les voies urinaires, le ſyſtème dermoïde, le ſyſtème nerveux, l'appareil pulmonaire, &c.

Un pharmacologiſte d'un talent ſupérieur, enlevé à la fleur de l'âge (Schwilgué), avoit fait une diviſion plus phyſiologique & plus ſcientifique des médications ou méthodes thérapeutiques. Il admettoit, ſous le titre de Communes, des médications toniques, phlegmaſiques, eſcarrotiques, atoniques; ſous celui de Particulières, des médications des fonctions du ſyſtème nerveux (encéphale, ſens, ſenſibilité générale), des médications particulières à la circulation, à la reſpiration, aux ſécrétions muqueuſes, à l'exhalation cutanée, à la ſécrétion urinaire, à la ſécrétion du lait, de la bile, du ſperme, &c.; enfin, des médications ſpécifiques.

Parmi ces diverſes manières de claſſer les médications ou méthodes thérapeutiques, il y en a de vicieuſes, d'hypothétiques; d'autres qui ſont juſtes, exactes, conſacrées par le temps & l'expérience; quelques-unes qui ne préſentent aucun progrès ſenſible ſous une dénomination verbeuſe; il en eſt enfin qui manquent d'accord & d'harmonie entr'elles, où l'on rencontre l'abus des anciennes dénominations uni à la réforme nouvelle. A tout prendre, la claſſification des médications ou modes de traitement manque encore d'une baſe ſolide, autour de laquelle elles viendroient ſe grouper d'une manière ſcientifique & naturelle.

Quant à l'action des méthodes thérapeutiques ſur l'économie animale, elle a été traitée à l'article MÉDICATIONS. (Voyez ce mot.)

                       (BRICHETEAU.)

TRALLES (Balthaſar-Louis). (Biogr. médic.) Célèbre médecin du dix-huitième ſiècle qui naquit à Breſlau, en 1708, & mourut en 1797. Avec le titre de médecin du roi de Pologne, ſous le nom d'Avenzoar II, il fut membre de l'*Académie des Curieux de la Nature*. On a de lui plusieurs dissertations sur divers sujets de médecine, parmi lesquelles il faut distinguer celle ayant pour titre :

Opii usus salubris & noxius in morborum medelâ, solidis & certis principiis superstructus.

(*Extr. de la Biogr. médic.*) (R. P.)

TRAMONTANA, s. f. (*Météor. hyg.*) Nom donné dans le midi au vent du nord-ouest, qui y est en général beaucoup plus froid que dans les autres parties de la France : différence qu'il faut attribuer au voisinage des Alpes, sur lesquelles passent ce vent pour parvenir dans le Dauphiné & la Provence.

TRANCHÉES, s. f. pl. (*Pathol.*) *Tormina*. On désigne sous le nom de *tranchées*, mot dont il seroit du reste assez difficile de donner une étymologie raisonnable, des coliques excessivement violentes, semblables à celles que l'on éprouve dans la dysenterie. Le mot COLIQUE n'ayant été traité dans ce Dictionnaire que comme article de renvoi, je vais remplir cette lacune le plus brièvement qu'il me sera possible, en indiquant, d'une manière sommaire, les symptômes & le traitement de quelques-unes de ces affections, parfois si douloureuses, & suivies souvent d'un grand danger.

Tant de circonstances peuvent déterminer la colique, que ce nom, pris dans toutes ses acceptions, indique plutôt un symptôme appartenant à des affections très-différentes, qu'une maladie : tels sont un embarras intestinal, une inflammation, un empoisonnement, l'amas de matières stercorales, la sécrétion augmentée de la bile, un squirrhe, le flux hémorrhoïdal. C'est ainsi que s'exprime l'illustre Pinel en parlant de la colique, & chacun peut y reconnoître le langage de la vérité.

Les maladies connues sous le nom de *coliques*, ont pour caractère général un sentiment de tortillement, particulièrement autour de l'ombilic, ou dans le trajet du colon, & une douleur que la pression foulage quelquefois, & augmente dans d'autres circonstances très-rares : tels sont les symptômes communs à toutes les coliques que je vais décrire en particulier, en indiquant les principaux caractères de chacune d'elles.

1°. *Colique bilieuse*. Quand on a l'occasion d'observer cette maladie, on s'aperçoit bientôt qu'il n'y a que les douleurs abdominales qui la rapprochent de la colique proprement dite, puisque c'est une irritation très-vive des intestins grêles, se terminant, ou plutôt n'étant souvent que la première période des gastro-entérites, dites *fièvres bilieuses*. C'est surtout pendant l'été & l'automne que se développe la colique bilieuse, qui souvent est épidémique, & dont les causes & les symptômes sont les mêmes que ceux des fièvres bilieuses. Il y a donc dans cette affection, dou-

leurs contusives dans les membres, foiblesse extrême, céphalalgie sus-orbitaire très-vive; langue amère, jaunâtre, blanchâtre; bouche mauvaise, perte d'appétit, dégoût, soif vive, douleur à l'épigastre, quelquefois nausées; vomissemens de matières jaunâtres, bilieuses, verdâtres; coliques plus ou moins violentes, qui excitent à se tordre, à se serrer l'abdomen; constipation ou bien évacuation de matières bilieuses, âcres, chaudes au passage; pouls petit, fréquent; traits altérés.

Cette maladie aiguë, lorsqu'elle est convenablement traitée, s'arrête quelquefois à ce degré; mais si on l'abandonne à elle-même, si on emploie une médication stimulante, elle passe promptement à l'état de gastro-entérite.

On voit que ce qui donne l'apparence de colique à cette maladie, est sa concomitance avec des chaleurs plus ou moins grandes, & le passage rapide d'une température élevée & chaude à une température humide & plus froide; c'est un changement de climat que les corps ont subi. A mesure que nous nous approchons des pays chauds, nous voyons les maladies prendre un type plus aigu : ce qui est fièvre bilieuse ou colique bilieuse chez nous, est le *causus* ou la fièvre jaune, suivant l'élévation de la température & l'état hygrométrique de l'atmosphère. En étudiant ce que nous ont laissé sur cette maladie, Salmuth, Chomel, Tissot, Finck, Sydenham, on voit qu'elle n'est évidemment que le premier degré de la fièvre bilieuse. Dans les mois de septembre & d'octobre 1828, sur la fin d'un été sec & chaud, une grande partie des habitans de la campagne, formant les villages nord-quart-nord-est de Paris, *Ménil-Aubry, Mareil, Lassis, Lagny, Epinay*, & plusieurs autres, situés à environs sept lieues de cette capitale, furent atteints de cette colique bilieuse, caractérisée par des douleurs abdominales très-fortes, des vomissemens bilieux, une constipation pendant les premiers jours; ensuite par des déjections fréquentes, bilieuses, jaunâtres, quelquefois avec des stries de sang; par une céphalalgie sus-orbitaire, un pouls petit, serré, fréquent, &c. Cette maladie fut mortelle pour beaucoup d'enfans. Le traitement qui convenoit le mieux, & que je conseille dans le cas de coliques *bilieuses*, consistoit dans l'emploi des émolliens, des évacuations sanguines sur les endroits les plus douloureux, & renouvelées suivant l'intensité de l'inflammation; dans l'usage de cataplasmes émolliens, de lavemens de même nature & dans une diète absolue. Presque toujours alors la maladie s'arrêtoit; mais si ces moyens étoient employés trop tard, l'inflammation gastro-intestinale faisoit de grands progrès, la fièvre devenoit violente, & le malade ne tardoit pas à succomber. Quoique les évacuans aient été utiles dans certaines épidémies, ce n'est que lorsque l'on connoît bien le caractère de l'épidémie régnante, & que le traitement rationnel que j'indique aura échoué, que l'on devra employer es médications indiquées par Tiſſot & autres médecins célèbres. Chez quelques-uns des malades de l'épidémie de 1828, lorſque les ſymptômes d'irritation étoient paſſés, & qu'il ne reſtoit plus que de légères coliques avec évacuations & que l'appétit revenoit, l'opium m'a ſouvent été très-utile pour terminer promptement la maladie.

2°. *Colique convulſive*. Elle a été ainſi nommée par quelques auteurs à cauſe des mouvemens déſordonnés qui l'accompagnent & ſont la ſuite de la violente douleur dont le ſiége eſt dans l'abdomen. (*Voyez* COLIQUE SPASMODIQUE.)

3°. *Colique par des corps étrangers*. (*Voyez* COLIQUE PAR VICE ORGANIQUE.)

4°. *Colique d'eſtomac, cardialgie, gaſtrodynie, douleur cardialgique, ſpaſmodique & flatulente*; quelques auteurs y joignent la *pyroſis*. La colique d'eſtomac eſt une vive irritation, & même une inflammation de cet organe, accompagnées de vomiſſemens de matière bilieuſe, âcre, avec ſentiment de pincemens, langue chargée, jaunâtre, & conſtipation. Il y a foibleſſe, ſyncopes, lipothymies, fréquence & petiteſſe extrême du pouls : s'il exiſte de la foibleſſe, ſans défaillance, c'eſt la gaſtrodynie; s'il y a ſyncope, c'eſt la cardialgie, & la pyroſis ſi le malade éprouve des renvois acides, aigres avec chaleur brûlante. Il exiſte en outre une autre affection de l'eſtomac qui paroît toute nerveuſe, laquelle conſiſte en un ſentiment de douleur profonde qui ſemble traverſer le corps de l'épigaſtre à la partie oppoſée du dos, avec un ſentiment de foibleſſe, & impoſſibilité de ſe tenir autrement que le dos appuyé contre un corps réſiſtant.

Les cauſes de la colique d'eſtomac ſont à-peuprès les mêmes que celles de l'inflammation de cet organe; ainſi l'ingeſtion de liquides froids lorſque l'on eſt en ſueur, ou que l'on a trèschaud; des ſubſtances irritantes, âcres, introduites dans l'eſtomac; un vomitif, un purgatif donnés à contre-temps, la ſuppreſſion de flux naturels ou provoqués par l'art, les métaſtaſes goutteuſes, rhumatiſmales, l'uſage du maïs, des alimens ſalés & épicés, des pâtiſſeries groſſières, les affections vives de l'ame, l'épuiſement par la lactation; les excès vénériens, &c. &c., occaſionnent fréquemment la pyroſis. (*Voyez* ce mot.)

Quand on aura reconnu que la colique d'eſtomac eſt due à une inflammation ou à une irritation vive de cet organe, ſi les vomiſſemens ſont abondans, ſi la douleur eſt vive, on pratiquera d'abord une large ſaignée, & enſuite on appliquera des ſangſues ſur l'épigaſtre : application que l'on reſſouvellera ſi cela eſt néceſſaire; on recouvrira cette région de cataplaſmes émolliens; les bains, les boiſſons de même nature ſont très-convenables : l'oxyde de biſmuth, l'éther ſulfurique, ont été propoſés dans le cas de métaſtaſe goutteuſe. On rappellera les flux ſupprimés; on redonn du ton aux ſolides organiques ſi cette

maladie dépend de foibleſſe ou d'excès vénériens, lorſque toutefois les premiers accidens ſeront diſſipés.

Si la colique d'eſtomac paroît ne dépendre d'aucune irritation inflammatoire de cet organe, les potions antiſpaſmodiques, & ſurtout celles avec l'opium, la guériſſent très-promptement.

Cette colique, comme on le voit, appartient le plus ſouvent à diverſes nuances de la gaſtrite.

5°. *Colique flatulente, flatueuſe* ou *venteuſe*. On a donné ce nom à une colique pendant laquelle il y a particulièrement un grand dégagement de gaz; le ventre eſt tendu, ballonné; il y a en même temps douleurs vives, dont le ſiége varié & qui paroiſſent dues à la diſtenſion outrée des inteſtins; le malade eſt ſoulagé quand il peut faire ſortir des vents par l'anus, mais ce ſoulagement n'eſt que paſſager, parce qu'il s'en reforme de ſuite de nouveaux; il y a conſtipation; urines rares. Cette maladie eſt aſſez fréquente chez les perſonnes qui font uſage d'une nourriture groſſière, & particulièrement d'alimens *venteux*, tels que les choux, les pois, les haricots, & en général des légumineux & des farineux mal préparés; elle eſt plus commune encore chez les individus qui prennent de ces alimens outre meſure ſans en faire ordinairement uſage, ainſi que chez ceux qui ont beaucoup de flatuoſités, ſoit par mauvaiſe digeſtion, ſoit par habitude, comme les hyſtériques, les hypochondriaques.

Cette maladie eſt preſque toujours accompagnée de foibleſſe des organes digeſtifs; rarement il y a irritation, mais l'efficacité du traitement dépend ſurtout de la connoiſſance de ſes cauſes : exiſte-t-il de l'irritation, on emploiera des médications émollientes, que l'on pourra prendre froides; eſt-ce la foibleſſe qui en eſt cauſe, on fera alors uſage de remèdes excitans, toniques, de ceux dits *carminatifs*; & lorſque le danger ſera paſſé, on s'occupera de remonter l'organiſme affoibli, débilité, par une nourriture ſolide, ſubſtantielle. Si les vents ſont accompagnés de ſymptômes hyſtériques, hypochondriaques, on aura recours à des moyens propres à combattre les diverſes affections qui les produiſent. (*Voyez* HYPOCHONDRIE & HYSTÉRIE.) Pour procurer la ſortie de ces gaz, le plus ſouvent inodores & formés preſqu'entièrement d'acide carbonique, on a propoſé de faire, avec un trois-quarts armé de ſa canule, une piqûre dans les inteſtins : opération qui peut être faite ſans inconvénient. Les inteſtins étant très-diſtendus, l'ouverture du trois-quarts ſe réduira à une ſimple acupuncture, lorſque les organes ſeront revenus à leur diamètre primitif. Il ſera néceſſaire de recommencer cette piqûre pluſieurs fois, parce qu'il arrive que ſouvent on ne dégage que les gaz contenus dans une partie de l'inteſtin. On lit dans les *Inſtructions & obſervations ſur les animaux domeſtiques*, par Chabert,

Flandrin & Huzard, année 1792 (article sur les *indigestions chez les animaux ruminans*), qu'il faut, quand le dégagement gazeux menace de suffoquer l'animal, lui percer la *panse*, lorsque les boissons avec l'eau de chaux, la lessive de cendres de bois neuf, le sel de potasse, l'eau de savon, ou bien l'alcali volatil, regardé comme le moyen le plus puissant, n'ont pas suffi pour procurer l'absorption des gaz. On pratique cette opération en plongeant un énorme trois-quarts perpendiculairement au flanc gauche, à égale distance de la dernière côte, des bronches & des apophyses transverses des vertèbres lombaires; arrivé dans la panse, on retire l'instrument, & l'air sort avec rapidité par la canule; si des matières alimentaires obstruent la canule, on l'en débarrasse au moyen d'un stylet garni d'un fort bouton. Cette opération, souvent utile chez les animaux, n'a jamais chez eux de suite fâcheuse, & n'en auroit pas davantage chez l'homme; ce n'est cependant qu'autant que le danger seroit pressant qu'il faudroit l'employer; &, dans ce cas, en prenant toutefois les précautions convenables, je n'hésiterois nullement à la pratiquer, persuadé de son inocuité.

On a aussi proposé de retirer l'air par le rectum, au moyen d'une pompe aspirante : c'est un mode de dégagement très-difficile à employer, parce que, lorsque l'on fait jouer la pompe, il arrive souvent que le rectum, en s'appliquant sur l'ouverture de la canule, la bouche complétement & s'oppose au jeu de l'instrument.

6°. *Colique hémorrhoïdale* ou *hémorroïdale*. De Montégre, qui s'est beaucoup occupé des hémorrhoïdes, dit que cette colique est reconnoissable aux signes précurseurs de l'affection hémorrhoïdale; ainsi il y a, horripilations, froid, resserrement spasmodique, gêne de la respiration, tension & pesanteur extrême dans l'abdomen, quelquefois soulèvement d'estomac & vomissemens; enfin, invasion d'une douleur plus ou moins profonde, avec gonflement du ventre, resserrement du pouls, froid des extrémités & sécheresse de la peau.

Tous ces caractères dénotent assez clairement une inflammation de la membrane séreuse qui recouvre les intestins, & c'est dans l'ignorance de la nature véritable de la maladie, que les premiers observateurs l'ont désignée sous le nom qu'elle porte; on en pourroit presque dire autant de toutes les coliques.

Les personnes habituées aux fluxions hémorrhoïdales anomales sont exposées, dans le cas de suppression de ces fluxions, à éprouver cet accident, qui peut aussi atteindre, quoique moins fréquemment, tous les autres individus.

La crise naturelle de cet accident est l'évacuation du sang par les vaisseaux hémorrhoïdaux.

Il ne faut pas confondre cette colique, ou plutôt cette péritonite, avec les douleurs hémor-

rhoïdales qui ont leur siége dans l'extrémité du rectum, sont excessivement violentes, & en diffèrent totalement : telles sont, les douleurs nerveuses inflammatoires, aiguës ou chroniques, ou simplement nerveuses; celles produites par des fissures, par des crevasses ou rhagades de l'anus, ou par la constriction spasmodique de son sphincter; enfin, par le ténesme hémorrhoïdal.

La base du traitement consiste à rappeler les hémorrhoïdes, tant que les accidens ne sont qu'à leur premier degré; & on ne doit rien négliger pour dissiper promptement cette fluxion sanguine plus ou moins violente, qui s'établit dans les vaisseaux du mésentère ou du péritoine, d'où peut résulter tous les accidens qui naturellement en sont la suite. Le moyen le plus efficace, avons-nous dit, est le rétablissement du flux hémorrhoïdal, à l'aide de sangsues à l'anus, suivies de bains de siéges simples ou de vapeurs, ou de l'application de ventouses. Ces sangsues seront appliquées non sur les hémorrhoïdes, mais bien autour & dans l'intervalle de ces tumeurs, qui pourront être incisées avec la lancette, si elles ne sont point inflammatoires, mais seulement distendues par du sang. On seconde l'action de ces moyens par des lavemens tièdes, par des frictions irritantes à l'anus; lorsqu'il n'existe pas d'inflammation, on substitue aux lavemens émolliens les injections irritantes avec des sels neutres; l'aloès doit être rejeté parce qu'il est trop irritant.

Si la péritonite est évidente, il faudra promptement la traiter, ainsi qu'il a été dit à ce mot.

7°. *Colique hépatique*. Douleurs vives, occasionnées par le passage de calculs biliaires à travers le canal cholédoque. Cette colique se reconnoît à un sentiment de douleur profonde, parfois très-vive, qui se fait sentir dans la région de la vésicule du fiel. Quand cette douleur est très-intense, elle s'accompagne de mouvemens sympathiques, tels que nausées, vomissemens, spasmes ou mouvemens convulsifs si les sujets sont très-nerveux. Si le calcul oblitère, obstrue le canal cholédoque, la vésicule se distend outre-mesure, & forme, ainsi que je l'ai vu dernièrement, une tumeur sensible qui se termine par un flux abondant de bile lorsque cet obstacle n'existe plus. Il survient quelquefois, suivant la situation du calcul, une jaunisse qui se dissipera d'elle-même lorsque le calcul aura été poussé dans le duodénum; il en est de même pour les douleurs qui parfois sont excessivement violentes, & cessent aussitôt que le corps est parvenu dans cet intestin, pour revenir plus tard lorsqu'un nouveau calcul s'engagera dans ce conduit *porte-bile*.

Comme malgré ces signes on pourroit se tromper sur la nature de la maladie, on recommandera au malade de bien observer ses selles pour voir s'il ne rend pas de calculs avec les matières fécales; si l'on en rencontre, on n'aura plus alors aucun doute sur le genre d'affection que l'on doit combattre.

Le traitement, pendant l'accès, consiste dans l'usage des bains émolliens, des cataplasmes & des boissons de même nature. Si l'irritation étoit vive on pourroit recourir aux saignées du bras ou aux sangsues à l'anus. On doit ne point faire usage du remède de Whith (essence de térébenthine & éther sulfurique) pendant l'accès, & comme pouvant être nuisible : mais lorsqu'il sera passé, il faut en prévenir le retour en s'opposant à la formation de nouveaux calculs. On changera totalement le régime du malade & on lui prescrira les eaux minérales de Seltz, de Vichy, de Cauterets, de Bourbonne. Les pilules savonneuses, le sous-carbonate de soude, les sucs dépurés de plantes chicoracées d'après Haller, de légers purgatifs pour entretenir la liberté du ventre, seront encore très-utiles.

8°. *Colique inflammatoire.* On donne ce nom à des douleurs plus ou moins vives, produites par l'inflammation des intestins ou du péritoine.

9°. *Colique de Madrid.* Maladie endémique dans plusieurs contrées de l'Espagne, dont la nature est à peine connue, & qui paroît ressembler beaucoup à la colique de plomb à laquelle on la réunit.

10°. *Colique menstruelle.* Le travail de la menstruation ne se fait pas toujours régulièrement & facilement chez toutes les femmes; plusieurs éprouvent quelques jours avant l'éruption des règles, des douleurs très-vives dans les reins : douleurs qui se portent vers la région utérine, & sont accompagnées de coliques qui, quelquefois, persistent pendant tout le temps de l'écoulement, mais le plus souvent s'arrêtent le premier ou le deuxième jour de son apparition. Ces tranchées sont pénibles, mais n'ont rien de dangereux; souvent ces douleurs dépendent d'un trop grand afflux de sang, d'une pléthore sanguine dont la matrice est le siège : dans ce cas, les émolliens, les bains de siège, simples ou de vapeur, ou mieux les cataplasmes recouvrant entièrement l'hypogastre, ne pourront être assez employés; on y joindra les bains généraux, les lavemens émolliens. Une petite saignée au milieu de l'intervalle de deux époques facilitera singulièrement la menstruation en diminuant l'afflux trop considérable de sang vers la matrice. S'il y a foiblesse, atonie; si les douleurs dépendent de l'effort infructueux de l'utérus à cause de son asthénie, c'est alors que les substances légèrement excitantes seront très-convenables, & que l'on prescrira avec avantage, une légère infusion de safran, de thé, ou toute autre boisson très-chaude & légèrement emménagogue. C'est en pareil cas que le vin chaud, dont les femmes du peuple font abus, leur est cependant souvent utile. Fréquemment, chez les jeunes personnes, l'éruption des règles s'accompagne de coliques hystériques excessivement violentes; c'est alors que j'ai obtenu, & que l'on obtient la cessation de la douleur & l'éruption convenable des

menstrues, à l'aide de lavemens antihystériques, dans lesquels on fera surtout entrer l'assa-foetida.

On observe quelquefois des coliques jusqu'au quatrième mois de la grossesse, lesquelles paroissent dépendre de l'effort menstruel; si, dans ce cas, on ne garde pas le repos, ou si l'on néglige la saignée du bras, il pourra y avoir avortement. Une femme avoit déjà éprouvé, vers le quatrième mois de sa grossesse, plusieurs fausses couches parce qu'on avoit négligé cette sage précaution lors de cette colique menstruelle : à sa quatrième grossesse les mêmes douleurs revinrent; elle craignoit avec raison un avortement : elle se confia alors à mes soins, & une saignée du bras faite à propos, la conduisit heureusement jusqu'au neuvième mois, époque à laquelle elle accoucha d'un garçon fort & bien portant.

Quelques auteurs n'ont regardé comme colique menstruelle que celle qui dépendoit d'une suppression ou d'une diminution du flux périodique, & en cela ils ont eu tort, ou d'avoir considéré comme colique les accidens de cette suppression, ou d'en avoir éloigné ceux que détermine l'éruption des règles. Si donc il se manifeste des symptômes douloureux de l'abdomen lors de la suppression ou de la diminution du flux menstruel, on tâchera de le rappeler avec des sangsues à la vulve, avec des bains de siège simples ou de vapeur, avec des cataplasmes appliqués sur le ventre, & quelques boissons très-légèrement emménagogues, qu'il faut néanmoins éviter s'il y a irritation. S'il survient une *métrite*, une *péritonite*, on traitera ces maladies ainsi qu'il est dit à ces mots. (*Voyez* aussi Métrorrhagie, Menstruation & Ménorrhagie.)

11°. *Colique métallique.* Elle a été ainsi nommée non-seulement parce qu'elle est produite par des substances métalliques, par le plomb & ses diverses préparations, mais encore pour la distinguer de la colique végétale avec laquelle elle a plusieurs points de ressemblance. (*Voyez* Plomb (colique de plomb).)

12°. *Colique métastatique.* On donne ce nom à une inflammation d'une partie quelconque de l'abdomen, qui reconnoît pour cause la suppression d'une évacuation, ou dépend de la métastase de quelque maladie. Ainsi, une personne ayant chaud ou étant en sueur si elle est exposée au refroidissement; soit par un courant d'air, soit en s'asseyant sur un banc de marbre, soit en restant dans une exposition humide & froide, il lui survient une légère entérite, appelée à tort *colique métastatique* ou *par suppression de la transpiration* : cette inflammation ne demande pour traitement que quelques boissons chaudes, émollientes, des applications de cataplasmes ou de serviettes chaudes sur le ventre. Si elle est plus intense, c'est une *entérite* ou une *péritonite*, qu'il faut traiter comme ces phlegmasies.

Toutes les maladies qui peuvent se terminer par métastase sont très-susceptibles de se porter sur le péritoine ou fur un organe renfermé dans l'abdomen, & c'eſt l'inflammation dont ils font le ſiége que l'on a appelée à tort *colique métaſtatique.* Les hémorragies ou les flux naturels fupprimés, ceux qui font provoqués par l'art & que l'on néglige d'entretenir, les inflammations de tous nos tiſſus peuvent lui donner naiſſance : elle peut être furtout produite par la rétroceſſion de la goutte & du rhumatiſme, deux grands agens morbiferes qui impriment aux malades & aux médecins une terreur d'autant plus grande qu'ils font moins connus. (*Voyez* GOUTTE & PODAGRE.)

Depuis quelque temps les médecins ont fait ſuccéder les rhumatiſmes aux affections nerveuſes, ce qui a ſon but d'utilité dans l'*art de faire la médecine.* Autrefois, quand un malade ſe plaignoit d'un mal inconnu à ſon médecin, celui-ci lui diſoit que c'étoit une *affection nerveuſe* ; maintenant on lui dit que c'eſt un *principe rhumatiſmal,* & le malade de demeurer ébahi devant le ſavant docteur du jour. Le mot ne reſte pas dans l'oubli ; à la moindre petite douleur, au moindre malaiſe, on entend certaines petites maîtreſſes, ou quelques élégans, dire avec un ſérieux riſible, qu'*ils ſont tourmentés par leur rhumatiſme.* (*Voyez,* pour plus de détails ſur cette colique, la plupart des articles de *Pathologie* de ce Dictionnaire.)

13º. *Colique de miſerere.* C'eſt le nom que, dans le monde, on donne à une colique extrêmement violente, avec conſtipation opiniâtre & vomiſſemens abondans, & qui, dans le langage médical, porte le nom d'*iléus.* Quelques perſonnes regardent l'iléus ou *miſerere* (*voyez* ce dernier mot) comme une ſimple colique ; & voici comment s'explique à cet égard un auteur juſtement célèbre, qui place cette maladie parmi les névroſes : l'iléus nerveux eſt le véritable type de cette maladie (iléus). Il n'y a point de léſion idiopathique, ſympathique ou organique des inteſtins ; les parties voiſines ne ſont pas malades ; l'*irritation* fixée ſur le tube digeſtif, & la conſtipation opiniâtre qui, ainſi que le vomiſſement, ſuccèdent à l'invaſion du mouvement périſtaltique, conſtituent uniquement cette névroſe ; mais elle ne conſerve pas toujours ce caractère : lorſque l'inteſtin s'eſt invaginé ou étranglé, l'inflammation le frappe bientôt, une péritonite très-grave ſe déclare, l'épiploon ſuppure, l'inteſtin ſe gangrène & le malade ſuccombe. En voilà beaucoup trop pour faire regarder l'iléus comme une névroſe pure & ſimple, qui ſe termine par la gangrène & non par pur haſard, mais fréquemment. L'invagination des inteſtins n'eſt pas la cauſe de ces accidens conſécutifs ſi graves ; j'ai pluſieurs fois dans ma pratique rencontré quelques-unes de ces invaginations conſidérables, chez des individus chez leſquels on ne le reconnut qu'à l'ouverture du cadavre ; rien n'indiquoit pendant la vie leur exiſtence, & elles n'avoient pu avoir lieu au moment de la mort ; les malades avoient

ſuccombé ſans douleur, & d'ailleurs elles étoient trop étendues pour avoir pu ſe faire au moment du départ des forces vitales.

Il eſt donc probable que l'iléus, ou colique de *miſerere,* eſt dû à une violente irritation de l'inteſtin grêle ou de l'iléon, & que l'invagination ſeule n'eſt la cauſe, ni de l'inflammation, ni de la gangrène du tube digeſtif ; il eſt même certain que tous ces terribles accidens doivent être attribués à la cauſe qui produit l'iléus ; jamais une irritation nerveuſe, ou une ſimple névroſe ne détermine de tels accidens. (*Voyez* ILIAQUE, MISERERE).)

14º. *Colique néphrétique. Néphrite calculeuſe.* (*Voyez* NÉPHRITE (Néphrite calculeuſe).)

15º. *Colique nerveuſe.* (*Voyez* COLIQUE SPASMODIQUE.)

16º. *Colique de plomb, métallique, des plombiers, des peintres, de Madrid, du Poitou.* (*Voyez* PLOMB (Colique de plomb).)

17º. *Colique ſaturnine.* (*Voyez* PLOMB (Colique de plomb).)

18º. *Colique ſpaſmodique.* La colique *ſpaſmodique* ou *nerveuſe* paroît exiſter ſans aucune léſion apparente des inteſtins : tout le trouble réſide dans le ſyſtème nerveux de ces organes ; ce ſeroit donc une névroſe inteſtinale ; les affections vives de l'ame en ſont la cauſe la plus fréquente : elle eſt caractériſée par des douleurs vives, principalement autour de l'ombilic, avec ſentiment de tortillement, de pincement des inteſtins & d'angoiſſe inexprimable. Cette colique, qui peut perſiſter pluſieurs jours, n'a jamais de ſuites fâcheuſes : elle eſt aſſez fréquente chez les perſonnes douées d'une grande ſenſibilité nerveuſe, chez les femmes hyſtériques & chez les hypochondriaques.

La colique ſpaſmodique ſe traite par les boiſſons chaudes, les bains, les cataplaſmes émolliens, les calmans adminiſtrés par la bouche ou en lavement, les potions antiſpaſmodiques, éthérées, opiacées, l'aſſa-fœtida. Si les douleurs étoient trop vives, quelques ſangſues ſur les endroits douloureux procureroient un prompt ſoulagement en diminuant la turgeſcence ſanguine de ces parties.

19º. *Colique ſtercorale.* Cette colique eſt due aux matières fécales endurcies qui rempliſſent une grande partie du colon ou du rectum, ou qui ſéjournent dans des eſpèces de culs-de-ſacs ou de dilatations des inteſtins, lorſqu'une cauſe mécanique a pendant quelque temps retenu les matières fécales dans le tube inteſtinal, comme on le voit quelquefois après certaines groſſeſſes. Elle ne ſurvient toujours que pendant une conſtipation opiniâtre plus ou moins longue ; la préſence de ces matières irrite l'inteſtin, qui ſe contracte inutilement pour les expulſer, de là les coliques que l'on pourroit appeler *eccoprotiques.* Elle ſe reconnoît à la conſtipation qui a précédé, & à la préſence de ces matières, qu'il faut toujours chercher à expulfer, & que l'on fent le long du trajet du colon, à travers les parois abdominales, chez les perfonnes qui n'ont pas un embonpoint exceffif. On foumet en conféquence le malade à un régime doux, à des boiffons délayantes, mucilagineufes, mucofo-fucrées; on lui prefcrit des lavemens de même nature, enfuite des lavemens huileux, purgatifs. Si ces moyens ne fuffifoient pas, lorfque les matières feront ramollies, que l'inteftin fera lubréfié, on adminiftrera des purgatifs doux, tels que l'huile de ricin ou les fels neutres. Si la conftipation perfifte, on aura recours à la douche afcendante, fi on ne craint pas de produire une irritation trop vive.

Quelques médecins regardent comme colique ftercorale celle que reffentent les enfans nouveaunés pour rendre le méconium, ainfi que les douleurs qu'ils éprouvent, lorfqu'on leur fait boire du lait trop épais en grande quantité, ou manger une bouillie mal cuite.

20°. *Colique utérine.* L'hyftéralgie, qui eft à l'utérus ce que la cardialgie eft à l'eftomac, a été rangée parmi les coliques : cette affection a beaucoup de rapport avec l'hyftérie, dont elle n'eft fouvent qu'un fymptôme, & fe rencontre auffi chez les jeunes femmes dont les organes générateurs ne font pas en rapport de proportion avec ceux qu'ils doivent recevoir. (*Voyez* Colique menstruelle.)

21°. *Tranchées utérines.* Elles fuccèdent à l'accouchement, & font dues à l'effort que fait la matrice pour fe débarraffer des caillots qu'elle contient. Ces coliques, qui quelquefois font très-vives, reconnoiffent pour caufe le même principe que les douleurs de l'enfantement : la contraction du corps de l'utérus pour vaincre la réfiftance du col. Dans les pertes auxquelles plufieurs femmes font fujettes, on obferve ces mêmes douleurs lorfqu'il s'amaffe du fang en caillot dans cet organe. Le travail qui accompagne ces coliques, quoique moins pénible, eft identiquement le même que celui pour l'expulfion du fœtus; elles font d'autant plus vives que le caillot eft plus volumineux, que le col eft plus révenu fur lui-même : celles qui accompagnent l'expulfion du placenta font quelquefois très-violentes. J'ai vu quelques femmes tourmentées par ces douleurs, pendant plus de vingt-quatre heures, d'une manière fi déplorable qu'elles euffent préféré accoucher de nouveau.

Auffitôt que ces tranchées fe manifeftent, le caillot tend à s'introduire dans le col, qui fe dilate par l'effet de la contraction de l'utérus; il fort un peu de fang fluide exprimé du caillot, qui franchit bientôt le col; les douleurs ceffent inftantanément, mais pour revenir après un temps plus ou moins long. On les diftingue des autres douleurs de l'abdomen, 1°. en ce qu'elles font accompagnées de la dilatation du col de l'utérus, & font fuivies de la fortie d'un caillot plus ou moins volumineux; 2°. en ce que les douleurs commencent vers les reins ou l'ombilic, & defcendent jufque fur le *fiége*, & qu'elles reviennent par accès, tandis que dans la péritonite, dans l'entérite, il y a le plus fouvent fuppreffion de tout écoulement fi l'inflammation eft vive, & que dans l'intervalle des douleurs, le calme n'eft pas auffi parfait; le ventre, d'ailleurs, eft douloureux, tendu, & le col de l'utérus ne fe dilate pas pendant les douleurs. (*Voyez* Accouchement & Délivrance dans ce Dictionnaire & dans celui de *Chirurgie.*)

Cette colique ne demande aucun traitement particulier.

22°. *Colique venteufe.* (*Voyez* Colique flatulente.)

23°. *Colique vermineufe.* C'eft une férie de fymptômes avec colique occafionnée par la préfence de vers dans le tube digeftif. Indépendamment des fignes auxquels on reconnoît la préfence de ces entozoaires, on remarque quelquefois des hoquets, des naufées, des vomiffemens; la bouche eft mauvaife, amère; le ventre eft tendu, plus volumineux que de coutume; le malade fe plaint de tranchées, d'un fentiment de piqûre, de pincement à l'eftomac ou dans une autre partie de l'inteftin; il y a quelquefois cardialgie, fyncope, angoiffe extrême & même convulfion. La fortie de vers par la bouche ou par l'anus achève d'affurer le diagnoftic, qui, fans cela, pourroit être plus que douteux. Ces fymptômes fi alarmans fe calment fouvent par l'ingeftion de quelques alimens.

Le traitement confifte à expulfer les vers & à s'oppofer à leur réapparition. (*Voyez* Vermifuges & Vers.)

24°. *Colique végétale.* (*Voyez* Végétale (Colique végétale).)

25°. *Colique par vice organique & par des corps étrangers.* Les productions organiques, les corps étrangers qui s'oppofent au paffage des matières contenues dans l'inteftin, & le développement de la matrice en font la caufe la plus ordinaire; ces matières, obligées de féjourner dans l'inteftin au-deffus de cet obftacle, le diftendent fouvent outre mefure, & elles ne font rendues qu'en petite quantité en paffant à travers une ouverture plus ou moins petite & femblable à une filière. Chaque fois que le malade veut aller à la felle, ou qu'il en fent le befoin, il éprouve des coliques très-vives, & fait des efforts d'autant plus pénibles qu'ils font inutiles. Si la guérifon de ces tumeurs n'a pas lieu, ou fi les corps étrangers ne font pas enlevés ou expulfés, le dévoiement furvient promptement, le malade en eft un peu foulagé momentanément, mais il ne tarde pas à périr. La colique produite par le développement de l'utérus guérit lors de l'accouchement. (Nicolas.)

TRANQUILLISEUR, f. m. (*Hyg.*) Dans un journal américain, ayant pour titre : *Philadalphian médical Muſeum*, on trouve la deſcription d'un fauteuil mécanique employé dans le traitement de l'aliénation mentale. Dans ce fauteuil, appelé *tranquilliſeur*, l'aliéné eſt retenu par des liens qui l'empêchent d'exécuter aucun mouvement. L'emploi de ce moyen, en convaincant le malade de ſa foibleſſe, doit l'engager à faire tous ſes efforts pour réprimer ſes emportemens, & peut, par conſéquent, contribuer à ſa guériſon.

TRANSFORMATION DE TISSU, f. f. *Tranſformatio.* (*Anat. pathol.*) Tous les changemens de forme qui s'obſervent dans les liquides & les ſolides de l'économie, ſoit dans l'état de ſanté (depuis l'état embryonnaire du produit de la conception, juſqu'au parfait développement de l'homme), ſoit dans l'état de maladie, ſont de véritables transformations ; mais, pour éviter des redites inutiles, nous ne devons parler ici que des changemens accidentels produits par des cauſes pathologiques, reſtreignant encore notre étude à l'obſervation des métamorphoſes qu'offrent les parties ſolides, & renvoyant au mot précédant (Tissus) pour tout ce qui regarde les ſpécialités de notre ſujet. Cet article ne ſera, à proprement parler, qu'une ſorte d'analyſe ſuccinte du chapitre IV du Ier. volume de l'ouvrage récent de M. Andral ſur l'ANATOMIE PATHOLOGIQUE, chapitre qui porte le titre ſuivant : *Léſions de nutrition relatives au changement de nature des molécules qui doivent normalement compoſer les différens ſolides.*

Les tiſſus animaux ſont expoſés à ſubir diverſes altérations & transformations, lorſque, par ſuite d'un état pathologique, leur mode de vitalité, et, en particulier, leur mode de nutrition vient à changer. C'eſt alors ſurtout qu'on obſerve cette ſingulière métamorphoſe, qui produit ce que nous avons déſigné ailleurs ſous le nom de *tiſſus accidentels* (*voyez* le mot Tissus), dans laquelle on voit certaines membranes, par exemple, acquérir les propriétés de membranes toutes différentes dans l'état normal ; des parties molles deviennent dures, des parties dures ſe ramolliſſent, une trame mince devient épaiſſe & opaque, &c. Mais les tiſſus ne ſe transforment pas tous les uns dans les autres avec une égale fréquence & de la même manière ; c'eſt particulièrement aux dépens de l'élément cellulaire, canevas commun de tous les autres tiſſus chez l'embryon, que chez l'adulte peuvent ſe développer les tiſſus accidentels. Les tiſſus muſculaire, fibreux, cartilagineux, muqueux, cutané, peuvent ſubir des transformations accidentelles ; mais qui, généralement, ſont analogues à celles qu'ils éprouvent dans l'état normal, ſoit chez l'embryon humain, ſoit chez des animaux adultes d'un autre ordre. Ainſi, le cartilage peut ſe transformer en os, mais il ne devient point

du tiſſu muqueux ; le tiſſu muqueux peut devenir tiſſu cutané, & *vice verſâ* ; le tiſſu muſculaire peut ſe changer en tiſſu fibreux. Tout tiſſu qui s'atrophie tend à ſubir une transformation commune ; il revient à l'état de tiſſu cellulaire. Ainſi, ce dernier tiſſu, après avoir préexiſté au développement de tous les autres élémens organiques, ſe retrouve de nouveau ſeul, tel qu'il étoit au principe de la formation de l'être, lorſque ces autres élémens viennent à diſparoître. On pourroit même à la rigueur remonter au-delà, & arriver, dans l'état pathologique comme dans l'état phyſiologique, juſqu'à cette ſubſtance pulpeuſe, cette lymphe plaſtique, cette albumine, comme on voudra l'appeler, premier & dernier rudiment de l'organiſation ſolide. C'eſt ainſi que la cicatrice d'une plaie, avec perte de ſubſtance, commence par une exſudation de matière coagulable, & qu'un tiſſu membraneux, celui de l'eſtomac, par exemple, ſe détruit, au contraire, & ſe perfore par une ſorte de ramolliſſement gélatiniforme.

1°. *Transformation celluleuſe.* Toutes les fois que les fonctions d'un organe deviennent moins actives ou nulles, il tend à perdre ſa texture & à revenir à l'état de tiſſu cellulaire ; exemples : le thymus, la glande mammaire, les ganglions lymphatiques examinés dans les différens âges, les vaiſſeaux oblitérés, les muſcles atrophiés par l'inaction, &c. Un travail inflammatoire peut amener un réſultat analogue en déterminant une réſorption rapide des molécules nutritives ; exemples : la plèvre, la véſicule biliaire enflammées, &c. On a pu croire, à tort, dans des cas pareils, à l'abſence congéniale de ces organes.

2°. *Transformation ſéreuſe.* L'analogie extrême de texture & de fonctions qu'on remarque entre le tiſſu cellulaire & le tiſſu ſéreux, explique bien la facilité avec laquelle l'un de ces tiſſus peut ſe transformer en l'autre. Un frottement prolongé entre deux parties transforme ſouvent en tiſſu ſéreux, le tiſſu cellulaire qui les ſépare ; c'eſt ainſi que Béclard a vu ſur des *pieds-bots* une bourſe ſynoviale ſous-cutanée accidentelle ſe former à l'endroit où la peau frotte contre le côté ſaillant du tarſe. Ces tiſſus ſéreux accidentels ſe développent aſſez fréquemment aux dépens du tiſſu cellulaire dans les fauſſes articulations qui s'établiſſent dans le cas de luxations non réduites, de fractures non conſolidées, &c. Dans le tiſſu cellulaire libre & dans celui des divers parenchymes ſe développent en outre, aſſez fréquemment, des kyſtes ſéreux, de volume très-variable, dont l'étiologie eſt en général fort obſcure. Le liquide qu'ils contiennent eſt beaucoup plus ſujet à varier encore que celui que fourniſſent les membranes ſéreuſes naturelles. Il peut arriver que l'accumulation du liquide précède la formation de la poche accidentelle qui le contient, comme cela ſe voit, par exemple, dans certains épanchemens de ſang,

dans

dans certaines collections purulentes qui se convertissent en foyers circonscrits ; mais , sans doute aussi , dans beaucoup de cas , le tissu accidentel se forme d'abord & sécrète ensuite les produits divers qui se trouvent renfermés dans l'intérieur du kyste.

3°. *Transformation muqueuse.* M. Dupuytren a, l'un des premiers, insisté sur l'analogie évidente qui se remarque entre le tissu muqueux naturel & celui de formation accidentelle qui tapisse les trajets fistuleux & les foyers purulens anciens. Là, comme dans le cas de reproduction des membranes muqueuses qui ont subi quelque perte de substance partielle, c'est le tissu cellulaire qui, changeant insensiblement de nature , s'élève par degrés à la transformation muqueuse. Il est vrai qu'en général on n'a pas trouvé de *follicules* dans ces tissus muqueux accidentels ; mais ne sait-on pas que ces petits organes sécrétoires ne sont point apparens non plus dans divers points du système muqueux naturel ? On peut dire la même chose des *villosités* , qui , dans l'état normal, n'existent réellement que dans la muqueuse digestive, & qui manquent aussi ordinairement dans les tissus muqueux de nouvelle formation. Ces tissus d'ailleurs sont plus ou moins parfaits, & ne parviennent à une organisation complète qu'après avoir passé par plusieurs degrés successifs ; d'abord, le tissu cellulaire, non encore membraniforme, présente seulement une série de bourgeons ou de granulations vasculaires, puis devient une couche cellulo-vasculaire non encore séparable des tissus sub-jacens ; enfin, il se convertit en une membrane véritable qu'on isole facilement de ces tissus , & dont la surface est tantôt lisse & tantôt filamenteuse. Quant au fluide qui enduit ces membranes, il ne présente que rarement une analogie parfaite avec le mucus naturel, & est sujet à beaucoup de variations dépendant de circonstances qui ne sont point encore suffisamment connues & appréciées.

4°. *Transformation cutanée.* Nous avons parlé ailleurs de la reproduction de la peau dans le travail de la cicatrisation, ainsi que de la transformation cutanée que subissent les membranes muqueuses qui sont accidentellement & continuellement exposées au contact de l'air. (*Voyez* notre article Tissus.)

5°. *Transformation fibreuse.* Le tissu fibreux accidentel présente dans sa structure beaucoup plus de variétés que le tissu fibreux naturel ; comme celui-ci, d'ailleurs (lorsqu'on le considère chez l'embryon), il n'arrive que graduellement à l'état fibreux parfait , & retient plus ou moins long-temps les propriétés du tissu cellulaire aux dépens duquel il se forme , de manière à pouvoir être appelé, avec raison, cellulo-fibreux. Il peut se montrer sous la forme de faisceaux , de cordons ou de filamens, sous celle de membrane, ou enfin sous la forme de tumeur. Dans le second cas, il double assez souvent d'autres tissus accidentels ,

comme cela se voit surtout dans certains kystes séreux ou muqueux. Dans le dernier, il présente plusieurs aspects différens, dus principalement à l'existence & au développement variable des tissus cellulaire & vasculaire qui peuvent y être combinés. Quelquefois, au lieu de subir la transformation cellulaire, les parties atrophiées subissent la transformation fibreuse : ce qui se remarque particulièrement dans le tissu musculaire. D'autres fois, une irritation accidentelle, produite , par exemple, par le déplacement & le frottement de bouts d'os fracturés , paroît occasionner le développement de ce tissu, qui , dans d'autres cas, se forme sans qu'on puisse reconnoître les circonstances qui ont influé sur sa production.

6°. *Transformation cartilagineuse.* Les productions cartilagineuses accidentelles se rencontrent à peu près dans les mêmes circonstances que la transformation fibreuse ; elles peuvent se former dans le tissu cellulaire interposé entre les divers organes, dans quelques parenchymes, ou même se trouver libres dans certaines cavités séreuses. Le tissu cellulaire qui revêt l'extérieur des membranes séreuses naturelles ou accidentelles devient assez fréquemment le siége d'incrustations cartilagineuses, sous forme de grains, de plaques, ou d'incrustations tout-à-fait irrégulières. Le tissu cellulaire sous-muqueux, au contraire, qui est si souvent le siége de l'induration *squirrheuse*, offre très-rarement ces indurations cartilagineuses, dont M. Andral dit cependant avoir observé un exemple fort remarquable dans le tissu cellulaire sous-muqueux de l'estomac. Mais c'est surtout dans le tissu cellulaire interposé entre la membrane interne des artères & leur tunique moyenne, qu'on rencontre fréquemment ces dépôts cartilagineux. Le système osseux, par une sorte de marche rétrograde de l'organisation, peut passer à l'état cartilagineux ; le fait est beaucoup plus douteux pour le système musculaire, quoiqu'il n'ait rien qui répugne à la raison. M. Andral a observé avec M. Blandin une sorte de transformation cartilagineuse de plusieurs circonvolutions de la face supérieure des hémisphères cérébraux, chez une fille qui, pendant tout le temps de son séjour à l'hôpital, ne présenta d'autre phénomène insolite , dans les différens actes de la vie de relation, qu'un mouvement continuel de la tête, sans cesse portée de droite à gauche & de gauche à droite alternativement. Il y avoit en outre, sur ce sujet, des altérations d'une autre nature dans le cervelet. Quant aux productions cartilagineuses trouvées libres dans les cavités séreuses, on les a surtout rencontrées dans les synoviales articulaires, tantôt isolées de toutes parts , tantôt adhérentes par un prolongement membraneux à l'un des points des parois de la cavité. On a cru long-temps que ces concrétions étoient le produit de fragmens cartilagineux détachés des surfaces articulaires ; mais cette étiologie ne peut plus être admise depuis qu'on fait qu'elles peuvent fe rencontrer dans d'autres cavités féreufes, telles que le péritoine (Littre, Andral), la tunique vaginale (Laennec), &c. On en a trouvé auffi dans le tiffu adipeux de l'orbite (Andral·), dans l'intérieur du globe oculaire, entre la capfule criftalline & la lame de la tunique hyaloïde qui l'enveloppe en arrière (Fizeau), &c.

Lorfqu'un cartilage naturel a fubi une folution de continuité, tantôt on n'obferve aucun travail de réparation; d'autres fois, c'eft une fubftance offeufe qui le remplace; enfin, dans d'autres cas il fe forme un cartilage nouveau, comme l'a démontré Laennec. Dans les cartilages accidentels, d'ailleurs, comme dans les cartilages naturels, on ne voit fe développer de vaiffeaux apparens que dans un feul cas, lorfqu'ils s'offifient.

7°. *Transformation offeufe.* Les productions offeufes accidentelles diffèrent notablement, fous le rapport de la forme & de la texture, des os naturels, fi ce n'eft peut-être dans le cas de formation du cal & d'os nouveau remplaçant un os nécrofé, où, à la longue, le tiffu offeux de nouvelle formation peut revêtir tous les caractères de l'os ancien. En général, pourtant, la confiftance, la couleur, la compofition chimique même fe reffemblent beaucoup dans les deux tiffus, naturel & accidentel. Il n'y a guère que le tiffu cellulaire, le tiffu fibreux & le tiffu cartilagineux qui foient fufceptibles de transformation offeufe : ce qui eft conforme aux lois qui régiffent l'organifation normale. Le fyftème médullaire, en effet, doit être rapporté au tiffu cellulo-fibreux, & c'eft à fes dépens, comme on fait, que fe reproduifent partiellement les os longs, quand le périofte a été détruit, tandis que lorfque cette membrane fibreufe eft reftée intacte, c'eft elle qui fournit principalement l'os nouveau qui environne le féqueftre. De même, dans la formation du cal des os longs, c'eft aux dépens de ces deux membranes, externe & interne, & principalement aux dépens de la première (du périofte), que fe forme le *cal provifoire* auquel fuccède, au bout d'un temps variable, le *cal définitif.* L'offification accidentelle, foit des parties extérieures, foit de la profondeur des organes, peut préfenter les formes granuleufe, lamelleufe, membraneufe, ou être tout-à-fait amorphe. Affez fouvent, au lieu d'offrir une analogie bien marquée avec l'offification naturelle, elle ne préfente qu'une maffe homogène, fans apparence de fibres, fans diftinction de fubftance compacte & fpongieufe, plus femblable à une forte de *pétrification* qu'à une véritable offification : c'eft ce qui fe voit, par exemple, dans les offifications de la tunique moyenne des artères.

Nous ne nous occuperons point ici des transformations *pileufes, épidermiques, cornées,* &c., qui ont fuffifamment été indiquées ailleurs. (*Voy.* POILS, &c.)

Quant à la caufe prochaine des diverfes transformations que nous venons d'indiquer, elle eft encore aujourd'hui environnée de beaucoup d'obfcurité. Quelques efprits, plus avides de mots que de chofes, ont cru pouvoir tout expliquer par la doctrine commode de l'*irritation*, & rattacher ainfi, de loin ou de près, à la théorie générale de l'inflammation, le mode de formation de toutes les altérations & de toutes les transformations organiques. Mais il faut néceffairement reconnoître que, dans un grand nombre de cas, on n'obferve, ni durant la vie, ni après la mort, d'indices fuffifans d'un travail inflammatoire, pour que cette explication foit fondée fur autre chofe que fur une pure hypothèfe. Ce qui ne nous empêche nullement de convenir que d'autres faits, en affez grand nombre, font favorables à cette explication. Ainfi, pour la transformation cellulaire, par exemple, qui, plus que toute autre, peut-être, femble s'opérer fans indice d'irritation, on ne peut fe diffimuler que, dans plufieurs cas, elle ne fe montre dans des parties précédemment atteintes d'une inflammation évidente : exemple, la plèvre frappée d'une phlegmafie aiguë ou chronique, puis offrant de fauffes membranes, puis des adhérences, puis enfin, au bout d'un temps plus ou moins long, le paffage à l'état cellulaire. Mais, bornons-nous à admettre ce qui eft conftant, & fachons douter & attendre dans ce qui ne peut encore être appuyé d'une manière folide fur l'expérience & l'obfervation. (GIBERT.)

TRANSFUSION, f. f., de *transfundere*. S'entend, en médecine, d'une opération qui confifte à faire paffer le fang d'un être animé dans les veines d'un autre individu vivant.

Comme rien au monde ne déplaît tant à l'homme que la mort, la vieilleffe & les maladies, on a de tout temps cherché à prévenir l'une & à fe débarraffer des autres. Si Enoch, Elie & Saint-Jean ont été transportés, fans mourir, après une longue vie dans le féjour des heureux par la volonté divine, pourquoi, a-t-on dit, la médecine n'effaieroit-elle pas un peu de nous rendre immortels à fon tour? Du temps d'Adam on vivoit near cent ans & mille ans; après le déluge, Afphaxal ne mourut qu'à trois cents ans, & Heber, père des Hébreux, qu'à quatre cent quatre-vingt-fept. Homère ne dit-il pas que le prince Neftor étoit âgé de près de trois cents ans quand il vint au fecours des Grecs? Heureux temps! que ne durent-ils encore! mais ne défefpérons pas, ils reviendront peut-être. Tout le monde connoît l'hiftoire de ce fameux Galdo qui, âgé de quatre cents ans, paffa par Venife vers la fin du dix-feptième fiècle. Il avoit trouvé la médecine univerfelle : pourquoi l'avons-nous perdue? Le prophète Ifaïe & faint Auguftin ne démontrent-ils pas qu'en rognant fon bec, l'aigle trouve le moyen de se rajeunir ? Philostrate nous prouve clairement que le lion jouit du même bonheur s'il parvient à manger la chair d'un certain singe qui habite les endroits les plus escarpés du mont Caucase. Si les animaux possèdent un pareil privilége, est-il probable que le Créateur ait voulu en priver l'homme ? La savante Médée parvint à rajeunir le vieillard Eson, & Valescus a vu, en Espagne, une abbesse « déjà décrépite, hâve & sentant le sapin, dont les dents revinrent tout-à-coup; ses cheveux noircirent, son front fut aplani, sa gorge parut comme à une jeune fille de quinze ans; enfin, on la vit renouvelée en jeune & belle fille. » Maudite abbesse de n'avoir pas publié sa recette! encore si les fontaines de *Bonique*, de *Lucaya*, de *Jouvence* n'étoient pas taries! Ne pouvant plus compter sur ces sources merveilleuses, les alchimistes imaginèrent la fameuse médecine universelle; mais comme les humains n'en continuèrent pas moins de vieillir & de mourir, il fallut avoir recours à d'autres moyens, & c'est alors que la transfusion fut appelée au secours de nos organes défaillans.

On s'étoit avisé d'injecter dans les veines, des médicamens liquides, des purgatifs, des sudorifiques, des fondans, &c., espérant qu'ils agiroient ainsi avec beaucoup plus d'efficacité que par l'estomac. Cette pratique prit le nom de *chirurgie infusoire*, ainsi que nous l'apprennent longuement J. D. Major ou Meyer & J. S. Elsholtzius, & fit naturellement naître l'idée de la transfusion, qui fixa au plus haut degré l'attention du public & des savans pendant une douzaine d'années, vers le milieu de l'avant-dernier siècle. Lower, J. Denis, Cl. Tardy, J. Vehr, M. Hoffmann s'en disputèrent l'invention en 1665, 66, 67 & 68; il est probable même que quelques autres encore l'auroient revendiquée si, en la proscrivant, le parlement de Paris n'étoit pas venu mettre tout le monde d'accord.

Quoi qu'il en soit, la transfusion fut tentée d'abord à Oxford, en présence de Boyle, sur des chiens, par Rich. Lower; puis à Paris par Emmeretz, sous les yeux de Denis. En Angleterre, on crut devoir sacrifier l'un des chiens pour faire vivre l'autre; en France, on s'y prit de manière au contraire à les conserver tous les deux. Bientôt après le Dr. King porta du sang de veau dans les veines d'un mouton. Th. Coxe *transfusa* le sang d'un vieux chien dans les vaisseaux d'un jeune chien bien portant; ensuite ils osèrent sur un homme auquel ils donnèrent du sang d'agneau, & qui s'en trouva si bien que, quatre jours après, il pria qu'on réitérât l'opération. Des expériences semblables furent faites en Italie, chez Cassini & chez Griffoni. Toutefois, la transfusion ne tarda pas à être l'objet de vives attaques; Cantwell, Lamartinière s'efforcèrent d'en faire voir le danger; après de nombreuses objections fort justes, Perrault, médecin célèbre de l'époque, finit avec esprit son attaque, en disant qu'il est impossible que l'homme puisse jamais *changer de sang comme de chemise*. Cependant on multiplia les essais; les philosophes crurent sérieusement qu'on arriveroit un jour à faire disparoître tous les vices, soit physiques, soit moraux, qui attristent l'humanité; avec du sang de lion on devoit donner du courage aux poltrons, adoucir les téméraires & les audacieux avec du sang d'agneau, rajeunir les vieillards, modifier les caractères, guérir tous les maux enfin, à l'aide de contrastes, de combinaisons convenablement raisonnées & bien entendues. Mais au moment où les partisans de la transfusion annonçoient de toutes parts des miracles, un fou, qui l'avoit déjà supportée deux fois, mourut subitement, sous les yeux de Denis & d'Emmeretz, au commencement de la troisième opération, en criant: *Arrêtez, je me meurs! je suffoque!* ce qui sembla donner gain de cause à ses antagonistes, & décider le Châtelet à la procrire jusqu'à ce que la Faculté l'eût approuvée. Malheureusement la sévère Faculté n'approuva point; il fallut oublier la transfusion, & les douces espérances qu'elle avoit fait naître ne tardèrent pas à s'évanouir, à être rangées au nombre des plus ridicules chimères. C'est le 17 avril 1668 que cet arrêt fut proclamé: reste à savoir s'il étoit juste, si les accidens reprochés à la transfusion ne pouvoient pas être attribués au mode opératoire bien plus qu'à l'opération elle-même. Mais alors on n'y regardoit pas de si près, le parlement avoit parlé & personne ne dit mot. D'ailleurs, les doctrines d'Hoffmann, de Stahl, de Cullen & de Brown ayant peu à peu détruit l'ancienne médecine humorale, la transfusion cessa d'offrir *à priori* la moindre valeur; d'un autre côté, le solidisme de Pinel & de M. Broussais enlevant aux humeurs une grande partie de leur importance, n'étoit point de nature à faire révoquer la sentence du dix-septième siècle.

Actuellement l'état des choses est changé, les humoristes tendent à reprendre le dessus, la physiologie & la médecine expérimentales ont fait de nombreux progrès, se sont considérablement perfectionnées, & la transfusion a de nouveau été tentée.

Des expériences de Bichat, de M. Larrey, de M. Magendie; des opérations pratiquées par MM. Dupuytren, Græfe, Mott, semblent prouver que l'introduction de quelques bulles d'air dans les veines suffit pour amener promptement la mort. Or, cela étant, il devient probable que le malade de Denis a succombé de cette manière, & qu'en opérant mieux à l'avenir, on n'aura point à redouter de pareilles suites. En second lieu, après avoir constaté par le microscope que les globules du sang n'ont ni la même forme, ni le même volume dans les différens animaux & même aux diverses époques la vie; MM. Prévost

& Dumas font arrivés à cette conclusion, *que pour obtenir des avantages de la transfusion, il importe, avant tout, de n'introduire dans les veines que du sang d'une espèce semblable à l'être sur lequel on opère ;* aussi, chez des oiseaux, l'injection de sang à globule sphérique a-t-elle promptement fait mourir l'animal, tandis qu'en agissant sur des animaux de même espèce, ces physiologistes font plusieurs fois parvenus à en rétablir, d'une manière surprenante, qui étoient sur le point d'expirer. (*Bibliothèque universelle,* tom. XVII.)

Fondé sur ces données, M. H. M. Edwards soutint à Paris, en 1823 (thèse n°. 73), devant la Faculté de médecine, qu'il seroit permis de tenter la transfusion dans certains cas d'hémorragies graves. A Londres, M. Blundell répéta les essais de MM. Prévost & Dumas, & il affirme avoir fait vivre pendant assez long-temps, sans leur donner à manger, des animaux, en leur injectant du sang dans les veines.

En France, on n'a encore fait aucune application de ces tentatives à l'homme, mais en Angleterre, M. Blundell a pratiqué la transfusion sur un sujet affecté de squirrhe au pylore, puis sur un autre qui avoit été rapidement conduit à l'agonie par une hémorragie foudroyante; les deux malades n'en ont pas moins succombé, il est vrai, mais évidemment par suite de leur maladie & non de l'opération. Enhardi plutôt qu'arrêté par ce résultat, M. Blundell a saisi depuis toutes les occasions de mettre ce même moyen en usage, principalement dans les pertes utérines, à la suite de l'accouchement. MM. Doubleday, Waller, Brigham, Boyle, Brown, &c., ses compatriotes, l'ont imité, & s'il étoit permis d'accorder une confiance entière au narré de leurs observations, on seroit véritablement forcé d'admettre que la transfusion est une ressource dont la médecine pourra tirer le plus grand parti.

Néanmoins, ce n'est plus aujourd'hui, comme jadis, un moyen à l'aide duquel on compte rajeunir ou éterniser l'existence, guérir toutes les maladies & changer la constitution des personnes qui s'y soumettent ; nos espérances font plus modérées & moins ambitieuses. C'est aux individus qui viennent de perdre une grande partie de leur sang qu'on doit d'abord songer à en remettre ; l'expérience apprendra plus tard si la transfusion est réellement utile dans d'autres cas, & si le sang peut être introduit sans danger dans le système circulatoire, à titre de médicament. En attendant, n'oublions pas que le sang des brutes seroit le plus souvent un poison pour l'homme, & que c'est seulement d'un sujet sain à un individu malade, de la même espèce, qu'il faut transfuser le fluide vivifiant.

En finissant, je dois faire remarquer qu'au lieu de conduire le sang de l'artère ou de la veine, de celui qui le fournit, dans le vaisseau de celui qui le reçoit, à l'aide d'un tube, comme autrefois, on se contente aujourd'hui de l'extraire par la phlébotomie, pour l'injecter ensuite de la même manière & avec les mêmes précautions qu'on injecteroit de l'eau ou toute autre substance médicamenteuse. (VELPEAU.)

TRANSPIRATION, f. f. (*Physiol.*) Mot composé (*trans*, à travers, *spiratio*, action d'exhaler) qui fert à désigner la fonction de la peau par laquelle un fluide est sans cesse exhalé de notre corps, soit sous la forme d'un gaz invisible (transpiration insensible), soit sous celle d'une vapeur (transpiration sensible), soit enfin sous la forme d'un liquide plus ou moins abondant (sueur). On donne encore assez souvent le nom de *transpiration pulmonaire* à l'exhalation qui s'opère à la surface interne des poumons, & dont l'histoire est intimement liée à celle de la respiration.

Les expériences de Sanctorius, de Dodart, de Robinson, de Séguin & de Lavoisier, &c., ont prouvé que l'humeur transpirée par la peau forme à elle seule la plus grande partie de la somme de nos déperditions journalières. On sait assez qu'une multitude de circonstances individuelles, fonctionnelles, extérieures, &c., font varier sans cesse la quantité de la transpiration ; que cette sécrétion alterne avec les autres, & notamment avec les sécrétions pulmonaire & urinaire, augmente quand elles font supprimées, & peut à son tour, jusqu'à un certain point, être suppléée par elles ; qu'elle est la principale voie par laquelle notre corps peut se débarrasser de l'excédent de température qu'une chaleur extérieure vive tendroit à y introduire ; que sa suppression brusque peut entraîner à sa suite une foule d'accidens ; que, d'un autre côté, son augmentation rapide peut, par une déplétion & une révulsion subite, prévenir une multitude de phénomènes morbides ; qu'elle éprouve dans les maladies un grand nombre de variations & de vicissitudes, &c. &c.

L'humeur de la transpiration, exhalée par les extrémités des capillaires artériels, ou par les porosités de ces vaisseaux, ou enfin par un système de vaisseaux particuliers (exhalans) dont Bichat admet gratuitement l'existence, se vaporise dans l'air qui l'entraîne d'autant plus vite qu'il est plus sec & plus renouvelé ; ou se condense & découle à la surface du corps si elle est fournie avec plus d'abondance (la circulation elle-même étant accélérée) & si l'air est plus chaud & plus humide : elle se mêle à la surface de la peau avec un enduit gras, onctueux, folliculaire, destiné à entretenir la souplesse de cette membrane & à la préserver des influences extérieures. Cette humeur est presqu'uniquement composée d'eau ; on y trouve cependant aussi un peu d'acide acétique (auquel elle doit la propriété de rougir les couleurs bleues végétales), quelquefois à base de soude & de chaux, & une très-petite quantité de matière animale. D'ailleurs, comme la plupart des autres hu-meurs excrémentielles, chargée d'entraîner hors de l'économie les produits de l'absorption, de la décomposition de nos organes, & les substances étrangères accidentellement introduites dans notre corps, elle doit nécessairement présenter de nom-breuses variations dans sa composition, quoique ces nuances fugitives ne puissent pas toujours être appréciées par nos moyens d'exploration ordi-naires. (GIBERT.)

TRANSPLANTATION, f. f. (*Thérap.*) *Trans-plantatio.* Parmi les nombreuses absurdités qui ont tour à tour été regardées comme des moyens de recouvrer ou de conserver la santé, il faut ranger la transplantation. En effet, Paracelse avoit imaginé que l'on pourroit *transporter* une maladie d'un animal à un autre en les faisant cohabiter ensemble ; aussi conseilloit-il aux personnes ma-lades de faire coucher avec elles des animaux. Ce préjugé, en quelque sorte populaire, subsiste en-core, mais son insuffisance est aux yeux du méde-cin physiologiste trop évidente pour qu'il soit né-cessaire de la démontrer.

TRANSPORT, f. m. (*Pathol.*) C'est le nom vulgaire du *délire*. (*Voyez* ce mot.) Il dérive sans doute de l'opinion transmise des médecins au peuple sur la cause prochaine du délire, que l'on regardoit jadis assez généralement comme produit par l'afflux, le refoulement ou le *transport* du sang vers le cerveau. Il faut convenir, en effet, que dans un très-grand nombre de cas le délire, soit idiopathique, soit symptomatique, présente comme cause ou comme effet un état de congestion céré-brale plus ou moins marqué, qui se décèle par l'excitation du cerveau, l'état brillant des yeux, l'injection des conjonctives, la rougeur du visage, la pulsation des artères carotides & temporales, &c. Cela s'observe surtout dans le délire *fébrile*, qui est particulièrement celui auquel le monde donne le nom de *transport*, & que l'on observe dans plusieurs maladies différentes, telles que les fièvres graves, la frénésie ou méningo-encéphalite, l'hydrocéphale ou les fièvres éruptives, à leur début, dans le même âge, &c. Les Anciens regardoient généralement le délire fébrile comme l'indice d'une fluxion ou d'une inflammation des méninges & du cerveau ; c'est aussi l'opinion la plus communément admise de nos jours, & les recher-ches d'anatomie pathologique lui ont donné un degré de certitude imposant. Ce délire, qu'il se montre d'ailleurs comme épiphénomène dans le cours d'une fièvre typhoïde, par exemple, ou au début d'une fièvre éruptive chez un enfant, ou qu'il soit l'un des symptômes constans de la mala-die, comme dans le cas de méningite & d'encé-phalite, pourroit être appelé *symptomatique*, puisqu'il se lie à un état fluxionnaire ou inflam-matoire du cerveau, tandis qu'on réserveroit le nom de *délire* ou transport *sympathique* à celui qui dépend de l'affection d'un autre organe qui réagit sur le cerveau, de l'estomac, par exemple, sorte de délire qui avoit déjà été signalé avec soin par Galien. Mais ne doit-on pas admettre aussi un délire *idiopathique*, un délire *nerveux*, comme on le disoit encore il y a quelques années, c'est-à-dire un délire dans lequel il ne paroît pas qu'il existe d'altération matérielle, même passagère, du cer-veau ni des méninges ?

Le *delirium tremens*, suite de l'abus du vin & des liqueurs alcooliques ; le délire éphémère qui s'observe chez quelques blessés, lesquels cèdent très-bien tous deux aux narcotiques administrés par la bouche ou en lavemens, l'espèce de délire frénétique mentionné par Galien, qui se dissipoit parfaitement par l'usage du suc de pavot ; quel-quefois même le délire qu'on observe dans certai-nes fièvres malignes ou ataxiques, &c., ne peu-vent-ils pas être regardés comme des exemples de délire *idiopathique* ou nerveux, malgré les as-sertions de la plupart des auteurs modernes, qui veulent toujours qu'il existe une méningite ou une encéphalite lorsqu'il se montre du délire ? Je le crois, m'appuyant sur l'autorité de MM. Dupuy-tren, Guersent, Rochoux, &c., &, si j'ose le dire, m'appuyant aussi sur ma propre expérience, qui m'a appris, d'une part, qu'il y a des délires, même fébriles, sans indices de congestion cérébrale pen-dant la vie, & sans traces d'inflammation après la mort ; &, d'autre part, que ces délires ne doivent pas être combattus par les émissions sanguines, mais seulement par les sédatifs & les révulsifs.

(GIBERT.)

TRANSPOSITION, f. f. (*Anat. Pathol.*) C'est le changement de place d'un organe avec un autre, mais par vice de conformation : le mot DÉPLACE-MENT doit être réservé pour les légères aberrations qui se remarquent très-souvent ; telles sont, par exemple, les hernies.

Il est rare que ces transpositions gênent beau-coup ; l'organe existe, &, quoiqu'à une place diffé-rente, il n'en exécute pas moins bien ses fonctions. La transposition des organes de droite à gauche, de gauche à droite, est la plus fréquente. Nous sommes redevables à M. Poulin (*Recueil pério-dique de la Société de médecine de Paris*), d'un exemple d'une transposition de ce genre, chez un enfant de neuf ans. La pointe du cœur étoit à droite, sa base tournée à gauche donnoit naissance aux gros vaisseaux ; l'aorte se dirigeoit sur la partie latérale droite de la colonne vertébrale, accompa-gnée dans la même position par l'œsophage. La ca-rotide droite partoit immédiatement de la crosse de l'aorte, & la gauche de la sous-clavière. Le poumon droit étoit divisé en deux lobes, & le gauche en trois. L'aponévrose centrale du dia-phragme étoit plus longue du côté droit ; la por-tion gauche présentoit l'ouverture destinée au pasfage de la veine-cave. Le pilier gauche de ce mufcle étoit plus large, de telle forte que les ouvertures qui livrent paffage à l'œfophage, à l'aorte & autres parties, étoient fituées à droite. Le grand lobe du foie étoit placé dans l'hypochondre gauche, fon petit lobe dirigé à droite; l'hypochoudre droit contenoit la rate ainfi que le grand cul-de-fac de l'eftomac, dont l'extrémité pylorique, tournée à gauche, fe continuoit avec le duodénum, dont les courbures étoient en fens inverfe de celui qu'elles préfentent dans l'état naturel. Le cœcum occupoit la foffe iliaque gauche, & le rectum fe dirigeoit vers la partie poftérieure droite de la cavité pelvienne.

Une tranfpofition auffi complète eft exceffivement rare; c'eft peut-être la feule obfervation que nous en poffédions : toutes les parties paroiffoient avoir été changées de place mécaniquement ; le poumon droit n'offroit que deux lobes comme s'il eût été à gauche. Dans les autres obfervations ces fortes de tranfpofitions n'ont pas lieu pour tous les organes.

La tranfpofition du foie à gauche entraîne néceffairement celle du cœur à droite, afin que les organes puiffent conferver leurs rapports, & le foie en a de très-grands avec le cœur au moyen de la veine-cave.

Le paffage de l'artère fous-clavière entre l'œfophage & la trachée-artère, l'hypofpadias, l'épifpadias, l'abouchement du vagin dans le rectum, l'exiftence d'un double vagin, dont l'un s'ouvroit dans le rectum, la terminaifon du rectum dans la veffie, ou celle bien plus naturelle de cet inteftin dans le vagin, puifqu'une grande famille de quadrupèdes & les oifeaux la préfentent, ne conftituent point une tranfpofition, mais un vice de conformation. Il en eft de même de la rate, que l'on a vue fituée fous l'ombilic, & dans le petit baffin, ou d'un rein même feul placé en travers fur la colonne vertébrale.

D'après M. Geoffroy St.-Hilaire (*Philofophie anatomique*), on voit que les monftruofités mêmes font foumifes à des lois invariables, &, à l'aide de fon ingénieufe méthode, on parviendra non-feulement à démontrer comment les tranfpofitions ont lieu, mais encore quelles en peuvent être les caufes. (NICOLAS.)

TRANSSUDATION, f. f. (*Phyfiol.*), dérivé de *trans*, à travers, & de *fudo*, je fue. On nomme ainfi le paffage d'un liquide à travers une enveloppe plus ou moins poreufe : les tiffus animaux, dans l'état normal, ne fe prêtent point à la tranffudation; ce n'eft que lorfqu'ils ont été fortement diftendus, ou par fuite d'un affoibliffement extrême, qu'ils deviennent quelquefois fufceptibles de livrer paffage aux liquides qu'ils renferment. Auffi a-t-on obfervé de véritables tranffudations fanguines, aqueufes, &c.

TRANSVERSAIRE, adj. (*Anat.*) Cet adjectif fert à caractérifer plufieurs mufcles qui s'attachent aux apophyfes tranfverfes des vertèbres : ainfi on nomme *tranfverfaire du col*, un mufcle grêle, aplati, alongé, qui poftérieurement s'infère aux apophyfes tranfverfes des troifième, quatrième, cinquieme, fixieme, feptième, & quelquefois huitième vertèbres dorfales, puis aux cinq ou fix dernières apophyfes tranfverfes cervicales. Ce mufcle eft recouvert fupérieurement par le fplénius & l'angulaire de l'omoplate, & en bas par le long dorfal avec lequel il fe confond. (*Voyez* SACRO-SPINAL dans le *Dictionnaire d'Anatomie* de cet ouvrage.)

Un autre mufcle, le *tranfverfaire épineux*, confifte en une férie de faifceaux charnus qui s'étendent de la feconde vertèbre cervicale à la partie poftérieure du facrum, & forme la portion lombo-cervicale du *mufcle fpinal* de Chauffier : il eft fitué dans les gouttières vertébrales, & s'attache aux apophyfes tranfverfes & articulaires des vertèbres cervicales, dorfales & lombaires. (*Voyez*, pour les détails, le mot TRANSVERSAIRE dans ce même Dictionnaire.)

TRANSVERSAL, ALE, ou TRANSVERSE, adj. (*Anat.*) Epithète donnée par quelques anatomiftes à diverfes parties dont elle indique les difpofitions relatives.

APOPHYSES TRANSVERSES DES VERTÈBRES. Eminences placées fur les parties latérales de ces os. (*Voyez* VERTÈBRES dans le *Dictionnaire d'Anatomie*.)

TRANSVERSAL DU NEZ. Mufcle aplati & placé tranfverfalement fur les côtés du nez : c'eft le mufcle *fus-maxillo-nafal* de Chauffier. (*Voyez* TRIANGULAIRE DU NEZ dans le même Dictionnaire.)

TRANSVERSAL DE L'OREILLE OU DE LA CONQUE. Mufcle fitué derrière la faillie de l'hélix : c'eft le *tranfverfe de l'auricule* de Chauffier. (*Voyez* AURICULE dans le même Dictionnaire.)

TRANSVERSAL DES ORTEILS. Ce mufcle s'étend tranfverfalement fous les têtes des quatre derniers os du métatarfe, & fe termine au côté externe de la bafe de la première phalange du gros orteil : c'eft le *métatarfo-fous-phalangettien du premier orteil* de Chauffier. (*Voyez* le même Dictionnaire, pag. 7.)

TRANSVERSE DE L'ABDOMEN. Il eft placé profondément fur les parties latérales antérieure & poftérieure du ventre : c'eft le *mufcle lombo-abdominal* de Chauffier.

TRANSVERSE DU PÉRINÉE. Ce mufcle s'attache, d'une part, à la branche & à la tubérofité de l'os iſchion, & par ſon autre extrémité ſe confond avec le muſcle correſpondant de l'autre côté : c'eſt l'*iſchio-périnéal* de Chauſſier.

TRANSVERSALE DE LA FACE. Artère qui naît de la temporale & ſe dirige tranſverſalement ſur la face, en paſſant devant le condyle de la mâchoire. (*Voyez* TEMPORAL dans le *Dictionnaire d'Anatomie.*)

TRANVERSALE DE L'ÉPAULE. Artère nommée par Sabatier *ſcapulaire commune* : c'eſt une des branches de l'axillaire. (*Voyez* le même Dictionnaire, pag. 645.)

TRANSVERSE DU PÉRINÉE. Artère fournie par les branches ſupérieures de la honteuſe-interne & qui ſe porte au bulbe de l'urèthre, où elle ſe partage en pluſieurs rameaux : c'eſt l'artère *uréthro-bulbaire* de Chauſſier. (*Voyez* la page 368 du même Dictionnaire.)

SILLON TRANSVERSAL DU FOIE. Gouttière qui reçoit le ſinus de la veine-porte. (*Voyez* FOIE dans le même Dictionnaire.)

SINUS TRANSVERSE DE LA DURE-MÈRE. Conduit ſitué tranſverſalement à la partie antérieure de l'apophyſe baſilaire de l'occipital, & qui établit une communication entre les ſinus pétreux & caverneux de l'un & de l'autre côté. (*Voyez* DURE-MÈRE & SINUS dans le même Dictionnaire.)

TRANSVERSO-SPINAL, ſ. m. (*Anat.*) *Tranſverſo-ſpinalis.* Nom donné par le prof. Dumas au muſcle *tranſverſaire-épineux ;* c'eſt l'un de ceux qui, ſuivant Chauſſier, font partie du *ſacro-ſpinal.* (*Voyez* TRANSVERSAIRES ÉPINEUX dans le même Dictionnaire.)

TRAPÈZE, ſ. m. (*Anat.*) *Trapezius.* On nomme ainſi un quadrilatère irrégulier dont deux côtés peuvent être parallèles, mais inégaux. Par extenſion, on a auſſi donné le même nom à un muſcle qui occupe la partie poſtérieure du cou, & très-improprement, à un des os du carpe.

Le *muſcle trapèze* eſt mince & très-large; ſa forme eſt preſque triangulaire : ſupérieurement, il s'attache à la ligne courbe ſupérieure de l'occipital, au ligament cervical poſtérieur, puis inférieurement, à toutes les vertèbres du dos, & latéralement, à l'épine de l'omoplate, à l'acromion & au tiers externe de la clavicule. Ce muſcle ſert à élever l'épaule, à la porter en arrière ou à l'abaiſſer, ſuivant que ſes fibres ſupérieures, moyennes ou inférieures ſe contractent ſéparément; il a auſſi pour uſage de redreſſer la tête & de l'incliner vers l'une ou l'autre épaule :

Chauſſier a nommé ce muſcle *dorſo-ſus-acromien.* (*Voyez* TRAPÈZE dans le *Dictionnaire d'Anatomie.*)

Os trapèze. Cet os eſt le premier de la ſeconde rangée du carpe, en comptant de dehors en dedans; il s'articule avec le ſcaphoïde, avec le premier os du métatarſe, avec le trapézoïde & le deuxième os métacarpien : il donne attache à des ligamens. (*Voyez* CARPE dans le même Dictionnaire.)

TRAPÉZIFORME, adj. (*Anat.*) *Trapeziformis.* Dénomination employée par les anatomiſtes pour déſigner certaines parties, auxquelles ils ont cru reconnoître une reſſemblance plus ou moins exacte avec la figure géométrique nommée *trapèze.*

TRAPÉZOÏDE, ſubſt. & adj. (*Anat.*) *Trapezoïdes.* Nom donné au deuxième os de la ſeconde rangée du carpe ; il s'articule avec le ſcaphoïde, le deuxième os du métacarpe, le trapèze & le grand os, & reçoit, en arrière & en avant, des inſertions ligamenteuſes. (*Voyez* CARPE dans le *Dictionnaire d'Anatomie* de cet ouvrage.)

On appelle auſſi *trapézoïde,* un faiſceau ligamenteux ſitué obliquement entre l'apophyſe acromion & la clavicule. (*Voyez* CORACO-CLAVICULAIRE dans le même Dictionnaire.)

TRAQUENARD. (*Art. vétér.*) Train rompu qui tient quelque choſe de l'amble. (*Voyez* ALLURE.)

TRAUMATIQUE, adj. (*Path. chir.*), dérivé de τραυμα, plaie ou bleſſure. Les pathologiſtes font uſage de cette expreſſion pour déſigner les accidens qui ſe manifeſtent à la ſuite de léſions plus ou moins graves, telles que plaies, fractures, contuſions, &c.: ainſi l'on dit, *fièvre, hémorragie, maladie, tétanos* traumatique, &c.

TRAVAIL D'ENFANTEMENT, ſ. m. On emploie communément ces mots pour indiquer la ſérie des efforts douloureux qui précèdent & accompagnent l'expulſion du fœtus. On a, avec raiſon, propoſé de ſubſtituer à cette locution le mot *parturition,* déjà employé par Plenck dans ce ſens. (*Voyez* ACCOUCHEMENT.)

TRÈFLE, ſ. m. (*Bot.*, *Mat. méd.*) *Trifolium.* Genre de plantes herbacées, appartenant à la Diadelphie décandrie de Linné, & à la famille naturelle des Légumineuſes. Le nombre des eſpèces eſt très-conſidérable (*voyez* le *Dictionnaire de Botanique*); la plus commune, le *trifolium pratenſe* L., eſt cultivée & ſert à la nourriture des beſtiaux.

Les propriétés médicinales du trèfle ſont à peu

près nulles : aussi, comme médicament, en a-t-on généralement abandonné l'usage.

TRÈFLE BITUMINEUX. (*Voyez* PSORALIER dans le *Dictionnaire de Botanique.*)

TRÈFLE D'EAU, f. m. (*Bot.*, *Mat. méd.*) *Menianthes trifoliata* L., *herba trifolii fibrini.* Cette plante, que l'on appelle aussi *ménianthe*, & que l'on désigne en pharmacie sous le nom de *trifolium fibrinum*, appartient à la famille naturelle des Gentianées, & à la Pentandrie monogynie; elle est vivace & abondante dans les endroits marécageux. On la rencontre communément aux environs de Paris.

Comme toutes les plantes de la famille des Gentianées, le trèfle d'eau est doué d'une saveur très-amère; mais ce font surtout les tiges & les feuilles qui jouissent de cette propriété, aussi font-elles considérées comme antiscorbutique, & très-employées en Angleterre pour guérir les ulcères qui résultent d'une affection scorbutique.

M. Aasheim dit en avoir obtenu beaucoup de succès dans le traitement de la goutte; il faifoit exprimer le suc de trois ou quatre poignées de cette plante & le donnoit en plusieurs fois.

Mais les maladies contre lesquelles le ménianthe jouit des propriétés les plus efficaces, & les plus souvent constatées par l'expérience, font : les scrofules, le rachitis & les éruptions cutanées devenues chroniques. Quelques médecins l'avoient aussi regardé comme fébrifuge, & en faifoient usage comme succédanée du quinquina, mais il a été abandonné depuis long-temps.

On donne le trèfle d'eau en poudre à la dose d'un demi-gros; on en administre le suc à la dose d'une once : l'extrait, par gros & demi-gros, & l'essence par gouttes seulement : on peut aussi le donner en décoction, ou infusé dans du vin ou de la bière. Le prof. Chaussier a proposé un *sirop de ménianthe composé* que l'on fait avec parties égales de sucs de trèfle d'eau, de chicorée, de laitue & de cresson. (*Voyez* MÉNIANTHES.) Ce sirop est excellent, surtout pour les enfans, auxquels on ne fait prendre que difficilement les boissons amères. (CH. HENNELLE.)

TREISSE-VENS (Eau minérale de). Source minérale à deux lieues de Mortagne, & à trois cents pas du bourg de Saint-Laurent : elle est voisine de la rivière de Sèvres. Cette eau contient du carbonate de fer, &, d'après M. Gallot qui en a fait l'analyse, elle est légèrement purgative, & convient dans les obstructions.

TREMBLEMENT, f. m. (*Pathol.*) *Tremor.* Mouvement involontaire de diverses parties du corps, & spécialement des membres & du col,

d'où résulte une agitation continuelle par secousses foibles & répétées de ces parties, qui paroît liée à un état de débilité musculaire, le plus souvent amené par les progrès de l'âge. Le *tremblement sénile*, évidemment dû à l'affoiblissement des puissances nerveuse & musculaire, est une infirmité incurable & qui ne mérite pas de fixer notre attention. Le tremblement accidentel qu'on observe dans certaines professions où le mercure est employé, sera décrit à part sous le nom de *tremblement mercuriel.* Le tremblement partiel des membres supérieurs qui se lie au délire dans l'affection connue sous le nom de *delirium tremens*, n'est que l'un des phénomènes d'une maladie cérébrale qu'il faut peut-être rapporter aux névroses, & ne doit pas trouver place ici. Il en est de même de ce tremblement *convulsif* qu'on remarque dans la *chorée*; de celui que produisent certaines affections de la moelle épinière, dans lesquelles on voit tôt ou tard une paralysie complète succéder au tremblement qui s'observe, particulièrement dans ce cas, aux membres inférieurs. Il ne nous reste donc à signaler ici que le tremblement *prématuré*, plus ou moins analogue au tremblement sénile, qui ne peut être attribué aux progrès de l'âge, & qui se montre susceptible de quelque traitement. La foiblesse innée ou acquise, la débilité de la convalescence des maladies graves, l'abus du thé, du café, des liqueurs alcooliques, qui finissent par affoiblir la puissance nerveuse par des stimulations répétées; l'usage de certaines substances vénéneuses qui agissent aussi particulièrement sur le système nerveux, telles que l'opium, la jusquiame, la morelle, la belladone; la foiblesse partielle que laissent des paralysies imparfaitement dissipées; les excès vénériens; l'abus de la masturbation, peuvent déterminer le tremblement, même chez des personnes encore jeunes. Cette affection est partielle ou générale, passagère ou permanente; le plus souvent elle est bornée aux mains, aux membres supérieurs ou inférieurs, au cou, à la langue, &c.; d'où résulte de l'incertitude dans les mouvemens, l'impossibilité de le livrer aux travaux manuels, de la vacillation dans la station & dans la marche, le branlement de la tête, le bégaiement & l'embarras de la parole, &c. Le tremblement est plus commun chez les hommes que chez les femmes, ce qui tient aux excès auxquels ils se livrent, aux professions qu'ils exercent, &c. Lorsqu'il est ancien & invétéré, il est ordinairement incurable; on ne le guérit même pas toujours lorsqu'il est récent, à moins qu'il ne tienne à une cause accidentelle qu'il est facile d'éloigner, comme l'abus des alcooliques & des stimulans, l'usage des substances narcotiques, &c. S'il paroît lié à une lésion des centres nerveux, du cerveau ou de l'épine, on sent que les moyens de l'art doivent s'adresser à cette lésion première d'où dérivent les accidens; lorsqu'il ne paroît dû qu'à une débilité musculaire ou nerveuse, sans altération organique, *alors*

alors on peut employer avec avantage toutes les reffources qu'offrent l'hygiène & la thérapeutique, & qui font en général empruntées aux agens toniques & antifpafmodiques. Ainfi, l'habitation à la campagne, un air pur & vif, les exercices du corps modérés, les frictions ftimulantes, les bains froids de courte durée, les eaux minérales toniques & ftimulantes, le galvanifme lui-même, pourront être confeillés en même temps qu'une nourriture reftaurante, des encouragemens moraux, tendront à relever les forces du corps & de l'efprit. Si l'on échoue, on trouvera encore quelquefois le moyen d'être utile dans certains cas de tremblement partiel, en palliant, au moyen d'appareils mécaniques convenablement dirigés, les inconvéniens qui réfultent de cette infirmité pour l'exécution des actes habituels de la vie.

(GIBERT.)

TREMBLEMENT MERCURIEL, f. m. (Hyg. & Pathol.) On nomme ainfi l'efpèce de tremblement (voyez ce mot) familier aux ouvriers expofés par leur profeffion aux influences nuifibles du mercure, tels que les doreurs, les ouvriers des manufactures de glaces, les mineurs, les chapeliers, &c. M. le Dr. Mérat a fixé l'attention des favans fur cette affection au commencement de ce fiècle, & eft devenu ainfi le premier moteur d'améliorations importantes apportées dans les ateliers où s'exhalent des vapeurs mercurielles, par les appareils du célèbre chimifte Darcet. Ce font furtout, en effet, les émanations du mercure vaporifé & mêlé à l'air refpiré ou avalé avec la falive par l'ouvrier, qui paroiffent les caufes des accidens que celui-ci peut éprouver, en même temps que la pénétration des molécules mercurielles par la voie de l'abforption cutanée concourt à la production de ces accidens. Le tremblement mercuriel & la falivation, tels font des accidens principaux qui réfultent de l'action du mercure; jamais on n'obferve, chez les ouvriers qui y font expofés, ces ulcères, ces exoftofes, ces éruptions cutanées, que quelques écrivains modernes, aveuglés par des idées théoriques, ont gratuitement attribués à l'ufage des préparations mercurielles employées contre la fyphilis, au lieu de reconnoître, avec l'immenfe majorité des obfervateurs, que ces phénomènes, dits confécutifs, étoient des fymptomes de la maladie vénérienne elle-même. Le tremblement mercuriel n'attaque point néceffairement tous les individus qui exercent des profeffions dans lefquelles le mercure eft employé; mais il en attaque un grand nombre, & quelques-uns même en font très-promptement atteints, tandis que d'autres ne l'éprouvent qu'après avoir exercé leur métier pendant plufieurs années. Il débute ordinairement par les membres fupérieurs qui deviennent vacillans, tremblans, ne peuvent plus exécuter que des mouvemens incertains, & font en proie à une agitation continuelle, produit de pe-

tites fecouffes foibles & répétées, annonçant bien plutôt, ce me femble, une débilité des nerfs & des mufcles qui ne peuvent plus fe contracter avec une énergie fuffifante, ni pour tenir le membre fixe & immobile, ni pour le faire agir avec fermeté, qu'une affection convulfive que quelques auteurs, & notamment M. Mérat, ont cru y reconnoître. Il me paroît, au contraire, que ce tremblement fe rapproche tout-à-fait du tremblement fénile dont on a voulu le féparer, & que, comme lui, il eft l'indice d'un état de débilité mufculaire. Le tremblement mercuriel peut d'ailleurs devenir général, & l'on voit ainfi de malheureux mineurs réduits à un état d'impotence complète par cette contraction vacillante des mufcles, qui ne permet plus ni la marche, ni la ftation, ni la préhenfion des alimens, ni même une mafticaction parfaite. A ce degré le tremblement eft ordinairement incurable: partiel & récent, il cède affez fouvent au traitement qu'on lui oppofe, & furtout à la fufpenfion du travail qui l'a produit; mais il n'eft pas rare de le voir récidiver plus ou moins promptement quand l'ouvrier veut reprendre l'exercice de fa profeffion; d'ailleurs, il coexifte ordinairement avec un état de fanté générale intact, fauf l'altération du teint & l'efpèce de tendance à un état cachectique qu'on obferve fréquemment dans les claffes d'artifans qui fe livrent à ces fortes de métiers. Le confeil le plus fage qu'on puiffe donner à ceux qui font atteints du tremblement mercuriel, eft de quitter une profeffion qui tôt ou tard les expofe à un état d'infirmité habituelle & permanente; au moins doivent-ils en fufpendre l'exercice pendant un temps qui ne peut guère être moindre de plufieurs mois, dès qu'ils fentent les atteintes de cette affection. On s'eft beaucoup occupé des moyens de précaution propres à en prévenir le développement ou le retour, en confeillant aux ouvriers les foins de propreté affidus, les repas pris hors des ateliers, l'ufage de gants fi cela eft compatible avec leurs travaux, l'introduction dans les fabriques des fourneaux de Darcet, la refpiration de l'air extérieur quand cela eft poffible, &c.; mais il eft bien difficile d'aftreindre à l'obfervation de toutes ces mefures de falubrité, des hommes pour la plupart ignorans, groffiers, infoucians, auxquels la moindre gêne répugne, & qui ne favent prévoir le mal que quand ils en font atteints.

Quant aux moyens curatifs qui, je le répète, ne peuvent avoir d'efficacité qu'autant que le malade fe fouftrait complètement à l'influence nuifible du mercure, & qui, même dans ce cas, ne réuffiffent pas toujours, ils font pris en général dans la claffe des antifpafmodiques & des fudorifiques. A l'intérieur, l'infufion de tilleul, l'acétate d'ammoniaque, la thériaque, l'éther, l'extrait de valériane, le mufc lui-même ont été confeillés; à l'extérieur, les frictions fèches, aromatiques, ftimulantes, & furtout les bains de vapeur, font employés avec

R r

avantage. A l'hôpital Saint-Louis, où chaque année se présentent un grand nombre de doreurs & d'ouvriers de la manufacture des glaces, atteints de tremblement mercuriel, on ne leur prescrit guère que ce dernier moyen, qui jouit vraiment d'une efficacité remarquable. Il la doit sans doute à la réunion de plusieurs circonstances; d'abord, en excitant & en ranimant les fonctions de la peau, il tend à activer la circulation & la vie dans les parties extérieures, ensuite il provoque directement la sortie des molécules mercurielles dont le corps est imprégné, & l'on a pu voir ces molécules se présenter aux aines, aux aisselles, chez les ouvriers soumis à ce moyen de traitement énergique. Une nourriture saine, une vie sobre, un exercice modéré, la respiration d'un air pur, l'insolation, l'habitation à la campagne, favorisent singulièrement le rétablissement de l'énergie musculaire, & concourent puissamment aux succès des agens thérapeutiques. (GIBERT.)

TREMENS. (Path.) (Delirium tremens.) Nom donné à une sorte de manie accompagnée du tremblement des membres, & qui, assez communément, attaque les personnes faisant abus de vins ou de liqueurs spiritueuses. Long-temps cette affection a été confondue avec la frénésie; mais d'après les recherches de plusieurs médecins anglais & de quelques praticiens français, il paroît évident qu'elle forme une névrose spéciale.

Le delirium tremens, ainsi nommé à cause du trouble des facultés intellectuelles & du tremblement des mains, qui paroissent en être les principaux symptômes, pourroit, ainsi que l'a proposé M. Rayer, il y a quelques années, prendre le nom d'œnomanie. Cette maladie, qui attaque les hommes les plus vigoureux, présente d'abord des phénomènes assez insignifians : mais peu à peu la raison s'égare, & un délire, quelquefois calme, d'autres fois furieux, se manifeste avec irrégularité. Les idées du malade se fixent habituellement sur ses occupations ordinaires; le sommeil est agité; les yeux sont injectés; &, durant l'accès, quelques individus se précipiteroient par les fenêtres, s'ils n'étoient pas surveillés : alors le pouls est quelquefois très-agité, tandis que, dans les instans de calme, il est ordinairement lent. On peut citer, comme symptômes accessoires du delirium tremens, la teinte jaunâtre de la langue, la rareté des selles & des urines, une forte de loquacité, & des hallucinations de la vue telles, que les malades croient apercevoir des personnes disposées à leur nuire.

La durée de cette névrose, lorsqu'elle est aiguë, est de douze à quinze jours environ, & elle se termine, soit par le retour à la santé, soit par la mort : dans le cas de chronicité, il arrive fréquemment que cette maladie dégénère en apoplexie ou en paralysie.

L'opium paroît être le médicament le plus convenable pour combattre cette affection, à laquelle on opposoit, avant qu'elle fût bien connue, l'usage des antiphlogistiques, que l'expérience a montré être en général nuisibles, tandis que le laudanum & l'opium gommeux, administrés à dose considérable, amènent assez généralement une prompte guérison. Les premières doses semblent d'abord aggraver les symptômes, mais bientôt elles provoquent le sommeil & progressivement dissipent tous les accidens (1). (R. P.)

TRÉMOUSSOIR, s. m. (Hyg.) Dans une foule de circonstances où le mouvement paroit être le moyen le plus propre à guérir certaines affections, on a imaginé d'imiter, à l'aide d'une machine, celui que peut faire éprouver une voiture mue avec plus ou moins de rapidité. Cet appareil, nommé trémoussoir ou fauteuil de poste, peut être construit de diverses manières : en général, il faut que l'étendue ainsi que la nature des mouvemens qu'il communique, & la durée du temps pendant lequel on en fait journellement usage, soient toujours réglées sur la disposition actuelle des malades.

TRÉPAN, s. m. (Instr. de Chir.) Trepanum, dérivé de τρυπαω, je perce. C'est le nom d'un instrument de chirurgie, dont la forme a éprouvé beaucoup de modifications, & que l'on peut, en général, comparer à un vilebrequin servant à mouvoir tantôt une scie circulaire, tantôt une sorte de mèche nommée trépan exfoliatif ou perforatif, suivant qu'en raison de la forme elle est destinée à faire des ouvertures de dimensions variables.

L'opération du trépan est une de celles que l'on pratique sur diverses parties du corps, & l'emploi de cet instrument dans les blessures de la tête & dans quelques affections du cerveau, paroît remonter à la plus haute antiquité, puisque déjà on le trouve indiqué dans les écrits d'Hippocrate. Aujourd'hui il est rare que l'on y ait recours; quelquefois cependant, dans les nécroses des os longs, on applique le trépan dans l'intention de pratiquer une ouverture qui puisse livrer passage au séquestre : plusieurs fois aussi cet instrument a servi à perforer des os plats, tels que l'omoplate ou le sternum, afin de donner issue au sang épanché, à la suite de blessures, ou à la collection d'eau, dans le cas d'empyème. (Voyez TRÉPAN dans le Dictionnaire de Chirurgie de cet ouvrage.) (R. P.)

TRÉPANATION, s. f. (Opér. chir.) Tere-

---

(1) On peut consulter, pour les symptômes & le traitement de cette maladie, un Mémoire publié par M. Rayer en 1819, ainsi que le tome X du Nouveau Journal de médecine, & le tome LXXIV de la Bibliothèque médicale.

bratio. Application méthodique du trépan. (*Voy.* ce dernier mot dans le même Dictionnaire.)

TRÉPHINE, f. f. (*Inftr. de Chir.*) Nom d'un inftrument de chirurgie que les chirurgiens anglais ont fubftitué au trépan employé dans notre pays, & qui fe compofe d'une couronne cylindrique montée fur une tige d'acier, fixée par fa partie fupérieure à un manche traufverfal, au moyen duquel on fait fucceffivement mouvoir cette couronne de droite à gauche, & *vice verfâ*, jufqu'à ce qu'on ait faifi l'os circulairement. Cet inftrument, dont l'emploi exige de la force & une preffion affez confidérable, n'a point été adopté en France. (*Voyez* TRÉPAN dans le *Dictionnaire de Chirurgie* de cet ouvrage.)

TRESSAILLEMENT, f. m. (*Path.*) *Subfultus.* Très-communément une impreffion morale un peu vive,eft accompagnée d'une forte d'horripilation ou de frémiffement qui parcourt toute la furface des tégumens : on a donné à cette affection paffa-gère le nom de *treffaillement.*

TRIANGULAIRE, adject. (*Anat.*) Epithète fervant à caractérifer certaines parties dont la forme approche plus ou moins de celle d'un triangle : ainfi, on appelle *triangulaire du nez*, le mufcle auquel Chauffier a donné le nom de *fus-maxillo-nafal ; triangulaire des lèvres*, celui qu'il défigne fous la dénomination de *maxillo-labial.*

Indépendamment de ces mufcles, il en eft encore deux autres : le *triangulaire du fternum* & *triangulaire du coccyx.* L'un eft le *fterno-coftal* de Chauffier, & l'autre l'*ifchio-coccygien* du même auteur. (*Voyez* TRIANGULAIRE & ISCHIO-COCCY-GIEN dans le *Dictionnaire d'Anatomie* de cet ouvrage.)

Dès ligamens ont auffi été appelés *triangu-laires :* tels font ceux du foie. (*Voyez* FOIE dans le même Dictionnaire.)

Enfin, certains finus, a' raifon de leur confi-guration, ont auffi été défignés de la même ma-nière. (*Voyez* le même Dictionnaire, pag. 654.)

TRIBULCON, f. m. (*Inftr. de Chir.*) Nom donné par Percy à l'efpèce de tire-balle dont la chirurgie militaire lui eft redevable. (*Voyez* TIRE-BALLE.)

TRICEPS, f. adj. (*Anat.*) *Triceps.* Ce mot latin, dont la traduction littérale fignifie *trois têtes*, a été confervé en français pour défigner deux mufcles dont l'une des extrémités fe partage en trois parties ayant des attaches diftinctes.

L'un de ces mufcles, le *triceps brachial* (fca-pulo-humero-olécranien de Chauffier), occupe la région poftérieure du bras. Il fe divife en trois parties, dont la moyenne s'attache à la portion la plus élevée du bord axillaire de l'omoplate,

immédiatement au-deffus de la cavité glénoïde. La portion externe s'infère à la partie fupérieure du bord extérieur de l'humérus, au-deffous de la tubérofité de cet os, tandis que l'interne fe fixe au bord interne de l'humérus, au-deffus des mufcles grand-rond & grand-dorfal. Le triceps brachial fert aux mouvemens de l'avant-bras fur le bras, & peut auffi mouvoir l'omoplate fur l'humérus.

Le *triceps fémoral* (*trifemoro-rotulien* Chauff.) occupe les parties antérieure, interne & ex-terne de la cuiffe, & les trois faifceaux qu'il forme fupérieurement prennent le nom de *vafte externe*, *vafte interne* & *crural.* Le premier, qui eft auffi le plus volumineux, s'infère au grand trochanter & à la lèvre externe de la ligne âpre; le fecond s'attache à la partie antérieure & infé-rieure du petit trochanter, & à la lèvre interne de la même ligne. Enfin, la portion moyenne ou mufcle crural, eft fixée à la partie antérieure de la bafe du col du fémur, & à la crête oblique qui va du grand au petit trochanter. Inférieurement, le tendon du triceps fémoral s'unit à celui des mufcles droits antérieurs, avec lequel il s'attache à la partie fupérieure de la rotule.

Les ufages de ce mufcle, défigné par Winflow fous le nom des *trois adducteurs réunis*, font de contribuer aux mouvemens de la jambe fur la cuiffe & réciproquement. (*Voyez* TRICEPS dans le *Dictionnaire d'Anatomie* de cet ouvrage.)

TRICHIASIS, fub. mafc. (*Pathol.*) τριχιασις. Hippocrate dit auffi, τριχωσις, de θριξ, τριχος, poil, cheveu. Les Anciens, par ce mot, défignoient trois genres d'états maladifs : 1°. l'excrétion d'une urine épaiffe contenant des poils, ou offrant des filamens qui reffemblent à des cheveux. Les La-tins ont appelé cette affection *pilimictio.* 2°. L'in-flammation aiguë du fein, qui conferve encore dans le peuple le nom de *poil.* 3°. La direction vicieufe que prennent les cils contre le globe de l'œil. C'eft de cette dernière maladie que nous nous occuperons exclufivement dans cet article.

Le trichiafis fe préfente fous deux formes dif-férentes : tantôt un ou quelques cils feulement fe trouvent déviés, tantôt une rangée entière de ces poils eft tournée vers la face antérieure de l'œil. La première forme conftitue, pour la plupart des chirurgiens modernes, le véritable, le feul tri-chiafis. Ils révoquent en doute l'exiftence de l'autre forme qui porte, dans les auteurs anciens, les noms de *diftrichiafis* & de *phalangofis ;* ils n'ad-mettent la poffibilité de cet état que lorfque la pau-pière eft contournée en dedans ; mais alors ce ne font plus ni les cils ni leurs bulbes qui font affec-tés, c'eft un vice des paupières connu fous le nom d'*entropion* ; dont nous ne devons pas faire ici l'hiftoire,

Quoi qu'il en foit, nous reconnoiffons avec M. Del-pech, que la direction vicieufe des cils peut dépen-

R r 2

dre, foit d'une mauvaife fituation du bulbe qui leur donne naiffance, foit de la déviation en dedans du collet qui contient ces poils avant qu'ils ne deviennent apparens fur le bord libre de la paupière. La première caufe eft celle du trichiafis congénial ; la feconde, beaucoup plus fréquente, produit le trichiafis accidentel, dont la paupière inférieure eft plus fouvent le fiége que la fupérieure.

Cette déviation du collet des bulbes eft, le plus ordinairement, la fuite d'ulcérations qui ont détruit une portion plus ou moins étendue de la conjonctive près de fon bord libre. La cicatrice qui en réfulte rétrécit en cet endroit la membrane muqueufe, & attire vers elle les cils qui lui correfpondent. Mais cette caufe de déviation eft-elle la feule ? Scarpa affure que, dans le feul cas de trichiafis qu'il ait obfervé, il n'a pu découvrir ni ulcération, ni cicatrice fur la conjonctive. Quelques auteurs, Schlegel entr'autres, ont avancé que les glandes de Meibomius, morbidement développées en dehors des cils, pouvoient les pouffer vers la furface de l'œil ; d'autres ont admis, fans preuves, le renverfement convulfif du cartilage tarfe. Son inverfion doit réfulter, le plus fouvent, de fortes pertes de fubftance de la conjonctive palpébrale. Bell a pris évidemment un effet pour la caufe quand il a attribué le trichiafis au fpafme du mufcle orbiculaire des paupières, fymptôme qu'on rencontre même affez rarement. Je ne crois pas que le relâchement de la membrane muqueufe de la paupière (Beer) foit une caufe plus réelle de l'affection qui nous occupe.

Les fymptômes du trichiafis font tous ceux des ophthalmies chroniques, avec toutes leurs conféquences les plus fâcheufes, fi l'art ne vient pas y porter remède ; nous ne nous arrêterons pas à les détailler.

Les fecours que la chirurgie dirige contre cette grave incommodité font palliatifs ou curatifs.

Lorfque l'on a reconnu l'inefficacité des moyens de guérifon, ou que la pufillanimité des malades s'oppofe à l'emploi des procédés opératoires, l'on peut encore obvier, jufqu'à un certain point, aux inconvéniens qui réfultent du trichiafis. Hippocrate pratiquoit une opération affez compliquée, qui confiftoit à maintenir les cils déviés dans une anfe de cheveux qu'on fait pénétrer dans la peau de la paupière. D'autres, à l'exemple d'Héraclide, ont cherché à écarter les cils du globe de l'œil au moyen d'emplâtres agglutinatifs qu'on fait agir tantôt fur ces poils eux-mêmes, tantôt fur la paupière. On peut remplir la même indication en frifant les cils en dehors (Rhazès, Kortum), ou en les arrachant à mefure qu'ils repouffent. Erndel a propofé de placer au-devant de la cornée un œil artificiel très-mince, mais il n'a, je crois, été imité par perfonne.

Un grand nombre de méthodes curatives ont été confeillées contre le trichiafis, mais la multi-

plicité de ces méthodes, loin d'avoir rendu plufûre la guérifon de cette maladie, attefte évidemment l'infuffifance de chacune d'elles. Nous allons indiquer très-brièvement les principales.

L'arrachement réitéré des cils opère quelquefois une guérifon radicale, furtout chez les jeunes fujets (Beer).

On a cru, mais à tort, qu'une cicatrice pratiquée fur l'orifice du bulbe ne fe laifferoit pas traverfer par les cils, qui feroient ainfi forcés de prendre une meilleure direction.

On a voulu détruire les bulbes ciliaires en faifant pénétrer jufqu'à eux, par le bord libre de la paupière, un cautère actuel pointu ; mais, quoique l'inftrument de M. Champefme ait amélioré ce procédé, on a rarement atteint le but qu'on fe propofoit.

C'eft ce qui a engagé Jæger & Vacca-Berlinghieri à mettre les bulbes à découvert au moyen d'une diffection minutieufe, pour les enlever enfuite ou les déforganifer par le feu ou par les cauftiques.

Burtish, Heifter, Gendron, Kortum, Saunders, n'ont pas craint d'excifer le bord même des paupières en même temps que les bulbes, fubftituant ainfi au trichiafis une difformité hideufe.

Schreger n'a pas trouvé de meilleure reffource que d'enlever un lambeau triangulaire du cartilage tarfe, répondant à la déviation des cils ; d'autres ont pratiqué l'ablation de la totalité de cette production fibro-cartilagineufe lorfqu'elle avoit éprouvé un mouvement de torfion en dedans (Schreger, Saunders).

La fection d'un lambeau de peau de la paupière, qui eft le fiége du trichiafis, ne peut réuffir que quand il y a feulement entropion, ou bien on change la maladie qu'on veut guérir en un ectropion prefqu'auffi incommode.

Mais Scarpa a obtenu un fuccès à peu près complet en faifant, avec l'inftrument tranchant & le cautère actuel, une perte de fubftance à la peau de la paupière, très-près du bord libre de ce voile membraneux.

D'après la fauffe idée qu'il s'étoit faite de la caufe du trichiafis, Bell croyoit fauffement qu'on pouvoit y remédier en coupant les fibres du mufcle orbiculaire.

Crampton a eu l'idée ingénieufe de détacher, par deux incifions perpendiculaires, la portion de la paupière fur laquelle fe trouvent les cils déviés, & de la forcer, au moyen d'un emplâtre agglutinatif, à fe cicatrifer affez loin du globe de l'œil pour que celui-ci ne foit plus irrité ; mais cette opération laiffe encore une difformité défagréable, puifque le bord de la paupière a perdu fa continuité.

Enfin, fcrutant avec attention le mécanifme de la formation du trichiafis, éclairé par la connoiffance exacte de la difpofition des bulbes ciliaires, & conduit probablement par le fuccès de quelques opérations pratiquées avant lui, & furtout par celle de Scarpa, M. Delpech (1) imagina qu'il fuffiroit, pour rétablir les cils dans leur pofition naturelle, de faire, en dehors de la paupière, une perte de fubftance qui, en fe cicatrifant, redrefferoit le collet des bulbes dévié par une caufe femblable; & de nombreufes guérifons font venues prouver la juftefle des vues du célèbre profeffeur de Montpellier. Il pratique cette perte de fubftance au moyen du cautère actuel qu'il enfonce jufqu'au cartilage tarfe, auffi près que poffible du bord libre de la paupière, qu'il a foin de maintenir invariablement. Si cette méthode, qui a le grand avantage de conferver les cils & de ne pas occafionner de difformité remarquable, eft auffi fûre dans fes réfultats que l'annonce fon ingénieux auteur, ce fera déformais la feule opération qui devra être pratiquée pour la guérifon de la maladie qui fait le fujet de cet article; cependant, fi le trichiafis étoit compliqué d'entropion, on feroit peut-être obligé d'enlever préalablement un lambeau elliptique plus ou moins confidérable de la paupière.

(EMERIC SMITH.)

TRICHISME, f. m. (Path. chir.) Trichifmus, de ϑριξ, génitif τριχος, cheveu. Mot dont Paul d'Egine a fait ufage pour défigner une fracture linéaire des os plats, & fi peu vifible qu'on l'a comparée à un cheveu. (Voyez TRICHISME dans le Dictionnaire de Chirurgie de cet ouvrage.)

TRICHOCÉPHALE, f. m. (Helminth.) Trichocephalus, dérivé de ϑριξ, cheveu, & de κεφαλη, tête. Cette efpèce de ver, long de quinze à dix-huit lignes, cylindrique & qui fe rencontre dans les inteftins de l'homme, a long-temps été confondu avec les afcarides. Rœderer remarque le premier la différence qui exifte entre ces deux genres d'entozoaires : celui dont il eft ici queftion eft de la groffeur d'une épingle, a la tête implantée au bout d'un long appendice filiforme, ce qui lui a valu le nom de trichocéphale. D'après une erreur qui, primitivement, avoit fait méconnoître la véritable ftructure de ce ver, on l'avoit nommé trichuride, parce que l'on croyoit alors que l'extrémité déliée étoit la queue de l'animal.

Dans ce genre de vers les fexes font diftincts; le corps du mâle eft toujours roulé en fpirale, tandis que celui de la femelle eft feulement un peu courbé. Plufieurs naturaliftes l'ont fucceffivement appelé afcaris, trichuris, tænia fpiralis, enfin Rudolphi le défigne fous le nom de trichocephalus difpar, & Lamarck fous celui de

trichocephalus hominis. (Voyez le Dictionnaire d'Hiftoire naturelle de cet ouvrage.)

Ce genre ne contient qu'une feule efpèce qui, chez l'homme, à la fuite de quelques fièvres muqueufes prolongées, fe multiplie d'une manière effrayante, & provoque des phénomènes morbides qui ont été décrits par plufieurs célèbres praticiens.

La préfence du trichocéphale dans les inteftins paroît, en général, ne point donner lieu à de graves accidens, & tout porte à croire que les anthelmintiques, auxquels on a le plus habituellement recours, fuffiroient pour combattre ceux auxquels cet entozoaire pourroit donner naiffance.

TRICHOMA, f. m. (Path.), du grec τριχωμα, chevelure. Ce mot, fynonyme de l'expreffion plica, a été employé par la plupart des auteurs qui, dans ces derniers temps, ont écrit en latin fur la plique. (Voyez PLIQUE.)

TRICHOMATIQUE, adj. (Path.) Trichomaticus. Qui eft de la nature du trichoma. (Voyez TRICHOMA.)

TRICHURIDE, f. m. (Helminth.) Trichuris, de ϑριξ, cheveu, & de ουρα, queue. Nom qui fut donné au trichocéphale lors de fa découverte, parce qu'alors on prit pour une queue, l'appendice filiforme qui furmonte la tête de ce ver.

TRICUSPIDAL, ALE, ou TRICUSPIDE, adject. (Anat.) Tricufpis, qui a trois pointes. C'eft ainfi que l'on nomme les trois replis vafculaires qui fervent à fermer l'orifice auriculo-ventriculaire droit du cœur. (Voyez Cœur dans le Dictionnaire d'Anatomie de cet ouvrage.) (R. P.)

TRIFACIAL, ALE, f. m. & adj. (Anat.) Nom donné par Chauffier aux nerfs de la cinquième paire qui, dans l'intérieur même du crâne, fe divifent en trois branches, lefquelles vont fe diftribuer à diverfes parties de la face. Le nerf trifacial eft le même que celui auquel les anatomiftes donnent le nom de trijumeaux. (Voyez ce dernier mot dans le Dictionnaire d'Anatomie de cet ouvrage.)

TRIFÉMORO-ROTULIEN, adj. & fubft. m. (Anat.) (Voyez TRICEPS dans le même Dictionnaire.)

TRIFÉMORO-TIBI-ROTULIEN, adj. (Anat.) Nom donné par Dumas au triceps crural. (Voyez TRICEPS dans le même Dictionnaire.)

TRIGLOCHIN, adj. (Anat.), dérivé de τρεις, trois, & de γλωχις, pointe. Ce mot eft fynonyme de tricufpide, &, comme lui, eft employé pour défigner les valvules de l'orifice auriculo-ventri-

---

(1) Je ne parle pas de l'idée que M. Delpech avoit eue d'opérer l'atrophie des bulbes des cils par des diffections fucceffivement faites en dedans & en dehors de la paupière, ni des inconvéniens de ce procédé, puifqu'il paroît y avoir entièrement renoncé par l'opération que nous allons décrire.

culaire droit. (*Voyez* Cœur dans le même Dictionnaire.)

TRIGONE, f. m. (*Anat.*) *Trigonus*, de τρυς, trois, & de γωνια, angle, qui a trois angles. Lieutaud a, le premier, nommé *trigone véfical*, une furface triangulaire que l'on obferve près du col de la veffie, & dont la contexture diffère de celle des autres parties de cet organe. (*Voyez* VESSIE dans le *Dictionnaire d'Anatomie.*)

Chauffier, dans fa nomenclature, a fubflitué le mot *trigone cérébral* à celui de *voûte à trois piliers*, dont fe fervent les anatomiftes pour défigner la fubftance médullaire fituée à la partie inférieure des ventricules latéraux de l'encéphale. (*Voyez* ENCÉPHALE dans le même Dictionnaire.)

TRIGONELLE, f. f. (*Bot.*, *Mat. méd.*) *Trigonella*. Genre de plantes appartenant à la Diadelphie décandrie de Linné, & à la famille naturelle des Légumineufes. Parmi les efpèces de ce genre, une feule, le fenugrec (*trigonella fenum græcum*), eft employée en médecine : fa graine, réduite en poudre, fait partie des farines dites *réfolutives*, (*Voyez* FENUGREC dans ce Dictionnaire & dans celui de *Botanique.*)

TRIGONOCÉPHALE, f. m. *Trigonocephalus*, dérivé de τρυς, trois, γωνια, angle, & κεφαλη, tête. Nom donné à une vipère des Antilles dont la tête eft effectivement triangulaire : on la nomme auffi *vipère fer de lance*; c'eft le *Vipera lanceolata* de Lacépède, & le *Trigonocephalus lanceolatus* de M. Moreau de Jones.

La morfure de ce reptile eft éminemment dangereufe, & fi on n'y porte point un prompt remède, elle détermine promptement la mort. (*Voyez* SERPENS VENIMEUX.) (R. P.)

TRIJUMEAUX, f. m. pl. (*Anat.*) *Trigemini.* (Nerf trifacial de Chauffier.) Ce nerf naît des parties latérales antérieure & inférieure du pédoncule du cerveau, très-près de la protubérance annulaire, & forme un gros cordon compofé de filets diftincts & parallèles paffant au-deffus du bord fupérieur du rocher, où ils s'engagent dans un canal aplati formé par la dure-mère. Parvenus dans la foffe temporale interne, ces filets s'écartent les uns des autres, & conftituent les ganglions femi-lunaires, dont la texture n'offre rien de bien déterminé : là, ils fe divifent en trois branches ; la plus antérieure, & la moins groffe, conftitue le nerf ophthalmique ; la feconde, qui eft plus volumineufe, forme le nerf maxillaire fupérieur ; enfin, le maxillaire inférieur eft fitué poftérieurement, & eft beaucoup plus gros que les précédens. (*Voyez* le *Dictionnaire d'Anatomie* de cet ouvrage, pag. 438, 439 & 530.)

TRILLER (Daniel-Guillaume). (*Biogr. méd.*)

Naquit à Erfurt, en 1695, & fut reçu docteur à l'âge de vingt-trois ans. Il fe livra d'abord à l'enfeignement de la médecine, puis s'attacha à un prince allemand, à la fuite duquel il parcourut la Suiffe. Bientôt après il s'arrêta à Francfort fur le Mein, & en 1749, vint fe fixer à Wittemberg, où il fut appelé pour occuper une chaire, qu'il remplit avec diftinction jufqu'à fa mort, arrivée le 22 mai 1782.

Nous avons de ce médecin un grand nombre de differtations qui annoncent une vafte érudition, & dont on trouvera les titres par ordre chronologique dans la *Biographie médicale*, dont cet article eft extrait. (R. P.)

TRIORCHIDE, adj. Dérivé du grec τριορχυς, qui a trois tefticules. On cite quelques hommes ayant trois tefticules, mais fouvent le troifième n'eft qu'un renflement de l'épididyme.

TRIPLOIDE, f. m. (*Inftr. de Chir.*) Nom d'un inftrument imaginé pour remplacer les élévatoires ordinaires. Il eft compofé de trois branches qui s'écartent inférieurement, fe réuniffent par leur autre extrémité, & forment en cet endroit une efpèce d'anneau, à travers lequel paffe une tige taraudée, inférieurement terminée par un crochet, & que l'on peut élever ou abaiffer au moyen d'un écrou. Les trois branches fervent de point d'appui, & le crochet, engagé fous les pièces d'os enfoncées, fert à les relever. Quelquefois on emploie le triploide conjointement avec le tire-fond, dont l'anneau doit alors être engagé dans le crochet. Cet inftrument eft répréfenté planche 102, figure 1, du *Dictionnaire de Chirurgie* de cet ouvrage.

TRIQUE-MADAME, f. m. (*Bot.*, *Mat. méd.*) Nom vulgaire du *fedum album* de Linné, appellé auffi quelquefois *petite joubarbe*. (*Voyez* ce dernier mot tome VII, page 732.)

TRI-SCAPULO-HUMÉRO-OLÉCRANIEN, adj. & fubft. (*Anat.*) Nom donné par Dumas au fcapulo-huméro-olécranien de Chauffier (triceps brachial des autres anatomiftes). (*Voyez* TRICEPS dans le *Dictionnaire d'Anatomie* de cet ouvrage.)

TRISMUS, f. m. (*Pathol.*) *Trifmus* des Latins, τριομυς des Grecs, du verbe τριξω, l'action de ferrer, de grincer les dents. On donne ce nom au fpafme tétanique des mufcles élévateurs de la mâchoire inférieure, qui détermine le rapprochement des mâchoires & maintient les dents ferrées avec force les unes contre les autres. (*Voyez* TÉTANOS.) (GIBERT.)

TRISPLANCHNIQUE, adj. (*Anat.*), de τρυς, & σπλαγχνιον, vifcère, Chauffier a donné ce nom au nerf grand *inter-coſtal* ou grand ſympathique, qui effectivement ſe diſtribue à trois ſortes d'organes ou viſcères. Ce nerf conſtitue un ſyſtème ganglionnaire particulier. (*Voyez* GANGLION, HYPOGASTRIQUE, SPLANCHNIQUE & SYMPATHIQUE dans le *Dictionnaire d'Anatomie* de cet ouvrage.)

TRI-STERNAL, adj. & ſ. m. (*Anat.*) Nom ſous lequel Béclard a déſigné la troiſième pièce oſſeuſe du ſternum, celle qui correſpond au troiſième eſpace intercoſtal. (*Voyez* STERNUM dans le même Dictionnaire.)

TRISTESSE, ſ. ſ. (*Hyg.*) *Triſtitia, mœror.* Les affections vives de l'ame, quelles qu'en puiſſent être la cauſe & la nature, ſe partagent naturellement en deux claſſes. Les unes ſont excitantes, les autres ſont, au contraire, débilitantes ou oppreſſives, et l'influence qu'elles exercent ſur l'économie animale eſt toujours un réſultat compoſé de leur énergie, de leur durée & des conditions particulières dans leſquelles ſe trouve l'individu qui les éprouve.

Les paſſions triſtes ſont en général débilitantes, &, ſans les paſſer toutes ici en revue, nous nous arrêterons à celles dont les trois degrés peuvent être diſtingués par les mots *affliction, triſteſſe & mélancolie.* L'affliction ſuit immédiatement l'impreſſion reçue; elle ſe prolonge peu au-delà de la durée de l'action qui l'a fait naître, s'affoiblit graduellement, & finit bientôt par diſparoître. La triſteſſe n'eſt réellement qu'une affliction prolongée, & elle devient mélancolie lorſqu'elle paſſe en habitude & jette des racines aſſez profondes pour écarter toute idée qui n'eſt point en rapport avec elle. L'*affligé* quelquefois recherche & preſque toujours il recueille volontiers des conſolations : l'homme *triſte* les ſupporte, le *mélancolique* les fuit.

Quelques organiſations ſont tellement portées à la triſteſſe, que, ſans raiſon plauſible, elles s'y abandonnent avec une ſorte de prédilection; mais c'eſt particulièrement chez les hommes que leur condition ſociale ſembloit mettre à l'abri des revers de la fortune, que le chagrin produit les effets les plus déſaſtreux, & la néceſſité où ils ſe trouvent ſouvent de diſſimuler leur triſteſſe devient pour eux un ſupplice, dont quelquefois la mort ſeule peut les affranchir.

Ainſi que les autres affections de l'ame, la triſteſſe a des caractères qui lui ſont propres & provoquent le développement de quelques affections ſpéciales, &, ſous ce rapport, elles rentrent dans le domaine de la médecine ou de l'hygiène; de même que ſous le point de vue pſychologique elles appartiennent à la philoſophie. En conſidérant la triſteſſe ſous ce double aſpect, nous ne pourrions que répéter ce qui a été dit, d'une manière générale, à l'égard de toutes les paſſions que

peut éprouver le cœur de l'homme. (*Voyez* AFFECTIONS DE L'AME, CHAGRIN, NOSTALGIE, PASSIONS, &c.) (R. P.)

TRISULE, ſ. m. & adject. (*Chim.*) Expreſſion ſervant à déſigner un ſel formé par la combinaiſon d'un même acide avec deux baſes; tels ſont, par exemple, les *tartrates de potaſſe & de ſoude*, le *tartrate de potaſſe & d'antimoine*, le *ſulfate acide d'alumine & de potaſſe.* Ces compoſés ont auſſi été nommés *ſels triples, ſels à double baſe.* (*Voyez* le *Dictionnaire de Chimie* de cet ouvrage.)

TRITÉOPHYE (Fièvre) (*Pathol.*), dérivé de τριταιος, tierce, & de φυω, produire. Nom donné par les Anciens, à une ſorte de fièvre intermittente dont les périodes ſe rapprochent beaucoup de celles de la fièvre tierce, mais qui en diffère en ce que l'accès n'eſt pas complet & régulier. (*Voy.* l'article FIÈVRE, tom. VI, pag. 382.)

TRITOME, ſ. m. (*Inſtr. de Chir.*) On trouve dans *Albucaſis* la deſcription d'un inſtrument nommé *tritoma*, qui n'eſt autre qu'une ſorte d'entonnoir ou de cornet acouſtique, dont on faiſoit uſage dans les maladies de l'oreille.

TRITOXYDE, ſ. m. (*Chim.*) Pluſieurs ſubſtances métalliques ſe combinant avec l'oxygène, ſans cependant ceſſer d'être des oxydes, on a donné à ces divers produits des dénominations propres à faire reconnoître leur degré d'oxygénation. Ainſi, les expreſſions *proto, deuto & tritoxyde* indiquent trois combinaiſons d'un même métal avec l'oxygène : tel eſt, par exemple, le plomb, qui, uni avec une partie d'oxygène, conſtitue le *maſſicot* (protoxyde); avec deux parties, donne naiſſance au *minium* (deutoxyde), & enfin prend le nom d'*oxyde puce* (tritoxyde ou peroxyde) lorſqu'il eſt combiné avec trois parties du même gaz.

TRITURATION, ſ. f. (*Chim.*) *Tritura, trituratio.* Opération pharmaceutique ayant pour but de réduire en poudre les ſubſtances médicamenteuſes.

TRIVELIN, ſ. m. (*Inſtr. chir.*) Nom d'un inſtrument employé par les dentiſtes pour extraire de l'alvéole, les racines ou chicots que l'on ne peut ſaiſir avec le davier. Cette eſpèce de levier exige le voiſinage d'une autre dent, ſuſceptible de lui ſervir de point d'appui. (P. R.)

TROCART ou TROIS-QUARTS, ſ. m. (*Inſtr. de Chir.*) Inſtrument de chirurgie ordinairement employé pour évacuer les liquides accumulés à l'intérieur d'un kyſte ou d'une capacité quelconque. Le trois-quarts eſt eſſentiellement composé d'une tige d'acier terminée par une pyramide triangulaire dont le sommet est fort aigu. Sur cette tige s'adapte exactement une canule, à travers laquelle doit s'écouler le liquide, après la ponction & lorsque la tige d'acier est retirée. On conçoit que la grosseur & la longueur des trois-quarts doivent varier suivant l'usage auquel on les destine. Ainsi, celui employé pour la paracenthèse a environ trois pouces de long & deux lignes de diamètre ; celui pour l'hydrocèle est long de deux pouces à peu près & a une ligne & demie d'épaisseur, tandis que le trois-quarts pour la ponction au périnée a quelquefois jusqu'à quatre pouces de long. Indépendamment des trois-quarts droits, il en est aussi de courbes : tels sont les instrumens imaginés par le Frère Côme pour la ponction de la vessie au pubis, & celui de Fleurant, destiné à pratiquer la même opération par le rectum. (*Voyez*, pour la description détaillée de ces divers instrumens, le *Dictionnaire de Chirurgie* de cet ouvrage ; & pour leurs figures, la planche 113 du même ouvrage.)

TROCHANTER, s. m. (*Anat.*), dérivé du verbe τροχάω, je tourne. On nomme ainsi deux apophyses situées à la partie supérieure du fémur & auxquelles viennent s'attacher des muscles servant aux mouvemens de rotation de la cuisse : l'une de ces éminences porte le nom de *grand trochanter;* elle est quadrilatère, épaisse, rugueuse, & donne attache, par sa face externe, au muscle grand-fessier &, inférieurement, à une des portions du muscle triceps. Les muscles fessier interne & externe, ainsi que le muscle petit-fessier pyramidal, les jumeaux supérieur & inférieur, obturateur, & le carré de la cuisse, s'y insèrent aussi. L'autre éminence, appelée *petit trochanter,* est au-dessus & en arrière de la base du col du fémur, & par son sommet, elle donne attache aux tendons des muscles psoas & iliaque. (*Voyez* FÉMUR dans le *Dictionnaire d'Anatomie* de cet ouvrage.)

TROCHANTÉRIEN, ENNE. (*Anat.*) Adjectif indiquant les parties qui se rapportent au trochanter.

TROCHANTIN, s. m. (*Anat.*) Chaussier a ainsi nommé le petit trochanter.

TROCHANTINIEN, ENNE, adject. (*Anat.*), qui appartient au petit trochanter (trochantin de Chaussier.)

TROCHIN, s. m. (*Anat.*) Nom d'une très-petite apophyse située à la partie supérieure de l'humérus & donnant attache aux muscles qui font tourner le bras.

TROCHINIEN, adj. (*Anat.*) Qui appartient au trochin.

TROCHISQUES, s. m. pl. (*Mat médic.*) *Trochisci*, petites roues. Les trochisques sont des médicamens solides de différentes formes, mais le plus souvent semblables à de petits cônes, à un grain d'avoine ou à une petite pyramide ; ils sont ordinairement composés d'une ou de plusieurs poudres sèches, réunies au moyen d'un mucilage de mie de pain, de farine, de gomme adragant ou de sucs de plantes. Les trochisques, enfin, ne diffèrent des pastilles que par le sucre qui entre dans la composition de celles-ci.

Le *Codex* français n'a conservé sous le nom de *trochisques* que les préparations suivantes :

Trochisques escarotiques. Ils sont formés de sublimé corrosif 8 parties, d'amidon en poudre 16 parties, & de mucilage de gomme adragant quantité suffisante.

Trochisques escarotiques de minium. Ils sont composés d'oxyde de plomb rouge 16 parties, de sublimé corrosif 32 parties, & de mie de pain sèche & réduite en poudre 128 parties.

Trochisque alhandal. Nous ne parlerons de ce dernier que parce qu'il a été long-temps très-renommé comme drastique. Il étoit formé de poudre de coloquinte & de mucilage de gomme adragant.

Les trochisques, que l'on n'emploie plus guère aujourd'hui que pour l'usage externe, s'appliquent, après avoir été humectés, sur les ulcères, les chancres & les excroissances.

(CH. HENNELLE.)

TROCHITER, subst. m. (*Anat.*), dérivé de τροχάω, je tourne. D'après Chaussier, on indique la plus grosse des apophyses de l'extrémité supérieure de l'humérus. (*Voyez* ce dernier mot dans le *Dictionnaire d'Anatomie* de cet ouvrage.)

TROCHITÉRIEN, ENNE, adj. (*Anat.*) Qui appartient au trochiter.

TROCHLÉATEUR, adj. & s. m. (*Anat.*) Ce nom est donné au muscle grand oblique de l'œil, à raison d'une sorte de bride ligamenteuse, faisant fonction de poulie, & dans laquelle passe son tendon avant de s'insérer au globe oculaire, auquel, conjointement avec le petit oblique, il imprime un mouvement de rotation. (*Voyez* OBLIQUE dans le *Dictionnaire d'Anatomie* de cet ouvrage.)

TROCHLÉE, s. f. (*Anat.*) *Trochlea*, τροχιλία. Nom de la face articulaire située à l'extrémité inférieure de l'humérus, & sur laquelle meut le cubitus. (*Voyez* ce dernier mot & HUMÉRUS dans le même Dictionnaire.)

TROCHOÏDE, adj. (*Anat.*), de τροχός, roue. Dénomination dont quelques anatomistes se servent fervent pour défigner ces fortes d'articulations dans lefquelles un os tourne autour d'un autre os, à peu près comme une roue fe meut fur fon axe : telle eft, par exemple, l'articulation de la première vertèbre cervicale avec l'*axis*.

TROËNE, f. m. (*Bot.* , *Mat. méd.*) Genre de plantes de la Diandrie monogynie de Linné, & de la famille naturelle des Jafminées. L'une des efpèces de ce genre, le *Liguftrum vulgare*, eft commune dans notre pays. C'eft un arbriffeau qui croît dans les haies & dans les bois. Autrefois on faifoit ufage de fes feuilles en gargarifme, contre les ulcérations fcorbutiques des gencives : leur emploi eft aujourd'hui complétement abandonné.

Les baies du troëne, dont la couleur eft d'un brun-noirâtre, ont quelquefois été employées dans la teinture, & elles fervent encore pour colorer les vins trop pâles.

TROIS-MOUTIERS (Eaux minérales de). Cette fource, qui paffe pour être ferrugineufe, eft fituée à deux lieues de Loudun, près du bourg dont elle porte le nom.

TROIS-QUARTS. (*Voyez* TROCART.)

TROKANTER. (*Voyez* TROCHANTER.)

TROKITER. (*Voyez* TROCHITER.)

TROKLÉE. (*Voyez* TROCHLÉE.)

TROMBE, f. f. (*Météor.*) Ce météore, que les marins ont fouvent occafion d'obferver, fe développe quelquefois auffi à la furface de la terre. Il paroît être produit par l'influence fimultanée de vents qui, fe mouvant dans des directions contraires, forment des tourbillons dans l'intérieur defquels l'eau de la mer & même des corps folides, s'élèvent en décrivant une forte d'hélice. Celle-ci eft rétrécie vers fa partie fupérieure, & fe confond avec les nuages, qui eux-mêmes préfentent alors une difpofition femblable, mais renverfée. Ces fortes de colonnes font animées de deux mouvemens : l'un, de rotation, a lieu autour d'un axe légèrement incliné ; & l'autre, de tranflation, eft plus ou moins prompt. Quelquefois un homme peut aifément le fuivre, d'autres fois fa rapidité eft telle qu'on peut à peine fe garantir de la rencontre ce redoutable météore, capable de renverfer les plus grands obftacles. Fréquemment les trombes font accompagnées de tonnerre & de grêle, &, à l'inftant où elles fe rompent, elles laiffent échapper un déluge d'eau.

Lorfqu'une trombe, développée à la furface de la terre, paffe au-deffus d'un étang ou d'une rivière, elle en afpire l'eau, qu'elle tranfporte

à des diftances affez confidérables, & elle produit inftantanément une forte d'inondation. Jufqu'à préfent les phyficiens n'ont qu'imparfaitement réuffi à expliquer la formation des trombes & les effets finguliers qu'elles déterminent. (*Voyez*, pour plus de développemens, le mot TROMBE dans le *Dictionnaire de Phyfique* de cet ouvrage.) (THILLAYE aîné.)

TROMPE, f. f. (*Anat.*) *Tuba.* La difficulté de faire aifément concevoir, à l'aide d'une fimple defcription, la forme de certaines parties, a fouvent engagé les anatomiftes à les comparer à des corps avec lefquels elles n'ont d'ailleurs qu'une reffemblance très-imparfaite. C'eft ainfi que d'après fon analogie avec la difpofition d'une trompe, ils ont nommé *trompe d'Euftachi*, un conduit offeux & cartilagineux qui s'étend de la caiffe du tympan à la partie inférieure du pharynx, de même que, par une femblable raifon, ils ont appelé *trompes utérines* ou *de Fallope*, deux conduits dont la découverte a été fauffement attribuée à cet anatomifte. Ces conduits flottent dans l'abdomen, correfpondent aux deux angles de l'utérus, & font par leur extrémité libre, évafés & garnis de franges ou de languettes : ce qui a fait donner à cette extrémité le nom de *morceau frangé*. (*Voyez*, pour la defcription & les ufages de ces parties, les mots TYMPAN & UTÉRUS du *Dictionnaire d'Anatomie* de cet ouvrage.)

On donne auffi le nom de *trompe* à l'organe à l'aide duquel certains infectes prennent leur nourriture.

TRONC, f. m. (*Anat.*) *Truncus.* Ce mot, pris dans un fens abfolu, indique la principale partie du corps, les autres étant défignées fous le nom de *membres*. Le tronc fe divife en trois parties : l'une fupérieure, la *tête* ; l'autre moyenne, le *thorax* ; la dernière inférieure, l'*abdomen* & le *baffin*. (*Voyez* ces différens mots dans le *Dictionnaire d'Anatomie* de cet ouvrage.)

Dans un fens relatif, le mot *tronc* fert aux anatomiftes pour défigner la partie principale d'où femblent naître des vaiffeaux ou des nerfs : ainfi on appelle *tronc céphalique*, l'artère carotide primitive ; *tronc opifto-gaftrique*, le tronc céliaque qui fe divife en trois branches, favoir : la coronaire ftomachique, l'hépatique & la fplénique ; *tronc pelvi-crural*, les artères iliaques primitives, &c.

TRONCHIN (Théodore). (*Biogr. méd.*) Né à Genève en 1709, appartenoit à une famille noble, originaire de Provence. Son père ayant, par fuite de malheurs & de troubles religieux, perdu une grande partie de fa fortune, Tronchin fe retira, à l'âge de dix-huit ans, auprès de lord Bolingbroke, fon allié, qui lui confeilla de fe livrer à l'étude de la médecine, & l'adreffa au célébre Boerhaave. Ayant obtenu le grade de doCteur en médecine, Tronchin vint s'établir à Amefterdam, s'y forma une nombreufe clientelle, &, bientôt après, époufa une petite nièce du grand penfionnaire Jean de Wit. Après l'établiffement du ftathoudérat héréditaire, il retourna à Genève, où le grand confeil de la république lui conféra le titre de profeffeur honoraire en médecine. Les leçons qu'il fit, & dont il auroit pu fe difpenfer, fa place n'étant qu'honorifique, furent fuivies & goûtées par les hommes les plus éclairés.

A cette époque la méthode de l'inoculation commençoit à s'introduire en Europe; Tronchin en devint un des plus zélés partifans : auffi fut-il appelé d'abord en France pour inoculer les enfans du duc d'Orléans, puis, en 1765, à la cour de Parme, où il foumit à la même opération ceux du fouverain.

De retour à Genève, Tronchin céda aux inftances du duc d'Orléans, & vint, en 1766, fe fixer à Paris, où la préfence d'un homme auffi confidéré ne pouvoit manquer d'exercer une certaine influence fur la pratique de la médecine. Auffi, fous plufieurs rapports, modifia-t-il les traitemens alors ufités dans quelques maladies, en donnant à l'hygiène plus d'importance qu'on ne lui en avoit jufqu'alors attribuée. En général, dans les affeCtions aiguës, il adoptoit volontiers la méthode expeCtante, fans cependant renoncer à préparer & à feconder les crifes: à l'égard des maladies chroniques, qu'il traita avec beaucoup de fuccès, fa marche étoit prefqu'exclufivement hygiénique.

Des occupations nombreufes empêchèrent probablement ce médecin de publier les réflexions qu'avoit dû lui fuggérer une longue pratique; cependant on a de lui un *Traité fur la colique de Poitou* (1), ouvrage qui, fous le voile de l'anonyme, fut vivement critiqué par Bouvart. On lui eft encore redevable d'une édition eftimée des œuvres de Baillou (2).

Tronchin, qui fut long-temps lié avec Voltaire, a été regardé, non-feulement comme l'un des médecins les plus célèbres de fon temps, mais encore comme l'un des hommes les plus bienfaifans. Il employoit, pour foulager l'indigent, une grande partie de l'or qu'il recevoit du riche : ce qui explique pourquoi, à l'époque de fa mort, arrivée le 30 novembre 1781, il ne laiffa qu'une fortune très-médiocre, fi on la compare à celle qu'auroient pu lui faire acquérir une pratique étendue & le grand crédit dont il jouiffoit.

(*Extr. de la Biogr. médic.*) (R. P.)

(1) *De côlicâ PiCtonum.* Genève, 1757, in-8°.
(2) *Guillielmi Ballionii Opera omnia in quatuor tomos divifa, ftudio Jacobi Thevart, cum præfatione Theodori Tronchin,* Genève, 1762, 2 vol. in-4°.

TRONTANEL, f. m. (*Bot.*, *Mat. méd.*) Nom vulgaire du *daphne gnidium.* (*Voyez* GAROU.)

TROPIQUES, f. m. pl. (*Hyg.*) *Tropici.* De toutes les parties de la terre, l'Europe eft la feule qui foit complétement fituée hors de la zone torride. En effet, des portions affez confidérables de l'Afrique, de l'Amérique méridionale, de l'Afie & de la Nouvelle-Hollande, comprifes entre les deux tropiques, font à cet égard bien moins avantageufement placées que ne l'eft l'Europe, fi tant eft que la haute température qui règne dans les régions équatoriales doive être regardée comme une condition défavorable à la longévité de l'efpèce humaine. On conçoit que dans ces pays, qui deux fois chaque année fe trouvent expofés à l'aCtion perpendiculaire des rayons du foleil, les faifons doivent être effentiellement différentes de ce qu'elles font dans nos climats tempérés : dès-lors les produCtions du fol, les animaux qui l'habitent & l'homme né dans ces contrées brûlantes, doivent offrir des caraCtères particuliers.

Pour réfoudre la queftion importante de l'influence de ces climats, on pourroit, en prenant quelques-unes des bafes d'après lefquelles a été rédigé l'article AFRIQUE de ce DiCtionnaire, en faire une application aux parties de l'Afie, de l'Amérique & de la Nouvelle-Hollande, qui fe trouvent foumifes aux mêmes conditions aftronomiques; mais il faudroit toutefois tenir compte des modifications réfultantes des localités & du degré de la civilifation.

Il eft hors de doute que depuis quarante ans les progrès des fciences & des relations plus multipliées entre les diverfes parties du globe, ont augmenté la maffe des documens fufceptibles de donner de l'exaCtitude à ce travail; ils en ont auffi rendu l'exécution plus difficile. Ce n'eft effeCtivement qu'en compulfant & en comparant une foule d'écrits, en difcutant des opinions fouvent contraires, en provoquant des recherches propres à fixer l'opinion fur certains faits qui peuvent encore paroître douteux, que l'on parviendroit à quelques réfultats utiles. Ces développemens, qui entraîneroient des longueurs inévitables, peuvent fournir la matière d'un traité fpécial, ou être l'objet d'un enfeignement *ex profeffo*; mais ils ne doivent qu'être indiqués dans un ouvrage où fe trouvent ifolément confignés les matériaux que ce travail réuniroit, & dont il feroit enfuite facile de faire le réfumé. (THILLAYE aîné.)

TROT, f. m. (*Art vétérin.*) C'eft le nom de cette allure du cheval qui, pour la viteffe, tient le milieu entre le *pas* & le *galop.* (*Voyez* ALLURES.)

TROU, fub. m. (*Anat.*) *Foramen.* Expreffion à l'aide de laquelle les anatomiftes défignent des ouvertures qui percent de part en part certaines parties : ainfi l'on dit les *trous* qui font à la bafe du crâne ; le *trou ovale* ou fous-pubien ; le *trou de Botal*, &c. (*Voyez* CRANE, BASSIN & CŒUR dans le *Dictionnaire d'Anatomie.*)

Quelquefois auffi, mais plus rarement, ce mot fert à défigner l'ouverture d'un canal.

TROUSSE, f. f. (*Inftr. de chir.*) Nom donné à l'étui renfermant les inftrumens dont le chirurgien fait le plus habituellement ufage ; tels font des cifeaux droits & courbes, plufieurs biftouris, une pince à difféquer, une fonde cannelée, des ftylets de différens diamètres, un rafoir, quelques lancettes, un porte-pierre, une pince à panfemens, une fpatule, & quelquefois plufieurs autres inftrumens, comme fondes, aiguilles à féton, &c.
(R. P.)

TROUSSE-GALANT, f. m. (*Pathol.*) Nom vulgaire donné au *choléra-morbus*, probablement à caufe de la mort prompte qu'il occafionnoit avant qu'on eût pu le traiter convenablement ; c'eft dans ce fens que l'on dit vulgairement qu'un individu *a été promptement trouffé*, pour indiquer qu'il a été peu de temps malade pour mourir.

En France, le choléra-morbus eft fporadique ; mais dans les îles qui forment l'archipel de la Sonde, à Java, & dans toutes les îles nombreufes de cette mer indienne, il y exifte continuellement, & févit de temps en temps avec une fureur étonnante ; il a même voulu s'approcher quelquefois de l'Europe, mais les différences de condition de température l'en ont jufqu'à préfent éloigné.

Cette maladie, que l'on reconnoît à des vomiffemens prefque continuels de matière verdâtre, noirâtre, lie de vin, à de fréquentes évacuations de matière de même nature, avec tenfion de l'abdomen, violente colique, fyncope, délire, convulfion, foibleffe extrême, proftration des forces, décompofition des traits de la face, pouls petit, fréquent, imperceptible, chaleur brûlante, parcourt fes périodes d'une manière extrêmement rapide. (*Voyez* CHOLÉRA-MORBUS & ILÉUS.) Elle eft jugée au plus tard le feptième jour, fe déclare prefque toujours quand on jouit de la meilleure fanté, & devient promptement mortelle fi on n'adminiftre à forte dofe l'opium, que l'on peut regarder comme le véritable fpécifique de cette affection. L'action de ce médicament eft fi efficace, que l'homme prefque mourant qui en fait ufage revient à la vie comme par enchantement.
(NICOLAS.)

TROUSSEAU, f. m. (*Anat.*) *Fafciculus.* Expreffion employée par les anatomiftes pour indiquer la réunion de parties unies enfemble : ainfi on dit improprement *un trouffeau de fibres mufculaires, ligamenteufes, aponévrotiques*, &c. (*Voyez* FAISCEAU dans le *Dictionnaire d'Anatomie* de cet ouvrage.)

TRUFFE, f. f. (*Hyg.*) *Tuber cibarium.* Cette plante, dont le nom vient de fa forme arrondie, croît fous terre & s'y reproduit. On la rencontre furtout dans les terrains ftériles, ferrugineux, où les cochons & les chiens favent la découvrir ; auffi fe fert-on de ces animaux pour la récolter. On prétend, depuis quelque temps, avoir trouvé le moyen de la faire reproduire : fecret inutilement cherché jufqu'ici.

La truffe appartient à la famille des Champignons, & fait partie des claffes de la Cryptogamie de Linné. Ce genre en renferme plufieurs efpèces. Ainfi, en Italie, on a une truffe grife, qui a une légère odeur d'ail. En France, on poffède deux efpèces ou variétés de truffes comeftibles, outre plufieurs autres qu'on ne mange pas jufqu'ici & qui ne figurent que dans les Flores. La meilleure truffe eft celle dite *de Périgord*, qui eft noire en dehors & en dedans ; elle eft, à fa maturité, qui n'a lieu qu'à la fin de novembre, tendre, parfumée, & d'un volume fouvent affez confidérable pour pefer une livre & plus. L'autre variété eft la truffe dite *de Bourgogne*, dont la chair eft blanche en dedans. Son parfum eft bien moins marqué & fa chair eft plus ferme. Elle mûrit vers la fin d'août, n'acquiert jamais le volume de celle de Périgord, & dépaffe rarement le poids d'une à deux onces.

Les truffes font un aliment fort recherché fur les tables fomptueufes ; cuites fous la cendre, au vin, ou fervant d'affaifonnement dans les ragoûts, elles forment un mets très-délicat. On en farcit les volailles pour les parfumer, ce qui donne à celles-ci un goût fin & conferve leur chair pendant un mois & plus. Sous le rapport alimentaire, les truffes font l'occafion d'un commerce confidérable, particulièrement à Paris.

La truffe mangée en quantité modérée fe digère bien, furtout fi elle eft cuite à point & pelée de fon enveloppe extérieure : mais elle devient indigefte & peut caufer des dérangemens dans la fanté fi on en mange beaucoup, comme le font quelques gourmands.

La truffe paffe pour être aphrodifiaque, & elle a été célébrée fous ce point de vue par nos poëtes gaftronomes. (MÉRAT.)

TRUITE, f. f. (*Hyg.*) Parmi les nombreufes efpèces du genre SALMO, il en eft deux auxquelles on donne le nom de *truites*. L'une eft la *truite commune* & l'autre la *truite faumonée*. Toutes les deux fe trouvent dans un grand nombre de contrées ; mais elles habitent principalement les lacs élevés des montagnes & les rivières froides qui en fortent ou qui s'y jettent. Elles fe nourriffent de vers, d'infectes aquatiques & de très-petits poiffons.

La première (*falmo fario*) eft, non-feulement l'un des poiffons les plus agréables au goût, mais encore l'un des plus beaux. Elle a ordinairement douze à quinze pouces de long & pèfe un peu moins d'une livre ; cependant on en a quelquefois rencontré du poids de fix, de huit ou de dix livres. Rarement on trouve ce poiſſon dans la Seine ; les eaux de ce fleuve font trop douces pour lui & n'ont point un cours aſſez rapide.

La chair de la truite commune eſt blanche & d'une faveur fort agréable. On la marine comme le faumon, on la fale comme le hareng ; mais c'eſt furtout lorſqu'elle eſt fraiche que fon goût eſt excellent. Elle eſt en général d'une facile digeſtion, & fous ce rapport convient aux perſonnes dont l'eſtomac eſt foible. (*Voyez* NOURRITURE.)

La truite faumonée (*falmo truta* L.) femble former une eſpèce intermédiaire entre le faumon & la truite commune ; auſſi a-t-on long-temps prétendu qu'elle provenoit d'un œuf de faumon-fécondé par une truite, ou réciproquement, & que dès-lors elle ne pouvoit fe reproduire : opinion contraire aux réſultats fournis par des obſervations nombreuſes & exactes. Les dimenſions & le poids de ce poiſſon l'emportent fur ceux de l'eſpèce précédente ; fa chair eſt rougeâtre & plus favoureuſe, ce qui le fait généralement rechercher, quoique cependant, pour le fervir fur nos tables, on ne lui faſſe point fubir d'autres préparations qu'à la truite ordinaire. (R. P.)

TRYE-LE-CHATEAU (Eaux minérales de). A une demi-lieue de Giſors, près du bourg de Trye-le-Château, exiſtent deux fources d'eau froide ferrugineuſe. Elles font féparées par un chemin ; l'une d'elles eſt à l'eſt, on la nomme *fontaine de Conti* ; l'autre, fituée à l'oueſt, prend le nom de *fontaine de Bourbon*.

D'après une analyſe faite en 1779, il paroît que ces eaux, dont on conſeille l'uſage dans les maladies atoniques, contiennent des carbonates de foude, de chaux & de fer.

TRYPHÈRE, f. f. (*Thérap.*), dérivé de τρυφερος, doux. Dénomination fous laquelle les Anciens rangeoient les médicamens doués d'une foible énergie. Ce mot n'eſt plus uſité.

TUBAIRE. (*Anat.*) *Tubaris.* Adjectif dont on fait uſage pour déſigner ce qui a rapport aux trompes utérines : ainſi, on nomme *groſſeſſe tubaire* celle qui réſulte du développement de l'embryon dans l'une des trompes. (*Voyez* GROSSESSE VENTRALE, tom. VI, pag. 765.)

TUBE, f. m. (*Anat.*) Expreſſion que l'on peut regarder comme ſynonyme des mots *tuyau* ou *canal* ; ainſi on dit *tube inteſtinal* ou *canal alimentaire*, *tube aérien* ou *canal aérien*. (*Voyez* INTESTIN & TRACHÉE-ARTÈRE dans le *Dictionnaire d'Anatomie* de cet ouvrage.)

TUBE DIGESTIF, f. m. (*Anat.*) Nom que l'on emploie quelquefois pour déſigner les di-

verſes parties de l'appareil digeſtif qui fervent fpécialement à la digeſtion. Ce canal muſculo-membraneux, s'étend de la bouche, qui en eſt l'origine, juſqu'à l'anus, où il fe termine. C'eſt un muſcle cylindrique, creux, préſentant une fuite de reſſerremens & de dilatations ; ſa ſtructure eſt partout la même ; une membrane muqueuſe le tapiſſe dans toute ſon étendue ; vient enfuite la tunique muſculeuſe, puis la membrane féreuſe, qui n'en recouvre pas totalement les diverſes parties.

Le tube digeſtif comprend la bouche, le pharynx, l'œſophage, l'eſtomac, le duodénum, le jéjunum, l'iléon, le cœcum, le colon & le rectum. Le duodénum, le jéjunum & l'iléon forment l'inteſtin grêle : quelques auteurs en retranchant le duodénum. Le cœcum, le colon & le rectum font ce qu'on appelle les gros inteſtins. (*Voyez* INTESTIN dans le *Dictionnaire d'Anatomie* de cet ouvrage.)

La préhenſion des alimens, la maſtication & l'inſalivation ont lieu dans la bouche : lorſque les alimens ont fubi cette première préparation, ils font tranfmis dans l'eſtomac par le pharynx & l'œſophage. Arrivés dans cet organe, ils font foumis à ſon action, transformés en chyme & pouſſés à mefure dans le duodénum, qui verfe fur eux la bile & le fluide pancréatique. La féparation de la matière alimentaire commence dans ce point, & fe continue dans le jéjunum & l'iléon. La membrane muqueuſe du duodénum préſente un nombre infini de valvules conniventes, dont la quantité diminue à mefure que l'on s'approche de la terminaifon des inteſtins grêles. Ces valvules, longues de trois à quatre lignes, diſpoſées circulairement, ont pour uſage de préſenter une plus grande furface pour foumettre les alimens à l'action des vaiſſeaux chylifères, ſi abondans dans ces inteſtins. Ces vaiſſeaux abforbent tout ce qui eſt nutritif & le portent dans le torrent de la circulation fous le nom de *chyle*. Les inteſtins grêles ont pour uſage d'abforber tout ce qui eſt alibile dans les alimens qui leur font foumis, & de ne tranfmettre dans les gros inteſtins que les mêmes matières réduites preſqu'à l'état de *caput mortuum*. Ces matières, parvenues dans les gros inteſtins, font foumiſes à l'action des vaiſſeaux abforbans peu nombreux. Les gros inteſtins, formés par le cœcum, le colon & le rectum, font d'un volume confidérable, préſentent trois rangs de bandelettes muſculaires longitudinales, féparées par trois rangs de bosselures très-marquées, formées par la totalité des membranes inteſtinales ; le rectum feul n'offre pas cette difpoſition, il eſt plus liſſe, plus uni & garni à fon extrémité d'un ſphincter ou conſtricteur.

Tout, dans le gros inteſtin, eſt ordonné pour retarder autant que poſſible la marche de la matière excrémentitielle, furtout afin que nous ne foyons pas obligés à une défécation continuelle.

Le grand cul-de-fac de la partie qui forme le cœcum, les anfractuofités qui fe remarquent fur toute fon étendue, excepté au rectum, la fituation qui oblige ces matières à cheminer contre leur propre poids dans le colon afcendant, depuis la fofle iliaque jufqu'au niveau des côtes, concourent à ce but; dans cet inteftin, les matières qui y arrivent affez molles y acquièrent plus de folidité par l'abforption de la partie fluide, au moyen des vaifleaux abforbans.

Le tube digeftif reçoit une quantité confidérable de fang au moyen d'artères nombreufes & volumineufes, furtout dans fes portions ftomacale & inteftinale, aufli eft-il doué d'une grande énergie; fes deux extrémités, la fupérieure, formée par la bouche, le pharynx, l'œfophage & l'eftomac, & l'inférieure par le rectum, reçoivent des nerfs de la vie animale & de la vie de relation, aufli font-elles en partie dépendantes de notre volonté; le refte, au contraire, qui forme ce qu'on appelle les *inteftins*, ne reçoit que des nerfs de la vie intérieure, ce qui explique pourquoi il eft abfolument hors de notre dépendance. (*Voyez* DIGESTION & INTESTIN, ainfi que les différens mots qui ont rapport à cette importante fonction, dans le *Dictionnaire d'Anatomie* déjà cité.)

Le tube digeftif peut être atteint d'une foule de maladies, & il fe reffent même de celles de tous les autres organes. A-t-on le plus léger mal au bout du doigt, les digeftions font bientôt troublées, la foif ne tarde point à devenir vive, & l'eftomac & les inteftins s'enflamment aufftôt; le mal commence-t-il par ces derniers, il y a de fuite foibleffe générale, abattement extrême, perte de forces, douleur à la tête & dans les membres: ces vifcères fympathifent avec tous les organes, aufli ont-ils été l'objet des recherches les plus étendues & les plus fuivies. Parmi les nombreufes maladies du tube digeftif, on obferve les polypes, les cancers, les névrofes, les hémorragies, &c. &c., & furtout les inflammations aiguës & chroniques de l'eftomac & des inteftins, qui font à elles feules plus fréquentes que toutes celles qui affligent l'efpèce humaine.

M. Brouffais, dans ces derniers temps, a dirigé fpécialement fes recherches fur les affections du tube digeftif, & il a vu & démontré jufqu'à l'évidence, & chaque jour vient donner de nouvelles forces à cette doctrine, que prefque toutes les fièvres étoient dues à l'inflammation gaftro-inteftinale. Il a également prouvé que la foibleffe, dans les fièvres appelées anciennement *adynamiques*, n'étoit que le réfultat de l'inflammation de l'organe, qui jetoit les malades dans l'accablement, en ôtant toute énergie: ce qui avoit fait croire, à tort, que les forces étoient effentiellement épuifées. C'eft d'après ces vues qu'il confeille, dans toutes ces maladies, un traitement antiphlogiftique, des évacuations fangui-

nes, & qu'il profcrit l'ufage des toniques les plus énergiques, fi préconifés par Brown. Je dois dire cependant, d'après des obfervations recueillies avec le plus grand foin, que, dans quelque cas, qui fe font préfentés rarement à la vérité, j'ai été obligé, après avoir employé les évacuations fanguines & les délayans, d'en venir à l'ufage du fulfate de quinine, lorfque les forces, fous l'influence d'un traitement débilitant, fe détruifoient de plus en plus. (NICOLAS.)

TUBE LARYNGIEN, f. m. (*Inftr. chir.*) *Tubus laryngeus.* Souvent, dans les cas d'afphyxie, on ne peut rappeler un individu à la vie qu'en fuppléant artificiellement à la refpiration. Le *tube laryngien*, imaginé par le profeffeur Chauffier, eft, en pareil cas, l'inftrument que l'on peut employer avec le plus d'avantage: aufli fait-il partie de l'appareil qui compofe les boîtes fumigatoires. (*Voyez* NOYÉS.) On conçoit que les dimenfions de ce tube doivent être appropriées à l'âge des fujets pour lefquels on le veut employer; de même que fa courbure doit correfpondre à la difpofition des parties dans lefquelles il faut l'introduire. Une petite plaque d'argent très-mince, placée à peu de diftance de la partie inférieure de cet inftrument, s'applique fur le pourtour de l'extrémité fupérieure du larynx, & empêche le tube de pénétrer trop avant dans les voies aériennes; cette plaque eft percée de petites ouvertures au moyen defquelles on peut la garnir d'une éponge afin de rendre fon contact moins rude. L'extrémité fupérieure eft légèrement évafée pour faciliter l'infufflation, que l'on pratique à l'aide de la bouche ou de toute autre manière.

TUBER-CINEREUM. (*Anat.*) Sœmmering a employé ces deux mots latins, qui depuis ont été confervés dans notre langue, pour indiquer un petit amas de fubftance grife, fitué à la bafe du cerveau, derrière la commiffure des nerfs optiques, & qui eft continu avec la tige pituitaire. (*Voyez* CERVEAU & ENCÉPHALE dans le *Dictionnaire d'Anatomie* de cet ouvrage.)

TUBER-ISCHIO-TROCHANTÉRIEN, f. m. adj. (*Anat.*) C'eft, dans la nomenclature de Dumas, le nom du *mufcle carré de la cuiffe* (ifchiofous-trochantérien de Chauffier). (*Voyez* CARRÉ dans le même Dictionnaire.)

TUBER TYMPANI. (*Anat.*) (*Voy.* PROMONTOIRE & TYMPAN dans le même Dictionnaire.)
(R. P.)

TUBERCULE, f. m. (*Pathol. & Anat. path.*) Ce mot dérive de *tuber*, boffe, tumeur. En pathologie, on donne le nom de *tubercule* à une altération ou production organique, congéniale ou accidentelle, qui fe développe dans la plupart des tiffus de l'organifme, mais particulièrement dans le pa-

renchyme des poumons & le tiffu cellulaire ; elle
confifte dans une matière opaque, plus ou moins
denfe, ordinairement d'un jaune pâle, & que l'on
peut, dans le principe, comparer à de l'albumine
concrète. Les tubercules reftent rarement à cet état,
mais fe ramolliffent, fe changent en une forte de
pus appelé *matière tuberculeufe* par les auteurs,
laquelle laiffe à fa place (lorfqu'elle a été expec-
torée) une cavité plus ou moins étendue.

Dans le commencement de toute affection tuberculeufe les tubercules ont la forme de petits
corps granuleux, arrondis, demi-tranfparens, de
denfité, de confiftance & de couleur très-diverfes.
Leur volume varie depuis un grain de millet
jufqu'à celui d'un pois ou d'une lentille ; c'eft fans
doute par fuite de la comparaifon fréquente qu'on
a faite de ces productions organiques avec les
graines de millet, qu'on leur a donné le nom
de *tubercules miliaires*. Bientôt ils augmentent de
volume, prennent fouvent une teinte plus ou moins
jaune, qui s'étend du centre à la circonférence.
En augmentant de volume l'intervalle qui fépare
les tubercules diminue & même difparoît ; ce qui
explique comment, à une époque plus ou moins
éloignée de leur origine, ils forment des maffes
que les auteurs ont comparées tantôt à des amas
de grains adhérens, tantôt à de la matière cafeufe,
d'autres fois à du plâtre, &c.

C'eft ordinairement lorfque les tubercules commencent à s'amollir que le tiffu des organes (furtout celui des poumons) s'altère d'une manière
fenfible, devient pefant, grifâtre, demi-tranfparent autour du noyau tuberculeux. Cette altération eft probablement déterminée par une irritation confécutive & non fans doute par une
infiltration de matière tuberculeufe ; & nous ne
penfons pas qu'il fe produife ainfi de nouvelles
maffes tuberculeufes au moyen d'une forte d'*imprégnation* ou *infiltration*, fans un développement
préalable de tubercules miliaires ; parce que cette
forte de caufalité nous paroît tout-à-fait hors du
plan fuivi par la nature dans le développement
des altérations organiques ; nous croyons également, que c'eft à l'irritation déterminée par la préfence des tubercules appelés *crus*, qu'il faut attribuer la formation du kyfte ou de l'enveloppe extérieure dans laquelle ils font contenus. Bayle (1)
dit, à la vérité, avoir vu des tubercules enkyftés
dans leur première période ; mais nous croyons,
ainfi que nous l'avons dit ailleurs (2), qu'il a été
induit en erreur : l'enveloppe de chaque tubercule, dans notre opinion, eft étrangère à la matière tuberculeufe, & ne fait pas primitivement
partie du tubercule.

Lorfque, par les progrès de la maladie, chaque

tuberculé s'eft ifolé & prefque toujours par une enveloppe dont il a provoqué la formation, il prend
alors le nom de *matière tuberculeufe*. Cette matière tend toujours à fe ramollir & à fe changer
en une forte de pus. Ce changement de confiftance eft-il dû à l'inflammation qui s'eft emparée
des maffes tuberculeufes, ou à toute autre modification ? On l'ignore, nonobftant les affertions
émifes à ce fujet dans ces derniers temps, quelque
probables qu'elles foient. Ce que l'on fait bien,
c'eft que le ramolliffement commence toujours
au centre pour s'étendre à la circonférence. Si,
en effet, on fait la fection de plufieurs tubercules
avant qu'ils foient totalement ramollis, c'eft toujours au milieu qu'on remarque une diminution
de confiftance : cette transformation s'opère en
général d'une manière lente, quoiqu'elle foit parfois très-rapide. Dans cet état de ramolliffement,
la matière tuberculeufe fe préfente fous deux formes différentes : tantôt elle reffemble à un pus
épais, mais inodore, d'un jaune foncé ; tantôt
elle eft féparée en deux parties, l'une très-liquide,
plus ou moins transparente, l'autre opaque, plus
ou moins reffemblante à la fubftance cérébrale ou
à du fromage mou. La matière tuberculeufe eft,
en général, d'un blanc fale, quelquefois jaunâtre
ou verdâtre, mais prefque toujours grifâtre aux
approches de la mort des phthifiques.

Quelquefois les tubercules ne fe ramolliffent
pas ; alors la matière tuberculeufe contenue dans
leur kyfte fe deffèche, fe durcit & devient caffante ;
elle adhère d'une manière intime à la face interne
de la poche enkyftée. Sa couleur & fa confiftance
font très-variables.

Les kyftes qui fervent d'enveloppes à la matière
tuberculeufe, vidés par l'expectoration, reffemblent à de petites poches qu'on peut comparer à
des coques de pois ou de haricots, féparées des
graines qu'elles renferment ; ils font en général
plus confidérables dans les poumons que partout
ailleurs ; leurs parois font formées par une membrane mince dans le principe, inégale, adhérente
aux parties voifines de manière à n'en pouvoir
être féparée fans déchirement. A mefure que le
tubercule fe vide, l'intérieur des kyftes fe revêt le
plus fouvent d'une fauffe membrane blanchâtre,
molle, albumineufe, qui eft peu adhérente à la
membrane propre, & dont on peut facilement la
féparer ; quelquefois les parois tuberculeufes enkyftées fubiffent les transformations cartilagineufes, fibro-cartilagineufes, & même offeufes (1).

Auffitôt que la matière tuberculeufe des poumons
commence à s'ifoler par fuite du ramolliffement,
elle ne tarde pas à communiquer avec les bronches
dont les parois ont été détruites par les ravages

---

(1) *Mémoire fur les tubercules* (*Journal de médecine,
chirurgie & pharmacie*, an XI-XIII).
(2) *Dictionnaire des Sciences médicales*, art. TUBERCULE.

(1) Quoique le kyfte ne faffe pas partie du tubercule,
il eft tellement lié à fon exiftence, qu'une defcription où
ce kyfte feroit oublié paroîtroit incomplète.

de la maladie ; elle excite fans ceffe la toux , qui détermine l'expectoration purulente , l'un des principaux caractères de la phthifie tubercu- leufe ; cette expectoration eft rarement entre- tenue par la fonte d'un tubercule ifolé , mais bien par des maffes de tubercules adoffés les uns aux autres. De là l'origine de ces excavations tu- berculeufes, plus ou moins étendues qui enva- hiffent les poumons ; il ne faut pas croire toute- fois que cet envahiffement ait lieu toujours aux dépens du parenchyme de ces organes , qui fe trouve détruit : phénomène très-remarquable, que Bayle a conftaté & fignalé le premier , & dont des auteurs récens fe font, on ne fait pourquoi , dif- penfés de parler.

Le volume des tubercules varie à l'infini , de- puis le diamètre d'une ligne jufqu'à celui d'un pouce & même d'un pouce & demi. Leur forme eft impoffible à déterminer d'une manière rigou- reufe. Les plus volumineux fe rencontrent dans les poumons. Du refte ils different prefque tous de forme & de volume dans un même organe. Ils font rarement ifolés. Leur nombre eft en raifon de leur volume. Ils affectent de préférence certaines parties où ils fe trouvent fouvent agglomérés (la partie fupérieure du poumon). Dans certains cas, rares à la vérité, ils attaquent prefque tous les tiffus à la fois.

A mefure que les tubercules fe développent ou fe multiplient , le tiffu qui les renferme femble leur céder la place ; il difparoît en grande partie fous leur nombre, mais en général il ne s'ulcère pas , & n'éprouve quelquefois même aucune altération ; il eft refoulé & fe trouve réduit à la moitié ou au quart de fon volume ordinaire.

Bayle avoit admis deux fortes de tubercules ; les uns enkyftés & les autres non enkyftés. Cette divifion repofe uniquement fur l'afpect & la forme que revêtent ces altérations organiques à diverfes époques. Les kyftes, en effet, fe développent à une époque donnée du cours de la maladie, & finiffent par difparoître à une autre ; en forte qu'il y a deux temps dans la durée des tubercules où ils font dépourvus d'enveloppes , le commencement & la fin (1). On a auffi appelé *tubercules fcrofuleux* ceux qu'on rencontre en fi grand nombre dans les pou- mons & dans le fyftème lymphatique des individus affectés de la maladie fcrofuleufe ; certaines tu- meurs carcinomateufes, comme celles appelées *encéphaloïdes*, par exemple , font fufceptibles d'une forte de dégénérefcence tuberculeufe, mais qui n'a qu'un rapport très-éloigné avec les tuber- cules proprement dits.

Les tubercules font-ils , comme le prétend Laen- nec, une efpèce de tiffu accidentel ayant un mode d'organifation ; ou , comme le veulent d'autres

médecins, une dégénération fcrofuleufe, phleg- mafique des organes ; ou bien enfin , conformé- ment à une opinion plus récente, doivent-ils être confidérés comme le produit d'une matière fécré- tée ? Nous ne pouvons adopter ni l'une ni l'autre des trois premières opinions déjà plus d'une fois combattues , & qui nous paroiffent difficiles à dé- fendre. La dernière nous femble bien hafardée ; car , en fuppofant que la matière du tubercule puiffe être contenue dans les vaiffeaux fanguins, quel fera l'organe fécréteur de cette matière ? Qui l'aura introduite dans le fang, formée ou non ? Et puis , fi l'on eft embarraffé pour réfoudre ces pre- mières queftions, que deviennent celles qui ont pour objet d'établir la généralité des tubercules fur la généralité des fécrétions, &c. &c. ? Peut- être eft-il plus fage de ne voir dans chaque tu- bercule qu'une production pathologique caracléri- fée plus haut ; cette production, quelle que foit fa nature ou fa formation primitive, fe développe au milieu de la fubftance de tous nos organes, tantôt la refoule & la comprime fans l'altérer , d'autres fois y produit , comme tout autre corps étranger, une irritation qui eft le point d'origine d'une enve- loppe membraneufe connue fous le nom de *kyfte*.

Les tubercules font une maladie héréditaire, car on voit fouvent des parens affectés de cette maladie engendrer des enfans tuberculeux, ou qui font même , dans le fein de leur mère , déjà atteints de ce mal funefte ; ce qui donne lieu à bien-des réflexions, & ce qui fe prête difficile- ment à l'efprit flexible d'hypothèse , vers lequel on femble, depuis quelque temps , vouloir faire un pas rétrograde au fujet de l'anatomie patholo- gique. Après l'hérédité, la conftitution ou diathèfe fcrofuleufe & autres prédifpofitions qui conduifent à la phthifie pulmonaire, viennent toutes les cau- fes qui appellent fans ceffe des irritations ou des fluxions fur les organes le plus difpofés à l'affec- tion tuberculeufe , & en particulier l'inflammation des vaiffeaux blancs , regardée par l'école de M. Brouffais comme la feule caufe excitante des tubercules pulmonaires : à celles-ci, il faut en joindre d'autres qui procèdent des âges, des tem- péramens, des habitations humides & malfaines, de la mauvaife nourriture, de l'influence du froid, &c. Toutes ces caufes, il faut bien le dire, & d'autres encore (la fyphilis , le fcorbut , &c.), qui contri- buent plutôt à hâter le développement des tuber- cules chez les fujets qui s'y trouvent prédifpofés, qu'elles ne préfident oftenfiblement à leur forma- tion primitive , feront probablement toujours hors de notre portée.

Les caufes qui produifent les enveloppes tuber- culeufes connues fous le nom de *kyftes*, ont une grande analogie avec celles qui favorifent le dé- veloppement des tubercules accidentels. Ici c'eft la production organifée, déjà formée, qui fait les fonctions de corps irritant fur les parties conti- guës , & y détermine en quelque forte mécani-

_____

(1) *Dictionnaire des Sciences médicales*, art. TUBERCULE.

quement la formation d'une fausse membrane, d'abord mince & transparente ; puis susceptible d'éprouver divers changemens de texture, & de passer par les états cartilagineux, osseux, & ainsi que nous l'avons déjà dit. Considérée de cette manière, nous le répétons, l'enveloppe enkystée est bien distincte de la matière tuberculeuse, & paroît se former aux dépens des parties environnantes ; & cette formation s'opère soit à l'aide d'une exsudation albumineuse, soit à l'aide d'une transformation du tissu avec lequel le tubercule se trouve immédiatement en contact.

Les tubercules, ainsi qu'on le sait aujourd'hui, sont susceptibles de se développer dans tous les tissus de l'économie animale, dans tous les viscères ; mais est-il vrai, comme le prétendoit Bayle, & comme on le soutient encore à présent, qu'ils ont pour siége primitif le tissu cellulaire commun à tous les organes ? Nous ne le pensons pas ; & nous ne comprendrons jamais par quelle puissance de sécrétion ou d'exhalation le cerveau, la moelle épinière, les os, les muscles, &c., peuvent produire la matière tuberculeuse au moyen du tissu cellulaire presqu'imperceptible qu'ils renferment.

C'est dans le poumon & les autres organes parenchymateux & cellulaires qu'on a le plus étudié les tubercules. La forme de ceux du poumon est plus ou moins arrondie, ovoïde, avec des inégalités à l'extérieur ; la matière qu'ils renferment est ordinairement d'un gris-cendré ; d'autres fois jaunâtre ou blanchâtre. Leur grosseur varie singulièrement : il y en a dont le volume égale à peine celui d'une graine de tabac, & d'autres qui sont comparables à un œuf de pigeon ou de poule ; entre ces deux extrêmes il y a, comme on s'en doute bien, une foule de termes de comparaison intermédiaires. On a remarqué que les plus considérables occupoient la racine des poumons, & surtout leur lobe supérieur, où ils se trouvent d'ailleurs réunis en très-grand nombre quand ils sont peu volumineux. Parmi les nombreux tubercules dont l'organe pulmonaire est parsemé chez les phthisiques, les uns se trouvent à l'état de crudité ; les autres ramollis ou en pleine suppuration. Parfois le poumon entier ne forme qu'une masse compacte de couleur grise ; le tissu intermédiaire aux tubercules est alors dur & comme squirrheux : dans d'autres cas, des tubercules de diverses dimensions sont agglomérés par pelotons que sépare un tissu sain ou enflammé. Enfin, dans quelques cas rares, on a trouvé des tubercules enchâssés de loin en loin dans un tissu pulmonaire, d'ailleurs parfaitement sain, & très-perméables à l'air.

Les tubercules de la *rate* offrent des parois enkystées bien distinctes, mais intimement unies au parenchyme de ce viscère, & la matière contenue dans l'intérieur de ces parois est ordinairement peu ferme, plus ou moins grenue, jaunâtre, &c. Ils sont communément isolés. (Bayle.)

De toutes les portions du tissu cellulaire, celle qui sert au péritoine de moyen d'union avec les parties qu'il recouvre, est la plus exposée à devenir le siége de l'affection tuberculeuse. Parmi les médecins qui ont ouvert un grand nombre de cadavres, il en est bien peu sans doute qui n'aient rencontré la membrane péritonéale plus ou moins recouverte de tubercules lenticulaires, ayant fort souvent l'aspect & la forme de pustules varioleuses confluentes : on les trouve rarement sous le péritoine qui tapisse l'intérieur des muscles abdominaux, un peu plus fréquemment entre les lames du mésentère, & le plus communément entre la tunique musculeuse & la membrane séreuse des intestins. On les rencontre à l'état de crudité ou déjà ramollis & remplis de matière purulente ; leur volume est très-variable, mais il est rare qu'il dépasse celui d'une noisette. Les plus petits sont ordinairement les plus nombreux ; le peu d'élévation qu'ils présentent au-dessus de la surface du péritoine les a fait souvent confondre avec les granulations miliaires propres à l'inflammation chronique de la membrane séreuse péritonéale, & il faut convenir que la méprise est facile quand on n'apporte pas beaucoup de soin & d'attention dans la dissection des parties. Ces sortes de tubercules paroissent d'ailleurs résulter souvent de l'inflammation chronique du péritoine & des intestins, &c. Ce paragraphe est extrait textuellement de notre article TUBERCULE du *Dictionn. des Scienc. médic.*, composé en 1821 ; il pourroit au besoin faire la base d'une réclamation de priorité pour quelques idées qui s'y trouvent émises, & qui n'ont pas été rapportées à leur source dans des ouvrages publiés depuis cette époque.

Les tubercules du rein se trouvent en général réunis en plus ou moins grand nombre ; il est rare qu'ils soient isolés. Dans le seul exemple que nous ayons vu de cette maladie, quatre tubercules de la grosseur d'une petite muscade étoient contenus dans la partie supérieure du rein droit ; leur enveloppe étoit épaisse, molle, & renfermoit une matière blanche, ramollie au centre ; fortement adhérente à la paroi interne du kyste. Bayle avertit de ne pas les confondre avec les abcès du rein.

Le foie présente deux espèces de tubercules ; les uns sphéroïdes, du volume d'un haricot ou d'une noisette, renferment une matière grise, ferme ou cendrée ; les autres, depuis long-temps connus sous le nom de *stéatomes*, sont plus volumineux que les premiers. Leur forme est irrégulière & s'éloigne beaucoup de celle des autres tubercules : ils contiennent à l'intérieur une substance blanche, albumineuse, quelquefois très-dure & d'un aspect cartilagineux. Ces tubercules subissent les mêmes transformations que les autres ; les parois des cavités qui les renferment offrent beaucoup de variations dans leur structure. A moins que les tubercules hépatiques n'occupent le centre du foie,

foie, on peut en préjuger l'exiflence à l'afpect de ce vifcère, qui eft ordinairement inégal, boffelé, & comme panaché par de larges plaques blanchâtres, luifantes, formant une oppofition avec la couleur naturelle du parenchyme; lorfque ce parenchyme eft divifé par le fcalpel, on voit qu'il a graduellement cédé la place aux tubercules, de forte qu'on pourroit le croire détruit comme la fubftance des poumons, dans les cas dont il a été parlé précédemment. Toutefois, la fubftance hépatique n'a point été altérée ou ne l'a été que très-légèrement.

Des *tubercules* ont été obfervés dans la thyroïde, les tefticules & autres glandes appelées *conglomérées*; nous n'en n'avons jamais rencontré dans les glandes falivaires & le pancréas. On trouve des tubercules dans les ganglions lymphatiques de toutes les régions du corps; toutefois ils fe développent plus particulièrement à l'extérieur des bronches dans les médiaftins & le méfentère. Il ne faut pas confondre, avec ces fortes de tubercules, un état d'induration rouge de ces ganglions, fufceptible de fe ramollir & de fe réduire par la preffion en une forte de pulpe. Les tubercules du fyftème lymphatique font prefque toujours ovoïdes, & d'ailleurs moins fufceptibles de varier, par leur forme, que ceux des poumons; quand ils fe vident, ils ne laiffent à leur place qu'une coque flexible qu'on peut comparer à celle d'un pois ou d'un haricot. Tant que les tubercules lymphatiques reftent à l'état folide, la matière tuberculeufe eft tellement adhérente aux parois qui la contiennent, qu'on a beaucoup de peine à la féparer; en forte qu'elle paroît comme infiltrée dans la fubftance du ganglion. Les tubercules méfentériques font quelquefois tellement agglomérés qu'ils ne forment qu'une maffe compacte, qui offre alors tous les caractères de la matière tuberculeufe appelée *non enkyftée* par Bayle. Ils conftituent le *carreau*, ou atrophie méfentérique, qui fe développe particulièrement chez les enfans au-deffous de douze ans.

MM. Mérat, Coindet & quelques autres, ont décrit plufieurs tumeurs fous le nom de *tubercules du cerveau*; Bayle dit même en avoir rencontré dans la fubftance des nerfs. Un auteur plus récent a avancé, mais fans preuve, que les tubercules ne fe développoient que dans les anfractuofités ou les fillons qui féparent les diverfes parties de la maffe encéphalique.

Les mufcles & les os n'en font pas non plus exempts. Bayle & Laennec ont conftaté la préfence de la dégénération tuberculeufe dans ces deux tiffus, qui, du refte, y font bien moins difpofés que la plupart des autres. Ces fortes de tubercules n'ont encore été qu'imparfaitement décrits.

Les tubercules de la membrane muqueufe digeftive font incomparablement plus fréquens que les précédents; ils accompagnent très-fouvent ceux du poumon; d'autres fois ils leur fuccèdent & hâtent la mort des phthifiques. Il faut les chercher dans les ulcérations des inteftins qu'on trouve fouvent après la mort; il eft d'ailleurs très-facile de les confondre avec les ulcères des follicules qui fécrètent une matière analogue à la matière tuberculeufe. Ces fortes de tubercules font ordinairement fitués au fond de l'ulcération, & plus rarement fur les bords; ils fe préfentent fous la forme de petits corps plus ou moins blancs, miliaires, agglomérés par plaque fur un fond circonfcrit, rougeâtre. La matière tuberculeufe eft ferme & blanche, &c. Dans l'état de crudité, ils ne forment que de petites élévations fur la furface muqueufe; ils n'ont jamais que des rapports de contiguïté avec les membranes féreufe & mufculeufe de l'inteftin, ce qui rend très-douteufe l'opinion émife dans ces derniers temps que les tubercules ne fe développoient que dans le tiffu cellulaire fous-muqueux.

Ce que Bayle a décrit autrefois fous le nom de *dégénérefcence tuberculeufe non enkyftée*, n'eft autre chofe qu'une maffe de tubercules dont les enveloppes membraneufes ont difparu par les progrès du mal; prefque toujours, en effet, des tubercules enkyftés exiftoient concurremment avec cette prétendue dégénérefcence non enkyftée, foit dans les mêmes organes, foit dans un autre point de l'économie animale; & l'auteur lui-même ne fait pas difficulté d'avancer que ces deux fortes d'altérations ont une infinité de chofes communes.

Nous avons dit ailleurs (1) que les ravages qu'exercent les tubercules dans l'économie animale & le danger qu'ils entraînent, varient fuivant l'organe qu'ils affectent; c'eft particulièrement dans le poumon, le méfentère & le cerveau qu'ils conftituent par eux-mêmes des maladies primitives très-graves; partout ailleurs il faut qu'ils fe trouvent réunis en grand nombre dans un même organe, ou qu'ils fe développent dans plufieurs à la fois pour donner lieu à de graves accidens. L'affection tuberculeufe des poumons eft affurément une des maladies les plus funeftes de l'efpèce humaine; d'après des relevés faits dans les hôpitaux, elle moiffonne environ le fixième des individus qui y font admis.

Les tubercules du méfentère qui conftituent la maladie appelée *carreau* ou *atrophie méfentérique*, font bien moins funeftes à l'homme que ceux du poumon; ils ne forment à peu près que le vingt-cinquième des maladies admifes dans les hôpitaux confacrés à l'enfance; le carreau préfente d'ailleurs beaucoup plus de chances de guérifon que la phthifie pulmonaire.

---

(1) *Dictionnaire des Sciences médicales.*

Sur six cents cadavres ouverts par Bayle, huit seulement lui ont offert des tubercules développés dans le foie; ils donnent rarement lieu, pendant la vie, à des accidens qui leur soient propres; on peut néanmoins les considérer comme une cause de l'hydropisie ascite.

Les tubercules du cerveau concourent pareillement à produire des épanchemens dans les cavités cérébrales; ils peuvent être aussi une cause d'apoplexie. La plupart des tubercules qui se développent dans les muscles, les os, la peau, &c., ne donnent le plus souvent aucun indice certain de leur existence pendant la vie; ce n'est que lorsqu'ils sont réunis en grande masse, qu'ils déterminent de graves accidens, & même la mort, comme on le voit dans plusieurs cas graves recueillis par Bayle.

On connoît peu de signes propres à révéler l'existence de l'affection tuberculeuse considérée en général & dans ce qu'on appelle l'*état de crudité*; c'est seulement à l'époque du ramollissement ou de la suppuration des tubercules que le développement d'une chaleur âcre & sèche, la toux, la difficulté de respirer, la fréquence du pouls, la douleur, la tuméfaction du ventre, & une foule d'autres phénomènes sympathiques commencent à se manifester & à fixer l'attention des malades & des médecins. C'est encore une grande question à décider que celle de savoir, si les symptômes morbides qui se montrent alors ne sont pas le résultat de l'inflammation causée par l'irritation du noyau tuberculeux sur les parties environnantes; il doit paroître extraordinaire, en effet, que ces symptômes ne se manifestent pas durant toute la première période du mal, ce qui auroit infailliblement lieu si les tubercules étoient, comme on l'a prétendu, une affection inflammatoire. Dans tous les cas, on ne peut nier que les inflammations consécutives qui surviennent n'accroissent beaucoup les accidens éprouvés par les individus affectés de tubercules: en effet, on voit des phthisiques mourir paisiblement & sans éprouver presque d'accidens concomitans, & chez lesquels on ne trouve qu'un petit nombre de tubercules ramollis ou en suppuration; tandis que d'autres succombent au milieu des tourmens que leur causent la diarrhée, la fièvre hectique, les sueurs colliquatives, des coliques, des vomissemens.

Lorsque les tubercules sont peu nombreux, ils produisent rarement des accidens intenses, parce qu'ils n'empêchent pas l'organe de remplir ses fonctions. Nous avons souvent rencontré des tubercules pulmonaires qui n'avoient causé d'altération que dans la portion de tissu qui leur servoit de siége; partout ailleurs le poumon étoit sain & perméable à l'air: dans des cas semblables, les tubercules passés à l'état de ramollissement peuvent être entièrement expectorés & remplacés par une cicatrice qui résulte de l'adhérence des parois de l'excavation tuberculeuse. Si, au contraire, les tubercules sont en grand nombre, ce qui est malheureusement très-fréquent, alors l'état morbide produit par la fonte tuberculeuse est incurable. Le poumon, par exemple, l'organe dans lequel les tubercules se multiplient davantage, est promptement envahi par la suppuration, & creusé en divers sens par les foyers tuberculeux, qui ne tardent pas à produire tous les symptômes accessoires du troisième degré de la phthisie pulmonaire, tristes précurseurs d'une mort prompte et inévitable.

En résumé, les signes de l'affection tuberculeuse qu'il est important de recueillir, sont relatifs à la phthisie pulmonaire, au carreau & aux scrofules. Nous ne devons pas en faire ici une mention spéciale, puisqu'il en a déjà été traité dans divers articles de ce Dictionnaire. (*Voyez* PHTHISIE, CARREAU, SCROFULES, &c.) Relativement aux symptômes des tubercules susceptibles de se développer dans d'autres appareils que ceux qui sont le siége des maladies indiquées tout à l'heure, ils sont encore couverts d'une profonde obscurité qui n'en permet ni l'appréciation ni l'analyse. On sait très-bien, par exemple, que les tubercules du foie, du rein, du péritoine, de la rate, &c., ont pour résultat les divers épanchemens de la cavité abdominale; mais tant d'autres causes étrangères aux tubercules peuvent produire le même effet, qu'il est impossible de discerner ce qui leur est propre de ce qui dépend de toute autre lésion organique.

Parler des moyens prophylactiques & curatifs qu'on peut opposer aux affections tuberculeuses, ce seroit aborder un sujet que l'état de la science ne permet guère de traiter d'une manière satisfaisante; en second lieu, ce seroit tomber dans des redites inutiles, attendu que l'exposition de ces moyens est une dépendance de l'histoire de chacune de ces affections en particulier: ainsi, sous ce double rapport, nous devons omettre dans cet article, consacré à la pathologie & à l'anatomie pathologique, tout ce qui a rapport aux applications pratiques. (BRICHETEAU.)

TUBERCULES PISIFORMES. (*Anat.*) C'est le nom que Chaussier donne aux tubercules mamillaires. (*Voyez* EMINENCES MAMILLAIRES DU CERVEAU, MAMILLAIRES PISIFORME dans le *Dictionnaire d'Anatomie* de cet ouvrage.)

TUBERCULEUX, SE, sub. m. adj. (*Path. & Anat. pathol.*) Qui est relatif aux tubercules, qui renferme ou contient des tubercules. On donne le nom de *maladie tuberculeuse*, de *phthisie tuberculeuse*, à des affections générales produites par des tubercules, ou à une lésion spéciale du poumon qui reconnoît la même cause. On appelle *matière tuberculeuse* la substance du tubercule paſſée à l'état de ramolliſſement. Un organe quelconque eſt qualifié *tuberculeux* quand ſon tiſſu eſt le ſiége d'un plus ou moins grand nombre de tubercules. C'eſt dans ce ſens que l'on dit que le poumon, le foie, le méſentère, &c., ſont *tuberculeux*. (BRICHETEAU.)

TUBÉREUSE, ſ. f. (*Bot.*, *Mat. méd.*) *Polyanthes*. Genre de plantes appartenant à l'Hexandrie monogynie de Linné & à la famille des Liliacées. La ſeule eſpèce connue de ce genre (le *polyanthes tuberoſa*) a été apportée des Indes orientales en Europe dans le courant du ſeizième ſiècle. Cette plante eſt remarquable par ſa beauté, & ſurtout par ſon odeur agréable mais trop pénétrante, dont par conſéquent doivent ſe garantir les perſonnes très-nerveuſes; on cite même de graves accidens ſurvenus à des individus qui, pendant la nuit, avoient conſervé ces fleurs dans leur chambre à coucher.

Les parfumeurs ſeuls font uſage de la tubéreuſe pour préparer une pommade & des eaux de ſenteur. On obtient l'huile eſſentielle de cette fleur en imbibant du coton avec de l'huile de ben (*guilandina moringa*); on forme enſuite avec ce coton & les fleurs, des couches alternatives, puis en ſoumettant à l'action de la preſſe le coton imprégné de leur odeur, on en retire une huile aromatique, que l'on emploie comme parfum.
(R. P.)

TUBÉREUSE (Racine), adj, (*Bot.*, *Mat. médic.*) Dénomination employée par les botaniſtes pour déſigner la racine de certaines plantes ayant plus ou moins de rapport avec la racine charnue du *ſolanum tuberoſum*, du *bryonia alba*, du *cyclamen*, &c.

TUBÉROSITÉ, ſ. f. (*Anat.*) *Tuberoſitas*. Les anatomiſtes appellent ainſi des éminences raboteuſes & oſſeuſes qui donnent attache à des muſcles. Telles ſont les *tuberoſités* de l'iſchion, de l'occipital, de l'humérus, &c. (*Voyez* HUMÉRUS, ISCHIATIQUE, OCCIPITAL, dans le *Dictionnaire d'Anatomie* de cet ouvrage.)

TUBULEUSE, adj. (Subſt. tubuleuſe.) (*Anat.*) On nomme ainſi l'une des parties conſtituantes du rein. (*Voyez* REIN dans ce Dictionnaire & dans celui d'*Anatomie* de cet ouvrage.)

TUE-CHIEN, ſ. m. (*Bot.*, *Mat. méd.*) Nom vulgaire du *colchicum autumnale*, plante de l'Hexandrie trigynie de Linné & de la famille des Liliacées. (*Voyez* COLCHIQUE, tom. V, pag. 43.)

TUE-LOUP, ſ. m. (*Bot.*, *Mat. méd.*) Nom vulgaire d'une plante commune dans les provinces méridionales de la France & dont on s'eſt quelquefois ſervi pour empoiſonner les loups : ce qui lui a valu la dénomination de *tue-loup*. C'eſt l'*aconitum lycoctonum* de Linné. (*Voyez* ACONIT, tom. I, pag. 121 de ce Dictionnaire.)

TULIPIER, ſ. m. (*Bot.*, *Mat. méd.*) *Lyriodendrum tulipifera*. Cet arbre, qui fait partie de la famille naturelle des Magnoliacées & de la Polyandrie polygynie, eſt originaire des forêts de l'Amérique ſeptentrionale, où il eſt employé comme fébrifuge & tonique. Ce médicament eſt peu uſité en Europe, & il mériteroit de l'être davantage, ſurtout en France, parce que d'abord il ne manque pas d'énergie & qu'enſuite il y eſt très-commun. On l'adminiſtre à des doſes variées ſuivant les circonſtances dans leſquelles on le preſcrit & les effets qu'on veut en obtenir. La doſe eſt d'un à deux gros comme tonique, & une demi-once à une once comme fébrifuge. Les parties du tulipier que l'on emploie à cet effet ſont les jeunes rameaux, qui ſont doués d'une ſaveur extrêmement amère. On les fait prendre en poudre ou mieux encore en décoction.
(CH. HENNELLE.)

TUMÉFACTION, ſ. f. (*Pathol.*) On entend par ce mot l'état d'une partie ou d'un organe qui acquiert plus de volume qu'il ne doit en avoir. Ce terme eſt ſynonyme de *gonflement*; mais il ne l'eſt pas de *tumeur*, ſurtout ſi l'on attache à ce dernier mot la ſignification reſtreinte qu'Abernethy lui a donnée & qui paroît adoptée par un aſſez grand nombre de chirurgiens modernes. On peut comprendre les diverſes eſpèces de tuméfactions dans les quatre diviſions ſuivantes: 1°. Tuméfaction par l'exercice de propriété vitale, telle que l'érectilité ou l'expanſibilité de certains tiſſus; 2°. tuméfaction par afflux trop conſidérable des humeurs animales, mais contenues dans leurs couloirs naturels & ſans déſorganiſation des parties; 3°. tuméfaction par dilatation des organes creux; 4°. tuméfaction par épanchement ou exhalation de fluides animaux ou de gaz, ſoit dans des cavités naturelles, ſoit dans l'épaiſſeur même de nos tiſſus. On ſent combien le terme de tuméfaction, enviſagé de cette manière, ſeroit ſuſceptible de développemens pleins d'intérêt pour le diagnoſtic, & j'avois eu l'idée d'offrir ici les ſignes caractériſtiques de chaque eſpèce de tuméfaction, mais la longueur de ce ſujet m'impoſe la néceſſité de renoncer à l'intention que j'avois eue. (ÉMÉRIC SMITH.)

TUMEUR, ſ. f. (*Pathol.*) *Tumor*. Ce mot, dérivé du verbe *tumeo*, j'enfle, je gonfle, indique le développement d'une ſaillie, d'une éminence contre nature, qui ſe prononce à la ſurface du corps. D'après cette définition, on voit que l'hiſtoire des tumeurs appartient preſque tout entière à la pathologie externe ou chirurgicale; cependant, comme tout ſe lie & s'enchaîne dans les deux branches de notre art, comme plusieurs tumeurs, telles que les tumeurs biliaires, par exemple, les tumeurs squirrheuses des viscères, les tumeurs scrofuleuses, &c., rentrent évidemment dans le domaine de la pathologie interne, comme plusieurs des tumeurs chirurgicales elles-mêmes, nécessitent les secours de la thérapeutique médicale, comme enfin les progrès de la science ont amené des changemens importans dans ce sujet, depuis la publication du *Dictionnaire de Chirurgie* de l'Encyclopédie, nous ne croyons pas inutile de tracer ici l'indication de quelques points de l'histoire des tumeurs, ayant soin d'ailleurs de les considérer plus sous le rapport médical que sous le rapport chirurgical. (*Voyez* l'article Tumeur dans le *Dictionnaire de Chirurgie* de cet ouvrage.)

On sait qu'après la renaissance des lettres & des sciences, les maladies chirurgicales, étudiées d'abord par les Anciens, puis par les Arabes, d'après l'ordre topographique, *a capite ad calcem*, furent ensuite groupées dans le *Pentateuque* de Fabrice d'Aquapendente, sous cinq chefs principaux, qui comprenoient les *tumeurs*, les *plaies*, les *ulcères*, les *fractures* & les *luxations*. Cette division, justement attaquée par le prof. Richerand, dans sa *Nosographie chirurgicale*, a été conservée, mais modifiée & améliorée, dans l'excellent *Traité des maladies chirurgicales* du prof. Boyer, qui a point adopté les idées particulières de M. le prof. Roux sur la classification des tumeurs. (*Voyez* le *Nouveau Dictionnaire de Médecine*, art. Tumeur.) Les tumeurs n'ayant qu'un seul caractère commun, c'est-à-dire la formation d'une saillie morbide appréciable à nos sens, on conçoit qu'elles doivent présenter une multitude de différences relatives au siége qu'elles affectent, à la matière qui les forme, à la maladie dont elles sont l'effet. Aussi a-t-on divisées d'une manière générale, en celles qui sont formées par des corps étrangers; en celles qui sont dues au déplacement des parties solides (luxations, hernies, &c.); en celles que l'on pourroit appeler *humorales*, soit qu'elles soient formées par le sang, soit qu'elles soient produites par les liqueurs qui en émanent. Il est facile de voir tout ce qu'une pareille classification offre de vague & d'incohérent, rapprochant des choses entièrement disparates, confondant les maladies internes avec les maladies externes, réunissant sous le même nom des phénomènes purement accidentels, qui n'offrent aucun intérêt par eux-mêmes, avec d'autres états morbides qui constituent réellement des affections spéciales réclamant des moyens de traitement appropriés. Aussi M. Boyer lui-même, tout en traçant, *pour mémoire*, cette classification monstrueuse, renvoie-t-il la description de la plupart des tumeurs symptomatiques à l'histoire générale des maladies dont elles sont le

symptôme, & élague-t-il, autant qu'il peut, les tumeurs qui ne forment point par elles-mêmes des affections distinctes & dignes d'être étudiées à part. C'est ainsi que les tumeurs formées par des *corps étrangers* sont renvoyées au chapitre qui traite de ces corps eux-mêmes; que les tumeurs produites par déplacement de parties dures sont comprises dans l'étude des *fractures* & des *luxations*; que celles qui sont formées par le déplacement des parties molles sont étudiées au chapitre des *hernies*; que les tumeurs inflammatoires, telles que le phlegmon, le furoncle, l'anthrax, doivent être rapportées aux *inflammations*; que celles formées par le sang retenu dans des vaisseaux dilatés & malades doivent être étudiées dans l'histoire des *anévrysmes* & des *varices*; que parmi les tumeurs formées par les liqueurs émanées du sang, celles produites par la sérosité épanchée dans le tissu cellulaire ou dans les cavités séreuses, doivent être rapportées aux *hydropisies*, & que celles formées par les larmes, la bile, l'urine, accumulées dans leurs réservoirs ou épanchées hors des canaux qui les contiennent, ne peuvent être raisonnablement séparées de l'histoire pathologique des appareils qui président à la sécrétion & à l'excrétion de ces humeurs, &c. De même, on ne peut, sans blesser toutes les règles du bon sens, étudier à part les tumeurs accidentelles que produisent dans leurs progrès certaines maladies viscérales, tumeurs qui ne font par elles-mêmes la base d'aucune indication thérapeutique, mais qui peuvent, il est vrai, devenir des élémens importans de diagnostic. Enfin, il est clair qu'on ne doit pas séparer de l'histoire des affections morbides générales qui leur donnent éventuellement lieu, les tumeurs que la syphilis, les scrofules, le cancer, &c., peuvent produire dans les os, dans le tissu cellulaire, dans les glandes, &c.

M. Roux, adoptant la définition nouvelle donnée par M. Abernethy (*Voyez* le *Nouveau Dictionnaire de Médecine*), pense qu'on ne devroit comprendre dans les tumeurs proprement dites, que *les maladies avec tuméfaction formée par le développement des productions accidentelles, ayant ou non leurs analogues dans les différens tissus de l'économie, &, dans tous les cas, étrangères aux organes où elles se développent*. Il est du moins évident que les divisions les plus naturelles qu'on puisse établir dans l'ordre des tumeurs sont celles qui sont basées sur les circonstances d'organisation, sur les caractères anatomiques. Mais cette classification, qui paroît si séduisante en théorie, rencontre beaucoup d'obstacles dans l'application pratique, parce que, d'une part, les élémens qui entrent dans l'organisation des tumeurs sont variables & susceptibles de former diverses combinaisons; & que, d'autre part, il n'est pas toujours possible de reconnoître pendant la vie & avant la dissection de la tumeur, quelle est la matière qui en forme la base. Si nous avions le temps

& l'espace fuffifans, il nous femble que ce qu'il y auroit encore de mieux à faire feroit d'étudier d'abord d'une manière générale les diverses efpèces de tumeurs que l'on peut rencontrer dans tous les tiffus de l'économie, puis d'examiner enfuite féparément celles qui affectent chaque tiffu en particulier. Ne pouvant nous livrer à un pareil travail, qui nous expoferoit d'ailleurs à revenir fur beaucoup de points qui ont été traités dans d'autres articles, nous nous bornerons à l'indication fommaire des principales efpèces de tumeurs, en prenant ce terme dans l'acception la plus familière aux praticiens. Ainfi, nous dirons quelques mots des tumeurs qui fe développent dans le tiffu cellulaire & qui font les tumeurs par excellence ; puis, parcourant fucceffivement quelques autres tiffus généraux de l'économie, nous indiquerons brièvement quelles font les tumeurs qu'on y rencontre.

1°. *Tumeurs celluleufes & tégumentaires.* Nous rangerons dans cet ordre les tumeurs qui affectent le tiffu cellulaire, la peau & les membranes muqueufes.

Nous ne parlerons pas des tumeurs & des excroiffances bornées rigoureufement à la peau, telles que les *cors*, les *verrues*, les *nœvi materni*, les *végétations* vénériennes, les *tubercules* de l'éléphantiafis des Grecs, du Sycofis (dart. puftul. mentagre), du lupus (dartre rongeante), de la fyphilide tuberculeufe, du mollufcum, &c. ; mais nous indiquerons avec quelques détails les tumeurs du tiffu cellulaire, & furtout celles du tiffu cellulaire fous-cutané, qui peuvent, dans leurs progrès, intéreffer plus ou moins les tégumens, & qui occupent le premier rang dans la defcription des tumeurs proprement dites.

Ces tumeurs étoient, il y a peu d'années encore, affez vaguement défignées fous le nom de *loupes*, & l'on y réuniffoit même quelques tumeurs externes étrangères au tiffu cellulaire proprement dit, telles que les *tannes*, qui font le produit de l'accumulation de l'humeur fébacée concrétée dans des follicules cutanés obftrués & quelquefois éminemment dilatés. Ces tannes font toujours très-reconnoiffables, en ce qu'elles font corps avec la peau, & en ce qu'elles préfentent ordinairement un petit pertuis extérieur bouché par un peu de matière fébacée noircie par l'expofition à l'air & à la pouffière, par lequel on peut faire fortir quelque parcelle *vermiforme* de l'humeur blanchâtre concrète retenue dans le follicule. Pour peu qu'elles foient volumineufes, elles ne peuvent guérir que par une petite opération. Le meilleur procédé confifte à circonfcrire entre deux petites incifions femi-elliptiques toute la partie faillante de la tumeur, de manière à enlever le kyfte avec la portion de peau à laquelle il adhère intimement & dont il fait, pour ainfi dire, partie. Quelquefois cependant, lorfque les tannes font peu volumineufes, elles peuvent fpontanément

s'enflammer, fuppurer, fe vider, & guérir enfuite par l'adhérence des parois de la petite poche.

Les *loupes* peuvent fe montrer fur prefque tous les points de la furface du corps, mais on les obferve furtout à la tête, aux épaules, fur le tronc, &c. On les a divifées en tumeurs enkyftées & non enkyftées. Les premières fe compofent d'une poche accidentelle formée par un tiffu de nouvelle formation, le plus fouvent celluleux ou cellulo-fibreux à l'extérieur, & féreux ou muqueux à l'intérieur, & d'une matière contenue dans cette poche, qui offre des apparences très-variables de confiftance, de couleur & de compofition. Tantôt, c'eft un fluide féreux plus ou moins limpide, contenant quelquefois de petits corps blanchâtres en fufpenfion (*hydatides*), tantôt c'eft un liquide firupeux & fe rapprochant de la couleur & de la confiftance du miel (*mélicéris*), tantôt c'eft une matière graffe, blanchâtre, analogue à de la bouillie (*athérôme*). Ces deux dernières efpèces de tumeurs enkyftées s'obfervent furtout au cuir chevelu, au front, au bas des joues ; la première, au contraire, fe rencontre furtout dans la longueur des membres. Mais il eft important d'établir une diftinction dans les tumeurs qui ont été généralement défignées fous le nom d'*hydatides*. Les unes, en effet, ne font que des kyftes féreux où il n'y a pas lieu de foupçonner la moindre apparence d'animalité ; les autres, au contraire, contiennent dans leur intérieur des petits corps blanchâtres de forme & de grandeur variables, fur la nature defquels les médecins & les naturaliftes ne font point d'accord ; quelques-uns les regardant comme des efpèces d'*entozoaires*, tandis que d'autres n'y ont jamais pu reconnoître d'indice d'animalité. Suivant les premiers, ces petits corps, dont quelques-uns fe voient parfois adhérens au kyfte qui les renferme, font autant de petites hydatides détachées de l'hydatide-mère, dont la veffie caudale, remplie de férofité, a pris l'extenfion qui a formé le kyfte. Quoi qu'il en foit, ces kyftes hydatiques que l'on rencontre particulièrement au poignet, au-devant de la couliffe des tendons fléchiffeurs, mais que l'on peut fouvent rencontrer ailleurs (voir notamment une obfervation fur une hydatide du front, inférée par M. le Dr. Corby dans le cahier de juillet 1829, de la *Nouv. Bibliothèque médicale*), font ordinairement compofés d'une paroi externe celluleufe ou cellulo-fibreufe & d'une paroi interne féreufe ; d'où la poffibilité de les guérir dans quelques cas où l'on ne pourroit en faire l'extirpation, par des procédés propres à déterminer une inflammation adhéfive de l'intérieur du fac, dont on a évacué les matières contenues.

Les loupes non enkyftées font de deux efpèces, les unes purement graiffeufes & fufceptibles d'acquérir un volume énorme, que l'on nomme *li-*

pomes; les autres, compofées d'une matière dure, d'un blanc légèrement grifâtre, plus ou moins analogue au tiffu fquirrheux, & qui eft comme lui fufceptible de fubir la dégénérefcence cancéreufe, font connues fous le nom de *ftéatômes*. Quoique claffées dans l'ordre des tumeurs non enkyftées, elles peuvent cependant être ifolées des parties voifines par une forte d'enveloppe cellulo-fibreufe, d'où l'on peut quelquefois les faire fortir par une forte d'énucléation.

Les tumeurs les plus remarquables du fyftème muqueux font celles que l'on a défignées fous le nom de *polypes*. (*Voyez* ce mot.) Ces excroif-fances fe développent furtout dans les foffes nafales; on en rencontre auffi dans les autres cavités muqueufes, notamment dans l'utérus & le vagin, dans le conduit auditif externe, &c. On voit fouvent fe développer dans l'épaiffeur des parois de l'utérus des tumeurs dites, à caufe de leur ftructure, *corps fibreux*, qui peuvent acquérir un énorme volume, foulever le péritoine & remplir prefque toute la capacité abdominale; ou bien, dans quelques cas, faire faillie à l'intérieur de l'utérus, fe prolonger jufque dans le vagin, & former une tumeur plus ou moins largement pédiculée, qui conftitue une efpèce de polype.

En général, on divife les polypes en trois ordres, d'après leur ftructure, favoir, les polypes mous ou *véficulaires*, qui paroiffent prefqu'uni-quement formés par une forte de végétation du tiffu muqueux lui-même; les polypes *fibreux*, qui font plutôt dus à une hypertrophie & à un déve-loppement morbide du tiffu cellulo-fibreux qui revêt la face adhérente des membranes mu-queufes, & enfin, les polypes *farcomateux*, qui font durs, faignans, rougeâtres & formés par une végétation cellulo-vafculaire, qui participe des caractères des tumeurs cancéreufes & érectiles.

2°. *Tumeurs du tiffu féreux, du fyftème lym-phatique*, &c. Nous ne parlerons point ici des engorgemens, foit inflammatoires, foit tubercu-leux, des glandes lymphatiques, que l'on a ré-cemment attribués à une irritation particulière des vaiffeaux blancs, mais nous dirons quelques mots de cette affection chronique des articula-tions, que l'on a depuis long-temps défignée fous le nom de *tumeur blanche*, & qui, dans l'immenfe majorité des cas, doit être rattachée à l'exiftence d'une diathèfe fcrofuleufe, quoiqu'on ait voulu, de nos jours, en faire une fimple variété d'inflam-mation chronique, d'irritation des vaiffeaux blancs; affectant les parties fibreufe & féreufe des articulations, c'eft-à-dire, furtout les ligamens & la fynoviale.

Les *tumeurs blanches*, examinées anatomique-ment, offrent une tuméfaction articulaire, due, le plus fouvent, & lorfque la maladie a fait des progrès fuffifans, à un gonflement des extrémités articulaires des os, avec ramolliffement, cariñca-tion, quelquefois carie du tiffu fpongieux, dénu-

dation de la partie recouverte de cartilage, ou, au contraire, état éburné de celui-ci; à l'épan-chement dans l'intérieur de l'articulation d'une quantité variable de fynovie plus ou moins al-térée, & fouvent d'un liquide fanieux ou puru-lent, avec rougeur, épaiffiffement, ulcération, deftruction de la membrane fynoviale, qui, dans quelques cas pourtant, conferve fes apparences naturelles; à l'épaiffiffement, à l'engorgement des ligamens & des parties fibreufes de l'articulation, qui font tuméfiés, ramollis, infiltrés d'un liquide gélatineux; à l'induration, l'infiltration, l'engor-gement du tiffu cellulaire environnant, qui, par fa combinaifon avec des fluides blancs, a pris l'afpect lardacé, ou dans lequel fe font formés des foyers purulens communiquant ou non avec l'in-térieur de l'articulation, &c. Ce font ces défordres qui, dans quelques articulations, & notamment dans l'articulation coxo-fémorale, déterminent un changement de rapport des furfaces articu-laires, & amènent ces déplacemens confécutifs connus fous le nom de *luxations fpontanées*.

On a, dans ces derniers temps (*voir* la Differt. inaug. de M. Bérard jeune, *Thèfes de la Faculté de Paris*, 1829), publié plufieurs obfervations fort curieufes de maladies de ce genre dévelop-pées dans l'articulation de la feconde & de la pre-mière vertèbre du cou, & donnant lieu à des phénomènes de compreffion de la moelle épinière.

Suivant que la maladie commence par les par-ties dures (ce qui eft plus rare & plus fâcheux), ou par les parties molles; qu'elle fe développe fpontanément ou qu'elle fuccède à un effort, à une violence externe, à une entorfe, ou bien encore à une affection rhumatifmale; fuivant que fes progrès font lents ou rapides, qu'elle ne fait que commencer, ou que déjà elle eft avancée dans fa marche, &c., il exifte une foule de nuances & de degrés dans les altérations maté-rielles dont nous avons décrit l'état le plus com-plexe & le plus grave, & par fuite, beaucoup de différences dans le pronoftic que l'on peut porter, dans le traitement applicable à la cir-conftance, &c. Bornons-nous à dire ici que fi, dans quelques cas où fe trouvoient réunies les conditions les plus favorables, on a pu obtenir une guérifon fûre par le traitement antiphlogiftique, réfolutif & révulfif (fangfues & ventoufes, émol-liens, douches de vapeur, frictions avec la pom-made d'hydriodate de potaffe, véficatoires, &c.), on n'en peut pas conclure la curabilité de toutes les tumeurs blanches, même attaquées dès leur début, ni la certitude de l'étiologie purement in-flammatoire, que quelques Modernes ont cru devoir attribuer à cette affection.

Nous ne dirons rien des tumeurs du fyftème offeux connues fous le nom d'*exoftofes*, des *tu-meurs gommeufes*, du périofte, dites encore *pé-rioftofes*, des *tumeurs fongueufes* de la dure-mère, forte de végétation cellulo-vafculaire de cette membrane fibreufe, &c., & nous terminerons cet article par l'hiftoire très-abrégée des *tumeurs érectiles*, qui paroiffent devoir être attribuées à un développement morbide du fyftème capillaire.

3°. *Tumeurs du fyftème capillaire*, ou *tumeurs érectiles*. Cette affection, connue encore fous les noms de *tumeurs variqueufes*, de *fongus hæmatode*, &c., a pour principal caractère le développement accidentel d'une forte de tiffu fpongieux, fanguin, plus ou moins analogue au tiffu caverneux de la verge, ou au tiffu érectile naturel. M. Roux (*article cité*) établit que ces tumeurs peuvent être formées aux dépens du fyftème capillaire artériel, ou aux dépens du fyftème veineux, ou enfin aux dépens de ces deux fyftèmes vafculaires à la fois. Il admet en outre des tumeurs fongueufes, fanguines, fuites de la déforganifation d'artères (*anévryfme* de Pott), ou même de veines d'un moyen calibre, dont les parois fe criblent de trous qui laiffent paffer le fang dans le tiffu cellulaire environnant, lequel devient fpongieux & plus ou moins analogue au tiffu des corps caverneux de la verge. Quelquefois, dans ces tumeurs formées aux dépens du fyftème capillaire, la peau eft la première affectée (*nœvi materni*, ou taches de naiffance), & les tiffus fous-jacens s'affectent confécutivement ; plus fouvent le développement vafculaire morbide eft plus profond, & ce n'eft que par les progrès fucceffifs de la tumeur que la peau, devenue adhérente aux parties fous-jacentes, s'amincit, acquiert une couleur violacée, s'ulcère même parfois, & peut ainfi permettre des hémorragies en nappe, ou même en jet, plus ou moins confidérables, & quelquefois même mortelles. Parmi ces tumeurs, les unes, particulièrement plufieurs de celles qui appartiennent à la claffe des *envies* ou *nœvi materni*, reftent ftationnaires, n'ont d'autre inconvénient que leur difformité, & ne réclament aucun traitement ; les autres, au contraire, font des progrès continuels & exigent les fecours les plus actifs. On reconnoît ces tumeurs érectiles, qu'il ne faut pas confondre avec les fongus carcinomateux, mous & vafculaires, aux caractères fuivans (lorfqu'elles ont toutefois acquis un certain développement) : tumeur molle, élaftique, préfentant une forte de fluctuation obfcure qui les a fait parfois malheureufement confondre avec des abcès froids, avec ou fans coloration de la peau ; expanfion vafculaire & foulèvement ifochrone aux battemens du pouls ; faillie & turgefcence dans les mouvemens, les efforts, les paffions qui activent la circulation ou déterminent la ftafe du fang dans les parties où elles fiègent, affaiffement dans les circonftances oppofées ; diminution graduelle par une preffion douce & continuée, fuivie de retour également gradué de la tuméfaction quand la preffion a ceffé ; écoulement de fang en nappe plus ou moins abondant, & quelquefois en jet, ordinairement vermeil lorfque la tumeur eft incifée, ex-

coriée, ou qu'elle s'ulcère fpontanément, &c. Le fiége le plus fréquent de cette affection eft la face, le bord libre des lèvres, l'oreille, le nez, les paupières, &c. ; mais on peut l'obferver dans d'autres parties du corps. J'ai vu M. Dupuytren pratiquer fans fuccès durable, mais fans fuite fâcheufe, la ligature de l'artère carotide primitive, pour une tumeur érectile développée dans la région temporo - auriculaire droite. Plufieurs fois j'ai vu ce praticien guérir des *nœvi materni* des joues convertis en véritables tumeurs érectiles, par l'enlèvement des parties affectées, fuivi de la cautérifation avec le fer rouge, fûr moyen de prévenir les dangers d'une hémorragie confécutive. On a encore confeillé la compreffion, les aftringens, la ligature, & notamment, dans ces derniers temps, on a publié plufieurs obfervations de tumeurs érectiles congéniales opérées avec fuccès par un chirurgien étranger au moyen d'une double ligature traverfant la large bafe de la tumeur, & étranglant chacune des moitiés de celle-ci. (*Voyez Nouv. Biblioth. médic., 1829.*) Mais des détails chirurgicaux plus circonftanciés feroient ici déplacés ; pour la même raifon, déjà, nous avons omis plus haut de mentionner les procédés opératoires ufités pour la guérifon des *loupes*, des *polypes*, &c. Nous regretterons moins, d'ailleurs, tout ce que cet article offre de tronqué & d'incomplet, fi nos lecteurs veulent bien fe rappeler qu'il étoit plutôt deftiné à indiquer une lacune qu'à la remplir. (GIBERT.)

TUMULTUEUX, adj. (*Path.*) *Tumultuofus.* Adjectif fervant à caractérifer les battemens du cœur qui font irréguliers, inégaux, & quelquefois tellement précipités qu'ils font en quelque forte confondus enfemble.

TUNGSTATES, f. m. pl. (*Chim.*) Nom donné aux fels formés par la combinaifon d'une bafe avec l'acide tungftique. Aucun de ces fels n'eft jufqu'à préfent employé en médecine. (*Voyez* TUNGSTATES dans le *Dictionnaire de Chimie* de cet ouvrage.*)

TUNGSTÈNE, f. m. (*Chim.*) Nom d'un métal découvert par d'Elhuyart en 1781 ; il fait partie des métaux de la quatrième fection, & eft fufceptible, en fe combinant avec l'oxygène, de donner naiffance à un acide. Dans la nature on trouve ce métal combiné à l'état de fel avec la chaux & le fer. (*Voyez*, pour les détails, ACIDE TUNGSTIQUE, tom. I, pag. 330, du *Dictionnaire de Chimie* de cet ouvrage, & TUNGSTÈNE dans le même Dictionnaire.)

TUNGSTIQUE (Acide). (*Chim.*) Cet acide eft folide, jaune, inodore, infipide & fans action fur la teinture de tournefol ; fingularité qu'explique fon infolubilité dans l'eau. Il fe trouve dans la nature combiné avec la chaux, & forme un minéral autrefois connu fons le nom de *tungftène*. Plus fouvent aufli on le rencontre uni au fer & à une petite quantité d'oxyde de magnéfie ; il prend alors le nom de *wolfram*. C'eft ordinairement de cette fubftance que l'on extrait l'acide tungftique. (*Voyez*, pour fa préparation & fes propriétés, le *Dictionnaire de Chimie* de cet ouvrage.)

TUNIQUE, f. f. (*Anat.*) *Tunica*. La plupart des organes font enveloppés ou formés de membranes auxquelles on donne le nom de *tuniques*. C'eft en prenant ce mot dans cette dernière acception que l'on dit les *tuniques* de l'eftomac, des inteftins, de la veffie, de l'œil, du tefticule, du foie, &c.

TUNIQUE DE RUYSCH (*Anat.*) (*Voyez* RUYSCHIENNE dans le *Dictionnaire d'Anatomie* de cet ouvrage.)

TUNIQUE VAGINALE. (*Anat.*) (*Voy.* VAGINAL dans le même Dictionnaire.)

TUNKA ou TONKA (Fève). (*Bot.*, *Mat. méd.*) (*Voyez* TONKA.)

TURBITH. (*Mat. médic. végét.*) Sorte de liferon purgatif, appelé par Linné *convolvulus turpethum*, de la famille des Convolvulacées, de la Pentandrie digynie ; il croît dans l'Inde, d'où les Arabes, qui l'ont employé les premiers, le tiroient, comme on le fait encore aujourd'hui. (*Voyez* fa defcription dans la partie botanique de l'Encyclopédie.)

C'eft la racine de ce végétal qui eft d'ufage en médecine. Elle eft du volume du doigt & plus, rameufe, ligneufe, compacte, inodore, recouverte d'une écorce épaiffe, grifâtre, unie ; en dedans elle eft blanche, poreufe, fujette à fe détruire par la vermoulure. Cette racine, étant fraîche, eft très-réfineufe, & rend même un fuc fufceptible de fe coaguler en une forte de gomme-réfine analogue à celle du jalap, plante congénère. On retrouve encore l'afpect de la réfine à la loupe dans la racine de turbith, que l'on doit choifir pefante, faine, la plus récente poffible, non vermoulue. On préfère celle qui a confervé toute fon écorce, parce que c'eft dans celle-ci que réfident furtout les propriétés de cette racine.

Le turbith, qu'on appelle parfois *turbith végétal*, pour le diftinguer d'un minéral du même nom, employé aufli en médecine, eft ufité comme purgatif. On le donne à l'inftar du jalap, quoiqu'on le regarde comme moins purgatif ; on le preferit en décoction depuis un jufqu'à trois gros, & en fubftance depuis quinze grains jufqu'à un gros, ce qui eft à peu près des dofes doubles de celles que l'on donneroit de jalap. Il n'agit qu'affez lentement ; aufli le claffe-t-on parmi les purgatifs *pareffeux*. On le confeille dans les engorgemens

froids, humides, pâteux, les affections chroniques, lorfqu'on veut dériver fur le canal inteftinal, certaines affections de régions plus éloignées du corps, &c. On l'affocie parfois à d'autres purgatifs ou à des aromates, fuivant le but qu'on fe propofe.

On ne poffède pas d'analyfe chimique de la racine de turbith ; elle fait partie du *diaphœnix*, du *benedict laxatif*, de l'*électuaire diacarthami*, &c. On en fait très-peu d'ufage aujourd'hui.

On appelle parfois *turbith blanc* le *globularia alypum* L., plante du midi de la France ; *faux turbith*, la racine du *thapfia villofa* L., plante ombellifère qui croît en Provence ; *turbith bâtard*, celle du *thapfia garganica* L.

(MÉRAT.)

TURBITH MINÉRAL. (*Chim.*) Nom ancien du fous-deuto-fulfate de mercure jaune, autrefois employé comme fondant, émétique, anti-fyphilitique. L'ufage de ce fel eft aujourd'hui abandonné. (*Voyez* le *Dictionnaire de Chimie* de cet ouvrage, tome V, page 28.)

TURBITH NITREUX. Les chimiftes appellent ainfi le nitrate de mercure au *maximum* d'oxydation, contenant un excès de bafe. (*Voyez* le même Dictionnaire, tome V, pages 30 & 31.)

TURBOT, f. m. (*Hyg.*) *Rhombus*. Genre de poiffons offeux holobranches, de la famille des Hétérofomes. Deux efpèces de ce genre fervent d'aliment : l'un eft le Turbot proprement dit (*rhombus maximus* N., *pleuronectes maximus* Lin.) ; l'autre eft la Barbue (*rhombus barbatus* N., *pleuronectes rhombus* Linn.).

Le premier de ces pleuronectes a le côté gauche brun, hériffé de petits tubercules offeux, pointus, larges à leur bafe, formant une forte d'étoile irrégulière ; le côté droit eft blanc. Ce poiffon parvient à de grandes dimenfions : on en a pêché qui avoient jufqu'à cinq ou fix pieds de long, & pefoient de vingt-cinq à trente livres. Il eft en général commun dans l'Océan du nord, dans la Baltique & la Méditerranée, & c'eft habituellement vers les embouchures de la Seine, de la Somme & de l'Orne que l'on prend les turbots dont font approvifionnés les marchés de Paris.

La chair de ce poiffon a une faveur exquife qui lui a fait donner les noms vulgaires de *faifan d'eau*, & de *faifan de mer* ; elle eft blanche, graffe, feuilletée & délicate, mais d'une digeftion affez difficile.

La Barbue a le côté gauche marbré de jaune, de brun & de rouge ; fa peau eft liffe, fans tubercules, & revêtue feulement d'écailles ovales & unies ; le côté droit eft d'un blanc azuré. Ce poiffon, fans acquérir des dimenfions auffi confidérables que le Turbot, pèfe quelquefois vingt-cinq livres. Il eft très-abondant fur les
côtes

côtes de Sardaigne & dans toute la Méditerranée; quelquefois même il pénètre vers l'embouchure des fleuves.

De tout temps, la barbue a été regardée comme un mets délicat, & fous ce rapport, elle diffère affez peu du turbot. (R. P.)

TURCIQUE, adjed. (*Anat.*) *Turcicus*, felle turcique. (*Voyez* ce mot & SPHÉNOÏDE dans le *Dictionnaire d'Anatomie* de cet ouvrage.)

TURGESCENCE, f. f. (*Pathol.*) Ce terme, qui fignifie gonflement, n'eft guère employé maintenant que pour exprimer la tuméfaction dont la face devient le fiége lorfque les vaiffeaux fe trouvent confidérablement diftendus par le fang, comme cela a lieu dans l'apoplexie, dans la fufpenfion, &c. Autrefois on appliquoit le nom de *turgefcence* à la furabondance des humeurs morbifiques, & particulièrement à celle de la bile,
(EMERIC SMITH.)

TUSSICULE, f. f. (*Pathol.*) *Tufficula.* Diminutif du mot toux. Cette expreffion fert quelquefois pour caractérifer l'efpèce de toux que détermine, dans la trachée-artère, un léger chatouillement ou toute autre caufe. La tufficule eft parfois un des fymptômes qui précèdent le développement des maladies graves de la poitrine.

TUSSILAGE. f. f. (*Bot.*, *Mat. méd.*) Nom d'un genre de plantes appartenant à la Syngénéfie polygamie fuperflue de Linné, & à la famille des Corymbifères ou Radiées. Deux efpèces de ce genre ont été autrefois employées en médecine : l'une le tuffilage commun ou *pas d'âne* (*tuffilago farfara* L.), l'autre le tuffilage pétafite (vulgairement herbe aux teigneux) (*tuffilago petafites* L.).

Le premier, le tuffilage par excellence, étoit, ainfi que femble l'indiquer fon nom, regardé comme un puiffant pectoral, & fes fleurs, qui font partie des efpèces dites *béchiques*, fervent encore aujourd'hui à faire des infufions théiformes & à préparer un firop. Autrefois dans la toux & l'orthopnée on faifoit refpirer la fumée des feuilles de cette plante.

Le pétafite, ainfi nommé à caufe de la largeur de fes feuilles, paffoit autrefois pour être fudorifique, diurétique, emménagogue & vermifuge; on le croyoit utile dans l'épilepfie, & on le regardoit comme propre à combattre la pefte. Cette plante eft aujourd'hui peu ufitée.
(R. P.)

TUTHIE ou TUTIE, f. f. (*Chim.*) Nom d'un oxyde de zinc impur, d'une couleur gritâtre, très-dur, très-rude au toucher, qui fe fublime dans les cheminées des fourneaux, où l'on traite des mines contenant du zinc. Cet oxyde, réduit en

poudre très-fine, entre dans des collyres réfolutifs. (*Voyez* ZINC.)

TYLOSIS, f. f. (*Pathol.*), dérivé de τυλωσις. Mot grec confervé dans la langue françaife pour défigner les inégalités qui furviennent aux paupières dans la vieilleffe. Ces fortes de callofités font épaiffes, blanchâtres, peu fenfibles, & par cela même plus difficiles à guérir (1).

TYMPAN, f. m. (*Anat.*) *Tympanum*, dérivé de grec τυμπανον, tambour. Les anatomiftes défignent fous ce nom la première cavité de l'oreille interne ou oreille moyenne; elle eft féparée de l'oreille externe par une membrane à laquelle on a donné le nom de *membrane du tympan* : celle-ci peut être le fiége de quelques affections, &, dans certains cas, on en a propofé la perforation. (*Voyez* SURDITÉ dans ce Dictionnaire, & OREILLE & TYMPAN dans celui *d'Anatomie* de cet ouvrage.)

TYMPANIQUE, adj. (*Anat.*) *Tympanicus.* Adjectif dont on fait ufage pour indiquer diverfes parties qui ont rapport à la cavité du tympan. Ainfi l'on dit : artère, rameau, corde, nerfs *tympaniques*, &c. (*Voyez* AUDITIF, CORDE DU TYMPAN dans le *Dictionnaire d'Anatomie* de cet ouvrage.) (R. P.)

TYMPANITE, f. f. (*Pathol.*), en latin *tympanitis*, en grec τυμπανιας, dérivé de τυμπανον, tambour. Nom donné à une tenfion continue de l'abdomen, produite par des gaz qui diftendent fes parois, & dont on peut tirer, en les percutant, un fon plus ou moins retentiffant, analogue à celui que produit une caiffe. Les pathologiftes diftinguent la tympanite, du météorifme, qui ne tient qu'à un gonflement momentané du ventre dans le cours d'une maladie, quoique ces deux états morbides ne foient d'ailleurs prefque toujours l'un & l'autre que fymptomatiques de quelque affection primitive.

Cette maladie étoit connue des médecins grecs fous le nom d'*hydropifie fèche;* on croit que ce fut Galien qui lui impofa le nom plus régulier de *tympanite;* ce qui n'a pas empêché des hommes célèbres, tels que Baglivi, de faire ufage de cette première dénomination, laquelle renferme d'ailleurs un fens contradictoire & abfurde. Sauvages, qui, comme on fait, multiplioit à l'infini les diverfes efpèces de maladies, admettoit cinq fortes de tympanite : 1º. l'inteftinale; 2º. l'abdominale; 3º. l'emphyfémateufe; 4º. l'afcitique; 5º. la fpafmodique. Les nofographes qui l'ont fuivi ont envifagé autrement cette affection en en reftreignant

_____

(1) PEYRILHE, *Hiftoire de la Chirurgie,* tom. II, pag. 599.

beaucoup les variétés. Cullen, par exemple, fe borne à admettre deux fortes de tympanite, l'une *abdominale* & l'autre *inteftinale*; & Pinel, confidérant la maladie en question comme un fymptôme, ne lui a réfervé, dans fa *Nofographie*, aucune place parmi les maladies effentielles ou primitives.

Le vague & l'obfcurité qui enveloppoient la tympanite font aujourd'hui entièrement diffipés, & l'on s'accorde à reconnoître que cet état morbide, prefque toujours fecondaire, eft dû à des gaz inteftinaux provenant foit du travail de la digeftion, foit de l'air que les malades ont introduit dans les voies digeftives en même temps que les alimens, ou par une fimple déglutition; foit enfin (ce qui est infiniment plus rare) d'une exhalation gazeufe propre aux membranes muqueufes & féreufes.

D'après ce que nous venons de dire, on pourroit admettre, en mettant de côté les cas exceptionnels, deux efpèces de tympanite: l'une *effentielle*, produite par une forte d'exhalation, & l'autre *fymptomatique*, réfultant d'un obftacle à l'expulfion des gaz inteftinaux par les ouvertures du canal digeftif. La première efpèce a été établie par des auteurs récens, moins fur des faits rigoureux que fur des preuves tirées de l'analogie &, peut-être auffi fur l'infuffifance d'expliquer autrement que par une exhalation gazeufe, des diftenfions inteftinales & abdominales. Quant à la feconde, elle compte en fa faveur des faits affez nombreux, dans lefquels la continuité du tube digeftif étoit interrompue par une léfion organique ou mécanique. L'auteur de cet article croit avoir l'un des premiers éclairé ce point de pathologie par quelques faits importans, inférés dans l'ancienne *Bibliothèque médicale* (1).

La tympanite a prefque toujours fon fiége dans le canal inteftinal; à la vérité les gaz font quelquefois contenus dans la cavité du péritoine, mais dans la majorité de ces cas, ainfi que le remarque Cullen, ils s'y font introduits par une ouverture qui établit une communication entre cette cavité & une portion du tube digeftif. On a rarement, il eft vrai, conftaté l'exiftence d'une pareille communication, mais tout fait préfumer qu'elle exiftoit, & qu'on ne l'a pas fuffifamment recherchée dans des nécropfies faites avec peu de foin.

Les caufes prédifpofantes & excitantes de la tympanite font, lorfqu'elle eft effentielle ou primitive, une atonie de l'inteftin, un trouble, une perverfion des fonctions perfpiratoires de la membrane muqueufe, une perverfion, une difpofition inconnue de cette membrane à exhaler des fluides gazeux de diverfe nature, des affections nerveufes, comme l'hypochondrie, les fièvres intermittentes opiniâtres, qui produifent des flatuofités incommodes & prefque habituelles. La tympanite fymptomatique reconnoît pour caufe des léfions du canal inteftinal qui entraînent le rétréciffement de fon diamètre ou la ceffation entière de fa continuité; il peut également être oblitéré par des corps étrangers, des matières excrémentitielles qui s'oppofent à la fortie des gaz, lefquels diftendent alors l'abdomen.

La tympanite s'annonce communément par des borborygmes, une conftipation plus ou moins opiniâtre, des coliques, des douleurs lombaires, ombilicales ou hypochondriaques. Quelquefois cette maladie n'eft annoncée par aucun figne précurfeur, ainfi que l'atteftent diverfes obfervations rapportées par les auteurs. Quel que foit le mode d'invafion de la tympanite, le ventre fe tuméfie rapidement, devient dur, tendu, proéminent au-deffus de l'ombilic, puis enfuite uni, & rénitent, par fuite de la diftenfion de fes parois. Si dans cet état on percute l'abdomen on obtient un fon analogue à celui que rend un tambour; le malade eft tourmenté par le befoin de rendre des vents; leur expulfion diminue ordinairement la tenfion du ventre, & procure un foulagement qui n'eft que paffager. La conftipation ne ceffe que dans ces cas très-rares, & alors les malades parviennent avec peine à rendre des fragmens d'excrémens que les auteurs ont comparés aux *crottes* de la chèvre. S'il n'y a point de rémiffion, il furvient de la fièvre, une difficulté de refpirer commence à fe faire fentir, toutes les parties du corps, excepté l'abdomen, dépériffent, la digeftion languit, la nutrition eft profondément altérée; le malade tombe dans l'affoibliffement, les parois abdominales, de plus en plus diftendues, paroiffent fur le point de fe rompre, la dypfnée s'accroît continuellement; une foif inextinguible, une anxiété fuffocante, une petite toux incommode, des fymptômes de dyfurie, de ftranguric, d'inflammation, d'étranglement & de gangrène, n'annoncent que trop fouvent une fin prochaine.

La tympanite eft une maladie chronique dont la marche & la durée préfentent beaucoup de variations; on y remarque fouvent des rémiffions qui flattent le malade d'un efpoir trop fouvent déçu, car cette maladie a le plus ordinairement une funefte iffue.

La tympanite eft affez facile à caractérifer, lorfqu'elle a fon fiége dans le canal inteftinal (ce qui eft le cas le plus ordinaire à l'invafion); on aperçoit des circonvolutions inteftinales qui fe deffinent fous les parois abdominales: phénomène qui n'a pas lieu lorfque les gaz font contenus dans la cavité du péritoine.

Les caractères qui diftinguent cette maladie de l'afcite font: le défaut de fluctuation, le peu de pefanteur du ventre, fon immobilité; la grande

(1) *Obfervations propres à éclairer la théorie de la tympanite*, novembre 1816.

tenfion des parois abdominales & le fon- qu'on en retire par la percuffion (totalement différent de celui que fournit une cavité pleine de liquide), la conftipation, l'abfence de toute infiltration des membres, &c.

A l'ouverture des corps de ceux qui ont fuccombé à la tympanité, on trouve le canal inteftinal très-diftendu par des gaz de diverfe nature, & fouvent quand on l'examine avec foin & dans toute fa continuité, on y découvre quelque léfion organique qui en diminue le diamètre, & ; dans certains cas, l'oblitère entièrement. Près du rétréciffement, on trouve ordinairement une accumulation plus ou moins grande de matières fécales; d'autres fois ces matières fe font épanchées dans la cavité péritonéale, par fuite d'une rupture de l'inteftin ou d'une affection gangréneufe. Lorfqu'on incife les parois de l'eftomac ou des inteftins, il s'échappe alors un volume de gaz proportionné à la diftenfion qu'ont éprouvée les vifcères, & à leur capacité normale. Quand l'épanchement aériforme s'eft effectué dans la cavité péritonéale, il fait une éruption violente lorfqu'on porte le fcalpel fur le ventre. Les gaz renfermés dans l'abdomen ou dans le canal inteftinal de ceux qui fuccombent dans la tympanite font incolores, plus ou moins fétides, & contiennent des proportions diverfes d'acide carbonique, d'hydrogène fulfuré, d'azote & d'hydrogène carboné.

Le traitement de la tympanite, qui a fait le fujet d'éternelles formules *carminatives* qu'on trouve réunies avec autant de profufion que de mauvais goût dans l'ouvrage, d'ailleurs eftimable, de Combalufier, copié par Cullen (1), eft, comme tout autre, fufceptible de varier fuivant la caufe déterminante de la maladie; fi on croit en effet qu'elle dépende d'une atonie des inteftins, c'eft alors qu'il convient d'employer les préparations toniques & aromatiques connues fous le nom de *carminatives*, & d'y affocier même des toniques plus puiffans, des antifpafmodiques plus ou moins excitans. On pourra même y joindre les purgatifs, qui auroient le grand avantage d'évacuer les matières qui s'oppofent à l'expulfion des gaz; mais il faut en ufer modérément, parce que répétés un certain nombre de fois, ils finiffent par produire une irritation indirecte qui accroît la fource du mal au lieu de la diminuer.

On retirera beaucoup d'avantage des bains froids, des frictions toniques, des véficatoires rubéfians, &c., lorfque la peau ne remplit qu'imparfaitement fes fonctions perfpiratoires. Cullen affure qu'on a guéri la tympanite au moyen de l'application de la neige fur le ventre; nous penfons que la glace agiroit avec plus d'efficacité encore.

Les bains tièdes, les lavemens émolliens, les

faignées même, peuvent être employés avec fuccès lorfque la pneumatofe eft produite par une irritation abdominale, & à plus forte raifon quand on foupçonne qu'il exifte une léfion organique de l'inteftin, qu'il y a des fymptômes de péritonite & d'entérite.

Les anthelmintiques, qui jouiffent en même temps de la propriété purgative, ont été indiqués comme pouvant à la fois détruire les vers inteftinaux qui compliquent la tympanite, & comme propres à provoquer la fortie des matières fécales dont la préfence dans l'inteftin eft l'un des plus grands obftacles au fuccès du traitement.

Ces moyens, & tous ceux que l'on pourroit y ajouter dans la vue de rétablir la continuité du canal digeftif & fa communication avec le dehors, font contre-indiqués & tout-à-fait inutiles, s'ils ne font pas dangereux, lorfqu'il exifte un étranglement ou une oblitération complète, prefque toujours infurmontable dans un point quelconque de l'inteftin grêle ou du gros inteftin. Dans ces cas malheureux, le médecin eft condamné à refter fpectateur de la deftruction prochaine du malade; il fe gardera bien furtout d'ofer tenter, à l'exemple de quelques téméraires, l'opération de la gaftrotomie, dans la vue de lever l'obftacle, car l'opération eft toujours mortelle, alors même qu'on eft affez heureux pour *rencontrer* un fimple étranglement.

L'opération de la paracenthèfe, quoiqu'infiniment moins dangereufe, n'eft guère plus propofable que celle dont nous venons de parler, à caufe de l'incertitude du diagnoftic. Cette opération, en effet, ne pourroit avoir un but d'utilité que dans le cas de pneumatofe de la cavité péritonéale, qu'il n'eft pas facile de diftinguer de celle de l'inteftin. Si toutefois on étoit affuré du fiége de la maladie, on pourroit tenter cette opération avec un petit trois-quarts, & comprimer enfuite l'abdomen d'une manière graduée; il ne feroit pas impoffible, en effet, qu'une compreffion forte & long-temps continuée pût s'oppofer à la reproduction des gaz, s'il n'y avoit d'ailleurs aucun fymptôme de péritonite.

(BRICHETEAU.)

TYPE, f. m. (*Pathol.*) *Typus*, du grec τύπος, modelé. L'ordre dans lequel fe fuccèdent les fymptômes d'une maladie, en conftitue le *type*, & c'eft plus particulièrement pour indiquer la nature des fièvres, que l'on fait ufage de ce mot.

TYPHACÉES, f. f. pl. (*Bot.*, *Mat. méd.*) *Typhaceæ*. Nom d'une famille de plantes ayant pour type le genre MASSETTE (*typha* L.). On en connoît deux efpèces qui croiffent en Europe, & ne font aujourd'hui d'aucun ufage en médecine, bien que d'ailleurs on ait quelquefois employé l'infufion de leurs racines pour faire des lotions déterfives fur de vieux ulcères, ou comme boiff.

aſtringente dans les dyſenteries chroniques, les blennorrhées, &c. Comme agent mécanique, les aigrettes qui forment le calice des fleurs femelles ont quelquefois été appliquées ſur des engelures, pour y développer le degré d'excitation néceſſaire à leur cicatriſation; enfin le pollen des maſſettes étant très-abondant, peut-être ſubſtitué à la poudre de lycopode, & ſervir comme deſſiccatif dans certains cas d'excoriations.

TYPHODE ou TYPHOÏDE, adj. (*Pathol.*), dérivé de τυφος, *ſtupor*, qui eſt de la nature du typhus, qui appartient à cete maladie. (*Voyez* TYPHUS.)

TYPHOMANIE, ſ. f. (*Pathol.*) *Typhomania*, de τυφος, ſtupeur, & de μανια, délire. Expreſſion ſervant à déſigner le délire avec ſtupeur qui eſt particulier au typhus, & ſe développe dans la deuxième période de cette maladie. (*Voyez* TYPHUS.)

En détournant ce mot de ſa véritable acception, Proſper Alpin nomme *typhomanie* une affection appelée en Egypte *dem-el-nuia*. C'eſt une ſorte de frénéſie cauſée le plus ordinairement par le ſouffle des vents brûlants, & qu'il regarde comme ayant beaucoup d'analogie avec la typhomanie des Grecs; opinion que ne partage point M. Pugnet, l'un des médecins français qui firent partie de la grande expédition d'Egypte.

TYPHUS, ſ. m. (*Pathol.*) *Etymologie & définition*. Le mot *typhus* (τυφος, *ſtupor*, *attonitus*), employé jadis par Hippocrate pour déſigner certaines maladies fébriles accompagnées de ſtupeur, s'applique excluſivement aujourd'hui à une fièvre continue, fort analogue, dans ſes ſymptômes & dans ſa marche, aux fièvres putrides-malignes, épidémique, contagieuſe, dont le phénomène caractériſtique le plus ſaillant eſt un état de ſtupeur particulier, aſſez ſemblable à celui qui réſulte de l'ivreſſe; cette maladie paroît ordinairement dans les circonſtances où de grandes réunions d'hommes ſont expoſées à des cauſes diverſes d'inſalubrité, comme dans les camps, les hôpitaux, les priſons, &c.

Hiſtorique. Déſignée par les auteurs ſous les noms divers de ſynoque putride (Galien), peſte d'Athènes & de Rome (Thucydide & Tite-Live), fièvre de Hongrie (Sennert), fièvre peſtilentielle maligne (Rivière, Willis), fièvre des camps, typhus (Hildenbrand), &c. &c., cette maladie s'eſt montrée un grand nombre de fois dans les diverſes contrées de l'Europe, ſous la forme épidémique & contagieuſe, au milieu des grandes armées, dans les villes aſſiégées, &c.

La dernière épidémie grave obſervée en France remonte aux déſaſtres éprouvés par les armées de Bonaparte (1812 à 1814). Le typhus paroît auſſi de temps à autre dans les hôpitaux, dans les priſons, dans les lieux où ſont réunies les cauſes d'inſalubrité propres à lui donner naiſſance. Beaucoup d'auteurs ont écrit ſur le typhus; l'une des monographies les plus eſtimées eſt celle publiée par Hildenbrand, de Vienne. Les théories de l'école, dite *phyſiologique*, & la doctrine nouvelle de l'*infection* ont ſingulièrement modifié les opinions des médecins ſur la nature & ſur le mode de développement du typhus; mais comme nous ne pourrions ici nous livrer à une diſcuſſion propre à éclaircir tous les points d'une queſtion auſſi étendue, nous nous bornerons à expoſer en peu de mots notre ſentiment ſur un ſujet qui divise aujourd'hui les médecins en pluſieurs ſectes oppoſées; celles des *pinéliſtes* & des *brouſſaïens*, celles des *infectioniſtes* & des *contagioniſtes*.

Siége, nature, contagion. Le typhus, comme les autres fièvres putrides & malignes, nous paroît être une maladie générale, probablement occaſionnée par une altération du ſang & par l'impreſſion portée par des cauſes ſpéciales ſur les ſyſtèmes nerveux & circulatoire, & ſur les principaux organes du corps. Comme les autres maladies eſſentiellement ou accidentellement contagieuſes, il nous paroît ſpécialement cauſé par des principes morbifiques fournis dans des circonſtances déterminées. Ainſi, pour le typhus, ce ſont les miaſmes qui ſe dégagent des corps humains, ſains ou malades, entaſſés dans des lieux inſalubres, qui donnent ordinairement naiſſance à la maladie. Le travail morbifique qui s'établit dans le ſujet atteint par l'infection ou par la contagion, reproduit de nouveaux miaſmes capables à leur tour de communiquer la maladie à d'autres individus. Nous ſommes bien forcés d'admettre que ce qu'on appelle *contagion* varie beaucoup dans ſes agens & dans les circonſtances où elle ſe développe, puiſque tantôt, par exemple, elle ſe tranſmet à l'aide d'un virus, tantôt au moyen de miaſmes ſuſceptibles de perdre leur activité par certaines cauſes, & notamment par une diſſémination ſuffiſante: mais nous ne pouvons regarder comme ſuffiſamment fondée la diſtinction établie entre l'infection & la contagion, dans tous les cas où une maladie peut ſe tranſmettre directement ou indirectement d'un individu à un autre, quels que ſoient d'ailleurs les agens de cette tranſmiſſion, quelles que ſoient les circonſtances néceſſaires pour qu'elle ait ſon effet, & nous croyons que pour le typhus en particulier, cette tranſmiſſion a lieu quand les miaſmes ſont ſuffiſamment condenſés; par conſéquent nous regardons le typhus comme une maladie contagieuſe, ou du moins comme une maladie dont les effets contagieux ſe manifeſtent lorſque les circonſtances ſont favorables. Aux partiſans de l'infection qui nous objectent que la différence capitale de l'infection & de la contagion conſiſte en ce que dans le premier cas la maladie, due à des circonstances locales éventuelles, cesse avec ces circonstances, ne règne que dans un foyer déterminé, & ne peut être transmise hors de ce foyer par les individus malades aux individus sains, nous répondons que, pour nous, toutes les fois qu'une maladie peut se transmettre d'un individu à un autre, médiatement ou immédiatement, elle doit par cela même être regardée comme contagieuse, & quoiqu'il soit vrai, en général, que pour le typhus, la maladie s'éteint hors du foyer faute de miasmes suffisamment condensés, il est pourtant des exemples qui attestent que des individus malades, disséminés hors du foyer, ont pu porter la contagion dans le sein de leurs familles, & communiquer à d'autres le mal dont ils étoient atteints, quoique ce fait exceptionnel ait été nié par les infectionistes.

La nouvelle doctrine, dite *physiologique*, ayant établi qu'il n'existoit point de fièvres essentielles, que tous les phénomènes fébriles, sous quelque forme & dans quelque circonstance qu'ils se montrassent, étoient toujours sous la dépendance de lésions locales, le typhus a subi, comme les autres fièvres, la loi de la réformation générale, & a été rattaché à la classe universelle des phlegmasies. On n'a plus voulu y voir qu'une *gastro-entérite* avec un degré plus ou moins intense d'*encéphalite*. Mais, tout en admettant que des lésions locales graves peuvent se développer dans le cours du typhus, & que c'est surtout vers la tête & aussi vers les organes abdominaux que s'établissent les congestions, les irritations, les inflammations dont on peut constater les vestiges à l'ouverture des cadavres (quoique les organes thorachiques eux-mêmes soient loin d'être à l'abri des lésions analogues en pareil cas), il nous paroît difficile de ne pas voir dans le typhus une maladie régulière, ayant une origine, un mode de développement, une marche qui lui sont propres, formant un tout réglé & coordonné, en sorte que, s'arrêter exclusivement aux phlegmasies locales qui peuvent exister à divers degrés dans cette maladie, & les rapprocher des phlegmasies ordinaires, ce seroit s'exposer, d'une part, à méconnoître la nature & le génie propre du typhus, & de l'autre, engager les praticiens à s'écarter des règles du traitement qui réussit le plus constamment, pour y substituer une médication banale & active qui n'est que trop féconde en graves inconvéniens.

Causes. La cause matérielle du typhus réside dans les effluves des corps vivans, véritables miasmes qui, absorbés par la peau ou par les voies respiratoires, vont infecter le sang, & par suite l'organisme tout entier. Aussi voit-on cette maladie se développer dans tous les cas où il existe encombrement d'individus sains ou malades, surtout si la fatigue, la misère, la malpropreté, la disette, &c., viennent rendre plus malfaisantes encore les exhalaisons qui se déga-

gent du corps de l'homme. Le passage des corps d'armées nombreux, des prisonniers en masse, a souvent été marqué par des épidémies de typhus qui s'étendoient sur tout le rayon parcouru par ces agens d'infection. Souvent aussi le typhus, né au sein de causes d'insalubrité qui règnent dans les hôpitaux, dans les prisons, dans les dépôts de mendicité, &c., s'est propagé dans les villes où existoient ces établissemens, par suite des communications établies entre ces foyers & les lieux environnans, les miasmes se répandant de plus en plus & augmentant d'activité en proportion du nombre des malades. Ces miasmes, non-seulement infectent l'atmosphère qui environne les malades & la rende contagieuse, mais encore se déposent sur les étoffes & sur les tissus de coton, de laine, de soie, sur les peaux, les plumes, &c., qui deviennent à leur tour des véhicules susceptibles de transmettre la contagion. C'est ainsi qu'on explique comment des individus, qui n'ont pas eu la précaution de renouveler ou de désinfecter leurs vêtemens, au sortir des hôpitaux où ils avoient été traités, ont pu porter le germe de la maladie dans le sein de leur famille.

On a quelquefois observé le typhus sporadique chez des individus atteints de nostalgie, en proie au chagrin, à la terreur, épuisés par la fatigue & la misère, soumis à des causes actives d'insalubrité dans les hôpitaux, dans les amphithéâtres d'anatomie, &c. : cependant plusieurs médecins refusent de croire à l'existence de ces typhus isolés, & pensent que toutes ces causes ne peuvent être que prédisposantes, & que le véritable typhus ne se déclare que dans les circonstances que nous avons indiquées, c'est-à-dire sous la forme épidémique & contagieuse.

Symptômes. La description du typhus par le prof. Hildenbrand est celle qui a servi le plus souvent de base à l'histoire de cette maladie, tracée par les écrivains modernes. Ce professeur admet un typhus régulier & un typhus irrégulier, & distingue dans le cours du premier huit époques, savoir : celle de la contagion, celle de l'opportunité, l'époque inflammatoire, l'époque nerveuse, l'époque de la crise, celle de la rémission, celle de la convalescence. Forcés d'être brefs, nous ne pouvons nous astreindre à ces divisions méthodiques & détaillées, & nous nous bornerons à noter, dans la description générale du typhus, les trois stades établis par MM. Fournier & Vaidy (*Dictionnaire des Sciences médicales*), sous les noms de *stade d'irritation, stade nerveux* & *stade de rémission* : il faut substituer à ce dernier un *stade adynamique*, lorsque la maladie marche vers une terminaison funeste.

1re. *période.* (*Stade d'irritation ou de réaction, stade inflammatoire.*) La maladie est quelquefois précédée de phénomènes précurseurs, tels que : lassitude dans les membres, trouble des fonctions digestives, morofité, inquiétndes; ou au contraire, apathie & indifférence, accablement, vertiges, fomnolence, &c. La fièvre débute ordinairement par des friffons qui partent de la région du dos, & qui font entremêlés de bouffées de chaleur; le malade eft trifte, languiffant, abattu, il éprouve un malaife univerfel. Au bout de quelques heures une chaleur fébrile s'établit, le pouls eft plein & accéléré, la tête eft lourde, les facultés intellectuelles font obfcurcies, il y a une forte d'état d'ivreffe, la face eft rouge, légèrement ftupefcente; une foif vive fe fait fentir, la langue eft blanchâtre, il y a une forte d'état naufeeux, le ventre eft fouvent dans fon état naturel, l'urine eft rouge & épaiffe. Les jours fuivans la ftupeur s'accroît, les réponfes font lentes, il y a de l'oppreffion & de la toux avec expectoration, l'accablement général augmente; le quatrième jour il furvient à la poitrine, aux bras, au dos, aux cuiffes, une éruption de taches fuperficielles de couleur rofée, rouge ou pourpre; les yeux font rouges & larmoyans; fouvent une épiftaxis furvient & modère un peu la congeftion cérébrale; des redoublemens ont lieu le foir. La durée totale de ce ftade eft ordinairement d'un feptenaire environ.

2°. *période.* (*Stade nerveux & putride.*) La chaleur fébrile devient intenfe & âcre au toucher, la peau eft aride, le pouls modérément vîte, quelquefois même un peu lent, excepté dans l'exacerbation, & peu réfiftant; l'éruption s'efface, à moins qu'elle ne fe convertiffe en pétéchies; la ftupeur s'eft confidérablement accrue, les fens font émouffés, l'intellect fingulièrement obtus, la face ftupefcente; il y a une forte de rêvafferie & d'affoupiffement incomplet (*typhomanie*), ou même un délire plus ou moins caractérifé qui n'empêche point cependant ordinairement les malades de répondre d'une manière affez précife aux queftions qu'on leur adreffe; la langue devient brune, aride; le ventre eft fouvent douloureux & météorifé, il y a fréquemment du dévoiement ou même de la dyfenterie, l'urine eft peu colorée & rarement fédimenteufe; quelquefois la veffie fe paralyfe, ou du moins le fentiment obtus du malade ne lui permettant pas de fentir le befoin d'uriner, les urines s'accumulent & diftendent la veffie qui vient former tumeur à l'hypogaftre. Le malade, couché fur le dos & dans un état d'apathie & d'indifférence complet, fe livre parfois dans fes rêvafferies à des gefticulations momentanées, ou même préfente le phénomène de la carphologie. Il offre fouvent auffi des foubrefauts dans les tendons.

3°. *période.* Vers le onzième jour, après une évacuation plus ou moins notable par les urines, les felles ou les fueurs, furvient ordinairement une rémiffion momentanée, qui, après une nouvelle exacerbation, fe prononce définitivement vers le quatorzième jour, accompagnée ou non d'une fueur critique, d'une épiftaxis, &c. Le nez, la langue, la gorge s'humectent & fe débarraffant

des mucofités concrètes qui les encroûtoient, la poitrine fe dégage, l'urine devient fouvent fédimenteufe, parfois il y a des felles critiques. Le délire difparoît, les facultés reprennent de l'activité; parfois pourtant la ftupeur perfifte encore quelque temps; le vifage eft pâle, le fommeil devient calme, l'appétit renaît, les forces commencent à revenir, enfin peu à peu la convalefcence s'établit vers le vingt-unième jour.

4°. *période.* (*Stade adynamique.*) Lorfqu'au contraire la maladie marche vers une terminaifon fâcheufe, on voit fe développer, perfifter & s'aggraver de plus en plus tous les phénomènes qui marquent la dernière période des fièvres graves, la proftration abfolue, les évacuations colliquatives, les efchares gangréneufes, &c.; enfin, la mort furvient à la fin du troifième feptenaire, fouvent plus tôt, rarement plus tard.

Marche, variétés, complications, &c. La defcription rapide & abrégée que nous venons de donner du typhus eft néceffairement fort incomplète, & ne peut préfenter qu'une idée générale & fuperficielle d'une maladie dont tant de circonftances peuvent modifier les fymptômes, la marche & la terminaifon.

Les circonftances où le typhus fe développe, l'âge du fujet, fa conftitution, les complications qui furviennent, le traitement employé, peuvent changer notamment la phyfionomie & la marche de cette affection. Ainfi, elle peut revêtir d'une manière plus ou moins tranchée la forme inflammatoire, bilieufe, muqueufe, nerveufe, maligne ou putride. La congeftion des principaux vifcères peut s'élever à l'état de phlegmafie ou même de déforganifation; & réclame une attention d'autant plus fpéciale que le malade, abattu fous le poids de fon mal, ne peut guère appeler l'attention du médecin fur les organes affectés. La marche de la maladie peut être beaucoup plus rapide que nous ne l'avons indiqué, & la mort peut même être prefque fubite, comme dans la pefte, lorfque les miafmes agiffent avec une énergie pour ainfi dire foudroyante: d'un autre côté, quand le mal eft léger, le fujet bien conftitué & placé promptement hors du foyer d'infection, dans des circonftances favorables, la maladie peut avorter & fe diffiper même avant d'avoir préfenté les caractères propres à la faire reconnoître. L'efpace nous manque pour indiquer toutes ces particularités effentielles à connoître, & que l'on trouve détaillées avec foin dans les monographies.

Veftiges anatomiques. Les léfions qui ont été le plus communément obfervées à l'ouverture des cadavres des individus qui avoient fuccombé au typhus, font les fuivantes: dans la *tête*, on a rencontré des épanchemens féreux dans les ventricules cérébraux, quelquefois même des traces évidentes d'arachnitis; on a trouvé les vaiffeaux de la pie-mère gorgés de fang, le cerveau injecté, ramolli dans quelques points de la fubftance blanche. Dans la *poitrine*, on a vu les poumons gorgés de fang, quelquefois même hépatifés & fuppurés, les bronches rougies & remplies de mucofités, les plèvres enflammées dans certains points, le cœur & les gros vaiffeaux gorgés de fang noirâtre & peu confiftant (dans le fyftème vafculaire à fang noir), le tiffu du cœur ramolli & décoloré, la membrane interne plus ou moins colorée. Dans le *ventre*, on a fouvent trouvé des altérations plus ou moins graves de la membrane gaftro-inteftinale, & furtout de la muqueufe de l'iléon, que l'on a vue rougie, injectée, épaiffie, ramollie, ulcérée, gangrénée, &c. (*Voyez* l'article ULCÈRE.). La rate a été trouvée ramollie, pleine d'un fang noirâtre & liquide, &c.

On a beaucoup difcuté fur la nature de toutes ces altérations, fur leur liaifon avec la maladie principale, fur leur fréquence, &c. Il eft encore fort difficile de dire fi elles font quelquefois caufes, plus fouvent effets ou complications; il eft certain, d'ailleurs, qu'elles ne font pas toujours de nature phlegmafique : en outre, il eft naturel de croire, jufqu'à un certain point, les obfervateurs qui affirment qu'elles peuvent toutes manquer dans certains cas, ou du moins n'exifter qu'à un degré trop léger pour qu'on puiffe leur faire jouer un rôle important dans l'hiftoire de la maladie, en reconnoiffant toutefois que ces cas font ceux qui fe préfentent le plus rarement à l'obfervation.

Diagnoftic. L'origine du typhus, qui reconnoît toujours pour caufe l'action de miafmes pernicieux développés par l'entaffement de corps humains dans un lieu refferré, ou exhalés des individus atteints de la maladie, ou bien enfin fournis par les objets qui ont été en contact avec ces individus; la ftupeur particulière & caractériftique qui fe remarque chez les fujets qui en font atteints; les phénomènes catarrheux, l'exanthème fpécial, qui ne tardent point à fe développer; la marche particulière qu'affecte le plus fouvent la maladie; voilà quels font les caractères à l'aide defquels on la diftingue des autres affections fébriles. Quant au diagnoftic des léfions locales qui furviennent pendant le cours du typhus, & au jugement qu'on doit porter fur leur nature, c'eft au praticien éclairé par tous les modes d'inveftigation propres à faire reconnoître l'état des principaux vifcères, & averti par là marche connue & la fucceffion régulière des phénomènes de la maladie, à éviter les deux écueils qui fe préfentent fur fa route, en ayant foin, d'une part, de ne pas négliger les indices qui peuvent lui déceler l'exiftence d'une affection locale qui réclame des fecours particuliers; &, d'autre part, de ne pas fe hâter non plus de prendre pour des fignes de léfions importantes, des phénomènes qui fe diffiperont d'eux-mêmes quand la maladie aura parcouru fes périodes accoutumées.

Pronoftic. Confidérée dans les circonftances défavorables qui fe trouvent fouvent réunies dans les hôpitaux, les camps, les prifons, les vaiffeaux, &c. la mortalité du typhus eft effrayante & ne le cède en rien à celle de la pefte & de la fièvre jaune. C'eft ainfi qu'à la fin de l'année 1813, pendant le règne d'une conftitution humide, au milieu d'une épidémie de typhus, M. Defgenettes a vu périr à Torgau, dans l'efpace de trois mois, treize mille quatre cent quarante-huit militaires, fur vingt-cinq mille qui compofoient la garnifon de cette ville. Mais, confidéré dans des circonftances oppofées, chez des malades ifolés & fouftraits aux caufes d'infalubrité au milieu defquelles la maladie a coutume de fe développer, le typhus ne préfente plus à beaucoup près le même danger ; à peine la mortalité s'élève-t-elle alors à dix fur cent dans les cas les moins heureux. On conçoit d'ailleurs que la gravité du pronoftic dépend de l'âge & de la conftitution du fujet, du degré de la maladie, de la forme qu'elle revêt, des complications qui s'y joignent, &c.; & nous ne croyons pas néceffaire d'infifter ici fur les phénomènes de bon ou de mauvais augure qui font communs à cette maladie & aux fièvres putrides & malignes ordinaires.

Traitement. 1°. *Préfervatif.* Le typhus étant une maladie qui ne fe développe que dans des circonftances déterminées, *par infection* (pour me fervir d'un mot confacré par une nouvelle doctrine), il femble jufqu'à un certain point poffible de s'oppofer à ce développement, en ayant foin d'empêcher la réunion des caufes d'infalubrité qui lui donnent ordinairement lieu. Ainfi, en s'oppofant à l'entaffement & à l'encombrement des individus fains, & plus encore des individus malades, dans les lieux étroits, malfains, peu aérés; en ayant foin d'entretenir la propreté, la falubrité, la pureté de l'air dans les grandes réunions d'hommes, on empêchera la production & l'accumulation pernicieufe de ces miafmes qui engendrent les épidémies de typhus. Si, faute de ces précautions hygiéniques, on avoit s'appercevoir du développement de la maladie dans un établiffement public, on fe hâtera d'ifoler les malades, de les fouftraire aux caufes d'infalubrité, tout en prenant des précautions contre la poffibilité de la contagion & de la tranfmiffion du mal aux individus fains, & l'on affainira le plus poffible l'établiffement lui-même, en évacuant dans un local plus convenable les individus qui l'habitent, ou du moins en en diminuant le nombre, en renouvelant l'air par la ventilation, en le purifiant par les fumigations de chlore, d'après le procédé de Guyton de Morveau, en lavant les objets qui peuvent être infectés, avec la folution de chlorure de chaux de Labarraque, en ayant recours, en un mot, à quelqu'un des nombreux moyens de définfection connus. Quant aux individus qui font obligés par état de fréquenter les foyers d'infection, comme les médecins, les infirmiers, &c., on leur recommande la férénité de l'efprit, la propreté du corps, le changement du vêtement de deſſus au ſortir des hôpitaux; une nourriture ſubſtantielle, un peu de vin généreux ou même de boiſſon ſpiritueuſe, &c., comme des précautions propres à les rendre moins acceſſibles à l'action des miaſmes.

2°. *Moyens curatifs.* Faiſant abſtraction des nombreuſes modifications qu'apportent dans le traitement les degrés divers de la maladie, la forme inflammatoire, bilieuſe, nerveuſe, &c. ſous laquelle elle ſe préſente, les phlegmaſies des organes contenus dans le ventre, la tête, la poitrine, qui la compliquent & qui deviennent la ſource d'indications particulières, nous ne nous occuperons que du traitement du typhus, conſidéré d'une manière générale, ſans entrer dans tous les détails néceſſaires au praticien, mais étrangers à un article reſſerré dans des limites auſſi étroites que celui-ci.

La méthode expectante eſt celle dont on retire en général le plus d'avantage dans le traitement du typhus; les médications antiphlogiſtiques, toniques, évacuantes, actives, ſont au contraire ſujettes à de très-graves inconvéniens, & leur emploi doit toujours être motivé ſur des indications ſpéciales.

Après avoir autant que poſſible diminué l'activité des miaſmes contagieux, en détruiſant les cauſes d'inſalubrité qui exiſtent, en diſſéminant le plus poſſible les malades dans un vaſte eſpace, en les arrachant même, s'il ſe peut, du foyer d'infection, pour les tranſporter dans des lieux convenablement iſolés, de manière à ſavoir garder un juſte milieu entre la confiance dangereuſe des *infectioniſtes* & la puſillanimité ridicule des *contagioniſtes* extrêmes; après avoir eu le ſoin de preſcrire l'uſage continué des moyens de déſinfection dont nous avons parlé plus haut, on ordonne le traitement d'après l'état du malade & la période de la maladie.

1re. *période.* La ſaignée générale & locale ne convient qu'employée avec beaucoup de réſerve, & lorſque des ſignes de pléthore générale ou de fluxion locale paroiſſent en néceſſiter l'uſage.

Les évacuans ont paru plus généralement utiles, & les auteurs s'accordent à preſcrire un vomitif au début, & même un purgatif ſi l'état ſaburral & catarrhal s'accompagne de conſtipation. On ſe borne enſuite à l'emploi des boiſſons délayantes, émollientes, acidules (à moins que ces dernières ne provoquent la toux), des lavemens émolliens,

des pédiluves, ou mieux des cataplaſmes légèrement irritans aux pieds. Les bains & les aſſuſions, vantés par les médecins anglais, ſont des moyens dont l'uſage paroît aſſez rationnel, mais ils ſont peu uſités en France. Une diète ſévère eſt de rigueur.

2e. & 3e. *périodes.* Lorſque les phénomènes nerveux & putrides ſe développent, on emploie communément les légers ſtimulans à l'intérieur (tilleul, oranger, limonade), ou même des ſtimulans & des nervins plus actifs (valériane, arnica, muſc, camphre), & les révulſifs (ſynapiſmes & véſicatoires) à l'extérieur. Quelques praticiens ſe bornent pourtant à continuer le traitement de la première période, & n'ont recours aux moyens plus actifs que lorſque l'indication leur paroît évidente; cette conduite nous ſemble la plus prudente & la plus ſage. Les applications réfrigérantes ſur la tête & les aſſuſions ont été conſeillées dans ces deux périodes, ſurtout dans la ſeconde, & ſont quelquefois employées avec ſuccès. Les toniques proprement dits, tels que le vin mêlé à l'eau, le bouillon coupé, le quinquina, conviennent dans la période adynamique, quoi qu'en aient dit les médecins *phyſiologiſtes*, qui veulent que le traitement ſoit toujours antiphlogiſtique, & qui bornent tous leurs ſoins à combattre l'inflammation du canal digeſtif. La convaleſcence exige beaucoup de précautions dans l'ordonnance du régime alimentaire; il eſt même des médecins qui continuent quelques temps l'uſage des remèdes après la guériſon.

(GIBERT.)

TYPHUS AMARIL. Nom donné par M. le Dr. Rochoux à la fièvre jaune d'Eſpagne, & des Etats-Unis d'Amérique. (*Voyez* l'article VOMITO, où le mot *fièvre jaune* eſt traité avec beaucoup de détails.)

TYPHUS D'AMÉRIQUE. Expreſſion employée par quelques noſographes comme ſynonyme de *fièvre jaune.*

TYPHUS D'EUROPE. Nom ſous lequel on a tour-à-tour déſigné, la *fièvre des camps*, des *hôpitaux*, des *navires*, des *priſons*, des *villes aſſiégées*, les *fièvres nerveuſe*, *ataxique*, *adynamique* & *pétéchiale.*

TYPHUS D'ORIENT. (*Voyez* PESTE.)

UDOMÈTRE, f. m. (*Météor.*), de υδωρ, eau, & μιτρον, mefure. Pour mefurer la quantité d'eau qui tombe de l'atmofphère, on a imaginé divers appareils auxquels on a donné les noms d'*udomètres*, de *pluviomètres* & de *pluviométographes*. Le plus fimple de tous & le plus commode confifte en une cuvette carrée de cuivre ou de fer-blanc, ayant à peu près un pied de côté fur environ deux ou trois pouces de hauteur. Le fond de cette cuvette offre une forte d'entonnoir pyramidal qui conduit l'eau fournie par la pluie, la neige ou la grêle, dans une jauge cylindrique d'un diamètre affez petit pour qu'une couche de fluide qui, dans le grand vafe, n'auroit qu'une ligne d'épaiffeur, occupât dans le petit cylindre une hauteur quinze ou vingt fois plus confidérable.

Ce procédé micrométrique donne la facilité d'apprécier à un quinzième ou à un vingtième de ligne près, la quantité d'eau tombée dans le lieu où l'on fait l'expérience. On peut effectivement, fans commettre une bien grande erreur, fuppofer que dans un temps de pluie, l'eau fe précipite d'une manière à peu près uniforme : dès-lors la cuvette recueille & fait connoître la quantité de liquide que reçoit chaque portion du fol, dont la fuperficie eft égale à l'ouverture du réfervoir quadrangulaire. On conçoit qu'afin d'éviter l'effet de l'évaporation, il faut chaque fois qu'il pleut affez abondamment pour que l'eau s'élève fenfiblement dans la jauge, infcrire le réfultat obfervé, & c'eft en prenant à la fin de chaque mois la fomme des obfervations; que l'on obtient un nombre qui exprime l'épaiffeur de la couche d'eau qui, dans l'endroit où l'on obferve, recouvriroit la furface de la terre, fi, comme moyen de compenfation, il n'y avoit eu ni imbibition, ni évaporation.

(THILLAYE aîné.)

UIOPHOBIE, f. f. (*Pathol.*), dérivé de υιος, enfant, & de φοϐος, haine. Nom donné à une forte de véfanie dans laquelle l'averfion pour les enfans eft un fymptôme tellement dominant, que l'on a vu des mères attenter aux jours des leurs : il y a même peu de temps encore que nos tribunaux ont eu a prononcer fur le fort de deux individus qui, fans aucune efpèce de caufes évidentes, ont donné la mort à de jeunes enfans. Tels font les affaffinats dont *Papavoine* & la fille *Cornier* furent les auteurs. Cette malheureufe difpofition paroît dépendre, dans quelques cas, d'une aliénation mentale, &, fous ce rapport, elle peut être regardée, ainfi que la tendance au meurtre, comme une manie fans délire, caractérifée par une perverfion morale. (R. P.)

ULCÉRATION, f. f. (*Pathol.*) *Ulceratio, exulceratio*, de *ulcerare, exulcerare*, ulcérer. Le mot *ulcération* a plufieurs acceptions très-diftinctes dans le langage médical, ou bien il exprime le travail qui a lieu pour la formation d'un ulcère, ou bien il indique le réfultat de ce travail lorfque, fitué fur la peau, cet ulcère eft petit, fuperficiel, peu étendu. On emploie encore le même mot pour défigner les ulcères plus ou moins grands qui fe manifeftent fur certaines membranes muqueufes.

L'ulcération proprement dite mérite de la part du médecin une étude toute particulière; en effet, un homme jouit en apparence d'une excellente fanté, toutes fes fonctions s'exécutent régulièrement, mais il fent une chaleur âcre, mordicante, avec une vive démangeaifon dans un point quelconque de la jambe par exemple, & bientôt l'ulcération a détruit une étendue plus ou moins grande de la peau & des parties fous-jacentes. Quelle eft l'effence de cette maladie? Cette partie a été préalablement le fiége d'une inflammation fpéciale, particulière, qui précède & qui eft la caufe de la deftruction des parties vivantes, car l'ulcération ne tient point primitivement à l'action plus vive des vaiffeaux abforbans, quoique, depuis Hunter, qui s'eft fpécialement occupé de ce fujet, on ait toujours répété que l'ulcération réfultoit d'une inflammation ulcérative, d'une érofion de la fubftance organifée, par l'action de vaiffeaux abforbans, vicieufement augmentée, qui détruifoit la peau dans une étendue plus ou moins grande.

En fuivant le travail de l'ulcération dans tous fes développemens, nous voyons qu'elle n'a jamais lieu fur une partie faine; une inflammation, une irritation, quelque peu étendue qu'on la fuppofe & quelle que foit fa nature, précède toujours cette deftruction. La peau eft d'un rouge livide, elle eft liffe, luifante; fa chaleur eft âcre, mordicante; la démangeaifon vive. Tous ces fymptômes font fuperficiels, on diroit qu'il n'y a que la furface cutanée, immédiatement en contact avec l'air, qui en foit le fiége, tellement que fi l'on couvroit cette partie de gaz acide carbonique, on pourroit peut-être en arrêter les progrès. La partie fe recouvre de gouttelettes d'une férofité âcre, qui fe reforment bientôt fi on les enlève : on diroit qu'elles font le réfultat d'une exhalation; mais fi l'on regarde de bien près, on voit que ces gouttelettes font fournies par des furfaces ulcérées, imperceptibles, d'un rouge vif, qui grandiffent promptement, fe réuniffent, font alors vifibles à l'œil nu, & fe recouvrent le plus fouvent d'une couche grifâtre plus ou moins épaiffe, fuivant le degré de l'inflammation qui détermine également & en grande partie l'intenfité de la douleur. L'abforption de ces parties qui manquent a-t-elle réellement lieu, & eft-ce à elle feule qu'on doit attribuer cette perte de fubftance? Il eft bien difficile d'admettre l'abforption d'une partie vivante par une partie vivante qui fe détruiroit elle-même. On fe rappelle avec quelle énergie on s'éleva contre l'idée de quelques phyfiologiftes qui prétendirent que, dans la mort occafionnée par le défaut de nourriture, l'eftomac, tournant contre lui-même fa faculté digeftive, abforboit fa propre membrane muqueufe pour fervir à l'alimentation de l'individu : chacun s'empreffa de rejeter cette opinion entièrement erronée. Dans quelles circonftances donc l'abforption a-t-elle lieu, & quels font fes différens modes? On trouve d'abord l'abforption organique qui eft chargée de reprendre dans nos organes les parties qui ont fourni leur contingent de vitalité, & qui ne pouvant plus fervir à la compofition de cette même partie, doivent être éliminées pour faire place à d'autres molécules nouvellement douées de vie, qui doivent également faire partie de nos organes pendant un certain temps : à celle-ci il faut ajouter celle que l'on obferve lors de la deftruction de ces mêmes organes par la compreffion ou par le frottement. Par cette action mécanique, de nouvelles parties vivantes ne pouvant s'y dépofer & l'abforption exiftant alors fans la nutrition, l'atrophie ou la deftruction de l'organe eft inévitable. On obferve encore l'abforption qui s'exerce à la furface du corps ou dans les organes creux, à laquelle fe rattache néceffairement celle qui porte dans le torrent de la circulation cette nouvelle fécrétion des plaies, des ulcères, appelée *pus*. C'eft à celle-ci qu'il faudroit réunir celle qu'on regarde comme caufe de l'ulcération, & qui cependant feule ne pourroit la produire; elle peut être plus active que partout ailleurs, mais la mort a dû néceffairement la précéder. Les caufes de l'ulcération font le plus fouvent ignorées : on regarde en général les affections fcrofuleufes, vénériennes, fcorbutiques, herpétiques, ploriques, carcinomateufes, une foibleffe conftitutionelle locale, comme les plus fréquentes; auffi, pour en obtenir la guérifon, eft-on obligé de recourir aux traitemens propres à combattre ces diverfes affections. (*Voyez* ULCÈRE dans ce Dictionnaire & dans celui de *Chirurgie*.) On obferve cependant que, quelle que foit la caufe de cette affection, les cataplafmes émolliens ont une action marquée pour hâter leur guérifon; & tant qu'il y a inflammation, on retire toujours les plus grands avantages de l'emploi de ces moyens; cependant il faut en abandonner l'ufage lorfque la vitalité eft ramenée à fon type naturel. Il eft bon de favoir que la caufe étant détruite, il eft quelquefois très-difficile d'obtenir

la cicatrifation de l'ulcère; c'eft alors que les bains, les douches minérales font utiles, & c'eft dans cette circonftance que j'ai fouvent employé avec fuccès les bandelettes agglutinatives d'après le D^r. Baynton, bandelettes dont j'avois foin de varier la compofition en introduifant dans le diachylon gommé, des fubftances plus ou moins excitantes, fuivant l'état de l'ulcère; mais il eft rare qu'on ait befoin de recourir à ce moyen pour obtenir une prompte guérifon.

Ulcérations des artères. On dit que ces ulcérations ne font pas rares; je n'en ai cependant jamais rencontré de véritables dans les conduits artériels, fe manifeftant avec tous les fymptômes caractériftiques des ulcérations, comme forme arrondie, bords taillés à pic, fond d'un rouge pourpre ou bien grifâtre, & alors cette dernière partie, analogue aux fauffes membranes & adhérente au fond de l'ulcère; peu de fuppuration, qui du refte pourroit être enlevée par le torrent de la circulation. Il eft probable que ces ulcérations, trouvées jufqu'à préfent dans l'aorte, ne font dues qu'à des incruftations ramollies ou détachées, ainfi que je l'ai remarqué plufieurs fois & fignalé dans ma thèfe (1). Ces incruftations, qui prennent naiffance entre la membrane moyenne & l'interne de l'artère, fe portent de plus en plus en dedans, déchirent, détruifent la membrane interne, &, fi elles font pédiculées, peuvent être détachées par l'effort du fang : ce qui donne lieu à l'apparence d'un petit ulcère. Quelquefois cette fubftance calcaire, étendue en nappe, eft auffi fufceptible de ramolliffement dans certains cas non déterminés, & alors elles offrent la plus frappante analogie avec un ulcère recouvert de pus; mais fi l'on examine attentivement la pièce, on voit que ce n'eft qu'une fubftance calcaire ramollie. MM. Mérat & Patiffier en rapportent une obfervation; dans ce ramolliffement le fel calcaire fe préfente fous une forme pultacée, & n'eft que peu ou point entraîné par le fang.

Ulcérations de l'eftomac. Ces ulcérations ont été depuis quelque temps l'objet de recherches très-étendues, & d'autant plus dignes d'intérêt que, fe terminant affez fouvent par des perforations dites *fpontanées*, on auroit pu prendre pour l'action d'une fubftance vénéneufe ce qui n'étoit que le réfultat d'une maladie chronique. Ces ulcérations, dont les fymptômes font peu connus, fe terminent tout-à-coup par des fpafmes, des fyncopes, des défaillances & une péritonite des plus aiguës, produite par le paffage des alimens de l'eftomac dans la cavité péritonéale. J'ai vu un des faits les plus curieux de ce genre d'ulcération : un homme âgé de 60 ans préfentoit tous les fymp-

(1) *Thèfe fur différens points de médecine.* Paris, 3 janvier 1822, n°. I.

tômes d'une affection organique de l'estomac, & mourut par conféquent dans le marafme. A l'ouverture on trouva une large perforation de l'estomac, mais dont les bords, par un hafard heureux, avoient contracté tout autour des adhérences avec le pancréas, qui lui-même, ulcéré fuperficiellement, contribuoit ainfi à la formation de la paroi poftérieure de l'estomac. On trouve encore des ulcérations de l'estomac taillées à pic, arrondies, peu étendues, dans les affections cancéreufes & fquirrheufes de cet organe, & qui finiffent par communiquer avec la cavité abdominale. On a vu des perforations communiquer au-dehors & nous dévoiler ainfi les divers degrés de la digeftion. (*Voyez* PERFORATION.)

Ulcérations des inteftins. Elles font très-fréquentes & fe préfentent ordinairement dans deux circonftances différentes : tantôt elles font le réfultat d'une fimple inflammation de la membrane muqueufe, comme dans la dyfenterie, l'entérite chronique, ou lors d'une inflammation partielle & très-bornée; dans ces cas, fi elles font nombreufes, étendues, elles peuvent occafionner la mort du fujet par une entérite incurable. Si elles font en petit nombre, s'il n'y en a qu'une, par exemple; elle peut s'ouvrir dans l'abdomen & occafionner une péritonite mortelle; ou bien l'inteftin peut contracter des adhérences avec une autre partie du tube digeftif, & les alimens paffer par cette ouverture; ou bien encore, cette ouverture peut communiquer au-dehors & donner lieu à un anus contre nature. Tantôt ces ulcérations s'obfervent dans les fièvres de mauvaife nature; elles différent de celles de la dyfenterie & de l'entérite par leurs caractères qui les rapprochent des plaies affectées de pourriture d'hôpital : elles ont été très-étudiées depuis que l'on a fignalé l'inflammation des inteftins comme la caufe des fièvres dites *adynamiques.* Les uns ont prétendu que ces ulcérations n'étoient que le réfultat de la fièvre, fans faire attention qu'ils regardoient comme effet, une chofe qui paroît dès l'origine, & qui fe rencontre comme fi l'hépatifation ou l'induration grife, avec pus infiltré, n'étoit pas elle-même le réfultat de l'inflammation du poumon; d'autres, & peut-être avec plus de raifon, ont dit que l'inflammation des inteftins étoit la feule & unique caufe de cette maladie, que cette inflammation étoit prouvée par tout ce que le malade éprouvoit, & qu'à l'autopfie on en trouvoit des traces évidentes, ainfi que des ulcérations plus ou moins étendues, conféquence de cette inflammation. Dans ces fièvres, les ulcérations des inteftins font d'abord précédées de petites élevures, de petits boutons rouges plus ou moins rapprochés, enfuite leur fommet s'ulcère. Cette ulcération fait des progrès, mais ne dépaffe guère la largeur primitive de cette éruption inteftinale; fi deux ou un plus grand nombre fe réuniffent, l'ulcération eft alors plus ou moins grande. Elles fe recouvrent affez fouvent d'une

c uenne grifâtre, inégale, dont la furface, colorée par les matières fécales, par la bile, a beaucoup d'analogie avec celle que l'on obferve fur les plaies compliquées de pourriture d'hôpital. (*Thèfe citée.*)

En général, toutes les fois que dans les cas de cancer abdominal, de phthifie avec dévoiement, d'entérite chronique, de douleurs prolongées de l'estomac ou de fièvres de mauvais caractère, il furvient tout-à-coup une péritonite aiguë, on peut être certain qu'il y a perforation du tube digeftif, furtout fi le malade n'a commis aucune imprudence qui ait pu l'occafionner. (*Voyez* la thèfe citée, & le mot PERFORATION dans ce Dictionnaire.)

Ulcérations du larynx, de la trachée-artère & des bronches. Ces ulcérations conftituent mal à propos différentes efpèces de phthifies; elles font toujours la fuite de l'inflammation de la membrane muqueufe qui tapiffe ces différentes parties; elles fe montrent d'autant plus fréquemment que l'on s'approche des climats froids & humides, & difparoiffent dans les localités oppofées, comme il arrive pour toutes les affections des organes refpiratoires en général. Toutes les membranes muqueufes font expofées à ces fortes d'altérations morbides, & il en a été queftion aux différens articles qui les concernent. (NICOLAS.)

ULCÈRE, f. m. (*Pathol.*) *Ulcus* des Latins, έλκος des Grecs. On donne ce nom à une folution de continuité entretenue par une caufe interne, locale ou générale, qui diffère de la plaie par la tendance qu'elle a à fuivre une marche chronique, & même à faire des progrès plus ou moins étendus, tant que la caufe qui l'a produite ou qui l'entretient n'eft pas détruite. « Il y a, dit avec raifon le prof[r]. Richerand, « entre la plaie & l'ulcère cette différence caractériftique & notable, que la première, produite par une caufe externe, tend effentiellement à la guérifon; arrive par la fucceffion naturelle de fes périodes lorfque rien n'en dérange la marche & n'en intervertit le cours; c'eft une maladie aiguë tendant à une folution heureufe; l'ulcère eft, au contraire, une affection chronique, produite ou entretenue par une caufe interne; la folution de continuité n'eft plus ici la maladie principale, elle n'eft que le fymptôme d'une affection interne, locale ou générale, difpofition intérieure à laquelle l'ulcère eft dû, ou qui empêche la cicatrifation. » Ainfi, qu'un ulcère fyphilitique conféeutif fe montre à l'ifthme du gofier, on le verra, dans la plupart des cas, perfévérer, s'accroître, s'étendre, détruire le voile du palais, attaquer les os eux-mêmes, fi la caufe interne générale dont il eft l'effet n'eft pas combattue par des moyens appropriés : que des varices, des callofités dués à la ftafe des liquides & à l'induration des tiffus, entretiennent un ulcère à la jambe, tant que ces caufes locales fubfifteront, l'ulcère perféverera, s'étendra, s'aggravera. Mais ce n'eft pas feulement fous le rapport de la caufe qui les produit ou les entretient que les ulcères conftituent des folutions de continuité d'une nature fpéciale; ils ont encore un mode de formation, une phyfionomie, une marche, des effets, une terminaifon, un traitement qui leur font propres, & qui en font des affections morbides bien diftinctes des autres folutions de continuité, ainfi que des fuites ordinaires de l'inflammation, entité morbide à laquelle on a voulu les rattacher dans ces derniers temps, & que l'on a même propofée de défigner fous le nom fpécial d'*inflammation ulcéreufe*.

La nature du travail morbide qui préfide au grand phénomène de l'*ulcération* eft encore, dans la plupart des cas, un myftère; tout ce que l'on peut favoir, c'eft qu'il y a quelque chofe de particulier & de diftinct dans ce travail, même lorfqu'on le voit précédé ou accompagné des phénomènes ordinaires de l'inflammation. Suivant M. Andral fils (*Précis d'Anatom. pathol.*), les léfions qui précèdent cette réforption moléculaire partielle des tiffus qui conftitue l'ulcération, font les fuivantes : 1°. état d'*hypérémie* (1), fans altération de nutrition ou de fécrétion, le plus fouvent active, *fthénique*, mais quelquefois auffi afthénique, comme dans les ulcères *atoniques* des membres inférieurs chez les vieillards, chez les individus qui travaillent debout & expofés à l'humidité, &c. 2°. Diverfes *altérations de nutrition* : induration ou ramolliffement des tiffus perfiftant plus ou moins long-temps, & fuivis enfuite d'ulcération. 3°. *Sécrétions morbides* : pus, matière tuberculeufe, véritables corps étrangers dont la nature tend à provoquer l'expulfion moyennant un travail d'ulcération. 4°. *Gangrène* : la chute des efchares gangréneufes des tiffus cutanés, muqueux, parenchymateux, laiffe après elle des ulcérations plus ou moins fufceptibles de cicatrifation; mais, quelle que foit la léfion qui ait précédé l'ulcération, on ne peut y voir la caufe de l'ulcération elle-même, du moins dans la plupart des cas; car on ne peut, par artifice, déterminer à volonté des ulcérations en cherchant à provoquer ces diverfes léfions, & l'on ne voit nullement, par exemple, le degré, l'intenfité, la durée d'une congeftion fanguine active, d'une irritation inflammatoire, fe proportionner au degré, à l'intenfité, à la durée de l'ulcération qui peut en être la fuite.

Nous penfons devoir, avec le profr. Marjolin (2), rapporter tous les ulcères à deux grandes divifions;

favoir : ceux qui font entretenus par une caufe locale, ceux qui font l'effet d'un vice interne. Les premiers font plus fpécialement du reffort de la chirurgie, nous les indiquerons très-brièvement; nous parlerons un peu plus longuement des feconds, après quoi nous énumérerons rapidement les ulcérations dont peuvent être affectés les différens organes de l'économie.

I. *Ulcères locaux.* Ces ulcères ont leur fiége à l'extérieur ou fur les membranes muqueufes voifines de la peau. C'eft à tort, fans doute, que dans les traités les plus récens fur les maladies de la peau on n'a pas rangé les *ulcérations* au nombre des formes élémentaires qui ont fervi de bafe à la claffification de ces maladies. En effet, quoique dans la plupart des cas la forme ulcéreufe foit fecondaire, & qu'elle puiffe fuccéder aux formes *tuberculeufes*, *puftuleufes*, &c., il eft de fait auffi qu'il y a une forme ulcéreufe primitive, & que l'on voit des ulcères fe former fur des points qui ne préfentent qu'une fimple congeftion fanguine, qu'un peu de rougeur, un peu d'induration, fans qu'on voie fe développer ni puftule, ni tubercule, ni bulle qui précède l'ulcération : cela eft vrai de quelques ulcères locaux, de quelques *noli me tangere*, par exemple, de quelques *dartres rongeantes idiopathiques* fans apparence de fcrofules, &c.; mais l'eft encore bien plus de plufieurs ulcères du fecond ordre, des ulcères vénériens, par exemple, foit confécutifs, foit furtout primitifs, que l'on voit fouvent fe former de prime-abord fur un point légèrement rougi ou légèrement induré de la peau ou des portions de membranes muqueufes voifines des tégumens (1). Quoi qu'il en foit, les efpèces le plus généralement admifes parmi les ulcères locaux font décrites fous les noms fuivans : *ulcères fiftuleux*, *fongueux*, *calleux*, *variqueux*, *verruqueux*, *cancroïde*, *phagédénique*, &c. Quant aux ulcères *vermineux*, on ne peut les compter au nombre des efpèces diftinctes, puifque la préfence des vers ne tient qu'à une circonftance accidentelle, la malpropreté, qui fait que des larves d'infectes peuvent être dépofées à la furface de l'ulcération.

1°. *Ulcères fiftuleux.* Le décollement & l'aminciffement de la peau, la fonte par fuppuration ou par gangrène du tiffu cellulaire inter-mufculaire, l'ifolement des parties par l'amaigriffement, la dénudation d'un tendon, d'une aponévrofe, d'un os; la carie, la nécrofe, la préfence d'un corps étranger, le paffage d'une humeur excrémentielle dont les conduits naturels font perforés, telles font les circonftances locales qui entretiennent ce genre d'ulcère, & que l'on doit combattre

---

(1) M. Andral donne ce nom à l'accumulation infolite du fang dans les réfeaux capillaires. Il en diftingue de quatre efpèces; favoir : une *hypérémie* ou congeftion fanguine *active*, une *paffive* ou *afthénique*, une *mécanique* ou *par obftacle à la circulation*, enfin une *cadavérique*.

(2) *Nouveau Dictionnaire de médecine*, art. ULCÈRE.

(1) Il eft très-probable que dans la plupart des cas, les ulcères des tégumens externes, comme ceux du tégument interne, ont leur point de départ dans les *follicules*. (*Voyez* plus loin la defcription des *ulcérations inteftinales*.)

par des procédés chirurgicaux que nous ne mentionnerons point ici (1).

2°. L'ulcère *fongueux* ne peut également guérir qu'après que les végétations fongueuses qui le surmontent ont été détruites par le fer, par le feu, par les caustiques, ou réprimées par les cathérétiques. Le développement des fongosités peut d'ailleurs avoir été produit par des applications relâchantes, une nourriture trop abondante, &c. On s'est bien trouvé, dans ces derniers temps, de panser ce genre d'ulcère, ainsi que le suivant, avec une lame de plomb exerçant une compression & une dessication efficace sur la surface ulcérée (2).

3°. L'ulcère *calleux*, décrit encore sous le nom d'ulcère *atonique*, & confondu à tort par quelques auteurs avec l'ulcère variqueux, dont nous parlerons tout à l'heure, siège aux membres inférieurs, & a pour caractère principal l'état d'induration & d'engorgement du tissu cellulaire qui en forme le fond & les bords; cet engorgement est la suite de la stase habituelle des liquides, entretenue par la station chez les sujets débiles, âgés, chez ceux dont les jambes plongent continuellement dans l'humidité, &c. Quelquefois pourtant cet ulcère présente un caractère sthénique, & c'est à une inflammation chronique, sans cesse entretenue par des causes stimulantes, qu'il faut attribuer l'état *calleux* qui le caractérise. Le repos, les émolliens, la compression méthodique, tels sont les moyens de traitement les plus généralement usités. Quelques chirurgiens français, & M. le prof^r. Roux en particulier, se sont cependant très-bien trouvés d'adopter dans leur pratique le mode de pansement usité en Angleterre, qui consiste à appliquer autour de la jambe malade des bandelettes d'emplâtre agglutinatif qui entourent & recouvrent l'ulcère, en rapprochent les bords, exercent une compression salutaire, favorisent le dégorgement des parties, & hâtent singulièrement le travail de la cicatrisation, tout en permettant une marche modérée, ce qui offre aux malades un avantage inappréciable pour l'entretien de leur santé générale aussi bien que pour le soin de leurs affaires.

4°. L'ulcère *variqueux* siège, comme le précédent, aux membres inférieurs, & spécialement au bas de la jambe; il succède à la rupture accidentelle ou spontanée d'une varice, ou à une entamure survenue dans une région dont les veines sont variqueuses & dont le tissu cellulaire est habituellement plus ou moins infiltré & engorgé. La plupart des ulcères variqueux anciens sont en même temps des ulcères calleux; ils sont entretenus & aggravés par toutes les circonstances qui entretiennent ces derniers : on leur oppose à peu près le même traitement, mais il est encore plus important de continuer la compression méthodique exercée à l'aide d'une bande roulée ou d'un bas lacé de peau de chien ou de coutil, après la guérison de l'ulcère variqueux, comme moyen palliatif habituel des varices. Quant à l'opération renouvelée des Anciens, qui consiste à couper, lier, réséquer la veine saphène interne, pour guérir l'ulcère & les varices, c'est un moyen douloureux, sujet à des inconvéniens, peut-être infidèle dans ses résultats, & dont pourtant quelques chirurgiens modernes se louent beaucoup.

5°. M. Dupuytren a, je crois, le premier, proposé d'appeler *ulcère verruqueux* une espèce particulière d'ulcération externe dont la surface paroît être formée par un tissu érectile & corné fort analogue à celui qui fait la base des *verrues*. Chez un malade de l'Hôtel-Dieu, & qui portoit depuis long-temps à la jambe un ulcère de cette espèce, l'abrasion de la surface ulcérée & la cautérisation répétée avec le fer rouge ne réussirent point à amener la guérison. A la dernière tentative de cautérisation, le malade ne pouvant plus surmonter l'effroi & la douleur que lui causoit le fer rouge, préféra sortir avec son infirmité plutôt que de se soumettre de nouveau à un remède si terrible.

6°. On peut désigner sous le nom d'*ulcères cancroïdes* de petits ulcères cutanés, d'abord superficiels, mais s'étendant bientôt en surface & en profondeur, bien mal nommés *noli me tangere* par les anciens auteurs, puisque le plus sûr moyen de prévenir leurs progrès destructeurs & de les arrêter dès leur début, consiste à les cautériser vigoureusement avec le beurre d'antimoine, ou avec quelqu'autre caustique énergique; avec la pâte arsénicale, par exemple, que je n'emploierois pourtant qu'avec répugnance pour mon propre compte, ayant eu plusieurs fois occasion d'observer à la suite de l'application de cette substance vénéneuse, des effets délétères évidemment dus à l'absorption de quelque parcelle de poison. Le siège de ces ulcères est, le plus souvent, à la face, aux joues, près des ailes du nez, aux lèvres, &c. La peau d'abord est seule affectée; on voit tantôt une petite saillie tuberculeuse, tantôt une petite excoriation croûteuse autour de laquelle la peau est rougie, gercée, luisante; un prurit incommode, de petites douleurs lancinantes ou pongitives, analogues à des piqûres d'aiguilles; une chaleur âcre, se font sentir dans le lieu affecté, qui est souvent irrité encore par les attouchemens répétés du malade : c'est surtout alors qu'une ou deux cautérisations peuvent guérir le mal; mais plus tard l'ulcération fait des progrès, les tissus environnans s'engorgent, s'indurent, sont envahis par l'ulcère, & les chairs, les cartilages, les os eux-mêmes sont détruits par le mal, qui revêt alors tous les caractères du véritable *cancer*. (*Voyez* ce mot dans le *Dictionnaire de Chirurgie* de cet ouvrage.) Il y a cependant des

(1) *Voyez* l'art. ULCÈRE du *Dictionnaire de Chirurgie*.
(2) Voyez *Nouvelle Bibliothèque médicale*, 1828 (*Revue des Journaux*).

noli me tangere qui restent stationnaires, causent peu ou point de douleur, & ne revêtent jamais la forme ni la marche de l'ulcère cancéreux ; mais comme on ne peut prévoir d'avance ce résultat heureux, particulier à quelques sujets, le parti le plus sûr est de les détruire avant qu'ils n'aient acquis un plus fâcheux caractère.

7°. L'ulcère *phagédénique*, connu encore sous les noms de *lupus*, dartre rongeante idiopathique, *esthiomène*, &c., a souvent, au début, beaucoup d'analogie avec l'espèce précédente. Comme l'ulcère cancroïde, il attaque le plus fréquemment la face, & peut succéder à un tubercule cutané. Mais, tandis que le *noli me tangere* se montre le plus ordinairement au point de jonction du nez avec la joue, s'étend en profondeur plus qu'en surface, s'accompagne de douleurs pongitives, détruit les os eux-mêmes, le *lupus* (dans beaucoup de cas, lié à une diathèse scrofuleuse, & cessant alors d'être un ulcère local) siégé de préférence sur la partie saillante de la joue ou sur le lobule du nez, s'étend plus souvent en surface qu'en profondeur, respecte toujours les os, n'est ordinairement accompagné d'aucune douleur, &c. En outre, le premier ne se montre guère que chez les vieillards ou les adultes, & chez les femmes qui ont passé l'époque critique ; le second, au contraire, s'observe surtout dans l'enfance & la jeunesse. Quoi qu'il en soit, ce dernier est caractérisé par des ulcérations ichoreuses, de mauvaise nature, se recouvrant de croûtes brunâtres, ordinairement très-adhérentes, qui succèdent à des tubercules plus ou moins saillans, indolens, violacés, luisans, aplatis, ou à des taches d'un rouge obscur ; ces ulcérations tendent à détruire les parties environnantes, & même les tissus sous-jacens, la partie cartilagineuse du nez elle-même, mais n'attaquent jamais les os. D'après l'aspect & la marche de la maladie cutanée qui produit ces ulcérations, M. Biett a cru devoir établir trois variétés de *lupus*, savoir : celui qui détruit en surface, celui qui détruit en profondeur, & le lupus avec hypertrophie ; ce dernier s'accompagne d'une bouffissure, d'un engorgement cellulo-cutané qui rend quelquefois le visage énorme & en défigure tous les traits : on ne l'observe guère que chez les scrofuleux. Ces ulcérations, comme celles du genre précédent, guérissent beaucoup mieux par les caustiques que par toutes les autres méthodes thérapeutiques, & notamment que par la méthode antiphlogistique (application de sangsues au voisinage de l'ulcère, cataplasmes émolliens, &c.) qui, sauf le cas où paroissent exister des indications précises, semble, dans l'une comme dans l'autre espèce d'ulcère, favoriser plutôt les progrès du mal qu'y apporter un soulagement même passager (1).

(1) *Voyez* dans la *Nouvelle Bibliothèque médicale*, mon *Mémoire sur la saignée générale & locale*, 1826.

II. *Ulcères liés à un vice interne*. Nous en admettons cinq espèces, savoir : les ulcères *vénériens, scrofuleux, cachectiques, scorbutiques, cancéreux*. Ces ulcères ne tiennent plus seulement, comme ceux de l'ordre précédent, à des circonstances locales que des moyens locaux peuvent combattre, mais encore à une disposition morbide générale, à un *virus*, à une cause interne qui réclame un traitement approprié. Toutefois, il est quelques exceptions à cette règle générale, que nous ferons connoître en parlant de chacun de ces ulcères en particulier. Le mot *dartres* n'ayant plus de signification précise dans le langage de la pathologie cutanée, nous n'avons pas cru devoir mentionner ici, sous le nom d'*ulcères dartreux*, les excoriations superficielles qui succèdent au *lichen*, à l'*eczema* (dart. squamm. sèche & dartr. squamm. humide), les ulcérations plus profondes qui peuvent succéder aux bulles du *rupia* ou aux pustules de l'*ecthyma*, non plus que les ulcérations du cuir chevelu qui s'observent dans la *teigne* proprement dite, ces diverses ulcérations ne pouvant être considérées isolément & détachées de la maladie cutanée à laquelle elles appartiennent. On peut, au contraire, trouver quelqu'avantage à exposer à part les caractères propres aux ulcères que nous avons énumérés plus haut, sans toutefois entrer dans des détails qui se rapportent à l'histoire générale de la *syphilis*, des *scrofules*, du *cancer*, &c. (*Voyez* ces mots.)

1°. *Ulcères vénériens*. Ces ulcères sont dits *primitifs* ou *consécutifs*, suivant qu'ils sont les premiers effets d'une maladie vénérienne récente, ou qu'ils surviennent plus ou moins long-temps après la communication du mal, comme effets secondaires d'une syphilis devenue constitutionnelle. Les premiers se montrent toujours à la partie qui a été mise en contact avec la matière contagieuse, &, de préférence, au gland & au prépuce chez l'homme, à la face interne des grandes lèvres, chez la femme, aux petites lèvres, à l'entrée du vagin. On peut les observer aussi à l'anus, au mamelon, aux lèvres, à la bouche, &c. J'ai vu un homme qui avoit contracté un chancre primitif à la face supérieure de la langue, pour s'être servi d'un flageolet dont le bec étoit encore imprégné de la salive d'un musicien infecté. Plusieurs fois, à la suite de baisers lascifs, la langue malade ayant été profondément introduite dans la bouche, des ulcérations vénériennes primitives ont pu être rencontrées sur le palais & même à l'isthme du gosier. Enfin, il y a des observations authentiques qui prouvent qu'il n'est pas toujours indispensable que le virus soit déposé sur une membrane muqueuse ou sur des tégumens très-fins qui l'avoisinent, pour que des chancres soient le résultat de cette application ; on a vu ces ulcères affecter la peau du scrotum, la peau de l'ombilic elle-même, dans les cas où ces parties ont été fouillées par la matière contagieuse. Du reste, chacun sait que quand la peau est excoriée il n'y a plus d'obstacle à la contagion, & tout le monde connoît l'histoire de cette sage-femme du siècle dernier, qui, ayant touché avec l'indicateur excorié une femme suspecte, contracta la vérole & la donna à plusieurs femmes qu'elle toucha successivement avec le même doigt. On lit avec surprise, dans la dernière édition du Traité de M. Lagneau, que les ulcères vénériens primitifs s'annoncent par de petites tumeurs *vésiculeuses*; l'observation prouve, au contraire, que dans ce cas la forme ulcéreuse n'est précédée d'aucune autre lésion élémentaire; on voit un point des tégumens rougir, s'indurer, puis s'ouvrir & s'ulcérer, sans qu'aucune *pustule* ou *vésicule* ait précédé l'ulcération. Quelquefois pourtant, surtout chez les femmes, on voit de petits chancres succéder à la forme tuberculeuse décrite sous le nom impropre de *pustules plates*. Une fois bien développés, les chancres ont ordinairement des caractères bien tranchés qui ne permettent pas de les confondre avec les ulcérations d'une autre nature qui peuvent se montrer aux mêmes parties, & notamment avec les excoriations qui succèdent parfois aux vésicules de l'*herpes præputialis*, non plus qu'avec les ulcérations inflammatoires que quelques causes irritantes peuvent produire. Je me rappelle un homme qui portoit ainsi à la base du gland & sur la face interne du prépuce, une énorme ulcération vermeille, suppurante, avec tuméfaction inflammatoire du fond, des bords & des parties voisines, laquelle avoit commencé à la suite du coït auquel cet individu s'étoit livré avec sa femme, peu de jours après l'accouchement, les lochies étant dans toute leur vigueur. Tantôt les chancres font des ulcères ronds, comme taillés avec un emporte-pièce, tantôt ce font des ulcérations irrégulières à bords découpés & taillés à pic, à fond grisâtre, entourées d'une rougeur cuivreuse; tantôt ce font des plaques ulcérées faillantes & granuleuses, comme végétantes. Ils peuvent guérir spontanément au bout d'un temps plus ou moins long, ou marcher peu à peu vers la cicatrisation fous l'influence d'un traitement antiphlogistique, lequel d'ailleurs est presque toujours indiqué, dans les premiers temps, comme moyen préparatoire. Mais il y auroit une grande témérité à affirmer, comme l'on fait quelques écrivains modernes, que les chofes se passent ordinairement ainsi. Je ne voudrois, comme preuve du contraire, que l'exemple récent & terrible de ce jeune étudiant, qui s'est suicidé de désespoir de ne pas voir céder à ce traitement, prétendu infaillible, des ulcérations syphilitiques du bras, dont il avoit lui-même provoqué le développement par l'inoculation directe du virus syphilitique.... expérience dont il paya bien cher les résultats! Dans beaucoup de cas, les ulcérations vénériennes traitées par des moyens ineffi-

caces s'étendent & se multiplient, ou bien leur guérison, obtenue avec peine, est tôt ou tard suivie de l'apparition de phénomènes consécutifs, qui certainement ne se montrent pas chez la plupart des sujets soumis à un traitement méthodique.

Les ulcères vénériens secondaires ou *consécutifs* ont, comme les précédens, un siége d'élection. Ils peuvent survenir dans tous les points de la surface du corps, mais se montrent de préférence aux environs des parties génitales, aux ailes du nez, aux commissures des lèvres, au voile du palais, entre les orteils, &c. Comme les ulcères primitifs, on les voit quelquefois offrir la forme ulcéreuse élémentaire, sans autre altération préexistante des tégumens, si ce n'est un peu de rougeur & de dureté; d'autres fois, ils succèdent aux formes tuberculeuses ou pustuleuses. (*Voyez* l'article Syphilides.) Ces ulcères ont aussi des caractères qui les font toujours sûrement reconnoître par le praticien exercé, caractères qui se tirent, comme le dit justement M. le profr. Richerand (1), de la considération de quatre circonstances principales, savoir, des signes commémoratifs, du siége, du mode de développement, de l'aspect particulier de l'ulcération bien développée, laquelle affecte souvent une forme arrondie ou ovalaire, présente des bords dentelés & taillés à pic, un fond grisâtre, une auréole cuivrée, d'un rouge comme éteint, &c. Lorsque ces ulcérations succèdent à des *tubercules* cutanés, on les voit tantôt se couvrir de croûtes épaisses, verdâtres, fort adhérentes; tantôt sillonner les tégumens en les parcourant en lignes spirales, ou simulant des lettres, des chiffres, &c. S'il est rare que le chancre primitif guérisse spontanément, ou par les seuls antiphlogistiques, combien n'est-il pas plus rare encore de voir l'ulcère vénérien consécutif disparoître de la forte? La confiance que nos prédécesseurs, & même nos contemporains déjà un peu avancés dans la carrière, avoient dans le remède spécifique étoit telle, qu'ils n'hésitoient point, dans les cas douteux, à recommander, comme le moyen le plus sûr d'éclairer le diagnostic, l'emploi de l'onguent mercuriel dans les pansemens. Tout récemment encore j'ai été à même de constater la folidité de ce précepte & l'efficacité du remède, chez une femme couchée dans l'une des salles de médecine d'un grand hôpital, que l'on avoit un peu négligée, la regardant comme atteinte de cette affection épidémique si singulière, qui a régné à Paris cette année & la précédente, & qui sévissoit surtout sur les extrémités, dont elle déterminoit la rougeur, le gonflement, &c. La malade en question portoit depuis long-temps déjà des *tubercules plats* largement ulcérés aux faces correspondantes de chacun des orteils des deux pieds. Il me fut facile de reconnoître la

---

(1) *Dictionnaire des Sciences médicales*, art. ULCÈRE.

nature syphilitique de ces ulcérations, dont le siége & l'aspect ne laissoient rien à désirer. A l'instant même je prescrivis des pansemens avec un cérat mêlé à parties égales avec de l'onguent mercuriel, & ces ulcères qui, depuis des mois entiers, étoient sans le moindre succès pansés avec du cérat simple, guérirent en moins de deux semaines par le topique mercuriel. Dès les premiers jours, on pouvoit apercevoir, pour ainsi dire, à vue d'œil, les plaques tuberculeuses se résoudre, les ulcérations prendre un aspect vermeil, &c.

2°. *Ulcères scrofuleux.* Nous ne dirons que quelques mots de ces ulcères, sur la nature, la marche & le traitement desquels il existe beaucoup moins de dissentiment que pour les précédens. Les ulcères scrofuleux qui s'observent à l'extérieur du corps, succèdent fréquemment à l'ouverture des tubercules sous-cutanés qui ont passé à la suppuration ; d'autres fois, plus superficiels, ils sont bornés aux tégumens, &; dans ce cas, ordinairement la forme *tuberculeuse* (ce mot étant pris dans le sens où il est usité dans le langage actuel de la pathologie cutanée (*voyez* l'article TISSU) , a précédé l'ulcération. Ainsi, dans beaucoup d'exemples du *lupus* ou *dartre rongeante scrofuleuse*, on voit la peau se tuméfier, rougir & présenter des saillies oblongues, des *tubercules* aplatis d'un rouge foncé, luisant, violacé, qui s'ulcèrent, se couvrent de croûtes verdâtres, envahissent successivement les parties molles voisines, & les détruisent tant en largeur qu'en profondeur. D'autres fois encore, l'ulcère scrofuleux est la suite de l'ouverture d'abcès profonds liés à une affection du périoste ou des os eux-mêmes. Les bords des ulcères scrofuleux sont généralement d'un rouge violacé, souvent ils sont décollés ; un pus séreux & de mauvaise nature est fourni par l'ulcération, qui ne cause ordinairement que peu ou point de douleur ; de plus, on trouve réunis sur le sujet les principaux traits de la constitution scrofuleuse, qu'il n'est point de notre objet de retracer ici. (*Voyez* SCROFULES, TUBERCULES, &c.)

3°. *Ulcères cachectiques.* On peut donner ce nom à ces ulcères atoniques liés à une altération générale de la constitution, dans laquelle le teint se décolore, les parties s'œdématient facilement, le sang devient fluide & noirâtre, &c. : altération qui s'observe chez les sujets soumis à des influences débilitantes, telles que la misère, la malpropreté, un mauvais régime, un air humide & malsain, le séjour prolongé dans un hôpital, une maladie grave qui a détérioré la constitution, &c. Ces ulcères se voient parfois à la suite de certaines formes *pustuleuses* ou *bulleuses* de maladies cutanées. Bateman a fait mention dans son *Abrégé* en parlant de l'*ecthyma luridum* & *cachecticum* & du *rupia escharotica*. Des pustules volumineuses, croûteuses, entourées d'une rougeur livide, des ampoules ou bulles remplies d'une sérosité purulente de mauvaise nature, précèdent alors ces ulcérations grisâtres, saignantes, fongueuses, quelquefois gangréneuses, que l'on a plusieurs fois observées aux membres inférieurs chez des enfans mal soignés, chez des vieillards, &c., & dont on peut amener la guérison & prévenir le retour par des applications toniques & désinfectantes, les *chlorures de soude* & de *chaux*, par exemple, & surtout par tous les moyens hygiéniques & médicamenteux propres à améliorer l'état cachectique du corps.

4°. *Ulcères scorbutiques.* Le scorbut est plutôt, à proprement parler, une complication de certains ulcères syphilitiques, cachectiques, atoniques, calleux, variqueux, &c., qu'une cause qui produise directement des ulcérations. Cependant, on peut aussi observer celles-ci au nombre des phénomènes divers (gonflement & saignement des gencives, pétéchies, ecchymoses, hémorragies, &c.) qui accompagnent la diathèse scorbutique, & qui tous annoncent une altération profonde de l'hématose. (*Voyez* SCORBUT.) Les ulcérations d'origine scorbutique ne s'observent guère qu'aux gencives, ou succèdent à quelques formes pustuleuses ou bulleuses (*ecthyma luridum*, *rupia*) de dermatoses, qu'amène l'état cachectique du corps. Ces ulcérations fongueuses, sanieuses, grisâtres & noirâtres, fournissant avec facilité des écoulemens de sang noirâtre plus ou moins considérables, peuvent facilement devenir gangréneuses, & demandent à être réprimées par des topiques actifs de la classe des toniques, des désinfectans & même des caustiques (quinquina, charbon en poudre, chlorures de soude & de chaux, acide muriatique, cautère actuel), en même temps qu'on cherche, par les ressources de l'hygiène & de la thérapeutique, à combattre l'état morbide général. Le scorbut est une complication assez commune des ulcères syphilitiques consécutifs (surtout de ceux qui siégent aux membres inférieurs) chez les individus débilités par la misère, l'habitation dans des lieux humides, &c. On voit alors ces ulcérations devenir fongueuses & saignantes, reposer sur une base molle & violacée, s'environner de larges ecchymoses noirâtres, en même temps que le teint se décolore, que la figure devient blafarde & bouffie, que le pouls s'affoiblit, &c. Cette fâcheuse complication, d'autant plus redoutable, en pareil cas, qu'elle s'accompagne d'une susceptibilité très-grande de la muqueuse gastro-intestinale, qui peut très-facilement se ramollir & s'ulcérer sous l'influence de médicamens actifs, s'oppose complètement à l'emploi des mercuriaux, qui ne pourroient que favoriser & accroître la cachexie scorbutique. Il faut alors, par un régime bien ordonné, par quelques toniques méthodiquement & graduellement administrés (bouillon, lait de chèvre, lait avec addition de quelques gouttes de teinture de mars tartarisée, quinquina, s'il est bien supporté, laudanum en lavemens, pour procurer du sommeil

&

& modérer l'irritabilité de l'inteſtin, &c.), par l'influence d'un air pur, par l'inſolation, &c., sefforcer de diſſiper cette complication, avant d'en venir aux remèdes indiqués par la préſence du mal vénérien.

5°. *Ulcères cancéreux.* Il eſt étonnant que les écrivains modernes, qui ont employé toutes les reſſources de leur dialectique pour abattre pièce à pièce le monument élevé à la ſyphilis par la *crédulité* de leurs prédéceſſeurs, n'aient pas cherché à conteſter également la certitude des caractères à l'aide deſquels on reconnoît les ulcères produits par le vice cancéreux. Ces ulcères offrent un aſpect différent, ſuivant qu'ils débutent par la peau ou qu'ils ſuccèdent à une tumeur ſquirrheuſe ſous-cutanée, dont les progrès finiſſent par amener l'ulcération cancéreuſe. Dans le premier cas, on les voit tantôt ſe préſenter avec les phénomènes que nous avons indiqués plus haut à l'occaſion du *noli me tangere,* tantôt ils ſuccèdent à un bouton, à un tubercule, à une verrue que le malade excorie avec ſes ongles ou qui eſt accidentellement ou ſpontanément rompue; l'ulcération, d'abord ſuperficielle, ſouvent recouverte d'une concrétion croûteuſe, finit par s'étendre en largeur & en profondeur, ſans reſpecter les os eux-mêmes, s'accompagnant des douleurs pongitives ou lancinantes propres à la maladie dont elle eſt le ſymptôme, & revêtant toutes les apparences du cancer ulcéré. On donne proprement ce dernier nom à l'ulcère formé par l'ouverture d'une tumeur ſquirrheuſe (*voyez* CANCER & SQUIRRHE dans le *Dictionnaire de Chirurgie* de cet ouvrage); cet ulcère, d'un aſpect hideux, a des bords durs & renverſés, un fond griſâtre & ſanieux; il eſt entouré ſouvent d'une rougeur éryſipélateuſe entretenue par l'ichor âcre qui en découle; des veines variqueuſes en partent, les tiſſus ſous-jacens & environnans ſont indurés, les glandes lymphatiques voiſines s'engorgent; des douleurs pongitives & lancinantes s'y font ſentir, &c. Le fond & les bords de l'ulcère ſont formés par un tiſſu denſe, d'un blanc légèrement griſâtre ou bleuâtre, homogène, d'un aſpect *lardacé* que l'on a déſigné ſous le nom de *tiſſu ſquirrheux,* & qu'on ne peut, quoi qu'en aient dit quelques anatomiſtes modernes, confondre avec le tiſſu blanc formé par la combinaiſon & l'inſiltration des fluides ſéreux & lymphatique retenus dans les mailles du tiſſu cellulaire par une inflammation chronique. A la ſurface de l'ulcération même exiſte une ſorte de détritus putrilagineux qui exhale une odeur *ſui generis;* quelquefois en y voit pulluler des végétations fongueuſes formées de tiſſu ſquirreux ou de tiſſu *encéphaloïde,* ſeconde eſpèce d'altération anatomique propre au cancer qui, comme ſon nom l'indique, préſente un tiſſu blanchâtre, mou, parſemé de vaiſſeaux, aſſez analogue à la ſubſtance cérébrale.

III. Obligé de reſtreindre ſingulièrement ce que nous aurions à dire dans cette troiſième partie de notre travail, nous nommerons ſeulement quelques-unes des ulcérations des diverſes parties du corps, dont le ſiége peut donner lieu à quelques conſidérations particulières, telles que les ulcérations de la muqueuſe digeſtive, celles de la muqueuſe reſpiratoire, celles de quelques-uns des viſcères parenchymateux.

1°. *Ulcération de la bouche & de l'iſthme du gofier.* M. Bretonneau de Tours a appelé l'attention, dans ces derniers temps, ſur deux maladies bien diſtinctes des membranes muqueuſes, reſpiratoires & digeſtives, dont l'une, affectant ordinairement la partie ſupérieure de ces membranes, & qu'il a déſignée ſous le nom de *diphtérite,* peut entraîner des léſions qui ſimulent au premier coup d'œil des ulcérations, mais qui, en réalité, entraînent à peine, dans les cas les plus graves, une éroſion ſuperficielle; tandis que la ſeconde maladie, affectant preſqu'excluſivement la partie inférieure du tube digeſtif, & à laquelle il a donné le nom de *dothinentérite,* produit des ulcérations larges & profondes qui peuvent même amener la perforation complète de l'inteſtin. La *diphtérite* ou *angine couenneuſe, croup,* &c., lorſqu'elle affecte la bouche & en particulier l'iſthme du goſier, préſente des plaques rouges pointillées qui ſe recouvrent de concrétions membraniformes, produit de l'exhalation viciée des follicules muqueux, & lorſque ces pſeudo-membranes ſont en parties détachées & colorées en gris noirâtre par une exhalation ſanguine ſous-jacente, on pourroit très-bien croire à l'exiſtence de véritables ulcérations gangréneuſes; cette méprife a plus d'une fois été commiſe par les praticiens dans les épidémies décrites à tort ſous le nom d'*angines gangréneuſes,* maladie qui d'ailleurs exiſte réellement & n'eſt peut-être qu'un degré plus grave de l'affection à laquelle M. Bretonneau a donné le nom de *diphtérite* ou *angine couenneuſe.* On voit en effet, dans quelques cas d'angine gangréneuſe véritable, des eſchares ſe former & laiſſer après leur chute des ulcérations plus ou moins conſidérables, de même qu'on voit des affections gangréneuſes des gencives & de la face interne des joues, ſurtout dans l'enfance, déterminer des déperditions de ſubſtance plus ou moins conſidérables, des dénudations d'os, des perforations, qui font de ce mal l'affection la plus redoutable lorſqu'elle ſévit ſous la forme épidémique. Dans ces exemples d'angines gangréneuſes proprement dites, on voit parfois des eſchares ſe former auſſi à la peau, & alors il n'y a plus lieu à confondre de ſimples excoriations ou inflammations pſeudo-membraneuſes avec des ulcérations gangréneuſes véritables. Les *aphthes,* ſorte d'affection véſiculeuſe de la bouche, dans laquelle une exhalation concrète s'opère au-deſſous de l'épithelium, ne ſont

ordinairement fuivies, même lorfqu'elles font confluentes & étendues, que d'excoriations fuperficielles qu'il ne convient guère de défigner fous
le nom d'*ulcérations*. Il n'en eft pas de même
de certains ulcères quelquefois très-étendus &
en apparence très-profonds (apparence qui tient
fans doute en grande partie à la tuméfaction inflammatoire des parties environnantes), qui fe
montrent chez plufieurs fujets au fond de la bouche, au-devant de la branche de la mâchoire
inférieure, embraffant affez exactement la dernière molaire d'en bas. L'étiologie de ces ulcérations ne m'eft pas bien connue; quelquefois
il m'a paru qu'elles étoient le réfultat d'une fluxion
liée à la pouffe difficile de la dent de fageffe.
Quoi qu'il en foit, il eft arrivé plufieurs fois qu'on
les a prifes pour des ulcères vénériens, lefquels
n'ont jamais ni le même fiége ni le même afpect,
ou qu'on a voulu les traiter par des cautérifations
qui la plupart du temps font inutiles ou ne deviennent néceffaires qu'à la fin du traitement,
& lorfque ces ulcérations ne fe cicatrifent point
complétement fous l'influence des moyens antiphlogiftiques (fangfues fous la mâchoire, cataplafmes, gargarifmes émolliens, pédiluves, régime févère), ce qui eft rare.

Les ulcères vénériens confécutifs fe montrent
très-fouvent à l'ifthme du gofier, aux piliers du
voile du palais, à la partie mobile de ce voile lui-
même, au palais offeux, à la partie fupérieure du
pharynx. Ce fiége fpécial, leur mode de développement qui s'opère fans véficule ni puftule antécédente, leur marche, leur afpect (forme arrondie,
fond grifâtre, bords inégaux, taillés à pic, &c.),
joints aux circonftances commémoratives & concomitantes, les font toujours fûrement reconnoître
par un obfervateur éclairé.

2°. *Ulcérations inteftinales.* Les plus communes & les mieux connues font celles qui forment (comme l'ont récemment & arithmétique-
ment conftaté les *Recherches* de M. le Dr. Louis
fur l'affection typhoïde), le caractère anatomique
fondamental de la maladie fébrile décrite avec
foin dans le fiècle dernier par Rœderer & Wagler
(*de morbo mucofo*), par Sarcone (*Epid. de
Naples*), puis, plus tard, par MM. Petit & Serres
(*fièvre entéro-méfentérique*); enfin, par M. Bretonneau qui lui a donné le nom de *dothinentérite*.
Voici, d'après M. Andral (*Précis d'Anatomie
pathologique*), ce que l'on fait fur le mode de
développement de ces ulcères inteftinaux.

Sous le rapport de la fréquence des ulcérations, les diverfes parties du tube digeftif doivent être rangées dans l'ordre fuivant: les deux
cinquièmes inférieurs de l'iléum, le cœcum, le
colon, le rectum; les trois cinquièmes fupérieurs
de l'iléum, l'eftomac, le jéjunum, le duodénum.
Dans ces diverfes parties les ulcérations peuvent
avoir été précédées de léfions variées; ce font
fpécialement les fuivantes: A. de petites taches

rouges féparées par des intervalles où la muqueufe
eft intacte, produites par une injection plus ou
moins vive de la membrane, & au centre defquelles fe forment les ulcérations, fans qu'on
puiffe découvrir en ce lieu la préfence de follicules. B. Une rougeur diffufe qui ne diffère que
par cette extenfion des taches précédentes, au
milieu de laquelle fe développent çà & là des
ulcérations plus ou moins nombreufes. C. Au lieu
d'une fimple injection, un ramolliffement plus
ou moins confidérable de la membrane muqueufe.
D. Un développement contre nature des follicules *ifolés* ou *aggminés* (*glandes de Brunner* &
de Peyer) de la muqueufe. Cette dernière léfion
eft celle que l'on obferve le plus fouvent, & c'eft
au fein mêmes des follicules que les ulcérations
inteftinales prennent naiffance le plus ordinairement. Avant de s'ulcérer, les follicules *ifolés* du
tube digeftif commencent par augmenter de volume; ils s'engorgent, fe tuméfient & apparoiffent
à la furface interne des inteftins comme des boutons conoïdes rouges ou grifâtres; parfois ils
font comme confluens & recouvrent une grande
partie de la furface interne de l'inteftin grêle &
du gros inteftin. Leur fommet fe déprime &
s'ulcère, & plus tard les progrès de l'ulcération
détruifent complétement ces éminences. On peut
voir dans l'état chronique comme dans l'état
aigu, des ulcérations fuccéder à l'engorgement
des follicules inteftinaux. C'eft ainfi qu'après que
des follicules font reftés long-temps diftendus
par une matière d'apparence tuberculeufe, qui
leur donne l'afpect de petites granulations d'un
blanc mat, il arrive une époque où dans ce follicule on voit fuccéder au travail de fécrétion
morbide, dont jufqu'alors il avoit été le fiége,
un travail d'ulcération. Les follicules *agminés*,
qui vers la fin de l'inteftin grêle & dans le cœcum
conftituent les glandes de Peyer, fe tuméfient
comme les précédens avant de s'ulcérer: ils repréfentent à la furface interne de l'inteftin, vers
le côté oppofé à l'infertion du méfentère, de
larges plaques oblongues, grifes, brunes ou rouges, qui s'élèvent au-deffus du niveau de la muqueufe, & occupent fouvent plufieurs pouces de
long. Sur ces plaques on obferve quelques folutions de continuité qui, d'abord très-fuperfi-
cielles, s'étendent bientôt en profondeur & en
fuperficie, finiffent par fe réunir, & alors, au
lieu d'une plaque formant relief au-deffus de la
muqueufe, on ne trouve plus qu'une ulcération,
oblongue comme l'amas de follicules qu'elle a
remplacés, régnant comme ces follicules dans
une étendue de plufieurs pouces en longueur, &
occupant comme eux le côté libre de l'inteftin.
Telle eft l'origine la plus commune de ces ulcérations que l'on rencontre fi fouvent après les ma-
dies connues fous le nom de *fièvres graves*, dans
le cinquième inférieur de l'inteftin grêle & dans
le cœcum. E. Dans quelques cas, beaucoup plus

rares qu'on ne l'a cru pendant long-temps, une portion de membrane muqueuse gastro-intestinale ne vient à s'ulcérer qu'après avoir été frappée de gangrène, la solution de continuité succède alors à la chute de l'eschare. F. Enfin, les ulcérations intestinales peuvent succéder à une lésion première siégeant dans le tissu cellulaire sous-muqueux. Irritée, par exemple, par la présence d'une matière tuberculeuse sécrétée dans ce tissu cellulaire, la membrane muqueuse se congestionne & s'ulcère, comme le fait la muqueuse bronchique, pour livrer passage à la matière tuberculeuse formée en dehors de la cavité qu'elle tapisse. Mais il faut bien se garder de croire que les ulcérations que l'on rencontre si communément dans les intestins des phthisiques, reconnoissent *toujours* ce mode particulier de formation, quoique cette opinion, d'ailleurs très-spécieuse en théorie, soit assez généralement accréditée. Les progrès destructeurs des ulcérations intestinales peuvent amener la perforation du tube digestif, d'où la possibilité d'un épanchement & du développement d'une péritonite rapidement mortelle. Cette terminaison fâcheuse peut même s'observer dans des cas où il n'existe qu'une seule ulcération dans un point de l'estomac ou de l'intestin, sans altération bien notable de la santé générale, en sorte que les accidens les plus terribles & une mort inopinée succèdent tout à un coup & sans qu'on puisse le prévoir à de légères incommodités. Dans des cas plus rares, une ulcération de la muqueuse peut être suivie de l'adhérence intime des parois correspondantes de l'intestin, d'où l'oblitération de ce conduit & tous les phénomènes de l'iléus. Beaucoup de faits bien observés démontrent que les ulcérations intestinales peuvent se cicatriser, & que le malade peut guérir; mais, dans ce cas, une véritable cicatrice, analogue à celle qu'offrent les plaies avec perte de substance des tégumens, reproduit d'une manière plus ou moins parfaite le tissu muqueux qui a été détruit. Quel est le genre de médication le plus propre à favoriser cette heureuse terminaison? On ne peut encore émettre sur ce point que des conjectures, puisqu'on a pu observer la guérison dans des cas où les méthodes les plus opposées avoient été mises en usage. Toutefois, une analogie légitime permet d'établir que de même que les ulcérations de l'extérieur du corps nécessitent souvent des applications & des remèdes de diverses espèces, de même aussi les ulcères internes peuvent bien ne pas toujours réclamer le même genre de traitement.

3°. *Ulcérations de la muqueuse des voies, aériennes.* Les ulcérations rongeantes scrofuleuses ou simplement locales de la maladie que nous avons indiquée plus haut sous le nom de *lupus* ou *dartre rongeante*, débutent quelquefois sur la muqueuse nasale & s'étendent de là aux tégumens, en sorte qu'il peut arriver qu'au lieu d'être

détruit de dehors en dedans, comme c'est le plus ordinaire en pareil cas, le nez soit au contraire rongé de dedans en dehors. On a vaguement désigné sous le nom d'*ozènes*, des ulcérations de la pituitaire qui peuvent reconnoître diverses causes, mais qui sont le plus souvent produites par une inflammation chronique liée au vice scrofuleux. Le vice syphilitique détermine aussi assez souvent des ulcérations qui peuvent ronger la pituitaire, détruire la cloison des fosses nasales & même attaquer les os propres du nez; la destruction de ceux-ci entraîne la déformation incurable de cette partie. C'est assez souvent à la présence d'ulcérations qui détruisent la muqueuse qui revêt les bords de la glotte, que tiennent la *phthisie laryngée*, l'aphonie qui s'observe si communément à une période avancée de la phthisie pulmonaire, &c. (*Voyez* ces mots & l'article TRACHÉITE.) Quant aux ulcérations des ramifications bronchiques qui se forment par suite du développement de tubercules suppurés dont la matière se fraie une issue au-dehors, il est clair que ce n'est là qu'un phénomène très-secondaire dans l'histoire générale des *tubercules pulmonaires.* (*Voyez* ce mot.)

4°. *Ulcérations des poumons.* Bayle avoit décrit sous le nom de *phthisie ulcéreuse* une maladie que Laennec a rapportée avec raison à la *gangrène pulmonaire* : une portion ordinairement très-circonscrite du tissu du poumon est réduite en gangrène & expulsée par l'expectoration, d'où résulte la formation d'une excavation ulcéreuse qui a des caractères particuliers. « Les anciens anatomistes décrivoient sous le nom d'*ulcère du poumon* les excavations qui, dans ces derniers temps, ont été regardées comme le produit d'une fonte tuberculeuse. Cette dernière opinion est exacte dans un assez grand nombre de cas, mais non pas dans tous. Il m'est arrivé plus d'une fois de trouver, au milieu du parenchyme pulmonaire induré, une ou plusieurs cavités ulcéreuses, sans qu'il y eût nulle part aucune trace de tubercules, ou bien si l'on en trouvoit, ils étoient très-petits, très-peu nombreux, & ne prouvoient pas plus que l'ulcère avoit succédé au ramollissement d'une masse tuberculeuse, que les tubercules qu'on trouve assez souvent au pourtour & au fond des ulcérations intestinales ne peuvent servir à démontrer que ces ulcérations ont été produites par le ramollissement d'un tubercule sous-muqueux. Rien ne prouvoit non plus que ces ulcères pulmonaires eussent été précédés de la formation d'une eschare. Ainsi le parenchyme du poumon peut s'ulcérer primitivement. Tantôt l'ulcération est unique & plus ou moins considérable; tantôt il y a un grand nombre d'ulcérations disséminées dans le parenchyme. L'induration qui les entoure en précède souvent la formation, mais elle peut aussi la suivre. (*Andral, loc. cit.*) » Il n'en est pas moins vrai que les idées théoriques des Anciens

fur les ulcères du poumon regardés comme l'es-
fence de la pulmonie, étoient en général erronées,
quoique Hippocrate eût décrit lui-même les tubercules pulmonaires & leurs altérations fucceff-
fives. Ce n'eft que dans des cas rares & exceptionnels que l'on rencontre des ulcères véritables
& primitifs du poumon; on s'en étoit laiffé impofer par les phénomènes de la maladie & par la
deftruction de tiffu apparente ou réelle que peuvent
amener dans le parenchyme les tubercules & la
gangrène. (*Voyez* Phthisie pulmonaire.)

5°. *Ulcères de la matrice.* Les ulcères du col
de l'utérus font prefque tonjours de nature can-
céreule, & alors ils ont des caractères qui ne
peuvent être méconnus; leur furface végétante,
fongueufe, recouverte d'un détritus putrilagineux
& fourniffant un ichor fétide, le tiffu fquirrheux
qui les environne & fur lequel repofe leur fond,
les douleurs qui les accompagnent, &c., font
autant d'indices propres à en caractérifer la nature. Il peut auffi fe former des excoriations fuperficielles dans le cas de métrite chronique; quelques praticiens dignes de foi ont obfervé fur la
même partie des ulcérations fyphilitiques. L'emploi du *fpeculum uteri*, qui permet d'obferver
à l'aide de la vue ces diverfes ulcérations & d'y
appliquer les topiques convenables, en rend le
diagnoftic & la cure plus faciles. Une obfervation récente a prouvé que l'opération du cancer
pouvoit être appliquée à l'utérus malade : M. le
prof.[r] Récamier, redoutant avec raifon les fuites
des extirpations bornées au col de l'utérus, n'a pas
craint d'extirper la matrice elle-même dans un
cas où le col tout entier étoit fquirrheux & ulcéré; un plein & entier fuccès a couronné cette
entreprife hardie.

Nous ne dirons rien du traitement des ulcères
en général, chaque efpèce réclamant des foins
appropriés. Quant aux craintes juftement fondées
que la plupart des praticiens ont conçues fur la
cicatrifation trop prompte des anciens ulcères
de l'extérieur du corps, il eft vrai de dire que
quelquefois, même dans des cas où toutes les
précautions avoient été prifes pour prévenir les
dangers de la fuppreffion d'un exutoire devenu
habituel, on a vu des pneumonies mortelles,
des apoplexies funeftes fuivre la guérifon de quelques ulcères calleux ou variqueux anciens, chez
des fujets qui auparavant n'avoient pas paru me-
nacés de ces fortes de maux. (Gibert.)

ULCÉREUX, se, adj. (*Pathol. chir.*), qui
tient de la nature de l'ulcère, qui eft couvert
d'ulcères, *plaie*, *phthifie* ulcéreufe.

ULITE, f. f. (*Pathol.*) *Ulitis*, de ουλος, gen-
cive. D'après fon étymologie & fa terminaifon,
ce mot nouveau eft évidemment l'expreffion la
plus convenable pour remplacer la périphrafe *in-*

flammation des gencives. (*Voyez* Gencives dans
le *Dictionnaire de Chirurgie* de cet ouvrage.)

ULLEM. (*Pathol.*) Suivant Schæffer & Linné,
les Lapons donnent ce nom à une forte de *pyrofis* ou fer-chaud, accompagnée de violentes coliques, que leur occafionnent l'ufage du lait de
rennes & les chairs fumées dont ils fe nourriffent.
Quelquefois ils nomment cette affection *hofme*.

ULMACÉES, f. f. pl. (*Bot.*, *Mat. médic.*)
Ulmaceæ. Nom d'une famille de plantes qui faifoit autrefois partie de celle des Amentacées, &
que l'on en a féparée aujourd'hui, en prenant pour
type le genre *Ulmus*.

Les ufages médicinaux de ces plantes font à peu
près nuls, malgré la vogue que l'on a voulu donner
à l'écorce moyenne de l'*orme commun*, propofée
comme un remède fpécifique dans le traitement de
la lèpre, des dartres & dans celui de quelques
autres affections chroniques de la peau.

ULMAIRE, f. f. (*Bot.*, *Mat. médic.*) *Spiræa
ulmaria.* Plante de la Pentandrie monogynie de
Linné & de la famille des Rofacées, dont l'ufage
eft aujourd'hui complétement abandonné. (*Voyez*
Reine des prés dans ce Dictionnaire, & Spirée
dans celui de *Botanique* de cet ouvrage.)

ULMINE, f. f. (*Chim. végét.*) Nom d'une fubftance découverte en 1797 par le prof.[r] Vauquelin,
en faifant l'analyfe d'une exfudation brune d'écorce
d'orme (1). L'ulmine fe rencontre dans un grand
nombre d'écorces, & M. Braconnot eft même parvenu à la produire artificiellement.

Cette fubftance eft folide, d'un noir brillant
comme du jayet, très-fragile, peu fapide, inodore, infoluble dans l'eau froide, foluble dans
l'eau chaude, plus foluble encore dans l'alcool &
dans l'acide fulfurique concentré. L'ulmine eft
fufceptible de fe combiner avec la potaffe, l'ammoniaque, avec lefquelles elle forme des compofés
très-folubles dans l'eau. Elle n'eft, jufqu'à préfent, d'aucune utilité.

ULNAIRE, adj. (*Anat.*) *Ulnaris.* Qui a rapport au cubitus. Nom donné à deux mufcles,
dont l'un eft le mufcle cubital poftérieur (*ulnaris
externus* d'Albinus), l'autre le cubital antérieur
(*ulnaris internus* du même auteur). (*Voyez* Cubitus dans le *Dictionnaire d'Anatomie* de cet
ouvrage.)

ULTIMI-STERNAL, adject. & f. m. (*Anat.*)
Nom donné par Béclard à la dernière pièce offeufe du fternum. (*Voyez* Ensisternal & Sternum
dans le même Dictionnaire.)

_____

(1) *Annales de Chimie*, tome XXI, page 44.

ULTIMUM-MORIENS. (*Physiol.*) Locution latine conservée en français & servant à désigner les parties qui semblent mourir les dernières. Telles sont les cavités droites du cœur & le poumon.

UMARI, s. m. (*Bot.*, *Mat. médic.*)- *Geoffroia.* Genre de plantes appartenant à la Diadelphie décandrie de Linné & à la famille des Légumineuses. L'une des espèces, le *Geoffroia spinosa*, est connue à Saint-Domingue sous le nom de *pois palmistes* & renferme une amande nutritive. Les écorces des *Geoffroia inermis* & *surinamensis* sont, dans ce même pays, regardées comme de puissans anthelmintiques.

UNCIFORME, adj. (*Anat.*) *Unciformis.* Nom donné au quatrième os de la seconde rangée du carpe. On l'appelle aussi *os crochu.* Chaussier a aussi désigné sous le nom d'*éminence unciforme* la saillie communément nommée *ergot* & qui existe dans les ventricules de l'encéphale. (*Voyez* CROCHU dans le *Dictionnaire d'Anatomie.*)

UNGUÉAL, LE, subst. & adject. (*Anat.*) Expression employée comme synonyme d'*unguifère* & servant à désigner les dernières phalanges des doigts & des orteils, qui supportent les ongles, & que Chaussier nomme *phalangettes.*

UNGUIS, s. m. (*Anat.*, *Pathol. chirur.*) L'os *lacrymal*, à raison de sa structure lamelleuse, a été comparé à un ongle & nommé *os unguis.* Il est situé à la partie antérieure & interne de la cavité orbitaire, & présente une sorte de gouttière qui concourt à former la *gouttière lacrymale.* (*Voyez* UNGUIS dans le *Dictionnaire d'Anatomie* de cet ouvrage:) On nomme encore *unguis* la maladie de l'œil appelée *ptérygion.* (*Voyez* ce dernier mot dans ce Dictionnaire & dans celui de *Chirurgie* de cet ouvrage.)

UNISSANT, adj. (*Band.*, *Appar.*) Se dit d'un bandage employé pour réunir les plaies, & dont la disposition varie suivant la forme des parties sur lesquelles on le doit appliquer. (*Voyez* l'article BANDAGE dans le *Dictionnaire de Chirurgie* de cet ouvrage.)

UPAS, s. m. (*Mat. méd.*) Ce mot, qui dans les îles de la Sonde signifie *poison végétal*, a été transporté dans notre langue, où il est plus particulièrement employé pour désigner deux poisons végétaux, l'*upas antiar* & l'*upas tieuté*, dont les naturels du pays se servent pour empoisonner leurs flèches. On a pendant long-temps débité les contes les plus absurdes, tant sur les effets de ces poisons que sur la manière dont ont les récoltoit. M. Charles Coquebert-Montbret est le premier qui, faisant justice de tout ce fatras d'absurdités, réduisit l'histoire de ces fameux poisons à sa juste valeur, en publiant seulement les faits les plus positifs & les plus raisonnables. Mais ce fut M. Leschenault de la Tour, attaché comme naturaliste à l'expédition de circum-navigation du capitaine Baudin, qui ayant séjourné pendant quelque temps à Java, donna à son retour à Paris, dans le 16e. volume des *Annales du Muséum d'Histoire naturelle*, la description, jusqu'alors absolument inconnue, des deux arbres qui fournissent ces poisons. Il remit aussi une certaine quantité de ces poisons, qu'il avoit rapportés, à MM. Magendie & Delille, qui firent un grand nombre d'expériences propres à en constater les effets sur les animaux, & dont les résultats se trouvent consignés dans un Mémoire présenté en 1809 à l'Institut, par MM. Magendie & Delille, ainsi que dans une *Dissertation inaugurale* soutenue par ce dernier devant la Faculté de médecine de Paris.

Plus récemment encore, M. Magendie fit paroître, dans le 7e. volume de son *Journal de Physiologie*, la traduction d'un Mémoire publié dans le 7e. volume des *Transactions de la Société de Batavia*, par M. Thomas Horsfield, qui a résidé pendant long-temps à Java, comme médecin naturaliste attaché au gouvernement hollandais.

C'est à ces différentes sources que nous puiserons les notions que nous allons donner, tant sur les végétaux qui fournissent ces poisons, que sur les propriétés toxiques de ces poisons eux-mêmes.

Upas antiar, qu'on nomme à Java *upas antschar*, est le suc qui s'écoule des entailles faites au tronc d'un arbre très-grand, que M. Leschenault de la Tour a reconnu appartenir à la famille des *Urticées*, & qu'il a nommé *antiaris toxicaria.* (LESCH. *Ann. du Mus.*, tom. 21, pag. 476.) Cet arbre est un des plus grands des îles de la Sonde & acquiert des dimensions colossales. C'est à tort qu'on a dit qu'il vivoit isolé & nuisoit à tout ce qui l'environnoit, végétaux & animaux, puisque l'auteur qui nous a fourni ces documens l'a vu environné de végétaux de toute espèce & couvert d'une grande quantité d'insectes, qui naissent & meurent sur son écorce.

L'upas antiar, ou suc de l'*antiaris toxicaria*, a une couleur jaunâtre; il est très-visqueux & d'une saveur très-amère. Il est formé d'une résine élastique particulière, d'une substance gommeuse peu soluble & d'une matière amère composée elle-même d'un principe colorant, d'un acide indéterminé & d'une matière qui en est la partie active, & que MM. Pelletier & Caventou croient être un alcali végétal soluble.

Nous allons rapporter plusieurs expériences extraites des meilleurs auteurs, pour bien déterminer les différens modes d'action de cette espèce de poison sur l'économie animale.

1re. *Expérience.* Lorsqu'on verse 6 à 8 gouttes de suc liquide d'*antiar* dans une incision faite à la cuisse d'un chien, ou que l'on y introduit un petit morceau de bois enduit d'un grain ou même d'un demi-grain du même poison desséché, l'animal ne paroît rien éprouver pendant huit à dix minutes; alors il vomit, à deux ou trois reprises, des matières jaunâtres, comme bilieuses, & a quelquefois plusieurs évacuations alvines; il change peu de place, se couche & se relève alternativement; bientôt les vomissemens, qui avoient cessé, recommencent; la respiration devient bruyante & est souvent interrompue par des hoquets & des sanglots; les muscles de l'abdomen & de la poitrine entrent en contraction; une bave jaune & écumeuse couvre les bords des mâchoires; tout-à-coup l'animal pousse plusieurs cris, sa tête se renverse fortement en arrière, il tombe sur le côté, roidit ses membres, les agite d'une manière irrégulière; les muscles de la face entrent en convulsion, l'animal fait des sauts & heurte les objets qui l'environnent; la respiration se fait par saccades, & il survient une sorte de râle qui précède la mort de peu d'instans. En ouvrant les cadavres immédiatement après la mort, on voit que le cœur contient du sang artériel vermeil; il n'y a aucune lésion dans le cerveau; la blessure conserve la couleur & l'amertume du poison. (ORFILA, *Toxicologie générale*, tom. II, pag. 396.)

2e. *Expérience.* Si on fait avaler à un chien 4 grains d'antiar, on remarque que cet animal ne commence à vomir qu'au bout d'une heure; les vomissemens durent pendant trois ou quatre heures, avec de longs intervalles de repos; il y a plusieurs déjections alvines, & la mort n'arrive qu'au bout de huit, dix ou douze heures, & quelquefois plus tard. (ORFILA, *ouvrage cité.*)

3e. *Expérience.* On peut verser sur le nerf sciatique, isolé des parties environnantes, plus de 20 gouttes de ce poison, sans que l'animal éprouve le moindre accident. (ORFILA, *ouvrage cité.*)

4e. *Expérience.* Si on injecte le suc de l'antiar dans la veine jugulaire des chiens ou des chevaux, ces animaux succombent peu de minutes après l'opération, & les symptômes qui précédent la mort sont les mêmes que ceux décrits dans la première expérience. La mort tarde un peu plus si l'injection du poison a été faite dans la plèvre ou dans une des veines du mésentère; mais on remarque également des convulsions, des cris, des vomissemens & des évacuations alvines. (ORFILA, *ouvrage cité.*)

5e. *Expérience.* Lorsqu'on injecte dans une des carotides d'un chien quelques gouttes d'antiar étendu d'eau, l'animal pousse un cri dans le même instant; il n'éprouve pas de vomissemens; sa tête se contourne, l'occiput se renverse sur le plancher, le col & le tronc sont courbés en S, les pattes se roidissent & sont agitées par intervalles, & la mort a lieu en moins de cinq minutes (1).

L'injection de ce poison dans la pulpe cérébrale produit les mêmes effets que l'injection dans la carotide.

6e. *Expérience.* Un quart de grain de la matière présumée active de l'antiar fut injectée dans la plèvre d'un lapin; trois minutes après l'injection l'animal commença à se plaindre & sembla beaucoup souffrir, puis il eut des nausées; au bout de la quatrième minute il fut pris de violens mouvemens convulsifs des membres & de la face, & périt après la cinquième minute. (ORFILA, *ouvrage cité.*)

7e. *Expérience.* Un demi-grain de la même matière fut injecté dans la plèvre d'un lapin; au bout de trois minutes, apparition des mêmes phénomènes que dans l'expérience précédente: mort avant la quatrième minute (2).

Il résulte de ces expériences: 1°. que l'upas antiar est très-vénéneux lorsqu'il est injecté dans la carotide, la pulpe cérébrale ou la veine jugulaire, qu'il l'est moins quand il est injecté dans la plèvre; moins encore quand il est appliqué sur le tissu cellulaire, & beaucoup moins quand il est introduit dans l'estomac; 2°. qu'il agit comme émétique; 3°. qu'il est absorbé, porté dans le torrent de la circulation & qu'il agit sur le système nerveux & sur l'estomac; 4°. que la matière amère soluble agit comme l'antiar, mais avec beaucoup plus d'énergie; 5°. que ce poison en contact avec les nerfs ne produit pas le moindre effet.

M. Brodie (3) pense que l'upas antiar porte son action principalement sur le cœur, qu'il rend insensible à l'action du sang; il fonde son opinion sur ce que, peu de temps après l'application de l'upas, les contractions du cœur sont irrégulières, intermittentes, puis deviennent foibles & cessent immédiatement après la mort: alors cet organe se trouve distendu par une grande quantité de sang.

M. Emmert a fait aussi les mêmes observations sur l'état du cœur des animaux qui périssent empoisonnés par l'upas antiar.

Traitement de l'empoisonnement par l'upas antiar. Les moyens qui ont le mieux réussi pour annuler ou suspendre les effets de ce poison, consistent à faire rejeter le poison le plus promptement possible à l'aide d'un émétique, ou mieux en-

(1) MAGENDIE & DELILLE, *Mémoire présenté à l'Institut* en 1809.
(2) ANDRAL fils, *Annales de Physique & de Chimie*, tome XXVI.
(3) *Philosophical transactions*, année 1811, pag. 196.

core en titillant la luette & le gofier avec la barbe d'une plume à écrire, & à s'oppofer enfuite à l'afphyxie, qui eft la principale caufe de la mort, en pratiquant la trachéotomie & en infufflant l'air dans les poumons. La mort a été retardée chez plufieurs animaux foumis à ce mode de traitement, & elle n'a eu lieu que lorfqu'on a ceffé l'infufflation de l'air. M. le profr. Orfila infifte beaucoup fur l'importance de ce moyen, dont on doit fe fervir avec patience & perfévérance, car il n'eft efficace, dit ce favant expérimentateur, que lorfqu'il eft employé pendant plufieurs heures; il ajoute qu'il peut garantir avoir fauvé par ce moyen quatorze animaux fur vingt qui auroient fuccombé afphyxiés fi on ne l'eût pas mis en ufage. Dans les cas où ces poifons ont été appliqués fur des bleffures, on les empêche de devenir mortelles en retirant auffitôt l'inftrument vulnérant, en cautérifant la plaie jufqu'au fond & en pratiquant une ligature au-deffus de l'endroit bleffé. L'efficacité de ces préceptes eft confirmée par un fait généralement connu, favoir, qu'une hémorragie empêche l'empoifonnement parce qu'elle s'oppofe au mélange du fang avec la fubftance délétère. Il eft à remarquer que l'eau éthérée & l'huile de térébenthine font des moyens très-falutaires à employer pour rétablir la fanté des animaux empoifonnés par l'upas antiar.

UPAS TIEUTÉ. Selon M. Horsfield, ce poifon, beaucoup plus violent que l'*antiar*, eft appelé *tshettik* par les naturels du pays. Il eft produit par un grand arbriffeau farmenteux ou liane dont on ignore encore la fructification, mais que M. Lefchenault a reconnu appartenir au genre *Strychnos*, & qu'il a décrit & figuré fous le nom de *ftrychnos tieuté*.

Les Javanais préparent ce poifon de la manière fuivante : ils féparent l'écorce de la racine après l'avoir bien nettoyée de la terre qui y refte attachée; ils la mettent dans de l'eau qu'ils font bouillir jufqu'à réduction de moitié environ; enfuite ils filtrent ce décoctum à travers une toile, le remettent fur le feu & l'y laiffent évaporer jufqu'à confiftance d'extrait mou, alors ils y ajoutent le fuc des arum, galanga, oignon, ail & une certaine quantité de poivre, le remettent de nouveau fur le feu pendant quelques minutes feulement, pour bien opérer le mélange, & alors l'opération eft terminée.

Ce poifon ainfi préparé eft, comme nous l'avons dit plus haut, beaucoup plus violent que celui que l'on retire de l'*antiaris*, & fert aux Javanais pour empoifonner leurs armes de guerre & de chaffe; la chair des animaux qu'ils tuent par ce moyen ne contracte aucune qualité malfaifante, & il fuffit d'enlever la partie en contact avec l'inftrument vulnérant : c'eft d'ailleurs un fait qui a été conftaté depuis long-temps, & qui ne fait que confirmer la fimilitude d'action de l'upas

tieuté & de la noix vomique (*ftrychnos*, *nux vomica*) qui, comme l'antiar, ne communique aucunes propriétés délétères à la chair des animaux tués par ce poifon, chair que l'on peut manger impunément, en ayant toutefois la précaution d'enlever la partie dans laquelle le poifon a été dépofé.

Nous allons rapporter les expériences de MM. Magendie & Delille (1), qui conftatent le mode d'action de l'upas tieuté fur l'économie animale.

1re. *Expérience*. Si on enfonce dans les mufcles de la cuiffe d'un chien un morceau de bois ou tout autre inftrument couvert d'*upas tieuté*, on remarque qu'au bout de deux ou trois minutes l'animal éprouve un malaife général & cherche les coins de l'appartement; prefqu'auffitôt après tous les mufcles du corps fe contractent; la colonne vertébrale fe redreffe & les pattes antérieures quittent un moment le fol. Cette contraction n'eft qu'inftantanée & l'animal eft calme pendant quelques fecondes : alors une nouvelle contraction générale a lieu, elle eft plus forte que la première & fe prolonge davantage; le redreffement de la colonne vertébrale eft plus fenfible & la refpiration devient accélérée. Bientôt les accidens ceffent fubitement, la refpiration fe ralentit & l'animal paroît comme étonné. A ce calme, qui ne dure guère qu'une minute, fuccède de nouveau une forte contraction générale; les pattes antérieures, roides & rapprochées, fe dirigent en arrière; la refpiration devient de nouveau très-accélérée, la colonne vertébrale redreffée, & la tête fortement portée en haut & renverfée fur le cou. Le thorax n'étant plus foutenu, l'animal menacé d'une chute marche rapidement fur fes extrémités poftérieures; bientôt une contraction plus intenfe fe manifefte; les mufcles de l'épine foulèvent la poitrine & la tête; les pattes poftérieures deviennent roides & immobiles; puis l'animal tombe d'abord fur la mâchoire inférieure & après fur le côté. Alors il eft pris de tétanos général, avec immobilité du thorax & ceffation de la refpiration; la langue & les gencives, d'une couleur violette, ne tardent pas à annoncer l'apoplexie. Cet état dure environ une minute, puis le tétanos difparoît fubitement & la refpiration fe rétablit peu à peu. Pendant cet accès l'animal conferve l'ufage de fes fens; au bout d'un minute, nouvelle contraction générale, tellement violente que le plancher éprouve un tremblement marqué. Cette fecouffe peut-être comparée à celle qui a lieu lorfqu'on dirige un courant galvanique fur la moelle épinière d'un animal récemment tué; elle eft accompagnée d'afphyxie, & un peu avant de

---

(1) *Mémoire lu à l'Inftitut en* 1809.

disparoître on remarque que les muscles de la face sont pris de mouvemens convulsifs. Dans cet état, le simple contact d'une partie quelconque de l'animal suffit pour déterminer cette roideur tétanique, & l'animal meurt cinq, six ou huit minutes après le premier accès. L'examen du cadavre prouve que l'asphyxie est la cause de la mort, & celui de la plaie fait voir que le poison s'est introduit dans les muscles, & toutes les parties avec lesquelles il étoit en contact sont colorées en jaune-brunâtre.

2°. *Expérience.* Après avoir séparé la patte d'un chien de la cuisse par une amputation qui ne laissoit que la veine & l'artère crurale pour tout moyen de communication, on a enfoncé dans le membre ainsi isolé un morceau de bois chargé de trois grains d'upas tieuté : l'animal a éprouvé un accès de tétanos dix minutes après ; cet accès s'est renouvelé, & il est mort quinze minutes après l'invasion des accidens.

3°. *Expérience.* Une très-petite quantité d'upas tieuté fut dissoute dans de l'eau & injectée dans le péritoine d'un chien ; vingt secondes après l'injection l'animal offrit tous les symptômes que nous venons d'exposer, & il expira après la troisième attaque.

4°. *Expérience.* Quarante gouttes d'upas dissoutes dans de l'eau sont injectées dans la plèvre d'un cheval bai hors d'âge, & presque sur le champs le tétanos & l'asphyxie se manifestent, & l'animal meurt dès la deuxième attaque.

5°. *Expérience.* Une anse d'intestin grèle est tirée hors de l'abdomen, on plaça deux ligatures à huit centimètres l'une de l'autre, & on injecta dans cette portion huit gouttes de ce poison étendues dans deux grammes d'eau ; les attaques ne commencèrent qu'au bout de six minutes, & l'animal ne succomba qu'à la quinzième.

6°. *Expérience.* La même expérience est répétée sur un chien en ne conservant qu'un seul rameau artériel & veineux, se rendant des branches mésentériques à la partie isolée, & l'accès du tétanos dont l'animal est mort ne s'est déclaré que onze minutes après.

7°. *Expérience.* Deux grains d'upas diffous dans de l'eau sont injectés dans l'estomac tiré au-dehors à travers une incision faite à la paroi abdominale, & l'accès tétanique ne se manifeste qu'au bout d'une heure.

8°. *Expérience.* On injecte dans la veine jugulaire d'un cheval vigoureux huit gouttes de dissolution d'upas : sur-le-champ l'animal fut en proie à un accès de tétanos qui le fit périr en moins de trois minutes ; & douze gouttes de la même dissolution, injectées dans l'artère crurale d'un chien, ne produisirent des effets sensibles que sept minutes après l'injection.

9°. *Expérience.* On injecte une très-petite quantité d'upas tieuté dans l'artère carotide d'un chien, & au même instant les fonctions intellectuelles furent perverties ; la tête se plaça entre les pattes antérieures, & l'animal se rouloit en boule. Ces effets ne tardèrent pas à se calmer, & il fut alors en proie à tous les symptômes qui résultent de l'action de ce poison sur la moelle épinière.

10°. *Expérience* On introduisit de l'upas dans la cuisse d'un chien adulte & vigoureux, & l'on fit la section de la moelle épinière à l'instant où l'animal éprouvoit la première contraction tétanique. Non-seulement l'accès ne cessa pas, mais il fut suivi de quatre nouveaux accès dans l'espace d'un quart d'heure.

11°. *Expérience.* On a coupé la moelle épinière derrière l'occipital, on a injecté dans la plèvre du côté gauche huit gouttes d'upas mêlées à quatre grammes d'eau. Les accidens se sont manifestés avec la même intensité & la même promptitude que si la section n'eût pas été faite ; ils ont continué aussi long-temps que la circulation s'est effectuée.

12°. *Expérience.* Huit gouttes d'upas tieuté étendues d'eau ont été injectées dans la plèvre d'un fort chien, dans le même instant une tige de baleine a été enfoncée dans toute la longueur du canal vertébral : toute la moelle épinière a suivi la tige de baleine lorsqu'on l'a retirée du canal vertébral. Dix minutes après la destruction de la moelle, la circulation étoit encore très-sensible & il ne s'étoit manifesté aucune contraction.

13°. *Expérience.* La même quantité d'upas fut injectée dans le péritoine d'un chien ; aussitôt que le tétanos se déclara on enfonça la tige de baleine dans le canal vertébral, en commençant par la première vertèbre du cou ; le tétanos cessa dans les pattes antérieures lorsque la baleine parvint à la région dorsale ; il continuoit au contraire dans les extrémités postérieures qui cessèrent de se contracter quand la tige arriva à l'extrémité caudale du canal vertébral.

14°. *Expérience.* On a injecté huit gouttes d'upas étendues d'eau dans la portion cervicale du canal vertébral ; immédiatement après il s'est manifesté dans les pattes antérieures une roideur qui a persisté plus de six minutes, avec des redoublemens très-forts ; les pattes postérieures sont restées flexibles comme dans l'état naturel, mais vers la fin de la sixième minute, elles ont participé à la roideur générale, & à la dixième les extrémités antérieures n'étoient plus roides ; les postérieures seulement l'étoient encore un peu, mais elles se relâchèrent bientôt.

15°. *Expérience.* On a énervé un chien barbet très-vigoureux ; ensuite on a coupé transversalement le canal vertébral & la moelle épinière vers la région lombaire, & six gouttes d'upas ont été injectées dans la partie du canal qui répond

aux

aux lombes & aux nerfs du baffin. Sur-le-champ les membres poftérieurs ont manifefté de la roideur & ont préfenté pendant dix minutes les effets de l'upas : ce n'eft qu'à la onzième minute que l'on a aperçu quelques foibles contractions dans les membres antérieurs.

16°. *Expérience.* On a porté l'upas fur la portion lombaire de la moelle ; les membres poftérieurs feuls ont été frappés de tétanos. Quelques minutes après le poifon a été porté fur la région cervicale du canal, & dans le même inftant les membres pectoraux font entrés en contraction.

17°. *Expérience.* On a détaché la partie fupérieure du nerf fciatique dans l'étendue d'un pouce environ ; on l'a foulevé avec une plaque de plomb, on a verfé quelques gouttes d'upas fur le nerf, puis on l'a ouvert longitudinalement, & on a infinué les gouttes dans fon tiffu. Il ne s'eft manifefté d'autre accident que celui de la douleur dans le nerf bleffé, & la guérifon s'eft opérée en très-peu de temps.

Il réfulte de ces expériences : 1°. que l'upas tieuté mis en contact avec les mufcles eft promptement abforbé, qu'il détermine des contractions tétaniques, & que la mort furvient ordinairement huit, dix ou quinze minutes après l'application du poifon ; 2°. qu'une très-petite quantité de cette fubftance injectée dans le péritoine ou dans la plèvre donne lieu à un effet beaucoup plus prompt ; 3°. qu'injecté dans l'eftomac, les inteftins grêles & les gros inteftins, l'upas produit de même la mort, mais avec des fignes d'une abforption plus foible & furtout beaucoup plus lente ; 4°. que fon action eft plus prompte quand on l'injecte dans les artères que quand il eft introduit dans les veines ; 5°. que la fection de la moelle épinière, quand elle eft faite après l'empoifonnement, ne s'oppofe en rien à l'effet de l'upas, & que faite avant, elle ne prévient qu'imparfaitement l'action du poifon fur les parties fituées au-delà de la folution de continuité ; 6°. qu'appliqué alternativement fur la portion lombaire & cervicale de la moelle épinière, l'upas a fucceffivement agi fur les membres poftérieurs & fur les membres antérieurs.

Enfin, fi nous comparons les modes d'action de ces deux fubftances, nous verrons, 1°. que l'upas tieuté agit avec beaucoup plus de promptitude & d'intenfité que l'upas antiar ; 2°. que le mode d'action de ces deux fubftances n'eft pas identique, l'antiar déterminant des convulfions *chroniques*, avec alternatives de relâchement, l'upas tieuté produifant des convulfions toniques ou le tétanos ; 3°. que l'antiar porté dans le torrent de la circulation va irriter l'eftomac, ce que ne fait pas l'upas tieuté ; 4°. que les animaux meurent toujours afphyxiés ; foit qu'ils aient été empoifonnés par l'un ou l'autre de ces deux poifons.

Le traitement à oppofer à l'empoifonnement

par l'upas tieuté eft le même que celui indiqué plus haut contre l'action toxique de l'upas antiar.

(Ch. Hennelle.)

URANE, f. m. (*Chim.*) Métal découvert par Klaproth, en 1786, dans le minéral connu fous le nom de *Pechblende*. Ce métal eft d'un gris foncé & fufceptible d'être entamé par le couteau. Il eft très-réfractaire, auffi ne l'obtient-on jamais qu'en maffes poreufes. Jufqu'à préfent il eft fans ufage. (*Voyez* Urane dans le *Dictionnaire de Chimie* de cet ouvrage.)

URATES, f. m. pl. (*Chim.*) Nom donné au genre de fels réfultant de la combinaifon de l'acide urique avec les bafes. (*Voyez* Urique (Acide urique) dans ce Dictionnaire & dans celui de *Chimie.*)

URÉE, f. f. (*Chim., Mat. méd.*) Principe immédiat des animaux, découvert par Rouelle le cadet. MM. Fourcroy & Vauquelin, dans leur beau travail fur cette fubftance, ont prouvé qu'elle étoit compofée, fur 100 parties, d'*oxygène* 28,65, *azote* 32,05, *carbone* 14,07, & *hydrogène* 11,08. L'urée, qui eft fans contredit la plus azotée de toutes les fubftances animales, fait partie de l'urine de l'homme, de celle de tous les quadrupèdes & probablement de tous les animaux. On l'a trouvée dans le fang des animaux auxquels on avoit enlevé les reins, & dans une liqueur fituée entre le péritoine & les inteftins de la tortue des Indes.

M. le Dr. Ségalas a reconnu que l'urée injectée dans les veines avoit la propriété d'activer fingulièrement les fonctions de l'appareil urinaire. M. le profr. Fouquier a également conftaté fes propriétés diurétiques, & l'a adminiftrée depuis 25 à 30 grains, jufqu'à la dofe de plufieurs gros par jour, diffoute dans de l'eau fucrée. Elle n'a été d'aucune utilité dans un cas de diabète fucré, probablement parce que l'urine du malade n'a jamais ceffé de contenir une quantité notable d'urée ; mais tout porte à croire qu'elle fera utile dans les cas de diabète où l'urine contient à peine un atome de ce principe immédiat.

C'eft à la préfence de l'urée qu'eft due la faveur & l'odeur de l'urine, principalement lorfqu'elle eft en putréfaction dans ce liquide. Elle fert dans les arts pour bleuir le tournefol en drapeaux & le tournefol en pâte.

Pour fe procurer l'urée, il fuffit de traiter par quatre fois fon poids d'alcool une quantité quelconque d'urine humaine, réduite, par l'évaporation, à confiftance de firop épais. Après avoir filtré, on diftille à une douce chaleur, dans une cornue, jufqu'à ce que la maffe paroiffe mielleufe. On arrête l'opération, & par le refroidiffement on

Z z

trouve dans la cornue une fubftance criftalline qui eft l'*urée*. (CH. HENNELLE.)

URETÈRE, f. m. (*Anat.*) *Ureteres.* Nom d'un
canal membraneux, cylindrique, de deux à trois
lignes de diamètre, fervant à tranfmettre dans
la veffie l'urine fécrélée par les reins. Ce canal
prend fon origine vers la finuofité du rein, & il
peut être confidéré comme la continuation du
baffinet. Il defcend enfuite obliquement vers la
fymphyfe facro-iliaque, pénètre dans la cavité
pelvienne, & va fe rendre vers le bas de la région
latérale de la veffie, près l'un des angles poftérieurs du trigone véfical. La ftructure des uretères
ne diffère point de celle du baffinet & confifte
en deux membranes, dont l'une extérieure eft
blanche & opaque, & dont l'autre interne eft muqueufe, très-mince & tranfparente.

La difpofition anatomique de ces canaux offre
fouvent des variétés : quelquefois on rencontre
deux uretères; dans certaines circonftances, ce
canal offre de nombreufes flexuofités; d'autres
fois, enfin, il préfente des dilatations plus ou
moins confidérables. Quant à fes maladies, elles
font elles-mêmes en affez grand nombre; telles
font l'urétéritite, le fpafme, celles produites par
la préfence de corps étrangers, &c. &c. (*Voyez*
URETÈRE dans le *Dictionnaire d'Anatomie* de cet
ouvrage.)

URÉTÉRITITE, f. f. (*Path.*) *Ureteritis.* Nom
fous lequel on a propofé de défigner l'inflammation des uretères, maladie que l'on peut confondre
avec la néphrite. (*Voyez* ce dernier mot.)

URÉTÉRO-LITHIQUE, adj. (*Path.*) *Uretero-
lithicus.*

URÉTÉRO-PHLEGMATIQUE, adj. (*Path.*)
Uretero-phlegmaticus.

URÉTÉRO-PYIQUE, adj. (*Path.*) *Uretero-
pyicus.*

URÉTÉRO-STOMATIQUE, adj. (*Pathol.*)
Uretero-ftomaticus.

URÉTÉRO-THROMBOÏDE, adject. (*Path.*)
Uretero-thromboïdes.

Sauvages, dans fa *Nofologie*, emploie ces différentes expreffions pour diftinguer l'ifchurie, fuivant qu'elle eft occafionnée : 1°. par la préfence
d'un ou de plufieurs calculs arrêtés dans l'uretère;
2°. par l'accumulation de mucofités; 3°. par celle
du pus; 4°. par la formation de fauffes membranes; 5°. par celle de grumeaux de fang retenus
dans ce canal.

URÉTHRAL, adj. (*Anat.*) *Urethralis.* Qui
appartient à l'urèthre. *Crête urèthrale.*

URÉTHRALGIE, f. f. (*Pathol.*) *Urethralgis.*
De ουρηθρα, urèthre, αλγια, je fouffre. Douleur
dans le canal de l'urèthre. (R. P.)

URÉTHRE, f. f. (*Anat.*) *Urethra.* Nom du
conduit excréteur de l'urine dans les deux fexes.
Chez l'homme, la longueur de ce canal varie de
dix à douze pouces : il commence au col de la
veffie & fe prolonge jufqu'à l'extrémité de la
verge, où aboutit fon orifice extérieur. On diftingue dans l'urèthre trois parties, l'une, que
l'on nomme *proftatique*, eft voifine de la veffie &
eft entourée de la proftate : fon étendue eft de huit
lignes environ. L'autre, appelée *membraneufe*,
répond à la fymphyfe du pubis & au rectum. La
troifième porte le nom de *portion fpongieufe*,
& fa longueur eft à peu près de huit pouces; elle
commence par une forte de renflement appelé
bulbe de l'urèthre, & cette portion fpongieufe,
en s'épanouiffant, donne naiffance au gland. Le
diamètre de ce canal n'eft point uniforme; en
général, fa portion membraneufe eft plus étroite
que les autres. Quant à la portion fpongieufe, elle
eft auffi un peu rétrécie, mais en arrière du gland
elle offre une dilatation fenfible, connue fous la
dénomination de *foffe naviculaire*. A l'intérieur,
l'urèthre eft tapiffée par une membrane muqueufe, qui eft la continuation de celle qui, d'une
part, recouvre le gland, & de l'autre tapiffe l'intérieur de la veffie. Cette membrane jouit d'ailleurs d'une affez grande fenfibilité, & paroît être
le fiége de la fenfation qui accompagne l'émiffion
de la liqueur fpermatique. Au-deffous de cette
pellicule, on trouve, dans la portion membraneufe, une fubftance affez denfe, qui paroît être
la continuation de celle de la veffie. Cette portion
eft d'ailleurs fortifiée par les fibres relevenfes de
l'anus. Quant à la partie fpongieufe, ainfi que
l'indique fon nom, elle eft formée d'une fubftance
particulière dont l'épaiffeur eft variable.

Chez la femme, le canal de l'urèthre n'a pas
plus d'un pouce de long. Il eft beaucoup plus
large que chez l'homme, eft fufceptible d'une
grande dilatation & fe termine au-deffus du vagin
par une ouverture nommée *méat urinaire*.

Quelquefois, l'ouverture du canal de l'urèthre
préfente une difpofition anomale, &, fuivant qu'il
s'ouvre au-deffus ou au-deffous du pénis, conftitue l'*épifpadias* ou l'*hypofpadias*. Enfin, ce
canal eft fujet à une foule de maladies, telles que
perforations, *ruptures*, *inflammations*, *ulcérations*, &c. (*Voyez* ces différens mots dans le *Dictionnaire de Chirurgie* de cet ouvrage, & URÈ-
THRE dans celui d'*Anatomie*.)

URÉTHRELMINTIQUE, adj. (*Pathol.*) Adjectif employé par Sauvages pour caractérifer une
forte d'ifchurie caufée par la préfence de vers
dans l'urèthre. (R. P.)

URETHRITIS, f. m. ou f. (*Pathol.*) Nom donné par les Modernes à l'inflammation du canal de l'urèthre, & plus spécialement à celle de la membrane muqueuse qui tapisse la face interne de ce conduit. On s'est beaucoup attaché de nos jours à éclairer le siége & la nature, & à perfectionner le traitement des maladies de l'urèthre. On a mesuré d'une manière plus exacte la longueur & le diamètre des divers points de ce canal. On a rapporté à son inflammation, aiguë ou chronique, presque toutes les lésions qu'il peut offrir; on a inventé de nouveaux instrumens propres à l'explorer avec plus de soin, à mesurer avec plus ou moins d'exactitude le lieu, l'étendue, la forme des rétrécissemens dont il est si souvent le siége, & à porter sur le point rétréci, & uniquement sur lui, le caustique destiné à les détruire, &c. Considérant la blennorrhagie, ou chaude-pisse, comme une simple phlegmasie de ce canal, on a prétendu qu'elle pouvoit toujours être promptement & heureusement combattue par le traitement antiphlogistique simple, & notamment par des applications de sangsues au périnée & à la face inférieure de la verge. Le temps n'a point encore suffisamment sanctionné ces pratiques & ces prétentions (déjà antérieurement connues), & plusieurs praticiens, justement estimés, répugnent encore à leur donner droit de domicile dans le domaine de la science.

(GIBERT.)

URÉTHRO-BULBAIRE, adj. (*Anat.*) *Urethro-bulbaris.*

URÉTHRO-HYMÉNOÏDE, adject. (*Anat.*) *Urethro-hymenoïdes.*

URÉTHRO-LITHIQUE, adj. (*Pathol. chir.*)

URÉTHRO-PHRAXIE, f. m. (*Pathol. chir.*)

URÉTHRO-PYIQUE, adj. (*Pathol. chirur.*)

URÉTHRO-TROMBOÏDE, adject. (*Pathol. chirur.*)

Ces six mots, dont l'étymologie indique assez la signification, sont employés, le premier pour désigner l'artère transverse du périnée; le second, l'occlusion de l'urèthre par une membrane; le troisième, les accidens produits par la présence d'un calcul arrêté dans l'urèthre; le quatrième, le rétrécissement de ce conduit (1); le cinquième & le sixième, l'espèce d'ischurie causée par l'accumulation du pus ou par le séjour de grumeaux de sang dans l'urèthre.

URÉTHRORRHÉE, f. f. (*Path.*) *Urethrorrhœa*, de ουρηθρα, urèthre, & de ρεω, je coule. Écoulement par l'urèthre.

────────────

(1) ALIBERT, *Nosologie naturelle.*

URÉTHRORRHAGIE, sub. f. (*Pathol.*) de ουρηθρα, urèthre, de ρηγνυμι, rompre. Hémorragie dont le siége est dans le canal de l'urèthre, & qui peut être déterminée par diverses causes, telles que, présence d'un corps étranger, rupture de vaisseaux sanguins pendant l'érection ou le coït, violences extérieures, & quelquefois aussi symptomatiquement, par suite d'inflammation.

Dans la plupart des cas, cet écoulement sanguin est peu abondant & se supprime spontanément, quelquefois néanmoins il est assez considérable pour que l'on se trouve dans la nécessité d'avoir recours à des applications réfrigérantes ou astringentes; il peut même arriver que l'on soit forcé de fermer l'ouverture du prépuce pour déterminer le sang à se coaguler dans le canal; mais il faudroit alors, pour empêcher ce liquide de refluer dans la vessie, faire une compression au-delà du siége de l'exhalation sanguine, & s'il arrivoit qu'il fût inaccessible, le seul moyen que l'on pourroit employer seroit d'introduire dans l'urèthre une sonde d'un assez gros calibre.

URÉTHROTOME, sub. m. (*Instr. de Chir.*), de ουρηθρα, urèthre, & τεμνω, je coupe. Nom donné par Lecat à un instrument dont il se servoit pour ouvrir l'urèthre dans l'opération de la taille. Sa lame est fixée sur son manche, & sur la partie moyenne de son côté droit, existe une cannelure assez profonde destinée à conduire les instrumens qui, pour terminer l'opération, doivent être portés dans la vessie. (*Voyez* TAILLE dans ce Dictionnaire & dans celui de *Chirurgie.*)

URÉTHROTOMIE, f. f. (*Chir.*), dérivé de ουρηθρα, urèthre, & de τεμνω, je coupe. Opération de chirurgie qui consiste à pratiquer une ouverture sur la portion du canal de l'urèthre qui répond au périnée, ou sur tout autre partie de ce conduit. Le plus ordinairement on y a recours pour extraire un corps étranger qui y a été introduit, tels que fragmens de sonde ou de bougie, morceau de bois, cure-oreille, tuyau de pipe, &c.; d'autres fois aussi on pratique cette opération afin de donner issue à un calcul qui est trop volumineux pour parcourir toute la longueur de ce canal. (*Voyez* TAILLE, tome XIII, page 207 de ce Dictionnaire, & le même mot, tome II, page 360 du *Dictionnaire de Chirurgie* de cette Encyclopédie.)

URÈTRE, f. f. (*Voyez* URÈTHRE.)

URIAGE (Eaux minérales d'). Ce village, à deux lieues sud-est de Grenoble, est bâti sur la croupe d'une montagne, au pied de laquelle règne une vallée étroite & profonde, où l'on trouve deux fources, dont une eft fulfureufe & l'autre ferrugineufe. Tout porte à croire que ces eaux ont été très-fréquentées autrefois ; il paroît même, fuivant M. Billerey, premier médecin de l'hôpital civil & militaire de Grenoble, qu'on s'y rendoit jadis annuellement pour fe purger, & que le plus grand nombre des habitans des campagnes environnantes attribuoient à cette efpèce de pélerinage, la bonne fanté dont ils jouiffoient. Quoi qu'il en foit, il n'y a pas plus de douze ans que l'on a réellement conftaté les propriétés médicales des eaux d'Uriage, & c'eft depuis cette époque, qu'à la follicitation de M. le Dr. Billerey l'autorité a fait conftruire, près de ce village, un établiffement minéral, dont ce médecin eft aujourd'hui l'infpecteur.

D'après M. Billerey, les eaux de la *fource fulfureufe* paroiffent convenir dans le traitement des maladies de la peau & dans celui des rhumatifmes chroniques : celles de la *fource ferrugineufe* femblent devoir être particulièrement utiles dans la chlorofe & dans beaucoup de maladies abdominales. On les emploie en bains, en douches & en boiffons.

MM. les Drs. Bilon & Breton, profeffeurs de phyfique & de chimie à la Faculté des fciences de Grenoble, ont fait faire une analyfe des eaux minérales d'Uriage par M. Alb. Crépu, préparateur de leurs cours; cette analyfe, qui eft confignée dans le tome X, pag. 89 du *Journ. complément. des Scien. médic.* montre que ces eaux, indépendamment du gaz hydrogène fulfuré qu'elles tiennent en diffolution, contiennent de l'hydrochlorate de foude, du fulfate de magnéfie & du carbonate de chaux.

URIASE, f. f. (*Path.*) Ce mot, fynonyme de *lithiafe*, défigne, ainfi que lui, tout ce qui eft relatif à la formation des calculs dans la veffie ou dans quelques autres portions des voies urinaires. (*Voyez* LITHIASE dans le *Dictionnaire de Chirurgie* de cet ouvrage.)

URINAIRE, adj. (*Anat.*) *Urinaris.* Adjectif fervant à caractérifer tantôt les parties relatives, foit à la fécrétion ou à l'excrétion des urines, tantôt les accidens caufés par ce liquide. Dans ce fens on dit, *voies* urinaires, *méat, abcès, fiftule* urinaire.

URINAL, f. m. (*Inftr. de Chir.*) *Urinatorium.* Nom donné à des vafes deftinés à recevoir l'urine, & dont la forme eft fufceptible de fubir une foule de modifications. On peut les partager en deux claffes : les uns fervent aux malades pour rendre volontairement leurs urines fans être obligés de fe déranger : ils font ordinairement en faïence ou en métal; les autres font employés par les perfonnes attaquées d'incontinence d'urine, & par confé-

quent font habituellement maintenus en place à l'aide d'une ceinture. Leur configuration doit néceffairement varier fuivant les fexes : pour les femmes, c'eft une forte de poche faite foit en taffetas ciré, foit avec une veffie dans laquelle eft contenue une éponge. Pour les hommes, c'eft un vafe quelquefois en métal, mais le plus fouvent en gomme élaftique ; ce vafe eft terminé par une forte de col qui reçoit le pénis, & une foupape convenablement difpofée empêche que, dans les divers mouvemens, l'urine ne puiffe fortir de l'urinal. (R. P.)

URINE, f. f. (*Chim. Séméiot.*) *Urina.* Un appareil d'organes collectivement défignés fous le nom de *voies urinaires*, fert à la fécrétion & à l'excrétion de ce liquide, dont les caractères font variables à diverfes époques de la vie & dans les différens états de fanté & de maladie. On trouvera au mot VOIES URINAIRES les détails relatifs à la fécrétion & à l'excrétion de l'urine, ainfi qu'une indication des nombreufes altérations morbides que peut éprouver cet appareil; mais dans cet article il ne fera queftion que du liquide lui-même confidéré fous le double point de vue de fes propriétés phyfiques, chimiques, & des caractères qu'il fournit à la féméiotique.

Caractères phyfiques. L'urine fécrétée du fang artériel par les reins, conduite par les uretères dans la veffie, puis rendue au-dehors par le canal de l'urèthre, préfente des caractères différens felon qu'elle eft rendue, foit immédiatement ou peu de temps après le repas, foit le matin ou à l'une des époques auxquelles la digeftion eft terminée ou à peu près accomplie.

La première efpèce d'urine, communément nommée *urina potûs*, eft peu animalifée & prefqu'aqueufe : fa couleur eft légèrement citrine, fon odeur très-foible, & ce liquide participe plus ou moins aux qualités de la boiffon dont il eft le produit : auffi n'offre-t-il, fous le rapport chimique, que des propriétés d'une foible importance.

La feconde efpèce, appelée *urina fanguinis*, eft en général d'une couleur jaune, plus intenfe chez les hommes que chez les femmes, & furtout remarquable chez les perfonnes d'une conftitution bilieufe où elle prend quelquefois une teinte orangée foncée, caractère que peut lui communiquer l'ufage de certains alimens ou de quelques médicamens. Son odeur eft très-forte, d'une nature particulière, & fufceptible de varier fous l'influence de plufieurs conditions, telles que l'ufage des afperges, un féjour même peu prolongé dans une atmofphère imprégnée de la vapeur de l'huile effentielle de térébenthine. La faveur de l'urine eft légèrement âcre, un peu amère & falée; fa pefanteur fpécifique eft toujours fupérieure à celle de l'eau. Ses caractères font, au refte, fufceptibles d'éprouver de nombreuses modifications. La température de l'urine ne diffère point de celle du corps humain ; aussi est-ce à ce degré de chaleur & non à la présence d'un gaz tenu en dissolution qu'il faut attribuer la faculté qu'elle a de présenter les apparences de l'ébullition lorsqu'on la place sous le récipient de la machine pneumatique immédiatement après qu'elle vient d'être rendue. En effet, aussitôt qu'elle est refroidie jusqu'à vingt ou vingt un degrés Réaumur, ce phénomène n'a plus lieu.

Si, dans l'état de santé, la limpidité & la consistance de ce liquide n'offrent que de légères nuances, il n'en est point de même dans celui de maladie : aussi lui ajoute-t-on ordinairement une épithète propre à caractériser l'espèce de modification qu'il a subie. Ainsi, il y a des urines *ténues, crues, épaisses, troubles, floconneuses, muqueuses, glaireuses, huileuses, sédimenteuses, iumenteuses*, &c.

Le refroidissement & le repos font éprouver à l'urine des changemens remarquables que l'on pourroit, à la rigueur, ranger au nombre de ses propriétés chimiques. D'abord, elle commence par perdre une partie de sa transparence, qu'elle recouvre ensuite lorsqu'elle a laissé déposer un sédiment plus ou moins abondant ; son odeur devient aussi moins forte. Plus tard, elle se recouvre d'une sorte de *pellicule*, & présente dans sa masse des espèces de nuages, &c. Tels sont les principaux phénomènes qui résultent de l'altération spontanée de ce liquide avant que la putréfaction ne s'en empare.

Caractères chimiques. La sécrétion de l'urine est une fonction de l'économie animale trop importante pour que les chimistes n'aient point, de bonne heure, cherché à déterminer la nature de ce liquide. Aussi voit-on que dès 1643, Van-Helmont s'en étoit occupé. Brandt, Kunckel & Boyle, vers la fin du dix-septième siècle, firent à cet égard des recherches qui peuvent aujourd'hui paroître peu importantes, bien qu'alors elles dussent exciter un vif intérêt. Plus tard, Boerhaave, Margraff, Proust, Bergman, Scheele, crurent aussi devoir exploiter cette mine féconde, qui, sans paroître épuisée, a encore, dans ces derniers temps, fourni matière aux travaux importans de Berthollet, de Cruickshank, de Fourcroy, de Vauquelin, de Thénard, de Berzélius, d'Orfila, &c.

On ne pourroit, sans donner à cet article une étendue beaucoup trop considérable, entreprendre de faire connoître, même superficiellement, les divers moyens auxquels on a eu recours pour étudier les propriétés chimiques de l'urine : car on s'est beaucoup occupé, non-seulement de celle de l'homme dans toutes les conditions de la vie, mais encore de celle d'un grand nombre d'animaux appartenant à différentes classes de cette nombreuse

série des êtres organisés (1). Nous nous bornerons donc à indiquer l'analyse qui en a été faite par M. Berzélius. Suivant ce savant chimiste, mille parties de ce liquide contiennent :

Eau	933,00
Urée	30,10
Sulfate de potasse	3,71
Sulfate de soude	3,16
Phosphate de soude	2,94
Hydrochlorate de soude	4,45
Phosphate d'ammoniaque	1,65
Hydrochlorate d'ammoniaque	1,50
Acide lactique libre	
Lactate d'ammoniaque	
Matière soluble dans l'alcool, & qui accompagne ordinairement les lactates	
Matière animale insoluble dans l'alcool	17,14
Urée que l'on ne peut séparer de la matière précédente	
Phosphates terreux avec un vestige de chaux	1,00
Acide urique	1,00
Mucus de la vessie	0,32
Silice	0,03
	1000,00

M. Berzélius est, jusqu'à présent, le seul qui ait admis dans l'urine l'existence de la silice, celle de l'acétate d'ammoniaque & de l'acide lactique ; acide qui, suivant lui, donne à l'urine la propriété de rougir la teinture de tournesol, & de tenir en dissolution le phosphate de chaux & le phosphate ammoniaco-magnésien, propriété que plusieurs chimistes attribuent à la présence de l'acide phosphorique, & que M. Thénard croit due, au moins en grande partie, à celle de l'acide acétique.

Indépendamment de ces divers matériaux & de l'acide benzoïque qui existe dans l'urine des enfans, & est très-abondant dans celle de quelques animaux, M. Proust pense que ce liquide contient encore du soufre, de l'acide carbonique, & deux matières qu'il nomme, l'une *résine*, & l'autre *substance noire particulière*. Les expériences de Fourcroy & de M. Vauquelin montrant que l'on obtient ces deux dernières substances en traitant l'urée par les acides hydrochlorique & sulfurique, il est au reste fort probable qu'elles se forment pendant l'analyse de l'urine, mais n'y existent point naturellement.

Séméiotique. Les urines dont la sécrétion est liée avec les phénomènes les plus importans de l'organisation fournissent nécessairement des indications fort utiles pour la séméiotique ;

---

(1) *Voyez* le *Dictionnaire de Chimie* de cette Encyclopédie.

auffi les praticiens ont ils de tout temps rangé les changemens qu'elles éprouvent au nombre des fymptômes les plus propres à éclairer le diagnoftic & à établir le pronoftic de certaines maladies, furtout lorfque les renfeignemens qu'elles fourniffent font d'accord avec ceux que l'on retire des modifications que fubiffent d'autres parties de l'organifation. Il y auroit effectivement un charlatanifme ridicule à prétendre découvrir, par la feule infpection des urines, la nature d'une affection & celle des moyens thérapeutiques qu'il faut lui oppofer.

Les fignes que fourniffent les altérations de l'urine peuvent être envifagés fous divers afpects, & dès-lors donner naiffance à un plus ou moins grand nombre de paragraphes. Mais comme il ne s'agit ici que des indications les plus générales, aucune divifion ne paroit plus fimple & plus fufceptible de fe prêter à la brièveté de cet article, que la diftribution adoptée dans la *Séméiotique* de M. Landré-Beauvais, divifion dans laquelle ce médecin confidère :

1°. Les circonftances accidentelles qui accompagnent l'excrétion de l'urine ;

2°. Les caractères particuliers que préfente quelquefois ce liquide à l'inftant où il vient d'être rendu ;

3°. Les diverfes modifications que peut offrir l'urine confervée pendant un certain temps.

Ce qui eft relatif au premier paragraphe eft renfermé fous les quatre titres fuivans : *dyfurie, ftrangurie, ifchurie, énuréfie*.

I. La *dyfurie* ou excrétion douloureufe des urines, la *ftrangurie* ou évacuation difficile de ce liquide qui coule alors goutte à goutte & avec douleur, ainfi que l'*ifchurie* ou fuppreffion complète de cette évacuation, doivent être confidérées comme les divers degrés d'une affection dans laquelle exifte foit une léfion quelconque du canal de l'urèthre, foit une maladie de la veffie, telle que paralyfie, contraction habituelle, catarrhe, &c.; ou enfin, une altération plus ou moins profonde des reins ou de leurs annexes : en effet, on voit fréquemment la ftrangurie & même l'ifchurie fuccéder à la dyfurie. Au furplus, ces fortes d'accidens font beaucoup moins fréquens chez la femme que chez l'homme : différence dont on peut aifément trouver la raifon anatomique dans la difpofition refpective des voies urinaires chez l'un & l'autre fexe.

La dyfurie eft commune dans la fièvre muqueufe, le catarrhe de la veffie & la blennorrhagie, mais n'indique rien de dangereux. Souvent dans les maladies aiguës, dans les fièvres adynamiques & ataxiques, il y a fuppreffion d'urine, & il faut avoir recours à l'ufage de la fonde. Cet accident, que l'on peut regarder comme un fymptôme fâcheux, eft cependant loin d'être toujours funefte, puifque dans quelques circonf-

tances on l'a vu amener la crife complète d'une affection aiguë : ainfi on trouve dans les auteurs des exemples de péripneumonie dont les fymptômes ont été brufquement remplacés par une rétention d'urine ; perfonne n'ignore que dans certains cas l'excrétion de ce liquide eft quelquefois remplacée par d'autres évacuations, telles que vomiffemens, falivation, fueurs, felles, qui ont alors l'odeur & quelques-unes des apparences de l'urine. On conçoit que lorfque ce liquide, par fuite de cette efpèce de déviation, fe reporte fur un organe qui a des communications avec l'extérieur, il eft loin de produire des accidens auffi graves que ceux qu'il feroit naître s'il attaquoit un vifcère intérieur : c'eft ainfi que Boerhaave a obfervé une apoplexie caufée par l'accumulation dans les ventricules du cerveau, d'un liquide analogue à l'urine (1).

L'*énuréfie* (incontinence d'urine) chez les vieillards, les femmes & les enfans débiles, eft ordinairement une conféquence de la foibleffe des organes urinaires. Quelquefois auffi, on l'a vue être produite par la préfence de vers inteftinaux ou de matières accumulées dans le rectum : dans ce cas, elle eft fans danger. Fort fouvent le délire eft accompagné d'une émiffion involontaire des urines : phénomène qui s'eft auffi manifefté au commencement d'une attaque d'épilepfie, & qui fut alors produit par une telle contraction de la veffie, que Tiffot rapporte lui avoir vu déterminer un jet ayant jufqu'à dix pieds de hauteur. En général, on peut regarder comme un fymptôme fâcheux l'excrétion de l'urine qui, hors le cas de délire ou de fommeil, eft involontaire & fans que le malade en ait la confcience.

II. L'urine, confidérée en elle-même, varie eu égard à fa quantité, à fes apparences phyfiques & à fes qualités chimiques. En général, toutes les circonftances qui augmentent la tranfpiration rendent, ainfi que les diarrhées, les urines rares ; communément elles le font auffi durant les préludes de certaines maladies, mais quand ce fymptôme exifte à l'époque de la convalefcence, on peut craindre des rechutes, & en pareil cas on a vu l'anafarque fuccéder à des éruptions fcarlatiues, l'hydro-thorax à des inflammations de poitrine. Pendant la première période de l'hyftérie & de l'hypochondrie, l'écoulement des urines augmente ; dans les fièvres intermittentes, il eft plus abondant à l'époque du friffon & de la fueur que pendant la chaleur. Dans les hydropifies, un flux copieux d'urine eft ordinairement d'un favorable augure : néanmoins on remarque quelquefois que, malgré ce fymptôme, le ventre continue à fe gonfler ; ce qui a lieu furtout lorfque ces maladies font accompagnées d'engorgement. En-

(1). *Pralectiones academicæ*, tom. III, pag. 315.

fin, l'abondance de ce liquide, qui toujours annonce le relâchement ou l'irritation des reins lorsqu'elle est excessive & de longue durée, produit l'amaigrissement, surtout dans les cas de diabétès où elle est surchargée de matières sucrées.

La couleur naturelle de l'urine est quelquefois profondément altérée; au lieu de la teinte citrine qui lui est propre, elle est limpide, semblable à de l'eau pure & constitue alors ce que l'on nomme *urine ténue & crue* (urine nerveuse), parce qu'on l'a quelquefois observée avec ces caractères chez des personnes atteintes de névroses. Dans les affections vermineuses, dans la dyspnée, le scrofule, les engorgemens du bas-ventre, les urines sont fort souvent blanches, tandis qu'au contraire dans l'ictère elles sont d'un jaune-orangé, rouges dans les maladies inflammatoires, & parfois d'une teinte noire plus ou moins foncée dans les maladies aiguës, ce qu'en général on regarde comme un symptôme alarmant.

L'odeur de l'urine aussi bien que sa saveur offrent des différences remarquables; quelquefois ce liquide est à peine odorant; d'autres fois, comme dans les engorgemens du bas-ventre, le scorbut, les fièvres putrides, & en général dans tous les cas où il contient des matières animales gélatineuses non dissoutes; il répand une odeur plus ou moins infecte. Son goût, quelquefois inappréciable, devient dans certaines circonstances douceâtre, amer, salé, ou sucré : ce dernier caractère se manifeste particulièrement chez les personnes affectées de diabétès. Sa consistance a présenté des nuances qui ne font pas moins multipliées; ainsi il y a des urines *claires* & d'autres *épaisses*, *jumenteuses*, *purulentes*, *sanguinolentes*, &c.

On est loin de connoître toutes les modifications dont peut être susceptible la nature des urines; seulement on s'est assuré qu'indépendamment des influences que l'âge exerce à cet égard, il en est qui sont le résultat de dispositions pathologiques spéciales : ainsi la matière animale, l'acide libre, les sels & l'urée s'y trouvent dans des proportions souvent très-différentes de celles qui devroient y exister, en prenant toutefois pour type l'analyse de l'urine d'un homme adulte dans l'état de santé, & sous ce rapport les affections calculeuses & le diabétès sont les dispositions morbides dont on a plus particulièrement cherché à évaluer l'influence.

III. Les changemens qu'éprouvent les urines abandonnées à elles-mêmes peuvent, en raison des modifications dont elles sont susceptibles, fournir quelques indications pathognomoniques : ainsi l'urine reste quelquefois long-temps écumeuse; ce qui indique une viscosité remarquable de ce liquide; d'autres fois, la *pellicule* qui s'y forme offre des couleurs variables, & parfois elle se trouve remplacée par une couche superficielle d'apparence huileuse, que quelques praticiens

ont regardée comme un symptôme de marasme, bien que d'ailleurs on l'ait observée chez des personnes jouissant d'une bonne santé. Quant au *nuage*, lorsqu'il occupe le tiers supérieur du liquide, on le désigne sous le nom de *nubes* ou *nubecula*; tandis que lorsqu'il est placé vers le tiers inférieur, on lui donne celui d'*eneorema*. On conçoit que ce mode de suspension est une conséquence du poids spécifique particulier à quelques-uns des élémens dont se compose l'urine, & qui se séparent par le seul effet du repos. Au reste, le pronostic que l'on retire de ces sortes d'apparences est généralement fâcheux lorsque le nuage est très-épais, & difficile à déplacer; tandis qu'il est favorable lorsqu'avec des apparences très-prononcées il tombe plus vite au fond du vase; enfin, quand l'*énéorème* succède au nuage, on peut en conclure que la maladie tire à sa fin; tandis que si c'est l'énéorème qui remonte & se convertit en nuage, il fait redouter les accidens fâcheux que pronostiquoit celui-ci.

Le *dépôt* ou *sédiment* que laissent précipiter les urines est peut-être l'un des signes les moins douteux que puisse fournir ce liquide. Dans les maladies fébriles, il est peu abondant & augmente jusqu'à l'époque de la crise, puis revient à sa mesure ordinaire. Ce sédiment est tantôt blanchâtre, tantôt gris de lin, quelquefois lymphatique, gélatineux ou pulvérulent; souvent aussi il est d'une couleur briquetée plus ou moins foncée : il contient beaucoup d'acide urique & des phosphates terreux dont les proportions sont variables. Non-seulement les caractères propres au sédiment, mais encore l'époque de la maladie à laquelle il se forme, doivent fixer l'attention du médecin; ainsi, dans la plupart des maladies aiguës; lorsqu'il se manifeste vers le septième, le neuvième, le onzième ou le quatorzième jour, il indique une convalescence prochaine; au surplus, tous les dépôts véritablement critiques sont plus ou moins visqueux, épais, opaques, & assez ressemblans au pus, avec lequel les Anciens l'ont même confondu. Des graviers abondans annoncent la formation ou la présence de calculs, de même qu'une urine glaireuse, filante indique le plus ordinairement une maladie de la vessie. Dans le rachitisme, on a également remarqué qu'à l'époque où les os se ramollissent & se déforment, les déjections urineuses sont chargées de phosphate de chaux que le refroidissement laisse précipiter : ici l'analyse chimique semble indiquer que la dissolution du sel est opérée par un acide.

Cette esquisse rapide est sans doute loin de renfermer l'énoncé des indications subtiles que quelques praticiens ont pensé pouvoir être fournies par les caractères de l'urine; mais ne pourroit-on pas se demander si parmi les nombreux aspects qu'une foule de circonstances peuvent donner à ce liquide, il n'en eſt point beaucoup qui conduiſent plutôt à des notions vagues qu'à des renſeignemens poſitifs? Il eſt donc prudent, ici comme dans beaucoup d'autres circonſtances, de s'attacher à diſtinguer ce qui eſt réel & conſtant d'avec ce qui eſt accidentel & dépendant de cauſes inappréciées & peut-être inappréciables.

URINE. (*Mat. médic.*) La ſaveur âcre & ſalée de l'urine, le grand nombre de ſels qu'elle renferme & la facilité avec laquelle ce liquide s'altère, ſurtout quand il eſt expoſé à une température un peu élevée, ſont autant de raiſons qui prouvent que l'urine, priſe intérieurement ou appliquée ſur une partie quelconque du corps, ne peut-être inactive; mais n'exiſte-t-il point une foule d'autres ſubſtances ſuſceptibles d'être employées auſſi utilement & auxquelles on doit accorder la préférence par cela même qu'elles n'inſpirent point le même dégoût? Les hommes ſages, & ſurtout les médecins éclairés, ne conſervent à cet égard aucune incertitude; mais comme de bons raiſonnemens parviennent difficilement à détruire d'anciens préjugés, il n'eſt point rare de rencontrer dans les campagnes & ſurtout dans les villes, des gens du peuple qui, fidèles obſervateurs d'anciennes traditions, font uſage de l'urine à l'intérieur dans les cas de chloroſe, d'hydropiſie, d'affections de la rate & du foie, de maladies vermineuſes, &c. &c. Au ſurplus l'autorité de Pline, & celle beaucoup plus importante de Ramazzini, ſemblent juſtifier cette ſorte de médication.

C'eſt ſouvent comme *coſmétique* que l'urine à été employée extérieurement; fréquemment auſſi on l'a preſcrite en gargariſme comme moyen de conſerver la blancheur des dents & la couleur vermeille des gencives : des lotions faites avec ce liquide ont été recommandées comme propres à guérir les engelures, la gale, les dartres & la teigne; enfin, dans le traitement du goitre, dans celui des anciens ulcères, des engorgemens lymphatiques des mamelles, des tumeurs blanches des articulations, on a ſouvent eu recours à l'application de compreſſes imbibées de ce liquide. Il eſt probable que l'on a dû parfois obtenir quelques ſuccès de l'emploi de ces moyens. On peut même ajouter que dans certains *epiphora*, dans quelques ophthalmies chroniques, les émanations ammonicales de l'urine ont procuré une véritable guériſon; mais ce qui eſt tout auſſi certain, c'eſt que par d'autres moyens on auroit facilement obtenu les mêmes réſultats (AUG^te. THILLAYE.)

URINEUX, SE, adj. *Urinoſus.* Qui tient de la nature de l'urine ou qui en a les propriétés : ainſi on dit, odeur, ſaveur *urineuſe*, abcès *urineux*.

URIQUE (Acide). (*Chim.*) *Acidum uricum.*

Cet acide fut découvert par Scheele, qui lui donna le nom d'*acide lithique.* Il eſt compoſé, d'après le D^r. Prouſt, de 0,25 d'*hydrogène* ou (2 atomes), de 4,5 de *carbone* (6 atomes), de 3,5 d'*azote* (2 atomes), & de 3,0 d'*oxygène* (3 atomes).

L'acide urique exiſte dans l'urine de l'homme & des oiſeaux, dans un grand nombre de calculs urinaires, libre ou quelquefois combiné avec l'ammoniaque, mais le plus ſouvent à l'état d'urate de chaux ou de ſoude; on le rencontre auſſi dans les calculs arthritiques, & il conſtitue la partie blanche de la fiante des oiſeaux. M. Maſuyer dit avoir retiré des artères & des veines des goutteux des concrétions oſtéoformes formées en partie d'acide urique. Cet acide eſt ſans uſage en médecine.

URIQUE SUR-OXYGÉNÉ (Acide). Acide réſultant de l'action de l'acide nitrique ou du chlore ſur l'acide urique. (CH. HENNELLE.)

UROCRISE, ſub. f. (*Séméiot.*) *Urocriſia*, de ουρον, urine, & de κρισις, jugement. Jugement que l'on porte ſur la nature & l'époque d'une maladie d'après les caractères que préſentent la ſécrétion, l'excrétion & la nature des urines. (*Voyez* URINE.)

UROCRITIQUE, adj. (*Séméiot.*) *Urocriticus.* Se dit des ſignes tirés de l'examen de l'urine. (*Voyez* UROCRISE.)

URODYNIE, ſubſt. f. (*Path.*) *Urodynia*, de ουρον, urine, & οδυνη, douleur. Mot employé par quelques noſographes pour exprimer la douleur qui accompagne quelquefois l'excrétion de l'urine, ce qui arrive fréquemment dans la dyſurie. (*Voyez* ce dernier mot, tome V, page 582.)

UROMANCIE, ſub. f. *Uromantia*, qu'on fait dériver de ουρον, urine, & de μαντια, divination. Art ou faculté prétendue d'indiquer ou de deviner la nature & le traitement des maladies ſur la ſeule inſpection des urines de ceux qui en ſont atteints. Il ne faut pas confondre cet art abſurde & impoſteur avec l'*uroſcopie*, qui conſiſte en une induction plus ou moins utile que le médecin tire de l'état des urines d'un individu affecté de quelque maladie; mais peut-être eſt-ce à l'importance extrême qu'on a preſque de tout temps attaché à la valeur des urines en ſéméiotique, qu'il faut rapporter l'origine & la vogue de l'*uromancie*, qui forma jadis un art menſonger comme la *magie* & l'*aſtrologie.*

L'uromancie n'eſt qu'une manœuvre honteuſe & coupable, à l'aide de laquelle des charlatans exploitent la crédulité des malades par des promeſſes qu'un médecin ſincère & éclairé ne peut leur faire.

Nul,

Nul, en effet, n'a l'esprit assez pénétrant pour découvrir dans la composition physique ou chimique des urines la nature, des maladies de ceux qui les ont excrétées. A la vérité, dans quelques affections locales de la veffie, faciles d'ailleurs à caractérifer, l'aspect & le dépôt des urines peuvent bien concourir à établir le diagnostic de ces affections, mais ce n'est pas ordinairement à leur fujet que les malades vont consulter les *médecins d'urines*, mais pour des maladies internes, obfcures & fouvent incurables.

Si quelquefois des médicastres, qui fe livrent à cette forte de jonglerie, lucrative parce qu'elle tient du merveilleux, ont paru découvrir la vérité, c'est toujours à l'aide de quelques compères, ou bien en faifant aux malades des questions captieufes, moyens employés par une foule d'autres charlatans connus fous les noms de *magnétifeurs*, de *devins*, &c.

Quoique la confiance en l'*uromancie* foit le fruit de l'ignorance & de la fuperstition d'un temps déjà bien éloigné de nous, cet art menfonger ne laiffe pas de faire encore chaque jour des dupes; & Paris, tant de fois appelé le centre des lumières, recèle encore plus d'un charlatan qui exploite la crédulité des malades. On appelle *uromantes* ceux qui s'attribuent la faculté ou la fcience de deviner la nature des maladies par l'infpection des urines. (BRICHETEAU.)

UROSCOPIE, f. f. *Urofcopia*, de ουρον, urine, & σκοπεω, j'examine. Ce mot ne peut être regardé comme fynonyme d'*uromancie*. L'un fe prend en bonne part, & indique feulement l'infpection des urines afin d'en retirer quelques-unes des indications que peut fournir ce liquide dans certains états morbides; tandis que l'autre fe rapporte aux jongleries de ces charlatans qui, d'après la feule infpection des urines, affirment *deviner* la nature des maladies & le traitement qui leur convient. (*Voyez* UROMANCIE.)

UROSES, f. f. pl. (*Pathol.*) Dénomination employée par M. le profr. Alibert pour défigner les maladies qui ont leur fiége dans les voies urinaires. (R. P.)

URTICAIRE, f. f. (*Pathol.*) *Urticaria, afpritudo*, &c. On appelle *urticaire* une inflammation exanthématique non contagieufe de la peau, caractérifée par des taches faillantes, d'un rouge plus ou moins pâle, ordinairement d'une courte durée, fe montrant par accès, ou s'aggravant prefque toujours à chaque paroxyfme. Le nom d'*urticaire* impofé à cette maladie lui vient de fa reffemblance avec l'éruption produite par la piqûre des orties. Cette affection est encore connue fous les dénominations de *fièvre ortiée*, de *porcelaine*, de *fcarlatine ortiée*, &c.

Il y a deux fortes d'urticaires : l'une *locale*, produite par le contact des feuilles des plantes connues fous les noms d'*urtica dioica* & d'*urtica urens*, par celui de petits poils que préfentent certaines chenilles & par des fubstances irritantes; l'autre *générale*, plus communément nommée *fièvre ortiée*, qui tient tantôt uniquement à une inflammation plus ou moins étendue du derme, tantôt à une irritation ou autre léfion des voies digestives, caufée par certains alimens (les *champignons*, les *moules*, les *écreviffes*, les *œufs de certains poiffons*. On qualifie encore de *fymptomatique*, cette feconde variété, qui est affez fouvent un phénomène concomitant de fièvre intermittente. Un médecin anglais, *Willan*, fort connu par fon *Traité fur les maladies de la peau*, a admis plufieurs variétés de l'urticaire fondées fur les divers afpects que préfentent les plaques qui constituent cette maladie; telles font : celles qu'il appelle *conferta* (à plaques irrégulières & refferrées), *fubcutanea* (à plaques ifolées, profondes, féparées par de larges interstices), enfin *tuberofa* (à plaques très-étendues & très-proéminentes).

La maladie débute ordinairement par un prurit général, bientôt fuivi de l'exanthème, qui fe montre d'abord fur les membres fupérieurs ou inférieurs, & de là s'étend aux diverfes régions du corps. Les formes & les dimensions des plaques de l'urticaire font très-variées. Tantôt, en effet, ces plaques fe préfentent fous la forme de taches blanches ou d'un rouge pâle, & blanchâtres à leur centre, irrégulières, proéminentes & entourées d'une auréole d'un rouge vif & cramoifi; tantôt elles font circulaires ou longitudinales comme celles que produit la flagellation; d'autres fois elles offrent de larges furfaces fuperficielles, irrégulières, preffées les unes contre les autres, ou bien rares, ifolées & profondes. Enfin, ces taches font fouvent à la fois proéminentes & très-étendues. L'exanthème de l'urticaire caufe une vive démangeaifon qu'on a comparée à la cuiffon produite par la piqûre des orties; fouvent cette fenfation augmente pendant la nuit, ou quand on expofe les parties au contact de l'air (1). Une fièvre de quelques jours annonce fouvent l'urticaire, qui coïncide avec une irritation gastro-intestinale, & alors l'exanthème fe manifeste pendant la durée d'un paroxyfme. Cette phlegmafie cutanée est prefque toujours rémittente ou intermittente, & dans ce dernier cas, elle accompagne très-fouvent une fièvre intermittente, paroiffant, difparoiffant avec l'accès fébrile, & cédant pareillement à l'action du quinquina, ainfi que j'ai eu l'occafion de l'obferver plufieurs fois dans le cours de cette année.

---

(1) P. RAYER, *Traité théorique & pratique des maladies de la peau.*

A a a

Les plaques de l'urticaire la plus simple, de celle que les auteurs ont qualifiée d'*idiopathique*, disparoissent après un cours de quelques heures, sans laisser de traces de leur passage, mais reviennent au bout d'un ou plusieurs jours. Quand leur existence se lie à une irritation des voies digestives, elles durent beaucoup long-temps, & peuvent également affecter une marche rémittente & même intermittente dans leur durée totale.

Les plaques de l'urticaire ne sont suivies de desquammations que dans des cas très-rares où cet exanthème a été très-intense, continu & abandonné à lui-même (1).

Il seroit possible de confondre l'urticaire avec l'espèce d'érysipèle que quelques auteurs ont appelé *érythème tacheté*, si d'ailleurs on ne trouvoit pas dans la cuisson propre au premier de ces exanthèmes un moyen suffisant de les distinguer l'une de l'autre. Cette maladie ressemble plus à la roséole; cependant, ainsi que l'a observé M. Rayer, cette dernière ne se reproduit pas ordinairement par accès, ses taches ne sont jamais blanches & proéminentes, ni accompagnées du prurit vraiment caractéristique de la fièvre ortiée. Nous n'en parlerons point ici de la rougeole, de la scarlatine, qui ne ressemblent aucunement à l'urticaire, & encore moins par conséquent du pemphigus, quoique, par une aberration singulière, ces deux maladies aient été considérées comme identiques dans un ouvrage très-connu.

L'urticaire est une maladie bénigne qui ne fait courir aux malades d'autres risques que ceux qui résultent des affections plus ou moins graves qu'elle accompagne. L'invasion de cet exanthème diminue quelquefois l'intensité des phlegmasies intestinales; d'autres fois elle n'est qu'une souffrance de plus ajoutée à la première.

Le traitement d'une urticaire simple & idiopathique se réduit à l'emploi de quelques bains frais, de lotions ou d'aspersions légèrement animées par de l'eau-de-vie, du vinaigre, de l'acide sulfurique. Mais, lorsque cette maladie est le résultat d'un trouble des organes digestifs, de l'ingestion de quelques-unes des substances dont nous avons parlé dans l'étiologie de cet exanthème, il faut de suite exciter le vomissement & déterminer l'expulsion de la substance vénéneuse; on comprend bien qu'il faudroit s'abstenir de tel moyen si l'urticaire étoit concomitante d'une phlegmasie du tube digestif, comme cela arrive très-souvent.

Dans ce dernier cas, on devine déjà que la thérapeutique doit être entièrement antiphlogistique; mais la difficulté consiste moins à appliquer la médication très-simple qu'il convient d'employer qu'à déterminer *a priori* les circonstances com-mémoratives ou actuelles qui doivent faire prescrire les moyens que nous avons indiqués d'abord, &, à plus forte raison, les excitans, que beaucoup de médecins ont conseillés sans restriction dans le traitement de l'urticaire chronique. Quand cette maladie n'est que le symptôme d'une fièvre intermittente, elle n'exige d'autre curation que celle de la fièvre, c'est-à-dire, le plus souvent, l'administration du quinquina, en ayant soin d'ailleurs de tenir compte de l'état des voies digestives & des autres particularités qui pourroient contre-indiquer l'emploi de ce moyen. (BRICHETEAU.)

URTICATION, s. f. (*Thérap.*) *Urticatio*, dérivé de *urtica*, ortie. Nom qu'on a donné à une sorte de flagellation pratiquée avec des faisceaux d'orties fraiches. La théorie & l'utilité de cette pratique sont fondées sur la propriété qu'ont certaines espèces d'orties (particulièrement celles appelées *dioica* & *urens* (1)) de stimuler fortement le derme par des piqûres cuisantes & douloureuses; ces piqûres sont produites par des aiguillons roides, canaliculés & glanduleux à leur base, dont sont munies ces orties, & qui introduisent dans la petite plaie qu'ils ont faite, un suc âcre & vésicant. Il résulte ordinairement de la flagellation par les orties de petites plaques saillantes, blanchâtres au centre & rougeâtres autour, semblables à celles de l'exanthème connu sous le nom d'*urticaire*, & qui produisent à la fois de la démangeaison & de la cuisson; cette sensation s'apaise au bout de quelques heures, mais ne disparoît entièrement qu'après un espace de temps beaucoup plus long.

La stimulation douloureuse & fluctionnaire qu'on détermine avec les orties est un moyen dérivatif & excitant qui fut souvent employé par les Anciens; &, quoiqu'il soit tombé en désuétude, il n'en jouit pas moins d'une efficacité incontestable: il a de plus l'avantage précieux & trop négligé d'offrir un moyen prompt, économique, & sous la main de ceux qui exercent la médecine dans les campagnes.

L'urtication convient évidemment dans tous les cas où il importe de combattre l'asthénie de l'organisme, ou la débilité profonde & la paralysie du système nerveux, ou bien encore lorsqu'il faut ranimer, stimuler l'action des organes essentiels à la vie opprimée, & engourdie, comme il arrive dans certaines maladies dites *nerveuses*, *asphyxiques* & *comateuses*.

Les auteurs rapportent plusieurs cas où la sufigation par les orties a été un remède efficace contre la paralysie partielle ou générale; on l'a aussi employée chez des individus qui étoient atteints d'une diminution dans la sensibilité des membres. M. le Dr Mérat dit avoir combattu avec succès une espèce de léthargie des plus opiniâtres au

---

(1) Ouvrage cité.

(1) La grande ortie & l'ortie grièche.

moyen de l'urtication : le malade avoit été admis à l'hôpital de clinique de l'Ecole de médecine, confié au célèbre Corvifart. Ce moyen fut exclufivement employé pendant trois femaines, & le malade guérit après de nombreufes rechutes (1).

Ce font encore les Anciens qui ont confeillé l'urtication pour réveiller les defirs vénériens languiffans, ou même pour remédier à l'anaphrodifie & à la ftérilité ; la fympathie qui exifte entre la peau & les organes génitaux pourroit juftifier ce confeil & expliquer le fuccès d'un pareil moyen.

On doit adminiftrer l'urtication avec un faifceau d'orties fraîches, & le renouveler d'une manière proportionnée à l'intenfité du mal qu'on veut combattre ; fi les cuiffons étoient trop violentes, on pourroit les calmer avec des onctions d'huile d'olive, &c. (Bricheteau.)

URTICÉES, f. f. pl. (Bot., Mat. médic.) Famille naturelle de plantes dicotylédonés apétales, qui tire fon nom & fes principaux caractères du genre Ortie (Urtica), qui en eft le type. Nous renvoyons le lecteur au Dictionnaire de Botanique de l'Encyclopédie pour les caractères botaniques, & nous paffons aux différentes efpèces que renferme cette famille.

Les plantes de la famille des Urticées font très-nombreufes ; elles fe divifent en deux claffes, les Urticées à fruit charnu, qu'on nomme auffi Artocarpées, & les Urticées vraies, dont le péricarpe eft fec & nullement charnu. La plus grande partie des artocarpes, qui font prefque tous des arbres plus ou moins élevés, contiennent un fuc blanc & laiteux, qui eft toujours âcre & fouvent cauftique, comme on l'a remarqué dans une efpèce de figuier des Indes connu fous le nom de ficus toxicaria. Mais, de tous les végétaux appartenant à cette claffe, il n'en eft pas dans lequel ce fuc foit auffi délétère que dans l'upas antiar (antiaris toxicaria). (Voyez l'article Upas de ce Dictionnaire.) Cependant, un fait digne d'être remarqué, c'eft que la plupart des artocarpées, dont le fuc eft généralement vénéneux, produifent des fruits qui font doux & fucrés ; telles font les figues fèches & fraîches que nous employons comme nourriture & comme médicament ; tels font les fruits de l'arbre à pain, qui fervent d'alimens aux habitans de plufieurs îles de l'Océan pacifique ; tels font encore les fruits du mûrier, qui ont une faveur aigrelette affez agréable, que l'on fert fur nos tables, & avec lefquels on prépare un firop aftringent dont on fait fouvent ufage dans le traitement des différentes angines.

Quant aux urticées vraies, leurs propriétés font parfois auffi très-énergiques ; &, fans parler du genre Ortie, dont tout le monde connoit le mode

d'action, on a obfervé que quelques autres urticées renfermoient un principe narcotique & quelquefois enivrant ; tels font, par exemple, le houblon & les efpèces de chanvres, dont une principalement eft employée par les nègres pour préparer une boiffon qui les plonge dans un état d'ivreffe qui dure fouvent fort long-temps. Beaucoup d'autres, néanmoins, font des plantes fans aucune action malfaifante ; nous citerons la pariétaire, qui contient une quantité affez confidérable de nitrate de potaffe, & qui doit probablement à ce fel les propriétés diurétiques dont elle jouit. Enfin, nous ferons remarquer que la plupart des urticées vraies ont les fibres qui compofent leurs tiges, très-tenaces & très-fouples, & qu'on peut les employer à faire du fil & des tiffus : tels font les chanvres, le mûrier à papier & plufieurs autres urticées. (Ch. Hennellé.)

USNÉE, fub. f. (Bot., Mat. médic.) Ufnea. Nom donné à un genre de plantes de la famille des Lichens, comprenant une vingtaine d'efpèces dont la plupart fe développent fur l'écorce des arbres, & quelques-unes fur les rochers. (Voyez, pour les détails, le Dictionnaire de Botanique de cet ouvrage.)

L'une d'elles, l'ufnée fleurie (ufnea florida Hoff., lichen floridus L.), eft employée à Quito comme matière colorante. Elle fournit une belle teinture violette ; réduite en pouffière, elle fervoit auffi pour préparer la poudre de Chypre. En général, on lui attribuoit des propriétés aftringentes, & on en faifoit ufage pour arrêter les hémorragies. Une autre efpèce, le lichen plicatus L., fournit une teinture jaune.

Le mot ufnée rappelle encore l'idée d'une fubftance qui, autrefois, a joui d'une grande vogue. On la recueilloit, dit-on, fur le crâne des pendus ; on ignore aujourd'hui quelle étoit cette végétation que l'on fuppofe être un lichen.

(R. P.)

USSAT (Eaux minérales d'). Ces eaux thermales font dans le département de l'Arriège, à une demi-lieue de Tarafcon ; les bains font fitués dans une gorge où paffe la rivière qui donne fon nom au département. Depuis 1822, le nombre des cuves qui étoit de dix-huit à été porté à vingt-fix, & tout fait efpérer la conftruction prochaine d'un bâtiment convenable pour loger commodément les indigens qui viennent chaque année faire ufage de ces eaux.

Les eaux d'Uffat font limpides, inodores, prefqu'infipides, douces & onctueufes au toucher ; leur température varie de 26 à 31 degrés R., & de temps à autre elles laiffent dégager du gaz acide carbonique. L'analyfe chimique, qui a été faite par M. le profr. Figuier, lui a montré la préfence de ce gaz, celle des fulfates & des carbonates de chaux & de magnéfie, de l'hydrochlorate de ma-

(1) Dictionnaire des Sciences médicales, article Urtication.

Aaa 2

gnéfie. Au fond des cuves exifte un fédiment formé d'alumine, de filice, de carbonate, de fulfate de chaux, & de fer oxydé ou carbonaté. On y trouve auffi une matière végéto-animale qui s'y dépofe par le refroidiffement; cette fubftance eft gluante & en flocons demi-tranfparens affez femblables au frai de grenouilles.

Suivant M. Guerguy, actuellement directeur de l'établiffement des eaux minérales d'Uffat, ces eaux font propres à combattre certains défordres du fyftème nerveux; auffi en confeille-t-il l'ufage dans les diverfes affections du fyftème utérin, dans les flux leuchorréiques & les ménorrhagies dépendantes d'un excès de fenfibilité; dans les menftruations irrégulières, les vapeurs hyftériques; dans quelques rhumatifmes, dans les fpafmes convulfifs (1), tels que la danfe de Saint-Guy, le tic facial, &c. &c.

Ce n'eft que fous forme de bains que l'on emploie les eaux d'Uffat, dont on favorife l'action par des frictions fèches & l'ufage interne de quelques boiffons tempérantes.   (R. P.)

USTILAGINEUSE, adj. (*Pathol.*) Expreffion employée par quelques auteurs pour indiquer l'efpèce de gangrène fèche caufée par l'ufage du feigle ergoté : maladie vulgairement défignée fous le nom de *rouille* (*uftilago*), & qu'aujourd'hui l'on croit être caufée par une excroiffance fungiforme nommée *fphacellaria fegetum*. (*Voyez* SEIGLE ERGOTÉ.)

UTÉRIN, INE, adj. (*Anat.*) *Uterinus*, qui appartient à l'utérus. Ainfi l'on dit : artères, veines *utérines*, fureur *utérine*, mufcle, finus *utérin*.

UTÉROMANIE, f. f. (*Pathol.*) *Uteromania*. Expreffion fynonyme de fureur d'utérine, d'hyftérie, de nymphomanie. (*Voyez* ces mots.)

_____

(1) ALIBERT, *Précis hiftorique fur les eaux minérales les plus ufitées en médecine*, &c. In-8º. Paris, 1826.

UTÉROSTOMATOME, f. m. (*Inftr. de Chir.*) Mot imaginé par Coutouly pour défigner un inftrument renfermé dans une forte de gaîne, & dont il propofoit de faire ufage pour pratiquer, dans les cas de convulfion à l'époque de l'accouchement, une incifion fimple ou double fur les bords du col de l'utérus.

UTÉRUS. (*Anat. Pathol.*) Nom latin de la matrice, & confervé dans la langue françaife pour défigner cet organe. (*Voyez*, pour les nombreufes maladies dont il peut-être le fiége, le mot MATRICE, tom. VIII, pag. 601 de ce Dictionnaire; & pour fa defcription, le *Dictionnaire d'Anatomie* de cette Encyclopédie.)

UVA URSI. (*Bot., Mat. méd.*) Nom fpécifique de l'arboufier traînant (*arbutus uva urfi* L.). On donne auffi à cet arbriffeau le nom de *raifin d'ours* & celui de *bufferole* (*Voyez* ARBOUSIER, tom. III, pag. 212 de ce Dictionnaire.)

UVÉE, f. f. (*Anat.*) *Uvea*. Nom donné à l'une des membranes du globe oculaire, plus généralement connue fous la dénomination de *choroïde*. C'eft fa couleur noire, analogue à celle de la pellicule du raifin, qui la fait appeler *uvée*. (*Voy.* ŒIL dans ce Dictionnaire, tom. XI, pag. 97, & les mots CHOROÏDE & ŒIL dans celui d'*Anatomie* de cet ouvrage.)   (R. P.)

UVULAIRE. (*Anat.*) *Uvularis*. Adjectif fervant à fpécifier les parties qui appartiennent ou ont rapport à luette (*uvula*). Ainfi l'on nomme *glandes uvulaires* les cryptes muqueux qui entrent dans la compofition de la luette. (*Voyez* ce dernier mot dans le *Dictionnaire d'Anatomie* de cet ouvrage.)

UYTZET (*Hyg.*) Nom d'une efpèce de bière blanche & légère dont on fait un grand ufage dans la Belgique, & fur laquelle M. Vauters a publié une differtation imprimée à Gand en 1798.

VACCIN, f. m. (*Hyg. & Path.*) *Vaccinum.* On donne ce nom au virus productif de la *vaccine* (*voyez* ce mot), dont nous avons indiqué ailleurs la source, les effets & les qualités principales. Nous avons dit que dans son état de pureté c'étoit un fluide clair, visqueux, aquoso-albumineux, qui commençoit à se former vers le quatrième jour de l'inoculation, & que l'on recueilloit ordinairement au huitième, lorsque la vésicule vaccinale étoit bien développée, & cependant encore claire & transparente. Ce fluide étant très-susceptible d'altération par le contact de l'air, de la lumière, &c., on ne peut le conserver qu'en le préservant de ces influences. Toutefois, quand il ne doit s'écouler qu'un court espace de temps, quelques heures, par exemple, entre le moment où l'on recueille le vaccin & celui où l'on doit l'inoculer, on se borne souvent à charger des lancettes avec le fluide qui sort en petites gouttelettes du bouton dont on a divisé la vésicule avec la pointe de l'instrument. On ferme ensuite la lancette, après avoir eu soin d'interposer une petite bande de papier roulée autour du talon de la lame pour empêcher que la matière appliquée sur celle-ci ne s'attache aux châsses de l'instrument. Si l'on ne se servoit promptement du fluide transporté par ce procédé, le métal s'oxyderoit, le vaccin s'altéreroit & se dessécheroit; aussi a-t-on proposé de se servir de pointes d'écaille ou d'ivoire, qui ne s'oxydent point comme les métaux. Un autre moyen très-commode, & à l'aide duquel on peut transporter très-loin & conserver long-temps du vaccin sans qu'il s'altère, consiste à charger le bec de plumes taillées en cure-dents, qui sont ensuite reçues l'une dans l'autre, & enveloppées de manière à éviter l'action de l'air & de la lumière. Mais le procédé le plus usité pour la conservation & le transport du fluide vaccin, consiste dans l'emploi des tubes de verre capillaires mis en usage par M. Bretonneau.

Voici comment on remplit ces tubes: on pique la surface du bouton, une gouttelette de liquide sort par l'ouverture, on en approche l'extrémité effilée d'un tube de verre capillaire d'environ six lignes de longueur, ayant au milieu un léger renflement, que l'on tient horizontalement; la gouttelette est absorbée, & à mesure qu'il s'en forme de nouvelles, on les absorbe de nouveau jusqu'à ce que le tube soit rempli, de manière à ce qu'il ne reste plus qu'une ligne de vide; alors on ferme les deux extrémités du tube en les faisant fondre successivement au foyer d'une lumière, en évitant que la chaleur n'agisse sur le fluide contenu, & en baissant rapidement la main sitôt que la fusion du verre s'opère. Pour plus de sûreté, on lute encore les deux bouts avec de la cire à cacheter; puis, si on veut envoyer ces tubes à quelque distance, on les place dans des tuyaux de plume remplis de charbon en poudre, ou dans des boîtes pleines de coton, & on les préserve de la chaleur. Le vaccin peut ainsi être transporté à une grande distance, & conserver sa fluidité & son énergie pendant plusieurs années. Il est pourtant vrai que, dans quelques cas, soit que les tubes n'aient pas été remplis avec toutes les précautions convenables, soit que le vaccin ne s'y soit pas bien conservé, le fluide envoyé de cette manière de Paris dans la province manque complétement son effet quand il vient à être inoculé; aussi est-il généralement reconnu que le procédé le plus sûr & le meilleur est, lorsqu'il est praticable, la vaccination de bras à bras, c'est-à-dire l'inoculation faite sur-le-champ avec le vaccin que l'on recueille du bouton, l'enfant sain & l'enfant qui fournit le virus étant réunis dans le même lieu. Pour pouvoir jouir du bénéfice de ce procédé, même dans des voyages de long cours, on a imaginé d'emmener des enfans, & même des animaux (moutons, chèvres, vaches, &c.) sur lesquels on pratiquoit des inoculations successives de manière à conserver toujours un foyer vivant du virus vaccin.

On a néanmoins tenté aussi l'inoculation au moyen des croûtes vaccinales, ou mieux, à l'aide du petit cercle perlé qui environne ces croûtes, dont le centre n'est qu'une matière purulente desséchée, sans énergie: on a pu, en effet, conserver ces débris de croûtes dans des flacons hermétiquement fermés & soustraits à l'air, à la chaleur & à la lumière, & s'en servir ensuite, en les délayant dans un peu d'eau ou dans de la salive, pour inoculer avec succès la vaccine; mais c'est un procédé qui mérite beaucoup moins de confiance que les précédens. Quant aux autres procédés qui consistent à imbiber des fils, du coton, de fluide vaccin que l'on place ensuite entre deux plaques de cristal, dont l'une offre une excavation centrale, ou bien que l'on pose desséchés dans un tube de verre fermé à ses deux extrémités, &c., ils sont, en France du moins, à peu près abandonnés; on préfère généralement les tubes capillaires, ou les plaques de verre légèrement creusées au centre qu'on applique sur la vésicule ouverte, & que l'on lute ensuite par leurs bords.

Une expérience nouvelle, dont les résultats ne sont pas sans importance, a prouvé qu'on pouvoit, sans affoiblir l'énergie du virus, ajouter une petite quantité d'eau distillée au fluide qui sort des vésicules vaccinales; par ce moyen on augmente beaucoup la quantité du liquide & on le recueille avec beaucoup plus de facilité, ce qui n'est point à dédaigner quand on a de nombreuses vaccinations à opérer, ou que l'on veut recueillir & expédier une certaine quantité de fluide.

                       (GIBERT.)

VACCINATEUR, fub. m. (*Hyg. publ.*) Dans plufieurs départemens on a jugé à propos de confier fpécialement le foin de la vaccination à quelques médecins privilégiés qui ont reçu le titre de *vaccinateurs*. Ces hommes de l'art parcourent les campagnes & vaccinent publiquement dans leurs tournées tous les enfans qui leur font préfentés, & de plus, vaccinent à jour & heure fixés à leur domicile. Tantôt ces fonctions font gratuites, tantôt elles font plus ou moins rétribuées : en outre, dans beaucoup de provinces, des hommes étrangers à la médecine, des curés, par exemple, vaccinent eux-mêmes les enfans des pauvres. A Paris, les médecins attachés aux bureaux de charité des douze arrondiffemens de la capitale, vaccinent chaque femaine gratuitement dans les diverfes mairies. L'Académie royale de médecine est principalement une forte de chef-lieu où, par les foins d'une commiffion fpéciale, des vaccinations gratuites s'opèrent régulièrement deux fois par femaine. Chaque année, fur le rapport de l'Académie, le ministre décerne des récompenfes aux vaccinateurs qui ont opéré le plus de vaccinations, & des jetons de vaccine font auffi distribués dans les diverfes mairies aux médecins qui fe font habituellement livrés à la pratique de cette opération falutaire. (GIBERT.)

VACCINATION, f. f. (*Hyg. publ.*, *Médec. opératoire.*) C'est le nom de la petite opération par laquelle on inocule le virus vaccin. On a tout-à-fait abandonné aujourd'hui, pour la vaccine (comme on l'avoit déjà fait pour l'inoculation de la variole), les méthodes d'inoculation dites par incifion & par le véficatoire ; on n'emploie plus que la méthode par piqûre : celle-ci confifte à introduire horizontalement dans l'épaiffeur de la peau, fous l'épiderme, la pointe d'une lancette étroite & en fer de lance, ou d'un instrument piquant plus ou moins analogue, chargée d'une petite quantité de fluide vaccin qui reste dépofée dans la piqûre. Il y a un lieu d'élection fur lequel fe pratique communément la vaccination, quoiqu'on puiffe la faire fur tous les points de la furface de la peau, fi l'on en excepte ceux où les cicatrices qui fuccèdent aux boutons de vaccin feroient trop en évidence ; ce lieu est la partie fupérieure & externe du bras. Voici comment on procède à cette légère opération dans le cas où l'on vaccine de bras à bras :

    Le bouton de vaccine ouvert, & la pointe de l'instrument chargée du fluide qui en fort en gouttelettes vifqueufes & limpides, on tient cet instrument horizontalement d'une main, tandis que de l'autre on empoigne fermement la partie poftérieure du bras que l'on veut inoculer, en tendant exactement la peau, tant avec cette main qu'avec les doigts restés libres de celle qui tient l'instrument d'une manière analogue à celle ufitée pour l'opération de la faignée : alors on pratique la piqûre en introduifant horizontalement fous l'épiderme la pointe de la lancette à vaccin jufqu'à ce qu'un léger fuintement fanguin apparoiffe ; on retire alors cette pointe, en la laiffant s'effuyer entre les lèvres de la petite plaie après l'y avoir maintenue quelques momens engagée. On réitère cette piqûre deux, trois ou quatre fois fur chacun des bras, en ayant foin de mettre entre chaque plaie une distance d'environ un pouce pour éviter que plus tard les auréoles inflammatoires des véficules vaccinales ne fe confondent ; on ne permet de rhabiller l'enfant que lorfque les petites piqûres fe font deffécliées au contact de l'air, de peur que le frottement n'enlève une partie du fluide inoculé. Si, au lieu de vacciner de bras à bras, méthode fans contredit préférable à toutes les autres, on fe fert de fluide recueilli & confervé dans des tubes de verre, on commence par caffer les deux extrémités de ces tubes, puis avec un tuyau de paille très-mince, adapté à l'une des extrémités, on fouffle doucement le vaccin qui est chaffé à travers l'autre fur une lame de verre ; on charge enfuite la pointe de l'instrument avec ce fluide, que l'on peut étendre d'un peu d'eau distillée. On peut encore, lorfque le tube préfente un renflement à fa partie moyenne, frotter celle-ci fur le bord aigu d'une pierre à fufil, & enfuite la rompre par un léger effort, de manière à avoir à fa difpofition deux fortes de petits godets dans lefquels la pointe de la lancette peut puifer le virus. Si l'on n'a que du vaccin deffécfé fur des fils, ou même de la poudre de croûtes vaccinales, on broiera exactement cette poudre avec une lame de couteau, en ajoutant un peu d'eau, & on inoculera la matière rendue fluide. C'est furtout pour cette matière deffécfée que les procédés par excoriation ou véfication & par incifion étoient mis en ufage, mais ils font aujourd'hui tombés en défuétude, & l'on n'inocule plus guère qu'avec du vaccin fluide. (*Voyez* INOCULATION DE LA VARIOLE.)

    « Depuis plus de vingt-un ans que la vaccine est introduite en France (dit M. Huffon, tom. 56 du *Dictionnaire des Scienc. médic.*, 1821), j'ai vacciné des individus de tout âge, depuis la naiffance jufque prefque à la caducité. Mes deux enfans l'ont été, l'un à douze heures, l'autre à quatre heures de leur naiffance, & chez tous deux la vaccine s'est développée avec la plus grande régularité. J'avois auparavant, & j'ai depuis cette époque, vacciné plufieurs fois, chaque femaine, des enfans le premier jour de leur naiffance, & jamais je n'ai obfervé que la vaccine ait exercé fur eux l'influence même la plus légèrement fâchenfe. Il eft également certain que je n'ai jamais vu de fièvre marquée furvenir à la vaccine dans la première année de la vie. Les mères ont quelquefois obfervé que leur nourriffon avoit eu pendant quelques heures un peu plus de chaleur que de coutume, ou bien qu'il avoit été un peu plus endormi. On peut donc vacciner les enfans dès le jour même de leur naiffance, fans que l'action de la part de la vaccine une action trop forte & dangereufe pour l'individu que l'on y foumet. Mais cette molleffe de la peau (qui rend les phénomènes inflammatoires très-modérés) eft fouvent, dans le très-jeune âge, un obftacle à la réuffite de l'opération : auffi j'ai remarqué affez fréquemment que, malgré toutes les précautions convenables, je ne pouvois, fur les enfans de trois ou quatre jours, développer la vaccine que dans la proportion d'un à trois, c'eft-à-dire que fur trois enfans du même âge, vaccinés de la même manière & par le même procédé, la maladie fe manifeftoit fur un feul; cette proportion augmente à mefure que l'on s'éloigne de l'inftant de la naiffance, & à fix femaines l'opération ne manque pas deux fois fur cent. » Tous les praticiens ont confirmé cette remarque de M. Huffon, &, à moins de circonftances urgentes, on ne vaccine guère un enfant avant qu'il ait atteint l'âge d'un à deux mois. Il eft d'autant plus permis de prendre cette latitude, que, malgré quelques exemples d'éruption variolique chez des enfans naiffans, bien plus, chez des fœtus encore contenus dans le fein de leur mère, il eft infiniment rare que la petite-vérole frappe l'enfant dans les premières femaines, & même dans les premiers mois de fa naiffance. Les individus adultes, au contraire, & plus encore les perfonnes déjà avancées en âge, préfentent affez fouvent une denfité des tégumens qui les rend peu aptes à contracter la vaccine; auffi a-t-on coutume, dans ce cas, d'affouplir la peau par des bains, par des cataplafmes, avant de pratiquer l'inoculation de la vaccine. Ces précautions fi fimples ont fuffi plufieurs fois pour affurer le fuccès de vaccinations, qui, fans cela, auroient complètement échoué. Il eft, d'ailleurs, comme nous le dirons dans un autre article, des fujets chez lefquels la vaccine ne peut être inoculée, & d'autres, en beaucoup plus grand nombre, qui, après s'être montrés réfractaires à une ou plufieurs vaccinations, finiffent par contracter la vaccine à une nouvelle tentative d'inoculation, fans qu'on puiffe toujours découvrir la caufe de cette anomalie. (*Voyez* VACCINE.)

(GIBERT.)

VACCINE, f. f. (*Path. & Hyg.*) On a donné ce nom à une éruption, d'abord *véficuleufe*, puis *puftuleufe*, qui fe tranfmet par inoculation d'un individu à un autre, & qui jouit du fingulier & précieux privilége de préferver de la variole, maladie grave & toujours plus ou moins générale,

tandis que la vaccine eft une éruption d'une extrême bénignité, & qui eft bornée à la partie fur laquelle le virus a été dépofé. Le mot *vaccine*, dérivé du mot latin *vacca*, vache, indique la fource première de ce virus, qui provient originairement d'une éruption particulière de la mamelle des vaches, défignée en Angleterre fous le nom de *cow-pox* (vérole de vache).

Hiftorique. Il paroît, d'après le témoignage d'un ancien ouvrage shanfcrit (*Sancteya Grantham*), que l'inoculation de la vaccine étoit connue & pratiquée dans l'Inde à une époque affez reculée; ce témoignage eft confirmé par une lettre de M. W. Bruce, conful à Bushire, qui a été inférée dans les *Annales de Chimie & de Phyfique*, en 1819, & de laquelle il réfulte que la vaccine étoit connue en Perfe, parmi la tribu nomade des Eliaats, avant qu'elle fût découverte & propagée en Europe. Dans cette tribu, c'étoit plus fouvent encore fur le pis des brebis que fur celui des vaches que les bergers prenoient une affection éruptive qui les préfervoit de la petite-vérole. M. de Humboldt a écrit auffi qu'il exiftoit : en Amérique, dans la Cordillière des Andes, une tradition ancienne fur les effets préfervatifs de la vaccine parmi les pâtres indiens. Une tradition analogue fubfiftoit dans quelques contrées de l'Europe, & notamment dans quelques provinces d'Angleterre & d'Allemagne, fans que les médecins euffent été avertis de ce fait important. Toutefois, en 1768, M. Fewfter, chirurgien à Thombury, & le doctr. Sutton, inoculateur célèbre de la variole, fe livrèrent à quelques recherches à ce fujet, & confirmèrent la vérité de l'opinion populaire des payfans de ces contrées fur l'effet préfervatif de la vaccine; mais cette remarque, qui devoit être fi féconde en applications importantes, tomba dans l'oubli. On fait encore, d'après les renfeignemens fournis à l'ancien comité central de vaccine par M. Chaptal, que M. Rabaut-Pommier, miniftre proteftant à Montpellier avant la révolution, frappé de ce que, dans le midi, on confondoit fous le même nom de *picotte* la petite-vérole de l'homme, le claveau des moutons, l'éruption particulière du trayon des vaches, émit en 1781, en préfence d'un médecin anglais lié avec Jenner, le doctr. Pew, l'opinion que peut-être on devroit inoculer de préférence la *picotte* des vaches, maladie très-bénigne, au lieu de recueillir le virus varioleux fur l'homme lui-même, chez lequel la maladie étoit fi fouvent dangereufe; remarque qui frappa le médecin anglais & lui donna le defir de propofer à Jenner ce nouveau mode d'inoculation. Quoi qu'il en foit, c'eft à ce dernier que doit être attribuée toute la gloire d'une découverte qu'il fut propager & répandre de manière à ce que le monde entier fût bientôt appelé à recueillir les fruits de cet immenfe bienfait.

Ce fut en 1775 que le doctr. Jenner, chargé d'inoculer la variole dans le comté de Glocefter, apprit par la tradition populaire que les individus qui, en trayant les vaches, avoient gagné l'éruption désignée sous le nom de *cow-pox*, étoient désormais à l'abri de la petite-vérole & réfractaires à l'inoculation de cette maladie. Ayant confirmé par des expériences régulières la vérité de cette assertion, le médecin anglais publia, en 1798, le fruit de ses recherches, & appela l'attention des gens de l'art & du gouvernement sur la vertu préservative de la vaccine, dont il avoit constaté aussi l'existence dans d'autres animaux que les vaches, & en particulier sur les talons des chevaux atteints d'un mal désigné sous le nom de *grease* ou *eaux aux jambes*.

Témoin des premiers succès obtenus en Angleterre de l'inoculation de la vaccine, un émigré français, le duc de la Rochefoucaud-Liancourt, de retour dans sa patrie, s'efforça, de concert avec son ami Thouret, directeur de l'Ecole de médecine de Paris, de propager en France les bienfaits de la vaccine, au moyen de la formation d'un comité de souscripteurs qui ne tarda pas à voir le gouvernement lui-même se charger du soin de soutenir & de répandre la vaccine. En 1801 fut fondé, par les soins de Frochot, préfet de la Seine, un hospice spécial pour l'inoculation de la vaccine. En 1804, Chaptal, suffisamment éclairé par le rapport fait à l'Institut par le célèbre Hallé le 14 mars 1803, centralisa dans le ministère tout ce qui étoit relatif à ce point important d'hygiène publique, & bientôt, par les soins du comité central de vaccine, par la protection & la munificence du gouvernement, par le zèle des médecins & de l'administration, la vaccine, luttant victorieusement contre les attaques du préjugé & de l'ignorance, finit par étendre ses bienfaits dans toute la France. Aujourd'hui, répandue dans tout le monde, comme l'ont démontré les voyages les plus récens, elle est devenue dans le royaume l'objet de toute la sollicitude du gouvernement, qui a spécialement chargé l'Académie royale de médecine (investie ainsi du glorieux héritage du comité central de vaccine, dont M. Husson a été long-temps le digne secrétaire) de veiller à l'entretien & à la propagation de la vaccine, en opérant gratuitement à Paris une multitude de vaccinations, & en envoyant du fluide vaccin dans tous les points de la France. On peut voir dans l'intéressant ouvrage de M. Husson, dont cet article n'est en quelque sorte qu'un extrait, & dans les rapports annuels faits au gouvernement par l'Académie, quel développement a pris de nos jours la pratique de la vaccine, & même temps qu'on y trouvera relatés tous les faits qui composent l'histoire médicale de cette éruption préservatrice, & victorieusement réfutées toutes les erreurs & toutes les objections auxquelles a donné lieu l'inoculation du virus vaccin.

Parmi toutes les tentatives faites pour la pro-

pagation de la vaccine dans les diverses contrées du monde, tentatives qu'il n'est point de notre objet de signaler ici, nous nous bornerons à rappeler la fameuse expédition maritime ordonnée par le roi d'Espagne Charles IV, auquel don Balmis, chirurgien extraordinaire de S. M. C., présenta, le 7 septembre 1806, le compte rendu d'une mission par laquelle fut propagé dans les pays les plus lointains le bienfait de la vaccine.

Description. Le mode d'inoculation le meilleur & le plus usité consiste à introduire sous l'épiderme la pointe d'une lancette chargée de virus vaccin. A l'instant où la piqûre vient d'être faite, il se forme à l'entour une légère rougeur qui ne tarde point à disparoître. Dès lors commence la période d'*incubation*, pendant laquelle le virus ne donne aucun signe de sa présence. La durée de cette période est le plus communément de deux à trois jours, mais elle peut varier; il y a même des cas exceptionnels dans lesquels on a vu le bouton qui doit se développer poindre au bout de vingt-quatre heures, & d'autres, beaucoup plus extraordinaires encore, dans lesquels ce n'est qu'au bout de vingt à trente jours que la vaccine a commencé à paroître : on parle même, dans un journal de médecine, d'un bouton de vaccine qui ne s'est développé que six mois après l'insertion du virus (1). La seconde période, qui comprend la formation & le développement de la *vésicule*, est un peu plus longue que la précédente & dure ordinairement du troisième au quatrième jour, jusqu'au huit ou neuvième. Un petit bouton, c'est-à-dire un point dur, saillant & érythémateux, s'élève au lieu de la piqûre, bientôt l'épiderme se soulève détaché de tissu réticulaire enflammé par une exhalation de sérosité claire & transparente, d'où résulte la formation d'une vésicule dont on soupçonne l'existence dès le lendemain de l'apparition du bouton, & qui se développant & se remplissant de plus en plus, en conservant une dépression centrale qui lui donne la forme ombiliquée, acquiert un volume un peu variable, communément au-dessous de celui d'une lentille. Cette vésicule, entourée d'un cercle rouge, érythémateux, blanchit, prend une teinte argentée, puis d'un blanc-grisâtre, & passe à l'état de véritable *pustule* vers le neuf ou dixième jour. C'est un peu avant la fin de cette période, en général du sixième au septième ou neuvième jour de l'inoculation; & plus précisément encore, pour les vaccinations publiques, au huitième jour, que l'on recueille le virus, encore à l'état limpide, quand on veut s'en servir pour de nouvelles inoculations. La vésicule ouverte à cette époque est multiloculaire, & recèle un fluide séreux & légère-

_____

(1) Voyez *Archives générales de médecine*, tome I, page 277.

rement vifqueux contenu dans des cellules formées par de petites cloifons blanches. Au centre,
où exifte la dépreffion ombilique, on trouve un
peu de matière opaque & purulente, accumulée
dans une forte de follicule infundibuliforme :
remarque qui a été faite par M. le Dr. Gendrin,
& qui femble prouver que, comme l'a penfé M. le
Dr. Deflandes, pour les puftules de la variole,
le fiége fpécial & central de l'inflammation vaccinale exifte dans les follicules cutanés. Du huitième au neuvième jour commence la troifième
période ou période de maturation, qui, la plus
courte de toutes, ne s'étend guère au-delà de
deux jours. Alors la véficule enflammée eft entourée d'une rougeur vive & étendue, qui quelquefois, par la réunion des auréoles inflammatoires qui entourent les boutons voifins, donne à
une affez grande étendue du bras, un afpect éryfi-
pélateux, & s'accompagne d'une tuméfaction plus
ou moins marquée.

Ces accidens locaux fe lient même dans certains cas à des accidens généraux, rarement affez
intenfes pour mériter l'attention du médecin &
toujours de très-courte durée, plus ou moins
analogues à ceux de la fièvre de maturation de
la variole, ou à ceux de la fièvre d'incubation
fecondaire qui précède le développement de l'é-
ruption générale, lorfque les puftules produites
par l'inoculation du virus variolique font arrivées à leur période de maturation. De la pefanteur dans le bras vacciné, quelquefois de la
douleur & même de la tuméfaction dans l'aiffelle,
un léger mouvement fébrile, des bâillemens,
rarement des naufées, &c., tels font les phénomènes qui indiquent cette légère & éphémère
fièvre vaccinale qui annonce la réaction générale
de l'économie contre les atteintes du virus, mais
qui manque fouvent, ou qui du moins eft fi peu
marquée qu'elle n'appelle pas l'attention. La matière contenue dans la puftule devient opaque,
jaunâtre & purulente. Quelquefois une éruption
roféolaire fe montre aux environs ou même s'étend
aux autres parties du corps, mais on n'obferve
point de développement de boutons de vaccin
ailleurs que fur le lieu des piqûres ; ce qui met,
comme on voit, une énorme différence entre la
pratique de l'inoculation de la vaccine & celle
de l'inoculation de la variole. Du dixième au
onzième jour commence la période de deffication & la formation d'une croûte (qui peut toutefois être empêchée par la fouftraction de la
puftule au contact de l'air, au moyen de l'application de verres de montre, comme l'a expérimenté le Dr. Sacco, ou par des applications
émollientes répétées, comme l'a vu le Dr. Gendrin). Cette croûte brunâtre, circulaire, adhérente, fuccède à la puftule, dont la rougeur &
la tuméfaction difparoiffent, & ne fe détache que
vers le vingtième ou vingt-cinquième jour, laiffant au-deffous d'elle une furface encore un peu

colorée, furtout fi la chute de la croûte a été
prompte, mais qui bientôt n'offre plus qu'une
véritable cicatrice, déprimée, gauffrée, circulaire, plus blanche que la peau voifine : trace
indélébile qui fert à conftater la préexiftence de
la vaccine.

Vaccination. « La vaccine (dit M. Huffon)
n'altère que d'une manière infenfible les fonctions
de l'individu fur lequel elle fe développe, n'eft
la caufe prédifpofante d'aucune efpèce d'affection, n'en complique aucune ; la plus grande
partie de fon action fe borne aux piqûres qu'exige
fon infertion, & l'on n'a encore aucun exemple
qu'un vacciné foit mort par le fait feul de la
vaccination. D'après ces confidérations, on doit
conclure que tous les âges, toutes les circonftances de la vie, toutes les faifons font favorables
à cette opération. Cependant, chaque maladie,
même la plus légère, étant accompagnée d'une irritation du fyftème nerveux & de mouvemens
fébriles, étant par conféquent fufceptible, dans
des circonftances imprévues, d'influer fur toute
l'économie, des médecins très-prudens ont jugé
convenable d'affigner quelques règles pour la pratique de la vaccine ; ainfi, il eft des obfervations
générales fur l'âge, l'état de fanté & les faifons
qui doivent guider les médecins. » (*Dict. des
Scienc. méd.*)

On entend par vaccination la petite opération
à l'aide de laquelle on inocule le *fluide vaccin.*

Ce fluide ou virus vaccin, examiné avec foin
par MM. Dupuytren, Huffon & beaucoup d'autres, au moment où il eft le plus propre à être
le véhicule de la contagion, c'eft-à-dire du
fixième au neuvième jour, à partir de l'époque
de l'inoculation, eft un liquide tranfparent, incolore, inodore, un peu vifqueux, d'une faveur
un peu âcre & un peu falée, fort analogue à l'humeur féreufe que produit la véfication, & à la
matière des larmes. L'expofition à l'air le deffèche promptement, & il adhère alors comme
une forte de vernis aux fubftances fur lefquelles
on l'applique. En le laiffant fe deffécher fur le
bouton même, il fe coagule en petits globules
durs qui, enfermés dans des tubes & confervés
pendant cinq mois par M. Dupuytren, ont pu
fervir encore à opérer la vaccination. Liquide ou
deffèché, il fe diffout très-bien dans l'eau, &
l'on a même récemment propofé d'y ajouter une
certaine quantité de ce liquide pour faciliter
l'afcenfion du virus dans les tubes deftinés à le
conferver, fans que cette addition, qui en augmentoit la quantité & en diminuoit la vifcofité,
ait nui en aucune façon aux effets de l'inoculation pratiquée avec ce virus étendu d'eau. L'action de l'air & de la lumière décompofe très-
promptement le virus vaccin ; la chaleur furtout
le corrompt très-vite, & c'eft à cette rapide décompofition qu'eft due la difficulté de la propagation de la vaccine dans les régions fituées fous

la zone torride, au Sénégal, dans nos colonies : dans nos pays tempérés même, la vaccination manque plus souvent son effet dans les fortes chaleurs de l'été. Le vaccin frais est d'une nature alcaline & volatile; il paroît spécialement composé d'eau & d'albumine : il oxyde très-promptement les lancettes sur lesquelles on le laisse séjourner.

On voit d'après tout cela que le vaccination qui doit le mieux réussir est celle qui se fait avec du vaccin frais & liquide, surtout avec du fluide qu'on recueille à l'instant même d'une vésicule vaccinale pour l'inoculer, comme on dit, de bras à bras; & que, pour pouvoir se conserver, il faut que le fluide soit soustrait à l'action de l'air, de la lumière & de la chaleur; c'est ainsi que dans des tubes de verre purgés d'air, fermés, enveloppés de papier noir & placés dans un lieu frais, on a pu conserver du vaccin, jouissant encore de sa propriété contagieuse, pendant cinq, sept & me neuf mois.

La viscosité est le caractère essentiel du virus actif; pour s'assurer de l'existence de cette qualité du fluide, on fait les essais suivans : mise entre deux doigts, une petite goutte file comme un sirop; on éprouve quelque résistance à détacher la lancette ou un verre plat d'un bouton vaccinal qui vient d'être ouvert; le vaccin sort lentement de cette ouverture & prend la forme globuleuse; il se dessèche promptement à l'air, & forme sur la pointe de l'instrument avec lequel on le recueille un enduit grumelé, comme gommeux. En coulant sur la peau aux environs du bouton, le fluide s'y dessèche & la tiraille, y laissant des traces analogues à celles que laissent après eux les limaçons dans leur marche, ou le mucus des narines qui se dessèche par un temps froid sur la lèvre supérieure; le sang se mêle difficilement au vaccin visqueux. Enfin, les fils qu'on imprègne de ce fluide sont roides & laissent tomber l'humeur desséchée en petites écailles vitrées quand on les plie.

Le vaccin présente ordinairement tous ces caractères au huitième jour du bouton, & c'est alors que le vaccinateur, s'armant d'une lancette plus étroite & plus acérée que les lancettes ordinaires, pique légèrement la vésicule, reçoit sur la pointe de l'instrument, qu'il appuie sur l'ouverture, le fluide limpide qui en sort, & avec cette pointe chargée de virus, fait au bras du sujet qu'il veut vacciner une petite piqûre horizontale, par laquelle il insère sous l'épiderme une petite quantité de fluide. Mais nous renvoyons aux mots VACCIN, VACCINATION & VACCINATEUR, pour tout ce qui concerne cette petite opération, ainsi que pour les divers procédés usités pour recueillir & conserver le vaccin à l'état fluide ou solide, ne faisant ici qu'indiquer la méthode la meilleure & la plus ordinaire. Nous ne dirons rien, pour la même raison, des tentatives d'inoculation faites

avec les croûtes vaccinales, ni de celles, plus fructueuses, faites à la manière accoutumée sur des animaux destinés à servir de moyens de transport pour le vaccin que l'on vouloit exporter au loin.

Anomalies de la vaccine. Il est quelques sujets qui se montrent entièrement réfractaires à l'inoculation de la vaccine, d'autres qui ne le font que pendant un certain temps, d'autres enfin chez lesquels la vaccine ne se développe point avec ses caractères accoutumés.

Les individus qui ont été antérieurement atteints de variole ou qui ont déjà une première fois été vaccinés avec succès, n'éprouvent ordinairement aucun effet de l'inoculation de la vaccine, ou bien ne présentent qu'une sorte de *fausse vaccine.* Cependant des expériences récentes, & notamment celles faites en France par M. Geneuil, médecin à Jonzac (Charente-Inférieure), prouvent qu'il est quelques individus aptes à subir, au bout d'un certain laps de temps, la contagion d'une vaccine inoculée pour la seconde fois. Ayant ainsi pratiqué des vaccinations secondaires sur des individus anciennement vaccinés, M. Geneuil a vu qu'il déterminoit des fausses vaccines chez des sujets vaccinés depuis vingt ans, tandis que chez ceux vaccinés plus anciennement encore (depuis vingt-cinq ans & plus), il avoit réussi à produire une vaccine légitime, laquelle avoit pu ensuite être inoculée à d'autres personnes; chez ces personnes d'ailleurs la vaccine s'étoit montrée, comme à l'ordinaire, préservatrice de la variole. En citant ces expériences, nous n'approuvons nullement les conclusions que l'auteur en a tirées : du reste, nous reviendrons un peu plus loin sur ce sujet; qu'il nous suffise pour le moment d'établir qu'en général, & sauf les cas exceptionnels, la variole ou une première vaccine légitime empêche les effet de l'inoculation du virus vaccin. Bien plus, il est quelques individus qui n'ont été antérieurement affectés ni de variole ni de vaccine, & chez lesquels on ne peut cependant réussir à inoculer la vaccine. Quelquefois cette inaptitude n'est que temporaire, & l'on voit après deux, trois, six & même huit vaccinations qui ont échoué, une dernière inoculation, tentée au bout d'un certain temps, réussir complètement. Mais, dans d'autres cas, les tentatives les plus multipliées & les plus variées restent sans résultat, de même que l'on rencontre des sujets qui sont réfractaires à la contagion de la variole elle-même. Enfin, comme le dit M. Guersent dans l'article VACCINE du *Nouv. Diction. de méd.*, il est un certain nombre d'individus chez lesquels la vaccine ne se manifeste que par des phénomènes généraux (fièvre vaccinale); l'éruption locale manquant absolument. Plusieurs observations connues depuis long-temps ont mis cette vérité hors de doute; mais elle n'avoit jamais été établie furun aufſi grand nombre de faits qu'en 1825, où foixante cas de cette efpèce fe font offerts fucceffivement à l'obfervation des médecins de l'hôpital général de Nantes (1). Ces fujets, fans doute, ne font pas moins préfervés fûrement de la variole, comme cela s'eſt vu dans des cas analogues chez les individus qui n'avoient auſſi qu'une fièvre variolique fans éruption, dans le temps où l'on pratiquoit l'inoculation de la variole.

Quant à la *fauſſe vaccine*, M. Huſſon, & d'après lui M. Guerfent, en reconnoiſſent deux variétés : la première eſt l'efpèce de vaccine avortée que l'on voit quelquefois furvenir chez les fujets déjà antérieurement vaccinés avec fuccès ou atteints de variole, auxquels on inocule le virus vaccin; la feconde eſt une inflammation cutanée, accidentelle, provoquée par des caufes irritantes déterminées, telles que l'ufage de lancettes oxydées par le vaccin pour opérer la vaccination, l'emploi de vaccin trop avancé & déjà paſſé à l'état purulent; celui de matière deſſéchée, mal délayée, l'emploi de procédés vicieux, comme, par exemple, l'inoculation au moyen des fils, &c. &c. La première variété (que quelques modernes ont propofé d'appeler *vaccinoïde*, comme on appelle aujourd'hui *varioloïdes* ces efpèces de varioles avortées, de varioles courtes & ordinairement bénignes, qui s'obfervent dans les épidémies varioliques, chez quelques individus antérieurement vaccinés ou atteints de variole) offre la marche & les caractères fuivans : dès le premier jour, ou au plus tard le troifième, les piqûres s'enflamment, une puſtule, dont la marche eſt rapide & qui n'eſt point ombiliquée, fe développe, elle fe convertit en croûte du quatrième au fixième ou huitième jour, & la croûte tombe enfuite fans laiſſer de cicatrice. Willan admet en outre trois variétés de fauſſes vaccines *véficuleufes*; dans toutes, la marche eſt rapide, la forme irrégulière, la cicatrice nulle ou irrégulière & nullement femblable à celle que laiſſe la véritable vaccine. La feconde efpèce de fauſſe vaccine admife par M. Huſſon, ou celle qui eſt due à une irritation accidentelle, eſt caractérifée par une inflammation plus prompte, plus vive & plus courte que l'inflammation vaccinale légitime; dès le fecond jour, la piqûre eſt enflammée & purulente; dès le troifième ou quatrième jour, la croûte eſt formée, & fouvent au-deſſous d'elle exiſte une ulcération qui peut le prolonger. Les expériences récemment faites par M. le Dr. Gendrin tendent encore à établir que des véficules de vaccine légitime, écorchées, irritées, foit par les ongles de l'enfant, foit par

l'inſtrument qui y puife du vaccin, peuvent, ſi elles paſſent hâtivement à l'état purulent ou ſi elles font tout-à-fait déforganifées par ces diverfes manœuvres, fe convertir en une forte de fauſſe vaccine qui ne fera plus préfervatrice. D'un autre côté, le même expérimentateur dit avoir réuſſi à développer la véritable vaccine chez quelques fujets en inoculant la matière contenue dans les boutons de la première efpèce de fauſſe vaccine, que nous avons indiquée plus haut, mais avec la précaution de recueillir cette matière dès le deuxième jour de l'apparition de ces boutons. Du reſte, on ne peut fe diſſimuler qu'il règne encore de l'obfcurité fur la vaccine vraie & fur la vaccine fauſſe, relativement au diagnoſtic & aux effets préfervatifs de ces deux éruptions; &, tout ce que l'on peut dire en ce moment, c'eſt que la règle la plus fûre à fuivre eſt de ne regarder comme légitime & certainement préfervatrice que l'éruption vaccinale qui offre cette marche régulière que nous avons expofée précédemment.

Avant de quitter tout-à-fait ce fujet, il eſt peut-être bon de dire quelques mots d'une expérience aſſez remarquable faite fur l'inoculation du virus de la *varioloïde* (*voyez* ce mot) par M. Guillou, chirurgien à Saint-Pol-de-Léon (Finiſtère), en l'année 1826. M. Guillou, n'ayant pu fe procurer du vaccin, reconnut, au milieu de l'épidémie variolique la plus meurtrière, l'exiſtence de l'exanthème benin & difcret (ce font fes expreſſions) que l'on nomme *varioloïde*. Ayant recueilli le virus d'une éruption de ce genre, arrivée au cinquième jour, fur une demoifelle âgée de quinze ans, il l'inocula par dix piqûres au bras d'un enfant à la mamelle, & il obtint, dit-il, dix fuperbes boutons de vaccine qui lui fervirent à vacciner quarante-deux enfans, lefquels à leur tour fournirent du *vaccin* à une centaine d'individus. Dans une feconde expérience, deux étudians vaccinés depuis pluſieurs années, fournirent à M. Guillou du virus de varioloïde, de l'inoculation duquel on obtint encore des éruptions vaccinales (1). L'Académie n'a point partagé l'enthoufiafme de M. Guillou pour le fuccès obtenu de fes tentatives; elle n'y a vu que le danger de fubſtituer de nouveau l'inoculation de la variole ou de la varioloïde à la vaccine; & en effet, il eſt important de remarquer, d'une part, que, lorfqu'on pratiquoit l'inoculation, on a vu quelquefois les boutons de variole ne fe montrer qu'au lieu des piqûres, & l'éruption générale ne point furvenir; &, d'autre part, que dans les expériences de M. Guillou, il eſt fait mention d'individus chez lefquels il n'y eut pas feulement des boutons à la place des piqûres, mais auſſi une éruption fecondaire plus ou moins générale;

(1) *Voyez* le rapport fait à l'Académie royale de médecine fur les vaccinations pratiquées en France pendant l'année 1825. (*Bibliothèque médicale*, 1827.)

(1) *Voyez Bibliothèque médicale*, janvier & février 1827.

en forte que, dans ces cas au moins, il eft bien permis de croire que M. Guillou s'en eft laiffé impofer par de véritables puftules de variole ou de varioloïde, qu'il a prifes à tort pour des boutons de vaccine.

Accidens de la vaccine. De nos jours, où la vaccination s'opère d'homme à homme par des procédés fimples & avec un vaccin qui eft encore à l'état limpide, on n'obferve prefque plus ces accidens locaux qui fe montroient de temps en temps dans les premières années de la découverte de la vaccine, tels que l'inflammation éryfipélateufe ou phlegmoneufe de la région inoculée, des ulcérations confécutives aux puftules, &c. Il eft très-rare auffi de voir furvenir des accidens généraux, tels que, une fièvre de maturation bien prononcée, & même une éruption fecondaire plus ou moins générale qui, lorfqu'elle exifte, doit le plus fouvent être regardée comme le réfultat de l'action de miafmes qui ont agi fur l'individu, ou avant, ou en même temps, ou après la vaccine. C'eft ainfi, par exemple, que l'on fe rend raifon des éruptions qu'obfervoit fi fouvent Woodville chez les fujets qu'il vaccinoit, & qui communément étoient expofés en même temps aux miafmes de la variole, tandis que fon célèbre compatriote & contemporain Jenner n'en voyoit point furvenir chez les nombreux individus, placés dans des circonftances plus favorables, anxquels il inoculoit le virus vaccin. Toutefois, s'il faut en croire quelques médecins, qui ont pour eux l'autorité impofante de M. Huffon, il peut arriver dans quelques cas, à la vérité très-rares, qu'outre les boutons locaux déterminés par les piqûres, il fe développe auffi une éruption fecondaire de même nature, dans d'autres régions du corps, fans qu'il foit toujours poffible d'expliquer cette éruption par une forte d'inoculation nouvelle opérée, par exemple, par les doigts de la perfonne vaccinée, qui, ayant gratté fes boutons, auroit pu porter le virus fur d'autres points excoriés auffi par les ongles : mais c'eft un fait qui demande encore de nouvelles recherches pour être convenablement éclairci.

Complications de la vaccine. Les diverfes fièvres éruptives peuvent coïncider avec la vaccine; ainfi, la rougeole, la fcarlatine fe manifeftent quelquefois chez les fujets récemment vaccinés; alors, tantôt la vaccine fufpend fa marche pendant la durée de l'éruption, tantôt les deux éruptions parcourent leurs périodes comme fi elles exiftoient feules. On a affez généralement remarqué dans les épidémies de variole que la vaccine, fi elle ne préfervoit pas toujours les individus plongés au milieu des miafmes de cette redoutable maladie, la rendoit du moins plus bénigne, & affez fouvent même enrayoit la marche de la petite-vérole & la faifoit pour ainfi dire avorter, & paffer, par exemple, prefque fubitement de la période véficuleufe à la période de

deffication, fans que la période de maturation, ordinairement fi bien marquée & fi prolongée dans la petite-vérole ordinaire, eût pu être obfervée. Le docteur Sacco a entrepris des expériences directes à ce fujet, & eft arrivé à précifer l'époque à laquelle le développement de la vaccine rend entièrement réfractaire à la contagion de la variole. Ayant vacciné plufieurs enfans fur l'un des bras feulement, il inocula enfuite féparément le virus variolique, à l'autre bras fur chacun de ces enfans, à des époques différentes des boutons de vaccin, & il obtint les réfultats fuivans :

Les inoculations faites entre le premier & le cinquième jour déterminèrent aux feptième, huitième, neuvième, dixième & onzième, l'éruption de plufieurs puftules varioliques qui parcoururent leurs diverfes périodes, concurremment avec la vaccine. Dans les inoculations faites du fixième au feptième jour de la vaccination, on n'obferva plus d'éruption variolique générale, & les piqûres elles-mêmes n'offrirent que peu d'altération, ou ne devinrent le fiége que de puftules imparfaites & qui fe deffechèrent promptement. Enfin, fur feize enfans inoculés du onzième au treizième jour, on ne vit que chez trois une feule piqûre rougir & s'enflammer légèrement : d'où l'auteur crut devoir conclure que, paffé l'époque de maturation de la puftule vaccinale, le vacciné réfiftoit entièrement aux effets de la contagion de la variole.

Traitement de la vaccine. On peut pofer en règle générale que la vaccine eft une affection tellement bénigne qu'elle n'exige aucun traitement, aucun régime, aucune précaution, fi ce n'eft celles qui font néceffaires pour affurer les effets de la vaccination, telles que, le foin de ne rhabiller l'enfant que lorfque la piqûre s'eft deffechée à l'air, d'éviter les applications qui pourroient irriter & déforganifer les boutons, & donner lieu ainfi à une fauffe vaccine, de modérer l'inflammation lorfqu'elle eft trop vive, à l'époque de la maturation, par quelques applications émollientes; enfin, de combattre par les moyens ordinaires les accidens ou les complications qui pourroient furvenir, &, qui, dépendant ordinairement de circonftances particulières, ne fe rencontrent pas dans la généralité des cas.

Effets préfervatifs & avantages de la vaccine. Il devroit être fuperflu aujourd'hui d'infifter encore fur l'innocuité, les avantages & fpécialement fur la certitude & la conftance de l'effet préfervatif de la vaccine, après qu'un fi grand nombre de faits et d'expériences femblent avoir mis ce point de doctrine hors de toute conteftation. Cependant, des épidémies varioleufes récentes ayant fufcité de nouvelles objections contre la pratique de la vaccine, il eft devenu néceffaire d'y répondre & de remettre de nouveau fous les yeux de tous l'efficacité de la découverte de l'immortel Jenner.

Croyant inutile de rappeler ici les expériences authentiques & décisives faites par l'ancien comité de vaccine de Paris, & qui ont mis hors de doute l'effet préservatif de la vaccine sur des individus qui ont été exposés ultérieurement à toutes les chances de contagion de la variole, comme on peut s'en convaincre en lisant les travaux déjà cités de MM. Husson & Guersent, nous pensons qu'il nous suffira, pour détruire les objections faites dans ces derniers temps à la vaccine, de reproduire un passage du rapport fait à l'Académie royale de médecine par M. P. Dubois (au nom de la commission de vaccine), sur les vaccinations faites en France pendant l'année 1825 (1).

« ... Souvent des éruptions varicelleuses, varioloïdes, varioliques même, ont eu lieu simultanément avec la vaccine, &, dans ce cas, il a été remarqué que les éruptions varioliques avoient été plus douces. Enfin, il est positif que certains individus vaccinés ont été atteints de la variole, soit à cause de l'intensité de l'épidémie variolique qui, cette année, a désolé la France, soit parce que le nombre des vaccinés étant maintenant considérable, il n'est pas étonnant qu'il se soit enfin rencontré quelques exceptions à la vertu préservative de la vaccine. Ce fait, joint à celui du développement de la vaccine à la suite de vaccinations pratiquées chez des individus anciennement vaccinés, a fait naître des doutes sur la propriété prophylactique de la vaccine, & quelques médecins ont avancé que ce salutaire virus avoit dégénéré par suite de sa transmission dans l'espèce humaine, & avoit besoin d'être repris à sa source sur la vache. La commission a cherché à dissiper ces doutes. En ce qui concerne les varioles survenues chez les vaccinés, elle remarque, 1°. que des varioles ont de même récidivé chez des varioleux, & qu'on ne peut conséquemment demander plus au préservatif qu'à la variole elle-même ; 2°. que, parmi ces varioles survenues chez des vaccinés, beaucoup n'étoient que des varicelles, ou ont été observées chez des individus dont la vaccination première étoit suspecte, ou au moins non garantie ; 3°. que, dans le nombre de ces varioles survenues chez ces vaccinés, deux seulement ont été mortelles, ce qui porte à croire que la vaccine auroit au moins adouci le mal, étant alors aux épidémies de variole ce que l'acclimatement est aux épidémies de fièvre jaune ; 4°. enfin, qu'au petit nombre de ces cas dans lesquels la vaccine n'a pas préservé, on peut opposer ceux infiniment plus nombreux dans lesquels elle a fait résister à l'inoculation, à la contagion épidémique. C'est ainsi que sur 17,060 individus vaccinés depuis 1801 par M. Guyetant, de Lons-le-Saulnier, aucun n'a contracté de variole ; qu'il en a été de

même de 222,650 vaccinés par le comité du département de la Meurthe, de 15,000 vaccinés par M. Pellieux, de Beaugency, &c. En ce qui concerne les vaccinations secondaires, la commission objecte que le plus souvent ces vaccinations sont tentées sans succès, & que, du reste, on ne peut en conclure, comme on l'a voulu, que la vaccine ne préserve que pour un temps de la variole, puisque, dans les cas où ces vaccinations ont réussi, il en est dans lesquels la vaccine première datoit déjà de vingt années, & d'autres où elle ne datoit que de cinq. C'est de même que les varioloïdes & les varioles survenues spontanément se sont montrées aussi, tantôt long-temps après la vaccine, vingt-trois ans, par exemple ; tantôt, au contraire, peu de temps après, trois semaines, &c. ».

C'est donc un fait bien établi que, sauf quelques cas exceptionnels qui ne se rencontrent qu'au milieu des épidémies varioliques très-graves, & qui ne peuvent infirmer en rien la règle générale, la vaccine est aujourd'hui, comme il y a trente ans, un sûr préservatif de la variole, & que cette éruption si bénigne, toujours locale, incapable de se transmettre autrement que par inoculation, & par conséquent incapable de se propager épidémiquement comme la variole, jouit d'avantages immenses sur celle qui peut être déterminée par l'inoculation de la variole ; elle mérite donc à juste titre tous les soins des gouvernemens qui ont à cœur la conservation de la santé des peuples.

Non contens de reconnoître cette belle prérogative de la vaccine, considérée comme préservatrice de la petite-vérole, plusieurs médecins, s'appuyant sur quelques faits isolés, ont enrichi encore cette éruption salutaire d'effets thérapeutiques variés. Ainsi, l'on a vu quelquefois des engorgemens scrofuleux, des maladies cutanées chroniques & quelques autres affections, être avantageusement modifiés par l'éruption d'une vaccine inoculée dans le voisinage des parties malades : c'est une idée qui ne doit point être négligée dans l'occasion, mais sur laquelle on auroit tort de fonder des espérances exagérées.

D'un autre côté, chez quelques sujets scrofuleux, débiles, cacochymes, portant le germe de maladies latentes qui n'attendoient pour se développer que l'action de la plus légère cause occasionnelle, on a vu la modification apportée dans l'économie (quelque peu apparente qu'elle soit) par l'inoculation de la vaccine, favoriser les progrès de ces maladies, qu'il seroit plus que ridicule de mettre en pareil cas sur le compte de la vaccine.

En somme, nous pouvons concevoir, avec M. Husson, l'espérance de voir un jour, par la propagation de plus en plus générale de la vaccine, la variole cesser complètement de paroître en Europe, en repoussant par des précautions sanitaires convenables, l'introduction de tout nou-

---

(1) Voyez *Bibliothèque médicale*, 1827.

veau foyer de contagion exotique; déjà même il est quelques contrées desquelles les efforts réunis des médecins & de l'administration ont réussi à bannir entièrement cette terrible maladie. C'est ainsi qu'à Manille, où une statue a été élevée à Charles IV, qui a envoyé dans cette île le bienfait de la vaccine, la variole est devenue très-rare, & ne s'observe plus que chez les Chinois; c'est ainsi qu'en France, dans la petite ville de Saint-Calais (Sarthe), dont la population est d'environ quatre mille ames, la vaccination ayant été pratiquée avec une rigoureuse exactitude depuis 24 ans, on n'a vu depuis cette époque aucune variole. (GIBERT.)

VACCINIÉES, f. f. pl. (Bot., Mat. médic.) Groupe de plantes ayant de tels rapports avec les ERICÉES & les RHODORACÉES, que quelques botanistes ont pensé pouvoir les réunir sous la dénomination d'ERICINÉES. A ce groupe appartiennent les diverses espèces d'airelles, généralement peu employées en médecine, bien que d'ailleurs les fruits du vaccinium myrtillus servent à préparer une boisson acidule qui peut être de quelqu'utilité dans certaines phlegmasies.

VACILLANT, adj. (Pathol.) Expression employée pour désigner cette modification du pouls dans laquelle les pulsations sont foibles, tremblantes & inégales. (Voyez POULS.)

VAGIN, f. m. (Anat.) Vagina. Nom d'un canal membraneux, cylindroïde & extensible, situé entre la vessie & l'intestin rectum. Sa longueur varie de six à huit pouces; son fond répond au col de l'utérus, & son extrémité à la vulve. Dans l'acte de la copulation, il est destiné à recevoir le membre viril, & au moment de l'accouchement il est traversé par le fœtus; aussi sa face interne offre-t-elle un grand nombre de rides transversales destinées à en favoriser l'élargissement. On remarque aussi sur cette même face les orifices d'une multitude de follicules membraneux d'où s'écoule un mucus servant à lubréfier le vagin. Souvent ce conduit présente des dispositions anomales : ainsi on l'a quelquefois vu être très-court; dans d'autres circonstances, il étoit imperforé; plusieurs fois on l'a trouvé divisé par une cloison formant un double canal, au fond duquel existoit une double matrice, & dans certains cas un seul utérus. Enfin, on a vu le vagin s'ouvrir dans la vessie, & même dans l'intestin rectum. Les auteurs rapportent un très-grand nombre de ces sortes d'anomalies.

Cet organe est sujet à beaucoup d'affections, telles que ruptures, chutes, inflammations, ulcères, polypes, tumeurs, hernies, &c. (Voyez, pour sa description, le Dictionnaire d'Anatomie, & pour ses maladies le Dictionnaire de Chirurgie de cet ouvrage.)

VAGINAL, ALE. (Anat.) Vaginalis. Adjectif servant à désigner tantôt des parties qui appartiennent au vagin ou font en rapport avec lui, tantôt à exprimer la disposition de certaines membranes destinées à envelopper quelques organes. Ainsi, dans la première acception, artère vaginale indique une branche qui naît de l'artère hypogastrique ou des artères utérine, vésicale, honteuse interne, ombilicale, &c., & dont les ramifications se distribuent au vagin. Dans l'autre sens il vaudroit peut-être mieux employer l'expression vaginante.

On nomme tunique vaginale ou élytroïde du testicule, la membrane séreuse qui renferme cet organe; apophyse ou crête vaginale, l'espèce de lame osseuse qui embrasse en partie la base de l'apophyse styloïde de l'os temporal. (Voyez SCROTUM & TYMPAN dans le Dictionnaire d'Anatomie de cet ouvrage.)

VAGINANT, TE. Vaginans. Adjectif qu'il seroit convenable d'employer préférablement à l'expression vaginale, dont on fait fréquemment usage pour désigner des parties qui servent à en envelopper d'autres; telles sont les membranes, les lames osseuses, &c. (Voyez VAGINAL.)

VAGISSEMENT UTÉRIN, f. m., de vagitus, &c. Cri d'un enfant encore renfermé dans le sein de sa mère.

Dans son livre, de Naturâ pueri, Hippocrate avance que les poumons du fœtus attirent, par une douce dilatation, un tant soit peu d'air; ce que prouvent, dit-il, les cris qu'on a souvent entendus dans la matrice des femmes enceintes. C'est cette phrase vraie ou fausse, bien ou mal interprétée, du père de la médecine, qui a servi de texte aux partisans de la respiration fœtale & à ceux qui admettent que l'enfant peut crier avant de naître. Wesslingius, Albert-le-Grand, Libavius, Solin, Camerarius, Sennert, Bartholin, Deusingius, Velthusius, Robert Boyle, &c., combattus par Diemerbroëck, ont raconté des histoires desquelles il résulteroit que le vagissement utérin n'est pas très-rare. Needham en cite également un exemple; cependant, malgré toutes ces autorités, on a rejeté la possibilité du fait & toutes les preuves qu'on avoit données de son existence. Pour qu'un fœtus crie, il faut qu'il respire; pour que le fœtus respire, il faut que de l'air pénètre dans ses poumons; or l'enfant nage dans un liquide, est renfermé dans un sac qui ne communique en aucune manière avec l'air extérieur; s'il faisoit le moindre effort pour dilater ses poumons, pour inspirer, c'est de l'eau qui s'introduiroit dans ses voies aérifères, & la suffocation en seroit sans doute immédiatement la suite. On a donc pu reléguer, d'après des raisons aussi péremptoires, les exemples de vagissement utérin parmi les contes de bonnes femmes &

les chimères. Quelques modernes n'en font pas moins revenus fur ce point. Un accoucheur diftingué de l'Allemagne, Ofiander, foutient avoir entendu lui-même les cris dont il s'agit. Les affertions de ce médecin, jouiffant d'ailleurs d'une certaine célébrité, ont été traitées comme celle des Anciens, c'eft-à-dire qu'on n'y a ajouté aucune foi ; il eft même probable qu'elles euffent bientôt été oubliées, fi M. Zitterland n'étoit pas venu, en 1821, invoquer en leur faveur une obfervation qui feroit on ne peut plus concluante, fi une faine critique permettoit d'en prendre les termes à la lettre. Une femme eft prife des phénomènes du travail quelques femaines avant fon terme ; dans le courant de la journée, un bruit femblable au cri d'un enfant fe fait entendre ; des recherches minutieufes font faites dans l'appartement par les affiftans ; la fage-femme trouve le col utérin fouple & dilatable ; les cris reparoiffent plus diftinctement ; on prie M. Zitterland, qui habitoit la même maifon, de defcendre ; il s'affure par lui-même qu'il n'y a ni chat, ni autres animaux dans la chambre. Après quelques minutes, les cris qu'on lui avoit annoncés fe reproduifent de manière à ne laiffer aucun doute fur le lieu d'où ils fortent ; il les entend une feconde fois, mais les phénomènes du travail ne tardent pas à fe ralentir, & l'accouchement n'a lieu qu'au bout de quelques jours ; l'enfant, qui donna encore quelques fignes de vie au moment de fa naiffance, mourut prefque immédiatement après. M. Marc a fait part à l'Académie de médecine de Paris, en 1825, d'une obfervation prefque exactement femblable, recueillie par MM. Henri & Jobert. M. Heffe en a indiqué une autre prefqu'à la même époque, &, dans une lettre adreffée à la Société philomatique, M. Le Sauvage, de Caen, affirme avoir entendu très-diftinctement, & à plufieurs pas de diftance, chez une chienne près de mettre bas, les cris de petits encore renfermés dans le ventre de leur mère, quoique le part ne fût point encore commencé. Un jeune médecin, qui fuivoit alors mon cours d'accouchemens, m'a plufieurs fois parlé d'un fait du même genre dont il a été témoin.

En préfence d'obfervations recueillies & publiées par des hommes de bonne foi, d'un mérite reconnu, par des contemporains qui n'ignorent pas les difficultés de faire admettre un pareil fait dans la fcience, l'homme impartial & prudent doit fe trouver fort embarraffé. Il eft inconteftable, en effet, que les cris fuppofent la refpiration. Or, il eft univerfellement admis que le fœtus ne refpire pas. Toutefois, dans ces derniers temps, Nuller & M. Geoffroy Saint-Hilaire ont voulu faire revivre l'ancienne opinion d'Hippocrate fur ce fujet. Ces auteurs admettent que l'eau de l'amnios renferme de l'air ; que cet air pénètre les organes à travers la peau par des efpèces de

trachées, ou bien par l'organe pulmonaire lui-même, qui feroit alors habituellement gorgé du fluide amniotique. On a voulu enfin que l'enfant vécût au centre de fes membranes à la manière des poiffons ; il ne s'agiffoit plus que de lui trouver des branchies, & c'eft ce que M. Raitké vient de faire, à la grande fatisfaction de M. Brefchet, qui prétend auffi avoir rencontré ce nouvel organe chez les très-jeunes fœtus. Mais, d'une part, l'air que M. Deffaigne avoit rencontré dans l'eau de l'amnios, & qui fembloit arriver là tout exprès pour donner gain de caufe à M. Geoffroy Saint-Hilaire, s'eft depuis transformé en azote & en gaz acide carbonique dans les flacons de M. Chevreul & dans ceux de M. Deffaigne lui-même ; de l'autre, les branchies, fi longuement décrites par M. Raitké, ne font, fi j'en crois mes propres obfervations, que des replis artificiels & mécaniques de la fuperficie de certains embryons, en un mot, des organes qui n'exiftent point. En troifième lieu, fi l'air étoit abforbé par des trachées fans arriver aux poumons, il n'en réfulteroit pas pour cela que le fœtus pût crier ; & l'organe pulmonaire recevoit de l'air d'une manière quelconque, il eft évident qu'il n'offriroit point l'afpect de la chair, l'imperméabilité qu'on lui connoît, ne reffembleroit point à un morceau de foie, à une tranche de mufcle, n'iroit point au fond de l'eau, comme cela fe remarque conftamment avant la naiffance.

Lorfque les membranes font rompues, que l'eau de l'amnios s'eft échappée, on conçoit, à la rigueur, que de l'air puiffe pénétrer jufque dans la matrice, que le fœtus puiffe en infpirer quelques bulles & faire entendre quelques vagiffemens ; on le conçoit furtout lorfque la tête, fortement engagée dans le vagin, eft très-rapprochée de la vulve & placée de manière que la bouche fe dirige vers l'atmofphère ; encore faut-il avouer que même alors les cris du fœtus font difficiles à expliquer ; car, à mefure que l'œuf fe vide, la matrice revient fur elle-même ; dès que le fœtus n'eft plus entouré d'eau, il fe trouve exactement embraffé, comprimé par les parois de la matrice : pour que la refpiration s'opère, il n'eft pas feulement néceffaire d'avoir de l'air, il faut encore que la poitrine, que les poumons fe dilatent, & cette dilatation paroît impoffible tant que l'enfant n'eft pas au-dehors, tant que fon thorax refte embraffé par les organes fexuels.

Mais avant la déchirure des membranes, cela ne fe comprend pas. Des gaz qui circulent dans les inteftins, mille bruits divers, tant de fupercheries difficiles à imaginer, peuvent en impofer fur ce point ! D'ailleurs, l'homme eft entouré de tant de caufes d'erreurs que lorfqu'un fait contraire à toutes les lois connues fe préfente, on peut, fans faire injure à perfonne, fuppofer que ceux qui le racontent ont pu fe tromper ; la fageffe enfin ne veut pas qu'on l'admette fans oppolition. Au furplus, dans la queftion aéluelle, je ne puis mieux rendre ma penfée qu'en répondant aux partifans du vagiffement utérin : « Puifque vous l'avez entendu, je le crois; mais fi je l'avois entendu moi-même, je ne le croirais pas. »

(VELPEAU.)

VAGUE. (*Path.*, *Anat.*) *Vagus.* Adjeélif dont on fe fert quelquefois dans le langage médical pour caraélérifer certaines douleurs dont le fiége n'eft point fixe. Ainfi on dit : douleur, goutte, rhumatifme *vague.* (*Voyez* ces différens mots.)

Cette expreffion a aufli été employée par les anatomiftes pour indiquer les nerfs de la huitième paire auxquels Chauffier a donné le nom de *nerfs pneumogaftriques.* (*Voyez* PNEUMOGASTRIQUE dans le *Diélionnaire d'Anatomie* de cet ouvrage.)

VAIRON. *Difpar oculis.* Adjeélif fervant à caraélérifer une difpofition fingulière obfervée chez quelques perfonnes dont les yeux, au lieu d'être d'une couleur uniforme, offrent des teintes différentes, telles que gris, bleu, jaunâtre, &c. Cette difformité, que l'on remarque aufli chez certains animaux, n'altère en rien la bonté de la vue.

VAISSEAU, f. m. (*Anat.*) *Vas.* Dénomination générique fervant à défigner des canaux deftinés à renfermer les fluides qui circulent dans le corps des animaux, tels font les artères, les veines, les lymphatiques. (*Voyez* ces mots dans le *Diélionnaire d'Anatomie* de cet ouvrage.)

VAISSEAUX, f. m. pl. (*Hyg. nav.*) (*Voyez* NAVALE (Hygiène, Médecine navale), PONTONS.)

(R. P.)

VALÈRE (Eaux minérales de). Près d'un bourg de ce nom, fitué à quatre lieues de Tours, jailliffent au bas d'une colline deux fources, dont l'une eft froide & l'autre chaude. La première eft, fuivant M. Linacier, alcaline & martiale; la feconde martiale & fulfureufe.

VALÉRIANE, f. f. (*Bot.*, *Mat. méd.*) Nom d'un genre de plantes appartenant à la Triandrie monogynie de Linné, & à la famille des Valérianées. Plufieurs efpèces de ce genre font employées en médecine; telles font la grande valériane (*valeriana phu*); la valériane officinale (*valeriana officinalis*); le nard celtique (*valeriana celtica*.) (*Voyez*, pour les détails, le *Diélionnaire de Botanique* de cet ouvrage.)

C'eft particulièrement dans la racine de la *valériane officinale* que réfident les propriétés médicinales de cette plante. Son odeur forte & défagréable, fa faveur amère & camphrée, la font aifément reconnoître. Soumife à l'analyfe, elle a

fourni une huile volatile très-légère, d'une odeur pénétrante, & une fubftance particulière, foluble dans l'eau, & fur laquelle l'éther & l'alcool n'ont aucune aélion. Il eft certain que, foit dans le traitement de l'épilepfie, f it dans celui des affeélions nerveufes, on a fingulièrement exagéré les propriétés de cette racine. Néanmoins, on ne peut difconvenir que fon ufage n'accélère le pouls, n'augmente la chaleur, ne provoque les fueurs, les règles, & n'agiffe fur le cerveau à la manière de certains narcotiques: l'expérience a porté même à croire que la racine de valériane peut être utilement prefcrite comme fébrifuge & comme anthelmintique.

On adminiftre la valériane en poudre, à la dofe de 24 à 36 grains, plufieurs fois dans la journée, & quelquefois aufli en infufion, en lotions & en extrait.

Le *nard celtique* a une racine moins odorante, moins amère, & certainement aufli moins aélive que celle de la valériane officinale. Cette plante a autrefois été en réputation, mais aujourd'hui elle eft complétement tombée en défuétude.

Une autre efpèce de valériane (*valeriana jatamenfi*) eft apportée de l'Inde; elle a une odeur forte & un peu aromatique. Quelques auteurs, qui ont écrit fur la matière médicale, en ont parlé avec éloge, & ont prétendu que c'étoit le *nard* des Anciens : opinion au refte fort douteufe. Cette racine, que l'on ne fe procure que très-difficilement, eft très-peu employée.

VALÉRIANÉES, f. f. pl. (*Bot.*, *Mat. méd.*) *Valerianeæ.* Le genre VALERIANA avoit été primitivement placé par M. de Juflieu dans la famille des Dipfacées; plus tard, il l'en a retiré pour en faire, fous le nom de *valérianées*, le type d'une nouvelle famille en général peu remarquable par fes propriétés médicinales.

VALET A PATIN, fub. m. (*Inftr. chirurg.*) *Volfella patini.* Nom d'une forte de pince autrefois employée pour faire la ligature des vaiffeaux à la fuite de l'amputation. On conçoit que les dimenfions de cet inftrument doivent varier fuivant la grandeur des parties auxquelles on l'applique; aufli, dans les arfenaux de chirurgie, en voit-on de très-volumineux & d'autres qui font très-petits. (*Voyez*, pour la defcription des divers valets à patin, le *Diélionnaire de Chirurgie* de cet ouvrage.)

VALÉTUDINAIRE, adj. (*Path.*) *Valetudinarius*, de *valetudo*, fanté. Maladif, d'une fanté foible, qui eft fouvent malade. Le valétudinaire eft un être qui, foit originairement, foit par fuite d'excès ou de fatigues, eft prefque toujours dans un état continuel de maladie : il n'eft pas précifément malade, cependant il ne fe porte pas bien,

bien, il fouffre toujours; fes fouffrances peu vives, mais perfiftantes, lui laiffent à peine quelques momens de repos, & encore ne peut-il en profiter, puifqu'il eft foible, & que, forcé de contracter une foule d'habitudes plus pernicieufes les unes que les autres, il ne peut, fans dangers, s'expofer à les quitter le jour qu'il ne fouffre pas. Mais fi, d'un côté, le valétudinaire eft toujours fouffrant, il eft en revanche exempt de beaucoup de maladies aiguës; il eft même rare qu'il périffe par l'augmentation des fymptômes qui ont torturé fon exiftence. Sa vie eft peut-être plus affurée que celle des perfonnes qui ont une fanté forte & robufte, d'où ce proverbe : *Qui fe plaint fouvent, vit long-temps*, lequel eft en contradiction manifefte avec les faits, puifque dans les tables de longévité du *Mémorial de chronologie, d'hiftoire naturelle*, &c., dont la première partie fut publiée en 1829, on ne voit aucun valétudinaire parvenir à un âge avancé.

Il eft néceffaire que le valétudinaire foit fon médecin; ordinairement affez bon obfervateur, il fait ce qui lui eft convenable & ce qui peut lui nuire. Sa frêle fanté l'avertit auffitôt des plus petits excès, qu'il eft d'ailleurs rarement difpofé à commettre. Son extrême fufceptibilité, le malaife qu'il reffent, la foibleffe qu'il éprouve dès l'inftant où il quitte fes habitudes de malade, font fuffifantes pour le retenir, fi d'ailleurs fa débile conftitution ne lui ôtoit pas toute envie & toute poffibilité de fe laiffer aller à ces penchans qui amèneroient promptement fa deftruction.

Quoique le valétudinaire foit prefque toujours fouffrant, il eft cependant celui auquel les médecins peuvent être le plus nuifibles. Que deviendra-t-il, en effet, s'il a mis fa confiance dans un homme peu inftruit, qui ne compte fur la médecine qu'il ignore, qu'autant qu'elle eft accompagnée de prefcriptions? Jouet de la pharmacie, fa fanté fe délabrera de plus en plus, & il fera entraîné dans des habitudes d'autant plus vicieufes & d'autant plus nuifibles qu'elles tendront toutes, par des précautions mal entendues, à le plonger de plus en plus dans ce fybaritifme médical qui feul fuffiroit pour rendre valétudinaires les perfonnes douées de la meilleure fanté.

Que le valétudinaire donc n'écoute pas trop fes douleurs; qu'il cherche, mais lentement, à fortifier fon organifation; qu'il aie une occupation fuivie, qu'il fe livre à des exercices en rapport avec fes forces. Les promenades, les voyages dans des pays montagneux, fur les bords de la mer, les voyages fur mer, l'exercice du cheval, tous les moyens hygiéniques toniques, les bains de mer, différentes eaux minérales, &c. &c., pourront être employés avec fuccès fuivant le genre de fes fouffrances, & changeront fon état valétudinaire en une fanté plus ftable, ou du moins lui procureront une exiftence plus favorable à l'exercice des fonctions de la vie. (NICOLAS.)

VALGI. (*Pathol.*) Expreffion latine employée par les Anciens pour défigner l'une des difpofitions particulières que préfente la difformité connue fous le nom de *pied-bot.* (*Voyez* ce dernier mot, tom. XII, pag. 70.)

VALIDITÉ, fub. f. (*Méd. lég.*) *Validitas*, force, pouvoir. On entend par validité, en médecine légale, la bonne conformation des organes génitaux chez l'un & l'autre fexe, mais fpécialement chez l'homme : conformation qui rend propre à la reproduction; ce mot eft tout-à-fait oppofé à celui d'*impuiffance.* Heureufement que les temps d'ignorance fe diffipent peu à peu, & que les préjugés tendent tous les jours à fe détruire, quoiqu'il nous en refte encore beaucoup; ce que nous regardons comme admirable maintenant, fera probablement traité d'abfurde dans quelques années. Mais enfin nous fommes à peu près débarraffés, en médecine légale, de ces recherches dégoûtantes fur l'impuiffance : recherches qui, autrefois, faifoient rougir Thémis. Ce n'eft que très-rarement qu'il feroit poffible d'avoir recours à ces inveftigations, d'après les ftatuts qui régiffent certains ordres dans lefquels la validité eft furtout recommandée, & où il eft néceffaire, pour y être admis, d'être fain de corps & d'efprit. Je ne fais toutefois fi à chaque ordination on prononce encore la célèbre formule *tefticulos habet;* du moins il eft défendu par les réglemens canoniques d'y admettre celui qui eft impuiffant. Ce mot, du refte, très-peu employé, ne préfente aucun intérêt, & on ne peut que renvoyer, pour ce qui le concerne, aux mots CONCEPTION, REPRODUCTION & VIRILITÉ de ce Dictionnaire. (NICOLAS.)

VALS (Eaux minérales de). Bourg du département de l'Ardèche, à une petite diftance duquel exiftent fix fources connues fous les noms de *la Magdelaine*, de *la Marie*, de *la Marquife*, de *la Dominique*, de *la Saint-Jean*, de *la Camufe.*

Les caractères phyfiques que préfentent les eaux de ces différentes fources ne font point toujours les mêmes, & il paroît que c'eft dans la quantité plus ou moins confidérable de gaz acide carbonique qu'elles contiennent que réfide leur principale différence. L'eau de la fource *la Marie*, par exemple, eft acidule & pétillante, tandis que celle fournie par *la Marquife*, *la St.-Jean* & *la Camufe*, eft moins aigrelette & plus falée. Quant à celle de *la Dominique*, fon goût a quelqu'analogie avec celui du fulfate de fer.

En dernière analyfe, aux proportions près, ces eaux minérales contiennent toutes, des carbonates de foude & de fer, du chlorure de fodium, du fulfate d'alumine & du fulfate de fer.

On vante beaucoup l'ufage des eaux de Vals dans les leucorrhées, le fcorbut, les hémorragies

C c c

paſſives (1), &c. Ces eaux ſont très-énergiques, & on les fait prendre ordinairement à la doſe de quatre ou ſix verres : on peut d'ailleurs les couper avec de l'eau de veau, de l'eau de poulet, ou les édulcorer avec quelques ſirops, &c.

(R. P.)

VALSALVA (Antoine-Marie) (*Biogr. méd.*), naquit à Imola le 17 janvier 1666. Il fut diſciple de Malpighi & maître de Morgagni, & étudia la médecine à l'Univerſité de Bologne, où il fut reçu docteur en 1687. Vingt ans plus tard, il devint profeſſeur d'anatomie dans cette même Ecole, dont il contribua à augmenter la célébrité. Exerçant à la fois toutes les parties de l'art de guérir, Valſalva ne fut pas moins recommandable comme chirurgien que comme anatomiſte ; c'eſt lui qui, le premier, ſubſtitua au cautère actuel l'uſage de la ligature pour arrêter le ſang à la ſuite des amputations ; il ſimplifia auſſi pluſieurs inſtrumens de chirurgie. Après ſa mort, arrivée le 2 février 1723, les adminiſtrateurs de l'hôpital des incurables de Bologne lui firent élever un monument deſtiné à conſerver le ſouvenir des ſervices qu'il avoit rendus à l'humanité.

On a de Valſalva pluſieurs écrits, parmi leſquels celui ayant pour titre, *de aure humaná tractatus*, &c., a été réimprimé un grand nombre de fois, & peut être regardé comme l'un des ouvrages les plus complets qui aient paru ſur cette matière.

VALSALVA (Traitement de). (*Thérap.*) Ce célèbre anatomiſte a le premier propoſé de traiter les anévryſmes par la méthode débilitante. Son procédé conſiſtoit à faire des ſaignées nombreuſes & abondantes, & à ſoumettre les malades à une diète des plus ſévères. (*Voyez* ANÉVRYSME, tom. II, pag. 726 de ce Dictionnaire.)

(R. P.)

VALVULE, ſ. ſ. (*Anat.*) *Valvula.* On donne ce nom à des replis membraneux ſitués, ſoit à l'intérieur des vaiſſeaux, ſoit dans certains organes creux. Ils ont pour uſage de ralentir le cours des liquides, & plus particulièrement celui de s'oppoſer à leurs mouvemens rétrogrades : telles ſont les valvules du cœur, connues ſous les noms de *valvules triglochines*, *tricuſpides*, *mitrales*, ou plus exactement ſous celui de *valvules auriculo-ventriculaires ;* telles ſont auſſi les *valvules* des *veines* & des *lymphatiques*, celle de *Bauhin*, &c. (*Voyez* CŒUR, VEINE, BAUHIN, ILÉO-CÆCAL, INTESTIN, dans le *Dictionnaire d'Anatomie* de cet ouvrage.)

(1) ALIBERT, *Précis hiſtorique ſur quelques eaux minérales de France.* Paris, in-8°, 1826.

VALVULITE, ſ. ſ. (*Pathol.*) Pluſieurs médecins ont propoſé de donner ce nom à l'inflammation de la membrane interne qui garnit de ſes replis les orifices des cavités du cœur. Quelques modernes, & notamment M. le profr. Récamier, ont cru en effet pouvoir aſſigner des ſymptômes & une marche particulière à cette inflammation ; d'autres même ont été plus loin, & ont attribué à une phlegmaſie, ſoit aiguë, ſoit chronique, toutes les altérations que peuvent préſenter ces valvules. Enfin, quelques auteurs ont été juſqu'à regarder cette phlegmaſie (étendue ou non aux autres points de la membrane interne du cœur & des vaiſſeaux) comme la cauſe la plus ordinaire des fièvres. Les ſignes à l'aide deſquels on peut ſoupçonner, pendant la vie, l'inflammation aiguë des valvules du cœur, ſont des palpitations, un trouble plus ou moins marqué de la circulation & de la reſpiration, la dureté, la force & la fréquence du pouls, ou au contraire ſa petiteſſe & ſon irrégularité, une anxiété plus ou moins prononcée, &c. Les veſtiges cadavériques qu'on lui aſſigne (mais qui peuvent très-ſouvent auſſi induire en erreur) ſont la rougeur plus ou moins foncée, l'épaiſſiſſement, l'ulcération de ces valvules. Il eſt dans des cas fort difficile de reconnoître ſi la coloration extraordinaire de la membrane interne des principaux organes de la circulation eſt l'effet d'une inflammation antérieure, ou n'eſt qu'un phénomène cadavérique produit par la préſence du ſang contenu dans ces organes : c'eſt du moins l'opinion qui reſſort des aſſertions de pluſieurs auteurs d'un grand mérite (Corviſart, Laennec, Hogdſon, &c.), & du réſultat de pluſieurs expériences récentes, parmi leſquelles il faut particulièrement citer celles de MM. Trouſſeau & Rigot. J'ai rapporté ailleurs (*Bibliothèque médic.*, 1826) l'obſervation d'un homme, convaleſcent d'un catarrhe pulmonaire, qui tomba tout d'un coup dans un véritable état d'agonie (face décompoſée, anxiété extrême, orthopnée, palpitations; pouls dur, fort, inégal, irrégulier, &c.). Ces accidens furent diſſipés par une déplétion ſanguine, ſubite & énorme, opérée par la lancette, & il ne reſta plus, après le rétabliſſement de la ſanté, qu'un peu de trouble & d'irrégularité dans les mouvemens du cœur. M. le profr. Récamier, dans le ſervice duquel j'obſervai ce malade (à l'Hôtel-Dieu), penſa qu'il avoit été atteint d'une phlegmaſie aiguë des valvules du cœur. On ne pourroit point, dans l'état actuel de la ſcience, offrir un tableau complet des cauſes, des ſignes & du traitement de cette maladie; on ſent aſſez qu'elle réclame impérieuſement l'emploi d'un traitement antiphlogiſtique & révulſif énergique.

(GIBERT.)

VAN-HELMONT. (*Biogr. médic.*) (*Voyez* HELMONT, tom. VII, pag. 95.)

VAN-SWIÉTEN (*Biogr. médic.*) (*Voyez* SWIÉTEN, tom. XIII, pag. 182.)

VANILLE, f. f. (*Mat. médic. végét.*) *Epidendrum vanilla* L., *vanilla aromatica* Sw. Plante de la famille des Orchidées, de la Gynandrie diandrie. On emploie en médecine & dans les arts le fruit ou la filique de ce végétal parasite, qui porte lui-même le nom de *vanille*, tandis qu'on donne plus volontiers le nom d'*angrec* à la plante (1). On distingue plusieurs variétés de ce fruit, devenu fort rare & fort cher dans le commerce : le plus aromatique, le plus chargé d'acide benzoïque qu'on y aperçoit en paillettes blanches à fa surface, doit être préféré. Sa fragrance ne fe développe qu'à l'aide d'une préparation particulière décrite par Aublet (2), & qui confifte à y établir une forte de fermentation. On emploie la vanille comme fortifiante, ftomachique, cordiale, & furtout comme aphrodifiaque. Elle entre à titre d'aromate non-feulement dans le chocolat, mais encore dans les crêmes, les liqueurs, les gâteaux, &c. On peut la donner en fubftance à la dofe de deux à quatre grains, après l'avoir pulvérifée à l'aide du fucre, car fa molleffe empêche qu'elle ne puiffe l'être feule. (MÉRAT.)

VANILLON, f. m. (*Mat. médic. végét.*) On apporte depuis quelques années dans le commerce, furtout depuis que la vanille eft devenue rare & chère, une groffe efpèce de ce fruit, plus molle, moins aromatique, fous le nom de *vanillon*. On ignore quelle eft l'efpèce du genre *Vanilla* qui la fournit : elle paroît comme confite dans le fucre, ce qui explique fa molleffe & fon volume; ou dit même qu'on ajoute du baume de Tolu au firop dans lequel on la fait tremper. Le vanillon n'a qu'à un degré éloigné les qualités de la vanille, & c'eft faute de cette dernière, ou à caufe de fon prix trop exceffif, qu'on l'emploie : il ne la remplace que très-imparfaitement, ou plutôt pas du tout, quant à la fineffe ou à la fuavité de l'odeur, quelle que foit la dofe qu'on en emploie, & qui doit toujours être double ou triple de celle du *vanilla aromatica* Sw. (MÉRAT.)

VAPEURS, f. f. pl. (*Pathol.*) *Vapores.* On a donné le nom de *vapeurs* à diverfes maladies nerveufes, & particulièrement à l'*hyftérie* & à l'*hypochondrie*, fuppofant très-gratuitement que des vapeurs s'élevoient de la matrice ou des hypochondres vers le cerveau. Dans diverfes autres affections, les malades difent fentir des *vapeurs*

qui fe portent vers la tête : fenfation qui paroît réfulter d'une congeftion fanguine de l'encéphale. Les malades donnent auffi le nom de *vapeurs* à des éructations gazeufes qui s'échappent de l'eftomac & qui répandent une odeur plus ou moins défagréable; c'eft dans ce fens qu'on dit des *vapeurs* ou des *éructations nidoreufes*. Enfin, fous la dénomination générique de *vapeurs*, quelques auteurs ont compris l'enfemble des maladies du fyftème nerveux. (BRICHETEAU.)

VAPEURS (Bains de). (*Hyg. & Thérap.*) Les vapeurs fèches (réfultat de l'uftion d'un corps folide) ou humides (produites par la vaporifation de l'eau ou d'un autre liquide) peuvent être appliquées au corps de l'homme de diverfes manières, favoir : par l'expofition fimple d'une partie du corps à une vapeur fèche ou humide (*fumigations*), par la direction d'un jet de vapeur humide fur une région plus ou moins circonfcrite de la furface du corps (*douches*), par l'immerfion complète du corps dans une atmofphère de vapeur humide répandue dans une falle ou dans un cabinet convenablement difpofés (*étuves* ou *bains de vapeurs proprement dits*); enfin, par l'*encaiffement* du corps dans une boîte ou dans un appareil quelconque que l'on remplit d'une vapeur fèche ou humide, la tête feule, ou une partie du tronc avec elle, étant maintenue hors de l'appareil (*boîtes fumigatoires*, *appareil de Darcet*, *bains de vapeurs portatifs*, &c.).

Les fumigations fe font avec des vapeurs humides fournies par la décoction de plantes émollientes, aromatiques, déterfives, &c.; ou avec des vapeurs fèches produites par la combuftion du foufre, du cinabre, du benjoin, &c.

Les douches fe donnent ordinairement avec la vapeur d'eau fimple. On fe fert affez communément pour les adminiftrer aux malades de la ville, de l'*appareil portatif de Lemaire*, qui fe compofe d'un réfervoir d'alcool, de deux lampes à efprit-de-vin, d'un éolipyle & d'une petite chaudière de laquelle s'échappe la vapeur qui eft dirigée par un tuyau flexible tenu par l'opérateur.

Les bains de vapeurs généraux s'adminiftrent à l'hôpital Saint-Louis dans une falle au milieu de laquelle eft placée une colonne en forme de poêle, par les trous de laquelle la vapeur fimple, ou rendue aromatique par le genièvre, eft introduite dans cette falle, qui offre plufieurs gradins en amphithéâtre fur lefquels les malades peuvent s'affeoir.

Les bains par encaiffement, dans lefquels la tête eft expofée à l'air libre, s'adminiftrent au moyen de l'*appareille de Darcet* plus ou moins modifié, qui fe compofe d'une forte de boîte en fabot, dans laquelle on fait parvenir le foufre réduit en vapeur.

Les bains de vapeur & les fumigations s'adminiftrent en ville par divers procédés, dont le plus

---

(1) *Voyez* ANGREC, tome III, page 7 de ce Dictionnaire.

(2) *Plantes de la Guiane*, tom. II, pag. 77.

fimple confifte dans l'introduction de la vapeur fèche ou humide dans une forte de fac de toile cirée dont fe revêt le malade couché dans fon lit. Des appareils portatifs, plus ou moins analogues à ceux de Lemaire, fervent à dégager la vapeur.

On trouvera à l'article BAIN de l'Encyclopédie, & furtout dans l'ouvrage moderne de M. Rapou, de Lyon (*Athmidiatrique*, ou *Médecine par les vapeurs*), une foule de détails & de renfeignemens qu'il ne nous eft pas permis de donner ici.

Les effets *phyfiologiques* des bains de vapeurs font ceux que produit l'action de la chaleur fèche ou humide ; le pouls s'accélère, la peau rougit, une tranfpiration plus ou moins abondante s'établit, &c. Une congeftion fanguine plus ou moins marquée vers la tête, une accélération plus ou moins prononcée de la refpiration, qui, comme on le conçoit aifément, eft beaucoup plus gênée lorfque le corps eft tout entier plongé dans l'atmofphère de vapeur, que lorfque la tête en étant dégagée le fujet peut librement refpirer l'air extérieur, s'ajoutent à ces premiers phénomènes, & peuvent quelquefois donner lieu à des accidens lorfque la température du bain eft trop élevée, ou lorfque le fujet n'eft point convenablement difpofé. L'élévation de la température eft plus aifément fupportée lorfque la tête eft libre, lorfque la vapeur en contact avec la peau eft fèche, &c. En général, les bains de vapeur pris dans les boîtes fumigatoires font adminiftrés à la température de quarante à cinquante degrés Réaumur, & ceux pris dans des étuves, à la chaleur de trente à quarante degrés du même thermomètre.

La réaction, le mouvement d'expanfion du centre à la circonférence fe continuent pendant un certain temps après le bain ; & c'eft ainfi qu'on conçoit que l'expofition à un air frais du corps (convenablement vêtu) fortant d'un bain de vapeur ne foit le plus ordinairement fuivie d'aucun accident, & même foit accompagnée d'un fentiment marqué de plaifir & de bien-être, furtout lorfqu'on prend en même temps un exercice modéré. Quant à la coutume de certains peuples feptentrionaux qui fe plongent impunément dans la neige au fortir d'une étuve, il faut fonger à l'influence de l'habitude, à la nature du climat, & furtout à l'inftantanéité de l'expofition du corps au froid, pour fe rendre raifon de l'innocuité de cet ufage.

Lorfque l'on fe met au lit, au contraire, après le bain de vapeur, & qu'on fe couvre fuffifamment, on réuffit à entretenir pendant un temps affez long une tranfpiration plus ou moins abondante. La durée moyenne du bain doit être en général d'une demi-heure à une heure ; il eft néceffaire, pour la plupart des fujets, de faire fubir au corps une forte d'éducation, de ne pas l'expofer de prime-abord à une température trop élevée, & de ne pas trop prolonger la durée des premiers bains.

Employés dès la plus haute antiquité comme moyen hygiénique, les bains de vapeurs, pris avec modération, entretiennent les fonctions de la peau, &, par fuite, agiffent de la manière la plus avantageufe fur toute l'économie.

Pris à une température médiocre, ils font plutôt débilitans qu'excitans ; à une température plus élevée, ils font primitivement excitans, mais ils peuvent devenir débilitans confécutivement, lorfque la tranfpiration qu'ils provoquent eft entretenue pendant un temps plus ou moins long, et furtout lorfque leur action n'eft point foutenue par un exercice & un régime convenables.

De nos jours, les bains de vapeurs font trèsfréquemment employés comme moyen thérapeutique, foit qu'ils agiffent fur la peau elle-même & les tiffus fous-jacens de manière à humecter, à calmer, à ramollir, à affouplir les parties ; foit que l'on compte fur la dérivation qu'ils produifent, fur le mouvement du centre à la circonférence qu'ils déterminent pour améliorer l'état des organes profonds, & notamment celui des membranes muqueufes ; foit enfin qu'on veuille fimplement rappeler par leur moyen la tranfpiration fupprimée.

Les maladies dans lefquelles ils font le plus généralement mis en ufage, font les affections cutanées & rhumatifmales, furtout lorfque ces maladies affectent une marche chronique. Ils ont alors une action tout autre que celle des bains liquides, dans lefquels la preffion opérée fur le corps par le poids de l'eau, favorife fingulièrement l'abforption, en même temps qu'elle nuit au mouvement d'expanfion vers la circonférence, & modifie d'une manière très-remarquable l'action fur le corps, de la chaleur & de l'humidité.

On les a encore propofés, & fouvent employés avec fuccès, dans le traitement des affections catarrhales, des phlegmafies vifcérales chroniques, des maladies des os & des articulations, &c.

Les douches ne s'appliquent qu'à un point de la furface du corps ; elles agiffent en général comme excitantes ; les douches de vapeurs fimples modifient fouvent de la manière la plus avantageufe les maladies cutanées locales.

Les fumigations font excitantes ; elles s'appliquent à une région circonfcrite, ou à toute la furface du corps (la tête exceptée).

Des appareils très-ingénieux ont été imaginés pour adminiftrer les fumigations partielles que l'on peut ainfi appliquer à un membre, à une portion du vifage, &c. Les fumigations fulfureufes font très-fréquemment employées dans le traitement de la gale, des dartres, du rhumatifme chronique, des catarrhes anciens, &c.

Les fumigations mercurielles (avec le cinabre) réuffiffent affez fouvent à guérir les affections cutanées fyphilitiques qui ont réfifté à tous les autres moyens.... Mais nous fommes de nouveau obligé de renvoyer aux monographies, & notamment à l'ouvrage de M. Rapou, ainfi qu'aux articles BAIN, DOUCHE, FUMIGATION, PEAU (Maladie de la peau), &c., du Dictionnaire de l'Encyclopédie, pour ne pas alonger un article que le défaut d'efpace nous force à circonfcrire dans des limites beaucoup trop refferrées. (GIBERT.)

VAPOREUX, adj. (Pathol.) Vaporofus. Qui eft fujet aux vapeurs, ou de la nature des vapeurs. Ainfi, on dit d'un individu qu'il eft vaporeux, pour exprimer qu'il eft atteint de vapeurs; on appelle vaporeufes les maladies qu'on fuppofe confifter dans des efpèces de vapeurs qui des organes montent vers le cerveau. On emploie auffi très-fouvent le mot vaporeux dans un fens-moral : on dit, par exemple, qu'une femme eft vaporeufe quand elle montre des inégalités d'humeur & de caractère, dont fa fanté eft plutôt le prétexte que la caufe. (BRICHETEAU.)

VAREC ou VARECH, f. m. (Bot., Mat. méd.) Fucus. Genre de plantes marines de la Cryptogamie, appartenant à la famille des Algues, & qui fe compofe d'un nombre très-confidérable d'efpèces. Ces plantes font pour la plupart coriaces & cartilagineufes : elles font fixées aux rochers par un pédicule, & offrent de grandes variétés fous le rapport de la forme & de la couleur; celle-ci eft le plus communément verdâtre, brune ou rouge foncé. Quant à leur forme elle eft très-variable : tantôt ce font de larges membranes fimples ou découpées par bandes plus ou moins étroites; tantôt des filamens très-déliés ou des branches rameufes & cylindriques; d'autres fois auffi elles fe préfentent fous la forme de cordons pleins ou creux: La longueur des fucus varie beaucoup également; quelques-uns, tels que l'helminthocorton, n'offrent à peine qu'un pouce de hauteur, tandis que d'autres comptent jufqu'à cent pieds & plus de longueur : c'eft parmi ces derniers qu'on en rencontre dont la confiftance eft telle qu'ils font employés dans quelques contrées pour fabriquer des cordages.

Comme toutes les plantes qui croiffent dans la mer ou au voifinage de la mer, les Varecs contiennent une très-grande quantité de foude & de potaffe que l'on obtient par incinération. C'eft dans des eaux-mères de la foude ainfi obtenue que M. Courtois a le premier découvert le principe alcalin nouveau, auquel depuis M. le profr. Gay-Luffac a donné le nom d'iode, & dont plufieurs préparations font fréquemment employées en médecine contre les engorgemens des glandes, & particulièrement contre le goître. (Voyez, pour la préparation & l'ufage de ce médicament, l'article POTASSE (Hydriodate de potaffe), tom. XII, pag. 268 de ce Dictionnaire.)

Les Varecs font généralement peu employés en médecine, mais la propriété qui paroît la mieux conftatée & que l'on peut le plus fouvent mettre

à profit, eft leur action vermifuge. Le fucus helminthocorton, ou mouffe de Corfe, qui croît très-abondamment fur les côtes de la Méditerranée & de l'île de Corfe, eft celui dont la propriété anthelmintique eft en plus grande réputation; c'eft auffi un des médicamens que l'on emploie le plus fréquemment pour combattre les affections verminenfes, furtout chez les enfans (i).

Les Anciens avoient préconifé l'ufage des fucus, tant à l'intérieur qu'à l'extérieur, contre les affections fcrofuleufes chroniques; ils ont auffi parlé avec éloge de ce remède comme moyen curatif de la goutte. Nous ne croyons pas que les médecins de nos jours penfent à tenter de nouveaux effais à cet égard.

On a propofé, dans ces derniers temps, l'ufage des Varecs dans le traitement de la phthifie pulmonaire dans un but affez fingulier. Laennec, cherchant fans doute à remplacer l'atmofphère maritime, que l'on dit être très-favorable aux phthifiques, par des fumigations faites dans la chambre des malades à l'aide de la combuftion de ces fubftances, prefcrivoit fouvent ces fortes de fumigations. Nous ne ferons pas refortir ici toute la futilité d'un femblable moyen. Bonus aliquandò dormitat Homerus.

Plufieurs Varecs contiennent une affez grande quantité de gélatine pour être employés comme alimens : auffi, dans plufieurs contrées du Nord, un affez grand nombre de ces Fucus font-ils employés comme nourriture; tels font, le fucus edulis, le F. dulcis, le F. faccharinus, le F. efculentus palmatus, &c. Le célèbre chimifte Vauquelin a conftaté par l'analyfe de plufieurs de ces Fucus, la préfence d'un principe doux & fucré analogue à la mannite, ainfi qu'un grand nombre de fels, parmi lefquels prédomine l'hydriodate de potaffe. (CH. HENNELLE.)

VARI. (Pathol.) Les Anciens faifoient ufage de ce mot pour défigner l'une des modifications de la maladie connue fous le nom de pied-bot. (Voyez ce dernier mot, tom. XII, pag. 70 de ce Dictionnaire.)

VARICE, f. f. (Pathol.) Varix. On nomme ainfi une dilatation permanente des veines due à l'accumulation du fang dans leurs cavités : accumulation qui peut être déterminée par une foule d'obftacles mécaniques, tels que tumeurs ou ligatures : auffi obferve-t-on fréquemment ces fortes d'accidens chez les femmes qui ont eu beaucoup d'enfans, chez les perfonnes habituellement conftipées, chez celles qui font ufage de jarretières trop ferrées. Enfin, il eft évident que l'oblitération d'un tronc veineux occafionnera immanquable-

(i) Voyez MOUSSE DE CORSE, tome X, page 373 de ce Dictionnaire.

ment des varices, à moins que les branches collatérales ne puissent aisément le suppléer.

Les veines des membres inférieurs & celles de l'abdomen sont particulièrement sujettes à éprouver cette dilatation anomale ; la tendance des liquides pour se précipiter vers les parties inférieures, explique suffisamment cette disposition particulière. Il est rare que les varices se développent avec rapidité ; elles croissent lentement, & d'une manière presqu'insensible; mais lorsque elles ont acquis un certain volume, elles occasionnent de l'engourdissement, & quelquefois des douleurs très-vives accompagnées d'œdème dû à la compression des vaisseaux absorbans. Dans certains cas (1), suivant la remarque d'Hogdson, le sang déposé à l'intérieur des veines variqueuses une couche de fibrine qui augmente l'épaisseur de ces vaisseaux ; d'autres fois, leurs parois sont tellement amincies, qu'elles peuvent faire craindre une rupture prochaine; enfin, dans certains cas, il se manifeste une inflammation à laquelle il n'est point rare de voir succéder des ulcères ordinairement difficiles à guérir.

Indépendamment des moyens curatifs que peuvent exiger les accidens particuliers qui accompagnent les varices, il paroît qu'une compression méthodique & permanente peut non-seulement retarder les progrès du mal, mais encore en procurer la guérison. Plusieurs praticiens ont proposé de piquer les veines pour obtenir une déplétion momentanée de ces vaisseaux, opération qui, en faisant disparoître la douleur pour quelque temps, peut être de quelqu'utilité. Les Anciens enlevoient les varices par l'excision, ou les détruisoient au moyen du cautère actuel. Plus tard, on a conseillé de les traiter par la ligature ; mais l'expérience a prouvé que cette pratique étoit fréquemment suivie de graves accidens : enfin, on leur a aussi opposé l'incision & l'application des caustiques (1). On conçoit que, quel que soit le mode de traitement adopté, le repos en est toujours l'accessoire le plus indispensable. (R. P.)

VARICELLE, subst. f. (Pathol.) Varicella. Petite-vérole volante, variolæ spuriæ aut volaticæ, lymphaticæ, crystallinæ, &c. Éruption vésiculeuse, ordinairement précédée de phénomènes généraux de courte durée, qui diffère de la variole bénigne & discrète & de la varioloïde, par la marche rapide des boutons qui se dessèchent du troisième au cinquième jour de leur apparition, en conservant l'aspect vésiculaire, sans passer à l'état pustuleux & sans laisser de cicatrices.

Cette maladie, décrite pour la première fois d'une manière précise par Vidus Vidius, de Florence, dans le seizième siècle, signalée en France

par Rivière, & distinguée ensuite avec soin de la variole par les auteurs plus modernes, a été souvent l'occasion de méprises pour les observateurs qui, dans plusieurs épidémies, tantôt ont regardé des varioloïdes très-bénignes comme des varicelles, & d'autres fois ont pu prendre celles-ci, lorsqu'elles étoient intenses & générales, pour des espèces de varioles avortées. Récemment encore le Dr. Thomson a soutenu, par des argumens spécieux & des faits qui méritent bien sans doute quelqu'attention, que la varicelle n'étoit qu'une modification de la variole, comme on pourra en juger par le passage suivant emprunté à l'article VARICELLE du Nouveau Dictionn. de Médecine.

« Remarquons (dit M. Guersent) que presque tous les auteurs qui ont écrit sur la varicelle regardent comme telle toute éruption varioliforme bénigne & de courte durée, & par conséquent toutes les variétés de variole modifiée. Ceci posé, il nous sera moins difficile de répondre aux objections suivantes avancées par les partisans de l'identité des deux maladies : 1°. l'inoculation du pus variolique a quelquefois donné lieu au développement de la varicelle, surtout lorsqu'il étoit encore séreux. Ce qu'on a regardé comme une petite-vérole volante n'étoit véritablement qu'une variole modifiée des plus légères. 2°. Dans toutes les varioles, il y a des pustules semblables à celles de quelques-unes des variétés de la varicelle ; ces variétés ne nous paroissent être autre chose que des varioloïdes. 3°. La première apparition de la varicelle date précisément de la même époque que celle de la variole : rien n'est moins prouvé que cette assertion, car les ouvrages antérieurs au seizième siècle ne font pas du tout mention de la varicelle. 4°. Il n'existe pas d'épidémie de varicelle sans variole, ni d'épidémie de variole sans varicelle : ceci n'est pas généralement vrai ; d'ailleurs, ces deux affections ne peuvent-elles pas coïncider sans qu'il existe entr'elles aucun rapport de cause à effet ? 5°. Lorsqu'on inocule du pus variolique à un grand nombre d'individus inoculés, variolés ou vaccinés, plusieurs contractent ordinairement la varicelle. Cette opération ne produit la varicelle communément aucun résultat, comme l'ont prouvé les nombreuses expériences tentées par l'ancien comité de vaccine ; dans un petit nombre de cas, on observe seulement alors des pustules au lieu d'insertion du virus ; plus rarement on donne lieu par ce moyen au développement d'une varioloïde. Mais je ne connois aucun exemple de véritable varicelle survenue dans ce cas, malgré les faits invoqués par M. le docteur Thomson. » L'auteur rappelle ensuite les observations intéressantes de MM. Bryce & Abercrombie, d'Edimbourg, qui ont vu dans neuf familles la varicelle, qu'ils regardent comme une maladie distincte, suivre une marche constante & uniforme chez tous les sujets, ce qui n'auroit point eu lieu sans doute si cette éruption n'étoit, comme le

(1) Voyez VARICE, dans le Dictionnaire de Chirurgie de cet ouvrage.

prétend leur antagoniste le Dr. Thomson, qu'une modification & une anomalie de la variole. M. Biett, dont le nom peut faire autorité dans la pathologie cutanée, regarde aussi la varicelle comme une éruption constamment *vésiculeuse*, bien distincte de la variole, & ayant sa marche & ses caractères propres.

Cette maladie est contagieuse, quoiqu'on ait hardiment dit le contraire dans un ouvrage récent sur les maladies de la peau, seulement elle l'est à un degré beaucoup moindre que la variole; elle n'attaque guère que les enfans, & est bien loin encore de sévir constamment sur ceux qui s'exposent à la contracter. Beaucoup de médecins ont nié qu'on pût jamais la transmettre par inoculation; cette pratique paroît cependant avoir été suivie de succès dans quelques expériences récentes, &, dans tous les cas, il est évident qu'on n'en pourroit rien conclure contre l'existence du caractère contagieux. La varicelle règne quelquefois au milieu des épidémies de variole; il paroît même que quelques observateurs ont pu voir des épidémies de varicelle pure. En général, elle n'affecte qu'une fois le même sujet; cependant ce principe souffre des exceptions beaucoup plus nombreuses dans la varicelle que dans la variole.

Des prodromes, dont la durée & l'intensité sont très-variables, précèdent l'éruption; de la fièvre, de la céphalalgie, des lassitudes spontanées, des accidens gastriques, tels que soif, anorexie, nausées, & même vomissemens, rarement des accidens nerveux, s'observent pendant les premières douze, vingt-quatre ou quarante-huit heures. Dans plusieurs cas, ces phénomènes précurseurs manquent entièrement, & il n'y a pas d'altération appréciable de la santé, ni avant ni pendant l'éruption, laquelle n'empêche nullement les enfans de se livrer à leurs habitudes ordinaires. On voit apparoître çà & là sur le visage, le tronc, les membres, des boutons ordinairement peu nombreux, qui, dès le second jour de leur apparition, offrent une vésicule bien apparente, surmontant la rougeur proéminente qui les caractérise. Le troisième jour, ces vésicules, diaphanes, aplaties, sans dépression ombiliquée, d'un volume qui varie depuis une grosse tête d'épingle jusqu'à celui d'une très-petite lentille, se troublent, se flétrissent & se dessèchent du quatrième au cinquième jour, souvent plus tôt, presque jamais plus tard; elles sont remplacées par de petites écailles épidermoïques qui, en se détachant, laissent une petite maculature rougeâtre, laquelle ne tarde point à disparoître sans laisser de cicatrice. On peut ordinairement observer à la fois sur le même sujet toutes les phases de l'éruption, la dessication prématurée de quelques vésicules coïncidant avec l'éruption un peu tardive d'autres boutons. On voit, par cette courte description, combien cette éruption, qui n'a jamais que quelques jours de durée totale, qui n'entraîne dans l'immense majorité des cas aucun

trouble durable de la santé générale, diffère de la *variole*, & même de la *varioloïde*; mais nous reviendrons sur ce point de diagnostic en parlant de cette dernière affection. (*Voyez* VARIOLOÏDE.)

Les auteurs anglais ont admis deux variétés de varicelle, d'après la considération de la grosseur des vésicules : l'une est la varicelle à petites vésicules (*chicken-pox*, pustules de poulet); l'autre est la varicelle à grosses vésicules (*swine-pox*, pustules de cochon). C'est une distinction qui n'a d'importance que sous le rapport du diagnostic.

Hors le cas de complication, la varicelle est une affection des plus bénignes, surtout dans l'enfance, & qui mérite à peine le nom de maladie. Quelques auteurs ont cependant publié des observations, recueillies en général chez l'adulte, dans lesquelles des accidens graves se sont montrés au début de la maladie; reste à savoir si ces observateurs ont bien reconnu les caractères de l'éruption, & n'ont point confondu la varicelle avec la varioloïde.

D'après cela, il est clair que la médecine n'a rien d'actif à opposer à une maladie que la nature guérit avec tant de facilité; hors les cas rares que nous venons d'indiquer, & dans lesquels des accidens cérébraux ou gastriques peuvent nécessiter des remèdes appropriés, les boissons adoucissantes, ou légèrement sudorifiques, le séjour dans une atmosphère tempérée, un régime léger, quelques foibles dérivatifs sur les extrémités inférieures, tels que des pédiluves, des cataplasmes de farine de graine de lin avec du vinaigre, un bain tiède à la fin de l'éruption; quelquefois un doux laxatif, si, à la même époque, il y a de la constipation : voilà à peu près de quoi se compose, en général, le traitement de la varicelle.

(GIBERT.)

VARICOCÈLE, s. m. ou f. (*Path. chir.*) *Varix*, varice, & κηλη, tumeur. Mot hybride dont la signification éprouve souvent des variations suivant les auteurs, puisqu'en effet quelques-uns l'ont très souvent confondu avec l'expression *cirsocèle*. On doit appeler du nom de *varicocèle*, l'augmentation de volume des veines du scrotum, & conserver celui de *cirsocèle* pour désigner l'état variqueux des veines du cordon spermatique. Le varicocèle sera donc alors une maladie qui peut exister indépendamment du cirsocèle.

Les causes les plus ordinaires de cette maladie sont la foiblesse, la fatigue, l'excès dans le coït; les compressions de l'aine par un bandage, ou par une tumeur : le relâchement du scrotum, le cirsocèle, peuvent aussi la produire. Cette maladie n'est nullement dangereuse, à peine même occasionne-t-elle quelqu'incommodité, & ceux qui en sont atteints ne s'en occupent pas, à moins qu'elle ne soit portée à un très-haut degré : bien différente en cela du cirsocèle, affection fort grave, dont le varicocèle n'est le plus souvent que la suite.

Le traitement du varicocèle est entièrement palliatif, & ne consiste que dans l'usage d'un suspensoir; les applications froides, astringentes, répercussives, & autres analogues, n'ont aucune action pour donner de la force, de la tonicité à ces veines dilatées, & pourroient d'ailleurs exercer une action nuisible sur le testicule. (NICOLAS.)

VARICOMPHALE, f. f. (*Path.*), de *varix*, varice, & de ομφαλος, le nombril. Mot employé pour désigner la dilatation variqueuse des vaisseaux de l'ombilic.

VARIÉTÉS ANATOMIQUES. On donne ce nom en anatomie à toute disposition anomale des organes. (*Voyez* MONSTRUOSITÉS, TRANSPOSITION.)

VARIOLE, f. f. (*Path. interne.*). *Variola, variolæ.* Petite-vérole, picotte, *febris variolosa, small pox*, &c., de *vari*, boutons, bourgeons, ou mieux encore de *varius*, bigarré, tacheté, à cause de l'espèce de bigarrure que présente la peau des personnes qui viennent d'être affectées de cette maladie. Malgré les interprétations forcées & les citations incomplètes à l'aide desquelles on a voulu faire remonter l'origine de cette maladie aux temps des Grecs & des Romains, il paroît certain & tous les auteurs s'accordent à regarder l'Arabie comme le lieu où la variole prit naissance; & si on en croit un manuscrit arabe de la bibliothèque de Leyde, elle y aurait paru pour la première fois en 572, lors de la naissance de Mahomet : portée en Égypte en 640, lors de la conquête de ce pays par le calife Omar, elle se répandit ensuite partout où les Sarrasins portèrent leurs armes. C'est ainsi que cette terrible maladie parvint en Espagne, en Sicile, à Naples & en France, d'où elle fut transmise dans le reste de l'Europe & en Amérique.

La variole est une maladie contagieuse qui est tantôt sporadique & n'attaque qu'un petit nombre d'individus isolés, & tantôt épidémique & sévit avec une violence qui n'est pas la même dans tous les cas. Elle est caractérisée par une inflammation de la peau, accompagnée d'une éruption pustuleuse & constamment précédée de phénomènes qui dénotent l'irritation du système gastrique.

Les anciens en admettoient plusieurs variétés, & prenant la forme, la couleur, ou la matière contenue dans les pustules pour caractères de leurs genres, ils nommoient *variole pemphigoïde* celle dont les pustules sont très-larges & ressemblent aux bulles du pemphigus; *sanguine*, celle dont les pustules contiennent du sang ou un liquide sanguinolent; *crystalline*, celle dont les pustules sont remplies d'un liquide demi-opaque ou presque transparent; & enfin *verruqueuse* ou

cornée, celle dans laquelle les pustules se durcissent & se dessèchent sans se rompre.

On a depuis long-temps abandonné ces définitions, & on divise la variole, en variole *discrète* ou *bénigne*, & en variole *confluente* ou *maligne*. Comme c'est le plus ou moins grand nombre de boutons qui a servi de base à cette division, nous ne pensons pas qu'il soit nécessaire de faire ces distinctions qui nous mettroient dans la nécessité de donner deux descriptions semblables sous beaucoup de rapports, d'autant plus que l'on est souvent fort embarrassé pour déterminer à quel genre appartiennent tels cas de varioles où les pustules sont trop nombreuses pour être rangées parmi les discrètes, & qui ne peuvent cependant pas être regardées comme confluentes, à moins que d'admettre, avec quelques praticiens, une troisième espèce qu'ils nomment *variole cohérente*, qui tient le milieu entre la discrète & la confluente.

La variole semble être exclusive à l'homme, bien que certains auteurs aient pensé qu'elle étoit commune à lui & aux animaux. Vainement on a tenté à plusieurs reprises de l'inoculer au chien, à la vache, au cheval, & à divers autres animaux.

Sydenham a observé que lorsque les varioles sont régulières & bénignes, elles commencent vers l'équinoxe du printemps, tandis qu'elles suivent une marche irrégulière & qu'elles sont extrêmement graves quand elles surviennent plus tôt, c'est-à-dire en hiver. Dans les épidémies ordinaires, cette maladie se montre le plus généralement au printemps, domine en été, continue, en diminuant toutefois, en automne, & cesse pendant l'hiver. Il s'écoule ordinairement plusieurs années entre une épidémie & l'autre; quelquefois cependant elle se montre à des époques très-rapprochées. Aucun âge, aucun sexe n'en est exempt; cependant elle est plus rare dans la vieillesse, se montre quelquefois dans l'âge mûr, affecte assez souvent la jeunesse & l'adolescence, & paroît être plus particulière à l'enfance. Le fœtus renfermé dans le sein de sa mère peut en être atteint; Mauriceau, Méad, Fernel, Dimsdale & plusieurs autres auteurs, en rapportent des exemples, & Mauriceau lui-même naquit avec des traces non équivoques de la variole, quoique sa mère n'en eût pas été atteinte pendant la gestation. M. Husson a observé le même fait, en 1800, sur un enfant qui venait de naître d'une femme qui habitait une maison où il y avoit plusieurs enfans atteints de la petite-vérole. Cette femme avoit eu cette maladie dans son enfance, & son enfant vint au monde couvert de pustules varioliques développées comme au troisième jour de l'éruption ordinaire. Certains individus ne la contractent jamais &, chose assez remarquable, cette disposition paroît appartenir à des familles entières & se transmettre aux enfans, & quelquefois cette heureuse idiosyncrasie n'existe que jusqu'à un certain âge. Malgré l'autorité de Van-Swiéten,

qui

qui dans une pratique de trente ans ne l'a jamais observée deux fois sur le même individu, il est malheureusement trop vrai que certaines personnes sont aptes à ressentir plusieurs fois les effets de cette maladie. Méad dit avoir été témoin de trois éruptions varioleuses qui se seroient succédé immédiatement chez la même femme. Le fils de Forestus en fut attaqué deux fois, & de Haën rapporte qu'un individu qui en avoit déjà été affecté six fois, succomba à la septième. Quoique ces faits aient été souvent révoqués en doute, il nous paroît difficile de ne pas y ajouter foi quand des cas semblables ont été observés tout récemment encore en Amérique, en Angleterre & en France.

Etiologie. Jusqu'à présent on n'a pu attribuer la variole à d'autres causes qu'à un principe morbifique auquel on a donné le nom de *virus;* mais de quelle nature est ce virus? Comment agit-il après son introduction dans l'économie? Voilà ce qui est inexplicable & ce qui nous sera peut-être toujours caché. Quoi qu'il en soit, la variole est une maladie éminemment contagieuse qui se communique par contact médiat ou immédiat des personnes affectées de cette maladie; mais on n'est pas d'accord sur l'époque à laquelle se développe son principe contagieux. Quelques auteurs pensent que c'est au moment où le pus commence à se former dans les pustules, d'autres que c'est surtout au moment de la chute des croûtes: quant à nous, nous pensons avec beaucoup d'auteurs que la petite-vérole n'acquiert la propriété de se transmettre d'un individu à un autre qu'à l'époque de la suppuration, & qu'elle ne la perd qu'après la desquammation complète.

Quant aux divers modes de contagion de la variole, ils ont été l'objet des recherches de plusieurs médecins; Fouquet a observé, par exemple, qu'elle se propageoit presque toujours dans la direction des vents, tandis que d'autres praticiens ont nié que l'air pût servir de véhicule à la contagion. Rien n'est plus commun que de voir les vêtemens qui ont servi à des varioleux, communiquer la maladie, même après avoir été pendant long-temps exposés à l'air. On rapporte qu'un homme fut atteint de variole pour avoir couché dans un lit occupé trois mois avant par un varioleux. Les croûtes desséchées & réduites en poudre, mêlées au tabac, données dans du lait, dans des pruneaux ou des grains de raisin, ont inoculé cette maladie, & l'on sait qu'à l'époque de la vogue de l'inoculation, des croûtes varioliques préservées du contact de l'air extérieur jouissoient encore de toutes leurs propriétés au bout de trois ans. Enfin le pus récent, sécrété par les pustules, déposé sous l'épiderme, a été pendant long-temps, comme on le sait, l'un des moyens le plus souvent employés pour transmettre cette maladie.

Nosographie. La variole régulière offre dans sa marche trois périodes bien distinctes, qui font la

période d'*invasion*, la période de *suppuration* & la période de *dessication.* Quelques auteurs admettent une période d'*incubation*, mais comme elle n'est pas toujours marquée, & qu'elle se confond dans le plus grand nombre des cas avec celle d'invasion, nous nous bornerons aux trois périodes d'invasion, de suppuration & de dessication.

Première période ou période d'invasion. Le plus ordinairement la petite-vérole ne se déclare pas tout-à-coup. Quelques jours avant que les accidens paroissent, les enfans perdent leur gaité naturelle; ils sont mornes, taciturnes; ils éprouvent du dégoût pour la nourriture; ces symptômes sont bientôt suivis d'horripilations vagues, de bâillemens, de lassitudes spontanées, d'abattement, de pesanteur de tête & de besoin d'étendre souvent les membres: tels sont les prodromes de l'affection gastrique, qui ne tarde pas à devenir sensible par une inappétence bien prononcée, des nausées, des vomituritions ou même des vomissemens; alors les malades se plaignent de douleurs à la région épigastrique dont la température est sensiblement élevée, en même temps qu'elle est très-sensible à la moindre pression. Quelquefois aussi il se manifeste un sentiment d'ardeur à la gorge, la langue est très-rouge sur ses bords & à sa pointe, tandis que sa partie moyenne est recouverte d'un enduit blanchâtre fort épais. Dans certains cas la face est animée, il y a coryza, larmoiement, agitation, mouvemens convulsifs bornés aux lèvres ou aux autres parties de la face, & quelquefois étendus au reste du corps; il existe en même temps des bâillemens, de la dyspnée, une anxiété & des inquiétudes inexprimables.

Si la fièvre offre peu d'intensité, le pouls s'éloigne peu de l'état naturel, il est seulement un peu accéléré: mais si elle est forte, il est fréquent & plein; si cependant l'individu est robuste & que les forces soient opprimées, alors le pouls est petit, mais précipité. Quoi qu'il en soit, il est rare que la respiration soit troublée d'une manière notable.

Les selles ne sont pas toujours dérangées; cependant il arrive souvent, surtout chez les enfans, qu'après une constipation de quelques jours, il survient une diarrhée abondante qui persiste pendant toute la durée de la maladie. Quelquefois les vomissemens que nous avons signalés plus haut durent aussi long-temps que la maladie, & les douleurs du dos, des lombes & des articulations tourmentent les malades de temps à autre.

Vers le troisième jour, l'haleine acquiert une odeur très-forte, qui est particulière à cette maladie.

Chez les enfans, cette époque de la maladie est marquée par une somnolence presque continuelle; le malade est agité de convulsions, & il est en

D d d

proie à des terreurs paniques; il éprouve parfois des accès d'épilepsie, tous symptômes très-effrayans, mais qui n'indiquent pas un danger imminent. Les adultes sont plus sujets aux sueurs.

Un sentiment de ponction & un léger gonflement de la peau, principalement au visage, joints à la rougeur & à la chaleur de ses parties, annoncent une éruption très-prochaine.

Les symptômes ne présentent pas la même intensité chez tous les individus atteints de cette maladie; dans bien des cas, il n'existe aucune espèce de prodromes, & le développement des pustules constitue seulement le premier symptôme de la maladie.

Quelquefois aussi ces prodromes, qui après avoir persisté avec plus ou moins d'intensité pendant deux, trois ou quatre jours, cessent ordinairement au moment où l'éruption paroît, se prolongent beaucoup plus long-temps. M. Guersent rapporte qu'il les vit durer quinze à vingt jours; dans ce cas même, cet habile médecin, ne songeant pas même à la variole, parce que l'enfant portoit des traces non équivoques de vaccination, & voyant qu'il existoit de la fièvre, de l'assoupissement & des vomissemens, crut d'abord à l'imminence d'une inflammation vers le cerveau, & il eut recours aux antiphlogistiques. Mais les symptômes persistant & l'idée de la possibilité d'une petite-vérole lui étant venue enfin, il employa quelques excitans, & il vit bientôt paroître une éruption variolique qui se termina très-heureusement.

Parmi les phénomènes précurseurs de la variole, il en est quelques-uns qui ont fixé plus particulièrement l'attention des praticiens : c'est ainsi que Sydenham a regardé les convulsions, Rhazès la douleur dorsale & lombaire, & Rosen le larmoiement de l'œil gauche, comme autant de signes en quelque sorte pathognomoniques de la variole, chez les individus qui n'auroient encore été atteints de cette maladie. Mais ces divers symptômes sont loin de mériter la confiance que leur accordoient ces auteurs, puisque dans cette première période il n'existe aucun signe certain qui puisse nous faire connoître infailliblement que l'individu va être atteint de cet exanthème.

Deuxième période ou *période d'éruption & de suppuration.* Elle commence ordinairement du troisième au quatrième jour : alors il vient des petites taches ou points rouges à peu près semblables à des piqûres de puces; elles paroissent d'abord à la lèvre supérieure, sur le menton, près des ailes du nez, d'où elles s'étendent au cou, au tronc & aux extrémités inférieures : quelquefois les parties génitales sont les premières sur lesquelles se développent les pustules; d'autres fois c'est sur les reins & sur les fesses qu'on en observe les premières traces. Ces petites taches sont d'abord isolées & presqu'au niveau de la peau; mais elles ne tardent pas à s'élever & à présenter une légère convexité, puis elles s'élargissent & forment de petits boutons qui, le plus souvent, sont séparés les uns des autres, mais quelquefois aussi tellement rapprochés qu'ils semblent se confondre. Cette éruption met ordinairement vingt-quatre à trente-six heures à se faire; alors les symptômes précurseurs disparoissent entièrement ou perdent beaucoup de leur intensité, mais il survient un prurit désagréable, de la chaleur, de la cuisson & de la démangeaison, qui sont les effets de cette éruption.

Le cinquième jour les pustules prennent de l'accroissement, & on aperçoit sur le sommet de chacune d'elles un point transparent qui se transforme en une vésicule superficielle & plate, dans laquelle s'accumule un fluide d'abord séreux & incolore, puis trouble & d'un blanc-jaunâtre. Quelquefois on observe alors des pustules développées sur les membranes muqueuses de la bouche, du pharynx, des paupières, de l'œil, du prépuce & de la vulve. Du septième au huitième jour les pustules présentent une forme hémisphérique; le pus qu'elles renferment prend plus de consistance, & l'aréole inflammatoire qui les circonscrit devient plus rouge & plus marquée. Alors la peau est rouge, la douleur est tensive, la chaleur ardente, le tissu cellulaire sous-cutané se tuméfie, & le gonflement occupe d'abord la face, & principalement les lèvres & les paupières, qui sont quelquefois gonflées à tel point qu'elles empêchent la vision. Les narines aussi sont souvent bouchées par des boutons qui se développent à la surface de la muqueuse qui les revêt & à leur orifice, & ceux qui se trouvent dans le conduit auditif empêchent l'audition. Au neuvième jour l'éruption est ordinairement arrivée à son *summum* d'intensité, & l'on voit alors la tuméfaction se propager aux mains, aux pieds & aux parties génitales; cependant le gonflement de ces parties peut ne pas avoir lieu, ou il peut être remplacé par une salivation très-abondante. Le gonflement du visage n'est pas non plus toujours constant.

C'est à cette époque ou un peu avant que l'on observe quelquefois du délire, des vomissemens, de la diarrhée, de la toux, & cette fièvre secondaire, appelée *fièvre de suppuration*, qui ne dure d'ailleurs que quelques jours & qu'on regarde, peut-être à tort, comme un effet de la suppuration. Le savant professeur Hallé, dans un Mémoire présenté à la Société royale de médecine, observe que cette fièvre se manifeste avec tout son cortège, quoiqu'il n'y ait que très-peu de boutons; la salivation elle-même a lieu sans qu'il en paroisse aucun dans la bouche. Joint à cela, que tout cet appareil fébrile, loin de diminuer aussitôt que la suppuration est commencée, augmente au contraire pendant quelque temps. Ne pourroit-on pas conclure de là que la fièvre *secondaire* de la petite-vérole doit être attribuée, non à la suppuration, mais à la dépuration du système lymphatique qui succède à celle du système sanguin? Suivant le professeur Hallé, celle-ci s'opère à la surface de la peau, celle-là dans le tissu cellulaire; l'une produit la rougeur de la peau & la chute de l'épiderme, l'autre le gonflement de tout le corps & la salivation.

Troisième période ou *période de dessication.* Vers le onzième ou douzième jour, la tuméfaction de la face commence à diminuer, les vésicules se fendillent à leur sommet & laissent écouler une matière de couleur & de consistance de miel; elles s'affaissent & se dessèchent, & on remarque alors un petit point noir au centre de chaque pustule, point qui grandit & les envahit bientôt entièrement. C'est ainsi que se forment les croûtes, qui se dessèchent de plus en plus & tombent ordinairement du vingtième au vingt-cinquième jour, quelquefois plus tôt, d'autres fois plus tard. Les pustules du tronc & des membres offrent absolument la même succession de phénomènes que celles du visage, mais seulement quelques jours plus tard. La présence d'une inflammation dans le tissu où les pustules se développent, peut quelquefois en accélérer la marche. M. le Dr. Rayer rapporte, dans son *Traité des Maladies de la peau*, que lorsque des individus affectés de *psoriasis*, de *lichen* ou d'*eczema* chroniques, sont atteints de la petite-vérole, les pustules qui naissent sur les parties qui sont le siége de ces exanthèmes ont ordinairement parcouru toutes leurs périodes en huit jours; elles se rapprochent alors de celles des membranes muqueuses, qui se terminent constamment par résolution.

La chute des croûtes suit le plus ordinairement le même ordre que l'éruption. Quelquefois les pustules des pieds & des mains ont peine à mûrir, & les croûtes qui s'y forment tombent difficilement; cela se remarque surtout quand les extrémités n'ont pas éprouvé le gonflement qui, par l'afflux du sang dans ces parties, y augmente la vitalité. Il est arrivé même souvent qu'elles se terminent par résolution, si on n'a pas eu la précaution de les percer ou d'attendrir la peau par des pédiluves, l'épiderme étant trop dense pour donner une libre issue au pus, qui alors finit par être absorbé.

Après la chute des croûtes, qui sont remplacées par des écailles furfuracées, d'où s'exhale une odeur *sui generis*, la peau reste long-temps encore marquetée de taches brunâtres, surtout si la saison est froide; enfin, on voit après leur chutes de petites cicatrices qui, quand elles sont peu nombreuses & heureusement placées, donnent une physionomie plus agréable que l'insignifiante régularité; mais il arrive parfois qu'elles défigurent au point de rendre méconnaissables les personnes qui en ont été atteintes.

On a vu des pustules se terminer toutes par résolution vers le onzième ou le douzième jour. C'est, il faut le dire, un cas très-rare dont il y a peu d'observations, & que nous n'avons jamais rencontré, malgré le grand nombre de maladie de ce genre que nous avons été à portée d'observer.

Telle est la marche de la variole régulière & sans confusion dans ses périodes; mais il n'en est pas de même quand elle est *maligne*, car celle-ci présente tant d'anomalies & de désordres, qu'elle semble presque former une maladie à part & d'une nature toute différente.

En effet, dans la variole confluente les symptômes qui l'accompagnent, tels que la céphalalgie, les douleurs du dos & des lombes, les vomissemens, l'anxiété, les convulsions & les autres symptômes nerveux, acquièrent un tel degré d'intensité, que ces symptômes deviennent autant de maladies séparées; mais on observe en général qu'il y a moins de disposition à la sueur.

L'éruption, souvent prématurée, empiète sur la période d'invasion qui commence quelquefois par les membres abdominaux. Ordinairement les boutons sont beaucoup plus nombreux, plus petits, plus rapprochés & moins élevés; leur apparition ne fait pas cesser la fièvre ni les symptômes qui l'accompagnent.

A l'époque de la suppuration, les boutons ne peuvent s'étendre sans se confondre, tant ils sont rapprochés; & alors ils ne forment plus pour ainsi dire qu'une seule vésicule qui couvre la totalité du visage, qui devient de jour en jour plus âpre au toucher. Bientôt cette vésicule blanchit, puis prend insensiblement une teinte brunâtre & produit un sentiment de douleur & de distention: cette espèce de masque se dessèche par place, tandis que la suppuration continue encore dans d'autres parties. Enfin, la chute de cette incrustation arrive du vingtième au vingt-cinquième jour, quelquefois plus tôt, quelquefois plus tard; alors il s'en détache des lambeaux plus ou moins étendus, remplacés par des écailles furfuracées qui, en tombant, découvrent des cicatrices plus ou moins irrégulières & profondes.

Il résulte de là que la variole discrète & la variole confluente sont bien faciles à distinguer: la première paroît avoir son siége dans le tissu réticulaire de la peau, tandis que la seconde en occupe toute l'épaisseur. Cela explique pourquoi la variole discrète ne laisse que des marques peu sensibles, tandis que la confluente, par les traces profondes qu'elle imprime à la peau, y marque son passage par des cicatrices qui défigurent souvent les plus beaux visages. Celle-là suit une marche toujours régulière; celle-ci au contraire offre le plus souvent les plus grands désordres & la plus grande confusion pendant toute fa marche. Enfin, d'un côté la maladie eſt toujours ſimple, de l'autre elle a la plus grande tendance aux complications.

Complications de la variole. La variole ſe complique d'une infinité de maladies, telles que la rougeole, la ſcarlatine, l'*ecthyma*, le *purpurea hæmorrhagica*, &c. L'éryſipèle, les furoncles & les abcès ſous-cutanés ſont fréquens, ſurtout à l'époque de la deſquammation. Une des complications qui eſt preſque toujours d'un mauvais augure, eſt l'éruption de bulles ſe manifeſtant au milieu des puſtules: quelquefois ces bulles ont un volume conſidérable, le plus ſouvent elles occupent les membres, très-rarement on les voit ſur la face. M. Guerſent, médecin de l'hôpital des Enfans malades, & l'un des plus habiles praticiens de la capitale, rapporte que cette complication ne ſauroit être attribuée, dans ce cas, à l'entaſſement des malades, non plus qu'à la chaleur atmoſphérique, puiſqu'il a eu ſouvent occaſion d'en obſerver dans des conditions hygiéniques abſolument inverſes.

L'intenſité de la phlegmaſie interne peut auſſi empêcher la libre ſortie des puſtules; la fièvre ne cède pas toujours, comme nous l'avons dit, dès l'éruption, au contraire, elle prend quelquefois un caractère plus grave, s'accompagne de coma, de ſoubreſauts dans les tendons & des ſignes les plus fâcheux. On a auſſi à combattre des apthes, le croup, la pneumonie, la pleuréſie, l'hématurie & des pétéchies qui ſe montrent ſur toute la ſurface du corps.

Les adultes préſentent auſſi, dès l'apparition des premières puſtules, une ſalivation très-abondante, qui diminue lorſque la tuméfaction des extrémités commence, mais qui cède rarement entièrement. Les enfans, au contraire, n'en ſont preſque jamais atteints.

Les puſtules deviennent quelquefois livides & noirâtres, ce qui eſt en général un mauvais caractère. Un éryſipèle gangréneux peut auſſi ſe développer ſur la figure ou ſur toute autre partie du corps; & dans ce cas, on voit ſe former des eſchares d'une grandeur effrayante, qui entraînent preſqu'inévitablement la perte du malade. Dans les varioles très-confluentes, on remarque ſouvent un grand nombre de puſtules agglomérées; le plus léger frottement ſuffit alors pour enlever l'épiderme, & le derme, reſté à nu & en contact avec l'air ou les linges, eſt le ſiége de douleurs intolérables. La céphalalgie, les inſomnies ou le délire, en ſurexcitant le cerveau, peuvent déterminer une apoplexie toujours mortelle. On a ſouvent vu, vers le douzième jour, un catarrhe ſuffocant, précédé de régurgitation des boiſſons & accompagné d'une fièvre violente, mettre le malade dans le plus grand danger.

Les organes des ſens, & l'œil en particulier,

offrent ſouvent des exemples de complications plus ou moins fâcheuſes. Les ophthalmies qui coïncident avec le développement des puſtules ſur la cornée ou la conjonctive ſont rarement graves; mais il n'en eſt pas de même de celles qui ſe montrent à l'époque de la deſſication des puſtules; alors on voit en peu de jours ſe développer une inflammation profonde de l'œil, la cornée s'ulcère & ſe ramollit, & alors ou les humeurs s'écoulent & l'œil ſe vide entièrement, ou l'iris vient faire hernie en obturant l'ouverture. Il arrive auſſi qu'il s'établit des ophthalmies chroniques rebelles, qui réſiſtent à toute eſpèce de traitement. C'eſt auſſi dans la période de deſſication qu'on obſerve des otites aiguës ou chroniques, d'où il réſulte ſouvent des abcès dans le conduit auriculaire, entre le tiſſu fibreux & la membrane interne. Enfin, l'une des complications les plus fréquentes de la petite-vérole, ſurtout chez les enfans, eſt l'inflammation gaſtro-inteſtinale.

Au nombre des accidens conſécutifs on compte les gaſtro-entérites chroniques, qui entraînent ſouvent la perte de quelques-uns des individus qui ont échappé aux premiers dangers de la maladie. Un amaigriſſement toujours croiſſant donne l'éveil ſur ce genre de léſion, mais on n'eſt pas toujours aſſez heureux pour pouvoir ſauver les malades. La cécité & la ſurdité ſont ſouvent la ſuite des inflammations de ces parties. Les doigts, les orteils, la vulve & le prépuce peuvent ſe trouver agglutinés, ſi ces parties ont été excoriées, ſi l'on n'a pas eu la précaution de les tenir écartées.

Le pronoſtic que l'on peut porter ſur la variole varie beaucoup en raiſon des différentes circonſtances d'âge, de ſexe & de maladies qui ont exiſté ou qui exiſtent actuellement. Quelques circonſtances peuvent la rendre grave dans l'enfance & ſurtout dans la jeuneſſe, mais en général elle eſt d'autant plus terrible que les malades ſont plus avancés en âge. Pour l'enfance, la dentition eſt la complication la plus terrible; la mobilité & la ſenſibilité extrêmes, les ſcrofules, ne ſont pas moins à craindre, bien qu'on ait parlé de quelques ſcrofuleux dont l'état s'étoit amélioré ſenſiblement à la ſuite de la variole. M. Guerſent, que nous citons toujours comme autorité, dit qu'il a rarement eu l'occaſion de vérifier ce fait à l'hôpital des enfans; il ajoute même que la phthiſie tuberculeuſe reçoit ordinairement de la variole une impreſſion des plus défavorables: fort ſouvent alors ſa marche eſt accélérée, & ſa terminaiſon funeſte ſuit toujours de très-près. L'époque de la puberté eſt funeſte au plus grand nombre; les individus adonnés au vin ſont plus gravement atteints, ſurtout ſi c'eſt après un excès que la maladie ſe déclare, car alors la fièvre eſt plus intenſe, la gaſtrite plus prononcée, & les ſympathies de l'eſtomac & du cerveau font plus tôt mifes en jeu. La foiblesse occasionnée par de trop grands excès dans les plaisirs vénériens, surtout chez les personnes avancées en âge, aggrave singulièrement cette maladie. Plus rigoureuse pour les gens qui vivent dans la malpropreté, elle l'est moins pour ceux qui font un fréquent usage des bains tièdes.

Les femmes, tout égal d'ailleurs, en font moins gravement affectées que les hommes, surtout si la maladie se déclare à l'époque ou après la menstruation ; elles ont, au contraire, à redouter des atteintes pendant la gestation : plus elle est avancée, plus le pronostic est défavorable, car elle occasionne quelquefois l'avortement. Elle est aussi plus à craindre au moment de l'accouchement.

Plus les symptômes précurseurs font intenses, plus les pustules font nombreuses. Plus les pustules font nombreuses, surtout à la face, plus la maladie fera grave. L'apparition des pustules dès le second jour est d'un mauvais augure. La maladie fera d'autant plus bénigne que les pustules tarderont plus à paroître. Les pustules qui contiennent au lieu de pus du sang ou une matière colorée, indiquent une variole grave & une variole orageuse. Lorsque les pustules prennent la forme de verrues, c'est un des symptômes les plus fâcheux, car il est rare que la mort ne survienne pas ; la disparition subite de l'éruption est aussi un signe fâcheux. Si les symptômes précurseurs, au lieu de s'amender lors de l'apparition des pustules, augmentent d'intensité, cela annonce un danger imminent. Les plaques livides ou noires que l'on remarque quelquefois, surtout chez les individus rachitiques, font toujours des signes fâcheux. Les hémorragies qui surviennent au moment où la dessiccation s'opère, font toujours dangereuses & très-souvent mortelles.

Quant aux phlegmasies concomitantes, plus l'organe affecté fera essentiel à la vie, plus la complication fera grave. Freind n'a pu guérir un feul malade atteint de frénésie vers le quatrième jour de l'éruption ; cependant ce cas n'est pas entièrement désespéré. La grande foiblesse produite par les évacuations abondantes ou des veilles prolongées, est une des plus mauvaises dispositions.

Dans plusieurs circonstances cependant on a remarqué que la petite-vérole avoit fait cesser d'autres maladies. Rofen & Méad rapportent des exemples de fièvres intermittentes guéries par l'apparition de cet exanthème. M. le prof. Andral cite le cas d'une pneumonie fort grave & presque désespérée dont les symptômes se dissipèrent, comme par enchantement, en même temps qu'une éruption varioleuse commença à paroître.

Examen cadavérique. Caractères anatomiques des pustules varioliques. Nous n'avons que

fort peu de chofes à dire fur l'autopsie des individus qui ont succombé à la variole. Cette maladie n'étant point mortelle par elle-même, ceux qui succombent pendant la durée de cet exanthème font le plus souvent victimes des complications. A l'ouverture des cadavres des varioleux, on trouve des pustules varioliques fur les membranes muqueuses des organes de la digestion. L'existence de ces pustules est admise par un très-grand nombre d'auteurs, au nombre desquels font Fernel, Bartholin, Horn, Baillou, Méad, & révoquée en doute par beaucoup d'autres, fous prétexte qu'on a pu les confondre avec les follicules muqueux, développés par l'inflammation dont elles ont ordinairement été le fiége. Quant à moi, dit M. Guerfent, je ne nie pas la possibilité de cette erreur dans certains cas, mais je crois pouvoir affirmer que plusieurs fois j'ai eu l'occasion d'observer ces pustules dans l'intestin grêle & le gros intestin. M. Roftan dit aussi avoir rencontré ces pustules dans le gros intestin & même dans le rectum. On en rencontre très-souvent fur la muqueuse de la bouche & fur celle des fosses nasales. Presque constamment aussi, après des varioles très-graves, l'intérieur du larynx, de la trachée-artère & des bronches, est parfemé de petites taches blanchâtres ou grifâtres, oblongues ou arrondies, isolées ou confluentes ; les unes plus pâles & légèrement déprimées au centre, les autres n'offrant aucune dépression centrale & ayant tout-à-fait l'apparence de vésicules transparentes, surtout lorsqu'on les examine à la loupe. M. le D^r. Duges, qui a souvent eu l'occasion de faire des ouvertures de varioleux, place dans l'ordre suivant les membranes muqueuses, en raison de leur aptitude à devenir le fiége d'ulcération chez les varioleux : *isthmique, linguale, palatine, labiale, anale, vulvaire, laryngée, pituitaire postérieure, trachéale, oculaire, intestinale, grêle.*

Si l'on examine avec foin une pustule variolique bien ombiliquée, au commencement de la période de suppuration, on trouve que la dépression centrale est produite par un petit filament cellulaire, dont l'extrémité supérieure tient à l'épiderme qu'il attire, tandis que l'extrémité inférieure est fixée à une espèce de fausse membrane dont l'épaisseur varie. Vers la fin de la suppuration on ne trouve plus cette petite bride, qui a été rompue par la distension occasionnée par l'accumulation du pus. Suivant Cotugno, lorsqu'on incise verticalement les pustules varioliques, de manière à les partager en deux fegmens égaux, on distingue en procédant de dehors en dedans : 1°. une ligne blanchâtre formée par l'épiderme épaissi ; 2°. au-dessous une couche purulente ; 3°. plus inférieurement une ligne rougeâtre formée par le corps réticulaire enflammé ; 4°. au-dessous le corion non altéré ; 5°. enfin, au centre même des pustules, un petit corps blanchâtre dont l'extrémité supérieure, filiforme, s'implante au milieu de la pression ombilicale, tandis que l'inférieure est renflée & adhérente au corps réticulaire enflammé. Cette disposition, que Cotugno donne comme constante, offre cependant quelques exceptions. M. le Dr. Rayer dit avoir vu des pustules qui présentoient jusqu'à trois de ces petits filamens, tandis que d'autres pustules, également ombiliquées, n'en offroient pas. Quant à la nature de ce petit corps filamenteux, les uns le regardent, avec M. Deslandes, comme un des conduits excréteurs de la peau, les autres comme un follicule pileux, parce qu'il est quelquefois traversé par un poil; enfin, on a supposé que ce petit corps n'étoit qu'une papille du derme, lequel avoit acquis plus de volume par suite de l'inflammation de la peau.

Thérapeutique de la variole. Jamais les auteurs n'ont offert plus d'opposition que dans le traitement de la variole. Tour à tour ils ont préconisé & rejeté les saignées, les vomitifs, les purgatifs, les narcotiques, &c.: nous allons essayer d'établir le traitement le plus rationnel & le plus propre à combattre cette terrible affection; nous le distinguerons en curatif & en préservatif. Le traitement curatif doit varier suivant les indications qui se présentent & suivant les périodes de la maladie.

Le traitement sera aussi plus ou moins simple, selon que la variole sera discrète ou confluente; dans le premier cas, où tout se passe paisiblement & sans complication, il suffira de quelques précautions hygiéniques. Dès le début on tiendra le malade à la diète, & on lui prescrira une boisson adoucissante quelconque; si c'est un enfant non sevré, on prescrira à la nourrice un régime propre à donner à son lait les propriétés adoucissantes nécessaires à entretenir la bénignité de la maladie, le lait de la nourrice devant tenir lieu de médicament & de nourriture pendant la durée de la maladie; si l'enfant est sevré, ou si l'on a affaire à un adolescent ou même à un adulte, on devra, aussitôt après l'éruption, permettre quelques alimens légers, tels que des panades, des potages préparés avec la sémoule, la crème de riz, la farine de blé de Turquie, quelque fruits d'été bien mûrs & cuits, ou les gelées qu'on en extrait. On sera ensuite plus sévère pendant la période de suppuration, mais on pourra recommencer à alimenter les malades dès que l'on verra les pustules se sécher, & que la fièvre secondaire aura cessé. Enfin, on aura deux écueils à éviter: l'excès de nourriture, qui aggraveroit la maladie en surchargeant l'estomac; & la diète trop sévère, qui seroit nuisible, surtout aux enfans, qui ont plus de besoins à cet âge qu'à toute autre époque de la vie. Un juste milieu entre ces deux extrêmes sera donc le meilleur moyen d'éviter tout accident.

Quant à la variole confluente, on convient généralement du danger plus grand qui l'accompagne; en effet, ici tout devient épineux & difficile, parce que la maladie, au lieu de suivre une marche régulière & progressive, affecte souvent les plus grands désordres dans ses périodes. Quelques médecins ont proposé, pour diminuer le nombre des pustules & la gravité de la maladie, de pratiquer, dès le début d'une variole qui s'annonce comme devant être confluente et maligne, une ou deux saignées, soit à l'aide de la lancette, soit par une application de sangsues à la région épigastrique: ce moyen, qui peut produire de bons effets, doit toujours être employé avec réserve, & seulement chez les individus pléthoriques. Au début de la maladie, la fièvre mérite la plus grande attention; c'est alors qu'il faut insister sur les boissons délayantes & la diète la plus sévère. L'individu est-il pléthorique & sanguin, a-t-on à redouter une congestion vers le cerveau, le délire, ou d'autres accidens de ce genre, alors on aura recours à la saignée, aux bains généraux & locaux, aux fomentations sur les membres abdominaux, tous ces moyens pouvant produire de grands avantages, soit en opérant une dérivation salutaire, soit en diminuant l'éréthisme général & en rendant à la peau sa souplesse naturelle. Il est important de tenir les malades dans une chambre assez vaste & modérément chaude, de les changer souvent de linge, & de renouveler fréquemment l'air qu'ils respirent. Sydenham cite un fait qui prouve combien il est dangereux de tenir les malades enfermés trop chaudement. Un jeune homme atteint de petite-vérole, chez lequel on avoit cherché à produire la transpiration par tous les moyens possibles, tomba dans un état d'anéantissement tel qu'on le crut mort; dans cette persuasion, les personnes qui le veilloient donnèrent de l'air dans la pièce où il étoit, l'enveloppèrent dans un linceul & le placèrent tout nu sur une table: ce malheureux ne tarda pas à éprouver l'influence salutaire du refroidissement, il se ranima peu à peu & finit par guérir de sa variole. D'autres médecins, tombant dans un excès contraire, ont conseillé l'usage des bains froids & des ablutions froides, pour diminuer la violence de l'inflammation; mais ce moyen peut être suivi d'accidens très-graves, surtout quand le gonflement de la face est considérable & douloureux. Beaucoup de praticiens recommandables, au nombre desquels on peut citer Boerhaave, Rosen, Fouquet, Cottuni, Huxham & Désessartz, ont préconisé le muriate de mercure doux comme un remède capable de diminuer la malignité de la variole, de lui imprimer une marche plus régulière, d'en calmer les symptômes alarmans, & surtout de prévenir, chez les enfans, la complication avec les vers intestinaux. M. Guersent pense qu'indépendamment que ce médicament est fréquemment contre-indiqué dans cette période de la maladie, il est loin de procurer les avantages qu'on en attendoit ; M. Capuron, au contraire, semble appeler l'attention des praticiens sur son emploi, en faisant des vœux pour le voir usité dans les épidémies varioliques. Le seul risque à courir, dit M. Capuron, est de l'employer inutilement, tandis que les avantages à espérer sont inappréciables.

Au début de l'éruption on fera bien d'employer les pédiluves irritans, & même l'application de cataplasmes de farine de graine de lin seule ou mélangée de farine de moutarde, pour y opérer une dérivation favorable, & , dans le cours de cette période, le malade doit être condamné à une diète des plus sévères : ce n'est que lors de là dessication qu'on lui permettra quelques alimens légers ; c'est aussi à cette époque que l'on fera prendre quelques bains tièdes, pour faciliter la chute des croûtes & rendre la peau plus perméable. En général, lorsque la fièvre persiste à cette époque, & qu'elle ne cède pas à l'usage des bains, il faut chercher si elle n'est pas entretenue par une maladie, & la traiter par les moyens appropriés.

Les laryngites sont combattues avec avantage par des saignées locales & des applications émollientes ; quelquefois on obtient un bon résultat de l'application d'un vésicatoire au-devant du cou. Les phlegmasies des organes thoraciques & abdominaux réclament le traitement antiphlogistique le plus énergique, en ayant égard toutefois à l'âge & à la force des malades. Il en est de même des convulsions qui surviennent pendant ou après l'éruption, surtout si elles reconnoissent pour cause une phlegmasie cérébrale. Pour celles qui semblent déterminées par une cause étrangère à l'inflammation, on leur opposera les antispasmodiques, tels que les bains long-temps prolongés, l'oxyde de zinc, & les lavemens avec le camphre, la valériane & l'assafœtida. Quant à la dysenterie, elle est presque toujours mortelle, en raison de ce qu'elle résiste avec une opiniâtreté désespérante à toute espèce de traitement. Mead a conseillé la décoction de quinquina avec l'acide sulfurique pour combattre l'hématurie varioleuse ; mais c'est bien souvent en vain qu'on a cherché à s'en rendre maître à l'aide des astringens de toute espèce, même les plus énergiques. Les suites ou reliquats de la petite-vérole, comme la fistule lacrymale, l'ophthalmie, l'hypopyon, les taches sur la cornée, la dureté de l'ouïe & toutes les affections des organes, des sens, même la fièvre hectique & le dépérissement des malades, offrent ici les mêmes indications que dans tout autre cas indépendant de la variole.

On a imaginé beaucoup de topiques pour empêcher les pustules varioleuses de creuser & de laisser des cicatrices. Cotugno, persuadé que l'humidité des parties s'oppose au développement complet des pustules, conseilloit d'humecter constamment la face pour accélérer leur marche & rendre leurs traces moins apparentes : d'autres personnes ont proposé d'ouvrir les pustules de bonne heure, avec la pointe d'une aiguille, afin de donner issue au pus qu'elles renferment ; mais, comme il est constant que l'excavation ne tient pas à la présence du pus, mais bien à l'altération du derme, on conçoit facilement l'inutilité de ce procédé. M. le Dr. Bretonneau, de Tours, a proposé la cautérisation des pustules avant la suppuration, c'est-à-dire, deux ou trois jours au plus tard après leur apparition, dans le double but de les faire avorter, & de prévenir les traces qu'elles laissent après elles. Le procédé de M. Bretonneau consiste à traverser le sommet de chaque pustule avec une aiguille d'or ou d'argent, chargée d'une solution concentrée de nitrate d'argent ; il a observé qu'il étoit plus sûr d'épointer les pustules au moyen d'une aiguille, & de les cautériser avec une pierre infernale taillée d'une manière convenable, ou d'y déposer, au moyen d'un stylet, une petite quantité de poudre de nitrate d'argent fondu. M. Velpeau a, de son côté, répété & confirmé les expériences de M. Bretonneau, & M. Guersent dit aussi avoir réussi, dans son hôpital, à arrêter complétement, par les mêmes moyens, la marche d'un certain nombre de pustules isolées, & cet habile médecin pense qu'on pourroit s'en servir pour prévenir les cicatrices du visage, dans les cas de petite-vérole discrète.

Sous le nom de *méthode écrotique*, M. Serres a fait une application beaucoup plus étendue de l'emploi du nitrate d'argent dans le traitement de la petite-vérole. Non-seulement ce médecin propose la cautérisation pour obvier aux difformités provenant des cicatrices, mais encore il pense que c'est le meilleur remède à employer pour prévenir les encéphalites, les otites & les ophthalmies, complications si terribles de cette maladie. Le mode de cautérisation que ce médecin propose varie suivant que l'on veut agir sur des pustules isolées ou sur des masses de pustules plus ou moins considérables ; dans le premier cas, il se sert d'un crayon de nitrate d'argent qu'il porte sur chaque pustule, mais sans les ouvrir, comme l'a proposé M. Bretonneau ; &, dans le second, où il doit agir sur des masses, il enduit à deux ou trois reprises les parties malades au moyen d'un petit pinceau de charpie trempé dans une dissolution aqueuse à un, deux ou trois degrés de concentration. Les trois degrés de concentration de la dissolution s'obtiennent en faisant dissoudre, dans une once d'eau distillée, quinze, trente ou quarante-cinq grains de nitrate d'argent : au moment où la cuisson qui succède à cette cautérisation superficielle commence à se faire-sentir, on arrose les parties d'eau froide, ou on les recouvre de compresses trempées dans une décoction émolliente, & plus tard on fait des embrocations avec l'huile d'olive. Dix à douze heures après la cautérisation, il est quelquefois nécessaire d'appliquer quelques sang-sues au cou, & de revenir même à plusieurs reprises à cette application, s'il existe de la tuméfaction. Si la cautérisation en masse des pustules est superficielle, c'est-à-dire, faite avec une dissolution peu concentrée, il peut arriver qu'elle ne s'oppose pas au développement des pustules ; mais elle n'arrête pas toujours la maladie, & il existe toujours, au-dessous de la croûte noire, produit de la cautérisation, un suintement séreux ; &, quand celle-ci vient à se détacher, on remarque fréquemment les traces des pustules qui ont continué à parcourir leurs périodes : mais si la solution saline est très-concentrée, au troisième degré, par exemple, elle agit comme caustique ; l'épiderme & les pustules sont entièrement desséchées, & transformées en une simple brûlure au second degré. M. Damiron, dans un Mémoire fait sur le même sujet, prétend que la cautérisation de la face n'empêche pas le développement des encéphalites, attendu que celles-ci ne résultent pas du gonflement du visage, qui, presque toujours, a disparu lorsque les complications se manifestent ; mais il partage, avec M. Serres, l'opinion que la cautérisation jouit de la propriété de prévenir les grandes cicatrices, d'empêcher que les yeux ne se ferment, & de laisser un moyen de faire avorter les boutons de la conjonctive & de la cornée.

M. Guersent n'est pas, sur tous les points, de l'avis de ces messieurs, d'abord, relativement aux encéphalites, que M. Serres se propose principalement de prévenir par ce genre de cautérisation : ce médecin assure que cette complication est excessivement rare chez les enfans & les adolescens, bien que les méningites soient d'ailleurs assez communes à cet âge ; &, quant aux adultes, c'est pour lui une question de savoir si la cautérisation d'un grand nombre de pustules à la face ne seroit pas plutôt propre à provoquer les affections cérébrales qu'à les prévenir, à cause de la douleur qui l'accompagne & de la réaction qui la suit. Ensuite, relativement à la cautérisation des pustules de la conjonctive & de la cornée, M. Guersent fait observer qu'elle est le plus souvent inutile, parce que c'est ordinairement après la disparition de ces pustules qu'on voit survenir les ophthalmies les plus graves, celles enfin dont résultent le ramollissement de la cornée & la perte de l'œil. A cela il ajoute qu'il n'a jamais vu les pustules de la conjonctive suppurer, que, dans tous les cas, elles lui ont paru se terminer par résolution, & que ce n'est pas seulement au disque inférieur de la cornée qu'elles siégent, puisqu'on en observe tout autant à sa partie supérieure & dans le reste de son étendue. Ne pourroit-on pas craindre, ajoute ce savant praticien, que la cautérisation du bord libre des paupières ne nuisît au lieu d'être utile, en provoquant l'ophthalmie qu'on se proposoit de prévenir ?

Traitement prophylactique de la variole. Le temps & l'expérience ont fait justice de tous les moyens médicamenteux mis anciennement en usage pour s'opposer au développement de cette cruelle maladie : nous nous abstiendrons de parler de l'inoculation déjà traitée (tome VII, page 599 de ce Dictionnaire). Cette méthode, à l'aide de laquelle on dépouilloit, en quelque sorte, la variole de ses effets les plus funestes, en la communiquant dans des circonstances favorables, a été généralement abandonnée depuis qu'on a trouvé dans la vaccine l'heureux & le seul préservatif de cette terrible maladie. C'est donc à la vaccine seule qu'on doit avoir recours pour préserver de la variole, & tout médecin qui, aujourd'hui, déprécie cette heureuse découverte & détourne les parens d'y soumettre leurs enfans, manque de jugement & de savoir, ou de l'un & de l'autre tout à la fois.

Jamais il n'est venu à la pensée des gouvernemens de faire une salutaire alliance contre ce fléau ; on néglige même presque partout de prescrire des mesures d'isolement & de propreté, qui en bornoient les ravages, & qui seroient d'autant plus applicables, que chacun pourroit éviter d'avoir à s'y soumettre en faisant vacciner les personnes qui l'intéressent.

Aussi long-temps que la vaccine ne sera pas rendue obligatoire par une loi, pratiquée en grand partout & en tout temps, & que des mesures sanitaires contre la contagion de cette maladie ne seront pas ordonnées par des lois, la variole continuera de défigurer, de mutiler, & même de faire périr une multitude d'individus. Pourquoi une maladie qui semble départie à l'espèce humaine en particulier, ne seroit-elle, aussi bien que les *épizooties,* digne de la sollicitude des gouvernemens ? Pourquoi ?...

(CH. HENNELLE.)

VARIOLEUX, VARIOLIQUE, adj. (*Pathol.*) *Variolosus, variolicus.* Adjectifs employés pour qualifier ce qui a rapport à la variole. Ainsi l'on dit : affection, virus, éruption, pustule, inoculation *variolique ;* de même que l'on nomme *varioleux,* ou individu *varioleux,* celui qui est atteint de la petite-vérole. (*Voyez* VARIOLE.)

VARIOLOÏDE, sub. f. (*Pathol.*) On a, dans ces derniers temps, particulièrement en Angleterre & en Amérique, proposé de désigner sous ce nom une éruption varioliforme qui diffère de la *varicelle* (*voyez* ce mot) par le caractère pustuleux des boutons, & de la *variole* proprement dite

dite par l'irrégularité de fa marche, l'inconftance de fes fymptômes, l'imperfection de la fuppuration des puftules qui fe deffèchent rapidement, & l'abfence de la fièvre fecondaire. Quelques médecins ont prétendu que cette efpèce de variole modifiée ne s'obfervoit que chez les individus déjà antérieurement atteints de vaccine ou de variole; mais d'autres foutiennent, & je fuis du nombre, qu'on la voit auffi, furtout dans le cours des épidémies varioleufes, fe montrer avec tous les caractères que lui ont affignés les auteurs, chez des fujets qui n'ont encore été ni vaccinés ni variolés. J'ai communiqué trois exemples de ce genre à l'Académie royale de médecine, obfervés dans l'épidémie qui a régné à Paris en 1825.

« On parle beaucoup (difois-je) depuis quelque temps de *varioloïdes*. Quelques perfonnes paroiffent affez portées à croire que cette maladie, forte de variole mitigée, ne s'obferve que chez les individus dont la conftitution a été précédemment modifiée par la contagion de la variole ou de la vaccine: pourtant il me paroît certain que cette éruption peut fe développer de même chez des fujets qui n'ont été ni vaccinés ni atteints de petite-vérole; c'eft du moins ce que j'ai pu récemment conftater fur trois enfans qui étoient dans ce cas. Les prodromes de la variole fe montrèrent, l'éruption fe développa avec tous les caractères propres à cette maladie; mais le huitième jour des boutons, ceux-ci étoient en pleine maturation; la deffication s'opéra tout-à-coup, & la maladie fe termina ». (*Nouv. Bibl. médic.*, 1825, tom. 3, pag. 451.) Enfin, quoique le plus grand nombre des médecins paroiffe porté à croire que la varioloïde n'eft autre chofe qu'une variété de la variole, une forte de variole modifiée & mitigée, il eft cependant encore plufieurs auteurs qui la confidèrent comme une maladie fpéciale ayant fes fymptômes particuliers, fes effets particuliers, & même une origine diftincte. Cette opinion a récemment été foutenue par un favant, M. Moreau de Jonnès, membre de l'Inftitut, mais elle n'a point été adoptée par l'Académie royale de médecine, comme on pourra le voir par un paffage du rapport de la commiffion de vaccine, que nous citerons à la fin de cet article.

Quoi qu'il en foit, voici la defcription que donnent de la varioloïde les auteurs qui s'en font fpécialement occupés; on verra par combien de traits elle fe rapproche de celle que d'autres écrivains ont donnée de quelques variétés de varicelle puftuleufe, de petite-vérole volante intenfe, ou de variole bénigne & de courte durée.

Les prodromes de la varioloïde varient depuis un fimple malaife jufqu'aux phénomènes d'invafion de la maladie inflammatoire la plus grave. L'éruption fe montre le fecond ou le troifième jour, foit fimultanément, foit fucceffivement fur les diverfes parties du corps, en commençant fouvent par la face; dès boutons, d'abord rouges &

durs, puis véficuleux, paffant rapidement à l'état puftuleux, & quelquefois fe deffèchant dans plufieurs points fans que le fluide contenu devienne purulent; puis fe féchant brufquement fans qu'on ait obfervé la fièvre de maturation, la fièvre fecondaire qui s'obferve ordinairement dans la variole légitime, formant alors des écailles minces ou de petites croûtes jaunâtres & bleuâtres, dont la chute ne laiffe pas, le plus fouvent, de cicatrices apparentes, ou n'en laiffe que de très-légères: voilà quels font les traits généraux de cette éruption, qui peut n'avoir que quelques jours de durée, & qui, dans tous les cas, ne fe prolonge pas au-delà du fixième au neuvième jour; en forte que la durée totale de la maladie ne s'étend point au-delà d'une douzaine de jours, & peut être comprife dans des bornes beaucoup plus étroites encore (fix à huit jours), en comptant depuis le début bien marqué des prodromes, jufqu'à la deffication complétement opérée de l'éruption.

La marche ifolée des puftules préfente d'ailleurs beaucoup de variétés; les unes reftent très-petites, acuminées, & ne fuppurent qu'imparfaitement; les autres, plus volumineufes, mais irrégulières, ne contiennent auffi qu'une férofité trouble; d'autres arrondies, ombiliquées, fe rapprochent davantage de l'afpect & de la marche des puftules varioliques, &c. Cependant M. Gendrin, qui s'eft livré à des recherches fpéciales fur ce fujet, croit pouvoir établir d'une manière générale que le fiége des puftules de la varioloïde eft plus fuperficiel que celui des puftules de la variole, qu'il eft fous-épidermoïque, ne dépaffe pas le corps papillaire, tandis que ces dernières fiégent dans les follicules pileux & fébacés. Pour moi, je penfe, avec M. Guerfent (*voyez* article VARIOLE du *Nouv. Dictionn. de Médec.*) & avec la plupart des praticiens, qu'il eft des cas où l'on ne peut apercevoir aucune différence entre ces deux genres de puftules.

En fomme, la varioloïde diffère de la variole par la rapidité de la marche & l'irrégularité des puftules, la nullité ou l'efpèce d'avortement, fi l'on peut ainfi parler, de la période de maturation, qui fe transforme très-promptement en celle de deffication, & la bénignité générale de la maladie. Elle fe diftingue de la varicelle par des prodromes généralement plus marqués & prolongés, la forme puftulo-tuberculeufe des boutons qui reftent véficuleux dans la petite-vérole volante, & une bien plus grande aptitude à être tranfmife par inoculation & par contagion.

Prefque toujours la varioloïde eft bénigne & difcrète; quelquefois pourtant l'éruption devient confluente à la face: très-rarement la maladie devient funefte, foit durant les prodromes, foit, ce qui eft bien plus rare encore, dans le cours de l'éruption, & alors encore la mort eft plus fouvent due à une complication qu'à une affection vifcérale faifant véritablement partie intégrante de la maladie éruptive. Dans l'immense majorité des cas, c'est une affection courte & légère qui n'exige que quelques jours d'alitement, ou qui peut même, dans les cas les plus heureux, ne point interrompre les occupations habituelles du sujet.

Quant au traitement, il se rapproche plus ou moins de celui de la varicelle ou de la variole, suivant que la maladie elle-même se rapproche plus ou moins dans sa marche de chacune de ces affections, à l'histoire desquelles nous renvoyons le lecteur pour tout ce qui est relatif à ce sujet.

On a inoculé avec succès la varioloïde, & nous avons cité à l'article VACCINE, les expériences de M. Guillon, qui ont été jugées se rapporter à cette éruption, expériences dans lesquelles on a vu souvent l'éruption se borner aux points d'insertion du virus, & jouir ainsi, jusqu'à un certain point, des prérogatives de la vaccine. Mais, est-il bien sûr que l'inoculation de la varioloïde ne puisse jamais donner lieu à une éruption de variole légitime, qui peut être plus ou moins grave ? C'est ce dont il est permis de douter quand on se rappelle les résultats divers obtenus jadis de l'inoculation de la variole, & surtout quand on s'arrête au jugement porté par l'Académie de médecine, sur la nature de la varioloïde, qui, d'après cette savante Compagnie, n'est qu'une modification éventuelle de la variole. Voici, du reste, ce que dit à ce sujet M. Gendrin, dont le Mémoire récent sur la varioloïde est cité par M. Guersent dans le *Nouv. Dictionn. de Médec.* : « 1°. Les sujets variolés ou vaccinés peuvent ressentir l'influence du *contagium* variolique, qui alors a pour effet de produire la varioloïde ; 2°. le principe contagieux de la variole agissant sur des sujets peu aptes à éprouver ses effets, c'est-à-dire n'ayant eu ni la variole ni la vaccine, peut encore faire naître la varioloïde ; 3°. la varioloïde, quoique tirant son origine de la variole, se propage par inoculation aux seuls sujets qui n'ont été ni vaccinés ni variolés, & conserve toujours ses caractères propres sans tendre à se rapprocher de la variole. La première partie de cette proposition (remarque M. Guersent) est constatée par des expériences que rapporte l'auteur ; quant à la seconde, plusieurs observations prouvent qu'elle n'est pas constamment vraie. »

Pour achever de fixer les idées sur ce qu'on doit entendre par *varioloïde*, nous extrairons le passage suivant du Rapport fait à l'Académie royale de Médecine par M. P. Dubois, organe de la commission de vaccine, le 1er. avril 1828 :

« Les varioloïdes (dit l'auteur de ce Rapport) consistent en une éruption de même forme que celle de la variole, ayant le même caractère de gravité au début, mais s'en distinguant en ce qu'elles ne provoquent pas de fièvre secondaire, & ont moins de durée : elles se sont souvent présentées dans l'épidémie variolique de 1826, & cela dans les plus petites localités comme dans les plus grandes ; elles se sont propagées par contagion comme la variole : on n'est pas sûr qu'elles aient engendré la variole, mais évidemment elles venoient de celle-ci chez les individus vaccinés qui les ont offertes. S'appuyant sur de semblables observations faites en Écosse en 1818, en Angleterre en 1819, 1822 & 1824, & aux États-Unis en 1823 & 1824, la commission pense que la variole & la varioloïde sont des degrés différens d'une même maladie, qu'elles ont les mêmes causes générales, se développent l'une par l'autre, & que la varioloïde enfin n'est que la variole modifiée par des dispositions individuelles & par l'action tutélaire de la vaccine. Ses preuves sont, 1°. que dans les épidémies varioliques le très-petit nombre de vaccinés qui a été atteint n'a eu que la varioloïde ; 2°. que cette varioloïde a souvent succédé à l'inoculation de la variole ; 3°. que, d'autre part, l'inoculation de la varioloïde a quelquefois produit la variole. Elle peut citer plusieurs cas dans lesquels une de ces maladies a produit l'autre par contagion. Ainsi, dans l'épidémie variolique de Philadelphie, en 1824, on a vu l'épidémie produire dans une même famille ces deux maladies, c'est-à-dire la variole chez les uns, & la varioloïde chez les autres. Dans une autre famille, tous les enfans vaccinés n'ont été atteints que de la varioloïde ; un seul, qui n'avoit pas été vacciné, eut la variole & y succomba. Un mari soigna sa femme malade d'une varioloïde, & contracta une variole qui se termina d'une manière funeste ; des enfans vaccinés, au contraire, ayant continué de vivre avec leur mère, qui mourut de la petite-vérole, ne furent atteints que d'une varioloïde, &c. »

D'ailleurs, on ne peut rien conclure de cette identité de nature de la variole & de la varioloïde contre la vaccine, car les vaccinés ont en général conservé leur santé au milieu des ravages de la variole ; & le petit nombre de ceux atteints par l'épidémie n'ont eu qu'une varioloïde bénigne, jamais funeste, ni même suivie de difformité ; tandis que la variole qui régnoit étoit des plus dangereuse. A Besançon, par exemple, sur quarante variolés, vingt sont morts ; dans l'arrondissement de Remiremont, sur trois cent quatre-vingt-quatre malades, cent sont morts, cent trois ont été défigurés ; dans le département du Haut-Rhin, sur dix mille malades, trois mille sont morts, &c. Il paroît toutefois que la varioloïde a pu, dans quelques cas infiniment rares, & qui n'ont peut-être point tout le degré d'authenticité qu'on pourroit désirer, devenir funeste, même chez des individus vaccinés. Mais il faut mettre en regard de ces exemples malheureux, les observations plus nombreuses & mieux constatées de varioles récidivant chez des sujets déjà atteints antérieurement de la maladie, & se terminant par la mort ; en sorte qu'il reste démontré, après toutes les recherches qui ont été faites sur ce point dans les dernières épidémies, que la vaccine est un préservatif beaucoup plus sûr & plus efficace que la variole elle-même. (GIBERT.)

VARIQUEUX, SE, adj. (*Path.*) *Varicosus.* Qui est affecté, qui tient de la nature des varices ou est disposé aux varices : ulcère, anévrysme *variqueux*, veine, disposition *variqueuse.* (*Voyez* VARICES dans le *Dictionnaire de Chirurgie* de cet ouvrage.)

VASCULAIRE ou VASCULEUX, adject. (*Anat.*) *Vasculosus*, *vascularis*, qui a rapport aux vaisseaux ou est formé de vaisseaux. Ainsi on dit *organe vasculaire* ; *système vasculaire*, ce qui, suivant Bichat, n'est autre chose que l'ensemble des vaisseaux des différentes parties du corps.

VASTE, adj. (*Anat.*) *Vastus.* Mot qui, indépendamment de la signification grammaticale, a encore été employé par les anatomistes dans un sens figuré, pour désigner les portions externe & interne du muscle triceps fémoral. (*Voyez* TRICEPS dans le *Dictionnaire d'Anatomie* de cet ouvrage.) (R. P.)

VATER. (*Biogr. médic.*) Il a existé deux médecins de ce nom : l'un, Vater (*Chrétien*), naquit à Juterbock en 1651, fut professeur de médecine à Wittemberg, où il mourut en 1732. Le second, Vater (*Abraham*), vint au monde à Wittemberg en 1684, étudia à Mersebourg & dans sa ville natale, voyagea en Angleterre & en Hollande, fut lié avec Ruysch, professa successivement à Wittemberg l'anatomie, la botanique, la pathologie & la thérapeutique. Il mourut en 1751, en laissant un grand nombre d'ouvrages parmi lesquels on distingue particulièrement ceux qui ont rapport à l'anatomie & à la chirurgie.

Abraham Vater est le premier qui ait introduit en Allemagne la pratique de l'inoculation ; on lui est aussi redevable d'un grand nombre de préparations anatomiques dignes de figurer à côté de celles de Ruysch.

VEAU, s. m. (*Hyg.*) *Vitulus.* La chair des jeunes animaux est en général plus tendre & d'une digestion plus facile que celle des animaux adultes. Néanmoins, il est essentiel qu'elle ne soit point trop *glaireuse*, car il est beaucoup d'estomacs auxquels elle ne saurait alors convenir. Aussi est-on dans l'usage de ne manger le *veau* que quand il a deux ou trois mois. Sa chair est en général relâchante, & même beaucoup de personnes ne peuvent en user sans être légèrement purgées. De toutes les préparations que l'on peut lui faire subir, la plus simple & la plus convenable est de le faire rôtir. (*Voyez* ALIMENS & NOURRITURE.)

Le veau sert à préparer des bouillons peu nourrissans auxquels on communique quelquefois de foibles propriétés médicamenteuses en leur associant des plantes aromatiques ou acidules, & dans quelques circonstances, des substances salines.
(R. P.)

VÉGÉTALE (Colique). (*Path.*) On donne ce nom à une maladie qui se manifeste par des douleurs générales, vagues, mobiles, dans l'abdomen, accompagnées de constipation, sans inflammation des parties, & qui se termine par la paralysie des bras. Elle se développe ordinairement à la suite d'intempéries atmosphériques, dans certaines localités, ou par l'usage de boissons alcooliques aigres, mauvaises ; elle ne diffère parfois de la colique métallique que par sa cause, quoique susceptible de céder à son traitement dans un assez grand nombre de cas.

Cette maladie est souvent épidémique & se voit plus habituellement dans certains pays, ce qui lui a fait imputer des noms différens. Ainsi on l'a appelée *colique de Poitou* (*colica Pictonum*), parce qu'elle a régné dans cette province, épidémie décrite par Citois, médecin de Louis XIII, en 1639; on l'a nommée aussi *colique de Normandie*, *colique du Dévonshire*, *colique de Madrid*, par une raison semblable. On croit même l'avoir vue régner aux Indes, aux Antilles, pays dont elle a aussi reçu les noms. La colique végétale peut exister sporadiquement & isolément, mais alors elle est fort difficile à distinguer de la plupart des autres coliques, est presque toujours prise pour celles nommées bilieuse, rhumatismale, &c. Ce n'est que lorsqu'elle prend les formes ou la terminaison de la colique métallique qu'on la reconnoît avec certitude, c'est-à-dire lorsqu'elle est avec constipation, sans fièvre, avec rétraction du ventre, & que les membres se paralysent. Aujourd'hui que quelques médecins ne voient qu'inflammation gastrique & intestinale, la colique végétale n'existe sans doute pas à leurs yeux, eux qui veulent à peine reconnoître la colique métallique, & pour lesquels il n'en existe pas de bilieuse, &c.

La colique végétale est accompagnée d'une multitude de symptômes qui ne contribuent pas peu à la masquer & à rendre son diagnostic difficile. Tantôt elle est, avec vomissement, un des symptômes concomitans les plus fréquens ; avec fièvre, sensibilité & même douleur abdominale à la pression, cardialgie, cécité passagère, sueur, toux, constriction de l'œsophage, dévoiement, pâleur de la peau, amaigrissement du corps, &c.

Les causes de cette maladie sont difficiles à apprécier. Comme on la voit se développer par de certains vents régnans, on l'a attribuée à l'influence de ceux-ci, d'autant qu'elle cesse avec ces vents, ou lorsque les malades quittent le lieu où ils règnent & où elle avoit été contractée. D'autres fois on la vit naître par l'usage de cidres détériorés, de bière vieillie, aigrie, de vins de mauvaises qualités, dans des années pluvieuses, froides, &c. On a donné ces circonstances comme causes productives de cette colique. Il y a des auteurs qui ont attribué ces coliques à des vices goutteux, rhumatisant, scorbutique, dartreux, &c. La durée de cette colique est en général fort longue, d'abord parce que le plus souvent les malades ne s'en plaignent que vaguement, puis qu'elle est souvent méconnue à cause de sa polymorphie, & enfin parce qu'elle offre de la difficulté pour asseoir un traitement convenable par suite de la multitude d'épiphénomènes dont elle se complique. Lorsqu'elle est épidémique, il y a moins de difficultés & le traitement est plus positif, parce que la maladie est caractérisée & les moyens convenables reconnus.

Le traitement doit donc être basé sur la manière dont se présente la colique végétale. Est-elle simple, c'est-à-dire sans fièvre, avec constipation ancienne, rétraction abdominale avec insensibilité à la pression, affoiblissement des membres, on peut employer les vomitifs & les drastiques, concurremment avec les anodins donnés le soir, à l'instar de ce que l'on fait dans la colique métallique. S'il y a fièvre, gonflement du ventre, sensibilité vive à la pression, &c., en un mot, s'il y a des symptômes d'excitation inflammatoire, il faut préférer aux drastiques les purgatifs huileux, émolliens, avec des délayans, les opiacés, les bains, c'est-à-dire associer le traitement antiphlogistique avec le purgatif, mais toujours avec des cordiaux anodins le soir, comme la thériaque, la confection d'hyacinthe, &c. L'essentiel est d'ouvrir le ventre, suivant le langage des praticiens, de faire cesser la constipation; cessation qui amène celle de la plupart des symptômes de la maladie, & par suite sa guérison.

Des épidémies de coliques & de fièvres bilieuses ont été confondues avec la colique végétale & réciproquement : telle est l'épidémie de fièvres bilieuses décrite par Sydenham, qui n'est pour quelques auteurs qu'une épidémie de colique végétale. Dans la fièvre bilieuse, il y a constamment douleurs de l'abdomen au toucher, fièvre, diarrhée de matière bilieuse, muqueuse, &c.; couleur jaune de la peau. Elle vient pendant ou après de grandes chaleurs, &c. (MÉRAT.)

VÉGÉTATION, s. f. (Path.) Vegetatio. On donne ordinairement ce nom au développement successif des différentes parties d'un végétal; & comme dans certaines maladies on voit s'élever, de quelques-uns de nos organes, une partie vivante sous forme d'appendice, d'excroissance, le plus souvent pédiculées & paroissant n'avoir qu'une vie végétative, les pathologistes ont appelé ce phénomène végétation, dénomination qui lui convient beaucoup, puisque cette excroissance naît, se développe sur la partie sur laquelle elle prend naissance, comme le fait un végétal. Quelques-unes même paroissent avoir comme des

racines qui pénètrent dans notre organisation, & qu'il est nécessaire de détruire complétement si l'on veut empêcher ces sortes de végétations de repulluler.

Sous la dénomination générique de végétation, est donc comprise une multitude d'excroissances diverses, dont les causes sont différentes, rarement connues, & qui souvent n'ont d'autres rapports entre elles que celui de faire saillie à la surface de notre corps.

Comme on a parlé de chacune de ces végétations aux différens articles qui les concernent, je vais, seulement dans celui-ci, indiquer le tableau synoptique qu'en a publié M. le Dr. Mérat : tableau qui, du reste, est susceptible de subir quelques modifications. Voici l'ordre dans lequel ce médecin range les diverses espèces de végétations.

I. VÉGÉTATIONS OSSEUSES, a. épine, b. exostose.

II. — CORNÉES, a. corne, b. poils accidentels, c. cor, d. verrues.

III. — CUTANÉES, a. carnosité.

IV. — FIBREUSES, a. fongus, b. polype fibreux, c. prolongement.

V. — MUQUEUSES, a. bourgeon charnu, b. poireau, c. végétations valvulaires, d. fic, e. condylome, f. crète de coq, g. choufleur, h. framboise, fraise, i. champignon, j. chancre (des gencives), k. polype muqueux, l. pterygion.

VI. — SÉREUSES.

VII. — VASCULAIRES, a. envie, cerise, groseille.

VIII. — ERECTILES, a. fausse hémorrhoïde.

Jusqu'à présent on n'avoit point cherché à classer les végétations; c'est donc un grand service rendu par M. Mérat à la pathologie, que de les avoir ainsi groupées. Mais son tableau n'est pas encore parfait, & nous sommes persuadé qu'il le rectifiera lorsque ses occupations le lui permettront; ainsi nous voyons figurer dans ce tableau les bourgeons charnus, qui ne sont qu'un état très-passager des plaies qui suppurent : il auroit du réserver ce nom plutôt pour ces véritables bourgeons charnus ou polypes, qui, quelquefois, envahissent la surface des vésicatoires, en ralentissent la suppuration, en retardent la cicatrisation, & doivent être détruits, pour qu'ils ne deviennent pas de véritables excroissances, ainsi que je l'ai vu plusieurs fois : ce sont là de véritables champignons. On ne devroit pas non-plus donner le nom de végétations à quelques parties supplémentaires, qui sont plutôt des vices de conformation, puisqu'elles se développent en même temps que la partie sur laquelle elles sont situées, & présentent la même organisation.

On pourroit également établir une judicieuse distinction entre les végétations d'une texture

analogue à celle de la partie fur laquelle elles
fe développent, & celles qui en différent. (*Voyez*,
pour plus de détails, la plupart des mots ci-in-
diqués, dans ce Dictionnaire & dans celui de
Chirurgie de cet ouvrage.) (NICOLAS.)

VÉGÉTO-MINÉRALE (Eau végéto-miné-
rale). (*Chim.*). En diffolvant, dans l'eau commune, l'extrait de faturne (fous-acétate de
plomb), on obtient un liquide d'un blanc-laiteux connu fous les noms d'*eau blanche*, d'*eau
végéto-minérale* ou d'*eau de Goulard*. (*Voyez*,
pour l'ufage & les propriétés de cette eau, l'article
EAU VÉGÉTO-MINÉRALE, tome V, page 654 de ce
Dictionnaire.)

VÉHICULE, f. m. *Vehiculum*, de *veho*,
je porte. Nom donné à tout folide, liquide ou
fluide-élaftique fervant à tranfporter un agent
ou à tranfmettre les modifications d'un corps :
c'eft en prenant ce mot dans ce fens que l'on dit,
l'*éther* eft le *véhicule* de la lumière, l'*air*, l'*eau*
& beaucoup de folides font les *véhicules* du fon.

Dans le langage pharmaceutique, on appelle
encore *véhicules*, les liquides dans lefquels
d'autres corps peuvent fe diffoudre : ainfi l'eau,
l'alcool font les *véhicules* de certains fels.

VEILLE, f. f. (*Phyfiol.*) *Vigilia*. On entend
généralement, par ce mot, l'état oppofé au fommeil; cependant, pour bien en faire entendre l'acception, il faut ajouter que la veille eft entièrement
dépendante de la volonté, & doit être diftinguée
de l'*infomnie* caufée & entretenue par une
caufe quelconque.

Veiller, c'eft vivre, c'eft voir, c'eft toucher,
c'eft fentir, c'eft jouir de toutes les prérogatives
intellectuelles & phyfiques de notre être : alors,
tout ce qui eft en nous travaille & agit; les
fonctions de la vie intérieure & celles de la vie
de relation s'effectuent à la fois. La veille n'eft
pas un état d'effort, comme on l'a dit fans
raifon, c'eft l'état le plus naturel; car nous
naiffons pour veiller, je crois, & nous ne naiffons
pas pour dormir.

La veille eft la période active de notre exiftence, c'eft pour ainfi dire la vie tout entière;
car le fommeil peut être confidéré comme un
état paffif, un intervalle de repos néceffaire à
la réparation des forces, dont la mife en jeu
conftitue, à proprement parler, la période d'action, la *veille*, la vie. Ainfi, puifque l'on peut
fixer à peu près à fix heures par jour le fommeil
néceffaire à chaque individu, l'on peut dire avec
raifon que l'homme de quarante ans n'a vécu
réellement que trente.

Nous ne dormons que pour pouvoir veiller,
car nos organes n'ont qu'une dofe de vitalité qui
s'épuife au bout d'un certain temps; ils ont be-

foin alors du repos qu'ils goûtent dans un fommeil
réparateur pour retrouver leur foupleffe & leur
activité.

Tout ce qui fe meut & qui refpire eft foumis,
pour l'entretien de la fanté & de la vie, à cette
alternative de veille & de repos que nous retrou-
vons jufqu'à un certain point dans les plantes,
& que le monde phyfique même nous fait fentir
d'une manière fi majeftueufe.

Pour bien fentir la veille, examinons le repos.
Nous voilà au milieu de la nuit, toute la création
dort; la terre eft environnée des ténèbres les
plus épaiffes; l'oreille ne perçoit aucun fon;
l'homme & les animaux font plongés dans un
fommeil image de la mort; on diroit que la
nature a fait une paufe. Mais bientôt tout fe
réveille; les organes, qui ont puifé dans le repos
une nouvelle vigueur, fe raniment & entrent
fucceffivement en exercice; la circulation devient
plus rapide, la refpiration plus pleine & plus
forte; & le cerveau, revenant de fon affoupiffement & ftimulant nos mufcles & nos fens engourdis, nous ramène à la vie de fenfation, qui fait
feule le charme de l'exiftence. Eft-il une heure
plus délicieufe que celle du réveil après un
fommeil tranquille? Rafraîchi par fon baume
réparateur, notre efprit a plus d'activité; nous
fentons mieux & plus vivement; nous femblons
renaître.

Quelle doit être la durée de la veille relativement au fommeil? On ne peut rien dire d'abfolu à cet égard. L'âge, le fexe, les tempéramens,
les climats, on peut même dire auffi les habitudes, font varier nos forces & notre fenfibilité,
& par fuite rendent néceffaire un temps plus ou
moins long de repos.

L'enfant dort prefque fans ceffe, tandis que
le vieillard dort fort peu. Cela tient à ce que,
chez l'enfant, les organes ont une activité incroyable & une fenfibilité extrême, qui leur font
dépenfer en peu de temps la dofe de ftimulans
qui leur eft propre; chez lui la texture de fes
vifcères eft extrêmement délicate; fa vie eft
tout entière & de nutrition; il dort quand il ne
mange pas. Cela eft ainfi jufqu'à ce que fes
organes aient pris affez de confiftance; dès qu'il
eft affez fort pour vivre au-dehors de lui, fon
fommeil diminue, & fes veilles deviennent de
plus en plus prolongées. Le vieillard, au contraire,
a vu diminuer chez lui la fenfibilité & l'activité
de fes organes; la circulation eft moins vive,
la digeftion eft plus lente, & il a befoin de peu
de nourriture : il refpire moins; il dépenfe peu de
forces, auffi fent-il peu le befoin de repos. Quelques heures de fommeil fuffifent aux perfonnes
avancées en âge : la veille eft pour elles une
marque de fanté; elle leur eft néceffaire pour
l'excitation fuffifante de leurs organes affoiblis.
Lorfqu'un vieillard fe livre trop au fommeil,

on peut craindre avec raison l'imminence ou l'existence d'un état pathologique.

La veille est généralement moins longue chez la femme que chez l'homme, quoique son existence soit moins agitée & que les fatigues soient beaucoup moindres : douée d'un tempérament nerveux & d'une ame extrèmement sensible, il lui faut plus de sommeil pour calmer cette agitation & cette mobilité morale & physique qu'elle tient de la nature.

Il est des tempéramens pour lesquels la veille, même très-prolongée, n'est point une fatigue. Ceux qui ont une constitution sèche & maigre, & qui sont d'un tempérament bilio-nerveux, la supportent à merveille, tandis que les sujets sanguins ou lymphatiques ne sauroient retrancher quelques heures de leur sommeil habituel sans incommodité.

Le climat influe aussi sur la durée de la veille. Il est des contrées où l'homme, si je puis m'exprimer ainsi, peut moins vivre au-dehors qu'au dedans de lui même; ce sont celles où règne un froid excessif ou une chaleur accablante. Soumise à ces extrêmes, notre organisation lutte sans cesse, & a besoin de retrouver dans le repos la réparation de ses dépenses de force. La veille est facile & naturelle dans les climats tempérés; l'homme, & les animaux des zones glaciales & torrides passent dans le sommeil une grande partie de leur vie.

L'habitude, qui constitue une seconde nature, peut donner à certains individus la faculté de prolonger beaucoup leurs veilles sans nuire à leur santé : ainsi, il est des hommes de lettres, des savans, des spéculateurs, dont le cerveau est constamment dans un état d'excitation, qui n'ont besoin que de très-peu d'heures de sommeil. Je connois un négociant de beaucoup d'activité d'esprit qui m'a assuré (& il est digne de foi) que, dans une période de pressantes & importantes affaires, il a passé trois mois entiers sans dormir : tout le repos qu'il a goûté pendant cet espace de temps a consisté à se mettre au lit trois ou quatre heures chaque jour; mais quelque desir qu'il en eût, il n'a jamais pu goûter une heure de sommeil. Sa santé ne cessa pas d'être parfaite.

Ce fait est très-remarquable, car nous n'avons qu'une somme plus ou moins considérable de force & de vie; il faut avoir une organisation particulière pour résister à l'épuisement qu'occasionneroit une veille aussi prolongée. Il n'est point de cause plus débilitante & qui entraîne plus de morts prématurées : que de savans, que d'hommes de cabinets dépérissent & meurent à la fleur de leurs ans victimes de leur zèle pour la science ! Chez eux les longues veilles ont flétri leurs traits; on les voit, jeunes encore, présenter sur leurs fronts les rides de la vieillesse; pâles & décolorés, ils traînent leur corps débilité avant l'âge, eux qui devroient jouir d'une longue

carrière, puisqu'ils la consacrent au bonheur & à l'avantage de l'humanité.

Les veilles prolongées sont un des fléaux de nos villes. On diroit que la civilisation doit sanctionner, à proportion qu'elle avance, les usages les plus contraires à la santé. Comment ne pas s'élever, quand on est médecin, contre ces soirées, ces bals, ces concerts, qui, dans les grandes villes, font de la nuit le jour & du jour la nuit ! Rien n'est plus nuisible aux femmes que le manque de sommeil; & qu'elles ne pensent pas que le repos du jour puisse remplacer celui de la nuit : on ne peut pas, sans inconvénient, intervertir l'ordre que la nature nous a tracé. Puisque la beauté, la fraîcheur & les charmes de la jeunesse leur sont chers, qu'elles abandonnent cet usage funeste des veilles immodérées qui détruit leur santé & ruine leurs forces; qu'elles voient & qu'elles comparent le coloris, la force & la gaieté des jeunes filles de la campagne, avec la pâleur & la débilité que présentent un si grand nombre de demoiselles du grand monde. C'est un spectacle bien triste que de voir, à la fin de l'hiver, dans les promenades, tant de jeunes personnes dont la maigreur & la figure décolorée attestent leur état de souffrance : c'est le prix dont elles ont payé le plaisir de briller quelques soirs; & il leur faudra six mois de séjour à la campagne & de soins pour acquérir de nouveau un peu de force, qu'elles dépenseront encore follement dans les mêmes excès. Comment pourroient-elles vivre sainement & long-temps lorsque leur régime est si opposé aux regles de la raison & de l'hygiène? aussi voit-on tant de femmes malades dans les grandes villes; sans parler de la phthisie pulmonaire, qui en enlève un si grand nombre, que d'hystéries, de digestions troublées ! que d'affections de la matrice, de fleurs blanches proviennent de veilles immodérées ! Nos pères étoient plus sages; la nuit, pour eux, étoit le temps du repos : leurs bals, leurs concerts, leurs spectacles n'étoient pas moins gais, mais ils en goûtoient les plaisirs pendant le jour. (MIQUEL.)

VEINE, s. f. (*Anat.*) *Vena* des latins, φλεψ des Grecs, Nom donné aux vaisseaux qui servent à ramener au cœur le sang que les artères ont distribué dans toutes les parties du corps. La teinte bleuâtre de ces canaux est due au peu d'épaisseur de leurs parois, à travers lesquelles on aperçoit le sang. Ces parois, beaucoup moins épaisses que celles des artères, sont formées de trois tuniques : l'une externe, l'autre moyenne, & la troisième interne.

On peut considérer deux systèmes veineux : l'un commence par des radicules qui, d'une part, s'anastomosent avec les artères, se réunissent ensuite, & aboutissent au cœur par les veines-caves; l'autre système, particulier à l'abdomen, commence de même que le précédent, & se termine à la veine-porte.

La forme de ces canaux est cylindrique, seulement leur diamètre augmente à mesure qu'ils reçoivent de nouvelles ramifications. De distance en distance on observe des renflemens dus à la présence de valvules placées dans leur intérieur, & destinées à empêcher le sang de rétrograder.

La distribution des veines a beaucoup de rapport avec celle des artères, seulement elles sont plus nombreuses. Presque toujours ces deux ordres de vaisseaux s'accompagnent; cependant plusieurs veines sous-cutanées n'ont point d'artères qui leur correspondent. (*Voyez* VEINES dans le *Dictionnaire d'Anatomie* de cet ouvrage.) Les veines sont exposées à plusieurs maladies, parmi lesquelles les plus remarquables sont, l'inflammation, la tuméfaction, les plaies, &c. (*Voyez* PHLÉBITE & VARICES.)

VEINE DE MÉDINE. (*Vena medinensis.*) Nom impropre donné, par quelques auteurs anciens, au ver généralement connu sous la dénomination de *dragonneau*. (*Voyez* ce dernier mot dans ce Dictionnaire, tome V, page 531, & dans celui d'*Histoire naturelle* de cet ouvrage.)

VEINEUX, se, adj. (*Anat.*) *Venosus.* Qui appartient ou a rapport aux veines : ainsi on dit, *canal, sang, système* veineux. (*Voyez* CANAL VEINEUX, RESPIRATION, SANG, VASCULAIRE & VEINE dans le *Dictionnaire d'Anatomie*.)

VELAR. (Bot., Mat. méd.) Genre de plantes appartenant à la famille des Crucifères & faisant partie de la Tétradynamie siliqueuse de Linné. Plusieurs espèces croissent spontanément en France : telles sont l'*erysimum præcox* de Smith; l'*erysimum alliaria*, vulgairement alliaire; l'*erysimum officinale*, communément nommé *herbe au chantre*.

La première de ces trois espèces a une saveur analogue à celle du *cresson de fontaine*, aussi les Anglais la mangent-ils en salade; la seconde, ainsi que l'indique son nom spécifique, a le goût de l'ail (*voyez* ALLIAIRE, tome II, page 43 de ce Dictionnaire) : enfin, la troisième a une saveur acerbe, passe pour être légèrement tonique, & sert à préparer des infusions théiformes que l'on prescrit dans les cas de catarrhes pulmonaires. On lui suppose la propriété de dissiper l'enrouement, d'où lui vient le nom vulgaire d'*herbe au chantre*. Enfin cette plante est employée dans la confection du *sirop d'erysimum*.

(R. P.)

VELOTTE (Eaux minérales de), petit village à une lieue duquel on trouve une source minérale appelée *Fontaine de Fer* ou *Fontaine de Velotte*, & dont l'eau est froide & ferrugineuse.

VELOUTÉ, ée, adj. (*Anat.*) Les nombreuses villosités que l'on remarque sur la membrane interne de l'estomac & des intestins, lui a fait, par comparaison avec l'aspect que présente le velour, donner le nom de *membrane veloutée*. (*Voyez* VILLEUX dans le *Dictionnaire d'Anatomie* de cet ouvrage.)

Cet adjectif est aussi employé quelquefois par les botanistes comme synonyme du mot *villeux*.

VENDRES (Eaux minérales de). Ce village, situé à une lieue & demie de Béziers & à trois de Narbonne, a, dans son voisinage, trois sources que l'on nomment *eaux de Castelnau*.

L'eau qu'elles fournissent est onctueuse; elle a une saveur aigrelette & piquante, & l'odeur de soufre qu'elle répand est assez prononcée. On ne fait rien de positif sur son analyse.

Les eaux de Vendres, que leurs propriétés physiques semblent devoir faire ranger dans la classe des eaux acidules sulfureuses, ont été préconisées dans les cas de leucorrhée & de gonorrhée chroniques; on a même retiré d'assez grands avantages de l'emploi de leurs boues, dans les engorgemens lymphatiques.

Ces eaux se boivent le matin à jeun, à la dose de plusieurs pintes dans la journée.

VÉNÉNEUX, se, adj. (*Pathol.*) Dénomination servant à caractériser les substances qui exercent sur l'économie animale une action éminemment délétère. (*Voyez* POISON.)

VÉNÉRIEN, enne, adj. *Venereus.* Mot auquel on donne plusieurs significations. Quelquefois on l'emploie pour désigner ce qui a rapport à l'union des deux sexes : ainsi on dit *acte vénérien*. Souvent il sert pour indiquer des affections produites par le virus syphilitique (*voyez* SYPHILITIQUE), ou précédé du mot *anti*, des remèdes destinés à combattre ces maladies. (*Voyez* ANTI-VÉNÉRIENNE.)

Quelques auteurs ont pensé que l'expression *affection vénérienne* devoit être spécialement employée pour désigner les altérations morbides résultant de l'excès des plaisirs de l'amour, & qu'il falloit réserver l'adjectif *syphilitique* pour indiquer les maladies produites par le virus de ce nom.

VENIEZ (Eaux minérales de), bourg à quatre lieues de Tours, & à une demi-lieue de Montbazon, non loin duquel est une source minérale qui porte son nom & dont l'eau est légèrement ferrugineuse & froide.

VENIN, s. m. (Hist. nat.) *Venenum, toxicum.* Ce nom est spécialement employé pour désigner un liquide malfaisant que sécrètent certains animaux, tels que la vipère, les serpens à sonnettes, le scorpion & plusieurs insectes. Presque tous les auteurs ont confondu, au moins dans les définitions qu'ils en ont données, le *venin* avec le *virus*, et il existe cependant une grande différence entre ces deux principes contagieux.

Le venin est un moyen de défense que la nature a donné à certains animaux qui le sécrètent, & le portent sans en être incommodés en aucune manière; tandis que non-seulement le virus n'est pas sécrété par l'animal ou l'individu qui le porte, mais encore il en éprouve les mêmes effets délétères que celui auquel il le communique. Les venins diffèrent encore. des virus en ce qu'ils n'existent que chez les animaux. & ne produisent jamais de maladies contagieuses, tandis que les virus (les virus vaccin & rabicique exceptés) semblent appartenir en propre à l'espèce humaine & produisent pour la plupart des maladies contagieuses.

Pour faire l'histoire des différentes espèces de venins, nous allons passer en revue, le plus succinctement qu'il nous sera possible, les espèces d'animaux venimeux dont la morsure ou la piqûre donne lieu à des accidens fâcheux & qui sont quelquefois suivis de la mort.

Des Animaux venimeux.

Les animaux venimeux sont ceux qui ont un réservoir à venin, tels sont les vipères & les serpens à sonnettes; mais comme on a collectivement traité de ces deux espèces à l'article SERPENS VENIMEUX de ce Dictionnaire, & que les effets produits par la morsure de ces animaux, ainsi que le traitement qu'il convient d'employer en pareil cas, y sont déjà décrits, nous ne saurions mieux faire que d'y renvoyer le lecteur & de passer à la description des insectes venimeux.

Des Insectes venimeux.

Du scorpion d'Europe. (*Scorpio europœus*). Il a environ un pouce de longueur, son corps est d'un brun-noirâtre; ses bras sont anguleux., sa main a presque la forme d'un cœur, & l'article qui la précède est unidenté; la queue est plus courte que le corps, menue; le cinquième nœud est alongé, le dernier est simple, d'un brun-jaunâtre ainsi que ses pattes, ses peignes ont chacun neuf dents. On le trouve en Provence, en Languedoc, & en général dans les provinces méridionales; il se tient sous les pierres ou dans l'intérieur des habitations.

La piqûre du scorpion produit des effets qui varient en raison de l'animal & du climat auquel il appartient, mais elle est en général beaucoup plus dangereuse dans les pays méridionaux. Bontius dit que le grand scorpion des Indes fait tomber en démence ceux qui en sont piqués. Amoreux, qui a fait un travail très-intéressant sur les insectes venimeux, croit, d'après un grand nom-

bre d'observations qu'il a rassemblées, que les accidens qui résultent de la piqûre des scorpions peuvent être réduits aux symptômes suivans.: marque rouge qui s'agrandit un peu & noircit légèrement vers le milieu, ordinairement accompagnée de douleurs, d'inflammation plus ou moins considérable, d'enflure & quelquefois de pustules. Quelques personnes éprouvent de la fièvre, des frissons & de l'engourdissement ; d'autres ont éprouvé des vomissemens, des hoquets, des tremblemens & des douleurs générales.

Les remèdes à employer pour combattre les effets de la piqûre du scorpion sont l'alcali volatil, administré à l'intérieur & appliqué sur la plaie, ensuite on fait usage des topiques émolliens pour diminuer l'inflammation. Les autres symptômes, s'il en existe, sont combattus par les remèdes appropriés.

De la tarentule (*lycosa tarentula* de Latreille). *Voyez*, pour les caractères physiques de cet insecte, le *Dictionnaire d'Histoire naturelle* de l'Encyclopédie.

Cet insecte, qui a été pendant long-temps l'objet d'une multitude de récits fabuleux, enfantés par l'ignorance & la superstition, se trouve dans l'Italie méridionale, plus particulièrement en Calabre & aux environs de Naples.

Parmi les auteurs qui ont écrit sur les effets que produit la piqûre de cet insecte, on n'est pas moins étonné de voir figurer le célèbre Baglivi, que de lire dans des auteurs estimables, que la morsure de la tarentule peut donner une fièvre lente dont on ne guérit qu'en dansant au-delà de ses forces, au son du tambour ou d'un instrument sonore ; aussi a-t-on vu des malheureux tout chamarrés de fleurs & de rubans parcourir les places publiques dans les plus fortes chaleurs du jour, danser nu-tête, la face tournée vers le soleil, jusqu'à ce que la perte totale de leurs forces les plongeât dans un assoupissement profond : alors on les mettoit sur un lit, & la musique continuoit encore long-temps après qu'ils avoient cessé de l'entendre.

M. Serrao, premier médecin du roi de Naples, a détrompé le peuple trop long-temps abusé; & l'opinion des médecins de nos jours est que la piqûre de la tarentule ne produit rien d'extraordinaire, & que ses effets sont plutôt locaux que généraux.

Quant au traitement propre à combattre les effets de la piqûre de cet insecte, il est très-simple & consiste à laver la partie malade avec de l'eau salée ou vinaigrée, & à employer ensuite les moyens locaux propres à combattre les inflammations. On a aussi conseillé la thériaque appliquée sur la plaie & donnée à l'intérieur: nous pensons que des lotions narcotiques & une potion dans laquelle on feroit entrer quelques gouttes de laudanum doivent être préférées à cette préparation surannée.

De

De l'Araignée des caves. Les effets qui résultent de la piqûre de cet insecte ont la plus grande analogie avec ceux que produit la tarentule & exigent un traitement absolument semblable.

De l'Abeille domestique. (*Apis mellifica*). Tout le monde connoît le danger de la piqûre de certaines abeilles. Une seule piqûre n'est rien ou presque rien, mais si ces insectes sont nombreux, ils peuvent faire périr, tant par la quantité du venin qu'ils déposent, que par l'inflammation produite par les piqûres, qui sont en général suivies d'une vive douleur & d'une tuméfaction érysipélateuse, fort dure à son centre, qui blanchit & persiste autant de temps que l'aiguillon reste dans la plaie.

Zacutus a vu la piqûre d'une abeille être suivie de la gangrène de la partie, & M. Desbret rapporte (*Journal de Médecine*, août 1765, pag. 155) qu'un villageois d'environ trente ans fut piqué par une abeille un peu au-dessus du sourcil, & qu'il tomba par terre & mourut peu d'instans après. Sa face étoit enflammée, & il eut immédiatement après sa mort une hémorragie des plus abondantes par le nez.

Le traitement de la piqûre de l'abeille consiste à extraire le plus promptement possible l'aiguillon qui est dans la plaie, & à laver ensuite la partie piquée avec de l'eau fraîche, ou mieux, encore suivant le procédé de Dioscoride, avec de l'eau salée ou de l'eau de mer. Il est aussi très-convenable d'appliquer sur la piqûre, du suc de pavots blancs ou tout autre calmant. M. Delaistre rapporte, dans le *Journal de Médecine*, tom. IV, pag. 309, qu'ayant été piqué par une abeille, il fit usage du suc de pavots blancs, & qu'il ne tarda pas à être calmé. Les embrocations huileuses, l'eau végéto-minérale dite *de Goulard*, & les lotions avec l'urine, peuvent aussi quelquefois être très-utiles. Mais il faut se garder de ces incohérens assemblages de plantes dont se servent trop souvent les empiriques & les gens de campagne.

Du Bourdon des pierres. (*Bombus lapidarius* Lair., *Apis lapidaria* L.) Amoreux dit que la piqûre du bourdon est quelquefois plus à craindre que celle de l'abeille. En 1679, plusieurs individus furent piqués en Pologne par de gros bourdons, & ces piqûres donnèrent lieu à des tumeurs inflammatoires qui faisoient des progrès tellement rapides qu'on fut obligé, pour les arrêter, de faire de profondes scarifications.

Quoi qu'il en soit, les effets de la piqûre des bourdons sont à peu près les mêmes que ceux que nous avons décrits pour la piqûre de l'abeille, & le traitement n'en diffère en rien.

De la guêpe commune. (*Vespa vulgaris.*) La piqûre de la guêpe peut aussi avoir des suites très-fâcheuses. On lit dans la *Gazette de Santé*, année 1776, n°. 45, pag. 185, qu'un jardinier

de Nancy ayant porté à sa bouche une pomme dans laquelle une guêpe étoit logée, il en fut piqué au palais, près du voile, ce qui occasionna une inflammation & un gonflement si considérables que la respiration fut interceptée, & que ce malheureux mourut dans l'espace de quelques heures.

Amoreux pense que la piqûre des guêpes ne diffère pas essentiellement de celle des abeilles & des bourdons; elle est plus ou moins mauvaise, selon la partie affectée, selon que le venin est plus ou moins abondant, selon que les insectes sont en fureur ou animés par la chaleur du climat. Lorsqu'enfin ils se sont reposés sur des plantes vénéneuses ou sur des cadavres d'animaux morts de maladies pestilentielles, il peut résulter de leur piqûre des accidens plus ou moins graves.

Quant au traitement, il ne diffère pas de celui que l'on emploie lors de la piqûre de l'abeille; nous citerons à ce sujet l'observation rapportée par Chaumeton, *Dictionnaire des Sciences médicales*, article ABEILLE. Un agronome anglais sauva la vie à un de ses amis qui avoit avalé une guêpe en buvant un verre de bière, en lui faisant avaler du sel commun délayé dans le moins d'eau possible. Les symptômes alarmans qui s'étoient manifestés à l'instant de la piqûre se calmèrent tout-à-coup & cédèrent comme par enchantement.

(Ch. HENNELLE.)

VENT, f. m. (*Météorologie.*) ανεμος. A l'article ROSE DES VENTS, tom. XII, pag. 605 de ce Dictionnaire, nous avons fait connoître les bases sur lesquelles reposent les dénominations données aux courans qui s'établissent dans l'atmosphère: dans celui-ci nous passerons rapidement en revue ce que l'observation nous a appris, relativement à l'ensemble des résultats que présentent ces modifications, souvent tranquilles & bienfaisantes, quelquefois tumultueuses & funestes. Quant à l'influence que ces modifications exercent sur l'économie animale, elle est nécessairement liée aux effets que produisent le chaud, le froid, la sécheresse & l'humidité: conditions qui, sauf certaines nuances dépendantes des localités, sont presque toujours subordonnées à la direction des vents; qui sont *constans*, *périodiques* ou *accidentels*.

Les *vents constans* règnent entre les deux tropiques; ils sont généralement dirigés de l'est à l'ouest, seulement à diverses époques de l'année; ils inclinent un peu vers le nord ou vers le sud, à mesure que le soleil s'écarte de l'équateur de l'un ou de l'autre côté de cette ligne. Cette seule observation sembleroit indiquer que c'est à l'influence de cet astre qu'il faut attribuer la direction constante des *vents d'est*, dont on se rend d'ailleurs effectivement compte, en observant que pendant toute l'année la portion du globe située entre les tropiques, est directement influencée par les rayons solaires; de là résulte

Fff

une élévation de température qui, se communiquant à l'air, lui donne une légèreté spécifique telle que la colonne atmosphérique qui recouvre la zone torride devroit, indépendamment de l'effet que produit la rotation diurne de la terre, avoir une hauteur plus considérable que celle des colonnes latérales situées au-delà des deux tropiques. La fluidité de l'air ne permettant pas que cette inégalité d'élévation ait lieu entre des colonnes voisines, celles qui par suite de leur raréfaction tendent à dépasser le niveau commun, se déversent vers l'un & l'autre pôle, en même temps qu'inférieurement l'air des régions tempérées se porte vers l'équateur. Ainsi, dans chaque hémisphère, il existe supérieurement deux courans dirigés de l'équateur vers les pôles, tandis qu'à la surface de la terre il en est deux autres dirigés en sens contraire. Or, comme l'atmosphère participe au mouvement de rotation du globe, on conçoit que le courant inférieur, en arrivant vers l'équateur, a moins de rapidité que le point de la terre auquel il correspond : celle-ci se mouvant d'occident en orient, placé à sa surface, frappe donc l'air dans cette direction, & éprouve un effet tout-à-fait semblable à celui qui auroit lieu, si la terre étant immobile l'air se mouvoit réellement d'orient en occident. Telle est la cause du vent d'est la plus généralement admise : d'Alembert (1) a complètement démontré combien étoit peu fondée l'opinion des physiciens qui pensoient que la lune, exerçant sur l'atmosphère une attraction semblable à celle qu'elle développe sur les eaux de la mer, produisoit les vents par un mouvement analogue à celui des marées.

Quelle que soit la régularité du *vent d'est*, il est évident que c'est uniquement à la surface des grandes mers que son influence doit se faire ressentir. Dans le voisinage des côtes, dans les mers qui pénètrent à l'intérieur des terres, & à plus forte raison sur les grands continens, une multitude de causes locales altèrent la direction de ce vent, & elles sont probablement aussi l'origine de ces courans superposés dont le mouvement des nuages indique la simultanéité & l'opposition fréquentes.

Les *vents périodiques* (vents alisés ou moussons) soufflent régulièrement chaque année pendant un temps plus ou moins long, & sont ensuite remplacés par d'autres vents absolument contraires. Ainsi dans le golfe d'Arabie & dans celui du Bengale, depuis le mois d'avril jusqu'au mois de septembre, la *mousson* vient du sud-ouest, tandis que pendant les six autres mois elle souffle du nord-est. Nous pourrions multiplier ces sortes de citations en rappelant la nombreuse série des

(1) *Réflexions sur la cause générale des vents*. In-4°. Paris, 1747.

résultats obtenus par le Dr. Halley, qui a successivement parcouru l'Océan atlantique, la mer des Indes, celle du Sud, & a soigneusement observé quelles sont les époques, la durée & la direction des vents alisés. Cette longue énumération seroit ici tout-à-fait inutile ; seulement nous remarquerons que la durée des moussons n'est point toujours de six mois, que leur intensité est elle-même très-variable, & que souvent ce n'est qu'après des bourrasques plus ou moins fortes, des calmes plus ou moins prolongés, que les vents sont définivement fixés.

Il est fort probable que l'influence de la température est la cause des *vents alisés*, de même qu'elle est celle du vent d'est ; seulement la diversité qu'ils présentent doit être attribuée à l'influence résultant de la disposition des lieux où on les observe : aussi en jetant un coup d'œil sur la carte, on voit que la direction de ces courans périodiques est assez généralement en rapport avec la cause assignée, du moment où l'on tient compte du gisement des côtes, de la disposition des golfes & de celle des archipels.

Les *vents de terre* & *de mer* peuvent aussi être rangés dans la classe des vents périodiques. L'air souffle durant la nuit & se fait sentir en mer jusqu'à une distance de quelques milles seulement ; l'autre, au contraire, s'élève à peu près de huit à dix heures du matin, augmente d'intensité jusque vers le milieu du jour, puis foiblit graduellement jusqu'à cinq ou six heures du soir pour se reproduire le lendemain.

La cause de ces vents journaliers est la même que celle précédemment assignée au vent d'est. Pendant le jour, la terre échauffée par la présence du soleil, communique à l'air une portion de sa température ; ce fluide raréfié ne pourroit faire équilibre à celui qui repose à la surface de la mer qu'en acquérant une élévation susceptible de compenser sa densité moins considérable. Or, sa mobilité s'y opposant, il se fait par la partie supérieure un déversement dirigé de la terre vers la mer, tandis qu'inférieurement il s'établit un courant qui a lieu en sens contraire, & amène vers le rivage un air frais qui contribue puissamment à tempérer les ardeurs des pays placés entre les tropiques. Pendant la nuit, au contraire, la terre, en se refroidissant, fait naître des conditions tout-à-fait opposées à ce qui vient d'être dit ; dès-lors les mouvemens atmosphériques doivent également être inverses, & inférieurement le courant être dirigé de la terre vers la mer.

Les vents *accidentels* ou *irréguliers* soufflent indistinctement à toutes les époques ; dans toutes les directions & surtout le long des côtes, dans les grandes mers & sur les continens. Ils ont ordinairement peu de durée, paroissent dépendre de causes locales, & ne se font simultanément ressentir que dans une étendue peu considérable. Cependant on cite des exemples d'ouragans qui, avec une rapidité extrême, ont parcouru de grands intervalles : tel est, par exemple, celui que Franklin observa à Philadelphie en 1740.

L'origine de ces déplacemens de l'atmosphère est loin d'être aussi bien connue que celle des vents constans ou périodiques, & paroît être liée comme cause ou comme effet aux modifications de l'air qui constituent la pluie, la grêle & d'autres météores aqueux ou ignés. En effet, les grandes perturbations atmosphériques sont toujours accompagnées de vents plus ou moins impétueux.

Les vents, considérés comme agens mécaniques, sont sans contredit la source d'une foule d'effets dont l'importance est incontestable; mais ce n'est pas sous ce point de vue qu'il convient de les envisager ici, où il ne doit en être question qu'à raison des rapports qu'ils ont avec la médecine, & déjà dans beaucoup d'articles de ce Dictionnaire on est à leur égard entré dans des développemens qu'il suffira de rappeler sans chercher à les reproduire. Ainsi, on conçoit que la situation géographique d'un pays, sa constitution physique, & la disposition des lieux qui l'environnent, peuvent à priori fournir des renseignemens sur les qualités des vents qui s'y font habituellement ressentir, qualités qui surtout, lorsque les vents ont une certaine durée, dépendent de la nature des surfaces avec lesquelles ils ont été successivement en contact pour arriver dans les lieux où on les observe. En France, les *vents du nord-ouest* ayant traversé la Sibérie, la Russie & une portion de l'Allemagne, participent à la température de ces contrées; ils sont froids & d'autant plus secs que la petite quantité de vapeurs qu'ils contiennent devient de moins en moins sensible à l'hygromètre à mesure qu'ils arrivent dans un climat plus tempéré. Un semblable raisonnement fait voir de suite que les vents du *sud* & du *sud-ouest*, provenant de l'intérieur de l'Afrique & passant au-dessus de la Méditerranée, parviennent sur les côtes de la Provence chargés de vapeurs & ayant toutes les qualités de l'air chaud & humide. Ce vent, que dans le midi de la France on nomme *sirroco* (*voyez* ce mot), a une faculté énervante bien connue des habitans de ce pays.

Les *vents d'ouest* sont ordinairement pluvieux, surtout quand ils succèdent à une température froide; effet dû aux vapeurs qu'ils entraînent lors de leur passage au-dessus de l'Océan, & qu'ils laissent ensuite précipiter en se refroidissant.

Quant à l'influence des causes locales, elle est bien évidente lorsque l'on considère les propriétés dont jouissent les courans atmosphériques qui, dans le Dauphiné & sur les côtes de la Méditerranée, viennent du nord-ouest. Ce vent, que l'on nomme *tramontana*, éprouve en passant sur les Alpes un refroidissement qui lui donne une température proportionnellement plus froide que celle

qu'il a dans les autres parties de la France. Par la même raison aussi, en Provence, le *maestro* (vent du nord-ouest) est sec, tandis que sur les côtes d'Espagne que baigne l'Océan, il est humide. Dans le premier cas, son influence ne se fait ressentir qu'après avoir traversé l'Angleterre & la France; dans le second, au contraire, il souffle immédiatement au-dessous de l'Océan. (*Voyez* les mots AFRIQUE, tom. I, pag. 286, & EUROPE, tom. VI, pag. 222 de ce Dictionnaire.)

Au reste, ce n'est point uniquement sous le rapport du régime & comme matière de l'hygiène que les vents doivent fixer l'attention du médecin (*voyez* AIR); ils ont encore des rapports avec d'autres branches de l'art de guérir, car souvent on les a vus être le véhicule à l'aide duquel se propageoient des maladies contagieuses : on a des exemples qu'un léger obstacle a quelquefois suffi pour détourner un courant atmosphérique, qui, suivant toutes les probabilités, étoit l'unique cause de la rapide propagation d'une épidémie. (THILLAYE aîné.)

VENTEUX, SE, adj. (*Pathol.*) La qualification de venteux s'applique, tantôt aux individus qui rendent des vents, tantôt aux alimens qui en dégagent pendant la digestion, d'autres fois aux maladies dans lesquelles le développement des gaz intestinaux est un symptôme prédominant. (*Voyez* PNEUMATOSE.) (BRICHETEAU.)

VENTILATEURS, s. m. pl. (*Hyg.*) Ces appareils sont le plus ordinairement des soufflets, des pompes ou autres moyens équivalens, qui aspirent l'air que l'on veut renouveler, & lui en substituent de nouveau. C'est un peu avant le milieu du dernier siècle que l'on a imaginé d'avoir recours à ce mode de ventilation, & les divers appareils ont conservé le nom de leur inventeur : telle est, 1°. la machine centrifuge, imaginée par Désaguliers; 2°. l'espèce de soufflet proposé par Weulersse; 3°. enfin, le ventilateur de Hales, qui a joui d'une réputation que sembloient lui mériter sa simplicité, sa solidité, & surtout la modicité de son prix. Ces divers appareils étant décrits & appréciés à l'article AIR, tom. I, pag. 572 de ce Dictionnaire, nous y renvoyons le lecteur. (R. P.)

VENTILATION, sub. f. (*Hyg.*) *Ventilatio.* L'air atmosphérique, dans son état de pureté, est sans contredit le fluide le mieux approprié à la respiration des hommes & des animaux : aussi toutes les causes qui altèrent sa nature, soit en diminuant la quantité d'oxygène qu'il contient, soit en y versant des émanations délétères, lui communiquent des qualités plus ou moins nuisibles; de là résulte la nécessité, si généralement reconnue, de renouveler l'air dans les lieux où sont réunis un grand nombre d'hommes & d'animaux, dans ceux où des matières végétales ou animales brûlent ou fe putréfient. Or, l'enfemble des procédés fufceptibles d'opérer ce renouvellement eft compris fous la dénomination commune de *ventilation*, que l'on produit, tantôt par l'action du vent ou par celle du feu, & quelquefois auffi à l'aide de moyens mécaniques qui conftituent des appareils nommés *ventilateurs*. (*Voyez* ce mot.)

Si, dans le plus grand nombre des cas, on peut affainir l'atmofphère d'un lieu en fubftituant de l'air pur à celui qui eft vicié, dans bien des circonftances une fimple ventilation feroit infuffifante pour écarter toute efpèce de danger. Les miafmes qu'il faut détruire ne font plus uniquemennt difféminés dans la maffe atmofphérique ; ils adhèrent à la furface des corps, pénètrent à l'intérieur de ceux qui font fpongieux, confervent leur activité, & femblent ne pouvoir être attaqués que par des agens chimiques. L'emploi du chlore gazeux, les lotions, avec le chlorure de chaux, font alors, fous la dénomination de *moyens définfectans*, les agens auxquels on doit avoir recours.

La plus fimple des ventilations eft celle que l'on obtient par des courans établis au moyen d'ouvertures oppofées entr'elles & placées dans la direction fuivant laquelle fouffle le vent ; difpofition commode dans une foule de circonftances, mais qui n'eft point fans inconvéniens, à caufe des effets dangereux que peut produire fur des perfonnes délicates l'impreffion fubite d'un air froid. Le renouvellement de l'air à l'aide du mouvement que la chaleur produit dans une maffe donnée d'air atmofphérique, eft un procédé ingénieux, entièrement fondé fur la théorie du fiphon, mais auquel plufieurs raifons peuvent fouvent empêcher d'avoir recours. Ce mode de ventilation eft employé dans la plupart des falles de fpectacle : l'air chaud, dont la force afcenfionnelle eft encore augmentée par la chaleur que développent les bougies du luftre, s'échappe à travers l'ouverture pratiquée dans la partie la plus élevée de la falle, & eft remplacé par celui qui, du dehors, pénètre à l'intérieur par toutes les iffues. Une cheminée fert auffi à renouveler l'air d'un appartement ; la colonne atmofphérique contenue dans le tuyau qui livre paffage à la fumée, donne à ce fluide une légèreté fpécifique d'où réfulte un mouvement vertical dirigé de bas en haut. Cette efpèce d'afpiration appelle néceffairement à l'intérieur l'air du dehors.

L'action du vent & celle du feu ont fréquemment été employées à bord des vaiffeaux pour déplacer l'air qui eft en ftagnation dans la cale & dans l'entrepont. Les appareils dont on fe fert font connus fous les noms de *manche à vent* & de *fourneaux ventilateurs* : ils ont été décrits à l'article NAVALE (Hygiène navale) (*voyez* ce mot), ce qui nous difpenfe de nous y arrêter de nouveau.

(THILLAYE aîné.)

VENTOUSES, f. f. pl. (*Thérap.*) *Cucurbitæ*,

cucurbitulæ. Petits vafes en verre, cylindriques, fphéroïdes ou ovoïdes, deftinés à être appliqués à la furface de notre corps pour y opérer le vide ; ce que l'on obtient foit en raréfiant l'air avant leur application, foit en brûlant le même air ou en le retirant avec une pompe afpirante lorfqu'ils font appliqués.

Ces ventoufes, de forme peu variable, font le plus fouvent fphéroïdales, munies d'une ouverture garnie d'une tubulure ou rebord de quatre à cinq lignes de haut, qui circonfcrit cette ouverture de grandeur relative à la capacité de l'inftrument ; le fommet ou la partie diamétralement oppofée à l'ouverture eft furmonté d'un bouton également en verre. En France, nous préférons cette forme renflée, parce que le vafe contient plus d'air fous une moindre hauteur, & que fon application eft plus commode. Voici comment on peut les appliquer :

1°. On expofe l'intérieur de la ventoufe à l'action d'une mèche dont la flamme eft alimentée avec de l'efprit-de-vin, & l'on a bien foin que les bords du vafe ne foient pas expofés à l'action du feu, car alors ils s'échaufferoient trop & brûleroient fortement la peau : inconvéniens que trèsfouvent ne peuvent éviter les perfonnes qui n'ont pas l'habitude de faire ces fortes d'applications. Lorfque l'air eft fuffifamment raréfié & brûlé, on met auffitôt la petite cloche de verre fur le lieu d'élection, & on la maintient en place : l'air raréfié reprend fon premier volume à mefure qu'il fe refroidit, & il en réfulte un vide plus ou moins grand, que la peau, preffée par la pefanteur de l'atmofphère, tend à remplir en fe précipitant dans l'intérieur de la ventoufe fous une forme hémifphérique.

2°. On introduit dans la ventoufe un peu de papier coupé menu, ou de la filaffe fine, bien fèche ou humectée avec quelques gouttes d'alcool rectifié ; on enflamme ces différentes fubftances au moyen d'une allumette, & on place la ventoufe fur la partie au moment où la flamme eft très-vive ; l'air, en brûlant pour alimenter la flamme, produit un vide plus ou moins parfait, que la peau, gorgée de liquide, tend à remplir.

Ces deux moyens ont quelques inconvéniens que l'on doit fignaler. Dans le premier cas, on s'expofe à brûler la peau fi, par un hafard qui arrive affez fouvent, la lampe agit vivement fur une partie de l'ouverture ; fouvent auffi le vide ne fe fait pas bien & on eft obligé de recommencer l'opération. Dans le fecond, il y a d'autres inconvéniens qu'il n'eft pas toujours au pouvoir de l'opérateur d'éviter ; des flammèches peuvent s'élancer çà & là, ou bien l'alcool enflammé peut couler fur la peau & occafionner des brûlures plus douloureufes que dangereufes, & il n'en faudroit fouvent pas davantage pour nuire à la réputation d'un médecin.

La troifième manière d'appliquer une ou plufieurs ventoufes eft la plus fûre : on prend un rond de carton un peu plus petit que l'ouverture de la petite cloche; on fixe fur ce rond un champignon de filaffe avec de la cire, & on applique cette rondelle fur le lieu qui doit être ventoufé ; on met le feu à la filaffe, & lorfque la flamme eft très-vive, on applique la ventoufe, le vide eft inftantané, & on ne court aucun rifque de brûler le malade. Veut-on obtenir une action plus prompte & auffi vive que poffible, on fixe fur la rondelle de carton, avec un peu de cire d'Efpagne, une mèche de coton imprégnée d'alcool, que l'on enflamme. On obtient par ce procédé un vide prefque parfait.

Lorfque l'on veut retirer la ventoufe, on l'incline doucement d'un côté, & avec la pulpe d'un doigt on appuie légèrement fur la peau au point de l'application, afin de faire une petite ouverture pour que l'air puiffe pénétrer dans l'intérieur de la cloche. Comme il eft quelquefois difficile d'obtenir ce réfultat, on devroit avoir des ventoufes munies d'une petite ouverture qui feroit fermée avec un bouchon de verre ufé à l'émeri, & que l'on ôteroit pour introduire l'air.

Les ventoufes ne doivent refter appliquées que deux minutes, & on doit avoir le foin d'en mettre toujours deux les unes auprès des autres, afin que leur action foit plus intenfe : telles font les ventoufes dites *fèches*, pour les diftinguer des ventoufes *fcarifiées*, qui en diffèrent en ce que l'on pratique de petites incifions fur la partie ventoufée, foit avec le fcarificateur, foit avec la lancette ou le biftouri, & fur lefquelles on réapplique auffitôt une ou plufieurs ventoufes, fuivant la quantité de fang que l'on veut retirer. On voit, fans que j'aie befoin de l'expliquer plus au long, que dans ce cas la ventoufe produit la même action qu'une pompe afpirante ; on applique également des ventoufes fur les piqûres des fangfues comme fur les fcarifications. Lorfqu'on a retiré la quantité de fang convenable, on lave les plaies & on place deffus un linge fin enduit de cérat, ou mieux un morceau de taffetas d'Angleterre ou d'emplâtre diapalme.

Un des progrès réels de la chirurgie eft la fimplification que l'on a depuis quelques années introduite dans les procédés opératoires, ainfi que dans les inftrumens de chirurgie; mais, pour ce qui regarde les ventoufes, nous rétrogradons réellement. Quoi de plus fimple & de plus facile à appliquer que notre ventoufe ordinaire? Et cependant on cherche de toutes les manières à compliquer ce procédé opératoire, à le rendre difpendieux & très-embarraffant. On a d'abord adapté à la ventoufe le corps d'une pompe afpirante au moyen de laquelle on fait le vide, mais ce corps de pompe ne peut être réellement utile que lorfqu'il y a des fcarifications, & furtout lorfqu'on veut vider un abcès. M. Sarlandière ne s'eft pas borné là, il a compliqué cet appareil en croyant en éta-

blir fur un modèle plus fimple. Son *bdellomètre*, c'eft ainfi qu'il nomme fon appareil, n'eft autre chofe qu'une ventoufe ordinaire, ayant à la place du bouton, une tubulure dans laquelle gliffe à frottement une tige terminée inférieurement par un pas de vis fur lequel s'adapte ou le fcarificateur, ou un difque armé de pointes, ou une *flamme*. A côté de cette tubulure il en exifte une autre pour une pompe afpirante, enfin inférieurement & latéralement, il y en a une troifième garnie d'un robinet *par lequel on peut évacuer le liquide fans défappliquer la ventoufe*. Si on veut placer cet inftrument fur une partie étroite, il y a un corps de rechange auquel on peut adapter des alonges de forme différente. Le bdellomètre fimplifié eft une ventoufe munie feulement de la vis & du fcarificateur. M. Demours a auffi inventé une ventoufe avec un mécanifme analogue pour pratiquer l'acupuncture dans le vide. Entraîné par le mouvement inventif, j'en fis faire, en 1823, une beaucoup plus fimple : c'eft un corps de pompe en criftal, femblable à celui d'une machine pneumatique ; le vide fe fait d'un feul coup de pifton, dont la tige ou l'arbre refte fixé au moyen d'un petit reffort en pointe où il eft aminci, & on le laiffe redefcendre en appuyant le doigt fur ce même reffort. J'ai fait plufieurs effais avec tous ces appareils, & j'ai vu que la meilleure ventoufe étoit encore la plus fimple, celle dont on fe fert depuis des fiècles : auffi n'ai-je pas fait connoître la mienne.

Les Anciens employoient les ventoufes plus fouvent que nous; elles étoient de différens métaux, de corne, &c. Mais ils les abandonnèrent bientôt pour celles de verre, parce qu'elles font les plus commodes. Ce qu'il y a d'étonnant, c'eft que, dans quelques pays, & il n'y a pas long-temps encore, que dans plufieurs provinces de France, on fe fervoit, & peut-être fe fert-on encore aujourd'hui, de ventoufes femblables à celles des Egyptiens, & que l'on appliquoit par le même procédé : tant il eft vrai que les nations ou plutôt les hommes fuivent toujours la même marche dans leurs découvertes. Hippocrate, qui nous a tranfmis tout ce que l'on favoit de fon temps, préconife l'emploi des ventoufes, & il s'en fervoit fréquemment : ceux qui vinrent après lui en retirèrent également de bons effets. Il eft évident qu'une action fi vive exercée fur le fyftème capillaire, en produifant en même temps une attraction marquée, doit avoir une influence notable fur l'économie animale, & chaque fois qu'il y a congeftion fanguine, inflammation ou feulement difpofition inflammatoire, on doit retirer de grands avantages de l'emploi des ventoufes fcarifiées.

Les ventoufes font très-utiles dans les rhumatifmes chroniques, les affections goutteufes, nerveufes, névralgiques, dans celles dites *rhumatifmales*, & dans beaucoup de douleurs & d'affections qu'on ne fauroit définir, dans les différentes hémorragies par exhalation, pour calmer des mouvemens convulfifs, ainſi que dans les entérites chroniques & les palpitations nerveufes; dernières maladies dans lefquelles j'ai obtenu de grands fuccès de leur emploi. Toutes les fois qu'une dérivation peut-être utile, les ventoufes doivent obtenir un rang diftingué; & depuis que, à l'imitation des Anciens, j'ai fait une médecine plus *topique*, ſi je puis m'exprimer ainſi, je m'en ſuis fort bien trouvé, & j'ai obtenu des fuccès que j'avois en vain cherchés en employant dés médicamens internes. Quant aux ventoufes fcarifiées, il faut les placer à côté des faignées locales, où elles doivent figurer convenablement.

J'ai indiqué à l'article PHLEGMON de ce Dictionnaire l'heureuſe idée qui conduiſit Marc-Antoine Petit, de Lyon, à en faire uſage pour vider les abcès, & quel heureux réſultat il obtint de leur application.

Les Pſylles (*voyez* ce mot & SUCCION) jouiſſoient autrefois d'une réputation bien méritée, auſſi les guerriers & les rois les attiroient-ils auprès d'eux pour le ſecours dans le cas de bleſſures faites avec les armes empoiſonnées; ces Pſylles avoient ſeulement le grand tort, comme tous les charlatans de nos jours, de joindre à la ſuccion mille procédés plus ou moins abſurdes : auſſi Celſe leur reproche-t-il cette mauvaiſe manière d'agir, avec toute la ſévérité que l'on doit attendre de cet illuſtre écrivain.

Dernièrement, en août 1828, le Dr. Veftrumb, précédé dans ſes recherches par le Dr. Barry, a publié une ſuite d'expériences deſquelles il réſulte que l'application des ventoufes ſur une plaie venimeuſe, lorſqu'elle eſt faite avant que l'action du poiſon ait commencé, ou même avant qu'il y en ait aſſez d'abſorbé pour donner la mort, préſerve de tout accident. Je ne conçois pas pourquoi ce médecin n'a pas dit que ce procédé étoit connu dès la plus haute antiquité, & qu'on le trouve indiqué dans Celſe avec tous les développemens poſſibles. Les Pſylles, par la ſuccion, ne rempliſſoient que l'effet d'une ventoufe. Ainſi donc, ſi l'on étoit piqué par un inſecte, ou mordu par un reptile ou par un chien enragé, il faudroit, dans les deux premiers cas, *ſucer* auſſitôt la plaie, ou bien y appliquer une ventoufe; dans le troiſième, après la cautériſation, on appliqueroit encore des ventoufes qui doivent y reſter au moins vingt ou quarante minutes : dans les deux premiers cas, ſi l'on opéroit la ſuccion, il faudroit faire attention à ce qu'il n'y ait pas de plaies dans la bouche, & ſe bien garder de ſucer les morſures. (NICOLAS.)

VENTRAL, LE (*Anat. pathol.*) Adjectif ſervant à déſigner les parties relatives à l'abdomen. Ainſi on nomme *aorte ventrale* la portion deſcendante de cette artère ſituée au-deſſous du diaphragme; on appelle auſſi *hernie ventrale*, ou plus communément *éventration*, les hernies qui ont lieu dans un point du ventre autre que l'om-

bilic & l'aine. (*Voyez* HERNIE dans le *Dictionnaire de Chirurgie* de cet ouvrage.)

VENTRE, ſub. m. (*Anat.*) *Venter.* Ce mot a pluſieurs acceptions. Le plus ordinairement il ſert à déſigner l'une des trois grandes cavités, celle connue ſous le nom d'*abdomen* ou bas-*ventre*, tandis que, par oppoſition, quelques auteurs ont nommé la cavité céphalique, *ventre ſupérieur*, & la capacité thoracique, *ventre moyen*. (*Voyez* ABDOMEN, tom. I, pag. 18 de ce Dictionnaire; & le même mot dans celui d'*Anatomie.*)

La partie moyenne & charnue des muſcles eſt quelquefois auſſi nommée *ventre*.

VENTRICULE, ſub. m. (*Anat.*) *Ventriculus.* Ce mot, qui eſt un diminutif de *venter*, a été quelquefois employé pour déſigner l'eſtomac (*ventriculus*). Il ſert auſſi à indiquer diverſes autres cavités; telles ſont celles du cœur, appelées *ventricules* aortiques & pulmonaires, celles du cerveau, du cervelet, & les ſinus formés par le rapprochement des replis du larynx. (*Voyez* CŒUR, ENCÉPHALE, ESTOMAC, LARYNX, dans le *Dictionnaire d'Anatomie* de cet ouvrage.)

VENTRIÈRE, ſub. f. (*Band. app.*) Les perſonnes dont le ventre eſt volumineux, celles qui ſont attaquées d'hydropiſie, les femmes groſſes & les hommes qui ſe livrent à des exercices violens, tels que les coureurs, les cavaliers, les ſauteurs, &c., ſont fréquemment obligés de ſoutenir leur abdomen au moyen d'un bandage ou ceinture qui maintient les viſcères & prévient les ſecouſſes ou tiraillemens auxquels, ſans cette précaution, ils ſeroient expoſés. Dans certains cas, une ſerviette ou un ſimple bandage de corps peut ſuffire; mais dans bien des circonſtances on doit accorder la préférence à une ceinture de coutil ou de peau de daim, appelée *ventrière*, dans laquelle ſont renfermés des reſſorts à boudin ſemblables à ceux employés dans la fabrication des bretelles. Ces ſortes d'appareils s'appliquent exactement ſur l'abdomen, y exercent une preſſion modérée qui ſoutient les viſcères ſans les bleſſer, & peut dès-lors prévenir une foule d'accidens. (R. P.)

VENTRILOQUE, ſub. m. (*Phyſiol.*) *Ventriloquus.* Expreſſion improprement employée pour déſigner les perſonnes qui, en modifiant convenablement leur voix, font entendre des ſons qui ſemblent provenir d'endroits plus ou moins éloignés, & que certains auteurs ont mal à propos ſuppoſé être formés dans l'eſtomac ou dans le ventre. Au ſurplus, les illuſions que produit l'engaſtrimyſme, lorſqu'il eſt porté à un haut degré de perfection, ont ſouvent ſervi à tromper la multitude, & l'homme inſtruit, mais inattentif, a pu quelquefois auſſi être dupe de cet artifice.

On a cherché à expliquer de beaucoup de manières la production de cette voix artificielle connue dès la plus haute antiquité ; & l'abbé de La Chapelle, dans un ouvrage ayant pour titre : le *Ventriloque* ou *l'Engaſtrimythe*, Londres, 1772, a fait connoître les diverſes opinions ſucceſſivement émiſes. Dans le nombre , il en eſt une qui attribue ce phénomène à des ſons articulés, formés pendant l'inſpiration; mais en y réfléchiſſant, on reconnoît bientôt l'inexactitude de cette explication; car, auſſi bien que la voix naturelle, l'engaſtrimyſme ſe forme pendant l'expiration, & n'exige, de la part du ventriloque, que de l'habitude & non une diſpoſition particulière des organes de la parole, comme l'ont avancé quelques écrivains. Auſſi M. le prof. Richerand (*Elémens de Phyſiologie*) s'exprime-t-il à cet égard de la manière ſuivante : « Tout le mécaniſme de cette » opération conſiſte dans une expiration lente & » graduée, filée en quelque ſorte; expiration qui » eſt toujours précédée d'une forte inſpiration au » moyen de laquelle le ventriloque introduit dans » ſes poumons une grande maſſe d'air dont il » ménage enſuite la ſortie. »

Dans une thèſe ſoutenue à la Faculté de médecine de Paris, en 1811, M. Leſpagnol prétend que tout l'art de l'engaſtrimythe conſiſte à prévenir les modifications que ſubiſſent les ſons par l'introduction de l'air dans les foſſes naſales ; en ſorte que, ſuivant ce médecin , tout le ſecret conſiſte à relever le voile du palais pour fermer l'ouverture poſtérieure de ces cavités : mais cette occluſion donne à la voix un caractère guttural bien différent du timbre qu'elle conſerve chez les perſonnes exercées à l'art de l'engaſtrimyſme. (R. P.)

VENTROSITÉ, ſub. f. (*Pathol.*) *Ventroſitas.* Ce mot, qu'il ne faut pas confondre avec l'expreſſion *obéſité* , eſt ſynonyme de *phyſconie*. (*Voyez* ce dernier mot.)

VENTS, ſ. m. pl. (*Pathol.*) *Flatus.* On donne vulgairement ce nom aux gaz qui ſont contenus dans l'eſtomac & les inteſtins , & qui s'échappent tantôt par la bouche, tantôt par l'anus. Perſonne n'ignore l'importance que les malades , & même beaucoup de perſonnes en bonne ſanté, accordent aux vents qui les tourmentent & leur cauſent de vives douleurs par la compreſſion. Ces douleurs diſparoiſſent toujours avec l'éruption des gaz. La formation de ces gaz, leur nature, ainſi que leur développement & les accidens auxquels ils donnent lieu, ont été l'objet de divers articles de ce Dictionnaire. (*Voyez* FLATUOSITÉS, PNEUMATOSE, PNEUMO-THORAX, TYMPANITE, &c.)

Les charlatans , qui ont un grand intérêt à entretenir les gens du monde dans l'idée fauſſe que les *vents* ſont une maladie, leur vendent ſouvent fort cher, pour la bouche, tantôt par l'anus. des drogues excitantes, connues autrefois ſous le nom de *carminatives*. Ces drogues ſont très-dangereuſes quand la *pneumatoſe* ou *affection venteuſe* eſt un ſymp-

tôme de l'irritation des voies digeſtives. Les médecins éclairés ne peuvent trop prévenir leurs malades contre un abus qui tient d'ailleurs à un préjugé des plus difficiles à détruire. (BRICHETEAU.)

VÉNULE, ſ. f. (*Anat.*) *Venula.* Expreſſion diminutive employée pour déſigner les dernières ramifications des veines. (*Voyez* VEINE dans le *Dictionnaire d'Anatomie* de cet ouvrage.)

VÉNUS. (*Chim., Path. & Anat.*) Nom donné au cuivre par les alchimiſtes. (*Voyez* CUIVRE, tom. V, pag. 244 de ce Dictionnaire.)

La dénomination de *maladie de Vénus* ou de *maladie vénérienne* , a été ſubſtituée au mot *vérole*, d'abord employé pour déſigner les affections ſyphilitiques lorſqu'elles ſe manifeſtèrent en Europe. (*Voyez* SYPHILIS dans ce Dictionnaire, & VÉROLE dans celui *de Chirurgie.*)

Quelques anatomiſtes ont appelé *mont de Vénus* l'éminence cutanée & couverte de poils qui eſt placée au-devant de la ſymphyſe du pubis. (*Voy.* MONT DE VÉNUS, tom. X de ce Dictionnaire.)

Enfin, par dériſion, le nom de *Vénus hottentote* a été donné à une femme de la tribu des Bochiſmans, qui vint à Paris il y a quelques années, & dont il a été queſtion dans ce Dictionnaire à l'article TABLIER DES HOTTENTOTES. (*Voyez* TABLIER, tom. XIII, pag. 201.)

VER, ſ. m. *Vermis.* (*Voyez* VERS dans ce Dictionnaire & dans celui d'*Hiſtoire naturelle* de cette Encyclopédie.)

VÉRATRES, ſ. m. (*Bot.*, *Mat. méd.*) *Veratrum.* Genre de plantes herbacées appartenant à la Polygamie monoécie de Linné, & à la famille naturelle des Colchicacées. (*Voyez* le *Dictionnaire de Botanique* de cet ouvrage.)

La racine de l'eſpèce nommée *veratrum album*, & les graines du *veratrum ſabadilla* , ont été employées en médecine, & jouiſſent de propriétés à peu près identiques. Il a été queſtion de la première de ces plantes à l'article ELLÉBORE BLANC, tom. V, pag. 758 de ce Dictionnaire, & de la ſeconde, au mot SÉVADILLE, tom. XII, pag. 763 du même ouvrage.

La propriété active de ces ſubſtances dépend évidemment de la ſubſtance alcaline à laquelle MM. Pelletier & Caventou ont donné le nom de *Vératrine.* (*Voyez* ce mot.)

VÉRATRINE, ſ. f. (*Chim. végét.*) *Veratrina.* En ſoumettant à l'analyſe la graine du *veratrum ſabadilla*, la racine du *veratrum album* & celle du *colchicum autumnale* , plantes qui toutes appartiennent à la famille des Colchicacées, MM. Pelletier & Caventou, en 1819, ont obtenu une ſubſtance alcaline qu'ils ont nommée *vératrine*, & qui, dans ces végétaux, eſt unie à un acide qu'ils croient particulier ; & que ces chimistes proposent d'appeler *acide cévadique*.

La vératrine, lorsqu'elle est pure, est blanche, pulvérulente, excessivement âcre, inodore, fusible à 50 degrés ; elle a alors l'aspect de la cire liquéfiée. Par le refroidissement elle se convertit en une masse translucide & d'une couleur ambrée : elle est presqu'insoluble dans l'eau froide, soluble dans mille parties d'eau bouillante, très-soluble dans l'alcool, & un peu moins dans l'éther. Distillée à feu nu, cette substance se boursoufle, se décompose & fournit de l'eau, de l'huile, de l'ammoniaque, &c. Elle est composée, de carbone 66,75, azote 5,04, hydrogène 8,54, oxygène 19,60. Elle se combine avec les acides, & les neutralise lorsqu'elle est en excès & que les liqueurs sont concentrées. Le sulfate est le seul de ses sels qui présente quelques rudimens de cristaux. (1)

La vératrine est un violent sternutatoire ; elle a une saveur très-âcre, mais sans amertume, est vomitive & drastique : ainsi, à la dose d'un quart de grain, elle provoque de fortes évacuations alvines, & à celle de quelques grains elle tueroit immanquablement. Des expériences faites par M. le prof. Andral prouvent, 1°. que la vératrine mise en contact avec les tissus en détermine promptement l'inflammation ; 2°. qu'introduite dans les voies digestives, &, à plus forte raison, qu'injectée dans les veines, elle irrite le canal intestinal, & qu'à dose un peu considérable, elle produit le tétanos. On conçoit qu'une substance aussi énergique doit, si on veut l'employer comme médicament, être administrée avec toutes les précautions imaginables. (2)

VERBÉNACÉES, s. f. pl. (*Bot. , Mat. méd.*) *Verbenaceæ*. Petite famille de plantes dont les propriétés ont peu d'énergie & d'uniformité. Les genres *Verbena*, *Vitex*, *Volkameria*, *Avicennia*, sont les plus remarquables de ceux que contient ce groupe.

VERBERIE (Eaux minérales de). Cette source minérale, appelée *eaux de Saint-Corneille*, est très-près du village de Verberie, à trois lieues de Compiègne. Les eaux sont froides, claires, transparentes, & toujours limpides ; elles déposent un sédiment jaunâtre, ont une saveur piquante, un peu amère, verdissent le sirop de violette, & paroissent contenir du carbonate de chaux, une base alcaline & du fer.

Aujourd'hui l'usage de ces eaux est à peu près abandonné ; mais avant la découverte de celles de Passy elles ont eu une grande vogue, & Chicoy-

neau les prescrivoit dans les affections néphrétiques & les fièvres intermittentes rebelles.

(R. P.)

VERCOQUIN, s. m. (*Pathol.*) Quelques pathologistes ont supposé que la phrénésie pouvoit être produite par un ver logé dans le cerveau. Cette affection, que Sauvages a désignée sous le nom de *phrenitis verminosa*, a reçu de quelques auteurs la dénomination vulgaire de *vercoquin*.

VERDET, s. m. (*Chim. , Mat. médic.*) Deut-acétate de cuivre, & vulgairement *cristaux de Vénus*. On se procure ce sel en traitant le vert de gris du commerce par l'acide acétique. Les cristaux que l'on obtient sont d'un assez gros volume ; leur couleur est d'un vert foncé tirant sur le bleu. Ce sel, dont la saveur est sucrée & styptique, est légèrement efflorescent, peu soluble dans l'eau froide, beaucoup plus dans l'eau chaude, & soluble dans l'alcool & l'ammoniaque. Il est décomposé par la chaleur, & fournit, par la distillation, l'acide acétique concentré, communément nommé *vinaigre radical*.

Le verdet, beaucoup plus délétère que le sous-acétate de cuivre, a été prescrit par quelques médecins dans la phthisie tuberculeuse ; mais c'est particulièrement pour détruire les chairs fongueuses & panser les ulcères scorbutiques & syphilitiques que l'on en a fait usage. (*Voyez*, pour plus de détails, le mot CUIVRE, tom. V, pag. 244 de ce Dictionnaire, & le même article dans celui de *Chimie* de cet ouvrage.)

VERDUSAN (Eaux minérales de). Ces eaux doivent leur nom à un château situé près de Castéra-Vivent, village du département du Gers. Aussi les nomme-t-on fréquemment *eaux de Castéra-Vivent*. (*Voyez* ce dernier mot, tom. IV, pag. 452 de ce Dictionnaire.)

VÉRETTE, s. f. (*Path.*) Nom vulgaire de la varicelle. (*Voyez* ce dernier mot.)

VERGE, s. f. (*Anat.*) *Virga genitalis, penis.* Nom souvent substitué à celui de *pénis*, pour désigner l'un des organes extérieurs de la génération chez l'homme & chez un grand nombre d'animaux. (*Voyez*, pour sa description anatomique, le mot VERGE dans le *Dictionnaire d'Anatomie*, pour ses maladies, l'article VERGE du *Dictionnaire de Chirurgie*, ainsi que le mot PÉNIS, tom. XI, pag. 515, de celui de *Médecine*.)

VERGE-D'OR, s. f. (*Bot. , Mat. médic.*) *Solidago, virga aurea.* Cette plante appartient à la Syngénésie polygamie superflue de Linné, & à la famille naturelle des Radiées. Elle a une saveur amère, est astringente & un peu aromatique ; jadis on l'a vantée comme vulnéraire, diurétique, lithontriptique, &c. L'expérience ne justifiant aucune

---

(1) *Voyez*, pour ses propriétés chimiques & son mode de préparations, *Annales de Chimie & de Physique*, tom. XIV, pag. 75.

(2) *Journal de Physiologie de* Magendie, tom. I.

aucune des propriétés autrefois attribuées à la verge d'or, cette plante eft aujourd'hui rayée du catalogue de la matière médicale, ainfi que l'extrait, l'eau diftillée & autres préparations pharmaceutiques dans lefquelles elle entroit.

VERGETÉ, ée, adj. (Path.) Variegatus. Qui préfente des vergetures.

VERGETURES, f. f. pl. (Path.) Vibices. Expreffion qui doit fon origine à l'apparence que préfentent les ecchymofes que la flagellation fait naître à la furface de la peau.

Par analogie on a enfuite employé ce mot, non-feulement pour défigner les marques que laiffe fur certaines parties du corps l'application de liens plus ou moins ferrés, mais encore les raies rougeâtres qui fe manifeftent après une forte diftention de la peau, & les taches violacées linéaires qui fubfiftent à la fuite de diverfes affections.

VERGÈZE (Eaux minérales de). Cette fource minérale, connue dans le pays fous le nom de Boulliens, parce qu'elle offre les apparences de l'ébullition, bien que fa température ne diffère point de celle de l'eau ordinaire, eft à une petite diftance de Nîmes. L'eau qu'elle fournit a une teinte verdâtre, eft comme favonneufe au toucher, & contient de l'acide carbonique, ainfi qu'une petite quantité de carbonate de chaux.

M. Dax penfe que les eaux de Vergèze, ainfi que leurs boues, font propres à guérir les rhumatifmes, les tremblemens atoniques, & quelques maladies de la peau. (R. P.)

VERJUS, f. m. (Hyg.) Nom que l'on donne généralement au fruit de la vigne lorfqu'il n'a point encore atteint fon état de maturité, mais qui appartient plus fpécialement à l'efpèce ou variété de vigne connue fous le nom de vitis uva perampla, acinis ovatis albidis de Tournefort (1). Le fuc extrait de cette efpèce de raifin a une faveur âcre, acide & aftringente. Son principal ufage eft de fervir à l'affaifonnement des viandes & de quelques légumes. On l'a auffi employé à la préparation d'un firop dont les propriétés ont beaucoup de rapport avec celles de l'acide tartarique.

VERMICELLE, f. m. (Hyg.) Nom d'une pâte qui fe préparoit originairement en Italie, & à laquelle, en la faifant paffer à travers une forte de filière, on donne la forme de petits vers, d'où lui eft venu le nom de vermicelle.

Cette fubftance fert à faire des potages, & comme aliment rentre dans la claffe des fécules. (Voyez ALIMENT, NOURRITURE & PATE, dans ce Dictionnaire.) (R. P.)

VERMICULAIRE ou VERMIFORME. (Anat. Pathol.) Vermicularis, vermiformis. Expreffion fervant tantôt à défigner des parties que leur configuration a fait comparer à des vers, tantôt cette forte de mouvement ondulatoire particulier à quelques-unes des efpèces de cette claffe nombreufe d'animaux. Ainfi, dans la première acception, on dit appendice vermiculaire du cæcum, éminences vermiculaires du cervelet; & dans la feconde, mouvement vermiculaire des inteftins, pouls vermiculaire. (Voyez CÆCAL, CERVELET & CÆCUM, dans le Dictionnaire d'Anatomie de cet ouvrage, & POULS, tom. XII, pag. 274 dans le Dictionnaire de Médecine.)

VERMICULAIRE BRULANTE, f. f. (Bot., Mat. médic.) Sedum acre. Cette plante graffe, que l'on connoit auffi fous les noms d'orpin brûlant, de poivre de murailles, &c., appartient à la Décandrie pentagynie de Linné & à la famille naturelle des Craffulées. (Voyez le Dictionn. de Botanique de cet ouvrage.) La faveur de cette efpèce de joubarbe eft âcre & prefque cauftique: auffi le fuc que l'on en extrait eft-il; à la dofe d'une demi-once ou d'une once, fortement émétique & purgatif, & dès-lors fort rarement employé.

D'après les expériences de M. le prof. Orfila, le fuc du fedum acre, à dofe un peu confidérable, eft un véritable poifon qui agit à la manière des fubftances vénéneufes irritantes. Quoi qu'il en foit, Ettmuller & Below ont recommandé cette plante comme antifcorbutique. Le Dr. allemand Peters a cru lui reconnoître des propriétés antiépileptiques : ce médecin l'adminiftroit en poudre depuis huit jufqu'à vingt grains. Le fedon brûlant a été préconifé à l'extérieur comme un topique utile dans les affections cancéreufes, dans la teigne, & pour arrêter les progrès de la gangrène.

VERMICULANT, TE. (Pouls). Pulfus vermiculans. Adjectif dont la fignification eft la même que celle de vermiculaire, & que quelques nofologiftes emploient pour caractérifer un des mouvemens du pouls. (Voyez ce dernier mot.)

VERMIFUGES, f. m. pl. (Thérapeutique.) On défigne fous ce nom les médicamens qui ont la propriété de détruire & de chaffer les vers inteftinaux (vermes fugare). Ces médicamens font très-nombreux & n'agiffent pas tous de la même manière; les uns modifient puiffamment les organes digeftifs eux-mêmes, & les rendent moins aptes à devenir le féjour des vers, en même temps qu'ils paroiffent jouir d'une propriété délétère à l'égard de ces animaux : tels font les toniques, les amers, les fubftances aromatiques, âcres, fpiritueufes, certaines fubftances minérales, les ferrugineux, &c.;

_____

(1) Voyez le Dictionnaire économique.

les autres jouissent aussi d'une propriété analogue plus ou moins marquée, &, de plus, sollicitent l'action expultrice de l'estomac & surtout des intestins, & déterminent ainsi la sortie de ces animaux parasites : tels sont les purgatifs huileux, salins, résineux, drastiques, les émétiques, &c. Dans la première classe on trouve le quinquina, le quassia, l'absinthe, la tanaisie, la camomille, le brou de noix, l'ail, l'assa-fœtida, la valériane, l'angélique, le vin, l'alcool, les eaux minérales salines & sulfureuses, &c. Dans la seconde classe se rangent l'huile de palma-christi, les sels purgatifs, le mercure doux, le jalap, la rhubarbe, l'aloës, le séné, la gratiole, &c. D'autres substances paroissent agir d'une manière plus spéciale & plus directe encore sur les vers intestinaux : tels sont la mousse de Corse, la fougère mâle, la santoline (dont quelques auteurs ont contesté la propriété anthelmintique), la cévadille, le semen-contra, la spigélie anthelmintique, le pétrole, le camphre, la térébenthine, les huiles essentielles, l'éther sulfurique (qui paroît agir sur le ténia en l'engourdissant), certains acides végétaux, le vinaigre, le suc de citron, l'acide tartareux, certains sels, le sel marin, le sel ammoniac, le muriate de baryte, certaines substances minérales, les sulfures, les alcalis, l'étain, le fer, le mercure, des substances animales même, le fiel de bœuf épaissi, &c.

En général, on commence par attaquer les vers par des substances vermifuges proprement dites, & on en provoque ensuite l'expulsion par des purgatifs. C'est ainsi que, dans le remède, dit de madame Nouffer, on donne d'abord la racine de fougère mâle en poudre & en décoction, puis le lendemain ou le surlendemain on prescrit un purgatif composé de mercure doux, de gomme-gutte & de scammonée, avec la poudre de fougère mâle pour excipient, que l'on administre en bols de quatre à huit grains, plus ou moins répétés, selon les circonstances. Dans le traitement du ténia, d'après la méthode du Dr. Bourdier, on administre d'abord par la bouche un gros d'éther sulfurique dans un verre de décoction de fougère mâle, une heure après on donne en lavement deux gros d'éther; enfin, on fait prendre au malade de demi-heure en demi-heure une cuillerée d'huile de palma-christi dans du bouillon, jusqu'à la dose de deux à quatre onces.

Dans ces derniers temps, on a singulièrement vanté l'écorce de grenadier contre le ténia. Cette écorce s'administre en décoction, non édulcorée, à la dose de deux onces pour une pinte d'eau réduite à chopine, que l'on donne par verres d'heure en heure : le ténia ne tarde point à être expulsé par les selles. On croit que cette substance fait la base de la potion du sieur Darbon, possesseur d'un arcane au moyen duquel il se flatte de détruire toujours & chez tous les sujets le ver solitaire. (GIBERT.)

VERMILLON, s. m. (Chim.) Purpurissum. Nom donné au sulfure rouge de mercure ou cinabre artificiel réduit en poudre impalpable. C'est ordinairement de Hollande ou de la Chine que l'on nous apporte cette substance, qui ne peut avoir un vif éclat si elle n'a été préparée avec une certaine précaution. Ainsi que la plupart des préparations mercurielles, le vermillon, porté à l'intérieur, pourroit être la cause d'accidens plus ou moins fâcheux; il a quelquefois été substitué au cinabre, dans la préparation de la poudre tempérante de Stahl, afin de lui donner une couleur plus éclatante; il a aussi été employé quelquefois comme fard, mais on a depuis long-temp renoncé à ce dernier usage.

Le vermillon, d'un emploi assez fréquent dans les arts comme matière colorante, sert aussi aux anatomistes pour faire des injections délicates.

Indépendamment du vermillon artificiel, il en existe un natif; c'est le mercure sulfuré pulvérulent de Huy; quelquefois on a aussi improprement désigné le minium sous le nom de vermillon commun; enfin la fleur de carthame (carthamus tinctorius L.), & l'espèce de coccus connue sous le nom de kermès, ont encore été appelés, la première vermillon d'Espagne, & la seconde vermillon de Provence.

VERMINE, s. f. Ce mot est employé pour indiquer, d'une manière générale, les insectes parasites qui vivent sur le corps de l'homme, & dont la malpropreté favorise le plus ordinairement le développement : telles sont les diverses espèces de poux, qui, lorsqu'ils sont en grand nombre, finissent par déterminer des ulcérations & d'autres accidens plus ou moins graves, auxquels on ne peut remédier qu'en employant les moyens propres à arrêter leur rapide propagation. (Voyez PHTHIRIASIS, tom. XI, pag. 741, & Pou, tom. XII, pag. 271, dans ce Dictionnaire.)

VERMINEUX, SE. (Pathol.) Verminosus. Adjectif servant à désigner quelques affections ou symptômes qui sont, ou que l'on suppose être produits par la présence des vers : ainsi, on dit, maladie vermineuse, abcès vermineux, &c.

VERMOULURE, s. f. (Path.) Caries. Etat pathologique des os, qui est une des modifications de la carie humide de ces organes. (Voyez CARIE, dans le Dictionnaire de Chirurgie de cet ouvrage, tome I, page 282.)

VERNET (Eaux minérales de), village du département des Pyrénées-Orientales, à deux lieues de Saint-Martin de Canigou. Deux sources jaillissent du pied d'une montagne à travers les fentes d'un immense rocher, & se rendent dans un bassin : ces eaux sont limpides, ont, au moment de leur sortie, une température de 41 deg. Réaumur, & répandent une odeur d'œufs couvés.

Analyfées par M. Baréra-Vilar, elles lui ont paru contenir du fulfate de magnéfie & de l'hydrogène fulfuré.

Suivant ce médecin, ces eaux font peċtorales, diurétiques, dépuratives, toniques, &c. On les emploie fous. forme de bains contre la gale, la teigne, les paralyfies, les ulcères fiſtuleux, &c.; mais avant d'en faire ufage il eſt convenable de leur laiſſer prendre une température modérée.

On connoît auſſi, fous le nom de *Vernet*, un bourg fitué à trois lieues de Clermont-Ferrand, lequel poſſède une fource minérale appelée *fontaine de Sainte-Marguerite*, dont l'eau, aſſez agréable, paſſe pour exciter l'appétit.

VERNEUIL (Eaux minérales de). On trouve, au fud-eſt de cette ville, deux fources minérales froides, qui, fuivant M. Terrède, contiennent du fer en petite quantifé.

VERNIÈRE (Eaux minérales de). Cette fource eſt voifine de plufieurs autres eaux minérales, fituées, ainfi qu'elle, dans le département de l'Hérault, & qui paroiſſent jouir des mêmes propriétés: l'eau qu'elle fournit eſt froide, limpide, à une odeur fade, un goût fortement acidule & métallique; elle contient de l'acide carbonique en quantité aſſez confidérable, des carbonates de foude, de chaux, de magnéfie & de fer.

L'eau de Vernière eſt tonique, & dès-lors convient dans le traitement des leuchorrées, de la blennorrhée, & en général dans l'affoibliſſement des organes digeſtifs. (R. P.)

VÉROLE, f. f. (*Path.*) *Syphilis*. Nom vulgaire primitivement donné à la maladie aujourd'hui connue fous celui de *fyphilis*, & dont l'origine peut être juſtifiée par les groſſes puſtules qui étoient alors les fymptômes les plus apparens de cette maladie. (*Voyez* SYPHILIS dans ce Diċtionnaire, tom XIII, pag. 191, & le mot VÉROLE dans celui de *Chirurgie* de cette Encyclopédie.)

VÉROLE (petite-vérole). (*Voyez* VARIOLE, tome XIII, page 392.)

VÉROLE D'AMBOINE. Les Hollandois défignent fous ce nom, & quelquefois auſſi fous celui de *farcin des mollufques*, des fortes de tophus ou tumeurs gommeufes, qui font endémiques dans ces îles, mais non contagieufes. On attribue généralement le développement de cette maladie à l'air humide & à l'ufage d'une mauvaife nourriture. Ces tumeurs fe convertiſſent promptement en ulcères, d'où s'écoule une fanie âcre.

Le traitement le plus convenable que l'on puiſſe leur oppofer eſt l'emploi des mercuriaux & des fudorifiques. (R. P.)

VÉROLETTE ou VÉRETTE. (*Path.*) C'eſt l'une des nombreufes dénominations données à la variole. (*Voyez* ce mot, tome XIII, page 392.)

VÉROLIQUE. (*Path.*) *Venereus*. Adjeċtif fervant à qualifier tout ce qui a rapport à la vérole ou fyphilis, & dès-lors fynonyme de *vénérien* & de *fyphilitique*. (*Voyez* ces mots.)

VÉRONIQUE, f. f. (*Bot.*, *Mat. méd.*) *Veronica*. Genre de plantes de la Diandrie monogynie de Linné, autrefois placé dans la famille des Perfonnées, puis dans celle des Rhinanthées, & faifant aujourd'hui partie du groupe nommé *fcrofularinées*. (*Voyez* le *Diċtionnaire de Botanique* de cet ouvrage.)

La plupart des efpèces de ce genre font herbacées, & on en connoît une quarantaine environ qui croiſſent fpontanément en Europe. Dans le nombre nous diſtinguerons plus particulièrement, & comme ayant été employées en médecine, les *veronica officinalis*, *beccabunga*, *teucrium*, *chamædrys*, &c.

La véronique officinale (*veronica officinalis* L.) eſt commune dans les bois & fur les coteaux; elle a une faveur amère & légèrement ſtyptique, eſt un peu excitante, & fon infufion a été recommandée dans les affeċtions catarrhales, comme propre à faciliter l'expeċtoration: on l'a auſſi adminiſtrée dans les cas de calculs de la veſſie, de maladies cutanées, d'iċtère, &c. Mais il s'en faut de beaucoup que l'expérience ait juſtifié les nombreufes & importantes propriétés que quelques auteurs fe font plu à lui attribuer.

Le *beccabunga* (véronique creſſonnée) croît dans les lieux humides: cette plante a une faveur amère, âcre & piquante; elle eſt tonique & diurétique. On en a recommandé l'ufage dans les maladies cutanées, & fon fuc eſt regardé comme un excellent antifcorbutique; jadis même on l'employoit à la préparation d'un firop aujourd'hui abandonné.

Quant aux *veronica teucrium* & *chamædrys*, leurs propriétés diffèrent à peine de celles de la véronique officinale, à laquelle on les fubſtitue quelquefois, la première fous le nom vulgaire de *teucriette*, & la feconde fous celui de *petit-chêne* ou *véronique des bois*. (R. P.)

VERRE, f. m. (*Chim.*) On donne généralement ce nom à une nombreufe férie de fubſtances qui, fondues par l'aċtion du feu, fe convertiſſent, par le refroidiſſement, en une matière plus ou moins tranfparente & diverfement colorée. Néanmoins, dans une acception plus, reſtreinte, on fe fert fpécialement de ce mot pour défigner la combinaifon de la filice avec divers oxydes métalliques, tels que la foude, la potaſſe, la baryte, la chaux, le plomb, le fer, &c.

Le verre ordinaire, celui que l'on emploie à une foule d'ufages domeſtiques, eſt formé de filice unie à la potaffe ou à la foude : compofé dans lequel la filice joue le rôle d'acide; en forte que le verre peut-être confidéré comme un *filicate* à bafe de potaffe ou de foude. (*Voyez*, pour ce qui concerne la fabrication des diverfes efpèces de verre, le *Dictionnaire de Chimie* de cet ouvrage.).

VERRE. (*Méd. lég.*) Une erreur populaire, adoptée par quelques praticiens diftingués, attribuoit autrefois au verre des qualités éminemment vénéneufes. Cependant, la réfiftance que ce compofé oppofe à prefque tous les agens chimiques, devoit naturellement porter à croire que c'étoit uniquement comme agent mécanique, & non comme poifon, que le verre pouvoit être rangé dans la claffe des fubftances nuifibles. Des expériences faites par M. le Dr. Lefauvage (1), d'abord fur des animaux, puis fur lui, ont prouvé que, même fous le premier rapport, l'ingeftion du verre étoit loin de produire les accidens qu'on s'étoit plu à lui attribuer. En effet, ce médecin conclut des réfultats qu'il a obtenus :

1°. Que le verre & les fubftances analogues n'ont, fur les organes digeftifs des animaux vivans, aucune propriété chimique, & que les matières fluides ou gazeufes, contenues dans ces mêmes organes, n'exercent non plus aucune action chimique fur les fubftances vitriformes;

2°. Que c'eft par erreur & en fe fondant fur des préjugés que des auteurs, d'ailleurs recommandables, ont cru que ces mêmes fubftances jouiffoient de propriétés particulières & très-actives;

3°. Qu'on a plutôt imaginé qu'obfervé les effets mécaniques des fragmens irréguliers du verre fur le canal inteftinal, & encore moins conftaté ceux de la poudre plus ou moins fine de cette fubftance;

4°. Que c'eft avec la prévention de ces vrai-femblances qu'on a recueilli les faits que l'on croyoit propres à démontrer cette opinion, & que, par conféquent, ces faits n'ont pas été vus avec un efprit dégagé de préjugé;

5°. Que, de ces mêmes faits, les uns ne font point authentiques, n'ayant point été vus par ceux qui les rapportent, & que l'on reconnoit, dans l'hiftoire des autres, des fymptômes évidens de maladies connues;

6°. Que l'on n'eft point embarraffé pour citer maintenant des faits nombreux d'ingeftions, non-feulement de verre & de diamans, mais encore de fragmens confidérables de ces mêmes fubftances avalés fans accident;

7°. Que les expériences faites à deffein fur les animaux vivans mettent hors de doute, non-feulement que ces fubftances ne font point capables de léfer mécaniquement les voies alimentaires, mais encore qu'elles ne produifent pas même la plus légère irritation;

8°. Enfin, qu'une expérience que chacun peut faire facilement & fans danger, fur foi-même, prouve que ces fubftances ne produifent aucune fenfation douloureufe.

VERRE D'ANTIMOINE. (*Chim.*) *Antimoine fulfuré vitreux.* Cette fubftance, que l'on prépare en chauffant dans un creufet de terre le proto-fulfure d'antimoine du commerce, eft tranfparente, d'une couleur hyacinthe plus ou moins foncée, fuivant la proportion des élémens qui la conftituent, & à raifon du degré de chaleur qu'on lui a fait éprouver. Cette matière, d'apparence vitreufe, eft compofée de protoxyde & de fulfure d'antimoine, de fer oxydé, & d'une certaine quantité d'alumine & de filice enlevée au creufet dans lequel on fait la préparation.

Le verre d'antimoine, réduit en poudre impalpable, étoit autrefois prefcrit comme émétique à la dofe de deux ou trois grains; & fouvent, pour éviter les inconvéniens produits par fon extrême activité, on accordoit la préférence au verre d'antimoine préparé à la cire. Ce médicament eft aujourd'hui abandonné, & le verre d'antimoine employé dans les arts pour colorer les émaux ne fert dans les pharmacies que pour préparer l'émétique, encore, dans ces derniers temps, lui a-t-on fubftitué avec avantage le *fulfate d'antimoine*.

La préparation antimoniale autrefois connue fous le nom de *crocus metallorum* (fafran des métaux) diffère peu du verre d'antimoine : pour l'obtenir, on foumet le fulfure natif à une chaleur moins vive & furtout moins foutenue, ou bien encore, ainfi qu'on le pratiquoit jadis, on lave dans l'eau bouillante le foie d'antimoine, que l'on prive ainfi du fulfure & du proto-fulfate de *potaffium*, qui font deux de fes parties conftituantes.

VERRÉE, f. f. (*Pharm.*) La balance eft le feul moyen d'évaluation auquel on doit avoir recours lorfqu'il s'agit de fixer la dofe des médicamens doués d'une grande activité; mais, à l'égard de ceux dont l'action eft peu énergique, on fe contente d'une évaluation approximative : telles qu'une *pincée*, une *poignée*, une *verrée*. Cette dernière dénomination eft fréquemment employée pour indiquer la quantité de liquide que doit boire un malade dans un laps de temps déterminé.

On fait encore ufage de ce mot pour exprimer la dofe plus ou moins confidérable de liquide qu'il faut faire entrer dans la préparation de quelques médicamens : ainfi, on dit, faire *infufer, bouillir* ou *macérer* dans une, deux, trois ou

____

(1) *Voyez* les *Collections des thèfes foutenues à la Faculté de médecine de Paris*, août, 1810, n°. 6.

quatre *verrées* d'eau. La capacité des verres dont nous nous fervons habituellement à table, & que chacun peut le plus fouvent vider d'un feul trait, contient environ cinq onces d'eau.

(R. P.)

VERRINE, f. f. (*Bot.* , *Mat. méd.*) Dans quelques-unes des provinces de la France, on défigne fous ce nom l'une des efpèces du genre *Equifetum*, vulgairement auffi nommée *queue de cheval* (*equifetum arvenfe* L.) (*Voyez* PRÊLE, tome XI, page 298, de ce Dictionnaire.)

VERRUE, f. f. (*Path.*) *Verruca* , *poireau* , *porreau.* On donne ce nom à de petites végétations de nature fibreufe, analogue à un tiffu cellulaire durci par une inflammation chronique, prenant naiffance par plufieurs racines dans les parties profondes du derme, & fe portant au-dehors fous une forme mamelonée, comme cornée à la circonférence & dont le fommet fe fendille: ces végétations deviennent alors quelquefois extrêmement douloureufes lorfqu'elles font tiraillées par le frottement.

Le fiége le plus ordinaire de ces fortes de végétations, dont la caufe eft entièrement ignorée, eft le dos des mains; on les voit quelquefois à la face palmaire des doigts, partout ailleurs on ne les obferve pas; elles ne font nullement contagieufes, quel que foit le procédé employé pour les tranfmettre, mais elles infpirent beaucoup de dégoût, & l'on répugne en général à donner la main en figne d'amitié aux perfonnes qui ont beaucoup de verrues. (*Voyez* , pour plus de détails, le mot POIREAU, tom. XII, pag. 191, de ce Dictionnaire.)

(NICOLAS.)

VERS, f. m. pl. (*Entomol.*) Dénomination fervant à défigner une claffe nombreufe d'animaux invertébrés que les helminthologiftes ont partagés en plufieurs féries, dont une intéreffe plus particulièrement le médecin, parce qu'elle fe compofe d'animaux parafites qui fe rencontrent à l'intérieur du corps des autres animaux, ce qui lui a fait donner le nom d'*entozoaires* ou *vers inteftins.* (*Voyez* ce mot.) Ces efpèces de vers, que l'on a également féparés en plufieurs ordres, ont pour caractères communs de naître, de vivre, d'engendrer, & de mourir dans le corps d'animaux vivans. (*Voyez* VERS INTESTINS dans ce Dictionnaire, & le même article dans le *Dictionnaire d'Hiftoire naturelle des Zoophytes* de cet ouvrage.

Quelques efpèces de vers ont été défignées fous diverfes dénominations vulgaires, fondées fur leur configuration, fur les individus qu'elles attaquent, ou d'après les endroits qu'elles habitent ordinairement. Ainfi on a quelquefois nommé le dragonneau, *ver de crin* & *ver de fil.* (*Voyez* DRAGONNEAU.) Des fragmens de ténia ont été

improprement appelés *vers cucurbitains*, parce qu'en fe contractant on a prétendu qu'ils prenoient la forme des femences de quelques cucurbitacées. L'*oxyure vermiculaire*, auquel les enfans font fort fujets, a reçu le nom de *ver des enfans.* La larve de l'*oeftre hémorroïdal* prend celui de *ver du fondement des chevaux.*

Les vers de terre ont été autrefois employés dans les pharmacies pour préparer un médicament connu fous le nom d'*huile de vers*, préparation aujourd'hui complétement abandonnée.

(R. P.)

VERS INTESTINS, f. m. (*Pathologie.*) D'après le prof. Cuvier, les vers inteftins font des animaux parafites qui paroiffent former une famille intermédiaire entre les vers (proprement dits) & les zoophytes. Ils ont ce caractère commun, qu'ils habitent feulement dans les parties intimes d'autres animaux, foit qu'on les rencontre dans les cavités naturelles du corps (dans la cavité des membranes, par exemple, & dans celle du canal digeftif), foit qu'ils fe trouvent cachés dans le parenchyme des vifcères, dans le tiffu même des parties : ces derniers font renfermés dans des kyftes.

La plupart des naturaliftes ont diftribué en trois ordres principaux les vers inteftins, d'après leur forme extérieure, favoir : vers *ronds*, vers *plats*, vers *véficulaires.* Le prof. Cuvier les a partagés en deux claffes, dont la première contient les vers plats & les vers véficulaires, qui fe rapprochent par leurs caractères anatomiques des zoophytes, & la feconde les afcarides & les autres efpèces qui offrent plus ou moins de reffemblance avec la famille des vers. Le profr. Laennec a propofé encore une autre divifion fondée fur les caractères anatomiques de ces animaux. Nous les étudierons avec les auteurs plus anciens fous les divifions de vers *ronds*, *plats* & *véficulaires* fans nous arrêter aux opinions plus ou moins hypothétiques d'Ariftote, d'Andry, de Linné, de Valifnieri, &c., fur le mode de génération des vers dans le corps de l'homme. Nous ferons d'ailleurs remarquer en général que ces animaux font plutôt caufes occafionelles de maladies diverfes, qu'ils ne conftituent eux-mêmes une maladie diftincte. La plupart des névrofes, quelques phlegmafies, des hémorragies même, &c., peuvent être déterminées par leur préfence : cependant il eft un certain groupe de fymptômes qui les décèlent plus particulièrement, & des remèdes appropriés les combattent fouvent avec avantage.

1°. VERS RONDS. *Afcarides.* Il y a deux ordres d'afcarides, les lombrics, & les afcarides vermiculaires.

A. Les *lombrics*, toujours multiples, habitent ordinairement dans la cavité de l'inteftin grêle.

Quelquefois cependant ils defcendent dans le gros inteftin, ou remontent dans l'eftomac, l'œfophage, & même jufque dans les foffes nafales. Leur corps eft cylindrique, élaftique, d'une couleur de chair claire, terminé par une queue obtufe & très-légèrement courbée, furmonté par une tête munie de trois tubercules : leur longueur varie d'un demi-pied à un pied & demi. Ils déterminent des douleurs pongitives & déchirantes vers l'ombilic, des coliques vagues, un gonflement partiel dans l'abdomen, la dilatation de la pupille, du prurit aux narines, une odeur aigre de la tranfpiration & de l'haleine, quelquefois des mouvemens convulfifs, &c. Le ventre eft tantôt refferré, tantôt relâché; il y a tantôt boulimie, tantôt inappétence. Les vers font fréquemment rejetés par les felles ou par le vomiffement : dans quelques cas il fe développe un mouvement fébrile.

B. Les *afcarides vermiculaires* font petits, minces, de fix à quatre lignes de longueur. Leur corps grêle fe termine par une queue en fcie, & offre une tête munie de deux véficules latérales. Ils vivent dans le gros inteftin, & fe rencontrent furtout chez les enfans, ainfi que les lombrics; ils excitent un prurit violent à l'anus, quelquefois du ténefme, un écoulement blanc, des tumeurs hémorrhoïdales, une inflammation de la région anale, des grincemens de dents pendant la nuit. Chez les petites filles, ils peuvent quelquefois s'introduire dans le vagin, remonter même dans l'urèthre & jufque dans la veffie; ils déterminent alors dans ces parties un prurit intolérable.

C. Il eft un troifième ordre de vers, dits *trichocéphales*, qui ne paroiffent donner lieu à aucun accident, & que l'on trouve fouvent dans le cœcum. Ils font d'une grande ténuité, & ont été furtout obfervés dans la maladie muqueufe décrite par Rœderer & Wagler.

Les vers ronds font en général doués d'organes digeftifs & d'organes génitaux (foit féparés, foit réunis); quelques-uns même ont des ganglions & des fibres mufculaires.

2°. VERS PLATS. *Tœnia.* Le ténia a la forme d'une bandelette blanche (d'où lui eft venu fon nom), il a le corps plat, articulé, partagé par des lignes tranfverfales; fa tête eft tuberculeufe & fort petite; fa longueur peut s'étendre jufqu'à foixante, quatre-vingts pieds & plus. La tête occupe l'extrémité la plus fine de ce long corps; elle eft munie de quatre fuçoirs. Pour que la guérifon foit complète, il faut que cette partie foit expulfée. On diftingue deux efpèces principales de ténia, le *ténia armé*, dont la tête eft garnie de deux crochets rétractiles qui fe fixent dans les membranes de l'inteftin, & fur chaque article duquel on remarque deux ftigmates ou fuçoirs (*tœnia folium, tœnia vulgaris, tœnia canina*);

& le *ténia non armé*, qui n'a ni crochets, ni ftigmates, mais feulement deux tubercules brunâtres au milieu de chaque anneau.

Le ténia peut exifter long-temps dans le corps de l'homme fans donner lieu à aucun accident; les fignes qui décèlent le plus ordinairement fa préfence font les fuivans : fentiment de reptation dans le ventre, douleurs aiguës & poignantes, fentiment de morfure dans divers points de l'abdomen; quelquefois le ventre fe gonfle tout-à-coup, puis s'affaiffe tout auffi rapidement. L'appétit eft dépravé, parfois il furvient une véritable boulimie : on obferve des naufées que l'ingeftion des alimens fait quelquefois ceffer; une diarrhée, quelquefois fanglante, alterne avec la conftipation. On voit parfois furvenir des palpitations de cœur, de l'oppreffion, des vertiges, des fyncopes, des aberrations des fens, une paralyfie partielle, des mouvemens convulfifs, une fièvre paffagère, &c.; le malade rend des fragmens de ténia quelquefois fans le favoir.

Les vers plats n'ont ni organes digeftifs ni organes génitaux diftincts; quelquefois feulement des ovaires rameux paroiffent être deftinés à la génération : ils font doués la plupart d'un fyftème abforbant.

Les deux grandes claffes de vers que nous venons de décrire comprennent les *vers inteftinaux* (proprement dits); ils peuvent exifter fans donner lieu à aucun accident; les phénomènes qui accompagnent leur préfence font fouvent obfcurs & peuvent être fimulés par une foule de maladies : en général on ne peut être certain de leur exiftence que lorfque le malade en a déjà rendu par la bouche ou par les felles, ce qui eft le plus ordinaire.

On a beaucoup exagéré la fréquence & furtout le danger des vers inteftinaux dans l'enfance, & plufieurs maladies ont été attribuées à tort à cette caufe banale. Toutefois il eft vrai de dire qu'ils peuvent, dans certains cas, déterminer des accidens graves, perforer le canal inteftinal, amener le marafme & la mort par l'altération de la nutrition qu'ils produifent, &c. On doit donc s'occuper de les combattre, lorfque leur préfence donne lieu à des accidens. On remarque qu'une conftitution molle & lymphatique, un mauvais régime, une altération particulière des fécrétions muqueufes qui alimentent les vers, &c., font les conditions les plus favorables à la production de ces animaux. C'eft donc d'abord à modifier la conftitution par un régime & des foins hygiéniques convenables qu'il faut s'attacher. Une diète animale, l'ufage du vin & des boiffons amères, l'habitation d'un lieu fain, l'entretien des fonctions de la peau, telles font les premières conditions fans lefquelles on s'oppofera difficilement à la reproduction des vers inteftinaux, furtout dans l'enfance.

Les remèdes à l'aide defquels on combat les acciden produits par ces animaux parasites sont ceux qui agissent sur les vers eux-mêmes pour les détruire, & ceux qui agissent sur les organes qui les re-cèlent pour fortifier leur tissu, modifier avanta-geusement leur mode de sécrétion, solliciter leur action expulsive. Dans la première catégorie se rangent la fougère mâle, la mousse de Corse, le calomel, l'huile de ricin, les purgatifs, &c. Dans la seconde se trouvent les toniques, les amers, le vin, les purgatifs, &c. En outre, il est plusieurs remèdes appropriés aux diverses espèces de vers. Ainsi les ascarides vermiculaires se détruisent facilement au moyen de lavemens d'eau salée, de décoction de tanaisie, d'aloës, &c. : le ténia est souvent combattu avec succès par le remède de madame Nouffer (fougère mâle & purgatifs), par celui du Dr. Bourdier (éther sulfurique administré par la bouche & en lavement, & huile de ricin), & par beaucoup d'autres remèdes plus ou moins célèbres. (Voyez TÆNIA & l'article VERMIFUGES.)

3°. VERS VÉSICULAIRES. *Hydatides*. Les vers vé-siculaires ne présentent ni organes génitaux, ni or-ganes digestifs ; ils se reproduisent par bourgeons ; plusieurs n'ont aucun organe distinct. Ils sont con-tenus dans des kystes & se trouvent dans le tissu des parties, dans quelques cavités membraneuses, dans le parenchyme des viscères. Ces vers, dont quelques-uns n'offrent aucun caractère d'animalité manifeste, ont été l'objet d'un travail fort remar-quable du savant Laennec, qui les a divisés en plusieurs espèces dont nous indiquerons seulement les deux principales, savoir : les *cysticerques*, qui ont un corps terminé en avant par une tête sem-blable à celle du ténia, garnie à sa base de quatre suçoirs, & terminé en arrière par une vessie transparente (on a en a trouvé dans le cerveau & dans quelques autres viscères); & les *acéphalo-cystes*, composés d'une vessie plus ou moins trans-parente, sans fibres apparentes, sans corps ni tête. Ce sont ceux qu'on rencontre le plus sou-vent dans les viscères de l'homme, & quelquefois même dans la profondeur d'autres parties du corps, dans les membres, par exemple, &c. Ces vers ne peuvent donner lieu à des accidens que par leur volume & par l'obstacle qu'ils apportent aux fonctions de l'organe qui les recèle. Souvent on en a trouvé à l'ouverture du corps dont rien n'a-voit pu faire soupçonner l'existence pendant la vie. On les a quelquefois expulsés de la cavité de l'u-térus au moyen d'injections d'eau salée. Lorsque les kystes qui les renferment occupent les parties ex-térieures du corps, & sont accessibles aux opéra-tions chirurgicales, les hydatides peuvent être guéris par le secours de la médecine opératoire.

Nous avons omis sciemment dans cet article plusieurs espèces de vers intestins dont l'existence est révoquée en doute par la plupart des auteurs, comme le *ditrachycéros* de Stulzer (que l'on a prétendu n'être qu'une graine végétale), la *furie*

infernale, le *crinon* & même le *dragonneau*, quoique ce dernier paroisse réellement, dans les pays chauds, pouvoir s'introduire sous la peau & donner lieu aux accidens les plus funestes.

(GIBERT.)

VERSION, s. f. Lorsqu'il arrive que, par suite de sa position vicieuse dans l'utérus, le fœtus ne peut être expulsé par les seules forces de la nature, l'accoucheur est obligé d'introduire la main dans ce viscère, & de faire prendre à l'enfant une situation qui puisse en permettre l'issue. Cette opération, à laquelle on a donné le nom de *version*, est assujétie à des préceptes généraux, eux-mêmes subordonnés à la position anomale du fœtus. (*Voy.* ACCOUCHEMENT, dans le *Dict. de Chirurgie* de cet ouvrage.)

VERT-DE-GRIS, s. m. (*Chim.*, *Mat. méd.*) On connoît, sous cette dénomination vulgaire, deux préparations de cuivre ; l'une est le sous-deuto-carbonate (*vert-de-gris naturel*), l'autre est le *vert-de-gris du commerce* (sous-dèuto-acétate). Le premier existe dans la nature, & prend alors le nom de *malachite* & de *bleu de montagne*. Quel-quefois aussi il se développe à la surface du cuivre par l'influence de l'air humide ; enfin, on le pré-pare encore en précipitant, par le sous-carbonate de potasse, un deuto-sel de cuivre. Le second nous vient du midi de la France, où on l'obtient en lais-sant séjourner des lames de cuivre dans du marc de raisin. (*Voyez*, pour les propriétés du cuivre & de ses diverses préparations, le tome V, p. 244, de ce Dictionnaire.)

VERTÉBRAL, LE, adj. (*Anat. pathol.*) *Ver-tebralis*, qui appartient aux vertèbres, qui y a rapport. Un grand nombre de parties ont reçu cette dénomination.

I. *Artère vertébrale*. Cette artère naît de la partie supérieure & postérieure de la sous-clavière, parcourt le canal creusé dans la base des apophyses transverses des vertèbres cervicales, pénètre dans le crâne, & s'anastomose avec celle du côté opposé pour former le tronc appelé *basilaire*. Pendant ce trajet, elle fournit des branches aux muscles, au canal vertébral, à la dure-mère, ainsi que des branches d'anastomoses.

II. *Canal vertébral*. C'est ainsi que l'on nomme un canal qui règne dans toute l'étendue de la colonne vertébrale, communiquant supérieure-ment avec le crâne, & s'abouchant dans un canal analogue du sacrum. Il est formé en avant par la face postérieure du corps des vertèbres, latéralement, par le pédicule des apophyses transverses, & posté-rieurement par les lames des vertèbres. Ce canal, dont la direction varie suivant les courbures de la colonne vertébrale, est triangulaire & très-large supérieurement, ovalaire dans la région dorsale, & triangulaire inférieurement; il loge le prolongement rachidien avec ses membranes, ses artères & ses veines.

III. *Petit canal vertébral.* Chaque apophyse transverse cervicale, étant percée à sa base d'une ouverture, il résulte de leur réunion un canal cylindrique, destiné à loger l'artère vertébrale, qui porte le nom de *petit canal vertébral.*

IV. *Colonne vertébrale.* Formée par la superposition des vertèbres, elle est la partie fondamentale du tronc, dont elle occupe la région postérieure & moyenne, supportant la tête par son sommet, tandis que par sa base elle s'appuie sur le sacrum qui en est lui-même la terminaison. Pyramidale, & moins grosse à sa partie moyenne que supérieurement & inférieurement, elle n'offre point une ligne droite, mais présente différentes courbures qui suppléent à une plus grande épaisseur. Elle a trois courbures très-marquées dans son diamètre antéro-postérieur; au cou, elle est convexe en avant & concave en arrière; au dos, concave en avant & convexe en arrière; aux lombes, convexe en avant & concave en arrière. On voit donc que ces différentes courbures sont solidaires, & qu'une inflexion dans un sens en amène nécessairement une autre dans le sens opposé, afin de rétablir l'équilibre, qui sans cela ne pourroit être conservé qu'au moyen d'une force continuellement agissante. Outre ces courbures, elle présente à gauche une concavité très-légère vers les troisième & quatrième vertèbres dorsales.

Les anatomistes distinguent dans la colonne vertébrale quatre faces, une base & un sommet. La face antérieure, formée par le corps des vertèbres, est aplatie au cou, semi-elliptique au dos, & arrondie aux lombes. La face postérieure présente les deux gouttières vertébrales séparées par les apophyses épineuses. Aux faces latérales, on voit les apophyses transverses, les trous de conjugaison, &, à la région dorsale, des facettes articulaires pour l'articulation des côtes; la base s'articule avec le sacrum, & le sommet avec l'occipital: elle est parcourue, dans toute son étendue, par le canal vertébral.

La colonne épinière est presque droite chez le fœtus qui vient de naître; peu à peu les courbures s'établissent & deviennent plus marquées, surtout celle du dos, à mesure que l'on avance en âge: elle forme, chez l'adulte, les deux cinquièmes de la hauteur du corps.

Elle est formée par vingt-quatre vertèbres, sept cervicales, douze dorsales, & cinq lombaires, qui sont retenues & assujéties par des ligamens nombreux & puissans, & par des muscles très-forts.

V. *Gouttières vertébrales.* Elles sont situées à la face postérieure de la colonne vertébrale, bornées en dehors par les apophyses transverses, & sépa-

rées l'une de l'autre par les apophyses épineuses; leur fond est formé par les lames vertébrales; elles sont surtout très-marquées dans la région dorsale: elles logent les muscles sacro-lombaires, longs-dorsaux & transversaires épineux.

VI. *Lames vertébrales.* C'est ainsi que l'on désigne deux portions de vertèbres de forme quadrilatère, qui s'étendent des apophyses transverses à l'apophyse épineuse, qu'elles paroissent former par réunion: elles constituent la paroi postérieure du canal vertébral & le fond des gouttières vertébrales.

VII. *Ligamens vertébraux.* Nom collectif, sous lequel on peut comprendre tous les ligamens qui servent à lier les vertèbres entre elles, mais que l'on a spécialement réservé pour désigner deux appareils ligamenteux, distingués en *ligament vertébral commun antérieur* & en *ligament vertébral commun postérieur.*

Le ligament vertébral commun antérieur règne depuis le corps de la seconde vertèbre cervicale jusqu'à la partie antérieure & supérieure du sacrum; le postérieur, situé à la face postérieure de la colonne vertébrale, occupe la même étendue.

VIII. *Mal vertébral.* C'est la carie des vertèbres.

IX. *Moelle vertébrale.* Nom sous lequel on désigne quelquefois la substance nerveuse, plus connue sous le nom de *moelle épinière,* qui remplit le canal vertébral.

X. *Muscles vertébraux.* On donne quelquefois ce nom à tous les muscles en rapport avec la colonne vertébrale, soit qu'ils s'y insèrent par une ou par leur deux extrémités.

XI. *Nerfs vertébraux,* ou de la moelle épinière. On appelle ainsi tous les nerfs qui naissent de la moelle épinière, depuis son origine jusqu'à sa terminaison; ils sont au nombre de trente-quatre: cinq de l'origine de la moelle, six cervicaux, douze dorsaux, cinq lombaires & six sacrés.

XII. *Trous vertébraux,* ou de conjugaison. Ces trous, qui n'existent que lorsque les vertèbres sont articulées, sont formés par des échancrures pratiquées sur le pédicule des apophyses transverses, qui sont converties en trous dans l'état frais, & donnent passage aux nerfs vertébraux & à des vaisseaux.

XIII. *Veines vertébrales.* Elles naissent des sous-clavières, & se divisent bientôt en deux branches, dont l'une suit les apophyses transverses, en distribuant des branches çà & là, pénètre dans le crâne par le trou mastoïdien, & s'ouvre dans le sinus latéral droit; l'autre suit l'artère vertébrale, communique avec les sinus vertébraux & les parties environnantes, & s'ouvre quelquefois dans le sinus latéral. Il y a encore d'autres veines vertébrales, plus connues sous le nom de *veines rachidiennes.*

VERTÉBRALE

VERTÉBRALE (Colonne vertébrale). (*Pathol.*) *Déviation de la colonne vertébrale.* Formée par les vertèbres, dont le corps est composé entièrement de substance spongieuse, recouverte d'une légère couche de substance compacte, la colonne épinière est très-disposée à être affectée de gonflemens & de caries, qui entraînent à leur suite la courbure du tronc. Toujours en action, il est même étonnant qu'elle ne soit pas plus souvent atteinte de déviation, puisque presque toutes les forces musculaires se reportent en dernière analyse sur elle : quel que soit en effet le mouvement du tronc, il se passe sur la colonne vertébrale; les chutes sur les extrémités inférieures, l'action des membres, surtout celle des membres supérieurs, l'action de transporter des fardeaux, de pousser, &c. &c.; elle est le centre de tous les mouvemens. Chaque vertèbre, il est vrai, est douée d'un mouvement à peine sensible, & les efforts qu'elle est appelée à supporter sont décomposés par la multiplicité des pièces & l'élasticité des fibro-cartilages intervertébraux : structure heureuse qui lui donne une force & une résistance très-grandes.

Les causes les plus ordinaires de la déviation de la colonne vertébrale, sont le gonflement, la carie, le ramollissement des vertèbres, leur diastasis, le rachitisme, & leurs luxations complètes ou incomplètes.

On connoît que le gonflement du corps d'une vertèbre tend à produire une convexité, en faisant faire une saillie dans ce point à la colonne vertébrale; mais ce gonflement n'est que passager, ou bien il se termine par la carie ou par le ramollissement : quelquefois le corps de la vertèbre est détruit par la carie, ou bien la pesanteur du corps en produit l'affaissement, lorsqu'il est ramolli. Quelle que soit la circonstance, la vertèbre tendroit à s'affaisser également si la perte de substance étoit égale, mais le corps seul participe ordinairement à la maladie. Les lames vertébrales, les apophyses épineuses & transverses résistent, soutiennent en arrière le corps, qui, ne trouvant en avant aucune résistance, forme dans ce sens un angle rentrant, d'autant plus aigu que les parties détruites ou affoiblies présentoient plus de hauteur. Si une apophyse transverse se trouve détruite, il y a en même temps inclinaison latérale. Dans le rachitisme, le corps des vertèbres n'offrant pas assez de résistance, la colonne vertébrale se dévie, mais toujours de telle manière que, s'il arrive une courbure dans un sens, il s'en forme aussitôt une autre dans un sens inverse, pour rétablir l'équilibre. Les déviations dans le rachitisme, sont favorisées par les courbures déjà existantes, par les points les plus affectés, par l'action musculaire, & par la position habituelle du malade.

Depuis quelque temps, on traite avec le plus grand succès les différentes courbures de la colonne vertébrale, désignées autrefois sous les noms de *cyphosis*, courbure en avant; de *lordosis*, courbure

en arrière, & de *scoliosis*, courbure de côté. On emploie à cet effet un lit mécanique, dont la force d'extension est augmentée peu à peu. Dans l'intervalle du traitement, tout en se servant du lit mécanique, on conseille au malade de faire usage de très-longues béquilles, de sorte que, dans la marche, le corps, suspendu par les aisselles, favorise encore par sa pesanteur le redressement de la colonne vertébrale. Ce traitement, qui est fort long, & dure de deux à trois ans, n'empêche pas les jeunes malades de continuer leur éducation. On obtient des guérisons vraiment miraculeuses à l'aide de ces sortes de moyens, & telle jeune personne, qui étoit bossue il y a quelques années, reparoît dans le monde avec une taille avantageuse. La plupart des individus soumis à ce mode de traitement ont cependant un aspect guindé & une figure de rachitique; un assez grand nombre même sont dans la nécessité de se servir de corsets à bandes d'acier, & peut-être dans l'obligation de marcher de temps en temps avec des béquilles. Leur santé n'est plus assurée, car on n'ignore pas que la plupart de ces malheureux périssent promptement, & souvent avant trente ans, de maladies du cœur, par la gêne que cet organe & les poumons éprouvent dans un thorax trop étroit. Ce traitement, qui jusqu'à présent se fait dans des maisons de santé, est excessivement cher, puisqu'il coûte aux malades de 500 à 600 fr. par mois; espérons qu'avec le temps le prix en diminuera.

(NICOLAS.)

VERTÉBRÉ, ée, adj. (*Zoolog.*) La présence ou l'absence de la colonne vertébrale fournit aux zoologistes un caractère saillant qui leur sert à partager en deux grandes séries les nombreuses familles dont se compose le règne animal.

On nomme *animaux vertébrés* ceux chez lesquels le cerveau & le tronc principal du système nerveux sont contenus dans une enveloppe osseuse qui les met à l'abri des agens extérieurs. Communément ces animaux ont une poitrine & un bassin; ils n'ont jamais plus de quatre membres, ont des mâchoires transversales : leur cœur est unique & musculeux, leur sang est rouge, & ils possèdent les sens de la vue, de l'ouïe, de l'odorat & du goût. Enfin, les sexes sont séparés. A cette classe d'animaux appartiennent les mammifères, les oiseaux, les reptiles & les poissons. (*Voyez*, pour les détails, l'article ZOOLOGIE du *Dictionnaire d'Histoire naturelle* de cet ouvrage.)

VERTÈBRES, s. f. pl. (*Anat.*) *Vertebræ*, σπονδύλος, de *vertere*, tourner. Petits os d'une forme irrégulière, au nombre de vingt-quatre, qui, par leur réunion, forment l'épine du dos ou le rachis, que nous avons décrit plus haut sous le nom de *colonne vertébrale*. Elles sont divisées en trois classes : 1°. les supérieures ou *cervicales*; 2°. les

H h h

moyennes ou *dorfales* ; 3°. enfin les inférieures ou *lombaires*. Cette division n'eſt nullement arbitraire, puiſque chaque claſſe préſente des caractères qui lui font propres & qui empêchent de confondre l'une avec l'autre.

Chaque vertèbre eſt formée d'un corps, de deux apophyſes tranſverſes , d'une apophyſe épineuſe , de deux lames , de quatre apophyſes articulaires, de quatre échancrures & d'un trou.

Le corps des vertèbres reſſemble à un ſegment d'un demi-cylindre ; ſes faces ſupérieures & inférieures planes donnent attache au fibro-cartilage intervertébral ; ſa face antérieure , convexe de droite à gauche & concave de haut en bas, forme la partie antérieure de la colonne vertébrale. Sa face poſtérieure, concave tranſverſalement, forme la paroi antérieure du trou vertébral. A la réunion de la face antérieure avec la face poſtérieure & ſupérieurement , on voit s'élever un petit pédicule ſur lequel ſont creuſées deux échancrures , une ſupérieure , à peine ſenſible , & une inférieure très-marquée. Quand les vertèbres ſont articulées , ces échancrures ſont converties en ouvertures appelées *trous de conjugaiſon*, parce qu'ils réſultent de la conjonction ou réunion des échancrures ſupérieures & inférieures de deux vertèbres. Du ſommet de ce pédicule ſur lequel ſont creuſées ces échancrures, il naît une éminence aſſez longue qui ſe porte en dehors , & que l'on appelle *apophyſe tranſverſe*. Du point de réunion du pédicule & de l'apophyſe tranſverſe, & en dedans, il part une portion oſſeuſe, quadrilatère, amincie, nommée *lame vertébrale* ; en ſe portant en dedans & en arrière, elle ſe réunit avec celle du côté oppoſé, & de leur réunion réſulte l'*apophyſe épineuſe*. Les apophyſes articulaires, dites auſſi *obliques*, ſe diſtinguent en ſupérieures & en inférieures ; les ſupérieures, qui forment comme le ſommet du pédicule dont nous venons de parler, regardent en arrière, & ſont recouvertes par les apophyſes articulaires inférieures de la vertèbre ſupérieure ; les inférieures, creuſées ſur la lame vertébrale, regardent en dedans & recouvrent les articulaires ſupérieures de la vertèbre inférieure. Le *trou vertébral* eſt circonſcrit antérieurement par le corps de la vertèbre, latéralement par le pédicule des apophyſes tranſverſes, & poſtérieurement par les lames vertébrales. Telle eſt la deſcription générale & ſuccincte de ces os irréguliers qui préſentent quelques différences ſuivant les régions du corps qu'ils occupent.

Les *vertèbres cervicales*, au nombre de ſept, ont le corps quadrilatère, le plus grand diamètre étant de droite à gauche ; les apophyſes tranſverſes ſont percées à leurs baſes d'une ouverture qui forme le petit canal vertébral ; l'apophyſe épineuſe eſt courte & bifurquée ; le trou vertébral eſt triangulaire. Outre cela, la première , la ſeconde & la ſeptième ont chacune reçu un nom particulier ; la première, appelée *atlas* parce qu'elle ſupporte la

tête, eſt un anneau irrégulier. Le corps vertébral n'exiſte pas ; les apophyſes articulaires forment des *maſſes* dites *latérales*, creuſées ſupérieurement d'une cavité articulaire pour l'articulation de l'occipital, & planes inférieurement, pour faciliter la jonction avec la ſeconde vertèbre, nommée *axis*. Cette dernière eſt preſque triangulaire ; ſon corps eſt ſurmonté d'une apophyſe nommée *odontoïde*, s'articulant avec la face poſtérieure du ſegment de cercle, qui s'étend antérieurement d'une maſſe à l'autre de l'atlas. Le trou vertébral reſſemble à un cœur de carte à jouer.

La ſeptième vertèbre, dite *proéminente*, doit ce nom à la longueur de ſon apophyſe épineuſe ; quelquefois le trou qui ſe remarque à la baſe des apophyſes tranſverſes n'exiſte pas dans celle-ci.

Les *vertèbres dorſales* ſont au nombre de douze, & aucune d'elles n'a reçu de nom particulier. Quoique la première ſoit plus petite que la douzième, ces vertèbres diminuent cependant de volume depuis la première juſqu'à la quatrième pour augmenter enſuite progreſſivement ; elles diffèrent des cervicales par la forme ſemi-elliptique de leurs corps, parce que l'apophyſe tranſverſe n'eſt point percée d'un trou à ſa baſe , & qu'elle préſente, au contraire, à l'extrémité antérieure de ſa circonférence, une facette pour ſon articulation avec les côtes. A la réunion de la face antérieure du corps avec la face poſtérieure, il exiſte ſupérieurement & inférieurement deux facettes articulaires, la ſupérieure plus grande & l'inférieure plus petite ; ces facettes, demi-circulaires, réunies avec celles des vertèbres ſupérieures & inférieures, forment des cavités deſtinées à recevoir l'extrémité poſtérieure des côtes. Le trou vertébral eſt légèrement ovalaire de droite à gauche ; l'apophyſe épineuſe eſt fort longue. La première vertèbre dorſale ſe reconnoît à ce que ſon corps a plus d'étendue tranſverſalement que d'avant en arrière, & que la facette articulaire ſupérieure eſt complète, tandis qu'inférieurement il n'y a qu'une demi-facette. La dixième préſente deux facettes articulaires ; cependant la ſupérieure eſt quelquefois terminée par une petite portion articulaire de la neuvième vertèbre. La onzième & la douzième diffèrent des autres en ce qu'elles ne préſentent chacune qu'une ſeule facette articulaire, creuſée en partie ſur le corps de la vertèbre & ſur le pédicule de l'apophyſe articulaire.

Les *vertèbres lombaires*, au nombre de cinq, ont un corps volumineux, plus étendu tranſverſalement que d'avant en arrière ; elles ſont ſans trou à la baſe des apophyſes tranſverſes, & ſans facettes articulaires comme les dorſales. Le trou vertébral eſt triangulaire. La cinquième ſe reconnoît à un corps taillé en biſeau, dont la partie la plus large eſt en avant.

Les vertèbres ſont réunies entr'elles par des ligamens exceſſivement forts & nombreux, qui ne permettent que de foibles mouvemens dans chacune d'elles en particulier, mais quoiqu'ainſi limités dans chaque vertèbre, ces mouvemens ne laiſſent pas que d'être très-étendus lorſqu'ils ſont répétés ſimultanément par les vingt-quatre vertèbres. La première & la ſeconde ont des ligamens qui leur ſont propres, ſoit pour leur articulation particulière, ſoit pour celle de l'atlas avec l'occipital; toutes les autres ont un même mode d'articulation. Leurs moyens d'union ſont les ligamens intervertébraux, le ligament vertébral commun antérieur, le ligament vertébral commun poſtérieur, le ligament ſurépineux, les ligamens jaunes & les capſules articulaires des apophyſes articulaires: outre ces parties, les muſcles qui les recouvrent leur prêtent encore un puiſſant appui.

Les vertèbres ſont ſuſceptibles de fractures, de luxations, d'exoſtoſes, de caries, de gonflemens, de ramolliſſement, &c. &c., maladies d'autant plus graves que ces os ſont chargés de fournir un ſupport au tronc & de conſerver la moelle épinière (1).

Le ſyſtème oſſeux, que l'on conſidéroit à tort autrefois comme paſſif, reſte cependant toujours fixe au milieu de toutes les mutations des autres organes: auſſi la colonne vertébrale ou la vertèbre eſt-elle devenue depuis quelque temps, & avec raiſon, le point de départ des naturaliſtes anatomiſtes; c'eſt la ſeule qui peut ſervir de point fondamental qui ſoit toujours juſte dans ſes réſultats. Conſidérée d'une manière générale, la vertèbre s'établit par un corps central avec deux appendices & deux trous, un ſupérieur pour les nerfs, & un inférieur pour le canal artériel, ce qui eſt très-évident dans les pleuronectes. Dans la lamproie, la vertèbre préſente une large ouverture, ce qui ſemble la rapprocher des invertébrés, dans leſquels le ſyſtème oſſeux gagne de plus en plus l'extérieur, comme on le voit dans les écreviſſes, dont le têt peut & doit être conſidéré comme les vertèbres de ce cruſtacé. Il eſt de notre nature de généraliſer, & c'eſt déjà ſur l'unité de conformation qu'eſt fondé l'ouvrage d'Ariſtote, de Partibus; cette idée a toujours prévalu. Belon, en 1555, plaça le ſquelette de l'homme & celui de l'oiſeau dans un cadre. Trois ſiècles après, Camper en fit autant pour la femme & la jument, & on vit qu'il n'y avoit preſque pas de différence fondamentale. Chez la ſalamandre, la colonne vertébrale n'eſt qu'une ſucceſſion de cercles ſans apophyſes. Les cruſtacés ne diffèrent des batraciens qu'en ce que leurs os ſont en dehors, tandis que chez ces derniers ils occupent le centre. On eſt étonné qu'aucun naturaliſte n'en ait fait mention.

C'eſt donc ſur le ſyſtème oſſeux vertébral que repoſent toutes les autres parties qui n'en ſont

que des appendices. Il eſt manifeſte qu'il y a un plan commun pour les vertèbres que l'on doit conſidérer comme compoſées de neuf pièces, dont une impaire, ou le cycléal, occupe le centre, les autres ſont placées en deſſus & en deſſous; les deux pièces ſupérieures ſont employées à coiffer la moelle épinière ou le ſyſtème nerveux. Lorſque le ſyſtème ſanguin eſt conſidérable, les paraals ſont écartés & deviennent les côtes; eſt-ce le ſyſtème médullaire qui s'étend, toutes ces petites pièces (les épials) ſervent à contenir le ſyſtème nerveux: car l'enveloppe cranienne oſſeuſe paroîtroit compoſée de ſept vertèbres conſécutives ſoudées enſemble; le cerveau étant volumineux, toutes les pièces aplaties ſont employées; il n'y a ni éminences ni épiphyſes, elles ſe modifient ſuivant que les organes à contenir ſont plus ou moins nombreux ou volumineux.

Le ſyſtème oſſeux vertébral étant le régulateur de tous les autres ſyſtèmes, exige, de la part de l'anatomiſte naturaliſte, des recherches très-ſuivies, s'il veut avoir quelques données certaines ſur le mécaniſme de notre organiſation.

(NICOLAS.)

VERTÉBRO-ILIAQUE, adj. (Anat.) Vertebro-iliacus. On donne ce nom à l'articulation de la dernière des vertèbres lombaires, avec l'os des îles. Cette articulation a lieu à l'aide d'un ligament nommé ileo-lombaire, qui s'étend de l'apophyſe tranſverſe de la cinquième vertèbre lombaire, à la partie ſupérieure & poſtérieure de la crête de l'iléon (1).

VERTEX. (Anat.) Mot latin conſervé en français pour déſigner la partie ſupérieure de la tête ou ſinciput. (Voyez ce dernier mot & VERTEX dans le Dictionnaire d'Anatomie de cet ouvrage.)

VERTIGE, ſ. m. (Path.) Vertigo; dérivé de vertere, tourner. Sorte de léſion de l'encéphale, dans laquelle il ſemble que tous les objets environnans tournent autour de la perſonne qui en eſt affectée, & que cette perſonne tourne elle-même. Cette eſpèce d'hallucination paroît avoir pour cauſe une congeſtion du ſang vers la tête, ou la ſimple pléthore des vaiſſeaux cérébraux; auſſi eſt-elle un des ſignes précurſeurs de l'apoplexie. Elle eſt auſſi fréquemment le réſultat du trouble que jettent dans la circulation & l'innervation, un tournoiement prolongé, un accès de colère, un moment de terreur, &c.

Sans parler ici des diverſes eſpèces de vertiges, évidemment ſymptomatiques, admiſes par Sauvages, telles que le vertige ſtomachique, hyſtérique, ſyphilitique, &c., il exiſte une ancienne

(1) Voyez VERTÈBRES dans le Dictionnaire de Chirurgie de cet ouvrage.

(1) Voyez BASSIN & LIGAMENT-ILÉO-LOMBAIRE, dans le Dictionnaire d'Anatomie de cet ouvrage.

Hhh 2

distinction du vertige, en simple (*simplex*), & en ténébreux (*tenebricosa*). Dans le premier, les objets paroissent tourner sans que la vue soit altérée ou obscurcie; dans le second, connu aussi sous le nom de *scotomie*, le tournoiement est accompagné d'obscurité de la vue, de palpitations, de perte de l'intelligence, &c.; & le malade finit par tomber sans connoissance. Ce dernier est un symptôme précurseur de l'épilepsie. Le vertige n'est un symptôme fâcheux, que lorsqu'on a lieu de craindre l'épilepsie, l'apoplexie & autres affections de l'encéphale; mais, chez les femmes nerveuses, les hypochondriaques, & les convalescens, il n'est d'aucune importance.

(BRICHETEAU.)

VERTIGO, f. m. (*Art. vétér.*) Maladie grave dans laquelle le cheval tourne sans cesse, si on le fixe à un piquet.

VERUMONTANUM, f. m. (*Anat.*) Mot latin formé de *veru*, dard, & de *montanum*, élevé. On donne ce nom à une éminence que l'on désigne aussi fréquemment sous celui de *crête uréthrale*, de *luette vésicale*, & qui est placée dans la prostate au-devant du col de la vessie. Sur les côtés de l'extrémité antérieure de cette saillie, sont les orifices des conduits éjaculateurs.

Le *verumontanum* acquiert quelquefois un volume considérable & beaucoup de dureté : il gêne alors l'excrétion de l'urine & l'éjaculation du sperme. Il est encore susceptible d'être déchiré par le bec de la sonde, dans l'opération du cathétérisme, & de cet accident peut quelquefois résulter l'oblitération des conduits éjaculateurs. (*Voyez* URÈTRE dans le *Dictionnaire d'Anatomie* de cet ouvrage.)

VERVEINE, f. f. (*Bot.*, *Mat. méd.*) *Verbena*. Genre de plantes faisant partie de la Diandrie monogynie de Linné, & servant de types à la famille des Verbenacées. Parmi les espèces de ce genre, il faut remarquer le *verbena officinalis* & le *verbena triphylla*.

Le *verbena officinalis* a dû sa réputation, non à des propriétés réelles, mais aux usages superstitieux auxquels le faisoient servir les Druides. Cette verveine n'a effectivement point d'odeur, & sa saveur est à peine amère; cependant elle a été employée dans l'ictère, l'hydropisie, la pleurésie, & dans beaucoup d'autres affections essentiellement différentes les unes des autres. Aujourd'hui quelques habitans de la campagne, après avoir fait bouillir cette plante dans du vinaigre, l'appliquent sur la partie douloureuse dans les cas de douleurs pleurétiques : ce topique dérivatif doit très-probablement au vinaigre les bons effets qu'il peut produire.

Quant à la *verveine odorante*, c'est un arbrisseau dont les feuilles exhalent une odeur de

citron fort agréable; aussi a-t-on proposé de les substituer à celles du thé pour en faire des infusions, ou au citron, dans la préparation du punch.

VÉSALE (André). (*Biogr. méd.*) Cet homme illustre, que l'on regarde à juste titre comme l'un des fondateurs de l'anatomie, naquit à Bruxelles. Les uns croient que ce fut le 30 avril 1513, et d'autres le 31 décembre 1514. Il tiroit son origine d'une famille de médecins distingués. Il étudia à l'Université de Louvain, puis à Cologne, et de là vint à Montpellier, puis à Paris, et fut un des disciples les plus zélés du médecin ordinaire de François Ier., Gautbier-d'Andernach, qui n'hésita point à confier à Vésale, à peine âgé de 25 ans, la publication de ses ouvrages. Peu après, Vésale retourna dans les Pays-Bas, passa en Italie précédé d'une telle renommée, que plusieurs gouvernemens cherchèrent à le fixer en lui accordant de grands avantages; c'est ainsi qu'il enseigna successivement l'anatomie; à Pavie, à Bologne, puis à Pise. C'est vers cette époque que parut la Ire. édition de son ouvrage sur l'*anatomie*, dont les planches furent attribuées au Titien. L'affluence des élèves qui s'empressèrent de suivre ses cours, en augmentant sa réputation, lui suscita aussi de nombreux ennemis, parmi lesquels Sylvius, plus connu sous le nom de *Jacques de Le Boë*, fut l'un des plus irréconciliables. Charles-Quint voulant fixer Vésale à sa cour, lui conféra le titre de son premier médecin, emploi que lui conserva Philippe II lors de l'abdication de Charles.

Le fait suivant est propre à montrer combien l'anatomie étoit peu cultivée en 1546, époque à laquelle Vésale fit un voyage à Bâle. Ce célèbre anatomiste ayant gratifié l'Ecole de médecine de cette ville d'un squelette humain, on le déposa dans l'amphithéâtre, et on plaça au-dessous l'inscription suivante :

Andreas Vesalius Bruxell.
Caroli V aug. archiatrus
laudatiss. anatomicorum administr. comm.
in hac urbe regiâ publicaturus
virile quod cernis sceletum
artis & industriæ suæ specimen
anno christiano. M. D. XLVI.
exhibuit erexitque.

Mettant à profit les avantages que lui procuroit le titre de premier médecin de Philippe II, Vésale chercha, autant qu'il étoit alors possible de le faire en Espagne, à répandre le goût et à faciliter l'étude de l'anatomie. Tout sembloit lui promettre une carrière longue et glorieuse, lorsqu'un événement peu probable (1), mais dont la

_____

(1). On prétend que Vésale fit, avec trop de précipitation, l'ouverture du cadavre d'un gentilhomme confié à ses soins, & dont la maladie avoit présenté des caractères malveillance profita, ou plutôt qu'elle imagina pour le perdre, vint tout-à-coup le précipiter dans l'abîme du malheur. C'est effectivement au retour d'un pèlerinage, qu'une condamnation du tribunal de l'inquisition l'avoit forcé de faire à la Terre-Sainte, qu'il fut jeté par la tempête sur les côtes de l'île de Zante, où il périt misérablement le 15 octobre 1564.

Les écrits assez nombreux de Vésale ont été recueillis et publiés sous le titre suivant :

Andreæ Vesalii, invictissimi Caroli V, imperatoris medici, opera omnia anatomica & chirurgica, curâ Hermanni Boerrhaave & Bernhardi Siegfried Albini. Leyde, 1725, 2 vol. in-fol.

VÉSANIES, f. f. pl. (*Path.*) *Vesaniæ.* On donne le nom de vésanies aux lésions des facultés intellectuelles ou affectives qui ne sont point accompagnées de fièvre : Linné, Macbride, Sauvages, Sagar, Cullen, et en dernier lieu Pinel, ont compris sous la dénomination générique de *vésanies* les divers dérangemens de l'entendement humain, qui forment une classe fort importante de la nosologie, et dont il a été traité aux mots ALIÉNATION MENTALE, FOLIE, MÉLANCOLIE SIMULÉE, MONOMANIE, &c. Quelques auteurs ont pensé que le mot *vésanies* s'appliquoit plus particulièrement aux lésions des facultés affectives, et ils ont même fait une classification spéciale pour ces dernières : c'est ainsi que Mathey de Genève a admis trois variétés de ces sortes de lésions ; 1º. la *pathomanie*, ou la perversion des penchans naturels & de la volonté ; 2º. l'*uiophobie*, ou l'aversion pour les enfans ; 3º. la *klopémanie*, ou le penchant irrésistible au vol. (BRICHETEAU.)

VESCE, f. f. (*Bot.*, *Mat. méd.*) Genre de plantes de la Diadelphie décandrie de Linné, & de la famille des Légumineuses. Le nombre de ces plantes herbacées & grimpantes est fort considérable ; mais il ne peut être ici question que de deux espèces : l'une la vesce cultivée (*vicia sativa* L.) ; l'autre la fève de marais (*vicia faba* L., *faba vulgaris* de C.), dont on a déjà parlé à l'article FÈVE, tom. VI, pag. 365 de ce Dictionnaire.

Les graines de la vesce cultivée sont les seules parties de cette plante susceptibles d'être employées en médecine pour préparer des cataplasmes émolliens & résolutifs. Néanmoins, on prétend que, réduites en farine & mélangées avec celles du froment, ces graines ont servi, dans des temps de disette, à faire un pain grossier & de difficile di-

-gestion. C'est particulièrement pour nourrir les pigeons que l'on cultive cette espèce de vesce, dont les moutons mangent aussi les tiges desséchées. (R. P.)

VÉSICAL, LE, adj. (*Anat.*, *Path.*) *Vesicalis.* Qui a rapport à la vessie. Différentes parties ont reçu ce nom : ainsi il y a les *artères* & les *veines vésicales*, la *luette vésicale*, le *trigone vésical* & l'inflammation de la membrane muqueuse de la vessie est connue sous celui de *catarrhe vésical.*

I. *Artères vésicales.* Branches nombreuses fournies par l'*ombilicale*, l'*hémorroïdale moyenne*, la *honteuse interne*, l'*ischiatique*, l'*obturatrice*, l'*hypogastrique*, & quelques-unes par l'*épigastrique.* Chez la femme les *spermatiques* en fournissent quelques-unes.

II. *Veines vésicales.* Elles suivent les divisions des artères, & vont se rendre de chaque côté dans les veines hypogastriques & obturatrices.

III. *Luette vésicale.* Formée par la membrane muqueuse de la vessie, son épaisseur est à peu près de trois lignes, & elle constitue l'angle antérieur du trigone vésical.

IV. *Trigone vésical.* Surface triangulaire située à la région inférieure & antérieure de la vessie, circonscrite par trois ouvertures, en avant du col de la vessie, & en arrière des orifices des uretères, qui en marquent les angles, éloignés les uns des autres d'un peu plus d'un pouce. Cette surface triangulaire, légèrement saillante, est moins ridée, & présente une couleur qui diffère constamment de celle des autres régions de la vessie ; sa texture est également différente ; elle est beaucoup plus sensible & moins contractile que le reste de cet organe. On le dit plus grand chez la femme que chez l'homme.

V. *Catarrhe vésical.* Ce n'est autre chose que l'inflammation de la membrane muqueuse de la vessie ; il peut être aigu ou chronique. Toutes les causes susceptibles de produire une inflammation, outre celles qui agissent spécialement sur la vessie, peuvent occasionner ce catarrhe : tels sont surtout la présence de calculs, l'usage des cantharides, des substances balsamiques, les injections irritantes, les rétentions d'urines prolongées, &c. : les symptômes généraux des inflammations des membranes muqueuses l'accompagnent. Il y a tension & pesanteur au périnée, envie très-fréquente & difficulté d'uriner, avec chaleur vive au commencement & surtout lorsqu'on cesse de rendre les urines. Ce liquide est d'abord clair & en petite quantité, mais après quelques jours, lorsque les symptômes se calment, il est trouble, dépose des flocons de mucosité blanchâtre, & est rendu avec moins de douleur. La durée de cette

équivoques : à l'instant où le péricarde fut ouvert, quelques personnes crurent apercevoir un mouvement de contraction dans le cœur. Ce fait, dénoncé à l'inquisition, fit prononcer contre l'anatomiste une sentence de mort, qui, à la sollicitation de Philippe II, fut commuée en un pèlerinage à la Terre Sainte.

maladie, eft de fix à huit jours, & quelquefois de fix femaines, époque à laquelle elle fe termine ou paffe à l'état chronique; d'autres fois, foit qu'elle ait été négligée, foit que la caufe ait été plus intenfe, elle peut fe compliquer d'une *cyftite* aiguë, & être alors très-grave. Le catarrhe véfical aigu eft d'autant moins fâcheux que les perfonnes qui en font atteintes font plus jeunes, parce que la réfolution eft plus franche, & qu'il eft moins fufceptible de paffer à l'état chronique, comme il arrive chez les vieillards; il eft plus grave & beaucoup plus fréquent chez les hommes que chez les femmes.

Le catarrhe véfical chronique peut fuccéder au catarrhe aigu, ou bien affecter, dès le commencement, une marche lente, & être ainfi chronique dès fon début, comme cela a lieu chez les vieillards. Les caufes font les mêmes que celles du catarrhe aigu, feulement elles agiffent plus fréquemment ou plus lentement & long-temps, ou bien elles ont lieu fur un individu foible ou âgé. S'il fuccède au catarrhe aigu, les douleurs ceffent peu à peu, & deviennent nulles ou prefque nulles : cependant le malade éprouve affez fouvent de la pefanteur au périnée, & de temps en temps de la difficulté d'uriner; les urines, troubles, dépofent des flocons muqueux en plus ou moins grande quantité, & qui fortent plus abondamment fur la fin de l'émiffion de l'urine : au lieu de flocons, ce font quelquefois des filamens, qui ont été pris dans quelques circonftances pour des vers. On a vu cette mucofité fi abondante que l'urine étoit comme purulente. Je me rappelle qu'étant à l'Hôtel-Dieu, j'étois chargé de fonder une femme atteinte d'un catarrhe véfical chronique très-grave; chaque fois que je la fondois, je donnois iffue à plus d'un verre de cette matière purulente, qui répandoit une odeur alcaline fi pénétrante qu'elle irritoit la conjonctive & la membrane de Schneider.

La durée de cette maladie eft indéterminée. Si la fécrétion mucofo-purulente eft abondante, fi la perfonne eft âgée, elle eft très-grave & peut fe terminer par la mort, après avoir caufé tous les degrés d'affoibliffement. Elle eft rarement curable, & lorfque l'on croit en obtenir la guérifon, elle n'eft que momentanée : le moindre écart, le moindre excès la faifant reparoître.

Traitement. Comme dans cette maladie on a furtout à redouter fon paffage à l'état chronique, il faut employer un traitement actif. Auffi, dès le début, pour que les fymptômes foient marqués, on prefcrira une ou plufieurs faignées générales, que l'on fera fuivre immédiatement d'une ou de plufieurs applications de fangfues au périnée, à l'hypogaftre, puis de cataplafmes émolliens qui recouvriront toutes ces parties; on aura recours aux bains de fiége, aux boiffons délayantes, rafraichiffantes, émollientes, en abondance. S'il y a véritablement rétention d'urine, il faudra fonder le malade, mais avec beaucoup de précautions; fouvent une forte application de fangfues & un bain feront plus utiles que le cathétérifme. Default confeille, quand on a fondé, de profiter de la préfence de la fonde pour pouffer doucement des liquides mucilagineux dans la veffie; fi l'introduction de cet inftrument étoit impoffible, & que le befoin fût urgent, on retireroit l'urine en faifant la ponction de la veffie. Vers la fin de la maladie, on emploiera quelques toniques amers, ainfi que des moyens hygiéniques.

Quelle que foit la caufe du catarrhe véfical chronique, il eft bien rare qu'on puiffe le traiter avec fuccès; auffi, quand on a attaqué la caufe dont on croit qu'il dépend, fans obtenir de foulagement, on en eft réduit aux moyens empiriques : la fouftraction des corps étrangers, la guérifon des rétréciffemens de l'urèthre, le foin que l'on a de ne plus rendre fes urines étant couché, fuffifent quelquefois pour le guérir. S'il réfifte, fi le malade n'eft pas trop affoibli, on lui fera prendre d'abord quelques bains, & enfuite on lui ordonnera des injections d'abord émollientes, puis plus ou moins actives, & même faites avec des eaux fulfureufes. On fe fervira avec avantage de la fonde à double courant de M. J. Cloquet. On pourra enfuite employer d'autres eaux plus actives, & même des folutions falines, dont j'ofe à peine parler, à caufe des accidens graves qui pourroient réfulter de leur ufage inconfidéré. On recommande, à l'intérieur, les amers, les balfamiques, les fulfureux, le *raifin d'ours*, la racine de *pareira brava*, etc. L'attention la plus foutenue doit être dirigée du côté de l'état des forces, afin de les maintenir, & même de les augmenter, s'il eft poffible. Les moyens hygiéniques font très-recommandés. (NICOLAS.)

VÉSICANT, adj. (*Mat. méd.*) On donne ce nom aux agens médicamenteux capables de produire fur la peau des ampoules ou veffies. On en connoît un affez grand nombre. Les uns agiffent phyfiquement, les autres par leurs propriétés chimiques.

Dans la première claffe fe placent les ventoufes que Henricus ab Heers préconife beaucoup dans ce but, & le calorique, foit qu'on l'emprunte au foleil, au moyen d'un verre convexe qui en concentre les rayons, foit qu'on l'applique par l'intermédiaire de l'eau ou de l'huile bouillante, d'un corps en ignition ou d'un métal fuffifamment échauffé. M. Mayor a propofé, tout récemment, comme le moyen le plus facile de manier & d'appliquer le calorique, un marteau plongé dans l'eau en ébullition.

La feconde claffe renferme, 1°, des *minéraux*, qui fourniffent divers cauftiques, lefquels, convenablement mitigés, n'ont plus que la force néceffaire pour foulever l'épiderme; 2°, des *végétaux* appartenant à des claſſes & à des genres variés, & dont les principaux ſont : la plupart des *renoncules*, la *clématite*, l'*ellébore*, pluſieurs *daphnés*, l'*uil*, la *moutarde*, le *poivre*, le *gingembre*, les *euphorbes*, le *juglans cinerea*, le *cochlearia armoracia*, l'*arum maculatum*, la *lobelia urens*, le *ficus toxicaria*, le *lepidium iberis*, l'*anacardium*, l'*hydropiper*, &c.; 3°. des *animaux* & des produits animaux, tels que les cantharides & pluſieurs autres inſectes coléoptères, comme le *mylabre variabilis* & celui de la chicorée, le *méloë proſcarabé*, &c., dont on connoiſſoit depuis long-temps les propriétés véſicantes, & chez lequel M. Bretonneau a conſtaté le premier la préſence de la *cantharidine*. Parmi les produits animaux, je citerai la fiente de pigeon, que les Anciens employoient ſoit ſeule, ſoit combinée à d'autres médicamens irritans.

Toutes ces ſubſtances paroiſſent devoir la propriété dont elles jouiſſent d'enflammer la peau & d'y développer une véſicule, à un principe âcre & brûlant, dont la compoſition chimique n'eſt pas toujours la même. Différentes parties de ces végétaux recèlent cette matière véſicante. En effet, on la rencontre tantôt dans la tige, tantôt dans la racine, tantôt dans le fruit. C'eſt ordinairement lorſque ces plantes ſont encore à l'état frais que le principe dont nous parlons a le plus d'activité. Il en eſt cependant quelques-unes auxquelles la deſſication ne fait rien perdre de leur énergie; ſeulement elles ont beſoin, quand on veut les mettre en uſage, d'être ramollies par un liquide convenable.

On obſerve de grandes variétés dans l'action locale de toutes ces ſubſtances, ſoit pour l'intenſité, ſoit pour l'aſpect que prend l'irritation qu'elles déterminent ſur la peau. Si l'on en excepte les cantharides & quelques autres moyens véſicans, tels que, par exemple, le garou, l'eau bouillante, le calorique, dont les effets ont été aſſez bien étudiés, la plupart des autres ont été trop rarement employés pour connoître avec exactitude les nuances qui exiſtent dans leur action locale. Indépendamment des effets ſympathiques qui peuvent réſulter de la douleur qu'ils occaſionnent preſque toujours, il en eſt quelques-uns dont les particules ſolubles, abſorbées à la ſurface cutanée, développent des phénomènes généraux, ſouvent nuiſibles, mais dont la thérapeutique a fréquemment auſſi tiré un parti avantageux. Au reſte, nous n'avons pas l'intention d'entrer ici dans aucun développement à l'égard des effets locaux & généraux des véſicans; la plupart de ces détails ſe trouveront aux articles EPISPASTIQUES & VÉSICATOIRES de ce Dictionnaire. (EMÉRIC SMITH.)

VÉSICATION, ſ. f. (*Thérap.*) On appelle ainſi l'action des médicamens véſicans. (*Voyez* VÉSICANT.) (EMÉRIC SMITH.)

VÉSICATOIRES, ſ. m. pl. & adj. (*Thérap.*) On donne ce nom ſoit aux moyens capables de produire la *véſication*, & ſpécialement aux emplâtres dans leſquels on fait entrer les cantharides, ſoit au réſultat immédiat de leur action, & à la ſurface ſuppurante qui en eſt la ſuite.

Toutes les ſubſtances que nous avons indiquées à l'article VÉSICANT peuvent ſervir de véſicatoires. Cependant la foibleſſe & l'incertitude de l'action de la plupart d'entr'elles, empêchent de les mettre habituellement en uſage. Les cantharides ſont de nos jours preſque excluſivement employées pour ſoulever l'épiderme. C'eſt donc uniquement de ces inſectes qu'il ſera queſtion dans cet article.

La manière la plus ſimple de ſe ſervir des cantharides, eſt de couvrir de leur poudre un corps de conſiſtance molle, capable de la retenir à la ſurface; mais ce mode d'adminiſtration préſente des inconvéniens graves, & n'eſt, pour ainſi dire, pas uſité. On a cherché à les éviter en uniſſant cette poudre à un excipient plus ſolide, facile à conſerver et à manier; et dont la cohéſion pût prévenir, du moins en partie, l'abſorption du principe nuiſible des cantharides. C'eſt d'après ces intentions que fut compoſé l'*emplâtre véſicatoire* de l'ancien Codex, qui ſi long-temps fut ſeul en uſage. Quoique les reproches adreſſés à cette préparation ne paroiſſent pas tous également fondés, elle étoit ſuſceptible de pluſieurs améliorations qui, depuis vingt-cinq ans au moins, ont été introduites dans ſa confection, & ont donné naiſſance aux véſicatoires dits *anglais*, ou mieux *par incorporation*, dont les formules aſſez variées ne doivent pas trouver place ici. Les principaux avantages qu'on reconnoît à ces emplâtres, ſont de *prendre* d'une manière ſûre & égale, dans un temps aſſez court, ce qui prévient l'abſorption des cantharides, & de ne pas ſe ramollir par la chaleur de la peau, à laquelle ils n'adhèrent pas trop non plus.

Mais les emplâtres véſicatoires avoient le grand inconvénient de n'être pas facilement maintenus en place. Le pharmacien Baget imagina le premier de les remplacer par un *taffetas véſicant*, qui, adhérant fortement à la peau, n'eſt pas ſuſceptible de ſe déranger : ce taffetas qui, malgré l'aſſertion de ſon auteur, contient probablement des cantharides, a été l'objet de pluſieurs imitations qui ont toujours été regardées comme inférieures à l'invention. Au reſte, ces ſparadraps ſont devenus bien moins précieux depuis que les praticiens ont pris l'habitude de faire entourer les emplâtres véſicatoires d'un bord mince de diachylon gommé. Cette pratique peut auſſi être avantageuſement remplacée par celle que conſeille M. Dublanc jeune, & qui conſiſte à étendre l'emplâtre ſur un ſparadrap agglutinatif qu'on laiſſe dépaſſer ſuffiſamment.

Les véſicatoires ſe mettent preſqu'excluſivement ſur la peau; cependant quelques médecins n'ont pas craint de les porter fur le commencement des membranes muqueufes : ainfi Archambault a introduit dans le rectum l'emplâtre véficatoire pour ftimuler plus directement les inteftins, dans des diarrhées atoniques ; d'autres l'ont appliqué fur la langue privée de mouvement, &c.

Le placement du véficatoire, la levée de l'appareil propre à le maintenir, l'entretien de l'écoulement féro-purulent qui en eft la fuite, en un mot, tous les foins chirurgicaux qu'exige ce moyen thérapeutique ne nous occuperont pas ici. Nous allons feulement jeter un coup-d'œil rapide fur les effets des véficatoires, puis nous indiquerons fuccinctement les circonftances générales où leur ufage peut être utile ou dangereux.

Or le premier, le plus important des phénomènes qui fuivent l'application d'un véficatoire, c'eft la douleur, c'eft l'irritation locale qui offre des variétés nombreufes fuivant la fenfibilité du fujet, l'état de la maladie, &c., & de laquelle les médecins modernes ont fait dériver avec raifon une très-grande partie des effets phyfiologiques & curatifs des véficatoires. Cette irritation eft bientôt fuivie d'un afflux plus ou moins confidérable de fang & des fluides lymphatiques, d'où réfultent le plus ordinairement la rougeur, la tuméfaction, l'augmentation de la fenfibilité & de la chaleur de la partie. Les vaiffeaux exhalans, dont l'activité fe trouve fingulièrement accrue, verfent fous l'épiderme, qui fe détache & fe foulève, une férofité abondante ; mais une chofe remarquable, c'eft qu'au milieu de ce travail fluxionnaire, l'abforption n'eft pas anéantie & s'exerce même avec énergie.

Une action auffi vive ne peut pas fe paffer dans une partie de notre corps fans exercer fur tout l'organifme une influence plus ou moins marquée. Or, les phénomènes généraux qu'on voit fe développer alors découlent de deux fources principales : les uns, en effet, proviennent des rapports fympathiques qui uniffent prefque tous les fyftèmes & les vifcères de l'économie animale avec la peau ; les autres de l'abforption de la partie âcre & vénéneufe des cantharides : deux ordres de fymptômes qui fe confondent fouvent & s'augmentent mutuellement.

Parmi les premiers le plus faillant eft l'exaltation de la fenfibilité nerveufe, dont l'anxiété, le délire & l'affoupiffement font quelquefois la fuite, & dont la réaction fur le fyftème mufculaire eft, dans quelques cas, portée au point de fufciter des mouvemens fpafmodiques & convulfifs. L'organe central de la circulation partage fouvent ce furcroît d'énergie vitale ; le pouls tantôt dur, concentré, obfcur, tantôt fort & plein, bat avec plus de vitesse ; les fécrétions & les exhalations muqueufes diminuent ; la bouche & le gofier fe fèchent ; une foif ardente tourmente le malade ; la peau devient chaude & aride. Cet état, que Baglivi défignoit fous le nom de *foif des véficatoires*, & bien mieux caractérifé par celui de *fièvre des*

véficatoires, que M. Louyer-Willermay lui a fubftitué, ne dure ordinairement que peu de temps, & fe termine fouvent par une diaphorèfe générale, qui n'eft pas toujours fans une heureufe influence fur l'état maladif que l'on veut combattre.

Mais les phénomènes généraux qui fuivent l'application des véficatoires ne font pas toujours auffi prononcés. Pour fe préfenter fous un afpect auffi effrayant, il faut qu'ils aient été mis dans les circonftances les plus défavorables, que déjà il exiftât une inflammation ou une fièvre violente, & que l'individu foit doué d'un tempérament extrêmement irritable. Le plus fouvent, lorfque ce moyen médical n'eft pas contre-indiqué, la réaction générale eft modérée, toutes les fonctions vitales s'exercent avec plus de force & de rapidité : cet accroiffement d'énergie eft furtout marqué dans le fyftème abforbant, & la thérapeutique a fouvent mis à profit cette obfervation ; mais le mouvement réactionnaire eft quelquefois fi peu confidérable, qu'on a pu penfer que, dans certains cas, l'action des véficatoires étoit bornée au lieu de leur application. Le ralentiffement du pouls obfervé par R. Whytt & d'autres médecins, la difparition de douleurs qui étoient très-vives avant l'application des véficatoires, leur ont fait attribuer par divers auteurs, une vertu calmante, antifpafmodique, qui eut une grande vogue à la fin du fiècle dernier, & qui s'explique par la révulfion qu'ils opèrent de l'intérieur à l'extérieur.

Il eft hors de doute que les particules délétères des cantharides, pompées par les abforbans cutanés, pénètrent dans la maffe de nos humeurs & circulent avec elles. Quelques médecins ont avancé, peut-être fans preuves fuffifantes, qu'elles liquéfient les humeurs animales ; mais fi cette action des cantharides a été révoquée en doute, des faits affez nombreux & inconteftables ont démontré jufqu'à l'évidence celle qu'elles exercent fur les voies génito-urinaires. Ainfi, l'on a fouvent obfervé, pendant l'emploi des véficatoires, furtout lorfqu'on les multiplie fans précautions, ou qu'on les entretient avec des pommades cantharidées, des ardeurs en urinant, des flux confidérables d'urine, des hématuries, des priapifmes douloureux. Un accident moins commun, dont on trouve peu d'exemples dans les auteurs, peut être parce que la caufe en a été fouvent ignorée, c'eft l'ulcération du gland. Deux cas remarquables de cet effet des véficatoires fuppurans ont été publiés récemment : moi-même, il y a un an, j'ai eu l'occafion de voir une femblable inflammation ulcéreufe, qui parcourut fucceffivement toute la furface du gland, dans un homme de foixante ans chez qui j'entretenais un véficatoire au bras depuis quelque temps. Cette ulcération peu douloureufe, mais qui avoit occafionné le gonflement du prépuce, après avoir réfifté à un affez grand nombre de moyens que j'avais employés avant d'en foupçonner la nature, guérit avec la plus

grande

grande facilité en quelques jours après que le véficatoire eut été fupprimé.

Jufqu'ici nous n'avons confidéré les véficatoires que dans le premier temps de leur application, & comme un moyen irritant. Si nous les envifageons comme furface fuppurante, ou comme exutoire, leurs effets ne feront pas exactement ceux que nous avons indiqués. En effet, dans la plupart des cas, la douleur qu'ils occafionnent eft légère & leur action révulfive diminue; mais l'évacuation, dont les humoriftes des fiècles précédens faifoient un fi grand cas, & dont nous avons omis de parler en relatant les premiers effets des véficatoires, parce que nous penfons que la petite quantité de férofité qui s'échappe n'a prefque pas d'influence fur l'économie en général, l'évacuation, difons-nous, produit alors un effet marqué. Ce n'eft pas fans affoiblir plus ou moins l'individu que fe fait cette perte journalière de fluides animaux. La nutrition générale & furtout celle du membre qui eft le fiège de l'exutoire, fouffrent d'une manière notable : auffi l'abforption prend une activité plus grande & les fécrétions diminuent en proportion.

Maintenant fi nous étudions les véficatoires comme moyen curatif, nous verrons qu'ils forment une des divifions les plus importantes de la claffe des irritans extérieurs, qui, de tous temps, ont fourni à la thérapeutique les reffources les plus précieufes. Sans rechercher depuis quand les cantharides ont été introduites dans la confection des véficatoires, & fans parcourir les viciffitudes que les diverfes théories médicales qui fe font fuccédé ont fait éprouver à l'emploi de ce moyen héroïque, qui a l'avantage de fe plier à toutes les explications fyftématiques, examinons l'ufage général qu'on peut en faire dans les maladies.

Or, les véficatoires agiffent foit comme ftimulans, foit comme révulfifs, foit enfin comme évacuans; mais il arrive fouvent que ces différens modes d'actions fe réuniffent & fe combinent.

Comme ftimulans, ils peuvent être employés pour agir fur toute l'économie animale & ranimer les forces languiffantes de la vie. C'eft alors leur propriété douloureufe qu'on recherche fpécialement. Auffi eft-il avantageux, dans ce cas, de multiplier les applications véficantes en évitant de les faire fuppurer : c'eft ce qui fait que beaucoup de médecins les remplacent alors par des rubéfians. Tel eft le but qu'on fe propofe dans toutes les maladies qui s'accompagnent d'une grande proftration des forces, comme dans la dernière période des fièvres adynamiques, du typhus, de la fièvre jaune, &c. Quoique les véficatoires volans aient été furtout vantés dans les cas que nous venons de fignaler, quelques praticiens ont auffi recommandé de les entretenir, négligeant l'évacuation modérée qu'ils procurent,

en faveur de la ftimulation foutenue qui en réfulte. Il eft probable que c'eft auffi en grande partie comme excitans généraux qu'ils agiffent pour préferver des maladies épidémiques, fans parler de la confiance & du courage qu'ils infpirent. C'eft également la vertu ftimulante des véficatoires qu'on cherche à mettre en exercice & à diriger fpécialement fur le cerveau & le fyftème nerveux, dans les affections comateufes & léthargiques, dans l'apoplexie, &c. Mais il eft fouvent indifpenfable, dans ces maladies, d'en faire précéder l'emploi par les évacuations générales; précepte important & fouvent trop négligé des Modernes.

Dans un affez grand nombre de circonftances, la ftimulation des véficatoires, au lieu d'être dirigée fur l'enfemble des propriétés vitales, eft deftinée à activer l'exercice affoibli d'une propriété en particulier. C'eft ainfi, par exemple, qu'on cherche à exciter l'irritabilité & la contractilité mufculaires dans les paralyfies, l'érectilité du tiffu caverneux de la verge dans la perte de la puiffance génératrice; qu'en agiffant fur le fyftème abforbant on favorife la réforption des fluides épanchés dans les hydropifies, la réfolution des engorgemens lymphatiques, les indurations qui fuccèdent à l'inflammation, &c. Dans ces derniers cas, on doit préfumer que le ftimulus des véficatoires fe porte auffi fur les vaiffeaux capillaires dont il accélère la contractilité organique. C'eft par cette double action qu'on peut expliquer les avantages que M. Lisfranc obtient de l'application fucceffive d'un grand nombre de très-petits véficatoires autour des tumeurs fquirrheufes, après avoir combattu l'irritation inflammatoire par les remèdes antiphlogiftiques. Mais fur quelle propriété les véficatoires portent-ils leur action lorfqu'on les place fur un phlegmon, un éryfipèle, une dartre, un ulcère? Quoiqu'il ne foit pas impoffible de donner une explication plus ou moins plaufible de ce qui fe paffe alors, ne vaut-il pas mieux s'en tenir à la fimple obfervation du fait, & abandonnant fa théorie, dire que les véficatoires agiffent alors comme moyen perturbateur?

Parmi les élémens de la propriété excitante des véficatoires, il faut certainement comprendre l'abforption qui fe fait par les pores cutanés, des particules vénéneufes des cantharides. Quelques médecins, & Quarin entre autres, n'ont pas fait difficulté d'attribuer au principe âcre de ces infectes la plus grande partie de leurs réfultats thérapeutiques.

Dans une foule de circonftances, c'eft à la douleur locale & à l'état fluxionnaire qu'elle entraîne qu'on doit rapporter les effets des véficatoires. C'eft par cette propriété que comme moyen eft d'un fi grand fecours dans toutes les congeftions & fluxions inflammatoires, dans les hémorragies, dans les irritations nerveufes. Mais fon adminiftration eft foumife à certaines règles générales dont la prudence ne permet guère de s'écarter, si l'on veut en affurer le fuccès & éviter les chances défavorables que peut avoir fon ufage inconfidéré.

La condition la plus effentielle eft fans contredit de défemplir le fyftème fanguin & de diminuer par là l'éréthifme général & l'irritabilité des parties malades. Auffi, à moins que ce ne foit tout-à-fait au début d'une affection inflammatoire ou nerveufe qu'on veut, pour ainfi dire, faire avorter, eft-il fage de n'appliquer les véficatoires que dans la période qui fuccède à *l'état* de la maladie, & lorfque le mouvement fébrile, quand il exifte, a perdu de fa violence.

Chez les perfonnes douées d'un tempérament nerveux très-prononcé & d'une fufceptibilité portée à l'excès, l'application des véficatoires exige les plus grandes précautions. La prudence veut qu'on cherche à modérer l'irritabilité du fujet par tous les moyens qui font au pouvoir de l'art, qu'on diminue les dimenfions des emplâtres, qu'on ne doit pas non plus trop multiplier, & qu'on faffe prendre au malade une boiffon abondante : car fans ces précautions, & fouvent malgré elles, on voit s'aggraver les accidens qu'on vouloit diffiper, & l'on en fait naître d'autres plus ou moins graves qui dépendent de la propriété ftimulante des véficatoires.

Les médecins de tous les temps ont prefcrit de les appliquer de préférence fur les parties qui fympathifent avec les organes malades, efpérant ainfi procurer une révulfion plus efficace; & des faits fans nombre dépofent en faveur de cette pratique. Cependant il eft des circonftances dans lefquelles l'irritation artificielle, au lieu d'attirer & de fixer l'irritation morbide, s'eft reportée fympathiquement fur celle-ci, dont les fymptômes ont été évidemment exafpérés : c'eft ce qui a engagé quelques médecins modernes à reftreindre l'étendue de cet antique précepte, dont la jufte application dépend d'ailleurs de la prudence & de la fagacité du praticien.

Pour opérer la révulfion, les uns placent les véficatoires loin du fiège du mal; les autres le plus près poffible de la partie fouffrante, ou, comme on dit, *loco dolenti*. Ces deux procédés, qui ont fait le fujet de fi longues difcuffions, comptent en leur faveur des fuccès prefque égaux; cependant il n'eft pas indifférent d'employer l'un ou l'autre à toutes les époques & dans toutes les circonftances de la maladie. Or on peut pofer ce principe général, qu'appliqués fur la partie fouffrante, ou très-près d'elle, au début de l'irritation, les véficatoires feront nuifibles en augmentant le mouvement fluxionnaire qui fe fait vers cet endroit; & que plus tard ils auront d'autant plus d'efficacité que la réaction générale eft moins vive : alors ils développeront une énergie curative à laquelle ne peuvent peut-être pas atteindre les véficatoires placés loin du foyer de la maladie.

Nous avons dit plus haut que, quelquefois, plufieurs des propriétés des véficatoires fe réuniffent pour donner un réfultat. Ainfi, par exemple, ce n'eft pas feulement par la douleur, par la fluxion qu'ils provoquent à la peau, mais encore par l'accélération qu'ils impriment au mouvement circulatoire, que les véficatoires réuffiffent à rappeler à l'extérieur les éruptions répercutées, & en général toutes les affections cutanées fupprimées mal à propos.

A une époque où les médecins croyoient les humeurs animales fufceptibles de fe charger d'une foule de principes hétérogènes, auxquels ils attribuoient la formation de prefque toutes les maladies, l'évacuation féreufe & purulente fournie par les véficatoires étoit regardée comme la caufe principale de leurs effets curatifs. Maintenant on en tient en général peu de compte. Il eft pourtant quelques circonftances pathologiques où ces fécrétions morbides paroiffent exercer une influence marquée fur la difparition de la maladie : du moins eft-il vrai que c'eft la production de ces fluides qu'on a particulièrement en vue dans l'établiffement des véficatoires fur des engorgemens chroniques & exempts d'inflammations aiguës, fur les plaies envenimées, fur les tumeurs œdémateufes, &c., quoique leur vertu ftimulante entre pour beaucoup dans les fuccès qu'on en obtient en pareils cas.

En notant les effets des véficatoires & les précautions que leur emploi exige dans certaines circonftances, nous avons déjà fait preffentir plufieurs des cas où ils font contre-indiqués. On devra en général s'en abftenir toutes les fois qu'il y aura exaltation des forces & de la fenfibilité, fièvre ardente, furtout fi elle eft accompagnée de délire, un état inflammatoire aigu qui n'a pas encore été combattu par les antiphlogiftiques. On doit en outre être fort circonfpect fur leur adminiftration, chez les perfonnes maigres, très-nerveufes, & difpofées aux fpafmes & aux convulfions; chez les enfans, chez les gens affectés de fcorbut, de fyphilis (Baglivi), de quelque maladie irritative des voies génito-urinaires; lorfqu'il y a fièvre hectique, dévoiement colliquatif; en général fi l'on veut épargner aux véficatoires la plupart des reproches qu'on leur a adreffés, indépendamment de leur bonne préparation, il ne faut pas les multiplier fans une néceffité urgente & lorfqu'ils ne font pas indiqués d'une manière pofitive (1).

---

(1) Pour montrer combien les règles générales font, en médecine, plus encore que dans les autres fciences, fujettes à une foule d'exceptions, nous dirons ici que malgré la jufte profcription des véficatoires dans les maladies des organes génito-urinaires, quelques médecins dans ces cas-là même en ont quelquefois obtenu des effets avantageux. C'eft ainfi, par exemple, que dans des cyftites caufées par

Il est encore un autre usage des véficatoires dont nous, n'avons rien dit jusqu'ici, parce qu'il ne concount qu'indirectement à la guérison des maladies; je veux parler de l'emploi qu'on en fait pour dénuder la peau & dépofer à fa furface foit un virus, comme celui de la variole, lorfqu'on veut inoculer cette éruption, foit un médicament, comme cela fe pratique dans la méthode récemment découverte d'adminiftrer un grand nombre de fubftances, & que par cette raifon on a appelée *méthode endermique.*

Les bornes de cet article ne nous permettent pas de nous étendre davantage fur les ufages généraux des véficatoires, & de faire l'application des règles que nous avons tracées aux cas particuliers de maladies. On pourra confulter avec fruit, dans ce Dictionnaire, l'article Épispastique, où notre illuftre Pinel a démontré l'importance de la grande claffe des irritans extérieurs, & fait voir quels fecours il peut offrir au médecin pour la guérifon des maux qui affligent l'humanité.

(Emério Smith.)

VESICO-PROSTATIQUE, adj. (*Anat.*) Nom donné par le prof. Chauffier, dans la *Nomenclature fyftématique,* à l'artère véficale inférieure qui fe diftribue fpécialement à la veffie & à la proftate.

VÉSICULE, f. f. (*Path., Anat.*) *Veficula.* Cette expreffion, qui eft un diminutif du mot *veffie,* fert à défigner de petites ampoules, plus ou moins volumineufes, qui s'élèvent à la furface de la peau, & font produites par de la féofité épanchée entre l'épiderme & le corps réticulaire. Les apparences de ces véficules ne font point toujours les mêmes, auffi leurs couleurs, la manière dont elles fe développent & fe groupent, conftituent-elles des affections très-variées. (*Voyez,* pour plus de détails, le mot Ampoule, tom. II, pag. 184 de ce Dictionnaire.

Les anatomiftes emploient auffi le mot *véficule* pour indiquer de petits réfervoirs membraneux, dans lesquels eft contenu un liquide : ainfi, on appelle *véficule biliaire,* ou *véficule du fiel,* l'efpèce de poche pyriforme, fituée à la face inférieure du foie, & dans laquelle s'accumule la bile fécrétée par cet organe. (*Voyez* Foie dans le *Dictionnaire d'Anatomie* de cet ouvrage.)

On nomme encore *véficule ombilicale* une forte de réfervoir placé entre l'amnios & le chorion, & contenant un liquide d'une couleur jaunâtre. Cette véficule, dont le volume n'excède pas la groffeur d'un gros pois, paroît vers la fin du premier mois de la groffeffe, & difparoît du quatrième au cin-

quième. Elle femble remplir, chez l'homme, des fonctions analogues à celles de la membrane vitellaire chez les oifeaux, & quelques anatomiftes l'ont décrite fous le nom d'*allantoïde.* (*Voyez* Ombilicale (Véficule), tom. XI, pag. 118 de ce Dictionnaire.)

Les *véficules féminales* font deux cavités membraneufes dans lefquelles eft difpofé le fperme. Elles font placées obliquement entre le rectum & la veffie; leur volume, peu confidérable dans l'enfance, augmente rapidement vers l'âge de la puberté, & diminue enfuite à l'époque de la vieilleffe. (*Voyez* Séminales dans le *Dictionnaire d'Anatomie* de cet ouvrage.)

VESOU, f. m. (*Mat. médic.*) Le fuc exprimé de la canne à fucre eft d'abord mis dans une chaudière avec une petite quantité de chaux, & concentré au moyen de l'ébullition jufqu'à 24 ou 26 deg. de l'aréomètre. C'eft cette liqueur que l'on nomme *vefou,* & que l'on évapore de nouveau jufqu'à confiftance de firop, pour la faire enfuite criftallifer, & obtenir le fuc brut ou *caffonade.*

VESSE-LOUP, f. f. (*Bot., Mat. méd.*) *Lycoperdon bovifta.* Genre de champignons dont aucune efpèce n'eft comeftible, & dont plufieurs même paffent pour être vénéneufes. La grande veffe-loup, celle dont il eft ici queftion, a l'apparence de fongofités globuleufes pédiculées, qui d'abord font charnues à l'intérieur, puis deviennent pulvérulentes, & laiffent échapper, lorfqu'on les déchire, une pouffière que l'on prétend être propre à étancher le fang. Tel eft effectivement l'ufage auquel fert cette efpèce de champignons, dans plufieurs contrées de l'Allemagne. (*Voyez* Champignons, tom. IV, pag. 606.)

VESSIE, f. f. (*Anat.*) *Veffica,* κύστις des Grecs. On donne ce nom à un réfervoir mufculo-membraneux qui, chez l'homme, eft fitué dans l'excavation du baffin, derrière les os pubis & devant le rectum, &, chez la femme, fe trouve placé en avant du vagin. Ce réfervoir eft deftiné à contenir l'urine que les uretères y verfent goutte à goutte. La forme de la veffie, ainfi que fes dimenfions, varient avec l'âge & le fexe. En général, ce vifcère eft irrégulièrement arrondi, & on lui reconnoît fix régions, favoir : 1°. une *région fupérieure,* au centre de laquelle on obferve une forte de cordon fibreux qui fe porte vers la ligne blanche, jufqu'à l'ombilic, & que l'on nomme *ouraque* (*voyez* ce mot); 2°. Une *région antérieure,* qui eft convexe, n'eft point recouverte par le péritoine, & répond au pubis. Elle offre un petit faifceau fibreux qui s'attache derrière la fymphyfe pubienne, & que l'on nomme *ligament antérieur* de la veffie. 3°. Une *région poftérieure,* qui eft liffe; tapiffée par le péritoine, qui, fe portant fur le rectum dans l'homme,

la répercuffion d'un exanthème ou d'un rhumatifme. Desbois de Rochefort, Chopart, Default ont employé avec fuccès des véficatoires avec les cantharides; que d'autres praticiens ont guéri par le même moyen des catarrhes chroniques de la veffie, des incontinences d'urine, &c.

& fur l'utérus dans la femme, forme des replis aux-quels on a mal à propos donné le nom de *ligamens poftérieurs* de la veffie. 4°. Une *région inférieure*, ou *bas-fond*; qui repofe chez l'homme fur les *véficules féminales* & le *rectum*, et chez la femme répond au vagin. Le milieu du bas-fond préfente un efpace triangulaire, à furface liffe : on le nomme *trigone véfical*; il est compris entre trois lignes, dont deux fe prolongent du col de la veffie aux orifices des uretères, tandis que la troifième va de l'un à l'autre de ces orifices. L'angle antérieur de ce trigone répond à une faillie appelée *luette véficale* ou *verumontanum*, les deux angles poftérieurs correfpondant à l'infertion des uretères. 5°. Deux *régions* ou *faces latérales*, fituées dans leur partie fupérieure, recouvertes par le péritoine; & en rapport avec les artères ombilicales, les canaux défférens, les vaiffeaux & les nerfs hypogaftriques. 6°. Le *col de la veffie*, répondant à l'angle antérieur du trigone véfical. Ce col est, chez l'homme, embraffé en devant par la proftate, & repofe en arrière fur le rectum. Chez la femme, il est moins étendu que chez l'homme, & correfpond au vagin.

La veffie est formée de trois membranes : 1°. une membrane féreufe ou péritonéale, qui exifte feulement fur les régions fupérieure, poftérieure & latérale. 2°. Une membrane mufculaire ou tunique charnue analogue à celle des inteftins, & offrant des faifceaux blanchâtres affectant diverfes directions. L'épaiffeur de cette membrane n'est point la même dans toutes fes parties : elle est mince en avant, en arrière & fur les côtés, & beaucoup plus développée vers le bas-fond de la veffie & entre les véficules féminales. 3°. Une membrane interne ou muqueufe, d'une couleur blanchâtre, légèrement rofée; elle offre des villofités beaucoup moins apparentes que celles qui fe rencontrent à l'intérieur du canal inteftinal. Cette membrane est très-extenfible & parfemée de follicules muqueux, difficiles à apercevoir.

Les artères, les veines & les nerfs de la veffie, font fournis, les unes, par les artères iliaques internes & par plufieurs de leurs branches; les autres, par des fubdivifions des veines hypogaftriques, dans lefquelles elles fe rendent. Quant aux nerfs, ils proviennent du plexus formé par la partie inférieure du grand fympathique, & par la troifième & quatrième paires facrées. A l'égard des vaiffeaux lymphatiques, ils fe rendent fpécialement dans les ganglions hypogaftriques. (*Voyez*, pour les nombreufes maladies dont la veffie & fes annexes font fufceptibles, ANATOMIE PATHOLOGIQUE de cet ouvrage, & pour les détails anatomiques, le mot VESSIE du *Dictionnaire d'Anatomie*.)

VESSIGONS, f. m. pl. (*Art. vétér.*) *Mollis tumor.* Tumeur fynoviale qui naît fur les faces latérales des jarrets : fi elle paroît des deux côtés, elle est dite *chevillée*.

VESTI (Juft.) (*Biogr. médic.*), naquit à Hildesheim le 13 mai 1651, étudia la médecine à Iéna, puis à Erfurt, & fe fit recevoir docteur dans cette ville. Bientôt il revint dans fa patrie, où pendant quatre ans il exerça honorablement fa profeffion, retourna de nouveau à Erfurt pour y occuper la chaire de botanique, & devint fucceffivement profeffeur d'anatomie, de chirurgie & de pathologie. Ce médecin, qui mourut le 27 mai 1715, a laiffé un nombre prodigieux de differtations fur diverfes parties de la médecine, & dont M. le Dr. Jourdan a configné les différens titres dans la *Biographie médicale*.

VESTIBULE, f. m. (*Anat.*) *Veftibulum.* Cavité formant la partie moyenne de l'oreille interne, & concourant, avec le *limaçon* & les *canaux demi-circulaires*, à la formation du *labyrinthe*. Elle est fituée derrière le limaçon, devant les canaux demi-circulaires, entre la caiffe du tambour & le fond du conduit auditif interne; elle est à peu près ovale & préfente deux enfoncemens, un du côté du limaçon & l'autre vers les canaux demi-circulaires. Sept grandes ouvertures communiquent dans le veftibule, la *fenêtre ovale*, l'orifice de la *rampe externe du limaçon*, les *canaux demi-circulaires* & l'*orifice de l'aqueduc*. (*Voyez* OREILLE INTERNE dans le *Dictionnaire d'Anatomie*.)

Les anatomiftes ont également donné ce nom à une autre partie, faifant partie des organes génito-urinaires de la femme. Elle est immédiatement fituée au-deffous du clitoris : c'est une furface triangulaire, concave, bornée en haut par ce dernier, fur les côtés par la partie fupérieure & interne des petites lèvres, & enbas par le méat urinaire. Elle n'offre rien de remarquable. (*Voyez* VULVE dans le *Dictionnaire d'Anatomie* de cet ouvrage.) (NICOLAS.)

VÊTEMENT, f. m. (*Hyg.*) *Veftitus*, dérivé du verbe *veftire*, vêtir. Les vêtemens font le plus ordinairement compofés de matières animales ou végétales, tiffées ou feutrées; leurs ufages font : 1°. de nous garantir des impreffions & des viciffitudes de l'atmofphère; 2°. d'entretenir un certain degré de chaleur à la furface du corps; 3°. d'abforber le produit de nos excrétions cutanées. Comme l'article HABILLEMENT de ce Dictionnaire n'a été fait que d'une manière incomplète, & à une époque où l'hygiène étoit encore peu avancée, nous traiterons ici fuccinctement des divers vêtemens appropriés à nos ufages & à nos mœurs actuelles.

Les tiffus végétaux qu'on emploie dans la confection des vêtemens font fabriqués avec le chanvre, le lin & le coton filés; les matières animales qui entrent dans la compofition des étoffes, font : la laine, la foie, le duvet, &c. On fait auffi, avec des fubftances animales, des efpèces d'étoffes non tiffées, connues fous le nom de *feutres*, dont on fe fert principalement pour la fabrication des chapeaux. Les peaux des animaux, qui furent probablement les premiers habits de l'homme, travaillées avec art, forment diverfes pièces d'habillement fort ufitées dans les contrées les plus feptentrionales du globe.

Les vêtemens les plus mauvais conducteurs du calorique font les plus chauds; cette propriété non conductrice dépend de la manière dont les étoffes font tiffées : ainfi, celles dont la trame eft très-lâche, qui contiennent de l'air dans leurs interftices, font peu conductrices du calorique, parce que l'air, emprifonné dans les mailles du tiffu, ne tranfmet que faiblement la chaleur animale, tandis que les tiffus ferrés qui ne renferment point d'air la laiffent échapper plus facilement, et par conféquent font moins chauds que les autres. C'eft aux expériences de Rumfort que nous devons la connoiffance des propriétés plus ou moins conductrices du calorique des diverfes étoffes. Ce phyficien enveloppa un corps chaud avec de la bourre de foie & de la laine non cardée, & il obferva que ce corps confervoit très-longtemps fa chaleur; l'expérimentateur en dut conclure que cette enveloppe fe laiffoit difficilement pénétrer par le calorique. Il enveloppa enfuite un autre corps, pareillement échauffé, d'une quantité égale de foie & de laine bien filée, & il obferva que ce corps fe refroidiffait plus promptement que dans la première expérience, ce qui démontroit évidemment que la feconde enveloppe fe laiffoit plus facilement traverfer par le calorique que la première. La théorie qui réfulte de ces expériences explique pourquoi les étoffes liffes, ferrées, fines, font moins chaudes que celles qui fe trouvent hériffées de poils & lâchement tiffées. La même théorie nous démontre encore comment les vêtemens les moins conducteurs de la chaleur font ceux qui nous préfervent le mieux des rayons d'un foleil ardent; par conféquent on devroit adopter préférablement, dans les pays où la température atmofphérique eft fupérieure à celle du corps, l'ufage des vêtemens mauvais conducteurs du calorique.

La propriété que les vêtemens ont d'abforber & de tranfmettre l'humidité de l'atmofphère ou les excrétions cutanées, mérite auffi de fixer l'attention du médecin hygiénifte. Les diverfes efpèces de linge fe pénètrent facilement d'humidité & la laiffent échapper avec la même facilité ; les matières animales, au contraire, s'imbibent lentement, mais tranfmettent difficilement les liquides qu'elles ont abforbés : auffi font-elles d'un ufage plus avantageux. Cela explique pourquoi en général les vêtemens de laine appliqués fur la peau font plus fains que ceux de linge, qui, laiffant promptement échapper la fueur dont ils font imbibés, produifent une évaporation prompte & un refroidiffement dangereux. Les tiffus de laine conviennent particulièrement aux perfonnes

qui tranfpirent abondamment & font expofées aux viciffitudes atmofphériques ; ces tiffus leur offrent un préfervatif ou au moins un adouciffement pour les maladies qui réfultent des dérangemens de la tranfpiration cutanée.

La faculté qu'ont les matières animales de retenir plus long temps l'humidité, le produit de nos excrétions, & les miafmes exhalés de nos corps, fe transforme fouvent en un foyer de contagion dont le germe peut être confervé affez long-temps dans les vêtemens de laine & les matelas qui ont fervi à des individus atteints de maladies contagieufes.

Plus les vêtemens non conducteurs du calorique font épais, plus ils font chauds; mais pour que cette épaiffeur ne produife point un poids incommode, il faut interpofer des matières légères entre des tiffus très-fins. C'eft de cette manière que l'on fabrique les habits qui joignent l'épaiffeur à la légèreté. On doit auffi attacher quelqu'importance à la couleur des habillemens; ceux qui font blancs, décolorés, réfléchiffent la chaleur & ne l'abforbent pas ; par conféquent ils font moins chauds que ceux de couleur noire, qui fe trouvent à cet égard dans une condition oppofée : de là l'ufage vulgaire de fe fervir de vêtemens décolorés dans les pays chauds, & *vice verfâ*. Il eft bon de faire remarquer toutefois, que lorfque la température atmofphérique n'eft pas trop au-deffous de celle du corps, les vêtemens blancs qui le réfléchiffent fans l'abforber peuvent auffi convenir dans les hivers modérés, tandis que les noirs feront d'un ufage avantageux par des raifons oppofées, pendant les chaleurs peu intenfes.

D'après ce que nous venons de dire, rien de plus facile que d'établir une diftinction entre les habits d'hiver & les habits d'été : les uns fe trouvant mauvais conducteurs du calorique, ont la propriété de maintenir la température naturelle à la furface du corps & de ne point lui communiquer celle du dehors ; tels font les tiffus lâches de foie, de laine, les fourrures, les ouates, &c.; tandis que ceux plus ferrés de lin, de chanvre, de coton, &c., formeront l'habillement de la faifon chaude.

A moins qu'on ait été accoutumé dès l'enfance à porter en tout temps des vêtemens légers, il faut changer avec précautions d'habits en paffant d'une faifon à l'autre, fi l'on veut éviter l'effet fâcheux des viciffitudes atmofphériques & les fuppreffions de la tranfpiration : c'eft un principe fage d'hygiène de prendre tôt les habits d'hiver & tard les habits d'été.

Les vêtemens confervent d'autant mieux la chaleur, qu'ils s'appliquent au corps d'une manière plus immédiate, & que les parties, qui recouvrent les extrémités, laiffent moins d'accès à l'air extérieur ; c'eft pour cette raifon que les peuples du Nord font ufage de vêtemens ferrés, tandis que les habitans des contrées méridionales fe couvrent de larges habits qui permettent à l'air atmofphérique de circuler librement à la furface du corps.

Quant à leur forme, on peut dire généralement que les vêtemeus larges font les plus avantageux & les plus fains, furtout dans les faifons chaudes & tempérées. Toutefois il faut convenir que les habits étroits & ferrés, dont on fait ufage pendant l'hiver, font pour ainfi dire indifpenfables à ceux qui fe livrent habituellement aux exercices de la marche, de la chaffe, à la profeffion des armes, &c.

En indiquant ici l'ufage que l'on peut faire des vêtemens ferrés, nous ne devons pas oublier de fignaler comme très-dangereux ceux qui exercent des preffions ifolées, des conftrictions, circulaires, &c.; ces fortes d'habillemens gênent & entravent l'action mufculaire, ralentiffent ou interceptent la circulation des liquides, & peuvent caufer ainfi les accidens les plus graves, tels que des vertiges, des défaillances, même des attaques d'apoplexie. Tous les médecins connoiffent les inconvéniens attachés à l'ufage des corfets qui compriment la poitrine, furtout par la partie inférieure.

Le vêtent de la plupart des femmes, outre fon étroiteffe, eft évidé à la partie fupérieure de manière, à laiffer découveries les épaules & une partie du fein; cette difpofition, qui flatte la coquetterie, eft très-dangereufe dans un climat variable & dans les grandes villes où l'on paffe fans ceffe du chaud au froid & du froid au chaud : elle eft la caufe d'un grand nombre de phlegmafies des organes refpiratoires. Les preffions caufées par les jarretières, les ceintures des culottes, les chauffures, &c., ont fait fouvent payer cher le vain plaifir d'étaler une jambe bien faite & un petit pied; c'eft ce ridicule ufage, en partie abandonné, qui produit les varices, les ulcères aux jambes, les durillons, &c.

Le vêtement européen eft aujourd'hui généralement compofé de deux principales parties : l'un eft, l'habit du tronc, ou le jufte-au-corps, l'autre l'habit inférieur ou des extrémités abdominales; on l'appelle *culotte* chez l'homme; celui de la femme a reçu le nom de *jupon*. La culotte eft fans contredit un vêtement très-utile qui foutient les parties génitales, les garantit, avec les cuiffes & les lombes, de l'influence du froid, auquel le jupon donne chez la femme un libre accès. L'habit ou le jufte-au-corps, qui remplace la toge des Anciens, eft fixé au-deffus des épaules, & defcend jufqu'à la partie inférieure de l'abdomen. On le fait joindre par devant au moyen d'attaches variées avec lefquelles on a la faculté de le ferrer plus ou moins. L'habit inférieur fe fixoit autrefois fur les hanches, mais celles-ci ne préfentant pas la même faillie, & le même appui que les épaules, il falloit le foutenir au moyen d'une ceinture plus ou moins ferrée,

qui préfentoit les inconvéniens d'une conftriction circulaire, dont il a été déjà queftion. Aujourd'hui la ceinture eft remplacée par les bretelles qui prennent leur point d'appui fur les épaules. Quant au jupon, l'habitude que l'on a prife de l'attacher avec des bretelles ou de le fixer à l'habit fupérieur, en diminue beaucoup les défavantages. Parmi ces derniers, il faut noter le libre accès qu'il laiffe à l'air froid. Cette partie du vêtement ne convient d'ailleurs nullement à l'homme dont il laiffe les parties génitales pendantes & fans appui.

A ces deux pièces principales viennent s'en joindre beaucoup d'autres qui, d'un côté, compliquent l'habillement, mais qui, d'un autre ont des avantages inconteftables pour maintenir la chaleur dans certaines parties du corps éloignées du centre.

Dans ce que nous venons de dire, nous n'avons pas parlé du vêtement qui recouvre immédiatement le corps & qui eft deftiné à abforber la fueur (la chemife); chez les Anciens, c'étoit une tunique de laine, car l'emploi du linge leur étoit inconnu. Chez les modernes, on fait plus généralement ufage des toiles de chanvre & de coton; l'ufage des chemifes de flanelle, quoique très répandu dans certaines contrées, n'eft pourtant qu'exceptionnel : ce que nous avons dit des avantages de la laine fur le linge trouve encore ici fon application.

Les effets qui réfultent des changemens d'habits dans des faifons différentes font en tout comparables à ceux des viciffitudes atmofphériques; ainfi un homme qui change fes vêtemens d'hiver contre des vêtemens d'été, doit éprouver la même impreffion que s'il paffoit d'une température chaude à une froide, & réciproquement : paffage qui peut l'expofer à beaucoup d'accidens, quand on ne prend pas les précautions convenables. Ces précautions font d'autant plus utiles que le climat eft plus variable, les tranfitions plus brufques d'une température à une autre : ces précautions font moins néceffaires à ceux qui font immédiatement enveloppés de flanelle; on doit, en outre, les confidérer comme le préfervatif d'une multitude d'affections catarrhales, rhumatifmales, &c., provenant de la fuppreffion ou de l'irrégularité de la tranfpiration. Ce que nous venons de dire, au refte, n'a pas pour but d'improuver, d'exclure le changemens de vêtemens dans les diverfes faifons, ni l'ancienne diftinction en habits d'hiver & en habits d'été; nous reconnoiffons, au contraire, que ce changement eft commode & falutaire toutes les fois qu'il eft fait dans une mefure convenable & en temps opportun; dans les temps chauds, les habits d'un tiffu léger facilitent les exercices & diminuent beaucoup les pertes que l'on fait par la tranfpiration, &c.

Les modifications que l'on doit apporter dans la manière de fe vêtir, felon les âges, font d'une très-grande importance ; les vêtemens de la première enfance doivent être très-chauds ; l'enfant passant, au moment de sa naissance, d'une température de 29 degrés à celle de l'atmosphère, est d'une grande susceptibilité & exige les plus grands ménagemens : le moindre changement dans les proportions de la transpiration pourroit lui devenir funeste. Ces ménagemens sont d'autant plus nécessaires qu'il faut changer souvent les vêtemens du nouveau-né, qui s'imprègnent facilement d'excrétions abondantes & de toutes sortes d'ordures. Toutefois, en préservant l'enfant des vicissitudes de l'air, il ne faut ni l'accabler du poids des vêtemens, ni comprimer ses parties naissantes qui ont besoin de beaucoup de liberté & d'un espace convenable pour se développer. Ce précepte s'applique particulièrement à la poitrine, dont la compression peut donner lieu à des déformations funestes, peut produire l'asphyxie, &c. Lorsque l'enfant commence à se livrer aux exercices qui nécessitent l'emploi de ses forces naissantes, il est de la plus grande importance de ne gêner en rien la liberté des membres & la libre action des muscles par des vêtemens étroits, car à cette époque de la vie le défaut de surveillance active peut avoir les suites les plus fâcheuses. L'enfant doit donc se livrer sans réserve à tous les mouvemens que lui suggère la pétulance de son âge, & n'être soumis à des entraves que dans le cas où il seroit atteint de quelque difformité, dont l'exercice spécial & prédominant d'un organe pourroit le délivrer.

Il ne faut pas oublier que chez les enfans forts & bien constitués, l'intensité de la chaleur animale, accrue par un exercice continuel, indique l'usage des vêtemens légers ; les vêtemens chauds & pesans, en effet, ne conviennent point à la jeunesse, ils détermineroient d'abondantes transpirations nuisibles à cet âge : il convient que les jeunes sujets portent des habits d'étoffes légères, afin qu'ils s'accoutument de bonne heure aux vicissitudes du froid & du chaud, & se familiarisent ainsi avec les intempéries des saisons ; c'est un moyen infaillible de les rendre sains & robustes.

Les adolescens & les adultes peuvent violer plus impunément que les autres les règles du régime par rapport aux vêtemens de diverses sortes, parce que chez eux les fonctions respiratoires jouissent d'une grande énergie, & que les organes du mouvement ayant acquis une grande solidité, ne sont pas susceptibles de prendre de vicieuses directions. Alors, en effet, on n'a plus à craindre le rachitisme, les gibbosités, les déviations particulières des membres, &c., qui menacent sans cesse les os & les articulations flexibles des enfans.

Dans la vieillesse, au contraire, l'énergie vitale est considérablement diminuée, la transpiration n'a conservé plus la même activité, le poumon

affoibli & embarrassé, n'exerce plus ses fonctions qu'avec difficulté ; enfin toutes les puissances, soit génératrices, soit conservatrices du calorique, sont affoiblies ; tandis que l'action nuisible des agens extérieurs n'a rien perdu de sa force & de son activité malfaisante. Tout se réunit donc ici pour réclamer l'usage des vêtemens les plus chauds & les moins conducteurs de la chaleur. On doit considérer alors les habillemens comme une sorte de rempart à opposer aux vicissitudes de l'atmosphère, qui menacent les organes débiles des vieillards ; comme un moyen d'empêcher d'une part la dispersion de la chaleur animale, & de l'autre d'exciter la transpiration. Cette transpiration est d'autant plus utile, que les congestions intérieures sont plus fréquentes, & que la peau sèche contractée livre difficilement accès aux fluides perspirables.

Il y a quelques remarques à faire relativement aux vêtemens des sexes. Les jeunes filles, qui sont très-excitables, qui ont plus de susceptibilité que les garçons, doivent être vêtues avec plus de soin & plus chaudement, surtout aux approches de la première menstruation, qui coïncide ordinairement avec un grand développement des seins & la perfection des autres organes destinés au grand œuvre de la reproduction. Un vêtement trop léger, à cette époque critique, pourroit entraîner une suppression capable de déranger la santé pour le reste de la vie ; de même qu'un corset qui comprimerit la poitrine, pourroit atrophier les organes mammaires & créer une fâcheuse disposition à la phthisie pulmonaire. De plus grandes précautions encore sont commandées aux femmes enceintes ou à celles qui allaitent leurs enfans ; alors, en effet, l'exposition au froid & à l'humidité de plusieurs parties du corps, ainsi que la compression intempestive de ces mêmes parties, ont les suites les plus funestes pour la mère & pour l'enfant. L'état de grossesse, l'allaitement & les autres devoirs maternels sont incompatibles avec le desir de plaire par un vêtement élégant & propre à faire ressortir la beauté des formes.

Il y a une multitude d'autres particularités qui sont de nature à influer sur la forme & le degré de chaleur des vêtemens dont on doit faire usage dans le cours de la vie ; ainsi, le convalescent doit être vêtu plus chaudement que l'homme bien portant ; l'individu foible, nerveux, irritable, a plus besoin d'être garanti du froid que celui qui présente des conditions opposées ; l'ouvrier qui exerce exclusivement une partie tandis que l'autre reste inactive ; le cavalier dont les extrémités inférieures sont presque dans l'inaction, doivent vêtir plus chaudement les organes qui ne prennent point d'exercice que ceux qui se trouvent continuellement en mouvement. L'un des premiers besoins d'une foule d'artisans livrés aux professions les plus dégoûtantes & les plus périlleuses seroit sans doute d'avoir des vêtemens faits de manière à préferver leur corps du contaĉt impur & nuifible des matières qu'ils travaillent, des émanations qui s'en échappent, & de l'humidité qui eſt prefque partout l'agent le plus à redouter. Nous citerons particulièrement ici, les *vidangeurs*, les *débardeurs*, les *tanneurs*, les *équàrriſſeurs*, les *mégiſſiers*, les *pécheurs*, les hommes employés aux *deſſèchement des marais*, les *blanchiſſeurs*, les *forgerons*, les *doreurs*, les *miroitiers*, les *peintres en bâtimens*, &c. Dans l'intérêt de leur confervation, ces ouvriers devroient faire un ufage plus fuivi des vêtemens de toile cirée, de cuir tanné, des mafques de carton, &c.; forte de vêtemens qui ne le laiſſent point pénétrer par l'humidité, & auxquels s'attachent difficilement les liquides infeĉlans, les émanations délétères, les miafmes, & qu'il eſt facile d'ailleurs de nettoyer au moyen de lavages, fans les altérer & les détruire.

Comme il y a pendant le fommeil un moindre degré de chaleur animale, & pareillement une diminution de température atmofphérique, il eſt nécessaire que l'homme ait pour le temps qui y eſt confacré un fupplément de vêtement : s'il ne peut fe débarraſſer entièrement de fes habillemens du jour, il aura foin au moins de relâcher les ceintures & les ligatures ; s'il eſt obligé de dormir près d'un lieu humide, marécageux, &c., il s'enveloppera avec foin, afin d'éviter, autant que poſſible, le contaĉt des miafmes nocturnes qui font fufpendus dans l'atmofphère. Le fommeil étant un temps de repos & de réparation, le lit dont on fe fert, quel qu'il foit, ne doit gêner en rien le développement & l'alongement des membres, ainfi que les diverfes pofes que le corps peut prendre. (BRICHETEAU.)

VÉTÉRINAIRE, adj. (*Art vétérinaire.*) *Ais veterinaria.* Les nombreufes maladies auxquelles font aſſujettis les animaux domeſtiques ont promptement fait fentir l'importance d'une médecine qui leur fût exclufivement confacrée : auſſi trouvet-on dès la plus haute antiquité les traces d'une médecine des animaux ; il s'en faut cependant de beaucoup que cet art ait promptement acquis le degré de perfeĉtion dont il peut être fufceptible. Ce n'eſt réellement que vers le milieu du fiècle dernier que dans notre pays on s'eſt occupé férieufement de créer un *art vétérinaire*, c'eſt-à-dire une fcience dont le but eſt à la fois de propager, de conferver & d'améliorer les animaux domeſtiques. Les noms de Bourjelat, Chabert, Flandrin, Gilbert, & ceux de MM. Huzard, Girard, Dupuis, &c., feront toujours honorablement cités parmi ceux des hommes qui, fous le rapport de l'économie domeſtique, ont rendu le plus de fervices à leur pays. (*Voyez* MÉDECINE (*Médecine vétérinaire*), tom. IX, pag. 459, de ce Diĉtionnaire.)

Quelquefois le mot *vétérinaire* eſt pris fubſtantivement, & fert à défigner celui qui s'occupe

fpécialement de la médecine des animaux domeſtiques, &, dans ce fens, il eſt fynonyme de l'expreſſion *hippiatre*. (R. P.)

VÉTIVER, f. m. (*Bot.*, *Mat. médic.*). *Vetiveria odorata* du *Petit-Thouars*. Cette graminée, que l'on a fucceſſivement attribuée à plufieurs efpèces, telles qu'aux *andropogon fchœnanthus* & *nardus*, & à l'*agreſtis verticillata* de Lamarck & Poiret, croît fur les digues fablonneufes & autour des champs cultivés, dans l'Inde, à Ceylan, à Bourbon, à l'Ile-de-France. (*Voyez* le *Diĉtionnaire de Botanique* de cet ouvrage.) Sa racine eſt rameufe, jaunâtre lorfqu'elle eſt fèche ; & quoiqu'au premier afpeĉt elle reſſemble à celle du chiendent, elle en diffère cependant eſſentiellement par fon odeur forte, balfamique & comme térébinthacée.

Le vétiver étoit regardé autrefois comme antifpafmodique, emménagogue & diurétique ; mais depuis 1774, époque à laquelle Sonnerat l'introduifit dans les colleĉtions d'hiſtoire naturelle, cette plante a beaucoup perdu de fa réputation première, & on n'en fait plus ufage aujourd'hui que pour éloigner les infeĉtes des fourrures & des vêtemens de laine.

VETTI. (*Mat. médic.*) Boiſſon fucrée & mucilagineufe que l'on prépare dans l'Indoſtan avec les racines de l'*abrus precatorius*, qui ont beaucoup d'analogie avec celle de la régliſſe.

VEZINS (Eaux minérales de). Ce village, fitué dans le département de l'Aveyron, à cinq lieues nord-oueſt de Milhaut, poſſède une fource minérale appelée *la Thomaſſe*, dont les eaux font froides & de peu d'importance fous le rapport de la thérapeutique.

VIABILITÉ, fub. f. (*Médec. lég.*, *Phyſiol.*) *Viabilitas.* Dérivé de *via*, chemin, carrière à parcourir, &c. On entend par *viabilité*, l'état ou la qualité d'un fœtus né viable. Le fœtus viable eſt celui qui préfente, au moment de la naiſſance, les conditions néceſſaires pour que les fonĉtions eſſentielles au maintien de la vie puiſſent s'exécuter d'une manière plus ou moins durable.

Le Code français, à l'inſtar de prefque toutes les lois anciennes, déclarant que pour *fuccéder* il faut néceſſairement exiſter à l'inſtant de l'ouverture de la fucceſſion, & que pour être apte à jouir d'une donation quelconque, on doit être né *viable*, on comprend de fuite de quelle importance peuvent être les diverfes queſtions de médecine légale qui ont rapport à la viabilité. Notre Code civil, en effet, établiſſant d'un autre côté (art. 812) que l'enfant né le cent quatre-vingtième jour du mariage peut être défavoué par le mari, il en réfulte que celui qui a vu le jour le cent quatre-vingt-unième jour de la conception eſt viable, c'eſt-à-dire légitime & apte à jouir d'une donation

donation ; c'eft au moins l'opinion de jurifconfultes célèbres , tels que Toullier & Merlin.

L'intérêt que préfente cette matière s'accroît encore quand on fonge que la femme , bleffée dans fon honneur par le défaveu du mari , peut à fon tour repouffer ce défaveu en prouvant la *non-viabilité* de fon enfant , & en démontrant de cette manière qu'il a été conçu poftérieurement à l'époque de fon mariage , ou à la date de la cohabitation avec fon époux. A ces queftions médico-légiflatives viennent fe mêler des queftions de phyfiologie qu'on peut appeler à bon droit des queftions de juftice & d'humanité ; telles font les fuivantes : 1°. Un enfant ne peut-il pas naître avec toutes les conditions de la viabilité , quoiqu'il n'ait pas cent quatre-vingts jours d'exiftence dans le fein de fa mère ? 2°. Ne peut-il pas , dans d'autres cas , fe trouver privé de plufieurs de ces conditions , quoiqu'il ait été conçu bien avant cet efpace de temps ; & ainfi accufer aux yeux de la loi la vertu d'une mère irréprochable ? Oui , fans doute ; & c'eft ici qu'il faut déplorer l'imperfection des inftitutions humaines qui ne peuvent pas toujours être fondées fur les lois ou fur les décrets de la nature.

En matière de viabilité les attributions du médecin font plus étendues que celles du légifte : il peut avoir à décider fi l'enfant eft né à terme ; s'il n'a point quelque maladie qui empêche l'exercice des fonctions effentielles à la vie *parfaite* ; fi enfin il préfente les conditions voulues pour jouir de *l'exiftence.*

La meilleure manière de décider qu'un enfant eft né avec des conditions de viabilité aux divers termes admis par les jurifconfultes , & compris entre les cinquième & neuvième mois , eft de comparer les cas qui fe préfentent , avec les réfultats des expériences faites fur les fœtus & les nouveau-nés par divers médecins-légiftes , & particulièrement par le célèbre Chauffier. Or , voici ce que les recherches les plus exactes ont appris : *à cinq mois ,* les membres abdominaux commencent à prédominer fur les membres thoraciques ; les mouvemens du fœtus & fa pefanteur fpécifique deviennent plus manifeftes ; fa longueur eft alors de huit à neuf pouces. *A fix mois ,* le fœtus a pris plus d'énergie , il eft fufceptible de vivre pendant quelque temps ; il a de onze à douze pouces de longueur ; la tête , en confervant une prédominance fur les autres parties , paroît cependant un peu moins groffe , fes parois offrent encore de la molleffe , & les fontanelles une grande étendue ; la peau , fine , mince , préfente une teinte rofée à la face , aux oreilles , à la plante des pieds , à la paume des mains ; les cheveux font rares , de couleur argentine ; les paupières fermées , les fourcils & les cils peu épais , la pupille fermée par une membrane ; les ongles font à peine formés ou manquent entièrement. Chez les garçons , le fcrotum eft très-petit , d'un rouge vif ; chez les filles , la

vulve eft faillante , les grandes lèvres féparées par le clitoris. *A fept mois ,* le fœtus a quatorze ou quinze pouces de long , la peau eft rofée & couverte d'un enduit fébacé & onctueux , les cheveux font plus longs & prennent une teinte blonde ; la membrane pupillaire n'exifte plus ; les ongles ont acquis plus de confiftance & de longueur , les paupières ceffent d'être agglutinées. *A huit mois ,* les mouvemens du fœtus font plus forts , il a feize ou dix-fept pouces de longueur , la peau a plus de confiftance , elle commence à fe couvrir de poils , l'enduit fébacé augmente , les ongles ont plus de fermeté , les cheveux plus de longueur ; fouvent les mamelles font faillantes , & on peut en exprimer un fluide lactiforme. Dans les mâles , les tefticules s'engagent dans l'anneau fufpubien ; dans les femelles , le vagin & le col de l'utérus font enduits d'un mucus vifqueux & diaphane. *A neuf mois ,* le fœtus ou le nouveau-né a dix-huit à vingt pouces de longueur ; fa tête eft groffe , mais ferme & réfiftante ; les os du crâne , quoique mobiles , fe touchent par leurs bords ; les fontanelles font moins larges , les cheveux plus longs , plus épais , plus colorés ; l'enduit fébacé de la peau eft plus adhérent , plus épais ; fouvent , dans les mâles , les tefticules ont dépaffé l'anneau , ou font même dans le fcrotum ; les ongles ont plus d'épaiffeur , de fermeté , & fe prolongent jufqu'à l'extrémité des doigts ; la moitié du corps correfpond à l'ombilic , l'enfant remue fes membres avec facilité , faifit les mamelons avec fes lèvres. Il faut ajouter que la pefanteur d'un enfant né à terme eft communément de fix à fept livres & demie , quoiqu'il ne foit pas très-rare d'en rencontrer auffi de cinq livres , & même moins , avec les autres conditions de viabilité (1).

Si l'enfant eft mort & que le médecin ait à déterminer s'il étoit né viable , il trouvera à l'ouverture du corps le cerveau couvert de circonvolutions , & offrant déjà un changement de couleur dans la fubftance qui doit devenir grife ; les origines des nerfs déjà prononcées ; il obfervera dans le thorax les poumons rouges & volumineux , le canal artériel très-développé , le trou de Botal plus grand que dans les mois précédens , & muni d'une membrane valvuleufe ferme & étendue. Dans le ventre , il rencontrera le foie confiftant , les inteftins remplis de méconium , fi toutefois l'enfant a fuccombé avant de refpirer ; ces fignes de maturité feront d'ailleurs d'autant plus prononcés que le fujet approchera plus du neuvième mois.

Des enfans peuvent naître à terme & préfenter des fignes de viabilité , mais être affectés d'une maladie ou d'une difformité qui les empêchent de vivre hors du fein de leur mère ; de ce nombre

(1) *Dictionnaire des Sciences médicales ,* tom. XVI , article Fœtus.

font : les *monſtres*, appelés *acéphales*, *anencéphales*; ceux qui ſont privés de moelle épinière, de poumons, de cerveau, d'eſtomac, &c. Il faut placer dans la même catégorie ceux qui ſe trouvent privés de certaines ouvertures naturelles, qui ont ſubi de graves tranſpoſitions & renverſemens organiques, qui ont des organes en excès, &c. Les *bicéphales* forment cependant, dans certains cas, une exception, ainſi que vient de le prouver tout récemment (novembre 1829) l'exemple du monſtre double connu ſous les noms de *Ritta-Criſtina*, qui a vécu huit mois, & dans lequel on remarquoit deux têtes, quatre bras, deux colonnes vertébrales, mais un ſeul baſſin & deux extrémités inférieures. L'ouverture du corps a offert deux cœurs adoſſés, contenus dans un même péricarde, un diaphragme formé de deux cloiſons réunies & confondues, un foie de même contexture, deux eſtomacs, deux inteſtins grêles, un ſeul gros inteſtin, deux matrices, une veſſie, un ſeul anus, &c.

De toutes les preuves de viabilité ou d'aptitude à vivre que peut donner un nouveau-né, la plus certaine & la plus irréfragable eſt la reſpiration complète, c'eſt-à-dire celle qui eſt accompagnée de tous les phénomènes dépendant de ce grand acte de la vie. Ce ſigne eſt d'autant plus important qu'aux yeux du juriſconſulte il conſtitue à lui ſeul la vie, ou bien la préſomption d'une vie à venir, qui eſt la ſource d'un grand nombre de procès devant les tribunaux. Auſſi, le médecin ne peut-il trop s'attacher à conſtater cette fonction capitale par tous les moyens qui ſont en ſon pouvoir; qu'il ait ſans ceſſe devant les yeux des exemples cités par Chauſſier, Pelletan, Alphonſe-le-Roi, &c., dans leſquels des cris, des ſoupirs, des mouvemens convulſifs, des battemens de cœur, un certain degré de chaleur, &c., avoient été conſidérés à tort comme des ſignes de viabilité. (*Voy.* les mots DOCIMASIE PULMONAIRE, FŒTUS & INFANTICIDE.) Il ne faut jamais oublier non plus que la queſtion de ſavoir ſi un enfant eſt né viable, s'il a vécu depuis ſa naiſſance, réſolue affirmativement ou négativement, ne décide pas ſeulement d'une conteſtation d'intérêt privé, mais de la vie & de la mort d'individus accuſés du crime d'infanticide.

La non-viabilité s'établit néceſſairement par l'abſence des conditions que nous avons indiquées comme ſignes de viabilité, en s'appuyant ſur l'impoſſibilité où devoit être l'enfant d'exercer dans cet état les fonctions eſſentielles à la vie.

Lorſqu'un médecin-légiſte eſt appelé à donner ſon avis devant les tribunaux ſur une queſtion quelconque de viabilité, il ne peut jamais aſſez peſer les conſéquences graves que peuvent avoir ſes déciſions; à la vérité, en matière civile, les juriſconſultes les plus célèbres penſent que les préſomptions peuvent ſuppléer à l'impoſſibilité de conſtater la vérité : s'il eſt conſtant, diſent-ils,

que l'enfant eſt né vivant, il doit être cenſé né viable; & l'on préſumera également l'exiſtence, ſi la viabilité eſt conſtante, parce que, ajoutent-ils, ſelon l'ordre des choſes, il eſt à croire que celui qui eſt né viable eſt né vivant, le contraire devant être prouvé. Mais, en matière criminelle, nous penſons, avec ces juriſconſultes, que l'accuſation doit toujours prouver évidemment la vie & la viabilité.

A ce que nous avons dit ſur les ſignes & la manière de conſtater la viabilité, nous ajouterons, en terminant, que le médecin peut être conſulté par les magiſtrats dans trois circonſtances différentes : 1°. pour décider ſi un enfant a ſéjourné cent quatre-vingts jours dans le ſein de ſa mère (queſtion de déſaveu); 2°. pour établir ſi l'enfant eſt né viable; 3°. ſi l'enfant eſt né vivant (queſtion de donation, de teſtament, d'infanticide, de ſucceſſion). (BRICHETEAU.)

VIABLE, adj. *Viabilis.* Adjectif ſervant à indiquer qu'un fœtus qui vient de naître eſt conſtitué de manière à pouvoir vivre pendant un temps aſſez long; ce qui ſuppoſe que tous les organes indiſpenſables à l'entretien de la vie ſont dans leur état normal, ou du moins ne s'en écartent que fort peu. (*Voyez* VIABILITÉ.)

VIANDE, ſ. f. (*Hyg.*) *Caro.* Nom que l'on donne communément & indiſtinctement à la chair de tous les animaux. (*Voyez*, pour les avantages & les inconvéniens de ce mode d'alimentation, les articles ALIMENS & NOURRITURE, tom. Iᵉʳ & t. X de ce Dictionnaire.)

VIBICES, ſ. f. pl. (*Pathol.*) Ce mot, qui primitivement ne déſignait que les ecchymoſes cutanées produites par les coups de fouet, a été par la ſuite appliqué aux taches rouges & livides qui paroiſſent ſur la peau dans pluſieurs maladies graves, comme les fièvres malignes, le ſcorbut, &c. (EXÉRIC SMITH.)

VIBRANT. (*Path.*) Pouls vibrant. Epithète employée pour déſigner une des nombreuſes modifications que préſentent les battemens du pouls. Dans celui que l'on nomme *vibrant*, l'artère ſemble être tendue & vibrer à la manière d'une corde. (*Voyez* POULS.)

VIBRATILE. (*Path.*) Douleur vibratile. Nom que l'on donne à une ſenſation particulière, dans laquelle les nerfs ou quelques autres parties ſemblent oſciller comme une corde tendue.

VIC-EN-CARDALES (Eaux minérales). Cette eau minérale, dont l'analyſe auroit beſoin d'être refaite, ſe trouve à environ un demi-quart de lieue de Vic, au pied du Cantal & à une lieue d'Aurillac; elle eſt froide & a une ſaveur fort piquante. Dans le pays fa fource fe nomme *Fontaine falée*, & l'on a prétendu que l'ufage de fon eau pouvoit être convenable dans les cas de coliques néphrétiques & d'engorgemens des vifcères.

VIC-LE-COMTE (Eaux minérales). Cette petite ville, du département du Puy-de-Dôme, eft à cinq lieues de Clermont & poffede deux fources minérales dont l'une, nommée la *fontaine Ste.- Marguerite*, eft fituée fur la rive droite de l'Allier, tandis que la feconde, celle du *Tambour*, fe trouve fur la rive gauche de la même rivière.

Ces eaux font transparentes, froides, & ont une faveur acidule & aftringente. Bien que leur analyfe ne foit point très-récente, il paroît conftant qu'elles contiennent de l'hydrochlorate de foude, de l'acide carbonique, & des carbonates de chaux & de fer. Indépendamment de ces principes minéralifateurs, on a auffi trouvé du fulfate de foude dans la *fontaine du Tambour*.

Les eaux de Vic, furtout celles que fournit la *fontaine Sainte-Marguerite*, font toniques & conviennent dans les débilités de l'eftomac, la chlorofe, l'engorgement des vifcères, &c. Quant aux eaux de la *fontaine du Tambour*, le fulfate de foude qu'elles contiennent les rend légèrement purgatives.

On fait ufage de ces eaux en boiffons à la dofe de cinq à fix verres dans la matinée.

(R. P.)

VICE, f. m. (*Pathol.*) Mot dont la fignification eft toute morale, & que l'on a tranfporté dans le langage médical pour défigner des altérations inconnues des liquides ou des folides. On dit, par exemple, le *vice fcrofuleux*, pour indiquer collectivement tous les changemens que notre économie fubit dans cette maladie; changemens qui exiftent non-feulement dans les parties que nous croyons malades, mais qui atteignent même toute notre organifation. On voit donc que c'eft une expreffion de reffource pour indiquer d'un feul mot une altération que l'on ne connoît pas : il faut diftinguer le vice, du virus & du venin. Le *vice* eft une altération des parties, ou feulement de quelques-unes des parties de notre organifation, mais qui ne fe communique pas par contagion; on peut naître avec cette difpofition, ou même avec la maladie, & on peut également la contracter lorfqu'on eft expofé aux caufes fufceptibles de la faire fe développer. Le venin eft le produit d'une fécrétion de l'animal, qui lui eft donné pour la défenfe ou pour l'attaque, mais qui ne lui nuit point tant qu'il eft renfermé dans fes réfervoirs; on prétend cependant que, fi une vipère fe mord, elle périt, & on rapporte que dernièrement, un ferpent à fonnette s'étant mordu, mourut très-promptement des fuites de fa morfure. Ces faits font

très-rares, & je défirerois beaucoup les voir fe renouveler; car enfin, quand ces reptiles fe mordent, ils ne font pas fans abforber une partie de leur venin, & ils n'en font nullement incommodés. Il paroîtroit réfulter de plufieurs expériences, entr'autres de celles de Fontana, que ces venins avalés n'ont aucune action relativement à l'action de ce venin fur les reptiles qui en font armés : les uns difent que fi les vipères fe mordent elles périffent de cette morfure, & d'autres prétendent, les preuves également en mains, que non-feulement ces reptiles n'en éprouvent aucun mal, mais que quelques autres animaux n'en reffentent aucune atteinte. Ce font donc des expériences à répéter. Le virus diffère du vice & du venin en ce que c'eft un principe de maladie qui fe tranfmet par contagion; telle eft la caufe de la rage, de la fyphilis. Depuis quelque temps on nie l'exiftence du virus, mais fi on rejette le mot, on adopte la chofe.

La théorie des *vices* jouoit autrefois un grand rôle dans la fcience médicale, lorfque l'humorifme & le folidifme régnoient dans les écoles; maintenant, comme la médecine ne repofe que fur l'exaltation des propriétés vitales, on néglige ces entités qui avoient tant d'importance dans nos anciennes écoles. A-t-on tort, a-t-on raifon ? ...

On donne auffi le nom de *vice de conformation* à toute difpofition des parties du corps ou des organes, contraire à l'état naturel. (*Voyez* Monstruosités & Transposition dans ce Dictionnaire.) (Nicolas.).

VICES RÉDHIBITOIRES. (*Art. vétér.*) Si les intérêts du commerce en général exigent que toutes les tranfactions offrent au vendeur & à l'acheteur des garanties qui, autant que poffible, les mettent à l'abri de la fraude, ce befoin fe fait bien davantage reffentir encore, lorfqu'il s'agit de l'achat ou de la vente des animaux fervant à l'agriculture. Auffi le 2e. § de la 3e. fection du 4e. chapitre du titre VI du livre 3 de notre *Code civil* y a-t-il pourvu d'une manière à la vérité beaucoup moins précife qu'il n'eût été défirable, puifqu'en effet beaucoup de circonftances importantes font abandonnées à l'influence des us & coutumes.

En examinant fucceffivement les neuf articles de cette fection, on voit, d'une part, que les maladies qui peuvent entraîner la *rédhibition* de l'animal vendu ne font pas fpécifiées; que le délai dans lequel cette action doit être intentée n'eft point fixé; enfin, qu'elle ne fauroit avoir lieu lorfqu'il exifte des fymptômes évidens dont, au moment de la vente, l'acheteur n'a pu prendre connoiffance. D'autre part, il eft textuellement dit, « que le vendeur eft tenu des vices cachés, quand même il ne les auroient pas connus, à moins que, dans ce cas, il n'ait stipulé qu'il ne feroit obligé à aucune garantie »; condition dont il faut établir la preuve par écrit ou par témoins.

Quand la rédhibition a lieu par suite de vices inconnus au vendeur, l'acheteur peut, à sa volonté, exiger soit la restitution du prix de la chose vendue & des frais qu'elle a occasionnés, soit en gardant la chose vendue, se faire donner à titre d'indemnité une valeur fixée par des experts. Dans le cas contraire, c'est-à-dire, lorsque le vendeur connoissoit les défauts cachés, il est obligé, non-seulement à la restitution du prix, mais encore à des dommages & intérêts. S'il arrivoit que l'animal eût péri par suite de ces défauts connus ou inconnus, les droits de l'acheteur & les obligations du vendeur seroient les mêmes que ceux spécifiés dans les cas de rédhibition : quant à la perte arrivée par cas fortuits, elle est pour le compte de l'acheteur.

Les affections, qu'au terme de l'article 1641 du *Code civil*, on doit regarder comme *cas rédhibitoires*, sont les maladies contagieuses, aiguës ou chroniques, telles que, d'une part, le claveau & la rage, & de l'autre la morve, le farcin & la gale : sont aussi placés sur la même ligne le cornage, l'immobilité, l'épilepsie ou mal caduc, la boiterie de vieux mal, la fluxion périodique, la phthisie pulmonaire, vulgairement connue, pour les chevaux, sous le nom de *vieille courbature*, & pour les vaches sous celui de *pommelière*; de plus, l'espèce de tic dans lequel les dents ne sont point usées, & enfin quelques autres vices qui ne peuvent être constatés lors de l'achat. MM. Huzard & Tessier, dans le projet de *Code rural* qu'ils ont rédigé, ont pensé que la *courbature* & la *pousse*, ayant des symptômes évidens, ne devoient pas continuer à être rangées au nombre des circonstances pouvant entraîner une action rédhibitoire.

Quant à la garantie, elle ne peut avoir lieu pour les animaux dont la valeur n'excède point cinquante francs; & les délais fixés varient aussi suivant la nature de l'affection : ainsi, pour la boiterie de vieux mal, la durée est de vingt jours, & d'un mois pour l'affection périodique & l'épilepsie.

VICHI (Eaux minérales). Sous le rapport de leur ancienneté & sous celui de leur utilité réelle, les eaux de Vichi doivent être rangées dans le petit nombre de celles qui jouissent d'une réputation justement méritée. Ces eaux étoient connues & fréquentées par les Romains, ce dont on ne peut douter, d'après les vestiges d'anciennes constructions & les médailles que l'on a trouvées lors des fouilles faites pour élever le nouveau bâtiment thermal.

La ville de Vichi, située dans le département de l'Allier, est bâtie dans une vallée entourée de collines fertiles & dont la perspective est on ne peut plus variée; le climat en est doux & tempéré, l'air est très-pur, & les routes, bien entretenues, facilitent les communications : on y rencontre toutes les commodités qui peuvent en faire un séjour agréable pour ceux qui s'y rendent, conduits par le besoin de rétablir leur santé. Ces eaux thermales, ainsi que la plupart des établissemens de même genre, étoient à peu près abandonnées, lorsqu'en 1785 deux princesses, tantes du roi de France, en firent usage avec succès, &, par un effet de leur munificence, contribuèrent beaucoup à l'amélioration des bâtimens destinés à l'administration de ces eaux. En 1814, madame la Dauphine, alors duchesse d'Angoulême, fit un voyage à Vichi, &, depuis cette époque, l'établissement dirigé par le Dr. Lucas a pris une extension considérable. Enfin l'hôpital de cette ville, que des circonstances malheureuses avoient long-temps mis dans l'impossibilité de secourir les malades de la classe indigente, peut aujourd'hui (année 1830) en recevoir un grand nombre.

L'établissement thermal de Vichi est alimenté par plusieurs sources : elles sont au nombre de sept :

1°. La *source de la grande Grille*, ainsi nommée parce qu'elle est entourée d'une grille de fer. (Température 30 à 33 deg. cent.)

2°. Le *petit Puits carré*, appelé aussi *puits Chomel*, est fermé par un couvercle. (Température 35 deg. cent.)

3°. Le *grand Puits carré* ou *grand Bassin des bains*, parce que ses eaux sont uniquement employées à cet usage. (Température 45 à 46 deg. cent.)

4°. Le *petit Boulet*, aujourd'hui *fontaine des Acacias*. (Température 34 deg. cent.)

5°. Le *gros Boulet*, ou *fontaine de l'Hôpital*. (Température 37 à 38 deg. cent.)

6°. La *source Lucas*. (Tempér. 36 deg. cent.)

7°. La *fontaine des Célestins* ou du *Rocher*. Cette dernière est au bas d'une montagne, à l'extrémité de la ville, près de l'Allier : son abord est un peu difficile, & on vient de l'enfermer dans un joli bâtiment. Sa température est de 22 deg. cent.

Quelques légères variétés de température sont à peu près les seules différences que présentent les propriétés physiques des eaux fournies par les sept sources de Vichi. Ces eaux sont limpides et incolores; une grande quantité de bulles d'acide carbonique s'en dégagent continuellement : elles ont une saveur piquante, acidule & comme lixivielle. Cette dernière propriété paroît due à la présence d'une petite quantité de sous-carbonate de chaux qui se précipite au moment ou les eaux arrivent à la surface du sol.

Les eaux de Vichi ont été analysées un grand nombre de fois; entr'autres par Raulin, Desbrest, Malouët & Mollier; mais, depuis peu, M. Long-champs a publié sur ces eaux un excellent travail (1), dont les résultats sont contenus dans le tableau ci-joint :

ANALYSE CHIMIQUE.

Quatre kilogrammes d'eau des sources de Vichi, contiennent :

DÉNOMINATIONS des différentes substances.	SOURCE de la grande Grille.	SOURCE du petit Puits carré ou puits Chomel.	SOURCE du grand Puits carré ou du grand Bassin.	SOURCE du gros Boulet ou de l'Hôpital.	SOURCE du petit Boulet ou des Acacias.	SOURCE Lucas.	SOURCE du Rocher ou des Célestins.
Acide carbonique libre. . .	3,7734	3,9592	4,2399	3,9176	5,1450	4,2807	4,4582
Carbonates { de soude. . .	19,9258	19,9258	19,9258	20,2054	20,2054	20,3454	21,2961
de chaux. .	1,3993	1,3985	1,3719	2,1894	2,2675	2,0021	2,4414
de magnésie.	0,3397	0,3407	0,3467	0,3807	0,3886	0,3880	0,2910
Muriate de soude.	2,2803	2,2803	2,2803	2,1705	2,1705	2,1854	2,3162
Sulfate de soude.	1,8900	1,8900	1,8900	1,6810	1,6810	1,5733	1,1018
Oxyde de fer.	0,0116	0,0123	0,0266	0,0080	0,0680	0,0118	0,0237
Silice.	0,2944	2,2885	0,2905	0,1911	0,2040	0,1662	0,4525

N. B. Cette analyse indiquant les résultats obtenus sur quatre kilogrammes d'eau, on conçoit qu'en prenant le quart des nombres inscrits dans chaque colonne, on aura les quantités d'acide carbonique, de sels, d'oxyde ou de silice contenues dans chaque kilogramme, ou à peu près dans chaque litre d'eau des différentes sources de Vichi.

(1) Analyse des eaux minérales & thermales de Vichi, faite par ordre du Gouvernement, Paris, 1825.

Une observation faite par M. Darcet, & qu'il est bon de ne pas passer sous silence, est que l'usage des eaux de Vichi, soit en boissons, soit en bains, rend l'urine alcaline; effet qui subsiste encore quelque temps après que l'on a cessé d'en boire. Ce phénomène, dont on ne pourroit rendre raison qu'en l'attribuant à une absorption plus facile, se manifeste particulièrement chez les femmes. Enfin, il est également remarquable que l'acide carbonique des eaux de Vichi ne contient point d'azote, mais bien de l'air atmosphérique qui, ainsi que celui que l'on retire des eaux de pluie ou de celles qui proviennent de la fonte des neiges, contient plus de gaz oxygène que l'air de l'atmosphère.

Si, à raison de leurs principes minéralisateurs, les eaux de Vichi produisent de bons effets, l'influence du régime qui en accompagne l'usage, est un auxiliaire trop puissant pour ne point fixer l'attention du médecin. Ainsi, indépendamment des considérations résultant de la nature des maladies, il importe de ne point négliger celles provenant de la disposition des localités & du genre de vie que permet d'y mener la classe des malades qui fréquentent les diverses eaux minérales. Sous le premier de ces deux rapports, les eaux de Vichi, qu'en général on regarde comme fondantes & apéritives lorsqu'elles sont prises à la source, conviennent dans un grand nombre d'affections abdominales; &, envisagées sous l'autre point de vue, l'affluence des personnes aisées qui s'y rendent pendant la belle saison, ne peut que contribuer à procurer des distractions propres à augmenter leur efficacité. L'expérience a prouvé en effet que, dans les engorgemens purulens des viscères du bas-ventre, dans les maladies qui sont sous la dépendance de l'état de souffrance de ces viscères, & qui souvent en imposent par la forme qu'elles affectent & par le siège de la douleur qu'elles occasionnent, les eaux de Vichi sont sinon un moyen de guérison assuré, du moins elles produisent un soulagement sensible. On les prescrit encore avec avantage dans la chlorose, les leucorrhées, les irrégularités de la menstruation & les maladies qui se développent à l'époque critique. La faculté excitante de ces eaux indique d'ailleurs assez qu'il faut en éviter soigneusement l'emploi dans les maladies aiguës inflammatoires & dans tous les cas où les symptômes d'irritation prédominent.

C'est ordinairement depuis le mois de mai jusqu'au mois de septembre que l'on fréquente les eaux de Vichi. On les emploie en boissons, en bains & en douches; quelquefois on les prend pures, & d'autres fois mélangées avec du petit-lait ou quelque liquide mucilagineux. Il seroit difficile d'indiquer précisément à laquelle des sources le médecin doit accorder la préférence; ce n'est donc que par un espèce de tâtonnement qu'il peut prendre une détermination à cet égard.

C'est particulièrement à l'époque des grandes chaleurs qu'il importe d'en surveiller l'usage; car, d'après l'observation de M. Lucas, dans les temps d'orage, les eaux de Vichi sont d'une digestion difficile & causent souvent un ballonement du ventre tellement apparent, qu'on le regarde comme précurseur du changement qui doit s'opérer dans l'atmosphère (1).

(Augt. Trillaye.)

VICQ-D'AZYR (Félix) (*Biograph. médic.*), docteur en médecine, membre de l'Académie française & de l'Académie des sciences, secrétaire-perpétuel de la Société royale de médecine, &c., naquit à Valognes en 1748, de Félix Vicq-d'Azyr, médecin, & de Catherine Le Chevalier. « Il fit ses premières études dans cette ville, & son cours de philosophie à Caen; mais avant de se choisir un état il se livra sans réserve à son goût pour la littérature, s'exerça dans plusieurs genres; cultiva même la poésie qu'il a toujours aimée, &, dans le développement particulier de son esprit comme dans le développement général de l'esprit humain, des occupations douces & gracieuses, l'étude aimable des lettres & des beaux-arts, servirent de prélude à l'étude plus sévère des sciences physiques. A cette première & brillante époque de sa vie, Vicq-d'Azyr voulut même se consacrer exclusivement aux lettres; dans ce dessein, il fut sur le point d'embrasser l'état ecclésiastique, espérant sans doute qu'il pourroit plus facilement suivre son penchant dans les loisirs de cette profession. Il ne tarda pas à revenir de ce premier choix, & pour ne pas résister aux volontés de ses parens, il consentit à se livrer à l'étude de la médecine.

» Vicq-d'Azyr vint à Paris en 1765; il ne fut pas long-temps sans s'apercevoir combien cette grande cité est favorable aux savans & aux artistes. Introduit dans tous les sanctuaires de la science & des arts, il sentit par le nombre & l'énergie de ses émotions qu'il alloit entreprendre avec enthousiasme ce qu'il croyoit d'abord n'exécuter que par déférence pour sa famille. La médecine se présenta à lui comme la science qui considère la nature sous les aspects les plus utiles : saisissant les rapports nombreux de cette science avec les diverses connoissances qui l'éclairent, il se livra à toutes avec un zèle & des succès dont l'ame la plus active & l'esprit le plus pénétrant peuvent seuls rendre capable. Successivement dans les hôpitaux, dans les laboratoires de chimie & d'anatomie, aux herborisations, aux leçons des plus célèbres professeurs, dans les cabinets de physique & d'histoire naturelle, Vicq-d'Azyr sembloit

(1) Alibert, *Précis historique sur les eaux minérales les plus usitées en médecine*, &c., in-8°. Paris, 1826.

vouloir interroger à la fois tout ce qui pouvoit l'instruire, & embrassoit dans ses travaux presque tous les domaines de la science de la nature.

» Malgré la variété de ses études, Vicq-d'Azyr s'avança rapidement dans la carrière de la médecine, &, en 1772, il entra en licence avec un éclat qui surprit, malgré la réputation qu'il avoit déjà acquise avant cette époque. Dans une de ses thèses il prit pour sujet un très-beau point d'anatomie philosophique, le mécanisme qui, dans la structure de la tête, tend à rompre & à absorber la force des différentes espèces de chocs & de percussion. Dans la suite, il continua de cultiver toutes les parties de la médecine & de la philosophie naturelle ; mais l'anatomie physiologique l'occupa d'une manière spéciale : elle devint pour lui une science de choix, & lui inspira cet intérêt plus vif qui s'empare de la pensée & fait d'un genre de connoissance celui auquel les autres sont sans cesse rapportés par un esprit actif & prompt à saisir tout ce qui peut étendre ou éclairer le sujet qui le captive. En 1773, il voulut enseigner cette science qu'il avoit cultivée avec tant d'ardeur; dans ce dessein il ouvrit, pendant les vacances, un cours d'anatomie de l'homme & des animaux, à l'amphithéâtre des écoles de médecine. Ses succès ne trompèrent point ses espérances; un langage toujours pur & souvent éloquent, le contraste de la jeunesse & du savoir, une physionomie pleine d'expression; enfin, tous les avantages qui peuvent conquérir l'estime publique & former rapidement une grande réputation se trouvoient réunis dans le nouveau professeur. Son succès fut aussi brillant que mérité. On se rendoit en foule à ses leçons : ses maîtres eux-mêmes & un grand nombre de médecins distingués ne rougirent pas de se mêler à ses auditeurs, dont l'affluence lui permettoit à peine d'arriver jusqu'à sa chaire, où souvent il étoit porté à travers cette multitude d'élèves & d'admirateurs. A la rentrée des écoles, l'envie, alarmée d'un début aussi brillant, fit interrompre des leçons aussi utiles & aussi nouvelles, sous un prétexte frivole, & en s'appuyant sur des formalités que l'on auroit abolies ou modifiées, si des intérêts étrangers à la science n'avoient pas été le véritable motif de cette persécution.

» Vicq-d'Azyr ne fut point découragé par ce revers, il vit qu'il le rapprochoit déjà de plusieurs hommes célèbres ; mais en considérant combien les sentiers de la gloire sont pénibles & escarpés, il se sentit le courage de les parcourir : & ce fut par de nouveaux succès qu'il chercha à se faire pardonner les premiers, sûr de forcer ainsi au silence cette foule d'ennemis que toute réputation naissante excite, mais qui ne tarde point à changer ses clameurs en applaudissemens, lorsque l'homme de génie qu'elle vouloit arrêter triomphe de ses efforts & l'écrase de tout le poids d'une juste célébrité. Il fut favorisé dans ce projet par les cir-

constances, & Antoine Petit, qui étoit son maître & son ami, Antoine Petit, assez grand & assez généreux pour prévoir & avouer que Vicq-d'Azyr le surpasseroit un jour, le choisit pour le remplacer dans le cours d'anatomie du Jardin des Plantes. Une nouvelle disgrace accompagna ce nouveau succès, & le choix de Petit n'ayant été confirmé ni par Buffon ni par la cour, la chaire d'anatomie fut donnée à M. Portal, déjà membre de l'Académie des sciences, & connu par plusieurs travaux utiles.

» Forcé de quitter un théâtre où il avoit paru un instant avec tant d'éclat, Vicq-d'Azyr ouvrit des cours particuliers d'anatomie, & fut ensuite chargé de l'enseignement de cette science aux écoles de médecine : ce fut alors que, rassemblant les connoissances nombreuses & variées qu'il avoit acquises, il fit le cours d'anatomie & de physiologie dont il a conservé le plan dans le Dictionnaire de Médecine de l'Encyclopédie méthodique (1); plan aussi vaste que philosophiquement conçu, & qui suppose dans le savant qui l'a tracé une variété de connoissances & une force de conception dont il n'existe qu'un petit nombre d'exemples. Dans cette savante esquisse, que l'on peut comparer aux études des grands peintres, on trouve presque toutes les bases d'une philosophie de la nature vivante.

» Un crachement de sang très-alarmant força Vicq-d'Azyr à suspendre les leçons qu'il faisoit d'après des idées aussi neuves & aussi philosophiques. Lorsque sa santé fut un peu rétablie, il se réfugia dans le lieu de sa naissance avec l'espoir de rendre sa convalescence plus rapide : cette retraite, non loin des bords de la mer, ne fut pas perdue pour la science, & devint l'occasion de recherches aussi nouvelles que curieuses sur les poissons. Ce travail fut offert à l'Académie des sciences, qui ne tarda pas à admettre l'auteur au nombre de ses membres : à cette époque Vicq-d'Azyr entra dans une nouvelle carrière.

» La plus désolante épizootie dévastoit le midi de la France. Turgot, voulant réunir dans cette circonstance désastreuse toutes les ressources que pouvoient offrir les sciences physiques & médicales, demanda à l'Académie des sciences un médecin & un physicien capables d'opposer promptement quelque moyen efficace aux progrès toujours croissans de la contagion. Vicq-d'Azyr fut chargé seul de cette double mission : il part, il arrive, & reconnoît dans le fléau qu'il venoit combattre l'une de ces grandes calamités qui font époque dans l'histoire des nations. Il s'instruit d'abord des principales causes de la maladie & en détermine la nature par des expériences & des observations; il fait ensuite employer plusieurs moyens

_____

(1) Voyez tom. II, pag. 577 & suivantes.

préſervatifs, cherche ſurtout à opérer l'iſolement des villages infectés, ſe trouve même forcé de recourir à la méthode, peut-être trop déſaſtreuſe, de l'*aſſommement*, & ne revient à Paris qu'après avoir rempli l'objet de ſa miſſion & appliqué toutes les reſſources qui étoient en ſa puiſſance au ſoulagement d'un pays où il n'avoit trouvé, à ſon arrivée, que l'image du malheur & du déſeſpoir : alors Vicq-d'Azyr touchoit à ſa vingt-cinquième année, & déjà il étoit profeſſeur célèbre, membre de l'Académie des ſciences & docteur de la Faculté de médecine de Paris. A ſon retour il fut nommé ſecrétaire-perpétuel d'une Société de médecine qu'il fit établir pour les épizooties, mais qui ne tarda pas à embraſſer dans ſes travaux toutes les parties des ſciences phyſiologiques & médicales.

» Dès ce moment on poſſéda en France une véritable Académie de médecine ; & les médecins, juſqu'alors iſolés & ſans correſpondance, comme ſans encouragement & ſans émulation, eurent un point de ralliement. On les excita par la plus noble des paſſions, par l'amour de la gloire : on propoſa un but & des prix à leurs travaux ; on appela ſurtout leur attention ſur l'hiſtoire médicale du pays qu'ils habitoient, & la médecine, agrandie dans ſes applications comme dans ſes progrès, la médecine, que l'on croit bornée au ſoulagement des particuliers, ſe trouva étendue avec ſuccès à pluſieurs parties du ſervice public, & principalement aux meſures néceſſaires dans les cas d'épizootie & d'épidémie, aux exhumations, à la vente des médicamens, aux choix de la nourriture de l'homme & des animaux ; enfin à des recherches ſur les différens genres de méphitiſme, & à pluſieurs autres points d'hygiène publique & d'*édilité médicale*.

» La nouvelle Académie publia le premier volume de ſes *Actes* pour l'année 1776, & dans ce volume, ainſi que dans les ſuivans, la médecine fut enfin traitée avec tout l'intérêt & l'étendue que doit offrir une ſcience qui a pour objet de conſidérer l'homme & la nature ſous les points de vue les plus nombreux & les plus utiles. Vicq-d'Azyr a conſtamment contribué à cette nouvelle collection, ſans toutefois renoncer aux travaux particuliers qu'il avoit entrepris, ni à l'Académie des ſciences, à laquelle il préſenta pluſieurs Mémoires.

» Relativement à l'anatomie, les travaux de Vicq-d'Azyr ſont immenſes. Dans l'anatomie de l'homme & dans celle des animaux il a d'abord rempli de grandes lacunes ; puis, raſſemblant les découvertes & les connoiſſances répandues dans de nombreux ouvrages, il a réuni tous ſes matériaux & jeté les fondemens d'un édifice que la mort ſeule a pu l'empêcher de terminer.

» Dès le moment de ſon entrée dans la carrière anatomique, il s'aperçut que l'anatomie des animaux, ſi féconde en réſultats phyſiologiques, &

d'abord cultivée avec tant de ſuccès, étoit négligée par les Modernes ; il s'y livra avec un zèle & une activité infatigables. Les poiſſons furent les premiers objets de ſes ſavantes recherches. Ce travail étoit à peine terminé que Vicq-d'Azyr fit paroître de nouveaux Mémoires ſur la partie deſcriptive & phyſiologique des os & des muſcles des oiſeaux. (1)

» En 1774, Vicq-d'Azyr s'exerça ſur un nouveau ſujet. Ariſtote avoit indiqué le parallèle des extrémités ſupérieures & inférieures dans l'homme ; il avoit obſervé que les premières, bien différentes des membres antérieurs des quadrupèdes, ſont conformées pour ſaiſir, embraſſer ou repouſſer & exécuter des mouvemens variés & nombreux : il avoit vu en même temps que les extrémités inférieures ſont légèrement altérées dans leur forme, parce qu'elles ne doivent ſervir qu'à ſoutenir ou tranſporter le corps. Vicq-d'Azyr a ſuivi ce rapprochement avec plus de détail, & les réſultats de ſes recherches ſont auſſi curieux qu'étonnans par leur nouveauté. Les principales conſéquences que le philoſophe en déduit, ſont : que les différences entre les extrémités ſupérieures & inférieures ſe réduiſent plus particulièrement à une poſition oppoſée & à un raccourciſſement & à un prolongement de parties ſemblables. Ces changemens légers ſont autant de diſpoſitions néceſſaires pour l'appréhenſion & pour la locomotion ; le plan eſt eſſentiellement le même, & la nature, ſuivant ſa marche ordinaire, n'eſt pas moins admirable par la conſtance dans le type, que par la variété des modifications qu'elle lui fait ſubir.

» Cette nouvelle manière de conſidérer l'anatomie, ces rapprochemens philoſophiques, qu'on trouvera peut-être un peu forcés, prouvent au moins que Vicq-d'Azyr auroit pu, comme les plus célèbres phyſiologiſtes, interpréter ingénieuſement la nature, s'il n'avoit mieux aimé l'obſerver, l'interroger, & ſe borner à recueillir ſes réponſes. Il ne tarda pas à donner de nouvelles preuves de cette manière d'étudier l'économie vivante. Les travaux immortels de Senac, de Walter & de Haller, les travaux non moins célèbres de Camper, Mecquel & Sabatier, venoient d'enrichir l'anatomie par de nombreuſes découvertes, & des détails minutieux en apparence avoient donné la ſolution de pluſieurs problèmes

---

(1) L'examen des ſquelettes & des puiſſances muſculaires, des rapprochemens entre ces mêmes organes & des organes analogues dans l'homme, l'obſervation des particularités relatives au vol, & la théorie de cette évolution, tels ſont les principaux objets de ce travail entièrement neuf, qui intéreſſe à la fois le naturaliſte & le philoſophe, en donnant des exemples multipliés de ces modifications phyſiques qui déterminent d'une manière rigoureuſe & néceſſaire les mœurs, les habitudes & tout ce que nous croyons découvrir de moral dans l'hiſtoire des animaux.

phyſiologiques.

phyſiologiques. Vicq-d'Azyr ſe livra à des recherches analogues. Les nerfs de la deuxième & troiſième paires cervicales n'avoient pas été exactement décrits : il en fit le ſujet d'un mémoire dans
lequel ſont fidèlement expoſés la naiſſance de ces
nerfs, la direction, la poſition & les rapports de
leurs troncs & des branches principales, le trajet
des filets les plus déliés, & les communications
nombreuſes dont la connoiſſance peut ſeule donner une explication ſatisfaiſante de pluſieurs affections ſympathiques.

« L'organe de l'ouïe dans les oiſeaux, celui de
la voix dans pluſieurs claſſes d'animaux ; fournirent à Vicq-d'Azyr le ſujet de deux autres mémoires remplis de découvertes anatomiques & de
vues philoſophiques qui en augmentent l'intérêt.
Dans le premier, Vicq-d'Azyr fait voir que l'oiſeau, déjà le premier des animaux ſous le rapport
de la vue, ſe rapproche du premier modèle ſous
celui de l'ouïe, & que quelques parties, dont
manque ſon appareil auditif, ſe trouvent ſup-
pléées par des diſpoſitions particulières qui n'ont
pas moins d'effet que celles dont il eſt privé.
L'oiſeau n'offre donc pas, comme on pourroit le
croire d'après une obſervation ſuperficielle, le
contraſte de l'organe de l'ouïe imparfait avec
l'inſtrument vocal le plus accompli (1).

« Dans le mémoire ſur les organes de la voix
de nombreuſes découvertes ſont également préſen-
ſentées. La reſpiration n'eſt pas ſeulement un des
premiers moyens de la vie : elle ſert encore à
établir une correſpondance intime entre les animaux. L'air expiré ſe convertit en ſons indéfiniment variés, devient ainſi l'élément des voix
diverſes, & rapproche la plupart des êtres, animés par un langage ſans lequel la nature ſilen-
cieuſe ſembleroit plongée dans un ſommeil éter-
nel. Mais quel mécaniſme eſt employé pour
produire les ſons ? et à quelle particularité de
leur inſtrument vocal les différentes eſpèces d'animaux doivent-elles ces voix qui les diſtinguent ?
C'eſt principalement à cette dernière queſtion
que répondent les découvertes de Vicq-d'Azyr :
elles nous révèlent la cauſe des cris effrayans de
l'alouate, des cris ſourds & étouffés de pluſieurs
ſinges, des voix particulières de divers quadrupèdes ; elles inſtruiſent également ſur l'appareil
compliqué qui produit les voix bruyantes des
cygnes, des hérons, & ſur les diſpoſitions qui
expliquent & les ſons mélodieux des oiſeaux chanteurs, & les voix éteintes des quadrupèdes ovipares (2).

» Vicq-d'Azyr continua de donner à l'Acadé-

mie des ſciences des preuves de ſon zèle pour
l'anatomie ; & dans les nouvelles recherches qu'il
fit pour en reculer les limites, il ne ſe diſtingua
pas moins par le choix du ſujet que par la manière de le traiter : ainſi, après avoir long-temps
médité ſur l'importance du cerveau, après avoir
ſenti combien la connoiſſance approfondie de ce
viſcère pourroit concourir aux progrès de la
ſcience de l'homme, il fit paroître ſes mémoires
ſur cet organe (1). En effet, quel point de l'économie animale plus digne de fixer l'attention de
l'anatomiſte philoſophe, que la ſtructure d'un
appareil regardé comme l'organe de l'intelligence
& de la penſée ? Et ſi les dérangemens dans l'œil
empêchent ou altèrent la viſion, pourquoi ne dé-
couvriroit-on point dans le cerveau des diſpoſitions capables d'influer ſenſiblement ſur les fonctions intellectuelles ? Vicq-d'Azyr, après s'être
long-temps occupé de ces conſidération philoſophiques, ſe livra tout entier aux recherches qui
pouvoient lui dévoiler l'organiſation cérébrale ;
& ſi les réſultats de ſes travaux ne nous ont pas
ſuffiſamment éclairés ſur cet objet, ils ont au
moins ajouté aux découvertes de pluſieurs anatomiſtes célèbres. Les recherches & les obſervations qu'ils ont exigées & les détails immenſes
qu'ils contiennent, prouvent en outre que l'on
peut réunir à l'imagination la plus active, &
au génie qui embraſſe inſtantanément tous les
rapports, cette attention ſcrupuleuſe & cette
patience ſi néceſſaire dans l'étude de la nature.

» Vicq-d'Azyr a encore donné à l'Académie
pluſieurs mémoires qui ont reculé les limites de
l'anatomie : mais ſans interrompre ſes recherches,
il méditait depuis long-temps ſur la réunion de
tous les faits anatomiques dans un *Traité complet
d'Anatomie & de Phyſiologie* appliquées avec
le même ſoin à toutes les formes & à tous les
modes d'organiſation. La première partie de ce
grand ouvrage, la ſeule que l'auteur ait eu le
temps de publier, préſente, dans deux diſcours
qui ſervent d'introduction, les ſommités de la
ſcience, ſes plus belles généralités & ces réſultats féconds, ces inductions heureuſes, ces rapports pleins d'intérêt que Vicq-d'Azyr s'étoit accoutumé à ſaiſir en méditant ſur les écrits de
Bacon, de Buffon & d'Ariſtote.

» Vicq-d'Azyr n'a pu achever cet ouvrage im-

de la *Structure des organes qui ſervent à la formation de la
voix conſidérée dans l'homme & dans les différentes claſſes
d'animaux.*
(1) Parmi les connoiſſances nombreuſes que renferment
les mémoires de Vicq-d'Azyr ſur *le cerveau*, il faut ſurtout
diſtinguer celles qui ſont relatives à la *ſtructure de la dure-
mère*, à la *diſpoſition des veines du cerveau*, & aux productions qui ſemblent établir des communications entre toutes les
parties de ce viſcère.

(1) *Voyez* ſon *Mémoire ſur la ſtructure de l'organe de
l'ouïe des oiſeaux*, comparé avec celui de l'homme, des
quadrupèdes, des reptiles & des poiſſons.
(2) *Voyez* ſa mémoire ſur la voix, ayant pour titre :

mense (1), mais il augmenta encore ses titres de gloire & d'immortalité en faisant paroître le deuxième volume du *Système anatomique*, où brillent également le génie dont la vue embrasse toute la nature, & l'esprit d'observation qui prépare & rassemble avec patience les matériaux nombreux d'une science nouvelle. Vicq-d'Azyr s'est encore occupé, dans des mémoires particuliers, de plusieurs recherches d'anatomie & de physiologie, parmi lesquels on doit distinguer son *Mémoire sur ce qui arrive au jaune de l'œuf après l'incubation* (2). On ne pouvoit choisir un sujet plus intéressant, & si, d'après l'état actuel de nos connoissances sur la génération, on est conduit à penser que la nature vivante est tout entière ovipare, l'anatomie de l'œuf doit être regardée comme un des moyens les plus propres à répandre quelque lumière sur la génération.

» Vicq-d'Azyr ne se borna point à enrichir l'anatomie par tant de découvertes & de travaux, il avoit en outre formé le projet de contribuer à ses progrès en refaisant son langage. Il a présenté sur ce sujet les considérations les plus philosophiques, en l'éclairant par tout ce que la lecture de Bacon, de Locke, de Condillac & de Linné, a pu lui offrir d'applications importantes. Il auroit voulu surtout une nomenclature aussi féconde que celle des chimistes modernes (3), des dénominations communes pour tous les organes analogues de l'homme & des différens animaux, & des expressions relatives aux rapports des parties, à leur situation & à leurs attaches, surtout pour les muscles (4).

» Doué de cette force & de cette rapidité de conception qui constituent le génie, Vicq-d'Azyr,

(1) L'auteur, ainsi que le titre l'annonce, devoit y décrire & y représenter tous les organes de l'homme; mais il n'a pu traiter que de l'*encéphale*, & n'a pas même parlé de la moelle épinière, de la distribution des nerfs & des organes des sens. Néanmoins cet ouvrage, précédé de discours sur l'anatomie en général, forme un assez gros volume in-folio, contenant trente-cinq planches imprimées en couleur, avec des explications très-détaillées & une histoire critique des figures données sur le même sujet par les anatomistes précédens.

(2) *Voyez* le *Bulletin de la Société philomatique*, année 1793.

(3) M. le prof. Duméril qui, depuis quelques années, a contribué avec tant d'activité aux progrès de la philosophie naturelle, a essayé de réaliser cette vue de Vicq-d'Azyr.

(4) Le prof. Chaussier a essayé, avec le plus grand succès, de créer une nomenclature, rapportée à la situation & aux rapports des parties, non-seulement pour les os & les muscles, mais pour le cerveau, les nerfs & les autres parties de l'organisation. (*Voyez* les deux excellens ouvrages qu'il a publiés à ce sujet, l'un en 1786, in-8°., & l'autre à une époque plus récente, in-4°. (*Voyez* aussi les *Tables synoptiques* du même auteur.)

Le prof. Dumas s'est aussi occupé du perfectionnement de la langue anatomique, & a proposé une nouvelle nomenclature.

dont l'esprit étoit aussi flexible qu'élevé, s'appliqua presqu'avec le même succès à toutes les branches de la médecine. La chirurgie pratique, qui plus que toutes les autres parties de notre art, est ordinairement cultivée d'une manière spéciale & exclusive, ne lui fut pas même étrangère, & il a fait, pour contribuer à ses progrès, des expériences & des observations dont les résultats se trouvent dans les *Mémoires de la Société royale de médecine*. La philosophie & la littérature médicales ont néanmoins plus particulièrement occupé Vicq-d'Azyr, & nous ne craignons pas d'assurer qu'il a saisi les idées les plus fécondes & les aperçus les plus vastes de ces deux parties de la médecine, dans ses *Éloges historiques* & dans quelques ouvrages particuliers, tels que ses *Remarques sur la médecine agissante*, l'article Abus dans le *Dictionnaire de Médecine* de l'Encyclopédie; ses considérations sur une médecine comparée, dans le traité méthodique des épizooties; une notice historique sur les académies, &c. Nous dirons en outre que Vicq-d'Azyr a présenté plusieurs réflexions qui se rapportent à la philosophie médicale, dans le nouveau plan de constitution pour l'enseignement de l'art de guérir en France: ouvrage qui fut offert à l'assemblée nationale par la société royale de médecine, mais dans lequel on reconnoît presque partout, au moins pour le style, la touche éloquente de Vicq-d'Azyr & la direction philosophique & générale de ses conceptions.

» Ce que Vicq-d'Azyr a écrit sur la médecine pratique & la doctrine médicale se trouve principalement dans ses vues sur les travaux d'une académie de médecine & dans les articles Acupuncture, Adustion & Aiguillon du *Dictionnaire de Médecine* de l'Encyclopédie: il a développé sous ces différens titres des idées neuves, lumineuses, & dont les progrès de la physiologie moderne ont constaté l'exactitude & étendu les applications. Mais il est une autre partie de la médecine pratique qui a beaucoup occupé Vicq-d'Azyr & qui se lioit davantage à la direction particulière de ses travaux: c'est cette anatomie qu'on pourroit appeler *médicale* & qui se propose de chercher après la mort, & au milieu des ruines de l'organisation, les causes, les suites & les traces des maladies.

» Les premières recherches de ce genre que Vicq-d'Azyr ait publiées se trouvent dans un *Mémoire sur une extrémité inférieure dont les muscles avoient été changés en un tissu graisseux, sans aucune altération dans la forme extérieure*. Vicq-d'Azyr a décrit avec beaucoup de soin toutes les circonstances de ce fait, qu'il a éclairci par l'examen de ceux qui s'en rapprochent, & dont les observateurs avoient publié des exemples. Il avoit été précédé dans l'application de l'anatomie à l'étude des maladies, par Th. Bonnet, Morgagni, Lieutaud, Portal & plusieurs autres: il a employé en

grande partie leurs travaux & en a réuni les réfultats, fans beaucoup d'ordre, dans une compi-
lation; que toutefois il a enrichie & éclairée par
une foule d'obfervations & de réflexions nouvelles (1). Ce recueil, qu'il a publié dans l'Encyclopédie fous le titre de *Recherches fur l'anatomie confidérée relativement au fiége des maladies*,
renferme un grand nombre de matériaux que l'auteur ne deftinoit pas d'abord à l'impreffion, mais
qu'il avoit raffemblés pour fon inftruction particulière, lorfqu'il fe difpofoit à faire des cours de
médecine.

» La médecine ne bornant pas fes recherches
à l'efpèce humaine, mais les étendant aux animaux domeftiques furtout, Vicq-d'Azyr fe trouva
appelé, par une fuite d'occafions bien défaftreufes,
à cette extenfion de l'emploi & des bienfaits de
cette fcience. Envoyé par Turgot dans les provinces méridionales de la France, défolées par la
plus cruelle épizootie, il fe trouva jeté tout-à-
coup dans une nouvelle carrière, recueillit un
grand nombre de faits & publia le réfultat de fes
obfervations fous le titre d'*Expofé des moyens
curatifs & préfervatifs qui peuvent être employés
contre les maladies peftilentielles des bêtes à
cornes.* Dans cet ouvrage, Vicq-d'Azyr expofe
d'abord la caufe des fléaux épizootiques, qu'il
croit plus fréquens depuis le commencement du
dix-huitième fiècle, éclaire l'économie rurale par
plufieurs confidérations phil ofophiques, & trace
un très-beau parallèle entre la pefte propre à l'efpèce humaine & les maladies peftilentielles des
animaux domeftiques. Il s'arrête enfuite à l'examen des moyens cutatifs & préfervatifs, offre de
lumineux rapprochemens entre la médecine humaine & la médecine vétérinaire; & faifant apercevoir d'une manière générale les différences &
les analogies qui les caractérifent fans les féparer,
prouve qu'il devroit exifter une médecine comme
une anatomie comparée. Par un autre de fes ouvrage, l'*Effai fur les lieux & les dangers des fépultures,* Vicq-d'Azyr a contribué de nouveau au
perfectionnement de l'adminiftration & de l'hygiène publique.

» Moins fages que les nations anciennes, les
peuples modernes, du moins ceux de l'Europe,
plaçoient encore, dans le dernier fiècle, les ci-

metières au milieu des villes : on changeoit même
les temples en demeures fépulcrales, & les foyers
de la contagion la plus active s'étoient ainfi multipliés dans des lieux où les hommes, déjà réunis
en trop grand nombre, corrompent l'air & peuvent
fe nuire par leur accumulation. Pour attaquer &
détruire des ufages auffi dangereux, Vicq-d'Azyr
s'appuie fur les autorités les plus refpectables, &
joint à l'expérience des fiècles & des nations les
plus fages, tous les réfultats que les fciences phyfiques peuvent offrir : la fuperftition, le fanatifme,
les préjugés réfiftent en vain ; leur voix eft étouffée
& n'empêche plus de méconnoître la néceffité
impérieufe d'éloigner les inhumations du fein des
villes, où tant d'autres foyers d'émanations putrides font raffemblés, où les hommes, groupés en
quelque forte fur un feul point, s'infectent réciproquement, & trouvent dans leur concours trop
nombreux, des caufes fi puiffantes d'infalubrité.
L'ouvrage de Vicq-d'Azyr a donc contribué d'une
manière efficace à l'une des plus belles époques
de la police des nations modernes ; & la reconnoiffance de la poftérité doit lui attribuer les
exhumations qui ont eu lieu dans la fuite, & que
les vues généreufes & philanthropiques ont préparées & demandées avec tant de chaleur & d'éloquence (1).

» A l'exemple de l'Académie des fciences &
des autres académies, la Société royale de médecine arrêta dans fes réglemens que l'éloge de
chacun de fes membres feroit prononcé après fa
mort. Vicq-d'Azyr, en fa qualité de fecrétaire-
perpétuel de la Société, fut chargé de ces éloges.
La célèbre compagnie dont il étoit l'organe ayant
confidéré la médecine fous le point de vue le
plus vafte, & appelé toutes les fciences & tous les
favans qui pouvoient l'éclairer, il fut obligé d'appliquer à ce nouveau genre de travail des connoiffances auffi étendues que variées. Ses fuccès
dans cette nouvelle carrière égalent ceux qu'il a
obtenus comme médecin & comme anatomifte (2).

» Les favans dont Vicq-d'Azyr a fait l'éloge
s'étoient exercés fur une foule de fujets très-différens. Il les fuit dans toutes les routes qu'ils ont

---

(1) *Voyez* principalement, dans le *Dictionnaire de Médecine* de l'Eucyclopédie, tom. II ; pag. 259 (article ANA-
TOMIE), les *Remarques fur la pofition des vaiffeaux du cerveau; les Conclufions des obfervations anatomiques fur les
plaies de tête; fur la boffe ou gibbofité,* avec des réflexions
fur les corps à baleine; le *Réfumé fur les dilatations du cœur;*
l'obfervation de M. Jean Roi neveu, rapportée dans le troifième fupplément fur les *abcès & les épanchemens de la
bas-ventre; des Confidérations fur les fignes de la mort du
fœtus; fur la fièvre puerpérale;* enfin, tout l'article fur les
*altérations des vifcères, obfervées à la fuite des maladies
au bas-ventre.*

---

(1) *Voyez* le rapport de Thouret fur les *exhumations de
l'églife des Saints-Innocens,* opération auffi difficile qu'importante, & dont l'ouvrage de Vicq-d'Azyr fit voir fans
doute la néceffité. On doit rapporter au même ouvrage cela
qui a été publié à Madrid en 1786, fous le titre d'*Informe
dado el confejo por la real academia de la hiftoria,* en 10 de
junio de 1783, *fobre la difciplina ecclefiaftica antigua y mo-
derna, relativa al lugar de las fepulturas.*

(2) Quoique Vicq-d'Azyr ait donné bea coup de foin à
tous fes *Eloges hiftoriques,* on eft forcé d'avouer qu'ils n'ont
pas tous le même degré de mérite : parmi les plus remarquables, on doit citer ceux de *Lorry,* de *Scheele,* de *Duhamel,*
de *Buffon,* de *Linné,* de *Serrao,* de *Pringle,* de *Sanchez,*
de *G. Hunter,* de *Lamure,* de *Vergennes,* de *Watelet,*
de *Maret,* de *Pouletier de La Salle,* &c.

parcourues, & montre combien les connoiſſances répandues dans leurs ouvrages lui étoient familières. Médecin éclairé, philoſophe ſenſible en parlant de Fothergill, de Pringle & de Sanchez; naturaliſte, phyſicien & chimiſte avec détail dans les éloges de Linné, de Dubamel & de Scheele; politique profond dans celui de Vergennes, poète & amateur plein de goût ſur la tombe de Watelet, il prend tous les tons, toutes les formes, & mérite à la fois le prix du ſavoir & la palme de l'éloquence. Tel eſt conſtamment Vicq-d'Azyr dans ſes éloges. Panégyriſte philoſophe, il ne ſe borne point à une louange ſtérile : à l'hiſtoire du ſavant, il unit celle de la ſcience, & n'en préſente pas moins avec détail tous les événemens particuliers qui méritent d'être conſervés dans l'hiſtoire des académiciens à qui ſes éloges ſont adreſſés.

» Vicq-d'Azyr ne perdit jamais un inſtant de vue l'importance & les difficultés des fonctions dont il s'étoit chargé. Il a conſacré pluſieurs mois aux recherches & aux études qui lui parurent néceſſaires pour l'éloge de Scheele : *Le public ſaura au moins*, dit-il à cette occaſion, *que je le reſpecte aſſez pour ne lui offrir que des productions ſur leſquelles j'ai médité long-temps.*

» Vicq-d'Azyr ne fut pas long-temps ſans jouir des nouveaux droits que ſes ſuccès littéraires lui donnoient à la célébrité. Placé par l'opinion publique au nombre des écrivains les plus diſtingués, il fixa le choix de l'Académie françaiſe, où il ſuccéda à Buffon, que les ſciences & les lettres perdirent en 1788.

» Cette époque fut pour Vicq-d'Azyr la plus brillante de ſa vie. L'honneur qu'il recevoit, la gloire du ſavant dont il venoit occuper la place, le regret de ſa perte, une admiration auſſi vive qu'éclairée pour ſes immortels ouvrages, tout l'inſpiroit et le diſpoſoit aux plus grands effets de l'éloquence, lorſque, faiſant ſon entrée à l'Académie, il prononça, pour diſcours de réception, l'éloge de ſon illuſtre prédéceſſeur. Cet éloge eſt digne du philoſophe aux mânes duquel il eſt offert.

» Vicq-d'Azyr, comme preſque tous les ſavans, n'a rien laiſſé qui puiſſe nous aider à le conſidérer auſſi ſous un point de vue moral & dans les détails de ſa vie privée : nous tâcherons d'y ſuppléer par les ſouvenirs de l'amitié (1) & par un aperçu de tout ce qu'on peut découvrir des mouvemens de ſon ame dans ſes écrits.

» Vicq-d'Azyr avoit des mœurs douces, des goûts ſimples, une ſenſibilité profonde & une ima-

(1) Les détails de cette dernière partie de cette notice biographique avoient été communiqués à feu le prof. Moreau de la Sarthe, par Jean Roi neveu, l'un des meilleurs amis de Vicq-d'Azyr.

gination que la ſévérité des ſciences médicales tempéra, ſans néanmoins la deſſécher ni jamais la flétrir. Pendant les premières années de ſon ſéjour & de ſes études à Paris, il ſe livra preſque ſans diſtraction à des travaux qu'il chériſſoit & qui préparoient ſon glorieux avenir. Il fut marié de bonne heure, & par ſuite de l'un de ces événemens que l'on appelle romaneſque, parce que les progrès de l'égoïſme nous ont accoutumés à ne plus regarder comme naturels & vraiſemblables les développemens exaltés & généreux de la ſenſibilité.

» Vicq-d'Azyr, vers la fin de ſa licence, étoit réuni à pluſieurs de ſes collègues aux Ecoles de médecine. Tout-à-coup des cris de douleur & d'effroi ſe font entendre, & l'on apporte dans le lieu de l'aſſemblée une jeune perſonne évanouie. C'était mademoiſelle Le Noir, nièce de Daubenton. Vicq-d'Azyr, à ſa vue, n'éprouva pas ſeulement l'impreſſion qu'un ſemblable ſpectacle devoit faire ſur tous les ſpectateurs : un ſentiment plus profond, qui juſqu'alors lui avoit été étranger, paſſa dans ſon ame avec cet intérêt général & ces attendriſſantes émotions. Il ſe précipite, il s'empreſſe; par l'activité de ſon zèle & de ſes ſoins, mademoiſelle Le Noir eſt bientôt rappelée à la vie : & ſoulevant ſes paupières appeſanties, on ſe ſur ſon libérateur des yeux qui ne pourront ſe refermer ſans lui faire éprouver tout ce que la douleur & le déſeſpoir ont de tourment & d'angoiſſe.

» Vicq-d'Azyr s'unit à mademoiſelle Le Noir quelque temps après cette rencontre; mais il ne lui dut ſon bonheur que pendant dix-huit mois; il la perdit à la ſuite d'une maladie auſſi longue que cruelle. Inconſolable de cette perte, il plaça dans ſa bibliothèque le buſte de cette épouſe chérie; & , contemplant chaque jour ce monument adoré, il s'abandonna à une triſteſſe qui prit avec le temps le caractère d'une mélancolie douce & paiſible. Il ſe refuſa toujours à un ſecond mariage; mais alors, loin de s'iſoler & de concentrer ſon exiſtence, il fut l'embellir & l'étendre par les ſentimens les plus affectueux. Citoyen, ſans ceſſe occupé des idées les plus libérales & les plus philanthropiques; ami plein de chaleur, de ſincérité & de zèle, il jouiſſoit tour à tour du bonheur qu'il pouvoit donner & des ſentimens de gratitude que lui faiſoient éprouver les ſervices que l'on pouvoit lui rendre. Portant la reconnoiſſance & l'admiration juſqu'au culte, il ne parloit jamais ſans enthouſiaſme d'Ant. Petit, de Laſſone, de Turgot & de ce vénérable Daubenton, de qui il reçut les premières leçons d'anatomie comparée & d'hiſtoire naturelle.

» Vicq-d'Azyr fut aſſez heureux pour réunir l'éclat de la gloire & les dons de la fortune : il ne vit dans ces derniers que le moyen de contribuer plus utilement aux progrès des ſciences, qu'il cultivoit d'une manière spéciale. A une collection de livres nombreux & bien choisis, il joignit avec luxe ces instrumens, ces appareils de recherche & d'observation, si nécessaires pour les sciences physiques, dans l'avancement desquelles les méditations & les élans du génie ne peuvent suppléer aux résultats d'expériences difficiles & souvent dispendieuses. Quoique formé de bonne heure, & avec le plus grand succès, dans l'art d'exécuter les opérations pénibles de la dissection & toutes les recherches anatomiques, il se fit souvent aider pour les détails & pour tout ce qui exige plus de dextérité manuelle que d'intelligence; persuadé, comme Buffon, que le génie doit savoir multiplier ses instrumens, indiquer ou diriger les expériences, & confier au manœuvre tout ce que l'architecte ne peut exécuter sans se livrer en pure perte à des travaux obscurs, minutieux & souvent stériles.

» Vicq-d'Azyr peut être regardé comme l'un des savans & des philosophes qui ont le plus médité sur leurs procédés d'études, et sur le moyen d'ordonner leurs souvenirs. Persuadé que, parmi les émotions & les impressions nombreuses que nous éprouvons chaque jour, ce qui nous a frappé le plus s'efface par des impressions & des pensées nouvelles, il voulut assurer le résultat de ses méditations & de ses lectures, au milieu de ces mouvemens continuels & de ces causes sans cesse renaissantes d'oubli & de fluctuation. Dans ce dessein, il se rendoit régulièrement compte de ses émotions; recueilloit avec exactitude tout ce qui lui paroissoit digne d'être remarqué & conservé; lisoit surtout avec beaucoup d'ordre, &, distribuant ses notes, ses extraits sur des feuilles séparées les unes des autres, pouvoit au besoin les faire entrer dans toutes les combinaisons. Il visitoit souvent ce précieux répertoire, & toujours avec un nouveau plaisir. A un seul mot, à un seul fait, à une seule trace de ses pensées ou de ses impressions, s'associoient tout-à-coup une foule d'idées, de connoissances & de sentimens: ses souvenirs, ses espérances, ses projets, tout son être, en un mot, toute sa vie, venoient quelquefois se rattacher à l'une de ces petites feuilles qu'il avoit classées avec tant de soin & d'attention. Il a recommandé lui-même cette méthode ingénieuse, cette revue de soi-même, & déclare que l'on n'en sortira jamais sans être plus exercé, plus confiant, plus fort & plus sûr de marcher vers des succès nouveaux (1).

» Ces principes d'ordre & d'économie, appliqués aux travaux littéraires, permirent à Vicq-d'Azyr de réunir deux genres de mérite qui paroissent s'exclure : une vaste érudition & cette

(1) Voyez l'éloge de Poulletier de La Salle.

liberté d'esprit sans laquelle on ne s'élève jamais à de grandes conceptions. L'étendue & la variété de ses connoissances en faisoient une sorte d'arbitre pour ses collègues les plus instruits; et, dans les sociétés savantes, c'étoit presque toujours à lui qu'on s'adressoit pour constater l'exactitude des citations & la réalité des découvertes. Le désir d'augmenter chaque jour ses connoissances & d'agrandir sa bibliothèque doit être regardé comme l'une des passions auxquelles il auroit le plus difficilement résisté. Ce penchant avoit commencé à se développer dès son entrée dans la carrière médicale, & le détermina à tous les genres de sacrifices et de privations, jusqu'à l'époque où sa grande fortune lui permit de le suivre avec moins de difficulté. Quoique livré à une foule d'expériences & à l'étude directe & immédiate de la nature, il attachoit aussi un grand prix à l'avantage de pouvoir disposer de tous les trésors littéraires; mais toutefois sa passion n'eut jamais le caractère de ce désir immodéré d'amasser des livres, qui ressemble à l'avarice, dont il a tous les ridicules. Vicq-d'Azyr n'attachoit pas de prix aux livres, parce qu'ils étoient rares ou recherchés par les curieux, mais parce qu'ils étoient instructifs & utiles. Il auroit voulu, ainsi qu'il l'a écrit, que l'on eût pu les distribuer d'une manière généalogique, c'est-à-dire d'après une combinaison suivant laquelle les auteurs originaux, mis en tête des listes copistes ou de leurs commentateurs, auroient paru au-dessus des écrivains qui ont emprunté leur style, leurs formes, leur marche, ou même leur sujet.

» Parmi les hommes qui se consacrent à l'étude, les uns, recueillis, solitaires, quittent à peine leur retraite un instant, & ne se font connoître dans la société que pour l'étonner & l'enrichir par le fruit de leurs méditations & de leurs veilles. D'autres, au contraire, se partageant entre leurs travaux & le commerce des hommes, laissent apercevoir dans leurs ouvrages les effets de cette différence. Vicq-d'Azyr fut obligé de faire un semblable partage de sa vie; sa profession & plusieurs circonstances le forcèrent à de nombreux rapports avec la société. Il passoit successivement des séances académiques à la cour, des cercles les plus brillans à l'entretien plus doux de ses amis, & près d'un lit de douleur, d'où son art & son éloquence non moins salutaire écartoient la souffrance & les anxiétés de la crainte. Souvent aussi il cherchoit, avec dessein, la société des hommes instruits; & l'art d'écouter & d'interroger, qu'il avoit porté très-loin, ajoutoit beaucoup, pour lui, au plaisir et à l'utilité de leur entretien.

» Cette conduite lui offrit quelquefois de grands avantages pour les éloges historiques des savans dont les travaux avoient eu pour objet différentes parties des sciences, ou de la littérature, dont il ne s'étoit pas occupé d'une manière spéciale. Dans le monde, & quelquefois au milieu des plaisirs, il s'avoit découvrir ainsi des sources d'instructions aussi abondantes qu'agréables; & on peut dire de lui qu'il consulta, avec le même avantage et dans le même esprit, les livres, la nature & la société. Les heures que les autres hommes retranchent de leur existence par le sommeil, Vicq-d'Azyr les donnoit au travail, pour se livrer à l'exercice de sa profession & à toutes les distractions auxquelles les circonstances le condamnoient, sans abandonner ses études chéries & ses plans de recherches & de travaux. L'excès de ses occupations & les effets d'un genre de vie irrégulier & pénible, réunis à une disposition dartreuse, portèrent des atteintes profondes à sa santé. La révolution vint ajouter à cette altération par les chagrins cruels qu'elle lui fit éprouver.

» Parmi les hommes qui eurent le plus à souffrir des événemens qui se succédèrent avec tant de rapidité, se trouvoient plusieurs de ses amis & de ses bienfaiteurs. Il ne fut ni assez froidement égoïste, ni assez livré à l'esprit de parti, pour être insensible à leurs maux; & son ame fut remplie de tous les sentimens pénibles de la pitié, des inquiétudes & des regrets. Bientôt les angoisses de la terreur & toutes ces affections morales, dont la réaction sur le physique est si prompte & si terrible, vinrent empoisonner tous les instans de sa vie. Il voulut en vain les combattre, & ses efforts pour les dissimuler ajoutoient à leurs effets, en les rendant plus concentrées. A de si vives anxiétés & à cette foule d'émotions pénibles dont les causes étoient si nombreuses dans ces temps de crime & de malheur, Vicq-d'Azyr joignit la fatigue et l'irritation occasionnées par une foule de travaux dont il fut accablé. Il se trouva surtout chargé d'un grand nombre de rapports à la commission temporaire, dont l'heureuse influence empêcha alors le vandalisme d'anéantir les monumens & les chefs-d'œuvre des arts. On lui confia, en outre, plusieurs travaux dans sa section, & il continuoit de voir un grand nombre de malades, surtout dans les classes alors proscrites, & auxquelles il étoit si dangereux de témoigner le plus léger intérêt.

» Mais comment résister à des causes si nombreuses d'altération? La première circonstance orageuse devoit l'accabler: elle arriva. Forcé d'assister à cette fête où un tribun hypocrite & ambitieux reconnoissoit avec pompe l'Être-Suprême & l'immortalité de l'ame, Vicq-d'Azyr eut beaucoup à souffrir de ce spectacle, d'une chaleur excessive & de la fatigue qu'une marche longue & pénible lui fit éprouver. Quelques jours après, il fut attaqué d'une fluxion de poitrine. Tous les secours lui furent en vain prodigués. Sa constitution profondément altérée, les affections morales qui compliquoient la maladie, ces images sinistres de tribunal révolutionnaire que lui retraçoit sans cesse son imagination exaltée par la fièvre, tout se réunit pour le faire succomber. Il mourut le

20 juin 1794, presqu'au milieu de sa carrière, du moins à un âge où, occupé d'une foule de projets et d'espérances, il pouvoit regarder ses travaux antérieurs comme des préludes & des matériaux pour des ouvrages encore plus dignes de sa propre estime & de la reconnoissance de la postérité. »

N. B. Cette notice biographique, ou plutôt cet éloge historique, dépasse sans doute les limites qui sont ordinairement accordées pour ces sortes d'articles; mais si l'on pouvoit se permettre une exception, c'étoit, sans contredit, à l'égard de l'un des médecins les plus célèbres et les plus érudits de la fin du dix-huitième siècle. On doit en effet regarder Vicq-d'Azyr comme un de ceux qui ont le plus contribué à préparer les heureuses modifications que l'enseignement de la médecine a subies dans ces derniers temps. Ce savant fut d'ailleurs l'un des plus zélés collaborateurs du *Dictionnaire de Médecine* de l'Encyclopédie (1), & si, comme on devoit l'espérer, Moreau de la Sarthe avoit pu terminer ce Dictionnaire, il y auroit inféré textuellement l'éloge historique placé en tête de son édition des *Œuvres de Vicq-d'Azyr* (2), mais que nous ne transcrivons point

(1) Vicq-d'Azyr a en outre rédigé pour l'Encyclopédie méthodique le deuxième volume du *Système anatomique des Quadrupèdes.* Cette partie de l'Encyclopédie a été continuée, mais sur un plan beaucoup plus abrégé, par le Dr. Hipp. Cloquet, qui a suppléé aussi le premier volume, & l'a rempli, conformément à ce que Vicq-d'Azyr avoit annoncé, par un *Dictionnaire raisonné des termes d'anatomie & de physiologie*, appliqués principalement à l'anatomie de l'homme.

(2) Cette édition des œuvres de Vicq-d'Azyr, publiée en 1805, & formant 6 volumes in-8°., avec atlas grand in-4°., est enrichie de notes aussi intéressantes que détaillées. Les trois premiers volumes contiennent les *Éloges historiques des membres de la Société royale de médecine*, & les trois autres les différens travaux sur les *sciences physiologiques & médicales*, que l'éditeur a eu soin de diviser en trois sections. La première comprend les beaux discours de Vicq-d'Azyr sur l'anatomie, son plan, ses tableaux, ainsi que toutes les généralités physiologiques qui pouvoient contribuer à ses recherches sur l'organisation des différentes familles de plantes & d'animaux. La deuxième section renferme plusieurs mémoires, qui ont pour objet l'anatomie humaine & comparée, la physiologie & la philosophie médicale. La troisième est entièrement consacrée à des observations, dans lesquelles Vicq-d'Azyr n'a eu pour obj. que le progrès de la science: c'est dans cette troisième section que Moreau de la Sarthe a placé le *Traité du cerveau*, composé de l'explication successive de plus de trente planches, gravées avec le plus grand soin, & d'après les planches in-fol. de ce dernier ouvrage, qui elles-mêmes peuvent remplacer, du moins sous le rapport de la science. Il a également ajouté à cette description de l'encéphale, plusieurs articles qui la complètent, & que Vicq-d'Azyr avoit publiés dans les *Mémoires de l'Académie des sciences*. On trouvera aussi dans cette addition la thèse du même auteur, ayant pour titre:

ici dans fon entier, bien que nous foyons perfuadé qu'un femblable éloge, configné dans un
ouvrage à la rédaction duquel avoit fi honorablement participé Vicq-d'Azyr, feroit un jufte tribut
accordé à la mémoire d'un homme qui a exercé
la plus grande influence fur fon époque, &
a rendu des fervices fignalés à la fcience.

(R. P.)

VIDANGE, f. f. (*Hyg. publiq.*) Opération qui
confifte à vider les foffes d'aifances, & pendant
laquelle les ouvriers commis à ce pénible office
font fujets à divers accidens qui feront expofés
à l'article VIDANGEURS. (*Voyez* ce mot.)

(EMERIC SMITH.)

VIDANGES, fubft. f. pl. (*Accouch.*) Cette
expreffion, dont on fait rarement ufage en médecine, eft fréquemment employée par les gardes-
malades pour indiquer l'écoulement qui a lieu
chez les femmes à la fuite de l'accouchement.
L'expreffion technique eft *lochies*. (*Voyez* ce
mot, tom. VIII, pag. 292.)

VIDANGEURS. (Maladies des). (*Méd. prat.*)
Les matières fécales, dépofées & accumulées dans
des foffes fouterraines conftruites à cet effet dans
chaque maifon, donnent naiffance, par la réaction
des principes qui les conftituent, à de nouveaux
produits. Ceux qui font fufceptibles de fe dégager,
à l'état de gaz nous occuperont exclufivement,
puifqu'ils font les feuls qui puiffent occafionner
les accidens particuliers dont nous traiterons dans
cet article. Nous allons commencer par décrire
fuccinctement ceux-ci; nous indiquerons enfuite
les notions que nous devons à la chimie moderne
fur la caufe de chacun d'eux; enfin nous ferons
connoître les moyens qui ont été propofés pour
les combattre ou pour s'en préferver.

Or, les accidens auxquels font expofés les
ouvriers employés à la vidange font de deux
genres, qu'on défigne par les noms vulgaires
de *mitte* et de *plomb*.

La mitte eft une véritable ophthalmie, tantôt

An jixter offa capitis varii nifus abfumantur communicatione,
vibratione, oppofitione?

La traduction libre du *Traité fur le danger des fépultures
dans les églifes*, fait le fujet d'un fupplément qui termine le
fixième volume. Quant à l'expofé des moyens curatifs & préfervatifs qui peuvent être employés contre les *maladies peftilentielles des bêtes à cornes*, & aux recherches du même auteur fur l'anatomie, confidérée relativement au fiège des maladies, Moreau de la Sarthe a cru ne devoir pas la faire entrer
dans cette riche collection des œuvres de Vic-d'Azyr, dont
les diverfes productions fe trouvent au refte imprimées à
part, foit dans le *Dictionnaire de Médecine* de l'Encyclopédie méthodique, foit dans les *Mémoires de l'Académie des
fciences*, foit dans ceux de la *Société royale de médecine*.

---

accompagnée de la fécrétion d'une mucofité claire,
qui foulage promptement, ce qui lui a fait
donner le nom de *mitte coulante*; tantôt fans
aucun écoulement, d'où lui eft venue la dénomination de *mitte fèche* ou *graffe*. Le plus ordinairement cette inflammation de la conjonctive,
à laquelle fe joignent de l'ardeur au gofier &
de la difficulté à refpirer, fe déclare pendant le
travail des vidangeurs. Cependant quelquefois elle
ne fe manifefte que la nuit fuivante, eft précédée
de céphalalgie frontale, & conftitue alors la *mitte
tardive*. En général cette affection eft de peu de
durée & fans danger; cependant Ramazzini
l'accufe de donner quelquefois lieu à l'amaurofe.
Auroit-il confondu cette dernière avec la cataracte, qui eft fréquemment le réfultat des
ophthalmies intenfes & fouvent répétées?

On comprend fous le nom de *plomb* une férie
de phénomènes morbides d'un caractère beaucoup plus grave, & qui paroiffent dus à la refpiration de certains gaz ou vapeurs qui font répandus
dans les foffes, ou fe dégagent des matières
pendant le travail. Le plomb fe préfente fous
plufieurs afpects différens, qui peuvent dépendre,
non-feulement de la nature & de la quantité des
vapeurs délétères, mais encore de circonftances
individuelles. Ainfi, tantôt l'individu tombe tout-
à-coup frappé de mort apparente ou réelle,
tantôt il ne perd le mouvement & la connoiffance
qu'après l'apparition de quelques fymptômes précurfeurs, dont les uns annoncent le ftupeur &
le défaut d'air refpirable, les autres le fpafme &
l'irritation nerveufe. Les premiers font une oppreffion, une orthopnée, bientôt fuivie d'afthénie
mufculaire. Ces fymptômes ceffent ordinairement
avec facilité, fi le malade eft expofé à l'air libre.
En revenant à lui, il a perdu la mémoire de ce
qui s'eft paffé avant fon accident.

Les feconds font beaucoup plus variés. On peut,
à l'exemple de Hallé, les rapporter à plufieurs efpèces ou variétés : la première eft caractérifée par
un bavardage, une loquacité dépourvue de raifon,
l'émiffion de paroles découfues & de fons modulés;
dans la feconde, l'individu prononce quelques
propos fans fuite, eft agité de mouvemens convulfifs, qui, à la face, produifent le rire fardo-
nique, puis il fe met à courir ou à danfer; la
troifième fe fait remarquer par une douleur
plus ou moins vive dans la région épigaftrique
& dans les plis des bras. Nous rappellerons, fans
en tirer aucune induction, qu'une femblable
douleur eft un fymptôme prefque conftant de
l'angine de poitrine; enfin une quatrième efpèce
comprend les cas dans lefquels on voit quelques
convulfions dans la mâchoire inférieure, accompagnés de mouvemens fréquens & alternatifs,
d'élévation & d'abaiffement de la poitrine & du
ventre.

Il arrive quelquefois que les vidangeurs ne font
attaqués du plomb que quelques heures après

avoir ceffé leur travail; c'eft ce qui a donné lieu à la diftinction du plomb en *fubit* & en *tardif.*

Lorfque ces malheureux font rendus à la vie, ils ne font pas toujours entièrement délivrés de leurs fouffrances; il y en a qui confervent plus ou moins long-temps des douleurs dans la poitrine & dans les membres, & d'autres fymptômes qui annoncent combien eft profonde l'atteinte portée au principe vital par les gaz délétères qui conftituent le plomb.

Les accidens que nous venons de décrire fi brièvement font prefque toujours directement occafionnés par le dégagement des gaz dans les foffes d'aifances; néanmoins on les a vus être la fuite de la refpiration de l'haleine d'un autre individu frappé du plomb. C'eft ce qui arriva à l'infpecteur Verville, dont Hallé nous a confervé l'intéreffante hiftoire, & ce qui l'a engagé à diftinguer le plomb en *primitif* & en *communiqué.*

On peut rapporter à trois différens groupes les gaz, qui, mêlés aux effluves odorans des matières excrémentitielles, paroiffent être la fource principale des dangers qui menacent la fanté & la vie des vidangeurs dans leurs pénibles fonctions.

Le gaz ammoniac feul ou combiné à l'acide carbonique, & reconnoiffable à fon odeur piquante & à l'impreffion irritante qu'il fait fur la membrane muqueufe oculaire & nafale, eft celui qui porte parmi les ouvriers le nom de *mitte*, comme la maladie qu'il occafionne.

Avant les travaux de MM. Dupuytren, Barruel & Thénard, on confondoit, fous l'expreffion de *plomb*, les gaz qui déterminent l'affection connue fous cette même dénomination. Quoique Hallé ait déjà preffenti la différence qui exifte entre eux, on ignoroit leur véritable nature. Les analyfes chimiques ont fait voir que les fluides élaftiques qui provoquent ces terribles accidens font: tantôt l'azote feul ou mêlé à un peu d'acide carbonique, tantôt l'acide hydrofulfurique & furtout l'hydrofulfate d'ammoniaque.

Quoique entrant dans la compofition de l'air atmofphérique, l'azote feul ou prefque feul eft incapable d'entretenir la refpiration & les phénomènes de l'hématofe, il font le but de cette fonction: c'eft donc en caufant une véritable afphyxie que ce gaz agit fur l'homme.

Il n'en eft pas de même des gaz acide hydrofulfurique & hydrofulfate d'ammoniaque. Les nombreufes expériences qui ont été faites fur ces fluides aériformes ont démontré que c'eft à des propriétés délétères, véritablement vénéneufes, qu'ils doivent l'énergie malfaifante qu'ils développent fur les animaux qui les refpirent. Mais le plomb eft-il dans tous les cas caufé par ces deux gaz? L'abfence d'odeur méphitique, ou plutôt une odeur *fui generis*, & la tranfmiffion du plomb d'un individu à un autre & en plein air, ont fait penfer à Hallé & à plufieurs autres méde-

cins, qu'indépendamment des gaz déjà indiqués, il en exifte encore un autre qui jufqu'à préfent s'eft fouftrait à toutes les recherches. M. Fodéré croit que ce gaz eft de l'azote mêlé à une matière huileufe très-odorante. Mais il faut avouer que des expériences & des recherches nouvelles font néceffaires pour éclairer cette partie de l'hiftoire du méphitifme des foffes d'aifances.

Quoi qu'il en foit, comment fe rendre compte de la promptitude avec laquelle ces gaz méphitiques frappent les malheureux foumis à leur influence? Eft-il poffible qu'en un fi court efpace de temps les vaiffeaux abforbans, qui s'ouvrent à la furface de la membrane pulmonaire, faffent paffer dans le fang & parvenir jufqu'au cerveau une quantité fuffifante de cette fubftance vénéneufe pour déterminer inftantanément la mort? D'un autre côté, ne paroît-il pas impoffible d'admettre qu'un corps irritant quelconque foit capable, par les fympathies qu'il met en jeu, d'anéantir tout-à-coup le principe de la vie? On admet généralement que ces deux modes d'action concourent fimultanément à la production des accidens. Cependant, s'il falloit fe décider pour l'admiffion de l'un ou de l'autre, je pencherois pour l'abforption. Je fais bien que la rapidité fulminante avec laquelle il faudroit fuppofer qu'elle s'opère, eft contre cette opinion une bien forte objection: mais, outre qu'on en peut faire d'auffi fortes contre la fympathie, pourrons-nous affirmer que nous connoiffons toutes les lois auxquelles eft foumife la progreffion des fluides dépofés & abforbés à la furface de la peau & des membranes muqueufes? Connoiffons-nous fuffifamment celles qui régiffent l'abforption des gaz?

Les réfultats fournis par l'anatomie pathologique ne font guère propres à réfoudre cette difficile queftion. En effet, fi d'un côté l'on trouve des traces d'une vive irritation des voies refpiratoires, telles qu'une rougeur plus ou moins intenfe de la membrane muqueufe, de la trachée-artère & des bronches, que M. Dupuytren a même vue tapiffée par une fauffe membrane, la coloration & l'engorgement fanguin du tiffu pulmonaire, &c.; d'un autre côté la putréfaction précoce du cadavre, la diffolution du fang, l'odeur infecte qui s'exhale des vifcères, & qui le plus fouvent indifpofe les affiftans, &c., femblent indiquer qu'un principe vénéneux a porté fon influence pernicieufe fur les fluides & fur les principaux vifcères de l'économie animale.

Lorfqu'un vidangeur eft atteint par la mitte, pour fe guérir il doit s'expofer au grand air, & furtout au frais de la nuit, & fe laver fréquemment les yeux avec un liquide froid. Les ouvriers ont l'habitude, lorfque la mitte eft fèche, de prendre un fternutatoire qui provoque ordinairement un écoulement abondant du mucus oculaire & nafal, et procure un foulagement très-prompt.

Des accidens auffi rapides que ceux qui conftituent

tirent le plomb demandent des secours d'une grande célérité; en conséquence, on se hâtera de retirer l'individu du lieu de l'infection, de l'expofer à un air libre & frais; on cherchera, par tous les irritans extérieurs, par les affufions froides, à le faire fortir de l'état d'afphyxie où il eft plongé. Auffitôt que la déglutition peut s'opérer, c'eft une coutume parmi les gens de cette profeffion de donner de l'huile d'olives, qu'on fait fuivre d'un peu d'eau-de-vie; ce qui excite des vomiffemens & des évacuations alvines toujours accompagnées d'une amélioration fenfible. On peut également donner avec avantage d'autres vomitifs : Hallé prefcrivoit l'émétique, en même temps que des eaux fpiritueufes de Méliffe, de Cologne, &c., & enfuite des purgatifs.

Ici fe préfente une queftion difficile à réfoudre ; c'eft celle qui a rapport à l'emploi de la faignée, vantée par les uns, rejetée par les autres. On ne peut pas nier que, dans quelques circonftances, elle n'ait été pratiquée avec fuccès; mais nous penfons qu'on ne doit pas s'étayer de ces faits peu nombreux pour en faire un précepte général.

On a confeillé de faire refpirer l'ammoniaque, le vinaigre radical & furtout le chlore gazeux, qui agit, non-feulement comme irritant, mais encore en neutralifant le gaz refpiré. On fent qu'il ne peut être utile dans ce dernier but que peu de temps après l'accident ; & fa propriété ftimulante doit faire apporter dans fon adminiftration de fages précautions. Ce médicament a été, dans ces derniers temps, remplacé par le chlorure de foude liquide, qu'on fait refpirer au malade, en lui mettant fous le nez un linge qui en eft imbibé. Cette fubftance, fi on peut en juger par le petit nombre d'effais qui ont été faits jufqu'à préfent, paroît être dans ce cas d'une efficacité extraordinaire, fans avoir les inconvéniens qu'on reproche au chlorure feul.

Après avoir indiqué brièvement les premiers fecours qu'on doit donner aux infortunés atteints par le méphitifme des foffes d'aifances, il nous refte à faire connoître les moyens qui ont été confeillés pour les préferver des dangers qui les menacent.

Le premier & le plus fûr moyen prophylactique eft, fans contredit, la bonne conftruction des lieux deftinés à recevoir les excrémens humains. A ce fujet nous dirons feulement ici qu'elle doit être dirigée d'après les principes de M. Darcet, & avoir pour bafe l'établiffement d'un courant d'air, qui ne permet pas aux gaz qui fe forment ni à l'air atmofphérique de féjourner dans la foffe. On s'eft fervi pour la vidange de pompes, dont Hallé a peut-être eu la première idée, & qui évacuent la partie la plus fluide ou vanne ; mais elles ne difpenfent pas de defcendre dans les foffes pour en retirer la matière plus folide qui s'eft accumulée dans le fond.

MÉDECINE. Tome XIII.

Les foffes mobiles, dont l'invention appartient à Gérand, docteur-régent de l'ancienne Faculté & remonte à 1786, préviennent fans doute les accidens du méphitifme, en empêchant le féjour des matières fécales & la réaction des principes qui les compofent. Mais cette utile invention eft bien loin d'être généralement adoptée.

Lorfque des ouvriers, après avoir ouvert la foffe, fe difpofent à la vider, la prudence leur prefcrit de prendre diverfes précautions & de chercher à en reconnoître les bonnes ou mauvaifes qualités, que plufieurs circonftances particulières, dont nous ne parlerons pas ici, peuvent déjà faire préjuger à ceux qui ont l'habitude de ces travaux. L'ouvrier qui defcend dans une foffe dont on n'eft pas fûr ne doit jamais omettre de fe tenir en communication avec l'extérieur au moyen d'une corde & d'une clochette. La même attention n'eft pas moins néceffaire au moment où, après avoir épuifé la vanne, on commence à travailler la *heurte* ou la matière folide, d'où fe dégage très-fouvent le *plomb,* qui jufqu'alors ne s'étoit pas encore manifefté.

On a cherché divers moyens pour préferver les vidangeurs de l'atteinte des gaz méphitiques, fans s'occuper de les expulfer ou de les neutralifer. Ces moyens fe réduifent à deux : des mafques & un long tuyau pour refpirer l'air extérieur; mais on a renoncé à ces inventions qui ne rempliffoient pas entièrement le but qu'on s'étoit propofé & étoient très-incommodes aux travailleurs. D'ailleurs elles font devenues de nos jours bien moins néceffaires par les foins qu'on apporte généralement à la conftruction des foffes, & par le degré de perfection qu'ont acquis les procédés de définfection dont nous allons parler.

Le gaz ammoniacal, facilement reconnoiffable par fon odeur & fon action, doit être expulfé au moyen du ventilateur.

Cette machine, qui fut long-temps appliquée à l'affainiffement des foffes d'aifance, & qui a rendu dans cette opération les plus grands fervices, eft maintenant remplacée avec avantage par des fourneaux ventilateurs, qu'on place, tantôt à la partie fupérieure du conduit des latrines & à l'ouverture de la foffe, tantôt dans la foffe même. Ce dernier procédé eft le feul qui convienne pour chaffer le gaz azote. On ne doit pas en faire ufage quand il y a de l'ammoniaque, dont la chaleur accroît les effets irritans.

Mais ces moyens de définfection ne fuffifant pas pour l'hydrofulfate d'ammoniaque & l'acide hydrofulfurique, il a fallu en chercher de plus efficaces. Or, fans parler ici de divers moyens qui, employés avec difcernement, ont pu, fuivant les circonftances, avoir une utilité marquée, nous ferons connoître les procédés chimiques dont les Modernes ont fait une fi heureufe application à l'objet qui nous occupe. Les expériences de MM. Dupuytren & Thénard avoient fait intro-

M m m

troduire, depuis un certain nombre d'années, les fumigations de chlore dans l'affainiffement des foffes méphitifées. Ce gaz jouit en effet de propriétés définfeflantes précieufes. Mais on lui a fubflitué dans ces derniers temps les chlorures de chaux & de foude, dont MM. Mafnyer & Labarraque ont enrichi la médecine & les arts, & qui font doués de vertus encore plus énergiques. Celles-ci paroiffent dépendre de ce que non-feulement le chlore fe dégage en grande abondance de ces compofés, mais auffi de ce qu'ils offrent à l'acide hydrochlorique, formé par la décompofition de l'hydrofulfate d'ammoniaque ou de l'acide hydro-fulfurique, une bafe dont il s'empare avec facilité. Au refte, nous renvoyons aux écrits du dernier favant que nous venons de citer, pour le mode de préparation & l'emploi de ce moyen.

On a propofé tout récemment plufieurs modifications au procédé dont il fait ufage. Ainfi, MM. Payen & Chevallier, pour diminuer les frais qu'entraîne la définfection par le chlorure de chaux, confeillent de commencer par jeter dans la foffe une certaine quantité de chaux, qui fature la plus grande partie de l'acide hydrofulfurique. MM. Orfila & A. Devergie penfent que le chlorure de foude a, dans cette circonflance, des effets bien plus prononcés, fi l'on y ajoute une eau contenant environ moitié d'acide fulfurique ou nitrique. C'eft à l'expérience à prononcer ultérieurement fur la valeur de chacune de ces modifications, qui ne font encore appuyées que fur des effais trop peu multipliés.

(EMÉRIC SMITH.)

VIDE, f. m. (*Phyfiq.*) On nomme *vide* tout espace dans lequel il n'exifte aucune fubftance matérielle. Nous ne rapporterons point ici les nombreufes difcuffions auxquelles fe font livrés les métaphyficiens pour prouver la poffibilité, ou la non-poffibilité du vide; nous ne nous arrêterons pas davantage à examiner s'il peut y avoir un vide *abfolu*. Il nous faudroit en effet, pour réfoudre cette queftion, connoître la nature intime de plufieurs agens qui, jufqu'alors, ont échappé à tous nos moyens d'invefligation. Le vide *relatif*, le feul qui intéreffe le phyficien, eft celui que l'on obtient, foit dans la partie fupérieure du *tube de Torricelli*, foit en raréfiant l'air fous le récipient d'une machine pneumatique: celui-ci eft moins parfait que le premier, puifque, quelqu'exafl que foit l'appareil dont on fe fert, il y refte toujours un air plus ou moins raréfié. Au furplus, l'un & l'autre font toujours traverfés par le calorique, par la lumière, les émanations électriques, & peut-être auffi par d'autres agens tels que ce fluide, éminemment fubtil, autrefois défigné fous le nom d'*éther*, & que, de nos jours, on cherche à faire revivre pour fervir à expliquer des influences qui fe tranfmettent à d'énormes

diftances fans aucun moyen de communication apparente. (THIL.)

VIDIEN, ENNE, adj. (*Anat.*) *Vidus-Vidius*, médecin de Florence, découvrit à la bafe des apophyfes ptérygoïdes deux conduits auxquels il donna fon nom; ces conduits livrent paffage à une artère & à un nerf appelés auffi *vidiens*. L'artère naît de la maxillaire interne, & le nerf eft fourni par le ganglion fphéno-palatin. (*Voyez* ARTÈRE, CONDUITS, NERF, PTÉRYGOÏDIENS, pag. 607 & 608, dans le *Dictionnaire d'Anatomie.*)

VIE, f. f. (*Phyfiol.*) Les phyfiologiftes, comme les gens du monde, emploient ce terme dans deux fens différens: tantôt pour exprimer le principe ou la caufe des phénomènes des êtres vivans; tantôt pour indiquer l'enfemble des phénomènes dont les corps vivans font le théâtre. Ainfi, dans cette phrafe: *les fenfations, les contractions, font des phénomènes de la vie*, &c., c'eft comme fi l'on difoit, les fenfations, les contractions font des phénomènes du principe que l'on appelle *vie*. En effet, cette phrafe, logiquement analyfée, indique que les phénomènes & la vie font deux chofes différentes, & que les premiers appartiennent à la feconde comme à leur principe. Dans cette autre phrafe: *fentir, juger, vouloir, agir, digérer, refpirer, fe reproduire*, &c., c'eft *vivre*, la vie n'eft plus qu'un enfemble de phénomènes, &, fi l'on veut, de propriétés diverfes. Mais, foit que l'on emploie l'expreffion de *vie* dans l'un ou l'autre de ces deux fens, notre devoir à nous, qui devons faire connoître en peu de mots ce que c'eft que la vie, refte toujours le même, c'eft d'indiquer clairement les phénomènes qui en font l'image, & dont elle fe compofe, pour ainfi dire, ainfi que les propriétés ou facultés d'où ils dérivent.

Les phénomènes de la vie, je veux dire les phénomènes qui s'obfervent chez l'homme vivant, font généralement utiles ou même indifpenfables à la vie, & rempliffent différens emplois plus ou moins néceffaires à fon entretien: ce caractère de l'utilité les a fait diftinguer en diverfes fonctions, d'après leurs ufages.

Des diverfes fonctions de la vie. Les unes fervent à la confervation de l'individu, les autres à fa reproduction. Parmi les premières, il en eft qui fe mettent fpécialement en rapport avec les chofes qui l'environnent, ce font celles de *relation*. Il en eft qui fervent particulièrement à le nourrir, ce font celles de *nutrition*. Il en eft d'autres enfin qui le font réfifter aux influences extérieures qui tendent fans ceffe à le détruire, ce font celles de *réfiftance*.

Toutes ces fonctions ont un ordre évident de génération, de caufalité ou de dépendance, d'après lequel je vais les indiquer, & qui doit toujours fervir à leur claffification.

Les fonctions de relation font: 1°. les fenfations, 2°. les tranfmiffions fenforiales, 3°. l'entendement, 4°. les incitations nerveufes, 5°. la mufculation ou locomotion, & 6°. la voix.

Les *fenfations* font des fentinelles vigilantes, deftinées à recueillir les impreffions du dehors & celles qui, comme la faim ou la foif, fe développent fpontanément dans les parties les plus profondes & les plus cachées de l'économie. Les *tranfmiffions fenforiales* les portent avec la rapidité de l'éclair au cerveau, fiége de l'entendement, par le moyen des nerfs. Ces impreffions éveillent l'*entendement*, et puis nous jugeons, nous réfléchiffons, nous délibérons, & la volonté fe tait ou commande. La fonction des *incitations nerveufes* excite, par les nerfs, les mouvemens volontaires, les mouvemens involontaires dans les mufcles de nos membres & de notre corps, & une foule d'autres actes. La *mufculation* foutient l'homme debout, affis ou à genoux, contre fon propre poids qui tend à le renverfer; elle lui offre les moyens de s'approprier de fes mains les chofes néceffaires à fa nourriture, & de repouffer l'attaque par la défenfe; elle donne à fes pieds la puiffance de pourfuivre les animaux à la chaffe, ou d'échapper aux dangers qui le menacent, par la viteffe de fa courfe; elle lui fournit enfin les moyens d'expliquer aux yeux fes penfées & fes fentimens, par les mouvemens du corps, les geftes de la main & l'agitation de la phyfionomie. La *voix* & la *parole* lui fourniffent un interprète bien plus habile encore: auffi, par elles, il exprime jufqu'aux nuances les plus délicates des penfées, & jufqu'aux fentimens du cœur les plus variés & les plus nombreux.

Les fonctions de nutrition font: 1°. la digeftion, 2°. la refpiration, 3°. l'abforption, 4°. la circulation, 5°. la calorification, 6°. les fécrétions, 7°. la nutrition.

La *digeftion* prépare les alimens à être abforbés. La *refpiration* afpire l'air qui nous environne, y puife probablement quelques matériaux, & le rejette au-dehors privé d'un peu d'oxygène, altéré par de l'acide carbonique, & furtout par des exhalations animales qui rendent l'haleine de l'homme mortelle à l'homme. L'*abforption*, toujours active, prend molécule à molécule fur toutes les furfaces, dans les voies digeftives & dans les voies refpiratoires, fur la peau & dans la profondeur de nos tiffus, les liquides, les gaz, les folides mêmes foumis à fon action, & les verfe enfuite dans le fein de nos vaiffeaux. La *circulation* charrie par toute l'économie & porte à tous les organes le fang qui doit les échauffer & les nourrir. La chaleur animale paroît fe dégager phyfiquement de ce fluide; néanmoins les organes y concourent par des actions de vie fort obfcures & fort peu connues, qui forment la fonction de la *calorification*. La *nutrition* femble, d'un côté, réparer inceffamment les pertes que, de l'autre, elle fait éprouver à chaque inftant à la maffe de nos organes, en rejetant les matériaux

qui en ont fait partie pendant un certain temps. Les *fécrétions* filtrent par des organes nombreux, ou compofent, aux dépens du fang, des fluides qui doivent être verfés fur différentes furfaces, pour y fervir à divers ufages, ou qui, déformais inutiles, doivent être rejetés de l'économie comme des débris de la nutrition.

Les *fonctions de réfiftance* font la réfiftance vitale & la réfiftance mécanique.

La *réfiftance vitale* s'oppofe à la tendance de la chaleur à fe mettre en équilibre dans tous les corps; elle s'oppofe en outre à la décompofition des parties organiques & à la putréfaction.

La *réfiftance mécanique* lutte contre les forces mécaniques qui tendent à déplacer, à comprimer, à diftendre, à brifer, à déchirer nos organes: cette fonction, quoique toute mécanique, remplit des ufages fi importans chez l'homme vivant, qu'elle appartient de droit à l'hiftoire de la vie.

Parmi les *fonctions de reproduction*, il en eft une qui fert à la reproduction de l'être, c'eft la *génération* proprement dite. Il en eft une autre qui fert à fon développement, c'eft celle de l'*accroiffement* que je claffe dans les fonctions de reproduction, parce qu'un homme n'eft parfaitement reproduit que lorfqu'il peut fe perpétuer lui-même; jufque là, il n'eft qu'un enfant. Enfin parmi ces fonctions, je place les *reproductions organiques*, la formation d'un nouvel os, d'une cicatrice, par exemple, &c.

Les fonctions étant le réfultat d'un ensemble ou d'une fuite d'actions qui concourent à un but commun, font à peu près toutes compofées de plufieurs phénomènes différens, qui font eux-mêmes fimples ou complexes.

Par *phénomène complexe*, j'entends un phénomène qui eft produit par plufieurs phénomènes plus fimples: par exemple, le mouvement du bras, qui réfulte de la contraction des fibres charnues de plufieurs mufcles, de la traction mécanique de leurs tendons, & du mouvement paffif de l'os du membre & des parties articulaires. Par *phénomène fimple*, au contraire, j'entends tout phénomène que l'on ne peut évidemment décompofer, aujourd'hui, en plufieurs autres. Il eft poffible que tel phénomène que nous regardons comme fimple, foit en réalité compofé; mais nous devons fuivre, dans cette analyfe, la marche févère des chimiftes, & regarder comme fimple tout phénomène dont nous ne pouvons démontrer encore les élémens.

Les phénomènes fimples que l'on peut obferver dans les corps vivans font affez nombreux, & différent d'ailleurs par leur nature: les uns font vitaux, d'autres mécaniques, d'autres phyfiques, d'autres chimiques.

Les phénomènes *vitaux* font effentiellement propres aux êtres vivans. Il y en a dix-fept genres divers chez l'homme: ce font: 1°. la fenfation ou l'impreffion; 2°. la tranfmiffion fenforiale ; 3°. la perception ; 4°. l'émotion de l'ame ; 5°. l'incitation nerveuſe ; 6°. la contraction muſculaire ; 7°. l'expanſion active du pénis, &c. ; 8°. l'abſorption ; 9°. la ſécrétion ; 10°. l'aſſimilation ; 11°. la décompoſition nutritive ; 12°. la calorification ; 13°. la fécondation ; 14°. l'animation ; 15°. l'accroiſſement ; 16°. la réſiſtance vitale à la putréfaction ; 17°. l'électriſation ou l'action de produire de l'électricité, phénomène obſervé chez quelques hommes, dans quelques cas particuliers.

D'après tous ces faits, il eſt évident que nous jouiſſons de la propriété de préſenter chacun de ces phénomènes, c'eſt-à-dire ſeize & même dix-ſept propriétés vitales différentes ; car ce mot n'exprime rien autre choſe que faculté ou puiſſance.

Les phénomènes *mécaniques* ſont ceux qui, dans les corps inertes, ſont du reſſort de la mécanique. Ce ſont : 1°. des diſtenſions ; 2°. des reſſerremens ou compreſſions ; 3°. des retours élaſtiques ; 4°. des ébranlemens ou commotions ; 5°. des mouvemens de progreſſion ou de rétrogadation ; 6°. des gliſſemens ; 7°. des déplacemens de totalité ; 8°. des inclinaiſons ; 9°. des circumductions ; 10°. des tournoiemens ; 11°. des mouvemens de baſcule ; 12°. des réſiſtances par cohéſion ; 13°. des réſiſtances par reſſort ; 14°. des réſiſtances par tranſmiſſion ; 15°. des réſiſtances par mouvement de céder ; 16°. des réſiſtances par inertie.

Les phénomènes *phyſiques* ſont ceux que les phyſiciens déſignent habituellement par cette épithète : ſavoir, ceux de peſanteur, de tranſparence, de ſonoréité, de tranſmiſſion d'électricité & d'imbibition, dernier phénomène dont la poſſibilité eſt prouvée dans les expériences, mais dont l'accompliſſement pendant la vie n'eſt pas bien démontré.

Les phénomènes *chimiques* ſont toutes les actions & réactions moléculaires qui ſe paſſent à la ſurface de la peau, des membranes muqueuſes & dans l'intérieur de nos vaiſſeaux, & même dans les lieux où divers fluides ſe rencontrent, ſoit qu'ils ne faſſent que ſe mêler, ſoit qu'ils ſe combinent de diverſes manières.

D'après ce que nous venons de dire, on voit qu'il eſt impoſſible de ramener aujourd'hui les phénomènes de la vie ou de l'homme vivant à deux ou trois phénomènes vitaux, & à deux ou trois phénomènes mécaniques, à des ſenſations, des contractions, des expanſions vitales, & à des contractions & extenſions de tiſſu, comme le vouloit Bichat, & par conſéquent à deux ou trois propriétés vitales & à deux ou trois propriétés de tiſſu.

Cette analyſe pourroit être comparée à celle des Anciens, qui ramenoient tout à quatre ou cinq élémens, la terre, l'eau, l'air, le feu & l'éther.

Elles ne ſont pas plus exactes l'une que l'autre.

                      (GERDY.)

VIEILLARD, ſ. m. (*Phyſiol.*). *Senex.* Qui a atteint l'âge de la vieilleſſe. (*Voyez* ce dernier mot.)

VIEILLESSE, ſ. f. (*Phyſiol.*) *Senectus.* C'eſt la dernière période de la vie, l'époque du dépériſſement & de la décadence de nos organes & de nos facultés, l'âge des infirmités & de la douleur. « L'homme n'eſt pas plutôt arrivé à ſon point de perfection, dit Buffon, qu'il commence à déchoir. » A ſoixante ans, il eſt à l'âge de retour ; à ſoixante-dix ans, il entre dans la caducité ; & à quatre-vingts, dans la décrépitude, que terminera bientôt la mort. Ainſi, après avoir été quelque temps le roi de la nature, & s'être montré digne du ſceptre qu'il tenoit par ſa force, ſa grace & ſon intelligence, il perd ſucceſſivement tous les avantages ; il eſt dépouillé de tous ſes attributs ; il eſt foible après avoir été fort, lourd de corps & d'eſprit après avoir été gracieux & ſpirituel, & le temps qui l'emporte ne ſemble lui faire enviſager chacune de ſes pertes que pour lui dire que ſa puiſſance & ſa gloire n'étoient qu'empruntées, lui faire ſentir le néant de ſon être, & le diſpoſer de cette manière à rentrer ſans effort & ſans regret au ſein de celui qui l'a créé.

Quoique le terme ordinaire de notre exiſtence & des diverſes viciſſitudes qui s'y rapportent puiſſe être fixé d'une manière générale, cependant l'organiſation particulière de certains individus & l'influence de certaines cauſes peuvent avancer ou retarder pour eux l'époque de la vieilleſſe : ce ſera l'abus de la vie, les paſſions, les chagrins, le climat, le travail, &c. ; alors ce ne ſera plus une *vieilleſſe naturelle*, ce ſera une *vieilleſſe acquiſe anticipée* ; & s'il y a une maladie qui amène la détérioration de la conſtitution, une *vieilleſſe morbifique.*

Examinons le vieillard ; voyons-le dans ſon état de parfaite ſanté, avec les changemens que l'âge a opérés dans ſes formes, ſes fonctions, ſes ſenſations, ſes goûts, ſes paſſions ; étudions enſuite ſes maladies, & tâchons d'apprécier quels ſont les moyens les plus propres à le guérir quand il eſt malade, ou à lui conſerver une ſanté qui doit être l'objet de nos ſoins les plus affectueux.

La première modification conſtitutionnelle que nous appercevons dans le corps des vieillards, c'eſt la denſité augmentée des ſolides & la fluidité plus grande du ſang ; tous les tiſſus participent au changement de cohéſion. L'épiderme eſt plus épais, plus ſec, ainſi que les ongles, qui ſe recourbent & ſe caſſent avec la plus grande facilité ; les poils deviennent plus durs & ſe recroquevillent par l'oblitération de leur canal nourricier. Le bulbe des cheveux ſe deſſèche & meurt, & amène la *calvitie*, caractère fréquent de la vieilleſſe ; le tiſſu cellulaire, qui donne la grace aux formes, l'élaſticité à nos parties, a perdu ſa rénitence & ſa fermeté ; auſſi tous les charmes ſont flétris. Abandonnées à leur propre poids, les joues ſe rident &

s'affaiffent, les mamelles, le fcrotum & toutes les parties que le tiffu cellulaire foutenoit deviennent flafques & pendantes.

La graiffe remplace quelquefois le tiffu cellulaire; alors les marques de la vieilleffe font moins prononcées, & l'on conferve une certaine fraîcheur qui diffimule, jufqu'à un certain point, la trace des années. Mais que ces avantages font chèrement achetés chez plufieurs polyfarques par l'obéfité exceffive qui les rend une maffe informe, haletante & condamnée à l'immobilité, dans laquelle l'efprit & l'intelligence font étouffés! Le vieillard maigre eft plus fain, fes mouvemens plus faciles, fon intelligence plus nette.

Les muscles perdent, chez les personnes avancées en âge, de leur volume & de leur force de contractilité; la marche eft pénible, le moindre travail fatigant; les geftes & le mouvement ont perdu leur vivacité & leur force. L'affoibliffement de la tonicité du fyftème mufculaire amène le tremblement fénile, & parfois des incommodités & des infirmités beaucoup plus fâcheufes encore, telles que l'incontinence d'urine & l'émiffion involontaire des matières fécales par le relâchement ou la paralyfie du fphincter de la veffie & du rectum, qui s'oppofent à la fortie de ces matières hors de leurs réfervoirs naturels. Il n'eft pas rare de voir auffi, chez le vieillard, le renverfement des paupières par fuite de la débilité du mufcle orbiculaire.

La foibleffe mufculaire n'eft pas la feule caufe qui s'oppofe à la liberté des mouvemens & de la marche chez le vieillard; ce qui contribue le plus à lui faire perdre la foupleffe & la flexibilité de fes membres, c'eft l'endurciffement prefque offeux des cartilages qui revêtent les articulations. On diroit qu'à cet âge tout tend à la *pétrification*, fi je puis me fervir de ce mot; en même temps que le fyftème offeux diminue de vitalité, que les dents fe carient & tombent, que les os n'attirent point à eux tout le phofphate calcaire qui fe produit dans l'organifme & diminuent, par cela même peut-être, de poids, de volume & de denfité, ce principe fe répand dans toutes les parties du corps, durcit & encroûte le fyftème fibreux & offifie les cartilages, ce qui détermine parfois l'ankylofe & détruit le mouvement.

La transformation offeufe des fibro-cartilages intervertébraux diminue leur épaiffeur: de là vient que les vieillards deviennent plus petits; il s'enfuit quelquefois auffi la foudure de la colonne vertébrale, qui alors ne formant qu'un tout amène l'incurvation.

Le fyftème circulatoire éprouve, à cet âge, des modifications importantes, foit à caufe de la diminution de la force impulfive du cœur, foit à caufe de l'épaiffiffement progreffif de leurs parois. Les petites artères s'oblitèrent, & les gros vaiffeaux artériels perdent leur volume par leur of-

fification. La circulation eft moins active d'un quart; le fang, arrivé à la périphérie, s'en retourne plus lentement parce que les veines ont perdu de leur reffort & de leur tonicité: d'où réfultent la groffeur & l'élargiffement de ces vaiffeaux que l'on remarque chez les perfonnes avancées en âge.

Cette lenteur dans la circulation artérielle & veineufe détermine une foule d'accidens: de l'oblitération des vaiffeaux capillaires doit réfulter néceffairement une diminution de caloricité à la furface du corps, la pâleur & la décoloration; enfin une vie moins active de la peau, qui doit difpofer aux maladies de cet organe, telles que les puftules, les dartres, l'éryfipèle, le phthiriafe, &c. L'oblitération des pores rend l'abforption & l'exhalation cutanées extrêmement peu marquées. Le vieillard peut vivre prefqu'impunément au milieu des miafmes contagieux, il n'abforbe que rarement leur venin; la fièvre jaune, les fièvres intermittentes l'atteignent peu, tandis qu'elles féviffent chez les perfonnes dans la force de l'âge, chez lefquelles l'abforption eft fort active. De l'imperfection & de la fuppreffion prefque complète de la tranfpiration naiffent des conféquences plus défaftreufes qu'on ne le penfe communément pour les vieillards; & je ne crains pas de dire que c'eft à l'imperfection de l'exhalation cutanée, habituelle & néceffaire, que l'on doit rapporter le défaut d'équilibre de toutes les fécrétions. Sans parler des catarrhes chroniques amenés directement par cette caufe, que d'accidens, que de maladies! Et quand cette excrétion eft-elle imparfaite; quand ce principal émonctoire de l'organifme interrompt-il fes fonctions? c'eft lorfque notre corps, perdant beaucoup plus qu'il n'acquiert, auroit befoin d'un couloir de plus pour le débarraffer des principes qui lui font nuifibles.

Le fang, chez les vieillards, eft plus féreux & contient moins de principe cruorique & fibrineux; fa couleur eft plus noire que celle de celui des jeunes fujets, ce qui tient à l'imperfection de l'hématofe. Son retour ralenti dans les veines, outre la diftenfion de ces vaiffeaux & la formation de varices & d'hémorroïdes, occafionne des engorgemens & des congeftions paffives. La ftafe plus confidérable du fang le difpofe à l'altération de l'influence des principes morbifiques, & amène la putridité & l'état gangréneux d'une manière plus facile; il en eft de même des engorgemens lymphatiques des jambes & des hydropifies, fi communes chez les vieillards, & de quelques hémorragies.

Le fang n'ayant plus des propriétés affez ftimulantes, toutes les fonctions languiffent; les poumons n'ont plus la même énergie, ils fe laiffent engouer facilement; la dyfpnée, l'afthme furviennent.

Les digeftions font lentes, la défécation difficile, foit que l'eftomac & les inteftins foient peu actifs par eux-mêmes, foient qu'ils ne foient pas fuffifament excités par la circulation abdominale moins prononcée & par l'écoulement moins abondant d'une bile altérée & plus épaisse. L'absence des dents contribue aussi à la difficulté des digestions & à l'imperfection de la nutrition.

La faculté génératrice doit diminuer & disparoître à mesure que les forces & la vitalité de nos organes nous abandonnent ; car ce n'est, pour ainsi dire, que l'exubérance de notre vie que nous pouvons transmettre. L'organisme, chez le vieillard, perd plus qu'il ne gagne ; il ne sauroit donner. La faculté d'engendrer abandonne la femme entre quarante & cinquante ans, lors de la cessation de ses menstrues ; l'homme la conserve souvent beaucoup plus tard : on en a vu y être encore aptes dans l'âge de la caducité. On ne sauroit même approximativement fixer le terme où cette faculté leur est absolument enlevée : cependant, il est extrêmement rare que de soixante-dix à quatre-vingts ans le vieillard puisse procréer ; toujours, à cette époque, l'érection est impossible ou très-imparfaite, les canaux des testicules s'oblitèrent & les vésicules séminales s'effacent.

En avançant en âge tous les organes des sens s'affoiblissent, deviennent obtus & s'éteignent : l'œil perd sa transparence & sa vivacité, la vue, de sa netteté & de son étendue ; les objets rapprochés sont confus, & ce n'est qu'en les éloignant qu'on les distingue : on est presbyte, & l'on réclame le secours des lunettes à verres convexes ; le goût est blasé, il faut des liqueurs fortes & des mets fortement épicés pour le réveiller de son engourdissement. L'ouïe, le plus précieux de tous les sens après la vue, perd sa finesse & souvent disparoît en entier : alors, quelle tristesse, quelle morosité pour ce pauvre vieillard, isolé complétement du monde ! Il ne peut plus même entendre la voix de ceux qui lui sont chers !

Toutes les maladies des vieillards ont un caractère commun, la débilité ; mais il n'en est aucune qu'on puisse rapporter plus particulièrement à leur âge, car celles qui les atteignent sévissent aussi sur les enfans & sur les hommes faits. La diminution dans la tonicité & la vitalité des tissus & dans l'excitabilité du sang rend les inflammations assez rares, & produit plus souvent des fièvres graves ayant les caractères de celles que l'on appelle *putrides* ou *malignes ;* ces changemens déterminent aussi quelquefois des hémorragies passives, telles que le scorbut. Les hémorragies cérébrales qui donnent lieu aux attaques d'apoplexie, tiennent assez souvent, à mon avis, à cette cause.

Nous avons dit pourquoi le vieillard étoit moins sujet aux maladies contagieuses & aux fièvres intermittentes ; l'extension de la même cause, l'inertie des vaisseaux absorbans le dispose peu à la contagion de la syphilis. La suppression de la transpiration cutanée, habituelle, amène les catarrhes chroniques, la goutte & le rhumatisme, que je ne considère pas, le plus souvent, comme des inflam-

mations chez les vieillards ; ils tiennent, je crois, fréquemment à l'imperfection des fonctions cutanées. Il arrive que la diminution de l'influx nerveux occasionne la démence. Ce sont surtout les maladies chroniques qui sont l'apanage de la vieillesse : toutes les sortes de dégénérescences, les squirrhes, les tubercules, toutes les concrétions biliaires, urinaires, tophacées, les ulcères, les atrophies, les épaississemens, les ossifications, &c., viennent fondre sur lui.

Les forces de la nature médicatrice sont extrêmement affoiblies chez le vieillard, aussi a-t-il plus besoin des secours de la médecine dans ses maladies ; cependant, il faut user le moins possible de médicamens, parce que ce n'est pas sans inconvénient qu'on fait chez lui quelque chose d'inutile. Quand l'urgence de l'administration d'un médicament sera bien reconnue, on le donnera à une assez haute dose, autrement il ne produiroit aucun effet. Il est impossible d'établir des règles de thérapeutique, parce que le médecin doit se conduire d'après les cas ; cependant l'on peut dire, en thèse générale, que les saignées doivent être ménagées, que les médicamens doivent être plutôt pris parmi les toniques que parmi les débilitans, & qu'une des principales indications doit être de ranimer les mouvemens du centre à la circonférence, soit en excitant la transpiration, soit en établissant à la peau un foyer habituel d'irritation, comme un vésicatoire, un cautère : des moxas ont souvent produit un grand bien en réveillant l'engourdissement général.

Le temps est inexorable dans sa course ; malgré tous les secours de la médecine le vieillard dépérit : en vain il invoque les oracles du charlatanisme, il prend leurs drogues, leurs élixirs, leurs arcanes ; il voudroit s'infuser l'existence : « Mais on ne jette pas l'ancre dans le fleuve de la vie », a dit Bernardin de Saint-Pierre.

Les changemens que l'âge apporte dans le moral du vieillard sont aussi sensibles que ceux que nous venons de signaler au physique. « L'homme » à chaque pas de sa carrière, dit Bichat, laisse » derrière lui une jouissance ; arrivé au bout il ne » trouve plus que l'indifférence, état bien convenable à sa position, puisqu'il diminue la distance » qui sépare la vie d'avec la mort. » L'indifférence & l'égoïsme sont en effet les traits les plus saillans du caractère du veillard. Souvent il n'a plus les qualités affectueuses qui lui étoient propres ; il est froid, tout glisse sur son ame. Le sentiment de sa foiblesse & de ses besoins, qui se multiplient dans le temps où il peut moins acquérir & payer de sa personne, le rend personnel & avare ; ne pouvant plus gagner, il tâche d'amasser. Méfiant par expérience (il a tant été trompé !), il est crédule par foiblesse, parce qu'il ne peut plus juger des choses par lui-même, & qu'il est contraint de s'en rapporter aux autres. Son imagination, peu vive & peu riante, ne lui offre que rarement des tableaux agréables. Ses productions font ordinairement philosophiques, & acquièrent en profondeur ce qu'elles perdent en grace ; les Sophocle, les Anacréon, les Homère, les Platon, font des exceptions bien rares. Le vieillard vit dans le passé, & c'est une prévoyance de la nature que sa mémoire lui ramène de préférence les scènes de son enfance, tandis qu'elle ne conserve plus de traces de ce qui se passe tous les jours autour de lui. Il aime à trouver quelqu'un qui l'écoute, à lui raconter les aventures de sa jeunesse, dont il possède les plus petites circonstances, à peindre les sensations qu'il éprouvoit alors ; il s'anime à ces souvenirs délicieux, & sa défaillante vieillesse y puise encore quelque bonheur.

J'aime les vieillards, & c'est avec tristesse que j'ai tracé le tableau de leurs infirmités & de leurs misères, mais elles appartiennent à l'histoire de l'homme qui souffre à son couchant comme il souffroit à son aurore. Ayons donc soin de leur foiblesse, éloignons d'eux tout ce qui peut augmenter leurs infirmités ; plaçons-les dans les circonstances les plus avantageuses à l'entretien de leur vigueur & de leur santé, & rendons à ceux qui ont entouré nos jeunes ans, de ces soins dont nous ne saurions comprendre toute l'étendue, ceux que la vieillesse demande. Le séjour de la campagne sera très-profitable à la santé du vieillard : il est à remarquer que presque tous ceux qui arrivent à être centenaires habitent les champs ; outre la vivacité de l'air qui excite davantage les poumons & active l'hématose, sa pureté diminue l'effet de la corruption plus rapide de ses excrétions. Il y fera de l'exercice autant pour activer la circulation que pour empêcher les obstructions rapidement produites chez lui ; il se vêtira chaudement pour exciter l'exhalation cutanée & profiter des bienfaits de cet émonctoire. Ses alimens seront simples, nutritifs & de facile digestion ; les repas seront légers, mais plus nombreux qu'on ne les fait dans nos villes, où les vieillards ne peuvent s'accommoder à ne faire qu'un repas. Sans faire abus des spiritueux, ils pourront en user avec avantage. Le bon vin est salutaire, & est appelé avec quelque raison le *lait des vieillards*. Caton savoit enluminer quelquefois de Falerne sa sagesse & sa vertu.

Je ne connois rien qui plaise davantage & qui inspire plus d'attachement & de respect qu'un bon vieillard qui a honorablement rempli sa carrière. Arrivé au terme de sa course, il tourne sans peine un regard sur le passé ; il est heureux du souvenir du bien qu'il a fait. Comme il a passé sa jeunesse sans se livrer à la fougue des passions qui ruinent de bonne heure les sources de la vie, sa vieillesse est forte, saine & privée d'infirmités ; sa mémoire conserve long-temps son intégrité. Quel bonheur de l'entendre, de profiter des conseils de sa sagesse & de son expérience ! Entouré de ses enfans, dans lesquels il aime à se voir revivre, tranquille,

sans projets, sans ambition, il voit sans anxiété les années s'accumuler sur sa tête & la mort s'approcher. « Il sort de la vie, comme le veut La-» fontaine, ainsi que d'un banquet. »

Que la vieillesse est affreuse, au contraire, pour celui qui a fait consister son existence dans le plaisir des sens, qui n'a jamais pu goûter d'autre jouissance que celle que procuroient la beauté, la jeunesse, la force ! Tout est pour lui désespoir & impuissance ; il se plâtre, il se farde, il s'habille comme à l'âge de vingt ans, pour se faire encore plus d'illusion il affecte les manières, les goûts de la jeunesse, & jusqu'à leurs passions, & il se livre ainsi à la pitié, au mépris & au ridicule.

Oh ! soyez pères & mères, vous qui l'êtes ; abandonnez les soins d'une beauté, d'une jeunesse qui vous fuient sans retour ; cherchez des consolations & un bonheur plus solides ; vivez dans vos enfans, voyez-les croître, tâchez de leur former un cœur qui vous aime : le temps pour vous n'aura point d'ailes, la vieillesse de rides ; vous serez toujours jeunes & heureux.   (J. M. MIQUEL.)

VIERGE, sub. f. (*Méd. lég.*) *Virgo.* (*Voyez* DÉFLORATION, tom. IV, pag. 326 de ce Dictionnaire, & les articles VIOL & VIRGINITÉ dans le même ouvrage.)   (CH. H.)

VIEUSSENS (Raymond de) (*Biogr. médic.*), doit être mis au nombre des hommes qui, dans le cours du dix-septième siècle, ont le plus contribué à perfectionner l'anatomie. Vieussens naquit en 1641, dans un village du Rouergue dont il a porté le nom. Orphelin de bonne heure, & sans fortune, il étudia la médecine à Montpellier, & s'appliqua d'une manière toute spéciale à l'anatomie. Reçu docteur, il se fixa dans cette ville, où il obtint, en 1671, la place de médecin de l'hôpital de Saint-Eloi. Après dix ans de travaux assidus, il publia sa *Névrologie*, ouvrage qui le fit recevoir à l'Académie royale des sciences & lui valut le titre de membre de la Société royale de Londres. Plus tard, Louis XIV lui accorda une pension de 1000 livres, & Mlle. de Montpensier le prit pour son médecin, charge qu'il occupa jusqu'à la mort de cette princesse. A cette époque, Vieussens revint à Montpellier & reprit les fonctions à l'hôpital de Saint-Eloi : c'est alors que s'éleva entre lui & Chirac cette dispute sur l'*acide du sang*, qui ne fit honneur ni à l'un ni à l'autre. Enfin, las de contester, Vieussens revint à son occupation favorite, l'étude de l'anatomie, & ne cessa de s'en occuper jusqu'à sa mort arrivée en 1715.

La Faculté de Montpellier place ce médecin parmi les hommes auxquelles elle est redevable de sa juste célébrité. Dans le nombre des écrits publiés par cet habile anatomiste, il faut particulièrement en diftinguer un, dont il y a eu plufieurs éditions, & ayant pour titre : *Nevrologia univerfalis, hoc eft, omnium humani corporis nervorum fimul ac cerebri medullæque fpinalis defcriptio anatomica.*

(*Extr. de la Biogr. médic.*) (R. P.)

VIF, adj. (*Pathol.*) *Vividus.* Expreffion fervant à défigner cette modification du pouls dans laquelle les battemens font forts & rapides. (*Voy.* Pouls.)

VIF-ARGENT, f. m. (*Chim.*) Nom vulgaire donné au mercure à caufe de fa blancheur qui imite celle de l'argent, & à raifon de fa liquidité qui le rend fi difficile à faifir. (*Voyez* Mercure, tom. IX, pag. 695 de ce Dictionnaire.)

VIGNE, f. f. (*Bot.*) *Vitis vinifera.* Plante de la Pentandrie monogynie de Linné, & de la famille des Viniferes. Cet arbufte farmenteux paroît être originaire de l'Afie, & fut tranfporté dans les Gaules par les Phéniciens lorfqu'ils vinrent fonder une colonie fur les bords de la Méditerranée, aux environs de Marfeille.

La vigne eft aujourd'hui cultivée dans tout le midi de l'Europe & offre une foule de variétés. (*Voyez* le *Dictionnaire de Botanique* de cet ouvrage.) A l'époque du printemps, lorfque l'on taille cet arbufte, il fuinte des incifions qu'on lui a faites un liquide incolore & limpide qui n'eft autre chofe que la fève de ce végétal; cette fève contient, d'après l'analyfe de M. Deyeux, une matière végéto-animale, de l'acide acétique & de l'acétate de chaux, & c'eft un remède en quelque forte populaire dans le traitement des ophthalmies chroniques.

Les fruits de la vigne, qui portent le nom de *raifins,* font employés comme alimens, foit dans l'état frais, foit après avoir été deffechés; ils fervent particulièrement à préparer la boiffon fermentée connue fous le nom de *vin.* (*Voyez* ce dernier mot & l'article Raisin.)

Vigne blanche. (*Bot., Mat. médic.*) Nom vulgaire de la bryone & de la clématite. (*Voyez* ces deux mots.)

Vigne noire. (*Bot., Mat. médic.*) C'eft le *taminier commun* de quelques auteurs.

Vigne du nord. (*Bot., Mat. médic.*) (*Voyez* Houblon.)

Vigne de Salomon. (*Bot., Mat. médicale.*) (*Voyez* Clématite.)

Vigne sauvage. (*Bot., Mat. médic.*) Nom vulgaire du *pareira brava.* (*Voyez* ce mot.)

Vigne vierge, ou de Judée. (*Bot., Mat. méd.*) Nom vulgaire d'une efpèce de morelle plus géné-

lement connue fous celui de *douce-amère.* (*Voyez* ce dernier mot.)

VILLEFRANCHE (Eaux minérales de), petite ville à trois lieues d'Auch, près de laquelle exifte une fource froide, acidule & inodore, dont les eaux ont une faveur légèrement ftyptique. Ces eaux paffent pour être rafraîchiffantes & légèrement toniques, & on les prefcrit dans les diarrhées chroniques, les blennorrhées & les fleurs blanches; fouvent on les affocie avec l'eau fulfureufe de Cambo.

Leur analyfe, anciennement faite par Raulin & Laborde, y a fait reconnoître du muriate de foude & de l'acide carbonique; mais cette analyfe fort incomplète auroit befoin d'être répétée.

VILLEGUIHEN (Eaux minérales de), village à deux lieues & demie de Saint-Brieux, dans lequel on trouve une fource minérale, dont les eaux, qui font froides, font regardées comme ferrugineufes.

VILLENEUVE DE MAQUELONNE (Eaux minérales de). Cette fource eft fur l'ancien chemin de Mirevaux à Montpellier, à peu près à une lieue de cette ville : elle fourd au milieu d'un marécage rempli de jonc, ce qui lui a fait donner le nom de *Joncaffe.* Les eaux qu'elle fournit contiennent, fuivant M. Amoureux, de l'acide carbonique, des fulfates de chaux & de foude, & furtout de l'hydrochlorate de foude.

VILLEQUIER (Eaux minérales de). Ce bourg eft à une lieue de Caudebec; les eaux minérales font froides, & on les regarde généralement comme ferrugineufes.

VILLEUX, se, adj. (*Anat. pathol.*) Expreffion employée pour défigner certaines membranes dont la furface eft comme veloutée.

VILLOSITÉ, f. f. (*Anat.*). Nom donné à de petites éminences qui exiftent à la furface des membranes muqueufes & les rendent douces au toucher.

VIN, f. m. (*Hyg.*) *Oivos, vinum.* On appelle généralement ainfi le fuc exprimé du raifin auquel on a fait fubir un premier degré de fermentation. Cette boiffon alcoolique, plus ou moins excitante fuivant les proportions de fes parties conftituantes, fournit deux efpèces de vins (les *vins rouges* & les *vins blancs*), qui diffèrent autant par leurs qualités que par leur couleur. Ces vins font compofés d'alcool dont la préparation varie de 17 à 21 fur cent (1), d'un peu de mucilage & de matière

(1) *Voyez* les *Recherches* de M. Julia-Fontenelle *fur les quantités d'alcool que contiennent les principaux vins de France.* (*Journal de chimie médicale,* tom. III, pag. 332.)

végéto-animale,

végéto-animale, d'un atome de tannin, d'un principe colorant bleu, paſſant au rouge par ſon union avec les acides, d'acide acétique, de tartrate, acide de potaſſe, de tartrate de chaux, d'hydrochlorate de ſoude, de ſulfate de ſoude, de ſulfate de potaſſe, & d'un peu de ſucre, ſi les raiſins dont ils ſont retirés ſont très-ſucrés, ou que la fermentation n'a pas été auſſi prolongée qu'elle auroit dû l'être. De plus, ils contiennent un principe aromatique particulier que quelques perſonnes regardent comme huileux, & qui leur communique cette qualité que l'on nomme le *bouquet*. On prépare les vins blancs avec les raiſins blancs, ou avec le *moût* des raiſins noirs ſéparés de l'enveloppe de leurs grains. Les vins *mouſſeux* ſont les mêmes vins, ſeulement on les met en bouteille avant que la fermentation ſoit achevée. (*Voyez*, pour les uſages & les effets du vin; pour le choix que l'on doit en faire, & pour ſon action ſur l'économie animale, les mots ALIMENS., BOISSONS, NOURRITURE, de ce Dictionnaire.)

Vins médicinaux. Ce ſont des vins de liqueur, blancs ou rouges, d'excellente qualité, dans leſquels on fait diſſoudre une ou pluſieurs ſubſtances médicamenteuſes. Malgré la précaution que l'on a d'employer à cet uſage les vins lorſqu'ils ſont dans toute leur force, & le ſoin que l'on prend de les mettre dans des vaiſſeaux bien bouchés & qu'ils rempliſſent complétement, il eſt bien certain que cette addition de principes tend à hâter leur décompoſition. C'étoit pour s'oppoſer à ce grave inconvénient que Parmentier avoit propoſé d'ajouter de l'alcool au vin, & de préparer les vins médicinaux par l'addition de teintures. Cette ſimple préparation ſéduiſit d'abord; mais un ſemblable moyen, qui peut être fort bon lorſqu'on n'emploie que des ſubſtances ſolubles dans l'alcool, ne convient pas lorſque le vin doit agir, par ſes principes conſtituans, ſur les corps qui leur ſont ſoumis; le vin ainſi obtenu eſt tout différent de celui qui eſt préparé avec une teinture; il contient d'abord des principes ſolubles dans l'eau, dans l'alcool, & ceux dont les ſels qui entrent dans la compoſition du vin favoriſent la diſſolution : ce qui eſt évident pour les ſubſtances végétales ou animales; l'eſt bien plus encore pour celles qui ſont minérales, & ſi le procédé de Parmentier peut être bon quelquefois, le plus ordinairement il ſera défectueux.

Les vins *médicinaux*, que l'on diſtingue en vins *officinaux* & en vins *magiſtraux*, ſe préparent par macération ou digeſtion dans des vaiſſeaux fermés; ils ſont *ſimples* ou *compoſés*, ſuivant le nombre des ſubſtances qui entrent dans leur compoſition. Ces fortes de vins étoient très-employés autrefois : mais le Codex de Paris n'en mentionne maintenant que douze; cinq appelés *ſimples*, tels ſont les vins d'*abſinthe*, *chalybé*, *émétique*, *ſcillitique* & de *quinquina*; ſept nommés *compoſés*, les vins amers *ſcillitique* (vin *amer* &

diurétique), aromatique, antiſcorbutique, extractif (*élixir viſcéral* d'Hoffmann), d'*opium compoſé* (laudanum), d'*opium fermenté* (*gouttes de* Rouſſeau) & de *quinquina*. On trouve dans le *Conſpectus des pharmacopées* une liſte de cent une eſpèces de vins médicinaux, dont pluſieurs ſe préparent de différentes manières; & varient encore par les ingrédiens qu'ils contiennent.

(NICOLAS.)

VINAGRILLO. On nomme ainſi en Eſpagne les tiges du *nicotiana tabacum*, qui, étant arroſées avec du bon vinaigre, & réduites en poudre, conſtituent une ſorte de tabac plus agréable que le tabac ordinaire.

VINAIGRE, ſ. m. (*Hyg.*, *Mat. médic.*) *Acetum*, ὄξυς. Nom ſous lequel on déſigne le vin qui a ſubi la fermentation acide. Si le raiſin ſeul eſt ſuſceptible de fournir cette liqueur alcoolique connue ſous le nom de *vin*, c'eſt auſſi ce dernier qui peut ſeul donner le vinaigre, ainſi que ſon nom *vin aigre* l'indique ſuffiſamment. C'eſt donc à tort que l'on appelle *vins*, les produits nommés *cidre*, *poiré*, *bière*, & que l'on nomme *vinaigres*, ſans autre dénomination particulière, les produits acides de la bière, du cidre, du poiré, du lait, ou ceux qui réſultent de la diſtillation du bois (1), du ſucre, de la gomme, &c. &c. « Le bon vinaigre, dit Fodéré, celui du vin, eſt un liquide très-compoſé, d'une grande fluidité, d'une odeur ſuave, acide & ſpiritueuſe, d'une ſaveur plus ou moins forte, mais qui n'agace pas les dents; qui, lorſqu'on s'en frotte les mains, ou qu'on en mouille un linge; s'évapore beaucoup plus promptement que l'eau; qui, lorſqu'il eſt expoſé à l'air, n'en altère point l'humidité, & s'évapore en entier. Il eſt aiſé de voir que tous les autres acides déſignés ſous le nom de *vinaigres* ſont bien loin de jouir de toutes ces qualités; auſſi eſt-ce l'acide le plus convenable pour l'aſſaiſonnement, & on a obſervé qu'il ne ſe diſpoſe pas à l'aſceſcence comme les acides natifs végétaux, & qu'il varie pour ſes qualités ſuivant celles du vin qui l'a fourni. »

Le vinaigre en nature poſſède toutes les propriétés générales des autres acides : il eſt rafraîchiſſant, & paroît diminuer la contractilité organique ſenſible & l'énergie muſculaire : étendu d'eau, c'eſt un puiſſant antiphlogiſtique, auſſi eſt-il très-convenable d'en faire uſage dans la plupart des inflammations gaſtro-inteſtinales; il eſt très-employé en tiſane, en lotion, en injection, en ſo-

---

(1) Par la diſtillation du bois, on obtient de l'acide acétique, qui, débarraſſé de quelques autres produits qui paſſent en même temps que lui, peut être ſubſtitué au vinaigre ordinaire, dont il diffère d'ailleurs par ſes principes conſtituans.

N n n

mentation, & l'on s'en fert fréquemment dans les cas de fyncopes. Par la diftillation du vinaigre, on obtient l'acide acétique pur, qui, loin d'avoir toutes les propriétés du vinaigre, eft très-odorant, mais n'a prefque aucune force.

Vinaigres médicinaux. On appelle ainfi les vinaigres chargés de principes médicamenteux; ils fe confervent très-bien lorfque l'on a foin de les faire bouillir de temps en temps. Comme ils diffolvent les réfines, les gommes-réfines, les principes huileux volatils, l'extractif, &c. &c., on conçoit tout l'avantage que l'on peut en retirer dans la pharmacie & dans la parfumerie : ceux que vendent les parfumeurs font appelés *vinaigres aromatiques.* Les vinaigres médicinaux font diftingués en *fimples* & en *compofés*, fuivant le nombre des fubftances qui entrent dans leur compofitions. Le *firop de vinaigre*, l'*oxymel*, les *vinaigres fcillitique, thériacal, camphré, rofat, antifcorbutique*, le vinaigre des *quatre voleurs*, l'*éther acétique*, les *acétates de potaffe*, d'*ammoniaque*, font des préparations pharmaceutiques très-employées; l'*acétate de plomb* eft d'un ufage très-fréquent à l'extérieur. Il y a plus de foixante efpèces de vinaigres médicinaux, fans compter les divers modes de préparation de chaque efpèce.

Le *vinaigre radical*, obtenu de l'acétate de de cuivre, eft très-concentré; lorfqu'il eft mis fur du fulfate de potaffe & dans un flacon bouché à l'émeri, il prend alors le nom de *fel d'Angleterre*, & eft d'une utilité bien reconnue dans les fyncopes. (NICOLAS.)

VINÇA (Eaux minérales), ville à fept lieues de Perpignan. La fource minérale, fituée à une demi-lieue environ de la ville, eft appelée dans le pays *Fon-del-Sofre* (Fontaine de Soufre). Les eaux font reçues dans un baffin découvert, creufé naturellement dans le roc, & dans lequel les pauvres fe baignent : elles font abondantes, claires, limpides, ont la faveur & l'odeur de l'hydrogène fulfuré. Leur température eft de 26 deg. cent. environ.

Les eaux de Vinça, dont l'analyfe, très-anciennement faite, auroit befoin d'être répétée, paroiffent fpécialement convenir dans les maladies de la peau; auffi eft-ce communément pour fe guérir de la gale que les habitans des environs y ont recours.

VINETTIER, f. m. (*Bot.*, *Mat. méd.*) Nom français de l'épine-vinette, *berberis vulgaris* L. (*Voyez* EPINE-VINETTE, tom. VI, pag. 44 de ce Dictionnaire.)

VINEUX, se. Adjectif dont on fe fert habituellement pour défigner les fubftances ayant l'odeur ou quelques-unes des propriétés du vin : c'eft en prenant ce mot dans ce fens que l'on dit *tifane vineufe.*

VIOL, f. m. (*Méd. lég.*) *Stuprum violentum.* Dans fon acception la plus ordinaire, on entend par ce mot, la poffeffion charnelle, par violence, d'une perfonne du fexe, fi ce n'eft avec la confommation complète de l'acte vénérien, du moins avec l'introduction qui la précède. Les criminaliftes ont donné avec raifon au mot *viol* une extenfion beaucoup plus étendue, & il peut être défini, d'après nos lois, un attentat à la pudeur par violence ou par fraude, & contre fa volonté, fur une perfonne du fexe féminin. Ainfi c'eft avec raifon que l'on a donné au crime la même gravité, foit qu'il ait été confommé, foit que des obftacles aient rendu les tentatives infructueufes; pour une jeune fille furtout n'y a-t-il pas toujours les mêmes conféquences, & peut-on calculer le tort immenfe qui peut en réfulter pour elle? Bien que dans le fens médical le viol n'ait point été confommé à caufe des obftacles organiques que la nature a oppofés, les effets moraux fur cette jeune perfonne ne font-ils pas incalculables?

C'eft pourquoi le viol a été dans tous les temps & chez toutes les nations un des crimes les plus rigoureufement punis. A Athènes & à Rome celui qui le commettoit encouroit la peine de mort; un feul baifer pris de force expofoit la vie d'un homme.

La même févérité, ou de peu s'en faut, a régné parmi nous jufqu'en 1791, où l'on commença à établir des nuances & des graduations dans la culpabilité & dans l'application des peines. Voici les difpofitions du Code de 1810, qui nous régit maintenant :

Art. 331. Quiconque aura commis le crime de viol ou fera coupable de tout autre attentat à la pudeur confommé ou tenté avec violence contre des individus *de l'un ou l'autre fexe*, fera puni de la réclufion.

Art. 332. Si le crime a été commis fur la perfonne d'un enfant au-deffous de l'âge de quinze ans accomplis, le coupable fubira la peine des travaux forcés à temps.

Art. 333. La peine fera celle des travaux forcés à perpétuité, fi les coupables font de la claffe de ceux qui ont autorité fur la perfonne envers laquelle ils ont commis l'attentat; s'ils font fes inftituteurs ou fes ferviteurs à gage, ou s'ils font fonctionnaires publics ou miniftres publics d'un culte, ou fi le coupable, quel qu'il foit, a été aidé dans fon crime par une ou plufieurs perfonnes.

On a droit d'être févère pour un crime qui attaque à la fois l'ordre des familles, leur repos, leur profpérité, & détruit fouvent d'un feul coup le bonheur préfent & à venir de la perfonne violée.

Les juges, dépofitaires des lois qui régiffent la fécurité publique, s'éclairent fouvent des lumières des médecins pour établir le crime & la culpabilité des accufés. Chaque année plufieurs cafes de viol font foumifes aux tribunaux, & les médecins légiftes confultés par eux, ne fauroient ufer de trop de prudence & d'attention pour réfoudre des queftions quelquefois de la plus grande difficulté.

D'abord il faut pefer & apprécier les circonftances dans lefquelles le crime eft fuppofé avoir été commis; car, lorfqu'on eft juge, il faut être inftruit de toutes les poffibilités : & il n'eft malheureufement que trop vrai que ce fexe, fi bon quand il aime, eft terrible & cruel dans fa haine & fa vengeance, & qu'on a vu des femmes feindre d'avoir été violées pour attirer la rigueur des lois fur un amant dont elles étoient abandonnées, & qui dédaignoit leur amour. Il s'eft trouvé auffi des parens abominables qui, guidés par une monftrueufe cupidité, ont voulu retirer quelques bénéfices d'une accufation de ce genre dont leur fille auroit été l'objet. Un des premiers foins du médecin fera donc de conftater fi la plainte, quelle qu'elle foit, eft appuyée fur des circonftances plaufibles, parmi lefquelles il faut nommer d'abord *l'inégalité des forces & l'ifolement du lieu* où le crime aura été commis. Ce n'eft qu'alors (parce que cela fera indifpenfable) qu'il devra fe livrer à l'examen des parties; qui eft lui-même un attentat à la pudeur.

Le viol aura été commis, ou fur une vierge, ou fur une perfonne qui a déjà reçu les approches d'un homme.

Chez la perfonne vierge, fi le crime a été confommé, il y aura défloration. Quels font les fignes de la virginité? quels font ceux de la défloration? voila ce que nous avons maintenant à établir. Chez la fille impubère & chafte, l'orifice du pudendum eft entièrement recouvert par les grandes lèvres, qui s'appliquent l'une contre l'autre comme les feuilles d'un livre : leur furface interne, ainfi que les petites lèvres, préfentent une belle couleur vermeille; la fourchette eft intacte & l'orifice du vagin, qui eft lui-même fort étroit, eft plus ou moins fermé par la membrane hymen. Chez les perfonnes déflorées les grandes lèvres ont perdu de leur tenfion, de leur épaiffeur & de leur fermeté, leurs bords font flottans, moins arrondis & ne recouvrent qu'imparfaitement les petites lèvres, qui ont perdu leur couleur vermeille pour prendre une teinte blafarde, rougebrun ou livide; la fourchette eft flafque, effacée ou déchirée; la foffe naviculaire eft déformée; l'orifice du vagin eft plus ou moins ouvert & n'a plus les rides transverfales, faillantes & trèsrapprochées qu'il avoit auparavant, enfin la membrane de l'hymen n'exifte plus; divifée en plufieurs lambeaux fes reftes ont pris la forme de tubercules qu'on appelle *caroncules myrtiformes*.

Il faut fe rappeler que ces caractères, qui, chez une jeune fille, peuvent conftater la défloration, ne fuffifent pas pour établir le viol; c'eft d'autant plus important à faire remarquer que la défloration fans enlèvement n'eft pas même un délit. Si la défloration a eu lieu avec viol, outre les fignes qui lui font propres, l'on remarquera des traces de violence; des meurtriffures aux environs de la vulve, aux grandes & aux petites lèvres, au méat urinaire, à la fourchette; l'on apercevra quelquefois des ecchymofes aux cuiffes qu'on aura voulu écarter avec violence, aux bras, au fein, ce qui ne s'obferve pas dans un commerce amical.

Lorfque tous les caractères que nous venons d'énumérer s'obferveront chez la perfonne déflorée, ils établiront fuffifamment le crime de viol; cependant il faut faire attention que l'on a vu des femmes fe mutiler elles-mêmes; introduire des corps durs & volumineux dans le vagin, & s'excorier les grandes, les petites lèvres, le méat urinaire, par des frictions avec de gros linges, pour établir une accufation contre des hommes qu'elles haïffoient. Dans ces cas, c'eft des circonftances & de la moralité antérieure des perfonnes qui fe difent violées que l'on tirera les indices de culpabilité.

C'eft donc de l'enfemble des caractères que nous avons donnés plus haut, & non de chacun pris en particulier, que l'on peut déduire la certitude du viol. La préfence ou l'abfence de la membrane hymen elle-même ne peut rien établir de pofitif, ni fur la virginité, ni fur la défloration d'une perfonne : outre que cette membrane, objet de tant de primauté & dont on eft fi jaloux parmi nous, n'eft pas abfolument conftante, il eft indubitable que chez une jeune perfonne trèsinnocente & très-chafte elle peut être rompue par des menftrues abondantes, un caillot de fang, par une chute, un faut ou tout autre événement; il eft de même hors de doute que la membrane hymen peut exifter après plufieurs congrès; chez certaines perfonnes qui ont des fleurs blanches, dont les parties font toujours baignées, elle peut s'amollir au point de prêter affez pour n'être point déchirée par l'introduction du membre viril. Cette membrane peut même fe reproduire, comme on l'a conftaté à la Pitié : une fille de douze ans, après avoir eu un commerce journalier pendant quelques mois avec plufieurs individus & avoir gagné des chancres & une gonorrhée, vint pour fe faire traiter dans cet hôpital; on conftata une dilatation confidérable du vagin; quel fut l'étonnement du médecin lorfqu'elle fut guérie, de voir que la membrane virginale femi-lunaire s'étoit entièrement reproduite. Il faut ajouter à cela que la membrane hymen eft fi peu un figne de virginité, que non-feulement l'on voit des femmes qui l'offrent avoir eu des maladies vénériennes, mais encore qu'on en a vu enceintes, & qu'alors la membrane hymen n'étoit déchirée que par la tête de l'enfant.

Le viol, chez les filles qui n'ont pas été chaftes, chez les femmes qui ont eu des enfans, chez celles qui ont habituellement des fleurs blanches ou qui viennent d'avoir leurs règles, ne peut laisser aucun changement dans l'orifice du vagin; le pénis, dans ces cas, ne présente aucune trace de son paffage.

Un homme feul peut-il forcer une femme de dix-huit ans à recevoir malgré elle fes careffes? Non, à moins de forces très-difproportionnées; & l'on peut raconter à celles qui, dans de femblables circonf-tances, fe plaignent d'avoir été violées, l'hiftoire de cette reine dont parle Voltaire, qui rejeta une accufation de viol en montrant à la femme qui s'en plaignoit qu'il étoit impoffible de mettre une épée dans un fourreau qu'on agite fans ceffe.

C'eft cette impoffibllité de confommer le viol fans complices qui fait recourir quelquefois aux boiffons narcotiques, qui, en plongeant la femme dans un fommeil extrêmement profond, & en la privant de fentiment, permet à l'homme d'affou-vir fur elle fa brutale paffion. Une vierge, plongée dans ce fommeil artificiel, peut être déflorée fans fentir la moindre douleur; la fenfibilité eft tellement obtufe, qu'on a vu des femmes ne pas même éprouver dans cet état les rigueurs d'un premier enfantement. Il n'en feroit pas de même dans le fommeil naturel le plus profond; la moindre douleur vive fuffit alors pour occafionner le réveil. On affure, mais je ne le crois pas, qu'on a pu confommer le coït chez des femmes ayant déjà eu des enfans & endormies dans certaines pofitions fans les réveiller.

Une femme peut donc être violée fans le favoir, & qui plus eft elle peut concevoir par l'effet d'un viol avec défloration après un coït fans volupté. La fécondation eft un acte bien incompréhenfible! Non-feulement la volonté ni la jouiffance de la femme ne font néceffaires pour qu'elle s'opère, car les plus fécondes ne font certainement pas les plus avides des plaifirs de l'amour, mais encore l'introduction du membre viril n'eft pas d'abfolue néceffité; fans parler des femmes qui font arrivées au terme de la groffeffe avec l'exiftence complète de la membrane de l'hymen, n'y en a-t-il pas qui ont eu des enfans avec des maris mutilés qui n'avoient prefque plus de veftige de pénis?

Chez une femme faifie de force, l'indignation, la colère, peuvent déterminer une congeftion fanguine vers la tête, & amener un état d'infen-fibilité femi-apopleCtique pendant lequel le viol peut avoir lieu, comme chez la perfonne qui aura été plongée dans un fommeil narcotique.

Il faut donc que le médecin porte toute l'atten-tion dont il eft capable pour apprécier toutes les circonftances d'un viol. Lorfqu'il aura eu lieu à la fuite d'une boiffon narcotique, ce qui conf-titue une efpèce d'empoifonnement, il conftatera la préfence de la fubftance adminiftrée, par les moyens chimiques; & lorfque, ce qui eft le cas le plus grave, la mort aura eu lieu, foit que le

fentiment profond de l'injure reçue ait fuffi pour étouffer les principes de la vie, foit que la femme ait fuccombé à la fuite des vio-lences de plufieurs hommes qui fe feroient fuc-cédé, alors il faut examiner la bouche & toutes les parties du corps comme dans le cas d'affaffinat.

(J. M. Miquel.)

VIOLACÉ, ée. (*Pathol.*) *Violaceum.* Epithète fervant à caractérifer la teinte violette plus ou moins foncée que préfentent certains organes dans l'état pathologique; elle eft furtout remarquable dans le fcorbut & les maladies du cœur.

VIOLARIÉES, fub. f. pl. (*Bot.*) *Violariæ.* Famille naturelle de plantes dicotylédones, ayant pour type le genre Violette.

Sous le rapport des fleurs la famille des Viola-riées offre peu d'intérêt fous le point de vue mé-dical, & les plantes qui la compofent font plus remarquables par l'uniformité de leurs propriétés que par leur énergie; elles font légèrement mu-cilagineufes & employées comme telles dans les rhumes ou catarrhes commençans.

Les racines, au contraire, jouiffent d'une pro-priété émétique affez énergique; cette propriété exifte principalement dans quelques efpèces exo-tiques, telles que le *ionidium ipecacuanha*, *ionidium parviflorum*, qui croiffent au Bréfil & dans d'autres parties de l'Amérique méridionale, & dont les racines, connues fous le nom d'*ipé-cacuanha blanc*, y font employées comme fuc-cédanées des ipécacuanhas fournis par la famille des Rubiacées.

Tout récemment M. Boullay, l'un des pharma-ciens les plus diftingués de la capitale, a extrait des racines de nos efpèces indigènes, & en parti-culier de celles des *viola odorata* & *viola canina*, un principe qu'il a nommé *violine* (*voyez* ce mot), & qui jouit auffi de propriétés vomitives très-éner-giques. Cependant, quelques expériences faites fur des chiens, par M. Orfila & moi, pour conftater les propriétés émétiques de ce principe, ont été fans réfultat. (Ch. Hennelle.)

VIOLETTE, f. f. (*Bot., Mat. médic.*) *Viola.* Nom d'un genre de plantes appartenant à la Syn-généfie monogynie de Linné, & fervant de type à une famille naturelle aujourd'hui nommée *Viola-cées* ou *Violariées.* (*Voyez* ce dernier mot.) Plufieurs plantes de cette famille font au furplus remarquables par les propriétés émétiques dont jouiffent leurs racines, propriétés qui, d'après les expériences de MM. Boullay, Caventou & Pelle-tier, font dues à une fubftance particulière, d'a-bord confondue avec l'*émétine* que fournit la racine d'ipécacuanha, & aujourd'hui connue fous le nom de *violine.* (*Voyez* ce mot.)

Parmi les diverfes efpèces de violettes, les *viola odorata* & *tricolor* font le plus fréquemment employées en médecine. On prescrit l'infusion des fleurs de la première comme antispasmodique, dans l'inflammation des organes respiratoires, & l'on prépare aussi avec ces fleurs un *sirop*, qui sert assez ordinairement de réactif dans les analyses, & dont on fait usage pour édulcorer les tisanes pectorales.

On a, dit-on, pendant quelque temps employé avec quelqu'avantage les diverses parties du *viola tricolor* dans le traitement des maladies chroniques de la peau; mais les recherches du prof. Alibert ne justifient pas cette assertion.

Quant aux propriétés émétiques des racines du *viola odorata*, elles sont évidentes d'après les expériences de MM. Coste, Willemet, Niemeyer & Bergius, & surtout d'après celles de M. Boullay, qui y a démontré la présence de la violine, que l'on ne rencontre pas, suivant lui, dans les racines du *viola tricolor*.

VIOLINE, s. f. (*Chim. végét.*) Dans un travail consigné dans le premier volume des *Mémoires de l'Académie de médecine* (année 1828), M. Boullay a fait connoître les résultats que lui a fournis l'analyse des diverses parties des deux espèces de violettes, nommées *viola odorata* & *viola tricolor*. De toutes les parties de la première (racine, feuilles et fleurs), ce chimiste a retiré une substance particulière qu'il appelle *émétine indigène* (violine). Dans son état de pureté, cette substance a une saveur amère, âcre & vireuse; elle est plus soluble dans l'eau que l'*émétine exotique*; mais l'inverse a lieu, relativement à l'alcool, bien que d'ailleurs ce liquide, à la température de son ébullition, puisse en dissoudre une assez grande quantité, qui l'abandonne ensuite par le refroidissement. L'émétine indigène se combine avec les acides, sans néanmoins donner naissance à des sels caractéristiques; &, ainsi que le principe actif de l'ipécacuanha, elle est insoluble dans l'éther, les huiles fixes & volatiles. L'acide gallique la précipite de sa dissolution dans l'acide sulfurique. Enfin, en chauffant la violine, elle se fond d'abord, puis brûle à la manière des résines.

La pensée (*viola tricolor* L.), soumise par M. Boullay aux mêmes moyens d'analyse qui lui avoient servi à extraire de la violette, l'émétine indigène, n'a présenté aucun produit qui eût les caractères de cette dernière substance : fait remarquable, en ce que plusieurs auteurs qui ont écrit sur la matière médicale, ont avancé que ces deux plantes pouvoient être indistinctement employées en médecine.

MM. Orfila & Chomel ont essayé sur des animaux & sur des malades, l'un les propriétés vénéneuses, et l'autre les qualités médicamenteuses de la violine. Les expériences de M. le prof. Orfila prouvent que cette substance pure, introduite dans l'estomac, mise en contact avec le tissu cellulaire, ou dissoute dans l'eau & injectée dans la veine ju-

gulaire à la dose de six grains, peut faire périr, avec plus ou moins de promptitude, des chiens de moyenne grosseur. Il paroît aussi que la violine, lorsqu'elle est combinée avec les acides, perd un peu de son activité.

Les recherches faites par M. Chomel ont fourni les résultats suivans :

La violine, administrée à la dose de six à douze grains dans neuf cas, a produit :

1°. Le vomissement dans six cas;

2°. A eu deux fois un effet légèrement purgatif;

3°. Chez un sujet atteint de diarrhée, & qui a usé trois fois de ce remède à des intervalles de plusieurs jours, la maladie est restée la même après la première administration, a diminué après la seconde, & a cessé à la suite de la troisième;

4°. Chez deux sujets, la violine, à la dose de six grains chez l'un & de douze chez l'autre, n'a produit ni vomissement ni purgation.

La violine pure a été administrée à deux malades à la dose de trois grains & demi en trois parties (demi-grain, un grain, deux grains). Le premier n'a point eu de vomissement, mais seulement deux selles liquides; le second a eu un seul vomissement après la seconde dose, qui étoit d'un grain; une troisième dose de deux grains n'a point déterminé de vomissement. Aucun effet purgatif n'a été observé.

L'émétine exotique a été comparativement administrée à deux malades : d'abord à la dose d'un quart de grain, puis à celle d'un grain, et progressivement de deux, de quatre grains & davantage, dans une potion gommeuse. Le premier malade, après avoir vomi à la dose d'un grain & demi, a cessé de vomir jusqu'à ce que la dose ait été portée à quatre grains; puis les jours suivans, à cette même dose, il n'y a plus eu de vomissement. Pendant tout ce temps, point d'effets purgatifs.

Le second malade a pris douze grains d'émétine en vingt-quatre heures, sans éprouver ni vomissement ni purgation (1). (R. P.)

VIORNE, s. f. (*Bot. mat. méd.*) On a désigné sous cette dénomination deux plantes essentiellement distinctes, l'une l'herbe aux gueux (*clematis vitalba*) (voyez CLÉMATITE, tom. IV, pag. 877), & l'autre la viorne mancienne, vulgairement bardeau, bourdaine blanche (*viburnum lantana* L.). C'est un arbrisseau de dix à quinze pieds de hauteur, qui est commun dans les haies, les buissons & les bois taillis. Ses feuilles & ses fruits sont un peu astringens & rafraîchissans; aussi en a-t-on conseillé la décoction, dans les flux de ventre, & en gargarisme, dans les inflammations de la gorge & de la bouche. Il est aujourd'hui bien rare que l'on ait recours à ce médicament.

VIPÈRE, s. f. (*Hist. nat. & Mat. méd.*) *Vi*-

(1) Voyez les mémoires cités.

pera , coluber berus L. , *berus vulgaris.* Nous ne donnerons pas ici la description de ce reptile ; nous renvoyons le lecteur au *Dictionnaire d'Histoire naturelle*, & nous passons de suite aux propriétés , ou , pour mieux dire , aux usages que l'on fait de la vipère en médecine.

Les Anciens ayant annoncé dans la vipère l'existence d'un *principe actif* & *pénétrant* & d'une *huile excitante*, on préconisait l'usage de ces reptiles & des diverses préparations dont ils faisoient partie , contre une foule de maladies, telles que la lèpre , les scrofules, les dartres & la gale , & comme moyens propres à neutraliser toute espèce de venin & à préserver des fièvres malignes & pestilentielles. C'est ainsi que les *sirops*, la *poudre*, les *trochisques*, la *graisse*, le *vin* & la *gelée de vipère* jouirent pendant long-temps d'une grande réputation. Ces médicamens, auxquels on attribuoit la propriété d'accélérer la circulation en même temps qu'ils fondoient les concrétions lymphatiques, sont entièrement tombés dans l'oubli, & ne sont plus connus que de noms. Cependant on emploie encore quelquefois le *bouillon de vipère* dans le cas de scorbut , de syphilis invétérée, d'épuisement , &c.

La vipère entre dans la composition de la thériaque , de l'orviétan , de la poudre de pattes d'écrevisses composée, du collyre de Sloane, & d'une foule d'autres médicamens qu'on devroit bannir à jamais de la thérapeutique.

La vipère vit en France, & en général dans toutes les régions tempérées ; on la rencontre plus particulièrement sur la lisière des bois , sur les rochers & les sables exposés au soleil ; elle s'accouple au printemps, et donne le jour à des petits vivans, ce qui lui a probablement valu le nom qu'elle porte, nom évidemment tiré du mot latin *viviparus*.

La vipère est, sans contredit, de tous les reptiles venimeux de l'Europe celui dont la morsure est la plus dangereuse ; la piqûre donne lieu à des accidens fort graves, quelquefois même à la mort ; aussi cet animal a-t-il de tout temps inspiré à l'homme & à la plupart des animaux des craintes justement fondées & une horreur insurmontable. Nous renvoyons le lecteur à l'article (SERPENS VENIMEUX, tom. XIII, pag. 40 de ce Dictionnaire, où il trouvera l'énumération des accidens produits par la morsure de ce reptile, ainsi que l'indication des différens moyens proposés pour y remédier. (CH. HENNELLE.)

VIPÉRINE, f. f. (*Bot.*, *Mat. méd.*) *Echium.* Genre de plantes de la famille des Borraginées & de la Pentandrie monogynie de Linné. Une espèce, l'*echium vulgare*, a été autrefois employée en médecine, mais elle est aujourd'hui à peu près abandonnée. (*Voy.* HERBE AUX VIPÈRES, tom. VII, pag. 155.)

VIREUX , SE. *Virosus.* Adjectif servant quelquefois à désigner l'odeur , la saveur , & le plus ordinairement les propriétés malfaisantes de certains végétaux capables de produire l'assoupissement , le délire , des vertiges , & par suite des nausées , le vomissement & même la mort. La plupart des Solanées , quelques Ombellifères & certaines Papavéracées jouissent de cette propriété dangereuse. (*Voyez* NARCOTISME, POISON, SOLANÉES , &c.)

VIRGINITÉ , f. f. (*Méd. lég.*) *Virginitas.* La virginité, suivant l'acception que l'on donne ordinairement à ce mot, est l'état d'une fille qui n'a pas encore éprouvé les approches de l'homme ; mais cette définition, sans être vicieuse, nous a paru susceptible de modifications en cela qu'elle semble restreindre à une condition purement physique un état qui ne sauroit exister sans le concours des conditions morales & physiques qui seul , selon nous , constitue l'état de virginité ; ce qui nous conduit naturellement à traiter la question sous ces deux rapports.

La virginité physique consiste dans l'existence de la membrane *hymen* & dans la réunion des autres signes tirés de l'état des parties sexuelles. Nous nous abstiendrons de donner ici la description anatomique de ces organes, pour laquelle nous renvoyons le lecteur au *Dictionnaire d'Anatomie*, & aux mots DÉFLORATION & VIOL de ce Dictionnaire.

On a beaucoup écrit sur la membrane *hymen*, signe le plus certain de la virginité physique, & qui a de tous temps été un objet de primauté dont les hommes civilisés se sont montrés extrêmement jaloux : elle est admise par plusieurs anatomistes, elle ne l'est pas par d'autres ; mais en cela, comme en beaucoup d'autres choses, nous pensons qu'il faut prendre pour règle le plus grand nombre de faits & l'autorité des hommes qui ont le plus observé. En partant de ce principe, nous nous prononcerons pour l'affirmative, puisque nous trouvons que Morgagni , Haller , Diemerbroeck, Riolan , Bartholin , Heister & Rhuysch, anatomistes justement célèbres, assurent avoir toujours trouvé cette membrane chez les jeunes filles. Le célèbre Haller assure même l'avoir également rencontrée chez les jeunes femelles des animaux. M. Cuvier (1) dit aussi , non-seulement avoir trouvé la membrane *hymen* chez l'homme, mais encore dans la plupart des mammifères.

Gavard, l'un des anatomistes les plus distingués, s'exprime ainsi à cet égard : « Dans les recherches » que j'ai faites sur la membrane *hymen*, tant à » l'Hôtel-Dieu & dans l'hospice de la Salpétrière » que dans la salle de dissection de Desault & ail- » leurs , j'ai constamment trouvé l'*hymen* dans les

---

(1) Voyez *Leçons d'anatomie comparée*, tome V, 29e. leçon.

» fœtus & dans les enfans nouveau-nés ; je l'ai
» constamment trouvé dans les filles trop jeunes
» pour être déflorées ; je l'ai trouvé sur plusieurs
» d'un âge plus avancé, & notamment sur deux,
» dont une étoit âgée de vingt-trois ans, & l'au-
» tre de vingt-cinq. Appelé pour sonder une fille
» de cinquante ans, qui est morte d'un ulcère
» dans la vessie, je pus m'assurer qu'elle avoit con-
» servé cette membrane très-intacte. Une autre,
» âgée de quarante-quatre ans, à laquelle je don-
» nai des soins conjointement avec le professeur
» Dubois, étoit dans le même cas. » Plusieurs autres anatomistes ont trouvé l'*hymen* sur des filles
bien plus âgées encore ; d'où nous pensons pouvoir
conclure qu'il existe constamment tant qu'il n'a pas
été détruit.

Quoi qu'il en soit, cette preuve matérielle ne
sauroit suffire pour constater la virginité, non plus
que son absence ne prouveroit la défloration. En
effet, une fille peut s'être prêtée plusieurs fois aux
embrassemens d'un homme, ou s'être elle-même
corrompue, & conserver encore la membrane
hymen. Mauriceau, célèbre accoucheur, rapporte même plusieurs observations de femmes qui
étoient devenues enceintes malgré l'intégrité de
cette membrane. Rhuysch cite l'observation d'une
femme qui éprouvoit les plus violentes douleurs
pour accoucher, & qui en étoit empêchée, non-
seulement par la membrane *hymen*, qui étoit intacte, mais encore par une membrane *contre nature*, placée plus profondément dans le vagin. Il
divisa l'une & l'autre membrane avec des ciseaux,
& l'accouchement se termina très-facilement.
Meckel & Walter citent des faits analogues. Sé-
verin Pineau, qui a laissé un *Traité des signes de
la virginité*, & qui admet l'existence de l'*hymen*,
rapporte deux observations par lesquelles on voit
que cette membrane a pu s'amollir, s'humecter,
& prêter assez à l'époque des règles pour ne pas se
rompre par l'approche de l'homme, & que, passé
ce temps, elle reprend sa force contractive, & ne
peut plus supporter aucun effort sans se rompre
& sans produire enfin les signes de la défloration
complète.

D'une autre part, l'effort de la première menstruation peut seul diviser l'*hymen* lorsqu'il est peu
résistant ; il peut se trouver déchiré par un caillot
de sang plus gros que l'ouverture ; il peut enfin
avoir été détruit par un ulcère ou par un accident innocent.

Voilà donc un signe qui manque quelquefois,
sans que pour cela il ait jamais été porté atteinte
à la pudeur, & qui puisse exister quoique la *virginité morale* ait disparu. Nous dirons plus, les
signes physiques de la défloration peuvent exister,
être même le résultat du coït, sans que la victime
puisse être considérée comme privée de la virginité morale. En effet, sans compter les enfans qui
sont victimes de certains goûts, produits de ces
aberrations, que pour l'honneur de l'espèce je

nommerai *monomanie*, combien l'humanité n'a-
t-elle pas à déplorer de ces crimes de lèse-pudeur
commis sur des filles plus âgées, qui n'ont en quelque façon concouru à leur perte que par l'excès
même de leur innocence ?

Nous n'en conclurons cependant pas, avec
Buffon, que rien n'est plus chimérique que les
préjugés des hommes à cet égard, & que rien n'est
plus incertain que les prétendus signes de la virginité du corps ; nous n'en conclurons pas non plus
que ces signes ne sont d'aucune utilité en médecine légale ; nous sommes très-éloigné de cette
idée, & nous pensons même que ce voile virginal
existant dans le plus grand nombre des cas, est
remplacé lorsqu'il manque naturellement par
d'autres signes qui ne sauroient échapper à un œil
exercé. Nous pensons que le médecin-légiste doit
avoir la connoissance de tous les cas rares & d'exception, afin d'en éclairer son jugement dans
l'occasion ; mais que les cas fortuits ne doivent
jamais l'influencer au point de lui faire oublier
les principes toutes les fois que ces mêmes cas
ne trouvent pas dans l'espèce une juste application ; de même que la présence ou l'absence des
signes de la virginité physique considérés abstrac-
tivement, ne doivent, dans aucuns cas, former
une preuve affirmative ou négative de virginité,
mais qu'on devra toujours y joindre le concours
de toutes les autres circonstances, tant physiques
que morales, auxquelles se rattachent les idées
d'une pudicité intacte ou violée.

Comme dans ces fortes de visites on a souvent
besoin, non-seulement du toucher, mais encore
du secours des yeux, on devra toujours procéder
avec décence & ménagement, & surtout prendre
garde, en cherchant à éclairer la justice, de ne
pas produire, par des recherches maladroites, les
lésions qu'on croiroit ensuite avoir trouvées.

(CH. HENNELLE.)

VIRIL, ILE, adj. (*Physiol.*) *Virilis*. Qui appartient à l'homme : ainsi on dit *membre viril* pour désigner le pénis. (*Voyez* ce mot.)

VIRILITÉ, s. m. (*Physiol.*) *Virilitas*. C'est l'âge
intermédiaire de la vie, l'époque de la vigueur &
de l'activité, le temps où l'homme jouit de la plénitude de sa force & où l'on intelligence ; c'est pendant cette période, qui est comprise entre l'âge
de trente & de cinquante ans, que le corps a pris
tout son développement, que le tempérament est
formé, & que l'on jouit de toute la puissance génératrice, qui est le principal signe de la virilité.

Quel changement ne s'opère-t-il pas dans l'homme
sortant de l'adolescence, lorsque la sécrétion du
sperme commence à avoir lieu ! Ses muscles se des-
sinent, sa voix, d'aigre qu'elle étoit, devient mâle
& forte ; ce n'est plus cet enfant timide, c'est un
jeune homme courageux qui comprend sa force

& fent qu'il eft déformais capable de foutenir & de protéger le fexe foible & doux qui va partager fon exiſtence.

Les caractères phyſiques de l'homme fe prononcent davantage à meſure qu'on approche de la virilité : alors tout a pris de la confiftance & de la folidité ; les os font plus compactes, les chairs plus fermes, la poitrine plus développée, la reſpiration plus large & plus étendue, le cerveau plus ample, le rachis & la moelle épinière plus volumineux ; c'eſt à ce développement du fyſtème nerveux cérébro-ſpinal que l'homme doit fon énergie & fa haute capacité. Chez les femmes, ce font les nerfs de la vie organique qui font plus développés ; cette difpofition préſide à la nutrition du fœtus, & fait qu'elles fympathifent davantage avec les enfans ; elle rend la fenfibilité morale des femmes fupérieure à celle des hommes : la tendreffe de leur cœur eft une mine inépuifable.

Les qualités de l'homme viril font fortement prononcées. Son caractère eft mâle & ferme ; il fupporte le malheur & l'adverfité fans fe plaindre ; fort de fon courage, franc, généreux, il dédaigne la diffimulation & l'intrigue : il eft connu de tous tel qu'il eft. Il eft libéral, parce que fon activité lui fait acquérir plus qu'il n'a de befoins ; il eft plus voifin de la fimplicité ruftique que de cette vivacité & de cette recherche qu'on nomme efprit. Il aime l'indépendance, & on ne le voit point folliciter ni faire des courbettes, parce qu'il ne veut rien recevoir par faveur ou par grace.

Les qualités viriles tiennent, on peut le dire, à l'énergie de la force reproductive. Que l'on examine les caftras & les eunuques, quelle foibleffe dans le caractère, quelle lâcheté ! Ils fentent, l'on diroit, qu'ils font déchus de leur rang d'hommes ; fouples & rampans, ils n'ont aucune volonté, aucune force.

L'homme déchoit auffi par l'abus des plaifirs ; il perd fon énergie, fon courage, il devient femblable à la femme dont il prend les goûts & la molleffe. Qui n'a vu de ces fybarites efféminés, de ces adonis, pâles & honteufes copies d'un fexe dont ils ont toutes les foibleffes fans avoir aucune de leurs qualités ! Qui n'a eu pitié des fpafmes & des vapeurs que détermine la moindre caufe fur leur fyftème nerveux affoibli ! Ils ne fauroient vivre que fur le duvet ; leur eftomac débilité ne pourroit s'accommoder d'aucune nourriture un peu fubftantielle. Enfin ces êtres qui, la plupart, ne font plus hommes à trente ans, n'ayant aucune qualité du cœur & de l'efprit, font infupportables à tout le monde & à eux-mêmes ; ils ne vivent que pour promener leur inutilité & leurs graces infipides. (J. M. MIQUEL.)

VIRULENT, TE, adj. (Path.) Mot employé pour caractérifer plufieurs affections qui paroiffent dues à l'action d'un virus qui fe reproduit pendant leurs cours. (Voyez VIRUS.)

VIRUS, f. m. (Pathol.) Mot latin qui fignifie poifon, qu'on a fait paffer de la langue latine dans la nôtre en lui donnant cependant une fignification un peu différente. On entend par virus un principe inconnu dans fa nature & inacceffible à nos fens, mais inhérent à quelques-unes des humeurs animales, & fufceptible de tranfmettre la maladie qui l'a produit.

Le nombre des virus mentionnés dans les livres eft très-confidérable. C'eft ainfi, par exemple, que certains auteurs admettent au nombre des virus le vice arthrique ou goutteux, le cancéreux, le dartreux ou herpétique, le pforique ou galeux, le rachitique, le rhumatifmal & le trichomatique. D'autres, & Nacquart en particulier, ont prétendu qu'on devoit croire à l'exiftence d'un virus fpécifique pour chaque maladie contagieufe, puifque, fuivant eux, aucune de ces maladies ne peut fe développer fpontanément.

Ce feroit étrangement abufer de la patience des lecteurs que de chercher à démontrer l'abfurdité d'un tel raifonnement. Quant aux vices goutteux & galeux énumérés plus haut, & que quelques auteurs rangent parmi les virus, nous cherchons en vain des exemples d'inoculation de goutte, nous ne trouvons que celles qui fe tranfmettent par hérédité ; & comme il arrive fouvent qu'un père goutteux tranfmet à fes enfans une maladie calculeufe & vice verfâ, on feroit, à ce compte, en droit d'admettre un virus calculeux.

Si la gale, maladie produite & entretenue par la préfence d'un infecte très-petit, de la claffe des Aptères, & auquel l'on a donné d'abord le nom d'acarus humanus fubcutaneus, puis après celui d'acarus fcabiei, étoit produite par un virus, il en réfulteroit que cet animal feroit le virus, & que le virus ainfi perfonnifié dans l'acarus fcabiei cefferoit d'être, au moins pour ce cas, un principe inconnu dans fa nature & inacceffible à nos fens, comme la plupart des auteurs définiffent le virus.

Quoi qu'il en foit, nous penfons, avec beaucoup d'auteurs, qu'on ne doit admettre comme virus, & confidérer comme tels, que le virus variolique, vaccin, fyphilitique, rabicique & rubéolique. Quoique très-différens les uns des autres fous beaucoup de rapports, ces virus poffèdent des propriétés communes qu'il eft bon de faire connoître avec quelques détails.

Les virus ne s'engendrent jamais d'eux-mêmes, mais une fois introduits dans le corps par contact immédiat avec l'épiderme ou les furfaces muqueufes, ils jouiffent, une fois abforbés, de la propriété de s'y régénérer & d'y faire naître une férie de phénomènes toujours femblables pour chacun d'eux ; quelques-uns, le virus fyphilitique principalement, peut refter très-long-temps latent & réduit à une inaction abfolue, puis tout-à-coup reparoître & porter fes ravages dans toute l'économie.

Le

La propriété des régénérations dont nous avons parlé plus haut est telle, qu'un atome d'un virus quelconque, introduit dans l'économie, suffit pour développer la maladie par laquelle il est à son tour reproduit; d'où il résulte que pour prévenir le développement d'une maladie virulente, il ne suffit pas d'extraire une portion du virus de la partie où il a été inoculé, mais bien de le neutraliser ou de l'enlever en totalité, sans quoi on n'a rien fait. C'est ainsi, par exemple, que M. Bousquet a constaté, par des expériences plusieurs fois répétées, que les ventouses, si utiles pour arrêter les accidens auxquels les morsures des serpens donnent ordinairement lieu, pouvoient être appliquées pendant plusieurs heures de suite sur des piqûres de vaccination sans empêcher le développement des boutons vaccinaux. (*Archives générales de Médecine*, mars 1828, pag. 461). Il résulte aussi des expériences tentées par le Dr. Ratier, que la cautérisation pratiquée sur des chancres syphilitiques, dans la vue d'en arrêter les progrès, n'est efficace qu'autant qu'elle est faite de manière à détruire entièrement le virus avant son absorption; car, s'il en est déjà entré la plus petite quantité dans l'économie, le mal se développe comme si on l'eût abandonné à lui-même, & suit toutes ses phases ordinaires.

Ces expériences prouvent, d'une manière incontestable, qu'il n'en est pas des virus comme des vaccins & des poisons, car ces derniers n'agissant qu'en raison de leur dose, si on parvient à en diminuer la quantité, on parviendra en même temps à diminuer les accidens & le danger.

Que deviennent les virus quand ils ont été absorbés? Il est faux de dire qu'ils produisent toujours les mêmes maladies. Le virus syphilitique, par exemple, ne reproduit pas toujours une maladie semblable à celle dont il provient; c'est ainsi, par exemple, qu'une blennorrhagie virulente peut donner naissance à des chancres & *vice versâ*.

A l'égard de la spontanéité de la génération des virus, elle est rejetée par beaucoup d'auteurs par la raison qu'on ne voit pas naître la syphilis spontanément; cependant ce caractère appartient bien positivement à la rougeole & à la scarlatine, qui se développent fréquemment, & aussi à la variole, qu'on a vu naître quelquefois sans contagion antécédente. Enfin on observe, malheureusement trop souvent, que la rage se développe d'une manière spontanée dans le genre *Canis* & *Felis*. (*Voyez*, pour plus de détails, les articles CONTAGION, MIASME & VARIOLE.) (CH. HENNELLE.)

VISAGE, s. m. Expression qu'il ne faut point regarder comme tout-à-fait synonyme du mot *face*. On l'emploie effectivement moins pour désigner l'ensemble des parties dont se compose la région antérieure de la tête, que pour indiquer les apparences variables que lui donnent les passions ou les habitudes de la vie; dans ce sens *visage* dit moins que *physionomie*. Cependant ces deux

mots ont entr'eux des rapports communs. Au reste, si dans l'état de santé l'aspect de la figure peut, comme l'ont cru quelques philosophes, faire découvrir les penchans des individus, il est bien plus certain encore que dans l'état de maladie, les nombreuses altérations qu'il présente doivent servir à éclairer le diagnostic du médecin. (*Voyez* PHYSIONOMIE & SÉMÉIOTIQUE dans ce Dictionnaire.) (R. P.)

VISCÉRAL, ALE, adj. (*Anat.*) *Visceralis*. Qui a rapport aux viscères. On appelle *cavité viscérale* celle qui renferme les viscères.

VISCÈRES, s. m. pl. (*Anat.*) *Viscera*, de *vescor*, je me nourris : σπλαγχνον des grecs. D'après son étymologie le mot *viscères* ne devroit s'entendre que des organes qui servent immédiatement à la digestion; & c'est aussi dans ce sens que les Anciens employoient ce mot, qui peu à peu a pris une acception plus étendue, & a été ensuite donné à tous les organes contenus dans la tête, la poitrine, & l'abdomen, comme on peut le voir dans les traités d'anatomie, où l'on indique sous le nom de *splanchnologie*, le *traité des viscères*. Puisque l'usage l'emporte toujours, on doit donc continuer à appeler *viscères* les organes renfermés dans les susdites cavités, mais, autant que possible, il faut n'employer ce mot que dans un sens collectif.

Dans la pratique de la médecine, la splanchnologie est la branche la plus importante de l'anatomie à cause des nombreuses altérations auxquelles nos viscères sont soumis; & c'est à la connoissance parfaite de la situation de ces organes, à celle de leurs rapports avec les parties environnantes, & surtout aux notions physiologiques les plus étendues, que nous devons non-seulement les succès que nous obtenons dans la guérison des maladies, mais encore cette sûreté de tact qui fait connoître de suite quel est le viscère ou l'organe affecté, malgré un grand nombre de symptômes excités sympathiquement. (*Voyez*, pour la description de chaque organe & de chaque viscère en particulier, le *Dictionnaire d'Anatomie* de cet ouvrage.) (NICOLAS.)

VISCOSITÉ, s. f. (*Mat. médic.*) *Visciditas*. Dénomination employée pour caractériser les liquides dont les particules ont entr'elles une adhérence qui ne leur permet point de se séparer facilement : telle est, par exemple, l'eau qui tient de la gomme en dissolution, & dans laquelle on ne peut plonger le doigt, sans qu'une portion du liquide ne s'y attache, en sorte qu'en le retirant il se forme des espèces de filamens dont la longueur & l'épaisseur peuvent servir à mesurer la viscosité.

VISION, s. f. (*Phys.*) *Visio*. Nom sous lequel on range l'ensemble des phénomènes relatifs aux impressions que nous percevons au moyen de l'organe de la vue, foit dans l'état normal, foit dans celui de maladie. (*Voyez* VUE.)

VISUEL, LE. (*Phyf.*) *Vifualis*. Adjectif deftiné à caractérifer tout ce qui a rapport aux conditions phyfiques fous lefquelles s'opère la vifion. Ainfi on dit *rayon*, *axe*, *angle vifuel*. (*Voyez* VUE.)

VITAL, ALE, adj. (*Phyfiol.*) *Vitalis*. Expreffion journellement employée, foit pour défigner les propriétés ou phénomènes qui dépendent ou fe développent fous l'influence de la vie, foit pour caractérifer le *principe*, fort hypothétique fans doute, que l'on regarde comme la caufe de la vie. (*Voyez* VIE, VITALISTES & VITALITÉ.)

VITALISTES, f. m. (*Hift. de la Médec.*) Même étymologie que vitalité. C'eft le nom que l'on donne aux médecins qui expliquent tous les phénomènes de la vie, & qui attribuent par conféquent toutes les actions de notre corps au *principe vital*. La médecine fubit toujours le joug de tous les fyftèmes philofophiques qui tour à tour viennent s'emparer des idées; & comme les médecins s'occupent beaucoup des différens points fur lefquels toute philofophie fe bafe (*la métaphyfique*), il en réfulte que chaque fois qu'un nombre affez confidérable de praticiens adaptent les idées du moment à la théorie, & enfuite à la pratique de la médecine, il furgit une nouvelle fecte, qui, fi elle s'appuie fur quelque chofe de raifonnable, devient d'autant plus puiffante qu'elle eft plus combattue.

Si la brièveté de cet article ne s'y oppofoit point, je pourrois peut-être donner fuite à *quelques propofitions de phyfiologie fur la vie*, déjà émifes dans ma thèfe, & que du refte je me propofe d'étendre & de préfenter en corps de doctrine auffitôt que de plus mûres réflexions & de fages avis m'auront permis de les livrer au public. Qu'il me fuffife maintenant de dire que l'opinion des vitaliftes eft la plus généralement adoptée; & c'eft précifément parce qu'elle eft la plus généralement fuivie, que je me permettrai de rappeler ici les idées que l'on s'eft plu à répandre fur les médecins, relativement à leurs opinions en métaphyfique. Ce n'eft guère que depuis le milieu du dix-huitième fiècle que de toutes parts on eft venu accabler les médecins d'invectives, en les accufant d'être matérialiftes, tellement que maintenant il fuffit d'avoir difféqué pendant vingt-quatre heures pour être dit *cabanifé*: je me fers de ce mot, parce que j'ai vu des perfonnes qui, confervant encore quelque coloris de politeffe, demandoient à des médecins s'ils n'*étoient pas cabanifés*, pour ne pas dire matérialiftes. Remarquez bien que cette fuppofition ne repofe que fur des préjugés; parce que les médecins cherchent à expliquer comment s'exécutent les actes de la vie, & comment, & pourquoi, & par quoi nous vivons,

ils ne font rien moins qu'accufés de crimes qui dans les temps anciens, & même il n'y a pas encore long-temps, étoient punis de mort. Ecoutez, vous qui nous accufez fans jamais nous avoir entendus parler: Dieu lui-même ne veut-il pas que l'homme foit auffi inftruit que les temps peuvent le permettre? *Erudimini, vos qui judicatis terram!* Et pour que ces juges de la terre foient inftruits, il faut qu'on les inftruife: et où acquerront-ils cette fcience qui leur eft indifpenfable, fi chacun d'eux refte toujours dans fon épaiffe ignorance? Il eft donc néceffaire, non-feulement pour que les juges de la terre foient inftruits, mais pour que chaque individu en particulier le foit auffi, que chacun en ce qui le concerne étende, autant qu'il le pourra, fes recherches fur la vérité. Le phyficien étudie les lois générales de la nature, & il a trouvé cette loi de l'attraction fi féconde en précieux réfultats; le chimifte s'occupe de l'action moléculaire des corps, & déjà il a fait de précieufes découvertes: aidé du phyficien, il a prouvé que deux molécules hétérogènes ne peuvent fe toucher fans qu'il n'y ait dégagement de fluide galvanique ou électrique, fluide qui joue un rôle fi puiffant dans l'action de tous les corps ainfi que dans l'économie animale, &c. Le médecin, qui s'occupe fpécialement de l'homme vivant, cherche à connoître par le cadavre tous les refforts qui font mis en jeu par l'action de la vie; & quoi de plus naturel qu'il tâche de découvrir cet agent puiffant qui, lorfqu'il nous anime, nous fait mouvoir, agir, penfer; & où eft-il dit qu'il eft défendu de s'en occuper? Je n'ai trouvé nulle part que la recherche de la vérité fût interdite; & fi Dieu ne veut pas que nous fachions comment nous vivons, il a rendu cette vérité infaififfable à nos fens, & alors toutes nos recherches ne ferviront qu'à nous prouver qu'il y a des fecrets qui échappent à notre foible intelligence, & combien eft grande notre folle préfomption. O vous qui croyez tout favoir, fans avoir rien approfondi, vous qui nous déclarez coupables fans aucun examen, *erudimini*, & lorfque vous aurez bien voulu defcendre dans le fanctuaire de la fcience, vous verrez qu'il ne fuffit pas d'accufer pour avoir raifon, & que des hommes qui paffent leur vie à refpirer un air infect, à avoir continuellement les mains plongées dans des cadavres en putréfaction; que ces hommes qui fe privent de repos, de nourriture pour foulager leurs femblables, & qui font toujours émus par le fpectacle déchirant de la vie aux prifes avec la mort; qui prolongent, adouciffent l'agonie d'un être adoré; qui calment la douleur, les agitations des malheureux; qui furvivent à ceux qui leur font chers, & qui le plus fouvent n'ont pour récompenfe que la confcience d'avoir fait le bien, ne doivent pas être rangés parmi ceux qui cherchent à détruire le bonheur du genre humain, & donnent pour la vérité des théories plus ou moins abfurdes. Injuftes accufateurs de la plus noble profeffion, lifez les ouvrages d'Hippocrate, le plus grand philofophe de l'antiquité, de celui à qui l'on n'eut rien à reprocher, & qui feul, parmi les fages de tous les temps & de tous les lieux, pouvoit dire avec orgueil : *Je n'ai jamais fait le mal.* Lifez, lifez ces ouvrages! Ce qu'ils contiennent font les opinions de tous les médecins, & jamais vous n'aurez trouvé plus de pureté, plus de candeur, plus de droiture de cœur que dans ces écrits admirables.

                            (Nicolas.)

VITALITÉ, f. f. (*Phyfiol.*) *Vitalitas.* (*Vie, mouvement vital.*) On entend par vitalité, mot abftrait, cette force de vie plus ou moins grande, dont eft doué chaque être, ou plutôt chaque partie de cet être. Il y a des mots qui fe refulent à toute investigation ; parce qu'ils expriment quelque chofe de conventionnel que nous ne pouvons faifir, & qui échappe ainfi à toute analyfe. Pour parler avec quelque apparence de raifon fur la vitalité, il faudroit favoir ce que c'eft que la vie, ce principe qui nous anime, qui fait mouvoir & réfifter à mille caufes de deftruction cette machine humaine qui devient la proie des élémens lorfqu'elle en eft privée; ce principe ou puiffance qui convertit en une molécule vivante, qui animalife cette plante, cette chair qui ont fubi des préparations culinaires. Que nous fommes ignorans, nous qui croyons tout favoir; et combien notre préfomption furpaffe encore notre ignorance ! (Nicolas.)

VITELLINE, f. f. Membrane qui enveloppe immédiatement le jaune de l'œuf. (*Voyez* Œuf dans ce Dictionnaire.)

VITET (Louis) (*Biogr. médic.*), l'un des médecins les plus recommandables du dix-huitième fiècle, naquit à Lyon en 1736 d'une famille de médecins juftement honorés. Il étudia à Montpellier, vint fe perfectionner à Paris, puis retourna dans fa ville natale pour s'y livrer à la pratique. Doué d'une vraie philanthropie, Vitet employa une portion de fa vie à la recherche des moyens propres, foit à perfectionner l'administration des hôpitaux, foit à faciliter l'étude des diverfes branches de la médecine : ainfi on le voit par de vives follicitations contribuer à la fondation de chaires d'anatomie, d'hiftoire naturelle & de chimie ; bientôt il s'efforce de faire marcher de front la médecine de l'homme & celle des animaux domeftiques, devient auteur d'un ouvrage fur la matière médicale, & peu après fe charge de la rédaction d'un *Journal hebdomadaire de médecine.* A l'époque de la révolution, la confiance de fes concitoyens l'appela à remplir plufieurs charges dans lefquelles il le montra toujours d'une probité rare, un caractère élevé & d'une grande fenfibilité. Vitet mourut à Paris, le 25 mai 1809, généralement eftimé & regretté, même des hommes dont les opinions politiques avoient le plus différé de la fienne.

Indépendamment d'un affez grand nombre de *mémoires* & de *differtations* fur la médecine, & d'une *topographie de Lyon*, qui n'a pas été publiée, ce médecin a laiffé les ouvrages fuivans :

Obfervations fur les maladies régnantes à Lyon, accompagnées d'obfervations météorologiques, faites en commun avec M. Pételin, Journal commencé en novembre 1768. Lyon, format in-4°. & continué les années fuivantes in-8°. jufqu'en 1784.

Differtation fur les noyés à l'occafion de la fille Rouge, Lyon, 1768, in-12.

Mémoire fur l'adminiftration médicale du grand hôpital de Lyon. Genève, 1768, in-12.

Matière médicale réformée, ou *Pharmacopée médico-chirurgicale, contenant l'expofition méthodique des médicamens fimples & compofés, de leurs caractères, de leurs vertus, de leurs préparations & adminiftration, & des efpèces de maladies où ils font indiqués, avec un tableau méthodique des claffes, des genres & des efpèces de maladies.* Lyon, 1770.

Médecine vétérinaire, contenant, 1°. l'expofition de la ftructure & des fonctions du cheval & du bœuf; 2°. l'expofition des maladies du cheval, du bœuf & de la brebis, &c.; 3°. l'expofition des médicamens néceffaires au maréchal; 4°. l'analyfe des auteurs qui ont écrit fur la vétérinaire depuis Vegèce jufqu'à nos jours. Lyon, 1771, 3 vol. in-8°.; traduit en italien par J. B. Zituolato, Venife, 1803, 2 vol. in-8°.

Rapports préfentés à l'adminiftration du diftrict de Lyon & imprimés par ordre de cette adminiftration : 1°. *fur la prifon de Saint-Jofeph & fur celle du Palais ou de Rouanne; 2°. fur le grand hôpital de Lyon & fur l'hofpice de la Charité; 3°. fur l'Ecole vétérinaire de Lyon.* 1790, in-4°.

Rapports au nom de la commiffion d'inftruction publique fur les écoles fpéciales de médecine. 17 ven. ofe an VI.

Motion d'ordre fur les écoles fpéciales de médecine. 4 meffidor an VI.

Médecine expectante. Lyon, 1803, 6 vol. in-8°.

Le Médecin du peuple. Lyon, 1804, 13 vol. in-12.

Traité de la fangfue médicinale, par L. Vitet, publié par P. J. Vitet fon fils. Paris, 1809, in-8°. avec une planche gravée repréfentant en huit figures l'anatomie de la fangfue.

     (Extr. de la Biogr. médic.)   (R. P.)

VITILIGO, f. m. (*Path.*) Mot latin tranfporté dans la langue françaife, & qui fert à défigner des taches de diverfes couleurs qui paroiffent fur la peau. Les Anciens en diftinguoient trois efpèces qu'ils appeloient αλφος, alphos; μελας, melas; λευκη, leuce. Dans la première, les taches font blanches, fans afpérités ; celles de la feconde font d'un noir plus ou moins foncé ; celles de la troifième offrent une couleur plus blanche, font plus enfoncées & s'accompagnent fouvent de la production de poils blancs. Prefque toujours la partie de la peau qui devient le fiège du vitiligo perd fa fenfibilité : elle ne fuinte & ne fuppure jamais.

Ces diverfes taches ont été généralement rapportées à la lèpre. Cependant on les obferve auffi fans aucun fymptôme de cette grave maladie. J'ai vu plufieurs fois au cuir chevelu & au vifage des taches d'un blanc luifant prefque nacré, avec chute des cheveux ou de la barbe, qu'on pourroit peut-être rapporter au vitiligo : la peau y confervoit fa fenfibilité. Elles ne faifoient éprouver aucune efpèce d'incommodités ; elles difparurent d'elles-mêmes au bout d'un affez long-temps & fe recouvrirent de poils.

Le vitiligo des Anciens a toujours été regardé comme une maladie fort difficile à guérir. On employoit pour y parvenir des topiques réfolutifs, irritans & même cauftiques. A l'intérieur, le traitement étoit dirigé contre les humeurs, qu'on croyoit viciées, altérées de différentes manières. Bateman a voulu impofer le nom de *vitiligo* à une affection cutanée fort différente de celle dont il s'agit ici, puifqu'elle fe préfente fous la forme de tubercules blancs, luifans, qui s'élèvent fur la peau aux environs des oreilles, du cou & du vifage, & quelquefois fur toute la furface du corps. Cette maladie, que Bateman indique comme très-rare, n'a pas été obfervée par M. Rayer, qui, d'après cela, en nie l'exiftence.

(Emeric Smith.)

VITRÉ (Eaux minérales de). Cette fource, que l'on croit ferrugineufe, eft à une lieue de la ville dont elle porte le nom ; elle eft froide, &, dans la Bretagne, on en recommande l'ufage contre la gravelle & les obftructions.

VITRÉ, ÉE. (*Anat. Phyfiq.*) *Vitreus.* Qui a l'apparence & la tranfparence du verre. Cette expreffion s'applique particulièrement à l'une des humeurs de l'œil. (*Voyez* ŒIL, tom. XI, pag. 97 dans ce Dictionnaire & dans celui d'*Anatomie.*)

Ce mot fert auffi à défigner, dans la théorie de Coulon, l'un des deux agens électriques, celui auquel donne naiffance le frottement du verre ou celui de matières analogues.

VITRIOL, f. m. (*Chim.*) Mot anciennement employé pour défigner un genre de fels aujourd'hui connus fous le nom de *fulfates.* Parmi ceux auxquels on attribuoit cette dénomination d'une manière fort particulière, il faut diftinguer le *vitriol vert* ou couperofe verte (fulfate de fer) ; le *vitriol bleu*, vitriol de Chypre ou couperofe bleue (fulfate de cuivre) ; enfin le *vitriol blanc*, couperofe blanche, vitriol de Goflard (fulfate de zinc).

(*Voyez* l'article SULFATES du *Dictionnaire de Chimie* de cet ouvrage.)

VITRIOLIQUE, (*Chim.*) *Vitriolicus.* Epithète donnée autrefois d'une manière générale à toute fubftance ayant quelque rapport avec le vitriol : ainfi on difoit, *acide vitriolique, éther vitriolique*, &c. Aujourd'hui ces mots font remplacés par les expreffions beaucoup plus fignificatives d'*acide* & d'*éther fulfuriques*, &c.

VITRY-LE-FRANÇAIS (Eaux minérales de). Cette ville eft à fix lieues de Châlons-fur-Marne, & dans les foffés qui l'entourent, fourd une fource d'eau froide, dont la faveur eft légèrement ferrugineufe. L'analyfe a fait voir à M. Groffe que ce liquide contient du fer, du fulfate de chaux & de foude, du muriate de foude, une fubftance bitumineufe & une terre abforbante. Ce médecin affimile, pour leurs propriétés médicinales, les eaux minérales de Vitry-le-Français à celles de Paffy & de Forges.

VIVACE. (*Phyfiol.*) *Vivax.* Epithète donnée à tous les êtres organifés vivans doués de la faculté de réfifter avec énergie aux caufes de deftruction qui font périr les individus moins bien partagés fous ce rapport.

Les botaniftes emploient d'une manière fpéciale cette expreffion pour caractérifer les végétaux dont la durée s'étend au-delà de deux ou trois ans.

VIVACITÉ, f. f. Expreffion affez généralement employée, pour caractérifer la promptitude avec laquelle quelques efprits faififfent certaines idées, ou en développent les conféquences. Appliqué au corps, ce mot peut être regardé comme fynonyme d'*agilité*: (*Voyez* ce mot, tom. I, pag. 372.)

VIVISECTION, f. f. (*Anat. Phyfiol.*) Nom donné à la diffection des animaux vivans. On ne peut difconvenir que les expériences faites fur les animaux ont été & peuvent encore être d'une grande utilité, foit pour éclairer certains points obfcurs de phyfiologie, foit pour perfectionner un grand nombre d'opérations chirurgicales ; mais eft-il néceffaire de multiplier ces effais toujours horriblement douloureux, ainfi qu'on le fait fouvent, fans avoir un but réel ? Nous penfons qu'il feroit à cet égard poffible de conclure négativement.

(R. P.)

VOCAL, ALE, adj. (*Phyf.*) Qui a rapport à la voix : ainfi on dit, *appareil vocal*, pour défigner l'organe de la voix, & l'on nomme *cordes vocales* les replis membraneux du larynx. (*Voyez* ce dernier mot dans le *Dictionnaire d'Anatomie* de cet ouvrage.)

VOGEL. (*Biogr. médic.*) Il a exifté plufieurs médecins de ce nom, parmi lefquels le plus remarquable par l'étendue des connoissances est Vogel (*Rodolphe-Augustin*), qui naquit à Erfurt le 1er mai 1724, & fit d'abord ses études dans cette ville; puis à Leipsick. En 1753, il obtint une chaire dans l'université de Goettingue, & la conserva jusqu'à sa mort, arrivée le 5 avril 1774 : il jouissoit alors du titre de médecin-conseiller du roi d'Angleterre.

La chimie paroît être de toutes les connoissances médicales celle que Vogel cultivoit de préférence & avec le plus de succès; il est au reste peu de parties sur lesquelles ce médecin n'ait écrit quelques observations, & on en peut voir la longue énumération dans la *Biographie médicale*, à laquelle nous renvoyons le lecteur.

VOIE, f. f. (*Physiol.*) Dérivé de *via*, chemin. Expression employée pour désigner certains conduits à travers lesquels passent des matières solides ou liquides : ainsi, par le mot *voies digestives* ou premières voies, on entend la série des organes propres à l'ingestion & à la digestion des alimens; tels sont la bouche, l'œsophage, l'estomac & les intestins. C'est dans le même sens que l'on dit, *voies biliaires*, *voies lacrymales*, *voies spermatiques*, *voies urinaires*. (*Voyez*, pour ces différens mots, les articles BILE, FISTULE LACRYMALE, ŒIL, REPRODUCTION & TESTICULES de ce Dictionnaire.)

VOIES URINAIRES. Cet appareil comprend un ensemble d'organes dont les uns servent à la sécrétion & les autres à l'excrétion de l'urine. Il est hors de doute que les reins remplissent la première de ces fonctions, mais il seroit fort difficile de dire comment ces organes glanduleux séparent l'urine du sang, qui leur est apporté par l'artère rénale. On a, au reste, des raisons plausibles pour croire que, quel que soit le mode de cette élimination, elle s'effectue dans la partie nommée *substance corticale*.

La sécrétion de l'urine se fait d'une manière continue : on la voit effectivement couler sans interruption de l'ouverture d'une sonde qu'on laisse séjourner dans la vessie. Dans l'état normal, ce liquide s'accumule dans cet organe, parce que, d'une part, la résistance qu'oppose le sphincter fibreux de son col, l'empêche de s'échapper par l'urèthre, en même temps que, d'une autre part, l'urine ne sauroit rétrograder par les uretères, puisque son affluence continuelle & un repli de la muqueuse de la vessie, en bouchant l'ouverture de ces conduits, y mettent obstacle.

La distension de la vessie & l'âcreté plus ou moins considérable de l'urine, déterminent une sensation particulière que l'on nomme *besoin d'uriner*, & qui se fait ressentir plus ou moins promptement, suivant la sensibilité de l'organe. Alors la contraction de ce réservoir musculo-membraneux, aidée de celle des muscles de l'abdomen, surmonte la résistance du sphincter, & le liquide

s'échappe à travers le canal de l'urèthre, en formant un jet dont l'amplitude peut, jusqu'à un certain point, faire connoître l'énergie contractile de la vessie.

Un appareil aussi compliqué que celui des voies urinaires, & qui, indépendamment des fonctions relatives à la sécrétion & à l'excrétion de l'urine, fait encore partie des organes générateurs, ne peut manquer d'être exposé à un grand nombre de maladies, qu'il est inutile d'énumérer ici, puisqu'il a été spécialement question de chacune d'elles dans le cours de cet ouvrage. (*Voyez*, pour ces diverses affections en particulier, la *Table des matières* & l'article ANATOMIE PATHOLOGIQUE, tom. II, pag. 431 & suivantes de ce Dictionnaire.) (R. P.)

VOILE DU PALAIS. (*Anat.*) Septum staphylin, velum palatinum, palatum molle, velatum palati.

Le voile du palais est une cloison musculo-membraneuse qui termine postérieurement la voûte palatine; de forme quadrilatère, il présente deux surfaces & quatre bords. De ces deux surfaces l'une est antérieure ou inférieure, & l'autre est postérieure ou supérieure : la première est la continuité de la voûte palatine; elle laisse apercevoir à sa partie moyenne une espèce de raphé & un grand nombre d'ouvertures des conduits des glandes muqueuses. La face postérieure, qui fait partie du plancher des fosses nasales, ne présente que quelques glandes muqueuses, & reçoit beaucoup plus de sang : aussi est-elle plus rouge & exhale-t-elle du sang dans quelques épistaxis. Des quatre bords, le supérieur ou antérieur s'insère au bord postérieur de la voûte osseuse palatine, & présente une assez grande épaisseur : l'inférieur, libre, flottant à quelque distance au-dessus de la base de la langue, est légèrement concave : il offre à sa partie moyenne un appendice membraneux, de forme odontoïde, qui dépasse le bord de plusieurs lignes, en imitant assez exactement la clef des voûtes de quelques monumens gothiques. De chaque côté de ce bord il naît deux piliers qui se divisent inférieurement chacun en deux, de sorte qu'il y en a réellement quatre, deux antérieurement & deux postérieurement : les antérieurs, formés par les muscles glosso-staphylins, se réunissent à la base de la langue, tandis que les postérieurs, formés par les muscles pharyngo-staphylins, se portent plus en arrière & se terminent dans le pharynx. De la réunion de chacun de ces piliers supérieurement & de leur écartement inférieurement, il résulte un espace triangulaire dans lequel est logée chaque amygdale. Ce bord inférieur, avec les piliers & la base de la langue, circonscrivent l'ouverture pharyngienne de la bouche.

Les bords latéraux se continuent avec le pharynx.

Cette cloison musculo-membraneuse présente un grand nombre de muscles; on en compte cinq de chaque côté : les péristaphylins interne &

externe, le gloſſo-ſtaphylin, le pharyngo-ſta-
phylin & le palato-ſtaphylin. Ces muſcles ſont
recouverts par une membrane muqueuſe qui, antérieurement, eſt analogue à la membrane buccale, & eſt poſtérieurement la continuation de
celle des foſſes naſales.

Le voile du palais reçoit le ſang qui le nourrit
par les artères palatines ſupérieure & inférieure, & par quelques rameaux de la pharyngienne ſupérieure, & le rend à la circulation au
moyen des veines linguales & pharyngiennes. Le
rameau palatin lui fournit ſes nerfs.

Le voile du palais eſt un des principaux organes
de la déglutition; il ſert à conduire le bol alimentaire dans le pharynx & à l'empêcher de remonter dans les foſſes naſales. Il eſt également
très-utile dans la prononciation, & chacun ſait
le timbre particulier que prend la voix lorſque le
voile du palais eſt perforé ou détruit.

Les affections les plus communes du voile du palais ſont ſa deſtruction partielle, dans une étendue
plus ou moins grande, laquelle eſt ordinairement
produite par des ulcères vénériens, qui le perfo-
rent comme ſi l'ouverture était faite avec un emporte-pièce. Il participe quelquefois de l'inflammation du pharynx & de celle des amygdales. La
luette eſt quelquefois enflammée, d'autres fois elle
eſt ſujette à un relâchement ou à un engorgement
aqueux, maladies qui, lui donnant un plus grand
volume, le font retomber ſur la baſe de la langue,
& provoquent continuellement la déglution en
ſimulant la préſence du bol alimentaire : les topiques irritans, s'il y a relâchement, lui rendent
ordinairement ſes premières dimenſions. Cependant on a quelquefois été obligé d'en faire la ré-
ſection.

Si l'inflammation eſt légère, les mêmes moyens
ſuffiſent; autrement on emploie les délayans; en
ayant ſoin de revenir promptement à l'application
des aſtringens, pour s'oppoſer à ſon relâchement.

Le voile du palais eſt quelquefois ſéparé en deux
par une diviſion longitudinale; M. le prof. Roux
a, dans un aſſez grand nombre de cas analogues,
rafraîchi les bords de la diviſion. Il les a enſuite
réunis avec quelques points de ſuture, & ſon
heureuſe inſpiration, guidée par le talent & exécutée par ſa main habile, a donné un moyen de
plus pour le ſoulagement des malheureux, & a de
nouveau illuſtré la chirurgie françaiſe, qui depuis
long-temps ne connoît plus de rivales. (*Voyez* STA-
PHYLORAPHIE dans ce Dictionnaire.) On pourroit
employer le même procédé dans quelques deſ-
tructions du voile du palais par la ſyphilis.

(NICOLAS.)

VOITURE, ſ. f. (*Hyg.*) *Vectura.* Sous ce nom
générique on comprend toute eſpèce de machine
roulante qui ſert à tranſporter l'homme ſain ou
malade d'un lieu à un autre; pendant ce tranſ-
port, le corps eſt ſoumis à une eſpèce de mouvement communiqué, que les hygiéniſtes ont claſſé

parmi les exercices paſſifs ou geſtations. Cet exercice varie d'ailleurs par ſa nature même & par ſes
effets, ſuivant la conſtruction de la voiture &
la ſurface du ſol ſur laquelle elle eſt conduite.

Une voiture douce & bien ſuſpendue ne tranſmet à l'organiſme que des ſecouſſes foibles, des
mouvemens d'autant moins ſenſibles qu'ils ſont
décompoſés par les reſſorts qui ſervent d'intermédiaire entre le brancard & le corps de la voiture. Au contraire, les voitures non ſuſpendues,
comme les *charrettes*, les *pataches*, les *chars-à-
bancs*, communiquent aux malades & aux convaleſcens des ſecouſſes inégales, plus ou moins
fortes, qui ne ſont modifiées par aucun moyen
intermédiaire, & qui, par conſéquent, ſe tranſ-
mettent aux organes avec toute la force qui leur
eſt imprimée. Quant au ſol ſur lequel roulent les
voitures, il eſt évident qu'il augmente ou diminue
les ſecouſſes, non moins que la rapidité de la
marche de l'attelage, ſelon qu'il eſt plus ou moins
frayé, plus ou moins raboteux, montueux, &c.

L'exercice en voiture peut ſuppléer juſqu'à
un certain point à l'exercice à pied, chez des
perſonnes qui, par ſuite d'infirmité habituelle ou
de quelque maladie accidentelle, ne peuvent faire
uſage de la marche. Cet exercice imprime un
certain degré d'activité à la circulation du ſang
& des fluides blancs; à la reſpiration & à la digeſtion, à l'action muſculaire, & ſans doute auſſi
aux fonctions perſpiratoires, ſécrétoires & excrémentitielles. De plus, le paſſage d'un lieu dans
un autre change à chaque inſtant la maſſe de
l'air reſpirable, & fournit aux organes pulmonaires un excitant plus pur & plus oxygéné, &
à la nutrition un aliment plus réparateur : c'eſt
en ſe fondant ſur ce dernier effet qu'on a pu dire
que l'exercice en voiture étoit-tonique.

Les voitures bien ſuſpendues par des reſſorts
& des courroies de cuir conviennent aux malades
qui ont des affections douloureuſes, & chez leſquels des ſecouſſes produiroient de nouvelles ſouffrances, aux femmes nerveuſes qui redoutent les
commotions, & auxquelles il ne faut paréellement
que des mouvemens doux & uniformes. Les voitures non ſuſpendues, au contraire, peuvent être
conſeillées aux individus qui ſont dans une ato-
mie profonde, ſans être attaqués de léſions organiques douloureuſes du cœur, de la tête & de
quelques-uns des viſcères abdominaux; aux hypochondriaques, aux mélancoliques, à ceux qui
préſentent des engorgemens lymphatiques, indolens, ſquirrheux, &c. Dans des cas pareils, on a
vu l'exercice de la charrette, dans un chemin
raboteux, produire des effets heureux & ſurpre-
nans par les ſecouſſes bruſques & variées qu'il
imprimoit aux organes.

On a rapproché de l'exercice en voiture diverſes autres geſtations, comme celle de la *litière*,
de la *chaiſe-à-porteur*, du *brancard*, du *fauteuil
à roulettes*, &c.; les mouvemens que ces geſtations
impriment ſont moins uniformes, mais plus doux,

& peuvent être plus facilement modifiées au gré du malade ou du convalescent.

L'individu qui est placé dans une voiture reste entièrement passif, tous les mouvemens, toutes les actions lui sont évidemment communiqués, à moins qu'il ne dirige lui-même l'attelage dans un chemin plus ou moins difficile, ou que pendant la marche du siége, il prenne avec ses bras un exercice particulier & indépendant de celui que la voiture lui transmet.

On a imaginé des machines plus ou moins ingénieuses pour suppléer soit à la voiture, soit à l'équitation (qui, lorsqu'elle est modérée, a aussi beaucoup de rapports avec l'exercice en voiture), telles sont : le *fauteuil de poste* de l'abbé de Saint-Pierre, dont les secousses ressemblent en effet à celles qu'on éprouve dans une chaise de poste, & peuvent être augmentées ou diminuées à volonté; le *tabouret* ou *siége d'équitation*, qui simule les mouvemens & toutes les allures du cheval, &c. Ces machines peuvent sans doute produire quelques effets avantageux; mais il ne faut pas oublier que leur course étant circonscrite dans les bornes d'un appartement, l'individu qui en fait usage est privé du bienfait d'un changement continuel d'air, & des espèces de douches aériennes qu'il reçoit sans cesse pendant la marche rapide d'une voiture qui parcourt un espace plus ou moins long sur une route & dans des sites variés.

L'exercice en voiture peut être remplacé avec beaucoup plus d'avantage par celui que procurent les montagnes artificielles connues sous le nom de *montagnes russes*, & qui ont joui d'une grande vogue à Paris il y a une dixaine d'années. La course & la descente, qu'on peut facilement diriger & modérer de manière à ne causer aucun accident, soumettent le patient à un fort courant d'air qui peut, mieux que quoi que ce soit, être qualifié de *douche aérienne*. La marche de la machine étant très-rapide, transmet à toutes les parties du corps des mouvemens & une série de commotions d'autant plus efficaces, qu'elles sont accompagnées de la salutaire influence d'un plaisir, ou d'un amusement qu'on prend dans un lieu public. L'auteur de cet article s'est soumis plusieurs fois à l'action des montagnes dites de *Tivoli*, à Paris, dans la vue d'en apprécier les effets hygiéniques, & il ne peut qu'en recommander l'usage pour les personnes auxquelles l'exercice passif seroit ordonné, & qui ne pourroient faire usage de l'équitation & de la voiture.

(BRICHETEAU.)

VOIX, f. f. (*Physiol.*) *Vox.* — *De la voix, de ses usages & de ses organes.* La voix consiste dans la production d'un son par le larynx; c'est le plus puissant instrument d'expression que la nature ait accordé aux animaux. Simple & dépouillée du caractère de la parole, elle exprime presque toutes les émotions dont notre ame peut être agitée, &

même en réveille d'assoupies dans l'ame des autres : aussi est-elle vive & agréable dans la joie; traînante, plaintive, & quelquefois déchirante dans la douleur; convulsive, entrecoupée dans le rire, & sanglotante dans les pleurs; douce & séduisante dans l'amour, dure & parfois terrible dans la colère; foible & basse dans la timidité, forte & élevée dans l'orgueil & dans l'audace. Saisissable pour l'oreille, elle échappe à tous les autres sens : messagère mystérieuse de nos sentimens, elle se répand dans l'air de tous côtés, passe invisible partout autour de nous, & communique nos émotions à toutes les oreilles placées dans la sphère de son activité.

Revêtue du caractère de la parole, la voix acquiert bien plus de puissance d'expression, & surtout bien plus de précision encore : par elle alors l'homme traduit aisément au-dehors tout ce qui se passe en secret dans son cœur & dans son esprit; par elle il exprime clairement les idées les plus abstraites & les plus profondes comme les plus simples & les plus communes, les nuances les plus délicates du sentiment comme de la pensée.

Le son de la voix, ce phénomène si merveilleux, est bien plus complexe que l'on ne paroit le soupçonner, & exige le concours d'un grand nombre d'organes divers : de la poitrine, des poumons, de la trachée-artère, du larynx, de la gorge, de la bouche & des fosses nasales; mais, de tous ces organes, le larynx seul appartient essentiellement à la voix, & la gorge, la bouche, les fosses nasales, sont seules capables de produire le phénomène de la parole. Quant à la poitrine, aux poumons & à la trachée-artère, ce sont des instrumens auxiliaires dans ces deux fonctions : comme ils ont été décrits ailleurs dans ce Dictionnaire, nous nous bornerons ici à les indiquer.

Les faits qui prouvent que le larynx est l'organe propre de la voix ne laissent aucun doute, & la connoissance en est aujourd'hui si vulgaire que nous ne croyons pas devoir nous arrêter longuement à prouver notre assertion.

Dès long-temps cette vérité a été démontrée, & par les expériences de Galien sur les nerfs récurrens, & par les observations de Paré, qui a constaté, entr'autres choses, qu'on pouvoit, dans une plaie transversale de la trachée-artère, rendre la voix perdue, en rapprochant les lèvres de la plaie; & depuis, par des expériences plus précises faites par divers auteurs. Avant d'entrer dans le détail des phénomènes de la voix, disons quelques mots du bruit, du son & de ses diverses modifications.

Du bruit & du son. Le bruit est le principe, la cause ou l'excitant des impressions que reçoit notre oreille. Le son est un bruit plus agréable, dont le ton est appréciable & comparable. Pour les physiciens, le bruit & le son, qui n'en est qu'une modification, sont en outre un mouvement particulier de vibration & d'oscillation déterminé dans les corps.

C'est ce frémissement moléculaire que la main ressent dans la cloche qui résonne, ou sur la poitrine de l'homme qui parle ou qui chante. Chaque son correspond à un nombre fixe de vibrations, & détermine dans l'air une ondulation dont la longueur est également fixe & invariable, c'est-à-dire que, connoissant le nombre des vibrations d'un corps, dans un temps donné, ou la longueur de l'onde sonore excitée dans l'air par ces vibrations, on connoîtra le son ; & *vice versâ*, connoissant le son, on saura le nombre des vibrations & la longueur des ondes.

Les sons varient suivant leur intensité, leur ton & leur timbre. Leur intensité ne dépend pas de la longueur des ondes, qui n'a d'influence que sur le ton ; elle dépend de l'amplitude des vibrations du corps sonore & de la compression plus ou moins forte des différentes couches d'air par ces oscillations, de la force même de leur choc, si je puis parler ainsi.

Il est plus aisé de dire ce que n'est pas le *timbre* des sons que de dire ce qu'il est ; c'est en effet un caractère indépendant de l'*intensité* que je viens d'expliquer, & du *ton* dont je vais parler dans un instant. Le timbre est, d'ailleurs, un caractère dont on ne sauroit donner la théorie : ici plus de données positives, plus de lois mathématiques ; seulement on sait que le timbre varie suivant la matière, suivant la forme des instrumens : modifications qui sans doute impriment à l'air & à ses vibrations des modifications correspondantes.

Le ton n'est autre chose que la vitesse des vibrations du corps sonore dans un temps donné ; c'est encore, si l'on veut, le rapport du nombre des vibrations d'un son avec le nombre des vibrations d'un autre son dans un même temps. Le ton varie du grave à l'aigu ; son acuité est toujours en proportion du nombre des vibrations & en raison inverse de leur onde, & ce son est d'autant plus aigu que ses vibrations sont plus rapides, d'autant plus grave qu'elles ont moins de vitesse & leur onde plus de longueur.

Prenez une verge élastique, fixez-la solidement par une extrémité entre les deux mors d'un étau, ployez-la légèrement dans un sens ou dans un autre, abandonnez-la brusquement à elle-même, de manière qu'elle exécute de petites oscillations autour de son point de repos : les oscillations pourront varier d'amplitude, & par conséquent de force ; elles deviendront même de plus en plus courtes & plus foibles jusqu'au moment où elles s'éteindront ; mais si elles ont eu d'étendue dans leurs excursions, elles seront toujours isochrones, ou à peu près exactement isochrones, c'est-à-dire d'égale durée, & emploieront toutes les plus courtes comme les plus étendues, le même temps à s'accomplir. Supposons que cette verge donne deux vibrations ou deux oscillations par seconde, si on la partage en deux parties égales, elle donnera quatre vibrations par seconde, qui forment le carré de deux. Prenez une autre verge élastique,

que nous supposerons parfaitement semblable à la première, & donnant aussi d'abord deux battemens par seconde ; divisez-la en trois parties, la tige réduite au tiers de sa longueur donnera neuf vibrations par seconde : or, neuf est le carré de trois ; &, dans chacun de ces cas, l'œil aura pu suivre & compter ces vibrations, & reconnoître qu'elles sont en *raison inverse du carré de la longueur des verges élastiques*.

On conçoit que si l'on raccourcit jusqu'à un certain point une verge élastique, les vibrations deviendront assez nombreuses ou assez rapides pour qu'il soit impossible à l'œil de parvenir à les compter, mais qu'alors on pourra déterminer par le raccourcissement de la verge, & d'après la loi que nous venons d'énoncer, le nombre de ses oscillations. Du moment que ces vibrations s'élèvent à 32 par seconde, elles produisent un son d'une onde de 32 pieds de longueur ou de rayon, très-grave il est vrai & à peine sensible, car jusque là il n'y a généralement pas de son pour l'oreille humaine ; il y en a probablement pour certaines ouïes très-délicates, & surtout pour beaucoup d'animaux, mais enfin il n'y en a point pour le commun des hommes, même pour ceux qui semblent le plus favorablement traités sous le rapport de la grandeur des oreilles.

Dès qu'un son devient sensible à notre oreille, les vibrations qui le produisent ne sont plus assez distinctes à notre œil pour les suivre, & l'impossibilité est bien plus grande quand les vibrations sont beaucoup plus nombreuses & le son aigu. Cependant alors on peut distinguer dans la verge élastique que l'on entend résonner, des mouvemens quelquefois assez rares pour les compter ; ce sont des mouvemens *coexistans* avec ses mouvemens vibratoires, mais qui ne produisent aucun son, à moins qu'ils ne deviennent plus rapides & ne produisent des sons *harmoniques* ou *coexistans*. Dans tous les cas, d'ailleurs, le son qui frappe clairement l'oreille appartient aux mouvemens vibratoires & non aux oscillations coexistantes. A mesure que les vibrations deviennent plus nombreuses, le son devient plus aigu proportionnellement à la rapidité de ces vibrations, comme nous l'avons dit plus haut, & les ondes deviennent plus courtes. Les sons les plus aigus que nous puissions entendre ont plus de douze mille vibrations par seconde, & une onde de quelques lignes de longueur. Non-seulement on peut prouver les premiers d'entre tous ces faits par les oscillations des verges élastiques, ainsi que je viens de l'exposer, mais on les démontre encore par la *syrène* en la mettant à l'unisson du son dont on veut connoître le nombre des vibrations ; le *compteur* de cet instrument indique alors directement le nombre cherché.

Malgré la diversité du nombre de leurs vibrations, les sons exactement multiples les uns des autres, composés d'un nombre de vibrations
double

double ou moitié moindre, ou feulement compris dans une progreffion géométrique croiffante ou décroiffante, & dont la raifon eft 2, tous ces fons confervent toujours entr'eux une telle analogie, une fi grande fimilitude, que nous les défignons fous le même nom dans notre échelle muficale ou notre gamme. Ainfi, fuppofez un fon *ut* de 32 vibrations par feconde, le fon compofé de 64 vibrations fera encore un *ut*, mais il fera plus aigu. La diftance de ces deux fons, ou fi l'on veut, l'intervalle muficale d'un fon déterminé à un autre fon compofé d'une fois plus ou d'une fois moins de vibrations, eft ce que l'on nomme une *octave*, parce que l'on divife cet intervalle en huit fons, ou huit notes qui les repréfentent, & en fept intervalles de notes. Nous défignons ces fons ou ces notes, en français, fous les noms de *ut, ré, mi, fa, fol, la, fi, ut.* Ce dernier porte le même nom que le premier, parce qu'il eft pour l'oreille femblable au premier, & n'en diffère qu'en ce que, étant compofé du double de vibrations, il eft plus aigu. Les intervalles de ces huit fons ou de ces huit notes font défignés fous les noms de *feconde, tierce, quarte, quinte, fixième, feptième, octave.* On exprime auffi par des noms particuliers les rapports des octaves les unes avec les autres, ou du fon d'une octave avec le fon d'une autre octave. Ainfi, de deux fons à l'octave l'un de l'autre, le plus aigu eft dit à l'octave aiguë, à l'octave au-deffus de celui des deux qui eft le plus grave. Réciproquement, ce dernier eft dit à l'octave au-deffous de l'autre. Par la même raifon, nous difons de deux fons femblables, féparés par plufieurs octaves, qu'ils font à la double, à la triple octave, ou à deux, à trois octaves l'un de l'autre, c'eft-à-dire qu'ils font compofés d'un nombre de vibrations quadruple ou octuple l'un de l'autre. On exprime les mêmes idées en chiffres, en plaçant à côté & au bas des fons, ou mieux des notes qui les défignent, un petit chiffre qui indique par fon ordre numérique l'ordre de l'octave à laquelle les fons appartiennent. Ainfi les fons d'une première & d'une feconde octave au-deffus de la première, s'indiquent comme il fuit : *ut₁, ré₁, mi₁, fa₁, fol₁, la₁, fi₁, ut₂, ré₂, mi₂, fa₂, fol₂, la₂, fi₂, ut₃*, &c.

Les notes de la gamme n'offrent pas une augmentation régulière du nombre des vibrations. Leur divifion n'eft fondée que fur la différence qu'elles préfentent à l'oreille, juge fouverain en mufique. En effet, foit la note *ut₁*, compofée d'une partie de vibrations, les autres notes feront compofées jufqu'à *ut₂*, ainfi qu'on le voit dans le tableau comparatif que voici :

Noms des fons...........	ut,	ré,	mi,	fa,	fol,	la,	fi,	ut,
Nombre de leurs vibrations en temps égal...........	1	$\frac{9}{8}$	$\frac{5}{4}$	$\frac{4}{3}$	$\frac{3}{2}$	$\frac{5}{3}$	$\frac{15}{8}$	2
Valeur des mêmes nombres en décimales...........	1	1,125	1,25	1,333	1,5	1,667	1,875	2

Le ton varie dans les corps fonores, & particulièrement dans les inftrumens, fuivant diverfes circonftances & fuivant des lois diverfes, mais toujours régulières & toujours mathématiques & calculables. Expofons fucceffivement ces lois.

Ce que j'ai dit tout à l'heure fur les vibrations *des verges élaftiques*, pour démontrer que l'acuité des fons y eft toujours proportionnelle au nombre ou à la rapidité des vibrations, nous a déjà prouvé que l'acuité du fon y eft en raifon inverfe du carré de leur longueur.

Dans les cordes tendues, le fon eft produit par les vibrations de la corde, & le nombre des vibrations varie fuivant leur longueur, leur diamètre & leur tenfion. Ainfi, deux cordes d'un égal diamètre, tendues par des poids égaux, les nombres de leurs vibrations font pour chacune en raifon inverfe de fa longueur : la longueur & la tenfion des cordes étant égales & leur diamètre feul différent, les nombres de leurs vibrations font en raifon inverfe de leur diamètre ; enfin, avec une longueur égale & un égal diamètre, les nombres de vibrations font proportionnels aux racines carrées des poids fous-tendans.

Dans les inftrumens à vent, du genre des flûtes & des flageolets, les nombres de vibrations varient fuivant la longueur des tubes, & font, pour des tubes de diamètre égal, en raifon inverfe de la longueur ; ou, ce qui revient au même, la longueur de l'onde fonore eft proportionnelle à la longueur du tube ; car la longueur des ondes eft en raifon inverfe du nombre des vibrations. Le fon fondamental d'un tuyau bouché, dont le diamètre eft partout le même, eft en général plus grave d'une octave que le fon donné par le même tuyau lorfqu'il eft ouvert aux deux bouts. Dans les tuyaux percés de plufieurs trous, l'inftrument réfonne comme fi on le coupoit au niveau du trou que l'on ouvre, & donne dès-lors un fon plus aigu. La forme des tuyaux modifie la force & l'éclat du fon. Leur diamètre, quand il n'eft pas de beaucoup moindre que la longueur, influe sur le ton, qui est alors en raison composée de la longueur & du diamètre.

Une autre circonstance qui fait varier le ton dans les tuyaux, c'est l'impulsion de l'air. Quand cette impulsion augmente, en même temps que le son acquiert de l'intensité, il devient plus aigu; il est plus intense, parce que les parties vibrantes accomplissent dans le même temps des oscillations plus étendues; il devient plus aigu, parce que ce changement de vitesse amène aussi un changement dans le nombre des vibrations. M. Grenié a trouvé qu'on pouvoit empêcher le son de monter ainsi, en plaçant dans les tubes des lamelles vibratiles, qui, fixées par un de leurs côtés, montent ou descendent selon la vitesse de l'air. Alors les sons deviennent plus forts sans devenir plus aigus.

La substance, ou mieux l'élasticité de la substance qui compose un instrument à vent, modifie beaucoup aussi le ton des sons. Il n'en résulte aucun effet pour les tuyaux fort longs dont le biseau est formé par une lame rigide; mais si l'on substitue à cette lame, dans un tuyau d'orgue de deux pieds de longueur & de deux pouces de côté, une lame élastique que l'on peut tendre à volonté, on reconnoît par l'expérience qu'en tendant cette lame de plus en plus, tandis qu'on accélère le courant d'air, le son peut varier d'une quarte & même d'une quinte.

Si, dans les tuyaux plus courts, l'influence bien plus grande de la vitesse du courant d'air se réunit à celle de la tension du biseau, nous savons qu'il peut en résulter un effet plus sensible, quoique les lois de ce phénomène ne nous soient pas encore suffisamment connues. Ainsi, le son d'un tuyau cubique peut s'abaisser d'une octave; lorsque la paroi qui forme le biseau est tout entière susceptible d'une tension variable; mais lorsque toutes les parois d'un tube cubique de papier, par exemple, peuvent entrer en vibration avec l'air qu'elles renferment, & que d'ailleurs leur tension est variable, le son semble pouvoir s'y abaisser indéfiniment, de plus de deux octaves, par exemple, quand on humecte de vapeur aqueuse les parois de ce tuyau.

Les tuyaux *courts*, ouverts aux deux bouts, & formés de parois élastiques, sont également capables de rendre un très-grand nombre de sons différens, même quand ces parois ne sont membraneuses que dans une partie de leur étendue.

Dans les tuyaux à diamètre inégal, dans ceux qui sont *coniques* ou *pyramidaux*, par exemple, l'intervalle qui existe entre le son qu'ils rendent lorsqu'ils sont ouverts & celui qu'ils font entendre lorsqu'ils sont bouchés, devient d'autant plus grand pour une longueur égale de tuyau, que l'angle formé par l'évasement des parois du tuyau est plus considérable. Ainsi un tuyau conique de 4 pouces et demi de longueur, tronqué à son sommet, ayant 2 pouces de diamètre à sa grande

base & 6 lignes à la petite, donne, lorsqu'il est ouvert, le son *ut*, & lorsqu'il est fermé le son *mi*. Si l'on agrandissoit encore le diamètre de la grande base, le son pourroit s'abaisser de plus de deux octaves. (1).

Dans les instrumens à anche le son est produit par le passage alternatif & périodique de l'air par une rigole que les oscillations d'une languette ou anche ferment & rouvrent tour à tour: le son dépend de ces chocs & de ces retours plus ou moins rapides. Il est indispensable, pour qu'une anche rende un son, que l'écoulement de l'air ne se fasse que périodiquement: cette périodicité de l'écoulement de l'air est une condition hors de laquelle il n'y a point d'anche. Dans ces instrumens le ton dépend des dimensions & de la rigidité de la languette; mais il n'est pas en raison inverse du carré des longueurs, comme dans les verges élastiques, en sorte que ces deux machines ne peuvent être assimilées l'une à l'autre. Dans ces instrumens, d'ailleurs, le tuyau, ou le corps de résonnance est sans influence sur le ton, jusqu'à la longueur de cinq pouces environ, & au-delà il le modifie d'après des lois particulières & différentes de celles que l'on observe dans les tuyaux de flûte.

Quant à l'accélération du courant d'air, elle fait monter le ton, & son ralentissement le fait baisser. Dans ces instrumens, la forme du tuyau modifie l'intensité du son. Les tuyaux coniques évasés en dehors, comme les clarinettes, rendent des sons forts & éclatans; les tuyaux dont la forme est inverse de la précédente produisent des sons lourds; & ceux qui, allant d'abord en s'évasant, se terminent par un renflement hémisphérique, ouvert à son centre, donnent aux sons de la force & de la rondeur. Mais ces tuyaux ne résonnent qu'autant que les dimensions de leur colonne d'air conviennent à la longueur des ondes sonores de l'anche, & que l'anche & le tuyau se coordonnent & s'accordent par les sons qu'ils peuvent produire.

Dans l'appeau, qui est une petite caisse hémisphérique ou cylindrique, faite de bois, de métal, & que l'on fait aussi avec un simple noyau d'abricot percé de deux trous vis-à-vis l'un de l'autre, aux deux surfaces opposées, on produit des sons divers en faisant passer un courant d'air avec une certaine rapidité à travers ses ouvertures. Il semble à M. Savart que la production du son, dans ce cas, soit due à ce que le courant d'air qui traverse les deux orifices, entraînant avec lui une partie de la petite masse du même fluide contenue dans la cavité, en diminue la force élastique, & la rend, par conséquent, incapable de faire équi-

---

(1) SAVART, dans le *Journal* de M. Magendie, 1825, tom. V, pag. 383.

libre à la preſſion de l'atmoſphère, qui, en réa-
giſſant ſur elle, la refoule & la comprime, jufqu'à ce que, par ſon propre reſſort, & ſous l'influence du courant qui continue toujours, elle
ſubiſſe une nouvelle raréfaction ſuivie d'une feconde condenſation, & ainſi de ſuite (1).

Le ton varie dans ce petit inſtrument par la
rapidité du courant d'air, par les dimenſions de
la caiſſe de l'inſtrument, par le diamètre de ſes
ouvertures, par la direction de leur bord & la
matière de l'inſtrument (2). Les tons ſont d'autant plus aigus que le courant d'air eſt plus rapide, que la caiſſe a des dimenſions plus étroites
& ſes ouvertures des diamètres moins conſidérables, que leurs bords ſont moins inclinés en
dedans vers l'axe de l'orifice, & que les parois
de l'inſtrument ſont moins extenſibles & plus ri-
gides.

*Des phénomènes du larynx & de l'ouverture
du goſier, dans le ſilence de la voix.* Sans ceſſe
parcouru par l'air qui entre dans la poitrine &
en reſſort alternativement, l'iſthme du goſier &
l'ouverture de la glotte ſe dilatent légèrement au
moment de l'inſpiration & ſe reſſerrent un peu
dans le temps de l'expiration de l'air. Cependant
l'air paſſe & repaſſe tour à tour par l'ouverture
de la glotte, frôle ſes lèvres qu'il ébranle à peine,
frémit contre l'obſtacle que leur préſence oppoſe
à ſon paſſage, & s'écoule par le détroit de la
glotte, avec une viteſſe proportionnelle à la petiteſſe de ſon ouverture & au reſſerrement involontaire qui s'y paſſe. Vous me demandez compte
ſans doute du frémiſſement dont je viens de parler? vous en voulez des preuves? Placez l'oreille
ſur le larynx, ou écoutez ce qui s'y paſſe au
moyen d'un tube de bois ou de carton, & vous
y entendrez l'air paſſer en faiſant un bruit léger,
analogue à celui du vent qui ſe briſe contre le
feuillage des arbres, mais beaucoup plus foible.

Nature & phénomènes élémentaires de la voix.
L'homme fait habituellement entendre ſa voix pendant l'expiration, mais il peut auſſi la faire ré-
ſonner au moment où il inſpire. Tout ce que nous
allons dire d'abord de la voix ſe rapportera
au premier cas; nous nous arrêterons enſuite
d'une manière particulière à la voix qui a lieu
pendant l'inſpiration.

Du moment que l'homme vient à parler, ſoit
à voix haute, ſoit à voix baſſe, en un mot, du
moment que ſa voix ſe fait entendre, 1°. l'air
expiré l'eſt avec plus d'activité que dans la reſpiration ordinaire (3); 2°. les lèvres de la glotte ſe

tendent & deviennent plus élaſtiques; 3°. elles
vibrent; 4°. les parois des ventricules du larynx
& de ſon ouverture ſupérieure ſe tendent auſſi (1);
5°. l'orifice de la glotte ſe reſſerre en travers (2);
6°. des vibrations très-ſenſibles à la main, au
moins dans la voix haute, agitent toute la région
du pharynx & de la gorge; 7°. le ſon retentit
au-dehors par la bouche & par le nez, dans les
poumons & la poitrine, par la trachée-artère
& par les bronches, en faiſant vibrer les parois de ces cavités; 8°. & tous ces organes,
les poumons, la trachée-artère, le larynx & le
pharynx, ſe fatiguent & s'irritent par cet exercice.

Vous voyez par cette énumération des phénomènes qui ſe paſſent pendant la production de
la voix, que c'eſt une action compoſée d'un plus
grand nombre d'élémens qu'on ne le croiroit en
liſant les auteurs qui ont écrit ſur ce ſujet; mais
empreſſons-nous de prouver qu'il n'y a rien de
ſuppoſé dans cette analyſe.

La moindre obſervation de ſoi-même prouve
que la poitrine ſe reſſerre avec plus d'activité
lorſque le larynx réſonne pendant l'expiration.
On en trouve une autre preuve dans la fatigue
que l'on éprouve dans les parois de la poitrine,
lorſqu'on a parlé pendant long-temps. Du reſte,
cet acte, habituellement volontaire, peut être
involontaire, comme dans les paſſions qui nous
arrachent des cris ou des plaintes.

Les lèvres de la glotte ſe tendent, deviennent
plus élaſtiques, vibrent & éprouvent en outre
des mouvemens coexiſtans très-viſibles; c'eſt l'obſervation directe qui le prouve. Ouvrez la gorge
à un animal, entre l'hyoïde & le larynx, renver-
ſez le larynx en avant, faites-lui jeter quelques
cris, & vous vérifierez ces faits. Mais gardez-vous
de prendre les oſcillations coexiſtantes des lèvres
de la glotte pour leurs vibrations ſonores: celles-
ci ne peuvent point être viſibles dans des lames
auſſi courtes. La tenſion des lèvres de la glotte
eſt due à la contraction ſimultanée des crico-thyro-
roïdiens, des crico-arythénoïdiens poſtérieurs &
des thyro-arythénoïdiens. Les premiers renver-
ſent la partie ſupérieure du cricoïde en arrière
& non le thyroïde en avant, parce que, s'attachant
plus près de l'articulation crico-thyroïdienne par
leur extrémité ſupérieure que par l'inférieure, ils
agiſſent par un bras de levier plus long & par
conféquent plus avantageuſement ſur le cricoïde
que ſur le thyroïde; & parce que, leur action correſpondant ſouvent à l'action des élévateurs du

---

(1) SAVART, dans le *Journal* de M. Magendie, 1825,
tom. V, pag. 375.

(2) SAVART, *loc. cit.*, pag. 376.

(3) GALIEN, *de vocal. inſtrum. differt.*, c. 2, 6; *de uſu*

partium, l. 7. c. 13, 5. — VESAL, FABRICE D'AQUA-
PENDENTE, DODART, SAVART.

(1) SAVART, *Journal de Magendie*, 1826, tom. V,
pag. 390.

(2) GALIEN, *in uſu part.*, &c., *loco citato, ſupra.*

larynx qui tirent dans le même moment le thyroïde en haut, il lui est moins aisé qu'au cricoïde
d'obéir à l'effort des crico-thyroïdiens.

Les crico-arythénoïdiens postérieurs se contractant pendant que le cartilage cricoïde se renverse en arrière, tirent en même temps en arrière
& en dehors la base des cartilages arythénoïdes,
& bandent déjà mécaniquement les cordes vocales & les muscles thyro-arythénoïdiens contenus
dans leur épaisseur. Ceux-ci, par la simultanéité
de leur action, résistent à cet effort & se tendent
par leur contraction sans se raccourcir, au moins
sensiblement.

Les vibrations des lèvres de la glotte sont dues
au frôlement de l'air sur leur bord devenu élastique par leur tension.

La théorie des mouvemens du larynx & sa
structure prouvent qu'une semblable tension existe
dans les parois de ses ventricules, les bords de son
ouverture supérieure dans les lèvres supérieures de
la glotte. Et comment pourroit-il en être autrement ! les thyro-arythénoïdiens, qui agissent en ce
moment & tendent les lèvres inférieures de la glotte,
tapissent la paroi des ventricules, envoient leurs
fibres s'attacher aux lèvres supérieures & jusque
dans l'épaisseur du repli muqueux qui borde l'ouverture supérieure du larynx. L'observation directe prouve que la glotte se resserre; elle se
resserre parce que les muscles arythénoïdiens contractés rapprochent l'un de l'autre les cartilages
arythénoïdes, & avec ces cartilages les lèvres
de la glotte qui y sont attachées, & peut-être
parce que la contraction simultanée des muscles thyro-arythénoïdiens gonfle le bord de ces
lèvres.

Les vibrations que la main sent au larynx & à
la gorge me paroissent sensibles même dans la
voix basse

Personne ne peut douter que le son de la voix
ne retentisse au-dehors par la bouche, tant le fait
est évident; mais on pourroit peut-être douter
qu'il se répandît au-dehors par le nez, & supposer que le voile du palais fermât cette voie
à son écoulement. Il n'en est rien : si l'on se ferme
les narines en se pinçant le nez, on s'assure que
le son y retentit par momens avec force & rend
la voix nasillarde; si l'on approche une poussière
fine des ouvertures du nez tandis qu'on parle,
on la voit voltiger de temps en temps; enfin,
si l'on se prend le nez entre les doigts vers le
milieu de sa longueur, on y sent aussi de temps
en temps des vibrations très-distinctes. Ainsi le
son de la voix retentit au-dehors par le nez; mais
les expériences dont je viens de parler prouvent
qu'il n'y retentit pas toujours. Nous avons
démontré, à l'article de la prononciation, qu'à
moins de nasiller ce retentissement n'a lieu que
dans les sons nasaux de la prononciation, savoir :
dans les sons *an*, *in*, *on*, *un*, *m*, *n*.

On s'assure que le son de la voix retentit aussi
dans les poumons, par la trachée-artère & les
bronches, en touchant la poitrine qu'on sent vibrer sous la main & en écoutant avec l'oreille
appliquée sur la trachée-artère, au-devant du
cou vis-à-vis la division des bronches derrière
le dos; dans tous ces points le son de la voix
semble retentir presque directement à l'oreille.
Ce phénomène est bien plus évident, lorsqu'au
sein des poumons & tout près de leur périphérie
existe une vaste caverne communiquant avec les
bronches. C'est ce que Laennec a désigné sous
le nom de *pectoriloquie*. Ce retentissement qui fait
vibrer & parler la poitrine provient, comme vous
le voyez, de ce que le son tend toujours à se propager en rayonnant à la circonférence du point où
il a été produit, & de ce qu'ici les vibrations du
son se propagent, & par la colonne d'air de la trachée-artère & des bronches, & par les parties
molles du cou jusqu'aux parois du thorax. Quoique
je n'aie jusqu'à présent cité que la gorge, la bouche, les fosses nasales, le cou & la poitrine, comme
parties où s'étendent les vibrations de la voix, elles
se propagent réellement jusqu'à la périphérie de
tout le corps, & font même sensibles, au toucher,
au ventre & au crâne.

Les sons graves & les sons aigus étant engendrés
par un mécanisme particulier, nous n'avons rien
à en dire ici, & nous en parlerons à l'occasion des divers modes de la voix.

L'exercice de la voix ne peut être soutenu
qu'un certain temps; les muscles de la poitrine
se lassent, les poumons, la trachée-artère, le
larynx & même la gorge s'irritent. A l'exception
de celle des poumons, on conçoit aisément cette
irritation par suite de l'action de l'air & des efforts musculaires qui s'observent dans plusieurs de
ces parties. Mais comment, pourquoi les poumons
s'irritent-ils aussi ? cela tient-il au retentissement
de la voix dans leur sein, à une action de resserrement autrefois admise *de visu* dans ces organes & aujourd'hui rejetée, à la gêne qu'éprouve
la circulation pulmonaire dans les efforts qui
accompagnent la production de la voix ?

*Conditions, causes & effets du phénomène de la
voix.* De tous ces phénomènes, il en est d'indispensables à la production de la voix, ce sont :
une respiration active, la tension & les vibrations
des lèvres inférieures de la glotte & son resserrement. Ces quatre conditions sont les causes de la
voix. Ce n'est pas qu'on ne puisse faire résonner la
glotte en se bornant à en rapprocher les lèvres
& y soufflant avec force; au contraire, on fait ainsi
crier un mort : mais c'est d'une voix aigre &
rauque, parce que son larynx résonne alors par
le mécanisme des anches. Ce n'est point là la
voix humaine telle qu'on l'entend habituellement,
ce n'est point surtout cette voix douce & agréable
qui appartient à la femme. Ainsi, que l'expiration

de l'air foit exceffivement foible, comme on l'obferve parfois chez les moribonds, ou qu'elle
devienne tout-à-coup impoffible par fuite de
ftrangulation, l'homme perd auffitôt la voix.
Coupez les nerfs du larynx à un animal, para-
lyfez ainfi les mouvemens de la glotte, & il fera
muet. Divifez fur un autre les lèvres inférieures
de la glotte dans toute leur épaiffeur, la voix
s'éteindra. Quant aux vibrations de ces lèvres
de la glotte, on ne peut les empêcher fans
étouffer le fon à fa naiffance.

Parmi les autres phénomènes de la voix, il
en eft qui ne font point indifpenfables à fa production. C'eft la tenfion des parois des ventricules, des lèvres fupérieures de la glotte & des
bords de l'ouverture fupérieure du larynx : auffi
on peut les divifer fans détruire la voix ; mais
cette divifion l'altère.

Enfin, les derniers phénomènes dont j'ai parlé,
le retentiffement de la voix, l'irritation des organes qui concourent à fa production, ne font
que des effets des autres phénomènes.

D'après tous ces faits, il me paroît que la voix
eft produite par les vibrations que le frôlement
de l'air fur les lèvres inférieures de la glotte
détermine dans ces organes, & par les vibrations que ces organes lui communiquent à leur
tour.

*Des divers modes de la voix & de leur méca-
nifme.* La voix offre mille modifications chez les
divers individus, & encore chez le même individu, fuivant les paffions qui l'agitent, fuivant
l'impreffion qu'il reçoit ou qu'il veut communiquer & produire, & fuivant une infinité de circonftances. Ainfi, tantôt elle eft forte, tantôt elle
eft foible, & dans l'un & l'autre cas, elle peut
être haute ; elle peut être baffe ; tantôt fon timbre
eft fonore & tantôt il eft fourd ; tantôt il eft doux
& tantôt il eft rude & enroué ; tantôt il eft pur
& clair, tantôt il eft nafillard ; tantôt fon fon
eft grave & tantôt il eft aigu ; & toujours elle
retentit à nos oreilles, foit fous la forme d'un
fimple cri, foit modulée par le chant, foit
revêtue des feules articulations de la parole accentuée ou non accentuée, foit ornée du débit
pompeux & fonore de la déclamation, foit modifiée
par le ventriloquifme.

Arrêtons-nous maintenant à chacune de ces
efpèces, & voyons s'il eft poffible d'en pénétrer
le mécanifme.

De la voix forte & de la voix foible. La voix
forte s'entend de beaucoup plus loin que la voix
foible ; dans la voix forte, l'air eft chaffé de la
poitrine avec plus d'énergie & de rapidité que
dans la voix foible. Ce n'eft cependant pas la
feule circonftance qui lui donne ces caractères,
car s'il eft vrai que la force de la voix ait une
certaine proportion avec la force ou la foibleffe
des individus, il eft vrai auffi que l'on obferve

quelquefois précifément l'inverfe. Le timbre des
voix fonores paroît augmenter leur force avec
leur éclat.

De la voix haute & de la voix baffe. La voix
haute diffère de la voix baffe par fa force & fon
étendue ; mais elle en diffère probablement davantage par fon timbre, & c'eft peut-être furtout la
différence du timbre qui les caractérife. Auffi la
voix baffe n'eft pas néceffairement plus foible que
la voix haute, & nous pouvons proférer à voix
baffe des fons plus forts que les plus foibles fons
de la voix haute. Ainfi, parlez d'abord de toutes
vos forces, à voix baffe, à un auditeur éloigné,
parlez enfuite auffi foiblement que vous le pourrez
à voix haute, & vous vous affurerez que l'auditeur
fera obligé de s'approcher davantage dans le
fecond cas, pour vous entendre. D'après cette
expérience, je fuis porté à penfer que la voix
haute diffère furtout de la voix baffe par un
timbre plus fonore, plus clair & plus retentiffant.
Si d'ailleurs la voix haute peut produire des fons
graves & aigus affez variés, la voix baffe peut
en produire auffi, & elle peut même parcourir à
peu près deux octaves.

Des voix fonores & harmonieufes. Le timbre
d'ailleurs varie beaucoup dans la voix haute chez
les divers individus, & peut être plus ou moins
fonore, plus ou moins doux & agréable, ainfi que
nous l'avons dit. Il eft fûr que ces diverfes qualités dépendent de la ftructure des organes de la
voix, mais il nous eft impoffible d'en précifer les
caufes.

De la voix nafillarde. Le timbre de la voix
devient nafillard quand le fon retentit dans
les foffes nafales, foit parce qu'il s'écoule en
grande partie par leur cavité, foit parce que
leur rétréciffement ou leur oblitération le re-
tenant, comme dans une caiffe, il en fait alors
réfonner les parois : auffi les fent-on vibrer lorfqu'on parle volontairement en nafillant, & qu'on
prononce des fons qui ne font pas naturellement
articulés par le nez, comme ceux que l'on nomme
nafaux. Vous vous affurerez, d'ailleurs, que dans
le nafillage volontaire le fon de la voix s'écoule
furtout par le nez, en plaçant alternativement
fous les narines & fous la bouche une carte couverte de fable fin, clair-femé : vous le verrez voltiger davantage par le courant d'air qui s'échappe
des narines.

Ce phénomène eft dû à ce qu'alors le voile
du palais, qui eft très-mobile, s'abaiffe fur la
bafe de la langue, reffere ou reffere l'ifthme du
gofier, & permet au fon de gagner avec facilité
les foffes nafales. On peut vérifier ce fait devant
miroir, fur foi-même.

De la voix grave & de la voix aiguë. Nous
pouvons prendre à notre volonté une voix grave
ou une voix aiguë, car la voix humaine parcourt,
même aifément, une étendue de trois octaves chez

un même individu, & de quatre chez deux individus différens, dont l'un a la voix naturellement grave & l'autre naturellement aiguë. Dans les sons graves, l'air est expiré ou chassé de la poitrine avec peu de force & de rapidité (1); les lèvres de la glotte se tendent à peine, leurs vibrations sont peu rapides, celles du larynx & de toute la région de la gorge sont très-sensibles à la main, l'isthme du gosier est largement ouvert & le voile du palais abaissé & en repos; l'ouverture de la glotte est béante & peu resserrée; ses lèvres, qui ne se touchent pas, restent libres dans toute leur longueur; le larynx se tient abaissé par les sterno-thyroïdiens & aussi par les scapulo & sterno-hyoïdiens (2); mais le premier de ces muscles le dilate en ouvrant les ailes du thyroïde (3).

Dans les sons aigus, l'air est expiré avec un effort & une rapidité très-variables, s'écoulant tantôt doucement & avec lenteur, & tantôt violemment & avec vitesse. Cependant les lèvres inférieures de la glotte sont fortement tendues (4); leurs vibrations sont si rapides, que l'on ne peut apercevoir que leurs mouvemens coexistans: aussi les auteurs qui, depuis Ferrein, ont cru distinguer les vibrations, se sont tous mépris sur la nature des mouvemens qui frappoient leurs yeux. Ce qui le prouve, c'est qu'il est impossible d'apercevoir dans une corde ou une lame sonore, aussi courte que les lèvres de la glotte, les vibrations nécessaires pour les sons produits par cet organe. Mais continuons : pendant ces mouvemens, la glotte se resserre en travers (5) & se raccourcit par l'application des lèvres l'une à l'autre, d'avant en arrière, & plus elle se raccourcit, plus les sons deviennent aigus & perçans (6). Ce rapprochement des cordes vocales l'une contre l'autre, d'avant en arrière, provient de ce que l'ouverture de la glotte étant à peu près triangulaire, quand l'arythénoïdien, placé à sa base, se contracte & la resserre, ses bords se touchent successivement d'avant en arrière. Le gonflement des muscles thyro-arythénoïdiens, que les lèvres inférieures contiennent dans leur épaisseur, concourt peut-être aussi à cet effet. Les lames vocales se raccourcissent dans leur partie libre, par suite de cette application l'une contre l'autre. Les parois des ventricules, les lèvres su-

périeures de la glotte & les bords de l'ouverture du larynx se tendent par l'action des mêmes muscles thyro-arythénoïdiens, qui concourent à la tension des lèvres inférieures de la glotte. Cette action resserre & efface même en partie la cavité des ventricules (1). Le larynx & le pharynx s'élèvent & se resserrent nécessairement en même temps, puisque ce double mouvement est opéré par les muscles constricteurs du second de ces organes, & que le dernier de ces constricteurs embrasse les lames du thyroïde. La constriction du pharynx se vérifie aisément à l'œil au moyen du miroir, & au doigt par le toucher; mais outre ce premier resserrement, qui est dû à la contraction de ses muscles, le pharynx se rétrécit probablement mécaniquement, par la pression du larynx contre la base de la langue. On l'a affirmé d'après des expériences faites sur des cadavres; mais on est allé trop loin. Cependant le voile du palais s'élève, se tend & se courbe en voûte par l'action combinée de ses différens muscles; la luette se raccourcit par l'action de son releveur; l'isthme du gosier se resserre & la base de la langue s'élève par la contraction du glosso-staphylin. L'ascension de ce dernier organe est encore produite par d'autres muscles, par exemple, le stylo-hyoïdien. Enfin, les vibrations que l'on ressent au toucher, dans la région du larynx & de la gorge, sont moins distinctes que dans les sons graves, & paroissent beaucoup plus rapides. Tous ces phénomènes sont d'ailleurs, comme on peut le prévoir, d'autant plus sensibles que les sons de la voix deviennent plus aigus. Mais si nombreux qu'ils paroissent, ils se réduisent tous au rétrécissement de la glotte & du canal de résonnement, à la tension des lèvres de la glotte & des parois du larynx, enfin, au raccourcissement des lèvres inférieures de la glotte & au raccourcissement de la luette, qui s'efface même sur le bord du voile du palais dans les sons les plus aigus. Ces dernières observations sur le resserrement de la gorge, de l'isthme du gosier & les mouvemens du voile du palais, me sont propres, du moins je ne les ai trouvés nulle part.

Voyons maintenant si ces modifications, si ces phénomènes peuvent rendre compte des différens tons de la voix humaine, & jusqu'à quel point ils paroissent concourir à son étendue & à sa puissance à cet égard.

1.° La rapidité de l'air expiré, abstraction faite de la vitesse locale qu'il doit acquérir en traversant la glotte resserrée, ne me paroit pas avoir autant d'influence sur le ton de la voix qu'elle en a, dans les instrumens à vent, & surtout dans l'appeau; car, lorsqu'elle passe graduellement d'un ton à un autre, elle descend & monte aisément sans

(1) FABRICE D'AQUAPENDENTE, de visione, voce, auditu, part. 3e, c. 11; DODART, SAVART.

(2) FABRICE D'AQUAPENDENTE, ibid.

(3) DUTROCHET.

(4) DODART, Acad. des Sc., 1700, 1706 & 1707. — FERREIN, ibid., 1740 ou 1741, &c.

(5) GALIEN, de usu, part. l. 7. c. 13.—FABRICE D'AQUAPENDENTE, DODART, &c.

(6) DUTROCHET.

(1) SAVART, Journal de Magendie, 1825, tom. V, pag. 390.

que l'expiration de l'air varie fenfiblement dans fon activité. Ce n'eft pas que la rapidité de l'expiration ne puiffe concourir à faire monter le ton ; mais nous ne l'employons guère que pour donner plus de force & d'éclat à la voix. C'eft ce que nous faifons, par exemple, dans le cri. Je dois dire cependant qu'il eft difficile d'augmenter la rapidité de l'air expiré, dans les fons les plus bas, fans faire hauffer le ton.

2°. La tenfion des lèvres de la glotte concourt à la production du ton par le même mécanifme que dans un bifeau membraneux, contre lequel l'air vient réfonner en fe brifant, & où le fon monte par l'augmentation de la tenfion du bifeau.

3°. Les vibrations des lèvres de la glotte font hauffer le ton par l'accroiffement de leur rapidité ; comme elles le font baiffer en devenant plus rares.

4°. Par la même raifon que le raccourciffement de tous les corps vibrans, verges, lames élaftiques, &c. en rend les vibrations plus rapides, le raccourciffement des lèvres de la glotte rend la voix plus aiguë.

5°. La diminution de l'ouverture de la glotte d'un côté à l'autre, & d'avant en arrière, doit néceffairement rendre les fons plus aigus, puifque la même caufe produit le même effet dans l'appeau, dans l'ouverture des lèvres, lorfque nous fifflons avec la bouche, &c. La glotte, dans les fons graves, eft tellement ouverte, que l'air la traverfe fans que fes lèvres vibrent fans s'appliquer l'une à l'autre ; par conféquent, elles ne peuvent intercepter & permettre tour à tour le paffage de l'air par la glotte, comme l'anche d'un tuyau d'orgues. Dans les fons aigus, la glotte fe referre & fe raccourcit tellement, par l'application fucceffive des différens points de la longueur de fes lèvres d'avant en arrière, qu'il femble que nous foyons arrêtés dans la production graduelle de fons de plus en plus aigus, feulement par l'occlufion complète de la glotte. Ce qui me porte encore à croire qu'il en eft ainfi, c'eft que, fi l'on obferve la glotte mife à découvert fur un animal vivant, fur un chien, par exemple, on l'entend produire des fons tant qu'on la voit ouverte, & des fons d'autant plus aigus que fon ouverture eft plus étroite ; c'eft que, fi l'on s'obferve foi-même, montant fucceffivement plufieurs octaves, jufqu'au point le plus élevé que l'on puiffe atteindre, on fent la conftriction du larynx s'accroître graduellement jufqu'à ce que, parvenue à l'apogée de fa courfe diatonique, la voix manque & l'expiration de l'air s'arrête.

Jufque là les fons fe fuccèdent régulièrement, & fe produifent, fuivant M. Savart, par des condenfations & dilatations alternatives de l'air dans les ventricules, & auffi par fon brifement contre les lèvres fupérieures, comme fur une forte de bifeau. Mais fi, alors que la voix s'eft éteinte par l'occlu-

fion de la glotte, on fait un violent effort d'expiration, l'air force la réfiftance de fes lèvres inférieures, & s'échappe en produifant un bruit criard & défagréable qui rappelle le fon d'une anche & fe produit par un mécanifme analogue. Voilà le feul cas où la glotte reffemble à ce genre d'inftrument.

6°. La tenfion des parois des ventricules du larynx, des bords de fon ouverture fupérieure, au moment de la tenfion des lèvres de la glotte, la tenfion fimultanée du pharynx, de l'ifthme du gofier & du voile du palais, peut-être celle des buccinateurs, doivent concourir à rendre les fons plus aigus, puifque les tuyaux à parois membraneufes font hauffer le ton par leur tenfion, & le font baiffer par leur relâchement. Mais la pofition horizontale ou du moins très-élevée du voile du palais, pendant cet état de tenfion, ne paroît pas contribuer à l'acuité du ton ; car, fi l'on chante tout-à-coup en nafillant, la bafe de la langue s'élève jufque contre le voile du palais, qui paroît s'abaiffer un peu, & le fon, qui devient nafillard, conferve fon ton, quoique la pofition du voile du palais foit changée par rapport au courant d'air qui paffe alors au-deffus, au lieu de paffer au-deffous.

7°. La diminution de la capacité des ventricules, le refferrement du pharynx & de l'ifthme du gofier, qui font la fuite de la tenfion des parois des ventricules, du pharynx & des bords de l'ifthme, doivent rendre auffi le fon plus aigu, car on obtient un femblable réfultat en diminuant l'étendue de la caiffe d'un appeau, ou rétréciffant le tuyau d'un inftrument à vent.

Quoique la luette fe raccourciffe graduellement, jufqu'à s'effacer à peu près entièrement, lorfque la voix monte aux plus hauts fons qu'elle puiffe produire, je ne me crois pas autorifé à en conclure que ce mouvement en particulier concoure fenfiblement à la production des tons aigus. Ce qui me donne de la défiance à l'égard de cette influence, c'eft que la luette n'offre pas toujours le même degré de raccourciffement dans les mêmes tons. Si l'on chante pendant un certain temps, en s'obfervant attentivement au miroir, on obferve, furtout vers le *medium* de la voix, que la luette tombe de temps en temps à des hauteurs inégales pour les mêmes tons, comme fi ces mouvemens étoient le réfultat de la fatigue de fon mufcle contracté. Mais alors, demandera-t-on, pourquoi la luette fe raccourcit-elle ? Pourquoi ?.... C'eft parce que, fon mufcle faifant partie du voile du palais, concourt à la tenfion qui s'obferve dans cet organe comme dans le pharynx.

8°. L'abaiffement du larynx, dans les fons graves, ne paroît pas plus concourir à leur production que fon afcenfion dans les fons aigus ne concourt à la production de ceux-ci. On pourroit croire cependant, & même on l'a cru, que l'abaissement du larynx, en éloignant cet organe de l'ouverture de la bouche, alonge le canal de résonnement formé par le pharynx, la bouche & les fosses nasales, & rend les sons plus graves, comme on le voit arriver dans une flûte ou un flageolet dont on ferme successivement les trous depuis la bouche de l'instrument, ou dans une trombone dont on alonge à volonté le tube de résonnement. Par la même raison on pourroit croire que l'ascension du larynx produit des effets opposés, comme on voit les instrumens que je viens de citer produire successivement des sons plus aigus à mesure qu'on raccourcit le tube de résonnement, en ouvrant successivement tous les trous depuis le dernier jusqu'à l'embouchure, ou que l'on raccourcit directement le tube de la trombone. Mais on sait que ces alongemens & ces raccourcissemens du canal de la prononciation sont sans influence sur le ton de la voix humaine, comme on le voit arriver aussi pour les sons des anches, lorsque leur canal de résonnement ne dépasse pas quatre ou cinq pouces par sa longueur. Le ton ne change même pas lorsqu'on ajoute un long tube à l'ouverture de la bouche; il devient seulement plus sourd.

Cependant, comme le muscle sterno-thyroïdien, qui concourt à l'abaissement du larynx, le dilate en ouvrant le cartilage thyroïde, cette circonstance favorise la dilatation de la glotte & la production des sons graves. De même aussi le constricteur inférieur du pharynx, qui concourt à l'élévation avec le thyro-hyoïdien, resserre en même temps le thyroïde, dont il embrasse les lames divergentes; ces lames cartilagineuses rapprochent les lèvres de la glotte, en se pliant l'une sur l'autre & en pressant les muscles extérieurs à son ouverture: savoir, les crico-arythénoïdiens latéraux & les thyro-arythénoïdiens. En concourant ainsi au resserrement de la glotte, le constricteur inférieur du pharynx concourt à la production des sons aigus.

Les différentes formes de la bouche, les divers degrés de son ouverture, paroissent être sans influence sur le ton de la voix. Ils peuvent en assourdir & en articuler les sons en voyelles & en consonnes; mais ils sont incapables de les faire hausser ou baisser. Aussi les paroles que l'on chante sont-elles sans influence sur l'air du chant lui-même, comme tout le monde peut s'en assurer.

Les vibrations que l'on ressent dans la région de la gorge & même des joues doivent concourir, par leur rapidité dans les sons aigus, par leur lenteur dans les sons graves, à modifier le ton de ces sons.

Tant de circonstances réunies paroissent suffisantes à l'esprit pour expliquer l'étendue du ton de la voix humaine. Cependant il n'est point possible de dire mathématiquement pour combien chacun de ces moyens y concourt, & par consé-

quent d'en donner une théorie mathématique. On ne pourra même jamais y parvenir, parce qu'il est dans le problème plusieurs élémens variables, dont nous n'avons aucun moyen de mesurer l'action: c'est la force, la vitesse de l'expiration, la tension des lèvres de la glotte, des parois des ventricules & du pharynx.

Tout ce que je viens de dire sur le ton s'applique à la voix haute, & aussi à la voix basse. Celle-ci peut prendre, en effet, divers tons, comme la voix haute, quoique pourtant elle soit moins étendue d'au moins une octave. Aussi l'on chante à voix basse & d'une manière fort distincte; seulement les limites du chant sont un peu resserrées: ces sons d'ailleurs n'étant point accompagnés du résonnement que l'on entend avec les sons de la voix haute, manquent de l'harmonie qui nous charme lorsque nous entendons une voix douce & sonore. Aussi n'est-ce, pour ainsi dire, qu'un enchaînement de bruits sur des sons différens.

Le cri semble la forme de la voix la plus naturelle, la plus instinctive, la moins perfectionnée par la civilisation; il semble aussi que ce soit celle où le timbre en est le moins modifié par le corps de résonnement. Néanmoins il est loin d'être identique, & varie déjà lui-même beaucoup, suivant les individus & les causes qui le provoquent. Il en est de même de l'intensité & du ton. Les causes prochaines ou éloignées qui les déterminent y apportent mille nuances, dont l'expérience seule peut nous donner le sentiment, & qui nous remuent de mille manières. Ainsi, les plaintes de la souffrance, les accens de la joie, les ris de la gaieté, les sanglots du pleurer, les cris étouffés ou éclatans de la colère, le cri de la peur, font passer tour à tour dans notre ame une foule d'impressions différentes.

Ornée des agrémens du *chant*, la voix frappe notre oreille de sons résonnans, prolongés & continus, infiniment plus agréables par leur résonnance, leur continuité & leur douceur, que les sons secs & entrecoupés de la parole, qui ressemblent plus à une suite de bruits divers qu'à de véritables sons. Cette différence est si considérable qu'on ne sauroit préjuger la voix de la parole d'après la voix du chant, ni celle-ci d'après la première. Elle est telle encore, qu'une personne dont la voix parlée est désagréable à entendre, peut être douée d'une voix de chant délicieuse. C'est sous cette forme que la voix humaine révèle toute sa puissance, parce que la voix de chant est une langue passionnée. Sous cette forme elle réveille notre ame engourdie, dissipe ses chagrins, égaie ses ennuis, abrège pour elle le temps de la vie, la plonge dans les ravissemens de l'extase, ou l'endort aux charmes magiques de ses chansons. C'est ainsi qu'une tendre mère berce en chantant son fils, qu'elle console & qu'elle endort; les chants d'une amante adorée remplissent

rempliffent le cœur d'émotions douces & généreufes. Ce charme magique du chant eft célébré
dans notre langue. *Les enchanteurs, les enchantemens* tirent leur nom d'une métaphore qui
comparoit leur puiffance accueillie par la crédulité, à la puiffance des chants de la voix humaine. La riante imagination des Grecs l'avoit
célébrée long-temps auparavant dans leur fabuleux Orphée & leurs Syrènes enchantereffes.

Voix de la parole ou parole. Enrichie des
articulations de la parole, la voix ne donne plus
qu'une férie de fons faccadés, entrecoupés, &
dépouillés de cette réfonnance harmonieufe fi
agréable à l'oreille dans la voix de chant. Mais,
fi la parole n'a point le charme qui fuffit pour
éveiller & nourrir dans notre cœur une paffion
tout à la fois douce & terrible, fi elle n'eft point
la langue des paffions, elle offre à l'efprit une
précifion d'expreffion qui en fait la langue de
l'intelligence.

Parole accentuée. La parole accentuée paffe
légèrement fur certains fons articulés, appuie
davantage fur d'autres, prononce d'une manière
brève & rapide certaines fyllabes, en articule
d'autres plus lentement & plus longuement. Ce
mode de langage s'obferve furtout dans les pays
méridionaux, où les paffions comme l'efprit ont
plus de vivacité que dans les contrées feptentrionales. On diroit que l'expreffion propre à chaque
mot de la langue en ufage, y étant infuffifante
pour l'abondance, la vivacité du fentiment & de
la penfée, les habitans y fuppléent par l'addition
des accens.

Déclamation. La voix de la déclamation tient
au cri par fes éclats & fon accentuation, au
chant par la réfonnance de fes fons, & à la voix
de la parole par fon articulation. C'eft le langage
de la paffion qui s'obferve & qui cherche à modérer les impulfions de la nature, à y ajouter,
à en modifier les cris par des accentuations particulières, à les ennoblir, à les embellir même, dans
l'efpérance de produire plus d'effet, ou un effet
plus favorable. Ce langage ne paroît pas moins
naturel à l'homme fauvage qu'à l'homme civilifé;
il naît des circonftances : un barbare qui porte
à d'autres barbares des offres de paix ou des
menaces de guerre, met dans fon débit une
pompe qu'il n'emploie pas pour parler au fauvage
fon voifin.

C'eft dans la réalité le langage complexe de
plufieurs fentimens, de fentimens fecondaires qui
fe mêlent à un fentiment principal. Une pareille
langue eft toujours difficile à parler, parce qu'il
eft à craindre que les accens d'une paffion fecondaire, qui doit toujours fe cacher, ne la trahiffent
& malquent, étouffent ou modifient la voix de
la paffion principale, à un tel point qu'elle ne
produife plus d'effet, ou qu'au moins elle manque
l'effet qu'elle devoit produire.

Le débit fonore & accentué de la déclamation en
fait un langage plus agréable, plus folennel & plus
digne affurément des pompes de notre tragédie
claffique, que le *parlage familier*; mais il faut
prendre garde d'en abufer. Il y a dans la nature
une vérité qu'on ne peut modifier fans l'altérer,
& pour celle que l'on peut embellir ou ennoblir,
il eft des limites que l'on ne peut dépaffer fans
ceffer d'être vrai, naturel, & fans tomber dans
l'enflure. Et ce que je dis ici pour la déclamation,
s'applique à tous les beaux-arts.

Ventriloquifme. Le *ventriloquifme* eft l'art de
produire des fons éloignés pour des auditeurs
placés près de foi. Il eft affez difficile de donner
à la voix les caractères de l'éloignement & de
la diftance, & il faut beaucoup d'exercice pour
y parvenir.

Ce phénomène a paru fi merveilleux, qu'on en
a donné des explications qui le rendroient plus
merveilleux encore fi elles avoient quelque fondement ; mais jufqu'à préfent on me paroît s'être
bien peu approché de la vérité.

J'en ai cherché auffi l'explication, &, pour y
parvenir, je me fuis exercé au ventriloquifme.
Après bien des efforts, je fuis arrivé à produire
quelques *fons éloignés*, &, quand j'y ai le mieux
réuffi, j'ai toujours obfervé que l'expiration retenue étoit moins active, que la glotte fe faliguoit
davantage, que la voix, dirigée contre le voile
ou la voûte du palais, arrivoit moins directement
au-dehors, que la bouche étoit moins ouverte,
que les diverfes parties de la bouche, & particulièrement les lèvres, fe mouvoient à peine pour
articuler les paroles, & que les fons produits
étoient à la fois plus foibles, plus fecs, plus
aigres ou moins fonores, plus fourds ou moins
clairs, & moins diftinctement articulés que dans
la voix rapprochée, qui parle, pour ainfi dire, à
notre oreille. Tels font auffi à peu près les caractères de la voix éloignée. — Elle eft ordinairement
affoiblie par la diftance, & quoique ce caractère
ne foit pas effentiel, il concourt avantageufement,
réuni aux autres, à la faire paroître éloignée ; pareille choie arrive pour le bruit du tambour, que
fon affoibliffement éloigne. — Elle eft moins fonore
& dépouillée d'une partie de fa réfonnance, qui
échappe à notre oreille. Il en arrive encore autant
aux fons du tambour qui s'éloigne : auffi les imite-
t-on jufqu'à l'illufion la plus parfaite, en battant
moins fort & graduellement du centre de la
peau du tambour vers la circonférence, où la réfonnance s'affoiblit & s'éteint. — Elle eft plus
fourde ou moins claire, & parce qu'elle eft plus
foible, & parce qu'elle eft moins fonore, & parce
que, dans le cas de la parole, fes articulations
font moins diftinctes. Ses articulations font, elles-
mêmes, moins diftinctes, parce que la diftance les
affoiblit, les confond & quelquefois les détruit.
D'après ces obfervations, voici comment je m'ex-

Qqq

plique le ventriloquisme : la voix y est foible parce que l'expiration y a peu d'énergie ; elle est peu sonore, peu résonnante & même un peu sèche, parce que les lèvres de la glotte sont probablement très-tendues, comme la fatigue porte à le croire ; elle est plus sourde ou moins claire, parce que, dirigée doucement contre le palais & retenue par la bouche peu ouverte, elle n'éclate point directement au-dehors ; ses articulations sont moins nettes, parce que les organes de la prononciation agissent à peine dans le ventriloquisme.

De la voix de l'inspiration. Nous pouvons à volonté produire un son de voix en inspirant de l'air, & ce phénomène arrive involontairement dans plusieurs cas ; par exemple, dans le hoquet, dans les soupirs, dans les sanglots. La voix crie encore involontairement pendant le phénomène de l'inspiration, dans la *reprise* des toux convulsives de la coqueluche & du croup.

Cette voix est toujours rauque & criarde ; son ton n'a rien de régulier, il est ordinairement assez aigu, mais souvent il passe brusquement à une intonation plus grave ou plus aiguë. Cette voix est toujours désagréable pour l'oreille & fatigante pour le larynx ; il est probable que son timbre criard tient à ce qu'alors, la glotte se resserrant avec énergie, & ses lèvres inférieures se rapprochant jusqu'à se toucher, le son de la voix se produit par le même mécanisme que le son des anches. Le rapprochement des cordes vocales n'est pas alors causé par la seule action des arythénoïdiens ; il l'est encore mécaniquement par le renversement en bas des lames inclinées en haut comme les deux pans opposés d'un toit.

Comparaison de l'instrument de la voix humaine avec les instrumens de musique. C'est depuis long-temps une chose passée en habitude chez les physiologistes, de ne point parler de la voix sans assimiler l'organe qui la produit à quelques-uns de nos instrumens de musique. Pour moi, s'il m'est permis d'opposer mon opinion à celle de tant d'hommes illustres, je crois qu'il seroit plus juste de montrer que l'instrument de l'homme n'a point de pareil encore dans les instrumens des arts ; c'est ce que je vais tâcher d'établir en peu de mots.

Le larynx de l'homme & de la plupart des animaux est le seul instrument où le frôlement de l'air fasse vibrer des lames membraneuses. Il n'est pas le seul où le musicien puisse augmenter ou diminuer à son gré la rapidité de l'écoulement de l'air ; mais il n'y en a pas d'autre où il puisse tout-à-coup, à sa volonté, tendre le corps vibrant, abstraction faite du raccourcissement qu'il lui fait éprouver ; il n'y en a point où ce corps vibrant forme une ouverture dont les bords aient une tension & une élasticité soudainement variables, & qui puisse en même temps modifier le ton par son étendue en largeur & en longueur ; il n'y en a point où cette

puissance s'étende, pour ainsi dire, au tuyau de l'instrument, à son corps de résonnement, comme nous le voyons dans les ventricules du larynx, la glotte supérieure, le pharynx & l'isthme de la gorge ; il n'y en a point encore où nous voyions, comme au larynx, des cavités accessoires qui, par leur diminution instantanée & volontaire, puissent concourir aux modifications du ton, comme les ventricules le font suivant M. Savart. Enfin, il n'y en a point où l'on trouve des corps de résonnement semblables à la gorge, aux fosses nasales & à la bouche ; aussi la simple parole, la parole accentuée, la parole de la déclamation, sont-elles jusqu'à présent l'apanage exclusif des instrumens de la nature.

De la voix dans les différens individus. La voix varie par la force, par le timbre, par l'étendue & par le ton qui lui est propre. Les voix très-graves sont des *basses-tailles* ; les voix médiocrement graves sont connues sous le nom de *tenor* ; les voix aiguës sous celui de *haute-contre*, & les voix très-aiguës sous celui de *dessus*.

HISTOIRE COMPARÉE DE LA VOIX.

De la voix aux différens âges. L'homme vient pour ainsi dire au monde en criant. Quel présent que la vie, quelle carrière de maux, quel abîme de souffrances, si ces cris & ceux de la première enfance sont des témoins sincères d'autant de douleurs ! Je n'y puis point croire, je l'avoue. L'enfant crie souvent sans motifs ; je me trompe, il crie souvent, parce qu'il a besoin de crier, comme il se remue sans cesse, dès qu'il est éveillé, parce qu'il a besoin de se mouvoir. Aussi, voyez-le dans les premiers mois de son existence : boire, dormir, s'agiter & crier, voilà toute sa vie extérieure. Ces cris ont un caractère tellement propre à l'enfance qu'on les a désignés sous le nom particulier de *vagitus*. Cette puissance qu'a l'enfant de crier un temps infini pour la moindre gêne ou pour rien, parce qu'il vient de rouvrir doucement les yeux à la lumière, n'est proportionnée qu'à sa foiblesse ; la nature l'en a doté avec excès, dans sa misère, pour mieux assurer son existence : aussi en use-t-il jusqu'à l'importunité. Bouchez-vous les oreilles, si vous le voulez, mais admirez cette admirable harmonie.

Peu à peu l'enfant perd cette puissance de crier ou la délaisse à mesure qu'il apprend à parler, & il parle à mesure qu'il apprend la valeur des mots. Quoiqu'il possède à un haut degré la faculté de retenir des mots qu'il ne comprend pas, on ne les lui entend point employer dans sa langue pauvre & bornée ; & s'il répète une fable comme un perroquet, il ne parle point comme cet oiseau : il parle pour exprimer sa pensée, ses sentimens ou ses besoins. Mais je ne le suivrai pas ici dans tous les progrès de sa prononciation.

Vers l'âge de la puberté, de douze à seize ans,

la voix change, elle *mue*, & l'enfant prend la voix d'homme : aussi dès ce moment c'est un jeune homme. Sa voix conserve ce caractère de virilité jusqu'à la vieillesse, c'est-à-dire pendant tout le temps qu'il jouit de la puissance de se reproduire. Ainsi, tandis que, tout honteux de cette noble faculté, nous la cachons sous les voiles de la décence, la nature la montre hardiment dans les sons de notre voix & dans d'autres ornemens dont elle semble l'honorer.

De la voix chez la femme & chez les différens peuples. La femme a la voix moins forte que celle de l'homme ; le timbre en est plus doux, plus harmonieux & plus suave ; c'est un charme que la nature lui a donné pour nous attendrir & nous adoucir, pour nous séduire, nous vaincre & nous dompter : il semble que les fibres de notre cœur se trouvent toujours à son unisson. La voix de la femme est en outre plus aiguë d'une octave que celle de l'homme.

Les climats influent peu sur la force, le timbre & le ton de la voix, mais ils influent sur le chant, la parole, l'accentuation & la déclamation. En général, les peuples des pays chauds ont plus de facilité & plus de goût pour le chant, pour les voyelles, du penchant à accentuer leurs paroles & à les orner du débit pompeux de la déclamation ; ils parlent d'ailleurs avec beaucoup plus de volubilité & de facilité que les peuples septentrionaux.

De la voix dans les animaux. Il n'y a que les mammifères, les oiseaux & quelques reptiles qui soient doués de la voix, mais aucun n'en retire les mêmes avantages que l'homme. La plupart des oiseaux cependant l'ont beaucoup plus forte proportionnellement à leur volume. Ainsi, ces oies voyageuses que nous entendons à perte de vue, l'alouette, que notre œil perd dans le vague de l'air quand notre oreille en suit encore les chants joyeux, animent de leurs sons une sphère énorme comparativement à la grosseur de leur corps, & cependant leur voix retentit dans un air fort rare. Si les oiseaux ont la voix plus forte que la nôtre, ils l'ont moins étendue ; le rossignol lui-même ne paroît guère parcourir plus de deux octaves, encore ne chante-t-il habituellement que sur une seule, & ne donne-t-il que de temps en temps quelques sons à la double octave (1).

Mais c'est surtout par leurs chants que les oiseaux l'emportent sur l'homme & sur tous les animaux. Ce sont les musiciens de la nature ; on diroit qu'elle les a destinés à rompre, par leurs accords, la monotonie du silence des airs, lorsque les vents reposent endormis & que la foudre ne gronde pas au milieu des nuées. Elle en a pour tous les lieux & tous les pays, pour toutes les saisons & tous les

temps ; mais les premiers de tous vivent au sein des climats tempérés, & ne chantent jamais autant que dans les belles saisons, & surtout aux beaux jours du printemps, au moment de leurs amours. En chantant ainsi leur bonheur, ils semblent remercier la nature qui le leur envoie. L'atmosphère qui les renferme devient, pour ainsi dire, alors, un immense instrument de musique, composé de mille voix différentes qui chantent séparément, sans discordance, sans choquer l'oreille, & remplissent de sentimens tendres & délicieux l'ame qu'elles ravissent en extase.

Le chant varie, au reste, beaucoup dans les divers oiseaux : chez les uns, c'est un simple cri aigu sans agrément ; chez d'autres, c'est un cri très-grave ; chez ceux-ci, ce sont des sons criards comme ceux de l'anche ; chez ceux-là, des sons doux comme ceux de la flûte ; chez ceux-ci, le chant est toujours le même, mais il diffère suivant les espèces ; chez ceux-là, au contraire, il varie sans cesse dans la même espèce, dans le même individu, quoiqu'il soit composé toujours des mêmes élémens. Les premiers sont des artistes qui répètent toujours le même air ; les seconds sont de véritables compositeurs, & des compositeurs qui improvisent sans cesse, en combinant, d'une manière toujours différente & toujours nouvelle, les sons de leur voix. Aussi, que de rangs dans ce peuple de chanteurs, & qu'il y a loin du rossignol, qui en est le prince, au paon, qui est un des derniers ! Mais il m'est impossible de comparer & d'apprécier ici leurs talens divers.

C'est encore parmi les oiseaux que l'on retrouve la faculté de parler. Pas un mammifère, sans en excepter le singe, n'en jouit, quoique leur bouche & leur gorge, à tous, se rapproche beaucoup plus de la nôtre que le bec des oiseaux ; c'est que la faculté de parler, comme celle de chanter, tient beaucoup plus à l'intelligence qu'aux formes de la gorge & de la bouche. Néanmoins, je dois m'empresser de dire que la prononciation des oiseaux, & surtout du perroquet, qui en est le plus bavard, est loin d'être aussi parfaite que la nôtre ; & je ne doute pas que cette imperfection ne tienne à l'imperfection de ses organes de prononciation.

La voix, dans les oiseaux, est produite par un larynx placé à l'extrémité supérieure des bronches, & composé de deux glottes latérales, qui résonnent séparément & en même temps dans l'unique tuyau de la trachée-artère. M. Savart a démontré que cette circonstance est le principe de la force extraordinaire de leur voix. Si, en effet, on compose un instrument de deux embouchures ouvertes dans un même tuyau, le son a beaucoup plus d'intensité & de rondeur lorsqu'on les fait parler en même temps que si on les fait parler séparément. Pareille chose arrive chez les oiseaux, lorsqu'on paralyse une des glottes par la section des nerfs qui l'animent.

La voix varie dans les oiseaux dont l'appareil

---

(1) *Voyez* les Observations du Dr. Rémond dans *Buffon*, article *Rossignol*.

vocal est le mieux organisé (1), par le diamètre des glottes inférieures, de la trachée-artère & de la glotte supérieure, placée à l'extrémité supérieure de ce tube & ouverte dans la gorge; par la tension des lèvres de chacune des glottes inférieures, des membranes semi-lunaire & tympaniforme, & des parois membraneuses de la trachée-artère; probablement par la longueur variable du tube de ce dernier organe, & par les mouvemens divers de leur bec.

De la voix dans l'état de santé. Dans cet état la voix humaine, au maximum de sa force, peut s'étendre à environ un quart de lieue de rayon, en mesurant son étendue à la sensibilité de notre oreille, au niveau de la mer, & par une température d'à peu près zéro. Cette étendue varie, au reste, beaucoup chez les divers individus, & il faudroit bien des observations pour avoir, à cet égard, une moyenne exacte & précise.

Le timbre de la voix, ordinairement clair & net dans l'état sain, peut rester voilé, & même très-enroué, sans qu'on éprouve la moindre gêne, & sans que cette altération dans l'état de la voix expose directement à aucun danger; mais si l'on ne pouvoit se faire entendre qu'à une très-petite distance, ce seroit alors une véritable infirmité & une maladie.

En santé, la voix humaine parcourt toujours au moins une octave & demie.

L'exercice de la voix peut être soutenu pendant plusieurs heures chez la plupart des individus; mais toute personne qui ne peut parler de suite pendant au moins une demi-heure sans en être extrêmement fatiguée, sans que la poitrine, le larynx ou la gorge ne s'irritent, a une maladie dans ces organes.

La parole peut offrir des altérations qui ne sont point des maladies, comme lorsqu'elle remplace, contre la volonté, un son par un autre. Mais n'ayant fait qu'indiquer ici ce que c'est que la voix parlée, je ne puis entrer dans aucun détail à cet égard.

De la voix dans les maladies. La voix s'affoiblit dans les maladies par l'affoiblissement des puissances expiratrices, peut-être par la diminution de la contractilité des muscles intrinsèques du larynx, par l'inflammation de la membrane interne du larynx, par l'ulcération & la destruction des lèvres de la glotte dans la phthisie laryngée, par l'inflammation du pharynx & surtout des tonsilles; il peut même, dans quelques-uns de ces cas, y avoir perte de la voix : mais si elle étoit la suite d'une paralysie complète des muscles du la-

rynx, comme l'ont dit quelques médecins, alors la déglutition ne pourroit plus s'accomplir sans que les alimens & les boissons ne s'introduisissent dans la trachée-artère. L'aphonie s'observe encore dans les maladies nerveuses, dans les fistules de la trachée-artère assez largement ouvertes pour que la plus grande partie de l'air expiré s'échappe par leur orifice.

Son timbre s'altère dans toutes les inflammations du larynx & de la gorge; il devient nasillard, dans les violentes phlegmasies tonsillaires, parce que le son, ne pouvant passer librement par la bouche, s'écoule en grande partie ou exclusivement par le nez; ce timbre s'altère davantage encore, & devient souvent rauque dans les affections syphilitiques du larynx, dans les ulcérations de sa membrane.

Les mêmes circonstances diminuent l'étendue du ton de la voix, & le chant n'est plus qu'un mélange de sons discordans, graves ou aigus, indociles à la volonté; la voix alors est faussée par suite de la maladie du larynx, & le chant est fatigant ou même impossible. Le retentissement de la voix dans les poumons peut devenir si évident que les sons semblent retentir à l'oreille qui écoute appliquée sur la poitrine; c'est ce que l'on observe dans la *pectoriloquie*. Ce phénomène annonce ordinairement l'existence de cavernes dans les poumons. Ce retentissement peut donner un son aigre & tremblotant comme la voix d'une chèvre, symptôme qui accompagne fort souvent un épanchement de pus ou de sérosité dans les plèvres : c'est l'*égophonie*.

La parole est fort altérée dans le bégayement, & c'est une véritable maladie : elle consiste dans l'impossibilité d'articuler plusieurs syllabes de suite sans être arrêté, & dans la prononciation saccadée & convulsive de ces syllabes, après des efforts plus ou moins pénibles. Enfin, la parole peut être totalement abolie; c'est le mutisme. Cette affection se lie ordinairement à la surdité.

HISTORIQUE.

Parmi les auteurs qui ont écrit avec quelqu'originalité sur le mécanisme de la voix, je dois citer Galien (1), Fabrice d'Aquapendente pour le chapitre XI de la troisième partie de son ouvrage; car, à l'exception de ceux où il décrit le larynx de l'homme & des animaux, du chap. IX de la deuxième partie, où il explique l'utilité de l'occlusion de la glotte dans les grands efforts, il copie le médecin de Pergame avec une servilité & une prolixité qui surpasse encore celle de son modèle (2). Je dois citer Dodart, dont les Mémoires mé-

---

(1) *Voyez* SAVART, dans les *Annales de Chimie & de Physique*, 1826, tom. XXXII. La première partie du Mémoire renferme les résultats très-abrégés de la dissection de plus de huit cents larynx d'espèces différentes, & la seconde, l'exposition du mécanisme de leur voix.

---

(1) *De vocal. instrum. differ.* — *De usu partium*, l. 7, c. 5 & 13.

(2) *De visione, voce & auditu.*

ritent toujours d'être lus.(1); Ferrein, qui vouloit que le larynx fût un instrument à vent & à cordes, un *dicorde pneumatique*, & dont le faux système fut appuyé sur des expériences fort.originales & fort ingénieuses (2); M. Cuvier, qui a rajeuni la théorie de Fabrice d'Aquapendente, & l'a appliquée à la voix des oiseaux ; M. Dutrochet, qui a montré que l'ingénieux système de M. Cuvier étoit contraire aux faits de la nature; MM. Biot & Magendie, qui se sont efforcés de prouver que le larynx est un instrument à anche; M. Savart, qui a démontré le contraire, & l'a comparé à l'appeau des oiseleurs. Le travail de ce physicien est on ne peut plus instructif ; il renferme une foule de découvertes d'acoustique de la plus haute importance pour expliquer le mécanisme de la voix : aussi en ai-je fait un grand usage (3).

Enfin, je demanderai au lecteur la permission de me citer moi-même pour avoir donné, si je ne m'abuse point, une histoire plus exacte qu'on ne l'a fait jusqu'à ce jour des phénomènes du larynx & de l'ouverture du gosier dans le repos de la voix, de ceux qui accompagnent la production de la voix, de ceux de la voix basse, du mécanisme de la voix nasillarde, des phénomènes qui concourent à la production des sons graves & aigus, du mécanisme du *ventriloquisme*, & au total, je crois, une histoire plus complète de la voix que celle qu'en ont tracée les physiologistes.

(Gerdy.)

VOL, s. m. (*Physiol.*) Nom donné au mouvement à l'aide duquel les oiseaux peuvent s'élever dans l'air & traverser ce milieu dans toutes les directions. Dans ces animaux, c'est à la légèreté & à la configuration de leur corps, à la position de leur centre de gravité, à l'étendue plus ou moins considérable de leurs ailes, à la force & à la situation des muscles qui servent à les mouvoir, qu'il faut attribuer la facilité avec laquelle ils exécutent ce que l'homme a jusqu'à présent cherché vainement à imiter, même en se soustrayant à l'influence de sa pesanteur, au moyen d'un globe aérostatique.

Le vol consiste en une suite d'élans produits de la manière suivante : l'oiseau élève d'abord l'humérus, puis déploie complétement ses ailes dans un sens horizontal; les abaissant alors subitement il frappe l'air, dont la résistance imprime à son corps un mouvement vertical de bas en haut. L'action de la pesanteur ayant bientôt détruit cette vitesse impulsive, pour ne point tomber, l'oiseau doit donner un nouveau coup d'aile ; & l'on con-

çoit que, toutes choses égales d'ailleurs, son élévation devra être d'autant plus rapide que les coups d'aile seront plus rapprochés. En les supprimant tout-à-fait, l'animal tomberoit suivant les lois de la chute des graves qui traversent un milieu résistant; mais il peut à volonté ralentir cette *descente* en se donnant à propos de nouvelles impulsions. A l'égard du mouvement ascensionnel oblique, il dépend très-probablement de l'inclinaison que l'oiseau peut donner à ses ailes. Quant au mouvement horizontal il est, suivant toutes les apparences, composé d'une suite de mouvemens obliques alternativement dirigés de bas en haut & de haut en bas. L'animal veut-il changer sa direction, il lui suffit d'imprimer à ses ailes des vibrations inégales : ainsi, pour tourner à droite, il rend plus énergique l'action développée par l'aile gauche qu'il étend davantage, & *vice versâ.*

VOLAILLE, s. f. (*Hyg.*) Expression dont on fait généralement usage pour désigner collectivement les oiseaux domestiques dont l'homme fait sa nourriture; le mot *gibier* étant spécialement réservé pour indiquer les animaux que l'on prend à la chasse. (*Voyez* Alimens, tom. I, pag. 675, & Nourriture, tom. X, pag. 674.)

VOLANTE (Petite-vérole). (*Pathol.*) Nom vulgaire de la varicelle. (*Voy.* ce mot, tom. XIII, pag. 390.)

VOLATIL, ile. (*Chim., Mat. médic.*) Épithète donnée à toutes les substances solides ou liquides susceptibles de se transformer en fluides élastiques à une température peu élevée. La plupart des solides sont liquéfiés avant de parvenir à l'état gazeux; il en est cependant, comme le camphre, qui subissent ce changement sans passer par l'état intermédiaire. Les éthers, l'alcool sont, parmi les liquides, les substances les plus *volatiles*. (*Voyez,* pour l'ensemble des phénomènes qui accompagnent cette modification des corps, le mot Vapeur du *Dictionnaire de Physique* de cet ouvrage.)

VOLATILISATION, s. f. (*Chim., Mat. médic.*) Mot servant à désigner le passage d'un corps à l'état de fluide élastique ; quelquefois aussi il indique l'opération, l'ensemble des procédés chimiques à l'aide desquels on opère cette transformation, & dès-lors, dans ce sens, ainsi que la *sublimation* & la *distillation,* la volatilisation peut être considérée comme un moyen pharmaceutique.

VOLITION, s. f. Acte de cette faculté de l'ame à laquelle on a donné le nom de *volonté.* (*Voyez* ce mot.)

VOLONTAIRE, (*Physiol.*) *Volontarius.* Adjectif servant à caractériser les mouvemens, les actions sur lesquels la volonté de l'homme exerce

(1) *Acad. des Sc.*, année 1700, pag. 224; année 1706, pag. 136 & 388; année 1707, pag. 66.
(2) *Acad. royale des Sc.*, année 1741 (*Mém.*), pag. 409.
(3) *Journal de Magendie.* tom. V. — *Annales de Chimie & de Physique*, 1826, tom. XXXII.

fon empire, tandis qu'au contraire on nomme *involontaires*, toutes les opérations auxquelles il lui eſt impoſſible de s'oppoſer. Ainſi, les mouvemens du cœur, les fonctions de l'eſtomac s'exécutent à notre inſu & ſans la participation de notre volonté; tandis qu'au contraire les muſcles qui ſervent à faire mouvoir nos membres peuvent, à notre choix, ſe contracter ou reſter en repos.

La qualification de *volontaires* peut encore s'appliquer à un grand nombre d'opérations de l'eſprit. (*Voyez* le *Dictionnaire de Logique, Métaphyſique & Morale* de cette Encyclopédie, & celui d'*Anatomie* & de *Phyſiologie* du même ouvrage.)

VOLONTÉ, ſ. f. *Voluntas*. Faculté de l'ame qui permet à l'homme de faire ou de ne point faire une choſe. (*Voyez* les deux *Dictionnaires* ci-deſſus cités.)

VOLTAÏQUE, adj. (Pile voltaïque) (*Phyſ. médic.*) (*Voy.* l'article PILE VOLTAÏQUE, tom. XIII, pag. 85 de ce Dictionnaire.)

VOLVULUS. (*Pathol.*) Mot latin conſervé en français & ſervant à indiquer une maladie caractériſée par une violente douleur de l'abdomen, par une conſtipation opiniâtre, & par les vomiſſemens dans leſquels le malade rejette, non-ſeulement des ſubſtances contenues dans l'eſtomac, mais encore des matières fécales. Ces ſymptômes, communs à pluſieurs affections morbides, ont dû répandre quelqu'incertitude ſur le vrai ſens que l'on doit attacher au mot *volvulus*: auſſi ne doit-on pas être étonné que cette maladie ait été ſouvent confondue avec des hernies étranglées, ou que l'on eût cherché à la reſtreindre aux ſeules circonſtances dans leſquelles ces accidens étoient occaſionnés par l'invagination des inteſtins. Au ſurplus, une vive inflammation du canal inteſtinal ou du péritoine étant le caractère principal du volvulus, nommé auſſi *iléus*, on pourroit, à la rigueur, ne point le regarder comme une maladie ſpéciale, mais comme une des modifications de l'entérite ou de la péritonite. Néanmoins, comme cette inflammation eſt elle-même une conſéquence de l'effet produit par l'obſtacle mécanique qui intercepte le cours des matières alimentaires, il convient de laiſſer ſubſiſter la diſtinction généralement admiſe.

Indépendamment du volvulus produit par une cauſe mécanique, quelques auteurs ont penſé qu'il en exiſtoit un dépendant d'une perverſion de l'influence nerveuſe, & dans laquelle le mouvement périſtaltique des inteſtins étoit interverti, de manière à imprimer aux ſubſtances contenues dans le tube digeſtif, un mouvement rétrograde. Reſte à décider juſqu'à quel point on peut croire, d'une part, à la réalité des obſervations ſur leſquelles repoſe l'admiſſion de l'*iléus idiopathique nerveux*, &, de l'autre, à l'exactitude des expériences pro-

près à déterminer un mouvement antipériſtaltique des inteſtins.

Abſtraction faite de l'étranglement ou de l'engouement de l'inteſtin qui a lieu dans les hernies, l'anatomie pathologique a prouvé que l'occluſion de ce canal peut être déterminée par pluſieurs cauſes; telles ſont, 1°. la conſtriction produite par les brides ou appendices qui, en ſe contournant ſur l'inteſtin, agiſſent à la manière d'une ligature; 2°. l'invagination du canal inteſtinal; 3°. la préſence de corps étrangers, ou l'accumulation de matières ſtercorales endurcies; 4°. la dégénération ſquirrheuſe des membranes inteſtinales, ou la coarctation plus ou moins complète des parois de ce tube, quelle qu'en puiſſe être d'ailleurs la cauſe (1).

Les ſymptômes du volvulus ſont toujours très-graves, & peuvent préſenter un grand nombre de modifications ſuſceptibles de néceſſiter, dans le traitement, l'emploi de beaucoup de moyens différens: mais nous ne nous arrêterons ici ni à l'une ni à l'autre de ces conſidérations, parce que déjà elles ont été expoſées aux articles ILIAQUE & PASSION ILIAQUE de ce Dictionnaire. (*Voyez* ces mots.) (V.)

VOMER, ſub. m. (*Anat.*) Nom donné à l'un des os de la face auquel on a cru trouver quelque reſſemblance avec le *ſoc d'une charrue*. Cet os forme la partie poſtérieure de la cloiſon des foſſes naſales, & a des connexions avec les os maxillaires & palatins, avec le ſphénoïde, l'ethmoïde & les cornets de Bertin. (*Voyez* FACE & VOMER dans le *Dictionnaire d'Anatomie*.)

VOMIQUE, ſ. f. (*Pathol.*) *Vomica*, dérivé du verbe technique *vomere*, vomir. On donne le nom de *vomique* à une collection purulente qui, formée dans l'intérieur de la poitrine & même de l'abdomen, pénètre dans les bronches & eſt rejetée au-dehors par une expectoration, le plus ſouvent accompagnée d'une ſorte de vomiſſement. Dans le principe, la dénomination de *vomique* fut appliquée, d'après ſon étymologie latine (2), à toute eſpèce de tumeur ou d'abcès développé dans l'intérieur des viſcères ſplanchniques; mais aujourd'hui cette dénomination eſt reſtreinte aux collections purulentes rejetées par les efforts de l'expectoration de quelque cavité accidentellement développée dans les poumons.

_____

(1) *Voyez* les articles ANATOMIE PATHOLOGIQUE, tom. II, pag. 359 & 375 de ce Dictionnaire; ILIAQUE (Paſſion iliaque), tom. VII, pag. 463 du même ouvrage: et pour les recherches plus récentes, conſultez les tomes III, XIII & XIV, des *Archives générales de Médecine*; les tomes IV & XV, du *Journal univerſel des Sciences médicales*; le tom. III, du *Journal complémentaire du Dictionnaire des Sciences médicales*; le tom. XI, du *Journal général de Médecine*, & le tom. I, du *Répertoire général d'anatomie & de phyſiologie pathologiques*.

(2) *Vomice* étoit ſynonyme d'*abceſſus*, d'*apoſtema*, &c.

On a cru long-temps que toutes les collections de pus contenues dans le poumon provenoient de l'inflammation & de la suppuration du parenchyme de ce viscère; mais l'expérience & les recherches cadavériques réunies ont démontré que les abcès du tissu pulmonaire étoient très-rares, & que les altérations propres aux diverses pneumonies présentoient rarement des modes de suppuration auxquels on pût appliquer cette dénomination. Dès-lors, il a donc fallu rechercher dans d'autres lésions la cause & la source des vomiques. Parmi les médecins qui ont traité ce point de doctrine, les uns, comme Laennec, ont presqu'uniquement fait consister cette maladie dans la fonte purulente des tubercules pulmonaires (*Traité de l'auscultation médiate*); d'autres l'ont exclusivement rapportée aux abcès formés dans les cavités des plèvres, abcès qui semblent parfois avoir détruit le poumon par une suppuration qui, au reste, est étrangère à ce viscère. Nous pensons qu'il y a exagération des deux parts; que le célèbre Laennec s'est trompé en disant que l'abcès du poumon étoit cent fois plus rare que la suppuration des tubercules, qui d'ailleurs se développent si souvent dans cet organe : il y a évidemment erreur, à supposer que les vomiques sont toujours une suite de la pleurésie suppurée simulant la phthisie pulmonaire ; il est plus raisonnable, plus philosophique même d'admettre, comme le fait le Dr. Patissier dans l'article qu'il a fourni au *Dictionnaire des Sciences médicales* (1), que la vomique reconnoît pour cause, tantôt l'abcès du parenchyme pulmonaire, qui est moins rare qu'on ne le croit aujourd'hui ; tantôt des collections purulentes formées par la fonte des tubercules pulmonaires ; d'autres fois des abcès du foie qui se font jour par les bronches. En adoptant cette classification des vomiques, nous y ajouterons une quatrième variété provenant de la suppuration des plèvres enflammées, suppuration qui constitue l'empyème quand le pus n'est pas rejeté par l'expectoration.

1re. VARIÉTÉ. — *Vomique formée par la suppuration du parenchyme pulmonaire.* Nous savons bien que Bichat a avancé que le pus ne s'amassoit jamais en foyer dans la pneumonie ; nous n'ignorons pas non plus que Bayle a fait observer depuis long-temps, avec beaucoup de fondement, qu'un grand nombre d'auteurs ont confondu les abcès enkystés des plèvres avec les vomiques telles qu'on les considéroit autrefois (2) ; mais ces graves autorités ne nous empêchent pas de penser, avec notre excellent ami le Dr. Patissier, que cette question de pathologie, examinée de plus près, conduit à une autre solution que celle adoptée par les médecins célèbres dont nous venons de parler. En

lisant attentivement Morgagni (lettre XX), nous n'avons pu que nous fortifier dans cette opinion, que nous ne pouvons développer ici. Un médecin, qui depuis s'est fait connoître par des productions remarquables (1), dès son entrée dans la carrière médicale, publia plusieurs exemples de véritables abcès du poumon, qui, recueillis en très-peu de temps, sont bien propres à démontrer que cette affection est plus commune que ne l'ont pensé les auteurs déjà cités (2). Voici l'extrait de deux de ces observations : Une femme de soixante-cinq ans, affectée de pneumonie, mourut le vingt-deuxième jour de sa maladie. A l'ouverture du corps, on trouva un vaste abcès dans la partie supérieure du poumon droit ; la poche qui contenoit le pus avoit trois ou quatre pouces de diamètre en tous sens. Sa paroi antérieure n'étoit séparée de la plèvre que par une épaisseur de quelques lignes ; sa paroi postérieure étoit beaucoup plus-épaisse ; l'intérieur de la cavité étoit traversé par des brides ou de petites cloisons qui circonscrivoient différens clapiers. Ce n'étoit autre chose que des vaisseaux & des ramifications bronchiques qui avoient résisté aux ravages de la suppuration. On trouva aussi dans l'intérieur du foyer des portions de poumon flottantes, & ne tenant plus au reste de l'organe que par des brides vasculaires ou bronchiques, signe certain de la suppuration du tissu pulmonaire. Le parenchyme pulmonaire attenant au foyer étoit mou & facile à déchirer ; le reste étoit hépatisé & infiltré de pus. Il y avoit à la partie inférieure & postérieure du même poumon un autre foyer très-petit, mais semblable au premier : on ne découvrit pas un seul tubercule dans les deux poumons. Dans l'autre cas, qui a beaucoup d'analogie avec le précédent, à l'ouverture du cadavre on trouva le poumon droit mou & crépitant inférieurement, dur & compacte supérieurement ; au sommet, qui étoit plissé & fluctuant, il y avoit un abcès qui contenoit un verre de pus blanc, opaque, homogène, semblable à celui du phlegmon ; le foyer avoit trois pouces de diamètre en tous sens ; les parois étoient formées supérieurement par les plèvres réunies & épaisses ; le sommet du poumon étoit détruit. Inférieurement on trouva le tissu pulmonaire dur, compacte, l'intérieur du foyer étoit traversé par des vaisseaux & des rameaux bronchiques de la grosseur d'une plume à écrire ; des flocons de tissu cellulaire, reste du parenchyme pulmonaire, flottoient au milieu du pus ; une couche du même fluide étoit adhérente à toute la surface du foyer qu'elle tapissoit entièrement.

Quelques autres faits ont été recueillis en même temps que ceux de M. Lallemand; ils ont été cités dans la 2e. édition de l'ouvrage de Laennec

---

(1) Tome LVIII, pag. 315.
(2) *Recherches sur la phthisie pulmonaire.*

(1) M. LALLEMAND, professeur à Montpellier.
(2) *Bibliothèque médicale*, tom. LXVe.

fur l'*auscultation*, &c. Cet auteur lui-même eſt
en quelque ſorte revenu ſur ſa première opinion
en rapportant des obſervations qui, ſous un autre
nom, offrent des exemples d'abcès du poumon.

2e. VARIÉTÉ. — *Vomique produite par la fonte
des tubercules.* Elle eſt infiniment plus commune
que la précédente; elle provient de la ſuppuration
d'un plus ou moins grand nombre de tubercules
qui conſtituent la phthiſie pulmonaire, ou bien de
la ſécrétion purulente qui s'établit plus tard à la
ſurface des cavités enkyſtées qui renferment ces
tubercules. Les phthiſiques expectorent ſouvent de
ces vomiques à la ſuite de quintes de toux; elles
équivalent quelquefois à pluſieurs verres de liquide
purulent ou de crachats puriformes. Leur quantité,
dans certains cas, eſt tellement ſupérieure à la
maſſe des tubercules réunis, qu'on ne peut douter
qu'une partie ne ſoit le produit d'une ſécrétion de
la ſurface des excavations tuberculeuſes. Laennec a mis cette vérité hors de doute dans l'ouvrage
que nous avons déjà cité, & dont nous tirons le
fait ſuivant : Un malade, après avoir éprouvé
pendant pluſieurs mois une toux ſèche accompagnée de dyſpnée, de fièvre hectique & des autres
ſymptômes propres à faire ſoupçonner l'exiſtence
des tubercules, expectora tout-à-coup, à la ſuite
d'une violente quinte de toux, près d'un verre de
crachats puriformes, opaques & preſque diffluens.
Pendant environ huit jours il rendit, toutes les
vingt-quatre heures environ, trois livres d'une
matière ſemblable, l'expectoration diminua enſuite graduellement, ceſſa enfin totalement,
ainſi que les ſymptômes qui l'avoient précédée, &
le malade ſortit de l'hôpital parfaitement guéri.

Les auteurs qui n'ont appliqué le nom de *vomique* qu'à des collections confidérables de pus,
ont prétendu qu'on ne pouvoit appeler ainſi l'expectoration ſucceſſive des tubercules ramollis, qui
ne fourniſſent jamais beaucoup de pus à la fois;
mais il eſt évident que la quantité ne fait, comme
on dit, rien à l'affaire; que c'eſt le mécaniſme de
l'expectoration qui caractériſe la vomique.

3e. VARIÉTÉ. — *Vomique produite par des abcès
formés dans la cavité des plèvres.* Des épanchemens de pus dans la cavité des plèvres ſe font
quelquefois jour, au moyen de fiſtules pulmonaires, dans les bronches, & ſont rejetés au-dehors
par cette voie. Bayle a, le premier, fait connoître
& décrit des cas ſemblables; lui-même ſuccomba
à un abcès ou *vomique* des plèvres qu'il avoit pris
pour une phthiſie pulmonaire. Cette eſpèce de
vomique eſt, du reſte, infiniment moins commune
que ne l'ont prétendu les auteurs qui ont avancé
qu'on pouvoit y rapporter toutes les grandes & ſu-
bites expectorations purulentes: nous en poſſédons
peu d'exemples bien décrits.

4e. VARIÉTÉ. — *Vomique cauſée par un abcès
du foie communiquant avec le poumon.* Dans les
inflammations du foie qui ſe terminent par ſuppu-

ration, il arrive quelquefois que ce viſcère contracte des adhérences avec le diaphragme, & que
le pus, après avoir uſé cette cloiſon muſculaire,
pénètre dans la poitrine, d'où il eſt rejeté par l'expectoration. Des auteurs ont publié des exemples
de cette ſorte de tranſlation de l'abcès du foie.
Aux cas cités par Stalpart vander Wiel, Ver-
duc, Raymond, nous joindrons l'extrait des deux
obſervations ſuivantes, recueillies par Hébréard,
& inſérées dans les *Mémoires de la Société médicale d'émulation* (VIIe année, pag. 354.).

Un homme, âgé de vingt-huit ans, entra à l'infirmerie de la priſon de Bicêtre le 25 germinal
an 10. Il avoit de la chaleur, de la ſoif, de l'a-
mertume dans la bouche; le pouls étoit peu fréquent; il n'y avoit point de toux. Ce malade, qui
avoit éprouvé de vifs chagrins, diſoit avoir reçu
dans le côté droit un coup de poing huit jours avant
qui n'avoit ceſſé de lui cauſer de la douleur. Le
neuvième jour de ſon accident la figure devint
jaune; il y eut des friſſons irréguliers, une chaleur conſidérable le ſoir, & des ſueurs la nuit:
on preſcrivit des boiſſons délayantes & une décoction de tamarin émétiſée. Du dixième au quinzième
jour, mêmes ſymptômes, mêmes remèdes. La teinte
jaune s'étendit à toutes les parties du corps.

Le vingtième jour le malade éprouve de la douleur, une légère toux avec exacerbation vers le
ſoir, ſuivie de ſueurs copieuſes. Du vingt au trentième jour la teinte jaune s'affoiblit, mais la douleur pectorale augmente. Le trente-ſeptième jour,
expectoration de quelques crachats ſanguinolens;
la nuit, toux continuelle, inſomnie. (*Véſicatoire
ſur le point douloureux de la poitrine.*) La quarantième, expectoration de crachats brunâtres, puriformes, très-abondans, ſans aucun effort, qui
continue juſqu'au ſoixante-quatrième jour avec
une abondance effrayante (près de deux litres par
jour); cette expectoration étoit accompagnée
d'une maigreur extrême & d'une chaleur ſèche de
la peau, de douleur à l'hypochondre droit, &c., le
malade commence à ſe promener le ſoixante-quin-
zième jour, & ne ſe plaint plus que d'une douleur
ſourde à l'hypochondre droit. Il étoit guéri le
quatre-vingt-huitième.

Le 14 juillet 1807, on conduiſit à l'infirmerie un
idiot qui éprouvoit une douleur très-aiguë dans
la région du foie; il ſe tenoit couché ſur le côté
droit, & pouſſoit des cris quand on lui preſſoit
l'hypochondre du même côté. (*Diète, ſaignée,
boiſſons tempérantes, cataplaſmes émolliens ſur
l'hypochondre.*) Le ſixième jour même état. (*Boiſſon émétiſée.*) Le dixième jour, friſſons irréguliers, toux quand on preſſe la région du foie de
bas en haut.

Le vingtième jour le foie fait ſaillie; la figure
ſe décompoſe, il y a une très-grande foibleſſe.
(*Véſicatoire ſur la tumeur hépatique.*)

Le vingt-cinquième jour il ſe manifeſte une toux
ſubite

fubite & prefque continuelle, avec difficulté de refpirer. Le trente-fixième jour, abondante expectoration de matière couleur de lie de vin, qui dure huit jours ; la tumeur hépatique s'eft affaiffée & les douleurs fe font apaifées.

Le quarante-cinquième jour les crachats font moins abondans & prennent une teinte grifâtre. Le malade n'en rendoit plus le cinquante-fixième jour, & le foixante-troifième il fortit de l'infirmerie. Il éprouva une rechute dans laquelle la faillie du foie s'étant prononcée davantage, on la couvrit de cataplafmes émolliens ; on y appliqua enfuite un véficatoire pour déterminer l'adhérence du foie avec les parois abdominales ; enfin on y pratiqua une incifion d'où il s'écoula un pus femblable à celui qui avoit été expectoré.

La vomique n'eft pas toujours une terminaifon funefte d'une maladie du poumon ; elle eft au contraire, dans certains cas, le réfultat d'un effort falutaire de la nature. C'eft ainfi que Bordeu raconte que le célèbre chimifte Rouelle fut délivré d'une affection grave du poumon dont le médecin avoit habilement prévu la terminaifon. Hippeau a configné des faits femblables dans le tome huitième du Recueil périodique de la Société de médecine de Paris. Dans ces différens cas, la cavité qui contenoit le pus peut fe combler, fe cicatrifer, ou bien conferver une petite capacité dont une pectoriloquie eft l'indice certain. Laennec eft affurément l'auteur qui a obfervé le plus de cas pathologiques de cette nature, ainfi que le témoignent divers articles de fon ouvrage fur l'aufcultation médiate (1), particulièrement ceux qui ont rapport aux abcès du poumon, aux fiftules & aux excavations pulmonaires (2). De toutes les vomiques, celles qui font le produit d'une inflammation du parenchyme pulmonaire paroiffent les plus dangereufes, parce qu'elles entraînent la deftruction d'une grande partie de l'organe de la refpiration, & qu'elles donnent lieu plus que les autres à la fièvre lente & aux accidens inféparables de la réforption du pus & de la diarrhée colliquative.

Les fignes qui dénotent l'exiftence d'une vomique dans les poumons font très-obfcurs. Nous ne croyons pouvoir mieux faire, en terminant cet article, que de les indiquer d'après Laennec, qui a tant excellé dans le diagnoftic des maladies de la poitrine. « Lorfque le pus infiltré dans la fubftance pulmonaire, dit ce grand obfervateur, n'eft pas abforbé ou évacué à mefure qu'il fe ramollit, & vient à former collection, un râle muqueux très-fort, & évidemment caverneux, fe fait entendre dans le lieu de l'abcès. La bronchophonie qui exiftoit précédemment fe change en une pectoriloquie évidente ; la refpiration & la toux, de bronchiques qu'elles étoient, deviennent caver-

neufes. Si l'abcès eft voifin de la furface des poumons, la refpiration & la toux donnent, dans le même point, le fouffle dans l'oreille, & fi quelque partie des parois de l'abcès eft mince & molle, le fouffle devient voilé. » Ces fignes, felon l'auteur, font prefque toujours faciles à diftinguer des phénomènes analogues qui ont lieu dans l'hépatifation, & particulièrement de la bronchophonie, de la refpiration & de la toux bronchiques, & d'un râlement muqueux qui auroit lieu dans les bronches feulement, &c.

Le traitement des vomiques eft abfolument le même que celui des autres affections inflammatoires de poitrine paffées à l'état chronique & à celui de fuppuration. (Voyez PÉRIPNEUMONIE, PLEURÉSIE & PHTHISIE dans ce Dictionnaire.)

(BRICHETEAU.)

VOMIQUE (Noix vomique), f. f. (Mat. méd.) Fruit du ftrychnos nux vomica. (Voyez NOIX VOMIQUE, tom. X, pag. 630 de ce Dictionnaire, & STRYCHNINE, tom. XIII, pag. 141 du même ouvrage.) (C. H.)

VOMIQUIER, f. m. (Bot., Mat. méd.) Nom donné à un genre de plantes de la famille des Apocynées, remarquables par les qualités vénéneufes qui caractérifent leurs fruits. Deux efpèces, le ftrychnos nux vomica L. & le ftrychnos Ignacii de Lamarck, ont déjà été décrites dans ce Dictionnaire, l'une à l'article NOIX VOMIQUE, tom. X, pag. 630, & l'autre au mot FÈVE DE SAINT-IGNACE, tom. VI, pag. 367.

VOMISSEMENT, f. m. (Phyfiol. & Pathol.) Vomitus. On défigne ainfi l'expulfion convulfive des matières liquides ou folides contenues dans l'eftomac qui font rejetées par la bouche dans les efforts qui accompagnent cette expulfion. Ce phénomène important doit être fucceffivement étudié dans l'état de fanté & dans l'état de maladie, dans la manière dont il s'exécute & dans les caufes qui le produifent, dans les indications qu'il peut fournir au praticien obfervateur fur l'état des organes qui en font le fiège principal, &c., en forte que nous devrons l'examiner fucceffivement fous les rapports phyfiologique & pathologique, féméiotique & thérapeutique.

1°. Théorie phyfiologique du vomiffement. Lorfque l'eftomac eft furchargé d'alimens qui le diftendent & l'incommodent, comme dans l'indigeftion (voyez ce mot), lorfqu'il eft ftimulé outre mefure par des liqueurs fpiritueufes, comme dans l'ivreffe, lorfqu'une excitation fympathique lui eft tranfmife par la titillation de la luette, ou qu'une réaction cérébrale le follicite (par l'intermédiaire des nerfs pneumo-gaftriques) à l'occafion de la vue d'un objet dégoûtant, du vertige produit par le balancement, par le roulis d'un vaiffeau, &c., ce vifcère cherche à fe dé-

___
(1) Page 409 & fuivantes, tom. I, 2e. édition.
(2) Tome I, pag. 585 à 638.

barraffer par la voie la plus courte des matières qui l'irritent ou de l'impreffion pénible qui lui eft tranfmife, & un malaife épigaftrique particulier, connu fous le nom de *mal au cœur* ou de *naufée*, annonce l'efpèce de *befoin* contre-nature dont l'eftomac eft devenu le fiége. Cette forte d'anxiété précordiale eft bientôt fuivie d'un mouvement antipériftaltique de l'œfophage & du pharynx avec afflux de liquides falivaires dans la bouche; des éructations gazeufes furviennent, la lèvre inférieure eft agitée d'un tremblement particulier; il exifte un état de friffonnement, de malaife général des plus pénibles, qui eft quelquefois pouffé jufqu'à la fyncope; tout-à-coup des efforts plus ou moins violens ont lieu; des contractions brufques & convulfives des mufcles abdominaux, du diaphragme, de l'eftomac, chaffent à travers l'œfophage, qui fe raccourcit & s'élève, le pharynx, la bouche, qui s'ouvre par la contraction des mufcles abaiffeurs de la mâchoire inférieure (fouvent auffi à travers les foffes nafales & les narines), les matières contenues dans l'eftomac, ou remontées dans ce vifcère &, provenant des voies biliaires, du duodénum ou même, dans certains cas pathologiques, d'un point encore plus éloigné. C'eft cette expulfion convulfive qui conftitue à proprement parler le vomiffement. Au milieu des efforts, le vifage, auparavant pâle, fe colore, la peau, couverte d'une fueur froide, fe réchauffe, le pouls, d'abord petit & concentré, fe développe, quelquefois une douce moiteur s'établit; le calme renaît après l'évacuation des matières contenues dans les voies digeftives; la refpiration, entrecoupée, fuffocante au milieu des efforts, reprend fon rhythme naturel; les battemens du cœur, précipités & tumultueux, fe développent & fe régularifent; le malaife & l'angoiffe épigaftriques difparoiffent, un fentiment de bien-être & de foulagement leur fuccède; il ne refte plus que de la fatigue & de la foibleffe, quelquefois de la propenfion au fommeil. Au milieu de la perturbation générale imprimée à l'économie par les efforts du vomiffement, les organes abdominaux, thoraciques, gutturaux, &c., font ébranlés, fecoués, exprimés, pour ainfi dire, des liquides qu'ils contiennent; les excrétions biliaire, inteftinale, urinaire, bronchique, gutturale, falivaire, lacrimale même, font provoquées ou activées, & un mouvement excentrique général plus ou moins marqué fuccède à la concentration épigaftrique qui fignale les angoiffes du vomiffement. Suivant que celui-ci eft unique ou multiple, violent ou léger, complet ou incomplet, la férie de phénomènes que nous avons rapidement retracés fe déroule avec plus ou moins de promptitude ou de régularité, fe complète avec plus ou moins d'énergie ou de perfection.

Il paroît naturel d'attribuer à une contraction antipériftaltique des fibres mufculaires de l'efto-

mac, l'évacuation de ce vifcère qui a lieu dans le vomiffement par l'orifice œfophagien, d'une manière brufque & convulfive, au lieu de s'opérer lentement & fans fecouffes par l'orifice pylorique, comme dans l'état naturel. Toutefois, il eft évident que dans les efforts du vomiffement (qui eft un acte d'expiration comme la toux), les puiffances mufculaires expiratrices, & notamment les mufcles abdominaux, agiffent avec énergie, au moins comme auxiliaires.

Une expérience célèbre faite par M. Magendie, il y a quelques années, tendroit à prouver que l'eftomac, comme le croyoient déjà Bayle & Chirac, médecin du dix-feptième fiècle, eft prefque paffif dans l'acte du vomiffement. Dans cette expérience, on enlève l'eftomac, on y fubftitue une veffie, & le vomiffement s'opère; on laiffe l'eftomac, mais on détache les mufcles abdominaux & on paralyfe le diaphragme par la fection des nerfs diaphragmatiques, & le vomiffement n'eft plus poffible. Dans une autre expérience faite plus récemment encore par Béclard, l'action antipériftaltique de l'œfophage, qui fe foulève & rémonte vers le pharynx, paroît concourir avec affez de force à l'accompliffement du vomiffement. Enfin, une obfervation inférée dans la *Nouvelle bibliothèque médicale* (mai 1829), prouve contradictoirement à un autre fait qui fert de bafe à un *Mémoire fur le vomiffement*, publié antérieurement par M. Bourdon, que le vomiffement peut s'opérer quoique les fibres mufculaires de l'eftomac aient fubi complètement la dégénération fquirrheufe. Mais, de ce que dans des expériences où l'on ne peut que bien difficilement juger au milieu du défordre produit par l'art, ce qui doit fe paffer dans l'état d'intégrité normale des organes, ou de ce que, dans des cas pathologiques plus ou moins complexes, il a pu arriver que le vomiffement s'opérât fans la participation ou avec une très-foible participation de l'eftomac, on n'en peut pas rigoureufement conclure que, dans l'état naturel, ce vifcère, doué d'une tunique mufculeufe contractile, demeure paffif dans l'acte du vomiffement, furtout quand on fe rappelle l'opinion d'un phyfiologifte tel que Haller, & les expériences directes de M. Portal, qui faifoit toucher au doigt & à l'œil les mouvemens de contraction de l'eftomac fur des chiens dont on ouvroit l'abdomen durant les efforts du vomiffement. Ce qui pourroit cependant faire croire que la preffion exercée par les mufcles voifins eft à peu près indifpenfable à l'accompliffement de ce phénomène, c'eft que l'eftomac fe diftend par des gaz ou par de l'air avalé (car cette déglutition d'air s'opère manifeftement dans les intervalles des efforts de vomiffement, comme l'a démontré M. Magendie fur les animaux foumis à fes expériences) à mefure qu'il fe vide des matières qu'il contient, comme fi cette diftenfion étoit néceffaire pour que la preffion des partie voisines pût être efficace. Mais, l'objection la plus puissante qu'on puisse faire à la théorie des physiologistes qui veulent que l'estomac soit passif dans l'acte du vomissement, se tire de l'observation journalière, qui prouve que les matières contenues dans ce viscère ne sont pas indifféremment expulsées, comme il arriveroit nécessairement si cette expulsion n'étoit que le simple résultat de la pression des muscles abdominaux; mais, au contraire, que l'estomac a la faculté de choisir, pour ainsi dire, parmi les substances qu'il contient, celles qui lui répugnent & qui sont rejetées au-dehors dans les efforts de vomissement, & celles qui lui conviennent & qui sont retenues malgré ces efforts (1).

Quoique le vomissement soit généralement, comme tous les autres phénomènes de nature convulsive, un acte involontaire, il est cependant quelques individus doués de la faculté de vomir à volonté. On sait, par exemple, que MM. Gosse, de Genève & de Montègre, usant de cette singulière prérogative, ont fait quelques recherches sur le suc gastrique & sur la fonction de la digestion. Il est probable qu'en pareil cas le vomissement n'offre plus cette violence convulsive qu'il présente chez les autres sujets, mais qu'il s'offre sous forme d'une simple régurgitation plus ou moins analogue à celle que l'on observe chez les animaux ruminans.

2°. *Histoire pathologique du vomissement.* Rien de plus essentiel en pathologie que d'établir d'une manière précise le diagnostic d'un phénomène morbide aussi commun & aussi important que le vomissement, ou mieux, que d'arriver à reconnoître la nature des affections dont il est le symptôme; c'est sous ce point de vue qu'on a cru devoir noter trois espèces principales de vomissement, savoir: l'idiopathique, le symptomatique & le sympathique. On donne le nom de *vomissement idiopathique* ou de *vomissement nerveux* à celui qui n'est le symptôme d'aucune lésion autre que celle, encore inconnue, qui détermine le vomissement lui-même, sans que l'examen des symptômes pendant la vie, ni l'inspection des organes après la mort puisse indiquer l'existence d'une lésion matérielle appréciable à nos sens, soit dans l'estomac, soit dans d'autres viscères liés avec lui par des relations sympathiques. Dans ces dernières années, le Dr. Barras, cherchant à combattre les erreurs de pratique amenées par la propagation & l'exagération des doctrines de l'école dite *physiologique*, erreurs dont il avoit failli lui-même être la victime, a réuni dans un ouvrage fondé sur de nombreuses observations les faits principaux de l'histoire de la *gastralgie* ou névrose de l'estomac, affection dans laquelle on voit assez souvent survenir le vomissement nerveux ou idiopathique. Ce vomissement se recon-

noît à deux ordres de signes, les uns négatifs & les autres positifs: les premiers se tirent de l'absence de tous les symptômes qui pourroient déceler l'existence d'une gastrite ou inflammation de l'estomac, d'un squirrhe, d'un cancer, &c., ou d'une lésion de quelqu'un des organes qui sympathisent avec ce viscère, tels que l'appareil biliaire, le duodénum, l'intestin, la matrice, le poumon, &c. Malheureusement ce point de diagnostic est souvent entouré de nombreuses difficultés provenant, d'une part, de ce que des lésions matérielles peuvent exister sans être accompagnées de symptômes bien évidens, & de ce que, d'autre part, la plupart des phénomènes qui en forment le cortège le plus ordinaire, peuvent se montrer, au moins temporairement, sans que pourtant ces lésions existent. Il me sera facile, par un petit nombre d'exemples, de faire sentir combien est grande la difficulté que je viens d'indiquer. Une femme, couchée dans une des salles de l'Hôtel-Dieu, & dont j'ai rapporté ailleurs l'observation détaillée (*Réflexions sur la médecine moderne,* dissertation inaugurale, Paris, 1822), vomissoit opiniâtrement tout ce qu'elle prenoit; tous les matins à la visite on trouvoit un bassin rempli de liquides vomis, tenant en suspension des débris d'alimens mal digérés. Un grand nombre de moyens ayant été employés sans succès pour combattre ces vomissemens, qui n'étoient d'ailleurs accompagnés d'aucun symptôme local bien marqué, on finit par croire à quelque supercherie employée par la malade pour prolonger son séjour à l'hôpital. Cependant cette femme pâlit, maigrit, s'affaisse & finit par succomber. On observa, durant les derniers jours seulement, un peu de toux, un peu de dévoiement & une fièvre légère. A l'ouverture du corps, on trouva l'estomac sain, mais il existoit à la fin de l'intestin grêle plusieurs ulcérations, dont quelques-unes paroissoient le résultat de tubercules, & dans le sommet adhérent de chaque poumon on rencontra plusieurs tubercules. Il est évident que, dans ce cas, le vomissement qu'on auroit pu croire idiopathique étoit en effet sympathique & dépendant de l'affection du poumon & de l'intestin.

Une jeune dame, lymphatico-nerveuse, sujette dans son enfance à des accidens nerveux, fut prise de dyspepsie avec douleur à l'épigastre, nausées & parfois même légers vomissemens. Quoique la langue fût naturelle & plutôt pâle que rouge, que l'épigastre ne fût point douloureux à la pression, qu'il n'y eût point de fièvre, on crut devoir, vu l'état d'embonpoint de la malade & l'amélioration que sembloit amener l'écoulement du sang menstruel, opposer d'abord à ces accidens le traitement antiphlogistique, la saignée générale & locale, les émolliens à l'intérieur & à l'extérieur, une diète sévère. Les pernicieux effets de ce traitement ne tardèrent pas à se faire sentir: la malade s'affoiblit rapidement, la fyncope devenoit imminente quand cette dame vouloit fe mettre fur fon féant; en même temps la fenfibilité de l'eftomac s'exalta à un point tel que l'eau elle-même ne put plus être fupportée & détermina des naufées. On fe hâta de recourir à un régime tout oppofé : on prefcrivit le vin de Bordeaux mêlé à l'eau, le bouillon, l'eau de Vichi, des frictions éthérées fur l'épigaftre, un régime animal & fubftantiel, enfin la malade fit un voyage pendant lequel fa fanté, qui déjà s'étoit améliorée dès le début de ce nouveau traitement, acheva de fe rétablir. Dans ce cas, je crois que le vomiffement étoit nerveux & idiopathique, c'eft-à-dire, dépendant d'une névrofe de l'eftomac, fans léfion matérielle appréciable. Quant aux fignes pofitifs de cette efpèce de vomiffement, ils fe tirent de l'examen commémoratif & actuel de l'enfemble de la conftitution, qui tend à faire reconnoître la prédominance nerveufe, l'action de caufes propres aux névrofes, & les fignes d'une affection purement nerveufe, caractérifée par une douleur que n'augmente pas la preffion, par un état, pour ainfi dire, capricieux de l'organe principal de la digeftion, qui fupporte parfois très-facilement des fubftances qui exafpéreroient néceffairement les fouffrances caufées par une gaftrite, &c. Enfin le réfultat des effais thérapeutiques concourt puiffamment à éclairer le diagnoftic, en même temps qu'il guide le praticien dans l'emploi des moyens de l'art : *A juvantibus & lœdentibus fit indicatio.*

Le vomiffement *fymphathique* offre, avec l'efpèce précédente, une certaine analogie fous le rapport du mode d'affection du vifcère qui en eft le fiége. En effet, dans ce vomiffement, comme dans le vomiffement *idiopathique*, il n'y a pas ordinairement de léfion inflammatoire ou organique de l'eftomac, mais feulement une perverfion d'action dont la fource paroît être dans une exaltation de la fenfibilité nerveufe; la feule différence qui exifte entre ces deux cas pathologiques eft que, dans l'un, la névrofe de l'eftomac eft primitive, effentielle, idiopathique, conftitue la maladie tout entière; tandis que, dans l'autre, l'eftomac n'eft affecté que fecondairement, confécutivement à la léfion d'un autre organe, dans le cours de la maladie duquel le vomiffement ne conftitue qu'un épiphénomène plus ou moins important & plus ou moins durable, tellement lié à la maladie principale que, dans la plupart des cas, il difparoît à mefure que celle-ci décroît. Le vomiffement fympathique eft une des efpèces de vomiffement les plus communes : on le voit furvenir dans une foule d'affections cérébrales (*fyncope, méningite, encéphalite, apoplexie, commotion du cerveau,* &c.), pulmonaires (*phthifie, coqueluche, catarrhe,* &c.), & abdominales (*péritonite, hépatite, fplénite, néphrite, métrite, groffeffe,* &c.). M. Dance a fignalé, dans ces derniers temps (voyez *Archiv. génér. de médec.,* juin 1827), une efpèce

fort remarquable de vomiffement fympathique lié à l'état de groffeffe, & paroiffant dépendre d'un état morbide du produit de la conception. Dans les deux cas rapportés par ce médecin, les femmes fuccombèrent à une époque peu avancée de la groffeffe, épuifées par des vomiffemens opiniâtres : à l'ouverture du corps, on trouva des traces de congeftion & d'inflammation dans la membrane caduque utérine; l'eftomac tout-à-fait fain dans un cas, n'offroit dans l'autre que de très-foibles léfions.

Doit-on toujours rapporter au vomiffement *fympathique* celui qui fe montre fi fouvent au nombre des prodromes de beaucoup de maladies aiguës? N'eft-il pas très-probable, par exemple, que le vomiffement qu'on obferve prefque conftamment au début de la variole eft véritablement *idiopathique,* & indique la part que prend l'eftomac au défordre général qui caractérife la fièvre qui précède l'éruption? N'en eft-il pas de même de celui qu'on obferve dans quelques autres fièvres éruptives, au début de quelques accès de fièvres intermittentes, &c.? Quant à l'opinion du Dr. Brouffais, qui veut que ces fortes de vomiffemens foient toujours *fymptomatiques* d'une inflammation de l'eftomac, j'avoue qu'elle me paroît repofer fur un rapprochement forcé; j'aime mieux encore avouer mon ignorance fur la nature de l'affection gaftrique qui produit ces vomiffemens, que de l'affimiler ainfi à une maladie fpéciale (la *gaftrite*) qui a fes caufes, fes fymptômes, fa marche appropriée; maladie dont il deviendroit à peu près impoffible d'apprécier & de précifer les caractères s'il falloit ainfi la généralifer outre mefure, appliquant fon nom fans héfiter à tous les cas où l'on voit paroître quelqu'un des phénomènes qui fe retrouvent dans l'hiftoire de fes fymptômes.

La troifième efpèce de vomiffement (*fymptomatique*) eft la mieux connue & la plus facile à étudier. Elle a pour caractère fondamental la préfence d'une léfion matérielle appréciable de l'eftomac (foit inflammatoire, foit d'une autre nature), qui la détermine en même temps qu'elle en explique facilement la production. En effet, que l'eftomac foit enflammé, que fon orifice pylorique foit obftrué par un engorgement fquirrheux, qu'une ulcération cancéreufe ou d'une autre efpèce en dévore la furface, &c., on conçoit fort bien que l'irritabilité augmentée du vifcère détermine les naufées & le vomiffement. Il eft pourtant une altération organique de l'eftomac, nouvellement étudiée, fur la nature de laquelle on n'eft pas encore bien d'accord, & par laquelle on ne peut pas toujours peut-être expliquer les vomiffemens qui s'y joignent, puifqu'elle peut bien n'être, dans certains cas, qu'un effet confécutif; je veux parler du *ramolliffement* de la membrane muqueufe de ce vifcère. Ainfi, par exemple, on a dit que le vomiffement que nous avons cité plus haut comme *fympathique* de l'affection des poumons, dans la *phthifie tuberculeufe*, étoit pref-

que toujours un vomissement véritablement symptomatique causé par un état de ramollissement de
la muqueuse gastrique coïncidant avec la phthisie
pulmonaire. On peut faire à cette manière de voir
plusieurs objections : d'abord, il est des cas de vomissemens sympathiques chez des phthisiques ou
chez d'autres malades, dans lesquels on ne trouve
pas de traces de ramollissement de l'estomac; d'autre part, il est des cas de ramollissement sans vomissemens. Enfin, il y a des circonstances où le ramollissement paroît n'avoir été que consécutif, &
l'on conçoit en effet que la perturbation répétée
que cause l'acte de vomissement puisse être suivie,
à la longue, d'une altération matérielle du tissu de
l'organe qui en est le siége principal ; mais nous
soulevons là une question qui se rattache à ce point
de doctrine si intéressant & si peu connu, du mode
de formation des lésions organiques consécutives
aux lésions vitales ou nerveuses, & nous n'avons
ni le temps, ni l'espace, ni les moyens suffisans
pour aborder un pareil sujet.

Outre le vomissement symptomatique d'une maladie de l'estomac que nous venons d'indiquer, il
y a une seconde espèce de vomissement symptomatique produit par l'interception du cours des matières contenues dans les voies digestives. Cette
interception peut être produite par une contraction spasmodique de l'intestin (iléus nerveux),
par la présence de corps étrangers qui obstruent
le canal digestif, par un étranglement interne ou
externe, par le rétrécissement ou l'oblitération d'un
des points du canal intestinal, &c. Ce vomissement
a une marche particulière, tantôt aiguë & tantôt
chronique, suivant la cause qui intercepte le cours
des matières; d'abord léger & composé seulement
des matières contenues dans l'estomac, il devient
plus tard bilieux, puis enfin stercoral, lorsque
l'obstacle réside dans le gros intestin.

3°. Vomissement considéré sous le rapport séméiotique. Deux choses sont à considérer dans
cette partie de l'histoire du vomissement, savoir :
le phénomène lui-même, la manière dont il survient, s'effectue, les symptômes qui l'accompagnent, &, d'autre part, la nature des matières
rejetées par l'acte du vomissement.

Chez quelques sujets, & en particulier dans le
premier âge de la vie, le vomissement survient
facilement & s'opère avec si peu de trouble, qu'on
pourroit presque le regarder comme une excrétion
physiologique & naturelle. En général pourtant,
le vomissement est pénible, douloureux, & compromet plus ou moins la santé, surtout lorsqu'il
est spontané; car le vomissement provoqué par
l'art, ou accidentellement produit par des causes
passagères, celui de l'indigestion, par exemple,
disparoît le plus ordinairement, sans laisser de
traces, avec les causes qui lui ont donné naissance.
Le vomissement est toujours un épiphénomène
fâcheux qui a lieu, comme effet sympathique,
dans le cours d'une maladie quelconque ; le ma-

laise qu'il cause, les secousses qu'il provoque,
l'obstacle qu'il apporte à l'ingestion des boissons,
des substances médicamenteuses ou alimentaires
dans l'estomac, font vivement desirer au malade
comme au médecin la cessation de ce phénomène
incommode. On cite cependant quelques exemples
de vomissemens critiques, ou au moins de vomissemens qui ont amené une amélioration notable
dans l'état du malade, soit que les secousses du
vomissement aient produit le dégorgement de certains organes engoués, du poumon, par exemple,
ou des bronches remplies de mucosités, des amygdales engorgées, &c.; soit que l'estomac lui-même
ait été débarrassé de matières qui irritoient ou
obstruoient pour ainsi dire sa surface, comme dans
certaines affections gastriques heureusement ter-
minées, par exemple, par le rejet de concrétions
pseudo-membraneuses ; soit enfin que des évacuations muqueuses, bilieuses, soient survenues
& aient été véritablement critiques.

Le vomissement symptomatique est le plus grave
de tous ; sa gravité d'ailleurs dépend de la nature
& du degré de la maladie gastrique dont il est le
symptôme. Enfin, le vomissement idiopathique
lui-même, quoiqu'assez souvent susceptible d'une
heureuse terminaison, peut entraîner la mort lorsqu'il résiste au temps & aux moyens que l'art emploie pour le combattre. Les effets fâcheux du
vomissement violent & continu sont de deux sortes:
les uns directs & prochains, les autres indirects &
plus ou moins éloignés. Parmi les premiers se rangent les résultats que peuvent avoir, soit pour
l'estomac lui-même, soit pour d'autres organes,
les secousses & les efforts du vomissement : ainsi,
la rupture de l'œsophage, celle de l'estomac, les
hernies, l'avortement, l'apoplexie, la rupture
d'anévrismes, &c., peuvent être le produit de ces
efforts. Les effets éloignés s'observent aussi dans
l'estomac lui-même ou dans les autres parties du
corps : ainsi, le ramollissement de l'estomac &
quelques autres lésions de ce viscère doivent peut-
être, dans quelques cas, être regardés comme
des effets consécutifs des vicissitudes qu'éprouve
l'organe ébranlé par les secousses & les efforts du
vomissement; ainsi l'altération profonde de la digestion & de la nutrition se fait tôt ou tard ressentir à tous les organes de l'économie affoiblis,
amaigris, altérés par la privation des sucs nutritifs. Il est pourtant remarquable combien, sous ce
rapport, la vie peut se soutenir & se prolonger
chez quelques femmes nerveuses, susceptibles encore de recouvrer la santé après être tombées dans
l'état de marasme le plus effrayant par suite de
vomissemens opiniâtres, qui ont forcé
de renoncer presqu'entièrement à toute espèce de
nourriture.

L'époque à laquelle se montre le vomissement,
après l'ingestion des substances rejetées par l'estomac, peut quelquefois aider à découvrir le siége
& même, jusqu'à un certain point, la nature de

l'affection qui le provoque lorsqu'il eſt ſymptomatique. Ainſi, tandis que dans l'œſophagite, la gaſtrite intenſe & générale, certaines gaſtralgies, les
liquides ingérés ſont rejetés preſqu'auſſitôt qu'ils
ſont avalés ; dans le ſquirrhe du pylore, au contraire, on voit ſouvent les alimens être pris en
aſſez grande quantité & avec appétit, puis ſéjour-
ner dans l'eſtomac pendant des heures entières,
ou même pendant un temps plus long, & n'être
vomis qu'après que le viſcère a ſubi une certaine
diſtenſion, &c.

Quoique ce ſoit en général un ſigne de bon
augure que de voir le vomiſſement céder au temps
ou aux remèdes, il faut, pour que ce ſigne ſoit
tout-à-fait ſûr, qu'il coïncide avec une amélioration des autres ſymptômes, car on peut ſouvent
obſerver une ſuſpenſion plus ou moins longue ou
même une ceſſation complète du vomiſſement,
dans le cours de certaines léſions organiques de
l'eſtomac, à la fin des maladies graves, &c., ſans
que pour cela le pronoſtic devienne plus favorable. Tout récemment encore je donnois des
ſoins à une jeune dame que l'on croyoit ſeulement atteinte de gaſtralgie (mais qui avoit en
effet des ulcérations dans l'inteſtin, une phthiſie
pulmonaire, & des traces de gaſtrite & de duodé-
nite, que fit connoître l'ouverture du corps), &
chez laquelle, peu de jours avant la mort, on
réuſſit à faire ceſſer des vomiſſemens, juſque là
rebelles à tous les moyens employés, par la véſication de l'épigaſtre avec application d'acétate de
morphine ſur la ſurface excoriée. Quoique le phénomène le plus grave de la maladie eût diſparu,
l'épuiſement général continua de faire des progrès,
du délire ſurvint & bientôt la malade ſuccomba.

La matière du vomiſſement varie beaucoup,
ſuivant qu'elle ſe compoſe d'alimens dont la
digeſtion eſt plus ou moins avancée, de boiſſons
de diverſe nature, ou de liquides contenus dans
les voies gaſtriques, biliaires, inteſtinales, &c.
Il règne encore beaucoup de difficul-
cultés & de conteſtations ſur le jugement que l'on
doit porter d'après l'aſpect de cette dernière ſorte
de matières vomies. Les Modernes, dont les idées
théoriques ſont fortement phlogiſtiques, voient
preſque toujours des indices d'une irritation ou
d'une inflammation, ſoit de l'eſtomac, ſoit du
duodénum, ſoit des voies biliaires, dans les vomiſſemens glaireux, muqueux, pſeudo-membra-
neux, bilieux (jaunes, verts ou brunâtres),
ſanguins (rouges ou noirâtres), qu'il exiſte ou
non des ſymptômes évidens de gaſtrite, de duo-
dénite ou d'hépatite. Nous nous bornerons ici à
indiquer quelques points ſur leſquels on eſt le
plus généralement d'accord ſur cette partie de
la ſéméiotique. D'abord, nous poſerons comme
règle fondamentale que (à très-peu d'exceptions
près), il ne ſuffit pas pour porter un jugement
aſſuré de conſidérer iſolément la couleur, l'aſpect,
la nature de la matière du vomiſſement ; mais

qu'il faut joindre à ce ſigne tous ceux que l'on
peut tirer des autres phénomènes locaux & généraux. Cependant un liquide bourbeux, noirâtre,
comme le marc de café, rejeté par le vomiſſement, ſuffit, le plus ſouvent, même conſidéré
ſeul, pour annoncer une déſorganiſation cancéreuſe de l'eſtomac ; un vomiſſement glaireux,
viſqueux, limpide, d'une odeur aigre, s'il ſe répète ſouvent & ſe prolonge, donne fortement lieu
de ſoupçonner le commencement d'un ſquirrhe
de ce viſcère ; un vomiſſement ſtercoral qui ſuccède à des vomiſſemens muqueux ou bilieux,
annonce un obſtacle au cours des matières inteſtinales ; le vomiſſement noir eſt un des principaux caractères de la fièvre jaune, appelée
même à cauſe de cela par les eſpagnols, vomito
negro (voyez ce mot) : le choleɾa-morbus s'annonce preſque toujours par des vomiſſemens bilieux verdâtres abondans ; l'hémorragie de l'eſtomac donne lieu à des vomiſſemens de ſang noir
& cailleboté qui ont fait donner à la maladie le
nom de melœna ; le vomiſſement purulent annonce
qu'un abcès s'eſt ouvert dans l'intérieur de l'eſtomac, &c. &c.

Chez les jeunes enfans, chez certains ſujets
lymphatiques, catarrheux, pituiteux, on voit
quelquefois ſurvenir des vomiſſemens glaireux
qui n'indiquent nullement que l'eſtomac ſoit enflammé, mais qui proviennent ſimplement d'un
vice & d'un ſuperflu de ſécrétion gaſtrique. Dans
les premiers mois de la groſſeſſe il ſe manifeſte
auſſi aſſez ſouvent des vomiſſemens qui n'offrent
aucune gravité, quoiqu'on doive toujours s'efffor-
cer de les combattre pour peu qu'ils ſoient intenſes & répétés. Les vomiſſemens muqueux ou
bilieux liés à d'autres phénomènes de ſaburres
ou d'affection bilieuſe ſont moins ſouvent qu'on
ne le croyoit autrefois de ſimples effets d'une
modification de ſécrétion ; & c'eſt un grand ſervice rendu à la ſcience que l'hiſtoire complète
de toutes les nuances de l'inflammation gaſtro-
inteſtinale publiée par M. Brouſſais. Toutefois,
il faut ſe garder de tomber dans Charybde en
voulant éviter Scylla ; & l'on auroit tort de refuſer
tout crédit aux opinions de nos prédéceſſeurs ſur
les affections bilieuſes & ſaburrales. Il eſt ſeulement de la plus haute importance d'avoir toujours
préſent à l'eſprit que l'irritation de l'eſtomac peut,
ſuivant les ſujets & ſuivant les circonſtances,
donner lieu à des vomiſſemens dont la matière
peut être aqueuſe, glaireuſe, bilieuſe, ſanguine, &c.,
ſans que la nature inflammatoire de la maladie
ſoit pour cela changée. C'eſt donc moins par
l'aſpect des matières vomies que par l'étude attentive des cauſes, des ſymptômes, de la marche
de la maladie, de tout ce qui peut en un mot
concourir à éclairer le diagnoſtic, que doit être
réglé le jugement du praticien, s'il y a lieu de
ſoupçonner l'exiſtence d'une léſion matérielle, ſoit
de l'eſtomac, ſoit même d'un autre viſcère.

Il est certaines affections gastriques fort singulières rapportées aux *gastralgies* ou aux névroses de l'estomac, dans lesquelles on observe comme phénomène principal & quelquefois presqu'unique, des vomissemens opiniâtres dont la matière varie étonnamment pendant le cours de la maladie, en sorte qu'on voit rejetés tour à tour des liquides aqueux, glaireux, bilieux, jaunâtres, verdâtres, bleus, brunâtres, &c. M. Husson m'a dit avoir vu plusieurs femmes succomber à des affections de ce genre sans avoir pu découvrir, à l'autopsie, de lésion appréciable de l'estomac. Presque toujours une odeur aigre très-prononcée se faisoit sentir dans l'haleine de la malade & dans les liquides vomis, en sorte qu'en pareil cas, cette odeur aigre est pour le praticien distingué que nous venons de citer un signe d'un très-fâcheux augure. Cette odeur avoit été très-marquée à plusieurs reprises, dans le cas que nous avons cité plus haut, relatif à une jeune dame qui succomba à une phthisie latente accompagnée de vomissemens répétés.

4º. *Vomissement considéré sous le rapport thérapeutique.* On pourroit étudier dans ce chapitre le vomissement sous un double point de vue, suivant que l'art tend à le provoquer ou à le combattre: mais les considérations relatives à la médication émétique seront mieux placées à l'occasion de l'action des *vomitifs* (*voyez* ce mot); & nous devons nous contenter ici d'indiquer brièvement les ressources que fournit la thérapeutique pour combattre le vomissement pathologique.

Il est clair que suivant que le vomissement est idiopathique, sympathique ou symptomatique, les moyens à lui opposer devront varier, & que suivant les affections dont le vomissement est le symptôme, les indications à remplir ne seront pas non plus les mêmes. Ainsi, tandis que le vomissement qui accompagne une gastrite nécessitera toutes les ressources d'un traitement antiphlogistique (*sangsues à l'épigastre, cataplasmes émolliens sur la même région, boissons délayantes*, &c.), celui qui sera causé par un obstacle apporté au cours des matières, par l'engouement ou l'étranglement d'une hernie, réclamera l'emploi des moyens propres à lever cet obstacle (*bains, lavemens laxatifs, débridement*, &c.), celui qui sera provoqué par la présence d'un tænia indiquera l'usage des anthelmintiques, &c. Toutefois, comme il n'est pas toujours possible de reconnoitre d'une manière certaine si le vomissement est symptomatique ou quelle est la nature de la maladie dont il dépend, comme il peut, même dans ce cas, céder à quelques-uns des moyens employés contre le vomissement idiopathique ou sympathique, il convient d'indiquer ici ces moyens connus généralement sous le nom d'*anti-émétiques*: d'ailleurs, la médecine *du symptôme*, beaucoup trop négligée par les médecins-philo-

sophes de nos jours, est assez souvent la seule que puisse faire le praticien, soit qu'il ne puisse rigoureusement établir le caractère de la maladie qu'il doit combattre, soit que cette maladie étant au-dessus des ressources de l'art, il soit obligé de s'en tenir à une cure palliative.

Les anti-émétiques n'agissent pas tous de la même manière; tantôt ils calment directement la sensibilité exaltée de l'estomac, tantôt ils modifient par une stimulation spéciale l'éréthisme nerveux, tantôt ils excitent sur la peau une dérivation qui opère sur l'affection de l'estomac un effet révulsif, temporaire ou durable; c'est-à-dire qu'ils sont choisis tantôt dans la classe des sédatifs, tantôt dans celle des antispasmodiques, tantôt dans celle des révulsifs, &c.

1. *Anti-émétiques sédatifs.* La diète, & même dans quelques cas l'abstinence totale de tout aliment & de toute boisson, est naturellement le premier moyen à mettre en usage lorsque l'estomac rejette par le vomissement les substances qui y sont ingérées. Toutefois, dans certaines gastralgies, dans certaines affections nerveuses qui exigent quelques tâtonnemens de la part du médecin, on ne feroit qu'augmenter encore l'éréthisme nerveux en observant une abstinence rigoureuse, & l'on se trouve bien de prescrire quelque léger aliment, soit solide, soit liquide, dans le choix duquel on se dirige d'après les effets produits (le bouillon froid, par exemple, du bouillon de poulet, un peu de gelée de viande, &c.). Hors ces cas exceptionnels, la diète (je ne dis pas l'abstinence) est de rigueur lorsqu'il existe des vomissemens; seulement elle doit être plus ou moins sévère suivant le degré, la durée, la nature des vomissemens, & surtout suivant les phénomènes locaux & généraux dont ils peuvent être accompagnés. Le froid est un des sédatifs les plus puissans & les plus efficaces qu'on puisse opposer au vomissement. Cet agent a souvent les effets les plus prompts & les plus heureux dans le vomissement nerveux, dans le *cholera-morbus*, dans l'hématémèse, dans la gastrite, dans la péritonite elle-même, &c. On l'administre à l'intérieur & à l'extérieur, en prescrivant des boissons froides, de l'eau pure, de préférence, qui est le liquide le mieux supporté en pareil cas, & qui est même souvent quand tous les autres sont rejetés; des morceaux de glace qu'on laisse fondre dans la bouche, &c.; l'application d'une vessie remplie de glace pilée sur la région de l'estomac, &c.

2. *Narcotiques.* L'opium, le sirop de pavots, le laudanum, sont souvent employés avec avantage, tant à l'intérieur (par la bouche & en lavemens) qu'à l'extérieur, dans le *cholera-morbus*, le vomissement nerveux, le squirrhe de l'estomac, &c. On applique sur la région épigastrique un emplâtre de thériaque & d'opium, on y fait

des embrocations avec du baume tranquille, on y place des cataplasmes arrosés de laudanum. A l'intérieur, on donne l'extrait gommeux d'opium, les pilules de cynoglosse, le sirop diacode dans une potion, quelques gouttes de laudanum dans une cuillerée d'eau sucrée, &c.

3. *Antispasmodiques.* Ces remèdes, moins sûrs dans leur action que les précédens, ne doivent être employés qu'avec prudence, puisqu'ils ne manqueroient pas d'être nuisibles s'il existoit quelqu'inflammation ou quelque désorganisation latente de l'estomac. On ne peut guère les essayer que dans les vomissemens purement nerveux. Toutefois, il faut faire une exception en faveur de l'acide carbonique, qui, généralement nuisible, à la vérité, dans le cas de gastrite, s'est montré quelquefois utile comme palliatif dans le cas de squirrhe de l'estomac. C'est ce gaz qui forme le principe actif de la fameuse *potion antiémétique de rivière,* si banalement employée par les praticiens, de l'eau de Seltz, de la limonade gazeuse, &c. L'éther sulfurique, la liqueur minérale anodine d'Hoffmann, les eaux distillées aromatiques (de fleur d'oranger, de tilleul, de menthe, de mélisse,) réussissent quelquefois employées à petites doses, soit pures, soit, ce qui est préférable, dans un véhicule approprié.

4. *Toniques & astringens.* Le quinquina en infusion, la racine de columbo, l'eau de Rabel, les acides, soit seuls, soit unis aux remèdes précédens, les spiritueux même, les vins d'Espagne, réussissent dans quelques cas à arrêter les vomissemens liés à un état atonique de l'estomac, & sont particulièrement indiqués dans l'hématémèse passive. Les marins emploient avec succès le rum & l'alcool pour arrêter chez quelques individus les vomissemens produits par l'espèce de vertige que cause aux gens inaccoutumés le roulis du vaisseau.

5. *Absorbans.* Ces médicamens ont beaucoup perdu de leur vogue depuis la décadence de la médecine humorale. Chez quelques sujets nerveux, & pituiteux, on retire néanmoins quelqu'avantage des pastilles d'yeux d'écrevisses, du carbonate de chaux, de la magnésie, &c., surtout lorsqu'il y a dégagement d'acides dans l'estomac.

6. *Révulsifs.* Les ventouses, les frictions stimulantes, les sinapismes, les vésicatoires, les moxas, les cautères actuel ou potentiel, sur l'épigastre, ont réussi quelquefois à arrêter des vomissemens, soit idiopathiques, soit même symptomatiques, qui avoient résisté à tous les autres remèdes. On a dans ces derniers temps employé, avec un succès marqué, d'après les erremens d'une méthode dite *endermique,* l'application d'un demi-grain à un grain d'acétate de morphine sur une surface excoriée par l'action vésicante des cantharides, ou mieux de la pommade ammoniacale de Gondret appliquée sur la région de l'estomac. Un interne des hôpitaux de Paris a publié une observation fort curieuse de vomissemens opiniâtres arrêtés par cette méthode chez une jeune femme que l'on croyoit atteinte d'une gastrite & d'une péritonite chroniques, mais qui guérit très-bien sous l'influence de ce moyen ingénieux. Peut-être n'est-il pas inutile, en finissant cet article, de rappeler aux praticiens combien est capable d'induire en erreur cet adage ancien trop souvent cité par nos prédécesseurs : *Vomitus vomitu curatur.*

(GIBERT.)

VOMISSEMENT DE SANG. (*Pathol.*) (*Vomitus cruentus.*) On appelle ainsi la maladie plus connue des auteurs sous le nom d'*hématémèse,* dans laquelle le sang exhalé ou épanché à la surface interne de l'estomac, est rejeté par l'acte du vomissement. Ce liquide, de couleur noire, ou rouge plus ou moins foncé, est quelquefois mêlé à des mucosités ; d'autres fois il contient des caillots ou même des corps étrangers. Le vomissement de sang, classé parmi les hémorragies des membranes muqueuses, a reçu dans divers ouvrages les dénominations de *gastrorrhagie,* d'*œsophagorrhagie,* de *flux hépatique, splénique,* de *maladie noire,* &c. C'est une maladie rare, qui est plus souvent qu'on ne le croit secondaire à une lésion des viscères abdominaux, mais qu'il ne faut pas reléguer parmi les symptômes, comme l'ont fait certains novateurs.

Le vomissement de sang reconnoît des causes très-nombreuses & très-diverses, qui ont conduit les auteurs à admettre plusieurs variétés de cette hémorragie.

Cette maladie tient quelquefois à la constitution de l'individu, indépendamment de toute circonstance accidentelle : des exemples de cette variété ont été recueillis par Langius, Schenckius, Amatus Lusitanus, Félix Plater, Camerarius, Thomas Bartholin, Salmuth. Nous la désignerons ici sous la dénomination de *vomissement de sang* ou d'*hématémèse constitutionnelle.* Tantôt c'est une femme pléthorique qui, pendant vingt ans, est sujette à des vomissemens de sang copieux, revenant à des époques déterminées, sans être précédés d'aucuns symptômes précurseurs, & dont la marche ne peut être intervertie sans donner lieu à de graves accidens. Ailleurs, il s'agit d'une autre femme vouée au célibat, qui vomissoit chaque année une grande quantité de sang, après avoir éprouvé de la toux, de la douleur dans les hypochondres, &c. (Langius.) Hoffmann parle d'une femme qui, après avoir été sujette pendant huit ans à une épistaxis mensuelle, qui précédoit les règles, éprouva ensuite pendant six ans une hémoptysie au lieu d'épistaxis ; cette nouvelle hémorragie conserva elle même caractère & la même marche, ensuite elle fut en proie à une hématémèse qui se manifestoit à chaque époque des

des menftrues, & ceffoit lorfque cette évacuation étoit établie.

Le vomiffement de fang dépend plus fouvent d'accidens variés dont il eft facile de fe rendre compte; tels font, par exemple, des accès de colère, des affections morales profondes, la fuppreffion des règles, des hémorroïdes; des coups, des chutes fur l'épigaftre, des fubftances irritantes ou corrofives introduites dans l'eftomac; d'autres corps étrangers fufceptibles de divifer, d'ulcérer la membrane muqueufe, peuvent auffi produire cette affection, &c.

Feu M. Pinel & moi nous avons décrit, fous le nom d'*hématémèfe fplanchnique*, une efpèce de vomiffement de fang évidemment produit par des léfions organiques de certains vifcères abdominaux, comme la rate, le foie, le pancréas (1), & fous celui d'*hématémèfe fuccédanée*, la gaftrorhagie qui furvient à la fuite de la fuppreffion d'un écoulement fanguin périodique, habituel ou conftitutionnel.

La plupart des cas de maladies décrites fous le nom de *mœlena* doivent être fans doute rapportés à la première variété dont nous trouvons dans Morgagni un exemple remarquable. Un jeune homme de vingt ans, dit ce profond obfervateur, menant depuis deux ans une vie fédentaire, qui l'avoit rendu hypochondriaque, & qui avoit porté un grand défordre dans fa fanté, devint pâle & fe plaignit de temps en temps de douleurs de ventre. Bientôt l'hypochondre gauche préfenta une tumeur volumineufe, accompagnée d'un fentiment de pefanteur & d'une grande difficulté de refpirer lorfque le malade marchoit. Il fé déclara un vomiffement de fang abondant, avec une débilité extrême, de la fièvre & une augmentation de la tumeur. Le malade fut d'abord délivré du vomiffement & de la fièvre par l'ufage de quelques médicamens, la tumeur s'amollit par le moyen des ferrugineux; mais trois mois après l'invafion du vomiffement, le pouls devint petit, dur & précipité, la face pâle, l'hypochondre douloureux et tendu, &c. A ces fymptômes fuccéda un vomiffement de fang qui fe renouvela plufieurs fois & entraîna la perte du malade. A l'ouverture du corps, on trouva tous les vifcères abdominaux pâles, excepté la rate qui étoit volumineufe, & qui pefoit quatre livres; il s'étoit développé dans fa fubftance un point offo-cartilagineux de la groffeur d'une noix. Le tiffu de cet organe étoit mou, gorgé de fang, *les veines fpléniques étoient*

remplies *d'un fang coagulé,* l'eftomac étoit fain (1). D'après des réflexions que Morgagni ajoute, fuivant fon ufage, à fon obfervation, on ne peut douter qu'il n'attribuât l'hématémèfe à l'engorgement de la rate; il indique même de quelle manière le fang étoit parvenu dans l'eftomac au moyen des extrémités vafculaires, par la voie de l'arière fplénique (2), & il explique comment on n'a pas befoin d'ulcérations & de ruptures pour comprendre ce mécanifme. L'ouvrage de Latour, fur les hémorragies (3), les mémoires de M. Portal, renferment plufieurs faits analogues à celui que nous avons extrait de Morgagni; dans ces différentes obfervations, c'eft tantôt le foie, tantôt la rate, d'autres fois le pancréas dans un état de déforganifation plus ou moins prononcée, qui eft la caufe déterminante des vomiffemens de fang. Ces organes engorgés, pefans & compactes, pouvant à peine admettre du fang, le repouffent & compriment les vaiffeaux fanguins qu'ils avoifinent; le fluide reflue donc dans les vaiffeaux gaftriques ou inteftinaux, & fe fait jour à travers les organes exhalans de l'eftomac ou des inteftins. Le vomiffement de fang *fuccédané*, ou qui fuccède à la fuppreffion d'une hémorragie, affecte prefque toujours la même marche & revient aux mêmes époques que cette hémorragie; il remplace quelquefois les règles, plus rarement les hémorroïdes, les épiftaxis, &c. Parmi les exemples affez nombreux et plus ou moins complets que les auteurs rapportent de cette efpèce de vomiffement de fang, nous nous contenterons de faire connoître un fait curieux recueilli par Latour dans l'ouvrage déjà cité. Un individu fujet au flux hémorroïdal, dit cet auteur, à la fuite d'une hémorroïde enflammée, eut un abcès qui entraîna une fiftule à l'anus par laquelle il s'écoula du pus & du fang. Il fe rendit à Paris, où un chirurgien lui pratiqua l'opération convenable pour la cure de cette affection; le malade fe félicitoit de n'avoir plus aucun écoulement par l'anus, lorfqu'il fut pris d'une hématémèfe qui, fe répétant à des intervalles très-rapprochés, devint un fupplément dangereux de l'hémorroïde fiftuleufe. Cette hémorragie, accompagnée de fièvre, feroit infailliblement devenue funefte, ajoute l'obfervateur, fans une congeftion fpontanée du fang hémorroïdal, bientôt fuivie d'un fuintement purulent à la marge de l'anus, crife falutaire qui fauva le malade.

Dans l'article cité plus haut, nous avions égale-

---

(1) *Voyez* le *Dictionnaire des Sciences médicales*, article Hématémèse. Un auteur, qui ne fe nomme pas, a cru devoir traiter d'abfurde notre opinion à cet égard dans un dictionnaire qui fe donne pourtant comme l'abrégé du précédent. C'eft une critique préfomptueufe qui n'a pas plus de folidité que l'idée étrange (émife dans cet ouvrage) que l'hématémèfe n'eft pas une maladie effentielle, mais un fymptôme de je ne fais quelle léfion que l'auteur ne caractérife pas.

---

(1) *De fedibus & caufis morborum*, épift. XXXVI.

(2) Cette explication judicieufe de Morgagni répond fuffifamment aux médecins qui rejettent fans examen l'opinion que les engorgemens des vifcères abdominaux peuvent donner lieu à des congeftions fanguines de l'eftomac.

(3) *Hiftoire des caufes prochaines des hémorragies.*

ment admis, fous la dénomination d'*hématémèfe critique*, une variété de vomiffement de fang qui fe remarque particulièrement à la fin des maladies chroniques dont il annonce la folution. Parmi les faits affez nombreux que nous avons mentionnés à la fuite de quelques réflexions phyfiologiques & pathologiques, nous nous bornerons à rappeler le fuivant recueilli par Zacutus Lufitanus. Un jeune homme d'un tempérament bilieux, dit cet obfervateur, d'une conftitution fèche, habituellement fombre & mélancolique, étoit depuis long-temps en proie à une affection abdominale très-alarmante, caractérifée par des coliques atroces, une fièvre lente & une infomnie continuelle. Ce malade étoit maigre & exténué, comme s'il eût été atteint d'une fièvre hectique : des médecins appelés auprès de lui, après avoir mis en ufage les évacuans plufieurs fois répétés, firent appliquer deux cautères derrière les oreilles, prefcrivirent en même temps les défobftruans, les bains, le lait de chèvre, &c. Malgré l'emploi long-temps continué de ces moyens, la maladie s'aggravoit de plus en plus, lorfque la nature, qui veille toujours avec prévoyance à notre confervation, dit Zacutus, chercha une autre voie pour délivrer le malade. Après avoir éprouvé de la douleur dans l'hypochondre droit, ce jeune homme vomit pendant plufieurs jours & à plufieurs reprifes, une grande quantité de fang pur qu'on pouvoit évaluer à une demi-livre environ pour chaque vomiffement, qui n'étoit d'ailleurs accompagné d'aucun fymptôme nuifible ni incommode. Ce vomiffement, répété à des intervalles éloignés pendant le refte de l'année, rendit au malade fa fanté & fon embonpoint.

Les malades qui font fur le point d'avoir un vomiffement de fang fe plaignent fouvent de flatuofités, d'anxiétés, de laffitudes générales, ou bien d'une douleur profonde & quelquefois pongitive dans l'hypochondre gauche. Les extrémités fe refroidiffent, il furvient de la fueur, de la pâleur à la face ; on obferve parfois des vertiges, des tintemens d'oreille, des éblouiffemens, des crachotemens. Ces fymptômes précurfeurs font plus ou moins continus, irréguliers, quelquefois affujétis à une forte de marche rémittente. Si l'on pouvoit alors obferver la furface muqueufe du ventricule, il eft préfumable qu'on la trouveroit rougeâtre ou injectée d'un fang noirâtre qui eft près de faire éruption. Des tumeurs développées dans l'épigaftre ou les hypochondres, dans la fubftance du foie, de la rate, plus tendnes, plus douloureufes qu'à l'ordinaire, indiquent parfois qu'un malade eft menacé d'hématémèfe, quand d'ailleurs d'autres phénomènes morbides confirment cette première indication. Bientôt furviennent une douleur vive à l'épigaftre, des naufées qui précèdent le vomiffement d'un fang liquide ou coagulé, diverfement coloré, ordinairement mêlé avec des matières alimen-

taires ou du mucus ftomacal. Les malades vomiffent quelquefois fans effort, d'autres fois avec plus ou moins de difficulté. Le vomiffement eft prefqu'immédiatement fuivi d'un foulagement notable & de la difparition de tous les fymptômes qui l'avoient annoncé ou accompagné ; il fe renouvelle à une époque plus ou moins éloignée, revient par accès fuivant une multitude de caufes pour la plupart des temps difficiles à apprécier, & qui varient par leurs effets felon que la maladie eft aiguë ou chronique. Des déjections fanguinolentes, fétides, prefque toujours noires, accompagnent fouvent le vomiffement de fang. Cette hémorragie eft rarement accompagnée de fièvre, à moins que l'eftomac ne foit le fiége de quelque léfion concomitante ; le pouls eft petit, foible, & parfois intermittent. Quand le fang s'accumule dans l'eftomac en affez grande quantité, avant d'être rejeté par le vomiffement, l'hypochondre gauche fait faillie, la face devient pâle & s'altère, &c. Ces fignes devancent quelquefois la fyncope, les fueurs froides, qui conduifent fouvent à une terminaifon fâcheufe. Quand la maladie doit avoir une iffue favorable, les phénomènes morbides diminuent peu à peu ; le vomiffement, d'abord fanguin ou fanguinolent, n'offre plus que des mucofités, &c. Si, au contraire, elle doit devenir funefte au malade, les évacuations fe fuccèdent avec rapidité, épuifent le malade, qui devient d'une exceffive pâleur & meurt pour ainfi dire exfangue.

Le vomiffement de fang a généralement une tendance à devenir périodique, & le fupplément d'un flux menftruel ou hémorroïdal ; il eft toujours fporadique, quoique des faits recueillis par Hoffmann aient fait penfer à cet auteur que cette affection pouvoit régner épidémiquement ; elle a d'ailleurs une grande tendance à la récidive, comme toutes les maladies de l'eftomac. La durée totale de l'hématémèfe eft fingulièrement variable ; celle des accès de cette hémorragie n'eft pas fujette à moins de variations, depuis une demi-heure jufqu'à un jour entier.

Le vomiffement de fang peut être aigu ou chronique. Il eft également actif ou paffif, felon que l'exfudation fanguine qui le produit s'effectue dans un eftomac vivement ftimulé ou très-affoibli ; ce qui exige deux méthodes de traitement différentes, comme nous le verrons bientôt. Cette maladie a fon fiége dans la membrane interne ou muqueufe de l'eftomac & les organes exhalans de cette membrane, foit que ces organes appellent en quelque forte le fang par fuite d'une vive excitation, foit que ce liquide s'y trouve pouffé par un obftacle à la circulation ou toute autre caufe matérielle. Rien n'eft plus rare, au témoignage même de Morgagni, que les ruptures des vaiffeaux fanguins confidérées comme caufe de l'hématémèfe, ruptures dont il y a fans doute des exemples.

A l'ouverture du corps de ceux qui ont fuccombé à cette maladie, on ne trouve quelquefois aucune trace de son existence ; plus souvent cependant on rencontre la membrane muqueuse de l'estomac rougeâtre, noirâtre, boursoufflée ; parfois elle est recouverte de veines dilatées, mais presque jamais rompues. En injectant les principales artères gastriques, on est parvenu à faire pénétrer du liquide injecté dans l'estomac. Il n'est pas rare non plus d'observer, dans l'intérieur de ce viscère, des traces plus ou moins marquées d'inflammation ; des engorgemens divers de la rate, du foie, même du pancréas, accompagnent dans certains cas le vomissement de sang, & paroissent, comme nous l'avons déjà dit, en être la cause déterminante.

Ainsi que nous l'avons écrit ailleurs (1), il n'y a aucune différence entre l'hématémèse chronique & le *mælena*, jadis objet stérile de tant de discussions scientifiques : la couleur noire ou noirâtre du sang n'est pas une raison suffisante pour distinguer ces deux affections l'une de l'autre, puisqu'il est certain que le séjour plus ou moins long de ce liquide dans l'estomac ou ailleurs peut lui donner cette teinte ; ce qu'on remarque du reste dans les déjections qui succèdent à l'hématémèse aiguë. (*Voyez* MÆLENA.)

Le vomissement sanguin coexiste souvent avec l'hémoptysie, & il est difficile alors de savoir si le sang rejeté provient du poumon ou de l'estomac, attendu que les malades vomissent & toussent presqu'en même temps. Les gastrites chroniques, les dilatations anévrismatiques des artères gastriques, compliquent aussi cette maladie d'une manière fâcheuse.

Cullen, qui a tant excellé dans la description des maladies, dit avec raison que le diagnostic du vomissement de sang n'est pas sans difficulté, malgré la quantité des matières vomies ; on le confond souvent avec le crachement de sang. Toutefois le sang vomi est communément plus abondant que le sang expectoré ; ce dernier est aussi plus rutilant, plus écumeux. L'hématémèse s'observe presque toujours chez des individus avancés en âge ; l'hémoptysie, au contraire, se rencontre souvent chez de jeunes sujets. Le sang étranger à l'estomac, venant du nez, de la gorge, ou de plaies accidentelles, sera plus difficile à distinguer de celui que rejette l'estomac ; on rencontrera plus de difficultés encore quand il s'agira de décider si le sang rendu par le vomissement est étranger à l'économie, comme il arriva à une jeune religieuse dont parle Sauvages, qui avoit avalé du sang de bœuf pour simuler l'hématémèse.

Quant au pronostic, l'hématémèse aiguë & accidentelle, celle qui dépend d'une affection morale, de la suppression d'une hémorragie, est généralement peu dangereuse, surtout si elle n'est accompagnée d'aucun mouvement fébrile. L'hématémèse chronique, au contraire, est une affection grave, surtout quand elle a des retours fréquens, que les matières vomies sont noires & fétides, qu'il y a des déjections de mêmes matières, que l'abdomen présente des tumeurs soupçonnées être la cause du vomissement, &c. Bien entendu que le jugement qu'on porte sur l'issue de cette maladie doit être modifié par des considérations tirées de l'âge, de la constitution, des antécédens particuliers au malade, &c. &c.

Si le vomissement de sang présente les caractères d'une hémorragie active & aiguë, il faudra recourir aux moyens débilitans, tels que la saignée par la lancette ou les sangsues, selon les cas ; saignée qu'on réitérera si l'intensité de la maladie l'exige, & si les forces du malade le permettent ; il conviendroit aussi d'administrer des boissons délayantes, comme le petit-lait nitré, l'eau d'orge, les diverses limonades, ou des boissons mucilagineuses, s'il y a trop d'irritation, ou si l'affection reconnoît pour cause un agent irritant ou caustique.

A-t-on affaire à une hémorragie chronique, chez un sujet affoibli, on doit la combattre par des boissons froides & toniques, comme, par exemple, les infusions de grande consoude, de menthe, de quinquina, de tormentille, &c. Si le cas est plus grave, la débilité plus profonde, on pourra associer ou substituer à ces derniers moyens, le quassia amara, le simarouba, la cascarille, acidulés avec l'alcool sulfurique & édulcorés avec des sirops appropriés. Il est aussi des cas où il convient d'associer l'éther, l'opium, le castoreum, aux médicamens dont nous venons de parler pour combattre des symptômes nerveux. On a eu aussi recours à l'application de la glace sur l'épigastre dans des cas extrêmes, ou après avoir tenté celle des vésicatoires, des sinapismes, &c. Nonobstant la foiblesse extrême des malades & le caractère asthénique de la gastrorrhagie, on est quelquefois obligé de renoncer aux toniques astringens & de s'en tenir aux adoucissans, tant l'irritation & le spasme sont portés à un haut degré. En général, il est assez commun de voir dans cette affection l'exaltation de sensibilité associée à la foiblesse de l'organe malade.

Le traitement de l'hématémèse doit subir des modifications qu'indiquent les diverses variétés de cette hémorragie ; ainsi, quand elle est constitutionnelle, périodique & déjà ancienne, à moins qu'il n'y ait un danger imminent, il faut le plus souvent la respecter, ou du moins se borner à en modérer l'exagération, à diminuer la quantité du sang fourni par les vaisseaux gastriques. La même règle de conduite est presqu'en tout point applicable à la cure de la gastrorrhagie suc-

_____

(1) *Dictionnaire des Sciences médicales*, article cité.

cédanée, avec cette différence néanmoins, que le médecin ne doit rien négliger pour rétablir l'écoulement sanguin auquel la maladie a succédé. Il n'emploiera toutefois, à cet effet, que des moyens externes, dérivatifs, qui n'ont qu'une action indirecte sur l'estomac; il évitera avec soin les emménagogues, les drastiques, les violens styptiques, &c.

Si on soupçonne que la lésion organique de quelque viscère gastrique est la cause de la congestion hémorragique de l'estomac, on doit se borner à des moyens palliatifs : quant à la gastrorhagie que nous avons qualifiée de *critique*, c'est un effort salutaire de la nature qu'il faut en général respecter.

Si le sang, épanché peu à peu dans l'estomac (ce qu'il est facile de reconnoître), empêche que les parois de ce viscère ne se contractent, il faut provoquer le vomissement, non par des émétiques, comme on l'a conseillé quelquefois, mais à l'aide de boissons tièdes, de la titillation de la luette, &c.

Pendant les accès d'hématémèse les malades doivent garder un repos & un silence absolus, la position horizontale ; ils doivent être tenus à une diète rigoureuse, & préservés avec soin de toute affection morale.

Tout ce que nous avons dit jusqu'à présent a rapport au traitement du vomissement de sang proprement dit ; il nous reste à parler maintenant des moyens propres à prévenir les congestions sanguines qui se font périodiquement sur le ventricule, & à empêcher le retour des accès d'hématémèse. Hoffmann, qui nous a laissé des préceptes très-judicieux sur la prophylactique des hémorragies, recommande avec raison de s'abstenir des émétiques, des purgatifs, des médicamens âcres, chez les individus qui redoutent les congestions sanguines de l'estomac; il n'est pas moins utile de leur prescrire l'usage des alimens doux, faciles à digérer, des boissons non fermentées, &c. Les cas où l'épuisement des forces & la débilité locale des voies digestives exigent des toniques doux, légèrement astringens, des alimens nutritifs & sucrés, sont rares & difficiles à déterminer. Dans la vue de prévenir le retour de certains vomissemens de sang, en quelque sorte constitutionnels chez les femmes pléthoriques, il faut leur prescrire de fréquentes saignées, un exercice journalier, l'établissement d'un exutoire, un régime délayant, rafraichissant & très-peu nutritif, l'usage des viandes blanches, gélatineuses, du poisson d'eau douce, des farineux, du lait, &c.

Une indication majeure, qu'il ne faut jamais perdre de vue, pour éviter le retour des gastrorhagies consécutives aux suppressions des hémorragies normales périodiques, consiste à rétablir, s'il est possible, le cours régulier de ces écoulemens par tous les moyens de la pharmacologie,

de la diététique & de l'hygiène réunis, à éloigner scrupuleusement des malades toutes les circonstances qui peuvent en troubler la marche régulière & en empêcher l'accomplissement.

La résolution des engorgemens du foie, de la rate, &c., qui font refluer le sang vers l'estomac (ce qui constitue l'hématémèse que nous avons appelée *splanchnique*), peut s'obtenir, à la vérité bien rarement, par l'usage des toniques, des purgatifs doux, des eaux de Vichy, de Bourbon-l'Archembault, en boissons, en douches, en bains; par l'emploi des extraits de végétaux amers, rendus laxatifs au moyen de l'acétate de potasse, des sulfates de soude, de magnésie, &c. Les mémoires de M. Portal sur la nature & le traitement de plusieurs maladies contiennent des faits de pratique de ce genre, fort remarquables, & dont aujourd'hui on tient peut-être trop peu de compte ; ce praticien recommande particulièrement des pilules faites avec l'aloès, la gomme ammoniaque, le savon médicinal & les extraits amers. Hoffmann se louoit beaucoup, dans des cas semblables, de l'emploi de la rhubarbe unie au camphre & à la poudre d'yeux d'écrevisse; il administroit cette composition deux fois par semaine, & faisoit boire par dessus un verre d'eau de fontaine. Il est presque superflu de dire que l'emploi de ces moyens doit être continué pendant long-temps, varié, alterné, puis enfin suspendu après un certain laps de temps, pour être ensuite repris, s'il y a lieu, & continué jusqu'à la guérison.

Ces moyens de traitement, fondés en général sur la considération des causes, ont été trop vantés peut-être par les médecins dits hippocratiques, ou observateurs. Ils sont loin d'avoir l'efficacité qu'on leur a accordée dans un excès d'enthousiasme. Toutefois, c'est une erreur bien grande de croire qu'une pareille méthode de philosopher, excellente par elle-même, puisse être remplacée uniquement par l'idée que l'altération matérielle, locale, présumée ou observée après la mort dans l'organe malade, doit invariablement diriger le praticien. (BRICHETEAU.)

VOMITIF, f. & adj. m. (*Thérap.*) On nomme ainsi toute substance capable de provoquer le vomissement. L'émétique & l'ipécacuanha sont aujourd'hui les seuls remèdes dont on se serve communément pour faire vomir. Quelques médecins emploient aussi l'*émétine*, principe actif extrait de l'ipécacuanha par les travaux de la chimie moderne. Dans les circonstances où ces remèdes actifs ne pourroient point sans inconvénient être introduits dans l'estomac, on cherche à y suppléer par l'ingestion de liquides mucilagineux tièdes, par la titillation de la luette, &c. Si la déglutition est impossible, on peut encore exciter le vomissement en injectant l'émétique dans les veines, en appliquant un emplâtre ou un onguent fibié fur l'épigaftre, en plaçant de l'émétine ou de l'ipécacuanha fur un point de la peau privé de fon épiderme.

Les vomitifs (dont l'ufage eft beaucoup trop négligé de nos jours) conviennent dans l'embarras gaftrique, dans la fièvre bilieufe, dans l'éryfipèle faburral, dans les catarrhes pulmonaires avec engouement, dans le croup & dans beaucoup d'autres maladies. On y a fréquemment recours, au début, dans les empoifonnemens par les champignons & par quelques autres fubftances vénéneufes. Ils débarraffent l'eftomac des fubftances nuifibles qu'il contient, favorifent l'expectoration, impriment une fecouffe falutaire aux principaux vifcères de l'économie, déterminent fouvent un mouvement d'expanfion vers la circonférence, une douce moiteur, &c. Les cas qui les contre-indiquent font l'exiftence d'une irritation gaftrique, l'état de groffeffe, l'exiftence d'une hernie volumineufe & irréduftible, une congeftion fanguine aftive vers les poumons ou l'encéphale, &c. Mais il eft certain qu'on a beaucoup exagéré dans ces derniers temps les dangers des émétiques aftifs, & fi leur emploi intempeftif peut être fuivi de quelques accidens, leur omiffion, dans les cas où ils font indiqués, n'a pas de moindres inconvéniens. C'eft au praticien éclairé à précifer au lit du malade les circonftances dans lefquelles il faut agir, & celles dans lefquelles il faut s'abftenir; la théorie feule n'eft que d'un bien foible fecours en pareil cas.

(GIBERT.)

VOMITO PRIETO ou NEGRO. (*Pathol.*) Nom donné par les Efpagnols à la maladie qu'on appelle en France *mal de Siam*, *matelotte*, *fièvre jaune*, *typhus ictérode*; en Angleterre, *black-vomiting*, *yellow fever*, *malignant peftilential fever*; aux Etats-Unis d'Amérique, *bilious remitting yellow fever*, &c.

Des dénominations auffi différentes, données par les auteurs, devroient faire croire qu'ils les ont employées pour défigner des maladies de nature différente. Telle n'a point été leur intention, car prefque tous confidèrent comme identique l'affeftion qu'ils nomment fi diverfement. Sauvages, à peu près le feul parmi beaucoup d'écrivains, en adoptant les noms de *typhus ictérode*, de *tritœophia americana*, & de *peftis fiamea* (1), a voulu diftinguer trois maladies qu'il croyoit apparemment différer l'une de l'autre; mais, dépourvu d'expérience perfonnelle, il lui étoit difficile d'établir leurs caraftères diftinftifs d'une manière fatisfaifante, & ce qu'il y avoit de vrai dans fes opinions a été méconnu, jufqu'à une époque affez récente. On n'en fera pas furpris fi l'on fonge qu'il faudra néceffairement encore beaucoup de

temps pour étudier à fond une maladie dont l'exiftence a été ignorée pendant longues années. En effet, la fièvre jaune féviffoit déjà depuis près de deux fiècles dans les Antilles quand elle fut fignalée par les médecins français; puifque, fuivant Pouppé Defportes, « le premier événement » qui l'a fait remarquer a été la relâche à la Mar- » tinique, en 1690, d'une nombreufe efcadre » venue de Siam. » Plus arriérés que nous, les médecins efpagnols prétendent qu'elle n'a commencé à paroître qu'en 1774; tant les faits, même les plus faillans du domaine de la médecine, ont peine à attirer l'attention fur eux.

Tout porte à croire qu'aux Etats-Unis d'Amérique on a, pendant long-temps, auffi négligemment étudié les épidémies, dont nous ne poffédons aucune defcription tant foit peu exafte, antérieure à celle de la maladie de Charlefton, décrite en même temps par Linning & Moultrie. Cela a été encore bien pis pour les épidémies du fud de l'Efpagne, qui font reftées à peu près inaperçues jufqu'en 1800.

Cette condamnable incurie n'a pas feule entravé la marche de la fcience; il s'y eft joint un autre obftacle que les médecins ne pouvoient guère prévoir, & auquel on ne fauroit, fans injuftice, leur reprocher de s'être laiffés arrêter. En effet, ceux d'entr'eux qui obfervoient entre les tropiques, ou feulement hors des tropiques, des maladies épidémiques appelées *fièvre jaune*, n'ayant aucune raifon de croire que le même nom pût être donné à des affeftions de nature différente, ont, pour la plupart, été conduits à confidérer le mal qu'ils n'étoient pas à portée de voir, comme identique avec celui qu'ils avoient fous les yeux: tels furent Rush, Devèze, Valentin, Palloni, Jackfon, MM. Gilbert, Bally, &c. Pour eux tous, la fièvre jaune eft une maladie partout la même, bien que plufieurs d'entr'eux admettent l'exiftence de cas fufceptibles de la fimuler. En vain d'autres médecins, quoique bornés à l'obfervation de la maladie dans une feule des régions où elle eft cenfée également régner, mais moins preffés de généralifer, notamment Savaréfy & Aréjula, fe fentoient conduits à reconnoître l'exaftitude de deux, au moins, des trois diftinftions admifes par Sauvages; en vain M. de Humboldt en établiffoit l'inconteftable vérité d'après la non contagion de la fièvre jaune des régions inter-tropicales & la contagion évidente de celle des régions tempérées, l'ancienne opinion avoit jeté de trop profondes racines pour être abandonnée fans de longs combats. On eût dit que moins elle étoit vraie, plus fes partifans devoient mettre d'acharnement à la foutenir.

Des expériences bien faites & à chaque inftant répétées dans les Antilles, des obfervations non moins concluantes, recueillies en Europe & aux Etats-Unis d'Amérique, avoient beau leur montrer, d'un côté la non contagion, de l'autre la contagion de la maladie que partout on s'obftinoit

---

(1) *Nof. méth.*, tom. I, pag. 314, 341 & 418.

à appeler du même nom, leur ridicule conviction n'en étoit pas le moins du monde ébranlée. Ils croyoient de bonne foi avoir répondu à toutes les objections, tantôt en difant que la propriété contagieufe eft une qualité accidentelle qu'une maladie peut perdre ou acquérir fans pour cela cesser d'être la même; tantôt en fuppofant que l'*inaffuétude* feule rend les hommes des latitudes élevées fusceptibles d'être affectés par une *contagion* que les colons fupportent fans danger, ou bien en propofant une foule d'autres hypothèfes tout auffi dépourvues de fondement réel. C'étoit à qui feroit le plus d'efforts pour empêcher le triomphe de la vérité.

Les chofes en étoient là, lorfqu'en 1821 le miniftre de l'intérieur envoya étudier la maladie de Barcelone par une commiffion de médecins. Des cinq membres qui la compofoient, trois feulement, MM. Bally, François & moi avions été dans les Antilles, avions obfervé la fièvre jaune, & pouvions par conféquent décider, avec connoiffance de caufe, fi l'épidémie de Catalogne étoit ou non cette même maladie. Voici quelles furent nos opinions à ce fujet.

M. Bally déclara les premiers malades qu'il vit, atteints non de la fièvre jaune, mais bien d'un *typhus nerveux*. M. François ne dit rien alors, quoique fubitement éclairé depuis, & répudiant tout-à-coup ce qu'il avoit écrit fur la non contagion de la fièvre jaune, on l'ait vu affurer hardiment que l'épidémie de 1821 étoit bien cette même fièvre importée de la Havane. Pour moi, la maladie me parut, comme à M. Bally, un typhus fort différent de la fièvre jaune, & j'effayai de le prouver en publiant, pendant la durée même du mal, un expofé fommaire des principaux faits fur lefquels repofoit ma manière de voir.

J'en dois l'aveu, elle fut attaquée par tous les journaux de médecine, le *Journal univerfel* excepté. Elle ne fut pas beaucoup mieux accueillie en Efpagne, où deux médecins feulement, Piguillem & Porta, le montrèrent difpofés à l'adopter; & fi depuis M. Audouard a reconnu comme moi que l'épidémie de Barcelone, dont il a donné une bonne defcription, n'eft pas la maladie actuellement régnante dans les Antilles fous le nom de *fièvre jaune*, M. Robert a cru devoir confacrer un chapitre de fon livre à combattre cette opinion. Enfin, les quelques médecins qui ont cru voir dans la maladie de Gibraltar de 1828 une affection différente de la fièvre jaune, ont à peine été remarqués au milieu de ceux, en bien plus grand nombre, qui regardoient les deux maladies comme identiques. Cependant des favans, dont le nom eft cher à la fcience, MM. Portal, Duméril, Chauffier & Dupuytren, ont pofitivement déclaré dans leur rapport fur un Mémoire de M. Cofta, qu'il importe beaucoup de difcuter avec foin l'identité des diverfes maladies auxquelles on a donné le nom de *fièvre jaune*.

C'eft la première fois, à ma connoiffance, qu'une réunion de médecins, s'écartant des idées vulgairement reçues, & découvrant un problème là où, jufqu'ici, le public médical n'en vouloit pas voir, ufe de toute l'influence attachée à la célébrité pour obtenir une réponfe qui feule pourra mettre un terme à une divergence d'opinions, déplorable fous tous les rapports. La fcience, en effet, eft réellement compromife par des débats dont la prolongation femble dépofer contre fa certitude; & cependant l'humanité outragée réclame inutilement la modification des extravagantes lois fanitaires que nous a léguées l'ignorance des fiècles barbares. D'un autre côté, les intérêts du commerce, fi preffans depuis que la civilifation a fait de la rapidité des communications entre les peuples le plus impérieux des befoins, ne permettent pas de tolérer des abus qui, prolongés plus long-temps, auroient des conféquences vraiment funeftes. C'eft ainfi, qu'entraînée par la force des chofes, l'Angleterre a fupprimé, trop tôt peut-être, toutes les quarantaines, & gagné à cette mefure plufieurs millions que la France continue, chaque année, à prodiguer en pure perte au lieu de les employer à accroître fes produits.

En voyant d'auffi grands intérêts attachés à la folution d'une queftion médicale, on s'explique aifément le motif des nombreufes publications que chaque jour voit paroître fur la fièvre jaune, & l'ardeur avec laquelle une foule de médecins fe livrent à des recherches qu'ils continueront afurément fans relâche, jufqu'à ce que le but de leurs efforts ait été atteint.

Perfuadé pour ma part que le meilleur moyen d'affurer le fuccès d'une entreprife, conduite avec tant de perfévérance, feroit d'abord d'apprendre à diftinguer les deux maladies que l'on confond habituellement fous le nom de *fièvre jaune*, j'ai cherché à réfoudre cet important problème dans un ouvrage étendu, publié il y a deux ans (1). Maintenant je vais tâcher de renfermer les principes qui s'y trouvent longuement développés, dans le court efpace mis à ma difpofition, renvoyant pour les détails à l'ouvrage lui-même, dont la partie fondamentale fe trouve reproduite dans cet article, & qui fera divifé en trois parties. La première aura pour objet la fièvre jaune; la feconde, le typhus amaril; la troifième fe compofera d'une comparaifon des deux maladies, deftinée à rendre leurs caractères diftinctifs faciles à faifir. Mais avant d'aller plus loin, je dois avertir que le nom de *fièvre jaune* ou de *gaftrite des inacclimatés*, fera toujours confacré à la fièvre jaune des Antilles, & celui de *typhus amaril*, toujours donné à la maladie de l'Efpagne ou des Etat-Unis, qu'on prétend auffi être la fièvre jaune.

(1) J. A. ROCHOUX, *Recherches fur les différentes maladies qu'on appelle* FIÈVRE JAUNE.

PREMIÈRE PARTIE. *Histoire de la fièvre-jaune.*
Caufes, defcription, traitement de la fièvre
jaune, voilà les trois chofes qui compoferont cette
première partie de notre article.

§. Iᵉʳ. *Caufes.* Il eft à préfent affez généralement reconnu, parmi les médecins, qu'un des
meilleurs moyens d'arriver à découvrir la nature
des maladies, eft d'en bien étudier les caufes. Nous
tâcherons de ne jamais perdre de vue ce principe, en traitant de celles de la fièvre jaune. Elles
peuvent fe rapporter à deux chefs principaux;
les unes tiennent à certaines difpofitions de l'organifme propres aux individus, nous les appelle-
rons caufes *individuelles;* les autres fe rattachent
à l'action de quelques-unes des fix chofes défignées
en hygiène fous le nom de *non naturelles :* ce feront les caufes *hygiéniques*, par lefquelles nous
allons commencer.

A. *Caufes hygiéniques.* Il faudroit, pour ne
rien omettre à l'égard de ces caufes, examiner
fucceffivement, & avec détails, l'influence des
1°. *circunfufa,* 2°. *percepta,* 3°. *ingesta,* 4°. *gesta,*
5°. *applicata* & 6°. *excreta;* mais le manque d'efpace nous empêche d'étudier ainfi l'action de tous
les agens hygiéniques. Nous nous bornerons, par
cette raifon, à rappeler que les fuppreffions brufques de tranfpiration dues à des refroidiffemens
fubits, le corps étant en fueur, ou à un ufage mal
entendu des vêtemens; que les vives affections
morales, l'abus des plaifirs de l'amour & les fatigues exceffives, les excès d'alimens ou de boiffons
fpiritueufes, font, avec jufte raifon, regardés par
tous les auteurs comme des caufes très-actives de
fièvre jaune. Cependant leur rôle fe borne dans la
plupart des cas, à hâter un réfultat qui, préparé
d'avance par l'action bien autrement puiffante des
circumfufa, eft fouvent produit par elle feule.
Il fera facile de s'en convaincre par ce que je vais
dire de l'atmofphère confidérée fous le rapport,
1°. de fa chaleur, 2°. de fa lumière & de fon électricité, 3°. des vents qui l'agitent, & 4°. de fon
humidité.

1°. *Chaleur.* La chaleur eft à la vérité très-
forte dans les Antilles, mais on a généralement
exagéré fon intenfité. Il n'eft pas exact de dire avec
Gilbert, qu'elle s'élève de 37 à 38 deg. R., durant
des mois prefque entiers. Loin de là, elle dépaffe
rarement 31 deg., comme l'a conftaté Caffan. Bien
des perfonnes ont auffi mal jugé cette caufe morbifique, par rapport à fa continuité d'action, &
cependant c'e ft principalement par là qu'elle eft
réellement puiffante. Savaréfy fait remarquer
avec raifon que, pendant toute l'année, la chaleur
eft à peu près la même aux Antilles de midi à trois
heures. Je ne penfe pas, en effet, qu'elle varie
alors de plus de 4 à 6 degrés. Cette opinion eft encore confirmée par les obfervations de Caffan, qui
évalue la chaleur moyenne du morne *Fortuné* à
23 deg. 5 dixièmes, & par celles de M. Moreau

de Jonnès, defquelles il réfulte que la chaleur
moyenne des fix mois les moins chauds eft 21 deg.
24 centièmes R., & celle des fix mois les plus
chauds de l'année, de 24 deg. 26 centièmes.

Il eft facile, d'après cela, de juger quel doit
être à la longue, l'action d'un pareil agent fur des
fujets dont l'organifme eft habitué à des impreffions
fort différentes. Auffi tous les auteurs ont-ils
fignalé & décrit, avec plus ou moins d'exactitude,
les effets de la chaleur. Voici ce qu'un féjour
prolongé dans les Antilles m'a mis à même d'obferver à ce fujet.

Par la feule élévation de la température, & fans
le concours de la lumière folaire, les hommes
étrangers au climat éprouvent un fentiment de
chaleur plus ou moins fatigant, une accélération
marquée de la circulation, &, vers les heures
haudes de la journée, une difpofition fouvent
irréfiftible au fommeil & une forte d'accablement,
quelquefois accompagné de pefanteur de tête.
Leur tiffu cellulaire fous-cutané fe gonfle, le
bourfoufle, fi je puis ainfi dire, & leur donne un
embonpoint factice. Leur vifage eft rouge, & les
conjonctives prefque toujours un peu injectées. Au
plus léger exercice, la fueur ruiffelle de tout le
corps; elle filtre plutôt qu'elle n'eft fécrétée, & il
s'enfuit un fentiment de foibleffe qu'on n'éprouve
pas en Europe, à un égal degré de température.

C'eft bien pis encore, quand le nouvel arrivant
eft forcé de paffer plufieurs heures au foleil. Il ne
le fait jamais fans éprouver une chaleur exceffivement incommode, accompagnée de moins de fueur
que quand il étoit à l'ombre, &, à caufe de cela,
déterminant une forte d'ardeur & de picotement
fur la peau. Au bout de quelque temps paffé
ainfi, la foif eft extrême; on boit comme dans la
chaleur de la fièvre fans pouvoir fe défaltérer, le
pouls eft vraiment devenu fébrile, & l'on éprouve
une vive douleur de tête pulfative dans les tempes
& dans les orbites, quelquefois même des douleurs
de lombes que le fommeil & le repos ne diffipent
pas toujours complétement. Souvent auffi, les
hommes faits, qui depuis long-temps avoient ceffé
d'être fujets aux hémorrhagies nafales, en éprouvent de nouveau comme dans leur jeuneffe. Ainfi
l'on vit fous l'empire d'une diathèfe inflammatoire,
dans un état prefque maladif, qui même le devient
par intervalles. Qui ne voit que la plus légère erreur de régime fuffit alors, pour faire éclater un
mal dont chaque jour prépare le développement?

« Il me femble, dit M. Brouffais, que le climat
» d'Italie exerce fur nos Français une action
» ftimulante à laquelle tous les individus ne s'ha-
» bituent pas facilement ». On peut confidérer
les accidens qu'ils éprouvent dans cet heureux
pays comme le premier degré de ceux qui les
attendent, eux & tous les habitans des zones tempérées, fous le ciel brûlant des Antilles. Auffi ne

voit-on qu'un petit nombre de fujets , favorablement organifés , devenir chaque jour de moins en
moins fenfibles à fon action , s'y accoutumer peu
à peu , & finir par la braver impunément. Chez les
autres au contraire cette action , loin de s'affoiblir,
femble acquérir de jour en jour plus de force. Tel
qui n'étoit que médiocrement fatigué les premiers
jours , n'en peut plus au bout de quelques mois.
Enfin la maladie fe déclare , &, dans les derniers
efforts que fait la nature pour combattre ce nouvel
ennemi , très-fouvent elle fuccombe.

Tels font les effets ordinaires de la chaleur. Ils
font pernicieux au point qu'une foule d'Européens,
d'ailleurs réglés dans leur conduite, ne peuvent
leur réfifter. On fe perfuadera aifément combien
ils font à craindre, quand on faura que, dans les
années très-chaudes & fèches, beaucoup d'inacclimatés tombent malades dans les Antilles , le
jour même de leur débarquement. Ces événemens
malheureux arrivent lors même que les étrangers
fe tiennent à l'abri du foleil , fur de grands bâtimens tentés , & à plus forte raifon quand ils s'y
trouvent expofés pendant quelque temps, comme
cela arrive fréquemment fur les petites embarca-
tions. Prefque toujours , en pareille circonftance,
on voit fe joindre à la gaftrite une inflammation
des membranes du cerveau déterminée par cette
action vive, & pour nous infupportable , du foleil
des tropiques.

2°. *Lumière & électricité.* Tout le monde fait
avec quelle abondance ces deux impondérables
font répandus dans l'atmofphère des tropiques.
L'énergie de leur action , envifagée d'une manière
générale , n'eft pas moins connue. Ainfi la lumière
ne produit pas feulement une foule d'actions chimiques, on voit encore fon défaut ou fon abondance déterminer l'étiolement des plantes, le
changement de couleur des poils de beaucoup
d'animaux, la coloration foncée de certaines races
d'hommes, &c. Si, comme on n'en peut douter,
fes effets font proportionnés à fa quantité, ils feront des plus notables dans les Antilles , où fon
abondance eft telle que, dans les jours fereins,
la feule clarté des étoiles fuffit pour guider en
pleine nuit les pas du voyageur, où la lune dans
fes quartiers , permet de lire les caractères les plus
fins , & éclaire fans doute davantage dans fon
plein , que ne le fait le foleil à Paris au mois de
décembre , pour peu que le temps foit couvert.
Quant au fluide électrique , fon influence remarquable fur les progrès de la végétation, les curieufes obfervations de Phil. Willon & l'obfervation des malaifes que prefque tout le monde éprouve
à l'approche des orages, ne permettent pas de
douter de fon influence fur le fyftème nerveux, &
doivent le faire regarder comme une des conditions principales de l'innervation. Or, les habitans
des zones tempérées qui arrivent aux Antilles, fe
trouvent, fous le rapport de la lumière & de l'électricité, dans des circonftances prefqu'entièrement

oppofées à celles dont ils avoient l'habitude. Eft-il
étonnant, dès-lors, que ces deux énergiques agens
exercent fur eux une action extrêmement puiffante?

3°. *Les vents*, qui ont une fi grande influence fur
la température de l'atmofphère, agiffent par là
d'une manière très-énergique fur les étrangers.
Par exemple, le vent du fud leur eft vraiment
fatal. C'eft ainfi que M. Lefort a obfervé en 1821,
à la Martinique, un grand nombre de fièvres jaunes,
fous la prédominance infolite de ce vent, dont
j'avois déjà été à même de conftater les effets pernicieux , en 1818.

4°. *L'humidité*, quoique généralement accufée
de concourir puiffamment au développement de
la fièvre jaune, ne me paroît pas avoir l'influence
fâcheufe qu'on lui attribue. D'abord, il eft très-
difficile d'en mefurer les effets par la raifon qu'ils
doivent varier à peine, l'hygromètre étant prefque
toujours, dans les Antilles, au *maximum* d'humidité. En fecond lieu, quand les pluies font fort
abondantes, & l'humidité par conféquent très-
forte, fi en même temps la température s'abaiffe
de quelques degrés, on voit toujours le nombre
des fièvres jaunes diminuer. Pouppé Defportes en
a fait la remarque à Saint-Domingue, & j'ai eu
l'occafion de la vérifier à la Guadeloupe. Mais à
degré égal d'élévation, la chaleur humide eft-elle
plus nuifible que la chaleur fèche? Je ne fais
vraiment qu'en penfer. Toujours eft-il que ce qui
vient d'être dit, fur les *circumfufa*, démontre
l'exiftence des caufes générales, étendant leur action fur de vaftes contrées, fans en excepter aucun
point. Prefque tous ceux qui connoiffent bien les
Antilles ont vu les chofes fous le même afpect. Je
citerai entre autre Savaréfy, qui reconnoît formellement que, partout où l'étranger fe tranfporte
dans ces régions, à moins qu'il ne s'élève fur de
très-hauts mornes, il eft expofé à payer fon tribut
au climat.

B. *Caufes individuelles.* Les Antilles offrent
l'étonnant fpectacle de deux claffes d'individus ;
dont les uns ne font jamais atteints par la fièvre
jaune , tandis que les autres en font conftamment
victimes, en plus ou moins grand nombre. Cela
tient à l'*acclimatement* des premiers & à l'*inacclimatement* des feconds : deux difpofitions différentes de l'économie dont il vous faut dire quelques mots.

1°. L'acclimatement eft un changement profond, opéré dans l'organifme, par un féjour prolongé dans un lieu dont le climat eft notablement
différent de celui auquel on eft accoutumé, & qui
a pour effet de rendre le fujet qui l'a fubi, femblable, fous tous les rapports, aux naturels du pays
qu'il eft venu habiter. Quelquefois il s'opère fans
fecouffes, fans maladies notables : le plus fouvent,
il eft amené par des affections plus ou moins
graves.

De

De quelque manière au reste qu'il s'obtienne, il a, dans les Antilles, besoin au moins de deux années révolues pour être complet. Quand l'étranger, qui jusqu'alors étoit resté exposé à la fièvre jaune, le possède enfin, il ne diffère en rien des indigènes ou acclimatés de naissance que cette maladie n'atteint jamais. Comme eux, il n'est que rarement affecté d'hémorragie extérieure, & il cesse d'être sujet aux épistaxis qui l'avoient plus ou moins incommodé, surtout au commencement de son arrivée; mais, en revanche, il devient sujet à leurs maladies habituelles, savoir : les fièvres d'accès & diverses phlegmasies, dont avant cela il avoit été presque entièrement exempt. Il les éprouve dans les mêmes saisons qu'eux, c'est-à-dire pendant les fraîcheurs qui, après lui avoir été favorables dans les premiers temps de son arrivée, lui deviennent réellement défavorableuses.

Tous les auteurs n'ont pas complètement reconnu les inconvéniens & les avantages de l'acclimatement : plusieurs ont nié qu'il préservât assurément de la fièvre jaune, & MM. Pugnet, Cailliot & Bally, ont prétendu que des créoles pouvoient en être frappés, surtout lorsqu'ils passoient d'une île dans une autre. Mais la manière dont s'expriment ces médecins, qui du reste ont fait un très-court séjour dans les Antilles, diminue singulièrement la force de leur assertion. D'un autre côté, il est certain qu'aucun des nombreux émigrés acclimatés, dont Clare avoit attribué la mort à la fièvre jaune, n'a succombé sous les coups de cette maladie (1).

Comme l'acclimatement s'acquiert, il peut aussi se perdre : ainsi, des créoles partis jeunes de leur pays & élevés en France, d'anciens colons, après une absence de douze à quinze ans, peuvent être atteints de la fièvre jaune à leur retour dans les Antilles, & l'éprouver une seconde fois. Hors les cas de ce genre, on en est à l'abri, si, après l'avoir eue, on ne quitte plus les lieux où elle règne habituellement.

2°. L'inacclimatement, par rapport aux Antilles, est une disposition commune à tous les individus qui, nés vers le milieu des zones tempérées, ou sous des latitudes plus élevées, ne les ont jamais quittées. Ici on a la preuve de la foiblesse, je dirai presque de la fragilité de la machine humaine. Une température de quelques degrés plus haut que celle dont il a l'habitude, suffit pour perdre la santé de l'homme en apparence le plus robuste. Cette facilité si vantée, que notre espèce a, dit-on, de se faire à tous les climats, se réduit singulièrement aux yeux de celui qui a vu avec quelle fureur la fièvre jaune sévit sur les inacclimatés. Tous effectivement sont exposés à ses coups, quoique avec des chances plus ou moins favorables d'y pouvoir échapper. Ainsi un tempérament sanguin & l'âge adulte sont des conditions fâcheuses pour ceux chez qui elles se rencontrent ou réunies ou isolées. Un tempérament bilieux ou bilieux lymphatique, l'enfance, la vieillesse, le sexe féminin, sont au contraire des conditions favorables. Il est avantageux d'être né dans le midi de l'Europe, & désavantageux d'être né dans le nord. Mais toutes ces dispositions individuelles, dont les avantages & les inconvéniens sont assez faciles à constater dans les saisons ordinaires aux Antilles, se font à peine remarquer lorsque les causes extérieures des maladies deviennent fort énergiques. Alors l'épidémie est générale & semble tout confondre dans sa dévorante activité : sanguins, lymphatiques, hommes, femmes, jeunes, vieux, tous lui servent presque également de victimes.

Là se termineroit entièrement l'exposé des causes de la fièvre jaune, si nous ne nous croyions pas obligé de parler de l'infection & de la contagion (voyez ces mots) dont on a cru devoir grossir leur nombre.

L'opinion que la fièvre jaune est contagieuse commence enfin à tomber en Europe, grace surtout à la persévérance si digne d'éloge avec laquelle mon ami le Dr. Chervin l'a combattue, & la combat encore. Mais il y a long-temps qu'elle étoit décréditée dans les Antilles, où, depuis leur découverte, on n'a pas eu un seul exemple de contagion sur un acclimaté. Et il faut bien le répéter, puisqu'on s'obstine à ne pas l'entendre, tous les cas de prétendue contagion, cités par les auteurs, reposent sur des inacclimatés, c'est-à-dire sur des sujets exposés à avoir également la fièvre jaune, soit qu'ils fuient ou qu'ils fréquentent les malades. Par conséquent, aucun de ces faits ne prouve que des individus tombés malades les uns après les autres, aient pris leurs maladies l'un de l'autre.

Quant à l'infection, on la regarde généralement encore comme une cause puissante de la fièvre jaune, & cela avec d'autant plus de raison, en apparence, que l'infection se rencontre dans beaucoup de lieux où règne cette maladie; mais si par sa réunion avec les autres causes du mal elle peut le rendre plus fréquent ou plus grave, elle est, toute seule, insuffisante pour le faire naître. D'un autre côté, il se développe souvent sans elle : on ne peut donc pas admettre qu'elle en soit la cause nécessaire. Ainsi Waren a constaté que la grande salubrité de la Barbade ne l'empêche pas d'être ravagée par la fièvre jaune; &, à la Martinique, M. Lefort l'a vue « frapper indistinctement, toute » l'année, certains individus au milieu d'un grand » nombre d'autres qui en étoient exempts, sans » qu'on pût lui assigner comme cause ni la direc- » tion des vents, ni certaines localités ». Il y a plus; des médecins, entr'autres MM. Barbez & Le Blanc, m'ont assuré qu'elle se montre moins dangereuse à la Pointe-à-Pitre, ville entourée de palétuviers infects, qu'à la basse terre où il n'y en a pas.

_____

(1) Dariste, Recherches pratiques sur la fièvre jaune, pag. 18.

Si maintenant on vouloit fe retrancher fur cette efpèce d'infection que produifent les émanations humaines concentrées, nous dirions qu'il lui eft impoffible de naître dans les Antilles, où les maifons reffemblent à des cages ouvertes à tous les airs de veuts (Savaréfy). Auffi n'y a-t-on jamais obfervé *le typhus*, qui, fuivant Bancroft, ne peut pas naître dans les Indes occidentales (1). D'après toutes ces confidérations, nous n'héfitons pas à n'accorder qu'une influence acceffoire ou fecondaire à l'infection, tout-à-fait nulle à la contagion, & à confidérer l'inacclimatement & certaines qualités générales de l'atmofphère des Antilles, comme les feules véritables caufes de la fièvre jaune, puifque fans leur concours on ne la voit jamais fe développer.

§. 2. *Defcription de la fièvre jaune*. La fièvre jaune débute vraiment fans fymptômes précurfeurs, fi, à l'exemple de Pugnet & de Savaréfy, on ne veut pas confidérer comme tels, la rougeur de la face, l'embonpoint factice & les autres accidens que nous avons fignalés, au commencement du paragraphe précédent, chez les inacclimatés. Néanmoins quelques fujets éprouvent en outre, pendant deux ou trois jours, du malaife, de l'anorexie, des laffitudes vagues, en un mot, tous les fymptômes qui annoncent ou font craindre une maladie. Les autres au contraire font pris, au moment où ils fe vantent de jouir d'une excellente fanté. Au refte, de quelque manière qu'éclate la fièvre jaune, on la voit très-rarement commencer par un léger fentiment de froid, ou tout au plus un friffonnement paffager, prefque jamais par un véritable friffon. Bien plus fouvent elle s'annonce par une chaleur accompagnée de douleur de tête fus - orbitaire, plus ou moins forte, de douleurs dans les lombes, les cuiffes & les jambes, & quelquefois des membres fupérieurs: douleurs qui reffemblent beaucoup à celles que produifent les fatigues mufculaires portées à l'excès. Il eft bien rare qu'il n'exifte pas en même temps un fentiment de gêne plus ou moins pénible à l'épigaftre, que les malades attribuent ordinairement à une mauvaife digeftion, & que les médecins peu attentifs n'aperçoivent pas toujours.

La chaleur, foit qu'elle ait été ou non précédée d'une impreffion de froid, eft vive, intenfe, prefque toujours fèche & âpre. Il eft rare qu'elle s'accompagne de moiteur, fymptôme qui du refte ne tarde pas à fe diffiper. Le vifage eft rouge, quelquefois vultueux, luifant; les conjonctives injectées, les yeux brillans & fecs, ou bien humides & même larmoyans; la refpiration gênée, élevée, dérangée de fon rhythme naturel. A cet état de la refpiration fe joignent de fréquens foupirs, quelquefois des plaintes prefque à chaque expiration; de

l'anxiété, de l'agitation, &., dans quelques circonftances affez rares, une toux ftomacale fort incommode. Pendant ce temps, le pouls eft fréquent, conftamment plein, développé, fouvent dur, jamais foible, à moins qu'il n'exifte complication d'une autre maladie. La langue eft nette, humide, rarement blanche, plus rarement jaune & chargée; la foif eft ordinairement intenfe, quoique dans certains cas, très-rares, prefque nulle. Il y a fouvent conftipation, d'autres fois diarrhée, qui alors, après avoir été fimplement excrémentitielle, devient bilieufe, rouffâtre, & d'un afpect plus ou moins fâcheux. Les urines coulent plus ou moins facilement, font prefque naturelles, quelquefois un peu rouges, & n'offrent que très-rarement des dépôts; elles ne s'arrêtent complétement que quand il y a néphrite. Le fommeil, troublé dès le début, diminue de jour en jour, & fe perd prefque entièrement par les progrès de la maladie.

L'état d'irritation que je viens de décrire dure depuis deux jufqu'à trois & même quatre jours. C'eft vers la fin de cette période que les vomiffemens furviennent ordinairement, quoique quelquefois ils aient paru tout-à-coup le premier jour. Dans la plupart des cas, ils font annoncés & précédés par l'augmentation de la gêne épigaftrique & par des naufées d'abord affez rares, enfuite de plus en plus rapprochées. Alors, en appuyant un peu la main fur l'épigaftre, on fait toujours éprouver au malade un fentiment de douleur obtufe ou, comme de fimple poids, d'où réfulte des naufées & même des vomiffemens, fi la preffion a été exercée fans ménagement. Souvent auffi les malades reffentent de vives douleurs autour de l'ombilic, ordinairement au-deffus, rarement au-deffous: malgré cela, le ventre n'en eft pas moins fouple dans fa totalité. Ces douleurs paroiffent rarement dès le premier jour.

D'abord éloignés, & ne contenant que les boiffons ou des matières muqueufes, les vomiffemens fe rapprochent de plus en plus, forment divers dépôts, deviennent d'une couleur rouffâtre, femblable à un léger chocolat, puis couleur de marc de café, & enfin véritablement noirs.

A cette époque de la durée de la gaftrite, & même un peu avant, les douleurs de lombes & les douleurs de tête ceffent en entier; ou au moins diminuent beaucoup. La foif ceffe ou devient moins forte, les foupirs font plus rares & la toux ftomacale fe diffipe. Les malades n'en continuent pas moins à fe tourner fans ceffe dans leurs lits, jetant çà & là les bras, d'une manière automatique, ou bien tombant dans une efpèce de fomnolence qui reffemble beaucoup au plus haut degré de l'ivreffe. Le vifage dégonfle, dérougit, de même que les conjonctives, à moins qu'elles ne fe trouvent prifes d'inflammation, & l'on voit alors fe manifefter la jauniffe qui, quelquefois, paroît dès le fecond jour, & fait d'autant plus craindre

(1) *An Effay on the difeafe called*, &c., pag. 287.

qu'elle est plus prompte à se déclarer. A l'époque habituelle de son apparition, le pouls se ralentit quelquefois & devient presque naturel; cependant cette sorte d'apyrexie manque la plupart du temps. Les malades éprouvent des défaillances, par le plus léger mouvement : ils se plaignent d'être accablés & sans forces. La peau, quoique moins chaude, reste sèche & âpre; il n'y a presque plus de sommeil. C'est aussi dans cette période de la maladie que la langue se charge plus ou moins, devient rouge sur les bords, quelquefois un peu brune & sèche au milieu, & dans certains cas assez rares, lisse, rouge & sèche en totalité. Les urines n'offrent, la plupart du temps, rien de remarquable.

Quand la maladie doit avoir une heureuse terminaison, il ne se manifeste pas de jaunisse, ou bien elle se borne aux parties supérieures du corps & n'acquiert qu'une teinte peu foncée. Le pouls, après s'être ralenti & quelquefois affoibli, reprend son rhythme & sa force naturelle, souvent même un peu de fréquence; la peau recouvre sa chaleur habituelle, & devient légèrement moite & souple; la gêne de la respiration & de l'épigastre diminue, les vomissemens s'éloignent, les nausées disparoissent. Cette amélioration succède à des déjections alvines abondantes, rarement à des sueurs, quelquefois à l'excrétion d'urines brunes, un peu troubles; mais le plus ordinairement elle a lieu sans crises marquées. Elle arrive principalement les quatrième, cinquième & septième jour, & la convalescence est ordinairement facile & prompte.

Lorsqu'au contraire l'issue de la maladie doit être funeste, la jaunisse se répand promptement & prend une teinte tirant sur le brun. Il survient, d'abord sur le cou, ensuite sur la poitrine & les membres supérieurs, de petites macules ou taches pourprées (vulgairement pétéchies), souvent très-nombreuses & fort rapprochées, d'autres fois plus rares, larges & par plaques d'ecchymoses. Le visage prend une couleur sombre, livescente, permanente, mais le plus souvent passagère. Il est abattu, accablé, offrant l'expression d'une douleur intérieure & jamais de décomposition ataxique. Beaucoup de malades ne peuvent plus supporter d'être assis sans tomber en défaillance, quoique d'autres au contraire conservent la force de sortir du lit. Les selles deviennent noires, les vomissemens aussi; les urines sont jaunes. La douleur épigastrique augmente beaucoup, & l'on remarque quelquefois, dans cette région, une sorte de palpitation jointe à une fréquence manifeste de la respiration. Les malades se plaignent d'y éprouver un sentiment d'ardeur & comme de brûlure, leurs nausées se renouvellent à chaque instant &, de peur de les exciter, ils refusent de boire, quoique étant souvent tourmentés par la soif. Il survient ordinairement à cette époque des hémorragies par le nez, les gencives, la gorge, l'anus, plus

rarement par la vessie, & surtout par les pores de la peau. L'état du malade n'en paroît pas sensiblement influencé; mais comme si elles ne se manifestoient pas, la foiblesse fait des progrès, les ecchymoses & les pétéchies se multiplient, la peau devient froide, le pouls foible, concentré, la respiration s'embarrasse, & les malades meurent au bout d'une courte agonie, avant ou vers le septième jour. Tous conservent leur connoissance jusqu'à la fin.

D'autres fois, la marche de la maladie est encore plus rapide, & les individus mortellement atteints périssent pour la plupart, du quatrième au cinquième jour, avant d'avoir eu une jaunisse bien prononcée ou de nombreuses pétéchies. La mort survient alors presque sans intermédiaire, après la période d'irritation, & les malades succombent à la violence de leur mal, en quelque sorte comme des gens empoisonnés, quelques-uns n'ayant vomi que des matières bilieuses ou leur boisson. C'est cette différence dans la durée de la gastrite qui a engagé les auteurs à en faire deux variétés, *aiguë* & *très-aiguë*. Les symptômes de l'une & de l'autre sont les mêmes, ils ne diffèrent que par leur intensité; mais la maladie est d'autant plus dangereuse qu'elle se rapproche davantage de la variété très-aiguë.

La marche que nous venons de décrire appartient à la fièvre jaune simple; mais les diverses complications dont elle est susceptible apportent de grands changemens dans son cours. Sa complication la plus ordinaire, après la jaunisse, que nous venons de ranger dans les symptômes habituels, à cause de la grande fréquence, est la néphrite. On doit la craindre quand, dès les premiers jours de la maladie, la douleur des lombes est excessive & portée au point d'arracher des cris aux malades, comme on le voit quelquefois : la vive douleur des cuisses est encore propre à fournir cet indice. Les urines sont aussi, dès le commencement, rouges & en petite quantité; elles brûlent, coulent avec peine, & finissent par s'arrêter totalement au bout d'un jour ou deux. Dans ce cas la maladie marche toujours rapidement, & les malades ne passent guère le cinquième jour. C'est sur eux qu'il arrive principalement de remarquer des urines mêlées de sang, & même un véritable pissement de sang, que précède assez souvent un sentiment de tension dans la région vésicale, sans faillie appréciable.

Une complication non moins fâcheuse est celle de l'inflammation de l'encéphale ou de ses enveloppes : alors la douleur de tête est extrême au début. Elle se fait sentir principalement dans les orbites & au-devant du front. Les mouvemens des yeux ne peuvent s'exécuter sans une forte douleur, & les conjonctives sont ordinairement plus injectées que dans les cas simples. D'autres fois la douleur, toujours très-aiguë, occupe d'une manière fixe & permanente la région occipitale.

Parmi les sujets dont la maladie est compliquée d'inflammation encéphalique, les uns tombent au bout de peu de jours, dans un état de stupeur & de coma qui, les rendant insensibles à toute douleur externe, s'oppose en même temps à ce que le rhythme de leur respiration soit accéléré, souvent même au contraire le ralentit, & fait qu'on peut fortement leur appuyer la main sur l'épigastre, sans leur causer de douleur : les autres sont pris d'un délire furieux, plus rarement gai, souvent d'une rêvasserie non interrompue. Ils conservent pour la plupart le pouls fort & développé. Un très-petit nombre l'ont mou, foible, facile à déprimer. Lorsque l'affection cérébrale est portée à un haut degré, les pupilles sont dilatées, immobiles, absolument insensibles à l'impression de la lumière ; ce qui n'a jamais lieu dans la gastrite simple. Une telle complication, en intervertissant notablement la marche habituelle de la gastrite, en faisant naître une foule de symptômes nerveux, est bien propre à faire croire à l'existence d'une fièvre ataxique : c'est sur des exemples de ce genre que se sont appuyés les auteurs qui ont vu dans la fièvre jaune une fièvre adynamico-ataxique. La mort, dans tous ces cas, est prompte, & survient avant le troisième & même le second jour.

Néanmoins on observe des complications d'affection encéphalique qui marchent avec assez de lenteur. Dans ces cas, dus en général à un état subinflammatoire de l'arachnoïde, les malades éprouvent, avec la plupart des accidens qui caractérisent la fièvre jaune, des symptômes assez analogues à ceux qui s'observent dans les fièvres ataxiques. Les uns tombent dans une sorte de délire qui ressemble beaucoup à de l'humeur ou à de la colère. Il s'accompagne quelquefois de soubresauts de tendons, ou bien de rétraction comme tétanique des membres ou de tremblemens convulsifs, auxquels se joint, dans certains cas, une sorte de chevrotement de la voix, avec altération de son timbre ordinaire. D'autres, mornes & taciturnes, restent couchés comme assoupis, ou plongés dans une profonde tristesse, se remuant à peine, refusant de répondre quand on leur parle, n'éprouvant que de rares nausées, & disant ne pas souffrir. Mais, quand on leur appuie la main sur l'épigastre, ils ressentent une vive douleur, qui les force à convenir de leur mal. Dans tous ces cas le pouls est peu fréquent ; cependant il est rare qu'il soit apyrétique : il est en même temps plus ou moins foible, quoiqu'on le voie encore quelquefois alors fort & développé. Après être resté deux ou trois jours dans un état presque stationnaire, ainsi que les autres accidens, il devient tout-à-coup fréquent & foible ; la peau devient froide, gluante, visqueuse ; les forces tombent rapidement, & quelques-uns de ces malades succombent sans vomir noir, ou n'ayant eu qu'un ou deux vomissemens de cette nature au moment de leur mort.

Il arrive bien rarement qu'une gastrite ainsi prolongée soit susceptible de guérison. Sa terminaison, pour être plus lente, n'en est pas moins funeste, & l'on voit les malades, après avoir présenté une apparence de mieux, succomber le huitième, le dixième jour & peut-être encore plus tard : ce dont à la vérité je n'ai pas eu moi-même d'exemple.

Compliquée avec la néphrite ou la méningocéphalite, la fièvre jaune est toujours mortelle ; &, lors même qu'elle est exempte de complication, c'est encore une des plus dangereuses maladies connues : vérité confirmée par l'observation de toutes les épidémies décrites jusqu'à nos jours, qui montrent cette maladie à peu près toujours également grave.

Nécroscopie. L'ouverture des cadavres des individus qui périssent de la fièvre jaune montre constamment des lésions qui, par leur nombre, leur variété, leur intensité, rendent un compte satisfaisant des symptômes plus ou moins nombreux qui ont été observés pendant la durée de la maladie. Dans tous les cas simples, l'estomac seul offre les traces d'une inflammation susceptible d'une foule de degrés divers d'intensité. Dans d'autres, comparativement plus nombreux, on trouve, en même temps, des portions plus ou moins étendues d'intestin également atteintes d'inflammation, & il est peut-être sans exemple que, dans aucune de ces circonstances, la vésicule biliaire en soit exempte. Outre cela le canal alimentaire contient des matières excrémentitielles d'aspect & de qualités divers, presque toujours mêlées de sang plus ou moins altéré, & quelquefois des vers, mais accidentellement.

Suivant les diverses complications on observe avec ces désordres, tantôt l'inflammation des reins ; tantôt celle de quelque partie de l'encéphale ou de ses enveloppes. Quant aux lésions de la rate, des poumons & des organes contenus dans la poitrine, elles sont rarement de nature inflammatoire, & leur caractère offre peu d'analogie avec celui de la maladie principale.

Si l'espace nous eût permis de reprendre & d'examiner à part chacun des nombreux symptômes que nous avons décrits & chacune des lésions d'organes que nous nous sommes borné à indiquer, il nous auroit été facile de montrer entre elles & eux une corrélation, une dépendance telle que l'appréciation attentive des accidens observés, pendant la vie, met toujours en état de reconnoître dès-lors, les organes qu'à l'antopsie on doit trouver enflammés, & même de déterminer l'étendue & l'intensité de leur phlegmasie, soit dans les cas simples, soit dans les cas bien plus nombreux de complication. Nous aurions ensuite fait abstraction de ces derniers cas, pour rechercher ceux dans lesquels le mal se trouve limité au moins grand nombre d'organes possible, & nous serions arrivé à cette conclusion donnée ici dépourvue de fes preuves détaillées, favoir, que dans fon plus grand état de fimplicité, la fièvre jaune eft une *inflammation aiguë de la muqueufe de l'eftomac*.

§ 3. *Traitement*. Frappés du caractère inflammatoire des fymptômes de la fièvre jaune, les anciens médecins français la traitèrent par une médication antiphlogiftique, fi l'on en excepte les évacuans, que les théories galéniques humorales, alors en vogue, leur faifoient prodiguer de la manière la plus déraifonnable. Quand plus tard la doctrine de Brown eut pénétré dans les Antilles, quand la croyance dans l'action fpécifique du mercure s'y fut répandue, les toniques de toutes les efpèces & fous toutes les formes, & les diverfes préparations mercurielles furent employés avec la plus aveugle confiance. Mais les réfultats meurtriers de ces deux derniers genres de traitement, dont j'ai fourni ailleurs des preuves très-circonftanciées (1), deffillèrent les yeux les plus prévenus. Force fut donc d'en revenir à l'ancienne méthode curative, modifiée comme l'exigeoient les progrès récens de la fcience; & ce retour à d'anciens principes en prouve mieux la bonté que s'ils n'euffent jamais été abandonnés. C'eft dans leur accord avec les données fournies par l'anatomie pathologique que fe trouvent les bafes fur lefquelles nous allons chercher à établir la thérapeutique & la prophylaxie de la fièvre jaune.

A. *Traitement curatif*. Les applications humides tièdes à l'épigaftre ou fur différentes parties du corps, les fomentations, les cataplafmes émolliens, font des moyens d'une efficacité très-limitée & tout-à-fait fecondaire, à l'ufage defquels on eft même ordinairement forcé de renoncer. Les bains tièdes généraux fembleroient indiqués, cependant ils fatiguent beaucoup plus qu'ils ne foulagent les malades. On doit en dire autant des pédiluves. Quant aux véficatoires, ils font toujours nuifibles à quelque époque de la maladie & pour quelque indication qu'on les emploie, & les finapifmes ou autres ftimulans extérieurs analogues ne font utiles que dans quelques cas affez rares. On voit facilement, dès-lors, que nous réduirons le traitement de la fièvre jaune, aux évacuations fanguines, aux boiffons délayantes, aux lavemens émolliens & à la diète.

1°. *Evacuations fanguines*. Les faignées générales font, fans contredit, le remède fur lequel on peut le plus compter; mais elles doivent pour cela être pratiquées dès le commencement de la maladie. Trente-fix ou quarante-huit heures après l'invafion, le mal eft fait; la muqueufe gaftro-inteftinale s'eft enflammée au point qu'il n'y a plus de réfolution à *maîtrifer* par les fecours de l'art, & il n'échappe que les malades dont l'affec-

tion légère pouvoit céder aux feuls efforts de la nature; & ces cas font fort rares. Lors donc qu'on n'a pas faigné dès le fecond jour de la maladie, il eft prefque toujours inutile de le tenter enfuite.

Les chances de guérifon étant d'autant plus grandes que la déplétion fanguine eft plus prompte, il faut rapprocher les faignées : il le faut furtout fi la première a produit un foulagement marqué. Dans tous les cas on en mefure le nombre & les quantités fur l'intenfité des fymptômes & les forces du malade : il eft bon qu'il éprouve un commencement de défaillance. En général, cinq ou fix faignées au plus, de deux à trois palettes chacune, fi elles ont été faites dès le début & à intervalles rapprochés, c'eft-à-dire dans l'efpace de quarante à foixante heures, fuffifent ordinairement pour modérer la violence des fymptômes, & permettre à la nature de réfoudre l'inflammation.

Cette néceffité d'abattre, dans le moindre délai poffible, les fymptômes inflammatoires, doit faire préférer les faignées par la lancette aux applications de fangfues, qui agiffent d'une manière beaucoup moins prompte, & ne font bien indiquées que dans les cas où la maladie eft modérée, comme l'étoient, comparativement à la fièvre jaune, les gaftrites que M. Brouffais a eu à traiter en Italie fur nos foldats. Cependant les fangfues peuvent être utiles quand, après les faignées générales, il refte encore une vive douleur de tête ou une forte gêne à l'épigaftre. Souvent elles diffipent alors ces deux fymptômes. C'eft en cas pareils qu'on pourroit avoir recours aux ventoufes fcarifiées fur l'épigaftre, fi la difficulté que les malades éprouvent à refter long-temps dans la même attitude & le befoin qu'ils ne peuvent maîtrifer, de fe tourner à chaque inftant, n'en rendoient l'ufage fort pénible pour eux.

2°. *Boiffons délayantes*. La foif affez vive des premiers jours rend d'abondantes boiffons néceffaires : la fufceptibilité chaque jour de plus en plus grande de l'eftomac fait qu'il eft fort difficile d'en trouver dont il s'accommode. En général les acides les plus doux, les infufions aromatiques les plus légères portent au vomiffement. L'eau de poulet, fi vantée par Pouppé Defportes, donne conftamment des rapport d'œufs gâtés; à plus forte raifon doit-on s'attendre à voir l'eftomac fe foulever contre les boiffons toniques, les potions éthérées & furtout camphrées qui le révoltent outre mefure. Dans ces cas, l'opium n'eft pas moins promptement rejeté par le vomiffement. Refte donc les adouciffans, les mucilagineux, les gommeux & autres boiffons analogues. L'eau légèrement gommée fans fucre, une fimple tifane de raquette, de gombeau, ou de mie de pain, enfin l'eau pure fraîche, font encore gardées par l'eftomac, alors que toutes les autres tifanes font vomies. Dans ces circonftances, où le médecin

(1) J. A. Rochoux, *Recherches fur les différentes maladies qu'on appelle* Fièvre jaune, pag. 611.

a épuifé fon formulaire, où il s'eſt bien convaincu que toutes les potions dites *anti-émétiques* font au contraire de puiffans vomitifs, on a propofé l'ufage de l'eau glacée & du lait coupé avec de l'eau de chaux. M. Raiffer affuroit avoir obtenu par ce dernier médicament de véritables fuccès; mais l'expérience ne les a pas plus confirmés que ceux dont on faifoit gloire à l'eau glacée. Cependant M. Lefort affure être parvenu à arrêter les vomiffemens qui fuccèdent à la période inflammatoire de la fièvre jaune, par l'administration de quelques grains de fulfate de quinine, & par l'ufage des boiffons chargées d'acide carbonique.

3°. *Lavemens.* Quand, au début de la maladie, il exifte de la conftipation, la première indication à remplir eft de la combattre. Mais la crainte d'accroître l'inflammation gaftro-inteftinale doit faire renoncer aux purgatifs même les plus doux. Le feul moyen qu'on ait alors d'atteindre le but propofé confifte dans l'emploi des lavemens purgatifs plus ou moins actifs. En ajoutant à une décoction émolliente deux cuillerées à bouche de fel marin, une once d'huile de ricin, une verre d'eau de mer, une once ou deux de fulfate de foude, ou bien une décoction d'une once de féné, on obtient facilement trois ou quatre garde-robes d'un lavement ainfi compofé. C'eft une preuve que fon action ne fe borne pas à évacuer le gros inteftin feulement, qu'elle s'étend de proche en proche, & ftimule jufqu'à l'inteftin grêle. On voit par là, combien il eft aifé d'entretenir la liberté du ventre, & de ménager en même temps la muqueufe irritée. On fe borne, au contraire, aux fimples lavemens adouciffans & mucilagineux, lorfqu'au lieu de conftipation, il y a diarrhée, ou lorfque l'une fuccède à l'autre, comme cela arrive très-fouvent.

4°. *Diète.* Ce ne feroit pas affez d'employer contre la phlegmafie un traitement débilitant énergique, fi l'on n'en fecondoit encore l'action par une diète convenable. Pour cela, les malades feront abfolument privés de toute nourriture pendant les quatre ou cinq premiers jours de la maladie. Paffé cette époque, il convient en général de commencer à les nourrir un peu. Dans cette intention, on leur fera prendre quelques cuillerées de crême de riz ou de pain, avec ou fans fucre, fuivant leur goût. Il arrive même affez fouvent que, quand toutes les boiffons font opiniâtrement vomies, le léger aliment dont nous parlons paffe encore. Il faut alors profiter de cette circonftance, le donner étendu de beaucoup d'eau, de manière à ce qu'il ferve tout à la fois de nourriture & de boiffons. Pendant tout ce temps, on évitera avec foin tout régime animal, même le bouillon coupé, qui fe tourne promptement dans l'eftomac. On fuira bien plus encore l'ufage du vin, qui ne manque jamais de provoquer de violens vomiffemens, le vin rouge furtout: c'eft pour cela que l'on devra craindre d'en faire ufage,

même dans la convalefcence, tant qu'elle ne fera pas bien confirmée. Jufque là, on augmentera avec beaucoup de modération la quantité des alimens, & on n'effaiera un peu de poiffon qu'après avoir nourri pendant plufieurs jours, avec des végétaux. Pour tous ces premiers repas, la boiffon fera la tifane ordinaire, de l'eau ou de la bière coupée, pour les fujets qui ont l'habitude d'en boire.

Souvent, quoique la convalescence marche bien à d'autres égards, l'appétit ne revient pas, la bouche refte amère & la langue couverte d'un enduit blanc ou jaunâtre épais. L'exiftence d'une furcharge gaftro-inteftinale n'eft alors nullement douteufe, & l'inftant d'employer un léger laxatif eft arrivé. Auffi remarque-t-on que fon adminiftration diffipe promptement les accidens dont il s'agit. Hors ces cas peu fréquens, les convalefcens n'ont befoin d'aucune évacuation, & leur rétabliffement a lieu d'une manière très-prompte, bien que la gravité des accidens auxquels ils fortent d'échapper dût faire craindre le contraire.

Un tel bonheur eft le partage du petit nombre, car les deux tiers environ des fujets atteints de fièvre jaune fuccombent, malgré l'emploi le mieux entendu du traitement antiphlogiftique. Cela ne l'empêche pas d'être de beaucoup préférable aux toniques, aux mercuriaux, &c., qui, comparativement au traitement dit *des mulâtreffes de Saint-Domingue*, donnoient des réfultats funeftes que les médecins ont été les premiers à fignaler. Rappelons à ce fujet que le traitement en queftion étoit antiphlogiftique, mais trop expectant, puifqu'il n'admettoit pas les faignées. Il préfentoit en outre un grand vice, favoir: l'emploi à haute dofe des boiffons végétales acides, qui, avons-nous dit, fatiguent toujours plus ou moins l'eftomac. Si, avec tous fes défauts, il étoit encore moins nuifible que les autres méthodes thérapeutiques, qu'on juge du mal que le brownifme a dû faire dans les Antilles!

B. *Traitement préfervatif.* Il eft poffible d'atténuer, mais il ne l'eft jamais d'annuler l'influence morbifère que l'atmofphère des Antilles exerce fur les inacclimatés. En effet, la grande maffe de ceux qui viennent dans ces régions font obligés d'y choifir leur demeure, non dans le lieu le plus favorable à la fanté, mais dans celui où ils peuvent s'employer le plus fructueufement. On ne fauroit par conféquent exiger de gens maîtrifés à ce point par les circonftances, qu'ils aillent s'acclimater à la campagne & fur des mornes frais. Ils le pourroient d'ailleurs, que tôt ou tard ils feroient obligés de revenir à la ville; autant vaut donc à peu près s'y fixer tout de fuite quand on s'y trouve appelé. Ce n'eft pas à dire pour cela qu'il faille enfuite négliger tout efpèce de précaution; loin de là, l'inacclimaté devra attacher tous fes foins à fe garantir de la chaleur & furtout de la lumière folaire. A cet effet, il devra toujours porter un parafol, éviter de fortir de onze heures à deux ou trois, & pour maintenir le calme que donne une pareille précaution, fe lever de bonne heure & fe coucher de même; car les veilles un peu prolongées troublent fingulièrement le fommeil des arrivans. Si pour faire compenfation ils fe lèvent tard, ils ont déjà chaud en fortant du lit, reffentent du malaife & de la fatigue pendant tout le refte de la journée, & la foif, que déjà ils éprouvent habituellement à un degré plus ou moins fort, eft augmentée confidérablement. Ce befoin eft un de ceux qu'il importe le plus de favoir régler avec art. Il faut craindre de fe trop facilement laiffer aller au plaifir qu'on éprouve à le fatisfaire, & de prendre ainfi l'habitude de boire fouvent & d'une manière immodérée. Par conféquent on cherchera plutôt à réfifter à la foif, ou au moins on ne la fatisfera qu'avec modération, au moyen de boiffons aqueufes, adouciffantes, légèrement acidules, quelquefois animées d'un peu de fpiritueux. L'ufage bien entendu des fruits du pays eft encore un moyen avantageux de calmer la foif. Ils produifent en outre un effet rafraîchiffant plus ou moins marqué & durable. Si au lieu d'en agir de la forte on boit outre mefure, non-feulement l'eftomac en eft fatigué, mais il s'enfuit une fueur extrêmement abondante qui affoiblit & produit un malaife des plus défagréables.

Lors même qu'on boit avec modération, la tranfpiration eft habituellement très-abondante, &, fous ce rapport, il importe que rien ne vienne arrêter fon libre cours. En général, cela n'arrive jamais fans qu'il en réfulte des accidens plus ou moins fâcheux, même pour les acclimatés; à plus forte raifon les inacclimatés auront-ils à en fouffrir. Il leur importe d'en être bien perfuadés. Dès-lors ils craindront de fe livrer au plaifir fi vif de prendre le frais le corps étant en fueur; ils contracteront l'habitude de porter des vêtemens affez chauds, & des chemifes de coton un peu épaiffes; ils auront furtout foin de changer promptement de linge s'il leur arrive d'être furpris & trempés par la pluie.

Sans que nous l'ayons encore dit explicitement, on voit affez que nos confeils ont pour but d'entretenir l'économie dans un état de calme habituel au moyen d'un régime plutôt légèrement débilitant que tonique, & furtout ftimulant. Une nourriture prefqu'entièrement végétale, & avec cela peu abondante, en eft la première condition. Ses effets feront fecondés par l'ufage des bains tièdes pris de temps à autre en ayant la précaution de fe repofer quelques heures immédiatement après. Si, fans égard pour ce confeil, on vaque à fes affaires au fortir du bain, fi furtout on court au foleil, la peau détrempée par l'eau, laiffe échapper la fueur comme le feroit un filtre, & il en réfulte au bout de peu de temps de la foif, de la

chaleur & un très-grand malaife. Si, au contraire, on va dans un endroit frais & très-ventilé, on ne tarde pas à y éprouver un refroidiffement bientôt fuivi de réaction fébrile.

L'inacclimaté n'a pas feulement à s'occuper de ces foins purement phyfiques, il doit encore s'étudier à conduire fes paffions. Toutes font plus ou moins à craindre: l'amour par les excès auxquels il entraîne, la crainte par l'état de ftupeur dont elle frappe l'économie tout entière; la joie, la trifteffe, la colère, l'ambition, &c., manquent rarement auffi d'avoir de fâcheux réfultats. Il eft bon d'en être bien perfuadé, afin de fe préparer dans le calme de la réflexion, & en s'étudiant foi-même à lutter contre des ennemis qui font toujours vainqueurs dès qu'on s'en laiffe furprendre.

Même en fe conformant fcrupuleufement aux préceptes qui viennent d'être donnés & à d'autres qu'on doit facilement fuppofer parce qu'ils en découlent néceffairement, l'Européen ne peut pas fe flatter de pouvoir toujours maintenir fa fanté. Toutefois il lui arrivera rarement d'être brufquement faifi par la maladie. S'il s'obferve avec quelqu'attention, il fera averti de fon approche par des malaifes, de la lourdeur, de la douleur à la tête, fouvent par de fortes bouffées de chaleurs. Son appétit diminuera, ou, s'il fe foutient encore, un goût d'amertume à la bouche, une conftipation inaccoutumée indiqueront le dérangement des organes digeftifs. Dans cet état de chofes, quelques jours de diète & de repos, des lavemens émolliens, des boiffons abondantes, & fi la pléthore eft évidente, une faignée de quelques palettes conjurent ordinairement l'orage.

C'eft le bon effet des faignées en pareils cas, qui a fait confidérer comme un excellent préfervatif, même par les médecins qui les déclaroient pernicieufes dans le traitement de la fièvre jaune. Pour ma part, j'ai pu me convaincre de la vérité de leur opinion fous le premier point de vue, & fi tous les Européens que j'ai faignés pour des menaces de maladie ou pour de fimples indifpofitions n'ont pas enfuite évité d'être malades, la prefque totalité n'a éprouvé que des affections légères & a échappé aux coups de la fièvre jaune. Je n'oferai en dire autant des faignées qu'on avoit autrefois l'habitude de pratiquer au moment d'embarquer. Le régime auquel on eft aftreint pendant la traverfée, des fatigues, des privations impoffibles à prévoir qu'on peut avoir à fupporter, & qu'avec toutes fes forces on n'eft pas toujours affuré de foutenir, font qu'il y a peut-être plus d'inconvénient que d'avantage dans la faignée pratiquée au moment de partir pour les Antilles. Mais un précepte qui ne fouffre ni exception ni conteftation, fous le rapport de fes avantages, c'eft de choifir l'époque de fon départ de manière à pouvoir arriver dans les colonies au commencement des fraîcheurs, dès les premiers jours de novembre ou vers la fin d'octobre : par là on se ménage quatre ou cinq mois de température douce, & quand les chaleurs arrivent, on est bien plus disposé à les supporter. Négliger ce précepte, c'est s'exposer de gaieté de cœur aux plus grands dangers, témoins les désastres de toutes les expéditions arrivées dans les Antilles, durant les chaleurs & au mépris du sage conseil de Celse : *ex salubri loco in gravem ; primâ hieme transire melius est.* (1).

DEUXIÈME PARTIE. *Typhus amaril.* Cette seconde partie, divisée comme la première, sera consacrée aux causes, à la description & au traitement du typhus amaril.

§ 1er. *Causes.* Une des causes du typhus domine toutes les autres, & doit principalement & avant tout nous occuper, c'est l'infection. La contagion, les écarts d'hygiène, les dispositions individuelles, ont comparativement une action tout-à-fait secondaire. L'examen auquel nous allons nous livrer sur tous ces points en fournira la preuve.

1°. *Infection.* Vulgaire chez les médecins grecs, & très-bien appréciée par Celse, la théorie de l'infection fut méconnue à cette époque de notre histoire, où toutes les connoissances anciennes cessèrent d'être comprises par l'Europe redevenue barbare. Il fallut, pour la faire revivre après de longs siècles d'oubli, les travaux de Fernel & surtout de Lancisi ; encore fut-elle difficilement saisie par les esprits prévenus en faveur du système de contagion mis en vogue par Fracastor. Cependant elle alloit chaque jour gagnant des partisans, lorsque Devèze, un des premiers, l'appliqua à l'étiologie du typhus amaril. Depuis lors, la grande masse des médecins ont admis ses idées fondamentales sur ce point de pathologie, & le temps approche où elles ne seront plus contestées par personne. Je serai, par cette raison, sobre de détails dans l'exposé des faits propres à montrer que l'épidémie de Barcelone de 1821 s'est comportée dans sa marche, comme toutes les maladies d'infection. Je m'arrête de préférence à cette épidémie, parce qu'ayant appelé sur elle une grande attention, les particularités que j'ai indiquées à son égard, en seront plus facilement appréciées.

Manifesté d'abord sur des marins appartenant aux navires mouillés depuis long-temps dans le port, le mal fut signalé vers le 4 d'août, & peu de jours après il frappoit déjà les habitans de Barcelonette. Il s'est ensuite répandu suivant la direction des vents. Ainsi pendant les mois de juillet & d'août, sous la domination du vent de sud-ouest, il a principalement sévi sur Barcelonette, & dans les trois mois suivans, où les vents

ont habituellement soufflé du sud, du sud-est & de l'est, il a décimé Barcelone. Il s'est étendu en rayonnant autour du port, frappant en général d'autant moins de sujets dans chaque rue, qu'elle étoit plus éloignée du point où il avoit son foyer d'origine. Il s'est donc à peine fait sentir vers les extrémités de la ville, & ne s'est, à plus forte raison, propagé en aucune manière dans les campagnes voisines, & dans les baraques de refuges élevées à peu de distance du port. Cependant, malgré le cordon prétendu sanitaire, les communications entre la ville & l'extérieur étoient on peut dire seulement gênées & non interrompues, & avant l'établissement du cordon on avoit vu 80 mille émigrés sortir de Barcelone sans qu'aucun d'eux portât le mal dans les lieux où ils se retiroient.

Si de pareils faits ne montroient pas évidemment que les désastres de Barcelone ont eu pour cause principale, une atmosphère localement viciée, je rappellerais que sa fâcheuse influence se fit sentir même sur les habitans qui évitèrent les atteintes de l'épidémie. Tous éprouvèrent des malaises plus ou moins prononcés ; on leur voyoit la figure pâle, le blanc des yeux jaune, & ils paroissoient comme étourdis. C'est surtout lorsqu'on sortoit de Barcelone que le *facies* de ces infortunés citadins devenoit frappant par son contraste avec le teint fleuri & brillant de santé des habitans des villages voisins. Enfin, les personnes qui venoient à Barcelone ne le faisoient jamais sans éprouver quelque malaise, des douleurs de tête passagères, une sorte de gêne dans la respiration, dont elles se trouvoient atteintes dès qu'elles respiroient l'air fade & pesant de la ville. Quant aux sources de son altération, la saleté incroyable du port, la malpropreté des égouts de Barcelone, l'encombrement du Rech-Condal, sont là pour nous dire où il faut les placer.

2°. *Contagion.* L'exactitude avérée des faits dont on vient de lire le récit, n'a pas empêché un grand nombre de médecins d'attribuer le développement du typhus amaril de Barcelone à un principe contagieux apporté par la flotte partie de la Havane le 28 avril 1821. Mais, cette flotte, qui portoit environ 2,000 hommes, après avoir eu quelques malades & deux ou trois morts, dans les premiers jours de la traversée, arriva ensuite en Europe, sans le moindre accident. Il n'y eut de malades sur les navires qu'après un intervalle de quatre-vingt-douze jours durant, lesquels tout le monde avoit joui de la plus parfaite santé. Or ne seroit-il pas lourdement absurde d'admettre qu'un principe contagieux peut se manifester au milieu de 2,000 individus pendant quelques jours, & cesser ensuite toute action pendant plus de trois mois, pour recommencer de nouveau à porter ses coups ? N'est-il pas également déraisonnable de supposer qu'une contagion susceptible d'être transportée à 15 ou 1800 lieues de distance,

de

de la Havane en Europe, ne peut cependant, quand elle eſt arrivée dans un port, étendre ſon action au-delà d'un rayon d'une demi-lieue ? C'eſt pourtant là la conſéquence à laquelle on ſeroit conduit ſi l'on cherchoit à l'épidémie de 1821 une autre cauſe que l'infection née ſimultanément, dans le port & dans les cales des navires qui s'y trouvoient alors.

Mais en plaçant dans l'air ainſi altéré l'origine & la cauſe principale de la propagation du typhus amaril, il nous faut auſſi reconnoître que le miaſme dont les malades ſont ſaturés & qu'ils exhalent autour d'eux, devient ſouvent pour ceux qui les approchent une cauſe de maladie, un véritable moyen de contagion ou de communication ſucceſſive. Toutefois cela n'arrive que dans un air déjà vicié, & rendu encore plus nuiſible par ſa concentration dans un local étroit ; car à l'air libre des champs, ou ſimplement dans des lieux ſalubres, comme les villages voiſins de Barcelone, ſi l'on voit quelques exemples de contagion, ils ſont extrêmement rares, & le mal s'arrête aux premiers qui le gagnent, ceux-ci ne le donnant jamais à d'autres.

Telle eſt la part plus ou moins grande, mais toujours ſecondaire, que prend la contagion à la propagation du typhus amaril ſur terre. A bord, ſon rôle paroît être beaucoup plus actif, s'il faut en croire les obſervations faites par Kitterling, en rade de Cadix, d'où il réſulteroit qu'un ſeul malade conduit ſur un navire auroit ſuffi pour y propager rapidement le mal dont il étoit atteint. Cette opinion paroîtroit encore confirmée par l'expérience de Ferguſon, & avant tout auroit pour appui la pratique de Lempière (1). Mais ſi ces faits ſont encore ſuſceptibles d'être éclairés par de nouvelles études, ils doivent d'ailleurs nous reſter étrangers dans leurs détails, & il ſuffit de les avoir mentionnés.

3°. *Cauſes hygiéniques.* — A. *Circumfuſa.* L'air renferme bien évidemment la véritable cauſe du typhus amaril, mais il ſe borne à lui ſervir de véhicule. S'il paroît par quelques-unes de ſes qualités météorologiques générales activer l'action de cette cauſe, c'eſt en favoriſant les affinités chimiques des matières formant les foyers d'infection, & non en agiſſant directement ſur l'économie humaine. Ainſi il faut ordinairement une température de 20 à 24 degrés pour que le miaſme typhique puiſſe ſe former & ſe répandre dans l'air, mais c'eſt lui & non la chaleur qui rend malade, car le typhus règne tant que le dégagement miaſmatique continue, c'eſt-à-dire tant que la température ne deſcend pas à zéro ou environ. Or ce n'eſt point à elle qu'à cette époque on peut attribuer la maladie, & en ſuppoſant qu'on voulût en faire remonter l'origine aux dérangemens produits dans l'économie par les chaleurs an-

técédentes, cet argument tomberoit devant l'exemple des étrangers qui, arrivant ſans avoir été ſoumis à leur action, tombent cependant malades dès qu'ils touchent le ſol d'une ville épidémiée.

La lumière & l'électricité ne donnent également lieu à aucune obſervation qui permette de leur attribuer une part quelconque dans la production des épidémies. On en doit dire autant de l'humidité : il s'en faut de beaucoup qu'elle ſoit toujours plus conſidérable pendant leur durée. Loin de là, l'épidémie de 1821 s'eſt développée durant une ſéchereſſe remarquable, & l'on ſait qu'à Cadix, le typhus amaril règne toujours ſous le ſouffle du vent d'eſt qui eſt ſec & très-chaud. Si donc on a vu à Barcelone le nombre des malades augmenter ſenſiblement après une pluie de deux ou trois jours, cela dépendit bien certainement de ce qu'une grande maſſe d'eau ayant tout-à-coup délayé les matières croupiſſant dans les égouts, augmenta momentanément le dégagement du miaſme. Enfin, les vents ſe bornent à le tranſporter mécaniquement, à l'éparpiller ou à le concentrer.

B. Les cinq autres, des ſix choſes dites non naturelles, peuvent auſſi influencer d'une manière remarquable l'action du miaſme typhique, & par là contribuer indirectement au développement de la maladie. On ne ſera pas ſurpris par conſéquent de la voir naître après de grandes fatigues, des excès vénériens, ou ſuccéder immédiatement au trouble fonctionnel que produiſent une orgie ou de violentes ſecouſſes morales. C'eſt comme pour les individus qui habitent un air marécageux, tout leur devient cauſe de fièvre intermittente. A l'appui de ces remarques, nous rappellerons que l'épidémie de 1821 a ſévi principalement ſur les forgerons, les ſerruriers, les coutelliers, les boulangers & autres individus expoſés par profeſſion à ſe trouver dans une température élevée. Elle a au contraire épargné d'une manière remarquable les maçons, les charpentiers, &c., qui exercent leur état à l'air libre ou à une certaine hauteur au-deſſus du ſol. Des remarques analogues avoient déjà été faites par Devèze à Philadelphie, où il avoit vu les bouchers, les corroyeurs, &c., être reſpectés par un mal qui ſéviſſoit principalement ſur les boulangers, &c. Or, dans tous ces cas, nous trouvons, outre la différence des exercices corporels relatifs aux diverſes profeſſions, des circonſtances qui doivent agir en influençant le dégagement du miaſme, en contrariant ou en rendant plus aiſées les affinités qui le produiſent, & peut-être en s'oppoſant ou en aidant à ſon introduction dans l'économie par la voie des poumons, car c'eſt bien évidemment par cette route qu'il pénètre.

4°. *Cauſes individuelles.* L'âge modifie de la manière la plus remarquable l'aptitude que chaque individu apporte plus ou moins, à contracter le typhus. Les épidémies de tous les temps, celle furtout de 1821, ont mis cette vérité dans tout fon jour. Dans cette dernière, par exemple, on s'eft affuré que les deux extrêmes de la vie, l'enfance & la vieilleffe, jouiffoient d'une immunité, finon abfolue, au moins très-grande. Quant à l'influence des tempéramens, elle eft beaucoup moins connue & pourroit bien fe réduire à des particularités d'idiofyncrafie, vraiment hors de la portée de notre obfervation. Pareille incertitude règne touchant le rôle que joue la différence des fexes. On penfe bien, il eft vrai, avoir conftaté que les hommes font plus que les femmes expofés aux atteintes du typhus : néanmoins c'eft parmi eux qu'à Barcelone on a compté le moins de malades, bien qu'à nombre égal, ils aient eu plus de morts que les femmes.

Au-delà de ces données fur les prédifpofitions ou caufes individuelles, toute autre fuppofition eft hafardée ou même évidemment fauffe, à l'inftar de l'opinion qui naguère encore préfentoit les acclimatés comme inacceffibles aux atteintes du typhus. Déjà pourtant Rush & Devèze avoient conftaté qu'ils n'en étoient point entièrement à l'abri, & Fellowes avoit fait en 1813, à Cadix, une remarque analogue (1). Elle a reçu une ample confirmation à Barcelone, où l'on a vu périr un grand nombre d'acclimatés, notamment MM. Ortiz père & fils, madame Ortiz, &c. Sa vérité refort encore de ce fait confirmé par toutes les épidémies, favoir : que tel individu qui réfifte au commencement fuccombe vers la fin, que tel autre, après avoir fupporté fans dérangement de fanté une ou deux épidémies, périt à la feconde ou à la troifième. Or rien de cela ne reffemble au bénéfice de l'acclimatement, qui préferve irrévocablement des atteintes de la fièvre jaune ceux dont il eft le partage.

§. 2. _Defcription du typhus amaril._ Prefque tous les auteurs qui ont écrit fur le typhus amaril, en croyant parler de la fièvre jaune, ont reconnu qu'il étoit fufceptible de fe montrer fous trois types, continu, rémittent & intermittent. Le type rémittent, comme il eft facile de le preffentir, fe confond avec le continu, de manière à n'en pouvoir pas être diftingué; & l'on remarque en général, pour le type intermittent, qu'il ne commence à fe bien prononcer qu'après trois ou quatre jours de durée de la maladie avec la marche continue. Les cas où on l'obferve n'en préfentent pas moins pendant l'apyrexie, la continuation d'un certain nombre d'accidens, la jauniffe, par exemple, l'état adynamique, &c. Ils fe diftinguent encore par la confervation de la force du pouls, furtout durant chaque accès, jufque dans une période fort avancée de la maladie. A ces cir-

constances près, les caractères les plus importans du typhus confervent un grand fond de reffemblance, quel que foit le type fous lequel il fe préfente; c'eft pourquoi je ne le décrirai avec détail, que comme continu.

Son cours peut facilement fe partager en trois périodes diftinctes, ayant chacune de deux à quatre jours de durée. La première période eft caractérifée par l'irritation; la feconde par une rémiffion prefque complète de tous les fymptômes; dans la troifième les accidens s'aggravent, quand le mal doit avoir une terminaifon funefte, ou fe diffipent avec plus ou moins d'indécifion, lorfque l'iffue doit en être heureufe. Aucune maladie à ma connoiffance ne prête davantage à la divifion fcolaftique que je viens d'indiquer. Faire connoître cette particularité remarquable de la marche du typhus me paroît bien plus convenable que de la prendre pour bafe de fa defcription, ce qui ne pourroit pas manquer d'amener des redites fur les mêmes phénomènes ou fur leurs modifications. Afin de les éviter, je décrirai les fymptômes fuivant l'ordre fucceffif de leur développement fans chercher à les claffer régulièrement d'après les trois périodes auxquelles les lecteurs pourront toujours facilement les rattacher, s'ils le defirent.

Le typhus amaril débute ordinairement fans fymptômes précurfeurs, c'eft-à-dire fans augmentation notable des accidens divers auxquels ceux qu'il atteint font déjà en proie. Prefque tous, en effet, éprouvent, depuis plus ou moins de temps, des douleurs plus ou moins fourdes, des laffitudes accompagnées de tendance à l'inertie, de dégoût ou au moins de diminution de l'appétit, de pefanteur à l'épigaftre, & même d'une douleur qui, quand elle eft modérée, reffemble affez au fentiment de la faim. Ils ont le vifage pâle, les conjonctives jaunâtres, & avec cela un certain luifant des yeux : leur fommeil, troublé par des rêves, eft plutôt fatigant que réparateur. Dans cet état de chofes, ils font affaillis pendant la nuit ou vers le matin par un fentiment de froid affez intenfe, pénétrant; quelquefois par un friffon marqué, durant de deux à huit heures. Il furvient en même temps une douleur de tête, tantôt fort aiguë, d'autres fois fourde, donnant la fenfation d'une forte conftriction. Fréquemment continue, on la voit, dans d'autres cas, fe manifefter par intervalles, & comme par faccades, fe faire fentir dans les orbites, s'accompagner de vertiges & même de délire. Avec la douleur de tête furviennent les douleurs dans les lombes, les membres & leurs articulations, qui font comme moulues. Souvent la douleur, principalement fixée dans les lombes, s'étend tout le long de l'épine, & bien qu'en général elle foit modérée, elle fe montre quelquefois très-aiguë. Dès-lors les malades reffentent de la gêne & du poids à l'épigaftre, fe plaignent d'une chaleur intérieure étea-

(1) BANCROFT, _a fequell to the Effay_, &c.; pag. 85.

due à tout le devant de la poitrine, éprouvent des nausées, quelquefois même des vomissemens glaireux, ou mêlés d'alimens & de boissons. Enfin paroît la chaleur, qui, toujours assez modérée, quoique très-souvent déclarée ardente par les malades, est suivie très-fréquemment, au bout de quelques heures, de moiteur ou de sueur, dont la quantité & la durée sont l'une & l'autre fort variables. Le pouls, qui jusque là s'étoit montré petit, fréquent & concentré, se développe un peu. Néanmoins il reste toujours vibratil, inégal, irrégulier, n'acquiert jamais de force, d'ampleur & de dureté, & se montre toujours facile à déprimer lors même qu'il approche le plus d'être fort. Sa fréquence, dans les vingt-quatre premières heures de la maladie, est très-grande; je l'ai vue souvent entre 130 & 140 pulsations par minute & jamais au-dessous de 100. A mesure que la chaleur se développe, la face, qui avoit été pâle au début, devient rouge, animée, un peu vultueuse & d'une couleur agréable à voir; dans d'autres cas, au contraire, sa pâleur persiste & augmente. Les yeux s'injectent, deviennent rouges, luisans, larmoyans, & offrent un aspect particulier. La respiration n'éprouve aucune gêne, si ce n'est quelquefois un spasme passager pendant le frisson; mais l'haleine a presque toujours une odeur fade, particulière, que partage également la sueur. Le ventre est resserré, quoique la plupart du temps facile à émouvoir; d'autres fois la constipation est opiniâtre, & dure jusque dans une époque assez avancée de la maladie; les urines sont assez souvent colorées, modérément abondantes & bien plus souvent naturelles.

Dans les cas les plus graves, il survient, au bout de quelques heures, un délire plus ou moins fort qui, bien plus souvent, éclate avec les autres symptômes. Quelques malades poussent des cris aigus, se disent brûlés à l'intérieur; d'autres manifestent une sorte de fureur, ou restent dans une stupeur profonde. Cependant les pupilles peu mobiles sont tantôt dilatées, tantôt contractées. La langue, d'abord blanchâtre, teinte plutôt que chargée, rouge sur ses bords, un peu humide au milieu, ne tarde pas à se sécher en totalité. Elle devient promptement brune, puis noire, rude & comme rissolée, & pourtant la soif est rarement prononcée. Il y a des nausées, quelques rares vomissemens, ordinairement constipation, & presque jamais diarrhée. Tantôt les urines continuent à couler, d'autres fois elles s'arrêtent. La chaleur, qui n'est presque jamais alors suivie de moiteur, diminue rapidement; la peau devient bientôt froide, les forces tombent brusquement, ou, ce qui est plus rare, se soutiennent par une sorte d'excitation ataxique. Quoi qu'il en soit, le pouls ne tarde pas à s'affoiblir; il devient rare, petit, très-difficile à sentir; le délire se calme, ou plutôt est remplacé par un coma profond; la face se grippe, se décompose, l'affaissement augmente, & les ma-

lades expirent souvent au milieu de mouvemens convulsifs au bout de vingt-quatre, trente-six ou quarante-huit heures, poussant rarement jusqu'au troisième jour. Au moment de la mort, quelquefois seulement après, le corps devient d'un jaune-citron. Dans le commencement de l'épidémie on a vu plusieurs fois, en cas pareils, de nombreuses phlyctènes paroître sur toute la peau.

Lorsque la marche de la maladie est moins rapide, le délire ne survient guère que vers le troisième ou quatrième jour; il augmente ordinairement chaque soir, trouble le sommeil, qui, peu dérangé jusque là, avoit pourtant quelque chose d'accablant. Dès l'entrée du second jour le visage a complétement dérougi, il est devenu pâle. Vingt-quatre heures plus tard, le pouls a perdu le reste de sa fréquence, &, sous ce rapport, est naturel. La soif est modérée ou nulle, la respiration continue à s'exécuter avec liberté, mais déjà la teinte de la langue passe au jaunâtre, on remarque à sa surface des bandes versicolores, & ses bords se montrent rouges. Les malades, tristes, abattus, se plaignent, pour la plupart, de manquer de forces; ils commencent à avoir le visage & les conjonctives d'une couleur jaune-verdâtre, & éprouvent l'annonce des hémorragies qui doivent s'augmenter par la suite. Ces symptômes annoncent la seconde période de la maladie. Pendant sa durée, les douleurs de tête & des lombes cessent ou diminuent beaucoup; les nausées, les vomissemens, la gêne & la douleur épigastrique disparoissent presqu'en entier; le pouls, devenu un peu foible, se ralentit constamment; la chaleur de la peau tombe au-dessous de l'état naturel; les selles sont faciles; les urines quelquefois colorées, jaunâtres, brunâtres. A ce stade, toujours caractérisé par une diminution souvent trompeuse des symptômes, succède la troisième période.

Si elle doit avoir la mort pour terminaison, la douleur épigastrique se réveille, il s'y joint des douleurs fixes dans divers points de l'abdomen, qui, ordinairement assez supportables les unes & les autres, sont quelquefois atroces & arrachent aux malades des cris de désespoir. Ces infortunés qui, jusque là, avoient pu se coucher dans tous les sens, quoiqu'affectant de préférence le coucher en supination, se tiennent alors pelotonnés dans leurs lits, le corps arqué en avant. Les nausées reparoissent, se rapprochent de plus en plus, & sont bientôt suivies de vomissemens qui, d'abord jaunâtres, assez souvent d'une odeur fade, plus rarement fétides, se foncent de plus en plus en couleur, deviennent semblables à de léger chocolat, puis châtains, bruns, enfin noirs, & presque toujours semblables à de la suie délayée dans l'eau, ou à des glaires mêlées de sang corrompu. Les selles sont également noires, très-souvent d'une excessive fétidité. La jaunisse se répand de plus en plus, sans pour cela se foncer beaucoup en couleur. Les urines sont jaunes, puis brunes, quelquefois noires, coulent avec difficulté, & très-souvent se suppriment. Les hémorragies continuent, ou plutôt il s'établit une sorte de suintement mécanique du sang par la membrane muqueuse des narines, de la langue, des gencives & de l'intérieur des joues, quelquefois par celle des oreilles, plus rarement par la muqueuse vésicale, ou la peau du scrotum précédemment enflé & douloureux; assez fréquemment par la vulve chez la femme, & dans les deux sexes par le rectum. Plus ces hémorragies sont abondantes, ce qui arrive quelquefois, plus en général elles sont à craindre, bien qu'il y ait quelques exemples d'individus assez heureux pour avoir échappé à leur danger.

C'est du quatrième au sixième jour que se développe la nombreuse série des accidens ci-dessus mentionnés. En même temps la foiblesse & la rareté du pouls augmentent, la peau devient froide; souvent le délire est continu, ou au moins se montre par intervalles de plus en plus rapprochés; le visage paroît livide, verdâtre, frappé de stupeur, les yeux sont hagards, enfoncés, les lèvres livides, noirâtres; des pétéchies (*macules*), mais plus souvent de larges ecchymoses paroissent sur le devant de la poitrine, le cou, les membres, les paupières, & quelquefois les conjonctives s'injectent comme dans le typhus nosocomial. Certains malades exhalent une odeur infecte, analogue à celle de la gangrène; leurs vomissemens sont quelquefois d'une excessive fétidité; la langue est noire, sèche, & comme torréfiée quand le sang ne l'humecte pas. Sous la persistance de ces symptômes, les forces se perdent graduellement. Nombre de malades, en quelque sorte frappés de paralysie, peuvent à peine se remuer dans leurs lits; leurs muscles semblent flasques au toucher; d'autres conservent cependant encore une énergie musculaire d'irritation assez remarquable; les traits s'affaissent, le visage se grippe & éprouve divers mouvemens convulsifs partiels, qu'accompagnent des soubresauts de tendons ou des convulsions générales. Le hoquet survient, ou augmente s'il a déjà paru, ne s'arrête que par intervalles, & arrache des cris douloureux. Aux vomissemens succède une sorte de régurgitation: la peau est d'un froid glacial, le pouls insensible, des escharres gangréneuses se manifestent aux grandes lèvres, au prépuce, au scrotum, sur les plaies, & la mort survient au bout d'une courte agonie. Elle a lieu depuis le cinquième jusqu'au quinzième & vingtième jour, & même beaucoup plus tard, quoiqu'en général il soit bon de voir les malades atteindre le septième jour; la plupart de ceux-là guérissent, *a fortiori* ceux dont la maladie se prolonge au-delà de cette époque.

Dans les cas susceptibles d'une heureuse terminaison les symptômes sont, au début, d'une gravité modérée, & marchent ensuite avec une certaine lenteur. Le délire est peu marqué, paroît à de rares intervalles, ou même manque tout-à-fait, ce qui à la vérité est rare; il n'y a pas de vomissemens noirs, ou ils sont peu nombreux & peu abondans. Les urines, quoique très-variables dans leur couleur, continuent à couler ou reviennent après s'être arrêtées quelque temps; le pouls conserve de la force malgré son immanquable affoiblissement. La langue reste humide & blanchâtre à la surface, peu rouge sur les bords, ne se montre que passagèrement sèche; les hémorragies sont de quelques gouttes; la jaunisse est légère & tardive dans son apparition; les diverses douleurs sont médiocrement intenses & promptes à disparoître. Néanmoins, on voit constamment une période plus ou moins longue, ordinairement de quatre à huit jours de durée, pendant laquelle il est presqu'impossible de pronostiquer avec certitude l'issue funeste ou favorable de la maladie, tant le caractère d'indécision que présentent les accidens, même dans les cas dont la marche offre le plus de régularité, est capable de tromper les praticiens les plus exercés. Toutefois le pouls reprend de la force, la peau conserve sa chaleur, l'estomac perd sa susceptibilité; enfin, sans crise marquée, & à des jours qu'on ne sauroit fixer, on voit le mieux s'établir, mais avec une lenteur qui le fait regarder encore long-temps comme suspect. Pendant plusieurs jours, en effet, les digestions sont pénibles, il reste un sentiment de douleur fixe & opiniâtre à l'épigastre. Quelques sujets éprouvent le soir des retours de délire; d'autres tombent dans une espèce de manie, ou au moins dans une mélancolie plus ou moins marquée, accompagnée d'un état comme vertigineux. Il en est d'autres chez lesquels on remarque un affoiblissement musculaire très-voisin de la paralysie; & avant que tous ces symptômes soient dissipés, les rechutes, dont plus d'une devient funeste, ne sont pas rares. Chose notable cependant, c'est que les convalescens acquièrent tous en peu de temps, un embonpoint très-remarquable.

Telle est la marche du typhus amaril lorsqu'il se présente avec tous ses symptômes, & cela arrive dans la grande majorité des cas. Mais il en est d'autres où cette maladie redoutable affecte une sorte de bénignité, à l'exemple de la peste & du typhus nosocomial. Ainsi on a vu un assez grand nombre de personnes éprouver pendant deux ou trois jours de fortes douleurs de tête, avec douleur & fatigue dans les lombes, perte ou diminution de l'appétit, nausées & quelques vomissemens, malaise, accablement général, & être débarrassées de ces accidens par des sueurs extrêmement abondantes, une forte diarrhée, de copieuses émissions d'urine chargée, & n'ayant, au milieu de tout cela, que peu ou pas du tout gardé le lit. La preuve cependant que ces symptômes, légers en apparence, étoient dus à l'impression du miasme producteur du typhus, c'est que tous les sujets qui les ont offerts ont continué à jouir d'une bonne

fanté pendant le refle de l'épidémie, après toutefois s'être trouvés, durant un temps plus ou moins
long, dans un état d'affoibliffement vraiment dif-
proportionné, avec des indifpofitions qui, dans
dans toute autre circonftance, euffent à peine été
remarquées.

Cette atteinte profonde portée au fyftème des
forces mérite principalement d'être remarquée.
Elle paroît dépendre des dérangemens qu'éprouve
l'influe nerveux; de là les fymptômes d'ataxie,
defquels aucun malade n'eft exempt. Encore plus
prononcés que les fymptômes adynamiques, on
feroit tenté de croire qu'ils tiennent en grande
partie ces derniers fous leur dépendance, car ceux
d'entr'eux qu'il pourroit paroître convenable de
faire dépendre de l'altération putride des humeurs,
ne font ni les plus nombreux ni les plus importans.

Une autre chofe à confidérer, relativement au
typhus amaril, eft fa léthalité. Au début de l'épidémie de 1821, prefque tous les malades étoient
atteints de typhus graves, & il en eft mort plus
des dix-neuf vingtièmes. Vers le milieu de l'épidémie, la fréquence relative de ces typhus eft devenue beaucoup moindre, & plus tard elle a diminué au point que la mortalité s'eft trouvée au-deffous
des deux tiers. Le même décroiffement progreffif
dans la gravité du mal a été obfervé à Tortofe,
à Mequininza, comme dans les différentes villes
d'Efpagne lors des épidémies précédentes. Non-
feulement la même épidémie comparée à elle-
même à différentes époques de fa durée, préfente,
dans la léthalité des cas dont elle fe compofe, une
difproportion énorme; mais, fous ce rapport, les
diverfes épidémies ne diffèrent guère moins entre
elles. Il en faut conclure que les qualités, ou la
quantité du gaz délétère, ou bien les circonftances capables d'influer fur fon action, font extrêmement variables. Tout calculé cependant, le
typhus amaril doit être compris parmi les maladies dont le pronoftic eft le plus fâcheux.

Autopfie. L'examen des cadavres des fujets
qu'il fait périr préfente en général des altérations
pathologiques fort remarquables. Outre les léfions
de la peau qu'on peut déjà obferver fur le vivant,
& qui, loin de s'effacer, deviennent pour la plupart encore plus apparentes après la mort, on rencontre dans les grandes cavités, notamment dans
l'abdomen, des défordres qu'il importe beaucoup
d'étudier avec exactitude. Ordinairement la muqueufe des voies digeftives préfente des efpaces
plus ou moins étendus où elle eft enflammée;
tantôt dans l'eftomac, d'autres fois dans l'inteftin,
ifolément ou fimultanément. Il eft bien rare de la
trouver intacte dans toute fon étendue, ce qui
cependant a été très-fréquent dans l'épidémie de
Gibraltar de 1829, au rapport de Gillkreft (1). L'af-

(1) *Bulletin des Sciences médicales*, août 1829, pag. 217.

pect inflammatoire n'eft pas le feul état pathologique qu'elle puiffe revêtir. Elle fe montre auffi
ramollie, comme corrodée, quelquefois véritablement ulcérée, & contient en outre des matières
excrémentitielles, mêlées en plus ou moins grande
quantité de fang noirâtre & en partie digéré. Au
milieu de ces défordres les autres organes de l'abdomen ne paroiffent guère affectés que par la
couleur jaune qu'ils partagent avec toutes les autres parties où elle eft fufceptible de fe développer. Le foie, la rate, le pancréas, les reins, confervent à peu près leur intégrité de ftructure, quelle
qu'ait été la violence de la maladie. La même
remarque s'applique bien plus encore aux organes
pectoraux, qui, fans être abfolument à l'abri de
toute léfion, n'en préfentent cependant, la plupart du temps, que d'accidentelles & d'étrangères
au fond même de l'affection dominante. Quant à
l'encéphale & à fes dépendances, bien que ces
parties ne foient pas toujours à l'état normal, le
genre d'altération qu'elles éprouvent alors eft peu
prononcé & ne porte jamais fur leur tiffu; auffi,
jufqu'à préfent, rien pendant la vie ne peut-il
indiquer fi, à la diffection, on les trouvera affectés ou non.

Ce défordre habituel entre les fymptômes &
l'état des organes montre que l'anatomie pathologique ne fauroit découvrir la nature, le caractère effentiel du mal; il faut pour cela remonter jufqu'à fa caufe. Or, en le voyant irrécu-
fablement produit par l'abforption d'un principe
nuifible répandu dans l'atmofphère, nous n'héfitons pas à définir le typhus amaril, *une véritable intoxication miafmatique.*

§ 3. *Traitement.* Il fera toujours très-difficile de bien apprécier l'influence des moyens
thérapeutiques dans une affection qui, comme
le typhus amaril, préfente, fuivant les épidémies, tant de différences avec elle-même, par
rapport à fa gravité. Si l'on rencontre une épidémie légère, on attribuera au traitement des
fuccès qui tiendront uniquement au peu de danger du mal; fi, au contraire, on rencontre une
épidémie très-meurtrière, on pourra bien mettre
fur le compte des médicamens ce qui dépendra
prefque entièrement du caractère pernicieux du
mal. Quant au traitement prophylactique, il ref-
tera toujours un objet de conteftation tant que les
médecins continueront à être partagés d'opinion
fur l'étiologie du typhus. Cependant au milieu de
ces difficultés & de beaucoup d'autres, quelques
faits faillans, relatifs à la thérapeutique & à la
prophylaxie de cette affection, fe font fait jour &
ont été, on pourroit le dire, généralement reconnus. Ce font eux feuls qui doivent nous occuper ici.

A. *Traitement curatif.* Suivant l'analogie que
certains médecins de Barcelone avoient cru découvrir entre le typhus amaril & les fièvres

putrides ou inflammatoires, les uns enivroient leurs malades de vins généreux & de liqueurs alcooliques, leur brûloient l'eſtomac avec des acides minéraux à hautes doſes, ou les ſurexcitoient en prodiguant les toniques les plus puiſſans; les autres verſoient le ſang à grands flots. Il y en avoient en outre qui cherchoient à provoquer des criſes au moyen des évacuans, des ſudorifiques, des diurétiques, &c.; d'autres, prévenus en faveur de quelques recettes particulières, eſpéroient décompoſer le principe véneux déja abſorbé, par le mercure, le tartre ſtibié, le mélambo; d'autres avoient recours à l'opium ou à l'huile adminiſtrée à l'intérieur & en friction. Perſonne cependant ne ſongeoit aux aſſuſions d'eau froide, que la prompte diſparition des ſymptômes inflammatoires montroit ſans doute ne pouvoir convenir ſous aucun rapport. Enfin, un beau jour, le Dr. Merly imagina de faire prendre toutes les heures, à quelques-uns de ſes malades, à l'un une demi-once de poudre de charbon, à un ſecond autant de fleurs de ſoufre, à un troiſième un œuf cru. L'expérience toutefois ne tarda pas à faire connoître la valeur de ces opinions, toutes plus ou moins déraiſonnables, & au bout de fort peu de temps, la généralité des médecins en vint à adopter une ſorte de méthode expectante, la ſeule à laquelle il faudra bien continuer de s'en tenir, tant que l'on n'aura pas découvert un médicament capable d'agir ſpécifiquement ſur le miaſme typhique. Voici ce qu'elle étoit ou plutôt ce qu'elle nous ſemble devoir être.

Au début, & s'il y a des ſymptômes d'irritation générale aſſez intenſes pour mériter une attention particulière, on cherchera à les mitiger par de légères évacuations ſanguines. Quoique les circonſtances qui réclament l'emploi de la ſaignée générale ſe rencontrent rarement, il arrive cependant de temps à autre qu'elle devient utile : au moins eſt-il bien conſtaté que l'on obtient fréquemment de bons effets en appliquant ſix ou huit ſangſues aux tempes, dans les cas de congeſtions cérébrales, ou dix ou douze à l'anus lorſqu'il paroît plus convenable d'agir ſur le bas-ventre, il eſt au reſte bien rarement néceſſaire de réitérer leur application.

Qu'il y ait ou non lieu de tirer du ſang, le malade n'en ſera pas moins mis à l'uſage d'une boiſſon délayante, donnée abondamment. Une tiſane d'orge & de chiendent, l'eau gommée & d'autres boiſſons analogues, conviendront dans la plupart des cas. Quelques médecins croient devoir employer de préférence des tiſanes végétales acidules, la limonade cuite, l'orangeade, &c. Ils n'en reconnoiſſent pas moins les inconvéniens des acides minéraux, même à foible doſe. De ce fait je ſerois porté à conclure que, les ſimples boiſſons délayantes & émollientes ſont préférables aux boiſſons acidules végétales. Au ſurplus, les unes comme les autres laiſſent à la nature toute ſon action, & lui permettent également bien de préparer les criſes par leſquelles elle juge quelquefois le mal; de plus, elles facilitent l'action des remèdes qu'il peut être utile de porter ſur les inteſtins pour combattre la conſtipation ordinairement opiniâtre des premiers jours.

A mon ſens, cette indication peut très-bien être remplie par l'adminiſtration de quelques lavemens d'abord émolliens, puis rendus purgatifs, ſi les premiers ſont inſuffiſans. Mais en admettant la néceſſité des évacuans donnés à l'intérieur, on doit, d'après l'expérience d'un grand nombre de médecins, les choiſir parmi les plus doux laxatifs, dont la continuation ſera réglée par leurs effets apparents ſur la marche de la maladie. Il y a une autre indication du début dont je n'ai pas été à portée d'apprécier la valeur; c'eſt l'adminiſtration de l'ipécacuanha. En vérité j'ignore ce que l'on ſe propoſe en le donnant, à quelque période que ce ſoit de la maladie.

Paſſé quarante-huit ou ſoixante-douze heures, tout ſymptôme d'irritation eſt déjà calmé, & un état adynamico-ataxique plus ou moins prononcé ne tarde pas à paroître. Reſte à ſavoir s'il convient d'inſiſter encore ſur l'uſage des mêmes boiſſons, ou ſi l'on doit dès-lors combattre, par des remèdes appropriés, la nouvelle ſérie des accidens qui vont ſe ſuccéder. Pour beaucoup de médecins la queſtion n'eſt pas douteuſe, & ils commencent dès cette époque à adminiſtrer les toniques, notamment la décoction de quinquina, ſeule ou alliée à la magnéſie. Dans d'autres circonſtances, ils croient convenable de lui aſſocier divers ſtimulans diffuſibles, ce dont ils s'aſſurent s'être toujours bien trouvés. Il paroîtroit en effet que le camphre eſt quelquefois utile, & qu'on peut également employer avec avantage diverſes potions aromatiques éthérées, ſoit comme ſimples ſtimulans, ſoit comme pouvant agir ſur l'eſtomac & modérer les vomiſſemens qui déjà deviennent fatigans.

S'il faut tout dire, beaucoup de ces points de vue pratique ne ſemblent loin d'être ſuffiſamment éclaircis. Je me borne, à cauſe de cela, à donner quelques détails ſur le quinquina, médicament dont les propriétés ont été le mieux conſtatées dans le typhus amaril.

Lorſque cette maladie offre une tendance marquée, ſoit à l'intermittence, ſoit à la rémittence, ou même ſeulement lorſque quelques-uns de ſes ſymptômes ſe montrent avec une exacerbation périodique régulière, l'uſage du quinquina en décoction, celui du ſulfate de quinine eſt indiqué d'une manière aſſez poſitive. Dans pluſieurs cas de ce genre, qui ont ſurtout été en nombre aſſez conſidérable, vers la fin de l'épidémie, on en a obtenu des ſuccès inconteſtables. Il peut même ſe faire, & tel paroît avoir été le cas de M. Campmany, que l'adminiſtration du quinquina convienne dès le début. Ce médecin ayant été atteint du typhus dans les derniers jours de ſeptembre, fut auſſitôt traité par la décoction de quinquina, & il m'a aſſuré qu'à chaque verre de remède il ſentoit ſon mal d'eſtomac s'affoiblir, tout auſſi diſtinctement que la douleur qu'il éprouvoit le long de la colonne vertébrale cédoit aux frictions alcooliques pratiquées en même temps ſur cette partie. Mais peut-être ſa maladie étoit-elle un de ces typhus tendant à l'intermittence, que l'on aura cru être continu. Quoi qu'il en ſoit, je n'en perſiſte pas moins à penſer que l'adminiſtration du quinquina ne doit commencer qu'à la ſeconde ou à la troiſième période de la maladie, tout en reconnoiſſant ſon efficacité, qui, au rapport de M. Bally, eſt telle que Bobadilla auroit guéri 169 malades ſur 219. Si le fait eſt vrai, il n'a pu avoir lieu que dans une épidémie où les typhus intermittens étoient de beaucoup les plus nombreux.

Au reſte, quel que ſoit le type de la maladie, il faut pendant toute ſa durée, non-ſeulement renouveler l'air de la chambre des malades, mais encore, s'il eſt poſſible, y entretenir une ventillation continuelle, dont les bons effets ne ſont conteſtés par perſonne. Laſuente en fait un précepte de rigueur dans le traitement du typhus amaril, & on a pu ſe convaincre à Barcelone de la juſteſſe & de l'importance de ce précepte, quand on a vu une foible mortalité comparative, parmi les ſujets tombés malades à la campagne ou traités dans un hôpital bien aéré comme l'étoit celui du ſéminaire.

Enfin, le traitement ayant été couronné de ſuccès, il reſte à prendre ſoin de la convaleſcence. On la hâtera par un régime un peu tonique, modérément abondant; par l'uſage d'un vin généreux, ſeul ou étendu d'eau ſucrée, ce qui, ſuivant l'obſervation de Laſo, eſt très-propre à rétablir le ton de l'eſtomac, à diſſiper le ſentiment de langueur qu'y éprouvent plus ou moins les convaleſcens, & à prévenir les rechutes en général fort à craindre.

A la rigueur, les médicamens peu nombreux dont nous venons de chercher à faire apprécier l'action & l'utilité, peuvent ſuffire pour toutes les indications qui ſe préſentent à remplir pendant la durée du typhus. Il eſt cependant quelques autres remèdes qui ne doivent pas être entièrement paſſés ſous ſilence, moins par rapport à leur efficacité réelle qu'à cauſe de celle qu'on leur a attribuée. Je veux parler des ſinapiſmes, des véſicatoires & des moxas.

Laſo prétend avoir conſtamment réuſſi à prévenir, par l'application des ſinapiſmes, toute congeſtion imminente ſur un organe important. Il a probablement attribué à l'uſage de ces révulſifs des réſultats qui ſe feroient la plupart du temps

montrés ſans leur emploi. Au reſte, comme ils ſont à peu près ſans inconvénient, je ne vois pas de raiſon pour les défendre quand l'occaſion d'y avoir recours ſemble ſe préſenter. Il n'en eſt pas de même des véſicatoires que quelques médecins avoient pris l'habitude d'appliquer indiſtinctement à tous leurs malades, dès le début, comme ſi l'uſage auſſi peu raiſonné d'un médicament quelconque n'étoit pas l'infaillible moyen d'empêcher qu'on en pût jamais connoître exactement l'utilité. Outre que les épiſpaſtiques aux cantharides peuvent provoquer la ſuppreſſion d'urine, ils affectent quelquefois aſſez fortement la peau pour y déterminer la gangrène. J'ai vu un malade mourir des ſuites d'un pareil accident, qui ſans doute n'a pas été unique pendant l'épidémie. Or, exiſte-t-il réellement un ſeul ſujet dont la guériſon ſoit évidemment due à des véſicatoires? très-aſſurément, non. On ne ſera pas ſurpris d'après cela, de nous voir traiter d'abſurde le précepte donné par M. Bally, d'appliquer de ſuite un moxa ſur les lombes des ſujets atteints de typhus, maladie dans laquelle la moelle épinière n'eſt pas plus affectée que les os du talon.

B. *Traitement préſervatif.* La prophylaxie du typhus amaril peut & doit être enviſagée ſous deux rapports, ſavoir: les précautions à prendre quand il s'agit de préſerver un individu iſolé & libre d'agir comme bon lui ſemble, ou quand on a à ſurveiller la ſanté publique. Dans le premier cas, la connoiſſance bien certaine de l'action étroitement circonſcrite du miaſme infectant montre qu'il ſuffit de ſe tenir à une petite diſtance du foyer d'où il s'exhale pour n'avoir rien à en craindre. Dans ce foyer, les règles de l'hygiène, ſuivies avec diſcernement, ne mettent perſonne à l'abri des atteintes du mal, & n'en atténuent peut-être même pas les coups; hors du foyer, on n'a plus rien à faire pour s'en garantir : l'expérience de tous les temps & de tous les lieux eſt là pour appuyer notre opinion. Mais on ne peut effectuer le départ en maſſe d'une grande population comme le déplacement d'un ſeul individu; c'eſt pour cela que la ſanté publique exige d'autres précautions.

La première eſt aſſurément d'entretenir dans les ports, la plus grande propreté, & de n'être pas moins attentif à la bonne tenue des navires. On empêchera aſſurément par là, la formation des foyers d'infection & tous les accidents qu'ils produiſent. C'eſt pour cela qu'il importe d'admettre à *libre pratique* tout bâtiment arrivant ſans malade, au lieu d'aſtreindre l'équipage & les paſſagers à une quarantaine à bord, durant laquelle ſouvent on voit ſe former des foyers d'infection, qu'un prompt nettoiement de la cale auroit ſans doute prévenus. Sous ce rapport, les quarantaines deviennent vraiment nuiſibles, comme l'ont remarqué MM. Portal, Chauſſier, Duméril & Dupuytren. Au reſte, que le mal commence avant ou après la quarantaine, il n'en faut pas moins débarquer aussitôt tout le monde & éloigner sur-le-champ le bâtiment infecté. Si le lieu où l'on est appelé à en agir ainsi est d'une grande salubrité, le typhus n'y fera pas de progrès & s'éteindra promptement; si au contraire c'est dans un port déjà encombré de matières en putréfaction, leurs effluves, jointes aux miasmes développés à bord des navires, pourront devenir la cause d'une épidémie grave; & dès l'instant où on la voit commencer, il n'y a plus qu'un parti à prendre, c'est d'obliger la population entière du lieu infecté à l'abandonner entièrement. Là doit s'arrêter toute l'intervention de l'autorité. L'évacuation effectuée, chacun doit rester libre d'aller où bon lui semble. Quant aux cordons, nous ne les croyons pas seulement inutiles, nous sommes assuré qu'ils sont vraiment funestes. Rappelons ce qui s'est passé à Barcelonette en 1821, & sans doute personne ne s'élèvera plus contre notre opinion.

Sur 5,500 habitans qui composoient sa population, 2,000 environ sortirent avant l'établissement de la barrière, & tous ceux-là, à de très-légères exceptions près, ont conservé leur santé. Parmi les 3,500 autres condamnés à vivre dans une atmosphère infecte, 1,300 ont péri, qui tous auroient pu être également sauvés. Comment excuser un aussi horrible attentat, en supposant de bonnes intentions à ceux qui ont fait placer la barrière?

Ce n'est pas là la première fois que les hommes ont tourné le dos au but, en croyant s'en approcher. Ainsi à Marseille on conserve jusqu'à présent l'inepte coutume de murer les maisons des pestiférés; tandis que c'est le moyen le plus certain de conserver le mal dont on veut se défendre. On sonnoit autrefois partout les cloches, & on les sonne sans doute encore aujourd'hui dans beaucoup d'endroits, pour chasser le tonnerre, tandis que rien n'est plus propre à l'attirer. Ne soyons donc pas surpris qu'on ait voulu arrêter, au moyen de cordons & de barrières, une maladie qui a l'air atmosphérique pour véhicule. Il faut néanmoins reconnoître qu'à cet égard les idées des médecins ont éprouvé & éprouvent chaque jour de grandes modifications. Depuis l'instant en effet où Méad a montré que les cordons devenoient nuisibles en beaucoup de cas, même contre la peste, on a vu un grand nombre d'hommes impartiaux & sans préjugés se rendre à la justesse de ses vues. La conduite des Etats-Unis, dans les épidémies de typhus amaril, a achevé d'éclairer les esprits prévenus; & maintenant c'est à qui s'élèvera contre l'établissement des cordons, à l'exemple de M. Desmoulins & Andral (1). M. Audouard & les auteurs de l'His-

(1) Journal complémentaire, tom. XII, pag. 108. — Dictionnaire de Médecine, art. TYPHUS, pag. 26.

toire médicale de la fièvre jaune eux-mêmes ne font pas exception, car ils veulent bien à la vérité qu'on établisse toujours des cordons, mais en même temps ils conseillent de leur donner un rayon de dix lieues. Or, puisqu'ils admettent que le miasme typhique n'est pas plus de vingt-quatre ou de soixante-douze heures à produire son effet, & que, suivant M. Audouard, l'individu qui a passé une demi-journée en plein air est complétement purifié, il eût été, suivant nous, beaucoup plus simple de laisser libre d'aller, où bon lui sembleroit, tout individu justifiant être sorti d'un lieu infect depuis quatre jours. Ce seroit, il est vrai, condamner formellement les cordons, au lieu qu'en les maintenant sous la condition de les étendre à dix lieues de rayon, on a l'air de les conserver tout en les supprimant en réalité. C'est donc vraiment un pas de fait, quoiqu'à regret, dans la voix des améliorations, & nous pouvons y voir un présage assuré des réformes indispensables que réclament & obtiendront sans doute avant peu, nos réglemens sanitaires, ces produits monstrueux de l'ignorance médicale des siècles barbares.

Nuisibles & inexécutables quand il s'agit d'arrêter les progrès d'une épidémie, ils ont toujours au moins le dernier défaut, par rapport aux mesures qu'ils prescrivent pour en prévenir le retour, lorsqu'enfin elle est terminée. En pareil cas, ils exigent la désinfection complète de tous les objets contumaces, sans exception aucune. Mais tous les observateurs savent qu'il est impossible de désinfecter complétement une grande ville, soit à cause de l'avarice du plus grand nombre, soit à cause de l'insouciance ou simplement de l'oubli des personnes les plus portées à négliger aucune des précautions dont on leur annonce l'utilité. Qu'il me suffise, à ce dernier égard, de dire que les auteurs de l'Histoire médicale ont oublié, en rentrant en France, de désinfecter leur cahier d'hôpital. Certes, si des médecins observent si mal les règles qu'ils prescrivent, que doit-il arriver avec des hommes moins éclairés & souvent prévenus contre les mesures de salubrité qu'on leur impose? Heureusement qu'on peut très-bien les négliger, comme le prouve le non-retour du typhus amaril dans des villes où elles n'ont point été mises à exécution.

Je n'engagerai pourtant pas les habitans des lieux frappés d'épidémie à croupir dans la malpropreté & à conserver les émanations qui pourroient s'être attachées à quelque corps que ce soit. Loin de là, je regarde comme très à-propos d'exposer à un courant d'air prolongé, toutes les pièces des appartemens où il y aura eu des malades; puis de les faire blanchir, repeindre, &c. Les hardes & les effets, de différentes espèces, seront lavés également à l'eau courante, ou simplement exposés, pendant un temps convenable, à l'air libre, s'ils ne sont pas de nature à être mouillés

mouillés fans éprouver de détérioration. Je confeillerai de plus, à ceux qui ne feroient pas raffurés par de femblables précautions, de brûler les effets qu'ils croiroient ne pouvoir pas définfecter convenablement, ou de les foumettre à la méthode de purification propofée par M. Balcells, ou enfin de les paffer à la folution de chlorure de chaux, d'après le procédé de M. Labarraque. Toutes ces précautions prifes, on ne doit pas craindre le retour du typhus amaril, fi l'on a, du refte, le foin d'éloigner les caufes réelles dont nous avons fait voir qu'il dépend.

TROISIÈME PARTIE. *Comparaifon de la fièvre jaune & du typhus amaril.* Dans la comparaifon que nous allons établir entre la fièvre jaune & le typhus amaril, nous fuivrons l'ordre d'après lequel nous avons tracé l'hiftoire de ces deux maladies, c'eft-à-dire, que nous les comparerons entr'elles fous le rapport, 1°. des caufes; 2°. de la defcription; 3°. du traitement: de là les trois paragraphes fuivans.

§ Ier. *Comparaifon des caufes de la fièvre jaune & du typhus amaril.* Si nous faifons abftraction de plufieurs caufes capables feulement de concourir plus ou moins activement à la production de la fièvre jaune & du typhus amaril pour ne nous attacher qu'à celles dont l'action eft indifpenfable au développement de ces deux maladies, nous les verrons fe réduire à deux pour la première affection & à une feule pour la feconde. La production de la fièvre jaune néceffite en effet, d'une part, l'influence d'une atmofphère remarquable par la continuité & l'intenfité de fa chaleur, la quantité immenfe de lumière qui l'embrafe & l'extrême abondance de fon électricité; de l'autre une organifation inhabituée aux effets de pareils agens, tandis que l'abforption d'un miafme délétère fuffit feule pour faire naître le typhus.

Comme l'influence atmofphérique s'exerce fur de vaftes régions & d'une manière continue, il arrive qu'à la longue beaucoup de fujets s'habituent à la fupporter, & fe trouvent acclimatés par rapport à un grand nombre de lieux qu'avant ils n'auroient pas pu habiter fans courir les rifques de tomber malades. L'infection, au contraire, ne fe développant qu'à de longs intervalles & bornant fon action à de petites localités, il n'y a pas d'acclimatement poffible contre elle; mais, d'un autre côté, on échappe aifément à fes dangers en s'éloignant quelque peu de fon foyer producteur.

De ces données découlent évidemment l'impoffibilité de tranfporter la fièvre jaune & la poffibilité de conduire le typhus amaril fur des navires, double conféquence que confirme l'expérience de chaque jour. Fréquemment, en effet, on voit partir des Antilles des bâtimens avec un plus ou moins grand nombre d'inacclimatés malades ou indifpofés. Eh bien! fi, dans cet état, ils parviennent à gagner promptement une latitude un peu fraîche, les premiers guériffent prefqu'auffitôt, les feconds font encore plus vite débarraffés de leur indifpofition: les contagioniftes les plus prononcés font forcés de reconnoître la réalité de ces faits. Mais, quand les navires partent de lieux où règne le typhus amaril, les chofes fe paffent bien différemment. Chacun d'eux emporte dans fon fein le foyer producteur du miafme typhique, dont l'action, loin de diminuer, s'accroît rapidement de la manière la plus funefte: exemple, les bâtimens envoyés en 1821 de Barcelone à Mahon, lefquels perdirent une grande partie de leur équipage, par fuite d'un voyage de quelques heures, & feroient fans doute reftés en mer, faute d'hommes pour les manœuvrer, s'ils avoient eu une traverfée tant foit peu longue à faire. De plus, ces mêmes bâtimens devinrent une caufe prefque inévitable de maladie pour tous ceux qui eurent à y aller, tandis que la vifite des navires fur lefquels règne la fièvre jaune eft toujours fans inconvénient pour ceux qui la font, comme le démontre clairement l'hiftoire de l'*Euryale*, rapportée par M. Lefort (1).

En dernière analyfe, le typhus amaril eft produit par l'abforption, par le tranfport dans le fang & le mélange avec toutes nos humeurs, d'un miafme délétère, lequel, après avoir faturé l'économie, eft exhalé du corps des malades, devient ainfi un moyen de contagion fouvent très-redoutable. Au lieu de cela, la fièvre jaune reconnoît pour caufe l'action d'agens incapables de fe combiner chimiquement avec nos humeurs, & qui fe bornent à exercer fur le corps une ftimulation qu'à la longue il peut s'habituer à fupporter fans inconvénient. Or, puifque le caractère des maladies eft fubordonné à la nature de leurs caufes, on doit déjà reconnoître qu'il eft peu d'affections auffi effentiellement différentes que la fièvre jaune & le typhus amaril.

§ II. *Comparaifon defcriptive de la fièvre jaune & du typhus amaril.* Malgré de nombreufes différences, dont plufieurs font fort tranchées, la fièvre jaune & le typhus amaril préfentent, fous le rapport des léfions d'organes & furtout des fymptômes, une reffemblance affez grande au premier abord, & telle, qu'elle fera fans doute encore long-temps confondre ces deux maladies l'une avec l'autre. En effet, l'opinion de leur identité s'eft emparée des efprits à ce point, que beaucoup de médecins, la croyant irrévocablement établie par le fait de la reffemblance dont je parle, ne tiennent aucun compte d'une foule de différences qui montrent combien elle

_____

(1) *Mémoire fur la non contagion*, &c., pag. 121.

eſt illuſoire. Cependant, quel que ſoit le nombre
des qualités communes à deux choſes, dès l'inſtant où elles ont des différences, il faut néceſſairement les diſtinguer l'une de l'autre. Par
exemple, l'or & l'argent poſſèdent pluſieurs propriétés communes, & néanmoins, par la ſeule
raiſon qu'ils préſentent quelques qualités diſtinc-
tives, perſonne n'héſite à voir en eux deux métaux différens. Ce point reconnu, on voit les
différences ſe multiplier, je veux dire qu'on les
rencontre juſque dans les qualités qui, au
premier coup-d'œil, ſembleroient communes aux
deux corps : ainſi, la ductilité, la malléabilité,
qu'ils poſſèdent l'un & l'autre, ils ne les ont pas
tous deux à un degré égal. De même, il exiſte
encore des différences tranchées entre les prétendus traits de reſſemblance dont s'appuient
ceux qui veulent confondre la fièvre jaune & le
typhus amaril. Il nous ſeroit facile d'en donner
ici la preuve, en comparant les ſymptômes par
leſquels les deux affections ſe reſſemblent davantage, ſavoir : 1°. la jauniſſe, 2°. les douleurs,
3°. les vomiſſemens, 4°. les déjections alvines,
5°. et la ſuppreſſion d'urine ; mais, pour faire
convenablement ſentir des nuances peu marquées,
il nous faudroit entrer dans des détails que le
manque d'eſpace nous interdit. Nous abandonnons
donc l'examen de ce genre de diſtinctions, & nous
ſommes même forcé d'indiquer très-ſuccincte-
ment celles qu'il eſt impoſſible de méconnoître
pour peu qu'on veuille les étudier. Elle peuvent
ſe rapporter à certains phénomènes généraux &
à quelques ſymptômes vraiment diſtincts de la
fièvre jaune & du typhus amaril.

A. *Phénomènes généraux.* Ils ſont au nombre
de ſept ; on va voir combien ils diffèrent dans
la fièvre jaune & le typhus amaril.

1°. *Type.* Toujours continu dans la fièvre
jaune ; continu, rémittent ou intermittent dans
le typhus amaril.

2°. *Durée.* Aſſez fixe, limitée entre le quatrième & le huitième jour pour la très-grande
majorité des cas, dans la fièvre jaune. Très-variable, pouvant être de deux jours & même de
quelques heures ſeulement, ou ſe prolonger
juſqu'au trente-ſixième jour, dans le typhus
amaril.

3°. *Léthalité.* Aſſez égale ; variant des deux
tiers aux trois quarts des ſujets affectés ; gardant
à peu près les mêmes proportions aux diverſes
époques de chaque épidémie dans la fièvre jaune.
Très-variable, s'élevant à peine à un dixième
des ſujets malades dans certaines épidémies, &
à plus des quatre cinquièmes dans d'autres : ne
variant guère moins ſuivant les périodes de
chaque épidémie dans le typhus amaril.

4°. *Maladies régnantes.* Continuant à ſe montrer en plus ou moins grand nombre durant une

épidémie de fièvre jaune, ceſſant entièrement
pendant la durée de l'épidémie de typhus amaril
qui remplace toutes les autres maladies.

5°. *Forces.* Se conſervant juſque vers la fin
de la maladie, nonobſtant les lipothymies du
commencement de ſa durée, dans la fièvre jaune.
Profondément affectées dès le début du mal, détruites par ſes progrès, bien que la tendance aux
lipothymies n'exiſte pas dans le typhus amaril.

6°. *Invaſion.* Chaleur dans preſque tous les
cas ; très-rarement froid léger & prompt à diſparoître dans la fièvre jaune. Froid profond,
pénétrant, plus ou moins long à ſe diſſiper, pouvant durer douze heures, quelquefois friſſons, dans
le typhus amaril.

7°. *Criſes.* Dans la fièvre jaune, hémorragies
ſalutaires, lorſqu'abondantes, elles ont lieu dès
les premiers jours de la maladie. Plus tard mieux
être quelquefois amené par des ſueurs, des urines
ou des déjections alvines abondantes. Dans le typhus amaril, hémorragies toujours fâcheuſes à
toutes les périodes du mal, & d'autant plus
qu'elles ſont plus abondantes. Urines, ſueurs,
diarrhées, quelquefois avantageuſes, mais ſeulement en paroiſſant dès le début.

B. *Symptômes particuliers.* Sous ce titre, nous
examinerons les neufs ſymptômes ſuivans :

1°. *Soif.* Ordinairement très-forte, rarement
modérée, nulle, ſeulement lorſqu'il y a complication d'affection cérébrale, dans la fièvre jaune.
Ordinairement modérée ou nulle, rarement et
paſſagèrement portée à un haut degré, dans le
typhus amaril.

2°. *Langue.* Reſtant humide dans la plupart
des cas de fièvre jaune, ſe montrant dans le cours
de la maladie légèrement chargée, jaunâtre,
rouge ſur les bords, très-rarement brunâtre &
ſèche dans une grande étendue. Se ſéchant dans
la plupart des cas de typhus amaril, preſque
jamais chargée, mais plutôt teinte de blanc ; devenant enſuite jaunâtre, noirâtre, & ſouvent alors
très-ſèche, d'un rouge de ſang ſur les bords.

3°. *Délire.* Toujours produit par une inflammation encéphalique, & n'ayant jamais lieu, ainſi
que les convulſions & autres accidens nerveux,
dans les cas ſimples de fièvre jaune. Toujours
indépendant de toute inflammation cérébrale, &
ſe montrant dans la très-grande majorité des cas
de typhus amaril qui préſentent, en outre, une
foule d'autres accidens nerveux.

4°. *Facies.* Fatigué par les progrès du mal ſans
être décompoſé, préſentant quelquefois l'aſpect
de l'étonnement quand il y a complication cérébrale, dans la fièvre jaune. Offrant l'expreſſion de
la ſtupidité, d'autres fois quelque choſe de ha-
gard & de farouche ; plus tard ſe montrant grippé,
décompoſé de toutes les manières dans le typhus
amaril.

5°. *Coloration de la face.* (Fièvre jaune.) Face
& conjonctives déjà très-rouges au bout de quelques heures; en même temps vultuosité plus ou
moins notable. Diminution graduée, & disparition
de ces accidens du quatrième ou cinquième jour.
Yeux brillans, étincelans; d'autres fois n'ayant
rien de remarquable. (Typhus amaril.) Face toujours pâle au début, restant souvent telle pendant
tout le cours de la maladie, ainsi que les conjonctives. Dans d'autres cas, apparition d'une
rougeur qui se dissipe entièrement du deuxième au
troisième jour. Aspect luisant tout particulier des
yeux, constant dans son apparition.

6°. *Respiration.* Les complications d'affections
cérébrales exceptées, respiration toujours plus ou
moins gênée avec soupirs profonds, & oppression
plus ou moins forte, dans la fièvre jaune. Respiration toujours libre à toutes les périodes du mal,
devenant ordinairement un peu rare par ses progrès, rarement & momentanément gênée à son
début, dans le typhus amaril.

7°. *Manière d'être.* (Fièvre jaune.) Agitation,
volitions continuelles des malades dans leurs lits,
insomnie constante, excepté les cas d'affection
cérébrale, où le délire comateux amène le repos.
(Typhus amaril.) Etat de calme à peu près habituel, sommeil assez ordinairement long, quoique troublé par des rêves; agitation toujours
causée par du délire.

8°. *Pouls.* (Fièvre jaune.) Grand, fort, plein,
développé, dur, d'une fréquence modérée, entre
100 & 120 pulsations au plus; gardant sa force &
sa fréquence pendant presque toute la durée de
la maladie. Cessation prompte de la fréquence,
signe assuré de guérison. (Typhus amaril.) Pouls
très-fréquent au début, entre 120 & 140 pulsations; inégal, irrégulier, vibratil & toujours facile à déprimer; se ralentissant promptement ensuite; naturel & foible du deuxième au troisième
jour, puis rare & de plus en plus foible. Cessation prompte de sa fréquence, en général défavorable.

9°. *Chaleur.* (Fièvre jaune.) Très-intense, âcre,
mordicante au début, se prolongeant ordinairement pendant toute la durée de la maladie;
d'autant plus fâcheuse qu'elle persiste plus long-
temps; annonçant toujours le mieux par sa prompte
disparition. (Typhus amaril.) Chaleur toujours
modérée, souvent naturelle, même dès le début;
dans tous les cas le devenant bientôt, & continuant
ensuite à diminuer progressivement. Sa prompte
disparition est en général fâcheuse.

Nous avons signalé, au commencement de ce
paragraphe, plusieurs symptômes comme susceptibles, s'ils étoient superficiellement étudiés, de
rapprocher la fièvre jaune du typhus amaril.
L'anatomie pathologique nous offre quelque chose
d'analogue, en montrant des ressemblances dans
l'habitude des cadavres qui appartiennent aux
sujets morts de l'une ou de l'autre maladie.
Néanmoins on y trouve encore des différences,
ne fût-ce que, dans le siége de quelques ecchymoses, la noirceur, ou même la gangrène de certaines parties, les éruptions variées, &c., qui se
voient assez souvent encore dans le typhus amaril
& jamais dans la fièvre jaune. Mais dès qu'on
passe à l'examen des cavités splanchniques, les
différences se multiplient & font, comme on va le
voir, des plus prononcées.

1°. *Crâne & cavité rachidienne.* (Fièvre jaune.)
Intégrité des organes encéphaliques & de leurs
annexes dans les cas simples, &, suivant les diverses complications, inflammation de la pulpe
nerveuse ou de ses enveloppes. (Typhus amaril.)
Intégrité constante des organes encéphaliques &
de leurs dépendances, ou au moins absence de
tout caractère inflammatoire dans les lésions qu'on
y observe quelquefois, lesquelles font, en outre,
sans aucun rapport avec les symptômes observés
pendant la vie.

2°. *Poitrine.* (Fièvre jaune.) Intégrité habituelle des organes pectoraux, nulle altération appréciable des qualités du sang contenu dans le cœur
& les gros vaisseaux. (Typhus amaril.) Dans quelques épidémies, fréquemment inflammation des
poumons, d'un caractère tout particulier; altération constante & très-manifeste du sang contenu dans le cœur & les gros vaisseaux.

3°. *Abdomen.* (Fièvre jaune.) Dans tous les cas,
inflammation franche de portions plus ou moins
considérables de la muqueuse gastro-intestinale, en
rapport constant d'étendue & d'intensité avec les
symptômes observés sur le vivant; inflammation
constante de la vésicule biliaire, inflammation
des reins toutes les fois qu'il y a eu suppression
d'urine, plus rarement inflammation du foie;
toujours des matières noires dans l'estomac. (Typhus amaril.) Lésions fort diverses de la muqueuse
gastro-intestinale, qui tantôt est érodée, altérée
plus ou moins dans sa texture, quelquefois gangrénée partiellement, plus rarement ulcérée, &
dans beaucoup d'épidémies, exempte la plupart
du temps de toute espèce d'altération, sans qu'il
existe aucune corrélation entre ses différens états
& les symptômes de la maladie; vésicule biliaire
presque toujours saine; foie contenant de temps
à autre quelques petits abcès; reins toujours sains,
qu'il y ait ou non suppression d'urine; estomac
contenant assez souvent au lieu de matières noires,
une matière pulpeuse grise.

Si quelque chose est capable de faire impression
sur quiconque n'a pas résolu de fermer obstiné-
ment les yeux à la lumière, c'est assurément l'enchaînement, la dépendance, où, dans la fièvre
jaune, les symptômes font des lésions d'organes,
& leur étroite corrélation opposée à l'absence de
tous rapports semblables, dans le typhus amaril.
De quelles réflexions pourrois-je chercher à appuyer un tel fait, sans crainte d'en affoiblir la

valeur? Je le livre donc feul aux méditations des lecteurs, bien fûr qu'ils fauront en déduire & en accepter toutes les conféquences.

§ 3. *Comparaifon du traitement de la fièvre jaune & du typhus amaril.* En admettant, comme il femble probable, que des obfervations, la plupart exactes, ont fourni les bafes du traitement confeillé par les auteurs contre la fièvre jaune, il faut, pour expliquer la différence, ou plutôt l'oppofition de leurs préceptes à cet égard, reconnoître qu'ils ont obfervé & traité des maladies différentes, tout en croyant avoir affaire à la même. C'eft ce dont nous allons effayer de donner la preuve.

Malgré la grande difficulté qu'il y a à mettre les faits de thérapeutique hors de conteftation, l'expérience a définitivement prononcé fur quelques-uns par rapport à la fièvre jaune : ainfi nul doute qu'il ne foit avantageux de la combattre pendant toute fa durée, par une méthode antiphlogiftique vigoureufe & des plus énergiques. Ce n'eft pas feulement l'heureux réfultat des faignées & du régime débilitant qui démontre la bonté de ce mode de traitement, il fe trouve encore confirmé d'une manière non moins évidente par l'obfervation des effets fâcheux que ne manquent jamais de produire le quinquina, l'éther, & furtout le camphre, à quelque époque de la maladie qu'on veuille y avoir recours.

Si maintenant nous jetons un coup d'œil fur les moyens curatifs dont l'obfervation a conftaté l'efficacité dans le typhus amaril, nous verrons les faignées générales, propofées par leurs partifans avec une réferve qui équivaut prefque à une entière profcription, être défapprouvées franchement par tous les autres médecins, & les uns comme les autres répéter à l'envi que les fortes évacuations fanguines font toujours funeftes. Quant à l'éther, au camphre, & furtout au quinquina, il n'eft pas, à la vérité, toujours facile de reconnoître les cas dans lefquels ces médicamens peuvent être utiles; mais leur efficacité, celle du quinquina furtout, ne peut être révoquée en doute.

Les conféquences auxquelles nous conduifent les obfervations thérapeutiques trouvent un puiffant appui dans la confidération de la manière différente dont les traitemens prophylactiques de la fièvre jaune & du typhus amaril doivent être dirigés, & dans la différence des réfultats qu'ils fourniffent. En effet, autant les moyens préfervatifs font efficaces contre la dernière maladie, autant ils font incertains contre la première. Tous ceux qui ont quelqu'expérience des Antilles connoiffent la vérité de cette feconde propofition. Ils favent combien difficilement les inacclimatés échappent à ces maladies que leur fréquence a fait regarder comme un tribut néceffaire à payer au climat, & parmi lefquelles la redoutable fièvre jaune occupe le premier rang.

C'eft trop fouvent en vain que, pour s'y fouftraire, le nouvel arrivant obferve un régime fobre, évite les fatigues corporelles & l'infolation, cherche à conferver fa fanté par l'ufage fagement ordonné des fecours de la médecine, tels que de légers laxatifs, des faignées dans l'occafion, & d'autres moyens confacrés par l'expérience. À la ville comme à la campagne, qu'il fuie ou non toute communication avec les malades, l'action funefte d'un climat avec lequel fon organifation n'eft pas en rapport, finit prefque toujours par l'emporter. S'agit-il, au lieu de cela, du typhus amaril, l'approche des malades, qui entraîne fouvent de grands dangers, peut être rendue prefque innocente au moyen de la ventilation, dont l'inutilité, à l'égard de la fièvre jaune, eft telle que perfonne n'a jamais fongé à la confidérer comme moyen préfervatif; & tandis que les fecours médicinaux, quoique précaires, ne font pas néanmoins inutiles pour prévenir cette dernière maladie, ils le deviennent tout-à-fait contre l'autre : auffi leur prefcription eft peut-être la feule ineptie qui n'ait pas été commife durant l'épidémie de 1821. En revanche, on eft parfaitement fûr de conferver fa fanté par l'éloignement à quelque diftance du foyer d'infection. Il n'eft pas néceffaire pour cela de gravir de hautes montagnes, ni fe tranfporter dans un climat froid par fa pofition locale, il fuffit de fe tenir à quelques centaines de toifes du lieu infecté. Tandis que dans ce même endroit perfonne n'échappe aux funeftes effets du miafme délétère, un peu plus loin il a perdu toute fon action, par fa difperfion dans l'atmofphère; la maladie & la mort reftent confinées dans d'étroites limites qu'elles ne peuvent franchir. Affurément des moyens thérapeutiques & prophylactiques auffi différens les uns des autres que ceux dont nous venons de préfenter la récapitulation, ne peuvent être employés avec efficacité que dans des maladies de nature fort différente.

En réfumé, étude des caufes, des fymptômes, des léfions d'organes & du traitement, tout concourt & s'accorde pour établir une différence immenfe entre la fièvre jaune & le typhus amaril. Cependant, elle eft bien loin d'être jugée telle par la généralité des médecins, & cela par deux caufes bien capables d'entraver la marche de la vérité, indépendamment des obftacles que lui oppofent les amours-propres intéreffés à la combattre. La première eft la lenteur fi grande des progrès de la médecine, qu'il nous a fallu plufieurs fiècles avant d'être fixés fur la diftinction de la pleuréfie & de la péripneumonie, maladies dont nous avons chaque jour des exemples fous les yeux; la feconde fe trouve dans nombre de difficultés inhérentes à l'étude de la fièvre jaune & du typhus amaril, jointes au peu d'occafions qu'on a de pouvoir obferver convenablement ces maladies. Et, comme en attendant, les règles de l'hygiène publique font de mieux en mieux connues & appliquées; comme, d'un autre côté, les grandes expéditions ne fe renouvelleront fans doute plus dans les Antilles, il pourroit bien arriver, par l'effet de ces deux circonstances, que la fièvre jaune devînt très-rare, & que le typhus amaril difparût complétement, avant que le fait de leur différence de nature eût été évidemment démontré pour tout le monde. Si jamais ce réfultat s'obtenoit, pourroit-on avoir à regretter qu'il laiffât une queftion de pathologie indécife pour toujours? (Rochoux.)

VOMITURITION, f. f. (Path.) Vomituritio. Mot employé, tantôt pour défigner les efforts inutiles que l'on fait pour vomir, tantôt pour indiquer le rejet d'une quantité de matières peu confidérable, & opéré fans effort.

VORACE. Adjectif fervant à caractérifer cet appétit dépravé qui porte certains individus à dévorer une grande quantité d'alimens & particulièrement de la chair. (Voyez VORACITÉ.)

VORACITÉ, f. f., de vorax, vorace, goulu, gourmand, qui mange avec avidité, qui dévore, de vorare, dévorer, manger avec avidité, avaler goulument; ingluvies, goinfrerie, gloutonnerie. De tous temps l'homme s'eft abandonné à des écarts qui tournèrent toujours au détriment de fa fanté; c'eft en vain que les lois divines & humaines lui prêtent leurs fecours en lui difant qu'il fait mal, qu'il ne fuffit pas de vivre, mais qu'il faut bien vivre, & le mieux qu'il eft poffible, & que l'on n'obtient ce précieux réfultat que par la fobriété; il n'écoute rien, il ne fauroit même croire que les privations que la religion lui impofe ne font que des règles de l'hygiène la mieux entendue; c'eft en vain qu'on lui dit que la gourmandife eft un vice bas, honteux, qui l'avilit, qui le dégrade, &. qui lui ôte toute raifon & toute confidération; c'eft en vain qu'on lui répète fans ceffe que fa vie en fera abrégée, qu'il vivra miférablement, qu'il fera en proie à mille maux, qu'il croupira dans la fange de l'ignorance & de la turpitude: rien ne fauroit le retenir, & fon infatiable gloutonnerie ne s'arrête que lorfqu'il n'a plus rien à avaler.

La voracité, ainfi que l'on peut déjà le preffentir, eft donc la feule & unique caufe d'un nombre infini de maladies; & comment l'eftomac, les inteftins, conferveroient-ils toujours leur énergie, lorfqu'ils font continuellement excités à faire plus qu'ils ne peuvent? la vie elle-même fe détruit peu à peu, & la goutte, l'apoplexie, les hydropifies, les maladies du cœur & des gros vaiffeaux, celles de l'eftomac & des inteftins, les fquirrhes, les cancers, les dévoiemens colliquatifs, &c. &c., font affez ordinairement occafionnés par une extrême voracité. Si quelques individus réfiftent à cet affreux caprice de la raifon, ils ne doivent point s'en enorgueillir; c'eft en vain qu'ils nous montrent avec oftentation l'ampleur de leur abdomen & qu'ils font parade de la capacité de leur eftomac; nous ne pouvons qu'en conclure que leur intelligence devient animale comme leur appétit. L'homme qui s'ingurgite continuellement n'eft-il pas au-deffous du plus brut animal, & quelle eft cette exiftence que celle qui fe paffe entre la table & les indigeftions? Semblables au tonneau des Danaïdes, les inteftins, cloaque impur, ne font plus qu'un laboratoire excrémentitiel. Rien ne rend plus impropre à tout, que cette funefte habitude de la voracité; l'eftomac, les inteftins deviennent un centre de fluxion; ils abforbent toutes les autres fenfations, ils font feuls vivans, ils attirent tout à eux. En effet, quand l'eftomac eft rempli outre mefure, les fens s'engourdiffent, on éprouve le befoin de refter dans la plus complète inaction; la refpiration gênée ne fe fait plus qu'avec peine, la circulation eft difficile: la face devient d'un rouge pourpre, elle eft injectée comme dans un commencement d'afphyxie; le fyftème veineux cérébral, également engorgé, comprime le cerveau. De là cet affoupiffement, cet engourdiffement des facultés intellectuelles, cette propenfion au fommeil & cet abâtardiffement progreffif de l'efprit, qui finit par difparoître complétement; les idées fe détruifent donc peu à peu, & fi le cerveau conferve encore quelqu'action, elle ne fe porte que fur des chofes baffes & ignobles; la bouche devient pâteufe, on éprouve un dégoût général, les chofes les plus belles perdent tout leur prix, il n'y a d'objets d'arts pour le glouton que ceux qui fervent à l'art culinaire: auffi l'homme vorace préfère-t-il la galerie Chevet ou le périftyle Corcelet, au Muféum. Ces tableaux admirables, ces belles ftatues qui, depuis des fiècles, font un fujet d'admiration & d'étonnement, n'attirent pas un feul de fes regards; ces inimitables fymphonies, ces fcènes de mufique fi belles, fi favantes, frappent fes oreilles moins agréablement que les fons aigus ou argentins des verres, des affiettes & des cuillères qui font heurtés pendant le dîner, & il préférera un menu bien détaillé & d'une grande étendue, aux plus beaux morceaux de poéfie.

Quand le gaftrolâtre eft à table, fes vêtemens qui, peu d'inftans auparavant, étoient fuffifamment amples, deviennent promptement trop étrois; il eft obligé de fe defferrer en les déboutonnant ou en en relâchant les cordons, parce que l'eftomac étant arrêté dans fon développement, il ne pourroit plus engouffrer alimens fur alimens fans craindre la fuffocation, ou, ce qui feroit plus pénible pour lui, fous peine de ne pouvoir plus rien avaler. Nos gourmands d'aujourd'hui diffèrent des gourmands voraces des beaux temps de Rome, en ce qu'ils ne veulent point vomir le trop plein pour fe gorger de nouveau. Le mérite parmi eux confifte à manger beaucoup & à tout garder, au risque de mourir d'indigestion ou d'apoplexie. A peine cet état commence-t-il à se dissiper, qu'un nouveau repas encore plus copieux vient, par la variété des mets & par de perfides assaisonnemens, exciter un palais blasé, & fatiguer de nouveau un estomac qui ne demande que du repos. Rien n'est plus pénible à voir que ces malheureux lorsqu'ils sont à jeun; leur face est pâle & jaunâtre, quelquefois bouffie; les traits sont affaissés, des rides profondes sillonnent cette physionomie sans expression; leur regard est hébété; ils sont sans voix, sans énergie; il n'y a qu'un moment ils ne pouvoient remuer parce qu'ils étoient trop repus, maintenant c'est parce que leur corps tombe dans l'affaissement: aussi les maladies dont ils sont atteints acquièrent-elles promptement ce caractère de putridité si bien connu & si bien décrit par les auteurs des dix-septième & dix-huitième siècles, & que l'on rejette maintenant avec trop de dédain.

Ce n'est pas tout, le corps prend souvent un embonpoint extraordinaire; l'abdomen, champ de bataille de ces fameux exploits, acquiert un fâcheux développement qui rend impropre à tout, même à la marche; on ne procrée plus qu'avec peine de chétifs avortons. L'homme perd, par cette manière de vivre, tout ce qu'il y a de divin dans son être; il se place au-dessous de la brute puisqu'il n'a plus sa raison, tandis que le plus vil animal conserve intact son instinct qui le préserve de tous ces funestes écarts réservés à cet être de raison, à cet homme si fier de lui-même, & qui se ravale au-dessous de tout parce qu'il ne sauroit réprimer aucun de ses penchans. Tel est le roi de la création.

Que l'homme ait faim ou non, il mange chaque fois que l'occasion s'en présente; aussi le proverbe *l'appétit vient en mangeant* est-il en grande faveur chez toutes les nations; & c'est ainsi que l'on excite celui qui, n'ayant déjà plus faim, voudroit résister à un dîner succulent.

C'est en vain que j'aurai montré quelques-uns des inconvéniens de la voracité, je suis intimement persuadé que personne ne se corrigera. Comment avec quelques mots espérer parvenir à ce but, qu'il m'a été impossible d'atteindre par les plus pressantes sollicitations?

Il est bien vrai, & chacun s'il le veut peut s'en convaincre, il est bien vrai, dis-je, que tous tant que nous sommes nous mangeons toujours bien au-delà de nos besoins & de ce qui est nécessaire pour notre alimentation. Je conçois que celui qui fait un grand emploi de ses forces musculaires doit faire usage d'une nourriture solide, copieuse, & surtout un peu difficile à digérer: aussi celui qui cultive la terre résistera-t-il bien mieux à la fatigue & sera-t-il soutenu plus long-temps lorsqu'il aura mangé une soupe aux choux & aux pommes de terre, puis un morceau de lard avec une énorme tranche de pain & un verre de vin, que s'il eût

dîné avec un simple potage, une aile de poulet & du pain blanc; c'est surtout ce qui *occupe* l'estomac qui, dans ces circonstances, convient le mieux; mais qu'un citadin, qu'un homme qui ne fait rien, mange outre mesure des alimens très-substantiels; que, lorsqu'il n'éprouve plus de faim pour cet aloyau bien rôti, il mange ensuite une aile de poulet, & que, rassasié de poulet, il attaque avec vigueur une cuisse de chevreuil, & ainsi de suite jusqu'à ce qu'il ne puisse plus rien avaler, c'est ce que je ne saurois concevoir. J'ai dit mille fois, en pareille circonstance: après votre potage ne mangez que d'une seule viande, d'un seul plat de légumes, & supprimez le dessert si vous le pouvez; jamais je n'ai été écouté & je ne le serai que rarement. On n'a plus faim de poulet, mais on a faim d'un autre ragoût; on veut manger parce qu'on trouve du plaisir à le faire; & moi-même, qui en connois tous les inconvéniens, je mange certainement beaucoup plus que je ne le devrois pour ma santé: tant il est vrai que le plus difficile est non-seulement de bien faire, mais encore de faire convenablement. (NICOLAS.)

VOUTE, s. f. (*Anat.*) *Fornix.* Plusieurs des parties solides dont se compose le squelette des animaux présentent une disposition analogue à celle que l'on remarque dans la construction de certains édifices dont diverses parties, en s'arc-boutant, se prêtent un appui mutuel; aussi, par analogie, les anatomistes ont-ils donné le nom de *voûte* à cette disposition. Ainsi, ils appellent *voûte du crâne* la partie supérieure de la boîte osseuse qui renferme l'encéphale; *voûte palatine*, la cloison concave qui sépare la bouche des cavités nasales. (*Voyez* CRANE, ENCÉPHALE, PALAIS & TÊTE, dans le *Dictionnaire d'Anatomie* de cet ouvrage.) (R. P.)

VOYAGES, s. m. pl. (*Hyg.*) En considérant l'influence que les voyages exercent sur le moral & sur le physique de l'homme, on se convaincra aisément que ce mot peut fournir la matière d'un très-long article; les principaux effets du changement de lieu étant:

1°. D'établir de nouveaux rapports entre l'homme & les choses qui l'environnent, d'où résulte par conséquent la nécessité où il se trouve de modifier les garanties qu'il est obligé de leur opposer;

2°. De le forcer à recourir à un mode d'alimentation souvent essentiellement différent de celui auquel il étoit habitué;

3°. De le contraindre à des exercices qui, dans bien des cas, sont opposés au genre de vie qu'il avoit adopté;

4°. Enfin, de l'exposer à des impressions dont la variété, & quelquefois l'intensité, contrastent trop avec celles qui lui étoient familières pour ne point faire naître chez lui une foule de sensations, & par conséquent d'idées nouvelles,

Si l'on examine encore isolément chacun de ces paragraphes, on voit bientôt qu'ils embrassent l'ensemble de la matière de l'hygiène considérée dans ses applications relatives, soit à l'homme isolé, soit à une réunion plus ou moins nombreuses d'individus simultanément soumis à l'influence des mêmes causes. Or, en parcourant les articles AFRIQUE, AIR ATMOSPHÉRIQUE, CLIMAT, EUROPE, on y trouve l'ensemble des considérations qui appartiennent aux *circumfusa*; de même que les mots HABILLEMENT, VÊTEMENS, & ceux relatifs à chaque espèce de vêtement, embrassent des détails que l'on ne pourroit reproduire sans répéter ce qui a déjà été dit.

Quant aux influences qui peuvent résulter du mode d'alimentation, il suffira de consulter les articles ALIMENS, BOISSONS & NOURRITURE. A l'égard des exercices, & des effets avantageux ou nuisibles qui peuvent en être la suite, on devra recourir aux mots EXERCICE, ÉQUITATION, LOCOMOTION, MÉDECINE MILITAIRE, MÉDECINE NAVALE, NAVALE (Hygiène navale), NAVIGATION, REPOS, SOMMEIL & VEILLE. Enfin, en lisant tout ce que ce Dictionnaire contient sous les titres AME (Affections de l'), MÉDECINE MORALE, PASSIONS, SENSATIONS, &c., on acquerra une idée exacte de l'influence des voyages pour effacer de fortes impressions, soit parce qu'ils éloignent les causes qui les avoient produites, soit parce qu'ils provoquent de nouvelles sensations auxquelles il est souvent impossible de se soustraire.

Si les voyages sont pour l'homme en santé une source de modifications souvent utiles, quelle doit être, à plus forte raison, leur influence dans certaines maladies où les fonctions de l'ame sont autant lésées que celles du corps ! Aussi, quels moyens pourroient remplacer les avantages que l'on obtient en renvoyant dans son pays l'homme atteint de nostalgie ? quels remèdes pourroient, dans beaucoup d'affections hypochondriaques & mélancoliques, procurer des succès comparables à ceux que l'on obtient en prescrivant l'usage de certaines eaux minérales dont l'efficacité dépend probablement autant du changement de lieu qu'elles nécessitent, que des propriétés médicinales qu'on leur attribue ? (R. P.)

VRIGNY (Eaux minérales de), village situé près d'Argentan, où l'on trouve des eaux froides & ferrugineuses.

VUE, sub. f. (*Physiol.*) *Visus*. Le goût & le toucher nous servent à découvrir quelques-unes des propriétés qui appartiennent aux substances mises en contact avec notre corps; l'ouïe & l'odorat peuvent nous attester la présence de quelques-uns des agens qui nous environnent, mais il n'y a que la vue qui soit susceptible de nous mettre en rapport avec les objets dont nous sommes séparés par des intervalles quelquefois im-

menses. La lumière est la cause active qui établit cette relation; l'œil est l'organe qui reçoit l'impression, & le mot *vue* embrasse tout ce qui est relatif à la perception : dès-lors on ne sauroit suivre les développemens que comporte ce dernier article si l'on n'avoit présentes à la pensée, les propriétés physiques de la lumière & la structure anatomique de l'œil.

Que la lumière soit une émanation du corps dit *lumineux*, qu'elle soit le résultat d'un mouvement vibratoire imprimé à un fluide éminemment subtil répandu dans l'espace, elle ne peut arriver à notre œil que de trois manières, soit directement, soit après avoir été réfléchie ou réfractée; de là résulte cette division généralement adoptée qui rapporte les propriétés physiques de la lumière aux trois titres suivans : 1°. lumière directe ou *optique* proprement dite; 2°. lumière réfléchie ou *catoptrique*; 3°. lumière réfractée ou *dioptrique* : or, dans chacune de ces branches, un principe particulier suffit pour expliquer l'ensemble des phénomènes qui la constituent.

Ainsi, dans l'OPTIQUE proprement dite, *la lumière, quelle que soit la source d'où elle émane, se propage toujours en ligne droite.*

Dans la CATOPTRIQUE, *les rayons lumineux, incidens & réfléchis forment, avec la perpendiculaire d'incidence, des angles qui sont égaux entr'eux & contenus dans un même plan.*

Dans la DIOPTRIQUE, *il existe un rapport constant entre les sinus des angles d'incidence & de réfraction.*

Ces principes se prêtent à des développemens beaucoup trop nombreux pour qu'il nous soit permis de les exposer ici, ce seroit d'ailleurs reproduire une foule de détails qui naturellement appartiennent à la *partie physique* de cette Encyclopédie : c'est donc dans ce Dictionnaire que le lecteur trouvera des notions, qui seroient déplacées, dans un article spécialement consacré à faire connoître la fonction physiologique de l'œil, & à analyser les idées qui en sont la conséquence.

Le globe oculaire, d'une forme à peu près sphérique, est essentiellement formé d'humeurs & de membranes destinées à les contenir. La plus extérieure de ces enveloppes (cornée *transparente*) a peu d'épaisseur; immédiatement au-dessous on rencontre l'*humeur aqueuse*; elle occupe les chambres antérieure & postérieure de l'œil, cavités qui sont séparées l'une de l'autre par un diaphragme membraneux & contractile nommé *iris*. Ce diaphragme est percé à son centre d'une ouverture appelée *pupille*, à travers laquelle passent les rayons lumineux destinés à former l'image qui va se peindre sur la *rétine*. La seconde humeur (le *cristallin*) ressemble à un verre lenticulaire dont les courbures seroient inégales. Sa consistance augmente avec l'âge & à toutes les époques de la vie, est plus considérable au centre qu'à la surface. Les trois quarts postérieurs de la cavité de l'œil sont remplis d'une matière dont la consis-tance est molle (*humeur vitrée*); elle présente en avant une concavité dans laquelle est logée la face postérieure du cristallin; le reste de la surface du corps vitré est convexe & touche presqu'en tota-lité la rétine, avec laquelle il ne contracte cepen-dant d'union qu'au moyen de l'artère qui le tra-verse. (*Voyez*, pour la description des diverses parties dont est formé le globe de l'œil, les mots CHOROÏDE, CORNÉE, CRISTALLIN, IRIS, ŒIL, PU-PILLE, SCLÉROTIQUE, &c., dans le *Dictionnaire d'Anatomie* de cet ouvrage.)

Pour suivre la marche de la lumière depuis son entrée dans l'œil jusque sur la rétine, il ne suffit point de connoître approximativement la disposi-tion des humeurs de cet organe, il faudroit en-core savoir avec précision quelles sont la cour-bure, le pouvoir réfringent & la faculté dispersive de chacune d'elles; enfin, il importeroit aussi de constater si, sous l'influence de la volonté, l'œil ou quelques-unes de ses parties, ne sont point sus-ceptibles d'éprouver certaines modifications. C'est en effet de l'ensemble de ces notions que peut résulter la solution de deux questions importantes: 1°. l'*achromatisme de l'œil*, 2°. la *faculté que possède cet organe de voir distinctement à des dis-tances variables*.

Plusieurs physiciens, parmi lesquels on doit particulièrement citer Hauksbée, Petit, Jurin, Rochon, Monro, & plus récemment MM. Cuvier, Chaussat, Young, Wollaston, Jacobson, &c., ont fait à cet égard un grand nombre de recherches, & si les résultats auxquels ils sont parvenus ne donnent point une solution complète de ces ques-tions, ils ont du moins l'avantage de mettre en évidence la nature des difficultés qu'elles présen-tent, & d'indiquer ce qu'il reste à faire pour les surmonter. Ainsi, il paroîtroit résulter des expé-riences de M. Chaussat, 1°. que, chez les diffé-rens animaux, la courbure des humeurs réfrin-gentes de l'œil n'est point la même: par exemple, il a trouvé que la surface extérieure de la cornée & les deux faces du cristallin sont, chez le bœuf, des ellipsoïdes de révolution, tandis que, suivant lui, la cornée de l'éléphant présente une courbure hyperbolique; 2°. il s'est assuré que le rapport constant entre les sinus des angles d'incidence & de réfraction, lorsque la lumière passe de l'air dans les milieux qui constituent l'œil de l'homme, étoit exprimé par les nombres suivans; la cornée 1,33, la capsule cristalline 1,339, l'humeur aqueuse 1,338, l'humeur vitrée 1,339, les couches extérieures du cristallin 1,338, celle de la partie moyenne 1,395, & enfin le noyau ou la portion la plus compacte, 1,430; ce qui, pour valeur moyenne, donneroit 1,384. La faculté dispersive de ces divers milieux, & le rapport de leurs dimensions respectives, n'ont réellement point encore été assez bien déterminés pour que l'on puisse statuer d'une manière définitive si l'œil est organisé de façon à détruire les *aberra-*

tions de sphéricité & de réfrangibilité: aussi existe-t-il à cet égard beaucoup d'opinions différentes, soit sur ces faits considérés en eux-mêmes, soit sur la diversité des moyens susceptibles de les pro-duire. Nous abandonnons donc ces questions dé-licates pour exposer, d'une manière générale, la fonction optique de l'œil, qui n'a commencé à être connue qu'à la fin du seizième siècle & au commencement du dix-septième.

Lorsque l'on regarde un objet, chaque point de sa surface doit être considéré comme le sommet d'un cône de lumière dont la base est appuyée sur la cornée. Parmi ces cônes, il en est un dont l'axe se confond avec l'axe optique de l'œil, c'est-à-dire avec la droite autour de laquelle devroit tourner les courbures génératrices des surfaces qui termi-nent chacun des milieux dont est composé cet or-gane. Cet axe étant perpendiculaire au sommet de toutes les courbes, il pénètre dans l'œil sans éprouver de réfraction, tandis que les autres rayons qui appartiennent à ce même cône, s'infléchissent de plus en plus en traversant la cornée, l'humeur aqueuse, le cristallin & le corps vitré, puis finis-sent par se réunir autour de leur axe à l'instant où celui-ci parvient sur la rétine. Or, il faut répéter pour ces points dont est composée la surface visible d'un objet; ce que nous avons dit relati-vement à celui qui est placé dans la direction de l'axe optique; seulement aucun des filets qui for-ment ce grand nombre de cônes lumineux ne tra-verse perpendiculairement les humeurs réfringen-tes, en sorte qu'ils n'ont réellement pas d'axe, au moins dans le sens que nous avons donné à ce mot, c'est-à-dire que tous les rayons indistincte-ment sont réfractés par la cornée & les autres mi-lieux. Cependant il existe un point que l'on nomme *centre optique* du cristallin; il est placé sur l'axe de cette lentille, & jouit de cette propriété re-marquable, que le rayon de chaque faisceau au-quel il livre passage éprouve de l'un & de l'autre côté de l'axe principal des inflexions inverses; aussi parvient-il au fond de l'œil comme s'il n'a-voit pas été réfracté: c'est ce rayon que l'on prend pour axe, & autour duquel viennent se réunir sur la rétine tous les autres filets de lu-mière qui ont avec lui une origine commune.

D'après ce qui précède, on conçoit que nous apercevons chaque point d'un objet, au moyen de deux cônes de lumière dont l'ouverture de la pupille est la base commune; le sommet de l'un de ces cônes, celui que l'on nomme *cône objectif*, répond au point visible, tandis que le sommet du second, appelé *cône oculaire*, touche la rétine, & retrace l'image du point d'où les rayons sont primitivement émanés. Quant à la manière dont s'effectue la vision de l'objet entier, elle est pro-duite par une pyramide de lumière dont il est la base, & il faut regarder cette pyramide comme l'assemblage d'une infinité de cônes dont les axes s'entre-croisent au centre optique du
cristallin;

criftallin, divergent enfuite & donnent naiffance à une feconde pyramide femblable à la première, & dont la bafe eft appuyée fur la rétine, où elle retrace avec une étonnante précifion, & dans une fituation renverfée, la figure des corps que l'on regarde : phénomène dont on peut, au refte, conftater la réalité en appliquant à un trou circulaire pratiqué à l'un des volets d'une chambre exactement fermée, & où la lumière ne peut pénétrer, l'œil d'un bœuf récemment tué, & dont la fclérotique a été fuffifamment amincie pour être rendue femi-tranfparente. On voit alors les objets extérieurs repréfentés au fond de cet œil dans une fituation renverfée, & avec des dimenfions d'autant plus petites que ces objets font plus éloignés. Cette peinture, dont la grandeur varie à mefure que l'objet fe rapproche ou s'éloigne, ne pourroit conferver de netteté fi, dans tous les cas, les fommets des cônes oculaires ne touchoient point immédiatement la rétine ; condition qui ne fauroit être remplie fi le foyer de l'œil étoit invariable, puifqu'il arrive néceffairement à fon égard ce qui a lieu relativement à un verre lenticulaire, c'eft-à-dire que le foyer recule à mefure que l'objet s'approche, & réciproquement. Néanmoins, comme la vifion diftincte eft renfermée dans de certaines limites, l'œil n'a befoin de fe prêter qu'à de légers changemens dont il feroit, d'ailleurs, facile de calculer l'étendue.

Cette mobilité de l'œil exifte-t-elle réellement ? Quelques anatomiftes ont penfé que l'action fimultanée des mufcles de cet organe pouvoit, en le preffant, augmenter la faillie de la cornée, & par conféquent auffi rendre plus confidérables les déviations qu'elle fait fubir aux rayons qui la rencontrent obliquement. Le Dr. Thomas Young, par des expériences propres à faire reconnoître les plus légers changemens qu'éprouveroit une enveloppe, a conftaté qu'en regardant des objets placés à des diftances différentes, la forme de la cornée ne fubiffoit aucune altération appréciable ; d'autres phyfiologiftes ont imaginé que le criftallin pouvoit fe déplacer, & qu'en s'approchant ou s'éloignant du fond de l'œil il lui permettoit, fans changer de dimenfion, de voir également bien à des diftances très-variables. On a encore regardé la contraction de l'iris comme un moyen fufceptible de faire varier le foyer de l'œil & de diminuer en même temps l'aberration de réfrangibilité : cette idée s'accorde affez bien avec l'obfervation qui montre que ce diaphragme fe refferre quand on regarde des objets très-rapprochés, & fe dilate au contraire quand on veut diftinguer ceux qui font éloignés. Enfin, on a propofé d'autres explications peut-être moins probables ; nous ne les pafferons point en revue, & en reconnoiffant qu'il eft indifpenfable que l'œil éprouve une modification quelconque afin de s'adapter aux diftances variables des objets, nous avouerons que parmi les divers moyens qui peuvent lui donner cette faculté, nous ignorons celui auquel la nature a réellement eu recours.

Les limites de la vifion diftincte n'étant pas les mêmes chez tous les individus, il feroit impoffible d'en fixer la mefure d'une manière abfolue ; auffi n'eft-ce qu'approximativement & comme un terme qui convient au plus grand nombre de perfonnes, que l'on a regardé la diftance de huit pouces comme étant celle à laquelle on place un objet dont on veut nettement diftinguer les détails. En rapprochant davantage cet objet de l'œil, la divergence des cônes objectifs eft trop grande, & à moins de rétrécir la pupille ou de faire ufage d'un verre lenticulaire, l'image formée fur la rétine manque de netteté. La grandeur des corps ne change abfolument rien à cette difpofition ; tous, fans diftinction, doivent être placés à cette diftance, mais comme l'étendue des images tracées au fond de l'œil augmente à mefure que les objets font moins éloignés, on fe trouve, en regardant à la vue libre ceux qui ont de petites dimenfions, dans l'alternative de les voir indiftinctement en les confidérant de trop près, ou de n'en prendre qu'une idée imparfaite, parce qu'étant placés à la portée ordinaire de la vue leur repréfentation n'occupe fur la rétine qu'un efpace imperceptible.

Les yeux qui, naturellement ou par accident, reftent en deçà ou dépaffent de beaucoup la limite affignée, font dits *myopes* & *presbytes*, & ce n'eft qu'au moyen de lunettes concaves ou convexes qu'il leur eft poffible de voir nettement les objets. (*Voy.* LUNETTE, MYOPIE & PRESBYTIE dans ce Dictionnaire.) Au furplus, l'art ne fe borne point à corriger quelques-uns des défauts de la vue, il fupplée encore à fon infuffifance, puifqu'au moyen des téléfcopes on diftingue des objets que leur éloignement rend invifibles, non en affoibliffant, comme on le croit ordinairement, la clarté de l'image qui eft fur la rétine, mais en diminuant fon étendue. En effet, fi l'on fuppofe un corps également éclairé, & l'ouverture de la pupille conftante, il eft aifé de prouver que la lumière qui pénètre dans l'œil fe répand fur une furface d'autant plus petite, que fon intenfité eft plus foible, en forte que, abftraction faite de la réfiftance des milieux, la clarté de l'image ne change réellement pas.

L'expérience montre que, chez beaucoup de perfonnes, un œil diffère effentiellement de l'autre, foit relativement à la fenfibilité, foit relativement aux limites de la vifion diftincte : auffi on peut être *myope* d'un côté & *presbyte* de l'autre ; quelquefois l'un des yeux eft tellement conformé que l'ufage des verres ne peut lui donner la faculté de voir : il eft probable que ce défaut tient à l'irrégularité de la courbure des humeurs réfringentes. C'eft à l'inégalité de portée des deux yeux que Buffon a cru pouvoir attribuer le ftrabifme (*voyez* ce mot), qui furvient lentement ; car celui qui dans certains cas arrive fubitement, dépend le plus ordinairement de la paralyfie d'un ou de plufieurs mufcles de l'œil, & offre cette fingularité que pendant quelque temps les objets paroiffent doubles. (*Voyez* Vue double.)

Si de nos jours les phyficiens s'accordent fur la manière & jufqu'à un certain point fur les proportions fuivant lefquelles les diverfes parties de l'œil concourent à la formation des images qui viennent fe peindre au fond de cet organe, il n'en a pas toujours été ainfi des métaphyficiens ; ils ont long-temps difcuté pour favoir quel étoit le fiége immédiat de la vue. Képler & Scheiner affirmoient que cette fonction importante appartenoit à la rétine. Mariotte, en fe fondant fur une expérience qui femble prouver qu'un corps ceffe d'être aperçu lorfque fon image tombe à l'endroit où le nerf optique pénètre dans l'œil, prétendoit que la rétine, qui en eft en quelque forte une expanfion, étoit dépourvue de fenfibilité, & que par conféquent c'étoit fur la choroïde qu'avoit lieu l'*impreffion*. Le Cat, Bernouilli & Méry partagèrent cette opinion, mais en lui faifant toutefois fubir quelques légères modifications. Aujourd'hui l'idée de Mariotte eft complétement abandonnée, & aucun phyfiologifte ne doute que la rétine ne foit la partie véritablement impreffionnable de l'œil.

Puifque dans chacun de nos yeux il fe forme une image des objets que nous regardons, comment fe fait-il que, de cette double impreffion, il réfulte une fenfation unique ? Cette feconde queftion a, plus encore que la précédente, exercé la fagacité des métaphyficiens. Des expériences décifives prouvent que les deux yeux contribuent à la vifion, ce qui détruit l'hypothèfe dans laquelle l'on prétendoit qu'une feule des deux images étoit efficace. D'autres ont avancé que l'*impreffion* & *la perception*, deux chofes effentiellement diftinctes, pouvant très-bien ne pas s'effectuer dans le même endroit, ils concevoient que la première ayant lieu fimultanément au fond de chaque œil, fon influence étoit tranfmife, à l'aide des nerfs optiques, dans une autre partie du cerveau, à une forte de *fenforium commune*, où s'opéroit la perception. La fituation des images au fond de l'œil, la difpofition anatomique des nerfs optiques, dont il eft d'ailleurs fi difficile de bien déterminer l'origine, fe prêtent volontiers à cette explication, mais il devroit auffi en réfulter qu'à l'aide des deux yeux on devroit voir beaucoup mieux qu'avec un feul œil. Cependant les expériences de Jurin prouvent que la différence eft d'un dixième tout au plus, en fuppofant toutefois les deux yeux parfaitement égaux : d'ailleurs, refteroit encore à expliquer comment il fe fait qu'en preffant légèrement avec le doigt l'un des yeux, la vue, qui d'abord étoit fimple, devient auffitôt double, & que les deux images font d'autant plus écartées que le déplacement de l'œil a été plus confidérable : le mouvement imprimé à l'organe n'a pu s'étendre jufqu'aux parties fituées dans l'intérieur du crâne, &, par conféquent, atteindre celles où s'opère la perception ; celle-ci devroit

donc refter fimple comme elle l'étoit primitivement. Enfin, quelques phyfiologiftes, & c'eft le plus grand nombre, ne cherchent point à réfoudre la difficulté ; ils fe bornent à dire que la vifion eft fimple toutes les fois que les impreffions ont lieu fur les parties correfpondantes de l'une & l'autre rétine, c'eft-à-dire fur des parties habituées à être fimultanément impreffionnées. En effet, il ne faut point ici attacher au mot *correfpondance* l'idée de fymétrie que comporte cette même expreffion quand on en fait ufage relativement à un autre organe que l'œil.

La certitude où nous fommes que les objets qui frappent nos yeux font placés hors de nous fuffit pour expliquer, comment leur image étant renverfée fur la rétine, nous les voyons cependant dans leur véritable fituation, car nous rapportons chaque point de leur furface à l'extrémité du rayon qui en eft émané & pénètre dans notre œil ; à cet égard, la comparaifon de Defcartes eft auffi jufte qu'ingénieufe : la lumière eft pour notre œil ce qu'eft pour la main de l'aveugle le bâton qui lui fert à reconnoître la pofition des obftacles qu'il rencontre.

La vue ne nous fait pas uniquement connoître l'exiftence des corps ; elle nous donne auffi des notions fur leur forme, leur grandeur & la diftance à laquelle ils font placés ; mais ces connoiffances n'acquièrent une certaine exactitude qu'après que le toucher en a en quelque forte fait l'éducation de l'organe de la vue, éducation qui s'achève lentement & tout-à-fait à notre infu ; les objets font effectivement repréfentés au fond de notre œil fur un plan. Ainfi une fphère y eft peinte exactement comme le feroit un cercle ; feulement, dans le cas de la fphère, les différentes parties de la furface circulaire font inégalement éclairées, & le tact feul nous a appris que cette diverfité de nuances dépend de l'inclinaifon des élémens de la furface fphérique. Il faut raifonner de la même manière relativement à tout autre corps folide ; il n'y a toujours de repréfenté fur la rétine que la portion de leurs furfaces qui eft tournée vers l'œil, & cependant nous acquérons en les voyant une idée conforme à celle que nous en aurions fi nous les apercevions à la fois fous tous les afpects.

Quand nous mettons des corps peu volumineux en contact avec l'organe du toucher, nous jugeons de leur grandeur par l'étendue de la partie fur laquelle ils agiffent ; il fembleroit donc, par analogie, que nous devrions évaluer celle des objets que nous voyons d'après les dimenfions de l'image qu'ils forment fur la rétine ; il n'en eft cependant point ainfi. Un homme placé devant nous s'éloigne à des diftances fucceffivement deux, trois ou quatre fois plus confidérables, & fa taille nous paroit être toujours la même, bien que fon image au fond de notre œil diminue à mefure que l'intervalle qui le fépare de nous devient plus grand. Cette contradiction apparente difparoîtra fi l'on réfléchit que l'œil jouit de la faculté d'eftimer les diftances; en forte qu'au lieu de nous borner à exprimer ce que cet organe reffent, nous formons fans le favoir un jugement dont les élémens font, d'une part, l'étendue de l'impreffion formée fur la rétine, & de l'autre, la diftance à laquelle nous croyons que le corps eft placé; cela eft fi vrai que, dans toutes les circonftances où il nous eft impoffible d'évaluer l'éloignement d'un corps, nous eftimons fa grandeur d'après l'ouverture de l'angle optique fous lequel nous l'apercevons, c'eft-à-dire d'après l'écartement des deux lignes qui rafent fes extrémités & viennent s'entrecroifer au centre de la pupille : ainfi le foleil & la lune nous paroiffent avoir la même grandeur, malgré l'énorme différence de leur dimenfion réelle. Enfin, il eft une foule d'illufions optiques auxquelles il nous eft impoffible de nous fouftraire, & qui cependant n'auroient pas lieu fi nous parvenions à découvrir quel eft l'intervalle qui nous fépare des objets qui nous les font éprouver : auffi l'art de diffimuler cette diftance conftitue-t-il une grande partie du talent du peintre.

Quand les objets font peu éloignés, on a prétendu que l'œil, pour s'adapter à la plus ou moins grande divergence des rayons dont eft compofé chaque cône objectif, faifoit un effort qui nous permettoit de juger de la diftance du corps d'où émanent ces rayons; mais, relativement aux efpaces plus confidérables, on a penfé que l'inclinaifon des axes optiques fervoit aux mêmes ufages. Ces explications ne font point exemptes de difficultés, car, paffé une certaine limite, les divergences des cônes objectifs varient bien peu, & les perfonnes qui ont perdu l'ufage d'un œil ne font point pour cela privées de la faculté d'évaluer les diftances : il eft donc beaucoup plus probable que c'eft par l'habitude de voir, & furtout en cherchant à mettre d'accord la fenfation de la vue avec celles du toucher, que nous parvenions à acquérir cette faculté. En effet, en promenant nos mains fur l'étendue de la furface d'un corps, nous concevons de fa grandeur une idée que nous tranfportons à l'image qui eft fur notre rétine; en nous éloignant de cet objet les dimenfions de l'image deviennent plus petites, mais le fouvenir de l'idée que nous avons acquife par le toucher fubfifte encore; &, comme à raifon des mouvemens qu'il nous a fallu faire nous avons la mefure de l'efpace que nous avons parcouru, il arrive qu'après avoir mille fois répété cette expérience, & nous être bien affurés que la grandeur du corps ne varie pas, nous finiffons par ne plus nous occuper de celle de l'image, fi ce n'eft quand nous voulons évaluer les diftances. On peut fe convaincre de la réalité de ce fait en demandant à l'homme le moins inftruit pourquoi il juge qu'un corps, dont les mouvemens étoient alors incertains, s'éloigne; il répondra que *c'eft parce qu'il paroît de plus en plus petit.* Nous fommes, au

refte, tellement influencés par cette manière de voir, que, dans les expériences de fantafmagorie, nous ne pouvons nous fouftraire à l'illufion. Une image très-petite & fort brillante paroît fur une toile transparente; elle grandit peu à peu, & finit par acquérir des dimenfions gigantefques : le fpectateur trompé, dans le premier cas, la jugeoit très-éloignée, & bientôt finit par croire qu'elle s'eft approchée de lui jufqu'à le toucher; cependant elle eft toujours reftée à la même diftance.

A l'égard des corps que nous n'avons jamais vus ni touchés, le tact ne peut, il eft vrai, diriger notre jugement; mais un long ufage de la vue nous a fait remarquer que les variations de diftance font non-feulement changer la grandeur apparente des corps, mais modifient auffi la manière dont ils paroiffent éclairés, & altèrent la netteté de leurs images. D'ailleurs, il arrive fort fouvent que des objets que nous connoiffons, fe trouvant ou nous paroiffant placés dans le voifinage de ceux que nous n'avons jamais vus, fervent à nous en faire connoître la dimenfion : ainfi une ftatue coloffale, à la regarde de loin, pourra paroître d'une taille ordinaire; qu'un homme fe place auprès, auffitôt on découvre à cette ftatue des proportions qu'on ne lui avoit pas d'abord foupçonnées. Enfin, l'interpofition d'un nombre plus ou moins grand d'objets, en rompant l'uniformité de l'efpace, fert à en faire connoître l'étendue : ainfi, un homme placé dans une allée bordée d'arbres, paroît plus grand que fi on le voyoit de l'autre côté d'une rivière dont la furface uniforme empêche que l'on en puiffe facilement eftimer la largeur.

A l'hiftoire de la vifion devroit naturellement fuccéder l'expofition des nombreufes altérations dont eft fufceptible cet organe délicat; mais dans ce Dictionnaire, & dans celui *de Chirurgie* de cette Encyclopédie, des articles ont été confacrés à chacune des maladies qui attaquent foit ifolément, foit fimultanément les membranes, les humeurs, les mufcles ou les nerfs de l'œil. (*Voyez* les mots AMAUROSE, CATARACTE, CHÉMOSIS, GLAUCOME, HYDROPHTHALMIE, OPHTHALMIE, STAPHYLOME, &c., dans ces deux Dictionnaires.

(THILLAYE aîné.)

VUE DOUBLE. (*Pathol.*) Défaut de la vue produit par la trop grande convexité de la cornée transparente, en forte que l'image eft formée en avant de la rétine. On remédie à cet inconvénient au moyen de verres concaves qui, en augmentant la divergence des rayons lumineux, produifent, pour l'œil, l'effet que l'on obtiendroit fi l'objet en étoit beaucoup plus rapproché. (*Voyez* MYOPE & MYOPIE dans ce Dictionnaire.) - (R. P.)

VUE DIURNE. (*Pathol.*) Sorte de névrofe dans laquelle la vifion n'a lieu d'une manière diftinɛte que vers le milieu du jour; le matin & vers le foir, elle fe fait obfcurément, & eſt tout-à-fait nulle après le coucher du foleil, quelque vivacité que puiſſe avoir d'ailleurs la lumière artificielle dont les objets environnans font éclairés. Cette maladie, quelquefois épidémique, quelquefois auſſi endémique, pourroit être confidérée comme une goutte fereine périodique.

Les cauſes de la vue diurne ou *héméralopie* font peu communes; cependant on conçoit que cette névroſe peut fe développer à la fuite de la fatigue qu'une lumière trop vive a fait éprouver à l'œil. C'eſt, par exemple, ce que produiſent dans les contrées feptentrionales les neiges abondantes qui recouvrent continuellement la furface de la terre; c'eſt encore ce que l'on a quelquefois obfervé chez des perfonnes faifant habituellement uſage d'inſtrumens d'optique; enfin, l'abus du plaiſir de l'amour, & quelques affections fpéciales du nerf optique ou de fes enveloppes, peuvent en être la fource.

L'analogie frappante qui exiſte entre l'héméralopie & la goutte fereine indique aſſez que le traitement qui convient à la première de ces maladies, doit être auſſi celui qu'il faut oppofer à la feconde. Ainſi, en remontant aux cauſes qui ont pu la déterminer, on fera toujours en état de fixer la conduite que l'on doit tenir; &, fuivant les circonſtances, on employera les faignées locales ou générales, les boiſſons délayantes, les pédiluves; le repos, les émétiques, les évacuans, des frictions ou des vapeurs ſtimulantes, les boiſſons toniques ou amères, les véficatoires appliqués aux tempes, derrière les oreilles ou à la nuque, le féton ou le moxa, &c. (R. P.)

Vue double. (*Pathol.*) Cette maladie, que l'on peut artificiellement produire en dérangeant momentanément avec le doigt l'axe de l'œil, fe manifeſte parfois à la fuite d'une forte contuſion fur la tête, d'une vive frayeur, d'un violent accès de colère, &c. Enfin, on la voit quelquefois furvenir dans l'état d'ivreſſe, & chez ceux qui ont accidentellement avalé de la juſquiame ou de la ciguë. On cite même des exemples de perfonnes qui ont vu les objets doubles en les regardant d'un feul œil: cet accident, beaucoup plus rare que le premier, ne dépend certainement pas de la même cauſe: l'un peut toujours être confidéré comme un véritable ſtrabifme (*voyez* ce mot), tandis que l'autre n'a lieu que dans les cas où, par fuite d'un vice de conformation congénial ou accidentel de l'œil, cet organe, au lieu d'un foyer unique, en auroit deux aſſez écartés l'un de l'autre pour que les images formées fur la rétine foient nettes & bien féparées. C'eſt dans la connoiſſance des cauſes qui ont amené la *diplopie* ou *vue double*, qu'il faut chercher l'indication du traitement auquel il faut avoir recours.

(R. P.)

Vue foible ou amblyopie. (*Pathol.*) Un grand nombre de praticiens regardent cette maladie comme un commencement de goutte fereine. Elle eſt effectivement, ainſi que cette dernière, accompagnée d'une grande dilatation de la pupille, qui, cependant, n'a point encore perdu la faculté de fe contracter.

L'âge eſt le plus ordinairement la cauſe de l'amblyopie; mais, à une époque moins avancée, elle peut encore être produite par la fuppreſſion d'une évacuation fanguine habituelle, par la répercuſſion d'un principe morbifique quelconque, & en général par toutes les cauſes fufceptibles d'affoiblir l'énergie du fyſtème nerveux.

Vue longue. (*Pathol.*) A meſure que l'on avance en âge, le volume des humeurs de l'œil diminue en même temps que la fenſibilité de cet organe s'affoiblit; de là réfulte la néceſſité où font les vieillards d'employer des verres convexes, d'une part, pour faire converger fur la rétine des faiſceaux lumineux qui, fans cet artifice, auroient leur foyer au-delà de cette membrane, & de l'autre, pour augmenter la quantité de lumière qui pénètre dans l'œil. (*Voyez* Presbyte & Presbytie dans ce Dictionnaire.)

Vue louche. (*Pathol.*) Dénomination vulgairement employée pour déſigner un défaut de la vue dans lequel les deux yeux ne font point fimultanément dirigés vers l'objet que l'on regarde. Cette affection porte encore le nom de *ſtrabifme*. (*Voyez* ce dernier mot & Louche dans ce Dictionnaire.)

Vue nocturne. (*Pathol.*) Quelquefois la fufceptibilité de l'organe de la vue acquiert une telle exaltation que la viſion devient poſſible pendant la nuit, tandis que, durant le jour, elle ne fauroit avoir lieu, l'œil ne pouvant fupporter une lumière trop vive. (*Voyez* Nyctalopie.)

(R. P.)

VULNÉRAIRE, f. f. (*Mat. médic.*) *Anthyllis vulneraria.* Plante de la famille des Légumineufes & de la Diadelphie décandrie de Linné, dont le nom indique aſſez l'ufage que l'on en a fait autrefois. On croyoit, en effet, que pilée & appliquée fur les plaies, elle en facilitoit la cicatrifation; mais aujourd'hui fon emploi eſt à peu près abandonné, & on ne s'en fert plus guère que dans la médecine populaire.

Vulnéraire suisse: (*Mat. médic.*) Nom donné à un mélange de plantes diverfes recueillies fur les hautes montagnes, & parmi lefquelles on diſtingue l'*arnica*, la *pervenche*, la *pyrole*, le *millepertuis*, la *verveine*, &c. On attribue à ce mélange un grand nombre de propriétés. (*Voyez*

Faltranck, tom. VI, pag. 261 de ce Dictionnaire.)

Vulnéraire. (Mat. médic., Thérap.) Adjectif
employé pour caractériser les médicamens, & en
général les moyens que l'on croit propres à guérir
les plaies, les contusions, les blessures, &c.

Vultueux, euse, (Pathol.) Adjectif dont
se servent quelques pathologistes pour indiquer la
coloration que prend la face dans la plupart des
maladies inflammatoires aiguës : coloration qui est
ordinairement accompagnée de bouffissure & d'une
gêne remarquable de la respiration.

Vulvaire, adj. & s. f. (Bot., Mat. médic.)
Chenopodium vulvaria. Nom vulgaire d'une espèce d'arroche dont il a été question tom. III,
pag. 305 de ce Dictionnaire.

Vulvaire, adj. (Anat.) Vulvaris. Qui a rapport à la vulve. Chaussier appelle artères vulvaires, les artères honteuses externes chez la
femme. (Voyez Honteux dans le Dictionnaire
d'Anatomie de cette Encyclopédie.)

VULVE, s. f. (Anat., Pathol.) Vulva, de
valvæ, porte à deux battans, pudendum muliebre,
cunnus, χοιρος. On donne ordinairement le nom de
vulve à la fente génito-urinaire qui, chez la femme,
s'étend du pénil jusqu'au périnée; mais aujour-
d'hui on appelle plus généralement ainsi l'ensemble des différentes parties qui constituent les
organes génitaux externes, ou que l'on peut voir
sans le secours de la dissection ; tels sont : le pénil
ou mont de Vénus, les grandes lèvres, la fourchette, le clitoris, les petites lèvres ou nymphes,
le vestibule, le meat urinaire, l'entrée du vagin,
l'hymen, les caroncules myrtiformes & la fosse
naviculaire.

Le Mont de Vénus (pecten, pubis, motte, éminence sus-pubienne, mons Veneris, monticulus
Veneris) est une éminence qui, située au-dessous
de l'hypogastre, est circonscrite latéralement par les
aines; & inférieurement par les grandes lèvres &
la fente vulvaire; placée en devant, & en partie
au-dessus du pubis, cette éminence est entièrement
formée par la peau & par un tissu cellulaire graisseux, dense, serré, & ordinairement assez abondant : le mont de Vénus est recouvert de poils à
l'époque de la puberté (voyez Mont-Vénus,
tom. X, pag. 249); ces poils, plus ou moins longs
& plus ou moins nombreux, se sont moins chez la
femme que chez l'homme, & occupent aussi une région plus circonscrite ; leur couleur, qui s'approche toujours de celle des cheveux, offre néanmoins une teinte plus claire; ils ne sont point non
plus en nombre direct avec ceux que l'on observe
sur les autres régions, ainsi qu'on est généralement
porté à le croire. A mesure que la femme avance
en âge, & qu'elle s'éloigne du temps de la fécon-

dité, l'embonpoint de cette région diminue peu à
peu, ainsi que la quantité des poils, qui deviennent
rares & roides ; & l'on croit avoir observé que les
individus privés de ces poils sont ordinairement stériles. Ils sont aussi peu abondans, très-fins & courts
chez les jeunes filles qui ont souffert à l'époque de
la puberté, ainsi que chez celles qui sont d'un tempérament lymphatique ou atteintes de scrofules.

Les grandes lèvres, formées par deux prolongemens ou replis de la peau, sont plus épaisses supérieurement qu'inférieurement ; elles prennent
naissance à la partie moyenne & inférieure du
mont de Vénus, & se terminent à un pouce environ de l'anus, en se réunissant l'une à l'autre derrière la fosse naviculaire par une bride appelée
fourchette. Leur face externe, plus large antérieurement que postérieurement, en contact avec
la partie supérieure & interne de la cuisse,
est recouverte d'une peau fine, ombragée de
poils plus rares que ceux du mont de Vénus, &
parsemée de glandes sébacées; leur face interne,
lisse, plus ou moins rosée, pâle ou ardoisée, suivant que la femme a été plus ou moins continente,
& a eu un plus grand nombre d'enfans, est recouverte d'une membrane muqueuse très-fine & très-
sensible. Les grandes lèvres sont en contact par leur
face interne, & présentent aussi plus de largeur
antérieurement que postérieurement ; leur bord
supérieur confondu avec les parties susjacentes
se continue en dehors avec la peau de la cuisse,
& en dedans avec les petites lèvres ; l'inférieur, arrondi, convexe, très-marqué antérieurement, & à
peine sensible postérieurement, est le point de passage de la peau à l'état de membrane muqueuse. Les
extrémités antérieures des grandes lèvres vont se
rendre à la partie moyenne du mont de Vénus, au-
dessus du clitoris, & en se réunissant, les extrémités
postérieures forment une bride cutanée nommée
fourchette, formée de peau, d'une membrane muqueuse & d'un tissu cellulaire graisseux, dense,
serré avec des lames membraneuses qui partent
du périoste de l'ischion & du pubis ; elles sont
très-extensibles, ainsi qu'on le remarque lors de
l'accouchement.

Les grandes lèvres circonscrivent l'ouverture
génito-urinaire, ou la fente vulvaire, ou la vulve:
en les écartant, on aperçoit d'avant en arrière plusieurs organes, dont je vais donner très-succincte-
ment la description.

Le clitoris, dont le nom vient du grec κλιτο-
ριζειν, chatouiller, titiller, est un organe ressemblant beaucoup à la verge, mais qui n'est ni perforé, ni parcouru par l'urèthre. Situé un peu en
arrière de la commissure antérieure des grandes
lèvres par lesquelles il est entièrement recouvert, il
se montre sous la forme d'un bouton rougeâtre,
formé d'un gland, d'un corps caverneux & d'un prépuce qui, latéralement, se continue avec les petites lèvres ; les racines du corps caverneux, ainsi
que chez l'homme, s'implantent le long des bran-

ches defcendantes du pubis, & afcendantes de l'if-chion, fe réunifîent pour former le corps caver-neux du clitoris, qui, ainfi que celui de la verge de l'homme, eft féparé par une cloifon mitoyenne; le gland qui le furmonte eft très-petit, imperforé & d'un tiffu femblable à celui du corps caverneux. Très-développé chez le fœtus & la petite fille, le clitoris dépaffe fouvent de beaucoup le niveau des grandes lèvres, circonftance qui en a quelquefois impofé fur le véritable fexe de l'enfant; plus tard, les grandes lèvres finiffent par le recouvrir entière-ment. Cet organe, fufceptible d'érection pendant le coït, ou lorfqu'il eft irrité fympathiquement ou phyfiquement, eft un des points les plus fenfibles de l'appareil génital. Il peut acquérir de très-grandes dimenfions, & furpaffer même celles de la verge; cet excès de longueur détermine fouvent chez les femmes ainfi conformées des goûts que la nature réprouve, ou leur rend le coït douloureux ou gênant.

Les *petites lèvres*, appelées auffi *nymphes*, parce que les anciens anatomiftes croyoient qu'elles diri-geoient le jet de l'urine, font deux replis membra-neux qui s'étendent du prépuce du clitoris, qui leur donne naiffance, jufqu'au milieu de la circonfé-rence de l'entrée du vagin. Ordinairement cachées dans l'intérieur de la vulve, elles ne dépaffent point le niveau des grandes lèvres; formées par un repli de la membrane muqueufe qui tapiffe toutes les parties, & de tiffu érectile, dirigées d'a-vant en arrière, elles font moins larges anté-rieurement, & poftérieurement qu'à leur partie moyenne, où elles font également plus épaiffes; leur bord libre eft convexe, leur face externe eft contiguë à la face interne des grandes lèvres; rap-prochées l'une de l'autre antérieurement, où elles ne font féparées que par le veftibule, elles s'écar-tent de plus en plus à mefure qu'elles s'éloignent du clitoris, puifque l'efpace qui les fépare pofté-rieurement eft déterminé par la grandeur de l'en-trée du vagin : ordinairement d'un rofe vermeil chez les vierges & chez les femmes qui ont peu ufées du coït, les petites lèvres prennent une teinte pâle, violacée, & deviennent flafques & molles chez celles qui s'y font adonnées avec excès, ou qui ont eu beaucoup d'enfans; dans ce dernier cas, leur bord libre eft fouvent déchiré; ainfi que le cli-toris, elles dépaffent ordinairement à la naiffance le bord libre des grandes lèvres, qui finiffent par les recouvrir peu à peu à mefure que la petite fille grandit. Comme elles difparoiffent totalement pendant l'accouchement, on en a conclu avec raifon qu'elles fervoient à l'ampliation de la vulve pendant cet acte important.

Au-deffous du clitoris & entre les petites lèvres, on voit un efpace triangulaire, concave, borné inférieurement par le méat urinaire, qui ne pré-fente rien de particulier, & que l'on a nommé *veftibule.*

Au-deffous du veftibule, & au-deffus de l'orifice du vagin, on aperçoit ce que l'on appelle le *méat urinaire*, ouverture irrégulièrement arrondie, plus étendue d'avant en arrière que de droite à gauche, & préfentant un bourrelet très-faillant du côté du vagin. Le méat urinaire eft la terminaifon de l'*uré-thre.* Pendant la groffeffe & dans les rétentions d'urine, le méat urinaire fe trouve quelquefois tiré en dedans, circonftance qui le rend moins facile à trouver pour l'introduction de la fonde. Il eft bien important de connoître exactement fa fitua-tion pour opérer le cathétérifme, afin de ne pas découvrir inconfidérément la femme lorfque l'on procède à cette opération.

Immédiatement au-deffous du méat urinaire fe préfente l'orifice du vagin, qui diffère beaucoup fuivant que la femme eft vierge ou non; on peut même dire que chez la femme vierge cette ouver-ture n'exifte pas, puifqu'elle eft prefqu'entière-ment fermée par une cloifon vafculo-membra-neufe appelée *hymen*, dont l'exiftence, autrefois mife en doute, n'eft plus aujourd'hui fujette à difcuffion depuis qu'on l'a rencontrée chez toutes les femmes, ainfi que chez les femelles des mam-mifères, lorfqu'elle n'avoit point été détruite par les approches du mâle ou par un cas fortuit. C'eft une cloifon formée par un repli des membranes muqueufes qui tapiffent la vulve & le vagin.

Pour l'écoulement du fang menftruel, l'hymen eft percé d'une petite ouverture dont la fituation ir-régulière donne à cette membrane une forme dif-férente, fuivant qu'elle eft placée au centre ou plus près d'un point quelconque de la circonférence; quelquefois cette ouverture eft fituée en haut, & l'hymen forme ainfi un croiffant dont la convexité eft dirigée en arrière. Cette cloifon, muqueufe, rougeâtre, contenant des vaiffeaux fanguins affez nombreux, adhère à la circonférence du vagin & en réduit la grandeur à la petite ouverture qu'elle préfente naturellement. Cette membrane, cédant aux efforts qui font dirigés contre elle, eft déchi-rée en répandant du fang & en caufant de vives douleurs qu'il faut furtout attribuer à la dilatation forcée de l'entrée du vagin. Signe à peu près cer-tain de la pureté phyfique de la femme, l'hymen peut cependant exifter quelquefois après une co-habitation complète, foit parce que le pénis étoit de dimenfion minime, ou bien parce que cette membrane fe trouvant molle & extenfible, avoit cédé à l'introduction fans fe rompre; d'au-tres fois on l'a vue réfifter aux chocs les plus violens & les plus répétés, ainfi qu'on en cite plufieurs exemples. Malgré fon intégrité, quelques femmes font devenues enceintes, & on a été obligé d'en-faire la fection pour faciliter l'accouchement.

Lorfque l'hymen eft rompu, on découvre alors l'entrée du vagin, dont la grandeur varie beaucoup fuivant les femmes; très-étroite chez la vierge, cette ouverture eft d'autant plus large que la femme s'eft plus abandonnée aux hommes, ou bien qu'elle a eu un plus grand nombre d'enfans; dans ce cas elle est ordinairement très-dilatée.

L'hymen a-t-il été déchiré ou rompu par une cause quelconque, on trouve à la circonférence du vagin & à la place qu'il occupoit, trois à six petits tubercules rougeâtres dits *caroncules myrtiformes*, qui paroissent résulter des débris de cette membrane. Indépendamment des caroncules, on rencontre quelquefois deux autres petites rugosités situées derrière l'hymen, qui appartiennent au vagin, & qu'il ne faut point confondre avec les caroncules myrtiformes, qui ne présentent d'ailleurs rien de remarquable.

Derrière l'orifice du vagin on voit une petite surface libre, bornée postérieurement par la fourchette, & que l'on nomme *fosse naviculaire*.

La *fourchette* n'est que la commissure postérieure des grandes lèvres, comme je l'ai dit plus haut.

Telle est la description abrégée de la *vulve* ou des organes génitaux externes de la femme. Je vais maintenant donner un aperçu des maladies dont cette partie est le plus ordinairement atteinte.

Les maladies de la vulve peuvent former deux séries très distinctes, savoir : 1°. les maladies congéniales ou congénitales, qui sont excessivement fréquentes; 2°. les maladies qui surviennent accidentellement. Parmi ces dernières, les unes appartiennent exclusivement à la vulve, & les autres lui sont communes avec les autres parties de notre organisation.

Mont de Vénus (affections congénitales). Au lieu du *mont de Vénus* on a quelquefois rencontré une surface rougeâtre & muqueuse, formée par la membrane muqueuse de la vessie comme dans l'*inversion congénitale de la vessie*. Ses affections particulières sont la présence du *pediculus pubis* qui y fixe son séjour; ses maladies communes sont les différentes espèces de pliques, dont quelques-unes peuvent avoir plusieurs pieds de longueur, ainsi que Hain, Paullini & quelques autres observateurs en rapportent des exemples. Cette région peut également être frappée d'*alopécie* & de *canitie*.

Grandes lèvres. Indépendamment de la plique, de la canitie, de l'alopécie, du *pediculus pubis*, elles présentent encore un grand nombre d'autres affections. Les grandes lèvres peuvent être adhérentes l'une à l'autre, & produire ainsi une occlusion qui peut être complète ou incomplète, congénitale ou acquise. Si cette adhérence est complète, la petite fille ne peut rendre ses urines, & alors on ne tarde pas à en être instruit; il faut aussitôt rétablir cette ouverture pour ne pas laisser périr l'enfant par suite d'abcès urineux. Si elle est au contraire incomplète, c'est ordinairement à la partie qui correspond au méat urinaire & au clitoris que l'ouverture existe; si elle est suffisamment grande, l'urine sort assez bien, mais il peut s'amasser intérieurement des calculs susceptibles de donner

naissance à des abcès; souvent même la petite fille n'en éprouve aucun inconvénient jusqu'à l'époque de la menstruation : alors le sang des règles, retenu par cet atrétisme partiel de la vulve, mais qui peut cependant fermer l'entrée du vagin, peut causer des désordres assez fâcheux (*voyez* RÉTENTION), si l'on n'a pas la précaution de rétablir les parties dans leur état naturel.

Cette occlusion partielle est également fâcheuse lorsque la femme se marie; alors les efforts de son époux sont impuissans, & le coït ne peut avoir lieu. Cependant on a vu des femmes devenir enceintes, & même l'accouchement se faire naturellement, la rupture étant produite par la pression de la tête de l'enfant; mais quand cette réunion offre plus de résistance, on est obligé de la détruire avec l'instrument tranchant. On a vu, en pareil cas, le fœtus passer par une déchirure de la grande lèvre, ainsi que M. Boyer en cite un exemple.

L'occlusion de la vulve peut également être déterminée par des plaies, des brûlures, des ulcérations, des chancres, ou par des inflammations très-aiguës de ces parties, ainsi que les auteurs en rapportent beaucoup d'exemples.

Aussitôt que l'on s'aperçoit qu'il y a occlusion de la vulve, il faut sans tarder chercher à détruire cet état contre nature. Si cette occlusion est complète, on sera guidé dans l'incision à pratiquer par une ligne ou raphée qui s'étend depuis le pubis jusqu'au périnée; au surplus la présence de l'urine, qui sera tendre ces parties, indiquera la direction à suivre pour inciser. Dès que l'on sera parvenu, avec la pointe du bistouri, au-delà de l'obstacle, on introduira par cette petite ouverture une sonde cannelée au moyen de laquelle l'incision sera facile; on se conduira de même quand l'occlusion ne sera que partielle, ou lorsqu'elle aura été déterminée par des cicatrices, résultat de pansemens faits sans aucun soin. Dès que cette opération sera terminée, on introduira entre les grandes lèvres un petit linge enduit de cérat, afin de s'opposer à une nouvelle réunion de ces parties.

Les plaies faites par des instrumens tranchans ou contondans ne présentent aucune indication particulière; ces dernières s'accompagnent quelquefois d'ecchymoses ou de tumeurs sanguines. Elles sont souvent le siège de phlegmons qui se terminent par une suppuration abondante, si l'on n'a pas le soin d'en arrêter les progrès par de fortes applications de sangsues & l'emploi de cataplasmes émolliens. Lorsqu'il a été impossible de borner la maladie, soit parce qu'elle a résisté aux moyens ordinaires, soit parce que ces moyens ont été employés trop tard, il faut, du moment où la suppuration se manifeste, inciser largement ces phlegmons dans toute leur étendue, & ensuite introduire une mèche de linge entre les lèvres de la division, afin de s'opposer à la cicatrisation de l'incision avant que l'abcès soit complètement détergé; sans cette précaution, la plaie fe cicatrife, & après quelque temps on voit reparoître la maladie. M. Boyer cite une obfervation de laquelle il réfulte qu'à la fuite d'abcès répétés il s'étoit formé une poche ou un kyfte dont il ne put obtenir la guérifon ou l'exfoliation par les moyens convenables ; il fe décida alors, pour en détruire les parois, à employer un cauftique, mais la femme ne voulut pas s'y foumettre. Une des confidérations qui engagent à donner promptement iffue au pus, c'eft l'abondance du tiffu cellulaire graiffeux qui entoure toutes ces parties, & dans lequel il peut faire de profondes fufées & produire de vaftes clapiers, dont on obtiendroit très-difficilement la guérifon.

Les épanchemens de fang, ainfi que je l'ai dit, font prefque toujours la fuite de fortes contufions produites par des coups, des chutes, par la preffion de la tête de l'enfant pendant l'accouchement, ou par les manœuvres que la parturition néceffite quelquefois. On en cite qui ont eu lieu naturellement, mais ces épanchemens doivent être très-rares ; cependant il peut fe faire des hémorragies dans cette partie comme on en obferve dans d'autres régions qui n'y font pas plus difpofées. Les réfolutifs, tels que l'acétate de plomb étendu d'eau, pourront fuffire fi l'épanchement eft peu confidérable ; mais s'il y a beaucoup de fang extravafé, il fera néceffaire de lui donner iffue par une incifion & d'employer enfuite les réfolutifs ; on s'oppofera ainfi à l'inflammation & à la formation d'abcès qui pourroient en être la fuite.

L'œdème, les varices des grandes lèvres, font prefque toujours occafionnés par la groffeffe, par des tumeurs de l'abdomen, par l'hydropifie abdominale, l'hydropéricarde, l'hydrothorax, ou par des maladies du cœur. On a auffi fignalé la conftipation & la pléthore fanguine comme pouvant donner lieu à ces varices. Les faignées générales diminuent l'œdème & les varices lorfqu'ils font dus à la groffeffe, mais ordinairement ils fubfiftent jufqu'à l'accouchement. On a confeillé de pratiquer dans l'œdème, des ponctions avec la pointe d'une lancette ; ce moyen peut n'être pas fans danger, il pourroit occafionner une inflammation fufceptible de fe terminer par gangrène. J'ai obtenu dans un cas femblable un réfultat avantageux, & par un moyen qui paroît très-extraordinaire ; comme je ne l'ai encore employé qu'une fois, je ne puis affurer qu'il réuffira toujours. Une femme étoit enceinte pour la fixième fois, & toutes fes groffeffes précédentes s'étoient fait remarquer par un œdème extraordinaire de la vulve, des pieds, des cuiffes, qui s'étendoit jufqu'au tronc, aux extrémités fupérieures, & même aux mains. Je confeillai à la malade l'emploi continuel d'un corfet comme moyen coercitif pour s'oppofer à l'énorme développement du ventre qui s'étoit conftamment manifefté dans les groffeffes précédentes ; elle y confentit, & elle n'eut pas même l'apparence d'œdème.

Des tumeurs enkyftées, fibreufes, des loupes, des cancers, peuvent fe développer dans ces parties, mais ces différentes affections ne demandent aucun traitement particulier.

Les grandes lèvres deviennent le fiége le plus ordinaire des fymptômes vénériens primitifs ; les chancres, ainfi que les inflammations blennorrhagiques, font le plus ordinairement fitués à leur face interne, tandis que les *puftules* fe développent très-fouvent fur leur furface externe.

Fourchette. La rupture de la fourchette eft fi fréquente pendant l'accouchement, que Baudelocque croyoit, à tort, qu'elle avoit lieu chez toutes les femmes. Soit que la vulve foit naturellement trop étroite, ou l'enfant trop volumineux, la fourchette foible ou trop réfiftante, ou qu'elle ne foit pas foutenue lorfque le fœtus franchit la vulve, ou bien lorfqu'il eft pouffé trop vivement, ou que la femme eft trop âgée, il eft rare qu'elle ne foit pas déchirée pendant le travail de l'enfantement ; cette déchirure, que l'on peut confidérer comme le plus léger incident de la groffeffe, fe guérit ordinairement pendant le temps que la femme eft obligée de garder le lit après fes couches, en ayant foin de lui faire tenir les cuiffes rapprochées fi le périnée étoit auffi léfé. (*Voyez* RUPTURE.) Cette partie peut être le fiége d'ulcérations, de chancres, quelquefois de mauvaife nature : dans ce cas il fera néceffaire de les détruire au plus vite, foit avec le fer, foit avec les cauftiques.

Clitoris. Le clitoris peut être trop long ou trop court, & dès-lors rendre défagréables les approches des deux fexes. On a propofé de l'enlever d'un coup de biftouri ; mais ces cas font exceffivement rares, & il eft peu de femmes qui voudroient fubir une opération pour fe faire retrancher un organe dont quelques-unes s'enorgueilliffent & font un fcandaleux & immoral ufage. Quelques perfonnes adonnées à la mafturbation ont été guéries de cette mauvaife habitude par l'ablation du clitoris : ablation qui eft également indifpenfable lorfque cet organe eft le fiége d'un cancer. Bartholin a vu un clitoris entièrement offeux.

Nymphes. Elles peuvent également acquérir un trop grand développement ; alors elles pendent hors des grandes lèvres, & defcendent entre les cuiffes ; par le frottement des cuiffes, des habits, par leurs contufions fréquentes pendant le coït, ou en s'affeyant, elles peuvent être irritées, devenir rouges, enflammées, douloureufes, calleufes ; elles s'ulcèrent, & quelquefois même prennent un afpect cancéreux : il faut alors fe hâter d'en faire la réfection jufqu'au niveau des grandes lèvres, afin qu'elles foient à l'abri de ces actions étrangères ; d'autres fois elles ne font que gênantes, & les époux eux-mêmes en demandent la réfection pour leur propre fatisfaction.

Les nymphes peuvent encore être le fiége de fongus, d'excroiffances, d'ulcères, de végétations,

de

de pustules : elles peuvent, ainsi que les grandes lèvres, être adhérentes naturellement, ou bien par suite d'accidens. Le traitement de ces diverses affections est trop simple pour qu'il soit nécessaire de l'indiquer avec détail. On enlève les tumeurs, les excroissances, les fongus, on détruit les adhérences, & on soigne convenablement les ulcérations, qui ne sont pas toujours syphilitiques.

Méat urinaire. Il peut se trouver oblitéré par une petite membrane ou par l'adhérence de ses lèvres. On est promptement instruit de cette conformation vicieuse, parce que l'enfant ne rend pas d'urine, & l'on en reconnoît aussitôt la cause en examinant ces parties, que l'on rétablit dans leur état naturel par une petite incision. M. Boyer a observé plusieurs fois une tumeur rouge, saignante, douloureuse, qui prenoit naissance à la circonférence du méat urinaire, & toujours il l'a enlevée avec succès au moyen de l'instrument tranchant; si une semblable tumeur ne pouvoit pas être entièrement emportée avec le bistouri ou les ciseaux, ce professeur recommande toutefois d'employer le cautère.

Entrée du vagin. L'entrée du vagin peut être excessivement étroite, ce qui est fort rare; tandis que son extrême largeur est, au contraire, très-fréquente; l'étroitesse correspond ordinairement avec l'entrée de ce canal. On cite plusieurs exemples qui constatent que le vagin pouvoit tout au plus admettre un tuyau de plume d'oie, ce qui n'empêcha pas les femmes ainsi conformées, non-seulement de concevoir, mais encore d'accoucher, ce que l'on n'osoit pas d'abord espérer. Ce rétrécissement peut aussi être dû à des cicatrices défectueuses, ou à une inflammation de ces parties : mais dans ce dernier cas il n'est que passager, & cesse avec l'inflammation qui l'a déterminé.

Hymen. L'hymen, qui n'est ordinairement qu'une membrane excessivement foible, offre quelquefois une résistance insurmontable, & telle que la femme ne peut être déflorée. Si cette membrane ne présente aucune ouverture, le sang des règles, retenu à l'époque de la menstruation, peut causer les accidens que j'ai décrits à l'article RUPTURE; si au contraire l'ouverture dont elle est naturellement percée existe, la femme, malgré la non introduc-

tion du pénis, peut devenir enceinte, & cette membrane résistante est alors un obstacle à l'accouchement, obstacle qu'un coup de bistouri détruit aussitôt. On agit de même lors de la rétention des règles, ou lorsque le coït ne peut pas être effectué à cause de la présence de cette membrane.

Caroncules myrtiformes. Elles prennent quelquefois un accroissement considérable, d'autres fois elles sont le siége de végétations, d'excroissances, de tumeurs fongueuses, qui peuvent être de mauvaise nature. On enlève ces tumeurs si elles sont trop gênantes, & c'est seulement lorsqu'elles deviennent douloureuses ou qu'elles déplaisent à leurs maris que les femmes se décident à en parler à leur médecin. Si elles sont de nature cancéreuse, il est de toute nécessité d'en faire promptement & complétement l'ablation. Les caroncules myrtiformes peuvent aussi devenir le siége d'inflammations, de chancres & d'excroissances syphilitiques.

Des dartres très-fatigantes, douloureuses, & causant un prurit très-vif, se montrent quelquefois sur toute la vulve; ce qu'on observe fréquemment après le temps critique. Souvent même il arrive que la guérison en étant parfois très-difficile, on est obligé de varier les moyens de traitement pour obtenir du soulagement lorsqu'on ne peut les guérir radicalement. J'ai vu quelquefois de nombreuses végétations syphilitiques occuper toute la vulve, & dans plusieurs circonstances j'ai été obligé, pour les enlever, de me servir d'un rasoir & d'agir comme si j'eusse voulu raser toutes les parties. Quand les végétations sont nombreuses, elles sont ordinairement très-petites, mais leur volume augmente quand elles sont en petit nombre. (*Voyez*, pour plus de détails, dans ce Dictionnaire & dans celui de *Chirurgie* de cet ouvrage, tous les articles relatifs aux diverses maladies de la vulve & à ses différentes parties.)

(NICOLAS.)

VULVO-UTÉRIN, adject. (*Anat.*) *Vulvo-uterinus.* Qui a rapport, qui appartient à la vulve & à l'utérus. Ainsi le vagin a été quelquefois appelé canal vulvo-utérin. (*Voyez* VAGIN dans le *Dictionnaire d'Anatomie.*)

WAS

WASSERBOURG ou VASSERBOURG (Eaux minérales de). Cette source est au fond d'un bois, près de Wasserbourg en Bavière : l'eau qui en sort est transparente, sans odeur ni saveur; elle contient de l'acide carbonique, des sulfates & des carbonates de chaux & de magnésie, de l'hydrochlorate de soude, du carbonate de soude & de l'oxyde de fer, et par le repos, elle forme un dépôt blanc.

WATTWEILER (Eaux minérales de), petite ville du département du Haut-Rhin, située au pied des Vosges, où existent deux sources d'eaux acidules ferrugineuses & froides, dont la saveur est martiale & aigrelette. Ces eaux contiennent des carbonates de fer, de chaux & de soude, de l'hydrochlorate de soude & de l'acide carbonique libre. On les prescrit ordinairement dans les engorgemens des viscères & dans les maladies lymphatiques. (R. P.)

WEDEL (Georges Wolfgang) (Biogr. méd.), l'un des savans médecins & l'un des plus laborieux écrivains de l'Allemagne, naquit à Goltzen, dans la basse Lusace, le 12 novembre 1645. Son père, ministre protestant, lui fit suivre ses premières études dans le collège de sa ville natale, puis l'envoya dans l'Université d'Iéna, où il prit ses grades. Reçu docteur en médecine, il se rendit à Gotha, où pendant cinq ans il exerça sa profession. En 1673, Wedel, nommé professeur dans l'Université où il avoit fait ses études médicales, vint y remplir la chaire qui lui avoit été accordée; mais sa réputation s'étant bientôt étendue dans toute l'Allemagne, il obtint de nouveaux honneurs & de nouveaux titres; il fut successivement premier médecin du duc de Saxe-Weimar & de l'électeur de Mayence, conseiller de l'empereur d'Allemagne, comte palatin, &c.

Le nom de Wedel figure honorablement parmi ceux des hommes qui ont contribué à la célébrité de l'Académie des curieux de la nature & à celle de la Société royale de Berlin, dont il fut membre. Après avoir, pendant cinquante ans, rempli de la manière la plus distinguée ses fonctions de professeur, ce médecin termina sa laborieuse carrière à l'âge de soixante-seize ans.

Wedel eut trois fils qui, ainsi que lui, se livrèrent à l'étude & à la pratique de la médecine. Le premier (Ernest-Henri) naquit à Gotha en 1671, fut reçu docteur à Iéna en 1695, & peu à près obtint une chaire qu'il occupa jusqu'en 1709, époque de sa mort. Son second fils (Jean-Adolphe) étoit né en 1675 et avoit obtenu le grade de docteur en 1697; il succéda comme professeur à son frère aîné. Wedel (Chrestien), troisième

fils de Georges Wolfgang, étudia à Amsterdam & à Leyde, fut médecin du comte de la Lippe, & mourut à Lubeck, en 1714, à l'âge de trente-six ans.

Le nombre des dissertations que publièrent Georges & Adolphe Wedel est beaucoup trop considérable pour que nous entreprenions de les consigner ici ; mais on en trouvera le catalogue dans la Biographie médicale, à laquelle nous renvoyons le lecteur (1). (R. P.)

WEILBACH (Eaux minérales de). Eau sulfureuse qui contient du carbonate & de l'hydrochlorate de soude, du carbonate de magnésie & de chaux, du soufre, de l'acide carbonique, & de l'hydrogène sulfuré.

WEIDEN (Eaux minérales). Cette eau, dont la source est en Bavière, à quatre lieues de Donawert, est recommandée dans toutes les maladies dont l'affoiblissement est le caractère principal. Elle contient de l'hydrogène sulfuré, des carbonates de chaux, de magnésie & de soude, des sulfates de chaux & de magnésie, une petite quantité d'hydrochlorate de chaux & de l'oxyde de fer; elle est habituellement transparente, & ne se trouble pas par son exposition à l'air. (R. P.)

WEISS (Petit-lait de). (Pharm., Mat. méd.) (Voyez ANTILAITEUX, tom. III, pag. 77, & PETIT-LAIT, tom. XI, pag. 626.)

WEPFER (Jean-Jacques). (Biogr. médic.) Ce médecin, recommandable par l'étendue de ses connoissances en anatomie, naquit à Schaffhouse en 1620; il étudia la médecine à Strasbourg & à Bâle, voyagea en Italie, revint dans sa patrie, où il obtint le titre de médecin pensionné, & une permission qui jusqu'alors n'avoit été accordée à personne, celle de disséquer les corps de ceux qui mouroient dans les hôpitaux. Jouissant comme praticien d'une grande réputation, Wepfer, en 1691, fut appelé pour donner des soins non-seulement au duc de Wurtemberg, mais encore aux soldats de l'armée impériale que ce prince commandoit. Victime d'un zèle infatigable, & déjà septuagénaire, sa santé s'affoiblit bientôt & il suc-

(1) On connoît encore un autre médecin du nom de Wedel, qui exerça la médecine à Iéna, se livra par goût à l'étude de la botanique, & a laissé sur cette science un ouvrage intitulé : Tentamen botanicum, flores plantarum in classes, genera superiora & inferiora per characteres ex floribus delineatos, dividenda, cognitioni nominis, generi infimo, ad quod planta pertinet, competentis, inserviens. Iéna, 1747, & 1749, in-4°.

comba, en 1695, à la fuite d'une maladie caufée par la fatigue à laquelle il s'étoit expofé.

Un frère & un neveu de Wepfer ont ainfi que lui exercé la médecine à Schaffhoufe.

Le traité intitulé *Cicutœ aquaticœ historia & noxœ*, publié à Bâle en 1679, & réimprimé plufieurs fois depuis, ainfi que fes recherches anatomiques fur l'apoplexie (*Observationes anatomicœ ex cadaveribus eorum quos fuftulit apoplexia, cum exercitatione de ejus loco affecto*, Schaffhoufe, 1675, in-8°.), font des titres qui, à toutes les époques, affigneront à Wepfer un rang honorable parmi les médecins obfervateurs.

(R. P.)

WERLHOF (Paul-Godefroy). (*Biogr. médic.*) Elève de Méibom & de Heifter, ce médecin a joui d'une réputation que juftifient les écrits qu'il nous a laiffés. Il naquit à Helmftadt le 24 mars 1699, & déjà, en 1721, il pratiquoit avec fuccès la médecine à Peina, près d'Hildesheim. Quatre ans après, il vint s'établir à Hanovre, où bientôt il obtint une grande confidération, dont il fut redevable à fes connoiffances profondes, à fon affiduité & furtout à un rare défintéreffement, mais que fa modeftie attribuoit à la protection du premier médecin du roi : titre que lui-même obtint plus tard. Dès-lors toutes les follicitations pour lui faire quitter Hanovre devinrent inutiles, & jufqu'à fa mort, arrivée en 1757, Werlhof continua, foit comme profeffeur, foit comme praticien, à illuftrer fa carrière. Parmi les ouvrages qu'il nous a laiffés, il faut furtout diftinguer celui ayant pour titre :

Obfervationes de febribus precipue intermittentibus & ex harûm genere continuis, deque earum periculis, ac reverfionibus prœnoscendis & prœcavendis, per medelam tempeftivam, efficacem, adœquatam candide & perfpicue propofitam (1). (R. P.)

WETY-VER ou **WETT-VER**. (*Bot.*, *Mat. médic.*) (*Voyez* VETIVER.)

WICHMANN (Jean Erneft) (*Biogr. médic.*), naquit à Hanovre en 1740, étudia la médecine à Goettingue, y fut reçu docteur en 1762, voyagea en France, puis en Angleterre, & féjourna pendant quelque temps à Londres. S'étant peu livré à l'étude de l'anatomie, la pratique purement empirique des médecins anglais lui parut bien préférable à celle des médecins françaïs, particulièrement dirigés par une connoiffance approfondie de l'organifation de l'homme : auffi dans tous fes ouvrages retrouve-t-on des preuves de cette prédilection. De retour dans fa patrie, Wichmann s'y livra à l'exercice de fa profeffion,

mais avec moins d'avantage qu'il ne l'auroit fait fi l'immenfe réputation de Werlhof, qui s'étoit fixé dans la même ville, n'avoit point alors réuni tous les fuffrages. Néanmoins, fans être particulièrement lié avec cet illuftre profeffeur, Wichmann fut fe concilier fon eftime & fon amitié.

Devenu médecin de l'hofpice des orphelins & des pauvres, il put déployer fes talens fur un théâtre plus vafte; auffi, en 1767, non-feulement il fuccéda à Werlhof comme médecin de la cour, mais encore il hérita de toute fa renommée.

Les *Œuvres de Werlhof*, publiées par Wichmann en 1775, firent connoître le nom de ce dernier à l'étranger, & fa réputation ne fut point éclipfée par celle de Zimmermann dont il admiroit le génie original, fans néanmoins confidérer ce médecin comme un grand praticien.

Parmi les ouvrages de Wichmann, celui qui a pour titre *Réflexion fur le diagnoftic*, eft fans contredit une des productions les plus remarquables du fiècle dernier : cependant, comme fon auteur n'admettoit en médecine d'autres règles que l'empirisme fondé fur l'obfervation & l'anatomie, on doit regretter qu'il ait complètement négligé de tenir compte des indications utiles qu'aurait pu lui fournir l'anatomie pathologique. Wichmann, dans le traitement des maladies, attachoit beaucoup d'importance au régime, & penfoit que c'eft à l'oubli des règles de la diatétique & à l'influence de la conftitution atmofphérique, qu'il falloit attribuer la plupart des maux qui affligent l'humanité. Ce célèbre médecin, après avoir été partifan de l'inoculation, le devint de la vaccine à l'époque de la découverte de Jenner. Il mourut en 1802 à la fuite des chagrins que lui occafionna la mort d'une époufe chérie qu'il avoit perdue trois ans auparavant.

(*Extr. de la Biogr. médic.*)   (R. P.)

WIÈRE-AU-BOIS (Eaux minérales de). Source martiale, froide, fituée fur la route de Paris, à quatre lieues de Boulogne fur mer.

WIESSAU (Eaux minérales de). Eau minérale froide, tranfparente, d'une odeur vineufe, d'une faveur ferrugineufe, contenant de l'acide carbonique, des carbonates de chaux, de magnéfie & de foude, des hydrochlorates de chaux, de magnéfie & beaucoup d'oxyde de fer.

Cette fource, appelée *fource d'acier pur*, & dont les eaux ont beaucoup d'analogie avec celles de Pyrmont, eft dans le haut Palatinat, à quatre lieues de Waldfaffen.

WILDUNG (Eaux minérales de). Cette ville eft bâtie dans une vallée fertile fituée à quelques milles de Caffel, & où l'on trouve plufieurs fontaines d'eau minérale, dont les plus fréquentées font : 1°. la *fource de la ville;* 2°. la *fource du vallon;* 3°. la *fource faline.* La première a fourni à

---

(1) Cet ouvrage, publié à Hanovre en 1732, a été réimprimé plufieurs fois, & traduit en allemand.

M. Stucke de l'hydrochlorate de foude, des fulfates de foude & de chaux, des carbonates de magnéfie & de chaux, un peu de fer, de la filice, une petite quantité d'acide carbonique & une matière bitumineufe. La feconde contient fenfiblement les mêmes élémens, à l'exception du fer & du fulfate de chaux. Quant à la troifième, elle ne diffère des deux précédentes que par la préfence d'un peu de carbonate de foude & le manque d'acide carbonique.

Les eaux de ces différentes fources font particulièrement recommandées dans les affections goutteufes & fcorbutiques. (R. P.)

WILDUNGEN (Eaux minérales de). (*Voyez* WILDUNG.)

WILLIS (Thomas). (*Biogr. médic.*) Ce nom rappelle de fuite à la penfée l'un des plus importans ouvrages fur l'anatomie, celui qui a pour titre : *Cerebri anatome, cui acceffit nervorum defcriptio & ufus*. Cet écrit, en effet, affure à fon auteur un rang diftingué parmi les hommes qui ont le plus contribué aux progrès des fciences médicales. Willis naquit à Great-Bedwin, dans le comté de Wilts, le 16 février 1622; fes études, qu'il fit à Oxford, furent deux fois interrompues, la première à l'époque de la mort de fon père, & la feconde lorfque les écoliers de cette Univerfité prirent les armes en faveur de la caufe royale. De retour pour la troifième fois à Oxford, il fe livra à l'étude de la médecine, fut reçu bachelier en 1646, & lors du rétabliffement de Charles II fur le trône, il fut nommé à la chaire de phyfique & obtint le grade de docteur. Bientôt Willis fut appelé à faire partie de la Société royale, & en 1666 il vint fe fixer à Londres, où il fe livra à l'exercice de fa profeffion, probablement avec peu de fuccès, fi, au dire de Sénac, on en croit ce mot de Charles II, qui en riant difoit, que *Willis lui enlevoit plus de fujets que n'auroit pu le faire une armée ennemie.*

Tout-à-fait partifan des idées de *Sylvius*, Willis appartient à la fecte chimiatrique, car pour lui, non-feulement toutes les fonctions étoient des actions chimiques, mais encore il regardoit la fièvre comme le réfultat d'une forte d'effervefcence fufcitée foit par une caufe externe, foit par des fermens intérieurs accidentels. Toutes les maladies lui paroiffant dériver d'une fource analogue, on conçoit que fa thérapeutique dut être fubordonnée aux idées pathologiques qui la dirigeoient : auffi les ouvrages qu'il a publiés fur ces fortes de matières ne fauroient être pour lui, à notre époque, des titres de gloire ; mais il en eft tout autrement de fes recherches fur le cerveau. C'eft en effet Willis qui introduifit la méthode de difféquer ce vifcère en le coupant partiellement, tantôt de haut en bas & tantôt de bas en haut ; c'eft auffi dans différentes parties de cet organe que cet habile anatomifte a placé, ainfi que l'a

récemment enfeigné le Dr. Gall, le fiége des diverfes facultés intellectuelles. Il met, par exemple, dans le cerveau le fiége des mouvemens foumis à la volonté, & dans le cervelet celui des mouvemens involontaires.

Une longue étude anatomique de l'encéphale & des idées particulières fur les fonctions qu'il remplit, devoient naturellement conduire Willis à réfléchir fur la nature de l'ame fenfitive : auffi publia-t-il un ouvrage ayant pour titre de *Animâ brutorum, quæ hominis vitalis & fenfitiva eft, exercitationes duæ, prior phyfiologica, altera pathologica*, Oxford, 1672, in-4°. : mais la précaution qu'il eut de dédier cet écrit à l'archevêque de Cantorbéry ne le garantit point des attaques de quelques théologiens, qui lui fufcitèrent mille tracafferies, auxquelles il eut la foibleffe d'être affez fenfible pour en contracter un chagrin qui, fuivant toutes les apparences, contribûa beaucoup à abréger fes jours. Willis mourut à Londres, le 11 novembre 1675, des fuites d'une inflammation de poitrine. (R. P.)

WINSLOW (Jacques Bénigne) (*Biogr. méd.*), fils d'un pafteur luthérien, naquit à Odenfée, dans l'île de Fionie, en Danemarck, le 2 avril 1669. Deftiné à embraffer la profeffion de fon père, il fe livra d'abord à l'étude de la théologie qu'il abandonna bientôt pour celle de la médecine. Après avoir pendant un an affifté aux leçons de Borrich, il obtint du roi de Danemarck une penfion, à la charge de parcourir les principales Univerfités de l'Europe pour fon inftruction. Il quitta donc Copenhague en 1697, féjourna une année en Hollande, puis vint à Paris, où il fit abjuration entre les mains de Boffuet, le 8 octobre 1699. L'évêque de Meaux lui fervit de parrain, lui donna fes deux prénoms & devint l'un de fes plus zélés protecteurs.

Décidé à pourfuivre fes études médicales, Winflow fuivit les cours de la Faculté de Paris, et en 1705 foutint une thèfe qu'il dédia à Boffuet, qui, bien qu'accablé d'infirmités, fe fit tranfporter aux écoles pour y affifter. Ayant perdu fon bienfaiteur, & privé de tous fecours, Winflow s'adreffa à la Faculté de médecine qui l'admit à prendre fans frais tous fes grades. Reçu docteur, il fe lia avec Duverney, & c'eft comme élève de ce célèbre anatomifte, qu'en 1707 il devint membre de l'Académie royale des fciences. Pendant long-temps il exerça provifoirement les fonctions de profeffeur d'anatomie & de chirurgie au Jardin du Roi, fonctions que la fanté de Duverney l'empêchoit de remplir : cependant ce ne fut qu'à la mort d'Hunault qu'il devint titulaire de cette chaire, qu'il céda enfuite à Ferrein, lorfque les progrès de l'âge ne lui permirent plus de fe livrer à l'enfeignement.

C'eft en 1732 que parut, fous le titre d'*Expofition anatomique du corps humain*, l'ouvrage le plus remarquable qu'ait publié Winflow. Ce livre, qui a été traduit dans prefque toutes les langues de l'Europe, fut long-temps claffique dans nos écoles, & n'a été tout-à-fait abandonné qu'à l'époque où la connoiffance des rapports de fituation qu'ont entr'eux les organes devint, principalement fous le point de vue chirurgical, l'objet le plus important de la fcience. On trouve dans cet ouvrage la folution d'une foule de problèmes de mécanique animale, & en le lifant il eft facile de fe convaincre que le mouvement le moins compliqué exige le concours d'une multitude de mufcles.

Indépendamment de ce traité, qui feul auroit fuffi pour affurer à Winflow une réputation durable, cet anatomifte publia encore une differtation *fur l'incertitude des fignes de la mort*, & un grand nombre de *Mémoires* imprimés dans le recueil de l'Académie royale des fciences. Enfin on peut dire que jufqu'à l'époque de fa mort, arrivée le 3 avril 1760, Winflow n'a ceffé de contribuer aux progrès de la fcience, à laquelle il avoit confacré fon exiftence. (R. P.)

WINTER (écorce de) ou WINTERANE. (*Bot.*, *Mat. médic.*) Cette écorce eft celle d'un arbre originaire de l'Amérique méridionale & appartenant à la famille des Magnóliacées (*wintera aromatica* de SOLANDER, *drimys Winteri* de FORSTER). Elle fut découverte en 1577 par le botanifte dont elle a retenu le nom, & qui, à cette époque, l'employa avec avantage comme antifcorbutique.

L'écorce de Winter eft épaiffe, roulée en tuyau : fa couleur eft grife, & fon goût âcre & aromatique, a quelque rapport avec celui de la cannelle & du girofle. D'après une analyfe faite par M. Henry, la winteranne contient du tannin : caractère fuffifant pour empêcher de la confondre avec la cannelle blanche (*winterania canella* de LINNÉ, *canella alba* de MURRAY).

Comme fubftance médicamenteufe on fait bien rarement ufage de l'écorce de Winter, cependant on l'a quelquefois adminiftrée avec la poudre de quinquina dont elle paroît augmenter l'efficacité. Comme condiment, cette écorce pourroit être fubftituée à plufieurs aromates, & ainfi qu'eux, elle eft regardée comme carminative & ftomachique; mais elle ne doit être employée qu'à dofe peu confidérable. (R. P.)

WINTERANE. (*Bot.*, *Mat. médic.*) (*Voyez* WINTER) (Écorce de).

WISBADEN (Eaux minérales de), petite ville de la principauté de Naffau, à deux lieues de Mayence, & à fept de Francfort, où l'on trouve plufieurs fources minérales, dont les eaux thermales avoient, jufque dans ces derniers temps,

mal à propos été regardées comme étant fulfureufe. M. Eryes [1] attefte qu'elles ne dégagent aucune odeur hydrofulfureufe, que leur faveur légèrement faline ne pourroit être mieux comparée qu'à celle d'un mauvais bouillon de viande, & que, d'ailleurs, elles fervent aux ufages domeftiques, & font employées à laver la vaiffelle d'argent, qu'elles ne noirciffent pas. Enfin, analyfées dernièrement par M. Kaaftner, les eaux de Wifbaden lui ont fourni des acides carbonique, hydrochlorique, fulfurique & filicique, de la chaux, de la magnéfie, de la foude, de la potaffe, de l'alumine, de l'oxyde de fer & un extrait organique: analyfe qui diffère effentiellement de celle antérieurement publiée par Reynard. Des expériences faites avec foin avoient en effet conduit à conclure que quatre livres de ces eaux contenoient trente-trois pouces cubes de gaz hydrogène fulfuré, cinq grains de foufre, & autant de carbonate de chaux.

La température des eaux de Wisbaden eft de 68 degrés : auffi pour les adminiftrer fous forme de bains eft-on obligé de les faire refroidir. Leur dépôt limoneux, incorporé dans un favon animal, à bafe de foude, conftitue le *favon mattiaque*, dont la compofition eft due au Dr. Peez, médecin du duc de Naffau, & que, depuis 1817, on emploie avec avantage dans les affections rhumatifmales, cutanées & lymphatiques.

(R. P.)

WOBA. (*Pathol.*) M. Samuel Hood a foutenu en 1821, à la Faculté de médecine de Paris, une thèfe ayant pour titre : *Differtation fur le woba ou cholera indica*. Cette maladie n'eft autre que celle connue depuis long-temps par les habitans de la Carnatique fous les noms de *modexim*, de *nicobea*, de *sheni*, de *woba* & de *viduma-vifuchi*. Les médecins anglais l'appellent *cholera fpafmodica* : dénomination d'autant plus impropre, que cette maladie, dont Pinel n'a point fait mention dans fa *Nofographie philofophique*, paroît appartenir au genre DIARRHÆA de Cullen.

Le woba, qui avoit régné épidémiquement dans la Carnatique pendant les années 1780, 1781 & 1782, a reparu de nouveau en 1818, & s'eft répandu dans tout l'Indoftan & les îles indiennes : fes ravages y ont été tels, qu'un feul régiment dans l'efpace de trois jours perdit trois cents hommes, deux cent foixante-dix Indous & trente Européens.

Sur la côte du Malabar & de Coromandel, le woba eft annuellement épidémique chez les Indous qu'une foible conftitution, une mauvaife nourriture & des vêtemens légers, prédifpofent à contracter cette maladie, furtout pendant la faifon

---

(1) *Journal de Chimie médicale*, tom. III, pag. 136.

pluvieufe. Au refte, rien ne porte à croire que cette affection foit véritablement contagieufe.

Le woba préfente trois périodes diftinctes : l'une celle de la diarrhée, la feconde celle du froid, & la troifième que l'on peut appeler *apoplectique*. La première époque de cette maladie eft caractérifée par de légères tranchées, des felles fréquentes & féreufes, quelquefois accompagnées de légers fpafmes aux mollets : il feroit alors difficile de diftinguer le woba d'une diarrhée ordinaire. Pendant la feconde période, le fpafme des vifcères, des vomiffemens plus ou moins fréquens, une foibleffe extrême & furtout un fentiment de froid analogue à celui qui caractérife la première ftade des fièvres intermittentes, fe manifeftent : bientôt la foif devient exceffive & le malade demande avec inftance de l'eau froide ou des boiffons acides. Lors de la période apoplectique, les fonctions intellectuelles fe troublent, le pouls continue de s'affoiblir, les traits s'altèrent, une vive fenfation de chaleur tourmente le malade, & l'accumulation du fang vers le cerveau comprime cet organe & fait périr le malade dans un état comateux : quelquefois même il fe forme des épanchemens dans les ventricules ou à la furface de ce vifcère, réfultat fur lequel la nécropfie ne peut laiffer aucune incertitude, puifqu'à l'ouverture des cadavres on trouve généralement la véficule du fiel remplie d'une bile noire, & tous les vaiffeaux fanguins des poumons, du cerveau & des vifcères abdominaux diftendus par le fang.

Une maladie fur la nature de laquelle on n'eft point parfaitement d'accord a néceffairement dû être traitée de beaucoup de manières : auffi lui a-t-on fucceffivement oppofé les purgatifs, la faignée, les antifpafmodiques, la cautérifation fur le ventre, aux pieds, &c. Parmi les divers modes de traitement fucceffivement effayés, le plus avantageux, fuivant M. Hood, confifte à prefcrire au malade, auffitôt que l'on eft certain de l'exiftence du woba, une once de bonne eau-de-vie avec de la limonade minérale, puis à lui faire prendre enfuite un bain de vapeurs alcooliques : moyen dont on pourra renouveler l'adminiftration fi on le juge néceffaire, en prenant toutefois la précaution d'éviter l'ivreffe. Si on eft appelé trop tard & que la maladie ait déjà fait de grands progrès, on commencera le traitement par une faignée copieufe : pendant tout le cours de la maladie, on pourra permettre l'ufage libre de l'eau froide pour laquelle le malade a une grande appétence. Des finapifmes appliqués aux pieds & à l'épigaftre favoriferont beaucoup la réaction : enfin, ceux qui préfèrent une méthode de traitement plus compliquée pourront joindre aux remèdes déjà indiqués l'ufage des teintures aromatiques, de l'éther & de la cautérifation. En général, quand la marche du woba eft rapide, la guérifon, lorfqu'elle a lieu, eft auffi très-prompte. Les rechutes font rares & le plus communément pro-

voquées par les imprudences du malade. On a vu parfois l'hydrocéphale ou l'hémiplégie être la fuite de cette maladie (1). (R. P.)

WOLFRAM. (*Chim.*) Nom fuédois d'une fubftance minérale compofée d'acide tungftique combiné avec l'oxyde de fer & un peu d'oxyde de manganèfe. Ce tungftate eft employé dans les laboratoires de chimie pour fe procurer l'acide tungftique. (*Voyez* ce dernier mot dans ce Dictionnaire & dans celui de *Chimie* de cette Encyclopédie.)

WOORARA ou WOURALI. (*Toxicologie.*) Nom d'un poifon fréquemment employé par les fauvages qui vivent entre le fleuve des Amazones & l'Orénoque, & dont fe fervent auffi les Indiens connus fous le nom de *Macouchi*, habitant les déferts de Demerary & de l'Effequibo. Cette fubftance délétère n'eft point un fimple extrait végétal, mais bien une préparation dans laquelle entrent le fuc verdâtre & glutineux de deux plantes bulbeufes, l'infufion d'une efpèce de liane nommée dans le pays *wourali*, deux fortes de fourmis vénéneufes, enfin une certaine quantité de poivre & des dents de ferpens pilées. On place ce mélange fur le feu & on le laiffe bouillir jufqu'à confiftance firupeufe. Il feroit difficile de décider quel eft le principe vraiment actif de cette compofition bizarre, mais on ne fauroit révoquer en doute fes effets meurtriers. Les flèches qui en font enduites font employées par les fauvages pour tuer les animaux dont ils fe nourriffent, & caufent des bleffures effentiellement mortelles ; ce que prouvent d'ailleurs les expériences qui ont été faites fur des chiens & même fur un bœuf du poids d'environ mille livres (2). Cet animal, bleffé de deux flèches, au bout de quatre minutes étoit déjà fous l'influence du poifon, un quart d'heure après il chancela, tomba & refta étendu fur le côté. Bientôt la refpiration fut pénible, la bouche fe remplit d'écume, le train de derrière fut paralyfé, & enfin la mort eut lieu 25 minutes après les bleffures. La chair de bœuf fut mangée fans aucune efpèce d'inconvéniens, preuve certaine que l'influence du woorara, qui appartient à la claffe des poifons narcotico-âcres, agit fpécialement fur le fyftème nerveux & ne produit aucune altération dans les tiffus des animaux qui périffent par fuite de fon action délétère (3). (R. P.)

WORMIENS (Os wormiens), adject. (*Anat.*) Wormius, médecin danois, a décrit le premier de petits os furnuméraires qu'éventuellement on

---

(1) *Voyez* la thèfe citée, année 1821, n°. 33.
(2) *Voyez* le *Voyage de Waterton dans l'Amérique du Sud*, & aux Etats-Unis.
(3) *Voyez*, pour plus de détails, le *Journal de Chimie médicale*, &c., tom. III, pag. 58.

rencontre à la voûte du crâne, particulièrement vers les futures lambdoïde & fagittale. La forme de ces os eft très-irrégulière, & leur nombre ainfi que leurs dimenfions font très-variables; il arrive auffi parfois qu'au lieu d'être de niveau avec les parties qui les environnent, ils forment une faillie que l'on prendroit pour une exoftofe. Quant à leur ftruĉture, elle ne differe point de celle des autres os du crâne. Leur production, fuivant Béclard, paroît dépendre d'un développement accidentellement plus confidérable dans le cerveau que dans les os larges de la voûte crânienne. (*Voyez* WOR-MIEN dans le *Diĉtionnaire d'Anatomie* de cet ouvrage.)

WOURALI. (*Bot.*, *Mat. médic.*) Efpèce de liane ou de plante grimpante dont l'infufion eft un des ingrédiens d'un poifon américain connu dans le pays fous le nom de *woorara*, & qui fert aux fauvages de la Guiane (les Galibis) pour empoifonner la pointe de leurs flèches. (*Voyez* WOORARA.)

XÉRASIE, fub. f. (*Pathol.*). *Xerafia*. Sorte d'affection peu commune dans notre pays, & dans laquelle les cheveux fe recouvrent d'une efpèce de duvet pulvérulent & ceffent de croître.

XÉROPHAGIE, f. f. (*Hyg.*), de ξηρος, fec, & de φαγω, je mange. Expreffion employée pour défigner un genre de régime exclufivement compofé d'alimens fecs.

XÉROPHTHALMIE, f. f. (*Pathol.*) Inflammation de l'œil dans laquelle la rougeur & la douleur ne font accompagnées d'aucun écoulement (forte d'inflammation fèche). (*Voyez* le *Dictionnaire de Chirurgie* de cette Encyclopédie.)

XÉROTRIBIE, f. f. (*Thérap.*) Dénomination employée pour indiquer d'un feul mot les frictions fèches que l'on fait à la furface de la peau dans un grand nombre d'affections nerveufes, telles que crampes, rhumatifmes, douleurs articulaires, &c. (*Voyez* FRICTIONS, MAGNÉTISME, MASSAGE.)

(R. P.)

XIPHOÏDE, f. m. & f., adj. (*Anat.*), de ξιφος, épée, & de ιιδος, reffemblance. Nom d'un appen-dice cartilagineux placé à la partie inférieure du fternum. Dans la vieilleffe, cet appendice s'offifie quelquefois, mais rarement il eft bifurqué à fa partie inférieure. On lui donne quelquefois le nom d'*appendice fous-fternal*. (*Voyez*, pour les détails anatomiques, STERNUM & XIPHOÏDE dans le *Dictionnaire d'Anatomie*.)

XIPHOÏDIEN, IENNE, adj. (*Anat.*) *Xiphoi-deus*. Qui eft relatif à l'appendice xiphoïde. Les anatomiftes appellent *ligament xiphoïdien*, ou *cofto-xiphoïdien*, un petit faifceau ligamenteux, qui, du prolongement de la feptième côte fternale, s'étend à la face antérieure de l'appendice xiphoïde. (R. P.)

XYLOBALSAMUM, f. m. (*Bot., Mat. méd.*) de ξυλον, bois, & de βαλσαμον, baume. Nom fous lequel on défigne, dans les pharmacies, les jeunes pouffes du balfamier de la Mecque : ces petits rameaux, dont l'odeur eft fuave, amère & aromatique, femblent, jufqu'à un certain point, participer aux propriétés du baume de la Mecque. Les Arabes les brûlent dans leurs mofquées pour parfumer l'air, mais ils ne font plus employés en médecine. (*Voyez* BALSAMIER, BAUME DE LA MECQUE, &c.)

(R. P.)

YAW

YAWS, s. m. (*Pathol.*) Mot d'origine probablement africaine & synonyme de *pian*.

L'*yaws*, dont il a été déjà question au mot PIAN, est une maladie propre à la race noire. On le dit contagieux, & de plus endémique en Guinée; on prétend même que c'est de cette portion de l'Afrique qu'il s'est répandu dans tous les lieux où on l'observe maintenant; mais c'est en Amérique, & surtout aux Antilles & dans la Guiane qu'il est le plus fréquent, car c'est dans cette partie du Monde que, par la brutalité de ses habitans, cette malheureuse race d'hommes est placée de beaucoup au-dessous de l'animal le plus féroce. Il est de toute évidence que l'état d'abrutissement dans lequel est plongée cette portion de la race humaine par celle qui va partout vantant la profondeur de sa philosophie & sa grande philanthropie, est, avec la misère, le travail forcé & l'insalubrité du climat, u~~n~~es principales causes de cette maladie, puisq~~u'~~est bien plus fréquente en Amérique que partout ailleurs, & même que dans la région d'où on la dit importée, & où elle naît spontanément.

Quelle cause produiroit donc cette si grande différence, si ce n'est l'état de barbarie & de misère dans lequel ces malheureux noirs achèvent leur existence? Arrachés du sol qui les a vus naître, vendus & livrés à de féroces marchands, entassés dans des vaisseaux négriers, privés même de l'air nécessaire à l'entretien de la vie, ils sont transportés parmi les blancs mille fois plus cruels pour eux que le tigre & l'hyène; traités comme des bêtes de somme, soumis à tous les caprices de l'acquéreur, ils sont excédés des plus rudes travaux sous les yeux de planteurs impitoyables, qui, le fouet à la main, les frappent sans miséricorde jusqu'à ce qu'ils travaillent assez pour satisfaire leur insatiable avarice, ou qu'ils périssent sous les coups. Quelle pitié, en effet, peut-on attendre des hommes qui disent à qui veut les entendre, *que pourvu qu'un noir leur dure cinq ans, c'est tout ce qu'ils demandent*; & cependant un simple charretier desire que ses animaux vivent; il n'excède ni son cheval ni son Bœuf de fatigue; il proportionne leurs travaux à leurs forces, & ne les tue pas pour les forcer à faire plus.

Si, d'un côté, tout milite en faveur de cette opinion, que la misère dans laquelle ces malheureux sont plongés est une grande cause de la fréquence du pian, en y faisant peut-être entrer pour quelque chose certaine disposition particulière, on ne se refusera pas non plus à admettre avec moi que cette maladie n'est pas aussi contagieuse qu'on veut bien le dire. Si le coït avec une personne pianique suffisoit pour communiquer cette maladie, il y a long-temps que toute l'Europe en seroit infectée, puisque les blancs qui vont dans les colonies pour y faire fortune, & qu'on en chasse en vertu de la loi, s'ils montrent quelques égards ou quelque pitié pour les hommes de couleur, se jettent avec une sorte de fureur & de bestialité sur les malheureuses négresses, qui croient obtenir quelque soulagement à leurs misères en se soumettant à leurs desirs effrénés, mais n'en obtiennent pour récompense que des coups ou la syphilis. Quel animal se comporte ainsi avec sa femelle? Avec quelle facilité & quelle promptitude la syphilis ne s'est-elle pas répandue! C'est en vain que les peines les plus sévères furent prononcées, la main qui les signoit en étoit infectée, & cette maladie devint tellement à la mode que, pour en être moins souvent victimes, certains rois ne vouloient plus s'en prendre qu'aux filles de bonne maison, (*Voyez* les *Mémoires du temps*). Cependant l'yaws reste confiné, pour ainsi dire, dans l'Amérique & dans une *petite partie de l'Afrique*, & ne peut franchir l'Océan, quoique nous soyons tous les jours en communication directe avec les colonies.

Depuis la publication de l'article PIAN, j'ai fait beaucoup de recherches sur cette maladie: recherches qui m'ont évidemment démontré que nous ne possédons pas encore une bonne monographie de l'yaws, que l'on dit être endémique & contagieux sur petite portion du globe, & contagieux sur une immense étendue de la terre. Les médecins qui exercèrent leur profession en Afrique, les voyageurs qui parcoururent cette région, n'en font nullement mention. Les médecins arabes ont parlé d'une *variola magna*; mais que doit-on en conclure? Certainement l'yaws, en tant qu'il est contagieux par le coït, doit être regardé comme une maladie nouvelle, car il n'en est question dans aucun auteur ancien.

Si l'yaws est contagieux, il l'est certainement beaucoup moins que la syphilis, puisque, s'il en étoit autrement, il se seroit répandu comme elle; car, tout en admettant qu'il affecte spécialement les *noirs*, qui, ainsi que nous, sont un genre de *bimanes*, il ne faut pas en conclure que le simple passage d'un genre à un autre, & même de variété à variété, comme on le dit pour les *noirs de Guinée* relativement à ceux du littoral du canal Mozambique qui n'en sont pas atteints, il n'en faut pas conclure, dis-je, que ce simple passage soit un obstacle à la facilité de la transmission. (*Voyez*, pour plus de détails sur cette maladie, l'article PIAN de ce Dictionnaire.)

(NICOLAS,)

YÈBLE, HIÈBLE ou IÈBLE, sub. m. (*Bot.*,

Mat. méd.) *Sambucus ebulus* L. L'yèble est une espèce de sureau qui croît dans les lieux ombragés, & qui, par son port, ressemble beaucoup au sureau, & répand de même que lui, principalement quand on froisse ses feuilles entre les doigts, une odeur assez désagréable, que l'on peut appeler *sui generis*. Presque toutes les parties de ce végétal ont été & sont encore employées comme hydragogues & administrées dans les hydropisies. Quelques auteurs, & Sydenham en particulier, recommandent de préférence l'écorce de la racine récente comme ayant plus d'activité. La même propriété se rencontre dans l'écorce moyenne de cet arbrisseau, c'est-à-dire le tissu cellulaire de son écorce & ses premières couches corticales, ainsi que dans ses baies, quoiqu'à un moindre degré. Quand les viscères sont sains, & qu'il n'existe point de phlegmasies latentes, la décoction d'écorce d'yèble peut devenir un remède utile, mais elle nuiroit si un foyer d'inflammation, occulte ou mal éteint, avoit son siége sur une partie quelconque des viscères abdominaux. Sydenham dit que ce remède ne guérit l'hydropisie qu'en purgeant par haut & par bas, & non pas par une vertu spécifique. Il ajoute que, si son administration n'est suivie d'aucune évacuation, ce remède ne soulage pas, mais que, si les évacuations alvines sont abondantes, il réussit alors admirablement, & qu'il faut en continuer l'usage tous les jours jusqu'à parfaite guérison. La dose est de deux à trois gros d'écorce fraîche pour deux livres d'eau, que l'on fait prendre dans la journée; on la doublera si on emploie l'écorce sèche. En somme, si on compare les propriétés & l'emploi des diverses parties de l'yèble, on verra que, sous ces rapports, il existe une très-grande analogie entre cette plante & le sureau. (*Voyez* ce dernier mot.)

(Ch. Hennelle.)

YERVA, ou plus ordinairement CONTRA-YERVA. (*Mat. médic.*) *Dorstenia contra-yerva* L. Plante de la famille des Urticées & de la Tétrandrie monogynie de Linné, dont la racine nous a été long-temps apportée de l'Amérique méridionale avant que l'on connût le végétal d'où elle provenoit. L'expression *contra-yerva*, d'origine espagnole, rappelle les propriétés alexipharmaques qui furent originairement attribuées à cette racine. Elle est de la grosseur du doigt, présente des tubercules d'où naissent une multitude de radicules: elle est rouge à l'extérieur, blanche à l'intérieur, a une odeur foiblement aromatique, une saveur amère, âcre, poivrée & très-mucilagineuse. La racine de contra-yerva est tonique, & con-

vient dans toutes les circonstances où l'usage des stimulans généraux est indiqué. On la prescrit en poudre, depuis un demi-gros jusqu'à un gros, & en infusion depuis deux gros jusqu'à une once par pinte de liquide. (R. P.)

YEUSE, s. m. (*Bot.*, *Mat. médic.*) *Quercus ilex* L. Nom d'une espèce de chêne que la persistance de son feuillage a fait aussi nommer *chêne-vert*. Ses fruits n'ont point le goût acerbe du gland commun; & dans quelques contrées méridionales, après les avoir fait rôtir, on en fait usage comme aliment. (*Voyez* le mot Chêne dans ce Dictionnaire.)

YEUSET (Eaux minérales d'). La source de ces eaux sulfureuses est à une petite distance d'un village dont elles ont pris le nom, & qui lui-même est situé à un quart de lieue de Saint-Jean de Sciargues.

Suivant M. Boniface, les eaux d'Yeuset contiennent du sulfate de chaux & du sulfate de potasse: elles sont froides, & on les recommande dans les obstructions, le prurigo, les cat●●hes pulmonaires chroniques, les dysenterie●●es fièvres intermittentes rebelles.

YEUX, s. m. pl. (*Anat.*, *Physiol.*) (*Voyez* Œil, tom. XI, pag. 97, & Vision, tom. XIII, pag. 535; *voyez* aussi Cheval, tom. IV, pag. 710.)

Yeux d'écrevisse. (*Mat. médic.*) Dénomination impropre donnée à des concrétions calcaires que l'on trouve sous le corselet de l'écrevisse à l'époque où ce crustacé va changer de *test*. Ces concrétions ne sont autre chose que du carbonate de chaux: leur usage est aujourd'hui complétement abandonné. (*Voy.* Absorbans & Ecrevisse dans ce Dictionnaire.)

YTTRIA, s. f. (*Chim.*) Nom d'une terre ou plutôt d'un oxyde métallique découvert en 1794 par le prof.r Gadolin. On l'extrait d'un minéral qui se rencontre dans le canton d'Ytterby en Suède, & que depuis la découverte de Gadolin on a nommé *gadolinite*. L'yttria n'a point d'usage en médecine. (*Voyez* ce mot dans le *Dictionnaire de Chimie* de cette Encyclopédie.)

YTTRIUM, sub. m. (*Chim.*) Nom du métal qui, combiné avec l'oxygène, constitue l'yttria. (*Voyez* ce mot.)

YVRAIE, s. f. (*Bot.*, *Mat. méd.*) (*Voyez* Ivraie dans ce Dictionnaire.)

ZACCHIAS (Paul). (*Biogr. médic.*) Ce médecin ne nous eſt guère connu que par les nombreuſes réimpreſſions que l'on a faites pendant plus d'un ſiècle d'un traité qu'il publia en 1630 ſur la *Médecine légale*. Cet ouvrage, dans lequel brille une immenſe érudition, & où peuvent également puiſer les théologiens & les médecins, a pour titre : *Queſtiones medico-legales*, *in quibus omnes eæ materiæ medicæ, quæ ad legales facultates videntur pertinere, proponuntur, pertractantur, reſolvuntur*. Leipſick, 1630, in-8°. ; Veniſe, 1737, in-fol. (dernière édition).

Zacchias fut médecin du pape Innocent X, proto-médecin des états de l'Egliſe, & ſon goût pour la médecine ne l'empêcha pas de cultiver la poéſie, la peinture & la muſique, dans leſquelles il acquit une certaine célébrité. Indépendamment encore de ſon ouvrage ſur la médecine légale, on a encore de lui deux traités écrits en italien, l'un ſur la *vie quadragéſimale* (1), & l'autre ſur les *maladies hypochondriaques* (2).

Zacchias mourut à Rome, ſa ville natale, à l'âge de ſoixante-quinze ans. (R. P.)

ZAÏL DES ÉTHIOPIENS (*Pathol.*) Sorte de maladie épidémique, que l'on connoît auſſi aux environs de la rivière du Sénégal ſous le nom de *boroſail*, & qui attaque principalement les organes de la génération. (*Voyez* BOROSAIL, tom. IV, pag. 60.)

ZANTHOXYLÉES, ſ. f. pl. (*Bot., Mat. méd.*) Quelques botaniſtes déſignent ſous ce nom un groupe de plantes appartenant à la famille des Térébinthacées, & auquel le genre Zanthoxylon ſert de type.

ZANTHOXYLON, ſ. m. (*Bot., Mat. médic.*) Genre de plantes de la famille des Térébinthacées & de la Dioécie pentandrie de Linné. Les douze ou quinze eſpèces de zanthoxylons connues, ſont des arbres de moyenne grandeur & originaires d'Amérique. L'une des eſpèces eſt cultivée dans nos jardins ſous la dénomination vulgaire de *frêne épineux*. Les capſules & les graines de ce zanthoxylon répandent une odeur agréable : ſon écorce eſt amère & aſtringente, & au Canada on la regarde comme un puiſſant ſudorifique propre à combattre les fièvres d'accès. Pluſieurs médecins

allemands ont conſtaté ſa propriété tonique, & quelquefois, réduite en poudre, elle a été utilement employée pour traiter d'anciens ulcères des membres inférieurs. L'écorce d'une autre eſpèce du même genre (le *zanthoxylum caribæum* Lamk.) eſt employée à Saint-Domingue comme fébrifuge & ſert pour teindre les étoffes en jaune. (*Voy.*, pour l'analyſe de cette écorce, le *Journal de Chimie, de Pharmacie* & de *Toxicologie*, tom. II, pag. 314.) (R. P.)

ZÉDOAIRE, ſ. f. (*Bot., Mat. médic.*) On rencontre ſous ce nom, dans le commerce, deux racines dont la configuration eſt un peu différente. L'une eſt orbiculaire & l'autre alongée, de là les dénominations de zédoaire *ronde* & de zédoaire *longue*. On penſe que cette différence de forme dépend de ſon ouvrage ſur la manière dont ces racines ont été coupées & deſſéchées : on croit auſſi que chacune d'elles appartient à une même eſpèce botanique. Cette opinion eſt d'autant plus probable que la couleur, l'odeur, la ſaveur, la conſiſtance & même les propriétés chimiques & médicales des deux zédoaires, ſont identiques : auſſi communément les attribue-t-on au *kœmpferia rotunda* de Linné, plante de la famille des Amomées & de la Monandrie monogynie de Linné.

Les racines de zédoaire ont une odeur aromatique, & une ſaveur âcre & piquante, contiennent de la fécule, & fourniſſent une huile eſſentielle camphrée, d'une couleur tirant ſur le bleu. Leurs propriétés médicinales ne différent point de celles de la plupart des amomées ; auſſi en preſcrit-on l'uſage dans les débilités de l'eſtomac, les coliques flatueuſes, dans les diarrhées, ſuite de l'atonie du canal inteſtinal ; enfin elles entrent encore dans quelques anciennes préparations pharmaceutiques, telles que la *poudre de joie de charas*, le *philonium romanum*, le *vinaigre thériacal*, &c. (R. P.)

ZEINE, ſ. f. (*Chim. végét.*) L'analyſe chimique a fait découvrir, dans la farine du blé de Turquie (*zea, maïs* L.), un principe immédiat qui ne ſe rencontre point dans les autres graminées & auquel l'auteur de cette découverte, M. Jonh Gorham, a donné le nom de *zeine*.

Cette ſubſtance, qui eſt jaune, molle, élaſtique, reſſemble à quelques égards au gluten dont elle diffère néanmoins par l'abſence de l'azote & par ſa fixité, puiſqu'elle ne s'altère point à l'air.

La zeine a une ſaveur & une odeur particulières ; elle eſt inſoluble dans l'eau & dans l'éther, ſoluble au contraire dans l'alcool bouillant & le vinaigre. L'acide nitrique la transforme en une

(1) Ce traité a été publié à Rome en 1637, in-8°.
(2) Ce traité, traduit en latin par A. Rhonn, fut imprimé à Ausbourg, format in-8°., en 1671. Il avoit été primitivement publié à Rome en 1639, 1641, 1651, in-4°., & à Veniſe en 1665, même format.

matière graffe que peuvent diffoudre l'alcool &
les huiles. Enfin elle eft inflammable, & ainfi que
les autres fubftances végétales, elle eft compofée
d'oxygène, d'hydrogène & de carbone. On prépare
cette fubftance en faifant digérer pendant quelques
heures de la farine de maïs dans de l'alcool chaud,
que l'on filtre & que l'on foumet enfuite à l'évaporation, afin d'en extraire la zeine, qui jufqu'à
préfent n'eft d'aucun ufage en médecine.

Comme complément de l'article MAÏS, nous
donnerons ici l'analyfe qui a été faite de la farine
de cette graminée par M. Gorband : cent parties
de cette farine lui ont fourni :

	Etat ordinaire.	Etat fec.
Eau (1)	9,00	0,0
Amidon	77,00	84,599
Zeine	3,00	3,296
Albumine	2,50	2,747
Matière gommeufe	1,75	1,922
—— fucrée	1,45	1,593
—— extraćtive	0,80	0,879
Epiderme & bois	3,00	3,296
Phofphate, carbonate & fulfate de chaux		
Perte	1,50	1,548
	100	99,98

(R. P.)

ZERUMBET, fubft. f. (Bot., Mat. médic.)
Amomum zerumbet L. La racine, feule partie
autrefois ufitée de cette plante, n'exifte plus dans
le commerce : on ne la rencontre même qu'affez
rarement dans les droguiers : auffi la plupart de
ceux qui dans ces derniers temps ont écrit fur la
matière médicale, n'en font pas mention, & plufieurs la confondent avec la racine de gingembre,
en forte que l'on feroit tenté de croire qu'il
n'exifte entr'elles d'autres différences que celles
qui peuvent être produites par les modifications
accidentelles que peuvent déterminer fur un végétal les conditions fous l'influence defquelles il
fe développe; la manière dont on la deffèche & les
précautions que l'on prend pour le conferver.

Quoi qu'il en foit, cette racine eft tubéreufe,
genouillée, de la groffeur du pouce, d'une couleur blanchâtre, d'un goût âcre, aromatique &
reffemblant beaucoup à celui du gingembre. A
la diftillation, elle fournit des produits très-ana-
logues à ceux que l'on obtient de ce dernier,
dont elle a d'ailleurs toutes les propriétés médicales. (Voyez GINGEMBRE.) (R. P.)

ZESTE, f. m. (Pharm.) Nom de l'écorce extérieure & colorée du citron, de l'orange, du cé-
drat, &c. C'eft dans cette partie que réfide l'huile
effentielle à laquelle ces fruits font redevables de

l'odeur qu'ils répandent : le zefte fert ordinairement pour aromatifer, & lorfqu'on veut en faire
ufage, on le fépare de la peau blanche, fongueufe
& amère qu'il recouvre.

ZIMMERMANN (Jean-Georges). (Biogr.
médic.) Par la variété & l'étendue de fes connoiffances, Zimmermann appartient à cette claffe peu
nombreufe d'hommes qui ne fauroient manquer
de fe rendre célèbres, quelle que foit d'ailleurs
la carrière qu'ils embraffent. En effet, le peu que
ce médecin a écrit fur la littérature, la philofophie
& la politique, prouve que dans chacune de ces
fciences il eût acquis une réputation durable fi, par
état autant que par goût, la plus grande partie de
fon temps n'avoit point été confacrée à la pratique
d'un art qui ne fouffre point volontiers de partage.
Au furplus, fous quelqu'afpećt qu'on envifage Zimmermann, le plus bel éloge que l'on en pourroit
faire feroit de rapporter toutes les particularités
d'une vie dont nous allons tracer une légère efquiffe.

Zimmermann naquit à Brug, ville de la partie
allemande du canton de Berne, le 8 décembre
1728. Il fut élevé dans la maifon paternelle jufqu'à l'âge de quatorze ans, puis envoyé à Berne,
où il étudia les belles-lettres fous de célèbres profeffeurs, & la philofophie fous Brunner, difciple
zélé de Wolf. A l'âge de dix-neuf ans, époque
où il convient de choifir un état, Zimmermann,
privé des parens qui auroient pu diriger & fixer
fon choix, n'écouta que fon penchant & embraffa
la carrière de la médecine. La brillante renommée
de Haller le détermina à fe rendre à Goettingue,
où il étudia toute la partie de la fcience fous ce
grand maître, qui le reçut comme un fils, & le
fit admettre aux leçons pratiques de Richter,
élève de Boerhaave.

Quelque nombreufes que fuffent d'ailleurs les
occupations de Zimmermann, fon temps n'étoit
cependant pas tellement employé qu'il ne lui en
reftât encore affez pour fe livrer à l'étude des mathématiques, de la phyfique, & à celle des litté-
ratures françaife & anglaife, qu'il ne négligea
jamais. Après un féjour de quatre ans à Goettingue, il reçut le grade de docteur, & fa thèfe inaugurale avoit pour titre : Differtatio physiologica
de Irritabilitate. Il eût été difficile de développer
les idées de Haller, avec plus d'ordre, plus de précifion, plus de clarté, & furtout de les appuyer
d'un plus grand nombre d'obfervations exactes,
d'expériences plus décifives & de réflexions plus
judicieufes, que ne le fit Zimmermann : auffi ce
premier écrit contribua-t-il puiffamment à faire
connoître fon auteur fous le point de vue le plus
avantageux.

Une doctrine nouvelle devoit inévitablement
trouver des contradicteurs. La théorie de l'irritabilité, nonobftant la multitude des preuves qui lui
fervoit de bafe, fut donc vivement attaquée, mais
Zimmermann eut la fageffe de n'y faire aucune at-

_____

(1) Voyez le Journal univerfel des Sciences médicales, 1823,
pag. 249.

tention ; il voulut n'entrer dans aucune difpute, & laiffa au temps & à la force de la vérité le foin de défendre cette propriété de la fibre que fes expériences avoient démontrée, & que l'obfervation même des fonctions animales démontre fi bien tous les jours.

En quittant Goettingue, Zimmermann féjourna quelque temps ; d'abord en Hollande, puis à Paris, & en 1752 revint à Berne, où il fut accueilli comme un homme dont la réputation étoit déjà faite : ce fut dans cette ville qu'il fit imprimer, fous forme de lettre, une efquiffe de la vie de Haller. Cet opufcule, écrit en français avec beaucoup de pureté, eft le feul ouvrage que ce favant médecin ait publié dans une langue qui lui étoit d'autant mieux connue que fa mère, née à Morges, ville de la partie françaife du canton de Berne, étoit elle-même fille d'un avocat célèbre du parlement de Paris. Cette lettre doit, au furplus, être regardée comme le prélude d'un livre qui parut à Zurich en 1755, fous le titre de *Leben des Herrn von Haller*, & dans lequel fon auteur, fuivant fes propres expreffions, « fit en-» trer, non-feulement tout ce que l'on peut defi-» rer favoir fur le compte d'un favant prefqu'uni-» verfel, mais encore fur celui d'un philofophe, » d'un homme : tableau qui peut n'être pas inu-» tile au jeune homme qui fe voue aux études. »

Vers cette époque, Zimmermann époufa une parente de Haller, & peu après la place de médecin de la ville de Brug étant devenue vacante, il céda aux vœux de fes concitoyens & vint fe fixer dans fa ville natale, où, pendant quatorze ans, indépendamment des foins donnés à fa famille, il employa fon temps à pratiquer la médecine, à cultiver les fciences, les belles-lettres, & à rédiger quelques articles publiés dans un journal qui s'imprimoit à Zurich fous le nom de *Moniteur*. Parmi ces publications, il en eft auxquelles on peut attribuer les obftacles qu'il rencontra quand, quelques années plus tard, il manifefta le defir d'obtenir un pofte plus brillant que celui qu'il occupoit à Brug. Enfin, ce fut encore dans le même intervalle de temps qu'il compofa fon *Traité de l'orgueil national* (1), livre dont plufieurs éditions fucceffives atteftent le mérite, & qu'il jeta les bafes de deux ouvrages qui ne reçurent que plus tard les développemens dont il les croyoit fufceptibles : l'un eft fon *Traité de l'expérience en médecine* (2), & l'autre celui *de la folitude* (3). Le premier eft

fans contredit la plus remarquable & la plus eftimée des productions dont la médecine foit redevable à Zimmermann, & l'on ne fauroit paffer fous filence le jugement qu'en portoit Daniel Bernouilli : « La jufteffe des penfées, l'élégance & la » précifion de la diction, les traits de littérature, » rendent cette lecture bien agréable, & les ré-» flexions lumineufes, les grandes connoiffances, » les obfervations les mieux faites, la rendent » bien utile ; tout eft au-deffus de mes éloges. » Le fecond ouvrage lui fut infpiré par fon imagination naturellement mélancolique, penchant que dut encore augmenter le genre de vie auquel fe trouvoit affujéti un homme qui, après avoir paffé fa première jeuneffe dans une ville où les arts & les fciences étoient cultivés, & les gens inftruits nombreux, étoit obligé de vivre au milieu d'une population qui ne lui préfentoit plus les mêmes avantages.

D'après cela, on conçoit que Zimmermann, mécontent de fa fituation, devoit afpirer au moment où, placé fur un plus vafte théâtre, il fe verroit entouré d'objets plus en rapport avec fes goûts & fon inftruction. Ses amis, au nombre defquels on doit particulièrement compter Haller & furtout Tiffot, que nous prenons pour guide dans cette courte notice (1), cherchèrent à le faire appeler à Hanovre, à Goettingue ou à Berne ; mais des obftacles fufcités par l'intrigue, & plus fouvent auffi la répugnance de Zimmermann pour toutes fonctions qui l'auroient fait fortir du cercle de fes occupations habituelles, paralyfèrent leur bonne volonté, & ce ne fut qu'en 1768, après la mort de Werlhof, qu'il obtint la place de premier médecin du roi d'Angleterre à Hanovre. Des accidens imprévus, de nombreufes tracafferies, le dérangement de fa fanté, & furtout la mort de fon époufe qu'il perdit le 23 juin 1770, l'empêchèrent de goûter le bonheur que fembloit lui promettre fa nouvelle pofition, & augmentèrent fa mélancolie habituelle. Ne pouvant réfifter aux douleurs que lui faifoit depuis long-temps reffentir une hernie congéniale, à la follicitation de Tiffot, il fe rendit à Berlin en 1771, & fut heureufement opéré par Smucker & Meckel, qui trouvèrent fa maladie affez remarquable pour en faire le fujet d'un écrit ayant pour titre : *de Morbo herniofo congenito, fingulari & complicato*. Berlin, 1772.

La manière diftinguée avec laquelle Zimmermann avoit été reçu à Berlin, & l'accueil qu'on lui fit lors de fon retour à Hanovre, avoient diffipé fon humeur mélancolique ; mais les travaux multipliés auxquels il ne put fe fouftraire le fatiguèrent & le firent retomber dans fon premier état, qui bientôt fut encore aggravé par les chagrins que lui caufèrent, d'une part, fon fils uni-

---

(1) *Von National Stolz*, Zurich, 1758, in-8°.; ibid., 1760; 1768, 1779, 1789; même format, traduction française, Paris, 1769, in-12.
(2) *Von der Erfahrung in der Arzneykunft*, Zurich, 1763, 1764, 1787, in-8°., traduit en français, Paris, 1774, in-12; Montpellier, 1818, in-8°.
(3) *Von der Einfamkeit*, Leipfick, 1773, in-8°.; ibid., 1784, 1785, in-4°.; traduit en français par Mercier, Paris, 1790, in-8°.; par A. J. L. Jourdan, Paris, 1825, in-8°.

(1) *Voyez* la *Vie de Zimmermann*, par TISSOT, 1797, in-8°.

que qu'une longue maladie conduisit à un idiotisme incurable, & de l'autre, la mort de sa fille qui eut lieu dans l'été de 1781. Ses amis pensèrent que de nouveaux liens pourroient seuls lui faire éprouver quelques consolations; leur espoir ne fut point trompé, & ce second mariage que Zimmermann contracta au mois d'octobre 1782, assura son bonheur pendant le peu d'années qui lui restoit encore à vivre. La tranquillité dont il jouit alors lui permit de reprendre le *Traité de la solitude*, dont il n'avoit en quelque sorte que tracé le plan trente ans auparavant. La lecture de cet ouvrage inspira à Catherine II le desir d'en connoître l'auteur; auquel elle fit adresser une lettre de remerciemens & une bague d'un grand prix, accompagnées d'un billet écrit de sa main, dans lequel elle le félicitoit de l'excellente recette qu'il avoit donnée à l'humanité. Enfin, elle lui fit proposer de venir passer quelques mois à Saint-Pétersbourg; offre flatteuse que la santé de Zimmermann ne lui permit pas d'accepter. Depuis lors, jusqu'en 1792, une correspondance régulière s'établit entre lui & l'impératrice de Russie, & plusieurs fois, mais inutilement, elle le fit inviter à venir se fixer près d'elle en qualité de son premier médecin.

Lors de son voyage à Berlin, Zimmermann avoit eu une très-longue audience du grand Frédéric, qui déjà, sans le consulter précisément, lui avoit cependant parlé de sa santé. Ce prince, en 1786, époque à laquelle il fut attaqué de l'hydropisie de poitrine dont il périt, appela ce médecin, qui se rendit aussitôt à Postdam, & bientôt reconnut que tout l'art de la médecine ne pouvoit rien contre l'état désespéré du roi, qui mourut effectivement le 17 août de la même année. Revenu à Hanovre, Zimmermann publia la *Relation* de ce second voyage, & sous forme d'appendice y ajouta celle de celui qu'il avoit précédemment fait: cet écrit, dont on a deux traductions françaises, est un véritable éloge de Frédéric: il contient une multitude de faits intéressans, & quelques épisodes qui déplurent à plusieurs personnes & attirèrent à l'auteur de nombreuses & mordantes critiques, auxquelles il se montra beaucoup trop sensible; sans néanmoins renoncer à s'occuper d'autres ouvrages dont ce grand roi, qu'il avoit toujours admiré & aimé, fut encore le héros (1).

Une maladie grave dont le roi d'Angleterre fut attaqué en 1788, fit donner à Zimmermann l'ordre de passer en Hollande afin d'être plus rapproché de Londres dans le cas où la santé du monarque continueroit à donner des inquiétudes: heureusement il n'en fut point ainsi, & au bout de dix jours il put quitter La Haye & revenir à Hanovre. La confiance que trois souverains témoignèrent à ce

médecin est sans contredit la meilleure preuve que l'on puisse donner de la haute opinion que l'on avoit de son habileté comme praticien; jugement que confirme la lecture de son *Traité sur la dysenterie* (1), qu'il composa à l'occasion de l'épidémie qui, en 1765, régna à Brug & dans tous les districts voisins.

Six ans avant sa mort, Zimmermann parut ne plus s'occuper de médecine; la politique & l'ardeur qu'il mit à combattre les principes que cherchoit à répandre en Allemagne la secte des illuminés, absorbèrent tous ses momens, & en 1792 il fit présenter à Léopold II un Mémoire dans lequel il exposoit les moyens les plus propres à prévenir les funestes conséquences de ces dangereuses associations. Une lettre flatteuse & une boîte enrichie de diamans furent les témoignages de la satisfaction de l'Empereur, dont il apprit peu de temps après la mort inopinée. Cette nouvelle jeta Zimmermann dans un abattement incroyable; mais il ne perdit point cependant courage, & parmi les écrits qu'il publia depuis, il en est un qui suscita, entre le baron de Knigg & lui, un procès qui traîna fort long-temps, & ne fut jugé qu'en février 1795, époque à laquelle la santé de Zimmermann étoit déjà trop affoiblie pour qu'il pût porter à ce jugement un vif intérêt; ce fut en effet le 7 octobre de la même année que mourut cet homme, à qui une réputation européenne ne put assurer un bonheur qu'une condition beaucoup moins brillante procure à tant d'autres.

(AUGᵗ. THILLAYE.)

ZINC, s. m. (*Chim.*, *Mat. médic.*) Il seroit difficile d'assigner à quelle époque ce métal a été découvert. Il est, après le manganèse, le plus oxydable des métaux de la troisième section, & se trouve dans la nature à l'état de sulfure, d'oxyde & de sels. La première de ses combinaisons porte le nom de *blende*, & contient toujours des quantités plus ou moins considérables de sulfure de fer; la seconde est nommée *calamine*, & presque toujours l'oxyde est uni à de la silice, à de l'oxyde de fer & à des carbonates de chaux & d'alumine; enfin, se font les acides carbonique & sulfurique que l'on trouve le plus communément combinés avec le zinc.

Ce métal offre une couleur blanc-bleuâtre, une contexture lamelleuse, une ductilité assez grande, peu de dureté, une densité qui ne s'élève pas au-delà de 7,1; enfin, il jouit d'une propriété qui, dans ces derniers temps, lui a fait jouer un grand rôle, celle de s'électriser presque toujours positivement lorsqu'on le met en contact avec un autre métal. Le zinc fond à la température de 400 degrés environ. Chauffé jusqu'au rouge, il se volatilise, en sorte que l'on peut,

____

(1) Voyez *Vertheidigung Friedrichs des Grossen gegen den Grafen von Mirabeau*, Hanovre, 1788, in-8°.
Fragmente ueber Friedrich den Grossen, Leipsick, 1788, 3 vol. in-8°.

(1) *Von der Ruhr*, &c. &c., Zurich, 1767, 1775, 1787, in-8°.; traduit en français, Paris, 1775, in-12.

par la diftillation dans des vafes clos, le féparer du plomb, du fer & du cuivre, avec lefquels il eft fréquemment mélangé. Si à ce haut degré de chaleur on le met en contact avec l'air ou le gaz oxygène, il brûle avec flamme, & répand une lumière tellement vive que l'œil en eft bleffé; alors des flocons d'oxyde de zinc très-blancs & très-légers fe répandent dans l'atmofphère & y reftent long-temps fufpendus. L'air fec, à la température ordinaire, eft fans action fur ce métal, tandis que l'air humide l'oxyde légèrement. Au furplus, l'affinité qu'il exerce fur l'oxygène eft telle, qu'il fert à décompofer l'eau par l'intermédiaire des acides carbonique, fulfurique & hydrochlorique : c'eft un moyen que l'on emploie pour fe procurer le gaz hydrogène.

Les ufages du zinc font affez multipliés; allié au cuivre, dans des proportions différentes, il conftitue le *laiton* (cuivre jaune), *l'or de Manheim* (fimilor) ; réduit en lames minces, il eft employé pour couvrir les édifices, former des gouttières, conftruire des baignoires, des conduites d'eau, &c.; enfin fa faculté électromotrice en fait l'un des principaux élémens des appareils dits *voltaïques*.

Le *protoxyde* & le *proto-fulfate* de zinc font à peu près les feules préparations de ce métal aujourd'hui employées en médecine, encore ne paroiffent-elles point mériter la vogue dont elles ont joui. On peut en effet pofer, comme principe général, que tous les fels de zinc font fortement émétiques; & c'eft à caufe de cette propriété que l'on ne fauroit, fans danger, employer ce métal à la conftruction des uftenfiles de cuifine.

PROTOXYDE DE ZINC. Pour obtenir cette préparation, autrefois nommée *fleurs de zinc, pompholix, nihil album, lana philofophica, tuthie préparée*, on chauffe le métal dans un creufet que l'on recouvre de manière à ne point empêcher le contact de l'air, mais de façon cependant à ce que l'extrême légèreté de l'oxyde ne le faffe point fe diffiper dans l'atmofphère. Mais à mefure qu'il fe forme, on l'enlève avec une fpatule : précaution fans laquelle le contact de l'air & du métal fondu ceffant d'avoir lieu, l'oxydation feroit fufpendue. Ce protoxyde eft blanc, infipide, inodore, doux au toucher & fufceptible d'être aifément revivifié; lorfqu'on le chauffe mélangé avec du charbon. A la température habituelle, il abforbe l'acide carbonique de l'air, & fe transforme en fous-carbonate. Il eft très-foluble dans la potaffe, la foude & l'ammoniaque, & fe combine facilement avec les acides. Cet oxyde contient : oxygène 20, métal 80.

Peu de médicamens réputés anthelmintiques ont joui d'une réputation auffi grande que celle attribuée aux fleurs de zinc. (*Voyez* FLEURS DE ZINC, tom. VI, pag. 418.) On les a regardées comme l'un des moyens les plus propres à opérer la guérifon des affections nerveufes; auffi ont-elles été

fréquemment prefcrites dans les hoquets opiniâtres, les convulfions des enfans, les palpitations, les névralgies faciales & rebelles, l'afthme, l'hyftérie, la danfe de Saint-Gui, mais furtout dans l'épilepfie. Souvent ce médicament a été affocié à d'autres fubftances affez infignifiantes, comme le fucre, la gomme arabique, la poudre de régliffe, &c. Quelquefois auffi on l'a, fous forme de pilules, comme dans celles de *Méglin*, uni aux extraits de valériane ou de jufquiame noire; enfin, fuivant quelques praticiens, cet oxyde poffède des propriétés anthelmintiques. Indépendamment de fon ufage intérieur, l'oxyde de zinc a encore été recommandé dans le panfement des vieux ulcères & dans celui de l'ophthalmie, & il fert auffi à préparer une pommade connue fous le nom d'*onguent de tuthie*.

PROTO-SULFATE DE ZINC. (*Couperofe blanche, vitriol blanc, fulfate de zinc.*) Pour les ufages pharmaceutiques, on obtient ce fel en traitant immédiatement le zinc par l'acide fulfurique. Il eft blanc, & criftallife en prifmes à quatre pans terminés par des pyramides à quatre faces. Il a une faveur âcre & ftyptique, eft foluble dans deux parties & demie d'eau froide, & dans une moindre quantité d'eau chaude. Expofé à une haute température, il fe décompofe, & l'analyfe fait connoître qu'il contient : oxyde 29,25, acide 26,75, eau 43.

Bien que dans ces derniers temps le D^r. Clark ait propofé l'ufage du proto-fulfate de zinc dans l'épilepfie chronique des adultes (1), il eft bien rarement employé à l'intérieur; mais à l'extérieur, comme aftringent & diffout dans une fuffifante quantité de liquide, il a fouvent été utile dans la dernière période des ophthalmies & des leucorrhées.

HYDROCHLORATE DE ZINC. Il paroît qu'en Ruffie on a utilement fait fervir ce fel au traitement des ulcères fcrofuleux & fiftuleux, fous forme de lotions & à la dofe de deux à quatre gros pour huit onces d'eau diftillée.

CYANATE DE ZINC. En décompofant le cyanate de potaffe par le fulfate de zinc, M. Hamftaeds a obtenu un fel (*cyanate de zinc*) auquel on a attribué une propriété antifpafmodique fort énergique. On peut l'adminiftrer deux ou trois fois par jour, depuis un jufqu'à quatre grains, fans autre inconvénient que de faire naître de foibles naufées & de difpofer à la conftipation. On en a, dit-on, retiré de grands avantages dans les cas de cardialgie, de paralyfie & d'épilepfie (2).

(R. P.)

ZIRCONE, f. f. (*Chim.*) Nom d'une terre découverte par Klaproth en 1789, & trouvée d'abord dans le zircon, puis dans l'hyacinthe de

---

(1) *Voyez* la *Gazette de Santé*, juillet, 1820.
(2) *Voyez* la *Gazette de Santé*, 5 août 1821, & le *Nouveau Journal de Médecine*, tom. X, pag. 186.

Ceylan. Cette subfiance, primitivement rangée parmi les oxydes métalliques, forme aujourd'hui, conjointement avec la filicé, une forte de claffe intermédiaire entre ces corps & les compofés réfultant de la combinaifon de l'oxygène avec les fubftances combuftibles non métalliques.

La zircone eft blanche, infipide, inodore : fa denfité eft 4,3. Elle n'agit point fur le tournefol, eft infufible au feu de forge & irréduétible par la chaleur, mais peut être décompofée lorfqu'on la chauffe avec le potaffium ou le fodium. Cette terre, qui eft infoluble dans l'eau, fe diffout dans les acides lorfqu'elle n'a point été calcinée, mais elle perd en grande partie cette propriété quand elle a été préalablement rougie. (*Voyez* ZIRCORNE dans le *Dictionnaire de Chimie* de cette Encyclopédie.)

Les fels de zircone, folubles dans l'eau, font précipités en blanc par la potaffe, par le fous-carbonate d'ammoniaque, par le fulfate de potaffe & les hydrofulfates folubles. La zircone & fes compofés font jufqu'à préfent inufités en médecine. (R. P.)

ZIRCONIUM, f. m. (*Chim.*) Berzelius eft récemment parvenu à obtenir le zirconium en traitant par le potaffium, le fluate double de zircone & de potaffe. Dans l'état de pureté, cette fubftance combuftible fe préfente fous la forme de petits maffes noires comme du charbon, & acquérant à l'aide du bruniffoir un éclat gris foncé.

Le zirconium eft inodore, infipide, plus denfe que l'eau & fans aétion fur le tournefol. Chauffé dans l'air, il s'enflamme avant d'être rouge & fe convertit en zircone.

ZOANTHROPIE, f. f. (*Path.*) *Zoanthropia*, de ζωον, animal, & ανθρωπος, homme. Dans certaines aliénations mentales, quelques individus fe croient métamorphofés en bêtes, dont ils cherchent à imiter la voix & les allures. De là les mots *cynanthropie*, *lycanthropie*, &c., fuivant qu'ils s'imaginent être devenus chiens, loups, &c.

Parmi les obfervations que l'on pourroit citer, il en eft une confignée dans les Mémoires de Duclos, & dans laquelle il eft queftion d'un prince du fang, qui fe croyant changé en chien, en imitoit fréquemment la voix. L'auteur ajoute que lorfqu'il fe trouvoit en préfence du roi (Louis XIV), retenu fans doute par le refpeét que lui infpiroit fa majefté, le mélancolique étouffoit fa voix avec de pénibles efforts, & que lorfqu'il ne pouvoit plus fe contenir, il fe plaçoit auprès d'une croifée, &, de temps à autre, mettoit la tête en dehors pour *aboyer* à voix baffe.

ZONA, f. m. (*Pathol.*), dérivé du grec ζωνη ou ζωστηρ, qui, comme en latin, fignifie *ceinture*. On appelle *zona*, une phlegmafie de la peau qui confifte en un plus ou moins grand nombre de bulles

& de véficules agglomérées; elle fe développe fouvent fur le tronc, plus rarement fur les membres & la face, fous la forme d'une bande demi-circulaire; quelquefois elle comprend environ les trois quarts de la circonférence du corps. Cette maladie a été fucceffivement connue fous les noms de *zofter*, d'*herpès*, de *zona ignea*, d'*éryfipèle phlyéténoïde*, &c.

Le zona, qui fe rapproche beaucoup plus de l'éryfipèle que de l'herpès proprement dit, forme, fuivant M. Rayer (1), l'anneau intermédiaire entre les inflammations bulleufes & les inflammations véficuleufes : c'eft à tort qu'un auteur renommé a claffé cette maladie parmi les dartres.

Les médecins grecs ne paroiffent point avoir connu le zona, & nous ne partageons point l'opinion de ceux qui croient qu'ils l'ont confondu avec l'éryfipèle; nous penfons que fa forme & fa difpofition finguliere n'affeéter le plus fouvent qu'une moitié du tronc, auroient fuffi pour empêcher la méprife. Pline, l'un des premiers qui aient fait une mention fpéciale de cette maladie, la qualifie d'efpèce de *feu facré* & en exagère fingulièrement le danger (*Nat. Hift. lib.* XXVI, *cap.* 11); Scribonius Largus l'a décrit fous le nom de *herpès*, Hoffmann fous celui de *zona ignea*, & des auteurs plus récens l'ont généralement défignée fous la dénomination vague & inexaéte d'*éryfipèle puftuleux*.

Le *zona* a fon fiége dans le corps réticulaire de la peau : l'inflammation qui le conftitue eft moins profonde que dans l'éryfipèle & ne s'étend prefque jamais au tiffu cellulaire fous-cutané. Cette maladie fe montre prefque toujours fur le tronc, dont elle embraffe ordinairement la moitié, & rarement les trois quarts : il paroît même qu'elle n'en occupe jamais la totalité. Dans un petit nombre de cas exceptionnels le zona fe développe dans d'autres parties du corps, comme les membres, le col, &c. M. Rayer rapporte un cas curieux où cet exanthème affeétoit un côté de la face. Nous ferons connoître ce fait à la fin de cet article.

On a attribué la produétion du zona à diverfes caufes hypothétiques : telles font un virus exanthémique ou fyphilitique, des faburos gaftriques, la fuppreffion de la tranfpiration infenfible, des vices morbides réputés propres aux affeétions catarrhales rhumatiques, typhoïdes, pétéchiales, miafmétiques, &c. Il faut convenir avec franchife que les caufes de cette maladie font peu connues; on fait feulement qu'elle fe développe plus fréquemment dans les faifons chaudes & fous l'influence d'une grande chaleur que dans tout autre temps de l'année. Quoique le zona ait beaucoup de rapports avec l'éryfipèle, on ne cite

(1) *Traité théorique & pratique des maladies de la peau, fondé fur de nouvelles recherches d'anatomie & de phyfiologie,* tom. I, pag. 202.

pas d'exemple où la première de ces affections ait, comme la seconde, été le produit de quelqu'application extérieure irritante; mais des auteurs ont cru pouvoir rendre raison de son développement en suppofant qu'une caufe intérieure de cette nature irritoit le fyftème nerveux & portoit dans l'économie animale un trouble qui réagiffoit fur un point quelconque du fyftème dermoïde.

Les fymptômes précurfeurs, d'ailleurs affez incertains du zona, font: un friffon plus ou moins intenfe, de la céphalalgie, de l'agitation, de l'anxiété, des naufées, de la foif, de l'anorexie, &c. Il y a quelquefois auffi de la fièvre, de la courbature; & immédiatement avant l'éruption, le malade fe plaint d'une chaleur vive, de tenfion & de picotemens dans la partie qui doit être le fiège du mal.

Dès fon invafion, cet exanthème revêt la forme d'une bande demi-circulaire compofée de bulles ou de véficules plus ou moins rapprochées, rougeâtres, jaunâtres, tranfparentes, remplies de férofité & entourées d'une auréole rouge & emflammée. A la fin de la première femaine, la férofité s'épaiffit & prend la teinte de l'opale; on la confondroit facilement alors avec du véritable pus. Toutes les véficules n'arrivent pas à ce degré de maturité, beaucoup fe rompent vers le troifième ou quatrième jour en répandant une humeur claire & tranfparente. La furface de la peau, alors à découvert par l'enlèvement de l'épiderme, fuppure & préfente affez bien l'afpect d'un véficatoire. Des croûtes jaunâtres, puis noirâtres, fuccèdent aux véficules defféchées & tombent pour l'ordinaire de la première à la troifième ou quatrième femaine à dater de l'invafion; elles font remplacées par des taches rougeâtres & quelquefois même par des cicatrices douloureufes. Le plus ordinairement, les véficules du zona apparoiffent fucceffivement, les dernières venues rempliffant l'intervalle laiffé entr'elles par les premières, ce qui prolonge fingulièrement la durée totale de cette maladie. Le complément de l'éruption met un terme aux fymptômes généraux, tels que la fièvre, la foif, la céphalalgie, &c.; mais une douleur locale fort aiguë perfifte jufqu'à la terminaifon définitive de la maladie. Comme nous l'avons déjà dit, cet exanthème occupe prefque toujours le tronc, formant une demi-ceinture qui s'étend de la ligne médiane antérieure à la colonne vertébrale, ou, quelquefois les trois quarts de la ceinture, particulièrement lorfque la partie malade a peu d'étendue. Des auteurs au nombre defquels il faut placer M. Rayer déjà cité, nient que le zona ait jamais figuré un cercle entier, rejetant ainfi les affertions de Pline, de Turner, qui ne repofent d'ailleurs fur aucun fait pofitif. Ce médecin dit avoir vu un zona perpendiculaire ou parallèle à l'axe du corps qui s'étendoit depuis le tronc jufqu'au genou; il affirme

auffi que fur dix cas de cette maladie, huit fe développent fur le côté droit du tronc.

Il eft rare que le zona fe montre avec les caractères d'une affection tout-à-fait fimple; des puftules pfydracées peuvent apparoître accidentellement au milieu des bulles & des véficules qui le caractérifent. Les ganglions lymphatiques de l'aiffelle & ceux de l'aine font quelquefois enflammés dans le zona du thorax ou dans celui de l'abdomen. Parmi les léfions intérieures qui coïncident avec cette inflammation de la peau, il n'en eft pas de plus fréquente que celle de l'eftomac & des inteftins. Outre que les phénomènes précurfeurs du zona, lorfqu'ils ont exifté, décèlent évidemment une léfion des organes digeftifs, cette dernière perfifte plufieurs jours après le développement complet de cette éruption. L'anorexie, la blancheur, la rougeur, l'enduit fale ou jaunâtre de la langue, la conftipation, la diarrhée, la foif, &c., n'ont-ils pas été mis au nombre des fymptômes du zona par prefque tous les pathologiftes [1]?

Le zona fe rapproche du pemphigus, de l'éryfipèle, de l'herpès phlycténoïde, par plufieurs phénomènes qui leur font communs. Des altérations fonctionnelles, fympathiques, pareilles, s'obfervent dans cette maladie & l'éryfipèle. Parmi les différences qui fe trouvent entre ces deux dernières affections, il faut remarquer la préfence des véficules dans l'un & le gonflement uniforme de la peau dans l'autre. La couleur rouge de l'éryfipèle difparoît plus complétement par la preffion dans l'éryfipèle que dans le zona. La defquamation générale qui termine la première de ces maladies diffère de la chute des croûtes qui, dans la feconde, eft bornée aux feuls points que les véficules ont occupés. Enfin, lorfqu'il refte quelque doute, la forme feule des deux éruptions peut fervir de guide au diagnoftic du médecin; cette même forme fuffit dans la plupart des cas pour diftinguer le zona du pemphigus, qui, au lieu de figurer une zone, confifte en de groffes bulles fe développant irrégulièrement en divers points du corps; elles ne font pour l'ordinaire entourées que d'une foible auréole paffagère, laquelle, au contraire, dans le zona, eft fort prononcée, & s'étend beaucoup fur les véficules fe flétriffent. C'eft encore à la forme, ainfi qu'au moindre volume des véficules, qu'il faudroit recourir pour diftinguer l'herpès phlycténoïde du zona.

Le cours ordinaire de cet exanthème eft d'environ vingt-cinq ou trente jours; tous les auteurs le confidèrent comme une maladie exclufivement aiguë. Néanmoins nous avons connoiffance d'un cas de zona chronique: cette maladie dura deux ans & demi, chez une demoifelle d'environ quatre-vingts ans; pendant ce long efpace de temps, il ne

---

(1) RAYER, ouvrage cité.

cessa de causer des douleurs les plus vives au côté gauche de la poitrine qu'il occupoit, douleurs qu'on ne put calmer même par des applications d'acide hydrocyanique convenablement étendu.

Quoique des souffrances assez vives se fassent sentir dans le zona & persistent quelquefois même après la cessation de cette maladie, néanmoins il se termine toujours d'une manière favorable. Il est infiniment rare de voir cette affection accompagnée des accidens propres aux autres inflammations profondes du système dermoïde. On ne sait sur quoi Pline le naturaliste s'est fondé pour avancer que le zona devenoit funeste lorsqu'il formoit une ceinture complète, variété qui d'ailleurs n'est constatée par aucun fait; si quelques individus ont succombé pendant la durée de cette maladie, leur mort a été évidemment le résultat de complications fâcheuses.

Avant d'exposer le traitement qui convient au zona, nous allons rapporter une observation rare & bien propre à en faire ressortir le véritable caractère, observation dans laquelle cet exanthème occupoit *le côté gauche de la face & l'intérieur de la bouche.*

Mal... (Michel), âgé de vingt-sept ans, scieur de pierre, entra à l'Hôtel-Dieu le 29 mars 1826; le 23 mars, cet homme éprouva sans cause connue de petits élancemens dans l'oreille gauche; le 24, ils devinrent plus forts & se propagèrent au cou; le 25, en fumant comme à son ordinaire, il sentit un picotement à la langue & le mal d'oreille devint plus violent. Dans la nuit du 25 au 26, il se forma sur la joue gauche, près de l'oreille, de petites cloches qui, le 27 & le 28, se multiplièrent & envahirent le menton. Le soir le malade étant sorti éprouva du froid, & eut, après être rentré, un frisson de trois heures, auquel succéda une chaleur qui dura toute la nuit. Aucun moyen ne fut employé jusqu'au moment de son entrée à l'hôpital. On observa alors les symptômes suivans : la joue est tuméfiée, dure & chaude. Depuis l'oreille jusqu'au menton, sur une largeur de trois travers de doigt, existe une bande de bulles & de vésicules arrondies de différentes dimensions. Les vésicules ont d'une demi-ligne à une ligne de diamètre, & sont tantôt éparses, tantôt disposées en groupes. Les bulles sont beaucoup plus volumineuses que les vésicules, mais moins nombreuses; elles ont de quatre à six lignes de diamètre. Quelques-unes de ces bulles & de ces vésicules sont transparentes & contiennent une sérosité limpide; d'autres sont d'un blanc mat, & renferment une matière plus consistante & qui ressemble à du pus. Ces vésicules & ces bulles se trouvent entremêlées de croûtes irrégulières, jaunâtres & molles.

Le conduit auditif fournit une humeur puriforme abondante; plusieurs petites vésicules existent sur le pavillon de l'oreille.

La moitié gauche de la langue est tuméfiée,

épaisse, rouge, & couverte de plaques blanches, molles, irrégulières. Les unes ont le volume des vésicules de la peau, les autres se rapprochent des bulles par leur grande dimension. L'épaisseur de ces plaques est égale à celle d'une feuille de papier. Quelques-unes d'elles, formées par l'épithélium épaissi, sont presque détachées; de semblables plaques blanchâtres existent à la surface inférieure de la langue, sur la paroi interne de la joue gauche, & sur la moitié gauche des gencives & de la lèvre inférieure; mais on n'en voit point sur le palais & la lèvre supérieure. La moitié droite de la bouche & en particulier la moitié droite de la langue, ont leur couleur & leur aspect naturels. Le malade assure n'avoir ni chaleur ni mauvais goût dans la bouche, seulement la salive est abondante, visqueuse, & l'haleine fétide. Il y a peu d'appétit, point de soif, de toux, de céphalalgie; constipation depuis trois jours. Le pouls est plein, non fébrile; les urines naturelles; les voies digestives exemptes de toute douleur. *Saignée au bras de trois palettes, eau de veau, lavemens, gargarisme avec eau d'orge & miel rosat, bouillon.*

Le 30 mars, les vésicules & les bulles de la veille se sont changées en croûtes jaunâtres, cinq nouvelles vésicules, grosses comme la tête d'une épingle, contenant un liquide blanchâtre, se sont formées dans la nuit. Plusieurs plaques blanches qui couvroient le côté gauche de la langue se sont détachées; le pouls est plus fréquent que la veille. *Eau de veau, bouillon, gargarisme, &c.*

Le 2 avril, la langue ne présente plus de plaques blanches que sur son bord. La moitié gauche de la surface supérieure de cet organe paroît d'un rouge vif & boursouflé, depuis la desquamation; la moitié droite est couverte d'un léger enduit blanchâtre. Il n'y a plus de bulles ni de vésicules sur la face couverte de croûtes. *Mêmes moyens,* &c.

Le 5 avril, il ne reste aucune trace des plaques blanches dans l'intérieur de la bouche. Le bord gauche de la langue présente un sillon longitudinal, borné supérieurement & inférieurement par une ligne saillante & rouge. La surface supérieure de la moitié gauche de la langue est encore rouge & inégale. Lorsque le malade sort la langue de la bouche, la pointe de cet organe dévie du côté gauche. La salivation est beaucoup moins abondante que les jours précédens, la joue gauche est moins tendue, elle n'est plus rouge ni chaude; les croûtes qui ont succédé aux bulles & aux vésicules, développées sur le menton, ressemblent un peu à celles de l'*impetigo figurata.* On remarque près du pavillon de l'oreille trois croûtes différentes des autres; elles sont brunes, sèches, semblables à une petite lame de corne, & sont enfoncées un peu au-dessous du niveau de la peau. *Cataplasmes.*

Le 18 avril, toutes les croûtes sont tombées

depuis qu'on a appliqué fur la joue des cataplafmes pendant la nuit. Quelques points de la peau du menton font calleux, indurés, comme les tubercules qui fuccèdent à la mentagre. Le malade étoit complétement rétabli le 28 avril, environ un mois après l'invafion de la maladie (1).

Le traitement du zona, quand il eft exempt de complications, fe borne au repos, à l'ufage de quelque boiffon délayante, comme le petit-lait, l'eau d'orge miellée, acidulée, les différentes limonades, orangeades, &c. S'il y a de la fièvre, le malade fera mis à une diète antiphlogiftique; on aura recours en même temps à l'adminiftration de quelque potion tempérante nitrée, d'émulfions de pédiluves chauds, de lotions fimplement émollientes fur la partie douloureufe, &c. Si, au contraire, la maladie s'annonce par des fymptômes précurfeurs qui dénotent quelque grave complication, il convient de prefcrire une diète févère, une faignée générale, s'il y a dureté du pouls, chaleur intenfe, céphalalgie; une application de fangfues fur l'épigaftre ou fur l'abdomen, fi les voies gaftriques fe trouvent le fiège d'une vive irritation, ainfi que des boiffons mucilagineufes, des lavemens de même nature. Il y a fans doute des cas où il convient de faire ufage, au début, & même plus tard, d'une boiffon émétifée, comme le recommandoit Pinel, mais ces cas font moins fréquens qu'on ne l'a cru long-temps; & en donnant un évacuant de l'eftomac, même à dofe légère, il faut s'enquérir avec foin s'il n'exifte pas quelque contre-indication, & ne pas confondre la douleur inflammatoire du ventricule avec ce fentiment pénible de malaife & de plénitude, &c., que fait difparoître avec avantage un vomitif convenablement adminiftré.

Lorfque l'éruption eft complète, le médecin ne perdra point de vue l'état des voies gaftriques, fympathiquement léfées dans le zona. Prefque toujours il lui paroîtra fuffifant de continuer l'ufage des boiffons délayantes mucilagineufes; & c'eft feulement dans un petit nombre de cas qu'il fera obligé de recourir à la faignée ou à l'application des fangfues autour de la bande de véficules qui conftitue l'exanthème en queftion. Les applications émollientes ou narcotiques, les bains fimples ou mucilagineux font quelquefois utiles & n'ont point le danger qu'on leur a attribué; ils conviennent furtout lorfque la maladie eft accompagnée ou immédiatement fuivie de fouffrances très-vives. Dans ce cas, on a fait particulièrement ufage de diverfes applications ftupéfiantes, comme les décoctions de belladone, de jufquiame, les frictions avec l'extrait de la teinture des même plantes, & fouvent,

---

(1) RAYER, Traité théorique & pratique des maladies de la peau, fondé fur de nouvelles recherches d'anatomie & de phyfiologie, tom. I, pag. 218.

il faut l'avouer, fans aucun fuccès. L'acide hydrocyanique, l'opium, convenablement étendus d'eau, ont été pareillement mis en ufage. On a auffi eu recours aux épifpaftiques pour opérer une révulfion, &c. Il faut du refte profcrire les onguens, les pommades excitantes qui auroient pour objet de modifier l'efpèce de fuppuration & la defquamation des véficules, & de garantir les parties léfées du contact de l'air & des vêtemens.

Tout ce que nous venons de dire relativement au traitement du zona, eft fpécialement applicable à l'efpèce la plus grave de cette maladie; quand à celle qui eft fimple & plus bénigne, la plupart des praticiens éclairés ne lui oppofent qu'une médication purement expectante dans la rigueur de l'expreffion. Beaucoup de malades même guériffent de cet exanthème fans le concours du médecin. (BRICHETEAU.)

ZONE, f. f. (Phyf.) La terre, confidérée dans fes rapports avec le foleil, a été partagée en cinq zones. Une que l'on nomme torride : elle s'étend de l'un à l'autre tropique, c'eft-à-dire que de chaque côté de l'équateur elle embraffe un arc de 23 degrés & demi. Les peuples qui habitent la partie feptentrionale de cette zone, à l'exception toute fois de ceux qui font immédiatement placés au-deffous du tropique du cancer, depuis l'équinoxe du printemps jufqu'à celui d'automne, fe trouvent deux fois expofés à l'influence perpendiculaire des rayons folaires; ce qui a lieu également pour les habitans de la portion méridionale durant l'autre moitié de l'année. Dans ces climats règne une température toujours très-élevée, & au lieu de quatre faifons dont fe compofe notre année, il n'en exifte que deux, dont le commencement & la fin font indiqués par le paffage du foleil à l'équateur. De ces deux faifons, l'une peut-être nommée fèche, & l'autre humide : chacune d'elles fe fait alternativement reffentir dans les deux portions de la zone torride, en forte que ce que l'on pourroit nommer l'été de la partie boréale, répond à l'hiver de la portion auftrale & réciproquement. La faifon fèche eft furtout remarquable par une température brûlante, que modère, dans certaines localités, l'influence du vent d'eft, & particulièrement celle des brifes de mer. D'ailleurs, dans ces régions, la durée du jour, peu différente de celle de la nuit, contribue encore à rendre la chaleur moins infupportable.

Des conditions auffi différentes de celles qui exiftent dans nos climats doivent naturellement influer fur les productions du règne végétal & animal; auffi la zone torride eft-elle la portion du globe où croiffent particulièrement les plantes âcres & aromatiques, ainfi que les poifons les plus délétères. Bien que la couleur des nègres ne paroiffe pas devoir être complétement attribuée à l'action continue d'une vive lumière &

d'une chaleur intenfe, toujours eft-il que la peau des hommes qui habitent entre les deux tropiques eft entièrement noire ou fortement bafanée : teinte que prend chez nous celle des individus qui font habituellement expofés aux ardeurs du foleil. Enfin, il eft également vrai de dire que ces régions font la patrie des animaux les plus féroces & des reptiles les plus venimeux.

Si le mode d'alimentation, la manière de fe vêtir, l'activité des paffions, la durée plus ou moins longue de chacune des périodes de la vie, &c., font, comme on ne peut en douter, fubordonnés aux climats, on concevra fans peine quelles nombreufes variétés doivent offrir, fous ces différens rapports, les habitans des contrées équatoriales, lorfqu'on les compare à l'Européen. Par la même raifon auffi, la nature des maladies, leur marche & leurs terminaifons habituelles, ne peuvent manquer de préfenter des différences dignes de fixer l'attention du médecin obfervateur. (*Voyez* MAL ROUGE DE CAYENNE, tom. VIII, pag. 335; MÉDECINE DES NOIRS tom. IX, pag. 279.)

Au-delà de chaque tropique commencent les zones *tempérées*, *boréales* & *auftrales;* elles s'étendent jufqu'au cercle polaire, & occupent par conféquent dans l'un & l'autre hémifphère un efpace de 43 degrés. Dans cette vafte étendue de pays, les habitans voient toujours le foleil fitué du même côté ; pour ceux du nord cet aftre répond au fud, tandis que pour ceux du midi il eft tourné vers le nord : pour les uns & pour les autres, fa hauteur apparente varie fuivant les latitudes & l'époque de l'année. La température, toujours moindre que dans les régions équatoriales, fubit auffi, fous le rapport de fon élévation & de fon abaiffement, des changemens de plus en plus prononcés à mefure que l'on s'approche des cercles polaires; c'eft auffi ce qui arrive à l'égard de la durée des jours & des nuits : ainfi au tropique leur plus grande longueur eft, indépendamment du crépufcule, de 13 à 14 heures au plus, tandis que vers le cercle polaire elle eft de 24 heures. D'après cela, la végétation doit, dans la zone tempérée, préfenter des modifications bien plus nombreufes que celles que l'on obferve entre les deux tropiques. Pour s'en convaincre, il fuffiroit, fans fortir de notre Europe, de comparer les produits agricoles de fa partie la plus méridionale, avec ceux des pays les plus rapprochés du nord. Une différence non moins remarquable fe fait obferver lorfque l'on compare les habitans de l'Efpagne à ceux du nord de l'Allemagne; de la Ruffie, de la Suède, de la Norwège & de l'Ecoffe; enfin, perfonne ne feroit tenté de foutenir que, dans des contrées fi différentes, la pratique de la médecine dût être la même.

Les zones *glaciales* commencent à 66 degrés 30 minutes de latitude auftrale & boréale, &

s'étendent jufqu'aux poles. Une petite portion de ces pays peut feule être habitée par l'homme; la température habituelle y eft très-baffe, & fi quelquefois elle devient modérée, ce n'eft toujours que pour un laps de temps très-court. Une végétation pauvre recouvre un fol aride; quelques arbres rabougris s'offrent rarement à la vue; quelques mouffes & des lichens forment la feule nourriture que puiffent fe procurer les animaux relégués dans ces triftes contrées, où des nuits de plufieurs femaines, de plufieurs mois, ne fauroient être compenfées par des jours dont la durée eft égale, mais pendant lefquelles le foleil s'élève trop peu au-deffus de l'horizon pour échauffer beaucoup la furface de la terre.

La petite ftature des Samoïèdes & des Lapons, la conftitution débile de ces peuples & leur civilifation à peine ébauchée, montrent qu'elle influence exercent fur l'efpèce humaine une température trop froide & une nourriture peu abondante. Sous le point de vue médical, les mots AFRIQUE, ASIE, CLIMAT, EUROPE, &c., forment le complément de cet article, & c'eft dans le *Dictionnaire de Géographie* de cette Encyclopédie que le lecteur trouvera des développement qui euffent été déplacés là où il devoit être feulement queftion d'hygiène.

(THILLAYE aîné.)

ZOOGÈNE, f. f. (*Chim.*) M. Gimbernat a trouvé dans la vallée de Senegalla & de Negre-Ponte, fur les rochers baignés par les eaux thermales de Baden & d'Ifchia, une fubftance ayant quelques-unes des apparences de la chair humaine couverte de fa peau, & que par cette raifon il a nommée *zoogène.* Cette matière fournit à l'analyfe quelques principes analogues à ceux des animaux, & elle donne par l'ébullition une gélatine fufceptible d'être avantageufement employée au collage du papier.

ZOOGOMMITES. (*Chim.*) Nom donné par M. Delens, dans fa claffification des principes immédiats & produits médiats des corps organifés, au mucus & à la gélatine, qui ont beaucoup d'analogie avec la gomme, le mucilage, la baffrine, &c., mais qui en différent cependant par leur origine animale & par l'azote qu'ils contiennent.

ZOOGRAPHIE, f. f. *Zoographia,* de ζωον, animal, & de γραφω, j'écris. Defcription des animaux. (*Voyez* le *Dictionnaire d'Hiftoire naturelle* de cet ouvrage.)

ZOOHÉMATINE. (*Chim.*) La couleur rouge du fang, que l'on a long-temps attribuée à la préfence d'une certaine quantité de fer oxydé, contient une quantité de ce métal beaucoup trop foible pour adopter cette opinion; & c'eft au principe colorant de ce liquide que M. Delens a proposé de donner le nom de *zoohématine*.

Lorsque cette substance, qui existe dans le sang des animaux à sang rouge, est desséchée, elle est noire comme du jayet dont elle présente la cassure & le brillant; elle n'a, d'ailleurs, ni saveur ni odeur, est insoluble dans l'eau, soluble dans les acides & dans les alcalis.

ZOOIATRIE, f. f. (*Art vétér.*), de ζωον, animal, ιατρικη, médecine des animaux. (*Voyez* MÉDECINE VÉTÉRINAIRE, tom. IX, pag. 459 de ce Dictionnaire.)

ZOOLOGIE, f. f. *Zoologia*, de ζωον, animal, & de λογος, discours. Partie de l'histoire naturelle qui traite des animaux. (*Voyez* ce mot dans le *Dictionnaire* de cette Encyclopédie consacré à cette branche des sciences physiques.)

ZOONIQUE (Acide). (*Chim.*) Nom que M. Berzelius avoit donné à un acide obtenu par la distillation de plusieurs substances animales, & que depuis on a reconnu être de l'acide acétique. (*Voyez* le mot ACIDE dans le *Supplément.*)

ZOONOMIE, f. f. (*Hist. nat.*), de ζωον, animal, & de νομος, loi. Dénomination servant à désigner l'ensemble des lois qui régissent les êtres organisés vivans, collectivement nommés *animaux*.

ZOOPHYTE, f. f. (*Zool.*), de ζωον, animal, & de φυτον, plante. Expression autrefois employée pour désigner des êtres qui appartiennent à la dernière classe du règne animal, & que, par la simplicité de leur organisation & le peu de développement de leurs fonctions, on avoit cru pouvoir comparer à des plantes. Sous cette dénomination aujourd'hui abandonnée on rangeoit les oursins, les méduses, les éponges, le corail, &c. (*Voyez* le *Dictionnaire d'Histoire naturelle* de cet ouvrage.)

ZOOTOMIE, f. f. *Zootomia.* Dissection des animaux. (*Voyez* ANATOMIE COMPARÉE, tom. II, pag. 612.)

ZOPISSA. (*Mat. médic.*), formé du grec ζεω, je bous, & de πισσα, poix. Sous ce nom on désigne les raclures de poix que l'on enlève aux vieux bâtimens, & dont on se servoit autrefois comme médicament astringent propre à faciliter la cicatrisation des plaies. Il paroît que l'usage de cette substance, aujourd'hui complétement abandonnée, remonte jusqu'à Paul Ægine. (R. P.)

ZOSTER. (*Pathol.*) Mot grec qui signifie ceinture, & que Pline a introduit dans la langue latine comme synonyme de *zona*. (*Voyez* ce dernier mot.)

ZOSTÈRE, f. f. (*Bot.*, *Mat. médic.*) Genre de plantes de la famille naturelle des Aroïdées & de la Monœcie polyandrie de Linné. Ces végétaux croissent au fond de la mer, où ils fructifient sans que leurs fleurs s'élèvent à la surface de l'eau, & c'est à leurs feuilles longues & étroites qu'ils sont redevables de leur nom. On en connoît quatre espèces, dont une seule (le *zostera marina*) est employée en médecine, & encore est-il probable que les propriétés médicamenteuses de cette plante sont dues aux substances marines dont elle est imprégnée, ou avec lesquelles elle est mélangée. Pour en faire usage, on en torréfie les feuilles que l'on pulvérise ensuite, puis on en prescrit la poudre dans quelques affections lymphatiques, exactement dans les mêmes proportions & de la même manière que l'on administre l'éponge calcinée. (*Voyez* ÉPONGE.) (R. P.)

ZUMIATES, f. m. pl. (*Chim.*) Nom des sels que forme l'acide zumique en se combinant avec les bases.

ZUMIQUE (Acide). (*Chim.*) Cet acide, qui est le produit de la fermentation de plusieurs substances végétales, a été découvert par M. Braconnot, professeur de chimie à Nancy. Ce chimiste l'avoit d'abord nommé *acide nancéique*, du nom de cette ville, mais ce nom n'étant pas dans l'esprit de la nomenclature, a dû être changé en celui de *zumique*, de ζυμη, ferment.

L'acide zumique, qui paroît se former simultanément avec l'acide acétique, est liquide, incolore, incristallisable, d'une saveur très-aigre. Il paroît, d'après les expériences de M. Vogel, que cet acide n'est autre que l'acide lactique.

Nous nous abstiendrons d'en dire davantage sur cet acide, qui n'est d'aucun usage en médecine.

    (CH. HENNELLE.)

ZYGOMA. (*Anat.*) Nom grec de l'un des os de la face, connu aussi sous la dénomination d'*os malaire* & d'*os de la pommette*. Le zygoma occupe la partie latérale & supérieure de la face; sa forme est celle d'un carré irrégulier. Il contribue à former l'orbite & les joues, & fait partie des fosses temporales. Cet os s'articule avec le coronal, le temporal, le sphénoïde & l'os maxillaire supérieur. (*Voyez* Os MALAIRE, pag. 430 du *Dictionnaire d'Anatomie* de cette Encyclopédie.)

ZYGOMATIQUE, adj. (*Anat.*) Qui a rapport au zygoma, tels sont l'apophyse, l'arcade, la fosse & les muscles dits *zygomatiques*. La première est cet appendice qui naît de la partie inférieure de la portion écailleuse de l'os temporal, & se dirige horizontalement d'arrière en avant. La seconde est formée par la réunion de l'apophyse zygomatique du temporal avec l'angle postérieur

& inférieur de l'os maxillaire. Quant à la fosse zygomatique, elle répond à l'espace compris entre le bord postérieur de l'aile externe de l'apophyse ptérygoïde & cette crête qui de la tubérosité malaire du maxillaire supérieur descend jusqu'au bord alvéolaire de cet os.

Les muscles zygomatiques sont au nombre de deux, l'un appelé *grand zygomatique* & l'autre *petit zygomatique*. Le premier s'étend du milieu de l'os malaire jusqu'à la commissure des lèvres, & concourt à la formation du muscle orbiculaire labial. Le second, dont l'origine éprouve quelquefois des modifications, se fixe le plus ordinairement à l'os de la pommette & se termine tantôt à l'élévateur de la lèvre supérieure, tantôt dans le muscle labial. (*Voyez*, pour plus de détails, le *Dictionnaire d'Anatomie* de cet ouvrage.)

ZYGOMATO-AURICULAIRE. (*Anat.*) Nom donné par Chauffier au muscle releveur de l'oreille.

Zygomato-Conchylien. (*Anat.*) Dumas nomme ainsi le muscle auriculaire antérieur.

Zygomato-labial (grand & petit.) (*Anat.*) Nom du grand & petit zygomatique dans la nomenclature de Chauffier.

Zigomato-maxillaire. (*Anat.*) C'est le muscle masseter qui est situé entre l'arcade zygomatique & la face externe de l'apophyse montante du maxillaire supérieur. (*Voyez* le *Dictionnaire d'Anatomie.*)

ZYME. Le mot grec ζυμη, qui signifie *levain* (*fermentum*), combiné avec les mots λογος, (discours), & μιτρον (mesure), a fourni les expressions scientifiques Zymologie & Zymosymètre, dont une est employée pour désigner la partie de la chimie qui traite de la fermentation, & l'autre un instrument à l'aide duquel on peut apprécier le degré de cette fermentation.

ZYMOME. Suivant M. Taddeï, le gluten contient deux principes, l'un soluble & l'autre insoluble dans l'alcool. Au premier il a donné le nom de *gliadine* & au second celui de *zymome*. Cette dernière substance ne forme qu'environ un tiers du gluten proprement dit.

ZYTHOGALA. (*Mat. médic.*) de ζυθος, bière, & de γαλα, lait. Mot employé pour indiquer une sorte de tisane préparée avec de la bière & du lait. C'est la boisson nommée par les Anglais Posset. (*Voyez* ce mot.) (R. P.)

Fin du Dictionnaire de Médecine.

SUPPLÉMENT

AU

DICTIONNAIRE DE MÉDECINE.

c

A

ABATTOIRS. (*Hyg. publ.*) Mot nouvellement introduit dans la langue française, & par lequel on défigne le lieu où on *abat* les beftiaux deftinés à l'approvifionnement d'une ville. De tous les avantages qui réfultent de l'ouverture de femblables établiffemens dans les cités populeufes, le plus grand, fans contredit, eft l'affainiffement en éloignant des villes ces foyers infectés, réfultat de la ftagnation & de la putréfaction d'une foule de matières animales qui, par leurs émanations, peuvent devenir la caufe d'une foule d'affections endémiques, & donner naiffance aux plus affreufes maladies.

C'eft en 1809 que le Gouvernement ordonna la conftruction de cinq abattoirs pour remplacer les nombreufes tueries répandues dans les différens quartiers de Paris. Ces cinq établiffemens font, au nord de cette ville, ceux du *Roule*, de *Montmartre* & de *Popincourt*; & dans la partie méridionale, ceux d'*Ivry* & de *Grenelle*. Ces abattoirs occupent chacun un vafte efpace, & contiennent plufieurs cours & corps de bâtimens.

Ces cinq abattoirs, terminés en 1818, ont été livrés aux bouchers le 15 feptembre de la même année, & à dater de cette époque, il a été défendu de conduire les beftiaux dans l'intérieur de la ville, foit aux étables, foit aux abattoirs particuliers. (C. H.)

ACCLIMATEMENT. (*Hyg.*) Les Européens qui fe transportent dans certaines contrées du globe font fréquemment expofés à des maladies qui, pour eux, deviennent d'autant moins redoutables qu'ils ont été plus long-temps foumis à l'influence des caufes qui femblent en être la fource; influence dont les mefures hygiéniques, fagement combinées, peuvent, jufqu'à un certain point, établir l'intenfité. C'eft à l'enfemble des confidé-rations relatives à ces fortes de modifications que l'on a donné le nom d'*acclimatement*. (R. P.)

ACIDE ACÉTIQUE. (*Chim., Mat. médic.*) *Acidum aceticum, acetum vini.* Cet acide, qui eft un des plus répandus dans la nature, tire fon nom du mot latin *acetum*, vinaigre, & c'eft dans cette liqueur, qui lui doit fon acidité, qu'il a d'abord été entrevu. Il exifte dans la fève des végétaux, ainfi que dans un grand nombre de fruits; on le trouve auffi dans la plupart des humeurs animales, &c. L'acide acétique pur, connu jadis fous le nom de *vinaigre radical*, eft d'une odeur forte & piquante; fa faveur eft âcre & brûlante. Il eft liquide au-deffus de 13 deg. du thermomètre centigrade, mais au-deffous de ce degré il fe prend en maffes criftallines.

L'acide acétique concentré eft trop irritant pour être employé à l'intérieur, fon adminiftration feroit fuivie des accidens inflammatoires les plus graves; ce n'eft donc qu'à l'extérieur qu'on peut s'en permettre l'ufage, foit pour en faire refpirer la vapeur aux perfonnes en fyncope ou afphyxiées, foit, comme l'a confeillé le Dr. Bonvoifin, pour produire la véfication; mais étendu d'eau dans des proportions variables, on en obtient plufieurs produits qui font employés avec fuccès dans la thérapeutique.

C'eft ainfi, par exemple, qu'à l'état de *vinaigre*, & mêlé aux alimens, il excite la vitalité de l'eftomac, augmente l'appétit & favorife la digeftion. Plus étendu & édulcoré avec le fucre & le miel, il ne porte fur l'appareil gaftrique qu'une impreffion douce, & devient alors une des boiffons tempérantes les plus convenables pour calmer l'irritation des voies digeftives & éteindre la foif la plus ardente.

Dans ces derniers temps, le vinaigre avoit été préconifé comme le meilleur contre-poifon de l'opium; mais M. Orfila a démontré, par de nombreufes expériences, que loin d'agir comme antidote de ce poifon, il en augmentoit l'action en transformant en acétate de morphine la morphine qu'il rencontroit dans les voies digeftives : ce favant regarde l'eau vinaigrée comme un des bons moyens à employer dans un cas d'empoifonnement par l'opium, mais feulement pour combattre l'effet fecondaire, c'eft-à-dire l'irritation ; auffi recommande-t-il bien de n'en faire ufage que quand on aura acquis la certitude que la totalité de l'opium fera rejetée par les felles ou par les vomiffemens.

ACIDE ALLANTOÏQUE.

Cet acide, découvert par MM. Vauquelin & Buvina, avoit, dans le principe, reçu le nom d'*acide amniotique*. Mais les analyfes faites depuis par M. Laffaigne des eaux de l'amnios de la vache ne lui ayant pas fourni les mêmes réfultats, il analyfa à plufieurs reprifes les eaux de l'allantoïde du même animal, & y rencontra ce même acide ; il lui fut par là démontré que MM. Vauquelin & Buvina avoient opéré fur l'eau de l'allantoïde & non fur celle de l'amnios : alors il donna à cet acide le nom d'*acide allantoïde*, qu'il porte aujourd'hui.

L'acide allantoïque eft folide, incolore, brillant, inodore, & doué d'une faveur aigre ; il eft inaltérable à l'air, peu foluble dans l'eau & dans l'alcool à la température ordinaire, mais il s'y diffout parfaitement quand ces liquides font bouillans. Il eft fans ufage en médecine.

ACIDE FLUORIQUE ou HYDROPHTHORIQUE.

Cet acide, qui a reçu le nom de *fluorique* par quelques chimiftes, qui le regardent comme formé d'*oxygène* & de *fluor*, a auffi été nommé *acide hydrophthorique* par le plus grand nombre des chimiftes, qui le regardent comme une compofition d'*hydrogène* & de *phthore*. Quoi qu'il en foit, il eft liquide, incolore, d'une odeur très-pénétrante, d'une faveur cauftique infupportable ; il rougit fortement la teinture de tournefol & jouit de la propriété de détruire très-promptement tous les corps avec lefquels il eft mis en contaĉt. Cet acide, qui n'étoit employé dans les arts que pour graver fur verre, a cependant été mis en ufage par M. Dupuytren pour cautérifer une plaie de mauvais caraĉtère qui avoit jufqu'alors réfifté à l'aĉtion des efcharotiques les plus puiffans : cette cautérifation a été fuivie des douleurs les plus vives & des accidens inflammatoires les plus fâcheux.

ACIDE FORMIQUE. (*Voy.* FOURMI, tom. VI, pag. 490.)

ACIDE MALIQUE. *Acidum malicum.*

Cet acide, découvert en 1785 par Scheele, fe rencontre dans un grand nombre de fruits, & plus particulièrement dans la pomme, comme fon nom l'indique ; cependant il eft plus abondant, & furtout plus pur, dans le fruit du forbier des oifeaux. L'acide malique pur eft blanc, tranfparent, de

confiftance firupeufe, rarement criftallifé parce qu'il attire facilement l'humidité : auffi eft-il très-foluble dans l'eau & l'alcool. L'acide malique ne paroît pas avoir d'aĉtion fpéciale fur l'économie animale, il eft employé comme fuccédané de l'acide citrique ou tartarique, qui peuvent également lui être fubftitués, ces trois acides jouiffant à peu près des mêmes propriétés.

ACIDE MÉCONIQUE.

C'eft à MM. Sertuerner & Robiquet que nous devons la découverte de cet acide que ces chimiftes ont extrait de l'opium, où il exifte à l'état de méconate de morphine. Cet acide, entrevu depuis long-temps par plufieurs chimiftes, mais jamais pofitivement défini, eft blanc ; il criftallife tantôt en aiguilles, tantôt en lames carrées, & quelquefois auffi en ramifications formées par des oĉtaèdres très-alongés. D'après Choulant, l'acide méconique feroit compofé d'*oxygène*, d'*hydrogène* & de *carbone*. Sertuerner admet qu'il contient auffi de l'*azote*. Il eft fans ufage en médecine, fes propriétés fur l'économie animale n'ayant pas encore, jufqu'à préfent, été l'objet d'aucun examen.

ACIDE RICINIQUE.

Il réfulte d'une analyfe récemment faite par MM. Lecanu & Buffy, que l'huile de ricin contient deux acides nouveaux, le *ricinique* & l'*oléo-ricinique*, tous deux prefque concret & d'une exceffive âcreté. Les auteurs de ce travail intéreffant penfent que l'âcreté de l'huile de ricin eft due à la préfence de ces acides, & nullement à une autre matière particulière, comme on l'avoit cru généralement jufqu'à ce jour. M. Orfila penfe que l'âcreté & les propriétés malfaifantes de certaines huiles de ricin dépendent plutôt de la préfence d'une quantité plus ou moins grande d'huile de croton, dont les graines fe trouvent fouvent mélangées à celles du ricin. (*C. H.*)

ACNE ou ACNÉ. (*Pathol.*)

Cette maladie, caraĉtérifée par une éruption, dont le fiége ordinaire eft au front, au nez, aux joues & quelquefois aux tempes, préfente quatre variétés qui ont été défignées fous le nom d'*acne fimplex*, *A. punctata*, *A. indurata* & *A. rofacea*.

Les trois premières variétés étant des maladies qui méritent rarement de fixer l'attention du médecin, & dont Celfe fait remarquer qu'il ne fe feroit jamais occupé fans le foin extrême que les dames romaines prenoient de leur beauté, nous nous abftiendrons d'en donner la defcription, & nous nous occuperons feulement de la quatrième variété, plus généralement connue fous le nom de *dartre couperofe*.

ACNE ROSACEA ou *couperofe*. Cette maladie, que l'on appelle auffi GOUTTE ROSE, *gutta rofæa*, eft caraĉtérifée par des puftules peu étendues, féparées

rées les unes des autres, & environnées d'une aréole rosée ; cette éruption se manifeste le plus souvent sur le bout du nez, d'où elle se répand sur ses deux côtés, & gagne insensiblement les joues & le front, qui n'en sont ordinairement attaqués qu'en partie.

Cette maladie se montre rarement dans la jeunesse, à moins qu'elle ne soit héréditaire : elle paroît le plus souvent chez les hommes de trente à quarante ans, & chez les femmes à l'âge critique.

Le tempérament bilieux est celui qui y prédispose le plus dans l'âge adulte, & le tempérament sanguin dans la jeunesse.

Les climats froids & humides paroissent exercer beaucoup d'influence sur le développement de cette maladie, c'est au moins ce qu'on est porté à croire d'après la fréquence avec laquelle elle se montre en Angleterre & dans le nord de l'Allemagne.

Les causes prédisposantes de cette éruption sont les professions qui exigent une longue application dans des positions qui déterminent le sang à se porter vers la tête, ou qui s'opposent à son retour ; les excès de table, l'usage de certains fards, les lotions avec les liqueurs styptiques, & surtout l'abus des cosmétiques dont les femmes se servent au déclin de l'âge.

Lorsque la maladie est récente, qu'elle n'est pas héréditaire, que les pustules sont peu nombreuses, que le malade est jeune, on peut espérer obtenir la guérison de la couperose ; mais si elle est ancienne, étendue, qu'elle débute vers l'adolescence, & qu'elle semble liée au trouble des fonctions digestives, alors le pronostic est plus fâcheux, car elle est incurable ; & les moyens les mieux appropriés parviennent rarement à en arrêter les progrès : il n'est même pas rare de rencontrer des personnes chez lesquelles cette maladie a fait des progrès si rapides que la plus grande partie de la face est couverte par cette éruption, & que le nez a acquis des dimensions énormes. Sennert en rapporte un cas très-remarquable : *Vixit superiori adhuc anno, non procul a Dresda, vir cui, hoc malo affecto, nasus itâ incrementum sumpsit, ut eum in legendo impediret ; quod malum ipsum eò adegit, ut anno 1629 particulas quasdam de naso sibi imputari curaret.* (*Pract. med., lib. V, pars prima, cap.* 31.)

Le traitement de la couperose varie suivant les causes & aussi suivant les modifications que présente l'éruption. Il n'est pas nécessaire de dire que la cause devra, autant que possible, être éloignée. Quant au traitement médicamenteux, il doit se borner à quelques lotions faites avec de l'eau distillée de roses, de lavande ou de sauge, &c., à laquelle on ajoute une proportion d'alcool, qui doit varier suivant l'intensité de l'éruption. M. Biett, médecin distingué de Paris, dit que, dans des cas

où l'inflammation étoit considérable, il a suivi avec succès une marche différente, en préférant la saignée, tant générale que locale, aux applications des caustiques, tels que l'acide hydrochlorique ou le nitrate d'argent fondu. Si la maladie semble produite par la suppression des menstrues ou d'un flux hémorroïdal, on appliquera les sangsues à l'anus ou à la vulve.

(Ch. H.)

ACONITINE. (*Chim. végét.*) Nom d'un principe alcalin que M. Brandes d'abord & depuis MM. Pelletier & Caventou, ont trouvé dans l'*aconitum napellus.* Le Dr. Pallas paroît l'avoir également extrait de la racine de l'*aconitum lycoctonum.*

Cette substance est amère, soluble dans l'eau & l'alcool bouillant. L'aconitine est très - probablement le principe actif de ces plantes : néanmoins ce fait auroit besoin d'être constaté par de nouvelles expériences. (R. P.)

ACQUI (Eaux minérales d'). Cette ville, située sur la rive septentrionale de la Bormida, à six lieues d'Alexandrie, possède des eaux minérales déjà célèbres au temps des Romains. L'une des sources, placée au centre de la ville, est appelée *Eau bouillante ;* sa température est de 75 deg. centigrades environ. Les autres sources sont éloignées d'Acqui d'un quart de lieue, & se trouvent sur le penchant d'une colline nommée *Mont-Stregone.* Leur température varie de 38 à 50 deg., & il se pourroit que ces sources n'eussent pas la même origine que celle dite d'*Eau bouillante.* L'analyse chimique a fait découvrir dans l'eau de cette dernière des hydrochlorates de soude & de chaux, & de l'hydrosulfure de chaux. Elle a une saveur un peu amère, sulfureuse & saline.

Parmi les autres sources, l'eau froide du *Ravanesco* (ou eau puante) est la plus renommée contre les maladies de la peau, & contient à peu près le double d'hydrogène sulfuré. Ce n'est qu'en boissons qu'on en fait usage.

Quant aux eaux des autres sources du *Mont-Stregone,* on les recommande particulièrement dans les affections rhumatismales chroniques, les ankyloses, les douleurs ostéocopes, & dans quelques autres maladies des articulations, soit en bains, soit en douches (1). (R. P.)

ADIPOCIRE, *Adipocira,* de *adeps,* graisse, & de *cera* cire. L'adipocire *gras de cadavres,* qui doit seul nous occuper dans cet article, provient de la décomposition des cadavres. D'abord jaunâtre, mou, pulpeux & d'une odeur fétide, le gras

(1) Voyez *Analyse des eaux thermales & sulfureuses d'Acqui,* par Mojon. Gênes, 1808.

de cadavres fe deflèche à la longue & devient pulvérulent & d'un blanc mat. Nous fommes redevables à M. Chevreul d'une analyfe très-exacte de cette production, confidérée à jufte titre, par Fourcroy, comme une matière favonneufe. Suivant M. Chevreul, le gras de cadavres, retiré du cimetière des Innocents, a fourni à l'analyfe, de l'acide margarique, de l'acide oléique, de l'ammoniaque, un peu de potaffe & de chaux, une matière colorante jaune, une matière azotée, un acide libre qu'il croit être de l'acide lactique, & deux fels à bafe de potaffe & de chaux, qui femblent formés par l'acide lactique.

La combinaifon des acides margarique & oléique avec l'ammoniaque, conftitue un véritable favon, qui, d'après M. Chevreul, paroît être le réfultat de l'action de la graiffe des mufcles fur l'ammoniaque, provenant de la décompofition de l'albumine, &c. Le gras de cadavres eft employé à la fabrication des chandelles & de ces efpèces de bougies dites de *blanc de baleine* : on l'obtient en faifant macérer fous l'eau des cadavres de vieux chevaux. (Ch. H.)

ADRAGANTHINE. (*Chim. végét.*) Dénomination employée par Defvaux pour indiquer une fubftance particulière, d'abord découverte dans la gomme adraganth, puis dans la *gomme noftras*, & dont la préfence eft foupçonnée dans le galbanum & dans quelques autres gommes peu folubles.

L'adraganthine eft-elle un principe particulier des végétaux, ou, fuivant l'opinion de M. Guibourg, eft-elle une combinaifon naturelle d'amidon & de ligneux? Des recherches ultérieures pourront feules réfoudre cette queftion. Quoi qu'il en foit, en mettant dans l'eau froide un poids donné de gomme adraganth, les cinquante-fept centièmes de fon poids feulement s'uniffent au liquide, les quarante-trois autres fe gonflent & forment une maffe comme gélatineuse infoluble, que les chimiftes modernes ont appelée *adraganthine*.

Cette fubftance, qui fe gonfle mais ne fe diffout pas dans l'eau froide, acquiert cette propriété lorfqu'on élève la température du liquide, ou bien quand on y ajoute un peu d'acide hydrochlorique. Ainfi traitée, l'adraganthine ne fauroit recouvrir fon indiffolubilité primitive ; l'acide nitrique la convertit en acide mucique : caractère qui fert à diftinguer l'adraganthine de la baffo-rine, qui par l'acide nitrique fe convertit en acide oxalique. (R. P.)

AGÉDOITE, (*Chim. végét.*) M. Robiquet, en faifant l'analyfe du fuc de réglisse, y a découvert, indépendamment de la glycyrrhizine, un nouveau principe immédiat, qui eft infipide, prefque infoluble dans l'eau, mais très-foluble dans les acides fulfurique & nitrique. Cette fubf-

tance, à laquelle on a auffi donné le nom d'*agédoïde*, paroît, d'après les recherches de M. Pliffon (1), très-peu différer de l'afparagine. (*Voyez* ce mot.) (R. P.)

ALAIS. (Eaux minérales d'). Ces eaux ferrugineufes fourdent à un quart de lieue de la ville d'Alais, qui eft fituée au pied des Cévennes, dans le département du Gard. Fournies par deux fontaines, appelées l'une *la Comteffe* & l'autre *la Marquife*, ces eaux font froides & tiennent en diffolution beaucoup de fulfate de fer, dont il exifte des maffes confidérables dans les environs.

Sauvages paroît être le médecin qui ait davantage recommandé l'emploi des eaux d'Alais, foit en boiffons, dans les maladies bilieufes, l'ictère & la conftipation, foit en lavemens, contre la diarrhée chronique, foit en lotions pour déterger les ulcères. C'eft pendant les mois de juillet & août qu'on y a ordinairement recours ; mais leur ufage ne doit pas être prolongé au-delà d'une quinzaine de jours. (R. P.)

ALCORNOQUE (Chêne). (*Bot, Mat. médic.*) Cette écorce a été apportée il y a quelques années de l'Amérique méridionale, & on manque de données certaines fur l'arbre qui la produit. Le nom de *chaparro-alcornoque* ou *yeufe-liége*, qu'on lui donne dans le pays, avoit fait penfer qu'elle provenoit du *quercus fuber*, encore trop peu développé pour prendre le nom de *liége* : opinion peu probable & que fon auteur a lui-même abandonnée. D'autres, & particulièrement le D𝐫 Poudeux, qui a habité les lieux où croît le chêne alcornoque, penfe que cette écorce eft fournie par un arbre de la famille des Guttifères : idée qui paroîtra plaufible fi l'on fait attention qu'elle renferme une forte de gomme gutte qui colore en jaune la falive. Enfin, plufieurs botaniftes l'ont attribuée, tantôt à l'*alchornea latifolia* de Swart, qui croit à la Jamaïque, tantôt à une efpèce de *nerium*, & enfin au *bodwigia virgilioides* de Kunth.

Quoi qu'il en foit, cette écorce, telle qu'on la rencontre dans le commerce, paroît avoir été enlevée fur des branches ayant déjà acquis une grande dimenfion ; elle eft en fragmens épais & rugueux, & préfente deux couches diftinctes : l'extérieure eft rougeâtre, fendillée & un peu fpongieufe : elle a une faveur très-foible, tandis que la couche intérieure eft fibreufe, d'une couleur jaune & d'une faveur amère.

On a jufqu'à préfent trop peu fait ufage de l'alcornoque pour avoir une opinion bien arrêtée, foit fur la réalité de fes propriétés fébrifuges, foit fur fon emploi dans les affections de poitrine & notamment dans la phthifie pulmo-

---

(1) *Journal de Pharmacie*, tom. XIV, pag. 177.

naire, où tout porte à croire qu'elle doit être plutôt nuisible qu'utile. Enfin, on prétend encore que (1), réduite en poudre & administrée à la manière de l'ipécacuanha, à la dose de 36 à 48 grains, par exemple, l'écorce d'alconorque possède les propriétés vomitives de cette racine.

En comparant le travail de M. Vauquelin sur les *quinquinas*, avec l'analyse de MM. Cadet, Nachet, Tromsdorff & Geiger, on est porté à n'accorder à l'alcornoque que des propriétés fébrifuges peu énergiques. (R. P.)

ALFTER (Eaux minérales d'). Elles sont plus généralement connues sons celui de *Roesdorf*. Voyez ce mot, tom. XII , pag. 600. (R. P.)

ALLANTOÏDE. (*Anat.*) *Allantois, membrana farciminalis*, αλλαγτοειδης ; de αλλας, αλαντος, boudin, & de ειδος, semblable, semblable à un boudin. L'allantoïde est une vésicule membraneuse, ordinairement cylindroïde & alongée, à parois minces & très-délicates ; elle communique avec la cavité de la vessie par un canal que l'on nomme *ouraque*. L'existence de l'allantoïde dans l'espèce humaine n'est pas admise par tous les anatomistes ; cependant un grand nombre la regardent comme certaine, soit d'après l'analogie, soit d'après des observations comme celles de Meckel, qui l'a trouvée sur un embryon humain âgé d'un mois environ. Ce fait, qu'il a depuis observé plusieurs fois, a été constaté par M. le Dr. Velpeau sur un grand nombre d'embryons. Ce dernier a remarqué que la vessie n'est alors que la racine d'une tige qui traverse l'anneau ombilical, les collets & les renflemens du cordon, excepté le placenta où elle va se rendre. Cette tige est l'ouraque, & le renflement l'allantoïde, qui renferme un fluide séreux & un petit corps jaune du volume d'un grain de millet : ces deux parties ne sont pas, suivant M. Velpeau, situées entre le chorion & l'amnios, ainsi qu'on l'admet généralement, mais toutes deux en dehors de ces membranes, qui ne font que se réfléchir sur elles sans les contenir, d'où il résulte qu'elles seroient seulement en contact avec la face externe du chorion.

L'allantoïde reçoit des ramifications très-déliées de l'artère & de la veine omphalo-mésentérique. Il paroît que son usage est relatif à la nutrition de l'embryon. L'allantoïde est très-remarquable chez la plupart des mammifères. (*Voy.* aussi REPRODUCTION, tom. XII.) (CH. H.)

ALPHONSIN. (*Instr. de chir.*) Espèce de tireballe à trois branches pouvant s'écarter ou se rapprocher à volonté pour saisir les corps étrangers arrêtés dans les chairs. Il est décrit dans l'*Armamentarium* de Scultet, tab. V.

AMBI. (*Instr. appar. de chirur.*) Nom donné par Hippocrate à une machine employée pour réduire les luxations, & à laquelle on a successivement fait éprouver diverses modifications qui n'ont pu faire disparoître les inconvéniens justement reprochés à cette espèce de levier, destiné particulièrement pour les luxations de l'humérus en bas. Il est décrit dans Scultet, fig. 1 & 2, ainsi que dans le *Traité des maladies des os* de Jean-Louis Petit. (R. P.)

AMBREINE. (*Chim.*) Nom donné par MM. Pelletier & Caventou, à une substance qui existe en grande quantité dans l'ambre gris, & d'où on l'extrait en traitant celui-ci à chaud par l'alcool. L'ambreine a beaucoup d'analogie avec la cholestérine ; elle est blanche, insipide & inodore lorsqu'elle est pure ; elle est insoluble dans l'eau & ne se saponifie point lorsqu'on la met en contact avec les alcalis. Exposée à une chaleur de 30° c., elle se liquéfie : caractère qui, ainsi que la propriété qu'elle possède de produire de l'*acide ambréique*, lorsqu'on la fait bouillir avec l'acide nitrique, suffit pour ne point la confondre avec la cholestérine. (R. P.)

AMOMÉES (Famille des). (*Bot.*, *Mat. méd.*) Famille de plantes à laquelle Ventenat avoit d'abord donné le nom de *d'imyrrhisées*, à cause de l'odeur aromatique que répandent les racines de la plupart des végétaux qui en font partie. Aussi regarde-t-on généralement leurs racines comme stomachiques & excitantes, & les emploie-t-on tantôt comme affaisonnement, tantôt comme parfum & quelquefois aussi comme substances médicamenteuses. Presque toutes ces racines contiennent une fécule abondante, susceptible de servir comme aliment lorsqu'elle est débarrassée du principe aromatique qui lui est uni.

Soumises à la distillation, les racines de la plupart des amomées fournissent une huile volatile que l'on retrouve aussi dans quelques-uns des fruits : quant à la matière colorante, ce n'est guère que dans les racines du *curcuma* où elle est assez prononcée pour servir à la teinture.

Le gingembre, les amomes, les zédoaires, le galanga, le costus & le curcuma sont, parmi les plantes de cette famille, celles dont on fait le plus ordinairement usage en médecine.

(R. P.)

ANASTOMOSE. (*Anat.*) *Anastomosis*, ανατομωσις, de ανα, avec, & de στομα, bouche.

Mot qui fignifie *abouchement;* il eft employé pour défigner une communication qui exifte naturellement entre deux vaiffeaux du même genre.

Les anaftomofes paroiffent avoir pour but de favorifer & de régularifer la circulation des humeurs. Les vaiffeaux lymphatiques font ceux qui en préfentent le plus grand nombre, après viennent les veines, puis les artères. Les vaiffeaux s'anaftomofent le plus fouvent en arcades, quelquefois à angles plus ou moins ouverts, d'autres fois après avoir marché directement à la rencontre l'un de l'autre. Ordinairement le vaiffeau qui réfulte de l'anaftomofe eft plus volumineux que chacun des vaiffeaux réunis, & moindre que la fomme de ces vaiffeaux. Le plus ordinairement auffi, les anaftomofes font communiquer des vaiffeaux dont l'origine eft peu éloignée; dans d'autres cas, le contraire a lieu, comme, par exemple, de la région fous-clavière à la région inguinale. Enfin, on fe fera une idée du nombre & de l'importance des anaftomofes quand on faura qu'il n'eft pas un point de la longueur de l'aorte defcendante qui ne puiffe être obftrué fans que la circulation ou l'injection ceffe de porter les liquides dans toutes les parties du corps.

On a auffi donné le nom d'*anaftomofes* à la continuation ou à la communication des artères avec les veines.

Enfin, fi on confidère les nerfs comme des canaux névrilématiques remplis de fubftance médullaire, on devra également donner le nom d'*anaftomofes* aux communications des nerfs entr'eux.

ANASTOMOTIQUE. (*Anat.*, *Thérap.*) *Anastomoticus,* qui a repport aux anaftomofes. En thérapeutique, on donnoit autrefois le nom d'*anaftomotiques* ou d'*apéritifs* à certains remèdes auxquels on attribuoit la propriété d'ouvrir les orifices des vaiffeaux. (CH. H.)

ANDRUM. (*Pathol.*) Kœmpfer a latinifé ce mot indien qui, dans l'Afie méridionale, fert à défigner l'œdème compacte du fcrotum. (R. P.)

ANGONE. (*Pathol.*) *Angone, præfocatio faucium.* Sentiment de conftriction du larynx qui fait quelquefois craindre la fuffocation. Ce phénomène, qui furvient fouvent à la fuite ou pendant les violens accès de chagrin, eft plus particulièrement fymptomatique de quelqu'affection nerveufe, & principalement de celle appelée *hyftérie.* (*Voyez* ce mot.) (CH. H.)

ANGOR. (*Path.*) Dans fon acception la plus reftreinte, ce mot latin fert à indiquer une anxiété précordiale avec refroidiffement des parties extérieures du corps; mais dans un fens plus étendu, quelques auteurs l'ont employé pour défigner toute efpèce d'anxiété phyfique & morale. (R. P.)

ANGUSTIE, (*Pathol.*) *Anguftia.* Ce mot, qui étoit jadis fynonyme d'anxiété & d'étroiteffe, ne fe rencontre plus que dans les auteurs anciens. (CH. H.)

ANGUSTURE. (*Bot.*, *Mat. médic.*) On trouve dans le commerce deux efpèces d'angufture; l'une que l'on appelle *angufture vraie,* & l'autre qui eft connue fous le nom de *fauffe angufture.* Comme ces deux écorces proviennent de végétaux différens, & jouiffent furtout de propriétés bien diftinctes, nous nous en occuperons féparément.

ANGUSTURE VRAIE. *Cortex angufturæ,* cufparée fébrifuge; c'eft l'écorce du *cufparia febrifuga* de M. de Humboldt, ou *bomplandia trifoliata* de M. Willdenow, grand arbre de la famille des Antacées de de Juffieu, de la Décandrie monogynie de L. Cette écorce, que l'on appelle aujourd'hui du nom de *cufparée,* eft une acquifition nouvelle pour la matière médicale, car ce n'eft que vers la fin du fiècle dernier qu'on a connu en Europe les propriétés médicales de l'écorce d'angufture, époque à laquelle elle parut pour la première fois à Londres, chez Davy & Taylor, qui s'occupoient du commerce des drogues. Quelques auteurs font dériver le nom que porte cette écorce, de *Saint-Auguftin,* ville de la Floride orientale; d'autres prétendent, avec plus de raifon, que fon nom lui vient d'*Anguftura,* ville de l'Amérique auftrale, aux environs de laquelle M. de Humboldt en fit pour la première fois la découverte. L'arbre qui produit l'écorce d'angufture paroît cependant originaire des bords de l'Orénoque ou Rio-Paria, grand fleuve de l'Amérique méridionale, où MM. de Humboldt & Bompland l'ont vu former d'immenfes forêts en 1800, lorfqu'ils firent des tentatives infructueufes pour remonter à la fource de ce fleuve. Cet arbre croît également dans d'autres parties du continent & des îles de l'Amérique.

L'écorce d'angufture vraie eft d'un gris-jaunâtre à l'extérieur, & d'une couleur jaune légèrement rofée à l'intérieur. On la rencontre dans le commerce, en plaques de huit à quinze pouces de longueur fur trois à quatre de largeur, & de l'épaiffeur d'une à deux lignes environ : cette écorce eft un peu roulée comme le quinquina; elle eft dure, compacte & très-friable. Sa caffure eft brune & nette; fon odeur eft aromatique & affez agréable, & fa faveur, d'abord foible & légèrement amère, laiffe à la pointe de la langue un fentiment de chaleur & de picotement affez fenfible.

L'analyfe chimique de l'angufture vraie, a été faite fucceffivement par MM. Vauquelin, Planche & autres chimiftes diftingués : mais elle n'a rien fourni de bien important; on fait feulement qu'elle ne contient ni tannin ni acide galli- que : on y a trouvé quelques fels, un principe amer très-abondant & une fubftance azotée.

Ce n'eft, comme nous l'avons déjà dit plus haut, que depuis une trentaine d'années que l'é- corce d'angufture a été introduite dans le com- merce & employée en médecine, & c'eft fans doute aux éloges particuliers donnés à ce remède par MM. Ewer & Williams qu'il faut attribuer la ra- pidité avec laquelle elle a été répandue dans les pharmacies de l'Europe : mais le médecin qui a le plus contribué à la réputation de cette écorce eft fans contredit John Wilkinfon; car, indépendamment des fièvres intermittentes & des névrofes périodiques contre lefquelles il dit avoir employé l'angufture avec un fuccès conftant, dans une lettre adreffée à Vicq-d'Azyr, ce favant préconife ce moyen thérapeutique dans les diar- rhées épidémiques, accompagnées de fymp- tômes dyfentériques, de vives coliques, &c.; dans certains cas de dyfpepfie, dans les accès de tonx convulfives, où il l'a vu conftamment fupérieur à l'écorce du Pérou, à la racine de Colombo, au quaffia & aux autres amers.

Si l'on ajoute à cet éloge de John Wilkinfon ce qu'en ont dit avant & après lui des obfervateurs très-recommandables, on voit M. Ewer s'en fervir avec un fuccès qui tient du merveilleux, dans le traitement d'une fièvre adynamique compliquée d'éruptions pétéchiales, d'une hémorragie paffive de la bouche, d'ulcérations gangréneufes du gofier & de proftration extrême des forces. Comme dans ce cas l'eftomac ne pouvoit rien fupporter, il fit envelopper tout le corps du malade de fla- nelles trempées dans une forte décoction d'écorce d'angufture, & peu de temps après les taches li- vides difparurent, & les fymptômes s'amendèrent d'une manière telle que les organes reprirent leur énergie, & qu'il fut poffible d'adminiftrer le re- mède à l'intérieur. M. Valentin dit que cette écorce eft très-eftimée des médecins de la Virgi- nie, qui lui reconnoiffent une propriété tonique des plus énergiques. Enfin, M. de Humboldt nous affure que plufieurs médecins, & notamment MM. Chisholm & Scamen, donnent la préférence à l'angufture, fur le quinquina dans le traitement de la fièvre jaune.

Si à ces réfultats, qui doivent fans doute être d'un grand poids, nous oppofons ceux obtenus par MM. Villa & Alibert, qui n'ont retiré de ce médicament tant vanté que des effets nuls ou prefque nuls, nous fommes forcé, finon de nier l'authenticité des premiers faits, du moins de nous prémunir contre les éloges donnés à ce médica- ment, & furtout contre les réfultats qu'on feroit en droit d'en attendre; d'ailleurs, l'écorce d'an- gufture, comme médicament exotique, étant auffi rare & tout auffi cher que le quinquina, & les propriétés de l'écorce du Pérou étant beaucoup

plus connues & fes effets plus certains, on devra, dans tous les cas, lui accorder la préférence.

Quant à la manière d'adminiftrer l'écorce d'an- gufture, fi on la fait prendre en poudre, la dofe ordinaire eft de douze à quinze grains dans quel- ques cuillerées de vin blanc légèrement étendu d'eau : dofe que l'on répète deux ou trois fois par jour. L'infufion fe fait en mettant une demi- once de poudre d'angufture dans une livre d'eau bouillante, & en l'y laiffant infufer pendant deux heures : elle fe donne par cuillerée à bouche de deux heures en deux heures. La décoction fe fait avec la même quantité d'angufture, que l'on laiffe bouillir feulement pendant un quart-d'heure dans une livre d'eau; elle s'adminiftre comme l'infufion. M. Valentin a furtout préconifé l'emploi de la tein- ture d'écorce d'angufture préparée avec le vin de Madère ou de Ténériffe. M. Wilkinfon a propofé un électuaire compofé ainfi :

24. Poudre d'écorce d'angufture.....	ʒß
Poudre de cannelle............	ʒjß
Sirop de fucre..............	qs

Cet électuaire eft d'un goût fort agréable; mais on en fait rarement ufage parce qu'il fatigue l'ef- tomac & les inteftins.

ANGUSTURE FAUSSE ou FERRUGINEUSE. Cette écorce, que l'on connoît auffi fous le nom d'angufture fine, nous vient, comme la précé- dente, de l'Amérique méridionale. Les natura- liftes ne font pas bien d'accord fur l'arbre qui la fournit. Les uns penfent que c'eft l'écorce du bru- cea antidyfenterica ou ferruginea de l'Héritier; d'autres, trompés fans doute par l'analogie qui exifte entre les propriétés de ce médicament & la noix vomique, & la fève de St.-Ignace, croient qu'elle eft fournie par une efpèce du genre Strychnos, & peut-être même par le ftrychnos colubrina, dont le tronc fournit le bois de couleuvrée. Cependant, malgré les rapports qui exiftent entre le mode d'action de l'écorce de fauffe angufture & les ftrychnos, rapports qui fembleroient donner quel- que probabilité à cette dernière opinion, elle ne fauroit être admife, attendu que la fauffe anguf- ture nous vient du nouveau continent de l'Amé- rique, tandis que les deux arbres auxquels on la fait appartenir tirent leur origine de l'ancien monde; le premier de l'Afrique, & le fecond de l'Inde, & plus particulièrement de l'île de Java.

Quoi qu'il en foit, l'écorce de fauffe angufture eft affez communément répandue dans le com- merce, & fort fouvent mélangée avec l'angufture vraie; elle eft cependant plus épaiffe, plus dure, & fi fa couleur eft à peu près la même, fa fubftance eft plus compacte : elle eft fans odeur. Elle dif- fère encore de l'angufture vraie par fa faveur extrêmement amère, qui ne laiffe pas, comme elle, un fentiment de chaleur & de picotement à l'extrémité de la langue. La poudre d'écorce de fauffe angufture préfente quelques différences fuivant l'état de l'épiderme, mais en général elle eft d'un blanc-jaunâtre.

MM. Pelletier & Caventou, qui ont fait l'analyfe de l'écorce de fauffe angufture, ont obtenu pour réfultat, de l'acide gallique combiné avec un alcali nouveau, auquel ils ont donné le nom de *brucine*, une matière graffe, beaucoup de gomme, une matière colorante, jaune, femblable à celle que l'on retire de la noix vomique, beaucoup de ligneux & quelques parcelles de fucre.

Il réfulte des expériences faites fur les animaux par MM. Pelletier & Caventou, & furtout de celles du profeffeur Orfila & de quelques obfervations recueillies par MM. Marc & Emmert fur les effets de l'écorce d'angufture fur l'homme : 1°. que cette fubftance eft très-vénéneufe pour l'homme (1), les mammifères en général, les oifeaux, les poiffons & les reptiles, lorfqu'on l'applique fur les membranes muqueufes, les bleffures, la plèvre, le péritoine, &c.; 2°. qu'il en eft de même des extraits aqueux ou alcooliques de fauffe angufture, ainfi que de la matière jaune préparée par M. Planche; 3°. qu'elle eft inerte ou très-peu active quand on la met en contact avec les nerfs, les tendons ou l'épiderme non léfé; 4°. que c'eft à la brucine que l'on doit attribuer les propriétés vénéneufes de ces divers compofés, & que fi la matière jaune amère eft plus active que l'écorce pulvérifée, c'eft parce qu'elle contient beaucoup plus de brucine fous un volume donné; 5°. que ce poifon agit fur l'économie animale à la manière de la noix vomique & de la fève de Saint-Ignace, mais avec beaucoup moins d'intenfité, puifque, fuivant MM. Pelletier & Caventou, l'action de la brucine, qui eft à l'écorce de la fauffe angufture comme la ftrychnine eft à la noix vomique, eft douée d'une action douze fois environ moins énergique que celle de la ftrychnine (2); 6°. qu'après la mort des animaux les mufcles involontaires confervent encore leur irritabilité, lorfque les mufcles volontaires n'en donnent plus aucun figne.

D'après le mode d'action de l'écorce d'angufture, on pourroit l'employer comme fuccédanée de la noix vomique & de la fève de Saint-Ignace, mais on lui a de tout temps préféré la noix vomique. Cependant, comme il eft bon de favoir reconnoître une fubftance auffi délétère, qui d'ailleurs eft fouvent mélangée à l'angufture vraie, nous donnons pour terminer cet article les moyens que M. Guibourt indique pour la bien reconnoître.

(1) Voyez *Journal de Pharmacie*, tom. II, pag. 507, année 1816. — *Obfervation rapportée par M. le D^r. Marc.*
(2) Voyez *Journal de Pharmacie*, tom. V, année 1819.

Si on agite pendant quelques minutes de la poudre de fauffe angufture avec de l'eau aiguifée d'acide hydrochlorique, on obtient une liqueur jaunâtre qui, par l'addition de l'hydro-cyanate ferruré de potaffe, devient verte & laiffe dépofer, au bout de quelque temps, du bleu de Pruffe.

La diffolution aqueufe de cette écorce rougit à peine la teinture de tournefol; elle trouble légèrement le fulfate de fer, auquel elle communique une couleur vert-bouteille; l'hydro-cyanate ferruré de potaffe y fait naître un léger trouble, & le mélange devient verdâtre par l'addition de l'acide hydrochlorique; enfin, la potaffe, en petite quantité, lui communique une couleur vert-bouteille, qui paffe à l'orangé foncé par l'addition d'une nouvelle quantité d'alcali, la liqueur confervant toujours fa tranfparence. Au contraire, la *diffolution aqueufe* d'angufture vraie détruit la teinture de tournefol, fournit, avec le fulfate de fer, un précipité gris-blanchâtre très-abondant, foluble dans un excès de fulfate de fer, & n'eft point troublée par l'hydro-cyanate ferruré de potaffe, à moins qu'on ajoute de l'acide hydrochlorique, car alors elle donne un précipité jaune très-abondant; enfin, la potaffe cauftique la fait paffer à l'orangé-verdâtre, & y détermine un précipité, quelle que foit la quantité d'alcali employée. (CH. H.)

APALACHINE. (Bot., Mat. médic.) Ilex vomitoria, Aiton. Plante de la famille des Frangulacées & de la Tétrandrie tétragynie, à laquelle on a auffi donné les noms de *caffine de Caroline* & de *thé des Apalaches*, parce que dans le pays on fubftitue fes feuilles à celle du thé : ufage qui eft peu d'accord avec la propriété vomitive que l'on feroit tenté de leur attribuer d'après le nom fpécifique de l'arbriffeau qui les porte; auffi, d'après M. Augufte de Saint-Hilaire, paroît-il que le véritable thé des Apalaches eft la feuille d'une efpèce nouvelle d'*ilex* qu'il a nommé *paraguenfis*. (R. P.)

APHORISME. Αφορισμος, du verbe αφοριζω, féparer, diftinguer; difcours féparé, diftinct. Selon Galien, l'aphorifme eft un difcours qui explique le plus fucincternent poffible toutes les propriétés d'une chofe. Heurnius définit l'aphorifme une fentence générale & grave, courte & vraie.

Les aphorifmes d'Hippocrate, que tous les médecins admirent pour la profondeur & la juftefie des maximes qui offrent en peu de mots le réfultat d'une multitude d'obfervations, préfentent les caractères tracés par Heurnius. Après Hippocrate, plufieurs médecins ont fuivi fon exemple; les plus célèbres font : Sanctorius (*Ars de medicina ftatica*), Boërhaave (*Aphorifmi de cognofcendis & curandis morbis*), Scardona (*Aphor. de cogn. &*

curandis morb.), Stoll (*Aphor. de cogn. & cur. febribus*), Mauriceau (*Aphorifines fur les maladies des femmes*). Sans avoir pour ces ouvrages un refpect aveugle, on ne peut s'empêcher d'en admirer la profondeur & de reconnoître dans leurs auteurs une puiffance de génie qu'on chercheroit inutilement, ou qu'on rencontreroit rarement de nos jours, tant il eft difficile de faifir avec fagacité & juftelle ces grands rapports, & furtout de les exprimer avec la clarté & la concifion convenables. (Ch. H.)

APOMYPTOSE. (*Pathol.*) Nom donné par Sauvages a à une maladie dont les caractères principaux font une forte de ronflement & un tremblement confidérable de la tête. Il dérive du mot grec απομυξω, ronfler. (R. P.)

ARENG. (*Bot.*, *Mat. médic.*) Genre de plantes de la famille des Palmiers & de la Polyandrie trigynie de Linné. Une feule efpèce, l'*A. faccharifera*, croît aux Molùques & à la Cochinchine. Elle fournit une fève fucrée & abondante dont on retire une forte de fucre de couleur brune, que les naturels appellent *gaula - itan*, & qu'ils fubftituent au fucre de canne. L'écorce du fruit de ce végétal contient un fuc âcre & corrofif analogue à celui de la noix d'acajou. On retire du fagou des tiges de ce palmier. (R. P.)

ARISTOLOCHIÉES (Famille des). (*Bot.*, *Mat. médic.*) Le caractère le plus faillant que l'on puiffe attribuer aux racines des plantes de cette famille eft une propriété légèrement tonique. Toutes effectivement font amères, mais à des degrés différens, & dans le nombre il en eft qui, comme la racine de l'*afarum europæum*, poffèdent quelques propriétés émétiques : d'après cela, on conçoit que dans certaines circonftances elles ont pu utilement être adminiftrées avec fuccès comme fébrifuges & emménagogues. Quant à la propriété d'être alexitère attribuée à plufieurs de ces racines, elle eft probablement moins un réfultat de l'expérience que celui de quelques obfervations inexactes ou incomplètes.

Le cabaret, la ferpentaire de Virginie & les diverfes efpèces d'ariftoloches appartiennent à cette famille. (R. P.)

ASPARAGINE, (*Chim. végét.*) Subftance folide, incolore, découverte par MM. Vauquelin & Robiquet dans le fuc de l'afpergé. Ce principe immédiat des végétaux, que ces chimiftes ont nommé *afparagine*, n'a été jufqu'à préfent reconnu que dans les jeunes pouffes de l'*afparagus officinalis*, & c'eft inutilement que M. Dubourg l'a cherché dans la racine de cette plante : cependant, depuis ces premières recherches, on a trouvé l'afparagine dans les racines de guimauve,

dans celles de réglifle, de grande confonde, & dans quarante-fept variétés de pommes de terre. Cette fubftance, qui ordinairement a une faveur fraiche, naufabonde, & provoque la fécrétion de la falive, fe prépare en foumettant le fuc d'afperges à l'action du feu, pour coaguler l'albumine qu'il contient, puis, après l'avoir filtré & concentré, on l'abandonne à l'évaporation fpontanée. Dans l'efpace de quinze à vingt jours il fe forme deux fortes de criftaux : les uns font durs, caffans & de forme rhomboïdale ; les autres aiguillés & peu confiftans. Les premiers contiennent l'afparagine, & il fuffit de les faire diffoudre, puis criftallifer, pour obtenir cette fubftance dans fon plus grand état de pureté ; les feconds criftaux paroiffent être une fubftance analogue à la *mannite*.

Soumife à l'action du feu, l'afparagine fe décompofe à la manière des fubftances végétales. (R. P.)

ASPARAGINÉES (Famille des). (*Bot.*, *Mat. médic.*) Les racines de falfepareille & de fquine font les médicamens les plus remarquables que fournit cette famille ; l'afperge, les diverfes efpèces de muguet, le petit houx, & l'*herbe à Pâris*, qui lui appartiennent également, ont en général des propriétés affez peu énergiques ; en forte qu'on peut regarder la famille des Afparaginées comme une de celles dans lefquelles fe trouvent être groupés des végétaux, dont les propriétés font peu propres à faire reffortir les rapports qui peuvent exifter entre les formes botaniques & les propriétés médicinales. (R. P.)

ASTRAGALE. (*Bot.*, *Mat. médic.*) Genre de la Diadelphie décandrie de Linné & de la famille des Légumineufes. Les efpèces les plus remarquables de ce genre font, 1°. l'*aftragalus ammodytes*, qui croît en Sibérie, & dont les racines fucrées pourroient être fubftituées à celles de la réglifle.

2°. L'*aftragalus bœticus*, dont les graines, par la torréfaction, contractent une amertume qui les a fait fubftituer au café.

3°. L'*aftragalus exfcapus*, qui, en 1786, fut propofé par Quarin contre les affections vénériennes invétérées. L'expérience n'ayant point juftifié les réfultats indiqués par ce médecin, cette plante eft aujourd'hui abandonnée.

4°. L'*aftragalus tragacantha*, qui produit la gomme adraganth, eft fans contredit la plus remarquable & la plus utile des efpèces du genre *Aftragalus*. (R. P.)

ATROPINE. (*Chim. végét.*) La belladone, d'après M. Brandes, contient un principe alcalin auquel cette plante paroît être redevable de fes propriétés narcotiques. Cette fubftance, qu'il a nommée *atropine*, eft blanche, infipide, bril-

lante, criftallifée en aiguilles ou en prifmes incolores & tranflucides. Elle eft infoluble dans l'eau
& l'alcool à froid; peu foluble dans l'eau chaude
& dans l'alcool bouillant, d'où elle fe précipite par le refroidiffement. L'éther n'agit que
foiblement fur elle : elle forme, avec les acides
fulfurique, nitrique, acétique & oxalique, des
fels criftallifables toujours un peu acides, & dont
quelques-uns font déliquefcens.

Suivant M. Pauquy (1), l'atropine exifte non-
feulement dans les feuilles, mais encore dans la
racine de la belladone. Ce médecin dit l'avoir
auffi extraite des tiges de la pomme épineufe,
de la jufquiame & de la morelle. Au furplus,
l'énergie de cet alcaloïde paroît être fort grande,
puifqu'en en faifant diffoudre un atome dans une
once d'alcool, une goutte de cette folution fuffit
pour dilater la pupille d'une manière étonnante.

Cette fubftance eft, au refte, encore peu connue, & même quelques chimiftes conteftent fon
exiftence dans plufieurs préparations de belladone,
dont on avoit penfé qu'elle étoit le principe actif.
(R. P.)

ATTEINTE. (*Art vétér.*, |*Pathol.*) Sorte de
contufion avec ou fans plaie que le cheval fe fait
avec le fer d'un autre pied, ou qui a lieu lorfqu'il
eft frappé par un autre cheval. L'atteinte eft *encornée*, *fourde*, *fimple* ou *compliquée*. Dans le
premier cas, fon fiége eft à la couronne; dans le
fecond, c'eft une fimple contufion, & dans les
autres fon influence s'étend à des parties profondes. (R. P.)

ATYPIQUE. (*Path.*) Privé de type ou erratique. Épithète fervant à caractérifer quelques
maladies périodiques, & furtout certaines fièvres
intermittentes dont les accès ne préfentent aucune
régularité. (R. P.)

AUDITION. (*Phyfiol.*) *Auditio*, du verbe
audire, entendre. Senfation qui nous fait percevoir les fons. On diftingue deux efpèces d'au-
ditions, l'audition proprement dite, ou paffive,
qui confifte à *entendre* les fons qui viennent
frapper notre oreille; & l'audition active, qui
eft l'action d'*écouter*. C'eft cette dernière à laquelle on donne auffi le nom d'*aufcultation*.
(*Voyez* Oreille, tom. XI, pag. 166.)
(Ch. H.)

AUGMENT (*Pathol.*), de *augere*, augmenter, *incrementum*. C'eft ainfi que l'on appelle,
dans le cours d'une maladie, la période pendant
laquelle la maladie fait des progrès. Suivant quelques auteurs, l'augment n'eft que la feconde pé-

riode de la maladie; felon d'autres, qui n'admettent pas de période d'invafion, elle eft confidérée
comme première période, & fe confond avec cellé-
là pour n'en former qu'une qui comprend le temps
qui s'écoule depuis l'*invafion* jufqu'à l'*état* ou
période de *flafe*. (Ch. H.)

AURA. (*Phyfiol.*, *Pathol.*) Mot latin introduit dans notre langue, & qui fignifie *fouffle*, vapeur *fubtile*. Van-Helmont nommoit le principe
vital *aura vitalis*; d'autres ont appelé *aura femi-
nalis* un principe émané de la liqueur fpermatique
& propre, fuivant eux, à opérer la fécondation;
d'autres encore ont appelé du nom d'*aura fanguinis* la vapeur qui s'exhale du fang; enfin, on a
donné le nom d'*aura epileptica* à une forte de
frémiffement et de tintement douloureux qui,
commençant dans une partie quelconque du corps,
femble fe propager vers le cerveau, & qui précède,
chez quelques malades, les attaques d'épilepfie
& d'hyftérie. (*Voyez* ces mots.) (Ch. H.)

AURANTIACÉES (Famille des). (*Bot.*, *Mat.
méd.*) Les végétaux de cette famille font remarquables par le tiffu compacte de leur bois, & par la quantité d'huile aromatique, excitante & amère, que
contiennent les véficules des feuilles, les pétales
des fleurs & l'écorce des fruits. Ces derniers font
des baies à plufieurs loges renfermant plufieurs
graines environnées d'une pulpe toujours plus ou
moins acide, dont on fait un fréquent ufage dans
le fcorbut. (R. P.)

AUTOMATIQUE. (*Pathol.*) *Automaticus*,
de αυτοματος, fpontané. On donne, en médecine,
le nom d'*automatiques* aux mouvemens que les
malades exécutent fans but & fans volonté; ils
diffèrent des mouvemens convulfifs en ce que les
contractions font modérées dans les premiers, &
qu'on peut facilement s'en rendre maître, c'eft-
à-dire momentanément, tandis qu'il eft toujours
difficile, pour ne pas dire impoffible, de réprimer les mouvemens convulfifs, tant la contraction
mufculaire eft violente. (Ch. H.)

AVENNES (Eaux minérales d'), petit village
de France dans l'arrondiffement de la ville de
Lodève, département de l'Hérault. La fource minérale eft dans un vallon, & jaillit avec rapidité
par divers filets. L'eau eft tiède, n'a point d'odeur
fenfible; fa faveur eft légèrement fade. Elle paffe
pour diurétique, & eft depuis long-temps employée par les médecins de Montpellier contre les
maladies de la peau & les ulcères atoniques des
jambes. D'après l'analyfe de M. St.-Pierre (1),

(1) Thèfes de Paris, années 1825, no. 52.

(1) *Effai fur l'analyfe des eaux minérales.* Montpellier,
1809, in-4°., pag. 63.

l'eau

l'eau d'Avennes paroît ne contenir qu'une très-foible quantité de matières salines, telle que carbonate de chaux & de magnésie, sulfate de soude & de chaux, hydrochlorate de chaux & de magnésie.

Les eaux minérales d'Avennes sont très-fréquentées. On les administre sous forme de bains & en boissons, à la dose de plusieurs verres dans la matinée à jeun, & pendant une quinzaine de jours : c'est ordinairement dans le mois de juin que l'on commence à en faire usage. (R. P.)

AYA-PANA. (Bot., Mat. médic.) Plante de la famille des Corymbifères & de la Syngénésie de Linné. Les tiges sarmenteuses de l'aya-pana ont une couleur rouge plus ou moins foncée. Leur odeur est légèrement aromatique, & leur saveur un peu balsamique. Cette plante croît naturellement au Brésil, où elle jouit, comme antiscorbutique, hydragogue & alexipharmaque, d'une telle réputation, que le capitaine Baudin crut rendre un service signalé en la naturalisant aux îles de France & de Bourbon. Malheureusement l'expérience n'a point confirmé ce que les voyageurs avoient avancé relativement aux propriétés médicinales de l'ayapana, & la racine de cette plante n'a point davantage guéri les malades qui y ont eu recours, qu'elle n'a pu empêcher de mourir les animaux empoisonnés avec la noix vomique ou avec l'arsenic.

(R. P.)

B

BACTRIS. (Bot., Mat. médic., Hyg.) Genre de la famille des Palmiers, voisin de celui des Cocotiers. L'une de ses espèces, le bactris minor de Jacquin (cocos guineensis de Linné), vient à la Guiane, & ses fruits, dont la grosseur n'excède point celle d'une cerise, peuvent, lorsqu'ils sont mûrs, être mangés ou servir à préparer une boisson fermentée. (R. P.)

BADE (Eaux minérales de). Trois villes de ce nom possèdent des eaux minérales jouissant d'une certaine célébrité. L'une de ces villes est en Suisse, sur les bords de la Limmat, à quatre lieues de Zurich ; l'autre est en Souabe, à deux lieues environ de Rastadt ; & la troisième est dans la basse Autriche, à six lieues de Vienne.

Bade en Suisse. Les sources thermales sont à cinq cents pas de la ville, dans une vallée étroite & profonde. L'eau jaillit du fond d'un réservoir : reçue dans un verre, elle paroît claire & transparente, mais vue en masse, elle a une couleur légèrement opale. Son odeur est celle de l'hydrogène sulfuré, sa saveur est nauséabonde ; au toucher elle est comme savonneuse, & sa température est tellement élevée qu'on est obligé de

préparer le bain huit ou dix heures d'avance, afin de lui laisser le temps de se refroidir.

L'analyse a fait découvrir dans les eaux de *Bade* du gaz hydrogène sulfuré, de l'acide carbonique, des sulfates de soude & de magnésie, des carbonates de chaux & de magnésie, de l'hydrochlorate de soude, & une fort petite quantité de fer & de manganèse.

C'est ordinairement à l'extérieur que l'on fait usage de ces eaux thermales, & leur nature indique assez que c'est surtout dans les affections cutanées qu'il faut y avoir recours. La durée du bain est d'une heure environ ; quelques personnes cependant y restent pendant trois ou quatre heures de suite : enfin il en est qui, étant plongées dans l'eau, se font appliquer des ventouses sur diverses parties de la surface du corps ; pratique dont l'expérience a d'ailleurs justifié l'utilité. Mais on ne sauroit en dire autant du préjugé répandu dans le pays, qui attribue à ces eaux la propriété de faire cesser la stérilité des femmes.

Bade en Souabe. Ces eaux thermales, situées à un quart de lieue de la ville, sont claires & limpides ; leur goût est légèrement acide & salé. La température des diverses sources varie de 45 à 60 degrés cent. Analysées en 1794 par le Dr. Krapf, il a reconnu qu'elles contenoient du gaz hydrogène sulfuré, du sulfate de soude, des hydrochlorates de chaux, de magnésie & de soude, &c.

On fait usage de ces eaux à l'intérieur & à l'extérieur. On les emploie sous forme de bains, de douches & de vapeurs, & l'on fait aussi des applications de leurs boues. Suivant les Drs. Krapf & Freidlander, c'est particulièrement contre les éruptions chroniques, les affections arthritiques, rhumatismales & paralytiques, les obstructions des ulcères abdominaux, l'aménorrhée, &c., que ces eaux thermales se sont montrées efficaces.

Bade en basse Autriche. Cette ville possède un établissement de seize sortes de bains désignés par les noms suivans : 1°. Les bains d'origine ou *fondamentaux* ; 2°. les *bains de Marie-Thérèse* ; 3°. le *bain du Duc* ; 4°. le *bain dit Antonibad* ; 5°. le *bain des femmes* ; 6°. le *bain-neuf* ; 7°. le *bain de Joseph* ; 8°. le *Perequinusbad* ; 9°. le *bain de Pierre* ; 10°. les *bains Dengelsburg* ; 11°. le *Sauerbad* ; 12°. le *bain des pauvres* ; 13°. le *bain de Saint-Jean* ; 14°. le *Guttenbrunnen* ; 15°. le *bain de Marie Zeller* ; 16°. le *bain de la Sainte-Croix.*

Ces eaux ont une couleur légèrement laiteuse, une odeur analogue à celle de l'hydrogène sulfuré, & une saveur désagréable, salée & un peu acide. Elles déposent une matière saline nommée *sel de Baden*, & leur température s'élève de 34 à 36 deg. cent. ; néanmoins celle du bain nommé *Perequinusbad* n'est que de 28 deg. environ. Ces eaux, dont les propriétés médicinales ne diffèrent point de celles de *Bade* en *Suisse* & en *Souabe*, portent

Dddd

le même nom , & font employées en boissons ; & surtout sous forme de bains. L'analyse chimique y a fait découvrir du gaz hydrogène sulfuré, des sulfates de soude, de chaux & de magnésie, des hydrochlorates de soude & d'alumine, des carbonates de chaux & de magnésie, &c. (R. P.)

BAILLOU (Guillaume de) (*Biogr. médic.*), naquit à Paris vers l'année 1538. Livré dès sa plus grande jeunesse à l'étude du grec & du latin, il se fit remarquer par la rapidité de ses progrès, & même pendant quelque temps il enseigna avec beaucoup d'éclat les belles-lettres dans le collège de Montaigu. Bientôt entraîné par son goût pour la médecine, Baillou se livra exclusivement à l'étude de cette science , & en 1570 il fut reçu docteur de la Faculté de Paris, dont dix ans plus tard il devint le doyen. A cette époque, une fièvre pestilentielle ravageoit la capitale ; Baillou, dans cette circonstance malheureuse , ne laissa échapper aucune occasion d'être utile à ses concitoyens & à la science en observant l'épidémie & en cherchant à en reconnoître la nature.

Ce médecin , que la facilité avec laquelle il argumentoit fit surnommer le *fléau des bacheliers*, avoit été élève de Houllier, de Fernel & du célèbre Duret: il avoit puisé dans les leçons de ses maîtres le goût de la médecine grecque, dont on retrouve tous les caractères dans les nombreux ouvrages : aussi lui a-t-on peut-être , sans raison suffisante , reproché d'avoir trop marché servilement sur les pas des Anciens. Une erreur plus réelle, celle d'avoir confiance dans l'astrologie judiciaire, appartient moins à Baillou qu'à l'époque où il vécut, encore ne fut-elle point sans quelques avantages, puisqu'elle le conduisit à rechercher dans les constitutions atmosphériques, les causes évidentes ou cachées des maladies propres à chaque saison & à chaque climat.

Baillou, en 1601 , fut choisi par Henri IV pour être premier médecin du dauphin ; mais il ne put renoncer aux charmes d'une vie privée & consacrée tout entière à l'étude : aussi, jusqu'en 1616, époque de sa mort, ne cessa-t-il de travailler à des ouvrages qui, plus tard, ont été publiés par ses deux neveux, Simon Le Letier & Jacques Thevart, sous le titre de :

Baillonii opera medica omnia. Paris, 1635, 4 vol. in-4°. Plusieurs autres éditions de ce recueil ont été imprimées depuis, entr'autres celles dont on est redevable à Tronchin. Genève, 1752, 2 vol. in-4°.

(*Extr. de la Biogr. médic.*) (R. P.)

BALDINGER (Ernest Godefroy) (*Biogr. méd.*), célèbre médecin du dix-huitième siècle, naquit le 13 mai 1738, à Gross-Vargula, près d'Erford. Un voeu de son grand-père l'avoit d'abord destiné à

l'état ecclésiastique dans la communion luthérienne; mais quelques circonstances particulières ayant fait naître en lui le goût de la médecine , son père fut bientôt obligé de céder à ses désirs, & en 1754 il l'envoya à Erford ; où il étudia sous les professeurs les plus célèbres de cette Université : plus tard, Baldinger fréquenta les écoles de Halle & d'Iéna , où il fut reçu docteur en 1760. Immédiatement après il se livra à l'enseignement particulier ; puis, durant la guerre de sept ans, il fut attaché aux hôpitaux militaires de l'armée- prussienne , sans que les nombreuses occupations que lui imposoient ces nouveaux devoirs, pussent le distraire de l'étude. En 1768, on lui offrit la troisième place de professeur à l'Université d'Iéna, & l'année suivante la mort du célèbre Kaltschmid le fit passer à la seconde chaire. En 1773, cédant aux instances de ses amis, il accepta la place de professeur de médecine & de directeur de l'Institut clinique de Goettingue. Plus tard, le landgrave de Hesse-Cassel, Frédéric II , lui donna le titre de premier médecin de la cour & de directeur de tous les établissemens de médecine. En 1785 , le landgrave Guillaume IX, pour rendre à l'Université de Marbourg toute la splendeur dont elle avoit joui autrefois, lui envoya Baldinger, qui, par son activité, contribua à faire de nombreuses améliorations dans cette Université , en faisant élever un nouvel amphithéâtre d'anatomie, en agrandissant le jardin de botanique, en établissant un laboratoire de chimie, & en fondant une école vétérinaire & une école pour les sages-femmes. C'est au milieu de ces occupations utiles que la mort vint le frapper le 21 janvier 1804.

Baldinger a laissé un grand nombre d'ouvrages dont les principaux ont été indiqués avec soin extrême dans la *Biographie médicale*, d'où nous avons extrait cet article. (R. P.)

BALLONNEMENT (*Pathol.*) Nom sous lequel on désigne la distension considérable que produisent, dans l'abdomen , les gaz accumulés dans le conduit digestif. Le ballonnement est toujours symptomatique, tandis que la tympanite, que l'on pourroit confondre avec lui, est essentielle.

(R. P.)

BAQUOIS. (*Bot.*, *Mat. méd.*) Genre de plantes de la Diœcie monandrie de Linné, servant de type à la famille des Pandanées, & connu sous le nom scientifique de *pandanus*. Ce sont des arbrisseaux qui croissent en Afrique, & dont les feuilles ressemblent à celles de l'ananas. Les fleurs mâles de l'une des espèces (le *pandanus odoratissimus*) sont très-recherchées en Egypte à raison de leur odeur, & on les emploie pour la parure des femmes & l'ornement des appartemens. Avant leur maturité, les fruits de cette espèce sont regardés comme emménagogues ; & lorsqu'ils sont mûrs, ils contiennent une affez grande quantité de fécule. (R. P.)

BAROMACROMÈTRE (Accouchement). Ce mot, compofé des mots grecs βαρος, poids, μακρος, long, & μετρον, mesure, fert à défigner un inftrument inventé par le Dr. Stein pour déterminer la longueur & le poids d'un enfant nouveau-né.
(R. P.)

BARYTE. (Chim.) Barote, terre pefante (protoxyde de baryum). Baryta, de βαρος, pefanteur. La baryte, regardée pendant long-temps comme une fubftance alcaline terreuse, eft formée, fuivant les expériences de M. Davy, d'oxygène & d'un métal auquel on a donné le nom de baryum. La baryte ne fe rencontre pas dans la nature à l'état de pureté, mais combinée foit avec l'acide carbonique, foit avec l'acide fulfurique. Elle eft folide, poreufe, d'une couleur grife; fa faveur eft très-cauftique, auffi elle verdit le firop de violette & rougit la teinture de curcuma. On ne l'emploie pas en médecine à l'état de pureté, néanmoins elle entre dans la compofition de l'hydrochlorate de baryte, dont on fe fert dans le traitement des affections fcrofuleufes; mais fon action fur l'économie animale eft fi meurtrière, indépendament de fes effets cauftiques, qu'elle produit des convulfions, même lorfqu'on l'applique fur le tiffu cellulaire: auffi ne doit-on en faire ufage qu'avec les plus grands ménagemens.

BARYUM. (Chim.) Métal qui peut s'unir à l'oxygène en deux proportions, & dont la découverte eft due à M. Davy. Le protoxyde eft la baryte; il décompofe l'eau à froid, s'empare de l'oxygène, forme de la baryte & l'hydrogène fe dégage. Il eft fans ufage en médecine.
(Cʜ. H.)

BASSORINE. (Chim.) Principe immédiat des végétaux, trouvé d'abord par Vauquelin dans la fubftance nommée gomme de baffora, & enfuite par M. Pelletier dans un grand nombre de gommes-réfines, & dans quelques fruits ou femences. La baffôrine eft infoluble dans l'eau froide & chaude, dans l'alcool, l'éther, les huiles & les acides foibles; l'acide hydrochlorique, dans un certain degré de concentration, la diffout, mais en lui faifant éprouver une forte d'altération qui tend à la rapprocher des gommes. L'acide nitrique très-concentré la convertit en acide oxalique. On obtient la baffôrine en traitant les fubftances qui en renferment, par les différentes menftrues qui, étant fans action fur elle, peuvent feulement enlever les fubftances qui l'accompagnent. C'eft ainfi, par exemple, qu'on peut l'extraire du bdellium & de quelques autres gommes-réfines, en les foumettant fucceffivement à l'action de l'alcool & de l'eau. La baffôrine réfifte à l'action diffolvante

de ces deux corps, & refte quelquefois mêlée avec des débris de fibres ligueufes: on la fépare de celles-ci en la mettant macérer dans de l'eau; alors elle fe gonfle, devient légère, & peut facilement être enlevée par décantation.

Si l'amidon fe rencontroit uni à la baffôrine, on le féparereit en traitant le produit par l'eau prefque bouillante.

La baffôrine ne paroît jouir d'aucune propriété marquée fur l'économie animale; auffi, jufqu'ici, n'a-t-elle pas été employée en médecine.
(Cʜ. H.)

BATTRE DU FLANC. (Art vétér., Pathol.) Périphrafe employée pour défigner un cheval qui eft effoufflé à la fuite du plus léger mouvement, & dont le thorax & l'abdomen préfentent, lors de l'infpiration, un développement confidérable.
(R. P.)

BÉCLARD (Pierre-Auguftin) (Biogr. médic.), profeffeur d'anatomie à la Faculté de médecine de Paris, chirurgien en chef de l'hôpital de la Pitié, membre titulaire de l'Académie royale de médecine, &c., naquit à Angers le 12 octobre 1785, de patens peu favorifés de la fortune, mais généralement eftimés. Béclard fit fes premières études à l'école centrale de fa ville natale; & fon père, qui, pour fubvenir aux befoins d'une nombreufe famille faifoit le commerce de mercerie, ne fongeoit à faire embraffer à fon fils aîné d'autre profeffion que la fienne. Cependant fes heureufes difpofitions & le goût de l'étude que montra de bonne heure le jeune Béclard, & que l'on confeilla aux parens de cultiver, les déterminèrent à lui laiffer fuivre fa vocation; il affifta donc aux cours d'inftruction médicale établis à l'Hôtel-Dieu d'Angers, où il fit des progrès tellement rapides que, dès la première année, il fut reçu interne à l'hôpital, où il refta quatre ans. La botanique eut fes premiers hommages, & il remporta plufieurs des prix d'hiftoire naturelle qui étoient diftribués au jardin des plantes d'Angers. Cependant Bichat étoit à l'apogée de fa gloire; le bruit de fes travaux, la réputation de ce célèbre phyfiologifte remuèrent l'âme du jeune Béclard, qui quitta bientôt Angers pour fe rendre à Paris où l'attendoient de nouveaux fuccès. Hélas! il étoit loin de preffentir que fa deftinée dût avoir tant de rapport avec celle de Bichat.

Ce fut en 1808 que Béclard vint à Paris pour fuivre des études qu'il n'avoit pour ainfi dire qu'ébauchées. Il n'eut pas long-temps à fouffrir de la médiocrité de fa fortune, car les concours lui ouvrirent bientôt les hôpitaux de cette ville, & les prix qu'il obtenoit chaque année à l'école pratique établie dans le fein de la Faculté de médecine de Paris, le fignaloient déjà comme l'élève le plus diftingué de cette école. En 1811, il fut nommé profeffeur, & peu de temps après

Dddd 2

la place de chef des travaux anatomiques étant venue à vaquer, Béclard l'emporta sur des compétiteurs redoutables, & déjà, dans ce concours, il auroit étonné ses juges par l'éclat et la maturité de son talent, s'il n'en eût pas déjà été connu. C'est de cette époque que date la carrière publique de Béclard. Il succédoit à M. Dupuytren, & il soutint avec honneur un parallèle aussi dangereux. En 1815, un nouveau concours ouvert pour la place de chirurgien en second de l'Hôtel-Dieu lui donna de nouveau l'occasion de signaler l'étendue de ses connoissances, & il n'en retira pas moins d'honneur qu'aux concours précédens, bien qu'il n'en sortît pas vainqueur : ce fut M. Marjolin qui l'emporta ; mais la palme parut avoir été assez disputée pour qu'on crut devoir donner à Béclard en compensation la place de chirurgien de l'hôpital de la Pitié. Dans cet hôpital, comme dans l'hospice de l'Ecole & à la maison royale de santé, où il remplaçoit souvent M. Dubois son beau-père, il montra ce que la connoissance approfondie de l'anatomie, jointe à une dextérité naturelle & à un sang-froid imperturbable, donne d'avantage & de supériorité à un opérateur. En effet, personne ne porta plus loin que Béclard la précision dans le manuel des opérations, & plusieurs faits attestent qu'il étoit doué de ce génie chirurgical qui fait s'affranchir des règles & créer au besoin des procédés opératoires. On le vit, pour n'en citer qu'un exemple, dans un cas d'amputation partielle d'un pied atteint de carie, improviser un procédé opératoire devenu nécessaire par les progrès imprévus de la maladie (1).

Tous les vœux portoient Béclard à la Faculté de médecine, & en 1818 il fut appelé, par le choix de la Faculté, à la chaire d'anatomie qui y devint vacante quand M. Duméril passa à celle de pathologie interne : dès-lors il se livra tout entier à l'enseignement. Doué de la conception la plus prompte & la plus étendue, du jugement le plus sain & le plus méthodique, de la mémoire la plus heureuse, d'une élocution remarquable par la précision & le choix heureux des expressions, on conçoit facilement quel avantage il dut retirer de ces qualités dont la réunion est si rare ; aussi l'entrée de Béclard dans la Faculté de médecine fut-elle un événement d'autant plus remarquable que cette école, composée en général d'hommes moins célèbres par leurs succès dans l'enseignement que par leurs travaux dans tout autre genre, manquoit de professeurs, surtout depuis que l'ordonnance de fermeture des amphithéâtres particuliers d'anatomie avoit porté un coup mortel à l'enseignement. Quelques cours faits à l'Ecole ou dans d'autres établissemens consacrés aux sciences ont pu attirer l'attention par les talens oratoires ou par quelqu'autre qualité des professeurs, mais aucun ne pourra effacer ceux dont Béclard nous a laissé le souvenir. L'intérêt de ses leçons reposoit uniquement sur la richesse & la beauté de la science qu'il exposoit avec simplicité ; car le professeur disparoissoit en quelque sorte derrière l'objet qu'il démontroit. On se fera une idée de la difficulté & de l'importance des leçons de ce professeur quand on saura que chacune d'elles coûtoit quatre ou cinq heures de préparation à un homme qui, avec toutes les qualités qui le distinguoient, se livroit depuis plusieurs années au même genre d'exercice. Il fut amplement récompensé de son dévouement par les succès extraordinaires qu'il obtint, & par l'enthousiasme universel qu'il excita parmi les élèves qui affluoient à ses leçons.

L'Ecole de Paris ne jouit pas long-temps de l'éclat que répandoit sur elle son jeune professeur d'anatomie. Déjà l'assiduité du travail prolongé avoit altéré la santé de Béclard ; depuis long-temps il avoit ressenti les symptômes d'une inflammation chronique de l'estomac, quand les mêmes causes déterminèrent, dans le commencement de mars 1825, le développement d'une affection cérébrale aiguë, précédée ou accompagnée d'un érysipèle à la face, affection à laquelle il succomba le 16 mars après onze jours de maladie, malgré les soins les plus éclairés de l'art & de l'amitié.

Dans les premiers jours de sa maladie, & dans ceux où la rémission des accès laissa quelque liberté à son esprit, Béclard connut le danger de sa position, & il établit le diagnostic de sa maladie avec autant de précision qu'il en auroit apporté dans l'examen d'un cas ordinaire.

Epoux & père heureux, chéri de deux familles dont il étoit l'ornement & l'espoir, environné de toutes parts de l'estime & de la considération dues à son beau caractère & à son immense talent, Béclard sentit vivement tout ce qui l'attachoit à la vie, & l'indifférence eût été une ingratitude dont son cœur étoit incapable, mais il envisagea cependant avec fermeté la mort qu'il vit approcher.

La sollicitude générale dont il fut l'objet pendant sa maladie, la consternation publique que causa sa mort, font le plus bel éloge de Béclard. Les professeurs & les agrégés de l'Ecole de médecine, un nombre considérable de médecins de Paris, & plus de deux mille élèves, vinrent rendre les derniers devoirs à leur collègue, à leur ami, à leur maître. Les élèves se disputèrent l'honneur de porter tour à tour son cercueil jusqu'au lieu qui devoit recevoir sa dépouille mortelle ; &, malgré les instances qui leur furent

---

(1) Béclard est l'auteur de plusieurs procédés opératoires très-avantageux : tels sont, entr'autres, la méthode de guérir la fistule du conduit parotidien ; plusieurs procédés d'amputation partielle du pied, de désarticulation des os du métacarpe, d'amputations des membres dans l'articulation de la hanche & de l'épaule, l'extirpation de la parotide. On fait aussi que Béclard est, avec Chaussier, l'auteur de la taille bilatérale, pratiquée avec tant de succès depuis quelques années.

faites, ils ne voulurent pas abandonner ce dépôt facré, & le char funèbre fuivit, inutile, le convoi, qui traverfa la plus grande partie de la capitale.

Le peuple, étonné d'une pompe fi extraordinaire où il ne découvroit pas les infignes de la puiffance, demandoit le nom de celui auquel on rendoit un hommage fi touchant; ce nom, infcrit fi honorablement dans les faftes de la fcience, lui étoit totalement inconnu. Cependant chacun répétoit, *c'eft le gendre de M. Dubois;* & la renommée populaire de cet homme fi juftement célèbre ajoutoit à la grandeur & à la trifteffe de la cérémonie.

Les élèves, arrivés au cimetière de l'Eft après deux heures de marche, dépofèrent leur précieux fardeau non loin du lieu où les difciples de Monge ont élevé un tombeau à cet homme illuftre. Ce pieux devoir n'a pas été la dernière marque de leur amour pour leur maître, ils ont voulu confacrer dans l'avenir, par un témoignage durable, le fentiment qui les animoit, &, du produit d'une foufcription remplie en partie par eux (1), ils lui élevèrent un monument funèbre.

Béclard fut un des plus favans anatomiftes de fon époque, & poffédda au plus haut degré le ta-

(1) Un des commiffaires chargés de diriger l'emploi des fonds deftinés à l'érection du monument à la mémoire de Béclard, reçut la lettre fuivante d'un médecin des Etats-Unis, que nous croyons devoir faire connoître en partie, parce qu'elle honore autant le caractère de celui qui l'a écrite que le fouvenir de l'homme dont la perte fe fait chaque jour fentir davantage.

Wafh'ngton, le 27 avril 1825.

« ..... Voici une fi douloureufe nouvelle que nous » annoncent les gazettes de Paris, que je ne me fens pas la » force de vous parler d'autre chofe; vous jugez qu'il » s'agit de la mort de M. Béclard. Nous l'apprenons en » même temps que fa maladie, dont nous ignorons la na-» ture, mais qui a dû être bien fubite & bien violente. » Perfonne ne fent, plus que moi, ce que la perte d'un » homme auffi habile, auffi recommandable doit apporter » d'affliction dans fa famille, chez fes amis; & quel vide » elle doit laiffer dans l'exercice d'une fcience dont il étoit » déjà le plus habile profeffeur. . . . . . . Vous étiez » l'ami de celui que nous regrettons tous, & à qui je de-» vois perfonnellement une véritable reconnoiffance (*). » J'ofe efpérer, Monfieur, que vous êtes auffi le nôtre, » & c'eft à ce double titre que je vous prie de vouloir bien » être, dans cette circonftance, l'interprète de nos fenti-» mens auprès de fa famille. J'apprends auffi que les élèves, » que les amis de M. Béclard ont l'intention de lui con-» facrer un monument; il me femble que j'ai le droit de » m'affocier à cette pieufe action, & je vous prie de me » faire comprendre pour la fomme de trois cents francs dans » la foufcription. Ce me fera une confolation de penfer que » j'aurai contribué à témoigner la haute eftime que mérite » une telle mémoire. »

(*) L'auteur de cette lettre avoit été opéré de la taille par Béclard : la guérifon étoit complète, & le malade put fortir huit jours après l'opération.

lent d'expofer fes vaftes connoiffances. Quoique par fes talens variés il eût pu prétendre à tous les genres de réputation, cependant fa place eft marquée parmi les profeffeurs éloquens qui ont fervi la fcience en la répandant, plutôt que parmi les auteurs originaux qui en ont reculé au loin les limites. Doué d'une conception rapide & étendue, d'un jugement fain, d'une mémoire prodigieufe, il a embraffé à la fois toutes les connoiffances médicales, & perfonne n'en a poffédé l'enfemble avec plus d'exactitude, & ne fut y appliquer une plus faine critique. L'amour de la fcience l'anima plus que celui de la gloire, & l'empêcha feul d'acquérir, aux yeux de la poftérité, des titres plus grands que ceux qu'il lui laiffa. Il n'a prefque fait fervir le rare talent d'obfervation dont il étoit pourvu qu'à juger les découvertes des autres : cependant, plufieurs de fes travaux atteftent ce qu'il auroit pu faire fi fes goûts ne l'euffent pas entraîné vers les recherches d'érudition. Il ne lui manqua qu'un peu de cette ambition fpéculative qui déborde le mérite réel de tant d'autres, pour acquérir & jouir d'une célébrité fupérieure à celle de certains auteurs foi-difant originaux, & pour que fon nom fût auffi connu que ceux des plus fameux chirurgiens du fiècle, dont il étoit l'égal par l'habileté. Du refte, n'oublions pas de dire ici qu'une mort prématurée l'empêcha d'arriver au but qu'il lui étoit donné d'atteindre. Tous les ouvrages fortis de la plume de Béclard portent le cachet d'un efprit jufte & qui poffède à un degré fupérieur toutes les qualités qui conftituent le grand obfervateur. En voici les titres :

Propofitions fur quelques points de médecine, in-4°. Paris, 1813. Cette differtation renferme l'examen & la folution de plufieurs queftions importantes d'anatomie, de phyfiologie & de thérapeutique chirurgicale.

Mémoire fur les fœtus acéphales. Paris, 1815, tom. IV & V des *Bulletins de la Faculté.* Béclard penfe que les acéphales ont éprouvé, au commencement de la vie intra-utérine, une maladie accidentelle qui a produit l'atrophie ou la deftruction de la moelle alongée & de la partie fupérieure de la moelle épinière; & que toutes les irrégularités apparentes que préfentent ces fortes de monftres font la conféquence naturelle & plus ou moins directe de cet accident.

Recherches & expériences fur les bleffures des artères, dans les *Mémoires de la Société médicale d'émulation,* t. VIII, 2e. part. Paris, 1817. Béclard apprécie les effets immédiats & confécutifs des diverfes léfions que les artères peuvent éprouver, & ceux de la ligature appliquée dans les divers cas.

Addition à l'Anatomie générale de Xavier Bichat, in-8°. Paris, 1821. Ces notes, que Béclard avoit d'abord recueillies pour être inférées dans une nouvelle édition de l'*Anatomie générale* de

Bichat, ont été réunies en un volume séparé servant de complément aux éditions antérieures.

Elémens d'anatomie générale, ou *Description de tous les genres d'organes qui composent le corps humain*, in-8°. Paris, 1823. Cet ouvrage est le résumé le plus concis & en même temps le plus complet que nous possédions des connoissances relatives à la science de l'organisation humaine.

Béclard a aussi publié, avec M. Jules-Cloquet, une traduction du *Traité des hernies* de Lawrence. Il avoit entrepris avec le même auteur la publication de l'*Anatomie de l'homme*, avec planches, mais il n'a fourni que l'introduction. Il a donné un grand nombre d'articles d'anatomie générale & descriptive pour le *Dictionnaire de Médecine* en vingt-un volumes. Beaucoup d'observations d'anatomie pathologique recueillies par lui sont insérées dans les *Bulletins de la Société de l'Ecole*. Ses recherches sur l'*embryologie* & sur l'*anatomie pathologique des nerfs* sont consignées, les premières dans la thèse soutenue en 1822 par son frère (*Essai sur l'embryologie*), & les autres dans celle de M. Jules Descot (*Dissertation sur les affections locales des nerfs*. Paris, 1822.)

Au moment où Béclard a été enlevé à la science il s'occupoit d'un traité d'*anatomie descriptive*, dont il n'a laissé que l'introduction. (CH. H.)

BÉGUIL. (*Hyg.*, *Mat. médic.*) Nom donné à un fruit de la grosseur d'une pomme, & dont la couleur, la chair & le goût rappellent assez la fraise. Il provient d'un végétal qui croît dans les bois de la *Siera-Leona*, sur les côtes orientales de l'Afrique; & quelques botanistes pensent que c'est une espèce d'arbousier. (R. P.)

BÉNIN, BÉNIGNE. (*Path.*) Epithète servant à caractériser les maladies dont les symptômes n'offrent rien d'alarmant : c'est ainsi que l'on nomme *variole bénigne* celle qui ne fait courir au malade aucun danger. (R. P.)

BESLERIE. (*Bot.*, *Mat. médic.*) Genre de la famille des Scrophularinées & de la Didynamie angiospermie de Linné. L'une des espèces, le *besleria incarnata* d'Aublet, croît à la Guiane, et fournit des baies rouges, dont la pulpe est agréablement acidule. Une autre espèce est employée dans le même pays pour colorer les étoffes de coton en violet. (R. P.)

BÉTULINE. (*Chim. végét.*) Nom d'un principe immédiat découvert par John dans l'épiderme du bouleau. Cette substance, qui est blanche, volatile, cristalline & d'une odeur balsamique, fut d'abord rapprochée de l'acide benzoïque & du camphre, & c'est à M. Chevreul que l'on est redevable de la connoissance des caractères qui la distinguent. L'huile pyrogénée de cette matière

d,one aux cuirs de Russie l'odeur qui les caractérise. (R. P.)

BÉTULINÉES (Famille des). (*Bot.*, *Mat. méd.*) Famille de plantes à fleurs monoïques, ne renfermant que les deux genres *Betula* & *Alnus*, peu importans sous le rapport médical : seulement l'écorce des arbres qui en font partie contient du tannin; aussi les regarde-t-on comme astringens & fébrifuges. (*Voyez* AULNE, tom. III, pag. 452; et BOULEAU, IV, pag. 122.

(R. P.)

BICHAT (Marie-François-Xavier). (*Biog. Med.*) L'un des plus vastes génies dont s'honore la France & la médecine, naquit le 11 novembre 1771, à Thoirette, en Bresse, depuis dans le département de l'Ain. Son père, médecin à Poncin-en-Bugey, en l'initiant de bonne heure aux premières notions de l'art, décida probablement sa vocation. Après avoir fait de brillantes & complètes études au collège de Nantua, Bichat se rendit à Lyon en 1791 pour se livrer spécialement à l'étude de la médecine. L'anatomie & la chirurgie fixèrent d'abord exclusivement son attention. Il étudia ces sciences sous le célèbre Marc-Antoine Petit, dont il fut bientôt distingué, et qui lui accorda toute sa confiance. Il ne resta cependant que peu de temps à Lyon, et il se rendit à Paris vers la fin de 1793, plutôt attiré par la célébrité de l'école de Desault que chassé de Lyon par les troubles politiques qui succédèrent au siége de cette ville. Bichat, que le désir de s'instruire avoit seul conduit à Paris, suivoit avec la foule des élèves les leçons cliniques de Desault, que chaque jour il rédigeoit pour s'en mieux pénétrer, quand un jour, l'élève chargé de recueillir la leçon de ce grand maître se trouvant absent, Bichat s'offrit pour le remplacer. La lecture de son extrait, faite en présence du chirurgien en second et des élèves, lui attira de si grands applaudissemens, que Desault, informé de la sensation extraordinaire qu'avoit causée la rédaction de sa leçon, voulut en connoître l'auteur. Jugeant dès les premiers entretiens le mérite & la capacité de son nouvel élève, Desault lui ouvrit sa maison, l'associa à ses travaux, le destina à lui succéder; en un mot, le traita comme un fils. Il n'en falloit pas tant pour exciter au plus haut point l'activité naturelle de Bichat; dès ce moment il se livra au travail avec une ardeur infatigable, & la variété de ses travaux fut l'unique délassement qu'il se permit.

Quoique Desault exigeât beaucoup, Bichat faisoit encore plus. Sa prodigieuse facilité lui procuroit cependant des momens libres au milieu de tant d'occupations, & ces momens si courts il les employoit, soit à perfectionner par la dissection ses connoissances anatomiques, soit à s'exercer aux opérations, soit à discuter avec ses amis quelques points de chirurgie ou de physiologie. Cette application continuelle, aidée de l'esprit le plus pénétrant, lui eut bientôt donné un fonds de connoissances qui lui permettoit désormais de se soutenir par lui-même, & qui le dispensoit de chercher ailleurs que chez lui les moyens de son avancement. Aussi la mort de Default, survenue presque subitement, affligea-t-elle Bichat sans le déconcerter; il sentit que son génie lui aplaniroit bientôt tous les obstacles, & après avoir donné au maître qu'il venoit de perdre les larmes de la reconnoissance & de l'amitié, après avoir rendu à sa mémoire un hommage digne de lui dans le quatrième volume du *Journal de Chirurgie*, qu'il termina & mit au jour, il ne songea plus qu'à entrer dans une route plus vaste encore & plus brillante que celle où il avoit marché jusqu'alors.

C'est à cette époque en effet que commença cette suite de travaux par lesquels Bichat devoit immortaliser son nom; c'est alors que, laissé à ses propres forces, il les développa dans toute leur étendue, & qu'on vit en lui non le premier élève d'un homme célèbre, mais un homme qui sauroit parvenir à la plus grande célébrité sans aucun secours étranger. Sans doute Bichat connoissoit ses avantages, & un pressentiment, plus fort que les raisonnemens les mieux suivis, l'avertissoit que les prix les plus glorieux lui étoient réservés; mais il ne pouvoit calculer encore ni l'étendue du pas qu'il feroit, ni la rapidité avec laquelle il devoit poursuivre sa course.

La modestie, a-t-on dit depuis long-temps, est toujours la première vertu des grands hommes; Bichat justifia cette maxime. Lorsqu'en 1797 il entreprit pour la première fois un cours d'anatomie, il se contenta d'un local étroit et peu commode, ne supposant pas qu'un grand nombre d'élèves dût le suivre. Si on fut peu surpris de lui voir entreprendre ce cours, que beaucoup d'autres avoient déja entrepris avec moins d'élémens de succès, il en fut pas de même lorsqu'à la suite du cours d'anatomie il en commença un d'opérations. Jusque là l'opinion publique supposoit qu'un praticien pouvoit seul s'acquitter avec succès de cette partie de l'enseignement, & les élèves nombreux qu'il eut alors furent amenés autant par la curiosité que par la confiance. Bichat ne se dissimuloit pas que ce ne fût là un de ses coups d'essai les plus hardis, mais il vouloit prouver que, quoi qu'on en dit, un jeune homme pouvoit mettre dans un cours d'opérations toute l'exactitude nécessaire; & il y parvint. Il se montra à ses nombreux élèves non comme un chirurgien jeune & timide, mais comme un homme consommé dans la pratique & capable de justifier, au lit du malade, tout ce qu'il enseignoit dans ses leçons.

Cependant le nouveau genre d'occupations auquel Bichat se livroit influoit sensiblement sur sa santé. Peu accoutumé auparavant à parler en public, il se trouvoit tout-à-coup obligé de réitérer cet exercice. Une hémoptysie considérable le força

à suspendre ses leçons, & fit même craindre pour ses jours. Retenu au lit par cette maladie, il souffroit moins des douleurs qu'il éprouvoit que de la nécessité où elle le mettoit de cesser tout travail. Aussi il ne fut pas plus tôt guéri, qu'oubliant le danger qu'il avoit couru, il n'hésita pas à en affronter de nouveaux pour arriver au point de gloire qu'il voyoit ne pouvoir lui échapper désormais.

L'extrême difficulté de se procurer alors des sujets pour ses cours d'anatomie l'obligeoit à des fatigues extraordinaires, qui, réunies aux leçons publiques, auroient absorbé tout le temps d'un autre; cependant il faisoit en outre la plus grande partie des démonstrations particulières, quoiqu'il eût dans MM. Haï & Rosière les plus zélés coopérateurs. Il faisoit, indépendamment de ses leçons, des expériences physiologiques sur les animaux vivans; et lorsque le soir il rentroit chez lui, accablé par la lassitude & par une contention d'esprit continuelle, au lieu de se livrer au repos si nécessaire, il passoit la plus grande partie de la nuit à rédiger les *Œuvres chirurgicales de Default*, dernier hommage qu'il crut devoir à la mémoire de son maître.

Déja Bichat songeoit à jeter un nouveau jour sur la physiologie; cette science étoit même l'objet spécial de plusieurs de ses leçons, mais il ne présentoit encore sur elle que quelques aperçus, l'anatomie l'occupant presque exclusivement. Il croyoit, avec raison, que pour entrer avec succès dans l'étude des fonctions, il falloit avant tout fixer parfaitement ses idées sur la structure des organes. Ses vues se dirigèrent d'abord sur le système membraneux, négligé jusqu'alors par les anatomistes. La découverte des membranes synoviales, qu'on n'avoit pas connues jusqu'à lui, le conduisit à examiner avec soin les membranes que l'on connoissoit déja, mais dont on n'avoit déterminé exactement ni la structure, ni les propriétés.

Les résultats des recherches de ce savant anatomiste sur les membranes n'étoient encore exposés que dans ses cours, quand *deux Mémoires* les présentèrent pour la première fois au public dans le second volume du *Recueil de la Société médicale d'émulation*. A ces deux Mémoires, Bichat en ajouta trois autres sur plusieurs points de la chirurgie, & enfin, profitant du loisir que lui laissoit la fin des exercices anatomiques, il publia dans un sixième Mémoire ses premières vues sur la physiologie. Il y établit cette belle distinction des *deux vies*, qu'il fondoit alors spécialement sur la forme extérieure des organes, mais qu'il devoit ensuite appuyer par tant de preuves plus frappantes & plus solides.

Nous indiquons en même temps ces six Mémoires, moins parce qu'ils parurent à la même époque, que parce que leur réunion forme, si l'on peut s'exprimer ainsi, le programme de tous les travaux qui ont illustré la vie de Bichat.

Lorsqu'il eut ainsi réveillé l'attention publique,

Bichat songea à tenir les proméffes qu'il avoit faites, &, dans un traité qu'il publia bientôt, il développa fa doctrine fur les membranes, envifageant ces organes fous le rapport de leur forme, de leur organifation, de leurs propriétés vitales, de leurs fonctions & de leurs fympathies. Il augmenta le nombre des membranes féreufes, en y ajoutant l'arachnoïde; &, fous le titre de *membranes contre nature*, il comprit les kyftes & la membrane des cicatrices. Enfin, le *Traité des membranes* eut le plus grand fuccès: on le cita partout, & prefque tous les favans le placèrent avec honneur dans leur bibliothèque.

Malgré ces fuccès, nous pourrions plus juftement dire à caufe de ces fuccès, l'envie & la jaloufie s'éveillèrent chez quelques-uns de ces hommes qui tâchent de diminuer la réputation de quiconque cherche à s'élever; mais Bichat ne tenta pas même de répondre aux critiques injurieufes qu'on affecta de diriger contre fes travaux. L'opinion publique le vengea fuffifamment, & la foule d'élèves qui continua à remplir fon amphithéâtre fut la réponfe la plus victorieufe à ces vils détracteurs.

En 1799, Bichat fit paroître fes *Recherches phyfiologiques fur la vie & la mort*, qui fe divifent en deux parties tout-à-fait différentes. Dans les *Recherches fur la vie*, l'auteur expofe avec beaucoup de détails les caractères qui diftinguent les deux ordres de fonctions fervant, foit aux relations extérieures, foit à la confervation de l'individu. Il examine le développement de ces *deux vies*, & enfin leur mode de ceffation. Ce plan, rempli avec la plus grande richeffe, offre fans ceffe l'occafion d'admirer le génie de l'auteur: cependant, il faut en convenir, entraîné par l'ardeur de fon imagination, il a quelquefois oublié d'apporter dans le fujet effentiel l'exactitude néceffaire. Bichat l'avouoit lui-même, & fe propofoit, dans une nouvelle édition, de mettre dans diverfes parties plus de précifion et plus de foin.

Il n'en eft pas de même des *Recherches fur la mort*. Ici Bichat étoit continuellement armé du flambeau de l'expérience; auffi cette feconde partie, ou plutôt ce fecond ouvrage, eft-il au-deffus de toute critique, & fuffiroit-il feul pour immortalifer fon auteur. Plus heureux que Goodwin, il découvrit & démontra le mode réel de connexion entre la refpiration & la vie. Il prouva, par les faits les plus multipliés & les plus pofitifs, que le fang noir pouvoit, auffi-bien que le fang rouge, en abordant dans les cavités gauches du cœur, en exciter les contractions; qu'au contraire, le fang rouge pouvoit feul porter dans le tiffu des organes l'excitation néceffaire pour y entretenir la vie; qu'en conféquence, fi le défaut de refpiration caufoit la mort, ce n'étoit pas parce que le cœur ceffoit d'agir fur le fang, mais bien parce que ce fang, toujours pouffé avec la même force par le cœur, ne portoit plus, vu fon défaut de colora-

tion, les matériaux néceffaires à l'excitation des organes où il arrivoit.

On s'étonnera peut-être que Bichat n'ait pas profité de ce moment, où il étoit au plus haut point de fa gloire en phyfiologie, pour publier fur cette fcience un traité élémentaire qu'on lui demandoit de tous côtés, & qui eût été accueilli avec l'empreffement le plus unanime; mais ce feroit mal connoître l'efprit qui le dirigeoit dans fes travaux. Bichat favoit que l'honneur de faire un livre claffique appartient rarement à la jeuneffe; qu'un ouvrage annoncé comme tel décide ordinairement pour toujours, en bien ou en mal, de la réputation de fon auteur, & qu'il ne faut jamais fe preffer de l'entreprendre, fi on ne veut avoir un jour à fe reprocher de l'avoir entrepris trop tôt.

Aux *Recherches fur la vie et la mort*, Bichat fit fuccéder une *Anatomie générale*, dans laquelle il fondit fes idées & fes découvertes antérieures en leur donnant de nouveaux développemens. Dans ce dernier ouvrage, l'étude de l'organifation faine fe trouve continuellement unie par de lumineux rapprochemens à celle de l'organifation malade. Bichat, qui fentoit que la connoiffance de celle-ci devoit être le but de tous fes travaux, & qui avoit déjà fignalé les imperfections de la pathologie & de la thérapeutique médicale, voulut y confacrer directement fes efforts, & continuer pour ces branches de la fcience ce qu'il avoit fait avec tant de fuccès pour la partie anatomique et phyfiologique. C'eft dans ce but qu'il ouvrit plus de fix cents cadavres foit à l'Hôtel-Dieu, foit ailleurs; & qu'il fuivit en même temps les maladies remarquables que l'Hôtel-Dieu renfermoit. Bientôt il expofa dans un cours les connoiffances nouvelles qu'il avoit acquifes; &, fi on l'avoit admiré marchant fur les traces de Haller, on fut étonné de le voir fuivre avec un égal fuccès celles de Morgagni.

Enfin, la matière médicale occupa la dernière période, et on peut dire les derniers momens de la vie de Bichat. Frappé depuis long-temps par la confufion & l'incertitude de cette fcience, il penfoit que, cultivée avec méthode & d'après des principes fixes, elle pourroit être perfectionnée comme les autres branches de l'art de guérir. Ce projet demandoit des obfervations multipliées; il les recueillit en grand nombre à l'Hôtel-Dieu, où il venoit d'être nommé médecin. L'atteinte mortelle dont il fut alors frappé ne lui permit pas de les continuer; & nous priva des efpérances qu'il avoit déja en partie réalifées.

Il étoit facile de prévoir qu'un homme auffi infatigable & auffi peu foigneux de ménager fes forces ne pouffexoit pas loin fa carrière. De tous côtés on le lui prédifoit, & les fréquentes affections gaftriques qu'il éprouvoit depuis quelque temps auroient dû l'avertir de modérer fon ardeur pour le travail. Tout étoit inutile. Dans les plus grandes

grandes chaleurs de l'été, il vifitoit continuellement les pièces d'anatomie pathologique qu'il avoit
foumifes à la macération pour fes expériences, &
s'expofoit avec le courage le plus imprudent à leurs
émanations infectes. Un jour qu'il en avoit ref-
fenti plus vivement l'influence, un accident acheva
de déterminer chez lui la maladie que tant de
caufes avoient préparée. Il tomba en defcendant
un efcalier de l'Hôtel-Dieu, & la commotion
caufée par cette chute, lui fit perdre connoiffance pendant quelques inftans. Revenu chez lui
avec peine, il paffa la nuit affez paifiblement; mais
le lendemain un violent mal de tête fe manifefta :
il voulut cependant faire fa vifite comme à l'ordinaire; mais l'extrême fatigue qu'il en reffentit
détermina un évanouiffement qui l'obligea de fe
mettre au lit. Calmé d'abord par les fangfues,
qu'il fe fit appliquer à la tête, il parut n'avoir plus
à craindre les accidens de la chute; mais bientôt
une affection gaftrique fe déclara, accompagnée
des fymptômes les plus alarmans, & une tendance
continuelle à l'affoupiffement fut le trifte prélude
de phénomènes ataxiques qui furvinrent au bout
de quelques jours, & auxquels il fuccomba le
5 thermidor an X (22 juillet 1802), quatorzième
jour de la maladie. Corvifart, médecin du gouvernement, & Lepreux, premier médecin de l'Hôtel-Dieu, lui avoient donné les foins les plus affidus. Ce dernier prononça fur fa tombe un difcours plein de la plus touchante fenfibilité.

Il eft peu de favans dont la perte ait produit
une fenfation auffi vive & auffi générale. Toute
l'Ecole de médecine en fût profondément émue,
& le concours immenfe d'élèves & de médecins
qui vinrent affifter à fes obfèques prouva les regrets qu'excitoit la perte de celui qui avoit fu
réunir leur amour & leur eftime. Corvifart écrivit
au premier conful : « Bichat vient de mourir fur
» un champ de bataille qui compte auffi plus
» d'une victime; perfonne en fi peu de temps n'a
» fait tant de chofes & auffi bien. »

Le premier conful ordonna, par une lettre du
14 thermidor fuivant, qu'un monument placé à
l'Hôtel-Dieu retraceroit à la poftérité, dans les
noms de Default & de Bichat, le fouvenir de deux
hommes également illuftres, & par leurs talens
extraordinaires, & par leur mort prématurée.

Les plus aimables qualités morales relevoient
dans la perfonne de Bichat l'éclat de fon mérite.
Jamais on ne vit plus de franchife & de candeur,
plus de facilité à facrifier fes opinions quand on
lui faifoit une objection folide. Incapable de colère & d'impatience, il étoit auffi acceffible dans
les momens où un travail pénible l'occupoit que
dans fes inftans de loifir. Sa générofité fut toujours une reffource affurée à ceux de fes élèves que
l'éloignement de leur famille mettoit pour quelques momens dans la gêne, ou que le défaut de
moyens empêchoit de fe procurer les objets
néceffaires à leur inftruction. Habile à diftinguer

les talens, il les encourageoit de toutes les manières fitôt qu'il les avoit découverts.

L'envie s'attacha quelquefois à fes pas, & chercha à lui ravir fa réputation, ne pouvant lui pardonner fon mérite; mais Bichat fe contenta de
méprifer de vaines attaques, & ne fe mit jamais en
devoir de les repouffer directement; toujours prêt
à renouveler avec fes détracteurs une amitié qu'eux
feuls avoient rompue.

Perfonne plus que Bichat n'étoit porté à accorder fa confiance dès qu'il avoit cru reconnoître
dans ceux qui l'approchoient un attachement fincère. Auffi eut-il pour amis tous ceux qui le con-
nurent. On ne réfiftoit pas à fes manières aimables
& prévenantes, & pour peu qu'on l'entendît on
connoiffoit parfaitement fon caractère, tant il étoit
éloigné de cette réferve d'expreffions, de cette
politeffe affectée, qui fervent fi fouvent à mafquer
les fentimens véritables. Cette franchife naturelle
n'étoit cependant pas inconfidérée, comme on
auroit pu le croire au premier abord; il favoit la
modérer quand il n'avoit pas encore fuffifamment
éprouvé les qualités de ceux qu'il fréquentoit.

Indépendamment des ouvrages les plus importans de Bichat, dont il a été fait mention dans cet
article, le deuxième volume des *Mémoires de la
Société médicale d'émulation* renferme plufieurs
mémoires, dont voici les titres :

1°. *Defcription d'un nouveau trépan*; 2°. *Mémoire fur les fractures de l'extrémité fcapulaire
de la clavicule*; 3°. *Defcription d'un procédé nouveau pour la ligature des polypes*; 4°. *Mémoire
fur la membrane fynoviale des articulations*;
5°. *Differtation fur les membranes & fur leurs
rapports généraux d'organifation*; 6°. *Mémoire
fur les rapports qui exiftent entre les organes à
forme fymétrique & fur ceux à forme irrégulière.*

Enfin, la doctrine de Bichat fur la matière médicale a été confignée dans deux thèfes foutenues
à l'école de Paris en 1805 & en 1803 : l'une de
M. Pairier, *Differtation fur les émétiques, précédée
de Confidérations générales fur la matière médicale*; l'autre de M. Gondret, ayant pour titre :
Differtation fur l'action des purgatifs. On peut
confidérer la *Matière médicale* de M. Barbier
d'Amiens, et les *Elémens* de Schwilgué, comme
des développemens de la doctrine de Bichat.

(CH. H.)

BLEIME. (*Art vétér., Path.*) On nomme ainfi
une rougeur qui furvient chez le cheval à la fole
des talons, & dont on reconnoît plufieurs efpèces :
l'une eft dite *bleime fèche*, & eft produite par du
fang extravafé & deffléché; une feconde efpèce,
nommée *bleime encornée*, préfente quatre variétés : dans la première la corne eft fendue, & l'on
remarque une tache noire derrière laquelle la chair
cannelée eft noirâtre & comme pourrie; dans la
feconde, lorfque l'on coupe la fole, la chair can-

Eee

nelée des talons fournit du pus; dans la troisième, il y a *décernement* de la muraille avec la sole des talons, effet produit par une matière noire & peu abondante; enfin; dans la quatrième variété, la muraille des talons est renversée en forme d'huître ouverte.

Indépendamment de ces deux espèces de bleime, il en est une accidentelle & produite par la serrure, soit que les talons bas en portant sur le fer se trouvent meurtris, soit qu'un caillou s'introduise entre l'éponge du fer & le talon. (R. P.)

BLENNORRHÉE. (*Path.*) Affection qu'il ne faut pas confondre avec la blennorrhagie à laquelle elle succède fréquemment, & dont elle diffère non-seulement par la consistance considérable du mucus qui s'écoule des organes génitaux, mais encore par l'absence des symptômes inflammatoires. L'écoulement de ce mucus est continuel; d'autres fois il a lieu seulement pendant la nuit : sa couleur est jaune, blanche ou verdâtre, &, en se desséchant sur le linge, il lui donne une roideur remarquable.

La blennorrhée est communément d'une longue durée : quelquefois on l'a vue persévérer pendant plusieurs années.

Le traitement de cette maladie réclame l'emploi des diaphorétiques, des frictions, l'usage des purgatifs, celui du baume de copahu; souvent même on est obligé d'avoir recours aux injections astringentes. *Voyez* dans ce Dictionnaire l'article CHAUDEPISSE, tom. IV, pag. 669. (R. P.)

BOTRIA. (*Bot., Mat. médic.*) Genre de plantes de la famille des Vignes & de la Pentandrie monogynie de Linné. La seule espèce connue (le *botria africana* de Loureiro) croît sur la côte de Zanguebar, & produit des baies noires dont la saveur douce est analogue à celle du raisin.

La racine de cet arbrisseau passe pour être diurétique & résolutive, & l'on en recommande l'usage dans les maladies inflammatoires. Les Portugais lui donnent le nom de *pareira*, ce qui, dans leur langue, signifie *vigne sauvage*. Du reste il n'existe aucune analogie entre les genres BOTRIA & CYSAMPELOS, & c'est à ce dernier qu'appartient le vrai *pareira* des officines. (R. P.)

BOURGELAT (Claude). (*Biogr. médic.*) Ce savant, aussi laborieux que modeste, doit être regardé comme le créateur de l'art vétérinaire : en effet, les Anciens abandonnoient à d'ignorans mercenaires le soin de traiter les maladies des animaux domestiques. Végèce, qui a écrit sur la médecine des animaux, s'étoit borné à réunir les recherches de ses devanciers; Solleysel fut un peu plus loin, recueillit & fit connoître ce que lui avoit appris sa propre expérience; mais Bourgelat parcourut en entier & avec gloire cette nouvelle

carrière. Il naquit à Lyon en 1712, étudia d'abord le droit, & exerça même la profession d'avocat, qu'il abandonna pour entrer dans les mousquetaires, déterminé par le goût très-vif que depuis son enfance il éprouvoit pour les chevaux. En peu de temps Bourgelat devint l'élève le plus distingué des maîtres d'équitation de la capitale, & bientôt obtint la place de chef de l'Académie royale de Lyon. Lié avec Pouteau & Charmeton, il disséqua un grand nombre de chevaux, & acquit des connoissances positives sur les maladies de l'espèce humaine. Bourgelat avoit inspiré un grand attachement à Bertin, intendant de la généralité de Lyon, & qui, devenu ensuite contrôleur-général des finances, institua l'Ecole vétérinaire de Lyon, dont l'ouverture eut lieu le 1er. janvier 1762. Bourgelat, chargé de l'administration de ce nouvel établissement, obtint les plus grands succès, & la plupart des puissances de l'Europe envoyèrent des élèves pour suivre ses leçons. Le gouvernement françois, appréciant alors l'importance de cette école, institua celle d'Alfort, qui, dirigée par un tel maître, acquit bientôt une grande célébrité.

Les hommes les plus remarquables de l'époque, Buffon, lord Pembrocke, Charles Bonnet, d'Alembert, Haller & Voltaire, furent en correspondance, avec Bourgelat, & c'est à lui que s'adressa Frédéric-le-Grand pour savoir si la *charge au trot* convenoit mieux aux manœuvres de cavalerie que la *charge au galop* : le savant vétérinaire décida en faveur de la première.

Aussi désintéressé qu'il étoit dévoué à la science, Bourgelat laissa sa famille dans une position peu fortunée; aussi ne subsista-t-elle que par les bienfaits du gouvernement : mais, à toutes les époques, les ouvrages qu'il a laissés seront pour ses descendans une puissante recommandation. On a de lui :

Le nouveau Newkastle, ou *Traité de cavalerie.* Lausanne, 1747, 1 vol. in-12.

Elémens d'hippiatrique, ou *Nouveaux principes sur la connoissance & sur la médecine des chevaux.* Lyon, 1750, 1753, 3 vol. in-12.

Anatomie comparée du cheval, du bœuf & du mouton. Plusieurs fois réimprimée.

Matière médicale raisonnée, ou *Précis des médicamens considérés dans leurs effets.* Lyon, 1765, in-4°. *Ibid.*, in-8°., 1771.

Traité de la conformation extérieure du cheval, de sa beauté & de ses défauts, des considérations auxquelles il importe de s'arrêter dans le choix que l'on doit en faire, des soins qu'il exige, de sa multiplication, ou des haras. Paris, 1769, in-8°. Cet ouvrage, qui est le chef-d'œuvre de Bourgelat, a été imprimé un grand nombre de fois, & les dernières éditions sont enrichies des notes de M. Huzard.

Essai théorique et pratique de la serrure. Paris, 1771, in-8°.

Essai sur les appareils & sur les bandages propres aux quadrupèdes. Paris, 1770, in-8°.

Mémoire sur les maladies contagieuses du bétail. Paris, 1775, in-4°.

Réglement pour les Ecoles vétérinaires de France. Paris, 1777, in-8°.

Enfin Bourgelat est encore auteur d'un grand nombre d'articles de *médecine vétérinaire* & de *manége* de l'Encyclopédie, ainsi que d'autres articles publiés dans divers ouvrages périodiques.

(*Extr. de la Biogr. médic.*) (R. P.)

BOUSIER. (*Mat. méd., Entomol.*) Genre d'insectes coléoptères qui vivent dans les excrémens des mammifères, & que l'on connoît vulgairement sous le nom de *fouille-merde.* Les plus grosses espèces servoient autrefois à préparer *l'huile de scarabées* de la pharmacopée de Paris.

(R. P.)

BRADYSPERMATISME. (*Path.*) Mot dérivé du grec βραδύς, lent, & de σπέρμα, sperme. Emission lente du sperme. Effet qui peut également dépendre, soit d'un vice de conformation, soit d'une grande foiblesse des organes génitaux.

(R. P.)

BREDISSURE. (*Pathol.*) Expression chirurgicale peu usitée, & employée pour désigner la difficulté ou même l'impossibilité d'ouvrir la bouche, à raison de l'adhérence que contractent dans certains cas les gencives, avec la face interne des joues. Cette adhérence est rarement congéniale, & le plus ordinairement elle se développe à la suite de l'usage immodéré du mercure.

(R. P.)

BROWNISME. (*Hist. de la méd.*) On a donné, dans ces derniers temps, ce nom à la théorie médicale de Brown, suivant lequel toutes les maladies se divisent en générales, qui sont sthéniques ou asthéniques, & en locales.

Il est si facile, en jetant les yeux sur la doctrine de Brown, de voir qu'elle tend à rapporter tout à un petit nombre de principes certains, qu'on peut en expliquer par là le vide & les défauts. »Toutes » les maladies, dit Brown, sont générales ou lo-»cales. Les premières proviennent d'une affection » de l'irritabilité, & s'étendent sur tout le système; » les autres tiennent à l'affection d'une partie isolée » du corps. »

Cette première division ne nous paraît pas exacte, en ce que les maladies locales se trouvant séparées de celles qui naissent de l'irritabilité, & qui intéressent le système en général, il s'ensuivroit, que les maladies locales ne proviendroient

pas des vices de l'irritabilité, ce qui contredit l'observation; car, en adoptant cette idée, on ne reconnoîtroit pas la possibilité qu'une partie du corps fût paralysée isolément. Mais Brown paroît d'ailleurs y renoncer lui-même, en faisant plus tard provenir les maladies générales, des locales, lorsque, dans le traitement des plaies, il insiste sur la nécessité d'exciter l'irritabilité, & lorsqu'il range parmi les maladies locales, l'inflammation de l'estomac.

« Les maladies générales proviennent de l'aug-» mentation ou de la diminution de l'excitement; » elles sont sthéniques dans le premier cas, & as-» théniques dans l'autre. Ces dernières peuvent éga-» lement être produites aussi bien par le manque » que par la trop grande intensité des irritations. » Si la cause est le manque d'irritation, il s'ensuit » une asthénie directe; si l'asthénie a été précédée » d'une sur-excitation, elle est indirecte. »

Voici les principales objections qu'on peut faire contre le principe fondamental de la pathologie du médecin écossais :

1°. Cette division, beaucoup trop simple, exclut une foule d'états morbifiques qui sont tout aussi importans que la sthénie & la foiblesse. L'état d'oppression des forces ne ressemble pas à l'asthénie indirecte, & ne sauroit trouver sa place dans le système de Brown.

2°. Il est faux & contraire à l'expérience journalière que, lorsqu'il y a état d'asthénie, cet état se répande dans tout le système.

3°. Il est également faux que le manque & la soustraction des irritations déterminent toujours l'accumulation de l'irritabilité, & que cette foiblesse, dite directe, diffère essentiellement de l'indirecte, qui a pour cause un excès d'irritation. Une syncope, qui résulte de l'abstinence ou d'une perte de sang, se comporte absolument comme une syncope qui succède à une vive douleur. Cette distinction, entre la foiblesse directe & indirecte nous paroît essentiellement vicieuse.

La division des maladies en celles qui proviennent de l'augmentation & en celles qui tiennent à la diminution de l'excitement étoit déja connue avant Brown, mais sous d'autres noms. Personne n'ignore que le maître de Brown, Guillaume Cullen, voyoit *excitement* & *débilité* dans toutes les maladies, & régloit d'après cela son traitement. On peut donc considérer le brownisme, quant à son principe, comme le frère puîné du système de Cullen, qui n'est lui-même qu'un rejeton de celui de Frédéric Hoffmann.

« Le diagnostic de Brown manquant aussi d'exac-» titude, sa doctrine entière ne peut être d'une » grande utilité, & le seul diagnostic important, » dit-il, est celui qui apprend à distinguer les » maladies générales des maladies locales. » Mais cette différence telle que Brown l'indique est chimérique. Pourquoi donc le diagnostic s'attacheroit-il à la rechercher? Il doit s'occuper d'objets bien plus importans, dont le médecin écoffois paroît n'avoir aucune idée, puisqu'il effaie de prouver (chapitre 83) que le diagnoftic eft inutile, & prononce ainfi lui-même la condamnation de fon prétendu fyftème.

L'*opportunité* de Brown doit exprimer, à ce qu'il prétend, ce que les anciens entendoient par état neutre, c'est-à-dire l'aberration de l'état de fanté, qui n'eft pas encore la maladie, mais qui tient le milieu entre les deux; affurément Brown n'attache aucune idée précife à fon opportunité quand il prétend qu'elle doit précéder toutes les maladies générales; car de cette manière il range arbitrairement parmi les affections locales les différentes maladies générales avant l'invafion desquelles on ne remarque pas l'opportunité.

Brown dérive tous les fpafmes & toutes les convulfions de la foibleffe, « parce que, dit-il, la ré-» gularité eft toujours néceffaire pour une contrac-»'tion naturelle ». Cette affertion contredit l'expérience, qui nous apprend qu'une foule de maladies fthéniques font accompagnées de fpafmes; que, même dans les fpafmes, il fe manifefte des fymptômes actifs qui précèdent fouvent les évacuations critiques, & que les relâchans font quelquefois les feuls moyens propres à faire ceffer les affections fpafmodiques.

On voit par là que Brown ne connoiffoit pas les maladies, & qu'il a fciemment mal interprété les théories de fon maître pour en établir une nouvelle; mais l'état de la fcience étoit favorable à la propagation de fon fyftème : la difpute entre les humoriftes & les folidiftes paroiffoit être décidée en faveur de ces derniers; les chimiftes fembloient faire de vains efforts pour affeoir la pathologie humorale fur de nouveaux fondemens. Eft-il donc furprenant qu'on ait adopté avec avidité une doctrine dont les premiers principes étoient directement oppofés à l'humorifme, & dont, en outre, la fimplicité contraftoit vivement avec les complications & les difficultés dont les fyftèmes en vigueur étoient hériffés?

Il fallut que Brown poffédât une certaine dofe d'énergie, pour affranchir fon efprit d'une erreur ancienne & accréditée, en ramenant tout dans l'homme, à la vitalité; mais il la confidéra de fi haut, que tous les phénomènes de détail lui échappèrent. Brown peut donc être compté au premier rang des médecins vitaliftes, et, comme tel, fes vues élevées en phyfiologie pourroient lui faire pardonner les vices de fa pratique incendiaire, fi l'humanité n'avoit eu tant à en fouffrir.

(CH. H.)

BRUANT. (*Hyg.*, *Ornith.*) Genre de l'ordre des pafféreaux, & dans lequel fe trouvent les bruans proprement dits, les proyers & les ortolans. Tous ces oifeaux font petits, mais, lorfqu'ils font très-gras, on les regarde en général comme un mets très-délicat. (R. P.)

C

CACAVI. (*Hyg.*) Synonyme du mot *caffave* ou *manioc*. (*Voyez* ce dernier mot, tom. VIII, pag. 492; & NOURRITURE, tom. X, pag. 702 & 725 de ce Dictionnaire.) (R. P.)

CACHIRI. (*Hyg.*) La racine de manioc râpée, mife dans un vafe avec une certaine quantité d'eau que l'on fait bouillir, fournit, lorfqu'on abandonne ce liquide à la fermentation, une liqueur fufceptible d'enivrer, qui a la faveur du poiré, & que les habitans de Cayenne nomment *cachiri*. (R. P.)

CADUCITÉ. *Ætas iners, fenecta infirma, imbecillitas.* Ce mot, pris dans fon acception phyfiologique, défigne cet état de l'âge dans lequel les êtres vivans, & notamment l'homme, s'affaiffent, déclinent & *tombent*, comme on le dit dans le langage vulgaire. Les trois fynonymes, *âge inerte*, *vieilleffe infirme*, *imbécillité*, offrent les trois états dans lesquels tombe, à peu d'exceptions près, l'homme arrivé à l'âge caduc, qui commence communément, dans l'efpèce humaine, à foixante-dix ans, & va toujours en augmentant jufqu'à quatre-vingts ou quatre-vingt-trois ans. La caducité eft la première vieilleffe, & précède la décrépitude; elle conftitue auffi la période moyenne de l'âge avancé, ou la vieilleffe infirme & confirmée. L'hiftoire de la caducité appartenant à celle des âges, nous renvoyons le lecteur au mot AGES, traité fort longuement dans le 1er. volume de ce Dictionnaire, page 358. (CH. H.)

CAFEINE. (*Chim. végét.*) On retire des graines du café non torréfié un principe particulier, blanc, foyeux, criftallin, volatil, amer, foluble dans l'eau bouillante & dans l'alcool, & auquel M. F. Runge, de Berlin, qui l'a découvert en 1819, a donné le nom de *cafeine*. C'eft M. Robiquet qui, en 1821, a déterminé le caractère de cette fubftance, qui précipite en vert les folutions ferrugineufes, n'eft point alcaline, ainfi que l'avoit d'abord penfé M. Pelletier, & , qui fans être putrefcible, contient plus d'azote qu'aucune autre fubftance végétale. (R. P.)

CALORIFICATION. (*Phyfiol.*) *Calorificatio.* Mot impropre, qui a été imaginé pour exprimer l'élévation de la température qui fe produit dans les êtres vivans. Bichat avoit choifi cette expreffion pour faire fentir d'un feul mot que le dégagement de calorique qui s'opère dans l'économie animale n'eft qu'une fonction qui fuppofe l'exercice des propriétés vitales, & lui eft conftamment fubordonnée. Ce phyfiologifte admettoit que la calorification eft le réfultat de toutes les autres fonctions, bien éloigné en cela de l'opinion du profeffeur Chauffier, qui regarde le développement de la chaleur comme un fait primitif de l'organifme, & le rapporte à une propriété vitale d'une nature particulière. Ce phyfiologifte fait de la calorification une fonction qui préfide à la formation de la chaleur dans les êtres organifés vivans, & qui les maintient à une température propre & toujours la même, quelle que foit celle du milieu dans lequel ils font plongés. Ordinairement, le degré de cette température eft fupérieur à celui de la température du fluide ambiant.

(Ch. H.)

CALORIMÈTRE. (*Phyfiq.*) Des poids égaux de fubftances de nature diverfe exigent, pour parvenir à une température donnée, des quantités variables de calorique, & c'eft à l'inftrument deftiné à mefurer ces quantités que l'on a donné le nom de *calorimètre* : inftrument que l'on ne fauroit dès-lors confondre avec le thermomètre, puifque celui-ci indique uniquement la tenfion du calorique, fans avoir aucun égard à fa proportion.

Les premières recherches fur la chaleur fpécifique des corps remonte à Crawfort, & la méthode dont il faifoit ufage eft connue fous le nom de *méthode des mélanges*. Elle confifte à élever d'un certain nombre de degrés la température d'un corps dont le poids eft connu, puis, en le plongeant dans l'eau froide, la quantité dont il élève la température de ce liquide fait connoître le rapport de fa capacité calorifique, à celle d'un autre corps fur lequel on auroit opéré exactement de la même manière.

Suppofons, par exemple, qu'un boulet de fer du poids de deux kilogrammes foit échauffé à 100 degrés, & que, plongé dans deux kilogrammes d'eau à 10 degrés, il en élève la température de neuf degrés. Si un boulet de cuivre de même poids que le précédent, & également échauffé, porte la température de la même maffe d'eau à 17,7 degrés, on en conclura que les capacités *calorifiques* du fer & du cuivre font entr'elles dans le même rapport que les élévations de température qu'ils ont communiquées au liquide, c'eft-à-dire comme les nombres 9 & 7,7. Dans le cas où l'on voudroit, ainfi qu'on le fait habituellement, rapporter cette capacité à celle de l'eau prife pour unité, il fuffiroit de divifer le nombre de degrés dont l'eau s'eft échauffée, par la quantité dont la température des corps a diminué.

Cette méthode, perfectionnée par le comte de Rumfort, eft généralement employée par les phyficiens, & c'eft uniquement dans des circonftances particulières que l'on fe fert du calorimètre de glace, inventé par Lavoifier & Laplace, & dont il a été queftion au mot Calorique, tom. IV, pag. 521 de ce Dictionnaire. (R. P.)

CAMISOLE OU GILET DE FORCE. (*Hyg.*)

Ce vêtement, que l'on emploie pour contenir les aliénés furieux, ceux qui cherchent continuellement à s'échapper, les hyftériques que plufieurs perfonnes ont peine à maintenir, les délirans très-agités, les condamnés à la peine capitale, & en général. tous les individus dont il importe de se rendre maître, fe fait ordinairement en coutil très-fort. Le corfage, qui s'étend de la partie inférieure du cou jufqu'au milieu du ventre environ, eft, comme les corfets, fermé par devant & ouvert par derrière, où on le fixe au moyen de liens placés de chaque côté, ou mieux encore en le laçant. Les manches font tantôt ifolées par leurs extrémités & fermées, & tantôt réunies, mais, dans l'un & l'autre cas, on les garnit de liens très-forts pour qu'on puiffe les fixer au pied du lit, fi elles font réunies, & de chaque côté, fi elles font ifolées. On pratique fur chaque côté de la poitrine, aux épaules, aux coudes de ces camifoles, des anfes dans lefquelles on peut paffer des liens deftinés à fixer le malade dans fon lit ou dans un endroit quelconque.

On emploie auffi pour maintenir les furieux, furtout ceux qui veulent faire ufage de leurs membres abdominaux, une efpèce de chemife faite de même en coutil, affez longue pour dépaffer les pieds, dont le haut reffemble en tout à la camifole de force, & qui eft terminée en bas par une couliffe, & garnie fur les parties latérales d'anfes qui fervent à fixer toute la longueur du corps : on a foin, dans ce cas, de laiffer une fente par derrière pour permettre les évacuations & ingeftions néceffaires.

La camifole a généralement remplacé les chaines dont on fe fervoit autrefois pour contenir les aliénés. L'ufage des chaines n'eft cependant pas entièrement abandonné, furtout en Efpagne & en Italie. Des médecins anglais ont reproché à la camifole de force de gêner la refpiration, d'empêcher le malade de pouvoir fe fervir de fes mains pour fe nourrir, fe moucher, fe gratter, &c., & lui préfèrent les menottes & une ceinture en cuir ou en fer. Malgré ces inconvéniens, M. Efquirol n'héfite pas à confidérer la camifole de force comme le meilleur moyen de contention des aliénés. Quoi qu'il en foit, nous penfons qu'il ne feroit pas difficile d'apporter à ce vêtement les modifications propres à en rendre l'ufage plus commode tant pour ceux qui les portent que pour les perfonnes chargées de l'appliquer.

(Ch. H.)

CAMPER. (Pierre). (*Biogr. méd.*) Né à Leyde le 11 mai 1722, étudia la médecine fous Gaubius, & fous Van-Rhooyen, Bernard Albinus & Trioen, & parvint au doctorat en 1746. Deux ans plus tard, après la mort de fes parens, il parcourut l'Angleterre, la France, la Suiffe & l'Allemagne, & à dater de 1750, il fut fucceffivement profeffeur d'anatomie, de chirurgie & de médecine, dans l'Univerfité de Franeker & à Amfterdam. Bientôt après, il passa à l'université de Groningue, où il enseigna l'anatomie, la chirurgie & la botanique.

La plupart des académies de l'Europe s'empressèrent de l'inscrire au nombre de leurs membres. En 1768, une épidémie des plus redoutables ayant éclaté dans les Pays-Bas, Camper contribua beaucoup à en diminuer les ravages, & ce fut à son instigation que dans les provinces de Groningue & de Frise, on fonda des sociétés destinées à propager l'inoculation & à encourager la découverte des moyens nouveaux de guérison.

Parmi les travaux anatomiques de Camper, on peut citer ceux qui eurent pour objet l'*anatomie de l'orang-outang*, de la tête de *la baleine* & du crâne du *rhinocéros*. Ce fut en 1770 que ce savant communiqua, pour la première fois, à l'Académie de peinture d'Amsterdam, ses idées sur l'usage que l'on pouvoit faire de l'*ouverture de l'angle facial*, pour *distinguer les variétés de l'espèce humaine* : idées qu'il développa davantage en 1778 & en 1782, dans des leçons publiques qui attiroient un nombreux concours d'auditeurs, & qui, après sa mort, furent publiées par son fils, Adrien-Gilles Camper.

Une autre découverte non moins importante, & que Hunter n'hésita pas à s'approprier trois ans après, fut celle de la communication qui existe entre l'organe pulmonaire des oiseaux & la cavité des os longs de leurs squelettes. En 1773, Camper quitta l'université de Groningue & fixa son séjour à Franeker, & depuis cette époque jusqu'à sa mort, qui eut lieu à La Haye le 7 avril 1789, il parcourut les villes les plus célèbres de l'Allemagne, de la Hollande, de la France & de l'Angleterre.

M. Cuvier, à la suite du discours sur les *progrès des sciences physiques depuis 1789*, a donné la liste complète des productions littéraires de ce savant médecin, dont l'éloge a été écrit par Condorcet & par Vicq-d'Azyr.

(*Extr. de la Biogr. médic.*) (R. P.)

CANTHARIDINE. (*Chim. végét.*) Principe actif des cantharides découvert par M. Robiquet en 1810. On le prépare en traitant les cantharides par l'eau bouillante : cette dissolution aqueuse, évaporée jusqu'à consistance d'extrait mou, est ensuite soumise à l'action de l'alcool bouillant; après avoir évaporé cette nouvelle dissolution, on met le résidu en contact avec de l'éther dans un flacon bouché & que l'on agite. Bientôt le liquide se colore en jaune, & par le repos, laisse déposer des lames micacées qui, étant desséchées, sont insolubles dans l'eau, solubles au contraire dans l'huile & dans l'alcool bouillant, d'où, par le refroidissement, & sous forme cristalline, elles se précipitent pures.

C'est à la solubilité de la cantharidine dans l'huile, que les emplâtres vésicans, faits avec les cantharides, doivent la faculté qu'ils ont d'agir sur la peau à travers un papier, ainsi que l'a indiqué le premier M. de Lens. Cette même propriété explique aussi l'action nuisible de l'huile administrée dans l'empoisonnement produit par les cantharides.

M. Robiquet a récemment extrait cette même substance du *mylabre* de la chicorée, & il est très-probable qu'on la rencontreroit aussi dans quelques autres insectes des genres voisins. (R. R.)

CAPHOPICHRITE. (*Chim. végét.*) M. Caventou a prouvé que la rhubarbe doit ses propriétés médicamenteuses à la combinaison de deux principes immédiats, le *rhabarbarin* & une matière brune particulière. Le premier est cristallisable & de couleur jaune, le second est inodore, insipide, insoluble dans l'éther & dans l'eau, très-soluble au contraire dans l'alcool.

Ces deux principes réunis existent dans toutes les préparations pharmaceutiques qui contiennent de la rhubarbe, & c'est à leur combinaison, considérée comme principe immédiat, que, dans ces derniers tems, plusieurs chimistes ont donné les noms, les uns de *caphopichrite*, les autres de *rhabarbarine*. (R. P.)

CARTHAMITE. (*Chim. végét.*) Nom récemment donné à l'une des matières que l'on retire de la fleur du carthame, & qu'aujourd'hui l'on appelle acide *carthamique*. (*Voy.* CARTHAME, tom. IV, pag. 434; & ROUGE, tom. XII, pag. 610, de ce Dictionnaire.) (R. P.)

CATHARTINE. (*Chim. végét.*) L'analyse des feuilles du séné (*cassia acutifolia* LAMK.) a fourni à MM. Lassaigne & Feneulle une substance jaune rougeâtre, incristallisable, soluble dans l'eau & l'alcool, insoluble dans l'éther. Cette substance, qu'à raison de sa faculté purgative, ces chimistes ont nommée *cathartine*, a une saveur amère & nauséeuse. Elle précipite l'infusion de noix de galle & le sous-acétate de plomb. Il est, du reste, probable qu'elle est moins un principe particulier qu'une forte d'extrait.

Quoi qu'il en soit, la cathartine, à la dose de quelques grains, purge en donnant de légères coliques. (R. P.)

CARDUACÉES (Famille des). (*Bot.*, *Mat. médic.*) Nom donné à l'une des divisions dont est formée la nombreuse famille des Composées, qui se partage en *corymbifères*, en *carduacées* & en *chicoracées*.

En général les plantes qui appartiennent à cette dernière section, contiennent un principe amer qui, loin d'être actif, comme dans les corymbifères, par la présence de l'huile essentielle & de la résine, est le plus ordinairement masqué par un mucillage aqueux qui eſt plus ou moins abondant, ſuivant l'âge de la plante. Auſſi quelques-uns de ces végétaux ſont-ils employés comme aliment : tel eſt l'artichaut ordinaire (*cinara ſcolymus*.)

Le carthame, la bardane, la chauſſe-trape, les diverſes eſpèces de *centaurées* appartiennent à la famille des Carduacées, que l'on nomme auſſi famille des *Cinarocéphales*, à raiſon de la diſpoſition des fleurs des plantes qui en font partie.

(R. P.)

CARYOPHYLLÉES (Famille des). (*Bot.*, *Mat. médic.*) Famille naturelle de la tribu des Dicotylédones polypétales. Les propriétés médicinales des plantes de cette famille ſont en général très-foibles; cependant on a cru reconnoître des qualités fondantes dans quelques-unes, telles que la *ſaponaire*, le *behen blanc*, &c. En Iſlande l'*arena peploïdes*, ſoumis à la fermentation, fournit un compoſé nutritif, & dans l'Amérique ſeptentrionale la décoction des racines du *ſilène virginica* eſt réputée anthelmintique. (R. P.)

CASTÉRA-VERDUZAN (Eaux minérales de). Ce village, ſitué entre Auch & Condom, à 5o lieues de Bordeaux, eſt remarquable par un établiſſement thermal très-fréquenté & dont l'inſpection eſt confiée à M. le Dr Capuron, l'un des plus célèbres accoucheurs de la capitale. Il y a deux ſources, l'une nommée la *grande* & l'autre la *petite fontaine*. Les eaux de la première ſont ſulfureuſes, & celles de la ſeconde ferrugineuſes : en général il y a beaucoup d'analogie entre les ſources de Caſtéra-Verduzan & celles de *Cambo*, près de Bayonne.

L'eau de la *grande fontaine* eſt limpide, ſa ſaveur eſt ſulfureuſe, & ſon odeur eſt celle du gaz hydrogène ſulfuré; ſa température eſt de 18 à 20 degrés : auſſi, pour en uſer ſous forme de bains, eſt-on obligé de l'échauffer artificiellement. Celle de la *petite fontaine* eſt froide; elle a une ſaveur légèrement métallique & laiſſe dépoſer un ſédiment ochracé : on ne l'emploie qu'en boiſſon. L'analyſe des eaux de ces deux ſources laiſſe beaucoup à deſirer, ſeulement on ſait que la première contient, indépendamment du gaz hydrogène ſulfuré, des hydrochlorates & des ſulfates de chaux & de ſoude. Quant à la ſeconde, elle renferme un principe ferrugineux qui ne ſe remarque point dans l'eau de la *grande fontaine*.

On recommande l'uſage des eaux de Caſtéra-Verduzan dans les foibleſſes de l'appareil digeſtif, dans la chloroſe & dans le traitement des maladies de la peau. (R. P.)

CAUSTIQUE DE GONDRET ou POMMADE AMMONIACALE. (*Pharm.*, *Mat. médic.*) Cette pommade, propoſée par le Dr Gondret, eſt un mélange à partie égale de ſuif & d'ammoniaque

(alcali volatil); elle ſe prépare de la manière ſuivante : faites fondre au bain marie deux onces de ſuif dans un flacon bouché à l'émeril & à large ouverture; quand le ſuif eſt bien liquéfié, ajoutez-y la même quantité d'ammoniaque, & agitez juſqu'à parfait réfroidiſſement.

La pommade ammoniacale de Gondret eſt un des meilleurs cauſtiques que nous poſſédions, & il eſt d'autant plus précieux qu'on en obtient tous les degrés de la brûlure depuis la rubéfaction la plus légère juſqu'à la brûlure la plus profonde. Si l'on ne deſire obtenir qu'une légère irritation, on en prendra gros comme une noiſette, on frictionnera pendant deux ou trois minutes, & on recouvrira la partie avec un linge fin. Veut-on, au contraire, déterminer un degré plus conſidérable d'irritation, il ſuffira de recouvrir la partie frictionnée d'un emplâtre de cette pommade, & de la laiſſer appliquée pendant vingt à vingt-cinq minutes. Ce temps ſuffit ordinairement pour produire la véſication la plus complète. Il eſt inutile d'indiquer les moyens propres à obtenir des effets intermédiaires; les deux extrêmes étant indiqués. Il nous reſte à dire, pour terminer cet article, que cette pommade, au moyen de laquelle l'auteur a obtenu de nombreux ſuccès, eſt un des meilleurs cauſtiques que nous poſſédions; il a de plus un double avantage ſur les préparations faites avec les cantharides, c'eſt d'agir plus promptement que ces dernières, & de ne pas, comme elles, avoir une action directe ſur l'appareil *véſico-génital*. (CH. H.)

CÉCITÉ. *Cecitas*. Abſence ou abolition de la faculté de voir. La cécité ne conſtitue pas une maladie proprement dite; c'eſt une infirmité, & elle doit être conſidérée comme le réſultat médiat ou immédiat d'une foule de maladies des yeux qui la produiſent, ſoit en s'oppoſant à l'entrée des rayons lumineux dans l'œil, ſoit en privant la rétine de ſa ſenſibilité ou de la faculté de percevoir les objets qui parviennent juſqu'à elle. Tels ſont, pour le premier cas, l'*ankyloblépharon*, occluſion congénitale ou accidentelle des paupières; l'*ophthalmie*, les *taies*, les *ulcères* & le *ſtaphylome de la cornée*, l'*occluſion de la pupile*, l'*hypopyon*, la *cataracte*, le *glaucome*, l'*hydrophthalmie*, l'*atrophie*, &c. Dans le ſecond cas, l'*amauroſe* ou *paralyſie de la rétine*, eſt la ſeule cauſe qui produiſe la cécité. (*Voyez* ces différens mots.) (CH. H.)

CÉPHALOMÈTRE (*Inſtr. de chir.*) Cet inſtrument, ainſi que l'indique ſon étymologie grecque, κεφαλη, tête, & μετρον, meſure, étoit deſtiné à faire connoître, pendant le travail de l'enfantement, le diamètre de la tête du fœtus; mais la difficulté d'en faire convenablement uſage, & ſurtout la facilité avec laquelle la mobilité & la flexibilité des os de la tête du fœtus lui permettent de ſe mouler à travers le baſſin, en rendent l'emploi tout-à-fait inutile : aussi l'usage de cet instrument est-il généralement abandonné. (R. P.).

CÉRASTE. (*Erpét.*) Nom d'un reptile venimeux que l'on trouve en Egypte , & qui est remarquable par deux appendices en forme de cornes placés sur sa tête.

CHARPIE. (*Chir.*) On connoît deux espèces de charpie : l'une que l'on appelle *brute* , & que l'on obtient en effilant du vieux linge coupé par morceaux ; l'autre , nommée *charpie râpée* , qui se prépare en ratissant avec un couteau des fragmens de toile usée.

La charpie est employée à faire des plumasseaux, des bourdonnets , des tentes , des mèches , &c., dont on se sert pour le pansement des plaies. (*Voyez* ces différens mots dans le *Dictionnaire de Chirurgie* de cette Encyclopédie.) (R. P.)

CHAUSSIER (François) (*Biogr. médic.*), professeur à la Faculté de médecine de Paris , médecin en chef de l'hospice de la Maternité , jouissoit à Dijon d'une réputation due aux nombreuses connoissances dont il avoit donné des preuves dans les cours publics de botanique , de chimie , de matière médicale , d'astronomie , mais surtout d'anatomie & de physiologie qu'il faisoit régulièrement chaque année. Une réputation aussi justement méritée devoit nécessairement conduire Chaussier sur un plus vaste théâtre ; aussi fut-il appelé à Paris en 1794 , à l'époque où la Convention sentit la nécessité de rétablir en France l'enseignement de la médecine , & , conjointement avec Fourcroy, il rédigea le rapport & le projet de décret qui donna lieu à l'établissement des écoles de santé à Paris , à Montpellier & à Strasbourg. Chargé d'enseigner dans la première de ces écoles, l'anatomie & la physiologie, Chaussier employa la nouvelle nomenclature qu'il suivoit depuis plusieurs années à Dijon , & les *tables synoptiques* dans lesquelles il a renfermé les généralités de ces deux sciences font regretter qu'il n'en ait point donné de développemens, dans des ouvrages plus étendus.

Plusieurs écrits justement estimés prouvent combien ce célèbre professeur étoit versé dans la jurisprudence médicale : aussi fut-il plusieurs fois sollicité par ses collègues de remplir cette chaire, lorsqu'elle devint vacante. Son goût pour la physiologie l'emporta, & il continua d'enseigner cette science dans la Faculté de médecine de Paris jusqu'à l'époque où l'ordonnance du 23 novembre 1822 supprima une école qui , depuis trente ans , avoit rendu les services les plus signalés. Lors de la réorganisation , qui eut lieu en 1823 , Chaussier ne fit point partie de la nouvelle Faculté ; mais l'Académie royale des sciences , en l'admettant peut-être un peu tardivement au nombre de ses membres, prouva que les titres scientifiques avoient

pour elle une valeur que ne pouvoit contrebalancer l'influence ministérielle , si ce n'est en abusant de son autorité.

Un âge assez avancé, un travail assidu , & très-probablement aussi le ressentiment des injustices qu'il avoit éprouvées, altérèrent la santé de Chaussier, & une attaque d'apoplexie, à laquelle il ne succomba pas , mais dont il ne put cependant se rétablir complètement, fit prévoir sa fin prochaine. Il mourut en effet à Paris , le 19 juin 1828, généralement estimé de tous ceux qui ont su le connoître & l'apprécier. (R. P.)

CHÉNOPODÉES (Famille des). (*Bot.* , *Mat. médic.*) Famille naturelle de plantes remarquables par la diversité des propriétés des végétaux qui la composent. Les uns en effet sont doux, mucilagineux ou sucrés & propres à la nourriture ; tels sont , la *bette* , les *épinards* , les *arroches* & la *betterave*, dont la racine fournit abondamment du sucre ; les autres , comme les *phytolacca* , sont extrêmement âcres dans toutes leurs parties ; quelques-unes même ont une odeur aromatique due à une huile essentielle qui contient du camphre ou une matière analogue. Les graines de certaines espèces sont émèto-purgatives ; enfin plusieurs plantes de cette famille, qui croissent dans le voisinage de la mer, fournissent abondamment de la soude. (R. P.)

CHIMIE ou CHYMIE, de *kemia* , mot arabe qui signifie l'art qui traite des propriétés des corps, ou de *chemia vel chymia* , χημια ou χημα de χεω , fondre , ou de χυμος , suc. La plupart des auteurs s'accordent à regarder comme meilleure la première orthographe & la première étymologie. La chimie a successivement porté différens noms ; on l'appela *science hermétique* , parce que l'on prétendoit que les préceptes en étoient tracés sur les colonnes d'Hermès. On lui donna aussi le nom d'*art spagyrique* , de deux mots grecs σπαω & αγειρω , je sépare & je réunis. Plus tard, quand elle n'avoit d'autre objet que la transmutation des métaux, elle reçut la dénomination de *chrysopée* & d'*argyropée* , ce qui signifie œuvre de l'or & de l'argent. Elle fut aussi appelée *alchimie*, ou chimie par excellence. Enfin le nom de *chimie* lui est resté, & c'est ainsi qu'on la désigne chez tous les peuples civilisés.

Nous ne connoissons pas de meilleure définition de la chimie que celle qui nous a été laissée par le célèbre Fourcroy. *La chimie est une science qui apprend à connoître l'action intime & réciproque de tous les corps de la nature les uns sur les autres.*

Cette science a été divisée en huit parties : 1°. la chimie philosophique, 2°. météorologique, 3°. minérale, 4°. végétale, 5°. animale, 6°. pharmacologique , 7°. manufacturière , 8°. économique. Le simple

simple énoncé de ces adjectifs indique les objets qui font du reffort de chacune de ces branches.

La chimie diffère de la phyfique, en ce que celle-ci ne s'occupe que des propriétés des corps dans l'état où la nature nous les préfente, tandis que la chimie veut les connoître jufque dans leur compofition la plus intime. Cependant, dans l'état actuel de nos connoiffances, ces deux fciences font inféparables, & la connoiffance des lois de la phyfique eft indifpenfable à quiconque veut s'occuper avec fruit de la chimie; auffi le célèbre Four- croy, dont nous avons adopté la définition, avoit- il raifon de dire, *que la chimie commence où finit la phyfique.* (CH. H.)

CHLORE. (*Chim.*, *Mat. médic.*) *Chlorum*, *chlorina*, de χλωρος, vert. Le chlore eft un corps fimple, découvert en 1774 par Scheele, qui le décrivit fous le nom d'*acide marin déphlogiftiqué*. Les chimiftes ayant regardé jufque dans ces der- niers temps ce corps comme compofé d'acide mu- riatique & d'oxygène, l'avoient nommé *acide mu- riatique oxygéné*. On ne trouve jamais le chlore pur dans la nature; mais on le rencontre fouvent uni à celui de chlorure ou à celui d'hydrochlorate: il eft gazeux, d'un jaune qui tire fur le vert; fa faveur eft très-défagréable; fon odeur eft pi- quante & tellement fuffocante qu'il feroit impof- fible de le refpirer, même mêlé à l'air, fans éprouver un fentiment de ftrangulation & un ref- ferrement de poitrine: fi la dofe eft confidérable, ces fymptômes peuvent être fuivis de quelques douleurs, & même quelquefois d'hémoptyfie, &; dans tous les cas, de l'épaiffiffement des mu- cofités qui tapiffent les voies aériennes. Sa pefan- teur fpécifique eft de 2,470. Il décolore l'indigo, le tournefol, le vin, le café, le tabac & la plupart des principes colorans; il détruit plufieurs fortes de miafmes, & éteint la bougie après avoir com- muniqué à la flamme un afpect pâle d'abord, en- fuite rouge.

Ufage du chlore en médecine. C'eft depuis quel- ques années feulement que le chlore a commencé à marquer comme moyen thérapeutique, & l'ef- pèce de vogue qu'il obtient en ce moment fera épo- que dans les annales de la thérapeutique. C'eft M. Ganal qui, le premier, a éveillé l'attention des médecins fur l'emploi de ce médicament: ce chi- mifte ayant remarqué que parmi les ouvriers em- ployés dans une manufacture au blanchiment des toiles, ceux qui fe trouvoient atteints de quelque affection de poitrine voyoient leur état s'améliorer fenfiblement, il foupçonna que les émanations du chlore auxquelles ils étoient expofés pouvoient être la caufe de cette amélioration; d'après cette idée, il a propofé d'employer méthodiquement le chlore en fumigations dans le traitement de la phthifie pulmonaire. M. Bourgeois, médecin de la maifon royale de Saint-Denis, rapporte dans

un Mémoire fur les effets médicamenteux du chlore en général, & furtout dans les affections chroni- ques du poumon, qu'une blanchifferie de toile ayant été transférée de Menin aux environs de Saint-Denis, dans un lieu humide fort infalubre, où régnoient ordinairement des affections catar- rhales, des fièvres intermittentes, & une difpo- fition au fcrofule, non-feulement dix ou douze familles flamandes qui fuivirent la manufacture confervèrent leur bonne fanté fous ces influences défavorables, mais encore un homme admis dans la blanchifferie avec un catarrhe chronique de la poitrine & toutes les apparences de la phthifie, éprouva d'abord une augmentation dans les fymp- tômes de fa maladie, puis guérit contre toute at- tente au bout de quatre mois; il en fut de même d'une femme tombée dans le marafme à la fuite d'une vomique, & qui, après trois mois de féjour dans l'établiffement, fut parfaitement guérie. M. le Dr. Caftel affure avoir guéri, au moyen du chlore, une phthifie pulmonaire très-avancée, & de nature fcorbutique. Selon ce médecin, les prédifpofitions à la phthifie pulmonaire étant une conftitution foible & lymphatique, on doit en conclure que le traitement débilitant ne peut convenir dans cette maladie, & que le chlore doit agir, dans ce cas, comme beaucoup d'autres médicamens ftimulans, la vapeur de goudron, par exemple. Du refte, M. Caftel ne regarde pas le chlore comme un fpé- cifique contre la phthifie, mais il a voulu feule- ment appeler l'attention des praticiens fur un agent qui lui a paru pouvoir être utile dans quelques cir- conftances. M. le Dr. Cottereau, agrégé à la Faculté de médecine de Paris, a préfenté l'année dernière à l'Académie royale de médecine un jeune homme guéri d'une phthifie pulmonaire au moyen des infpirations de chlore gazeux; le fujet de cette obfervation eft M. Péan, étudiant en médecine, âgé de vingt-fix ans, d'une fanté délicate, chez lequel tous les fymptômes de l'affection tuber- culeufe des poumons furent reconnus exifter à un très-haut degré d'intenfité. Le malade étoit dans un état effrayant de foibleffe & de confomp- tion, & fa pofition fembloit entièrement défefpé- rée, lorfque M. le Dr. Cottereau lui adminiftra le chlore gazeux à l'aide d'un appareil de fon inven- tion. L'influence de ce traitement a été prompte, & le jeune homme a recouvré une fanté parfaite, qui n'a fubi aucune altération depuis plufieurs mois, quoiqu'il fe foit livré à des études conti- nuelles, & plufieurs fois à des courfes botaniques de fept à huit lieues faites à pied dans un feul jour. L'Académie, en adreffant des remerciemens à M. Cottereau, a auffi engagé ce praticien à con- tinuer fes effais afin de conftater les effets du chlore, & à lui communiquer fes réfultats, bons ou mauvais, afin qu'elle puiffe ftatuer fur une queftion qui ne fauroit être décidée fur quelques faits ifolés, d'autant moins que plufieurs membres de l'Académie, au nombre defquels nous citerons

MM. Honoré, Coutenceau & Roulhier, qui ont souvent employé le chlore dans des cas semblables, n'en ont pas obtenu de résultats avantageux. Quelques années avant sa mort, Laennec fit des expériences à la Charité, & elles n'eurent aucuns résultats satisfaisans ; il est vrai de dire que ce professeur est convenu qu'elles avoient été mal dirigées, & qu'elles avoient besoin d'être reprises. MM. Louyer - Villermay, Chomel & Husson ont aussi plusieurs fois essayé sans succès le chlore gazeux dans le traitement de la phthisie pulmonaire.

Quoi qu'il en soit, il est à notre connoissance que M. Richard-Desruez, pharmacien de Paris, a fait respirer avec succès à des *dyspnéiques* & à des *asthmatiques*, le chlore à l'aide d'un appareil de son invention.

Le chlore gazeux a été quelquefois employé avec avantage comme stimulant dans les cas de syncope & d'asphyxie, & principalement dans l'asphyxie produite par les gaz qui se dégagent des fosses d'aisance.

L'analogie qui existe entre la maladie tuberculeuse appelée *morve*, chez les chevaux, & la phthisie pulmonaire chez l'homme, a conduit M. Léon Watrin, vétérinaire à Metz, à employer le chlore gazeux dans le traitement d'une maladie qui fait depuis si long-temps le désespoir des vétérinaires, & qui occasionne des dépenses si considérables dans les régimens, puisqu'on y sacrifie sans exception tous les chevaux jeteurs. M. Watrin a complètement réussi à guérir radicalement plusieurs chevaux regardés tout-à-fait comme incurables (1). Cet habile vétérinaire continue les expériences commencées en 1818, & tout fait espérer que cette maladie, jusqu'alors incurable, sera bientôt d'une guérison aussi prompte que facile.

Mode d'administration du chlore gazeux. Le chlore gazeux s'administre soit en chargeant de chlore l'air de la pièce où se tient le malade, c'est-à-dire à l'air libre, soit au moyen d'un appareil respiratoire. Beaucoup de médecins préfèrent le premier procédé en ce qu'il se rapproche le plus de ce qui se passe dans les blanchisseries, où le chlore n'est dégagé en quantité un peu considérable que par intervalle. On doit, dans ce cas, le dégager très-pur, & avoir soin de le faire passer à travers de l'eau à mesure qu'il se dégage du mélange de peroxyde de manganèse & d'acide hydrochlorique. L'appareil peut recevoir des formes variées, se monter sur des lampes, se placer dans des foyers, &c.

Quant à l'*appareil inspiratoire*, nous ne saurions mieux faire que de donner la description de celui qui a été inventé par M. le Dr. Cottereau,

comme le meilleur & comme ayant été approuvé par l'Académie royale de médecine. Cet appareil se compose de deux pièces principales : 1°. un flacon à trois tubulures ; & de la capacité d'une livre d'eau ; 2°. un support en cuivre ou en fer-blanc établi sur un réchaud, & une lampe à esprit-de-vin. La moyenne des trois tubulures du flacon, donne passage à un tube de verre de six lignes de diamètre, contenant un thermomètre centigrade, & dont l'orifice supérieur communique avec l'atmosphère, tandis que l'inférieur descend jusqu'à trois lignes à peu près du fond du flacon. La seconde est remplie par un bouchon à l'émeril, creux parallèlement à son axe, canicule, & qui se prolonge de deux pouces environ dans le flacon, où il se termine en bec de flûte. Ce bouchon supporte un vase couvert de papier de la capacité d'une once d'eau, & un robinet qui ouvre & ferme à volonté le canal du bouchon ; seulement sur la cheville en cristal qui constitue le robinet, est une petite rainure dont le degré de profondeur détermine la quantité de liquide qui peut passer à travers le robinet. Enfin, la troisième tubulure donne passage à un tube recourbé qu'ouvre ou ferme à volonté un robinet, & qui est celui à travers lequel le malade inspire. Pour faire usage de cet appareil on verse de l'eau pure dans le flacon principal jusqu'à la hauteur d'un pouce, de manière à ce que le tube de la tubulure moyenne qui renferme le thermomètre plonge dans cette eau ; on verse du chlore liquide dans le vase surajouté à la seconde tubulure, & par la rainure du robinet ce chlore tombe par gouttes, quatorze à quinze fois par minute dans le flacon. Au moyen de la lampe à esprit-de-vin on maintient l'eau qui est dans le grand flacon à une température de 30 à 32 degrés, en proportionnant la flamme de la lampe au volume de l'eau. Le malade inspire par le tube de la troisième tubulure, & l'air qui pénètre par celle du milieu arrive dans le poumon contenant le chlore dont il s'est chargé.

Jusqu'ici nous n'avons parlé que du chlore gazeux ; le chlore liquide à nous offrir le moyen prophylactique d'une maladie moins commune, il est vrai, que la phthisie pulmonaire, mais plus terrible par ses symptômes effrayans & sa terminaison toujours funeste, nous voulons parler de l'hydrophobie. MM. Semmola & Schœnberg annoncent avoir employé le chlore à l'état liquide contre la rage, & M. le Dr. Semmola en particulier dit avoir traité par ce moyen dix-neuf individus avec succès. Voici l'un des faits mentionnés par lui (1) : en septembre 1825, trois personnes de la commune de Marigliano furent mordues par le même chien ; chez deux d'entr'elles l'emploi du chlore prévint le développement des accidens ; la

---

(1) Voyez *Annales d'hygiène publique & de médecine légale*, n°. 1.

(1) Voyez *Bulletin des Sciences médicales*, juillet 1828.

troifième, qui étoit une fille, ne voulut pas fe foumettre au traitement, & fuccomba le vingt-troifième jour après la morfure. Le procédé prefcrit par M. le Dr. Semmola eft le fuivant : on lave les plaies le plus tôt poffible avec du chlore étendu d'eau, on les couvre enfuite avec de la charpie imprégnée de chlore liquide étendu d'eau, & on répète l'opération deux fois par jour jufqu'à complète cicatrifation ; fi au bout de cinquante jours les plaies ne font pas entièrement guéries, on les traite par les moyens ordinaires. Lorfque la plaie eft cicatrifée avant qu'on ait fait ufage du chlore, on doit cautérifer avec du beurre d'antimoine, puis commencer les lotions auffitôt après la chute de l'efchare. Pendant les cinquante jours que dure le traitement, les malades doivent prendre le chlore intérieurement ; la dofe eft de deux gros à une once dans de l'eau fucrée, trois fois par jour, mais il eft important qu'il foit très-étendu, fans quoi on ne pourroit le donner à la dofe d'une once fans déterminer d'accident. MM. Semmola & Schœnberg n'ont pas obfervé de développement des véficules fublinguales pendant l'emploi du chlore; fi cependant, dans le cours du traitement, elles venoient à paroître, il feroit indifpenfable de les cautérifer.

Déjà Cluzel, & furtout Brugnatelli, avoient beaucoup vanté le chlore comme moyen prophylactique de la rage, foit en l'adminiftrant en pilules avec de la mie de pain, foit en lavant les morfures avec la diffolution concentrée.

Nyften & Eftribaud ont employé ce médicament avec fuccès : le premier, dans certains cas de diarrhées & de dyfenteries chroniques ; le fecond, dans le traitement des fièvres putrides.

Enfin, Cluzel & Thénard ont reconnu que l'immerfion plufieurs fois répétée des mains dans du chlore liquide fuffifoit pour guérir la gale la plus invétérée.

C'eft fur les propriétés très-remarquables dont jouit le chlore de détruire prefque tous les principes colorans & de neutralifer un grand nombre de miafmes, que font bafés l'art du blanchiment des toiles d'après le procédé de Berthollet, ainfi que le procédé inventé par Guyton de Morveau pour définfecter les lieux remplis de miafmes. C'eft auffi à la propriété de détruire les couleurs que nous devons rapporter les avantages que l'on retire de l'emploi du chlore dans la recherche de la plupart des poifons minéraux mêlés avec des liquides colorés : ce fait eft tellement avéré qu'on ne peut s'expliquer pourquoi il a été nié par l'auteur de l'article Toxicologie du *Dictionnaire des Sciences médicales*. Enfin le chlore, uni à la potaffe du commerce, conftitue l'*eau de Javelle*.
(Ch. H.)

CHLORURES. (*Chim.*) *Chlorureta.* On appelle ainfi celles des combinaifons du chlore avec les corps fimples, combuftibles ou non, qui ne jouiffent pas de propriétés acides. Comme en traitant de chaque métal on a fait connoître les propriétés les plus remarquables de fes combinaifons avec le chlore, nous nous abftiendrons d'en parler de nouveau, et nous allons feulement nous occuper de chlorures d'oxydes ou *chlorures définfectans.*

CHLORURES DÉSINFECTANS. L'époque à laquelle les chlorures d'oxydes furent découverts n'eft pas bien connue, mais celle de leur emploi dans les arts, & furtout dans la thérapeutique, eft rapprochée de nous. Ils font au nombre de trois : le *chlorure d'oxyde de potaffium*, le *chlorure d'oxyde de calcium* & le *chlorure d'oxyde de fodium.*

CHLORURE D'OXYDE DE POTASSIUM, également connu fous le nom d'*eau de Javelle*, du nom d'un village où cette eau fut préparée pour la première fois, & fous celui de *chlorure de potaffe*, eft liquide, quelquefois blanc, d'autres fois coloré en violet par du manganèfe. Ce produit, depuis longtemps répandu dans le commerce, peut, au befoin, remplacer les chlorures de foude & de chaux; le gaz qu'il laiffe dégager remplit les mêmes conditions que celui qui fe dégage du chlorure de foude ou du chlorure de chaux.

CHLORURE D'OXYDE DE CALCIUM. Ce chlorure, qui a fucceffivement porté les noms de *chlorure de chaux*, de *bichlorure de chaux*, de *muriate furoxygéné de chaux*, d'*oxymuriate de chaux*, de *muriate oxygéné de chaux*, de *poudre de Tennant & de Knox*, du nom de deux chimiftes écoffais, de *fous-bichlorure de chaux*, de *poudre de blanchiment*, ce chlorure fe trouve dans le commerce fous forme pulvérente de couleur blanche; il exhale une forte odeur de chlore : il eft formé de 100 d'hydrate de chaux & de 47, 25 de chlore fuivant M. Welter, & felon M. Houton-Labillardière de 100 d'hydrate de chaux & de 11,276 de chlore.

CHLORURE D'OXYDE DE SODIUM, qui porte auffi les noms de *chlorure de foude*, de *liqueur de Labarraque*, de *liqueur de foude définfectante*. Ce chlorure, qui eft liquide, eft blanc, tranfparent, d'une odeur de chlore très-prononcée. Traité par les acides, il fe décompofe & le chlore gazeux eft mis à nu.

Le grand avantage que l'on retire de l'emploi des chlorures, de préférence à celui du chlore, dit M. Chevallier, c'eft que ce gaz étant fixé dans les chlorures par les alcalis, il ne fe dégage que peu à peu, agit auffi doucement qu'on le juge convenable, & de manière à ne jamais incommoder.

Les ufages des chlorures, bornés il y a peu d'années à la définfection, ont pris depuis quelque temps une extenfion confidérable en fourniffant non-feulement de nouveaux moyens à l'hygiène publique, mais encore des moyens thérapeutiques applicables à la médecine & à l'hippiatrique. Nous nous bornerons à faire ici l'énumération des cas nombreux dans lefquels on fait ufage des chlorures; les limites dans lefquelles nous fommes obligé de nous renfermer ne nous permettent pas d'entrer dans de plus grands détails.

Comme moyens hygiéniques, on a employé les chlorures, 1°. pour le préferver de l'odeur qui s'élève des foffes d'aifances, des baquets à urines, des plombs; 2°. pour la définfection des halles & des paniers qui fervent à la vente des poiffons, des étables, écuries & autres lieux habités par les animaux; 3°. pour affainir les falles d'affemblées, de fpectacles, les amphithéâtres; 4°. pour définfecter le linge d'hôpital, les habits vendus aux fripiers; 5°. pour affainir les abattoirs, les ateliers d'équarriffage, les cages où l'on tient enfermés les animaux; 6°. enfin pour fe prémunir contre les émanations contagieufes.

La médecine vétérinaire a trouvé dans les chlorures qui nous occupent des agens prophylactiques contre la morve, la rage & les maladies charbonneufes.

La thérapeutique a fait auffi d'heureufes applications des chlorures : 1°. pour combattre l'afphyxie, les maladies des gencives, le fcorbut & l'infection de l'haleine; 2°. contre les morfures des animaux enragés & les maladies fyphilitiques; 3°. pour le traitement de la gale & d'un grand nombre de maladies de la peau; 4°. pour combattre les phlegmafies oculaires & les ophthalmies purulentes; 5°. pour traiter les brûlures, les engelures, & en général les ulcères atoniques; 6°. pour définfecter les plaies cancéreufes, les ulcères de l'utérus; 7°. enfin, pour opérer le toucher.

On a fait dans les arts un fréquent ufage de ces chlorures, pour le blanchiment du papier, pour reftaurer les gravures & les livres enfumés ou tachés, pour enlever le goût de marc aux eaux-de-vie, pour détruire l'odeur fétide de l'huile de poiffon, pour nettoyer les vafes où l'on conferve les fangfues, pour conferver les œufs; enfin, pour enlever aux légumes confervés l'odeur défagréable qu'ils ont pu contracter.

Nous terminons cet article en renvoyant le lecteur à l'ouvrage de M. Chevallier, ayant pour titre : l'*Art de préparer & d'appliquer les chlorures définfectans*, 1 vol. in-8°. Paris, 1829; ouvrage dans lequel il pourra trouver tout ce que la briéveté de cet article laiffe à defirer, tant fur la préparation que fur l'application de ces chlorures.

(Ch. H.)

CHOLESTÉRINE. (*Chim.*) *Cholefterina*, mot dérivé de χολη, bile, & de στερεος, folide. M. Chevreul appelle ainfi la *fubftance criftallifée*

des *calculs biliaires humains*, décrite par Fourcroy fous le nom d'*adipocire*. (*Voyez* ce mot ce mot dans le *Supplément.*) On la trouve dans la plûpart des calculs biliaires de l'homme, dans le mufc, dans quelques efpèces de champignons, dans certaines concrétions cérébrales, dans le tiffu fquirrheux, dans la férofité de certains hydrocèles & dans quelques humeurs animales.

On obtient la choleftérine, en traitant, par l'alcool bouillant, les calculs biliaires de l'homme criftallifés & réduits en poudre. L'alcool diffout cette fubftance : on filtre & l'on voit cette matière fe féparer fous forme d'écailles, à mefure que le liquide fe refroidit. On lave les criftaux avec de l'alcool froid, on les égoutte & on les rediffout dans l'alcool bouillant, pour les faire criftallifer de nouveau par le refroidiffement : alors la choleftérine eft pure. Nous n'en dirons pas davantage fur cette fubftance, qui eft fans ufage en médecine.

(Ch. H.)

CHOLESTÉRIQUE (Acide). Cet acide, qui a été découvert par MM. Pelletier & Caventou, s'obtient en chauffant la choleftérine avec de l'acide nitrique concentré, & en enlevant l'acide nitrique en excès, en faifant bouillir de nouveau le mélange avec du fous-carbonate de plomb. Il fe préfente fous forme de criftaux d'un blanc-jaunâtre, dont l'odeur eft analogue à celle du beurre, & dont la faveur eft foible & légèrement fliptique. Comme la choleftérine, l'acide choleftérique eft fans ufage. (Ch. H.)

CHYLE, (*Phyfiol.*) *Chylus.* Fluide que l'abforption inteftinale extrait des alimens après qu'ils ont fubi l'action des organes de la digeftion. Le chyle eft un fluide demi-transparent, d'un blanc mat ou rofé, prefqu'inodore, bien que quelques chimiftes aient avancé qu'il avoit une odeur fpermatique très-prononcée, d'une faveur douce dans la plûpart des animaux. Ce fluide, qui fe fépare du chyme dans le duodénum & le refte de l'inteftin grêle, eft abforbé par les vaiffeaux chylifères ou lactés qui vont fe rendre dans les ganglions lymphatiques du méfentère, gagne le canal thoracique & fe mêle au fang. Comme celui-ci il eft compofé d'une partie féreufe & de fibrine.

Le chyle de l'homme n'a jamais été analyfé : Vauquelin a trouvé dans celui du cheval, de la fibrine, ou du moins une matière albumineufe ayant beaucoup d'analogie avec la fibrine, une fubftance graffe qui donne au chyle l'apparence du lait, de la potaffe, de l'hydrochlorate de potaffe, du phofphate de chaux, &c. D'après ce chimifte, la compofition du chyle varie fuivant qu'il eft pris dans telle ou telle autre partie : auffi la matière fibreufe eft d'autant plus parfaite que le chyle eft plus près de fe mélanger avec le fang.

Nous venons de dire de quelle manière s'opère la séparation du chyle; mais le mécanisme de cette séparation, la manière dont la chylification a lieu, est absolument ignorée. Il est aussi peu facile de l'expliquer par la connoissance du fluide biliaire, qu'il feroit difficile de trouver quelques rapports entre l'œuvre admirable de la génération & la composition du sperme. (CH. H.)

CHYLIFÈRE. *Chilifer.* (*Physiol.*) Nom donné aux vaisseaux qui portent le chyle, des intestins dans le canal thoracique, & qu'on appelle aussi *vaisseaux lactés*, à cause de la couleur blanche qui les distingue lorsqu'ils sont remplis de cette liqueur lactescente.

CHYLIFICATION. (*Physiol.*) *Chylificatio*, de *chylus*, chyle, & de *facere*, faire, formation du chyle. Ce mot a deux acceptions différentes : tantôt il exprime l'action de l'absorption qui s'exerce sur le chyme à la surface interne de l'intestin grêle, & il est alors synonyme du mot *chylose*; tantôt il désigne seulement l'altération que subit le chyme dans l'intestin grêle par l'action de la bile & du suc pancréatique.

CHYLOSE. *Chylosis.* Mot consacré à exprimer l'action qu'exercent sur le chyme la bile & le suc pancrétique, & qui a pour résultat la transformation de ce chyme en chyle.

CHYME. (*Physiol.*) *Chymus.* L'estomac, qui a de tout temps été regardé comme le principal organe de la digestion, ne joue cependant qu'un rôle préparatoire; car ce n'est pas par lui que s'accomplit le principal & le plus important phénomène de cette fonction, c'est-à-dire la séparation de la partie nutritive de l'aliment d'avec la portion excrémentitielle, ou en d'autres termes la *chylification*. Reçue dans sa cavité, la substance alimentaire se dispose seulement à cette prochaine séparation; elle se fluidifie, éprouve un commencement d'altération & se convertit en une pâte molle & homogène qui est le *chyme*. Quel est l'agent qui opère cette conversion? Nous sommes forcé d'avouer que malgré les nombreuses théories qui ont succédé à la *coction*, à la *fermentation*, à la *putréfaction*, à la *trituration*, à la *macération*, nous en sommes encore à nous demander, en quoi consiste la digestion stomacale ou formation du chyme.

Si nous en croyons Castelli, les Anciens prenoient les mots de *chyle* & *chyme* en sens inverse de la signification que nous leurs accordons de nos jours.

CHYMIFICATION. (*Physiol.*) *Chymificatio.* De χυμος, suc, & *facere*, formation du chyme.

CHYMOSE. *Chymosis.* De χυμωσις, conversion des alimens en chyme.

CIÑAROCÉPHALES (Famille des). (*Bot.*, *Mat. médic.*) (*Voyez* CARDUACÉES (Famille des), dans le *Supplément.*) (R. P.)

CINCHONINE. (*Chim. végét.*) Alcaloïde retiré du quinquina, & dont, conjointement avec la quinine, il constitue la partie véritablement active. C'est à M. Duncan d'Edimbourg que l'on est redevable des premières notions relatives à cette substance. Depuis, MM. Gomez & Lobert ont persectionné ce travail, mais c'est particulièrement MM. Houton-Labillardière, Pelletier & Caventon qui prouvèrent que cette substance étoit une base salifiable, organique, analogue à la morphine.

Les quinquinas gris & rouge sont ceux dans lesquels on rencontre la cinchonine en plus grande quantité. Dans l'état de pureté cet alcaloïde est blanc, susceptible de cristalliser, très-soluble dans l'alcool, exigeant, pour se fondre dans l'eau bouillante, 2,500 fois son poids de liquide, tandis qu'il est à peu près insoluble dans l'eau froide. Son amertume, qui égale celle du quinquina, est, en raison de son peu de solubilité, très-longue à se développer. Exposée au feu, la cinchonine se décompose avant d'entrer en fusion, & se volatilise en partie. L'éther, les huiles fixes & volatiles ne la dissolvent qu'en très-petite quantité.

Les préparations de cette substance les plus fréquemment employées en médecine, sont le *sulfate* & l'*acétate.* (*Voyez* QUININE, tom. XII, pag. 412, de ce Dictionnaire.) (R. P.)

CLISÉOMÈTRE. (*Instr. de chir.*) Dérivé de κλυσις, pente, & de μετρον, mesure. Instrument destiné à mesurer l'inclinaison de l'axe du bassin relativement à l'axe du corps. Il a été proposé & décrit par Osiander, de Gœttingue, & il est décrit & gravé, pag. 35, pl. 3, fig. 16, dans l'ouvrage de Gottlob Schreger, ayant pour titre : *Tabulæ armamentorum ad rem obstetricam pertinentium.* In-fol. *Erlangœ*, 1800. (R. P.)

CLYSOIR. (*Instr. de chir.*, *Hyg.*) Dérivé de κλυζω, je lave. Nom d'un instrument récemment imaginé pour remplacer la seringue ordinaire. Le clysoir peut être fait soit en cuir, soit en toile rendue imperméable au moyen d'un enduit : il consiste en une forte d'entonnoir destiné à recevoir le liquide, & est terminé par un canal de même substance ayant trois à quatre pieds de longueur, auquel est adaptée une canule ordinaire.

Pour faire usage de cet instrument il faut, après avoir placé la canule, verser dans l'entonnoir le liquide que l'on veut injecter, & en raison de la longueur du canal, la pression hydrostatique suffit pour le faire pénétrer dans le tube intestinal : après l'opération on retire la canule en pressant le tuyau entre ses doigts pour empêcher l'écoulement de l'eau surabondante. (R. P.)

COCCINE. (*Chim. anim.*) L'analyse de la cochenille & du kermès animal y a fait découvrir, indépendamment du principe colorant que MM. Pelletier & Caventou ont nommé *carmine* (*voyez* ce mot dans le *Supplément*), une substance animale à laquelle M. Lassaigne a donné le nom de *coccine*. Cette matière est blanche, soluble dans l'alcool, l'éther, les huiles, l'ammoniaque, la soude & la potasse en liqueur ; elle est peu soluble dans l'eau, d'où elle est précipitée en flocons blancs par les acides. (R. P.)

COLOMBO (Racine de). (*Bot.* , *Mat. médic.*) On a long-temps ignoré le nom de la plante qui fournit cette racine ; aujourd'hui on est certain qu'elle appartient au *cocculus palmatus* de Decandolle, arbre de la famille des Ménispermées, qui croît dans l'île de Ceylan. Cette racine, telle qu'on la trouve dans le commerce, est de forme à peu près circulaire, d'une épaisseur & d'un diamètre très-variables : elle est comme rayonnée, offre des couches concentriques, dont les extérieures ont une teinte jaune plus prononcée que celles de l'intérieur.

La racine de colombo est inodore, elle a une amertume très-marquée ; &, comme d'après l'analyse de M. Planche elle contient beaucoup de de fécule, elle bleuit avec l'iode. C'est vers 1771 que l'on a commencé en Europe à faire usage de ce médicament, que l'on doit ranger dans la classe des substances végétales qui augmentent la tonicité de l'estomac & des intestins ; aussi l'a-t-on employé dans la dyspepsie, & particulièrement dans le choléra-morbus.

À l'extérieur on en a aussi fait usage comme déterfif ; à l'intérieur, c'est ordinairement en poudre que l'on administre la racine de colombo, à la dose de 24 à 36 grains dans un véhicule approprié : on la prescrit aussi en infusion ou en décoction, depuis une once jusqu'à deux onces ; mais il est en général bon d'observer que la décoction de cette racine est moins active que l'infusion, à cause de l'amidon, qui, à la température de l'ébullition, se dissout dans l'eau & tempère les propriétés de la partie active de ce médicament. (R. P.)

COLOSTRATION. (*Pharm.*) Dénomination adoptée par quelques auteurs pour désigner certaines maladies auxquelles sont sujets les enfans nouveau-nés, & dont on a cru pouvoir attribuer le développement à l'influence du *colostrum*. (R. P.)

CONGÉNIAL, ou mieux CONGÉNITAL. *Cognatus, congenitus*, qui est né avec, qui est engendré avec. C'est le nom qu'on donne aux maladies ou difformités qu'on apporte en naissant : on les appelle aussi *maladies innées*. Plusieurs de ces maladies sont en même temps héréditaires, mais beaucoup ne le sont pas ; il en est même qui ne peuvent pas l'être, tels sont l'hydrocéphale & l'hydrorachis, & divers vices de conformation qui entraînent inévitablement la mort des sujets qui les apportent en naissant. (Ch. H.)

CONSÉCUTIFS (Phénomènes). (*Pathol.*) On appelle ainsi le dérangement ou le trouble des fonctions qui persistent ou qui surviennent après certaines maladies, & qui en sont pour ainsi dire les conséquences : bien que la plupart des phénomènes consécutifs, comme leur nom l'indique, ne se montrent qu'après la terminaison des maladies, il en est quelques-uns qui commencent avec elles, & d'autres qui surviennent pendant le cours des maladies. Les plus ordinaires sont l'inappétence, la constipation, la toux, les sueurs excessives, l'amaigrissement ou l'obésité, une foiblesse générale & un affoiblissement plus ou moins considérable de la vue ou de l'ouïe, rarement de l'odorat.

Ceux des phénomènes consécutifs qui s'observent à la suite des maladies périodiques affectent, comme elles, une marche interrompue, & se reproduisent comme les maladies auxquelles ils ont succédé ; c'est ce qu'on observe fréquemment après les fièvres intermittentes.

Le temps de la durée de ces phénomènes n'a rien de fixe ; ils disparoissent le plus communément dans l'espace de quelques semaines : quelquefois ils donnent lieu à une rechute, & alors la santé peut de nouveau être compromise.

(Ch. H.)

CONSOUDE. (*Bot.* , *Mat. médic.*) *Symphitum officinale.* Plante de la Pentandrie monogynie de Linné & de la famille des Borraginées, qui croît habituellement dans les terrains humides, & a une racine charnue, brune en dehors, blanche en dedans, & noircissant par le contact de l'air. Sa saveur est fade & légèrement astringente ; elle contient beaucoup de mucilage, & probablement un peu d'acide gallique.

On prescrit la racine de grande consoude en décoction, à la dose d'une once par pinte d'eau, dans les catarrhes chroniques, les diarrhées & autres affections analogues ; mais on doit peu compter sur l'efficacité d'un médicament aussi peu énergique.

Quant aux propriétés des feuilles de cette plante, elles ne diffèrent point de celles de la bourrache. Sa racine entre dans la composition d'un sirop que l'on connoît dans les pharmacies sous le nom de *sirop de grande consoude*. (R. P.)

CONSTITUTIONNEL. (*Pathol.*) Qui tient à la constitution. On emploie ordinairement cette épithète pour caractériser certaines maladies qui, après avoir attaqué quelques organes en particulier, finissent par envahir l'individu en totalité,

& par devenir pour ainſi dire inhérentes à ſa conſtitution. C'eſt ainſi, par exemple, que l'on dit de la ſyphilis qu'elle eſt *conſtitutionnelle* quand, ſans manifeſter ſa préſence par des ſymptômes locaux, elle ſe montre ſous différentes formes & à des époques plus ou moins rapprochées.

On emploie auſſi ce mot par oppoſition au mot *accidentel*, en lui donnant à peu près la ſignification de *ſpontané*. C'eſt ainſi qu'on diſtingue telles maladies, l'épilepſie, les dartres, &c., en *accidentelles* & en *conſtitutionnelles*.

Quelques médecins ont auſſi employé l'épithète *conſtitutionnelles*, pour déſigner les maladies qui dépendent de la conſtitution de l'air, mais cet adjectif eſt très-peu uſité dans cette dernière acception. (CH. H.)

CONTRACTURE. (*Pathol. chir.*) Affection dans laquelle les muſcles fléchiſſeurs ſont habituellement contractés & s'oppoſent, dans certaines limites, aux mouvemens d'extenſion. Souvent l'atrophie de ces muſcles a lieu, & à l'ouverture des cadavres, il n'eſt point rare de les trouver convertis en fibres tendineuſes.

Cette maladie ſuccède quelquefois au rhumatiſme, aux névralgies, à la ſyphilis & à la colique métallique; mais on conçoit que ſon traitement doit varier à raiſon des circonſtances qui ont pu déterminer la contracture. (R. P.)

CONTRE-STIMULANT. (*Pathol.*) *Contraſtimulans*. Qui s'oppoſe à la trop grande excitation des forces de la vie. Raſori & ſes ſectateurs, ne voyant partout que des maladies ſthéniques, où Brown, leur premier maître, ne reconnoiſſoit qu'aſthénie, & prétendant que le plus grand nombre de nos maladies ſont dues, ſoit à un accroiſſement d'excitabilité, ſoit à un excès de ſtimulus, partirent de ce principe pour attribuer les effets remarquables d'un grand nombre de médicamens à une propriété débilitante particulière, agiſſant d'une manière oppoſée au ſtimulus; & c'eſt à cette propriété qu'ils ont donné le nom de *contra-ſtimulus*. D'après cette théorie, les médicamens contre-ſtimulans ſeroient ceux qui jouiroient de la propriété de diminuer l'excitement ou l'inflammation, comme on voudra l'appeler, non comme la ſaignée, par la ſouſtraction du ſtimulus, mais bien en *déprimant* l'excitabilité de la fibre par une ſorte de propriété ſpécifique.

Cette manière de conſidérer les médicamens tend eſſentiellement à rapprocher les ſubſtances les plus diſſemblables, & à ſéparer celles qui ont entr'elles le plus d'analogie, & par conſéquent à tout confondre. La théorie des *contre-ſtimulans* eſt donc tout auſſi nuiſible aux progrès de la thérapeutique que le ſyſtème de pathologie de Brown & celui de l'école italienne l'ont été juſqu'à ce jour aux progrès de la médecine, en éloignant

de la véritable obſervation, des phénomènes phyſiologiques que produiſent les maladies, & de ceux qui ſont dus à l'application des ſubſtances médicamenteuſes ſur l'homme ſain ou malade.

Cependant, au milieu de ces délires de l'imagination, les partiſans de la doctrine des contre-ſtimulans ont fait, il faut en convenir, quelques expériences qui ne ſont point à dédaigner ſous le rapport de la thérapeutique. Raſori, en employant l'émétique à haute doſe dans la maladie épidémique qui régna à Gênes au commencement de ce ſiècle, nous a fait connoître, le premier, un genre de médication qui peut être employé dans certains cas, & qui mériteroit d'être mieux étudié qu'on ne l'a fait juſqu'à ce jour en France. Les expériences de l'école italienne ont été répétées chez nous par MM. Kaepler, Laennec, Récamier & Guerſent, auquel nous empruntons ces documens, & ſouvent avec ſuccès. Pluſieurs pneumonies, même inflammatoires, pluſieurs affections cérébrales ont cédé à ce genre de médication. « Je n'ai pas oſé, dit M. Guerſent, l'employer » dans les gaſtro-entérites; nous avons des moyens » moins dangereux & beaucoup plus ſûrs de les » combattre, & ils me ſemblent à tous égards » bien préférables. »

CONTRE-STIMULISTES ou CONTRO-STIMULISTES. Nom donné aux partiſans de la doctrine des contre-ſtimulus.

CONTRE-STIMULUS ou CONTRO-STIMULUS (Théorie du), ou nouvelle doctrine italienne, effet contraire à celui du *ſtimulus*. Moyen de diminuer l'excitation en faiſant perdre à l'agent qui la produit une partie de ſon énergie, en ramenant la fibre élémentaire à un état directement oppoſé à celui où l'avoit miſe le *ſtimulus*. (*Voy.* CONTRE-STIMULANT.) (CH. H.)

CONTREXEVILLE (Eaux minérales de). Ce village, ſitué à ſix lieues de Bourbonne-les-Bains, poſſède un établiſſement d'eau minérale, auquel Thouvenel, qui en fut long-temps inſpecteur, avoit donné une certaine célébrité.

Les eaux de Contrexeville n'ont point d'odeur appréciable; elles ſont limpides, ſe couvrent, par le contact de l'air, d'une pellicule légèrement iriſée, & dépoſent dans le baſſin qui les contient un ſédiment ochracé & onctueux. La ſaveur de ces eaux eſt légèrement acidule, un peu ſtyptique, & leur denſité diffère peu de celle de l'eau diſtillée.

La compoſition de ces eaux n'eſt point bien connue; cependant il paroît qu'elles contiennent de l'acide carbonique libre, des carbonates de chaux & de fer, de l'hydrochlorate de chaux, & des ſulfates de chaux & de magnéſie.

En général, les eaux de Contrexeville ſont légèrement excitantes & purgatives. On en preſcrit l'uſage dans les affections des voies urinaires, mais ſurtout dans le catarrhe véſical, dans la gravelle compliquée de goutte, dans la chloroſe, la leucorrhée, les débilités des voies digeſtives, &c. Employées à l'extérieur, ces eaux facilitent la cicatriſation des vieux ulcères, ſurtout lorſqu'ils ſont entretenus par un vice ſcrofuleux.

On boit ordinairement les eaux de Contrexeville à leur ſource à la doſe d'abord de deux ou trois verres, pris à un quart d'heure d'intervalle; puis on en augmente le nombre juſqu'à vingt, & quelquefois plus. (R. P.)

CONVALESCENCE. (Path.) Convaleſcentia, de convaleſcere, ſe rétablir. Etat intermédiaire à la maladie, à laquelle il ſuccède, & à la ſanté, à laquelle il conduit. La convaleſcence commence lorſque les ſymptômes qui caractériſent la maladie ont diſparu, & finit ordinairement à l'époque où l'état libre & régulier des fonctions qui conſtituent l'état de ſanté eſt parfaitement rétabli.

Le temps qui ſe paſſe entre la ceſſation de la maladie & le parfait rétabliſſement ne peut être déterminé rigoureuſement; on ne ſauroit le déterminer qu'approximativement, parce que le paſſage de l'état de maladie à celui de la convaleſcence & de ce dernier à l'état de ſanté a lieu le plus ſouvent d'une manière preſque inſenſible. Du reſte, un grand nombre de conditions peuvent exercer ſur la durée de la convaleſcence une influence très-marquée : tels ſont, indépendamment du genre & de la durée de la maladie, l'âge & la conſtitution du ſujet, l'habitation, le régime. La convaleſcence eſt courte dans l'enfance & la jeuneſſe; elle devient de plus en plus longue dans l'âge mûr & dans la vieilleſſe. Toutes choſes égales d'ailleurs, le rétabliſſement eſt plus prompt chez les perſonnes fortes & bien conſtituées que chez celles qui ſont foibles & habituellement ſouffrantes, plus long dans les endroits humides, dans les hôpitaux, que dans les conditions oppoſées. Il eſt auſſi d'obſervation que la convaleſcence eſt plus prompte dans le printemps & l'été que dans les autres ſaiſons; enfin, elle eſt toujours moins longue à la ſuite des maladies franchement inflammatoires qu'à la ſuite des maladies chroniques.

Comme la convaleſcence peut être entravée par le retour de la maladie primitive ou par le développement d'une maladie nouvelle, il importe que le médecin ne perde pas de vue le malade, & qu'il détermine les moyens dont il doit faire uſage.

Le mot convaleſcence ſuppoſe toujours une maladie d'une certaine gravité; le malaiſe ou la foibleſſe qui ſuccède à une indiſpoſition ne mérite pas ce nom. (CH. H.)

CONVULSIONNAIRES. (Path.) Mot employé tantôt adjectivement, tantôt ſubſtantivement. Dans le premier cas, il pourroit être conſidéré comme ſynonyme de convulſifs; dans le ſecond, au contraire, & c'eſt à peu près l'unique circonſtance dans laquelle on en fait uſage, il déſigne ces fanatiques qui, vers le milieu du dix-huitième ſiècle, ſe rendoient à Saint-Médard, ſur le tombeau du diacre Pâris, où, après avoir prié, ils étoient ſaiſis de convulſions (1). (R. P.)

COQUELICOT. (Bot., Mat. médic.) Plante de la famille des Papavéracées & de la Polyandrie monogynie de Linné, très-commune dans notre pays, & reconnoiſſable par la vive couleur de ſes fleurs. Le coquelicot fournit un ſuc analogue à celui de l'opium, mais la quantité en eſt trop petite & ſon activité probablement trop foible pour qu'il ſoit avantageux de l'extraire. Neanmoins, l'infuſion des pétales & l'extrait aqueux de cette plante conviennent pour certaines affections convulſives, dans leſquelles l'âge peu avancé du ſujet feroit craindre l'emploi de l'opium.

On prépare dans les pharmacies un ſirop de coquelicot dont la formule a été conſervée dans le nouveau codex. (R. P.)

CORIANDRE. (Bot., Mat. médic.) Genre de la Pentandrie digynie de Linné & de la famille des Ombellifères. L'une des eſpèces (coriandrum ſativum) eſt cultivée : ſes ſemences globuleuſes & griſâtres ont deux lignes de diamètre à peu près; fraîches, elles répandent une odeur de punaiſe, & deviennent aromatiques en ſéchant: leur ſaveur diffère peu de celle de l'anis. On les emploie comme condiment, & quelquefois on les préfert en infuſion, comme excitantes & comme carminatives.

La Coriandre eſt l'une des quatre ſemences autrefois nommées ſemences chaudes majeures.

(R. P.)

CORNAGE. (Art vétér., Pathol.) Certains chevaux, lorſqu'ils ſe meuvent avec viteſſe, ſont entendre un bruit que l'on a comparé au ſon que rend une corne dans laquelle on ſouffle, de là eſt venu le mot cornage. Cette maladie eſt accidentelle ou congéniale : dans le premier cas elle eſt difficile à guérir, & dans le ſecond elle eſt incurable. (R. P.)

CORNOUILLER. (Bot., Mat. médic., Hyg.) Nom d'un arbriſſeau indigène appartenant à la famille des Caprifoliacées & à la Tétrandrie monogynie de Linné. L'une des eſpèces, le cornus

(1) Voyez l'ouvrage de CARRÉ DE MONTGÉRON, ayant pour titre : la Vérité des miracles opérés à l'interceſſion de M. de Pâris & autres appelans, 2 vol. in-4°. Paris, 1736.

mas, produit des fruits aigrelets, rouges, de la groffeur & de la forme d'une olive, que l'on mange lorfqu'ils font parvenus à leur maturité: on ne peut confondre ces fruits avec les cormes ou forbes que produit le *forbus domeftica*, puifque les uns ont un noyau, tandis que les autres en font privés. Les fruits d'une autre efpèce (le *cornus fanguinea*) donnent par expreffion le tiers de leur poids d'une huile bonne à manger, & fur laquelle, en 1803, M. Margueron a donné une notice, inférée dans le tome XIV des *Annales de Chimie*. Depuis, d'autres auteurs ont également traité des propriétés du *cornus fanguinea* (1).

Quelques médecins ont penfé que l'écorce du cornouiller étoit fébrifuge, & qu'elle pourroit, dans certains cas, remplacer le quinquina.

(R. P.)

COUPEROSE. (*Chim.*) Nom fous lequel on défigne dans le commerce les fulfates de fer, de cuivre & de zinc, que l'on diftingue par leur couleur. La *couperofe verte* eft la proto-fulfate de fer; la *couperofe bleue*, le deuto-fulfate de cuivre; & la *couperofe blanche*, le fulfate de zinc.

(R. P.)

COUPEROSE ou GOUTTE ROSE. (*Pathol.*) *Gutta rofœa.* Voyez ACNE ROSACEA, dans le *Supplément.* (CH. H.)

COURBATURE. (*Path. chir.*) Indifpofition qui fe manifefte fouvent à la fuite d'un exercice violent ou prolongé, & qui peut être déterminée foit par un écart de régime, foit par une tranfition brufque du froid au chaud & *vice verfâ*, foit par l'influence de paffions vives, &c.

Les fignes les plus ordinaires de cette affection font: un malaife général, de la difficulté à faire des mouvemens, l'infomnie ou un fommeil agité, la perte de l'appétit, la féchereffe de la bouche, l'accélération paffagère du pouls, la couleur foncée de l'urine. La durée de cette indifpofition eft en général très-reftreinte: rarement elle fe prolonge au-delà de deux ou trois jours, & fouvent quelques heures de fommeil fuffifent pour en diffiper tous les fymptômes. Le repos, la diète, & dans certains cas les bains tièdes, font les feuls moyens que l'on oppofe ordinairement à la courbature. (R. P.)

CRANIOSCOPIE. (*Phyfiol.*) *Cranioscopia*, de κρανίον, crâne, & de σκοπέω, examiner. On appelle ainfi l'étude approfondie des faillies ou boffes que préfente le crâne, & des indices qu'on peut tirer de leur examen, relativement aux penchans & aux difpofitions morales des individus.

Gall, célèbre anatomifte allemand, eft l'inven-

teur de la cranioscopie. En fixant l'attention des phyfiologiftes fur ce nouveau mode d'exploration du crâne & fur une foule de faits qui s'y rattachent, il a rendu un fervice éminent à la fcience; mais une extenfion indifcrète, accordée à des principes qui ceffent d'être vrais lorfqu'on dépaffe certaines limites, a jeté la défaveur fur une doctrine qui, après avoir excité un véritable enthoufiafme, a fini par tomber dans une forte de mépris. Trop d'affurance d'une part, trop de fcepticifme de l'autre, telles font les deux caufes du faux jour fous lequel on a envifagé la cranioscopie.

(CH. H.)

CULILAWAN. (*Bot., Mat. médic.*) *Laurus culilawan* L. Arbre de la famille des Lauriers & de l'Ennéandrie monogynie de Linné. On le trouve aux îles Moluques, & particulièrement à celle d'Amboine. L'écorce, feule partie employée de ce végétal, offre des nuances diverfes: quelquefois en effet elle eft jaunâtre, & d'autres fois d'un rouge affez foncé. Son odeur fuave & fa faveur agréable ont beaucoup d'analogie avec celles du faffafras.

L'écorce de *laurus culilawan*, peu employée en Europe, fert à Java d'affaifonnement; & fes propriétés médicinales l'ont fait ranger dans la claffe des toniques. Enfin, on peut en extraire une huile effentielle dont on fait un fréquent ufage à Amboine, foit à l'intérieur, contre la paralyfie de la veffie, foit à l'extérieur, contre les douleurs arthritiques, les contufions, &c.

(R. P.)

CULLEN (Guillaume). (*Biogr. médic.*) Célèbre médecin écoffois, naquit en 1712, dans le comté de Lanerk. Il étudia d'abord la chirurgie & la pharmacie à Glafcow, fit plufieurs voyages aux Indes occidentales à bord d'un vaiffeau marchand, puis exerça la médecine & la pharmacie à Hamilton: ville dans laquelle il fe lia intimement avec Guillaume Hunter, qu'il fuivit à Edimbourg pour y étudier la médecine. En 1746, Cullen obtint la chaire de chimie à l'univerfité de Glafcow, où il avoit été reçu docteur; en 1751 il permuta, & devint profeffeur de médecine.

La réputation que Cullen acquit dans ce nouvel enfeignement lui fit obtenir, en 1756, la chaire de chimie vacante par la mort de Plummer, dans l'Univerfité d'Edimbourg, où on le vit fucceffivement profeffer la matière médicale & la médecine théorique & pratique. La doctrine de Boerhaave dominoit alors dans toutes les écoles médicales de l'Europe; Cullen ne craignit point d'attaquer une théorie qui paroiffoit auffi folidement établie; &, prenant Willis, Baglivi, Hoffmann & Barthez pour guides, il fonda une nouvelle doctrine ayant pour bafe l'influence fpéciale de l'état des puiffances qui impriment le mouvement à l'organifme, &

bannit ainſi l'humoriſme du domaine de la médecine. C'eſt cette même doctrine, modifiée enſuite
par Brown & Pinel, qui ſe répandit en France &
en Europe.

Cullen, qui fut l'un des plus célèbres praticiens
de ſon époque, déploya une rare ſagacité dans la
recherche des indications curatives, & l'on ne
ſauroit trop louer le ſcepticiſme éclairé qu'il porta
dans le chaos de la matière médicale. Cet habile
médecin mourut le 5 février 1790. On a de lui les
ouvrages ſuivans :

Phyſiology. Edimbourg, 1785. Traduit en françois par Boſquillon. Paris, 1786.

Firſt lines of the practice of phyſic. Londres,
1777, in-8°. Pluſieurs autres éditions anglaiſes &
des traductions françoiſes, allemandes & italiennes
de cet ouvrage, que l'on peut regarder comme
l'un des meilleurs livres de médecine pratique,
ont été ſucceſſivement publiées.

Synopſis noſologiæ methodicæ. Leyde, 1772.
Ouvrage qui a été pluſieurs fois réimprimé & traduit en allemand.

A treatiſe of the materia medica. Edimbourg,
1789. 2 vol. in-8°. Ce Traité a été traduit dans
preſque toutes les langues européennes.

*Concerning the recovery of perſons drowned &
ſeemingly dead*. Edimbourg, 1775.

(*Extr. de la Biogr. médic.*) (R. P.)

CUPULIFÈRES (Famille des). (*Bot.*, *Mat.
médic.*) Cette famille, qui primitivement faiſoit
partie des Amentacées de de Juſſieu, jouit de
propriétés qui lui ſont communes avec les *Ulmacées*, les *Saliçinées* & les *Bétulinées* : ſeulement, dans les plantes du genre QUERCUS,
qui lui ſert de type, le principe aſtringent eſt
beaucoup plus développé. Les fruits, de pluſieurs eſpèces, ſont doux, bons à manger, & quelques-uns fourniſſent une huile employée à divers
uſages domeſtiques. Néanmoins, les glands du
quercus robur & de pluſieurs autres chênes ont une
ſaveur âpre & déſagréable. *Voyez* CHÊNE, t. IV,
pag. 687. (R. P.)

CYANOGÈNE. (*Chim.*) *Cyanogenum*, de
κυανός, bleu, & de γεννάω, j'engendre. Subſtance
gazeuze découverte par M. Gay-Luſſac, compoſée
de deux volumes de vapeur de carbone & d'un
volume de gaz azote, & qui, combinée avec
l'hydrogène, conſtitue l'acide hydro-cyanique
(pruſſique).

CYANURE. (*Chim.*) *Cyanurum*. Compoſé de
cyanogène & d'un métal. On ne connoît guère
que les cyanures d'argent, de potaſſium & de
mercure : ce dernier ſeul a été employé en médecine, ſous le nom de *pruſſiate de mercure*.

(CH. H.)

CYCAS. (*Bot.*, *Mat. médic.*) Genre de plantes
qui autrefois faiſoit partie de la famille des Palmiers. En général, ces arbres ſont remarquables
par les fruits qu'ils produiſent & la moelle abondante renfermée dans leur tronc. Pluſieurs eſpèces, le *cycas zamia*, le *C. circinalis* & le *C. re-
voluta*, ſont cultivées, & ſervent à la préparation du ſagou. *Voyez* ce dernier mot, tom. XII,
pag. 646. (R. P.)

CYTISINE, ſ. f. (*Chim.*, *Mat. médic.*) Nom
donné à un principe immédiat découvert par
MM. Chevallier & Laſſaigne dans les graines du
faux ébénier (*cytiſus laburnum* L.), joli arbre
qui croît communément dans les Alpes & que
nous cultivons dans nos jardins ; ſes graines ſont
émétiques. La cytiſine eſt formée d'oxygène,
d'hydrogène, de carbone ; elle eſt incriſtalli-
ſable, d'une couleur jaune-brunâtre, d'une
ſaveur amère & nauſéabonde, légèrement déli-
queſcente, très-ſoluble dans l'eau, moins dans
l'alcool & point dans l'éther. La cytiſine agit
comme vomitif ou comme purgatif à la doſe d'un
demi-grain à un grain ; à une doſe plus forte elle
donne lieu à des accidens graves analogues à
ceux que produit l'*émétine*. Les deux chimiſtes
déjà cités ont également trouvé dans les fleurs
de l'ARNIQUE DES MONTAGNES (*arnica montana* L.),
une ſubſtance amère, nauſéabonde, ayant beaucoup d'analogie avec le principe immédiat qui
nous occupe, & à laquelle ces fleurs doivent probablement leurs propriétés vomitives. La cytiſine
n'a pas encore été employée en thérapeutique.

(CH. H.)

D

DAPHNINE. (*Chim.*) Quelques auteurs ont
déſigné ſous ce nom le principe âcre, volatil &
alcalin que Vauquelin a découvert en faiſant l'analyſe de l'écorce des *daphne alpina* & *mezereum* ; d'autres ont donné ce nom à la matière
amère criſtallifée que ce célèbre chimiſte a retirée
de la même écorce.

Le *daphne gnidium* (garou, ſain-bois), celui que
l'on emploie en médecine, ne contient pas cette
ſubſtance criſtalline ; mais la matière âcre volatile,
la daphnine en un mot, y eſt très-abondante, ce
qui nous engage à rapporter ici les réflexions importantes que Vauquelin fait à ce ſujet à la fin de
ſon *Mémoire ſur le daphné*.

« Il paroît que les ſubſtances végétales âcres &
» cauſtiques ſont huileuſes & réſineuſes ; & ce
» qui n'eſt pas moins remarquable, c'eſt que les
» plantes qui recèlent des principes âcres & véné-
» neux ne contiennent point ou preſque point
» d'acide développé ; que, conſéquemment, on
» doit toujours ſe défier des plantes qui ne ſont
» point acides, & qu'au contraire, celles où l'on

» rencontre des acides développés ne doivent pas
» inspirer les mêmes craintes. » (Ch. H.)

DARWIN (Érasme) (*Biog. médic.*), naquit à
Elston, le 12 décembre 1731, reçut sa première
éducation à Chesterfield, commença l'étude de la
médecine à Cambridge, où il prit le titre de
bachelier en 1755, puis alla suivre les leçons de
Hunter à Londres, & ensuite les cours de l'école
d'Édimbourg. S'étant fixé à Lichtfield, Darwin
y acquit bientôt une grande réputation & de la
fortune, & c'est en 1771 qu'il commença l'ouvrage
auquel il est redevable de sa célébrité comme
physiologiste. Un second mariage, qu'il contracta
en 1780, lui fit quitter Lichtfield pour venir
demeurer à Radbourne, puis à Derby, où il resta
jusqu'à sa mort, qui eut lieu le 18 mai 1802, à
l'âge de 71 ans.

La *Zoonomie* de Darwin, que l'on peut regarder comme le résultat des travaux de sa vie
entière, embrasse à la fois l'homme considéré
sous le triple rapport de la physiologie, de la pathologie & de la psychologie. Malheureusement
il règne dans cet ouvrage une obscurité qui ne
permet point toujours de saisir la pensée de l'auteur. Indépendamment de ce grand travail, Darwin
a encore publié les écrits suivans :

The botanical garden. A poeme in two parts.
Londres, 1789, in-4°. *ibid.* 1792, 2 vol. in-4°.
ibid. 1800, 2 vol. in-4°. Traduit en français par
M. Deleuze, sous le titre d'*Amours des plantes.*
Paris, 1799, in-12.

Zoonomia, or the laws of organic Life. Londres, 1794, & 1796, in-4°.

*The golden age. A poetical epistle to Thomas
Beldöes.* Londres, 1794, in-4°.

*A plan for the conduct of femal education, in
Boarding schools.* Londres, 1799, in-8°.

*Phytologia, or the philosophy of agriculture and
gardening with the theory of draining morasses
and with an improved construction of the drill
plough.* Londres, 1799, in-4°.

The shrine of nature. A poeme. Londres, 1802.

*The temple of nature or the origine of society.
A poeme with philosophical notes.* Londres, 1803,
in-4°. (*Extr. de la Biogr. médic.*) (R. P.)

DATURINE. (*Chim.*) Base falsifiable organique,
découverte tout récemment par Brande dans le
fruit du stramoine (*datura stramonium* L.). On
ignore encore quelle est l'action de la daturine
sur l'économie animale; mais si l'on en juge par
analogie, on est porté à croire qu'elle est douée
d'une propriété semblable à celle du *stramonium.*
(Ch. H.)

DÉCEPTION. (*Méd. lég.*). *Deceptio,* de *de-
cipere,* tromper; tromperie. On peut ranger sus

cette expression générique les maladies *simulées* &
prétextées, les *maladies dissimulées* & les *maladies
imputées.* Nous nous abstiendrons de parler dans
cet article des diverses ruses & fraudes des charlatans qui déshonorent les professions de pharmacien & de droguiste, non plus que de ces manœuvres peu délicates, souvent même très-ré-
préhensibles, dont la légèreté & plus souvent
encore l'ingratitude du public accablent les médecins les plus estimables.

MALADIES SIMULÉES, OU FEINTES, OU PRÉTEX-
TÉES. Ce genre de déception, qui naît le plus
souvent du desir de se soustraire à certaines charges
que l'état nous impose, notamment au service
militaire, d'éviter ou de faire adoucir l'application d'une peine afflictive ou infamante, enfin,
d'exciter la compassion publique, peut entraîner
de graves inconvéniens; car si tout individu privé
de la santé a droit à recueillir les bienfaits de la
société sans en partager les charges, & mérite que
l'on compatisse à son sort, quelles conséquences
fâcheuses ne résulteroit-il pas si des maladies
feintes devenoient l'égide de l'incivisme & de
l'immoralité?

MALADIES DISSIMULÉES. Ici les motifs qui
portent à dissimuler les maladies sont en général
moins condamnables que ceux qui provoquent à
les simuler; car la dissimulation ou déception résulte ordinairement d'un amour-propre plus ou
moins fondé, d'un sentiment de pudeur ou d'un
sentiment de honte. Il arrive cependant quelquefois que la dissimulation tend à un genre de déception que la morale ne peut approuver : nous
ne citerons pour exemple que ces êtres immoraux
& égoïstes qui, dissimulant des infirmités ou des
maladies incompatibles avec les devoirs d'un
époux, apportent dans la couche nuptiale ou leur
nullité, ou de plus tristes présens.

MALADIES IMPUTÉES. Ici, lorsqu'il y a déception, elle ne peut être du fait du malade qu'autant
que la maladie qu'on lui impute est réelle & qu'il
la dissimule. Lorsqu'au contraire l'imputation n'est
pas fondée, l'individu accusé a le plus grand intérêt à procurer lui-même au médecin tous les
moyens de constater la fausseté de l'imputation.

(Ch. H.)

DÉLITESCENCE. (*Path.*) *Delitescentia,* de
delitescere, se cacher, disparoître. Mode de terminaison propre aux phlegmasies & caractérisée
par la disparition subite des phénomènes inflammatoires avant qu'ils aient parcouru leurs diverses
périodes. Souvent elle n'est suivie d'aucune inflammation nouvelle, d'aucun dérangement dans
les fonctions de l'économie animale; c'est alors
une terminaison avantageuse, comme on l'observe
dans les inflammations par cause externe, telles
que celles qui sont produites par une piqûre, une

Gggg 2

brûlure ou une diftenfion violente, comme dans l'entorfe. Mais quelquefois l'inflammation, en quittant la partie qu'elle avoit d'abord attaquée, fe porte auffitôt fur une autre, & ce changement de lieu, qui a reçu le nom de *métaftafe inflammatoire*, s'obferve plus particulièrement dans les phlegmafies par caufe interne, & peut être dangereux fi l'inflammation fe porte fur des organes plus importans que ceux fur lefquels elle s'étoit d'abord développée.

On a expliqué la métaftafe de diverfes manières : fuivant les uns, elle s'opère au moyen de la circulation; les autres, avec Bordeu, croient que le principe morbifique fe tranfporte d'un lieu dans un autre par la voie du tiffu cellulaire. L'opinion de Bordeu nous paroît la plus probable.

(CH. H.)

DELIUS (Henri-Frédéric de) (*Biogr. médic.*), fut l'un des médecins les plus célèbres du fiècle dernier. Il naquit le 8 juillet 1720, dans une petite ville de Saxe. Ses parens le deftinoient à l'état eccléfiaftique; mais, entraîné par fon goût, Delius fe rendit à Altona, où, pendant deux années, il fe livra à l'étude de la médecine & aux fciences qui ont avec elles des rapports plus ou moins immédiats. Il paffa enfuite à Halle, puis à Berlin, & revint en 1743 prendre le grade de docteur dans la première de ces deux villes. Après avoir vifité les Univerfités de Leipfick & de Helmftaëdt, il fe fixa à Wernigerode; &, en 1747, devint membre de l'*Académie des curieux de la nature*. Enfin, il fut fucceffivement médecin penfionné à Bayreuth, profeffeur de médecine à Erlangue; puis proclamé préfident de l'Académie des curieux de la nature. Mais la mort ne le laiffa jouir que trois ans des dignités attachées à ce titre : il mourut le 22 octobre 1791, & laiffa un grand nombre de *differtations*, parmi lefquelles on ne trouve aucun ouvrage important.

(*Extr. de la Biogr. médic.*) (R. P.)

DESBOIS DE ROCHEFORT (Louis) (*Biogr. médic.*), né à Paris en 1750, n'eft plus aujourd'hui connu que par le *Cours élémentaire de matière médicale*, qui fut publié après fa mort par Corvifart, ouvrage dont M. Lullier-Winflow a donné une nouvelle édition en 1817. Desbois, à peine âgé de 22 ans, fe préfenta au concours ouvert à la Faculté de médecine de Paris pour y obtenir fa réception gratuite; il échoua dans cette tentative, mais il s'en retira cependant d'une manière affez honorable pour qu'après la mort prématurée de fon compétiteur, cette Faculté lui accordât un prix qu'elle avoit d'abord regretté de ne pouvoir partager.

Devenu à 30 ans médecin de l'hôpital de la Charité, Desbois put alors fe livrer à fon goût pour l'obfervation des maladies internes; auffi donna-t-il fpontanément le premier exemple des leçons de clinique, aujourd'hui fi multipliées dans la capitale. Doué d'un coup-d'œil rapide & d'un excellent jugement, ce médecin faififfoit avec un rare talent les caractères des maladies, & favoit apprécier les reffources de la nature & celles de l'art. Parmi les praticiens célèbres qui fe font formés à cette école, on doit particulièrement citer feu le baron Corvifart, long-temps regardé comme le plus habile profeffeur de clinique de fon époque.

Desbois de Rochefort, qui mourut à Paris en 1806, fut trop occupé de la pratique de la médecine, pour qu'il lui eût été poffible de publier les obfervations que lui avoit fournies une pratique de vingt années dans un grand hôpital; néanmoins l'ufage qu'il en fit dans fes leçons de clinique doit diminuer nos regrets, puifque ces favantes obfervations ne furent point entièrement perdues pour la fcience.

(*Extr. de la Biog. médic.*) (R. P.)

DÉSORMEAUX (Marie-Alexandre) *Biogr. médic.*), naquit à Paris, le 5 mai 1778, & fut dès fon bas âge deftiné à embraffer la profeffion de fon père, qui long-temps pratiqua & enfeigna dans cette ville l'art des accouchemens avec beaucoup de diftinction. Malheureufement le jeune Déformeaux perdit trop tôt celui qui devoit lui fervir de guide; cependant il ne fe laiffa point abattre, &, à peine âgé de vingt ans, on le vit continuer avec fuccès le cours d'accouchemens que fon père avoit commencé, & qu'une mort inopinée l'empêcha de terminer. A la même époque, c'eft-à-dire en 1798, Déformeaux obtint le premier prix au concours de l'Ecole pratique. Peu après, atteint par la confcription, il fit, comme chirurgien militaire, plufieurs campagnes en Italie, & ce ne fut qu'après la paix qui fuivit la bataille de Marengo qu'il put revenir à Paris, où il devint, par voie de concours, aide d'anatomie à la Faculté de médecine, où bientôt, après avoir remporté un des prix fondés par Cabanis, il fut reçu docteur le 28 avril 1804. Depuis lors, Déformeaux fe livra avec ardeur & diftinction à la pratique de la médecine & à celle de l'art des accouchemens, jufqu'à l'époque où la mort du célèbre Baudeloque laiffa vacante une chaire de profeffeur d'accouchemens dans le fein de la Faculté. Déformeaux, malgré fa jeuneffe, ne craignit point d'entrer en lice avec des hommes auxquels un mérite reconnu, des travaux déjà publiés, & furtout une longue expérience, fembloient devoir promettre un fuccès affuré fur leur jeune compétiteur : le réfultat du concours fut tout à fon avantage.

Devenu profeffeur de la Faculté de médecine, l'eftime que Déformeaux infpira à fes confrères les détermina à lui conférer, lors de la mort de Sue, les fonctions de tréforier, fonctions qu'il remplit jufqu'à l'époque où cette Faculté fut fi injuftement & furtout fi brutalement renverfée par l'ordonnance de 1822.

Déformeaux s'occupa moins de publier que de raffembler des matériaux que plus tard il fe propofoit de mettre en œuvre, defirant que le temps, l'expérience & furtout la maturité du jugement fanctionnaffent les préceptes qu'il vouloit adopter. Il ne faut donc pas s'étonner s'il ne refte de lui qu'un petit nombre d'écrits dans lefquels il eft aifé de reconnoître la juftefle de penfée & d'efprit qui formoit en quelque forte le type de fon caractère. La mort de Chauffier ayant laiffé vacante la place de médecin en chef de *l'hofpice de la Maternité*, cette place importante fut confiée à Déformeaux. Tout fe réuniffoit donc pour lui faire efpérer l'avenir le plus heureux : chéri de fa famille, jouiffant de l'eftime & de la confidération de fes collègues, placé parmi les membres les plus influens de l'Académie royale de médecine & entouré de la confiance publique, il n'avoit plus rien à defirer, lorfqu'une mort auffi rapide que celle dont fon père avoit été frappé, termina fa carrière le 3o juin 183o.

Les ouvrages de Déformeaux font : 1°. la thèfe qu'il foutint pour fon admiffion au doctorat; elle a pour titre : *Précis de doctrine fur l'accouchement par les pieds*; 2°. la differtation écrite en latin qui fit le fujet de fon argumentation à l'époque du concours pour la chaire d'accouchement, elle eft intitulée *de Abortu*; 3°. plufieurs articles importans, confignés dans le *Nouveau Dictionnaire de Médecine*. (R. P.)

DESQUAMATION. (*Path.*) *Defquamatio*, de *defquamare*, écailler. Exfoliation de l'épiderme fous forme d'écailles plus ou moins grandes. Ce phénomène a furtout lieu à la fuite ou dans le cours des maladies exanthématiques.

La defquamation fe manifefte à la fuite d'une foule de circonftances qui détruifent les adhérences de l'épiderme au chorion. On n'a pas encore déterminé d'une manière bien précife par quel mécanifme s'opère la defquamation.

Par analogie, on a donné le nom de defquamation à la chute des *croûtes* jaunes, grifes ou de toute autre couleur formées par l'accumulation des humeurs morbides qu'exhale la peau dans certaines phlegmafies aiguës ou chroniques.

La defquamation a été confeillée par Willan, comme moyen palliatif dans le traitement de l'ichthyofe. (CH. H.)

DIEPPE (Bains de). (*Hyg.*, *Thérap.*) Il ne doit être queftion dans cet article ni des avantages ni des inconvéniens que préfentent l'ufage des bains en général, & celui des bains de mer en particulier ; ces deux points ayant été déjà traités dans ce Dictionnaire, l'un au mot BAINS, tom. III, pag. 525 à 568, & l'autre à l'article MER (*Mat. médic.*), tom. IX, pag. 688. Notre but eft donc

uniquement de fignaler ici un établiffement qui, dans ces derniers temps, a reçu une extenfion confidérable, & eft devenu l'un des endroits où l'on trouve réunies toutes les commodités que peuvent defirer les perfonnes forcées de recourir à l'emploi des bains de mer.

D'après la defcription que M. le Dr. Mourgué a donnée des *bains de Dieppe*, ils forment deux établiffemens diftincts : l'un, celui des *bains de mer chauds*; l'autre, celui des *bains de mer à la lame*. Le premier eft fitué dans l'un des quartiers les plus agréables de la ville, & eft très-rapproché de la mer ; on y arrive par un jardin clos, orné de fontaines & de ftatues. Dans l'aile gauche du bâtiment font placés des cabinets de bains & de douches ; ces cabinets font précédés de deux falons d'attente, dont un eft pour les dames, & l'autre pour les hommes. Une extrême propreté règne dans toutes les parties de l'établiffement. Les baignoires, à l'inftar des bains des Anciens, font placées au niveau du parquet, & on y defcend à l'aide de quelques marches ; aussi le malade le plus impotent peut-il s'y placer & en fortir fans effort ; deux robinets y donnent à volonté de l'eau de mer & de l'eau douce, froide ou chaude, de manière qu'après avoir pris un bain ordinaire on peut recevoir à l'inftant un bain de mer.

Deux cabinets de douches defcendantes font fuite aux falles de bains ; leur élévation au-deffus des baignoires étant de plus de vingt pieds, on peut obtenir, felon les cas, un très-haut degré de force. L'eau falée & l'eau douce font d'abord reçues dans des chaudières où elles acquièrent le degré de chaleur convenable avant d'arriver aux conduits, dans lefquels la longueur de la colonne de liquide peut être augmentée ou diminuée à volonté.

Le fecond établiffement, celui des *bains de mer à la lame*, fe compofe d'une galerie couverte, de 120 pieds de long, interrompue à fa partie moyenne par un arc de triomphe, & terminée à fes deux extrémités par deux pavillons, l'un confacré aux dames, & l'autre deftiné aux hommes. Des tentes portatives, qu'on éloigne ou qu'on approche des bords de l'eau, fuivant que la marée monte ou defcend, font placées le long du rivage : c'eft là que les baigneurs ôtent leurs vêtemens, & que, prudemment conduits dans la mer par des guides-jurés, ils reçoivent l'action falutaire de la vague qui vient fe brifer contre eux. La durée de ce bain, ou plutôt de cette douche univerfelle, eft fubordonnée à la force & au tempérament du malade.

Les faits nombreux, recueillis à Dieppe depuis 1822 jufqu'à ce jour, placent ce moyen curatif au nombre des acquifitions les plus précieufes que la thérapeutique ait faites dans ces derniers temps (1). (R. P.)

_____

(1) *Voyez*, pour plus de détails, la differtation inaugu-

DIPSACÉES (Famille des). (*Bot.*, *Mat. méd.*) Famille de plantes dicotylédones, monopétales, épigynes, ayant pour type le genre DIPSACUS. Cette famille ne renferme aucune plante médicinale, si ce n'est la *scabieuse*, dont les propriétés sont très-peu énergiques, si tant est qu'elles ne soient point tout-à-fait nulles. (R. P.)

DIPSÉTIQUES. (*Mat. médic.*, *Thérap.*) *Dipsetica remedia*, de δίψα, soif. On donnoit autrefois ce nom aux remèdes qu'on croyoit propres à provoquer la soif, comme, par exemple, les Dipsacées, famille de plantes dicotylédones monopétales épigynes, qui a pour type le genre Cardère.

DISCRET. (*Pathol.*) *Discretus*, qui est séparé, distinct. On donne ce nom à quelques exanthèmes dont les taches ou pustules sont séparées par des intervalles plus ou moins considérables. Ce mot est opposé à celui de *confluent*, par lequel on caractérise un exanthème dont les pustules ou taches sont en partie ou entièrement confondues. C'est ainsi, par exemple, que l'on dit *variole discrète* & *variole confluente*. (CH. H.)

DITRACHYCEROS. (*Helminth.*) Dérivé de δις, deux, de τραχυς, rude, & de κέρας, corne. Nom donné à un genre de ver entozoaire découvert par M. Sultzer, de Strasbourg. Il appartient à l'ordre des vers vésiculaires ou hydatides. Son corps est surmonté de cornes rudes & pointues; il n'a point au-delà de trois lignes de longueur, est fort rare, & habite le canal intestinal de l'homme.
(R. P.)

DUMAS (Charles-Louis) (*Biogr. médic.*), naquit à Lyon le 8 février 1765. Son père, chirurgien distingué de cette ville, lui fit faire ses premières études à Chonas, puis au collège de l'Oratoire de Lyon. Après deux années d'études à Montpellier, Dumas obtint le grade de docteur en médecine à l'âge de dix-neuf ans. Il demeura encore deux autres années dans cette ville, puis vint à Paris en 1787, où il concourut avec Fouquet pour la chaire vacante par la mort de Sabatier. Ayant échoué dans cette tentative, Dumas ne se découragea point, & se mit avec aussi peu de succès sur les rangs pour obtenir la chaire de Grimaud; il ne remporta qu'un accessit. Toujours animé du même zèle, il fit des cours de physiologie qui attirèrent un grand nombre d'élèves, obtint peu après la place de médecin de la Charité, devint collaborateur de Baumes, & en 1791,

rale de M, P.-F.-S. Morel, ayant pour titre : *Essai sur la topographie physique & médicale de la ville de Dieppe, suivi de quelques propositions sur les bains de mer, sur les conditions les plus favorables à leur emploi, & les maladies auxquelles ils ont paru le mieux convenir jusqu'à présent,* année 1824, n°. 34,

à la mort de Vigarous, il fut nommé vice-professeur dans l'Université de Montpellier. En 1792, Dumas, lors du siége de Lyon, remplit les fonctions de médecin de l'Hôtel-Dieu de cette ville, & après sa reddition il eut à craindre les dangers de la proscription. En 1795, le gouvernement le nomma professeur d'anatomie & de physiologie à l'école de santé de Montpellier. Ses leçons furent suivies avec empressement; &, à cette époque, il publia plusieurs ouvrages que l'Ecole de Montpellier range au nombre des livres classiques les plus remarquables : un zèle aussi noble fut récompensé, & Dumas devint successivement doyen de la Faculté, puis recteur de l'Académie de Montpellier. Il fut aussi nommé membre de la Légion-d'Honneur, conseiller ordinaire de l'Université, & correspondant de l'Institut; mais il ne jouit point long-temps des titres que lui avoient acquis de longs & honorables travaux, car il mourut à l'âge de quarante-trois ans, le 23 avril 1813, après une maladie de cinq jours.

On a de Dumas les ouvrages suivans :

Essai sur la vie, ou Analyse raisonnée des facultés vitales. Montpellier, 1785, in-8°.

Mémoire dans lequel, après avoir exposé la nature de la fièvre & des maladies chroniques, on tâche de déterminer dans quelles espèces & dans quel temps des maladies chroniques la fièvre peut être utile ou dangereuse, & avec quelles précautions on doit l'exciter ou la modérer dans leur traitement. Montpellier, 1787, in-8°. Ce mémoire valut à Dumas la moitié du prix proposé par la Société royale de médecine, & lui mérita la bienveillance de Vicq-d'Azyr.

Utrum ex recentioris chimiæ delectis, verisimilior assignari queat caloris animalis origo? Paris, 1788, in-4°.

Dissertation sur la nature & le traitement des fièvres rémittentes qui compliquent les grandes plaies, insérée dans le 4e. volume des Mémoires de la Société médicale d'émulation.

Système méthodique de nomenclature & de classification des muscles du corps humain. Montpellier, 1797, in-4°.

Principes de physiologie, ou Introduction à la science expérimentale, philosophique & médicale de l'homme vivant. Paris, de 1800 à 1803 (1), 4 vol. in-8°.

Doctrine générale des maladies chroniques pour servir de fondement à la connoissance théorique & pratique de ces maladies. Montpellier, 1812, in-8°.

Discours prononcé à la séance publique de

(1) Une seconde édition de ce livre, qui fut refait dans un tout autre esprit, a été imprimée à Montpellier, 4 vol. in-8°. 1806.

l'Ecole de médecine de Montpellier. Montpellier, an VI, in-4°.

Difcours fur les progrès futurs de la fcience de l'homme. Montpell. an XII, in-4°.

Eloge de Henri Fouquet. Montp. 1807, in-4°.

Eloge de Barthez. Montp. 1808, in-8°.

Difcours prononcé à l'inftallation de la Facuté des lettres. Montp. 1810, in-4°.

Plufieurs *obfervations* & quelques *notices* importantes ont été confignées par Dumas dans divers journaux de médecine.

(*Extr. de la Biogr. médic.*) (R. P.)

DURILLON. (*Pathol.*) Nom fous lequel on défigne l'épaiffiffement qu'éprouve la peau des pieds & des mains lorfqu'elle eft expofée à des frottemens répétés; ce mot indique auffi les plaques dures qui, chez les bêtes de fomme, fe forment dans les parties foumifes à la preffion due au frottement des charges qu'on leur fait porter. (R. P.)

DYNAMOMÈTRE. (*Phyfic.*) Nom donné à divers inftrumens deftinés à mefurer la force de l'homme ou celle des animaux. Parmi ces différens inftrumens, il en eft un qui femble être préférable aux autres, & dont l'invention eft due à feu M. Régnier, confervateur du dépôt central d'artillerie. Ce dynamomètre, dont on trouve une defcription détaillée & une figure dans le *Dictionnaire de Phyfique* de cette Encyclopédie, a été plufieurs fois employé avec avantage, foit pour mefurer la force mufculaire des hommes de nations diverfes, foit pour apprécier le retour progreffif des forces à la fuite des maladies. (R. P.)

DYSPNÉE. (*Pathol.*) *Dyfpnœa*, de δυς, difficilement, & de πνέω, je refpire. Symptôme commun à toutes les affections dans lefquelles l'introduction de l'air eft plus ou moins gênée, foit par défaut d'air refpirable, foit à caufe de fes propriétés délétères, comme cela arrive dans les différens genres d'afphyxies; foit par un obftacle mécanique qui gêne l'introduction de l'air, comme un corps étranger introduit dans le larynx ou le gonflement des amygdales; foit enfin parce que le poumon eft ou détruit par la fuppuration, comme dans la phthifie, ou qu'il eft comprimé par une accumulation de liquide qui ne lui permet pas de fe dilater pour recevoir l'air. Le plus haut degré de la dyfpnée, celui où la fuffocation eft imminente, s'appelle *orthopnée.* Voyez ce dernier mot, tom. XI, pag. 220. (CH. H.)

E

EAUX IODURÉES. (Eaux minérales). M. le profeffeur Alibert comprend fous cette dénomi-nation un ordre particulier d'eaux minérales, dans lefquelles l'iode exifte à l'état falin. A la vérité, jufqu'à préfent on n'a fait qu'un petit nombre d'analyfes dans l'intention de conftater la préfence de ce principe; néanmoins les réfultats obtenus fuffifent déjà pour faire prévoir qu'avec un peu de foin on rencontrera beaucoup de fources contenant des fels d'iode.

M. Angelini le premier a trouvé ces fortes de fels dans les eaux de *Voguera* & de *Sales;* peu après, M. Cantu, profeffeur de chimie à Turin, a fait voir que les eaux fulfureufes de *Caftel-Novo-Darti*, fi renommées dans le traitement du goëtre & dans celui des maladies du fyftème glandulaire, en contenoient également. Enfin, en dernier lieu, M. Bouffingault, naturalifte français, a prouvé que l'eau d'une faline de la province d'Antioquia, dans l'Amérique du fud, étoit employée avec fuccès dans le pays contre le goëtre, propriété dont il penfe que cette eau eft redevable à l'*hydriodate de magnéfie* qu'elle contient. (R. P.)

ÉCLEGME. (*Pharm.*) Dérivé de εκλειχω, je lèche. On range fous cette dénomination un genre de médicamens de confiftance firupeufe, que l'on faifoit fucer aux malades à l'aide d'un morceau de régliffe effilé en forme de pinceau. C'étoit particulièrement dans les maladies de l'arrière-bouche & des voies pulmonaires que l'on en faifoit ufage. Aujourd'hui on a complétement abandonné ce mode de médication, & l'on fait prendre par cuillerée, en recommandant de les avaler lentement, les fubftances qu'autrefois on adminiftroit fous forme d'*éclegme.* Cette expreffion elle-même eft de nos jours rarement employée, & on lui a fubftitué le mot *looch.* (R. P.)

EFFLUVES. (*Pathol.*) *Effluvium.* On défigne ainfi les particules extrêmement ténues qui fe dégagent des corps organifés & inorganiques. On fe fert dans le même fens & prefqu'indifféremment des mots *émanation, exhalaifon, miafmes;* cependant celui d'émanation doit être préféré à celui d'exhalation pour défigner en général les effluves; le mot *miafme* étant réfervé pour celles qui s'exhalent des corps malades ou privés de la vie.

Le célèbre Fourcroy regardoit comme un principe du fang, l'*effluve* odorant qui s'exhale de ce liquide lorfqu'il eft expofé à l'air. (CH. H.)

ÉGAGROPILE. (*Mat. médic.*) Sorte de concrétions de forme ordinairement fphérique, dont la groffeur varie beaucoup. Elles fe développent dans le premier & dans le fecond eftomac, ainfi que dans tous les inteftins de plufieurs efpèces de ruminans. Ces concrétions font formées de poils ou de crins que ces animaux avalent en fe léchant, & qui fe feutrent dans les voies digeftives.

Leur couleur est communément brune, & souvent elles sont recouvertes d'une croûte dure & luisante. Leur odeur est légèrement aromatique, & leur saveur foiblement astringente.

On a long-temps attribué aux égagropiles, ainsi qu'aux bézoards (*voyez* ce mot), des propriétés médicinales que l'expérience est loin d'avoir justifiées ; aussi ces sortes de concrétions ne sont-elles aujourd'hui conservées dans les collections que comme objets d'anatomie pathologique. (R. P.)

ÉLAINE. (*Chim.*) D'ελαιον, huile. Principe immédiat découvert en 1813 par M. Chevreul dans les huiles & les corps gras, dont elle est partie constituante. L'élaine que M. Chevreul avoit d'abord décrite sous le nom de *substance huileuse de la graisse* est incolore, transparente, & liquide à la température ordinaire de l'atmosphère. Elle se fige à 3º au-dessous de 0 ; elle est sans saveur & presqu'inodore. Suivant M. Théodore de Saussure, elle est composée de 74,792 de carbone, de 11,652 d'hydrogène, & de 13,556 d'oxygène. On l'obtient en dissolvant les graisses dans l'alcool bouillant ; alors la *stéarine*, qui, comme l'élaine, est un des principes constituans des graisses, cristallise par le refroidissement de la liqueur, & l'élaine restée en dissolution s'obtient par l'évaporation au bain-marie.

L'élaine n'est encore d'aucun usage en médecine ; cependant, comme elle est une des parties constituantes des graisses & qu'elle prédomine dans les huiles, on peut la considérer comme base de plusieurs médicamens. L'élaine pure est maintenant employée par les horlogers pour graisser les rouages des montres & des pendules ; elle a l'avantage de moins s'épaissir que les autres huiles par le froid & la vétusté. (Cʜ. H.)

ÉLANCEMENT. (*Path.*) Sensation douloureuse dont la durée est variable, & qui se fait sentir dans diverses portions du corps. Cette sensation est quelquefois analogue à celle que produiroit un instrument aigu qui traverseroit les chairs ; d'autres fois l'impression est moins vive, & pourroit être comparée à une sorte de battement légèrement douloureux. C'est particulièrement ce qui arrive dans les tumeurs lymphatiques qui commencent à dégénérer. (R. P.)

ÉLOY (Nicolas-François-Joseph) (*Biog. méd.*), né à Mons le 20 septembre 1714, & mort le 10 mars 1788. Ce médecin, qui fut pendant quelque temps attaché au prince Charles de Lorraine & de Bar, est surtout connu par sa *Biographie médicale*, ouvrage d'ailleurs rempli d'erreurs & fort incomplet.

On a encore de lui :

1º. Un *Cours élémentaire d'accouchemens* ;

2º. Des *Réflexions sur l'usage du thé* ;

3º. La solution d'une question médico-politique, dans laquelle il examine *si l'usage du café est avantageux à la santé, & s'il peut se concilier avec le bien de l'état dans les provinces de la Belgique*.

Enfin, il est encore auteur d'un *Mémoire sur la marche, la nature, les causes & le traitement de la dysenterie.*

(*Extr. de la Biogr. médic.*) (R. P.)

ÉMÉTINE. (*Chim. & Thér.*) Principe particulier découvert dans les trois ipécacuanhas du commerce : le *callicocca ipecacuanha*, le *psychotria ipecacuanha*, & le *cœphelis emetica*. L'émétine, dans son état de pureté, se présente sous forme d'une poudre blanche, inodore, d'une saveur amère & désagréable. Considérée d'après ses propriétés chimiques, cette substance doit être rangée parmi les alcalis végétaux, dont elle partage les caractères généraux, puisqu'elle jouit de la propriété de saturer les acides auxquels on la combine.

C'est dans l'émétine que réside le principe actif de l'ipécacuanha ; aussi jouit-elle de la propriété vomitive la plus active, & mérite-t-elle qu'on lui donne la préférence sur l'ipécacuanha ; dont elle n'a pas la saveur désagréable & nauséabonde. Sa solubilité dans l'eau la rend plus facile à administrer ; mais on doit avoir soin de faire prendre ce liquide en deux fois, autrement il seroit rejeté en totalité & le vomissement n'auroit plus lieu.

Comme la noix de galle en décoction a la propriété de neutraliser l'émétine, il faudroit avoir recours à ce moyen si, après avoir administré cette substance, on voyoit se manifester des accidens propres à inspirer quelques inquiétudes.

Un grain d'émétine à l'état le plus pur produit l'effet de 36 grains d'ipécacuanha.

Dans ces derniers temps, M. Boulay a extrait de deux espèces de violettes, *viola odorata* & *viola tricolor*, une substance particulière à laquelle il a donné le nom d'*émétine indigène*. Voyez Vɪᴏʟɪɴᴇ, t. XIII, pag. 469. (Cʜ. H.)

EMULSIF, ᴠᴇ. (*Pharm.*) Épithète donnée à toutes les semences oléagineuses propres à faire des émulsions ; telles sont celles des plantes de la famille des Cucurbitacées, de celle des Crucifères, de quelques Rosacées, &c. (*Voyez* Eᴍᴜʟsɪᴏɴs.) (R. P.)

ÉMULSIONS. (*Pharm.*) Préparations pharmaceutiques composées d'une huile fixe très-divisée, & tenue en suspension dans l'eau au moyen d'un mucilage. L'émulsion est d'un blanc-laiteux, & on la prépare ordinairement avec les semences de melon, de concombre, de citrouille, de

pavot

pavot blanc, de lin, de pignons doux, avec les amandes douces & amères, &c. On l'édulcore avec le sucre ou un sirop : ainsi l'orgeat étendu d'eau est une véritable émulsion.

Les émulsions peuvent être *huileuses, camphrées, purgatives* ou *térébenthinées.* Les premières sont composées d'huile d'amandes douces, de sirop de guimauve ou de capillaire, auxquels on ajoute un gros de gomme arabique à l'état de mucilage. Dans l'*émulsion camphrée* on triture ensemble un jaune d'œuf, une once de sucre & huit grains de camphre, auxquels on ajoute environ six onces d'eau de pourpier. Une émulsion est dite *purgative* lorsqu'au lieu de camphre, on triture avec le jaune d'œuf, de la résine de jalap ou de la scammonée. Quant à l'émulsion *térébenthinée*, elle contient ordinairement dix ou douze grains d'essence de térébenthine triturée avec un jaune d'œuf, & mêlés avec cinq onces d'une émulsion faite avec des amandes douces.

Ces sortes de médicamens sont regardés comme rafraîchissans, adoucissans, pectoraux, &, dans certains cas, on les croit propres à provoquer le sommeil. (R. P.)

ÉPIALE (Fièvre). (*Pathol.*) Nom donné à une fièvre dans laquelle la chaleur est entremêlée de frissons irréguliers. Suivant Sauvages, cette maladie est assez commune en Italie, & dans les fièvres pernicieuses on doit toujours la regarder comme un dangereux symptôme. Le quinquina à fortes doses, ou mieux encore les sels de quinine, sont les médicamens qu'il faut opposer à cette sorte de fièvre. (R. P.)

ÉPIPLOITE. (*Pathol.*) *Epiploitis.* Inflammation des épiploons, & particulièrement de celui que l'on nomme *gastro-colits.* Les symptômes de cette maladie sont, à l'intensité près, les mêmes que ceux qui caractérisent les autres phlegmasies abdominales ; le traitement doit donc être par conséquent le même. (*Voyez* PHLEGMASIES.)
(R. P.)

ÉPITHELIUM, (*Anat.* & *Pathol.*) *Epithelium*, de επι, sur, & de θηλη, mamelon, *papilla.* Mot latin introduit dans la langue française pour désigner, avec Ruisch, l'épiderme qui recouvre quelques parties des membranes muqueuses, comme aux lèvres, sur la langue, &c.
(CH. H.)

EPSOM (Eaux minérales d'). Cette source, remarquable par la grande quantité de sulfate de magnésie qu'elle contient, est située dans un village du comté de Surrey, en Angleterre, à sept lieues de Londres. Ses eaux sont très-claires, inodores, & leur saveur est amère & salée ; elles sont en général laxatives, mais moins que celles de

Seidlitz & de Seidchitz. On recommande rarement l'usage des eaux d'Epsom, mais on prescrit à la dose de deux ou trois gros et plus dans par un véhicule approprié, le *sel* que l'on en retire l'évaporation. (R. P.)

ESCHARE. (*Pathol. chir.*) Les pathologistes désignent, sous ce nom, une portion plus ou moins considérable de parties molles frappées de gangrène, & qui, avec le temps, se sépare des parties saines par suite de la sécrétion du pus, résultat de l'inflammation qui s'établit entre les parties vivantes & les parties molles. (*Voy.* GANGRÈNE.)

Le mot *eschare* sert encore à désigner l'espèce de croûte qui résulte de la mortification d'une partie, ou celle qui se développe à la suite de l'application d'un cautère. Enfin, quelques auteurs ont pensé que le même mot pourroit encore être employé pour indiquer la nécrose partielle des os.
(R. P.)

ESSOUFFLEMENT. (*Pathol.*) *Anhelatio.* A la suite de mouvemens violens, la respiration est fréquente, courte, & les mouvemens des parois thoraciques très-prononcés : c'est à ce besoin de respirer fréquemment que l'on a donné le nom d'*essoufflement.* Quelquefois cette disposition est le symptôme de certaines affections des organes thoraciques, comme dans les inflammations du poumon, dans celles du cœur & du diaphragme, dans la phthisie pulmonaire, l'asthme, l'hydrothorax, &c. Enfin, on l'observe encore fréquemment chez les femmes vers la fin de leur grossesse, & chez les personnes qui ont beaucoup d'embonpoint. (R. P.)

EUCALYPTUS. (*Bot.* , *Mat. méd.*) Genre de la famille des Myrtinées & de l'Icosandrie monogynie de Linné. Les plantes faisant partie de ce genre sont des arbres très-élevés & quelques arbrisseaux qui se rencontrent fréquemment dans la Nouvelle-Hollande. Plusieurs espèces fournissent un suc résineux qui se dessèche à l'air, est d'une couleur brune-rougeâtre, & n'a ni odeur ni saveur à la température ordinaire. Cette résine, répandue sur des charbons ardens, exhale une odeur analogue à celle de l'acide benzoïque ; dissoute dans l'alcool, elle lui communique une couleur rouge-brun. On prétend que, dans le pays, cette substance est employée dans le traitement des dysenteries ; mais le résultat des recherches faites en France à cet égard ne justifie point cette assertion.
(R. P.)

EXHUMATION. (*Hyg.* & *Méd. lég.*) *Exhumatio*, action d'extraire un cadavre du lieu de sa sépulture. Divers motifs peuvent déterminer à entreprendre cette opération : ainsi le corps d'un individu déjà inhumé peut être l'objet de recherches judiciaires ; dans quelques circonstances, il s'agit seulement de transférer un cadavre d'une sépulture dans une autre, ou bien encore d'évacuer des cimetières ou des caves sépulcrales.

Ce qui fait partie d'un *Traité des exhumations juridiques* que le professeur Orfila doit publier incessamment, & que ce savant a bien voulu nous permettre d'insérer dans ce Dictionnaire.

Exhumation juridique d'un cadavre enterré dans une fosse particulière, (1). Quoiqu'il n'y ait en général que peu de danger à exhumer un cadavre enterré dans une fosse particulière, nous croyons devoir conseiller un grand nombre de précautions qui rendent l'opération moins désagréable : 1°. on choisira le matin de préférence, surtout dans les saisons chaudes, d'abord, parce qu'il sera, quelquefois nécessaire de prolonger pendant plusieurs heures l'examen du cadavre, & que d'ailleurs les corps inhumés depuis plusieurs mois, peuvent se gonfler & éprouver d'autres changemens beaucoup plus promptement au milieu du jour, lorsque la température est élevée, que dans la matinée ; 2°. on emploiera plusieurs fossoyeurs afin que l'inhumation soit faite le plus promptement possible, & on *pourra, si on le juge convenable*, arroser de temps en temps les parties de la fosse déjà creusées, avec une foible dissolution de chlorure de chaux. Les fossoyeurs sont tellement habitués aux odeurs qu'exhalent les cadavres en putréfaction, & redoutent si peu les effets de ces exhalations, que dans les nombreuses exhumations dont nous les avons chargés ils n'ont jamais eu recours à cette liqueur désinfectante, & nous-mêmes qui assistions à ces opérations, nous n'avons jamais senti la nécessité d'en faire usage. On doit d'avance pressentir que nous regardons au moins comme inutiles deux précautions recommandées par la plupart des auteurs, & qui consistent à garnir la bouche & les narines des ouvriers d'un mouchoir trempé dans du vinaigre, & à jeter plusieurs livres de dissolution de chlorure de chaux sur le cercueil aussitôt qu'on aura creusé assez pour l'apercevoir ; cet arrosement doit même être rejeté comme nuisible dans beaucoup de cas : en effet, lorsque la bière a été brisée, défoncée, la liqueur dont il s'agit pénétrera dans son intérieur, & agira sur le corps dont elle pourra altérer les tissus, comme nous le dirons plus bas. Tout ce que nous pouvons conseiller en pareil cas, & seulement lorsque l'odeur est par trop désagréable, c'est de jeter au fond de la fosse & sur les parties de la bière encore intactes, trois ou quatre onces de dissolution de chlorure de chaux ou de soude, une once de chlorure pour deux pintes d'eau environ. Dans aucun cas cependant, la bière ni le corps ne de-

vront être plongés dans une dissolution de ces chlorures ; il ne faudra même pas répandre quelques verres de cette liqueur à la surface du cadavre. Si l'on veut neutraliser *momentanément*(1) l'odeur désagréable qui s'exhale, on versera çà & là sur la table où gît le cadavre, & à côté de lui, deux ou trois onces de dissolution de chlorure, qui agira à peu près avec la même énergie que s'il eût été répandu sur le cadavre, & qui n'offrira pas les inconvéniens qui résultent de son contact avec la peau & les organes ; ces inconvéniens sont, 1°. d'être presqu'instantanément décomposés par l'acide carbonique, & de donner naissance, quand on s'est servi de chlorure de chaux, à du sous-carbonate de chaux blanc qui s'applique sur les tissus & les couvre d'une couche blanche qui ne permet plus de les étudier. 2°. D'altérer promptement ces mêmes tissus de manière à changer leur consistance & leur couleur : ainsi, les muscles qui sont d'un rouge-livide, blanchissent, puis deviennent verdâtres, & plus mous par leur contact avec le chlorure de chaux ; les chlorures de soude & de potasse attaquent aussi les organes, mais plus lentement que celui de chaux, & ne déposent jamais de sous-carbonate de chaux, bien qu'ils communiquent d'abord une teinte blanchâtre aux muscles. 3°. On retirera le cadavre du cercueil, & on commencera les recherches immédiatement après. On observe en effet, surtout en été & lorsque la putréfaction n'est pas encore très-avancée, que les corps qui restent pendant plusieurs heures en contact avec l'air, se tuméfient, se colorent, & éprouvent des altérations qui pourroient induire les experts en erreur.

Evacuation des cimetières & des caves sépulcrales. Il n'en est pas de la fouille des cimetières & des caves sépulcrales comme d'une exhumation juridique : ici les gens de l'art sont obligés de procéder à l'opération aussitôt qu'ils sont requis ; là, ils peuvent, au contraire, différer les travaux & attendre la saison la plus favorable. On ne procédera donc, dans ce cas, que lorsque la température ne sera pas trop élevée, & l'on suspendra l'opération pendant quelque temps si l'atmosphère devient trop chaude ou humide, & surtout si le vent souffle du sud ; les époques les plus convenables dans nos climats sont la fin de l'hiver & le commencement du printemps. On emploiera un nombre d'ouvriers suffisant pour que les travaux puissent être promptement exécutés, & pour peu que les fossoyeurs soient incommodés on les remplacera par d'autres ; leurs vêtemens seront exposés à l'air à la fin de la journée, & ne serviront que le surlendemain. Ceux des ouvriers qui des-

---

(1) On ne procédera que d'après l'ordre d'un magistrat, & en présence d'un juge d'instruction, ou de tout autre fonctionnaire délégué à cet effet.

(1) Nous disons *momentanément*, parce qu'en effet la propriété désinfectante des chlorures est bornée à un temps assez court, & on est obligé d'y revenir souvent pour peu que l'examen du cadavre se prolonge.

cendent dans les caves sépulcrales, on qui leveront une pierre à chacune des extrémités de ces caves pour pratiquer des ouvertures destinées à renouveler l'air, auront la bouche & les narines garnies d'un mouchoir trempé dans du vinaigre; & s'il est utile qu'ils aient un du vin, il importe que ce soit modérément, car l'affaissement qui accompagne le plus souvent l'état d'ivresse, favorise l'action délétère des miasmes putrides. On évitera aussi que les fossoyeurs ne se tiennent trop long-temps courbés la face rapprochée du sol, & pour cela faire on emploiera de préférence des bêches & des instrumens à longs manches. Avant de commencer les travaux, il sera nécessaire de sonder le terrain dans plusieurs endroits pour s'assurer du degré de putréfaction des corps; car il peut se faire que dans une portion du même cimetière la décomposition ait atteint le dernier terme, tandis qu'elle ne sera pas très-avancée dans une autre partie : or on conçoit que, dans ce cas, il n'y auroit presqu'aucune précaution à prendre. Toutefois ces fouilles ne doivent pas être trop multipliées, & l'on ne doit en commencer une nouvelle qu'après avoir comblé celle qu'on vient de faire. Qu'il s'agisse de ces travaux préparatoires, ou que déjà l'on creuse sur toute la surface du cimetière pour extraire les corps, on arrosera de temps en temps le terrain avec la dissolution de chlorure de chaux précédemment indiqué; on pourra d'abord n'enlever qu'un demi-pied de terre sur toute la surface, laisser cette nouvelle couche de terrain en contact avec l'air pendant quelques heures après l'avoir arrosée avec le chlorure, puis on recommencera la même opération jusqu'à ce qu'on soit parvenu à la profondeur voulue.

Les cercueils non endommagés seront placés avec soin sur des tombereaux; ceux qui seront brisés, disjoints ou endommagés, seront arrosés avec une dissolution de chlorure de chaux avant que d'être transportés; ces derniers seront couverts d'une toile trempée dans de l'eau de vinaigre. Les débris des cercueils seront brûlés sur une grille, d'abord à l'aide de fagots ou de charbon de terre, puis ils serviront eux-mêmes à entretenir la combustion. Si l'on doit faire transporter des ossemens mêlés de terre, il faudra emporter le tout plutôt que de les passer à la claie pour séparer les petits os, car cette ventilation dans un terrain infecté pourroit être très-nuisible.

S'il s'agit de l'exhumation dans des *caves sépulcrales* situées dans des églises ou ailleurs, après avoir établi des courans d'air en ouvrant les portes & les croisées, & avoir percé une ouverture à chacune des extrémités de la cave, on arrosera le sol avec la dissolution de chlorure de chaux, & on s'éloignera pendant plusieurs heures : alors on s'occupera de renouveler l'air de ces caves. On a proposé comme premier moyen, d'allumer du feu dans un fourneau disposé sur une grille placée sur

une des ouvertures; à l'aide de ce ventilateur l'air de la cave sera bientôt renouvelé; mais nous pensons qu'il est préférable d'avoir recours à la *manche à air*. Cette manche est tout simplement un cylindre de toile long de plusieurs toises, garni de cerceaux placés de distance en distance pour empêcher l'affaissement de la manche sur elle-même. Une des extrémités de cette manche sera introduite dans la cave, & l'autre viendra se rendre dans le cendrier d'un fourneau.

Quel que soit le moyen employé pour renouveler l'air de ces caveaux avant d'y faire descendre les fossoyeurs, on s'assurera qu'une bougie allumée, plongée jusqu'au fond, continue à y brûler; si elle s'éteignoit, il faudroit encore différer les travaux de quelques heures, & insister sur l'usage des moyens prescrits plus haut. Indépendamment des précautions préservatives déjà indiquées, les premiers ouvriers qui pénétreront dans ces caveaux seront suspendus à une corde qui passera sous les aisselles, & munis d'une sonnette à l'aide de laquelle ils avertiront qu'il est temps de les retirer.

Les travaux une fois terminés, on comblera les vides avec de la terre, & on fermera les caves après les avoir arrosées à plusieurs reprises avec une dissolution de chlorure de chaux.

Nous ne terminerons pas cet article sans indiquer les précautions que devront prendre les personnes qui habitent dans le voisinage des lieux où se font les exhumations; ces précautions consistent à fermer les portes & les fenêtres qui donneront du côté de ces endroits; à répandre sur le sol des rues & des jardins qui avoisinent les habitations, de la dissolution de chlorure de chaux, & à faire de temps à autre des fumigations aromatiques, qui auront au moins l'avantage de masquer l'odeur fétide des cadavres (1).

Extraction d'un cadavre d'une fosse commune. Dans ce cas on agira comme il vient d'être dit à l'occasion des caves sépulcrales.   (Cn. H.)

_____

(1) Il ne sera pas hors de propos de rapporter ici quelques faits qui prouvent l'inocuité des miasmes qui s'exhalent des cimetières, & en général des corps en putréfaction.

Dans un rapport fait en 1810, par MM. Deyeux, Parmentier & Pariset, il y est parlé de la surprise que causa la brillante santé de la femme & des cinq enfans du nommé Fiard, écarrisseur, qui travailloient toute l'année dans leur clos, & couchoient dans le lieu même, où il fut impossible aux membres de la commission de pénétrer, à cause de l'excessive infection qui s'y exhaloit. On sait également que la plupart des écarrisseurs meurent dans un âge fort avancé, & presque toujours exempts des infirmités de la vieillesse. Bien plus, on a remarqué que dans l'épidémie de Pantin & de la Villette, pas un seul ouvrier du clos de Montfaucon n'en fut affecté, privilège qui paroît lui avoir été commun avec les femmes qui confectionnent la poudrette dans le voisinage. On lit encore dans le rapport de la même commission, qu'elle reste convaincue que les maladies diverses dont avoient été affectés les ouvriers de la verrerie tenoient à d'autres causes qu'aux émanations de clos d'écarrissage de la Garre.

Plusieurs observations fort curieuses, dit M. Parent du

EXUTOIRE. (*Thérap.*) Nom donné à un petit ulcère dont on entretient la fuppuration par divers moyens. Un exutoire peut s'établir fpontanément, ou être formé accidentellement. (*Voyez* les mots CAUTÈRE, EPISPASTIQUES, VÉSICATOIRES dans ce Dictionnaire.) (R. P.)

F

FÉBRICITANT. (*Path.*) Adjectif quelquefois pris fubftantivement, & indiquant une perfonne qui eft atteinte de la fièvre. (R. P.)

FÉBRIFUGE. (*Thérap.*) *Febrifugus*, de *febris*, fièvre, & de *fugo*, je chaffe, *antifebrilis*, *antipyreticus*, *alexipyreticus*, qui fait ceffer la fièvre. La dénomination de *fébrifuges* eft généralement appliquée aux remèdes qui jouiffent de la propriété d'arrêter ou de couper les fièvres intermittentes, c'est-à-dire celles qui préfentent pour caractère commun le caractère de la périodicité. Le quinquina eft jufqu'à préfent le fébrifuge le plus puiffant que l'expérience ait fait connoître. On a auffi attribué, d'après des obfervations pour la plupart peu concluantes, la même propriété à un grand nombre de fubftances, dont les unes fe rapprochent du quinquina par leur mode général d'action, telles que les écorces d'angufture, de marronnier d'Inde, d'ariftoloche, de chêne, de frêne, d'orme, l'écorce d'orange, les racines de gentiane, de bardane, & dont les autres, telles que l'huile animale de dippel, le mufc, le caftoreum, le camphre, l'ammoniaque, l'opium, les carbonates & hydrochlorates d'ammoniaque, de potaffe, les fulfates de cuivre, de zinc, de fer, les préparations antimoniales, les arféniates de potaffe & de foude, les eaux minérales, &c., font loin d'offrir des rapports avec l'écorce du Péron. Tant qu'on ne connoîtra pas d'une manière précife ce qui conftitue le caractère propre des fièvres intermittentes, & tant que certains médicamens réuffiront à faire ceffer leurs accès, on fera forcé de s'abftenir de réflexions, & de les confidérer,

finon comme *fpécifiques*, du moins comme jouiffant de propriétés fébrifuges. (CH. H.)

FÉBRILE. (*Path.*) Epithète donnée à tous les phénomènes qui fe rapportent à la fièvre. Ainfi, on dit froid *fébrile*, mouvement, pouls *fébrile*, fueur, exanthême, urine *fébrile*, &c.
(R. P.)

FÉCONDITÉ. (*Phyfiol.*) *Fœcunditas*. Faculté dont jouiffent les corps vivans de fe reproduire, c'eft-à-dire de former à la fuite de la fécondation d'autres êtres vivans organifés & conformés comme eux. (CH. H.)

FÉTIDITÉ. (*Chim.*) Expreffion fynonyme du mot *puanteur*, & à laquelle Sauvages a fubftitué le mot *dyfodie*. La fétidité plus ou moins confidérable des excrétions eft un des fymptômes de certaines maladies, mais elle n'en annonce pas toujours la gravité. (*Voyez* DYSODIE, tom. V, pag. 560; & PUANTEUR, tom. XII, pag. 359.)
(R. P.)

FIÈVRE ADYNAMIQUE. (*Pathol.*) Nom fcientifique fous lequel on a défigné la fièvre putride. (*Voyez* le mot FIÈVRE (Fievre putride), tom. VI, pag 379 à 382.)

FIÈVRE ATAXIQUE. (*Pathol.*) (*Voyez* PERNICIEUSE (Fièvre), tom. XI, pag. 564.)

FILAIRE. (*Helminth.*) Nom d'un genre de vers dont les efpèces affez nombreufes font remarquables par leur longueur & leur ténuité. C'eft à ce genre que Laennec penfoit qu'il convenoit de rapporter le *dragoneau*. Les filaires fe rencontrent dans un grand nombre d'animaux : ainfi, Redi en a obfervé fous la peau du lion, de la fouine, de la marte, du putois & des cigognes, obfervation que Pallas a également faite à l'égard des faucons, des lièvres & des chouettes. (*Voyez*, pour plus de détails, le *Dictionnaire d'Hiftoire naturelle* (des Vers) de cette Encyclopédie.)
(R. P.)

FONGOSITÉ. (*Path. chir.*) Nom donné à des excroiffances charnues, molles, fpongieufes & difpofées en champignons. Ces fortes de végétations fe développent le plus communément fur des furfaces dénudées; auffi n'eft-il point rare de les voir furvenir fur les cautères & fur les véficatoires anciens. Il eft encore des fongofités qui font dues au virus fyphilitique, mais alors on leur donne plus volontiers les noms d'*excroiffances*, de *choux-fleurs*, de *poireaux* ou *condylomes*. (Voyez ces différens mots.)

Les efcharotiques, les cauftiques, le feu, l'inftrument tranchant, font les moyens à l'aide defquels on attaque les fongofités : bien entendu qu'il

---

Châtelet, prouvent le peu d'influence que peut avoir l'habitude fur l'action négative des émanations putrides par rapport à la fanté de ceux qui y font expofés : on fait chaque année au cimetière du Père-Lachaife plus de deux cents exhumations; elles fe pratiquent à toutes les époques de l'année, deux, trois ou quatre mois après la mort, fouvent même beaucoup plus tard. On conçoit que la putréfaction eft alors dans toute fon activité, & cependant on n'a pas encore remarqué que le moindre accident foit arrivé aux foffoyeurs chargés de ces travaux. Ne fait-on pas auffi que les ouvriers boyaudiers jouiffent de la fanté la plus brillante, quoiqu'ils vivent dans une atmofphère infecte? N'eft-il pas certain enfin que les maladies charbonneufes & la puftule maligne n'attaquent que bien rarement les écarriffeurs, quoiqu'ils fe livrent à leurs travaux fans prendre aucune précaution?

faut auparavant tout chercher à détruire la cause qui leur a donné naissance. (R. P.)

FONGUS. (*Chir.*) *Fungus.* Mot latin qui signifie *champignon*, & que l'on a introduit dans le langage médical pour désigner une tumeur rougeâtre, d'apparence charnue, spongieuse, plus ou moins consistante, & fourniffant, lorsqu'on la divise, une quantité plus ou moins considérable de sang, qui s'écoule en nappe de toute la surface de la plaie. Les fongus diffèrent des fongosités en ce que celles-ci s'élèvent des plaies, & semblent être le résultat d'une exagération ou d'une perversion du mouvement vital qui préside à l'organisation des bourgeons celluleux & vasculaires, tandis que les autres se développent fans aucune solution de continuité préalable.

Toutes les parties du corps, depuis la peau & le tissu cellulaire sous-cutané jusqu'à la membrane médullaire des os, font susceptibles d'être le siège de cette maladie. Cependant, on les rencontre plus fréquemment aux parties abondamment pourvues de tissu cellulaire que dans les autres parties du corps; les mamelles, les aines, les aisselles, &c. en font quelquefois le siège. Mais c'est surtout dans le tissu sous-jacent aux membranes muqueuses que les fongus semblent se développer de préférence : c'est ainsi, par exemple, que les fosses nasales, les sinus maxillaires, le pharynx, le vagin, &c., font fréquemment obstrués ou distendus par des tumeurs de cette nature; on les observe plus rarement dans l'estomac, les intestins & la vessie. Les testicules, toutes les parties du système fibreux, & plus spécialement encore les ligamens articulaires, font aussi des parties que les fongus envahissent & désorganisent avec une sorte de prédilection.

Les tumeurs fongueuses ont une tendance continuelle à augmenter de volume, de telle sorte qu'il n'est pas rare de les voir former des masses plus ou moins irrégulières & prolongées dans divers sens. Comme toutes les productions organiques anormales, ces tumeurs font de nature à éprouver des altérations qui en détruisent la texture. Celles qui font dures & douloureuses paraissent être spécialement disposées à dégénérer en cancer; chez quelques sujets elles se ramollissent partiellement, & il se forme des foyers sanguins dans leur intérieur : celles-ci portent le nom de *fongus hématoïde*, *fongus hæmatodes*, ou tumeurs sanguines. Quelques chirurgiens anglais, qui considèrent ces tumeurs comme formées par l'état variqueux des vaisseaux de la partie qui en est le siège, les ont décrites sous le nom d'*anévrysme par anastomoses* ou *anévrysmes variqueux*.

Le diagnostic des fongus sera facile à établir toutes les fois qu'ils auront leur siège sous des membranes muqueuses accessibles à la vue ou au toucher; il n'en sera pas de même lorsqu'ils se ont profondément situés, car alors on pourra les con-

fondre avec des loupes, des anévrysmes ou des abcès, à moins que quelques circonstances commémoratives ne viennent éclairer le praticien & le tenir en garde contre les symptômes qui pourroient facilement lui en imposer.

Quant au pronostic des fongus, presque toujours il est grave en raison de la facilité avec laquelle ces tumeurs se reproduisent après avoir été en apparence entièrement extirpées. Au reste, le jugement sera toujours porté d'après le volume de la tumeur, sa situation plus ou moins profonde, l'épaisseur & la nature des parties qu'il faut intéresser pour y parvenir, l'importance des organes qui en font le siège ou qu'elle a pu compromettre; enfin, la chance de succès que pourra offrir l'opération.

Les tumeurs du genre de celles qui nous occupent réclament un traitement tout chirurgical. Si elles font pédiculées ou saillantes, on en fera la ligature, ou on les extirpera en en tordant le pédicule, comme on fait des polypes; celles qui font plus profondément situées, il faudra les découvrir & en faire l'extirpation; mais, dans l'un & l'autre de ces deux cas, la partie la plus importante de l'opération consiste à détruire exactement jusqu'aux plus petites ramifications de la tumeur, &, pour cela faire, on ruginera les os, on excitera les parties ligamenteuses, ou on portera le cautère actuel sur l'endroit où le fongus avoit pris naissance, suivant qu'il avoit son siège sur une partie osseuse, un ligament, ou du tissu cellulaire. Quelquefois, malgré ces précautions, on voit la maladie se reproduire sous forme de fongosités; il faut, dans ce cas, ou recommencer l'opération, ou attaquer la nouvelle excroissance par les escharotiques les plus puissans, qu'il ne faut pas craindre d'appliquer à chaque pansement, tant pour combattre l'hémorrhagie, qui ne manque pas de se reproduire, que pour réprimer la tumeur, qui fait quelquefois des progrès rapides d'un pansement à l'autre. C'est une véritable hydre qu'il ne faut pas se lasser de combattre. Les fastes de la chirurgie attestent que, dans les affections de ce genre, la timidité seule du chirurgien peut avoir des résultats fâcheux, & qu'il ne sauroit opposer des moyens trop puissans contre une tumeur désorganisatrice aussi facile à repulluler que le fongus.

(Ch. H.)

FONTENELLE (Eaux minérales de). Ces eaux prennent leur nom d'une abbaye, jadis située près de Roche-fur-Yon, dans le département de la Vendée. Elles font ferrugineuses, &, d'après une analyse faite par Cadet, elles contiennent du carbonate de fer, du gaz acide carbonique & de l'hydrochlorate de foude. On les prescrit à la dose de quelques verres dans l'atonie des viscères, les engorgemens lymphatiques, & dans quelques affections de la peau. (R. P.)

FORDYCE (Georges) (*Biog. méd.*), naquit à Aberdeen le 18 novembre 1736, fut reçu maître ès-arts dès l'âge de quatorze ans, puis commença l'étude de la médecine sous l'un de ses oncles, exerçant la profession de chirurgien & de pharmacien à Uppingham. Peu de temps après, il se rendit à Edimbourg & se fit remarquer de Cullen, dont il mérita la bienveillance. Reçu docteur en 1758, Fordyce passa en Hollande, fréquenta pendant près d'une année l'école de Leyde, & revint s'établir à Londres vers la fin de 1759. Sa pratique peu lucrative le mit dans la nécessité de faire des cours de chimie, de matière médicale, de thérapeutique & de pathologie : s'exprimant avec assez de difficulté, il eut d'abord quelques peines à surmonter sa timidité, cependant il parvint bientôt, sinon à être éloquent, du moins à être clair, précis & méthodique; aussi le nombre de ses élèves devint-il chaque jour plus considérable. Fordyce fut successivement médecin de l'*hôpital Saint-Thomas*, membre de la *Société royale* & du *Collége des médecins*.

Une foible constitution & de graves infirmités l'empêchèrent de prolonger sa carrière au-delà de 66 ans : il mourut le 25 mai 1802.

Les recherches de ce médecin sur la température du corps de l'homme & sur celle des animaux le conduisirent à constater la faculté que possèdent les corps organisés vivans de se maintenir dans une température à peu près constante : résultats qui depuis ont été confirmés par les expériences de Blagden, de Solander, de Delaroche & de Berger.

Les principaux écrits de Fordyce sont :

Dissertatio de catarrho. Edimbourg, 1758.

Elements of agriculture and vegetation. Edimbourg, 1765; Londres, 1771, in-8°.

Elements of the practice of physic. Ouvrage qui eut plusieurs éditions, & dont la dernière parut à Londres en 1784, in-8°.

Five disserfations on fever. Ces disserfations furent publiées successivement à Londres.

A treatise of the digestion of food. Londres, 1791, in-8°.

(*Extr. de la Biogr. médic.*) (R. P.)

FOTHERGILL (Jean) (*Biogr. médic.*), médecin aussi recommandable par la philanthropie que par ses connoissances médicales, naquit le 8 mars 1712, à Carr-End, près Richmond, dans le Yorkshire. Il étudia à Edimbourg sous Monro, d'Alfon & autres élèves de Boerhaave, fut reçu docteur en 1736, & vint à Londres, où il fréquenta assidûment l'hôpital Saint-Thomas. Il visita ensuite la Hollande, la France & l'Allemagne, puis revint se fixer à Londres, où il se fit particulièrement remarquer lors de l'angine épidémique qui, en 1746, ravageoit cette capitale, & à la-

quelle il opposa avec avantage l'usage des vomitifs, celui des boissons vineuses, des acides minéraux & des amers. Depuis cette époque, les mêmes moyens ont toujours été employés dans l'angine gangréneuse.

Ayant acquis une grande réputation, Fothergill ne tarda pas à devenir possesseur d'une fortune considérable, dont il fit le plus bel usage, puisqu'il employa des sommes immenses pour faciliter les progrès de l'histoire naturelle, & surtout pour secourir les malheureux : aussi après sa mort, arrivée le 26 décembre 1780, ses concitoyens firent-ils mettre sur sa tombe cette épitaphe : *Ci-gît le Doct. Fothergill, qui dépensa deux cent mille guinées pour le soulagement des malheureux.*

Fothergill, qui appartenoit à presque toutes les Sociétés savantes de l'Europe, n'a point laissé d'ouvrage considérable; mais il est auteur de beaucoup d'*opuscules* insérés dans les *Transactions philosophiques*, & dans divers autres recueils. (*Voyez,* pour plus de détails, la *Biographie médicale.*)

(R. P.)

FOUQUET (Henri) (*Biogr. médic.*), doit être rangé parmi les médecins les plus recommandables que l'école de Montpellier ait fournis au dixhuitième siècle. Il naquit dans cette ville en 1727, parcourut diverses carrières avant de se livrer à l'étude de la médecine, qu'il ne commença qu'à l'âge de 32 ans. Elève de Lamure, de Vénel & de Le Roy, Fouquet fit des progrès rapides; &, après avoir obtenu le grade de docteur, il vint s'établir à Marseille, où il se fit bientôt connoître d'une manière fort avantageuse. En 1766, Fouquet retourna à Montpellier concourir pour une chaire devenue vacante par la mort de Fizes, &, malgré les talens qu'il déploya dans ce concours, il n'obtint aucun succès, ainsi que dans celui auquel il se présenta en 1776; après la mort de Vénel; ce ne fut effectivement qu'en 1790, qu'à la satisfaction générale, on le nomma professeur de l'école de Montpellier, où il enseigna la séméiotique & fit des cours sur les affections vénériennes. Lors de la réorganisation des écoles de médecine en France, un talent aussi distingué ne pouvoit être oublié; aussi Fouquet fut-il appelé à occuper la chaire de clinique, & son *Recueil d'observations* est digne de la maturité d'un beau talent, & prouve avec quel zèle il s'acquittoit des fonctions qui lui étoient confiées & qu'il remplit jusqu'à sa mort, arrivée le 10 octobre 1806.

Fouquet a laissé la réputation d'un célèbre praticien, d'un savant professeur, & celle d'un homme également recommandable par une urbanité peu commune, & par les grands services qu'il avoit rendus. Dumas, dans un discours prononcé à la rentrée des écoles en 1807, Baumes, dans une *notice* lue à la Société de médecine pratique de Montpellier, & M. le professeur Desgenettes, dans un article imprimé dans la *Biographie médicale*, ont consigné les titres nombreux qui assurent à Fouquet la reconnoissance de la postérité.

(*Extr. de la Biogr. médic.*)   (R. P.)

FOWLER (Thomas) (*Biogr. médic.*), naquit à Yorck le 22 janvier 1736, & pendant quinze ans exerça dans la ville natale la profession de pharmacien. Ce ne fut qu'à l'âge de 38 ans qu'il se rendit à Edimbourg, pour se livrer sérieusement à l'étude de la médecine. En 1778 il fut reçu docteur, & prit pour sujet de sa thèse inaugurale le *traitement de la petite vérole par le mercure*. Pendant quelque temps il dirigea l'hôpital de Strafford, que l'on avoit confié à ses soins. En 1791 il retourna à Yorck, & cinq ans après fut nommé par acclamation médecin de l'hôpital des fous quakers : fonction qu'il remplit jusqu'à sa mort, arrivée le 22 juillet 1801.

Le nom de Fowler rappelle l'un des médicamens les plus actifs que l'on ait employé. C'est effectivement ce médecin qui remit en vogue l'usage de l'arsenic dans le traitement des fièvres intermittentes, & notre codex conserve encore une préparation dite *liqueur arsenicale de Fowler*, & qui n'est autre qu'une dissolution d'arseniate de potasse dans l'eau, à laquelle on ajoute de l'alcoolat de mélisse composé.

Les écrits de Fowler sont :

Medical reports on the effects of tabaco, principally with regard to its diuretic qualities in the cure of dropsies and dysuries. Londres, 1785, in-8°.

Medical reports on the effects of arsenic in the cure of agues, remittent fevers, and periodic headach. Londres, 1786, in-8°.

Medical reports on the effects of the blood letting, sudorifics and Blistering in the cure of the acute and chronic rheumatism. Londres, 1795, in-8°. (*Extr. de la Biogr. médic.*) (R. P.)

FRANK (Jean-Pierre) (*Biogr. médic.*), l'un des médecins les plus célèbres du dix-huitième siècle, naquit à Rotalben, à cinq lieues de Deux-Ponts, le 19 mars 1745. Il étudia la médecine dans l'Université d'Heidelberg, & y fut reçu docteur en 1766. Voulant exercer l'art de guérir en Lorraine, Frank fut obligé de soutenir de nouvelles épreuves à Pont-à-Mousson. Deux ans plus tard il vint se fixer à Badin, près Rastadt, &, en 1769, devint médecin de la garnison & de l'arrondissement de cette dernière ville. Trois ans plus tard, l'évêque de Spire le choisit pour son premier médecin & le mit au nombre de ses conseillers-d'état. Frank fit pendant neuf ans des cours d'anatomie & de physiologie, dirigea l'enseignement des sages-femmes, & parvint à

diminuer d'un tiers environ la mortalité qui jusqu'alors avoit eu lieu parmi les femmes enceintes. En 1784 il fut appelé à la chaire de clinique de l'Université de Gœttingne, qu'il quitta deux ans après pour se rendre à Pavie & y remplacer Tissot. Vers la même époque, Frank fut nommé directeur-général pour l'état sanitaire de la Lombardie. La grande réputation qu'il acquit alors le fit appeler, en 1795, par l'empereur d'Autriche, qui le nomma conseiller aulique & directeur-général de l'hospice civil de Vienne. En 1804 il vint remplir à Wilna la chaire de professeur de clinique ; puis, devenu premier médecin de l'empereur de Russie, il passa à Saint-Pétersbourg, où il professa la médecine pratique à l'Académie médico-chirurgicale. Le délabrement de sa santé le força de quitter la Russie en 1808 pour se rendre à Fribourg, en Brisgaw. Retenu à Vienne par les événemens de la guerre, il y vit Napoléon, qui lui offrit, dit-on, de venir occuper en France un poste brillant : Frank préféra se retirer à Fribourg, ainsi qu'il en avoit eu le projet. En 1811 il quitta cette ville, où il avoit perdu sa fille, & revint à Vienne, pour s'y fixer jusqu'à l'époque de sa mort, qui eut lieu le 24 avril 1821.

Les ouvrages de Frank lui assignent un rang distingué parmi les bons praticiens, & vingt ans d'enseignement clinique dans de célèbres Universités le placent au nombre des professeurs de notre époque qui ont le plus donné de vogue à ce genre d'enseignement.

(*Extr. de la Biogr. médic.*)   (R. P.)

FRÉQUENCE. (*Path.*) Mot dont on se sert en médecine pour désigner certains actes qui se répètent à de courts intervalles : c'est ainsi que l'on dit la *fréquence* du pouls, de la respiration, &c.

FRIGORIFIQUE. (*Chim.*) Ce mot peut être pris comme adjectif ou comme substantif. Dans la première acception, il sert à désigner certains mélanges susceptibles de produire du froid : tels sont, par exemple, les sels déliquescens lorsqu'on les mêle avec de la glace pilée ; dans la seconde, il a été employé par quelques physiciens pour indiquer un fluide impondérable, qui, en s'accumulant dans les corps, y produiroit un abaissement de température analogue à l'échauffement auquel l'accumulation du calorique donne naissance. On est aujourd'hui généralement d'accord sur la non existence de cet agent, & l'on explique le refroidissement des corps, par la simple soustraction du calorique. (R. P.)

FULIGINEUX. (*Path.*) De *fuligo*, suie. On donne cette dénomination à certaines parties qui, dans l'état de maladie, se recouvrent d'un enduit de couleur brunâtre : telles sont les lèvres, la langue & les dents.

FURIE INFERNALE. (*Pathol. & Hist. nat.*) *Furia infernalis.* Solander a décrit un animal qui, en tombant de l'air fur les hommes & les bestiaux, produit fpécialement en automne dans la Suède feptentrionale, en Bothnie, en Finlande & en Laponie, une maladie très-fâcheufe & fort connue des aborigènes fous le nom de *skatt*, efpèce de furoncle accompagné de douleurs atroces, fe terminant quelquefois par la gangrène & par la mort, & ayant plus particulièrement fon fiége aux parties découvertes, telles que le vifage & les mains. Dans le cours de fes voyages, l'immortel Linnæus ayant été atteint de cette terrible maladie, admit l'exiftence de l'animal auquel un préjugé populaire attribue fa naiffance; &, d'après un individu defféché que lui préfenta un pafteur de Kiénis, il crut devoir en faire le type d'un genre de ver qu'il appela *furia*, & auquel il affigna pour caractère zoologique *un corps linéaire, filiforme, égal, garni de chaque côté d'une rangée de cils piquans & dirigés en arrière.*

Aujourd'hui, malgré les travaux de C. God. Hagen & d'Adolphe Modier, qui croient à la réalité de l'exiftence du ver dont il s'agit, les naturaliftes conviennent généralement qu'aucun auteur digne de foi n'a encore vu la furie infernale, & que Linnæus, quand il en a parlé, a probablement été égaré par la violence du mal dont il fut atteint, mal que l'on doit ranger parmi les tumeurs effentiellement gangréneufes, non loin de l'anthrax, de la puftule maligne. Ils s'accordent à penfer que le prétendu ver dont le profeffeur d'Upfal a parlé n'eft que le bourbillon d'un furoncle auquel les payfans du Nord font fréquemment expofés, & les obfervateurs les plus modernes, MM. Rudolphi, Cuvier, Blumenbach, de Lamarck, font de la *furie infernale* un être fabuleux. (CH. H.)

G

GALACTOPOIÈSE & GALACTOSE. (*Phyf.*) Mots imaginés pour exprimer la faculté qu'ont les mamelles de fervir à l'élaboration & à la fécrétion du lait. (*Voyez* MAMELLE & NOURRICE.)

GALÉNISME, (*Hift. de la médec.*) Dénomination fervant à défigner l'enfemble des préceptes qui font la bafe de la doctrine médicale de Galien, & dont on trouve le développement dans fes écrits fur l'anatomie, la phyfiologie, l'hygiène, la pathologie & la thérapeutique. (*Voy.* GALIEN, tom. VI, pag. 567; & HYGIÈNE, tom. VII, p. 404 à 417 dans ce Dictionnaire.) (R. P.)

GALL (Jean-Jofeph) (*Biogr. médic.*), naquit dans le pays de Wurtemberg en 1758; il étudia la médecine à Vienne, où il reçut le grade de docteur & exerça la profeffion de médecin juf-

qu'en 1805, époque à laquelle il parcourut d'abord l'Allemagne, l'Angleterre, puis la France, qu'il choifit pour lieu de fa réfidence en 1808.

Gall a imaginé, pour explorer le cerveau, une méthode beaucoup plus exacte que celle qui, jufqu'alors, avoit été fuivie; elle confifte à pourfuivre la marche de la partie blanche de cet organe à travers les diverfes portions de fubftance grife, depuis la moelle alongée jufqu'à la portion grife des circonvolutions, & de celles-ci jufqu'aux portions de fubftance blanche qui font communiquer enfemble les deux hémifphères.

Les nombreufes recherches que Gall avoit faites fur le cerveau de l'homme & fur celui des animaux, l'ont conduit à avoir, fur le fiége & le développement des facultés intellectuelles, des idées autres que celles qui font généralement admifes. Dans fon fyftème, chacune des parties de l'encéphale a une fonction particulière à remplir: auffi ne regarde-t-il pas le cerveau comme un organe unique, mais bien comme un appareil d'organes; & il faut avouer qu'un affez grand nombre de faits font favorables à fon opinion, dont le temps feul pourra, au refte, fixer la valeur réelle.

Gall eft mort le 22 août 1828, en laiffant plufieurs ouvrages qui tous fe rapportent à l'encéphale & aux fonctions de cet organe; matières qui ont toujours été le fujet de fes méditations.

GALVANI (Louis) (*Biogr. médic.*), né à Bologne le 9 feptembre 1737, fe livra à l'étude de la médecine, non par goût, mais pour condefcendre aux vœux de fa famille qui redoutoit beaucoup de lui voir embraffer la vie religieufe, pour laquelle il fe fentoit une vocation toute particulière. L'anatomie & la phyfiologie furent les fciences que Galvani cultiva de préférence, & il le fit avec affez de diftinction, puifqu'à la fuite d'une thèfe foutenue en 1762 fur le *fyftème offeux*; il fut chargé d'enfeigner l'anatomie, ce qui ne l'empêcha pas de fe livrer conftamment à la pratique de la chirurgie & des accouchemens, dans laquelle il s'étoit fait une grande réputation.

En 1789, Galvani dut au hafard la découverte d'un fait qui, mal interprété, donna naiffance à une branche de phyfique féconde en réfultats importans; cette branche, que l'on nomma d'abord *galvanifme*, a depuis, & avec plus de raifon, été appelée *électricité voltaïque*. Voici le fait, d'abord obfervé par Galvani: des grenouilles écorchées avoient été placées fur une table proche de laquelle étoit une machine électrique: un élève approcha machinalement la lame d'un fcalpel des nerfs cruraux de l'une de ces grenouilles à l'inftant où une autre perfonne retiroit une étincelle du conducteur de la machine; un mouvement convulfif fe manifefta dans les mufcles de l'animal. Galvani, qui auroit dû, dans ce réfultat, ne voir qu'un effet électrique analogue à celui que l'on a nommé

nommé *choc en retour*, pensa qu'il étoit produit par un agent spécial & particulier aux animaux : dès-lors il fit des expériences qui, successivement, le conduisirent à reconnoître que l'on peut, par le contact de substances métalliques hétérogènes, produire des mouvemens convulsifs dans les muscles d'un animal récemment tué. Plus tard, Volta a prouvé que dans toutes ces expériences, le contact des métaux étoit la cause productrice de l'électricité.

Ayant refusé, à l'époque de la révolution d'Italie, de prêter le serment que la république cisalpine exigeoit de tous les fonctionnaires, Galvani perdit son emploi, & se retira chez son frère, où le chagrin de sa disgrace & celui que lui causoit la mort récente de son épouse, le firent tomber dans un état de langueur à la suite duquel il périt le 4 décembre 1798, peu de temps après avoir été, en quelque sorte malgré lui, réintégré dans la chaire qu'il avoit si long-temps occupée avec distinction.

(*Extr. de la Biogr. médic.*) (R. P.)

GALVANOMÈTRE et GALVANOSCOPE. (*Physiq.*) Lors de la découverte de la pile voltaïque on nomma *galvanomètres* ou *galvanoscopes* des instrumens destinés à mesurer l'énergie de cet appareil; les uns, comme l'*électromètre condensateur* de Volta, étoient fondés sur la répulsion qui détermine des corps électrisés de la même manière à se fuir, les autres reposoient sur l'énergie des effets chimiques que produit l'appareil électro-moteur, énergie dont on avoit la mesure par la quantité plus ou moins considérable d'eau décomposée dans un temps donné.

Les contractions qu'éprouvent les muscles d'une grenouille récemment tuée, soumis à l'influence d'un courant électrique, font, aussi bien que le multiplicateur de Schweiger, des *galvanoscopes* bien préférables aux précédens. En effet, un courant électrique, inappréciable à l'aide des deux premiers moyens, produit, en traversant les muscles de la grenouille, de vives convulsions, de même qu'il imprime une déviation considérable à l'aiguille aimantée du multiplicateur.

(R. P.)

GANGLION. (*Pathol. chir.*) Γαγγλιον, dérivé, selon quelques auteurs, de γαιιν, engendrer, & de γλια, glu. On donne ce nom en chirurgie à des tumeurs enkystées qui se développent le plus communément sur le trajet des tendons & des aponévroses, & au voisinage des articulations; ces ganglions se présentent ordinairement sous forme de tumeurs oblongues, légèrement déprimées, plus ou moins mobiles, indolentes ou peu douloureuses, dont le volume varie depuis celui d'un pois jusqu'à celui d'un œuf.

Les ganglions dépendent de l'accumulation de la synovie dans les gaînes membraneuses qui enveloppent les tendons ou les aponévroses, & facilitent leurs glissemens, qui sont de véritables hydropisies des membranes synoviales non articulaires.

En 1824, j'étois porteur d'un ganglion du volume d'une petite noix muscade, qui avoit son siége sur le trajet des fléchisseurs communs aux doigts annulaire & médius de la main gauche; cette tumeur qui, comme je l'ai déjà dit, étoit située dans la membrane synoviale commune qui entoure les tendons des fléchisseurs, descendoit dans la paume de la main quand je la tenois ouverte, & remontoit sur l'avant-bras au-dessus du ligament annulaire antérieur du carpe, toutes les fois que je fermois la main, en sorte qu'elle paroissoit réellement double ou formée de tumeurs séparées par un étranglement au niveau du ligament annulaire. Comme cette tumeur, dont la cause m'étoit entièrement inconnue, étoit indolente & me gênoit très-peu, je n'y fis pas d'abord beaucoup d'attention; mais quelques mois après, ayant rencontré chez M. Orfila un chirurgien de Caen, M. Porcher, qui avoit un ganglion semblable au mien, mais beaucoup plus volumineux & très-douloureux, je me déterminai à consulter mes professeurs pour guérir cette maladie ou l'empêcher de faire des progrès. Afin d'avoir une consultation, je me rendis à l'École de médecine un jour de conseil, & ayant trouvé rassemblés une grande partie des professeurs, je leur présentai ma main & leur demandai leurs avis sur les moyens à employer pour me débarrasser de cette tumeur qui commençoit à me gêner davantage, & qui déjà me faisoit souffrir. Ma main fut tour-à-tour examinée par la plupart d'entre eux. M. Dupuytren me dit peu de chose, mais il me recommanda bien de n'y pas porter l'instrument tranchant : ce fut également l'opinion de Béclard. Quelques-uns m'engagèrent à recourir à la compression permanente au moyen d'une plaque de plomb soutenue par une pelote & un bandage circulaire; d'autres me conseillèrent des frictions mercurielles; un autre, des frictions aromatiques; celui-ci, l'usage des émolliens, celui-là, pour moyen extrême, la compression forte & instantanée de la tumeur pour opérer la rupture du kyste; opération que l'on pratique en appliquant sur la tumeur, la pelote d'un cachet garni de linge, & en exerçant sur elle une vigoureuse pression avec tout le poids de son corps. Enfin, Laennec me prit à part, & après avoir bien examiné ma main, il me donna le conseil de prendre à l'intérieur deux onces environ de muriate de soude (sel ordinaire) chaque jour, & d'augmenter la dose si j'apercevois de la diminution dans la tumeur. Ma guérison, qui fut complète trois mois après, doit-elle être attribuée à l'usage du muriate de soude que j'ai porté à trois onces vers la fin du traitement? Doit-elle être rangée au nombre des guérisons spontanées, qui sont rares, mais qui ne sont pas sans exemples?

Les ganglions dont le fiége est à la paume de la main ne doivent être opérés que dans le cas où leur préfence eft tellement incommode qu'ils empêchent les malades de fe fervir de ce membre; les accidens qui fuivent le plus fouvent ces opérations doivent rendre ce précepte de rigueur. M. le Dr. J. Cloquet dit à ce fujet : « Soit qu'on les ouvre à la paume de la main ou au-devant du poignet, foit qu'on les incife à la fois à leurs deux extrémités, prefque conftamment il fe manifefte des accidens formidables, les parties fe gonflent & deviennent fort douloureufes; la plaie fe bourfouffle & fournit une fuppuration jaunâtre, ichoreufe; des fymptômes fébriles de mauvais caractère fe développent, & fouvent les malades fuccombent à une opération qui paroiffoit d'abord fort fimple & devoir être exempte de dangers. » M. le Dr. Cruveilhier rapporte des cas analogues dans fon Traité d'anatomie pathologique. D'autres fois, les malades perdent en totalité ou en grande partie les mouvemens des doigts, & reftent eftropiés après avoir couru les plus grands dangers.

On a auffi propofé de paffer un féton à travers les ganglions pour évacuer le liquide qu'ils renferment & pour déterminer l'inflammation & l'adhérence de leurs parois; cette méthode n'eft pas fans danger. On trouve dans le Journal de Médecine un cas dans lequel une tumeur cancéreufe s'eft développée à la fuite de l'irritation produite dans un ganglion par le paffage d'un féton.

Enfin, on a confeillé pour guérir les ganglions d'évacuer le liquide qu'ils contiennent, au moyen d'un trois-quarts, & d'introduire dans le kyfte, comme on le fait dans l'hydrocèle, un liquide irritant & capable de déterminer l'inflammation de fes parois & conféculivement leur adhérence. Ce procédé n'eft pas en ufage, non plus que celui confeillé par quelques chirurgiens, & qui confifte en des applications réitérées de véficatoires camphrés dans l'intention de produire l'inflammation & de favorifer l'abforption du liquide contenu dans ces ganglions. (CH. H.)

GENTIANIN. (Chim. végét.) MM. Henry & Caventou penfent que la racine de gentiane (gentiana lutea L.) doit fon amertume à une fubftance particulière fufceptible de criftallifer, qu'ils ont appelée gentianin. Pour l'obtenir on met macérer pendant quarante-huit heures, dans de l'éther, la gentiane réduite en poudre. Après avoir évaporé, on traite le réfidu par l'alcool foible, qui s'empare feulement du gentianin, de l'acide & de la matière odorante; on évapore de nouveau, on délaie dans l'eau ce fecond réfidu, après quoi on fature l'acide au moyen de la magnéfie. Chauffant la liqueur jufqu'à ce que toute l'eau foit volatilifée, la matière odorante fe dégage, puis diffolvant dans l'éther, on s'empare du gentianin, qui, par l'évaporation, fe dépofe fous forme de petites aiguilles criftallines d'un beau jaune.

Le gentianin a l'amertume & l'arome de la gentiane; il eft peu foluble dans l'eau froide, mais il eft beaucoup plus dans l'alcool, & furtout dans l'éther; projeté fur des charbons incandefcens une portion fe décompofe, une autre fe fublime, puis en fe condenfant donne naiffance à de belles vapeurs jaunes. Il paroit que c'eft à ce principe que la gentiane eft redevable de fes propriétés médicinales. (R. P.)

- GERME. (Phyfiol.) Germen. De βλαστος, βλαστημα, rudiment d'un être organifé, qui vient d'être fécondé. En phyfiologie, le germe fécondé prend le nom d'embryon. En botanique, les mots germe & embryon font fynonymes. En hippiatrique, on appelle germe de fève une efpèce de marque noire qui vient aux dents des chevaux lorfqu'ils ceffent de marquer : on dit alors qu'ils rafent.

GERME (FAUX). (Accouch.) Spurium germen, falfus conceptus, fpurius conceptus, fauffe conception. Les accoucheurs nomment ainfi une conception imparfaite dans laquelle, au lieu d'un fœtus, la matrice ne renferme qu'une fubftance informe & fans vie, telle qu'une môle. Ce corps, qui occupe dans la matrice la place du fœtus et de fes annexes, peut être le réfultat, ou d'une conception imparfaite, ou de quelque maladie qui a détruit l'embryon lorfqu'il étoit encore très-petit.

GERME. (Pathol.) On a donné en pathologie le nom de germe de maladie à certaines caufes externes ou internes qui peuvent les produire, foit par elles-mêmes, telles que les émanations délétères, foit comme conditions favorables de leur développement, lorfqu'il exifte, par exemple, certaines prédifpofitions morbides qui, pour fe transformer en maladie, n'exigent que des circonftances très-légères; c'eft de cette manière feulement qu'on peut expliquer le germe préexiftant des maladies qu'on reçoit de fes parens, ou qu'on apporte en naiffant. Les individus qui préfentent ces caractères ont feulement une organifation qui les difpofe plus ou moins à certaines maladies fans porter avec eux-mêmes le germe, le rudiment d'une affection qui doit fe développer irréfiftiblement fans autre caufe déterminante. C'eft du moins l'opinion généralement adoptée aujourd'hui. (CH. H.)

GIANNINI (Jofeph) (Biogr. médic.), naquit en 1773, à Parabiego, près de Milan. Il fe livra d'abord à l'étude de la théologie, puis fe rendit à Pavie où il étudia l'art de guérir fous Scarpa, Volta & Spallanzani. Reçu docteur en 1796, il revint à Milan exercer la médecine, & bientôt acquit une telle réputation, qu'en 1810 il fut nommé médecin de la cour. Giannini eft un de ceux qui ont le plus contribué à établir la nouvelle doctrine médicale italienne ; malheureusement sa carrière fut d'une très courte durée, car il mourut d'une phthisie pulmonaire tuberculeuse à l'âge de quarante-cinq ans. On a de lui un ouvrage en quatre volumes in-8°., publié à Milan de 1800 à 1802, & ayant pour titre : *Memorè di medicina*, recueil dans lequel on trouve plusieurs mémoires excellens.

GIANNINI (Thomas) (*Biogr. médic.*), médecin de Ferrare, vivoit au seizième siècle, & fut se faire une brillante réputation dans l'enseignement de la philosophie : cependant, les ouvrages qu'il a laissés, & dont aucun n'est relatif à la médecine, paroissent être beaucoup au-dessous de l'immense réputation que lui accordèrent ses contemporains. (R. P.)

GILBERT. (*Biogr. médic.*) La *Biographie médicale* fait mention de trois médecins & d'un vétérinaire de ce nom. Gilbert, surnommé l'*Anglais*, vécut, d'après Freind, vers la fin du treizième siècle. Son histoire est entièrement inconnue, seulement on sait qu'il connoissoit très-bien les langues grecque et latine, qu'il voyagea beaucoup, & essaya de faire prévaloir la méthode des médecins grecs sur l'empirisme grossier qu'on nommoit alors *art de guérir*. On a de lui un livre intitulé : *Laurea anglicana, seu compendium totius-medicinæ.* Lyon, 1510, in-4°; Genève, 1608, in-4°. & in-12.

GILBERT (Guillaume), né à Colchester, dans le comté d'Essex, étudia la médecine à Cambridge. On ignore dans quelle université il reçut le grade de docteur. Après avoir beaucoup voyagé, il s'établit à Londres, où il acquit la réputation d'un praticien habile & celle d'un homme très-versé dans les sciences physiques. En 1573, il fut admis dans le collège des médecins de Londres, devint premier médecin de la reine Élisabeth, &, à la mort de cette princesse, conserva le même titre auprès de Jacques Ier. Mais il jouit peu des avantages attachés à cette place, & mourut le 30 novembre 1603.

On a de Gilbert un livre intitulé : *Tractatus, sive physiologia nova de magnete, magnetisque corporibus & magno magnete, tellure, sex libris comprehensus.* Londres, 1600, in-4°., & Sédan, 1633. Cet ouvrage, très-remarquable pour l'époque à laquelle il fut publié, prouve que Gilbert doit être placé parmi les physiciens les plus distingués de son temps ; c'est d'ailleurs à ce médecin que l'on est redevable des premières recherches qui, dans ces temps modernes, ont été faites sur l'électricité : recherches dont il pourroit à plus d'un titre être regardé comme le fondateur.

GILBERT (Nicolas-Pierre), né à Brest en 1751, étudia la chirurgie dans sa ville natale, & fit, en 1770, une campagne dans les Indes orientales. De retour à Brest, il y remporta un prix de chirurgie, vint étudier la médecine à Paris, alla prendre le grade de docteur à Angers, s'établit à Landernau, puis rédigea la *Topographie médicale* de cette ville, qu'il adressa à la Société royale de médecine, dont il reçut une médaille d'or & le titre de correspondant. Le typhus s'étant déclaré à bord de l'escadre de M. Delamothe, Gilbert fut envoyé, sous les ordres de Poissonnier Desperrières, pour donner des soins aux victimes de ce fléau. Il contracta la maladie, se rétablit lentement, & fut nommé médecin de la marine à Landernau. Bientôt il se rendit à Morlaix pour y être nommé médecin des épidémies. Deux ans plus tard il vint à Rennes où, pendant la révolution, il remplit avec honneur des fonctions municipales. Gilbert fut un de ceux qui rédigea & signa les arrêtés dans lesquels on déclaroit que la Convention avoit perdu la confiance de la nation. Poursuivi par les ordres de cette assemblée, il se réfugia chez des paysans bas-bretons, & se déclara émigré. Pour sauver sa famille que sa fuite compromettoit, il se constitua prisonnier, & après sept mois de détention fut acquitté par le tribunal révolutionnaire. A dater de cette époque, Gilbert se livra au service de santé militaire, & fut successivement employé à l'hôpital militaire de Saint-Pol de Léon, à l'armée de Sambre-&-Meuse, & enfin comme médecin du Val-de-Grace, d'où il sortit pour être médecin en chef de l'armée de Saint-Domingue, où il contracta la fièvre jaune. Ayant échappé à cette maladie si désastreuse, Gilbert devint médecin principal du camp de Montreuil, & fut successivement appelé à diriger le service de la grande armée, puis celui de l'armée du Rhin. En 1812, lors de l'expédition de Russie, Gilbert resta à Kœnigsberg ; mais, après le désastre de l'armée française, il remplaça comme médecin en chef M. le baron Desgenettes qui avoit été fait prisonnier. Bientôt ses infirmités l'obligèrent à demander la permission de rentrer en France, où il fut nommé médecin en chef de l'hôpital du Val-de-Grace, place qu'il remplit jusqu'à la mort arrivée le 19 décembre 1814.

On a de Gilbert plusieurs écrits sur la *médecine militaire.*

(*Extr. de la Biogr. médic.*) (R. P.)

GILBERT (François-Hilaire), a vécu trop peu pour réaliser les hautes espérances qu'avoient fait concevoir quelques-uns de ses écrits. Né à Châtellerault en 1757, Gilbert avoit été destiné par ses parens à la carrière judiciaire : mais entraîné par son goût, il se livra à l'étude de l'art vétérinaire, & obtint une place d'élève à l'École d'Alfort ; ses nouvelles études ne lui firent point négliger la culture des belles-lettres, aussi fut-il, lors de la première formation de l'Inflitut, nommé membre de cette favante compagnie. Le gouvernement confia à Gilbert la direction des étabtiffemens agricoles de Sceaux, de Verfailles & de Rambouillet. En 1797, le Directoire le chargea d'aller choifir en Efpagne un certain nombre de mérinos que le traité de Bâle l'autorifoit à extraire de la Péninfule; Gilbert accepta cette miffion, mais n'ayant point été convenablement fecondé, il ne put s'acquiter de cette tâche ainfi qu'il l'auroit defiré. Le chagrin que lui cauferent ces contrariétés, & les fatigues qu'il avoit éprouvées, lui cauferent une maladie grave, dont il mourut le 8 feptembre 1800.

Indépendamment de plufieurs écrits confignés dans les journaux du temps, Gilbert a publié les ouvrages fuivans :

Traité des prairies artificielles. Paris, 1790 & 1802.

Recherches fur les caufes des maladies charbonneufes dans les animaux, & fur les moyens de les combattre & de les prévenir. Paris, an III, in-8°.

Inftruction fur le vertige abdominal, ou indigeftion vertigineufe des chevaux. Paris, 1795, in-8°.

Inftruction fur le claveau des moutons. Paris, 1796, in-8°.

Inftruction fur les moyens les plus propres à affurer la propagation des bêtes à laine de race d'Efpagne, & la confervation de cette race dans toute fa pureté. Paris, 1797, in-8°.

Mémoire fur la tonte du troupeau national de Rambouillet, la vente de fes laines & de fes productions difponibles. Paris, 1797, in-4°.

(*Extr. de la Biogr. médic.*) (R. P.)

GLOBULARIÉES (Famille des). (*Bot., Mat. médic.*) Famille de plantes dicotylédones monopétales hypogynes, qui ne renferme que le feul genre GLOBULARIA, autrefois rangé parmi les primulacées. Une feule efpèce de globulaire, (le *globularia alypum*), eft employée en médecine. (*Voyez* GLOBULAIRE.) (R. P.)

GLOSSOCÈLE. (*Path. chir.*) De γλωσσα, langue, & κηλη, tumeur, hernie. *Prolapfus linguæ.* Plufieurs circonftances peuvent faire acquérir à la langue un volume affez confidérable pour l'empêcher d'être contenue dans la bouche. Une inflammation fpontanée, l'ufage du mercure, l'application de fubftances âcres ou vénéneufes, font le plus ordinairement les caufes qui donnent lieu à cet accident, que l'on voit auffi fe manifefter quelquefois à la fuite d'un éryfipèle, de la petite-vérole, des fièvres putrides, &c.

Le gloffocèle eft accompagné d'un écoulement involontaire de la falive. La maftication, la déglution & l'articulation des fons deviennent im-

poffibles. Bientôt le contact de l'air afmofphérique deffèche la langue, & la preffion que cet organe éprouve de la part des dents y fait naître des ulcères; quelquefois même la gangrène fe manifefte & met la vie du malade dans le plus grand danger.

Des remèdes locaux, tels que fomentations & fcarifications, doivent être employés conjointement avec la faignée, les pédiluves, les laxatifs, &c. En général, la connoiffance de la caufe qui a fait naître la maladie fournit les indications du traitement qu'il faut lui oppofer. (R. P.)

GLUCYNE. (*Chimie*) *Glucyna*, dérive du grec γλυκυς, doux. Oxyde métallique terreux, découvert par Vauquelin en 1798. On le trouve dans les trois pierres gemmes, l'émeraude, l'aigue marine & l'euclafe. Il eft blanc, infipide & d'une pefanteur fpécifique de 2,367. Il n'a pas encore été fondu; il eft infoluble dans l'eau & fans action fur l'*infufum* de tournefol; il ne verdit pas le firop de violette. Expofé à l'air, il en attire le gaz carbonique; il fe combine avec tous les acides, & forme des fels qui font folubles & infolubles dans l'eau. Les premiers ont une faveur douce & fucrée, c'eft même à caufe de cette propriété que le nom de glucyne lui a été donné. On le croit compofé d'oxygène & d'un métal appelé *glucynium*; mais aucune expérience directe n'a encore confirmé cette hypothèfe, la glucyne n'ayant jamais été décompofée : on fait feulement que plufieurs oxydes terreux, qui ont avec elle des rapports nombreux, font formés d'oxygène & d'un métal. La glucyne et fes compofés n'ont pas encore été examinés fous le rapport médical.

(CH. H.)

GLYCÉRINE. (*Chim.*) (Principe doux de Scheele.) Nom donné dans ces derniers temps, par M. Chevreul, à une fubftance qui fe forme lorfqu'on traite la plupart des fubftances graffes par les bafes, & que Scheele avoit regardée à tort comme un principe immédiat faifant partie des huiles. La glycérine obtenue en faifant bouillir l'huile d'olives avec un alcali ou avec le protoxyde de plomb, eft prefque incolore, d'une faveur douce très-franche, déliquefcente & compofée de 100 parties d'oxygène, de 70,70 de carbone & de 16,99 d'hydrogène en poids. L'acide nitrique la transforme en acide oxalique, mais elle ne fournit point d'alcool lorfqu'on la mêle avec du ferment & de l'eau, ce qui ne permet pas de la confondre avec le fucre. Elle eft fans ufage. (CH. H.)

GOULIN (Jean) (*Biogr. médic.*), auquel on eft redevable des articles biographiques inférés dans les premiers volumes de cette *Encyclopédie*, naquit à Reims le 10 février 1728. Il perdit fon père de bonne heure & dut aux foins éclairés de fa mère l'excellente éducation qu'il reçut. Après avoir terminé fes études, Goulin, defirant fe livrer fans contrainte à la méditation des auteurs claffiques, entra comme répétiteur chez un maître de penfion ; mais ne pouvant refter confiné dans une carrière auffi ingrate, il prit le parti de fe livrer à la médecine. Après trois ans d'études, une maladie grave lui fit perdre tous fes moyens d'exiftence, en forte qu'il fut de-nouveau obligé de reprendre les fonctions d'infti-tuteur. Bientôt néanmoins quelques travaux lit-téraires le mirent dans une forte d'aifance qu'il conferva jufqu'en 1772, époque à laquelle plu-fieurs revers le placèrent de nouveau dans un état voifin de la mifère. En 1795, Goulin fut nommé profeffeur d'hiftoire de la médecine dans l'école de fanté qui fut alors établie à Paris ; il s'acquitta de fes fonctions avec zèle, mais la mort le furprit le 30 avril 1799, au milieu de fes pré-paratifs pour fon quatrieme cours.

Pierre Sue a donné en 1800 une notice exacte & très-détaillée de foixante-huit ouvrages ou opufcules dont Goulin fut auteur, collaborateur ou éditeur.

(Extr. de la Biogr. médic.) (R. P.)

GRANULATION. (*Pathol.*) On appelle ainfi un genre particulier de léfion organique, fignalé par Bayle, qui confifte dans le développe-ment accidentel de petits corps globuleux d'une demi-ligne à une ou deux lignes de diamètre, demi-transparens, luifans, durs, analogues aux cartilages, & quelquefois marquetés de lignes ou de points noirs, & préfentant à leur centre, dans un petit nombre de cas, un point opaque d'ap-parence tuberculeufe. Les granulations différent des tubercules miliaires, en ce que ces derniers font opaques, tandis que la tranfparence eft un des caractères des autres.

Les granulations exiftent ordinairement en grand nombre dans le même organe, mais c'eft le plus fouvent dans les poumons qu'on les rencontre.

On donne encore le nom de *granulations* à de petites inégalités *granuleufes* qui fe forment foit à la furface libre, foit à la furface adhérente des membranes féreufes affectées d'inflammation aiguë ou chronique.

GRANULATION, petit grain. On défigne par-ticulièrement fous le nom de *granulations encé-phaliques* ou *cérébrales*, de petits corps fitués dans le voifinage des membranes du cerveau, & autre-ment nommés *glandes de Pacchioni*.

GRANULATION DES POUMONS. (*Phthifie granuleufe de Bayle.*) (*Voyez* PHTHISIE GRANU-LEUSE, tom. XI, pag. 751 de ce Dictionnaire.)
(CH. H.)

GREOULS (Eaux minérales de). Ce village, fitué dans le département des Baffes-Alpes, à deux

lieues de Manofque & à treize de Marfeille, eft remarquable par des eaux fulfureufes très-fré-quentées, furtout depuis que M. Gravier y eft par-venu à former un établiffement qui ne laiffe rien à defirer.

La température de ces eaux eft de 31 deg. au thermomètre de Réaumur. En grande maffe, elles offrent une couleur verdâtre, mais en petite quan-tité elles font parfaitement claires. Leur odeur eft pénétrante & leur faveur falée, furtout lorfqu'elles font froides. L'analyfe y a fait découvrir une très-petite quantité de gaz hydrogène fulfuré, un peu de gaz acide carbonique, des hydrochlorates de foude & de magnéfie, du carbonate & du fulfate de chaux, une matière floconneufe, & un peu de foufre, qu'elles dépofent par le repos.

Les eaux de Greouls font utiles dans la para-lyfie & les tumeurs articulaires, dans la foibleffe de l'appareil digeftif, dans l'hypochondrie, dans la leucorrhée conftitutionnelle, la phthifie ca-tarrhale, & les maladies cutanées chroniques ; fuivant M. Buret (*Journ. de médecine militaire*), leur emploi a été très-avantageux dans une épi-démie de fièvres intermittentes.

On prend les eaux de Greouls en bains & fous forme de douches. Les bains durent à peu près une heure ; un feul fuffit ordinairement, mais il y a des perfonnes robuftes qui en ufent jufqu'à deux fois dans le courant de la journée.

(R. P.)

GRIMAUD (Jean-Charles-Marguerite-Guil-laume de) (*Biogr. médic.*), naquit à Nantes en 1750. Malgré le peu de durée de fa vie, il fut un des médecins dont s'énorgueillit à jufte titre l'Ecole de Montpellier, dans laquelle il obtint le grade de docteur en 1776, après avoir foutenu, de la manière la plus brillante, une thèfe ayant pour titre : *Effai fur l'irritabilité*. Grimaud ayant féjourné plufieurs années à Montpel-lier, fe rendit à Paris pour perfectionner fes con-noiffances, &, fuivant quelques perfonnes, pour y folliciter la furvivance de Barthez, emploi qui lui fut effectivement conféré en 1781.

La faveur fpéciale dont Grimaud fut l'objet, & l'abus qu'il en fit, excita l'inimitié de fes collè-gues, qui proteftèrent contre cette nomination & contre la violation de la loi du concours. Devenu profeffeur, il obtint dans l'enfeignement les fuccès les plus brillans. En 1785, il concourut pour le prix fur *la nutrition*, propofé par l'Académie de St.-Pétersbourg : n'ayant point eu de fuccès, Grimaud ajouta, l'année fuivante, mais fans être plus heu-reux, une feconde partie à ce mémoire. Une conf-titution délicate, que des veilles habituelles avoient encore affoiblie, & qu'achevèrent de détériorer les recherches auxquelles il fe livra pour ce der-nier concours, lui firent bientôt connoître que fa fin étoit prochaine, & l'engagèrent à retourner dans fa ville natale, où il mourut le 5 août 1789.

On a de Grimaud :

Essai sur l'irritabilité. Montpellier, 1776, in-4°.

Mémoire sur la nutrition. Montpellier, 1787 & 1789, 2 vol. in-8°.

Cours de fièvres. Montpell. 1795, 3 vol. in-8°. Paris, 1815, in-8°.

Cours complet de physiologie. Paris, 1818, 2 vol. in-8°.

(*Extr. de la Biogr. médic.*) (R. P.)

GUITTERA (Eaux minérales de). Ces eaux se trouvent en Corse, & dans leur voisinage il n'y a aucun bâtiment convenable pour recevoir les malades qui veulent en faire usage ; aussi sont-elles peu fréquentées.

Les eaux de Guittera sont limpides ; leur température varie de 35 à 40 degrés : elles ont l'odeur & la saveur du gaz hydrogène sulfuré : leur analyse n'a point encore été faite. C'est particulièrement contre les douleurs rhumatismales, la sciatique & les maladies de la peau que l'on en fait usage ; non en boissons, mais en bains dont on peut prendre quatre ou cinq par jour, en y restant chaque fois, pendant environ un quart d'heure.

Il y a deux saisons pour prendre ces bains ; la première commence en mai jusqu'au mois de juillet, & la seconde en septembre jusqu'à la moitié d'octobre.

GURGITELLI (Eaux minérales de). Cette source est la plus fréquentée de celles qui se trouvent dans l'île d'*Ischia*, située à l'entrée orientale du golfe de Naples. La température des eaux de Gurgitelli varie entre 55 & 60 degrés ; elles sont inodores, limpides & claires. A leur sortie de la source elles laissent dégager une grande quantité d'acide carbonique ; l'analyse y a fait découvrir des carbonates de chaux & de soude, du sulfate de chaux, de la magnésie & de l'hydrochlorate de soude.

Les eaux de Gurgitelli sont quelquefois prises en boissons, mais le plus communément on les emploie en bains ou en douches, en modifiant leur mode d'administration selon l'état & la susceptibilité du malade. Les circonstances dans lesquelles elles paroissent être particulièrement utiles sont les altérations des viscères, les squirrhes du mésentère, du foie, de la rate, & les tumeurs lymphatiques. Enfin, on prétend qu'elles ont quelquefois réussi dans la paralysie. (R. P.)

H

HALITUEUX, se (*Pathol.*), de *halitus*, vapeur. Expression que l'on joint ordinairement au mot *chaleur*, & qui caractérise cet état dans lequel la sensation de la chaleur est accompagnée d'une légère moiteur : ce qui arrive assez ordinairement

aux personnes en bonne santé, peu de temps après le réveil, ou lorsqu'elles sortent du bain.

(R. P.)

HALLÉ (Jean-Noël) (*Biogr. médic.*), rédacteur d'un grand nombre d'excellens articles d'hygiène consignés dans cette Encyclopédie, naquit à Paris en 1754 ; il était neveu de Lorry, auteur de plusieurs ouvrages estimés, & c'est sans doute cette parenté qui détermina Hallé à se livrer à l'étude de la médecine, lors de son retour de Rome, où il avoit suivi son père, envoyé par le gouvernement dans cette ville à l'occasion des billets de confession exigés par le souverain pontife. La fréquentation des premiers professeurs de la capitale, les conseils de Lorry, l'aptitude peu commune de Hallé, & un zèle infatigable, lui firent faire de rapides progrès, sans néanmoins pour cela lui faire négliger le dessin, les belles-lettres & surtout les sciences exactes. En 1776, Hallé fut en état de se présenter devant la Faculté de médecine de Paris, pour y subir les examens & soutenir les différens actes qui devoient lui faire obtenir le titre de docteur. La manière brillante dont il se retira de ces diverses épreuves lui valut l'estime de ses maîtres, & bientôt il fut appelé avec Vicq-d'Azyr, Bucquet, Thouret, Mahon, &c., pour faire partie de la *Société royale de médecine* qui venoit d'être tout récemment formée. Cette distinction honorable & justement méritée ne pouvoit nécessairement alors être une recommandation auprès de la Faculté, qui, dans l'établissement de cette académie, vouloit absolument voir un envahissement de ses droits : aussi Hallé, après avoir obtenu le titre de régent, ne fut-il point libre d'en remplir les fonctions, c'est-à-dire de présider les thèses & de faire les cours de la Faculté. La suite a prouvé combien cette compagnie avoit eu tort de se priver d'un professeur dont le savoir & l'activité auroient relevé un enseignement généralement regardé comme peu en rapport avec les connoissances & les besoins de l'époque.

Lorsqu'en 1787, on conçut l'idée de publier une *Encyclopédie par ordre de matières*, Hallé, qui déjà avoit fait connoître ses *Recherches sur le méphitisme des fosses d'aisance*, se chargea de l'hygiène & des topographies médicales. Les mots AFRIQUE, AIR, ALIMENS, EUROPE, & surtout l'article HYGIÈNE, prouvent combien étoit vaste la tâche qu'il s'étoit proposée de remplir. Malheureusement, les événemens politiques suspendirent l'exécution de cette grande entreprise ; néanmoins, les articles déjà publiés par Hallé & son *Rapport sur l'état actuel* (1789) *de la rivière de Bièvre & des deux rives de la Seine* étoient trop importans & d'une utilité trop reconnue, pour qu'en 1794, à l'époque de l'établissement de l'École de santé, on ne le chargeât pas d'y enseigner l'hygiène & la physique médicale.

Entré dans la carrière de l'enseignement, Hallé

s'y livra avec ce zèle & ce dévouement abfolu qui l'entraînoient vers tout ce qui étoit bien ; auffi, malgré les nombreufes occupations que lui impofoient une pratique très-étendue & les emplois honorables auxquels il fut fucceffivement appelé, ne ceffa-t-il de travailler pendant vingt-cinq ans, foit à perfectionner, foit à développer le plan qu'il avoit primitivement conçu. Dès la formation de l'Inftitut national, ce favant profeffeur fit partie de cette compagnie, & conftamment elle le chargea des rapports qui lui furent demandés fur les queftions les plus importantes de la médecine. Sous l'empire, Napoléon attacha Hallé à fa perfonne, en qualité de premier médecin ordinaire, & lors de la Reftauration, il fut honoré de la confiance du comte d'Artois, auprès duquel il eut à remplir les mêmes fonctions. En 1804, la chaire que Corvifart occupoit au collège de France étant incompatible avec les fonctions de premier médecin de l'empereur, elle fut donnée à Hallé, ce qui lui fournit l'occafion de montrer combien il avoit étudié la médecine des Anciens.

La pofition-fociale de Hallé & fon excellente conftitution fembloient devoir lui affurer une vieilleffe heureufe & exempte d'infirmités ; mais une affection calculeufe, d'abord légère, mais qui bientôt devint infupportable, le força à recourir à l'opération de la taille. Malheureufement l'habileté du jeune chirurgien qu'il avoit choifi ne put l'empêcher d'être victime des fuites de cette douloureufe opération, & il fut enlevé à fa famille le 11 février 1822.

Les travaux de cet habile médecin feront à toutes les époques des témoignages irrécufables de l'étendue & de la variété de fes connoiffances, & les faits fuivans prouveront combien il étoit eftimé de fes confrères & jufqu'à quel point il portoit le défintéreffement.

Le fils de Stoll avoit donné le portrait de fon père à Corvifart, fous la condition de le léguer à fa mort à celui des médecins qu'il eftimeroit le plus. Corvifart, par fon teftament, tranfmit ce portrait à Hallé, avec l'invitation d'en ufer un jour de la même manière, ou de le donner à la Faculté de médecine de Paris, où il eft aujourd'hui dépofé dans la falle d'affemblée des profeffeurs.

En 1818, Hallé fut chargé de rédiger le *Nouveau Codex* ; une fomme affez confidérable lui fut allouée pour ce travail : il ne voulut point la recevoir, & il exigea qu'elle fût employée à enrichir les cabinets de la Faculté. Enfin, les émolumens provenant des nombreux articles qu'il fit inférer dans le *Dictionnaire des Sciences médicales*, ont toujours été complétement abandonnés aux collaborateurs qu'il s'étoit choifis, bien que d'ailleurs quelques-uns de ces articles aient été rédigés entièrement par lui. (R. P.)

HÉMATINE. (*Chim.*) Subftance criftalline d'un blanc rofé, d'une faveur légèrement aftringente, amère & âcre, que M. Chevreul a découverte dans le bois de campêche (*hœmatoxylum campechianum* Lam.), auquel elle donne toutes fes propriétés caractériftiques.

L'hématine fe diffout facilement dans l'eau bouillante, & fe colore en un rouge oranger, qui paffe au jaune par le refroidiffement. La potaffe & l'ammoniaque font prendre à fa diffolution une couleur rouge pourpre. En y ajoutant un grand excès d'alcali, elle devient d'un bleu violet, puis d'un rouge-brun, & enfin jaune-brunâtre ; mais alors l'hématine eft décompofée.

Cette fubftance n'eft pas employée à l'état de pureté, mais elle entre dans toutes les couleurs préparées avec le bois de campêche. (R. P.)

HÉMATODE FONGUS. (*Chir.*) *Hœmatodes.* Αἱματώδης, fanguin, *sanguineus cruentus.* Sous le titre de *fongus hématode*, dénomination vicieufe, compofée d'un mot latin & d'un mot grec, les chirurgiens anglais ont cru ajouter à la fcience une defcription qui lui manquoit ; mais on s'aperçoit bientôt, en comparant tous les faits rattachés à ce titre nouveau avec les obfervations beaucoup plus anciennes rapportées au cancer ou au carcinome, que la fcience ne s'eft enrichie ou pour mieux dire furchargée que d'un mot, & que le fongus hématode n'eft autre chofe que notre cancer mou, dont l'apparence fongueufe & les hémorrhagies fréquentes ne forment qu'un accident, qu'un caractère d'un ordre fecondaire. Le profeffeur Pelletan décrivoit les fongus hématodes dans fes leçons cliniques, fous le nom de *cancers fongueux*; M. le profeffeur Dupuytren les nomme *tumeur érectile*; M. Alibert, *hématoncies*, & Graefe, *télangiectafies.* Quelle que foit l'acception qu'on veuille lui donner, les mots *fongus hématodes* doivent être rejetés du langage médical, par la raifon qu'ils n'expriment aucune idée bien déterminée, & parce que les dénominations tirées du langage ordinaire peuvent toujours les remplacer avec avantage. (*Voyez* FONGUS dans le *Supplément.*) (Ch. H.)

HÉMIOPIE, HÉMIOPSIE. (*Chir.*) *Vifus demidiratus*, de ἥμισυς, demi, & de ὄπτομαι, voir. On donne ce nom à une maladie de l'organe de la vue, dans laquelle on ne diftingue que la moitié des objets & quelquefois auffi que l'une des parties, l'inférieure, la fupérieure, la latérale ou la centrale de l'objet que l'on fixe. Ce trouble de la vue eft fort rare & n'eft connu que par quelques faits, dont la plupart demanderoient à être vérifiés de nouveau.

L'hémiopie paroît dépendre en général d'une paralyfie partielle de la rétine. Toutefois les faits ne font pas affez nombreux pour qu'on puiffe fe prononcer fur fa nature. Elle fe rapproche fous beaucoup de points de l'affection décrite fous le nom de *berlue*, & par conféquent aussi de l'*amau-rofe*. Chez une femme qui préfenta les phéno-mènes de l'hémiopie, l'amaurofe fuccéda & fut bientôt remplacée, après quelques évacuations, par le premier état de la vue.

Si l'on avoit à remédier à l'hémiopie, on de-vroit employer un traitement analogue à celui que l'on fait fuivre pour la berlue ou pour l'amaurofe. (Cʜ. H.)

HÉPATIQUES (Famille des). (*Bot., Mat. méd.*) Nom d'une famille de plantes de la claffe des Aco-tylédones de de Juffieu. Une feule plante de cette famille fut autrefois employée : c'eft le *marchan-tia polymorpha* L., vulgairement *hépatique des fontaines*. (*Voyez* ce mot, tom. VII, pag. 140.) (R. P.)

HERMODACTE. (*Bot., Mat. médic.*) On ne fait point pofitivement le nom de la plante qui fournit la racine tubéreufe connue dans les phar-macies fous le nom d'*hermodacte;* mais il ne faut point la confondre avec celle de l'*iris tuberofa*, à laquelle on donne quelquefois le même nom.

La plupart des auteurs penfent que l'hermo-dacte dont il eft ici queftion provient d'un *col-chicum* d'Illyrie, ou *colchicum variegatum* de Linné; fuivant M. Fée, cette racine nous arrive du Levant par la voie de Marfeille. Elle eft cor-diforme, légèrement jaunâtre en dehors, blanche en dedans, d'une contexture granulée : elle fe réduit aifément en poudre, & contient beaucoup de fécule. Son odeur eft très-foible, fon goût légèrement âcre. On la croit purgative & vomi-tive; & elle entre dans quelques préparations pharmaceutiques; mais il eft aujourd'hui bien rare que l'on en faffe ufage; auffi n'en eft-il plus fait mention dans la plupart des traités fur la matière médicale récemment publiés. (R. P.)

HERPÉTIQUE. (*Pathol.*) Adjectif employé pour caractérifer certaines affections de la peau, plus généralement connues fous le nom de *dartres*. *Voyez* ce mot. (R. P.)

HIRCINE. (*Chim.*) De *hircus*, bouc. Nom donné par M. Chevreul à un principe immédiat gras découvert tout récemment, & qui eft con-tenu dans les graiffes de bouc & de mouton. L'hir-cine eft très-foluble dans l'alcool; unie à l'o-léine, elle conftitue la partie liquide du fuif; la potaffe la faponifie, & produit de l'acide hir-cique. Cette fubftance eft fans ufage en médecine. (Cʜ. H.)

HORDEINE. (*Chim. végét.*) Parmi les ma-

tériaux immédiats retirés de la farine d'orge, il en eft un auquel Prouft a donné le nom d'*hordeine*, & qui forme environ les 0,55 de cette farine.

L'hordeine eft une pouffière jaune, infoluble dans l'eau, infipide, inodore, rude au toucher, & affez femblable à de la fciure de bois. Cette fub-ftance préfente cette particularité que par la ger-mination elle difparoît en grande partie, & donne lieu à un accroiffement remarquable dans les pre-portions de l'amidon, du fucre & de la gomme. En effet, la farine d'orge ne contient que 0,32 d'amidon, 0,05 de fucre, 0,05 de gomme, 0,04 de gluten, 0,55 d'hordeine, 0,1 de réfine jaune; tandis que l'orge germé fournit à l'analyfe : amidon 0,56, fucre 0,15, gomme, 0,15 gluten 0,04, hor-deine 0,1. D'après cela, on conçoit que dans une foule de circonftances il eft avantageux de fe fer-vir de l'orge germé : c'eft effectivement lui que, fous le nom de *malt*, on emploie pour la fabri-cation de la bière. (R. P.)

HOWARD (Jean) (*Biogr. médic.*), né à En-field en 1727, fut d'abord deftiné au commerce, qu'il abandonna à la mort de fon père. Se livrant alors à fes goûts, il voyagea dans diverfes contrées de l'Europe, uniquement dans l'intention d'ac-quérir des connoiffances. En 1752, il époufa, par un motif de gratitude, une veuve ayant vingt ans plus que lui & habituellement malade; il la per-dit au bout de trois ans. Peu après cette mort, il devint membre de la Société royale de Londres. Un an après il s'embarqua pour Lisbonne, afin d'obferver les ravages du tremblement de terre qui avoit eu lieu l'année précédente. La France étoit alors en guerre avec l'Angleterre, &, pen-dant fa traverfée, Howard fut fait prifonnier. Rendu à la liberté, il retourna en Angleterre, contracta un fecond mariage, &, dans les diffé-rens lieux où il fe fixa, devint le bienfaiteur le plus actif des indigens. Pour fecourir les pauvres valides, il leur procuroit un travail proportionné à leur âge & à leurs forces; en un mot, dans les foins particuliers qu'il prodiguoit à chacun, il avoit toujours égard à leur pofition refpective. Howard fut nommé en 1775 haut-shériff du comté de Bedfort : cet emploi lui procura la faci-lité de faire beaucoup d'obfervations fur les mœurs, les habitudes, la fanté & les befoins des prifon-niers; auffi préfenta-t-il bientôt aux Communes un projet relatif aux améliorations dont pouvoit être fufceptible cette branche d'adminiftration. Les remerciemens que lui adreffa cette chambre excitèrent fon zèle & le déterminèrent à voyager dans toutes les parties de l'Europe, pour y vifiter les prifons & les hôpitaux, & fon activité fut telle, que, dans un intervalle de douze ans, il fit trois voyages en France, quatre en Allemagne, deux en Italie, un en Portugal, & plufieurs autres dans les contrées feptentrionales & en Turquie. C'eft dans l'un de ces voyages qu'il eut occafion de voir

voir fouvent Jofeph II, auquel il ne craignit point de fignaler les inconvéniens qu'il avoit obfervés dans les hôpitaux & les prifons de Vienne. Howard, depuis cette époque jufqu'à fa mort, qui eut lieu à Cherfon, le 10 janvier 1790, ne ceffa de s'occuper de tout ce qui pouvoit améliorer la condition des malheureux; auffi eft-ce comme philanthrope & non comme médecin qu'Howard a trouvé place dans ce Dictionnaire.

Indépendamment de trois mémoires inférés dans les Tranfactions philofophiques : 1°. *Sur les degrés du froid qui a régné à Cardington en* 1763, 2°. *sur la température des eaux de Bath*, 3°. *sur la chaleur du fol au Véfuve* (1), on a encore de lui les ouvrages fuivans :

The ftate of the prifons in England and Wales, with preliminary obfervations and account of fome foreign prifons. Londres, 1777, in-4°. *Appendix*, &c. 1780, in-4°.

The ftate of the prifons, &c., containing the additional matter of this appendix. Londres, 1780, in-8°.

An account of the principal lazarettos in Europe, with various papers relative to the plague, together with further obfervations on fome foreign prifons and hofpitals, with additional remarks on the prefent ftate, of thofe in great Britan and Ireland. Londres, 1789, in-4°. Traduct. françoife par F. P. Bertin, 1801, in-8°.

(*Extr. de la Biogr. médic.*) (R. P.)

HUMORISME. (*Pathol. inter.*) Syftème de médecine dans lequel on attribue la caufe des maladies à l'altération primitive des humeurs.

C'eft à Galien feul qu'il faut rapporter l'honneur de cette invention fyftématique. Ce médecin célèbre, doué d'une imagination vive & hardie, pouffé par un efprit novateur & rempli de l'amour de la célébrité, après avoir foudroyé toutes les fectes qui exiftoient, s'attacha à faire revivre les ouvrages d'Hippocrate, trop négligés alors, les commenta publiquement, & leur rendit tout l'éclat dont ils étoient dignes. Mais l'amour-propre du médecin de Pergame & la tournure originale de fon efprit ne lui permirent pas de fe traîner long-temps fur des routes battues & de fuivre les idées de celui qu'il s'étoit donné pour maître. Il les trouva bientôt incomplètes, privées d'ordre & de netteté, & leur fit fubir des interprétations nouvelles qui lui permirent de fe les approprier & de les faire fervir à l'édification de fa théorie de l'humorifme, dont on peut à jufte titre le regarder comme le fondateur.

L'opinion qui place Galien à la tête des hu-

morifles eft d'autant plus fondée, que les écrits de ce médecin, inintelligibles dans beaucoup d'endroits & fouvent contradictoires entr'eux, n'offrent de bien pofitif & de vraiment complet que fes théories ingénieufes fur le rôle qu'il attribue aux humeurs dans les maladies & fur l'influence des idiofyncrafies humorales. (*Voyez* tom. IX, pag. 531 de ce Dictionnaire, MÉDECINE GALVANIQUE.)

HUMORISTES. (*Pathol. intern.*) On donne ce nom aux médecins qui confidèrent les liquides comme jouant le principal rôle dans les phénomènes de la vie, foit chez l'homme fain, foit chez l'homme malade. La fanté confifte, fuivant eux, dans la bonne compofition & dans le cours régulier des humeurs; la maladie, dans une altération quelconque, furvenue dans leur nature, leur quantité ou leur diftribution. Le fyftème des anciens humoriftes fe rattachoit tout entier à ce principe. Au lieu de dire d'une maladie qu'elle affectoit le foie, le péritoine ou les organes de la circulation, ils difoient qu'elle avoit fon fiége dans le fang, la lymphe ou la bile : les caufes morbifiques agiffoient toutes fur les liquides; les alimens, élaborés par l'eftomac & convertis en chyle, modifioient les qualités du fang; les poifons, les virus agiffoient de la même manière. Dans l'expofition des fymptômes, leur langage étoit encore tout humoral; la couleur & la confiftance du fang, du mucus exhalé, des matières alvines, de l'urine, du pus attiroient furtout leur attention : ils parloient à peine des autres fymptômes, ou les rattachoient, au moyen d'un nom collectif, à leur nomenclature favorite. C'étoit d'après l'altération des humeurs qu'ils expliquoient la liaifon des fymptômes & leur fucceffion. Ils défignoient fous le nom de crudité, de coction, d'évacuation, les trois principales périodes des maladies, à raifon de l'état de la matière morbifique. Dans la première période, cette matière, douée de toute fa puiffance délétère, n'ayant pas fubi d'altération de la part des organes, avoit encore toute fa crudité; dans la feconde, où la coction s'opéroit, la nature prenoit par degré le deffus; & enfin, dans la troifième, le principe matériel, rendu mobile, étoit évacué par les urines, les fueurs, les matières fécales, ou par quelqu'autre voie, & l'équilibre fe rétabliffoit. Lorfqu'aucun phénomène critique ne fe manifeftoit, alors ils jugeoient que la matière morbifique, après une élaboration convenable, avoit été affimilée aux humeurs naturelles, & que dès-lors elle avoit ceffé d'être nuifible; la coction pouvoit être parfaite ou imparfaite, & la transformation d'une maladie dans une autre s'expliquoit facilement au moyen du tranfport & de l'émigration de l'humeur morbifique. C'étoit furtout d'après les altérations des liquides évacués qu'ils portoient leur jugement fur le genre des mala-

---

(1) *Voyez* les tomes LIV, LVII & LIX de ces recueils académiques.

                       Kkkk

dies, fur leur terminaifon & leur durée : l'urine en particulier, comme nous l'avons vu, leur fourniffoit à cet égard des fignes auxquels ils attachoient beaucoup d'importance. Les ouvertures des corps les confirmoient également dans leur opinion. Dans la rougeur & le gonflement des parties enflammées, ils trouvoient une preuve de l'accumulation du fang ; dans les hydropifies, la diffolution de ce liquide & l'épaiffiffement de la lymphe leur rendoient compte de la dégénérefcence tuberculeufe toutes les fois qu'ils la rencontroient ; enfin, la plupart des altérations organiques étoient pour eux des obftructions produites par la ftagnation ou la coagulation des liquides.

Les indications thérapeutiques étoient auffi en harmonie avec les autres points de la doctrine humorale. On faignoit pour renouveler le fang, diminuer fa vifcofité ou enlever une portion de la matière morbifique qui lui étoit mêlée ; on purgeoit, on faifoit fuer, on provoquoit le cours des urines dans un but analogue ; en un mot, toutes les indications confiftoient à changer la quantité ou les qualités des liquides, ou à déterminer leur afflux vers tel ou tel organe.

Une des caufes qui a fait rejeter entièrement l'humorifme, c'eft que la plupart des auteurs de ce fyftème ne fe font pas contentés d'admettre des altérations dans les humeurs, mais qu'ils ont voulu de plus les fpécifier & les affimiler à celles qu'éprouveroient les mêmes liquides dans des vafes inertes : ils ont vu la putréfaction & les diverfes efpèces de fermentations là où certainement elles ne fauroient avoir lieu ; mais de ce qu'il n'y a ni fermentation ni putréfaction dans les liquides de l'économie, s'enfuit-il qu'il ne puiffe y avoir aucune altération ? Nul homme raifonnable n'admettra une femblable conféquence. (CH. H.)

HUNTER (Guillaume). (Biogr. méd.) Voyez, pour la biographie de ce célèbre anatomifte, le tome II du Dictionnaire de Chirurgie de cette Encyclopédie.

HUNTER (Jean) (Biogr. médic.), naquit à Longcalderwood, en Ecoffe, le 13 février 1728. Lorfqu'il vint au monde, fon père étoit âgé de 70 ans, circonftance qui contribua fans doute à faire négliger fon éducation ; car, devenu orphelin de bonne heure, il refta confié aux foins d'une mère dont l'aveugle tendreffe négligea de cultiver fes heureufes difpofitions ; auffi le jeune Hunter ne commença-t-il à fréquenter les écoles qu'à l'âge où les autres enfans font près d'en fortir. Il n'eft donc pas étonnant qu'il lui ait été impoffible de fe ployer à la difcipline que l'on y obferve.

Hunter avoit près de vingt ans, lorfqu'entendant parler des fuccès qu'obtenoit à Londres fon

frère Guillaume, il lui témoigna le defir de fe rendre auprès de lui, avec l'intention de l'aider dans fes recherches anatomiques, laiffant entrevoir que, dans le cas d'un refus, il étoit réfolu de fe rendre à l'armée. Une prompte invitation fut là réponfe de fon frère, en forte que Hunter arriva à Londres en feptembre 1748, peu avant l'ouverture des cours d'anatomie, & les difpofitions qu'il montra pour ce genre d'étude firent entrevoir que bientôt il acquerroit une certaine célébrité. Durant l'été fuivant, Hunter fut, à la follicitation de fon frère, admis comme élève dans l'hôpital de Chelfea, que dirigeoit alors le célèbre Chefelden. En 1751, il paffa à celui de Saint-Barthélemy, deux ans avant l'époque où Pott fut choifi comme chirurgien de cet établiffement. En 1755, il partagea avec fon frère l'enfeignement de l'anatomie, tâche dont il s'acquitta honorablement, bien que d'ailleurs fon élocution fût loin d'être auffi brillante que celle du profeffeur qu'il étoit chargé de remplacer. A l'âge de trente-deux ans il fut employé comme chirurgien d'état-major, puis s'embarqua fur l'efcadre que l'Angleterre arma pour attaquer Belle-Ile, &, en 1763, il fit partie de l'expédition envoyée en Portugal. Après la paix, Hunter, de retour à Londres, fe livra tout entier à l'enfeignement de l'anatomie & de la chirurgie. Bientôt fon nom devint célèbre comme profeffeur & comme praticien ; auffi la Société royale l'admit-elle au nombre de fes membres : plus tard, il fit partie du Collège des chirurgiens de Londres, devint enfuite chirurgien de l'hôpital Saint-Georges, infpecteur-général des hôpitaux, chirurgien en chef de l'armée, puis vice-préfident du collège vétérinaire de Londres, place qu'il occupa jufqu'à fa mort, qui eut lieu le 16 octobre 1793, & fut, fuivant toutes les apparences, caufée par une angine de poitrine.

Jean Hunter poffédoit une fuperbe collection d'anatomie comparée, fruit du travail de prefque toute fa vie : cette collection eft devenue depuis la propriété du Collège des chirurgiens de Londres.

On eft redevable à ce célèbre anatomifte de plufieurs découvertes fur les LYMPHATIQUES & fur les vaiffeaux de la matrice, fur les nerfs, & furtout fur la manière dont les tefticules defcendent de l'abdomen dans le fcrotum. La chirurgie ne lui a pas de moins nombreufes obligations. Les principaux ouvrages de Hunter font :

Natural hiftory of the human Teeth, explaining their ftructure, ufe, formation, growth and difeafes. Londres, 1771, in-4°. Supplément, ibid. 1778, in-4°.

On the venereal difeafe. Londres, 1786, in-4°.

Obfervations on the difeafes of the army in Jamaica and on the beft means of preferving the health of Europeans. Londres, 1788, in-8°.

On the nature of the Blood, inflammation, and gunshot wounds. Londres, 1794, in-4°. *Observations on certain parts of the animal œconomy.* Londres, 1787, in-4°. (R. P.)

HYDROMÉDIASTINE. (*Path.*) Nom donné à l'hydropisie du médiastin : maladie rarement obfervée, & dont il eft extrêmement difficile d'indiquer les caufes & les fymptômes. (R. P.)

HYDROMÈTRE. (*Path.*) On a donné ce nom à une accumulation d'un liquide féreux, qui a quelquefois lieu dans la cavité de l'utérus. Cette maladie, peu commune, & que dans certaines circonftances on a pris pour une groffeffe, eft le plus ordinairement défignée fous le nom d'*hydropifie de matrice*. (*Voyez* HYDROPISIE, tom. VII, pag. 327 de ce Dictionnaire.)

HYDROMÈTRE. (*Phyfiq.*) Nom fous lequel on défigne divers inftrumens, dont les uns fervent à mefurer la viteffe d'un courant, & les autres la denfité de l'eau ou celle d'un liquide quelconque. Ces derniers inftrumens font plus particulièrement connus fous le nom d'*aréomètres. Voyez* ce mot, tom. III, pag. 245. (R. P.)

HYOSCYAMINE. (*Chim. végét.*) Brandes, en faifant l'analyfe de la jufquiame, prétend y avoir trouvé un alcali qu'il a nommé hyofcyamine. Cette découverte eft du nombre de celles qui ont befoin d'être confirmées. (R. P.)

I

INDIGOTINE. (*Chim. végét.*) Si l'on fublime l'indigo à un feu doux, on obtient une matière que quelques chimiftes ont appelée *indigotine*. Cette fubftance, criftallife en aiguilles, eft foluble dans l'acide fulfurique-concentré, eft décolorée par le chlore, décompofée par l'acide nitrique, & contient du carbone, de l'azote, de l'oxygène & de l'hydrogène, dans des proportions far lefquelles les auteurs ne s'accordent point. L'un des phénomènes les plus remarquables dans l'hiftoire chimique de l'indigotine, eft la propriété que poffèdent certains corps de lui enlever une portion plus ou moins confidérable de fon oxygène, perte qui eft toujours accompagnée d'une décoloration plus ou moins complète. Mais le fimple contact de l'atmofphère fuffit pour rendre à cette fubftance fa couleur bleue naturelle. (R. P.)

INSALIVATION. (*Phyfiol.*) Expreffion dont quelques phyfiologiftes ont fait ufage dans ces derniers temps pour indiquer le mélange qui fe fait des alimens avec la falive, pendant la maftication. (R. P.)

INTUS-SUSCEPTION. (*Phyfiol.*) *Intus-fufceptio* (*intus*, dedans, *fufcipere*, recevoir). On donne le nom d'intus-fufception au mouvement du dedans en dehors par lequel s'effectue l'accroiffement des corps organifés. En effet, c'eft par une affimilation des parties nouvelles immédiatement tirées de l'intérieur ou puifées en dedans que les corps vivans fe développent. L'intus-fufception eft le contraire de la *juxta-pofition* ou fuperpofition des parties, mode par lequel on fait que les corps non organifés augmentent leurs maffes.

L'intus-fufception, prife dans une autre acception, eft employée pour défigner le mouvement défordonné par lequel une partie d'inteftin s'introduit dans celle qui lui eft contiguë ; mais cette maladie étant plus généralement connue fous le nom d'invagination, il en fera traité à ce dernier mot, auquel nous renvoyons le lecteur.

(Cᴴ. H.)

INULINE. (*Chim. végét.*) En traitant par l'eau chaude la racine d'aunée (*inula helenium* L.) on obtient une matière pulvérulente qui reffemble un peu à l'amidon avec lequel on ne peut cependant la confondre, parce qu'étant foluble dans l'eau chaude, elle fe précipite par le refroidiffement au lieu de fe prendre en gelée. D'ailleurs cette fubftance, qui a été découverte par M. Rofe, & à laquelle M. Thomfon a donné le nom d'*inuline*, ne fournit point d'huile à la diftillation, & forme avec l'iode un compofé jaune-verdâtre, bien différent de la belle couleur bleue que donne l'amidon en pareille circonftance.

Ce n'eft pas uniquement dans la racine d'aunée que l'on rencontre l'inuline, puifque MM. Pelletier & Caventou l'ont trouvée dans la racine de colchique, & M. Gauthier dans celle de la pyrèthre. (R. P.)

INVAGINATION. (*Pathol.*) *Invaginatio*, de *in*, dans, & *vagina*, gaîne. On défigne par invagination une difpofition morbide propre au conduit inteftinal, dont une partie s'introduit dans une autre, qui lui fert de gaîne. Ce mot, qui eft fynonyme d'intus-fufception, eft auffi employé pour indiquer une opération chirurgicale qui confifte à introduire un des bouts d'un inteftin divifé dans l'autre, & de leur faire contracter des adhérences, afin de rétablir la continuité du canal, interrompue par la folution de continuité.

Les parties du tube inteftinal qui font le plus fouvent affectées d'invagination font celles qui font flottantes dans la cavité abdominale, parmi lefquelles nous citerons l'inteftin grêle & l'iléon, comme étant plus fréquemment le fiége de cette maladie. Cet accident peut fe manifefter auffi dans la portion d'inteftin renfermée dans une tumeur herniaire; alors elle porte le nom de *volvulus*.

Quoique l'accident qui nous occupe ait été le plus souvent obfervé dans l'iléus, il ne s'enfuit pas pour cela qu'il ne doive ou ne puiffe fe manifefter dans d'autres maladies. Ce défordre mécanique, que l'on doit plutôt regarder comme le réfultat d'une vive irritation du tube inteftinal que comme une affection primitive, & devant, d'après le calcul des probabilités, fe former dans les convulfions inteftinales, peut reconnoître pour caufe des léfions, l'action d'un purgatif violent, la préfence de vers, ou bien l'effet de poifons corrofifs. Une expérience de Peyer vient à l'appui de cette affertion : ce phyfiologifte vit cet accident fe manifefter fur des grenouilles dont il irritoit les inteftins.

L'invagination une fois formée, il en réfulte un obftacle plus ou moins grand au cours des matières, auquel fuccède l'inflammation des inteftins d'abord, puis du péritoine ; le malade eft tourmenté par des vomiffemens, il y a de la fièvre, & quelquefois à ces fymptômes inflammatoires fuccèdent la gangrène & la mort.

Les fuites de l'invagination ne font pas toujours auffi funeftes. On a trouvé les inteftins invaginés chez des individus qui n'avoient pendant la vie éprouvé aucuns des accidens qui annoncent ce déplacement. Louis rapporte avoir vu à la Salpêtrière un très-grand nombre d'enfans dont la mort étoit due aux accidens de la dentition ou à une affection vermineufe, chez lefquels on trouvoit cependant deux, trois, & même un plus grand nombre d'invaginations, fans aucune trace d'inflammation qui pût faire préfumer que ces déplacemens fuffent pour quelque chofe dans les accidens qui avoient pu caufer la mort. Peut-être auffi ces invaginations n'étoient-elles que le réfultat des dernières convulfions qui avoient précédé la mort.

Quoi qu'il en foit, la mort n'eft pas un réfultat inévitable de l'invagination & même de la gangrène. En effet, la portion d'inteftin invaginée & frappée de gangrène ne peut-elle pas fe féparer complétement & être rejetée par les felles fans que pour cela la folution de continuité ait lieu? On peut citer plufieurs faits bien conftatés qui prouvent qu'une portion du jéjunum, de l'iléon & du méfentère, le cœcum & une partie du colon fe font féparés par la gangrène, & ont été entraînés par les felles fans autres accidens.

Plufieurs moyens curatifs ont été fucceffivement employés contre cette affection. L'émétique a été donné dans le but de dégager l'inteftin invaginé, par la forte fecouffe qu'il imprime aux organes digeftifs ; le mercure coulant, adminiftré à haute dofe & tant préconifé par Zacutus, Lufitanus, Rivière, Ambroife Paré & Hoffmann, n'eft plus employé de nos jours, non plus que ne le font les balles d'or préparées par Sylvius de le Boë, & celles de plomb recommandées par un grand nombre d'auteurs : les médecins modernes ont profcrit toutes ces méthodes & ces moyens mécaniques, pour s'en tenir aux feuls antiphlogiftiques.

Comme il eft bien reconnu aujourd'hui que l'inflammation qui accompagne néceffairement toute invagination en caufe le danger, c'eft à combattre cet état que doit s'attacher le praticien : ainfi les faignées générales lorfque l'inflammation eft très-intenfe, les fangfues appliquées à l'anus ou fur l'endroit où la douleur fe fait le plus fentir, les bains tièdes réitérés, les fomentations émollientes, les lavemens de même nature & fouvent répétés, les boiffons délayantes, &c., font les feuls moyens que l'on doive employer.

L'invagination confidérée comme moyen thérapeutique, qui a été confeillée dans les cas où tout le diamètre du tube inteftinal a été divifé en travers & en totalité par un inftrument tranchant, foit par une bleffure, foit lorfqu'à la fuite de l'opération de la hernie étranglée, on eft dans la néceffité de retrancher une portion d'inteftin gangrénée, étant du reffort de la chirurgie, nous renvoyons le lecteur au *Dictionnaire de Chirurgie* de cette Encyclopédie. (CH. H.)

IODATES. (*Chim.*) L'iode, en fe combinant avec l'oxygène, donne lieu à un acide appelé *acide iodique*, & celui-ci, en s'uniffant aux bafes, produit des fels nommés *iodates*. Tous font décompofés par le feu ; ils font infolubles dans l'alcool peu concentré, infolubles ou très-peu folubles dans l'eau, excepté néanmoins les iodates de potaffe & de foude. Les acides fulfureux & hydrofulfurique les décompofent en s'emparant de l'oxygène de leur acide.

Les iodates purs font toujours le produit de l'art, & les plus connus font ceux de potaffe, de foude, de baryte, de ftrontiane, de chaux & d'ammoniaque. (R. P.)

ISOLINE. (*Chim. végét.*) Un pharmacien de Genève dit avoir découvert dans la racine du *polygala de Virginie* trois fubftances, qu'il nomme *polygaline*, *isoline*, *acide polygalique*. On peut douter de la réalité de cette découverte. (*Voyez* SÉNÉGINE, tom. XIII, pag. 30.)

J

JALAPINE. (*Chim. végét.*) Nom que M. Hume a donné à un principe particulier qu'il a découvert dans la réfine de jalap, & auquel cette réfine eft redevable de fes propriétés médicinales. Ce principe eft criftallin, blanc, foluble dans l'alcool, infoluble dans l'eau froide, & peu foluble dans l'eau chaude. (R. P.)

JAMROSADE ou JAMBOSIER. (*Botan.*, *Mat. méd.*) *Eugenia jambos* L. Arbre appartenant à la famille des Myrtinées & à l'Icofandrie monogynie de Linné. Cet arbre, originaire des grandes Indes, est naturalisé dans les colonies d'Amérique. Ses fruits, aussi nommés *jamrofades*, ont l'odeur de la rose & servent à préparer une limonade agréable & rafraîchissante, dont on recommande l'usage dans les fièvres bilieuses. On les fait aussi confire avec du sucre. (R. P.)

JASMINÉES (Famille des). (*Bot.*, *Mat. méd.*) Famille de plantes monocotylédones, monopétales, à étamines hypogynes. Les différences que présentent les caractères botaniques du petit nombre de genres dont elle se compose ont engagé quelques botanistes à la partager en trois groupes, dont deux seulement, les *jasminées* proprement dites & les *oléinées*, peuvent intéresser sous le rapport médical; l'un, parce qu'il contient le *frêne*, dont l'écorce laisse exsuder la manne, & l'autre parce qu'il renferme l'arbre d'où provient l'*olive*, si importante par l'huile qu'on en retire. L'écorce & les feuilles de la plupart des plantes de la famille des Jasminées ont une amertume qui a fait penser à quelques personnes que l'on pourroit, dans quelques circonstances, les substituer au quinquina. (*Voyez* FRÊNE, tom. VI, pag. 502; & OLIVIER, tom. XI, pag. 113 de ce Dictionnaire.) (R. P.)

JENNER (Edouard) (*Biogr. médic.*), dont le nom rappelle la découverte médicale la plus importante du siècle dernier, naquit à Berkeley, dans le comté de Glocester, le 17 mai 1749. Ayant de bonne heure perdu son père, il dut sa première éducation aux soins affectueux de son frère (*Jean Jenner*), & commença l'étude de la chirurgie sous Daniel Ludlow, chirurgien distingué de Sodbury. En 1770, Jenner vint à Londres étudier sous le célèbre Jean Hunter, & deux ans après retourna exercer la chirurgie dans sa ville natale, après avoir toutefois refusé les offres qui lui furent faites de participer, comme naturaliste & anatomiste, au voyage scientifique qu'entreprit à cette époque le capitaine Cook. Jenner savoit alléger les devoirs pénibles de sa profession par l'étude de la physiologie & de l'histoire naturelle, & c'est à ces deux titres qu'il mérita d'être reçu membre de la Société royale de Londres.

C'est vers 1776 qu'il faut placer l'origine des recherches au moyen desquelles Jenner a prouvé que la vaccine préserve de la petite vérole. Que la découverte de cette faculté préservative soit due à Jenner, ou qu'elle ait été connue longtemps auparavant lui, toujours est-il que c'est ce médecin qui fixa l'attention sur ce fait important. Or, un homme de génie pouvoit seul concevoir l'ensemble des expériences qu'il falloit faire pour

découvrir l'origine du *cowpox*, pour constater son efficacité anti-variolique, & pour saisir la différence qui existe entre ce que l'on nomme *fausse* & *vraie* vaccine. D'ailleurs, indépendamment de ces difficultés réelles & insurmontables pour quiconque n'auroit point eu de persévérance & un véritable esprit d'investigation, les bienfaits de la vaccine sont tels que, dans tous les temps, Jenner devra être rangé parmi les bienfaiteurs de l'humanité.

Quel que fût l'attachement de Jenner pour le pays qui l'avoit vu naître, sa découverte rendit sa présence à Londres absolument nécessaire, & bientôt même ses relations avec le monde entier devinrent si étendues qu'il pouvoit à peine y suffire. Toutes les sociétés médicales de l'Angleterre & de l'Europe ont voulu le compter au nombre de leurs membres, des souverains même s'empressèrent de correspondre avec lui; & l'impératrice de Russie, Catherine II, lui envoya un diamant d'un grand prix accompagné d'une lettre flatteuse, & le parlement d'Angleterre lui vota des remerciemens publics, & crut ne lui donner qu'une foible marque de reconnoissance en lui accordant une somme de 240,000 francs: récompense bien foible en effet, lorsqu'il s'agit de la découverte la plus importante qui ait jamais été faite. En 1804, Jenner fut nommé maire de Cheltenham, lieu célèbre par ses eaux minérales, & en 1805, le lord-maire & les *aldermen* de Londres lui adressèrent, dans une boîte enrichie de diamans, un diplôme qui lui assuroit les droits de franchise & de cité; mais les goûts simples de Jenner le retirèrent à la campagne jusqu'à l'époque de sa mort, arrivée le 26 janvier 1823, à l'âge de 64 ans.

Il a laissé les ouvrages suivans :

An inquiry into the causes and effects of the variolæ vaccinæ. Londr., 1798, in-4°.; troisième édition, 1801 (1).

Further observations on the variolæ vaccinæ. Londres, 1799, in-4°.

Continuation of facts and observations of the cowpox. Londres, 1800, in-4°. (2).

On the effects of cutaneous eruptions or modifications of the vaccine-variole.

(*Extr. de la Biogr. médic.*)

---

(1) Cet ouvrage a été traduit à Vienne par Careno, sous le titre de *Eduardi Jenneri, Med.-Dr. & Reg. scient. Acad. societ. disquisitio de causis & effectibus variolarum vaccinarum* (1799, in-4°., avec fig. color.). Il en a également paru à Lyon, en 1800, une traduction française, faite par le chevalier de la Rocque, intitulée : *Recherches sur les causes & les effets de la variola vaccine.*
(2) *Voyez* le 12e. volume du *Medical and physical journal.* Cet ouvrage a été aussi publié à part par Jenner, sous ce titre : *On the varieties and modifications of the vaccine pustule occasioned by an herpetic state of the skin.*

JURINE (Louis) (*Biogr. médic.*), né à Genève en 1751, s'est rendu recommandable comme médecin, mais surtout comme naturaliste. Dès l'âge de vingt-deux ans il obtint le titre de maître en chirurgie, vint à Paris pour achever son éducation médicale, puis retourna dans sa patrie exercer une profession dans laquelle il fut toujours mériter la confiance de ses concitoyens & celle des étrangers qui le consultèrent fréquemment. Le genre de talent que possédoit Jurine l'entraînoit vers les recherches minutieuses qui exigent autant de patience que d'adresse. Ainsi on le vit concourir et remporter le prix proposé par la Société royale de médecine sur une question relative à l'endiométrie : ce travail, remarquable par l'esprit d'analyse & par la délicatesse des expériences imaginées par son auteur, pourra avantageusement être consulté à toutes les époques: ce que l'on peut également dire du *mémoire* important qu'il a publié sur l'*allaitement artificiel*, de la *Monographie sur l'angine de poitrine*, & d'un *Traité sur le croup*, qui a partagé le prix de 12,000 francs, fondé par le gouvernement impérial.

Les travaux de Jurine, comme naturaliste, sont beaucoup plus nombreux que ceux auxquels il s'est livré comme médecin, & la superbe collection qu'il avoit formée suffiroit pour prouver avec combien de zèle il cultiva les sciences. Jurine mourut en 1819 d'une angine de poitrine, maladie qu'il avoit si bien décrite, & dont il savoit être atteint depuis long-temps. (R. P.)

K

KLOPÉMANIE. (*Pathol.*) Nom donné par le Dr. André Mathey, de Genève, à une sorte de vésanie dont le caractère est une tendance à dérober quelque chose sans nécessité; cette vésanie est permanente, & n'est point accompagnée de désordre intellectuel, en sorte que l'on devroit moins la regarder comme une maladie que comme un résultat de l'habitude & d'une mauvaise éducation. (R. P.)

KWAS. (*Hyg.*) Boisson habituellement en usage chez les Russes, & qu'ils préparent en faisant fermenter de la farine de seigle, à laquelle ils ajoutent environ un dixième de seigle germé. Quelquefois on aromatise cette boisson, soit avec les sommités de la menthe poivrée, soit avec celles de la verveine odorante ou de la citronelle; on peut aussi édulcorer cette boisson aussi agréable que salutaire, en y ajoutant un peu de sucre.
(R. P.)

L

LACHAPELLE-GODEFROI (Eaux minérales de), village situé dans le département de l'Aube,

à une demi-lieue de Nogent. L'eau jaillit avec impétuosité de deux sources; elle est limpide, a une saveur styptique, & contient du gaz acide carbonique, ainsi que des carbonates de chaux & de fer. L'eau de Lachapelle appartient à la classe des eaux minérales excitantes, & sous ce rapport elle pourroit être utile dans les foiblesses de l'appareil digestif; mais, jusqu'à présent, on n'en a point encore fait usage. (R. P.)

LAENNEC (René-Théophile-Hyacinthe) (*Biogr. médic.*), naquit en 1781 à Quimper, en Basse-Bretagne, & fut redevable de la première éducation à l'un de ses oncles, homme recommandable sous tous les rapports, & attaché comme médecin en chef à l'Hôtel-Dieu de Nantes, ville dans laquelle Laennec fit ses premières études médicales. Arrivé à Paris en 1800, le jeune élève se fit bientôt remarquer, & s'attacha particulièrement à suivre la clinique de Corvisart, où il prit pour l'anatomie pathologique un goût qui ne s'est jamais démenti. En 1802, Laennec remporta, aux concours de l'École pratique, les deux premiers prix de médecine & de chirurgie. En 1803, il fut reçu docteur en médecine, & prit pour thèse inaugurale: *Doctrine d'Hippocrate relativement à la médecine pratique.*

Pendant quelques années Laennec, se livra avec succès à l'enseignement de l'anatomie pathologique; mais la foiblesse de sa complexion & les soins que réclamoit de lui une nombreuse clientelle, l'obligèrent à discontinuer ses fonctions de professeur particulier. Nommé en 1816 médecin en chef de l'hôpital Necker, il y attira bientôt un grand concours d'élèves & de médecins; c'est alors qu'il s'occupa à perfectionner la méthode d'exploration des maladies de la poitrine que le hasard lui avoit fait découvrir; trois ans après, Laennec publia la première édition de son *Traité sur l'auscultation médiate.* Un travail opiniâtre, des veilles continuelles ayant affoibli sa santé, il fut contraint de se retirer dans son pays natal, où il séjourna pendant plus de deux ans. De retour à Paris, Laennec fut nommé médecin de la duchesse de Berry. En 1822, la mort du savant Hallé laissant vacante la chaire de prof. de médecine au Collège de France, il en devint titulaire. Peu à peu des troubles accidentels ou fomentés de longue main, éclatèrent dans la Faculté de médecine de Paris: la dissolution de cette Faculté & la suppression de onze professeurs en furent la conséquence, & celui qu'un talent distingué auroit immanquablement un jour appelé dans cette école, y fut, contre tous les usages reçus, nommé professeur par ordonnance.

Dans ses nouvelles fonctions, Laennec déploya le zèle & l'exactitude qu'il apportoit à l'accomplissement de tous ses devoirs. Vers le commencement du mois d'avril 1826, il fut atteint de la maladie à laquelle il devoit succomber; il se rendit en Bretagne, &, pendant la route, plusieurs accidens fâcheux ajoutèrent à ces fatigues: néanmoins le repos & la vue du lieu qui lui étoit cher semblèrent un moment le ranimer; mais bientôt les symptômes les plus graves reparurent, & il mourut à Kerlouarneck, près de Douarnenez, le 13 août 1826.

Les travaux littéraires de Laennec sont, indépendamment de nombreux *manuscrits* qu'il laissa sur divers points de médecine & d'anatomie pathologique :

Observations sur une maladie du cœur avec affection du poumon & de la plèvre gauche. (*Journal de médecine, chirurgie & pharmacie*, des prof⁶ˢ. Corvisart, Leroux & Boyer, tom. IV.)

Histoire d'inflammations du péritoine. Ibid., tom. IV & V.

Observation sur un suicide commis avec un rasoir. Ibid., tom. V.

Note sur l'arachnoïde intérieure des ventricules. Ibid.

Note sur une capsule synoviale située entre l'apophyse acromion & l'humérus. Ibid.

Lettre à M. Dupuytren sur des tuniques qui enveloppent certains viscères & fournissent des gaînes membraneuses à leurs vaisseaux. Ibid., tom. V & VI.

Observation sur une maladie du cœur avec péripneumonie. Ibid., tom. VII.

Note sur l'anatomie pathologique, lue à la Société de l'École de médecine dans la séance du 6 nivose an 13. Ibid., tom. IX.

Réflexions sur l'hydrocéphale interne aiguë. Ibid., tom. XI.

Observations sur un anévrisme de l'aorte qui avoit produit la compression du canal thorachique. Ibid., tom. XII.

Fièvres intermittentes pernicieuses survenues dans la convalescence d'autres maladies. Ibid., tom. XIV.

Observation sur une affection aphtheuse. Ibid., tom. XXII.

Laennec a encore enrichi ce journal d'un grand nombre d'*extraits* & d'*analyses critiques* des ouvrages les plus importans qui ont paru de 1804 & 1814; il a de plus coopéré à la rédaction de la *constitution médicale* observée à l'hôpital de clinique interne de la Faculté, de 1805 à 1814.

Observations sur des vers ascarides lombricaux qui remplissoient les voies biliaires d'un enfant dont le canal thorachique s'ouvroit dans l'estomac. (Bulletin de la Société de l'École de médecine (*séance du 6 nivose an XIII*).

Note sur l'anatomie pathologique. Ibid.

Mémoire sur les vers vésiculaires, principale-

ment *sur ceux qui se trouvent dans le corps humain.* (1).

Mémoire sur le cysticerque à double vessie. (Bulletin de la Soc. de médecine, *séance du 6 thermidor an XIII.*)

Note sur la non-existence du tænia visceralis. Ibid. (*séance du 21 frimaire an XIV*).

Note sur une dilatation partielle de la valvule mitrale. Ibid.

Mémoire sur les mélanoses. Ibid. (*séance du 23 janvier 1806*).

Mémoire sur le distomus interfectus. Ibid. (*séance du 13 novembre 1806*).

Mémoire sur une nouvelle espèce de hernie. Ibid. (*séance du 27 avril 1807*).

De anginâ pectoris commentarius. Ibid. (*séance du 19 décembre 1810*).

Laennec a encore fourni pour les premiers volumes de la *Bibliothèque médicale*, plusieurs *extraits* & quelques *analyses* d'ouvrages, parmi lesquels on distingue une *Exposition de la doctrine craniologique* du Dʳ. Gall, à laquelle il a consacré trois articles très-étendus (2).

Ce médecin a en outre rédigé pour le *Dictionnaire des Sciences médicales* les mots ANATOMIE PATHOLOGIQUE, ASCARIDES, CARTILAGES ACCIDENTELS, DÉGÉNÉRATION, DÉSORGANISATION (Anat. patholog.), DITRACHYCEROS, ou bicorne rude, ENCÉPHALOÏDE, FILAIRE, ou Furie infernale.

Les ouvrages de Laennec qui ont été publiés séparément sont :

Proposition sur la doctrine d'Hippocrate, appliquée à la médecine pratique. Paris, in-4°., an X.

De l'auscultation médiate, ou Traité du diagnostic des maladies des poumons & du cœur, fondé principalement sur ce nouveau moyen d'exploration. Paris, 1819, 2 vol. in-8°., 2ᵉ. édit. Paris, 1826, 2 forts vol. in-8°.

Discours prononcé à l'ouverture du cours de médecine du collège de France en 1822 (3).

(R. P.)

LAMIER BLANC. (*Bot., Mat. médic.*) *Lamium album* L. Plante de la famille des Légumineuses & de la Diadelphie décandrie de Linné, vulgairement connue sous le nom d'*ortie blanche.* (*Voyez* ce dernier mot, tom. XI, pag. 226.)

(R. P.)

---

(1) Ce mémoire a été imprimé dans le premier volume des *Mémoires* (restés inédits) de la *Société de la Faculté de médecine de Paris.*

(2) *Voyez* les tomes XIV et XV de l'ouvrage cité.

(3) *Voyez* aussi les *Archives de médecine*, (Cahier de janvier 1823.)

LAMPSANE. (*Bot.*, *Mat. médic.*) *Lampsana*. Genre de la Syngénésie polygamie égale , & de la famille des Chicoracées de de Jussieu. Une des espèces (le *lampsuna communis*) est communément appelée *herbe aux mamelles.* Elle croît très-abondamment dans les lieux cultivés & dans le voisinage des habitations. Cette plante a joui autrefois d'une certaine réputation ; on la croyoit propre à la guérison des ulcérations qui surviennent au sein des femmes qui allaitent , & après en avoir pilé les feuilles on les appliquoit sur les parties malades ; d'autres fois, en mêlant le suc des feuilles avec de la farine, on en formoit une sorte de pommade servant au même usage.

La lampsane, dont la saveur est légèrement amère, a encore été recommandée contre les dartres & autres affections cutanées. Aujourd'hui cette plante n'est plus employée en médecine.

(R. P.)

LANCINANT. (*Path.*) *Lancinans*, de *lancea*, lance. Cette épithète sert à caractériser une douleur qui consiste dans des élancemens comparables à ceux que produiroit un instrument acéré introduit dans une partie souffrante : c'est principalement dans le cancer que ce genre de douleur se fait le plus souvent sentir. (Ch. H.)

LARDACÉ. (*Pathol.*) On donne ce nom aux tissus de l'économie qui , par suite d'une dégénérescence cancéreuse, ressemblent à du lard.

(Ch. H.)

LARMES DE JOB. (*Bot.*, *Mat. médic.*) *Coix lacryma*. Nom d'une espèce de larmille appartenant à la Monoécie triandrie de Linné, & à la famille naturelle des Graminées. Cette plante, qui est originaire des Indes & des îles de l'archipel, est cultivée dans les jardins, à cause de son utilité, mais à raison de la forme singulière de ses graines, qui sont ovoïdes, un peu coniques, très-dures, luisantes comme des perles, & d'un blanc-grisâtre.

Les graines de cette plante étoient autrefois regardées comme un remède efficace contre la gravelle, & c'est sans doute leur extrême dureté qui les avoit fait ranger parmi les lithontriptiques. Aujourd'hui on ne fait point usage : seulement , dans quelques cantons de l'Espagne & du Portugal où le *coix lacryma* est cultivé, dans les temps de disette, on fait moudre ses graines pour en faire une sorte de pain. (R. P.)

LEDUM. (*Bot.*, *Mat. médic.*) Nom d'un genre de la famille des Rhodoracées & de la Décandrie monogynie de Linné. Parmi les arbustes de ce genre il en est un qui croît en France & en Allemagne dans les lieux ombragés & marécageux :

c'est le *ledum palustre*, quelquefois employé dans la préparation de la bière. (*Voy.* Rhododendrées, tom. XII, pag. 570. (R. P.)

LÉNITIFS. (*Thérap.*) *Leniens*, *lenitivus*, de *lenire*, adoucir. On donne le nom de *médicamens lénitifs* à ceux qui sont relâchrns & tempérans, quelquefois même à ceux qui sont laxatifs. C'est ainsi que l'on dit du miel que c'est un *lénitif.* Il y a aussi des *électuaires lénitifs* qui purgent doucement & sans provoquer de coliques. (Ch. H.)

LENT. (*Pathol.*) *Lentus*. On se sert souvent, en pathologie, de cette épithète pour désigner certain état du pouls, de la respiration, *pouls lent*, *respiration lente* ; certaine fièvre, comme la fièvre hectique, est souvent caractérisée par le nom de *fièvre lente.* Une autre espèce de fièvre rapportée au genre des ataxiques par les pyrétologistes modernes, est également connue sous la dénomination de *fièvre lente nerveuse* d'Huxham, du nom de l'auteur qui l'a décrite le premier avec quelque exactitude. Cette fièvre diffère peu de celle décrite sous le nom d'*ataxique*, si ce n'est par une bénignité qui n'est qu'apparente, & qui cache souvent un danger imminent & prompt.

(Ch. H.)

LENTICULAIRE. (*Anat.*) *Lenticularis*, qui a la forme d'une lentille. *Os lenticulaire.* On nomme ainsi le plus petit des quatre osselets de l'oreille. Il est à peine visible, arrondi, convexe sur les deux faces, & placé entre la longue branche de l'enclume & la tête de l'étrier. Quelques anatomistes attribuent sa découverte à Sylvius de la Boë.

On rencontre aussi des *papilles lenticulaires* à la face dorsale de la langue. Leur nombre varie de neuf à quinze ; elles sont disposées à la base de la langue sur deux lignes obliques qui se réunissent au trou borgne & forment un V.

LENTICULAIRE (Ganglion), ou ophthalmique (Ganglion orbiculaire de Chaussier). C'est un des plus petits ganglions du corps ; il est placé à la partie externe du nerf optique.

LENTICULAIRE (Couteau). Instrument dont on se sert dans l'opération du trépan. (Ch. H.)

LÉONTIASIS. (*Pathol.*) Variété de la lèpre tuberculeuse , & qui a beaucoup d'analogie avec l'éléphantiasis ordinaire. Cette maladie attaque particulièrement la face & lui donne un aspect tout particulier qui lui a valu la dénomination sous laquelle on la connoît. (R. P.)

LEUCINE. De λευκός, blanc. Substance obtenue tout récemment par M. Braconnot en traitant

la

la fibrine, la gélatine, ou la laine par l'acide sulfurique. Elle se présente sous forme de cristaux aplatis, circulaires, blancs., d'une saveur à peu près semblable à celle du bouillon. Si on la chauffe, elle se liquéfie & se sublime en partie ; une autre portion se décompose à la manière des matières animales qui contiennent de l'azote, & fournit entr'autres produits, du sous-carbonate d'ammoniaque. Elle est soluble dans l'eau & dans l'alcool bouillant, & sa dissolution aqueuse n'est troublée par aucun sel métallique, le nitrate de mercure excepté. L'acide nitrique la dissout & forme un acide appelé *nitro-leucique*, différent de l'acide nitrique. Nous nous abstiendrons d'en dire davantage sur un corps qui est sans usage en médecine comme dans les arts. (Ch. H.)

LEUCK ou LOËSCHE (Eaux minérales de). Ces eaux thermales sourdent du pied d'un glacier près le petit bourg de Leuck, situé sur la rive droite du Rhône, à six lieues de Sion. Le principal bain offre quatre carrés égaux, placés sous un même abri ; & pouvant recevoir trente ou quarante baigneurs : un canal pratiqué dans l'espace qui sépare les carrés, fournit l'eau que boivent les malades pendant la durée du bain.

Les eaux de Leuck sont limpides, inodores, & elles communiquent aux pièces d'argent une teinte jaunâtre qui sembleroit annoncer la présence du soufre. Leur température varie de 38 à 43 degrés; leur analyse, faite très-anciennement, ne donne aucun renseignement certain sur leur nature.

Ces eaux thermales sont employées avec succès dans les paralysies & dans les douleurs rhumatismales; mais c'est particulièrement pour le traitement des dartres & pour celui des ulcères qui s'établissent à la suite des blessures anciennes, que l'on en fait l'usage le plus avantageux. Elles ont souvent encore beaucoup de succès chez les jeunes personnes atteintes d'affections scrofuleuses. Intérieurement, on les prend à la dose de plusieurs verres le matin & à jeun. Quant aux bains, leur durée est de trois semaines environ. On débute par un bain d'une heure le premier jour, de deux heures le second, & l'on augmente successivement jusqu'à prolonger la durée de ce bain pendant huit heures, dont quatre le matin & quatre le soir; puis, dans la dernière semaine, on diminue graduellement la durée de l'immersion (1). (R. P.)

LEUCOSE. (*Pathol.*) *Leucosis.* λευκος, blanc. M. le profr. Alibert comprend sous ce nom les maladies qui attaquent les vaisseaux lymphatiques ou séreux : elles composent la septième famille de la nosologie naturelle de cet auteur. (Ch. H.)

(1) *Voyez*, pour plus de détails, Alibert, *Précis historique sur les eaux minérales les plus usitées*, &c. Paris, in-8°., 1828.

LICHÉNÉES (Famille des). (*Bot.*, *Mat. méd.*) Le principe mucilagineux particulier aux plantes de cette famille en forme le caractère le plus remarquable : c'est effectivement ce principe qui rend ces végétaux susceptibles de servir, dans quelques pays, à la nourriture des hommes & à celle des animaux.

Dans les lichens, la matière nutritive est communément associée à d'autres principes dont on les débarrasse par des lavages dans un liquide approprié, ou par des coctions réitérées. En médecine, les lichens sont employés comme adoucissans & comme substance nutritive ; ils servent aussi à la préparation de quelques pâtes & de quelques pastilles dites *pectorales*. (R. P.)

LIGNEUX ou LIGNINE. (*Chim. végét.*) Principe immédiat des végétaux, le plus abondant de tous ceux qui entrent dans leur composition. Il constitue presqu'à lui seul le bois ; il entre aussi dans une proportion plus ou moins considérable dans la composition de la tige, des fleurs, des fruits & des racine : c'est une substance solide, non susceptible de cristalliser, insapide, formée de fibres d'un blanc sale, d'une pesanteur spécifique plus considérable que celle de l'eau, insoluble dans l'eau, l'alcool, les éthers & les huiles, & composée, suivant les analyses faites par MM. Gay-Lussac & Thénard, de 51,45 de carbone, de 42,73 d'oxygène, & de 5,82 d'hydrogène.

Le papier blanc peut être considéré comme formé de ligneux presque pur ; le chanvre & le lin sont aussi formés par ce même principe immédiat, auquel se trouvent réunies en très-petit nombre des matières étrangères. Le *ligneux* proprement dit est sans usage en médecine. (Ch. H.)

LILAS ou LILAC. (*Bot.*, *Mat. médic.*) Genre de la Diandrie monogynie de Linné, de la famille des Jasminées de de Jussieu, & rangé par M. de Candolle parmi les Oléinées. Au nombre des espèces de ce genre la plus commune est le lilas ordinaire (*syringa vulgaris* L.), arbrisseau de douze à quinze pieds de hauteur, qui fleurit au commencement du printemps, & est remarquable par la beauté & l'abondance de ses fleurs. Cet arbrisseau nous vient de l'Orient, d'où il a été apporté vers la fin du seizième siècle; ses feuilles sont très-amères ; & on peut les regarder comme toniques & astringentes. Quelques auteurs pensent que ses fleurs sont, au contraire, calmantes & antispasmodiques ; mais elles sont les unes & les autres tout-à-fait inusitées. Une remarque importante est qu'aucun quadrupède herbivore ne mange les feuilles du lilas, dont aucun insecte parfait ne se nourrit, si on en excepte toutefois les cantharides. (R. P.)

LIMACE. (*Zool.*) Mollusques gastéropode nu, que l'on rencontre fréquemment dans les

L l l l

jardins & les vergers, où il caufe beaucoup de dégât. Cet animal reffemble beaucoup aux limaçons, auxquels on accorde la préférence pour l'ufage médicinal. (*Voyez* LIMAÇON, tom. VIII, pag. 144.) (R. P.)

LINDEN (Jean-Antonide Van. der) (*Biogr. méd.*), étoit fils d'*Antoine Henri*, médecin hollandais, qui acquit comme praticien une grande réputation, & mourut à Amfterdam en 1633.

Vander Linden, fi connu par fes éditions d'Hippocrate, de Celfe & de Spigel, naquit le 13 janvier 1609, à Enckhuyfen, étudia la médecine dans l'Univerfité de Leyde, & reçut le grade de docteur à Franequer. Appelé par fon père à Amfterdam, il y acquit bientôt comme praticien une réputation qui lui valut le titre de profeffeur, fonction qu'il remplit honorablement pendant douze ans à Franequer, & pendant à peu près autant de temps à Leyde, où il mourut le 5 mars 1664. Van der Linden, que Gui Patin regarde comme un partifan exagéré de la fecte des médecins chimiftes, a laiffé quelques ouvrages & plufieurs compilations peu eftimés; on lui eft furtout redevable d'une édition grecque & latine des œuvres d'Hippocrate (*Hippocratis Coi opera omnia*), imprimée à Leyde en 1665, in-8°. (R. P.)

LINÉES (Famille des). (*Bot.*, *Mat. médic.*) Nom d'une famille de plantes nouvellement établie, ayant pour type le genre *Linum*, auquel appartient le lin ordinaire (*linum ufitatiffinum*), fi recommandable par fes ufages domeftiques & par l'emploi que l'on fait de fes graines en médecine. (*Voyez* LIN, tom. VIII, pag. 145.)
(R. P.)

LINIMENT. (*Thérap.*) Nom donné à un médicament liquide ou demi-liquide, ordinairement préparé avec l'huile, que l'on applique à la furface de la peau au moyen de frictions. Les linimens peuvent être anodins, toniques ou irritans. Les premiers font calmans, & ordinairement faits avec l'huile d'amandes douces, les décoctions opiacées, les mucilages, &c. Les feconds contiennent des teintures alcooliques, des huiles effentielles, des vins préparés, &c. Quant aux troifièmes, on les compofe avec l'effence de térébenthine, les cantharides, l'ammoniaque ou autres fubftances actives : à cette dernière claffe appartiennent le *liniment* ou *cauftique* de Gondret, le *liniment antifcrofuleux* de Huffland, & le *liniment réfolutif* de Pott, &c. (R. P.)

LIPAROCELE. (*Pathol.*) De λιπαρος, gras, & κηλη, tumeur. Tumeur graiffeufe.
(R. P.)

LIPPITUDE. (*Pathol.*) Nom donné à un accroiffement dans la fécrétion de l'humeur fournie

par les glandes de Meibomius. Cette humeur fébacée en fe defféchant forme la *chaffie*, & e quelquefois affez abondante pour agglutiner le poils des paupières & empêcher d'ouvrir les yeux Cette difpofition, qui fe remarque particulièrement chez les vieillards, les forcent fouvent, a moment de leur réveil, à faire ufage de lotion aqueufes légèrement tièdes. (R. P.)

LIQUÉFACTION. (*Chim.*) *Liquefactio* (*liquefacere*, faire fondre). Transformation d'ur folide en un liquide.

LIQUÉFIABLE. *Liquabilis, liquefcens*, τηκτος, qu'on peut réduire à l'état liquide.

LIQUÉFIER. *Liquare*. Transformer un folide à l'état de liquide. (CH. H.)

LISERONS. (*Bot.*, *Mat. médic.*) Le genre *Convolvulus* fert de type à la famille des Convolvulacées, & eft à peu près le feul de cette famille qui fourniffe des médicamens à la thérapeutique. Les racines de la plupart des liferons contiennent un fuc laiteux, plus ou moins âcre, éminemment purgatif & de nature gommo-réfineufe. Les deux élémens de ce fuc (gomme & réfine) font quelquefois combinés dans des proportions affez différentes pour qu'il en réfulte, eu égard aux propriétés de ces racines, des modifications très-remarquables : c'eft ainfi que l'on explique d'une manière plaufible les différences chimiques que préfentent la fcammonée & la réfine de jalap, & cette anomalie fingulière qui, à côté d'efpèces dont les racines font très-purgatives, comme le jalap, le turbith, le méchoacan, &c., en offre d'autres, comme le *convolvulus edulis* & le C. *batatas*, renferment une fécule amylacée très-abondante qui les rend propres à fervir d'alimens. Ordinairement les efpèces du genre Convolvulus employées en médecine font, le *convolvulus jalappa*, le C. *mechoacan* & le C. *turpethum*, dont il a été queftion aux mots JALAP, tom. VII, pag. 725; MÉCHOACAN, tom. IX, pag. 2; TURBITH, tom. XIII, pag. 336.

D'autres efpèces, comme le *convolvulus panduratus* aux Etats-Unis, le C. *macrorhizos* à Saint-Domingue, le C. *macrocarpus* à la Martinique; le C. *maritimus* aux Indes, & le C. *brafilienfis* dans l'Amérique méridionale, font, dans ces différens lieux, employés comme purgatifs.

Le liferon des baies (C. *fepium*) fournit un fuc épaiffi qu'Hoffmann appeloit *fcammonée d'Allemagne*, & dont Cofte & Willemet prétendent avoir fait un emploi avantageux dans certaines hydropifies. Ce fuc produit fur les inteftins une irritation moins forte & plus fûre que celle que détermine la fcammonée. Les feuilles de cette plante, contufes & infufées dans l'eau à la dofe de deux à trois gros, forment, fuivant Bodard, une potion purgative facile à adminiftrer. Le *convolvulus arvenfis*, ou liferon des champs, paroît participer aux propriétés des autres liferons, mais, jufqu'à préfent, il n'a point été l'objet d'expériences affez fuivies pour que l'on ait à fon égard des notions pofitives.

Le bois de Rhodes, employé dans les arts, provient de la racine de deux efpèces de liferons, *convolvulus floridus*, & le *C. fcoparius*. En foumettant ce bois à la diftillation on en retire une huile volatile d'une odeur forte & agréable qui la rend propre à la préparation de divers parfums; & comme ce bois contient un principe âcre & réfineux, réduit en poudre il irrite la membrane pituitaire, & eft un des ingrédiens de plufieurs poudres fternutatoires. (*Voyez* BOIS DE RHODES, tom. IV, pag. 3o.) (R. P.)

LITHOTOMISTE. (*Chir.*) A une époque où le même homme pratiquoit rarement toutes les opérations de la chirurgie, on donnoit le nom de *lithotomiftes* à ceux qui s'occupoient fpécialement de l'extraction des calculs développés dans l'intérieur de la veffie. (*Voyez* TAILLE, tom. XIII, pag. 207.) Aujourd'hui cette dénomination eft à peu près tombée en défuétude.) (R. P.)

LONGÉVITÉ. *Longævitas.* Longue durée de la vie, ou mieux encore, fa prolongation au-delà des bornes ordinaires.

LONGÉVITÉ EN GÉNÉRAL. Tous les corps organifés jouiffent d'une vie très-différente, & en parcourant les travaux des naturaliftes, on s'aperçoit bientôt qu'ils laiffent beaucoup à defirer fur la longueur d'exiftence à accorder à chacune de leurs efpèces. Hufeland, par exemple, & ceux qui l'ont fuivi, nous paroiffent avoir plutôt groffi leur ouvrage d'une foule de faits pour la plupart étrangers à la queftion de longévité, & plutôt capables d'induire en erreur qu'ils ne font propres à répandre quelque jour fur l'étude de la longévité. On fait toutefois, quant à l'*organifation végétale*, qu'entre végétaux femblables, & qui vivent en même temps dans les mêmes conditions, on obferve peu de différence de durée, tandis qu'elle peut devenir très-notable fous l'influence des terrains, de la température, de l'expofition & de la culture. On fait auffi que certaines influences propres à augmenter la confiftance en transformant certaines plantes herbacées en plantes ligneufes, font également des moyens propres à reculer pour elles le terme de la vie.

Dans le *règne animal*, les différences moins fenfibles, & par conféquent plus difficiles à apprécier, n'ont encore fourni que trop peu de données précifes pour qu'il ne nous refte pas beaucoup à defirer. En effet, on juge bien pour un petit nombre d'animaux placés fous nos yeux & faciles à obferver, que la nourriture, bonne ou mauvaife, l'exercice ou l'inaction, le travail modéré ou fon excès, les confervent ou hâtent leur fin : on connoît encore, à l'égard d'un grand nombre d'animaux ovipares, combien la température de l'atmofphère, fes autres qualités variables peuvent hâter ou éloigner le temps de leur développement, & néceffairement auffi la durée de leur exiftence ; mais au-delà tout n'eft que conjectures. Qui pourroit dire, en effet, entre des animaux d'une même portée, également nourris, & parvenus, dans un temps qui eft le même, à une ftature inégale, à qui d'entr'eux feront dévolus les plus longs jours ? L'obfervation prouve qu'entre les animaux qui fe nourriffent différemment, les carnivores l'emportent en général fur ceux qui font herbivores par la durée de leur vie : ne refte-t-il pas encore à déterminer, pour ceux qui font omnivores, lequel des deux genres de nourriture les mettroit dans des conditions favorables à prolonger leur exiftence? On fait, à n'en pas douter, que parmi les animaux ceux qui font les plus remarquables par leur ardeur pour le *coït*, font les moins *perfiftans;* mais il eft loin d'être prouvé qu'à l'égard des mêmes animaux, le rejard & l'empêchement complet de cet acte produife un effet contraire. On a dit que le ferin ifolé vivoit beaucoup plus long-temps que lorfqu'il étoit accouplé ; on a dit également que le mulet, incapable d'engendrer, vivoit plus long-temps que le cheval & l'âne dont il provient. D'un autre côté, il eft bien avéré que le taureau, le cheval & le coq vivent plus long-temps que le bœuf, le cheval coupé & le chapon; &, de plus, que dans l'efpèce humaine la caftration & l'abftinence abfolue font contraires à la prolongation de la vie.

Nous nous bornerons à ces remarques, & nous pafferons de fuite à ce qui concerne la longévité de l'efpèce humaine en particulier.

LONGÉVITÉ DE L'HOMME EN PARTICULIER. L'inftinct de confervation propre à tous les animaux fans exception, & qu'augmente puiffamment l'intelligence départie à l'efpèce humaine, explique fuffifamment le grand intérêt que l'homme attache à la durée de fon exiftence, en même temps qu'il motive l'emploi des moyens à l'aide defquels il a de tout temps cherché à prolonger fa vie.

Circonftances générales qui influent fur la longévité.

1°. Le terme ordinaire de la vie complète de l'homme, c'eft-à-dire de celui qui parvient à la vieilleffe, eft, comme on fait, de quatre-vingts ans; mais un grand nombre d'exemples anciens & modernes recueillis par Hufeland, Haller & par une foule d'autres auteurs, conftatent que le terme eft loin d'être abfolu, & que la durée de vie poffible de l'homme peut être de cent cinquante, &

même de deux cents ans. Voici quelques faits qui viennent à l'appui de ce que rapportent ces auteurs.

Les patriarches, dont la longue fuite d'années atteftées par la Genèfe, a paru tenir du prodige & a exercé l'imagination de Burnet & de Hooke, n'auroient pas eu beaucoup moins que ce dernier âge s'il étoit prouvé, comme le penfe Henfler, que les années jufqu'à Abraham n'étoient que de trois mois, de huit après lui jufqu'à Jofeph, & de douze depuis ce dernier feulement. Ce calcul réduiroit à deux cents ans les neuf cents de Mathufalem, le plus vieux des patriarches.

D'après les recherches d'Hufeland fur la longévité dans les temps anciens, on voit qu'il y a eu chez les Egyptiens, les rois d'Arcadie, les Serres ou *macrobiotiques*, ainfi nommés par Lucien, chez les Grecs & les Romains, une foule d'hommes célèbres parvenus à l'âge de quatre-vingt-dix à cent ans, & dont quelques-uns pouffèrent même leur carrière jufqu'à cent trente ans & plus. Un recenfement mémorable qui eut lieu fous Vefpafien prouve qu'il exiftoit alors, dans la feule partie de l'Italie comprife entre le Pô & l'Apennin, plus de cent vingt-quatre centenaires, parmi lefquels on en comptoit cinquante-fept de cent dix ans, deux de cent quinze, quatre de cent trente-cinq à cent trente-fept, & trois de cent quarante.

Les temps modernes offrent également beaucoup d'exemples de longévité; le célèbre Haller comptoit plus de mille centenaires, au nombre defquels fe trouvoient foixante-deux perfonnes de cent dix à cent vingt ans, vingt-neuf de cent vingt à cent trente, & quinze de cent trente à cent quarante.

A ces nombreux exemples de longévité nous n'ajouterons que celui de trois Anglais, Guillaume Parr, Henri Jenkins & Jacques-Marc Donald. Le premier, dont Harvey nous a tranfmis l'hiftoire, pauvre, tempérant, fain de corps & d'efprit, vécut fous neuf rois, & prolongea fa carrière jufqu'à cent cinquante ans environ. Il n'exiftoit à fa mort rien dans fon corps qui pût expliquer fa fin, que l'on dut attribuer au changement qu'il avoit introduit dans fa manière de vivre depuis qu'il jouiffoit d'une penfion que le roi d'Angleterre, Charles Ier., lui avoit accordée.

Le fecond, Henri Jenkins, mourut en décembre 1670, à Ellerton, dans le comté d'Yorck, à l'âge de cent foixante-neuf ans, c'eft-à-dire de dix-neuf ans plus âgé que Parr. Ainfi, c'eft l'homme qui a vécu le plus long-temps après le déluge. Les cent dernières années de fa vie il fit le métier de pêcheur; il fe fouvenoit d'avoir rendu témoignage à la chancellerie & dans d'autres tribunaux depuis cent quarante ans. Il alloit à pied aux affifes d'Yorck, & on l'a vu nager à plus de cent ans. Il exifte une procédure dans laquelle on trouve la dépofition de Henri Jenkins, faite en 1665 comme témoin, alors âgé de plus de cent foixante-quatre ans.

En 1743, on a érigé un monument à cet étonnant vieillard, & la dépenfe en a été faite par la voie de foufcription. On y lit l'infcription fuivante:

« Que le marbre ne rougiffe pas de fauver de l'oubli la mémoire de *Henri Jenkins*, perfonnage d'une naiffance obfcure, mais dont la vie a été mémorable; car s'il n'a pas été doué des biens de la fortune, il a été enrichi des dons de la nature. Il a été heureux, fi ce n'eft par la variété de fes plaifirs, du moins par leur durée. Si le monde a méprifé fon état abject, la Providence l'a favorifé en lui accordant les jours d'un patriarche pour apprendre aux hommes le prix de la tempérance & d'une vie laborieufe. Il a vécu l'âge furprenant de cent foixante-neuf ans. Il a été inhumé en ce lieu le 6 décembre 1670, & fa mémoire a été illuftrée en 1743. »

Le dernier, Jacques-Marc Donald, âgé de cent dix-fept ans, mourut à un mille de la ville de Cork. Il avoit fept pieds deux pouces de hauteur, mangeoit à chaque repas près de quatre livres d'alimens folides, & buvoit à proportion des liqueurs fortes fans que fa raifon en fouffrit. Ses membres étoient beaucoup trop gros pour fa taille; un bracelet ordinaire auroit pu lui fervir d'anneau. Il avoit, pendant fa jeuneffe, été expofé pour de l'argent à la curiofité du public; mais cette façon de vivre l'obligeant à la retraite, & fa fanté exigeant de l'exercice, il s'engagea dans les grenadiers, & fervit depuis 1685 jufqu'en 1716, qu'il revint dans fon village, où il travailla la terre jufqu'à l'âge de cent quatorze ans.

De ces exemples divers, pris tant chez les Anciens que parmi nous, on peut en induire que la longévité n'a pas d'*époque*, & que, de tout temps, elle a favorifé les hommes à peu près au même degré.

2°. Les différentes *latitudes* du globe, & les *températures* qui leur correfpondent, ne font pas également favorables à la longévité: c'eft du nord & des régions froides, comme la Suède, la Norwège, la Pologne, la Ruffie & l'Angleterre, que l'on tire les exemples les plus étonnans de longévité. La France vient enfuite, &, après elle, les états du midi de l'Europe qui en fourniffent le moins. Les extrêmes de température, & plus particulièrement l'âpreté du froid, abrègent plutôt la vie qu'il ne la prolonge. En effet, les peuples des régions polaires (Lapons, Efquimaux, Samoïdes & autres) vivent très-peu; il en eft de même des peuples fitués entre les tropiques. Cependant, fi l'on en croit les relations des voyageurs, les habitans de plufieurs contrées de l'Afie, & même de la haute Egypte, parviendroient à un âge très-avancé & fans infirmités. Une température conftante, & les bienfaits de l'habitude qui façonnent l'homme à tout, rendroient en quelque façon raifon de ce fait, fi la manière dont les nègres comptent le temps, l'abfence ou l'imperfection de leurs regiftres. ne laiffoient pas les plus grands doutes à cet égard.

3°. *Les pays & les lieux* exercent une influence bien marquée fur la durée de la vie. Les campagnes ouvertes & fertiles, les montagnes d'une élévation moyenne, les pays fecs la favorifent fingulièrement; au contraire, les lieux bas, humides & marécageux, les grandes villes, produifent un effet oppofé. Sous les premières conditions on rencontre une foule de vieillards. Bacon (*Hiftoria vitæ & mortis*) dit de certaines contrées de l'Irlande, & notamment du petit village de Dumfort, qui les réunit, que l'on y comptoit conftamment plus de quatre-vingts octogénaires. On fait, au contraire, que dans les grandes villes, & notamment à Londres & à Paris, l'on trouve à peine un centenaire fur trois mille individus, tandis que dans les campagnes on en rencontre un fur quatorze cents, & un de quatre-vingt-dix-fept fur mille. *L'humidité* diminue fenfiblement la durée de la vie, & par conféquent le nombre des vieillards. On connoît l'affligeante mortalité des marais, celle des pays à riz, des forêts vierges de la Guiane, & les obfervations de Kerferboom & Struyeck ont prouvé qu'en Hollande, malgré toutes les mefures de falubrité d'un peuple civilifé, il meurt chaque année un individu fur vingt-quatre, tandis que dans les pays voifins ce rapport n'eft que d'un à vingt-fix, & qu'il fe trouve affez univerfellement de un à trente-trois.

4°. *De l'influence des races.* La race arabe européenne, ou la caucafienne, eft celle qui vit le plus long-temps, ce qui paroît tenir autant à fa nature qu'aux climats tempérés fous lefquels on la rencontre. Après elle vient la race mongole, furtout dans l'Inde & la Chine, où la douceur des mœurs & la conftante uniformité des habitudes de la vie paroiffent en prolonger le plus la durée. Les races nègre & hyperboréenne vivent le moins : la première femble fe confumer rapidement fous l'influence d'un ciel brûlant; l'autre, au contraire, eft comme arrêtée dans fon développement & fa durée par l'âpreté d'un froid toujours glacial.

5°. *Des tempéramens.* Parmi les différens tempéramens les fanguins & les bilieux font les plus favorables à la longévité; le tempérament nerveux donne à la vie trop d'intenfité pour qu'elle ait une longue durée, & le tempérament mixte participant à la fois & du bilieux & du fanguin, offre aufli aux individus qui en font doués des chances très-favorables de prolongation de la vie. On fait que certaines familles offrent une difpofition héréditaire à vivre long-temps; on fait aufli que, par une heureufe exception, des per-

fonnes éminemment *foibles* & *débiles* parviennent fouvent à dépaffer le terme ordinaire de la vie (1), & c'eft probablement ce qui a donné lieu à ce proverbe populaire : *Pot fêlé va long-temps.*

6°. *Des fexes.* C'eft ordinairement parmi les femmes que l'on rencontre les perfonnes les plus âgées. Les peines de la maternité, les orages de l'époque critique en enlèvent fans doute un grand nombre, mais une fois cette époque paffée elles jouiffent d'une vie plus longue que celle de l'homme. Il réfulte des recherches de M. Mourgues de Monkredon, que pour la ville de Montpellier en particulier, parmi les perfonnes de foixante-dix à quatre-vingts, il exifte plus de femmes que d'hommes; que de quatre-vingts à quatre-vingt-dix le nombre des femmes eft double de celui des hommes; que de quatre-vingt-dix à cent il eft quadruple, & qu'au-deffus de cent ans le rapport eft encore plus à l'avantage de la femme.

Conditions fpéciales de la longévité déduite des circonftances de la vie.

A. Nous placerons en première ligne : 1°. *une naiffance heureufe & à terme,* furtout fi les parens font fains & parvenus au complément de leur développement, communément fixé parmi nous à dix-huit ans pour la femme, & à vingt-cinq ans pour l'homme. On fait que des trop jeunes gens apportent affez ordinairement en naiffant une délicateffe qui fait fouvent douter de la poffibilité de les élever, tandis que ceux des vieillards naiffent infirmes & comme frappés d'une vieilleffe anticipée. 2°. *L'allaitement naturel,* foit par la mère, foit par une bonne nourrice pendant un an au moins.

B. *La fobriété dans la manière de vivre.* La prefque totalité des exemples de longévité font fournis par des perfonnes remarquables par leur frugalité en même temps que par l'ufage habituel de l'eau & leur éloignement pour les liqueurs fpiritueufes. Tout le monde connoît l'hiftoire de Cornaro, qui, énervé & comme ruiné par des excès de toute nature, adopta à trente ans une femblable manière de vivre, & lui dut, non-feulement le rétabliffement de fa fanté délabrée, mais encore une vie longue & exempte d'infirmités, auxquelles il étoit pour ainfi dire condamné.

C. *Profeffion.* La plupart des exemples de longévité nous prouvent que c'eft prefque toujours par une vie laborieufe & occupée que l'homme parvient à un âge avancé. Cependant, fi les travaux prolongent l'exiftence de l'homme, ce n'eft que lorfqu'ils font pris dans la mefure des forces : c'eft ainfi, par exemple, que les coureurs, les chaffe-marées

─────────

(1) *Voyez* à ce fujet la thèfe du M. le prof. Fouquier, *Avantages d'une conftitution foible*, n°. 123, août 1802.

LON

parcourent rarement une longue carrière ; mais les travaux manuels, conftans, réguliers & modérés auxquels l'homme fe livre, furtout à l'air libre, contribuent puiffamment à prolonger l'exiftence : auffi rencontre-t-on beaucoup de vieillards parmi les jardiniers, les pâtres, les pêcheurs, &c.

D. *Les rangs & les conditions élevées* ne font pas, à beaucoup près, favorables à la longévité ; à peine trouve-t-on quelques octogénaires dans la lifte des empereurs & des rois. Le grand Frédéric, Louis XIV, font feuls parmi les Modernes, une heureufe exception. Parmi vingt-trois papes, arrivés pour la plupart fort tard au pontificat, on n'en cite guère que quatre qui aient atteint ou dépaffé quatre-vingts ans ; en revanche, les exemples de longévité fourmillent parmi les ermites & les religieux retirés du monde, & foumis aux règles d'une ftricte difcipline. La plupart des hommes livrés au culte de la philofophie (Epiménide, Démocrite, Pythagore, Zénon, Platon, Bacon, Zant), des fciences (Képler, Newton, Euler, Buffon, Monge), & des lettres (Anacréon, Sophocle, Fontenelle, Duverney, Voltaire, Métaftafe, &c.), font prefque tous remarquables par l'âge avancé auquel les a conduits une vie fpéculative, régulière, embellie par l'étude, & prefque toujours dégagée des foucis & des peines attachés au commerce du monde. Les *médecins*, que le favoir de leur *profeffion* affocie à l'étude générale de la nature & de la philofophie, & que la pratique de leur art place au nombre de ceux qui exercent en même temps leurs facultés morales et leur corps, feroient placés dans une des conditions les plus favorables à la longévité, fi, plus économes de temps & de veilles confacrés au foulagement de leurs femblables, ils étoient libres de mettre en pratique les principes qu'ils érigent en préceptes, & dont ils fe font fi fouvent éloignés. Auffi, peu de médecins vieilliffent, & ceux qui, comme Hippocrate, Galien, Ripome, Avenzoar, Foreftus, Plater, Hoffmann, Haller, Boerhaave, Van-Swiéten, atteignent une longue vie, doivent particulièrement cet avantage à la force d'ame qu'ils ont acquise en paffant le terme des difficiles épreuves auxquelles les premières années de leur pratique ont fi cruellement expofé leur fenfibilité (1).

E. *Le mariage*, qui eft le lien le plus doux de la fociété, quand il eft heureux, contribue puiffamment à la durée de la vie ; auffi, trouve-t-on parmi les exemples de longévité un grand nombre de perfonnes qui ont été mariées, & dont plufieurs l'ont été plufieurs fois, & même jufqu'à dix. L'heureux effet de ce lien tient à ce que, inceffamment favorable au befoin de la reproduction, il prévient ce que ce befoin non fatisfait pourroit

produire de trop impérieux, en leur donnant un caractère de régularité qui conftitue la tempérance. Le célibat, dans toute l'acception du mot, eft préférable au libertinage ; mais cet état, contraire au vœu de la nature, ne fauroit être favorable à la longévité.

F. *Du caractère.* On a dit avec fondement qu'un mélange de bonne humeur & de gaieté de caractère, contribue beaucoup à prolonger la vie. La gaieté eft le propre du tempérament fanguin ; auffi ce tempérament eft-il, comme nous l'avons dit plus haut, un des plus favorables à la longévité. Dans une longue lifte de dix-fept cent onze centenaires, Sinclair dit n'avoir trouvé que Fontenelle parmi les favans de marque, & il n'attribue fa longue carrière, qui n'a cependant pas tout-à-fait atteint le fiècle, qu'à la douceur de fon caractère & à cet enjouement conftant qui a fait dire qu'il avoit été jeune jufqu'au dernier moment de fa vieilleffe. Les perfonnes irafcibles, ainfi que celles qui fe laiffent aller au découragement, & fuccombent fous le poids des traverfes de la vie, atteignent difficilement un âge avancé. Celles auffi qui émouffent leur fenfibilité ou épuifent leurs forces par une étude opiniâtre, ou par quelques travaux de l'imagination, parviennent rarement à la vieilleffe.

G. *Des Maladies.* Les maladies & les accidens interrompent fi communément le cours ordinaire de la vie, qu'il eft rare qu'elles laiffent à l'homme le temps de parvenir à fa fin naturelle (1). On obferve toutefois, comme nous l'avons déjà fait remarquer pour les tempéramens, que des perfonnes très-foibles, obligées de vivre de régime, ont dû à la foibleffe même de leur conftitution, l'avantage de prolonger leurs jours. On fait auffi que la folie, & plus particulièrement l'idiotifme, offrent très-fouvent le même réfultat.

Nous ne terminerons pas un article fur la longévité fans confacrer quelques lignes à la *macrobiotique*, ou *art de prolonger la vie*.

De tout temps, les hommes ont accordé beaucoup de confiance aux moyens propres à conferver la vie. De là les fourbes & les charlatans, avec leurs élixirs de *longue vie* ; de là le *foufre végétal*, ou la vraie pierre philofophale du fameux Paracelfe, fes talifmans, fes horofcopes & les

---

(1) *Voyez* BAIENUS (*Diff. epiftolica de longævitate medicorum*, 1785).

(1) Il réfulte du dépouillement des tableaux de mortalité dreffés par les municipalités de Paris, que pendant l'année 1809 il y eu dans cette ville fix cent cinquante-huit apoplexies, vingt-un cas d'afphyxie, quatre-vingt-dix morts fubites indéterminées, cinquante-trois fuicides, & parmi les autres caufes de deftruction, qui tiennent à la léfion des organes de la fenfibilité, deux mille fept cent cinquante-neuf décès provenant d'affections comateufes hypochondriaques, fpafmodiques ou nerveufes locales. (*Voyez Bulletin de Pharmacie*, 2ᵉ. année, mai 1810, *Statiftique médicale.*)

amulettes, qui remontent aux rêves de l'aftrologie. Nous citerons auffi comme plus modernes & non moins accrédités, le *thé de longue vie* du comte de Saint-Germain, l'*élixir de vie* du fameux Caglioftro, le *lit célefte* de Graham, le *mefmérifme*, ou magnétifme animal, préconifé plus que jamais à la honte du fiècle ; enfin la *transfufion du fang*, nouvelle fontaine de Jouvence, qui devoit faire couler une nouvelle vie dans les veines des vieillards, qui n'en font pas moins morts *quand même*.

A côté de toutes ces rêveries, il y a quelques pratiques plus rationnelles & qui méritent de fixer l'attention. Par un fyftème qui, plaifanterie à part, nous vient des Grecs, on confeille l'exercice le plus continu de nos forces, & les jouiffances de la nature, comme les moyens les plus fûrs d'augmenter la confiftance des organes & la durée du principe de la vie. Hippocrate & tous les médecins de fon temps mettoient tout le fecret d'une longue vie, dans la tempérance, dans un air pur, l'emploi des bains, l'exercice, et principalement l'ufage journalier des frictions. D'autres plaçoient au premier rang les pratiques variées de la gymnaftique, appropriée chez les Anciens à toutes les fituations et à tous les befoins. Hérodicus, qui en exagéra les applications, parut auffi, en redoublant les efforts, triompher de l'épuifement lui-même, puifque Platon lui fait une efpèce de reproche, en lui difant qu'il confervoit de la forte les plus chétives & les plus miférables exiftences.

Les préceptes de Plutarque, auxquels il dut de devenir très-vieux lui-même, & qui font de ne pas cultiver & exciter l'efprit au détriment du corps, de conferver la tête froide & les pieds chauds, & d'oppofer d'abord la diète abfolue aux fimples indifpofitions avant d'avoir recours aux moyens médicamenteux, méritent encore d'être confervés de nos jours.

Nous ne pafferons pas non plus fous filence les vues de l'illuftre Bacon, qui, fe repréfentant la vie comme une flamme qui confume fans ceffe l'air ambiant, s'applique d'une part à diminuer toute confomption & de l'autre à renouveler de temps en temps les humeurs du corps. C'eft ainfi que ce philofophe oppofoit à la confomption venue du dehors, les toniques, tels que les bains froids & les frictions huileufes & aromatiques en fortant du bain, & quand la caufe étoit intérieure, il prefcrivoit les toniques à l'intérieur, le régime alimentaire froid. Quant au renouvellement des humeurs, ce médecin prétend qu'il s'opère en changeant de régime tous les deux ou trois ans. On fent affez tout ce que cette dernière indication offre d'hypothétique.

Quelques obfervations, tirées des végétaux, & notamment des arbres régénérés par la réfection de quelques branches parafites, & parmi les animaux, des ferpens qui changent de peau, des oifeaux qui prennent un plumage nouveau, de certains quadrupèdes dont la tête fe couvre chaque année d'un bois nouveau, de certains cétacés auxquels les membres arrachés repouffent, & plus particulièrement encore de certains vieillards privilégiés auxquels il repouffe des troifièmes dents, & qui, en même temps, recouvrent les forces & les autres propriétés de l'adolefcence ; tous ces phénomènes ont fait penfer à la poffibilité de rajeunir les vieillards, d'où la *gérocomie*, au moyen de laquelle on penfoit pouvoir y parvenir. Le principal agent employé pour réuffir en pareil cas, & qui n'eft autre chofe que le moyen employé par le roi David, confiftoit à mettre les vieillards affoiblis & glacés par l'âge près du corps de jeunes perfonnes bien portantes, dont la chaleur, les émanations cutanées & la douce haleine leur offroient une atmofphère de principes réparateurs, en même temps qu'elles leur procuroient des impreffions des fentimens agréables. Nous ferons remarquer que, tout au plus palliatifs de la décrépitude, ces moyens ne fauroient en rien concourir au rajeuniffement du corps.

De tout ce qu'on vient de lire, il eft facile de conclure que la macrobiotique repofe plutôt fur la direction générale imprimée à la manière de vivre, & principalement dans la modération & l'uniformité de tous les actes de la vie, que fur l'emploi de quelques fpécifiques. (Ch. H.)

LOQUACITÉ. (*Path.*) Mot fervant à défigner l'un des fymptômes qui, dans beaucoup de maladies, caractérifent le délire. Les perfonnes qui en font atteintes prononcent ordinairement à demi-voix un grand nombre de paroles incohérentes qu'elles adreffent quelquefois à des perfonnes abfentes, & qu'elles prononcent d'autres fois fans but & fans objet apparent. (R. P.)

LORANTHÉES (Famille des). (*Bot.*, *Mat. méd.*) Nom d'une famille à laquelle le genre *Loranthus* fert de type ; elle ne fournit à la matière médicale qu'une feule plante, le *gui de chêne*, autrefois fréquemment employée, & de nos jours tout-à-fait abandonnée. (*Voyez* Gui, tom. VI, 777.) (R. P.)

LUCIDE. *Lucidus.* Se dit des momens de bon fens dont jouiffent, à des intervalles plus ou moins rapprochés, les individus devenus fous. (Ch. H.)

LUCQUES (Eaux minérales de). Ces eaux, qui ont été préconifées par un grand nombre de médecins, font fournies par dix fources principales. Elles font en général claires, limpides, inodores, ont une température différente pour chacune d'elles, & forment des incruftations dans les canaux & baffins qui les reçoivent. L'analyfe chimique a fait voir qu'elles contiennent du gaz acide carbonique, des fulfates de chaux, de magnéfie, & des fulfates acidules d'alumine & de potaffe. On y rencontre auffi des hydrochlorates de foude & de magnéfie, des carbonates de chaux & de magnéfie, de la filice, de l'alumine & de l'oxyde de fer.

Voici les noms fous lefquels on connoît les fources minérales de Lucques :

1°. *La fource de la Villa*. (Température 33 à 34°. Réaumur). Elle fournit aux *Bains des Cavaliers*.

2°. *La fource de Bernabo*. (Tempér. 35°.)

3°. *La Douche rouge*. (Tempér. 38°.)

4°. *La Traftulina*. (Tempér. 30 à 32°.)

5°. *La Défefpérée*, ainfi nommée à caufe des cures merveilleufes qu'on lui attribue. (Tempér. 36°.)

6°. *La Coronale*, particulièrement propre, dit-on, à la guérifon des maux de tête. (Tempér. 35°.)

7°. *La Mariée*, regardée comme étant convenable pour rétablir l'énergie des organes génitaux. (Tempér. 34°.)

8°. *La fource du Doccione*. Elle eft la plus abondante & la plus chaude de toutes les fources de Lucques. (Tempér. 43°.)

9°. *La fource del Fontino*. (Tempér. habituelle. 37°.)

10°. *La fontaine Saint-Jean*. (Tempér. 31°.)

Ces eaux font employées avec avantage pour combattre les accidens chroniques de la goutte et des rhumatifmes, & paroiffent utiles dans le plus grand nombre des cas où l'économie animale eft frappée d'atonie. On les recommande encore dans la dyfpepfie, la leucorrhée, la chlorofe, les dégénérefcences vifcérales; on y a encore recours dans les cas d'ulcères vieux & opiniâtres des jambes, dans le fcrofule, & furtout dans les affections des voies urinaires.

On adminiftre les eaux de Lucques à l'intérieur, à la dofe de trois ou quatre verres, après avoir eu toutefois la précaution de s'y préparer par un léger purgatif. On en fait encore ufage à l'extérieur fous forme de bains ou de douches, & l'on applique avec fuccès fur les congeftions lymphatiques, dont le fiége eft aux articulations, le dépôt limoneux qu'elles laiffent précipiter.

                   (R. P.)

LUCTUEUSE (*Path*.), de *luctuofus*, plaintif. On appelle refpiration *luctueufe* celle qui, lors de l'expiration, fait entendre une forte de gémiffement. On l'obferve dans quelques affections de poitrine & dans certaines fièvres graves.

                   (R. P.)

LUNAIRE. (*Bot.*, *Mat. méd.*) Genre de plantes appartenant à la Tétradynamie filiculeufe de Linné

& à la famille des Crucifères. La racine de l'une des efpèces de ce genre, le *lunaria rediviva*, peut être mangée en falade, & fes femences, dont on ne fait plus aujourd'hui aucun ufage, ont jadis été recommandées comme vulnéraires, diurétiques, anti-épileptiques & anti-hydrophobiques.

On défigne encore fous le nom de *lunaire*, une plante effentiellement différente de la précédente, c'eft l'*ofmunda lunaria* L. (*botrychium lunaria* WILD.), qui appartient à la famille des Fougères, & à laquelle les alchimiftes accordoient de grandes propriétés, à caufe de l'efpèce de croiffant dont ils croyoient appercevoir la forme fur fes feuilles. (R. P.)

LUPULINE. (*Chim. végét.*) A la bafe des écailles membraneufes dont font formés les capitules fructifères du houblon, on rencontre des corpufcules granuleux dont la couleur eft jaune doré, la nature refineufe, la faveur amère, & dans lefquels paroît réfider la propriété médicamenteufe du honblon. M. Yves, de New-Yorck, qui a découvert cette fubftance, lui a donné le nom de *lupuline*, et MM. Payen & Chevallier, qui en ont fait l'analyfe, en ont retiré, de la réfine bien caractérifée, une matière amère, de l'huile effentielle, de la gomme, de la filice, & quelques autres fubftances. L'eau bouillante, l'alcool & l'éther, s'emparent avec facilité de ce principe actif du houblon, que l'eau froide ne diffout, au contraire, qu'en très-petite quantité. (R. P.)

LYCOPODE. (*Bot.*, *Mat. méd.*) *Lycopodium clavatum*. Plante cryptogame qui fournit une pouffière jaune, fèche, éminemment inflammable, propriété qui lui fit donner jadis le nom de *foufre végétal*. Comme cette fubftance brûle fans répandre d'odeur, elle eft principalement employée dans les fpectacles pour produire des flammes légères & rapides. Les pharmaciens fe fervent de la poudre du lycopode pour deffécher la furface des pilules, et on l'emploie encore pour prévenir ou guérir les excoriations de la peau des enfans nouveau-nés. Quelques médecins ont penfé qu'il feroit poffible de l'adminiftrer à l'intérieur, mais il eft bien rare que dans notre pays on en faffe un pareil ufage. (R. P.)

LYPÉMANIE. (*Pathol*.) Nom propofé par M. Efquirol pour défigner l'efpèce de mélancolie que Reufch avoit nommée *triftimanie*, et qui diffère d'une autre maladie, à laquelle la dénomination de *monomanie* paroît être plus convenable. (*Voyez* MONOMANIE, tom. X, pag. 191.)

                   (R. P.)

M

MACQUER (Pierre-Jofeph) (*Biogr. médic.*), d'une famille originaire d'Écoffe, naquit à Paris le le 9 octobre 1718, se livra à l'étude de la médecine, qu'il ne pratiqua jamais, son goût le portant à cultiver de préférence les sciences physiques, & c'est effectivement comme chimiste qu'il entra à l'Académie des sciences en 1745, qu'il en devint associé en 1766 & pensionnaire en 1772. Macquer peut être regardé comme l'un de ceux qui ont sinon effectué, du moins préparé par leurs travaux l'heureuse révolution qui s'est opérée dans la chimie. On lui est effectivement redevable d'un assez grand nombre de découvertes importantes.

Macquer mourut à Paris le 15 février 1784, & a laissé plusieurs ouvrages, dont le plus estimé est un *Dictionnaire de chimie* qui a été réimprimé plusieurs fois. (R. P.)

MACROBIOTIQUE. (*Hyg.*) Expression formée de deux mots grecs μακρος, long & βιος, vie. On s'en est quelquefois servi pour désigner des personnes dont la vie s'est prolongée au-delà des limites ordinaires, & d'autres fois aussi, on a nommé art *macrobiotique* l'ensemble des préceptes que l'on croit les plus propres à procurer la longévité. (*Voyez* ce dernier mot dans ce *Supplément*.) (R. P.)

MACULE. (*Path.*) Nom donné aux taches qui existent à la surface de la peau ou de tout autre tissu. Les macules sont quelquefois naturelles, d'autres fois elles annoncent une lésion, & doivent dans ce cas être regardées soit à raison de leur nombre, de leurs couleurs, ou de leurs formes, &c., comme des symptômes propres à éclairer le diagnostic des maladies.
(R. P.)

MAGNOLIACÉES (Famille des). (*Bot.*, *Mat. médic.*) Famille de plantes dicotylédones polypétales à étamines hypogynes. Cette famille, dont le nom rappelle celui de *Magnol*, mort à Montpellier en 1715, & à qui Linné avoit dédié le genre MAGNOLIA, ne fournit à la matière médicale qu'un très-petit nombre d'espèces, & encore la plupart ne sont-elles pas employées dans notre pays. Plusieurs magnoliers, à raison de la beauté & de la grandeur de leurs fleurs, sont cultivés dans nos jardins. L'anis étoilé (*ilicium anisatum* L.), l'écorce de Winter, (*drimys Winteri* de FORSTER) appartiennent à la famille des Magnoliacées. (R. P.)

MAGNOLIER. (*Bot.*, *Mat. médic.*) Genre de plantes de la Polyandrie polygynie de Linné & de la famille des Magnoliacées. C'est en général dans l'écorce & le péricarpe des fruits de ces arbres, que résident les propriétés qui peuvent les faire rechercher des médecins. Les écorces sont amères, aromatiques, mais nulle-

MÉDECINE. Tome XIII.

ment astringentes. Elles ont une qualité tonique & fébrifuge qui permet de les substituer au quinquina : ce qui a lieu dans certaines contrées des États-Unis à l'égard du *magnolia glauca*, que l'on a même quelquefois introduit en Europe sous le nom de FAUX QUINQUINA, ou de quinquina de Virginie. Quant aux fruits des Magnoliers, leurs propriétés sont variables suivant leurs diverses parties : ainsi dans le péricarpe, le principe aromatique domine, tandis que les semences sont remarquables par leur amertume. (R. P.)

MALADIE BLEUE. (*Path.*) Toutes les fois que par accident ou par suite d'une disposition congéniale vicieuse, il existe une communication entre les cavités droites & les cavités gauches du cœur, le sang veineux, se mêlant au sang artériel, donne à la peau une couleur bleue plus ou moins intense, & qui est particulièrement remarquable dans les endroits où la finesse du derme met les vaisseaux capillaires plus à découvert : ce qui arrive aux lèvres, aux paupières, sous les ongles, &c. Toutes les causes susceptibles d'activer la circulation augmentent cette coloration anormale de la peau.

L'ouverture d'un assez grand nombre de cadavres a prouvé que cette maladie, que l'on a aussi nommée *cyanopathie*, *cyanose*, était produite soit par le défaut d'occlusion du trou ovale, soit par une rupture accidentelle, établissant une communication entre les deux ventricules, soit parce que le canal artériel persiste après la naissance, ou enfin parce que l'aorte, au lieu de prendre naissance seulement dans le ventricule gauche, avoit une seconde racine dans le ventricule droit.

Une affection qui rend imparfaite l'une des fonctions les plus importantes de l'économie, nuit nécessairement au développement du corps des individus qui en sont attaqués; aussi sont-ils généralement maigres, *soufflés*, sans énergie morale, & communément meurent-ils dans un âge peu avancé.

Cette maladie, ainsi que beaucoup d'autres affections du cœur, est au-dessus des ressources de l'art & n'admet qu'un traitement palliatif, & si le plus ordinairement elle semble annoncer une conformation vicieuse du cœur, elle peut, ainsi que l'expérience l'a prouvé, se développer chez des personnes dont cet organe est dans l'état normal. (R. P.)

MALAISE. (*Path.*) Indisposition légère dont les causes sont ordinairement l'oubli de quelques-unes des règles hygiéniques, & dont la durée est presque toujours très-limitée. Quelquefois le malaise est général, d'autres fois il est partiel, & assez souvent il est le prodrome d'affections plus ou moins graves. (R. P.)

MANCHOT. (*Path.*) Nom sous lequel on dé-
M m m m

figne ordinairement les perfonnes qui naturellement ou accidentellement fe trouvent privées
d'une portion plus ou moins confidérable de l'un
des membres thoraciques. (R. P.)

MANIPULATION. (*Pharm.*) Ce mot, pris
dans fon acception la plus générale, défigne tout
ce qui eft relatif à la manière d'opérer dans les
arts. En chimie & en pharmacie, il exprime la
férie des opérations qu'il faut exécuter pour arriver à des réfultats certains. (R. P.)

MANNEQUIN, Figure imitant un homme ou
une femme, ou feulement l'abdomen & le baffin
d'une femme, & dont on fe fert pour exercer les
élèves à l'application des bandages ou à la manœuvre des accouchemens.

Malgré la perfection à la quelle font parvenus
MM. Levaffeur & Verdier pour la fabrication
des mannequins obftétriques, on ne peut les confidérer que comme des objets d'art, comme des
produits de l'induftrie tout au plus propres à piquer
la curiofité des gens du monde & à leur donner
une idée des phénomènes de l'accouchement, à la
repréfentation desquels une foule de circonftances
plus puiffantes les unes que les autres ne leur permettent pas d'affifter. Il n'y a pas de mannequin
capable de remplacer la nature, ni pour celui qui
fe deftine à en réparer les écarts ou à obvier aux
accidens de tous genres auxquels l'efpèce humaine eft expofée, ni pour celui qui n'a d'autre
but que d'apprendre à l'imiter. Le médecin &
l'artifte doivent s'abftenir également de l'emploi
du mannequin. (C. H.)

MANNITE. Nom donné par M. le profeffeur
Thénard à une fubftance fucrée, qui femble former la prefque totalité de la manne, et que ce
chimifte a rangée au nombre des principes immédiats des végétaux. La manne dite en *larmes* en
eft prefqu'entièrement formée; la manne en *forte*
en contient à peu près les trois quarts de fon
poids, le refte eft formé de fucre véritable & d'une
matière extraétiforme naufeufe, qui eft ou qui
renferme le principe purgatif de la manne.

La mannite à l'état de pureté eft blanche; légère et poreufe; elle criftallife en aiguilles demi
tranfparentes; elle eft fans odeur; fa faveur eft
fraîche & fucrée. L'air ne lui fait éprouver aucune
altération. Elle fe diffout dans l'eau & dans l'alcool, mais mieux à chaud qu'à froid, furtout dans
ce dernier véhicule. Traitée par l'acide nitrique,
elle fournit de l'acide oxalique, mais point d'acide
mucique. Elle n'eft pas précipitée par les fels de
plomb.

D'après M. J. Pelletier, elle eft formée de carbone 58,53, hydrogène 7,87, & oxygène 53,60.

Pour l'obtenir, on fait diffoudre la manne en
larmes dans de l'alcool bouillant; la mannite cris-

tallife par le refroidiffement, & on la rediffout
dans de nouvel alcool, pour l'avoir à l'état de pureté par le nouveau refroidiffement.

La mannite n'exifte pas feulement dans les différente efpèces de manne, qui lui doivent leur
faveur plus ou moins fucrée; elle fe forme encore
d'une manière fpontanée dans quelques cas où la
fermentation acide fe développe. Fourcroy &
Vauquelin l'ont rencontrée dans le fuc d'oignon &
dans celui de melon fermenté, Braconnot en a
également conftaté la préfence dans le produit de
la fermentation du fucre de betteraves, & Laugier
dans celui de carottes, qui étoit dans les mêmes
circonftances. Elle paroit exifter également dans
différentes efpèces de fucus, ainfi que dans plufieurs autres végétaux, & former en grande partie
la *miellée*, exhalation vifqueufe et fucrée, dont
un grand nombre de plantes, et notamment les
feuilles de tilleul, fe couvrent dans le cours de la
faifon chaude.

La mannite ne conferve prefque pas de propriétés purgatives. M. le doéteur Bouillon-La-
grange l'emploie en paftilles, en pilules, ou diffoute
à la dofe d'une demi-once dans un demi-verre de
lait, comme anti-catarrhale. (CH. H.)

MANOMÈTRE. (*Phyfiq.*) Surnom que Sauf-
fure avoit donné au baromètre, lorfque cet inftrument étoit employé pour évaluer la force élaftique de l'air. Depuis Bertholet, de Laroche &
Legallois, ont fait ufage de ce même inftrument
pour reconnoître les modifications qu'un animal
fait éprouver à un volume d'air dans lequel il
refte plongé pendant un temps plus ou moins confidérable. La conftruétion de cet appareil doit
alors éprouver quelques modifications, & en pareil cas il doit toujours être employé conjointement avec le thermomètre, l'hygromètre et l'eu-
diomètre. (*Voyez* le *Diétionnaire de Phyfique* de
cette Encyclopédie, tom. III, pag. 797; & les
Mémoires de la Société d'Arcueil, tom. I, pag. 20
et 282.) (R. P.)

MASQUE. (*Hyg.*) On donne, en médecine,
le nom de *mafque* à une teinte particulière
qui fe remarque affez fouvent fur le vifage des
femmes à certaines époques, & quelquefois pendant tout le temps de la geftation: teinte que
quelques-unes confervent encore plus ou moins
long-temps après l'accouchement, & qui, chez
d'autres, refte pendant toute la vie. (CH. H.)

MASSOY (Ecorce de). (*Bot., Mat. méd.*)
Cette écorce, citée par Murray, vient de la Nou-
velle-Guinée, & eft produite par un végétal inconnu. Son odeur eft aromatique, analogue à celle
de la cannelle, dont elle a auffi la couleur. On l'emploie dans l'Inde contre les tranchées; mais elle
ne fe trouve point dans nos pharmacies.

(R. P.)

MAT (Son). (*Séméiot.*) Nom fous lequel les pathologiftes défignent le bruit obfcur que fait entendre dans certains cas la percuffion de la poitrine. (*Voyez* Séméiotique, tom. XIII, pag. 19. (R. P.)

MATALISTA. (*Bot., Mat. méd.*) Nom d'une racine originaire d'Amérique, & produite par un arbre jufqu'à préfent inconnu. Cette racine, qui fe rencontre affez communément dans les officines d'Allemagne, eft en morceaux arrondis, blancs à l'intérieur, fendillés extérieurement; elle eft employée comme purgative. (R. P.)

MAURICEAU (François) (*Biog. méd.*), célèbre accoucheur du dix-feptième fiècle. (*Voyez*, pour fa biographie, le *Dictionnaire de Chirurgie* de cette Encyclopédie.)

MÉCANIQUE ANIMALE. (*Phyfiol.*) On appelle ainfi l'enfemble des lois qui préfident aux phénomènes organiques; mais ce nom eft plus fpécialement confacré pour défigner cette partie de la phyfiologie qui s'occupe des mouvemens qu'exécutent certains organes, & à laquelle on peut faire l'application des lois de la ftatique & de la dynamique. (Ch. H.)

MECKEL (Jean-Frédéric) (*Biogr. méd.*), naquit à Wetzlar, le 31 juillet 1714; & d'après les confeils de fon aïeul maternel, il commença l'étude de la médecine à Goëttingue, fous Haller. Reçu docteur, il fut nommé, en 1751, démonftrateur à l'Ecole des fages-femmes de Berlin. Deux ans plus tard, il fuccéda à Buddeus, et put fe livrer à fon goût pour l'anatomie. Meckel renonça à cette place en 1773, & mourut le 18 feptembre de l'année fuivante, avec le titre de *chirurgien du roi de Pruffe*. Les fervices qu'il a rendus à l'anatomie ont engagé les anatomiftes à donner fon nom au ganglion fphéno-palatin qu'il avoit découvert.

Indépendamment des travaux de Meckel, confignés dans les *Mémoires de l'Académie de Berlin*, on a encore de lui:

Differtatio de quinto pare nervorum cerebri. Goëttingue, 1748, in-4°. avec deux planches.

Phyfiologifche und anatomifche Abhandlung von einer ungewoehnlichen Eweiterung des Herzens. Berlin, 1755, in-4°.

Differtatio epiftolaris ad Hallerum, de vafis lymphaticis glandulifque conglobatis. Berlin, 1757, in-8°.

Nova experimenta & obfervationes de finibus venarum ac vaforum lymphaticorum in ductus vifceraque excretoria corporis humani, ejufdemque ftructurae utilitate. Berlin, 1771, in-8°.

Tractatus de morbo herniofo congenito fingulari & complicato feliciter curato. Berlin, 1772, in-8°. Traduit en allemand par Baldinger. Berlin, 1772, in-8°.

(*Extr. de la Biogr. médic.*) (R. P.)

MÉDULLINE. (*Chim.*) Nom donné par M. John à la moelle des plantes puifée par l'eau & par l'alcool, & que ce chimifte confidère comme un principe immédiat des végétaux. La médulline a pour caractères principaux fa blancheur, fon peu d'élafticité, fa légèreté, fon infolubilité dans l'eau, dans la potaffe, dans l'alcool, l'éther, les huiles, et la propriété qu'elle a de s'enflammer lorfqu'on l'approche de la flamme d'une bougie. L'acide nitrique fait paffer la médulline à l'état d'acide oxalique. Ce corps eft fans ufage en médecine. (Ch. H.)

MÉLAMBO. (*Bot., Mat. méd.*) Nom indien donné à l'écorce d'un arbre que l'on croit appartenir au genre Quassia de Linné. Cette écorce, que les naturels emploient comme fébrifuge, nous vient de Santa-Fé de Bogota. Elle eft épaiffe, caffante, d'une couleur jaune, & recouverte d'un épiderme blanc & tuberculeux. Elle a l'odeur & la faveur du piment. L'analyfe chimique du mélambo a prouvé qu'elle ne contenoit ni tannin, ni acide gallique, en forte qu'elle ne fauroit être affimilée au quinquina, & c'eft aux matières huileufes & réfineufes qu'elle contient très-abondamment, qu'il faut attribuer fes propriétés médicamenteufes. Dans l'Amérique méridionale, on la prefcrit à la dofe de 31 grains, dans les cas de fièvre intermittente (1). (R. P.)

MÉLIACÉES (Famille des). (*Bot., Mat. méd.*) Nom d'une famille de plantes dicotylédones polypétales à étamines épigynes. Jufqu'à ces derniers temps, la *cannelle blanche* a été la feule des plantes de cette famille dont on eut conftaté les propriétés médicinales; mais tout récemment, on a tranfporté en Europe un arbre (*melia azedarac* ou *lilas des Indes*) qui vient fpontanément dans ces contrées, & dont la racine, d'après un témoin oculaire, M. Valentin, eft employée dans l'Amérique feptentrionale comme un excellent anthelmintique, propriété qui, jufqu'à préfent, n'a point été conftatée dans nos climats.

Plufieurs bois précieux, tels que ceux du *cedrela odorata*, du *fwietenia Mahagoni*, font fournis par des arbres de la famille des Méliacées.

(R. P.)

MENURET DE CHAMBAUD (Jean-Jacques)

---

(1) *Voyez* le Journal de Médecine de Corvifart, Leroux, tom. XIV, pag. 433.

(*Biogr. médic.*), né à Montélimar en 1733, étudia la médecine à Montpellier, & peu après son admission au doctorat, fut choisi par d'Alembert & Diderot pour travailler à l'*Encyclopédie*: ouvrage dans lequel on lit encore avec plaisir la plupart de ses articles.

Menuret, attaché à Dumouriez comme médecin, lorsque ce général quitta la France pour échapper aux dangers dont il étoit menacé, se trouva compromis, & fut obligé de chercher un asile dans la ville de Hambourg, où il resta jusqu'à l'époque où il put rentrer en toute sûreté dans sa patrie. Ce médecin, qui mourut en 1815, étoit moins remarquable encore par ses talens que par sa grande philanthropie. On a de lui:

Nouveau Traité du pouls. Paris, 1768, in-12.

Avis aux mères sur la petite-vérole & la rougeole. Lyon, 1770, in-8°. Trad. en allemand, Leipsick, 1772, in-8°.

Éloge historique de M. Venel. Grenoble, 1777, in-8°.

Essai sur l'action de l'air dans les maladies contagieuses. Paris, 1781, in-12. Trad. en allemand, Leipsick, 1784, in-4°.

Essai sur l'histoire médico-topographique de Paris. Paris, 1786, in-12. *Ibid.*, 1805, même format.

Essai sur la ville de Hambourg, considérée dans ses rapports avec la santé, ou *Lettres sur l'histoire médico-topographique de cette ville.* Hambourg, 1797, in-8°. Trad. en allemand par M. G. Hermann, Hambourg, 1797, in-8°.

(*Extr. de la Biogr. médic.*) (R. P.)

MESMER (Antoine) (*Biogr. méd.*), né le 23 mai 1733, à Weil, près de Stein, sur le Rhin, étudia la médecine à Vienne. La vogue dont il a joui pendant quelque temps est due, non à son savoir comme médecin, mais à cette sotte crédulité qui dispose la multitude à être dupe du premier charlatan assez effronté pour émettre & soutenir les idées les plus absurdes. L'Autriche, la Souabe & la Suisse furent les premiers théâtres des jongleries de Mesmer; mais il n'y trouva que peu de partisans, & ce fut à Paris qu'il rencontra des prosélytes dévoués, aux dépens desquels il parvint, en moins de six années, à acquérir une fortune considérable. Ce but une fois atteint, Mesmer ne pensa plus qu'à jouir paisiblement des fruits de son charlatanisme. Il séjourna quelque temps en Angleterre, puis se retira en Allemagne, & mourut à Mersebourg le 5 mars 1815. (*Voyez*, pour les développemens relatifs à la théorie de Mesmer, pour le jugement qu'en ont porté l'Académie des sciences & la Société royale de médecine, le mot MAGNÉTISME ANIMAL (art. AIMANT), tom. I, pag. 451; & MESMÉRISME, tom. X, pag. 7 de cette Encyclopédie.)

METZGER (Jean-Daniel) (*Biogr. méd.*), né à Strasbourg, le 7 février 1739, y obtint le titre de docteur en médecine le 1er septembre 1767. Il devint médecin du comte de Beintheim Steinfurt, & en 1777, fut appelé à Kœnigsberg pour y enseigner l'anatomie, qu'il cultiva avec le plus grand succès. Doué d'une rare activité, Metzger ne négligea l'étude d'aucune partie de la médecine; aussi prit-il une part active dans toutes les questions qui s'agitèrent de son temps, ce que prouvent les nombreuses *Dissertations* dont il est l'auteur (1). Mais c'est particulièrement comme médecin légiste qu'il se fit remarquer, & il est en effet peu de points de médecine légale auxquels il n'ait honorablement attaché son nom. Metzger mourut à Kœnigsberg en 1805. (R. P.)

MILIEU. (*Hyg.*). Nom donné à toutes substances solides, liquides ou fluides élastiques, dans l'intérieur desquelles d'autres corps peuvent se mouvoir. Ainsi, l'eau est un *milieu* dans lequel vivent les poissons; le verre est un *milieu* que la lumière traverse; l'air atmosphérique est le *milieu* indispensable à l'entretien de la vie de l'homme & de la plupart des animaux.

On conçoit combien est importante, pour l'hygiène, l'étude des modifications que peuvent éprouver, sous le rapport de leur nature & de leur température, les divers *milieux* dans lesquels l'homme peut être plongé. (*Voyez* AIR, BAINS, NATATION, etc.) (R. P.)

MISTRAL (Vent). (*Météor.*) Nom donné aux courans atmosphériques qui, en Provence, viennent du nord-ouest. On nomme aussi ce vent *maestro.* (*Voyez* VENT, tom. XIII, pag. 411.)
(R. P.)

MOREAU DE LA SARTHE (Louis-Jacques) (*Biogr. médic.*), docteur en médecine de la Faculté de Paris, bibliothécaire, puis ensuite professeur dans la même Faculté, ancien professeur d'hygiène publique & privée à l'Athénée, membre de la Société de médecine du Louvre, membre titulaire de l'Académie royale de médecine, de la Société médicale d'émulation, dont il fut un des fondateurs, de la Société philomatique, des Sociétés de médecine de Montpellier, Bordeaux, Lyon, de l'Académie de Wilna & de plusieurs autres Sociétés & Académies nationales & étrangères, naquit à Montfort-sur-l'Huisne, département de la Sarthe, le 1er. janvier 1771.

Après avoir fait ses premières études au collège du Mans, Moreau resta pendant deux ans environ incertain sur le choix de la profession qu'il devoit embrasser: pendant ce temps il termina son instruc-

_____

(1) *Voyez* la *Biographie médicale.*

tion littéraire , & s'occupa d'une manière toute fpéciale de l'étude de l'hiftoire naturelle. Il fut même
fur le point de fe faire *oratorien* ; mais fes amis lui
ayant repréfenté qu'il perdroit fa liberté , les ora-
toriens de Paris ne permettant pas qu'on le livre
à l'étude du droit ou de la médecine, il fe décida
pour l'art médical , qu'il devoit plus tard enrichir
de fes recherches. A cette époque, les premières
journées de la révolution avoient déjà réveillé
des idées de patrie & de liberté , idées que le def-
potifme, qui s'oppofoit à l'inftruction des maffes,
étoit parvenu à étouffer dans les fiècles précédens.
Le jeune Moreau, dont l'imagination étoit très-
vive, ne pouvoit qu'applaudir à cet élan de tout un
peuple vers la liberté ; il le partagea , quoique plus
tard il gémit fur les malheurs qui accablèrent fon
pays. Doué d'un efprit philofophique, Moreau reconnut dans l'exercice de la médecine un art affez
libéral & affez indépendant pour pouvoir, en l'exerçant alors, fe livrer à l'étude de l'homme fans
compromettre fon exiftence. Dans cette circonftance, une de fes tantes, fes autres parens n'étant
pas affez fortunés, l'aida de tous fes moyens, & il
partit du Mans le 29 feptembre 1791. Après deux
ans d'étude il fut nommé chirurgien militaire de
troifième claffe, & quitta ce fervice le 3 nivole
an III de la République, ayant perdu le libre ufage
de la main droite à la fuite d'une bleffure qu'il fe
fit dans l'exercice de fes fonctions à l'hôpital militaire de Nantes : ce fut pendant ce temps qu'il
eut l'occafion de recueillir les matériaux de fon
Mémoire fur la gangrène humide des hôpitaux,
publié en 1796, & auquel il ajouta le rapport de
Fourcroy , Heurteloup & Petit, dont les conclufions, très-favorables à l'auteur, contribuèrent à le faire recevoir, ainfi que fon collaborateur M. Burdin , membre de la Société de médecine
du Louvre. En quittant le fervice militaire, Moreau obtint le titre d'élève de l'Ecole de fanté,
envoyé par le diftrict du Mans fous le nom d'*élève
de la patrie*. Vers la fin de l'année 1795 , on
le nomma fous-bibliothécaire de la même Ecole
en remplacement de M. Parifet, démiffionnaire,
avec lequel il a puiffamment contribué à former
la bibliothèque de cette Faculté qui, par fa compofition & par fa diftribution méthodique, fe trouve
être aujourd'hui une des bibliothèques fpéciales
la plus riche & la plus propre à remplir les befoins des nombreux lecteurs qui s'y rendent journellement.

Reçu docteur en médecine à l'âge de trente-
deux ans, après en avoir obtenu le diplôme le 2
prairial an XII de la République française, en
échange d'un certificat de capacité, en date
du 2 floréal an XI, Moreau de la Sarthe refta
toujours attaché à la Faculté comme fous-bibliothécaire, & fut, le 24 mars 1808, nommé bibliothécaire à l'unanimité des fuffrages, fonction qu'il
exerça avec zèle & d'une manière très-honorable
jufqu'au 19 août 1815. A cette époque le gouver-

nement du Roi ayant été inftruit que, fous le nom
de *répétitions*, il avoit joint à fes fonctions de
bibliothécaire des leçons fur l'hiftoire littéraire de
la médecine, rétablit en fa faveur, par une ordonnance fpéciale & d'après les règlemens non
abrogés de l'Ecole de Paris, la chaire de biblio-
graphie médicale. Le 23 février 1819, un arrêté
du confeil royal réunit à cette même chaire, pour
le confier à Moreau, le *cours d'hiftoire de la médecine* , fujet vafte, étendu, hériffé de difficultés,
& qu'il étoit feul en état de traiter convenablement , tant à caufe de fa profonde & judicieufe
érudition, de fa faine critique & de fon activité
infatigable pour les recherches qu'un pareil cours
exigeoit, que par fon efprit fi éminemment philofophique & fi méthodique. Moreau fit ce cours
jufqu'à la fuppreffion de la Faculté par l'ordonnance du 21 novembre 1822.

Depuis long-temps cette réunion de favans portoit ombrage au jéfuitifme qui, voulant envahir la
France, cherchoit une occafion pour détruire
cette fociété d'hommes indépendans. Quelques
coups de fifflet, que l'on qualifia de *défordres
fcandaleux*, fervirent de prétexte, & la Faculté de médecine fut complètement déforganifée, ou pour mieux dire entièrement détruite :
dès ce moment Moreau, dont les opinions étoient
vivement oppofées à celles du gouvernement
d'alors, perdit fa place de profeffeur bibliothécaire ; &, par une nouvelle ordonnance du 2 février 1823, il fut mis au nombre des profeffeurs
honoraires ; difgrace qu'il partagea fans fe plaindre avec les hommes les plus recommandables
de cette célèbre Ecole. Dès ce moment, Moreau fe livra exclufivement à la pratique de
la médecine & à l'achèvement du *Dictionnaire
de Médecine de l'Encyclopédie méthodique*, à
la rédaction duquel il voulut bien m'affocier. Il
mourut le 13 juin 1826, d'une phthifie pulmonaire, fans prévoir un inftant fa fin prochaine,
& avec ce calme & cette heureufe réfignation
qui réfultent d'une vie probe employée tout
entière au foulagement de l'humanité. Une
claufe de fon teftament fait plufieurs années avant
fa mort, étoit ainfi conçue : *Je veux que mes livres
de médecine foient donnés par concours & comme
prix à celui des élèves qui, au jugement d'une
commiffion nommée par l'Académie, aura montré le plus de connoiffance dans la littérature & la
philofophie médicales.* Cet article ne reçut fon
exécution qu'en 1829.

Médecin philofophe, littérateur diftingué,
Moreau de la Sarthe obtint dans le monde une
réputation bien méritée : la douceur de fon caractère, la vivacité, la fineffe de fon efprit,
l'étendue, la variété de fes connoiffances, le
charme de fa converfation, les foins qu'il prodiguoit à fes malades, l'empreffement qu'il leur
témoignoit, le faifoient rechercher par les perfonnes les plus remarquables de la haute fociété,

dont il devenoit aufant l'ami que le médecin. Bienveillant avec fes confrères, accueillant avec empreffement les élèves chez lesquels il reconnoiffoit l'amour du travail, le defir de l'étude, il étoit aimé, eftimé de toutes les perfonnes qui le connoiffoient. Peu de médecins ont laiffé une réputation auffi intacte & auffi pure que la fienne. Simple dans fes habitudes, il ne vivoit que pour l'étude & le foulagement de fes malades : il ne cherchoit de délaffement à fes travaux que dans la converfation des perfonnes diftinguées dont il aimoit à s'entourer.

Moreau de la Sarthe a beaucoup écrit fur les différentes parties de l'art de guérir & de la phyfiologie. Cependant fa gloire & fa réputation littéraires ne font pas ce qu'elles devroient être : on peut dire de lui qu'il répandit la fcience dans de petits articles féparés, dans des brochures de quelques feuilles ou dans la réimpreffion d'ouvrages publiés par des auteurs connus, & en dernier lieu, dans le *Dictionnaire de Médecine de l'Encyclopédie méthodique*, dont, à la mort de Petit-Radel, il devint le rédacteur principal. Son ftyle étoit pur, élégant, fa diction facile, le mot propre fe préfentoit toujours fous fa plume : fans vifer à l'effet, fans le chercher, il en produifoit beaucoup par la clarté de fon expreffion; en un mot il étoit, de l'avis même de tous les médecins, un de ceux qui écrivoient le mieux.

On a, de Moreau de la Sarthe :

1°. Une Differtation inaugurale *fur la gangrène humide des hôpitaux.*

2°. Des *Recherches fur l'emploi médical des paffions.*

3°. Une *Efquiffe d'un cours d'hygiène.*

4°. *Quelques expériences galvaniques.*

5°. Un *Traité fur l'hiftoire naturelle, la phyfiologie & l'hygiène fpéciale de la femme.*

6°. Un *Traité hiftorique & pratique de la Vaccine.* Paris, 1801, in-8°.

7°. *L'Anatomie & la Phyfiognomonie du vifage,* formant le quatrième volume in-4°. de fa grande édition de *Lavater.*

8°. Une *édition des Œuvres de Vicq-d'Azyr,* augmentée de notes & précédée d'un difcours fur la vie & les ouvrages de ce médecin célèbre.

9°. Plufieurs *articles & mémoires* inférés dans les ouvrages périodiques, principalement dans les *Mémoires de la Société médicale d'émulation,* dans le *Journal de Médecine* & dans la *Revue philofophique & littéraire,* &c. &c.

10°. Des travaux particuliers *fur la médecine mentale.*

11°. Plufieurs volumes du *Dictionnaire de Médecine de l'Encyclopédie.*

12°. Enfin, l'article RÊVE, dans le *Dictionnaire des Sciences médicales.*

Sa *Differtation fur la gangrène humide des hôpitaux* contient plufieurs aperçus entièrement neufs, notamment fur la nature de cette efpèce de gangrène; fur la circonftance qui peut rendre le pus d'un ulcère contagieux; fur les rapports qui exiftent entre l'afpect des plaies & l'état des forces vitales des bleffés. Toutes ces recherches, qui pourroient paroitre maintenant fuperflues, furent jugées très-favorablement alors; elles font le réfultat de l'obfervation la plus fuivie & la plus fcrupuleufe, & valurent à leur jeune auteur le rapport fi favorable de Fourcroy, Heurteloup & Petit. Dès ce moment, Moreau prit rang parmi les bons obfervateurs; & c'eft ainfi qu'il préluda dans fa carrière littéraire.

Ses *Recherches fur l'emploi médical des paffions* ont pour objet de démontrer que les affections morales font des mouvemens organiques que l'on peut comparer à ceux qui réfultent de l'action de plufieurs médicamens, & que, dans quelques circonftances, ces mouvemens ont plus d'effet que les préparations pharmaceutiques; ce qu'il prouve par des obfervations auffi philofophiques que médicales. Peu de médecins fe font livrés comme Moreau à ce genre d'étude fi neuf & fi intéreffant : on néglige entièrement les mouvemens de l'ame ou les paffions, pour fe livrer à de vaines théories *fur les forces vitales;* & cependant peut-on concevoir un homme fans paffions? Quelle fource d'obfervations & de méditations que ces mouvemens brufques, violens, qui changent ou détruifent en un inftant tout l'organifme, qui tantôt produifent une guérifon que tous les efforts de l'art le mieux entendu n'auroient pu obtenir, & tantôt précipitent dans la tombe, comme s'il étoit frappé de la foudre, le malade en pleine convalefcence!

En laiffant de côté toute difcuffion fur l'origine & l'effence de nos paffions, en ne les étudiant que comme phyfiologifte, Moreau de la Sarthe s'eft élevé dans cette étude aux idées philofophiques les plus grandes & les plus dignes des médecins de la plus haute antiquité : il penfoit que c'étoit en vain que l'on poffédoit les connoiffances les plus étendues fur l'hygiène, fur la nofographie & fur toutes les autres branches de la médecine, fi on ne réuniffoit à ces études celle du *moral* de l'homme, l'influence de fes paffions fur fes mouvemens organiques, à l'action fi variable de ceux-ci fur fes paffions : il penfoit, dis-je, que fans cette étude profonde, fpéciale & philofophique, le médecin pourroit bien guérir des maladies, mais qu'il ne connoîtroit jamais le fublime de l'art, & qu'il n'auroit toujours qu'une connoiffance très-imparfaite de l'homme.

Dans l'*Efquiffe d'un cours d'hygiène,* Moreau préfente cette fcience fous un point de vue nouveau, en appliquant à la diftribution de fes différentes parties, la divifion de l'économie vivante par fonctions; ce qui rapproche davantage l'hygiène de la physiologie, & fait entrer dans une même considération, l'éducation, le perfectionnement des organes, avec l'emploi & la direction de toutes les circonstances extérieures qui contribuent à l'entretien de la vie.

Ses *expériences galvaniques* ont prouvé, 1°. que plusieurs organes déclarés insensibles à l'excitant galvanique par Bichat, recevoient l'impression de ce stimulant; 2°. que ces organes transmettoient cette impression à des parties plus ou moins éloignées, et que peut-être plus tard on appliqueroit avec quelqu'avantage ces sortes d'expériences, à des recherches sur les sympathies.

Son *Traité historique & pratique de la vaccine* contribua singulièrement, à cette époque, à convaincre les parens & les médecins, de tous les avantages d'un pareil préservatif, en même temps qu'il leur indiquoit la meilleure manière d'inoculer ce virus bienfaisant. Son mérite parut tellement incontestable, qu'il fut bientôt traduit dans presque toutes les langues européennes. On peut même dire que cet ouvrage contribua puissamment à étendre le bienfait de la vaccine, encore si peu connue, & qui trouvoit, comme découverte importante, tant de détracteurs routiniers & ignorans.

Son *Traité sur l'histoire naturelle, la physiologie & l'hygiène spéciale de la femme* est principalement remarquable par son étendue & l'importance des objets dont il embrasse l'examen; il offre, en outre, plusieurs observations qui sont propres à l'auteur, et quelques vues nouvelles sur l'analyse de l'organisation; la physiologie comparée de l'homme & de la femme; la doctrine des tempéramens; le mode de description de l'appareil génital de la femme; la sympathie des ovaires; l'application des idées de Bordeu à la conception; enfin plusieurs articles relatifs à la conservation & au bonheur des femmes aux différentes époques de la vie. Cet ouvrage, que Moreau composa dans sa jeunesse, est partout empreint des idées philosophiques qui lui valurent plus tard les persécutions les plus injustes.

Moreau publia une nouvelle édition de l'*Art de connoître les hommes par la physionomie*, par Lavater, avec des notes curieuses et savantes, & un grand nombre d'articles nouveaux sur les diverses applications de la médecine philosophique, de l'anatomie, aux arts de la peinture, de la sculpture & de la déclamation. Cet ouvrage, qu'il a augmenté de l'*anatomie physiologique du visage* & d'une foule de savantes réflexions sur le caractère des passions, des tempéramens, des maladies, des variétés nationales considérées dans le dessein de rattacher la physiognomonie à l'histoire naturelle de l'homme & à l'étude des sciences physiologiques, est le résultat des recherches les plus profondes: recherches précieuses par la manière dont Moreau saisissoit les différentes expressions de l'homme. Ces supplémens auroient été suffisans pour fonder la réputation d'un physiologiste moraliste: lié d'amitié avec les premiers peintres, les plus grands statuaires & les acteurs tragiques les plus célèbres, c'étoit avec eux, c'étoit sur eux que Moreau de la Sarthe recueilloit ses observations, qu'il étudioit l'influence des passions sur la physionomie. Il a peint l'homme moral, il l'a suivi dans toutes les sensations plus ou moins vives qu'il éprouve; aussi cette édition de Lavater est-elle de la plus grande utilité pour tous ceux qui se livrent à l'étude de l'homme moral.

Dans ses travaux particuliers sur la *médecine morale*, dans laquelle il comprend la médecine mentale, la psychologie médicale & l'histoire naturelle des passions, Moreau la considère dans son application à l'exercice général de la médecine & sous le point de vue du rapport du moral & du physique chez l'homme dans les diverses espèces de maladies; il étoit toujours guidé par ses vues philosophiques. Il regarde la médecine morale comme le sujet d'une doctrine spéciale, ou du moins d'une vaste étendue de recherches & de méditations, ce qui constitue la haute médecine & la physiologie transcendante, c'est-à-dire le point de vue particulier des sciences médicales, qui comprend l'étude de l'influence réciproque du physique & du moral dans l'état de santé & de maladie; l'observation, l'emploi des effets qui dérivent de cette réaction; l'analyse des affections sensoriales; l'exposition des maladies & du régime des gens de lettres & des artistes; enfin, l'histoire des maladies de l'entendement, que l'on traite dans les hospices, ou celles dont le développement équivoque occasionne quelquefois tant de trouble & d'agitation dans la société. A ce seul exposé, on voit sous quel aspect Moreau envisageoit cette branche, si importante de la nosographie, & la manière large dont il devoit la traiter, si une mort prématurée ne l'eût enlevé aux sciences avant qu'il ait pu réunir ces divers matériaux, épars dans ses cartons que je possède, ou publiés dans différens recueils, pour en faire un corps de doctrine qui alloit ouvrir une nouvelle carrière aux médecins philosophes.

Parmi les différens *articles* ou *mémoires* que Moreau publia séparément, on peut citer: 1°. *une observation sur une manie guérie par la coupe des cheveux*; 2°. des *réflexions philosophiques & médicales sur l'Emile*; 3°. des *réflexions & une suite de faits mémorables sur divers points de la médecine mentale*; 4°. enfin, une *observation fort curieuse d'épilepsie guérie par l'union sexuelle.*

Ainsi que nous l'avons dit plus haut, Moreau a rédigé pour le *Dictionnaire de Médecine* de l'Encyclopédie un grand nombre d'*articles* de la plus haute importance, parmi lesquels on peut citer une notice très-étendue sur la vie & les ouvrages de Cabanis (1); une histoire complète & détaillée de l'Ecole de médecine de Paris, depuis son origine, en 1796, jusqu'à sa suppression par l'ordonnance royale du 21 novembre 1822 (2); plusieurs savans articles relatifs à l'histoire de la médecine, ainsi que les mots Médecine, Médecine mentale, Médecine morale, Mémoire, Névralgies, Névroses, Nourriture, Phlegmasies, Physiologiques (sciences physiologiques & anatomiques (3)). (Nicolas.)

MYGALE. (*Entom.*) Genre d'insectes de la famille des Arachnides ; l'une de ces espèces, le *mygala avicularia* Latr. (*aranea avicularia* L.) a quelquefois plus de deux pouces d'étendue. Son corps est velu & ses pattes sont armées de forts crochets. Cet animal, qui habite les contrées chaudes de l'Amérique, est venimeux, & sa piqûre fait périr les poulets. Il vit d'insectes, & attaque même les petits oiseaux, tels que colibris, sucriers, &c. (R. P.)

N

NICOTIANINE. (*Chim. végét.*) Vauquelin, en faisant l'analyse du tabac, a découvert dans cette plante, parmi un grand nombre d'autres substances, un principe âcre, volatil, incolore, légèrement soluble dans l'eau, & très-soluble dans l'alcool. C'est à ce principe, très-voisin des huiles, & nommé par ce chimiste *nicotianine*, que le tabac doit ses propriétés. (R. P.)

NOYERS (Eaux minérales de). Ce bourg, à cinq lieues de Montargis, dans le département du Loiret, possède une source d'eau minérale limpide, transparente, d'une saveur ferrugineuse, &

laissant déposer un précipité jaunâtre assez abondant. Ces eaux contiennent du gaz acide carbonique & des carbonates de fer & de soude ; & suivant le Dr. Gastelier, elles paroissent avoir été utilement employées en boissons, dans les engorgemens abdominaux, la leucorrhée, l'hypochondrie, &c. (R. P.)

O

OLÉINE. (*Chimie.*) Synonyme d'élaine. (*Voy.* ce mot dans le *Supplément.*) (Ch. H.)

OLEINÉES (Famille des). (*Bot., Mat. médic.*) Nom donné à une portion de la famille des Jasminés de de Jussieu. Cette tribu a pour type le genre Olivier (*Olea*), dont les fruits fournissent par expression l'huile d'olive, si fréquemment employée pour les usages domestiques & médicinaux. (R. P.)

OROBE OFFICINAL. (*Bot., Mat. médic.*) *Orobus officinalis.* Plante de la Diadelphie décandrie de Linné & de la famille des Légumineuses. Les graines de l'orobe, réduites en poudre & mélangées avec la farine de fenu-grec, de lupin blanc & de fèves communes, constituent ce qu'on appelle les *farines résolutives*, & sont employées pour faire des cataplasmes. (R. P.)

P

PALUDANUS. (*Biogr. médic.*) (*Voyez* Vanden-Broeck dans ce *Supplément.*) (R. P.)

PARMENTIER (Antoine-Auguste) (*Biogr. médic.*), doit être rangé parmi les hommes qui ont rendu le plus de services à leur pays, soit en cherchant à perfectionner divers procédés économiques, soit en s'efforçant d'introduire l'usage de substances alimentaires que repoussoit une absurde prévention.

Parmentier naquit à Mont-Didier en 1737. Ayant de bonne heure perdu son père, son peu de fortune l'empêcha de recevoir une première éducation soignée. Obligé de se livrer à une profession utile, il étudia la pharmacie, fut employé, en 1757, à l'armée de Hanovre, revint à Paris en 1763, reprit ses études, &, trois ans plus tard, obtint au concours la place de pharmacien adjoint de l'hôtel des Invalides, qu'il remplit honorablement pendant l'espace de six années. Ce fut vers cette époque qu'il chercha à introduire comme aliment l'emploi de la pomme de terre, qui jusqu'alors ne servoit qu'à la nourriture des animaux. A force de persévérance, & favorisé par Louis XVI, ses desirs philanthropiques obtinrent

(1) *Voyez* l'article Moral (le moral, le système moral de l'homme), tom. X, pag. 250 & suivantes.

(2) *Voyez* le mot Paris (Faculté nouvelle, Ecole de médecine de Paris), tom. XI, pag. 349 & suivantes. Dans cette histoire de la Faculté de médecine de Paris, l'auteur rappelle non-seulement tous les services que cette célèbre Ecole a rendus, mais encore les noms & les travaux des médecins qui s'y sont le plus distingués. On y trouve en outre une notice biographique & historique sur ceux qui succombèrent pendant la durée de cette Ecole à jamais mémorable, qui a rempli constamment les fonctions de corps enseignant, de corps académique, & de conseil du gouvernement pour les objets d'utilité publique.

(3) Cet article, fort étendu, est le dernier que Moreau de la Sarthe ait écrit pour le *Dictionnaire de Médecine* de l'Encyclopédie, dont la rédaction a été confiée depuis aux soins & au zèle de M. le Dr. Augée. Thillaye, sous-conservateur des collections de la Faculté de médecine de Paris : il commence le XIIe. volume de cet ouvrage, & contient cinquante pages environ d'impression.

un plein fuccès. Encouragé par ce premier réfultat, il s'efforça d'étendre l'ufage du blé de Turquie & de la châtaigne : il travailla auffi à perfectionner la boulangerie & propofa la mouture économique, fi avantageufe par la quantité plus abondante de farine qui en eft le produit. Dans les premières années de la révolution, Parmentier, chargé de furveiller les falaifons deftinées à la marine, s'occupa auffi de la préparation du bifcuit de mer. Lors de la formation de l'Inftitut, il fut nommé membre de cette illuftre compagnie, & depuis cette époque jufqu'à fa mort, qui eut lieu le 17 décembre 1813, fidèle aux obligations philanthropiques qu'il s'étoit impofées, Parmentier ne ceffa, foit comme infpecteur-général du fervice de fanté, foit comme adminiftrateur des hôpitaux, foit comme propagateur de la vaccine, de s'occuper de tout ce qui pouvoit améliorer la condition des hommes.

La lifte des nombreux ouvrages de Parmentier, qui tous font écrits dans des vues d'utilité publique, a été confignée avec beaucoup de foin dans la *Biographie médicale*, à laquelle nous renvoyons le lecteur. (R. P.)

PASSALE. (*Entomol.*) Genre d'infectes de la famille des Priocères. Une des efpèces (le *paffalus interruptus*), dont on mange la larve, fe trouve à Surinam dans les racines des patates. (R. P.)

PERCE-FEUILLE. (*Bot., Mat. médic.*) Nom vulgaire d'un genre de plantes de la Pentandrie digynie de Linné, & de la famille naturelle des Ombellifères. Deux efpèces (le *buplevrum rotundifolium* & le *B. falcatum*) ont été employées en médecine. La Buplèvre à feuilles rondes, qui naît dans les régions tempérées, porte des femences oblongues d'une faveur auftère, faveur que l'on retrouve, mais à un degré moins prononcé, dans les feuilles. Autrefois on regardoit cette plante comme un excellent vulnéraire & comme le plus énergique des aftringens; de même que l'on attribuoit des propriétés fébrifuges à la feconde efpèce. Aujourd'hui ces deux plantes ne font plus ufitées. (R. P.)

PERCE-OREILLE. (*Entom.*) Nom vulgaire du *forficula oricularia* de Linné, infecte de la famille des Labidoures. Suivant une erreur populaire, généralement répandue, cet infecte s'introduit dans les oreilles des perfonnes endormies, & leur fait éprouver des douleurs infupportables. Aucune obfervation bien faite ne juftifie cette opinion, & d'ailleurs le perce-oreille n'a aucune arme qui puiffe le rendre dangereux, lors même qu'il pénétreroit dans le canal auditif, d'où l'on pourroit d'ailleurs aifément le faire fortir, en y injectant de l'huile. (R. P.)

PINEL (Philippe) (*Biogr. médic.*), membre de l'Inftitut, profeffeur de l'École de médecine *MÉDECINE. Tome XIII.*

de Paris, membre de l'Académie royale de médecine, & médecin en chef de l'hofpice de la Salpêtrière, naquit en 1745, à Saint-Paul, près Lavaur, département du Tarn. Il étudia d'abord la médecine à Touloufe, où il fut reçu de bonne heure docteur en médecine. Il fe rendit immédiatement après à l'École de Montpellier, pour fe perfectionner dans la fcience qu'il devoit un jour illuftrer. Après avoir féjourné dans cette ville plufieurs années, pendant lefquelles le jeune docteur fe livra à l'étude & à l'enfeignement des mathématiques, pour fubvenir aux frais de fon exiftence, il vint à Paris en 1772; il s'y adonna d'abord à l'étude des différentes fciences acceffoires à la médecine, comme la botanique, la zoologie, l'anatomie comparée, &c., ce qui lui fournit l'occafion de fe lier avec plufieurs hommes célèbres, dont quelques-uns vivent encore (1). Dans la fuite, il s'occupa exclufivement de la médecine, & ne tarda pas à jeter les fondemens de ces glorieux travaux qui l'ont placé au premier rang des médecins modernes. L'un de fes premiers écrits fut la traduction françaife des *Elémens de médecine de Cullen*, qu'il publia en 1785; c'étoit alors le feul ouvrage claffique qu'on pût étudier. Bientôt après il donna une édition des *Œuvres de Baglivi*, célèbre médecin de Rome; prefqu'en même temps il travailloit à la *Gazette de fanté* & à un recueil créé par Fourcroy, & intitulé *la Médecine éclairée par les fciences phyfiques.*

Pinel préludoit ainfi à des travaux plus importans, qui devoient porter un coup mortel à l'humorifme & faire une véritable révolution en médecine. Nommé en 1792 à la place de médecin en chef de l'hofpice des aliénés de Bicêtre, à peine eut-il mis le pied fur ce vafte champ d'obfervations, qu'il médita & exécuta prefqu'en même temps des améliorations capitales dans le traitement de l'aliénation mentale; il réfolut de changer le fort des aliénés confiés à fes foins, de venger les droits de l'humanité outragée dans la perfonne de ces infortunés, qu'on chargeoit de chaînes comme les plus vils criminels; il entreprit, en un mot, de fubftituer à une méthode abfurde & barbare, celle de la bonté, de la douceur, de la piété, de la juftice & de la fermeté. Cette innovation eut tout le fuccès defirable; les maniaques, libres d'errer en paix, ne tardèrent pas à éprouver les heureux effets d'un air pur, de l'exercice & du travail. Pinel les obfervoit à tous les momens du jour (car il habitoit au milieu d'eux), notoit avec exactitude les changemens qui s'opéroient en eux, etc.; il recueilloit ainfi les matériaux de plufieurs fragmens lus à l'Inftitut, & de fon fameux *Traité médico-philo-*

---

(1) MM. DESFONTAINES, CHAPTAL, &c.

fophique fur l'aliénation mentale, livre étonnant, chef-d'œuvre d'observation critique & d'analyfe philofophique, qui a exercé une influence incalculable fur le fort des aliénés, & opéré une révolution complète en médecine.

Cet ouvrage cependant fut loin de concourir à la célébrité de notre auteur autant que fon traité élémentaire de médecine intitulé, *Nofophaphie philofophique*, ou la *Méthode de l'analyfe appliquée à la médecine*, publié pour la première fois en 1798, & qui a eu depuis fix éditions. Pinel, dans cet ouvrage, terrafla les vieilles hypothèfes de l'humorifme, remplaça des divifions vagues & furannées par une claffification nouvelle, où les maladies étoient claffées, autant qu'il étoit poffible de le faire alors, d'après leur fiège. Le goût exquis qui préfida à la rédaction de cet ouvrage, la philofophie, la critique piquante, le ton tranchant qu'on y remarque, l'habileté profonde de l'auteur à généralifer fes idées, à manier l'analyfe, jointe à un ftyle animé, concis, aphoriftique, firent fortune; de là une révolution complète dans les idées médicales, un enthoufiafme général parmi les élèves que Pinel attiroit à la Salpêtrière, où il faifoit des leçons de médecine clinique, & à l'École de fanté, dont il venoit d'être nommé profeffeur.

Un fecond ouvrage de Pinel, qui fait en quelque forte fuite au premier, mais qui lui eft très-inférieur, eft la *Médecine clinique rendue plus précife & plus exacte par l'application de l'analyfe*. Les faits qui forment la bafe de cet ouvrage ont été recueillis & même coordonnés par des élèves qui, fuivant d'ailleurs les erremens de leur maître, ont mis plus de foin à décrire les fymptômes des maladies, qu'à en faire connoître les léfions cadavériques. Les généralités de cet ouvrage font feules irréprochables, & l'on y reconnoît facilement l'œuvre du maître.

Pinel, nommé membre de l'Inftitut (1) pour quelques travaux de zoologie, de médecine mentale, d'anatomie comparée, &c., publiés en partie dans les *Mémoires de l'Inftitut*, dans ceux de la *Société médicale d'émulation*, & dans la *Médecine éclairée par les fciences phyfiques*, eft encore auteur de plufieurs articles inférés dans les premiers volumes du *Dictionnaire des Sciences médicales*. Ces articles fe reffentent un peu de fon âge avancé; quant à ceux qui, dans les volumes fubféquens, lui font communs avec l'auteur de cette notice biographique, Pinel y contribua trop peu pour qu'on puiffe le rendre refponfable de ce qu'ils renferment de défectueux.

Pinel étoit grand partifan de la médecine grecque, qu'il avoit étudiée à fond, & qu'il avoit

remife en honneur parmi nous, ce qui lui a fait décerner le titre d'*Hippocrate français* & de *reftaurateur de la médecine d'obfervation*. Avant lui, en effet, on apprécioit mal l'importance des faits en médecine, & l'on fembloit ignorer l'art de les mettre en œuvre. Son école a produit un grand nombre de monographies qui ont fingulièrement avancé plufieurs points de pathologie interne. Prefque toutes font des differtations inaugurales inférées dans les collections in-8°, & in-4°. des thèfes de l'ancienne École de médecine de Paris.

L'originalité étoit un des traits faillans du génie de Pinel; il favoit merveilleufement mettre à profit cette qualité précieufe pour un chef d'école. Sa manière d'écrire étoit concife, énergique; parfois, pour éviter d'être long, il devenoit obfcur & incorrect. Prefque tout le talent de ce médecin célèbre étoit en aperçus ingénieux & en effais originaux, mais il fembloit impuiffant pour développer convenablement les premières idées qu'il avoit émifes. Vingt morceaux des ouvrages de Pinel pourroient étayer cette affertion; je me bornerai à citer la plupart de fes confidérations *fur l'aliénation mentale*, qui font étincelantes de vraie philofophie, mais qui femblent attendre de nouveaux développemens.

Pinel étoit un exemple vivant de cet adage fi connu : *le ftyle eft l'homme*; fa diction faccadée alloit par jets & par bonds comme fa penfée; &, de même que dans fes écrits, il fembloit pour ainfi dire jeter en moule des efquiffes rapides, de même auffi fes phrafes, dans le difcours oral, jailliffoient d'une manière brufque & vive. Jamais perfonne ne parut plus ennemi des *lieux communs* & plus économe de mots; il étoit grand admirateur de *Tacite*; & il avoit entrepris dans fa jeuneffe d'écrire une *Hiftoire de Louis XI*, en prenant ce célèbre hiftorien pour modèle. Je poffède un fragment de cet effai vraiment curieux.

Les leçons orales de Pinel contenoient, comme fes écrits, des traits vifs & caractériftiques; elles n'étoient d'ailleurs foumifes à aucun plan régulier, & n'avoient rien de fuivi. D'une élocution pénible, le profeffeur reproduifoit fouvent avec vivacité les idées qui l'avoient frappé, au lieu de leur donner un développement convenable : il caractérifoit quelquefois d'une manière originale & épigrammatique les fyftèmes & les auteurs qu'il attaquoit, ce qui donnoit à fon débit l'attrait qui s'attache aux chofes piquantes, & ce qui explique en même temps comment, malgré fi notables défauts & l'abfence de ce qui conftitue à proprement parler le profeffeur, Pinel attira la foule à fes leçons, dans l'âge de la vigueur & du talent.

Pinel fe montra toujours partifan éclairé de la médecine expectante; il faifoit un grand fonds

---

(1) En remplacement de M. Cuvier, qui venoit d'être nommé fecrétaire-perpétuel.

PRI 651

sur la nature *médicatrice*, & lui attribuoit une grande puissance, à l'exemple de Baglivi, qu'il avoit beaucoup médité & souvent mis à contribution. Stahl étoit aussi un des auteurs favoris de Pinel; il s'étoit nourri, & pour ainsi dire imprégné de cet écrivain original, duquel il avoit fait un extrait, écrit en latin, dont je possède le manuscrit (1).

Les dernières années de la vie de Pinel se sont passées dans une sorte d'enfance, suite de plusieurs attaques d'apoplexie; il mourut le 26 octobre 1826, à l'âge de quatre-vingt-un ans. Pinel étoit d'une petite taille, mais d'une constitution robuste; sa physionomie, douce, spirituelle, fortement empreinte des rides de l'âge, offroit quelque chose d'antique. A son aspect, a dit heureusement M. Dupuytren, on eût imaginé voir un sage de la Grèce. Sa vie fut celle d'un homme de bien; ses goûts & ses mœurs étoient d'une simplicité antique; il y avoit dans ses habitudes je ne sais quelle bonhomie qui mettoit de suite à l'aise ceux que sa grande réputation amenoit chez lui. Doué d'une ame tendre & généreuse, Pinel étoit connu par sa facile bonté envers les malheureux, qui jamais ne l'implorèrent en vain.

(BRICHETEAU.)

POLYGALINE. (*Chim. végét.*) Nom d'une substance particulière découverte par un pharmacien de Genève dans la racine du *polygali seneka*. (*Voyez* SÉNÉGINE, tom. XIII, pag. 30.)
(R. P.)

POTIRON. (*Bot., Mat. médic.*) Plante de la Monoécie syngénésie de Linné; & de la famille des Cucurbitacées. Le potiron est très-commun dans les jardins potagers; son fruit est remarquable par la grandeur de ses dimensions. Il a une chair ferme dont la saveur est peu agréable, aussi est-on obligé de le faire cuire lorsqu'on veut s'en servir comme aliment. Ses graines, qui font partie des semences dites *semences froides majeures*, peuvent servir à faire des émulsions. (R. P.)

PRISON, (*Hyg. publiq.*) *Carcer.* (de *pris*, autrefois *geole*, du grec γη, terre, ou de la basse latinité *geola*, cage.) Lieu où l'on retient les coupables, les prévenus de crimes ou de délits, & tous ceux que la torture soumet à des oppresseurs qui exercent leur puissance sur eux en les enfermant.

L'origine des prisons se perd, comme celle de

tant d'autres choses; dans la nuit de l'antiquité: aussi je ne rechercherai pas ce qu'elles ont été à des époques plus ou moins éloignées de nous; je ne les examinerai que dans l'état actuel, et surtout par rapport à la santé de ceux qui y sont détenus. Telles qu'elles sont maintenant les prisons présentent, soit au moraliste, soit au médecin, soit à l'homme du monde, un des plus curieux, un des plus grands & des plus tragiques tableaux que l'on puisse voir.

Emplacement & distribution. La salubrité est, en général, ce qu'on a le moins considéré pour l'emplacement des prisons. Dans les places fortes, elles occupent souvent les bords des fossés humides; ce sont de véritables casemates, des souterrains ténébreux, où rien de ce qui rappelle leur destination ne manque. Dans beaucoup de villes on a converti en prisons les maisons les plus malsaines: c'est ainsi que d'anciens châteaux forts, des édifices à murs épais & toujours humides, de vieilles tours, des voûtes obscures, ont été choisis de préférence: on a même cru qu'il étoit prudent d'abandonner la partie supérieure de ces bâtimens, & de faire descendre les prisonniers dans des caves, où des murs plus épais, des grilles plus multipliées, des verroux plus forts, en répondent mieux.

L'emplacement des prisons est souvent mauvais; plus souvent encore les bâtimens qui en servent sont loin d'offrir une construction & une distribution favorables à la santé: on peut même dire, qu'à l'exception d'un très-petit nombre de prisons, il n'y en a point en Europe qui soient disposées d'une manière convenable à leur destination. Ici, il n'y a ni cour, ni lieu qui puisse servir de promenoir, & les prisonniers ne sortent jamais de leurs chambres pour jouir du soleil ou pour respirer un air moins corrompu: là, il y a une cour, mais on n'y permet pas la promenade, ou bien on n'en accorde la jouissance que pour quelques instans; cette cour est d'ailleurs souvent si petite, si enfoncée, ses murs sont si élevés, qu'on peut la comparer à une sorte de puits. On est choqué, même dans quelques prisons du département de la Seine, de la petitesse des cours, comparée au grand nombre de ceux à qui elles sont destinées, ou au besoin qu'ils auroient d'un plus grand espace. Ainsi, la cour où se promenoient naguère, & où se promènent peut-être encore les malades dans la prison de Ste.-Pélagie, est véritablement un scandale pour quiconque réfléchit que ceux condamnés à l'avoir pour limites de leurs courses & de leur vue, doivent y recouvrer la santé.

Dans beaucoup de prisons les fenêtres, quand il en existe, sont si petites, si élevées, que le soleil n'y peut jamais pénétrer; ou bien, lorsque ces ouvertures étoient assez grandes, les geoliers ont imaginé d'en faire murer la moitié, les deux tiers ou les trois quarts inférieurs, & cette mesure, sollicitée sous le prétexte des

(1) Cet extrait est un modèle d'analyse de patience & d'habilité: sous la main du médecin français Stahl, n'est plus ni obscur, ni incorrect, c'est le génie dépouillé de sa rude écorce, de son jargon scolastique.

bonnes mœurs, mais le plus souvent pour la seule commodité des gardiens, n'a presque nulle part rencontré d'opposition. Est-il besoin de rappeler qu'une double, & même une triple grille de barreaux de fer, rapetisse encore les fenêtres du prisonnier ? Ceci est connu de tout le monde : mais ce qui ne l'est pas, c'est que dans un grand nombre de maisons de force où le plancher inférieur du rez-de-chaussée est pavé comme les rues, le sable qui est entre les pierres devient quelquefois un foyer d'odeur infecte en se pénétrant de toutes les matières humides qui le recouvrent.

Les effets du séjour dans des prisons comme celles que je viens de décrire, sont les mêmes que ceux que l'on observe dans les autres habitations basses, humides & obscures ; ce sont le rhumatisme, la diarrhée, les catarrhes opiniâtres, l'étiolement, la mollesse des chairs, la bouffissure, l'anasarque, le scorbut, les cachexies diverses, la langueur & l'affaissement au physique comme au moral. Peu de temps suffit pour les produire, chez tous ceux qui sont entrés dans les prisons dont il s'agit, avec une santé florissante. On a vu des malheureux mourir de ces maladies après le jugement qui les avoit absous du délit pour lequel ils avoient été enfermés (1). Ainsi, au commencement du dix-neuvième siècle, comme à la fin du dix-huitième, se trouve justifiée cette assertion de J. Howard, qui dit qu'*on a trouvé le moyen de priver les prisonniers d'air.* Telle est l'origine du typhus, ce fléau des prisons, qui fait périr tant de personnes dans celles mal tenues ou trop encombrées, & qui, par cela même, a été appelé *fièvre des prisons.*

Nombre & grandeur des prisons. Le nombre des prisons n'est pas assez grand, & celles qui existent ne sont pas assez vastes pour recevoir tous ceux que l'on emprisonne. En preuve de cela, il suffiroit peut-être de rappeler que beaucoup de prisons sont remplies de détenus qui s'incommodent, se gênent dans leurs mouvemens, & infectent mutuellement l'air qu'ils respirent. Je puis citer la plupart des *maisons centrales de force,* & sans sortir du département de la Seine, *Sainte-Pélagie,* la *Maison de répression de Saint-Denis,* &c. &c. Mais quelque petites que soient nos prisons pour le nombre de ceux qu'elles renferment, celles de l'Angleterre ne paroissent pas être proportionellement plus spacieuses. Beaucoup de prisons insalubres, & principalement celles que l'on voit en Allemagne, dans la plupart des places de guerre & ailleurs, sont aussi trop étroites, quelque vastes qu'on les suppose, puisque ce n'est ni dans des souterrains obscurs, ni dans des endroits humides & infects qu'on doit loger des prisonniers. J'ajou-

terai à cette considération, qu'il y a des circonstances durant lesquelles le nombre des prisonniers peut considérablement augmenter.

Conditions que doivent avoir les bâtimens servant de prisons. Elles doivent toutes se rapporter à la sûreté, à la commodité, aux bonnes mœurs & à la salubrité ; c'est relativement à ces dernières que je vais les indiquer : il faut que les prisons soient vastes, mais comme leur population est variable, il faudroit que chacune d'elles fût assez grande pour contenir, sans nuire à la salubrité ni à aucun service, un tiers ou même la moitié des personnes au-delà du nombre de celles qu'elles sont supposées devoir renfermer.

La première condition dans l'amélioration des prisons, la condition sans laquelle toutes les autres manqueroient leur but, c'est de multiplier assez les bâtimens pour que l'on puisse y établir toutes les séparations nécessaires, non-seulement entre les différentes classes de prisonniers, mais encore entre les malades & ceux qui se portent bien, entre les chambres à coucher & les pièces dans lesquelles les détenus travaillent ou se tiennent le jour, &c.

Que des cours très-grandes, bien pavées, en partie plantées d'arbres, offrent une pente légère, ayent toutes une fontaine, des hangards pour la promenade pendant la pluie, & donnent à ceux qui ne peuvent que les parcourir le moyen d'y prendre un exercice salutaire.

Que les portes des dortoirs, ou plutôt des cellules des prisonniers condamnés (car chacun de ces détenus devroit constamment être séparé de tous les autres pendant la nuit), soient toujours de simples grilles à travers lesquelles l'air se renouvelle, & les gardiens puissent facilement exercer leur surveillance ; que chaque porte, à défaut de grille, ait un guichet servant au même usage.

Que les prisons soient toujours éloignées de tout autre bâtiment. Un mur d'enceinte extérieure devroit toujours en être séparé par un intervalle assez large servant de chemin de ronde ; ce mur, qui feroit tout le tour de l'établissement, auroit le quadruple avantage de l'isoler, d'en permettre, sans le moindre inconvénient, la *ventilation* complète de toutes les parties, d'en faciliter la garde, & d'en rendre les limites moins franchissables.

Un des moyens les plus faciles, les plus efficaces & les moins coûteux de tous pour rendre salubres les prisons, c'est de multiplier assez les fenêtres, de les opposer souvent l'une à l'autre, & de leur faire mesurer, au moins du côté des cours, la hauteur ordinaire qu'elles ont dans nos habitations. Celles de l'autre côté doivent avoir ce qu'on appelle un *abat-jour,* quand elles s'ouvrent sur la voie publique, ou bien sur un lieu où il est important qu'un prisonnier n'ait pas vue. Au bas de ces secondes fenêtres ou des autres lorsqu'elles ne descendent pas assez, on peut établir des *ventila-*

---

(1) *Voyez* le *Traité de médecine légale & d'hygiène publique* de F. E. Fodéré, l'ouvrage d'Howard, &c.

teurs à couliffe ou à bouchon au niveau des planchers. C'eft ce qui a été fait, d'une manière très-heureufe, dans un grand nombre de prifons.

Quant aux cachots qu'on retrouve encore partout, il ne devroit plus y en avoir, à moins d'appeler de ce nom des chambres obfcures de police intérieure, qui feroient auffi falubres que les autres.

Jérémie Bentham avoit propofé, pour les maifons *générales de travail* & celles *de correction*, fous le nom de *panoptique*, un édifice circulaire ou polygone, ayant au centre un pavillon pour l'infpecteur ou concierge (1). Ce genre de conftruction a le grand avantage de rendre la furveillance plus facile; & c'eft d'après ce plan que l'on a conftruit la *maifon de réclufion* de Gand. Il a également été adopté pour les *pénitentiaires* de l'Angleterre, de Laufanne, de Genève, & pour la *prifon-modèle* que l'on bâtit aujourd'hui à Paris.

Latrines & griaches. (*Voy.* LATRINES, tom. VIII, pag. 73 de ce Dictionnaire.) Nous ajouterons feulement, comme complément de cet article, que M. Darcet a préfenté au *confeil général des prifons* de France, un modèle de *latrines inodores*, qui déjà eft heureufement adopté dans plufieurs prifons & dans quelques hôpitaux. Quant aux *griaches*, ce font, en termes de prifon, des féaux ou baquets qui fervent aux détenus pendant qu'ils font enfermés dans leurs chambres pour y dépofer tous leurs excrémens : très-fouvent découvertes, quelquefois à demeure, jamais vidées plus d'une fois dans la journée, ces griaches font une des principales caufes d'infalubrité, furtout pour ceux qui font placés immédiatement à côté. Le foin de les vider plufieurs fois dans la journée, même toutes les fois qu'elles font falies, celui de les bien nettoyer, d'y maintenir conftamment de l'eau & un couvercle; voilà comment on peut diminuer les inconvéniens qu'elles préfentent : cependant on pourroit les éviter tout-à-fait avec des chaifes percées auxquelles feroient adaptées les gardes-robes dites *hermétiques*. Dans plufieurs prifons on donne des pots de terre, dont l'inconvénient eft de fe renverfer ou de fe caffer au moindre choc.

Vêtemens. Partout où les prifons font bien adminiftrées, on fournit du linge & des habits aux prifonniers; ils ont ordinairement une chemife blanche chaque dimanche. Les condamnés portent ou doivent porter une efpèce d'uniforme. Quant aux autres détenus, on ne leur donne des vêtemens qu'autant qu'ils en ont befoin. Ces habits font faciles à nettoyer, & ne s'imprègnent pas aifément de miafmes; mais, dans la plupart des prifons, il faudroit néceffairement

des vêtemens plus chauds pendant l'hiver. Ce point eft de la plus haute importance, car on voit tous les détenus grelóter pendant les plus grands froids, lorfqu'ils ne font pas occupés à un travail qui les échauffe, ou qu'on ne les réunit pas dans une pièce à feu. Néanmoins, faifons des vœux pour que, tels qu'ils font, ces habits foient toujours affez amples, & fournis toutes les fois qu'il en eft befoin; mais loin de cela, il arrive très-fouvent qu'ils font tout-à-fait ufés avant qu'on ne penfe à en donner d'autres. Ce n'eft guère que dans quelques prifons de *condamnés*, dans les *pénitentiaires de Genève* & de *Laufanne*, ainfi que dans nos *bagnes*, où l'on en fournit de fuffifamment chauds & bons en tout temps.

Lits. Ils confiftent dans les prifons de Paris, pour les prévenus & les prifonniers valides non travaillant, en une fimple paillaffe, une couverture de laine & un traverfin, auxquels on ajoute, pour les condamnés, un matelas & une paire de draps, que l'on change ou doit changer tous les mois. Ces différens objets fe placent fur des châlis de bois de trois pieds & demi de large, prefque toujours trop rapprochés les uns des autres; &, dans d'autres villes, fur des efpèces de lits de camp en planches.

Ce que je viens de rapporter ne s'obferve que dans les prifons les mieux tenues : les difpofitions générales arrêtées pour l'entretien & la propreté des lits reftent fans effet dans prefque toutes. Dans un très-grand nombre, le lit, fi l'on peut lui donner ce nom, ne confifte qu'en une paillaffe & une mauvaife couverture pour deux ou trois prifonniers, lors même qu'ils en ont; car trop fouvent encore le coucher ne fe compofe que d'un peu de paille jetée fur un carrelage humide, & fort irrégulièrement renouvelée. Naguère en France, la plupart des prifonniers qui avoient des lits, à l'exception pourtant des enfans à la *correction paternelle*, étoient couchés au nombre de deux dans chacun. En mettant ainfi les foldats deux à deux, on s'oppofe à la funefte habitude de la mafturbation; mais cet ufage, loin d'avoir un réfultat auffi avantageux, contribue même à faire naître chez le prifonnier un vice contre nature. Chacun devroit donc avoir toujours fon lit pour lui feul.

Quand on réfléchit fur les inconvéniens des châlis, & combien un hamac (*voyez* ce mot) vaut mieux pour dormir qu'un mauvais grabat (il n'y aura jamais d'autres lits dans les prifons), on eft fâché de ne pas les voir adoptés, au moins pour les prifons d'hommes. J'en ai vus dans la *maifon de juftice & d'arrêt* de Melun. Il y a dans la *maifon centrale* de la même ville des couchettes légères en forme de boîte, à fond fanglé, que l'on peut redreffer pendant le jour fans rien déranger. Ces couchettes, qui font en ufage dans les *maifons des pauvres* à Munich, font garnies, durant l'hiver, d'un petit matelas en bourre de

laine ; mais l'air ne circulant pas au-deſſous, elles
ſont beaucoup plus chaudes que les hamacs : on
a même pratiqué une ouverture dans la boîte ſous
le fond de ſangle, car l'air s'échauffoit à un tel
point dans cette caiſſe que le matelas ſembloit,
m'a-t-on aſſuré, être placé ſur un poêle. La facilité de pouvoir tout enlever de ces lits pour les
battre & les expoſer à l'air, l'avantage d'y être
couché ſeul, & l'économie, devroient rendre ces
couchettes d'un uſage général. Un certain nombre mis en réſerve ſerviroit à remplacer celles
qu'on laveroit ; elles auroient encore l'avantage,
dans les priſons qui n'ont pas aſſez d'ateliers, de
permettre de travailler dans les dortoirs, puiſqu'au lieu de ſix pieds qu'elles occupent quand
elles ſont placées pour dormir, elles ne rétréciſ-
ſent plus la pièce que de dix-huit pouces quand
elles ſont relevées. Une bonne paillaſſe, dont la
paille ſeroit renouvelée exactement tous les quinze
jours, vaudroit mieux que les lits de la plupart
des priſons.

Propreté. Elle doit être conſidérée chez le priſonnier & dans les priſons, mais il ſeroit inutile
de nous arrêter à celle qui concerne chaque priſonnier en particulier. Quant à la propreté générale que l'on doit entretenir dans les différentes parties d'une priſon, c'eſt à tort que l'on croira y parvenir s'il n'y a pas abondamment de l'eau, comme
c'eſt à tort que l'on croira en faire fournir toujours aſſez ſi on la fait apporter du dehors : c'eſt
pourquoi il doit toujours y avoir des fontaines
dans toutes les cours des priſons, & elles ne ſau-
roient en quelque ſorte y être trop multipliées.

Preſque partout, les murs des priſons auroient
beſoin d'être grattés & recrépis, au moins blan-
chis à la chaux : dernière opération que les règlemens, rarement ſuivis à la lettre pour ce qui eſt
bon, veulent cependant en France que l'on répète
deux fois par an, ou même toutes les fois que cela
eſt jugé néceſſaire. Les eſcaliers, les corridors, les
plafonds & tous les planchers devroient auſſi en général être lavés & grattés plus ſouvent qu'on ne le
fait, même dans les priſons qui paſſent pour être
bien tenues. Il faudroit auſſi, pour tout ce qui
intéreſſe ſi fort la ſanté des priſonniers, leur
faire exercer les uns ſur les autres une ſorte de
ſurveillance mutuelle. Quelle que ſoit la diſpoſition d'une priſon, on doit exiger de ceux qui
l'habitent qu'ils en nettoyent toutes les parties
avec le plus grand ſoin, & que pendant le jour
on la tienne ouverte à tous les courans d'air.

Chauffage. Dans la plupart des priſons, mais
ſurtout dans celles où il n'y a pas d'ateliers, on
n'accorde point de combuſtible pendant l'hiver,
ou bien le chauffoir commun eſt beaucoup trop
petit. Dans le premier cas, le froid produit des
effets d'autant plus fâcheux qu'il agit ſur des
perſonnes mal nourries, mal vêtues & minées
par le chagrin : elles ſe réuniſſent alors dans des

caveaux, où elles ſe preſſent en grand nombre dans
une même chambre, dans un même corridor, &c.
pour s'échauffer mutuellement par leur propre
chaleur. Dans le ſecond cas comme dans le premier, les détenus reſtent des journées entières
preſſés les uns contre les autres, & infectent également la pièce qu'ils occupent. En France, les
ſeuls prévenus, c'eſt-à-dire ceux qui n'ont pas
été déclarés coupables & dont l'innocence pourra
briller à la lumière des débats, n'ont *trop ſouvent* aucun foyer auprès duquel ils puiſſent ſe
réchauffer pendant la rigueur de l'hiver. Quand
il y a des ateliers de travail, ceux-ci étant preſque
toujours échauffés aux dépens des entrepreneurs,
les priſonniers s'y raſſemblent pendant le froid.

Nourriture. On la donne preſque toujours en
nature, mais dans quelques pays on alloue chaque jour au détenu une indemnité pécuniaire re-
préſentative de la ration des vivres : heureux
quand cette indemnité eſt fixée ſur le poids du
pain ! car lorſqu'elle l'eſt ſur ſon prix ordinaire,
il arrive que, ſuffiſante aujourd'hui, elle peut ne
plus l'être demain. « Il n'eſt pas rare, dit J. Ho-
» ward, en parlant de ce dernier abus des priſons
» d'Angleterre, que le priſonnier conſomme à ſon
» déjeuner le pain qu'il a reçu pour vingt-qua-
» tre heures, & que lorſqu'on lui donne des pro-
» viſions pour deux jours à la fois, il ſoit obligé
» de ne point ſouper le premier jour, & de paſſer
» le ſecond dans un jeûne rigoureux. »

Il en eſt autrement chez nous ; on évite ſage-
ment de ſuppléer aux rations en nature par de
l'argent, dont les détenus pourroient faire un
mauvais uſage. Dans les communes où il ſeroit
obligé de leur en fournir la valeur en argent, celle
du pain doit être réglée d'après le cours du marché, & celle de la ſoupe, qu'on y joint ou qu'on
y doit joindre, ne peut pas excéder la moitié
ou tout au plus les trois cinquièmes de la valeur de
la ration de pain.

Les alimens que l'on donne en nature varient
dans chaque pays ; mais en général ils ſe réduiſent au pain ou à ce qui le remplace pour la
nourriture commune, & à l'eau. En Allemagne,
les condamnés valides ont du mauvais pain noir,
des légumes ou pommes de terre, & quelquefois
de ces pâtes indigeſtes dont les pauvres ſe nour-
riſſent. En Ruſſie, on leur donne ſouvent des
farines, des bouillies inſipides ; ailleurs, du riz,
des biſcuits & autres vivres gâtés dans les maga-
ſins ou avariés ſur mer, & preſque partout une
très-mauvaiſe & inſuffiſante nourriture. Voici au
reſte, pour la France, de quelle manière on y
diviſe les priſonniers en les conſidérant par rapport à la nourriture.

1°. Ceux non obligés au travail & non travaillant, c'eſt-à-dire ceux qui ne ſont arrêtés que
comme prévenus ou accuſés, dont la ration, conformément à l'arrêté du 23 nivôſe an IX, ſe compoſe d'une livre & demie de pain, diſtribuée au

moins vingt-quatre heures après la cuisson, d'eau & d'un demi-litre de soupe *à la Rumfort*. Le pain doit être fait, à Paris, de farines trois quarts froment & un quart seigle, & dans certains endroits, de farines moitié froment, moitié seigle, blutées à quinze centièmes d'extraction de son. Le pain que l'on fait à Paris & dans quelques départemens, où l'administration s'occupe particulièrement du sort des prisonniers, est en général de meilleure qualité que celui que l'on fait ailleurs.

2°. Les détenus obligés au travail, c'est-à-dire dont le crime ou le délit a été reconnu par un jugement, & refusant de travailler, qui ne reçoivent que le pain & l'eau.

3°. Les détenus condamnés travaillant, qui ont le pain, & de plus, le dimanche & le jeudi, une pitance grasse composée d'un demi-litre de bouillon & de quatre onces de viande cuite ou désossée, & les autres jours de la semaine une pitance maigre beaucoup plus nourrissante que la soupe à la Rumfort, & composée d'un demi-litre de bouillon et d'une portion de légumes d'un tiers de litre.

4°. Les infirmes & les septuagénaires, dont les pitances sont composées, préparées & distribuées de la même manière que pour les détenus travaillant. Ils n'ont pour boire que de l'eau, comme les autres prisonniers, mais le pain est ou doit être de farine pure de froment; la ration en est réduite à une livre.

5°. Les femmes allaitant leurs enfans, qui doivent recevoir une livre & demie de pain blanc, une demi-livre de viande cuite désossée, un double décilitre de vin, du bouillon gras, & de plus, du lait pour les panades & les bouillies de leurs enfans.

6°. Les condamnés détenus dans nos bagnes, dont la ration se compose par homme & par jour, pour ceux qui sont valides, d'une livre quatorze onces de pain frais, confectionné généralement avec des farines de froment épurées à douze pour cent, ou bien d'une livre sept onces de biscuits avec une once de fromage, en outre, de légumes secs, & pour ceux qui sont au travail, d'un demi-litre de vin (48 centilitres), ou le double en bière ou cidre. Avec une ration moins forte en pain & en vin, les forçats invalides ont de la viande quatre fois par semaine (1).

7°. Enfin, les enfans au-dessous de neuf ans, qui ont une livre de pain, & le reste de la nourriture comme le détenu travaillant.

Nous ajouterons que, suivant les réglemens actuels, dans les *maisons d'arrêt*, *de justice & de*

correction, les détenus doivent recevoir par jour une livre & demie de pain de ménage, avec une soupe aux légumes; & en outre, dans les *maisons centrales*, quand ils travaillent dans les ateliers, deux onces de pain blanc pour la soupe, une portion de légumes ou racines, & une fois par semaine de la viande & une portion de riz (1).

Mais ces vivres, tels que je viens d'en donner les détails, ne sont pas toujours assez abondans; il y a des individus qui souffrent de leur insuffisance, & bien qu'ils ne soient peut-être pas en grand nombre, & qu'il ne faille pas donner à des condamnés au-delà du strict nécessaire, on n'en doit pas moins regretter que les réglemens n'aient pas prévu cette circonstance. Dans les prisons de Paris, on accorde, sur la demande du médecin, une ration plus forte à plusieurs individus; mais cette mesure est une exception sage que les réglemens n'ont point prescrite, & qui par conséquent n'a pas lieu partout. Je pense que la ration ordinaire du pain devroit être de 28 à 30 onces pour les hommes, en ayant égard toutefois aux différences d'appétit de certains individus, que la ration ordinaire ne pourroit rassasier.

Il seroit avantageux, sous le rapport de la santé, de distribuer les vivres chaque jour & même à chaque repas. Il faudroit en outre toujours du pain blanc pour la soupe, lorsque celui que l'on distribue n'est pas de bonne qualité, & de plus, donner des oignons, des carottes, du vinaigre, &c. Ces assaisonnemens seroient d'autant plus utiles que la nourriture est peu succulente & très-peu variée. Un régime composé de pain & d'eau ne sera jamais le plus salubre ni le plus fortifiant; les alimens, pour bien nourrir, doivent toujours être un peu variés, quelque simples d'ailleurs qu'ils soient. L'eau pour boire ne devroit jamais être conservée, pendant l'été, dans des seaux ou baquets, où elle s'échauffe & se corrompt promptement, mais bien dans des cruches. Il faudroit aussi, la propreté & l'ordre le réclament, faire constamment prendre les repas à table & dans un réfectoire. De ce que d'ordinaire cela n'est point, il résulte que les détenus mangent quand il leur convient, qu'ils jouent leurs alimens, qu'ils sont obligés de les laisser exposés toute la journée à la poussière des ateliers, & de transporter toujours avec eux la gamelle où ils mettent ordinairement leurs vivres, afin d'éviter qu'elle ne soit prise. L'usage de faire manger les prisonniers assis & à table, où ils trouvent, en s'y plaçant, la soupe ou les légumes

---

(1) *Extrait de l'ordonnance du Roi qui détermine une nouvelle composition des rations en usage dans le département de la marine, en date du 5 février 1823.*

(1) *Voyez* dans le *Moniteur* du 20 janvier 1829 le *Rapport de son excellence le ministre de l'intérieur au conseil général des prisons.*

fervis, a été introduit depuis peu de temps dans toutes les prisons bien administrées.

J'ai dit plus haut que le criminel avéré reçoit chez nous une nourriture plus substantielle que l'accusé innocent. Quelle rigueur & quelle inconséquence monstrueuse dans les dispositions de la loi ou dans les réglemens qui régissent nos prisons ! Pourquoi n'accorde-t-on pas au prévenu une nourriture, sinon égale à celle qu'il avoit dans le sein de sa famille, du moins équivalente à celle du condamné travaillant dans des ateliers ; par ce moyen ne feroit-on pas disparoître une distinction qui blesse si ouvertement l'équité ?

Je le répète, le pain ne suffit pas toujours quand il est de bonne qualité & pesé par des mains désintéressées : ajoutons que les personnes chargées d'examiner les vivres les reçoivent fréquemment avec une facilité coupable, surtout dans les départemens où la nourriture des détenus ne se compose trop souvent que de mauvais pain de munition, & quelquefois que d'une soupe par jour. Enfin, si nous en croyons M. Fodéré, les soupes à la Rumfort, avec lesquelles on veut suppléer au pain, ne *restent* pas assez, puisque ce médecin a vu des personnes donner la préférence au pain sec (1). On regrette qu'on n'ait point encore fait usage, dans le régime des détenus, de la gélatine séparée des os. Les procédés d'extraction sont faciles : il est aisé de donner, par des légumes & un peu d'épices, le parfum & la sapidité qui manquent à cette substance, & qui sont nécessaires pour la digestion. L'expérience a, d'ailleurs, prononcé sur la bonté de ce moyen de nutrition. Les pauvres de la ville de Genève & d'une partie de la Suisse lui ont dû, en 1815 & en 1816, la conservation de la santé quand ils paroissoient devoir mourir de faim des suites de la disette ; & des essais tout récemment faits à Paris par MM. Darcet & Puymaurin fils, n'ont pas été moins heureux. Toutefois, il nous semble résulter d'autres essais tentés dans des hôpitaux de cette capitale, que la gélatine extraite des os dont on le nourriroit *exclusivement* tous les jours ne tarderoit pas à produire la diarrhée.

Ce sont les concierges ou les geoliers eux-mêmes qui, dans la plupart des prisons, vendent ou font vendre à leur compte les vivres que les prisonniers achètent pour suppléer à une alimentation trop courte & insalubre. On voit d'abord combien de maladies cet état peut faire naître ; l'on se fera une idée de ses dangereux effets sur les mœurs & sur la santé générale en parcourant l'ouvrage d'Howard, qui s'est surtout attaché à les faire connoître. Au reste, il est ici beaucoup plus aisé de montrer le mal que de trouver le remède ;

& je pourrois citer certaines prisons dans lesquelles on a établi des cantines où les objets vendus aux détenus leur reviennent moins chers que si, sans être trompés par les commissionnaires attachés à ces maisons, ils en payoient la course.

Dans la Pensylvanie, le New-Yorck, le Connecticut & plusieurs autres états de l'Union de l'Amérique, la nourriture des condamnés est bornée au juste nécessaire, mais elle est propre, saine & suffisante. C'est à table & assis que les prisonniers mangent, & non çà & là dans les cours, les ateliers, comme partout ailleurs ; chacun prend sa place sans confusion, & trouve sa pitance sur sur une espèce d'assiette. On ne permet aucun aliment venant du dehors. Conformément au principe d'Howard, la seule boisson est de l'eau, dans laquelle les détenus peuvent mettre de la mélasse. Jamais, dans aucune circonstance, ils ne boivent de liqueurs fermentées, pas même de bière : on craindroit qu'elle n'allumât chez eux une excitation momentanée.

Je ferai observer, en souhaitant qu'on se rapproche partout en Europe, autant que les circonstances locales le permettent, de ce qui a lieu aux États-Unis, surtout pour ce qui concerne les repas pris à table ; je ferai observer, dis-je, que les détenus sont en général, dans l'ancien Monde, plongés dans la plus grande misère, & traités d'une manière beaucoup trop inhumaine, pour qu'il ne faille pas leur permettre quelquefois des boissons fermentées ; & je suis loin de partager les idées des personnes qui voudroient que les prisonniers ne bussent jamais ni vin, ni cidre, ni même de la bière. Le mal n'est pas qu'ils en boivent, mais dans l'abus qu'ils peuvent en faire. En 1819 & 1820, à la prison de *Saint-Lazare*, à Paris, où il y avoit communément de six cents à sept cents femmes travaillant, & par conséquent ayant un peu d'argent, il n'étoit pas bu par elles, si l'on en croit le concierge & la cantinière d'alors, plus de deux ou trois litres de vin & quelques petits verres d'eau-de-vie par jour, excepté tous les dimanches & les autres jours de repos. Voilà certainement, si cela est vrai, un des plus beaux exemples de ce que peuvent l'ordre & le travail pour la sobriété, surtout quand on le compare à ce qui se passe dans d'autres prisons, où l'ivrognerie est un vice opiniâtre de ceux qui les habitent. J'insiste sur ce dernier fait, parce que les gastrites & les entérites chroniques sont, dans les dernières prisons, les maladies qui font mourir le plus de prisonniers.

Il est deux considérations importantes à faire ici, & c'est par elles que je terminerai ce que j'ai à dire sur la nourriture des prisonniers : c'est que, dans presque toutes nos prisons, un grand nombre d'individus souffrent de l'insuffisance & de la mauvaise qualité des alimens qu'ils y reçoivent, & que c'est principalement à la mauvaise nourriture qu'il faut attribuer la grande mortalité qu'on y observe

_____

(1) Voyez *Traité de médecine légale & d'hygiène publique*.

ferve journellement ; ce que je prouverai jufqu'à l'évidence en traitant, dans cet article,
des principales caufes de mortalité parmi les détenus.

Sommeil & veille. Dans les prifons de France
les mieux adminiftrées, c'eft ordinairement à cinq
heures du matin, en été, à fept en hiver, que
les détenus fe lèvent, & c'eft à huit heures du foir
en été, & plus tôt en hiver, felon la longueur des
jours, qu'ils font enfermés dans leurs dortoirs.
Dans la plupart des prifons où le travail n'eft pas
introduit, mais principalement dans celles où les
prifonniers reftent le jour dans les chambres à
coucher, ils peuvent fe mettre fur leurs lits & fe
lever quand bon leur femble. On les laiffe donc
dormir, en général, lorfque leur pofition morale
& les autres circonftances dans lefquelles ils fe
trouvent le permettent, tout le temps néceffaire,
& même plus qu'il ne faut pour la fanté.

Défaut d'exercice corporel & oifiveté. La privation brufque & prolongée des grands mouvemens & de prefque tout exercice corporel pris en
plein air, eft une caufe fréquente de maladies
parmi les prifonniers, & furtout parmi ceux que
l'on jette dans un cachot ou dans une chambre,
d'où ils ne peuvent fortir. Les réflexions, le chagrin, l'amour du repos, renforcent encore l'effet
de cette privation, qui eft d'autant plus pernicieufe que la vie étoit auparavant plus active &
plus ambulante. On conçoit que l'exercice corporel étant prefqu'incompatible avec l'inftitution des
prifons, fon défaut eft un des inconveniens auxquels il eft le plus difficile de remédier.

Dans les conditions ordinaires des prifons, le
manque d'exercice corporel & l'oifiveté fe lient
néceffairement. Les relations particulières de beaucoup de prifonniers nous montrent combien ils
font parfois ingénieux pour s'arracher à l'ennui
inféparable de la dernière ; l'exemple de ceux qui
font miférablement livrés à une oifiveté prolongée
prouve qu'elle a chez eux de plus funeftes réfultats que chez les autres : elle engourdit promptement leur efprit, fait perdre leurs bonnes habitudes, les dégrade, & produit bientôt ou entretient
les idées triftes auxquelles un fi grand nombre eft
en proie & fuccombe, ou bien elle leur donne
l'occafion de fe pervertir mutuellement ; cela fe
voit du moins dans les prifons où l'oifiveté règne
en général plus que partout ailleurs. Ces confidérations nous amènent naturellement à parler des
moyens de la prévenir.

Travail proprement dit. On a dit que, détruire
dans les prifons l'oifiveté, c'eft mettre les détenus
fur la voie du retour fur eux-mêmes, & contribuer puiffamment à les rendre meilleurs. Je vais
plus loin : le *travail* & l'*ifolement*, voilà prefque
toute la morale des prifons. Non-feulement la
puiffance du travail arrache les prifonniers à l'action du repos, de l'ennui & de la pareffe, fi à

craindre pour leur fanté, mais encore fon habitude, furtout quand il eft bien réglé, peut remplacer l'efprit de débauche par l'ordre, par la
décence & les bonnes mœurs ; c'eft même de tous
les moyens celui que l'expérience proclame comme
étant le meilleur : il doit donc être un des points
de mire de l'adminiftration des prifons. Exiger que
tous les condamnés indiftinctement travaillent,
c'eft d'ailleurs obliger ceux qui n'ont point de profeffion d'en apprendre une, c'eft les prémunir contre l'indigence & l'oifiveté quand plus tard ils ren-
treront dans la fociété ; c'eft, par conféquent, fermer la fource des vices & prévenir des crimes
nouveaux.

Dans les prifons bien organifées, un falaire
quelconque doit récompenfer le travail du prifonnier ; fon état actuel en eft adouci, mais encore
fon fort futur en fera amélioré. En France, un
tiers du prix de la main-d'œuvre doit refter à l'adminiftration de la prifon ; un autre tiers être payé
au prifonnier de temps à autre, & le troifième
tiers tenu en réferve pour lui être remis à fa fortie,
afin de lui ménager des fecours après fa détention.
Il en eft à peu près de même dans les *pénitentiaires* de Gand, de Laufanne, de Genève & de
l'Angleterre ; les condamnés feuls font forcés au
travail. Sans doute il y auroit de l'injuftice à faire
autrement, mais on devroit toujours offrir aux
accufés pauvres & oififs la reffource du travail,
& leur remettre tout le prix de leurs journées,
ou au moins à ceux qui feroient jugés innocens.

Mais ce n'eft pas affez de donner au prifonnier
un métier pour qu'il puiffe pourvoir à fa fubfiftance quand il fera rendu à la liberté, il faut encore, fi vous voulez un gage certain de fa bonne
conduite future, ne point le jeter dans la fociété
fans lui donner les moyens d'y attendre de l'occupation. Renvoyé de la prifon fans argent, trou-
vera-t-il auffitôt à gagner fa vie ? Qui voudroit
l'employer ? Il faut donc néceffairement qu'il
meure de faim ou qu'il vole. Déjà familiarifé, par
fon long féjour au milieu de voleurs & d'affaffins,
avec l'idée de dérober & de commettre un meurtre, dans quelle alternative le placez-vous ? Arrêté une feconde fois par la juftice, l'énormité &
le grand nombre de fes forfaits épouvanteront
peut-être fes juges, & aucun, en prononçant fa
fentence, ne penfera qu'il doit des actions de
grace à la fortune pour n'être pas un femblable
monftre : c'eft ainfi que fon fang & la faute de
tous les crimes dont il s'eft fouillé depuis fa première incarcération, rejailliffent fur les magiftrats
qui l'avaient condamné, ou plutôt fur le gouvernement qui n'a rien fait pour rendre, autant que
poffible, les prifonniers meilleurs, & pour affurer
à celui dont le terme de la détention expire, des
moyens de fubfiftance jufqu'à ce qu'il trouve à
travailler. C'eft fur ces raifons, c'eft fur ces faits
que s'appuient non-feulement la néceffité de diftribuer aux détenus le prix de leurs journées, de

manière qu'ils emportent de la prifon une fomme qui les mette à même d'attendre de l'occupation, mais encore l'urgence de créer des *maifons de travail* pour ceux d'entr'eux qui ne peuvent pas être employés.

Ateliers. Dans les prifons *panoptiques*, adoptées pour les *pénitentiaires* modernes, on a eu foin de difpofer le pavillon central de manière à ce que le directeur puiffe toujours infpecter les différens ateliers. On peut cependant affirmer, en thèfe générale, que jufqu'ici, dans la diftribution & le choix des travaux, on a plus confulté la commodité de l'adminiftration que la fanté des détenus & le befoin qu'ils auront d'un métier qui leur procure du pain. Plufieurs occupations peuvent être affignées alternativement aux mêmes individus : rien ne s'oppofe à ce que l'on faffe fuccéder un travail pénible à un travail qui ne l'eft pas; un travail qui développe les forces à un travail fédentaire, & dans les prifons qui ont des cours ou des préaux, un travail extérieur ou en plein air, à un travail intérieur qui peut s'exécuter en tout temps. Compenfer le plus poffible l'influence dangereufe de l'emprifonnement fur le phyfique & le moral, par le bien d'un exercice forcé; varier celui-ci de manière à produire le même réfultat, & donner au prifonnier, que la haine du travail a pour l'ordinaire entraîné au crime, un genre d'induftrie qui lui procure plus tard un emploi fûr & lucratif : tel eft le but que toute adminiftration éclairée doit fe propofer. Dans tous les cas, le cercle des occupations manuelles & autres doit remplir fans interruption la journée.

Récréations et repos. Ils doivent toujours être calculés de manière à ce que les prifonniers qui travaillent fe repofent & fe récréent fuffifamment; mais on ne doit jamais en permettre davantage.

Ufages fuivis dans la plupart des prifons ou du moins dans un grand nombre, & dont l'influence eft très-nuifible à la fanté des détenus.

Cachots & fers. Ils ne font plus d'un ufage général que dans les pays qui n'ont point fuivi la marche progreffive de la civilifation. En France, en Angleterre, dans les Pays-Bas, ils difparoiffent tous les jours. Ce font des chambres ordinaires, mais rendues très-obfcures, qui doivent remplacer les cachots, & des gilets de force, femblables à ceux que l'on met aux fous furieux, qui doivent faire place aux chaînes & aux énormes colliers en fer dont on avoit autrefois l'inhumaine habitude de charger les prifonniers.

Piftole. On appelle dans les prifons, *chambres de la piftole* ou fimplement *piftole*, les pièces où l'on met les prifonniers qui paient pour être mieux logés, mieux couchés que les autres, &

féparés du refte des détenus. Ces chambres pourroient être définies, des chambres garnies tenues par le concierge ou le geolier. Comme ce font ceux qui les habitent qui procurent ordinairement à celui-ci fon meilleur revenu, tout ce qui eft bon ou le moins mauvais eft pour eux. Les chambres les plus malfaines, les fournitures les plus dégoûtantes font pour les malheureux qui ont le grand tort de n'avoir pas d'argent à donner. Je fuis loin de blâmer l'ufage humain d'accorder à un détenu la facilité d'être le moins mal poffible en prifon, cela eft même d'une juftice rigoureufe, furtout pour ceux qui ne font qu'accufés; mais l'abus eft que ce foit toujours aux dépens des autres.

Affections morales. Confidérations générales. Il eft inutile de nous arrêter à examiner d'une manière toute particulière les effets de l'emprifonnement fur le moral, & par fuite, l'influence du moral fur le phyfique : on conçoit aifément qu'ils doivent varier en raifon des fentimens & des circonftances qui prévalent chez les détenus. Mais il eft une pofition particulière aux prifonniers : c'eft celle du *fecret*. Lorfqu'on accufé entre en prifon, on peut, fuivant la nature du délit préfumé ou fuivant l'arbitraire du magiftrat, le *mettre au fecret*, c'eft-à-dire le placer dans une pièce où toute communication avec quelque perfonne que ce foit, eft provifoirement interdite, pour amener le prifonnier à faire des aveux ou à un prompt repentir. C'eft dans cette intention qu'on a recours à ce genre de punition dans les maifons pénitentiaires dont j'ai déjà parlé; mais dans beaucoup de pays on en abufe, & fouvent des magiftrats peu humains en prolongent la durée de manière à convertir le *fecret* en un véritable fupplice.

Mœurs des prifonniers. La réunion dans un même lieu d'un grand nombre de détenus, pour la plupart coupables et communiquant librement enfemble, a toujours pour réfultat inévitable la perte de leurs mœurs. Rien de plus immoral donc, de plus pernicieux, que de raffembler indiftinctement des gens détenus pour dettes avec des coupables; des hommes arrêtés pour opinion politique avec des efcrocs ou des affaffins; celui qui dérobe preffé par le befoin avec des voleurs de profeffion; ceux qui entrent dans la carrière du vice avec ceux qui font confommés dans le crime; des femmes égarées un inftant avec celles d'une débauché effrénée; des prévenus qui doivent être préfumés innocens avec ceux dont le délit ou le crime eft avéré; ceux qui n'ont mérité que des peines correctionnelles avec ceux qui font condamnés à des peines infamantes, &c.; c'eft cependant ainfi que l'on fait prefque partout, & ce qu'il feroit très-fréquemment impoffible d'éviter dans les prifons actuelles à caufe de leur *étroiteffe* & de leur mauvaife diftribution. Un abus exceffif dont je dois parler ici, c'eft qu'au lieu de mettre toujours les fous, dans des hofpices, on ne craint pas de les jeter avec les criminels dans plufieurs prifons. On ne fauroit donc trop s'élever contre cette pratique, encore généralement en ufage dans beaucoup de pays, mais qui heureufement devient de moins en moins fréquente dans quelques autres, furtout en France, où, depuis un certain nombre d'années, on s'occupe d'améliorer, par tous les moyens possibles, le fort des prifonniers. Toutefois, il y avoit encore, en 1829, trente-cinq aliénés dans la prifon du Mans, où la moyenne du nombre des détenus n'eft que de 76 à 80.

Conféquences à tirer de ce qui précède pour le plan d'une prifon générale. Ce que je viens de rapporter dans le cours de cet article, peut aider à déterminer le plan qu'il faudroit fuivre dans la diftribution comme dans l'administration des prisons. Les rapports sacrés qui existent entre des citoyens prévenus ou même coupables de délit, et la société, exigent qu'en s'assurant de la punition du criminel, on cherche, non-seulement à conserver les innocens et à alléger pour eux le poids d'une mesure qui n'est que de précaution, mais encore à ramener les coupables dans la bonne voie, et à leur faire mériter l'intérêt & même l'estime. On n'obtiendra cet heureux réfultat qu'en féparant les prifonniers en autant de quartiers ou de prifons diftinctes qu'il y a de fortes de délits & de coupables, ou de préfumés tels. Les féparations que nous voudrions voir établies partout, le font plus ou moins, mais toujours très-incomplètement à Bury, à Manchefter, à Rouen, à Paris, à Laufanne, à Genève, &c.

Autres moyens propres à ramener les prifonniers dans la bonne voie. Je dois paffer très-rapidement fur l'emploi de ces moyens, dans un article comme celui-ci. Lorfqu'on étudie l'homme, on apprend bientôt qu'on ne gagne rien à l'avilir pour le rendre à la vertu, mais que c'est en lui montrant qu'il y eft intéressé. Donnez donc au condamné, fous la condition qu'il devienne meilleur, l'efpoir de la remife d'une partie ou du refte de fa peine; faites-le paffer, quand il fe corrige, parmi d'autres moins corrompus; diffipez fon ignorance profonde par un bon enfeignement élémentaire; perfuadez-le de la fécurité & du bonheur dont jouit celui qui remplit fes devoirs. C'est avec ces moyens & en l'occupant à un travail quelconque, que vous agirez heureufement fur fa fanté phyfique & fur fa fanté morale, & afin d'affurer le retour de cette dernière, foumettez-le, comme on le fait aux Etats-Unis d'Amérique, à New-Yorck, à Genève, à Laufanne & dans les différentes pénitentiaires que nous avons déjà citées, à des heures de filence, qui préviendront les converfations dangereufes, & ne lui infligez qu'un feul genre de châtiment, l'ifolement abfolu, durant plus ou moins de jours, fuivant la gravité des fautes; augmentez encore la crainte de ce châtiment en exigeant que les perfonnes qui y feront condamnées travaillent pour payer leur dépenfe pendant tout le temps de la punition, & en les rendant témoins de la remife d'une partie de la peine de leurs heureux compagnons, fans qu'eux puiffent efpérer le même bonheur. Faites ainfi que toutes leurs réflexions, toutes leurs penfées tendent forcément à les empêcher de retomber dans les mêmes fautes. C'est de cette manière que vous les amènerez à defcendre en eux-mêmes; c'eft par la fcrupuleufe attention de ces principes que l'on pourra & entretenir la fanté des prifonniers, & agir efficacement fur les difpofitions intérieures de la plupart d'entre eux. Voilà comment ce que prefcrit la morale, l'hygiène le prefcrit également.

Maladies. Leur nombre dépend, toutes chofes étant égales d'ailleurs, de la population de la prifon & de la manière dont les détenus y font traités. Il y a beaucoup de prifons où la pâleur, la maigreur, l'état fcorbutique & cachectique de ces détenus annoncent, au premier coup-d'œil, la durée du féjour qu'ils y ont fait. Il eft aussi très-aifé d'indiquer, dans les plus mauvaifes prifons, la durée de la détention des uns relativement à celle des autres. Cette remarque avoit déjà été faite par John Howard dans un grand nombre de villes, & par M. Thomas-Fowel Buxton, à Londres.

A Paris, dans la *prifon de Bicêtre*, où la population n'étoit pas encore mobile & où les hommes étoient aussi bien traités qu'ils le font partout ailleurs, « pendant l'été de 1818, la population a été pour chaque jour, en général, de 820 perfonnes, & le nombre des malades de 80, prefqu'égal au dixième.

» Le nombre des galeux a été de 60, un peu moins que le treizième.

» Mais ce font là des termes moyens: il y a eu des jours où le nombre des malades a été de 113, & celui des galeux de 108.

» D'où il fuit que, pour éviter l'encombrement des malades, on dût-il être momentané, fi, dans l'état actuel des chofes, on avoit à conftruire une infirmerie pour une prifon habitée par 850 à 900 perfonnes, il faudroit lui donner affez d'étendue pour recevoir 200 malades; ce qui feroit un peu moins que le quart de la population totale (1). »

J'oppoferai à ce que je viens de rapporter, ce que j'ai vu dans la *prifon de Saint-Lazare*, à Paris, & dans la *maifon centrale* de Melun. Dans cette dernière, il n'y avoit, le 30 octobre 1819,

_____

(1) *Société royale pour l'administration des prifons,* pag. 56. — *Rapport de M. Parifet.*

que 38 malades & convalescens sur une population de 561 personnes. On ne comptoit pas un seul galeux dans tout l'établissement.

Il y a une loi qui prescrit de ne pas mettre en jugement une femme prévenue d'un crime emportant la peine de mort, avant qu'il n'ait été vérifié qu'elle n'est pas enceinte. (*Loi du 23 germinal an* III). Non-seulement on devroit étendre cette disposition aux personnes qui sont dans le cours d'une maladie aiguë, mais encore suspendre toute espèce de procédure dirigée contre elles, si cette procédure exige l'interrogatoire ou la comparution du prévenu.

J'ai indiqué précédemment les maladies qui règnent le plus souvent dans les prisons; c'est ici le lieu de faire remarquer que, sous le rapport du traitement, il y a un grand nombre de malades dont il faut s'attacher à relever l'ame abattue : montrer à ces malheureux un vif intérêt, leur parler le langage de la sensibilité, faire avec eux la médecine du cœur, seroit bien plus salutaire que tous les moyens pharmaceutiques. Mais cette noble tâche du médecin des prisons sera toujours la plus difficile.

Les grandes prisons ont ordinairement une infirmerie, à laquelle sont attachés un médecin ou un chirurgien & un pharmacien. Cette infirmerie ne consiste que trop souvent en une ou deux chambres garnies de lits. Les malades des autres prisons doivent être traités dans des chambres à part, ou bien transportés dans des hôpitaux, où presque toujours, chez nous, on les enferme dans des salles dites *de consignés*. C'est particulièrement dans les prisons qu'il faut que les infirmeries soient assez vastes pour le nombre des malades qu'elles doivent contenir, & que les lits surtout soient assez espacés. Il faudroit aussi établir, dans presque toutes les grandes prisons, mais principalement dans les *dépôts de mendicité*, des espèces de lazarets pour tenir en observation, pendant quelques jours, les arrivans suspects; il faudroit encore que, dans toutes, chaque arrivant prît un bain & fût visité par le médecin.

Un grand abus, que je dois signaler ici, c'est que, lorsqu'il n'y a pas d'infirmerie dans une prison, on n'accorde presque toujours le *transférement* à l'hôpital qu'avec le plus grande difficulté, & très-souvent quand les malades sont près de mourir.

DES DIFFÉRENTES SORTES DE PRISONS ÉTABLIES EN FRANCE. — *Prisons de prévenus & d'accusés*. Ces prisons, dans lesquelles on tient les prévenus & les accusés de crimes ou de délits enfermés jusqu'à ce que les juges aient prononcé sur leur sort, sont des lieux de sûreté qui répondent des personnes de ces détenus envers la société, laquelle ne préjuge encore rien sur leur criminalité ou leur innocence. Notre Code d'instruction criminelle dit (art. 603 & 604) que ces prisons, qu'il distingue

en deux sortes, & désigne sous les dénominations de *maisons d'arrêt* (où sont déposés les simples prévenus en vertu d'un mandat d'arrêt ou de dépôt), & de *maisons de justice* (dans lesquelles ils sont transférés après leur mise en accusation pour y attendre leur jugement par les cours d'assises) ; seront établies, *indépendamment de celles pour peines*, c'est-à-dire de celles des condamnés, & qu'elles en seront entièrement distinctes.

Les prisonniers simplement accusés sont, en général, ou innocens, ou pleins de confiance qu'ils seront rendus à la liberté, ou coupables, & voyant dans leur détention actuelle le commencement d'une détention plus longue, lorsqu'ils ne s'attendent pas à payer d'un emprisonnement sans fin, ou de leur vie, les crimes dont ils se sont souillés. La position morale de ces individus diffère donc extrêmement. Les premiers souhaitent que leur affaire s'instruise, le moindre retard les irrite ; les seconds doivent desirer d'être jugés pour voir abréger le temps d'une détention qui ne leur sera pas comptée après le jugement. Ces différences sont attachées essentiellement à la situation des détenus non encore jugés.

Prisons ordinaires de condamnés, ou prisons pour peines. — A. *Maisons de correction ou de détenus pour peines correctionnelles.* Ce sont les prisons où l'on enferme les personnes condamnées pour les infractions que la loi considère comme *simples délits*. Le maximum de l'emprisonnement est de cinq années, & le minimum de six jours. On voit de suite par la différence de la durée de la détention combien peut être différente l'influence que cette durée exerce sur le physique & sur le moral des détenus. Les *maisons*, ou *prisons de correction*, devroient être, conformément à leurs dénominations, des lieux destinés à corriger les défauts, les inclinations vicieuses, les mœurs corrompues. En effet, elles ont été instituées bien pour rendre à la société des individus dont elle ne désespère pas, que pour les punir. Or, je laisse conclure par tous les détails dans lesquels je suis entré, si elles atteignent leur but.

B. *Maisons de réclusion, de force, ou maisons centrales.* Chez nous, ces prisons sont destinées aux condamnés pour les infractions que la loi considère comme des *crimes*. On y renferme aussi des individus coupables de simples délits ; mais alors ils sont condamnés à plus d'une année d'emprisonnement. Notre Code pénal veut que la durée de la réclusion soit au moins de cinq ans, & de dix au plus.

Les femmes & les filles condamnées aux travaux forcés, au lieu d'y être employées comme les hommes & de porter des fers, sont mises dans des *maisons de force*. On applaudit à une disposition aussi humaine. La loi qui modifie, en les rendant plus légères, les peines pour crimes & délits commis par des individus âgés de moins de seize ans (art. 66 & 67 du Code pénal), s'appuie en partie sur les mêmes principes ; c'est toujours dans les mêmes vues qu'elle veut aussi que les travaux forcés & la déportation ne soient prononcés contre aucun individu âgé de soixante & dix ans accomplis, & que tout condamné à l'une de ces deux peines en soit relevé dès qu'il a atteint cet âge, & soit renfermé dans une maison de force pour tout le temps à expirer de sa peine, comme s'il n'eût été condamné qu'à la réclusion.

Ce que j'ai rapporté précédemment en parlant des prisons *considérées en général*, étant surtout le résultat de l'observation des maisons de correction & de réclusion, fait suffisamment connoître leur utilité & leurs inconvéniens.

Prisons des condamnés aux travaux forcés. — BAGNES. Ceux contre lesquels a été prononcée la peine des travaux publics sont appelés *forçats*, & très-souvent *galériens* ; forçats, parce qu'ils sont *forcés* à travailler pour le service de la société offensée, & galériens, parce que d'abord ils ne furent appliqués qu'au service de la mer, sur des galères où ils passoient le temps de leur détention enchaînés sur des bancs de rameurs. Ce sont les besoins particuliers des états qui font employer les forçats, en France, aux travaux des ports & à ceux de quelques routes ; en Russie, en Hongrie, aux mines ; dans plusieurs villes de Suisse à nettoyer les rues ; ailleurs, aux galères, &c.

Les individus condamnés aux travaux forcés doivent, dit notre Code pénal, être employés à ceux qui sont les plus pénibles, & traîner à leurs pieds un boulet, ou être attachés deux à deux avec une chaîne lorsque le travail auquel ils sont destinés le permet. Le même Code établit les travaux *forcés à temps & à perpétuité*. Les premiers sont prononcés pour cinq ans au moins, & vingt ans au plus. J'ai fait connoître plus haut quels sont les individus que la loi, fondée sur leur foiblesse physique, exempte d'une peine aussi dure. C'est dans plusieurs ports que l'on place chez nous les forçats ; on les y enferme dans de grands bâtimens construits à terre, & appelés *bagnes* (1) ; &, à défaut de ceux-ci, à bord des vaisseaux hors de service, que l'on nomme *pontons*. Mais les considérations hygiéniques qui se rattachent aux *pontons-prisons* étant beaucoup trop nombreuses lorsqu'on les envisage plutôt comme prisons de guerre que comme prisons de condamnés par justice, c'est à l'article PONTONS (2) de cet ouvrage que je renvoie le lecteur.

Des forçats avant d'arriver dans les ports. Ils partent à certaines époques des prisons de l'intérieur, & s'augmentent ensuite de tous les condamnés à la même peine détenus dans les prisons qui se trouvent sur la route. La troupe de ces criminels forme ce qu'on appelle une *chaîne*, sorte de caravane qui porte avec elle ustensiles, fers, vivres, &c., &, qui, indépendamment des condamnés, se compose de plusieurs employés & d'une escorte militaire. A mesure que cette chaîne grossit de nouveaux criminels, ceux-ci sont enchaînés comme les autres, c'est-à-dire qu'on leur met un collier en fer de deux pièces unies en devant par une forte charnière, & fermé par derrière au moyen d'un boulon de fer enfoncé et rivé à coups de masse ; ce collier est passé dans le premier anneau d'une chaîne de six à huit pieds, dont l'autre extrémité est enfilée par une autre chaîne très-longue : cette dernière, qui réunit ordinairement une centaine des premiers, reçoit le nom de *cordon*. Chaque forçat a une ceinture en cuir pour supporter le poids de sa chaîne & empêcher les commotions d'être transmises au cou & à la tête. Ainsi composée, la chaîne générale se traîne péniblement pendant quatre à cinq lieues par jour, faisant des haltes fréquentes & couchant sur la terre à peine couverte de paille. Ce voyage est tellement fatigant pour les forçats, qu'ils le redoutent autant que quelques années de séjour au bagne. Ajoutez qu'il n'a pas toujours lieu dans une saison favorable, & que le dénuement de linge & de vêtemens, la malpropreté, le germe des maladies gagnées dans les prisons, la mauvaise nourriture, les intempéries de l'air dont rien ne défend, les affections morales, &c., sont autant de causes qui font périr quelquefois un grand nombre de forçats pendant la route & peu de temps après leur arrivée.

Des forçats lors de l'arrivée de la chaîne au lieu de leur destination & avant leur entrée dans le bagne. A l'arrivée de la chaîne on fait subir une espèce de quarantaine aux condamnés qui la composent. A Brest, on les reçoit dans un des hôpitaux de la marine *extra muros*. On s'empresse d'abord de débarrasser chaque homme de son collier de voyage ; première opération qui seule est capable de porter l'effroi dans l'ame des spectateurs eux-mêmes. Le forçat s'assied à terre, la tête près d'un billot sur lequel est fixée une enclume ; puis, à grands coups de masse & de repoussoir, deux hommes chassent le boulon qui tient le collier fermé. Il n'est pas sans exemple que la masse, après avoir glissé sur un repoussoir placé à faux, ait brisé le crâne du patient ; & souvent

____

(1) Les étymologistes font ordinairement dériver ce mot soit de *bagno*, nom donné autrefois par les Italiens à la grande prison des esclaves de Constantinople, où il y avoit des bains ; soit de *balneum*, parce que le bagne de Marseille fut élevé sur un emplacement de bains.
(2) Cet article, que jusqu'à présent on ne trouve dans aucun dictionnaire de médecine, a été traité dans celui-ci

avec un soin tout particulier par MM. les Drs. *Augte. Thillaye* & *Chapelain*, qui, pendant les années 1809 et 1811, furent successivement détenus sur les pontons espagnols & anglais. (*Voyez* le tom. XII, pag. 243 & suivantes de cet ouvrage.)

des commotions douloureuses se propagent par le collier jusqu'au cerveau. Lorsque ce collier est ôté, on place à la partie inférieure de la jambe une *manille* (1). Après avoir été ferré, l'arrivant est rasé, lavé, & il revêt l'uniforme du bagne. On sépare ensuite les malades des bien portans; & lorsque pendant vingt ou trente jours tous se sont bien reposés, on les envoie au bagne pour en suivre les travaux & le régime.

Des forçats dans les bagnes. Sans entrer dans la description minutieuse d'aucun des bagnes de France, quelques détails sur celui de Brest, qui passe pour être le mieux distribué & le mieux tenu, pourront cependant en donner une idée. Il se compose principalement de quatre salles immenses formant deux étages; ces salles n'ont d'autres ouvertures, à l'exception des fenêtres garnies de barreaux de fer, & trop hautes pour la salubrité & l'agrément de la vue; que par le bout qui correspond au centre du bâtiment : elles sont fermées au-dehors par une porte extrêmement forte, & en dedans, à huit ou dix pieds, par une grille. Le fond est un massif très-épais, dans lequel sont pratiqués des cachots noirs d'autant plus malsains que leur seule ouverture donne dans la salle, où l'air est déjà très-vicié. Chaque salle, soutenue dans le milieu de sa largeur par une rangée de piliers, à la base desquels sont, de deux en deux, des latrines à l'anglaise, & un conduit d'eau pour y nettoyer celles-ci de toutes les matières qu'y dépose, est garnie de quatorze *tolats* ou doubles *bancs*, espèces de lits de camp de quinze pieds en tout sens, & formant deux plans inclinés à l'horizon, réunis du côté de la tête. Vers les pieds, ces tolats ont une longue barre de fer dans laquelle la chaîne du forçat se trouve passée quand il est à son banc. Chaque banc est pour douze places, mais souvent il est occupé par quatorze hommes, de sorte qu'il revient à peine un pied de largeur à chacun d'eux; il résulte de cela qu'ils couchent tous sur le même côté, & que celui qui veut dormir sur l'autre est obligé d'éveiller ses camarades.

Le nombre des hommes de chaque salle est de sept à huit cents. La chaleur, maintenue suffisante en hiver par le grand nombre de ceux qui y sont, est très-incommode en été; le cubage de l'air y donne un peu plus d'une toise pour chaque homme.

Le forçat reçoit en été un pantalon de toile, &

en hiver une capote garnie d'un capuchon. Il est en général beaucoup mieux habillé & beaucoup mieux chaussé que la plupart des ouvriers indigens. Le poids de la manille & de la chaîne est de douze livres ou à peu près, & la longueur de cette dernière est de dix pieds; d'où il résulte qu'en la faisant courir sur le barreau du banc, chacun peut disposer d'une ligne de trente-quatre pieds & atteindre les latrines. Le forçat couche tout habillé sur la planche nue, à moins qu'il n'achète un petit matelas & une couverture. Quant aux alimens qu'il reçoit, j'en ai parlé précédemment en traitant du régime alimentaire des prisons en général.

A cinq heures en été & à sept heures & demie en hiver, les forçats se lèvent, & aussitôt que leurs salles sont balayées & qu'ils ont reçu leur déjeuner, des *gardes-chiourmes* les conduisent aux travaux du port. Ces travaux sont réservés pour les plus coupables; ceux des ateliers, les corvées pour les vivres, pour le bois, &c., sont pour les autres. Tous les forçats condamnés à perpétuité, ou connus par quelque tentatives d'évasion, ne sortent jamais qu'enchaînés dans un seul cordon; ils restent ordinairement dans les salles avec les infirmes, & s'y occupent à des ouvrages en paille, en carton, &c. Ceux qui ont été rattrapés deux fois sont attachés à leur lit de camp où ils restent enchaînés pendant deux ou trois années entières. Il leur est défendu d'exercer le métier de tailleur, de cordonnier, &c., de peur qu'ils ne nuisent aux ouvriers libres.

Les forçats rentrent pour dîner à onze heures en été; ils retournent au travail à une heure, & rentrent de nouveau avant la nuit. En hiver, ils font la journée de neuf à trois heures sans s'arrêter. A leur rentrée du soir on les enchaîne à leur banc, & à sept heures en hiver & à huit en été, une cloche donne le signal du silence & les force à se coucher.

L'ivrognerie, malgré la prohibition des liqueurs alcooliques, est le vice dominant des forçats; ils n'est pas de sacrifice qu'ils ne fassent pour la satisfaire. Quant aux mœurs, tout ce que j'ai dit plus haut à ce sujet des autres prisonniers, quelqu'affligeant que cela soit, est ici au-dessous de la vérité.

L'habitude de traîner la chaîne donne à la démarche du forçat un caractère particulier impossible à corriger d'abord, & qui les fait reconnoître lorsqu'ils parviennent à s'évader & à se procurer d'autres vêtemens que ceux du bagne. Cette chaîne est quelquefois la cause de blessures graves & de fractures, parce qu'elle s'engage dans les machines, telles que grues, cabestans, &c., & que dans les chutes de l'un des forçats qu'elle reçoit elle entraîne presque toujours l'autre.

Les forçats malades sont transportés dans les hôpitaux de la marine, où ils jouissent de toutes

---

(1) Pièce de fer d'une forme parabolique, du poids de deux à trois livres, & percée à chaque bout d'un trou dans lequel on met un fort boulon, qui est lui-même arrêté par une clef de fer rivée à coup de masse. La manille est l'attribut essentiel des forçat : on ne l'ôte d'un membre fracturé que pour la replacer à l'autre, & c'est à elle qu'est attachée une chaîne de dix pieds qui unit les forçats par cuple.

les reſſources que ces hôpitaux préſentent. Les maladies auxquelles ſuccombent le plus ordinairement les priſonniers détenus dans les bagnes, ſont la phthiſie pulmonaire, le catarrhe pulmonaire chronique, la péripneumonie, les hydropiſies aſcites, les entérites, les diarrhées, les gaſtro-entérites & les fièvres de diverſes eſpèces.

Des forçats à la ſortie du bagne & quelque temps après. Le forçat dont le terme de la peine approche eſt intéreſſé à ne pas s'évader; c'eſt pourquoi on l'emploie alors de préférence dans les hôpitaux & dans les ateliers. A ſon départ du bagne il reçoit le prix de ſa main-d'œuvre, qui avoit été mis en réſerve, puis une *cartouche* ou congé imprimé ſur papier jaune, & une feuille de route avec laquelle il touche 30 centimes par myriamètre. Arrivé chez lui, il reſte ordinairement ſous la ſurveillance de la police pendant un an. Cette dernière meſure ſeroit très-ſage ſi l'on pouvoit l'exécuter d'une manière cachée; car la honte, peut-être autant que la miſère & les penchans vicieux, portent preſque toujours le forçat *libéré* à commettre de nouveaux crimes qui le conduiſent encore au bagne ou à l'échafaud.

Dépôts de mendicité, ou maiſons de répreſſion de vagabondage. On conduit dans ces ſortes de priſons & l'on y retient des gens des deux ſexes & de tout âge, ſans aveu, ſans état, ſans aſile, trouvés mendians ou déclarés vagabonds. La durée du ſéjour qu'ils y ſont eſt très-variable, & ils n'en ſortent que quand on les réclame. La population des *dépôts de mendicité* eſt toujours moindre en été qu'en hiver; elle augmente quelquefois conſidérablement pendant cette dernière ſaiſon. Les perſonnes qui les compoſent ſont, ſous preſque tous les rapports, beaucoup mieux qu'elles n'étoient auparavant, quand le dépôt eſt bien tenu. En effet, leur logement eſt plus ſain, on leur donne une chemiſe blanche de temps à autre; elles ſont auſſi mieux vêtues & mieux nourries. Mais le premier bien de tous, celui ſans lequel on ne jouit qu'imparfaitement des autres, leur manque, c'eſt la liberté: auſſi elles ne croiroient preſque jamais l'acheter aſſez cher au prix des avantages réels dont je viens de parler. (*Voyez* à la fin de cet article, des remarques & obſervations ſur ce qui concerne la *mortalité* des détenus dans les dépôts de mendicité.)

Priſons pour dettes. Ce ſont celles où l'on met les débiteurs ſur la pourſuite de leurs créanciers. L'Etat ne doit à ceux qui y ſont détenus ni alimens ni coucher; ils vivent au moyen d'une ſomme qui eſt conſignée par les créanciers, & avec l'argent qu'ils ſe procurent, ils peuvent faire venir du dehors lits, meubles, mets, &c., & recevoir dans leurs chambres toutes les perſonnes qui viennent les viſiter. On ne doit gêner en rien leurs communications orales ou par écrit, ſoit avec des individus du dehors, ſoit entr'eux. Ils n'ont pas mutuellement ſur leur moralité la même influence dangereuſe que les autres détenus, parce que ce ſont des perſonnes déjà formées & non perverties. Leur poſition particulière tient au dérangement de leur fortune.

Priſons des enfans détenus à la réquiſition de leurs parens. Ces enfans, iſolés & hors de la vue des autres priſonniers, ſont, à Paris, logés dans des *maiſons de correction*, dans une cellule ordinairement ſaine, où on les enferme pendant le jour & la nuit; & où ils n'ont de communication qu'avec le concierge & leurs inſtituteurs ſurveillans. Conſtamment auprès d'eux, ces derniers les accompagnent à la promenade dans la cour, ſeul endroit où ils ſe voient entr'eux. Chacun travaille dans ſa cellule; pendant les heures de repos on les occupe à la prière & à la lecture. On enſeigne les premières lettres, le calcul, &c., à ceux dont les parens paient pour cela. L'iſolement & le peu de temps qu'on leur accorde pour ſe promener nuiſent à leur ſanté, mais, en compenſation, ils ſont naître de réflexions & les corrigent. Cette fois, une ſage méditation a donc manifeſtement préſidé à une inſtitution qui doit décider du bonheur public. On a obſervé, en effet, que les enfans tenus iſolés pendant huit jours avec une grande ſévérité, ſortent de la priſon beaucoup mieux corrigés que ceux qu'on y laiſſe plus long-temps, mais avec moins de rigueur. Rendez donc ici la peine plus ſévère pour qu'elle ſoit plus courte, puiſqu'elle va mieux au but. (*Voyez* PEINES (*Méd. lég.*), tom. XI, pag. 511 de ce Dictionnaire.)

De la mortalité dans les priſons & de la manière de l'évaluer. Malgré la difficulté extrême que l'on éprouve à ſe procurer des faits certains & bien circonſtanciés ſur la mortalité dans les priſons, je crois en avoir réunis de tels, & en aſſez grand nombre, pour décider la queſtion; je vais, ſans les tranſcrire textuellement ici comme je l'ai récemment fait dans un *Mémoire* publié dans les *Annales d'hygiène publique & de médecine légale* (1), je dirai ſeulement que, pour arriver à la connoiſſance un peu poſitive de la mortalité des priſonniers, il faut établir la proportion de leurs décès d'après leur population moyenne annuelle, & non d'après le nombre total des perſonnes qui ont été empriſonnées. Que conclure, en effet, de l'entrée dans les priſons & de la ſortie d'individus qui y reſtent trois à quatre mois, ou ſeulement trois à quatre jours? Il eſt évident que les chances d'y mourir pendant un temps auſſi court n'égalent pas les chances d'y mourir pendant une année entière.

Différences dans la mortalité des priſonniers, qui doivent être attribuées principalement à l'eſpèce des individus, à leur état de ſanté lors de

_____

(1) *Voyez* le cahier d'avril 1829.

l'entrée dans les prisons, & aux reſſources pécu-niaires qu'ils y apportent. Les priſons du dépar-tement de la Seine ſont, par l'égale tenue de toutes ou à peu près, les plus propres à mettre dans leur jour ces différences.

Or, dans les priſons du département de la Seine la mortalité moyenne annuelle a été, pendant 1815, 1816, 1817 & 1818, comme il ſuit :

A la grande Force (A), de 1 ſur 40,88 déten.
Aux Madelonnettes (B)........ 38,03
A la Conciergerie (C)........... 32,06
A la petite Force (D)......... 26,63
A Sainte-Pélagie (E)........... 24,48
A Bicêtre (F)................... 18,75
A Saint-Lazare (G)........... 17,92

(A) Priſon d'hommes prévenus de toutes ſortes de dé-lits, où ſont tous ceux que l'on a arrêtés depuis peu de temps, & les condamnés à une courte détention, qui ont obtenu d'y reſter. Ces derniers ont preſque tous de la fortune. La plupart des autres détenus ont plus ou moins d'argent, & ne ſe contentent ni des vivres, ni du coucher de la maiſon, qui eſt d'ailleurs, par les logemens & par la grandeur de ſes cours, la moins mau-vaiſe des priſons d'hommes du département de la Seine.

(B) Cette priſon eſt la *grande Force* des femmes. Elle ren-ferme encore toutes celles qui ſont condamnées à des peines correctionnelles, dont la durée varie entre pluſieurs jours & cinq ans. On y met de plus quelques femmes détenues pour dettes, & quelques jeunes filles dites à la *correction paternelle.* C'eſt des trois priſons de femmes celle où il y a moins de miſère, & elle eſt en même temps la plus propre de toutes.

(C) Priſons d'accuſés des deux ſexes traduits devant le tribunal d'aſſiſes, venant de la *grande Force* ou des *Made-lonnettes.* Ils ſont tous dans l'attente d'un jugement pro-chain, qui va les abſoudre ou bien les condamner à une peine dont le minimum eſt cinq années d'empriſonnement. Ces détenus ſont en général plus pauvres, plus dénués d'ar-gent que ceux des deux priſons précédentes.

(D) Priſon de miſérables proſtituées atteintes de mala-dies contagieuſes, ou qui ont enfreint les réglemens de police, ou bien qui n'ont pu gagner aſſez pour ſe nourrir et payer à l'avance leur eſpèce de patente menſuelle.

(E) Cette priſon eſt beaucoup trop petite pour tous ceux qu'elle renferme. Ce ſont : 1°. des condamnés à un empri-ſonnement plus ou moins long; 2°. des hommes détenus pour dettes dans la proportion ordinaire d'un quart à un tiers; 3°. des garçons dits à la *correction paternelle* dans la proportion d'environ un vingt-cinquième.

(F) La plus mauvaiſe priſon d'hommes. Elle renferme des condamnés à de longues peines, qui n'ont pu obtenir de reſter à Sainte-Pélagie, & des condamnés aux travaux forcés, en attendant qu'ils ſoient envoyés au bagne. Les uns & les autres ſont preſque tous dans un état de grand dénuement.

(G) C'eſt le *Bicêtre* des femmes : mais la diſtribution de cette priſon, ſes cours, la grandeur de ſon local, la rendent moins mauvaiſe que Bicêtre; cependant la mortalité y eſt un peu plus forte que dans cette dernière priſon. Une choſe remarquable, que l'on aperçoit en jetant un coup-d'œil ſur le tableau ci-deſſus, c'eſt que la mortalité eſt auſſi plus forte aux *Madelonnettes* qu'à la grande Force.

Au dépôt de mendicité établi à
Saint-Denis (H)........... 3,97
Mortalité moyenne générale, 1 ſur 12,01 dét.
Et ſans le dépôt de mendicité..... 23

Les perſonnes qui ont viſité ces priſons avec attention pendant les années que comprend ce tableau, ſavent très-bien que l'ordre dans lequel je le cite ici eſt juſtement, ou à peu près, celui ſuivant lequel augmentoit l'état de miſère & de ſouffrances de la plupart des détenus qu'elles ren-fermoient.

La mortalité épouvantable qu'on obſerve dans le *dépôt de Saint-Denis,* mortalité telle qu'il ne périt pas proportionnellement plus de ſoldats pen-dant une guerre meurtrière, paroît donc avoir ſes germes dans la conſtitution ſouvent détériorée des pauvres, par les privations, par les miſères qui ont précédé l'entrée dans la priſon, & dans l'impoſſibilité où ils ſe trouvent de ſe procurer les commodités de la vie. Le fait ſuivant vient encore appuyer cette conjecture.

Long-temps après leur arreſtation, au moins un an, lorſqu'ils ſont déjà accoutumés au régime de la maiſon, & quand, par conſéquent, les cau-ſes de mortalité ont perdu une partie de leur in-tenſité pour eux, les *vieillards* & les *infirmes* du dépôt de Saint-Denis ſont envoyés à Villers-Cot-terêts, où le rapport annuel des morts à la popu-lation devient tout-à-coup comme un eſt à ſix ou environ.

Je ne prétends point que les différences recon-nues, pour la mortalité, dans les diverſes priſons du département de la Seine, doivent être ſeule-ment attribuées à la différence des individus, à leur ſanté au moment de l'entrée, & à leurs reſ-ſources pécuniaires : le local de chaque priſon & la tenue plus ou moins bonne, peuvent y être auſſi pour quelque choſe.

Je paſſe maintenant à l'examen de la mortalité parmi les forçats; mais avant de tranſcrire ici les notes que l'on tient ſur eux dans les quatre ports du royaume où ſont établis les bagnes (1), je vais rappeler les principales conditions dans leſquelles vivent les condamnés détenus dans ces ſortes de priſons.

Réputés les plus criminels, les plus pervers des priſonniers, ſoumis à un régime de rigueur extrême, marqués avec un fer chaud du ſceau

(H) Ce qui vient d'être dit ici ſur chacune des priſons du département de la Seine, ne s'applique qu'aux ſeules années 1815, 1816, 1817 & 1818.

(1) Je dois ces notes, que j'ai conſignées avec détail dans les *Annales d'hygiène publique & de médecine légale,* à M. Hyde de Neuville, alors miniſtre de la marine, qui, à l'époque où j'ai publié mon *Mémoire,* a bien voulu faire faire pour moi, dans ſes bureaux, ce travail vraiment curieux.

ineffaçable

ineffaçable de l'infamie, enchaînés deux à deux, traités comme des bêtes féroces, les forçats ont cependant, à certains égards, une exiftence beaucoup plus tolérable que celle des autres prifonniers. Ils font de l'exercice en plein air, ils font mieux nourris, mieux vêtus, bien foignés dans leurs maladies ; ils ont même, quand ils travaillent, ainfi que nous l'avons déjà dit, de la viande deux fois par femaine, & chaque jour du vin, de la bière ou du cidre.

Leur mortalité a été, terme moyen annuel :

1°. Dans le *bagne de Rochefort*, de 1 fur 25,01 pendant les années 1816, 1817 & 1818; fur 7,55 pendant les cinq années fuivantes; fur 14,28 depuis 1824 jufqu'à 1828, ou, pendant douze années, confécutives, de 1 fur 11,51.

2°. Dans le *bagne de Toulon*, de 1 fur 20,55. Elle a progreffivement augmenté, ou à peu près, depuis 1816, qu'elle étoit de 1 fur 31, jufqu'en 1827, qu'elle a été de 1 fur 18.

3°. Dans le *bagne de Breft*, de 1 fur 35,56, de 1816 à 1820; fur 23,28, de 1820 à 1816; fur 25,48, en 1826 & 1827; enfin, pendant les douze années, de 1 fur 27,06.

4°. Enfin, dans le *bagne de Lorient*, de 1 fur 44,90, depuis 1816 jufqu'à 1820; fur 31,97, les quatre années fuivantes; fur 60,56, de 1824 à 1828, & fur 39,17 pour les douze années.

Le bagne de Rochefort occupe un emplacement très-malfain, ce qui explique la grande mortalité de fes prifonniers; & ceux de Breft & de Lorient préfentent des localités tout-à-fait falubres. Parmi ces derniers, celui de Lorient eft le moins populeux, particulièrement depuis 1824, époque à laquelle il a été exclufivement affecté aux militaires condamnés pour infubordination; efpèce d'hommes que notre Code pénal confond avec les voleurs, les fauffaires, les affaffins, en leur appliquant une peine commune, mais que l'opinion publique en diftinguera toujours.

Ainfi, l'on voit dans la férie des faits que je viens de rapporter, les mendians mourir en proportion beaucoup plus forte que les autres détenus, &, pour ces derniers, la mortalité être plus grande dans les maifons centrales de détention, c'eft-à-dire parmi les condamnés, que dans les maifons d'arrêt & de juftice, ou parmi les accufés. On conçoit que les détenus, éloignés de leurs familles, doivent en recevoir moins de fecours que les autres, & que, par conféquent, ce qui a été dit des prifonniers les plus pauvres leur eft plus ou moins applicable; mais c'eft inutilement que j'ai cherché quelque chofe de relatif à la différence dont il s'agit : j'ai trouvé, toutefois, que dans la *maifon centrale de détention* de Montpellier, il y avoit eu, en 1822, un décès fur 24,75 détenus du département de l'Hérault, & fur 8,92 du département voifin, qui, après celui de l'Hérault, y a

compté proportionnellement le moins de morts(1). On obfervera que ces derniers faits, qui ne fauroient fervir feuls à autorifer une conclufion quelconque, indiquent une même tendance que les précédens, & conduifent aux mêmes vues.

Différences dans la mortalité des prifonniers, qui doivent être attribuées à l'adminiftration des prifons. Voici maintenant d'autres réfultats, dont les différences, non moins énormes, doivent être attribuées, pour la majeure partie, non à l'efpèce différente des individus, mais à l'adminiftration, ou bien à des circonftances qu'il dépend de fa volonté de changer comme de conferver. Les deux extrêmes nous font fournis : l'un par les *dépôts de mendicité* du royaume des Pays-Bas, par le *bagne de Lorient*, par la *maifon d'arrêt* de Verfailles, & l'autre par la *prifon de Pau*, telle qu'elle exiftoit il y a quelques années.

Il réfulte d'un rapport préfenté à fa majefté le roi des Pays-Bas par M. le confeiller d'état baron de Keverberg, que la mortalité moyenne annuelle a été, dans tous les dépôts de mendicité des Pays-Bas, depuis 1811 jufques & y compris 1822, favoir :

De 1 fur 6,68 à Mons,
6,85 à Hoorn,
8,01 à Hoogftraten,
8,79 à Namur,
13,57 à Lacambre, près Bruxelles,
22,41 à Bruges,
37,75 à Reckeim.

Et dans les fept dépôts réunis, de 1 fur 8,91.

Quant aux forçats du bagne de Lorient, j'ai déjà fait connoître la petite proportion de leurs décès. J'ajouterai feulement que leur mortalité eft plus forte qu'elle ne le paroît d'abord, car tous ceux âgés de 70 ans accomplis font retirés des bagnes; mais, d'un autre côté, il n'y a pas parmi eux d'enfans de 12 à 16 ans, âge auquel la vie probable eft très-longue.

Enfin, fans accorder aux réfultats de la nouvelle *maifon d'arrêt de Verfailles* plus de valeur qu'ils n'en ont réellement, à caufe de la population & de la période qui les donnent, toujours eft-il qu'on y compte un décès annuel, terme moyen, fur 109 détenus, pour les années 1823, 1824, 1825 & 1826.

Je vais maintenant parler de l'ancienne prifon, ou *maifon d'arrêt & de juftice de Pau*. Qu'on fe repréfente une vieille tour coupée en quatre étages, n'ayant fon intérieur éclairé que par les ouvertures étroites de meurtrières tranchées dans

(1) On peut confulter à cet égard, la *Statiftique du département de l'Hérault*, pag. 434.

Pppp

des murailles très-épaisses & très-humides, n'offrant à une soixantaine de détenus, pour prendre l'air, que la petite plate-forme qui la termine; qu'on se figure ces malheureux, échelonnés sur les marches de l'escalier, attendant avec impatience que ceux qui respiroient aux meurtrières leur fissent place; qu'on ajoute à une telle localité l'oisiveté forcée, une chétive nourriture, un lit de paille souvent corrompue, que les prisonniers se disputoient, pour ainsi dire, avec les insectes les plus dégoûtans, & l'on aura l'idée de la prison établie dans le berceau même de Henri IV. Aussi la mortalité, pendant la période de 1804 à 1810, y a-t-elle été, terme moyen annuel, de 1 sur 3,92, c'est-à-dire à peu près comme dans le dépôt de *mendians de Saint-Denis*, pas moindre; & pourtant la prison de Pau n'étoit pas un dépôt de mendicité, mais une maison d'arrêt & de justice, mais une prison telle que dans celles de Paris qui ont la même destination, il n'est mort annuellement qu'un individu sur 32,06 & 40,88.

Les faits rapportés jusqu'ici sur la mortalité dans les prisons montrent, ce me semble, que si une administration, quelque sage, quelque éclairée qu'on la suppose, quels que soient les efforts qu'elle fasse, quel que soit le zèle qui l'anime, ne peut assurer aux détenus les chances de vie qu'ils auroient en liberté, ni arrêter les effets des atteintes portées à leur santé par les privations & la misère, elle a néamoins une puissance immense sur eux, & qu'ils *vivront* ou *mourront*, pour la plupart, selon qu'elle le voudra. Les *prisons de Rouen*, de *Metz*, &c., en seroient d'autres exemples remarquables; mais en voici encore une autre preuve bien évidente.

La *prison de Vilvorde*, l'une des meilleures connues par sa situation, la grandeur & surtout la distribution, étoit régie avec une grande négligence, lorsque M. Chaban, préfet de l'ancien département de la Dyle, & M. Rouppe, inspecteur-général de cette prison, adoptèrent des mesures du bon choix & de l'efficacité desquelles on jugera par les résultats suivans.

La mortalité annuelle, rapportée à la population moyenne telle qu'on peut la déduire, approximativement il est vrai, étoit, savoir: en 1802, époque de la plus mauvaise tenue de la prison, on hésite à le croire, d'un prisonnier sur 1 ⅕, ou, plus exactement, sur 1,27;

En 1803, de 1 sur 1 ⅔, en d'autres termes, sur 1,67;

En 1804, de 1 sur un peu moins de 2, ou sur 1,91;

En 1805, année où commencèrent les améliorations, elle fut de 1 sur 7,77;

En 1806, de 1 sur 20,31;

Et en 1807, année où déjà toutes les améliorations étoient introduites, de 1 sur 30,36.

Cependant, dans cette période de six années,

les élémens de la population n'ont point changé: c'étoient toujours les mêmes classes de prisonniers, & leur nombre a toujours été en augmentant. Après ces derniers faits, qu'aurois-je à dire pour montrer les avantages d'une bonne administration? Je ne crois pas que l'emprisonnement soit toujours une barbarie, mais presque toujours la mauvaise tenue des prisons le rend tel.

Evaluation de l'influence de l'emprisonnement sur l'âge des détenus. L'âge de la grande majorité des prisonniers varie entre 20 & 50 ans; mais ce fait ne sauroit donner une idée un peu exacte de l'influence de l'emprisonnement sur la vie, ou des conditions dans lesquelles se trouvent les détenus, si l'on ne connoît mieux leurs âges: c'est pourquoi je vais tâcher de l'éclairer, en faisant toutefois abstraction des indigens que renferment les dépôts de mendicité.

On voit, par les *deux comptes généraux de la justice criminelle en France* pendant les années 1826 & 1827, qui ont été publiés par M. le garde-des-sceaux, que l'âge moyen des *accusés* poursuivis dans tout le royaume pour des crimes, a été de 32 ou 31 ans; on sait, en outre, que l'âge moyen des forçats, gens très-souvent repris pour cause de récidive, & de plus condamnés aux plus longues peines, est plus élevé que celui des autres prisonniers. Je trouve, d'après douze classemens de tous les forçats de nos bagnes, faits à différentes époques, depuis le 1er. juillet 1820 jusqu'au 1er. janvier 1827, que leur âge moyen est de 34–52 ans, ou trente-quatre ans, six mois & une semaine, à très-peu près.

En admettant, pour comparer la mortalité des prisonniers à celle des gens libres des mêmes âges, que trente-cinq ans est leur âge moyen, on est donc certain, puisque les forçats, qui sont les plus âgés, n'ont terme commun que trente-quatre ans, six mois & une semaine, que, loin d'exagérer en quoi que ce soit la proportion de leurs décès, on l'atténue. Ainsi, l'âge moyen des prisonniers est bien certainement au-dessous de 35 ans, si l'on rejette du calcul les *dépôts de mendicité*. Mais supposons-le de 35 ans, comme il vient d'être dit. Or, d'après la loi de la mortalité en France, établie par M. Duvillard (& dans l'état actuel cette loi exagère la proportion des décès); il ne meurt guère par chaque année qu'un cinquante-huitième & demi des vivans de l'âge de 35 ans; & cependant j'ai prouvé qu'il est mort annuellement, terme moyen des périodes dont j'ai examiné les faits, un individu sur 23 dans les *prisons de Paris* prises toutes ensemble, & sur 3,92 dans l'ancienne *maison d'arrêt & de justice* de Pau.

Les deux résultats principaux que manifestent tous les calculs, savoir, une excessive mortalité dans nos prisons & l'amélioration progressive de ces établissemens depuis environ dix-huit années, font voir, d'une manière évidente, l'énorme différence qui exifte, en général, pour les chances de vie, entre des perfonnes emprifonnées & des perfonnes libres, entre des perfonnes emprifonnées qui font réduites aux feules reffources de la prifon, & d'autres qui peuvent, avec leur argent, fe procurer une bonne nourriture, un logement à part, &c.; enfin, entre des détenus dans une bonne prifon, que le zèle, l'intelligence & l'humanité dirigent, & d'autres qui croupiffent dans une prifon dont l'infalubrité inévitable s'accroît encore par fa mauvaife tenue.

Caufes principales de l'exceffive mortalité des prifonniers. L'infalubrité, inhérente à tant de maifons qui fervent de prifons, & la pofition des détenus qui s'y trouvent, féparés du refte de la fociété, en proie à des affections triftes de l'ame, & fouvent livrés à l'habitude de la mafturbation, concourent certainement à produire les maladies qui règnent fi fréquemment parmi eux; mais les caufes principales de cette exceffive mortalité font dans le peu d'étendue des prifons, relativement à leur population, ou dans l'encombrement, la malpropreté, le mauvais air qui en réfultent, mais furtout, je le crois, dans une nourriture infuffifante, moins par fa quantité que parce qu'elle eft trop peu variée, & beaucoup trop fouvent parce qu'on n'accorde point aux prifonniers un peu de viande. C'eft auffi l'opinion de plufieurs directeurs ou concierges de prifon; ils ont toujours vu, parmi les hommes confiés à leur garde, ceux qui fe procuroient les alimens que ne donnent pas la maifon fe porter beaucoup mieux que les autres, quoique foumis d'ailleurs à des circonftances tout-à-fait femblables. J'en citerai un exemple.

La mortalité étoit très-grande dans la maifon centrale de *Beaulieu*, près *Caen*, avant que les détenus y euffent, tous les jeudis, de la viande & de la foupe graffe. M. Diez, fon directeur actuel, a eu la fatisfaction d'y diminuer encore la mortalité, en apportant un fimple changement dans la diftribution des vivres. Le changement dont il s'agit confifte à faciliter aux prifonniers, avec l'argent qu'on leur donne chaque femaine, l'achat d'une ration de viande ou ragoût & d'une bouteille, fans plus, de cidre, les dimanches, lundis & mardis. Ajoutons que l'époque de la plus forte mortalité, dans les prifons de Rouen, a été juftement celle où la nourriture étoit moins abondante. En 1812, dans le *Bicêtre* de cette ville, la ration de pain fut réduite à une livre, & fur une population moyenne de 493 détenus, 135 moururent. D'un autre côté, la mortalité la plus épouvantable de *Vilvorde*, c'eft-à-dire la mortalité de l'an X, a eu lieu à une époque où le feigle ergoté entroit dans la compofition du pain des détenus. Enfin plufieurs médecins des prifons que j'ai confultés, font également d'avis qu'il faut furtout attribuer la grande mortalité qui s'obferve dans les prifons, à la mauvaife nourriture; mais que celle-ci auroit un effet bien moins meur-

trier, fans les autres caufes d'infalubrité qui renforcent beaucoup fa funefte influence.

Les condamnés qui travaillent dans les ateliers, reçoivent de la viande une fois par femaine, & des légumes, auxquels les fimples accufés n'ont pas droit. Sans doute la loi qui n'accorde ces alimens qu'à la condition de travailler, a voulu y forcer les prifonniers; mais ceux-ci doivent-ils être victimes de l'impoffibilité où fe trouvent beaucoup d'adminiftrations locales d'établir des ateliers dans les prifons, ou bien de l'infouciance, de l'inhabileté de ces mêmes adminiftrations?

Dans le fyftème de nos prifons, les prévenus, qu'il faut toujours confidérer comme innocens, font, je l'ai démontré dans tout le cours de cet article, bien plus mal traités que les condamnés ou les coupables. Leur nourriture, leur coucher, font plus mauvais, on ne leur diftribue aucun habit, on les chauffe moins en hiver, on ne permet pas toujours qu'ils travaillent pour adoucir leur fort; tandis que les criminels, les fcélérats avérés, les condamnés ont, fous ces rapports, une exiftence moins intolérable : on peut affirmer que fi ceux-ci continuoient auffi fouvent que dans les premiers temps à recevoir des fecours de leurs familles, ils fuccomberoient en moindre proportion que ceux-là. On diroit que la loi n'a de follicitude, on me paffera ce mot, que pour les condamnés, & qu'elle a compté, pour les accufés ou les prévenus, fur des reffources particulières que malheureufement ils n'ont pas tous.

Une pareille différence, que l'abfurdité & la barbarie paroiffent feules avoir introduite, & que l'on ne fait comment qualifier, quand on en voit les réfultats dans la *prifon de Pau*, d'une part, & d'autre part dans les *bagnes de Breft* & de *Lorient*, a déjà excité bien des réclamations. A dater du mois de janvier 1825, une mefure qui a été long-temps follicitée, l'a fait difparoître des *prifons de Paris* en affimilant, pour les vivres & le coucher, les fimples accufés aux condamnés. On aime à proclamer un tel acte de fageffe, & l'on fait des vœux pour qu'il foit bientôt imité dans nos autres *prifons d'arrêt & de juftice*, où il auroit une bien plus heureufe influence, à caufe de la qualité inférieure du pain & de la proportion plus confidérable des indigens que ces maifons renferment. Il feroit urgent furtout de donner au moins chaque jour, aux détenus renfermés dans ces prifons, deux onces de pain blanc pour la foupe, comme on le fait depuis quelque temps pour les criminels des maifons centrales.

On peut voir, par le tableau fuivant, que depuis plufieurs années, on a introduit d'autres améliorations réelles dans *les prifons du département de la Seine*. Ainfi de 1819, jufques & compris 1827, la mortalité annuelle rapportée à la population moyenne, y a été favoir :

	De 1819 jusques & compris 1825.	De 1819 jusques & compris 1827.	Au lieu de ..., comme cela résulte de mes recherches pour la période de 1815 à 1818 inclusivement,
A la grande Force, de 1 fur..................	50.58	57.42	40.88
Aux Madelonettes........................	36.61	45.41	38.03
A la Conciergerie.......................	70.75	»	32.06
A la petite Force.......................	38.34	38.76	26.63
A Ste.-Pélagie { Condamnés correctionnellement.	32.28	48.50	24.48
{ Détenus pour dettes...........	»	128.00	»
A Bicêtre..............................	27.11	26.00	18.75
A Saint-Lazare.........................	24.68	24.00	17.95
Au dépôt de Saint-Denis.................	5.35	5.64	3.97
Mortalité moyenne générale................	15.30	»	12.01
Et fans le dépôt de mendicité..............	32.62	»	23

L'amélioration dans *les prifons du département de la Seine* est donc bien fenfible. On pourroit croire d'abord qu'une population moins nombreufe en est la feule caufe; mais pourtant la population du *dépôt de mendicité* n'a que très-peu diminué, &, proportion gardée, l'amélioration n'est pas moins grande dans cette prifon que dans les autres. J'obferve auffi relativement à *Bicêtre*, que fi la population y est bien moins nombreufe dans ces dernières années, d'une autre part, les ateliers ont beaucoup depuis que cette prifon est devenue, en quelque façon, un lieu de paffage pour les hommes condamnés à la réclufion ou aux travaux forcés, en attendant leur transférement, pour les premiers, à la *maifon centrale de Melun*; & qu'enfin dans cette dernière, la proportion des décès est depuis lors très-fenfiblement moins forte qu'à *Bicêtre* avant 1819.

Mais quelles que foient d'ailleurs toutes les caufes qui contribuent à la différence que l'on obferve entre les deux périodes, toujours est-il que l'on meurt moins fouvent aujourd'hui dans les diverfes *maifon de détention* du département de la Seine, & que fi l'on examine féparément les réfultats de l'année 1819, on s'étonne de voir combien l'impulfion donnée par l'*établiffement de la fociété royale des prifons*, & par la connoiffance, portée devant le public, de l'état jufqu'alors fecret de beaucoup de ces lieux de détention, a été fur-le-champ efficace. On voit auffi, pour chaque prifon de Paris, fi l'on a égard à la claffe des détenus qui s'y trouvent, que la mortalité y est, en général, je pourrois dire prefque toujours, moins forte que dans nos départements. Enfin dans Paris, fi nous faifons abftraction de la *petite Force*, où il n'y a que des proftituées, nous voyons les femmes réfifter moins que les hommes, tandis que c'est très-fenfiblement le contraire dans

les autres prifons de la France. Le rapport fait en 1829, par le miniftre de l'intérieur, à la *Société royale des prifons*, établit qu'en 1827 le terme moyen des décès, dans toutes les maifons centrales, a été de 1 homme fur 16, & de 1 femme fur 26 (1).

Conclufions: Les faits que je viens de rapporter dans cet article, & qu'au refte on trouvera confignés avec beaucoup de détails & avec bien d'autres faits encore, dans les *Annales d'hygiène publique & de médecine légale* déjà citées, me permettent de conclure:

1°. Que la mortalité des prifonniers est en général confidérablement plus forte que celle des gens libres.

2°. Qu'elle est en raifon directe de la mauvaife tenue des prifons, de l'état actuel de mifère, de dénuement des prifonniers, des privations & des fouffrances qu'ils ont fupportées avant l'emprifonnement.

3°. Que fi l'adminiftration est à peu près impuiffante contre les dernières caufes, elle peut toujours, avec de l'habileté & de la follicitude, prévenir les premières, ou du moins les atténuer beaucoup.

4°. Que fi, faifant abftraction des différences qui réfultent des localités & de la bonne ou mauvaife adminiftration, nous rangeons les prifonniers dans l'ordre fuivant lequel s'accroît la mortalité, ils feront placés comme il fuit:

Prévenus & accufés.

_____

(1) Cette différence est principalement attribuée, dans le rapport dont il s'agit, à ce que la vie fédentaire influe fur la fanté des hommes plutôt que fur celle des femmes, qui y font accoutumées. (*Voyez* le *Moniteur* du 21 janvier 1829.)

Condamnés.

Détenus dans les dépôts de mendicité.

5°. Que pour apprécier les effets de la salubrité, de l'insalubrité, de la bonne ou de la mauvaise tenue de chaque prison, & les chances différentes de vie des diverses classes de prisonniers, le meilleur moyen seroit, comme on l'a fait dans cet article, de déterminer la proportion annuelle des décès, non en rapportant ceux-ci au nombre total des détenus, mais à leur population moyenne annuelle.

6°. Que l'ignorance du sort des prisonniers, de leurs besoins, surtout des besoins & du sort des plus pauvres d'entre eux, est la cause première à laquelle il faut attribuer l'excessive mortalité dont j'ai cité des exemples.

7°. Que depuis l'établissement de la *Société royale* des prisons en 1819, c'est-à-dire depuis que le sort des prisonniers attire, fixe davantage l'attention, & que de fréquens reproches, justes ou injustes, ont été adressés à ceux qui les gouvernent, presque toutes les prisons dont j'ai pu suivre la mortalité pour les douze ou quinze dernières années, nous montrent, sous ce rapport, des améliorations successives très-notables, à l'exception toutefois des bagnes dans lesquels la mortalité a plutôt augmenté que diminué : ce que l'on doit peut-être attribuer au régime particulier auquel ils sont soumis, lequel ne permet point l'inspection du public, & par conséquent le contrôle qu'il peut exercer.

8°. Qu'enfin si la plupart des faits cités dans cet article, que je livre à la méditation des magistrats & à celle de tous les hommes éclairés, ne sont pas assez nombreux pour ne rien laisser à désirer, ils permettent néanmoins d'apprécier l'étendue des différences sur lesquelles j'ai voulu appeler l'attention, & ils prouvent que dorénavant l'administration ne pourroit tenir cachés les faits de l'ordre dont il s'agit, sans justifier, du moins en apparence, les présomptions les plus défavorables contre elle, & que c'est dans la publicité de ces faits qu'elle trouvera le plus puissant moyen d'amélioration des prisons.

(L. R. VILLERMÉ.)

S

SALANGANE. (*Ornith.; Hyg.*) Espèce d'hirondelle commune dans les archipels de l'Asie, & dont le nid, autrefois connu sous le nom de *nids d'alcyon*, étoit employé comme matière nutritive dans les cas d'épuisement. (*Voyez* ALCYONS (Nids d'), tom. I, pag. 649 ; & NOURRITURE, tom. X, pag. 707 dans ce Dictionnaire.

(R. P.)

SAPONINE. (*Chim.*) On appelle ainsi la subs-

tance que l'on obtient en traitant l'extrait aqueux de racine de saponaire (*saponaria officinalis*), par l'alcool ; on la rencontre également dans l'*arnica montana*, dans les racines de jalap, dans celles du *polypodium vulgare*, &c. La saponine est solide, translucide, d'un brun-clair, inodore, d'une saveur légèrement amère ; l'alcool aqueux & l'eau la dissolvent parfaitement bien, tandis qu'elle est insoluble dans l'alcool rectifié & l'éther, & dans les huiles volatiles. La dissolution aqueuse de saponine se colore en jaune par l'addition de la potasse ou de la chaux, qui cependant ne la précipite pas ; l'hydrochlorate de fer y fait naître un précipité vert-olive. (CH. H.)

SIMAROUBÉES. (*Bot.*, *Mat. médic.*) Dénomination sous laquelle MM. de Candolle & Richard père avoient réuni les genres QUASSIA & SIMAROUBA, que depuis M. Adrien de Jussieu a reportés dans la famille des Rutacées, où ils forment une quatrième section.

SUCCINITE. (*Chim.*) En soumettant du succin contenu dans une cornue de verre à l'action du feu, il laisse dégager d'abord de l'acide succinique & de l'huile très-fluide & peu colorée; bientôt cette huile devient plus abondante, a une couleur jaunâtre, & ne se produit qu'autant que la température est assez élevée. Enfin, à un feu suffisant pour ramollir la cornue, il se sublime une matière jaune ayant la consistance de la cire.

Cette dernière substance a été, pour la première fois, observée par M. Vogel de Bayreuth, qui lui a donné le nom de *succinite* ; mais elle n'a été obtenue bien pure que par MM. Robiquet & Colin, qui la préparent en la faisant long-temps bouillir dans l'eau, la fondant ensuite pour la dessécher. Lorsqu'elle est refroidie, ils la mettent en contact avec l'éther sulfurique, qui lui enlève la matière résineuse à laquelle elle étoit unie. La succinite purifiée est composée d'une multitude de petites paillettes micacées qui sont insolubles dans l'eau, dans l'alcool, & très-peu solubles dans l'éther. Les alcalis, & même plusieurs acides, n'ont que peu d'action sur cette substance.

(R. P.)

SYLVANES (Eaux minérales de.), village du département de l'Aveyron, remarquable par deux sources thermales qui jaillissent du pied d'une colline. Leur température varie de 28 à 32 degrés. Elles sont limpides, ont une saveur salée, piquante & un peu styptique. Leur analyse chimique date d'une époque déjà reculée, aussi auroit-elle besoin d'être faite de nouveau. Au surplus, ces eaux paroissent contenir des sulfates de soude & de magnésie, ainsi que de l'hydrochlorate de soude, quelques carbonates & de l'acide carbonique.

Les eaux de Sylvanes sont très-fréquentées par

les perfonnes atteintes de rhumatifmes chroniques ou de paralyfies. Elles font utiles dans les affections fcrofuleufes, dans le rachitis, & plufieurs médecins les préfcrivent dans les maladies des voies urinaires & dans les catarrhes utérins opiniâtres : mais leur activité exige que l'on en faffe ufage avec précaution.

C'eft pendant l'été ou l'automne que l'on ufe le plus ordinairement des eaux de Sylvanes en boiffons. On les donne aufli fous forme de bains, & il eft certaines circonftances dans lefquelles on préfcrit l'emploi de leurs boues avec le plus grand avantage.   (R. P.)

V

VANDEN-BROECK (Bernard) (*Biog. méd.*), médecin très-érudit du feizième fiècle, auquel les biographes, qui le défignent ordinairement fous le nom de *Paludanus*, ont généralement accordé une érudition variée, une grande probité & beau-

coup d'éloquence. Il fut auteur de plufieurs ouvrages, parmi lefquels on remarque furtout les notes fur les voyages de Linfchot, ouvrage qui parut à la Haye en 1599, in-folio, & fut traduit en français fous ce titre :

Hiftoire de la navigation de Jean Hugues Linfchot aux Indes orientales, avec les annotations de Paludanus, & des figures. Amfterdam, 1619 & 1638, in-folio.

VANDEN-BROECK (Jean) (*Biog. médic.*), médecin de la faculté de Louvain, que l'on connoît aufli fous le nom de *Paludanus*, & qui, vers le milieu du dix-feptième fiècle, s'étoit fait une brillante réputation comme praticien. Il avoit été reçu docteur en 1625, peu de temps après avoir obtenu la chaire royale des inftitutes, vacante par la mort de Pierre Caftellan ; il mourut en 1632, fans avoir pu remplir les fonctions honorables qui lui avoient été confiées.

(*Extr. de la Biogr. d'Eloy.*) (R. P.)

Fin du Supplément du Dictionnaire de Médecine.

TABLE

ALPHABÉTIQUE ET DE CONCORDANCE

DES MATIÈRES CONTENUES DANS LES TREIZE VOLUMES

DU DICTIONNAIRE DE MÉDECINE

DE L'ENCYCLOPÉDIE MÉTHODIQUE.

NOTA. L'ordre alphabétique suivi dans un Dictionnaire pourroit, au premier aspect, faire regarder comme inutile l'addition d'une *Table des Matières* : cependant, en réfléchissant qu'il n'est point ici question d'un simple Vocabulaire, mais d'un ouvrage dans lequel chaque sujet important est traité avec beaucoup de détail, on concevra que pour ne pas laisser ces articles incomplets, il a nécessairement fallu entrer dans des développemens auxquels, en ne consultant que leurs lettres initiales, on auroit donné une tout autre place : aussi pour éviter les répétitions, de fréquens renvois sont devenus indispensables. Par la même raison il est quelquefois arrivé que des mots auxquels on avoit renvoyé le lecteur, ont eux-mêmes dû être omis comme faisant à leur tour partie d'articles plus étendus : en sorte que, bien qu'ils existent réellement dans cet ouvrage, on les y chercheroit inutilement, si une *Table de Concordance*, rédigée avec soin, et surtout avec concision, ne remédioit à cet inconvénient.

Tels sont les motifs qui ont engagé l'Éditeur à entreprendre, dans le seul intérêt de ses Souscripteurs, un travail long, pénible, mais indispensable, et dans lequel on a sommairement analysé quelques articles très-étendus, comme les mots AFRIQUE, AIR, ALIMENS, ANATOMIE PATHOLOGIQUE, EUROPE, HYGIÈNE, MALADIES, NOURRITURE, etc.

(Les chiffres romains indiquent le tome, et les chiffres arabes la page.)

A

1

ACIDE PYROTARTARIQUE. *Voyez* PYROTARTARIQUE (Acide), XII, 402.
— PYRO-URIQUE. *Voyez* PYRO-URIQUE (Acide), XII, 403.
— QUINIQUE. *Voyez* QUINIQUE (Acide), XII, 414.
— RHEUMIQUE. *Voyez* RHEUMIQUE (Acide), XII, 567.
— RICINIQUE. *Voyez* le mot ACIDE dans le *Supplément.*
— ROSACIQUE. *Voyez* ROSACIQUE (Acide), XII, 604.
— SÉBACIQUE. *Voyez* SÉBACIQUE (Acide), XII, 743.
— SÉLÉNIQUE. *Voyez* SÉLÉNIQUE (Acide), XII, 758.
— STÉARIQUE. *Voyez* STÉARIQUE (Acide), XIII, 113.
— STRYCHNIQUE. *Voy.* STRYCHNIQUE (Acide), XIII, 142.
— SUBÉRIQUE. *Voyez* SUBÉRIQUE (Acide), XIII, 147.
— SUCCINIQUE. *Voyez* SUCCINIQUE (Acide), XIII, 151.
— SULFOVINEUX OU SULFOVINIQUE. *Voyez* SULFOVINEUX (Acide) XIII, 169.
— SULFUREUX. *Voyez* SULFUREUX (Acide), XIII, 169.
— SULFURIQUE. I, 114 et 115. *Voyez* aussi RÉACTIF, XII, 467; et SULFURIQUE (Acide), XIII, 170.
— SULFURIQUE CONCENTRÉ. *Voyez* RÉACTIF, XII, 467; et SULFURIQUE (Acide), XIII, 170.
— TARTAREUX et TARTARIQUE. *Voy.* TARTARIQUE (Acide), XIII, 218.
— TUNGSTIQUE. *Voyez* TUNGSTIQUE (Acide), XIII, 335.
— URIQUE. *Voyez* URIQUE (Acide), XIII, 368.
— URIQUE SUROXYGÉNÉ. *Voyez* URIQUE (Acide), XIII, 368.
— VITRIOLIQUE. I, 114 et 115. *Voyez* aussi SULFURIQUE (Acide), XIII, 170.
— ZOONIQUE. *Voyez* ZOONIQUE (Acide), XIII, 665.
— ZUMIQUE. *Voyez* ZUMIQUE (Acide), XIII, 665.
ACIDES ANIMAUX. (*Chim.*, *Mat. médic.*) I, 115 et 116.
— MINÉRAUX (*Chim.*, *Mat. médic.*) I, 110 à 115.
— VÉGÉTAUX. (*Chim.*, *Mat. médic.*) I, 115 à 116. *Voyez* aussi ALIMENS, I, 807.
ACIDES-et ACIDULES. (*Hyg.*, *Mat. médic.*) I, 116.
— (*Art vétér.*) *Voyez* ALIMENS (Boissons), I, 833.
ACIDITÉ. (*Mat. médic.*) *Voyez* ACIDE, I, 109.
ACIDULES. (*Mat. médic.*), I, 119.
ACIDULES (Eaux minérales acidules). I, 118. *Voyez* aussi EAUX MINÉRALES, V, 620; et MINÉRALES (Eaux) X, 137.
ACIER. (*Mat. médic.*) *Voyez* FER, VI, 314.
ACINESIA. (*Path. chir.*) *Voyez* AKINESIA, I, 604.
ACMÉ. (*Path.*) I, 120.
ACMELLA. (*Bot.*, *Mat. médic.*) I, 95 et 120.
ACMELLE. (*Bot.*, *Mat. médic.*) I, 120. *Voyez* aussi ACMELLA, I, 95.
ACNÉE. (*Path.*) *Voyez* ce mot dans le *Supplément.*
ACO. (*Ichthyol.*, *Hyg.*) I, 120.
ACONIT. (*Bot.*, *Mat. médic.*) I, 121 et 122. *Voyez* aussi NAPEL, X, 463.
— (*Art vétér.*, *Mat. médic.*) *Voyez* aussi ANTHORE, III, 50.
ACONITINE. (*Chim. végét.*) *Voyez* ce mot dans le *Supplément.*
ACONTIAS. (*Erpétologie*, *Mat. médic.*) I, 122.
ACORE VRAI. (*Bot.*, *Mat. médic.*) I, 122. *Voyez* aussi CALAMUS AROMATICUS, IV, 276; et ROSEAU, XII, 606.
ACORUS. (*Bot.*, *Mat. méd.*) I, 122. *Voyez* aussi CALAMUS AROMATICUS, IV, 276; et ROSEAU, XII, 606.
ACOUSTIQUES. (*Thérap.*, *Mat. médic.*) I, 124.
ACQUI (Eaux minérales d'). *Voyez* ce mot dans le *Supplément.*
ACRATIE. (*Path.*) I, 124.
ACREL (Olof). (*Biog. médic.*) I, 124 et 125.
ACRES. (*Hyg.*, *Mat. médic.*) I, 125 et 126.
ACRETÉS DES HUMEURS. (*Path.*) I, 126 et 127.
ACRIDOPHAGES. (*Hyg.*) I, 127. *Voyez* aussi SAUTERELLE, XII, 702.
ACRIMONIE. (*Hyg.*). *Voyez* ACRES, I, 125.
ACRIMONIES DES HUMEURS. (*Path.*) I, 126.
— (*Art vétér.*, *Pathol.*) I, 127 et 128.

ACRISIE. (*Pathol.*, *Médec. prat.*) I, 128 à 131. *Voyez* aussi CRISE, V, 202.
ACRITIQUE, I, 131. *Voyez* ACRISIE.
ACROCHORDON. (*Pathol. chir.*), I, 131.
ACRON. (*Biogr. médic.*), I, 131 et 132.
ACTEA. (*Bot.*, *Mat. médic.*), I, 132.
ACTEUR. (*Hyg.*), I, 132 et 133. *Voyez* aussi DÉCLAMATION, V, 303.
ACTIF (Remède). (*Thérap. Méd. médic.*) I, 132. *Voyez* aussi AGISSANTE (Médecine) I, 373.
ACTION DES MÉDICAMENS. (*Thérap.*, *Mat. médic.*) I, 133 à 175. — De l'action générale des médicamens, relative à leurs propriétés physiques, 134. — De la forme, de la pesanteur, de l'agrégation, de la température, de la saveur, de l'odeur considérées comme causes d'actions médicamenteuses, 135, 136, 137, 140, 142 à 159. — De l'action générale des médicamens, relative à leurs propriétés chimiques, 159. — De l'action chimique des médicamens appliqués à l'extérieur, 160. ⸺ reçus dans les premières voies, 161. ⸺ dans les vaisseaux, 164. — Des divisions des médicamens, tirées de leurs propriétés chimiques, 164. — De l'action générale des médicamens relative aux organes auxquels on les applique, 166. — De l'action générale des médicamens appliqués sur la peau, 169. ⸺ reçus dans l'estomac, 170. ⸺ introduits par les organes de la respiration, 172. ⸺ dans le tissu cellulaire, 173. ⸺ reçus dans les vaisseaux, 175. *Voyez* aussi MÉDICATIONS, IX, 557 et suiv.
ACTION (Cheval toujours en). (*Art vétér.*) I, 175.
— EN GARANTIE (*Art vétér.*) *Voyez* VICES REDHIBITOIRES, XIII, 443.
ACTIONS. (*Hyg.*) I, 175. *Voyez* aussi EXERCICE, VI, 154; et MOUVEMENT, X, 374.
ACTIVE (Médecine active). *Voyez* ACTIF (Remède), I, 133; et AGISSANTE (*Médecine.*), I, 373.
ACTIVITÉ. (*Pathol. hyg.*) I, 175 et 176.
ACTON (Eaux minérales d') I, 176.
ACTUARIUS. (*Biogr. médic.*) I, 176 à 183.
ACTUEL, ELLE (Cautère actuel, chaleur actuelle). (*Chir.*) I, 183. *Voyez* aussi ADUSTION, I, 201; et CAUTÈRE, IV, 50.
ACUPUNCTURE. (*Thérap. chir.*) I, 184 à 188. *Voyez* aussi PIQURE, XII, 94 et suiv.
ACYISIS. (*Nosol.*) I, 188.
ADACA. (*Bot.*, *Mat. médic.*), I, 188.
ADAKODIEN. (*Bot.*, *Mat. médic.*) I, 188.
ADALI. (*Bot.*, *Mat. médic.*) I, 188.
ADAMANTIS. (*Bot.*, *Mat. médic.*, *Art vétér.*) I, 188.
ADAMARAM CATAPPA. (*Hyg.*) I, 189.
ADAMBOE. (*Bot.*, *Mat. médic.*) I, 189.
ADANE. (*Ichthyol. hyg.*) I, 189.
ADAPTER. (*Chim.*) I, 189.
ADDEPHAGIE ou ADÉPHAGIE. I, 189. *Voyez* aussi BOULIMIE, IV, 123.
ADDINGTON. (*Biogr. médic.*) I, 189.
ADELODAGAM. (*Bot.*, *Mat. médic.*) I, 189.
ADÉNOMÉNINGEE (Fièvre). *Voyez* MUQUEUSE (Fièvre), X, 393.
ADEPTES. (*Hist. de la méd.*) I, 189 et 190.
ADHÉRENCE. (*Path.*) I, 190.
— ORGANIQUE. (*Anat. pathol.*) *Voyez* ORGANIQUES, XI, 173.
— DES PAUPIÈRES AU GLOBE DE L'ŒIL. (*Art vétér.*, *Pathol.*) *Voyez* AGGLUTINATION DES PAUPIÈRES, I, 371.
ADHÉSIF. (*Mat. médic.*) *Voyez* AGGLUTINATIF, I, 371.
ADHÉSION. (*Pathol. chir.*) *Voyez* ADHÉRENCE, I, 190.
ADIANTHE. (*Bot.*, *Mat. médic.*) *Voyez* CAPILLAIRE, IV, 368.
ADIAPHORE. (*Chim.*) I, 190.
ADIAPNEUSTIE. (*Nosol.*) I, 190.

ALLEN (Benjamin et Jean). (*Biogr. médic.*) II, 40 à 41.

ALLER. (*Art vétér.*) II, 41.

— A LA SELLE. (*Hyg.*) II, 41 et 42.

ALLEURE. (*Art vétér.*) *Voyez* ALLURES, II, 46 à 54.

ALLEZ. (*Art. vétér.*) II, 43.

ALLIAGE. (*Chim., Mat. médic.*) II, 43.

ALLIAIRE. (*Bot., Mat. méd., Art vétér., Mat. méd.*) II, 43. *Voyez* aussi VÉLAR, XIII, 407.

ALLIANCE. (*Art vétér.*) II, 44. *Voyez* aussi HARAS, VII, 32.

ALLIONI (Charles) (*Biogr. médic.*) II, 44.

ALLIOT. (*Biogr. médic.*) — Notice biographique et bibliographique sur plusieurs médecins de ce nom, II, 44 et 45.

ALLIUM VINEALE. (*Hyg., Art vétér.*) II, 45.

ALLONGÉ, ALLONGER. (*Art vétér.*) II, 45 et 46.

ALLONS. (*Art vétér., Maréchall.*) *Voyez* ALONS, II, 63.

ALLOTRIOPHAGIE. (*Pathol.*) II, 46. *Voyez* aussi PICA, XII, 68.

ALLURE et ALLURES. (*Art vétér.*) II, 46 à 54.

ALMA. (*Mat. médic.*) II, 54.

ALMAKANDA. (*Chim.*) II, 54.

ALMANACH (*Art vétér.*) II, 54.

ALMARGEN. (*Mat. médic.*) II, 55.

ALMELOVEEN (Théodore Janson d'). (*Biogr. médic.*) II, 55 à 56.

ALNEC. (*Chim., Mat. méd.*) II, 56.

ALNOAM. (*Art vétér., Ornith.*) II, 56.

ALOES. (*Mat. médic., Art vétér., Mat. médic.*) II, 56 à 62.

— (*Jurisprud. de la Pharm.*) II, 61 et 62.

— (Bois d') (*Bot., Mat. médic.*) *Voyez* AGALLOCHUM, I, 353; et BOIS D'ALOES, IV, 27 et 28.

ALOÉTIQUES. (*Mat. médic.*) II, 62.

ALOGOTROPHIE. (*Pathol.*) II, 63.

ALOÜRS. (*Bot., Mat. médic.*) II, 63.

ALONS. (*Art vétér., Maréchall.*) II, 63.

ALOPÉCIE. (*Pathol., Art vétér., Pathol.*) II, 63 à 65. *Voyez* aussi OPHIASIS, XI, 141.

ALOSE. (*Ichthyol., Hyg.*) II, 65 et 66. *Voyez* aussi NOURRITURE, X, 713.

ALOUAHSCHI. (*Art vétér.*) *Voyez* ALHIMAR, I, 674.

ALOUCHI (Résine). (*Mat. méd.*) II, 66. *Voyez* aussi RÉSINES, XII, 533.

ALOUETTE. (*Ornith., Hyg.*) II, 66.

ALOURDI. (*Art vétér., Pathol.*) II, 66.

ALOYAU. (*Hyg.*) II, 66.

ALPAGO (André). (*Biogr. méd.*) *Voyez* AVICENNE, III, 457.

ALPAM. (*Bot., Mat. médic.*) II, 67.

ALPES. (*Hyg.*) *Voyez* EUROPE, VI, 210.

ALPHITA. (*Hyg.*) II, 67.

ALPHITON. (*Hyg., Mat. médic.*) II, 67.

ALPHONSIN. (*Instrum. de chirur.*) *Voyez* ce mot dans le Supplément.

ALPHOS. (*Pathol.*) II, 67 à 69.

ALPINI (Prosper). (*Biogr. médic.*) II, 69 à 71.

ALFISTE. (*Bot., Mat. médic., Art vétér., Hyg.*) II, 71 à 72.

ALQUIFOUX. (*Mat. médic., Minéral.*) II, 72.

ALSACE. (*Jurisprud., Hist. de la méd.*) II, 72 à 73.

ALSINE. (*Bot., Mat. médic.*) *Voyez* MORGELINE, X, 288; et MOURON, X, 372.

ALSTON (Charles). (*Biogr. médic.*) II, 73.

ALTALCH. (*Mat. médic., Chim.*) II, 73.

ALTÉRANS. (*Mat. médic., Thérap., Art vétér., Mat. médic.*) II, 73 à 75.

ALTÉRATION. (*Hyg., Médec. pratiq.*) II, 75 à 77.

— (*Art vétér., Hyg., Pathol.*) II, 77 à 79.

ALTÉRATIONS ORGANIQUES. (*Pathol.*) *Voyez* ORGANIQUES (Altérations), XI, 174.

ALTÉRÉ. (*Méd. prat., Art vétér., Hyg., Pathol.*) II, 79. *Voyez* aussi ALTÉRANS, II, 73 à 75; ALTÉRATION, II, 75 à 77; et SOIF, XIII, 60.

ALTHEA. (*Bot., Mat. médic., Art vétér.*) *Voy.* GUIMAUVE, VI, 779.

ALTINGAT. (*Chim., Mat. méd.*) II, 80.

ALTOMARE ou ALTOMARI (Donat-Antoine). (*Biogr. méd.*) II, 80 et 81.

ALUD. (*Bot., Mat. médic.*) II, 81.

ALUDELS. (*Chim.*) II, 81.

ALUDIT. (*Chim.*) II, 81.

ALUINE. (*Art vétér., Mat. méd.*) II, 81 et 82. *Voyez* aussi ABSINTHE, I, 31 et 32.

ALUM. (*Bot., Mat. médic.*) Synonyme de Consoude. *Voyez* ce dernier mot dans le *Supplément*.

ALUMINE. (*Chim.*) II, 82.

ALUMINEUX. (*Chim.*) II, 82.

ALUN. (*Chim., Mat. Médic., Art vétér., Jurisprud. de la Pharm.*), II, 82 et 83. *Voyez* aussi SEL (Sulfates) XII, 756.

ALUNIBUR. (*Chim.*) II, 83.

ALVAREZ (Antoine). (*Biogr. médic.*) I, 83.

ALVÉOLES, ALVÉOLAIRE. (*Pathol.*) *Voyez* DENTITION, V, 381.

ALVI-FLUXUS. (*Nosol.*) II, 83 et 84.

ALVIN. (*Art vétér., Ichth., ol.*) *Voyez* ALEVIN, I, 656 et 657.

ALYPUM. (*Bot., Mat. méd.*) II, 84.

ALYSSE. (*Bot., Mat. médic.*) II, 84.

ALYSSON. (*Art vétér., Hyg.*) *Voyez* CAMELINE, IV, 328.

ALZAN. (*Art vétér.*) *Voyez* CHEVAL (Robes du), IV, 748.

ALZEMAFOR. (*Chim.*) Nom arabe du cinnabre. *Voyez* ce dernier mot, IV, 859.

AMADOU. (*Bot., Mat. méd., Art vétér., Mat. médic.*) II, 85. *Voyez* aussi AGARIC, I, 354 à 357.

AMADOUVIER. (*Bot., Mat. médic.*) *Voyez* AGARIC, I, 354; et AMADOU, II, 85.

AMAIGRIR. (*Hyg.*) II, 85. *Voyez* aussi AMAIGRISSEMENT.

AMAIGRISSEMENT. (*Pathol.*) II, 85 à 91. — Considéré après les couches. *Voyez* LAIT, VIII, 233.

— (*Art vétér., Pathol.*) II, 91.

AMALGAMATION. (*Chim.*) *Voyez* AMALGAME.

AMALGAME, AMALGAMER. (*Chim.*) II, 91 à 92.

AMAMELIS. (*Bot., Mat. médic.*) II, 92.

AMAND (Saint-). (Eaux minérales.) II, 92. *Voyez* aussi BOUES DES EAUX, IV, 92.

— (Jean de Saint-) (*Biogr. médic.*) II, 92.

AMANDE. (*Hyg., Bot., Mat. médic.*) II, 93 et 94.

— (*Jurisprud. de la pharm.*) II, 95.

— (*Art vétér., Mat. méd., Hyg.*) *Voy.* AMANDIER, II, 96.

AMANDÉ. (*Hyg., Mat. médic.*) II, 95.

AMANDIER. (*Bot., Mat. médic., Art vétér., Hyg.*) II, 95 et 96.

AMANRICH (Cyr.). (*Biogr. médic.*) II, 96 et 97.

AMARACINON. (*Bot., Mat. médic.*) II, 97.

AMARANGA. (*Bot., Mat. médic.*) II, 97.

AMARANTHE. (*Bot., Mat. médic.*) II, 97.

AMARANTHINE. (*Bot., Mat. médic.*) II, 97.

AMARYLLIDÉES. (*Bot., Mat. médic.*) *Voyez* NATURELLES (Familles), X, 515; et NOURRITURE, X, 694

AMARRY. (*Art vétér., Anat.*) II, 98.

AMASSI. (*Bot., Mat. médic.*) II, 98.

AMASTINER. (*Art vétér.*) II, 98.

AMATISTE. (*Mat. médic., Jurisprud. de la pharm.*) *Voyez* AMÉTHYSTE, II, 142.

AMATO (Léonard). (*Biogr. médic.*) II, 98.

AMATORIA FEBRIS. (*Path.*) 98 à 104. *Voyez* aussi PALES COULEURS, XI, 275.

AMATUS LUSINATUS. (*Biogr. médic.*) II, 104 et 105.

AMATZQUITL. (*Bot., Mat. médic.*) II, 105.

AMAUROSE. (*Pathol., Art vétér., Pathol.*) II, 105. *Voyez* aussi SEREINE (Goutte), XIII, 37.

AMBAIBA. (*Bot., Mat. médic.*) II, 106.

AMBAITINGA. (*Bot., Mat. médic.*) II, 106.

ANCHOIS

ANGLETERRE. (*Hyg.*, *Art vétér.*) III, 2 à 4.

ANGLOIS (Cheval). (*Art vétér.*) *Voyez* CHEVAL, V, 692.

ANGLOISÉ, ANGLOISER; (*Art vétér.*) *Voyez* AMPUTATION DE LA QUEUE, II, 193.

ANGLOMANIE. (*Art vétér.*) III, 4 à 5. *Voyez* aussi les mots ALIPTIQUE, I, 845; AMPUTATION DE LA QUEUE, II, 193; — DES OREILLES, II, 205 à 209; PANSEMENT DE LA MAIN, et article CHEVAL, IV, 766.

ANGOISSE. (*Pathol.*, *Art vétér.*, *Pathol.*) III, 7. *Voy.* aussi ANXIÉTÉ, III, 152.

ANGOLA ou ANGORA. (*Art vétér.*, *Hist. des anim.*) III, 7. *Voyez* aussi CHAT, IV, 661.

ANGOLAM. (*Bot.*, *Mat. méd.*) III, 7.

ANGONE. (*Path.*) *Voyez* ce mot dans le *Supplément*.

ANGON. (*Path.*) *Voyez* ce mot dans le *Supplément*.

ANGOURE ou AGOURE DE LIN. (*Art vétér.*, *Mat. méd.*) Ancien nom de la Cuscute. *Voyez* ce dernier mot, V, 258.

ANGOURIE. (*Bot.*, *Mat. médic.*) III, 7.

ANGREC. (*Bot.*, *Mat. médic.*, *Hyg.*) III, 7 à 9. *Voyez* aussi VANILLE, XIII, 387.

ANGSANA. ((*Bot.*, *Mat. médic.*) III, 9.

ANGUICIDE. (*Bot.*, *Mat. médic.*) *Voyez* ARISTOLOCHE, III, 250.

ANGUILLE. (*Hyg.*, *Mat. méd.*, *Ichthyol.*) III, 9 et 10. *Voy.* aussi NOURRITURE, X, 714.

— ÉLECTRIQUE. (*Mat. médic.*) III, 10 et 11.

— (*Art vétér.*) Synonyme d'andouille. *Voyez* ce mot, II, 691.

ANGUIS. (*Erpét.*, *Mat. méd.*) III, 11 et 12.

ANGUSTIE. (*Pathol.*) *Voyez* ce mot dans le *Supplément*.

ANGUSTURE (vraie et fausse). (*Bot.*, *Mat. médic.*) *Voyez* ce mot dans le *Supplément*.

ANHALTINA. (*Mat. médic.*, *Thérap.*) Synonyme d'antasthmatique. *Voyez* ce mot, III, 49.

ANHELATIONES. (*Nosol.*) III, 12.

ANHILATION. (*Art vétér.*, *Jurisprud.*) III, 12. *Voyez* aussi VICES (Vices redhibitoires), XIII, 443.

ANHIMA. (*Mat. médic.*, *Ornith.*) III, 12.

ANI DU BRÉSIL. (*Hyg.*, *Ornith.*) III, 13.

ANIER ou ASNIER. (*Art vétér.*, *Hyg.*) III, 13. *Voyez* aussi ANE, II, 693.

ANIL. (*Bot.*, *Mat. médic.*) III, 13.

ANIMAL. (*Art vétér.*) III, 13.

ANIMALE (Nourriture). (*Hyg.*) *Voyez* ALIMENT, II, 745; et NOURRITURE, X, 703.

ANIMALISATION. (*Physiol.*) III, 13 à 22.

ANIMATION. (*Médec. lég.*) III, 22 et 23.

ANIMAUX. (*Zool.*, *Mat. médic.*) Importance de leur étude pour le médecin, III, 23. — De leur Histoire naturelle relativement à la matière médicale, *ibid.* — Des connoissances d'anatomie comparée nécessaires à la matière médicale, 25. — Des connoissances de chimie sur la nature, des parties animales nécessaires à la matière médicale, 26.

— (*Hyg.*) Coup-d'œil général sur les différens produits et les diverses parties des animaux qui sont employés comme alimens. Indications des principales espèces qui servent à la nourriture de l'homme dans les différentes classes du règne animal. *Voyez* NOURRITURE, X, 703.

— MICROSCOPIQUES. (*Zool.*) *Voy.* MICROSCOPIQUES (Animaux), X, 102.

— VENIMEUX. (*Art vétér.*, *Hyg.*, *Pathol.*) *Voyez*, pour ce qui les concerne, chacun de leur article particulier.

— (Âge des). (*Art vétér.*) *Voyez* AGE, I, 358.

ANIMÉ (Résine). (*Mat. méd.*) III, 26 et 27. *Voyez* aussi RÉSINES (Résine animé), XII, 533.

ANIMÉ (Teint). (*Pathol.*) III, 27.

ANIMELLES. (*Hyg.*, *Anat.*) III, 27. *Voy.* aussi ALIMELLE, I, 675.

ANIMER UN CHEVAL. (*Art vétér.*, *Manège.*) III, 27.

ANIMÉS (Remèdes). (*Mat. médic.*, *Thérap.*) III, 27 et 28.

ANINGA-IBA. (*Bot.*, *Mat. médic.*) III, 28.

— PERI. (*Bot.*, *Mat. médic.*) III, 28.

ANIS. (*Bot.*, *Mat. médic.*, *Art vétér.*, *Hyg.*) III, 28 à 30.

— ÉTOILÉ. (*Bot.*, *Mat. médic.*) *Voyez* BADIAN, III, 515.

ANJOU. (*Jurisp. de la méd.*) *Voyez* ANGERS, II, 734 à 737.

ANKYLOBLÉPHARON. (*Pathol.*, *Art vétér.*, *Pathol.*) *Voyez* AGGLUTINATION DES PAUPIÈRES, I, 371; et PAUPIÈRE, XI, 465.

ANKYLOPO. (*Path. chir.*) *Voyez* ANCHYLOPS, II, 688 à 690.

ANKYLOSE. (*Pathol.*, *Art vétér.*) III, 30 à 31. *Voy.* aussi ANCHILOSE, II, 653.

ANNE (Sainte-) (Eaux minérales de). III, 31.

ANNEAU. (*Art vétér.*, *Hyg.*, *Maréch.*) III, 31 à 32.

— DE L'AINE. (*Art vétér.*, *Pathol.*) III, 32.

— DES CORNES. (*Art vétér.*, *Maréch.*) III, 33.

— DE L'OS. (*Art vétér.*, *Pathol.*) *Voyez* aussi ANCHILOSE, II, 653.

— DU SABOT. (*Art vétér.*, *Path.*) *Voyez* CERCLES, IV, 557.

ANNÉE. (*Hyg.*) III, 33.

— CLIMATÉRIQUE. (*Hyg.*) III, 33.

— MÉDICALE. (*Hyg.*) III, 33 à 38. *Voyez* aussi HIVER, VII, 241.

— (Être à l'année). (*Art vétér.*, *Maréch.*) III, 38.

ANNELET. (*Art vétér.*, *Hyg.*) *Voyez* ANNEAU, III, 31.

ANNONACÉES (Famille des). (*Bot.*, *Mat. médic.*) *Voyez* NOURRITURE, X, 695.

ANNOTE. (*Art vétér.*, *Hyg.*) III, 38.

ANNUELLE (Constitution). (*Hyg.*) *Voyez* ANNÉE MÉDICALE, III, 33; et le mot SAISONS, XII, 658.

ANNULAIRE (Cautère). (*Art vétér.*, *Chir.*) III, 39.

ANNULATION, ANNULER. (*Jurisp. de la méd. vétér.*) *Voyez* ANHILATION, III, 12; et VICES (Vices redhibitoires), XIII, 443.

ANNUS. (*Bot.*, *Mat. médic.*) III, 39.

ANODYNIE. (*Nosol.*) III, 39.

ANODYNS ou ANODINS (*Mat. médic.*, *Thérap.*, *Art vétér.*, *Thérap.*) III, 39 à 41.

ANŒMASE ou ANOMIE. (*Pathol.*, *Art vétér.*, *Pathol.*) *Voyez* ANÉMASE ou ANÉMIE, II, 710.

ANOIA. Défaut d'imagination, III, 41 et 42.

ANOMAL. (*Nosol.*) III, 42.

ANOMALES (Maladies). (*Art vétér.*, *Pathol.*) III, 42.

ANOMALIE. (*Art vétér.*, *Pathol.*) *Voyez* ANOMALES (Maladies), III, 42.

ANON. (*Art vétér.*, *Hyg.*) *Voyez* ANE, II, 694; et NOURRITURE, X, 709.

ANONER. (*Art vétér.*, *Hyg.*) III, 43.

ANOREXIE. (*Nosolog.*, *Pathol.*, *Art vétér.*, *Pathol.*) III, 44 à 46. *Voyez* aussi DÉGOUT, V, 331.

ANOSMIE. (*Pathol.*, *Art vétér.*, *Pathol.*) III, 46 et 47. *Voy.* aussi NASAL, X, 489; ODORAT, XI, 88; et SÉMÉIOTIQUE, XIII, 10.

ANOUGE. (*Art vétér.*) III, 47. *Voy.* aussi ANTAN, III, 48.

ANQUILLÈRE. (*Art vétér.*) *Voyez* AMOUILLANTE, II, 160.

ANS JELI. (*Bot.*, *Mat. médic.*) III, 47.

ANSE. (*Art vétér.*, *Chir.*) *Voyez* ABATTRE UN CHEVAL, I, 11 et 12.

ANSERINE. (*Bot.*, *Mat médic.*) *Voyez* BOTRIS VULGAIRE, IV, 84; et VULVAIRE, XIII, 541.

ANTACIDES. (*Mat. médic.*, *Thérap.*) III, 47 et 48. *Voyez* aussi ABSORBANS, I, 32.

ANTALE. (*Mat. médic.*) III, 48.

ANTALGIQUES. (*Mat. méd.*, *Thérap.*) III, 48. *Voyez* aussi ANODYNS, III, 39.

ANTAN. (*Art vétér.*) III, 48.

ANTANAIRE, ANTANAIS. (*Art vétér.*) *Voyez* ANTAN, III, 48.

ANTANOIS. (*Art vétér.*) *Voyez* ANTAN, III, 48.

ANTAPHRODISIAQUES. (*Mat. médic.*, *Thérap.*) III, 48.

ANTARTHRIQUES. (*Mat. médic.*, *Thérap.*) III, 48. *Voyez* aussi ANTIPODAGRIQUES, III, 93.

ANTIRACHITIQUES. (*Mat. médic.*, *Thérap.*) III, 97. *Voyez* aussi RACHITIS, XII, 425.

ANTISCORBUTIQUES. (*Mat. médic.*, *Thérap.*) III, 97 et 98. *Voyez* aussi SCORBUT, XII, 733.

ANTISCROPHULEUX. (*Mat. médic.*, *Thérap.*) III, 98. *Voyez* aussi SCROFULES, XII, 738.

ANTISEPTIQUES. (*Mat. médic.*, *Thérap.*) III, 98 à 100. *Voyez* aussi ANTIPUTRIDES, III, 96.

ANTISPASE. (*Thérap.*) III, 100. *Voyez* aussi RÉVULSIF et RÉVULSION, XII, 561.

ANTISPASMODIQUES. (*Mat. médic.*, *Thérap.*) III, 100 et 101.

ANTISPODIUM. (*Mat. médic.*) III, 101.

ANTISTIUS. (*Biogr. médic.*) III, 101 à 103.

ANTITHORA et ANTITHORE. (*Art vétér.*, *Mat. médic.*) *Voyez* ANTHORE, III, 50.

ANTIVÉNÉRIENS. (*Mat. médic.*, *Thérap.*) Nom donné aux remèdes que l'on oppose à la maladie vénérienne, III, 103 et 104. — Sont ou minéraux ou végétaux. Le mercure tient le premier rang parmi les minéraux. Enuméra-tion des différentes préparations de mercure appliqué à l'organe de la peau. *Frictions mercurielles*, 104 et suiv. — *Fumigations mercurielles*, 107. — *Emplâtres mercuriels*, 108. — *Bains mercuriels*, 109. — *Potions mercurielles*, 111. — Différentes préparations de mercure soluble pris intérieurement, *ibid.* et suiv. — *Sublimé corrosif*, ibid. à 117. — *Eau végéto-mercurielle*, ibid. — *Sirop mercuriel*, 119. — *Lavemens antivénériens*, 121. — Différentes pré-parations de mercure insoluble pris intérieurement, 122 à 127. — *Mercure gommeux*, 124. — Remèdes végétaux, 127. — *Sudorifiques*, 130. *Voyez* aussi LAVEMENS, VIII, 75 ; MERCURE, IX, 695 ; et SYPHILIS, XIII, 193.

ANTIVERMICULAIRE. (*Art vétér.*, *Pathol.*) *Voyez* ANTI-PÉRISTALTIQUE, III, 92 et 93.

ANTIVERMINEUX. (*Mat. médic.*, *Art vétér.*, *Mat. médic.*) *Voyez* MALADIES DES BESTIAUX, VIII, 361 ; et VER-MIFUGES, XII, 417.

ANTOFFLES. (*Bot.*, *Mat. médic.*) III, 134.

ANTOILLERS, ANTOILLIERS. (*Art vétér.*) *Voyez* ANDOUIL-LERS, II, 691.

ANTOINE (feu Saint-) (*Pathol.*) Nom de deux mala-dies épidémiques produites à peu près par les mêmes causes. Origine de la dénomination de feu Saint-An-toine. Histoire de la maladie, III, 134. — Prin-cipales époques de l'histoire moderne où l'on trouve des traces de ces deux maladies appelées aussi *gangrène sèche épidémique des Solonois*, et *maladie convulsive épidé-mique des Suédois*, 136 à 141. — Périodes et traitemens de ces deux maladies, ibid. à 148. *Voyez* aussi ARDENS (Mal-des), III, 231.

ANTONIUS CASTOR. (*Biogr. médic.*) III, 148.

ANTORA, ANTORE. (*Art vétér.*, *Bot.*, *Mat. médic.*) *Voyez* ACONIT, I, 121 ; et ANTHORE, III, 50.

ANTRAC. (*Art vétér.*, *Pathol.*) *Voyez* CHARBON, VI, 627.

ANTRAX ou ANTHRAX. (*Art vétér.*, *Pathol.*) *Voyez* AN-THRAX, III, 51 ; et CHARBON, IV, 627.

ANTSIAK. (*Bot.*, *Mat. médic. et Hyg.*) III, 148 et 149. -

ANTU. (*Bot.*, *Mat. médic.*) III, 149.

ANTY. (*Bot.*, *Mat. médic.*) III, 149.

ANTYLUS. (*Biogr. médic.*) III, 149 à 151.

ANUS. (*Pathol. chir.*) *Voyez*, pour tout ce qui a rapport à ses différentes maladies, les mots ANATOMIE PATHOLO-GIQUE, II, 382 et suiv. ; FONDEMENT, VI, 449 ; Hé-MORROÏDES, VII, 126 ; et RECTUM, XII, 478.

— IMPERFORÉ. *Voyez* ANATOMIE PATHOLOGIQUE (Mala-dies du rectum), II, 381 à 399.

— (Chute de l'). *Voyez* PROLAPSUS, XII, 328.

— (*Art vétér.*, *Pathol.*) III, 152. *Voyez* aussi CHEVAL, IV, 746 et 747 ; CHUTE DE L'ANUS, IV, 843 ; et IMPER-FORATION, VII, 500 à 507.

ANVALLY. (*Bot.*, *Mat. médic.*, *Hyg.*) III, 151 et 152.

ANXIÉTÉ. (*Art vétér.*, *Pathol.*) III, 153.

ANZUBA. (*Bot.*, *Mat. médic.*) *Voyez* CABANDAS, IV, 386.

AORTE. (*Art vétér.*, *Pathol.*) III, 153. *Voyez* aussi AMU-LETTES, II, 211.

AOVARA. (*Bot.*, *Mat. médic.*) III, 153.

APACARO. (*Bot.*, *Mat. médic.*) III, 153.

APALACHINE. (*Bot.*, *Mat. médic.*) *Voyez* ce mot dans le *Supplément.*

APANTHROPIE. (*Pathol.*) III, 153. *Voyez* aussi MISAN-THROPIE, X, 155.

APATHIE. (*Hyg. et Art vétér.*) III, 154 et 155.

APEPSIE. (*Méd. prat.*) III, 154.

APÉRITIFS. (*Mat. médic.*, *Thérap. et Art vétér.*, *Thérap.*) III, 155 à 157.

APETE. (*Mat. médic.*, *Entom.*) *Voyez* ABEILLE, I, 19.

APHILANTHROPIE. (*Pathol.*) III, 157. *Voyez* aussi APAN-THROPIE, III, 153 ; MÉLANCOLIE, IX, 589 ; MI-SANTHROPIE, X, 155.

APHONIE. (*Nosol.*, *Art vétér.*, *Pathol.*) III, 157 et 158.

APHORISME. *Voyez* ce mot dans le *Supplément.*

APHRODISIAQUES. (*Mat. médic.*, *Thérap.*) III, 158 et 159. *Voyez* aussi AMOUR PHYSIQUE, II, 166.

— (*Art vétér.*, *Thérap.*) III, 159.

APHRODISIASME. Mot quelquefois employé comme syno-nyme de coït, III, 159. *Voyez* aussi COHABITATION, V, 30.

APHRODISIE. *Voyez* ANTAPHRODISIAQUES, III, 48.

APHRODITAIRE. (*Art vétér.*, *Mat. médic.*) III, 159 et 160.

APHTHES. (*Pathol.*) III, 160. *Voyez* aussi APHTHEUSE (Fièvre), ibid. à 167 ; MUGUET, X, 387.

— (*Art vétér.*, *Pathol.*) 167 à 170.

APHTHEUSE (Fièvre). III, 160.

API (Pomme d'). (*Hyg.*) III, 170.

APIAN (Philippe). (*Biogr. médic.*) III, 170.

APIASTRUM. (*Bot.*, *Mat. médic.*) Nom d'une espèce de mé-lisse, III, 171.

APICIUS. (*Hist. littér. de la méd.*) III, 171 à 174.

APIN (Jean-Louis). (*Biogr. médic.*) III, 174 et 175.

APINEL. (*Bot.*, *Mat. médic.*) III, 175.

APIOS. (*Mat. médic.*) III, 175.

APIS. (*Art vétér.*, *Hist.*) III, 175.

APITIUS. (*Hist. litter. de la méd.*) *Voyez* APICIUS, III, 171.

APLESTIE. Synonyme d'insatiabilité. III, 175.

APLOMB. (*Art vétér.*) III, 176.

APNÉE. (*Pathol.*) Défaut de respiration, III, 176.

APOBAMMA. (*Mat. médic.*) III, 176. *Voyez* aussi INFU-SION, VII, 593.

APOCÉNOSES. (*Pathol.*) III, 176. *Voyez* aussi CÉNOSIS, IV, 546.

APOCHYLISMA. (*Mat. médic.*) Synonyme de rob ou d'ex-trait, III, 176.

APOCHYMA. (*Mat. médic.*) III, 176.

APOCIN. (*Bot.*, *Mat. médic.*, *Art vétér.*, *Mat. médic.*) III, 176 et 177.

APOCINÉES (Famille des). (*Bot.*, *Mat. médic.*) *Voyez* NA-TURELLES (Familles), X, 512 ; et NOURRITURE, X, 701.

APOCROUSTIQUES. (*Mat. médic.*, *Thérap.*) III, 177.

APOCRUSTICA. (*Mat. médic.*, *Thérap.*) III, 177. *Voy.* aussi APOCROUSTIQUES, III, 177.

APODACRITICA. (*Mat. médic.*) III, 177.

APOGEUSIS. (*Nosol.*) *Voyez* AGHEUSTIA, I, 370.

APOLLODORE. (*Hist. de la médec.*) III, 177.

APOLLON. (*Hist. de la médec.*) III, 177 et 178.

APOLLONIDES DE COS. (*Hist. de la méd.*) III, 178.

— DE CHYPRE. (*Biogr. médic.*) III, 179.

APOLLONIUS. (*Biogr. médic.*) III, 179.

— D'ANTIOCHE. (*Biogr. médic.*) III, 179.

ARREDOEBRI. (*Art vétér.*) Nom arabe du lièvre, III, 304. *Voyez* aussi ARNAB, III, 292; et LIÈVRE, VIII, 142.

ARREGNER et ARESGNER. (*Art vétér.*) *Voyez* ARESGNER, III, 246.

ARRÊTE-BŒUF. (*Bot.*, *Mat. médic.*) *Voyez* BUGRANE, IV, 189; et ONONIS, XI, 126.

ARRÊTÉ (Cheval arrêté). (*Art vétér.*) III, 304.

ARRIÈRE-FAIX (Extraction de l'). (*Accouchement.*) *Voy.* ACCOUCHEMENT, I, 76; DÉLIVRER, V, 356; et PLACENTA, XII, 110.

ARRIÈRE-SAISON. (*Hyg.*) *Voyez* AUTOMNE, III, 438.

AUROCQUE. (*Bot.*, *Mat. médic.*, *Hyg.*) III, 304 et 305.

ARROSER, ARROSEMENT. (*Hyg.*) III, 305.

ARROW-ROOT. (*Bot.*, *Mat. médic.*) *Voyez* l'article SALEP, XII, 664, où il a été question de cette fécule.

ARSAC (Eaux minérales d'). III, 305.

ARSÉNIATES. (*Chim.*, *Mat. médic.*) III, 305 et 306. *Voyez* aussi SEL, XII, 754.

ARSENIC. (*Chim.*, *Mat. méd.*) III, 306 et 307. *Voyez* aussi PATE ARSENICALE, XI, 438; et RÉACTIF, XII, 464, 466 à 468.

ARSENICALES (Préparations). (*Mat. médic.*, *Chim.*) III, 307 et 308. *Voyez* aussi ARSENIC, III, 306 et 307; PATE ARSENICALE, XI, 438; et RÉACTIF, XII, 464, 466 à 468.

ARSÉNIQUE (Acide). (*Chim.*, *Mat. médic.*) III, 308.

ARTABA. (*Mat. médic.*) III, 308.

ARTEDI (Pierre). (*Biogr. médic.*) III, 308 et 309.

ARTELSHEIM (Eaux minérales d'.). III, 309.

ARTEMISE. (*Bot.*, *Mat. médic.*) *Voyez* ARMOISE, III, 291 et 292.

ARTEMONIUM. (*Mat. médic.*) III, 309.

ARTÈRES (Blessures des). (*Méd. lég.*) III, 309 et 310. *Voyez* aussi RUPTURE, XII, 624; et ULCÉRATION, XIII, 346.

ARTÉRIAQUES. (*Mat. médic.*, *Thérap.*) III, 310.

ARTHANITA (Onguent d'). (*Mat. médic.*) III, 310.

ARTHRITIQUES. (*Mat. médic.*, *Pathol.*) III, 311. *Voyez* aussi ANTI-ARTHRITIQUES, III, 48; et GOUTTE, VI, 679.

ARTHRITIS. (*Nosol.*) III, 311. *Voyez* aussi GOUTTE, 679.

ARTHROCACE. (*Nosol.*) III, 311. *Voyez* aussi SPINA VENTOSA, XIII, 95.

ARTHRODYNIE. (*Nosol.*) III, 311. *Voyez* aussi RHUMATISME, XII, 573.

ARTHROPUOSIS. (*Pathol.*) III, 311.

ARTI. (*Bot.*, *Mat. médic.*) III, 311 et 312.

ARTICHAUT. (*Bot.*, *Mat. médic.*, *Hyg.*) III, 312. *Voyez* aussi CHARDON (Artichaut sauvage), IV, 644.

ARTICULAIRE (Maladie). (*Pathol.*) *Voyez* GOUTTE, 679.

ARTICULATION MORTE, SOUDÉE. (*Art vétér.*, *Pathol.*) *Voy.* ANCHILOSE, II, 653.

ARTILLERIE (Équipages, Troupes d'). (*Méd. milit.*, *Hyg.*) III, 312 et 313.

ARTILLEURS (Maladies des). *Voyez* ARTILLEURS, III, 312; et CANONNIERS, IV, 358.

ARTISANS (Maladies des). (*Méd. prat.*) Des auteurs ont traité des maladies des artisans, III, 313 à 317. — Plan d'un traité méthodique des maladies des artisans, 317 à 319.

ARTISCUS. (*Mat. médic.*) III, 319.

ARTOIS (Chien). (*Art vétér.*) III, 320.

— (Jurisprud. de la méd.) III, 320 et 321.

ARTOMELI. (*Mat. médic.*) III, 321.

ARTORIUS MARCUS. (*Biogr. médic.*) III, 321.

ARUM. (*Bot.*, *Mat. médic.*) *Voyez* PIED DE VEAU, XII, 79.

ARZEL. (*Art. vétér.*) *Voyez* CHEVAL (Robes du), IV, 749.

AS. (*Mat. médic.*, *Art vétér.*, *Hyg.*) III, 321.

ASA-FŒTIDA. (*Mat. médic.*) *Voyez* ASSA-FŒTIDA, III, 338.

ASAPHIA. (*Nosol.*) III, 321.

ASARET. (*Bot.*, *Mat. médic.*) *Voyez* CABARET, IV, 203.

ASARUM. (*Mat. médic.*, *Art vétér.*) *Voyez* CABARET, IV, 203.

ASBECHA. (*Art vétér.*) Nom du cheval en langue persane, III, 321.

ASCAIN (Eaux minérales d'). III, 321.

ASCARIDE (*Méd. prat.*, *Hyg. zool.*) III, 322 à 326. *Voyez* VERMIFUGES, XIII, 417; et VERS INTESTINS, XIII, 422.

ASCI. (*Bot.*, *Hyg.*) III, 326.

ASCITE. (*Pathol.*) III, 327. *Voyez* aussi ANATOMIE PATHOLOGIQUE, II, 447 à 453; HYDROPISIE, VII, 320.

ASCITIQUE. (*Pathol.*) III, 327. *Voyez* ASCITE, III, 327; et HYDROPISIE, VII, 320.

ASCLAPO. (*Biogr. médic.*) III, 327.

ASCLÉPIADE. (*Biogr. médic.*) III, 327 à 331. *Voyez* aussi ANCIENS MÉDECINS, II, 678.

— (*Bot.*, *Mat. médic.*) III, 331 et 332. *Voy.* aussi DOMPTE-VENIN, V, 500.

ASCLÉPIADES. (*Hist. de la méd.*) *Voyez* ANCIENS MÉDECINS, II, 678.

ASENA et ASERETA. (*Art vétér.*, *Mat. médic.* et *Hyg.*) *Voy.* LIERRE TERRESTRE, VIII, 142.

ASFOR. (*Mat. médic.*) Synonyme alchimique de l'alun, III, 332. *Voyez* aussi ALUN, II, 82.

ASJOGAM. (*Bot.*, *Mat. médic.*) III, 332.

ASITIE. (*Nosol.*) (*Voyez* ANOREXIE, III, 44.

ASNE, ASNIER. (*Art. vétér.*) *Voyez* ANE et ASNIER, II, 693.

ASP. (*Art vétér.*) Nom persan du cheval, III, 532. *Voyez* ASBECHA, III, 321.

ASPALATH. (*Bot.*, *Mat. médic.*) III, 332.

ASPARAGINE. (*Chim. végét.*) *Voyez* ce mot dans le Supplément.

ASPARAGINÉES (Famille des). (*Bot.*, *Mat. médic.*) *Voyez* ce mot dans le Supplément.

ASPERCETTE ou ESPARCETTE (Article SAIN-FOIN). (*Art vétér.*, *Hyg.*) *Voyez* ALIMENS (Saint-foin), I, 829.

ASPERGE. (*Bot.*, *Mat. médic.*) III, 333 à 334. *Voyez* aussi ALIMENS, I, 723.

ASPERSION. (*Mat. médic.*, *Art de formuler.*) III, 334 et 335.

ASPÉRULE ODORANTE. (*Bot.*, *Mat. médic.*) *Voyez* REINE DES BOIS, XII, 494.

ASPHALTE. (*Mat. médic.*) III, 335.

ASPHODÈLE. (*Bot.*, *Mat. médic.*) III, 336.

ASPHODELÉES (Famille des). (*Bot.*, *Mat. médic.*) *Voyez* NOURRITURE, X, 694.

ASPHYXIE. (*Pathol.*) III, 336. *Voyez* aussi l'article ANATOMIE PATHOLOGIQUE, II, 293; POUMONS (Maladies des), XII, 282; et STRANGULATION, XIII, 135.

ASPIC. (*Erpétol.* et *Art vétér.*, *Bot.*) III, 356 à 358. *Voyez* aussi LAVANDE, VIII, 336.

ASPLENIUM. (*Bot.*, *Mat. médic.*) *Voyez* CÉTÉRACH, IV, 570.

ASPRELLE. (*Bot.*, *Mat. médic.*) *Voyez* PRÊLE, XII, 298.

ASSA-FŒTIDA. (*Hyg.*, *Bot.*, *Mat. médic.* et *Art. vétér.*) III, 338 à 342. *Voyez* aussi NOURRITURE, X, 719.

ASSAD. (*Art. vétér.*, *Hist. des anim.*) Nom arabe du lion, III, 342.

ASSAIERET. (*Mat. médic.*) III, 342.

ASSAISONNEMENT. (*Hyg.*) III, 342 à 344. *Voyez* aussi ALIMENS (Préparation des), I, 764.

ASSARIUS. (*Mat. médic.*) III, 344.

ASSATION. (*Hyg.*) III, 344. *Voyez* aussi ALIMENS (Préparation des), I, 764; et NOURRITURE, X, 735.

ASSAZOÉ. (*Bot.*, *Mat. médic.*) III, 344.

ASSENTIMENT. (*Art vétér.*) III, 344.

ATYIL. (*Art vétér.*) Nom arabe du cerf, III, 507.

AZARINIT. (*Mat. médic.*) III, 507.

AZEDARACH. (*Bot.*, *Mat. médic.*) III, 507.

AZERAT (Eaux minérales d'). III, 507.

AZEROLLES. (*Mat. médic.*, *Hyg.*) III, 507.

AZOTE. (*Chim.*, *Mat. médic.*) III, 507 et 508.

AZOTH. (*Mat. médic.*) III, 508.

— DE HEFLINGIUS. (*Mat. médic.*) III, 508.

— DE PARACELSE. (*Mat. médic.*) III, 508.

AZYME (Pain). (*Hyg.*) III, 508. *Voyez* aussi PAIN, XI, 272.

B

B. (*Mat. médic.*) Abréviation du mot *balneum* dans les formules et de *mercure* dans l'ancien alphabet chimique, III, 509.

B. A. (*Mat. médic.*) Abréviation des mots *balneum arenæ* ou de *bolus armeniæ*, III, 509.

BABEURE. (*Hyg.*) Liqueur séreuse très-rafraîchissante que laisse le lait lorsqu'il est battu et que la crème est convertie en beurre, III, 509. *Voyez* aussi BEURRE, III, 707; et LAIT DE BEURRE, VIII, 44.

BABILLEMENT. (*Hyg.*) Action de parler avec volubilité, III, 509.

BACCANELCIUS (Jean). (*Biogr. médic.*) III, 509.

BACCHANTE. (*Bot.*, *Mat. médic.*) Petit arbrisseau toujours vert qui croît au Pérou et en Afrique, III, 509.

BACCHIA. (*Pathol.*) Rougeurs, bourgeons qui ont leur siége au visage, III, 510.

BACCHIA. (*Mat. médic.*) Nom ancien du lierre terrestre, III, 510.

BACCIUS. (*Biogr. médic.*) III, 510.

BACCIO (André). (*Biogr. médic.*) *Voyez* BACCIUS.

BACCIUS (André). (*Biogr. médic.*) III, 510.

— (Jacques). (*Biogr. médic.*) III, 511.

BACHE. (*Bot.*, *Mat. médic.*) Espèce de palmier de la Guiane, III, 511.

BACHOT (Etienne). (*Biogr. médic.*) III, 511 et 512.

BACHTISHUA (George). (*Biogr. médic.*) III, 511.

BACILLE MARIN. (*Bot.*, *Mat. médic.*) Plante de la famille des Ombellifères; III, 512.

BACINET. (*Bot.*, *Mat. médic.*) Nom vulgaire de la Renoncule.

BACK (Jacques). (*Biogr. médic.*) *Voyez* BACCIUS, III, 510.

BACKER (George). (*Biogr. médic.*) III, 512.

BACON (François et Roger). (*Biogr. médic.*) III, 512 à 514.

BACOPE AQUATIQUE. (*Bot.*, *Mat. médic.*) Plante de la famille des Portulacées, III, 515.

BACQUERRE (Benoît). (*Biogr. médic.*) III, 515.

BACTRIS. (*Bot.*, *Mat. médic.*) *Voyez* ce mot dans le *Suppl.*

BADAMIER. (*Bot.*, *Mat. médic.*) Genre de plantes de la famille des Combrétacées, III, 515. *Voyez* aussi ADAMARAM CATAPPA, I, 188.

BADE. (Eaux minérales de). *Voyez* ce mot dans le *Supplément*.

BADIAN. (*Bot.*, *Mat. médic.*) Fruit d'un arbre qui croît à la Chine et au Japon, III, 515.

BADIRI. (*Bot.*, *Mat. médic.*) Plante de l'île d'Amboine, III, 516.

BADITIS. (*Bot.*, *Mat. médic.*) Synonyme de nénuphar, suivant plusieurs auteurs, III, 516.

BADUKKA. (*Bot.*, *Mat. médic.*) Arbrisseau du Malabar, III, 516.

BAGAGE. (*Médec. milit.*, *Hyg.*) Considérations générales sur cet équipement du soldat, III, 516. *Voyez* aussi AVRESAC, III, 504.

BAGARD (Antoine). (*Biogr. médic.*) III, 516 et 517.

BAGASSIER (*Bot.*, *Mat. médic.*) Grand arbre des forêts de la Guiane, III, 517.

BAGGAERT (Jean). (*Biogr. médic.*) III, 517.

BAGLIVI (George). (*Biogr. médic.*) III, 517 et 518.

BAGNES. (*Hyg. publ.*) *Voyez* PRISON dans le *Supplément*.

BAGNÈRES DE BIGORRE (Eaux minérales de). III, 518.

— DE LUCHON (Eaux minérales de). III, 519 et 520.

BAGNOLLES (Eaux minérales de). III, 520.

BAGNOLS (Eaux minérales de). III, 520.

BAGRE. (*Hyg.*, *Ichthyol.*) Poisson voisin des silures, III, 521.

BAGUENAUDIER. (*Bot.*, *Mat. médic.*) Genre de plantes de la famille des Légumineuses, III, 521.

BAGUETTE DE COMMUNICATION. (*Physiq. médic.*) Tige de métal terminée à ses deux bouts par un crochet à chacun desquels on visse une boule de cuivre, et qui sert à établir la communication du fluide électrique d'un conducteur de la machine avec le malade, III, 521 et 522.

BABEL. (*Bot.*, *Mat. médic.*) Plante labiée du Malabar, III, 522.

BAIEN (Jean-Jacques). (*Biogr. médic.*) III, 522.

BAIES. (*Bot.*, *Mat. médic.*) Définition de ce mot. En quoi les baies diffèrent entr'elles. Importance de ces différences pour la matière médicale, III, 522.

BAIGNEURS. (*Hyg.*) III, 523.

— (Maladies des). III, 523 et 524.

BAIGNOIRE. (*Hyg.*) III, 524 et 525.

— OCULAIRE. (*Hyg.*) *Voyez* BASSIN OCULAIRE, III, 619.

BAILEY (Vautier). (*Biogr. médic.*) *Voyez* BALEY, III, 579.

BAILLEMENT. (*Physiol.*, *Pathol.*) III, 525. *Voyez* aussi SÉMÉIOTIQUE, XIII, 10.

BAILLER. (*Physiol.*) Faire des bâillemens, III, 525. *Voy.* ce dernier mot, III, 525.

BAILLÈRE. (*Bot.*, *Mat. méd.*) Genre de la famille des Corymbifères, et qui renferme des plantes de la Guiane, III, 525.

BAILLIF (Roch le). (*Biogr. médic.*) *Voyez* BAILLY, III, 525.

BAILLOU (Guillaume de). (*Biogr. médic.*) *Voyez* ce mot dans le *Supplément*.

BAILLY (Roch le). (*Biogr. médic.*) III, 525 (1).

BAIN. (*Hyg.*) Des bains en général, III, 529 et 530. — Bains des Anciens, 530 à 533. — Bains modernes. Bains russes, 533 à 535. — Bains de Finlande, 535 et 536. — Bains égyptiens, 536 et 537. — Bains turcs, 537 à 539. — Bains des Indiens, 539 et 540. — Des bains, considérés sous le rapport de la thérapeutique, 540. — Doctrine des anciens médecins sur les bains, 540 à 547. — Considérations sur le corps humain et sur la peau, relatives aux bains, 547 à 550. — Division des bains, 550. — Expériences relatives à l'action de l'eau sur la peau inanimée, 550 à 552.—Phénomènes que produisent les bains quand ou y plonge les corps vivans, 552.—Manière d'agir de l'eau dans les différens bains, 552 à 554. — De l'utilité générale des bains, d'après les modernes, 554. — Utilité des bains chauds, 555 à 557. — Utilité des bains tièdes, 557 à 559. — Utilité des bains froids, 559 à 562. — Des bains composés et médicinaux, 562 à 564. — Des bains de vapeurs, 564 et 565. — Avantages particuliers et désavantages des bains, 565 à 571. — Notice des ouvrages les plus étendus qui ont paru sur les bains, et en même temps sur les eaux, 571 et 572. *Voyez* aussi HYGIÈNE, VII, 383 à 387; PEAU, XI, 483; SABLE (Bains de), XII, 640; et VAPEURS (Bains de), XIII, 387.

---

(1) NOTA. *L'ordre de la pagination ayant été interverti depuis la page 528 jusqu'à la page 600, nous avons cru devoir le rétablir ainsi : le n° 529 remplace le n° 525, le n° 530, 526, etc., jusqu'à la page 600 inclusivement.*

BAIN. (*Art du formulaire.*) III, 526 à 528.

— ÉLECTRIQUE. (*Physiq.*) III, 573. *Voyez* aussi ÉLEC-
TRICITÉ MÉDICALE , V, 722.

— MARIE. (*Chim.*) III, 572.

— SEC (*Mat. médic., Thérap.*) III, 572 et 573. *Voyez* aussi
ARÉNATION , III , 245; et SABLE (Bains de), XII, 640.

— DE TERRE. (*Mat. médic., Thérap.*) III, 528. *Voyez*
aussi ARÉNATION , III, 245; SABLE (Bains de.), XII,
640.

— DE VAPEURS, (*Mat. médic., Thérap.*) III, 528 et 529.
Voy. aussi FUMIGATION, VI, 532; et VAPEURS (Bains
de), XIII, 387.

BAINS. (*Administr. des hôpit.*) Utilité des salles de bains,
de douches, des étuves pour les hôpitaux, III, 573 à 575.

— (Eaux minérales) III, 575 et 576.

— (*Chim.*) Mot servant à indiquer sur les thermomètres
le degré de chaleur que l'on doit donner aux bains, III,
576.

BAISER. (*Hyg.*) Inconvéniens que ce genre de caresse peut
présenter, III, 576. *Voyez* aussi OSCULATION, XI,
230.

BALANCE DE SANCTORIUS. (*Physiq.*) III, 577.

BALANCES. (*Pharm. , Mat. médic.*) III, 576 et 577.

BALANÇOIRE. (*Hyg.*) En quoi consiste ce genre exercice. Effets qu'il produit sur l'économie, III, 577. —
Ses inconvéniens, 577 et 578.

BALANOS. (*Mat. médic.*) Mot employé par Hippocrate pour
désigner les fruits du chêne, III, 578.

BALARUC (Eaux minérales de.) III, 578 et 579.

BALAUSTES. (*Bot., Mat. médic.*) Fleurs desséchées du grenadier , III, 579. *Voyez* aussi GRENADE, VI, 715.

BALBIAN (Josse-Van.) (*Biogr. médic.*) III, 579.

BALBUTIEMENT. (*Pathol.*) *Voy.* BÉGAIEMENT, III , 668.

BALDE, BALDI. (*Biogr. médic.*) III, 579 et 580.

BALDINGER (Ernest-Godefroi). (*Biogr. médic.*) *Voyez* ce
mot dans le *Supplément.*

BALDUINUS (Bernardin). (*Biogr. médic.*) III, 580.

BALDUS-BALDIUS. (*Biogr. médic.*) *Voyez* BALDE-BALDI,
III, 579.

BALEINE (Corps de.) (*Hyg.*) Inconvéniens et mauvais
effets qui doivent résulter des corps baleinés, III, 580 à
582.

BALEINE. (*Mat. méd., Zool.*) Emploi médicinal de quelques-unes des parties de ce cétacé, III, 582.

— PETITE. (*Zool.*) *Voyez* CACHALOT, IV, 207.

BALEY ou BAILEY (Vautier.) (*Biogr. médic.*) III, 582.

BALISE et BALISIER. (*Bot., Mat. médic.*) Genre de la famille
des Amomées, III , 583.

BALLE (Jeu de.) (*Hyg.*) Avantages que présente ce genre
d'exercice pour les personnes chez lesquelles il est nécessaire de faire mouvoir l'épine du dos, les bras, etc., III,
583.

BALLEXSERD (Jacques.) (*Biogr. médic.*) III, 583.

BALLON (Jeu de.) (*Hyg.*) Utilité de cet exercice, dont les
avantages, sous le rapport de l'hygiène, se rapprochent
beaucoup de ceux que peut procurer le jeu de balle, III,
583 et 584.

BALLONNEMENT. (*Pathol.*)) *Voyez* ce mot dans le *Supplément.*

BALLOTE. (*Bot., Mat. médic.*) Genre de plante de la famille
des Labiées, III, 584. *Voyez* aussi MARRUBE, VIII,
519.

BALSAMELÆON. (*Mat. médic.*) Nom proposé par quelques
auteurs pour désigner les baumes artificiels, faits par
l'infusion de substances aromatiques dans les huiles,
III, 584.

BALSAMIER. (*Bot., Mat. médic.*) Genre de la famille des
Térébinthacées, III, 584.

BALSAMINE. (*Bot., Mat. médic.*) Genre de la famille des
Géraniées, III, 584 et 585.

BALSAMIQUES. (*Hyg., Mat. médic.*) III, 585 et 586.

BALSANES. (*Art vétér.*) *Voyez* CHEVAL (Robes du), IV,
749.

BAMBOU. (*Bot., Mat. médic.*) Espèce de roseau en arbre,
III, 586.

BAMIA. (*Bot., Mat. médic.*) Plante du Sénégal. III, 587.

BANANE. (*Hyg. et Mat. médic.*) Fruit du bananier, *Voyez*
ce dernier mot , III, 587 et 588.

BANANIER. (*Hyg. et Mat. médic.*) Genre de la famille des
Musacées, III, 587 et 588.

BANC. (*Administr. des hôpit. civ.*) Coffre destiné à chauffer
le linge dans les hôpitaux, III, 588.

BANCAL. (*Pathol.*) Qui a les jambes difformes. *Voy.* CLAU-
DICATION dans le *Dictionnaire de Chirurgie*, et les mots
VALGI et VARI , XIII, 385 et 389 de ce Dictionnaire.

BANCUDU. (*Bot., Mat. médic.*) Arbre des îles Moluques,
III, 588.

BANDAGE (*Chir.*) *Voyez* HERNIE dans le *Dictionnaire de
Chirurgie* de cet ouvrage.

BANDE. (*Chir.*) *Voyez* l'article APPAREIL dans le *Dictionnaire de Chirurgie.*

BANDIAT (Eaux minérales de). III, 589.

BANGADA. (*Bot., Mat. médic.*) Espèce de liseron, III, 589.

BANGI. (*Hyg., Mat. médic.*) Espèce de chanvre des Indes,
III, 589.

BANGUE. (*Bot., Mat. médic.*) *Voyez* BANGI, III, 589.

BANNIÈRES (Eaux minérales de.) III, 589.

BANZER (Marc.) (*Biogr. médic.*) III, 589.

BAOBAB. (*Bot., Mat. médic.*) Très-grand arbre d'Afrique,
III, 590.

BAPTÊME. (*Hyg. et Médec. leg.*) III, 590 et 591.

BAQUOIS. (*Bot., Mat. méd.*) *Voyez* ce mot dans le *Supplément.*

BAR (Eaux minérales de). III, 591.

BARAMARECA. (*Bot., Mat. médic.*) Plante légumineuse ,
III, 591 et 592.

BARAQUES. (*Médic. milit.*) Considérations générales sur
leur utilité et sur leur construction, III, 592.

BARBA (Pierre). (*Biogr. médic.*) III, 592.

— (Alvaro Alonzo). (*Biogr. médic.*) III, 592 et 593.

BARBARCA. (*Bot., Mat. médic.*) III, 593.

BARBARO (Hermolaus). (*Biog. médic.*) III, 593.

BARRAULT (Antoine-François). (*Biogr. médic.*) III, 593.

BARBAZAN (Eaux minérales de). III, 593.

BARBE. (*Hyg.*) Règles hygiéniques relatives à la barbe,
III, 594.

— A DIEU. (*Bot., Mat. médic.*) Un des noms vulgaires
de la clématite. *Voy.* ce dernier mot, IV, 887.

— DE BOUC. (*Bot., Mat. médic.*) Un des noms vulgaires
du sersifi.

— DE CHÈVRE. (*Bot., Mat. médic.*) Un des noms vulgaires
de la reine des prés. *Voyez* ce dernier mot, XII, 494.

— DE RENARD. (*Bot., Mat. médic.*) *Voyez* GOMME ADRA-
GANTH , VI, 652.

BARBEAU. (*Bot., Mat. médic.*) Un des noms vulgaires
du bluet. *Voyez* ce dernier mot, III, 779.

— (*Ichthyol., Hyg.*) Poisson de rivière , III, 594. *Voyez*
aussi NOURRITURE, X, 714.

BARBERET (Denys). (*Biogr. médic.*) III, 594 et 595.

BARBERIE (LA) (Eaux minérales de). III, 595.

BARBETTE (Paul). (*Biogr. médic.*) III, 595.

BARBEYRAC (Charles.) (*Biogr. médic.*) III, 595 et 596.

BARBIER. (*Ichthyol., Hyg.*) Poisson des différentes mers
d'Europe et de l'Amérique méridionale, III, 596.

BARBILLON. (*Ichthyol., Hyg.*) *Voyez* BARBEAU, III, 596.

BARBOTAN (Eaux minérales de). III, 596 et 597.

BARBOTINE. (*Bot., Mat. médic.*) *Voyez* ARMOISE, III,
290; SANTOLINE, XII, 685; et SEMENCINE, XIII, 28.

BARBOTTE. (*Hyg., Mat. médic.*) Poisson de rivière et de
lac, ressemblant beaucoup à la lotte, et dont la chair est
peu estimée. Plusieurs de ses parties sont regardées comme
très-utiles en médecine, III, 597.

BAUME ANTIAPOPLECTIQUE. (*Mat. médic.*) *Voyez* ANTIAPOPLECTIQUE (Baume), III, 68.
— D'ARCÆUS. (*Mat. médic.*) *Voyez* ARCÆUS (Baume d'), III, 214.
— BLANC. (*Mat. médic.*) *Voyez* BAUME DE LA MECQUE, III, 647.
— DU CANADA. (*Mat. médic.*) *Voyez* RÉSINES, XII, 533.
— DE COPAHU. (*Mat. médic.*) III, 646. *Voyez* aussi RÉSINES, XII, 634.
— COPALME. (*Mat. médic.*) *Voyez* LIQUIDAMBAR, VIII, 169 ; et STYRAX, XIII, 146.
— D'EAU A FEUILLE RIDÉE. (*Bot.*, *Mat. médic.*) Nom vulgaire de la menthe sauvage. *Voyez* MENTHES, IX, 685.
— A FEUILLE RONDE. (*Bot.*, *Mat. méd.*) *Voyez* MENTHES, IX, 685.
— DES JARDINS. (*Bot.*, *Mat. médic.*) Un des noms vulgaires de la menthe commune. *Voyez* MENTHES, IX, 685.
— (grand). *Voyez* TANAISIE, XIII, 214.
— DE GENIÈVRE (*Mat. médic.*) III, 649.
— DE FIORAVENTI. (*Mat. médic.*) *Voyez* FIORAVENTI, VI, 406 et 407.
— DE GILÉAD. (*Mat. médic.*) III, 647.
— DE JUDÉE. (*Mat. médic.*) III, 647. *Voyez* aussi OPOBALSAMUM, XI, 161.
— DE LA MECQUE. (*Mat. médic.*) III, 647. *Voyez* aussi l'article BAUME. (*Hyg.*) III, 644.
— DE MOMIE. (*Mat. médic.*) Un des noms vulgaires de l'asphalte. *Voyez* ce dernier mot, III, 335.
— DU PÉROU. (*Mat. médic.*) III, 647 et 648.
— DU PÉROU (Faux). (*Bot.*, *Mat. médic.*) *Voyez* LOTIER, VIII, 196.
— (petit). (*Bot.*, *Mat. médic.*) Arbrisseau très-odorant qui croît à la Martinique et dans l'île de Caracao. *Voyez* CROTON, V, 235 et 236.
— RAKASIRI ou RAKASIRA. (*Mat. médic.*) III, 648. *Voyez* aussi RAKASIRA (Résine de), XII, 427.
— DE TOLU. (*Mat. médic.*) III, 648.
BAUMES NATURELS. (*Mat. médic.*) III, 644 et 645.
— EN CHIMIE. (*Chim.*, *Mat. médic.*) III, 645. *Voyez* BAUMES DE SOUFRE, 649.
— EN PHARMACIE. (*Mat. médic.*) III, 645.
— DE SOUFRE. (*Mat. méd.*) III, 649.
— DE SOUFRE ANISÉ. (*Mat. méd.*) III, 649.
— DE SOUFRE DE GENIÈVRE. (*Mat. méd.*) III, 649.
— SUCCINÉ. (*Mat. méd.*) III, 649.
— TÉRÉBENTHINÉ. (*Mat. méd.*) III, 649.
BAUMIER. (*Bot.*, *Mat. médic.*) *Voyez* CARPOBALSAMUM, IV, 428.
BAURIN (Eaux minérales de). III, 649.
BAUSH (Léonard). (*Biogr. médic.*) III, 649 et 650.
BAVAROISE. (*Hyg.*) III, 639.
BAVE. (*Pathol.*) Salive épaisse et visqueuse qui découle de la bouche dans certaines maladies, III, 641.
BAXANA. (*Bot.*, *Mat. médic.*) Arbre peu connu en botanique, dont la racine, les feuilles et les fruits passent dans les Indes pour un antidote précieux contre toute espèce de poisons, III, 650.
BATEUX (Eaux minérales de). III, 650.
BAYLE (Gaspard-Laurent). (*Biogr. médic.*) *Voyez* PARIS (Ecole de médecine de Paris), XI, 395.
— (François). (*Biogr. médic.*) III, 650.
BAYRO (Pierre). (*Biogr. médic.*) III, 651.
BAZIN. (*Biogr. médic.*) Notice biographique très-succincte sur quelques médecins qui ont porté ce nom, III, 651.
BAZZANI (Mathieu). (*Biogr. médic.*) III, 651.
BDELLA. (*Bot.*, *Mat. médic.*) Synonyme de sangsue et de bdellium, suivant quelques auteurs, III, 652.
BDELLIUM. (*Mat. médic.*) III, 652.

BDELLOMÈTRE. (*Inst. de chir.*) *Voyez* VENTOUSES, XIII, 413.
BEAUCAIRE (Foire de). (*Jurisprud. de la méd.*) Détails assez curieux sur la vente et la falsification de certains médicamens à la foire de Beaucaire, III, 652 à 656.
BEAUCLAIR (Eaux minérales de). III, 656.
BEAUFORT (Eaux minérales de). III, 656.
BEAUGENCY (Eaux minérales de). III, 656.
— (Vin de) (*Hyg.*) Importance de ces vins pour les estomacs délicats, III, 657.
BEAULIEU (Eaux minérales de). III, 657.
BEAUNE (Vin de). (*Hyg.*) L'un des meilleurs vins de France, III, 657. *Voyez* aussi NOURRITURE (Boissons), X, 745.
BEAUTÉ. (*Hyg.*) III, 658 à 660.
BEAUVAIS (Eaux minérales de). III, 657.
BEC (le) (Eaux minérales de). III, 661.
BEC-FIGUE. (*Hyg.*, *Ornith.*) III, 663.
— DE GRUE. (*Bot.*, *Mat. médic.*) III, 661 et 662.
— DE LIÈVRE. (*Pathol. chir.*) III, 662. *Voyez* ce mot dans le *Dictionnaire de Chir.* de cette Encyclopédie.
— D'OIE. (*Bot.*, *Mat. médic.*) Un des noms vulgaires de l'argentine. *Voyez* ce mot, III, 248.
— SCIE. (*Hyg.*, *Ornith.*) III, 662.
BECABONGA ou BECCABUNGA. (*Bot.*, *Mat. médic.*) *Voyez* VÉRONIQUE, XIII, 419.
BECAN (Jean). (*Biogr. médic.*) III, 662.
BÉCASSE. (*Hyg.*, *Ornith.*) III, 662 et 663. *Voyez* aussi NOURRITURE, X, 711.
BÉCASSEAU. (*Hyg.*, *Ornith.*) III, 663.
BÉCASSINE. (*Hyg.*, *Ornith.*) III, 663.
BECHER (Jean-Joachim). (*Biogr. médic.*) III, 663 à 665.
BÉCHION. (*Bot.*, *Mat. médic.*) Nom sous lequel plusieurs médecins grecs ont désigné le tussilage, III, 665.
BÉCHIQUES. (*Mat. médic.*, *Thérap.*) III, 665 et 666.
BECKER. (*Biogr. médic.*) Notice biographique et bibliographique sur plusieurs médecins de ce nom, III, 666 et 667.
BECKETT (Guillaume). (*Biogr. médic.*) III, 667.
BÉCLARD (Pierre-Augustin). (*Biogr. médic.*) *Voyez* ce mot dans le *Supplément*.
BÉCUIBA. (*Bot.*, *Mat. médic.*) Espèce de noix du Brésil, dont l'amande est rangée parmi les remèdes balsamiques, III, 667.
BÉCULO. (*Bot.*, *Mat. médic.*) Un des synonymes brésiliens de l'ipécacuanha. *Voyez* ce dernier mot, VII, 687.
BÉDÉGAR. (*Mat. médic.*) Espèce de tumeur ou de galle produite sur les rosiers sauvages par un insecte du genre Cynips, III, 667.
BÉDOUX (Eaux minérales de). III, 667 et 668.
BÉENEL. (*Bot.*, *Mat. médic.*) Petit arbre du Malabar, III, 668.
BÉGAIEMENT. (*Pathol.*) III, 668. *Voyez* aussi PAROLE, XI, 405 ; et SÉMÉIOTIQUE, XIII, 10.
BÉGNECOURT (Eaux minérales de). *Voyez* BEIGNICOURT, III, 770.
BÉGONE. (*Bot.*, *Mat. médic.*) III, 668.
BÉGUE. (*Pathol.*) *Voyez* BÉGAIEMENT, III, 668.
BÉGUIL. (*Hyg.*, *Mat. médic.*) *Voyez* ce mot dans le *Supplément*.
BÉGUIN. (*Hyg.*) Espèce de petit bonnet de toile dont on couvre immédiatement la tête des enfans, III, 669.
BEHEN BLANC. (*Bot.*, *Mat. médic.*) Racine du *centaurea behen*, III, 669.
— ROUGE. (*Bot.*, *Mat. médic.*) III, 669.
BEHRENS (Conrad-Bertrand). (*Biogr. médic.*) III, 669 à 670.
BEIGNET. (*Hyg.*) Espèce de gâteaux, III, 670.
BEIGNICOURT (Eaux minérales de). III, 670.
BEITHARIDES. (*Biogr. médic.*) III, 670 et 671.
BELA-AYE. (*Bot.*, *Mat. médic.*) Ecorce astringente et tonique provenant d'un arbre de Madagascar, III, 671.

BELADAMBOC. (*Bot., Mat. médic.*) Espèce de liseron vivace de la côte de Malabar, III, 671.

BÉLANDRE. (*Administr. des hôpit.*) Sorte de caissons entourés de rideaux dont on peut se servir pour transporter les malades, III, 671.

BÉLAPOLA. (*Bot., Mat. méd.*) Plante du Malabar, III, 671.

BÉLEMNITE. (*Mat. médic., Minér.*) III, 671 et 672. *Voy.* aussi ORTHOCÉRATITE, XI, 211.

BÉLESME (Eaux minérales de). III, 672.

BELETTE. (*Mat. médic., Zool.*) Petit quadrupède du genre marte, dont presque toutes les parties étoient autrefois employées comme médicament, III, 672.

BÉLIER. (*Hyg., Mat. médic.*) *Voyez* BREBIS, IV, 163.

BELINUM. (*Bot., Mat. méd.*) Nom du céleri cultivé, suivant Parkinson, III, 673.

BELLADONE. (*Bot., Mat. médic.*) Genre de plantes de la famille des Solanées, III, 673 et 674. *Voyez* aussi SOLANÉES, XIII, 63 et 64.

BELLA MODAGAM. (*Bot., Mat. médic.*) Arbre du Malabar, III, 674.

BELLE DE NUIT. (*Bot., Mat., médic.*) Plante de la famille des Nyctaginées, III, 674. *Voyez* aussi NYCTAGE, XI, 43.

BELLENO (Eaux minérales de). III, 674.

BELLEVAL (Pierre et Martin Richer de). (*Biogr. médic.*) III, 674.

BELLEY (Eaux minérales de). III, 675.

BELLINI (Laurent). (*Biogr. médic.*) III, 675 et 676.

BELLON. (*Pathol.*) Nom anglais d'une maladie très-commune dans le Derbyshire, et dont les symptômes ressemblent beaucoup à ceux de la colique de plomb, III, 676.

BELON (Pierre). (*Biogr. médic.*) III, 676 à 678.

BÉLOSTE (Augustin). (*Biogr. médic.*) III, 678 et 679.

—, (Pilules de). (*Pharm., Mat. médic.*) III, 678.

BELOU. (*Bot., Mat. médic.*) Nom d'un arbre fruitier du Malabar, III, 679.

BELUTTA-POLA. (*Bot., Mat. médic.*) Plante liliacée du Malabar, III, 679.

— TSIORI. (*Bot., Mat. médic.*) Espèce de vigne du même pays, III, 679.

BELZOÉ. (*Mat. médic.*) Synonyme de benjoin dans quelques pharmacopées. *Voyez* BENJOIN, III, 684.

BEM-CORINI. (*Bot., Mat. médic.*) Arbrisseau du Malabar, III, 679 et 680.

— SCHETTI. (*Bot., Mat. médic.*) Autre arbrisseau du Malabar, III, 680.

— TAMARA. (*Bot., Mat. médic.*) Plante aquatique du même pays, III, 681.

BEN (Noix de). (*Bot., Mat. médic.*) III, 680. *Voyez* aussi NOIX, X, 629.

BENATU. (*Pathol.*) Sorte de pustule phlegmoneuse, III, 680.

BENCIUS ou de BENCIIS (Hugues). (*Biogr. médic.*) III, 680 et 681.

BENDARLI (*Bot., Mat. médic.*) Plante vivace de la famille des Fougères, III, 681.

BENEDETTI (Alexandre). (*Biogr. médic.*) III, 681 et 682.

BÉNÉDICTE LAXATIVE. (*Pharm., Mat. médic.*) Electuaire purgatif, III, 682.

BENEDICTI (Dominique). (*Biogr. médic.*) III, 682.

BENEDICTUS (Jean). (*Biogr. médic.*) III, 682.

BÉNÉFICE DU VENTRE. (*Path.*) Nom vulgaire d'un dévoiement spontané, III, 683.

BENETTI (Jean-Dominique). (*Biogr. médic.*) III, 683.

BENEVOLI (Antoine). (*Biogr. médic.*) III, 683 et 684.

BENGIRI. (*Bot., Mat. médic.*) Arbre de la côte du Malabar, III, 684.

BÉNIGNITÉ. (*Méd. prat.*) Caractère favorable d'une maladie, III, 684.

BENIMIRAM. (*Biog. médic.*) *Voy.* ISAAC, VII, 692.

BÉNIN, BÉNIGNE. (*Pathol.*) *Voyez* ce mot dans le *Supplément*.

BENIVENI (Antoine). (*Biogr. médic.*) III, 687.

BENJOIN. (*Bot., Mat. médic., Hyg.*) Suc balsamique très-inflammable, très-odorant, fort employé en médecine et dans les arts. Propriétés physiques des deux espèces que l'on rencontre dans le commerce. Incertitude sur l'arbre qui produit le benjoin, III, 684. — Circonstances qui indiquent l'emploi de ses diverses préparations médicinales, et manière de les administrer. De son usage dans les arts et comme comestique, 685. — De l'acide benzoïque. N'existe pas seulement dans le benjoin, 686. — Manière de l'obtenir. Propriétés physiques et chimiques de cet acide. Circonstances dans lesquelles on en fait usage, 686 et 687.

— FRANÇAIS. (*Bot., Mat. médic.*) Nom vulgaire de l'impératoire. *Voyez* ce mot, VII, 500.

BENKARA. (*Bot., Mat. médic.*) Arbrisseau du Malabar, III, 687 et 688.

BENOÎTE. (*Bot., Mat. médic.*) III, 688 et 689.

BENTEKA. (*Bot., Mat. médic.*) Arbre très-élevé du Malabar, et qu'Adanson range dans la famille des Bruyères, III, 689.

BENTIBUTALI. (*Bot., Mat. médic.*) Espèce de liseron vivace du Malabar, III, 689.

BENEVENUTI (Joseph). (*Biogr. médic.*) III, 689.

BENZOATES. (*Chim., Mat. médic.*) III, 689.

BENZOÏQUE (Acide). (*Chim., Mat. médic.*) *Voyez* BENZOIN, III, 685.

BERBÉRIDÉES (Famille des). (*Bot., Mat. médic.*) *Voyez* NOURRITURE, X, 697.

BERBÉRIS. (*Hyg., Bot., Mat. médic.*) *Voyez* EPINE-VINETTE, VI, 44.

BERCE. (*Bot., Mat. médic.*) Genre de plantes de la famille des Ombellifères, III, 689 et 690.

BERCEAU. (*Hyg.*) Petit lit dans lequel on place les enfans en bas âge, III, 691.

BERCER. (*Hyg.*) Mot employé pour exprimer un mouvement doux et léger que l'on donne au berceau d'un enfant du premier âge pour l'endormir ou l'empêcher de crier. Inconvéniens qui peuvent résulter d'un semblable mouvement, 691.

BÉRENGER (Jacques). (*Biogr. méd.*) *Voy.* CARPI, IV, 427.

BERGAMOTTE. (*Mat. médic., Hyg.*) Espèce de petite orange, III, 691.

BERGEN (Charles-Auguste de). (*Biogr. médic.*) III, 692.

BERGER. (*Biogr. médic.*) Notice biographique sur trois médecins de ce nom, dont un fut médecin de Frédéric-Auguste II, roi de Pologne, III, 692 et 693.

BERGER (Robert van Den). (*Biogr. médic.*) III, 693.

BERGHEN (Gérard van). (*Biogr. médic.*) III, 693.

BÉRIBERGA (*Pathol.*) Synonyme de béribéri, III, 694.

BÉRIBÉRI. (*Pathol.*) *Voyez* BÉRIBERGA.

BERLE. (*Bot., Mat. médic.*) III, 694 et 695.

BERLUE. (*Pathol. chir.*) *Voyez* DELIRIUM, V, 351 et 352.

BERMINGHAM (Michel). (*Biogr. médic.*) III, 695.

BERNIER (François et Jean). (*Biogr. médic.*) III, 695 et 696.

BERNOUILLI (Jean). (*Biogr. méd.*) III, 696 et 697.

BERRI. (*Jurisp. de la médec.*) *Voyez* BOURGES, IV, 149.

BERS. (*Pharm., Mat. médic.*) Sorte d'électuaire, III, 697.

BERTAPALIA (Léonard). (*Biogr. médic.*) III, 697 et 698.

BERTIN (Exupère-Joseph). (*Biogr. médic.*) III, 698 à 702.

BERTINI (George). (*Biogr. médic.*) III, 702.

BERTRANDI (Ambroise). (*Biogr. médic.*) III, 703.

BERU (Eaux minérales de). III, 703.

BES. (*Mat. médic.*) Mesure de huit onces, III, 703.

BESANÇON (Eaux minérales de). III, 703.

BESICLES. (*Hyg.*) *Voyez* LUNETTE, VIII, 221.

BESLERIE. (*Bot., Mat. médic.*) *Voyez* ce mot dans le *Suppl.*

BESOIN. (*Hyg.*) Définition de ce mot. Ce qu'on doit entendre par *besoins naturels*, III, 703. = par *besoins physiques*, 703 et 704. — Doivent varier suivant l'organisation particulière, individuelle, suivant l'âge, les climats, 704.

BESSE (Eaux minérales de). III, 704.

BESTIAUX (Maladies des). (*Art vétér., Pathol.*) *Voyez* MALADIES DES BESTIAUX, VIII, 355.

BÉTEL. (*Bot., Mat. médic., Hyg.*) Espèce de poivre cultivé dans plusieurs parties des Indes orientales, III, 704 et 705.

BÉTHENCOURT (Jacques de). (*Biogr. médic.*) III, 705.

BÉTOINE. (*Bot., Mat. méd.*) Genre de plantes de la famille des Labiées, III, 705.

BÈTRE. (*Bot., Mat. méd.*) *Voyez* BÉTEL, 704.

BETTE. (*Bot., Mat. méd., Hyg.*) Genre de la famille des Atripliciées, III, 705 à 707. *Voyez* aussi POIRÉE, XII, 193.

BETTEINGE (Eaux minérales de). III, 707.

BETTERAVE. (*Bot., Mat. médic., Hyg.*) *Voyez* BETTE, III, 705.

BÉTULINÉES (Famille des). (*Bot., Mat. médic.*) *Voyez* ce mot dans le *Supplément.*

BEUGHEM (Corneille van). (*Biogr. médic.*) III, 707.

BEURRE. (*Hyg., Mat. méd.*) III, 707 à 711. *Voyez* aussi NOURRITURE, X, 705, 707 et 733.

— D'AIGUILLES. (*Mat. méd.*) *Voyez* BAUME D'AIGUILLES, III, 645.

— D'ANTIMOINE. (*Mat. médic.*) *Voyez* ANTIMOINE, II, 84; et RÉACTIF, XII, 463.

— D'ARSENIC. (*Mat. médic.*) *Voyez* ARSENIC., III, 306.

— DE BAMBUK. (*Bot., Mat. méd.*) III, 712.

— DE BISMUTH. (*Mat. méd.*) *Voyez* BISMUTH, III, 744.

— DE CACAO. (*Mat. médic.*) *Voyez* CACAO, IV, 206; et CHOCOLAT, IV, 8-8.

— DE CIRE. (*Mat. médic.*) *Voyez* CIRE, IV, 862.

— DE COCO. (*Mat. médic.*) *Voyez* COCOTIER, V, 16.

— D'ÉTAIN. (*Mat. méd.*) *Voyez* ÉTAIN, VI, 104.

— DE GALAM. (*Mat. médic.*) *Voyez* BEURRE DE BAMBUK, III, 712.

BEUVRIGNY (Eaux minérales de). III, 712.

BEVERWYCK (Jean). (*Biogr. médic.*) III, 712 à 714.

BÉVUE. (*Pathol.*) Synonyme de diplopie ou vue double. *Voyez* ce dernier mot, XIII, 539.

BÉZOARD. (*Mat. médic.*) Nom primitivement donné soit à une concrétion calculeuse que l'on trouve dans l'un des estomacs d'une espèce de gazelle, soit à l'animal qui fournit cette concrétion. Ce que les auteurs entendent par bézoard *oriental*, bézoard *occidental*. Propriétés physiques de chacune de ces concrétions, 714 et 715. — Caractères distinctifs des vrais bézoards. Erreurs relatives aux étonnantes vertus attribuées à ces sortes de concrétions que l'on a trouvées dans l'estomac, la vessie et les intestins d'un assez grand nombre d'animaux, 715. *Voyez* BÉZOARDS DIVERS, 716; et le mot HIPPOLYTE, VII, 235 et 236.

— D'ALLEMAGNE. (*Mat. médic.*) Véritable égagropile. *Voyez* ce mot dans le *Supplément.*

— DE BŒUF. (*Mat. médic.*) Concrétions calculeuses concentriques formées dans le quatrième estomac des bœufs, et que l'on a employées et regardées comme des bézoards occidentaux, III, 715 et 716.

— DE PORC-ÉPIC. (*Mat. médic.*) Le plus rare des bézoards, III, 716.

— DE CHAMOIS. (*Mat. médic.*) Bézoard occidental dont on ne connoît pas la nature, III, 716.

— DE CHEVAL. (*Mat. médic.*) Nom donné à des concrétions calculeuses très-grosses que l'on rencontre quelquefois dans les intestins des chevaux, III, 716.

BÉZOARD DE CAYMAN. (*Mat. médic.*) Sorte de concrétion que l'on trouve dans l'estomac du cayman, III, 716.

— FOSSILE. (*Minér., Mat. médic.*) Ancien nom de la chaux carbonatée globuliforme, à laquelle on attribuoit les mêmes propriétés qu'au bézoard oriental ou animal, III, 717.

— HUMAIN. (*Mat. médic.*) Nom sous lequel on a autrefois désigné des calculs urinaires, dont on a proposé l'usage comme alexipharmaques, III, 717.

— MINÉRAL. (*Mat. médic.*) Nom donné à une préparation antimoniale (deutoxyde), III, 717.

BÉZOARDIQUES. (*Mat. médic., Thérap.*) Remèdes chauds, âcres, aromatiques, alexipharmaques, auxquels on attribuoit les mêmes propriétés qu'au bézoard, III, 717.

BÉZOARDS DIVERS. (*Mat. médic.*) Animaux qui en fournissent d'assez estimés, III, 716.

— FACTICES. (*Pharm., Mat. médic.*) Noms donnés autrefois à des médicamens plus ou moins actifs, que l'on composoit dans le dessein d'imiter les bézoards animaux. Manière de les préparer, III, 716.

BIANCHI (Jean-Baptiste et Jean). (*Biogr. médic.*) III, 717 à 719.

BIBBY. (*Bot., Mat. méd.*) Palmier de la terre ferme d'Amérique, III, 719.

BIBERON. (*Hyg.*) *Voy.* ALLAITEMENT ARTIFICIEL, II, 31.

BIBLIOTHÈQUE D'ALEXANDRIE. (*Hist. de la méd.*) *Voyez* ALEXANDRIE (Bibliothèque d'), I, 667 et 668.

BICAISE (Honoré). (*Biogr. médic.*) III, 719.

BICHAT (Marie-François-Xavier). *Voyez* ce mot dans le *Supplément.*

BICHE. (*Zool., Hyg., Mat. médic.*) III, 719. *Voyez* aussi CERF, IV, 558.

BICHO DI CULO. (*Pathol.*) Nom d'une maladie endémique au Brésil, et qui consiste en une dilatation excessive de l'anus qui forme une sorte d'entonnoir. Ses symptômes. Ses causes. Moyens employés pour la guérir, III, 720.

BICONGIUS. (*Mat. médic.*) Mesure des Athéniens, qui contenoit vingt livres de vin ou dix huit livres d'huile, III, 720. *Voyez* aussi CONGIUS, IV, 847.

BICORNE RUDE. (*Helminth.*) Nom vulgaire d'une espèce de vers intestinaux nommée par M. Sultzer *ditrachyceros*. Voyez ce dernier mot dans le *Supplément.*

BIDENT. (*Bot., Mat. médic.*) Genre de plantes de la famille des Corymbifères, III, 720 et 721. *Voyez* aussi ABÉCÉDAIRE, I, 19; et EUPATOIRE, VI, 201.

BIDET. (*Hyg.*) Cuvette de propreté qui doit servir également aux deux sexes, III, 721.

BIDLOO (Godefroid). (*Biogr. médic.*) III, 721 et 722.

BIÈRE. (*Hyg., Mat. médic.*) III, 722 à 725. *Voyez* aussi ALIMENS, I, 779; et NOURRITURE, X, 747.

BIERLING (Gaspar-Théophile). III, 725.

BIERVILLE (Eaux minérales de). III, 725.

BIESIUS (Nicolas). (*Biogr. médic.*) III, 725.

BIÈVRE. (*Zool., Mat. médic.*) Un des noms du castor. *Voy.* ce dernier mot, IV, 453.

BIGARADE. (*Mat. médic., Hyg.*) Nom d'une variété de l'orange. *Voyez* CITRON, IV, 869; et ORANGER, XI, 164.

BIGAREAU. (*Hyg., Bot., Mat. médic.*) *Voyez* CERISES, IV, 565.

BIGAREAUTIER. (*Bot., Mat. médic.*) *Voyez* CERISES, IV, 565.

BIGLE. (*Pathol.*) Synonyme de louche. *Voyez* ce dernier mot, VIII, 198; STRABISME, XIII, 133; et VUE LOUCHE, XIII, 540.

BIGNONE. (*Bot., Mat. méd.*) Genre de plantes de la famille des Bignoniacées, la plupart exotiques, et dont deux espèces sont employées en médecine, III, 726.

BIGORE (Bagnères de). (Eaux minérales). *Voyez* BAGNÈRES DE BIGORE, III, 518.

BIJON. (*Mat. méd.*) Un des noms de la térébenthine. *Voyez* TÉRÉBENTHINE, XIII, 229.

BILAZAI (Eaux minérales de). III, 726.

BILE. (*Physiol., Pathol., Mat. méd.*) III, 726 à 732. *Voy.* aussi POLYCHOLIE, XII, 215.

— NOIRE. (*Pathol.*) *Voyez* ATRABILE, III, 407 à 416.

— RÉPANDUE. (*Pathol.*) *Voyez* ICTÈRE, VII, 643.

BILIEUSE (Constitution). (*Pathol.*) III, 732 à 739. *Voyez* aussi ATRABILE, III, 407 à 416; ATRABILIEUSE (Constitution) III, 416; BILE, III, 726 à 732.

BILIEUX (Tempérament). (*Hyg.*) III, 740. *Voyez* aussi TEMPÉRAMENT, XIII, 222.

BILIMBI. (*Bot., Mat médic.*) Petit arbre du Malabar, III, 740.

BILLARD (Jeu de). (*Hyg.*) Avantages que l'on peut tirer de ce genre d'exercice, sous le rapport de la santé, III, 740 et 741.

BILS ou BILSIUS (Louis de). (*Biogr. médic.*) III, 741 et 742.

BIONDO (Michel Ange). (*Biogr. médic.*) *Voyez* BLONDUS, III, 778.

BISCUIT (*Hyg.*) Sorte de pâtisserie, III, 742.

— DE MER. (*Hyg.*) Sorte de pain destiné à la nourriture des matelots, III, 742 à 744. *Voyez* aussi NAVALE (Hygiène navale), X, 526.

BISMUTH. (*Chim., Mat. médic.*) III, 744. *Voyez* aussi RÉACTIF, XII, 649.

BISQUE. (*Hyg.*) Espèce de ragoût ou de potage, III, 744 et 745.

BISSUS. (*Mat. médic.*) Filamens soyeux dont on fait, en Italie et en Corse, différens tissus, et à l'aide desquels la pinne marine se fixe aux rochers, III, 745.

BISTORTE. (*Bot., Mat. médic.*) III, 745.

BISTORTIER. (*Pharm., Mat. médic.*) Pilon de bois à long manche, d'un fréquent usage dans les pharmacies, III, 745.

BITUME JUDAÏQUE. (*Mat. médic.*) *Voyez* ASPHALTE, III, 335; et KARABÉ DE SODOME, VIII, 6.

— DE JUDÉE. (*Mat. médic.*) Un des noms de l'asphalte. *Voyez* ce dernier mot, III, 335; et KARABE DE SODOME, VIII, 6.

BITUMES. (*Chim., Mat. médic.*) III, 746 et 747.

BITUMINEUX. (*Mat. médic.*) Acceptions diverses donnée à ce mot, dont la plus générale s'applique aux produits que fournissent les bitumes dans leur analyse, III, 747.

BIZARRERIE. (*Médec. prat.*) Goût particulier et singulier que certains malades éprouvent dans quelques maladies. Ses causes. Ses symptômes, III, 747 et 748.

BLACUOD (Henri). (*Biogr. médic.*) III, 749.

BLÆSITAS. (*Nosol.*) Mot latin employé comme synonyme de bégaiement. Prononciation vicieuse des lettres *s* et *r*, suivant quelques auteurs, III, 748.

BLAFARD. (*Hyg., Pathol.*) III, 748. *Voyez* BILIEUX, III, 740; CACHEXIE, IV, 269.

BLAIR (Patrice). (*Biogr. médic.*) III, 748.

BLAIREAU. (*Zool., Mat. médic.*) Mammifère de la famille des plantigrades, III, 748 et 749.

BLAKWEL (Élisabeth). (*Hist. littér. de la méd.*) III, 749.

BLANC DE BALEINE. (*Mat. médic., Hyg.*) III, 750 à 757. *Voyez* aussi ALIMENS, I, 696.

— D'ESPAGNE. (*Mat. médic.*) III, 755.

— DE FARD. (*Chim.*) III, 755. *Voyez* aussi BISMUTH, III, 744; et RÉACTIF, XII, 469.

— D'ŒUF. (*Mat. médic.*) III, 755 et 756. *Voyez* aussi ALIMENS, I, 695; ŒUF, XI, 107; et NOURRITURE, X, 720.

— DE PLOMB. (*Chim., Mat. médic.*) III, 755. *Voyez* aussi RÉACTIF, XII, 467.

— MANGER. (*Hyg.*) III, 756. *Voyez* MANGER (Blanc), VIII, 473.

— RAISIN ou RHASIS. (*Pharm., Mat. médic.*) III, 736.

BLANCARD (Étienne). (*Biogr. médic.*) III, 756 et 757.

BLANCHAILLE. (*Art vétér., Ichthyolog.*) *Voyez* ALVIN, I, 656.

BLANCHET. (*Pathol.*) Un des noms vulgaires du muguet. *Voyez* ce dernier mot, X, 387.

BLANCHISSEUSES (Maladies des). (*Méd. pratiq.*), III, 757 et 758.

BLANQUETTE. (*Hyg.*) Espèce de ragoût fait avec des tranches de veau rôti ou de volaille, III, 758.

BLARU (Eaux minérales de). III, 758.

BLASÉ. (*Hyg.*) III, 759 et 760.

BLASIUS (Gérard Blaës ou). (*Biogr. méd.*) III, 759 et 760.

BLASIUS (Abraham). III, 760.

BLATTI. (*Bot., Mat. médic.*) Arbre du Malabar, III, 760.

BLAVÉOLE. (*Bot., Mat. médic.*) Nom vulgaire du bluet. *Voyez* ce dernier mot, III, 779.

BLÉ ou FROMENT. (*Hyg.*) *Voyez* BLED, III, 760.

— D'ESPAGNE. (*Bot., Hyg.*) *Voyez* MAÏS, VIII, 326.

— DE GUINÉE. (*Bot., Mat. médic.*) *Voyez* SORGHO, XIII, 75.

— D'ITALIE. (*Bot., Mat. médic.*) *Voyez* MAÏS, VIII, 326.

— NOIR (*Bot., Mat. médic., Hyg.*) *Voyez* SARRASIN, XII, 696.

— DE TURQUIE. (*Bot., Mat. médic., Hyg.*) *Voyez* MAÏS, VIII, 326.

BLED. (*Hyg.*) III, 760 à 763. *Voyez* aussi ALIMENS, I, 720; et BOULANGER, IV, 195; FARINE, VI, 264; NOURRITURE, X, 723; et PAIN, XI, 267.

BLEIME. (*Art vétér., Pathol.*) *Voyez* ce mot dans le *Supplément.*

BLÊME. (*Hyg.*) III, 763.

BLENNORRHAGIE. (*Pathol.*) *Voyez* CHAUDE-PISSE, IV, 667 et suiv.

BLENNORRHÉE. (*Pathol.*) *Voyez* ce mot dans le *Supplément.*

BLÉPHAROPHTHALMIE. (*Pathol. chir.*) *Voyez* BLÉPHAROTIS, III, 763.

BLÉPHAROPTOSIS. (*Pathol., Nosol.*) Chute ou déplacement des paupières, III, 763.

BLÉPHAROTIS. (*Nosol.*) Inflammation des paupières, suivant Vogel, III, 763.

BLÉSITÉ. (*Pathol.*) *Voyez* PAROLE, XI, 405.

BLESSURES DES ARTÈRES. (*Méd. lég.*) *Voyez* ARTÈRES (Blessures des), III, 309.

— (Mortalité des). (*Méd. lég.*) III, 763 à 776. *Voyez* aussi ARTÈRES (Blessures des), III, 309; BASVENTRE, III, 623 à 633; CADAVRES (Ouvertures des), IV, 232; MORTALITÉ, X, 335 à 348; et PLAIES, XII, 111 et 112.

BLESTRISME. (*Pathol.*) Définition de ce mot dans Hippocrate, III, 776.

BLÈTE. (*Bot., Mat. médic.*) Genre de la famille des Atriplicées, III, 776.

BLEU. (Assaisonnement au). (*Hyg.*) Sorte de sauce faite avec du vin et des substances aromatiques, III, 776.

— DE CHYPRE. (*Chim.*) *Voyez* RÉACTIF, XII, 467.

— DE MONTAGNE. (*Chim., Mat. médic.*) Nom vulgaire du carbonate de cuivre bleu, III, 777.

— DE PRUSSE. (*Chim., Mat. médic.*) III, 776.

BLÉVILLE (Eaux minérales de). III, 777.

BLOND. (*Hyg.*) III, 777.

BLONDEL. (*Biogr. médic.*) Notice biographique et bibliographique peu étendue sur quelques médecins de ce nom, III, 777 et 778.

BLONDUS (Michel-Ange). (*Biogr. médic.*) III, 778.

BLUET. (*Bot., Mat. médic.*) III, 779. *Voyez* aussi CENTAURÉE, IV, 547.

B. M. (*Pharm., Mat. médic.*) Manière abrégée d'écrire *Bain-Marie*, III, 779.

BOA. (*Pathol.*) *Voyez* HYDROA, VII, 301.

BOA-MOSSI. (*Bot., Mat. médic.*) Arbre qui croît aux Moluques. *Voyez* AMASSI, II, 98.

BOCALO. (*Bot., Mat. médic.*) Nom brame d'une graminée du Malabar, IV, 1.

BOCCONI (Silvio Paul). (*Biogr. médic.*) IV, 1 et 2.

BOCHET. (*Pharm., Mat. médic.*) Nom donné autrefois à la seconde décoction des drogues déjà employées dans une première opération pour préparer une tisane, un apozème, etc., IV, 2.

BOCTONER. (*Biogr. médic.*) IV, 2.

BODÆUS A STAPEL (Jean). (*Biogr. médic.*) IV, 2.

BOE (François Dubois de le). (*Biogr. médic.*) *Voyez* DUBOIS DE LE BOE, V, 541.

BOECKELIUS (Jean). (*Biogr. médic.*), IV, 2.

BOEHMER (Philippe-Adolphe). (*Biogr. médic.*) IV, 2 et 3.

BOERHAAVE (Hermann). (*Biogr. médic.*) IV, 3 à 11.

— KAAW (Abraham). (*Biogr. médic.*) *Voyez* KAAW BOERHAAVE, VIII, 3.

BOERNER (Frédéric). (*Biogr. médic.*) IV, 11 et 12.

BOETIUS (Anselme de). (*Biogr. médic.*) *Voyez* BOODT, IV, 46.

BŒUF. (*Hyg. et Mat. médic.*) Jeune taureau, auquel on a fait subir l'opération de la castration. Considérations générales relatives à l'histoire naturelle de cet animal. Sa chair regardée comme l'une des meilleures comme aliment, IV, 12. — Propriétés médicinales attribuées à différentes parties du taureau, du bœuf, de la vache et du veau, 13 à 15. *Voyez* aussi CHAIR, IV, 577; et NOURRITURE, X, 709.

BOGDANUS (Martin). (*Biogr. médic.*) IV, 15.

BOGUE. (*Ichthyol., Hyg.*) Poisson de mer, dont la chair est d'un très-bon goût, IV, 15.

BOHN ou BOHNIUS (Jean). (*Biogr. médic.*) IV, 15 et 16.

BOILE (Robert). (*Biogr. médic.*) IV, 16 à 18.

BOIN-GOLI. (*Bot., Mat. médic.*) Espèce de petit pourpier du Malabar, IV, 18.

— KAKELY. (*Bot., Mat. médic.*) Nom brame d'une plante du Malabar, dont les bourgeons appliqués en cataplasme sur les tumeurs et les abcès les font suppurer sans douleur, IV, 18.

BOIQUIRA. (*Mat. médic., Erpét.*) Serpent venimeux du genre de ceux que l'on nomme *serpens à sonnette*, IV, 18 à 23.

BOIRE. (*Hyg., Pathol.*) IV, 23 et 24.

BOIS (Habitation). (*Hyg.*) Inconvéniens que doivent nécessairement présenter des habitations qui sont dans les bois, IV, 24. — Manière de les rendre au besoin moins insalubres, 25.

— (*Bot., Mat. médic.*) Considérations sur la nature et la structure des bois en général, dont une assez grande quantité ont été et sont encore employés en médecine, IV, 25 et 26. — Faits généraux offerts par la chimie et la pharmacie, sur la nature et les propriétés des bois, 26 et 27.

— AMER. (*Bot., Mat. médic.*) *Voyez* QUASSIA, XII, 412.

— D'ACAJOU. (*Bot., Mat. médic.*) *Voyez* ACAJOU, I, 52.

— D'AIGLE. (*Bot., Mat. médic.*) *Voyez* AGALLOCHUM, I, 353; et ALOES, II, 62.

— D'ALOES. (*Bot., Mat. médic.*) Enumération, d'après Gaspard Bauhin, des espèces que l'on trouve dans le commerce. Principales propriétés physiques de chacune d'elles, IV, 28. *Voyez* aussi AGALLOCHUM, I, 353; et ALOES, II, 62.

— DE BRÉSIL. (*Bot., Mat. médic.*) IV, 28.

— DE CAMPÊCHE. (*Bot., Mat. médic.*) IV, 29.

— DE CARABACCI. (*Bot., Mat. médic.*) IV, 29.

— DE CHYPRE. (*Bot., Mat. médic.*) *Voyez* BOIS DE ROSE, IV, 30.

— DE COULEUVRE. (*Bot., Mat. médic.*) IV, 29.

— DE FER. (*Bot., Mat. médic.*) IV, 29 et 30.

— DE FERNAMBOUC. (*Bot., Mat. médic.*) *Voyez* BOIS DE BRÉSIL, IV, 28.

BOIS DE GAYAC. (*Bot., Mat. médic.*) *Voyez* GAYAC, VI, 595.

— D'INDE. (*Bot., Mat. médic.*) IV, 31.

— DE LA JAMAÏQUE. (*Bot., Mat. médic.*) *Voyez* BOIS DE CAMPÊCHE, IV, 29.

— DE QUASSIE. (*Bot., Mat. médic.*) *Voyez* QUASSIA, XII, 412.

— DE RHODES. (*Bot., Mat. médic.*) IV, 30.

— DE ROSE. (*Bot., Mat. médic.*) *Voyez* BOIS DE RHODES, IV, 30.

— DE STE.-LUCIE. (*Bot., Mat. médic.*) IV, 30.

— DE SANG. (*Bot., Mat. médid.*) *Voyez* BOIS DE CAMPÊCHE, IV, 29.

— DE SAPAN. (*Bot., Mat. médic.*) Un des noms du bois de Brésil, IV, 28.

— DE SANTAL. (*Bot., Mat. médic.*) *Voyez* SANTAL, XII, 682.

— DE SASSAFRAS. (*Bot., Mat. médic.*) *Voyez* SASSAFRAS, XII, 697.

— DE SERPENT. (*Bot., Mat. médic.*) *Voyez* SERPENTINE; XIII, 42.

— GENTIL. (*Bot., Mat. médic.*) *Voyez* GAROU, VI, 588; LAURÉOLE, VIII, 79; et THYMÉLÉES, XIII, 251.

— JOLI. (*Bot., Mat. médic.*) *Voyez* GAROU, VI, 588.

— NÉPHRÉTIQUE. (*Bot., Mat. médic.*) IV, 31. *Voyez* aussi NÉPHRÉTIQUE, X, 557.

— PUANT. (*Bot., Mat. médic.*) IV, 31 et 32. *Voyez* ANAGYRIS, II, 225.

— ROUGE. (*Bot., Mat. médic.*) *Voyez* BOIS DE CAMPÊCHE, IV, 29.

— SAIN. (*Bot., Mat. médic.*) *Voyez* GAROU, VI, 588.

— SAINT. (*Bot., Mat. médic.*) *Voyez* GAYAC, VI, 595.

BOISERIE. (*Hyg.*) Avantages que présentent les boiseries sous le rapport de la salubrité des appartemens, IV, 32.

BOISSE (Eaux minérales de). IV, 32.

BOISSIEU (Barthelemi-Camille de). (*Biogr. médic.*) IV, 32.

BOISSONS. (*Hyg. et Mat. médic.*) Acception générale donnée à ce mot. Ce que les boissons doivent être pour être éminemment utiles. Ce qu'on doit entendre par le mot *boissons* en matière médicale, où on les divise en boissons *concentrées* et en boissons *étendues*. Doivent être encore distinguées d'après leurs propriétés chimiques et médicinales, IV, 38. *Voyez* aussi NOURRITURE, X, 741. — Des boissons considérées sous le point de vue de leur falsification. *Voyez* NOURRITURE, X, 757.

BOISSONS DANS L'HYDROPISIE. (*Thérap.*) Article dans lequel on cherche à prouver l'utilité et la nécessité des boissons dans cette maladie, IV, 34 à 36.

BOIS-YVON (Eaux minérales de). IV, 36.

BOITEMENT. (*Pathol.*) Synonyme de claudication.

BOITER. (*Pathol.*) Etre affecté de claudication.

BOITEUX, SE. (*Pathol.*) Celui ou celle qui boite.

BOL. (*Mat. médic., Art de formul.*) Médicament interne, mou, légèrement consistant, un peu plus épais que le miel, plus volumineux que la pilule, et composé de poudres, d'extraits, de résines, de sirops, etc., IV, 36 à 38. — Formules de différens bols, 37 et 38.

BOL D'ARMÉNIE. (*Mat. médic.*) Argile ocreuse, que l'on trouve en Arménie, et dans plusieurs contrées de l'Europe, IV, 38 et 39.

BOLAIRE. (*Mat. médic.*) Qui est de la nature des bols d'Arménie. *Voyez*, pour la préparation des terres dites *bolaires*, le mot BOL D'ARMÉNIE, IV, 38 et 39.

BOLET. (*Bot., Mat. médic.*) Espèce de champignons dont un très-petit nombre est comestible, IV, 39. *Voyez* aussi AGARIC, I, 354; CHAMPIGNONS, IV, 595; et NOURRITURE, X, 692.

BOLOGNETTI (Pompée). (*Biogr. médic.*) IV, 39.

BOLOGNINI (Ange). (*Biogr. médic.*) IV, 39 et 40.

BOMBEMENT. (*Pathol.*) *Voyez* BOMBUS, IV, 40.

BOMBUS. (*Nosol.*) Bruissement d'oreille, IV, 40. *Voyez* SURDITÉ, XIII, 176; et TINTOUIN, XIII, 261.

BON (Jean le). (*Biogr. médic.*) IV, 40.

BONACCIOLI (Louis). (*Biogr. médic.*) IV, 40.

BONACOSSUS (Hercule). (*Biogr. médic.*) IV, 40 et 41.

BONDUC. (*Biogr. médic.*) Genre de la famille des Légumineuses, IV, 41.

BONET (Théophile). (*Biogr. médic.*) *Voyez* BONNET, IV, 43.

BON-HENRY. (*Bot.*, *Mat. médic.*) Un des noms vulgaires d'un chenopodium.

BONHEUR. (*Hyg.*) Du bonheur considéré sous le point de vue de l'hygiène, IV, 41 et 42.

BONHOMME. (*Bot.*, *Mat. médic.*) Un des noms vulgaires du bouillon blanc. *Voyez* ce dernier mot, IV, 118; et MOLÈNE, X, 169.

BONNE-DAME. (*Bot.*, *Mat. médic.*) *Voyez* ARROCHE, III, 304.

BONNES (Eaux de). IV, 42 et 43.

BONNET (Théophile). (*Biogr. médic.*) *Voyez* BONET, IV, 43.

— (*Hyg.*) Partie du vêtement qui sert à couvrir la tête. Considérations hygiéniques sur ce genre de coiffure, IV, 43 et 44.

— DE PRÊTRE. (*Bot.*, *Mat. médic.*) *Voyez* FUSAIN, VI, 543.

BONOMI ou BONOMINUS. (*Biogr. médic.*) IV, 44.

BONTEKOE (Corneille). (*Biogr. médic.*) IV, 44 et 45.

BONTIUS (Jacques). (*Bot.*, *Mat. médic.*) IV, 45.

BONVENTE (Eaux minérales de). IV, 157.

BOONT (Anselme de). (*Biogr. médic.*) IV, 46.

BOOT (Arnould). (*Biogr. médic.*) IV, 46.

BORACIQUE (Acide). (*Chim.*, *Mat. médic.*) Noms différens donnés à cet acide. Ses propriétés physiques et chimiques, IV, 46 et 47. — Son emploi en médecine, 47 et 48.

BORATE DE MERCURE. (*Chim.*, *Mat. médic.*) Sel mercuriel, IV, 48. *Voyez* aussi ANTIVÉNÉRIENS, III, 103.

BORATES. (*Chim.*) Sels formés d'acide borique et d'une base.

BORAX. (*Chim.*, *Mat. médic.*) IV, 48 à 50. *Voyez* aussi SOUDE (Sous-borate de), XIII, 76.

BORBORYGME. (*Pathol.*) Bruit que font entendre dans l'abdomen les gaz qui y sont contenus, IV, 50.

BORDEAUX. (*Jurisprud. de la méd.*) *Voy.* BOURDEAUX, IV, 132 à 141.

— (Eaux minérales de). IV, 50 et 51.

BORDENAVE (Toussaint). (*Biogr. médic.*) IV, 51.

BORDEU (Théophile de). (*Biogr. médic.*) IV, 51 à 58.

BOREL (Pierre). (*Biogr. médic.*) IV, 58 et 59.

BORELLI (Jean-Alphonse) (*Biogr. médic.*) IV, 59 et 60.

BORGARUCCI (Prosper). (*Biogr. médic.*) IV, 60.

BORGNE. (*Pathol.*) IV, 60. *Voyez* aussi CÉCITÉ dans le *Supplément*.

BORIQUE (Acide). *Voyez* BORACIQUE (Acide), IV, 46 et 48.

BOROSAIL. (*Pathol.*) Sorte de maladie épidémique connue aux environs de la rivière du Sénégal, et qui attaque spécialement les organes de la génération, IV, 60.

BORRAGINÉES (Famille des). (*Bot.*, *Mat. médic.*) IV, 60 et 61. *Voyez* aussi NATURELLES (Familles), X, 513.

BORRI (Joseph-François). (*Biogr. médic.*) IV, 61.

BORRICHIUS (Olaüs). (*Biogr. médic.*) IV, 61 à 63.

BORRO (Joseph-François). *Voyez* BORRI, IV, 61.

BORSE (Eaux minérales de). IV, 63.

BOSACA. (*Bot.*, *Mat. médic.*) Espèce de fougère du Malabar, IV, 53.

BOSSCHE (Guillaume VAN DEN-). (*Biogr. médic.*) IV, 63.

BOSSE. (*Pathol.*) *Voy.* l'article ANATOMIE PATHOLOGIQUE, II, 269; et VERTÉBRALE (Déviation de la colonne vertébrale), XIII, 425.

BOTAL (Léonard). (*Biogr. médic.*) IV, 63 et 64.

BOTANIQUE. (*Mat. médic.*, *Jurisp. de la méd.*) Avantage de l'étude de cette science, comme base de la matière médicale, IV, 64. — Importance d'une bonne méthode botanique pour favoriser cette étude, 65 et 66. — De la botanique considérée sous le rapport de la jurisprudence de la médecine. Origine de cette science. Documens historiques sur la culture, l'enseignement et l'étude des plantes, 66 à 83.

BOTANISTE. (*Hist. nat.*) IV, 83 et 84.

BOTARGUE. (*Hyg.*) *Voyez* BOUTARGUE, IV, 152.

BOTHRION. (*Pathol.*) Petit ulcère profond de la cornée, IV, 84.

BOTIUM ou BOCIUM. (*Pathol.*) Synonyme de goetre. *Voyez* BRONCHOCÈLE, IV, 170; GOETRE, VI, 648; et THYROCÈLE, XIII, 252.

BOTRIA. (*Bot.*, *Mat. médic.*) *Voyez* ce mot dans le *Supplément*.

BOTRIS VULGAIRE. (*Bot.*, *Mat. médic.*) Ne diffère pas du botris du Mexique par ses propriétés médicinales, IV, 84.

— DU MEXIQUE. (*Bot.*, *Mat. médic.*) IV, 84. *Voyez* aussi AMBROISIE, II, 115.

BOTRYTIS. (*Chim.*, *Mat. médic.*) Nom d'une espèce de tuthie sur laquelle sont accidentellement placés des petits grains ronds très-rapprochés, IV, 84.

BOTTINE. (*Appar. de chir.*) *Voyez* PIEDS-BOTS, XII, 77.

BOTTONI (Albertin et Dominique). (*Biogr. méd.*) IV, 85.

BOUC. (*Hyg.*, *Nosol.*) Nom du mâle de la chèvre, dont la chair est d'un goût désagréable, IV, 85 et 86. — Maladies dont cet animal est plus particulièrement affecté. *Voyez* MALADIES, VIII, 354.

BOUCAGE. (*Bot.*, *Mat. médic.*) Genre de plantes de la famille des Ombellifères, IV, 86 et 87.

BOUCHE CHANCRÉE. (*Art vétér.*, *Pathol.*) *Voyez* APHTHES, III, 167; et CHEVAL, IV, 717.

BOUCHER, BOUCHERIE. (*Hyg.*) Considérations hygiéniques sur les boucheries, IV, 87. *Voyez* aussi l'article ABATTOIRES dans le *Supplément*.

BOUCHERS (Maladies des). (*Médic. prat.*) IV, 88.

BOUCLES. (*Hyg.*) Leur principal usage comme partie des vêtemens. Inconvéniens des boucles trop serrées, IV, 88 et 89.

BOUDIN (Jean). (*Biogr. médic.*) IV, 89.

— (*Hyg.*) IV, 89. *Voyez* aussi NOURRITURE, X, 733; et SANG, XII, 674.

BOUE. (*Hyg.*) Considérations hygiéniques sur ces sortes d'immondices, et en quoi elles peuvent nuire à la salubrité publique, IV, 89 et 90.

BOUES DES EAUX. (*Mat. médic.*, *Thérap.*) Espèces de marais ou de limon que l'on rencontre près de certaines eaux minérales, et qui se sont imprégnées des matières que ces eaux charrient avec elles. En quoi les boues diffèrent des marcs, IV, 90 et 91. — Considérations générales sur les *boues de Saint-Amand* en particulier, 91. — Comment on peut faire des boues artificielles imitant ces dernières, 92.

BOUFFISSURE. (*Pathol.*) Sorte de gonflement, IV, 92.

BOUFFRON. (*Mat. méd.*) Nom sous lequel on a quelquefois désigné l'os de sèche ou sépiostaire. *Voyez* SÈCHE, XII, 744.

BOUGIE (à brûler). (*Hyg.*) IV, 92.

— (*Mat. médic.*) Petit cylindre en forme de cône alongé, dont les chirurgiens se servent soit pour dilater le canal de l'urèthre rétréci, soit pour y porter des médicamens. Ce qu'on doit entendre par bougies *simples*, *composées*, *pleines* ou *creuses*, IV, 93. — Principaux auteurs qui ont écrit sur les maladies de l'urèthre. Composition de leurs bougies et réflexions sur leur doctrine, 93 à 107. — Circonstances dans lesquelles il convient de les employer, 108. — Manière de les appliquer, 109.—Des bougies de cordes à boyaux et des bougies creuses, 112. *Voyez* aussi RÉTENTION , XII , 551.

BOUILLI. (*Hyg.*) Décoction plus ou moins rapprochée de viande, IV, 112. *Voyez* aussi ALIMENS , I , 788; et NOURRITURE , X , 733.

BOUILLIE. (*Hyg.*) Aliment composé de farine cuite dans du lait, IV, 113. *Voyez* aussi ALLAITEMENT ARTIFICIEL, II , 32 à 35.

BOUILLIE (*Mat. médic.*) *Voyez* DÉCOCTION , IV, 113.

BOUILLON. (*Pathol.*) Excroissance ronde et charnue qui s'élève quelquefois au centre d'un ulcère vénérien, IV , 118.

— BLANC. (*Bot.* , *Mat. méd.*) IV , 118. *Voyez* aussi MOLÈNE , X , 169.

BOUILLONS. (*Hyg. et Mat. médic.*) IV, 113 à 118. *Voyez* aussi ALIMENS , I , 788; et NOURRITURE , X , 733.

— DE CHOU ROUGE. (*Mat. médic.*) *Voyez* CHOU , IV, 835.

— D'ÉCREVISSE. (*Mat. médic.*) *Voy.* BOUILLONS, IV, 114; et l'article ÉCRÉVISSE , V, 683.

— GRAS. Préconisé comme moyen de calmer un vomissement opiniâtre , IV , 117.

— DE GRENOUILLE. (*Mat. médic.*) *Voyez* BOUILLONS, IV, 113; et GRENOUILLE , VI , 717.

— SECS (ou en tablettes). IV , 117 et 118. *Voyez* aussi TABLETTES DE BOUILLON, XIII, 201.

— DE TORTUE. (*Mat. médic.*) *Voyez* BOUILLONS, IV, 117; et TORTUE , XIII , 281.

— DE VIPÈRE. (*Mat. médic.*) *Voyez* BOUILLONS, IV, 117; et VIPÈRE, XIII, 470.

BOUKA. (*Bot.* , *Mat. médic.*) Nom brame d'une plante vivace du Malabar, à laquelle on attribue de grandes propriétés médicinales, IV, 119.

— KELI. (*Bot.* , *Mat. médic.*) *Voyez* BOUKA.

BOULANGERS. (*Hyg.*) IV, 119 à 122. *Voyez* aussi NOURRITURE, X , 733; et PAIN, XI. 267.

— (Maladies des). (*Méd. prat.*) IV, 122.

BOULE (Jeu de). (*Hyg.*) Avantage que procure ce jeu, considéré sous le rapport de la santé, IV, 122.

BOULE DE NEIGE. (*Bot.* , *Mat. médic.*) Nom vulgaire d'une variété de la viorne obier. *Voyez* OBIER, XI, 53.

BOULEAU COMMUN. (*Bot.* , *Mat. médic.*) IV, 122 et 123.

BOULES DE MARS. (*Chim.* , *Mat. médic.*) Composé pharmaceutique dont la crème de tartre et la limaille de fer porphyrisée font la base, IV, 123. *Voyez* aussi BOULES (Eau de), IV, 123.

— DE MERCURE. (*Chim.* , *Mat. médic.*) Amalgame solide d'étain et de mercure employé autrefois pour clarifier l'eau, IV, 123.

— DE MOLSHEIM. (*Chim.* , *Mat. médic.*) Nom des boules de mars préparées à Molsheim, IV, 123.

— DE NANCY. (*Chim.* , *Mat. médic.*) Nom donné aux boules de mars , IV, 123.

— (Eau de). (*Mat. médic.*) IV, 123.

BOULET. (*Art vétér.* , *Anat.*) *Voyez* CHEVAL, IV, 732.

— DE CANON. (*Bot.* , *Mat. médic.* , *Hyg.*) Nom vulgaire du fruit d'un grand arbre du Malabar, qui ressemble beaucoup à ce projectile. *Voyez* COUROUPITE , V , 164.

BOULETTE. (*Bot.* , *Mat. médic.*) Nom vulgaire de la globulaire. *Voyez* ce dernier mot, VI , 947.

BOULIMIE. (*Nosol.* , *Pathol.*) Faim presqu'insatiable qui oblige les malades à prendre plus d'alimens qu'ils ne peuvent en digérer. Est entièrement opposée à l'anorexie, IV, 123. — Distinguée en plusieurs espèces, dont quelques-unes peuvent être considérées comme symptomatiques d'autres maladies, 124. — Des causes de la boulimie, 124 et 125. — Symptômes de cette maladie, 125. — Diagnostic, prognostic, mode de traitement, 126 et 127. *Voyez* aussi POLYPHAGIE , XII , 228.

BOULOGNE (Eaux minérales de). IV, 127.

BOUQUET. (*Hyg.*) *Voyez* FLEURS, VI , 415; et ODEURS, XI, 80.

BOUQUETIN. (*Mat. médic.* , *Zool.*) Espèce du genre Chèvre, IV, 127 et 128.

BOURBILLON. (*Pathol. chir.*) Matière blanchâtre, épaisse et grumelée que l'on rencontre dans le centre des furoncles, IV, 128.

BOURBON-LANCY (Eaux minérales de). IV, 128.

— L'ARCHAMBAUD (Eaux minérales de). IV, 129 et 130.

BOURBONNE-LES-BAINS (Eaux minérales de). IV, 130 à 132.

BOURBOULE (Eaux minérales de la). IV, 132.

BOURDAINE BLANCHE. (*Bot.* , *Mat. médic.*) *Voyez* VIORNE , XIII, 469.

BOURDEAUX. (*Jurisprud. de la méd.*) Considérations relatives à la jurisprudence de la médecine de cette ville, IV, 132 à 141.

BOURDELIN. (Claude). (*Biogr. médic.*) IV, 141 et 142.

BOURDELOIS. (*Jurisp. de la méd.*) *Voyez* BOURDEAUX, IV, 132 à 141.

BOURDELOT (Pierre-Michon). (*Biogr. médic.*) IV, 142 à 144.

BOURDENE. (*Bot.* , *Mat. médic.*) *Voyez* BOURDAINE.

BOURDONNEMENT D'OREILLES. (*Pathol.*) Signe pathognomonique de cette incommodité, d'après Sauvages, IV, 144. — Ses causes, 145 à 147. — Son traitement interne et externe, 147 à 148. *Voy.* aussi PARACOUSIE, XI , 306.

BOURGELAT (Claude). (*Biogr. médic.*) *Voyez* ce mot dans le *Supplément.*

BOURGÈNE. (*Bot.* , *Mat. médic.*) Un des noms de la Bourdaine. *Voyez* ce dernier mot.

BOURGEOIS (Louise). (*Biogr. médic.*) Célèbre accoucheuse du dix-septième siècle, à laquelle on est redevable d'un ouvrage sur la stérilité et les maladies des femmes et des enfans nouveau-nés, IV, 148.

BOURGEONS. (*Pathol.*) *Voyez* PUSTULE, XII, 380.

— DE SAPIN. (*Bot.* , *Mat. médic.*) *Voyez* SAPIN, XII, 687.

BOURGEPINE ou BOURGUÉPINE. (*Bot.* , *Mat. méd.*) Un des noms vulgaires du nerprun. *Voyez* ce dernier mot, X, 581.

BOURGES. (*Biogr. médic.*) Notice biographique sur plusieurs médecins de ce nom, IV, 148 et 149.

— (Eaux minérales de). IV, 149.

— (*Jurisp. de la méd.*) IV, 149 à 151.

BOURNAN (Eaux minérales de). IV, 151.

BOURRACHE. (*Bot.* , *Mat. médic.*) Genre de la famille des Borraginées, IV, 151. *Voyez* aussi BORRAGINÉES, IV, 60 et 61; CONSERVES, V, 84; et NATURELLES (Familles), X, 513.

BOURRELET. (*Hyg.*) Espèce de petit coussin de cuir, de soie ou de velours, que l'on applique sur le front et sur toute la circonférence de la tête des enfans du premier âge, IV, 151.

BOURRELETS. (*Art vétér.*) *Voyez* ANNEAUX DES CORNES, III, 33.

BOURSAULT (Eaux minérales de). IV, 151 et 152.

BOURSE A BERGER. (*Bot.* , *Mat. médic.*) *Voyez* THLASPI, XIII , 246.

BOURSES. (*Anat.*) Nom vulgaire de l'enveloppe cutanée des testicules. *Voyez* SCROTUM, XII, 741. mot, XII,

BOURSETTE. (*Bot.* , *Mat. médic.*) Nom vulgaire d'une espèce de thlaspi appelée aussi bourse à berger. *Voyez* MÂCHE, VIII , 310; et THLASPI, XIII, 246.

BOURSIER (Louise). (*Biogr. médic.*) *Voyez* BOURGEOIS, IV, 148.

BOURSOUFFLÉ. (*Pathol.*) IV, 152.

BOURSOUFFLURE. (*Pathol.*) *Voy.* BOUFFISURE, IV, 92.

BOUSE DE VACHE. (*Mat. médic.*) Propriétés médicinales attribuées à cet excrément. *Voyez* BŒUF, IV, 14.

BOUSIER. (*Mat. médic.* , *Entomol.*) *Voyez* ce mot dans le *Supplément.*

BOUSQUET (Eaux minérales de). IV, 152.

BOUTARGUE. (*Hyg.*) Préparation alimentaire composée de sang et d'œufs du *mugil cephalus*, poisson très-abondant sur les côtes d'Egypte et de Tunis, IV, 152.

BOUTEILLE. (*Art vétér., Path.*) *Voyez* AMPOULE, II, 185.
— DE LEYDE. (*Physiq.*) IV, 152. *Voy.* aussi COMMOTION, V, 65 ; et l'article ÉLECTRICITÉ, V, 726.

BOUTIQUES. (*Jurisprud. de la méd.*) Utilité d'une inspection toute spéciale des boutiques des pharmaciens, des épiciers, des herboristes, des parfumeurs, par des médecins éclairés, IV, 152 et 153.

BOUTON. (*Hyg.*) Considérations générales sur cette partie de l'habillement des hommes, IV, 153.
— DE FEU. (*Chir.*) Espèce de cautère actuel, dont l'extrémité cautérisante se termine par une pointe émoussée, IV, 153.

BOUTONS. (*Art vétér., Pathol.*) *Voyez* APHTHES, III, 367.

BOUVARD (Charles). (*Biogr. médic.*) IV, 153 à 155.

BOUVART (Michel - Philippe). (*Biogr. médic.*) IV, 155 à 157.

BOYER (Jean-Baptiste). (*Biogr. médic.*) IV, 157 et 158.

BRA (Henri de). (*Biogr. médic.*) IV, 158 et 159.

BRABYLA. (*Mat. médic.*) Nom donné par quelques auteurs de matière médicale à une espèce de pruneau, IV, 159.

BRACHMANES. (*Hist. de la méd.*) IV, 159.

BRACHYLOGIE. Mot ou sentence, IV, 159.

BRACHYPNÉE. (*Pathol., Sémeiot.*) Respiration courte et lente, IV, 159.

BRACHYPOTES. (*Pathol.*) Nom donné par Hippocrate aux malades qui boivent peu, et par d'autres auteurs, à ceux qui boivent rarement, IV, 160.

BRADLEY (Richard). (*Biogr. médic.*) IV, 159.

BRADYPEPSIE. (*Pathol.*) Digestion lente et imparfaite, IV, 160.

BRADYSPERMATISME. (*Pathol.*) *Voyez* ce mot dans le *Supplément.*
— LIQUIDE. (*Mat. médic.*) *Voyez* GOUDRON, VI, 673.

BRAI. (*Mat. médic.*) Poix retirée du pin et du sapin. *Voyez* PIN, XII, 90.
— SEC. (*Mat. médic.*) *Voyez* ARCANÇON, III, 214 ; et PIN, XII, 90.

BRAILLON (Louis). (*Biogr. médic.*) IV, 160.

BRAINE (Eaux minérales de). IV, 160.

BRAISE. (*Hyg.*) Charbon de bois blanc que l'on éteint après avoir été presqu'entièrement brûlé, IV, 160.

BRAMI. (*Bot., Mat. médic.*) Petite plante du Malabar, IV, 160 et 161.

BRAMINES. (*Hist. de la méd.*) *Voyez* BRACHMANES, IV, 159.

BRANCURSINE. (*Bot., Mat. médic.*) Plante de la famille des Acanthacées, IV, 161. *Voyez* aussi ACANTHE, I, 52.

BRANDI-BAS (Eaux minérales de). IV, 161.

BRANNES. (*Art vétér.*) Nom donné aux mamelles des animaux sauvages. *Voyez* ALLAITES, II, 40.

BRASAVOLA (Jérome). (*Biogr. médic.*) IV, 161.

BRASÉGUR (Eaux minérales de). IV, 161.

BRASSAVOLO (Antoine - Musa). (*Biogr. médic.*) IV, 161 et 162.

BRASSEURS (Maladies des). (*Méd. prat.*) IV, 162.

BRAYER. (*Band. et Appar.*) Mot générique employé pour désigner les bandages destinés à contenir les hernies ou descentes, IV, 162.
— (Nicolas). (*Biogr. médic.*) IV, 162 et 163.

BREBIS. (*Hyg., Mat. médic.*) IV, 163 et 164. *Voyez* aussi l'article LAIT (Lait de brebis), VIII, 50.

BREDISSURE. (*Path.*) *Voyez* ce mot dans le *Supplément.*

BREDOUILLEMENT. (*Pathol.*) *Voyez* PAROLE, XI, 406.

BRÈME. (*Hyg., Ichthyol.*) Poisson d'eau douce dont la chaire est molle et grasse, IV, 164.

BRÉSIL (Racine du). (*Bot., Mat. médic.*) Un des noms de l'épicacuanha. *Voyez* ce dernier mot, VII, 687.

BRÉSIL (Bois de) (*Bot., Mat. médic.*) *Voyez* BOIS, IV, 28.

BRÉSILLET. (*Bot., Mat. médic.*) *Voyez* BOIS DU BRÉSIL, IV, 28.

BRETAUD ou BRETAUDÉ (Cheval). (*Art vétér., Hyg., Oper.*) *Voyez* AMPUTATION DES OREILLES, II, 205 et suiv.

BRETON (Charles le). (*Biogr. médic.*) IV, 165.

BREUVAGE. (*Médec. lég.*) Synonyme de poison dans quelques anciens traités de médecine légale, IV, 166.

BREYNIUS ou BREYN (Jacques) (*Biogr. médic.*) IV, 165 et 166.

BRIANÇON (Craie de). (*Mat. médic.*) IV, 166.

BRIDES. (*Chir.*) Filamens membraneux que l'on rencontre dans le foyer des abcès, dans le trajet des plaies d'armes à feu, etc. *Voyez* ce mot dans le *Dictionnaire de Chirurgie* de cette Encyclopédie.

BRIEUX (Eaux minérales de St.-). IV, 166.

BRIGANTI (Annibal). (*Biogr. médic.*) IV, 166.

BRIGGS (Guillaume). (*Biogr. médic.*) IV, 166.

BRINGARASI. (*Bot., Mat. médic.*) IV, 166.

BRIOCHE. (*Hyg.*) Espèce de gâteau, IV, 166 et 167.

BRION (Eaux minérales d). IV, 167.
— (*Bot., Mat. médic.*) Synonyme de Coralline. *Voyez* ce dernier mot, V, 115.

BRIQUE. (*Mat. médic.*) De son emploi comme antipsorique, IV, 167.

BRIQUE-MADAME. (*Bot., Mat. médic.*) Un des noms vulgaires de la petite joubarbe. *Voyez* JOUBARBE (Petite), VII, 732.

BRIQUEBEC (Eaux minérales de). IV, 167.

BRIQUETIERS (Maladies des). (*Médec. prat.*) IV, 167 et 168.

BRISSEAU (Pierre). (*Biogr. médic.*) IV, 168.

BRISSOT (Pierre). (*Biogr. médic.*) IV, 168 et 169.

BRITANNICA (Herba). (*Bot., Mat. médic.*) Synonyme de bistorte et de cochlearia, suivant quelques auteurs de matière médicale, IV, 169.

BRIZE. (*Bot., Mat. médic.*) *Voyez* AMOURETTES, II, 180.

BROCHET. (*Hyg., Mat. médic.*) IV, 169 à 170. *Voyez* aussi NOURRITURE, X, 713.

BROCOLI. (*Hyg.*) Espèce de chou que l'on cultive en Italie et en Angleterre, IV, 170. *Voyez* aussi CHOU, IV, 837.

BRONIUM. (*Mat. médic.*) Acceptions diverses données à ce mot dans quelques traités de matière médicale, IV, 170.

BROECK (Jean van Den) (*Biogr. médic.*) *Voy.* PALUDANUS dans le *Supplément.*

BROECKUYSEN (Benjamin van). (*Biogr. médic.*) IV, 170.

BRONCHES. (*Anat. et Pathol.*) *Voyez* l'article ANATOMIE PATHOLOGIQUE, II, 275 ; et POUMONS, XII, 286.

BRONCHITE. (*Pathol.*) Inflammation des bronches. *Voyez* PULMONAIRE (Catarrhe), XII, 366.

BRONCHOCÈLE. (*Path. chir.*) IV, 170. *Voy.* aussi GOETRE, VI, 648 ; HYDROPISIE, VII, 314 ; et THYROCÈLE, XIII, 252.

BRONCHOTOMIE. (*Chir.*) IV, 170.

BRONZE. (*Chim., Mat. médic.*) Alliage de cuivre et d'étain, IV, 170 et 171. *Voyez* aussi AIRAIN, I, 590.

BROSSARD. (*Biogr. médic.*) IV, 171.

BROSSARDIÈRE. (Eaux minérales de la). IV, 171.

BROSSER. (*Hyg.*) Genre d'exercice au moyen duquel on fait des frictions générales ou particulières pour exciter la transpiration. Circonstances dans lesquelles leur emploi est indiqué, IV, 171. *Voyez* aussi FRICTIONS SÈCHES, IV,

BROUET NOIR. (*Hyg.*) Sorte de mets composé de chair de porc, de vinaigre et de sel, dont les Spartiates faisoient un grand cas, IV, 171.

BROUILLARD. (*Pathol.*) Obscurcissement de l'œil.

BROUILLARDS.

C

CAA-ATAVA. (*Bot.*, *Mat. médic.*) Autre plante du Brésil, qui, broyée et bouillie dans l'eau, passe pour être un violent purgatif, IV, 202.

CAA-OPIA. (*Bot.*, *Mat. médic.*) Arbre du Brésil, d'où exsude un suc jaune-rougeâtre semblable à la gomme gutte, IV, 202.

CABANIS (Pierre-Jean-Georges). (*Biogr. médic.*) Voyez MORAL, X, 250 et suiv.

CABARET. (*Hyg.*) Considérations générales sur les cabarets, envisagés sous le rapport de l'hygiène publique. Falsifications des liquides qu'on y débite, et manière de reconnoître ces falsifications, IV, 202 et 203.

— (*Bot.*, *Mat. médic.*) Plante vivace très-commune dans le midi de la France, IV, 203 et 204.

CABARETIERS (Maladies des). (*Méd. prat.*) IV, 204.

CABILLEAU. (*Hyg.*, *Ichthyol.*) Nom vulgaire de la morue fraîche. Voyez MORUE, X, 353; et NOURRITURE, X, 714.

CABOT. (*Ichthyol.*, *Hyg.*) Voyez MULET, X, 392.

CABROL (Barthélemi). (*Biogr. médic.*) IV, 204.

CACAHUÈTE. (*Bot.*, *Mat. médic.*) Un des noms vulgaires de la pistache de terre. Voyez ARACHIDE, III, 208.

CACALIA. (*Bot.*, *Mat. médic.*) Plante de la famille des Corymbifères, dont la racine, les feuilles et les baies ont été employées, l'une pour soulager la toux, et les autres comme émétiques, IV, 205.

CACAO. (*Bot.*, *Mat. médic.*, *Hyg.*) Amande du cacaoyer. Sa description. Caractères distincts des diverses espèces de cacao. Manière de bien choisir le cacao du commerce, IV, 205. — De la pâte, du beurre de cacao et des procédés employés pour les obtenir, *ibid.* et 206. — Ses principaux usages comme médicament, 207, et de l'amande du cacaoyer comme aliment, *ibid.* Voyez aussi CHOCOLAT, IV, 828; et NOURRITURE, X, 730.

CACAOYER. (*Bot.*, *Mat. médic.*) Voyez CACAO, IV, 205.

CACATALI. (*Bot.*, *Mat. médic.*) Nom brame d'une plante annuelle du Malabar, IV, 207.

CACAVI. (*Hyg.*) Voyez ce mot dans le *Supplément*.

CACHALOT (*Mat. médic.*, *Zool.*) Genre de la famille des cétacés, dont une espèce fournit le blanc de baleine, IV, 208. Voyez aussi ALIMENS, I, 696; et BLANC DE BALEINE, III, 750 et suiv.

CACHECTIQUE. (*Pathol.*) IV, 208.

CACHECTIQUES. (*Mat. médic.*, *Thérap.*) IV, 208. Voyez aussi ANTICACHECTIQUES, III, 68.

CACHET (Christophe). (*Biogr. médic.*) IV, 208.

CACHEXIE. (*Méd. lég.*, *Pathol.*) Considérée sous le point de vue de la médecine légale et de la pathologie, IV, 208 à 214. — De la *cachexie laiteuse* en particulier, 214 à 222. — Considérée chez les enfans. Voyez ANTICACHECTIQUES, III, 68; et ENFANS (Maladies des), V, 851 et 852.

CACHIRI. (*Hyg.*) Voyez ce mot dans le *Supplément*.

CACHOU. (*Bot.*, *Mat. médic.*) Substance végétale, solide, roussâtre, que l'on a long-temps regardée comme une terre, IV, 222 à 224.

CACHUNDÉ. (*Pharm.*, *Mat. médic.*) Trochisque ou pastille indienne regardée par les Indiens comme stomachique et comme un puissant antidote, IV, 224 et 225.

CACOCHOLIE. (*Pathol.*) Maladie produite par la dépravation de la bile, IV, 225. Voyez BILE, III, 726 à 732.

CACOCHYLIE. (*Pathol.*) Dépravation de la chylification, IV, 225.

CACOCHYME. (*Pathol.*) IV, 225. Voyez aussi ANTICACHYMIQUES, III, 38.

CACOCHYMIE. (*Pathol.*) Acception diverse donnée à ce mot par Galien et Boerhaave, IV, 225 et 226.

CACOËTHES (Ulcères). (*Pathol.*) Ulcères malins et difficiles à guérir, selon Galien, IV, 226.

CACOPATHIA. (*Pathol.*) Mot fréquemment employé par Hippocrate pour désigner une affection vicieuse, morbifique, IV, 226.

CACOPHONIA. (*Pathol.*) Altération de la voix, IV, 226.

CACOPRAGIE. (*Pathol.*) Dépravation des viscères qui servent à la nutrition, IV, 226.

CACOSIS. (*Pathol.*) Indisposition, affection désagréable du corps, IV, 226.

CACOSITIA. (*Pathol.*) Dégoût des alimens, IV, 226.

CACOSPHIXIA. (*Pathol.*) Irrégularité du pouls, IV, 226.

CACOTROPHIA. (*Pathol.*) Trouble de la nutrition, selon Galien, IV, 226.

CACOTUMBA. (*Bot.*, *Mat. médic.*) Plante annuelle du Malabar, IV, 226.

CACTIER. (*Bot.*, *Mat. médic.*) Genre de plantes nombreux en espèces, dont quelques-unes produisent des fruits acides et rafraîchissans que l'on mange dans différentes parties de l'Amérique. Du figuier d'Inde et du *cactus coccinilifère* en particulier, IV, 226 et 227. Voyez aussi COCHENILLE, V, 7.

CADABA. (*Bot.*, *Mat. médic.*) Genre de plantes de la famille des Capparidées, dont une espèce passe pour un puissant antivénéneux, IV, 227.

CADAVALLI. (*Bot.*, *Mat. médic.*) Nom brame d'un genre de vigne du Malabar, V, 227.

CADAVÉREUX (Aspect). (*Séméiot.*) Doit être généralement regardé comme un des signes les plus fâcheux dans le cours des maladies, IV, 227.

CADAVRES. (*Jurisp. de la médec.*) Considérations générales relatives aux cadavres, considérés au point de vue de la jurisprudence, IV, 227 à 230. — Des ouvertures des cadavres, 230. — Généralités sur les différentes parties du corps, considérées en tant que leur lésion devient plus ou moins facilement, et plus ou moins ordinairement une cause de mort, 232 et 233. — Manière de procéder à l'ouverture et à l'examen d'un cadavre, ce qui pour le médecin doit être regardé comme un de ses devoirs les plus importans et les plus difficiles à remplir, 233 à 338. — Rapport ou modèle d'une ouverture de cadavre, 238 à 240. — Réflexions à cet égard par Mahon, auteur de cet article, 240 et 241. Voyez aussi MÉDICO-LÉGAL, IX, 578; et OUVERTURE, XI, 249.

CADE (Huile de). (*Mat. médic.*) IV, 241.

CADELARI. (*Bot.*, *Mat. médic.*) Plante vivace du Malabar, IV, 241.

CADIAC (Eaux minérales de). IV, 241.

CADMIE. (*Chim.*, *Mat. médic.*) IV, 241. Voyez aussi CALAMINE, IV, 275.

— DES FOURNEAUX. (*Chim.*, *Mat. médic.*) IV, 241.

CADUC (Mal). (*Pathol.*) Un des noms vulgaires de l'épilepsie. Voyez ce dernier mot, VI, 5 et suiv.

CADUCITÉ. (*Hyg.*) Voyez ce mot dans le *Supplément*.

CADUS. (*Mat. médic.*) Mesure dont se servoient les Anciens, et de la capacité de cent vingt livres de vin ou cent cinq livres d'huile, IV, 241.

CAEN. (*Jurisprud. de la méd.*) Généralités sur cette ville, considérée sous le rapport de la jurisprudence de la médecine, 241 à 245.

CÆLA. (*Bot.*, *Mat. médic.*) Petite plante de la côte du Malabar, IV, 245.

CÆLIUS AURELIANUS. (*Biogr. médic.*) IV, 245 à 257.

CÆSALPIN (André). (*Biogr. médic.*) IV, 256 et 257.

CÉSARIENNE (Opération). (*Méd. lég.*) Considérations générales sur les circonstances dans lesquelles cette opération est indiquée ou contre-indiquée, IV, 257 à 261.

CÆSARIUS (Jean). (*Biogr. médic.*) IV, 261.

CAFÉ. (*Hyg.*, *Bot.*, *Mat. médic.*) IV, 262 à 265. Voy. aussi NOURRITURE, X, 699 et 749.

CAFÉINE. (*Chim. végét.*) Voyez ce mot dans le *Supplément*.

CAGAN (Eaux minérales de). IV, 265.

CAGNATI (Marcel). (*Biogr. médic.*) IV, 265 et 266.

CAGOSANGA. (*Bot.*, *Mat. médic.*) Nom donné à l'ipécacuanha par quelques anciens auteurs de matière médicale, IV, 266.

CAGOTS. Nom donné à des individus difformes, infirmes et misérables qui habitent particulièrement les vallées de la Bigorre, du Béarn et des deux Navarres. Notice historique sur cette race d'hommes, extraite de l'ouvrage de Ramond sur *les Pyrénées*, IV, 266 à 269. *Voyez* aussi CRÉTINISME et CRÉTINS, V, 198.

CAILLE. (*Hyg.*, *Ornithol.*) IV, 270. *Voyez* aussi NOURRITURE, X, 711.

CAYENNE. (*Hyg.*) Description topographique très-succincte de cette île, IV, 269.

CAILLÉ. (*Hyg.*) Partie du lait qui, séparée de la sérosité et de la crème, forme le fromage. *Voyez* ALIMENS, I, 727; FROMAGE, VI, 521; et LAIT, VIII, 48.

CAILLEBOTE. (*Pharm.*, *Mat. médic.*) Nom donné à tout liquide qui est pris en une espèce de matière solide, floconneuse, analogue à celle du lait caillé, IV, 270.

CAILLE-LAIT. (*Bot.*, *Mat. médic.*) Nom vulgaire du genre Gaillet, IV, 270.

CAILLETTE. (*Art vétér.*, *Anat.*) *Voyez* ABOMASSUS, I, 23.

CAILLOT. (*Pathol.*, *Séméiotiq.*) Portion de sang coagulé ou caillé par le refroidissement ou le repos. Importance de son aspect pour la séméiorique, IV, 271. *Voyez* aussi PLEURÉTIQUE (Couenne pleurétique), XII, 137.

CAILLOU. (*Minér.*, *Mat. méd.*) IV, 271 et 272.

CAIMI ou CAIMO (Pompée). (*Biogr. médic.*) IV, 272.

CAIPA-SHONA. (*Bot.*, *Mat. médic.*) Plante cucurbitacée de la côte du Malabar, IV, 272.

CAIOS (Jean). (*Biogr. médic.*) IV, 272 et 273.

CAJAN. (*Bot.*, *Mat. médic.*) Arbuste légumineux. *Voyez* CYTISE, IV, 895.

CAJEPUT (Huile volatile de). (*Mat. médic.*) *Voyez* MELALEUCA, IX, 588.

CAKILE. (*Bot.*, *Mat. médic.*) Plante de la famille des Crucifères, regardée comme antiscorbutique, IV, 273.

CAL. (*Pathol.*) Dureté cutanée, charnue ou osseuse, IV, 273.

CALABA. (*Bot.*, *Mat. médic.*) Genre de la famille des Guttifères, IV, 273.

CALAF. (*Bot.*, *Mat. médic.*) Saule à grandes feuilles qui vient en Syrie, IV, 274.

CALAGERI. (*Bot.*, *Mat. médic.*) Nom brame d'un arbrisseau du Malabar, VI, 274.

CALAGUALA. (*Bot.*, *Mat. médic.*) Plante qui croît au Pérou, IV, 274.

CALALOU. (*Bot.*, *Mat. médic.*) Fruit d'une espèce de courge très-commune à la Louisiane, IV, 274 et 275.

CALAMBAC. (*Bot.*, *Mat. médic.*) Nom indien du bois d'aloës, IV, 275. *Voyez* AGALLOCHUM, I, 353; et BOIS D'ALOES, IV, 27.

CALAMBOUR. (*Bot.*, *Mat. médic.*) Bois odoriférant de couleur verdâtre. En quoi il diffère du calambouc, IV, 275. *Voyez* AGALLOCHUM, I, 353; et BOIS D'ALOES, IV, 27.

CALAMENT. (*Bot.*, *Mat. médic.*) Genre de plantes de la famille des Labiées, IV, 275. *Voyez* aussi MÉLISSE, IX, 617.

CALAMINAIRE (Pierre). (*Chim.*, *Mat. médic.*) *Voyez* CALAMINE, IV, 275.

CALAMINE. (*Chim.*, *Mat. médic.*) Oxyde de zinc natif, IV, 275 et 276.

CALAMITE. (*Mat. méd.*) Nom donné autrefois à une espèce de storax et à des polypiers fossiles, IV, 276.

— BLANCHE. (*Minér.*, *Mat. médic.*) Espèce de marne ou d'argile blanche, IV, 276.

CALAMUS AROMATICUS. (*Bot.*, *Mat. médic.*) Nom scientifique de la canne aromatique, 276 et 277. *Voyez* aussi ACORE VRAI, I, 122; CANNE, IV, 349; et ROSEAU, XII, 606.

CALCAIRES (Terres, pierres, substances). (*Mat. médic.*) IV, 277 et 278.

CALCÉOLAIRE. (*Bot.*, *Mat. médic.*) Genre de plantes de la famille des Personnées, dont une espèce est employée au Pérou comme laxatif, IV, 278.

CALCINATION. (*Chim.*, *Mat. médic.*) Opération à l'aide de laquelle on calcine les substances qui en sont susceptibles. En quoi ce mot diffère du verbe calciner, IV, 278. — Ce que les alchimistes entendoient par *calcination philosophique*, 279.

CALCITIS ou CHALCITIS. (*Chim.*) IV, 279.

CALCULS EN GÉNÉRAL. (*Méd. pratiq.*) Concrétions diverses, solides, pierreuses, informes, etc., dont on distingue un grand nombre d'espèces, et que l'on rencontre dans presque toutes les parties du corps. Auteurs qui ont écrit sur ces sortes de concrétions, IV, 279 et 280.

— BILIAIRES. (*Pathol.*) Considérations générales sur leur origine, leur formation et leurs causes, IV, 280 à 283. — Leurs différens modes de traitement, 283 à 287. — Plusieurs observations à l'appui, 287 à 291.

— DES REINS ET DE LA VESSIE. (*Pathol.*) Des formes et des variétés que présentent ces sortes de calculs, IV, 292. — Des différens lieux qu'ils occupent, 294. — Des symptômes qu'ils présentent et du diagnostic de leur existence, 295 à 297. — De leur nature et de leur composition, 297 à 300. — De leur formation dans les reins et dans la vessie, 300 à 302. — De l'analogie de ces calculs avec d'autres maladies, 302 à 304. — Des moyens de prévenir ou de calmer les accidens qu'ils occasionnent, 304 à 311. — Des lithontriptiques en particulier, 306 à 311. *Voyez* aussi LITHONTRIPTIQUES, VIII, 172.

CALCULIFRAGES. (*Mat. médic.*, *Thérap.*) Synonyme de lithontriptiques, IV, 311. *Voyez* aussi CALCULS, IV, 306; et LITHONTRIPTIQUE, VIII, 172.

CALDAS (Eaux minérales de). IV, 311.

CALDERA DE HEREDIA (Gaspar). (*Biogr. médic.*) IV, 311.

CALEBASSE. (*Bot.*, *Mat. médic.*) Fruit d'une espèce de courge, IV, 311 et 312.

CALENDRE. (*Entomol.*, *Mat. médic.*) Nom vulgaire de quelques espèces de charançon, IV, 312. *Voyez* aussi CHARANÇON, IV, 618.

CALENTURE. (*Pathol.*) Espèce de fièvre dont sont principalement attaquées les personnes qui font des voyages de long cours dans les climats chauds et qui passent sous la ligne. Symptômes et traitement de cette maladie d'après Olivier, IV, 312 et 313.

CALESAN. (*Bot.*, *Mat. médic.*) Arbre du Malabar analogue au sumac, IV, 313.

CALFEUTRER. (*Hyg.*) IV, 313 et 314.

CALICE. (*Bot.*, *Mat. médic.*) IV, 314.

CALIGNI BLANC. (*Bot.*, *Mat. médic.*) Arbre de la Guiane, IV, 314.

CALIGO. (*Pathol.*) Obscurcissement de la vue. Acception différente donnée à ce mot par Sauvages et Cullen, IV, 314 et 315.

CALIN. (*Chim.*, *Mat. médic.*) Métal composé de plomb et d'étain, d'un fréquent usage en Chine, IV, 315.

CALLEUX, SE. (*Pathol.*) Partie qui contracte des duretés appelées cal, IV, 315.

CALLIBLÉPHARON. (*Mat. médic.*) Cosmétique ou médicament composé, propre à embellir les paupières, suivant Galien, IV, 315.

CALLIGÈNES. (*Biogr. médic.*) IV, 315.

CALLIMACHUS. (*Biogr. médic.*) IV, 315.

CALLIPÉDIE. Art d'avoir de beaux enfans, IV, 315.

CALLISTHÈNE. (*Biogr. médic.*) IV, 515.

CALLOSITÉ. (*Pathol.*) Endurcissement, épaississement de la peau, IV, 315.

CALLUS. (*Pathol.*) Tumeur dure, aplatie qui se forme dans le tissu de la peau, IV, 315.

CALMANS. (*Mat. médic.* , *Thérap.*) IV, 3 15 à 317.

CALMAR. (*Zool.* , *Hyg.* , *Mat. médic.*) Animal marin du genre des sèches , IV, 31-.

CALME. (*Pathol.*) IV, 317.

CALOMEL ou CALOMÉLAS. (*Chim.* , *Mat. médic.*) Ancien nom du protochlorure de mercure sublimé plusieurs fois, IV, 318. *Voyez* aussi ANTIVÉNÉRIENS (Remède·) , III, 103; MERCURE, IX, 697 ; et RÉACTIF, XII , 464.

CALORIFACTION. (*Physiol.*) *Voyez* ce mot dans le *Supplément*.

CALORIMÈTRE. (*Physiq.*) *Voyez* ce mot dans le *Supplément*.

CALORIQUE. (*Path.* , *Mat. médic.*) Applications très-importantes que l'on peut en faire à la physique animale. Des propriétés de cet agent. De la raréfaction et de l'écartement des molécules produits par le calorique, IV, 318 et 319. — De l'attraction diverse du calorique par les différens corps, 319 à 320. — De la chaleur spécifique ou de la quantité diverse du calorique contenue dans les corps, quoiqu'à la même température, 320 à 322. *Voyez* aussi l'article HYGIÈNE, VII, 431.

CALOTTE. (*Hyg.*) Petite coeffe de cuir, de laine, de soie ou.de toute autre étoffe, destinée à couvrir une plus ou moins grande partie de la tête , IV, 323.

CALUMBÉ. (*Bot.* , *Mat. médic.*) Racine dont l'origine est restée long-temps inconnue, et qui paraît être celle de colombo, IV, 323. *Voyez* COLOMBO (Racine de) dans le *Supplément*.

CALONDRONIUS. (*Mat. médic.*) Pierre merveilleuse peu connue, à laquelle on attribuoit anciennement la propriété de chasser la mélancolie et de résister aux enchantemens, IV, 324.

CALUS. (*Pathol.*) *Voyez* CAL, IV, 324.

CALVI (Jean). (*Biogr. méd.*) IV, 323.

CALVITIES. (*Pathol.*) Absence de cheveux. *Voyez* ALOPÉCIE , II , 63.

CALVO (Jean). (*Biogr. méd.*) IV, 324.

CAMAGNOC. (*Bot.* , *Mat. médic.*) Espèce de manioc que l'on cultive à Cayenne. IV, 3 14. *Voyez* aussi MANIOC , VIII., 492.

CAMANUSALI. (*Biogr. méd.*) IV, 324.

CAMÁRA. (*Bot.* , *Mat. méd.*) Genre de plantes de la famille des Verbénacées, renfermant un assez grand nombre d'arbrisseaux étrangers, IV, 324 et 325.

CAMARA-BAJA. (*Bot.* , *Mat. médic.*) Plante du Brésil. *Voyez* CAMARA-JAPO, IV, 325.

— CUBA. (*Bot.* , *Mat. médic.*) Plante du Brésil. *Voyez* CAMARA-JAPO, IV, 325.

— JAPO (*Bot.* , *Mat. méd.*) Plante aromatique et amère du Brésil, IV, 325.

— MICA. (*Bot.* , *Mat. médic.*) *Voyez* CAMARA-JAPO, IV, 325.

— TINGA. (*Bot.* , *Mat. médic.*) Plante aromatique du Brésil. *Voyez* CAMARA-JAPO, IV, 325.

CAMAREZ (Eaux minérales de). IV, 325.

CAMARIGNE ou CAMARINE. (*Bot.* , *Mat. méd.*) Plante qui croît dans les lieux sablonneux du Portugal, dont une espèce porte des baies rondes et noires pleines de suc très-employées chez les Kamtschadales pour teindre les peaux, IV, 326.

CAMARIN-BAS. (*Bot.* , *Mat. méd.*) Arbre que l'on trouve dans les environs de Rio-Grande, et dont le fruit contient un noyau renfermant une amande bonne à manger, IV, 326.

CAMBING. (*Bot.* , *Mat. médic.*) Arbre des Moluques dont l'écorce est employée avec succès dans la diarrhée et la dysenterie, IV, 326.

CAMBO (Eaux minérales de). IV, 327.

CAMBOGE A GOMME GUTTE. (*Bot.* , *Mat. médic.*) Arbre des Indes orientales , IV, 326 et 327. *Voyez* aussi GOMME GUTTE, VI, 658.

CAMBON (Eaux minérales de). IV, 327.

CAMBONNES (Eaux minérales de). IV, 327.

CAMBOUIS. (*Mat. médic.*) Graisse de cochon ou d'autres animaux dont on enduit les extrémités des roues des voitures. Propriétés médicinales attribuées autrefois au *vieux oing* ou cambouis combiné avec une partie du fer des roues, IV, 327.

CAM-CHAIN. (*Hyg.* , *Mat. méd.*) Espèce d'orange très-estimée qui croit au royaume de Tonquin, IV, 327.

CAMELÉE. (*Bot.* , *Mat. médic.*) Arbrisseau toujours vert dont toutes les parties ont une saveur âcre et caustique, IV, 328.

CAMELINE. (*Hyg.*) Espèce de sauce composée d'un très-grand nombre d'épices, IV, 328.

— (*Mat. médic.*) Genre de la famille des Crucifères, IV, 328.

CAMELLIÉES (Famille des). (*Bot.* , *Mat. médic.*) *Voyez* NATURELLE (Familles) , X, 510; et NOURRITURE, X, 696.

CAMERARIUS. (*Biogr. médic.*) Notice biographique et bibliographique sur plusieurs médecins de ce nom, IV, 328 à 332.

CAMISOLE. (*Hyg.*) IV, 332 et 333.

— DE FORCE. (*Hyg.*) *Voyez* ce mot dans le *Supplément*.

CAMOMILLE. (*Bot.* , *Mat. médic.*) Genre de plantes de la famille des Corymbifères, IV, 333 et 334.

— COMMUNE. (*Bot.* , *Mat. méd.*) *Voyez* MATRICAIRE, VIII, 601.

CAMOSIERS (Eaux minérales de). IV, 334.

CAMPAGNE. (*Hyg.*) *Voyez* CHAMPS, IV, 606.

— (Eaux minérales de). IV, 334.

CAMPANELLA (Thomas). (*Hist. de la médec.*) IV, 334.

CAMPANULACÉES (Famille des). (*Bot.* , *Mat. médic.*) *Voyez* NOURRITURE, X, 700.

CAMPANULE. (*Hyg.* , *Bot.* , *Mat. médic.*) Genre de plantes de la famille des Campanulacées, très-nombreux en espèces, dont quelques-unes sont employées en médecine, IV, 335.

CAMPÈCHE (Bois de). (*Bot.* , *Mat. médic.*) *Voyez* BOIS DE CAMPÈCHE, IV, 29.

CAMPER (Pierre). (*Biogr. médic.*) *Voyez* ce mot dans le *Supplément*.

CAMPHORATE. (*Chim.*) IV, 335.

CAMPHORIQUE (Acide). (*Chim.* , *Mat. médic.*) IV, 335.

CAMPHRE. (*Mat. médic.*) IV, 335 à 342. — De l'emploi de cette substance en frictions. *Voyez* MÉDECINE IATRALEPTIQUE, IX, 114.

CAMPHRÉE. (*Bot.* , *Mat. médic.*) Genre de plantes de la famille des Arroches, IV, 342 et 343.

CAMPHRÉES (Boissons, liqueurs). (*Pharm.* , *Mat. médic.*) IV, 343.

CAMPI (Michel et Balthasar). (*Biogr. médic.*) Savans botanistes du dix-septième siècle, IV, 343.

CAMPLONG (Eaux minérales de). IV, 343.

CAMPOLONGO (Emile). (*Biogr. médic.*) IV, 343 et 344.

CANADA (Résine, baume du). *Voyez* RÉSINES, XII, 531.

CANAMUSALI. (*Biogr. médic.*) *Voyez* CAMANUSALI, IV, 324.

CANAPE (Jean). (*Biogr. médic.*) IV, 344.

CANAPÉ. (*Hyg.*) Sorte de mets préparé avec de l'huile, des anchois et du fromage de Parmesan râpé, IV, 344.

CANARD. (*Hyg.* , *Mat. médic.* , *Ornith.*) IV, 345 et 346. *Voyez* aussi NOURRITURE, X, 712.

CANCER. (*Pathol. chir.*) *Voyez* ANTICANCÉREUX, III, 68 et 69; CARCINOME, IV, 405; NOLI ME TANGERE, X, 632; SQUIRRHE, XIII, 105; ULCÈRES (Ulcères cancéreux) , XIII, 335.

— DE LA MATRICE. (*Pathol. chir.*) *Voyez* MATRICE, VIII, 643.

CANCER DE L'ŒIL. (*Pathol. chir.*) *Voyez* EXOPHTHALMIE, VI, 159.

— CARCINOME. (*Pathol.*, *Art vétér.*) IV, 346 et 347.

CANCRE (*Hyg.*, *Zoolog.*) Genre d'animaux crustacés dont il y a beaucoup d'espèces que l'on mange comme les écrevisses et les homards, IV, 347. *Voyez* aussi ÉCRE-VISSE, V, 683; et HOMARD, VII, 254.

CANDÉ (Eaux minérales de). IV, 347.

CANDI (Sucre). (*Hyg.*) *Voyez* SUCRE, XIII, 153.

— (*Mat. médic.*, *Pharm.*) Matière cristalline qui se sépare des confitures et des sirops par une légère évapora-tion, IV, 347.

CANDISATION. (*Pharm.*, *Mat. médic.*) *Voyez* CANDI, IV, 347.

CANÉFICIER. (*Bot.*, *Mat. médic.*) Nom de l'arbre à casse. *Voyez* CASSE, IV, 441 et suiv.

CANEVARI (Demetrio). (*Biogr. médic.*) IV, 347 et 348.

CANICULE. (*Hyg.*, *Météor.*) Étoile très-brillante faisant partie de la constellation du grand Chien, et que l'on regardoit autrefois comme devant exercer une grande influence sur l'économie animale, IV, 348.

CANIRAM. (*Bot.*, *Mat. méd.*) Grand arbre du Malabar, IV, 348 et 349.

CANITIES. (*Pathol.*) Mot employé par les auteurs pour désigner la couleur blanche ou grise des cheveux, qui est ordinaire à la vieillesse. Causes de ce changement de couleur des cheveux, qui peut être total ou partiel. Moyens proposés pour le prévenir, IV, 348 et 349.

CANNE. (*Hyg.*) Long morceau de bois ou de roseau dont les hommes se servent pour s'appuyer, se maintenir ou se défendre dans le cours de leurs promenades. Son utilité pour les vieillards et les convalescens, IV, 349.

— A SUCRE. (*Bot.*, *Mat. médic.*) IV, 349. *Voyez* aussi SUCRE, XIII, 152.

— DE PROVENCE. (*Bot.*, *Mat. méd.*) IV, 349 et 350. *Voy.* aussi ROSEAU, XII, 606.

CANNEBERGE. (*Bot.*, *Mat. médic.*) Plante dont les baies sont employées comme rafraîchissantes, détersives et as-tringentes, IV, 350.

CANNELLE. (*Bot.*, *Mat. médic.*, *Hyg.*) Écorce moyenne des jeunes pousses et des branches d'une espèce de laurier qui croît abondamment à Ceylan, IV, 351. — Propriétés physiques de cette écorce, et description de l'arbre d'où on la retire, 353. — Méthode en usage pour la séparer de l'arbre, 354. — Du débit qui se fait de cette écorce; de ses diverses sortes, de son choix et de ses falsifica-tions. De la distillation de l'huile de cannelle et de sa nature, 354 à 356. — Du camphre que l'on peut re-tirer de la racine du cannellier. De l'usage de l'huile des feuilles. De l'emploi des fleurs, des fruits et de la cire du cannellier, 356. — De l'usage de la cannelle, de l'eau spiri-tueuse et de l'huile qu'on en retire par la distillation, 357. *Voyez* aussi ASSAISONNEMENT, III, 342.

— BLANCHE. (*Bot.*, *Mat. médic.*) Écorce provenant d'un grand arbre de la Jamaïque. Description botanique de cet arbre. Usages économiques et médicinaux de cette écorce, IV, 350 et 351.

CANON. (*Art vétér.*, *Anat.*) *Voyez* CHEVAL, IV, 732.

CANONIERS (Maladies des). (*Méd. prat.*) IV, 358.

CANT (Arent). (*Biogr. médic.*) IV, 358.

CANTHARIDES. (*Mat. médic.*, *Entom.*) Genre d'insectes coléoptères, tétramérés, renfermant un grand nombre d'espèces. Histoire naturelle de ces insectes, 358 et 359.
— Leur analyse chimique, 359 et 360. — De leur action générale sur l'économie animale, 360 et 361. — De leurs effets médicamenteux, lorsqu'ils sont administrés à l'inté-rieur, 361 et 362. — à l'extérieur, 263. — Des abus des cantharides employées en vésicatoires, et des cas où elles sont nuisibles, 363 et 364. — Des effets utiles des can-tharides appliquées en vésicatoire, et des maladies qui ré-clament leur emploi, 364 à 367. — Des différentes ma-

nières d'administrer les cantharides, 367. *Voyez* aussi AMOUR PHYSIQUE, II, 167; INSECTES, VII, 651; MÉLOÉ, IX, 617.

CANTHARIDINE. (*Chim.*) *Voyez* ce mot dans le *Supplément.*

CANTWEL (André). (*Biogr. médic.*) IV, 367 et 368.

CAOUTCHOUC. (*Mat. médic.*) Nom scientifique de la gomme élastique. *Voyez* RÉSINES (Résine élastique), XII, 534 et 535.

CAPELET. (*Art vétér.*, *Pathol.*) *Voyez* CHEVAL, IV, 744.

CAPELLE EN VÉZIE (Eaux minérales de). IV, 368.

— DEL FRAISSY (Eaux minérales de). IV, 368.

CAPELLUTIUS (Roland). (*Biogr. médic.*) IV, 368.

CAPHOPICRITE. (*Chim.*) *Voyez* ce mot dans le *Supplément.*

CAPILLAIRE. (*Bot.*, *Mat. médic.*) Nom de plusieurs fou-gères employées en médecine, IV, 368 à 370.

— (Sirop de). (*Pharm.*, *Mat. médic.*) 370 et 371.

CAPITALES. (*Pharm*, *Mat. médic.*) Nom donné autrefois aux préparations pharmaceutiques les plus compliquées, que l'on regardoit comme douées de propriétés extraor-dinaires, IV, 371.

CAPITANEUS ou CAPITEYN (Pierre). (*Biogr. médic.*) IV, 371.

CAPITAURUS (Jérome). (*Biogr. médic.*) *Voyez* CAPI-VACCIO, IV, 372.

CAPIVACCIO (Jérome). (*Biogr. médic.*) IV, 372 et 373.

CAPO DI VACCA (Jérome). (*Biogr. médic.*) *Voyez* CAPI-VACCIO, IV, 372.

CAPPONI ou CAPPONIO (Jean-Baptiste). (*Biog. médic.*) IV, 373.

CAPRA (Marcel). (*Biogr. médic.*) IV, 373.

CAPRES. (*Hyg.*, *Bot.*, *Mat. médic.*) Boutons des fruits du câprier confits dans le vinaigre. *Voyez* CÂPRIER, IV, 374.

CÂPRIER. (*Hyg.*, *Bot.*, *Mat. médic.*) Arbrisseau épineux qui croît dans le midi de la France et dans toute l'Europe australe. Emploi médicinal de l'écorce de sa racine, IV, 374. — Manière de la prescrire. Usage que l'on fait, comme assaisonnement, des boutons non épanouis du câprier, sous le nom de câpres, IV, 374 et 375.

CAPRIFOLIACÉES. (*Bot.*, *Mat. médic.*) *Voyez* NATURELLES (Familles), X, 512.

CAPRISANT (Pouls). (*Pathol.*) Espèce de pouls à la fois ir-régulier et inégal, IV, 375.

CAPUA ou DI CAPOA (Léonard). (*Biogr. médic.*) IV, 375 et 376.

CAPUCINE (*Bot.*, *Mat. médic. et Hyg.*) Genre de plantes de la famille des Géraniées, dont deux espèces sont beau-coup plus employées parmi nous comme assaisonnement que comme médicament, IV, 377.

CAPUT. (*Pathol.*) Courbure du col, IV, 377.

CAPVER (Eaux minérales de). IV, 377.

CARABACCIUM. (*Mat. médic.*) Bois aromatique des Indes, à odeur de girofle, IV, 378.

CARABÉ (*Entom.*, *Mat. médic.*) *Voyez* INSECTES, VII, 652.

— (*Mat. médic.*) Nom primitivement donné au succin. *Voyez* AMBRE JAUNE, II, 114; et KARABÉ, VIII, 5 et 6.

CARACTÈRE. (*Hyg. et Pathol.*) IV, 378, 383 et 384.

— DU MÉDECIN. (*Hist. de la méd.*) IV, 378 à 381.

CARACTÈRES CHIMIQUES ET PHARMACEUTIQUES. (*Pharm.*, *Mat. médic.*) IV, 381 à 383. *Voyez* aussi FORMULE, VI, 461.

CARACTÉRISER. (*Méd. prat.*) Comment on *caractérise* une maladie, IV, 384.

CARACTÉRISTIQUES (Signes). (*Méd. prat.*) Adjectif sy-nonyme de pathognomonique, lorsqu'il est joint au mot signes. *Voyez* PATHOGNOMONIQUE, XI, 440; et SI-GNES, XIII, 52.

CARAGNE (Résine). (*Mat. médic.*) IV, 384 et 385. *Voyez* aussi RÉSINES (Résine caragne), XII, 533.

CARAMBOLIER. (*Bot.*, *Mat. médic.*) Genre d'arbrisseaux exotiques, dont plusieurs espèces sont em loyées comme alimens et comme médicamens, IV, 385.

CARAMEL. (*Hyg.*, *Mat. médic.*) Sucre à demi brûlé, IV, 385 et 386.

CARAMENO. (*Mat. médic.*) Nom américain d'une huile que l'on retire d'un fruit appellé *carameno*, IV, 386.

CARANDAS. (*Bot.*, *Mat. médic.*) Plante ou arbuste des Indes orientales, très-commune au Bengale, IV, 386.

CARBONATES. (*Pharm.*, *Mat. médic.*) IV, 403. *Voyez* aussi SEL, XII, 755.
— D'AMMONIAQUE. (*Chim.*, *Mat. médic.*)
— DE CHAUX.
— DE CUIVRE.
— DE FER.
— DE MAGNÉSIE.
— DE MERCURE.
— DE PLOMB.
— DE POTASSE.
— DE SOUDE.
— DE ZINC.
} Noms divers donnés à ces différens sels. Substances d'où on les retire. Procédés pour les obtenir. Propriétés physiques, chimiques et médicinales de chacun d'eux, IV, 386 à 405. *Voyez* aussi l'article SEL, XII, 755.

CARBONE. (*Pharm.*, *Mat. médic.*) Substance élémentaire très-répandue dans la nature, tantôt pure, tantôt unie à d'autres principes, IV, 403 à 405.

CARBONÉ. (*Chim.*, *Mat. médic.*) Qui contient du carbone, IV, 404.

CARBONIQUE (Acide). (*Chim.*, *Mat. médic.*) *Voyez* ACIDE CRAYEUX, I, 110.

CARBONIÈRE (Eaux minérales de). IV, 404.

CARCANO. (*Biogr. médic.*) Notice biographique et bibliographique sur plusieurs médecins de ce nom, IV, 404 et 405.

CARCAPULI. (*Bot.*, *Mat. médic.*) Espèce d'oranger du Malabar, IV, 405.

CARCINOMATEUX. (*Pathol.*) IV, 405.

CARCINOME. (*Pathol.*) Acceptions diverses données à ce mot par les nosologistes, IV, 405. *Voyez* aussi ANTICANCÉREUX, III, 68 et 69; NOLI ME TANGERE, X, 632; et SQUIRRHE, XIII, 105.

CARDAMOME. (*Bot.*, *Mat. médic.*) Incertitude des auteurs anciens sur les végétaux qui produisent ces fruits. Description et usages médicinaux des principales espèces que l'on trouve dans le commerce, IV, 405 à 409.

CARDAN (Jérome et Jean-Baptiste). (*Biogr. médic.*) IV, 409 et 410.

CARDES. (*Hyg.*) Espèces de côtes formées par la partie moyenne des feuilles de certaines plantes, et que l'on mange comme légumes, IV, 410.

CARDEURS DE MATELAS (Maladies des). (*Méd. pratiq.*) IV, 410 à 413.

CARDIALGIE. (*Pathol.*) *Voyez* DYSPEPSIE, V, 560; et le mot TRANCHÉES (article *colique d'estomac*), XIII, 299.

CARDIAQUES. (*Mat. médic.*, *Thérap.*) IV, 412. *Voyez* aussi CORDIAUX, V, 117.

CARDINALE (Source, la). (Eaux minérales), IV, 412. *Voyez* aussi FORGES (Eaux minérales de), VI, 455.

CARDINALE BLEUE. (*Bot.*, *Mat. médic.*) Plante de l'Amérique septentrionale, IV, 412. *Voyez* aussi LOBELIA, VIII, 182.

CARDINI (Ignace). (*Biogr. médic.*) IV, 412 et 413.

CARDIOGME (*Pathol.*) Acceptions diverses données à ce mot, qu'Hippocrate fait synonyme de cardialgie, IV, 413.

CARDITE, ITIS. (*Pathol.*) Inflammation du cœur, IV, 413. *Voyez* aussi ANATOMIE PATHOLOGIQUE, II, 295, MALADIES ORGANIQUES DU CŒUR, VIII, 417; et PÉRICARDITE, XI, 541.

CARDONS. (*Hyg.*) Nom vulgaire d'une espèce d'artichaut, dont les pétioles des feuilles sont un aliment aqueux,

doux, et d'une facile digestion, IV, 413. *Voyez* aussi ARTICHAUT, III, 312; et CHARDON, IV, 644.

CARDOPATIA. (*Bot.*, *Mat. médic.*) Un des synonymes de la carline, IV, 413.

CARDUACÉES (Famille des). (*Bot.*, *Mat. médic.*) *Voyez* ce mot dans le *Supplément*.

CAREBARIA. (*Pathol.*) Douleur, pesanteur de tête, IV, 413.

CARÊME. (*Hyg.*) Considérations générales relatives à l'influence que cette pratique religieuse peut exercer sur la santé, 413 et 414.

CARET. (*Erpét.*, *Hyg.*) Nom de la tortue de mer qui fournit l'écaille, IV, 414.

CAREUM. (*Bot.*, *Mat. médic.*) Synonyme de *carvi*. *Voyez* ce dernier mot, IV, 437.

CARIE. (*Nosol.*) Ulcération des os. *Voyez* OS, XI, 229.
— VÉNÉRIENNE. (*Pathol.*) En quoi consiste cette maladie. Ses causes et ses moyens de traitement, IV, 414 à 416.

CARLINE. (*Bot.*, *Mat. médic.*) Plante de la famille des Cinarocéphales, très-commune sur les Pyrénées et sur les montagnes de la Suisse, IV, 416 et 417.
— GOMMEUSE. (*Bot.*, *Mat. médic.*) En quoi cette plante diffère de la précédente, IV, 417.

CARLSBAD (Eaux minérales de). IV, 417.

CARMANTINE. (*Bot.*, *Mat. méd.*) Genre de plantes de la famille des Acanthacées, très-nombreux en espèces, IV, 418.

CARMIN. (*Chim.*, *Mat. médic.*) Préparation chimique d'un très-beau rouge, IV, 418.

CARMINATIFS. (*Thérap.*, *Mat. médic.*) IV, 419 à 420.

CARNATION. (*Hyg.*) Ce qu'on doit entendre par belle ou mauvaise carnation, IV, 421. *Voyez* aussi COULEUR, V, 157.

CARNAVAL. (*Hyg.*) IV 421.

CARNIFICATION DES OS. (*Pathol. chir.*) *Voyez* OSTÉOMALAXIE, XI, 238; et RAMOLLISSEMENT DES OS, XII, 442.

CARNIVORE (Animal). (*Hyg.*) Nom donné à tout animal qui mange de la chair. Avantages et désavantages de ce genre de nourriture, IV, 421. *Voyez* aussi ALIMENS, I, 745; CHAIR, IV, 573; et NOURRITURE, X, 703.

CARNOSITÉS. (*Pathol. chir.*) Excroissances fongueuses ou celluleuses. Leur principal siège, IV, 421. — Leur traitement, 422 et 423. *Voyez* aussi BOUGIE, IV, 108; et RÉTENTION, XII, 551.

CARONCULE. (*Pathol.*) Nom donné par Plenck à des boutons qui se développent sur la cornée ou sur la conjonctive, IV, 423.

CAROTIQUES. (*Thérap.*, *Mat. médic.*) Noms donnés autrefois aux substances médicamenteuses, susceptibles de provoquer l'assoupissement et même le sommeil, IV, 423, *Voyez* aussi ASSOUPISSANT, III, 349; HYPNOTIQUES, VII, 439; et NARCOTIQUES, X, 466.

CAROTTE. (*Bot.*, *Mat. médic.*, *Hyg.*) IV, 423 à 424. *Voy.* aussi NOURRITURE, X, 687.

CAROUBIER. (*Bot.*, *Mat. médic.*) Arbre qui croît en Orient et dans l'Europe australe, et dont le fruit est généralement regardé comme un béchique excellent et un doux laxatif, IV, 424 et 425.

CAROUGE. (*Bot.*, *Mat. médic.*) Fruit du caroubier. *Voyez* ce dernier mot, IV, 424.

CARPE. (*Ichthyolog.*, *Hyg.* et *Mat. médic.*) IV, 425 à 427. *Voyez* aussi NOURRITURE, X, 714.

CARPEAU. (*Ichthyol.*, *Hyg.*) Nom d'une variété fort estimée de la carpe, IV, 427.

CARPHOLOGIE. (*Pathol.*) Agitation automatique des mains, que l'on remarque dans les maladies aiguës les plus graves, IV, 427.

CARPI (Jacques). (*Biogr. médic.*) IV, 427 et 428.

CARPIÈRES. (*Art. vétér.*, *Ichthyol.*) *Voyez* ALEVIN, I, 656.

CARPOBALSAMUM. (*Bot.*, *Mat. médic.*) Nom pharmaceutique du fruit du baumier. Description succinte de cet arbre, IV, 428.

CARNEAU. (*Pathol.*) Nom vulgaire de l'atrophie mésentérique, IV, 429 et 430. *Voyez* aussi ATROPHIE, III, 426; et MÉSENTÉRIQUE (Atrophie), X, 4.

CARRE. (*Art vétér.*, *Maréchall.*) *Voyez* ARÈTE, III, 247.

CARRELET. (*Ichthyol.*, *Hyg.*) Poisson de mer très-délicat, et d'un goût agréable, IV, 430. *Voyez* aussi NOURRITURE, X, 714.

CARRERO (Pierre-Garcie). (*Biogr. médic.*) IV, 430.

CARRIERS (Maladies des). (*Médec. prat.*) IV, 430 à 432.

CARROZA (Jean). (*Biogr. médic.*) IV, 432 et 433.

CARTAGENA (Antoine). (*Biogr. médic.*) IV, 433.

CARTES (Jeu de). (*Hyg.*) IV, 433.

CARTÉSIANISME. (*Hist. de la médec.*) Double point de vue sous lequel on doit envisager l'influence que peut exercer ce système sur la médecine, IV, 433 et 434.

CARTHAME. (*Bot.*, *Mat. méd.*) Genre de plantes de la famille des Cinarocéphales, contenant un grand nombre d'espèces, IV, 434 à 436.

CARTHAMINE. (*Chim. végét.*) *Voy.* ce mot dans le *Supplém.*

CARTHEUSER (Jean-Frédéric). (*Biogr. médic.*) IV, 436.

CARTINODE (*Bot.*, *Mat. médic.*) Un des noms vulgaires de la renouée. *Voyez* ce dernier mot, XII, 505.

CARUS. (*Pathol. et Art vétér.*, *Pathol.*) Assoupissement, sommeil profond, IV, 437 et 438. *Voyez* aussi APOPLEXIE, III, 186.

CARVI. (*Bot.*, *Mat. médic.*) Plante ombellifère dont les semences sont stimulantes, vermifuges et carminatives, IV, 439.

CARYOCAR. (*Bot.*, *Mat. médic.*) Grand arbre de l'Amérique méridionale, IV, 438.

CARYOCOSTIN. (*Pharm.*, *Mat. médic.*) Electuaire dont le girofle et le costus font la base, IV, 438 à 439.

CARYOPHYLLÉES (Famille des). (*Bot.*, *Mat. médic.*) *Voyez* ce mot dans le *Supplément.*

CARYOTE. (*Bot.*, *Mat. médic.*) Palmier très élevé qui croît aux Indes et dans les îles Moluques, IV, 439.

CASCARILLE. (*Bot.*, *Mat. médic.*) Ecorce d'un arbrisseau de l'Amérique méridionale, IV, 439 et 440. *Voyez* aussi CHACRIL, IV, 570.

CASPIUS (George). (*Biogr. médic.*) IV, 440.

CASSAVE (*Hyg.*) Espèce de pain ou de gâteau que les Indiens font avec la racine de manioc, IV, 440. *Voyez* aussi MANIOC, VIII, 492; NOURRITURE, X, 725.

CASSE. (*Bot.*, *Mat. médic.*) Genre de plantes de la famille des Légumineuses, très-nombreux en espèces, dont plusieurs sont ou peuvent être employées en médecine. Considérations générales sur chacune de ces espèces en particulier, IV, 440 et 441. — Ce que c'est que la *casse en bâtons*, 441. — Histoire naturelle de l'*arbre à casse ou canéficier*, 442. — Analyse chimique de la casse, 442 à 446. — Propriétés et usage de cette substance, 447 à 448.

— CUITE. (*Pharm.*, *Mat. médic.*) Préparation de pulpe de casse sucrée et aromatisée, IV, 448.

— EN BOIS. (*Bot.*, *Mat. médic.*) Un des noms d'une espèce de cannelle, IV, 448. — Propriétés physiques, chimiques et médicinales de cette écorce, 449.

— LAXATIVE. (*Pharm.*, *Mat. médic.*) Un des noms de la casse officinale, IV, 449.

— MONDÉE. (*Pharm.*, *Mat. médic.*) Matière gélatineuse de la casse passée au tamis de crin, IV, 449.

— EN NOYAUX. (*Pharm.*, *Mat. médic.*) Nom de la casse non mondée, IV, 449.

— SOLUTIVE. (*Pharm.*, *Mat. médic.*) Un des noms pharmaceutiques de la casse en bâtons, IV, 449.

CASSEBOHM (Jean-Frédéric). (*Biogr. médic.*) IV, 449 et 450.

CASSÉRIUS (Jules). (*Biogr. médic.*) IV, 450.

CASSIAN (Saint-) (Eaux minérales de). *Voyez* SAINT-CASSIAN, XII, 654.

CASSIS. (*Hyg.*, *Bot.*, *Mat. médic.*) Fruit d'une espèce de groseiller. *Voyez* GROSEILLE, VI, 711.

CASSIUS (Pourpre de). (*Chim.*, *Mat. médic.*) *Voyez* POURPRE (Pourpre de Cassius), XII, 292.

CASSONADE. (*Hyg.*) *Voyez* SUCRE, XIII, 152.

CASSUMMUNIAR. (*Bot.*, *Mat. médic.*) Racine des Indes dont on a vanté l'efficacité dans une foule de maladies, principalement dans les affections nerveuses, IV, 451.

CASSUTHA. (*Bot.*, *Mat. médic.*) Synonyme de cuscute, IV, 451. *Voyez* CUSCUTE, V, 258.

CASTELLAN (Honoré). (*Biogr. médic.*) IV, 451 et 452.

CASTELLUS (Pierre). (*Biogr. médic.*) IV, 452.

CASTERA-VERDUZAN (Eaux minérales de). *Voyez* ce mot dans le *Supplément.*

— VIVENT (Eaux minérales de). IV, 452 et 453.

CASTOR (Antonius). (*Biogr. médic.*) *Voyez* ANTONIUS CASTOR, III, 148.

CASTOR. (*Zoolog.*, *Mat. médic.*) Quadrupède mammifère de la famille des rongeurs. Description abrégée de cet animal, d'après Sarrazin, médecin du roi au Canada, IV, 453. — Ses mœurs, ses habitudes. Manière dont on le chasse, 453 à 455.

CASTOREUM. (*Mat. médic.*) Matière extractive et gélatineuse d'une odeur forte et désagréable qui se trouve dans des poches ovoïdes situées entre les cuisses postérieures du castor. Description de ces sortes de cavités, IV, 455 et 456. Propriétés chimiques et usage médical de cette substance, 457 à 459.

CASTRANGULA. (*Bot.*, *Mat. médic.*) Ancien nom de la scrofulaire, IV, 460. *Voyez* SCROFULAIRE, XII, 735.

CASTRAT. Nom donné aux individus que l'on prive volontairement des testicules. *Voyez* CASTRATION, IV, 460 à 462; et EUNUQUE, VI, 133.

CASTRATION. (*Art vétér.*) *Voyez* HARRAS, VII, 61 et suiv. — (*Opér. chir.*) De la castration considérée sous le point de vue de l'hygiène, 460. = de la médecine légale, 460 à 462. *Voyez* aussi OPÉRATIONS, XI, 128.

CASTRO. (*Biogr. médic.*) Notice biographique et bibliographique sur plusieurs médecins qui ont porté ce nom, IV, 462 à 463.

CASTROGIANNE (Bernard-Marie de). (*Hist. de la méd.*) IV, 463 et 464.

CAT (Claude-Nicolas le). (*Biogr. médic.*) IV, 464 à 467.

CATACLUSIS. (*Pathol.*) Spasme aigu qui tient un des deux yeux fermé, suivant Vogel, IV, 467.

CATAGAUNA. (*Mat. médic.*) Un des noms de la gomme gutte. *Voyez* CAMBOGE, IV, 326; et GOMME GUTTE, VI, 658.

CATAGMATIQUES. (*Mat. médic.*) Nom donné aux remèdes que l'on croyoit propres à favoriser la formation du cal, IV, 467.

CATAIRE. (*Bot.*, *Mat. médic.*) *Voy.* CHATAIRE, IV, 663.

CATALEPSIE. (*Pathol.*) Principaux caractères de cette maladies. Ses causes. Son prognostic et son traitement, IV, 468 et 469. — Autres acceptions données à ce mot par quelques auteurs, et notamment par Galien, 470.

CATALOTIQUES. (*Thérap.*, *Mat. médic.*) Remèdes propres à favoriser la cicatrice des plaies et des ulcères, suivant quelques auteurs, IV, 470. *Voyez* aussi CICATRISANS, IV, 846 et 847.

CATANANCE. (*Bot.*, *Mat. médic.*) Nom employé par plusieurs auteurs pour désigner diverses plantes, et notamment la balsamine, IV, 470.

CATAPASME. (*Thérap.*, *Mat. méd.*) Médicamens composés de poudres plus ou moins odorantes ou médicamenteuses, dont on se servoit autrefois soit pour parfumer les vêtemens et les cheveux, soit comme médicamens à l'extérieur, IV, 470.

CATAPHORA. (*Pathol.*) Etat semblable au sommeil, avec privation de la voix et du sentiment, IV, 470. *Voyez* aussi COMA, V, 59 et 60.

CATAPLASMES. (*Thérap.*, *Mat. médic.*) IV, 470 à 475.

CATAPLEXIE. (*Pathol.*) Stupeur, air d'étonnement dans les yeux surtout. Autre acception donnée à ce mot, IV, 475.

CATAPOTIA. (*Pharm.*, *Mat. médic.*) Synonyme de pilules dans quelques auteurs, IV, 475.

CATAPSYXIS. (*Pathol.*) Sentiment de froid et de douleur dans les membres, suivant Vogel, IV, 475.

CATAPUCE. (*Bot.*, *Mat. médic.*) Synonyme d'épurge, IV, 475 et 476.

CATARACTE. (*Pathol.*) En quoi consiste cette maladie et comment elle se manifeste. Ses causes, IV, 476 et 477. — Inutilité des remèdes internes et externes pour la guérison de cette affection, qui ne peut avoir lieu qu'à l'aide d'une opération chirurgicale, 478. — Procédés ou méthodes opératoires auxquels il faut donner la préférence, 478 à 492. — Définition des mots *cataracte adhérente*, *compliquée*, *laiteuse*, *lymphatique*, *mûre*, *noire*, *secondaire*, etc., 492 et 493. — Ouvrages qui traitent de cette maladie, et qui sont bons à consulter, 493 et 464. *Voyez* aussi SUFFUSION, XIII, 161.

CATARACTÉ. (*Pathol.*) Qui est affecté de cataracte, IV, 494.

CATARACTER (se). (*Pathol.*) Devenir le siège d'une cataracte, IV, 494.

CATARMATIQUES. (*Thérap.*, *Mat. méd.*) Synonyme de cathartiques. *Voyez* aussi ce mot, IV, 495.

CATARRHALES (Maladies). (*Pathol.*) *Voyez* MALADIES RHEUMATIQUES, VIII, 423 et suiv.

CATARRHE. (*Pathol.*) *Voyez* MUQUEUSE (Fluxion), X, 398 et suiv.

— BUCCAL. *Voyez* APHTHES, III, 160; APHTHEUSE (Fièvre), *ibid.* à 167; MUGUET, X, 387; et STOMATITE, XIII, 127 et suiv.

— GUTTURAL. *Voyez* ANGINE, III, 737 et suiv.

— INTESTINAL. *Voyez* DIARRHÉE, V, 434 et suiv.

— NASAL. *Voyez* NASAL (Catarrhe des fosses nasales), X, 485.

— OCULAIRE. *Voyez* OPHTHALMIE, XI, 142 et suiv.

— DE L'OREILLE. *Voyez* OREILLE (Catarrhe de l'), XI, 169; et OTITE, XI, 242.

— PITUITEUX. *Voyez* PULMONAIRE (Catarrhe), XII, 369; et POUMONS (Maladies des), XII, 283.

— PULMONAIRE *Voyez* PULMONAIRE (Catarrhe), XII, 369; et POUMONS (Maladies des), XII, 283.

— SEC. *Voyez* PULMONAIRE (Catarrhe), XII, 369.

— SIMPLE ET INFLAMMATOIRE DES ENFANS A LA MAMELLE. *Voyez* ENFANS (Maladies des), V, 841 à 844; et NÉ (Maladies du nouveau-né), X, 543.

— SUFFOCANT. *Voyez* PULMONAIRE (Catarrhe), XII, 369.

— URÉTHRAL. *Voyez* CHAUDE-PISSE, IV, 667 et suiv.

— UTÉRIN. *Voyez* FLEURS BLANCHES, VI, 416 et suiv.; LEUCORRHÉE, VIII, 133.

— VAGINAL. *Voyez* CHAUDE-PISSE, IV, 668.

— VÉSICAL. (*Pathol.*) *Voyez* VÉSICAL (Catarrhe), XIII, 429.

CATARRHÉSIS. (*Pathol.*) Flux de sang non fébrile suivant Cullen, et hémorrhagie intestinale d'après Vogel, IV, 494.

CATARTISME (*Chir.*) Réduction d'un os luxé, suivant Paul d'Ægine, IV, 494.

CATASTALTIQUES (*Thérap.*, *Mat. médic.*) Synonyme de cathartiques, suivant quelques auteurs, IV, 494. *Voyez* CATHARTIQUES, IV, 495.

CATASTASIE. (*Nosol.*) Ponction de l'œil, suivant Touberville, oculiste anglais, IV, 494.

CATASTASIS. (*Pathol.*) Acception différente donnée à ce mot par Hippocrate et Galien, IV, 494.

CATASTROPHE. (*Pathol.*) Mot employé par quelques auteurs pour désigner le déplacement de la pupille de son siége naturel, IV, 494.

CATE. (*Mat. médic.*) Nom indien d'une espèce de suc concret ou épaissi, analogue au cachou, IV, 494.

CATESBÉE ÉPINEUSE. (*Bot.*, *Mat. médic.*, *Hyg.*) Arbrisseau épineux de la famille des Rubiacées, qui croît dans l'île de la Providence, IV, 495.

CATHA. (*Mat. médic.*, *Hyg.*) Arbre de l'Arabie, regardé dans ce pays comme un bon préservatif de la peste, IV, 495.

CATHARSE. (*Mat. médic.*, *Thérap.*) Synonyme de purgation, IV, 495. *Voyez* PURGATION, XII, 376.

CATHARTINE. (*Chim. végét.*) *Voyez* ce mot dans le *Suppl.*

CATHARTIQUES. (*Thérap.*, *Mat. médic.*) IV, 495. *Voyez* aussi PURGATIF, XII, 374.

CATHÉMÉRINE (Fièvre). (*Pathol.*) Synonyme de fièvre quotidienne. *Voy.* FIÈVRE QUOTIDIENNE, VI, 386; et QUOTIDIENNE (Fièvre), XII, 415.

CATHÉRÈSE. (*Physiol.* et *Pathol.*) Diminution, exténuation, d'une partie quelconque du corps, IV, 495.

CATHÉRÉTIQUES. (*Mat. médic.*, *Thérap.*) IV, 495 et 496. *Voyez* aussi CAUSTIQUES, IV, 508.

CATHÉTER. (*Instr. de chir.*) *Voyez* BOUGIE, IV, 93, et SONDE, XIII, 72.

CATHÉTÉRISME. (*Opér. chir.*) *Voyez* SONDE, XIII, 72.

CATHOLICUM. (*Pharm.*, *Mat. médic.*) Electuaire purgatif, IV, 496 à 497.

CATHOLIQUE. (*Pharm.*, *Mat. médic.*) Synonyme de catholicum. *Voyez* ce dernier mot, IV, 496.

CATIN. (*Chim.*) Acceptions différentes données à ce mot, IV, 497.

CATO ET ANOPURGATIFS. (*Thérap.*, *Mat. médic.*) Médicamens jouissant de la propriété d'évacuer en même temps par le haut comme par le bas, IV, 497. *Voyez* aussi EMÉTICO-CATHARTIQUES, V, 774.

CATO-CATHARTIQUES. (*Thérap.*, *Mat. médic.*) Remèdes purgatifs par les selles, IV, 497.

CATOCHE. (*Pathol.*) Synonyme de coma vigil, suivant quelques auteurs, et de *catalepsie* suivant d'autres, IV, 497.

CATOCHUS. (*Pathol.*) Suspension de mouvement et de sentiment; maladie très-bien décrite par Galien, et que les nosologistes ont placée parmi les spasmes, IV, 497.

CATOTÉRIQUES. (*Thérap.*, *Mat. médic.*) IV, 497. *Voyez* CATHARTIQUES, IV, 495; et PURGATIF, XII, 374.

CATULOTIQUES. (*Mat. médic.*) Synonyme de cicatrisans. *Voyez* CATALOTIQUES, IV, 470; et CICATRISANS, IV, 846.

CAUCHEMAR. (*Pathol.*) *Voyez* COCHEMAR, V, 4.

CAUDIEZ (Eaux minérales de). IV, 497.

CAUFENNE (Eaux minérales de). IV, 498.

CAUSES DES MALADIES. (*Méd. prat.*) Dénomination sous laquelle on comprend tout ce qui produit une maladie ou concourt à la produire. Principales divisions des causes imaginées par les médecins, IV, 499. — Reflexions à cet égard, 500. *Voyez* aussi NOSOGÉNIE, X, 635 à 643.

— OCCASIONNELLES. *Voyez* OCCASIONNELLES (Causes), XI, 75.

CAUSOS. (*Pathol.*) Fièvre ardente, inflammatoire et très-intense. Symptômes et pronostic de cette maladie, d'après Lumnius, IV, 501 et 502. — Méthode de traitement, 503. *Voyez* aussi ARDENTE (Fièvre), III, 240 et suiv.

CAUSTICITÉ. (*Mat. médic.*) Impression que produisent sur les organes du goût, les substances âcres connues sous le nom de *caustiques*, IV, 503. — Causes générales et particulières de la causticité, 504 à 507.

CAUSTICUM. (*Mat. médic.*) Corps hypothétique que Meyer croyoit formé du feu et d'un acide particulier, et qu'il regardoit comme la cause de la causticité, IV, 507.

CAUSTIQUE.

CAUSTIQUE DE GONDRET. (*Thérap., Mat. médic.*) *Voyez* ce mot dans le *Supplément.*

CAUSTIQUES. (*Thérap., Mat. médic.*) IV, 508 et 509. *Voy.* aussi CAUSTICITÉ, IV, 503.

CAUSUS. (*Pathol.*) Synonyme de fièvre ardente. *Voyez* ARDENTE (Fièvre), III, 240 et suiv.; et CAUSOS, IV, 501.

CAUTÈRE ACTUEL. (*Thérap., Opér. chir.*) Moyens thérapeutiques dont on se sert pour porter le feu sur la peau ou sur les différentes régions du corps. Procédés divers mis en usage pour parvenir à ce but, IV, 508 et 509. — Avantages que la médecine peut retirer de l'emploi du *cautère actuel en général*, ou de la cautérisation par le feu, 510 et 511. *Voyez* aussi ADUSTION, I, 201 à 229; CHALEUR, IV, 579; FEU, VI, 356; MOXA, X, 378. — (*Art vétér., Chir.*) *Voyez* ACTUEL, I, 224.

— POTENTIEL. (*Thérap., Mat. médic.*) Nom générique de quelques préparations chimiques très-caustiques que l'on applique sur la peau pour y former une eschare, y creuser une cavité dont les parois fournissent une suppuration plus ou moins abondante. Préférence que l'on doit donner à la pierre à cautère dans certains cas. Endroits où elle doit être appliquée, et manière de faire cette application, IV, 521. — Circonstances dans lesquelles cette médication est indiquée ou contre-indiquée, 522 à 525. — Moyens simples à employer pour s'opposer aux inconvéniens qui résultent quelquefois de l'application des cautères dits *potentiels*, 526.

— (Pierre à). (*Chim., Mat. médic.*) Considérations générales sur ce caustique, procédés pour l'obtenir, et manière dont il agit sur l'économie animale, IV, 511 à 521. *Voyez* aussi CAUSTIQUES, IV, 508; POTASSE A LA CHAUX, XII, 265; et pour la manière de l'appliquer, l'article CAUTÈRES POTENTIELS, IV, 521.

CAUTÉRÉTIQUES. (*Mat. médic.*) Synonyme de caustiques. *Voyez* ce dernier mot, IV, 508.

CAUTÉRISATION. (*Opér. chir.*) *Voyez* ADUSTION, I, 201 à 229; CAUSTIQUES, IV, 508; CAUTÈRE ACTUEL et POTENTIEL, IV, 568 et 521; et MOXA, X, 378.

CAUTÉRISER. (*Art vétér.*) I, 224.

CAUTERETS (Eaux minérales de). IV, 526 à 528.

CAVE. (*Hyg.*) Inconvéniens qui résultent ordinairement pour la santé, d'un séjour trop prolongé dans cette partie souterraine des bâtimens, IV, 497.

CAVEAU. (*Hyg.*) Des caveaux des églises en particulier, et des nombreux inconvéniens qu'ils présentent sous le rapport de la salubrité publique, IV, 498.

CAVIAR. (*Hyg.*) Mets dont les Russes font le plus grand cas, et que l'on prépare avec les œufs de l'esturgeon, IV, 499.

CAYENNE. (*Hyg.*) *Voyez* CAYENNE, IV, 269.

CÉCITÉ. (*Pathol.*) *Voyez* ce mot dans le *Supplément*.

CEDMA. (*Pathol.*) Fluxion chronique des articulations, et particulièrement de celle de la hanche, IV, 528.

CÉDRA ou CEDRAT. (*Hyg.*) Fruit d'une espèce de citronnier, IV, 528.

CÈDRE. (*Bot., Mat. médic.*) Espèce de mélèze du mont Liban, IV, 528.

— DE VIRGINIE. (*Bot., Mat. médic.*) *Voyez* GENIÈVRE, VI, 611.

CÉDRIA (Résine de). (*Bot., Mat. médic.*) IV, 528, *Voyez* aussi RÉSINES, XII, 534.

CEINTURE. (*Hyg.*) Espèce de rubans en soie, en laine ou en toute autre matière, particulièrement destinés à serrer les hanches. Inconvéniens que présente l'emploi de ceintures trop serrées. Circonstances où il est bon d'en faire usage, IV, 528 et 529.

— DE VIF ARGENT. (*Mat. médic.*) IV, 529.

CÉLASTRE. (*Bot., Mat. médic.*) *Voyez* ALATERNE, I, 607.

CÉLAURITIS. (*Chim., Mat. médic.*) Synonyme de litharge parmi les alchimistes. IV, 529. *Voyez* aussi PLOMB, XII, 151.

CÉLERI. (*Bot., Mat. médic., Hyg.*) Plante potagère très-usitée, dont il existe plusieurs variétés, et dont on fait un grand usage comme aliment, IV, 529 et 530.

CÉLÉRITÉ DU POULS. (*Pathol.*) IV, 530. *Voyez* aussi POULS, XII, 277.

CÉLIBAT. (*Hyg., Médec. lég., Méd. prat.*) Considérations générales sur les inconvéniens qui doivent nécessairement résulter du célibat, IV, 530 à 538. — Du *célibat ecclésiastique*, 534 à 536. — Du *célibat des militaires*, 536 et 537. — Du *célibat laïc*, 537 et 538.

CELLARIUS (Salomon). (*Biogr. médic.*) IV, 538.

CELLE (Jean de la) (*Biogr. médic.*) IV, 538 et 539.

CELLULAIRE ou CELLULEUX (Tissu) (Maladies du). *Voyez* SCLÉRÈME, XII, 728; et TISSU CELLULAIRE, XIII, 265.

CÉLOTOMIE. (*Opér. chir.*) Opération de la hernie. *Voyez* ce dernier mot dans le *Dictionnaire de Chirurgie* de cette Encyclopédie.

CELSA. (*Pathol.*) Définition de ce mot d'après Vogel et Paracelse, IV, 539.

CELSUS (Aurelius Cornelius). (*Biogr. médic.*) IV, 539 à 543. *Voyez* aussi l'article HYGIÈNE, VII, 401 et 402.

CÉMENT, CÉMENTATION et CÉMENTER. (*Chim.*) IV, 543.

CENDRES. (*Mat. médic.*) Définition de ce mot, IV, 543. — Ce que l'on doit entendre par *cendres animales, cendres graveleés*, 544. — *Cendres végétales*, 545 et 546.

CENDRIER. (*Chim.*) IV, 546.

CENDRIERS (Maladies des). (*Médec. prat.*) IV, 546.

CÉNOSIS. (*Pathol.*) Évacuation de toute espèce d'humeurs excrémentitielles, excitée par la nature, l'art ou la maladie, IV, 546.

CÉNOTIQUES. (*Thérap., Mat. médic.*) Remèdes évacuans très-énergiques, IV, 547. *Voyez* aussi DRASTIQUES, V, 532; et PURGATIFS, XII, 374.

CENTAURÉE. (*Bot., Mat. médic.*) IV, 547 et 548. *Voyez* aussi PETITE CENTAURÉE, XI, 626.

CENTAUROÏDES. (*Bot., Mat. médic.*) Un des noms de la gratiole. *Voyez* ce dernier mot, VI, 712.

CENTINODE. (*Bot., Mat. médic.*) Synonyme de la renouée des oiseaux. *Voyez* RENOUÉE, XII, 505.

CENTOIRE. (*Bot., Mat. médic.*) Un des noms de la centaurée. *Voyez* ce dernier mot, IV, 547.

CÉPHALÆA. (*Pathol.*) Mal de tête. *Voyez* CÉPHALALGIE.

CÉPHALALGIE. (*Pathol.*) Douleur gravative de la tête. Noms différens que cette affection a reçus, suivant le siège qu'elle occupe et les diverses sensations qu'elle fait éprouver. Ses causes. Son traitement, IV, 548 à 555.

CÉPHALÉE. (*Pathol.*) *Voyez* CÉPHALALGIE, IV, 549.

CÉPHALIQUE (Veine). (*Opérat. chir.*) Circonstances dans lesquelles les Anciens préféroient la saignée de cette veine à celle des autres veines du bras, IV, 556. *Voyez* aussi SAIGNÉE, XII, 651.

CÉPHALIQUES. (*Thérap., Mat. médic.*) Nom des remèdes auxquels on attribuoit autrefois la propriété d'agir d'une manière spéciale sur les nerfs et sur le cerveau. Principaux céphaliques, IV, 555 et 556.

CÉPHALITE. (*Pathol.*) *Voyez* le mot ENCÉPHALITE (article RAMOLLISSEMENT DU CERVEAU), XII, 444.

CÉPHALOMÈTRE. (*Instr. de chir.*) *Voyez* ce mot dans le *Supplément.*

CÉPHALOPONIE. (*Pathol.*) Synonyme de céphalalgie. *Voyez* ce dernier mot, IV, 548 et suiv.

CÉRAMIUM. (*Mat. médic.*) Mesure employée dans l'Attique, et de la contenance de 120 livres de liquide, IV, 556.

CÉRASTE. (*Erpét., Mat. médic.*) Sorte de vipère. *Voyez* ce mot dans le *Supplément.*

CÉRATION. (*Mat. médic.*) Petite gousse ou silique employée par les médecins grecs comme représentant un poids de quatre grains, IV, 557.

CÉRATOCÈLE. (*Pathol.*) Espèce de staphylome formé par la cornée transparente ou opaque, IV, 557.

CHAMBERLAYNE. (*Biogr. médic.*) Notice biographique sur plusieurs médecins anglais de ce nom, dont un pratiqua les accouchemens, à Londres, avec beaucoup de réputation dans le dix-septième siècle, IV, 581.

CHAMBON (Joseph). (*Biogr. médic.*) IV, 581 et 582.
— (Eaux minérales de). IV, 582.

CHAMBRE (Marin Cureau de la). (*Biogr. médic.*) IV, 582. *Voyez* aussi CUREAU DE LA CHAMBRE (François), V, 255.

CHAMBRE. (*Hyg.*) Considérations hygiéniques relatives à la construction et à la disposition de cette partie des appartemens. IV, 582 et 583. *Voyez* aussi HABITATION, VII, 7.

CHAMEAU. (*Zool, Mat. médic., Hyg.*) Propriétés médecinales attribuées à l'urine et à la fiente de ce quadrupède, IV, 583. *Voyez* aussi NOURRITURE, X, 709.

CHAMOIS. (*Zool., Mat. médic.*) Animal ruminant dont la peau est très-estimée dans les arts, et dont le sang a été autrefois employé comme médicament, IV, 583 et 584.

CHAMPAC ou CHAMPACAM. (*Bot., Mat. médic.*) Arbre du Malabar très-recherché à cause de l'odeur suave de ses fleurs, IV, 584.

CHAMPE. (*Bot., Mat. médic.*) Autre espèce de champacam, IV, 584. *Voyez* CHAMPACAM, IV, 184.

CHAMPIER. (*Biogr. médic.*) Notice biographique et bibliographique sur plusieurs médecins de ce nom, IV, 584 à 585.

CHAMPIGNONS. (*Hyg., Mat. médic.*) Considérations générales sur la structure des champignons, et sur leurs classifications, IV, 586 à 588. — Des champignons employés comme alimens, 588 à 598. — Des champignons vénéneux, 598 à 606. — Des champignons médicamenteux, 606. *Voyez* aussi ALIMENS, I, 780; CYNOMOIR, V, 262 et 263; NATUELLES (Familles), X, 516; et NOURRITURE, X, 690.

CHAMPS (les). (*Hyg.*) Considérations hygiéniques sur le séjour à la campagne, IV, 606 et 608.

CHANCRE. (*Pathol.*) Petits ulcères vénériens. Leur siége. Leurs causes et leur traitement, IV, 608 à 610. *Voyez* aussi SYPHILIS, XIII, 192; et ULCÈRE, XIII, 350.
— A LA BOUCHE. (*Art vétér., Pathol.*) *Voyez* APHTHES, III, 167.

CHANDELIERS (Maladies des). (*Médec. prat.*) IV, 610.

CHANDELLE. (*Hyg.*) En quoi l'éclairage avec des chandelles peut être nuisible à la santé, IV, 610 et 611.

CHANGEMENT. (*Hyg.*) Définition de ce mot. Du changement ou passage du chaud au froid en particulier, IV, 611. *Voyez* aussi AIR, I, 541.
— DANS LES MALADIES. (*Pathol.*) Comment il s'opère et noms différens qu'il a reçus, IV, 612.

CHANONAT (Eaux minérales de). IV, 612.

CHANT. (*Hyg.*) En quoi cet exercice peut être favorable ou nuire à la santé, IV, 613. *Voyez* aussi CHANTEURS (Maladies des), IV, 613.

CHANTEURS (Maladies des). (*Médec. prat.*) IV, 613 et 614.

CHANTEJAT (Eaux minérales de). IV, 614.

CHANTESAC (Eaux minérales de). IV, 614.

CHANTEIGNÉ (Eaux minérales de). IV, 614.

CHANVRE AQUATIQUE. (*Bot., Mat. médic.*) *Voyez* BIDENT, III, 720.

CHANVRIERS (Maladies des). (*Médec. prat.*) IV, 614 à 616.

CHAPEAU. (*Hyg.*) Partie de l'habillement qui sert à couvrir la tête des hommes. Tissu dont le chapeau est ordinairement formé. En quoi il est préférable au bonnet, IV, 616 et 617.
— D'ÉVÊQUE. (*Bot., Mat. médic.*) Petite plante des montagnes de l'Europe, dont le véritable nom est *épimède*, IV, 617. *Voyez* aussi FUSAIN, VI, 543.

CHAPELLAIN (Jean). (*Biogr. médic.*) IV, 617.

CHAPELURE. (*Hyg.*) Croûte de pain rapée dont on couvre certains mets, IV, 617.

CHAPERONNIÈRE. (*Bot., Mat. médic.*) Un des noms du grateron. *Voyez* ce dernier mot, VI, 711.

CHAPITEAU. (*Chim.*) Partie supérieure d'un alambic, IV, 617.

CHAPMAN (Edmond). (*Biogr. médic.*) IV, 617 à 618.

CHARANÇON. (*Entomol., Hyg.*) Insecte coléoptère, regardé comme le fléau des grains, IV, 618. *Voyez* aussi BLED, III, 762.

CHARANTIA. (*Bot., Mat. médic.*) Synonyme de POMME DE MERVEILLE. *Voyez* ce dernier mot, XII, 236.

CHARAS (Moyse). (*Biogr. médic.*) IV, 618 et 619.

CHARBON. (*Chim.*) Considérations générales sur les différentes espèces de charbons *végétaux, animaux et fossiles*, examinés sous le point de vue de l'hygiène, de la matière médicale et de la médecine pratique, IV, 619 à 626.
— (*Pathol.*) *Voyez* ANTHRAX, III, 51 et suiv.; et PUSTULE MALIGNE, XII, 380.
— DES PAUPIÈRES. (*Pathol.*) IV, 626 et 627.
— (*Art vétér., Pathol.*) Maladie analogue à l'apthrax chez l'homme et qui attaque tous les animaux domestiques. Noms différens qu'elle a reçus. Sa marche, IV, 627.
— Le charbon est essentiel ou symptomatique. Son siége, ses causes, ses symptômes et son traitement dans l'un et l'autre cas, 628 à 641. *Voyez* aussi l'article ANATOMIE PATHOLOGIQUE DES ANIMAUX, II, 555 et 563.

CHARBONNIERS (Maladies des). (*Médec. prat.*) IV, 642.

CHARBOUGLION. (*Art vétér., Pathol.*) Maladie qui a beaucoup de rapport avec la fluxion catarrhale. Ses symptômes, ses causes, son traitement, IV, 642 et 643.

CHARDON. (*Bot., Mat. médic.*) Genre de plantes de la famille des Cinarocéphales. Principales espèces employées en médecine, IV, 643 à 646.
— ROLAND. (*Bot., Mat. médic.*) IV, 645 et 646 *Voyez* aussi PANICAUT, XI, 294.

CHARDONNERET. (*Ornith., Mat. médic.*) Petit oiseau de l'ordre des passereaux, IV, 646.

CHARDONNERETTE. (*Bot., Mat. médic.*) Un des noms vulgaires de la carline. *Voyez* ce dernier mot, IV, 416.

CHARGE ÉLECTRIQUE. (*Physiq. médic.*) *Voyez* BOUTEILLE DE LEYDE, IV, 152; et COMMOTION, V, 65.
— (Fardeau). (*Hyg.*) Poids considérable que l'homme peut traîner ou porter sur sa tête, sur ses épaules, sur son dos ou avec ses mains, IV, 647.

CHARICLES. (*Hist. de la méd.*) IV, 647.

CHARLATAN. (*Hist. de la méd.*) Définition de ce mot. Différens noms donnés aux charlatans chez les Grecs et chez les Romains, suivant la manière dont ils exerçoient leur métier, IV, 647. — Recherches philosophiques présentées dans l'intention de démontrer la source du charlatanisme, 647 et 648. — Ne doit pas être confondu avec l'empirique. Charlatans qui eurent quelques célébrité au commencement du dix-huitième siècle, IV, 649.

CHARLATANERIE. (*Médec.*) Véritable définition de ce mot. Ce qui fait la base ordinaire de la charlatanerie, IV, 649. — Des deux espèces de charlatanerie évidentes en médecine. En quoi elles consistent, 650.

CHARLATANISME. (*Médec.*) Savoir du charlatan. *Voyez* CHARLATANERIE, IV, 649.

CHARLES (Claude). (*Biogr. médic.*) IV, 650 et 651.

CHARLETON (Gautier). (*Biogr. médic.*) IV, 651 et 652.

CHARMES. (*Méd. lég.*) Sorte de magie ou de sortiléges que l'on regardoit comme exerçant une grande influence sur le bonheur physique et moral. *Voyez* AMULETTES, II, 211 à 216; et MAGIE, VIII, 315.

CHARMIS. (*Hist. de la méd.*) IV, 652 à 654.

CHAROGNE. (*Hyg.*) Débris de cadavres d'animaux qu'on abandonne souvent à l'air, sans prendre la précaution

CHE

CHAUX. (*Chim.*, *Mat. médic.*) IV, 679 à 684.

— (Eau de). (*Chim.*, *Mat. médic.*) IV, 656. *Voyez* aussi CHAUX, IV, 682.

— (Pierre à) (*Chim.*, *Mat. médic.*) IV, 684.

CHEIRI. (*Bot.*, *Mat. médic.*) Nom arabe de la giroflée. *Voyez* ce dernier mot, VI, 638.

CHELAPA. (*Bot.*, *Mat. méd.*) Synonyme de jalap. *Voyez* ce mot, VII, 715.

CHÉLIDOINE. (*Bot.*, *Mat. médic*) Genre de plantes de la famille des Papavéracées, IV, 684 et 685.

CHEMA. (*Mat. médic.*) Mot latin servant à désigner une mesure de liquide de la contenance d'une cuillerée à bouche, IV, 685.

CHEMILLÉ (Eaux minérales de). IV, 685.

CHEMINÉE. (*Hyg.*) IV, 686.

CHEMISE. (*Hyg.*) Partie de nos vêtemens faite ordinairement en fil ou en lin, et qui touche immédiatement la peau. Ses avantages sous le rapport de la propreté et de la salubrité, IV, 686.

CHÉMOSIS. (*Pathol.*) Ophthalmie très-intense, IV, 686. *Voyez* aussi OPHTHALMIE, XI, 143.

CHENAI (Eaux minérales de). IV, 687.

CHÊNE. (*Bot.*, *Mat. médic.*) Genre de la famille des Amentacées, renfermant un grand nombre d'arbres et d'arbrisseaux des deux mondes. Du chêne commun en particulier. Propriétés médicinales de ses différentes parties, IV, 687 et 688.

— ALCORNOQUE. (*Bot.*, *Mat. méd.*) *Voyez* ALCORNOQUE (Chêne) dans le *Supplément*.

— (Petit). (*Bot.*, *Mat. médic.*) Un des noms vulgaires du chamædrys. *Voyez* ce dernier mot, IV, 580.

— DE MER. (*Bot.*, *Mat. médic.*) Synonyme de varec. *Voy.* ce dernier mot, XIII, 389.

CHENETTE. (*Bot.*, *Mat. méd.*) Un des noms vulgaires du chamædris. *Voyez* ce dernier mot, IV, 580.

CHENEVIS. (*Bot.*, *Mat. médic.*) Semences du chanvre cultivé.

CHENILLES. (*Entom.*) *Voyez* INSECTES, VII, 654; et PYTHIOCAMPE, XII, 403.

CHENOCOPRUS. (*Mat. médic.*) Nom de la fiente d'oie, dans quelques anciennes pharmacopées, IV, 689. *Voyez* OIE, XI, 109.

CHÉNOPODÉES (Famille des). (*Bot.*, *Mat. médic.*) *Voyez* ce mot dans le *Supplément*.

CHER (Eaux minérales de). IV, 689.

CHERBOURG (Eaux minérales de). IV, 689.

CHÈRE. (*Hyg.*) Définition de ce mot, IV, 689.

CHÉPLER (Jean-Henri). (*Biogr. médic.*) IV, 689.

CHERMÈS ANIMAL. (*Mat. médic.*) *Voyez* KERMÈS ANIMAL, VIII, 19.

— MINÉRAL. (*Chim.*, *Mat. médic.*) *Voyez* KERMÈS MINÉRAL, VIII, 12.

CHERVI. (*Bot.*, *Mat. médic.*) IV, 689 et 690. *Voyez* aussi BERLE, III, 689; et GYMOLE, VI, 781.

CHESELDEN (Guillaume). (*Biogr. médic.*) IV, 690 et 691.

CHESNE (Joseph du). (*Biogr. méd.*) IV, 691 et 692.

CHESNAU (Nicolas). (*Biogr. médic.*) IV, 692.

CHESSEY (Eaux minérales de). IV, 692.

CHESSIEUX (Eaux minérales de). *Voyez* CHESSEY.

CHEVAL. (*Zool.*, *Art vétér.*) Considérations générales très-étendues sur ce quadrupède, le plus commun et le plus utile des animaux domestiques, IV, 692 à 773. — Du cheval considéré en particulier. De sa conformation extérieure. Division et définition des parties, 706 à 708. — Des beautés et des défauts des parties de l'avant-main. De la tête en général, 708 et 709. — Des parties dépendantes de la tête en particulier, 709 à 729. — Des extrémités antérieures, 729 à 738. — Des beautés et des défauts des parties du corps, 738 à 741. — Des beautés et des défauts de l'arrière-main, 741 à 745. Du canon et des extrémités postérieures et inférieures, 745 à 747.

— Des poils ou des robes, 747 à 750. — Du choix des chevaux, 750 à 759. — De l'hygiène vétérinaire ou des soins qu'exigent les chevaux. De la construction des écuries, 759. — De leur propreté, 764. — De la nécessité du pansement de la main, et de la manière la plus convenable de le faire, 765 à 769. — Des alimens solides et liquides qu'il convient de donner au cheval. *Voyez* ALIMENS (*Art vétér.*); I, 820 et suiv. — Des soins du cheval en voyage, 769 à 771. — De l'exercice, du repos et du sommeil, 771. — Des âges, des tempéramens et des saisons, 773. — De la durée de la vie, *ibid.* — De l'âge du cheval en particulier, IV, 720 — Dénominations diverses données à cet animal, suivant ses qualités, son allure et les maladies dont il est atteint, IV, 773 à 775. — Dénombrement des parties que l'on a proposé d'employer comme médicament, IV, 765 et 776.

CHEVAL MARIN. (*Zool.*, *Mat. médic.*) Un des noms de l'hippopotame. *Voyez* ce dernier mot, VII, 239.

— DE RIVIÈRE. (*Zool.*, *Mat. médic.*) *Voyez* HIPPOPOTAME, VII, 239.

— DE BOIS. (*Art vétér.*, *Hyg.*, *Equit.*) Instrument de manège imitant grossièrement la forme du cheval, et destiné à donner les premiers élémens de l'équitation. C'est aussi le nom d'un cheval usé, maigre, et dont les extrémités sont fatiguées et roides, IV, 744.

CHEVALER (Terme de manège.) (*Art vétér.*) IV, 776.

CHEVALET. (*Art vétér.*, *Hyg.*) IV, 776.

CHEVALINE. (*Art vétér.*) Expression dont se servent quelquefois les maréchaux en parlant du cheval, du bœuf ou de l'âne, pour désigner l'espèce en général, IV, 776 et 777.

CHEVAUX (Choix des). (*Art vétér.*) *Voyez* ACHAT DES CHEVAUX, I, 101 à 105; et CHEVAL, IV, 750 et suiv.

CHEVELURE. (*Hyg.*) Ensemble de tous les cheveux qui couvrent la tête. *Voyez* CHEVEU, IV, 777.

CHEVEU. (*Hyg.*) Espèce de filamens oblongs d'une extrême ténuité, qui recouvrent le crâne dans l'espèce humaine. Leur mode de nutrition. Couleurs et nuances diverses qu'ils présentent. Ce que signifioit pour les anciens Gaulois une longue chevelure, IV, 777. — Observations remarquables recueillies par les médecins, sur les cheveux. Analyse chimique des cheveux. Avantages qu'ils peuvent procurer à l'homme, et soins qu'il doit en avoir, *ibid.* et 778. — Propriétés médicales attribuées soit aux produits de leur distillation, soit à leur charbon. *Voyez* aussi HOMME, VIII, 258; et POILS, XII, 187.

— DE VÉNUS. (*Bot.*, *Mat. médic.*) Nom vulgaire des capillaires. *Voyez* ce dernier mot, IV, 368.

CHÈVRE. (*Mat. médic.*, *Zool.*) Avantage que présente la docilité de cet animal pour la nourriture artificielle des enfans, IV, 779. (*Voyez*, pour l'histoire particulière de ce mammifère, le mot LAIT, VIII, 50; et pour les usages auxquels on a employé ses différentes parties, l'article BOUC, IV, 85.) — De ses maladies en particulier. *Voyez* MALADIES DES BESTIAUX, VIII, 354.

— D'AFRIQUE. (*Zool.*, *Mat. médic.*) Nom donné par plusieurs auteurs au quadrupède qui fournit le musc. *Voyez* MUSC, X, 409 et 410.

— DES ALPES. (*Zool.*, *Mat. médic.*) Un des noms vulgaires du chamois. *Voyez* ce dernier mot, IV, 583.

— DU BÉZOARD ORIENTAL. (*Zool.*, *Mat. médic.*) Espèce de chèvre sauvage, IV, 779. *Voyez* aussi BÉZOARD, III, 714;

— DU BÉZOARD OCCIDENTAL. (*Zool.*, *Mat. médic.*) Chevreuil indigène au Brésil, et qui diffère peu de ceux d'Europe, IV, 780. *Voyez* aussi BÉZOARD, III, 714.

CHÈVRE SAUVAGE. (*Mat. médic.*) Nom sous lequel quelques zoologistes ont désigné le bouquetin. *Voyez* ce dernier mot, IV, 127.

CHÈVRE-FEUILLE. (*Bot.*, *Mat. médic.*) Genre de plantes

Tab. du Dict. de Méd. XIII.

13

de la famille des Caprifoliacées, assez nombreux en espèces. Propriétés médicinales attribuées aux trois variétés, dont on fait le plus ordinairement usage, IV,
780 et 781.

CHEVREAU. (*Zool.*, *Hyg.*) Voyez NOURRITURE, X, 710.

CHEVRETTE. (*Hyg.*) Petit crustacé que l'on trouve en
grande quantité sur les côtes de l'Océan, et dont la
chair est douce, délicate et d'un excellent goût, IV,
781.
— (*Zool.*, *Mat. médic.*) Femelle du chevreuil. Voyez ce
dernier mot, IV, 782; et NOURRITURE, X, 709.

CHEVREUIL. (*Zool.*, *Hyg.*) IV, 782.

CHEYLARD. (Eaux minérales de). IV, 782.

CHEYNE (George). (*Biogr. médic.*) IV, 782 et 783.

CHICADAN (Eaux minérales de). IV, 783. Voyez aussi
MARIE (S^te.-), VIII, 517.

CHICORACÉES (Famille des). (*Bot.*, *Mat. médic.*) IV, 783
et 784. Voyez aussi NATURELLES (Familles), X, 508;
et NOURRITURE, X, 687 et suiv.

CHICORÉE. (*Bot.*, *Mat. médic.*) IV, 784 à 787.

CHICOYNEAU. (*Biogr. médic.*) Notice biographique et bibliographique sur plusieurs médecins de ce nom, IV, 786
à 788.

CHIEN. (*Zool.*, *Art vétér.*) IV, 788. — Description générale et anatomique de cet animal, ibid., 789 à 791. —
Robes ou couleurs qui lui sont propres; ibid. et 792. —
De quelques monstruosités observées chez cet animal,
ibid. — De sa voix, ibid. — De son instinct, ibid. à
795. — De la dentition et de l'âge du chien, ibid. —
Des nombreuses variétés qu'il présente, 796. — De la
propagation et de l'accouplement, 797 à 798. — En
quoi consiste un bon chien, ibid. — Des soins particuliers qu'exigent ces animaux, ibid. à 799. — Des différens noms donnés aux chiens à raison de leurs allures,
de leurs qualités et de leurs défauts, ibid. — Des qualités, du service et des avantages du chien en médecine,
dans les arts et comme aliment, ibid. à 803. — Des
chiens considérés comme conducteurs des épizooties.
De quelques dispositions de lois relatives à ces animaux,
801. — De leurs maladies. Voyez aussi MALADIES DES
CHIENS, VIII, 365.
— ARTOIS (*Art vétér.*) Voyez ARTOIS, III, 320

CHIENDENT. (*Bot.*, *Mat. médic.*) IV, 803 et 804.

CHIFFLET (Jean-Jacques). (*Bot.*, *Mat. médic.*) IV, 805.

CHIFFONNIERS (Maladies des). (*Méd. prat.*) IV, 806.

CHILIOPHYLLON. (*Bot.*, *Mat. médic.*) Un des noms de la
millefeuille. Voyez MILLEFEUILLE, X, 127.

CHIMIATRIE. (*Mat. médic.*) Nom sous lequel on désignoit
autrefois l'art de préparer les médicamens par les combinaisons chimiques, IV, 806.

CHIMIE Voyez ce mot dans le *Supplément*.
— PNEUMATIQUE. (*Chim.*) Voy. PNEUMATIQUE (Chimie),
XII, 164.

CHIMIQUES. (*Mat. médic.*) IV, 806.

CHIMISTES (Maladies des). ((*Méd. pratiq.*) IV, 807
et 808.

CHINE. (*Hyg.*) Considérations hygiéniques sur cet empire de l'Asie, IV, 808 et 809.

CHIOCCO (André). (*Biogr. médic.*) IV, 809.

CHIQUE. (*Entom.*) Insecte des pays chauds de l'Amérique,
assez semblable à la puce de nos climats. Manière de s'en
préserver, IV, 809.

CHIRAC (Pierre). (*Biogr. médic.*) IV, 809 à 813.

CHIROMANTIE. Art de deviner par l'inspection de la main,
IV, 813.

CHIRON LE CENTAURE. (*Hist. de la méd.*) IV, 813. Voyez
aussi ANCIENS MÉDECINS, II, 661.

CHIROUI. (*Bot.*, *Mat. médic.*) Un des noms du cerfeuil.
Voyez ce dernier mot, IV, 689.

CHIRURGICAL, ALE. Qui appartient à la chirurgie. Ce

qu'on doit entendre par *médecine chirurgicale*, IV, 813
et 814.

CHIRURGIE. IV, 814 et 815.

CHIRURGIENS AUX RAPPORTS. (*Méd. lég.*) IV, 815 et 816.
Voyez aussi LÉGALE (Médecine), VIII, 92; MÉDE-
CINE, IX, 131; MÉDECINS LÉGISTES, IX, 520 et
RAPPORT, XII, 455.
— DE PARIS. (*Hist. de la méd.*) Voyez PARIS, X, 333.

CHIST. (*Mat. médic.*) Mot arabe qui signifie septier, ou
la sixième partie du *congius*, IV, 817. Voyez aussi CON-
GIUS, V, 76.

CHIT-SE. (*Bot.*, *Mat. médic.*, *Hyg.*) Arbre de la Chine,
très-estimé pour la bonté de son fruit, IV, 817.

CHLORATES. (*Chim.*, *Mat. médic.*) Voyez SEL, XII,
755.

CHLORE. (*Chim.*, *Mat. méd.*) Voyez MURIATIQUE OXI-
GÉNÉ (Acide), X, 409; RÉACTIF, X, 463, dans ce
Dictionnaire, et le mot CHLORE dans le *Supplément*.

CHLOROSE. (*Pathol.*) Maladie particulière au sexe féminin. Ses symptômes, IV, 817. — Ses causes, 818 et
819. — Son traitement, 819 à 828. (Voyez aussi l'article AMATORIA FEBRIS, II, 98 à 104 et suiv., dans lequel cette maladie est considérée dans tous ses détails;
et PALES COULEURS, XI, 275.)

CHLONOTIQUE. (*Pathol.*) Qui est affecté de chlorose, qui
tient à la chlorose, IV, 817.

CHLORURES. (*Chim.*) Voyez ce mot dans le *Supplément*; et
RÉACTIF (Chlorure d'antimoine), XII, 463.

CHOC ÉLECTRIQUE. (*Physiq.*) Effet produit par une commotion électrique. Voyez COMMOTION, V, 64.

CHOCOLAT. (*Hyg.*) IV, 828 et 829. Voyez aussi CACAO,
IV, 205; et NOURRITURE, X, 754.

CHŒNIX. (*Mat. médic.*) Mesure des Grecs équivalant à
deux septiers, IV, 829.

CHOLAGOGUES. (*Thérap.*, *Mat. médic.*) Nom donné aux
remèdes auxquels on attribuoit la propriété de faire couler
la bile par les intestins, IV, 829.

CHOLERA-MORBUS. (*Pathol.*) Maladie caractérisée par une
sécrétion excessive de la bile. Circonstances qui favorisent
son développement, IV, 829 et 836. — Ses symptômes,
ses causes, 831. — Son pronostic, son traitement, 831
et 832. Voyez aussi MORBUS (Choléra-), X, 227 et suiv.;
et TROUSSE-GALANT, XIII, 323.
— SPASMODICA. (*Pathol.*) Voyez WOBA, XIII, 549.

CHOLESTÉRINE et CHOLESTÉBIQUE. (*Chim.*) Voyez ces
mots dans le *Supplément*.

CROMEL. (*Biogr. médic.*) Notice biographique et bibliographique sur plusieurs médecins de ce nom, IV, 832 à 834.

CHORDAPSE. (*Pathol.*) Synonyme d'iléus. Voyez ILIAQUE
(Passion), VII, 463; et VOLVULUS, XIII, 494.

CHOREA SANTI-VITI. (*Pathol.*) Maladie caractérisée par
des mouvemens convulsifs et désordonnés qui se succèdent plus ou moins rapidement, et à laquelle sont
plus particulièrement disposés les enfans de l'un et l'autre sexe, surtout depuis l'âge de 10 ans jusqu'à 14.
Symptômes de cette maladie. Son traitement, IV, 834.
Voyez aussi SCÉLOTYRBE, XII, 717.

CHORÉE. (*Pathol.*) Voyez CHOREA et SCÉLOTYRBE.

CHORI. (*Bot.*, *Mat. médic.*) Arbre du Malabar, IV, 834.

CHORION. (*Anat.*) Voyez REPRODUCTION, XII, 526.

CHOSES CONTRE NATURE. (*Pathol.*) Nom donné aux choses
contraires à la nature de l'homme, et qui tendent à le
détruire, IV, 834.
— NON NATURELLES. (*Hyg.*) Nom improprement donné
à la matière de l'hygiène, IV, 834.

CHOU. (*Hyg.*, *Bot.*, *Mat. médic.*) IV, 835 à 840.
— CROÛTE. (*Hyg.*) Préparation alimentaire que l'on fait
en Allemagne et qui n'est autre chose que du chou
porté à l'état acide par la fermentation et aromatisé.
Voyez CHOU, IV, 838.
— FLEUR. (*Bot.*, *Mat. médic.*) Voyez CHOU, IV, 837.

CHOU MARIN. (*Bot.*, *Mat. méd.*) *Voyez* CRAMBÉ, V, 183 ; et SOLDANELLE, XIII, 64.

— PALMISTE. *Voyez* ARÉC, III, 244.

— ROUGE. (*Bot.*, *Mat. médic.*) IV, 837. *Voyez* aussi BOUILLON DE CHOU ROUGE, IV, 117.

CHOUSSET. (*Hyg.*) Boisson en usage chez les Turcs, IV, 840.

CHOZIA. (*Hyg.*) Nom grec d'une espèce d'aliment composé de miel et de lait, IV, 840.

CHRESTIAN (Guillaume). (*Biogr. méd.*) IV, 840 et 841.

CHRIST (Eaux minérales de Saint-). IV, 841.

CHROUET (Warner). (*Biogr. médic.*) IV, 841 et 842.

CHRYSANTHÈME. (*Bot.*, *Mat. médic.*) Genre de plantes de la famille des Corymbifères, IV, 842. *Voyez* aussi MARGUERITE, VIII, 514.

CHRYSIPPE. (*Biogr. médic.*) IV, 842. *Voyez* aussi ANCIENS MÉDECINS, II, 674.

CHRYSITIS. (*Chim.*, *Mat. médic.*) Synonyme de litharge jaune ou de litharge d'or, dans quelques anciens traités de matière médicale, IV, 842.

CHRYSOCOLLE. (*Mat. médic.*) Synonyme de borax parmi quelques auteurs anciens. Autre acception donnée à ce mot, IV, 842. *Voyez* aussi BORAX, IV, 48 ; et SOUDE, XIII, 76.

CHRYSOLITHE. (*Minér.*, *Mat. médic.*) Pierre précieuse d'un jaune plus ou moins verdâtre, regardée par les Anciens comme cardiaque et céphalique, IV, 843.

CHRYSOMÈLE. (*Entomol.*, *Mat. médic.*) Genre d'insectes coléoptères tétramères, dont on reconnoît un grand nombre d'espèces, IV, 843.

CHUNDA. (*Bot.*, *Mat. médic.*) Nom malabre du *solanum spinosum malabaricum*, IV, 843.

CHUS. (*Mat. médic.*) Mesure asiatique, contenant six septiers suivant Blancardi, IV, 843.

CHUTE. (*Pathol.*) *Voyez* PROLAPSUS, XII, 327 et suiv.

— DE L'ANUS OU DU FONDEMENT. (*Art vétér.*, *Pathol.*) IV, 843 à 844.

— DES CHEVEUX. (*Pathol.*) Nom vulgaire de l'alopécie. *Voyez* ce mot, II, 63.

— DE LA LANGUE. *Voyez* GLOSSOCÈLE dans le *Supplément*.

— DU MEMBRE. (*Art vétér.*, *Pathol.*) IV, 844 à 846. *Voyez* aussi AMPUTATION DE LA VERGE, II, 199.

— DE L'ŒIL. *Voyez* EXOPHTHALMIE, IV, 169.

— DE LA PAUPIÈRE. (*Pathol.*) *Voyez* BLÉPHAROPTOSIS, III, 763.

CHYLARIA. (*Nosol.*) Excrétion d'une urine muqueuse, blanche et comme vermineuse, suivant Vogel, IV, 846.

CHYLE. (*Physiol.*) *Voyez* ce mot dans le *Supplément*.

CHYLIFÈRE. ((*Physiol.*) *Voyez* ce dernier mot dans le *Supplément*.

CHYLIFICATION. (*Physiol.*) *Voyez* ce mot dans le *Supplément*.

CHYLOSE. (*Physiol.*) *Voyez* ce mot dans le *Supplément*.

CHYME et CHYMIFICATION. (*Physiol.*) *Voyez* ce mot dans le *Supplément*.

CIBOULE et CIBOULETTE. (*Hyg.*, *Bot.*, *Mat. médic.*) Nom vulgaire de l'ail fistuleux. *Voyez* ASSAISONNEMENT, III, 343.

CICATRISANS. (*Thérap.*, *Mat. médic.*, *Art vétér.*) IV, 846 et 847. *Voyez* aussi INCARNATIFS, VII, 526.

CICERA TARTARI. (*Pharm.*, *Mat. médic.*) Pilules dont la composition est due à Adrien de Mynsicht, IV, 847.

CICÉROLE. (*Bot.*, *Mat. médic.*) *Voyez* POIS-CHICHE, XII, 194.

CICANGIUS. (*Mat. médic.*) Mesure grecque de la contenance de douze septiers, IV, 847.

CICUTAIRE AQUATIQUE. (*Bot.*, *Mat. médic.*) IV, 847 et 848.

— ODORANTE. (*Bot.*, *Mat. médic.*) *Voyez* CERFEUIL, IV, 563.

CICUTINE. (*Chim. végét.*) *Voyez* ce mot dans le *Supplém*.

CIDRE. (*Hyg.*) Boisson fermentée que l'on prépare ordinairement avec le suc de pommes, de poires, et quelquefois avec d'autres fruits, IV, 849. *Voy.* aussi NOURRITURE (article *boissons*), X, 746.

CIÉCÉE-ETE. (*Mat. médic.*) Petit crabe du Brésil, dont la chair est employée dans ce pays, soit comme aliment, soit comme médicament, IV, 850.

CIGALE. (*Entomol.*, *Hyg.*, *Mat. médic.*) Insecte de l'ordre des Hémiptères, très-commun en Italie, ainsi que dans les provinces méridionales de la France, et dont on a fait usage autrefois comme aliment et comme médicament, IV, 850.

CIGALINUS ou CIGALINI (François et Paul). (*Biogr. méd.*) Notice biographique sur deux médecins de ce nom, IV, 850.

CIGOGNE. (*Ornith.*, *Mat. médic.*) Genre d'oiseaux de l'ordre des échassiers, qui a été, et qui est encore aujourd'hui pour plusieurs peuples, l'objet d'un culte et d'une superstition ridicules. Propriétés médicinales attribuées à quelques-unes de ses parties, IV, 851.

CIGUE. (*Bot.*, *Mat. médic.*) Genre de la famille des Ombilifères. Plusieurs espèces employées en médecine, IV, 851. — Propriétés médicales de la grande ciguë. Analyse chimique de cette plante par Baumé, 853. — Effets généraux de la ciguë et de ses préparations, 855. — Plusieurs faits relatifs à l'inefficacité et aux dangereux effets de son emploi, 857. — Ses usages médicinaux d'après Desbois-de-Rochefort, 858 et 859. — *Voyez* aussi DELIRIUM, V, 349.

— AQUATIQUE. (*Bot.*, *Mat. médic.*) *Voyez* CICUTAIRE AQUATIQUE, IV, 847.

— GRANDE. (*Bot.*, *Mat. médic.*) *Voyez* CIGUE, IV, 854.

— PETITE. (*Bot.*, *Mat. médic.*) IV, 859.

CILIAIRES (Procès). (*Anat.*) *Voyez* PROCÈS CILIAIRES, XII, 314.

CILLEMENT. Synonyme de clignotement. *Voyez* ce dernier mot, IV, 878.

CILLER. Remuer souvent les paupières, IV, 859.

CILLOSIS. (*Pathol.*) Mouvement continuel de la paupière supérieure, suivant Vogel, IV, 859.

CILS. (*Anat.*) Nom des poils qui garnissent le bord libre de l'une et de l'autre paupière, et dont le principal usage est de s'opposer à l'introduction dans l'œil des corpuscules qui voltigent dans l'atmosphère, et de diminuer dans certains cas l'intensité de la lumière. *Voyez*, pour les maladies dont ils sont susceptibles d'être attaqués, les articles PAUPIÈRE, XI, 664 ; et TRICHIASIS, XIII, 315.

CIMETIÈRE. (*Hyg. publiq.*) *Voyez* FOSSOYEUR, VI, 479, et l'article EXHUMATION dans le *Supplément*.

CIMOLÉE (Terre). (*Mat. médic.*) Sorte d'argile venant de Cimolis, dans la mer de Crète, et dont on se servoit autrefois à l'extérieur et à l'intérieur, comme tonique et astringent, IV, 859.

CINABRE ou CINNABRE. (*Mat. médic.*) IV, 859 et 860. *Voyez* aussi MERCURE, IX, 696 ; et RÉACTIF, XII, 644.

CINAROCÉPHALES (Famille des). (*Bot.*, *Mat. médic.*) *Voyez* ce mot dans le *Supplément*.

CINCHONINE. (*Chim. végét.*) *Voyez* à l'article SEL (*sulfate de cinchonine*), XII, 756 ; et le mot CINCHONINE dans le *Supplément*.

CINÉRATION. (*Mat. médic.*) Action de brûler, de réduire en cendres. *Voyez* INCINÉRATION, VII, 529.

CINNAMOME. (*Mat. médic.*) Traduction française du mot *cinnamomum*, qui signifie cannelle. *Voyez* ce dernier mot, IV, 531.

CINNINGO. (*Hist. de la médec.*) Roi de la Chine, qui

s'occupa de la recherche des bonnes et mauvaises qualités des plantes, IV, 860.

CIONIS. (*Pathol.*) Tuméfaction douloureuse de la luette, suivant Vogel, IV, 860.

CIRCÉ. (*Hist. littér. de la médec.*) IV, 860.

CIRCÉE. (*Bot., Mat. médic.*) IV, 860 et 861. *Voyez* ONAGRÉES, XI, 120.

CIRCONCISION. (*Hyg.*) Opération très-anciennement connue, et que certains peuples ont coutume de pratiquer comme acte de religion, IV, 861. *Voyez* aussi OPÉRATIONS, XI, 128.

CIRCONFÉRENCE. Ce qu'on doit entendre par cette locution, les *humeurs se portent du centre à la circonférence*, IV, 861.

CIRCONSCRIT. (*Pathol.*) Qui est renfermé dans certaines bornes, IV, 861.

CIRCUMPOSA. (*Hyg.*) Mot latin adopté par Hallé pour désigner la 1re. classe de la 1re partie de son plan d'un cours d'hygiène. *Voyez* HYGIÈNE, VII, 434.

CIRE DES OREILLES. (*Hyg., Mat. médic.*) IV, 861 et 862. *Voyez* CÉRUMEN, IV, 568; et HOMME, VII, 259.

CIRE. (*Mat. médic.*) IV, 862 et 863.

— VÉGÉTALE. (*Mat. médic.*) Substance concrète, assez analogue à la cire des abeilles, que l'on retire de plusieurs arbres de l'Amérique, de l'Asie et de l'Afrique, particulièrement du *mirica cerifera* de Linné, IV, 863 et 864.

— VERTE. (*Mat. médic.*) Cire ordinaire colorée en vert par l'addition d'une certaine quantité de vert-de-gris, et dont on fait usage en médecine et dans les arts. Sa composition. Circonstances dans lesquelles on l'emploie, IV, 664.

— VIERGE. (*Mat. médic.*) Nom vulgaire de la cire pure. *Voyez* CIRE, IV, 862.

CIRIER. (*Bot., Mat. médic.*) *Voyez* CIRE VÉGÉTALE, IV, 863.

CIROENE. (*Mat. méd.*) Emplâtre très-anciennement connu, et que l'on regardoit autrefois comme résolutif, fondant et fortifiant. Sa composition d'après Lieutaud, IV, 864.

CIRITA. (*Bot., Mat. médic.*) Nom d'un arbrisseau du Malabar, IV, 864.

CIRITAMARI. (*Bot., Mat. médic.*) Arbrisseau du Malabar. *Voyez* CIRITA, IV, 864.

CIRSOCÈLE. (*Pathol.*) *Voyez* KIRSOCÈLE, VIII, 35; et VARICOCÈLE, XIII, 391.

CIRSOPHTHALMIE. (*Pathol.*) Ophthalmie variqueuse. *Voyez* OPHTHALMIE, XI, 145.

CISSA, ou CITTA. (*Nosol.*) Inappétence. *Voyez* ANOREXIE, III, 44.

CISTE. (*Bot., Mat. médic.*) Genre de plantes de la famille des Cistoïdes, très-nombreux en espèces, et dans lequel sont les végétaux, d'où l'on retire le ladanum, IV, 864. — Principales variétés qui fournissent cette substance gommo-résineuse, 865 et 866.

CITAMBEL. (*Bot., Mat. médic.*) Espèce de nénuphar du Malabar, IV, 866.

CIT-AMERDU. (*Bot., Mat. médic.*) Nom malabre d'une espèce de cocculus, IV, 866.

CITERNE. (*Hyg.*) Réservoir souterrain destiné à rassembler les eaux de pluie. Soins que l'on doit apporter dans sa construction, IV, 866 à 868.

CITOIS (François). (*Biogr. médic.*) IV, 868.

CITRATES. (*Chim., Mat. médic.*) Genre de sels formés d'acide citrique et d'une base, IV, 868. *Voyez* CITRIQUE (Acide), IV, 869; et CITRON, *ibid.*

CITRIQUE (Acide). IV, 868 et 869.

CITRON. (*Hyg.*) Fruit du citronnier, dont le suc est d'un usage très-fréquent dans les besoins de la vie. Emploi médicinal de son écorce, de son suc et de ses semences,

IV, 869 à 872. *Voyez* aussi ALIMENS, I, 810; ASSAISONNEMENT, III, 343; et NOURRITURE, X, 727.

CITRONELLE. (*Bot., Mat. médic.*) Nom donné à plusieurs plantes qui exhalent l'odeur de citron. *Voyez* ARMOISE, III, 291.

CITROUILLE. (*Bot., Mat. médic., Hyg.*) IV, 872 et 873.

CITTA. (*Pathol.*) Inappétence. *Voy.* ANOREXIE, III, 44.

CIVET. (*Hyg.*) Sorte de ragoût, IV, 873.

CIVETTE. (*Mat. médic.*) Animal de la famille des carnivores, de la taille du chat, au-dessous de l'anus duquel on trouve renfermée, dans une espèce de poche, une matière résineuse analogue au musc, d'une odeur très-agréable. Description succincte de cet animal. Manière de recueillir la substance odorante qu'il fournit, IV, 873. — Propriétés physiques et médicales de cette matière odorante devenue très-rare aujourd'hui, 874.

CLAIRET (Vin). (*Hyg.*) Nom donné au vin qui par sa couleur tient le milieu entre le vin rouge et le vin blanc, IV, 874.

CLAIRETTE. (*Bot., Mat. médic., Hyg.*) Un des noms vulgaires de la mâche cultivée. *Voyez* MACHE, VIII, 310.

CLAPIER. (*Chir.*) Excavation sinueuse des ulcères fistuleux. *Voyez* FISTULE dans le *Dictionnaire de Chirurgie* de cette Encyclopédie.

CLARIFICATION. (*Pharm., Mat. médic.*) IV, 874 et 875.

CLARIFIÉ, CLARIFIER. (*Pharm., Mat. médic.*) IV, 875. *Voyez* aussi CLARIFICATION, IV, 874 et 875.

CLASSES, CLASSIFICATION DES REMÈDES. (*Mat. médic.*) Difficultés d'une classification de remèdes fondée sur leurs propriétés, IV, 875. — Avantages que présentent les divisions et les classifications générales des médicamens. Erreurs qu'elles peuvent faire naître, et manière de s'en garantir. Méthodes diverses de classifications adoptées par quelques auteurs, 876. — *Voyez* aussi MATIÈRE MÉDICALE, VIII, 576; MÉDICAMENS, IX, 550; et MÉDICATIONS, IX, 557 et suiv.

— DES MALADIES. *Voyez* NOSOGRAPHIE, X, 643 et suiv.

CLAVAIRE. (*Hyg.*) Genre de champignons renfermant un très-grand nombre d'espèces. De la clavaire coralloïdes en particulier, IV, 876 et 877. *Voyez* aussi CHAMPIGNONS, IV, 696; et NOURRITURE, X, 692.

CLAVALIER. (*Bot., Mat. médic.*) Genre de la famille des Térébinthacées, renfermant des arbrisseaux épineux, q i croissent dans l'Amérique. Propriétés médicinales attribuées au clavalier à fleurs de Chine et au clavalier des Antilles, IV, 877.

CLAVEAU. (*Art vétér.*) Mot généralement employé comme synonyme de clavelée. *Voyez* l'article ANATOMIE PATHOLOGIQUE DES ANIMAUX, II, 565.

CLAVELÉE. (*Art vétér., Pathol.*) Maladie éruptive et contagieuse qui attaque les bêtes à laine, et qui a beaucoup de ressemblance avec la petite vérole. *Voyez* ANATOMIE PATHOLOGIQUE DES ANIMAUX, II, 585.

CLAVUS (*Pathol.*) Acceptions diverses données à ce mot latin conservé en français, IV, 877.

CLÉMATITE. (*Bot., Mat. médic.*) Genre de plantes de la famille des Renonculacées, dont plusieurs espèces sont médicinales. Des clématites des haies et de Bourbon en particulier, IV, 877 et 878.

CLERC (Daniel). (*Biogr. médic.*) *Voyez* LECLERC, VIII, 91.

CLERMONT-FERRAND (Eaux minérales de). IV, 878.

CLIGNER. (*Pathol.*) Action de rapprocher les paupières l'une de l'autre, 478.

CLIGNOTER. (*Pathol.*) Action de mouvoir fréquemment les paupières, de manière à tenir les yeux alternativement entr'ouverts ou entièrement fermés, IV, 878.

CLIGNOTEMENT. (*Pathol.*) Mouvement fréquent des paupières, IV, 878.

GLIMAT. (*Hyg.*) Acception donnée à ce mot par les médecins, IV, 878. — Influence qu'exerce le climat sur le physique

physique, les passions, les goûts et les mœurs, 879 à 883. *Voyez* Afrique, I, 331.; Europe, VI, 216.

CLIMATÉRIQUES. (Époques, années). (*Path.*) *Voyez* Année climatérique, III, 33.

CLINIQUE. (*Médec.*) Ce que l'on doit entendre par *médecine clinique*, *médecins cliniques*, IV, 883 et 884. *Voyez* aussi l'article Médecine clinique, IX, 50.

CLINOPODE. (*Bot.*, *Mat. médic.*) Genre de plantes de la famille des Labiées, dont on reconnoît plusieurs espèces, IV, 884.

CLISÉOMÈTRE. (*Instrum. de chir.*) *Voyez* ce mot dans le *Supplément.*

CLITORIS (Vices du). (*Pathol.*) Structure anatomique de cet organe. Vices de conformation qu'il peut présenter. Moyens d'y remédier, IV, 885 et 886. *Voyez* aussi Anatomie pathologique, II, 485 et suiv.; et Vulve, XIII, 541 à 544.

CLOAQUE. (*Hyg.*) Endroit destiné à recevoir des immondices, des amas de boue, ou de matières végétales ou animales en décomposition. Inconvéniens que présentent pour la salubrité publique de semblables foyers d'infection, IV, 886. *Voyez* aussi Méphitisme, IX, 687; et Putréfaction, XII, 387.

CLOCHE. (*Art vétér.*, *Pathol.*) Nom vulgaire des ampoules et autres vésicules formées par la sérosité qui soulève l'épiderme. *Voyez* Ampoule, II, 185.

CLONICI. (*Pathol.*) Agitation involontaire de quelques organes ou de quelques membres, sans que le motif qui détermine ce mouvement puisse être aperçu, IV, 886.

CLONIQUE. (*Pathol.*) *Voyez* Clonici.

CLOPORTES. (*Mat. médic.*) Genre d'insectes aptères, dont deux espèces ont été employées en médecine, IV, 886.
— Analyse chimique de ces insectes rangés autrefois parmi les médicamens apéritifs, diurétiques et incisifs, 887.— Maladies particulières dans lesquelles les cloportes ont été administrés avec plus ou moins de succès, 887 et 888.

CLOQUE. (*Art vétér.*, *Pathol.*) *Voyez* Ampoule, II, 185.

CLÔTURE DES RELIGIEUSES. (*Méd. lég.*) *Voyez* Dispense des lois de l'église, V, 667.

CLOU. (*Pathol.*) Nom vulgaire du furoncle.
— HISTÉRIQUE. (*Pathol.*) Douleur vive qui se fait ressentir au sommet de la tête, particulièrement chez les femmes hystériques. *Voyez* Hystéricisme, VII, 458.
— DE L'ŒIL. (*Pathol.*) Synonyme de staphylome suivant quelques auteurs, IV, 889.

CLOUX DE GIROFLE. (*Bot.*, *Mat. médic.*) *Voyez* Assaisonnement, III, 342; et Gérofle, VI, 624.

CLUNESIA. (*Nosol.*) Mot latin adopté par quelques anciens praticiens pour désig er le phlegmon qui a son siège sur une des fesses, IV, 889.

CLYMÈNE. (*Bot.*, *Mat. médic.*) Plante légumineuse, ressemblant beaucoup à une gesse. *Voyez* ce dernier mot, IV, 631.

CLYPÉOLE. (*Bot.*, *Mat. médic.*) Genre de plantes de la famille des Crucifères, IV, 889.

CLYSOIR. (*Instrum. de chir.*) *Voyez* ce mot dans le *Supplément.*

CLYSSUS. (*Chim.*, *Mat. médic.*) IV, 889 et 890.

CLYSTÈRE. (*Hyg.*, *Mat. méd.*, *Art vétér.*) Injection d'eau simple ou médicamenteuse dans les intestins, au moyen d'une seringue. Circonstances qui dans l'état de santé rendent ces sortes d'injections utiles ou nuisibles, IV, 890.
— Précautions à prendre, soit pour les administrer, soit pour les prendre soi-même, 891. — Considérations générales relatives à la préparation et au choix des substances qui entrent dans la composition des clystères, 894. — Formules diverses, *ibid.* et 895. *Voyez* aussi Anatomie pathologique, II, 462; et Lavemens, VIII, 281.

COAGULANS. (*Thérap.*, *Mat. médic.*) V, 1. *Voyez* aussi Incrassans, V, 540.

COAGULÉS. (*Thérap.*) *Voyez* Coagulans, V, 1.

COAGULUM. (*Chim.*, *Mat. médic.*) V, 1. *Voyez* aussi Blanc d'œuf, III, 755.
— LEPORIS. (*Mat. méd.*) *Voyez* Lièvre, VIII, 142.

COALESCENCE. (*Pathol.*) V, 1.

COALITION. (*Pathol.*) *Voyez* Ancyloblépharon, II, 688.

COBALT ou COBOLT. (*Chim.*, *Mat. médic.*) V, 2. *Voyez* aussi Arsénic, III, 306.

COC-MENTHE. (*Bot.*, *Mat. médic.*) Nom vulgaire d'une espèce de menthe. *Voyez* ce dernier mot, IX, 685.

COCCINE. (*Chim. anim.*) *Voyez* ce mot dans le *Supplément.*

COCCHI (Antoine-Célestin). (*Biogr. médic.*) V, 2.
— (Antoine). (*Biogr. médic.*) V, 2 et 3.

COCKBURN (Guillaume). (*Biogr. médic.*) V, 3.

COCRÉES (Pilules). (*Pharm.*, *Mat. médic.*) V, 4.

COCHEMAR. (*Pathol.*) V, 4 à 7. *Voyez* aussi Incube, VII, 541 à 543.

COCHENILLE. (*Entomol.*, *Mat. médic.*) V, 7 et 8.
— DE POLOGNE. (*Entomol.*, *Mat. médic.*) V, 8. *Voyez* aussi Kermès animal, VIII, 19.

COCHLEARIA. (*Bot.*, *Mat. médic.*) V, 8 à 12. *Voyez* aussi Conserves, V, 84.

COCHON. (*Zool.*, *Mat. médic.*, *Hyg.*) V, 12 à 15. *Voyez* aussi Nourriture, X, 708.
— LADRE. (*Art vétér.*, *Pathol.*) *Voyez* Ladrerie, VIII, 218.
— SAUVAGE. (*Zool.*, *Mat. médic.*, *Hyg.*) V, 12.

COCOS. (*Bot.*, *Mat. méd.*) V, 15 à 17.

COCOTIER. (*Bot.*, *Mat. médic.*) *Voyez* Cocos, V, 15 à 17.
— DE GUINÉE. (*Bot.*, *Mat. médic.*) V, 17.

COCTION. (*Physiol.*, *Pathol.*) V, 17 à 27.

CODAGA-PALA. (*Bot.*, *Mat. médic.*) V, 27.

CODAGEN. (*Bot.*, *Mat. médic.*) V, 27.

CODDAMPULLI. (*Bot.*, *Mat. médic.*) V, 27.

CODDAPANA. (*Bot.*, *Mat. médic.*) V, 27.

CODEX. (*Pharm.*) *Voyez* Pharmacopée, XI, 640.

CODI-AVANACU. (*Bot.*, *Mat. médic.*) V, 27.

CODIA. (*Bot.*, *Mat. médic.*) V, 28.

CODRONCHUS (Baptiste). (*Biogr. médic.*) V, 27 à 29.

COEFFE. (*Hyg.*) V, 29.

CŒLIACA. (*Pathol.*) Espèce de diarrhée. *Voyez* ce dernier mot, V, 435.

CŒLIAQUE (Flux). (*Pathol.*) *Voyez* Diarrhée, V, 435; Lienterie, VIII, 139; et Passion cœliaque, XI, 411.

CŒLOMA. (*Pathol.*) *Voyez* Ophthalmie, XI, 144.

CŒNOLOGIE. V, 30. *Voyez* aussi Consultation, V, 94.

CŒUR. (*Anat. pathol.*) *Voyez* Anatomie pathologique, II, 295, 303 et suiv.; Anévrysme, III, 714; Cardites, IV, 413; Maladies organiques du cœur, VIII, 419 et suiv.; et l'article Rupture (Rupture du cœur), XII, 624.
— (Mal de). (*Pathol.*) Synonyme de nausée. *Voyez* ce dernier mot, X, 518; et Vomissement, XIII, 497.
— (*Mat. médic.*) De l'emploi du cœur de quelques animaux comme médicament, V, 30.

COGNAC (Eau-de-vie de). (*Hyg.*) V, 30. *Voyez* aussi Eau-de-vie, V, 658; Liqueur, VIII, 169; Nourriture (Boissons), X, 748; et Spiritueux, XIII, 99.

COGROSSI (Charles-François). (*Biogr. médic.*) V, 30.

COHABITATION. (*Hyg. et Médec. lég.*) V, 30 à 38. *Voyez* aussi Anatomie pathologique, II, 506 et suiv.; Coït, V, 40; et Mariage, VIII, 514.

COHAUSEN (Jean-Henri). (*Biogr. médic.*) V, 38 et 39.

COHOBATION. (*Pharm.*, *Mat. médic.*) V, 39.

COÏNCIDENCE. (*Pathol.*) V, 39.

COÏNDICATION. (*Thérap.*, *Mat. médic.*) V, 39.

COING. (*Bot.*, *Mat. médic.*, *Hyg.*) V, 39 et 40.

COIGNASSIER. (*Bot.*, *Mat. médic.*) *Voyez* Coing.

CRAM ou CRAN. (Bot., Mat. médic.) Voyez COCHLÉARIA, V, 8 à 12; et RAIFORT, XII, 437.

CRAMBÉ. (Bot., Mat. médic.) V, 183. Voyez aussi CHOU, IV, 835.

CRAMER (Gabriel). (Biogr. médic.) V, 183 et 184.

CRAMPE. (Pathol.) V, 184.

— D'ESTOMAC. (Pathol.) Variété de la cardialgie. Voyez TRANCHÉES (art. CARDIALGIE), XIII, 299.

CRANE HUMAIN. (Mat. médic.) V, 184.

CRANIOSCOPIE. (Physiol.) Voyez ce mot dans le Supplém.

CRANSAC (Eaux minérales de). V, 184 et 185.

CRANSON. (Mat. médic.) Voyez COCHLÉARIA, V, 8 à 12; et RAIFORT, XII, 437.

CRAPAUD. (Art vétér., Pathol., Chir.) V, 186 et 187.

— (Erpét., Mat. médic.) V, 185 et 186.

— VOLANT. (Ornith., Mat. médic.) V, 186.

CRAPAUDINE. (Hyg.) V, 188 et 189.

— (Bot., Mat. médic.) V, 188.

— (Minér., Mat. médic.) V, 188 et 189.

CRAPS ou CRAPSÉ (Cheval). (Art vétér., Hyg., Opér.) Voy. AMPUTATION DES OREILLES, II, 105.

CRAPSER. (Art vétér., Hyg., Opér.) Voyez AMPUTATION DES OREILLES, II, 105.

CRAPULE. (Hyg.) V, 189.

CRASPEDON. (Pathol.) V, 189.

CRASSE. (Hyg.) V, 189.

CRASSO (Jules-Paul). (Biogr. médic.) V, 188 et 189.

CRASSULACÉES (Famille des). (Bot., Mat. médic.) Voyez NOURRITURE, X, 698.

CRASSULE. (Bot., Mat. médic.) V, 190.

CRATERUS. (Biogr. médic.) V, 190.

CRATEVAS ou CRATIVAS. (Biogr. médic.) V, 190.

CRATON (Jean). (Biogr. médic.) V, 190 et 191.

CRAUTE (Eaux minérales de la). V, 191.

CRAVATTE. (Hyg.) Voyez COL, V, 3; et HABILLEMENT, VII, 41.

CRAYEUX (Acide). (Mat. médic.) V, 182 et 183. Voyez aussi ACIDE, I, 110.

CRÊME et CRÊMES. (Hyg.) V, 191 et 192. Voyez aussi ALIMENS, I, 797; LAIT, VIII, 44; et NOURRITURE, X, 735.

— DE CHAUX. (Chim., Mat. médic.) V, 192.

— DE LAIT. (Mat. médic.) Voyez ALIMENS, I, 797; LAIT, VIII, 44; et NOURRITURE, 735.

— DE PAIN. (Hyg., Mat. médic.) V, 191 et 192.

— DE RIZ. (Hyg., Mat. médic.) V, 192 et 193. Voyez aussi RIZ, XIII, 596.

— DE SOUFRE. (Chim., Mat. médic.) V, 193.

— DE TARTRE. (Chim., Mat. médic.) V, 193. Voyez aussi ACIDES VÉGÉTAUX, I, 115.

CRÉMER. (Pathol.) V, 193.

CRESCENTIUS (François). (Biogr. médic.) V, 193 et 194.

CRESSON. (Bot., Mat. médic.) V, 194 à 197.

— ALÉNOIS. (Bot., Mat. médic.) Voyez PASSERAGE, XI, 410.

— AQUATIQUE. (Bot., Mat. médic.) Voyez CRESSON DE FONTAINE, V, 194.

— CULTIVÉ. (Bot., Mat. médic.) Voyez PASSERAGE, XI, 410.

— D'EAU. (Bot., Mat. médic.) Voyez CRESSON DE FONTAINE, V, 194.

— DE FONTAINE. (Bot., Mat. médic.) V, 194 à 197. Voy. aussi ANTISCORBUTIQUE, III, 97; SCORBUT, XII, 733.

— D'INDE. (Bot., Mat. médic.) Voy. CAPUCINE, IV, 377.

— DE L'ILE-DE-FRANCE. (Bot., Mat. médic.) Voyez AGMELLA, I, 95.

— DES JARDINS. (Bot., Mat. médic.) Voyez PASSERAGE, XI, 410.

— DE PARA. (Bot., Mat. médic.) Voyez BIDENT, III, 721; et SPILANTHE, XIII, 93.

— DES RUINES. (Bot., Mat. médic.) Voyez PASSERAGE, XI, 410.

— DE RUISSEAU. (Bot., Mat. médic.) Voyez CRESSON DE FONTAINE, V, 194.

CRETELLE. (Bot., Mat. médic., Hyg.) V, 197 et 198.

CRÊTES VÉNÉRIENNES. (Path.) Excroissances vénériennes, V, 198. Voyez aussi VÉROLE dans le Dictionnaire de Chirurgie de cet ouvrage.

CRÉTINAGE. (Pathol.) Synonyme de crétinisme. Voyez ce mot, V, 198.

CRÉTINISME. (Pathol.) V, 198 à 201. Voyez aussi GOÎTRE, V, 198; et THYROCÈLE, XIII, 252.

CRÉTINS. (Pathol.) V, 198. Voyez aussi CRÉTINISME, V, 198 et suiv.

CREUSET. (Chim., Mat. médic.) V, 201.

CREUZOT (Eaux minérales de). V, 201.

CREVASSE. (Pathol.) V, 200. Voyez aussi ENGELURE, V, 872.

CRIBLE. (Pharm., Mat. médic.) V, 202.

CRIMEAUX (Eaux minérales de). V, 202.

CRINAS. (Biogr. médic.) V, 202. Voyez aussi ANCIENS MÉDECINS, II, 683.

CRINIERS (Maladies des). (Médec. pratiq.) Voy. CORDIERS (Maladies des). V, 118.

CRINONS. (Helminthol.) Genre de vers intestins. Voyez DRACONS, V, 529.

CRINOUS (Paul). (Biogr. médic.) V, 202.

CRINS (Amputation des). (Art vétér., Hyg.) Voy. CHEVAL, IV, 768.

CRIS. (Hyg.) V, 202.

CRISE. (Pathol.) V, 202 à 226. Voyez aussi ACRISIE, I, 128 à 131.

CRISOCOME. (Bot., Mat. médic.) V, 226 et 227.

CRISPATION. (Pathol.) V, 227.

CRISPUS (Antoine). (Biogr. médic.) V, 227.

CRISTAL. (Minér., Mat. médic.) V, 227.

— DE ROCHE. (Minér., Mat. médic.) V, 227 et 228.

— D'ISLANDE. (Minér., Mat. médic.) V, 228. Voyez aussi CARBONATE DE CHAUX, IV, 388.

— MINÉRAL. (Chim., Mat. méd.) V, 228. Voyez NITRE, X, 622; POTASSE, XII, 268.

CRISTALLIN. (Anat.) Voyez ŒIL, XI, 98; et VUE, XIII, 535.

CRISTALLINE. (Pathol.) V, 228 et 229.

CRISTALLISATION. (Chim., Mat. médic., Pharm.) V, 229.

CRISTAU-D'AIDIOUS (Eaux minérales de). V, 229.

CRISTAUX D'ARGENT ou DE LUNE. (Chim., Mat. médic.) V, 229 et 230. Voyez ARGENT (Nitrate), III, 247; et SEL, XII, 755.

— DES SELS. (Chim., Mat. médic.) V, 229 et 230.

— DE VÉNUS. (Chim., Mat. médic.) V, 230. Voyez aussi RÉACTIF, XII, 467; et SEL, XII, 754.

CRITHE. (Pathol.) V, 230. Voyez aussi ORGÉOLET, XI, 198.

CRITIQUE (en Médecine). V, 230 à 231.

— (Matière). (Physiol., Pathol.) V, 231.

— (Pouls). (Pathol.) V, 232. Voyez aussi SÉMÉIOTIQUE, XIII, 12.

— (Temps). (Pathol.) Voyez AGES (Maladies des) I, 366.

CRITIQUES (Jours). (Pathol., Séméiot.) V, 231 et 232. Voyez aussi ACRISIE, I, 128 à 131; et CRISE, V, 203 et suiv.

CRITOBULE. (Biogr. médic.) V, 233.

CRITODÈME. (Biogr. médic.) V, 233

CRITON. (Biogr. médic.) V, 233.

CROCO-MAGMA. (Pharm., Mat. médic.) V, 233.

CROCUS. (Chim., Mat. méd.) V, 233.

— METALLORUM. (Chim., Mat. médic.) V, 233.

CROISETTE. (Bot., Mat. méd.) Espèce de gentiane. Voyez GENTIANE, VI, 616; et HERNIAIRE, VII, 184.

CROIX (les frères de la Rose). (*Hist. de la médec.*) V, 233 et 234.

— DE CHEVALIER. (*Bot., Mat. médic.*) V, 234.

CROLLIUS (Oswald). (*Biogr. médic.*) V, 234 et 235.

CROPAL. (*Bot., Mat. méd.*) *Voyez* CODAGA-PALA, V, 27.

CROQUET. (*Hyg.*) V, 235.

CROTALAIRE. (*Hyg., Bot., Mat. médic.*) V, 235.

CROTALE. (*Erpét.*) *Voyez* SERPENS VENIMEUX, XIII, 40.

CROTON. (*Bot., Mat. médic.*) V, 235 à 237. *Voyez* aussi TIGLIUM, XIII, 259.

CROUP. (*Pathol.*) *Voyez* ANGINE MEMBRANEUSE OU POLY-PEUSE, II, 749 et suiv.; ANATOMIE PATHOLOGIQUE, II, 274; et POUMONS, XII, 285.

CROUPE. (*Art vétér.*) *Voyez* CHEVAL, IV, 741.

CROUTE INFLAMMATOIRE. (*Pathol.*) *Voyez* COUENNE DE SANG, V, 237; et PLEURÉTIQUE (Couenne), XII, 137.

— DE LA TÊTE DES ENFANS NOUVEAU-NÉS. (*Pathol.*) V, 237.

— LAITEUSE OU DE LAIT. (*Path.*) V, 237. *Voy.* aussi ENFANS, (Maladies des), V, 844; et NÉ (Nouveau-né), X, 548.

CRU ou CRUD. (*Hyg.*) V, 238.

CRU JAUNE. (*Art vétér., Pathol.*) *Voyez* ARAIGNÉE, III, 211.

CRUCIFÈRES (Famille des). (*Bot., Mat. médic.*) *Voyez* NATURELLES (Familles), X, 511; et NOURRITURE, X, 696.

CRUCIUS ou ACRUCE (Vincent). (*Biogr. médic.*) V, 238.

CRUDITÉ DES ALIMENS. (*Hyg.*) V, 238.

CRUDITÉS. (*Hyg.*) V, 239.

CRUGER (Daniel). (*Biogr. médic.*) V, 239.

CRUSER ou DE CROESER (Herman). (*Biogr. médic.*) V, 239.

CRUSIUS (David). (*Biogr. médic.*) V, 239 et 240.

CRYPTES (*Physiol.*) V, 240.

CRYSTAL. (*Minér., Mat. médic.*) *Voyez* CRISTAL, V, 227 et 228.

CRYTHE. (*Pathol.*) *Voyez* CRITHE, V, 230.

CTÉSIAS. (*Biogr. médic.*) V, 240.

CUBÈBES. (*Bot., Mat. médic.*) V, 240 et 241. *Voyez* aussi POIVRE, XII, 201.

CUCURBITACÉES (Famille des). (*Bot., Mat. médic.*) V, 241. *Voy.* NATURELLES (Familles), X, 512; et NOUR-RITURE, X, 700.

CUCURBITE. (*Pharm., Mat. médic.*) V, 241.

CUCURBITIN ou CUCURBITAIN. (*Helminth.*) *Voyez* TÉNIA, XIII, 203.

CUCURON (Eaux minérales de). V, 241 et 242.

CUISINE. (*Hyg.*) V, 242 à 244. *Voyez* aussi ALIMENS (Préparations des), I, 764; NOURRITURE, X, 735.

CUISSON. (*Pathol.*) V, 242.

CUIVRE. (*Chim., Hyg., Mat. médic.*) V, 244 à 250. *Voyez* aussi RÉACTIF, XII, 467; et SEL, XII, 754 à 757.

— BLANC. (*Chim.*) V, 249 et 250.

— JAUNE. (*Chim.*) V, 250.

— DE ROSETTE. (*Chim.*) Cuivre rouge et pur. V, 250.

CUIVREUX. (*Chim., Mat. médic.*) V, 250.

CUL-BLANC. (*Ornith., Hyg.*) V, 250.

CULEUS. (*Mat. médic.*) V, 250.

CULILAWAN. (*Bot., Mat. médic.*) *Voyez* ce mot dans le *Supplément.*

CULINAIRE (Art.) (*Hyg.*) V, 250.

CULLEN (Guillaume). (*Biogr. médic.*) *Voyez* ce mot dans le *Supplément.*

CULOTTE. (*Hyg.*) V, 250 et 251. *Voy.* aussi HABILLEMENT, VII, 5; et VÊTEMENT, XIII, 438.

CUMIN. (*Bot., Mat. médic.*) V, 251.

— DES PRÉS. (*Bot., Mat. médic.*) *Voyez* CARVI, IV, 437.

CUMIN NOIR. (*Bot., Mat. médic.*) Nom vulgaire de la ni-gelle. *Voyez* ce dernier mot, X, 618.

CUNAMBOURK. (*Bot., Mat. médic.*) *Voyez* CALAMBOUR, IV, 275.

CUNEUS (Gabriel). (*Biogr. médic.*) V, 251 et 252.

CUNILLE. (*Bot., Mat. médic.*) V, 252.

CUPANUS (François). (*Biogr. médic.*) V, 252.

CUPULIFÈRES (Famille des). (*Bot., Mat. médic.*) *Voyez* ce mot dans le *Supplément.*

CURABLE. (*Méd. pratiq.*) V, 252.

CURAGE. (*Bot., Mat. médic.*) V, 252.

CURATIF. (*Thérap.*) V, 252.

CURATION. (*Méd. pratiq.*) *Voyez* THÉRAPEUTIQUE, XIII, 242; et TRAITEMENT, XIII, 290.

CURCUMA. (*Bot., Mat. médic.*) V, 252 à 254.

CURE. (*Pathol.*) V, 253.

CURE-DENT. (*Hyg.*) V, 255.

— D'ESPAGNE. (*Bot., Mat. médic.*) Nom vulgaire du fe-nouil. *Voyez* ce dernier mot, VI, 313.

— -LANGUE. (*Hyg.*) V, 255. *Voy.* aussi RACLOIRE, XII, 427.

— -OREILLE. (*Hyg.*) *Voyez* CÉRUMEN, IV, 568; et CIRE DES OREILLLES, IV, 861.

CUREAU DE LA CHAMBRE (François). (*Biogr. médic.*) V, 255 et 256.

— (Marin). (*Biogr. médic.*) *Voyez* CHAMBRE (Cureau de la), IV, 582.

CUREURS DE PUITS (Maladies des). (*Méd. prat.*) V, 256 et 257.

CURION (Jacques). (*Biogr. méd.*) V, 257.

CURTIUS (Mathieu). (*Biogr. méd.*) V, 257 et 258.

CUSCUTE. (*Bot., Mat. médic.*) V, 258.

CUSTINE (Eaux minerales de). V, 258.

CUTAMBULE. (*Médec.*) V, 258.

CUURDO. (*Bot., Mat. médic.*) V, 258.

CYANOGÈNE. (*Chim.*) *Voyez* ce mot dans le *Supplément.*

CYANOPATHIE. (*Pathol.*) *Voyez* MALADIE BLEUE dans le *Supplément.*

CYANURE. (*Chim., Mat. médic.*) *Voyez* ce mot dans le *Supplément*; et PRUSSIATES, XII, 348.

CYATHUS. (*Mat. médic.*) V, 259.

CYCADÉES (Famille des). (*Bot., Mat. médic.*) *Voyez* NOURRITURE, X, 693.

CYCAS. (*Bot., Mat. médic.*) *Voyez* ce mot dans le *Supplém.*

CYCLAME. (*Bot., Mat. médic.*) V, 259.

CYCLOPE. (*Pathol.*) V, 259.

CYCLOPION. (*Anat.*) Le blanc de l'œil. *Voy.* ŒIL, XI, 98; SCLÉROTIQUE, XII, 729.

CYMBALAISE. (*Bot., Mat. médic.*) *Voyez* LINAIRE, VIII, 146.

CYNANCHE. (*Pathol.*) *Voyez* ANGINE, II, 737; MAL DE GORGE, IX, 333.

— -PAROTIDEA. (*Pathol.*) *Voyez* OREILLON, XI, 171.

CYNANQUE. (*Bot., Mat. médic.*) V, 259. *Voyez* LISERONS dans le *Supplément*; et SCAMMONÉE DE MONTPELLIER, XII, 710.

CYNANTHROPIE. (*Pathol.*) V, 259 et 260.

CYNIQUE (Spasme). (*Pathol.*) V, 260 et 261.

CYNO-COPRUS. (*Mat. médic.*) V, 261. *Voyez* aussi ALBUM GRÆCUM, I, 625; et CHIEN, IV, 799.

CYNOGLOSSE. (*Bot., Mat. médic.*) V, 261 et 262.

CYNOMÈTRE. (*Bot., Mat. médic.*) V, 262.

CYNOMOIR. (*Bot., Mat. médic.*) V, 262 et 263.

CYNOREXIE. (*Pathol.*) Synonyme de faim canine.

CYNORRHODON. (*Bot., Mat. médic.*) V, 263.

— (Conserve de). (*Pharm., Mat. méd.*) *Voyez* CONSERVES, V, 84; KINORRHODON, VIII, 33; et ROSE DE CHIEN, XII, 605.

CYNOSORCHIS. (*Bot., Mat. médic.*) V, 263.

CYNOSURE. (*Bot., Mat. médic., Hyg.*) *Voy.* CRETELLE, V, 197.

— (Météor., Hyg.) V, 263.

CYPÉRACÉES (Famille des). (*Bot., Mat. médic.*) *Voyez* NATURELLES (Familles), X, 515; NOURRITURE, X, 694; et SOUCHET, XIII, 76.

CYPÉRUS. (*Bot.*, *Mat. médic.*) *Voyez* SOUCHET, XIII, 76.

CYPHOSIS. (*Pathol.*) Synonyme de gibbosité. *Voyez* ANA-TOMIE PATHOLOGIQUE, II, 269 à 271 ; et VERTÉBRALE (Déviation de la colonne), XIII, 425.

CYPO DE CAMÉRAS. (*Bot.*, *Mat. médic.*) V, 263.

CYPRÈS. (*Bot.*, *Mat. médic.*) V, 263 et 264.

— (Petit). (*Bot.*, *Mat. médic.*) *Voyez* ARMOISE, III, 291; SANTOLINE, XII, 685.

— (Résine de). (*Mat. médic.*) *Voyez* RÉSINES, XII, 534.

CYPRIANUS (Abraham). (*Biogr. médic.*) V, 264.

CYRÈNE (Temple de). (*Hist. de la méd.*) V, 264.

CYRTOSIS. (*Nosol.*) V, 264. *Voyez* aussi STAPHYLOME, XIII, 110.

CYRUS. (*Biogr. médic.*) V, 265.

CYSSOTIS. (*Pathol.*) V, 265. *Voyez* aussi TÉNESME, XIII, 227.

CYSTA-BUBONOCÈLE. (*Pathol.*) *Voyez* HERNIE dans le Dictionnaire de Chirurgie de cette Encyclopédie.

CYSTIDES. (*Pathol.*) Synonyme de kiste. *Voyez* ce mot, VIII, 36.

CYSTIQUE (Canal). (*Anat.*) *Voyez* ANATOMIE PATHOLO-GIQUE, II, 399 à 404.

CYSTIQUES. (*Thérap.*, *Mat. médic.*) V, 266.

CYSTIRRHAGIE. (*Pathol.*) V, 265 et 266.

CYSTIRRHÉE. (*Pathol.*) *Voyez* VÉSICAL (Catarrhe), XIII, 429.

CYSTITE et CYSTIS. (*Pathol.*) V, 266. *Voyez* aussi VÉSI-CAL (Catarrhe), XIII, 429 et 430.

CYSTOCÈLE. (*Path. chir.*) V, 266.

CYSTOMÉROCÈLE. (*Pathol. chir.*) V, 266.

CYSTOPTOSIS. (*Pathol. chir.*) V, 266.

CYSTOTOMIE. (*Opér. chir.*) V, 267. Incision de la vessie. *Voyez* TAILLE, XIII, 207.

CYTISE. (*Hyg.*, *Mat. médic.*) IV, 895 et 896.

CYTISINE. (*Chim. végét.*) *Voyez* ce mot dans le *Supplément*.

CYTMEL. (*Bot.*, *Mat. médic.*) *Voyez* aussi HYPOCISTE (Suc d'), VII, 439.

D

D et S. (*Art de formuler.*) Abréviation des mots *detur* et *signetur*. V, 274.

BACRYGELOS. (*Pathol.*) V, 274.

DACRYODES. (*Pathol.*) V, 274.

DACRYOMA. (*Pathol.*) V, 274.

DACRYON. (*Pathol.*) V, 274.

DACRYOPOIOS. (*Thérap.*, *Mat. médic.*) Qui excite le lar-moiement. V, 274.

DACTES. (*Bot.*, *Mat. médic.*) *Voyez* DATTES et DATTIER, V, 293.

DACTYLION. (*Pathol. chir.*) V, 274.

DAIM. (*Zool.*, *Hyg.*) V, 275.

DALE (Samuel). (*Biogr. médic.*) V, 275.

DALECHAMPS (Jacques). (*Biogr. médic.*) V, 275.

DAMASCÈNE (Jean). (*Biogr. médic.*) V, 275 et 276.

DAMIEN. (*Bot.*, *Mat. médic.*) Nom vulgaire de la frétil-laire. *Voyez* ce dernier mot, VI, 511.

DANGER, DANGEREUX. (*Séméiotiq.*) V, 276. *Voyez* aussi PROGNOSTIC, XII, 334.

DANIELLI (Etienne). (*Biogr. médic.*) V, 276.

DANSE DE SAINT-GUY. (*Pathol.*) *Voyez* CHOREA SANCTI-VITI, IV, 834; et SCÉLOTYRBE, XII, 717.

DAPHNÉ. (*Bot.*, *Mat. médic.*) Genre de la famille des Thymélées. *Voyez* GAROU, VI, 588; LAURÉOLE, VIII, 79; MÉSÉREUM, X, 97; THYMÉLÉE, XIII, 251.

DAPHNINE. (*Chim. végét.*) *Voyez* ce mot dans le *Supplém*.

DAPHNUS. (*Biogr. médic.*) V, 276 et 277.

DAQUIN (Antoine et Pierre). (*Biogr. médic.*) V, 277.

DARD-AIGUILLON. Piqûre des insectes. V, 277 et 278. *Voyez* aussi INSECTES, VII, 655; et VENIN, XIII, 407.

DARIOT (Claude). (*Biogr. médic.*) V, 278.

DARTRE. (*Pathol.*) V, 278 à 293. *Voyez* aussi ANTI-DAR-TREUX, III, 69; PEAU (Maladies de la) XI, 478.

DARTRIER DE LA GUIANE. (*Bot.*, *Mat. médic.*) V, 293.

DARWIN (Érasme). (*Biogr. médic.*) *Voyez* ce mot dans le *Supplément*.

DASYMMA. (*Pathol.*) V, 293.

DASYTES. (*Pathol.*) Synonyme de dasymma. *Voyez* ce mot, V, 293.

DATTES. (*Bot.*, *Mat. médic.*, *Hyg.*) V, 293 et 294. *Voyez* aussi NOURRITURE, X, 694.

DATURE. (*Bot.*, *Mat. médic.*) *Voyez* POMME ÉPINEUSE, XII, 236; et STRAMOINE, XIII, 133.

DATURINE. (*Chim. végét.*) *Voyez* ce mot dans le *Supplém*.

DAUBE (*Hyg.*) V, 294.

DAUCUS DE CANDIE. (*Bot.*, *Mat. médic.*) V, 294 et 295.

— VULGAIRE. (*Bot.*, *Mat. médic.*) *Voyez* CAROTTE, IV, 423.

DAULHAC (Eaux minérales de). V, 295.

DAUPHIN. (*Ichth.*, *Hyg.*) V, 295.

— (Eaux minérales de). V, 295.

DAUPHINELLE. (*Bot.*, *Mat. médic.*) Genre de la famille des Renonculacées. *Voyez* PIED D'ALOUETTE, XII, 78; et STAPHISAIGRE, XIII, 110.

DAVAL (Jean-Antoine). (*Biogr. médic.*) V, 295.

— D'EU (Jean). (*Biogr. médic.*) V, 295.

DAVIEL (Jacques). (*Biogr. médic.*) V, 295 et 296.

DAVISSON (Guillaume). (*Biogr. médic.*) V, 296 et 297.

DAX (Eaux minérales de). V, 297.

DÉBAUCHE. (*Hyg.*) V, 297 et 298. *Voyez* aussi AMOUR PHYSIQUE, II, 160; et CRAPULE, V, 189.

DÉBILITANS. (*Thérap.*) *Voyez* DÉBILITÉ, V, 298.

DÉBILITATION. (*Thérap.*) *Voyez* DÉBILITÉ, V, 298.

DEBILITATES. (*Nosol.*) V, 298.

DÉBILITÉ. (*Pathol.*) V, 298 et 299.

DEBOUT. (*Hyg.*) V, 299.

DÉBOUTONNER. (*Hyg.*) V, 299.

DÉCANTATION. (*Pharm.*) V, 299 et 300.

DÉCEPTION. (*Méd. lég.*) *Voyez* ce mot dans le *Supplém*.

DÉCÈS. (*Hyg. publiq.*) Mort naturelle d'une personne. *Voy.* MORT, X, 298.

DÉCHIREMENT. (*Pathol.*, *Chir.*) *Voyez* DÉCHIRURES.

DÉCHIRURES. (*Pathol.*, *Chir.*) V, 300 à 303.

DÉCLAMATION. (*Hyg.*) V, 303. *Voyez* aussi ACTEUR, I, 132 et 133.

DÉCLIN. (*Pathol.*) V, 304.

DÉCOCTION. (*Pharm.*, *Mat. médic.*) V, 304 et 305.

DÉCOMPOSITION DES MÉDICAMENS. (*Mat. médic.*, *Art de formuler.*) V, 305 à 308.

DÉCOUVRIR. (*Hyg.*) V, 308.

DÉCRASSER. (*Hyg.*) V, 308.

DÉCRÉPITATION. (*Pharm.*, *Mat. médic.*) V, 308.

DÉCRÉPITUDE. (*Hyg.*) Dernier degré de la vieillesse. *Voyez* ce mot, XIII, 460.

DECUBITUS. (*Séméiotiq.*) *Voyez* COUCHER, V, 269 et 270; et SÉMÉIOTIQUE, XIII, 16.

DÉFAILLANCE. (*Pathol.*) *Voyez* SYNCOPE, XIII, 188.

DÉFAUT D'ÉCOULEMENT DES MENSTRUES. (*Pathol.*) V, 309 à 321. *Voyez* aussi MENSTRUATION, IX, 674; MENS-TRUES, IX, 680.

— DE LAIT. (*Pathol.*) V, 321 à 333. *Voyez* aussi AGALAC-TIE, I, 353.

— DE LOCHIES. (*Pathol.*) V, 323 et 324.

DÉFÉCATION. (*Pharm.*, *Mat. médic.*) V, 324 et 325.

DÉFENSIFS. (*Thérap.*, *Mat. médic.*) V, 325 et 326.

DÉFLAGRATION. (*Pharm.*, *Mat. médic.*) V, 326 et 327.

DÉFLORATION. (*Médec. lég.*) V, 327 à 331 *Voyez* aussi VIOL, XIII, 466; et VIRGINITÉ, 470.

DÉPLORER

E

ÉGARÉ. (*Pathol.*) V, 692. *Voyez* DÉMENCE, V, 363; MANIE, VIII, 475.

ÉGAREMENT D'ESPRIT. (*Pathol.*) Aliénation de la raison. V, 692. *Voyez* DÉMENCE, V, 363; et MANIE, VIII, 475.

ÉGILOPE. (*Pathol.*) *Voyez* AEGILOPS, I, 229.

ÉGLANTIER. (*Bot.*, *Mat. médic.*) V, 692 et 693. *Voyez* aussi KINORRHODON, VIII, 33; et ROSIER, XII, 608.

ÉGLISE (Dispenses des lois de l'). (*Hyg*) *Voy.* DISPENSE, V, 467 à 476. — Considérations générales sur l'air que l'on respire dans ces sortes de lieux, V, 693 et 694.

ÉGOPHONIE. (*Pathol.*) *Voyez* PECTORILOQUIE, XI, 496; et SÉMÉIOTIQUE, XIII, 23.

ÉGOUT. (*Hyg.*) V, 694.

ÉGYPTE. (*Hyg. topogr.*) V, 694 et 695. *Voyez* aussi AFRIQUE, I, 281 et suiv.

ÉGYPTIAC (Onguent). (*Pharm.*, *Mat. médic.*, *Art vétér.*) V, 695 et 696.

ÉGYPTIENS. (*Hist. de la méd.*) Considérations générales sur l'état de la médecine chez les Égyptiens, V, 696 à 699.

EICHSTAD (Laurent). (*Biogr. médic.*) V, 699.

EILEMA. (*Pathol.*) V, 699.

EISENSCHMID. (Jean-Gaspar). (*Biogr. méd.*) V, 699.

ÉJACULATION (Vices de l'). (*Physiol. et Pathol.*) V, 699 et 700.

ÉJECTION. (*Physiol.*) Synonyme de déjection. *Voyez* ce dernier mot, V, 336.

ÉLABORATION. (*Physiol.*) V, 700.

ÉLÆOMELI. (*Mat. médic.*) V, 700.

ÉLÆOSACHARUM. (*Mat. médic.*) V, 700.

ÉLAINE. (*Chim.*) *Voyez* ce mot dans le *Supplément.*

ÉLAN. (*Zool.*, *Mat. médic.*) Mammifère du genre Cerf, V, 70.

ÉLANCEMENT. (*Pathol.*) *Voyez* ce mot dans le *Supplém.*

ÉLATERIUM. (*Bot.*, *Mat. médic.*) V, 700 et 701.

ÉLCOSIS. (*Pathol.*) V, 702. — Mal de St.-Lazare, suivant Vogel. *Voyez* MAL DE ST.-LAZARE, VIII, 333 et 334.

ÉLECTION (Temps, Lieu d'). (*Opér. chir.*) V, 702.

ÉLECTRICITÉ. (*Physiq. médic.*) V, 703 à 749. — De la nature du fluide électrique, 703 à 705. — Ses effets sur l'économie animale pendant qu'un animal vivant est électrisé, 705 à 712. — Lois que suit le fluide électrique, 712 à 719. — De l'application de l'électricité au traitement des maladies, 719 à 722. — Des différentes manières ou méthodes de l'administrer, 722. = par bains, 722 et 723. = par étincelles, 723 à 725. = Instrumens imaginés pour le traitement de la surdité, par étincelles, 725 et 726. — De la commotion. Manière de la donner, 726 à 728. — De l'électrisation par frictions, 728. = par pointes, ibid. — De la manière de communiquer l'électricité au moyen d'une pointe, à une personne qui n'est pas isolée, 728 et 729. = de soutirer le fluide électrique à l'aide d'une pointe, 729. — Manière de déterminer le courant du fluide à travers une partie quelconque d'un point à un autre, ibid. — Manière d'électriser dans la suppression des règles, 730. = dans la paralysie, 730 à 732. = dans le rhumatisme, 732 et 733. = dans la sciatique, 733 et 734. = dans les cas d'engelures, 734. = de maladies convulsives, 734 à 736. = de maladies des yeux, 736 à 738. = de fièvres intermittentes, 738. = d'écrouelles, 738 et 739. = de suites de lait épanché, 739 et 740. = de tumeurs, 740 et 741. = d'obstructions, d'entorses, de goutte, 741. = de mal de dents, 741 et 742. = d'hydropisie, d'enflures, d'ulcères, de cancer, d'esquinancie, 742 à 743. = d'affoiblissement, d'abolition des forces viriles et d'écoulement involontaire de semence, 743. — Ouvrages sur l'électricité, 744 à 747. — Ce qui reste à faire en électricité médicale, 747 à 749. *Voyez* aussi LAXITÉ, VIII, 80 à 84; MÉDECINE ÉLECTRIQUE, IX, 70; et MÉDECINE GALVANIQUE, 90.

ÉLECTRICITÉ ATMOSPHÉRIQUE. (*Physiq. médic.*) *Voyez* ATMOSPHÈRE, III, 393 à 406. — Des corps qui sont les intermèdes de l'électricité atmosphérique. Principes généraux, 393 à 395. — Du mouvement de l'électricité atmosphérique. Principes généraux, 395. — Application de ces principes à l'atmosphère, 396. — Différence et rapports entre l'état de l'électricité atmosphérique et celui de l'électricité artificielle, 396 et 397. — Des différens états de l'électricité atmosphérique. Principes généraux, 398 à 400. — Application de ces principes aux phénomènes atmosphériques. État positif et négatif dans l'atmosphère, 400. — Effets de la tendance à l'équilibre dans l'électricité atmosphérique, 401. — Phénomène sensible du rétablissement de l'équilibre. Expérience de la foudre, 402. — Application de cette expérience, 403. — Exemple de contre-coups électriques, 404 à 406. *Voyez* aussi TONNERRE, XIII, 276.

— GALVANIQUE. (*Physiq.*) *Voyez* MÉDECINE GALVANIQUE, IX, 90 et suiv.; PILE DE VOLTA, XII, 85 et 88; et GALVANI dans le *Supplément.*

ÉLECTRISATION. (*Physiq.*) V, 749. *Voyez* aussi ÉLECTRICITÉ, V, 703.

ÉLECTRISER. (*Physiq.*) *Voyez* aussi ÉLECTRICITÉ MÉDICALE, V, 719 à 722.

ÉLECTROMÈTRE et ÉLECTROSCOPE. (*Physiq.*) *Voyez* ces mots dans le *Supplément.*

ÉLECTROMOTEUR. (*Physiq.*) Appareil propre à développer l'électricité par le simple contact de substances de différente nature. *Voyez* PILE DE VOLTA, XII, 85.

ÉLECTUAIRE. (*Pharm.*, *Mat. médic.*) V, 749 à 751.

ÉLÉMENS. (*Mat. médic.*) V, 751 et 752.

ÉLÉMI (Résine). (*Mat. médic.*) V, 752. *Voyez* aussi RÉSINES, XII, 535.

ÉLÉPHANT. (*Zool. et Mat. médic.*) V, 752.

ÉLEPHANTIA. (*Pathol.*) *Voyez* ÉLÉPHANTIASIS, V, 753.

ÉLÉPHANTIASE ou ÉLÉPHANTIASIS. (*Pathol.*) V, 753. *Voyez* aussi LÈPRE, VIII, 288; MAL ROUGE DE CAYENNE, VIII, 335; et MESCLERIE, X, 1.

ÉLÉPHANTIS. (*Hist. littér. de la méd.*) V, 753.

ÉLIXATION. (*Mat. médic.*) V, 753.

ÉLIXIR. (*Pharm.*, *Mat. médic.*) Liqueur alcoolique chargée de principes extractifs ou résineux retirés des végétaux.

— DE PROPRIÉTÉ. *Voy.* PROPRIÉTÉ (Élixir de), XII, 337.

— AMÉRICAIN DE COURCELLE. *Voyez* ANTI-LAITEUX, III, 78.

ELKENANI. (*Biogr. médic.*) V, 753.

ELLAIN (Nicolas). (*Biogr. médic.*) V, 753.

ELLÉBORE EN GÉNÉRAL. (*Bot.*, *Mat. médic.*) V, 753 à 761.

— BLANC. (*Bot.*, *Mat. médic.*) V, 758 et 759.

— NOIR. (*Bot.*, *Mat. médic.*) V, 759 à 761. *Voyez* aussi ELLÉBORISME, V, 761; et MÉLAMPODE, IX, 589.

ELLÉBORINE. (*Bot.*, *Mat. médic.*) V, 761.

ELLÉBORISME. (*Thérap.*, *Mat. médic.*) V, 761 et 767. *Voy.* aussi ELLÉBORE EN GÉNÉRAL, V, 753.

ELLER (Jean-Théodore). (*Biogr. médic.*) V, 767.

ELLINGER (André). (*Biogr. médic.*) V, 767 et 768.

ÉLODES (Fièvre). (*Physiol.*) V, 768. *Voyez* aussi FIÈVRE ÉLODES, VI, 378.

ÉLOIGNER. (*Physiol.*) V, 768.

ÉLONGATION. (*Path. chir.*) V, 768.

ÉLOY (Nicolas-François-Joseph). (*Biogr. médic.*) *Voyez* ce mot dans le *Supplément.*

ELSHOLZ (Jean-Sigismond). (*Biogr. médic.*) V, 768 et 769.

ÉLUTRIATION. (*Pharm.*, *Mat. médic.*) Synonyme de décantation. *Voyez* ce dernier mot, V, 299.

ÉMACIATION. (*Pathol.*) *Voyez* ATROPHIE, III, 426; et CONSOMPTION, V, 85.

EMANATIONS. (*Hyg.*) V, 769.

EMBAUMEMENT. (*Anat.*, *Hyg.*) Opération que l'on pratique sur les cadavres dans le but de les conserver, en s'opposant à leur putréfaction. *Voyez* MOMIE, X, 171 et suiv.; et ORIENTAUX, XI, 202.

EMBROCATION. (*Thérap.*, *Mat. médic.*) V, 769 et 770.

EMBRYOCTONIE. (*Anat.*) *Voyez* AVORTEMENT, III, 463; et AVORTON, 498.

EMBRYOLOGIE. (*Anat.*, *Méd. prat.*) Considérée sous le double rapport de la vitalité du fœtus et des soins qui sont nécessaires à sa conservation, V, 770 et 771.

EMBRYON. (*Anat.*) *Voyez* AVORTON, III, 498.

EMBRYOTOMIE ou EMBRYTOMIE. (*Anat.*, *Accouch.*) V, 771 à 773.

EMERAUDE. (*Minér.*, *Mat. médic.*) V, 773.

EMERIL. (*Minér.*, *Mat. médic.*) V, 773.

EMERUS. (*Bot.*, *Mat. médic.*) Synonyme de séné bâtard. *Voyez* BAGUENAUDIER, III, 521.

EMÉTICITÉ. (*Thérap.*, *Mat. médic.*) Propriété de faire naître les vomissemens, V, 773 et 774.

EMÉTICO-CATHARTIQUES. (*Thérap.*, *Mat. médic.*) V, 774. *Voyez* aussi PURGATIF, XII, 376.

EMÉTINE. (*Chim. végét.*, *Mat. médic.*) *Voyez* ce mot dans le Supplément.

— INDIGÈNE. (*Chim. végét.*, *Mat. médic.*) *Voyez* VIOLINE, XIII, 469.

EMÉTIQUE. (*Chim.*) Nom vulgaire du tartrate de potasse antimonié. *Voy.* RÉACTIF, XII, 468; SEL (Tartrates), 757; et VOMITIF, XIII, 508.

EMÉTIQUES. (*Thérap.*, *Mat. médic.*) V, 774 à 776. *Voyez* aussi ANTÉMÉTIQUES, III, 49; KERMÈS MINÉRAL, VIII, 15 à 18; et VOMITIF, XIII, 508.

EMÉTO-CATHARTIQUES. (*Thérap.*, *Mat. médic.*) *Voyez* EMÉTICO-CATHARTIQUES, V, 774; et PURGATIF, XII, 376.

EMMÉNAGOGUES. (*Thérap.*, *Mat. médic.*) V, 776 et 777. *Voyez* aussi EMMÉNAGOLOGIE, V, 777; MENSTRUATION, IX, 678.

EMMÉNAGOLOGIE. (*Médec. prat.*) V, 777 à 781.

EMOLLIENS. (*Thérap.*, *Mat. médic.*) V, 781.

EMONCTOIRES. (*Pathol.*) V, 781 et 782.

EMPÉDOCLE. (*Hist. de la méd.*) V, 782 et 783.

EMPHRACTIQUES. (*Mat. médic.*) V, 783. *Voyez* aussi EMPLASTIQUES, V, 794.

EMPHRAXIE. (*Pathol.*) V, 783.

EMPHYSÈME. (*Pathol.*) V, 783. *Voy.* aussi l'article ANATOMIE PATHOLOGIQUE, II, 291 et suiv.

— DU POUMON. (*Pathol.*) *Voyez* POUMONS (Maladies des), XII, 287.

EMPIRIQUE. (Secte). (*Hist. de la méd.*) V, 783 à 791.

EMPIRIQUES. (*Hist. de la méd.*) *Voy.* EMPIRIQUE (Secte), V, 783 à 791.

EMPIRISME. (*Médec. prat.*) V, 791 à 794. *Voyez* aussi EMPIRIQUE (Secte), V, 783 et suiv.

EMPLASTIQUES. (*Mat. médic.*) V, 794.

EMPLATRE. (*Pharm.*, *Mat. médic.*) V, 794 à 797.

— MAGNÉTIQUE. (*Thérap.*, *Mat. médic.*) *Voyez* MAGNÉTIQUE (Emplâtre), VIII, 322.

— MERCURIEL. (*Thérap.*, *Mat. médic.*) *Voyez* ANTIVÉNÉRIENS, III, 108.

EMPNEUMATOSIS. (*Pathol.*) Enflure produite par de l'air. *Voyez* EMPHYSÈME, V, 783.

EMPOISONNEMENT. (*Médec. lég.*) V, 797 à 805. *Voyez* ALEXIPHARMAQUE, I, 670; ALEXITÈRES, 671; et POISON, XII, 194.

EMPROSTHOTONOS. (*Pathol.*) Espèce de tétanos, V, 805. *Voyez* TÉTANOS, XIII, 234.

EMPUSSER. (*Art vétér.*, *Pathol.*) *Voyez* AMPUSSER, II, 186.

EMPYEMA. (*Pathol.*) V, 805.

EMPYÈME. (*Pathol.*) V, 805 à 810. *Voyez* aussi l'article ANATOMIE PATHOLOGIQUE, II, 284.

EMPYREUMATIQUE (Huile). (*Pharm.*, *Mat. médic.*) V, 810.

EMPYREUME. (*Pharm.*, *Mat. médic.*) V, 810.

EMULSIF. (*Mat. médic.*) *Voyez* ce mot dans le Supplém.

EMULSIONS. (*Pharm.*, *Mat. médic.*) *Voyez* ce mot dans le Supplément.

ENCANTHIS. (*Pathol. chir.*) V, 810.

ENCAUMA. (*Pathol.*) V, 810.

ENCAUSSE (Eaux minérales d'). V, 810 et 811.

ENCAVURE. (*Pathol. chir.*) V, 810.

ENCEINTES (Maladies des femmes). (*Méd. prat.*) V, 811 à 813. *Voyez* aussi GROSSESSE, VI, 726 et suiv.

ENCENS. (*Mat. médic.*) *Voyez* GENEVRIER (Gomme de), VI, 657; et OLIBAN, XI, 112.

ENCÉPHALE. (*Anat.*) Synonyme de cerveau. *Voyez*, pour les affections dont cet organe est susceptible, l'article ANATOMIE PATHOLOGIQUE, II, 237 à 266; et RAMOLLISSEMENT (Ramollissement du cerveau), XII, 444.

— (*Helminth.*, *Hist. nat.*) Sorte de ver qui se développe dans le cerveau, et qui appartient à la famille des Hydatides, V, 813.

ENCÉPHALITE. (*Pathol.*) Altération particulière de l'encéphale. *Voyez* RAMOLLISSEMENT DU CERVEAU, XII, 444.

ENCÉPHALOCÈLE. (*Pathol. chir.*) Hernie du cerveau.

ENCHIFRENÉ. (*Pathol.*) V, 813.

ENCHIFRENEMENT. (*Pathol.*) Nom vulgaire du coryza ou rhume de cerveau. *Voyez* NASAL (*Anat.*, *Pathol.*), X, 483.

ENCLAVÉ, ENCLAVER (s'). (*Accouchem.*) V, 813 à 818.

ENCLAVEMENT DE LA TÊTE. (*Accouchem.*) V, 818. *Voyez* ENCLAVÉ, V, 813.

ENCOLURE. (*Art vétér.*) *Voyez* CHEVAL, IV, 729.

ENCRE A ÉCRIRE. (*Mat. médic.*) V, 818.

ENDÉMIQUE (Maladie). (*Pathol.*) V, 818.

ENDIVE. (*Bot.*, *Mat. médic.*) Un des noms de la chicorée. *Voyez* ce dernier mot, IV, 787.

ENDOILLERS. (*Art vétér.*) *Voyez* ANDOUILLERS, II, 691.

ENDURCISSEMENT DU TISSU CELLULAIRE. (*Pathol.*) V, 818 à 823. *Voy.* aussi ENFANS (Maladies des), V, 829; et SCLERÈME, XII, 728.

ENÉORÈME. (*Pathol.*) *Voyez* SÉMÉIOTIQUE, XIII, 15; et URINE, XIII, 366.

ENERGIE. (*Mat. médic.*) V, 823.

ENERVER. (*Hyg.*) V, 823 et 824.

ENEURÉSIE. (*Pathol.*) *Voyez* INCONTINENCE D'URINE, VII, 536 à 539; et URINE, XIII, 366.

ENFANCE. (*Hyg.*, *Physiol.*) Premier âge de la vie. *Voyez* AGE, I, 358.

ENFANS (Maladies des). (*Méd. prat.*) V, 824 à 853. — Principaux auteurs qui ont écrit sur les maladies des enfans, 824 à 826. — Division des maladies des enfans, 826. — Maladies des enfans nouveau-nés, depuis le moment de leur naissance jusqu'à l'époque de la dentition, 827 à 841. — Maladies des enfans nouveau-nés à l'époque et à la suite de la dentition, 841 à 853. *Voyez* aussi AGES (Maladies des), I, 359; NÉ (Nouveau-), X, 537 et suiv.

ENFANT DE SEPT MOIS. (*Physiq. médic.*) V, 853 à 855.

ENFANTEMENT et ENFANTER. (*Accouchem.*) V, 857 à 871. *Voyez* aussi ACCOUCHEMENT, I, 76.

ENFERMÉ. (*Hyg.*) V, 871.

ENFLAMMANS. (*Thérap.*, *Mat. médic.*) V, 871. *Voyez* ESCAROTIQUES, VI, 88; RUBÉFIANS, XII, 618.

ENFLAMMÉ. (*Pathol.*) V, 871.

ENFLURE. (*Pathol.*) V, 871 et 872.

ENFOURAGER. (*Art vétér.*) *Voyez* AFFOURAGER, I, 280.

ERGASTRIMANDRE. (*Physiol.*) Synonyme de ventriloque,

V.

V, 872. *Voyez* VENTRILOQUE, XIII, 414; et VOIX, 489.

ENGASTRIMYSME. (*Physiol.*) Action de parler comme si la voix venoit de l'estomac. *Voyez* VENTRILOQUE, XIII, 414; et VOIX, 489.

ENGASTRIMYTHE. (*Physiol.*) Synonyme de ventriloque. *Voyez* ce dernier mot, XIII, 414; et VOIX, 489.

ENGELEVENT. (*Ornith.*, *Mat. médic.*) *Voyez* CRAPAUD VOLANT, V, 186.

ENGELURES. (*Pathol.*) V, 872 à 875. *Voyez* aussi ÉLECTRICITÉ, V, 734; et PEAU, XI, 487.

ENGHIEN (Eaux minérales d'). *Voyez* MONTMORENCY (Eaux de), X, 228.

ENGISOMA. (*Pathol. chir.*) V, 875.

ENGORGEMENT. (*Pathol.*) V, 875.

ENGOUEMENT. (*Pathol.*) Accumulation dans un organe creux, des matières qui y sont excrétées ou portées. — De l'engouement des intestins considéré chez les enfans nouveau-nés. *Voyez* ENFANS (Maladies des), V, 838 et 839.

ENGOURDISSEMENT. (*Pathol.*) V, 875 et 876.

ENGRAISSER. (*Hyg.*) *Voyez* CORPULENCE, V, 145; et OBÉSITÉ, XI, 51.

ENGRAVER. (*Art vétér.*) *Voyez* AGGRAVER, I, 383.

ENGRUMELER (s'). (*Méd. prat.*) V, 876 et 877.

ENGUEHART (André et Jean-Baptiste). (*Biogr. médic.*) V, 877.

ENKAFATRAHE. (*Bot.*, *Mat. médic.*) V, 877.

ENROUEMENT. (*Pathol.*) Altération de la voix, qui devient rauque. *Voyez* RAUCITÉ, XII, 460.

ENTÉRITE ou ENTÉRITIS. (*Pathol.*) Inflammation des intestins, V, 877 à 884. *Voy.* aussi GASTRITIS, VI, 592.

ENTÉRO-MÉSENTÉRIQUE (Fièvre). *Voyez* MÉSENTÉRIQUE (Fièvre entéro-mésentérique), X, 5.

ENTHLASIS. (*Pathol. chir.*) V, 884.

ENTHOUSIASME. (*Malad. morale.*) V, 884.

ENTORSE. (*Pathol. chir.*) *Voyez* FOULURE, dans le *Dictionnaire de Chirurgie* de cet ouvrage.

ENTOZOAIRES. (*Helminth.*) Synonyme de vers intestinaux suivant Rudolphi. *Voyez* VERS INTESTINS, XIII, 421.

ENTRAILLES (Douleur d'). (*Pathol.*) *Voyez* TRANCHÉES, XIII, 298.

ENTRÉE (Repas). (*Hyg.*) V, 884.

ENTRELARDÉ. (*Hyg.*) V, 884 et 885.

ENTREMETS. (*Hyg.*) V, 885.

ENTREPAS. (*Art vétér.*) *Voyez* ALLURES, II, 51.

ENTRESOL. (*Hyg.*) V, 885.

ENULE. (*Bot.*, *Mat. médic.*, *Art vétér.*, *Mat.*) Plante de la famille des Corymbifères. *Voyez* HÉLÉNIUM, VII, 94.

ENURÉSIE. (*Pathol.*) Écoulement d'urine involontaire et sans douleur. *Voyez* URINE, XIII, 366.

ENVIES (des femmes enceintes). (*Méd. prat.*) V, 885 à 888. *Voyez* aussi NÆVUS, XI, 450.

EPANCHEMENT. (*Pathol.*) VI, 1.

EPARVIN. (*Art vétér.*, *Pathol.*) Vice de conformation chez certains animaux. *Voyez* CHEVAL, IV, 744.

EPEAUTRE. (*Hyg.*) *Voyez* FROMENT LOCAR, VI, 523 et 524.

EPÉNIDE. (*Thérap.*, *Mat. médic.*) Sucres tors. *Voyez* PÉNIDE, XI, 515.

EPERLAN. (*Hyg.*, *Ichthyol.*) VI, 1.

EPERON DE LA VIERGE. (*Bot.*, *Mat. médic.*) Un des noms vulgaires du pied d'alouette des champs. *Voyez* PIED D'ALOUETTE, XII, 78.

EPERVIER. (*Mat. médic.*, *Ornith.*) VI, 2.

EPERVIÈRES. (Eaux minérales d'). VI, 1.

EPHÉLIDES. (*Pathol.*) Taches cutanées, solitaires, ou réunies par groupe sur la surface du corps. *Voyez* HALE, VII, 16; LENTILLES, VIII, 109; et ROUSSEURS (Taches de), XII, 615.

EPHÉMÈRE (Fièvre). (*Pathol.*) *Voyez* DIARIA FEBRIS, V, 433.

EPHIALTE. (*Pathol.*) Synonyme de cauchemar. *Voyez* COCHEMAR, V, 4.

EPIALE (Fièvre). (*Pathol.*) Sorte de fièvre. *Voyez* EPIALE (Fièvre) dans le *Supplément*.

EPIAN. (*Pathol.*) Nom donné par les naturels de St. Domingue à la syphilis, VI, 2. *Voyez* aussi PIAN, XII, 64.

EPICAUMA. (*Pathol.*) VI, 2.

EPICÉRATIQUES. (*Thérap.*, *Mat. médic.*) VI, 3.

EPICES et EPICERIE. (*Pharm.*, *Hyg.*) VI, 3.

— (Pain d'). (*Hyg.*) *Voyez* PAIN, XI, 272.

EPICRASE. (*Pathol.*) VI, 3.

EPIDÉMIE. (*Pathol.*) VI, 3 à 6. — Des épidémies considérées sous le point de vue de la médecine légale. *Voy.* MALADIES ÉPIDÉMIQUES, VIII, 376.

EPIDERME. (*Anat. physiol.*) *Voyez* PEAU, XI, 473.

EPIGASTRE. (*Anat.*) Partie supérieure de l'abdomen qui commence immédiatement au-dessus de l'ombilic. *Voyez* ABDOMEN, I, 18; et VENTRE, XIII, 414.

EPIGENÈME. (*Sémiotiq.*) VI, 5.

EPIGENÈSE. (*Pathol.*) *Voyez* EPIGINOMÈNES, VI, 5; et MÉTABOLÉLOGIE, X, 25.

EPIGINOMÈNES. (*Pathol.*) VI, 5.

EPILEPSIE. (*Pathol.*) VI, 6 à 42. *Voyez* aussi l'article ANATOMIE PATHOLOGIQUE, II, 261 à 264; ANTI-ÉPILEPTIQUES, III, 713; et MAL CADUC, VIII, 32.

EPIMÈDE DES ALPES. (*Bot.*, *Mat. médic.*) VI, 42. *Voyez* aussi CHAPEAU D'ÉVÊQUE, IV, 617.

EPIMELETTES. (*Hist. de la médec.*) VI, 42 et 43.

EPINARDS. (*Hyg.*, *Mat. médic.*) VI, 43 et 44.

EPINE A CERISE. (*Bot.*, *Mat. médic.*) Nom vulgaire du jujubier. *Voyez* ce dernier mot, VII, 737.

— ARDENTE. (*Bot.*, *Mat. médic.*) Nom vulgaire du néflier. *Voyez* ce dernier mot, X, 554.

— BLANCHE. (*Bot.*, *Mat. médic.*) *Voyez* AUBÉPINE, III, 429.

— SAUVAGE. (*Bot.*, *Mat. médic.*) *Voyez* CHARDON, IV, 645.

— DE BŒUF. (*Bot.*, *Mat. médic.*) *Voy.* BUGRANE, IV, 189.

— DE BOUC. (*Bot.*, *Mat. médic.*) Nom vulgaire de l'astragale qui fournit la gomme adragant. *Voyez* GOMME ADRAGANT, VI, 652.

— DE CERF. (*Bot.*, *Mat. médic.*) Un des noms vulgaires du nerprun. *Voyez* ce mot, X, 581.

— JAUNE. (*Bot.*, *Mat. médic.*) VI, 42. *Voyez* PALIURE, XI, 283.

— VINETTE. (*Bot.*, *Mat. médic.*) Arbrisseau très-commun en Europe, VI, 44.

EPINGLES. (*Hyg.*) VI, 43.

EPINYCTIDES. (*Pathol.*) VI, 43 à 46.

EPIPHÉNOMÈNES. (*Pathol.*) VI, 46.

EPIPHLOGISMA. (*Pathol.*) VI, 46.

EPIPHORA. (*Pathol. chir.*) Larmoiement habituel. *Voyez* LARMOIEMENT, VIII, 71.

EPIPLEROSE. (*Pathol.*) VI, 47.

EPIPLOCÈLE. (*Pathol. chir.*) *Voyez* HERNIE, dans le *Dictionnaire de Chirurgie* de cet ouvrage.

EPIPLOITIS. (*Pathol.*) Inflammation de l'épiploon, VI, 47. *Voyez* aussi EPIPLOITE dans le *Supplément*.

EPIPLOMÉROCÈLE. (*Pathol.*) VI, 47. *Voy.* aussi HERNIE, dans le *Dictionnaire de Chirurgie* de cet ouvrage.

EPIPLOOMPHALE. (*Pathol.*) Hernie ombilicale causée par la sortie de l'épiploon.

EPIPLOON. (*Anat. pathol.*) *Voyez* ANATOMIE PATHOLOGIQUE, II, 336. — De ses blessures considérées sous le point de vue de la médecine légale. *Voyez* BAS-VENTRE, III, 629.

— (Amputation de l'). (*Art vétér.*, *Opér.*) *Voyez* AMPUTATION, II, 201.

Tab. du Dict. de Méd. XIII.   18

EPIPLOSCHÉOCÈLE. (*Pathol.*) Hernie scrotale, VI, 47.

EPISPADIAS. (*Pathol. chir.*) *Voyez* PÉNIS, XI, 515.

EPISPASTIQUE. (*Mat. médic.*, *Thérap.*) VI, 47 à 54. *Voyez* aussi RUBÉFIANS, XII, 618; et VÉSICATOIRES, XIII, 431.

— (Pommade). (*Mat. médic.*) *Voy.* POMMADE, XII, 235.

EPISTASE. (*Pathol.*) VI, 55.

EPISTAXIS. (*Pathol.*) *Voyez* NASAL (Maladies des fosses nasales), X, 484.

EPISTHOTONOS. (*Pathol.*) Variété du tétanos. VI, 55. *Voyez* aussi TÉTANOS, XIII, 234.

EPISYNTHÉTIQUE (Secte). (*Hist. de la méd.*) VI, 55.

EPITASE. (*Pathol.*) VI, 55.

EPITHELIUM. (*Anat.*, *Pathol.*) *Voyez* ce mot dans le *Supplément.*

EPITHÈME. (*Mat. médic.*) VI, 55 à 60.

EPITHYM. (*Mat. médic.*) Un des noms de la cuscute. *Voyez* ce dernier mot, V, 258.

EPIZOOTIES. (*Art vétér.*, *Pathol.*) VI, 61 et 62. *Voyez* aussi l'article ANATOMIE PATHOLOGIQUE DES ANIMAUX, II, 545; et MALADIES ÉPIZOOTIQUES, VIII, 380.

EPONGE. (*Hyg.*, *Mat. médic.*, *Zool.*) VI, 63.

— D'ÉGLANTIER. (*Mat. médic.*) Un des noms vulgaires du bédegar. *Voyez* ce dernier mot, III, 667.

EPOUVANTE. (*Hyg.*) VI, 63.

EPREINTES. (*Pathol.*) Envies fréquentes et douloureuses d'aller à la selle. *Voyez* TÉNESME, XIII, 227.

EPSOM (Eaux minérales d'). *Voyez* ce mot dans le *Supplément.*

EPUISEMENT. (*Pathol.*) VI, 63 et 64.

EPULIES ou EPULIDES. (*Pathol.*) VI, 64.

EPULOTIQUES. (*Mat. médic.*, *Art vétér.*, *Mat. médic.*) Synonyme de cicatrisans, VI, 64. *Voyez* aussi CICATRISANS, IV, 846; et INCARNATIFS, VII, 526.

EPURGE. (*Bot.*, *Mat. médic.*) Plante annuelle et indigène du genre Euphorbe. *Voyez* CATAPUCE, IV, 475 et 476; et THITYMALE, XIII, 246.

EQUILIBRE. (*Hyg.*) VI, 64.

EQUINOXE. (*Hyg.*, *Météor.*) VI, 64.

EQUITATION (Tabouret d'). (*Hyg.*) *Voyez* TABOURET, XIII, 202.

EQUIVOQUE (Symptôme). (*Séméiot.*) VI, 64.

EQUUS. (*Pathol.*) VI, 64.

ERABLE. (*Bot.*, *Mat. médic.*) VI, 64 et 65.

ERAILLEMENT DES PAUPIÈRES. (*Pathol.*) *Voy.* PAUPIÈRE, XI, 465.

ERASISTRATE. (*Biogr. médic.*) VI, 65 à 67.

ERASTE (Thomas). (*Biogr. médic.*) VI, 67.

ERÉTHISME. (*Pathol.*) Irritation ou orgasme. *Voyez* IRRITABILITÉ, VII, 689; et ORGASME, XI, 196.

ERÉSIPÈLE. (*Pathol.*) VI, 68 à 80.

ERGOT. (*Hyg.*, *Mat. médic.*) VI, 80 et 81. *Voyez* aussi SEIGLE ERGOTÉ, XII, 750.

ERGOTISME. (*Pathol.*) Maladie causée par le seigle ergoté. *Voyez* SEIGLE ERGOTÉ, XII, 750.

ERIBOTES. (*Biogr. médic.*) VI, 81.

ERICINÉES (Famille des). (*Bot.*, *Mat. médic.*) *Voy.* NATURELLES (Familles), X, 512; et NOURRITURE, 700.

ERICIUS CORDUS. (*Biogr. médic.*) *Voyez* CORDUS, V, 128.

ERICKÉ. (*Art vétér.*, *Pathol.*) *Voyez* ARAIGNÉE, III, 311.

ERMENGAUD. (*Biogr. médic.*) VI, 81.

ERNDL (Christian-Henri). (*Biogr. médic.*) VI, 81 et 82.

EROS. (*Biogr. médic.*) VI, 82.

EROSION. (*Pathol.*) VI, 82.

EROTIEN. (*Hist. littér. de la méd.*) VI, 82 à 84.

EROTIQUE (Délire). (*Pathol.*) *Voyez* AMATORIA FEBRIS, II, 98 à 101; et FUREUR UTÉRINE, VI, 536.

EROTOMANIE. (*Pathol.*) Espèce d'aliénation mentale produite par un amour excessif. *Voyez* le mot AMOUR, II, 174.

ERRATIQUE (Fièvre, frisson, douleur). (*Pathol.*) Synonyme d'irrégulier.

ERREUR DE LIEU. (*Pathol.*) VI, 84.

ERREURS POPULAIRES. (*Hist. de la méd.*) *Voyez* POPULAIRES (Erreurs), XII, 251.

ERRHIN ou ERRHINES. (*Mat. médic.*) VI, 84 et 85.

ERS. (*Mat. médic.*, *Hyg.*) VI, 85 et 86.

ERUCAGO. (*Bot.*, *Mat. médic.*) *Voyez* ROQUETTE, XII, 603.

ERUCTATION. (*Pathol.*) VI, 86. *Voyez* aussi FLATUOSITÉS, VI, 413; et RENVOIS, XII, 509.

ERUDITION. (*Hist. de la méd.*) VI, 86.

ERUGINEUSE (Bile). (*Pathol.*) *Voyez* BILE, III, 732.

ERUPTION. (*Pathol.*) VI, 86. *Voyez* aussi EXANTHÈMES, VI, 138.

ERUPTIVES (Maladies). (*Pathol.*) *Voyez* ERUPTION, VI, 86; et EXANTHÈMES, 138.

ERYSIPÈLE. (*Pathol.*) *Voyez* ERÉSIPÈLE, VI, 68 à 80.

ERYTHEMA. (*Pathol.*) Rougeur inflammatoire, VI, 86.

ERYXIMACHUS. (*Biogr. médic.*) VI, 87.

ESCALDAS (Eaux minérales de l'). *Voyez* CALDAS, IV, 311.

ESCARBOT. (*Entom.*, *Mat. médic.*) Genre d'insectes coléoptères. *Voyez* FOUILLE-MERDE ESCARBOT, VI, 481.

ESCARBOUCLE. (*Minér.*, *Mat. médic.*) VI, 87.

ESCARGOT. (*Zool.*, *Mat. médic.*) Genre de Mollusques gastéropodes testacés, VI, 87 et 88. *Voyez* aussi l'article CHAIR, IV, 577; et LIMAÇONS, VIII, 144 et 145.

ESCABOTIQUES. (*Mat. médic.*) VI, 88.

ESCARPIN. (*Hyg.*) VI, 89. *Voyez* aussi CHAUSSURE, IV, 676 et suiv.

ESCARPOLETTE. (*Hyg.*) Sorte de fauteuil suspendu auquel on imprime un mouvement oscillatoire. *Voyez* BALANÇOIRE, III, 577.

ESCHALLES (Eaux minérales d'). VI, 89.

ESCHARE. (*Pathol. chir.*) *Voy.* ce mot dans le *Supplément.*

ESCOT (Eaux minérales de l'). VI, 89.

ESCULAPE. (*Hist. de la méd.*) VI, 91. *Voyez* aussi ANCIENS MÉDECINS, II, 662.

ESPAGNE. (*Hyg.*) VI, 91 à 93.

ESPARGOUTE. (*Bot.*, *Mat. médic.*) Un des noms vulgaires de la matricaire. *Voyez* ce dernier mot, VIII, 600.

ESPARON (Pierre-Jean Baptiste). (*Biogr. médic.*) *Voyez* PARIS (Ecole de médecine de), XI, 399.

ESPÈCES. (*Mat. médic.*) VI, 93 à 95.

ESPHLASIS. (*Pathol. chir.*) VI, 95.

ESPIRA (Eaux minérales d'). VI, 95.

ESPRIT D'OBSERVATION. (*Philos. médic.*) *Voyez* OBSERVATION, XI, 63.

ESPRITS. (*Pharm.*, *Mat. médic.*) VI, 97 et 98. — De l'esprit volatil en particulier, V, 95 à 97. *Voyez* aussi, pour ce qui concerne l'*esprit de Mindererus*, l'article SEL, XII, 754; et, pour l'*esprit de sel*, RÉACTIF, XI, 466.

ESQUINANCIE. (*Art vétér.*, *Pathol.*) *Voyez* ANGINE, III, 737; et l'article ANATOMIE PATHOLOGIQUE DES ANIMAUX, II, 554.

ESQUINE. (*Bot.*, *Mat. médic.*) Nom vulgaire de la squine. *Voyez* ce dernier mot, XIII, 104.

ESSAIS. (*Thérap.*, *Mat. médic.*) VI, 98 et 99.

ESSENCES. (*Hyg.*, *Mat. médic.*) VI, 99.

ESSÉNIENS. (*Hist. de la méd.*) VI, 100.

ESSENTIEL, LLE. (*Pharm.*, *Mat. médic.*, *Pathol.*) VI, 100.

ESSERA. (*Pathol.*) VI, 100 et 101.

ESSERIPE-ESSACHALI. (*Biogr. médic.*) VI, 101.

ESSET. (Eaux minérales d'). VI, 101.

ESSORILLAGE. (*Art vétér.*, *Hyg.*, *Opér.*) *Voyez* AMPUTATION DES OREILLES, II, 205.

ESSORILLER, ESSORILLÉ (Cheval). (*Art vétér.*, *Hyg.*, *Opér.*) *Voyez* AMPUTATION DES OREILLES, II, 205.

ESSOUFFLEMENT. (*Pathol.*) *Voyez* ce mot dans le *Supplém.*

ESSOURES (Eaux minérales d'). VI, 101.

F

FIÈVRE D'ACCÈS. (*Pathol.*) Nom donné à la fièvre intermittente. *Voyez* INTERMITTENTE (Fièvre), VII, 663.

— DE HONGRIE. (*Pathol.*) Un des noms du typhus. *Voyez* ce dernier mot, XIII, 340.

— DES CAMPS. (*Pathol.*) Un des noms du typhus. *Voyez* ce dernier mot, XIII, 340.

— DES PRISONS. (*Pathol.*) Un des noms du typhus. *Voyez* ce dernier mot, XIII, 340.

— DES TROPIQUES. (*Pathol.*) Un des noms de la fièvre jaune. *Voyez* VOMITO, XIII, 509.

— DES VAISSEAUX. (*Pathol.*) Un des noms du typhus. *Voy.* ce dernier mot, XIII, 340.

— D'HÔPITAL. (*Pathol.*) Un des noms du typhus. *Voyez* ce dernier mot, XIII, 340.

— DIAIRE. (*Pathol.*) Fièvre qui ne dure qu'un jour. *Voyez* AMPHIMÉRINE, II, 182; et DIARIA FEBRIS, V, 433.

— ÉLODES. (*Pathol.*) VI, 378. *Voy.* aussi ÉLODES (Fièvre), V, 768.

— ENDÉMIQUE. (*Pathol.*) Fièvre qui règne habituellement dans un pays. *Voy.* FIÈVRE INTERMITTENTE, VI, 385; et INTERMITTENTE (Fièvre), VI, 663 et suiv.

— ENTÉRO-MÉSENTÉRIQUE. (*Pathol.*) *Voyez* MÉSENTÉRIQUE (Fièvre entéro-mésentérique), X, 5.

— ÉPHÉMÈRE. (*Pathol.*) *Voyez* AMPHIMÉRINE, II, 182; et DIARIA FEBRIS, V, 433 et 434.

— ÉPIALE. (*Pathol.*) VI, 377. *Voy.* aussi ÉPIALE (Fièvre) dans le *Supplément*.

— ÉPIDÉMIQUE. (*Pathol.*) *Voy.* INTERMITTENTE, VI, 385.

— ÉROTIQUE. (*Pathol.*) *Voyez* AMATORIA FEBRIS, II, 98.

— ERRATIQUE. (*Pathol.*) *Voyez* FIÈVRE INTERMITTENTE, VI, 385; et INTERMITTENTE (Fièvre), VII, 663.

— GASTRIQUE. (*Pathol.*) Nom sous lequel Pinel désigne la fièvre méningo-gastrique. *Voyez* MÉNINGO-GASTRIQUE (Fièvre), IX, 657.

— HECTIQUE. (*Pathol.*) *Voyez* ACCÈS, I, 61.

— RÉMITRITÉE. (*Pathol.*) VI, 382 à 384.

— HORRIFIQUE. (*Pathol.*) VI, 379.

— HYSTÉRIQUE. (*Pathol.*) *Voyez* HYSTÉRICISME, VII, 450 et suiv.

— INFLAMMATOIRE. (*Pathol.*) *Voyez* l'article FIÈVRE, VI, 376 et suiv.

— INTERCURRENTE. (*Pathol.*) *Voyez* INTERCURRENTE (Fièvre), VII, 661 à 663.

— INTERMITTENTE. (*Pathol.*) VI, 385. *Voyez* INTERMITTENTE (Fièvre), VII, 663 à 684.

— JAUNE. (*Pathol.*) *Voyez* MÉDECINE INDOSTANTE, IX, 371; PESTE et PESTILENTIELLES (Maladies), XI, 596; et VOMITO, XIII, 509 et suiv.

— LAITEUSE OU DE LAIT. (*Pathol.*) *Voy.* ANTI-LAITEUX, III, 76; FEMMES EN COUCHE (Maladies des), VI, 276; LAIT, VIII, 230 et suiv.

— LARVÉE. (*Pathol.*) Une des variétés de la fièvre intermittente. *Voyez* FIÈVRE INTERMITTENTE, VI, 385; et INTERMITTENTE (Fièvre), VII, 663.

— LENTE NERVEUSE. (*Pathol.*) VI, 392.

— LIPYRIENNE. (*Pathol.*) VI, 377. *Voyez* aussi LIPYRIE, VIII, 162 et 163.

— MALIGNE. (*Pathol.*) VI, 389 à 392. = considérée chez les femmes en couche. *Voy.* FEMMES EN COUCHE (Maladies des), VI, 296; et TYPHUS, XIII, 340 et suiv.

— MÉNINGO-GASTRIQUE. (*Pathol.*) *Voyez* MÉNINGO-GASTRIQUE (Fièvre), IX, 657.

— MÉSENTÉRIQUE. (*Pathol.*) *Voyez* MUQUEUSE (Fièvre), X, 393.

— MILIAIRE. (*Pathol.*) *Voyez* MILIAIRE, X, 113. = considérée chez les femmes en couche. *Voyez* FEMMES EN COUCHE (Maladies des), VI, 298.

— MORBILLEUSE. (*Pathol.*) Un des noms de la rougeole. *Voyez* ce dernier mot, XII, 610 et suiv.

— MUQUEUSE. (*Pathol.*) *Voyez* MUQUEUSE (Fièvre), X, 393 à 398.

FIÈVRE NERVEUSE. (*Pathol.*) Synonyme de fièvre maligne pour quelques auteurs, VI, 392.

— NOSOCOMIALE. (*Pathol.*) Un des noms du typhus. *Voyez* ce dernier mot, XIII, 340 et suiv.

— ORTIÉE. (*Pathol.*) *Voyez* ORTIÉE (Fièvre), XI, 276; et URTICAIRE, XIII, 369.

— OSCITANTE. (*Pathol.*) *Voyez* OSCITANTE (Fièvre), XI, 230.

— PÉRIODIQUE. (*Pathol.*) *Voy.* FIÈVRE INTERMITTENTE, VI, 385; et RÉMITTENTE (Fièvre), XII, 499.

— PERNICIEUSE. (*Pathol.*) *Voyez* PERNICIEUSE (Fièvre), XI, 564.

— PESTILENTIELLE. (*Pathol.*) *Voyez* PESTILENTIELLES (Maladies), XI, 596 et suiv.

— PÉTÉCHIALE. (*Pathol.*) *Voyez* PÉTÉCHIALE et PÉTÉCHIES, XI, 614 et 615.

— PITUITEUSE. (*Pathol.*) *Voyez* MUQUEUSE (Fièvre), X, 393.

— POURPRÉE. (*Pathol.*) *Voyez* PÉTÉCHIALE (Fièvre), XI, 614. — De la fièvre pourprée considérée chez les femmes en couche. *Voyez* FEMMES EN COUCHE (Maladies des), VI, 300.

— PUERPÉRALE. (*Pathol.*) *Voyez* LAIT, VIII, 240; et PÉRITONITE, XI, 555.

— PUTRIDE. (*Pathol.*) VI, 379 à 382.

— QUARTE. (*Pathol.*) VI, 396. — *Voyez* aussi DOUBLE-QUARTE, V, 514; et QUARTE, XII, 408.

— QUINTANE. (*Pathol.*) *Voyez* QUINTANE (Fièvre), XII, 414.

— QUOTIDIENNE. (*Pathol.*) VI, 386. *Voyez* aussi ACCÈS, I, 57 et 59; et QUOTIDIENNE (Fièvre), XII, 415.

— RÉMITTENTE. (*Pathol.*) *Voyez* ACCÈS, I, 58 à 60; et RÉMITTENTE (Fièvre), XII, 499.

— ROUGE. (*Pathol.*) *Voyez* ROUGE (Fièvre), XII, 610; et SCARLATINE, 715.

— SANGUINE. (*Pathol.*) Un des noms de la fièvre inflammatoire.

— SCARLATINE ANGINEUSE. (*Pathol.*) *Voyez* ANGINE SCARLATINE, II, 765; et SCARLATINE, XII, 715.

— SEPTANE. (*Pathol.*) *Voyez* SEPTANE (Fièvre), XIII, 35.

— SEXTANE. (*Pathol.*) *Voyez* SEXTANE (Fièvre), XIII, 47.

— SIMPLE. (*Pathol.*) VI, 376.

— SINGULTUEUSE. (*Pathol.*) VI, 379.

— SOPOREUSE. (*Pathol.*) Synonyme de fièvre comateuse. *Voyez* FIÈVRE COMATEUSE, VI, 393.

— STATIONNAIRE. (*Pathol.*) VI, 388.

— SUBINTRANTE. (*Pathol.*) *Voy.* SUBINTRANTE (Fièvre), XIII, 148.

— SUDATOIRE. (*Pathol.*) *Voyez* SUETTE, XIII, 156.

— SYNCOPALE. (*Pathol.*) VI, 379. *Voyez* aussi SYNCOPALE (Fièvre), XIII, 188.

— SYNOQUE. (*Pathol.*) *Voyez* SYNOQUE (Fièvre), XIII, 190.

— TIERCE. (*Pathol.*) VI, 385. *Voyez* aussi ACCÈS, I, 56, 57 à 62; DOUBLE-TIERCE, V, 514; SEMI-TIERCE, XIII, 28; et TIERCE, 259.

— TRAUMATIQUE. (*Pathol.*) *Voyez* TRAUMATIQUE, XIII, 341.

— TRITÉOPHIE. (*Pathol.*) *Voyez* ACCÈS, I, 58; FIÈVRE, VI, 382; et TRITÉOPHIE, XIII, 319.

— TYPHODE. (*Pathol.*) VI, 378. *Voyez* aussi ARDENTE (Fièvre), III, 240 à 243; et TYPHUS, XIII, 340.

— VARIOLEUSE. (*Pathol.*) Nom donné à la fièvre symptomatique qui accompagne l'exanthème varioleux. *Voyez* VARIOLE, XIII, 392.

— VERMINEUSE. (*Pathol.*) Nom donné par quelques auteurs à la fièvre muqueuse, parce que cette dernière est souvent caractérisée par la présence de vers.

FIÈVRE VERNALE. (*Pathol.*) Nom des fièvres intermittentes qui se montrent au printemps.

— VULNÉRAIRE. (*Pathol.*) Synonyme de fièvre traumatique. *Voyez* TRAUMATIQUE, XIII, 311.

FIGUE. (*Bot., Mat. médic., Hyg.*) VI, 393 à 397. *Voyez* aussi ALIMENT, I, 812.

FIGUIER D'ADAM. (*Bot., Mat. médic.*) Nom vulgaire du bananier. *Voyez* ce mot, III, 587.

— D'INDE. (*Bot., Mat. médic.*) *Voyez* CACTIER, IV, 226 et 227.

FILAIRE. (*Helminth.*) Genre de vers entozoaires. *Voyez* FILAIRE dans le Supplément.

FILARIA. (*Bot., Mat. médic.*) VI, 397.

FILET. (*Hyg.*) VI, 397.

FILIPENDULE. (*Bot., Mat. médic.*) VI, 397.

FILLES (Maladies des). (*Méd. prat.*) VI, 397 à 401.

— PUBLIQUES. (*Hyg. publiq.*) *Voyez* COURTISANES, V, 167.

FILTRATION. (*Pharm., Mat. médic.*) VI, 401 et 402. *Voyez* aussi CLARIFICATION, IV, 874.

FILTRE. (*Pharm., Mat. médic.*) VI, 401. *Voyez* aussi CLARIFICATION, IV, 874.

FINE (Oronce). (*Biogr. médic.*) VI, 402 à 406.

FINOT (Raimond et Raimond-Jacob). (*Biogr. médic.*) VI, 406.

FIORAVENTI (Léonard). (*Biogr. médic.*) VI, 406.

— (Baume de). (*Mat. médic.*) VI, 406 et 407.

FIRMIN (St.-) (Eaux minérales de), VI, 407.

FISCHER (Jean-André). (*Biogr. médic.*) VI, 407 et 408.

FISTULE LACRYMALE. (*Pathol. chir.*) *Voyez* FISTULE dans le Dictionnaire de Chirurgie de cette Encyclopédie.

— SALIVAIRE. (*Pathol.*) *Voyez* SALIVAIRE, XII, 663.

— STERCORALE. (*Pathol. chir.*) *Voyez* ANATOMIE PATHOLOGIQUE, II, 381.

FISTULINES. (*Bot., Mat. médic.*) *Voyez* NOURRITURE, X, 692.

FITZ-GÉRALD (Gérard). (*Biogr. médic.*) VI, 408.

FIXEN OU FIXIN (Eaux minérales de). VI, 408.

FIXER. (*Thérap.*) VI, 408.

FIZES (Antoine). (*Biogr. médic.*) VI, 408 à 410.

FLABELLATION. (*Opér. chir.*) VI, 410.

FLACCIDITÉ. (*Pathol.*) VI, 410.

FLAGELLATION. (*Thérap.*) VI, 410 et 411.

FLAMME. (*Instr. de chir.*) Instrument dont se servent quelques chirurgiens allemands pour pratiquer la phlébotomie. *Voyez* SCARIFICATEUR, XII, 714.

FLANC (Altération du). (*Art vétér., Pathol.*) *Voyez* ALTÉRATION, II, 77.

— ALTÉRÉ. (*Art vétér., Pathol.*) *Voyez* ALTÉRATION, II, 77.

FLANCS. (*Art vétér.*) *Voyez* CHEVAL, IV, 741.

FLANELLE. (*Hyg.*) VI, 411.

FLATUEUX. (*Hyg.*) VI, 411.

FLATULENCE. (*Pathol.*) *Voyez* l'article ANATOMIE PATHOLOGIQUE, II, 455; ÉRUCTION, VI, 86; FLATUOSITÉS, 413; et VENTS, XIII, 415.

FLATUOSITÉS. (*Pathol.*) VI, 413 à 415. *Voyez* aussi ANATOMIE PATHOLOGIQUE, II, 455; ÉRUCTATION, VI, 86; et VENTS, XIII, 415.

FLÈCHE D'EAU. (*Bot., Mat. médic.*) VI, 415.

FLEGMATIQUE (Constitution). (*Hyg.*) *Voyez* TEMPÉRAMENT, XIII, 223.

FLETRIVE. (Eaux minérales de). VI, 415.

FLÉTUS. (*Nosol.*) Pleurs, larmes, VI, 415. *Voy.* LARMES, VIII, 70.

FLEUR DU CIEL. (*Bot., Mat. médic.*) Un des noms vulgaires du nostoc. *Voyez* ce dernier mot, X, 665.

— DE MUSCADE. (*Bot., Mat. médic.*) *Voyez* MUSCADE, X, 410.

— DE PAQUES. (*Bot., Mat. médic.*) *Voyez* PULSATILLE, XII, 371.

FLEUR DE LA PASSION. (*Bot., Mat. médic.*) *Voyez* GRENADILLE, VI, 716.

FLEURS. (*Hyg., Mat. médic., Chim.*) VI, 415 à 419. *Voy.* aussi ODEURS, XI, 79.

FLEURS et mieux FLUEURS BLANCHES. (*Pathol.*) Nom vulgaire de la leucorrhée, VI, 419 à 424.

FLORAC (Eaux minérales de). VI, 424.

FLORET (Eaux minérales de St.). VI, 424.

FLORUS. (*Hist. de la méd.*) VI, 424.

FLOYER (Jean). (*Biogr. médic.*) VI, 424 et 425.

FLUDD (Robert). (*Biogr. médic.*) VI, 425.

FLUER. (*Pathol.*) *Voyez* FLUX, VI, 426.

FLUIDES MUQUEUX. (*Physiol.*) *Voyez* MUQUEUX (Fluides), X, 407.

FLUOR. (*Chim. minér.*) VI, 426.

FLUVIATILES. (*Hyg.*) VI, 426.

FLUX. (*Pathol.*) VI, 426.

— DE BOUCHE. (*Pathol.*) *Voyez* PTYALISME, XI, 359; et SALIVATION, XII, 664.

— BILIEUX. (*Pathol.*) *Voyez* CHOLERA MORBUS, IV, 829.

— CŒLIAQUE. (*Pathol.*) *Voyez* DIARRHÉE, V, 455; et PASSION CŒLIAQUE, XI, 411.

— COLLIQUATIF. (*Pathol.*) *Voyez* COLLIQUATIF, V, 49; et COLLIQUATION, 49 et 50.

— DYSENTÉRIQUE. (*Pathol.*) *Voyez* DYSSENTERIE, V, 570 et suiv.

— HÉMORRHOÏDAL. (*Pathol.*) *Voy.* HÉMORRHOÏDES, VII, 126 et suiv.

— HÉPATIQUE. (*Pathol.*) *Voyez* HÉPATIQUE (Flux), VII, 141.

— DE LAIT. (*Pathol.*) *Voyez* GALACTIRRHÉE, VI, 546.

— LIENTÉRIQUE. (*Pathol.*) *Voyez* LIENTÉRIE, VIII, 139.

— MENSTRUEL. (*Physiol.*) *Voyez* ANATOMIE PATHOLOGIQUE, II, 503; MÉNORRHAGIE, IX, 663; et MENSTRUATION, IX, 674.

— MUQUEUX. (*Pathol.*) Écoulement de mucosités.

— PURULENT. (*Pathol.*) *Voyez* PYOGÉNIE, XII, 390.

— SALIVAIRE. (*Pathol.*) *Voyez* PTYALISME, XII, 369; et SALIVATION, 664.

— DE SANG. (*Pathol.*) Un des noms vulgaires de la dyssenterie. *Voyez* ce dernier mot, V, 570.

— DE SPERME. (*Pathol.*) *Voyez* POLLUTION, XI, 212; et SPERMATORRHÉE, XIII, 90.

— D'URINE. (*Pathol.*) *Voyez* DIABÈTES, V, 426.

— DE VENTRE. (*Pathol.*) *Voyez* DIARRHÉE, V, 434.

FLUXION CATARRHALE. (*Pathol.*) *Voyez* MUQUEUSE (Fluxion), X, 398 et suiv.

— SUR LES DENTS. (*Pathol.*) *Voyez* ODONTALGIE, XI, 84.

— GOUTTEUSE. (*Pathol.*) *Voyez* GOUTTE, VI, 279.

— MUQUEUSE. (*Pathol.*) *Voyez* MUQUEUSE (Fluxion), X, 399.

— DE POITRINE. (*Pathol.*) *Voyez* PNEUMONIE, XII, 173.

FOES (Anuce). (*Biogr. médic.*) VI, 426 et 427.

FŒTUS. (*Anat.*) Enfant qui n'est pas né. *Voyez* l'article ANATOMIE PATHOLOGIQUE, II, 525.

— (Animation du). (*Méd. lég.*) *Voyez* ANIMATION (du fœtus), III, 22.

— (Ouverture du). (*Méd. lég.*) VI, 427 à 436. — Considérations générales sur le fœtus avant sa naissance, 436 à 445. — vivant dans l'utérus après la mort de sa mère. Moyens de le conserver, 445 et 446. — De son expulsion en particulier, VI, 185 à 189. — Gestation de plusieurs fœtus, VI, 631 à 633.

FOIBLESSE. (*Hyg. et Pathol.*) VI, 446 et 447. *Voyez* aussi DÉBILITÉ, V, 298; et l'article ÉPUISEMENT, VI, 63.

— D'ESTOMAC. (*Pathol.*) VI, 447. *Voy.* aussi DYSPEPSIE, V, 560; et TRANCHÉES, XIII, 299.

— SYNCOPALE. (*Pathol.*) *Voyez* SYNCOPE, XIII, 188.

FOIE (Maladies du). (*Pathol.*) *Voyez* l'article ANATOMIE PATHOLOGIQUE,

G

GALBANUM. (*Mat. médic.*) VI, 548 et 549.

GALBULUS. (*Nosol.*) VI, 549.

GALE. (*Pathol.*) VI, 549 à 561. *Voyez* aussi ANTIPSO-RIQUES, III, 95.

— MALIGNE. (*Art vétér.*) *Voyez* AFFECTION SOUS-PEAU, I, 244.

— SOUS-CUTANÉE. (*Art vétér.*) ibid., ibid.

GALÉ. (*Bot.*, *Mat. médic.*) Arbrisseau de la Louisiane, dont les fruits donnent par l'ébullition une cire qui peut remplacer dans ses usages économiques celle des abeilles. *Voyez* CIRE VÉGÉTALE, IV, 863.

GALÉANO (Joseph). (*Biogr. médic.*) VI, 561 et 562.

GALÉANTHROPIE. (*Pathol.*) VI, 562.

GALÉGA. (*Bot.*, *Mat. médic.*) VI, 562.

GALÉNISME. (*Hist. de la méd.*) *Voyez* GALÉNISTE, VI, 562; GALIEN, 563, et l'article HYGIÈNE, VII, 404.

GALÉNISTE. (*Hist. de la méd.*) Médecin de la secte de Galien, VI, 562 et 563. *Voyez* GALIEN, VI, 563 à 570.

GALÉOPSIS ou GALÉOPE. (*Bot.*, *Mat. médic.*) VI, 563.

GALEOTUS MARTIUS. (*Biogr. médic.*) VI, 563.

GALÉRIENS et FORÇATS. (*Hyg. publiq.*) *Voyez* PRISON dans le *Supplément.*

GALETTE. (*Hyg.*) VI, 563.

GALIEN. (*Biogr. médic.*) VI, 563 à 570. *Voyez* aussi l'article HYGIÈNE, VII, 404 à 407.

— (Veine de.) *Anat.*) *Voyez* le *Dictionnaire d'Anatomie* de cette Encyclopédie.

GALIET. (*Bot.*, *Mat. médic.*) *Voyez* CALLIET, IV, 270.

GALIPOT. (*Chim.*) *Voyez* PIN, XII, 90.

GALL (Jean-Joseph). (*Biogr. médic.*) *Voyez* ce mot dans le *Supplément.*

GALLE-INSECTE. (*Mat. médic.*, *Entomol.*) VI, 571. *Voy.* aussi COCHENILLE, V, 8; et KERMÈS ANIMAL, VIII, 19.

— AUX HÉMORRHOÏDES. (*Bot.*, *Mat. médic.*) *Voyez* CHARDON, IV, 643.

— DU COMMERCE. (*Mat. médic.*) *Voyez* NOIX DE GALLE, X, 629.

— DU ROSIER. (*Mat. médic.*) *Voyez* BÉDÉGAR, III, 667.

GALLES. (*Mat. médic.*) VI, 570 et 571. *Voyez* aussi NOIX DE GALLE, X, 629.

GALLINACÉS. (*Ornith.*, *Hyg.*) *Voyez* NOURRITURE, X, 710.

GALLIQUE (Acide). (*Chim.*) *Voyez* GALLES, VI, 570.

GALMIER (Eaux minérales de ST.-). *Voyez* ST.-GALMIER, XII, 654.

GALVANI (Louis). (*Biogr. médic.*) *Voyez* ce mot dans le *Supplément.*

GALOP. (*Art vétér.*) *Voyez* ALLURES, II, 51 à 54.

GALVANISME. (*Physiq.*) *Voyez* MÉDECINE GALVANIQUE, IX, 90 et suiv.; et PILE DE VOLTA, XII, 85.

GALVANOMÈTRE et GALVANOSCOPE. (*Physiq.*) *Voyez* ces mots dans le *Supplément.*

GAN (Eaux minérales de). VI, 571.

GANACHE. (*Art vétér.*) *Voyez* CHEVAL, IV, 720.

GANGLION. (*Pathol.*) *Voyez* ce mot dans le *Supplément.*

GANGRÈNE. (*Pathol.*) VI, 571 à 578. *Voyez* aussi l'article ANATOMIE PATHOLOGIQUE, II, 541; SPHACÈLE, XIII, 91; et COUENNEUSE STOMATITE, XIII, 128, pour la gangrène de la bouche en particulier.

GANGRÉNEUX. (*Pathol.*) Qui est affecté de gangrène. *Voy.* ce dernier mot.

GANT. (*Hyg.*) VI, 578 et 579.

GANTS DE NOTRE-DAME. (*Art vétér.*, *Hyg.*, *Mat. médic.*) Un des noms vulgaires de l'ancholie et de la digitale pourprée. *Voyez* ANCHOLIE, II, 660; et DIGITALE, V, 455 et 456.

GANTELÉE ou GANTELET. (*Bot.*, *Mat. médic.*) VI, 579.

GARANCES. (*Bot.*, *Mat. médic.*) VI, 579 à 581. *Voyez* aussi RUBIACÉES (Famille des), XII, 620.

GARBO (Dinus del). (*Biogr. médic.*) VI, 582.

GARDE-MANGER. (*Hyg.*) VI, 582.

GARDE-NOBE. (*Bot.*, *Mat. médic.*) Un des noms vulgaires de l'aurone et de la santoline, VI, 582 et 58. *Voyez* aussi ABSINTHE, I, 31; et SANTOLINE, XII, 685.

GARDIN (Louis du). (*Biogr. médic.*) VI, 583.

GARENCIÈRES (Théophile de). (*Biogr. médic.*) VI, 583.

GARENGEOT (René Croissant de). (*Biogr. médic.*) VI, 583 à 585.

GARGARISER (SE). (*Mat. médic.*, *Thérap.*) VI, 585 et 586.

GARGARISME. (*Mat. médic.*, *Art de formul.*) VI, 586.

GARGOUILLEMENT D'ENTRAILLES. (*Pathol.*) Synonyme de borborygme. *Voyez* ce dernier mot, IV, 50.

GARIDEL (Pierre). (*Biogr. médic.*) VI, 587.

GARIOPONTUS. (*Biogr. médic.*) VI, 587 et 588.

GARMANN (Christian-Frédéric). (*Biogr. médic.*) VI, 588.

GAROT. (*Art vétér.*) *Voyez* CHEVAL, IV, 729.

GAROU. (*Bot.*, *Mat. médic.*) VI, 588 et 589.

GAROUPE. (*Mat. médic.*) VI, 589.

GAROUTTE. (*Bot.*, *Mat. médic.*) *Voyez* LAURÉOLE, VIII, 79.

GARTH (Samuel). (*Biogr. médic.*) VI, 589.

GARUM. (*Hyg.*) VI, 589 et 590.

GASSARIUS ou GASSER (Achille-Pirmine). (*Biogr. médic.*) V, 590.

GASSENDI (Pierre). (*Biogr. médic.*) VI, 590 et 591.

GASTALDY (Jérôme et Jean-Baptiste). (*Biogr. médic.*) VI, 591 et 592.

GASTRALGIE. (*Pathol.*) Douleur nerveuse de l'estomac. *Voyez* TRANCHÉES, XIII, 299.

GASTRICA. (*Nosol.*) VI, 592.

GASTRILOQUE. (*Physiol.*) Qui parle du ventre, VI, 592. *Voy.* ENGASTRIMANDRE, V, 872; VENTRILOQUE, XIII, 414; et VOIX, 489.

GASTRITIS. (*Pathol.*) VI, 592 à 594.

GASTRO-ENTÉRITE. (*Pathol.*) *Voyez* ENTÉRITIS, V, 877.

GASTRODYNIE. (*Pathol.*) Douleur d'estomac. *Voyez* Colique d'estomac à l'article TRANCHÉES, XIII, 299.

GATEAU. (*Hyg.*) VI, 594.

GATILIER. (*Bot.*, *Mat. médic.*) *Voyez* AGNUS CASTUS, I, 382.

GAUB et plus généralement GAUBIUS (Jérôme-David). (*Biogr. médic.*) VI, 594.

GAUFFRE. (*Hyg.*) VI, 595.

GAURICUS (Luc). (*Biogr. médic.*) VI, 594 et 595.

GAVASSETI (Michel). (*Biogr. médic.*) VI, 595.

GAYAC. (*Bot.*, *Mat. médic.*) VI, 595 et 596. *Voyez* aussi RÉSINES (Résine de Gayac), XII, 535.

GAYACINE. (*Mat. médic.*) Nom donné par quelques auteurs à la résine de Gayac. *Voyez* RÉSINES (Résine de Gayac), XII, 535.

GAZ. (*Chim.*, *Mat. médic.*) VI, 597 à 606. — Des gaz acides en particulier, 597.

— ACIDE CARBONIQUE. (*Chim.*, *Mat. médic.*) VI, 597 et 598.

— ACIDE CRAYEUX. (*Chim.*, *Mat. médic.*) Ancien nom du gaz acide carbonique. *Voyez* ce dernier mot, VI, 597.

— ACIDE HYDROCHLORIQUE. (*Chim.*, *Mat. médic.*) *Voyez* GAZ ACIDE MURIATIQUE, VI, 598; et MURIATIQUE (Acide), X, 409.

— ACIDE FLUORIQUE. (*Chim.*, *Mat. médic.*) VI, 596. *Voyez* aussi PHTORO-SILICIQUE (Acide), XI, 764.

— ACIDE MURIATIQUE. (*Chim.*, *Mat. médic.*) VI, 598. *Voyez* aussi MURIATIQUE (Acide), X, 409.

— ACIDE MURIATIQUE OXYGÉNÉ. (*Chim.*, *Mat. médic.*) VI, 598 à 600. *Voyez* MURIATIQUE OXYGÉNÉ (Acide), X, 409; et CHLORE dans le *Supplément.*

— ACIDE SULFUREUX. (*Chim.*, *Mat. médic.*) *Voyez* SULFUREUX (Acide), XIII, 169.

— ALCALIN. (*Chim.*, *Mat. médic.*) *Voyez* GAZ AMMONIAC, VI, 600.

GAZ AMMONIAC. (*Chim.*, *Mat. médic.*) VI, 600 et 601. *Voyez* aussi RÉACTIF, XII, 463.

— AZOTE. (*Chim.*, *Mat. médic.*) VI, 601.

— FLUOBORIQUE. (*Chim.*, *Mat. médic.*) *Voyez* PHTORO-BORIQUE (Acide), XII, 764.

— FLUORIQUE SILICÉ. (*Chim.*, *Mat. médic.*) *Voy.* PHTORO-SILICIQUE (Acide), XII, 764.

— HYDROGÈNE. (*Chim.*, *Mat. médic.*) VI, 605.

— HYDROGÈNE CARBONÉ. (*Chim.*, *Mat. médic.*) VI, 605.

— HYDROGÈNE PHOSPHORÉ. (*Chim.*, *Mat. médic.*) VI, 605.

— HYDROGÈNE SULFURÉ. (*Chim.*, *Mat. médic.*) VI, 605 et 606.

— INFLAMMABLE. (*Chim.*, *Mat. médic.*) Nom vulgaire du gaz hydrogène. *Voyez* ce dernier mot, VI, 605.

— MÉPHITIQUE. (*Chim.*, *Mat. médic.*) *Voyez* GAZ ACIDE CARBONIQUE, VI, 597.

— MURIATIQUE OXYGÉNÉ. (*Chim.*, *Mat. médic.*) *Voyez* GAZ ACIDE MURIATIQUE OXYGÉNÉ, VI, 598; MURIA-TIQUE OXYGÉNÉ (Acide), X, 409; et CHLORE dans le *Supplément.*

— NITREUX. (*Chim.*, *Mat. médic.*) VI, 606.

— OXYGÈNE. (*Chim.*, *Mat. médic.*) VI, 606. *Voyez* aussi AIR VITAL, I, 578.

— PHLOGISTIQUE OU MOFFETTE. (*Chim.*, *Hyg.*) *Voyez* GAZ AZOTE, VI, 601; et MOFFETTE, X, 163.

— PHTORO-BORIQUE. (*Chim.*, *Mat. médic.*) *Voyez* PHTORO-BORIQUE (Acide), XI, 764.

— PHTORO-SILICIQUE. (*Chim.*, *Mat. médic.*) *Voy.* PHTORO-SILICIQUE (Acide), XI, 764.

GAZA (Théodore). (*Hist. de la méd.*) VI, 606 et 607.

GAZIUS (Antoine). (*Biogr. médic.*) VI, 607.

GAZOLA (Joseph). (*Biogr. médic.*) VI, 607 et 608.

GAZON D'OLYMPE. (*Bot.*, *Mat. médic.*) *Voyez* STATICE, XIII, 112.

GEBER. (*Hist. de la méd.*) VI, 608 et 609.

GÉHÉMA (Jean-Abraham). (*Biogr. médic.*) VI, 609.

GÉLATINE. (*Hyg.*) VI, 609. *Voyez* aussi ALIMENS, II, 694; BOUILLON, IV, 113; CHAIR, 572; GELÉE DE VIANDES, VI, 610; et NOURRITURE, X, 720.

GÉLATINEUX. (*Mat. médic.*) Qui contient de la gélatine, VI, 609 et 610.

GELÉE (animale et végétale). (*Hyg.*) VI, 611 et 612. *Voyez* aussi ALIMENS, I, 694; GÉLATINE, VI, 609; et NOURRITURE, X, 718.

— (*Hyg.*, *Météor.*) VI, 610. *Voyez* aussi EAU, V, 589; FROID, VI, 512; et MÉTÉORES, X, 39.

— (Théophile). (*Biogr. médic.*) VI, 612.

GÉLINOTTE. (*Hyg.*, *Ornith.*) VI, 612. *Voyez* aussi NOUR-RITURE, X, 711.

GEMMA. (*Biogr. médic.*) Notice biographique et biblio-graphique sur plusieurs médecins de ce nom, VI, 608 à 610.

GENCIVES. (*Anat.*, *Pathol.*) Portion de la membrane mu-queuse de la bouche qui recouvre les os maxillaires au niveau des arcades alvéolaires. *Voyez* SÉMÉIOTIQUE, XIII, 7.

GENEPI. (*Bot.*, *Mat. médic.*) VI, 610. *Voyez* aussi AB-SINTHE, I, 31; et ARMOISE, III, 291.

GÉNÉRATION. (*Physiol.*) Ensemble des fonctions destinées à la conservation des races et des espèces. *Voyez* RE-PRODUCTION, XII, 519 et suiv.

GÉNESTROLE. (*Bot.*, *Mat. médic.*) Un des noms vulgaires du genêt des teinturiers. *Voy.* GENÊT, VI, 610 et 611.

GENÊT. (*Bot.*, *Mat. médic.*) VI, 610 et 611.

— A BALAIS. (*Bot.*, *Mat. médic.*) *Voyez* SPARTIER, XIII, 86.

GENÉTHLIAQUE. (*Hist. de la méd.*) Devin ou astrologue que l'on consultoit autrefois à la naissance des enfans, VI, 610 et 611.

GENGA (Bernardin). (*Biogr. médic.*) VI, 611.

GENEVRIER. (*Bot.*, *Mat. médic.*) *Voyez* GENIÈVRE, VI, 611.

GENIÈVRE. (*Bot.*, *Mat. médic.*, *Hyg.*) VI, 611 à 615.

GENIS (St.-) (Eaux minérales de). *Voyez* ST.-GENIS, XII, 654.

GENRE. (*Nosol.*) VI, 615. *Voyez* NOSOGRAPHIE, X, 643 et suiv.

GENS DE LETTRES (Maladies des). (*Pathol.*) *Voyez* MA-LADIES DES GENS DE LETTRES, VIII, 382.

GENS-ENG ou GENS-ING. (*Bot.*, *Mat. médic.*) VI, 615 et 616.

GENTIANE (Grande). (*Bot.*, *Mat. médic.*) VI, 617.

GENTIANÉES (Famille des). (*Bot.*, *Mat. médic.*) *Voyez* NATURELLES (Familles), X, 513.

GENTIANIN. (*Chim. végét.*) *Voy.* ce mot dans le *Supplém.*

GENTILIS. (*Biogr. médic.*) Notice biographique et biblio-graphique sur plusieurs médecins de ce nom, VI, 617.

GÉNUFLEXION. (*Hyg.*) VI, 617 et 618.

GEOFFROY (Etienne-François). (*Biogr. médic.*) VI, 618 à 622.

GÉRANIÉES (Famille des). (*Bot.*, *Mat. médic.*) *Voyez* NOURRITURE, X, 696.

GERME (Faux). (*Accouch.*) *Voyez* ce mot dans le *Supplém.*

GÉRARD (Jean et Thierry). (*Biogr. médic.*) VI, 622.

GERBERT. (*Biogr. médic.*) VI, 622.

GERÇURES. (*Pathol.*) VI, 623 et 624.

GERMANDRÉE. (*Bot.*, *Mat. médic.*) VI, 624. *Voyez* aussi PETIT-CHÊNE, X, 624.

— AQUATIQUE. (*Bot.*, *Mat. médic.*) *Voyez* SCORDIUM, XII, 734.

— MARITIME. (*Bot.*, *Mat. médic.*) *Voyez* MARUM, VIII, 522.

— OFFICINALE. (*Bot.*, *Mat. médic.*) *Voyez* CHAMÆDRIS, IV, 580.

GÉROFLE. (*Bot.*, *Mat. médic.*, *Hyg.*) VI, 624 à 626.

GÉROFLIER. (*Bot.*, *Mat. médic.*) *Voyez* GÉROFLE, VI, 624 à 626.

GERVAIS (St.-) (Eaux minérales de). *Voyez* ST.-GER-VAIS, XII, 654.

GERVAISE (Nicolas). (*Biogr. médic.*) VI, 626.

GESNER (Conrad). (*Biogr. médic.*) VI, 626 à 631.

GESSE. (*Bot.*, *Mat. médic.*) VI, 631.

GESTA. (*Hyg.*) Cinquième classe des objets composant la matière de l'hygiène dans la division adoptée par Hallé. *Voyez* HYGIÈNE (Plan d'un cours d'), VII, 435.

GESTATION. (*Physiol.*) = de plusieurs fœtus, VI, 631 à 633.

GHISELIN (Victor). (*Biogr. médic.*) *Voyez* GISSELIN, VI, 639.

GIANNINI (Joseph). (*Biogr. médic.*) *Voyez* ce mot dans le *Supplément.*

GIBBOSITÉ. (*Pathol.*) Courbure plus ou moins prononcée de la colonne épinière. *Voyez* l'article ANATOMIE PA-THOLOGIQUE, II, 269; et VERTÉBRALE (Colonne) (Dé-viation de la colonne vertébrale), XIII, 425.

GIBIER. (*Hyg.*) VI, 633 et 634.

GIBOULÉE. (*Hyg.*, *Météor.*) VI, 634.

GIGOT. (*Hyg.*) VI, 634.

GILBERT L'ANGLOIS. (*Biogr. médic.*) VI, 634 et 635.

GILBERT. (*Biogr. médic.*) Notice biographique sur plusieurs médecins de ce nom. *Voyez* GILBERT dans le *Supplém.*

GILET DE FORCE. (*Hyg.*) *Voyez* CAMISOLE DE FORCE dans le *Supplément.*

GILLA VITRIOLI. (*Mat. médic.*) Nom ancien du sulfate de zinc cristallisé, VI, 635.

GILLES (Jean de St.-) (Biogr. médic.*) VI, 635 et 636.

GILLET. (*Hyg.*) VI, 636.

GIMBLETTE. (*Hyg.*) VI, 636.

GINGEMBRE. (*Bot.*, *Mat. médic.*) VI, 636 et 637. *Voyez* aussi ASSAISONNEMENT, III, 342.

GIROLLES (Eaux minérales de). VI, 637 et 638.

GIN-SENG. (*Bot.*, *Mat. médic.*) *Voy.* GENS-ING, VI, 614.

GIRALDI (Jean-Baptiste). (*Biogr. médic.*) VI, 638.

GIRARD ROUSSIN. (*Bot.*, *Mat. médic.*) Un des noms vulgaires du cabaret. *Voyez* ce dernier mot, IV, 203.

GIRAUMONT. (*Bot.*, *Mat. médic.*, *Hyg.*) Nom d'une espèce de courge, VI, 638. *Voyez* aussi CALALOU, IV, 275.

GIROFLE, GIROFLIER. (*Bot.*, *Mat. médic.*) *Voyez* GÉROFLE, GÉROFLIER, VI, 624.

GIROFLÉE JAUNE. (*Bot.*, *Mat. médic.*) VI, 638 et 639.

— MUSQUÉE. (*Bot.*, *Mat. médic.*) *Voyez* JULIENNE, VII, 743 et 744.

GIROLE. (*Bot.*, *Mat. médic.*) *Voyez* BERLE, III, 689; CHERVI, IV, 689; et GYROLE, VI, 781.

GIROUX (Eaux minérales de). VI, 710.

GISSELIN (Victor). (*Biogr. médic.*) VI, 639.

GIVRE (Pierre LE). (*Biogr. médic.*) VI, 639 et 640.

— (*Météor.*) *Voyez* EAU, V, 599.

GLACE. (*Hyg.*) *Voyez* EAU, V, 589 à 592.

GLACES. (*Hyg.*) *Voyez* EAU, V, 592 et 593.

GLACIÈRE. (*Hyg.*) VI, 640.

GLACIERS. (*Hyg.*) VI, 640 et 641.

GLAIRES. (*Pathol.*, *Thérap.*) VI, 641 et 642. *Voyez* aussi MALADIES GLAIREUSES, VIII, 384.

GLAIREUX (Alimens). (*Hyg.*) VI, 642 et 643. *Voy.* aussi ALIMENS, 783 à 800.

GLAISE. (*Mat. médic.*) VI, 643. *Voy.* ARGILE, III, 249.

GLAITERON. (*Bot.*, *Mat. médic.*) VI, 643.

GLAND. (*Anat. pathol.*) Extrémité du pénis et du clitoris. *Voyez* l'article ANATOMIE PATHOLOGIQUE, II, 475 et suiv.; et PÉNIS, XI, 515.

GLANDS. (*Bot.*, *Mat. médic.*) *Voyez* CHÊNE, IV, 688.

GLANDORP (Mathias-Louis). (*Biogr. médic.*) VI, 643 et 644.

GLANVILLE (Barthélemi). (*Biogr. médic.*) VI, 644.

GLASER (Jean-Henri et Christophe). (*Biogr. médic.*) VI, 644 et 645.

— (Sel polychreste de). VI, 644.

GLAUBER (Jean-Rodolphe). (*Biogr. médic.*) VI, 645 et 646.

— (Sel de). Nom vulgaire du sulfate de soude. *Voyez* SOUDE (Sulfate de), XIII, 77.

GLAUCIAS. (*Hist. de la méd.*) VI, 646.

GLAUCUS. (*Hist. de la méd.*) VI, 646.

GLAVEUL. (*Bot.*, *Mat. médic.*) Plante de la famille des Iridées, VI, 646.

GLISSON (François). (*Biogr. médic.*) VI, 646 et 647.

GLOBULAIRE. (*Bot.*, *Mat. médic.*) VI, 647.

GLOBULARIÉES (Famille des). (*Bot.*, *Mat. médic.*) *Voyez* ce mot dans le Supplém.

GLOSSOCÈLE. (*Pathol. chir.*) *Voyez* ce mot dans le Supplém.

GLOTTE (Œdème de la). (*Pathol.*) *Voyez* ŒDÈME DE LA GLOTTE, XI, 93.

GLOUTERON. (*Bot.*, *Mat. médic.*) *Voyez* BARDANE, III, 594; et GLAITERON, VI, 443.

GLU. (*Mat. médic.*) Substance visqueuse, tenace et résineuse que l'on retire de plusieurs végétaux. *Voy.* GLUANT, VI, 647.

GLUANT. (*Pharm.*, *Mat. médic.*) VI, 647.

GLUCYNE. (*Chim. végét.*) *Voyez* ce mot dans le Supplément.

GLUTEN. (*Hyg.*) Principe immédiat des végétaux. *Voyez* NOURRITURE, X, 719.

GLUTINANS, GLUTINATIFS. (*Mat. médic.*, *Thérap.*) Synonyme d'agglutinans. *Voyez* ce mot, I, 371.

GLYCÉRINE. (*Chim. végét.*) *Voyez* ce mot dans le Supplém.

GLYCYRRHIZINE. (*Chim. végét.*) *Voyez* RÉGLISSE, XII, 490; et SACCOGOMMITE, 642.

GNAPHALE DIOÏQUE. (*Bot.*, *Mat. médic.*) *Voyez* PIED DE CHAT, XII, 78.

GOBELET ÉMÉTIQUE. (*Mat. médic.*) VI, 647 et 648. *Voyez* aussi ANTIMOINE, III, 81 à 85.

GODIVEAU. (*Hyg.*) VI, 648.

GOETRE ou GOÎTRE. (*Hyg.*, *Pathol.*) VI, 648. *Voyez* THYROCÈLE, XIII, 252 et 253.

GOMME. (*Hyg.*, *Mat. médic.*) VI, 648 à 652. *Voyez* aussi ALIMENS, II, 740; et NOURRITURE, X, 717.

— ACACIA. (*Mat. médic.*) *Voyez* ACACIA (Suc), I, 47 et 48; et GOMME ARABIQUE, VI, 654 et 655.

— ADRAGANT. (*Mat. médic.*) VI, 652 et 653. *Voyez* aussi ADRAGANT (Gomme), I, 200.

— ALOUCHI. (*Mat. médic.*) *Voyez* ALOUCHI, II, 66; et RÉSINES (Résine alouchi), XII, 533.

— AMMONIAQUE. (*Mat. médic.*) VI, 653 et 654. *Voyez* aussi AMMONIAQUE (Gomme), II, 555.

— ANIMÉE. (*Mat. médic.*) VI, 654. *Voyez* aussi ANIMÉ (Résine), III, 26 et 27; et RÉSINES (Résine animée), XII, 533.

— ARABIQUE. (*Mat. médic.*) VI, 654 et 655.

— CARAN. (*Mat. médic.*) VI, 655. *Voyez* aussi CARAGNE, II, 384; et RÉSINES (Résine caragne), XII, 533.

— COPAL. (*Mat. médic.*) VI, 656; et RÉSINES (Résine copal), XII, 534.

— DE CERISIER. (*Mat. médic.*) *Voyez* CERISIER, IV, 566.

— DE GAYAC. (*Mat. médic.*) VI, 656. *Voy.* aussi GAYAC, VI, 535; et RÉSINES (Résine du gayac), XII, 535.

— DE GENEVRIER. (*Mat. médic.*) VI, 657.

— DE LIERRE. (*Mat. médic.*) VI, 657. *Voy.* aussi LIERRE, VIII, 4; et RÉSINES (Résine du lierre), XII, 536.

— DES FUNÉRAILLES. (*Mat. médic.*) Un des noms vulgaires de l'asphalte. *Voyez* ce dernier mot, III, 335.

— D'OLAMPI. (*Mat. médic.*) *Voyez* OLAMPI (Gomme), XI, 110.

— D'OLIVIER. (*Bot.*, *Mat. médic.*) *Voyez* OLIVIER, XI, 115; et RÉSINES (Résine d'olivier), XII, 537.

— DU SÉNÉGAL. (*Mat. médic.*) *Voyez* GOMME ARABIQUE, VI, 654.

— ÉLASTIQUE. (*Bot.*, *Mat. médic.*) *Voyez* RÉSINES (Résine élastique), XII, 534.

— ÉLÉMI. (*Mat. médic.*) VI, 657 et 658. *Voyez* aussi ELÉMI, V, 752; et RÉSINES (Résine élémi), XII, 535.

— EN LARMES. (*Mat. médic.*) *Voy.* GALBANUM, VI, 548.

— GUTTE. (*Mat. médic.*) VI, 658 et 659. *Voyez* aussi CAMBOGE A GOMME GUTTE, IV, 326.

— LACQUE. (*Mat. médic.*) VII, 656.

— RÉSINE. (*Mat. médic.*) Généralités sur les produits végétaux de ce nom, VI, 656 et 657. *Voyez* aussi RÉSINES, XII, 531.

— SÉRAPHIQUE. (*Mat. médic.*) *Voyez* SAGAPENUM, XII, 645.

— TACAMAQUE. (*Mat. médic.*) *Voyez* RÉSINES (Résine tacamahaca), XII, 538.

— THURIQUE. (*Mat. médic.*) *Voyez* GOMME ARABIQUE, VI, 654.

— VERMICULAIRE. (*Mat. médic.*) Nom vulgaire de la gomme adragant. *Voyez* ADRAGANT (Gomme), I, 200; et GOMME ADRAGANT, VI, 652.

GOMMIER D'ARABIE. (*Bot.*, *Mat. médic.*) *Voyez* ACACIA, I, 47.

— BLANC. (*Bot.*, *Mat. médic.*) *Voyez* BALSAMIER, III, 584.

GONDON (St.-) (Eaux minérales de). VI, 660. *Voyez* aussi ST.-GONDOM, XII, 655.

GONDRET (Caustique ammoniacal de). (*Thérap.*) *Voyez* CAUSTIQUE DE GONDRET dans le Supplément.

GONESSE (Pain de). (*Hyg.*) VI, 660.

GONFLEMENT. (*Pathol.*) Du gonflement douloureux des seins, sans tumeurs contre nature, en particulier, VI, 660 à 662. — Du gonflement du bas-ventre avant la menstruation, 662 et 663; — Du gonflement de l'estomac et des intestins. *Voyez* BORBORYGME, IV, 50; FLATUOSITÉS, VI, 413; et VENTS, XIII, 415.

GRIMPEREAU. (*Hyg.*, *Ornith.*) VI, 719 et 720.

GRIOTTE. (*Hyg.*) Variété de la cerise. *Voyez* ce dernier mot, IV, 564.

GRIPPE. (*Pathol.*) Nom vulgaire donné à plusieurs maladies catarrhales qui ont régné épidémiquement, et particulièrement à l'angine ou au catarrhe pulmonaire. *Voyez* INFLUENZA, VII, 693.

GRIVE. (*Hyg.*, *Ornith.*) VI, 720.

GROSEILLE. (*Mat. médic.*, *Hyg.*) VI, 710 à 712. *Voyez* aussi ALIMENS, I, 811; et NOURRITURE, X, 698.

GROSEILLER. (*Bot.*, *Mat. médic.*) *Voy.* GROSEILLE, VI, 710 à 712; NATURELLES (Familles), X, 542; et NOURRITURE, X, 698.

GROSSESSE. (*Physiol.*) De la grossesse considérée sous le point de vue de la médecine légale, VI, 712 à 726. — Sous celui de la médecine pratique : — des accidens qui l'accompagnent, et des moyens d'y remédier, 726 à 754. — De la grossesse avec hernie de l'ombilic en particulier, 754 à 756. = avec hernie de matrice, 756 à 758. = avec hydropisie, 758 à 765. — De la grossesse ventrale ou abdominale, 765 à 773. — De la grossesse accompagnée d'un volume excessif du bas-ventre, 773 et 774. *Voyez* aussi l'article ANATOMIE PATHOLOGIQUE, II, 506, 515, 522 et 523.

GROSSIER ALIMENT. (*Hyg.*) VI, 774.

GROUILLEMENT D'ENTRAILLES. (*Pathol.*) Nom vulgaire des borborygmes. *Voyez* ce dernier mot, IV, 50.

GRUAU. (*Mat. médic.*, *Hyg.*) VI, 775. *Voyez* aussi AVOINE, III, 462 et 463; et NOURRITURE, X, 724.

GRUE. (*Hyg.*, *Ornith.*) *Voyez* NOURRITURE, X, 711.

GRUMEAUX. (*Mat. médic.*, *Méd. pratiq.*) VI, 775.

GUAINIER. (*Bot.*, *Mat. médic.*) Nom de l'arbre de Judée, VI, 776. *Voyez* GAINIER, VI, 345.

GUALTERIA (*Bot.*, *Mat. médic.*) VI, 776.

GUAYAVIER ou GOYAVIER. (*Bot.*, *Mat. médic.*) VI, 776.

GUÈDE ou GUESDE. (*Bot.*, *Mat. médic.*) VI, 776. *Voyez* aussi PASTEL, XI, 437.

GUENAULT (François). (*Biogr. médic.*) VI, 776 et 777.

GUÊPES (Piqûres des). (*Pathol.*) VI, 777. *Voyez* aussi INSECTES, VII, 652; et VENIN (Insectes venimeux), XIII, 409.

GUÉRIN (Claude). (*Biogr. médic.*) VI, 777.

GUÉRIN. VI, 777.

GUÉRISON. VI, 777.

GUÉRISSABLE. VI, 777.

GUI. (*Bot.*, *Mat. médic.*) VI, 777 et 778. *Voyez* aussi POMME HÉMORRHOÏDALE, XII, 236.

GUI-PATIN. (*Biogr. médic.*) *Voy.* PATIN (Gui), XI, 456.

GUIGNARD. (*Hyg.*, *Ornith.*) VI, 778 et 779.

GUIMAUVE. (*Bot.*, *Mat. médic.*) VI, 779.

GUITTERA (Eaux minérales de). *Voyez* ce mot dans le *Supplément*.

GURGITELLI (Eaux minérales de). *Voyez* ce mot dans le *Supplément*.

GUTTE (Gomme). (*Mat. médic.*) *Voy.* CAMBOGE A GOMME GUTTE, IV, 326; et GOMME GUTTE, VI, 658.

GUTTÈTE (Poudre de). (*Pharm.*, *Mat. médic.*) VI, 779 et 780.

GUTTIFÈRES (Famille des). (*Bot.*, *Mat. médic.*) *Voyez* NOURRITURE, X, 696.

GUYBERT (Philbert). (*Biogr. médic.*) VI, 780.

GYMNASE. (*Hist. de la méd.*) *Voyez* HYGIÈNE, VII, 381; et PALESTRE, XI, 278 et suiv.

GYMNASTIQUE. (*Hyg.*, *Hist. de la méd.*) *Voyez* HYGIÈNE, VII, 381 à 383; et PALESTRE, XI, 279.

GYMNONOTE. (*Ichthyol.*, *Hyg.*, *Mat. médic.*) *Voyez* ANGUILLE ÉLECTRIQUE, III, 10 et 11.

GYMNOPES. (*Hyg.*, *Bot.*, *Mat. médic.*) *Voyez* NOURRITURE, X, 693.

GYNANTHROPE. (*Méd. lég.*) VI, 780. *Voyez* HERMAPHRODITE, VII, 178.

GYNÉCOMASTE. (*Méd. lég.*) VI, 780.

GYPSE. (*Mat. médic.*) VI, 780.

GYROLE. (*Bot.*, *Mat. médic.*) VI, 781. *Voyez* aussi GIROLE, VI, 689.

H.

HABDARAMAHNUS ou HABDARRAHMAMUS. (*Hist. litt. de la méd.*) VII, 1.

HABICOT (Nicolas). (*Biogr. méd.*) VII, 1 et 3.

HABILLEMENT. (*Hyg.*) VI, 3 à 7. *Voyez* aussi HYGIÈNE, VII, 388 à 390; et VÊTEMENT, XIII, 436.

— DES TROUPES. (*Méd. milit.*) *Voyez* MÉDECINE MILITAIRE, IX, 316 et suiv.

HABITATION. (*Hyg.*) VII, 7 à 10.

HABITUDE. (*Hyg.*, *Méd.*) VII, 11 à 13.

HACHIS. (*Hyg.*) VII, 13.

HÆMATOPORIA. (*Pathol.*) VII, 13.

HAEN (Antoine de). (*Biogr. méd.*) VII, 13 à 14.

HAFENREFFER (Samuel). (*Biogr. méd.*) VII, 14 et 15.

HAGECIUS (Thadée). (*Biogr. méd.*) VII, 15.

HAGENDORN (Effroy). (*Biog. médic.*) VII, 15 et 16.

HAGUENOT (Henri). (*Biogr. médic.*) VII, 16.

HAIR-DECTOTLA (Eaux minérales de). VII, 16.

HÂLE. (*Hyg.*) VII, 16. *Voyez* LENTILLES, VIII, 109; et ROUSSEUR (Taches de), XII, 615.

HALEINE. (*Hyg. Séméiotiq.*) VII, 16 et 17.

HALEINE (Courte). (*Pathol.*) *Voyez* COURTE HALEINE, V, 166.

HALES (Etienne). (*Biogr. médic.*) VII, 17 et 18.

HALINATHRUM. (*Chim.*, *Mat. médic.*) VII, 18.

HALITUEUX. (*Pathol.*) *Voyez* ce mot dans le *Supplément*.

HALL (Jean). (*Biogr. méd.*) VII, 18.

HALLÉ (Jean-Noël). (*Biogr. médic.*) *Voyez* ce mot dans le *Supplément*.

HALLEI (Sifflage, cornage). (*Art vétér.*, *Pathol.*) *Voyez* SIFFLEUR (Cheval), XIII, 51.

HALLER (Albert de). (*Biogr. méd.*) VII, 18 à 23.

HALLOVILLE (Eaux minérales d'). VII, 23.

HALLUCINATION. (*Pathol.*) *Voyez* DÉLIRIUM, V, 351.

HALTÈRES. (*Hyg.*) VII, 23 et 24.

HALY-ABBAS. (*Biogr. médic.*) VII, 24.

— RODOAM. (*Biogr. médic.*) VII, 24.

HAMAC. (*Hyg.*) VII, 24.

HAMBERGER (George et George Erhard). (*Biogr. médic.*) VII, 25 et 26.

HAMDANI. (*Art vétér.*) VII, 26.

HAMEL (Jean-Baptiste du). (*Biogr. médic.*) VII, 26.

HAMON (Jean). (*Biogr. médic.*) VII, 26 à 28.

HANCHES. (*Art vétér.*, *Anat.*) *Voyez* CHEVAL, IV, 742.

HANCOCKE (Jean). (*Hist. litt. de la méd.*) VII, 28.

HANGAR (*Administr. des hôpit. civ.*) VII, 28.

HANNEBANE. (*Bot.*, *Mat. méd.*) Nom vulgaire de la jusquiame noire. *Voyez* JUSQUIAME, VII, 749 et 750.

HANNEMANN (Jean-Louis). (*Biogr. médic.*) VII, 28 et 29.

HARAS. (*Art vétér.*) VII, 29 à 64. *Voyez* aussi MÉDECINE VÉTÉRINAIRE, IX, 480 à 482.

HARASSER UN CHEVAL. (*Art vétér.*) VII, 64.

HARASSIER. (*Art vétér.*, *Hyg.*) *Voyez* HARAS, VII, 64.

HARDER (Jean-Jacques). (*Biogr. médic.*) VII, 64 et 65.

HARDOUIN (Philippe, de Saint-Jacques). (*Biogr. médic.*) VII, 64 et 65.

— DE SAINT-JACQUES (Gabriel). VII, 64 et 65.

HARENG. (*Hyg.*, *Ichthyol.*) VII, 65 et 66. *Voyez* aussi NOURRITURE, X, 713.

HARICOT. (*Bot.*, *Mat. médic.*) Genre de la famille des Légumineuses. *Voyez* NOURRITURE, X, 724; et PHASÉOLE, XI, 642.

HARMANT. (N.) (*Biogr. médic.*) VII, 66.

HARMONIE. (*Hyg.*) *Voyez* MUSIQUE, X, 433 à 437.

HÉPATIQUES (Famille des). (*Bot.*, *Mat. médic.*) *Voyez* ce mot dans le *Supplément*.

— (*Pharm.*, *Mat. médic.*) VII, 139 et 140.

HÉPATIRRHÉE. (*Path.*) *Voy.* HÉPATIQUE (Flux), VII, 141.

HÉPATITE et HÉPATITIS. (*Pathol.*) VII, 143 à 147. *Voy.* aussi ANATOMIE PATHOLOGIQUE, II, 399 et suiv.

HÉPATOCÈLE. (*Pathol.*) *Voy.* HÉPATOMPHALE, VII, 147.

HÉPATOMPHALE. (*Pathol.*) Hernie ombilicale formée par la sortie d'une portion du foie par l'ombilic, VII, 147.

HÉRACLIDE DE TARENTE. (*Hist. de la médec.*) VII, 147 et 148. *Voy.* aussi ANCIENS MÉDECINS, II, 147 et 148.

HÉRACLITE. (*Hist. litter. de la médec.*) VII, 148 et 149.

HERBAGES. (*Art vétér.*, *Hyg.*) *Voyez* ALIMENS (*Art vétér.*, *Hyg.*) I, 830.

HERBE. (*Hyg.*, *Mat. médic.*) VII, 149 et 150.

— ADMIRABLE. (*Bot.*, *Mat. médic.*) Ancien nom de la belle de nuit.

— AIGRETTE. (*Bot.*, *Mat. médic.*) Un des noms vulgaires de l'oseille sauvage. *Voyez* OSEILLE, XI, 231.

— AMÈRE. (*Bot.*, *Mat. médic.*) Nom vulgaire de la tanaisie. *Voyez* ce dernier mot, XIII, 214.

— D'AMOUR. (*Bot.*, *Mat. médic.*) *Voyez* AMOURETTES, II, 180.

— D'ALEU. (*Art vétér.*, *Bot.*, *Mat. médic.*) *Voyez* HÉPATIQUE, VII, 140.

— A L'AMBASSADEUR. (*Bot.*, *Mat. médic.*) Nom vulgaire du *nicotiana tabacum*. *Voyez* TABAC, XIII, 198.

— AUX ÂNES. (*Bot.*, *Mat. médic.*) VII, 150, *Voyez* aussi CHARDON, IV, 643.

— DES AULX. (*Bot.*, *Mat. médic.*) *Voyez* ALLIAIRE, II, 43.

— APOLLINAIRE. (*Bot.*, *Mat. médic.*) Un des noms vulgaires de la jusquiame. *Voy.* ce dernier mot, VII, 749.

— ARGENTÉE. (*Bot.*, *Mat. médic.*) Un des noms vulgaires de la potentille. *Voyez* ce dernier mot, XII, 270.

— A BALAI. (*Bot.*, *Mat. médic.*) VII, 150.

— BARBUE. (*Bot.*, *Mat. médic.*) Un des noms vulgaires du *verbascum thapsus*. *Voyez* MOLÈNE, X, 169.

— BÉNÉDICTE ou DE SAINT-BENOIT. (*Bot.*, *Mat. médic.*) *Voyez* BENOITE, III, 688.

— BLANCHE. (*Bot.*, *Mat. médic.*) VII, 150.

— DE BŒUF. (*Bot.*, *Mat. médic.*) *Voy.* ALLELUIA, II, 40.

— AU BON DIEU. (*Bot.*, *Mat. médic.*) Un des noms vulgaires du ricin. *Voyez* ce dernier mot, XII, 584.

— BRITANNIQUE. (*Bot.*, *Mat. médic.*) Un des noms de la bistorte. *Voyez* ce dernier mot, III, 745.

— AUX BRULURES. (*Bot.*, *Mat. médic.*) *Voyez* BACOPE AQUATIQUE, III, 515.

— A CAILLER. (*Bot.*, *Mat. médic.*) *Voyez* CAILLE-LAIT, IV, 270.

— DU CANCER. (*Bot.*, *Mat. médic.*) Un des noms de la dentelaire d'Europe. *Voyez* DENTELAIRE, V, 379.

— CANICULAIRE. (*Bot.*, *Mat. médic.*) Un des noms vulgaires de la jusquiame, VII, 749.

— CARDINALE. (*Bot.*, *Mat. médic.*) Un des noms de la lobélie. *Voyez* ce dernier mot, VIII, 182.

— DU CARDINAL. (*Bot.*, *Mat. médic.*) Un des noms vulgaires de la grande consoude. *Voyez* CONSOUDE dans le *Supplément*.

— AUX CASQUES. (*Bot.*, *Mat. médic.*) *Voy.* SCUTELLAIRE, XII, 742.

— A CENT MAUX. (*Bot.*, *Mat. médic.*)) *Voyez* NUMMU-

— AUX ÉCUS. (*Bot.*, *Mat. médic.*)) LAIRE, XI, 38.

— AUX CHANCRES. (*Bot.*, *Mat. médic.*) Un des noms vulgaires de l'héliotrope. *Voyez* HERBE AUX VERRUES, VII, 155.

— DES CHANOINES. (*Bot.*, *Mat. médic.*) Un des noms vulgaires de la mâche. *Voyez* ce dernier mot, VIII, 310.

— AU CHANTRE. (*Bot.*, *Mat. médic.*) Nom vulgaire du vélar commun. *Voyez* VÉLAR, XIII, 407.

HERBE A CHARPENTIER. (*Bot.*, *Mat. médic.*) Nom donné à plusieurs plantes, VII, 151.

— CHASTE. (*Bot.*, *Mat. médic.*) Un des noms vulgaires de l'*agnus castus*. *Voyez* ce dernier mot, I, 382.

— AU CHAT. (*Bot.*, *Mat. médic.*) Nom vulgaire de la chataire, VII, 151. *Voyez* aussi CHATAIRE, IV, 663.

— DU CHAT. (*Bot.*, *Mat. médic.*) Un des noms d'une germandrée.

— A CINQ FEUILLES. (*Bot.*, *Mat. médic.*) Nom vulgaire de la potentille. *Voyez* ce dernier mot, XII, 270.

— DE CITRON. (*Bot.*, *Mat. médic.*) Un des noms vulgaires de la mélisse citronnelle. *Voyez* MÉLISSE, VIII, 617.

— DE CLYTIE. (*Bot.*, *Mat. médic.*) Un des noms vulgaires du tournesol. *Voyez* ce dernier mot, XIII, 284.

— AU COCHON. (*Bot.*, *Mat. médic.*) Un des noms de la millefeuille. *Voyez* ce dernier mot, X, 127.

— DU CŒUR. (*Bot.*, *Mat. médic.*) Nom vulgaire de la pulmonaire et plusieurs labiées. *Voyez* PULMONAIRE, XII, 370.

— AUX CORS. (*Bot.*, *Mat. médic.*) Un des noms de la joubarbe et de l'orpin. *Voyez* JOUBARBE, VII, 731.

— A COTON. (*Bot.*, *Mat. médic.*) VII, 151 et 152.

— AUX COUPURES. (*Bot.*, *Mat. médic.*) Un des noms vulgaires de la millefeuille. *Voyez* ce mot, X, 127.

— AUX CUILLIERS. (*Bot.*, *Mat. médic.*) *Voyez* COCHLÉARIA, V, 8 à 12.

— AUX DENIERS. (*Bot.*, *Mat. médic.*) Un des noms de la nummulaire. *Voyez* ce dernier mot, XI, 38.

— DENTAIRE. (*Bot.*, *Mat. médic.*) Un des noms vulgaires de la chélidoine. *Voyez* ce dernier mot, IV, 684.

— DU DIABLE. (*Bot.*, *Mat. médic.*) Un des noms de la pomme épineuse ou stramoine. *Voyez* ce dernier mot, XIII, 133.

— DE DIANE. (*Bot.*, *Mat. médic.*) Nom vulgaire de l'armoise. *Voyez* ce mot, III, 291.

— DORÉE. (*Bot.*, *Mat. médic.*) Un des noms du cétérach. *Voyez* ce dernier mot, IV, 570.

— DOUCETTE. (*Bot.*, *Mat. médic.*) Un des noms de la mâche. *Voyez* ce dernier mot, VIII, 310.

— AUX ÉCROUELLES. (*Bot.*, *Mat. médic.*) Nom vulgaire de la scrofulaire. *Voy.* ce dernier mot, XII, 735 et 736.

— AUX ÉCUS. (*Bot.*, *Mat. médic.*) Un des noms de la nummulaire. *Voyez* ce dernier mot, XI, 38.

— EMPOISONNÉE. (*Bot.*, *Mat. médic.*) Un des noms vulgaires de la belladone. *Voyez* ce dernier mot, III, 673.

— ENCHANTERESSE. (*Bot.*, *Mat. médic.*) *Voyez* CIRCÉE, IV, 860.

— ENRAGÉE. (*Bot.*, *Mat. médic.*) Un des noms vulgaires de la dentelaire. *Voyez* ce dernier mot, V, 379.

— AUX ÉPERONS. (*Bot.*, *Mat. médic.*) Un des noms vulgaires de la dauphinelle.

— A L'ÉPERVIER. (*Bot.*, *Mat. médic.*) VII, 152.

— A L'ESQUINANCIE. (*Bot.*, *Mat. médic.*) VII, 152. Voy. aussi REINE DES BOIS, XII, 494.

— A ÉTERNUER. (*Bot.*, *Mat. médic.*) VII, 152. *Voyez* aussi PTARMIQUE, XII, 357.

— A ÉTRANGLER. (*Bot.*, *Mat. médic.*) Un des noms vulgaires de l'arnica. *Voyez* ce dernier mot, III, 298.

— ENCHANTERESSE. (*Bot.*, *Mat. médic.*) *Voyez* HERBE DE SAINT-CHRISTOPHE, VII, 154.

— AUX FEMMES BATTUES. (*Mat. médic.*) *Voyez* TAMIER, XIII, 212.

— AUX FIÈVRES. (*Bot.*, *Mat. médic.*) *Voyez* CENTAURÉE BLEUE, IV, 548.

— AUX FIÈVRES TIERCES. (*Bot.*, *Mat. médic.*) *Voyez* SCUTELLAIRE, XII, 742.

— A FOULON. (*Bot.*, *Mat. médic.*) Un des noms vulgaires de la saponaire. *Voyez* ce dernier mot, XII, 688.

— A GÉRARD. (*Bot.*, *Mat. médic.*) *Voyez* ANGÉLIQUE, II, 734.

HERBE DE GRACE. (*Bot.*, *Mat. médic.*) Un des noms vulgaires de la rue. *Voyez* ce dernier mot, XII, 621.

— DU GRAND PRIEUR. (*Bot.*, *Mat. médic.*) Un des noms vulgaires du tabac. *Voyez* TABAC, XIII, 198.

— GRASSE OU HUILEUSE. (*Bot.*, *Mat. médic.*) *Voyez* JOUBARBE, VII, 731.

— AUX GUEUX. (*Bot.*, *Mat. médic.*) *Voyez* CLÉMATITE, IV, 877.

— HÉLÈNE. (*Bot.*, *Mat. médic.*) Un des noms de l'aunée. *Voyez* ce mot, III, 433.

— HÉMORROÏDALE. (*Bot.*, *Mat. médic.*) *Voyez* CHARDON HÉMORROÏDAL, IV, 643.

— AUX HÉMORROÏDES. (*Bot.*, *Mat. médic.*) *Voy.* CHARDON HÉMORROÏDAL, IV, 643.

— D'HERMÈS. (*Bot.*, *Mat. médic.*) Un des noms vulgaires de la mercuriale. *Voyez* ce mot, IX, 706.

— D'HIRONDELLE. (*Bot.*, *Mat. médic.*) Nom vulgaire de la chélidoine. *Voyez* ce dernier mot, IV, 684.

— HONGROISE. (*Bot.*, *Mat. médic.*) Nom vulgaire du malva alcæa. Voyez ALCÉE, I, 641.

— A LA HOUATE. (*Bot.*, *Mat. médic.*) *Voyez* APOCIM, III, 176.

— IMMORTELLE. (*Bot.*, *Mat. médic.*) Un des noms vulgaires de la tanaisie. *Voyez* ce dernier mot, XIII, 214.

— IMPATIENTE. (*Bot.*, *Mat. médic.*) *Voyez* BALSAMINE, III, 584.

— IMPIE. (*Bot.*, *Mat. médic.*) Un des noms vulgaires de l'herbe à coton. *Voyez* HERBE à COTON, VII, 151.

— DE JUDÉE. (*Bot.*, *Mat. médic.*) Un des noms de la douce-amère. *Voyez* MORELLE, X, 283.

— AUX LADRES. (*Bot.*, *Mat. médie.*) Nom vulgaire de la véronique officinale. *Voyez* VÉRONIQUE, XIII, 419.

— A LAIT. (*Bot.*, *Mat. médic.*) *Voyez* POLYGALA, XII, 218 ; et TITHYMALE, XIII, 152 et 153.

— AU LAIT DE NOTRE-DAME. (*Bot.*, *Mat. médic.*) *Voyez* PULMONAIRE, XII, 370.

— DU LÉGAT DE PORTUGAL. (*Bot.*, *Mat. médic.*) Un des noms vulgaires du nicotiana tabacum. Voyez TABAC, XIII, 198.

— DU LION. (*Bot.*, *Mat. médic.*) *Voyez* OROBANCHE, XI, 208.

— A LOUP. (*Bot.*, *Mat. médic.*) *Voyez* ACONIT, I, 121 et 122.

— AUX MAGICIENNES. (*Bot.*, *Mat. médic.*) *Voyez* CIRCÉE, IV, 860.

— DES MAGICIENS. (*Bot.*, *Mat. médic.*) *Voy.* STRAMOINE, XIII, 133.

— DE MALLET. (*Bot.*, *Mat. médic.*) Un des noms vulgaires du pæonia officinalis. Voyez PIVOINE, XII, 109.

— AUX MILITAIRES. (*Bot.*, *Mat. médic.*) Un des noms vulgaires de l'achillée et de la millefeuille. *Voyez* ce dernier mot, X, 127.

— MAURE OU D'AMOUR. (*Bot.*, *Mat. médic.*) Un des noms vulgaires du réséda. *Voyez* ce dernier mot, XII, 531.

— A MILLEPERTUIS. (*Bot.*, *Mat. médic.*) *Voy.* MILLEPERTUIS, X, 127.

— MIMEUSE. (*Bot.*, *Mat. médic.*) Nom vulgaire de la sensitive. *Voyez* ce dernier mot, XIII, 34.

— AUX MITTES. (*Bot.*, *Mat. médic.*) Nom vulgaire d'un verbascum. *Voyez* MOLÈNE, X, 169.

— MOLUCANE. (*Bot.*, *Mat. médic.*) VII, 153.

— MORE. (*Bot.*, *Mat. médic.*) Nom vulgaire du solanum nigrum. Voyez MORELLE, X, 283.

— AU MORE. (*Bot.*, *Mat. médic.*) Nom vulgaire de la berle. *Voyez* ce mot, III, 694.

— AUX MOUCHERONS. (*Bot.*, *Mat. médic.*) VII, 153.

— DE MURAILLE. (*Bot.*, *Mat. médic.*) Nom vulgaire de la pariétaire. *Voyez* ce dernier mot, XI, 333.

HERBE DU MUSC. (*Bot.*, *Mat. méd.*) *Voyez* AMBRETTE, II, 115.

— MUSQUÉE. (*Bot.*, *Mat. médic.*) *Voyez* MOSCATELLINE, X, 362.

— AU NOMBRIL. (*Bot.*, *Mat. médic.*) Nom vulgaire d'une espèce de cynoglosse, VII, 115. *Voyez* aussi OMPHALODES, XI, 119.

— DE NOTRE-DAME. (*Bot.*, *Mat. médic.*) Un des noms de la pariétaire. *Voyez* ce dernier mot, XI, 333.

— AUX ŒUFS. (*Bot.*, *Mat. médic.*) Nom vulgaire de l'aubergine. *Voyez* ce mot, III, 429.

— AUX OIES. (*Bot.*, *Mat. médic.*) Nom vulgaire d'une potentille. *Voyez* ce dernier mot, XII, 270.

— D'OR. (*Bot.*, *Mat. médic.*) *Voyez* HELIANTHÈME, VII, 94.

— AUX PANARIS. (*Bot.*, *Mat. médic.*) *Voyez* RENOUÉE, XII, 505.

— A LA PARALYSIE. (*Bot.*, *Mat. médic.*) Un des noms du primevère. *Voyez* ce dernier mot, XII, 309.

— DU PARAGUAI. (*Bot.*, *Mat. médic.*) *Voyez* THÉ DU PARAGUAI, XIII, 241.

— A PARIS. (*Bot.*, *Mat. médic.*) *Voyez* PARISETTE, XI, 401.

— A PAUVRE-HOMME. (*Bot.*, *Mat. médic.*) *Voyez* GRATIOLE, VI, 710 à 712.

— AUX PERLES. (*Bot.*, *Mat. médic.*) *Voyez* GREMIL, VI, 714.

— AUX PIQURES. (*Bot.*, *Mat. médic.*) Un des noms du MILLEPERTUIS. *Voyez* ce mot, X, 127.

— AUX PLAIES. (*Bot.*, *Mat. médic.*) Nom vulgaire d'une espèce de sauge. *Voyez* SCLARÉE, XII, 728.

— AUX POINTS DE CÔTÉ. (*Bot.*, *Mat. méd.*) Un des noms du chardon marie. *Voyez* CHARDON, IV, 643.

— AUX POUMONS. (*Bot.*, *Mat. médic.*) Nom vulgaire de la pulmonaire. *Voyez* ce dernier mot, XII, 370.

— AUX POUX. (*Bot.*, *Mat. médic.*) Nom vulgaire du staphisaigre. *Voyez* ce mot, XIII, 110.

— AUX PUCES. (*Bot.*, *Mat. médic.*), VII, 154. *Voy.* aussi PLANTIN, XII, 114; et PSYLLIOR, 357.

— A LA REINE. (*Bot.*, *Mat. médic.*) Un des noms vulvaires du nicotiana tabacum. Voyez TABAC, XIII, 198.

— A ROBERT. (*Bot.*, *Mat. médic.*) *Voyez* BEC DE GRUE, III, 661.

— ROMAINE. (*Bot.*, *Mat. médic.*) Nom vulgaire de la tanaisie. *Voyez* ce dernier mot, XIII, 214.

— ROYALE. (*Bot.*, *Mat. médic.*) Un des noms de l'aurone. *Voyez* ARMOISE, III, 291.

— DE SAINT-ALBERT. (*Bot.*, *Mat. médic.*) Un des noms de l'erysimum. Voyez VÉLAR, XIII, 407.

— DE SAINT-ANTOINE. (*Bot.*, *Mat. médic.*) Un des noms du laurier-rose. *Voyez* ce mot, VIII, 80.

— DE SAINT-BENOIT. (*Bot.*, *Mat. médic.*) Nom vulgaire de la benoite. *Voyez* ce mot, III, 688.

— DE SAINT-CHRISTOPHE. (*Bot.*, *Mat. médic.*) VII, 154. *Voyez* aussi ACTÉE, I, 132.

— DE SAINT-ETIENNE. (*Bot.*, *Mat. médic.*) *Voy.* CIRCÉE, IV, 860.

— DE SAINT-FÉLIX. (*Bot.*, *Mat. médic.*) Un des noms de la scrofulaire. *Voyez* ce dernier mot, XII, 735.

— DE SAINT-GUILLAUME. (*Bot.*, *Mat. médic.*) Un des noms vulgaires de l'aigremoine. *Voyez* ce dernier mot, I, 402.

— DE SAINT-INNOCENT. (*Bot.*, *Mat. médic.*) Un des noms de la renouée. *Voyez* ce mot, XII, 505.

— DE SAINT-JACQUES. (*Bot.*, *Mat. médic.*) *Voyez* JACOBÉE, VII, 708.

— DE SAINT-JEAN. (*Bot.*, *Mat. médic.*) Nom vulgaire de l'armoise et du lierre terrestre. *Voyez* ces deux mots dans leur ordre alphabétique.

— DE SAINT-JULIEN. (*Bot.*, *Mat. médic.*) Un des noms de la sarriette. *Voyez* ce dernier mot, XII, 696.

HERBE DE SAINT-LAURENT. (*Bot.*, *Mat. médic.*) Nom de plusieurs plantes, et notamment de la bugle. *Voyez* ce dernier mot, IV, 188.

— DE SAINT-LUCIEN. (*Bot.*, *Mat. médic.*) Un des noms de l'*arnica montana*. Voyez ARNICA, III, 298.

— DE SAINT-PAUL. (*Bot.*, *Mat. médic.*) Un des noms vulgaires du *primula officinalis*. Voy. PRIMEVÈRE, XII, 309.

— DE SAINT-PIERRE. (*Bot.*, *Mat. médic.*) Un des noms de la pariétaire. *Voyez* ce dernier mot, XI, 333.

— DE SAINT-PHILIPPE. (*Bot.*, *Mat. médic.*) Un des noms du pastel. *Voyez* ce mot, XI, 437.

— ST.-QUIRIN. (*Bot.*, *Mat. médic.*) Un des noms vulgaires du *tussilago farfara*. Voy. TUSSILAGE, XIII, 337.

— ST.-ROCH. (*Bot.*, *Mat. médic.*) Nom vulgaire de l'*inula antidysenterica*.

— ST.-ZACHARIE. (*Bot.*, *Mat. médic.*) Un des noms du bluet. *Voyez* ce dernier mot, III, 779.

— SAINTE. (*Bot.*, *Mat. médic.*) Un des noms d'une espèce de sauge et du *nicotiana tabacum*. Voyez SCLARÉE, XII, 728; et TABAC, XIII, 198.

— STE.-BARBE. (*Bot.*, *Mat. médic.*) Nom vulgaire de la roquette. *Voyez* ce mot, XII, 603.

— STE.-CATHERINE. (*Bot.*, *Mat. médic.*) Un des noms vulgaires de la balsamine. *Voyez* ce mot, III, 584.

— DE STE.-CLAIRE. (*Bot.*, *Mat. médic.*) Un des noms de la mâche. *Voyez* ce mot, VIII, 310.

— DE STE.-CROIX. (*Bot.*, *Mat. médic.*) Un des noms du tabac. *Voyez* ce dernier mot, XIII, 198.

— DE STE.-CUNÉGONDE. (*Bot.*, *Mat. médic.*) Nom vulgaire de l'*eupatorium cannabinum*. Voyez EUPATOIRE, VI, 133.

— DE STE.-MARIE. (*Bot.*, *Mat. médic.*) Nom vulgaire d'une espèce de menthe.

— DE STE.-OTHILÉE. (*Bot.*, *Mat. médic.*) Nom vulgaire du *delphinium consolida*.

— DE STE.-QUITERIE. (*Bot.*, *Mat. médic.*) Un des noms vulgaires de la mercuriale. *Voyez* ce dernier mot, IX, 706.

— STE.-ROSE. (*Bot.*, *Mat. médic.*) Un des noms vulgaires du *pæonia officinalis*. Voyez PIVOINE, XII, 109.

— SALIVAIRE. (*Bot.*, *Mat. médic.*) Un des noms vulgaires de l'*anthemis pyrethrum*. Voyez PYRÈTHRE, XII, 394.

— SANGUINALE. (*Bot.*, *Mat. médic.*) Un des noms vulgaires du *verbena officinalis*. Voyez VERVEINE, XIII, 428.

— SANGUINE. (*Bot.*, *Mat. médic.*) Espèce de patience. *Voyez* OSEILLE, XI, 231; et PATIENCE, 456.

— SANS COUTURE. (*Bot.*, *Mat. médic.*) *Voyez* OPHIOGLOSSE, XI, 142.

— SARDONIQUE. (*Bot.*, *Mat. médic.*) Nom vulgaire d'une espèce de renoncule.

— SCÉLÉRATE. (*Bot.*, *Mat. médic.*) Espèce de renoncule.

— AUX SCORBUTIQUES. (*Bot.*, *Mat. médic.*) *Voyez* COCHLÉARIA, V, 8 à 12.

— DE SCYTHIE. (*Bot.*, *Mat. médic.*) Un des noms donnés à la réglisse. *Voyez* ce dernier mot, XII, 489.

— A SEPT TIGES. (*Bot.*, *Mat. médic.*) *Voyez* STATICE, XIII, 112.

— AU SERPENT. (*Bot.*, *Mat. médic.*) Un des noms du panicaut. *Voyez* ce dernier mot, XI, 294.

— DU SIÉGE. (*Bot.*, *Mat. médic.*) Un des noms vulgaires de la scrofulaire aquatique. *Voyez* SCROFULAIRE, XII, 735.

— DE SIMÉON. (*Bot.*, *Mat. médic.*) Un des noms vulgaires du *malva alcea*. Voyez ALCÉE, I, 641.

— AU SOLEIL. (*Bot.*, *Mat. médic.*) Nom vulgaire de l'*helianthus annuus*. Voyez HÉLIANTHÈME, VII, 94; et TOURNESOL, XIII, 284.

— AUX SORCIERS. (*Bot.*, *Mat. médic.*) Un des noms vulgaires du *datura stramonium*. Voyez STRAMOINE, XIII, 133.

HERBE STERNUTATOIRE (*Bot.*, *Mat. médic.*) Nom vulgaire du *ptarmica*. Voyez PTARMIQUE, XII, 357.

— DU TAN. (*Bot.*, *Mat. médic.*) Un des noms vulgaires de la bryone. *Voyez* ce mot, IV, 183.

— A LA TAUPE. (*Bot.*, *Mat. médic.*) Un des noms vulgaires du *datura stramonium*. *Voyez* STRAMOINE, XIII, 133.

— DE TAUREAU. (*Bot.*, *Mat. médic.*) *Voyez* OROBANCHE, XI, 208.

— AUX TEIGNEUX. (*Bot.*, *Mat. médic.*) Nom de la bardane et du petasite. *Voyez* ces deux mots à leur ordre alphabétique.

— TERRIBLE. (*Bot.*, *Mat. médic.*) Un des noms vulgaires du *globularia alypum*. *Voyez* GLOBULAIRE, VI, 647.

— DE LA TRINITÉ. (*Bot.*, *Mat. médic.*) Nom vulgaire du *viola tricolor* et de l'hépatique commune.

— DU TURC. (*Bot.*, *Mat. médic.*) *Voyez* HERNIAIRE, VII, 184.

— AUX VARICES. (*Bot.*, *Mat. médic.*) Nom vulgaire d'une espèce de chardon. *Voyez* CHARDON HÉMORROÏDAL, IV, 643.

— AU VENT. (*Bot.*, *Mat. médic.*) *Voyez* ANÉMONE, II, 711; et PULSATILLE, XII, 371.

— AUX VERRUES. (*Bot.*, *Mat. médic.*) VII, 155.

— AUX VERS. (*Bot.*, *Mat. médic.*) Un des noms de la tanaisie. *Voyez* ce dernier mot, XIII, 214.

— DE LA VIERGE. (*Bot.*, *Mat. médic.*) Un des noms vulgaires du *marrubium album*. Voy. MARRUBE, VIII, 519.

— AUX VIPÈRES. (*Bot.*, *Mat. médic.*) VII, 155.

— VIVE. (*Bot.*, *Mat. médic.*) Un des noms de la sensitive. *Voyez* ce dernier mot, XIII, 34.

— AUX VOITURIERS. (*Bot.*, *Mat. médic.*) Un des noms vulgaires de l'*achillea millefolium*. Voyez MILLEFEUILLE, X, 127.

HERBES VULNÉRAIRES. (*Pharm.*, *Mat. médic.*) *Voyez* FALTRANCK, VI, 261.

HERBIER. (*Mat. médic.*) VII, 156 à 158. *Voyez* aussi DESSICATION DES PLANTES, V, 411 et 412.

— (Eaux minérales d'). VII, 159.

HERBIVORES. (*Zool.*) VII, 159.

HERBORISTE. (*Pharm.*) VII, 159 et 160.

HERCULE (Mal d'). (*Pathol.*) Un des noms vulgaires de l'épilepsie. *Voyez* ce dernier mot, VI, 5 et suiv.

HÉRÉDITAIRES (Maladies héréditaires). (*Pathol.*, *Méd. lég.*) VII, 160 à 176.

HÉRISSANT (Louis-Antoine-Prosper). (*Biogr. médic.*) VII, 176 et 177.

HERMAN (Jean). (*Biogr. médic.*) VII, 177.

HERMANN (Paul). (*Biogr. médic.*) VII, 177 et 178.

HERMAPHRODITE. (*Physiol.*, *Méd. lég.*) VII, 178 à 183. *Voyez* aussi MONSTRUOSITÉS, X, 199 à 201.

HERMENT (Jean). (*Biogr. médic.*) VII, 183.

HERMODACTE. (*Bot.*, *Mat. médic.*) *Voyez* ce mot dans le *Supplément*.

HERMOGÈNE. (*Biogr. médic.*) VII, 183.

HERMONVILLE (Eaux minérales d'). VII, 184.

HERNANDEZ (François). (*Biogr. médic.*) VII, 184.

HERNIAIRE. (*Bot.*, *Mat. médic.*) VII, 184.

HERNIE. (*Pathol. chir.*) *Voyez* ANATOMIE PATHOLOGIQUE, II, 464; MÉROCÈLE, IX, 712 et suiv.; et SAC HERNIAIRE, XII, 641. — De la hernie de matrice en particulier, VII, 184 à 186. *Voyez* aussi DESCENTE DE MATRICE, V, 399 et suiv. — De la hernie du poumon. *Voyez* POUMONS (Maladies des), XII, 288.

— (*Art vétér.*, *Pathol.*) VII, 186 et 187.

HERNIOLE. (*Bot.*, *Mat. médic.*) Nom vulgaire de la turquette. *Voyez* HERNIAIRE, VII, 184.

HÉRODICUS. (*Biogr. méd.*, *Hist. de la méd.*) VII, 187 à 190. *Voyez* aussi ANCIENS MÉDECINS, II, 671.

HOUILLE

HOUILLE. (*Hyg.*) Charbon de terre. *Voyez* CHARBON, IV, 619 à 626.

HOULLIER (Jacques). (*Biogr. médic.*) VII, 277 et 278.

HOUX (Petit). (*Bot.*, *Mat. médic.*) VII, 278 et 279. *Voy.* aussi FRAGON, VI, 498; et PETIT HOUX, XI, 625.

HOWARD (Jean). (*Biogr. médic.*) *Voyez* ce mot dans le *Supplément.*

HUARTE (Jean). (*Biogr. médic.*) VII, 279.

HUBERT (Etienne). (*Biogr. médic.*) VII, 279 et 280.

HOCHER (Jean). (*Biogr. médic.*) VII, 280.

HUILE D'ANET. (*Mat. médic.*) *Voyez* ANET, II, 712.

— D'ANIS. (*Mat. médic.*) *Voyez* ANIS, III, 28.

— ANIMALE RECTIFIÉE OU DE DIPPEL. (*Mat. médic.*) VII, 282 et 283.

— D'AMANDES DOUCES OU AMÈRES. (*Mat. médic.*) VII, 283 et 284.

— D'ANTIMOINE. (*Mat. médic.*) Synonyme de beurre d'antimoine, VII, 284 et 285. *Voyez* aussi ANTIMOINE, III, 81.

— D'ARSENIC. (*Mat. médic*) VII, 285. *Voyez* ARSENIC, III, 316.

— D'ASPIC. (*Mat. médic.*) *Voyez* LAVANDE, VIII, 75.

— DE BEN. (*Mat. médic.*) VII, 285. *Voyez* aussi BEN, III, 680; et NOIX DE BEN, X, 629.

— DE BENJOIN. (*Mat. médic.*) VII, 285.

— DE BRIQUES. (*Mat. médic.*) VII, 285.

— DE CACAO. (*Mat. médic.*) *Voyez* CACAO, IV, 206; et CHOCOLAT, 828.

— DE CADE. (*Mat. médic.*) VII, 285. *Voyez* aussi CADE (Huile de), IV, 241.

— DE CAJEPUT. (*Mat. médic.*) *Voyez* MÉLALEUCA, IX, 588.

— DE CAMOMILLE. (*Mat. médic.*) VII, 285 et 286.

— DE CHAUX. (*Mat. médic.*) VII, 286.

— DE CIRE. (*Mat. médic.*) VII, 286.

— DE CORNE DE CERF. (*Mat. médic.*) *Voyez* HUILES ANIMALES et HUILE DE DIPPEL, VII, 282.

— DE CRAPAUDS. (*Mat. médic.*) VII, 286.

— DE CROTON TIGLIUM. (*Mat. médic.*) *Voyez* TIGLIUM, XIII, 259.

— DE DIPPEL. (*Mat. médic.*) *Voyez* HUILES ANIMALES, VII, 282.

— EMPYREUMATIQUE. (*Pharm.*, *Mat. médic.*) *Voyez* EMPYREUMATIQUE (Huile), V, 810.

— DE FOURMIS. (*Mat. médic.*) *Voy.* HUILE DE CRAPAUDS, VII, 286.

— DE GABIAN. (*Mat. médic.*) *Voyez* GABIAN, VI, 344.

— DE GAYAC. (*Mat. médic.*) *Voyez* GAYAC, VI, 569.

— DE GENÉVRIER. (*Mat. médic.*) *Voyez* CADE (Huile de), IV, 241.

— DE GÉROFLE. (*Mat. médic.*) *Voy.* GÉROFLE, VI, 625.

— GLACIALE. (*Mat. médic.*) *Voyez* ACIDE VITRIOLIQUE, I, 114.

— GRASSE. (*Mat. médic.*) VII, 293.

— DE GRENOUILLES. (*Mat. médic.*) *Voyez* HUILE DE CRAPAUDS, VII, 286.

— DE JAYET OU JAYS. (*Mat. médic.*) VII, 257. *Voy.* aussi SUCCINIQUE (Acide), XIII, 151.

— DE LÉZARDS. (*Mat. médic.*) *Voy.* HUILE DE CRAPAUDS, VII, 286.

— DE LIN. (*Mat. médic.*) *Voyez* LIN, VIII, 146.

— DE LIS. (*Mat. médic.*) VII, 287.

— DE MERCURE. (*Mat. médic.*) VII, 287.

— DE MORELLE. (*Mat. médic.*) VII, 287.

— DE MUCILAGES. (*Mat. médic.*) VII, 287 et 288.

— DE NÉROLI. (*Mat. médic.*) *Voyez* NÉROLI, X, 580.

— DE NOIX. (*Mat. médic.*) *Voyez* NOIX, XI, 629.

— D'ŒILLET. (*Mat. médic.*) *Voyez* PAVOT, XI, 468.

— D'ŒUFS. (*Mat. médic.*) VII, 289.

— D'OLIVES. (*Mat. médic.*) VII, 289. *Voyez* aussi OLIVIER, XI, 113.

HUILE D'ORANGER. (*Mat. médic.*) *Voyez* NÉROLI, X, 629.

— DE PALMA CHRISTI. (*Mat. médic.*) *Voyez* RICIN (Huile de), XII, 585.

— DE PETITS CHIENS. (*Mat. médic.*) *Voyez* HUILE DE MUCILAGES, VII, 287.

— DE PETITS LOUPS. (*Mat. médic.*) *Voyez* HUILE DE MUCILAGES, VII, 287.

— DE PÉTROLE. (*Mat. médic.*) *Voyez* PÉTROLE, XI, 628.

— PYROGÉNÉE. (*Mat. médic.*) *Voyez* EMPIREUMATIQUE (Huile), V, 810.

— DE RICIN. (*Mat. médic.*) *Voyez* RICIN, XII, 585.

— ROSAT. (*Mat. médic.*) VII, 288.

— DE ROSES. (*Mat. médic.*) VII, 288. *Voyez* aussi ROSIER, XII, 608.

— DE SAFRAN. (*Mat. médic.*) VII, 288.

— DE SATURNE. (*Mat. médic.*) VII, 288.

— DE SCORPION. (*Mat. médic.*) *Voyez* HUILE DE CRAPAUDS, VII, 286.

— DE SOUFRE. (*Mat. médic.*) VII, 288. *Voyez* ACIDE SULFURIQUE, I, 114; et SULFURIQUE (Acide), XIII, 170.

— DE SUCCIN. (*Mat. médic.*) *Voyez* SUCCINIQUE (Acide), XIII, 151.

— DE TARTRE PAR DÉFAILLANCE. (*Mat. médic.*) VII, 288.

— DE TÉRÉBENTHINE. (*Mat. médic.*) *Voyez* TÉRÉBENTHINE, XIII, 230.

— DE TORTUE. (*Mat. médic.*) *Voyez* TORTUE, XIII, 281.

— DE VÉNUS. (*Mat. médic.*) VII, 289.

— DE VERS. *Voyez* HUILE DE CRAPAUDS.

— DE VITRIOL. (*Mat. médic.*) *Voyez* ACIDE VITRIOLIQUE, I, 114; RÉACTIF, XII, 467; et SULFURIQUE (Acide), XIII, 170.

HUILES ANIMALES. (*Mat. médic.*) VII, 282.

— DOUCES TIRÉES PAR EXPRESSION. (*Mat. médic.*) VII, 289 et 290.

— ESSENTIELLES. (*Mat. médic.*) VII, 290 à 293.

— FÉTIDES EMPYREUMATIQUES. (*Mat. médic.*) VII, 293.

— VÉGÉTALES. (*Mat. médic.*) VII, 293.

HUÎTRES. (*Hyg.*, *Zool.*) VII, 293 et 294. *Voyez* aussi NOURRITURE, X, 715 et 734.

HUMECTANS. (*Thérap.*) VII, 294 et 295.

HUMECTANT (Régim.). (*Hyg.*) VII, 294.

HUMEUR. (Affection.) (*Hyg.*) VII, 295.

HUMEURS. (*Physiol.*, *Pathol.*) VII, 295 et 296.

— (Acreté, acrimonie des). *Voyez* ACRETÉS, I, 126.

— FROIDES. (*Pathol.*) Nom vulgaire des scrofules. *Voyez* ce dernier mot, XII, 736.

HUMIDITÉ. (*Physiq.*) *Voyez* AIR, I, 533.

HUMORISME. (*Pathol. inter.*) *Voy.* ce mot dans le *Supplém.*

HUMORISTES. (*Pathol. inter.*) *Voy.* ce mot dans le *Supplém.*

HUNAULD (François Joseph). (*Biogr. médic.*) VII, 296 et 297.

HUNTER (Jean). (*Biogr. méd.*) *Voyez* ce mot dans le *Supplément.*

HUPPE. (*Mat. médic.*, *Ornith.*) VII, 299.

HYACINTHE. (*Mat. médic.*, *Minér.*) VII, 299.

HYALODE. (*Séméiot.*) VII, 299.

HYDARTHROSE. (*Pathol.*) *Voyez* HYDARTHRUS, VII, 299.

HYDARTHRUS. (*Pathol.*) VII, 299.

HYDATIDE. (*Pathol.*, *Helminth.*) VII, 299 et 300. *Voyez* aussi VERS INTESTINS (vers vésiculaires), XIII, 423.

HYDATIDOCÈLE. (*Pathol.*) VII, 300.

HYDATISME. (*Pathol.*) VII, 300.

HYDATOÏDE. (*Anat. pathol.*) VII, 300.

HYDNES. (*Hyg.*, *Bot.*, *Mat. médic.*) *Voy.* CHAMPIGNONS, IV, 595; et NOURRITURE, X, 692.

HYDRAGOGUES. (*Mat. médic.*, *Thérap.*) VII, 300 et 301.

HYDRARTHROSE. (*Mat. médic.*) VII, 301.

HYDRAULIQUE (Médecine hydraulique). (*Physiol.*) VII, 301.

HYDRENTÉROCÈLE. (*Pathol.*) *Voyez* HYDROENTÉROCÈLE, VII, 302.

HYDRIODATES. (*Chim.*) *Voyez* SEL, XII, 755. — De l'*hydriodate de potasse* en particulier. *Voyez* POTASSE, XII, 268.

HYDROA. (*Pathol.*) VII, 301 et 302. *Voyez* aussi EXANTHÈMES, VI, 138.

HYDROCARDIE. (*Pathol.*) VII, 302.

HYDROCÈLE. (*Pathol. chir.*) VII, 302. *Voy.* HYDROPISIE, VII, 324.

HYDROCÉPHALE. (*Pathol. chir.*) Hydropisie de la tête. *Voyez* ANATOMIE PATHOLOGIQUE, II, 264 et 266; et HYDROPISIE, VII, 312.

— (*Art vétér.*, *Pathol.*) *Voyez* APOPLEXIE, III, 186.

HYDROCHLORATES. (*Chim.*) *Voyez* SEL, XII, 755. — De l'*hydrochlorate de soude* en particulier. *Voyez* SOUDE, XIII, 77.

HYDROCHLORIQUE (Acide). (*Chim.*, *Mat. médic.*) Nom scientifique de l'acide muriatique. *Voyez* ACIDE MARIN, I, 112; et MURIATIQUE (Acide), X, 409.

HYDROCIRSOCÈLE. (*Pathol. chir.*) VII, 302.

HYDROCOTYLE. (*Bot.*, *Mat. médic.*) *Voyez* CODAGEN, V, 27; et ÉCUELLE D'EAU, 685.

HYDROCYANATES. (*Chim.*, *Mat. médic.*) *Voyez* SEL (prussiates), XII, 348.

HYDRO-CYSTIS. (*Pathol.*) Hydropisie enkystée, VII, 302. *Voyez* aussi HYDROPISIE, VII, 314 et suiv.

— -ENTÉROCÈLE. (*Pathol.*) VII, 302.

— -ENTÉROMPHALE. (*Pathol. chir.*) VII, 303.

— -ENTÉRO-ÉPIPLOMPHALE. (*Pathol. chir.*) VII, 303.

HYDROGALA. (*Mat. médic.*) VII, 303.

HYDROGÈNE. (*Chim.*, *Pathol.*) De l'hydrogène considéré sous le rapport de la pathologie, VII, 303 à 306. *Voyez* GAZ HYDROGÈNE, VI, 605. — De l'*hydrogène sulfuré* en particulier. *Voyez* RÉACTIF, XII, 466.

HYDROGLOSSE. (*Pathol.*) Synonyme de grenouillette ou ranule. *Voyez* HYDROPISIE, VII, 314; et RANULE, XII, 451.

HYDROMÉDIASTINE. (*Pathol.*) *Voyez* ce mot ans le *Supplément.*

HYDROMEL. (*Hyg.*, *Mat. médic.*) VII, 306. *Voyez* aussi l'article DIÈTE, V, 447.

HYDROMÈTRE. (Mesure.) *Voy.* ce mot dans le *Supplément.*

— (*Pathol.*) *Voyez* HYDROPISIE DE LA MATRICE, VII, 227 à 329, 359 et 360.

HYDROMPHALE. (*Pathol.*) Hydropisie de l'ombilic. *Voyez* HERNIE dans le *Dictionnaire de Chirurgie* de cette Encyclopédie.

HYDROPÉDÈSE. (*Pathol.*) VII, 306.

HYDROPÉRICARDE. (*Pathol.*) Hydropisie du péricarde. *Voy.* ANATOMIE PATHOLOGIQUE, II, 285.

HYDROPHOBE. (*Pathol.*) VII, 306.

HYDROPHOBIE. (*Pathol.*) VII, 306 à 309. *Voyez* aussi l'article ANATOMIE PATHOLOGIQUE, II, 257 à 261; CŒLIUS AURELIANUS, IV, 249; et RAGE, XII, 430.

HYDROPHTHALMIE. (*Pathol.*) Hydropisie de l'œil. *Voyez* ŒIL D'ÉLÉPHANT, XI, 101.

HYDROPIQUES (Eau des). (*Méd. prat.*) Son analyse, VII, 309 à 312.

HYDROPISIE. (*Pathol.*) VII, 312 à 359. *Voyez* aussi les articles ABSTINENCE (Abstinence de la boisson dans l'hydropisie), I, 38; ANTI-HYDROPIQUES, III, 75; BOISSONS, IV, 34, où il a été traité de la nécessité de faire usage des boissons dans certaine maladie; DRASTIQUES, V, 532; et HYDROPIQUES (Eau des), VII, 309 à 312.

HYDROPISIE DU CERVEAU. (*Art vétér.*, *Pathol.*) *Voyez* APOPLEXIE, III, 186.

— DE LA MATRICE. (*Pathol.*) VII, 327 à 329, 359 et 360.

— DES OVAIRES. (*Pathol.*) VII, 326 et 327, 360 à 363.

— DU PÉRITOINE. (*Pathol.*) VII, 363 à 368.

— DES TROMPES DE FALLOPE. (*Pathol.*) VII, 369 à 372.

HYDROPNEUMATOCÈLE. (*Pathol. chir.*) VII, 372.

HYDROPNEUMOSARQUE. (*Pathol.*) VII, 372.

HYDROPOÏDE. (*Pathol.*) VII, 372.

HYDROPOTE. (*Hyg.*) VII, 372.

HYDRORACHIS. (*Pathol. chir.*) *Voyez* SPINA BIFIDA, XIII, 93.

HYDRO-RACHITIS. (*Pathol.*) VII, 372. *Voyez* aussi HYDROPISIE, 314; et SPINA BIFIDA, XIII, 93.

HYDROSARCOCÈLE. (*Pathol.*) VII, 372.

HYDROSARQUE. (*Pathol.*) Synonyme d'anasarque, suivant Nysten. *Voyez* ANASARQUE, II, 235; et HYDROPISIE, VII, 329 et 330.

HYDROSULFATES. (*Chim.*) *Voyez* SEL, XII, 755.

HYDROTHORAX. (*Pathol.*) Hydropisie de poitrine. *Voyez* l'article ANATOMIE PATHOLOGIQUE, II, 278; et HYDROPISIE, VII, 315.

HYDROTIQUE. (*Mat. médic.*, *Thérap.*) Synonyme d'hydragogue. *Voyez* ce mot, VII, 300.

HYGIÈNE. (*Hyg.*) VII, 373 à 437. — Définition, objet et division de l'hygiène, 373. — Son histoire, 373 et 374. — Histoire de l'*hygiène publique*, de la législation, des mœurs et de la police des peuples anciens relativement à l'hygiène, 374 et 375. — *Législation physique*, ou hygiène législative chez les peuples anciens. Législation physique, ou hygiène publique des Hébreux, 375 et 376. — *Hygiène législative* de Lycurgue et des Grecs en général, 376 à 379. — Législation physique de Pythagore et de Platon, 379 et 380. — Hygiène législative des Perses au temps de l'enfance du grand Cyrus, 580 et 581. — Des mœurs et coutumes des Anciens relativement à l'hygiène. De la gymnastique, 381 et 382. — Des bains et des repas dans leur rapport avec la gymnastique, 383 et 384. — Des réglemens relatifs à la police publique chez les Anciens, 384 à 386. — Hygiène publique des Modernes, 386. — Législation, mœurs et coutumes. Gymnastique, bains et régime, 386 à 390. — Police relative à la salubrité publique, 390. — Lazaret, hôpitaux et mesures préservatives, 390 à 392. — Des prisons et des maisons de travail, 392. — De la salubrité des villes, des camps et des vaisseaux. Des colonies, des dessèchemens, etc. 392 à 394. — Histoire de l'hygiène privée, 394. — De l'hygiène avant l'âge d'Hippocrate, 394 à 396. — Histoire de l'hygiène ramenée à quatre époques principales, 396 et 397. — *Première époque*, celle d'Hippocrate. Différens temps de cette époque, 397 et 398. — Premiers temps de la première époque, depuis Hippocrate jusqu'à Galien, 398 à 400. — Dioclès de Caryste, 401. — Celse, 401 et 402. — Plutarque, Agathinus, 402 à 404. — Second temps de la première époque. Galien, 404 à 407. — Porphyre, 407 et 408. — Oribase et les Grecs anciens qui ont suivi Galien, 408. — Troisième temps de la première époque. Ecole des Arabes, 408. — Ecole des Grecs modernes, 411. — Ecole de Salerne et médecins européens jusqu'au renouvellement des lettres, 411 à 413. — Quatrième temps de la première époque, depuis le renouvellement des lettres jusqu'à Sanctorius, 413 à 415. — *Seconde époque*, celle de Sanctorius, 415 à 417. — *Troisième époque.* Renouvellement des sciences physiques, 417. — De la philosophie, de l'art et de l'étude philosophique, 417 à 419. — Progrès des sciences naturelles et expérimentales les plus utiles à la connoissance de l'homme, dans le cours de la troisième époque, 419 à 422. — Progrès de l'hygiène dans le cours de la troisième époque, 422 et 423. — Traces de ces progrès dans les principaux ouvrages qui ont contribué à perfectionner les différentes parties de l'hygiène, 423. — Traités généraux, *ibid.* = particuliers. Progrès de l'hygiène dans la connoissance physique de l'homme, de ses rapports avec les climats, des variétés de sa constitution physique ou de ses tempéramens, *ibid.* — Progrès de l'hygiène dans l'étude des choses qui intéressent la santé, 424. — — Progrès de l'hygiène dans la théorie du régime, 427. — *Quatrième époque*, marquée par la découverte des fluides aériformes et le renouvellement des sciences chimiques, 428. — Histoire abrégée des découvertes qui intéressent l'homme, qui concourent à perfectionner la connoissance de sa constitution physique et de l'intelligence des phénomènes de son organisation, *ibid.* — Conjectures sur les avantages que la connoissance physique de l'homme et l'hygiène peuvent retirer des découvertes déja faites dans l'étendue de la quatrième époque, 430 à 432. — Exposition du plan d'un *traité d'hygiène*, 432 à 437. *Voyez* aussi AFFECTIONS DE L'AME, I, 245; AFRIQUE, 281 à 353; AGES (Régime des), 359 à 367; AIR, 492 à 590; ALIMENS, 675 à 719; ATMOSPHÈRE, III, 392 à 406; EUROPE, VI, 200 et suiv.; NOURRITURE, X, 674 à 760; PALESTRE, XI, 278; et PASSIONS, XI, 413 et suiv.

HYGIÈNE. (*Art vétér.*) De l'hygiène vétérinaire considérée dans les chevaux. *Voyez* CHEVAL, IV, 759 à 773.

— MILITAIRE. Considérations générales sur l'hygiène militaire. *Voyez* MÉDECINE MILITAIRE, IX, 307 et suiv.

— NAVALE. (*Hyg.*) *Voyez* NAVALE (Hygiène), X, 518 et suiv.

HYGROMÈTRE. (*Physiq.*) VII, 437 et 438.

HYGROPHOBIE. (*Pathol.*) Crainte ou aversion pour les liquides, VII, 438. *Voyez* HYDROPHOBIE, VII, 306.

HYMEN. (*Hyg.*) Considéré sous le rapport de l'amour physique. *Voyez* AMOUR PHYSIQUE, II, 163 à 170.

— (*Anat., Pathol.*) Repli formé par la membrane muqueuse de la vulve au moment où elle pénètre dans le vagin. *Voyez* ANATOMIE PATHOLOGIQUE, II, 484; et VULVE, XIII, 542 et 543. — De la rupture de la membrane hymen, considérée sous le point de vue de la médecine légale. *Voyez* DÉFLORATION, V, 327; et VIOL, XIII, 166.

HYOSCYAMINE. (*Chim. végét.*) *Voyez* ce mot dans le *Supplément.*

HYPERBOLIQUE (Attitude). (*Hyg.*) VII, 438 et 439.

HYPERCATHARSE. (*Pathol.*) Synonyme de superpurgation. *Voyez* ce dernier mot, XIII, 173.

HYPERACOUSIE. (*Pathol.*) *Voyez* Ouïe, XI, 248.

HYPERCRISE. (*Pathol.*) VII, 439.

HYPEROSTOSE. (*Pathol.*) Excroissance osseuse. *Voy.* EXOSTOSE, VI, 169.

HYPERSARCOSE. (*Pathol.*) VII, 439.

HYPERTROPHIE. (*Pathol.*) *Voyez* ORGANIQUES (Altérations), XI, 175; et POUMON (Hypertrophie du), XII, 289.

HYPNOBATE. (*Pathol.*) Synonyme de somnambule. *Voyez* ce dernier mot, XIII, 70.

HYPNOLOGIQUE. (*Hyg.*) VII, 439.

HYPNOTIQUES. (*Mat. médic., Thérap.*) VII, 439. *Voyez* aussi NARCOTIQUES, X, 466; et SOMNIFÈRES, XIII, 71.

HYPOCATHARSE. (*Mat. médic.*) VII, 439.

HYPOCHONDRES. (*Séméiotiq.*) Régions latérales et supérieures de l'abdomen. Etat des hypochondres dans les maladies. *Voyez* BAS-VENTRE, III, 621.

HYPOCHONDRIE. (*Pathol.*) Maladie des hypochondres. *Voy.* ANTI-HYPOCHONDRIAQUES, III, 76; ATRABILIEUSE (Constitution), III, 416; BAS-VENTRE, III, 621; et MALADIES IMAGINAIRES, VIII, 389.

HYPOCISTE. (*Bot., Mat. médic.*) VII, 439 et 440.

HYPOCRANE. (*Pathol. chir.*) VII, 440.

HYPOCRAS. (*Hyg.*) VII, 440.

HYPOGASTROCÈLE. (*Pathol. chir.*) VII, 440.

HYPOPHASE ou HYPOPHASIE (*Pathol.*) VII, 440.

HYPOPHORE. (*Pathol. chir.*) VII, 449.

HYPOPHTHALMIE. (*Pathol.*) VII, 449.

HYPOPION. (*Pathol.*) Abcès de l'œil, VII, 449.

HYPOSARCA. (*Pathol.*) Synonyme de physconie. *Voyez* ce dernier mot, XII, 1.

HYPOSPADIAS. (*Pathol.*) Vice de conformation du canal de l'urèthre. *Voyez* ANATOMIE PATHOLOGIQUE, II, 472 et suiv.; PÉNIS, XI, 515; et URÈTHRE, XIII, 362.

HYPOSTASE et HYPOSTATIQUE. (*Séméiotiq.*) Sédiment de l'urine. *Voyez* SÉMÉIOTIQUE, XIII, 15; et URINE, 167.

HYPOTHÈSE. (*Nosol.*) VII, 449.

HYSSOPE. (*Bot., Mat. médic.*) VII, 449.

HYSTERALGIA. (*Pathol.*) VII, 449 et 450.

HYSTÉRIE. (*Pathol.*) *Voy.* ANTI-HYSTÉRIQUES, III, 76; HYSTÉRICISME, VII, 450 à 459; et MATRICE, VIII, 601 et 602.

HYSTÉRICISME. (*Pathol.*) VII, 450 à 459. *Voyez* aussi MATRICE, VIII, 601 et 602.

HYSTÉRIQUE (Passion, maladie). (*Pathol.*) *Voyez* HYSTÉRICISME, VII, 450.

HYSTÉRIQUES (Femmes). (*Pathol., Mat. médic., Thérap.*) VII, 459. *Voyez* aussi HYSTÉRICISME, VII, 450.

HYSTÉRITIS. (*Pathol.*) Inflammation de matrice. *Voyez* MATRICE, VIII, 601; et MÉTRITE, X, 79.

HYSTÉROCÈLE. (*Pathol. chir.*) Hernie de matrice. *Voyez* DESCENTE DE MATRICE, V, 399.

HYSTÉROLOXIE. (*Accouchem.*) VII, 459.

HYSTÉROTOMIE. (*Opér. chir.*) Synonyme d'opération césarienne, VII, 459. *Voyez* OPÉRATION CÉSARIENNE dans le *Dictionnaire de Chirurgie* de cette Encyclopédie.

HYSTÉROTOMOCÈLE. (*Opér. chir.*) Synonyme d'opération césarienne. *Voyez* OPÉRATION CÉSARIENNE dans le *Dictionnaire de Chirurgie.*

HYSTRICITÉ. (*Art vétér., Pathol.*) VII, 459.

I

IATRALEPTES. (*Hist. de la médec.*) Médecins qui traitent les maladies par les frictions, et en général par les moyens externes. *Voyez* IATRALEPTIQUES, VII, 452.

IATRALEPTIQUES. (*Thérap.*) VII, 452. *Voyez* aussi FRICTIONS, VI, 508; et MÉDECINE IATRALEPTIQUE, IX, 110.

IATRIQUE. (*Art vétér.*) VII, 452.

IATROCHIMIE et IATROCHIMISTE. VII, 452.

IATROPHYSIQUE, VII, 452.

IBNU SAIGH. (*Biogr. médic.*) VII, 452.

— TOPHAIL. (*Biogr. médic.*) VII, 452 à 454.

— ZOHAR. (*Biogr. médic.*) *Voyez* AVENZOAR, III, 454.

ICCUS. (*Biogr. méd.*) VII, 454.

ICHOR. (*Pathol.*) VII, 454.

ICHOREUX. (*Art vétér., Chir.*) VII, 454.

ICHTHYOCOLE. (*Hyg., Mat. méd.*) Vessie natatoire desséchée de l'esturgeon. *Voyez* COLLE DE POISSON, V, 48; et ESTURGEON, VI, 105.

ICHTHYOPHAGES. (*Hyg.*) VII, 454.

ICHTHYOSE. (*Pathol.*) Maladie dans laquelle la peau se recouvre d'écailles sèches. De l'*ichthyose nacrée* en particulier. *Voyez* NACRÉE (ichthyose nacrée), X, 448; et PELLAGRE, XI, 503.

ICTÈRE. (*Pathol.*) VII, 455 à 457. *Voy.* ANATOMIE PATHOLOGIQUE, II, 399 à 404; et JAUNISSE, VII, 720.

— NOIR. (*Pathol.*) *Voyez* MÉLASICTÈRE, IX, 605.

ICTÉRICIE. (*Pathol.*) *Voyez* ICTÈRE, VII, 457.

ICTÉRIQUE. (*Art vétér., Pathol.*) VII, 457 et 458.

IDES (Eaux minérales d'). VII, 458.

IDROCRASE. (*Médec.*) *Voyez* IDIOSYNCRASE, VII, 458.

IDIOPATHIES. (*Pathol.*) VII, 458.

IDIOPATHIQUE. (*Pathol.*) VII, 458.

IDIOSYNCRASIE. (*Physiol.*) VII, 458.

IDIOT. (*Pathol.*) VII, 458. *Voyez* aussi MANIE, VIII, 467; MÉDECINE MENTALE, IX, 157.

IODE. (*Chim.*) Nom d'un corps simple non métallique, découvert en 1813, et faisant partie des eaux-mères de la soude fournie par certains *fucus*. *Voyez* RÉACTIF, XII, 463; SEL, XII; THYROCÈLE, XIII, 255; et VAREC, 389.

IONVILLE (Eaux minérales d'). *Voyez* ROUEN (Eaux minérales de), XII, 610.

IOTACISME. (*Pathol.*) VII, 687; et PAROLE, XI, 406.

IPÉCACUANHA. (*Bot.*, *Mat. médic.*) VII, 687 et 688.

IPO. (*Bot.*, *Mat. médic.*) *Voyez* UPAS, XIII, 357.

IRAI (Eaux minérales d'). VII, 692.

IRIDÉES. (*Bot.*, *Mat. médic.*) *Voyez* NATURELLES (Familles), X, 515.

IRIS. (*Anat.*) *Voyez* ŒIL, XI, 98.—De sa chute en particulier. *Voyez* PROLAPSUS, XII, 328.

— FÉTIDE. (*Bot.*, *Mat. médic.*) *Voyez* GLAYEUL PUANT, VI, 646.

— GERMANIQUE. (*Bot.*, *Mat. méd.*) *Voyez* GLAYEUL, VI, 646.

— DE FLORENCE. (*Bot.*, *Mat. médic.*) VII, 688 à 689.

IRRÉGULIER. (*Pathol.*) Fièvre, Pouls, Symptôme. *Voyez* ces différens mots à leur ordre alphabétique.

IRRÉGULIÈRES (Maladies). (*Art vétér.*, *Pathol.*) *Voyez* ANOMALES (Maladies), III, 42.

IRRITABILITÉ. (*Hyg.*, (*Pathol.*) VII, 689 à 692.

IRRITABLE (Cheval). (*Art vétér.*, *Pathol.*) *Voyez* IMPATIENT, VII, 499.

ISAAC. (*Biogr. médic.*) VII, 692.

— dit BENIMIRAM. (*Hist. de la méd.*) VII, 692.

— LE HOLLANDAIS. (*Biogr. médic.*) VII, 692.

ISCHIADIQUE (Douleur). (*Pathol.*) VII, 692.

ISCHIAS. (*Nosol.*) Nom latin donné à la douleur sciatique. *Voyez* SCIATIQUE, XII, 722.

ISCHIATIQUE. (*Pathol.*) Nom donné à la névralgie femoropoplitée. *Voyez* NÉVRALGIES, X, 588.

ISCHURIE. (*Pathol.*) Impossibilité d'uriner. De l'ischurie syphilitique en particulier, VII, 693 à 703. *Voy.* aussi, pour ce qui concerne cette maladie, les articles ANATOMIE PATHOLOGIQUE, II, 445 et suiv.; RÉTENTION, XII, 548; et URINE, XIII, 366.

ISIS. (*Hist. de la méd.*) VII, 703 et 704.

ISLE. (*Hyg.*) VII, 704.

ISMAEL AL ADIB. (*Biogr. médic.*) VII, 704 et 705.

ISOCHRONE. (*Physiol.*) Mot employé en physiologie et en pathologie pour désigner les mouvemens qui se font en temps égaux et en même temps.

ISOLEMENT. (*Physiq.*) VII, 705.

ISOLER. (*Physiq.*) VII, 705.

ISOLINE. (*Chim. végét.*) *Voy.* ce mot dans le *Supplément*.

ISOLOIR. (*Physiq. électr.*) VII, 705 et 706.

ISPANHAC (Eaux minérales d'). VII, 706.

ISSA. (*Hist. de la médic.*) VII, 706.

ISSEL (Eaux minérales d'). VII, 706.

ISSUES. (*Hyg.*) VII, 706.

ITTAKA. (*Art vétér.*) VII, 706.

IVETTE. (*Bot.*, *Mat. médic.*) Espèce de germandrée. *Voy.* CHAMÆPITIS, IV, 581.

IVOIRE. *Voyez* ELÉPHANT, V, 752.

IVRAIE. (*Bot.*, *Mat. médic.*) *Voyez*, pour les maladies causées par cette plante, ANTOINE (Feu St.), III, 134; et ARDENS (Mal des), 231.

IVRESSE. *Voyez* MÉDECINE MENTALE, IX, 180.

IVROGNERIE. (*Hyg.*) *Voyez* CABARET, IV, 202.

J

JABOTAPITA. (*Bot.*, *Mat. médic.*) Arbre du Brésil, VII, 707.

JABURANDIBA. (*Bot.*, *Mat. médic.*) Arbre du Brésil, VII, 707.

JABUTICABA. (*Bot.*, *Mat. médic.*) Grand arbre du Brésil, VII, 707.

JACA. (*Bot.*, *Mat. médic.*) Arbre des Indes-Orientales, VII, 107.

JACAPUCAIO. (*Bot.*, *Mat. médic.*) Arbre du Brésil, VII, 707.

JACAPUYA. (*Hyg.*, *Bot.*, *Mat. médic.*) Grand arbre du Brésil, VII, 707.

JACCHINUS (Léonard). (*Biogr. médic.*) VII, 707.

JACÉE. (*Bot.*, *Mat. médic.*) VII, 107 et 108.

JACHEN. (*Biogr. médic.*) VII, 708.

JACINTHE. (*Bot.*, *Mat. médic.*) VII, 708.

JACKAASHAPUCK. (*Bot.*, *Mat. médic.*) Nom américain de la busserole, VII, 708. *Voyez* aussi ARBOUSES, III, 212.

JACOBÉE. (*Bot.*, *Mat. médic.*) VII, 708.

JACQUES. (*Hist. littér. de la méd.*) VII, 709.

— JEAN. (*Biogr. médic.*) VII, 709.

— (Frère) (*Biogr. médic.*) VII, 709 à 713.

— DES BLATS (Eaux minérales de). VII, 717.

JACTATION. (*Pathol. sémiotiq.*) VII, 713 et 714. *Voyez* COUCHER, V, 269 et 270.

JADE (*Mat. médic.*, *Minér.*) VII, 714.

JÆNISG (Jean). (*Biogr. médic.*) VII, 714.

JAGRE. (*Hyg.*) VII, 715.

JAIS. (*Mat. médic.*, *Minér.*) VII, 715.

JALAP. (*Bot.*, *Mat. médic.*) VII, 715 et 716. *Voyez* aussi LISERON dans le *Supplément*; et RÉSINES (Résine de jalap), XII, 535.

JALAPINE. (*Chim. végét.*) *Voy.* ce mot dans le *Supplément*.

JALEYRAC (Eaux minérales de). VII, 716.

JALOUSIE. (*Hyg.*) VII, 716. *Voyez* aussi PASSIONS, XI, 418.

JAMBON. (*Hyg.*) VII, 716. *Voyez* aussi COCHON, V, 12 à 15; et NOURRITURE, X, 708.

JAMROSADE. (*Bot.*, *Mat. médic.*) *Voyez* ce mot dans le *Supplément.*

JANUS DE DAMAS. (*Biogr. médic.*) VII, 717.

JAPIS. (*Hist. de la médic.*) VII, 717.

JAQUIER DÉCOUPÉ. (*Bot.*, *Mat. médic.*) Un des noms de l'arbre à pain. *Voyez* NOURRITURE, X, 702 à 725; et RÉSINES, XII, 533.

JARDON. (*Art vétér.*) *Voyez* CHEVAL, IV, 745.

JARRETIÈRE. (*Hyg.*) VII, 717.

JARRETS. (*Art vétér.*) *Voyez* CHEVAL, IV, 743.

JASMIN. (*Bot.*, *Mat. médic.*) VII, 717 et 718.

JASMINÉES (Famille des). (*Bot.*, *Mat. médic.*) *Voyez* ce mot le *Supplément.*

JASPE. (*Mat. médic.*, *Minér.*) VII, 718.

JASSOLINUS (Jules). (*Biogr. médic.*) VII, 718 et 719.

JASWA-MOREWAIA. (*Pathol.*) Nom russe d'une maladie assez fréquente dans plusieurs endroits de la Sibérie, et ayant quelqu'analogie avec la peste, VII, 719 et 720.

JAUJAC ou JAULNAC (Eaux minérales de). VII, 720.

JAULT (Augustin-François). (*Biogr. médic.*) VII, 720.

JAUNISSE. (*Pathol.*) Nom vulgaire de l'ictère. *Voyez* l'article ANATOMIE PATHOLOGIQUE, II, 417 et suiv.; et ICTÈRE, VII, 455.

— (*Art vétér.*, *Pathol.*) VII, 720 à 722.

JAVART. (*Art vétér.*, *Pathol.*) VII, 722 à 724.

JAVOLS ou JAVOULS (Eaux minérales de). VII, 724.

JAYAMA. (*Bot.*, *Mat. médic.*) Nom américain de l'ananas, VII, 724. *Voyez* aussi ANANAS, II, 233.

JAYET. (*Mat. médic.*, *Minér.*) *Voyez* JAIS, VII, 715.

JEAN DAMASCÈNE. (*Biog. médic.*) *Voyez* DAMASCÈNE, V, 275.

— DE ST.-ALBAN. (*Biogr. médic.*) *Voyez* ALBAN, I, 608.

— DE ST.-AMAND. (*Biogr. médic.*) *Voy.* AMAND, II, 92.

— L'ANGLAIS. (*Biogr. médic.*) *Voyez* GADOLESDEN, VI, 544.

— LE MILANAIS. (*Biogr. médic.*) VII, 724.

KABABÉ DE SODOME. (*Mat. médic.*) Un des noms vulgaires de l'asphalte, VIII, 6. *Voyez* aussi ASPHALTE, III, 335.

KARAKATIZA. (*Hyg.*) VIII, 6.

KABATAS. (*Bot., Mat. médic.*) Plante de l'Amérique dont on distingue plusieurs espèces, VIII, 6.

KARBUS. (*Hyg.*) VIII, 7.

KARUL. (*Bot., Mat. médic.*) Espèce de prunier du Malabar, VIII, 7.

KARI-VETTI. (*Bot., Mat. médic.*) Petit arbre du Malabar, VIII, 7.

KASIAVA-MARAM. (*Bot., Mat. médic.*) Arbre des Indes-Orientales, VIII, 7.

KASMODIA. (*Pathol.*) Bâillement, VIII, 7.

KATOU-GOWA. (*Bot., Mat. médic.*) Grand arbre de la côte du Malabar, VIII, 7.

— -INDEL. (*Bot., Mat. médic.*) Espèce de palmier sauvage du Malabar, VIII, 7.

— -PULCOLLI. (*Bot., Mat. médic.*) Arbre du Malabar, VIII, 7.

— -THEKA. (*Bot., Mat. médic.*) Autre arbre du Malabar, dont on mâche le fruit comme le bétel, VIII, 7.

KATU-NAREGAM. (*Bot., Mat. médic.*) Grand arbre de l'Indostan, VIII, 7.

KATURRALA. (*Bot., Hyg.*) Plante des Indes, VIII, 7.

KATUTI-NETTI-POU. (*Bot., Mat. médic.*) Plante de l'Indostan, VIII, 7.

KAYE (Jean). (*Biogr. médic.*) *Voyez* CAIUS, IV, 272.

KÉDANGU. (*Bot., Mat. médic.*) Arbrisseau des Indes-Orientales, VIII, 7.

KEIL (André). (*Biogr. médic.*) VIII, 7.

KEILL (Jean et Jacques). (*Biogr. médic.*) VIII, 8.

KEIRI. (*Bot., Mat. médic.*) Nom du girofflier ou violier jaune, VIII, 8.

KEISER. (*Biogr. médic. et Méd. prat.*) VIII, 8 à 11.

— (Dragées de). (*Pharm.*) *Voyez* DRAGÉES, V, 580; et KEISER, VIII, 8.

KEKKO. (*Bot., Mat. médic.*) Plante du Japon, VIII, 11.

KÉMA. (*Bot., Mat. médic.*) Fruit qui croît sous terre en plusieurs endroits de la Numidie, VIII, 11.

KENTMANN (Jean). (*Biogr. médic.*) VIII, 11.

KEPLER (Jean et Louis). (*Biogr. médic.*) VIII, 11.

KERCKRING (Théodore). (*Biogr. médic.*) VIII, 11 et 12.

KÉRIA. (*Pathol.*) *Voyez* TEIGNE MUQUEUSE, XIII, 220.

KERMÈS ANIMAL. (*Mat. médic., Entomol.*) VIII, 18 à 20.

— MINÉRAL. (*Chim., Mat. médic.*) VIII, 12 à 18; *Voyez* aussi RÉACTIF, XII, 464; et SEL (Hydrosulfates), 755.

KESTENHOLTZ (Eaux minérales de). *Voyez* CHATENOI, IV, 666.

KETMIA. (*Bot., Mat. médic.*) Plante de la famille des Malvacées, VIII, 20.

KÉTULE. (*Bot., Mat. médic.*) Arbre de l'île de Ceylan, VIII, 20.

KEUFNER (Jean). (*Biogr. médic.*) VIII, 20.

KEY (Georges). (*Biogr. médic.*) VIII, 20.

KEYSER (Dragées de). *Voyez* KEISER.

KIKIOO. (*Bot., Mat. médic.*) *Voyez* KEKKO, VIII, 11.

KING (Edmond). (*Biogr. médic.*) VIII, 20.

KINGS. (*Pathol.*) Un des noms vulgaires sous lequel les Anglois désignent les scrofules. *Voy.* SCROFULES, XII, 736.

KINKI. (*Hyg., Ornith.*) Coq faisan de la Chine, VIII, 21.

KINKINA. (*Bot., Mat. médic.*) VIII, 21 à 33. *Voyez* aussi QUININE, XII, 412 à 414; SEL, 756; et le mot CINCHONINE dans le *Supplément.* — Emploi de sa teinture en frictions dans certaines fièvres. *Voyez* MÉDECINE IATRALEPTIQUE, IX, 122.

KINO. (*Mat. médic.*) Substance astringente et douceâtre fournie par le *nauclea gambir.* *Voy.* RÉSINES, XII, 537.

KINOREXIA. (*Pathol.*) Faim canine. *Voyez* BOULIMIE, IV, 123.

KINORRHODON. (*Bot., Mat. médic.*) Un des noms du rosier sauvage, VIII, 33 et 34. *Voyez* CYNORRHODON, V, 263.

KIXOS. (*Pathol.*) Dilatation d'une veine. Synonyme de varices, VIII, 34. *Voyez* aussi VARICE, XIII, 389.

KIOASSI. (*Pathol. chir.*) Hypersarcose ulcéreuse des pieds, suivant Kempfer, VIII, 34.

KIOO. (*Bot., Mat. médic., Hyg.*) Espèce d'abricotier du Japon, VIII, 34.

KNOU. (*Pathol.*) Relâchement de la luette, VIII, 34. *Voy.* aussi LUETTE, VIII, 207; et PROLAPSUS, XII, 328.

KIRAKOO. (*Bot., Mat. médic.*) *Voyez* KEKKO, VIII, 11.

KIRCHER (Athanase). (*Biogr. médic.*) VIII, 34 et 35.

KIRMEU. (*Hyg., Ornith.*) Oiseau côtier, VIII, 35.

KIRSOCÈLE. (*Pathol. chir.*) VIII, 35.

KIRSOMPHALUS. (*Pathol.*) VIII, 35.

KIRSTENIUS (Georges et Pierre). (*Biogr. médic.*) VIII, 35.

KISTE. (*Pathol. chir.*) VIII, 35 et 36.

KISTOTOMIE. (*Art vétér., Pathol.*) Ponction de la vessie, VIII, 36.

KITTELSHEIM (Eaux minérales de). VIII, 20.

KLAUNIG (Godefroy). (*Biogr. médic.*) VIII, 36.

KLOPEMANIE. (*Pathol.*) *Voyez* ce mot dans le *Supplément.*

KNAH. (*Bot., Mat. médic., Hyg.*) Nom turc des feuilles d'une espèce de *ligustrum* ou de troëne, VIII, 36.

KNIPHOF (Jean-Jérôme). (*Biogr. médic.*) VIII, 36.

KŒMPFER (Engelbert). (*Biogr. médic.*) VIII, 36 et 37.

KŒNIG (Emmanuel). (*Biogr. médic.*) VIII, 37.

KŒRINGRAD. (*Pathol.*) VIII, 37.

KOLA. (*Hyg., Bot., Mat. médic.*) Fruit de l'intérieur des terres du royaume de Congi et de Sierra-Leona, VIII, 37.

KOLTEN. (*Pathol.*) Un des noms de la plique, VIII, 37 et 38. *Voyez* aussi PLIQUE, XII, 149.

KONJAKA. (*Bot., Mat. médic.*) Plante du Japon, VIII, 58.

KOOKI. (*Bot., Mat. médic.*) Arbre épineux du Japon, VIII, 58.

KOUALLE. (Eaux minérales de). VIII, 20.

KOZAK (Jean-Sophrone). (*Biogr. médic.*) VIII, 58.

KRAMER (Jean-Georges-Henri). (*Biogr. médic.*) VIII, 58.

KRAUSE (Charles-Christian). (*Biogr. médic.*) VIII, 58.

KRITHE. (*Pathol.*) Synonyme d'orgeolet. *Voyez* ce dernier mot, XI, 198.

KRUGER (Jean-Gottlieb). (*Biogr. médic.*) VIII, 58.

KRYOS. (*Pathol.*) Froid fébrile excessif, VIII, 58.

KULM (Jean-Adam). (*Biogr. médic.*) VIII, 38 et 39.

KUNDMANN (Jean-Christian). (*Biogr. médic.*) VIII, 39.

KUNKEL DE LŒWENSTERN (Jean). (*Biogr. médic.*) VIII, 39.

KUNRAHT (Henri). (*Biogr. médic.*) VIII, 39.

KUSNOKI. (*Bot., Mat. médic.*) Nom japonais d'un *laurus* dont on retire le camphre, VIII, 39.

KWASS. (*Hyg.*) *Voyez* ce mot dans le *Supplément.*

KYLLOFODIE. (*Pathol. chir.*) *Voy.* ORTHOPÉDIE, XI, 212; et PIED-BOT, XII, 71 et suiv.

KYPER (Albert). (*Biogr. médic.*) VIII, 39.

KYSTER. (*Pathol.*) *Voyez* KISTER, VII, 35 et 36.

L

LABARRAQUE (Liqueur de). (*Chim.*) *Voyez* CHLORURES (Chlorure d'oxyde de sodium) dans le *Supplément.*

LABDANUM. (*Mat. médic.*) Substance gommo-résineuse que l'on recueille sur diverses espèces de cistes. *Voyez* CISTE, IV, 865; LADANUM, VIII, 42; et RÉSINES, XII, 536.

LABIÉES. (*Bot., Mat. méd.*) VIII, 40. *Voyez* aussi NATURELLES (Familles), X, 513; et NOURRITURE, X, 701.

LABLAB. (*Bot., Mat. médic.*) *Voyez* ABLAB, I, 21.

LABORATOIRES. (*Hyg.*) VIII, 40.

LABORIEUX (Accouchement). (*Opér. chir.*) *Voyez* le *Dictionnaire de Chirurgie* de cette Encyclopédie.
LABOUREURS (Maladies des). (*Méd. prat.*) *Voyez* MALADIES DES LABOUREURS, VIII, 408.
— (Régime du). *Voyez* AGRICULTURE, I, 391 à 393.
LAC. (*Hyg.*) De l'influence des eaux des lacs sous le rapport de la santé, VIII, 40 et 41.
LACERON. (*Bot.*, *Mat. médic.*, *Hyg.*) *Voyez* LAITRON, VIII, 59.
LACET. (*Hyg.*) VIII, 41. *Voy.* aussi BALEINE (Corps à), III, 580.
LACHAPELLE-GODEFROI (Eaux minérales de). *Voyez* ce mot dans le *Supplément*.
LACHE (Cheval). (*Art. vétér.*) VIII, 218.
LACQUE. (*Mat. médic.*) Suc résineux concret, VIII, 41. *Voyez* aussi GOMME LACQUE, VI, 659; et RÉSINES (Résine laque), XII, 536.
LACRYMALE (Fistule). (*Pathol.*) *Voyez* FISTULE dans le *Dictionnaire de Chirurgie* de cette Encyclopédie.
LACTATION (*Hyg.*) Action de nourrir un enfant avec du lait. *Voyez* ALLAITEMENT ARTIFICIEL, II, 7 à 39.
LACTÉE (Diète). (*Thérap.*) *Voyez* LAIT, VIII, 46.
LACTUCARIUM (*Mat. médic.*) Nom sous lequel on a désigné l'extrait de laitue sauvage. *Voyez* THRIDACE, XIII, 250.
LACUNA (André). (*Biogr. médic.*) VIII, 41 et 42.
LADANUM. (*Mat. médic.*) VIII, 42. *Voyez* aussi CISTE, IV, 865; et RÉSINES, XII, 536.
LADRE. (*Pathol.*) Synonyme de Lépreux, VIII, 42. *Voyez* LÈPRE, 112 et suiv.
LADRERIE. (*Hyg.*, *Pathol.*, *Art. vétér.*) Maladie particulière au cochon domestique, VIII, 42. *Voyez* aussi NOURRITURE, X, 755.
LAENNEC (Réné-Théophile-Hyacinthe). (*Biogr. médic.*) *Voyez* ce mot dans le *Supplément*.
LAET (Gaspard de). (*Biogr. médic.*) VIII, 42.
LAGALLA (Jules-César). (*Biogr. médic.*) VIII, 42 et 43.
LAGOCHEILOS. (*Pathol. chir.*) Bec de lièvre. *Voyez* BEC DE LIÈVRE, III, 662.
LAGOPÈDE. (*Hyg.*, *Ornithol.*) VIII, 43.
LAGOPHTHALMIE. (*Pathol.*) Disposition vicieuse de la paupière supérieure. *Voyez* ŒIL DE LIÈVRE, XI, 101; et PAUPIÈRE, 465.
LAGUNA (André). (*Biogr. médic.*) *Voyez* LACUNA, VIII, 41.
LAÎCHE. (*Bot.*, *Mat. médic.*) *Voyez* LÈCHE, VIII, 91.
LAINE. (*Hyg.*, *Mat. médic.*) VIII, 43. — considérée sous le point de vue de l'économie rurale, 221 à 230.
LAISSAC (Eaux minérales de). VIII, 230.
LAIT. (*Hyg.*, *Mat. médic.*) VIII, 44 à 57. *Voyez* aussi ALIMENS, I, 728, 759 et 793 ; NOURRITURE, X, 704 et 735; NOURRITURE, XI, 625.
— (Sel, Sucre de). VIII, 44. *Voyez* aussi SUCRE, XIII, 155.
— (Fièvre de). (*Pathol.*) VIII, 230 à 264. *Voyez* aussi AGALACTIE, I, 353; et DÉFAUT DE LAIT, V, 321 à 323.
— (Refoulement du). (*Pathol.*) VIII, 269 à 271.
— (*Art. vétér.*) Propriétés physiques et chimiques de ce liquide, VIII, 271 et 272. — Variétés qu'il présente dans les différentes femelles des animaux connus, 272 et 273. — Influence exercée sur le fluide laiteux par la nourriture et par d'autres circonstances, 273 et 274. — Moyens propres à augmenter la sécrétion du lait, et maladies qui peuvent troubler cette fonction, 274 et 275. — Usages du lait dans la médecine vétérinaire, 275 à 277.
— D'AMANDES. (*Pharm.*, *Mat. médic.*) *Voyez* EMULSIONS dans le *Supplément*.
— DE BEURRE. (*Hyg.*) *Voyez* BABEURRE, III, 509.
— ÉPANCHÉ, RÉPANDU. (*Pathol.*) Nom vulgaire sous lequel on a désigné pendant long-temps toute espèce de ma-

ladie qui se développe chez les femmes qui n'ont point allaité, VIII, 267 à 269. — Emploi de l'électricité pour ces sortes d'affections, VIII, 57 et 58.
LAIT VIRGINAL. (*Pharm.*, *Hyg.*) VIII, 58. *Voyez* aussi BENJOIN, III, 685.
LAITANCE ou LAITE. (*Hyg.*) VIII, 58.
LAITERIE. (*Hyg.*) VIII, 58 et 59.
LAITEUSES (Maladies). (*Pathol.*) Même acception que *lait répandu*. *Voyez* LAIT RÉPANDU, VIII, 267 à 269.
LAITEUX. (*Pharm.*) VIII, 59.
LAITIER. (*Bot.*, *Mat. médic*) Un des noms vulgaires du polygala. *Voyez* ce dernier mot, XII, 218.
LAITRON. (*Bot.*, *Mat. médic.*) VIII, 59.
LAITUE. (*Hyg.*, *Bot.*, *Mat. médic.*) VIII, 59 et 60. *Voy.* aussi THRIDACE, XIII, 256.
LALLAMANT (Jean). (*Biogr. médic.*) VIII, 60.
LALLATION. (*Pathol.*) Vice de prononciation. *Voyez* PAROLE, XI, 406.
LALLEMANT (Joseph). (*Biogr. médic.*) VIII, 60.
LAMBALE (Eaux minérales de). VIII, 277.
LAMBDACISME. (*Pathol.*) Synonyme de lallation. *Voyez* PAROLE, XI, 406.
LAMBECIUS (Pierre). (*Biogr. médic.*) VIII, 60.
LAMANTIN. (*Hyg.*, *Zool.*) VIII, 60 et 61.
LAMIER BLANC. (*Bot.*, *Mat. médic.*) *Voyez* ce mot dans le *Supplément*.
LAMOTTE (Guillaume Mauquest de). (*Biogr. médic.*) VIII, 61.
— (Eaux minérales de). VIII, 277.
LAMPAS. (*Art vétér.*, *Pathol.*) VIII, 277 et 278.
LAMPE. (*Hyg.*) VIII, 61 et 62.
— A DOUBLE COURANT D'AIR. (*Hyg.*) VIII, 62.
LAMPERIÈRE (Jean de). (*Biogr. médic.*) VIII, 62.
LAMPERSLOCK (Eaux minérales de). VIII, 278.
LAMPROIE. (*Hyg.*, *Ichthyol.*) VIII, 63. *Voy.* aussi NOURRITURE, X, 713; et PETROMYSON, XI, 628.
LAMPSANE. (*Bot.*, *Mat. médic.*) *Voyez* ce mot dans le *Supplément*.
LAMURE (François de Bourguignon Bussière de). (*Biogr. médic.*) VIII, 63.
LAMY (Guillaume). (*Biogr. médic.*) VIII, 63 et 64.
LAMZWEERDE (Jean Baptiste). (*Biogr. médic.*) VIII, 64.
LANCETTE. (*Instr. de chir.*) VIII, 64.
LANCINANT. (*Pathol.*) *Voyez* ce mot dans le *Supplément*.
LANCISI (Jean-Marie). (*Biogr. médic.*) VIII, 64 et 65.
LANFRANC. (*Biogr. médic.*) VIII, 65.
LANGE. (*Biogr. médic.*) Notice biographique et bibliographique sur plusieurs médecins de ce nom, VIII, 65 et 66.
LANGEAC (Eaux minérales de). VIII, 278.
LANGES. (*Hyg.*) VIII, 66.
LANGON (Eaux minérales de). VIII, 278.
LANGOUSTE. (*Hyg.*) VIII, 67. *Voy.* aussi NOURRITURE, X, 715.
LANGUE. (*Anat.*, *Hyg.*) VIII, 67. *Voyez* aussi l'article ANATOMIE PATHOLOGIQUE, II, 266; et SÉMÉIOTIQUE, XIII, 7.
— DE BŒUF. (*Bot.*, *Mat. médic.*) Un des noms vulgaires de la scolopendre. *Voyez* ce dernier mot, XII, 729.
— DE CERF. (*Bot.*, *Mat. médic.*) Nom vulgaire de la scolopendre. *Voy.* DORADILLE, V, 502; et SCOLOPENDRE, XII, 729.
— DE CHAT. (*Bot.*, *Mat. médic.*) Un des noms de l'eupatoire femelle. *Voyez* BIDENT, III, 720.
— DE CHEVAL. (*Bot.*, *Mat. médic.*) Un des noms vulgaires du petit houx. *Voyez* FRAGON, VI, 493; et HOUX (Petit), VII, 278.
— DE CHIEN. (*Bot.*, *Mat. médic.*) *Voyez* CYNOGLOSSE, V, 261 et 262.
— DE SERPENT. (*Bot.*, *Mat. médic.*) *Voy.* OPHYOGLOSSE, XI, 142.

LANGUE (Renversement de la). (*Art vétér.*, *Opér. de chir.*) VIII, 278 et 279.
— COUPÉE (Amputation de la langue). *Voyez* AMPUTATION, II, 188.
LANGUEUR. (*Pathol.*) Espèce de foiblesse, VIII, 67 et 68. *Voyez* aussi ABATTEMENT, I, 10 et 11.
— (*Art vétér.*) VIII, 279.
LANGUEYEUR DE PORCS LADRES. (*Art vétér.*, *Méd. lég.*) VIII, 279. *Voy.* aussi LADRERIE, 42 et 218; et NOURRITURE, X, 755.
LANGUIR (*Pathol.*) VIII, 68. *Voyez* LANGUEUR, 67.
LANGIUS (Jean). (*Biogr. médic.*) *Voyez* LANGE (Jean), VIII, 65.
LANGUISSANT. (*Pathol.*) Qui est dans un état de langueur. *Voyez* ce dernier mot, VIII, 67.
LANGRISH (Browne). (*Biogr. médic.*) VIII, 68.
LANGWEDEL (Bernard). (*Biogr. médic.*) VIII, 68.
LANNAY (Jean Piochon de). (*Biogr. médic.*) VIII, 68.
LANNION (Eaux minérales de). VIII, 279.
LANZONI (Joseph). (*Biogr. médic.*) VIII, 68.
LAOR. (*Bot.*, *Mat. médic.*) Espèce de bois des Indes, VIII, 69.
LAPIN. (*Hyg. et Mat. médic.*) VIII, 69. *Voyez* aussi NOURRITURE, X, 708.
— (*Art vétér.*, *Pathol. et Thérap.*) VIII, 69.
LAPIS ALECTORIUS. (*Mat. médic.*) *Voyez* ALECTORIUS, I, 653.
— LAZULI. (*Mat. médic.*) *Voy.* PIERRE D'AZUR, XII, 81.
LAPONIE. (*Hyg.*) VIII, 69 et 70.
LAQUE (Résine). (*Mat. médic.*) *Voy.* LACQUE, VIII, 41.
LARAGNE (Eaux minérales de). VIII, 279.
LARD. (*Hyg.*) VIII, 70. *Voyez* aussi COCHON, V, 12 à 15; et NOURRITURE, X, 708.
LARDACÉ. (*Anat. pathol.*) *Voyez* ce mot dans le *Supplément*.
LARDOIRE. (*Hyg.*) VIII, 70.
LARINGOTOMIE et mieux LARYNGOTOMIE. (*Opér. chir.*) VIII, 70. *Voyez* TRACHÉOTOMIE, XIII, 289.
LARME DE VIGNE. (*Mat. médic.*) VIII, 70.
LARMES. (*Hyg.*, *Physiol.*) VIII, 70.
— DE JOB. (*Bot.*, *Mat. médic.*) *Voy.* ce mot dans le *Supplément*.
LARMOIEMENT. (*Pathol.*, *Séméiot.*) Ecoulement involontaire de larmes. Emploi de l'électricité contre cette affection, VIII, 71.
— (*Art vétér.*, *Pathol.*) VIII, 279 à 281.
LAROCHE-POSAY (Eaux minérales de). *Voyez* ROCHE-POSAY, XII, 597.
LARREY (Eaux minérales de). VIII, 289.
LARYNGÉE (Phthisie). (*Pathol.*) *Voy.* PHTHISIE, XI, 752.
LARYNGOTOMIE. (*Opér. chir.*) *Voyez* LARINGOTOMIE, VIII, 70.
LARVÉE (Fièvre). Sorte de fièvre intermittente. *Voyez* FIÈVRE INTERMITTENTE, VI, 385; et INTERMITTENTE (Fièvre), VII, 663.
LARVES. (*Hyg.*) VIII, 71.
LASCIF et LASCIVITÉ. (*Hyg.*) VIII, 71.
LASER. (*Bot.*, *Mat. médic.*) VIII, 71.
LASERPITIUM. (*Bot.*, *Mat. médic.*) *Voy.* LASER, VIII, 71.
LASSITUDE. (*Hyg.*, *Pathol.*) VIII, 72.
LASSONE (Joseph-Marie-François de). (*Biogr. médic.*) VIII, 72 et 73.
LATANIER. (*Bot.*, *Mat. médic.*) Sorte de palmier, VIII, 73.
LATRINES. (*Hyg.*) Considérées sous le double rapport des hôpitaux militaires et civils, VIII, 73 à 75. *Voy.* aussi FOSSES D'AISANCE, VI, 478; MÉPHITISME, IX, 687; et VIDANGEURS, XIII, 455.
LAUDANUM. (*Mat. médic.*) VIII, 78. *Voyez* aussi OPIUM, XI, 354.
LAUREMBERG (Guillaume). (*Biogr. médic.*) VIII, 78.

LAURENS (André du). (*Biogr. médic.*) *Voyez* DULAURENS, V, 548.
LAURENT (Jean). (*Biogr. médic.*) VIII, 78 et 79.
LAURENT (St.-) (Eaux minérales de). VIII, 288.
LAURÉOLE. (*Bot.*, *Mat. médic.*) VIII, 79.
LAURIER. (*Hyg.*, *Mat. médic.*) VIII, 79 et 80. *Voy.* aussi ASSAISONNEMENT, III, 343.
LAURINÉES (Famille des). (*Bot.*, *Mat. médic.*) *Voyez* NATURELLES (Familles), X, 513; et NOURRITURE, 702.
LAURO (Jean-Vincent). (*Biogr. médic.*) VIII, 80.
LAUROSE. (*Bot.*, *Mat. médic.*) *Voy.* LAURIER ROSE, VIII, 79 et 80.
LAUVERIÈRE (Eaux minérales de). VIII, 288.
LAVAGE. (*Hyg.*) VIII, 75.
LAVAL (Eaux minérales de). VIII, 281.
LAVANDE. (*Bot.*, *Mat. médic.*) VIII, 75.
LAVARDENS (Eaux minérales de). VIII, 281.
LAVEMENS. (*Art vétér.*, *Mat. médic.*) VIII, 281 à 288.
LAVEMENT. (*Hyg.*, *Mat. médic.*) Injection par l'anus. *Voyez* ANATOMIE PATHOLOGIQUE, II, 462; CLYSTÈRE, IV, 890; et SERINGUE, XIII, 38. — *Des lavemens antivénériens en particulier*, VIII, 75 à 77. *Voy.* aussi ANTIVÉNÉRIENS, III, 121.
LAVERT. (*Hyg.*, *Entomol.*) VIII, 77.
LAVIROTTE (Louis-Anne). (*Biogr. médic.*) VIII, 77 et 78.
LAXATIFS. (*Mat. médic.*, *Thérap.*) VIII, 80. *Voy.* aussi ECCOPROTIQUES, V, 675; et PURGATIFS, XII, 373.
LAXITÉ DE LA FIBRE. (*Pathol.*) *Voyez* FIBRE, VI, 370.
— DES SOLIDES. (*Pathol.*) Traitement de cette affection par l'électricité, VIII, 81 à 84.
LAZAGNE. (*Hyg.*) Espèce de pâtisserie, VIII, 84.
LAZARET. (*Hyg. publiq.*, *Polic. médic.*) Edifice isolé de toute habitation, destiné à la désinfection des hommes et des choses venant des lieux affectés ou suspects de peste ou de maladies contagieuses pestilentielles, VIII, 84. — Histoire abrégée des principaux lazarets de France, 84 à 86. — Quarantaine des passagers. Dispositions relatives à la *purge* ou purification des effets, 86 à 88. — Appréciations de tous les moyens connus de désinfection, 88 à 90. *Voyez* aussi HYGIÈNE, VII, 390; PESTE, XI, 609; et QUARANTAINE, XII, 404.
LAZERME (Jacques). (*Biogr. médic.*) VIII, 91.
LÉALIS (Léal). (*Biogr. médic.*) VIII, 91.
LEBEC (Eaux minérales de). VIII, 288.
LECAT (Claude-Nicolas). (*Biogr. médic.*) *Voyez* CAT (LE), IV, 464 et suiv.
LÈCHE. (*Bot.*, *Mat. médic.*) VIII, 91.
LECLERC (Gabriel et Daniel). (*Biogr. médic.*) VIII, 91 et 92.
LECOQ (Antoine). (*Biogr. médic.*) VIII, 92.
LÈDE. (*Bot.*, *Mat. médic.*) VIII, 92.
LÉDÉLIUS (Samuel). (*Biogr. médic.*) VIII, 92. *Voyez* aussi LEDUM dans le *Supplément*.
LEFORT (Jean-Amédée). (*Biogr. médic.*) *Voyez* FORT, VI, 473.
LEFRANÇOIS (Alexandre). (*Biogr. médic.*) VIII, 92.
LÉGALE. (*Méd. du barreau*, *Jurisp. de la méd.*) Considérations sur la médecine légale en général, VIII, 93 à 96. — Origine, histoire, époques diverses de la médecine légale. Auteurs les plus recommandables qui en ont parlé. Progrès et perfectionnement de cette partie de la science médicale, 96 à 100. — Division méthodique de la médecine légale. Manière d'étudier avec fruit cette importante partie de l'art de guérir. Qualités qu'elle exige du médecin, 100 à 102.
LÉGER (St.-) (Eaux minérales de). VIII, 288.
LÉGUMES. (*Hyg.*) VIII, 102 et 103. *Voyez* aussi NOURRITURE, X, 697.
LÉGUMINEUSES (Famille des). (*Bot.*, *Mat. médic.*) *Voy.* NATURELLES (Familles), X, 511; et NOURRITURE, 697.

LEICHNER (Éccard). (*Biogr. médic.*) VIII, 103.
LEIGH (Charles). (*Biogr. médic.*) VIII, 103 et 104.
LEMAIRE (Jehan). (*Biogr. médic.*) VIII, 104.
LEMAITRE (Rodolphe) (*Biogr. médic.*) VIII, 104.
LÉMERY (Louis et Nicolas). (*Biogr. médic.*) VIII, 104 à 108.
LEMNIUS (Liévin.) (*Biogr. médic.*) VIII, 108.
LEMMENS (Liévin). (*Biogr. médic.*) *Voyez* LEMNIUS, VIII, 108.
LEMNOS (Terre de). (*Pharm.*, *Mat. médic.*) Terre bolaire, VIII, 108.
LEMORT (Jacques). (*Biogr. médic.*) VIII, 108 et 109.
LENIS (Eaux minérales de). VIII, 288.
LÉNITIFS (*Thérap.*). *Voyez* ce mot dans le *Supplément*.
LENT, TE. (*Pathol.*) *Voyez* ce mot dans le *Supplément*.
LENTICULAIRE. (*Anat.*) *Voy.* ce mot dans le *Supplément*.
LENTILLE. (*Bot.*, *Mat. médic.*) VIII, 109.
LENTILLES. (*Pathol.*) Nom vulgaire de l'éphélide lenticulaire, VIII, 109 et 110. *Voyez* aussi HALE, VII, 16 ; et ROUSSEURS (Taches de). XII, 615.
LENTISQUE. (*Bot.*, *Mat. médic.*) VIII, 110.
LÉON. (*Hist. de la médic.*) VIII, 111.
— (André) (*Biogr. médic.*) VIII, 111.
LÉONICÈNE (Nicolas). (*Biogr. médic.*) VIII, 111.
LÉONIDE (*Biogr. médic.*) VIII, 111.
LÉONTIASIS. (*Pathol.*) *Voyez* ce mot dans le *Supplément*.
LÉOPARD. (*Hyg.*, *Zool.*) VIII, 111.
LEPAS. (*Hyg.*) *Voyez* NOURRITURE, X, 715.
LÉPIOTES. (*Bot.*, *Mat. médic.*) *Voyez* NOURRITURE, X, 693.
LEPOIS (Charles). (*Biogr. médic.*) VIII, 111 et 112.
LÈPRE. (*Pathol.*) Maladie cutanée. Histoire de cette maladie, VIII, 112 à 114. — Lèpre d'Égypte ou des Arabes, 114. — Causes. Réflexions. Symptômes, 114 et 115. — Observations, 116 à 118. — Autopsie cadavérique, 118 et 119. — Caractères génériques de la lèpre. Régime. Traitement ; 119. — Réflexions, 120 — Des maladies qui ont des rapports avec la lèpre, et de celles désignées sous ce nom. Symptômes, 121 et 122. — *Lèpre des Hébreux*, 121. — *des Grecs*, 122. — De la *lèpre vénérienne* en particulier, 122 et 123. — De la lèpre considérée sous le point de vue de la police médicale, 123 à 126. *Voyez* aussi 288 à 290 ; MALADIES CONTAGIEUSES, VIII, et MESCLERIE, X, 1 à 3.
LÉPREUX. (*Pathol.*) Qui est attaqué de la lèpre. *Voyez* ce dernier mot, VIII, 112.
LEPROSERIE. (*Hyg. publiq.*) VIII, 126.
LESCUN (Eaux minérales de). VIII, 290.
LÉSIONS ORGANIQUES. (*Pathol.*) Lésion dans l'organisation des parties. *Voyez* ORGANIQUES (Lésions), XI, 179.
LETCHI. (*Bot.*, *Mat. médic.*, *Hyg.*) VIII, 126.
LÉTHALITÉ DES BLESSURES. (*Médec. lég.*) *Voyez* BLESSURES (Mortalité des), III, 763 à 776 ; et MORTALITÉ, X, 335 et suiv.
LÉTHARGIE. (*Pathol.*) Sommeil profond et continuel dont il est difficile de tirer les malades, VIII, 126. *Voyez* aussi l'article ANATOMIE PATHOLOGIQUE, II, 249. — De l'électricité comme moyen de traitement, VIII, 126 et 127.
— (*Art vétér.*, (*Pathol.*) *Voyez* APOPLEXIE, III, 186.
LETTRES (Régime des gens de). (*Hyg.*) VIII, 127 à 130.
LEUCE. (*Pathol.*) Variété de l'alphos. *Voyez* ALPHOS, II, 67.
LEUCINE. (*Chim.*) *Voyez* ce mot dans le *Supplément*.
LEUCK ou LOESCHE (Eaux minérales de). *Voy.* ce mot dans le *Supplément*.
LEUCO. (*Bot.*, *Mat. médic.*, *Hyg.*) VIII, 130.
LEUCOLITHE. (*Mat. médic.*, *Minér.*) VIII, 130.
LEUCOMA ou LEUCOME. (*Pathol.*) Maladie de la cornée transparente. Emploi de l'électricité pour le traitement

de cette affection, VIII, 130. *Voyez* aussi ALBUGO, I, 625 ; et TAIE, XIII, 206.
LEUCOPHLEGMATIE. (*Pathol.*) Infiltration générale du tissu cellulaire, VIII, 130 à 133. — Emploi de l'électricité comme moyen curatif, 133. *Voyez* aussi ANASARQUE, II, 235 ; et HYDROPISIE, VII, 312 et suiv.
LEUCORRHÉE. (*Pathol.*) Ecoulement blanc de mucus, qui a lieu par la vulve. Emploi de l'électricité comme moyen curatif de cette maladie, VIII, 133. *Voyez* aussi ANATOMIE PATHOLOGIQUE, II, 605 ; FLEURS BLANCHES, VI, 415 à 424 et suiv.
LEUCOSE. (*Pathol.*) *Voyez* ce mot dans le *Supplément*.
LEURECHON (Jean). (*Biogr. médic.*) VIII, 134.
LEUWENHOECK (Antoine). (*Biogr. méd.*) VII, 134.
LEVAIN. (*Hyg.*) VIII, 130.
LEVANT. (*Hyg.*) VIII, 130.
LEVER (Le). (*Hyg.*) *Voyez* MATIN, VII, 600.
LEVIER. (*Accouch.*) *Voyez* ce mot dans le *Dictionnaire de Chirurgie.*
LÈVRES. (*Hyg.*) VIII, 134. *Voyez* aussi SÉMÉIOTIQUE, XIII, 7.
— GRANDES et PETITES (*Anat.*, *Pathol.*) Replis qui appartiennent aux organes génitaux de la femme. *Voyez* ANATOMIE PATHOLOGIQUE, II, 484 et suiv. ; et VULVE, XIII, 541, 542 et 543.
LEVURE. (*Hyg.*) VIII, 134.
LÉZARD. (*Mat. médic.*, *Erpét.*) VIII, 135.
LIANE. (*Hyg.*, *Mat. médic.*) VIII, 135.
LIBAVIUS (André). (*Biogr. médic.*) VIII, 135 et 136.
LIBRI. (*Bot.*, *Mat. médic.*, *Hyg.*) Arbre des Indes-Orientales, VIII, 136.
LICHEN. (*Bot.*, *Mat. médic.*) *Voyez* PULMONAIRE DE CHÊNE, XII, 370.
— (*Pathol.*) *Voyez* DARTRES, V, 278 ; et PEAU (Maladies de la), XI, 478.
— D'ISLANDE. (*Bot.*, *Mat. médic.*) *Voyez* PHYSCIE, XII, 1.
— PULMONAIRE. (*Bot.*, *Mat. médid.*) *Voy.* PULMONAIRE (Lichen) XII, 370.
LICHENÉES (Famille des). *Voy.* ce mot dans le *Supplém.*
LICHENS. (*Bot.*, *Mat. médic.*) Famille de plantes cryptogames, composée d'un grand nombre de genres. *Voy.* NATURELLES (Familles), X, 516 ; et NOURRITURE, X, 630.
LICETI. (*Biogr. médic.*) VIII, 136 et 137.
LICHY. (*Hyg.*) *Voyez* LETCHI, VIII, 126.
LICONDRA. (*Bot.*, *Mat. médic.*, *Hyg.*) Arbre du Congo et des autres parties de l'Afrique, VIII, 137.
LICU. (*Hyg.*, *Icthyol.*) Espèce de fausse morue très-commune sur les côtes de Bretagne, VIII, 137.
LIDDEL (Duntan). (*Biogr. médic.*) VIII, 137.
LIE. (*Hyg.*) VIII, 137 et 138.
— D'HUILE (*Mat. médic.*) VIII, 138.
LIÉBAULT (Jean). (*Biogr. médic.*) VIII, 138.
LIEBERCKUHN (Nathanaël) (*Biogr. médic.*) VIII, 138.
LIÉGE. (*Bot.*, *Mat. médic.*) Ecorce d'une espèce de chêne, VIII, 138 et 139.
LIÉNARD (Nicolas). (*Biogr. médic.*) VIII, 139.
LIENS. (*Hyg.*) VIII, 139
LIENTERIE. (*Pathol.*) VIII, 139 à 142. *Voy.* aussi DIARRHÉE, V, 435 ; et PASSION COELIAQUE, XI, 411.
LIERRE. (*Bot.*, *Mat. médic.*) VIII, 142. — De sa résine en particulier. *Voyez* RÉSINES (Résine de lierre), XII, 536.
LIEUTAUD (Joseph). (*Biogr. médic.*) VIII, 143.
LIÈVRE. (*Hyg.*, *Mat. médic.*) VIII, 142. *Voyez* aussi NOURRITURE, X, 708.
LIGAMENT. (*Anat.*) VIII, 143 et 144.
— DE LA CLOTTE. (*Anat.*) *Voyez* RUBANS VOCAUX, XII, 618.
— DE LA MATRICE. (*Anat.*) VIII, 290 et 291.

M

MACHA-MONA. (Bot., Mat. médic., Hyg.) Espèce de calebasse de Guinée ou d'Afrique, VIII, 310.

MACHAON. (Hist. de la méd.) VIII, 310.

MACHE. (Bot., Mat. médic., Hyg.) VIII, 310.

MACHE-FER. (Mat. médic.) VIII, 310.

MACHINE. (Philos. méd., Chir. et Pharm.) VIII, 310.

— ÉLECTRIQUE. (Physiq.) Voyez LAXITÉ, VIII, 80 à 84.

MACHIS. VIII, 311.

MACHOIRE DE BROCHET. (Mat. médic.) Voyez BROCHET, IV, 169.

MACIS. (Bot., Mat. médic.) Arille de la muscade, VIII, 311. Voyez aussi ASSAISONNEMENT, III, 342 ; et MUSCADE, X, 410.

MACLOU. (Art vétér., Mat. médic.) Voy. ANTHOBE, III, 30.

MACOLLONÉ (Jean). (Biogr. méd.) VIII, 311.

MAÇONS (Régime des). (Hyg., Méd. prat.) VIII, 311.

MACOQUER. (Bot., Mat. médic., Hyg.) Fruit des îles de l'Amérique, VIII, 311.

MACOUBA (Tabac du). (Hyg.) VIII, 311 et 312. Voyez aussi TABAC, XIII, 198.

MACOUNA. (Bot., Mat. médic.) Espèce de fèves du Brésil, VIII, 312.

MACQUART (Henri-Jacques). (Biogr. méd.) VIII, 312.

MACQUER (Pierre-Joseph). (Biogr. méd.) Voyez ce mot dans le Supplément.

MACRES. (Bot., Mat. médic.) Un des noms de la châtaigne d'eau, VIII, 312.

MACREUSE. (Hyg., Ornithol.) VIII, 312.

MACROBIOTIQUE (Hyg.) Voy. ce mot dans le Supplément.

MACROCÉPHALE. (Hist. nat.) VIII, 312 et 313.

MACROCOSME. Synonyme d'univers pour quelques philosophes, VIII, 313.

MACROPHYSOCÉPHALE. (Pathol.) VIII, 313.

MACROPNOEA. (Pathol.) Respiration longue ou ralentie, VIII, 313.

MACUCAQUA. (Hyg., Ornithol.) Nom brésilien d'une poule sauvage, très-grosse et sans queue, VIII, 313.

MACULE. (Pathol.) Voyez ce mot dans le Supplément.

MADAGASCAR. (Hyg.) VIII, 313 et 314.

MADAROSE. (Pathol.) Chute des poils, et principalement des cils. Voyez PAUPIÈRE, XI, 464.

MADÉFACTION. (Pharm., Mat. méd.) VIII, 314.

MADÈRE. (Hyg.) VIII, 314.

MADIAN. (Mat. méd.) VIII, 314.

MADRÉPORE. (Zool., Mat. méd.) VIII, 314.

MAFOUTRA. (Bot., Mat. médic.) Arbre résineux de l'île de Madagascar, VIII, 314.

MAGALAISE. (Chim.) Un des noms du manganèse. Voyez ce dernier mot, VIII, 473.

MAGATUS (César). (Biogr. Mat. médic.) VIII, 314 et 315.

MAGDALÉON. (Pharm.) VIII, 315.

MAGELLANICUS CORTEX. (Bot., Mat. médic.) Voyez WINTER (Ecorce de), XIII, 549.

MAGIE. (Hyg., Méd. lég., Police méd.) Considérations générales sur la magie, sous le double point de vue de l'hygiène et de la médecine légale, VIII, 315 à 318.

MAGISTER ou MAGISTÈRE. (Chim., Mat. méd.) VIII, 318.

MAGISTRAL. (Pharm.) VIII, 318. Voyez aussi EXTEMPORANÉ, VI, 189 ; et FORMULE, VI, 456.

MAGISTRATS. (Hyg. publiq.) Devoirs des magistrats relativement à l'hygiène publique, VIII, 318 à 321.

MAGMA. (Pharm.) VIII, 321.

MAGNAC (Eaux minérales de). VIII, 322.

MAGNATHIS. Nom donné à l'aimant par Avicenne, VIII, 322.

MAGNÉSIE. (Chim., Mat. médic.) Oxyde métallique terreux, VIII, 322.

MAGNÉSIE AÉRÉE DE BERGMANN. (Chim., Mat. méd.) Voy. CARBONATE DE MAGNÉSIE (Sous-carbonate de magnésie), IV, 390.

— BLANCHE. (Chim., Mat. médic.) Voyez CARBONATE DE MAGNÉSIE, IV, 390.

MAGNÉTIQUE (Emplâtre). (Thérap., Mat. médic.) VIII, 322.

MAGNÉTISME ANIMAL. (Thérap.) VIII, 322. Voyez aussi AIMANT, I, 415, 451 à 487 ; IMAGINATION, VII, 479 à 486 ; et MESMÉRISME, X, 7 à 22.

MAGNOL (Pierre). (Biogr. médic.) VIII, 322 et 323.

MAGNOLIACÉES (Famille des). (Bot., Mat. médic.) Voyez ce mot dans le Supplément. Voyez aussi NATURELLES (Familles), X, 510 ; et NOURRITURE, 695.

MAGNOLIER. (Bot., Mat. médic.) Voyez ce mot dans le Supplément.

MAGNUS. (Biogr. médic.) VIII, 323.

MAGON. (Biogr. médic.) VIII, 323.

MAGOS. (Bot., Mat. médic.) Ancien nom d'un emplâtre décrit par Actius, VIII, 323.

MAHALEP. (Hyg.) Nom de l'amande du fruit d'un cerisier sauvage, VIII, 323.

MAHOT. (Bot., Mat. médic.) Arbre dont l'écorce est employée par les Caraïbes contre les flux de ventre, VIII, 323.

MAIGRE. (Hyg.) Expression employée pour désigner le régime végétal ou l'extérieur que présentent les personnes qui n'ont point d'embonpoint, VIII, 323 et 324.

MAIGREUR. (Pathol.) Voyez SÉMÉIOTIQUE, XIII, 16.

MAIGRIR. (Art vétér., Pathol.) Voyez AMAIGRISSEMENT, II, 91.

MAIL. (Hyg.) Sorte de jeu, VIII, 324.

— ANSCHI. (Bot., Mat. médic.) Espèce de rhamnus qui croît au Malabar, VIII, 324.

— ÉLOU. (Bot., Mat. médic.) Grand arbre du Malabar, VIII, 324.

— ÉLOU-RATOUR. (Bot., Mat. médic.) Autre espèce dont les feuilles sont recommandées par Ray comme anti-dysentériques, VIII, 324.

MAILLOT. (Hyg.) 324 et 325.

MAIMONIDE (Moïse). (Biogr. médic.) VIII, 325.

MAINS. (Hyg.) VIII, 323.

MAÏS. (Hyg., Bot., Mat. médic.) Plante de la famille des Graminées, VIII, 326. Voy. aussi ZEINE, XIII, 555.

MAISON. (Hyg.) Voyez HABITATION, VII, 7 à 10.

— DE DÉTENTION. (Hyg. publiq.) Voyez HYGIÈNE, VII, 392 ; et PRISON dans le Supplément.

— DE FORCE. (Hyg. publiq.) Voyez PRISON dans le Supplément.

— DE TRAVAIL. (Hyg.) Voyez HYGIÈNE, VII, 392 ; et PRISON dans le Supplément.

MAISONCELLES-LA-JOURDAN (Eaux minérales de). VIII, 326.

MAISONNEUVE (Eaux minérales de). VIII, 326.

— D'ANE. (Art vétér., Pathol.) VIII, 327. Voyez aussi MAITLAND (Henri). (Biogr. méd.) VIII, 326 et 327.

MAJOR (Jean-Daniel). (Biogr. médic.) VIII, 325 et 326.

MAKAQUE. (Mat. médic., Erpét.) Nom donné par les habitans de Cayenne à une espèce de ver qui se développe assez communément dans les articulations, VIII, 327.

MAKENSIE (Georges). (Biogr. médic.) VIII, 327.

MAL. (Pathol.) Sensation douloureuse, VIII, 327. Voy. aussi DOULEUR, V, 515.

EAUX AUX JAMBES, V, 663.

— DES ARDENS. (Pathol.) Fièvre ardente, épidémique, VIII, 327. Voyez aussi ARDENS (Mal des), III, 231 et suiv.

— D'AVENTURE. (Pathol.) Nom vulgaire du panaris, VIII, 327. Voyez PANARIS, XI, 290.

MAL DE LA BOUCHE. (*Art vétér.*, *Pathol.*) *Voyez* APHTHES, III, 167.

— CADUC. (*Pathol.*) Un des noms de l'épilepsie, VIII, 327. *Voyez* EPILEPSIE, VI, 5 et suiv.

— DE CERF. (*Art vétér.*, *Pathol.*) Nom du tétanos du cheval, VIII, 327 à 329.

— DE CŒUR. (*Pathol.*) Nom vulgaire à peu près synonyme de nausée, VIII, 329.

— DE DENTS. (*Pathol.*) Nom vulgaire de l'odontalgie, VIII, 329. *Voyez* DENTS, V, 375; et ODONTALGIE, XI, 85.

— D'ENFANT. (*Accouch.*) Douleur qui accompagne l'accouchement. *Voyez* ce dernier mot, I, 76 et suiv.

— D'ESTOMAC. (*Pathol.*) VIII, 329 et 330. *Voyez* aussi TRANCHÉES (Coliques d'estomac), XIII, 299.

— D'ESPAGNE. (*Art vétér.*, *Pathol.*) *Voyez* MAL DE FEU, VIII, 330.

— DIVIN. (*Pathol.*) Un des noms de l'épilepsie. *Voyez* ce dernier mot, VI, 5.

— DE FEU. (*Art vétér.*, *Pathol.*) Inflammation des méninges, VIII, 330 et 331.

— DE GORGE AIGU. (*Path.*) Inflammation qui occupe la gorge, VIII, 333.

— GANGRÉNEUX. (*Pathol.*) VIII, 333.

— VÉNÉRIEN. (*Pathol.*) VIII, 331 à 333.

— D'HERCULE. (*Pathol.*) Nom vulgaire de l'épilepsie. *Voyez* ce dernier mot, VI, 5.

— DE HONGRIE. (*Pathol.*) *Voyez* HONGRIE (Mal de), VII, 269.

— LOCAL. (*Pathol.*) *Voyez* LOCAL (Mal), VIII, 182.

— DE MACHOIRE. (*Pathol.*) Nom vulgaire du TRISMUS. *Voyez* ce dernier mot, XIII, 318.

— DE MER. (*Pathol.*) VIII, 334. *Voyez* aussi MÉDECINE INDOSTANTE, IX, 360.

— DE MÈRE. (*Pathol.*) Un des noms bizarres de l'épilepsie. *Voyez* ce dernier mot, VI, 5.

— MORT. (*Pathol.*) VIII, 334 et 335.

— ROUGE. (*Art vétér.*) *Voyez* l'article ANATOMIE PATHOLOGIQUE DES ANIMAUX, II, 564.

— ROUGE DE CAYENNE. (*Pathol.*) VIII, 335 à 348. *Voy.* aussi LÈPRE, VIII, 112.

— DE SIAM (*Pathol.*) Un des noms primitivement donnés à la fièvre-jaune. *Voyez* SIAM (Mal de), XIII, 50; et VOMITO, XIII, 509.

— ST.-ANTOINE (*Pathol.*) *Voyez* ANTOINE (Feu St.-), III, 134; et ARDENS (Mal des), 209.

— ST.-JEAN. (*Pathol.*) Nom donné à l'épilepsie. *Voyez* ce dernier mot, VI, 5.

— ST.-MAIN. (*Pathol.*) Nom donné à la gale et à la lèpre. *Voyez* ces mots.

— DE ST.-LAZARE. (*Pathol.*) VIII, 333 et 334.

— DE TERRE. (*Pathol.*) Un des noms de l'épilepsie. *Voy.* ce dernier mot, VI, 5.

— DE TÊTE. (*Pathol.*) Nom vulgaire de la céphalalgie. *Voyez* ce dernier mot, IV, 548.

— DE TÊTE DE CONTAGION. (*Art vétér.*, *Pathol.*) Epizootie qui paroît être particulière aux chevaux, VIII, 348 et 349.

MALABATRINUM. (*Pharm.*, *Mat. médic.*) Onguent et vin préparés avec les feuilles du malabathrum. *Voyez* MALABATHRUM, VIII, 349.

MALABATHRUM. (*Bot.*, *Mat. médic.*) Feuilles d'un arbre des Indes-Orientales, VIII, 349.

MALACH DES TURCS. (*Hyg.*, *Mat. méd.*) Espèce de pâte enivrante employée par les Turcs, VIII, 349.

MALACHITE. (*Mat. médic.*, *Minér.*) Cuivre carbonaté vert, VIII, 349.

MALACHRAN. (*Mat. médic.*) Un des noms du bdellium. *Voyez* ce dernier mot, III, 652.

MALACIE (*Pathol.*) Dépravation du goût, VIII, 350.

MALACOSTÉON. (*Pathol.*) Ramollissement des os; suivant Vogel, VIII, 350. *Voyez* OSTÉOMALAXIE, XI, 238.

MALACTIQUES. (*Mat. médic.*, *Thérap.*) Synonymes d'émolliens dans quelques auteurs. *Voyez* EMOLLIENS, V, 781.

MALADE. (*Pathol.*) VIII, 350.

MALADIE. (*Pathol.*) VIII, 350 à 354.

— ARTICULAIRE. (*Pathol.*) *Voyez* GOUTTE, VI, 679.

— BLEUE. (*Pathol.*) *Voyez* ce mot dans le *Supplément*.

— D'ENTRE CUIR ET CHAIR. (*Art vétér.*) *Voyez* AFFECTION SOUS PEAU, I, 244.

— ÉPAISSE. (*Pathol.*) *Voyez* PACHUNTIQUES, XI, 265 et 266.

— DE FIUME. (*Pathol.*) *Voyez* SCHERLIEVO, XII, 719.

— NOIRE. (*Pathol.*) *Voyez* aussi ATRABILIEUSE (Constitution), III, 423. MÉLÉNA, IX, 607; et NOIRE (Maladie noire), X, 628.

— DU PAYS. (*Pathol.*) Nom vulgaire de la nostalgie. *Voy.* ce dernier mot, X, 661; et PAYS (Maladie du), XI, 469.

— PÉDICULAIRE. (*Pathol.*) *Voyez* PÉDICULAIRE (Maladie), XI, 497; et PHTHYRIASIS, XI, 741.

— ROUGE. (*Art vétér.*, *Pathol.*) Maladie particulière à la brebis, VIII, 427 à 429.

— SACRÉE. (*Pathol.*) Un des noms de l'épilepsie, VIII, 429. *Voyez* EPILEPSIE, VI, 5.

— DE SCHERLIEVO. (*Pathol.*) *Voyez* SCHERLIEVO (Maladie de), XII, 719.

— DE SIAM. (*Pathol.*) *Voyez* PESTE, XI, 596; et SIAM (Maladie de), XIII, 50.

— TACHETÉE. (*Pathol.*) *Voy.* TACHETÉE (Maladie), XIII, 203.

— ULCÉREUSE. (*Pathol.*) *Voyez* MAL DE ST.-LAZARE, VIII, 333.

— VÉNÉRIENNE. (*Pathol.*) Nom vulgaire de la syphilis, VIII, 435 à 440. *Voyez* SYPHILIS, XIII, 191.

MALADIES. (*Pathol.*) Causes, Solution des maladies. *Voy.* CAUSES, IV, 499. *Voyez* aussi SOLUTION, XIII, 67.

— ANOMALES. (*Art vétér.*, *Pathol.*) *Voyez* l'article ANOMALES (Maladies anomales), III, 42.

— DES ARMÉES. (*Méd. milit.*) Tableau général des maladies des armées et de leur traitement soit curatif, soit préservatif. *Voyez* ARMÉES, III, 265 à 293; et MÉDECINE MILITAIRE, IX, 219 et suiv.

— DES ARTISANS. (*Méd. pratiq.*) *Voyez* ARTISANS, III, 313 et suiv.; MÉTIERS, X, 62 et suiv., ainsi que les différens articles qui concernent chaque ouvrier en particulier.

— AUTOMNALES. (*Pathol.*) *Voyez* AUTOMNALES (Maladies), III, 437.

— DES BAIGNEURS. (*Pathol.*) *Voyez* BAIGNEURS (Maladies des), III, 523.

— DES BESTIAUX. (*Art vétér.*, *Pathol.*) Considérations générales sur les maladies qui attaquent le bétail, et en général les grands quadrupèdes utiles à l'homme, VIII, 355 à 365.

— CATARRHALES. (*Pathol.*) *Voyez* MALADIES RHEUMATIQUES, VIII, 423.

— DE LA CHÈVRE ET DU BOUC. (*Art vétér.*, *Pathol.*) VIII, 354 et 355.

— DES CHIENS. (*Art vétér.*, *Pathol.*) VIII, 365 à 366.

— DES CORROYEURS. (*Pathol.*) VIII, 369 à 373.

— DES DOREURS. (*Méd. pratiq.*) VIII, 373 à 376.

— DES ENFANS. *Voyez* ENFANS (Maladies des), V, 824 à 853; et NÉ (Nouveau-né), X, 537 et suiv.

— ÉPIDÉMIQUES. (*Pathol.*, *Thérap.*) Considérées sous le point de vue de la police médicale, VIII, 376 à 380. *Voyez* aussi EPIDÉMIE, VI, 3 et suiv.

— ÉPIZOOTIQUES. (*Art vétér.*, *Pathol.*) VIII, 380 à 382.

N

Noix de Bancous. (*Bot., Mat. médic.*) *Voy.* Croton des Moluques, V, 236.

— des Barbades. (*Bot., Mat. méd.*) Fruits du médicinier cathartique, X, 629. *Voyez* aussi Pignons d'Inde, XII, 84.

— de Ben. (*Bot., Mat. médic.*) Fruit d'un arbre de l'Inde de la famille des Légumineuses, X, 629. *Voyez* Ben, III, 680.

— de coco. (*Bot., Mat. méd.*) Fruit du cocotier, X, 629. *Voyez* aussi Cocotier, V, 15 à 17.

— de cyprès. (*Bot., Mat. médic.*) Fruit du cyprès, X, 629. *Voyez* aussi Cyprès, V, 263.

— de galles. (*Bot., Mat. médic.*) Excroissances ligneuses produites par la piqûre d'un insecte, X, 629. *Voy.* aussi Galle, VI, 570.

— muscade. (*Bot., Mat. médic.*) Fruit du muscadier. *Voy.* Muscadier, X, 410.

— de ravensara. (*Bot., Mat. médic.*) *Voyez* Ravenzara, XII, 461.

— de terre. (*Bot., Mat. médic.*) Gousse de l'arachis. *Voyez* Arachide, III, 68; et Pistache de terre, XII, 106.

— vomique. (*Bot., Mat. médic.*) Fruit du vomiquier, arbre de la famille des Strychnées, X, 630 à 632.

Noli me tangere. (*Pathol.*) Mots latins employés pour désigner certaines plaies, certains ulcères de nature cancéreuse. Autre acception de ce mot en botanique, X, 632.

Nomade. (*Hist. de la médec.*) X, 632.

Nombril. (*Anat.*) X, 632. *Voyez* aussi Ombilic, X, 117.

— de Vénus. (*Bot., Mat. médic.*) Plante de la famille des Crassulées, X, 632. *Voyez* aussi Cotylet, V, 154.

Nomenclature. (*Hist. de la médec., Philos. méd.*) X, 632 à 636.

Nonnius. (*Biogr. médic.*) *Voyez* Nunnez, XI, 38.

Nonoy (Eaux minérales de). X, 636.

Nopal. (*Bot., Mat. médic.*) Nom français du *cactus coccinellifer*, X, 636. *Voyez* aussi Cochenille, V, 7.

Nopalées (Famille des). (*Hyg.*) *Voyez* Nourriture, X, 698.

Normal. X, 636.

Norrain. (*Art vétér., Ichthyol.*) *Voyez* Alvin, I, 656.

Nosogénie. (*Pathol. génér.*) X, 636 à 643.

Nosographie. (*Médec.*) Partie des études médicales qui a pour objet de décrire et de classer les maladies, X, 643 à 661. — Vues préliminaires, 643 et 644. — Des naturalistes et des nosologistes. — Des caractères et des difficultés de la nosographie, 644 et 645. — Considérations historiques, 645. — Méthode et système de Sauvages et de plusieurs autres nosographes, 646 à 650. — Travaux, classification du profr. Pinel, 650 à 656. — De l'état présent de la nosographie et des bases de classification proposées par *Moreau de la Sarthe*, auteur de cet article, 656 à 661.

Nosologie. (*Médec.*) Partie de la médecine qui a pour objet la classification des maladies, X, 661. *Voyez* aussi Nosographie, X, 643 à 661.

Nossa (Eaux minérales de). *Voyez* Vinca, XIII, 466.

Nostalgie. (*Pathol.*) X, 661 à 665. *Voyez* Pays (Maladie du), XI, 469 à 471.

Nostalgie. (*Pathol.*) Douleur du dos, X, 665.

Nostochi. (*Bot., Mat. médic.*) X, 665.

Nostomanie. (*Pathol.*) Espèce de nostalgie, X, 665. *Voy.* Nostalgie, X, 661.

Nostrodamus (Michel). (*Biogr. médic.*) X, 665 et 666.

Notre-Dame de consolation (Eaux minérales de). X, 666.

Noué. (*Pathol.*) X, 666. *Voyez* Rachitisme, XII, 423.

Nouet. (*Pharm.*) X, 666.

Noueure ou Nouure. (*Pathol.*) Nom vulgaire du rachi-

tisme, X, 666. *Voyez* ce dernier mot, XII, 423; et suiv.

Nouffer (Remède de Mme.). (*Mat. médic., Thérap.*) *Voyez* Tænia, XIII, 205; Vermifuge, 418; et Vers intestins, 423.

Nourrice. (*Phys., Médec. pratiq., Hyg.*) X, 667 à 674. *Voyez* aussi Allaitement, II, 11.

Nourricier. (*Anat., Physiol.*) X, 674.

Nourriture. (*Phys., Hyg.*) X, 674 à 749. —Substances, matériaux qui servent à nourrir après avoir été soumis à l'action des voies digestives, 674. — De l'alimentation en général. Des rapports des nourritures ou des subsistances avec la population, 675 à 677. — Du besoin de la nourriture, de ses causes, de la faim, du jeûne et de l'abstinence, 677 à 679. — Des effets qu'éprouvent et que font éprouver les alimens pendant la digestion, 679 à 683. — Choix, quantité des alimens et principes généraux de diététique, 683 à 686. — Des différentes productions de la nature qui sont employées pour composer les alimens et des boissons, 686 à 716. — Végétaux, 687 à 703.—Animaux, 703 à 716. — Des divers produits et des différentes parties des animaux qui sont employés comme alimens, 703 à 716. — Composition, classification, préparation des alimens, 716 à 741. (*Voy.* aussi Alimens, I, 762.) — Diversité des alimens, 721.—*Nourritures végétales*, 722 à 731.—*Nourritures animales*, 731 à 735. — Préparations et conservations des alimens, 735 à 741. — Des boissons en particulier. Exposition générale, 741 à 743. — Exposition particulière, 743 à 749. *Voyez* aussi Alimens, I, 675 à 819; et Hygiène, VII, 415 à 417.

Nourriture. (*Hyg. publiq., Médec. lég.*) De la nourriture considérée sous le point de vue de l'hygiène et de la médecine légale, X, 749 à 761.—Ustensiles et vases employés pour les préparations alimentaires, 750 à 752. — Substances alimentaires végétales, 752 à 754. — Substances alimentaires animales, 754 à 757. — Des boissons, 757 à 759. — Quantités et qualités des nourritures, 759 à 760. *Voyez* aussi Alimens, I, 836 à 845.

Nourriture artificielle des enfans. (*Hyg.*) *Voyez* Allaitement artificiel, II, 26 et suiv.

Nouveau-né. (*Anat., Phys., Méd. lég.*) *Voyez* Né (Nouveau-), X, 535 et suiv.

Nouzet (Eaux minérales de). X, 761.

Noyer. (*Bot., Mat. médic.*) XI, 1. *Voyez* aussi Noix, X, 629.

Noyers (Eaux minérales de). *Voyez* ce mot dans le *Supplément.*

Noyés. (*Path., Médec. lég., Hyg. pub.*) Nom donné aux individus qui sont morts par la submersion dans un liquide, ou qui, pour la même cause, sont dans un état de mort apparente, XI, 1. — Causes de la mort des noyés, 1 et 2. — Phénomènes de la submersion, 2 et 3. — État des corps retirés de l'eau après la submersion, 3 à 5. — Complications de la submersion, 5. — Du temps qu'une personne peut demeurer sous l'eau sans périr, 5 et 6. — Du retour à la vie et à la santé chez les noyés, 6. — Signes de la mort des noyés, ibid.—Traitement, 6 à 18.—Des *noyés considérés sous le point de vue de la médecine légale*, 18 à 26. — Connaissances des antécédens. Dispositions topographiques, 18 et 19. — Habitude extérieure du corps, 19 et 20. — Etat des organes intérieurs, 20 à 24. — Signes qui indiquent que l'individu trouvé gissant sur le bord d'un fleuve ou de la mer, a été submergé, ou qu'il a été jeté à l'eau après sa mort, 24. — Signes qui indiquent que la submersion a eu lieu du vivant de l'individu, ou que la mort a été fortuite, 24. — Signes de la submersion volontaire, 24 et 25. — Signes qui indiquent que la submersion est l'effet d'un complot criminel, 25 et 26. — Des *noyés considérés sous le point de vue de l'hygiène publique*, 26 à 30.

O

de maladies, XI, 97. *Voyez* aussi ANATOMIE PATHOLO-GIQUE, II, 266; SÉMÉIOTIQUE, XII, 2; et VUE, XIII, 535.

ŒIL DE BŒUF. (*Bot.*, *Mat. médic.*) Plante de la famille des Radiées, XI, 101. *Voyez* aussi ARTÉMIDE CHAMPÊTRE, III, 49.

— DOUBLE, SIMPLE. (*Band. et App.*) Espèce de bandage, XI, 101.

— D'ÉLÉPHANT. (*Pathol.*) Nom vulgaire de l'hydrophthalmie, XI, 101.

— DE LIÈVRE. (*Pathol.*) Maladie de l'œil, dans laquelle la paupière supérieure reste ouverte, même pendant le sommeil, XI, 101.

— DE PERDRIX. (*Pathol.*) Nom vulgaire de certains chancres du gland, XI, 102.

ŒILLÈRE. (*Instr. de chir.*) XI, 102. *Voyez* aussi BASSIN OCULAIRE, III, 619.

ŒILLÈRES (Dents). (*Anat.*) Dents canines de la mâchoire supérieure, XI, 102.

ŒILLET. (*Bot.*, *Mat. médic.*) XI, 102.

ŒLHAF (Joachim et Nicolas). (*Biogr. médic.*) XI, 102.

ŒNANTHE. (*Bot.*, *Mat. médic.*) XI, 102.

ŒNÉLÉUM. (*Pharm.*, *Mat. médic.*) Mélange d'huile et de vin, XI, 102.

ŒNOGALA. (*Mat. médic.*) Mélange de vin et de lait, XI, 102 et 103.

ŒNOMEL. (*Pharm.*, *Mat. médic.*) Mélange de vin et de miel, XI, 103.

ŒNOPHOBE. (*Pathol.*) Qui ne boit jamais de vin, XI, 103.

ŒSOPHAGE. (*Anat.*, *Physiol.*, *Path.*) XI, 103 à 106. *Voy.* aussi MUSCULAIRE, X, 419. — De sa *rupture* en particulier. *Voyez* RUPTURE, XII, 630; et SÉMÉIOTIQUE, XIII, 7.

ŒSOPHAGIEN. (*Anat.*) Qui a rapport ou appartient à l'œsophage, XI, 106.

ŒSOPHAGISME. (*Pathol.*) Spasme de l'œsophage suivant Vogel, XI, 106. *Voyez* aussi DYSPHAGIE, V, 581.

ŒSOPHAGOTOMIE. (*Opér. de chir.*) Incision faite à l'œsophage, XI, 106.

ŒSTRE. (*Pathol.*) Nom sous lequel on a quelquefois désigné le satyriasis ou la nymphomanie, XI, 106.

— (*Art vétér.*, *Hyg.*, *Entomol.*) XI, 106 et 107.

ŒSTROMANIE. (*Pathol.*) Synonyme de satyriasis et d'érotomanie pour certains auteurs, XI, 107.

ŒTITE. (*Chim.*, *Mat. médic.*) XI, 107.

ŒUF. (*Hyg.*, *Physiol.*, *Thérap.*) XI, 107 et 108. *Voyez* aussi ALIMENS, I, 761 à 791; et NOURRITURE, X, 706 et 734.

ŒUFS DE NABOTH. (*Anat.*) Petits corps blanchâtres situés entre les rides transversales du col de l'utérus, XI, 108.

OFFICINAL. (*Pharm.*, *Mat. médic.*) XI, 108.

OFFICINE. (*Pharm.*) XI, 108 et 109.

OGEN ou OGEU (Eaux minérales d'). XI, 109.

OGERVILLE (Eaux minérales d'). XI, 109.

OIE. (*Hyg.*, *Physiol.*) XI, 109. *Voy.* aussi NOURRITURE, X, 711 et 712.

OIGNON. (*Bot.*, *Mat. médic.*, *Hyg.*) XI, 109 et 110. *Voyez* aussi ASSAISONNEMENT, III, 343.

OIGNONS. (*Pathol.*) XI, 110.

OISEAUX. (*Hyg.*) XI, 110. *Voyez* aussi ALIMENS, I, 754; et NOURRITURE, X, 710.

OLACINÉES (Famille des). (*Bot.*, *Mat. médic.*) XI, 110.

OLAMPI (Gomme, ou plutôt résine d'). (*Mat. médic.*) XI, 110.

OLARGUES (Jean d'). (*Biogr. médic.*) XI, 110.

OLDENLANDIA. (*Bot.*, *Mat. médic.*) Plante de la famille des Rubiacées, XI, 110.

OLDERMANN (Bernard). (*Biogr. médic.*) XI, 110.

OLÉAGINEUX. (*Pharm.*) Ce qui est huileux, XI, 110.

OLEARIUS (Philippe Christian). (*Biogr. médic.*) XI, 110.

OLÉATES. (*Chim.*, *Mat. médic.*) XI, 110.

OLÉCRANE. (*Anat.*) Saillie du coude, XI, 111.

OLEINE. (*Chim. végét.*) *Voyez* ce mot dans le *Supplément*.

OLÉINÉES (Famille des). (*Bot.*, *Mat. médic.*) *Voyez* ce mot dans le *Supplément*; et NOURRITURE, X, 700.

OLÉIQUE (Acide). (*Chim.*) XI, 111.

OLÉOSACCHARUM. (*Pharm.*, *Mat. médic.*) Mélange de suc et d'huile volatile, XI, 111.

OLÉRACÉES. (*Bot.*, *Mat. médic.*) XI, 111. *Voyez* aussi NOURRITURE, X, 687 à 703.

OLERON (Eaux minérales d'). XI, 111.

OLETTE (Eaux minérales d'). XI, 111.

OLFACTIF, IVE. (*Anat.*, *Physiol.*) Ce qui appartient, ce qui se rapporte à l'odorat, XI, 111 et 112.

OLFACTION (*Anat.*, *Physiol.*) Fonction, action de l'appareil olfactif, XI, 112. *Voy.* aussi ODORAT, 86 à 88; et SÉMÉIOTIQUE, XIII, et à 25.

OLIBAN. (*Mat. médic.*) XI, 112. *Voyez* aussi GENÉVRIER (Gomme de), VI, 657.

OLIGOCHYLE. (*Physiol.*) XI, 112.

OLIGOPHYLLE. (*mot.*) 112.

OLIGOPOSIE. (*Pathol.*) Diminution de la soif, XI, 112.

OLIGOSPERME. (*Bot.*) XI, 112.

OLIGOTROPHIE. (*Hyg.*) XI, 112.

OLIVAIRE. (*Anat.*) XI, 113.

OLIVE. (*Bot.*, *Mat. médic.*) XI, 113. *Voyez* OLIVIER.

OLIVIER. (*Bot.*, *Mat. médic.*, *Thérap.*) XI, 113 à 116. *Voyez* aussi ALIMENS, I, 818; HUILE D'OLIVES, VII, 289; et NOURRITURE, X, 729 et 730.

— (Résine d'). (*Mat. médic.*) *Voyez* RÉSINE, XII, 537.

— (*Biogr. médic.*) XI, 113 à 115.

OLIVILE. (*Chim. végét.*) XI, 116.

OLMITELLO (Eaux minérales d'). XI, 116.

OLMO (François). (*Biogr. médic.*) XI, 116.

OLYMPICUS DE MILLET. (*Biogr. médic.*) XI, 117.

OMAGRE. (*Pathol.*) Goutte de l'épaule, XI, 117.

OMASUM. (*Art vétér.*, *Anat.*) Troisième estomac des animaux ruminans, XI, 117.

OMBELLE. (*Bot.*) XI, 117.

OMBELLIFÈRES (Famille des). (*Bot.*, *Mat. médic.*) XI, 117. *Voyez* aussi NOURRITURE, X, 690.

OMBIASSE. (*Hist. de la médec.*) XI, 117.

OMBILIC. (*Anat.*, *Physiol.*) XI, 117 et 118. *Voyez* aussi NOMBRIL, X, 632.

OMBILICAL, ALE. (*Anat.*, *Physiol.*) XI, 118.

OMBILICO-MÉSENTÉRIQUE. (*Anat.*) XI, 118.

OMBRAGE. (*Pathol.*) XI, 118. *Voyez* aussi NÉPHÉLION, X, 557.

OMBRE. (*Hyg.*, *Ichthyol.*) XI, 118.

OMBRELLE. (*Hyg.*) XI, 118.

OMBRETTE. (*Ornith.*, *Hyg.*) XI, 118.

OMBRINE. (*Hyg.*, *Ichthyol.*) XI, 118.

OMELETTE. (*Hyg.*, *Thérap.*) XI, 118 et 119.

— (*Art vétér.*, *Pathol.*) *Voyez* AMELETTE, II, 138.

OMENTÉSIE ou OMENTITE. (*Pathol.*) Inflammation de l'épiploon. *Voyez* ÉPIPLOÏTE dans le *Supplément*.

OMENTUM. (*Anat.*) Synonyme d'épiploon.

OMNIFORME (Bandage). (*Band. et App.*) XI, 119.

OMNIVORE. (*Hyg.*) XI, 119.

OMO-CLAVICULAIRE (Ligament). (*Anat.*) XI, 119.

OMOPHAGE. XI, 119.

OMO-COTYLE. (*Anat.*) XI, 119.

OMO-HYOIDIEN (Muscle). (*Anat.*) XI, 119.

OMOPLATE. (*Anat.*) XI, 119.

OMOS. (*Anat.*) XI, 119.

OMPHACIUM. (*Hyg.*) Condiment préparé avec du verjus, XI, 119.

OMPHALOCÈLE. (*Pathol.*) Hernie ombilicale, XI, 119.

Voyez Hernie dans le *Dictionnaire de Chirurgie* de cette Encyclopédie.

Omphalodes. (*Bot.*, *Mat. médic.*) Espèce de cynoglosse, XI, 119. *Voyez* aussi Herbe au nombril, VII, 153.

Omphalomancie. (*Hist. de la médec.*) Art de deviner plusieurs choses importantes, soit pour la mère, soit pour l'enfant, d'après la disposition de l'ombilic, XI, 119.

Omphalo-mésentérique (Artère, veine). (*Anat.*, *Phys.*) XI, 120.

Omphalorrhagie. (*Pathol.*) XI, 120.

Omphalotomie. (*Opér. chir.*) Section de l'ombilic, XI, 120. *Voyez* Cordon ombilical, V, 519; et Né (Nouveau-né), X, 538.

Omphenius (Michel). (*Biogr. médic.*) XI, 120.

Onagre. (*Bot.*, *Mat. médic.*) *Voyez* Herbe aux ânes, VII, 150.

— (*Art vétér.*) Nom de l'âne sauvage. *Voyez* Ane, II, 709.

Onagrées (Famille des). (*Bot.*, *Mat. médic.*) XI, 120. *Voyez* aussi Nourriture, X, 698.

Onanisme. (*Méd. prat.*) Synonyme de masturbation, XI, 120. *Voyez* aussi Abus de soi-même, I, 43 et 44; et Masturbation, VIII, 524 à 528.

Once. (*Art de formul.*) XI, 120. *Voyez* aussi Formule, VI, 461; et Poids et mesures, XII, 185.

Oncotomie. (*Opér. chir.*) XI, 120.

Onction. (*Hyg.*, *Thérap.*) XI, 120 à 122.

Onctueux. (*Thérap.*) *Voyez* Onction.

Onctuosité. XI, 122.

Ondatra. (*Zool.*) Rat musqué du Canada, XI, 118.

Ondée (Bains d'). (*Thérap.*) XI, 122.

Ondulant (Pouls). (*Pathol.*) Une des nombreuses variétés du pouls, XI, 122.

Ondulation. (*Chir.*, *Physiol.*) XI, 122.

Ondulé. (*Bot.*) XI, 122.

Onéirocritique. (*Pathol.*) Qui juge d'après les songes, XI, 122.

Onéirodynie. (*Pathol.*) XI, 122.

Onéirogonorrhée. (*Pathol.*) Nom scientifique de pollution nocturne. *Voyez* Pollution, XII, 212 et suiv.

Onéirogmos. (*Pathol.*) Synonyme de pollution nocturne, XI, 122. *Voyez* Pollution, XII, 212.

Onéirogonos. (*Pathol.*) *Voyez* Onéirogmos.

Onéirogyne. (*Pathol.*) Rêve érotique, XI, 122.

Onéiromancie. Art de deviner d'après les songes. *Voyez* Onéirocritique, XI, 122.

Onésidémus. (*Biogr. médic.*) XI, 122.

Onglade. (*Pathol.*) Petits ulcères placés à la circonférence des ongles, XI, 122.

Onglé. (*Zool.*) XI, 123.

Ongle. (*Anat.*) XI, 123 et 124. *Voy.* aussi Peau, 474.

Onglée. (*Pathol.*) Nom vulgaire d'un engourdissement douloureux des doigts causé par le froid, XI, 124.

Ongles (Amputation des). (*Art vétér.*, *Maréch.*, *Hyg.*) *Voyez* Amputation des ongles, II, 204. — Ce qu'on doit entendre par *ongles rétractiles*, XI, 124.

Onglet. (*Pathol.*) Excroissance variqueuse de la conjonctive, XI, 124. *Voyez* aussi Ptérygion, XII, 358.

Onguent. (*Pharm.*, *Mat. médic.*) Considérations générales sur ces sortes de topiques, XI, 124 à 126. *Voyez* aussi Pomade, XII, 235.

— d'Arthanita. (*Mat. médic.*) *Voyez* Arthanita, III, 310.

— blanc de Rhasis. (*Pharm.*) *Voyez* Blanc-raisin, III, 756.

— des Apôtres. (*Mat. médic.*) *Voyez* Apôtres, III, 194.

— basilicum. (*Mat. médic.*) *Voyez* Basilicum, III, 618.

— égyptiac. (*Mat. médic.*) *Voyez* Égyptiac, V, 695.

— populeum. (*Pharm.*) *Voyez* Populeum, XII, 259.

Onguis, et mieux Ungues. (*Anat.*) XI, 126.

Onolatrie. XI, 126.

Opacité opaque. (*Pathol.*) XI, 127.

Ononis. (*Bot.*, *Mat. médic.*) XI, 126. *Voyez* aussi Bugrane, IV, 189.

Onopordon. (*Bot.*, *Mat. médic.*) XI, 126.

Onyx. (*Minéral. et Pathol.*) Variété d'agathe et de marbre. Synonyme de ptérygion, XI, 127. *Voyez* ce dernier mot, XII, 358.

Oogala. (*Hyg.*) XI, 127.

— du cristallin. (*Pathol. chir.*) *Voyez* Cataracte, IV, 476.

Opérateur. (*Hist. de la méd.*) XI, 127.

Opération césarienne. (*Opér. chir.*) *Voy.* l'article Anatomie pathologique, II, 530; et Césarienne (Opération) dans le *Dictionnaire de Chirurgie* de cette Encyclopédie.)

Opérations. (*Chir.*, *Hist. de la méd.*) Considérations historiques et philosophiques sur les opérations, XI, 127 à 141.

Opercolariées. (*Bot.*, *Mat. médic.*) XI, 141.

Opercule. (*Hist. nat.*) XI, 141.

Ophiasis. (*Pathol.*) XI, 141 et 142. *Voy.* aussi Alopécie, II, 63 à 65.

Ophioglosse. (*Bot.*, *Mat. médic.*) XI, 142.

Ophiophage. (*Hyg.*) XI, 142.

Ophiorhize. (*Bot.*, *Mat. médic.*) XI, 142.

Ophthalgie. (*Pathol.*) Douleur de l'œil, XI, 142.

Ophthalmie. (*Pathol.*) Inflammation d'une ou de plusieurs membranes de l'œil, et principalement de la conjonctive.

— Considérations générales sur différentes espèces d'ophthalmies, XI, 142 à 151.

Ophthalmique. (*Anat.*) XI, 151.

Ophthalmocèle. (*Pathol.*) Nom de l'exophthalmie, XI, 151. *Voyez* aussi Exophthalmie, VI, 169.

Ophthalmodynie. (*Pathol.*) Douleur de l'œil. Variété de la névralgie frontale, suivant Plenck, XI, 151 et 152.

Ophthalmographie. (*Anat.*) XI, 152.

Ophthalmomètre. (*Instr. de chir.*) XI, 152.

Ophthalmoponie. (*Pathol.*) XI, 152.

Ophthalmoptose. (*Pathol.*) Chute, déplacement de l'œil, XI, 152.

Ophthalmorrhagie. (*Pathol.*) Écoulement de sang par les yeux, XI, 152.

Ophthalmoscopie. (*Séméiot.*) XI, 152.

Ophthalmostate. (*Instr. de chir.*) XI, 152.

Ophthalmotomie. (*Anat.*) Dissection des yeux, XI, 152.

Ophthalmoxyse. (*Opér. chir.*) XI, 152.

Ophthalmoxystre. (*Opér. chir.*) Moyen à l'aide duquel les Anciens scarifiaient la surface de l'œil, XI, 152.

Opiacé. (*Pharm.*, *Mat. médic.*) XI, 153.

Opiat. (*Pharm.*, *Mat. médic.*) Sorte d'électuaire, XI, 153. *Voyez* aussi Electuaire, V, 749.

Opilation. (*Pathol.*) Synonyme d'obstruction. *Voyez* ce dernier mot, XI, 72 à 74.

Opisthocrane. (*Anat.*) Occiput. Région postérieure de la tête, XI, 153.

Opisthocyphose. (*Pathol.*) Courbure du dos par déviation de l'épine, XI, 153.

Opisthogastrique. (*Anat.*) Tronc cœliaque, suivant Chaussier.

Opisthotonos (*Pathol.*) X, 153.

Opium. (*Mat. médic.*) Suc épaissi du pavot somnifère, XI, 153. — Manières de le recueillir. Propriétés physiques et chimiques de cette substance, *ibid.* — Préparations dans lesquelles on le fait entrer, 154. — Manières de l'administrer et circonstances qui réclament ou contre-indiquent son emploi, 154 à 161. *Voy.* aussi Morphine, X, 291 à 298. — De son emploi en frictions en particulier. *Voyez* Médecine iatraleptique, IX, 117.

OPOBALSAMUM. (*Mat. médic.*) Suc résineux qui découle spontanément de l'écorce de l'*amyris opobalsamum*, XI, 161.

OPOCALPASUM. (*Mat. médic.*) Espèce de myrrhe, XI, 161.

OPODELDOCH. (*Mat. médic.*) Préparation onguentiforme d'une consistance comme gélatineuse, XI, 161.

OPONÉOCÈLE. (*Pathol.*) Hernie sous-pubienne, suivant Sagar, XI, 161.

OPOPONAX. (*Mat. médic.*) Suc gomme-résineux fétide que l'on retire du *pastinaca opoponax*, XI, 161.

OPOPYRON LAUDANI. (*Mat. médic.*) XI, 161.

OPORICE. (*Mat. médic.*) Médicament composé de vin et de fruits astringens, XI, 161.

OPPOSANT (Muscle). (*Anat.*) Deux des muscles de la main, XI, 161.

OPPOSÉ. (*Bot.*) XI, 162.

OPPOSITION. (*Anat., Physiol.*) XI, 162.

OPPRESSION. (*Pathol.*) XI, 162.

— DES FORCES. (*Pathol.*) *Voyez* OPPRESSION.

OPS. (*Mat. médic.*) Synonyme de mercure métal, suivant Ruland.

OPSIGONE. (*Anat.*) Dernière dent molaire, appelée aussi *dent de sagesse*, XI, 162. *Voyez* aussi SAGESSE (Dents de), XII, 646.

OPSOMANE. (*Pathol.*) XI, 162.

OPSOPEUS (Jean et Simon). (*Biogr. médic.*) XI, 162.

OPTICO-TROCHLEI-SCLÉROTIQUE (Muscle). (*Anat.*) XI, 162.

OPTIQUE. (*Physiq., Physiol.*) Tout ce qui concerne l'œil et le sens de la vue, XI, 162.

OPUNTIA. (*Bot., Mat. médic.*) Un des noms du figuier d'Inde. *Voyez* CACTIER, IV, 226.

OPUNTIACÉES (Familles des). (*Bot., Mat. médic.*) XI, 162.

OR. (*Mat. médic.*) Considérations hygiéniques et thérapeutiques sur ce métal et sur quelques-unes de ses préparations, XI, 163 et 164. *Voyez* aussi RÉACTIF, XII, 469; SEL (Hydrochlorates), 755; et, pour l'emploi de de quelques préparations d'or dans les maladies, l'article MÉDECINE IATRALEPTIQUE, IX, 123.

ORAGE. (*Physiq. médic.*) Etat électrique de l'atmosphère, XI, 164. *Voyez* aussi ATMOSPHÈRE, III, 393; ÉLECTRICITÉ, V, 702; EUROPE, VI, 232; MÉTÉORES, X, 42; et TONNERRE, XIII, 276.

ORANGE. (*Hyg.*) XI, 164 et 165.

ORANGEADE. (*Mat. médic.*) XI, 164.

ORANGER. (*Bot., Mat. médic.*) XI, 164 et 165. *Voyez* aussi ALIMENS, I, 810; et ASSAISONNEMENT, III, 343.

ORANGIN. (*Bot., Mat. médic.*) Une des variétés du pépon.

ORBE (Corps). Corps contondans plus ou moins arrondis, XI, 165.

ORBICULAIRE (Muscle). (*Anat.*) XI, 165.

ORDICULÉ. XI, 165.

ORBITAIRE. (*Anat.*) Tout ce qui est relatif ou appartient à l'orbite, XI, 165.

ORBITE. (*Anat., Phys. et Pathol.*) Cavité ou fosse extérieure qui renferme les organes de la vue. Lésions qu'elle peut éprouver, XI, 165 et 166.

ORBITO-EXTUS-SCLÉROTITIEN (Muscle). (*Anat.*) Muscle droit externe de l'œil, XI, 166.

— INTUS-SCLÉROTITIEN (Muscle). (*Anat.*) Muscle droit interne, XI, 166.

— MAXILLI LABIAL (Muscle). (*Anat.*) Muscle élévateur de la lèvre supérieure, suivant Dumas, XI, 166.

— PALPÉBRAL (Muscle). (*Anat.*) Muscle releveur de la paupière supérieure, XI, 166.

ORCANETTE. (*Bot., Mat. médic.*) XI, 166.

ORCHIDÉES (Famille des. (*Bot., Mat. médic.*) *Voyez* aussi NATURELLES (Familles), X, 514; et NOURRITURE, 694.

ORCHIOCÈLE. (*Pathol.*) Tumeur du testicule. *Voyez* HYDROCÈLE dans le *Dictionnaire de Chirurgie*.

ORCHIS. (*Bot., Mat. médic.*) XI, 166.

ORCHOTOMIE. (*Opér. chir.*) Amputation des testicules. *Voy.* CASTRATION, IV, 460; et SARCOCÈLE, XII, 692.

ORDONNANCE. (*Médec.*) Ce que le médecin prescrit au malade. *Voyez* FORMULE, VI, 456 et suiv.

ORDRE. (*Bot.*) Collection de certains nombres de genres voisins.

ORDRES MONASTIQUES. (*Hist. de la méd.*) *Voyez* MONASTIQUES (Ordres monastiques), X, 175.

OREILLE. (*Physiol., Anat., Pathol.*) Organe de l'audition. Analyse de l'ouvrage de M. Itart sur les maladies de l'oreille, XI, 166 à 171. — *Du bourdonnement d'oreille en particulier.* Voyez BOURDONNEMENT, IV, 144; PARACOUSIE, XI, 306; et SÉMÉIOTIQUE, XIII, 3.

— D'ANE. (*Bot., Mat. médic.*) Nom vulgaire de la grande consoude. *Voyez* CONSOUDE dans le *Supplément.*

— D'HOMME. (*Bot., Mat. médic.*) Un des noms vulgaires de l'asaret. *Voy.* CABARET, IV, 203.

— DE JUDAS. (*Bot., Mat. médic.*) XI, 171.

— D'OURS. (*Bot., Mat. médic.*) *Voyez* PRIMEVÈRE, XII, 309.

— DE SOURIS. (*Bot., Mat. médic.*) *Voyez* PILOSELLE, XII, 88.

OREILLER. (*Hyg.*) XI, 171. *Voyez* aussi TAIE et TET, XIII, 206.

OREILLES. (*Art. vétér.*) Considérées dans le cheval. *Voyez* ce dernier mot, IV, 709. — Ce qu'on entend par *oreilles à l'anglaise.* Voyez AMPUTATION DES OREILLES, II, 205.

OREILLETTE. (*Anat., Physiol., Pathol.*) XI, 171. *Voyez* aussi ANATOMIE PATHOLOGIQUE, II, 285 à 314; ANÉVRYSME, III, 714; et MALADIES ORGANIQUES DU CŒUR, VIII, 419.

OREILLON. (*Pathol.*) XI, 171 et 172. *Voyez* aussi ANGINE EXTERNE, II, 741.

ORELLUS (Jean-Pierre). (*Biogr. médic.*) XI, 172.

ORFRAIE. (*Mat. médic., Ornithol.*) *Voyez* FREZAIE, VI, 503.

ORGANE. (*Anat., Phys., Pathol.*) XI, 172 et 173.

ORGANIQUES (Adhérences). (*Pathol.*) XI, 173 et 174.

— (Altérations). (*Pathol.*) Considérations générales sur ces sortes d'affections, XI, 174 à 178.

— (Dégénérescences). (*Pathol.*) XI, 178.

— (Déviations). (*Pathol.*) *Voyez* TRANSPOSITION, XIII, 309 et 310.

— (Lésions). (*Pathol.*) XI, 179 et 180.

— (Maladies). (*Pathol.*) XI, 180 à 186.

— (Productions). (*Pathol.*) *Voyez* PRODUCTIONS ORGANIQUES, XII, 317.

— (Transformations). (*Pathol.*) *Voy.* TRANSFORMATION DE TISSU, XIII, 304.

ORGANISATION. (*Anat., Phys.*) XI, 186 à 195.

ORGANISÉS (Corps). (*Anat., Phys.*) XI, 195.

ORGANISME. (*Anat., Physiol.*) XI, 195 et 196.

ORGANOSCOPIE. (*Séméiotiq.*) XI, 196. *Voyez* aussi GALL dans le *Supplément.*

ORGASME. (*Physiol., Pathol.*) XI, 196 et 197.

ORGE. (*Bot., Mat. méd.*) XI, 197. *Voyez* aussi ALIMENS (*Art. vétér., Hyg.*) I, 825.

ORGEADE. (*Pharm., Mat. médic.*) XI, 197.

ORGEAT (Sirop d'). (*Pharm., Mat. médic.*) XI, 198.

ORGELET ou ORGEOLET. (*Pathol.*) *Voyez* PAUPIÈRE, XI, 466.

ORIBASE. (*Biogr. médic.*) XI, 198 à 200.

ORICIA. (*Bot., Mat. médic.*) XI, 200.

ORICULAIRE. (*Anat.*) *Voyez* OREILLETTE, XI, 171.

ORICULE. (*Anat.*) XI, 200.

ORIENTAUX. (*Hist. de la médec.*) XI, 200 à 207.

ORIFICE. (*Anat., Pathol.*) XI, 207.

ORIGAN. (*Bot., Mat. médic.*) XI, 207.

ORIGANITES. (*Pharm., Mat. médic.*) Vin préparé avec l'origan, XI, 207.

Otis. (*Mat. médic., Ornith.*) Un des noms de l'outarde, XI, 242. *Voyez* aussi Outarde, 249.

Otite. (*Path.*) Inflammation de la surface interne de l'oreille, XI, 242 à 244.

Otographie. (*Anat., Phys.*) XI, 244.

Otologie. (*Anat., Phys.*) XI, 244.

Otorrhée. (*Pathol.*) Écoulement chronique de mucus et de pus qui se fait par l'oreille, XI, 244 à 247.

Ototomie. (*Anat.*) XI, 247.

Otruche noir. (*Bot., Mat. médic.*) XI, 247 et 248.

Oubli. Manque de mémoire. *Voyez* Amentia, II, 139; Amnésie, 158; et Mémoire, IX, 640.

Oufouze (Eaux minérales d'). XI, 248.

Ouïe. (*Pathol.*) Enumération des maladies ou altérations du sens de l'ouïe et de l'audition, XI, 248.—De l'ouïe considérée sous le rapport de la séméiotique. *Voyez* Séméiotique, XIII, 3.

Ouraque. (*Anat., Phys.*) XI, 248.

Ourles. (*Pathol.*) Un des noms vulgaires des oreillons. *Voyez* Angine externe, II, 741; et Oreillon, XI, 171.

Ourlet. (*Bot.*) XI, 249.

Ouronologie. (*Médec.*) *Voyez* Uroscopie, XIII, 368.

Ours. (*Hyg., Mat. médic., Zool.*) XI, 249.

Oursin. (*Hyg., Zool.*) XI, 249. *Voyez* aussi Nourriture, X, 716.

Oursons. (*Hyg.*) Ours très-jeunes, XI, 249.

Outarde. (*Ornith., Hyg.*) XI, 249. *Voy.* aussi Nourriture, X, 711.

Ouverture des cadavres. (*Anat., Phys., Médec. lég.*) Considérations générales sur cette opération envisagée sous le double point de vue de l'anatomie et de la médecine légale, XI, 249 à 252. *Voy.* aussi Médico-légal, IX, 548.

Ouvriers (Maladies des). (*Méd. pratiq.*) *Voyez* Artisans (Maladies des); III, 313; et Métiers, X, 62 et suiv.

Ovaire. (*Anat., Physiol., Pathol.*) XI, 253 à 258. *Voyez* aussi Anatomie pathologique, II, 490 et suiv.; et l'article Hydropisie (Hydropisie de l'ovaire), VII, 326.

Ovaires (Amputation des). (*Art vétér., Opér.*) *Voyez* Harras, VII, 61 et suiv.

Ovale. (*Anat.*) XI, 258.

Ovaristes. (*Anat., Physiol.*) XI, 258.

Ové. (*Hist. nat.*) XI, 258.

Overdate (Louis). (*Biogr. médic.*) XI, 258.

Oviduque. (*Anat.*) XI, 258.

Ovillé, ée. XI, 258.

Ovipares. (*Zool.*) XI, 258.

Ovistes. (*Anat., Physiol.*) *Voyez* Ovaristes, XI, 258.

Ovovipares. (*Zool.*) XI, 258.

Ovule. (*Bot.*) XI, 258.

Owen (George). (*Biogr. médic.*) XI, 262.

Oxeleum. (*Pharm.*) XI, 259.

Oxalates. (*Chim., Mat. médic.*) XI, 259.

Oxalide. (*Bot., Mat. médic.*) XI, 259. *Voyez* aussi Alleluia, II, 40.

Oxalidées (Famille des). (*Bot., Mat. méd.*) *Voyez* Oxalide, XI, 259.

Oxalique (Acide). (*Chim., Mat. médic.*) XI, 259. *Voy.* aussi Alimens, I, 698 et 699.

Oxicèdre. (*Bot., Mat. médic.*) XI, 259.

Oxycrat. (*Hyg., Mat. médic.*) XI, 259.

Oxydation. (*Chim.*) XI, 260.

Oxyde. (*Chim., Mat. médic.*) XI, 260.

Oxydoxia. (*Mat. médic.*) XI, 260.

Oxidule d'azote. (*Chim.*) XI, 260.

Oxygala. XI, 260.

Oxygénation. (*Chim.*) XI, 260.

Oxygène. (*Chim. médic.*) XI, 260. *Voy.* aussi Air vital, I, 578.

Oxygéné (Eau). (*Chim., Mat. médic.*) Manière d'obtenir cette eau, XI, 261.

Oxygénèses. (*Pathol.*) XI, 261.

Oxyglycu (*Mat. médic.*) Synonyme d'eau miellée, XI, 261.

Oxylipes. (*Hyg.*) XI, 261.

Oxymel. (*Pharm., Mat. médic.*) Mélange de miel et de vinaigre, XI, 261 et 262. *Voyez* aussi Diète, V, 447.

Oxynosème. (*Pathol.*) XI, 262.

Oxyopie. (*Pathol.*) Vue perçante, XI, 262.

Oxypetra. XI, 262.

Oxyphénique. (*Mat. médic.*) XI, 262.

Oxyphlegmasie. (*Pathol.*) Inflammation aiguë, XI, 262.

Oxyphonie. (*Pathol.*) Voix aiguë, XI, 262.

Oxyregme. (*Pathol.*) Aigreur ou rénvois acides, XI, 262. *Voyez* Aigreurs, I, 403; et Renvois, XII, 509.

Oxyrrhodin. (*Pharm.*) Synonyme de vinaigre rosat, XI, 262.

Oxysaccharum. (*Mat. médic.*) Mélange de sucre et de vinaigre, XI, 262.

Oxytartre. (*Chim.*) Synonyme de terre foliée de tartre, XI, 262.

Oxytumie. (*Pathol.*) Colère subite et violente, XI, 262. *Voyez* aussi Fureur, VI, 533.

Oxyturiphylum. (*Bot., Mat. médic.*) *Voyez* Oseille, XI, 231; et Oxalide, 259.

Ozène. (*Pathol.*) Ulcère de la membrane pituitaire, XI, 262 et 263. *Voyez* aussi Nasal (Maladies des fosses nasales), X, 487.

P

P. (*Art de formul.*) Signe abréviateur dans les formules, XI, 264.

Paaw (Pierre). (*Biogr. médic.*) XI, 264.

Paca. (*Hyg., Zool.*) Quadrupède rongeur, très voisin du cabiai, XI, 264.

Pacal. (*Bot., Mat. médic.*) XI, 264.

Pacari. (*Hyg., Zool.*) Quadrupède de la famille des Pachydermes, XI, 264.

Pacchioni (Antoine). (*Biogr. médic.*) XI, 264 et 265.

— (Glandes de). (*Anat.*) XI, 265.

Pacchius (Antiochus). (*Biogr. médic.*) XI, 265.

Paccianum. (*Mat. médic.*) Espèce de collyre mentionné par Galien, XI, 265.

Pachéablépharose. (*Pathol.*) Epaississement des paupières, XI, 265.

Pachuntiques. (*Mat. médic., Thérap.*) XI, 265 et 266. *Voyez* aussi Incrassans, VII, 540.

Pachydermes. (*Zool.*) XI, 266. *Voyez* aussi Nourriture, X, 708.

Pachys. (*Pathol.*) *Voyez* Pachuntiques, XI, 265.

Pacios (Fabius). (*Biogr. médic.*) XI, 266.

Paco caatinga. (*Bot., Mat. médic.*) Arbre du Brésil, XI, 266.

— séroca. (*Bot., Mat. médic.*) XI, 266.

Pacourie. (*Bot., Mat. médic.*) Très-grand arbre du Brésil, XI, 266.

Pacquotte (Charles-Guillaume). (*Biogr. médic.*) XI, 266.

Padri. (*Bot., Mat. médic.*) Arbre du Malabar, XI, 266.

Pædanchonr. (*Pathol.*) Angine spasmodique propre aux enfans, XI, 266.

Pædarthrocace. (*Pathol.*) *Voyez* Pédarthrocace, XI, 497.

Pædicos. (*Mat. médic.*) Sorte de cataplasme mentionné par Galien, XI, 266.

Pædophlébotomie. (*Opér. chir.*) Saignée pratiquée sur les enfans, XI, 266.

PÆNOE. (*Bot.*, *Mat. médic.*) Très-grand arbre du Malabar, XI, 266 et 267.

PÆON. (*Hist. de la méd.*) Médecin qui guérissait les dieux, XI, 267.

PÆPALE. (*Hyg.*) Fleur de la farine très-fine, XI, 267.

PAGANINA. (*Mat. médic.*) Méconium réduit en poudre très-fine, XI, 267.

PAGAPATE. (*Bot.*, *Mat. médic.*) Arbre de l'Archipel des Indes-Orientales, XI, 267.

PAGOYON. (*Hist. de la médec.*) XI, 267.

PAIANELI. (*Bot.*, *Mat. médic.*) Arbre qui croît au Malabar, XI, 267.

PAILLE. (*Art vétér.*, *Hyg.*) *Voyez* ALIMENS (*Art vétér.*, *Hyg.*), I, 822.

PAILLETTE. (*Bot.*) XI, 297.

PAIMPOL (Eaux minérales de). XI, 267.

PAIN. (*Hyg.*, *Mat. médic.*) XI, 267 à 273. *Voyez* aussi ALIMENS, I, 720, 742, 776; et NOURRITURE, X, 723.

— (Crême de). *Voyez* CRÊME DE PAIN, V, 191 et 192.

— DE COUCOU. (*Bot.*, *Mat. médic.*) *Voyez* ALLELUIA, II, 40.

— DE GONESSE. (*Hyg.*) *Voyez* GONESSE (Pain de), VI, 660.

— DE POURCEAU. (*Bot.*, *Mat. médic.*) Nom vulgaire du cyclamen europæum. Voyez ce dernier mot, V, 258; et ARTHANITA, III, 310.

PAIPAROCA. (*Bot.*, *Mat. médic.*) Arbrisseau du Malabar, XI, 273.

PAIRE (G. de). (*Biogr. médic.*) XI, 273.

PAISEN (Matthias). (*Biogr. médic.*) XI, 273.

PAITONI (Jean-Marie). (*Biogr. médic.*) XI, 274.

PALA. (*Bot.*, *Mat. médic.*) Arbre du Malabar, XI, 274.

PALAIS. (*Anat.*, *Physiol.*, *Pathol.*) Paroi supérieure de la bouche, XI, 274. — Considérations générales sur quelques-unes de ses maladies, *ibid.* *Voyez* aussi STAPHYLORAPHIE, XIII, 110; et VOILE DU PALAIS, 477.

— (Accroissement du). (*Art vétér.*, *Pathol.*) *Voyez* ACCROISSEMENT, I, 94.

— (Excroissance du). (*Art vétér.*, *Pathol.*) *Voyez* ACCROISSEMENT, I, 94.

— (*Bot.*) XI, 274.

PALATIN. (*Anat.*, *Physiol.*) XI, 274.

PALATIUS (Philippe). (*Biogr. médic.*) XI, 274 et 275.

PALATO-LABIAL. (*Anat.*) XI, 275.

— PHARYNGIEN. (*Anat.*) XI, 275.

— SALPINGIEN. (*Anat.*) XI, 275.

— STAPHYLIN. (*Anat.*) XI, 275.

PALE. (*Pathol. génér.*) *Voyez* PALEUR, XI, 281.

PALÉACÉ. (*Bot.*) XI, 275.

PALÉGA-PAIANELI. (*Bot.*, *Mat. médic.*) *Voyez* PAIANELI, XI, 267.

PALES COULEURS. (*Pathol.*) Nom vulgaire de la chlorose, XI, 275 à 278. *Voyez* aussi AMATORIA FEBRIS, II, 98; et CHLOROSE, IV, 817 et suiv.

PALESTRE. (*Hist. de la méd.*) XI, 279 à 281.

PALESTRIQUE. (*Hist. de la méd.*) *Voyez* PALESTRE, XI, 279 et suiv.

PALESTROPHYLAX. (*Hist. de la méd.*) Directeurs ou premiers employés des gymnases, XI, 281. *Voyez* aussi PÉDOTRIBES, XI, 500.

PALETTE. (*Hyg.*) Instrument de percussion connu des Anciens, et dont se servent encore quelques peuplades de l'Inde pour opérer une sorte de massage, XI, 281.

— (*Instr. de chir.*) XI, 281.

— DE CABANIS. (*Instr. de chir.*) XI, 281.

PALETUVIER. (*Bot.*, *Mat. médic.*) *Voyez* RHIZOPHORE, XII, 570.

PALEUR. (*Pathol.*) N'est pas toujours un phénomène morbide. Causes de la pâleur habituelle, XI, 281 et 282.

PALFIN (Jean). (*Biogr. médic.*) XI, 282.

PALIMBOLOS. (*Pathol.*) XI, 282.

PALIMPISSA. (*Mat. médic.*) Espèce de poix sèche, XI, 282.

PALINCOTOS. (*Pathol.*) XI, 282.

PALINDROMIE. (*Pathol.*) XI, 282.

PALINGÉNÉSIE. (*Chim.*) Synonyme de génération chez les anciens auteurs, XI, 283.

PALINIDRYSIS. (*Pathol.*) XI, 283.

PALIRRHÉE. (*Pathol.*) XI, 283.

PALIURE. (*Bot.*, *Mat. médic.*) Arbrisseau épineux des parties méridionales de l'Europe, XI, 283.

PALLADIUM. (*Chim.*) XI, 283.

PALLADIUS. (*Biogr. médic.*) XI, 283.

PALLIATIF. (*Mat. médic.*, *Thérap.*) XI, 283 et 284.

PALLIATION. (*Thérap.*) XI, 284.

PALLIER. (*Thérap.*) XI, 284.

PALLIUM PURPUREUM. (*Chim.*) XI, 284.

PALMA (Georges). (*Biogr. médic.*) XI, 284.

— -CHRISTI. (*Bot.*, *Mat. médic.*) *Voyez* RICIN, XII, 584.

PALMAIRE. (*Anat.*) XI, 284.

PALMARIUS. (*Biogr. médic.*) *Voy.* PAULMIER (Julien le), XI, 462.

PALME. (*Bot.*, *Mat. médic.*) XI, 284.

PALMÉE. (*Bot.*, *Hist. nat.*) XI, 285.

PALMIERS. (*Bot.*, *Mat. médic.*) XI, 285. *Voyez* aussi NOURRITURE, X, 694.

PALMIFORME. (*Anat.*) *Voyez* PALMÉ, XI, 285.

PALMIPÈDES. (*Zool.*) XI, 285.

PALMI-PHALANGIENS. (*Anat.*) XI, 285.

PALPE. (*Entomol.*) Appendices filiformes ressemblant aux antennes, et implantés dans le voisinage de la bouche des insectes, XI, 285.

PALPÉBRAL. (*Anat.*, *Physiol.*) XI, 285.

PALPITATION. (*Physiol.*, *Pathol.* et *Séméiotiq.*) XI, 285 à 289. *Voyez* aussi l'article ANATOMIE PATHOLOGIQUE, II, 325; et SÉMÉIOTIQUE, XIII, 11.

PALTIFERA. (*Bot.*, *Mat. médic.*) Arbre d'Amérique, XI, 289.

PALU (Victor). (*Biogr. médic.*) XI, 289.

PALUDANUS (Bernard). (*Biogr. médic.*) XI, 289. *Voyez* VANDEN-BROECK dans le *Supplément*.

PAMIERS (Eaux minérales de). XI, 289.

PAMOISON. (*Pathol.*) Synonyme de défaillance ou de syncope. *Voyez* SYNCOPE, XIII, 188.

PAMPATHES. (*Mat. médic.*) Sorte d'emplâtre, XI, 290.

PAMPELMOUSSES. (*Bot.*, *Mat. médic.*) XI, 290.

PAMPHILION. (*Mat. médic.*) Sorte d'emplâtre, XI, 290.

PAMPINIFORME. (*Anat.*, *Physiol.*) XI, 290.

PANACÉE. (*Mat. médic.*) Synonyme de l'expression populaire guérit tout, XI, 290. *Voyez* aussi CATHOLICUM, IV, 496.

PANACHÉ. (*Bot.*) XI. 290.

PANACHURE. (*Bot.*) XI, 290.

PANADE. (*Hyg.*) *Voyez* ALLAITEMENT ARTIFICIEL, II, 32 à 35.

PANAIS. (*Bot.*, *Mat. médic.*) XI, 290.

PANALETHÈSE. (*Mat. médic.*) XI, 290.

PANARINE. (*Bot.*, *Mat. médic.*) XI, 290.

PANARIS. (*Pathol.*) Inflammation phlegmoneuse des doigts et des orteils, XI, 290 à 292.

PANAROLI (Dominique). (*Biogr. médic.*) XI, 292.

PANCALA-AUREA. (*Mat. médic.*) XI, 292.

PANCARPIA. (*Hyg.*) Espèce de gâteau, XI, 292.

PANCHRESTE. (*Mat. médic.*) XI, 292.

PANCHRYSOS. (*Mat. médic.*) Sorte de collyre, XI, 292.

PANCHYMAGOGUE. (*Mat. médic.*) XI, 292.

PANCKOW (Thomas). (*Biog. médic.*) XI, 292.

PANCRACE. (*Hyg.*) XI, 292 et 293.

PANCRAIS. (*Bot.*, *Mat. médic.*) XI, 293.

PANCRATIER. (*Bot.*, *Mat. médic.*) *Voyez* PANCRAIS, XI, 293.

PANCRÉAS. (*Anat.*, *Pathol.*) XI, 293. *Voyez* aussi ANATO-

MIE PATHOLOGIQUE, II, 337. De ses blessures considérées sous le point de vue de la médecine-légale. *Voyez* BAS-VENTRE, III, 629.

PANCRÉATEMPHRAXIS. (*Pathol.*) XI, 293.

PANCRÉATICO-DUODÉNAL. (*Anat.*) XI, 293.

PANCRÉATIQUE. (*Anat.*) XI, 293.

PANCRÉATITE. (*Pathol.*) Inflammation du pancréas, XI, 293. *Voyez* PANCRÉAS, 293.

PANDALÉON. (*Pharm.*, *Mat. médic.*) Sorte d'électuaire, XI, 293.

PANDANÉES (Famille des). (*Bot.*, *Mat. médic.*) XI, 293.

PANDÉMIE. (*Pathol.*) XI, 293.

PANDÉMIQUE (Maladie). (*Pathol.*) *Voyez* PANDÉMIE, XI, 293.

PANDICULATION. (*Pathol.*) XI, 293.

PANDURÉ. (*Bot.*) *Voyez* PANDURIFORME, XI, 293.

PANDURIFORME. (*Bot.*) XI, 293.

PANIC. (*Bot.*, *Mat. médic.*) XI, 294.

PANICAUT. (*Bo.*, *Mat. médic.*) XI, 294. *Voy.* aussi CHARDON, IV, 645.

PANIQUE (Terreur). (*Pathol.*) *Voyez* PANOPHOBIE, XI, 294; et TERREUR, XIII, 233.

PANNICULE. (*Anat.*, *Pathol.*) XI, 294. *Voyez* aussi PTÉRYGION, XII, 358.

PANNUS. (*Pathol.*) XI, 294.

PANOCHIES. (*Pathol.*) XI, 294.

PANOPHOBIE. (*Pathol.*) Terreur panique, frayeur nocturne, XI, 294.

PANSEMENT. (*Thérap. chir.*) XI, 294.

— DE LA MAIN. (*Art vétér.*, *Hyg.*) *Voyez* CHEVAL, IV, 766.

PANSPERMIE. XI, 294.

PANTAGATHOS. (*Mat. médic.*) Sorte d'antidote, XI, 294.

PANTAGOGUE. (*Mat. médic.*, *Thérap.*) Synonyme de panchymagogue. *Voyez* ce dernier mot, XI, 292.

PANTHEÆ. (*Hyg.*) Lits suspendus, XI, 294.

PANTHOT (Louis). (*Biogr. médic.*) XI, 294 et 295.

PANTIN (Guillaume). (*Biogr. médic.*) XI, 295.

PANTOLINUS. (*Mat. médic.*) XI, 295.

PANTOPHOBIE. (*Pathol.*) Synonyme de panophobie. *Voyez* ce mot, XI, 294.

PANTOUFLE. (*App. de chir.*) XI, 295.

PANUS. (*Pathol.*) XI, 295.

PANYGRON. (*Mat. médic.*) Espèce d'onguent, XI, 295.

PAON. (*Hyg.*, *Ornithol.*) *Voyez* NOURRITURE, X, 710.

PAPA (Joseph del). (*Biogr. médic.*) XI, 295.

PAPARELLA (Sébastien). (*Biogr. médic.*) XI, 295.

PAPAVÉRACÉES (Famille des). (*Bot.*, *Mat. médic.*) XI, 295 et 296. *Voyez* aussi NOURRITURE, X, 697.

PAPAYER. (*Bot.*, *Mat. médic.*) Arbre des deux Indes et des Antilles, XI, 296.

PAPIER A CAUTÈRES. (*Pharm.*, *Mat. médic.*) XI, 296.

PAPILIONACÉES (Famille des). (*Bot.*, *Mat. médic.*) *Voyez* LÉGUMINEUSES (article NOURRITURE), X, 697.

PAPILLAIRE. (*Anat.*, *Physiol.*) XI, 296.

PAPILLE. (*Anat.*, *Physiol. et Pathol.*) XI, 296.

PAPIN (Nicolas et Denis.) (*Biogr. médic.*) XI, 296.

PAPIUS (Jean). (*Biogr. médic.*) XI, 296.

PAPULE. (*Pathol.*) Petite tumeur, XI, 297.

PAPYRACÉ. (*Bot.*) Qui est mince et sec comme du papier, XI, 297.

PAPYRUS. (*Bot.*, *Mat. méd.*) Nom latin d'un souchet, XI, 297. *Voyez* SOUCHET, XIII, 76.

PAQUERETTE. (*Bot.*, *Mat. médic.*) XI, 297. *Voyez* aussi MARGUERITE, VIII, 514.

PARABOLAINS. (*Hist. de la méd.*) XI, 297. Classe d'hommes qui avoient mission pour soigner les malades, XI, 297.

PARACELSE. (*Biogr. médic.*) XI, 297 à 306.

— (Asoth de). (*Chim.*) *Voyez* AZOTH, III, 506.

— (Lilium de). (*Chim.*) XI, 299.

PARACENTERIUM. (*Instr. de chir.*) Petit trois-quarts, XI, 305.

PARACENTÈSE. (*Chirur.*) XI, 305.

PARACÉVASTIQUES (Onctions). (*Hyg.*) XI, 305.

PARACMASTIQUE. (*Pathol.*) XI, 305.

PARACME. (*Pathol.*) XI, 305.

PARACOÉ. (*Pathol.*) Dureté d'oreille. *Voyez* SURDITÉ, XIII, 76.

PARACOPE. (*Pathol.*) Espèce de délire léger, XI, 306.

PARACOROLLE. (*Bot.*) XI, 306.

PARACOUSIE. (*Physiol.*) Perversion de l'ouïe, XI, 306. *Voyez* aussi SURDITÉ, XIII, 76.

PARACRUSIS. (*Pathol.*) Délire léger, XI, 307.

PARACYISIS. (*Accouch.*) Grossesse extra-utérine suivant Vogel, XI, 307.

PARACYNANCIE ou PARASYNANCIE. (*Path.*) Angine légère, XI, 307.

PARADIN (Jean). (*Biogr. médic.*) XI, 307.

PARADIS (Graine de). (*Bot.*, *Mat. médic.*) XI, 307.

PARAGLOSSE. (*Pathol.*) Gonflement de la langue, XI, 308. *Voyez* LANGUE dans le *Dictionnaire de Chirurgie* de cette Encyclopédie.

PARAGOGE. (*Opér. chir.*) XI, 308.

PARACOMPHOSE. (*Anat.*) Sorte d'articulation immobile, XI, 308.

PARALAMPSIE. (*Pathol.*) XI, 308.

PARALIAS. (*Bot.*, *Mat. médic.*) XI, 308.

PARALLAXE. (*Pathol. chir.*) XI, 308.

PARALLELA. (*Pathol.*) Affection herpétique, XI, 308.

PARALLÉLISME. XI, 308.

PARALYSÉ. (*Pathol.*) Qui est atteint de paralysie. *Voyez* ce dernier mot, XI, 308.

PARALYSIE. (*Pathol.*) XI, 308 à 322. *Voyez* aussi ANATOMIE PATHOLOGIQUE, II, 263 et 264; et ANTI-PARALYTIQUES, III, 87.

PARALYTIQUE. (*Pathol.*) *Voyez* PARALYSIE, XI, 308.

PARAMERIA. (*Anat.*) XI, 322.

PARAMÉSOS. (*Anat.*) Le doigt annulaire, XI, 322.

PARANYMPHE. (*Hist. de la médec.*) XI, 322.

PARAPAR. (*Bot.*, *Mat. médic.*) Espèce de haricot des Indes, XI, 322.

PARAPECHYON. (*Anat.*) Os de l'avant-bras, XI, 322.

PARAPHIMOSIS. (*Pathol. chir.*) XI, 322.

PARAPHONIE. (*Pathol.*) Lésion de la voix, XI, 323.

PARAPHORA. (*Pathol.*) Léger délire, XI, 323.

PARAPHRÉNÉSIE. (*Pathol.*) XI, 323. *Voyez* aussi l'article ANATOMIE PATHOLOGIQUE, II, 249 et 250.

PARAPHRÉNITIS. (*Path.*) *Voyez* PARAPHRÉNÉSIE, XI, 323.

PARAPHRONISIE. (*Pathol.*) *Voyez* DELIRIUM, V, 349 à 350; et MANIE, VIII, 486.

PARAPHROSYNE. (*Pathol.*) XI, 323.

PARAPHYSES. (*Bot.*) XI, 323.

PARAPLÉGIE. (*Pathol.*) XI, 323 à 325.

PARAPLÉGIQUE. (*Pathol.*) Qui est atteint de paraplégie. *Voyez* ce dernier mot, XI, 322 et 323.

PARAPLEURÉSIE. (*Pathol.*) Douleur chronique de la poitrine, XI, 325.

PARAPLEXIE. (*Pathol.*) Synonyme de paraplégie. *Voyez* ce dernier mot, XI, 323.

PARAPOPLEXIE. (*Pathol.*) XI, 325.

PARARRHYTHME. (*Pathol.*) XI, 325.

PARARTHRÈME. (*Pathol.*) XI, 325.

PARASCEPASTRA. (*Band. et App.*) XI, 325.

PARASCEUE. (*Pathol.*) XI, 325.

PARASCHIDES. (*Pathol. chir.*) XI, 325.

PARASCHISTÉ. (*Hist. de la méd.*) XI, 325.

PARASITES. (*Bot.*, *Mat. médic.*) XI, 325.

PARASPHAGIS. (*Anat.*) XI, 325.

PARASQUINANCIE. (*Pathol.*) Sorte d'angine. *Voyez* aussi PARACYNANCIE, XI, 307.

PARASTADES. (*Anat.*) XI, 325.

PÊCHER. (*Bot., Hyg., Mat. médic.*) XI, 493. *Voy.* aussi ALIMENS, I, 810.

PECHLAUMET ou PUECHLAUMET (Eaux minérales de). XI, 494.

PÉCHLIN (Jean-Nicolas). (*Biogr. médic.*) XI, 494.

PECHYAGRE. (*Pathol.*) XI, 494.

PECHYS. (*Anat.*) XI, 494.

PÉCHYTYRBE. (*Pathol.*) XI, 494.

PECQUET (Nicolas). (*Biogr. médic.*). XI, 494 et 495.

— (Réservoir de). (*Anat., Physiol.*) *Voyez* RÉSERVOIR DE PECQUET, XII, 531.

PECTEN. (*Anat.*) Le pubis, XI, 495.

— VENERIS. (*Bot., Mat. médic.*) XI, 495.

PECTINÉ. (Muscle). (*Anat.*) XI, 495.

PECTORAL. (*Anat.*) *Voyez* THORAX , XIII, 247.

PECTORAUX (Muscles). (*Anat.*) XI, 495.

— (*Anat., Thérap.*) XI, 495.

PECTORILOQUE. (*Instr. de chir.*) XI, 496. *Voy.* aussi STÉTHOSCOPE, XIII, 122 et 123.

PECTORILOQUIE. XI, 495 et 496. *Voyez* aussi SÉMÉIOTIQUE, XIII, 22 ; et STÉTHOSCOPE, 123.

PÉDANE. (*Bot., Mat. médic.*) *Voyez* ONOPORDE, XI, 126.

PÉDARTROCACE. (*Pathol.*) XI, 497.

PÉDÉRASTIE. XI, 497.

PÉDETHMOS. (*Pathol.*) Pulsation des artères, XI, 497.

PÉDICELLE. (*Bot.*) XI, 497.

PÉDICULAIRE (Maladie). (*Pathol.*) Maladie occasionnée par une grande quantité de poux, XI, 497. *Voy.* aussi PHTHIRIASIS, 741.

PÉDICULAIRE. (*Bot.*) XI, 497.

PÉDICULARIÉES. (*Bot., Mat. médic.*) XI, 498.

PÉDICULE. (*Bot. et Pathol.*) XI, 498.

PÉDICULÉ, ÉE. (*Nosogr. spec.*) XI, 498.

PÉDICURE. (*Thérap.*) XI, 498.

PÉDIEUX, SE. (*Anat.*) XI, 498.

PÉDILUVE. (*Hyg., Mat. médic.*) XI, 498 et 499.

PÉDIMANES. (*Zool.*) XI, 499.

PÉDIONALGIE. (*Pathol.*) Névralgie des nerfs du pied, XI, 499 et 500.

PÉDONCULAIRE. (*Bot., Anat.*) *Voy.* PÉDONCULE, XI, 500.

PÉDONCULE. (*Bot., Anat.*) XI, 500.

PÉDOTHROPHIE. (*Hyg.*) Art d'élever, de nourrir les enfans, XI, 500. *Voyez* aussi ALLAITEMENT, I, 7 à 39.

PÉDOTRIBES. (*Hist. de la médec.*) XI, 500.

PÉDROSA (Louis-Rodriguez de). (*Biogr. médic.*) XI, 500.

PEFFINGER (Jean). (*Biogr. médic.*) XI, 500 et 501.

PÉGANÉLÆON. (*Mat. médic.*) Huile de rue, XI, 501.

PÉGANÆRON. (*Pharm., Mat. médic.*) Emplâtre dans lequel entre la rue, XI, 501.

PEIGNE. (*Hyg., Conchyliol., Mat. médic.*) XI, 501.

— DE VÉNUS. (*Bot., Mat. méd.*) *Voy.* PECTEN VENERIS, XI, 495.

PEILLIG (Jacques). (*Biogr. médic.*) XI, 501.

PEINES. (*Méd. lég.*) Des délits et des peines considérés sous le rapport de la médecine légale, XI, 501.

PEINTRES (Maladies des). (*Méd. pratiq.*) XI, 501 et 502.

PÉLADE. (*Pathol.*) Synonyme d'alopécie, XI, 502. *Voyez* ALOPÉCIE, II, 63.

PÉLAGIE. (*Pathol.*) Espèce d'érysipèle écailleux des mains, XI, 502.

— (STE.) (*Hyg. publ.*) Considérations générales sur cette prison, XI, 502. *Voy.* aussi PRISON dans le *Supplément*.

PÉLARGON. (*Bot.*) XI, 502.

PÉLARION. (*Pharm., Mat. médic.*) Sorte de collyre, XI, 502.

PÉLICAN. (*Ornithol., Inst. de chir.*) XI, 502.

PÉLICIDE. (*Pharm.*) Miel cuit suivant Ruland, XI, 502.

PELIOMA. (*Pathol.*) Sorte d'ecchymose, XI, 502.

PELLACIA. (*Pathol.*) Synonyme de pica suivant quelques auteurs, XI, 502.

PELLAGRE. (*Pathol.*) XI, 502 à 504.

PELLEGRINI (Pompée). (*Biogr. médic.*) XI, 504.

PELLETIER (Gaspard et Jacques). (*Biogr. médic.*) XI, 504.

PELLICULE. (*Pathol.*) XI, 504.

PELOTE. (*Band. et Appar.*) XI, 504.

PELSCHOFER (Jean Jacques). (*Biogr. médic.*) XI, 504.

PELTIGÈRE (*Bot., Mat. méd.*) XI, 504.

PELVI-CRURAL. (*Anat.*) XI, 505.

PELVI-TROCHANTÉRIEN. (*Anat.*) XI, 505.

PELVIEN, NE. (*Anat.*) XI, 505.

PELVIMÈTRE. (*Instr. de chir.*) XI, 505.

PEMPHIGODE, PEMPHIGOÏDE (Fièvre). (*Pathol.*) XI, 505.

PEMPHIGUS. (*Pathol.*) XI, 505 à 509.

PENCHANT. (*Pathol.*) XI, 509.

PENDAISON. (*Médec. lég.*) Strangulation par suspension, XI, 509 à 515. *Voyez* aussi STRANGULATION, XIII, 135.

PENDU. (*Médec. lég.*) *Voyez* PENDAISON, XI, 509 à 515.

PÉNÉTRANT. (*Pathol. chir.*) *Voyez* PLAIES (Plaies pénétrantes), XII, 111.

PÉNICILLÉ, ÉE. (*Bot.*) XI, 515.

PÉNIDE. (*Pharm., Mat. médic.*) Sucres tors, XI, 515.

PÉNIL. (*Anat.*) Région du pubis dans l'un et l'autre sexe. *Voyez* l'article ANATOMIE PATHOLOGIQUE, II, 475 et suiv. ; et PUBIS, XII, 364.

PÉNIS. (*Anat.*) XI, 515 à 516. *Voyez* aussi ANATOMIE PATHOLOGIQUE, II, 472 et suiv.

PENNA (Jean de). (*Biogr. médic.*) XI, 516.

PENNÉE (Feuille). (*Bot.*) XI, 516.

PENNIFORME (Muscle). (*Anat.*) 516.

PENSÉE. (*Bot., Mat. médic.*) XI, 516. *Voyez* aussi VIOLETTE, XIII, 468.

PENTAGYNIE. (*Bot.*) XI, 516.

PENTAMÉRON. (*Pharm.*) Sorte d'onguent, XI, 516.

PENTANDRIE. (*Bot.*) XI, 516.

PENTAPÉTALÉ, ÉE. (*Bot.*) XI, 516.

PENTAPHARMACUM. (*Mat. médic.*) XI, 516.

PENTAPHYLLE. (*Bot.*) Qui a cinq folioles, XI, 516.

PENTASPERME. (*Bot.*) XI, 516.

PENTATEUQUE CHIRURGICAL. (*Nosogr. chir.*) XI, 516.

PENTHETHON. (*Mat. médic.*) Sorte d'emplâtre, XI, 517.

PÉPASME. (*Pathol.*) XI, 517. *Voyez* aussi COCTION, V, 20 à 27.

PÉPASTIQUE. (*Mat. médic., Thérap.*) XI, 517.

PÉPÉROMIE. (*Bot., Mat. médic.*) XI, 517.

PÉPLUS. (*Bot., Mat. médic.*) Espèce d'euphorbe, XI, 517.

PEPLYMENON CERATUM. (*Pharm., Mat. médic.*) Sorte de cérat, XI, 517.

PÉPON. (*Bot., Mat. médic.*) Un des noms du potiron. *Voyez* COURGE, V, 164.

PÉPONIDE. (*Bot.*) XI, 517.

PEPSIS. (*Pathol.*) Synonyme de coction. *Voyez* ce dernier mot, V, 20 à 27.

PEPTIQUE. (*Mat. médic., Thérap.*) Synonyme de pépastique. *Voyez* ce dernier mot, XIII, 517.

PÉRAPÉTALE. (*Bot.*) *Voyez* ce mot dans le *Dictionnaire de Botanique* de cette Encyclopédie.

PERCE CRANE. (*Instr. de chirur.*) XI, 517.

— FEUILLE. (*Bot., Mat. médic.*) Un des noms de la buplèvre. *Voyez* PERCE-FEUILLE dans le *Supplément*.

— MOUSSE. (*Bot., Mat. médic.*) *Voyez* CAPILLAIRE , IV, 370 ; et POLYTRIC, XII, 234.

— MURAILLE. (*Bot., Mat. médic.*) Un des noms vulgaire de la pariétaire. *Voyez* ce dernier mot, XI, 333.

— NEIGE. (*Bot., Mat. médic.*) XI, 517.

— OREILLE. (*Entomol.*) *Voyez* ce mot dans le *Supplément*.

— PIERRE. (*Bot., Mat. médic.*) *Voyez* BUCILE MARIN, III, 512 ; PASSE - PIERRE, XI, 410 ; et SAXIFRAGE GRANULÉE, XII, 709.

PERCEVTA. (*Hyg.*) Nom donné par Hallé à la 6e classe des choses dites non naturelles, XI, 517. *Voyez* aussi AF-

PETRIOLI (Cajetan). (*Biogr. médic.*) XI , 628.

PÉTROLE. (*Chim.*), XI , 628. *Voyez* GABIAN (Huile de), VI , 344.

PÉTROMYSON. (*Hyg.* , *Ichthyol.*) XI , 628.

PETRONIUS (Alexandre - Trajan et Antoine - Vincent). (*Biogr. médic.*) XI , 628 et 629.

PÉTRO-OCCIPITAL (Muscle). (*Anat.*) Pétro - pharyngien, salpingo-pharyngien, etc. *Voyez*, pour la description de ces différens muscles, le mot PÉTRO dans le *Dictionnaire d'Anatomie* de cette Encyclopédie.

PÉTRUCCI (Joseph). (*Biogr. médic.*) XI , 629.

PETTY (Guillaume). (*Biogr. médic.*) XI , 629.

PEU (Philippe). (*Biogr. médic.*) XI , 629.

PEUCEDAN. (*Bot.* , *Mat. médic.*) XI , 629.

PEUCER (Gaspard). (*Biogr. médic.*) XI , 629 et 630.

PEUPLE. (*Art vétér.* , *Ichthyol.*) *Voyez* ALEVIN , I , 656.

PEUPLIER. (*Bot.* , *Mat. médic.*) XI , 630.

— (Résine du). *Voyez* RÉSINES (Résine du peuplier), XII , 537.

PEUR. (*Pathol.*) XI , 630 et 631.

PEVETTI. (*Bot.* , *Mat. médic.*) Arbre du Malabar, XI , 631.

PEYER (Jean-Conrad). (*Biogr. médic.*) XI , 631.

PEYRILHE (Bernard). (*Biogr. médic.*) XI , 631 et 632.

PEYRONIE (François La). (*Biogr. médic.*) XI , 632 et 633.

PEZIZE. (*Bot.* , *Mat. médic.*) XI , 633.

PFAFF (Chrétien-Henri). (*Biogr. médic.*) XI , 633 et 634.

PFANN (Mathieu-George). (*Biogr. médic.*), XI , 634.

PFEFFER. (*Biogr. médic.*) XI , 634 et 635.

PHACOIDES. (*Anat.*) Cristallin, suivant Vésale, XI , 635.

PHACOSE. (*Pathol.*) XI , 635.

PHACOTES. (*Pharm.* , *Instr. de chir.*) XI , 635.

PHAGÉDÉNIQUES (Ulcères , médicamens). (*Pathol.* , *Mat. médic.*) XI , 635.

PHAGRUS. (*Ichthyol.*) XI , 636.

PHALACROSE. (*Pathol.*) Synonyme de calvitie. *Voyez* ALOPÉCIE , II , 63.

PHALAIA. (*Mat. médic.*) Sorte de panacée universelle, XI , 636.

PHALANGE. (*Entomol.* , *Anat.*) Nom vulgaire d'une très-grosse araignée très-commune dans les pays chauds, XI , 636.

PHALANGETTE. (*Anat.*) XI , 636.

PHALANGETTIEN. (*Anat.*) XI , 636.

PHALANGIEN. (*Anat.*) XI , 636.

PHALANGOSE. (*Pathol.*) XI , 636.

PHALÈNE. (*Entomol.*) XI , 636.

PHANION. (*Mat. médic.*) XI , 636.

PHANTASME. (*Pathol.*) XI , 636.

PHARICON. XI , 636.

PHARMACEUTES. (*Hist. de la médec.*) XI , 636.

PHARMACEUTIQUE. (*Pharm.*) Ce qui se rapporte ou appartient à la pharmacie. Ce que l'on doit entendre par produits pharmaceutiques officinaux, XI , 636 et 637.

PHARMACIE. (*Hist. de la médec.*) Art de préparer les médicamens. *Voyez* PHARMACIENS , XI , 637.

PHARMACIENS. (*Hist. de la médec.*) Celui qui exerce la pharmacie. Considérations historiques sur ceux qui exercèrent primitivement cette branche de la médecine, XI , 637 à 640. *Voyez* aussi APOTHICAIRERIE , III , 193 ; et BOUTIQUES , IV , 152.

PHARMACITE. (*Minér.*) Synonyme d'ampélite. *Voyez* ce dernier mot, II , 180.

PHARMACOCHIMIE. (*Chim.*) XI , 640.

PHARMACOLOGIE. (*Mat. médic.*) XI , 640. *Voyez* aussi MATIÈRE MÉDICALE , VIII , 528 et suiv. ; et MÉDICATIONS , IX , 557.

PHARMACOPÉE. XI , 640.

PHARMACOPÉE. XI , 640 et 641.

PHARMACOPOLE. (*Hist. de la médec.*) Vendeurs de drogues simples et de quelques préparations usuelles, XI , 641.

PHARMACOPOLIUM. XI , 641.

PHARMACOPOSIE. (*Pharm.*) XI , 641.

PHARYNGE, ÉE, ou PHARYNGIEN, NE. (*Anat.*) Qui a rapport au pharynx, XI , 642.

PHARYNGO-GLOSSIEN. (*Anat.*) } *Voy.* , pour la description de ces différens muscles,
— PALATIN. (*Anat.*) } le mot PHARYNGO dans
— STAPHYLIN. (*Anat.*) } le *Dictionn. d'Anatomie* de cette Encyclopédie.

PHARYNGOTOME. (*Instr. de chir.*) XI , 642.

PHARYNGOTOMIE. (*Opér. chir.*) Incision du pharynx, XI , 642.

PHARYNX. (*Anat.* , *Pathol.*) XI , 642. *Voyez* aussi l'article ANATOMIE PATHOLOGIQUE , II , 271.

PHASÉOLE. (*Bot.* , *Mat. médic.*) XI , 642.

PHAUSINGES. (*Pathol.*) XI , 643.

PHAUSTIANOS. (*Pharm.* , *Mat. médic.*) XI , 643.

PHAYER (Thomas). (*Biogr. médic.*) XI , 643.

PHAZALA. (*Art. vétér.* , *Pathol.*) Maladie des chevaux, XI , 643.

PHELLANDRE AQUATIQUE. (*Bot.* , *Mat. médic.*) XI , 643 et 644.

PHÉMOS. (*Mat. médic.*) XI , 644.

PHÉNIGME ou PHOENIGME. (*Mat. médic.* , *Pathol.*) XI , 644.

PHÉNOMÈNE. (*Physiq.*) XI , 644.

PHÉRÉCYDE. (*Hist. de la médec.*) XI , 644.

PHILAGRIANON. (*Mat. médic.*) Sorte de cataplasme, XI , 644.

PHILALTHEUS (Lucille). (*Biogr. médic.*) XI , 644.

PHILARÈTE. (*Biogr. médic.*) XI , 644.

PHILARIA. (*Bot.* , *Mat. médic.*) Arbrisseau mal à propos confondu avec l'alaterne. *Voyez* FILARIA , VI , 397.

PHILETAS. (*Biogr. médic.*) XI , 644.

PHILIATRE. (*Pathol.*) Celui qui aime l'étude, XI , 644.

PHILIATRIE. (*Pathol.*) XI , 644 et 645.

PHILINUS. (*Biogr. médic.*) XI , 645.

PHILOBIOSIE. (*Pathol.*) Amour de la vie, XI , 645.

PHILOCRATIS. (*Mat. médic.*) Sorte d'emplâtre, XI , 645.

PHILODOXIE MÉDICALE. (*Phylos. médic.*) XI , 646.

PHILOMEDIA. (*Mat. médic.*) XI , 646.

PHILONIUM. (*Mat. médic.*) Espèce d'opiat somnifère, XI , 646.

PHILOPATRIDALGIE. (*Pathol.*) Mélancolie produite par le désir de revoir sa patrie. *Voyez* NOSTALGIE , X , 661 ; et PAYS (Maladie du), XI , 469.

PHILOPATRIDOMANIE. (*Pathol.*) Synonyme de nostalgie. *Voyez* ce dernier mot, X , 661.

PHILOSOPHE , PHILOSOPHIE. (*Philosoph. médic.*) XI , 646 à 648.

PHILTRE. (*Mat. médic.*) XI , 648.

PHIMOSIQUE. (*Pathol. chir.*) XI , 648.

PHIMOSIS. (*Pathol. chir.*) XI , 648 à 650.

PHLASE ou PHLASME. (*Pathol. chir.*) XI , 650.

PHLÉBITE. (*Pathol. chir.*) Inflammation des veines , X I , 650 à 653.

PHLÉBOGRAPHIE. (*Anat.*) XI , 653.

PHLÉBOLOGIE. (*Anat.*) XI , 653.

PHLÉNOPALIE. (*Physiol.*) XI , 653.

PHLÉBORRHAGIE. (*Pathol.*) XI , 653.

PHLÉBOTOME. (*Instr. de chir.*) *Voy.* SCARIFICATEUR, XII , 714.

PHLÉBOTOMIE. (*Thérap.*) Incision des veines. *Voyez* SAIGNÉE , XII , 647.

PHLÉBOTOMISTE. (*Chir.*) *Voyez* SAIGNÉE , XII , 647.

PHLEGMAGOGUE. (*Mat. médic.* , *Thérap.*) XI , 653.

PHLEGMASIES. (*Pathol. spéc.*) Nom générique des maladies plus généralement connues sous celui d'*inflammations*, XI , 653 à 699. *Pathologie générale des phlegmasies*. Marche, développement, phénomènes des phlegmasies ,

PHYNON. (*Mat. médic.*) Ancien nom d'un collyre, XII, 1.

PHYPELLA. (*Pathol.*) Gonflement inflammatoire des glandes, XII, 1.

PHYSALIS. (*Bot., Mat. médic.*) *Voyez* ALKEKENGE, II, 7; et COQUERET, V, 110.

PHYSCIE. (*Bot., Mat. médic.*) XII, 1.

PHYSCOCÈLE. (*Pathol.*) Tumeur emphysémateuse du scrotum, XII, 1. *Voyez* PNEUMATOCÈLE, 166.

PHYSCOCÉPHALE. (*Pathol.*) XII, 1.

PHYSCONIE. (*Pathol.*) XII, 1.

PHYSICIEN. (*Physiq.*) XII, 1.

PHYSIOGNOMONIE. (*Physiol. et Pathol.*) XII, 1.

PHYSIOGRAPHIE, XII, 1.

PHYSIOLOGIE. (*Anat., Physiol.*) XII, 1 et 2.

PHYSIOLOGIQUE (Doctrine). Nouveau système de pathologie, XII, 2.

PHYSIOLOGIQUES (Sciences). Partie des sciences naturelles qui a pour objet la physique particulière des êtres vivans, XII, 2 et 3. — Principales divisions et sous-divisions des sciences anatomiques et pathologiques, 3. — Des sciences physiologiques considérées sous le rapport des faits, des découvertes, des travaux et des opinions que l'on a pu émettre relativement à la science, dans une période de plus de vingt siècles, 3 à 53.

PHYSIONOMIE. (*Physiol. et Pathol.*) Expression, disposition de la face, 53. — De la composition de la face et de ses formes, 53 et 54. — De la physionomie dans les passions ou les diverses émotions de l'ame, 55 à 59. — Mécanisme des expressions de la physionomie dans les passions, 59 et 60. — De la physionomie des divers caractères moraux, 60 à 62. — Altérations de la physionomie dans les maladies, 62. — Application physionomique aux arts d'imitation, 62 et 63.

PHYSIQUE. XII, 63 et 64. — De la *physique médicale* en particulier, 64. — Ce qu'on doit entendre par *physique pneumatique*. Voyez PNEUMATIQUE (Physique), XII, 164.

PHYSOCÈLE. (*Pathol. chir.*) Tumeur venteuse du scrotum, XII, 64. *Voyez* aussi PNEUMATOCÈLE, 166.

PHYSOCÉPHALE. (*Pathol.*) Gonflement emphysémateux de la tête, XII, 64.

PHYSOMÈTRE. (*Pathol.*) Tympanite utérine de quelques auteurs, XII, 64.

PHYTOLACQUE. (*Bot., Mat. médic.*) XII, 64.

PHYTOLOGIE. (*Bot.*) Discours sur les plantes. *Voyez* BOTANIQUE, IV, 64 à 83.

PIAN. (*Pathol.*) XII, 64 à 68. *Voyez* aussi LÈPRE, VIII, 120.

PICA. (*Pathol.*) XII, 68.

PICACISME. (*Pathol.*) Synonyme de pica. *Voyez* ce dernier mot, XII, 68.

PICATION. (*Pharm.*) Composé emplastique, XII, 68 et 69.

PICCOLOMINI (Archange). (*Biogr. médic.*) XII, 68.

PICHURIM (Fève). (*Bot., Mat. médic.*) XII, 68.

PICOTE. (*Pathol.*) Un des noms vulgaires de la variole, XII, 68.

PICOTEAUL (Claude-Etienne). (*Biogr. médic.*) XII, 69.

PICOTEMENT. (*Pathol.*) XII, 69.

PICROCHOLE. (*Pathol.*) XII, 69.

PICROMEL. (*Chim.*) XII, 69.

PICROTOXINE. (*Chim. végét.*) XII, 69.

PICTORIUS (Georges). (*Biogr. médic.*) XII, 69.

PIDOUX (Jean). (*Biogr. médic.*) XII, 69.

PIÈCE. (*Pathol.*) XII, 70.

PIED. (*Anat.*) XII, 70.

— (Parer, abattre le). (*Art vétér., Maréchall., Hyg.*) Ce qu'on entend par ces différens termes en maréchallerie. *Voyez* AMPUTATION, II, 204.

— -BOT. (*Pathol. chir.*) Difformité du pied qui offre plu-

sieurs variétés, XII, 70 à 78. *Voyez* aussi ORTHOPÉDIE, XI, 212.

PIED D'ALEXANDRE. (*Biogr., Mat. médic.*) Un des noms de la pyrèthre. *Voyez* ce dernier mot, XII, 394.

— D'ALOUETTE. (*Bot., Mat. médic.*) XII, 78.

— ALTÉRÉ. (*Art vétér., Pathol.*) Desséchement de la sole de corne, XII, 78. *Voyez* ALTÉRATION (Altération du pied), II, 78.

— DE BICHE. (*Instr. de chir.*) XII, 78.

— DE BŒUF. (*Art vétér., Pathol.*) Variété de la seime. *Voy.* ce dernier mot, XII, 753.

— CERCLÉ. (*Art. vétér., Pathol.*) Maladie du sabot, XII, 78.

— DE CHAT. (*Bot., Mat. médic.*) XII, 78.

— DE CHEVAL MARIN. (*Anat.*) Nom vulgaire de la corne d'Ammon, XII, 78.

— DE CHÈVRE. (*Bot., Mat. médic.*) Nom vulgaire du boucage. *Voyez* ce dernier mot, IV, 86 et 87; et ANGÉLIQUE, II, 734.

— COMBLE. (*Art vétér., Pathol.*) Sorte d'altération du pied du cheval, XII, 78.

— DE COQ. (*Bot., Mat. médic.*) Nom vulgaire de la renoncule bulbeuse, XII, 78.

— DE CORNEILLE. (*Bot., Mat. médic.*) XII, 78.

— DÉROBÉ. (*Art vétér., Pathol.*) XII, 78.

— DESSÉCHÉ. (*Art vétér., Pathol.*) XII, 78. *Voyez* ALTÉRATION, II, 78.

— ÉQUIN. (*Art vétér., Chir.*) Torsion du pied, XII, 78. *Voyez* aussi PIED-BOT, XII, 70.

— FOIBLE. (*Art vétér.*) Pied dont la muraille est mince, XII, 78.

— GRAS. (*Art vétér.*) Pied dont la sole est très-vaste, XII, 79.

— DE GRIFFON. (*Bot., Mat. médic.*) Un des noms vulgaires de l'hellébore fétide, XII, 79.

— D'HIPPOCAMPE. (*Anat.*) Corne d'ammon, XII, 79.

— DE LIÈVRE. (*Bot., Mat. médic.*) *Voyez* TRÈFLE, XIII, 311.

— DE LION. (*Bot., Mat. médic.*) Un des noms vulgaires de l'alchimille. *Voyez* ce dernier mot, I, 643.

— DE LIT. (*Bot., Mat. médic.*) Un des noms vulgaires de l'origan. *Voyez* ce dernier mot, XI, 206.

— DE LOUP. (*Bot., Mat. médic.*) Un des noms du lycope des marais, XII, 79.

— DE PIGEON. (*Bot., Mat. médic.*) Un des noms vulgaires d'une espèce de geranium, XII, 79. *Voyez* BEC DE GRUE, III, 661.

— PLAT. (*Art vétér.*) Pied très-large et dont la muraille est très-oblique, XII, 79.

— POU. (*Bot., Mat. médic.*) Nom vulgaire d'une renoncule, XII, 79.

— DE POULE. (Chiendent.) (*Bot., Mat. médic.*) *Voyez* CHIENDENT, IV, 804.

— SERRÉ. (*Art vétér.*) Ce qu'on entend par ce mot en hippiatrique, XII, 79.

— DE VEAU. (*Bot., Mat. médic.*) Genre de plantes qui donne son nom à la famille des Aroïdées, XII, 79.

PIEDS CERCLÉS. (*Art. vétér., Pathol.*) *Voyez* CERCLES, IV, 557.

PIE-MÈRE. (*Anat., Physiol.*) XII, 80. — De la *pie-mère*, et de celle *du rachis en particulier*, 80. *Voyez* aussi l'article ANATOMIE PATHOLOGIQUE, II, 237 à 269.

PIERRE-D'ABANO. (*Biogr. médic.*) XII, 80 et 81.

— (Maladie de la). (*Pathol.*) XII, 81. *Voyez* CALCULS URINAIRES, IV, 292 et suiv.

— D'AIGLE. (*Minér.*) Sorte de mine de fer argileux, XII, 81.

— D'AIMANT. (*Minér.*) *Voyez* AIMANT, I, 414 à 487.

— D'ALCHÉRON. (*Mat. médic.*) Calcul biliaire du bœuf. *Voyez* PIERRE DE FIEL, XII, 82.

— ALECTORIENNE. (*Mat. médic.*) Espèces de concrétions intestinales du coq, XII, 81.

PIERRE DES AMPHIBIES. (*Mat. médic.*) Idées des voyageurs modernes sur ces pierres , XII, 81.

— D'ARMÉNIE. (*Chim.*, *Mat. médic.*) Mélange naturel de carbonate de chaux et de cuivre, XII, 81. *Voyez* BOL D'ARMÉNIE ; IV, 38.

— ASSIENNE. (*Chim.*, *Mat. médic.*) Pierre d'alun de la tolfa , XII, 81. *Voyez* ASSIENNE , III, 344.

— D'AZUR. (*Chim.*, *Mat. médic.*) Pierre précieuse qui entrait dans la confection alkermès , III, 81.

— BÉZOARDIQUE. (*Mat. médic.*) *Voyez* BÉZOARD, III, 714.

— DE BOLOGNE. (*Chim.*) Synonyme de sulfate de baryte, XII, 81.

— DE BROCHET. (*Mat. médic.*) Sorte d'osselets que l'on trouve dans la tête de ce poisson, XII, 81.

— CALAMINAIRE. (*Chim.*) Oxyde de zinc natif. *Voyez* aussi CALAMINE , IV, 275.

— CALCAIRE. (*Chim.*) Carbonate de chaux en masse, XII, 81.

— A CAUTÈRE. (*Chim.*, *Mat. médic.*) XII, 81. *Voyez* aussi CAUTÈRE, IV, 511 à 521 ; POTASSE, XII, 265 ; et RÉACTIF, XII, 466.

— A CHAUX. (*Chim.*) Nom donné au carbonate de chaux en masse. *Voyez* CHAUX, IV, 680 et 684.

— DE CHEVAL. (*Mat. médic.*) Concrétion intestinale presqu'entièrement formée de phosphate ammoniaco-magnésien, XII, 82.

— CONTRE LA PEUR. (*Mat. médic.*) Amulette de jade néphrétique, XII, 82.

— DIVINE. Jade néphrétique, XII, 82.

— D'ÉCREVISSE. (*Mat. médic.*) XII, 82. *Voyez* aussi ECREVISSE, V, 683.

— DE FIEL. XII, 82.

— DE GOA. (*Mat. médic.*) Bézoards orientaux factices préparés à Goa. *Voyez* BÉZOARD, III, 714.

— HÉMATITE. (*Chim.*) Oxyde rouge de fer natif, XII, 82.

— D'HÉRACLÉE. (*Minér.*) *Voyez* AIMANT, I, 414.

— D'HIBERNIE. (*Mat. médic.*) Substance argileuse, XII, 82.

— D'HIRONDELLE. (*Mat. médic.*) XII, 82.

— INFERNALE. (*Chim.*) XII, 82. *Voyez* aussi ARGENT, III, 247 ; RÉACTIF, XII, 464 et SEL (Nitrates), 755.

— DE JUDÉE. (*Zool.*) Pointes d'oursins fossiles, XII, 82. *Voyez* aussi JUDAÏQUES (Pierres) , VII, 736.

— DE LIMACE. (*Mat. médic.*) Concrétion nacrée que l'on trouve dans le dos de la limace , XII, 82.

— LUMINEUSE. (*Chim.*) *Voyez* PIERRE DE BOLOGNE, XII, 81.

— DE MIEL. (*Chim.*) Substance composée d'alumine et d'acide mellitique, XII, 82.

— MURALE. (*Chim.*) Calcul formé d'oxalate de chaux, XII, 82. *Voyez* aussi CALCULS, IV, 279.

— NÉPHRÉTIQUE. (*Mat. médic.*) Jade néphrétique.

— OSSIFRAGE. (*Mat. médic.*) Concrétion calcaire de forme cylindrique, XII, 82.

— PHILOSOPHALE. (*Mat. médic.*) Prétendue découverte du secret de faire de l'or, de transmuer des métaux, XII, 82 et 83.

— A PLATRE. (*Chim.*) Sulfate de chaux en masse , XII, 83.

— PONCE. (*Mat. médic.*) Pierre volcanique, XII, 83.

— DE PORC-ÉPIC. (*Mat. médic.*) Concrétion de la vésicule du fiel de cet animal, XII, 83.

— DE SERPENT. (*Mat. médic.*) Composé argileux, XII, 83.

— DE SOUDE. (*Chim.*) Soude du commerce.

— SPÉCULAIRE. (*Mat. médic.*) Sulfate de chaux cristallisé en grandes lames.

— DE TUBERON. (*Mat. médic.*) Os de l'oreille interne de la baleine , XII, 83.

— DE LA VACHE. (*Mat. médic.*) Concrétion que l'on trouve dans les poumons de cet animal, XII, 83.

PIERRES (en général). (*Minér.*) XI , 83.

— (Productions morbifiques). (*Pathol*) XI , 83. — Des pierres contenues dans la matrice en particulier. *Voyez* MATRICE, VIII, 627.

— CALCAIRES. Synonyme de carbonate de chaux. *Voyez* CARBONATE CALCAIRE, IV, 277 ; et CHAUX, 679 et suiv.

PIERREUX. (*Pathol.*) XII, 83.

PIESTRON. (*Instr. de chir.*) XII, 83.

PIÈTRE. (*Biogr. médic.*) Notice biographique et bibliographique sur plusieurs médecins de ce nom, XII, 83 et 84.

PIGAMON. (*Bot.*, *Mat. méd.*) XII, 84.

PIGEON. (*Hyg.*, *Ornithol.*) XII, 84. *Voyez* aussi NOURRITURE, X, 711.

PIGNONS. (*Mat. médic.*) Nom générique de plusieurs semences employées en médecine, XII, 84.

— DE BARBADE. (*Bot.*, *Mat. médic.*) Un des noms des semences du ricin. *Voyez* RICIN, XII, 584.

— D'INDE. (*Bot.*, *Mat. médic.*) Nom des semences du médicinier, XII, 84. *Voyez* CROTON CATHARTIQUE, V, 236 et 237 ; et TIGLIUM , XIII, 259.

— DOUX (*Bot.*, *Mat. médic.*) Semence du pin cultivé, XII, 84. *Voyez* aussi PIN , 90.

PIGRAY (Pierre). (*Biogr. médic.*) XII, 84 et 85.

PILAIRE. (*Anat.*, *Physiol.*) XII, 85.

PILARINO (Jacques) (*Biogr. médic.*) XII, 85.

PILE DE VOLTA. (*Physiq.*) XII, 85 à 88. *Voyez* aussi MÉDECINE GALVANIQUE, IX, 94.

— GALVANIQUE. (*Phys.*) *Voyez* MÉDECINE GALVANIQUE, IX, 94 ; et PILE DE VOLTA.

PILEUX. (*Anat.*, *Physiol.*) XII, 88.

PILIER. (*Anat.*) Terme anatomique, XII, 8.

PILI-MICTION. (*Pathol.*) Espèce de trichiase, XII, 88.

PILON. (*Pharm.*) XII, 88.

PILOSELLE. (*Bot.*, *Mat. médic.*) XII, 88.

PILULAIRE. (*Pharm.*) XII, 88.

PILULE. (*Pharm.*, *Mat. médic.*) XII, 88. — Des pilules de Belloste en particulier. *Voyez* BELLOSTE (Pilules de), III, 678.

PILULIER. (*Pharm.*) XII, 89.

PIMENT. (*Bot.*, *Mat. médic.*) XII, 89.

— DES ANGLAIS. (*Bot.*, *Mat. médic.*) *Voyez* MYRTE, X, 446.

— D'EAU. (*Bot.*, *Mat. médic.*) *Voyez* RENOUÉE, XII, 505.

— DE LA JAMAÏQUE. (*Bot.*, *Mat. médic.*) *Voyez* MYRTE, X, 446.

— ROYAL. (*Bot.*, *Mat. médic.*) Petit arbrisseau d'Amérique, XII, 89.

PIMPRENELLE. (*Bot.*, *Mat. médic.*) XII, 89.

— D'AFRIQUE. (*Bot.*, *Mat. médic.*) XII, 89.

— BLANCHE. (*Bot.*, *Mat. médic.*) *Voyez* BOUCAGE, IV, 86 et 87.

PIN. (*Bot.*, *Mat. médic.*) XII, 90. *Voy.* aussi GOUDRON, VI, 673.

PINCÉE. (*Pharm.*) XII, 90.

PINCES. (*Instr. de chir.*) XII, 90.

PINCIER (Pierre). (*Biogr. médic.*) XII, 90 et 91.

PINCKNEYE. (*Bot.*, *Mat. médic.*) XII, 91.

PINÉAL. (*Anat.*) XII, 91.

PINEAU (Severin). (*Biogr. médic.*) XI, 91.

PINEL (Philippe). (*Biogr. médic.*) *Voyez* ce mot dans le *Supplément*.

PINTADE. (*Hyg.*, *Ornithol.*) XII, 91. *Voyez* aussi NOURRITURE, X, 711.

PINTOR (Pierre). (*Biogr. médic.*) XII, 91.

PIOULQUES. (*Instr. de chir.*) *Voyez* PYULQUES, 463.

PIPELET (François). (*Biogr. médic.*) XII, 91.

PIPERIN. (*Chim. végét.*) XII, 92. *Voyez* aussi POIVRE, 200.

PIPÉRINÉES.

PLEURS. (Physiol.) Voyez LARMES, VIII, 70.

PLÈVRES. (Pathol.) Membranes minces qui revêtent intérieurement chaque côté de la poitrine, XII, 141. — Maladies dont elles peuvent être affectées, 141 à 146.

PLEXUS. (Anat., Physiol.) Entrelacement de nerfs ou de vaisseaux sanguins, XII, 146 à 149.

PLIE. (Hyg., Ichthyol.) XII, 149.

PLINTHE. (Instr. de chir.) XII, 149.

PLIQUE. (Pathol.) Sorte d'entortillement, de feutrage des cheveux ou des poils, XII, 149 à 151.

PLOMB. (Chim., Mat. médic.) XII, 151 à 155. Voy. aussi MINIUM, X, 154; et RÉACTIF, XII, 465 à 467.

— (Colique de). (Pathol.) Description de cette maladie, XII, 155 et 156. — Son traitement, 156 à 160. — Réflexions sur le traitement dit de la charité, 160 et 161.

— DES FOSSES D'AISANCE. (Pathol.) XII, 153. Voyez aussi VIDANGEURS, XIII, 455.

PLOMBIÈRES (Eaux minérales de). XII, 161. Voyez aussi l'article EAU, V, 639.

PLOUCQUET (Guillaume-Godefroy). (Biogr. médic.) XII, 162.

PLOMBAGINÉES (Famille des). (Bot., Mat. médic.) Voyez PLUMBAGINÉES, XII, 164.

PLUIE. (Hyg., Météor.) Voyez EAU, V, 597; EUROPE, VI, 227 à 232; et MÉTÉORES, X, 40.

PLUKÉNET (Léonard). (Biogr. médic.) XII, 162 et 163.

PLUMACEAU ou PLUMASSEAU. (Chir.) XII, 163 et 164.

PLUMBAGINÉES (Famille des). (Bot., Mat. médic.) XII, 164.

PLUTARQUE. (Hist. littér. de la médec.) Voyez HYGIÈNE, VII, 402.

PLUTEA. (Anat.) Duplicature de la dure-mère, suivant Avicenne.

PLUVIERS. (Hyg., Ornithol.) Oiseaux aquatiques. Voyez NOURRITURE, X, 711.

PLUVIOMÈTRE. (Physiq.) XII, 164. Voyez aussi MÉTÉOROLOGIQUE, X, 47; et UDOMÈTRE, XIII, 345.

PNEUMA. XII, 164.

PNEUMATIQUE (Physique, Chimie). XII, 164 et 165.

— (Secte ou École de médecine). (Hist. de la méd.) XII, 165 et 166.

PNEUMATISME. (Hist. de la méd.) Doctrine pneumatique, XII, 166. Voyez aussi PNEUMATIQUE, 165 et 166.

PNEUMATISTES (Médecins). (Hist. de la méd.) XII, 166. Voyez aussi PNEUMATIQUE, 165.

PNEUMATOCARDE. (Pathol.) XII, 166.

PNEUMATOCÈLE. (Pathol.) XII, 166.

PNEUMATOCÉPHALE. (Pathol.) XII, 167.

PNEUMATOCHIMIQUE. (Chim.) XII, 167.

PNEUMATODE. (Pathol.) XII, 167.

PNEUMATOMPHALE. (Pathol. chir.) XII, 167.

PNEUMATO-PÉRICARDE. (Pathol.) XII, 167 et 168.

PNEUMATO-RACHIS. (Pathol.) XII, 168.

PNEUMATOSE. (Pathol.) Acceptions diverses données à ce mot, XII, 168. — Variétés de pneumatoses, 168 à 170. Voyez aussi MÉTÉORISME, X, 45; et TYMPANITE, XIII, 337.

PNEUMATO-THORAX. (Pathol.) XII, 170 à 173.

PNEUMEMPHRAXIE. (Pathol.) XII, 173.

PNEUMOCÈLE. (Pathol.) Hernie du poumon, suivant quelques auteurs. Voyez PNEUMATOCÈLE, XII, 166; et POUMONS (Maladies des), 288.

PNEUMOGASTRIQUE (Nerf). (Anat.) XII, 173.

PNEUMOGRAPHIE. (Anat.) XII, 173.

PNEUMOLITHIASE. (Pathol.) XII, 173.

PNEUMOLOGIE. (Anat.) Synonyme de pneumographie, XII, 173.

PNEUMONALGIE. (Pathol.) Angine de poitrine, XII, 173.

PNEUMONIE. (Pathol.) Inflammation du tissu propre du poumon, XII, 173 à 181. Voyez aussi ANATOMIE PA-

THOLOGIQUE, II, 284; BILIEUSE (Constitution), III, 737; et LAIT, VIII, 249 et suiv.

PNEUMONIQUE. (Pathol., Thérap.) XII, 181.

PNEUMONITE et PNEUMONITIE. (Pathol.) XII, 181.

PNEUMONORRHAGIE. (Pathol.) Voyez PNEUMORRHAGIE, XII, 182.

PNEUMONORRHÉE. (Pathol.) Voyez PNEUMORRHAGIE, XII, 182.

PNEUMOPÉRICARDE. (Pathol.) Voy. PNEUMATOPÉRICARDE, XII, 167.

PNEUMOPHTHOÉ. (Pathol.) Synonyme de phthisie pulmonaire. Voyez PHTHISIE, XI, 742 et suiv.

PNEUMO-PLEURÉSIE. (Pathol.) XII, 182.

PNEUMORRHAGIE. (Pathol.) XII, 182.

PNEUMOSE. (Pathol.) XII, 182.

PNEUMO-THORAX. (Pathol.) Accumulation d'air dans la cavité thoracique, XII, 182. Voyez PNEUMATOTHORAX, 170.

PNEUMOTOMIE. (Anat.) XII, 182.

PNIGALION, PNIGAMON. (Pathol.) Synonyme de cauchemar. Voyez COCHEMAR, IV, 4 à 7.

PNIGOPHOBIE. (Pathol.) XII, 182.

POGGERÈBE (Écorce de). (Mat. médic.) Écorce provenant de l'Amérique, suivant Murray, XII, 182.

POCHE DES EAUX. (Accouch.) XII, 182. Voyez aussi ACCOUCHEMENT, I, 76 à 84.

PODAGRE. (Pathol.) XII, 182. Voyez aussi ANTARTHRIQUES, III, 48.

PODARTHROCACE. (Pathol.) Voyez PÉDARTHROCACE, XI, 497.

PODENCÉPHALE. (Anat.) XII, 182.

PODOLOGIE. (Anat.) XII, 182.

PODOSPERME. (Bot.) Terme de botanique, XII, 183.

POËLETTE. (Chir.) XII, 183.

POERNER. (Charles-Guillaume). (Biogr. médic.) XII, 183.

POGONIASE. (Physiol.) XII, 183.

POHL (Jean-Christophe et Jean-Ehrenfried). (Biogr. méd.) XII, 183.

POIDS et MESURES. XII, 183 à 186. — Système métrique français, 184. — Mesures de longueur, = de capacité, 184 et 185. — Poids, 185 et 186. — Poids spécifique, 186. Voyez aussi DOSE, V, 509; et FORMULE, VI, 457.

POIGNÉE (Pharm.) XII, 186.

POIGNET. (Anat.) XII, 186.

POIL. (Pathol. chir.) XII, 186.

POILETTE. (Chir.) Voyez POELETTE, XII, 183.

POILS. (Pathol.) Faits principaux relatifs à leur histoire physiologique, XII, 186 et 187. — Effet des passions et des maladies sur les poils, 187 à 189. — Influence des poils dans les maladies, 189. — Les poils sont-ils par eux-mêmes le siége de quelques affections? 190 et 191. Voyez aussi CHEVEUX, IV, 778; et PEAU, XI, 474.

— (Art vétér.) Voyez CHEVAL, IV, 747 à 750.

— (Amputation des). (Art vétér., Hyg.) Voyez CHEVAL, IV, 768.

— DES CHIENS. (Art vétér.) Voy. CHIEN, IV, 791.

POINCILLADE. (Bot., Mat. médic.) Arbrisseau des Antilles, XII, 191.

POING. (Anat.) XII, 191.

POINT DE CÔTÉ. (Pathol.) Douleur vive dans un des côtés de la poitrine, XII, 191.

— DORÉ. (Opér. chir.) XII, 191.

POINTS LACRIMAUX. (Anat. pathol.) XII, 191.

POIRE. (Hyg.) Voyez POIRIER, XII, 193.

POIRÉ. (Hyg.) XII, 191.

POIREAU. (Pathol. chir.) XII, 191 et 192. Des poireaux syphilitiques en particulier, 193. Voyez aussi VERRUE, XIII, 421.

— (Bot., Mat. médic.) XII, 193.

POIRÉE. (*Bot.*, *Mat. médic.*) XII, 193. *Voy.* aussi BETTE, III, 705.

POIRIER. (*Bot.*, *Hyg.*) XII, 193 et 194. *Voyez* aussi ALIMENS, I, 181; et CIDRE, IV, 849.

— DES INDES. (*Bot.*, *Mat. médic.*) Nom vulgaire du guayavier. *Voyez* ce mot, VI, 776.

POIS. (*Bot. et Hyg.*) XII, 194.

— D'ANGOLE. (*Bot.*, *Mat. médic.*) Un des noms vulgaires du *cytisus cajan* L. *Voyez* CYTISE, IV, 895.

— CHICHE. (*Bot.*, *Mat. médic.*) XII, 194. *Voyez* aussi CICÉROLE, IV, 194.

— A CAUTÈRE. (*Mat. médic.*) XII, 194.

— DE PIGEON. (*Bot.*, *Mat. médic.*) *Voyez* OROBE, XI, 208.

— DE TERRE. (*Bot.*, *Mat. méd.*) Un des noms vulgaires de l'arachide. *Voyez* ce dernier mot, III, 208; et PISTACHE DE TERRE, XII, 106.

— A GRATTER. (*Bot.*, *Mat. médic.*) XII, 194.

POISON. (*Médec. lég.*) Définition de ce mot. Des principales divisions adoptées pour les poisons, XII, 194 et 195. *Voyez* aussi ANATOMIE PATHOLOGIQUE, II, 535 à 539; EMPOISONNEMENT, 797 à 805; NARTICO-ACRES, X, 465; et RÉACTIF, XII, 462 à 470.

— AMÉRICAIN. (*Mat. médic.*) *Voyez* TICUNAS, XIII, 258.

POISSONNIER (Pierre-Isaac). (*Biogr. médic.*) XII, 198.

— DESPERRIÈRES. (*Biogr. médic.*) XII, 198.

POISSONS. (*Ichthyol.*, *Hyg.*) XII, 198. *Voyez* l'article ALIMENS, I, 727 et 756; et NOURRITURE, X, 712.

POITOU (Colique de) (*Pathol.*) XII, 199.

POITRINAIRE. (*Pathol.*) XII, 199. *Voyez* aussi PHTHISIE, XI, 742 et suiv.

POITRINE. (*Anat.*, *Pathol.*) XII, 199. *Voy.* aussi THORAX, XIII, 247.

— (Affection de). (*Pathol.*) Synonyme de phthisie pulmonaire, XII, 199. *Voyez* PTHISIE, XI, 742.

POIVRE. (*Bot.*, *Mat. médic.*) XII, 199 à 202. *Voyez* aussi ASSAISONNEMENT, III, 342.

— D'AFRIQUE. (*Bot.*, *Mat. médic.*) Nom d'une espèce d'*uvaria*, XII, 202.

— DE CUMANA. (*Bot.*, *Mat. médic.*) Fruit du Brésil employé comme poivre, XII, 202.

— D'EAU. (*Bot.*, *Mat. médic.*) *Voyez* PERSICAIRE, XI, 572; et RENOUÉE, XII, 505.

— D'ÉTHIOPIE. (*Bot.*, *Mat. médic.*) Un des noms de la maniguette, suivant quelques auteurs. *Voy.* MALAGUETTE, VIII, 441.

— DE GUINÉE. (*Bot.*, *Mat. médic.*) *Voyez* MALAGUETTE, VIII, 441; et PIMENT, XII, 89.

— D'INDE. (*Bot.*, *Mat. médic.*) XI, 202.

— DE LA JAMAÏQUE. (*Bot.*, *Mat. médic.*) Nom du *myrthus pimenta*, XII, 202.

— DU JAPON. (*Bot.*, *Mat. médic.*) Nom du *fagara piperita*, XII, 202.

— LONG. (*Bot.*, *Mat. médic.*) Nom du *capsicum annuum*, XII, 202. *Voyez* aussi PIMENT, 89.

— DES NÈGRES. (*Bot.*, *Mat. médic.*) Nom du *fagara pentandra*, XII, 202.

— A QUEUE. (*Bot.*, *Mat. médic.*) *Voyez* CUBEBES, IV, 240; et POIVRE, XII, 201.

— ROUGE. (*Bot.*, *Mat. médic.*) *Voyez* PIMENT, XII, 89.

— SAUVAGE. (*Bot.*, *Mat. médic.*) Nom vulgaire de l'*agnus castus*, XII, 202. *Voyez* AGNUS CASTUS, I, 382.

— DE MURAILLES. (*Bot.*, *Mat. médic.*) *Voyez* VERMICULAIRE BRULANTE, XIII, 417.

POIVRETTE COMMUNE. (*Bot.*, *Mat. médic.*) XII, 202.

POIVRIER. (*Bot.*, *Mat. médic.*) XII, 202. *Voyez* POIVRE, 199.

POIX. (*Mat. médic.*) XII, 202.

— BLANCHE. (*Mat. médic.*) Manière de l'obtenir. Son emploi en médecine, XII, 202 et 203.

POIX DE BOURGOGNE. (*Mat. médic.*) *Voyez* POIX BLANCHE, XII, 202.

— MINÉRALE. (*Mat. médic.*) Synonyme de pissasphalte, XII, 203. *Voyez* PISSASPHALTE, 102.

— DE MONTAGNE. (*Mat. médic.*) Un des noms vulgaires de l'asphalte. *Voyez* ce dernier mot, III, 335.

— NAVALE. (*Mat. médic.*) *Voyez* POIX NOIRE, XII, 203.

— NOIRE. (*Mat. médic.*) Manière de l'obtenir. Ses usages médicinaux, XII, 203.

POL (St.-) (Eaux minérales de). XII, 203.

POLARISATION. (*Phys.*) Ce qu'on doit entendre par ce mot, XII, 203 et 204.

POLARITÉ. (*Physiq.*) *Voyez* POLARISATION, XII, 203.

POLCASTRO (Sigismond de). (*Biogr. médic.*) XII, 204.

POLE. (*Physiq.*) Définition exacte de ce mot. *Voyez* POLARISATION, XII, 203.

POLEMOINE. (*Bot.*, *Mat. médic.*) XII, 204.

POLÉMONIACÉES (Famille des). (*Bot.*, *Mat. médic.*) XII, 204.

POLENTA. (*Hyg.*) XII, 204.

POLIATRE. (*Hist. de la médec.*) XII, 205.

POLICE MÉDICALE. (*Hyg. publiq.*, *Méd. lég.*) Ordre, réglemens établis dans l'exercice de la médecine. Considérations générales sur la réception des médecins, sur les devoirs qu'ils ont à remplir envers la société, et sur ceux de la société à leur égard, XII, 205 à 210. — Autres considérations sur l'exercice de la médecine et sur les professions qui s'y rattachent, 210 et 211. — De la police médicale des hôpitaux. *Voyez* HÔPITAUX, VII, 263.

POLION. (*Bot.*, *Mat. médic.*) Nom officinal d'une germandrée d'Europe, XII, 211.

POLIOSE. (*Pathol.*) Synonyme de canitie. *Voyez* ce dernier mot, IV, 348.

POLISIUS (Melchior et Samuel Godfroy). (*Biogr. médic.*) XII, 212.

POLITIUS (Antoine). (*Biogr. médic.*) XII, 212.

POLLEN. (*Bot.*) Terme de botanique, XII, 212.

POLLICH (Jean-Adam et Martin). (*Biogr. médic.*) XII, 212 et 213.

POLLINCTEURS. (*Hist. de la méd.*) XII, 212.

POLLUTION. (*Pathol.*) Émission involontaire du sperme, XII, 212 à 214.

POLYACOUSTIQUE. (*Phys.*) XII, 215.

POLYADELPHIE. (*Bot.*) XII, 215.

POLYÆMIE. (*Pathol.*) Surabondance de sang, XII, 215. *Voyez* aussi PLÉTHORE, XII, 123.

POLYANDRIE. (*Bot.*) XII, 215.

POLYANTHE. (*Bot.*) Terme de botanique, XII, 215.

POLYBE. (*Hist. de la médec.*) XII, 215.

POLYBLENNIE. (*Pathol.*) XII, 215.

POLYCÉPHALE. (*Helminthol.*) Genre d'entozoaires, XII, 215.

POLYCHOLIE. (*Pathol.*) Surabondance de la bile, XII, 215 et 216. *Voyez* aussi BILIEUSE (Constitution) III, 737 et suiv.

POLYCHRESTE. (*Pharm.*, *Mat. médic.*) XII, 216.

POLYCHROITE. (*Pharm.*, *Mat. médic.*) Matière colorante découverte dans les stigmates pétaloïdes du safran, XII, 216.

POLYCHRONIQUE. (*Pathol.*) XII, 216.

POLYCHYLIE. (*Anat.*, *Physiol.*) Surabondance du chyle, XII, 216.

POLYCHYMIE. (*Pathol.*) Synonyme de pléthore. *Voyez* ce dernier mot, XII, 123.

POLYCOPRIE. (*Pathol.*) XII, 216.

POLYDACBIE. (*Pathol.*) XII, 216.

POLYDACTYLE. (*Pathol.*) XII, 216.

POLYDIPSIE. (*Pathol.*) Désir excessif, continuel et insatiable de boissons ou de substances liquides, XII, 216 et 217. *Voyez* aussi SOIF, XIII, 60.

POLYGALA. (*Bot.*, *Mat. médic.*) XII, 218.

du saut, 325. — *Mouvemens partiels du saut, ibid.* —
DE LA COURSE, 325 et 326. — *Mouvemens de la course.*
Mouvemens des membres inférieurs. = du tronc. = des
membres supérieurs. = partiels de la course, 326. —
ÉQUILIBRE DE LA COURSE, *ibid.* — DES DIVERSES ES-
PÈCES DE COURSES. *Influences qui modifient la pro-
gression de l'homme sur le sol,* 327. — *De la natation.*
Phénomènes de contiguïté des divers modes de progres-
sion, *ibid.*

PROLAPSUS. (*Pathol. chir.*) Chute de divers organes, XII,
327 à 330. *Voyez* aussi CHUTE, IV, 843 et suiv.; et
PROCIDENCE, XII, 314.

PROLEPTIQUE. (*Pathol.*) XII, 330. *Voyez* aussi SUBIN-
TRANTE, XIII, 148.

PROLIFIQUE. (*Physiol., Thérap.*) XII, 330. *Voyez* aussi
AMOUR PHYSIQUE, II, 166; et APHRODISIAQUES, III,
158.

PROLONGEMENT. (*Anat.*) XII, 330.

PRONATEUR. (*Anat.*) XII, 330.

PRONATION. (*Physiol.*) XII, 330 et 331.

PRONONCIATION. (*Physiol.*) XII, 331 à 334.

PRONOSTIC. (*Pathol. génér.*) XII, 334 à 336.

PROPAGATION. (*Physiol., Pathol.*) XII, 336.

PROPATHIE. (*Pathol.*) XII, 336.

PROPHYLACTIQUE. (*Hyg., Thérap.*) XII, 336 et 337.

PROPHYLAXIE. (*Thérap.*) Traitement préservatif. *Voyez*
PROPHYLACTIQUE, XII, 336.

PROPHYSE. (*Anat., Pathol.*) XII, 337.

PROPOLIS. (*Mat. médic.*) XII, 337.

PROPRIÉTÉ (Elixir de). (*Mat. médic.*) Sorte d'élixir, XII,
337.

PROPRIÉTÉS. (*Physiol.*) Véritable signification de ce mot
en physiologie, XII, 337 à 339. — Ce qu'on entend
par *propriétés chimiques* et *propriétés physiques,* 339.

PROPTOME. (*Pathol.*) Synonyme de proptose. *Voyez* ce
dernier mot, XII, 339 et 340.

PROPTOSE. (*Pathol.*) XII, 339 et 340. *Voyez* aussi
OPHTHALMIE, XI, 143.

PROSCARABÉ. (*Entomol.*) XII, 340. *Voyez* aussi MÉLOE,
IX, 617.

PROSECTEUR. (*Anat.*) XII, 340.

PROSIMUS (Jean-Dominique). (*Biogr. médic.*) XII, 340.

PROSOPALGIE. (*Pathol.*) Douleur de la face, XII, 340.
Voyez aussi NÉVRALGIE, X, 588.

PROSOPOSE. (*Anat., Physiol.*) XII, 340.

PROSPHYSE. (*Anat., Pathol.*) *Voy.* PROPHYSE, XII, 337.

PROSTALGIE. (*Pathol.*) XII, 340.

PROSTATE (Glande). (*Anat., Physiol.*) XII, 340 et 341.
Voyez aussi l'article ANATOMIE PATHOLOGIQUE, II, 475
et suiv.

PROSTATIQUE. (*Anat., Physiol.*) XII, 341. *Voyez* aussi
PROSTATE, 340.

PROSTATITE. (*Pathol.*) XII, 341.

PROSTATOCÈLE. (*Pathol.*) XII, 341.

PROSTATONCIE. (*Pathol.*) XII, 341.

PROSTRATION. (*Pathol.*) XII, 341 à 343.

PROTÉACÉES (Famille des). (*Bot., Mat. médic.*) XII, 343.

PROTHÈSE. (*Chir.*) XII, 343.

PROTOGALE. (*Physiol.*) XII, 343.

PROTO-MÉDECIN. (*Hist. de la méd.*) Premier médecin,
XII, 343.

— MÉDICAT. (*Hist. de la méd.*) Charge de premier médecin,
XII, 343.

PROTOPATHIE. (*Pathol.*) XII, 343.

PROTOPATHIQUE. (*Pathol.*) Synonyme de primitif, XII,
343.

PROTOPSIS. (*Pathol.*) XII, 344.

PROTOXYDE. (*Chim.*) XII, 344.

PROTUBÉRANCE. (*Anat.*) XII, 344.

PROVANCHÈRES (Siméon de). (*Biogr. médic.*) XII, 344.

PROVENZALI (Jérôme). (*Biogr. médic.*) XII, 344 et 345.

PROVINS (Eaux minérales de). XII, 345.

PROVOCATOIRES (Jours). (*Pathol.*) XII, 345.

PRUNE. (*Bot., Mat. médic.*) *Voyez* ALIMENS, I, 810;
et PRUNIER, XII, 346.

PRUNEAU. (*Hyg.*) XII, 345. *Voyez* aussi ALIMENS, I,
810; et PRUNIER, XII, 346.

PRUNELLE. (*Bot., Mat. médic.*) Fruit du prunier épineux,
XII, 345. *Voyez* aussi ACACIA D'ALLEMAGNE, I, 48.

— (*Anat., Physiol.*) Nom vulgaire de l'ouverture dont
l'iris est percée. *Voyez* PUPILLE, XII, 373.

— SEL DE (*Pharm.*) Mélange de nitrate et de sulfate de
potasse, XII, 345.

PRUNELLIER. (*Bot., Mat. médic.*) XII, 346. *Voy.* aussi
ACACIA D'ALLEMAGNE, I, 48.

PRUNIER. (*Hyg., Mat. médic.*) Arbre de la famille des
Rosacées, XII, 346.

— ÉPINEUX. (*Bot., Mat. médic.*) *Voyez* PRUNELLIER,
XII, 346.

— SAUVAGE. (*Bot., Mat. médic.*) *Voyez* PRUNELLIER.

PRURIGINEUX. (*Pathol.*) XII, 346.

PRURIGO. (*Pathol.*) XII, 346 à 348.

PRURIT. (*Pathol.*) Démangeaison très-vive, XII, 348.
Voyez aussi DÉMANGEAISON, V, 362; et MATRICE,
VIII, 632.

PRUSSIATE. (*Chim.*) XII, 348.

PRUSSIQUE (Acide). XII, 348 à 351. *Voyez* aussi RÉAC-
TIF, 467.

PSAMMISME. (*Thérap.*) Traitement de l'hydropisie par le
bain de sable, XII, 351.

PSELLISME. (*Pathol.*) XII, 351.

PSEUDARTHROSE. (*Pathol.*) Fausse articulation, XII, 351.

PSEUDO-ASTHME. (*Pathol.*) XII, 351.

PSEUDO-BLEPSIE. (*Pathol.*) XII, 351.

PSEUDO-COIE. (*Pathol.*) Ouïe fausse, XII, 351.

PSEUDO-CYÉCIE. (*Pathol.*) Fausse grossesse, XII, 351.

PSEUDO-HAPHIE. (*Pathol.*) Hallucination du sens du toucher, XII, 351.

PSEUDO-HYDROPISIE. (*Pathol.*) Fausse hydropisie, XII,
351.

PSEUDOPHRÈSTE. (*Pathol.*) Hallucination du sens de l'o-
dorat, XII, 352.

PSEUDO-RASIE. (*Pathol.*) Hallucination du sens de la vue,
XII, 352.

PSEUDO-REXIE. (*Pathol.*) Faux appétit, XII, 352.

PSILAPHIE. (*Hyg.*) *Voyez* MASSAGE, VIII, 522.

PSILOSE. *Voyez* PTILOSE, XII, 359.

PSILOTHRE. (*Hyg.*) Synonyme de dépilatoire, XII, 352.
Voyez ce dernier mot, V, 384.

PSITTACION. (*Pharm.*) Emplâtre résolutif ou collyre,
XII, 352.

PSOAS. (*Anat.*) XII, 352.

PSOITE. (*Pathol.*) XII, 352.

PSORA. (*Pathol.*) Synonyme de gale. *Voyez* ce dernier
mot, VI, 549.

PSORALIER. (*Bot., Mat. médic.*) XII, 352 et 353.

PSORIASIE. (*Pathol.*) XII, 353.

PSORIDE PUSTULEUSE. (*Pathol.*) *Voyez* PSORIASIE, XII,
353.

PSORIFORME. (*Pathol.*) XII, 353.

PSORIQUE. (*Pathol.*) XII, 353.

PSOROPHTHALMIE. (*Pathol.*) XII, 353.

PSYCHAGOGIQUE. (*Thérap.*) XII, 353.

PSYCHOLOGIE. (*Physiol.*) XII, 353 à 357.

PSYCHOMÈTRE. (*Physiq.*) XII, 357.

PSYCHTIQUE. (*Thérap.*) XII, 357.

PSYDRACIE. (*Pathol.*) XII, 357.

PSYLLUS. (*Hist. de la méd.*) XII, 357. *Voyez* aussi SUC-
CION, XIII, 151.

PSYLLION. (*Bot., Mat. médic.*) XII, 357. *Voyez* aussi
HERBE AUX PUCES, VII, 154.

PTARMIQUE. (*Bot., Mat. médic.*) Nom vulgaire de l'a-

Q

R

RACHIALGITE. (*Pathol.*) Inflammation de la moelle épinière, XII, 422.

RACHIDIEN. (*Anat.*) XII, 422.

RACHIS. (*Anat.*) XII, 422 et 423. *Voy.* aussi VERTÉBRAL, XIII, 425.

RACHISAGRE. (*Pathol.*) XII, 423.

RACHITIQUE. (*Pathol.*) XII, 423. *Voyez* aussi RACHITIS, 423.

RACHITIS. (*Pathol.*) XII, 423 à 426. *Voyez* aussi ANTIRACHITIQUES, III, 99.

RACHITISME. (*Pathol.*) *Voyez* RACHITIS, XII, 423.

RACHITOME. (*Instr. de chir.*) XII, 426.

RACHOSIS. (*Pathol. chir.*) XII, 426.

RACINE. (*Bot.*, *Anat.*) 426 et 427.

— DU BENGALE. (*Bot.*, *Mat. médic.*) *Voyez* CASSUMMUNIAR, IV, 450.

— DU BRÉSIL. (*Bot.*, *Mat. médic.*) Un des noms vulgaires de l'ipécacuanha. *Voyez* ce dernier mot, VIII, 687.

— DE CHARGIS. (*Bot.*, *Mat. médic.*) Un des noms vulgaires du contrayerva. *Voyez* YERVA, XIII, 554.

— DE CHINE. (*Bot.*, *Mat. médic.*) *Voyez* SQUINE, XIII, 104.

— DE COLOMBO. (*Bot.*, *Mat. médic.*) *Voyez* COLOMBO (Racine de) dans le *Supplément*.

— DE DRACKE. (*Bot.*, *Mat. médic.*) Un des noms du contrayerva. *Voyez* YERVA, XIII, 554.

— DE FLORENCE. (*Bot.*, *Mat. médic.*) Un des noms de l'iris. *Voyez* IRIS, VII, 688.

— DE MÉCHOACAN. (*Bot.*, *Mat. médic.*) *Voyez* MÉCHOACAN, IX, 2.

— DES PHILIPPINES. (*Bot.*, *Mat. médic.*) Un des noms vulgaires du contrayerva. *Voyez* YERVA, XIII, 554.

— DE SAFRAN. (*Bot.*, *Mat. médic.*) Un des noms vulgaires du curcuma. *Voyez* ce dernier mot, V, 252 à 254.

— DE STE-HÉLÈNE. (*Bot.*, *Mat. médic.*) *Voyez* CALAMUS AROMATICUS, IV, 276 et 277.

— DU ST.-ESPRIT. (*Bot.*, *Mat. médic.*) *Voyez* ANGÉLIQUE, II, 733.

— SALIVAIRE. (*Bot.*, *Mat. médic.*) Un des noms vulgaires de la pyrèthre. *Voyez* ce dernier mot, XII, 394.

— DE SANAGROEL. (*Bot.*, *Mat. médic.*) Un des noms de l'aristoloche serpentaire. *Voy.* ARISTOLOCHE, III, 249; et SERPENTAIRE, XIII, 42.

— DE SERPENT A SONNETTES. (*Bot.*, *Mat. médic.*) Nom vulgaire du polygala de Virginie. *Voyez* POLYGALA, XII, 217.

— VIERGE. (*Bot.*, *Mat. médic.*) Un des noms de la bryone. *Voyez* ce mot, IV, 183.

RACINES. (*Bot.*, *Hyg.*) *Voy.* ALIMENS, I, 723; et NOURRITURE, X, 687.

RACK. (*Hyg.*) XII, 427. *Voyez* aussi ARACK, III, 208.

RACKASIRA (Résine de.) (*Mat. médic.*) XII, 427.

RACLOIRE. (*Hyg.*) XII, 427. *Voyez* aussi CURE-LANGUE, V, 255.

RADESYGE. (*Pathol.*) Espèce de lèpre ou d'éléphantiasis particulière aux pays du nord, XII, 427.

RADIAL, ALE. (*Anat.*) XII, 427 et 428.

RADIANT. (*Physiq.*) XII, 428.

RADIATION. (*Physiq.*) XII, 429.

RADICAL. (*Chim.*, *Physiol.*, *Thérap.*) XII, 429.

RADICAUX (Jours). (*Pathol.*) XII, 429. *Voyez* aussi CRISE, V, 203; et JOURS CRITIQUES, VII, 734.

RADIÉES (Famille des). (*Bot.*, *Mat. médic.*) XII, 429.

RADIO-CARPIEN. (*Anat.*) RADIO-CUBITAL, RADIO MUSCULAIRE, etc., XII, 429. *Voyez* ces différens mots sous la rubrique RADIO dans le *Dictionn. d'Anatomie* de cette Encyclopédie.

RADIS. (*Bot.*, *Hyg.*) XII, 429 et 430. *Voyez* aussi ALIMENS, I, 803.

— NOIR. (*Hyg.*) Autre variété du radis. *Voyez* RAIFORT, XII, 430.

RADIUS. (*Anat.*) XII, 430.

RADSYGE. (*Pathol.*) Espèce de lèpre. *Voyez* RADESYGE, XII, 427.

RAFRAÎCHISSANT. (*Mat. médic.*, *Thérap.*) XII, 430.

RAGE. (*Pathol.*) XII, 430 à 436. *Voy.* aussi l'article ANATOMIE PATHOLOGIQUE, II, 257 à 261; ANTIHYDROPHOBIQUES, III, 74 et 75; et le mot HYDROPHOBIE, VII, 306 et 309.

RAIDEUR CADAVÉRIQUE. (*Médec. lég.*) *Voyez* MORT APPARENTE, X, 330; et RIGIDITÉ CADAVÉRIQUE, XII, 588.

RAIE. (*Hyg.*, *Ichthyol.*) XII, 436 et 437. *Voyez* aussi NOURRITURE, X, 713.

RAIFORT. (*Bot.*, *Mat. médic.* et *Hyg.*) XII, 437. *Voyez* aussi A'LIMENS, I, 803.

RAIGUISER. (*Art vétér.*) *Voyez* AIGUISER, I, 277.

RAINSY (Eaux minérales de). XII, 437.

RAINURE. (*Anat.*) XII, 437.

RAIPONCE. (*Bot.*, *Mat. médic.*, *Hyg.*) XII, 437 et 438. *Voyez* aussi CAMPANULE, IV, 335.

RAISIN. (*Hyg.*) XII, 438. *Voyez* aussi ALIMENS, I, 811.

— D'AMÉRIQUE. (*Bot.*, *Mat. médic.*) Nom vulgaire de la phytolaque. *Voyez* ce dernier mot, XII, 64.

— BARBU. (*Bot.*, *Mat. médic.*) Nom vulgaire de la cuscute. *Voyez* ce dernier mot, V, 258.

— DES BOIS. (*Bot.*, *Mat. médic.*) Un des noms de l'airelle ou myrtille. *Voy.* AIRELLE, I, 591; et MYRTILLE, X, 155.

— DE CHÈVRE. (*Bot.*, *Mat. médic.*) Nom vulgaire du nerprun purgatif. *Voyez* NERPRUN, X, 581.

— DE CORINTHE. (*Bot.*, *Mat. médic.*) Sorte de raisin sec, XII, 439. *Voyez* aussi RAISIN, XII, 438.

— DE CORNEILLE. (*Bot.*, *Mat. médic.*) Camarine noire, XII, 439.

— IMPÉRIAL. (*Bot.*, *Mat. médic.*) Nom vulgaire d'une espèce de varec, XII, 439.

— DE LOUP. (*Bot.*, *Mat. médic.*) Nom vulgaire de la morelle noire. *Voyez* MORELLE, X, 283.

— DE MER. (*Bot.*, *Mat. médic.*) Œufs de sèche, XII, 439.

— D'OURS. (*Bot.*, *Mat. médic.*) *Voy.* ARBOUSES, III, 212.

— DE RENARD. (*Bot.*, *Mat. médic.*) Nom vulgaire de la parisette. *Voyez* ce mot, XI, 401.

— DES TROPIQUES. (*Bot.*, *Mat. médic.*) Nom vulgaire du fucus natans, XII, 439.

RAISINÉ. (*Hyg.*) XII, 439.

RALE. (*Pathol.*) XII, 439 à 441. *Voy.* aussi SÉMÉIOTIQUE, XIII, 22; et STÉTHOSCOPE, 123.

RAMAZZINI (Bernardin). (*Biogr. médic.*) XII, 441 à 442.

RAMBAUD (Jean-Charles de). (*Biogr. médic.*) XII, 442.

RAMBERVILLIERS (Eaux minérales de). *Voyez* REMBERVILLIERS, XII, 496.

RAMEAU. (*Anat.*) XII, 442.

RAMÉE (Eaux minérales de la). XII, 442.

RAMIFICATION. (*Anat.*) XII, 442.

RAMINGUE. (*Art vétér.*) XII, 442.

RAMOLLISSEMENT. (*Anat.*, *Pathol.*) XII, 442 à 444.

— DU CERVEAU. (*Pathol.*) Altération particulière de l'encéphale, dépendante d'un état pathologique, désignée par les médecins modernes sous le nom d'*encéphalite*. Ses causes, XII, 444 et 445. — Ses symptômes, suivant ses différentes périodes, 445 à 448. — Durée, diagnostic, prognostic, corollaires, 449. — Caractères anatomiques qui constituent cette affection, 447 à 450. — Traitement, 450.

RAMPANT. (*Band. et App.*, *Bot.*) XII, 450.

RAMPE DU LIMAÇON. (*Anat.*) XII, 450.

RAMPIN. (*Art vétér.*) XII, 450.

RANCE. (*Chim.*) XII, 451.

RANCHIN (François). (*Biogr. médic.*) XII, 451.

RANCIDITÉ. XII, 451.

RANÇON (Eaux minérales de). XII, 451.

RANES (Eaux minérales de). XII, 451.

RANINE. (*Anat.*) XII, 451.

RANULE. (*Pathol.*) Synonyme de grenouillette. Dilatation plus ou moins considérable du conduit excréteur de la glande sous-maxillaire, XII, 451 à 454. *Voyez* aussi HYDROPISIE (article GRENOUILLETTE), VII, 314.

RANUNCULOÏDES. (*Bot.*, *Mat. médic.*) *Voyez* RENONCULACÉES, XII, 502.

RAPETTE. (*Bot.*, *Mat. médic.*) XII, 454.

RAPHANÉDON. (*Pathol. chir.*) XII, 454.

RAPHANIE. (*Pathol.*) XII, 454. *Voyez* aussi PESTE, XI, 596.

RAPHÉ. (*Anat.*) XII, 454.

RAPONTIQUE. (*Bot.*, *Mat. médic.*) *Voyez* RHAPONTIC, XII, 565.

RAPPORT. (*Médec. lég.*) XII, 455 et 456. *Voyez* aussi CHIRURGIENS AUX RAPPORTS, IV, 815; MÉDECINS EXPERTS, IX, 503; et MÉDICO-LÉGAL, 585.

— (*Anat.*) XII, 456.

RAPPORTS. (*Pathol.*) Nom vulgaire d'éructation. *Voyez* ce mot, VI, 86; ACIDES, I, 403; et RENVOIS, XII, 509.

RAQUETTE. (*Mat. médic.*) Nom vulgaire du *cactus opuntia. Voyez* CACTIER, IV, 226.

RARE (Pouls). (*Pathol.*) XII, 457. *Voyez* aussi POULS, 277.

RARÉFACTION. (*Physiq.*) XII, 457.

RARÉFIANT. (*Mat. médic.*, *Thérap.*) XII, 457.

RARESCIBILITÉ. (*Physiq.*) XII, 457.

RASOIR. (*Instr. de chir.*) XII, 457.

RATAFIA. (*Hyg.*) XII, 457 et 458.

RATANHIA. (*Bot.*, *Mat. médic.*) XII, 458 et 459.

RATE. (*Anat.*, *Physiol. et Pathol.*) XII, 459 et 460. *Voyez* aussi l'article ANATOMIE PATHOLOGIQUE, II, 404 à 406. — De ses blessures considérées sous le point de vue de la médecine légale. *Voyez* BAS-VENTRE, III, 630. — De son *inflammation* en particulier. *Voyez* SPLÉNITE, XIII, 102.

— (Amputation de la). (*Art. vétér.*, *Opér.*) *Voyez* AMPUTATION, II, 198.

RATELEUX. (*Pathol.*) XII, 460.

RATIONNEL. XII, 460.

RAU ou RAW (Jean-Jacques). (*Biogr. médic.*) XII, 460.

RAW (Wolfgang-Thomas). (*Biogr. médic.*) XII, 460.

RAUCITÉ. (*Pathol.*) XII, 460.

RAULBAC (Eaux minérales de). XII, 460.

RAULIN (Joseph). (*Biogr. médic.*) XII, 460 et 461.

RAUQUE. (*Pathol.*) *Voyez* RAUCITÉ, XII, 460.

RAVE. (*Bot.*, *Hyg.*) XII, 461. *Voyez* aussi ALIMENS, I, 803; et RADIS, XII, 429.

RAVELANA DE MADAGASCAR. (*Bot.*, *Mat. médic.*) Arbre qui croît dans les marais de Madagascar, XII, 461.

RAVENSARA (Noix de). (*Mat. médic.*) Fruit d'un gros arbre de Madagascar, XII, 461 et 462.

RAYON. (*Physiq.*) XII, 462.

RAYONNÉ. (*Anat.*) XII, 462.

RAYONNEMENT. (*Physiq.*) XII, 462.

RÉACTIF. (*Chim.*) Substance employée par les chimistes pour reconnoître la nature des corps, déterminer leur composition et séparer les élémens qui les composent. Énumération des réactifs les plus généralement employés. Indication succincte des poisons. Caractères spécifiques de chacun d'eux. Moyens les plus prompts et les plus efficaces d'en combattre les effets, XII, 462 à 470.

RÉACTION. (*Physiol.*, *Pathol.*) XII, 470 et 471.

RÉALGAR. (*Chim.*) Nom vulgaire du sulfure rouge d'arsenic. *Voy.* ARSENIC, III, 306; et RÉACTIF, XII, 464.

RÉAUMUR (Eaux minérales de). XII, 471.

REBONDISSANT (Pouls). (*Pathol.*) Synonyme de dicrote, XII, 471. *Voyez* aussi POULS, 278.

REBOUTEUR. (*Pathol. chir.*) XII, 471 et 472.

REBOUTURE ANIMALE. (*Pathol. chir.*) XII, 472 et 473.

RÉCEPTIVITÉ. (*Pathol.*) XII, 473.

RECETTE. (*Pharm.*, *Mat. médic.*) XII, 473. *Voyez* aussi FORMULE, VI, 456 à 472.

RECHUTE. (*Pathol. génér.*) XII, 473 à 476.

RÉCIDIVE. (*Pathol. génér.*) XII, 476.

RECIPE. (*Mat. médic.*) XII, 476.

RECIPIENT. (*Chim.*) XII, 476.

RECONFORTATIF. (*Thérap.*) XII, 476. *Voyez* aussi CONFORTATIFS, V, 75 et 76; CORDIAUX, 117; et TONIQUES, XIII, 272.

RECONFORTATION. (*Thérap.*) *Voyez* RECONFORTATIF, XII, 476.

RECORPORATIF. (*Thérap.*) XII, 476.

RECORPORATION. (*Pathol.*) Synonyme de métaporopoïèse et de métasyncrise. *Voyez* ce dernier mot, X, 36.

RÉCRÉMENT. (*Physiol.*) XII, 476.

RÉCRÉMENTEUX. (*Physiol.*) Qui appartient au recrément. *Voyez* ce dernier mot, XII, 476 et 477.

RÉCRÉMENTITIEL. (*Physiol.*) Synonyme de récrémenteux, XII, 477.

RÉCRÉMENTO-EXCRÉMENTITIEL. (*Physiol.*) XII, 477.

RECRUDESCENCE. (*Pathol. génér.*) XII, 477.

RECTIFICATION. (*Chim.*) XII, 477 et 478.

RECTIFIÉ. (*Pharm. chir.*) XII, 478.

RECTO-URÉTRAL. (*Anat.*) XII, 478.

— VAGINAL. (*Anat.*) XII, 478.

— VÉSICAL. (*Anat.*) XII, 478.

RECTUM. (*Anat.*, *Pathol.*) XII, 478. — De sa *chute* en particulier. *Voyez* ANATOMIE PATHOLOGIQUE, II, 381; FONDEMENT, VI, 449; et PROLAPSUS, XII, 328.

RÉCURRENT. (*Anat.*) XII, 478 et 479.

RÉDHIBITION. (*Art vétér.*) *Voy.* MÉDECINE VÉTÉRINAIRE, IX, 485; et VICES RÉDHIBITOIRES, XIII, 443.

REDI (François). (*Biogr. médic.*) XII, 479.

REDONDANCE. (*Pathol.*) XII, 479.

REDOUBLEMENT. (*Pathol.*) XII, 479. *Voyez* aussi ACCÈS, I, 55; et PAROXYSME, XI, 408.

REDOUL. (*Bot.*, *Mat. médic.*) XII, 479 et 480.

RÉDUCTION. (*Opér. chir.*) XII, 480.

REFAIT. (*Art vétér.*) XII, 480.

RÉFECTION. XII, 480.

RÉFLÉCHI. (*Anat.*) XII, 480.

RÉFLEXIBILITÉ. (*Physiq.*) XII, 480.

RÉFLEXIBLE. (*Physiq.*) XII, 480.

RÉFLEXION. XII, 480.

RÉFRACTAIRE. XII, 480.

RÉFRACTÉ. (*Physiq.*) *Voyez* RÉFRACTEUR, XII, 480 à 482.

RÉFRACTION. (*Physiq.*) XII, 480 à 482.

RÉFRANGIBILITÉ. (*Physiq.*) XII, 482. *Voyez* aussi RÉFRACTION, 480.

RÉFRANGIBLE. (*Physiol.*) XII, 482.

RÉFRIGÉRANS. (*Mat. médic.*, *Thérap.*) XII, 482.

RÉFRIGÉRANT. (*Chim.*) XII, 482.

RÉFRIGÉRATIFS. (*Thérap.*) *Voy.* RÉFRIGÉRANS, XII, 482.

RÉFRIGÉRATION. (*Thérap.*) *Voy.* RÉFRIGÉRANS, XII, 482.

RÉFRINGENT. (*Physiq.*) XII, 482. *Voyez* aussi RÉFRACTION, 480.

REFROIDISSEMENT. Considérations particulières sur la tendance qu'ont les enfans nouveau-nés au refroidissement. *Voyez* ENFANS (Maladies des), V, 830.

REFUS DES ALIMENS. (*Art vétér.*, *Hyg.*, *Pathol.*) *Voyez* INAPPÉTENCE, VII, 524.

RÉGA (Henri Joseph). (*Biogr. médic.*) XII, 482 et 483.

RÉGALE (Eau). (*Chim.*) *Voyez* EAU, V, 653.

RÉGÉNÉRATION. (*Pathol.*) XII, 483 et 484.

RÉGIME. (*Hyg.*) Emploi méthodique et raisonné de toutes les choses essentielles à la vie, soit dans l'état de santé, soit dans l'état de maladie, XII, 484 à 489. — Généralités sur le régime, 484. — considéré sous le rapport des âges, 485 et 486. = sous celui des sexes, 486 et 487. = des tempéramens et des constitutions, 487

RHINOPLASTIQUE. (Opér. chir. Voyez RHINOPLASTIE, XII, 567.

RHINOPTIE. (Pathol.) XII, 570.

RHINOS. (Pathol.) Voyez RHIGNOSE.

RHINOSTÉ?NOSE. (Pathol.) Obstruction des fosses nasales, XII, 570.

RHIZAGRE. (Instr. de chir.) XII, 570.

RHIZOPHAGE. XII, 570.

RHIZOPHORE. (Bot., Mat. médic.) XII, 570. Voyez aussi MANGLE, VIII, 474.

RHODE (Jean). (Biogr. médic.) XII, 570.

RHODIOLE. (Bot., Mat. médic.) XII, 570.

RHODODENDRÉES (Famille des). (Bot., Mat. médic.) XII, 570 et 571.

RHODOMEL. (Pharm., Mat. médic.) Synonyme de miel rosat, XII, 571.

RHODORACÉES (Famille des). (Bot., Mat. médic.) Voyez RHODODENDRÉES, XII, 570.

RHODOSACCHARUM. (Pharm., Mat. médic.) Sucre de roses, XII, 571.

RHŒAS. (Pathol. chir.) Atrophie, ou absence de la caroncule lacrymale.

RHOGMÉ. (Pathol. chir.) Sorte de fracture du crâne, XII, 571.

RHOMBE. (Band. chir.) XII, 571.

RHOMBOÏDAL (Muscle). (Anat.) XII, 571.

RHOMBOÏDE (Muscle). (Anat.) Voyez RHOMBOÏDAL, XII, 571.

RHOPALOSIS. (Pathol.) Espèce de plique, XII, 571.

RHUBARBE. (Bot., Mat. médic.) XII, 572.
— DES ALPES. (Bot., Mat. médic.) Un des noms vulgaires de la patience. Voyez ce dernier mot, XI, 456.
— BLANCHE. (Bot., Mat. médic.) Un des noms du méchoacan. Voyez ce dernier mot, IX, 2.
— DES MOINES. (Bot., Mat. médic.) Un des noms du rhapontic. Voyez ce mot, XII, 565.

RHUBARBERINE. (Chim. médic.) XII, 572.

RHUE. (Bot., Mat. médic.) Voyez RUE, XII, 621.

RHUM. (Hyg.) Voyez RUM, XII, 622.

RHUMAPYRE. (Pathol.) XII, 573.

RHUMASTALGIE. (Pathol.) Voy. RHUMATALGIE, XII, 573.

RHUMASTALGIÉ. (Pathol.) Voy. RHUMATISANT, XII, 573.

RHUMATALGIE. (Pathol.) Douleur produite par le rhumatisme. Voyez ce dernier mot, XII, 573.

RHUMATIQUE. (Pathol.) Synonyme de rhumatismal. Voy. ce dernier mot, XII, 573.

RHUMATISANT, TE. (Pathol.) Qui est atteint de rhumatisme, XII, 573.

RHUMATISMAL. (Pathol.) Qui tient du rhumatisme, XII, 573.

RHUMATISME. (Pathol.), XII, 573 à 581. — Du rhumatisme lombaire en particulier, 580 à 581. — Du rhumatisme considéré chez les femmes en couches, VIII, 264. Voyez aussi BILIEUSE (constitution bilieuse), III, 739; et LUMBAGO, VIII, 202.

RHUME. (Pathol.) XII, 581.
— DE CERVEAU. (Pathol.) Nom vulgaire du coryza. Voy. NASAL (Maladie des fosses nasales), article INFLAMMATION DE LA MEMBRANE PITUITAIRE, X, 485.
— DE POITRINE. (Pathol.) Nom vulgaire du catarrhe pulmonaire. Voyez PULMONAIRE (Catarrhe), XII, 366.

RHUMEL (Jean Conrad). (Biogr. méd.) XII, 581 et 582.

RHUS. (Bot., Mat. médic.) Voyez SUMAC, XIII, 171.

RHYAS. (Pathol.) Voyez RHŒAS.

RHYNE (Guillaume Ten). (Biogr. médic.) XII, 582.

RHYNENCHYSIE. (Opér. chir.) XII, 582.

RHYNENCHITES. (Instr. de chir.) XII, 582.

RHYPTIQUE. (Thérap.) XII, 582.

RHYTHME. (Physiol.) XII, 582.

RIBÉSIÉES (Famille des). (Bot., Mat. médic.) XII, 582.

RIBEYRE (Eaux minérales de). XII, 582.

RICHER DE BELLEVAL (Pierre). (Biogr. médic.) XII, 582 et 583.

RICHTER (Auguste et Georges-Gottlob). (Biogr. médic.) XII, 583.

RICIN. (Bot., Mat. médic.) XII, 584 à 587.

RICKET. (Pathol.) XII, 587.

RICORDO (Eaux minérales de). XII, 587.

RIDE. (Anat.) XII, 587.

RIDÉ. (Pathol.) XII, 587.

RIEDEL (Jean-Christophe). (Biogr. médic.) XII, 587 et 588.

RIEDLIN (Gui). (Biogr. médic.) XII, 587.

RIENTON (Eaux minérales de). XII, 588.

RIÉPOLDSAUER (Eaux minérales de). XII, 588.

RIEUR DE SANTORINI. (Anat.) XII, 588.

RIGIDITÉ. (Pathol.) XII, 588.
— CADAVÉRIQUE. (Pathol., Mat. lég.) XII, 589. Voyez aussi MORT, X, 330; et ROIDEUR CADAVÉRIQUE, XII, 600 et 601.

RIGOR. (Pathol.) Synonyme de frisson, XII, 589.

RIGORISME. XII, 589 et 590.

RIKUM (Eaux minérales de). XII, 590.

RINGO (Eaux minérales de). XII, 590.

RIOLAN. (Biogr. médic.) Notice biographique et bibliographique sur deux médecins de ce nom, XII, 590 et 591.

RIRE. (Physiol., Séméiot.) XII, 591 à 593. Voyez aussi SÉMÉIOTIQUE, XIII, 10.

RIS. (Phys., Séméiot.) Voyez RIRE, XII, 591.

RITTER. (Biogr. médic.) Notice biographique et bibliographique sur deux médecins de ce nom, 593 et 594.

RIVIÈRE (Lazare et Guillaume) (Biogr. médic.) XII, 594.
— (Eaux minérales de). XII, 594.
— SOUS-AIGREMONT (Eaux minérales de). XII, 594.

RIVINUS (André Bechmann). (Biogr. médic.) XII, 595.
— (Auguste-Quirinus). (Biogr. médic.) XII, 595.

RIZ. (Hyg., Mat. médic.) XII, 595 à 597. Voyez aussi CRÈME DE RIZ, V, 193.

ROB. (Pharm., Mat. médic.) XII, 597.

ROBE. (Art vétér., Phys.) Distribution générale des poils chez les chevaux. Voyez CHEVAL, IV, 747 et suiv. —
— Des robes ou couleurs considérées chez le chien. Voy. CHIEN, IV, 789 et 790.

ROBINIER. (Bot., Mat. médic.) XII, 597.

ROBORANT. (Thérap.) XII, 597.

ROBORATIF. (Thérap.) Synonyme de roborant et de corroborant. Voyez ce dernier mot, V, 148.

ROCAMBOLE. (Bot., Mat. médic.) XII, 597. Voy. aussi AIL, I, 409.

ROCESTER (Eaux minérales de). XII, 597.

ROCHE-POSAY (Eaux minérales de la). XII, 597 et 598.

ROCHER. (Anat.) XII, 598.

ROCOU. (Mat. médic.) XII, 598.

RODATION. (Pathol.) XII, 598.

RŒBER (Frédéric-Auguste). (Biogr. médic.) XII, 598.

RŒDÉRER (Jean-Georges). (Biogr. médic.) XII, 598 et 599.

RŒMER (Jean-Jacques). (Biogr. médic.) XII, 599 et 600.

RŒSLIN (Eucharius). (Biogr. médic.) XII, 600. Voyez aussi EUCHARIUS, VI, 129.

ROGNE. (Pathol.) Nom vulgaire de la gale, XII, 600.

ROGNER LES CORNES. (Art vétér., Opér., Hyg.) Voyez AMPUTATION, II, 201.
— LES ONGLES. (Art vétér., Hyg., Maréchall.) Voy. AMPUTATION DES ONGLES, II, 204.

ROIDEUR CADAVÉRIQUE. (Méd. lég.) XII, 600. Voyez aussi MORT, X, 330; et RIGIDITÉ CADAVÉRIQUE, XII, 588.

ROISDORFF (Eaux minérales de). XII, 600.

ROLFINK (Werner). (Biogr. médic.) XII, 600 et 601.

ROLLEVILLE (Eaux minérales de). XII, 601.

ROMARIN. (Bot., Mat. médic.) XII, 601.

ROMPEURE. (*Pathol.*) Nom ancien de la hernie, XII, 601.

RONCALLI-PAROLINO (le comte François). (*Biogr. médic.*) XII, 601 et 602.

RONCE. (*Bot.*, *Mat. médic.*) XII, 602.

ROND. (*Anat.*) XII, 602.

RONDELET (Guillaume). (*Biogr. médic.*) XII, 602 et 603.

RONDIER. (*Bot.*, *Mat. médic.*) XII, 603.

RONFLEMENT. (*Physiol.*) XII, 603.

RONGEURS. (*Zool.*) Famille d'animaux mammifères. *Voy.* NOURRITURE, X, 708.

ROONHUYSEN (Henri-de). (*Biogr. médic.*) XII, 603.

ROQUECOURE (Eaux minérales de). XII, 603.

ROQUETTE. (*Bot.*, *Mat. médic.*) XII, 603.

RORIFÈRE. (*Anat.*) XII, 603.

ROSACÉES (Famille des). (*Bot.*, *Mat. médic.*) XII, 603 et 604. *Voyez* aussi NOURRITURE, X, 698.

ROSACIQUE (Acide). (*Chim. végét.*) XII, 604.

ROSAGE. (*Bot.*, *Mat. médic.*) XII, 604.

ROSAT. (*Pharm.*, *Mat. médic.*) XII, 605.

ROSE. (*Bot.*, *Mat. médic.*) XII, 605. *Voyez* aussi CONSERVE, V, 84 et 85; KINORRHODON, VIII, 33 et 34; et ROSIER, XII, 607.

— DE CAYENNE. (*Bot.*, *Mat. médic.*) *Voyez* KETMIE, VIII, 20.

— DE CHIEN. (*Bot.*, *Mat. médic.*) Nom vulgaire de la fleur de l'églantier. *Voyez* ce dernier mot, V, 692; et KINORRHODON, VIII, 33.

— DE NOEL. (*Bot.*, *Mat. médic.*) Un des noms vulgaires de l'ellébore. *Voyez* ELLÉBORE, V, 753 et suiv.

— DES VENTS. (*Physiq.*) XII, 605.

ROSEAU. (*Bot.*, *Mat. médic.*) Genre de plantes de la famille naturelle des Graminées, XII, 606.

— AROMATIQUE. (*Bot.*, *Mat. médic.*) XII, 606. *Voyez* aussi ACORUS, I, 122; et CALAMUS, IV, 276.

— A BALAIS. (*Bot.*, *Mat. médic.*) XII, 606.

— CANNE. (*Bot.*, *Mat. médic.*) XII, 606. *Voyez* aussi CANNE DE PROVENCE, IV, 349.

ROSÉE. (*Météor.*) *Voy.* EAU, V, 599; MÉTÉORES, X, 39; et SEREIN, XIII, 37.

— DU SOLEIL. (*Bot.*, *Mat. médic.*) Nom vulgaire du rossoli à feuilles rondes. *Voyez* ROSSOLI, XII, 609.

ROSEL (Eaux minérales de). XII, 607.

ROSENHEIM (Eaux minérales de). XII, 607.

ROSEN DE ROSENSTEIN (Nicolas). (*Biogr. médic.*) X, 606 et 607.

— MULLER (Jean-Chrétien). (*Biogr. médic.*) XII, 607.

ROSIER. (*Bot.*, *Mat. médic.*) XII, 607 et 608.

— SAUVAGE. (*Bot.*, *Mat. médic.*) *Voy.* aussi ÉGLANTIER, V, 692; et KINORRHODON, VIII, 33.

ROSNAI (Eaux minérales de). XII, 608.

ROSSIGNOL. (*Art vétér.*, *Opér.*) XII, 609.

ROSSOLI. (*Bot.*, *Mat. médic.*) XII, 609.

ROSTRIFORME. (*Anat.*) XII, 609.

ROT. (*Pathol.*) Nom vulgaire des rapports ou renvois gazeux. *Voyez* ÉRUCTATION, VI, 86; et RENVOIS, XII, 509.

ROTACISME. (*Pathol.*) Sorte de grasseyement, XII, 609. *Voyez* GRASSEYEMENT, VI, 711.

ROTATEUR. (*Anat.*) XII, 609.

ROTATION. (*Anat.*) XII, 609.

ROTI. (*Hyg.*) *Voyez* ALIMENS, I, 788; et NOURRITURE, X, 738.

ROTROU (Fondant de). (*Pharm.*, *Mat. médic.*) *Voyez* ANTIMOINE, III, 81; et FONDANT, VI, 449.

ROTULE. (*Anat.*) XII, 609.

ROTULIEN. (*Anat.*) XII, 609.

ROUBLET (Eaux minérales de). XII, 610.

ROUCOU. (*Mat. médic.*) *Voyez* ROCOU, XII, 598.

ROUCOUYER. (*Bot.*, *Mat. médic.*) XII, 610. *Voyez* aussi ROCOU, 598.

ROUEN (Eaux minérales de). XII, 610.

ROUGE. (*Hyg.*) Nom vulgaire d'une espèce de fard, XII, 610. *Voyez* aussi FARD, VI, 282; et PEAU, XI, 491.

— (Fièvre). (*Pathol.*) Nom vulgaire de la scarlatine. *Voy.* ce dernier mot, XII, 715 à 717.

ROUGEOLE. (*Pathol.*) XII, 610 à 614.

ROUGEURS. (*Pathol.*) XII, 615. *Voyez* ACNE ROSACEA dans le *Supplément.*

ROUILLÉ. (*Pathol.*) XII, 615.

ROUISSAGE. (*Hyg.*) *Voyez* CHANVRIERS (Maladies des), IV, 614 et suiv.

ROUJAN (Eaux minérales de). XII, 615.

ROUSSAILLE. (*Art vétér.*, *Ichthyol.*) *Voy.* ALEVIN, I, 656.

ROUSSEL (Pierre). (*Biogr. médic.*) XII, 615.

ROUSSEURS (Taches de). (*Pathol.*) Nom vulgaire d'une espèce d'éphélides, XII, 615 et 616. *Voyez* aussi HALE, VII, 16; et LENTILLES, VIII, 109 et 110.

ROUX-VIEUX. (*Art vétér.*, *Pathol.*) XII, 616.

ROYE (Eaux minérales de). XII, 616.

ROYER-COLLARD (Antoine-Anathase). (*Biogr. médic.*) XII, 616 à 618.

RUBANS VOCAUX. (*Anat.*, *Physiol.*) XII, 618.

RUBÉFACTION. (*Thérap.*) XII, 618.

RUBÉFIANS. (*Mat. médic.*, *Thérap.*) XII, 618 à 620. *Voy.* aussi ÉPISPASTIQUES, VI, 47 à 54.

RUBÉFIÉ. ÉE. XII, 620.

RUBIACÉES (Famille des). (*Bot.*, *Mat. médic.*) XII, 620 et 621. *Voyez* aussi GARANCE, VI, 579 à 181; et NOURRITURE, X, 699.

RUDBECK (Olaus). (*Biogr. médic.*) XII, 621.

RUE. (*Bot.*, *Mat. médic.*) XII, 621 et 622.

— DE CHÈVRE. (*Bot.*, *Mat. médic.*) *Voyez* GALÉGA, VI, 562.

— DES MURAILLES. (*Bot.*, *Mat. médic.*) *Voyez* CAPILLAIRE, IV, 368 à 370.

RUGINE. (*Instr. de chir.*) XII, 622.

RUGOSITÉS. (*Anat.*) XII, 622.

RUGUEUX. (*Anat.*) XII, 622.

RUILLÉ (Eaux minérales de). XII, 622.

RUINÉ (Cheval). (*Art vétér.*) XII, 622.

RUM. (*Hyg.*) XII, 622.

RUMINANS. (*Zool.*) Famille d'animaux mammifères. *Voyez* NOURRITURE, X, 709.

RUMINANT. (*Physiol. et Hist. nat.*) XII, 623.

RUMINATION. (*Physiol.*) Action de remâcher, XII, 623. *Voy.* aussi l'article ANATOMIE PATHOLOGIQUE, II, 347; et MÉRYCISME, IX, 742.

RUPT (Eaux minérales de). XII, 623.

RUPTOIRE. (*Chir.*) Nom ancien du cautère potentiel, XII, 623.

RUPTURE. (*Pathol. chir.*) XII, 623. — Énumération rapide, mais détaillée, des ruptures que l'on observe dans les différens organes, XII, 624 à 637. *Voyez* aussi MATRICE, VIII, 649.

RUSMA. (*Hyg.*) Espèce de dépilatoire, XII, 637.

RUTACÉES (Famille des). (*Bot.*, *Mat. médic.*) XII, 637.

RUYSCH (Frédéric). (*Biogr. médic.*) XII, 637.

RUYSCHIENNE (Membrane). (*Anat.*) Membrane interne de la choroïde, XII, 637.

S

S. (*Art de formul.*) Signe abréviateur dans les formules médicinales, XII, 638.

SABATIER (Raphaël-Bienvenu). (*Biogr. médic.*) XII, 638 et 639.

SABINE. (*Bot.*, *Mat. médic.*) XII, 639 et 640. *Voyez* aussi GENIÈVRE, VI, 614.

SABLE (Bain de). (*Mat. médic.*) XII, 640. *Voyez* aussi ARÉNATION, III, 245; et BAIN DE TERRE, 528.

SAPOTILLE. (*Bot.*, *Mat. médic.*) XII, 689.
SAPOTILLIER. (*Bot.*, *Mat. médic.*) XII, 689.
SAPROPYRE. (*Pathol.*) XII, 689.
SARBOURG (Eaux minérales de). XII, 689 à 694.
SARCOCARPE. (*Bot.*) XII, 689.
SARCOCÈLE. (*Pathol. chir.*) XII, 689.
SARCOCOLLE. (*Bot.*, *Mat. médic.*) XII, 694.
SARCOCOLLIER. (*Bot.*, *Mat. médic.*) XII, 694.
SARCOCOLLINE. (*Chim. végét.*) XII, 694.
SARCODERME. (*Bot.*) XII, 694.
SARCO-ÉPIPLOCÈLE. (*Pathol. chir.*) XII, 694.
— ÉPIPLOMPHALE. (*Pathol. chir.*) Hernie du nombril, XII, 694.
— HYDROCÈLE. (*Pathol. chir.*) Sarcocèle accompagné d'hydrocèle, 694.
SARCOLOGIE. (*Anat.*) XII, 694.
SARCOMATEUX. (*Pathol.*) XII, 695.
SARCOME. (*Pathol. chir.*) XII, 695.
SARCOMPHALE. (*Pathol. chir.*) XII, 695.
SARCOPHAGE. (*Mat. médic.*, *Thérap.*) Synonyme de cathérétique. *Voyez* ce dernier mot, IV, 495.
SARCOPTE. (*Entomol.*, *Pathol.*) XII, 695.
SARCOPYODES. (*Pathol.*) Qui a l'aspect d'un pus mêlé de chair, XII, 695.
SARCOSE. (*Pathol. chir.*) Nutrition des chairs, suivant Chaussier, XII, 695.
SARCOSTOSE. (*Pathol. chir.*) XII, 695.
SARCOTIQUE. (*Mat. médic.*, *Thérap.*) XII, 695. *Voyez* aussi INCARNATIFS, VII, 526.
SARDINE. (*Hyg.*, *Ichthyol.*) XII, 695 et 696. *Voy.* aussi NOURRITURE, X, 713.
SARDONIEN et SARDONIQUE (Rire). (*Pathol.*) Sorte de spasme convulsif des lèvres et des joues, XII, 696.
SARE (Eaux minérales de). XII, 696.
SARMENTACÉES (Famille des). (*Bot.*, *Mat. médic.*) XII, 696. *Voyez* aussi NOURRITURE, X, 696.
SARRASIN. (*Bot.*, *Mat. médic.*) XII, 696.
SARRETTE DES TEINTURIERS. (*Bot.*, *Mat. médic.*) XII, 696.
SARRIETTE. (*Bot.*, *Mat. médic.*) XII, 696 et 697. *Voyez* aussi ASSAISONNEMENT, III, 343.
SARROT (Eaux minérales de). XII, 697.
SASSAFRAS. (*Bot.*, *Mat. médic.*) XII, 697.
SASSONIA (Hercule). (*Biogr. médic.*) XII, 698.
SATELLITE. (*Anat.*) XII, 698.
SATIÉTÉ. (*Pathol.*) XII, 698.
SATURNIN, INE. (*Pathol.*) Qui appartient au plomb, XII, 698.
SATYRIASIS. (*Pathol.*) XII, 698 à 700.
SATYRION. (*Bot.*, *Mat. médic.*) XII, 700.
SAUBUZE (Eaux minérales de). XII, 700.
SAUCE. (*Hyg.*) Sorte d'assaisonnement. *Voyez* ce dernier mot, III, 343; et NOURRITURE, X, 733.
SAUGE. (*Bot.*, *Mat. médic.*) XII, 700 et 701.
SAULCHOIR (Eaux minérales de). XII, 701.
SAULE. (*Bot.*, *Mat. médic.*) XII, 701 et 702.
— ÉPINEUX. (*Bot.*, *Mat. médic.*) *Voyez* RHAMNOÏDE, XII, 565.
SAULT (Eaux minérales de). XII, 702.
SAUMON. (*Hyg.*, *Ichthyol.*) XII, 702. *Voyez* aussi NOURRITURE, X, 714.
SAURIER (Eaux minérales de). XII, 702.
SAUT. (*Physiol.*) XII, 702. *Voyez* aussi PROGRESSION, XII, 323.
— DE MOUTON. (*Art vétér.*) XII, 702.
SAUTERELLE. (*Hyg.*, *Entom.*) XII, 702 et 703. *Voyez* aussi ACRIDOPHAGE, I, 127; et NOURRITURE, X, 716.
SAUVAGES-DE-LA-CROIX (François Boissier de). (*Biogr. médic.*) XII, 703 et 704.
SAUVAGÉSIE. (*Bot.*, *Mat. médic.*) XII, 705.

SAUVEUR (ST.-) (Eaux minérales de). *Voyez* SAINT-SAUVEUR, XII, 656.
SAUVE-VIE. (*Bot.*, *Mat. médic.*) Nom vulgaire d'une espèce de doradille, XII, 705. *Voyez* aussi DORADILLE, V, 503.
SAVETTE. (*Pathol.*) XII, 705.
SAVEUR. (*Physiol.*) XII, 705 et 706.
SAVON. (*Chim.*, *Thérap.*) XII, 706 à 708.
SAVONAROLA (Jean-Michel). (*Biogr. médic.*) XII, 708.
SAVONNEUX, SE. (*Pharm.*, *Chim.*) XII, 708.
SAVONNIER. (*Bot.*, *Mat. médic.*) XII, 708.
SAVONNIÈRE. (*Bot.*, *Mat. médic.*) Un des noms vulgaires de la saponaire. *Voyez* ce dernier mot, XII, 688.
SAVONNIÈRES (Eaux minérales de). XII, 708.
SAVONULE DE POTASSE. (*Chim. médic.*) XII, 708.
SAVORÉE. (*Bot.*, *Mat. médic.*) Un des noms vulgaires de la sarriette. *Voyez* ce dernier mot, XII, 696.
SAVOUREUX. *Voyez* SAVEUR, XII, 705.
SAXIFRAGE GRANULÉE. (*Bot.*, *Mat. médic.*) XII, 709.
— ROUGE. (*Bot.*, *Mat. médic.*) Un des noms de la filipendule. *Voyez* ce dernier mot, VI, 397.
SAXIFRAGÉES (Famille des). (*Bot.*, *Mat. médic.*) XII, 709.
SAXTORPH (Mathias). (*Biogr. médic.*) XII, 709.
SCABIE. (*Pathol.*) Sorte d'affection cutanée, XII, 709.
SCABIES SUBTERCUTANEA. (*Art vétér.*, *Pathol.*) *Voyez* AFFECTION SOUS PEAU, I, 244.
SCABIEUSE. (*Bot.*, *Mat. médic.*) XII, 709 et 710.
SCABIEUX. (*Pathol.*) XII, 710.
SCALÈNE. (*Anat.*) XII, 710.
SCALPEL. (*Instr. de chir.*) XII? 710.
SCAMMONÉE. (*Mat. médic.*) XII, 710 et 711. *Voy.* aussi CYNANQUE, V, 259.
SCAMMONITES. (*Thérap.*) XII, 711.
SCAPHA. (*Anat.*, *Band. et App.*) XII, 711 et 712.
SCAPHANDRE. (*Hyg.*) XII, 712 et 713.
SCAPHOÏDE. (*Anat.*) XII, 713.
SCAPHOÏDO-ASTRAGALIEN. (*Anat.*) Scaphoïdo-calcanien, cuboïdien, etc., XII, 713. *Voyez* aussi ces différens mots sous la rubrique SCAPHOÏDO, dans le *Dictionnaire d'Anatomie* de cette Encyclopédie.
SCAPULAIRE. (*Band. et Appar.*, *Anat.*) XII, 713.
SCAPULALGIE. (*Pathol. chir.*) XII, 714.
SCAPULO-CLAVICULAIRE. (*Anat.*) Scapulo-coraco-radial, humoral, etc., XII, 714. *Voyez* aussi ces différens mots sous la rubrique SCAPULO, dans le *Dictionnaire d'Anatomie* de cette Encyclopédie.
SCAPULUM. (*Anat.*) XII, 714.
SCARABÉ PILULAIRE. (*Entomol.*, *Mat. médic.*) *Voyez* FOUILLE-MERDE ESCARBOT, VI, 481.
SCARBOROUGH (Eaux minérales de). XII, 714.
SCARIFICATEUR. (*Instr. de chir.*) XII, 714.
SCARIFICATION. (*Opér. chir.*) XII, 714 et 715. *Voy.* aussi MOUCHETURES, X, 365.
SCARIFIER. (*Opér. chir.*) XII, 715.
SCARIOLE ou SCAROLE. (*Hyg.*) Une des variétés de la chicorée des jardins, XII, 715. *Voyez* aussi CHICORÉE, IV, 785.
SCARLATINE. (*Pathol.*) XII, 715 à 717.
SCEAU DE NOTRE-DAME. (*Bot.*, *Mat. médic.*) XII, 717.
— DE SALOMON. (*Bot.*, *Mat. médic.*) Nom d'une espèce de muguet, XII, 717.
SCÉLALGIE. (*Pathol.*) XII, 717.
SCÉLOTYRBE. (*Pathol.*) XII, 717 et 718. *Voyez* aussi CHOREA SANTI VITI, IV, 834.
SCÉTIQUE. (*Pathol.*) XII, 718.
SCHEFTLARN (Eaux minérales de). XII, 718.
SCHELHAMMER (Christophe et Gonthier-Christophe). (*Biogr. médic.*) XII, 718.
SCHENCK. (*Biogr. médic.*) Notice biographique sur plusieurs médecins de ce nom, XII, 718 et 719.

SCHENK. (*Biogr. médic.*) Notice biographique sur plusieurs médecins de ce nom, XII, 719.

SCUERBET. (*Hyg.*) XII, 719.

SCHERLIEVO (Maladie de). (*Pathol.*) XII, 719.

SCHIDAKÉDON. (*Pathol. chir.*) Fracture longitudinale d'un os, XII, 719 et 720.

SCHINDYLÈSE. (*Anat.*) XII, 720.

SCHLÉGEL. (*Biogr. médic.*) Notice biographique sur plusieurs médecins de ce nom, XII, 720.

SCHLÉGER (Théodore-Auguste). (*Biogr. médic.*) XII, 720.

SCHMIDEL (Casimir-Christophe). (*Biogr. médic.*) XII, 720.

SCHNEIDER (Membrane de). (*Anat.*) XII, 721.

SCHULZE. (*Biogr. médic.*) Notice biographique sur plusieurs médecins de ce nom, XII, 721 et 722.

SCHWALBACH (Eaux minérales de). XII, 722.

SCHWENDECK (Eaux minérales de). XII, 722.

SCIAMACHIE. (*Hyg.*) XII, 722.

SCIATIQUE. (*Pathol.*) Nom ancien de la névralgie sciatique, XII, 722 à 725.

SCIE. (*Instr. de chir.*) XII, 725.

SCIENCE DE LA MÉDECINE. (*Hist. littér. de la méd.*) *Voyez* MÉDECINE, IX, 43.

SCIENCES MÉDICALES. (*Hist. de la méd.*) *Voyez* MÉDICALES (Sciences), IX, 548.

— NATURELLES. *Voyez* NATURELLES (Sciences), X, 517.

— PHYSIOLOGIQUES. *Voyez* PHYSIOLOGIQUES (Sciences), XII, 2 et suiv.

SCIER LES CORNES. (*Art vétér., Opér., Hyg.*) *Voyez* AMPUTATION, II, 201.

SCIÉROPIE. (*Pathol.*) XII, 725.

SCILLE. (*Bot., Mat. médic.*) XII, 725 à 727. *Voy.* aussi OXYMEL, XI, 261.

SCILLITINE. (*Chim. végét.*) XII, 727.

SCILLITIQUE. (*Pharm., Mat. médic.*) XII, 727.

SCISQUE. (*Mat. médic., Thérap.*) XII, 727.

SCINTILLATION. (*Pathol., Phys.*) XII, 727.

SCIROCCO ou SIROCO. (*Hyg., Météor.*) XII, 727 et 728.

SCIRPE. (*Bot., Mat. médic.*) XII, 728.

SCIRRHE. (*Pathol.*) *Voyez* SQUIRRHE, XIII, 105.

SCIRRHOCÈLE. (*Pathol.*) XII, 728.

SCIRROPHTHALMIE. (*Pathol.*) XII, 728.

SCIRRHOSE. (*Pathol.*) XII, 728.

SCISSURE. (*Anat.*) XII, 728.

SCLARÉE. (*Bot., Mat. médic.*) Espèce de sauge très-odorante, XII, 728. *Voyez* aussi ORVALE, X, 227.

SCLÉRÈME. (*Pathol.*) XII, 728. *Voyez* aussi ENDURCISSEMENT DU TISSU CELLULAIRE, V, 818 à 829; et NÉ (Nouveau-né), X, 544 et 545.

SCLÉRÉMIE. (*Pathol.*) XII, 728.

SCLÉRIASE. (*Pathol.*) XII, 729.

SCLÉROME. (*Pathol.*) XII, 729. — *Du sclérome de la matrice* en particulier. *Voyez* MATRICE, VIII, 624.

SCLÉROPHTHALMIE. (*Pathol.*) XII, 728. *Voyez* OPHTHALMIE, XI, 143.

SCLÉROSARCOME. (*Pathol.*) XII, 729.

SCLÉROTIQUE. (*Anat.*) XII, 729. *Voyez* aussi ŒIL, XI, 98.

SCLÉROTIQUES. (*Thérap.*) XII, 729.

SCLÉRYSME. (*Pathol.*) XII, 729.

SCODÉGHINO. (*Instr. de chir.*) XII, 729.

SCOLIOSE. (*Pathol.*) XII, 729.

SCOLOPENDRE. (*Bot., Mat. médic.*) XII, 729.

SCOLOPOMACHÉRION. (*Instr. de chir.*) XII, 729.

SCOMBRE. (*Hyg., Ichthyol.*) XII, 729.

SCORBUT. (*Pathol.*) XII, 729 à 734. *Voyez* aussi ANTISCORBUTIQUES, III, 97; MÉDECINE NAVALE, IX, 374 et suiv.; ULCÈRE (Ulcère scorbutique), XIII, 352.

— DES ALPES. (*Pathol.*) Synonyme de pellagre. *Voyez* ce dernier mot, XI, 502.

SCORBUTIQUE. (*Pathol.*) XII, 734.

SCORDIUM. (*Bot., Mat. médic.*) XII, 734. *Voyez* aussi GERMANDRÉE, VI, 624.

SCORPION. (*Entomol.*) XII, 734 et 735. *Voyez* aussi INSECTES, VII, 650; et VENIN (Animaux venimeux), XIII, 408.

SCORSONÈRE ou SCORZONÈRE. (*Hyg., Bot.*) XII, 735.

SCOT (Eaux minérales de). *Voyez* ESCOT (Eaux minérales de l'), VI, 89.

SCOTODYNIE. (*Pathol.*) Sorte de vertige, XII, 735.

SCOTOMIE. (*Pathol.*) Sorte de vertige. *Voyez* SCOTODYNIE, XII, 735.

SCRIBONIUS LARGUS. (*Biogr. médic.*) XII, 735.

SCROBICULE DU CŒUR. (*Anat.*) XII, 735.

SCROBICULEUX. (*Anat.*) XII, 735.

SCROFULAIRE. (*Bot., Mat. médic.*) XII, 735 et 736.

SCROFULARIÉES (Famille des). (*Bot., Mat. médic.*) XII, 736.

SCROFULES. (*Pathol.*) Nom donné à la dégénérescence tuberculeuse des glandes lymphatiques superficielles, XII, 736 à 740. *Voyez* aussi ANTI-SCROFULEUX, III, 98.

SCROFULEUX. (*Pathol.*) XII, 740.

SCROPHULES, SCROPHULEUX. (*Pathol.*) *Voy.* SCROFULES, XII, 736.

SCROTOCÈLE. (*Pathol. chir.*) Hernie dans le scrotum, XII, 740 et 741.

SCROTUM. (*Anat., Pathol.*) XII, 741 à 742. *Voyez* aussi l'article ANATOMIE PATHOLOGIQUE, II, 476.

SCRUPULE. (*Art de formul.*) XII, 742. *Voyez* aussi FORMULE, VI, 461; et POIDS, XII, 185.

SCUTELLAIRE. (*Bot., Mat. médic.*) XII, 742.

SCUTIFORME. (*Anat., Bot.*) XII, 742.

SCUTO-CONCHIEN. (*Anat.*) XII, 743.

SCYBALA. (*Pathol.*) XII, 743.

SCYPHOPHORE. (*Bot., Mat. médic.*) XII, 743.

SÉBACÉ, ÉE. (*Anat.*) XII, 743.

SÉBACIQUE (Acide). (*Chim. anim.*) XII, 743.

SÉBADILLE. (*Bot., Mat. médic.*) XII, 743.

SEBADILLUM. (*Chim.*) XII, 743.

SÉSATES. (*Chim.*) XII, 743.

SÉBESTENIERS. (*Bot., Mat. médic.*) XII, 744.

SÉBESTES. (*Bot., Mat. médic.*) XII, 743 et 744.

SÉBESTIER. (*Bot., Mat. médic.*) XII, 744.

SÈCHE ou SEICHE. (*Hyg., Zool., Mat. méd.*) XII, 744 et 745. *Voyez* aussi NOURRITURE, X, 714.

SECONDAIRE. (*Pathol.*) XII, 744.

SECONDINES. (*Accouch.*) Nom vulgaire de l'arrière-faix. *Voy.* ACCOUCHEMENT, I, 76; DÉLIVRANCE, V, 356; et PLACENTA, XII, 110.

SÉCRÉTEUR. (*Physiol.*) *Voyez* SÉCRÉTOIRE, XII, 747.

SÉCRÉTION. (*Physiol., Pathol.*) Considérations générales sur les variations physiologiques et morbides qui peuvent survenir dans les sécrétions. Des sécrétions accidentelles, XII, 746 et 747.

SÉCRÉTOIRE. (*Physiol.*) XII, 747.

SECRETS (Remèdes). (*Police médic.*) XII, 747 à 749.

SECTE DOGMATIQUE. (*Hist. de la médec.*) *Voyez* DOGMATIQUE (Secte), V, 493 à 497.

— EMPIRIQUE. (*Hist. de la méd.*) *Voy.* EMPIRIQUE (Secte), V, 783 à 791.

— ÉPISYNTHÉTIQUE. (*Hist. de la médec.*) *Voyez* ÉPISYNTHÉTIQUE (Secte), VI, 55.

— DES MÉTHODIQUES. (*Hist. de la médec.*) *Voyez* CÆLIUS AURELIANUS, IV, 251; et MÉTHODIQUES (Secte), X, 60 à 62.

— PNEUMATIQUE. (*Hist. de la médec.*) *Voyez* PNEUMATIQUE (Secte), XII, 165.

SECTION DES OREILLES. (*Art vétér., Hyg., Opér.*) *Voyez* AMPUTATION DES OREILLES, II, 205.

SÉDATIF. (*Mat. médic., Thérap.*) XII, 749. *Voyez* aussi MÉDICATIONS (Médications sédatives), IX, 561.

SÉDATION. (*Thérap.*) *Voyez* MÉDICATIONS (Médications sédatives), IX, 561.

SÉDIMENT. (*Chim.*, (*Pathol.*) XII, 749.]

SEDLITZ (Eaux minérales de). XII, 749.

SEDON. (*Bot.*, *Mat. médic.*) XII, 749.

SEGRAIS (Eaux minérales de). XII, 749 et 750.

SEIDCHUTZ (Eaux minérales de). *Voyez* EAU, V, 627; et SEYDCHUTZ, XIII, 47.

SEIGLE. (*Art vétér.*, *Hyg.*) *Voyez* ALIMENS, I, 826.

— ERGOTÉ. (*Bot.*, *Mat. médic.*) XII, 750 à 753. *Voyez* aussi ERGOT, VI, 80 et 81.

SEIME. (*Art vétér.*, (*Pathol.*) XII, 753.

SEIN. (*Anat.*) XII, 753. *Voyez* MAMELLES, VIII, 452 à 468.

SEL. (*Chim. médic.*, *Thérap.*) Énumération des principaux sels employés en médecine, XII, 753 à 757.

— ADMIRABLE. (*Chim.*) *Voyez* SOUDE (Sulfate de) XIII, 77.

— AMMONIAC. (*Chim.*) *Voyez* SEL (Hydrochlorates), XII, 755.

— NEUTRE ARSÉNICAL DE MACQUER. (*Chim.*) *Voyez* RÉACTIF, XII, 468.

— ARSÉNICAL DE SOUDE. (*Chim.*) *Voyez* RÉACTIF, XII, 468.

— COMMUN. (*Chim.*) *Voyez* SOUDE (Hydrochlorate de soude), XIII, 77.

— DE DEROSNE. (*Chim. végét.*) *Voyez* NARCOTINE, X, 466 ; et RÉACTIF, XII, 470.

— DE DUOBUS. (*Chim.*) *Voyez* POTASSE, XII, 267.

— DE LAIT. (*Chim.*) *Voyez* SUCRE, XIII, 154.

— MARIN. (*Chim.*) *Voyez* aussi ASSAISONNEMENT, III, 842; et SEL (Hydrochlorates), XII, 755.

— POLYCHRESTE. (*Chim.*) *Voyez* POTASSE, XII, 267.

— DE PRUNELLE. (*Chim.*) *Voyez* PRUNELLE, XII, 345.

— DE SATURNE. (*Chim.*, *Mat. médic.*) *Voy.* PLOMB, XII, 153; et RÉACTIF, 467.

— SÉDATIF MERCURIEL. (*Phim.*, *Mat. médic.*) *Voyez* BORATE DE MERCURE, IV, 48.

SELAGO. (*Bot.*, *Mat. médic.*) Espèce de lycopode, XII, 757 et 758.

SELENIACUM. (*Thérap.*) Sorte d'amulette, XII, 758.

SÉLÉNIATES. (*Chim.*) XII, 758.

SÉLÉNIQUE (Acide). (*Chim.*) XII, 758.

SÉLÉNITE. (*Chim.*) XII, 758.

SÉLÉNITEUX. (*Chim.*) XII, 758.

SELENIUM. (*Chim.*) XII, 768.

SÉLÉNIURES. (*Chim.*) XII, 758.

SÉLERI. (*Bot.*, *Mat. médic.*) *Voyez* CÉLERI, IV, 529.

SELLE (Aller à la). (*Hyg.*) *Voyez* DÉJECTION, V, 336.

SELLE (Chrétien-Théophile). (*Biogr. médic.*) XII, 758 et 759.

SELLE TURCIQUE. (*Anat.*) XII, 758.

SELLES. (Eaux minérales de). XII, 759.

SELS. (*Chim.*, *Thérap.*) *Voyez* SEL, XII, 753.

SELTERS (Eaux minérales de). *Voyez* SELTZ, XII, 759.

SELTZ (Eaux minérales de). XII, 759 et 760. *Voyez* aussi EAU, 621 et 622.

SÉMÉIOLOGIE. (*Pathol. génér.*) XIII, 1.

SÉMÉIOTIQUE. (*Pathol. génér.*) XIII, 1 à 26.

SEMEN-CONTRA. (*Mat. médic.*) XIII, 26 et 27. *Voy.* aussi ARMOISE, III, 290.

SEMENCE. (*Phys.*, *Bot.*) XIII, 27.

SEMENCES. (*Bot.*, *Hyg.*) *Voyez* aussi ALIMENS, I, 735 à 739.

— FROIDES. (*Mat. médic.*) XIII, 27 et 28.

SEMENCINE. (*Bot.*, *Mat. médic.*) XIII, 28. *Voyez* aussi ARMOISE, III, 290.

SEMI. Expression empruntée du latin, et qui signifie *demi* ou *moitié*, XII, 28.

SÉMINAL. (*Anat.*) XIII, 28.

SÉMINALES (Vésicules). (*Anat.*) XIII, 28.

SÉMINIFÈRE. (*Anat.*) Qui porte et sécrète la semence, XIII, 28.

SEMI-SPECULUM. (*Instr. de chir.*) XIII, 28 et 29.

SEMI-TIERCE (Fièvre). (*Pathol.*) XIII, 29. *Voyez* aussi FIÈVRE, VI, 384.

SEMOUILLE et SEMOULE. (*Hyg.*) XIII, 29.

SENAC (Jean). (*Biogr. médic.*) XIII, 29.

SÉNÉ. (*Bot.*, *Mat. médic.*) Nom pharmaceutique des feuilles de deux espèces de plantes du genre *Cassia*, XIII, 29 et 30.

— BATARD. (*Bot.*, *Mat. médic.*) Un des noms vulgaires du baguenaudier. *Voyez* ce dernier mot, III, 521.

— D'EUROPE. (*Bot.*, *Mat. médic.*) Autre nom du baguenaudier.

— DES PROVENÇAUX. (*Bot.*, *Mat. médic.* Un des noms vulgaires de la globulaire. *Voy.* ce dernier mot, VI, 647.

SÉNÉGINE. (*Chim. végét.*) XIII, 30.

SENEKA. (*Bot.*, *Mat. médic.*) Nom pharmaceutique du polygala senega. *Voyez* POLYGALA, XII, 218.

SENEUIL (Eaux minérales de). XIII, 30.

SENEVÉ. (*Bot.*, *Mat. médic.*) Nom vulgaire de la moutarde. *Voyez* ce dernier mot, X, 373.

SENILE. (*Pathol.*) XIII, 30.

SENNERT (Daniel). (*Biogr. médic.*) XIII, 30.

SENS. (*Physiol.*) XIII, 30 et 31.

SENSATION. (*Physiol.*) XIII, 31 à 33.

SENSIBILITÉ. (*Physiol.*) XIII, 33 et 34. *Voyez* aussi AME, II, 119 à 138.

SENSIBLE. (*Physiol.*) XIII, 34.

SENSITIF. (*Physiol.*) *Voyez* SENS, XIII, 30; et SENSATION, XIII, 31.

SENSITIVE. (*Bot.*, *Mat. médic.*) XIII, 34 et 35.

SENSORIUM. (*Physiol.*) XIII, 35.

SENTIMENT. (*Physiol.*) XIII, 35.

SÉPHIROS. (*Pathol. chir.*) XIII, 35.

SÉPIOSTAIRE. (*Hyg.*, *Mat. médic.*) Substance spongieuse qui se trouve à l'intérieur des sèches, et que l'on nomme vulgairement *os de sèche. Voyez* SÈCHE, XII, 744.

SEPS. (*Erpétol.*) XIII, 35.

SEPSIS. (*Pathol.*) XIII, 35.

SEPTANE (Fièvre). (*Pathol.*) XIII, 35.

SEPTENAIRE. (*Séméiotiq.*) XIII, 35 et 36.

SEPTIQUES. (*Thérap.*, *Pathol.*) XII, 36.

SEPTON. (*Chim.*) XII, 36.

SEPTOSES. (*Pathol.*) XIII, 36.

SEPTUM. (*Anat.*) XIII, 36 et 37.

SÉQUESTRATION DES ALIÉNÉS. (*Médec. lég.*) XIII, 37.

SÉQUESTRE. (*Pathol. chir.*) XIII, 37.

SERBET. (*Hyg.*) Sorte de boisson en usage parmi les Turcs. *Voyez* SCHERBET, XII, 719.

SEREIN. (*Météor.*) Phénomène météorologique, XIII, 37. *Voyez* aussi MÉTÉORES, X, 39.

SEREINAGE, SÉREINE. (*Hyg. nav.*) Procédé usité dans les lazarets pour purifier les effets que l'on soupçonne empreints de miasmes contagieux, XIII, 37. *Voyez* aussi LAZARET, VIII, 87.

SEREINE (Goutte). (*Pathol.*) Ancien nom de l'amaurose. *Voyez* ce dernier mot, II, 105.

SÉREUX. (*Anat.*, *Physiol.*) XIII, 37 et 38.

SERINGUE. (*Instr. de chir.*, *Hyg.*) XIII, 38 et 39. *Voyez* aussi CLYSTÈRE, IV, 890.

SERMAISE (Eaux minérales de). XIII, 39.

SERMENT. (*Hist. de la méd.*) XIII, 39 et 40.

SÉROSITÉ. (*Physiol.*) XIII, 40.

SERPENS VENIMEUX. (*Erpét.*, *Mat. médic.*) XIII, 40 à 42.

SERPENTAIRE. (*Bot.*, *Mat. médic.*) XIII, 42. *Voyez* aussi ARISTOLOCHE, III, 249.

SERPENTINE. (*Bot.*, *Mat. médic.*) XIII, 42.

SERPIGINEUX.

SPHINCTER. (*Anat.*) XIII, 92.

SPHYGMIQUE (Art). (*Séméiotiq.*) XIII, 92 et 93.

SPHYGMOCÉPHALE. (*Pathol.*) XIII, 93.

SPICA. (*Band. et App.*) Nom de plusieurs bandages , XIII , 93.

SPIELMANN (Jacques-Reinhold). (*Biogr. méd.*) XIII, 93.

SPIGÉLIE ANTHELMINTIQUE. (*Bot., Mat. médic.*) XIII, 93.

SPILANTHE. (*Bot., Mat. médic.*) XIII, 93.

SPILUS. (*Pathol.*) XIII, 93.

SPINA BIFIDA. (*Pathol. chir.*) XIII, 93 à 95. *Voyez* aussi HYDROPISIE, VII, 314.

— VENTOSA. (*Pathol. chir.*) XIII, 95 à 97.

SPINAL. (*Anat.*) XIII, 97.

SPINI-AXOÏDO-OCCIPITAL. (*Anat.*) AXOÏDO-tracheli-atloïdien, cranio-trapézien , etc. , XIII, 97. *Voyez* aussi ces différens mots sous la rubrique SPINI dans le *Dictionn. d'Anatomie* de cette Encyclopédie.

SPINITIS. (*Pathol.*) Inflammation de la moelle épinière , XIII, 97 à 99.

SPIRÉACÉES. (*Bot., Mat. médic.*) XIII, 99.

SPIRITUALISTES. (*Hist. de la médec.*) XIII, 99. *Voyez* PNEUMATIQUE (Secte), XII, 165.

SPIRITUEUX. (*Thérap.*) XIII, 99 et 100.

SPIROÏDE. (*Anat.*) XIII, 100.

SPITAELSKA. (*Pathol.*) XIII, 100.

SPLANCHNIQUE. (*Anat.*) XIII, 100.

SPLANCHNOGRAPHIE. (*Anat.*) XIII, 100.

SPLANCHNOLOGIE. (*Anat.*) XIII, 100.

SPLANCHNOTOMIE. (*Anat.*) XIII, 100.

SPLEEN. (*Pathol.*) Espèce de mélancolie ou d'hypochondrie fréquente parmi les Anglais , XIII, 100 à 102.

SPLÉNALGIE. (*Pathol.*) XIII, 102.

SPLÉNEMPHRAXIS. (*Pathol.*) XIII, 102.

SPLÉNIQUE. (*Pathol.*) XIII, 102.

SPLÉNITE. (*Pathol.*) Inflammation de la rate, XIII, 102.

SPLENIUS (Muscle). (*Anat.*) XIII, 102.

SPLÉNOCÈLE. (*Pathol.*) XIII, 103.

SPLÉNOGRAPHIE. (*Anat.*) XIII, 103.

SPLÉNOLOGIE. (*Anat.*) XIII, 103.

SPLÉNOTOMIE. (*Anat.*) XIII, 103.

SPLÉNOPHRAXIE. (*Path.*) *Voyez* SPLÉNEMPHRAXIS, XIII, 102.

SPOLIATIF , VE. (*Thérap.*) XIII, 103.

SPONDYLARTHROCACE. (*Pathol. chir.*) XIII, 103.

SPONDYLE. (*Anat.*) XIII, 103.

— (*Hyg., Conchyl.*) XIII, 103.

SPONDYLITE. (*Pathol.*) Inflammation des vertèbres , XIII, 103.

SPONGIEUX. (*Anat.*) XIII, 103.

SPONTANÉ. XIII, 103.

SPORADIQUE. (*Pathol.*) XIII, 104.

SPRUCE. (*Hyg.*) Sorte de bière, XIII, 104. *Voyez* aussi SAPINETTE , XII, 688.

SPUMEUX. (*Pathol.*) XIII, 104.

SPUTATION. (*Pathol.*) XIII, 104.

SQUAMEUX. (*Anat., Pathol.*) XIII, 104.

SQUELETTE. (*Anat.*) XIII, 104.

SQUELETTOLOGIE. (*Anat.*) XIII, 104.

SQUELETTOPÉE. (*Anat.*) XIII, 104.

SQUINANCIE. (*Pathol.*) XIII, 104.

SQUINE. (*Bot., Mat. médic.*) XIII, 104 et 105.

SQUIRRHE. (*Pathol. chir.*) XIII, 105 et 106. *Voyez* aussi MATRICE, VIII, 623.

SQUIRRHEUX. (*Pathol.*) XIII, 106.

SQUIRRHOGASTRIE. (*Pathol.*) XIII, 106.

SQUIRRHOSARQUE. (*Pathol.*) *Voyez* ENDURCISSEMENT, V, 818 et suiv.; SCLÉRÈME, XII, 728.

STACHYDE. (*Bot., Mat. médic.*) XIII, 106.

STACTÉ. (*Chim.*) Acceptions diverses données à ce mot , XIII, 106 et 107.

STADE. (*Séméiot.*) Synonyme de période, XIII, 107. *Voy.* aussi PÉRIODE, XI, 544.

STAGNATION. (*Pathol.*) XIII, 107.

STAHL (Georges-Ernest). (*Biogr. médic.*) XIII, 107. *Voyez* aussi STAHLIANISME, 107 à 110.

— (Poudre tempérante de). (*Pharm., Mat. médic.*) *Voyez* TEMPÉRANT, XIII, 224.

STAPÉDIEN (Muscle). (*Anat.*) XIII, 110.

STAPHISAIGRE. (*Bot., Mat. médic.*) XIII, 110.

STAPHYLIN. (*Anat.*) XIII, 110.

STAPHYLOME. (*Pathol. chir.*) XIII, 110. *Voyez* aussi HYDROPISIE, VII, 314.

STAPHYLORAPHIE. (*Opér. chir.*) XIII, 110 et 111.

STASE. (*Pathol.*) XIII, 111 et 112.

STATICE. (*Bot., Mat. médic.*) XIII, 112.

STATION. (*Physiol.*) XIII, 112 et 113.

STATIONNAIRE. (*Pathol.*) XIII, 113.

STATIQUE. (*Physiq.*) XIII, 113.

STATISTIQUE MÉDICALE. (*Hyg.*) XIII, 113.

STÉARINE. (*Chim.*) XIII, 113.

STÉARIQUE (Acide). (*Chim.*) XIII, 113.

STÉATITE. (*Pathol.*) XIII, 113 et 114.

STÉATOCÈLE. (*Pathol.*) Tumeur graisseuse du scrotum, XIII, 114.

STÉATOMATEUX. (*Pathol.*) XIII, 114.

STÉATOME. (*Pathol.*) XIII, 114.

STEGNOTIQUE. (*Mat. médic., Thérap.*) Synonyme d'astringent pour quelques auteurs, XIII, 114. *Voyez* ASTRINGENS, III, 368.

STELLION. (*Erpét.*) XIII, 114.

STÉNOCARDIE. (*Pathol.*) XIII, 114. *Voyez* STERNALGIE, 115 à 121.

STÉNON (Canal de). (*Anat.*) XIII, 114.

STERCORAL, LE. (*Pathol.*) XIII, 114.

STÉRILE. (*Physiol.*) XIII, 114.

STÉRILITÉ. (*Physiol.*) XIII, 114 et 115. *Voyez* aussi l'article ANATOMIE PATHOLOGIQUE, II, 513.

STERNAL. (*Anat.*) XIII, 115.

STERNALGIE. (*Pathol.*) XIII, 115 à 121.

STERNO-CLAVICULAIRE, CLÉIDO-MASTOÏDIEN, COSTAL, etc. (*Anat.*) XIII, 121. *Voyez* ces différens mots sous la rubrique CLÉIDO dans le *Dictionnaire d'Anatomie* de cette Encyclopédie.

STERNUM. (*Anat.*) Os antérieur et médian du thorax, XIII, 121.

STERNUTATION. (*Physiol.*) Synonyme d'éternuement, XIII, 121 et 122.

STERNUTATOIRES. (*Mat. médic., Thérap.*) Qui provoque l'éternuement. *Voyez* ERRHINES , VI, 84 et 85.

STERTOREUX. (*Séméiot.*) XIII, 122.

STÉTHOSCOPE. (*Instrum. de chir., Séméiot.*) XIII, 122 et 123. *Voyez* aussi PECTORILOQUE, XI, 495.

STÉTHOSCOPIE. (*Séméiot.*) Etude des signes des maladies de poitrine à l'aide de l'instrument appelé *stéthoscope*. Examen des affections thoraciques, quel que soit le procédé employé pour en reconnoître les signes. Enumération succincte des diverses méthodes stéthoscopiques, XIII, 123 à 125.

STHÉNIE. (*Pathol.*) XIII, 125.

STHÉNIQUE. (*Pathol.*) XIII, 125.

STIBIÉ. (*Pharm.*) Qui contient de l'antimoine, XIII, 125.

STIMULANT. (*Thérap. génér.*) XIII, 125 et 126.

STIMULUS. (*Physiol. et Pathol.*) XIII, 126.

STŒCHAS. (*Bot., Mat. médic.*) XIII, 126.

STOERK (Antoine de). (*Biogr. médic.*) XIII, 126.

STOLL (Maximilien). (*Biogr. médic.*) XIII, 126 et 127.

STOMACACE. (*Pathol.*) XIII, 127.

STOMACAL. (*Mat. médic., Thérap.*) XIII, 127.

STOMACHALGIE. (*Pathol.*) Synonyme de gastralgie et de cardialgie, XIII, 127.

STOMACHIQUE. (*Mat. médic.*) XIII, 127.

SUDORIFIQUES. (*Mat. médic.*, *Thérap.*) XIII, 155 et 156. *Voyez* aussi DIAPHORÉTIQUES, V, 432 et 433.

SUETTE. (*Pathol.*) XIII, 156 à 158.

SUEUR. (*Physiol.*, *Séméiot. et Pathol.*) XIII, 158 à 161. *Voyez* aussi SÉMÉIOTIQUE, 26.

SUFFOCANT. (*Pathol.*) XIII, 161.

SUFFOCATION. (*Pathol.*) Obstacle quelconque à la respiration, XIII, 161. *Voy.* aussi l'article ANATOMIE PATHOLOGIQUE, II, 293.

SUFFUSION. (*Path.*) *Suffusio oculi*, synonyme de cataracte, XIII, 161 à 163. *Voyez* aussi CATARACTE, IV, 476 à 492.

SUGILLATION. (*Path.*, *Mat. Méd.*) Synonyme d'ecchymose, XIII, 163. *Voyez* aussi MEURTRISSURE, X, 91 et suiv.

SUICIDE. (*Méd. lég.*) Action de se donner la mort, XIII, 164 à 168.

SUIE. (*Chim.*) XIII, 168.

SUIF. (*Chim.*) XIII, 168.

SUILLUS. (*Bot.*, *Mat. médic.*) *Voy.* NOURRITURE, X, 692.

SUINT. (*Chim.*) Matière grasse qui enduit la laine, XIII, 168 et 169.

SUINTEMENT. (*Pathol.*) XIII, 169.

SUJET DE L'HYGIÈNE. (*Hyg.*) Titre sous lequel Hallé rangeoit tout ce qui appartient à l'histoire physique et physiologique de l'homme, considéré dans l'état de santé et dans ses rapports avec les choses qui l'environnent, XIII, 169. *Voyez* aussi HYGIÈNE, VII, 433.

SULFATES. (*Chim.*) XIII, 169. *Voyez* aussi SEL, XII, 756.

— DE QUININE. (*Chim. végét.*) *Voyez* QUININE, XII, 413.

SULFITES. (*Chim.*) XIII, 169.

SULFOVINEUX ou SULFOVINIQUE (Acide). (*Chim.*) XIII, 169.

SULFURES. (*Chim.*, *Mat. médic.*) XIII, 169. *Voy.* aussi CINABRE, IV, 859; et RÉACTIF, XII, 464.

SULFUREUSES (Eaux minérales sulfureuses). *Voy.* EAUX, V, 649; et MINÉRALES (Eaux), X, 138.

SULFUREUX (Acide). (*Chim.*) XIII, 169 et 170.

SULFURIQUE (Acide) (*Chim.*, *Mat. médic.*) XIII, 170. *Voyez* aussi RÉACTIF, 467.

SULIAC (Eaux minérales de ST.-). *Voyez* ST.-SULIAC, XII, 657.

SULTZ (Eaux minérales de). XIII, 170.

SULTZMATT (Eaux minérales de). XIII, 170.

SULZERBRUNNENN (Eaux minérales de). XIII, 170.

SUMAC. (*Bot.*, *Mat. médic.*) XIII, 170 et 171.

SUPERBE. (*Anat.*) XIII, 171.

SUPERFÉTATION. (*Accouch.*, *Médec. lég.*) XIII, 171 et 172.

SUPERFICIEL. (*Anat.*, *Pathol.*) XIII, 172.

SUPER IMPRÉGNATION. (*Anat.*, *Phys.*) *Voyez* SUPERFÉTATION, XIII, 171.

SUPERPURGATION. (*Pathol.*) Purgation immodérée ou excessive, XIII, 172 et 173.

SUPERSTITION. (*Médec.*) XIII, 173.

SUPINATEUR. (*Anat.*) Nom de deux muscles de l'avant-bras, XIII, 173 et 174.

SUPINATION. (*Phys.*) XIII, 174.

SUPPOSITION DE PART. (*Médec. lég.*) XIII, 174.

SUPPOSITOIRE. (*Thérap.*) XIII, 174 et 175.

SUPPRESSION. (*Pathol.*) XIII, 175.

— DE PART. (*Médec. lég.*) XIII, 175.

SUPPURANT, ANTE. (*Pathol.*) XIII, 175.

SUPPURATIFS. (*Mat. médic.*, *Thérap.*) XIII, 175.

SUPPURATION. (*Pathol.*) *Voyez* PROGÉNIE, XII, 390.

SURAL, ALE. (*Anat.*) Qui appartient aux mollets, XIII, 175.

SURCALORINÈSES. (*Pathol.*) XIII, 175.

SURCILIER. (*Anat.*) *Voyez* SOURCILIER, XIII, 80.

SURCILIO-CONCHIEN. (*Anat.*) XIII, 175.

SURCOSTAL, ALE. (*Anat.*) XIII, 175 et 176.

SURÉPINEUX. (*Anat.*) *Voy.* SUS ÉPINEUX dans le *Dictionnaire d'Anatomie* de cette Encyclopédie.

SUR DEMI-ORBICULAIRE. (*Anat.*) XIII, 176.

SURDENT. (*Anat.*) Dent surnuméraire, XIII, 176.

SURDIMUTITÉ. (*Pathol.*) XIII, 176.

SURDITÉ. (*Pathol.*) XIII, 176 et 177. *Voyez* aussi, pour ce qui a rapport à son traitement, l'article ÉLECTRICITÉ, V, 725 et 726.

SUREAU. (*Bot.*, *Mat. médic.*) XIII, 177 et 178.

SUR-EXCITATION. (*Pathol.*) XIII, 178.

— IRRITATION. (*Pathol.*) XIII, 178 et 179.

SURELLE. (*Bot.*, *Mat. méd.*) Un des noms vulgaires de l'alleluia. *Voyez* ce dernier mot, II, 40 et 41.

SURNUMÉRAIRES (Os). (*Anat.*) XIII, 179.

SUR OS ou SUROS. (*Art vétér.*, *Pathol.*) Tumeur osseuse occupant la partie interne du canon, XIII, 179.

SUROXYGÉNÈSES. (*Pathol.*) XIII, 179.

SURPEAU. (*Anat.*) Un des noms de l'épiderme. *Voyez* PEAU, XI, 473.

SURRÉNAL, ALE. (*Anat.*) Qui est placé au-dessus du rein, XIII, 179.

SURTOUT LIGAMENTEUX DU RACHIS. (*Anat.*) XIII, 179.

SURVIE. (*Médec. lég.*) XIII, 179 et 180.

SUS. Ce que signifie cette préposition jointe aux mots *Acromien*, *Coûtaux*, *Carpien*, *Claviculaire*, etc., XIII, 180.

SUSCEPTIBILITÉ NERVEUSE. (*Pathol.*) XIII, 180 et 181.

SUSPENSEUR. (*Anat.*) *Voyez* SUSPENSOIR, XIII, 181.

SUSPENSION. (*Médec. lég.*) Action de suspendre. *Voyez* PENDAISON, XI, 509; et STRANGULATION, XIII, 134.

SUSPENSOIR. (*Band. et App.*, *Anat.*) XIII, 181.

SUSPIRIEUX, SE, (*Pathol.*) *Voyez* RESPIRATION, XII, 544; et SOUPIR, XIII, 79.

SUSTENTATION (Base de). XIII, 181 et 182.

SUTURE. (*Anat.*, *Opér. chir.*) XIII, 182.

SWIETEN (Gérard Van). (*Biogr. médic.*) XIII, 182.

— LIQUEUR DE (*Pharm.*, *Mat. médic.*) *Voyez* aussi LIQUEUR ANTI-VÉNÉRIENNE, VIII, 163 à 169.

SWIÉTÉNIE. (*Bot.*, *Mat. médic.*) XIII, 182.

SYCOMORE. (*Bot.*, *Mat. médic.*) XIII, 182.

SYCOSE. (*Pathol.*) XIII, 182 et 183.

SYDENHAM (Thomas). (*Biogr. médic.*) XIII, 183.

SYLVANES (Eaux minérales de). *Voyez* ce mot dans le *Supplément*.

SYLVIE. (*Bot.*, *Mat. médic.*) XIII, 183.

SYLVIUS (François). (*Biogr. médic.*) XIII, 183. *Voyez* aussi DUBOIS DE LEBOÉ, V, 541 à 543.

— (Aqueduc, Scissure, Fosse de). (*Anat.*) XIII, 183.

SYMBLÉPHAROSE. (*Pathol. chir.*) XIII, 183.

SYMBOLOGIE. (*Séméiotiq.*) XIII, 183.

SYMÉTRIE. (*Anat.*) XIII, 184.

SYMÉTRIQUE. (*Anat.*) XIII, 184.

SYMPATHIE. (*Physiol.*) XIII, 184 et 185.

SYMPATHIQUE. (*Anat.*, *Physiol.*) XIII, 185 et 186.

SYMPHYSE. (*Anat.*) XIII, 186.

SYMPHYSÉOTOMIE. (*Opér. chir.*) XIII, 186 et 187.

SYMPTOMATIQUE. (*Pathol.*) XIII, 187.

SYMPTOMATOLOGIE. (*Pathol.*) XIII, 187.

SYMPTÔME. (*Pathol.*) XIII, 187 et 188.

SYMPTOSE. (*Pathol.*) XIII, 188.

SYNANCIE. (*Pathol.*) XIII, 188.

SYNANTHÉRÉES. (*Bot.*, *Mat. médic.*) XIII, 188.

SYNAPISME. (*Thérap.*) *Voyez* SINAPISME, XIII, 55.

SYNARTHRODIAL, ALE. (*Anat.*) XIII, 188.

SYNARTHROSE. (*Anat.*) XIII, 188.

SYNCHONDROSE. (*Anat.*) XIII, 188.

SYNCHONDROTOMIE. (*Opér. chir.*) XIII, 188. *Voyez* aussi SYMPHYSÉOTOMIE, XIII, 188.

SYNCHRONE. (*Physiol.*, *Pathol.*) XIII, 188.

SINCIPUT. (*Anat.*) *Voyez* SINCIPUT, XIII, 57.

TRAPÉZIFORME. (Anat.) XIII, 311.

TRAPÉZOÏDE. (Anat.) XIII, 311.

TRAQUENARD. (Art vétér.) Voyez ALLURE, II, 51.

TRAUMATIQUE. (Pathol. chir.) XIII, 311.

TRAVAIL D'ENFANTEMENT. (Accouch.) XIII, 311. Voyez aussi ACCOUCHEMENT, I, 76.

TRÈFLE. (Bot., Mat. médic.) XIII, 311 et 312. Voyez ALIMENS (Art vétér., Hyg.) I, 829.

— AIGRE. (Bot., Mat. médic.) Un des noms de l'alléluia. Voyez ALLÉLUIA, II, 40.

— BITUMINEUX. (Bot., Mat. médic.) Un des noms du psoralier, XIII, 352.

— D'EAU. (Bot., Mat. médic.) Plante vivace de la famille de Gentianées, XIII, 312. Voyez aussi MÉNYANTHES, IX, 686.

— DES JARDINIERS. (Bot., Mat. médic.) Voyez CYSTE, IV, 895 et 896.

— DES MARAIS. (Bot., Mat. médic.) Un des noms vulgaires du trèfle d'eau. Voyez ce dernier mot, XIII, 312; et MÉNYANTHES, IX, 686.

— MUSQUÉ. (Bot., Mat. médic.) Un des noms du lotier. Voyez ce dernier mot, VIII, 196.

TREISSE-VENS (Eaux minérales de). XIII, 212.

TREMBLE. (Bot., Mat. médic.) Espèce de peuplier. Voyez PEUPLIER, XI, 630.

TREMBLEMENT. (Pathol.) XIII, 312 et 313.

— MERCURIEL. (Hyg., Pathol.) XIII, 313 et 314. Voyez aussi DOREURS (Maladies des), V, 504; MERCURIEL (Tremblement), IX, 707; MÉTIERS, X, 63; et OR, XI, 163.

TREMENS (Delirium). (Pathol.) XIII, 314.

TRÉMOUSSOIR. (Hyg.) XIII, 314.

TRÉPAN. (Instr. de chir.) XIII, 314.

TRÉPANATION. (Opér. chir.) XIII, 315.

TRÉPHINE. (Instr. de chir.) XIII, 315.

TRESSAILLEMENT. (Pathol.) XIII, 315.

TRIANGULAIRE. (Anat.) XIII, 315.

TRIBULCON. (Instr. de chir.) Voy. TIRE-BALLE, XIII, 262.

TRICEPS. (Anat.) XIII, 315.

TRICHIASIS. (Pathol.) XIII, 315 à 317. Voyez aussi PAUPIÈRE, XI, 464.

TRICHISME. (Pathol. chir.) XIII, 317.

TRICHOCÉPHALE. (Helminth.) XIII, 317. Voy. aussi ASCARIDE, III, 324.

TRICHOMA. (Pathol.) Voyez PLIQUE, XII, 149.

TRICHOMATIQUE. (Pathol.) XIII, 317.

TRICHURIDE. (Helminth.) Voyez aussi ASCARIDE, III, 324.

TRICUSPIDAL. (Anat.) XIII, 317.

TRIFACIAL. (Anat.) XIII, 317.

TRIFÉMORO-ROTULIEN. (Anat.) Voyez TRICEPS, XIII, 315.

— TIBI-ROTULIEN. (Anat.) XIII, 317.

TRIGLOCHIN. (Anat.) XIII, 317 et 318.

TRIGONE. (Anat.) XIII, 318.

TRIGONELLE. (Bot., Mat. médic.) XIII, 318.

TRIGONOCÉPHALE. (Erpét.) XIII, 318. Voyez aussi SERPENS VENIMEUX, XIII, 40.

TRIJUMEAUX (Nerfs). (Anat.) XIII, 318.

TRILLER (Daniel-Guillaume). (Biogr. médic.) XIII, 318.

TRIORCHIDE. (Anat.) XIII, 318.

TRIPLOÏDE. (Instr. de chir.) XIII, 318.

TRIQUE-MADAME. (Bot., Mat. médic.) Nom vulgaire de la petite joubarbe, XIII, 318.

TRISCAPULO-HUMÉRO-OLÉCRANIEN. (Anat.) XIII, 318.

TRISMUS. (Pathol.) XIII, 318. Voy. aussi TÉTANOS, 236.

TRISPLANCHNIQUE (Nerf). (Anat.) XIII, 318 et 319.

TRI-STERNAL. (Anat.) XIII, 319.

TRISTESSE. (Hyg.) XIII, 319.

TRISULET (Chim.) XIII, 319.

TRITÉOPHYE (Fièvre). (Pathol.) XIII, 319. Voy. aussi ACCÈS, I, 158; et FIÈVRE, VI, 382.

TRITOME. (Instr. de chir.) XIII, 319.

TRITOXYDE. (Chim.) XIII, 319.

TRITURATION. (Pharm.) XIII, 319.

TRIVELIN. (Instr. de chir.) XIII, 319.

TROCART. (Instr. de chir.) XIII, 319 et 320.

TROCHANTER. (Anat.) XIII, 320.

TROCHANTÉRIEN. (Anat.) XIII, 320.

TROCHANTIN. (Anat.) XIII, 320.

TROCHANTINIEN. (Anat.) XIII, 320.

TROCHIN. (Anat.) XIII, 320.

TROCHINIEN. (Anat.) XIII, 320.

TROCHISQUES. (Mat. médic.) XIII, 320.

TROCHITER. (Anat.) XIII, 320.

TROCHITÉRIEN. (Anat.) XIII, 320.

TROCHLÉATEUR (Muscle). (Anat.) XIII, 320.

TROCHLÉE. (Anat.) XIII, 320.

TROCHOÏDE. (Anat.) XIII, 321.

TROÈNE. (Bot., Mat. médic.) XIII, 320.

TROIS-MOUTIERS (Eaux minérales de). XIII, 321.

TROIS-QUARTS. (Instr. de chir.) Voyez TROCART, XIII, 319.

TROKANTER. (Anat.) } Voyez TROCHANTER, TROCHITER
TROKITER. (Anat.) } et TROCHLÉE, XIII, 320.
TROKLÉE. (Anat.) }

TROMBE. (Météor.) XIII, 321. Voyez aussi MÉTÉORES, X, 41.

TROMPE. (Anat., Pathol.) XIII, 321. Voyez aussi l'article ANATOMIE PATHOLOGIQUE, II, 490 et suiv.; et HYDROPISIE, VII, 369.

TRONC. (Anat.) XIII, 321.

TRONCHIN (Théodore). (Biogr. médic.) XIII, 321 et 322.

TRONTANEL. (Bot., Mat. méd.) Nom vulgaire du daphne gnidium. Voyez GAROU, VI, 588.

TROPIQUES. (Hyg.) XIII, 322.

TROT. (Art vétér.) Voyez ALLURES, II, 50.

TROU. (Anat.) XIII, 322.

TROUSSE. (Instr. de chir.) XIII, 323.

TROUSSE-GALANT. (Pathol.) Nom vulgaire du choléra-morbus, XIII, 323. Voyez CHOLÉRA-MORBUS, IV, 829 à 832; et MORBUS (Choléra-), X, 277 à 280.

TROUSSEAU. (Anat.) XIII, 323.

TRUFFE. (Hyg.) XIII, 323. Voyez aussi CHAMPIGNONS, IV, 597 et 598; et NOURRITURE, X, 692.

TRUITE. (Hyg., Ichthyol.) XIII, 323 et 324. Voyez aussi NOURRITURE, X, 714.

TRYE-LE-CHATEAU (Eaux minérales de). XIII, 324.

TRYPHÈRE. (Mat. médic., Thérap.) XIII, 324.

TUBAIRE. (Anat.) XIII, 324. Voyez aussi GROSSESSE VENTRALE, VI, 765.

TUBE. (Anat.) XIII, 324.

— DIGESTIF. (Anat.) XIII, 324 et 325.

— LARYNGIEN. (Instr. de chir.) XIII, 325. Voyez aussi NOTES, XI, 9.

TUBER-CINEREUM. (Anat.) Amas de substance grise située à la base du cerveau, XIII, 325.

— ISCHIO-TROCHANTÉRIEN. (Anat.) Muscle carré de la cuisse, suivant Dumas, XIII, 325.

TUBERCULES. (Pathol., Anat.) XIII, 325 à 330. Voy. aussi l'article ANATOMIE PATHOLOGIQUE, II, 286.

— PISIFORMES. (Anat.) XIII, 330.

TUBERCULEUX. (Anat., Pathol.) XIII, 330 et 331.

TUBÉREUSE. (Bot., Mat. médic.) XIII, 331.

TUBÉROSITÉ. (Anat.) XIII, 331.

TUBULEUSE (Substance). (Anat.) XIII, 331.

TUE-CHIEN. (Bot., Mat. médic.) Nom vulgaire du colchicum autumnal. Voyez COLCHIQUE, V, 43 à 45.

— LOUP. (Bot., Mat. médic.) Nom vulgaire d'une espèce d'aconit, XIII, 331. Voyez ACONIT, I, 121.

TULIPIER. (Bot., Mat. médic.) XIII, 331.

AUG^te. THILLAYE,

Rédacteur principal des tomes XII et XIII de ce Dictionnaire.

Fin de la Table du Dictionnaire de Médecine.

ERRATA.

ERRATA.

ABAISSEMENT. *Voyez* CATARACTE, III, 476. *Lisez* IV.
ABDOMEN. *Voyez* BAS-VENTRE, II, 621. *Lisez* III.
ABLACTATION. *Voyez* NOURRICE, XII, 672. *Lisez* X.
ACHE DE MARAIS. *Voyez* BERLE, III, 614. *Lisez* 694.
ACHILLÉE STERNUTATOIRE. *Voyez* HERBE A ÉTERNUER, XII, 152. *Lisez* VII.
ACIDE IGNASUBIQUE. *Lisez* IGASURIQUE.
AETIOLOGIE. *Voyez* CAUSE DES MALADIES, VI. *Lisez* IV.
ALISMA. *Voyez* PLANTIN D'EAU. *Lisez* PLANTAIN.
AMENTA. *Lisez* AMENTIA.
AMENTACÉES (Famille des). *Voyez* NATURELLES, 514. *Lisez* X, 514.
AMNÉSIA. et MÉMOIRE, VIII. *Lisez* IX.
ANATRIPSOLOGIE. *Voyez* ce mot dans le *Supplément*. *Lisez* seulement, *voyez* MÉDECINE (Médecine iatraleptique), IX, 110.
ANGLAIS. *Voyez* CHEVAL, V. *Lisez* IV.
ANTITHORA. *Voyez* ANTHORE, II, 50. *Lisez* III, 50.
ANTIDOTE. *Voyez* ALEXIPHARMAQUES, II. *Lisez* I.
ANTIVERMINEUX. et VERMIFUGES, XII. *Lisez* XIII.
ANTHRAX. *Voyez* CHARBON, VI. *Lisez* IV.
ARGENT. *Ajoutez* VIF.
ARTICULAIRE (Maladie). *Voyez* GOUTTE, 679. *Lisez* VI, 679.
ATROPOS. *Voyez* aussi VIPÈRE, XII. *Lisez* XIII.
AURELIANUS (Cornelius Celsus). *Lisez* AURELIUS.
AUTOPSIE CADAVÉRIQUE. *Voyez* LÉGAL (Médico-légal), IX. *Lisez* VIII; et OUVERTURE DES CADAVRES, IX. *Lisez* XI.

BARYCOIE. *Voyez* SURDITÉ, XII. *Lisez* XIII.
BEZOARD. (*Mat. médic.*) *Ajoutez* III, 714.
BOUILLIR. *Voyez* DÉCOCTION, IV. *Lisez* V.
BRUCINE. *Voyez* ce mot dans le Supplément. *Lisez* voyez ANGUSTURE dans le *Supplément*.

CALIGUO. *Lisez* CALIGO.
CARTHAMINE. *Lisez* ou CARTHAMITE.
CHAUSSETTE, VI, 676. *Lisez* IV.
CHIRURGIENS DE PARIS. *Voyez* PARIS, X, *Lisez* XI.
CHLORE. et RÉACTIF, X. *Lisez* XII.
CICUTINE. *Retranchez* : Voyez ce mot dans le *Supplément*.
COLIQUE CONVULSIVE. *Voyez* aussi COLIQUE SPASMODIQUE. *Ajoutez* (article TRANCHÉES).

Tab. du Dict. de Méd. XIII.

DIVERSION. *Voyez* RÉVULSION, XIII. *Lisez* XII.
DOULEURS (Colique des). *Voyez* RACHIALGIE, XI. *Lisez* XII.

ELAN, V, 70. *Lisez* V, 700.
ELECTROMÈTRE. *Voyez* ce mot dans le *Supplément*. *Lisez* dans le *Dictionnaire de Physique* de cette Encyclopédie.
ÉPINE DE BOUC. *Voy.* GOMME ADRAGANT, V, *Lisez* VI.
ESQUINANCIE. *Voyez* ANGINE, III. *Lisez* II.

FÈVE PICHURINE. *Lisez* PICHURIM.
FLEUR DE LA PASSION. *Voyez* GRENADILLE. *Lisez* GRENADILLE.
FLUX MENSTRUEL. *Lisez* MENSTRUEL.
FRAMBŒSIA. *Voyez* PEAU, XII. *Lisez* XI.

GOMME CARAGNE. *Voyez* CARAGNE II. *Lisez* IV.
GOMME LACQUE, VII, 656. *Lisez* VI, 659.
GRAVELLES (Tumeurs). *Lisez* GRAVELÉES.

HÉMORRHAGIE UTÉRINE. *Voyez* MÉNORRHAGIE, X. *Lisez* IX.
HERBE DE CITRON. *Voyez* MÉLISSE, VIII. *Lisez* IX.
HERBE AUX PUCES. *Voyez* aussi PLANTIN. *Lisez* PLANTAIN.

IGASARIQUE (Acide). *Lisez* IGASURIQUE.
INFECTION. *Voyez* MÉPHITISME, X. *Lisez* IX.

MÉMOIRE. Que d'une manière consécutive et sympatique, 939 à 642. *Lisez* 639.
MÉRIDIENNE, IX, 909. *Lisez* 709.
MÉSOCRANE. *Voyez* SINCIPUT, XII. *Lisez* XIII.
MÉTHODIQUES. *Voyez* CŒLIUS. *Lisez* CÆLIUS.
MONTE. *Voyez* HARRAS. *Lisez* HARAS.
MORVE. Figures et Symptomes, etc. *Lisez* Signes et Symptômes.
MUET. *Voyez* aussi SOURD ET MUET, XII. *Lisez* XIII.

NISTAGME. *Lisez* NYSTAGME.
NITRIQUE (Acide). ALCOOLISÉ. *Lisez* NITRIQUE.

44

PAREIRE. Nom vulgaire du ciisampelos. *Lisez* CISAM-
PELOS.

PERCEPTA. et HYGIÈNE, VIII. *Lisez* VII.

PLAQUE DE LOTTERIE. *Lisez* LOTTERI.

POISON. *Voyez* aussi EMPOISONNEMENT, 797. *Lisez* V.

POIVRE A QUEUE. *Voyez* CUBÈBES, IV. *Lisez* V.

PRISONS. *Voyez* HYGIÈNE, VIII. *Lisez* VII.

PTARMIQUE. *Voyez* aussi ERRHINES, V. *Lisez* VI.

PTÉRYGION. *Voyez* aussi OPHTHALMIE, ORGÉOLET,
PAUPIÈRE, IX. *Lisez* XI.

SAFRAN DES INDES. Un des noms du Carcama. *Lisez*
du Curcuma.

TUE-CHIEN. *Du Colchicum autumnal.* Lisez *autumnale.*

VAN-HEURNE. *Voyez* HEURINUS. *Lisez* HEURNIUS.

VARICES. et CHEVAL, VI. *Lisez* IV.

Fin de l'errata.

TABLE

PAR ORDRE CHRONOLOGIQUE

DES PRINCIPAUX RÉDACTEURS DE CE DICTIONNAIRE.

Vicq-d'Azyr.
Fourcroy.
J. N. Hallé.
Goulin.
Chanseru.
Chambon.
Huzard.
De Horne.
Caille.
Doublet.
Verdier *père et fils.*
L. P. Cotte.
Andry.
De la Porte.
A. Thouret.
Barbier.
Jean-Roi *le neveu.*
Macquart.
Delplas.
De Brieude.
Mauduyt.
De Laguerenne.
Faure.
Mahon.
Saillant.

Flandrin.
Maison.
De Wenzel.
Pinel.
Roussille.
R. C. Geoffroy.
J. L. Alibert.
J. B. Louyer-Villermay.
Petit-Radel.
Caullet Veaumorel.
Biron.
Gilbert.
Groonier.
Bouillon la Grange.
Tourdes.
J. L. Moreau de la Sarthe.
Chamberet.
M. A. Désormeaux.
G. Breschet.
Aug^te. Thillaye.
G. A. Coutanceau.
F. Magendie.
L. R. Villermé.
Ch. Londe.
Roulin.

F. G. Boisseau.
F. Ribes.
J. A. Kergaradec.
R. T. H. Laennec.
L. J. Ramon.
Isid. Bourdon.
J. P. Nicolas.
J. Bayle *le neveu.*
P. N. Gerdy.
Thillaye *aîné.*
D'Ivernois.
Isid. Bricheteau.
Ch. Hennelle.
Emeric Smith.
F. V. Mérat.
C. M. Gibert.
L. V. de La Garde.
P. Jolly.
P. Chapelain.
J. M. Miquel.
L. Martinet.
A. L. M. Velpeau.
J. A. Rochoux.

www.ingramcontent.com/pod-product-compliance
Lightning Source LLC
Chambersburg PA
CBHW060535280326
41932CB00011B/1292